李景汉文集

第一卷◎北京社会调查

洪大用　黄家亮　组编

中国人民大学出版社
·北京·

本成果受到中国人民大学“统筹推进世界一流大学和一流学科建设”
专项经费的支持（项目批准号：15XNLG04）

李景汉

1985,1,15

李景汉留美初期，半工半读

李景汉加州大学毕业照

李景汉在加州大学时，参加美西部中国留美学生夏令会，获得演讲赛与网球赛第一名

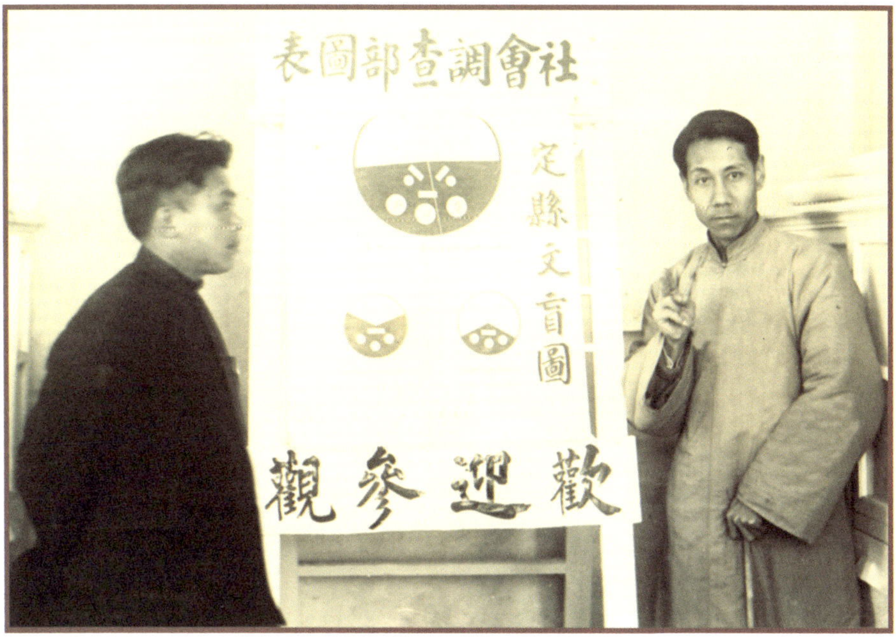

李景汉在社会调查部工作

1949 年，李景汉在泰国与农民谈话

20 世纪 50 年代，做北京郊外乡村家庭调查时期的李景汉

李景汉在社会调查中与村民谈话

李景汉在云南调查

晚年李景汉

1985 年，中国人民大学举办“祝贺李景汉教授从事社会学研究和教学六十周年和九十寿辰”座谈会，参加者有费孝通、于光远、陈翰笙及其他社会学界知名人士

李景汉和郑杭生等人的合影

李景汉和家人

前　言

一百多年来，一代又一代的社会学人为创建和发展中国社会学做出了重要贡献，李景汉先生就是其中的代表人物之一。

李景汉先生1895年出生于北京通州，1917年留学美国，先后在波莫纳学院（Pomona College）、加利福尼亚大学和哥伦比亚大学学习。1924年在加利福尼亚大学毕业并获硕士学位，同年回国出任美国学者甘博（Sidney D. Gamble）创办的北京社会调查所干事。1925年发表《北京人力车夫现状的调查》和《妙峰山“朝顶进香”的调查》。从1926年起，先后任教于燕京大学、北京大学、清华大学、西南联合大学。其间，1928年担任中华平民教育促进会定县实验区调查部主任，开始在定县长达七年的实地调查，并在1933年出版了《定县社会概况调查》和《实地社会调查方法》。1949年到辅仁大学任教，担任社会学系教授兼系主任，并成立辅仁大学社会调查研究室，兼任主任。1953年担任中央财经学院教授。1954年担任中国人民大学计划统计系教授，兼任调查研究室主任。1960—1978年先后到北京劳动学院和北京经济学院工作，1978年调回中国人民大学。1984年底，被聘为中国人民大学社会学研究所顾问，并将全部著作权和藏书资料委托给中国人民大学社会学研究所。1986年在北京逝世，享年91岁。李景汉先生一生著述颇丰，是中国社会学的第一代学人，在中国社会学发展史上有着重要地位和广泛影响。

编辑出版李景汉先生文集，首先是兑现一份承诺，了却先师郑杭生教授未了的遗愿。先师1961年在中国人民大学哲学系哲学专业五年制本科毕业后，即留校任教。1981—1983年在布里斯托尔大学进修社会学和现代西方哲学，回国后于1984年创建中国人民大学社会学研究所，并聘请李景汉先生为顾问。接受李景汉先生的委托，先师承诺编辑出版李景汉先生的系列作品，并在1986年正式出版了其代表作之一《定县社会概况调查》，我在1989年进入师门攻读硕士研究生时有幸获得先师赠送一本。在中国人民大学从学生到成为一名教师，我与先师相处二十多年，尽管他教学、科研和行政事务非常繁忙，但我多次听到他关于编辑出版李景汉先生文集的打算。在一次搬迁办公室之后，他曾指着很多成捆的资料说，那些都是李景汉先生委托的，一定要挤出时间进行整理。2003年，先师曾经重启定县（1986年撤县改为定州市）调查，已经有一些整理出版计划了。可是，时如流水，人生难料，2014年先师因病驾鹤，离我们而去。在整理先师办公室和藏书时，我特别关注了李景汉先生委托的所有资料，嘱咐一一装箱留存。从那时起，我们就想尽快组织出版李景汉先生文集，以告慰先师在天之灵，也不负李景汉先生对中国人民大学社会学的嘱托和厚望。

进一步说，编辑出版李景汉先生文集，也是出于一种推进社会学学科建设的自觉。社会学作为一门学科，是从西方引进的。中国社会学的发展始终面临着三重挑战：与中国文化相融合，以科学思想为指导，接受社会实践检验。一代代学人在其学术生涯中以不同方式回应着这些挑战，推动着中国社会学的不断发展。认真研究前辈们的学术思想，不仅是了解学科发展过程之必需，也是坚持社会学正确发展方向、建设中国特色社会学之基础。先师郑杭生教授一再强调，社会学学科的基础建设离不开论、史、法三个部分，即理论建设、学术史研究和方法总结。但从整体上看，我们的学科如同其他不少学科一样，对于学术史的重视还有不足，尤其是对中国社会学史整理、分析和发掘不足，这种不足不仅体现在专业人员和研究成果有限上，而且体现为社会学教育过程中普遍存在的缺失和短板。自改革开放社会学恢复、重建以来，相比数量众多的其他研究成果而言，中国社会学史方面的研究成果是屈指可数的。进入21世纪，情况有所改观。郑杭生和李迎生的《中国社会学史新编》（2000）、杨雅彬的《近代中国社会学》（上下册，2001）、阎明的《中国社会学史：一门学科与一个时代》（2010）等，都是有代表性的研究成果。特别是，李培林等人主编了《中国社会学经典导读》（上下册，2009）、《费孝通全集》（全二十册，2009）、《孙本文文集》（2012）以及吴文藻、潘光旦、陶孟和等前辈著作也相继出版，这些都是深化中国社会学史研究、厚植中国社会学发展基础的重要努力。我们编辑出版李景汉先生文集，可以说是这种努力的一部分。

我们编辑出版李景汉先生文集，还有教学科研工作的实际需要。“实事求是”是中国人民大学的校训，社会科学更应当直面社会实践，在深入实践、研究实践、总结实践的基础上探索社会运行和发展的规律性。先师郑杭生教授常常教导我们，中国社会学要“顶天立地”，既要有开阔的学术视野，立足学科前沿，有理论的高度，又要植根实践接地气，洞察实践的变动，了解人民的需求。可以说，脱离实践的社会学是无根之木、无源之水，这样培养出来的学生也不是真正“专业”的，甚至是不合格的。在教学科研实践中，我们也确实察觉到了两个方面的倾向：一是学生构成发生变化，很多学生缺乏必要的社会体验，对实际社会的了解不足，特别是对农村了解很不够，从学堂到学堂的应试教育限制了他们接触和了解社会的机会；二是一些教师越来越依赖于文献和二手数据资料开展研究，注重自我表达、概念建构和追踪国外学术动态，显示出某种程度的脱离中国实践倾向。因此，中国人民大学非常强调教学研究基地的建设，以强化实践育人、促进理论与实践相结合。在学校的支持下，2015 年，我主持了中国人民大学科学研究重大规划项目“中国农村社会变迁与治理转型——河北定县农村百年演变的调查研究”，其核心就是想接续中国人民大学社会学的文脉，再次启动定县调查，在深入全面持续的调查研究中培养学生、推进学术，把定县建成中国人民大学社会学长期的教学研究基地。为了开展好这项工作，增进学生对定县历史的了解，训练学生开展社会调查研究的实际能力，我们感到很有必要从系统学习研究李景汉先生的著述开始，因为李景汉先生在社会调查方面的体会和见解是十分深刻的，他组织的定县调查也享誉中外。所以，我们把整理出版李景汉先生文集列入了我们教学科研项目实施的一个部分。

在中国人民大学社会与人口学院、社会学理论与方法研究中心和中国人民大学出版社的大力支持下，我们成立了专门的编辑工作团队。我本人是倡导者、组织者，主持日常工作的是社会与人口学院副院长黄家亮副教授，我的研究生何钧力担任编辑助理。参与搜集、整理、转录和校对工作的是学院的部分研究生和出版社编辑，他们是郝孟哲、韩佳、黄政、胡溢轩、贾雯雯、李阳、刘凌、马颖、谭芷晔、汪永生、杨峥威、张龙、张鉴、郑绍杰、周盼、周孟珂和盛杰等人。

正式开始李景汉先生文集的编辑工作，我们感受到了巨大挑战。首先面临的是编辑内容确定的困难。编辑小组在整理李景汉先生委托给中国人民大学社会学研究所的资料时发现，他留存的著述中虽然也有一些从未发表过的手稿、照片、录音资料，但是并不完全。编辑小组利用中国人民大学图书馆的《大成老旧刊全文数据库》检索，赴国家图书馆、河北省图书馆、定州市图书馆等地查询，并参照上海书店 20 世纪 80 年代末出版发行的《民国丛书》，以及福建教育出版社 2005 年出版的《民国时期社会调查丛编》、国家图书馆出版社 2013 年出版的《民国时期社会调查资料汇编》等文献，广泛搜罗、细致甄别，才拟定了初步的编辑内容。好在李景汉先生留下了一份他本人确认的“公开出版著作目录”，方便了我们比照。但是，我们至少发现《罗道庄社会调查》和他在费孝通先生英文版《乡土中国》上的序言还是无法找到。

其次是文献转录工作非常困难。李景汉先生的主要著作发表于 1949 年之前，并且之后少有再版。因此，编辑小组通过广泛途径所收集到的著述多为竖排、繁体，字迹往往十分模糊，并且篇幅很大。这样一来，寻找排版厂的过程并不轻松，很多排版厂不愿意录入。非常感谢中国人民大学出版社，他们很费力地找到了专业的排版厂，在加大投入、延长时间的条件下才算解决了转录问题，但是依然有可能难以确保录入质量。

转录之后的校对工作是我们面临的第三个挑战。除了以上所说的竖排繁体、字迹模糊、篇幅很大之外，李景汉先生的大量著述为调查报告，其中所涉图表、数字、单位、符号等极容易出错。加之民国时期的诸多表述方式与现在完全不同，给编辑小组的理解造成很大的障碍。尤其是现在的年轻学生，对竖排繁体文献的整理，实际上是一个再学习再认识的过程。为了最大限度地减少错误，编辑小组开展了交叉反复校对。黄家亮副教授还通读全稿，逐字校阅，其中辛苦可想而知。最后还是中国人民大学出版社的编辑们开展了大量细致的专业校对工作。

在文集的编排上，我和编辑小组反复研究，最后决定在综合考虑文献发表时间、主题和篇幅的基础上，侧重按照主题将整个文集分为六卷。

第一卷是“北京社会调查”。李景汉先生在北京开展社会调查始于1924年回国后，调查主题非常广泛，包括人力车夫调查、生活费调查、郊外乡村家庭调查、妙峰山香客调查、天桥调查等等。正是这些调查为他积累了丰富的社会调查经验和在社会调查领域最初的声誉，也正是有了这些基础，他于1928年被晏阳初先生聘任为中华平民教育促进会定县实验区调查部主任。20世纪50年代，李景汉先生又就以前的一些调查主题进行了追踪调查，撰写了《北京郊区乡村家庭生活的今昔》《北京郊区乡村家庭生活调查札记》等经典论著。该卷收录李景汉先生关于北京郊外乡村家庭调查的两部著作及其他基于北京地区调查的报告、论文、序言等。

第二至四卷是“定县社会调查”。李景汉先生于1928年开始组织了著名的“定县调查”，直到1935年离开定县到清华大学担任社会系教授。在这七年间，除了因病回京休养等少数时间之外，李景汉先生都扎根定县，既开展了概况性调查，也进行了大量深入的专题调查，取得了广泛的调查成果，几乎包括了农村生活的方方面面。综合考虑主题和篇幅，我们将李景汉先生定县调查的成果分为三卷，主题分别为“定县社会概况调查”“定县专项调查（上）”“定县专项调查（下）”。其中，《定县社会概况调查》一书是李景汉先生关于定县基本情况调查的总结性报告，也是他最重要的代表作，1933年出版后影响经久不衰。由于此书篇幅较大，我们将其单独作为文集的第二卷。经济调查是李景汉先生着力最大的专项调查，《定县经济调查一部分报告书》是这方面的集中体现，该书也曾单独出版。同样考虑其篇幅较大，我们将其单独作为文集的第四卷。文集第三卷则收录了李景汉先生定县调查的其他方面成果，包括赋税调查、地方自治调查、家庭调查、健康与卫生调查、土地调查、人口调查、消费调查、借贷调查、生活水平调查等。

第五、六卷是“社会调查总结”，收录的主要是李景汉先生在社会调查基础上对社会调查方法和社会问题进行总结和反思的一些论著。其中，《实地社会调查方法》是李景汉先生1933年出版的关于社会调查方法的全面总结。该书共16章，并开列了关于社会调查方法与社会调查成例的参考书目，系统论述了社会调查的重要性、类型、历史、困难、途径和实际操作等，是当时社会调查方面的重要著作。考虑到本书体系完整、篇幅较大，因此作为文集第五卷。剩下第六卷的内容则较为庞杂，主要包括了李景汉先生以下方面的著述：第一，基于社会调查对于社会问题的反思，如《中国农村问题》等；第二，在离开定县之后开展的其他社会调查，如关于呈贡县动态人口的调查、关于凉山罗罗①氏族的调查、关于摆夷②民族生活习俗的调查等；第三，对于社会调查方法的总结与反思，如关于社会调查运动的反思、关于县单位调查的反思、关于边疆社会调查的反思等；第四，1949 年之后发表的少量文字；第五，少量无法纳入前面几卷的其他文献。

编辑整理李景汉先生论著的过程，也是我们不断学习的过程。对我个人而言，印象最深的是李景汉先生论著中所体现的强烈的实践关怀或者实践自觉。这种意识大概与其在美国的学习经历有关。根据先师郑杭生教授的回忆，李景汉先生曾亲自讲过一个细节：他在美国学习期间，有一次课程讨论涉及各国人口问题，任课教师询问李景汉先生中国人口数、性别比、工资情况和土地分配等信息，由于当时中国没有这方面的调查统计，李景汉先生都回答不上来，而教师询问同班日本人、印度人、澳大利亚人等相关情况，他们都能有根有据地加以回答。这次经历使李景汉先生局促不安、备受刺激，他把这种中国人不知中国事、不重视调查统计的情况看作国耻，发誓要开创了解中国的社会调查事业。后来，他在《实地社会调查方法》（收入本文集第五卷）一书中，一开始就指出了我国学习西方不断失败的现实，虽然“举凡一切欧美富强的方法，我们无不采用”，但“结果与期望不合，且往往适得其反”，其关键原因就在于“没有彻底的、深刻的、根本的，恐怕连相当的也没有了解中国的自身，极少的人以冷静的态度、牺牲的精神、科学的头脑，专心致志、连续不断、精密准确的下死工夫来探索中国社会的性质，寻出真正的弱原”，“数十年来都盲目的随人脚跟，囫囵吞枣。喊口号，贴标语，如五彩气球之外面冠冕堂皇，内容空空洞洞，一捏即破”。所以，“若要真的找出一条救国的出路，真的要获得有相当把握的建设国家之适当的办法或步骤，必先真的了解中国本身的内容”。很显然，正是这种强烈的实践自觉，使得李景汉先生立志开展科学、系统的社会调查，

① 作者指出，“罗罗”二字为古卢鹿之音转，是当时对凉山一支少数民族的称谓。——编者注

② “摆夷”是当时对云南一支少数民族的通称。——编者注

以便透彻地了解中国社会真相，有效地推动中国社会变革和建设。

除此之外，李景汉先生以学术为业的精神也令人敬佩。1924 年他留学回国后曾给自己立下了“三不”戒条：一不做官，二不经商，三不给军阀当爪牙。他的志愿就是毕生搞社会调查，把中国基本国情搞清楚。因此，他的每一个调查都做得扎扎实实、可圈可点。他还认为，社会调查是一项事业，要把事业做好，需要有坚定的信仰，并以此感动别人，赢得别人的支持和尊重。如果把社会调查当作一种普通的职业，满足于按部就班，就做不出大成绩来。在实际调查工作中，李景汉先生还体现出非常科学、非常专业的学术修养，可以说是不唯书、不唯上、只唯实，实事求是，精益求精。李景汉先生也认识到社会调查对于促进社会学中国化的重要价值，并自觉承担起这一使命。他在《实地社会调查方法》一书中指出，“社会调查是产生中国社会学的基础”。有感于当时中国“所用的社会学课本皆为洋文原本或译本，纯为外国社会之材料。近来书店中充满了关于社会学的出版物，及至打开一看，皆属东拉西扯的杂凑成篇，缺少本国的材料，尤其是有系统的材料”，李景汉先生指出：一方面要把已有散乱的材料尽量搜集整理，归类分析，使有系统；另一方面，要抓紧调查社会之各种实况，供给社会学家之研究。如此，才能根据中国社会之事实材料渐渐产生中国的社会学。不仅如此，李景汉先生开展的社会调查工作也体现了对推动社会建设的责任。他明确指出：社会调查要特别注重应用，而不要纯为研究学理，求得知识，只“为调查而调查”。举行调查“必有一定清楚的目的，使人们根据调查的结果来改善社会实际生活，解决社会问题，增进人类幸福”。

总而言之，我们深切地感受到，编辑出版李景汉先生文集，不仅具有提供史料的重要价值，而且能让我们深入了解前辈社会学家的见识与情怀，这些见识与情怀对于当下中国社会学发展来说，仍然具有重要启示。前事不忘，后事之师。只有深入地发掘中国社会学的优良传统并弘扬光大这一传统，把握好中国社会学扎根中国大地、服务中国人民的正确发展方向，才能开创中国社会学的美好未来。

但是，我们也充分意识到，囿于历史局限，李景汉先生在个别少数民族称谓、研究资料汇集以及针对当时事件的观点方面，或有可斟酌之处。考虑到尊重原著，我们未加改动，适当做了说明。同时编辑李景汉先生文集既有客观困难，也有主观不足，因此最终呈现在读者面前的“当代版”文集一定存在这样那样的错讹之处，甚至还存在某种可能的误识误读。我们诚挚地欢迎读者提出批评指正，以便不断完善社会学经典著作的重印出版工作。我相信，这样一次编辑整理的经验，对于参与其中的人，特别是对于青年学生来说，是十分宝贵的。我们可以从中发现自己的不足，无论是一般文化意义上还是专业学术意义上的不足。同时，我们也能在编辑过程中汲取不少的智慧和营养，从而有利于当下的学业和未来的事业。

最后，本书历时多年得以出版，应该感谢中国人民大学“统筹推进世界一流大学和一流学科建设”专项、中国人民大学科学研究重大规划项目“中国农村社会变迁与治理转型——河北定县农村百年演变的调查研究”的资助。感谢中国人民大学社会与人口学院院长冯仕政教授、社会学理论与方法研究中心主任刘少杰教授的大力支持。感谢黄家亮副教授、何钧力同学和全体参与人员所付出的艰苦努力。中国人民大学信息资源管理学院的张美芳教授和刘江霞老师在历史录音资料的恢复处理方面，为我们提供了非常专业的帮助，特此致谢！中国人民大学出版社人文分社社长潘宇编审、策划编辑盛杰，以及其他各位编辑老师为本文集的出版付出了大量心血，在此一并向多年的老朋友致以特别谢意！

时值先师郑杭生教授去世五周年，本文集得以出版，也算是一种纪念吧。

洪大用

中国人民大学社会学理论与方法研究中心教授

2019 年 8 月 11 日于北京四季青

凡　例

一、本文集按照主题和文献篇幅共分六卷。

二、每卷排列顺序为专著在前，文章其次。同一类型的文献以发表年月为序。

三、原文献为繁体竖排者，一律改为简体横排，基本采用现行标点符号。

四、原文献中与现行文字规范不符，但属特定历史时期表达习惯的字词、语法等，多保留原貌。

五、原文献中表格与现在通行的表格格式不尽相符，为尽量保留原貌，仅做了适当修改。

六、原文献中文字、数字等凡可判断为明显讹误及印刷错误者，直接予以改正，不另加说明。

七、原文献中文字、数字如有错漏且无可校补者，错误处保留原貌，文字缺漏用■标示，数字缺漏用▌标示。

八、原文献中翻译名称，包括国名、人名、地名、著作名称、报刊名称、组织机构名称、货币名称等，多保留原貌。

九、原文献中各种计量单位，由于历史原因多次变动，与现在差异较大，且不易考订出与现行公制单位的换算关系，故均保留原貌。

十、对于需要特别说明的，以编者注的形式进行补充。

十一、各卷由于编订整理的程度以及曾经出版情况不同，面貌差异较大，根据具体情况尽量做到各卷内部统一。

目　录

北平郊外之乡村家庭

北京郊区乡村家庭生活调查札记

二十五年来北京之物价工资及生活程度

论　文

北平郊外之乡村家庭

（本部分初版于1929年，商务印书馆出版，
署为“李景汉著”）

序　言

社会调查部自民国十五年[1]组织成立后，除派员实地调查社会情况外，亦与其他从事社会研究的机关谋合作，协力倡导社会调查的兴趣。同年秋季燕京大学社会学系增设社会调查方法一门，商请著者为讲师。旋经社会调查部准许，著者每星期至京西海甸讲授两小时。班中学生共计 15 人。开课后四星期学生对于社会调查的兴趣甚大，都要亲尝实地调查的滋味。遂由著者提议，先以附近燕京大学的人力车夫作调查的练习，编制的表格中包括车夫家中人口、年龄、工作时间及收入、支出等问题。已填之表由著者看过后召集全班讨论，指出表中填写的缺点，如前后数目的矛盾、所答非所问，或缺少重要的答案等。学生作了这一点调查之后，至少有了一些与普通人们问答的经验，全班对于实地调查甚为热心，愿意举行一规模稍大的调查。全班讨论的结果，决定调查附近的一个村庄，同时燕大社会学会亦加入帮忙进行。后由著者及学生数人游行各村，查看大概情形。有意先调查圆明园北 100 余户的树村，打算由燕京大学的服务团体先在本村设立平民学校为社会调查的导线。后因交通不便，又不容易与村民接洽，遂作罢论。可幸距燕京大学西北 10 里路的黑山扈村有本班张光禄女士之令尊的别墅，当时全家在村中居住。本年京西一带曾受兵灾，张先生曾热心办理救济事业，腾出本家房院的一部分为难民收容所的用处。故村民对张家感

① 为尽量保留原文献原貌，书中的皇帝年号纪年和民国纪年未特意标注相应的公元纪年，如有标注，应为原文献本身所具有。——编者注

情极佳，张女士亦愿介绍同学到本村调查。因本村甚小，只有 20 余家，容易进行，全班皆甚赞成。愿意去的学生多在星期六或星期日在燕京会齐到村中调查，来往骑驴用 1 小时。本学期内共调查 21 家，结果甚佳。民国十六年春季，班中学生要求社会学系在第二学期增设社会研究方法一门，仍请著者继续讲授。著者得社会学系与社会调查部的同意，得一切仍照第一学期办理，但选这门功课的学生须得讲师的许可，且须在有这门功课的那天下午没有旁的功课，专往村中实地调查。结果本班有男生 5 人，女生 3 人，共计 8 人。虽然人数较第一学期少些，但都是从经验中对于社会调查极热心的学生。那些对于调查败兴的学生就不再选这门功课，自然被淘汰了。二月开课后，全班讨论的结果以附近的挂甲屯作实地调查的地点最为适宜。因学生课外的余暇不多，不易举行太费时间的调查。本村距燕京不过半里，往返便利。又因村中已经有认识的人，因此燕京与本村的关系已经多少有些线索。北郊第三警察分署设在本村，希望得他们的帮助。再者太小的村庄没甚大调查的价值，太大的村庄又须费很久的时间，不易做到。挂甲屯村大小适中，与本班的人数和所能用的时间看来甚为合宜。有此种种原因，遂决定本村的调查。在三、四、五 3 个月内共调查 100 家庭。同时著者又指导燕京大学社会学系研究生一人复查黑山扈已调查之 21 家，且继续调查附近其他村庄的家庭，进行颇为顺利。至六月底共调查了 45 家，其中有马连洼村 30 家与东村 15 家。后因调查者患病，须回家调养，又因时局不定，村中人心惶惶，调查工作发生困难，遂停止进行。

按所调查之村庄的性质，将所得的材料分两部分整理。挂甲屯村距京较近，村人的生活与北京城外关厢居民的生活相似。村人主要的职业为各种工匠、车夫、仆役及政府机关的差事，少有种地为业者。故将在挂甲屯所调查的 100 家庭分开整理，即本书的第一部。其他三村彼此相隔不过 1 里多路，距京较远，靠近西山，性质相同。村人多以种地或在山间打石为生，颇与农村的生活相近，故另归一部分整理，即本书之第二部。

四村内共计调查了 164 家，向每家所发的问题 100 左右。从填写的答案中实在发现了许多关于中国乡村可悲可喜甚至于可惊的种种现象。当此提倡民生主义而关于群众生活实情之调查极形缺乏的时候，这本小书或能供给一些参考的资料。著者希望不久在各处都有大规模的农村调查与研究，藉以了解中国农村的种种问题。

本班之调查者为黄振球、陈利兰、单贵珴、李思福与张光禄5位女士，与程抱信、严景耀、张世文、边燮清、宗思明、万书庸6位先生。整理材料帮忙者为陈文进与李如山两位先生。绘图抄稿者为金玉垚先生。此外又承陶孟和先生随时指教，本会调查部林颂河、杨锡茂、王树勋诸先生及诸位同事的校阅帮忙。著者特此声明，藉表谢意。

中华民国十七年六月三十日，李景汉叙于

北京中华教育文化基金董事会社会调查部

第一部　挂甲屯村 100 家之社会的及经济的调查

第一章　绪　　论

调查的目的与范围

关于村中社会的与经济的问题很多，皆有研究的价值，但限于时间与能力不能尽数调查，只能按照地方情形和所能办到的选出一些比较重要而且合适的问题。年来劳动问题一天比一天紧张，关于国民生计的研究，尤其是工人的，实为一急不容缓的事，因为要谋解决劳动问题须从改良工界生活方面入手。但是要想改良工界的生活必先透彻了解他们的情形，实地调查工人的生活费是要达到这个目的程序的第一步工作。自本部组织成立以来，即首先注意此项研究，已举行者有北京手工工人、天津工厂工人、塘沽工厂工人与上海工厂工人等。因此关于挂甲屯的调查亦以村民的生活费为主要的研究，以便与他项生计调查比较参考。本村生活费的调查以家庭为单位，至少要知道两件事：（一）全家的各项收入是多少；（二）全家的各项支出是多少。换一句话说，就是他们如何使用他们的进款。此外也要研究收入不抵支出的家庭有甚么补救的方法，如关于借债、当物等情形。又因现在关于乡村社会的材料非常缺乏，故本调查除主要目的以外，亦趁此机会按着所能办到的附带调查关于种族[1]、结婚、居住、健康、教育及村民的知识等情形。调查的范围不易在举行以先决定，因为很难逆料有多少家欢迎或允许调查者到他们家中研究。至于学生肯用多少时间，他们的兴趣是否改变，也是不易揣测的。因此决定先从肯受调查的家庭入手，希望渐次挨家调查，包括全村的一切家庭。自三月起至五月底止共调查了100家庭，占全村家庭总数90%。

调查的方法与手续

按照调查的目的所拟表格，包含问题100左右。在开始调查以先，由本班男生邀请本村警察署长、署员及村中领袖数人，开一茶话会，向彼等述明调查的宗旨，以免举行时发生误会。彼等满口应承帮忙。一星期后又为全村居民开一友谊会，到会者有男女老幼100余人。本班学生为他们预备简单的游戏、唱歌、茶点、演讲，又导引彼等参观燕京大学，颇能博得他们的欢心。又有本班的两位女生在本村的初等小学担任义务教员。此外本村一小堂药店的主人曾被本班的一个学生介绍到燕京大学看病，因此他甚愿介绍燕京的学生往他认识的邻居家中调查，对于进行上与以很大的便利。与村民有了相当的联络之后，即将本班分为四组，每组二人，赴各家调查。调查者携带表格，先到认识的家庭里去说明来意。若蒙该户的许可就按照表格一一发问，家中人即随着所问的一一回答。调查人即将所回答的填入表格。回校后再详细核算收入、支出等数目，发见疑问后再去询问。按调查的经验，探问的次数最好不过两次，两次以后本家即发生怀疑，不说实话。不认识的家庭多由认识的家庭介绍。然而有时直接访问不熟悉的人家，若能应对得当，亦少有被拒绝者。

调查进行时的情形

虽然有了以上所说的各种预备与便利，但进行调查时仍然发生不少阻碍。

---

① 这里的种族，当指民族。下同。——编者注

社会调查在中国是一种新事业。就连社会中程度比较稍高的人亦少有真了解社会调查的意义的，何况这些知识简单的村民。无论调查的人如何的不怕麻烦向他们解释，彼等还常是不能明白这类调查的真正目的，因此就不免发生种种怀疑与误会。乡下人最怕的是动他的财产，而调查的问题中关于财产方面的又特别的多。他们的怀疑是恐怕又要加捐或增税。“先生这样刨根问底到底是要干甚么呀?”是他们常发的惊问。税捐以外他们最怕的是与军事行动发生关系。近几年来军队常向村民索要车马，强拉夫役。这实在难怪他们起这种误会。有时调查者须费许多时间用各种说法来解释这些误会，不然不许调查。就是肯关着面子回答，也一定不是实话。设法除去他们的怀疑以后，算是解决了不被拒绝的问题，但进行上仍有许多难关。无论哪一家对于这样的调查没有不非常惊讶的，因为向来没有人这样麻烦地接连不断地详细究问。虽然知道了没甚么不正当的目的，但调查之后到底是否与他们有利仍是多少有些猜疑。又有贫穷的家庭以为是要放赈，故意将生活情形说得比实际还穷，希望得些米面或衣服。也有人以家中贫寒为羞耻，为要顾全面子，反将实在情形说得好些。因此调查者须能看出也能用相当的解说避免这种言过其实的毛病，才能使对方坦白无私地回答。询问的人又须非常小心不致在无意中伤及对方的感情。例如每日或每月全家用多少肉，本是一个寻常的问题，似乎没甚么误会，但有的贫穷家庭全年所用的肉量非常少，简直提不到每月，更难说到每日。因此发出这个问题的时候，他以为是先生们有意向他们穷人开玩笑了。又如问某家庭是否在旗，亦须在发问以前有些表示同情的话语，渐渐引到这个问题。不然，突然一问，有时在旗的贫寒家庭为保全当年的尊严起见即不肯立刻承认自己是满人。

以上所说的是关于进行的手续上若偶有不慎，就发生故意不说实话或含糊回答的危险。对于这些困难，这几个调查的学生尚能应付得当。可是大多数的村民就连他们无意隐瞒、愿说实话的时候也不能给准确的回答，尤其是关于数量。“几十个”“几百个”“一百多个”“一百来个”“差不多”“大概齐”，是村民惯用的语句。调查者须费很久的工夫和各样不同的问法，才能得着一个比较准确的数目。亦有时所答的不是切实问的，调查者很难叫他们听懂所问的确切是甚么。例如问的是米面的费用，而回答的是一切食品的费用，包含菜蔬、调和、肉食与零食。也有时所问的是全体，而回答的乃是一部分。不细心或少有经验的调查者往往不能发觉这种想不到的错误。更奇怪的是有时村民的回答，不过是重说一回问题，而他却以为是给了满意的回答。例如问的是："你们家里为甚么不吃玉米面?"回答的是："是，我们家里不常吃玉米面。"再者乡间人向来少用思索，关于自己家庭中所用各种物品的数量和费用平日多不注意。若使他立刻说出来自然更难。他们最爱说的是："今天有钱今天用，明天有钱明天用，有钱多用，没钱少用，反正是过苦日子，哪里知道是多少呢?"或是："就是拣贱的吃，这么凑着过罢!"因此有许多的家庭非调查者帮助他们一样一样推算数目不可，但这是很费时间的麻烦事。再说，一家的各种情形，关于其中的某部分，有时男子比妇女知道得清楚些，亦有某部分妇女比男子知道得更详细。但调查的时候他们不一定同时都在家，即或恰巧都在家，亦未必都能被询问，或都有随便发言的机会。往往对于一个问题两个人的回答显然不同，且有时差别很大，何去何从，颇难辨别，只可取决于调查者鉴定的能力。因此填写的表格中不易完全避免与事实稍有出入的答案。可幸这几个调查的学生颇能随机应变，渐能谋得村民的好感。有时介绍村中家里的病人到燕京医院疗治，或设法为村中的小孩种牛痘。燕京服务团体的学生曾为本村的贫户施过米面。有的家庭希望调查的人给他们在燕京大学找事做，也有的家庭觉得一两个体面的先生肯到他们的家里来闲谈是荣幸的事，因而表示欢迎。有此种种原因，关于在本村调查的进行，虽然遇着不少的困难，但总算比较顺利。虽然未能将每家问题表都填写完备，也不敢说已填写的各项都十分准确，但的确是谨慎得来而与事实相近的。总起来说，这种调查的是否成功几乎全靠着调查者与村民的感情如何，若要使他们明白调查的意义是办不到的。在这一方面本班的调查者确是获得村民的信任与尊敬。对于这 11 位调查的学生肯在每星期中费一日的工夫从事这种实地调查村民生活的工作，继续至 3 月之久，如此的热心与毅力是不可多得的。

挂甲屯村的概况

地理 挂甲屯村距北京西北 14 里，在北郊警察区第三分署界内，属京兆特别区宛平县。东为蔚秀园，再东为燕京大学；西为西苑兵营，再西为颐和园，自本村可清楚看见万寿山的楼阁，亦能远望西山的风景；北为扇子河，再北为圆明园旧址；南为西苑操场。东南 2 里即海甸，为这一带地方交易的集市。本村四面为小河环绕，中生蒲草，或植菱藕，沿河为稻田。

气候 本村之气候与北京相似。北京在东经 116 度 28 分，北纬 39 度 54 分。空气干，多日光，宜于健康。夏季极热，最高时达华氏表 120 度左右，冬季极冷，最低时至零度左右，春秋两季温和。每月的平均温度在一月最低为 18 度 9 分，在 7 月最高为 78 度，全年平均为 53 度。冷季多西北风自蒙古高原吹来，往往携带黄土，弥漫天空，不便出门。暖季多东南风，自海洋吹来，故含多量水气。在六、七、八 3 个月中雨水最多，每年平均雨量约 20 英寸。①

历史 据村人传说，宋朝的杨六郎曾在此处挂甲屯兵，遂得挂甲屯的名称。村南 2 里有村名六郎庄，西山有杨家村、杨家屯、挂甲塔及亮甲店，皆由杨家将的故事得名。村的西端有耀武楼，至今台基尚存，不知建自何年，听说亦很古。相传前清皇帝曾在此阅兵或看武人比试兵刃。康熙四十八年圆明园建成以后，其中当差的人有在本村落户者。当西太后与光绪帝时，常驻跸于村西 2 里的颐和园。村民在那里当差的也不少。咸丰时在村的东端建蔚秀园，赐与咸丰的七弟，故俗称七爷花园。村的南端原为六公主园，建于道光年间，约在光绪十八年赏归庆王为花园。光绪二十九年袁世凯为军机大臣时，在村中建袁家花园。后有王怀庆在村北亦建花园。本村在乾隆年间颇为繁盛，曾有不少的铺户。其中一小堂老药铺专制开胸顺气丸，四远驰名，至今尚存，据店主说买卖远不及从前。自圆明园焚毁后，本村的景象亦随之改变，庚子以来尤形衰落。现在本村铺户有一个油盐店、一个煤铺、两个小杂货铺和两家小药铺。村中属政府的

---

① Gamble, Sidney D., *Peking: A Social Survey*, p. 52, George H. Doran Company, New York, 1921.

机关，现有北郊警察第三分署、东北郊电话二分局、京师城郊官产清理处西北郊分局驻京西办事处与东北宪兵西郊分驻所。村中的公共事业有理善劝戒烟酒总会、成善教养局、裕善小学校与培德女子学校。

交通 挂甲屯东面有平坦的石路，北面为自京至万寿山与西山的马路，汽车往来不绝。南面有通西苑兵营的马路，村东四里即京绥铁路，交通极为便利。本村最普通的交通用器为人力车与驴，亦常用轿车与敞车。但村人外出多步行，除不得已外，少有肯费钱雇车的。村中军警机关皆设电话。信件可至海甸分局投递，由外来的信有邮差每日到村分送。

治安 地方治安多由本村警察维持。刑事方面由京师地方审判厅治理。关于房地税捐由宛平县征收。此外夜间有打梆子的更夫巡街，惊走小贼，又能报告时刻。村民向无自治团体的组织，普通的小事由村中首户主持，遇有稍紧要的事情多由警察第三分署署长出头办理。

第二章 人口与家庭

住户的来源

据村中老人说，于本村现在的住户中曾住过六七十年或说三辈以上者只有10家左右，其余的老住户都搬到别处去了。而60年内，尤其是近几年移来的住户，却很不少，从询问家主的诞生地亦可看出这种趋势来。在调查的100男家主（内有女家主的亡夫8人）中生在本村者不过36人，其余的64人都是自己带家眷从他处移居本村或年幼时由父母带来在此落户的。除生在本村的36人外，尚有24人是生在京兆区内，其中9人在北京郊外，8人在北京城内，7人在京兆其他地方。生在直隶者有26人，其中属文安者7人，天津6人，河间及新城各4人，其他地方5人。生在山东者有10人，河南2人，江苏与奉天各1人。兹将100家主诞生地的分配列表如下（见第一表）：

第一表　100家家主诞生地之分配

诞生地	挂甲屯	北京四郊	北京城内	京兆其他地方	直隶	山东	河南	江苏	奉天
家主数	36	9	8	7	26	10	2	1	1

移居本村的64个家主中，在本村住5年以下之久者有19家，10年以下者有29家，15年以下者有45家，20年以下者有49家，20年至50年者有15家。如此看来，目下村中住户的半数是在近20年内搬来的。大概说来，中国人的习惯是喜欢在本乡住的，凡携家眷离别本土而移往他处者，一定有很不得

已的原因。本调查也曾问到彼等离开故土移居本村的原因，40家的答案是因为彼等在本乡不能糊口，因此到北京一带来谋生。其中有12家是由于连年水灾的缘故，如自直省文安县移来的家庭；其余28家虽未说明一定的原因，大约是因为田地的收获不佳。11家的答案是因为家主本人先到京西一带谋生，找着了妥当的职业以后又把家眷接来。10家的答案是因为家主在军队作事，军队调到西苑兵营后，家眷也随着搬到附近的挂甲屯居住，其中有几家山东人就是这样来的。此外因家庭不和而移来者1家，因本村亲友多而移来者1家，因家主被调到本村电话分局者1家。从挂甲屯移来的住户看来，可知道他们在京兆、直、鲁等处生活的艰难。京西一带自庚子以后已非常衰落，而这些移居挂甲屯的人都觉得这里比他们老家的生活尚强一些。足见彼等在本乡生活的状况赶不上本村了。总而言之，非常的经济压迫是这些家庭移居本村的原因。再者，本村待租之空房很多，即以袁家花园而论，内有空房100间左右，租价亦很便宜，这也是自他处逃难的人容易在本村落户的原因。

种族的分配

当前清时北京西北一带地方八旗的营房很多，这些住官房、吃皇粮的旗人都是手头宽裕，优游自在，不屑于学习任何职业。因此附近各村的汉人或当差，或开小生意，或耍手艺，都很容易谋生，过舒服日子。庚子以后旗人失去充足的给养，住的官房亦因年久失修，日渐颓坏。饱食暖衣尚不能维持，更无余资可以消遣。及至民国成立，彼等所依赖的政府津贴完全取消，遂陷于极苦的境遇。因此他们也有离开营房搬到汉人的村庄来住，藉以谋生的，从前满汉的界限现在已完全化除。挂甲屯原为汉人居住的村庄，现在也有旗人的家庭15%。当调查的时候询问到种族一事，往往旗人不愿告知他们在旗。有的回答道还提在旗做甚么！说时显出无限的感慨。他们已往的尊严和现在的景况比较起来，不得不使他们伤心。何况旗人向来最讲礼貌排场，最会言谈酬应。为要顾全面子，所以不欲提起在旗一层。但调查的人有时从他们的姓名、说话的口气或职业就能看出来。回族人对于种族的询问并不踌躇地回答。在北京城内的人口中，汉人约占 70%至 75%，满人占 20%至 25%，回人占 3%。① 兹将本村百家种族的分配表列如下（见第二表）：

第二表　100 家种族之分配

种族	汉	满	回
家数	83	15	2

家庭的大小与亲属关系

人常以中国的社会属家族制度，每家的人口必然很多。其实自现在已有的调查看来，并不见得中国的家庭特别大。在挂甲屯调查的 100 家中，有血统及经济关系者共计 406 人，平均每家 4.06 人。就中，3 口的家庭最多，占 23%；4 口者次之，占 22%；2 口者又次之，占 18%（见第三表）。4 口以上之家庭仅占 35%，4 口及 4 口以下之家庭占 65%。

第三表　100 家每家人口数

每家人口数	1	2	3	4	5	6	7	8	9
家数	2	18	23	22	16	9	6	1	3

现将本村家庭的大小与别种调查比较一下。在 1923 年清华学校的学生曾在距本村 2 里的成府村调查了 84 家，每家平均人数为 4.9 人。② 同年又有一个学生在安徽休宁县湖边村调查了 56 家，每家平均 4.4 人。在 1922 年北京华洋义赈总会在直隶、山东、江苏、浙江 4 省调查了 240 个农村，包括 7 097 家，每家平均 5.24 人。③ 在 1922 年南京金陵大学农科调查了安徽芜湖近旁的农户 102 家，每家平均 5.4 人。④ 又在直隶盐山县调查了农户 150 家，每家平均 5.35

① Gamble, S. D., *Peking: A Social Survey*, p. 99, George Doran Company, New York, 1921.

② 陈达：《社会调查的尝试》，《清华学报》第 1 卷，第 2 期，第 324 页，民国十三年十二月，北京清华学校。

③ Taylor, J. B., *The Study of Chinese Rural Economy*, *China International Famine Relief Commission Publication*, *Series B*. No. 10, p. 14, 1921.

④ Buck, J. L., *An Economic and Social Survey of 102 Farms near Wuhu*, *Anhwei*, *China*, *University of Nanking*, *Agriculture and Forestry*, *Series*, Vol. 1, No. 7, p. 8, 1921.

人。[①] 在1927年本会调查了塘沽久大精盐公司工人的家庭64家，每家平均3.98人。由以上的调查看来，大约近城市的工人家庭较小，平均在5口以下；农人的家庭较大，平均在5口以上。

若把中国家庭的大小与美国的家庭比较亦不算过大。在1918与1919年时美国劳工统计局在92个城市中调查了12 096个工人的家庭，平均每家为4.9人。[②] 又康南尔大学农事管理科在1921年纽约省调查了396家，平均每家为4.8人。[③] 这与中国家庭的大小差不很多。我们可以说大约中国的大家庭只限于少数富有的家庭，普通的人家并不甚大。

在西洋社会的家庭里除去夫妻及子女外少有其他人口。中国的家庭虽不甚大，但同居的人口关系与西方社会的家庭比较很有分别。自第四表可以看出。在406人中男女家主、妻与子女共计344人，占84.7%；其他亲属共计62人，占15.3%。在这100小家庭中仍有不少已结婚的父子或弟兄共同生活。

第四表　100家人口之亲属关系

人口关系	人数	百分比
男家主	92	22.7
女家主	8	2.0
妻	86	21.2
子	90	22.2
女	68	16.7
其他	62	15.3
儿妇	10	2.5
父	9	2.2
母	7	1.7
孙	7	1.7
侄	6	1.5
弟	4	1.0
兄	3	0.7
孙女	3	0.7
嫂	2	0.5

① Buck, J. L., *An Economic and Social Survey of 150 Farms, Yenshan County, Chihli Province, China*. *College of Agriculture and Forestry, University of Nanking, Bulletin* No. 13, p. 62, 1921.

② The United States Bureau of Labor Statistics, *Cost of Living in the United States* (*Bulletin* No. 357), p. 5, Government Printing Office, Washington, 1921.

③ Kirkpatrick E. L., *The Standard of Life in a Typical Section of Diversified Farming*, p. 13, *Agricultural Experiment Station, Cornell University, Bulletin* 423, 1921.

续前表

人口关系	人数	百分比
外甥	2	0.5
岳父	2	0.5
岳母	2	0.5
内弟	2	0.5
妹	1	0.2
侄妇	1	0.2
侄女	1	0.2
总合	406	100.0

人口的年龄与性别

调查的100家人口中有男子217人，女子189人，男子较女子多28人，性比例为114.8（见第五表），意思就是每100个女子当114.8个男子。5岁以下之女孩多于男孩，而5岁及以上之每10年组中大都男子数多于女子数，尤其是25至34岁的壮丁。这大约是因为多数成年的女子出嫁到别村，而本村贫寒的男子没有娶妻的能力（参看本章第五节）。且有些在本村居住的男子没带家眷。

第五表　挂甲屯100家人口年龄与性别之分配

年龄组	男女数	百分比	男数	女数	男子与100女子之百分比
5岁以下	35	8.6	16	19	84.2
5～14	75	18.5	39	36	108.3
15～24	73	18.0	37	36	102.8
25～34	64	15.7	38	26	146.1
35～44	53	13.1	27	26	108.0
45～54	50	12.3	27	23	117.4
55～64	30	7.4	20	10	200.0
65～74	21	5.2	10	11	90.9
75～84	4	1.0	3	1	300.0
85及以上	1	0.2	0	1	0
总合	406	100.0	217	189	114.8

若将本村人口的年龄分配与盐山人口的年龄分配①和瑞典标准人口的年龄分配②比较，则显得本村的儿童少而壮丁多（见第六表）。挂甲屯人口中在 20 岁以下者占 36.45%，而瑞典占 42.35%，盐山占 45.2%。这大约一方面是因为本村有不少未婚和未带家眷的成年男子，再一方面有许多出外谋生的壮丁（见第七表）。离家作事的 45 人中家主占大多数，子次之，女子仅有 1 人。至于儿童的数目少是否因为产生率低或死亡率高的缘故，没得着可靠的材料不敢断定。

第六表　挂甲屯人口与盐山人口及瑞典标准人口年龄分配之比较

年龄组	挂甲屯人口		人口之百分比	
	数目	百分比	盐山	瑞典
0～1	48	36.45	1.12	2.55
1～19			44.08	39.80
20～39	124	30.54	30.39	26.96
40～59	98	24.14	16.94	19.23
60～	36	8.87	7.47	11.46
总合	406	100.00	100.00	100.00

第七表　100 家离家作事人口之分配

年龄组	离家作事人口数					
	家主	子	兄	儿媳	总计	总计之百分比
0～9	—	1	—	—	1	2.2
10～19	—	6	—	—	6	13.3
20～29	3	8	—	1	12	26.7
30～39	10	3	—	—	13	28.9
40～49	9	—	1	—	10	22.2
50～59	1	—	—	—	1	2.2
60～69	2	—	—	—	2	4.4
总合	25	18	1	1	45	100.0
离家人口总数之百分比	55.6	40.0	2.2	2.2	100.0	

按本村的习惯男童至 15 岁即须工作，若家中富裕亦要娶亲，女子即可出

① Buck, J. L., *An Economic and Social Survey of 150 Farms, Yenshan County, Chihli Province, China. College of Agriculture and Forestry, University of Nanking, Bulletin* No. 13, p. 86, 1921.

② Whipple, G. C., *Vital Statistics*, p. 192, John Willey and Sons, New York, 1921.

嫁。故已满15岁者已经看为大人。若照这样计算则406人中有成年男子162人，女子134人，男女儿童各占55人。与华洋义赈总会调查之7 097家的37 191人口①和盐山150家的803人口②比较起来，则本村的儿童也显得很少（见第八表）。7 097家每家的平均人口为5.24，内成年人占66%，儿童占34%，平均每家有男孩1人和女孩1人。本村每家的平均人口为4.2人，差不多内有2.5个大人、1.5个小孩。

第八表　挂甲屯成年男女与儿童数目之分配与中国他处人口分配之比较

	挂甲屯		盐山农人		37 191农人分配之百分比
	数目	百分比	数目	百分比	
成年男子（15岁及以上）	162	39.9	247	30.8	34.7
成年女子（15岁及以上）	134	33.0	265	33.0	31.8
男孩（15岁以下）	55	13.5	143	17.8	18.1
女孩（15岁以下）	55	13.5	148	18.4	16.4
总合	406	100.0	803	100.0	100.0

孙巴格氏（Sundbärg）曾按照年龄的分配将世界上各地方的人口分为三类：（一）增加类，就是一个地方的人口渐渐增多；（二）不动类，就是一个地方的人口不增加亦不减少；（三）减少类，就是一个地方的人口渐渐减缩。③若把挂甲屯人口的年龄分配和这三类人口的年龄分配比较，似近乎不动类（见第九表）。

第九表　挂甲屯人口与三类人口分配之比较

年龄组	人口分配之百分比			挂甲屯人口	
	增多类	不动类	减少类	数目	百分比
0～14	40	33	20	110	27
15～49	50	50	50	216	53
50～	10	17	30	80	20
总合	100	100	100	406	100

① Taylor, J. B., *The Study of Chinese Rural Economy*, *China International Famine Relief Commission Publication*, *Series B*. No. 10, p. 14, 1921.

② Buck, J. L., *An Economic and Social Survey of 150 Farms*, *Yenshan County*, *Chihli Province*, *China*. *College of Agriculture and Forestry*, *University of Nanking*, *Bulletin* No. 13, p. 84, 1921.

③ Whipple, G. C., *Vital Statistics*, p. 189, John Willey and Sons, New York, 1921.

结婚的年龄

在本村调查的406人中，已结婚者249人，内有男子132人，女子117人。在14岁以上的162男子中，未结婚者计30人，占19%（见第十表）。在14岁以上的134女子中，未出嫁者计17人，占12%。未婚女子中年岁最高者为29岁，29岁以上未婚的男子则有6人，年龄最高者为47岁。这是因经济不足，无力娶妻的缘故。

第十表　15岁及以上未婚男女数

年龄组		15～19	20～24	25～29	30～34	35～39	40～44	45～49	总合
未婚人数	男	12	9	3	2	1	2	1	30
	女	12	3	2	—	—	—	—	17

88个家主首次结婚的平均年龄为23.6，他们的妻子出嫁的平均年龄为19.2。最低的结婚年龄为13岁，男女各有1人（见第十一表）。在14岁结婚者男子2人，女子5人。最高的结婚年龄男子为38岁，女子为32岁。男子最普通的结婚年龄在22至24岁，占27%；女子最普通的结婚年龄在16至18岁，占34%。

第十一表　挂甲屯结婚年龄之分配

结婚年龄	男子		女子	
	数目	百分比	数目	百分比
13	1	4.5	1	14.8
14	2		5	
15	1		7	
16	2	14.8	12	34.1
17	2		5	
18	9		13	
19	5	15.9	11	26.1
20	6		7	
21	3		5	
22	6	27.3	7	15.9
23	6		2	
24	12		5	
25	6	15.9	2	6.8
26	4		2	
27	4		2	

续前表

<table>
<tr><th rowspan="2">结婚年龄</th><th colspan="2">男子</th><th colspan="2">女子</th></tr>
<tr><th>数目</th><th>百分比</th><th>数目</th><th>百分比</th></tr>
<tr><td>28</td><td>2</td><td rowspan="3">11.3</td><td>—</td><td rowspan="3">1.1</td></tr>
<tr><td>29</td><td>8</td><td>—</td></tr>
<tr><td>30</td><td>—</td><td>1</td></tr>
<tr><td>31</td><td>4</td><td rowspan="6">10.2</td><td>—</td><td rowspan="6">1.1</td></tr>
<tr><td>32</td><td>—</td><td>1</td></tr>
<tr><td>34</td><td>1</td><td>—</td></tr>
<tr><td>35</td><td>1</td><td>—</td></tr>
<tr><td>37</td><td>1</td><td>—</td></tr>
<tr><td>38</td><td>2</td><td>—</td></tr>
<tr><td>总合</td><td>88</td><td>100.0</td><td>88</td><td>100.0</td></tr>
</table>

距本村 2 里成府村的男子平均在 24 岁娶妻，与本村略同；女子平均在 21.5 岁出嫁，较高于本村。安徽湖边村男子结婚的平均年龄为 23.4，女子为 19.5①，与挂甲屯村的平均数极相近。从这些调查看起来，中国近城市之居民的结婚年龄并不过于幼稚。大约农人结婚的年龄较低，如在武清县甄家营村，平均男子结婚的年龄为 17 岁，女子为 16 岁。② 若将中国的结婚年龄与西洋社会比较，则显得颇低。英格兰及威尔士在 1920 年平均首次结婚的年龄男子为 27.51，女子为 25.54；最普通的结婚年龄男子为 24，女子为 21。③

在 88 个结婚的男子中，比妻子年龄大者占 77.3%，比妻子年龄小者占 10.2%，与妻子年龄相同者占 12.5%（见第十二表）。平均计算夫长于妻的年龄为 4.4 岁。

第十二表　夫妻年龄之关系

<table>
<tr><th></th><th>年数</th><th>数目</th><th>百分比</th></tr>
<tr><td rowspan="7">夫长于妻</td><td>24</td><td>1</td><td rowspan="7">15.9</td></tr>
<tr><td>18</td><td>1</td></tr>
<tr><td>16</td><td>1</td></tr>
<tr><td>15</td><td>1</td></tr>
<tr><td>13</td><td>1</td></tr>
<tr><td>11</td><td>5</td></tr>
<tr><td>10</td><td>4</td></tr>
</table>

① 陈达：《社会调查的尝试》，《清华学报》第 1 卷，第 2 期，第 325 页，民国十三年十二月，北京清华学校。

② Dickinson，J.，*Observation on the Social Life of a North China Village*，*Oct.-Dec.*，1924，*Publication of the Department of Sociology*，*Series C*，No. 6，p. 42，Yenching University.

③ Newsholme，Sir Arthur，*The Elements of Vital Statistics*，pp. 66-67，George Allen & Unwin Ltd.，London，1921.

续前表

	年数	数目	百分比
夫长于妻	9	5	17.0
	8	5	
	7	5	
	6	2	11.4
	5	4	
	4	4	
	3	12	33.0
	2	9	
	1	8	
夫妻相等	—	11	12.5
夫幼于妻	1	2	9.1
	2	3	
	3	3	
	9	1	1.1
总合	4.4	88	100.0

第三章　家庭的收入

工资及营业收入

在调查之百家的 406 人口中，有职业的男子计 141 人，占 35%；无职业之男子计 76 人，占 19%；有职业之女子计 29 人，占 7%；无职业之女子计 160 人，占 39%。有职业之男女共计 170 人，无职业者 236 人。14 岁以下有职业者有男童 2 人为苦力与学徒。

家庭收入的大部分是职业的进款。挂甲屯因距城市很近，村民的职业种类颇为复杂。有职业的男子约可分为六类，即精工、粗工、农业、商业、政界与教育界精巧工人共计 35 人，占一切有职业男子的 24%，中以编席者为最多，计 22 人。因附近一带池塘很多，盛产芦苇与蒲草，前一种为制席的原料，后一种的叶子可用以编铺店中所用的蒲包。又恰巧自文安县移居本地的家庭都会这种手艺，因此他们家庭中的人口无论男女老幼，大半从事这种职业，亦可称本村的家庭工业。席工每人全年最多可得一百五六十元，普通在 100 元上下。此外精工中的木匠及瓦匠，在调查时每日工资大洋 6 角。这两类工人大半在冷季 4 个月中失业，全年约有 8 个月的工作，每人全年的工资在 140 元左右。其他有技能工人的全年收入约在 120 至 160 元之间。

粗工共计 50 人，占有职业男子的 36%，中以人力车夫、泥水小工、听差及作零工的苦力为最多。洋车夫每人每日约得 6 角，每月歇工四五日，每年可进

180 元左右，较强于多数工人之进款。但在这一带拉车者非壮丁不可，因每次所拉之路程颇远，非老弱车夫所能胜任。泥水小工的一日工资为 3 角 5 分，亦如瓦匠在冷季失业 4 个月，因此全年的收入仅八九十元。不供膳的听差每月工资在 10 元左右，每年约 120 元；供膳者每月工资在 5 元左右，全年约 60 元。其他各种苦力的收入亦与泥水小工不相上下。

种地为业者计 16 人，其中种自己地者仅 4 人，租种别人地者 6 人，为人作农工者 6 人。本村管饭之长工的全年工资约 30 元，短工在寻常时每日 3 角，农忙时增至 5 角，每日每人饭费约值 2 角。租种之农夫中全部赚利最多者为 145 元，亦就是他的全年工资，普通每人全年约赚 70 元。农夫在冬季常作别种营业，补助家中用度。

靠商业谋生者共计 19 人，占一切有职业男子的 14%。有铺主 5 人，其中赚利最多者为 1 178 元，其余每家赚利皆在 200 元以下。小贩计 7 人，包括卖青菜、糖果或烧饼等零食物品者。小买卖人中赚利最多者为一摆杂货摊者，全年收入 312 元，大多数的赚利在 100 元左右，最低者为 31 元。店铺中的伙计除用主人饭食外，全年工资及年节送钱约计 100 元。学徒除饭食外没有工资，全年仅得年节赏钱两三元。

在政府机关作事者共计 20 人，占一切有职业男子的 14%。办事员 8 人，每人全年薪水自 120 至 500 元。警察每月薪水 8 元，往往只领几成，故全年收入仅六七十元。在军界者有连长 1 人，全年送家中 430 元，排长 2 人，各送家中 240 元。邮差 1 人，全年送家中 96 元，修理电线者 1 人，全年送家中 276 元。

从事教育者 1 人，全年送家中 77 元。兹将从事各种职业之男子数目列表如下（见第十三表）：

第十三表　100 家男子职业之分配

职业		人数
精工	编席	22
	织毯	1
	木匠	3
	瓦匠	2
	裱糊匠	1
	剃头匠	1
	鞋匠	1
	花匠	1
	厨役	2
	安水管	1

续前表

职业		人数
粗工	拉洋车	8
	赶大车	1
	赶马车	1
	泥水小工	10
	矿工	1
	拾粪	2
	拾柴	2
	苦力	12
	听差	11
	看花园	1
	看坟地	1
农	农夫	10
	农工	6
商	铺主	5
	小贩	7
	铺伙	3
	管账	2
	学徒	2
公务	办事员	8
	警察	3
	连长	1
	连副	1
	排长	2
	兵	1
	邮差	1
	铁路工	2
	修电线	1
塾师		1
总合		141

有收入的 29 个女子中，从事缝纫者几占半数，全年收入最多者为 70 元，普通每月约入 4 元。有的女子不过以一部分的时间做些针线零活，每月所入仅一两元。编席或编蒲包的女子约占三分之一，多者每人每月可得 8 元，普通每月 5 元。挑花的收入较丰，有全年至 100 元者，至少每月 4 元。兹将女子职业的分配列下（见第十四表）：

第十四表　100 家女子职业之分配

职业	缝纫	编席	挑花	绣花	总合
人数	14	11	3	1	29

大多数有职业者将其一切的工资或赚利归入家中使用，亦有少数人只送其

进款的一部分，有仅能敷自己在外用费而无力寄给家中钱者，亦有失业在家闲散者。在本调查所列的表内，凡一切自人口收入的数目系指家庭所收到者。换言之，也就是人口往家中送的钱，并非都是人口所得的一切工资或赚利的总数。

100家中在调查之民国十五年内，有收入者共计158人，其中大多数为男家主，计84人，子次之，计34人，妻18人，女4人，其他人口18人（见第十五表）。84个男家主全年共收入11 660.3元，平均每家主收入138.8元。大多数男家主的全年收入不及100元，100至200元者几占三分之一，200元以上者占七分之一。34个子之收入共计2 592元，平均每子为76元，50元以下者占三分之一，100元以下者占三分之二，未有超过250元者。18个妻之全年收入共计807元，平均每妻44.8元，在50元以下者占三分之二，未有超过150元者。4个女之收入共计229元，平均每女57元，未有超过100元者。其他18个男女的收入共计1 195元，平均每人66元，几乎全数在100元以下，未有超过150元者。一切人口的收入共计16 483元，平均每人的收入为104元，在100元以下者占三分之二，100至200元者占四分之一，超过200元者不及十分之一。

第十五表　按收入组100家人口数之分配

收入组	人数					
	家主	妻*	子	女	其他人口	一切人口
$50以下	15	12	11	1	7	46
50～99.9	31	5	15	3	9	63
100～149.9	19	1	4	—	2	26
150～199.9	7	—	3	—	—	10
200～249.9	3	—	1	—	—	4
250～299.9	2	—	—	—	—	2
300～349.9	2	—	—	—	—	2
400～449.9	2	—	—	—	—	2
450～499.9	1	—	—	—	—	1
500～649.9	1	—	—	—	—	1
1 178.50	1	—	—	—	—	1
总合	84	18	34	4	18	158

* 女家主在内。

其他收入

除上节所讨论之工资及营业收入外，尚有他项收入，约可分为六类：田园、房租、利息、资助、周济与卖物。

调查之100家中，种自已田者仅有4家，且亩数甚少，有3亩者2家，11亩者1家，14亩者1家。其中3家之田地若出租，每亩每年可入租金3元，1家之田地可入租金2.5元。如此计算则4家田地之估计的全年收入，或说田地资本的年利，为7.5元、9元、33元与42元。除去田地的资本利息外，所得之赚利即算为种地人的工作收入，看为农夫的工资一样，列入上节工资及营业项内。100家中租地种者仅有5家，亩数亦甚少，租2亩者1家，4亩者1家，6亩者2家，8亩者1家。所得的赚利皆为种地者的工资收入，列入上节之收入内。

9家中种稻者3家，每亩稻田1年约产米1石5斗，每石约值15元。每一农工能照管10亩左右。种高粱、玉米或小米等粗粮者6家。若为自己地，每亩之赚利在10元左右，租种地在7元左右，每亩租价约3元。

100家中出租房屋者有10家，全年房租收入共计243元，平均每家24元，自3至9元者3家，10至30元者4家，最多房租的收入为66元。本村空房颇多，因此租价颇低，普通之房屋每间每月仅租2角左右，较新之瓦房每间约4角。

100家中借款与人而取利息者有3家，全年收入之利息为3.2元、66元与300元。普通利息每月3分。

100家中亲属资助现款者有10家，全年共计706元。款额自3至20元者5家，其余5家为25元、36元、156元、200元与240元。

北京的慈善团体每年冬季常到村中调查贫民，施放米面和衣服或开办粥厂。100家中在调查之一年内曾受救济者计21家，所得物品的估计价值为88元，平均每家合4.2元。价2元以下者有9家，2至3.9元者5家，4至10元者4家，10元以上者2家，最多者为21元。每年警察调查户口一次，分村民为上户、中户、下户、次贫与极贫五等。放赈者大半不详细调查，只根据警察的调查施放衣物与贫户。

100家中曾将衣服、用具、首饰或他种旧物卖出者计4家，每家的收入为8

角、8 元、20 元与 69 元，共计 97.8 元。

借贷与当物

近几年来村民的生活费一天比一天高，而谋生之路反不如从前宽，工资的增加大约亦赶不上物价的高涨。许多家主的收入不足维持全家的生活，因此家中其他人口，甚至于妻或女，亦须作工赚钱。若仍然不足用度，尚有借债一途。但借债必须偿还，不能算为收入，故本调查的全年家庭收入并未包括借入一项。可是借入一项亦须调查清楚，藉以解释许多家庭入不敷出的原因，又可以表显家庭经济状况的真相。普通借钱的方法约有两种，即借贷与当物。100 家中在调查之一年内借贷者有 44 家，共计借入 1 367 元，平均每家合 31 元。全年借贷在 30 元以下者占大多数，30 元以上与 50 元以下者占四分之一，50 至 100 元者占六分之一，100 元以上者仅有 2 家。兹将百家借贷之款额分组列表如下（见第十六表）：

第十六表　100 家每家全年借贷数

借贷数	无	$10 以下	10～19.9	20～29.9	30～39.9	40～49.9	50～59.9	60～69.9	70～79.9	100	140	150
家数	56	9	8	8	9	1	4	—	2	1	1	1

因日用不足，尤其是食品一项，而借贷者占四分之三，此外用作小生意本钱者 3 家，因患病、娶妻、嫁女与办丧事而借贷者各有 1 家。

关于借贷的利率有答案者计 40 家，其中的半数是从亲友借来，不取利息。最普通的利率为月利 3 分，超过 3 分者 5 家，最高者为 5.5 分（见第十七表）。

第十七表　40 家每家借债月利率

月利率	无	2.0%	2.5%	3.0%	5.0%	5.5%
家数	18	1	5	11	4	1

当物为最便利的借钱方法。100 家中当物者有 31 家，收入之款额共计 582 元，平均每家合 19 元。当 10 元以下之家庭几占二分之一，最多者为 70 元（见第十八表）。当物之多数原因在于日用不足，所当之物品多属衣服，尤以棉衣与皮衣占大

多数，金银首饰次之，此外则为屋中之陈设与用具。距本村 2 里之海甸有当铺一家，月利 3 分，与北京同。当期为 1 年零 8 个月。至期不赎者即将押品没收。

第十八表 100 家每家全年当物之收入

当物收入	无	$10 以下	10～19.9	20～29.9	30～39.9	40～49.9	70
家数	69	14	6	5	1	2	3

除普通借贷与当物之方法外，尚有自钱会借钱的一种办法。钱会又名写会，寻常为数十亲友所组成，每人每月出会费一两元，总数由会员轮流使用，并不出利。此种无利息之钱会已不多见。有利息之钱会的办法即每月会款总数由会员中出利最高者使用。据本村人说，此种钱会在本村不若在邻村之发达，乃因弊端甚多，村民吃亏者不少，故近年少有组成者。

一切收入总论

为比较的便利起见，将挂甲屯的 100 家庭按全年收入总额的多寡分为四组。收入不满 100 元者为第一组，计 34 家；100 至 199 元者为第二组，计 39 家；200 至 299 元者为第三组，计 14 家；300 元及以上者为第四组，计 13 家。大概说来收入在 100 元以下者多为贫户，收入超过 300 元者多属小康之家。兹按收入四组将 100 家庭收入的总表列下（见第十九表）：

第十九表 按收入组 100 家庭每家平均全年收入之来源及款额

收入组		$100 以下	100～199	200～299	300 及以上	一切收入组
家数		34	39	14	13	100
工资及营业平均收入	家主	$47.27	102.23	133.06	323.34	116.60
	妻*	$3.70	4.18	23.31	14.77	8.07
	子	$12.33	13.14	36.46	88.46	25.92
	女	$0.43	1.74	5.83	4.95	2.29
	其他	$0.91	9.85	5.14	54.46	11.95
工资及营业平均收入总数		$64.64	131.14	203.81	485.98	164.83

续前表

收入组		$100以下	100～199	200～299	300及以上	一切收入组
他项平均收入	田园	$0.22	1.34	—	2.54	0.93
	房租	$0.76	3.42	2.11	4.18	2.43
	利息	$0.09	1.69	—	23.08	3.69
	资助	$1.11	5.56	32.23	—	7.06
	周济	$1.39	0.73	0.88	—	0.88
	卖物	$2.88	—	—	—	0.98
他项平均收入总数		$6.45	12.74	35.21	29.80	15.97
每家平均收入总数		$71.09	143.88	239.02	515.78	180.82
平均借入	借贷	$21.88	6.95	25.14	—	13.67
	当物	$7.66	7.17	3.00	—	5.82
平均每家借当收入总数		$29.54	14.12	28.14	—	19.49
百分比						
收入组		$100以下	100～199	200～299	300及以上	一切收入组
家数		34	39	14	13	100
工资及营业平均收入	家主	66.5	71.1	55.7	62.7	64.5
	妻*	5.2	2.9	9.8	2.9	4.5
	子	17.3	9.1	15.3	17.2	14.3
	女	0.6	1.2	2.4	0.9	1.3
	其他	1.3	6.8	2.1	10.6	6.6
工资及营业平均收入总数		90.9	91.1	85.3	94.2	91.2
他项平均收入	田园	0.3	0.9	—	0.5	0.5
	房租	1.1	2.4	0.9	0.8	1.3
	利息	0.1	1.2	—	4.5	2.0
	资助	1.6	3.9	13.5	—	3.9
	周济	1.9	0.5	0.4	—	0.5
	卖物	4.1	—	—	—	0.5
他项平均收入总数		9.1	8.9	14.7	5.8	8.8
每家平均收入总数		100.0	100.0	100.0	100.0	100.0
平均借入	借贷	74.1	49.2	89.3	—	70.1
	当物	25.9	50.8	10.7	—	29.9
平均每家借当收入总数		100	100	100	—	100

* 女家主在内。

第十九表表示每家平均收入的来源与款额。表之上部是表明自家中人口之工资及营业的平均收入，表之中部是表明其他各项的平均收入，表之下部是表明借贷与当物的平均总数。表之上半为平均款额，表之下半为各种收入来源占总收入的百分比。如此不但可以比较各组每家的收入款额，还可以比较各种款额所占的百分比。

100 家每家平均收入总数为 180.82 元，即以此为百分总数。总收入中工资及营业的收入款额为 164.83 元，占 91.2%。工资及营业收入中以家主的收入为最多，计 116.6 元，占 64.5%；子之收入次之，计 25.92 元，占 14.3%；妻之收入为 8.07 元，占 4.5%；女为 2.29 元，占 1.3%；其他人口为 11.95 元，占 6.6%。

家主之收入与家庭之收入总数甚有关系。100 元以下之收入组的家主平均全年收入为 47.27 元，300 元及以上之收入组增至 323.34 元。第一组内有收入之家主计 25 人，每人平均收入为 64 元；第二组内有收入之家主计 36 人，平均每人收入为 111 元；第三组有收入之家主计 12 人，平均收入为 157 元；第四组内有收入之家主计 12 人，平均收入为 382 元。各组家主赚钱的能力随组增高，第四组内家主的平均收入为第一组家主的平均收入的 6 倍。

每家子之平均收入亦随组之次序增高，第一组为 12.33 元，为第四组之 88.46 元的七分之一。每子平均赚钱的能力亦随组增高。第一组中有子之收入者计 8 家 9 子，平均每子 47 元；第二组中亦有 8 家 9 子，但每子之平均收入为 57 元；第三组中计 3 家 5 子，每子之平均收入竟至 102 元；第四组内计 4 家 11 子，每子平均收入为 105 元。这样看来总收入多的家庭内赚钱的子数也随着增多。

四组内皆有妻之收入。第一组内有妻之收入者 5 人，平均每妻之全年收入为 25 元；第二组内 6 人，平均每妻之收入为 27 元；第三组内 5 人，每妻 65 元；第四组内 2 人，每妻 96 元。妻之赚钱的能力亦随组增高。但按各组中一切家数的比例看来，第三组做工的妻较他组为多，故组中每家由妻之收入的总平均为 23.31 元，亦较他组为多。

有女之收入者共 4 家，各组均占 1 家。第一组中女之收入为 14.6 元，第二组为 68 元，第三组为 81 元，第四组为 64.4 元。

第一组内有其他人口之收入者计 1 家 1 人，第二组内计 5 家 7 人，第三组内计 1 家 2 人，第四组内计 3 家 8 人。每家自其他人口的平均收入亦随组之次序增高。

以上五类人口之收入大半皆随组之次序而递增，故工资及营业之平均收入总数亦有同样的趋势。第一组之每家平均收入为64.64元，几等于第二组收入的二分之一、第三组收入的三分之一、第四组收入的七分之一。这一方面是因为收入多之家庭人口的赚钱能力高，也是由于家庭的人口多。

关于其他收入每家平均总数为15.97元，占一切收入总数的8.8%。其他收入中以亲友之资助为最多，每家平均7.06元；利息次之，每家3.69元；房租又次之为2.43元；其余田园、周济与卖物等项均不足1元。

有田园之收入者共计5家。第一组有1家，收入为7.5元；第二组有3家，收入共计52.4元；第四组有1家，收入为33元。

房租之收入各组均有，第一组有3家，共计25.8元；第二组有4家，共计133.2元；第三组有1家，计29.5元；第四组有2家，共计54.4元。

有利息收入者仅3家，除第三组外各组均有1家。第一组内1家之利息收入为3.2元，第二组之1家为66元，第四组为300元。

除第四组收入较多之家庭外，各组均有资助一项。第一组内有4家，共计37.8元；第二组内3家，共计217元；第三组内3家，共计451.2元。由此看来亲友之资助款额亦随组之次序而递增。

受周济之家数自然是随组之次序而递减。第一组内得救济者有11家，约占本组一切家数的三分之一，共计赈款47.3元；第二组有9家，占本组家数的四分之一，赈款为28.4元；第三组仅1家，得12.3元；第四组无须周济之家庭。

因一时日用不足，曾卖家中旧物者只在第一组内有4家，共值97.8元。

有许多家庭的收入不抵支出，又素无积蓄，故赖借贷或当物补足。第一组内借贷者多至26家，占本组家数的四分之三，借入款额达743.9元；第二组有12家，约占本组家数三分之一，借款达271元；第三组有6家，几占本组家数之半。第一组当款达260.5元；第二组有13家，占本组家数三分之一，当额达279.8元；第三组有2家，占本组家数七分之一，当额达42元；第四组无当物者。

若按调查之100家计算，则每家之平均借当总数为19.49元，其中借贷为13.67元，占70.1%，当物为5.82元，占29.9%。

第四章　家庭的生活状况与支出

食　品

米面　20年前北京附近四郊的居民多吃老米，即仓内贮藏后粜出的白米。八旗的俸米停止发给后，老米亦不久绝迹，又因挂甲屯住户的经济状况不如从前的富裕，村民于是渐用粗粮。现在普通人家最常用之米面以玉米面占大多数，每斤价在5分3厘左右。玉米面的吃法有三种，即蒸窝头、贴饼子与烙糊饼是也。玉米渣为玉米之黄硬部分，用以熬粥。其次常用者为小米，每斤在7分左右，多用以熬粥，亦有掺白米少许用以做米饭者，谓之二米饭。此外有各种豆类，每斤黄豆或青豆之价约6分4厘，绿豆或小豆5分5厘。村民亦常用荞麦面，每斤在7分左右，多用以做面条汤。也有时用高粱，多半熬粥用，亦有做米饭者。本地虽产白米，但因米价颇昂且易消化，不若粗粮饱的时间耐久，故贫户不喜用白米。白面固为人人好吃之食品，但价钱较他种米面为高，每斤伏地面约为8分，机器面约1角，村中只有少数人家常吃白面。调查时亦曾问及每家全年内用白面与白米的次数，100家中全年吃白面在5次以下者约占半数，除年节外，平日几乎完全不见白面，竟有仅在新年吃1次者。吃5至9次者占15%，10至49次者占四分之一，50次以上者占十分之一，每日吃得起白面者共计5家。100家中全年吃白米未满5次者有四分之三，5至9次及10至49次者各占十分之一，50次以上者仅有4家，平均每日可吃一餐白米者只有1家。从吃白面和白米的次数即可看出挂甲屯居民生活的艰难。据村民说，每家每日吃两餐，每壮年男子每日约吃米面1斤半，女子约吃1斤2两。

100家中全年米面费未满50元者几占四分之一，50至99元者几占半数，100至149元者占五分之一，超过150元者不及十分之一。平均每家米面费为88元，占每家全年平均食品费总数105元的84%。兹按50元组将每家全年米面费列表如下（见第二十表）：

第二十表　100家每家全年米面费

米面费	$50以下	50～99.9	100～149.9	150～199.9	200～249.9	250～299.9
家数	23	48	20	4	2	3

菜蔬　米面外其次最多用的食品为菜蔬。本村最常用者为数种咸菜，其中以腌萝卜、腌水疙瘩与腌疙瘩缨占大多数，三种之价格按上列之次序为5分、6分与4分。此外腌白菜、腌茄子、腌辣椒与各种酱菜亦有用者，但用的数量不多，次数亦少。此外全年常用者有葱，每斤约3分，豆类中有黄豆芽每斤2分7厘，绿豆芽每斤1分5厘，青豆嘴每斤3分，豆腐每斤3分。冬季最常用之青菜为白菜，每斤在1分3厘左右。白薯亦为冬季主要的食品，因其价格便宜，每斤在2分左右，且能代替米面的功用，故贫民多喜购食。春季最常用者为菠菜，每斤贱时约两三分，韭菜每斤贱时为4分。夏秋两季则有多种青菜，如黄瓜、茄子、南瓜、菜瓜等。

100家中全年菜蔬费未满5元者约占三分之一，5至14元者约占五分之二，15元以上者占五分之一，未有超过50元者。每家平均全年菜蔬费为10.8元，占一切食品费的10%，每月合9角，每日3分。兹按5元组将每家全年菜蔬费列下（见第二十一表）：

第二十一表　100家每家全年菜蔬费

菜蔬费	$5以下	5～9.9	10～14.9	15～19.9	20～24.9	25～29.9	30～34.9	35～39.9	45～49.9
家数	36	21	21	9	5	2	2	3	1

调和　100家全年调和费共计526元，占一切食品费5%，平均每家全年5.26元，每月合4角4分，每日仅合1分4厘。全年调和费未满5元者几占家数之半（见第二十二表），5至7.5元者占四分之一，7.5元以上者仅占六分之一。调和费中以香油为最多，占64%，每斤价约3角；盐次之，占31%，每斤价约8分；其余之调味物有酱、醋、糖等共占5%。

第二十二表　100 家每家全年调和费

调和费	$2.5 以下	2.5～4.99	5.0～7.49	7.5～9.99	10.0～12.49	12.5～14.99	15.0～17.49
家数	18	40	25	4	7	4	2

肉类　本村普通所用之肉类为羊肉与猪肉，每斤价格均在 3 角左右。大多数的家庭只在新年、端阳与中秋两节购用肉食，亦有全年中只在新年吃一次肉者。此外吃得起肉者 100 家中不过有 13 家（见第二十三表），数量与用费亦甚少。于此可见村民生活程度的低微。

第二十三表　100 家每家年节外全年肉类费

肉类费	无	$1.0 以下	2.0	4.0	5.0	7.0	12.0	18.0	19.0
家数	87	3	2	1	3	1	1	1	1

其他食品　除以上的食品费外，尚有其他食品费，平均每家全年共计 8 角，其中鸡蛋费约占半数。此外为水果费，平均每家全年约 4 角，所吃者在夏季为本地所产之荸荠与藕，冬季为柿子与黑枣，吃得起他种水果者甚少。

一切食品费　平均每家全年一切食品费为 105.4 元。全年不满 100 元者超过家数之半。兹按 25 元组将每家全年食品费列表如下（见第二十四表）：

第二十四表　100 家每家全年一切食品费

一切食品费	$25～49.9	50～74.9	75～99.9	100～124.9
家数	16	19	23	14
一切食品费	125～149.9	150～174.9	175～199.9	200～224.9
家数	11	7	2	2

一切食品费	225～249.9	250～274.9	275～299.9	300～324.9	325～349.9
家数	2	1	1	1	1

衣　服

100 家中在调查之一年内有衣服费者（被褥费在内）计 95 家，共计 1 262 元，平均每家全年 13.28 元。不满 10 元衣服费之家庭占过半数（见第二十五表），10 元以上与 20 元以下者约占四分之一，20 至 50 元者约占十分之一，50 元以上者仅有 3 家。

有男子衣服费者计 84 家，共计全年 748 元，占一切衣服费的 69%，平均每家 8.9 元。全年不满 5 元之家数超过 100 家的三分之一，不满 10 元者几占三分之二，超过 10 元者仅占五分之一，超过 30 元者仅有 4 家。

有女子衣服费者计 92 家，共计 428 元，占一切衣服费的 34%，平均每家 4.66 元，较每家之平均男子衣服费少 4.24 元。全年不满 5 元者超过家数之半，不满 10 元者超过四分之三，未有在 25 元以上者。

在调查之一年内 100 家中有被褥费者有 23 家，共计 86 元，平均每家 3.74 元。全年被褥费未有超过 10 元者。

第二十五表　100 家每家全年衣服费

衣服费		无	$5 以下	5～9.9	10～14.9	15～19.9	20～24.9	25～29.9
家数	男	16	37	26	8	5	2	2
	女	8	59	18	10	3	2	—
	被褥	77	14	9	—	—	—	—
	共计	5	28	30	12	12	2	3

衣服费		30～34.9	35～39.9	40～44.9	45～49.9	50～54.9	85	100	120
家数	男	1	1	—	—	—	1	1	—
	女	—	—	—	—	—	—	—	—
	被褥	—	—	—	—	—	—	—	—
	共计	1	1	2	1	1	—	1	1

本村最常用之衣料为粗洋布，每尺约 1 角 2 分，一身单裤褂须用 13 尺，一身夹衣须加倍，棉衣再添棉花 1.5 斤，每斤棉价 6 角。较富之家庭多用市布，每尺约 1 角 4 分。一身单衣若无替换至多可穿 1 年，夹衣可用 5 年，棉衣可用 2 年。村人之鞋袜皆为家中妇女做成。男子每年须穿鞋 4 双，每双之布料价约 4 角，须穿袜子 3 双，每双价约 4 角。有不少村民无力购制新衣，多在海甸或北京买旧衣旧鞋。本村普通人家之被褥能用 10 年之久，且有不少已用 20 年者。每一普通新被价约 8 元，一新褥价约 4 元。

住　房

调查之 100 家中，住自己房者计 24 家，租房住者 71 家，住亲友之房屋而免付房租者 5 家。

本村出租之房屋多为早年富户遗留之旧房。每间屋之长多在 10 与 12 尺之间，且有至 16 尺者；屋之宽多在 8 与 10 尺之间，亦有至 13 尺者；屋之高自平地起至大柁多在 10 至 12 尺之间，亦有至 15 尺者。

村中房屋约分四类。最好者为瓦顶，其次为瓦与石灰掺半，再次为完全灰顶，最劣者为土顶。100 家中住瓦房者有 45 家，住瓦灰掺半者 12 家，住灰房者 9 家，住土房者 24 家。

除 2 家外，98 家皆有院墙，有砖墙者占 39 家，石墙 27 家，土墙 23 家，秫秸篱笆 7 家，芦苇篱笆 2 家。

100 家共有住房 246 间，平均每家 2.46 间。住 1 或 2 间屋者有 59 家，3 或 4 间者 34 家，5 或 6 间者 4 家，7 或 8 间者 2 家，10 间者 1 家。

每间普通之房租每月约 3 角，较好者约 4 角。租房住之 71 家的全年房租总数为 721 元，平均每家为 10.15 元，每月每家平均合 8 角 5 分，每间平均房租约 3 角 4 分。全年房租在 5 元以下者计 26 家，约占总家数的五分之二（见第二十六表），10 元以下者占五分之三，10 至 20 元者超过四分之一，20 元以上者仅占七分之一。

第二十六表　71 家每家全年之房租

房租	$5 以下	5～9.9	10～14.9	15～19.9	20～24.9	25～29.9	30～34.9	35～39.9
家数	26	16	12	7	6	—	3	1

燃　料

本村所用做饭与暖屋之燃料以煤球占大多数。煤球系以二成极细之煤末与一成带黏性之黄土，用水调和，再用筛摇成直径 1 寸大小的圆球，在日光下晒干后即可生火。每 10 斤价约 6 分。普通人家在夏季每日需煤球 6 斤左右，在冬季每日需 10 斤左右，故全年用费约需 15 元。煤球外兼用木柴或禾秆等。普通家庭的妇女除家中日常工作外，多出外拾取柴草，省去家中一部分的煤柴费，且有终年不买煤柴，专靠拾取者。

100 家中无煤柴费者有 19 家，其中有不少的家庭烧编席遗剩的芦苇。有煤柴费者有 81 家，全年共计 1 081.62 元，平均每家 13.43 元。全年燃料费在 15 元以下者超过家数之半（见第二十七表），皆系家中有拾柴者，其余 33 家多为完全买煤柴者。

第二十七表 100 家每家全年煤柴费

煤柴费	无	$5 以下	5～9.9	10～14.9	15～19.9	20～24.9	25～29.9	30 以上
家数	19	12	18	18	20	8	4	1

本村灯火皆用煤油。在夏季昼长夜短，许多贫家不用灯火，只在冬季天短时每晚用油少许，每月少者约用 1 斤，多者约用 2 斤，每斤价约 8 分。普通人家在暖季每月约用 1 斤，在冷季每月约用 3 斤。

100 家全年煤油费共计 217 元，平均每家约 2 元。全年在 1 元以下之家数几占四分之一（见第二十八表），2 元以下者超过家数之半，3 元以下者占五分之四。

第二十八表 100 家每家全年煤油费

煤油费	$1 以下	1～1.9	2～2.9	3～3.9	4～4.9	5～5.9	6～6.9	7～7.9	8 以上
家数	24	32	24	8	5	2	2	1	2

100 家全年一切煤料费共计 1 301.68 元，每家平均约 13 元。在 10 元以下之家数约占五分之二（见第二十九表），20 元以下者约占五分之四。若将拾柴估价算入燃料费内，则每家平均之燃料费约须增加三分之一。

第二十九表 100 家每家全年一切燃料费

一切燃料费	$5 以下	5～9.9	10～14.9	15～19.9	20～24.9	25～29.9	30～34.9	40 以上
家数	21	20	17	20	12	8	1	1

杂　费

除以上四项主要费用外，尚有各种杂费，兹将其甚普通者分类说明。

水本为日用必需之物，但本村住户皆自行从井中取水，故无此项用费。

用具 100 家中在调查之一年内曾添家中用具者有 33 家，共计 54.1 元，平均每家 1.64 元。在 1 元以下及 1 至 1.9 元者各有 14 家，2 至 5 元者有 4 家，超过 5 元者仅 1 家。关于未有用具费之 67 家，未必每家绝对没有是项费用，可是即或有亦必极少，因此在询问时竟想不起有何用具费，故虽或遗漏亦没大关系。关于调查其他各项杂费时亦有同样的情形。

嗜好喝茶、吸烟与饮酒　嗜好费中最普通者为喝茶，但 100 家中平日喝不起茶者竟占三分之一（见第三十表）。有茶叶支出者有 66 家，全年共计 158 元，平均每家约 2.4 元。大多数家庭的全年茶叶费皆在 2 元以下，未有超过 10 元者。

第三十表　100 家每家全年茶叶费

茶叶费	无	$1 以下	1～1.9	2～2.9	3～3.9	4～4.9	5～5.9	6～6.9	7～7.9	8～8.9	9～9.9
家数	34	14	25	7	13	3	—	2	1	—	1

吸烟的嗜好虽不如喝茶的普通，但用费却比茶叶为多。100 家中有吸烟费者计 53 家，全年费用总数为 376 元，平均每家约 7 元。全年烟费在 5 元以下之家数约占五分之三（见第三十一表），最多者为 35 元。

第三十一表　100 家每家全年吸烟费

吸烟费	无	$5 以下	5～9.9	10～14.9	15～19.9	35
家数	47	31	7	12	2	1

100 家中吸烟人数共计 77 人，内有男子 51 人，女子 26 人。77 人中吸土制烟叶者 42 人，吸纸烟者 34 人，吸鸦片烟者 1 人。吸烟之家数中 1 家只有 1 人吸烟者占五分之三，有 2 人吸烟之家数占四分之一，超过 2 口者只有 4 家，最多者为 6 口。

普通之叶子烟每斤价约 6 角。常用纸烟之牌号为大婴孩、地图、佛手、大杏等。每盒 10 支，价约 3 分。

100 家中有饮酒费者只 13 家，全年共计 109 元，平均每家约合 8.4 元。全年在 5 元以下及 5 至 9.9 元者各有 5 家，10 元以上者 3 家。饮酒者共计 14 人，皆为男子。最常饮者为烧酒，每斤价约 2 角 5 分。

100 家中有以上三种嗜好或其中二种或一种者共计 85 家，全年费用总数为 643 元，其中烟费占 59%，茶叶费占 24%，酒费占 17%。全年嗜好费不满 5 元者超过家数之半（见第三十二表），不满 15 元者约占十分之九。

第三十二表　100 家每家全年嗜好费

嗜好费	无	$5 以下	5～9.9	10～14.9	15～19.9	20～24.9	25～29.9	30～34.9	35 以上
家数	15	47	17	11	3	2	1	3	1

卫生　村民因经济不足又多半无卫生知识，故缺乏清洁之习惯。即以刷牙而论，有是项习惯者恐不到三分之一，且有终年连胰皂亦不用者。男子在夏日

多在河内沐浴，上澡堂者甚少，即去亦不过一月两三次。女子从未有正式的沐浴。衣服亦多在附近河旁石上用棍砸洗，只在冬季不得已时稍用胰皂洗洁。故村人的卫生费甚少。

100 家中有卫生费者共计 87 家，全年共计 75 元，平均每家合 8 角 6 分。全年不满 1 元之家庭约占三分之二（见第三十三表）。

第三十三表 100 家每家全年卫生费

卫生费	无	\$0.5 以下	0.5～0.9	1.0～1.4	1.5～1.9	2.0～2.4	2.5 以上
家数	13	38	19	13	7	7	3

年节 村民除极贫之家庭外，对于一年中之三大节日莫不尽力庆祝，最重要者为新年，中秋节与端阳节次之。费用中之大部分为肉面等食物，其次为祭神之应用物品。100 家中拿不出过节费者计 5 家，其中有为亲友请到家中同过，或赠送肉面者。其余有过节费之 95 家全年共计 576 元，平均每家约 6 元。其中约四分之三为新年费，四分之一为其他节日费。年节费在 5 元以下之家庭几占半数（见第三十四表），在 20 元以上者有 5 家，最多者为 30 元。

第三十四表 100 家每家全年年节费

年节费	无	\$5 以下	5～9.9	10～14.9	15～19.9	20～24.9	25 以上
家数	5	45	16	27	2	4	1

宗教 村民以自称信佛者为最多，但同时亦信仰灶王、观音菩萨、财神、娘娘（即天后）等神，尤以灶王为最普通。信基督教者有 3 家，属伊斯兰教[①]者有 1 家，只尊崇孔子者有 1 家。除年节外大多数的家庭对于灶王、财神等在每月初一与十五两日内烧香数根或数股不等。据村民说，近年之烧香费大不如从前，非因虔心减少，实因生活艰难，不能办到。每家在清明节多半为祖先焚烧纸箔。100 家中有宗教费者计 71 家，全年共计 77 元，平均每家约 1 元，内有纸箔费三分之一。全年不满 1 元之家庭占大多数（见第三十五表）。

第三十五表 100 家每家全年宗教费

宗教费	无	\$0.5 以下	0.5～0.9	1.0～1.4	1.5～1.9	2.0～2.4	2.5 以上
家数	29	24	19	17	5	2	4

① 原文献中为“回教”，此为旧称，书中统改为“伊斯兰教”。——编者注

酬应　村人对亲友与邻人的婚丧等事皆有相当的酬应，随家庭经济的能力而有不同。100 家中有酬应费者计 67 家，全年共计 345 元，平均每家约 5 元。全年在 1 元以下之家庭几占六分之一，3 元以下者约占五分之三，6 元以下者约占六分之五，10 及 10 元以上者计 11 家，约占六分之一（见第三十六表）。

第三十六表　100 家每家全年酬应费

酬应费	无	$1 以下	1～1.9	2～2.9	3～3.9	4～4.9	5～5.9	10	15	35	36	40	50
家数	33	11	18	12	10	2	3	5	2	1	1	1	1

教育　本村有劝善戒烟酒会设立的裕善小学校，对于贫家入学之儿童不收学费。100 家中有儿童入学者计 24 家，其中无教育费者 8 家，此外 16 家之全年教育费共计 97 元，平均每家约 6 元。全年不满 2 元、2 至 4 元、6 至 7 元与 12 至 16 元者各计 4 家。

婚丧　100 家中在全年内有婚丧费者计 4 家，共计费用 197 元，平均每家 49 元。其中娶妻者 1 家用 100 元，嫁女者 1 家用 40 元，为子之丧事 1 家用 15 元，为妻之丧事 1 家用 42 元。

其他杂费　除以上各项用费外，100 家中尚有其他用费者计 56 家，全年共用 509 元，平均每家约 9 元，其中之五分之二为医药费，但有是项用费者仅有 16 家，且其中全年未满 5 元者占三分之二，大多数的村民是拿不起医药费的。其次为交通费，占其他杂费总数的五分之一，有是项用费者计 13 家，全年未满 3 元之家庭占大多数。再次为 10 家自有房屋的修理费，占其他杂费总数的十分之一，全年未满 2 元者占家数之半。此外自有房屋之 14 家在调查之一年内并无修理费。有庆贺生日费者 14 家，普通每家全年约一两元，其中 1 家曾用 10 元。妇女有胭脂粉等化妆费者计 21 家，全年费用超过 1 元者只有 3 家，最多者为 3 元。有生育费者计 7 家，其中大多数全年不满 1 元，最多者为 6 元。有娱乐费者只有 4 家，皆为听戏，其中全年未满 2 元者 3 家，10 元者 1 家。

一切支出总论

100 家平均每家全年支出总数为 163.99 元。自第三十七表可以看出平均每家五项主要用费的款额及每项内各种支出的平均款额，也可以看出有各种用途之家数及其平均款额。用途中如米面、菜蔬等类是每家日用必需品，故其 100 家之平均款额与有此项用途家庭之平均款额完全相同。但大多数之用途并非 100 家皆有，比如有教育费者不过 16 家，平均每家用费 6.07 元，若按 100 家计算则每家平均教育费得 9 角 7 分。至于有婚丧费者仅 4 家，若按 100 家计算则每家平均得 1.97 元，意义甚少，不如 4 家平均之 49.25 元的意义较大。因此表中将此两种每家之平均用费并列。

第三十七表　100 家平均每家全年各项支出细表

用途		100 家每家平均用费		有此项用途之家庭			
				数目		每家平均用费	
食品	米面	$87.69	$105.40	100	100	$87.68	$105.40
	菜蔬	10.81		100		10.81	
	调和	5.26		100		5.26	
	肉	0.81		13		6.24	
	其他	0.83		33		2.53	
衣服	男人衣服	7.48	12.62	84	95	8.90	13.28
	女人衣服	4.28		92		4.66	
	被褥	0.86		23		3.74	
房租		7.21	7.21	71	71	10.15	10.15
燃料	柴煤	10.88	13.05	81	100	13.43	13.05
	煤油	2.17		100		2.17	
杂项	器具	0.54	25.72	33	100	1.64	25.72
	茶叶	1.58		66		2.39	
	吸烟	3.76		53		7.09	
	饮酒	1.09		13		8.38	
	卫生	0.75		87		0.86	
	年节	5.76		95		6.06	
	宗教	0.77		71		1.08	
	酬应	3.45		67		5.15	
	教育	0.97		16		6.07	
	婚丧	1.97		4		49.25	
	其他	5.09		56		9.09	
总合		163.99	163.99	100	100	163.99	163.99

为比较的便利起见，亦照第三章第四节一切收入总论的办法，按各家收入款额的多寡分为四组。第三十八表约分为三部：上部列出各组之家数、每家平均人口数及等成年男子数；中部表明每组之五项主要支出用费及其总数；下部指明各组盈余或亏短之家数及款额。表之上半为家数、口数或各项

款额；表之下半为上半各种数量的百分比。例如 100 元以下之第一组内平均每家用费总数为 93.17 元，即以此为百分总数。其中平均每家食品费为 62.27 元，等于用费总数的 66.8%，衣服费为 5.08 元，等于用费总数的 5.5%，余可类推。

第三十八表　按收入组全年内 100 家每家五项主要支出之款额及百分比

收入组		$100 以下	100～199	200～299	300 及以上	总合
家数		34	39	14	13	100
平均每家人口	人口数	2.76	3.28	4.14	5.53	3.52
	等成年男子数	2.10	2.52	3.13	4.56	2.73
平均每家用费	食品	$62.27	94.07	153.38	200.46	105.40
	衣服	$5.08	8.97	21.07	34.19	12.62
	房租	$4.00	5.27	13.17	15.01	7.21
	燃料	$8.44	11.75	19.52	22.01	13.05
	杂项	$13.37	16.67	37.41	72.57	25.72
平均每家用费总数		$93.17	136.73	244.55	344.24	163.99
盈余	家数	10	22	7	12	51
	平均款额	$10.88	30.36	34.07	186.49	63.79
亏短	家数	24	17	7	1	49
	平均款额	$34.81	22.87	45.13	19.12	32.31
平均每家盈余或亏短		－$22.08	＋7.15	－5.53	＋170.68	＋16.70
百　　分　　比						
收入组		$100 以下	100～199	200～299	300 及以上	总合
家数		100.0	34.0	39.0	14.0	13.0
平均每家人口	人口数	—	—	—	—	—
	等成年男子数	—	—	—	—	—
平均每家用费	食品	66.8	68.8	62.7	58.2	64.3
	衣服	5.5	6.6	8.6	9.9	7.7
	房租	4.3	3.9	5.4	4.4	4.4
	燃料	9.1	8.6	8.0	6.4	7.9
	杂项	14.4	12.2	15.3	21.1	15.7
平均每家用费总数		100.0	100.0	100.0	100.0	100.0
盈余	家数	29.4	56.4	50.0	92.3	51.0
	平均款额	—	—	—	—	—
亏短	家数	70.6	43.6	50.0	7.7	49.0
	平均款额	—	—	—	—	—
平均每家盈余或亏短		—	—	—	—	—

第四栏中有“等成年男子”（adult-male-equivalent），这个名辞在中国尚未通用，这里须略加解释。我们每逢比较家庭状况的时候常感到一种困难，就是各家的大小不同，人口不一。同是5口之家，但两家内人口之年龄与性别未必相同。一个30余岁的壮年与一个不满3岁的小孩在各种用费上相差甚多，同年男女的一切用费也不能恰同。要免除这层困难，西国研究生活费的专家已经想出一个解决的方法，就是将一切人口合成一种单位。关于折合单位的计算法多数学者的意见不同，但多半是以一个成年的男子为单位，折合家中一切人口等于多少成年男子，因此叫作“等成年男子”。如恩格勒氏之单位折合方法是根据人体高度及重量的增加。拉司克氏则根据人身需用之食物的滋养料来制定等成年男子数的计算法。他以14岁及14岁以上的男子为成年男子单位，不满6岁之男女儿童等于一成年男子的50%，6至9岁之男女等于70%，10至13岁之男女等于83%，14岁及14岁以上之成年女子亦等于83%。此外尚有数种单位折合法，大半是根据人的食量，有的是估计的，有的是详细调查许多家庭消耗各类食物数量而定的。本篇所采用者为阿特瓦特计算法（Atwater Scale），根据1895和1896两年阿特瓦特和乌德氏在纽约研究食物的结果，后曾略加修正（见第三十九表）。例如有5口之家，夫之年龄为30岁，妻28岁，子8岁，女4岁，夫之母60岁。按第三十九表折合则夫为1.00，妻为0.80，子为0.50，女为0.40，母为0.80，共计等成年男子为3.50人。此种计算法乃根据食物的消费。若施用于住房、衣服、燃料等项未必合适。但因在中国现在尚没有根据一切用费的计算法，故本篇比较各种支出时皆用阿氏计算法。

第三十九表　折合男女年龄等于等成年男子单位

年龄		成人（16岁以上）	15～16	13～14	12	10～11	6～9	2～5	2岁以下
等成年男子数	男	1.00	0.90	0.80	0.70	0.60	0.50	0.40	0.30
	女	0.80	0.80	0.70	0.60	0.60	0.50	0.40	0.30

第三十八表内人口数皆系于家庭支出内有衣食用费者。100家之平均人口数为3.52，等成年男子数为2.73。各组人口的数目有随组增加的趋势，第四组平均每家人口数为5.53，较第一组之2.76口约多一倍，等成年男子数且超过一倍。从此可以推知家庭的进款愈多，人口亦随之增多。

100家平均每家全年各种用费以食品费为最多，计105.4元，占一切支出费

64.3%；除杂费外燃料费次之，占7.9%；衣服费稍少于燃料费，占7.7%；房租最少，占4.4%。可注意者即各组内五项支出皆随组之次序递增。这一方面是因为收入递增，再一方面也是因为人口递增。各组内平均每家用费总数自然也是随组次增加的。

兹以每组平均每家用费总数为百分总数，试看各组内五项之百分比是多少。表内食品之百分比有随组递减的趋势。第一组为66.8%，第二组为68.8%，虽较第一组稍高，但所差极微，第三组与第四组则减至62.7%与58.2%。从此可知收入愈多则食品支出的百分比反愈少。这是因为富家的食品以外的用费较贫家为多，而贫家则以食品费为主要支出，其他用费极少，因此两类家庭食品费之百分比恰相反。

衣服之百分比正与食品相反，随组之次序增加，从第一组5.5%增至第四组9.9%。各组内房租之百分比无随组递增或递减的趋势，第一组之百分比与第四组之百分比为4.3%与4.4%，极相近。燃料之百分比是随组之次序递减，自第一组9.1%减至第四组6.4%。杂项之百分比有随组之次序而增高的趋势，前三组相差不多，第四组则显然增高。

在比较各组之百分比时第一与第二组之百分比往往与递增或递减之趋势稍有不符，如食品与杂费。这大约是因为第一组的正式收入虽较第二组为少，但借贷与当物的收入较第二组为多。第一组每家平均借入为29.54元（见前第十九表），第二组为14.12元。因此两组的生活程度相差不多。

关于杂项内之各种款额与其百分比另列于第四十表内。

第四十表　按收入组全年内100家每家杂项支出款额

收入组	家数	用具	嗜好	卫生	年节	宗教	酬应	杂费	特别	总计
$100以下	34	$0.18	$5.12	$0.38	$2.78	$0.52	$0.95	$2.26	$1.18	$13.37
100～199	39	0.22	3.50	0.59	4.94	0.37	1.81	4.16	1.08	16.67
200～299	14	1.85	8.72	0.94	6.79	1.17	3.27	6.45	8.21	37.41
300及以上	13	1.03	16.16	1.98	14.85	2.18	15.12	21.25	—	72.57
总合	100	0.54	6.43	0.75	5.76	0.77	3.45	6.06	1.97	25.72

各组盈余家数之百分比亦随组之次序增高，由第一组29.4%增至第四组92.3%。各组平均每家盈余之款额亦随组增高，由第一组10.88元增至第四组

186.49 元。反之，亏短家数之百分比当然有随组减少的倾向，由第一组 70.6% 减至第四组 7.7%。再按各组一切家数计算，则第一组平均每家亏短最多，为 22.08 元；第三组次之，为 5.53 元；第二组盈余 7.15 元；第四组盈余最多，为 170.68 元。

第三十八表与第四十表是按收入组比较平均全年每家的各项支出款项。第四十一表是按收入组比较平均全年每人的各项用费，再进一步比较平均全年每等成年男子的用费，如此尤能显出各组的生活程度。从此表即可看出家庭的收入愈多，则每人的各项生活费亦随之而增，尤其是食物、衣服与杂费。第一组平均每人之用费总数全年为 33.76 元，第二组增至 41.68 元，第三组增至 59.07 元，第四组增至 62.25 元。各组内平均等成年男子之用费亦有同样的趋势。

按四组内一切人口计算，平均每人全年用费为 46.59 元，每月为 3.88 元，每日为 1 角 3 分；平均每等成年男子全年用费为 60.07 元，每月 5 元，每日 1 角 7 分。

第四十一表　按收入组全年内 100 家平均每人及每等成年男子之用费

<table>
<tr><th colspan="2">收入组</th><th>$100 以下</th><th>100～199</th><th>200～299</th><th>300 及以上</th><th>总合</th></tr>
<tr><td colspan="2">口数</td><td>2.76</td><td>3.28</td><td>4.14</td><td>5.53</td><td>3.52</td></tr>
<tr><td rowspan="5">平均每人用费</td><td>食品</td><td>$22.56</td><td>28.68</td><td>37.05</td><td>36.25</td><td>29.94</td></tr>
<tr><td>衣服</td><td>$1.84</td><td>2.73</td><td>5.09</td><td>6.18</td><td>3.59</td></tr>
<tr><td>房租</td><td>$1.45</td><td>1.61</td><td>3.18</td><td>2.71</td><td>2.05</td></tr>
<tr><td>燃料</td><td>$3.06</td><td>3.58</td><td>4.71</td><td>3.98</td><td>3.71</td></tr>
<tr><td>杂项</td><td>$4.84</td><td>5.08</td><td>9.04</td><td>13.12</td><td>7.31</td></tr>
<tr><td colspan="2">平均每人用费总数</td><td>$33.76</td><td>41.68</td><td>59.07</td><td>62.25</td><td>46.59</td></tr>
<tr><td colspan="2">等成年男子数</td><td>2.10</td><td>2.52</td><td>3.13</td><td>4.56</td><td>2.73</td></tr>
<tr><td rowspan="5">平均每等成年男子用费</td><td>食品</td><td>$29.65</td><td>37.33</td><td>49.00</td><td>43.96</td><td>38.61</td></tr>
<tr><td>衣服</td><td>$2.42</td><td>3.56</td><td>6.73</td><td>7.50</td><td>4.62</td></tr>
<tr><td>房租</td><td>$1.90</td><td>2.09</td><td>4.21</td><td>3.29</td><td>2.64</td></tr>
<tr><td>燃料</td><td>$4.02</td><td>4.66</td><td>6.24</td><td>4.83</td><td>4.78</td></tr>
<tr><td>杂项</td><td>$6.37</td><td>6.61</td><td>11.95</td><td>15.91</td><td>9.42</td></tr>
<tr><td colspan="2">平均每等成年男子用费总数</td><td>$44.37</td><td>54.26</td><td>78.13</td><td>75.49</td><td>60.07</td></tr>
</table>

附本村兵灾损失表　民国以来京郊一带曾受兵灾数次。挂甲屯村在民国十五年四月国民军退出北京以后，曾遭某系军队之骚扰。100 家中受损失者计 46 家。兹将各家损失之数目列下（见第四十二表）：

第四十二表　46 家每家全年兵灾之损失

兵灾损失	家数	兵灾损失	家数
$5 以下	20	35～39	1
5～9	7	40～44	2
10～14	6	45～49	—
15～19	1	50～54	2
20～24	3	55～59	—
25～29	—	60～64	2
30～34	1	300～	1

第五章　村民的其他状况

健康与卫生

居住　居住与人身健康之关系甚大。故本调查对于村民住屋之间数及内容颇为注意。从第四十三表即可看出各家住屋之间数与其全年收入之款额大有关系，即收入愈多则住屋之间数亦随之而增多。100 元收入组中平均每家之屋数为 1.94 间，第二组增至 2.03 间，第三组增至 2.71 间，第四组增至 4.84 间，平均每家 2.46 间。平均每间之人口数在前三组中则相差不多，惟收入最多之第四组为 1.14 口或 0.94 等成年男子，较他组为少。

住 3 间以下之家数在第一组内为 24 家，占本组一切家数 71%；第二组为 28 家，占本组一切家数 72%；第三组为 6 家，占本组一切家数 43%；第四组只 1 家，占本组一切家数 8%。各组内住 3 或 4 间之家数与其本组一切家数之比例为：第一组约为三分之一，第二组四分之一，第三组二分之一，第四组二分之一。富裕家庭之住屋间数既多，全年之房租亦随之增多（参看第四章第三节）。

100 家之卧室共计 134 间。每家有 1 间卧室者为最多，计 71 家；2 间卧室者次之，计 24 家；3 间者有 5 家。134 间内每间住 1 人者占 13 间。住 2 人者为最多，占 53 间，为一切间数 39.6%；住 3 人者次之，占 41 间，为 30.6%；住 4 人者 18 间，5 人者 9 间（见第四十四表）。若将本村每间卧室之人数与北京城内工人家庭比较，则本村之住屋尚不甚拥挤，因北京城内大多数工人之家庭只租得起一间住屋。

第四十三表　按收入组100家每家住房间数及平均全年房租

收入组		$100以下	100～199	200～299	300及以上	总合
家数		34	39	14	13	100
平均每家人口		2.82	3.38	4.21	5.54	3.59
平均每家等成年男子数		2.16	2.62	3.21	4.56	2.80
平均每家间数		1.94	2.03	2.71	4.84	2.46
平均每间人口	人口	1.45	1.66	1.55	1.14	1.46
	等成年男子数	1.11	1.29	1.18	0.94	1.14
住3间以下之家数		24	28	6	1	59
住3间及4间之家数		10	10	8	6	34
住5间及6间之家数		—	1	—	3	4
住7间及8间之家数		—	—	—	2	2
住9间及10间之家数		—	—	—	1	1
平均全年房租	每家	4.00	5.27	13.17	15.01	7.21
	每人	1.42	1.56	3.13	2.71	2.01
	每等成年男子	1.86	2.01	4.11	3.29	2.58

第四十四表　134间卧室每间睡觉人数

每间人数		1	2	3	4	5	总合
卧室	间数	13	53	41	18	9	134
	百分比	9.7	39.6	30.6	13.4	6.7	100.0

100家中，屋中地面干者占66家，地面潮者占27家，地面甚湿者占7家。地面干者多属砖地，潮湿者多属土地。100家中，屋内地为土地者占77家，为砖地者23家。

各家房屋窗上之玻璃不但可以通过日光，有益卫生，且能由此看出居民进步的程度。大概说来，社会愈开通，窗上玻璃的面积亦愈大。蔽塞的社会少用，甚至于不用玻璃。100家中窗上有玻璃者共计74家。大多数家中窗上之玻璃面积不满3方尺，5方尺以上者计8家（见第四十五表）。若与北京城内家庭窗上之玻璃比较，自然少些，但比距城较远或内地村中窗上的玻璃已经多了。

100家中独居一院之家数约占三分之一，两家同住一院者占五分之一，其余每院内之住户皆在2家以上，有一院内住10家者。独院居住者多系自有房屋之家庭，同院住数家者多系租房住之家庭。本村家庭之院子尚属宽大，100家院子之平均长约50尺，宽约40尺。

第四十五表 74家每家窗上玻璃之面积

窗上玻璃之面积（方尺）	家数	窗上玻璃之面积（方尺）	家数
1方尺以下	17	6.0～6.9	3
1.0～1.9	24	7.0～7.9	1
2.0～2.9	5	8.0～8.9	1
3.0～3.9	13	13.0～13.9	1
4.0～4.9	7	15.0～15.9	2
5.0～5.9	—		

死亡与病症 本调查曾询问本村45岁以上之老妇43人，关于彼等一生所生育的子女数目。平均每老妇共生子女4.7人，男孩多于女孩。大约这个数目比实际的数目低一些，因她们多半不把小产、死胎或死去的极小的婴儿计算在内，再者其中也许有年青时即为寡妇者。此外又询问了97个出嫁的妇女，其中大多数为主妇，关于她们生育死亡及现存的子女数目。据她们的回答共生了326个子女，其中死去了132个，现存194个。亡故的132个子女中在不满1岁死去者计44人，占三分之一；在1岁以上及不满2岁死去者39人，亦几占三分之一；2岁以上及不满3岁者占八分之一；不满10岁死去者共计119人，约占90%。从这样简单的调查里自然看不出真确的死亡率来，不过也可以藉此发现死去儿童的数目很多，尤其是极小的儿童。

调查者也曾问及这些儿童死去的原因。可是这些家庭在儿童病时多半请不起医生，故关于儿童所得的病也说不清楚。但从他们不明了的答案中也能看出大概的情形。132人中说是得痨病（大概包括身体虚弱等症）死的计35人，由出天花死的23人，由于惊疯者23人，以上共计81人，约占死亡总数的三分之二。小孩因惊吓致病而死者（他们说是吓掉了魂）7人，因衣食不足及出疹子而死者各计5人，因生疮、疟疾、痢疾及当兵阵亡者各占3人，此外致死之原因为伤寒、噎死、饿死、落入冰窟窿及各种流行症。

近年来村民已知道为儿童种牛痘的重要，但仍有不少未种者。在14岁以下之97个儿童中，种过牛痘者71人，未种者26人。

村民染目疾者甚多，有瞎子3人，聋子1人，未发现痴子、癫狂或四肢残缺者。

教育与知识

教育　本村理善劝戒烟酒总会设立的裕善小学校约有男生 70 人，李氏私塾有男生 10 余人，培德女子学校约有女生 30 人。三校中的学生亦有自邻村而来的儿童。100 家中入学者共计 38 人，内男生 23 人，女生 15 人。彼等入学之年数大多数在 5 年以下（见第四十六表）。关于学生之年龄见第四十七表。

第四十六表　学生入学之年数

入学年数		1 年以下	1	2	3	4	6	7	8	9	15	总合
学生	男	1	6	5	3	2	3	1	1	1	—	23
	女	2	2	3	4	1	1	1	—	—	1	15
	共	3	8	8	7	3	4	2	1	1	1	38

第四十七表　学生之年龄

年龄		6	7	8	9	10	11	12	14	15	16	22	26	总合
学生数目	男	2	2	1	8	1	4	1	1	2	1	—	—	23
	女	—	1	—	—	3	3	1	4	—	1	1	1	15
	共	2	3	1	8	4	7	2	5	2	2	1	1	38

100 家之 406 人口中，入过学校者计 85 人，其中入学年数未满 4 年者占过半数（见第四十八表），在 10 年以上者计 4 人。

第四十八表　85 人入学年数

入学年数	1 年以下	1	2	3	4	5	6	7	8	9	10	10 年以上
人数	3	8	22	14	12	8	6	3	2	1	2	4

知识　关于村人的知识从几个问题的各种答案可以稍微看出来。

问：“现在大总统是谁？”　在调查的 3 个月内中国并无大总统，正当张作霖在北京自称为安国军总司令，顾维钧与杜锡珪前后为国务总理的时候。100 家中回答对了的，就是回答没总统者，只有 8 人，回答不知道者 91 人，回答王士珍为总统者 1 人。按挂甲屯村距京极近，尚且有这样多的人不知道中国有无总统，岂非笑话？距大城较远乡村人民的知识可想而知了。

问："现在管理中国的是谁?" 回答张作霖者计 10 人，回答北京张作霖而南方为蒋介石者 1 人，回答顾维钧者 1 人，回答杜锡珪者 1 人，回答兵、有兵的人及没有准人者各占 1 人。以上的回答总算不坏，尤以末 3 个答案为有趣。其余的 84 家都回答不知道。

问："本县的县知事是谁?" 回答不知道者竟占 96 家，甚至于回答没有者 4 家。这大约是因为村中的事情多半归北郊警察署治理，与宛平县署不常发生关系，也是因为近来县长常常调动的缘故，可是他们连近几年内任何县长的名字也说不出来。

问："民国是甚么意思?" 回答人民平等者 5 家，回答没皇上者 4 家，回答以民为主者 3 家，回答采取民意者 1 家，回答人民受苦者 1 家。此外 86 家的答案是不知道。

问："民国好，还是有皇上好呢?" 回答民国好者占五分之一而强，回答有皇上好者占四分之一，回答一样者占三分之一而强，回答不知哪种好者约占六分之一。想读者对于这些村民的回答一定发生很大的感想吧。我想值得把他们的答案列出表来（见第四十九表）。

第四十九表　100 家对于民主与君主制度的比较

民国好	皇上好	一样	不知哪种好
23	25	36	16

问："为子女打算将来作何种职业?" 有儿童之 71 家中，回答打算将来令男孩作粗工早早进钱者有 20 家，打算学 3 年手艺者 19 家，打算学 3 年买卖者 11 家，打算入军界者 8 家，打算入教育界者 7 家，打算在铁路上作事者 3 家，打算先读书然后再说者 3 家。至于每家对于女孩之将来并无计划，不过长大时找个相当的婆家就是了。

风俗与习惯

婚礼　关于定婚与结婚的用费，自然因贫富家庭之不同而有差别，在本村普通需 200 元左右。兹将本村定婚及结婚之手续及其用费略述于下。

现在说亲多半由亲友提议，少有用媒婆者。男女两家有意之后即先交换门户帖，谓之过帖，上写两家的姓名、籍贯、三代名号等。若都满意再过八字帖，上写男女两人的生年月日时辰。然后请星命家推算是否与本人或两家之父母有妨克地方。如无妨碍，即可决定。这一步手续谓之合婚，费用约 2 角。后按卜者所择的吉日放小定。吉日须在双月份内，如二、四、六等月。放小定的费用包括黄白戒指各一个，白者为银制，价 2 角，黄者亦为银制而外包金一层，价约 3 角。此为必不可少者。此外有包金耳环一对，价 5 角；蒲包两个，一为价值 1 元之茶叶 100 包，一为价值 1 元之大八件饽饽。后又请星命家择定放大定的日期，并备通书一份，将迎娶的日期写于龙凤帖上。卦礼钱约 1 元。关于放大定或通信礼，男家应预备四抬礼物。第一抬为带笼之鹅一只，价约 1 元 5 角。第二抬有酒 10 斤，价约 2 元；第三抬为穿戴的衣服首饰，衣服包括华丝葛棉袍一件价约 10 元，直贡呢小棉袄、棉裤一身约 8 元，华丝葛半大棉衣一件约 7 元，洋绉裙子一条约 5 元，直贡呢大夹袄一件约 6 元，洋布小夹袄、夹裤一身约 6 元，大布衫一件约 3 元，爱国布单衣、单裤一身约 4 元。首饰包括一对包金黄镯子约 6 元，一对银白镯子约 4 元，一对包金黄戒指 6 角，一对银白戒指 4 角，一对包金黄耳环 5 角，一对银白耳环 3 角，梳头用的包金横簪及竖簪各一个约 2 元，耳挖及捶针各 1 个约 1 元。第四抬为 32 盘食品放于木盒内，其中包括龙凤饼、山药、藕、喜果、花生、枣、柿子、苹果、白面、切面、猪肉、羊肉、茶叶等物，约需 10 元。自轿子铺雇抬夫 8 人及 1 头目，工资 10 元。通信后两月即迎娶之期。雇轿子一顶，轿夫 8 名及头目 2 名，鼓手 20 名，锣 9 对，执事人夫 20 名，以上共需 30 元。新郎及娶亲太太用的两辆轿车约 2 元。席棚一座需 5 元。厨役 5 名及茶房 2 名需 7 元。10 桌酒席，每桌 3 元，共计 30 元。裱糊房屋需 3 元。以上总计费用 170 元左右。此外新郎之衣服、被褥等物多半亦须临时赶制。若在冬季至少须有灰布大棉袍一件价约 5 元，次等缎子或呢马褂一件约 6 元，小棉袄、棉裤一身约 5 元，鞋一双约 2 元，袜子一双约 3 角，帽子一顶约 1 元，花洋布被褥及枕头一份约 8 元，共计 27 元。若在夏季也省不许多。此外杂费至少亦需 5 元。因此男家至少须筹备 200 元左右，才能举行婚事。

据村人的意见，以上的办法是最低限度的体面办法。若不过 200 元的费用则为将就的办法。例如放小定时可只用戒指两枚，放大定时只用鹅酒两抬。衣服只有大棉袍一件及小棉裤一两身。首饰只用银镯一对、耳环一对及横竖簪等。迎娶时只雇轿夫及鼓手。如此可减至 100 元左右。十余年前村人大半都按最低的体面办法。近几年来用 200 元以下的也很常见，甚至有不预备酒席宴客而费用尚不到 100 元者。

以上是关于结婚的出款方面。至于收入的方面有亲友送的份礼。按本村普通家庭祝贺的亲友约计 50 人，其中少有送 1 元以上份礼者。送 1 元者在 5 人左右，送 5 角约有 10 人，其余多半自 1 角起至两三角不等，最普通者为铜元 50 枚，约合 1 角 3 分。且有不少虽出一份份礼而夫妇同来，甚至全家都来坐席者。故收入共计不满 15 元，而酒席费则不止超过一倍。据村人云，此种各家往来份礼之款额已成习惯上的定例。比如张王两家来往的份礼向来是 5 吊（铜元 50 枚）、李赵向来 6 吊，很不容易改变。村人谓之某家对于某家有 5 吊钱的交情或 5 吊钱的来往。再者乡民虽贫但亦很重面子，遇亲友近邻等有婚丧事时无不亲来应酬。稍富之家亦不向贫家出大份礼，恐一旦自己有事贫家无力送相等的份礼，反致难以为情。此亦乡间份礼很轻的一个原因。

关于女家的费用较男家少些。在女出嫁前一日须送嫁妆，最低的限度为八抬，其中物品为木箱两对 6 元，盆景一对 3 元，帽镜一个 2 元 5 角，镜支一个 2 元，茶叶罐一对 1 元 5 角，铅蜡千一对 1 元 5 角，脸盆与手巾 1 元，瓷果盘一个 1 元，此外价在 1 元以下者有茶壶、茶碗、粉缸、抿头缸、头油瓶、胰皂盒等零星物品，约需 4 元，合计嫁妆费在 20 元左右。本村宽裕的人家亦有送十二抬或十六抬者，但已不多见。近年以来多有送不起八抬者，仅备木箱及常用之物几件雇人扛至男家，亦不用抬。女家若亦预备酒席，俗谓办事，则费用与男家的酒席费不相上下。

贫穷之女家往往要求男家现洋若干元为彩礼钱，自 20 至 100 元以上不等。大半长得好的女子索彩礼钱较多。村人亦看为不是体面的事，故除贫家外少有这种要求。但贫家多半没有供给嫁妆及办喜事的能力，这项彩礼钱很能解除这层困难。若男家有拿出彩礼的能力，并不一定是不合适的习惯。若女家要求彩礼过重，且不用在出嫁的女子身上，则不免有类似卖女的性质。

孀妇再嫁的婚礼甚为简单，只用喜轿一顶，在夜间迎娶过门，少有办事者，故费用不过 20 元左右。本村之孀妇除极贫外少有改嫁者。本村不但不赞成妇女再嫁，且看为是家门内不吉祥的事，甚至在孀妇出嫁的那一夜没有亲友肯留她在自己的房屋中上轿。若在本村找不着相当空房为上轿的所在，则须到村外野地上轿。据说那夜孀妇所站的地方连草也不能生长。

本调查曾问本村成婚之 60 个主妇关于她们出嫁时娘家距本村之里数。据她们的答案娘家亦住本村者占 25%，距本村不满 10 里者占 33%，10 至 19 里者占 20%，其余在 20 里以上。第五十表是将挂甲屯村与京兆武清县甄家营农村①两处关于娘家距夫家住居地之里数并列比较。

第五十表　挂甲屯 60 个主妇出嫁时娘家距本村之里数与甄家营之比较

距离里数	挂甲屯		甄家营	
	新妇数	百分比	新妇数	百分比
同村	15	25	22	16
10 里以下	20	33	76	54
10～19	12	20	22	16
20 及以上	13	22	19	14
总合	60	100	139	100

丧礼　本村普通丧事用费与婚事相差不多。人死时须备寿衣一份，男则包括长袍马褂等物，女则包括袄裙等物，约需 14 元。然后请阴阳先生开殃书，决定入殓出殡下葬等日期，约需 4 角。杨木棺材一口价约 35 元，搭席棚与棚内月台一座需 5 元 5 角，家伙座四份与灵前五供一份需 4 元。第三日请和尚 7 人唪经与扎天花座需 5 元 5 角。焚楼库纸锞等烧活费约 2 元。白孝布约 5 元。酒席及各种饮食费约需 40 元。出殡时须用杠夫 16 人，关于丧鼓、锣鼓、响器、幡伞等执事须用 40 人，约需 30 元。此外打坑、填坑、送殡白车等杂费约需 10 元。总计丧事费约需 150 元。

本村富裕家庭的老人，多半在未死以前早已预备棺木及丧事费用，以免临死时发生困难。但大多数的家庭不能早先预备，且无相当的积蓄。故遇有丧事时，有地者则将地或典或卖，甚至有将所有的几亩田完全卖出而毫不顾及将来生计者。无产者则须借贷。据村人云，凡关于丧事的用费亲友皆乐于出借。常有仅顾一时之体面，借贷发丧，致终身为债所累者。

其他习惯　本村缠足之陋俗至今尚未完全革除。已婚之 117 个妇女中天足者计 86 人，占 73%；缠足者 31 人，占 27%。未婚之 72 个女了中天足者计 68

---

① J. Dickinson, *Observations on the Social Life of a North China Village*, p. 42, Yenching University, Peiping, 1921.

人，缠足者 4 人。

本村虽距北京极近，但男子中带发辫者尚占十分之一。问及他们何以不剪去发辫，他们的回答是：“不当兵不必剪”“剪或不剪没关系”“省帽子”“剪了不易谋事”“没辫子不好看”和“带惯了”。

大概说来，本村人民之品行颇为端正。村中无妓女亦无娶妾的人家。有童养媳者 2 家。赌博行为除年节外甚为少见。村中无盗贼亦无乞丐。

第二部　黑山扈村马连洼村与东村64家之社会的及经济的调查

第一章　人口与家庭

调查的手续与范围

调查乡村的实在状况乃是一件很不容易办到的事，因为乡民的知识简单，易生疑惧。若进行的步骤稍有不慎即发生阻碍，即或勉强进行，亦易半途而废。关于一村事实的收集，最好由村民相信的本地人担任，或有本地的熟人认真帮忙。不然，多半不能得着良好的结果。在本调查工作尚未开始之时，即已特别注意进行之手续。恰好著者教授之社会调查班有张光禄女士，她的令尊及家眷新由北京移到距燕京大学西北8里的黑山扈村。民国十五年四月间，国民军离京退守南口以后，某军队即在本村一带扰乱民宅，索要车马，强拉夫役。张宅曾帮助慈善团体，救济难民，因此深得本地居民的敬仰。社会调查班即趁此机会，由张女士家里的人介绍到各家详细调查。在民国十五年十一月与十二月两月内共调查了21家，占本村一切家数的十分之七。在十六年夏季又蒙张宅之厚意，肯让研究生程抱信先生住在他们家里，调查附近村庄的家庭。又得本地警察的帮助，故调查工作没遇见很大的难处。至六月底止在马连洼村调查了30家，占本村家庭总数的九分之一；在东村调查了13家，占本村家数的四分之一；与黑山扈村的21家合计64家。

调查之三村皆属京兆宛平县，在北郊第三分署界内，西为金山口与望儿山，往北不远即昌平县界。黑山扈距北京城墙西北 23 里，距圆明园旧址西北 4 里，距万寿山北 5 里，全村共 29 家。马连洼距黑山扈东北 2 里，为前清养马之地，共有 276 家。本村东西长约 2 里，分为数段，似为数小村合成。东村距马连洼西北 1 里，共有 57 家。

关于调查的目的及进行时的情形，与调查挂甲屯村时大致相同。本地居民的知识较挂甲屯尤为缺乏，更不能明白调查的意义，若没有张宅和警察的帮忙，多半不能办到。所调查的家庭虽用撞遇法，但大致尚能代表本地一带家庭之生活。

居民的种族与来源

三村向来即为汉人居住之村庄，而附近居住者多属旗人。村之东面为正黄旗、镶黄旗，再东为正白旗、镶白旗等营房；西南为圆明园；南为正红旗、镶红旗等营房，再南为颐和园；西面山坡上营房之炮台及敌楼等基址尚存。在三村调查之 64 家中只发现 1 家为旗人。据村中老人云，在 200 年前三村居民极少。康熙四十八年圆明园建成以后，住户逐渐增加，多在园中及营房中当差或做小买卖，靠旗人吃饭。自 70 年前圆明园被焚毁后，村中居民大有变迁，大多数的老住户即移居别处。自宣统以来旗人渐失给养，三村之老住户又大受影响。他们做不惯劳力的苦工，逐渐搬到他处。至今 70 年前的老住户尚在本村居住者不到十分之一。但近 30 年来在京兆、直隶、山东等处屡有水旱兵灾，遂有很多的难民逃到三村落户，多以种地或往山中打石为业。在调查的 64 个家主中，生在本村者占 49 人，生在京兆其他地方者 8 人，生在直隶者 6 人，山东者 1 人。

家庭的大小与亲属关系

在三村调查之 64 家的人口总数为 387 人，平均每家约合 6 口，凡与家中无经济关系者未计算在内。64 家中有 7 口者为最多，其次为 6 口，再次为 5 口，有1农家多至17口（见第一表）。本会曾在北京城内调查了做手工业的500家庭，平均每家约5口，又调查200精巧工人的家庭，平均每家仅3.5口人。从此可知乡村居民的家庭大于城市的家庭（参看第一部第二章第三节）。

第一表　64家每家人口之分配

每家人口数	2	3	4	5	6	7	8	9	10	12	13	15	17	总合
家数	3	8	9	10	11	12	4	1	1	1	2	1	1	64

每家内人口的亲属关系颇为复杂。64家中之夫妻及其子女共计247人，占387人口总数的63.8%；而其他人口总数为140，竟占36.2%之多，其中有25个儿妇、23个父母（见第二表）。三村尚通行中国旧有之大家庭制度（参看第一部第二章第三节）。

第二表　64家之人口关系

人口	人数	百分比
男家主	64	16.5
妻	53	13.7
子	77	19.9
女	53	13.7
其他	140	36.2
儿妇	25	6.5
孙	23	5.9
母	20	5.2
弟	17	4.4
孙女	14	3.6
侄	9	2.3
妹	7	1.8
侄女	5	1.3
嫂	5	1.3
父	3	0.8
弟媳	3	0.8
兄	2	0.5
侄媳	2	0.5
婿	1	0.3
外甥女	1	0.3
外甥	1	0.3
叔祖母	1	0.3
孙媳	1	0.3
总合	387	100.0

人口的年龄与性别

调查的 64 家人口中有男子 197 人，女子 190 人，性比例为 103.7（见第三表），就是每 100 个女子当 103.7 个男子。5 岁以下之男孩多于女孩，而 5 至 14 岁之女孩多于男孩，15 至 24 之男孩又多于女孩。自 25 至 54 岁之壮年男女大致彼此相抵，男微多于女，而 54 岁以上之老妇多于老翁。因为调查的人口不多，不易下一定的结论。

第三表 64 家人口年龄与性别之分配

年龄组	男女总数	百分比	男数	女数	男子与 100 女子之百分比
5 岁以下	45	11.6	27	18	150.0
5～14	71	18.3	31	40	77.5
15～24	75	19.4	44	31	141.9
25～34	60	15.5	31	29	106.9
35～44	55	14.2	28	27	103.7
45～54	33	8.5	17	16	106.3
55～64	34	8.8	12	22	54.5
65～74	11	2.8	5	6	83.3
75～77	3	0.8	2	1	200.0
总合	387	100.0	197	190	103.7

387 人口中不满 15 岁之儿童共计 116 人，占 30%，内男女童各有 58 人，各占 15%；15 岁及以上之成人共计 271 人，占 70%，内有男子 139 人，占 36%，女子 132 人，占 34%。若按本村每家平均 6 口计算，则内有 1.8 儿童、4.2 成人；每家约计 1 男孩、1 女孩、2 成年男子及 2 成年女子。如此看来三村儿童的数目颇低。这恐怕是因为大多数人民的生活困难，儿童的衣食不足，又不知道讲求卫生，儿童的死亡率一定很高的缘故（参看第一部第二章第四节）。

本调查曾问了 53 个主妇，关于她们的生育、死亡及现存的子女数目。据彼等的回答，共生过子女 279 个，其中死亡 121 个，现存 158 个。去世的 121 个人中未满 4 月死亡的极小婴儿计 26 个，未满半年死亡之婴孩 47 个，未满 5 岁死亡之儿童 103 个，5 岁以上及未满 38 岁死去者计 18 人。也曾问及死去的原因，回答小孩因惊疯死者计 43 人，因出天花死的 23 人，因痨病死的 23 人，以上共计 89 人，因他种原因死去者计 32 人。虽然彼等所报告死的原因不十分清楚，但其中大部分的病症是能预防或治疗的。比如种牛痘就可避免出天花的危险，本是很容易做到的事，可是直到现在村民仍有不少未种牛痘的。在调查的 387 人口中，已种牛痘者计 361 人，未种尚有 26 人。

结婚的年龄

本调查曾问了 90 个已婚的男子和 113 个已婚的妇女，关于彼等第一次结婚时的年龄。90 个男子的平均结婚年龄为 20.7 岁，19 至 21 岁为最普通，占总数的 33.3%；16 至 18 岁次之，占 24.4%；22 至 24 岁又次之，占 18.9%；最幼者为 13 岁，计 2 人（见第四表）。女子最普通的结婚年龄为 17 至 19 岁；其次为 20 至 22 岁；最幼者为 15 岁，有 9 人之多；平均结婚年龄为 19.2 岁，较男子低 1.5 岁（参看第一部第二章第五节）。

第四表　结婚年龄之分配

结婚年龄		13	14	15	16	17	18	19	20	21	22	23	24	25	26	27	29	32	33	总合
男子	数目	2	1	3	7	11	4	12	8	10	2	6	9	5	0	6	2	1	1	90
	百分比	6.7			24.4			33.3			18.9			12.2			4.4			100.0
女子	数目	—	—	9	5	27	10	25	7	7	7	6	4	2	1	2	—	1	—	113
	百分比	8.0			37.2			34.5			15.0			4.4			0.9			100.0

在 58 个已婚的男家主中，比妻子年龄大者占 64%，平均约差 5 岁；与妻子同岁者占 15%；比妻子小者占 21%，平均约差 3 岁（见第五表）。58 双夫妇结婚年龄的总平均差数为男长于女 2.6 岁。在挂甲屯村夫长于妇 4.4 岁。

第五表　夫妻年龄之关系

	夫长于妻											夫等于妻	妻长于夫					总合
年龄	16	12	9	8	7	6	5	4	3	2	1	0	1	2	3	4	5	
数目	1	3	1	5	1	1	2	8	5	5	5	9	1	5	1	2	3	58
百分比	6.9		12.1			19.0			25.9			15.5	12.1			8.6		100.0

教育与知识

在29家的黑山扈村有天主教设立的小学校一处，学生共计63人，皆为男孩。在276家的马连洼村有小学校两处，男女生共计90人。在57家的东村有小学校一处，内男生50人，女生14人。在调查的64家中，家中至少有1人读过书者计38家，读过书者共计62人。64家中现在有儿童入学者计10家，学生共计16人，内有男生12人，女生4人。16个学生中属小学一年程度者2人，小学二年者13人，小学5年者1人。从第六表即可看出贫穷的家庭中读过书的人数及现在入学儿童数少于宽裕家庭中受教育的人数。全年收入在400元以下之54个家庭中，家中读过书者计28家，约占半数，识字者计39人，现在有儿童入学者只有5家，约占一切家数的十分之一，入学男女总数仅有5人。再看收入400元及以上的10家，每家皆有读过书的人，识字者计23人，现在有儿童入学者5家，占组内家数之半，入学男女儿童总数计11人，超过前四组内入学儿童总数的一倍。

第六表　按收入组64家读过书人数及入学儿童数

收入组	家数	读过书		儿童入学家数	入学儿童数	
		家数	人数		男	女
$100以下	15	8	8	—	—	—
100～199	18	10	16	2	1	1
200～299	13	6	9	3	2	1
300～399	8	4	6	—	—	—
400及以上	10	10	23	5	9	2
总合	64	38	62	10	12	4

为要测验三村居民的知识，本调查曾向每家发出几个简单的问题。他们的答案很值得注意。

问："现在中国的大总统是谁？"　询问黑山扈的家庭时是在民国十五年冬季，中国没有总统，正当段祺瑞为执政，北京在奉系势力范围之内；询问其他两村的家庭时是在民国十六年四月、五月和六月内，顾维钧为国务总理。回答中国没有总统者 9 家，回答段祺瑞为总统者 1 家，甚至有回答袁世凯为总统者 1 家，其余 53 家都是回答不知道。

问："现在管理中国的是谁?" 回答张作霖者 29 家，回答不知道者 34 家，回答没人管者 1 家。

问："现在本县的县知事是谁?" 回答不知道者 55 家，回答没有者 8 家，回答姓唐的 1 家（按：唐某乃本县前几年的知事）。

问："民国是甚么意思?" 回答不知道民国的意思者 27 家，其余 37 家对于民国的解释见第七表。

第七表　64 家对于民国之解释

民国之意思	不知	以民为主	没皇上	有总统	变法
家数	27	18	10	7	2

问："民国好还是有皇上好?" 64 家中回答有皇上好者竟有 41 家之多，占答案总数的三分之二；回答一样好者 15 家，约占四分之一；回答民国好者仅 8 家，占八分之一。

三村之婚丧风俗及居民的品行与挂甲屯村大致相同。缠足之陋俗尚未能完全革除。在 64 家之 190 女子中，天足之已婚妇女 63 人，天足之未婚女子 76 人，缠足之已婚妇女 48 人，缠足之未婚女子尚有 3 人。

男子带发辫者仍有不少。在 197 个男子中，不带发辫者计 154 人，占 78%，尚带发辫者 43 人，约占 22%。亦曾问及 29 个尚带发辫者关于他们不剪去的原因，兹将彼等的答案分类列表如下（见第八表）：

第八表　29 个男子不剪发辫之原因

不剪原因	不出外谋事不必剪	有辫子易谋事	剪与不剪没关系	没辫子不好看	省帽子
人数	9	6	5	3	2
不剪原因	怕头冷	邻人不剪	舍不得	惯了	
人数	1	1	1	1	

第二章　家庭的产业与收入

田　产

调查之一带地方虽非完全的农村，但种田的家庭占大多数。64 家中种地者共计 39 家，占 61%。只种自己田者计 22 家，平均每家种 26.9 亩；自己无地而只租种别人田地者计 11 家，平均每家种 12.1 亩；种自己地兼租种别人田地者计 6 家，平均每家种 40.7 亩。39 家共种田地 969 亩，平均每家约种 25 亩（见第九表）。普通每亩田地价约 30 元。

64 家中自己有地者共计 28 家，共有地 751.5 亩，平均每家约 27 亩；租种者计 17 家，共租 217.5 亩。

第九表　39 家农夫之种类及种地亩数

农夫种类	家数	亩数	
		总计	每家平均
只种自己地	22	591.5	26.9
只租种	11	133.5	12.1
种自己地兼租种	6	244.0	40.7
总合	39	969.0	24.9

39 家中种 10 亩以下者几占总家数的三分之一，种 10 至 19 亩者约占四分之一，种 20 至 49 亩者占三分之一，种 50 亩以上者约占十分之一，种地最多之 1 家为 120 亩（见第十表）。

第十表　39 家每家种地亩数

种地亩数	10 亩以下	10～19	20～29	30～39	40～49	50～59	60～69	70～79	120
家数	12	10	4	3	6	1	1	1	1

每家所种之亩数本不算多，而这几十亩田地又往往分为数块。39 家中 1 家种 1 块地者约占四分之一，种 2 块者约占三分之一，其余每家皆有地在 2 块以上，最多之 1 家有地 8 块（见第十一表）。平均每家约有地 3 块。

第十一表　39 家每家种地块数

块数	1	2	3	4	5	7	8
家数	10	12	7	5	3	1	1

每块田地之面积颇小，39 家共种田 105 块，其中不满 5 亩之块数竟占 30.5%，5 至 9 亩之块数竟占 32.4%，不满 10 亩之块数几占三分之二，超过 30 亩者只有 1 块计 54 亩（见第十二表）。平均每块约 9 亩。

第十二表　105 块田地每块之亩数

每块亩数	5 亩以下	5～9	10～14	15～19	20～24	25～29	30 以上	总合
块数	32	34	15	11	9	3	1	105
百分比	30.5	32.4	14.4	10.5	8.6	2.9	1.0	100.0

房　产

64 家中有房产者 49 家，房屋共计 407 间，估计共值 16 345 元；平均每家房屋约 8 间，房价约 334 元。49 家中房产不满 100 元之家数约占三分之一，不满 200 元者超过半数，房产最多之 1 家值 3 000 元（见第十三表）。

第十三表　49 家每家房屋价值

房价组	$100 以下	100～199	200～299	300～399	400～499	500～599
家数	17	11	6	5	3	—
房价组	600～699	700～799	800～899	900～999	2 560	3 000
家数	1	—	3	1	1	1

407 间内有瓦顶房屋 151 间，灰顶 45 间，土顶 211 间。旧老之房屋占大多

数，新者甚少。平均每间瓦房的估价为 68 元，较新者约 160 元；平均每间灰房之估价为 30 元，较新者约 60 元；平均每间土房之估价为 23 元，较新者 50 元。

乡民除建瓦房须雇真正的瓦匠外，至于平常灰房与土房，自己与亲友或相好之邻人即能盖造，故除木料及砖灰等费用外，无须多费工资。

其他产业

64 家中有井之家数占五分之二，有大车或他种车者几占三分之一，有做活之牲口者占四分之一，有猪者占八分之一，有鸡者占五分之二。兹将有各种稍重要之用具或牲畜的家数及物数列表于下（见第十四表）：

第十四表　64 家有下列各种物之家数及数目

物别	井	大车	轿车	手车	水车	马	骡	驴	牛	猪	鸡	狗	猫
家数	27	13	1	5	2	2	11	8	1	8	27	29	12
数目	29	14	1	5	2	3	22	8	2	11	183	36	13

从第十五表即可看出各组内有各种产业之家数与组内一切家数之比例有随收入组之次序递加的趋势。例如收入 100 元以下之第一组内共计 15 家，而有地者仅 1 家，有房者 9 家，有井者 2 家，有鸡与狗者各 3 家，有猫者仅 1 家，并无 1 家有车或牲口或猪。第二、第三、第四等组内则有各种产业之家数逐渐增加。再看收入最多之第五组内共计 10 家，而每家皆有田地与房屋，9 家有牲口与狗，8 家有井与车及鸡，7 家有猫，5 家有猪。

第十五表　按收入组有下列各种产业及牲畜之家数

收入组	$100 以下	100～199	200～299	300～399	400 以上	总合
各组家数	15	18	13	8	10	64
有地者	1	3	7	7	10	28
有房者	9	13	10	7	10	49
有井者	2	6	6	5	8	27
有车者	—	2	5	3	8	18
有牲口者	—	—	4	3	9	16
有猪者	—	1	1	1	5	8

续前表

收入组	$100 以下	100～199	200～299	300～399	400 以上	总合
有鸡者	3	7	5	4	8	27
有狗者	3	7	6	4	9	29
有猫者	1	1	3	—	7	12

职业与收入

64 家之 387 人口中，有职业者共计 201 人，内有男子 144 人，女子 57 人；无职业者共计 186 人，内男子 53 人，女子 133 人。在 14 岁以下有职业（或可谓有收入）之儿童计 9 人，内有男孩 3 人，女孩 6 人，其中除 1 女孩做洗衣工外，余皆为拾柴。

144 个男子之职业中，以种地为正业者为最多，计 54 人，占 38%，其中有种自己地之农夫 47 人，被雇为农工者 7 人。47 个农夫中有农工、打石、赶车等副业者 12 人，农工中有副业者 1 人。所谓正业者即全年收入最多之职业，凡副业之收入皆少于正业。种自己田之农夫若遇好年成，每亩可赚利 10 元左右，亦即农夫在全年内一亩地所得的劳力工资。若租种别人田地，每亩须付租费 3 元，每亩全年只得 7 元左右的报酬。1 个农夫能照管 10 余亩田地。管饭之农工全年工资约 30 元，零工每日 1 角 5 分，农忙时每日增至 3 角。

有技能工人 4 个，占 3%。打石、赶车、听差等无技能工人共计 48 个，占 33%。打石工人乃在附近山上开凿石条，多作为房基或台阶之用。每日打石工资为 4 角 5 分，不供饭食，且全年内只有 6 个月工作。赶自己车拉运石头者，每日能赚 1 元。为别人赶车每月工资 3 元或 4 元，供给饭食。

靠做买卖吃饭者计 33 人，占 23%。铺主及店主每年收入自 200 至 500 元。一个放债者每年竟得利息至 900 元之多。小贩每年约赚利自 50 至 100 元。铺伙每年约得自 30 至 80 元，供给饭食。当兵者 5 人，占 3%。兹将男子各种正业及副业之人数列表于下（见第十六表）：

第十六表　64家男子职业之分配

正业		人数	副业	人数
农	农夫	47	农工	5
			打石	2
			赶自己车	2
			赶他人车	1
			赶驴	1
			医生	1
	农工	7	农夫	1
精工	厨役	2		
	瓦匠	1	农夫	1
	毯工	1		
粗工	打石	24	农夫	6
			农工	1
	赶自己车	9	农夫	8
	赶别人车	3	农夫	2
	洋车夫	1		
	听差	5		
	马夫	1		
	拾柴	5		
商	铺主	4		
	店主	3		
	放债	1	农夫	1
	小贩	1		
	卖菜	11	农夫	1
			农工	4
	铺伙	9		
	学徒	4		
兵		5		
总合		144		37

64家中拾柴之女子计54人，供给家中一部分或一切做饭及烧炕的燃料。普通1人全年所拾之柴草值10元左右，有至25元者，故可算为一种职业。所拾柴草的估价算入家庭全年收入款额内。女子做洗衣工者2人，为仆役者1人。

乡村中种地、打石及赶大车等职业多系家中父子或兄弟等共同工作，家中之牲口在夏天作田工，在冬天拉石头，没有一定的工作。按调查者的记载不易计算各种收入的来源，只能知道各家全年收入的总数。

64 家全年收入总数为 17 858 元，平均每家为 217 元。收入在 100 元以下之家数几占一切家数的四分之一，200 元以下者超过半数，300 元以下者约占四分之三，500 元以下者约占五分之四。收入在 400 元以上之家数占六分之一而强，1 000 元以上者计 3 家，收入最多之 1 家为 1 680 元（见第十七表）。

第十七表　按收入组家数之分配

收入组	家数	收入组	家数	收入组	家数
$50 以下	2	350～399	3	700～749	1
50～99	13	400～449	—	750～799	—
100～149	8	450～499	2	850～899	1
150～199	10	500～549	1	900～949	—
200～249	7	550～599	—	1 000～1 499	2
250～299	6	600～649	2	1 680	1
300～349	5	650～699	—	总合	64

借贷与典当

64 家中在民国十五年内曾借贷者计 23 家，借贷总数为 1 576 元，平均每家借 68 元。每家借贷之款额见第十八表。

第十八表　23 家每家全年借贷之款额

款额	$25 以下	25～49	50～74	75～99	100～124	150	400
家数	8	4	4	2	2	2	1

23 家中有 18 家借贷的原因为买食物，有 3 家为办丧事，有 1 家为婚事，有 1 家为付旧债之利息。借贷之利率以每月 3 分为最多，2 分次之，最高者每月 5 分（见第十九表）。

第十九表　23 家借贷月利率

月利率	无	2.0%	2.5%	3.0%	5.0%
家数	5	4	2	11	1

64 家中典当者计 4 家，共计典当款额 1 020 元，其中 2 家当衣服与首饰，当物款额为 5 元与 10 元，其余 2 家为典地，1 家典 80 元，1 家典 925 元。

从第二十表即可看出在五收入组内皆有借入之家庭。表中借入包括借贷与典当。前四组内每组一切家庭之平均借入皆未超过 27 元，每组借入家庭之平均款额皆未超过 70 元。收入最多之第五组内借入者计 3 家，平均每家借入之款额高于他组。64 家平均每家之借入为 40.56 元。

第二十表　按收入组借入之家数及款额

收入组	家数		平均每家全年借入	
	一切家庭	借入家庭	一切家庭	借入家庭
$100 以下	15	7	$26.67	$44.44
100～199	18	4	9.44	42.50
200～299	13	5	25.92	70.00
300～399	8	4	21.12	50.25
400 及以上	10	3	147.50	491.67
总合	64	23	40.56	103.84

据村民说近年以来水、旱、兵、匪等灾不断发生，人民的生计一年不如一年，因此借钱的家数也一年多一年。本调查曾问及每家现在的经济状况与前 5 年及 10 年比较如何。64 家中回答比 5 年前强者并无一家，回答与 5 年前大致相同者 18 家，占 28%，回答比 5 年前坏者 46 家，占 72%。回答与 10 年前相同者 6 家，赶不上 10 年前者 58 家。从此可知村民的生计情形是一年不如一年。

本调查亦曾问及每家在民国十五年内受兵灾的损失。64 家中曾受损失者计 52 家，损失共计 5 548 元。损失不满 10 元之家数占大多数，损失超过 1 000 元者有 2 家富户（见第二十一表）。

第二十一表　52 家每家兵灾之损失

兵灾损失	家数	兵灾损失	家数	兵灾损失	家数
$5 以下	19	50	1	200	1
5～9	8	60	1	400	2
10～14	6	90	1	420	1
15～19	1	100	1	1 215	1
20～24	5	150	1	2 000	1
25～29	1	170	1		

第三章　家庭的生活状况与支出

食　品

三村所用的食品种类及价格与挂甲屯所用的大致相同（见第一部第四章第一节）。64 家全年食品费总数为 9 901 元，平均每家 155 元，每月 13 元，每日 4 角 3 分。全年食品费不满 150 元之家数超过半数（见第二十二表）。

第二十二表　64 家每家全年一切食品费

食品费	$50 以下	50～99.9	100～149.9	150～199.9	200～249.9
家数	6	14	14	15	6
食品费	250～299.9	300～349.9	350～399.9	400～449.9	469.40
食品费	3	3	—	2	1

食品费中以米面费为最多，64 家全年共用米面费 8 853 元，平均每家全年 138 元，每月 11.5 元，占一切食品费的 89%。全年米面费不满 150 元之家数占大多数，未有超过 400 元者（见第二十三表）。

第二十三表　64 家每家全年米面费

米面费	$50 以下	50～99.9	100～149.9	150～199.9	200～249.9	250～299.9	300～349.9	350～399.9
家数	7	17	14	17	3	3	—	3

村人所吃米面多属粗粮，少有常用白面或白米者。64 家中在全年内未曾吃 1 次白面者计 6 家，吃 1 次者亦有 6 家，2 次者 28 家，超过 6 次者仅有 6 家（见

第二十四表)。全年未曾用白米者有58家之多,曾吃白米者仅4家,其中3家所吃之次数皆未超过12次。

第二十四表 64家每家全年吃白面次数

吃白面次数	无	1	2	3	4	6	24	72
家数	6	6	28	4	9	5	3	3

64家全年菜蔬费共计537元,约占一切食品费的6%,平均每家全年8.4元,每月7角,每日仅合2分3厘。大多数家庭之全年菜蔬费不到5元(见第二十五表)。

第二十五表 64家每家全年菜蔬费

菜蔬费	$5以下	5~9.9	10~14.9	15~19.9	20~24.9	25~29.9	30~34.9	35~39.9
家数	35	6	10	4	3	2	1	3

64家全年调和费共计325元,约占一切食品费3%,平均每家全年5.08元,每月4角2分,每日1分4厘。

第二十六表 按收入组吃肉家数及平均每家全年肉费

收入组	一切家庭	食肉家庭	平均每家肉费	
			一切家庭	食肉家庭
$100以下	15	—	—	—
100~199	18	1	0.06	1.00
200~299	13	1	0.23	3.00
300~399	8	2	0.22	0.89
400及以上	10	8	6.59	8.23
总合	64	12	1.12	5.97

编者注:原文献有此表,但正文无相应之陈述。

除以上四项食品费外,尚有其他食品费,包括鸡蛋、水果及各种零食,共计115元,平均每家全年1.8元,约占一切食品费的1%。64家中其他食品费全年在2元以上者仅计18家,10元以上者仅有2家,最多之1家为23元。

住 房

64家中不在家居住者39人,在家居住者348人,折合361.8等成年男子,共住房屋408间。平均每家住6.38间，每家计5.44口或4.09等成年男子。平均每间住0.85口或0.64等成年男子（见第二十七表）。

64家中住1间或2间者共计11家，内有3家住1间屋子，住3间或4间者计26家，住10间以上者8家，房屋最多之1家计47间。

第二十七表　按收入组64家每家住房间数及平均全年房租

收入组		$100以下	100～199	200～299	300～399	400以上	总合
家数		15	18	13	8	10	64
平均每家人口		2.93	4.44	5.92	7.00	9.10	5.44
平均每家等成年男子数		2.07	3.36	4.56	5.26	6.89	4.09
平均每家间数		2.93	3.56	6.08	6.38	17.00	6.38
平均每间人数	人口	1.00	1.25	0.97	1.10	0.54	0.85
	等成年男子	0.71	0.94	0.75	0.82	0.41	0.64
家数	住3间以下	4	5	1	1	—	11
	住3及4间	10	8	7	1	—	26
	住5及6间	—	3	1	1	3	8
	住7及8间	1	2	—	3	—	6
	住9及10间	—	—	3	2	—	5
	住10间以上	—	—	1	—	7	8
平均每家卧室间数		1.13	1.44	1.92	2.00	3.10	1.80
平均全年房租	每家	$2.05	3.08	5.87	8.63	21.25	6.94
	每间	$0.70	0.80	0.97	1.35	1.25	1.09
	每人	$0.70	0.69	0.99	1.23	1.34	1.28
	每等成年男子	$0.99	0.92	1.29	1.64	3.08	1.70

64家共有卧室115间，平均每家1.80间，平均每间卧室睡3人。睡3人之卧室间数为最多，占30.4%，2间者次之，4间者又次之（见第二十八表）。

第二十八表　每间卧室睡觉人数之分配

每间睡觉人数	1	2	3	4	5	6	7	总合
间数	10	34	35	24	4	7	1	115
百分比	8.7	29.6	30.4	20.9	3.5	6.1	0.9	100.0

从第二十七表即可看出各收入组内平均每家之间数是随组之次序递增，由第一组2.93间增至第五组17间。每家卧室间数亦随组次递增，由第一组1.13间增至第五组3.10间。每间人口数则有随组次递减的趋势。

64家中住自己房屋者49家，租房住者15家。本村房屋租价极低，土房或灰房每间全年仅收租费1元左右，瓦房2元左右，且有不收房费者。大约是因村中房屋皆农民自己修理，并无所谓修理费，且寄居者皆系亲友或邻人，彼此有守望相助的情谊，故不注意房费的多少。

64家中住自己房屋之家数占四分之三，若要与有房租的人家比较，最好是估计这49家的房租。例如某家住自己房10间，若将此房出租则全年可得房租10元，如此就可假定此家每年出房租10元，可是此家的支出项下既然多了10元，必须同时在此家的收入项下加上10元方为合理。换一句话说，就是假定此家租住自己的房子，故此支出方面有房租，而收入方面有出租房屋的利息。如此计算，64家平均每家的全年房租为6.94元，全年不满5元之家数占五分之三，不满10元者占五分之四，有1家之房租为60元（见第二十九表）。平均每间全年房费1.09元，每人1.28元，每等成年男子1.70元，家庭之收入愈多，住房间数亦愈多，故房租亦随收入组之次序逐渐增高（见第二十七表之下半）。

第二十九表　64家每家全年房租费

房租费	$5以下	5～9.9	10～14.9	15～19.9	20～24.9	48	60
家数	38	14	3	5	2	1	1

第三十表是要显明家庭收入与住房各方面的关系。从表之上边起即先看出各组内住自己房子之家数是随组次递增，而租住的家数是随组次递减。

家庭之收入愈多，住房的间数亦愈多，且其中瓦房的间数占大多数；家庭之收入愈少，住房间数亦愈少，其中土房的间数占大多数。

64家中屋中地面为砖地者计27家，为土地者计37家。收入多之家庭内多有砖地，收入少之家庭内多有土地。

第三十表　按收入组各种房屋之间数、各种地面之家数、卧室与院子之大小

收入组		$100以下	100～199	200～299	300～399	400以上	总合
家数	一切	15	18	13	8	10	64
	住自己房	9	13	10	7	10	49
	租住	6	5	3	1	—	15
房屋间数	瓦顶	11	19	15	16	99	160
	灰顶	3	3	12	—	27	45
	土顶	30	42	52	35	44	203

续前表

收入组		$100 以下	100～199	200～299	300～399	400 以上	总合
家数	砖地	4	5	6	3	9	27
	土地	11	13	7	5	1	37
家数	干地	3	7	5	6	7	28
	潮地	4	3	6	—	3	16
	湿地	8	8	2	2	—	20
房顶漏雨之家数		15	14	3	2	1	35
平均每间卧室之大小尺数	长	11.2	11.3	11.7	12.1	12.2	11.6
	宽	10.1	9.7	9.3	9.7	10.3	9.8
	高	7.9	8.0	8.0	7.9	8.7	8.1
平均院子之大小尺数	长	29.0	36.1	35.8	33.8	33.5	33.2
	宽	25.2	27.0	28.0	25.0	28.0	25.1

屋中地面潮湿者空气水量太多，且易生虱蚤，不合卫生。64 家中地面干者计 28 家，潮者 16 家，湿者 20 家。收入多之家庭内多有干地，这大约一部分是因为多有砖地的缘故；收入少之家庭内多有湿地。

再看家庭收入与房顶漏雨的关系尤为显然。收入不满 100 元之 15 家内并无 1 家的房屋不漏，第二组之 18 家内有 14 家的房顶漏雨，第五组中只有 1 家的房顶漏雨。从此可知不但穷人住屋的间数少，且房屋的质料亦不好。

64 家之房屋平均每间长为 11.6 尺，宽 9.8 尺，高 8.1 尺。408 间中最大房间之长为 15 尺，宽 13 尺，高 10 尺，屋内约计 1 950 立方尺；最小住屋之长为 8 尺，宽 8 尺，高 6 尺，约计 384 立方尺。最长房间之长为 15 尺，最宽房间之宽为 13 尺，最高房屋之高为 13 尺；最短住屋之长为 8 尺，最窄住屋之宽为 8 尺，最低住屋之高为 6 尺。

64 家之院子平均长 33.2 尺，宽 25.1 尺。最大院子之长为 60 尺，宽亦 60 尺，面积约计 3 600 方尺。最小院子之长为 10 尺，宽 8 尺，面积约计 80 方尺。

64 家之院墙为石砌成者约占五分之一，墙之下半为石而上半为土者约占五分之一，完全为土墙者约占五分之三。

64 家中 1 家住在一个院内者约占二分之一，2 家同院居住者约占五分之一，3 家同院居住者约占五分之一，4 家同院居住者约占十分之一，6 家同院居住者只有 1 家。

64 家中窗上无玻璃者计 27 家，有玻璃者 37 家。37 家窗上之玻璃面积不满

2 方尺者占大多数（见第三十一表）。

第三十一表　37 家窗上玻璃之大小

每家窗上玻璃之方尺数	家数	每家窗上玻璃之方尺数	家数
1 方尺以下	5	5～5.9	2
1～1.9	18	6～6.9	2
2～2.9	1	7	1
3～3.9	5	10	1
4～4.9	2		

衣服与燃料

64 家内在民国十五年中，有男子衣服费者 58 家，男子衣服费共计 315.5 元，平均每家 5.44 元。大多数家庭之男子全年衣服费在 5 元以下，未有超过 30 元者（见第三十二表）。

第三十二表　64 家每家全年衣服费

衣服费	家数			
	男	女	被褥	一切
无	6	—	50	—
$5 以下	30	39	7	19
5～9.9	17	18	6	19
10～14.9	9	5	—	9
15～19.9	1	2	1	8
20～24.9	—	—	—	3
25～29.9	1	—	—	2
30～34.9	—	—	—	2
35～39.9	—	—	—	1
47	—	—	—	1
总合	64	64	64	64

64 家皆有女子衣服费，全年共计 29.9 元，平均每家 4.58 元，比男子衣服费少 8 角 6 分。全年女子衣服费不满 5 元之家数约占五分之三，不满 10 元者几占十分之九，未有超过 20 元者。

64 家在调查之一年内曾添被褥者计 14 家，被褥费共计 66 元，平均每家

4.71 元。全年被褥费不满 5 元者占家数之半，未有超过 20 元者。

64 家之一切衣服费，包括被褥费，全年共计 674.4 元，平均每家 10.54 元。全年不满 10 元者超过家数之半，未有超过 47 元者（见第三十二表）。

家庭支出中，除食品费外最多者为燃料费。燃料费中约分两种，即柴草与灯油。各家所烧之柴草除田地所产之各种禾秆外，多系妇女随时在野地拾取者。这里所说的柴草费，大半是估计每家全年所烧禾秆与拾取柴草之价值总数，亦如估计房租之办法，将估计之款额加入收入项内，也就是假定各家所烧之柴草都是按市价买来的。如此计算，64 家的全年柴草费总数为 1 826.16 元，平均每家 28.53 元。全年柴草费不满 20 元者超过家数之半，未有在 90 元以上者（见第三十三表）。

第三十三表　64 家每家全年柴草费

柴草费	$10 以下	10～19	20～29	30～39	40～49	50～59	60～69	70～79	80～89
家数	7	26	8	5	5	7	3	—	3

村民的灯火皆用煤油，当夏季昼长夜短，大多数的家庭不用灯火。64 家全年煤油费共计 109 元，平均每家约 1.7 元。全年灯火费不满 1 元者约占家数之半，未有超过 9 元者（见第三十四表）。

第三十四表　64 家每家全年煤油费

煤油费	无	$0.5 以下	0.5～0.9	1.0～1.4	1.5～1.9	2.0～2.4	4.0～4.4	4.5～4.9	6.0～6.4	8.5～8.9
家数	1	19	13	16	3	5	1	1	2	3

64 家全年一切燃料费共计 1 935 元，平均每家 30 元。全年燃料费不满 20 元者几占家数之半，不满 50 元者约占五分之四，未有超过 100 元者（见第三十五表）。

第三十五表　64 家每家全年一切燃料费

燃料费	$10 以下	10～19	20～29	30～39	40～49
家数	6	25	9	5	5
燃料费	50～59	60～69	70～79	80～89	90～99
家数	8	1	1	1	3

杂　费

除以上四项主要费用外尚有各种杂项支出，约可分为 11 种：用具、茶叶、吸烟、饮酒、卫生、年节、宗教、应酬、教育、婚丧及其他。

用具 这里所说的用具只包括家庭中的日常用品，凡一切农具或属于职业的器具费已经从职业的总收入内减去了。64 家中有 37 家想不起在调查之全年中添买了甚么用具，即或添了甚么零碎东西，大约也是极有限的费用。其余 27 家的用具费共计 96.8 元，平均每家 3.58 元。全年用具费不满 3 元者超过家数之半，5 元以上者仅有 3 家，其中 1 家用 50 元，竟占去一切家庭用具费之半数。

茶叶 乡民有三样普通的嗜好，即喝茶、吸烟与饮酒。64 家中在全年内有茶叶费者计 36 家，共用 81.27 元，平均每家 2.26 元。全年茶叶费不满 1 元者几占三分之二，未有超过 13 元者（见第三十六表）。

第三十六表 64 家每家全年茶叶费

茶叶费	无	$1 以下	1～1.9	2～2.9	3～3.9	4～4.9	5～5.9	9～9.9	12～12.9
家数	28	23	4	3	1	1	1	2	1

吸烟 64 家之 197 男子中，吸烟者计 61 人，190 女子中，吸烟者计 31 人。吸烟的 92 人中，吸纸烟者 10 人，吸土制烟叶者 82 人。

64 家中不吸烟者有 19 家，其余 45 家平均每家吸烟者约计 2 人。各家之吸烟人数见第三十七表。

第三十七表 64 家每家吸烟人数

吸烟人数	无	1	2	3	4	5
家数	19	19	13	7	4	2

64 家中无吸烟费者计 20 家，其余 44 家之全年吸烟费共计 179.74 元，平均每家 4 元。全年烟费不满 2.5 元者几占家数之半，最多者为 30 元（见第三十八表）。

第三十八表 64 家每家全年吸烟费

吸烟费	无	$2.5 以下	2.5～4.9	5.0～7.4	7.5～9.9	10.0～12.4	30.0
家数	20	20	16	4	1	2	1

饮酒 64 家中饮酒者计 10 家，全年饮酒费共计 74.96 元，平均每家 7.5 元。全年不满 5 元者计 5 家，5 至 10 元者 3 家，18 元者计 2 家。

64 家中有以上之嗜好之一种或两种或三种全有者共计 50 家，嗜好费总数为 335.97 元，平均每家 6.72 元，其中茶叶费占 24%，烟费占 54%，酒费占 22%。

全年嗜好费不满 5 元之家庭占大多数，最多者为 58.2 元（见第三十九表）。

第三十九表　64 家每家全年嗜好费

嗜好费	无	$2.5 以下	2.5～4.9	5.0～7.4	7.5～9.9	10.0～12.4	12.5～14.9
家数	14	21	14	4	2	—	1
嗜好费	15.0～17.4	17.5～19.9	20.0～22.4	22.5～24.9	25.0～27.4	32.7	58.2
家数	3	1	1	—	1	1	1

卫生　村民多半不知卫生，不注意清洁，故关于牙刷、牙粉及胰皂等用费极少；且贫家居多，得病时请得起医生、买得起药者亦甚少。64 家中有卫生费者计 58 家，全年共计 113.31 元，平均每家 1.95 元。全年卫生费不满半元之家数占四分之三，最多者为 30 元（见第四十表）。

第四十表　64 家每家全年卫生费

卫生费	无	$0.5 以下	0.5～0.9	1.0～1.4	1.5～1.9	2.0～2.4	2.5～2.9
家数	6	40	3	5	—	1	1
卫生费	3.0～3.4	3.5～3.9	4.0～4.4	6.0～6.4	6.5～6.9	8.0～8.4	30
家数	—	1	2	1	1	1	2

卫生费中医药费为最多，共计 91.1 元，约占卫生费总数的十分之八。有医药费者计 16 家，其中除 1 家之全年医药费为 30 元外，其余 15 家未有超过 7 元者。平均 16 家每家全年医药费为 5.7 元。医药费外其他牙粉及胰皂等卫生费，全年共计 22.21 元，约占卫生费总数的十分之二。64 家中 58 家有这项用费，其中全年不满半元之家数约占五分之四，未有超过 3.5 元者。

年节　乡民对于年节甚为重视。64 家之全年过节用费达 620 元，平均每家全年 9.69 元，约占杂费总数 30%。全年年节费不满 5 元者超过家数之半，未有达 55 元者（见第四十一表）。

第四十一表　64 家每家全年年节费

年节费	$5 以下	5～9.9	10～14.9	15～19.9	35～39.9	40～44.9	45～49.9	50～54.9
家数	33	17	5	1	2	2	2	2

宗教　村民除极贫者外，都要向信仰之神焚香，对过去之祖先烧纸。64 家中有关于宗教费用者计 51 家，全年共用 52 元，平均每家 1 元。大多数家庭之全年宗教费不满 2 元（见第四十二表）。家中供奉之神以灶王为最普通。

第四十二表 64 家每家全年宗教费

宗教费	无	$1 以下	1～1.9	2～2.9	3～3.9	4～4.9
家数	13	21	16	7	5	2

应酬 64 家中有亲友等应酬费者计 51 家，全年共计 200.8 元，平均每家全年 3.94 元。全年不满 4 元之家数占大多数，未有超过 20 元者（见第四十三表）。

第四十三表 64 家每家全年应酬费

应酬费	无	$2 以下	2～3.9	4～5.9	6～7.9	8～9.9	10～11.9	15	20
家数	13	17	15	9	2	2	3	2	1

教育 64 家中有教育费者仅有 8 家，全年共用 23 元，平均每家全年 2.88 元，未有超过 5 元之家庭。

婚丧 64 家在调查之一年内有婚丧费者 8 家，共支出 565 元，平均每家 70.63 元。有婚事者 3 家，各家用费为 25 元、80 元与 100 元；有丧事者 5 家，用 40 元、50 元、70 元者各有 1 家，用 100 元者有 2 家。

其他杂费 64 家中有 37 家除以上 10 种外尚有其他杂费，全年共用 91.85 元，平均每家全年 2.48 元。全年不满 5 元者计 30 家，5 至 9.9 元者 3 家，10 至 14.9 元者 2 家，15 至 19.9 元者 2 家。其他杂费中以交通费为最多，全年共计 54.2 元。其次为 7 家之房屋修理费 11.8 元。再次为 8 家之妇女装饰费 9.3 元，18 家之公益捐款 6.75 元，2 家之妇女生产费 5.8 元及 1 家之娱乐费 4 元。

一切支出总论

64 家之全年支出总数为 15 053.7 元，平均每家全年 235.21 元。全年支出不满 150 元之家数几占三分之一，不满 200 元者几占五分之三，不满 300 元者几占五分之四，超过 400 元者占七分之一，支出最多者达 911 元（见第四十四表）。

64 家平均每家之全年各项支出与有各项用途之家数，及其平均每家用费见第四十五表（参看第一部第四章第六节）。

第四十四表　按支出组家数之分配

款额支出	$50～99	100～149	150～199	200～249	250～299	300～349	350～399	400～449
家数	10	12	14	8	5	6	—	2
款额支出	450～499	500～549	550～599	600～649	650～699	700～749	900～949	
家数	1	1	1	1	1	1	1	

第四十五表　64家平均每家全年各项支出细表

用途		64家每家平均用费		有此项用途之家庭			
				数目		每家平均用费	
食品	米面	$138.33		64		$138.33	
	菜蔬	8.39		62		8.66	
	调和	5.08	$154.71	64	64	5.08	$154.71
	肉	1.12		12		5.97	
	其他	1.80		31		3.71	
衣服	男人衣服	4.93		58		5.44	
	女人衣服	4.58	10.54	64	64	4.58	
	被褥	1.03		14		4.71	10.54
房租		6.94	6.94	64	64	6.94	
燃料	柴草	28.53	30.24	64	64	28.53	30.24
	煤油	1.70		63		1.73	
杂项	用具	1.51		27		3.58	
	茶叶	1.27		36		2.26	
	吸烟	2.81		44		4.09	
	饮酒	1.17		10		7.50	
	卫生	1.77		58		1.95	
	年节	9.69	32.80	64		9.69	32.80
	宗教	0.81		51		1.02	
	应酬	3.14		51	64	3.94	
	教育	0.36		8		2.88	
	婚丧	8.83		8		70.63	
	其他	1.44		37		2.48	
总合		235.21	235.21	564	564	235.21	235.21

第四十六表是按收入组比较各组之平均每家人口、平均每家主要支出、平均每家盈余或亏短等。表之上半为家数、人口数及各种款额；表之下半为上半

数目的百分比。

第四十六表　按收入组64家平均每家全年五项主要支出之款额及百分比

<table>
<tr><td colspan="2">收入组</td><td>$100以下</td><td>100～199</td><td>200～299</td><td>300～399</td><td>400及以上</td><td>总合</td></tr>
<tr><td colspan="2">家数</td><td>15</td><td>18</td><td>13</td><td>8</td><td>10</td><td>64</td></tr>
<tr><td rowspan="2">平均每家人口</td><td>口数</td><td>2.93</td><td>4.44</td><td>5.92</td><td>7.00</td><td>9.10</td><td>5.44</td></tr>
<tr><td>等成年男子数</td><td>2.07</td><td>3.36</td><td>4.56</td><td>5.26</td><td>6.89</td><td>4.09</td></tr>
<tr><td rowspan="5">平均每家用费</td><td>食品</td><td>$67.81</td><td>119.17</td><td>161.32</td><td>202.29</td><td>302.36</td><td>154.71</td></tr>
<tr><td>衣服</td><td>$3.19</td><td>5.64</td><td>9.85</td><td>16.69</td><td>26.35</td><td>10.54</td></tr>
<tr><td>房租</td><td>$2.05</td><td>3.08</td><td>5.87</td><td>8.63</td><td>21.25</td><td>6.94</td></tr>
<tr><td>燃料</td><td>$12.17</td><td>16.46</td><td>29.82</td><td>48.55</td><td>68.02</td><td>30.24</td></tr>
<tr><td>杂费</td><td>$9.37</td><td>11.39</td><td>15.62</td><td>39.98</td><td>123.05</td><td>32.80</td></tr>
<tr><td colspan="2">平均每家用费总数</td><td>$94.60</td><td>155.75</td><td>222.47</td><td>316.12</td><td>541.02</td><td>235.21</td></tr>
<tr><td rowspan="2">盈余</td><td>家数</td><td>6</td><td>14</td><td>10</td><td>6</td><td>9</td><td>45</td></tr>
<tr><td>平均款额</td><td>$1.53</td><td>9.20</td><td>47.58</td><td>44.80</td><td>320.73</td><td>83.76</td></tr>
<tr><td rowspan="2">亏短</td><td>家数</td><td>9</td><td>4</td><td>3</td><td>2</td><td>1</td><td>19</td></tr>
<tr><td>平均款额</td><td>$43.15</td><td>31.65</td><td>36.03</td><td>17.04</td><td>307.44</td><td>50.77</td></tr>
<tr><td colspan="2">平均每家盈余或亏短</td><td>－$25.28</td><td>＋0.13</td><td>＋28.28</td><td>＋29.34</td><td>＋257.91</td><td>＋43.82</td></tr>
<tr><td colspan="8">百　分　比</td></tr>
<tr><td colspan="2">收入组</td><td>$100以下</td><td>100～199</td><td>200～299</td><td>300～399</td><td>400及以上</td><td>总合</td></tr>
<tr><td colspan="2">家数</td><td>23.5</td><td>28.1</td><td>20.3</td><td>12.5</td><td>15.6</td><td>100.0</td></tr>
<tr><td rowspan="2">平均每家人口</td><td>口数</td><td>—</td><td>—</td><td>—</td><td>—</td><td>—</td><td>—</td></tr>
<tr><td>等成年男子数</td><td>—</td><td>—</td><td>—</td><td>—</td><td>—</td><td>—</td></tr>
<tr><td rowspan="5">平均每家用费</td><td>食品</td><td>71.7</td><td>76.5</td><td>72.5</td><td>64.0</td><td>55.9</td><td>65.8</td></tr>
<tr><td>衣服</td><td>3.4</td><td>3.6</td><td>4.4</td><td>5.3</td><td>4.9</td><td>4.5</td></tr>
<tr><td>房租</td><td>2.2</td><td>2.0</td><td>2.6</td><td>2.7</td><td>3.9</td><td>3.0</td></tr>
<tr><td>燃料</td><td>12.9</td><td>10.6</td><td>13.4</td><td>15.4</td><td>12.6</td><td>12.8</td></tr>
<tr><td>杂费</td><td>9.9</td><td>7.3</td><td>7.0</td><td>12.6</td><td>22.7</td><td>13.9</td></tr>
<tr><td colspan="2">平均每家用费总数</td><td>100.0</td><td>100.0</td><td>100.0</td><td>100.0</td><td>100.0</td><td>100.0</td></tr>
<tr><td rowspan="2">盈余</td><td>家数</td><td>40.0</td><td>77.8</td><td>76.9</td><td>75.0</td><td>90.0</td><td>70.3</td></tr>
<tr><td>平均款额</td><td>—</td><td>—</td><td>—</td><td>—</td><td>—</td><td>—</td></tr>
<tr><td rowspan="2">亏短</td><td>家数</td><td>60.0</td><td>22.2</td><td>23.1</td><td>25.0</td><td>10.0</td><td>29.7</td></tr>
<tr><td>平均款额</td><td>—</td><td>—</td><td>—</td><td>—</td><td>—</td><td>—</td></tr>
<tr><td colspan="2">平均每家盈余或亏短</td><td>—</td><td>—</td><td>—</td><td>—</td><td>—</td><td>—</td></tr>
</table>

表中人口数皆系在家食宿者，凡离家谋生之人口皆未计算在一切支出表内。64家平均每家人口为5.44，等成年男子为4.09。各收入组内平均每家之人口数显然随组次增加，由第一组2.93或2.07等成年男子增至第五组9.10

或 6.89 等成年男子。从此可以知道家庭的收入与人口相依随的增减，二者互为因果。

各组内平均每家用费总数及各项支出款额亦一律随收入组之次序逐渐增加。例如第五组之食品费为 302.36 元，超过第一组食品费 67.81 元约 4.5 倍；第五组之用费总数约等于第一组用费总数的 6 倍。

兹以每组之平均每家用费总数为百分总数，看各组内各种用费所占之百分比例是多少。食品费之百分比有随组次减少的趋势，前三组皆超过 70%，第四组为 64%，第五组则减至 55.9%。衣服费与杂费之百分比有随组次增加的趋势。房租之百分比微有随组次增加的趋势。各组内燃料费之百分比不相上下。

第一组内之百分比有时不依随各组内百分比增减的趋势。例如第一组内食品百分比反低于第二与第三组，杂费之百分比反高于第二与第三组。这或者是因为前三组内家庭的生活程度大致相同。第一组之正式收入虽少于第二与第三组，但第一组内 15 家平均每家之全年借入款额约等于第三组内 13 家之平均每家全年借入款额，而高于第二组之平均每家借入，且第一组之平均每家人口数少于第二组与第三组之每家人口数，如此看来第一组的生活状况并不低于其他两组。

64 家平均每家用费总数内食品费最多，占 65.8%；杂费次之，占 13.9%；燃料费又次之，占 12.8%；衣服费占 4.5%；房租最少，占 3%。

关于杂项内之各种支出款额及其百分比另列于第四十七表内：

第四十七表　按收入组全年内 64 家平均每家杂项支出款额

收入组	家数	家具	嗜好	卫生	年节	宗教	应酬	杂费	特别	总计
$100 以下	15	$0.05	$0.38	$0.11	$1.85	$0.21	$1.45	$0.65	$4.67	$9.37
100～199	18	—	2.59	0.29	3.78	0.31	1.50	0.59	2.22	11.39
200～299	13	0.62	3.24	0.25	7.87	0.70	2.15	0.79	—	15.62
300～399	8	1.38	7.30	0.88	11.25	1.19	3.50	1.36	13.13	39.98
400 及以上	10	7.70	18.30	9.63	33.20	2.47	9.60	7.15	45.00	123.05
总合	64	1.51	5.25	1.77	9.69	0.81	3.14	1.79	8.83	32.80

各组内盈余家数之百分比是随组次增高，第一收入组为 40%，当中三组皆

超过 74%，第五组高至 90%（见第四十六表下半）。各组内平均每家盈余之款额亦随组次逐渐增高，第一组仅为 1.53 元，第五组增至 320.73 元。反之，各组亏短家数之百分比却随组次减少，第一组为 60%，第五组仅为 10%。再按各组内盈余及亏短之一切家数平均计算，除第一组平均每家亏短 25.28 元外，其余四组皆有盈余，且盈余之款额随组次递增，由第二组 1 角 3 分增至第五组 257.91 元。64 家平均每家全年盈余 43.82 元。

盈余之 45 家中每年盈余不满 10 元之家数几占二分之一，超过 50 元以上之家数约占四分之一，超过 100 元之家数约占六分之一，有 1 家之全年盈余为 1 074.88 元（见第四十八表）。亏短之 19 家中全年亏短不满 10 元者约占三分之一，不满 50 元者约占三分之二。

第四十八表　按款额组盈余与亏短之家数

款额组	家数		款额组	家数	
	盈余	亏短		盈余	亏短
$10 以下	20	6	115.42	1	—
10～19.9	3	1	158.61	1	—
20～29.9	6	3	165.83	1	1
30～39.9	2	1	307.44	—	—
40～49.9	3	2	343.41	1	—
50～59.9	1	—	363.84	1	—
60～69.9	2	—	788.65	1	—
70～79.9	—	—	1 074.88	1	—
80～89.9	—	3	总合	45	19
108.90	1	2			

第四十九表是按收入组比较各组内平均每人及每等成年男子之全年各项用费。从此表更能看出家庭收入愈多，则家庭人口之生活程度亦愈高。收入最多之第五组内平均每人或每等成年男子之各项用费均多于其他组内之各项用费。

按五组内一切人口计算，平均每人全年用费为 43.24 元，每月为 3.6 元，每日 1 角 2 分，平均每等成年男子全年用费为 57.51 元，每月为 4.79 元，每月 1 角 6 分。

第四十九表　按收入组全年内64家平均每人及每等成年男子之用费

收入组		$100以下	100～199	200～299	300～399	400及以上	总合
口数		2.93	4.44	5.92	7.00	9.10	5.44
平均每人用费	食品	$23.14	26.84	27.25	28.90	33.23	28.44
	衣服	$1.09	1.27	1.66	2.38	2.90	1.94
	房租	$0.70	0.69	0.99	1.23	2.34	1.28
	燃料	$4.15	3.71	5.04	6.94	7.47	5.56
	杂项	$3.20	2.57	2.64	5.71	13.52	6.03
平均每人用费总数		$32.29	35.08	37.58	45.16	59.45	43.24
等成年男子数		2.07	3.36	4.56	5.26	6.89	4.09
平均每等成年男子用费	食品	$32.76	35.47	35.38	38.45	43.88	37.83
	衣服	$1.54	1.68	2.16	3.17	3.82	2.58
	房租	$0.99	0.92	1.29	1.64	3.08	1.70
	燃料	$5.88	4.90	6.54	9.23	9.87	7.39
	杂项	$4.52	3.39	3.43	7.60	17.86	8.02
平均等成年男子用费总数		$45.70	46.35	48.79	60.10	78.52	57.51

附录　乡村家庭调查表

A　填表年　　月　　日

B　省　　县　　镇　　村

C　填表者

甲（1）家主姓名　　住址　　种族

（2）诞生地

（3）在本地住多久　　移来原因

（4）娶妻时年龄　　妻出嫁时年龄

（5）娘家离本村多少里

（6）共生过多少子女：男　　女

（7）现有多少：男　　女

（8）故去子女之年龄　　原因或何病

（9）其他家中人之嫁娶年龄：男　　女

（10）嫁家多远

（11）45岁以上之妇女所生子女数目：男　　女　　在16岁以下去世者数目：男　　女

（12）共同生活之人口的年龄及何人全年或一部分（在何月及多久）　　离家作事：家主　妻　子　女　父　母　兄　弟　姊　妹　其他

乙（1）共种地几块，每块多少亩及每块每亩价值　　其中自己田地多少亩　　租耕之田地几块及每块多少亩　　每块租价

（2）近12月种何种作物（米粮、棉花等）及每种亩数（若同时同地有两种或为一种中第一次作物亦请注明）　　家用各种作物多少　　出售各种作物多少及价值

(3) 种菜园几亩
(4) 去年产每一种青菜若干斤　出售多少及价值
(5) 自有房屋几间　价值　出租几间，租价及限期
(6) 现有牲畜家禽多少　普通年多少
(7) 各种车辆数目
(8) 有直径 2 寸以上之树多少棵　其中半尺以上者多少
(9) 每年水果收入及种类
(10) 有井几口
(11) 除种地外家中人有何他项工作，在一年中何时、多久及进款多少
(12) 其他收入：去年　今年
(13) 全年收入总计

丙 (1) 每月平均用各种米面多少（斗或斤）　价值（说明单位）　每年用费　其中何种为自己收获者及数量　购买者何种及数量
(2) 最常用之菜蔬种类：春　夏　秋　冬　价值总计：每月　每年　其中自种者占百分之几　购买者百分之几
(3) 每月豆腐费　每年
(4) 每月调和费：油　盐　其他　每月调和费总计　每年　自制者占百分之几及何类
(5) 除年节外每年肉类费　每年果类费
(6) 其他每年食品费（如鸡蛋、白薯等）
(7) 平均每月食品费总计　每年　估计其中自有物品之百分数　购买者之百分数
(8) 每月茶叶费　每年
(9) 每年喂养各种牲畜家禽用费　食物种类及数量
(10) 每年所添家中所有男人衣帽鞋袜费　每年家中女人衣帽鞋袜费　全年全家衣服费总计
(11) 每年全家所添被褥费
(12) 每月平均燃料费　种类及数量：冷季　暖季　其中自有者占百分之几　购买者百分之几
(13) 何种灯火及每月用费：冷季　暖季
(14) 若住自己房屋每年修理费　或房租（说明限期）　共几间（指现住者无论自有或租赁）
(15) 每年各种农具费　家用器具费

（16）每年缴地亩赋税共多少（说明每块每亩）

（17）每年各种籽粒价值多少

（18）每年雇长工短工及牲口用费（注明饭费工资费若干）

（19）每年购买肥料种类及用费

（20）每年青苗会费

（21）家中何人吸烟　　每月用费及种类　　每月酒费

（22）新年各种用费　　端午节用费　　中秋节用费　　其他节日

（23）每年酬应费

（24）信何宗教及每年用费（如香火费）　　神名　　真诚信仰否　　每年烧纸费　　每年占卦算命及跳神等用费（亦可以近 12 月为标准）

（25）每年教育费

（26）近 12 月内医药费

（27）每年装饰费及种类（胭粉等）

（28）每年卫生费（肥皂、牙粉等）

（29）其他每年娱乐费及种类（如听戏及茶馆听书等）

（30）每年赌钱费，何人及在一年中何时

（31）近 12 月内婚事费及何人　　生育费　　生日费　　丧事费及何人

（32）每年坐车骑牲口费

（33）每年捐助公益及慈善事业用费

（34）每年警察捐

（35）近 12 月打官司费

（36）兵灾损失：去年　　今年

（37）吃白面次数：每月　　每年　　吃白米次数：每月　　每年

（38）支出总计：每日　　每月　　全年

丁（1）每次借债多少，月利几分，偿还方法，限期及借去原因：去年　　今年　　目下欠债总数

（2）典物种类，量，值，每月利率及典物原因：去年　　今年

（3）目下典物赎价总计

（4）借粮几次，每次多少斗：去年　　今年　　目下欠粮多少

（5）得过何种救济及自何处：去年　　今年

（6）加入何种互助会　　会中人数　　每月会费　　会之章程

（7）每年用记账法购物价值总计

戊（1）共有卧室几间及每间卧室睡几人　　房顶种类：瓦　　灰　　土　　其他　　屋内地种类：砖地　　土地　　其他　　漏雨否　　夏天屋内：干　　潮　　湿　　每间：长　　宽　　高　　院子：长　　宽

（2）墙垣种类

（3）同院住若干家　　全院房屋间数总计　　全院人口总数

（4）家中种牛痘者几人（指被调查之家）　　未种者

（5）残废　　傻子　　精神病

（6）缠足妇女几人　　天足　　缠足女孩几人　　天足

（7）妇女梳何种头

（8）带发辫之男子几人　　不剪原因　　不带发辫者几人

（9）何人念过书及程度

（10）现在入学子女及程度

（11）家中每人至远到过何处

（12）家中有童养媳否　　曾将自己女儿给别人作童养媳否

（13）每间屋窗上之玻璃大小：长　　宽

己（1）民国好　　还是有皇上好

（2）民国的意思

（3）现在大总统是谁

（4）现在管理中国的是谁

（5）本县知事是谁

（6）你的家境与5年前比较如何　　与10年前比较如何

（7）你打算叫你的子女将来作何事业　　为什么

注意：（1）每项问题须有答案，不可遗漏；（2）请用正字誊清，万勿潦草；（3）问题后答“是”或“有”时用∠为符号，答“否”或“无”时，用〇为符号；（4）用西文数目字填写各项数目，写法亦要始终一律并极清楚；（5）收入支出等数目在誊写前若能合成大洋填写更好（数目不及铜元20枚者可将铜洋并列）；（6）在誊写前须详细核算收入支出各项是否相合，若前后显有矛盾设法更正，或有相当之解释；（7）残缺不全之表请暂不交还，凡交还之表至少调查者本人觉得满意；（8）发生疑问时请随时与教授讨论。

北京郊区乡村家庭生活调查札记

（本部分初版于1981年，三联书店出版，
署为“李景汉著”）

序　言

1927年，我曾在北京郊外若干乡村调查农民的家庭生活。调查完毕，曾以《北平郊外之乡村家庭》为名发表了这次社会调查的成果。

1957年，我又回到三十年前曾经去过的那些村庄做社会调查。这乃是由于《人民日报》的同志的提议，请我在同一地区对于相隔三十年后的乡村社会再做社会调查，用对比的方法，显示新旧社会的变迁。我当时任中国人民大学社会调查室主任，欣然接受了这一很有意义的任务。

这是我一生中最后的一次调查了，可以说，是把以前几十年从事社会调查所得到的经验和心得，几乎都放在这次的调查研究中了。调查报告完成以后，《人民日报》在1957年春节后的三天内连续发表了该报告中的一部分，题目是《北京郊区乡村家庭生活的今昔》。外文的《北京周报》又予登载，这都引起了国内外读者的浓厚兴趣。以后，我又再次做了一些调查访问，补充了一些内容，这才把大部分调查材料整理而成一本小册子。

近年来，社会学得到了恢复，我才能把原来的调查报告整理付印。我想，作为史料及社会调查方面的参考资料，这部调查报告可能仍有意义。

对于中国社会学的前途，我抱着无限的希望，从而也有一个想法，即希望能够在本书所调查的同一地区，再做一次调查。可惜我自己已达87岁的衰弱年龄，心有余而力不足了。但期望对于社会调查热爱的，与我抱有同样愿望的青年，能够实现这一愿望，则著者企予望之矣。

李景汉

1981年六月于北京

引　言

我对于乡间生活的了解，向来具有浓厚的兴趣，尤其是关于北京附近人家过着怎么样的日子，更加上一层关切的心情。这也是有原因的。一来，在六十多年前的1894年，我就出生在距京二十多里的一个小村里，自小就尝到了乡下人家生活的味道，到过郊区许多大大小小的不同村庄，串过各式各样的贫富家庭，也就自然地留下了直到今天还是很深的印象。二来，从三十多年前的1926年开始，我曾在燕京大学、农业大学和清华大学教书，又都教的是社会调查研究法及实习这门功课。且恰巧它们的校址都在北京郊区。因此，就在当时的京兆区域内继续不断地从事乡村考察工作，更几乎走遍了近郊的村镇。三来，我一生就格外喜欢乡间的风味及勤劳惇厚的农民。为要比较深入和有系统地来了解广大乡村人民的实际生活状况，我就立下了一个志愿，先从京兆里面的村庄开始进行罢。这样，一方面可以提高自己对社会的认识，又同时能够尽一点儿对人民生活现象进行揭露的作用，并可借以从实践中学习调查研究的方法技术。长话短说，我怀着“不入虎穴焉得虎子”的心情，就在1924和1925年里去到距京百余里的甄家营村住了几个月，反复地访问了许多家庭，了解农民的生活状态。从那地方亲自所见所闻与所感里给我的印象是：比我小时（光绪二十五年左右）所尝过的乡间苦味还要坏些。中华民国没有比皇帝时代给这些农民带来更多物质或精神生活的幸福，而是每况愈下了。我曾在1926年发表的《京兆农村的状况》《北京的穷相》《北京平民膳食所含营养的分析》等报告，简略地暴露了当时一些显著的生活现象。紧跟着在同一年份，燕大学生 12 个人和我用了半年的时间，举行了一次比过去较为周密些的关于 1926 年全年内郊区家庭生活程度的调查，包括圆明园附近的挂甲屯、马连洼、黑山扈及东村的 164 家。写出了一部《北平郊外之乡村家庭》的报告。这次调查给我的印象是：这当时号称"首善之区"，近在咫尺的乡间生活和距京较远的乡村生活两相比较，并未见得好些，而是所差无几的。

1956 年的中秋节前夕，我接受了《人民日报》的一位同志的意见，再去观察一下已往熟悉的北京郊外的农家，来把过去的旧面貌同现在的新面貌做个鲜明的对比。老实说，我当时是在很犹豫的心情之下决定的。这是由于：一来，从解放以来，除看报和偶尔经过乡村外，我很久没有接触到村庄生活的核心，即家庭里面的生活状态；二来，今日已认识到从前些微做过的所谓社会调查，由于缺乏阶级分析的知识，未能反映事物的本质，也认识不清农村贫困的根源，也就当然得不到正确的结论。这些旧资料仅仅提供了一些表面的现象，并在我的印象里留下了一部悲剧的影片。下乡前，我翻阅了一些有关的陈年记录，立刻在我的脑子里充满了种种的回忆，连小儿时期的很多印象，也都历历在目。据说，这几年来，郊区农民的生活大大地变了样儿了，可是究竟大到了什么程度呢？现在他们都吃的是什么、穿的是什么、住的是什么样子呢？亲属之间的关系，婚丧、年节、信仰等种种有关精神生活的状态到底起了哪些变化呢？还有其他许许多多的问号涌满心头。这越使我感觉到这次访问的需要和兴味。中国的老话说得好："百闻不如一见""耳听为虚，眼见为实""不怕不认货，就怕货比货"。新说法也是对的："事实胜于雄辩""事实是最好的证人，也是最有力的反驳者""没有调查，就没有发言权"。于是，我就立刻开始去观察我在 1926 年（也就是在三十年前）所调查过的一些村庄，包括在圆明园附近的挂甲屯、马连洼和黑山扈，稍远的东村、西北旺和东北旺。我首先在这几村所属的三个农业生产合作社所管理的一带地方，做了一个大概的观察，借以略悉它们的背景和一般的状态，避免"只见木而不见林"的毛病。但为要着重调查居民的实际生活，就按照适当的比重，在原属各阶级成分及现在家庭经济情况有所不同的农户中，访问了近 50 家，对于能够代表一般物质生活水平的典型人家，格外进行了较为仔细的交谈和深入的体验。至于精神生活方面是按照可能掌握的时间和精力，尽量做到较为广泛的访问观察和多方面的接触窥视，取得了一些基本上大致接近事实的真相。由于劳动力都在白天忙于工作，我不愿耽误他们的生产和打搅他们的休息，就决定尽量迁就他们的便利，在较空闲的晚间去做家庭访问。他们那种尽其可能来满足我要得到资料的愿望的耐心合作，使我这种好像打破砂锅璺到底，连我本人也感觉实在有点儿噜 的谈话，竟成为愉快的交谈。满屋子炕上炕下、门里门外，甚至满院子的人常常哈哈大笑起来，打破了乡间黑夜的寂静而往往谈到深夜。当时真有“酒逢知己千杯少”的气氛。可是自古“天下没有不散的宴席”。散后，老乡们还陪我到村边，说声“欢迎再来”而告别。在万籁俱静的几十里归途中，我在默思着方才所见所闻，莫非是作梦而不是现实，即或是作梦，也是一场好梦！

自从1957年2月初在《人民日报》发表了几篇调查材料，引起了读者的注意和鼓励之后，我就继续从事深入的和规模较为大些的调查研究，直到目前（劳动节）尚在进行中。现在抽出其中较为突出的一部分现象，精简地整理了一下，先粗枝大叶地写成这本小册，借以早日就正于关心和熟悉农村生活的同志们。

提起笔来，真觉千头万绪，不知下笔从何说起。为要避免我在过去不写东西则已，一写就是一大片统计数字的旧习惯，我决定先从访问的一些感想谈起罢。我首先感到的是“不虚此行”。在这次访问中老乡们所给我的认识和启发，真如上了一次内容丰富的大课。如果一个人从来没有观察过他们从前生活的状态，或从解放后才同他们有所接触，他的感觉多半和我的大不一样。由于我对他们过去的生活面貌是那样的熟悉，而对于近七年以来的生活面貌却是如此的陌生，因此，我好像是从一个世界突然来到另一个世界——虽然还是那同一个乡村，甚至所碰到的住户也是原先的老住户。不胜今昔之感的并不仅是前后事物的表面现象大不一样了，而且事物内部的本质更是不可同日而语了。这并不是说，我今日所看见的生活状态是了不得的美好，或是已经达到人类需要的理想水准，而是说：我看到今日生活的新面貌，再回忆昔日生活的旧面貌，在两相对照之下，只要是一个具有正常人性的人，我想不能不有惊奇之感。我在从前所看到的这几个村庄，真好像是几株枯萎的果树，而今日所见到的，虽然尚未花枝招展，而已确是青枝绿叶，花苞满树，即将开放艳艳鲜花，挂上累累果实了。回想我刚能记事的小儿时期，庚子 1900 年左右，那时乡民的生活水平已经是低得够受的了，但还能勉强维持自给自足的生活，不幸，之后由于受到国内外的双重剥削，农民的生活日趋恶化，降到饥不择食，糠菜半年粮，过着仅能生存的悲惨生活了。我尚记得：三十年前那种局面曾使不少的人在彷徨失望中度岁月，有“山穷水尽疑无路”之感，而在三十年后的今天，竟使我真如踏入了“柳暗花明又一村”。

第一章　今昔印象的对比

究竟，今昔的对比在哪些方面使我能够发生这样惊奇的感觉呢？让我先鸟瞰式地把在我脑海中活跃着的大大小小的一部分印象列举出来。其中包括：一方面好像连续吐出的过去的苦水，另一方面又似燃放的一串表现愉快心情的鞭炮。这些印象是以所感受的先后为序，而不是按其重要性为序列在这里的。

三十年前，我只能靠步行、骑自行车或驴去到这一带村庄，而现在附近村边都有平坦的公路了。在过去，这些乡间的一般人民对政治几乎是漠不关心，抱着谁管我就给谁纳粮的心理。在今日，当我到挂甲屯的第一天，正赶上村内人民在鼓乐喧天中，高高兴兴地选举了他们认为满意的人民代表。每一公民都行使了他的这一个真正当了家作了主的光荣权利，并以生产积极性的实际行动，表示出对于这个喜日庆祝的献礼。在过去经过田边的时候，我理会到遍地成群的麻雀大吃谷穗，而现在所见的“老家贼”少得多了。过去是每逢进村就被狗包围住，且战且走，而现在是“常听鸡鸣，不闻犬吠”，也不必提心吊胆，可以畅行无阻了。过去是家家在夜间就把院内鸡笼等物放在屋内，也把街门、房门关紧，以免被偷。现在是连从前所需要的看家狗也用不着费粮食喂养，因为小偷儿已经很少了，也附带地解决了我担心狗咬的问题。过去常常碰到蓬首垢面的叫花子，沿门讨饭，而现在连一个鹑衣百结的乞丐也看不见了。在过去，遇到很多的男女老少，穿着补丁摞补丁的衣裳，且多数的儿童是一丝不挂地满街上跑。现在大人们一般穿着补丁不多或半新的衣裳，而儿童多半穿得齐齐整整地上学了。

过去，我从远路而来，进入一个普通人家的屋里座谈的时候，主人们往往是很客气的，竟把自己舍不得用，久存的一丁点儿茶叶末儿取出来招待我。这当然使我非常感谢，可是同时使我有很不安的心情。因为这是这家的奢侈品，乃是为像丈母娘这类关系或不常来的近亲至友而储存的。再者，当主妇把这碗茶端到我面前的时候，我不知道喝好还是不喝好。是什么叫我犹豫呢？这是因为我有时理会到那个显然不常用外面蒙满了灰尘，里面状态推测可知的瓷壶，还有基本上情况差不多的茶碗，主妇有时用一块近于黑色的搌布当面把连壶带碗里里外外抹了又抹，随后，抓出一撮茶叶末儿放入壶内，就去抱一捆禾秸将大锅里放的水烧开，再用水瓢舀入壶内。最后，一面斟上一碗热腾腾的茶水，恭恭敬敬地端到我坐近的炕桌上，一面道歉："这么大热的天儿，大老远地来到我们这儿，不怕您笑话，没别的招待您，可不就是喝碗水罢！"有人心的和那时才三十多岁青年的我，处在那种情况之下，当时被感动得不知如何是好，同时对那碗茶发愣，一边擦脸上的汗，一边心里作斗争。我过去多年的卫生教育，真把我害得好苦！当我听见"趁热喝罢"的那一刹那，我感到盛意实在难却，就端起来，一饮而尽。三十年后的今天，我又去访问这户人家的时候，记忆中的满屋苍蝇少得引不起注意了，所见到的屋内家具几乎是一尘不染，当主妇这次端上茶来的时候，我没有不安之感，因为我知道他们自己也常喝茶，更没有不放心的感觉了。

过去的普通人家一年到头吃着粗粮，而现在天天吃到白面或白米了。在过去，当我问他们每月或全年吃多少斤肉的时候，引起了想不到的误会，竟以为是有意和穷人开玩笑，而现在遇不到像这类的误会了。三十年前是只要将就着有东西塞入肚皮里，不至于揭不开锅就好。之后，在日人入侵的沦陷期间，用更难下咽的混合面充饥了。在一个普通人家里面，仅有寥寥可数的一些用具。现在不仅生活上必不可少的日常用品大致应有尽有，而且使我大为惊异的是，加添了不少我在这些家里从来未曾见过的东西。这一方面是由于我的少见多怪，另一方面也是由于我对于过去的印象是：郊区的人们一向过着粗食不够吃、粗衣不够穿、漏屋不够住的艰苦生活，日常受着贪官污吏、地主、高利贷者等种种的剥削、压迫、侮辱的痛苦。现在恰恰与上面回忆中的情况相反。所有这些他们最厌恶的人中恶兽，都在短短的几年内被消灭净尽了。一般人家都度着家给人足，至少是饱食暖衣的生活了。现在他们常碰头办事的是他们所欢迎的人民警察和关怀他们生活的各种干部。

不只这些从前害苦了他们的巨大吸血鬼都已经不存在，连一些害他们的小吸血虫也一一被除掉了。在过去，我去访问家庭，坐在炕沿上谈话的时候，有时爬入衣内的一种善跑的或一种长于跳的小动物，连窜带咬，或还有飞来的小东西在脖子上叮上几口，也往往在返家时候带回了一种表面上像是很老实的小爬虫。我一生是怕这几种难与和平共处的生物。今日在这次访问中，在关于似乎是一些小事的方面上使我最惊讶的巨大变动之一，就是这些烦扰需要休息之劳动农民的臭虫、跳蚤、虱子、蚊虫等害虫，都在乡间人们的身上和屋内被消除了。仅有少数飞在屋外，但没有可能造成“蚊声如雷”的声势了。再也看不到像从前靠篱笆坐着晒太阳的人们，把从袄裤内找出的虱子，一个又一个地放在口内，有时连咬它们所发出的声音也听得见。今日，在这些村庄里，不但“虱子多了不咬”的阿Q式的口头语已成过去，就是“账多了不愁”的老话儿也照样不适用了。说不定有人认为像这种小事情是值不得这样大书特书的。可是这种似乎是生活细节的琐细现象的变动，也反映着是由于农村经济制度的根本变动而产生的果实。由于土地改革后，人剥削人的这一社会关系被铲除了，许多罪恶现象都因之自然地无影无踪了，正应了“树倒猢狲散”的这句老话。村内各种社会现象的变化都使我理会到它们之间的内在联系，正如中国的另一句老话“牵一发而全身动”，且可从每一现象的观察而认识到它和本质变化的关系。

现在村中所有的人家都参加了高级农业生产合作社，建立了自己的信用社。从供销社中心商店购买需要的日常用品，根本摆脱了在过去旧社会里各方面的剥削。劳动的农民变为自己村庄的主人而管理自己的事情了。由于今日生产与生产关系、物质生活条件的巨大变化，农民的文化、思想意识，精神生活也都跟着发生了与过去大不相同的显著变化。吵闹的家庭变为和睦的家庭了，男女的地位由不平等变为平等了，现在有病不再去找巫婆了，无子不再去烧香许愿了，贫困不再求助于鬼神了，不是一年只扫一次房子了，青年寡妇几乎都再嫁了，离婚容易办到了，包办婚姻已成过去了，流氓和“破鞋”很少发现了。过去，不仅一般人家，就连地主富农在内都过着精神不安的生活。今日连地主富农也承认，家家都过着心神安定的太平日子，人人的生活得到了保障。这使我一生梦想不到的事情，竟会在今天亲眼看到了。如果这不是奇迹，什么才算奇迹？向来一切爱国者，不都是旨在改善人民的生活么？社会主义者的根本目的不更是要达到最大限度地满足人民物质生活和文化生活的需要么？这次的访问使我实实在在地感觉到这个人类最需要和迫切追求的东西，正在这些村庄里的居民生活里面日益充实地实现着。究竟还有什么具体的事实，使我这一个一向以冷静头脑和抱客观态度来观察事物的人，对于这次所发现的变动大为吃惊呢？这就是我要在下面介绍的我这次访问所得到的一部分统计数字。

第二章　实际生活程度的今昔对比

让我们先从关于物质生活方面的具体事实说起，再叙述关于精神生活方面。为了力求清楚、醒目而又能够做到较为细致的比较起见，让我以一个常见的普通户，不大不小的五口之家作为今昔对照的测量单位。这个五口之家包括一对壮年夫妇和他们的6～12岁之间的一个男孩和一个女孩，及一位50岁以上的老年父亲或母亲。①

食　品

回忆我在幼年开始学习作文的时候，这几句"国以民为本，民以食为天，食之于民，讵可一日缺哉"的破题语是常用在开头的。今天我仍沿旧惯。这些乡间人的消费中以食物占主要部分，而食品中是以米面为主要部分。因此，我也把米面放在首位。

米面　昔日一个普通的五口之家，全年约用米面1 700斤，每月约用140

---

① 为了在货币上能够比较起见，本文中除特别提明像过去使用的银元外，都是以现用人民币为单位。"昔日"大致系指做过京郊生活调查较多的前三十年的时期。按购买力来说，当年的银币1元约等于1956年的人民币2元6角2分，或1956年的人民币1元等于1926年的银币3角8分。本文所用货币数字都折合过了，所用度量衡也都折合为现用单位计算。

斤。其中所吃粗粮约占95%以上。粗粮中以玉米面为大宗，小米次之，此外有高粱、小米面、荞麦面及豆类。所吃细粮包括白面及白米，仅占5%以下。挂甲屯是产米的村庄，而农民不能享受自己劳动的果实。村中能够在一年中大部分的天数内吃得起白米或白面者，只有几家富户。大多数的家庭，除一年中春节、端午和中秋三节仅吃到几次细粮、米面外，许多家庭在冷季添吃些白薯，有的一年用到1 000多斤。在劳动比较少的季节，每日仅吃两餐，几乎总是窝窝头、小米粥或在里面加上些白薯、老倭瓜、菜帮子等类的东西。不少极贫的人家连这很低的生活程度也达不到。

今日一个普通的五口之家，在全年所用约1 800斤的米面中，细粮约占68%，其中糯米约占42%，白面约占23%；所用粗粮约占35%，包括玉米、小米、高粱、豆类等，外加白薯和副食品。即以所吃粗粮和细粮今昔所占百分比的巨大变动来看，是一个多么鲜明的对比。今日的农民是为自己劳动着，而也真享受到他们自己的劳动果实了。在访问时，问到现在吃什么，再问到从前吃什么的时候，有的激动着说："现在是天堂啦，从前是地狱！"

菜蔬 在食品中次要者为菜蔬。昔日，一个五口的普通人家最常吃的是腌萝卜、水疙瘩、疙瘩缨（即芥菜）、辣椒等几种咸菜，一年用100多斤。每人合20多斤，每日每人仅合1两。连北京人最常吃的白菜，在这种家庭内一年也仅能用200多斤，每人合40多斤。此外，所用的葱、蒜、豆芽、菠菜、萝卜、韭菜、豆腐等合在一起也不过100多斤，这样每人每日仅吃到1两左右。全年全家所有菜蔬的重量也就在400多斤，每人每日仅合三四两。有些家庭连这些数量的菜也不易吃到。

今日一个五口的一般家庭，一年内所有菜蔬的总重量达到1 500斤之多，约等于昔日一家所用菜蔬总重量的三四倍。在今日大致而论，是以人们爱吃的白菜占第一位。其他常吃的鲜菜有黄瓜、茄子、西红柿、萝卜、菠菜等20余种之多。每种数量所占百分比是按照各家人们不同的爱好，选择就很有出入，不像昔日彼此差不多的那样单调了。家里常吃自腌的咸菜，每年一家约用200斤。

调和 昔日五口之家所用的调和费中食油居首位，竟约占调和总费用的十分之六，盐次之，约占十分之二。所余的十分之一包括其他调味品：酱、醋、姜、花椒等物。食油中以香油占大部分，外有猪油、羊油、酱油、虾油等，合计全年仅 10 余斤。每天每人仅合一钱重的油。有些家庭一天连几滴油也吃不到。

今日，同样大小的五口之家，全年除用定量的 15 斤花生油以外，还用 20 多斤猪油，再加上几斤芝麻酱和几斤酱油等调味品。全年约用盐 70 斤，除平常吃外，一部分用以腌菜和作酱。全家一年吃酱约 50 斤，吃醋 20 多斤。昔日极少用的一些奢侈食品今日也在购用了，例如一年内肯吃糖几斤。至于花椒、大料等作料都买得够用的。可见今昔所用调味的数量和质量都显有差别。

肉类　肉是人们很喜欢吃的。一个农民给我说了一个笑话：村里有一个人很喜欢吃豆腐，曾说豆腐是他的“命”，但这个人每逢遇到有豆腐也有肉的菜时，他就只抢肉吃，不要“命”了。的确，过去一般的农民是那样穷苦，只要遇到吃上一顿肉的机会，就称为“过年”，就是一次很大的满足。从昔日挨户反复的询问里，很清楚地熟悉：绝大多数的人家，除在春节、八月中秋、五月端午的三个大节外，几乎是终年不买肉吃的，甚至有的人家仅在春节吃一次肉，而且往往在数量上是很少的。仅有极少数的地主和富农等人家才在三节外也吃到肉。我们知道：猪是出在乡间的，几乎家家喂养，可是养肥了猪的人们，反倒自己吃不到肉。

今日一个普通的五口之家在一年内吃到二三十斤猪肉是常见到的。而且此外有的人家也还吃上几斤牛羊肉，几斤鱼虾或几只鸡、鸭呢。不仅如此，连家里鸡下的蛋也舍得在一年内自己用几十个了，尤其是给小孩儿们吃。在肉方面来说，是从昔日的几乎无转变到今日这样各种肉类数量的有。今日他们能够边“要命”边吃肉了，因为后者在他们今天的饭桌儿上已经不是什么稀罕物了。曾问过一个内当家的：1956 年是否比上一年的肉更多一些？回答是：“要不是这么难买到肉的话当然要多。”最近（1957 年劳动节）我又问了一些领导干部：今年一般家庭的用肉量将要比上年多还是少？他们的答复是：今年农家养的猪数比上年多，且可自宰留 20 斤肉和油，所吃的肉多半要比上年多些。在这方面的今昔对比，其差别之大不也是很鲜明的么？关于所用其他食品的今昔对比，如在水果、闲食、零食等方面也都有显著的不同。昔日这些农民所吃的食物，不但数量不足，而且营养不够，早为营养学家所公认。其不合于膳食标准者表现在：

脂肪质太少，蛋白质的数量虽够，而多来自植物食品，少来自动物食品，品质欠佳，热量低于标准，缺乏矿质及重要维生素，含水碳素太多。今日他们所用膳食虽尚不丰富，但肉、蛋、食油、青菜等副食品和细粮数量的显著增加，就当然使脂肪质与热量亦因之而增加，蛋白质的质量亦较前为优。其他所需要的滋养料亦将随食品种类、数量、质量之日益丰富，而也都能逐渐达于正常标准。这种改变对于这些农民身体的健康、儿童的发育、疾病和死亡率的降低、劳动生产力的提高都必然有很大的良好影响。

衣 服

昔日，五口的普通家庭如果一年添购 30 尺粗布，平均每人仅合 6 尺，就算不错，当然还不够全家的需要，说不定也算是已经“比上不足，比下有余”了。一般人家，除一部分鞋、袜在家自做外，多在北京城内外卖破烂儿的摊子上，买旧衣服、鞋帽等物，将就而又将就地穿在身上最需要的部分和最需要的季节。往往当寒冷的气候一临到的时候，人们就脱去了单裤而换上了棉裤，棉衣的里面是空心而无衬衣的，一直穿到次年的暖季才脱下来，至于里面的那种状态恐怕在全世界中只有在华北的贫苦农民家里面才能见到，我想无须在这里描写罢。这些人家每年希望着，争取得到施舍的棉衣。

今日，一个典型的普通人家，一年中能够购用近 150 尺的普通布，其中以青布为最多，白布和蓝布次之，再次为印花布、条布、格布等较漂亮些的品类。此外，有的家庭按照自己需要和喜爱的不同，还加购少许斜纹哔叽等类较好的布。今日他们用不着寻买破烂儿穿了，而是恰恰相反，他们往往去到中心商店，且有的竟远跑到百货公司，去选购称自己心眼儿的一些有伸缩性的织袜、汗衫、衬衣、卫生衣、裙子、围巾、帽子、制服等现成儿的衣着。挂甲屯村中 90%以上的家庭里，有人穿上了皮鞋、球鞋等物，且几乎每个青年都有制服。女青年穿着四眼鞋。在今昔所穿衣服的量质对比上，同食品一样，也有显著的悬殊。

房屋和家具

昔日，在居住和家具方面，在挂甲屯村由于当时袁世凯家的旧花园和苑宅两处有200多间的屋子出租，一个普通之家多是租住两间屋子，也有租一间的。屋内仅有一些破旧的用具，其中不少是一身兼数职者。炕上的被褥多半具有一二十年的资历，且尽量发挥其一视同仁的温暖。古老壶碗上一串串的锯子表示出传统的节约美德和手艺工人的精巧智慧。这当然比这一带乡村里“家徒四壁，贫无立锥”，甚至无家可归的人们还好一些。今日，一个五口之家多是住着自己的三间屋子，无须像从前每月为房租发愁了。他们在院子里种上些自己所喜爱的花草和在家旁边的自留地上种些自己爱吃的青菜。门口挂着竹帘，可是使我若有所失的门神爷不见了。窗上糊着冷布，也安着亮晶的玻璃。新炕席上又铺着新凉席。墙上贴着新生活的画儿，但对于使我又若有所失的灶王爷、财神爷，我也不能向他们道一声久违了。还理会到地面上立着新式的火炉；在橱柜里放着新瓷碗、盘、碟等物；几案上摆着茶壶、茶碗、茶叶罐、瓷脸盆、嗽口盂、胰子盒、牙刷、牙粉或牙膏、雪花膏、润面油、暖水瓶、酒壶、纸、笔、书、墨水瓶；绳子上悬着几条干净的毛巾，墙角立着雨伞。也有时看见手电筒或自行车或其他比较稀罕的东西。

村内这些随时所见所闻的一切，不能不使我感觉和理解到：的确，比什么都准，真变了样儿了！我对于自己有所不安的倒是：恐怕缺乏描写的才具，因之不能充分如实地把实见真感恰如其分地表达出来。这也就逼得我不得不以我所比较熟练的技术而多采用统计数字让它们自己说话，来表示我的深刻印象。虽然有人看为是一种枯燥的形式。

在我久违了三十年之久的一个大村里，又是在第一个白天试一试访问几户的时候，我走到一个原属贫农成分的程家。一进街门，就看见对面盛开的花草，而且院内清清洁洁。这已使我感觉到异“常”（系昔日印象的“常”）。及至这家的主妇把我让到室内，坐在八仙桌旁，当她去给我预备茶水，我向室内扫了几眼的时候，我由感觉异常而转为惊奇，而起敬！我看到哪一个角落，就感觉哪一个角落好。炕角一层层颜色不一的新被褥叠得那么好！各种的家具安置得那么好！为力求节省文字起见，就干脆用几个字来说明：屋内整整齐齐、干干净净。说真格的，当那一刹那，我的心情比我在埃及所见巨伟的金字塔和人面兽身的石像还要惊异，也比在印尼那个世界有名的植物园内所见到的奇花异草，还要欣赏，还要美丽。（我实在毫无夸大之意，这也是由于在我尚未亲自看到塔、园等实物以前，早已在书上看到关于它们的记载和图画了。）我的这一超乎寻常的感觉也是无足怪的，因为在我几近六十年的一生中，我压根儿没碰到过，也没想到过，今日能够在这一带的村庄里且在光天化日之下，清清楚楚地，像我在这初次所见到的这么一个贫农家庭的面貌。不管别人怎样想法，仅以我个人而论，我认为这的确是朴素的真善美，使我叹观止矣！我想这也只能在今日和今后的新中国里面才能出现与过去旧中国截然不同的这一新面貌。并且使我理解到这不只是量的变化而也是根本的实质的变化。在此，我趁便再附上几句。当我和这位可敬的主妇谈到她家如何从一贫农变化到今日这样美好情境的时候，正赶上她的孩子下学回家。他向我们致敬之后，把他整洁的上衣脱下叠好，放在炕沿上，换上一件稍旧的衣裳，跑去玩去了。他的母亲笑着对我说："现在的孩子真懂事，我并没告诉过他这样做。"当时我在心里想：有其母必有其子。她高兴地接着对我说："要不是解放，哪能够我的五个孩子，连女的都能上学！"这种愉快的新印象，尤其是从这家所得先入为主的深刻印象，从一起头儿就给我打开了认识今日新农村面貌的门。我脑海中从昔日所遗留下来的种种不愉快的旧印象，都很快地一一让位而告别了。

燃　料

昔日在燃料方面，一个五口的普通人家，除烧自产的秸秆外，多系家中妇女在野外拾取的柴草。如仍不够，则每月得买几斤煤球做饭，带暖屋子。关于照明，多用小煤油灯。在昼长季节，多舍不得耗费灯火，仅在夜长的冬季每日才点煤油少许，每月约用一二斤。如果家里有吸烟的人，则连吸烟和做饭一年所用的火柴约 100 盒。虽然当时还有用火链、火石和火绒打火点烟的省钱旧方法，但越来越少使用了。

今日一个五口之家，每年除用秸秆、柴草几千斤外，还得购用些煤球或煤块。少用秸柴而多用煤的家庭约需煤量 3 000 斤。人们不像从前多赖衣被过冬，现在把炕烧得暖暖的，把炉火在白日烧得和在夜间封得好好的，无论白天黑夜都不致冻手冻脚的了。关于灯光，挂甲屯村的一部分住户已经安上了电灯，其他住户用着带玻璃罩的煤油灯。一家全年所点煤油约 15 斤。由于上学和识字人数的增加，灯光的需要也随着增加了。若是家中有两口左右的人吸烟，全年所用的火柴约计 40 包，合 400 盒之多。

医药卫生

昔日关于医药方面，一般人家多半请不起医生，也拿不出药费。关于卫生，由于经济和卫生知识及清洁习惯的缺乏，一般人家对于这方面的消费是微不足道的。有一年到头连胰子也不用的家庭。脏衣服多在河旁石头上砸洗。今日由于经济能力和健康卫生知识的大为提高，卫生与清洁习惯和及时医治及平时预防生病都随之大为注意。不少的家庭全年所用医药费达到二三十元之多，还有不少超过此数者。曾有一个比较积极的老头儿微笑着带点儿幽默的神气对我说了大致是这样的话："如今晚儿的人们可娇气啦！头疼、脑热、擦伤点肉皮儿也算病，有点儿小毛病也去看大夫。医疗站又有中医又有西医，看病可方便啦，有时护士们在没病的人身上还找病呢。至于孕妇和女人的检查，事情就更多啦。还有防疫注射啦，种牛痘啦，注意月经卫生啦。人民比从前开通喽，喝开水喽，可是有的胖小伙子还是不管这一套，说喝井边凉水才解渴。眼睛病、头癣、破伤风倒是比从前好多喽。新法接生一回两元钱，倒是比老娘婆好。小孩生下抽疯的没有啦，还不是因为消毒干净。多年不生孩子的也养起孩子来啦。哪家不是抱着一个两个的，可是嚼过（吃喝用度）也大啦。反正毛主席有办法，饿不着一个人。"和讲求卫生有关的胰子和碱，许多人家在一年内购用三四十块，有的超过此数很多。大部分青年有了天天刷牙的习惯。厕所里的便坑有了盖和撒灰，也随时打扫清理。个人和公共的卫生和清洁等情况，都显然比昔日好得多。

烟酒茶

昔日，关于烟酒茶的嗜好，一个普通人家，除偶尔招待亲友外，平常喝茶的次数是很少的，全年不过用上1斤茶叶末儿。村内有三分之一的家庭素日是喝不起茶的。烟是农民很喜好的东西，在普通人家内常有一两个人吸烟，多用土制烟叶，一年所吸约10斤。一般家庭是喝不起酒的，仅有七分之一的少数人家内有喝点儿酒的人，一年也不过用三四斤。

今日，每家或多或少都喝得起茶了，不少的家庭一年中用到三四斤茶叶。家里有两三个人吸烟是很常见的，虽然仍有吸烟叶的老头儿们，但是吸烟卷儿的数量是有越来越增加的趋势。不少的家庭一年所吸烟叶约计20斤，很多的人家一年吸纸烟100多盒。平日有喝酒的家庭仍占少数。一个有饮酒习惯的人一年用20来斤。

文化教育

昔日，在文化教育方面，除富裕人家子弟入学外，普通家里的儿童能够读书的很少。一般人民的绝大多数是文盲。今日，每家的学龄儿童没有不上学的。在一个普通人家内很可能有两个入学的。家中的大人们也都有学习识字或参加业余学校的机会。扫盲的运动多在冬闲的时期积极推进。有几乎家家成为“耕读之家”的趋势。今日一般的人家一年内为教育文化所支出的费用约20元。这些乡间人们不但从读书看报上得到精神上的食粮，也从各种报告会上得到各式各样的知识。东方社有一个图书室，已有书6 000多册，任人阅读或借出。挂甲屯村已经有购置收音机的家庭了。不久其他的村庄有了电灯后，公私的收音机也将随之而推广，许多文化活动亦将因之而丰富。

昔日，乡间的业余生活是很单调的。极少数富裕家庭的人们往往染上醉酒、赌博、纵欲、吸食毒品等不正当的嗜好。一般的劳动人民终年为生计所迫，顾不到娱乐。他们如能在三节等日有点肉吃，加顿犒劳，就算不错。但有的人家在春节这天的“打一千，骂一万，混三十晚上这顿饭”，一年仅一次的隆重晚餐里也见不到打牙祭的东西，除非幸运地碰到具有好心肠的亲友或近邻，可怜可怜这类人间极痛苦的人家，雪里送炭地送给他们一些肉。此外，偶尔参加附近的庙会，看看迎神的热闹，听听野台子戏，来借以散散心，解解闷儿。

今日，这些乡间的娱乐生活比昔日丰富得多了。看电影、听戏、参加各种文娱活动越来越多了。有的也去逛逛公园，游游万寿山和天坛等名胜。并且村内有了自己的俱乐部，常举行文娱活动。东方社组织了一个剧团，有团员 40 多人。一般人家也都具有为娱乐而花点儿钱的经济能力，且所享受的消遣都是对农民身心有益的娱乐，而没有像昔日有时发生赌博一回就把全年工资输光，而成为一年愁甚至变为终身恨的不幸事件了。

亲友应酬

昔日，对于亲友往来婚丧嫁娶、办生日、过满月等种种应酬，虽系一普通人家，亦不能免俗，总要送些份礼。有时，即或是借钱、当物，也要争这个面子，勉为其难地而为之。这实在是昔日旧社会的日常生活中一项不小的负担。一般人家一年约用四五元。今日，一般人家虽然都有了出得起这些应酬费的能力，但由于婚丧仪式由繁而简和从前的一些应酬方式也渐不时兴，又加上劳动的人们多忙于生产，腾不出空儿来顾到这种旧习俗，因之在这方面的一些花销倒比昔日减少了。虽然在风俗习惯上有了不少的变化，一个普通人家在一年内为应酬也得用到一二十元。

信　仰

昔日，除极贫户外，一个普通人家要在每月初一、十五对灶王、财神烧一炷香和在清明为祖先烧些纸。有病人时，到庙里许个愿。肯为这种信仰所花的零碎钱合在一起在全年支出中也占着一定的数量，很多人家约用一两元。今日，他们已经由这种信仰转变到信仰他们自己的劳动力了。天旱不再去求龙王而是开动水车了，虫灾发生不再求八蜡而是使用杀虫药了，缺钱不再求财神而是努力增加劳动工分了，有病时不再求药王而是到医疗站去找医生了，有疑难事不再求仙问卜而是找领导干部来帮助解决了。这次访问使我也理会到：不只是这些村庄的物质生活显著地大变了样儿，而也在精神生活、思想意识、人生观上都依随着大变了样儿。

家庭生活费用总数的对比和分析

总起来说，关于生活程度方面，今日这些乡间家庭在物质上的享受比昔日的享受，显然有很大的差别。这在衣食住等方面都十足地表现出来。具体的事实证明了他们今日比昔日吃的、穿的、住的等项在数量上多得多了，也都在质量方面好得多了。若以生活费用来说明，今日一般的生活费比昔日约增加了三分之二（指实际享受生活费，货币膨胀因素除外）。若以昔日的所谓极贫和次贫的家庭而论，他们生活费的增加则超过此数，其中有的达到四分之三。还有一些个别家庭生活费的增加成数是更多的。许多原来雇农和贫农在土改后变成新中农，现在享受着他们自己觉得很满意的自给生活。原来中农的生活费的增加不如雇农和贫农增加之多。富农生活费的增加更比较少些。今日，有充足劳动力的原地主家庭的生活水平并不比昔日降低很多。原来各阶级成分的家庭生活逐渐地日益接近，尤其是原来的贫农、雇农和中农的界限现在越来越不易分了。但在原来富农中，有的由于经济底子好些，且家里又有充足的劳动力者，现在所享受的物质生活比较略高一些。自取消了土地分红后，原来比较稍富裕的人家中，有的家庭收入减少一些，如果家内的劳动力又比较差一些的话，他们的生活水平是比一般的生活水平要低一点儿。还有劳动力比较弱而人口比较少的家庭尚可以维持不错的生活。一种情况是很清楚的，就是：劳动力成为今天家庭生活费用的主要来源了。从农村整体来看，一般人家的生活水平，大致是一齐上升，共同向着不止于小康，而是日益富裕的前程迈进。

我这次访问的这些人家每逢谈到目前生活情况的时候，多半表示满意高兴，尤其是其中的原来贫农和雇农更是一致很自然地喜形于色，情不自禁地欢欣鼓舞。及至问到昔日生活情况的时候，立刻有的咳声叹气，流露不胜今昔之感，也有的对旧社会的不平，怒形于色，咬牙切齿。在他们许多动人心弦的话语中，在这里仅引用他们，尤其是其中上了年纪的人们所常重复的短碎句子。一位刘老太太的说法是大致可以作为典型的，列在下面："还提从前干什么呀，反正就是苦罢咧，如今晚儿的日子就是好，那会儿（指昔日）是地狱，这会儿（指今日）是天堂。"当时，我靠在那炕边墙的幽暗中，从这样朴素的流露里，我窥觉到她心灵的深处。虽然当时我心里，就是现在也不同意她末尾的措辞，可是除开"天堂"这个说法外，在她的辞汇中还能找出什么比这个更能鲜明地表现出她的满足心情呢？在她说来，以今视昔，真如从最可怕的地狱里，升到天堂上了。以我来说，同样以今视昔，这样巨大的变化是我一生没想到过能够这样快在今天居然亲眼看到了。我不能不认为这是辉煌的成就，也不能不感觉是惊人的奇迹。如果说我是少见多怪，倒是对的，因为的确这是从古至今，在人间向来罕见的空前现象。

第三章　收入、生产同生活水平关系的今昔对比

实际收入的增加

为什么这些乡间人家的生活面貌在各方面都大大变了样儿呢？干脆一句话：主要的是由于他们今日的实际收入，比昔日大大地增加了。让我把今昔收入的变动，力求简要地写在下面。在这次访问的家庭中，多系原来的贫农、雇农和中农阶级成分，因此在作今昔收入对比时，对他们多加一些说明。昔日，一个家庭里的男家主如果是一个普通长工，他在一年中为地主或富农工作的期限至少是八个月，所得工资约为当时以银元为货币单位的 30 元。这也就是他从长工收入中能供给他家庭费用的最大数量。当然，这是不够养活一个普通人家的。他在做长工的期间以外的四个月内，还得找些零工赚钱，例如拉洋车，约可得到二三十元。家中的主妇，除照料家务外，也须以一部分时间做点儿零活，从事缝补或家庭工业。家中能劳动的老年人、年龄较大的儿童或其他人口也得尽量找些能挣钱的活做。这样，除家主以外，其他人口的收入约达到 30 元。上面几项收入来源的总合达到 85 元左右，如果再把雇主所供给长工的饭食等项约计 35 元计算在内，则这个长工从雇主所得的实际收入约为 65 元。这样，全家全年的总收入约为银币 120 元，约等于今日的人民币 320 元。如果男家主是一个租种田地为生的农民，约能照管十几亩田地。在普通年成，除每亩须付租费约 3 块

银元外，从经营普通旱地所得收益约计70元。当然，这也不够全家生活的费用，他本人和主妇及其他家里的老幼人口还得从事一些副业，一年可得约五六十元。这样，全家全年的总收入在银元130元左右。

农村中除以种地为业谋生外，还有从事编席、打石、卖菜、赶车等为业，赖以生活者。他们家中能干活的人口也得从事拾柴、捡粪等劳动，贴补家用。这类家庭的全年总收入在140元左右。一般说来，如果一个普通人家的一年收入达到130元左右，就算不错。但不少的人家是不免随时碰到困难的。他们的主要出路是借钱和当物，这就给高利贷者开辟了剥削的机会。如果连这饮鸩止渴性质的阎王债和当物都办不到，还有向亲属请求资助或靠慈善团体对贫寒家庭施舍米面和衣服的救济。

上面，已经概略地说明了昔日一个普通人家的银元收入为120元，比较好些的为130元，更好些的为140元。如果合成现在的人民币约等于320元，比较高些的为340元，更高些的为370元。现在让我们来把今日的家庭收入同这些旧日的家庭收入对比一下，就可约略地看出今昔收入的差别。今日在挂甲屯村原属贫雇农成分而现在变为自给户的，平均五口的家庭，在1956年的全年家庭总收入约为580元。在村内占总户数三分之一的富裕户的收入则超过此数，而约占六分之一的困难户则低于此数。原来贫农和雇农成分的平均家庭收入约580元。原来中农成分的平均家庭收入超过580元。原来富农和一部分地主的平均家庭收入超过600元。以阶级成分间，关于收入发生的变化而论，原来土地生产资料比较多而劳动力较少或较弱的上中农和富农成分的家庭收入，增加得比较少。原来土地和生产资料比较少，可是劳动力比较多而且强的贫农和下中农及雇农成分的家庭收入比其他阶级成分的家庭收入，增加得比较多。一个农民说得好：从前是地多的户享福，现在是劳动力又多又强的户享福。关于解放以来一个全劳动力壮丁的全年收入，据村中几个干部的估计，历年增加的情况大致是这样：在土改后1951至1952年单干时期平均约计400元，在1953至1954年互助组时期平均约计450元，1955至1956年合作化时期计500多元。

就让我们以今日普通家庭的收入580元同昔日普通家庭的收入来作比较。如果同昔日家庭的收入320元对比，则今日超过昔日约260元，约增加81%。如果同稍好些的家庭收入340元对比，则超过240元，约增加71%。如果同更好些的家庭收入370元对比，则超过210元，约增加57%。

收入和生活水平的关系

从上面今昔收入的对比，我们可以看出：由于家庭收入的显著增加，就易于了解一般农民生活水平提高的主要原因，好像水涨船高一样。昔日郊区的普通人家是入不敷出，都是把所有的收入都花光而无盈余。今日的普通家庭，虽可能积蓄一些钱，但一般来说，所储存的数量不多。总收入的绝大部分是用在消费上了。这也是由于一般家庭在过去家底儿太空或太薄，一旦增加了收入，所需要的种种消费亦立即跟着而来。这种添东西，要及时享受新事物的心理是必然的现象。虽然如此，据我所得的印象，和村内熟悉各家状况的人的估计，除困难户外，一般富裕户可能盈余50元以上。年进580元的普通自给户，在年底可能有30元左右的余款。这样，让我们以今日一个普通家庭的全年550元的消费同昔日三种家庭的消费对比，就得到这样的结果：如果同昔日雇农家庭消费320元对比，则今日的生活费超过昔日230元，约增72%；如果同贫农的340元对比，则超过210元，约增62%；如果同较富的370元对比，则超过180元，约增49%。这就清楚地证明农民生活水平的提高是如影随形地跟着农民收入的增加。让我在这里添上这一句：农民过去是，现在仍然是最现实的。他们最关心的是他们所能得到的实际收入，也就是从而能够确切享受的实际生活。只要他们的收入增加，生活因之提高，别的问题都可迎刃而解，什么事情都好办了。

这些家庭的总收入可能比国内一般的乡村家庭收入较高。这是由于这些家庭有靠近都市的有利条件，所谓“近水楼台先得月”。一般家庭人口中，有些是从事非农业的工作，包括工业建筑、商业、手工业、学校、打石、蹬三轮等劳动。他们供给家中的钱占家庭总收入的四分之一左右，且有少数达三分之一者。京郊家庭的收入既然较多，再加上同时受到都市生活的影响，因之生活程度就很可能亦比较为纯粹的乡村家庭高些。

在1956年，以种水稻为主要作物的挂甲屯的年成大致还好，村内90%以上的社员比前年增加了收入。其他几个村庄都受到很重的涝灾，减产很多，因之大多数社员收入比前年减少了。但这些受到天灾的家庭靠积极开展副业和贷款，仍保持了已经达到的生活水平，并未降低。这使身受其惠的人家更深切地感觉到，唯有社会主义生产组织的优越性，才能保证他们经常过着安乐的日子。

生产的增加

这些村内农家的收入怎么会在这短短的几年之内，约增加 70%这样多呢？干脆说，这主要是由于今日农产品的数量比昔日的生产量大大地增加了，在这方面，仅能在此很扼要地提及增产的一部分情况。从访问所得不完备的资料中，略悉昔日在普通年成一般稻谷的每亩产量约为 340 斤，而在今日约为 600 斤，有个别产量达到千斤以上者；昔日玉米每亩产量约为 200 斤，而今日约为 300 斤，产量高者达 400 斤；昔日谷子每亩约 160 斤，而今日约 230 斤，高者达 270 斤；昔日高粱每亩约 150 斤，今日约 200 斤，高者达 220 斤；昔日小麦约 70 斤，今日约 120 斤；昔日棉花约 60 斤，今日约 120 斤；昔日白薯约 1 000 斤，今日约 2 500 斤，高者达 5 000 斤以上；昔日带帮白菜每亩约 4 500 斤，今日约 10 000 斤，有高至 20 000 斤以上者。一般说来，今日各种农产品合在一起的总产量比昔日约增加了一倍多。水稻的增加比较多，小麦和玉米、谷子等粗粮的增加比较少，其中有几种的增加达到 70%至 80%。白薯和白菜等菜蔬产量增加得最多。

生产增加的因素

今日的生产量为什么比昔日增加得这么多呢？据观察所得的最深印象是：根本的原因是由新的生产关系代替了旧的生产关系，也就是新的土地制度代替了旧的土地制度。此外，还有新的生产技术和工具代替了旧的生产技术和工具等许多原因。所有这些原因合在一起促成了今日的生产量达到比昔日高得很多的水平。从东方生产社所供给的资料中得悉：合作社所经营的农作物产品比单干户的产量多。例如在 1954 年同一时期内，社种的玉米产量每亩为 284 斤，而单干户的产量为225斤，相差59斤。从西北旺生产社供给的资料中得悉：在1954年社经营的玉米每亩产量为250斤，而单干户的每亩为220斤，社的谷子产量为270斤，而单干户的产量为180斤；在1955年虽遭受涝灾，社种的玉米每亩产量约为300斤，而单干户的每亩产量约为200～220斤；社种的高粱每亩为170斤，而单干户的产量为150斤，社种的豆类每亩为150斤，而单干户的产量约为100斤。总之，农民的雪亮眼睛，从生产数量上，亲自看出了大规模共同生产的好处。他们普遍地认识到组织起来干的优越性：互助组的生产量比分散的单干多，半社会主义形式的初级合作社的生产量又比互助组的生产量多，而完全社会主义形式的高级生产合作社的生产量又比初级生产合作社多。他们更高兴的是：在生产量增加的同时，他们的收入也跟着大为增加，而实际生活的享受也大为提高了。这当然也就因之大大提高了社员们的生产劳动积极性，尤其是在原属贫农、雇农和下中农成分人们的身上显著地表现出来。这使我更认识到：坚决依靠贫雇农、巩固地团结中农，且培养其劳动积极性，使能带动群众发挥生产积极性的这一英明政策。由于劳动积极性的提高，西北旺生产社的社员在1956年春季展开了积肥运动，每亩施肥5 000斤，比1955年增加了3 000斤，而且社员出勤率经常达到90%以上。虽然这些村庄在1956年秋季遭受涝灾，可是他们就在秋末开始大量展开副业，来弥补他们的损失，曾坚决地与自然灾害作斗争。他们这种劳动积极性的表现使我相信：当他们身受其惠地亲自体验到，谁劳动得多而且好，谁的实际报酬也就随之而多的这一天下最公道的办法以后，世界上什么也不能阻止他们要走这条光明的社会主义大道。这也使我更深刻地认识到，在农业生产量增加的生产力上，这一崭新的、空前的、伟大的集体劳动积极性是多么重要。今日他们的劳动态度与昔日对比，真是大变了样儿。昔日是没有法子才忍气吞声地为剥削他们的人家从事奴隶性质的工作或出重租耕种别人的田地，谋仅能生存的悲惨生活，也不能知道下年是否还能照旧租到今年所种的这点田地。在这种情况之下，真正的劳动人民怎么能肯在别人所有的土地上多使肥料或从事改善水利设备等项而使田地变得好些呢？他们也怎能不抱着广种薄收和靠天吃饭的态度呢？还有如牛马工作着的雇工又焉能不消极抵抗呢？他们除尽可能怠工，还有什么其他办法来发泄其不平之气呢？今日他们知道是为自己工作着，而且没有任何社员是不劳而获的，真的是把生产私有制变成集体所有制及实行按劳取酬的公平制度了。在这种巨大的合理变动之下，最现实的农民焉能不尽量发挥其劳动积极性和创造性呢？这次访问也使我更能实觉到：人是最重要的资本和劳动创造一切的意义。这些新型农民使新的生产技术和新的生产工具，更能有利和充分发挥其效率地使用着、推新着和改善着。在所访问的这些村庄里，都普遍地实行增施肥料，其中有的在过去每亩用 2 000 斤的而现在增施到 8 000 斤，甚至有的达到 10 000 多斤，且各生产社都采用了分期施肥的办法。各生产社也都使用了化学肥料、六六六粉、棉油皂、棉芽皂、灭虫剂和防病技术。对于水稻、玉米、棉花、土豆、白菜、西红柿、黄瓜等作物采用密植法。在生产工具方面，也采用了比较进步的双轮双铧犁、七寸步犁、三寸耕锄、新式水车、锅驼机。此外，对于社员们，尤其是其中的积极分子和领导干部们，不断地灌输着有关农业生产种种科学技术的知识和进行着有关生产计划管理、民主办社、节约办社、同工同酬、奖励增产模范、精打细收、颗粒还家、水土保持等各方面的教育宣传和报告。这些活动对于增产都起了程度不同的作用。

我曾问过村中一些人，关于在解放前在这里有没有过新的生产技术或新的生产工具的提倡。关于这个问题，村内久住的一位老乡回答得好：“有倒是有过的，可是谁也不相信那些好话说尽了而坏事也做尽了的腐败政府所曾派来的那些摆着官僚架子人们的话。就让所说的办法中有真是好的，可是谁敢相信他们是不害‘老背幸’（昔日这一村内的老百姓称呼自己的说法）呢？洋气十足的什么农业专家也曾到村里来过，指手画脚地一讲就是一大套。可是谁也不懂他们说的是什么。有人还以为是讲洋话呢!”这位同志的话确是实情，也引起我自己亲身经历过的一个回忆。在过去有一次我到了乡间，看见了一片荞麦，和我同行的一个农民笑着对我说：“我们这儿的人现在不叫它荞麦，是叫它博士草了。”“为什么?”答复是：“不久以前，来了一位穿得一身洋眼可漂亮的一位留过外洋的先生，到我们这儿来考察农业，说是要帮助我们改良改良。人都称呼他博士。他用手里拿着的一根挺好看的棍子指着一块荞麦问：这些草长得很好啊？这叫什么草？从那会儿起，我们这儿就都叫它博士草啦。”这位老乡又接着说：“现在农民的心里可跟从前两样啦。解放后，人们接二连三地得到许多好处，相信人民政府的话和办法就是好，也相信新农具、新技术一定没错儿，不像那会儿的官僚、专家都像‘天桥的把式，光说不练’，再不就是挂羊头，卖狗肉。再说，如今晚儿的干部多用耐心说服的教育和试点示范的办法。俗语说得好：耳听为虚，眼见为实。不怕不识货，就怕货比货，不怕你不相信。凡事不强迫、不命令，不把好事办坏。总是让你自觉自愿地采用新法子，用不用随你。就拿生产社说罢，它好像个大家庭，可不是封建的大家庭，它是个发扬民主的大家庭。社里开会就像开家庭会议，谁都有说话的分儿，尽管提意见，只要说的办法儿好，理由对，就得到大家伙儿的赞成，这然后再经过干部讨论研究后就办。”的确，在过去，什么好事也推行不动。今天，什么好事也推得动，行得通。种种的事实也都表现出这与社会主义性质的生产社的优越性是分不开的。

第四章　精神生活的今昔对比

以上所属有关家庭的社会现象多为社会的物质关系，也就是人们的经济生活条件或经济发展的状况，包括生产关系和生产力等方面。这是家庭的经济基础。在物质关系以外，关于家庭的一些社会现象是思想关系，也就是多属于精神生活的面貌。这些精神现象表现在家庭生活的很多活动上。下面所要提出的不过是在这次观察中不能不理会的一些比较显著的现象。让我们先从家庭成员之间的相互关系说起。这些家庭的精神生活表现在他们日常生活中一举一动的行为上，和他们在谈话及表情中所流露出来的意识形态上。这种精神生活的转变是不像物质生活那样容易测量的，也不容易具体地勾画出来，但在这方面的生活也发生了巨大的变化是肯定的。遇到在下面用百分法或成数来表现某种状态所占比例的时候，均系由多方面估计而得到的一些和事实很接近的数量，而不是绝对的准确数字。

家庭成员之间的相互关系

家庭成员之间的总面貌　在这些家庭里面，由于家庭成员间经济关系和物质生活的面貌大有改变，精神生活亦随之面貌一新。使我特别理会到的是人与人之间的关系亦因之大为改观。在过去，这些家庭包含着极为复杂的种种现象，但自解放以来，其中有的已经消失，有的正在蜕化，也有的原封未动地继承下来。我们一向是存在着大家庭的形式，在纵的方面，家庭成员可能包括祖父母、伯叔祖父母、父母、子女侄孙等几辈人口；在横的方面可能包括兄弟姊妹、堂兄弟姊妹、妯娌等人口。它具有财产共有、男权发展、孝亲敬长、崇拜祖先、重视后嗣、数辈同居、婚姻专制等特征。每家有它自己一套特殊的生活方式，成为家庭成员同居共处的不成文的规则。在昔日的农村家庭里面，年长的父亲居于家长的地位，家中财产的处理是掌握在他的手里，他有保持家风的任务，规定每个家庭成员在家庭中的地位和工作，这样来维持家庭的秩序。如果遇到一个维持能力差些的家长，则这一家的成员就不能团结得好，应了这句俗语"吃饭一大群，做活没有人"的涣散状态，必致家业衰落而渐穷困，待家长一死就多半闹分家了。在旧社会的家庭里面，显然形成了男尊女卑的封建习惯。昔日这种重男轻女的封建思想，使这些家庭中的妇女不但在家庭里面，并在经济上、政治上、社会上都是长期处在低微的地位。正如解放后所流行的一首歌曲，一开头就这样唱道："旧社会好比是黑咕隆咚的枯井万丈深，井底下压着咱们老百姓，妇女在最低层。"自我们受到欧美文化的影响以来，虽然在城市里面的一部分大家庭演变为夫妇为中心的小家庭，但农村家庭所受的影响不大，直到解放以后仍然大致保存着旧有的形式。三辈同居或兄弟同居的家庭仍然普遍地存在着。在过去的旧社会里，对于家庭中这样复杂的人口究竟怎么能够生活在一起，我曾经很感兴趣地去窥视过。在我反复观察过的各式各样的许多乡村家庭里面，每两个人口之间的相互关系是复杂得、微妙得不可想象的。仅以婆媳关系而论，如果要写一篇长论文的话，关于所能得到的资料方面不是愁太少，而可能是嫌太多，不易整理分析的。尽管不同阶级的、不同年龄的，以及其他种种不同性质的婆媳关系都有所差异，但在一点上是大同小异的，就是十有八九是处在不同程度的冲突、对立，甚至于好像敌我分明的状态。再添上姑嫂间的钩心斗角、妯娌间的尔诈我虞，那就更微妙了。至于其他上辈和下辈之间、平辈之间、男人和男人之间、女人和女人之间、男人和女人之间，多半是内而在心里蕴蓄着程度不同的不满、妒忌、痛苦，甚至于仇恨等等的情绪，和外而在表面上时常发生着口角、斗殴、压迫，甚至于极端虐待等等的现象。直到今天，我在很多方面，至终还没有能够究其底蕴。乡间流行着的这些老话："家家有一本难算的账”“清官难断家务事”“为人别当家，当家乱如麻”，的确是实话，在这样家庭里面的成员，在日常生活上是如何伤脑筋，可想而知。有时碰到一个在表面上看来，好像是和平共处、相安无事的模范家庭，也经不起我深入地去摸细底，就往往发觉到这个家庭里面的父子间、手足间，甚至夫妇间也是貌合神离，同床异梦。他们对内的秘诀是一个忍字，对外的策略是家丑不可外扬。我也体会到关于忍的这一个要求是：以大小辈的关系来说，是偏重于小辈方面；以性别来说则偏重于女子方面。往往达到了“是可忍也，孰不可忍也”的程度时，也要求他，尤其是她，还要忍下去为是，并发出一连串用以说服的老话，其中有“忍为高”“得忍且忍”“忍字家中宝”等等的说法。关于丑的一点，也多苛责女方。往往对于同一的不正当行为，如果发生在男子方面，则被认为不算什么，但如果发生在女方，则被认为丑得不堪闻问了。这表现在“男子夸口，女子丢丑”的成语上。在过去，在这些家庭里面的很多妇女就在这不成文的家法下面，度着苦闷的精神生活，也的确应了另一句乡间的老话“忍字心头一把刀”。似乎这种两千年来，根深蒂固的思想意识和传统习惯，一定是积重难返，而非一朝一夕所能扭转过来的，但天下事竟有出乎一般人意料之外者，也是我在昔日所想不到的，竟会在今日变了样子。

在我这次所访问过的家庭中，我理会到大多数的家内成员大致协调地在一起生活了，不仅在表面的形式上是一团和气，也在人们的思想意识上，起了显著的变化，因之形成了一种和睦的新型家庭。很显然，在这种正在普遍成长着的新型家庭里面的成员不是像从前人各一心的，分散毁伤这一人类小天地里面所蕴藏的无限力量及在别处不易得到的一种温暖，而是学习着做到一天比一天更要一心一德团结合作，使能充分发挥家内各个分子的能力和特长，而朝着很可能变为一个人类很需要和理想的安乐之窝的方向发展着。娶了一个儿媳不久的一位雇农家庭出身的老太太举着她心爱的烟袋，笑嘻嘻地对我所说的几句朴素的话，很能代表这种家庭里面的新气氛：“三人同心，黄土变金。现在我们一家子是一条心了，可不像从前三天两头儿拌嘴的；天一蒙蒙亮儿，能劳动的男的女的都爬起来，下地去生产，晚上回家一块儿吃饭，饭后歇歇儿，抽袋烟，说说笑笑，早点儿睡觉也省油。嗳！要打架也没工夫了！以前闹情绪，还不是因为要吃没吃，要用没用的穷吵啊。现在呢，肚子饱饱的，身上暖暖的，还有什么可吵的呀！我们大大小小也都受教育、学文化了，连我也认识几个字了；眼睛亮了，心里也豁朗了。再说，再不和和气气地好好过日子，也对不起毛主席，这个道理您说是不?”

从整个家庭来说，据我昔日观察所及和村里熟悉各家情形的人们认为：显然不和睦的家庭约占家庭总数的十分之三，堪称和美的家庭约占十分之二，不够和美程度而也不经常发生吵闹事故的普通家庭约占半数。今日据个人理会和群众意见：显然和美的家庭约占十分之四，堪称和睦的家庭也约占十分之四，偏于不大和谐的家庭约占十分之二。至于发生公开吵闹的家庭，很少碰到，这也是由于今日遇到家庭成员之间发生感情破裂的时候，就分开各自生活，不像过去那样无论如何也要勉强地生活在一起了。本文所称“和美”“和睦”和其他一些类似说法的意义，多是按照农民自己一般的看法而使用的。

男女在家庭中的地位 昔日男女在家庭中的地位，甚至于各自的终身命运，在他们一出世或还在母亲的肚子里，就基本上被决定了。这句“不孝有三，无后为大”的旧思想在这些乡村家庭里还有它的势力。一个妻子的天职是生儿子。否则不管她有多少美德，也是美中不足。如果在她娶过门后三年内还不生孩子，就被认为她前生没有修好。如要摆脱这个耻辱，就要到娘娘庙烧香祷告，把一个泥娃娃带回家来，放在炕席底下。如果媳妇有了孕，全家的人，尤其是孕妇本人，都希望是个男孩，如果生了个“地头蹲”，她被认为是有福气的，如果生了个“锅台转”，连邻舍也要说她命运真坏，生了个“赔钱货”。如果发生溺婴的话，就落在女孩身上。种种流传着的老话都表示不欢迎女孩的观念。例如“一个闺女，三辈子害”“养活丫头，脸朝外”。还有“一个女儿，两个贼；两个女儿，三个贼”，意思是；一个女儿出嫁后，她的母亲常在暗中把家中的财物送给她，这样，家中好像出了母女两个贼。以此类推，如果有了两个出嫁的女儿，娘家就出了三个往家外拿东西的贼了。还有“客马（牝马）上不了阵”，意思是说妇女和牝马一样，不顶事。连女孩被放在钱柜上或卖东西的柜台上都被看为丧气。对女孩的照顾，从小就赶不上对男孩的关心。如果家中经济能力办得到的话，总要使长到六七岁的男孩上学念书，同样大小的女孩则被看为“女子无才便是德”，没有入学的必要，在普通的家庭里面，就让她照顾她的弟弟妹妹和学习简单的缝纫工作了。女孩子长到十三四岁，就算成人了，也就少让她同本家以外的男子同桌吃饭或接触了。如果遇到男客来家，要遵守“家有三尺男（据我了解是三尺高的男子），女子不上前”的老规矩。关于两性成年后在家庭中的地位，可在下面所要提及的夫妇、婆媳等关系之间看出来。

今日在这些家庭里，不但具体的种种事实证明了男孩和女孩从一出生就被一样待遇，也在人们的思想上，至少从他们的谈话里，很显然地把男女儿童看为一样的宝贵。上面所提到的老话、老规矩在今日都失效了。不生育的妇女到医疗站去请大夫诊察原因了。男女孩子都一样入学了。女人同样为家中劳动挣钱了。女人在家庭中的地位得到了极大的提高。

夫妻之间 昔日女子长到十四五岁，一般就由父母开始注意给她找个婆家。这里值得注意的是，并不是说给她找个丈夫，而是说找个婆婆，她本人是不过问的，即或稍有所觉，亦装作不知。从此，这个有了主儿的人，就不轻易出门了。直到十七八岁时就被娶到一个完全陌生的家庭里面，也第一次和她久已幻想着的“终生之靠”面对了面。她在这个新家庭中没有独立的人格。她得“嫁鸡随鸡，嫁狗随狗，嫁个扁担抱着走”。对于贤妻的要求是“以顺为正”和三从的从字，就是从父、从夫，甚至无夫从子。她仅能在丈夫死后而儿子很小的情况下，代夫执行家长的职权。她被重视的是，她是家庭里面的一分子，而不在于她是丈夫的爱人。向来常听说“夫妇有别”而没听说过“夫妇有爱”，也常听妇女说“丈夫一层天”，总在她上面。在丈夫死后，她也是大哭“我的天哪!”。如果一个丈夫对妻子厉害，一般被认为有男子气，而凡对妻子平等待遇的，反倒往往被讥笑为怕老婆。甚至连妇女们自己在谈话中也表示一个不顺从丈夫的女人是不好的，甚至是有罪的，也认为“夫唱妇随”是最高的道德标准。既然“夫为妻纲”为一般人所公认，大多数的丈夫也就认为不平等对待妻子，倒是理应如此，而平等待她倒是不合常情。连丈夫日常所吃的饭食也一般比妻子好些，更不用说其他的很多享受了。较坏的男子还往往帮助母亲和姐妹共同虐待妻子，把打骂她当成家常便饭。这些家庭中的夫妻关系也可以从他们常念叨的一些成语，从不同的角度表现出来，其中有：“好男没好妻，赖汉守花枝”“痴心女子负心汉”“柴米夫妻”“妻子如衣服”。昔日男子休妻比较容易做到，而一般的妇女宁肯忍受痛苦，不肯担个被休的丑名。至于乡间大多数童养媳的遭遇，比普通的妻子更为不幸。

今日爱人之间的状态和昔日夫妻之间的关系，两相对比，的确使人有不胜今昔之感！据昔日在京郊和河北的一些乡村地区里面所考察过的很多家庭，其情形是大致相似的。如果分成三大类的话，其分配大致是这样：夫妻关系偏于很坏者约占十分之二；感情虽薄，而还能将就相处下去，且表面不常发生事故者，约占半数；感情大致算好，堪称“夫唱妇随”标准者，约占十分之三。至于被人称道为具有浓厚爱情模样之夫妇，虽然为数不多，但也在各处能够听到或碰到过。据今日所见所闻或一些熟悉乡间现状者们的估计，大致是这样：在旁人看来男女爱人之间具有亲爱表现者约占十分之四，堪称和睦者亦约占十分之四，不很合得来者约占十分之二。像昔日公开大吵大闹者现很少见，充其量拌几句嘴就过去没事了，应了“夫妻无隔夜之仇”这句话。至于像从前揪住头发就打的已经很少了。这种巨大的转变是可以理解的。今日实在合不来的一对爱人，如果其中一方坚持离婚的话是可以做到的。由于妇女有了经济独立和婚姻法的保障，男子不能不对他的爱人另眼看待了。他对于妻子不平等的旧观念，由于摆在他面前发展着的活生生的具体事实，不能不改变，而代之以对妻子理应平等的新意识形态了。这种客观现实和思想意识的巨大变化，使现在这些家庭里面的男女基本上确是站在平等的地位，也使“夫妇合而家道成”这句古语，竟在今天的新社会里面一天比一天真能够具体地、充分地实现了。

父母和子女之间　说到昔日父母和子女的相互关系，在这些旧家庭里面可以从“父尊而不亲，母亲而不尊”“严父慈母”等普遍的观念表现出来。父亲在家庭中的地位是“严君”，子女们一般都怕他的严声厉色，对别人谈话时称自己的父亲为家严，称母亲为家慈。子女对父亲是敬畏的成分多，亲爱的成分少，而对母亲的亲爱远超过敬畏。父亲一般偏重和偏爱儿子，因为他是家系的延续人、家产的继承人，表现在“家有长子，国有大臣”“早养儿早得济”“养儿防备老，栽树遮阴凉”等说法上。这也是由于中国农村旧家庭的建立，主要的是靠父子关系这一环节，然后才推到兄弟关系和夫妇关系上。因此这些靠农业生活的家庭是着重孝道，表现在“天下没有不是的父母”“在家事父母，何必远烧香”等说法上，以“孝悌力田”的道理来维持父子和兄弟间的调协关系。虽然如此，仍然有“父子是冤孽，兄弟是仇人”“多儿多女多冤家，无儿无女活菩萨”等沉痛的流行语，表示出这两种关系的维持，实际上是如何的困难。按照父死从子的教条，连母亲也得听儿子的话。她虽然很疼爱女儿，但也或多或少地偏重儿子。这也是由于旧的家庭制度使她认识到在她年老时，她所依靠奉养的是儿子，不是嫁出去的女儿。她往往把她一生最大的期望寄托在她的儿子身上。孝顺母亲的儿子也占绝大多数。如果家内有从祖上传流下来的技术、专长、秘方，是要传授给儿子，而不传授给儿媳和女儿，俾使家中秘诀永远保留在男方家内，而不流传到女方家内，因为女儿迟早是要嫁出家外的，而“嫁出去的女儿正如泼出门去的水”。一般的父母都是偏疼最小的老儿子，乡间流行着“天下父母疼小的”的老话，往往使他哥哥们不高兴而出麻烦。

今日，父母与子女间的相互关系，尤其在感情上，与昔日对比起来，有显著的差异。据我的观察，大多数的父母至少在表现上对女儿和对儿子大致是一样的亲爱和一样的重视了，甚至有的父母显出更亲爱长成的女儿，可能一部分是由于女孩对待父母，往往比男孩更热情和更细致些，也有时更听话些的缘故。经济能力办得到的家庭，父母照样供女儿上学，一直升入高级的学校。昔日显然歧视女儿的那种态度，在今天的日常生活里是少见了。在感情方面，据可能理会到的而做一个今昔对比的估计，大致是这样：昔日父子之间，感情比较坏的约占十分之二，感情平常和感情比较好的约各占十分之四；今日的父子之间，感情偏于不好的约占十分之一，感情平常的约占十分之三，感情偏于好的约占十分之六。昔日的父女之间，感情偏薄的约占十分之二，感情平常的约占半数，感情偏好的约占十分之三；今日的父女之间，感情偏好的约占十分之六，感情平常的约占十分之二三，感情偏薄的十分之一二。即或观察的和一些熟悉村内情形的人们的估计与实际状态可能有些出入，今昔的不同也是很够明显的了。至于母子和母女间的感情，在今昔都是浓厚的，不过昔日是偏于重视儿子，而今日大致是同样重视女儿了。这种态度和感情的改变主要是由于女儿和儿子是同样能够挣钱和有同样的经济能力能够事奉父母的缘故。

婆媳之间、姑嫂之间、妯娌之间　昔日一个新妇成为夫家的一个成员之后，与她最有利害关系和多接触的并不是她的丈夫，而是他的母亲。从此，婆媳之间的相互关系，一般就短兵相接地开演了。几乎每一个婆婆早已胸有成竹，在开始就先施展她的下马威，认真实行那个“恶使三年，善使一辈子”的传统老战术，意思是在头三年里恶狠狠地对待儿媳，使她从此一辈子习惯于好好听话了。如果遇到儿媳婉顺或婆婆不过分的挑眼，就可相安无事。否则先从婆婆方面发动，由叨叨起，随着的次序是闲话，讥诮，辱骂。如果儿媳不说什么，还不致挨打，俗谓“婆婆不打哑媳妇”，否则她就有挨打的可能了。可能挑的毛病是：没规矩、举动轻佻、爱说话、不会做饭、不会说话、不会做活、嘴馋、手懒、装病、顶嘴，甚至说到娘家穷、门户低、嫁妆不好、亲家土头土脑、亲家母不漂亮。像诸如此类的或岂有此理的挑剔，就是碰到一个颇温顺的儿媳也有时很难忍受，如果再遇到性情暴躁些的，岂能不出事非？日久天长，儿媳在背地里叨念或当面嘟囔几句，进而至于分辩、顶嘴，可能甚至趋于极端而对骂。这是说到有了一个儿媳的家庭，就可闹到如此地步。再要儿媳多了的话，往往互相结合，彼此攻击。聪明伶俐些的在婆婆面前献殷勤。如果遇到做婆婆的有偏心或喜新厌旧，那就更让媳妇们有话说了。还有的婆婆爱小便宜，凡儿媳常从娘家带给她好吃的东西，她就特别喜欢，正如曾流行着的一句俚言：“媳妇往家走，婆婆张着口。”至于婆婆让儿媳做拿出拿入尿盆等差使是很平常的例行家事。还有一种很普通的现象，就是为母亲的往往不高兴她的儿子和媳妇表示亲热，不爱听子媳在他们自己屋内谈笑。婆婆的这种态度，更使他的儿媳和儿子不好公开表示夫妻的爱情，而使之平日装作无情的模样。关于婆媳之间种种不同角度的关系，流行着很多的老话，其中有：“打倒的儿媳，揉倒的面”“丑媳妇怕见婆婆”“早娶儿媳早生气”“好性的婆婆，赶不上继母娘，白昼似的月亮赶不上太阳”“看闺女疼女婿，看儿子疼媳妇”。

凡遇到妯娌之间钩心斗角，尔诈我虞，就往往由她们的不和引起了她们的丈夫之间的不和，甚至互相怨恨。无怪乎常听到“妯娌和气，家不散”这句的确近乎实情的谚语。如果家中再加上尚未出嫁的大姑子，就等于加上了另外的婆婆。如果再有和嫂嫂对立的小姑子，就往往常在她的母亲或哥哥面前说嫂子的短处。这句“大姑多，婆婆多；小姑多，舌头多”确是经验之谈。还有常听到的对小姑讽刺的一句俗语：“小姑不贤，抓把盐。”意思是说，嫂子做了适口味的菜，而小姑却在暗中多加上一抓盐，使母亲吃了生气。如果儿媳有了几个孩子，这就更给她添了负担，应了“好女人架不住三个孩儿累”。可能情形更坏些的话，一个女人又碰上了一个不体贴她的丈夫。但也有一些现成的话来解救她，帮助克服她的任何困难。其中有“命该如此”“凡事都由天定，半点儿不由人”。何况前途是有希望的，岂不见“多年的小道变成河，多年的媳妇熬成婆”么？这都鼓励她只要忍耐到底，终有出头之一日。在我国的旧社会里就这样一代又一代地继续把儿媳虐待下去。

今日在这些农村里，使我很诧异和感觉最痛快的现象之一是在这些家庭里面极清楚地理会到，婆媳之间的相互关系，至少在外面形式的表现上，真是迥非昔比了。据过去反复的观察和今日所见所闻的约略估计，前后的对比大致是这样：昔日，显著不和的婆媳关系约占半数以上，表面上看着还算过得去的关系，约占十分之三，堪称比较和睦的约占十分之二，至于互相亲爱似母女的，虽然很少也在各处碰到或听到。今日群众认为堪称美好的婆媳关系约占十分之三，比较和睦的约占十分之四，其余十分之三左右，虽然是看着不大融洽，但很少见有当众吵嘴的现象发生。今日很显然，大多数能劳动的婆婆不但不像从前打骂儿媳，而是在种种表现上竟会和过去恰恰相反了。姑且不深究其思想有无问题，实际上她们已经逐渐习惯于在家看孩子、做饭、收拾屋子、打扫院子、喂猪、喂鸡、洗衣裳，不像在旧社会里，爱去串门，到处去说儿媳的不好。在昔日对于儿媳所要求必须遵守的请安和种种的事奉公婆之道也逐渐地不时兴了，尤其是其中很显然的一些陋规陋习都不存在了。甚至有的婆媳之间，其相互关系的重心表现出和昔日倒过来的趋势，就是说，赶着要使对方满意的并不是在小的方面，而是在老的方面了，原因很简单，儿媳的工分可能远超过婆婆的工分，甚至超过了丈夫的工分。这种客观存在着的经济新状态，使无论怎样装糊涂的婆婆，自愿也罢，不自愿也罢，也不得不向新事物低头了。她的封建思想意识也必然逐渐让位于社会主义思想意识了。婆婆昔日的威风已成过去，一个合理的婆媳关系正在建立起来。

至于姑嫂间今昔关系的不同大致是这样：昔日姑嫂间关系偏坏的几占半数，关系平常而在表面上尚能不常发生冲突的约占十分之三，关系偏好的约占十分之二，其中少数亲爱如姊妹的也常遇到。今日，姑嫂间关系偏好而表现融洽的约占十分之四，关系尚称和谐而发生冲突很少的也约占十分之四，关系偏坏的约占十分之二。像昔日一般的小姑，常靠自己母亲的宠爱而欺负嫂子的行为已经成为过去。至于妯娌间的关系，也比较是更不容易和平共处的，但她们之间关系的变化也是显著的。把妯娌间的过去和现在的状态做一比较大致是这样：

昔日，妯娌关系很坏和偏坏的约占十分之六七，表面尚称和谐的约占十分之二三，关系融洽的约占十分之一二。至于少数相互亲爱的，也在各村碰到。今日，妯娌关系尚称和谐的约占半数，关系很融洽的约占十分之二三，关系不大和谐的也约占十分之二三。像在旧社会里面，一般妯娌间那样相互倾轧的情形已大大地减少了。她们之间的关系是向着互相尊重、互相友爱、彼此合作的方向发展着。如果不能和平共处，就分家了，不像过去多半是要听长辈的话，即或心里闹别扭，也得勉强地在一起过。

其他成员之间 在昔日的社会里，对于兄弟关系的要求是"兄宽弟忍""兄友弟恭""兄弟如手足"，必须互相友爱，互相扶助。但事实上往往是兄弟阋墙，互相依赖，彼此犯心，甚至相互仇视。这往往是由于他们的妻子之间不和所产生的结果，正如常引用的一句成语所说："兄弟一块肉，妯娌是刀俎。"今日兄弟之间的关系也很显然比从前好多了，其对比的情形大致是这样：昔日在兄弟之间，不很融洽的约占十分之四，表面尚称和谐的约占十分之三，堪称友爱的也约占十分之三。今日的兄弟之间，堪称友爱的约占半数，偏于和洽的约占十分之四，偏于不调协的约占十分之一，至于关系很坏的占极少数。遇到彼此之间发生不融洽时，多半就分居了。昔日姊妹之间的关系，大多数是亲爱的，哥哥和妹妹之间、姐姐和弟弟之间也大多数是很好的。今日在这方面的关系比昔日显著更好了。

昔日伯侄之间、叔侄之间的关系多半是好的，但伯叔和侄的关系大致是以和侄的父母之间的感情如何为转移的。至于伯母叔母和侄子侄女之间的关系更是以和孩子们的父母之间的关系如何而有所不同的。今日在这些方面的关系也比昔日的状态比较好些。祖父母和孙子孙女之间的感情，一般是亲热的，但也是偏重男孩的。今日祖父母对于孙女和对于孙子也逐渐地差不多了。

昔日，在这些家庭成员之间，使我当时感觉有些不很自然的是大伯与弟妇的关系。在中国的旧家庭里面，二人之间，至少在形式上是比较拘束、死板的，甚至超过客气程度的是大伯和弟妇的关系。除不得已外，彼此几乎总是尽量少碰见或少接谈为善。可是小叔和嫂子的社会距离，一般来看是恰恰相反，他对她即或是开玩笑也没人怪的，甚至于顽皮的小叔欺负嫂子，但叔嫂的关系多半是好的。一句常引用的成语"宁在小叔腿上坐，也不从大伯面前过"，的确是近乎实情的话。至于翁媳之间的社会距离比大伯和弟妇的关系近一些，但比较是很客气的。儿媳除对公公早起问安、打脸水等日常应尽的事奉外，在接触上是比对婆婆少得多的。今日翁媳之间的老规矩比从前简化了，大伯和弟妇之间的拘束情形逐渐趋于比较自然的正常状态了，小叔欺负嫂子的事情现在看不见了。但“老嫂比母，小叔是儿”“小叔多，鞋袜多”的老话在今日还相当适用。昔日叔嫂的关系融洽的约占十分之六七，尚称和睦的约占十分之二三，关系坏的占极少数。但他娶了媳妇以后就不如以前那样近了。今日绝大多数的叔嫂关系是近乎好的。

家庭成员之间的精神生活转变总结　从上面所述这些家庭成员之间相互关系的今昔对比，我们就能够约略地看出，由于农村生产关系、家庭经济来源、家庭男女之间的经济关系、家庭里面的物质生活水平等方面的巨大改变，家庭里面的一般精神生活面貌也跟着起了巨大的改变。每两个成员之间的精神关系，在不同的角度和程度上，也都发生了一定的变化。在这些变化中，有的是从昔日的不平等关系变成了今日的平等关系，有的是从昔日的苦痛关系变成了今日的愉快关系，有的是从仇恨关系变成了亲爱关系，有的是从对立冲突关系变成了团结合作关系，有的是从互相猜疑关系变成了信任关系，有的是从虚伪关系变成了忠实关系，有的是从拘束关系变成了自然关系，有的是从既反人性又反人道的关系变成了合情合理的关系，有的是从相互依赖关系变成了劳动竞赛关系。总之在旧家庭里面人与人间的种种封建关系就已经或将要统通一去不返了。在这短短的几年时间内，这种显著的转变已经足够使我们预见到将来这些农村家庭精神生活所要达到的美丽远景。在这里我不禁要特别着重地一提，在这些家庭里面关于妇女地位的空前变动和她们所发挥的巨大能力，她们同男子一样，同工同酬地挣工资，有了自己的收入，不再依赖男子生活了。她们在经济上、政治上和社会上的地位都得到与男子平等的法律保障。在昔日，有劳动力的妇女而经常参加农业生产的仅占十分之二三，现在占到大多数了。从这次观察中，我切实地体会到，她们的确对得起她们所获得的平等权利。在我开始下乡访问时，给我介绍农家和乡村一般情况的是一个才二十多岁的女干部田同志，她是副乡长和乡妇联副主任，短小精干，说话清楚，动作麻利，从老远骑着自行车，穿过禾稼遍地之间的小路，汗流满面地来迎我。当我们坐在一个农家的炕沿上同主妇接谈的时候，我理会到她面容微悴。“您累了吧!”回答是“不”。停了一会儿，她才说：“我才在附近的解放军疗养院捐献了血。”后来，使我不仅更为敬佩而且使我惊异的是，她连小学也没上过，乃是一个纯粹的家庭妇女出身。解放以来，她的积极参加活动，引起了她家里的不满。她克服了种种的困难，获得了群众的爱戴和拥护，被选为乡里的领导干部。在我写这篇观察报告的目前，她正在发动更多的妇女参加生产，宣传乡间需要的节制生育运动，使多孩子而很劳累的青年妇女，及时得到适当的摆脱办法。像她这样能干的新型妇女，在这些乡村家庭里面一天比一天多起来了。这样活生生的事实是最好的例证。这些妇女的经济独立和男女的真正的平等，是这些家庭物质生活和精神生活转变的一个主要因素。昔日的那种常闹人口不和纠纷的旧式家庭，使家中的生产效率和个人幸福都大大地受到了很不利的影响。今日这种日益发展的和睦家庭，对于家内劳动生产率和收入的提高、家庭生活的改善，以及个人幸福的增进是一个主要的有利条件。

亲戚之间的相互关系

除了家庭里面成员之间的关系如何和整个家庭生活及各个分子的幸福具有直接的影响以外，还有家庭和家庭之间的亲戚往来的相互关系，也是家庭生活的扩大部分。有一句俗话是：“常穿的袍子，没有碰不见的亲戚。”这方面的相互关系也跟着社会生产关系和男女关系等巨大的变动而变动着，并且也是向着合情合理的方向发展着。这种变动也很有助于家庭幸福生活的增进。

亲家之间 昔日，二者之间的相互关系，可以大致从一般人对于两方的称呼看出来。俗称女婿这方面的亲家是“仰头亲家”，而称媳妇这方面的亲家是“低头亲家”，重男轻女的习惯，也表现在这两家亲戚的往来关系上。一般而论，儿女亲家两方关系的好坏和感情的冷热多在于媳妇受婆家的欢心程度而有所不同。两方在形式上都是非常客气的。如果女方的亲家爹到男方的亲家公家里去，亲家爹意识到“自家的牛是拴在人家的橛子上”，因此为顾全自己女儿的幸福起见，就在一举一动和说话上都表示格外的谦敬。如果男方的亲家公到女方的亲家爹家里去，是“上门客”去到下门家去，亲家爹和亲家母当然要尽力殷勤招待，也一定要说些“我们的姑娘不会做也不会说什么，得请您格外原谅她，叫她多多孝顺您们就是了”等等类似的话。还请他带去些礼物给亲家婆，这也是为女儿的好处。如果女方的亲家母去看女儿，是“弱门客”到了硬门家里去，她带着吃的礼物去，当然更是要处处小心，恐怕在一言一行上发生错误而给自己的女儿留下麻烦。不论两方的心里如何想法，两方总是十分的客气，表现在十足的礼貌上。如果男方的亲家婆去到儿媳的娘家去，是“上门客”到了弱门客去。女方的亲家母为要超乎寻常地表示殷勤，不管才吃了饭没有，总要立刻预备点儿好吃的，叫作“下马汤”。临别前，又是好菜好饭的款待，始终表示极端的好感。这完全为的是对于女儿有好处，因为亲家母比任何人都理解到“刀把儿攥在人家的手里”是什么意思，很明白是谁掌握着她女儿的命运。儿女亲家的来往大半是以妇女为主。男亲家们很少登门入户，即或见了面也是像大伯们和小婶们那样的相互恭敬。至于亲家婆和亲家母见面的场合比较多些，相互关系也复杂些，但似乎是虚伪的成分多于相见以诚的成分，局外人不易捉摸究竟在这些亲家之间有多少真感情。今日亲家之间的不平等现象已成过去，没有什么仰头、低头，上门、弱门，男家硬、女家软等的分别了。亲家母也用不着为怕女儿在婆家受气担心了，也无须对亲家婆低三下四地表现殷勤了，因为她晓得今日的“牛”是拴在生产社里，而“刀把儿”是掌握在婚姻法等法律里面了。因之，这就使亲家之间的相互关系从不必要的客气、拘束、虚伪和往往口是心非，一变而为近乎人情、近乎自然、近乎真诚和越来越心口如一、坦白相见的相互关系了。这两方的家庭精神生活省去了多少伤脑筋的麻烦。

岳婿之间　昔日，一般说来，岳父和女婿的关系是互相恭敬、客气而又亲密的。如果遇到岳父不得已而要纠正女婿的什么错误，也要顾全他的面子，应了这句俗语：“明教子，暗教妻，关上门教女婿。”只要女儿不死，岳父总是爱护女婿。有“看闺女，疼女婿”“看小子疼媳妇”的俗语。但在女婿方面，有点儿看媳敬岳的心理。至于岳母和女婿之间，可算是一种特殊的关系，她对他的疼爱程度，往往超过她对自己的亲生儿子，这句“丈母娘疼姑爷是实顶实”的确是实话，她有时把家中的财物交给女婿。但这种亲爱往往是像昔日的“剃头挑子，一头热”。一般女婿对岳母的恭敬和亲热是和她对他的情绪不很相称的，如果她的女儿一死，而又没有留下子女，二者之间的关系就可能完全断绝了，如果留下了子女，还能够有藕断丝连的交往关系。至于今日的岳婿关系，比昔日显得自然而正常些，也没有暗中给女婿财物的条件了。

舅甥之间、姨甥之间、姑侄之间 昔日，舅父由于外甥是亲姐姐的血肉，所以很爱护他，并且可以管教他。外甥对舅父很亲敬，且有奉养舅父的责任。舅父对外甥女和对外甥大致是一视同仁。但舅母和外甥或外甥女的关系虽然在表面上看着不错，实际上赶不上舅父和他们之间的关系好。有句俚语说得好："舅父看见买烧饼，舅母看见把眼瞪！"但往往如果妗子没有子女或是她年老居寡，也很疼爱外甥或外甥女。

姨母和外甥或外甥女之间的关系是亲密的。姑母和侄子或侄女之间的关系也是亲密的。上面的这两种关系是要比舅母和外甥或外甥女的关系要好得多，这主要是由于有无血统关系的差别。这些俗语——"肝花、肠子连着心""糊涂姥姥糊涂姨，明白妗子受不得""姑舅亲，不算亲，两姨亲，才算亲，扯着骨头连着筋"，都是表示出重视血统关系的情绪。姨父和外甥之间的关系赶不上姑父和侄子之间的关系好。今日有血统关系之亲戚，虽然仍比无血统关系之亲戚亲热些，但已逐渐不如昔日的差别那样大了，尤其是在小辈方面的表现更看得出来。

其他亲戚之间 大姨和妹丈多是互相恭敬客气，无论出嫁没有大致相同，有些像大伯和小婶的关系。至于小姨和姐丈之间、一般是比较随便的了，这也是一部分由于她多半还是少女，对姐丈有一种天真烂漫的嬉笑。小舅、姐夫的关系，是很亲密的，如果夫妻和美的话。但大舅和妹丈之间的关系是比较庄重而客气的。今日大姨和妹丈之间、大舅和妹夫之间，不像昔日那样死板了。小姨和姐夫之间的关系也不像昔日那样趋于两个极端了。

昔日的外祖父母和外孙子孙女之间的关系是非常亲爱的，往往外孙子孙女们的衣服多由外祖父母供给。如果外祖父母死后，外孙不按时给他们烧纸，则舅父往往出来不答应。今日关于这两种情形也不像昔日那样的习以为常了。

昔日，已经出嫁的姐妹之间，她们的感情比未出嫁在父母家里时还要好些。虽然有时由于她们的母亲给她们的东西不一样多，而彼此发生妒嫉，可能因之发生暂时的不和，但总比已经娶妻的兄弟们之间的不和要好得多了。一般而论，母亲总是惦念比较穷的出嫁女儿，因此也就多给她些东西，在姐妹们结婚后的前二三年内，两家很少往来。她们多是在娘家见面，这样就很自然地互相告诉婆家的长短，而引起彼此的同情和安慰。等到姐妹们都做了内当家的以后，彼此直接的来往就比较多了。今日的姐妹就没有由于父母所给的东西不均而发生失和的，因为她们无须依赖这种接济了。她们的来往也不像昔日那样受到婆母和丈夫的管束了。见面谈话的范围也不多限于家长，而是扩大到生产劳动和学习文化等等的活动方面了。昔日出嫁后的姐妹和已经娶了媳妇的兄弟们之间的关系，往往由于嫂子和弟媳的挑拨而至疏远，也有由于姐妹出嫁时从娘家所得嫁妆的丰吝而引起的不和。因为一方面有的兄弟们把遗产看重，而另一方面，有的姐妹们把陪嫁的妆奁看重，致使对相互之间的关系发生了不好的影响。今日子女的地位是平等的，就连昔日所常说的“好儿不吃分家饭，好女不穿嫁妆衣”，竟在今日的社会里真正地实现了。母亲也无须偷偷摸摸地给嫁出去的女儿东西，以致引起儿子们的不满了。因此这些使兄弟姐妹之间发生不和的因素大为减少了，他们之间的关系也就一天比一天趋于和美，是很自然的结果。

亲戚之间的精神生活转变总结　昔日的农村家庭是农民生活的中心，也可以说是他们的小世界。在小农经济制度下，一个家庭成员的饮食起居、工作休息，大半是在他的家庭里面。他朝夕所接触的人们，转来转去，还多半是有数的家庭人口。由于血缘关系和婚姻关系，一个农民在他最接近的家里人以外，还有他常接触的一些亲戚，把他的这一个小天地的范围扩大了一些。有些家庭女成员，尤其是青年妇女的生活范围，几乎是被限制在这个扩大的小天地里面。亲戚之间的精神生活面貌，基本上也很像家庭成员之间的状态。在他们的相互关系里面，照样存在着重男轻女、轻视晚辈、假情假意、猜疑妒忌、缺乏真诚的客气、不近乎人性的拘束、貌合神离等种种使人感觉精神不快，甚至痛苦的现象。可是在旧社会的制度里面，谁也不易摆脱开这种相互关系的生活。今日亲戚之间的新面貌和昔日亲戚之间的旧面貌对照起来，很显然是不一样了。现在的亲戚之间所表现的状态，的确是越来越近人性，越来越近于自然、真诚和平等了。昔日的那些繁礼缛节和清规戒律也大为减少了。这一方面是由于几乎每一有劳动能力的男女都参加了家庭以外的生产工作，实在没有时间、精力和心情来顾到这些方面；另一方面，人们在他们的那一小天地以外，参加了一些其他组织，其中有生产社，业余学习班，歌舞团，党、团等不同性质的活动。因此今日这些乡村人们的生活和社会关系，比起昔日来，大为丰富和扩大了。这些新的人际关系，尤其是党团员之间的相互关系，很可能比家庭成员之间和亲戚之间的相互关系更为接近、更为密切，也对现实生活更有意义、更起作用。总之，在社会主义社会里面生活的人们，尤其是青年对于家庭和亲戚的观念，和在旧社会里面生活的人们大有不同了。昔日的一个乡间之人，尤其是妇女，如果失去了家庭和亲戚的关系，几乎是等于没有了生活，至少要被看为是一个孤苦零丁的人。在今日的乡间里，即或是一个人无家可归或失去了所有的亲戚，和自己的劳动能力，他也晓得一定得到“五保”规定的照顾。实际上，有的已经把生产社当作他的家，把社员当作他的亲人了。这种种新发展起来的人与人间的关系，就改变了家庭关系和亲戚关系的原有面貌。这种转变是有助于社会主义建设的早日完成的。

风俗习惯

和这些乡村家庭生活，尤其是在精神生活方面，大有关系的很多风俗习惯，也跟着乡村经济基础和物质生活条件的根本改变，而发生了很大的变化。其中最显著的一些转变表现在婚姻、丧葬、生育、信仰、过节等传统习俗上。

婚姻　“食色性也”的确是人类生活的两大要求。前者是通过农业生产劳动而满足人类基本的物质生活，而后者是通过婚姻的安排而满足人类基本的精神生活。昔日，关于婚姻的构成形式是多种多样的，其中有通过亲友或媒婆的介绍而构成的婚姻，通过收童养媳的形式而构成的婚姻，还有指腹为婚、兼祧婚、结阴亲、纳妾、买卖婚姻等形式。至于由真正自由恋爱而结婚者，很不多见。今日在这些乡村内，男女找对象，多由自己直接进行，其中很多是在一起工作者；也有的先由朋友介绍，认识后，再由两方自己来往，由发生恋爱而结婚。昔日的包办强迫、漠视子女利益的封建主义婚姻制度已成过去。男女婚姻自由、一夫一妻、男女权利平等的婚姻制度已经实行了。一切均按公布的婚姻法办理了。

昔日定婚和结婚的手续颇为复杂。男女两家有意婚配之后，进行步骤，大致是这样。第一步，先交换门户帖，上写两家的姓名、籍贯、三代、名号等项。第二步过八字帖，上写两人的生年、月、日、时辰，看看有无妨克。第三步，择吉日放小定，由男家给女家戒指、耳环等礼物。第四步，放大定，把迎娶日期写在龙凤帖上，并由男家送给女家鹅、酒、衣服、首饰、食品等礼物。第五步迎娶，预备轿子、锣鼓手、打执事者、席棚、新房、新被、酒席若干桌。娶媳妇的男家方面，一般为婚礼所用的钱，为人民币三四百元。这是顾全体面所需最低限度的费用。因之，一个贫雇农想要娶媳妇是一桩很不容易办到的事。亲友所送的份礼，一般每人为三四角，普通人家虽贫，但也很重视面子，遇亲友有喜事时，无不应酬。但多半所出份礼很轻，因为恐怕自己有喜事时，对方无力送相等的份礼，难以为情。今日，朋友送礼多半是集体办理，一般每人也合三四角钱。

今日，关于婚礼的仪式和昔日比较真是简单多了。其中最主要的是，一对爱人到乡政府登记，领取结婚证书，所出费用仅三角。婚礼多在乡办公室或生产社办公室举行。昔日的那一套由新郎迎娶、坐花轿、绕村庄、拜天地等等复杂的仪式通通没有了。这对爱人是步行，或骑自行车去到结婚礼堂。由司仪宣告婚礼进行的程序，大致是这样：（一）开会，来宾入席、新郎新娘入席。（二）家长入席。（三）新郎新娘向证婚人行致敬礼。（四）新郎新娘向来宾致敬。（五）新郎新娘互相敬礼。（六）证婚人讲话，内容大致是：今日有了婚姻法，男女才得到了真正由爱情而结合的自由婚姻；这一对爱人一定在结合以后，对生产劳动更起劲，为社会主义建设更努力，我们祝这对爱人永远过着幸福的生活。（七）家长讲话，内容大致是：我们对于他们的结婚很同意，很高兴。（八）来宾讲话，内容往往说些有趣的话，引人发笑，例如：“这对爱人的结合真合适极了，我常看见他们手拉手儿在一起谈爱情，多么幸福呀！我就没享受过这种味道。明年一定生个大胖娃娃。”如果新人是团员，参加婚礼的团员多半说些勉励的话，例如：“我们相信，他们有了这样的爱情，幸福地生活在一起，将来就更能够表现一个团员的精神，为社会主义、为祖国，生产更要加倍努力，更要起带头作用。”（九）请新郎新娘述说恋爱的经过实况。这是一段很热闹的场面，往往由一些调皮的青年提出这类的问题，要求答复：“你们俩谁先求婚？头一句说的是什么?”（十）礼成，散会。在举行婚礼时，只预备一些纸烟、茶水和糖果等简单的东西，招待来宾，仅用10元左右就够了。男家为婚事所需要的准备也很简单，其中包括装饰新房、购置被褥、做男女新制服一套等几样必需的准备。一般用到100元左右，就算很好了。

在过去，关于女家对婚事所出的费用较男家少些。但是，如果要顾到最低限度的体面，就要在女儿出嫁前一日送嫁妆八抬，其中，物品包括木箱、盆景、帽镜、茶叶罐、腊千、脸盆、果盘、茶壶、茶碗、粉缸、抿头缸、头油瓶、胰皂盒等物品。合计需50元左右。如果送不起八抬，就雇人扛到男家。如果要预备酒席几桌的话，俗称办事，就得另外花到几十元了。贫穷的女家往往要求男家给彩礼钱，自50元至300元不等。对于长得好的女子索钱更多。如果没把这笔钱用在供给嫁妆的费用上，则不免有卖女的性质了，也被人看为是不体面。现在的女家，多由要结婚的女子自己准备需要的东西，有的不要男方的任何供给。有些女儿在事前声明不要父母买东西。但父母总是过意不去，多是给女儿买点日用必需品，如壶碗、脸盆、化妆品等类的东西，往往用到50元左右。

从前男家物色媳妇的条件，一般是多着重在她的健康、容貌、身家清白等方面。女家对于选择女婿，则多着重在男家的经济情况，至于女婿本人的身体、工作能力、品行等方面如何，反倒往往被忽略了。现在这些乡间的女子在找对象时，很注意对方是否为进步分子，是否为劳动模范，是否叫得响为村里人所夸赞，工作能力和性情如何，也注意军人和工人。男子在找对象时，一般而论，很注意到她的性情合得来否、挣工分的能力如何、要求进步的态度如何、漂亮如何等方面。今日男女两方自由选择的标准和从前包办婚姻所着重的条件，显然不相同了。从前在结婚的那一天，新郎的青年亲友有闹洞房的习俗。他们往往拥入洞房，摸新娘的手脚。闹得凶的，连新娘上厕所也要跟去。因之，新娘在上轿前一日，仅吃几个鸡蛋，也很少喝水，准备避免这种困难和其他的不便。晚间闹得更厉害，有的在窗外“听房”直到天亮才走，使一对新人不能好好安歇。在举行婚礼的这一天内，还有其他种种近乎虐待新妇的情形。在今天，这种使新娘吃苦的行动均已成过去，只有少数的朋友，在晚间来和新人们说笑一番到十点左右就都告别了。

还有值得提及的一种转变是关于这些村内寡妇的情况，在过去，最不幸的一种妇女是死去未婚夫的未婚妻和死去丈夫的寡妇。她们被认为是命硬妨夫，因此一般不欢迎她们做妻子，表现在“多好的再醮妇也不如结发夫妻”“买马不买骡，有钱不娶后汉婆”这些成语上，再加上“贞妇不嫁二夫”的守节被认为是极大的美德，如果她们再嫁也多半是嫁个老年人或不很正常的男子。因之，关于孀妇再嫁的婚礼也甚为简单，仅用轿子一顶，在夜间迎娶过门。同村的人不但不赞成她再嫁，且看为是家门内出了一件不吉祥的事。在她出嫁的那一夜没有亲友肯留她在自己的房屋中上轿，她不得不到村外野地上轿。据村人说，那夜孀妇所站的地方，连草也不能再生长了。今日，在我观察过的乡村里，青年的寡妇都再嫁了，也都是由自己找到对象。在另一方面，我也没碰到有劳动力的男子结不起婚了。他们无须像昔日以“光棍儿好过”的阿Q心理，为不娶老婆的借口来哄自己了。在一个约有400户的乡内，已经有8对夫妇按照婚姻法的规定离婚了。其中6对是由女方提出的。

丧葬 从前在这些乡村里，关于普遍的丧事用费和婚事差不多。人死后，所急需准备的有寿衣一份、棺材一口、席棚一座、灵前五供、念经和尚、楼库纸锞、白孝布、酒席数桌。出殡时要雇用抬棺杠夫、打执事者、打坑、填坑若干人。总计一般丧事费用需400元左右之多。乡间富裕人家的老年人，多半在未死以前早已备好棺木及丧事费用，以免临时发生困难。但一般的贫雇农家庭不能早先准备，平素又无积蓄，因此，遇到家内丧事突然发生时，有地者则或典或卖，甚至把仅有的几亩田地完全典卖，一时未曾考虑到将来的生计。无田产者，就非借贷应急不可。且乡间习惯，凡因办丧事借贷者，亲友皆乐于出借。因此不少的家庭仅顾一时的体面，借钱发丧，以致终身为债所累。今日的农家遇到丧事发生，无须像以前那样手忙脚乱，因为在各方面都有人来帮助办理。除须准备一口棺材，约用50元外，其他的零星费用是很少的。生产社内保存的锣、鼓、杠等物可以供给社员使用。社员帮助处理抬杠、打坑、填坑等事。丧礼的仪式也比从前简单多了。一般也还烧点儿纸，摔个盆儿。尚有少数妇女还哭得像从前那样嚎叫，但男人们多半哭得比较自然多了。请和尚诵经的，除挂甲屯村以外，已经成为很少见的盛举。但也偶尔碰到个还有点儿积蓄的姑奶奶，要格外表示她的一片孝心，就请几个和尚念一晚上经，其中有的已经是还俗的和尚了。今日为丧事所吹打的音乐曲调也不像从前那样严肃，合乎一定的规矩，而把一些民间音乐民歌，例如《小放牛》一类的调子加进去了。很多在过去原有的所谓“礼”，其中有的成分已经消亡，有的虽然在表面上还残留着一些痕迹，但已形存实亡，使我感觉岂有此礼呢。

生日和起名 在过去，这些农家里生小孩的时候，就请村内的收生婆来接生，由于她缺乏消毒的知识，有不少婴儿得脐风而死去。现在都用新法接生，婴儿死亡的已很少见。洗三的习惯已经由护士改在第二天做了。从前送给小孩一些钱，或一个刻有“长命百岁”的脖锁的习俗，也已不存在了。从前，在生育后的第一个月里，不让生人或怀孕的妇人进到产房里去，说是要妨碍产妇的奶。现在，很少有人在乎这类忌讳了。从前，男孩到了一周岁的那个生日，家里人把一本书、一个算盘、一朵花、一块土、一个小锄，放在天地神前边，如为女孩添上一把剪刀。烧香后，让小孩去拿其中的一种，如果拿书，将来长大喜读书；如果拿花，可能男的好色，女的品行可能不大好；如果拿土，恐怕难长大成人；拿锄的，能够好好种田；女孩拿剪刀，将来做针线活好。小孩到十几岁的生日，家里人煮几个鸡蛋或买几个烧饼吃吃，取其圆满之意。无论大人或小孩的生日，都要在那天吃面条，取其长寿之意。老年人在六十、七十等整生日，是要吃些肉面庆祝的。现在不像从前那样重视过生日，除仍然吃些面条外，别的旧日习惯，很少有人理会了。

在过去怎样给小孩取名字，让人好称呼他，是个很有趣味的习俗。有的小孩在初生后不久，就给他起了名字，也有不少的小孩在几岁之后，才把名字固定下来。男孩名字的由来及其意义，让我们分类来说。（一）取其吉祥顺利的意思，例如给他起名叫福儿、宝儿、祥儿、长寿、小安等称呼。（二）取其结实的意思，例如叫石头、老铁、铁蛋。（三）由小孩的特征而得到的名字，例如小孩面黑就叫他黑子，小孩胖就叫他胖子，因脖子歪叫他歪脖儿，头大就叫狮子，生得虎头虎脑的叫虎儿，哭得像猫的就叫猫儿，可爱好睡的就叫小狗儿。（四）由于生时所发生的特别现象而得名，例如赶上那一年丰收，就叫他丰年或满仓；赶上发大水或天降大雨，就叫大水或大雨；赶上下大雪，就叫大雪。（五）由于生时的节日而得名，例如生在端午节或腊月初八，就叫端午或腊八。（六）按生孩子的前后次序而起名，例如第一个孩子叫大喜，第二个、第三个就随着叫二喜、三喜；老大、老二、小三儿等名称，也是属于这一类。（七）由属相而得名，例如生在龙年叫龙儿，生在牛年叫小牛或牛儿。（八）由梦兆而起名，例如在生时祖母梦着拾钱，就叫进财；祖父梦着一马，就叫小马；梦见光天化日，就叫亮儿。（九）叫男孩为女孩，例如名男孩为丫头、白妮，其原因有的是盼望男孩容易长大成人，也有的是男孩长得白嫩可爱如女孩。（十）由许愿得子而起名，例如跟香、香保等名称。（十一）由迷信而起名，例如算命瞎子说小孩命里缺五行中的金，就叫金子或全金，好补足这一缺点；希望孩子容易长大成人，就叫他和尚或姑子；相信如果用美好的名字，不易长大，就起个难听的名字；怕小孩死去，就叫他锁住、金锁、双锁、还阳。

在过去，女子除了她的乳名以外，少有正式的名字。按照普通习惯，娘家姓什么就称她什么氏，例如李氏、张氏。只许娘家人呼她的乳名，婆家的人称她为某氏。她的名字是不愿使人知道的，因此全村的人都晓得一个男人的名字，但很少的人知道一个女人的名字。遇到需要知道该怎么称呼她时，就用她的丈夫、儿子或其他亲属的名字或姓来称呼她，例如王氏、张福太太、或张福的内人、小龙的妈、赵大的奶奶。

给女孩子起名，也由于种种因素而分为若干类。（一）希望生子而起名，例如招弟、跟弟、紧换、凤先。（二）嫌女太多而起名，例如叫多余、小多；由于算命先生说女孩犯九女星，生九个女孩之后，才生男孩，这样就叫她九儿或九妞，意指这就是第九个女儿了。（三）按孩子的次序排列而起名，例如叫大妞、二丫头、三丫头。（四）由女孩的特征而起名，例如生来很灵巧的，叫她巧妞；会哄人的，叫她哄儿；性情刁玩的，就叫她刁儿。（五）由梦兆而得名，例如生孩子时，祖母或母亲梦见菊花盛开，就叫她菊儿。（六）由时令而起名，例如生在春天，就叫春儿、春妞、春花；七月七生的，就叫巧儿。（七）使人发生愉快敬爱之感的名字，例如香玉、小美子、桂花、大风、贞儿。

一般人家的男孩子是由祖父母、父母、外祖父母、其他长辈或巫婆给起个名字。如果小孩入学读书，就多由老师给起个学名。但从前读得起书的孩子很少，这样，大多数农民的一生就只有乳名或人们给他起的外号。女孩子是多由祖母、母亲、外祖母或其他长辈老太太给起个名字。

今日，由于父母多已识字，家内人们的文化知识日益提高，男女儿童都能入学，小孩从一出生就多半能够得到一生能用的适当名称。像过去那些显然表现出种种迷信、重男轻女，使本人感觉不愉快的名字，现在都已越来越少被采用了。现在给孩子所起的名字，不但不致伤害儿童的人格、自尊心，也往往具有合于新时代的意义在里面。就从起名这一点来看，也反映出今昔两个社会的面貌是很不一样了。

一年到头拘守的习俗 在这些乡村里的家庭，除一部分老住户外，历年常有从河北、山东等省移到这里落户的人家，也把一些不同的习惯带到这里。这些比较普遍和个别人家所拘守的习俗与农民的日常生活起着一定的作用。仅扼要地在这里提到其中一些发生较大变化而又使得我们注意者。让我们从一年的开始谈起，除特别说明系公历外，均为阴历月份。

在过去，从腊月三十日晚上放起鞭炮，直到元旦早晨。在元旦这一天，首先向神佛、祖先行跪拜礼。之后，家中小辈向长辈磕头拜年。除去未出嫁之女子，都到附近同族和邻家去拜年。现在拜神的人家仅占极少数，因之所放的鞭炮不如从前那样多了。行叩首礼的也越来越不时兴了。闺女和出嫁的妇女也一样看待了。从前在这天早晨日出以前，有人在自己的院内向东磕头，相信就在本年内不被蝎子蜇了。现在一般不相信这个办法了。从前在十五日以前，多有人赌博，现在赌博的人家很少了。正月初五，是“恨穷日”，要把穷神赶出家去。所用的方法是在这天放鞭炮赶跑穷神，叫作“崩穷”。并且相信越早起来崩越好，如果崩晚了，就崩不出去了。也在这一天包饺子，把穷包起来，谓之“包穷”。家里人都在这一天起得很早，并且一定要做些工作，相信通过努力工作，就能变穷为富。现在人们不相信“包穷”“崩穷”的办法了，只相信唯有积极劳动，才是摆脱穷困之路了。正月十五日，相信是天地神上天的日子，在夜里把它烧掉时说道：“老天爷给个好年头!”现在这样做的非常少了。有的人家相信如果在这一天夜里，能使新女婿顶灯，就可使他怕老婆。因此，小舅、小姨们就趁着女婿住岳家时，勉强给他放上灯，往往把那时常有的小女婿给弄哭了。现在这种恶作戏没有人做了。也碰不到如昔日那样不到十三岁的小女婿了。从前有些妇女在这一天把一小条柏枝插在头发内，相信一年不长虱子。现在人们不用这一方法，而是注意常洗头发和采用灭虱药了。

正月十六日是个“游百病”的日子。相信在这天出外游行，就可把病游没了。并在这天的夜里把供天地神桌子上面的柏树枝拿到门外烧起来，凡烤火的人，可以把病烤走。烤火时说些“烤烤脚不脚疼，烤烤腰不腰疼”等类的话。如果把尚未燃尽之树枝，放在锅台上，在这一年内，就没有蚂蚁上锅台了。若将一小段柏枝绑在小孩手腕上，就可去病。若把带火之枝插在老鼠洞内，且说道“在鼠窟窿插一插，十个老鼠九个瞎”，相信里面老鼠的眼睛就都瞎了。如果在这一天用梳子梳头，就在这一年内常头疼。现在，没人用这些免病的方法了，病人都到医疗站去疗治了。从前，有舅父的，不在正月剃头，相信这样做对舅父不利。现在一般都看为是可笑的迷信了。

从前，在农历二月二日这一天，有的农民把高粱穗上的籽粒摔出来，留着做种子，相信这样就可使长出的高粱不生虫子。现在对于各类作物都相信科学的选种方法，和采用浸种拌种等预防生虫法，及其他杀虫药剂了，而不相信仅在这一天摔种就能生效了。从前，一般相信这一天是龙抬头的日子，有的人在日出以前，在炕上顶着枕头，默念着“二月二，龙抬头，未曾龙抬我先抬，蝎子、蚰蜒不敢上身来”，相信就在一年中不为它们所咬。现在这样做的人非常少了，一般是采取注意室内清洁卫生的习惯来摆脱毒虫了。

从前，农民多在三月三日种葫芦，相信就不致长斑。现在的农民就不相信非在这天种才能不生斑，而是请教农业专家来研究处理各种植物病了。

从前，在清明这一天，家家上坟祭祖。现在农民一般仍然去整理坟头，也多在这天或前后举行集体种树活动。

昔日，在离这一带乡村不很远的妙峰山，从四月一日起开庙半个月，香火极盛。在这些家内，有不少男女农民是要去“朝顶进香”的，其中有为亲人还愿，一步一头，一直磕上金顶的；有为疾病、贫困、无子等原因，而去求天仙圣母救助的。甚至有的穿红衣，有的戴手铐脚镣，还有的背着马鞍子和马一样的用四肢爬到山顶烧香的。回来时头戴蝙蝠形红绒花，说是“戴（带）福还家”。现在还去许愿的人可能仅有一半个了。一般的确相信只有从劳动治穷，以卫生防病，以医药治病了。

在过去，五月五日是端阳节，除极贫的农家外，总在这一天吃得好些，至少要包些粽子吃。家家在门前插艾和杨柳，用红纸剪些吉祥葫芦贴在门上，相信可以泄毒气。用布制成蒜头、五毒、小虎等形状，挂在小孩身上，谓可避鬼、瘟。每人也在衣襟上佩挂艾叶、葫芦等物，也要喝点儿雄黄酒。这都是免灾求吉之意。并把余酒抹在小孩脸上和耳鼻间，也洒在炕上，相信可以避免虫毒。在这一天，也不从井内取水，说是避井毒。现在一般除吃粽子和肉食外，在这一天很少拘守其他的旧日习惯了。从前人们叫五月是“恶五月”，常将艾叶贴在窗上，借以解除不幸。现在一般都不相信五月为多灾难的月份。从前在夏至这一天，家家吃面条，也有做糖蒜的，现在还有过这个节的。

六月六日，村内人家多吃过水面。也晾衣服，说是可以避免虫咬。妇女在这一天洗头发，说是可以不致多生污垢。现在仍有在这天吃面者，但一般不相信一定要在这一天晒衣、洗发，而是在平日常晒衣和洗发了。六月二十三日，养骡马的人家多在这一天给马王上供，现在没有人家这样做了。

七月七日，相信是牛郎会织女的日子。幼女多在这一天“乞巧”，系把笤帚上的一条小梗，削成细针形，浮在碗内水面，在日光下看碗底的针影，如为细长形，则认为放针的女子必巧，这样放者欢跳不止。如针影是粗短形，则证明放针的女子未能很巧，不能做出细活，定是手拙，有的因此竟急得哭起来。现在没人相信这种试验女子巧拙的方法了。

七月十五日是中元节，平常叫“鬼节”，多在门外为死去亲人烧纸的，也有到坟前去祭的。小孩多点莲花灯、蒿子灯、荷叶灯在晚上举着玩耍。今日在这一天烧纸或祭墓的很少了，只还有小孩儿们玩灯的。

八月十五日是中秋节。在过去除春节外，这是乡间农家最快乐的日子。除极贫人家以外，一般总要吃些好的，至少要有月饼，表示全家在这个团圆节，要吃团圆饼，也要买个泥兔儿爷。在皓月当空之下，把月饼、鲜果等物放在院内桌子上，先向月亮焚香、跪拜。“供月”以后，全家大吃，也喝些酒。如果家内有雇工，也要把馒头、月饼、果子放在一个篮子里面，让他带回家去，表示同乐。今日在这些乡村里家家在这个节日，比从前过得更丰富了，有不少吃到五六斤肉的。但供月的非常少了，也没有雇工在一起过节了，人人都是农业社社员，也就都在自己家里欢度这个极高兴的节日了。

九月九日为重阳节，是登高的日子。有人去到附近的山上，相信有助于自己生活的高升。现在仍有在这一天去到山上玩玩的。昔日，在九月妇女不拆洗被褥，据说犯九女星，必致多生女孩、少生男孩。现在没有人相信这个说法了。

十月一日为鬼节，俗云“十月一鬼穿衣”，是说天气渐寒，死人也需要衣裳了。有的人家给死去的人烧些纸衣袴，要做到“十月一，送寒衣”这个要求。现在一般都不花钱给鬼送衣裳了，而是给家里的活人多做些衣裳了。

十一月俗称“冬月”。有些人家在冬至节这一天吃馄饨，犹如在夏至节这天吃面条，俗云“冬至馄饨，夏至面”，还有“冬至大如年”的说法。现在对于过冬至，少有人家注意了。

十二月也叫腊月，从这个月一开始，乡间各家就发生怎样“过年”（虽然在名称上已改为春节）的心情了，最先想到的是准备做腊八粥的杂样粮食。腊八一到，一般人家就把小米、黄米、江米、红枣等物合在一起熬成黏粥。家庭经济越富裕者，则所用米和干果的种类越多。先供佛，后馈亲友、邻舍，外加少许腌白菜。不太贫之家除人吃外，也给家中猫、狗、小鸡吃一点儿，甚至也有抹在院内墙上和树上的。也在这天把蒜浸在醋里，留到新年时吃，叫作腊八蒜。相传释迦牟尼在这一天得道，他当年用钵向各家化米，得到各种豆米。现在家家也仍然熬腊八粥，由于各家经济情况差别不很大，不像从前粥的质量那样不一样了，也少有先供佛的人家了，更没有把粥抹在树上的浪费行动了。

腊月二十三日，在过去是祭灶的热闹日子，家家准备糖瓜一盘、喂马的草料两盘、白水一碗，供在灶王爷前面。烧香后，把糖瓜涂抹它的嘴，一边祷告说：“饱草饱料，吃得小马乱跳（灶王得骑马上天），请王爷好话多说，不好话少说！”相信在这一天它上天，向玉皇大帝报告这一家的情况。但担着心，怕它把不可外扬的家丑的种种经过一股脑儿报告给玉皇，这才想出了拿糖封口的妙法。亦足见这些乡间人似乎也意识到究竟人比神鬼还聪明些，也足证明在从前乡间不和睦的家庭里面，在日常的相互关系上，一定有许多不可告人的事故发生着。灶王上天后，家里人就分吃糖瓜儿了。祭灶是由男子来做的事，而在中秋节拜月时是女人的事，俗谓“男不拜月，女不祭灶”。今日，除有一些家庭还在这一天吃糖瓜外，送灶王上天的习俗，仅有极少数的人家拘守了。

十二月二十四日是大扫除日，就是把一年内，屋中房顶、墙上等处所积尘土，彻底清除一下。将家具搬出房外，头上蒙上一块布，把笤帚绑在长棍子上，扫得黑土飞扬，像烟一样的从屋内冒出来。扫后的人们，互相看不出面目，好像非洲的土人了。经过大洗特洗之后，才把手面洗净。据说，直到一二日之久，所吐出的痰中仍然看见黑土，可见吸入肺内灰尘之多。屋内扫过很久，尘土才慢慢落完。真是一年中的一件大事！今昔对比，真有天渊之别，今天的这些农家，平日常常清除灰尘，屋内上下各处都很干净，因此用不着像从前这一天的扫房大举动。即或在节前格外清除一下，所见到的灰尘数量比起昔日来，真比“小巫见大巫”的小巫，还要小得多！这虽似乎是生活中的小事，但它反映着这些农家今昔生活面貌之不同，是如何的鲜明啊！

从前认为十二月二十五日是玉皇下界的日子，它倾听了灶王们关于一年中各家的善恶之后，还要亲自复查一下。因此，各个家庭成员在这一天对于一言一行，格外慎重，嘱咐小孩千万别乱骂人，以免引出麻烦。今日一般都不相信上帝要在这天下界了。就是在日常生活中，连小孩在内，也少吵架骂人了。二十五日到除夕，昔日相信为乱岁期，因为灶王已经上天，到三十日才回来，玉皇也已调查过，这是一段“百无禁忌”比较可以随便行动的时期。有些人家，就趁此机会从事婚嫁等活动。现在虽然在这一个时期也有结婚的，可不是由于没有鬼神的疏乎稽查。从这天起，放高利贷的、各种要账的，到这些贫穷的普通人家就越来越频繁了，直紧张到三十日年底夜间放鞭炮接神时，才善罢甘休。今天，家家不再遭受到催迫还欠的痛苦了。人人是在愉快的心情下，准备欢度春节了。昔日在这几天内，一般家庭要买几张“合家欢乐”过新年和大胖小子等类的年画，贴在墙上。现在所贴的年画，比从前更讲究，也更有意义了。

十二月二十七八日，家庭的人们多要在一年之末洗个澡。俗谓：“二十七洗疚疾，二十八洗躐遢。”现在一般的人们，都晓得讲卫生、清洁，在平日常常洗澡了，不像跟从前那样到年底才来一次总清洗了。也在这几天内，求读过书的人写春联、春条、斗方等春节的点缀品，其中包含吉祥或教育的意义，例如其中有“善为至宝一生用，心作良田百世耕”“五瑞临门”，在钱柜上贴“钱龙卧处”“招财进宝”，在大车上贴“车行千里路，人马保平安”，在猪圈旁贴“肥猪满圈”，在对门墙上贴“开门见喜”。二十九日，除贫穷者外，先过一个“小除夕”。现在人家大致都有先吃点肉的经济能力了。

十二月三十日是辞旧岁的日子，除极贫家庭外，总要尽量吃喝和贴春联、门神爷，挂钱。院中焚烧松柏枝子，叫作“焗岁”。檐下柱旁插芝麻秸，凡行走处，也铺遍芝麻秸叫作“踩岁”。插一些松柏枝在瓶中，挂上判钱，叫作“摇钱树”，取其今年发财之吉兆。以红绳穿铜制钱编成龙形，放在坑角，系长辈赐给小孩的“压岁钱”。在下半夜，把所买（当时应说“请”）的新神纸都贴在原来地位上，跟着放鞭炮、烧香，忙着从事送往迎来。先送玉皇上天，跟着就得欢迎本家之主的灶王爷下界，还得给财神爷上供，行叩首礼。此外，也不能忘记给没有神像的一些神行敬礼。其中有掌握碾子的青龙神、管推磨的白虎神、管牲口的马王神、管井的井神、管猪圈的猪神，及张仙爷等神。在这天夜间包饺子时，其中有的在里面包入小钱。凡吃到有钱之饺子，非常高兴，认为在一年内财运亨通。不少妇女戴上红石榴花，上挂形如小元宝的装饰，也是取吉祥富贵之意。接神后，向祖先像上供，行跪拜礼。全家少辈向老辈人拜年，行叩首礼。不满十六岁的晚辈，都得到压岁钱。这一夜全家，除婴儿外，几乎都不睡觉，一直到红日东升，叫作“守岁”。在这天夜里，一到接神的时刻，一切讨债的，就得按照习俗立刻停止索欠活动，即或碰到欠他钱的人，也要说一声新喜发财！

今日，这些乡村里的家庭一般都能够过比从前更丰富、更快乐的春节了。不少的人家能够买到十几斤肉吃，且有的人家所用的肉远超过这个数量。接神、送神、上供的家庭很少见了。纪念祖先的习惯还保存着，但行叩首礼的，尤其是青年，越来越不易看到了。所贴春联等的辞句也有所改变了，例如采用“团结互助、生产发家”“努力生产、丰衣足食”“劳动光荣、民主团结”等类的新内容，越来越时兴了。由于现在这些家庭的经济能力已经不像过去的那样悬殊，也没有了放阎王债的及其他种种要账的、等在年底死要钱的情形。从前常听到的那句“富人过年，穷人过关”的老话，在今天完全不适用了。除开继承下来的一部分有利于这些农家生活的纪念日以外，今日也添加了一些其他对生活具有重大意义的纪念日和活动，例如其中很显著的有国庆节、劳动节等人所共知的纪念日。由于这些乡村的人民住在人民首都的郊区，当然是有“近水楼台先得月”的特殊利益。其中不少的居民是在天安门或在其他场合，亲眼看见过毛主席的。这对于这些乡村的居民来说，除开这些新的纪念日本身所能给予一般人的好处以外，又格外得到了更深一层的好处：快感和教育。因之，这些农民的精神生活较一般农民的精神生活可能更为美满，是很自然的事。

其他习俗　在这些乡村里面的种种习俗是不易说尽的，在这里只得长话短说，把与生活有直接影响的，尽量压缩得提及一些。

在过去，一般农民遇到男女订婚、出远门、修盖房屋、买卖田地等事，多请算卦的给决定。如果要知道对于自己目前所发生的疑难问题，将要怎样发展，就多请教于相面的先生告知结果。遇到家内死了人，就请风水先生用罗盘等方法给决定葬埋地点和方向。遇到人得了重病，就有不少的人家请跳神的大仙来治病。有的家庭供奉狐仙爷，求它治病。有的家庭遇到死了一个尚未娶过媳妇的青年男子，不好让他埋在地里感到孤单，就给他找一个尚未出嫁而死去的女子，这样使他俩结成阴间夫妇。“结阴亲”的男家和女家的亲家们，也像普通亲家的来往差不多。有的农家为要在平日免去想不到的种种灾殃，就在自己住房的墙上砌上一块石头或砖，上写“泰山石敢当”“姜太公在此”，相信这就可使妖魔鬼怪等不祥之物，不敢临近自己的住宅了。

在过去，遇闹瘟疫流行的时候，有些农家用五色线绑桃枝为弓形和一块红布，都挂在门上，相信就可以免疫。遇到猪瘟的时候，用块红布绑在棍子上，插在猪圈门旁，相信可以使自己的猪免去传染。有人把撒在棺材上的“垫背钱”拿回家去，挂在小孩身上，相信容易长大。有些送殡的妇女，把埋棺材的土，抓一把带回家去，相信这是抱财土返家，有助于家里的财源。长癣的人把出殡时在路上向天空撒的纸钱，从地上拾起，用它擦癣，但不要回头，相信可以治好。在场上打粮食的时候，有的人先给农神上供，放鞭炮，相信可以多收获一些。有的农民不高兴有人问他粮食收完了没有，认为这样问，能影响他少得一些。有的农民在庄稼地里吃饭之前，先撒在地上一些敬青苗神，相信青苗神拿着鞭子，常在田间行走，如果不敬他饭食，他是要生气，打作物的穗子。有人吃饭时，总不要把碗口向下扣在桌子上，相信这样做要得噎嗝。新妇在上轿以前，在身上带些黑豆，在进入新房以后，撒在屋内四围，相信可以避免凶星为害。有的新妇也在胸前藏一个镜子，叫作照妖镜，避免妖魔近身。有人用小红布袋装些曾在灶王爷的神马前上供时用过的黑豆，缝在自己腰带上，相信可以避邪。结婚的人家常把枣儿、栗子缝在新制的被窝里面，取其早立子之意。有娶媳的人家，在新妇才进家门时，向上空中丢一块年糕，取其媳入门之后，家境就因之高起来了；也在进门处，放一马鞍，使新妇迈过，取其过门后，前途一切平安。

现在，这些农民对于以上这些各式各样的种种避祸求福、治病治穷的习俗，除极少数的人可能还习惯于采用其中的极小一部分以外，一般人都通通把它们放弃不用了。活生生的客观事实，已经使这些农民雪亮的眼睛对于新事物的发展，看得更清楚了。他们已经实觉到：治他们穷的最好办法是努力劳动，更好是集体的劳动；治他们病的最好办法是，讲求卫生，预防疾病和病后快到医疗站去看医生，求救于鬼神是不顶事的。这种巨大的改变，无论是在这些农民的实际行动上，或在他们的思想意识形态上，都是很显著的。

还有一个有趣而且有点儿意义的旧习俗，我不禁也要在这里一提。就是嫌小孩已多而不愿再生的妇女，给她当时所生的末一个小孩，起名叫“老苗”“老根”，意思是这是最末的一个小孩；还有时叫“多余”，意思是这次生的已经是“多此一举”了；还有叫“够儿”的，这更为明显地表示出现在实在足够，无须再添了！由于种种正当的原因，多孩而不愿再生的母亲，无须再使用给孩子起名的办法来达到她们的主观愿望了。目前已经有了科学的、无害于她们身体的，且很有把握的方法，可以很容易地采用了。在我写这篇稿子的不久以前（劳动节前），我到这些乡村去观察的时候，正赶上在这一带乡村里宣传生育节制的意义，并且在供销社中，为她们准备了节育所需要的工具，很受一部分需要避孕妇女的欢迎。从此孩子太密而身体太弱的母亲、孩子过多而过累的母亲、孩子多而致缺乏时间从事学习文化技术的母亲、经济能力不够让很多的孩子都得到充分照顾的家庭，都可以对生育子女的数目，有一个合情合理的适当计划了。这对于母亲的健康、儿童的幸福、家庭生活的改善和整个国家的利益，都有好处。很可能在这些乡村里面，不久就要有不少的家庭实行节制生育。这和过去任其自然地生育比较起来，的确是一个很重要的变化。我相信这些农民是很现实的，他们自己比任何其他的人都更清楚地体会到什么对于他们的切身生活更有好处，而也能够更踏实地表现在他们的具体行动上。

第五章　高级合作化以后出现的问题

自北京解放以来，经过土地改革、合作化等一系列的运动，京郊乡村的劳动人民翻了身，作了他们所经管田地的主人，组织起来发展生产，从此一般过着大致饱食、暖衣、够用的生活，当然比昔日的生活不可同日而语了。但如果要问：他们在今日是不是满足得皆大欢喜了呢？从他们朴素的谈话和表情的自然流露里，我理会到他们还有些不大可心的事情。这些星星点点的不满意现状情绪，正是要求改进的表现，并不是消极的态度。的确，其中有不少意见和感觉是未可厚非的，不但不可一概抹煞，而且需要正视它们，加以足够的注意、研究和及时的合理解决。让我就把这些问题，以我感觉到的先后为序，简略地列在下面。

养猪养鸡等问题

1956年八月在我访问的第一家里，一进门，首先看到的是喂猪。这家主妇和我在别家所碰到喂猪的人流露着这类的话："这年头儿养猪不容易，一得猪瘟多半就死，饲料不够，粗糠不好买，吃豆饼吧太贵，分配给猪的定量粮食不够，养肥，赚不了多少钱，也不易得到想吃的肉量，不养吧，空着现成的圈。"在1957年劳动节后，我最近去观察的时候，正在开始解决这个问题。例如建国农业社和旭光农业社，都尽量帮助社员解决养猪的困难问题，使今年每家养猪一口或以上，已有些家养到四口者。养猪总数比去年多至一倍以上。每养猪一口可得供应粮食 180 斤，借用 10 元为卖给国家的定金。如果养猪人家自己宰杀一头猪，可留肉 20 斤和油 3 斤。凡养猪之家可领取购肉证，无须排队买肉。卖猪税仅出 10%。估计今年养猪一口，除费用外可得 50 元的收入。去年养鸡也发生一些困难，每家一般仅养 5 只，而今年已增加到 10 只，所下鸡蛋可获利 50 多元。因之，如果鸡瘟和猪瘟得到适当的预防和有效的治疗，今年的猪肉和鸡蛋比去年将要增加不止一倍。养鸭的人家也比去年增加了一倍，据说较养鸡更为有利。如果能够进一步解决这些家禽家畜的饲料缺乏和防瘟等问题，不但肥料和肉蛋等来源大为增加，也帮助解决了这些农家常感觉缺零花钱的问题。还有几种日常用品的缺乏，使农妇们一提起来就皱眉头，例如不易随时能够买到捺底子所需要的麻，致使不少人家做不出家里人够用的鞋穿。

缺零钱用的问题

缺零钱用也使一些人家觉着别扭，流露着："要用钱时，钱不在手头。""看人家工人多好，月月拿到钱，也知道准拿多少，随来随花，也能早有个打算。就说是跟社里借吧，手续条件什么的不简单。去年还容易借，今年想借点儿零钱用不行了。为主食用才能借，得开条子；要吃白面不能借，说是节约，每口人一个月只让用 6 斤。""谁谁家的小伙子在工厂找到工作啦，回家的时候，衣裳穿得可漂亮啦。还有谁谁家的女孩子也进了工厂，头回看见穿花衣裳，现在连发也烫啦。一个工人少着每月也拿五六十的。还是干工厂好。"一般农村青年总想往城里跑，已经表现在实际行动上，一个社内的社员在去年就已经有 40 多人离开了乡村而参加了工厂工作。当然这有利于工业化，但如何使农民安心从事农业工作也是一个现实问题。现在虽然已经引起了领导上的注意，把分配社员劳动报酬预支的期限缩短了些，但如何进一步安排，使他们每月得到一些收入，来满足他们缺零钱用的需要，仍然是一个值得研究的问题。

自留地和副业问题

农家很喜欢在给他留下的这一小片田地上，随心所欲地种些东西，吃到新鲜的青菜，吸自己栽出来的土烟，给家畜生产些饲料，也附带着部分地解决缺零钱花的问题。同时，也给社减轻了一些对社员群众日常生活上照顾不到的麻烦。但有些农家的自留地是少到不到一分地，甚至连一点儿也没有的。如果能够酌量多给一点儿，这对于满足社员的需要和情绪是不无小补的。去年，干部们多特别注意到社的集体副业，这是应该的。例如，东方社经管了牛奶场 1 处，有牛 217 头；奶羊场 1 处，有羊 219 头；养猪场 1 处，有猪 116 口，还有粉房和豆腐房各 1 处。但社员自己经营的副业，没有得到应有的关心。以现实情况来看，今后对于零星副业不妨多鼓励社员们在自己家内经营。如果过于强调集中统一而专搞社内集体副业，却忽视了社员愿意自搞的副业，尤其是有的人家在入社以前，曾搞过某种副业或手艺，而在入社后受到了限制的话，就不免发生一些不快情绪，或在生产积极性和对社的团结上发生不利的影响。如何加以恰当的处理，是目前的一个现实问题。

个人支配时间少了的问题

有的社员要搞点儿家庭副业，说不定招出批评、干涉，甚至被扣上自私自利或自发的帽子，被认为有碍于集体的发展。在过去，一般农民除当比较忙的大秋、麦收时期外，一向是习惯于从容劳动着。还有的社员自入社以来，一年到头得不到能够完全由自个儿支配的一段日期，有时需要办点儿家里的私事，可是不易找出时间来处理，感到“真够呛的”等等。这也是一个需要研究和解决的问题。

有些工业消费品质量低的问题

在去年访问过的一些人家里，往往跟他们一提到只有翻身后才能够买得到的一些稀罕用品的时候，不料其中的一部分人有这样的话：“好容易买得起老早就惦着有的东西，没想到有的暖水瓶刚一用就放了炮，吓小孩儿一大跳。”“您说起手电筒来，我们曾买过一个，没用几天，越弄越不灵。”“有的花布看着挺好，一洗就退了色儿。”我在今年所得的印象稍好一些。在这方面，只有希望工人老大哥今后对日常用品的生产质量加以注意提高，使盟弟满意，最好达到使这些辛勤而又俭省的广大劳动群众，在买了这些东西以后，使得住，从失望变成“有口皆碑”。

个别家庭的照顾问题

由于旧社会给新中国遗留下来这一个疮痍满目的农村社会，虽然我们已经使一般农民摆脱了贫困，但仍有一些特别不幸者，和有特殊原因而还有困难者，尚未能一一得到充分的关心。这些乡村的领导干部对于这些特别情形的处理，基本上得到了这些人家的满意。例如对于老弱病残等合于“五保”的少数人家，由公积金予以照顾。但对于劳动力少或弱而孩子等人口比较多的困难家庭，也应予以充分的注意，使能达到饱食暖衣够用的生活水平。这对于社员的生产积极性和团结起着有利的影响，尽可能来满足农民多方面的生活需要和格外照顾困难户，使得安心度日，各得其所，这是我们社会主义的优越性。

妇女劳动保护问题

在这些乡村里，基本上已经贯彻了男女同工同酬的原则，但在关于女劳动力的保护上还有不少应该注意的地方。例如：增加及改善托儿组织，使有劳动力的母亲，更能多参加生产，不致为孩子所累，不要太强调妇女下田争取全劳动力或勉强争取先进劳动模范而致损害一部分女子的健康，不应忽视宜于妇女从事的家庭副业，不要使妇女歧视家务。如何更能照顾她们生理上的特点，规定女劳动力出工的适当指标，分配适合她们体力的工作，使有足够的时间和精力，俾能料理家务和回家做饭及照顾孩子。这些都是当前在这些乡村里面，对妇女工作和生活方面，需要加强改善的一些问题。

进行思想教育的问题

在我开始下乡访问的时候，这几个完全社会主义形式的高级社的历史还不到一周岁。这一新型的土地制度、新的生产关系、新的集体合作经营和随之而来的种种新的事物，合在一起形成一个巨大的变化。许多不合新时代的旧东西，消灭的消灭，减少的减少，正如摧枯拉朽一般。是不是这些乡间人民的思想意识也跟上了这一天翻地覆的转变呢？我理会到：一些要不得的旧观念，的确是被打垮了，但其中的一些残余还存在着。例如个别的富农和富裕中农成分的人们，虽然今日过着这样安定的日子，但仍有留恋过去的心情，觉得关于生产和生活的一些方面不如过去好。从前靠男人生活的妇女，现在下地做活了，虽然能挣钱，仍感觉不如从前舒服，还有轻视劳动的思想。还有“万般皆下品，惟有读书高”，勉强子女升学，不使从事乡间工作的旧意识。又如偏重个人利益、占公家便宜等旧作风，也在一些大小事情上发生着，例如有的人家有时放任自己的家禽家畜吃集体经营田地里的作物。男女同工同酬在形式上是大致办到了，但如果你以为轻视妇人的封建思想、歧视女工的传统习惯已被肃清，对于妇女的封建束缚已解脱净尽，无须再加一把力来消除的话，那就错了。那种认为或多或少妇女总比男人差劲的谬误观点和看不起女工的行为，在乡间的日常生活上还是有时表现出来。此外，还有所理会到的其他一些不适合于今日新社会的意识形态，不在此一一尽述。它们是几千年来根深蒂固的遗留在人们思想意识里面的东西，当然，我们不能任其自流地老存在着，但我们也不可犯急躁病而操之过猛。改造思想习俗的工作是一个比较长期的过程，这是不可能在很短的期间，采用粗暴的办法而消除之，也不是能够专靠法令来消灭的。这次访问使我进一步认识到这些农民的思想意识是乡间事物客观存在的反映。这要根据村中现实生活的发展，采取适当的方法和步骤，使他们摆脱所受封建思想和资产阶级思想影响的残余，提高他们为建设社会主义的农业生产合作社而奋斗的觉悟程度，形成政治上和思想上的一致。实际上，在这些村庄里各方面工作的干部正在努力加强社会主义、集体主义教育和政策教育，不断地进行宣传和耐心说服等工作来提高农民的思想觉悟、政治理论水平。在如何正确地认识和处理农村中人民内部矛盾问题的学习运动进行后，在这些乡村内更大力地展开了社会主义思想宣传运动。自今年劳动节以来，从许多方面我理会到：新的思想意识、新的人生态度、新的生活方式、新的道德品质、新的作风正在成长着。今日，这种新的壮大力量，将使社会主义建设的完成比吾人所预期的时间提前实现。再加上从老早的昔日以来我一生所深感到这些乡间人民原有的种种美德，传统的优良品质，例如：勤苦耐劳、俭省而又慷慨好客、天真而又现实、自尊的独立性、话粗而理不粗的幽默性、打抱不平的侠风、忠诚的意气、真可称感天地而泣鬼神的一种几乎能克服任何困难的坚韧性。把这些合在一起，我谓之“朴素的真善美”。这一切的一切，无论视昔视今，都使我不禁对于这些乡村前途的光明和繁荣，怀着无限的喜悦和信心。今后，从事乡村工作的领导干部，应把思想教育工作，经常不断地进行，这样才能把封建主义和资本主义残余思想早日肃清，而代之以社会主义思想意识。

尚待发挥的潜力问题

据这次访问的印象，具有较高劳动积极性的社员约占半数强。村内尚有一些具有劳动能力而尚未参加工作的半劳动力，尤其在妇女方面。社内亦有过窝工现象。一般说来，还有很多尚未发挥的潜力。至于如何充分地利用这些已经发现的劳动潜在力，就牵连到社里许多方面需要更加注意的问题，例如：在社的组织、劳动管理、分业分工、报酬标准、监察制度等方面，都尚有不少需要加强改善之处。我深深感觉到，这些乡村中的增产潜力真是无穷无尽的，也唯有在走群众路线，摆脱官僚主义、主观主义、教条主义等毛病，才能充分地发挥出来。

村容需要改观的问题

我每逢提到这几个村庄面貌的时候，就想到村容。以我这次所看到的村容而论，它的变动如果和其他的变化比较，是不大的。虽然比从前干净多了，但有的村内道路还多是泥泞不平，一般的房屋，除少数新建者外，还是显得旧陋。虽然这类的老话“包子有肉不在褶儿上”和“人不可貌相”是不无道理的，但如果在比较农闲时，发动集体力量把街道坦平一些，把房屋修理好一些，也把村内外空地更加绿化一些，这样就不致与其他的巨大变化显然不相称。

节约问题

自从这些乡村的农民都参加了农业社以来，有一部分社员存在着入社吃社的思想，以为高级合作化后的生活可以一步登天，认为社会主义的人民能够吃好饭食，穿好衣裳，用好东西，过舒服的日子是应该的。因此在日常生活方面，就不如单干的时候那样精打细算，细水长流地过日子，而多是有点儿大手大脚地吃喝穿用，形成了一种有多少收入就享受多少的心理。有的人想反正政府不让饿死一个人，没钱没吃的时候可以从社里借，看病的时候可以不必付现钱。这样发生了一些浪费的现象。不仅在一些家庭和个人方面有这样不正确的思想和作风，而且在社的用钱上也表现出一些使用不当的现象。有些社员对于公共财产的爱护也很不够。因此如何贯彻执行勤俭办社，和发扬我国农民固有的俭省美德，且使社员爱社如家，节约储蓄，是今后应该特别注意的一个重要问题。对于要求享受过高过急的想法，尤应早日予以注意，杜绝其滋长。

民主办社问题

在高级合作化的第一年内，由于社干部缺乏经验，其中有的亦曾存在着主观主义和官僚主义的作风，和在走群众路线上做得不够，致使干部和群众之间、社和社员之间、社和队之间、队和队之间和社员和社员之间，都发生了一些问题和矛盾。自今年春季以来各社干部对于民主办社的方针，已予以极大的注意，正在大力地执行。例如建国农业社已先后采取了几种具体的措施，实行了权力下放、社队分权的制度，因之，解决了社内社和队、队和队、社和社员等之间的矛盾。采取了包工、包产、包成本的三包制。每队随时开会，征求社员意见，讨论生产计划、所种各种作物亩数、生产指标等项，不像去年勉强执行政府的不合本地实际情况的规定，而是保证一定办到今年的合理规定，例如规定每亩稻谷 670 斤。并曾召开老农座谈会、专业座谈会，作为代表大会的补充办法，充分发挥和利用了老农的丰富经验，并加强了社内团结和减少了矛盾。种种发扬民主的办法实行以来，大大减少干部的主观主义、官僚主义和事务主义等毛病，并在生产管理上随时能够发现应该注意解决的实际问题，也比从前更能发挥出群众的积极性和创造性。财务的公开不仅摆脱了社员思想顾虑，且大大地提高了对社内事务的关心和各种活动的拥护。社干部大力发扬民主，接受和实行了社员的很多宝贵意见，对于本年副业的开展起了显著的作用。其中已被采纳的建议有：养鱼万条，估计除开支外约可获利 3 万元；建冰窖一处，约可获利 2 万元；养鸭 300 只，约可获利 900 元；养猪 70 口，并养母猪 40 口，以便供给社员所养的小猪。如果能够经常地充分注意贯彻民主办社的方针，定将收到更大的成果。

大家庭制度问题

由于家庭每一成员的收入主要是来自社内所得的工分，妇女有了经济独立的能力，老年人赶不上青年壮年的劳动力，再加上种种其他的一些复杂原因，三辈同居和兄弟同居的大家庭有逐渐减少的现象，而两辈同居和兄弟分居的家庭有日益增加趋势。关于兄弟分居倒是比较自然的一种发展，也对于他们的物质生活或精神生活没有什么值得注意的不利影响或问题。可是关于一向三辈或甚至四辈同居的分家就很显然地出现了一些值得注意的问题了。是不是我们还要保留旧有的家庭形式和精神而来考虑一种折中的家制论呢？所谓折中的家制论者，大致主张保留大家庭的根子，而去其枝叶的支蔓和芜杂使家庭的组织兼收并蓄老壮幼三辈，老的贡献阅历和经验，壮的贡献成熟的思想和能力，幼的贡献热情和理想，这样三全其美，不可缺一，而三辈中以壮的一辈为主体；家大要分，但限于成立的兄弟和妯娌之间，而不适用上下世代之际；兄弟分居的人家，老辈人可以轮流居住。这种看法似乎有些道理，未可厚非。但以今日社会的一般发展来看，大势所趋的不是大家庭的维持，而是小家庭的兴起了。在现有的大家庭中，有的壮年成员看劳动力弱或完全丧失的老年人是一项负担，想把他们分出去才好。且有的“言之成理，持之有故”地强调农业社有公积金，还有五保，反正国家有救济老年人的办法。在这种情形正在发展着的状况下，当然有很多老年人不免感觉到生活的凄凉。对于在这一个社会大转变中的这些人和新时代的子女对待老年父母的态度等问题，负责乡村领导工作的干部同志，应加以注意和研究，耐心地打通有关人员的非社会主义的不正确思想，开展“五好”活动，根据各地的实际情况，进行合情合理的处理，俾使有利于社会主义建设也能同时避免可能出现的毛病。

男女找对象问题

在我和村内人们交谈的一些场合中，有时听到这类话：“现在连这儿的女孩子们都尽先在工人里去找对象了，你看谁谁，她不是竟去到林场那儿找对象？其实呢，林场工人还不是同农民差不多。”“女孩子们是首先注意军官，其次把注意力转到工人身上呢。”“也难怪她们，军官和工人的收入有多少啊！”的确，不仅男子有了机会就往城里跑，连青年女子也往城里去找工作，一来收入多，二来也易于碰到符合目标的对象。这似乎形成了一种风气。再加上乡间的妇女数一向是稍微较少于男子数，当然这就不利于乡间的男子找他的对象。如果他不同意乡间一向流行着的“丑妇、近地家中宝”这句老话，那么他的精神生活在这方面就要更受到一些刺激，这是近人情的。因此，有些不安于现状的青年，就往城内去找出路。还有其他一种值得注意的现象是：有的乡间妇女不喜参加农业劳动，而去城市工作；有些中小学毕业生都愿升学，而不愿在乡间工作。如何使男女青年满意而安心在农村工作，的确是目前农村的一个应注意解决的现实问题。这得从各方面入手进行教育工作，使农民了解，城乡的生活水平将要一天比一天接近、中小学毕业生参加生产劳动的道理，农村建设需要大批男女知识青年。对于这一问题的解决，除开干部经常进行宣传教育外，农村的中小学教员负有重要责任。如果他们能够平日在教学中使每一男女学生都具有正确的人生观和对待劳动的应有态度，这就大大有助于正气的培养、优良作风的树立和歪风的革除。

节制生育问题

在访问过的这些乡村里面，由于解放后人民生活水平的提高、医药卫生的改善、虐杀婴儿的绝迹，和新法接生的普遍采用，一方面死亡率大为减少，而另一方面出生率大为提高。因之一般人家的孩子都一年比一年地多起来了。很显然，在经济情况相同的家庭里面，一个有五六个孩子的家庭就比有两三个孩子的家庭，在生活费用上要多得多。孩子太多的压力，已经在不少的家庭里面，尤其是密生的母亲深切地感觉到是一个需要解决的问题。周总理曾说过：“为了保护妇女和儿童，很好地教养后代，以利民族的健康和繁荣，我们赞成在生育方面加以适当的节育。卫生部门应该同有关方面对于节育问题进行宣传，并且采取有效的措施。”这个看法是和我所观察过的这些乡村的要求相符合的。大部分的农民，尤其是多孩子的母亲早就有避孕的要求，不过她们不知道适当有效的节育方法而已。据我最近所知道的情形是女干部们已经开始大力动员家庭中的青壮妇女参加农业生产劳动，也动员老年妇女在家担负起照顾孩子的任务，同时耐心地宣传节育的道理，和说明避孕的具体方法，使每家父母对于子女的多少有个生育计划，不像过去任其自然地增加，且已把避孕药械放在供销社出售。一般看来，群众表示欢迎，其中已有购用者。我赞成已经发表过的这个意见，就是：节育是人民群众自己的事情，也是国家的事情。我们应该积极地宣传和提倡节育运动。这些老乡们是最现实的，也比任何旁人更晓得什么是对他们真有好处的。多让他们尤其是她们，自己来决定有关他们自己的切身问题和选用她们自己感觉适宜的办法。这一问题的解决，无疑的，对于他们的物质生活和精神生活将更能早日的逐渐提高，是“不无小补”的。

此外还有其他种种值得讨论的现实问题，例如有些社员不愿从事农业劳动而热衷于副业和商贩活动、信用社的贷款、农业社规模的大小、社员口粮的合理分配、城乡剪刀差的缩小、中小学毕业生参加农业生产、干部下乡落户参加体力劳动等，几乎说不完的大小问题。但限于篇幅，不能一一提及。总之，这些问题的发生都是发展中的必然现象，今后也将跟着新的发展而产生新的问题和随时得到新的解决办法。

结　语

总而言之，我这次观察的印象是：高级合作化在这些农民中间，引起了根本的、巨大的变化，由个体单干，转入集体经营，空前地迈了这一大步，踏翻了数千年来的历史，改变了整个社会关系，跨进了一个崭新的时期和世界，社会主义这一真理的根已经扎入这些老乡心里，他们日益发扬着的劳动积极性和创造性是集体生产的力量的源泉。这些新农村是在稳定的基础上，向着更美好、更理想的远景进行着种种建设活动。今后生产的增加、收入的上升、生活水平的提高，都自然是不成问题的。正如春天的树木，郁郁葱葱地重生起来。这一切的一切，使我不禁对于这些乡村前途的光明和繁荣，怀着无限的喜悦和信心。

这次访问的范围不过是祖国里面一个小小的角落，从事观察的社区不过包括几百人家，而较为仔细接谈和深入体验的农户又仅仅是五十家左右，好像是在古木参天的广大森林里，测量了几十棵树。但这见木不见林的窥豹一斑，已经使我感到这样惊异。如果窥视了森林的全貌，更不知要发现多少更惊异的奇迹，也不知要怎样地更“少见多怪”。

当本报告结束之际，我幻想着、相信着也实觉着：这座世界上最广大的森林正在根深叶茂、本固枝荣地生长着。不只它自身欣欣向荣，连整个世界也将从它得到越来越多的好处。从里面生长起来的一株树——我，能不感觉光荣骄傲么？且值“百花齐放，百家争鸣”，又怎能不见景生情，喜不自禁，有如枯木逢春地试开那么一朵很小的花，结一个很小的果呢？最后，我衷心地祝贺这次对我赐教这样多的老乡们，在社会主义的康庄大道迈进中，年年取得新的成就和更美好的幸福生活。谨把这篇调查记为他们农业社成立一周年纪念的一份献礼，好像立上一块小里程碑。

我们遇到比较家庭生活状况的时候，常感到一个困难，就是各家的大小不同、人口不一。同是五口之家，但两家人口的年龄和性别未必一样。一个 30 岁的壮年和一个不满 6 岁的小孩，在有关生活的各种用途的量值上相差很多，同年男女的各种生活费用也不尽相同。为了要解决这一困难问题，研究生活费用的专家曾想出一个方法，就是将每家的一切人口合成一种单位。计算方法是：折合成一个等成年男子。他是一个在体力劳动方面中等的、温和的普通工作者。他的食衣住行等等的总消费的价值定为数量等于 100 的标准。照这个标准来计算从事各种体力劳动的人们的消费数量在这个标准中所占的比重（百分比）。根据在几个国家内若干家庭的消费调查所得到的一般结果，大致如下表：

折合等成年男子单位表

性别 年龄	体力劳动程度	等成年男子的百分比
12 岁以上男子	中等 强烈 温和	100 130 90
12 岁以上女子	中等 颇强 温和	80 100 70
儿童 2 岁以下 2～5 岁 6～9 岁 10～12 岁	大体上一般	 30 50 60 70

二十五年来北京之物价工资及生活程度

（本部分初版于1926年，北京大学出版部出版，署为“孟天培和甘博著，李景汉译”）

导　言

工人如何生活？现在他们的生活比从前如何？这都是世界各处人们所要知道的问题，尤其是在缺少经济知识的中国。向来中国工人的工资颇低，近几年来物价又非常的增涨，到底他们如何能在这种状况里维持他们的生活，实在是可注意而当研究的问题。要切实地答复这些问题，我们必须调查物价、工资、铜元兑换和家庭生活费的分配。

中国的面积甚广，各处的状况不同。即以北京而论，城内的物价和城外的稍有分别。本篇的研究只限于北京城内，连附近四郊也不能代表，更不能代表全国了。若将来有人能在他处作同样的研究，与北京的调查比较，就是作者的希望。

从我们所得的研究材料和整理它们所需的时间看来，就知道最经济的办法是先从 1900（光绪二十六年）至 1924 年开始研究。在这二十五年的时期里不但是可以调查物价的变迁，并且也能发见循环的涨落。在义和团起事、联军入京的那一年，北京的账簿和各种的记录丢失甚多。因此要搜集 1900 年以前完全不缺的材料须费很久的时间，这是本篇仅限于近二十五年的一个原因。

北京有不少的老铺店，虽然经理更换多次，仍然保存已往的老账，不把它们当废纸出售。这些老账是我们调查物价、工资和兑换等最好、最确，也许是惟一的材料来源。起初我们以为可以从家庭的账簿中调查日常生活的物价，但所得的结果很不满意。因为其中大多数的物价乃是几种物品的总数，并且不记载每种物品的数量，因此没有实际的用处。在新闻纸里物价的登载也不多见，即或有，也不过是近几年的。

如何借用商号中整齐的老账是我们开始调查的第一个难题。许多铺店看借用账目是一件无礼的要求，就连东家要看账目也必须先得经理的许可；甚至有些铺店若不得经理的同意，东家从铺店中取钱也是不能的。既然东家与经理有这样的关系，借账的手续最好是从经理方面入手进行，可是有时经理虽然已经同意，而因东家的反对，致令借账失败的。我们无论如何向他们解释，他们似乎难明白为甚么旁人要用许多工夫研究他们所有的老账，所以很踌躇地把完全不缺的账簿都痛痛快快地借给我们。如何化除他们的怀疑是调查者必须有的本领。

除借账以外尚有买账的机会。北京麻刀铺收买商店倒闭或无用的各种老账。可惜他们收买之后随便使用，以致残缺不全，或将布皮撕去，无从看出账本的年份。因此不易在短时间里碰见满意的机会。可是从这些没人关心的乱账里与和那些卖账人的谈话中，我们得了不少的知识，就渐渐知道与铺店中掌柜的们接洽的方法了。

虽然有时他们不肯把账借给我们带出，但欢迎我们在他们的铺店中和他们一起查看，或令铺伙摘录账中每年每月的物价，甚至有时将原有的账目为我们另抄一份。

中国的账簿里不是按物品分类的。我们必须另做一种表格，把账中每种物品的价格按年月日都抄下来。以后再斟酌选择我们最注意的物品。起初我们打算得各种物品每日的价格。后来我们理会是办不到的。其中有许多物品的价格每月只有几笔。就是很普通的米面，也不能有每月每日的价格，有二十几次的就很少见。因此我不得不用每月或每年的平均价格。

本来中国的商店是按阴历记账，民国以来仍未改变。本篇每月或每年的平均数皆按阳历记算，以便与各国物价的变动比较参考。

账中所用的货币及重量单位亦不划一。在1913年前银两是最普通的货币。银的成色不同，每两的价值亦随之而异。自1913年以后渐渐改用银元，然亦有仍用银两的。二十年前账中的物价常见按吊记算，每吊等于当十大钱50个，合铜元10枚。数年来铜元价值跌落，故商店多按银元记账。本篇为便利比较起见，一切价目皆以银元为单位。银元折合银两的行市随时变易，本篇均以7钱2分计算。

本篇食品的重量，从交易惯例，按每百斤计算，合133.33磅。布匹以每百尺为单位，煤以每千斤为单位。米粮的趸售重量本来多以每石为单位。不但各处石之重量不同，就连北京各粮店的石也不一致，约在130至160斤之间。零售每石的重量在150斤左右。本篇从石变成百斤时均按150斤为1石计算。兹将我们详细抄录的几种好账列下：

一、米面

零售账　1900—1924年

零售账　1912—1918年

趸售账　1901—1924年

趸售账　1900—1924年

二、煤

零售账　1900—1924年

零售账　1914—1924年

三、布

零售账　1912—1924年

趸售账　1900—1924年

四、肉

羊肉账　1900—1924年

此外有几家铺店不肯把账完全借给我们抄录，只将物品的每年平均价格替我们算出。这些物品包括猪肉、盐、棉布、香油、花生油、咸菜等项。

同样物品的价格在同一的时间内未必相同，这是由于运费、出售地点不同，可是它们的涨落的趋势大同小异。因此从任何商号的账簿都可看出物价的变动，但物价的年份必须完全不缺才好。若遇残缺，不可用他账填补。

关于生活的程度我们注意北京大多数的工人。每年一个工人的工资在160元以下。关于工人家庭费的分配已经有几项调查能做我们的参考。关于他们历年工资的增减我们也搜集了极满意的材料。

向来北京关于经济的状况按着统计的方法认真调查是没有做过的。本篇的研究不过是一种初步的尝试，所包的范围很窄，离着精密的程度尚远；许多问题是我们目下不能答复的；可是我们同时觉得这不完全的调查资料足以供给我们几项结论，也能使我们看清楚近二十五年中北京工人的经济状况和他们维持生活的真相。

本篇为比较方便起见故用西历年份。若读者欲知中历年份可参看篇末附录的二十五年来大事表。

关于本篇的研究有不少的人帮忙，我们实在感谢他们：李景汉先生和张鸿钧先生为本篇搜集了很多的资料；赵恩启先生为我们借用羊肉的账簿；《顺天时报》许我们用存留的报纸；C. G. Dittmer 和陈达先生们与 Louise Morrow 女士的家庭预算表帮助我们做出生活费的指数和实际工资，Mr. T. C. Blaiadell 给我们不少的提议；王世杰先生为我们整理文稿，发表在国立北京大学的《社会科学季刊》里；还有许多各界的人热心地给我们寻找资料。

第一章　物　价

米粮和面粉

从米面账中共得 9 种米粮——白米、老米、小麦、豆、小米、（粟）玉米、大麦、荞麦和高粱；面粉 5 种——白面、豆面、玉米面、荞麦面和小米面。每种米与面又分若干类，共计米 30 类、面 24 类。其中几类的价格在每年仅见两三次，亦有几类只有数年的价格，故不能研究它们价格的历史。其中每年的价格很完全者为小麦、小米、白米、老米、白面、豆面、玉米面和小米面。白面的价格在二十五年中，除一个月外，每月都有。以上几样是北京市民最常用者。高粱本为京兆大宗出产，为乡民普通食品之一，但北京人吃者极少，只用以喂养牲口。

白　面

白面约分两大类，伏地面和机器面（或洋面），后者比前者白而且细。常见的机器面的牌号不下 20 余种，例如炮台、兵船、山鹿、双马、红牛、绿桃等名称。每袋机器面的重量本来相同，皆为40斤；但北京面商在出售以前往往用粗针扎孔，从每袋挤出面粉一二斤。目下机器面价较伏地面约高18%。虽然如此，用机器面的主顾日见加多，因面粉较干，做出的食品亦较多。

中国伏地面是用中国旧式磨磨出，再用大箩箩出。按面的成色与用项分为多种：例如重箩面是最细的；高蒸面是用以蒸馒头的上等面，高二面是比重箩面稍次，多用以做烙饼或打烧饼；拉面是做面条的；二面是次等的；黑面是最次的，内含麸子很多。此外尚有若干名称，价格亦彼此不同。例如在1907年每百斤黑面价值2元1角5，而每百斤重箩面4元9角5，相差甚多。

面粉用西法制造，在中国年限不久，故本篇研究的价格均以最普通的伏地白面为准则。

在1900年（光绪二十六年）正月每百斤白面的价格是4.2两，合洋5.84元；在五月是5.15元，但在九月和十月的平均价格是8.33元，四月之久增加3.18元，为62%。面价暴涨的原因在于义和团起事及联军入京的影响。十二月间面价落到6.94元，在1901年落到5.53元。在1901至1916年之间，除在1906和1911年两次增加外，面价的变动在5.00至6.00之间。第一图内曲线表显价格的变动。在1903、1906、1907、1911和1912年价值较高；在1904、1905、1909、1910和1915年价值较低。面价的变动大半由于小麦收获的多寡，因多发生在五六月之间。近畿小麦的收割约在六月的后半。河南产麦极多，约在六月之上半收割。所以在五月底或六月初的时候就可看出小麦的收获如何，面价就因此发生变动。

天气影响面价在1914和1915年甚为明显。此两年间春秋雨水颇多，每年总雨量为28英寸。北京每年的平均雨量为24.68英寸（看第一表）。在1914年以前缺少雨量的统计，故未能断定雨量与麦价的关系。

北京政局的变动亦与面价的涨落大有关系。在1900年五月义和团起，联军迫京师，乡民逃走者甚众。大部分麦田未能收获，价格于是暴涨。待战事一过，价格渐落。至1901年小麦收获后，价格又恢复乱前的原状。此后最大的变动是民国成立。自1910年秋季物价开始渐增，至1911年七月价格飞涨，至十二月革命军攻克南京，价格达最高点。在1912年三月袁世凯被选为总统，不久小麦收获，价格低落甚速。至七月又恢复1910年之价格，此后仍继续落价，直至十一

第一表　雨量（耗，Millimetres）*

	1914	1915	1916	1917	1918	1919	1920	1921	1922	1923	1924	1925
一月	1.4	2.9	1.6	0.2	0.9	3.7	2.8	0.6	1.0	0.3	0.4	2.7
二月	10.4	4.4	6.0	0.2	0.8	0.0	5.4	0.0	4.0	0.3	6.0	0.0
三月	39.8	2.5	2.7	2.6	4.9	8.0	5.4	4.0	3.3	16.4	2.9	6.8
四月	0.0	0.5	8.1	0.0	21.0	3.6	1.0	0.4	11.2	11.3	0.0	43.2
五月	9.0	58.0	28.3	19.3	116.5	23.8	12.6	35.2	8.2	3.5	19.7	61.1
六月	116.9	90.5	46.4	37.7	67.7	91.1	42.4	44.4	235.1	8.6	54.7	133.8
七月	256.2	415.0	81.3	438.3	114.9	264.1	143.6	98.9	297.9	137.8	641.3	463.4
八月	86.4	82.4	178.7	120.3	142.0	87.8	27.1	62.1	337.4	156.2	253.6	197.2
九月	33.3	33.2	32.7	122.4	5.0	26.4	24.6	8.9	35.8	35.6	37.4	65.8
十月	95.8	19.2	8.4	38.5	0.6	52.1	0.9	1.1	0.5	3.7	21.3	0.9
十一月	71.0	5.2	21.0	0.0	26.9	44.0	3.9	0.1	3.2	1.1	15.1	6.0
十二月	0.8	4.2	7.2	1.8	1.4	1.6	6.9	0.0	0.3	4.1	7.1	0.0
	721.0	718.0	422.6	781.3	512.6	566.2	276.6	255.7	837.9	379.5	1 059.5	980.9
英寸	28.4	28.3	16.65	30.78	20.20	22.31	10.90	10.07	33.01	14.95	41.8	38.8
平均数	625.98 耗											
	24.68 英寸											

* 北京观象台报告。

月为止，每百斤的平均面价为 5.23 元。在十一月之久价格相差 2.07 元，为 28%。1910 至 1912 年面价的增高不一定全由于时局的改变，但 1911 下半年的涨价是受武昌起义的影响，没有疑惑的。此时期以前的增价是由于 1910 和 1911 年收获的不足，1912 年的落价是因为小麦的丰收。

在 1916 年面价又增涨不已，平均每百斤增高 1.00 元。这是袁氏试做皇帝的一年。六月袁氏死，黎元洪就大总统职；九月永定河水灾发生，政府拨款赈济。是年禾苗缺雨，雨量比平均数少 32%。所以面价的增加大约由于收获的不足，少由于洪宪的影响。

1917 年春季的天气是非常干旱，在六月以前雨量不足 0.9 英寸，至七月一日仅得 2.4 英寸，比 1920 荒年的同时雨量还少。在四月和五月价格自 6.23 涨到 7.45 元。近京的收获虽几乎完全损失，而自七月起价格稍落，显然是因为河南的麦秋较好的缘故。在 1917 年七月张勋复辟，旋即失败，故面价未受影响。

自 1918 年五月起价格继续降低直至 1919 年四月落到二十五年中最低点。在四个月中每百斤面价减少 1.93 元；在十一个月中减少 2.35 元或 34%。1918 年的雨量较平时稍低。但春季降雨非常的早并且特别的多，五月底以前的雨量达 5.7 英寸，六月底以前达 8 英寸，加以上年夏季的多雨，是年的收获是非常的丰足，因此各种米面的价格都立刻大落下来。关于此次的骤落是否亦由于外洋需要的减少是很难断定的。是年夏季为欧战的末尾，货船缺少，银价极高，故出口的米粮多半因此减少。

这样的廉价未能持久。自 1919 年四月米价又开始继长增高，和以前下落时的速率相似。1919 全年的雨量较平常稍低，但春季的雨水颇多，收获亦属平常，且 1918 年的丰收亦已用尽，所以又恢复了普通的价格。涨价或亦由于交通的阻碍。自欧战发生后，铁路所用的车头不但不能加添，并且很难维持原状。自 1917 年后车辆日渐减少。再者，自 1919 年三月至 1920 年二月银价增高 88%，出口货必因此减少。这与物价一定有不少的影响。

在 1920 年直鲁豫等省遭遇空前的旱荒。全年雨量仅 10.9 英寸，为普通平均数的 44%；前半年只落雨 2.7 英寸，春季雨水尤缺，大秋毫无收获，面价飞涨。数百万的农民嗷嗷待毙。九月间价格最高，十月间大规模的救济开始进行，他省的米粮亦源源而来，价格微落。

在1920年七月近京发生战事，直奉联军大败安福系的军队。虽为时不久，且在麦秋以后，但交通不能恢复，运京的米粮不敷荒年的需要。此后连年内乱，铁路的状况日坏一日，面价因此受极大的影响。在1920年前每百斤价在7元以上只有3次，且每次的时间不及四月之久，而自1920年七月以后面价从未落到7元以下。

在1922年四月和五月直奉又作战，张作霖退出关外。直至六月下旬北京上海间的铁路才能通车，八月间京奉通车。在四月五月里面价昂贵；战事一过，又恢复三月的价格。

1922全年的雨量比平时多33%，而面价未受影响。因禾稼受军队损失颇重，加以交通的腐败，米粮运京不易，故白面的价格未能下落。

在1924年春季雨水甚少。六月一日以前的雨量仅1.1英寸。除灌溉的田园以外，小麦的收获极少。从六月起价格日增，直至年底，一方面由于收获的缺乏，他一方面由于直奉又积极的预备战事。九月两军实行开火，吴佩孚由河南北上督战。火车完全为军事占用。幸于开战以前尚能由河南、张家口等处运粮到京。否则必有例外的腾涨。

十月间冯军返京主和，吴军溃败。奉军长驱南下至上海。各军占据车辆，久不放还。普通客车和货车所留无几。北京的米荒和煤荒前后发生，以致人心惶惶，百物腾贵。虽有河南察绥等处的丰年，米价在北京竟超过1920荒年以上，几与1900年最高的面价相等。

在1924年十二月每百斤白面的平均价格是8.27元，比1900年正月的平均价格多2.43元（42%），比1913全年的平均价格多2.72元（49%），在七月内增价1.12元（15%）。

趸售麦价

小麦的趸售价就是米粮店买入的价格。趸售价格的变动比零售较快。大概说，这两种价格的涨落有同一的趋势。但也有时趸售的涨落与零售的显有差别，且趸售恢复原状往往较零售早一二月，特别的是在1903、1908、1911、1916和1917年（看第一图）。在1917年因雨水过多和八九月天津的水灾，趸价大受影响，九月比八月增高 9 角，但零售的价格甚为平稳。十一月的趸价比八月低 5 分，因交通渐次恢复，救济饥民的米粮亦源源来京。

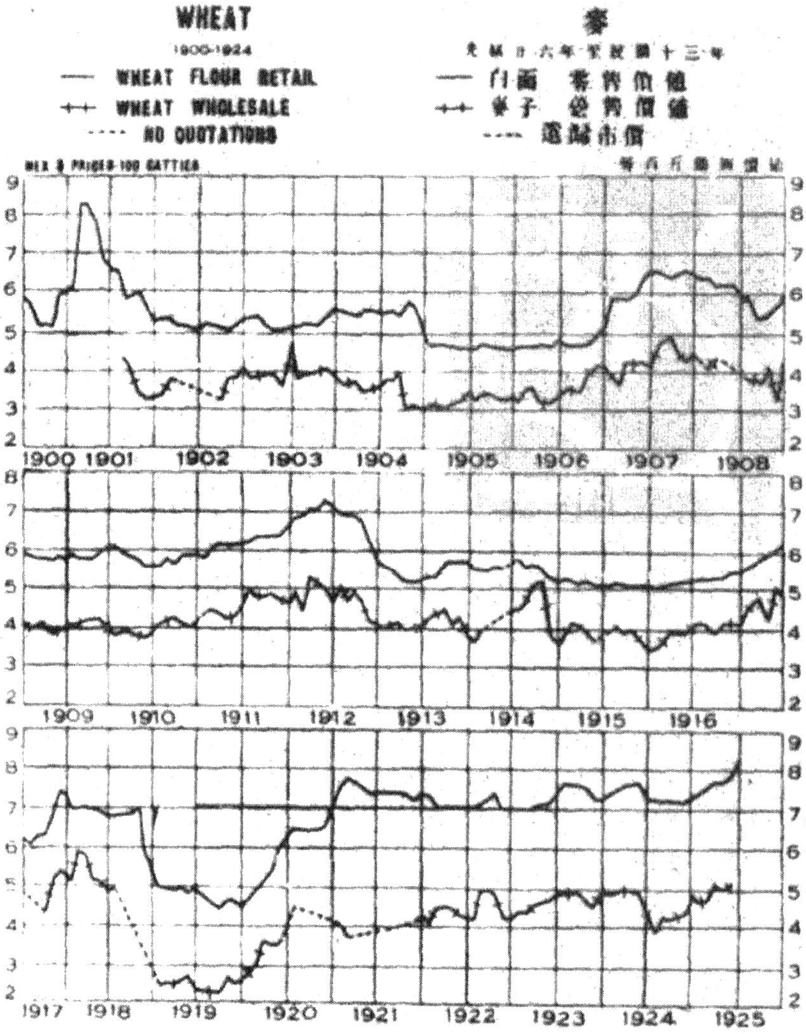

第一图

在 1922 年虽然直奉之战于四月底开始，但小麦的趸价却早起变动。一月之内相差 8 角。至六月趸价低落，较二月时仅高 2 分。在 1923 年底价格低落的原因尚未查出。

小麦趸售与白面零售价格的差数包括磨面的用费、工资、损失和面铺的赚利。在 1915 年平均的差数为 1.28 元，在 1923 年为 1.60 元，在 1924 年为 1.19

元。差数的变动或与磨面工人的工资有些关系。在 1915 年每工一月 4 元，饭食在外；在 1924 年 5 元，在 1925 年 6 元。在 1915 年瓦匠和木匠的每日饭费为 1 角 5 分，在 1924 年相同，至 1925 年五月增至 2 角。

小米面

小米面是黄豆面与糜子面的混合物。上等小米面约含糜子面 60%，黄豆面 40%；次等面含糜子面 70%，黄豆面 30%；下等面内又掺和玉米面（杂和面）。黄豆面愈多，面愈好；玉米面愈多，面愈次。

小米面的养料充足而价值便宜，所以成为北京工人重要的食品。据面商和工人们自己的估计，工人吃小米面的数量比吃大米多 6 倍，比白面多 2.5 倍。

我们看第二图就可理会小米面与白面价格的涨落差不多有一样的趋势，虽然有时一年中的高价不在同时，乃因小麦的收获是在六月，而他种米粮多在九月。

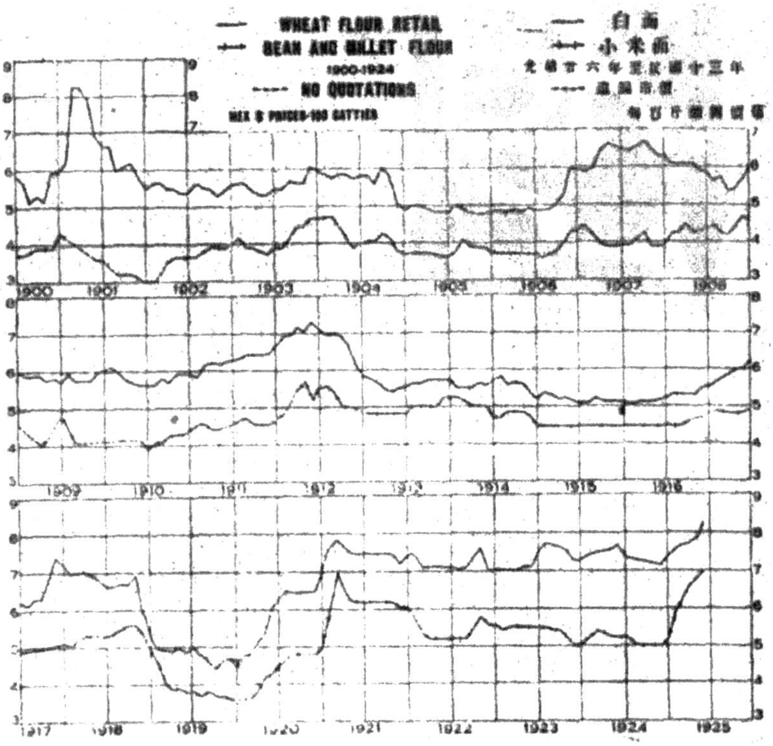

第二图

在1900年洋兵逼京师的时候，白面的价格飞涨，不幸在米面账中没有发现小米面的交易。所以未能知道它所受的影响。

自1914年七月至1916年三月和1921年的数月内，小米面的价格毫无变动，一定有特别的原因不准任意增减价格。有时政府设立平粜局出售小米面，每斤比市价少铜元一二枚，但每人每次仅许购面少许，且须等候很久。价格的平稳也许因为时局的安静和收获的均平。自1914年七月至1916年一月豆面的价格亦无变动（看后文第四图），小米面的变动亦极少（看第三图）。

在1920荒年，小米面价的腾涨超过白面价增高的速率，但在九月涨至最高点后，价格的低降亦极速。小米面价的暴涨，是因为它是工人最要紧的食品，所以先受旱荒的影响，亦因它的供给只有上年的余剩。在十月和十一月以前新收粮米不能运京。在这两个月内小米面价低落8角，而白面价仅落2角8分。

在1914下半年近畿战事发生，交通阻塞，新粮不能运京，小米面价增高的速率又超过白面。在六个月中小米面价增加40%，而白面增加15%。

在二十五年中每百斤小米面价从3.75涨至7.00元，增加87%。若没有1924年的战祸和交通的困难，必不能有这样的差别。1924全年的平均价格比1913年仅高13%。从1900至1908年平均价格是3.92元，从1908至1917年是4.65元，从1917至1924年是5.12元。1918和1919年的低价和1920荒年的高价对销。若时局能恢复原状，小米面价也许能落到6元左右，比二十五年前增加50%。

大　米

自1900年以后北京所用的大米渐渐换了种类。从前市民多吃老米，而以白米为一种珍贵的食品；现在白米为普通的食品，而老米已成一种稀罕的东西。

前清时南方数省每年征收漕粮运京。米船由运粮河北驶，从江苏至北京为时数月之久。米粮因此受潮湿的变化，后贮存北京十三仓和通州二仓。往往米粮在仓中储藏数年之久，以致失去原来的性质和颜色。

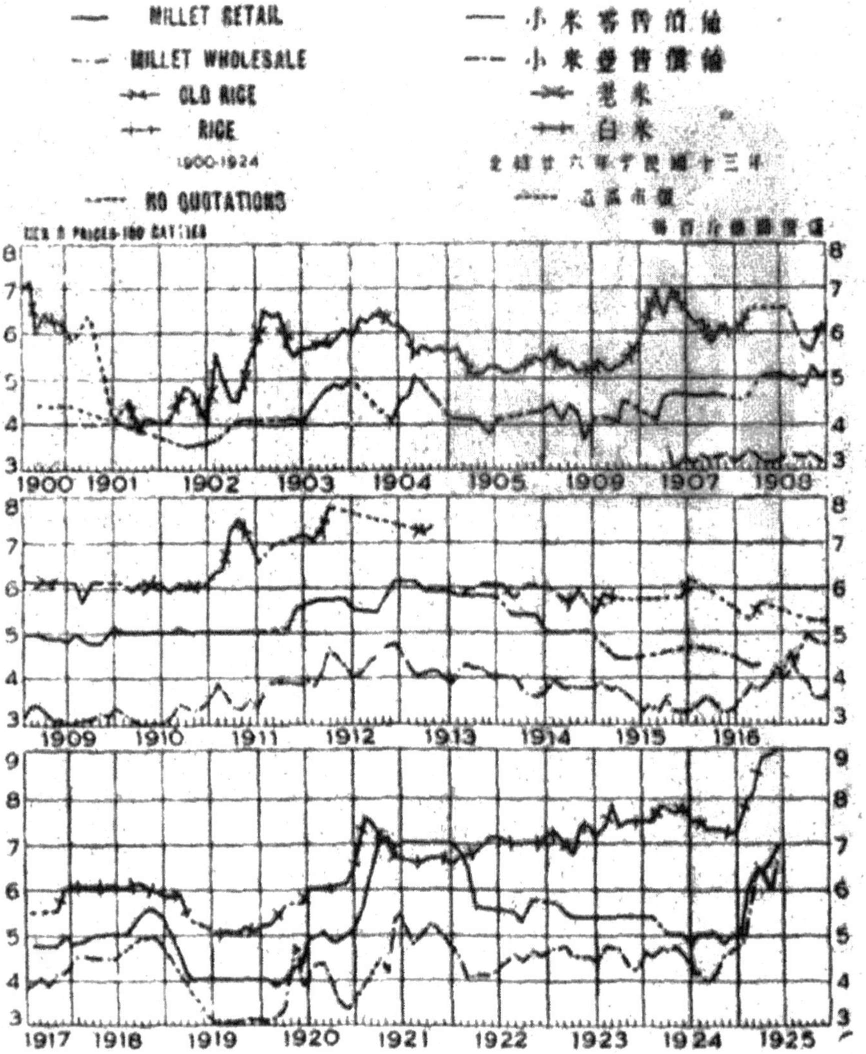

第三图

北京八旗的俸饷不同，普通每人每月领饷银 1 两，每季俸米 1 袋，重 155 斤左右。贵族及旗兵领米后，除自己食用外，将余米转售市民。若仓中存米过多，亦往往按米之成色规定价格，售与粮商。老米的种类极多，所以价格的分别亦甚大。上等俸米与白米相似，稜米的成色颇劣，最贱者为糊钉子。

1906 年京汉铁路通车，大米可在短时期内运京。1907 年八月诏裁旗饷。北京的老米因此日渐减少。

1912年前的米粮账中少见白米的交易，因此很难断定它的价格。自1911年以后老米几乎断绝，白米渐渐占了它的地位。现在老米看为珍奇的食品，价值甚昂。因此有人将白米贮存于不通气的潮湿室中，使受闷热，变成老米。

米粮账中并未将老米的种类一一注清，往往一日之内有六七样不同的价格。有时最高价比最低价多50%，但大多数每百斤的价格所差不过1角5分至2角。这些差数是否由于品类的不齐，或因卖给不同的米商而有不同的价格，不易断定。所以要得一类老米价格的历史是不能办到的。最好是得其中最普通的中等价格，而不用所有价格的一般平均数（看第三图）。

最显著的老米价的变动是1901年的低价和1902、1903、1906与1911年的高价。

在1900年义和团起以前，各种米粮的价格显然有下落的趋势。八国联军迫京师时，物价腾贵，延长数月之久。及至战事终了，粮价亦渐落，直至1901年六月。1901年老米价落的原因，一部分在于各种物品的同时落价，并且特别的是联军入京后日兵将十三仓的存米贱价出售。不久和议成，余米无多，价渐增涨。至1902年一月太后及帝自西安回京时，米价颇高；至八月价格恢复乱前的行市。

在1903年各种米价皆涨，或由于收获的不足。是年俄据满洲，京师驻军增多，或亦影响米价的增涨。在1904年米价渐落。是年虽有日俄之战，距京甚远，亦无铁路交通的便利，故米价未受影响。

在1905年八月江苏沿海大风，淹毙人命以万计，货物损失值千余万。在1906年八月发帑银10万两赈济大江南北水灾，十二月资遣清江浦饥民47万余人回籍。这二年中江苏稻米的收获定遭很大的损失，在1906年北京老米的价格在六个月中增高1.80元，他种粮价亦同时增涨。江苏存粮用以赈济本省灾民，不能运京，故北京老米的供给不能足额。江苏占额征漕粮的三分之一，占改兑漕粮（运通州仓）的七分之一。在1907年春季再令截留苏漕15万石赈徐淮海灾。至于北京老米价的增涨与他种米粮同时发生，到底孰为因果，不能断定。因1906年近京的收获如何尚未查悉。

在1907年八月诏裁旗饷，将原有马厂庄田分别计口拨给旗丁耕种。是年米价虽微有增涨，但至1908年又渐低落。在1910年十一月老米的价格飞涨，原因未详。在1911年革命军起，米价达最高点。

白米的种类比老米更多，市上常见的不下十四五种。米商能以米粒的形状及米味断定米之成色及产地。在1925年十一月每百斤西贡米的价格为10.00元，寻常白米7.90元。第二表中的白米价格是属中等。北京工人吃不起上等米，亦不多用。

第二表　米粮和面粉每百斤每年平均银元价格

年份	白面	小麦趸售	小米面	老米	白米	豆面	小米	小米趸售	玉米面
1900	6.41		3.90	6.32		5.55	4.45		3.06
1901	5.76	3.71	3.29	4.27		5.26	3.62	2.70	2.14
1902	5.52	3.75	3.84	5.37	5.17	4.00	3.40	2.92	
1903	5.77	3.87	4.36	6.01		5.38	4.56	3.74	3.48
1904	5.29	3.33	3.90	5.52		5.08	4.35	3.39	3.11
1905	4.38	3.39	3.80	5.35		4.84	4.25		2.87
1906	5.71	3.90	4.08	5.80		5.05	4.50	3.47	3.24
1907	6.32	4.50	4.25	6.25		4.95	4.90		3.13
1908	5.75	3.91	4.36	6.11		5.07	5.01	3.57	3.65
1909	5.85	3.98	4.32	6.08		5.29	4.98	3.35	3.25
1910	5.94	4.21	4.26	6.53		5.58	5.01	3.73	3.48
1911	6.77	4.88	4.90	7.33		5.97	5.56	4.34	3.74
1912	6.10	4.37	5.10	7.40		6.60	5.91	4.66	3.97
1913	5.54	4.10	5.07	7.24	5.86	5.97	5.72	4.29	3.90
1914	5.39	4.27	4.65		5.80	5.24	4.89	4.05	3.34
1915	5.09	3.81	4.50		5.92	5.03	3.72	3.74	3.03
1916	5.54	4.33	4.75		5.52	5.31	4.55	4.15	3.80
1917	6.77	5.23	5.08		6.00	6.28	4.89	4.45	4.00
1918	5.80	3.94	4.82		5.89	6.09	4.95	4.96	3.46
1919	4.89	3.83	3.79		5.35	4.71	4.03	3.56	2.85
1920	6.99	5.12	5.59		6.54	6.04	5.62	4.45	4.42
1921	7.32	5.21	5.81		7.48	7.01	6.59	4.95	4.30
1922	7.11	5.97	5.45		7.21	6.77	5.55	4.85	4.11
1923	7.51	5.77	5.28		7.57	6.85	5.45	4.90	4.38
1924	7.47		5.65		7.94	7.00	5.57	5.40	5.23

在1918年白米价的低落与1924年的增高是从1913至1924年最显著的变动。在1918年中国北部特别的丰收，各种米粮极贱。虽然白米在南方未必丰收，而它在北京的价格亦自然与别种米粮价格的涨落有同一的趋向。或有时白米的需要减少，价格因此低落，亦未可知。

在1924年秋季交通阻滞，白米的价格亦随他种食品一同飞涨，在五个月中，增高1.80元，或25%，较他种米粮的增加稍低。

从1913至1918年每百斤的平均价格低于6.00元。自1919年价格低落以后至1920荒年以前，白米又恢复6.00元的行市。荒年以后价格常在7.00元左右，1924年秋季以后价格在8.00元以上，较已往的普通价格增35%。在1924年十二月价格涨至9.00元，较1913年增加53%。

小　米

小米为中国北部大宗农产，但北京市民吃者不多，仅用以熬粥。北京市上小米约分两类：伏地小米最好，张家口小米次之，前者每石较后者贵1.20元，相差20%。第三图及第二表的小米价是伏地的。

小米每月的价格较他种米粮少有变动，往往一连数月之久并无涨落。在1910年大多数的米价渐渐增高，但小米迟至1911年才有很大的变动。在1912年大秋以前涨到最高点，与玉米面及豆面价格的倾向相同，但较白面及小米面的最高点约迟六个月。1912年以后小米、豆面和玉米面的价格渐渐低落。在1916年七月小米价落到低点。在1914年七月豆面落到低点。

自1919年的最低价至1920荒年的最高点相差3.10元，增加80%。是年小米的最高价是在十月，较他种米粮的最高价约迟一个月。

在1920年底多种粮价渐渐低落，小米则不然，每百斤价仍继续在7元上下，直至1921年的大秋。小米与高粱为荒年救济的大宗米粮，故义赈团体常设法使其价格平稳。再者北京为米粮转运的中心，小米价格的涨落定以附近乡间的需要为转移。乡民惯食小米，北京若有存粮，购者必众。

1921年的收获使小米价落到5.60元。此后继续低落，直至1923年后半及1924年前半到5.00元而止。在1922年五月直奉战争的时间很短，小米的收获亦未损失，故每百斤价仅增2角5分。

在1924年秋季小米价从5.00涨到7.00元，与1920荒年的高价相等，而他种粮价在1924年十二月皆超过荒年的价格。

从1900年三月至1924年十二月价格增加58%，但自1913年一月至1924年底仅增17%。1924年的最高价比1919年的最低价多75%。

从1900至1908年平均价格为4.35元，从1908至1917年为5.10元，从1918至1924年为5.40元。若目下的时局能恢复原状，每百斤小米的价格或在6.00元上下。

趸售与零售的价格自然很有分别。有些月内每百斤相差2元，为零售价格的40%。亦有时零售的价格骤落，低于趸售的，但不久趸售的价格亦随之骤降。每百斤小米的趸售与零售价格的平均差数在1元上下，为零售价格的21%。有时米商直接自京外集镇购买。乡间的趸价自然低于北京的趸价，因为其中没有包括车脚和洁除砂粒等等的用费。

豆　面

北京豆类不下10余种，例如绿豆、黑豆、黄豆、白黑豆、大豆、小豆等名称。账中的各类价格遗漏太多，很难得一种继续不断的历史。在1922年三月每百斤黑豆的趸价为3.81元，绿豆为5.32元。在1924年十二月黑豆值4.80元，绿豆6.25元。从1913年正月至1924年十二月黑豆的价格增高47%，绿豆44%；从1901年至1924年增加150%与120%。

账中绿豆面的历年价格很全（见第四图）。它的价格变动与白面大同小异（见第一图）。从1900至1910年每百斤的价格常在5元上下，每年平均价格从4.84至5.58元。自1910年三月价格渐增，延长二年有余，1912年二月的价格较二年前仅增8角；至三月涨至6.95元，一月之内增高1元。至十月面价渐低，至1914年中落到5元。在1917年直隶有水灾，面价因此增高1.30元。在是年的后半与1918年的前半面价比1920荒年仅低2角。

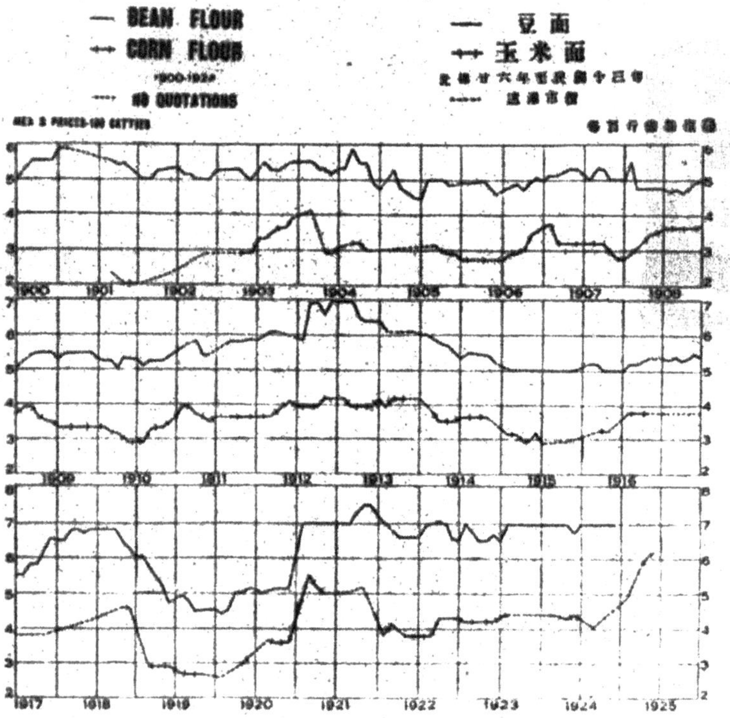

第四图

自1918年夏季豆面的价格降落甚速，至1919年八月每百斤值4.40元，为二十五年中最低的价格。

1920年九月以后豆面的价格并未低落，但与小米面的价格有同一的平稳趋势，直到1921年才微有变动。在1921年五月豆面的价值达最高点7.60元。在1923与1924前半年中价格极稳，每百斤常在7元。1924后半年的价格遗漏，关于受直奉战争的影响多大，不能断定。1924前半年的价格较1900年正月高40%，但比1913年仅高17%。

玉米面

除小米面外，黄玉米面（杂和面）为北京工人最重要的食品。吃的方法很多，例如窝窝头、贴饼子、疙瘩汤，或熬粥。

历年玉米面价格的变动（见第四图与第二表）与白面和小米面大略相同，并没有非常的差别。每百斤玉米面的价格比小米面约少 1 元。从 1901 至 1907 年平均价格为 3.25 元，从 1908 至 1916 为 3.66 元，从 1917 至 1924 为 4.09 元。

从 1901 年的最低价至 1924 年的最高价相差 4.20 元，增加 210%，在各种米面中涨价最高。1919 年的最低价和 1920 荒年的最高价相差 106%，在各种米面中亦为最大的较差；豆面的增加不过 60%，白米为 45%。从 1913 至 1924 年玉米面价增涨 59%。

历年各种米面的价格未必同时涨落，原因甚多，例如收获的日期不同，产地不同，需要与供给亦不相同。但若把各种米面的每年平均价格比较（见第五图）就可看出它们的涨落有互相依随的趋向。这种同一变动的关系从它们指数表中更可看得清楚，特别的是自 1900 年至 1913 年。各种米面的需要显然互有影响，使各种价格的变动同时起伏。

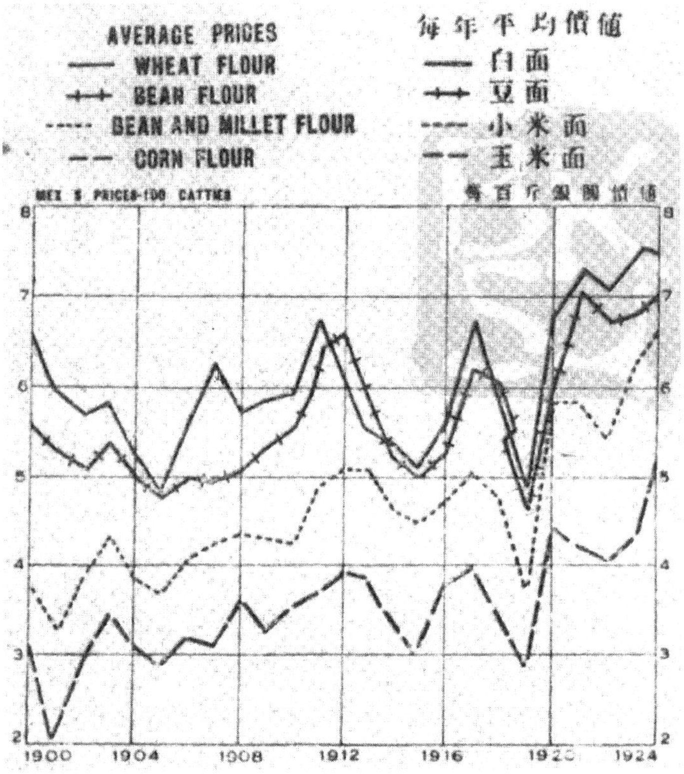

第五图

从各方面的调查就知道北京米面价格的涨落多半受天气、收获和交通的影响。虽然二十五年来时局的变动，例如庚子之乱、辛亥革命、军阀战争等皆与物价有很大的关系，但都是因为损害收获或阻碍交通的缘故。往往近畿战事发生，价格即开始飞涨，但乱事一过就立刻低落。

二十五年来米面的一般价格慢慢地增高。1916 至 1924 数年间各种米面一般平均价格比 1900 至 1907 数年间的平均价格增高 23%。从 1900 前半年至 1924 年中增涨 30%，至 1924 年底增加 60%。

肉　类

北京市民多吃猪肉与羊肉，牛、鱼、鸡、鸭等肉次之。但大多数劳动工人平日吃不起肉食。按瓦作行规，若工人吃应工人饭食，则在每月初二与十六两日应有白面与肉食。

北京猪的供给多来自京兆乡间，羊多来自北方张家口等处。北京所用猪羊的数目尚未有确实的统计。按屠宰税的章程，每只羊 3 角，猪 4 角，牛 5 元。前清时每只羊仅征税银 5 分。在 1918 年猪肉屠户行共有 750 屠夫与 200 学徒，羊肉屠户行有 2 840 屠夫与 650 学徒。但据北京人云，猪肉的需要多于羊肉。

牛羊肉商皆属伊斯兰教中人，散居城内各区。宰以前，阿衡念诵《可兰经》数句。

宰猪场多在附近东四牌楼与西四牌楼两处街道。猪商多到两处猪市选择购买，在东四之猪捆住四足，在西四之猪只捆三足。猪商买妥后即用杠穿足抬走。

在东四共有宰猪场 72 家，恰与朝阳门外东岳庙 72 司的数目相同。是否与迷信有关尚未查悉。彼等宰杀皆在夜深，燃旧式油灯，屠夫皆赤身，血肉模糊，有如阴间景况。

猪　肉

关于猪肉的价格很难找着多年完全的账目；本篇只有历年五月、八月与十一月的每百斤零售价格（见第六图与第三表），所以图中肉价的涨落的曲线起伏较速。1912 年以前，每百斤肉价的变动至少 7 角，1912 年以后至少 5 角。从所得的肉价不易断定是否每年有定时的涨落，但肉价落时多在五月与八月，涨时多在八月与十一月。

历年猪肉的平均价格显然逐渐增高。只有五年的平均年价较低于它们接近的上年；其中仅有二年每百斤价减低 2 角，一年是 1901 年，庚子以后，一年是在 1909 年。从 1901 至 1907 年价格涨贵颇速，在六年中增高 2.65 元。从 1907 至 1913 年每年平均价格仅增 4 角。除在 1921 年价格仅低 1 角与 1923 年未增外，从 1914 至 1924 年价格逐年腾涨，十年之内增高 7.20 元。1924 年的价格比 1900 年的价格增加 9.55 元，或 10%。1924 比 1913 年增高 7.30 元，或 62%。在 1924 年十一月与 1925 年十一月之间每百斤价格从 20.00 元增至 27.50 元，较 1913 至 1924 年间的增加还多。

历年猪肉价格的变动似乎与米面没有同一的趋向，但与布价的涨落很有相同的地方。

可惜我们没有得着猪肉每月详细的价格，所以不知道每年中按时令的涨落。

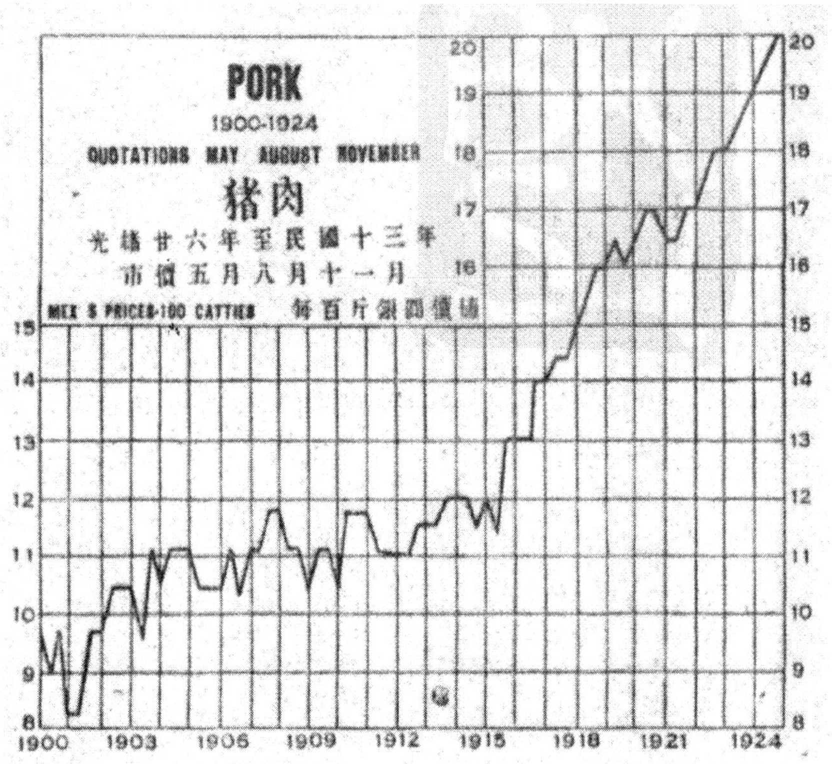

第六图

第三表 猪肉和羊肉每百斤银元价格

	猪肉		羊肉	
年份	平均数	最高价	最低价	平均数
1900	9.45	16.20	11.10	14.00
1901	8.75	18.40	12.30	15.30
1902	10.10	13.80	8.70	10.00
1903	10.40	15.60	8.90	11.30
1904	10.80			
1905	10.70	16.00	12.80	14.60
1906	10.70	15.90	11.60	13.80
1907	11.40	18.10	9.80	14.80
1908	11.40	14.10	11.10	12.50
1909	10.80	13.10	8.50	10.50
1910	11.40	13.30	9.00	11.00
1911	11.40	19.40	10.80	14.60
1912	11.20	19.50	9.90	13.10
1913	11.70	20.00	13.90	15.60
1914	11.80	19.80	13.10	16.30
1915	12.20	19.00	11.20	15.10
1916	13.30	19.80	10.70	15.40
1917	14.30	20.30	11.80	16.30
1918	15.50	19.60	11.80	14.90
1919	16.20	18.20	10.50	14.70
1920	16.80	18.30	9.90	13.70
1921	16.70	16.60	12.50	14.40
1922	17.50	19.80	11.50	15.00
1923	17.50	16.10	12.10	13.80
1924	19.00	19.80	12.20	16.00

羊 肉

羊肉价格的变动与猪肉大不相同。在二十五年内猪肉价格差不多逐年增加。在1924年每百斤羊肉的平均价格是16.00元，较1900年仅高2.00元（14%），较1913年不过增加3%。在我们所调查的一切物品中，羊肉价值的增加是最少的。羊肉最低的价值是在1902年，每百斤10.00元；其次在1909年10.50元。

1914 与 1917 年的价值最高，为 16.30 元。

羊肉每月的平均价格变动甚大（见第七和八图），每年内最高的每月平均价格与最低的至少相差 3.20 元，为最低价格的 25%；1911 年内的差数最大，为 9.60 元，等于最低价格的 97%。每年内价格的平均差数等于 6.50 元，为最低价格的 60%。

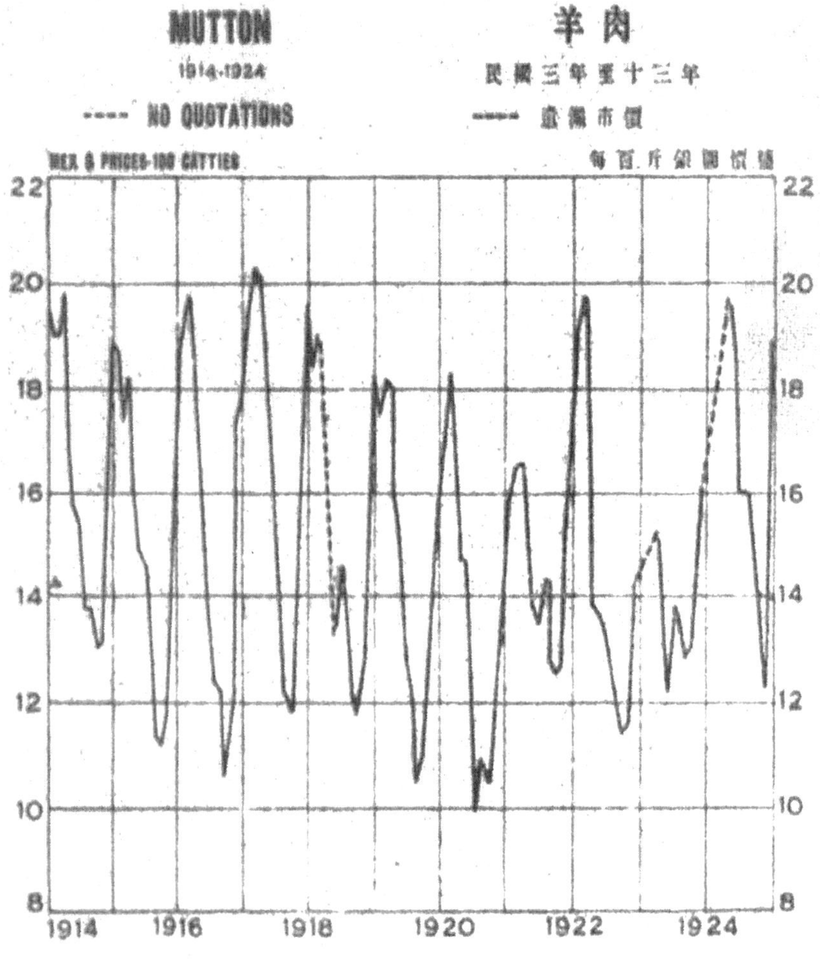

第七图

一年内各月的价格有这样非常的变动，与本篇他种物价的变动大有分别；并且这种涨落的差数是每年都有，亦差不多是属循环的变动。在二十四年中有十四年的最高价是在四月与五月。只有一年的最高价是在阴历十二月，正在新年以前。所有他年的最高价都在阴历六月以前。大多数的最低价是在九月、十月，或十一月。若某年的最低价是在阴历七月以前，价格在年底以前必有一次低落。北京没有新式冷存食品的方法，所以市上的羊肉必须即早出售，以免腐烂。每年的产羊及剪毛的时期，和冬季的喂养都与每月到北京的羊数有很大的关系，价格因此亦有很大的差别。

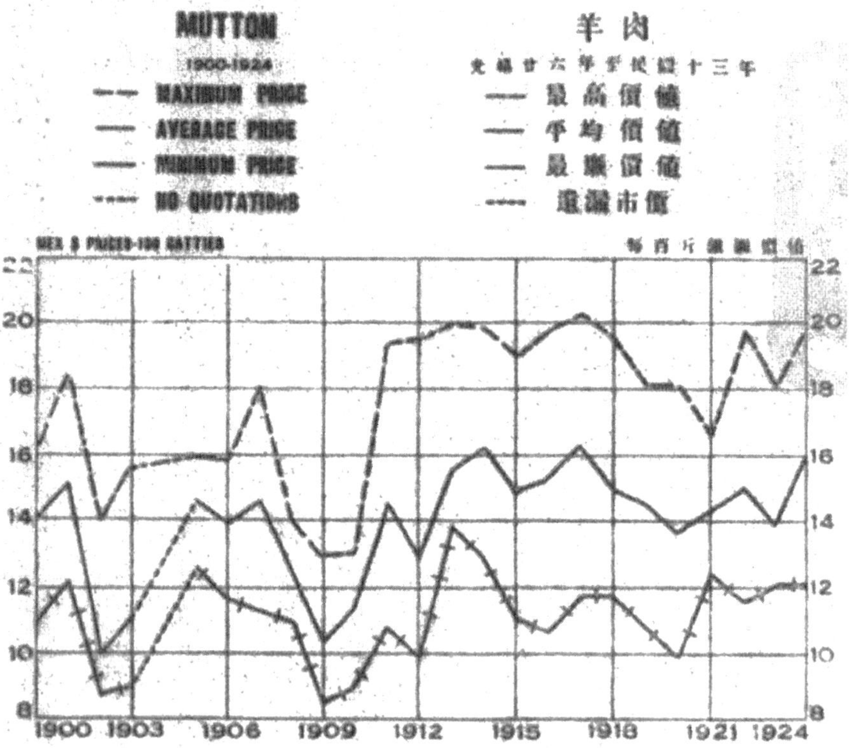

第八图

虽然在 1924 年阴历八月近畿战事发生，各种食品价格骤涨，而羊肉的价格反倒从阴历四月的 19.70 元落到十一月的 14.20 元。这是可注意的特别变动。

产羊区域的天气、收获以及他种状况一定与北京有不少的差别，所以很难断定羊肉与他种物品价格互相的关系，但我们觉察羊肉价格的低落往往比米粮价格的低落约迟一年。羊肉每年的平均价格在 1901 年很高，在 1902 年很低；1912 年低于 1911 年，在 1920 荒年与 1923 年价格均减低。

按羊肉商的规矩，若买整只的羊，只算躯干的重量。羊的头足心肺和肚都白送给买主。羊肠全归店中的伙计。在 1918 年一副羊肠值 10 枚铜元，合银 7 分半，此后逐年增加，至1925年在30枚上下，合洋1角。羊血亦为伙计们的特赏。在1900年前一只羊的血仅值制钱10文，合铜元1枚；后渐增加至12文；现值铜元12枚，合银洋4分。

若肉商不买整羊，则羊头与羊腿等不能包括在内，但买主能用羊骨交换羊肉。如此交换卖主并不吃亏，因骨油颇贵，骨头亦可卖钱。在1917年每百斤骨头值1.98元。

历年大小羊头的价值在1角6分至1角8分之间。1922年的价格为1角7分8。羊脖子的价格在2角4与4角之间，平均3角。羊肺的价格在8分与1角6分9之间，而大多数值10、11，或12分。肾一块约值1分，肝一斤约值2角。肚价的变动颇大，在1900年值2角8分7，1902年3角3分，1910年1角9分5，1912年1角6分，1914年3角2分，1921年2角7分。每肚的平均价值约2角4分。在1908年每斤脂油值1角1分8，1911年1角8分3，1913年2角3分7。在1919年羊皮一张值1.49元，1923年1.02元。在1924年大张羊皮值1.19元，小张5角5分。历年肉与脏腑等物的价格不在同时涨落，且往往肉价低落的时候，他类附属物的价反倒增高。

同日的肉价有五六样至七八样之多，但寻常所差无几，不过制钱数文；有时最高价与最低价相差一二分，比十分之一稍高。最大的差数为铜元4枚，合3分3，为最低价格20%。羊肉的每月平均价格是从每日所有的价格推算出来的。

从羊肉账里亦可看出在二十五年内钱币单位的变迁。从1900至1912年账中价目多用银两与大钱或铜元多少吊。北京每吊合铜元10枚、当十大钱50枚、制钱100枚。从1912至1918年差不多皆用铜元，在1919年铜元与银元同用，至1920年又兼用银两。此后铜元价跌过速，账中铜元遂不多见。至1923年不见铜元踪迹，一概改用银元或银两。

账中亦有不少牛肉与山羊肉价。二种价值所差甚微，较羊肉约低15%至20%。

油盐类

中国所用调味物甚多，但平常工人大半贫穷，多用香油（芝麻油）、花生油、盐、黄酱（黄豆酱）等普通作料，亦与少许酱油。此外有咸菜数种，工人最常吃的为腌萝卜。

每年一个工人的家庭到底为这些调味物用钱多少尚未有详的调查，但准知道在消费中占很微的分数。所以本篇不详细讨论它们每月的平均价格，只略述每年平均价格的趋向。这里所用的都是趸售的价格，比油盐店卖给工人的价格约低16%至20%，并缺少1900与1901年的价格。

盐

盐归政府专卖，盐税为中央政府一样最大的收入。北京的盐来自直隶沿海一带。它的价格从1902至1924年只有八次的变动，六次增高，二次降低。在1912年盐价稍落，正值盐务稽核所成立，从此盐务不归各省办理。次年每百斤盐价增高7分，此后六年毫无变动。在1919年盐价增高1角5分与1920年增高4角。1921年又低落5角。1922年增高3角，每百斤为4.70元。此后未有变动。1902年的价格为3.00元，故在二十三年盐价增加56%（见第九图）。

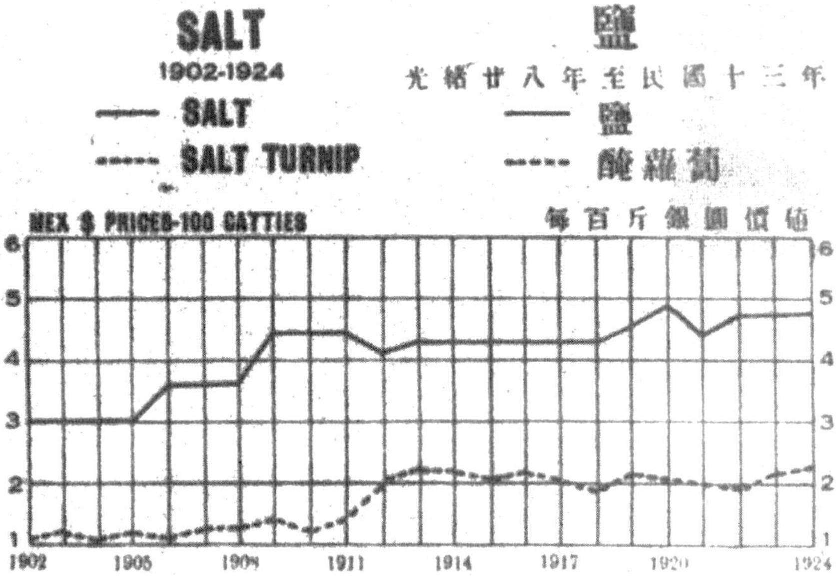

第九图

另有一家油盐店的账里1902年的价格是3.47元，与1922年4.66元；故增加的比例为29%，与以上的56%不同。可惜账中他年的价格遗漏，不能比较；但从卖货账中得1902年的零售价格较趸售高5钱（合银元6角9分5），在1922年多7角4分。店中买入与卖出价格的差数为20%与16%，其中包括店费与赚利。

咸　菜

向来工人生活是极简单，不但肉食他们吃不起，就连许多青菜也是少用的，惟有腌萝卜是他们一年到头常吃的东西。

在1902年腌萝卜的趸价是1.11元，1924年是2.30元，增加109%。最高的涨价是在1912年，较1911年增加50%。从1902至1911年价格在1.11至1.39元之间，从1912至1922年在1.95至2.30元之间。

1912年的价格飞涨与盐价的涨落没有关系，一定有别种原因。是否由于供给的缺乏或需要的增加，未能断定。此外有一种腌芥菜疙瘩，与腌萝卜相似，亦为贫民常用的咸菜。除二年外，这两种咸菜的涨落有同一的趋向。从1911至1912年芥菜的价格增加33%，自1902至1924年增加80%。

油

北京工人最常用的油类是香油（芝麻油），花生油次之。香油味较好，亦易消化，故价钱稍贵。

这两种价格的倾向有相似的地方（见第十图和第四表），但每年的变动有时不同。在1912年花生油的价增高1.45元，而香油反倒低落6角6分。次年花生油价减低1.40元，而香油增高1.36元，平均计算，香油价较花生油价高23%，虽然二者每年的平均价格相差在12%至40%之间。

在1902年每百斤花生油值13.00元，香油16.00元。在1914年是19.00元与23.00元，增加46%与44%。

此外油盐店的寻常物品有酒、酱油、黄酱与醋等。在1902年每百斤高粱酒值16.00元，在1924年21.00元增加31%。在1918年酒价为16.30元，比1902年仅多3角。此后价格加增最多。

在二十三年中每百斤酱油从5.00元涨至7.00元，黄酱从4.17涨至5.70元，增加40%与37%。二者的原料皆系豆类，所以价格的涨落不相上下。

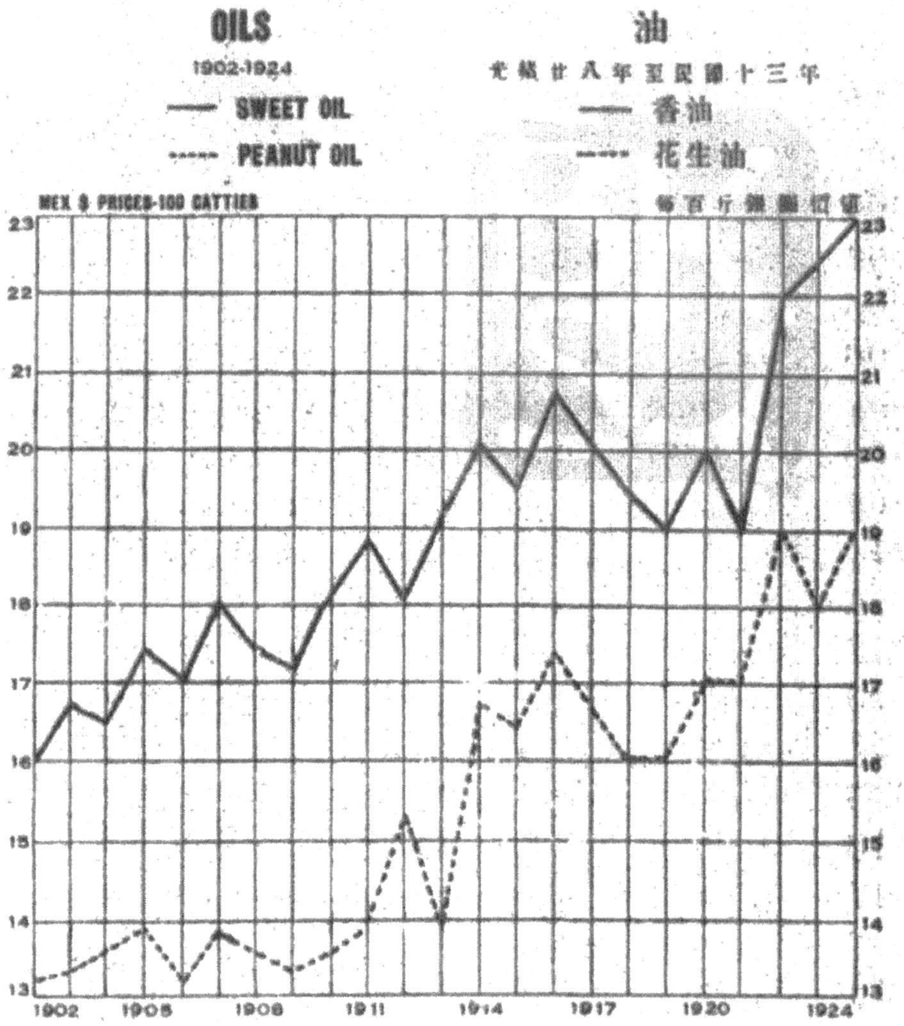

第十图

做醋的原料为黄米与高粱。它的百斤价格从1.40涨至3.50元，增加50%。从1920到1922年增加最多。三年中共增高1.40元，为1919年醋价的80%。各种米面的价格亦同时飞涨，但在1918年粮价大落，而醋价并未减低。自1916至1923年价值有增无减。

第四表 油、盐、咸菜每百斤每年平均银元价格

年份	香油	花生油	盐	咸萝卜
1902	16.00	13.20	2.98	1.11
1903	16.70	13.30	2.98	1.25
1904	16.40	13.60	2.98	1.11
1905	17.40	13.85	2.98	1.25
1906	16.95	13.20	3.62	1.11
1907	18.09	13.85	3.62	1.25
1908	17.50	13.60	3.62	1.25
1909	17.22	13.30	4.45	1.39
1910	18.09	13.60	4.45	1.25
1911	18.75	13.85	4.45	1.39
1912	18.09	15.25	4.17	2.08
1913	19.45	13.85	4.35	2.22
1914	20.09	16.65	4.35	2.22
1915	19.75	16.40	4.35	2.08
1916	20.80	17.35	4.35	2.22
1917	20.00	16.65	4.35	2.08
1918	19.20	15.98	4.35	1.94
1919	19.00	16.00	4.50	2.20
1920	20.00	17.00	4.90	2.10
1921	19.00	17.00	4.40	2.00
1922	22.00	19.00	4.70	1.90
1923	22.50	18.00	4.70	2.20
1924	23.00	19.00	4.70	2.30

青 菜

店铺存留菜账的极少。目下所得的历年价格甚不完全，故在本篇不能讨论。

布

衣服费亦是生活费中的一部分。但在工人家庭支出中仅占12%。衣服多半是自己家中人做的，没家庭的人才买现成的衣服。所以要知道历年衣服费的多少，最好是调查布店账中布匹的价格。

本篇所用价格是从两家布店得来。一家布店借给 1912 至 1925 年的账簿，又一家布店从它的账中替我们算出 1912 年以前每年的平均价格。现在市上布匹有洋货与国货的分别。在 1912 年前中国织业尚未发达，故舶来品占优胜的地位。自 1912 年后本国织品日多，渐渐代替洋货，尤其是寻常布类，但因中国棉花不适于纺织较好的布，故未能与上等洋货竞争。

账中有布 15 种，每种又分数类，共 60 类。例如一种布有白、灰、黑、深蓝、浅蓝、月白等数类颜色。除少数例外，各类价格涨落的趋向相同。每百尺价的差数从 1 角至 3.40 元。深蓝与黑色的布价值最多。

在 1912 年中国制的白粗洋布值 6.30 元，1924 年值 9.50 元（见第十一图和第五表），十二年中增高 3.20 元（51%）。从 1912 至 1918 年仅增 2 角，但此后六年间每百尺增高 3 元。只在 1921 年价格微落。在 1924 年布价的差别从白粗洋布价 9.50 元至蓝粗布价 12.90 元。十二年中九类价格的平均增加为 43%。

在 1912 年外国白粗洋布每百尺值 7.65 元，较中国布多 1.35 元。在 1924 年增至 11.60 元，较中国布多 2.10 元。在 1916 与 1920 年之间增价最多，尤其是在 1919 年。在 1920 与 1921 年价渐减低。此后价又渐涨，但 1924 年的价格仍低于 1920 年。十二年中外国各类粗布价的平均增加为 50%。

1900 年的外国蓝粗洋布价为 4.88 元，1912 年为 8.89 元，1913 年 8.75 元，1924 年 12.70 元。1913 较 1900 年增加 80%，1924 较 1900 年增加 160%。

从 1912 至 1920 年中国褡裢与粗布的价格变动大同小异。在 1921 年褡裢价增 1 元，而粗洋布价减低。1924 年的褡裢价低于 1921 年，而粗洋布价在 1921 至 1924 年之间继续增高。从 1912 至 1924 年褡裢价的平均增加为 43%。

中国与外国褡裢价格的关系似乎很少。在 1912 至 1920 年之间外国褡裢的价格逐年增涨。1921 年的价格低落，但此后二年中又渐增加。在 1921 年中国褡裢价减低 1.00 元。金元与银元兑换的行市，制造与运输的费用，与长久的时间，皆影响外国布的价格。但很奇怪的是在北京国货与洋货的价格往往不在同时涨落。

此外有几种布价，在 1912 至 1920 年间渐渐增加，在 1921 年低落，在 1922 年与 1923 年又渐增加。1920 年前惟有竹布、市布与花布价低落一次。1918 年的

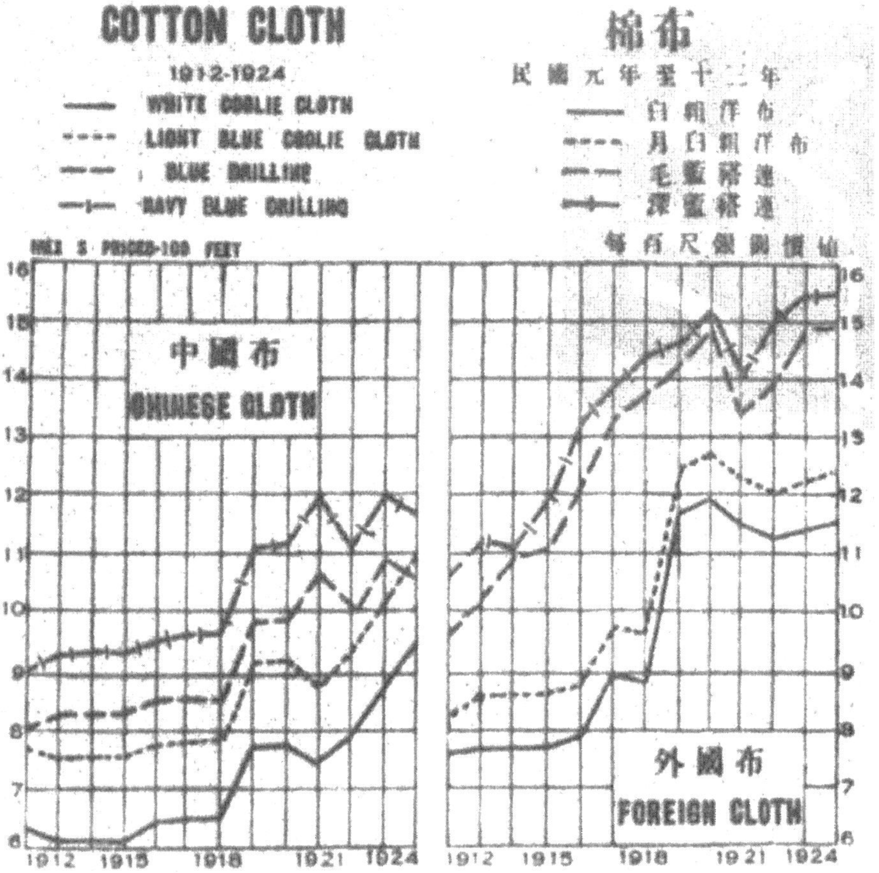

第十一图

第五表 棉布每百尺每年平均银元价格

年份	外国布	中国布	年份	外国布	中国布	年份	外国布	中国布
1900	4.88		1909	7.50		1918	8.90	6.50
1901	5.22		1910	7.50		1919	11.70	7.80
1902	5.12		1911	8.20		1920	12.00	7.80
1903	5.53		1912	8.89		1921	11.50	7.40
1904	5.53		1913	8.75	6.25	1922	11.20	7.90
1905	6.11		1914	7.70	6.20	1923	11.40	8.80
1906	6.11		1915	7.70	6.20	1924	11.60	9.50
1907	6.52		1916	7.90	6.40			
1908	6.95		1917	9.00	6.50			

市布价减低 1.80 元，至 1919 年又恢复 1917 年的价格。

自 1921 年以后在这 60 类布中有 35 类的价格高过 1920 年的价格，有 8 类的价格与 1920 年不相上下。有 17 类布的最高价是在 1920 年。

从 1912 至 1924 年各种布价的平均增加为 56%。其中最高的增加为 80%，最低的增加为 21%。从 1913 至 1924 年布价的平均增加为 54%。

煤

向来北京的煤价比较的便宜。西山煤矿距北京仅 40 里。铁路未筑以前，多用骆驼驮运。有铁路后渐用唐山与山西之煤，有时亦用河南或山东之煤。

北京市民，尤其是贫民，多用煤球。每年支出 150 至 200 元的家庭仅用 7.50 至 10.00 元（5%）买煤球。煤球的三分之二是煤屑，三分之一是黄土，用水和成，再用筛摇成直径 1 寸左右的球形，晒干后即可生火。

数十年来煤价增加不多，因人工及脚费增加甚缓，运煤到京亦甚便利。1900 年正月的每千斤煤球价是 5.20 元，每吨 9.60 元。从 1900 年正月至 1910 六月价格在 5.20 至 4.60 元之间，但大多数在 5.00 元以下（见第十二图和第六表）。从 1910 年三月价渐低落，在三年中每千斤减少 1.00 元，至 1912 年冬季低至 4.00 元。从 1916 年煤价又渐减低，至 1917 年六月落到二十五年来最低的价格 3.25 元。

从 1909 至 1917 年每年的平均价格继续低落。八年之内共减低 1.46 元，等于 1919 年平均的 30%。

从 1917 年价渐增高，至 1918 年底又涨到 5.00 元。1919 年的平均价较 1909 年仅低 1 角 2 分。在 1921 与 1922 前半年价又落到 4.00 元，在后半年又增至 5.00 元。在 1923 与 1924 年前半年煤价常在 4.80 元上下。

在 1924 后半年各种物价腾贵，煤价亦骤涨，至年底每千斤增到 5.80 元，为二十五年中最高的价格。至 1925 年十二月涨到 7.00 元。1900 正月至 1924 年腊月仅增加 16%。除羊肉外煤价的增加为最低。从 1913 至 1924 年十二月增加 37%。

从 1900 至 1917 年煤价减低约由于产额的增加与交通的便利。1916 与 1917 年的非常落价或由于 1915 年山西煤开始从大同由火车运京的缘故。可注意的是 1912 年的民国成立对煤价的影响极少。1911 年十月革命起义时每千斤煤价仅增 1 角。在 1917 年夏季西山门头沟煤矿受大水的损失甚巨。这许是那年六月以后增价的原因。1917 年的产额为 255 430 吨，1918 年落到 153 870 吨。

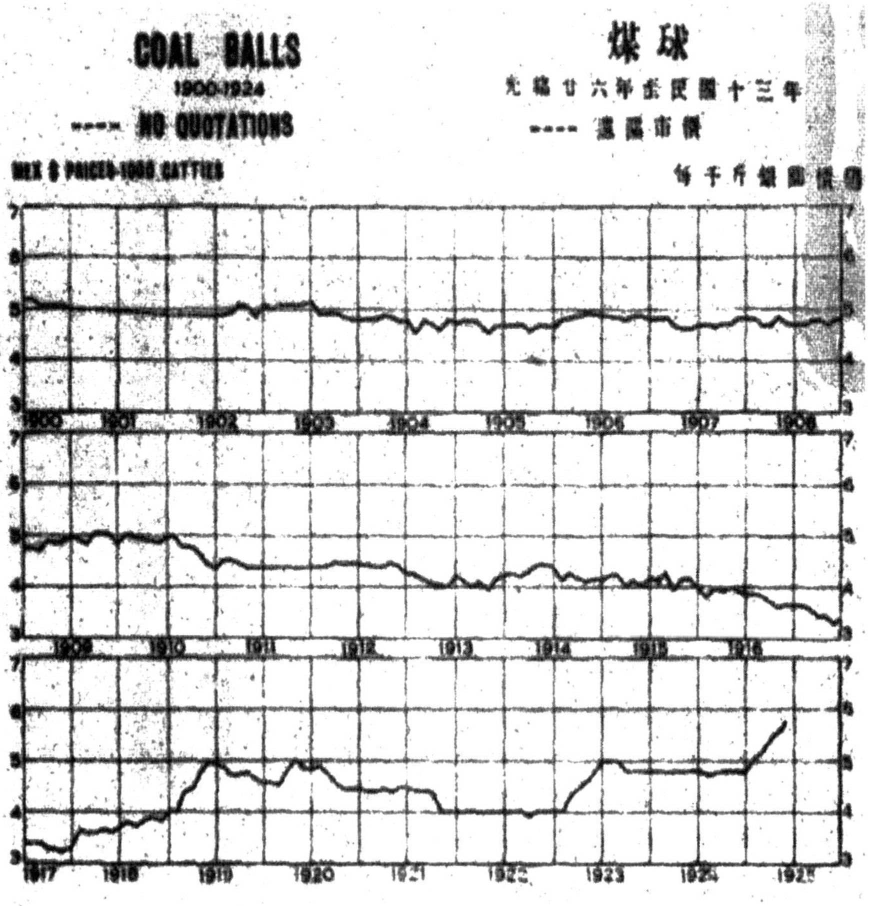

第十二图

同时铁路交通的便利亦不如从前。因自 1914 年欧战开始后中国不能从海外购添新车而原有的车辆日渐损坏。

1920 年的战争甚短，煤价未受影响。1922 及 1924 年的战争皆沿京奉线，开滦等处之煤不能运京，价格因此腾贵。

第六表　煤球每千斤每年平均银元价格

年份	价格	年份	价格	年份	价格
1900	5.08	1909	4.97	1918	4.13
1901	4.86	1910	4.71	1919	4.70
1902	4.95	1911	4.48	1920	4.54
1903	4.88	1912	4.31	1921	4.14
1904	4.73	1913	4.28	1922	4.15
1905	4.76	1914	4.17	1923	4.85
1906	4.80	1915	4.05	1924	4.99
1907	4.73	1916	3.65		
1908	4.80	1917	3.43		

第二章　家庭生活费的分配及指数

各种物价变动的时期，程度与数量皆不相同。它们不常在同时涨落。要知道生活费的变动必须将所有价格的变动合起来计算，也必须知道家庭里各种消费的分配。换句话说，就是做一个物价指数表。这表的做法是选定一年为标准年度，将这年的若干种物价作为标准的物价，各个都做100分计算，再把历年的每种物价和标准物价照百分比例算出来。每年所得的物价百分数就叫作物价指数。将若干指数平均起来，就得一般的物价指数，也可称为生活费的指数。但我们若将各种物品一律待遇，所得的生活费指数就欠准确。所以又有比重的方法，就是按着各种物品在生活费里的重要来推算生活费指数。这就是我们用着家庭预算表的缘故。家庭预算表的种类自然不同。本篇所注意的是工人家庭预算表。

幸而已经有人调查过在北京城内外797家的生活费（看第七表）。平均生活费的分配是：食物70%，衣服12%，房租8%，燃料5%，杂费5%（看第十三图）。

这些被调查的大多数的家庭是在城外，但他们的生活与城内所差甚少。在1908年狄特莫尔博士（Dittmer）所调查的每家每一年的进款是在30.00至269.00元之间，中点数在90.00至109.00元之间。若是北京的普通手艺人每日有工，每年可进135.00元。小工每年可进82.00元。一年中工人失业的日子一定不少，但他们家里的别人也能挣钱补助这个数目。在1924年陈达博士调查清

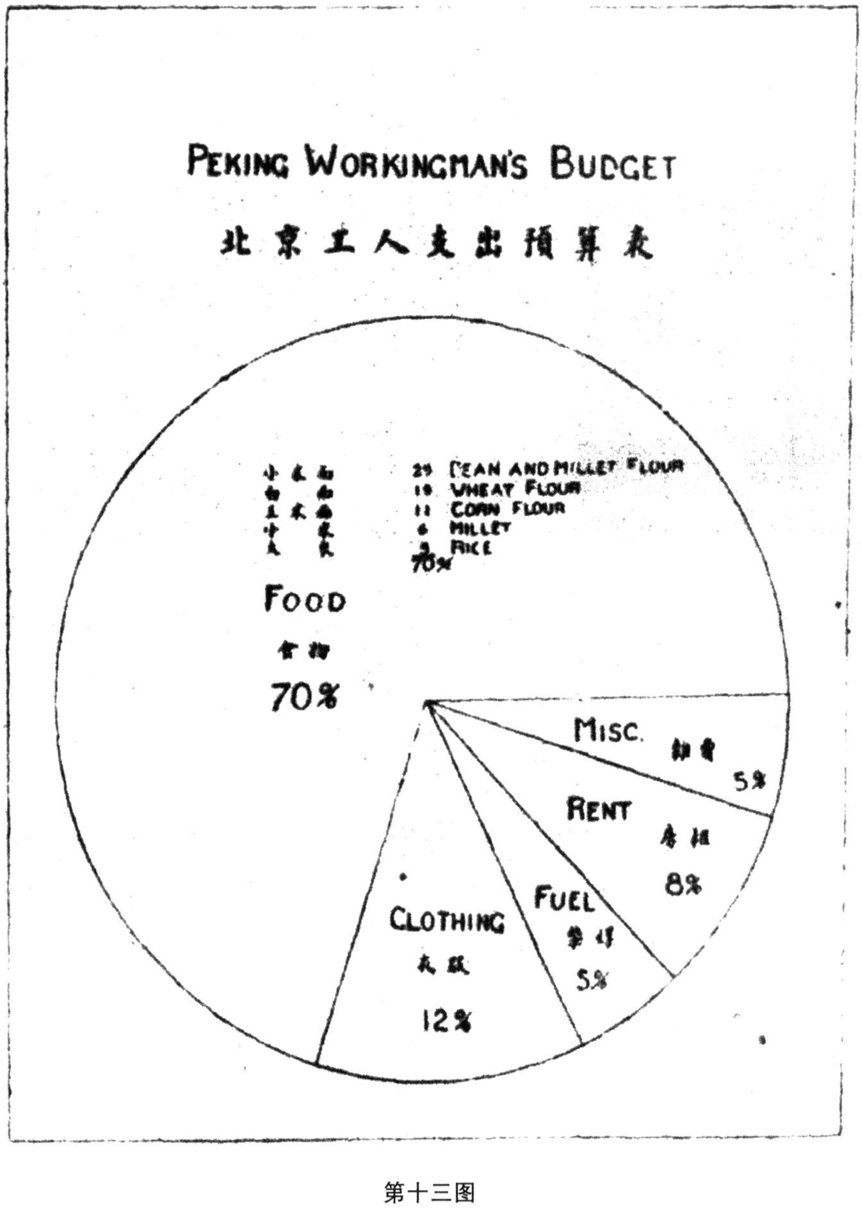

第十三图

华学校的工人。每年他们的每人进款是在 72.00 至 500.00 元之间，平均的进款是 112.00 元。是年一个手艺人可进 140.00 元，小工 95.00 元。

生活费中以食物为最多，占 70%。我们做比重的指数以前也要知道食物的分配。平常的食物包含米粮、面粉、青菜、肉、盐、油与他种调味。至于每种食物占百分之几，向来在北京没有这种调查。

按瓦匠行的规则，工人的菜钱占食物的十分之一。向来工人的每日工资包括工钱与饭钱。若工人吃应工人的饭食，应工人就将饭钱扣留，若工人只吃应工人的饭而不吃菜，工人可得菜钱，约占食物的十分之一。再者关于历年菜蔬的价格很难调查。所以本篇生活费的指数中没有包括菜蔬。

第七表　家庭预算表

				费用				
调查年份		调查所在		食物	衣服	房租	燃料	杂费
1	1918	93	清华学校佣人之家庭	72.2	19.03	6.7	*	3.17
2	1918	100	北京关厢家庭	76.53	6.18	7.94	2.5	2.5
3	1918	95	北京关厢旗人家庭	73.2	5.31	9.00	5.96	5.48
4	1923—1924	141	清华学校佣人之家庭	61.8	16.5	13.00	*	8.7
5	1924	91	北京关厢家庭	62.22	29.63	4.44	3.7	
6	1922—1923	200	工厂工人之家庭	73.6	6.6	11.1	*	8.5
7	1922—1923	77	工厂工人之家庭	87.0	2.5	8.00	*	2.5
平均数				70.0	12.0	8.0	5.0	5.0

* 许多家庭将燃料计算在食物项内，因只用燃料做饭。

1，2，3　Dr. C. G. Dittmer—*Readings in Economics for China*.

4，5　Dr. Ch'en Ta—*Chinese Economic Monthly* VOL. II, No. 1 & 5.

6，7　Dr. Louise Morrow—*Report on Kung Ch'ang Workers*.

瓦匠行规内又提到在每月初二日与十六日工人应吃犒劳，其中有肉与白面。若工人在这两天内不吃特别的犒劳，应工人须给工人犒劳钱，等于一天饭费的三分之一。如此计算工人所用的肉食至多占食物的1.5%，至多占生活费的1%。除年节外工人的家庭差不多完全吃不起肉。所以本篇也没把肉费放在指数内。

本篇只以米面代表工人的食物。据米面商与工人的估计，食物的分配是：小米面，41.5%；玉米面，27%；白面，16%；白米，7%；小米，8.5%。若按工人所有的生活费计算，各种米面的百分数是：小米面，29%；玉米面，19%；白面，11%；白米，5%；小米，6%。

1913年以前食物的分配颇有差别。因为那时候北京多用老米，少用白米。到底至哪一年白米多于老米，不易断定。我们姑且以1913年（指数标准年）为分界。1913年以前食品的百分数是：小米面，38%；玉米面，26%；白面，16%；老米，13%；小米，7%。若按所有生活费计算，有以下的百分数：小米面，27%；玉米面，18%；白面，11%；老米，9%；小米，5%。据工人说，一个工人若吃小米面，每天需1斤；若他吃白面，需1斤4两；玉米面须用1.5斤。所以工人的家庭多用小米面。据华洋义赈会的调查，一个壮丁每日所吃的粮食是在1.5斤与2斤之间。

本篇以煤球费代表燃料费，以布费代表衣服费。1913年以前北京多用外洋的布匹，以后多用直隶省高阳县所出的国货。本篇以1913年为本国布代替外洋布的年份。

历年房租的变动很难得确实的记载，所以它和杂费没有算在指数里。

本篇的生活费的指数只根据7种物品的价格，诚然是很少。但以工人的简单生活与现在所能得的研究资料看来，我们觉得这几种日常必需品的费用足可以代表数十年来工人生活费的变迁。若再能添上几样别的费用，所得的指数也必然是大同小异，没有很大的关系。

在中国1913年的价格较二十年来的平均价格稍高，但世界的著名指数皆以是年为标准年度，所以本篇亦选定这年为标准年度，好与别处的指数比较。把这年的平均生活费作为100分。其他各年的指数就是1913年指数的百分数。

至于计算每月指数的时候，往往遇见某种食品的价格遗漏。若遗漏的时间不及6个月，就按两端已有的价格推测遗漏的价格。若时间过于6个月，就不将遗漏的价格计算在内。

本篇推算指数是采用美国指数名家斐施尔氏的公式 $[\sum(Q_0+Q_1)P_1]/[\sum(Q_0+Q_1)P_0]$，$P_0$ 是标准年度的物价，P_1 是指数年度的物价，Q_0 是标准年度物品的数量，Q_1 是指数年度物品的数量。在所有的复式指数中，这个公式的计算法最简单，并且它代表物价的趋向最为精确。本篇 Q_1 只有1913年以前与以后的两组数目。1913年以后的数目等于 Q_0。

每月指数的趋向（看第十四图）与小米面价的趋向很有相似的地方，尤其是在1913年以前。这是因为小米面所占生活费的百分数为最多，而且米粮与面粉价格的涨落亦有相似的趋向。庚子后半年的指数不如所期望的那样高，是因为那时候的几种价格完全遗漏；所以不易知道实际的状况。

1901年七月的指数是62.3，为二十五年中最低的价格。在1903年九月指数升到90.3，增加28%。在1905年正月指数是72.4，在1908年七月是90.8，在1910年正月是84.6。此后两年间渐渐增高，至1912年正月升到107.7。此后渐渐下落，至1915年降至87.7。1918年五月的指数是110，高于以前各年的指数。此后 14 个月内又减低 25%，至 1919 年七月落到 84.6，为 1906 年以后最低的指数。在 1920 年旱荒和兵灾前后发生，指数因此飞腾。是年九月的指数增到 132.5。从 1919 年七月至 1920 年九月间指数的增加多于 1901 年七月至 1912 年一月间指数的增加。此后指数又渐渐降低，至 1922 年二月落到 109.5。1924 年六月的指数是 116.8，但因战事发生，交通阻滞，至十二月指数腾至 144.3，在六个月内增加 28%。在二十五年中为最高，较 1920 荒年的最高指数还多 12%。

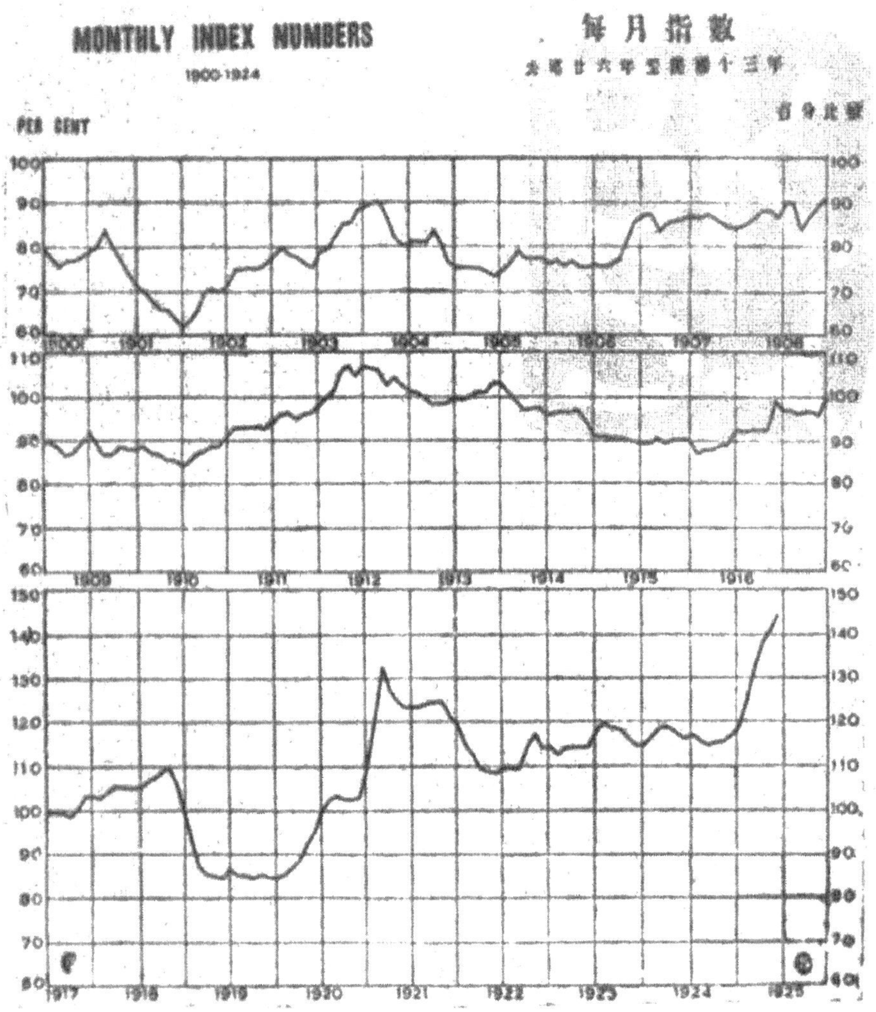

第十四图

从每月指数我们就可理会米粮价格的涨落似乎有循环的趋向，差不多每四年就发生一次高价。自 1910 年后指数显然渐渐增高，差不多每年增加 2%至 3%。在 1901 年指数是 68.4。在 1903 年是 83.7。从 1910 年至 1912 年指数从 89.9 增至 102.3。在 1917 年指数是 102.3。后有 1918 年与 1919 年的米粮落价，1919 年的指数不过 87.5。1920 荒年的指数增到 114.1。1924 年的平均指数为 126.4。

我们若将北京的生活费的指数和美国的食物零售物价指数相比，很有可惊异的地方（看第十五图和第八表），这两处的指数和它们的趋向从 1901 至 1914 年差不多相同。在这些年中除 1911 与 1922 年在中国有战事外，两国都享受和平。虽然两国的货币、天气、生活程度皆不相同，但在和平的年月里，食物价格的涨落似乎有同一的趋向。从 1914 年欧战开始以后可就不好比较了。1920 年以前北京的指数多在 100 以下。在 1924 年仅增到 124。在 1920 年美国的指数竟涨到 203，在 1924 年落到 146。

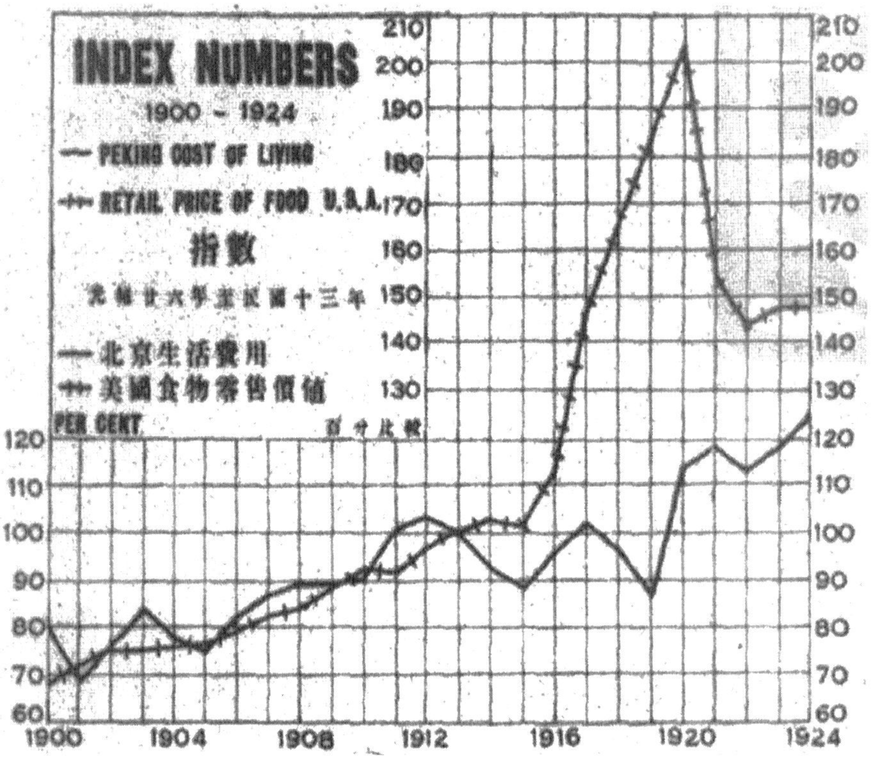

第十五图

第八表 每年指数

	美国食物零售价格*	北京生活费
1900	69	81
1901	72	68
1902	75	76
1903	75	84
1904	76	78
1905	76	75
1906	79	83
1907	82	87
1908	84	89
1909	89	89
1910	93	90
1911	92	100
1912	98	102
1913	100	100
1914	102	93
1915	101	88
1916	114	96
1917	146	102
1918	168	97
1919	186	88
1920	203	114
1921	153	117
1922	142	113
1923	146	118
1924	146	126

* U. S. Statistical Abstract 1924.

在北京，指数的增加还赶不上在广东。在北京 1924 年十二月的指数是 144，1925 年十月的指数是 132。据农商部的调查，在广东 1925 年正月的指数是 178.4，是年六月的指数是 195.7。两处皆以 1913 年为标准年度。

第九表　百分比例增加

	1900—1924	1913—1924
白面	42	49
小米面	87	11
玉米面	102	59
米	14	53
小米	58	17
黑豆	150**	47
绿豆	122**	44
豆面	40*	17
猪肉	101	62
羊肉	14	3
香油	44***	18
花生油	44***	37
盐	56***	7
腌萝卜	109***	4
酒	31***	31
酱油	40***	44
黄酱	37***	24
醋	150***	118
棉布	160	51
煤球	16	37
指数	80	44
铜元兑换	264	106
大工铜元工资	258*	80
小工铜元工资	232*	100
大工银元工资	61	48
小工银元工资	27	34
大工实际工资	8†	6
小工实际工资	34†	4

*1900年至1924年中；**1901年至1924年；***1902年至1924年。

†减低。

编者注：原文献有此表，但正文无相应之陈述。

第三章　铜元兑换

现在我们本应接着讨论工资的题目。但因历年银两或银元兑换制钱或铜元的数目与工人的进款大有关系，我们不得不先讨论货币的问题。

二十年来与工人们最有关系的货币是铜元。历年铜元的行市涨落不定，向来多以前门外珠宝市每天所定的行市为标准，但同时北京各处的行市不能尽同。每银元兑换 130 枚铜元的时候，往往相差一两枚，现在的行市为 300 枚左右，约差两三枚。

1913 年以前北京多用银两为单位。银之成色有高下之分，价值遂不相一致，例如足色银、滴珠银、松江银等名称。成色之外又有平砝之差；同一银两，而轻重不同。商家往来汇兑之际，折算烦难、有市平、京平、库平等类。据铺店老人说，北京最常用者为市平。

关于银两的行市很难得着一部继续不断的账簿或他种记录。本篇的资料有六个来源：自 1900 至 1908 年的行市是从一家帽店的老账，1908 至 1911 年是从一家珠宝店，1912 至 1918 是从一家木厂，1918 和 1919 年是从《顺天时报》，1920 至 1924 年是从一本家庭的账簿，1924 和 1925 年是从《晨报》。

在 1891 年广东开始鼓铸银元。在 1897 和 1898 年湖北省亦鼓铸银元。在 1905 年天津始设造币厂。在 1910 年度支部奏定《币制则例》，始定 7 钱 2 分为本位币重量。

1900 年为铸造铜元之始。此后铜元渐渐通行市面。自 1919 年以后当制钱 20 文的双枚铜元渐多，当 10 文的单枚铜元渐少。不但同类的铜元的重量彼此不等，就是一个双枚铜元的重量亦不等于两个单枚铜元的重量。曾有人称 400 枚铜元的重量。结果是单枚铜元的重量从 97 至 112 克冷（或作喱 Grain，约合关秤 1 厘 7 毫），大多数从 100 至 106 克冷；双枚铜元的重量从 155 至 229 克冷，大多数从 170 至 176 克冷。只有一个双枚铜元的重量等于两个单枚铜元的重量。大多数的双枚较单枚的重量多 60%至 70%。至轻的双枚的重量较最重的单枚的重量仅多 20%。民国以来所铸的铜元较前清的铜元为轻。

本篇折合时以制钱 10 文等于铜元 1 枚，北京当十大钱 5 个等于铜元 1 枚，当十大钱 1 个等于制钱 2 文，银元 1 块等于银 7 钱 2 分（1 两之 72%）。实际上银元与银两的兑换和铜元与制钱的兑换常有改变。现在制钱几乎绝迹。邮政局以制钱 8 文换铜元 1 枚。现在单枚的铜元渐渐减少，有时它们兑换的价值比双枚的价值稍昂。近五年内在上海铜元合银两的行市在 7 钱 1 分 4 厘至 7 钱 4 分 6 厘之间，相差 4.5%。

本篇只有每月和每年的平均行市，没有每日的平均行市。

向来中国的铺店是用阴历；民国成立后北京的大多数商店仍用阴历，报纸和家庭的账目多用阳历。关于货币的调查，本篇没有将阴历的每一日都变成阳历的日子，因为费时间很多。但每月的平均数，无论按阴历或阳历，所差无几。本篇为省时间的缘故，计算每年平均数的时候则以阴历腊月为阳历一月。实际上两种历书的平均差别为一个月零六天。二十五年来银元兑换铜元的数目差不多继续增多，所以按阳历年的平均数稍低于按阴历年的平均数。

在 1900，年每银元换铜元的平均数为 76.4 枚（看第十六图和第十表），每两换制钱 1 060 文。是年虽有义和团的乱子，铜元的行市甚为平稳。据商店老人云，早年间每月的行市只改变两三次。自武昌起义以来铜元的行市和时局的变迁大有关系，但乱事一过原状立刻恢复。

在 1901 年阴历新年后，铜元的行市从 76.8 增至 82 枚，下月又增至 84.3 枚。此后全年中几乎没有涨落。是年平均的行市为 83.2 枚，较 1900 年增加 10%。

在 1902 年阴历正月和二月内行市微涨，但七个月的每月平均数仅差制钱 1 文。是年最高的数目是 92 枚，平均数为 87.6 枚。在 1903 年变动很小，最高和最低的每月平均数仅差制钱 13 文（铜元 1.3 枚）。是年的平均数为 92.3 枚，较 1902 年增加 1%。

在 1904 年阴历正月的行市为 92 枚，六月的行市为 98.6 枚。此后二年半之久行市极平稳，直至 1907 年才增至 100 枚以上。

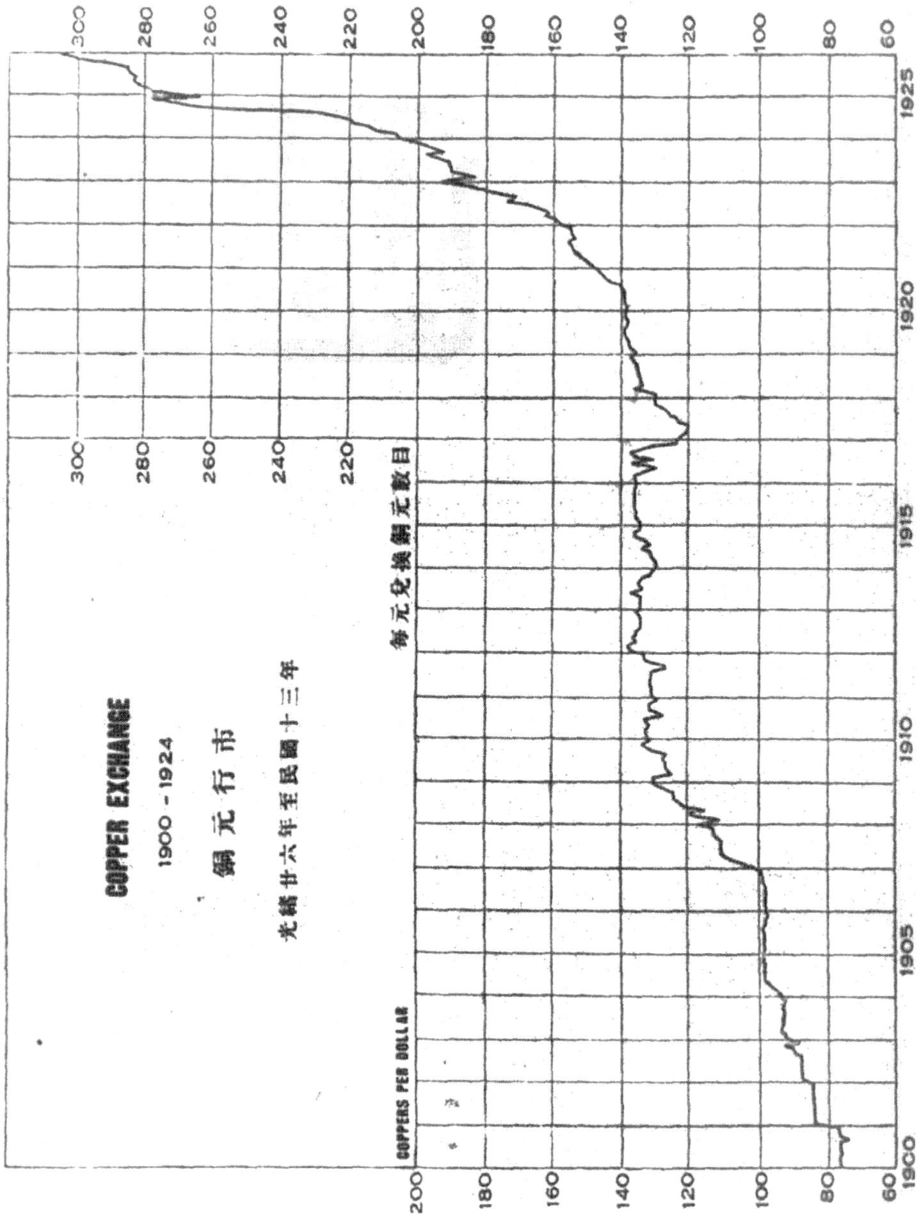
COPPER EXCHANGE
1900 - 1924
銅元行市
光緒廿六年至民國十三年
每元兌換銅元數目
COPPERS PER DOLLAR

第十六图

从这七年中就可发现大多数的变动是在阴历年节以后。差不多每年到阴历年底时银元换铜元的数目减少，因为市民在年节前必须清理账目，铜币的需要骤增。在五月初五端阳节和八月十五中秋节亦有相同的趋向。过节以后行市就渐恢复。至于铜币何时在北京增多无从查考。寻常铜币兑换的数目增多大半由于铜币在市面的数目增多。每到年节时政府发放银两很多；领银者用银两兑换铜币，购物还账。也许因为这个缘故银价低落，而铜价增高。

第十表　铜元兑换每年（阳历）平均数（每银元换铜元）

年份	平均数	年份	平均数	年份	平均数
1900	76.4	1909	128.5	1918	134.2
1901	83.2	1910	131.3	1919	138.0
1902	87.6	1911	130.0	1920	141.0
1903	91.9	1912	135.2	1921	152.8
1904	96.1	1913	134.7	1922	170.7
1905	97.5	1914	132.0	1923	193.2
1906	97.9	1915	135.4	1924	232.9
1907	108.2	1916	133.9	1925	285.5
1908	109.6	1917	123.5		

从1907年阴历正月起，除1908年二月与五月外，银元兑换铜元的数目渐渐增多，至1908年腊月涨至130枚，二年之内增加32%。1907年的平均数较1906年增加11%，1908年较1907年增加10.5%。从1900年至1908年底，九年之内共增加70%。增涨多半由于铜元在市面增多的缘故。

自1909至1912年宣统在位的三年中，每月铜元的行市涨落不定，并且有低落的趋向。在1911年阴历八月每银元换铜元126.4枚，低落3.5枚。阳历十月十日武昌起义，十二月二日革命军攻克南京，铜元增至133枚。在1912年阴历正月为136枚，三月为138枚，六月之内增加9%。

此后每月的平均数皆在138枚以下，直至1919年夏季才又涨到138枚。在1912后半年与1913前九个月内除阴历五月的平均数为137.5枚外，为134至135枚。在1913年阴历十月为134枚，后渐低落至129枚。至1914年十月又增至136枚。在1915年铜元的涨落极少，每月平均的差数不过一两枚。自1916年阴历十月起数目渐次减低。至1917年四月落到119.8枚，六月之内减少16.6

枚，为12%。

在1917年阴历五月张勋复辟；虽为时不久，但是月铜元的最高与最低数相差10枚。自六月起又渐增涨，至年底增至130枚。在1918年阳历三月增至136枚。从1918年阳历四月至1920年七月每月的平均数自133.1至139.1枚。

在1920年阳历七月有安福系军队与直奉联军之战。虽为时不久，但全国政局日趋混乱。各省任意铸造铜元，中央政府失去干涉的实力。加以各军阀在其势力范围内横征暴敛，乡民不得不把所积蓄的铜元提出上税。这也是近年来铜元在市面增加的原因。在1922年阳历四月和五月有直奉之战。铜元价格跌落尤速。十二月的平均数为191枚，较是年一月多34枚，增加21%。是年的平均数为170枚，比1921年增12%。1923年的平均数又增23枚，十二月的平均数在200枚以上。

在1924年阳历九月与十月有张吴之战，铜元的行市大受影响。是年十二月每银元兑换铜元278枚，较上年十二月多75枚，增加37%。1924年的平均数比1923年增高20%。在1925年仍增涨不已。是年年底每银元换铜元301枚，十二月的平均数为305枚。是年的平均数为285.5枚，较1924年多53枚，增加22%。

从1900年阳历一月至1925年十二月铜元兑换的数目从76.4枚增至301枚，相差233.6枚，增加304%。1912年的平均数比1900年多59枚，增加77%。从1912年至1920年仅多铜元5.8枚，增加4%。但从1920至1925年增多144.5枚，增加102%。从1923年阳历十二月至1925年十二月，两年内每银元兑换铜元102枚，增加50%。1921年的平均数比1900年多一倍，1925年的平均数比1920年的亦多一倍。

从每月的平均数中看不出铜元的骤涨骤落。例如1923年阳历九月、1924年九月与1925年一月，在这三月中最高和最低的数目相差46、63与43枚。在1923年九月，中秋节前四天之内从210枚落到164枚。在1925年一月，阴历新年前，在八天之内从278枚落到237枚（看第十八图）。在1924年九月直奉开战，银元的需要增加，在六天之内每银元换铜元的数目从237枚增到293枚，一星期后又落到256枚（看第十七图）。

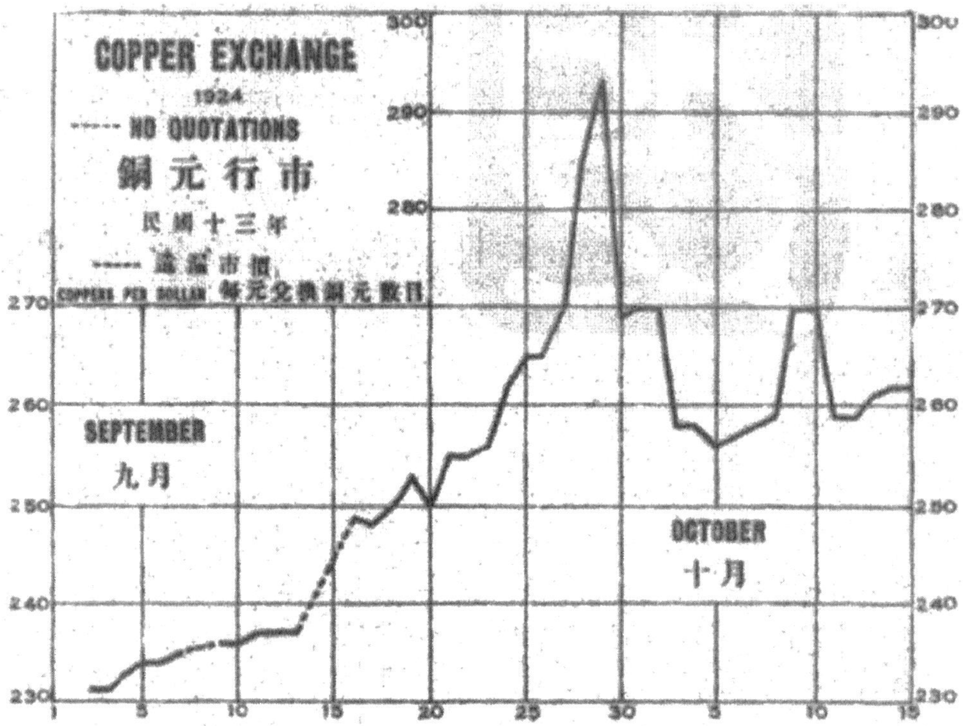

第十七图

通常每月中最高与最低的差数从 1 至 5 枚不等。从 1900 至 1912 年间只有五个月的差数在 5 枚以上。1905 年的差数在 1.5 枚以下。从 1912 至 1917 年底，其中有七个月的最高与最低的差数在 10 枚或 10 枚以上，其中的三个月是在 1916 和 1917 年，且多受年节的影响。从 1918 至 1921 年底之间每月最大的差数是 4.5 枚。四年之中有 28 个月的差数未过 2 枚。从 1922 至 1925 年底之间有 7 个月的差数在 10 枚或 10 枚以上，而 48 个月中的 23 个月的差数是在 5 枚以上。从 1921 至 1925 年每月的平均增加从 2.1 枚至 3 枚，或从 1.2%至 3.5%。

铜元价值的低落与北京工人的生活大有关系，向来他们的进款多半是铜元。往往在数年之中每天的铜元工资是一样，但实际上工资所能买的东西日渐减少。有时他们的铜元工资增高了，但银元换铜元的数目渐渐增加，不久竟超过工资的增加。二十年来工人因为铜元价值的低落已经吃亏很大。我们若将他们向来所得的铜元工资折成银元工资，关于他们吃亏的情形就可一目了然了（看下一章第十九和二十图）。

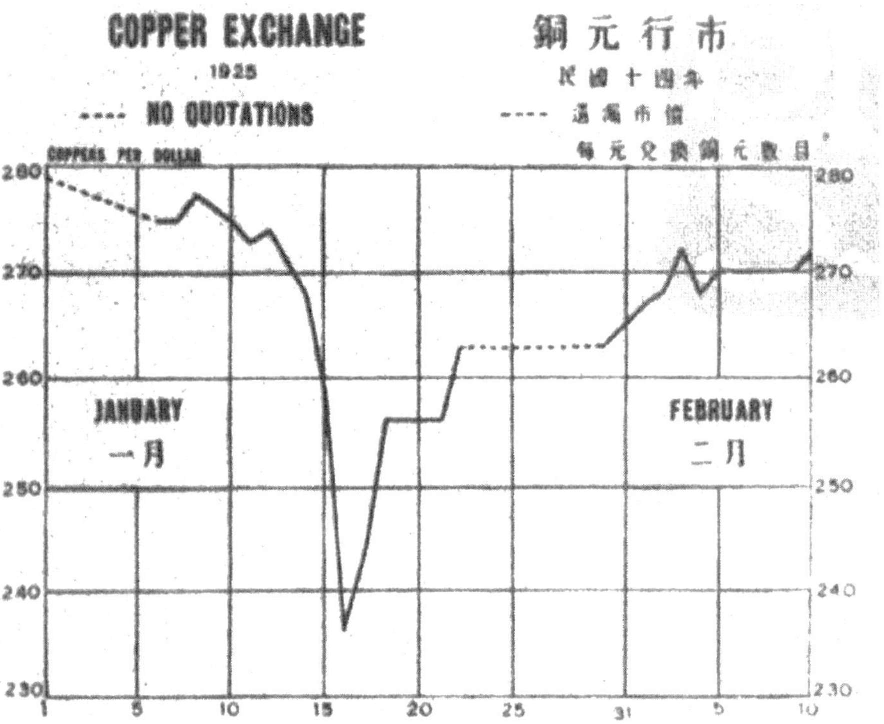
COPPER EXCHANGE
1925
---- NO QUOTATIONS
COPPERS PER DOLLAR
銅元行市
民國十四年
---- 遇漏市價
每元兌換銅元數目
JANUARY
一月
FEBRUARY
二月
280
270
260
250
240
230
1
5
10
15
20
25
31
5
10

第十八图

第四章　工资及实际工资

工　资

数十年来北京生活费的比较已经讨论过了。但我们若不知道历年工人的进款，仍然不能切实地了解数十年来工人的生活程度。这就是我们调查历年工资的原因。本篇以瓦匠和木匠代表手艺人（大工），以和他们一起做活的小工代表一般“笨”工人。

他们的工资的历史可以从瓦木行会的碑文或记录里得着大概的情形，又可以从应工人的账簿中调查详细的改变。行会的会员包括木厂主人、经理、包工人和工匠。工资的增加由行会召集会议决定。按瓦匠行会的规则，一切会员必须到会。凡不赴会者不能领得工资增加的执照。

有时行会中记录的工资和木厂的账簿的工资稍有出入。各木厂的工资亦往往不同。大多数的工人是得行会所定的工资。有少数较好的工人得较高的工资。木匠和瓦匠的工资，除一次例外，向来相同。虽然这两行聚会的日期不同，但他们的工作互有关系，且都以鲁班为先师。在 1924 年阴历八月二十五日木匠行会议决他们的工资从铜元 105 枚增至 6 角 2 分，可是瓦匠行会在是年九月初九日决定增至 6 角 5 分。在 1925 年三月和四月内两行手艺人的工资皆议决为 7 角。

在1900年春季木匠和瓦匠的工资皆为铜元30枚，小工是22枚（看第十一表）。在是年阴历八月八国联军入京以后大工和小工的工资同增5枚。在1908年大工增8枚，小工增3枚。在1911年大工增13枚，小工增7枚。此后九年间工资没有改变，大工为57枚，小工为37枚。在1920年大工和小工同增13枚。在1922年同增4枚。工人理会铜元的价值日跌，于是在1922、1923和1924年继续增加工资。在1924年春季手艺人的工资增到105枚，小工72枚。近数年来工人深觉悟铜元的价值低落过速，增加铜元工资不是根本救济的办法。他们就在1924年秋季议决工资按银元计算。从此就能避免铜元落价的害处了。

第十一表 铜元工资

年份	工钱	饭钱	总工资	茶水钱	总数
大工					
1900	15	11	26	4	30
阴历八月	20	11	31	4	35
1902	19	12	31	5	36
1908	22	15	37	7	44
1911	30	20	50	7	57
1920	34	26	60	10	70
1922	38	26	64	10	74
1923	48	30	78	12	90
1924 阴历三月	58	35	93	12	105
八月	0.40*	0.15	0.55	0.10	0.65
1925	0.40*	0.20	0.60	0.10	0.70
小工					
1900	7	11	18	4	22
八月	12	11	23	4	27
1902	10	12	23	4	27
1908	10	15	25	5	30
1911	10	20	30	7	37
1920	14	26	40	10	50
1922	18	26	44	10	54
1923	20	30	50	12	62
1924 三月	25	35	60	12	72
八月	0.15*	0.15	30	0.10	0.10
1925	0.15*	0.20	0.35	0.10	0.45

* 银元工资。

二十五年来工人的工资好像有加无减，工资增加以后再不能落下的。但铜元的数目虽然增加了，实际上工资未必增加了，若把每年的铜元工资变成银元工资就可看出很大的分别。按银元计算，在1900年大工的每日工资是3角9分3厘，在1911年4角3分7厘，在1913年4角2分5厘，1924年6角5分，1925年7角。小工的工资在1900年为2角8分8厘，在1911年为2角8分4厘，在1913年2角7分6厘，在1924年4角，在1925年4角5分。从1900至1924年大工的工资增加65%，小工39%。从1913至1924年大工的工资增加53%，小工45%。

行会所定的工资包括三项：工钱、饭钱和茶水钱。工钱为工人直接的进款。在1900年瓦匠工钱为铜元15枚，在1924前半年为58枚，后半年为4角。按银元计算为1角9分6厘、2角5分6厘、4角，增加104%。

从1913至1924年春季工钱的增加仅14%，但从1913至1924年底增加78%。

在1924年底木匠的工资为3角7分，较瓦匠的少3分。从1900至1924年底木匠工资的增加为88%，从1913至1924年底增加65%。

平均计算木匠和瓦匠所得的工钱为行会所议定的工资的52%。

在1900年小工每日得工钱7枚铜元。在1924年春季工钱为25铜元，秋季为1角5分。若按银元计算工资为9分2厘、1角1分和1角5分。二十五年中工资的增加为64%。1913年的银元工钱仅为7分4厘，较1900年低落19%。从1913至1924年底工钱的增加为109%，其中1924年秋季的一次增加为所有增加的50%以上。

历年饭钱的多少可以表明食物费的变动。大工和小工的饭钱相同。若工人吃包工人的饭食，包工人就照行会所定的数目扣除饭钱。若工人自备饭食，就可向包工人领得饭钱。在1900年工人的饭钱为11枚铜元，在1923年增到30枚，在1924年春季为35枚，秋季为1角5分，在1925年为2角。若按银元计算，在1900年饭钱为1角4分4厘，在1923与1924年春季为1角5分5厘；在1924年秋季铜元工资改为银元工资，饭钱定为1角5分，较前低5厘；至1925年春季饭钱又加5分，增高33%。从1900至1924年饭钱的增加仅为7%。至1928年增加为39%。从1913至1924年仅增加2%，而同时物价指数的增加为26%。工人饭钱的增加显然赶不上生活费的涨高。至1925年时光景较好。从1913至1924年底物价指数的增加为44%，而从1913至1925年饭钱的增加为35%。

茶水钱是包工人所得的佣钱，或说是工人使用包工人的家伙钱。有时包工人所得的茶水钱较行会所定的稍高。在 1900 年每日一工的茶水钱为铜元 4 枚，在 1913 年为 7 枚，在 1923 年为 12 枚，在 1924 年秋季为 1 角。若按银元计算在 1900 与 1913 年皆为 5 分 2 厘，在 1924 年春季为 5 分 3 厘。除 1920 年外在 1924 年秋季以前茶水钱差不多没有增加。在 1920 年从铜元 7 枚增至 10 枚，合银元 7 分 1 厘；但不久铜元价落，仅合 6 分以下。

若把工钱和饭钱的总数代表工人的工资，则在 1900 年大工每日得铜元 26 枚（3 角 4 分 1 厘），在 1913 年 50 枚（3 角 7 分 2 厘），在 1924 年春季 93 枚，在秋季 5 角 5 分（看第十九图）。二十五年中工资（茶水钱在外）的增加为 61%。从 1913 至 1924 年增加为 48%。在 1900 年小工的工资为 2 角 3 分 6 厘，在 1924 年为 3 角，增加 27%。在 1913 年小工的银元工资比在 1900 年低 5%，1924 年秋季的工资比 1913 年高 34%。在 1925 年大工的工资比在 1913 年高 61%，小工的工资高 56%。1924 年十二月的物价指数为 144，比 1913 年高 44%。

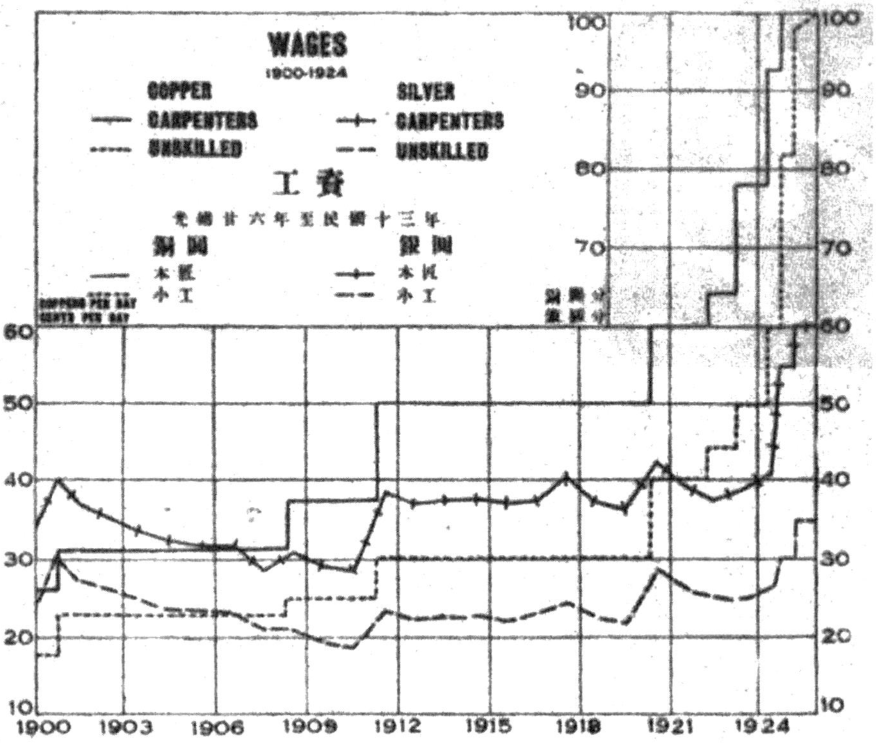

第十九图

从第十九图可以看出在二十五年中铜元工资的增加有 9 次，银元工资的增加有 2 次。从 1900 至 1910 年铜元价一年落一年，工人的工资因此吃亏，直至 1911 年大工的工资差不多又恢复 1900 年的原状。在 1924 年秋季大工的工资增加 1 角 5 分，较前多 35%；小工仅增高 15%。从 1920 至 1924 年铜元工资的增加有 3 次，可是因为铜元价的低落，银元工资的改变很小。直至 1917 年大工的银元工资才又等于 1901 年的工资。至 1924 年小工的银元工资才又等于 1901 年的工资。

以上的讨论是按每年的平均工资。从 1920 至 1924 年银元的工资没有增加。这是因为铜元工资和银元换铜元的数目差不多彼此依随地增加（看第二十图）。

第二十图

1925 年后小工的饭钱每日 2 角，一月合洋 6 元；而他的工钱每日不过 1 角 5

分，每月4元5角。这如何能维持几口人的生活呢？若工人自备饭食也许可以每月多省出些钱来帮助他的家口。工人家里的人决不能专靠着工人的进款过活。各人都得谋糊口的生计，共同维持全家的生活。我们也曾调查1 000人力车夫。每日一个车夫的平均进款为3角7分，与小工的进项不相上下。若每月或每天他们都有工做，尚能过简单的生活，若遇见失业的日子，他们的状况就很困难。瓦匠和小工在冬天四个月内没有活做。在北京有家眷的工人必须做小买卖或拉洋车。近几年来不但冬季没有工做，连别的时期也往往失业。所以现在借债和典当衣物的工人日渐增多。虽有若干的慈善机关设法救济，不过杯水车薪，无济于事。

在1924年秋季工人诚然把他们的工资增高了。若现在的时局仍然继续混乱，生活费必仍然继续增贵，工资恐怕也仍然要随着增高。时局一旦能恢复太平的景象，北京的物价多半低落。若低落得不多，工资就不受甚么影响，在短时期中不致增高。若物价的低落很大，工资是否也要随着减低是一个不容易逆料的问题。

实际工资

工人的工资差不多是他们完全的进款。若我们只知道工资的多少，仍然不能断定他们的生活程度。最要紧的是要知道工资的购买力如何。换一句话说，是要知道历年的实际工资到底是多少。推算实际工资的方法是用生活费的指数除银元工资的指数（看第十二表）。第二十一图和第十三表表明二十五年来实际工资的变迁。在1913标准年度，实际工资自然是100点。在1900年大工的实际工资为114，小工实际的工资为130，在1901年为145与177。是年实际工资的增加由于1900年秋季工资之增高与物价的低落。工人的生活状况因此较好。但为时不久，物价在1902和1903年又渐增涨，铜币的价值渐渐低落。因此在1903年大工的实际工资为108，小工的实际工资为133，低落37与44。这里有一件事我们要明白，虽然小工的实际工资高于大工的实际工资，这并不是小工比大工能多买物品。这不过表明若按1913标准年的工资看来小工的工资的购买力稍微比大工工资的购买力大些。这个分别乃是由于两样购买力的比例不同。

在1904与1905年物价低落，因此这二年中的实际工资增高。但从1906至1910年大工的实际工资渐次低落，只在1908年增高3%，原因为是年工资的增高。小工的虽然亦在是年增加，但没有赶上物价的涨贵和铜元兑换的增加。他们的实际工资因此继续低落。在1910年手艺人的实际工资落到85，小工的落到95，为二十五年中最低的实际工资。

第十二表　银元工资*

	每日银元分		指数	
年份	大工	小工	大工	小工
1900	34.1	23.6	92	105
	40.6	30.3	109	135
1901	36.8	27.2	99	121
1902	35.2	26.2	95	117
1903	33.6	25.0	90	112
1904	32.1	23.8	86	106
1905	31.8	23.6	85.5	105
1906	31.6	23.4	85	104
1907	28.3	21.0	76	94
1908	30.6	20.6	82	92
1909	28.8	19.4	77.5	87
1910	28.2	19.1	76	85
1911	38.4	23.0	103	103
1912	36.9	22.1	99	99
1913	37.2	22.4	100	100
1914	37.9	22.7	102	101.5
1915	36.9	22.1	99	99
1916	37.6	22.6	101	101
1917	40.3	24.2	108	108
1918	37.3	22.4	100	100
1919	36.2	21.8	97	97
1920	42.5	28.4	114	127
1921	39.4	26.2	106	117
1922	37.6	25.4	101	113
1923	38.6	25.0	104	112
1924	41.2	26.1	111	116.5
	55.0	30.0	147	134
1925	60.0	35.0	161	156

*茶水钱不在其内。

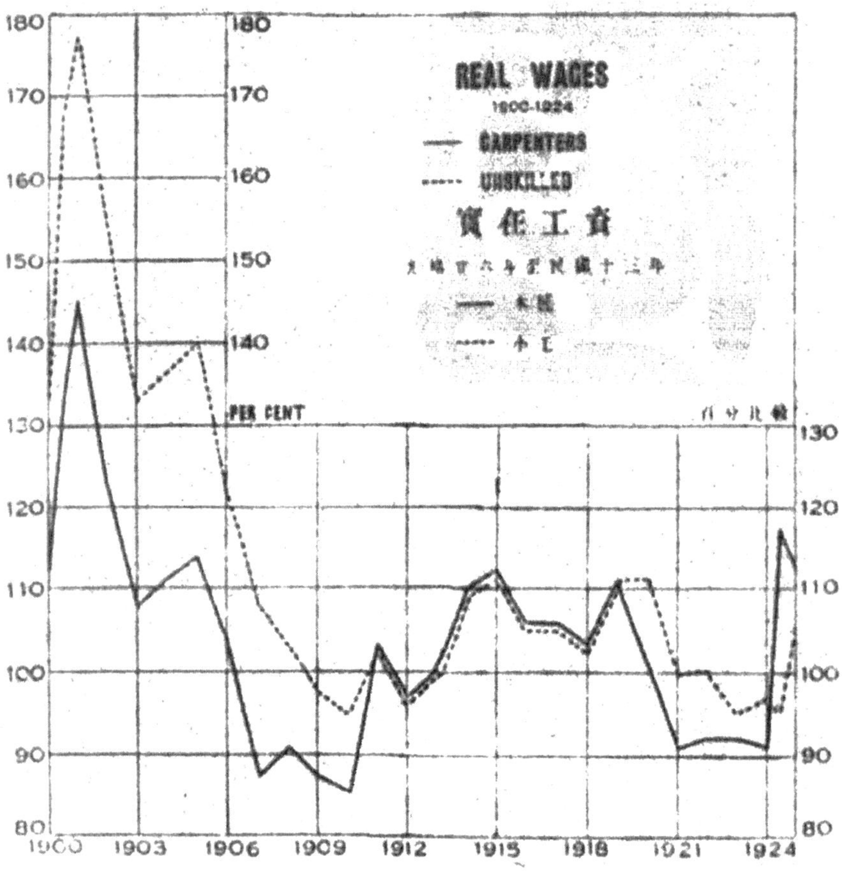

第二十一图

在这几年中实际工资这样的低落，工人并没有提议增加工资，这似乎是很奇怪的事。多半因为从 1900 至 1906 年工人的状况很好。若他们的实际工资不比他们所习惯的生活程度低，他们是想不起增加工资的。在 1900 年前数年中银两兑换制钱的数目渐减少，物价亦渐低落。自 1887 至 1900 年工资没有变动。从 1920 年来行会的屡次增加工资看来，若从 1900 至 1910 年间实际工资低过寻常的生活程度，工人们决不能不提议增加工资的。亦可以推知中国工人的生活程度向来是极简单的。

从 1911 至 1919 年手艺人和小工的实际工资几乎相同，他们的涨落在 97 与 112 之间，除在 1912 民国成立年外常在 100 或 100 以上。在此时期内铜元工资毫无变动，所以实际工资的变动完全由于铜元兑换和物价的变动。1919 年的低物价把实际工资提高 8%，但 1920 年的旱荒和铜元兑换的增加又将大工的实际工资降低 10%，虽然是年有铜元工资的增高。

第十三表 实际工资

年份	大工	小工
1900	114	130
	135	167
1901	145	177
1902	124	154
1903	108	133
1904	111	136
1905	114	140
1906	103	122
1907	88.5	108
1908	92	103
1909	88.5	98.5
1910	85.3	95
1911	103	103.5
1912	97.7	95
1913	100	100
1914	110	109
1915	112	111
1916	106	105
1917	106	105
1918	103	103
1919	111	111
1920	100	111
1921	91	100
1922	89	100
1923	88	95
1924	91	95
	106	96
1925	112	108

1912 年的实际工资为 90.5，又低落 10%。在 1922、1923 与 1924 年春季大工的工资皆有增加，实际工资在 89 与 91 之间，虽然铜元的兑换从 157 枚增至 264 枚。

在 1920 年小工的工资增加尚能与物价和铜元兑换的增加相抵。是年的实际工资为 111，与 1919 年的相等。从 1920 至 1923 年他们的实际工资从 111 降到 95。

在 1924 年秋季行会改铜元工资为银元工资，因此大工的实际工资增加 26%。小工的实际工资直至 1925 年才有增加。在 1924 年底大工的实际工资为 106，小工的为 95。我们若用 1925 年的工资和我们所有的 1924 年的物价推算，在 1925 年大工的实际工资为 112，小工的为 108。若我们现在也有 1925 全年的物价，实际工资也许还高一些。在 1925 前半年物价渐落，而在十一月与十二月内，因为战事的缘故，又转而涨贵。

从历年实际工资的变迁看来，北京的工人们似乎有他们习以为常的生活标准。若是物价、工资和兑换能维持他们的生活标准，他们就不打算增高工资。再者，雇主和工人同在一个行会，虽然有时物价的低落使实际工资增高，可是没有一部分人能出来将工资减低。若物价的增高使实际工资降到工人们习以为常的生活标准以下，行会一定要召集会议，讨论增高工资的。这是因为不但工人们要自动地维持他们的生活，工主们与工人寻常彼此是很熟习，所以他们也和工人表同情的。

历年工人每日做工的时间多少尚未有确实的调查。现在北京的木匠和瓦匠除去吃饭、喝茶、歇休的时间以外，每日做六七句钟的活。我们若观察他们的低微生活程度，以为他们可以增多做工的时间，得较高的工资，藉以提高他们的生活程度。但据熟习工人们的情形的人说，他们若能维持他们寻常的生活程度，宁可再减少做工的时间，也不打算增加工资。这是北京本地瓦匠的状况。有从通县到北京做活的木匠每日做 9 点或 10 句钟的工夫，从山东来的工人做 12 句钟之久。虽然做工的时间不等，但他们所得的工资都是一样的。从 1859 年以后北京工人的工资增加了 11 次，其中 6 次是在近六年中，铜元价非常低落的时候。

第五章　结　　论

根据现在已经有的物价、工资、兑换和生活程度的调查，我们可以有以下的结论。

各种米粮和面粉的价格互相有密切的关系。除小麦与白面外，它们的涨落有彼此依随的趋向。收获的时期差不多是同时，所受天气的影响也是大同小异。因此每年大秋各种米粮的产量的比例无甚出入。各种米粮的需要与供给，和价格的增减无不彼此连带地受影响，使有同一的趋势。小麦的收获是在春季不在秋季，所以它受的天气的影响和产量的多寡与别种米粮大有分别，价格涨落的时期自然亦不能相同了。老米多半是由南省运京，储存于京通 15 个仓里，每年按时发放。它的价格的增减是随着小米面、玉米面和其他大秋的米粮。

从 1900 年以来，虽然各种价格的涨落时有改变，但它们的一般的价格渐渐地增高了。

二十五年来羊肉的价格比较的增高很少。这多半是因为中国西北部的发展增加了北京羊肉的供给。也许是因为北京的生活费用日渐增高，贫民一年多一年，用羊肉的人数因此减少了。

每年羊肉的价格有循环地涨落。他种易腐坏的食品，如果品菜蔬等也必有这样定期的变动。

猪肉的价格增高比较地很快，尤其是从 1916 年以后。至于有什么特别的缘故，尚没有调查清楚。北京所用的猪肉多半来自京兆乡间，也许有什么病症发生，使猪的产量减少了。米粮的涨落与猪肉的似乎没有关系。每年猪肉的价格也不像羊肉价格的按时令涨落。

米粮商与盐商等的赚利约为零售价格的20%。

在1924年十二月所有的物价都比在1913年高，不比重的平均增加为36%，按工人家庭的预算表推算，增加为44%。从1900年正月至1924年十二月物价的指数从79增至144，增加65。1924年底的物价超过1920荒年的，大半由于时局扰乱与交通的阻滞。若时局能恢复原状，大约工人的生活费可以比1913年高30%或35%。

自1901年以后每年一般物价的平均增加为2%至3%之间；差不多每过四年就发生一次非常的飞涨。

北京物价的增加尚赶不上广州的快。1924年十二月北京的物价指数为144。广州的物价指数在1925年一月为178，在六月为195.7。

在太平的时期在美国食品价格的增加与在北京差不多有一样的趋向。

铜元价值低落的原因在于数目的增多、铜质的低劣和分量的减少。若中央政府仍然继续没有实力，各省仍然任意铸造，铜元的价值一定也要往下继续减低。将来各种物价与工资必渐渐皆按银元计算。如此铜元就要渐渐失了它为钱币的功用。当为交易的中间物的时候，它的价值要完全在乎它值银元多少而定。

自1920年以来铜元物价的增加多半是由于银元兑换铜元的数目增多。自1900年以后工资增高9次，主要的原因也是铜元价的跌落。

向来小工的工资仅能维持他们糊口的生活，或说仅能使他们生存。虽然木匠和瓦匠的工资比小工的多70%，但也有他们困难的问题。因为冬季四个月内他们差不多完全失业。很多的苦力无力娶妻。就是成了家的，这一家也不能靠着男人活着，全家的人都得各寻生路，互助地为衣食住奋斗。工人的行会有最低的生活标准。若工人的生活状况在这种无形认可的标准以上，行会是不打算增加工资的。等到工人的进款实在不能维持他们习以为常的生活程度的时候，行会这才给工人增加工资，使他们的实际工资仍然恢复原状。

许多工人宁可减少做工的时间，得低工资，也不愿意增加做工的钟点，提高生活的程度。

一旦时局恢复和平的状态，生活费（看第二十二图）会大大地低落下来，行会是否有减低工资的能力就可试验出来。可是观察当今纷乱的时局和铁路的非常损失，要在短时期内恢复原状是不可能的。

第二十二图

北京生活费龙。它的脊骨是每年生活费的指数，它所追逐的宝珠是 1924 年十二月的生活费。

若中国的现状再延长些年，那么，工资和普通的经济状况就渐渐地彼此适合，现在的物价和工资不能再低落下去，也许互相依随地渐渐增高。

向来若政局的改变不损害收获，不阻碍交通，物价所受的影响是极小的。

中国有了巩固的中央政府才能恢复铁路的交通，限制铜元的铸造，阻止内乱的发生，预防水旱的灾荒。不然，人民生活的程度不但不能提高，恐怕他们的状况有一天比一天艰难的趋向。

附录　二十五年来大事表

1900 年（光绪二十六年）

五月　义和团起。

七月十四日　洋兵据天津。

二十日至八月十四日　义和团围攻使馆。

八月十四日　八国联军攻破北京。

1901 年（光绪二十七年）

九月七日　和议成。

1902 年（光绪二十八年）

一月七日　两宫回銮。

1903 年（光绪二十九年）

俄据满洲。

1904 年（光绪三十年）

二月八日　日俄开战。

1905 年（光绪三十一年）

八月　江苏沿海大风，淹毙人命以万计；上海商埠被水，货物损失值千余万。

十月　唐绍仪验收京汉铁路全路工程。

1906 年（光绪三十二年）

八月　发帑银 10 万两赈大江南北水灾。

十二月　资遣清江浦饥民 47 万余人回籍。

1907 年（光绪三十三年）

二月　再令截留苏漕 15 万石赈徐淮海灾。

八月　诏裁旗饷，将原有马厂庄田分别计口拨给旗丁耕种。

1908 年（光绪三十四年）

十月二十一日　光绪帝崩。

二十二日　西太后崩。

1909 年（宣统元年）

八月　京张铁路告成。

1911 年（宣统三年）

十月十日　武昌起义。

十二月二日　革命军攻克南京。

1912 年（民国元年）

一月三日　南京临时政府成立。

二月十二日　宣统帝退位。

1920 年（民国九年）

一月　反对山东问题。

三月一日　农商部量准设立粮食调查会，先行调查各地产销额数、涨落原因、税厘以及转运各种情形，后着手办理弛禁放运之事。

七月十四日　安福系军队与直奉之战事开。

十七日　直奉军胜。

十月　为救济是年直鲁豫空前之旱荒，有国际统一救灾总会成立。

1922 年（民国十一年）

四月　山东黄河水势暴涨，淹毙人民无数。

二十九日　直奉开战。

五月四日　奉军退。

六月二日　徐世昌总统出京。

十一日　黎元洪复职。

二十一日　北京至山海关通车。

八月一日　京奉通车。

1923 年（民国十二年）

十月五日　曹锟被选为大总统。

1924 年（民国十三年）

九月　张吴又战。

十月二十三日　冯军返京主和。

1925 年（民国十四年）

十月二十二日　江浙战争开火。

十二月十六日　国民军与李景林军开火。

1926 年（民国十五年）

四月十五日　国民军退出北京。

六月二十八日　吴佩孚与张作霖会晤于北京。

论　　文

北京人力车夫现状的调查

北京城内在20区署挂号的营业人力车有29 000辆，自用人力车有7 500辆；在城外四郊地面挂号的人力车有7 700辆；共计44 200辆。人力车夫有60 000余人，倚靠车夫生活的家口约有200 000人。除乞丐以外这些以人类代牛马的东洋车夫算是最穷苦的人了。谁想到正在北京一带水旱连年、兵灾遍地、百物腾贵、闲人增多的时候，电车在北京就筑完了，除小胡同以外各大街差不多都有了路线。在电车尚未告成的时候，北京商会就预先知道将来要大大影响几万人的生计，遂与电车公司交涉多次，电车公司也应许为失业的车夫设立工厂。在去年十二月十七日极壮观瞻的电车开幕礼就举行了，至今已经两月之久，尚未听见为这些不幸的车夫有何一定的办法。可怜这些贫民，既无学识，又没团体，虽然眼见饭碗不保，也只得叫几声没法子而已。留心社会的人对于他们的情形有可注意研究的价值，这就是调查北京人力车夫的动机。再者北京东洋车夫，最能代表我国大多数贫民的生活状况，为现在研究中国社会学的人不可少的知识。

调查方法

调查的方法从三方面入手。一方面与人力车夫本人谈话，一方面调查人力车厂，一方面访问车夫家中情形。现将三种问题表与格式列下：

第一问题表　与人力车夫谈话　　年　　月　　日　　钟点

调查人姓名________ 住址________ 调查警区________

1. A. 姓名____ B. 年岁____ C. 有妻子没有？____ D. 成过家没有？____
2. A. 原籍哪里？____本京____ B. 若外来？县____省____ C. 为什么上北京来？____
3. A. 在北京多久？____ B. 在哪里住？____家____车厂____别处____
4. A. 在什么地方吃饭？____ B. 会念白话报么？____ C. 会写多少字？____ D. 佛教____ E. 伊斯兰教____
5. A. 赁整天车？____ B. 赁半天车？早____晚____ C. 每天拉几点钟？____ D. 从多大年纪就拉车？____
6. A. 拉车多少年？____ B. 去年换过几回车厂？____今年？____ C. 拉车以后接连不断拉到现在么？____
7. A. 若没有老拉车做什么来着？____哪里？____多久？____
8. A. 拉车以外还做别的事么？____ B. 整年拉车么？____ C. 若不整年拉以外做什么？____做多久？____在什么月里？____
9. A. 会什么手艺么？____ B. 种地？____ C. 或别的事？____
10. A. 旗人？____ B. 拉车以前做什么事？____ C. 为什么不做了？____
11. A. 电车开以后打算做什么？____ B. 去年因病歇工多少天？____ C. 什么病？____
12. A. 病了见过医生么？____哪里？____ B. 中国药？____ C. 外国药？____
13. A. 上医院去过么？____哪里？____ B. 知道有不要钱的医生或医院么？____哪里？____
14. A. 每天平常进钱多少？____
15. A. 一得这些钱就早歇啦？____ B. 还是拉到平常收车的时候呢？____
16. A. 若是一天格外多拉了钱第二天就歇工么？____ B. 你自己一天给赁车钱多少？____
17. A. 整天的赁车钱多少？____ B. 自己的车么？____多少钱买的？____用几年了？____
18. A. 每天你自己吃饭用钱多少？____ B. 每月房钱多少？____ C. 几间？____
19. A. 去年你的鞋钱多少？____ B. 去年衣裳钱多少？____ C. 每月给家里送几块钱？____
20. A. 去年为家里丧事用钱多少？____是你什么人？____ B. 怎么得的这笔钱？____
21. A. 去年当多少钱东西？____ B. 利钱多少？____ C. 借过债么？____ D. 利钱多少？____从哪里？____
22. A. 现在欠债多少？____ B. 欠的缘故？____
23. A. 除去一切花费每年积蓄多少钱？____ B. 现在一共积蓄多少钱？____存在哪里？____做什么用？____
24. A. 上过粥厂么？____
25. A. 得过施舍的衣裳么？____ B. 或别的东西？____ C. 从哪里？____
26. A. 一月歇几天工？____ B. 为什么？____ C. 闲暇的时候做什么？____
27. A. 你家里除自己以外还有几口人一块儿过？____ B. 是你什么人与每人每月进多少钱？
28. A. 妻____子____女____父____母____兄____弟____别人____
29. A. 地多少亩？____
30. A. 全家每月饭钱多少（若车夫在家吃住）？____ B. 家里人每月饭钱多少（若车夫不在家）？____
31. A. 除你以外家里每年衣裳钱多少？____ B. 家里为宗教的事（解说）用钱多少？____
32. A. 家里人上粥厂去么？____ B. 得施舍的衣裳么？____ C. 或别的东西？____ D. 从哪里？____

（以外特别的情形）

第二问题表　访查人力车厂　　年　　月　　日　　钟点

调查人姓名________住址________调查警区________

1. A. 车厂地址____ B. 车厂名称____ C. 换过多少厂主？____D. 开多少年？____
2. A. 共有人力车多少？____ B. 专拉白天的多少（六点至四点）？____ C. 拉晚上的多少（四点至夜深）？____

3. A. 拉整天的（俗叫一人丁）多少？____从几点？____到几点？____
4. A. 每天多少车夫不到交车的时候就早将车送回车厂？____ B. 过时候送回车厂的有多少？____
5. A. 本厂冬天赁车人平均数目多少？____ B. 夏天多少？____ C. 每年新来赁车人多少？____
6. A. 每年离开本厂车夫多少？____ B. 就是每年换多少回人？____
7. A. 车夫为什么缘故离开换地方？____
8. A. 赁车钱（俗叫车份多少）？新车____半新车____普通车____
9. A. 贵厂车夫将车拐跑多少回？____ B. 为什么缘故？____ C. 找回多少来？____
10. A. 车夫赁车谁作保？人保____铺保____别样保____
11. A. 本厂最老的车夫多大年纪？____ B. 最小的多大年纪？____ C. 车夫睡觉的屋子多少间？____
12. A. 有暗楼没有？____ B. 有在地下睡的没有？____ C. 夜里多少人在本厂睡觉？____ D. 白天多少？____
13. A. 睡的屋里也做饭么？____ B. 有厕所没有？____ C. 离睡屋多远？____
14. A. 房钱多少？____ B. 车夫犯以下几样嗜好的多少？吸烟____喝酒____赌钱____嫖____
15. A. 本厂本京人多少？____ B. 旗人多少？____ C. 京外人多少？____ D. 伊斯兰教教徒多少？____
16. A. 电车不久要开，贵厂对于这些车有何打算？____ B. 仍添新车么？____
17. A. 厂主在车业联合会不在？____ B. 职员不是？____ C. 已赴过几次会？____

（若有特别可注意的情形写在下面与背面）

第三问题表 访查人力车夫家中情形 年 月 日

调查人姓名________住址________调查警区________

1. A. 车夫姓名____ B. 年岁____ C. 住址____ D. 旗人不是？____ E. 结婚多久？____
2. A. 共生过多少子女？男____女____ B. 现在活着多少子女？男____女____ C. 车夫的父亲的职业？____
3. A. 房钱每月多少？____ B. 几间？____ C. 院内共住多少家？____ D. 共有多少人？____ E. 共有多少间屋子？____
4. A. 他们的职业是什么？____ B. 全家（车夫在内）饭钱每天平均用钱多少？____
5. A. 平常每顿饭吃的都是什么东西，与每种东西用钱多少，详细列下：
6. A. 早饭：________
7. A. 晌饭：________
8. A. 晚饭：________
9. A. 每天煤火钱多少？冬天____夏天____ B. 每天煤油钱多少？____
10. A. 全家一年添多少钱衣裳？____ B. 得过什么周济没有？____
11. A. 值多少钱？____ B. 从哪里？____ C. 平常家中每年当多少钱东西？____
12. A. 去年借多少债？____ B. 利钱多少？____ C. 完全靠着车夫吃饭的几口？____
13. A. 全家有什么人与每人每月进钱多少，详细列下：
14. A. 车夫____ B. 妻____ C. 子____ D. 女____E. 父____
15. A. 母____ B. 弟兄____ C. 姐妹____ D. 别人____
16. A. 全家有多少产业？____ B. 从去年到现在家中谁有病？____ C. 什么病？____
17. A. 在哪里医治？____ B. 花多少钱？____
18. A. 院子的大小和情形____
19. A. 厕所的位置和情形____

（以外若有可注意的情形，写在下面与背面）

（北京社会调查社 Social Research Council 编 1924）

以上问题表经过几次的讨论与试验才有现在的格式，原来的问题没有这样长。问题表的长短，各有好处：问题表短，容易调查，但只能知道大概；问题表长，调查颇难，但知道的事多。至于如何与车夫谈话，如何访问车厂主人，如何到车夫家中调查，种种手续限于篇幅不能尽述，只能略说几句。与车夫谈话，随时随地都有调查的机会，但要得表中详细情形，最好叫车夫到一方便清静的屋子，与他谈话。对于访问车厂主人，最好能有人介绍，或与他的友人同去访问，使他知道我们的调查，与他的买卖没有妨碍。对于第三问题表，请有常识的女子到车夫家中，与他家里的妻子父母等谈话。总而言之，这些被调查的人，多半是没受过教育的苦人，所以他们自己不能填写问题表，又不懂调查是什么东西，自然不免有怀疑的地方，所以选择调查的人甚为重要，因为调查所得结果可靠与否，差不多都在调查人手中。调查人必须是一个忍耐、谦逊、随机应变、能与平常人表同情的人。

北京洋车历史与现在大概情形

在光绪十二年，即西历 1886 年，北京发现几辆洋车。至光绪二十四年，即西历 1898 年，才有营业人力车自天津流行到北京。因为人力车原来是从日本传到中国，所以人都叫作东洋车。到光绪二十五年出赁人力车厂不过几处，每处车厂有车不过一二十辆。车的形式与现在不同：车把高而短，带铜铁尖钩，车身包钉铜铁片，车轮用铁皮，车过时响声甚大。至光绪二十六年，即西历 1900 年，义和团兴起，扶清灭洋，遂将人力车尽都砸毁。光绪二十七年京都秩序恢复，又有人设立营业人力车厂。当时人都不肯雇用，妇女尤以坐人力车为羞耻。不久风气大变，坐车人日见加增。人力车厂也随着各处林立，营业甚为发达。交民巷拉洋人的车夫多，以跑快为荣，彼此竞赛。其中健儿加以伊犁马火车头种种外号，往往奔跑过度，吐血身亡。至宣统元年，即西历 1909 年，胶皮人力车渐渐加多。不到一二年人渐以坐旧式铁皮车为耻，多用新式胶皮车，因为比旧式车稳当舒服，而且拉车的人又甚省力。所以至民国成立时铁皮车就完全在北京绝迹了。现在在北京制造人力车铺共有 75 处，出赁人力车厂有 931 处，城外四郊人力车厂约 300 处，合计全城人力车厂 1 200 余处。厂中洋车数目自 1 辆至 400 辆不等。京都市工巡捐局征收营业人力车捐，按月计算每辆铜元 40 枚。

对于自用人力车月捐铜元40枚，季捐120枚，一次交半年捐220枚，一次交全年捐440枚。每辆人力车必先向区署领取执照即车牌，自用车执照一个铜元60枚，营业人力车铜元40枚。车夫能自己买车的百人中不过二三人，其余都是从车厂赁出，每日交车费铜元数十枚。车厂主人对于车夫极其严厉，稍不如意即令停赁。现在车厂主人的赚利不如从前，因电车已开多不敢再添新车，现在街上人力车多半破烂污秽。一辆平常新洋车价值70元，可用五年之久。第一年修理费2元。第二年须换新外袋一副价洋12元，与修理费合计需15元。第三年须换新车箱一个价洋11元，与修理费合计14元。第四年须换内外皮袋各一副，与修理费合计18元。第五年修理费5元。五年费用与车价共计124元。第一年车主可进赁车钱60元，第二元进46元，第三年38元，第四年32元，第五年27元。合计五年进款203元。除去出款124元，下余纯利79元。五年之后若车不太坏，仍能继续修理出赁。所以一辆洋车若不格外受伤，可赚利100元上下。

访查人力车厂调查结果

调查时期 调查时期在民国十三年十一月与十二月十六日以前。此时期内有几样可注意的地方。本年夏季京津一带水灾甚重，粮米收获甚少，穷人多到北京来求生活。十月内山海关吴张大战。十月底冯军返京主和。军人各据一方，火车多为运兵之用。北京先有米荒，后有煤荒，以致人心惶惶。十一月执政府成立，大局稍定。然铜元价值跌落，每银元可换278枚。贫民益苦，米面较前一年增加一倍，人力车夫亦向坐车人加倍索取车资。调查完毕的这一天，正是电车开行的前一日，所以正在人力车营业最发达的时期。

车厂地址分配 北京城内分为20警察区，各区都有车厂。今将制造人力车铺、出赁人力车厂，与被调查的车厂数目，按警区分配列表于下：

警察区	调查车厂数目	共有车厂数目	制造车铺数目
中一	15	44	3
中二	8	13	0
内左一	3	43	3
内左二	24	77	7

续前表

警察区	调查车厂数目	共有车厂数目	制造车铺数目
内左三	10	108	7
内左四	22	86	6
内右一	4	33	7
内右二	6	69	0
内右三	11	50	2
内右四	19	116	8
外左一	6	11	1
外左二	10	42	11
外左三	7	45	1
外左四	4	6	1
外左五	16	14	2
外右一	2	15	2
外右二	2	14	4
外右三	5	72	8
外右四	7	28	2
外右五	8	43	0
总计	189	931	75

被调查的人力车厂为全数的五分之一，以外在朝阳门外调查车厂 7 处，在阜成门外调查 4 处。总计调查数目共 200 处。

车厂开设年数　今将所答年数、车厂数目，及按百分数总起列下：

开设年数	车厂数目	百分数
1 年	12	6
2 年至 5 年	47	23.5
6 年至 10 年	72	36
11 年至 15 年	34	17
16 年至 20 年	26	13
21 年至 23 年	9	4.5
总计	200	100

200 车厂平均开设年数为 9 年。以开设 6 年之久的为最多，占 19 处；开设 8 年的次之，占 18 处；开设 7 年与 2 年的又次之，各占 16 处；再其次为 4 年，占 15 处；最老的车厂开设 23 年，即光绪二十七年，庚子义和团后一年所开办。车厂关门的时候，车主就将车卖出，另换字号。小车厂多用车主之姓，如主人姓

张，则称张家车厂。大车厂多有字号，如宝兴、吉田等名称。

各车厂人力车数目　列表如下：

人力车辆数	车厂数目	总计
3～5	17	69
6～10	51	513
11～15	27	346
16～20	31	580
21～25	14	328
26～30	12	353
31～35	6	205
36～40	9	457
41～45	6	263
50	5	250
60	7	420
65	1	65
70	1	70
75	1	75
200	2	400
	200	4 294

看上表可知6辆至10辆的车厂为最多，有51处，占全数25%。其次为16辆至20辆，与11辆至15辆为最多。合计6辆至20辆的车厂数目有109处，占全数50%。由此可知北京车厂大多数是很小的。过50辆车的车厂不及20%，在百辆以上的车厂不过2%。按所调查的200处车厂平均计算，每处有21.5辆的人力车。按警察厅所报告北京城内20区共有车厂931处，共有营业人力车29 000辆，每车厂平均数目为31辆。

拉半天的人力车夫数目　北京车夫有拉半天与拉整天的分别。拉早半天的从五六点钟拉到下午四点钟，拉晚半天的从下午四点钟拉到半夜两三点钟。两个车夫倒换拉一辆车。有的车夫一人拉一辆车，出车与收车的钟点随他自己的便。有的车厂只叫一人拉一辆车，赁车钱较二人合拉一车便宜，因一辆洋车日夜使用，甚易损坏，必须常常修理，所以赁车钱较贵，两个车夫合交车费。按所调查的200处车厂，拉早半天与拉晚半天的人力车各占2 323人，合计4 646人。

拉整天的人力车夫数目 200处车厂共有拉整天的车夫数目1 958人，与拉半天的4 646人，合计得6 604人，为调查人力车夫的总数目。今将各车厂拉整天的车夫数目，与各车厂共有人数按百分比例，列表如下：

车厂数目	1	5	6	16	12	4	20	6	1	7	2	6	5	1	2	43
百分数	5	10	15	20	25	30	35	40	45	50	55	60	65	70	75	100

共计许拉整天的人力车厂137家，其中43家车厂的车夫都是一人拉一辆车。以外有车厂63处都是二人合拉一车。按以上的统计可知拉半天的车夫占70%，拉整天的车夫占30%。

冬季夏季车夫数目比较 冬季的时候京兆农民没事，有到北京拉车的，到春天耕种的时候又从北京回家在田地做工，所以北京车夫数目冬天往往比夏天稍多。按调查的结果，冬季人数总计6 604人。今将各车厂车夫数目列表如下：

车厂数目	34	66	37	19	13	5	7	5
车夫数目	3～10	11～20	21～30	31～40	41～50	51～60	61～70	71～80
车厂数目	2	5	1	3	1	1	1	
车夫数目	81～90	91～100	101～110	111～120	121～130	200	400	

按200处车厂人数计算，每车厂平均得33人。夏季车夫数目共调查车厂195处，得6 094人，每车厂平均得31人。195处车厂冬天人数为6 515人，与夏天人数比较，相差421人，每车厂平均相差2人，冬天比夏天人数多6%。按所调查的人力车4 294辆计算，每辆洋车平均1.5车夫，差不多3个车夫拉2辆洋车。

车夫每日拉车钟点 车夫从出车到收车的时间，每天约10点钟之久。50%车夫不到交车的时候就早将车送回车厂，其余50%按时交回车厂，只有4‰的车夫在该交车时以后拉回车厂。因车厂主人对于按时交车非常严厉，恐怕有丢车的事情。车夫有坐客的时候，不过每日四五点钟，其余时间多在路旁招呼行人雇车。

各车厂每年换人次数 200处车厂换人次数总计3 991回，为车厂总人数60%。每车厂平均换人20次。今将各厂换人次数，与各厂人数之百分比例，列表如下：

车厂数目	1	1	6	9	22	18	22	16	23	8	18	17	1
百分数	0	15	20	25	30	35	40	45	50	55	60	65	70
车厂数目	8	10	4	3	2	1	1	1	1	1	1	4	1
百分数	75	80	85	90	100	115	120	125	135	140	145	150	200

车夫更换车厂原因甚多，最普通者为下列数种：（一）同样的车，别处赁车费较贱。（二）欲换较好之车，拉稍讲究的坐客；或欲换较劣之车，少交车费。（三）看见他处车厂能得较好之房间，或投脾气的伙友同居。（四）换到位置较好的车厂，临近多拉钱的停车处。（五）病时歇工，或回家过久，原车被别人赁用。（六）不守车厂规则，将车转赁别人拉客，为车主查知，或车夫常常酗酒滋事，为车主辞退。（七）不按日交车费，车主不许再赁。（八）谋得别的事做，不再为牛马的生活。

在北京一旦失业的人，必须糊口养家的时候，不肯流为乞丐与盗贼，以暂时拉车为最后不得已的一步。所以车厂换人次数比较别的事业为多。

赁车费 车厂主人向拉车人索赁车费列下：

新出头等洋车	灯铃俱全	每月银元	6 元
新出次等洋车	同 上	每月银元	4 元
新出头等洋车	同 上	每日铜元	60 枚
新出次等洋车	同 上	每日铜元	40 枚
普通营业洋车	有灯无铃	每日铜元	30 枚
同 上	同 上	每半日铜元	20 枚至 15 枚
同 上	同 上	每夜铜元	20 枚至 15 枚

车夫自己有人力车的占 3%，其余 97%车夫，从车厂赁车。今将整天车份即赁车钱，与人力车辆数，按百分数列表如下：

车辆百分数	7	21	20	12	24
赁车费（铜元）	15～20	21～25	26～30	31～35	36～40
车辆百分数	2	8	2	1	
赁车费（铜元）	41～45	46～50	51～55	56～60	

平均每辆车辆车费每日铜元 30 枚。若两车夫同赁此车，一人拉前半天，一人拉后半天，则需铜元 40 枚，每车夫交 20 枚赁价。因较一人单拉，洋车稍废。

车厂丢车数目　调查的 200 处车厂中，丢过车的有 96 处。自开设以来，共丢车 588 辆。设法找回的洋车 204 辆，不及丢的一半，其中有 46 处车厂未能找回一辆。若以 200 处调查的车厂计算，平均每车厂丢车二三辆，能找回的不过一辆。车夫从车厂赁车的时候，并没有妥实的铺保，乃都是车夫保车夫。他们都是穷人，车虽然丢了，保人也赔不起车价。车主只可尽力追寻，若不能找回，多半只可认命。丢车原因有几种：（一）车夫一时拉不上钱，不能吃饭，又不能交赁车费，进退无路，遂有将车拐跑的行为。（二）有时车夫赌博输钱太多，遂起不良之心。（三）有时车夫粗心，用饭时将车放在门外，有奸人拉跑。（四）有时车夫将车转赁与他不很熟识的人，自己歇几点钟，车夫行话，谓之撒鞭。因此将车拉走，一去不回头，很难追究下落。赁车车夫很穷，又不是自己拐跑，车主只得叫苦而已。（五）有时车夫被车主苦待，仇恨在心，遂用拐车的法子报复。（六）有专买拐车之处，暗暗勾引车夫，行话谓之买黑车。买后将车的一部分或颜色改变，使原主无法辨认，再暗中将车卖出。（七）又有歹人坐车，将车夫雇到黑暗没人的地方，与同伙下手劫车。（八）也有时车夫只将车辆内袋拿走卖出，将车掷在小胡同内，或逃往远方，或入军队当兵。总之，车夫多因为饥寒疾病所迫，或环境恶劣，才发生将车拐跑的行为。救济的方法，必须改良他们的外围，与增进他们生活的程度。

车夫岁数　从车厂调查车夫岁数，只问最年长与最年轻的多大岁数。按警章，车夫年龄至小必须到 18 岁，至老不得过 50 岁。但近年来警界人员往往欠饷不发，以致对于管理人力车细则，未能认真办理。现在车厂中车夫从 15 岁到 66 岁。在街上往往发现十三四岁的儿童拉车，巡警也不过问。实因北京贫民太多，非有为他们根本筹生计的办法不可。在去年十月调查车夫 100 余人，今将他们的岁数与人数按百分数列下：

车夫百分数	6	19	12	11	12	11
年岁	15～20	21～25	26～30	31～35	36～40	41～45
车夫百分数	12	8	5	3	1	
年岁	46～50	51～55	56～60	61～65	66	

人力车夫在车厂睡觉人数 在所调查的200处车厂里，不住车夫的车厂有53处，住车夫的车厂有147处。共有2 378人在车厂睡觉，为所有车夫总数的36％。车夫住房共有347间屋子，今将各车厂屋子间数列下：

车厂数	61	2	39	29	8	1	1	2	3	1
间数	1	1.5	2	3	4	6	7	9	10	25

以147处计算，每车厂平均住车夫16人，每间屋子住六七个人。今将每间睡觉人数与车厂数目列表如下：

车厂数目	1	6	2	15	21	1	22	3	18	2	13	1	5	20	5	5	4	2	1
每间人数	2	3	3.5	4	5	5.5	6	6.5	7	7.5	8	8.5	9	10	11	12	13	14	16

车主每夜向车夫要房钱自1枚至5枚铜元。147处车厂中，每夜1枚的车厂3处，2枚2处，3枚15处，4枚14处，5枚3处。要房钱的车厂共44处。不要房钱的车厂共103处，赁车钱将房钱包括在内。屋中极其拥挤，除普通睡炕以外，有在地下睡的，有在屋子内空中搭木板一层在上睡觉的，一间屋子竟能容十五六个车夫。屋中只有炕，没有空中木板或在地下睡的车厂有96处。有炕，有睡在地下的车厂9处。有炕与空中木板的车厂26处。有炕、木板，与在地下睡的车厂16处。平均每间车夫11人。有木板的车厂42处。在地下睡的车厂25处。屋中有木板，或睡在地下，二者必有其一的车厂有35处。平均每间八九个车夫。所调查的147处车厂之中，车夫也在住的屋中做饭的138处，占94％。不在屋中做饭的车厂有9处，占6％。车厂里为车夫预备厕所的51处，占35％。不为车夫预备厕所的有96处，占65％，车夫须到厂外，自己找方便地方。

车夫的嗜好 200处车厂中吸烟的车夫共有5 089人，占车夫总数77％。喝酒的车夫共有2 918人，占车夫总数44％。至于赌钱人数，车厂主人不肯告知。

车夫嫖的人数更难调查，只有一处车厂有车夫 95 人，嫖过的四五人。

人力车夫分类　被调查的车夫有 6 604 人。其中生长在北京的有 3 348 人，占 51%。自北京城外来的有 3 256 人，占 49%，其中京兆与直省人居多，山东次之。旗人数目为 1 310 人，占 20%。自民国成立以来，旗人生计极其艰难，拉车为业的一天比一天多，恐满人中拉车的不止此数。车厂主人不准知道旗人数目若干，旗人自己又多不肯告人自己在旗。因原为皇族，现在落到拉车地步，颇以为耻。拉车的伊斯兰教教徒有 428 人，占 6%。天主教教徒 7 个，占 1‰。

车业联合会　民国二年时有京师人力车联合会成立，为出赁人力车行所组成。不久无形取消。至去年春季，因警察厅对于车捐有加增的提议，遂又有车业联合会成立，为制造车铺、马车行、脚踏车行及出赁人力车厂组成，专为交涉加捐的问题。发起者为起顺、富有、大东等车行。分北京 20 区为 10 部。推举大车行为部长，召集会议。总会长为西交民巷起顺车行主人。会中组织简单，团结力亦不甚大。在调查的 200 处车厂中，赴过会议的有 76 家，占 38%。没赴过会议的 124 家，占 62%。至于人力车夫虽有 60 000 之众，但知识简单，向来没有团结的能力。

电车与人力车营业的发达　现在北京车厂因电车已开，暂时多不添买新车，恐怕将来营业不如从前。至于车夫多半得过且过，对于将来没有一定的打算。在去年十二月电车将开的时候，该公司管理宣传事务的人发出传单，证明电车不妨碍洋车的发达，谓 1906 年至 1919 年之间，上海的洋车由 12 594 辆增至 14 726 辆等等的话。这个辩护方法已经为北京某报纸反驳，大意谓若是我们考查上海一般统计，可见该埠各物每年的增加在 8%与 10%之间，所以上海若投有电车，由 1906 年至 1917 年，洋车应按此率增加到 25 188 辆，至 1919 年应增至 29 000 辆，至本年应达 31 500 辆，必不仅如今日的 14 000 辆。由此可证上海电车实阻碍洋车营业发达，北京电车公司若欲辩护，应另用他种方法云云。按北京各物每年的增加远不及上海，电车不但影响洋车业将来的发达，就是现在已经有的车厂，必须倒闭的一定不少。对于如何救济失业的车夫，尤为目下不可再缓的问题。北京创办电车，是大家所欢迎的。我们盼望该公司速速实行为车夫设立工厂的应许，收容这些无业的贫民。

（以上的报告，不过将现在已经调查的一部分结果，在匆忙中总起，供献阅者。详细的调查不久完毕，或能以后继续发表。再者，看《社会学杂志》的诸位先生中，若有对于这项调查，觉得有趣味，能按以上问题表，在别的大城调查洋车情形，与北京的情形比较比较，更是我们在北京调查的人所希望的。)

(载《社会学杂志》第2卷第4期，1925年)

家庭工资制度

导 言

今日我国大多数工人生活之状态似有坠落于最低限度之生活标准以下之趋势。所谓最低之标准即工人之家属得有适当之衣食住等日常生活上所不可缺之基本需要是也。过此标准以下，则人身之健康即受损害。久而久之种族亦渐有衰弱矣。试观我国工人之食品，种类简单。不但滋养料不足，且数量亦往往不足。推其结果，自工人本身言之，不能培养筋力，振作精神改良技术。因而工人之天才不能发展，生产之效率不能增加。如是而期一国之实业发达难矣。自工人之家庭方面言之，工人之子女所得之遗传已属不幸，而生后之环境又不适宜。幼时身体不能得正当之发育，又无受教育之机会。结婚以后而生子女，又为他人之父母。如此繁衍，其影响至巨。势将一代不如一代，流毒传诸无穷。或谓中国人身量小，寿命短，抵抗力微，易染结核沙眼等症，精神萎靡，缺乏勇敢进取之气概。其主要原因在于养生物之不足①，研究社会问题者应注意也。自近年新式工业创设以来，工人之生活未见提高，反有江河日下之趋势。吾人无论为人道计，为工业之发展计，为国家之富强计，为种族之优良计，诚不可不亟谋救济之方也。

---

① Wu，Hsien：Chinese Diet in the Light of Modern Knowledge of Nutrition，*The Chinese Social and Political Science Review*，Vol. Ⅺ，No. 1，January，1927，p. 74，Peking，the Chinese Social and Political Science Association 1927.

夫欲改善工人之生活，非增加其度日费不为功。而工人经济之惟一来源厥为工资。故不言提高工人之生活则已，苟欲言之，在今日经济制度之下，工资实为该问题之中心。普通而论，目下工人之工资或仅能维持其本人之健康，实不足以供养一通常之家庭。如何能使一切工人之家属不坠落于最低限度之生活标准以下？此即本篇所欲讨论，且有望于明达之指正者也。

家庭工资之意义

吾人莫不承认家庭为文化之基础。家庭观念在世界各国间又以我国为最深，至今仍为社会组织之单位。凡巩固家庭之设施，多获吾人之同情与赞助。故家庭工资制度之名辞虽似新颖，然未必不适合我国人士之心理，而予以深刻之注意也。

家庭工资之意义有二：一为绝对的家庭工资，即各工人之工资至少应能维持一标准家庭最低限度之生活是也。一为非绝对的家庭工资，即各工人之工资应按照各家庭之需要而有差别。本篇所欲详细研究者属于后者。

或曰，苟因工人之子女多即须付较高之工资，则雇主必不欢迎大家庭之工人，而愿雇独身或小家庭之工人。如此，则子女较多之工人岂不有失业之虑乎？是欲利之，而反害之矣。应之曰，不然。若欲施行家庭工资制度，须有适当之办法使雇主无歧视何类工人之弊。应付此种危险，在欧洲已有所谓家庭补偿金（Compensation Fund）之设施矣。其办法即一地方全体或一部分之雇主，或全国中某类工业之一切雇主联合集成一种公积金。按各雇主每年支出工资之总额，或一切工人之总数，而定其每年应摊之款额。即以此项款额补助已结婚及有子女之工人，但限于在彼等工厂内作工者。且按家庭中子女数目之多寡而分等级。如此则许多雇主共同担负捐款。无论各雇主之工人种类如何，与其支出之款额毫无关系。斯能避免雇主歧视结婚工人之危险矣。此种办法诚与改善工人家庭之生活大有关系。本篇将详细讨论之。

或曰，我国之实业方在萌芽时期。此种新工资制度发生，岂不重添一层困难乎？吾谓不然。我国各种工业虽开办未久，而劳动阶级对于资本家已渐发生冲突，必将因近来生活费之增涨而更形不满。或将激成巨变，亦未可知。此非由于工人性质不良，实生计问题有以驱之也。近年以来有识之雇主虽有各种津贴如养老、失业、危险、殡葬等之设施，但皆属枝末，不足以应付当今之潮流。家庭工资制度实可防祸于未然，消患于无形，而为劳资协调之最缓和而又最有效力之良剂也。

家庭津贴制度在欧洲发展之原因

十余年前按家庭之需要而付不同之工资者，只有法国铁路公司及一二种特别工业。现在享受此种制度之工人在全欧已达数百万，已成政治及经济之重要问题。考其发展之原因，实由于大战之影响。开战后二年各国皆因战费过巨，致零售物价增涨极速。工人之生活遂成重要问题。为应付此种困难，遂倡行家庭津贴费之制度（family allowance system）。发起此种制度者以为适合一阶级工人之需要，不如适合各阶级工人之需要。已婚工人所得之津贴应高于未婚之工人。子女多之工人又应高于子女少之工人。如此方为公允。但所有工人之工资一律增高，则恐雇主不能担负。故最便捷之办法莫过于家庭津贴制度也。除解决面包及黄油之问题外，又有人口问题。即以最显著之法国而论，战前民人死亡率超过生产率，战后壮男伤亡甚众，生产率益见减缩。此种现象虽道德及宗教观念之变迁有以致之，而经济之压迫亦未尝非其重要原因之一也。长此以往，必致国势日渐低落，工人缺乏。后者尤为实业家所顾虑。即比、荷、德等国亦莫不有同样之恐慌。为国家威权计，为商业发展计皆不得不施行家庭津贴制度矣。况自20世纪以来，改良工人家庭生活之情形，已成一种社会运动。而基督教徒又极力遏止人工限制生育之流行。有此种种动力，家庭津贴制度所以风行于全欧也。

家庭工资之原则

何谓工资？工资当根据何种原则？此种问题经济学家已讨论久矣。有谓工作为一种货物，与他种货物相同，应以最低之价格购买者。亦有谓同等之工作应获同等之报酬者。此种解释所注意者为工作，而非作工之人也。反对此种论调者以为此种见解太属机械，而违背人道。夫工业及财产是为人类而存在，非人类为工业及财产而存在也。故应首先注意工人之福利，使其所得工资足以维持适当之生活。始能完成天赋与人之基本本能，即自存与传种。故早有主张绝对的家庭工资制度者。是说也并不违反同等之工作获得同等报酬之原则。不过以为工资之制定应以所关模范家庭之需要为标准耳。因此而生之难题，即何种家庭方为模范家庭是也。有谓模范家庭即经常之家庭或平均之家庭。然按之实际不易确定。即以今日盛行生育节制之国家而论：一二子女之小家庭已为经常之家庭矣。若以生育节制为不道德之标准而言，则以此种经常之小家庭为反常之家庭矣。若以有四五子女之家庭为模范家庭亦不适当。且雇主之工资担负亦大受影响。若以一切家庭人口之平均数为制定工资之标准，则至少有三分之一之家庭不能得适当之供餐。此种子女较多之家庭遂不得不有以下数种办法：（一）在生活程度之水平线以下度日；（二）倚赖慈善机关之救济；（三）工人自愿增加其作工之时间，藉得额外之收入；（四）妻及子女亦出外作工，补助家庭之费用；（五）超过平均家庭之人口得家庭津贴费。夫一、二两种之不适当甚为明显。第三亦非正当之办法，为父者无暇尽其教养子女之本分。且作工时间过久，易罹疾病。往往长子尚幼即须担负家庭经济之责任。第四即现今之状况是也，流弊滋多，吾人皆能道之。期不得不于第五种办法求解决之道矣。此种子女津贴费之设施乃破坏绝对的家庭工资制度，而倾向非绝对的家庭工资制度，且亦违犯同等工作获同等之工资之原则焉。

于此尚有一应行讨论之重要问题，即工作是否为制定工资之惟一标准，且此种标准是否公道。即以同等工作获同等之工资而研究之，实际上未必能完全办到。按每日或每小时付工资而论，各工人之制品不能绝对相等。即按件数或量数而付工资，所制货物之质量亦未必恰同。且对于同样之工作，男女之工资亦多不等。又常见商号中年久工人之工资高于新进之工人，年老之工人与年壮之工人工资不等。又同一工业，城市之工人工资往往高于乡间，或因城市之生活费高于乡间也。工会救济失业工人时，亦按工人家庭人口之数目而有差别。但各工人缴纳之会费无不同也。是所尽之义务虽等，而所获之利益未必相等也。再以雇主为工人所付之保险费或健康费而论，亦以工人家庭之需要规定款额，不顾其生产能力也。如此观之，同等之工人获同等之工资，实际断难办到。此乃以工人家庭之需要为制定工资标准之主要论据也。与其谓同等之工作获同等之工资，勿宁谓同等之工作应享同等生活之为愈也。

或曰，若工人卸去子女需要之负担，则工作必不如从前之勤奋。然按之实际亦不如是，因解雇之工人亦同时失去子女津贴之权力也。故工人必须保持其工作。且家庭不能糊口之工人必渐起仇视雇主之态度，而不忠于工作。反之，衣食充足之家庭最能增加工人对于工厂主人之好感。而生产之数量及质量亦必随之而增进矣。

总之，工资之制度当根据三种原则。第一，工人之生产力，即一定之效率必须维持。第二，雇主付给工资之能力，即工资之增加不能超过能付之限度。第三，工人生活之需要，即工人不应被强迫在合理之生活标准以下度日，即人命尤贵于金钱也。理想之模范工资，须调协此三方面之均衡。忽略前二者，则有供给缺乏及经济破产之危险。不顾后者，则恐引起经济制度之革命。

家庭津贴制度之起源及发展

家庭津贴虽在欧战之际始为一般人所注意，而其起源已早在 70 年前。西历 1854 年法国洼德泊之阿麦勒氏工厂（The factory of Monsieur Hamel at Val-des-Bois）尝规定工人家庭最低之适当生活费，即以此为付工资之标准。子女较多之工人另付额外补助金，使能维持其生活。此即家庭津贴制之权舆也。数年后法国政府机关、铁路及银行亦有采取此制度者。1862 年由海军总长之建议，制定一种制度。凡服务 5 年以上之通常水兵，其 10 岁以下之子女每名每日付 10 铜币（每百枚铜币等于 1 佛郎）。1908 年凡结婚之水兵皆供给住房。1913 年又规定一切海陆人员之子女，除头生外，凡在 16 岁以下者，每年付 200 佛郎之津贴。此后他部亦有同类之设施。邮政及电报局之人员，凡年金不满 2 000 佛郎者，自其第三子女起，在 16 岁以下时，每年付 50 佛郎之津贴。教育部之规定亦同。此项制度之大发展在 1916 至 1917 年之间。此时期内物价奇涨，如何应付生活费之突增遂成一大问题。1917 年四月，法政府决定维持在政府服务人员之生活标准。凡每年基本薪金未满 4 500 佛郎者，其 16 岁以下之子女，每年付 100 佛郎之津贴。凡未超过二子女之人员，年金至高为 3 600 佛郎。1917 年八月，增加年金至 5 000 佛郎。1918 年三月，增加年金至 6 100 佛郎，第三及以下之子女每年付 200 至 300 佛郎之津贴。是年十一月又废止最高薪金之限制律，同时第一、二子女之津贴增至 330 佛郎，第三及以下之子女增至 480 佛郎。法国之城市共 310 处。1916 年只 28 处施行家庭津贴制度。至 1920 年增至 206 处。法国 10 万人口以上之大城共 15 处。实行此制度者已达 14 处。铁路公司之首倡家庭津贴制度者为诺尔（Nord）及奥利昂（Orleans）。自 1890 年至 1916 年，各铁路公司约定一切男女职员及工人之子女皆付津贴。在 16 岁以下之第一子女每年 50 佛郎，第二、三子女 100 佛郎，第四及以下之子女 200 佛郎。至 1918 年第一、二子女之津贴增至 150 佛郎，以下之子女增至 300 佛郎。至 1919 年，每孩又增加 180 佛郎，且有发给生育补助费者。法国之矿业界于大战以前已有施行家庭津贴制者，至战期内乃大形发展。1917 年一切雇主约定每孩付 300 佛郎之津贴。以上所述为政府及规模甚大之事业，实行此项制度颇易，因不甚影响其费用也。今日领津贴费者达 50 万人，每年津贴额达 180 000 000 佛郎。至于此种制度之发展于普通工商业中，则不如政府及规模较大之事业。

1906 年革闰拿布勒（Grenoble）地方热心公益事业者创立圣布儒诺平民社（Ruche Populaire de Saint Bruno），以合作、互助及研究社会问题为宗旨。委员中有商人、制造家及工人，且有一神父及一律师。彼等每月集会一次，讨论解决各种问题之方法。先自在会人员之工厂或商店中试办。成绩佳者本地亦多仿照施行。1916 年委员中之工人代表力言工人之工资不足维持任何适意生活之标准。委员会遂派定儒玛诺氏（Romanet）实地调查金额及工程工人之八家生活情形。彼等之收入果然不足养家费用。乃决定凡在 13 岁以下之子女皆付津贴费。有一孩者每月 7.5 佛郎，二孩者 18 佛郎，三孩者 31.5 佛郎，四孩者 48 佛郎。是年本地工程公会集会讨论赞成此种办法，且令一切工厂一律实行。1917 年法国北部儒北（Roubaix）有 20 商号为工人家庭生活问题组织家庭社（Familia），讨论办法。至 1919 年实行捐款。至 1920 年加入之商号竟达 300。遂组一联合会管理捐款。各处仿照施行。是年法国之公积金已达 50 处，1921 年 70 处，1922

年 92 处，1923 年 120 处，1925 年几达 200 之数矣。兹将创设捐款之日期、雇主数目、工人数目、得津贴之儿童数目及每年所用之款额，列表如下[①]：

日期	雇主数	工人数	领款儿童数	每年用款额（佛郎）
1918 年一月		598		113 352
1918 年七月		5 300		59 352
1919 年七月		37 054		3 098 379
1920 年一月		57 449		4 873 493
1920 年七月		398 519		51 745 664
1921 年一月		512 518		65 912 198
1921 年七月				75 000 000
1922 年七月	5 500	700 000		80 000 000
1922 年十一月			270 000	
1923 年六月	7 600	880 000	300 000	92 000 000
1925 年六月	11 200	1 210 000		160 000 000

法国中央政府工人领家庭津贴者约 78 万，80 区及 206 市政府之工人约 15 万，铁路工人约 40 万，矿业工人约 23 万，私办商号之工人约 10 至 20 万。至 1925 年七月间，估计法国在施行家庭津贴制度之机关及商号中工作者不下 300 万人，津贴之总额不下 1 亿佛郎。

1920 年，法国巴堪阿司克氏（Bokanowski）建议主张强迫全法一切雇主施行家庭津贴制度，以免施行此项制度者居于不利之地位，而不顾工人福利之雇主反得利益。划一之办法实为公平。此项议案竟遭雇主极端反对，谓在政府管理之下不但用费增加，且不能适合各地方之特别情形，故最好政府不必干涉也。此种建议虽未能通过，而雇主之加入此项制度及新组公积金团者反甚形踊跃。因宣传者谓若雇主自动捐输公积金所费仅为工资总额 2%，且能适合彼等之情形。一旦政府接管则至少须增至 5%，而分配之权在官吏之掌握矣。故凡不加入是项制度者正贻政府以口实而实行强迫办法也。

1920 年法国之一切公积金团决定组织一中央机关，命名曰补偿金中央委员会（Comite Centrale des Caisses de Compensation），凡重要之公积金团均有代表。其任务为宣传，互通声气，报告成绩，提倡组织新公积金。已开五次全国会议，第一次 1921 年七月在巴黎，第五次 1925 年六月在罗安（Rouen）。

---

① Vibart, Hugh H. R.: *Family Allowances in Practice*, p. 81, London, P. S. King & Son Ltd., 1926.

以上乃家庭津贴制度在法国发展之历史也。

比国于战前邮电局长赫雷普特氏（Helleputte）首倡同等之工作应享同等生活之标准，以替代同等之工作应获同等之工资之原则。一切邮电人员自第三孩起，未满14岁者每年付36佛郎之津贴。至1924年一切矿业皆施行此制。1925年，比国已有17处公积金团，内有2处属农业者。有此制度之私人工业约有工人37万。此外有铁路工人10万，政府人员13万，内有教员3万。统计约60万人。

荷兰自1916年荷兰父母及家长联合会（Netherlands Union of Parents and Heads of Families）政府首先施行家庭津贴制度。未几各处均仿效施行。但大都津贴甚微，且自第三或第四子女起方有补助费。其特色为各种工业之公积金团不为地域所限制，往往为全国的联合，且与工人以参与管理公积金之权。抑或因其国小而易行也。

德国自1905年已有试行家庭津贴制度者。战时生活费增高，此种制度亦随之发展。在1918及1919年之革命期间，高倡平等之声调。个人主义盛极一时。无论工人之精巧与否，独身或结婚，均主张一律待遇。遂废止生活费之津贴。至1920年物价奇涨，面包番薯尤甚。工人无法度日。经数大工业之提倡，此项制度又复活矣。至1925年矿业、工程、化学、纺织、造纸、印刷等业均有施行此制度者。统计与家庭津贴费有关系之工人约30万。

奥国于1919年亦因生活费之增高而施行家庭补助金。此外捷克斯拉夫、丹麦、芬兰、匈加利、挪威、波兰、瑞典、瑞士等国亦有此项制度之设施。①

家庭津贴应否视为工资之一部分

一般人士对于家庭津贴制度之见解约分四种：（一）为全部工资之一分，故为工人应得之权利。（二）为母对于社会国家扶养子女成人之酬报费，亦即彼等应有之权利。（三）雇主欲付最低限度之工资，但社会中主持人道者，为良心之驱迫，要求雇主对于工人每人所付之工资应足以完成其家庭之责任。（四）为一

① Vibart, Hugh H. R.: *Family Allowances in Practice*, pp. 47-50, London, P. S. King & Son Ltd., 1926.

种慈善事业或雇主之馈赠，亦可谓为雇主之一种义务。若以此种津贴为雇主之馈赠或慈善，是仍未能脱去以工作为货物之旧观念，所重者工作，而非作工之人也。此种看法深为工人所反对，盖彼等视此为应享之权利也。统而言之，虽各方面之见解不一，但实际上吾人不得不承认此种津贴乃根据家庭之需要，与工人之出产无直接之关系，且有时虽失业亦得津贴。故此种制度不过工业赢利之一种新分配方法，使工人之股份较前增加而已。即谓此项津贴为工资之一部分亦无不可。家庭工资云者，实即工人之普通工资与家庭津贴二者之总数也。

家庭津贴款额之规定

家庭津贴之主要功用原为应付工人子女之需要。关于儿童之生产及扶育，约有三项费用：（一）产前数星期、产生时期及产后二年内之费用；（二）儿童之意外费用，如医药费等；（三）儿童生长时期之衣食等费。应付此三种费用，法、比等国已有适当之办法：（一）付生产津贴自 100 至 200 佛郎，及看护津贴每月自 25 至 30 佛郎不等，有延至 10 月之久者。（二）雇主设备医药及卫生上之必要事项，且联合慈善机关时时注意儿童之健康。（三）最为重要，前二者不过短时期之费用，此则为较长之时期，按日、按星期或按月继续发给儿童之扶养津贴，直至成年为止。按之事实俨然为工资之一部分矣。平均计之，法国之公积金付一儿童之津贴至满 14 岁时为 3 500 佛郎，而生产费及看护费约 300 佛郎而已。津贴之数不能包括儿童一切之需要，恐津贴之规定太高雇主之加入公积金者因而减少也。在法国按月付第一孩之津贴自 10 至 25 佛郎，亦有仅付 1、2，或 3 佛郎者。普通多用累增法，即第一、二孩童之津贴恒少于后者。其用意以为二子女以上之母亲实无余暇出外工作也。在法、比等国亦有鼓励多生子女，增加民数之用意。在比国有付第四及以下孩童之津贴较付第一孩之津贴多 4 倍者。在法国未有过 1 倍者。亦有不分先生、后生，一律看待者。荷兰之雇主以为普通之工资已足供给一标准家庭之费用，故津贴之支给概自第四孩起。法国之普通办法第一孩使其父之工资增加 2%～5%，亦有增加 6%～7%者，但不多见。有四孩者每孩增加其父工资 4%～6%。儒北（Roubaix）地方之公积金付第一孩之津贴等于其父工资 8%～10%。四孩者每孩之津贴等于其父工资之 12.5%～15%。有五孩之工人较无孩之工人多获工资 10%。比国津贴之规定类似法国。在荷兰有四孩者每孩只增其父工资 2%，甚至于 1%。在德国不但有子女之津贴，即结婚之工人亦付其妻之津贴。款额之规定亦颇详细。兹将 1925 年秋季德国各处家庭津贴之款额与其工资率之关系列表如下①：

职业	区域	每小时工资率（分 Pfgs）	津贴额
金属工业之精巧工人	布瑞门与克勒（Bremen & Kiel）	75～120	每小时妻 1 分（Pfgs），每孩 2 分
同上	哥罗尼（Cologne）	72～130	每小时妻及每孩各 2 分
同上	曼亨姆（Mannheim）	84～120	每小时妻 2 分，每孩 1 分
化学工业之非精巧工人	曼亨姆（Mannheim）	65	每星期妻及每孩各 80 分
同上	伯林（Berlin）	66	每换班妻及每孩各 16 分
同上	斗特门（Dortmund）	67	每小时妻及每孩各 2 分
织工	伯林（Berlin）	82	每星期妻及每孩各 50 分
同上	艾桑（Essen）	63	妻之津贴在内，每小时每孩 1～3 分
自治市之精巧工人	大城市	80～90	
铁路之精巧工人（20 岁以上者）	随城市之大小而有差别	65～85	各处每小时妻及每孩皆 3 分

自上表观之，有一孩之工人较独身工人之工资多 3%～5%。荷兰民事人员之家庭津贴皆按其基本薪金规定，不得超过一定之限度。普通约为薪金 5%。德国亦有按工资之百分数规定津贴者。如伯林化学工业职员之津贴为薪金 10%。但普通多与工资无关。法国亦有按工资之百分数而付家庭津贴者。有付头生三孩各为其父工资 10%，第四孩为 12%者。有付前三孩各为 2.5%，第四孩 3.25%，有五孩者各付 5%者。

夫一孩之需用因年龄而不同。故津贴之发给亦应按年龄而有差别。至于一孩之费用到底多少方能维持其生活，按古克申司基博士之统计（Dr. Kuczynski's Statistics），1913 至 1914 年伯林一儿童之饭费等于成年男子 41%，衣着等于 35%；在 1922 年七月食品等于 36%，衣着 33%。据奥国基本工资委员会（Aus-

① Vibart, Hugh H. R.: *Family Allowances in Practice*, pp. 6-7, London, P. S. King & Son Ltd., 1926.

tralian Basic Wage Commission）之调查，1919年五口之家庭，其家主及主妇之食品费占总食品费70%，每孩占10%。换言之，即每孩之食品费为一成人28.5%，衣着费之比例亦略相同。又按饶垂氏（Seebohm Rowntree）之统计，10～13岁儿童之饭费等于成年男子60%，6～9岁之儿童等于50%，2～5岁之儿童40%，2岁以下之儿童30%。平均计算，得45%。若将一切百分比例按年龄数而权之，则得47%。一儿童之衣着费为成年男子42.8%。①

按以上之数字看来，一儿童之费用至少为一成年男子25%，至多40%。若基本工资或曰标准工资已能维持一男子及其妻之标准生活，则以基本工资之13%～20%为津贴即足供给一孩童之需用。若流行之工资已足维持工人夫妇与一孩之适当生活标准，则其他每孩之需要可减至基本工资11%～17%。再进一层，若标准工资已能供给工人夫妇及二孩之需用，则此比例数更可减至10%～14%矣。至于今日施行之家庭津贴已达此工资比例者甚少。故此种估计尚为未实现之理想。在最近之将来，恐不能达到此目标也。至于应否向此目标发展，尚属疑问。有关工业不宜担负儿童之一切费用者，盖彼亦国家及家庭之分子，故亦应分担此项责任也。有谓此种津贴当属捐助性质，至少家庭当供给子女之一部分费用，使儿童觉得彼乃属其家庭之父母也。若雇主完全担负儿童之需用，实足损害工人对于子女之责任及感情。赞成家庭津贴制度者谓此项津贴之目的乃减除家长经济方面之困难，而能充分尽其扶养子女之责任，并非完全代替父母对于儿童之天职，亦未尝伤及亲爱之关系。军人出征即是一例。当彼等在战场时，国家供给其家庭之费用，亦未尝发现兵士对于子女之兴趣及责任因此而减少也。何独工人即不如是耶？

支付家庭津贴之方法

支付津贴之方法约略分为三种：（一）主张津贴为工资之一部者，赞成将此项津贴加入标准工资内，与工资同时支付。（二）以为此项津贴并非工资之

① Vibart, Hugh H. R.: *Family Allowances in Practice*, p. 74, London, P. S. King & Son Ltd., 1926.

一部，故应与工资分别发给，不必同时亦不必同地。（三）以为此项津贴实为酬报为母者扶养子女之劳苦，故当直接或由邮局交付于孩童之母或保护人。第二、三种有由各雇主自行发给于其工人或其工人之妻者，有令合组之机关代办者。两种方法各有利弊。一方面视一切雇主为一体。一方面如津贴由合组之机关支给，则各雇主之工人或忘其津贴之来源，而失感激雇主之心。如每个雇主自行直接处理，则不致如此。亦有两种方法兼用者：雇主愿自付者听之，不愿自付者则由委员会代理之。各种方法虽有不同，但皆注意此项津贴之确实用于子女之身。此即赞成津贴应付于子女之母之重要之理由。盖恐为父者不将此项收入归入正用。反对之者则谓为有伤工人之体面。无论如何，公积金之管理委员宜随时调查是项津贴之是否用于正途。如用之不当，即停止发给，或另找保人监视其用途。此种办法亦有难处。盖若视津贴为工资之一部，则工人有自由使用之权，雇主不当干涉其家务也。若视之为雇主之恩赐，则雇主自有监视其用途之权。但又不免惹起工人之种种疑虑，甚或对于雇主反生恶感。故支付津贴之方法，自表面观之，似乎无大关系。其实亦甚重要，而宜审慎处理者也。

公积金之管理

家庭津贴之公积金应归何人或何项机关管理？政府乎？雇主乎？抑工人乎？或二方面、三方面共同管理乎？是皆应讨论之问题也，按现行制度多归雇主管理。普通之办法，加入公积金之一切雇主每年聚大会一次，选举管理委员会。委员会每月或每季集会一次，处理津贴事宜。此外有再组一执行委员会，置领薪干事一人，执行支付津贴事务者。关于常年大会选举权，有按各雇主发给工资之总数而分等级者。例如法国爹咨（Thizy）公积金之办法，每年工资总额在 25 万佛郎以下者投 1 票，25 万佛郎至 75 万佛郎者投 2 票，75 万以上者投 3 票。

是否雇主应有完全管理之权？工人是否亦当参与？法、比、德等国之公积金工人参与者甚属罕见。惟荷兰则颇通行。例如荷兰全国制面包业之公积金即归劳资两方共同管理。其中央共管委员会中雇主与工人之代表数目相等。会长及副会长之职任亦须平分。各区之地方共管委员会亦由雇主与工人双方之代表合组而成。忒勒布革地方（Telburg）织工公积金（Textile Workers' Fund）之组织尤为特色。委员会内之员额共为九人。其中有四委员代表雇主联合会，四委员代表工人同盟会，而会长则为一牧师。委员会之干事亦即雇主联合会之干事，每季召集会议一次，核算各雇主捐款之多少。

主张雇主有完全管理权者，盖恐工人一旦参与，必致得寸进尺，增加津贴之款额。且以为出款者既为雇主，宜其有管理权也。但严格言之，工人及消费者无一非间接之出款者。到底谁为真正之主人，尚属疑问。自社会方面之见地言之，家庭津贴之目的为增进国民健康之生活，非集群策群力不为功。且工人往往怀疑此项津贴之动机。使其有参与管理权，亦可藉以免除其种种误会，而增进劳资之好感也。

公摊款额之方法

公积金之来源出自在团雇主之公摊。其公摊之方法约根据三种标准，即工人数、工作日数，与工资额是也。以人数为标准乃最简单之办法。由在团之雇主照其工人数目，将应摊之款缴纳于共组之管理机关。此工人数目已包括一切已婚及未婚之工人。再由管理机关按决定之标准付津贴于结婚之工人。此种津贴捐款之总数以足付应用为限。若有盈余则存储之，以救济暂时失业之工人、倒闭之工厂，或死伤之工人之子女。公积金之管理委员会每月或每季将应行支付之津贴结算一次。以在团之工人总数除发付之津贴总数，即得雇主按一工人为标准应行担负之捐款单位。再以各雇主之工人数乘此捐款单位，即得各雇主应纳捐款之总数。法国有八处公积金皆按此种方法分配。

比、荷两国不甚采用以人数为标准之方法。德国尝试用之，而亦觉其不便。因有若干工厂内工人在一年中作工之日数甚短。若以人数为标准计算捐款，则此类工厂担负较重，不如采用工作日数为公摊款额之标准较为公允。其计算法以在团之工人工作日总除津贴之总数，即得各雇主按一日工作为标准应行缴纳之捐款单位。再以各雇主之工人工作日数乘此捐款之单位，即得各雇主应纳之捐款总数。法国西部亦有采用此种方法者。

以工资为公摊款额标准之方法甚为重要。法国所有公积金团之四分之三，德国之大多数，及几乎荷、比二国之一切公积金皆已采用此制。其最常用之计算法以在团所有商号发给工人工资之总数除支付津贴之总数，即得捐款之单位。再以各商号之工资数乘之，即得各商号应纳之捐款总数。兹将以上三种摊款方法以公式表明之。

（一）根据工人数：

$$\text{甲雇主之捐款}=\frac{\text{津贴总数}}{\text{一切雇主之工人总数}}\times\text{甲之工人数}$$

（二）根据工作日数：

$$\text{甲雇主之捐款}=\frac{\text{津贴总数}}{\text{一切雇主之工人工作日总数}}\times\text{甲之工人工作日数}$$

（三）根据工资：

$$\text{甲雇主之捐款}=\frac{\text{津贴总数}}{\text{一切雇主所付工资总数}}\times\text{甲所付工资数}$$

无论按何种办法，若各雇主直接发给工人津贴，则有时其所摊派之捐款超过所付工人之津贴。亦有时不足。若超过，则将盈余缴还公积金委员会。若不足，则自公积金委员会领取亏短之数，以补足之。

统而言之，得津贴工人之工资须在一定限度之下。凡工资额超过此限度者，则其进款已足供其家庭之用度，无再支给津贴之必要。故计算捐款时，若以工资为标准，亦将超过限度之工资除外。但亦有将一切工资加入计算者。此外尚有折中之办法，如巴黎杂货公积金团凡雇员年薪超过 15 000 佛郎者，则计算摊款时，皆按 15 000 计算。以工人数为标准计算捐款时，有将未满一年工作之工人除外者。亦有将以货物代现金工资之工人除外者。亦有按现金一律看待者。再，女工之工资恒低于男工。若以人数标准计算，则女工多之工厂须付较多之摊款。若以工资额为标准，则摊款必较少。不特如此，若甲、乙二同业之工厂均属一公积金，甲厂所付工资率低于乙厂。若按工资标准公摊捐款，则乙厂之担负重于甲厂。似反不如以人数为标准之公平。且有雇主不愿外人知其工资率者，亦不欲公积金团知之。因有此种种困难，遂有制定规则，令管理职员宣誓，关于工资额严守秘密者。或谓此种办法易起工人之怀疑，不如公开之为愈。且关于工业之伤亡保险，雇主亦须通知工资额。故秘密政策特枉费心机而已。德国亦有主张以工厂之销售额为公摊公积金之标准者。

政府所设立之机关，薪金分类甚多之商号，以人数标准为适宜。如此则只有最低限度之工资，而无最高限度之工资之机关或商号不致多付捐款。凡工人常停业或更换之工厂，以工资标准最为适宜。总之，各种方法均有利弊。利弊之多寡视公摊之公平与否以为断。

工厂内之工人约分三种，即男工、女工与童工是也。雇主之捐款亦应按三种数目之分配而有差别。若以人数为标准，有将各雇主应摊之款额按男工及女工之数目分别核定，男工及女工之津贴亦分别发给者。有按工人之年龄规定捐款者。例如年龄在18岁以下者按成人之二分之一计算。亦有将未满18岁之童工及一切女工皆按60%计算者。都阿公积金（Tours Fund）按各商号中童工数所占之百分率，分一切商号为五级。凡商号每100工人中有70童工以上者为甲级，51至70者为乙级，36至50者为丙级，21至35者为丁级，未满21童工者为戊级。以一工人工作一月为各商号捐款之单位。规定童工最多之甲级商号每单位捐15佛郎，乙级每单位12佛郎，丙级8佛郎，丁级5佛郎，戊级3佛郎。童工愈少，捐款愈减。如此且能避免雇主歧视结婚工人之弊病。若公积金团中有多种不同业之雇主，其捐款率亦可按各业之情形而规定之。

于此尚有一应行讨论之问题，即公积金之组合当为地方的抑全国的，同类工商业的抑包含各种工商业的。法国之公积金多属地方的。比、荷多属同业的，且为全国或全省的。德国亦多属同业的。按家庭津贴制度之发展而论，原由各商号单独支付其本号之津贴，后渐联合同业举办公积金，再进一步而与一地方之各业联络合作。由此观之，不分行业之地方公积金实为最进步之组织。有谓理想之公积金当为包含一切行业之全国组合。驳之者谓工人津贴之多寡乃应根据生活费之高低。国内各地之生活费及他种情形多不相同。支给津贴之办法亦不应一律。故不如各地自组公积金为得当也。又有应注意者，即一地而有数公积金团，往往一家之人口在不同之团中工作。如此实难预防重领津贴之弊。故一地方只有一公积金团，且不分行业为适宜。

工人对于家庭津贴之态度及意见

一般工人对于家庭津贴之态度约分两派。最初社会主义下之工人尝持反对之态度。考其不欢迎此项制度之原因约有数端。彼等信阶级战争为不可免，实无调协之余地。视家庭津贴为雇主购买工人欢心之钩饵，其功用如麻醉药，将使工人之抵抗力日渐萎缩。此反对之原因一也。工人之势力赖其团体之坚固。家庭津贴制度盛行后，将使结婚与未婚工人之意见分离，而破坏其完整之战线。此反对之原因二也。工人家庭之私事，雇主不应过问。家庭津贴实予雇主以干涉彼等家务之机会。此反对之原因三也。此种制度将影响一般的基本工资，雇主或藉以节省其费用。此反对之原因四也。同等工作应获同等报酬之原则不当破坏。此反对之原因五也。雇主视津贴为馈赠，而非工人应得之权利，且握分配之全权。此反对之原因六也。工人之子女最好由国家设法扶养，不宜由雇主一手包办。此反对之原因七也。此外尚有较善之方法，补助有家属之工人，如示区别之税则（differential taxation）等，不必一定需家庭津贴。此反对之原因八也。及见此项制度逐渐发展，阻止无效，乃渐由反对此项制度之态度，移向于反对管理之方法。彼等主张管理公积金之权不宜操之雇主，而当归之政府或地方他种团体，工人亦当参与。且以为此种津贴之发给应完全与工人之工作无关。不得因工人之疾病或失业而停止支给。现今之公积金团已有准许工人参与管理权者，即顺应激烈派工人之要求也。此外主张保持现在经济制度派之工人，欲就现有之制度逐渐改善，赞成劳资之协调。故始终欢迎家庭津贴制度，而助其推行发展。尚有应注意者，即独身工人对于家庭津贴制度之见地是也。近年以来，独身工人之数目日益加多。虽同在一工会，而有时结婚与独身之工人显有分界。工会亦渐为青年工人所把持。彼等视家庭津贴为雇主缓和工人之一种政策。不但分散工团之势力，久之且使独身工人之工资率落至仅能供给一人生活之地步。换言之，即彼等间接担负他人子女之费用也。此种见地虽未必十分圆满，但亦不无片面之理由。盖细考补助金之来源不出三途。（一）出自雇主之赢利，即雇主将其所得之赢利提出一份，资助工人之家庭。换言之，若无此种津贴，则此款即归于雇主。雇主亦常以此自白也。（二）出自消费者之钱囊。主张此说者以为雇主口头之表示固颇动听，但实际上未必彼等不将此项捐款加入于生产费内，而因此增加货品之价格。果如是，实购是项物品之消费者，间接担负家庭津贴也。（三）苟以上之观察皆属错误，则将出自独身工人之工资无疑矣。盖若以工人之需要为定工资之标准，则无妻室工人之实在工资将不如向来增加之速。即谓家庭津贴费愈增加，一般基本工资之水平线愈不易提高，亦无不可。是津贴制度之不利于独身工人也明矣。再者，向来工团之要求增加工资，无不以现行之工资实不能维持适当之家庭生活为理由，舆论之同情赞助亦多由于此。一旦子女有津贴之补助，将显然失去要求增加工资之重要利器。而最受影响者即独身之工人也。

至于一般妇女，尤其是得工资之女工，对于家庭津贴制度之感想如何，亦一有趣之问题。自表面观之，彼等必极欢迎之不暇，决无反对之理。实则不尽然也。赞成此项津贴者固占多数，而持异议者亦非无人。新思潮之妇女视此种津贴办法，有碍于女子之尊严与自由。彼等谓男子赡养其妻之说诚属大谬。若无妇女在家工作，则须雇人为之，而付工资。如此则照管家务之妇女，不得谓为分利之人。彼等所享受之家庭利益，实为应得之报酬。夫妻之关系当作如是讲解。男子为家长之称谓不当存在。故工人妻室津贴之名辞，彼等不愿认受也。亦有在外作工之妇女，尤其是出嫁以前即能自立者，颇不以倚赖其夫为然。若因夫之工资而受补助金，彼等益耻之。然此不过极少数之女子为名辞或方法之争议，未尝不赞成此项根本原则也。为避除上项之误会，有人主张此种家庭津贴最好由政府发给子女之母，视为扶养国民义务之酬劳。亦不必与工人之工资或失业发生关系。如此则不违背同等工作获同等工资之原则，亦少影响一般工资之水平线。是否可行，亦属问题。总之家庭津贴制度已承认妇女生育及扶养子女责任之重大，而应有相当之酬劳。不过酬劳之方法尚有研究之余地耳。

结　论

就以上之讨论观之，同等工作应获同等工资之原则非徒实际上不能办到，实亦不能应付今日社会之要求及工人之需要。此种视劳动者为机械、工作为货物之论调，已属过去，而同等工作当享同等健康生活之原则渐为一般人所承认。至于如何实现此原则，而真能应付社会中每个分子之基本需要，虽尚待精密之研究，而除去非绝对的家庭工资制度外，于现在经济制度之下实无更完善之方法。此种根据家庭人口规定报酬之制度，行之得当，确使一切工人皆能供给其本身适当之需要，同时其家庭之生活亦不致坠落于最低限度以下。此种制度未必即能增加国民之数量①，但国民之质量必因儿童营养之充足，日渐改善。工人工作之效率亦将一代高于一代。无论国家、社会或实业皆直接或间接受其利益。此种制度固非为解决一切劳工问题之万灵圣药，但为劳资协调之一种极有效力之方法，可断言也。

然则我国之工商业亦可采用家庭工资制度耶？吾以为此种制度与我国社会之组织，及国人之心理，颇为适合。何以言之？中国旧式之工业原系家族制度。一作坊或商店中之掌柜与工人多有亲属关系。往往雇主雇员无从辨别，工资之规定亦无统系。报酬之多少恒视年终红利之数目以为衡。规模稍大之铺店内之人员即非亲友亦多属师徒。“师徒如父子”之说向为工商业者尊重之信条。推而至于各业之行会亦多为雇主与雇员合组之团体，无所谓劳资阶级之隔阂也。此种习惯实已树家庭工资制度之基础。且“老安少怀”“博施济众”“老吾老以及人之老，幼吾幼以及人之幼”等等圣贤之遗训，久已深入人心。故吾以为家庭工资制度既能行于素重个人主义之泰西，尤当适合于向行家族制度之中国也。今日我国实业界中不乏开明之商号。若上海之商务印书馆、塘沽之久大精盐公司等对于工人福利事业之设施，甚为注意。再进一步，即可试行家庭工资制度，首先倡导。俟有成效，渐次推行，实非绝不可能之事。望国人予以充分之注意与研究，俾此种根本解决工人生活问题之制度，得以早日实现也。②

（载《清华学报》第4卷第2期，1925年）

---

① Douglas, Paul H.: *Wages and the Family*, pp. 253－257, Chicago, University of Chicago Press, 1925.

② 本篇材料之来源，除已用小注标明外，尚有不及权者，大致取材于 *Family Allowances in Practice*, by Vibart, Hugh H. R.: London, P. S. King & Son Ltd., 1926。是书关于法、比、荷、德等国之家庭津贴制度有极完备之参考书目。

妙峰山“朝顶进香”的调查

《北京社会调查》著者甘博先生在去年妙峰山香会将完的时候，去游览过一次。对于所见所闻，极有兴味。他的好奇心与研究社会的热诚，使他今年决定再去一次，对于各方面情形，有些调查。他又约了两个朋友和他同去，但他们都是美国人，言语又不很通，只能观察外面的热闹，不易了解真正的内容。因为知道我注重调查社会的进行，就约我同去研究。我早有意到那一带的山水旅行一次，现在有这个机会，就答应他们了。但预料和几个异种人同去，在调查的时候免不了遇见困难。幸而往来的香客胸襟宽大，显出“普结良缘”的态度，对于外人不很歧视。这是我所感谢的、佩服的。我在上山以前，朝顶以后，与朋友们谈到调查妙峰山的事情，他们都很奇怪，以为这样烧香迷信的事情，有甚么值得辛苦跑到如此远的山野去调查？就连现在有知识阶级的人，也有不少存这样观念的。前者我曾用很多的工夫调查北京人力车夫的现状，也引起不少人的莫名其妙，不仅是普通人有如此的思想。前些日子有某位名流在《晨报》的时论上说：“学生放下书来不读，每天向群众去讲演，劝拉洋车的爱国，劝开小铺子的捐钱。不知道劝化了100个拉洋车的，不如感化了一个坐车的；向100个小铺子捐款，不如请一个大财主解囊……”我以为这种观念必须渐渐打破。至于研究社会学的人，对于社会各方面，都看为有相当研究调查的价值。我们若信大多数人应当享受大多数的幸福，与促进理想“德莫克拉西”社会的实现，必须特别注意大多数群众的行为。妙峰山的香客每年至少有三四十万众，其中有数百里以外的人。“朝顶进香”代表平民大多数对于宗教信仰的观念，是旧式最有益的一种娱乐。乡民群众观念薄弱，朝山为他们彼此接触最好的机会。茶棚里谈话，道路上游览，大大增长他们对于异乡风土人情的知识。妙峰山的香会，前后成立的不下四五百个，现在存在的不下100个，他们的组织、规约、历史、区域都有研究的价值，且能为将来种种农村合作的基础与训练。无论尊卑贫富，一到金顶圣母驾前，一律看待，显出民治平等的气象。春季为一年更新之始，在人精神与感情发泄最浓厚的时候，正是妙峰山进香的时期；使数十万的男女，有得见高山巍巍、平野旷旷、天然美景的机会；于无形无意识之中，对于人民精神性质的修养上关系很大。况且我国现时正在西风东渐、新旧递更的时候，社会将发生重要的变化，当乘此时调查记载，为现在与将来社会研究的资料。不然，恐怕将来没有考查的机会了。我们调查的人，无论对于何项问题，不可稍存成见，必须报告事实，好做别人研究的资料。更要紧的是我们中国旧社会风俗习惯中有许多可宝贵的，也有许多当废除的。至于何者宜保存，何者宜废除，非有精密的调查与研究，必致玉石俱焚，与社会的进步与退化关系不浅，这是我们当注意的。查出中国人种种优良的性质与行为，设法增进与鼓舞它们的发展；又一方面，查出与人类社会进步相反对的各种不适合的劣性与恶行，设法阻碍它们的延长，与革除它们的存在，更是我们中国改良社会学家特别的责任。

在我预备这篇报告的时候，可喜在《京报》的五月副刊里，看见几篇妙峰山的著作，尤以顾颉刚先生的《香会》一篇为最有价值。从此可知对于平民生活的调查，在有知识阶级的人中已经有人注意，实在是可庆幸的事。我这篇极不完全的报告里，从他们的佳作中取材很多。我一方面感谢他们，一方面介绍他们的贡献。盼望这几位北京大学研究所的同志，以后再有详细的发表。

路中见闻

妙峰山在北京西北90里，山顶高度4 000英尺，上有天仙圣母碧霞元君庙。每年阴历四月初一至十五为“朝顶进香”的日期。初六、七、八为最热闹的三日。于是我们就在初六（阳历四月二十八日）早晨7点钟坐洋车起身，经过西直门、海甸、燕京大学、万寿山等处，至青龙桥换驴，过金山口，顺便游览黑龙潭、温泉寺。是日天气晴朗，春风徐来。田野翠绿的麦苗，路旁青嫩的杨柳，与前面的崇山峻岭，令人觉得神清气爽。在自然中洗了一个痛快澡，将北京的污浊都涤除净尽了。午间到北安河，距京40余里。车马云集，为中北道上山必由之路。同行某君雇肩舆先行。我与其他二人决定步行，以便调查。又雇背子（苦力用木架背负行李的）三个，携带褥套、木床等物，顺着右边向西北的正路同前后不断的香客往山上走去。山道颇不坏，两旁都有路灯。自此处至金顶圣母殿的香路分为六段，每段都有茶棚，相隔8里。不久到朝阳院，金山汽水公司即设于此。凌空俯视，风景极佳。至金山高处庙儿洼山岭时，天已黄昏。自此下行，满山杏花尚开。到涧口（俗叫涧沟）时，天已甚黑。各路灯光、火把蜿蜒山腰如火蛇。仰望金顶就在目前半悬空中，火光冲天、香烟弥漫，令人觉得如以色列人尝在西乃山野在耶和华面前献火焚祭的光景。蒙友人介绍到本村村佐家中，因走路已乏，定于次日早晨朝顶。路中可注意的几样事情列在下面。

茶棚　朝顶的道路原有五条，现在存在的只有四条：南道至京西三家店火车站；中道至大觉寺；中北道至北安河；北道至沙河。最热闹的是中北道，南道次之，北道又次之，大觉寺行人渐少。几条路上共有三四十个茶棚。每茶棚可容一二百人至四五百人在里头落坐喝茶喝粥。棚后有庙宇，神像不一，以娘娘观音居大多数，并有山顶圣母的行座。这些茶棚和里面很好的桌凳、茶壶、茶碗都是香会承办，施舍茶、粥，不取分文。小茶棚每年用费二三百元，大茶棚自四五百元至数千元不等，纯由善士捐助。大茶棚后面有客堂，香客可歇息过夜。所以贫寒的香客，可不带一钱即可朝顶进香。棚前多写“普结良缘”“灵光普照”或“不接不送，不参不拜”“为善最乐”等字样，与教堂中所贴“圣哉，圣哉，全能大主宰”等有相似的地方。这里拜的是娘娘，与教堂中有拜玛利亚圣母有相似的地方。墙上贴着捐钱的人名，自铜元几十枚至几十元不等。棚中管事人，见香客进来，唱着说：“先参驾，后落坐，喝粥喝茶。”说法有许多韵调，都将末一个粥字或茶字说得长些，随着“铛”的就是一声磬。香客就到驾前恭恭敬敬地跪下参拜，然后起来坐下喝茶。我们这几个人显然是例外，有一位在我们上山以前对我们说：“你们是上山搅局!”这话不太苛。

“虔诚！虔诚!”“带福还家!”　往来的香客相遇时，彼此都说“虔诚！虔诚!”，上山对下山的香客多半说“带福还家!”，如城内人见面，彼此互相鞠躬作揖，如外国人说“Good morning! How do you do!”一般。但这些香客都是诚诚恳恳，与平常的招呼，不可同日而语。凡下山的人都是头戴各样绒花，或手持桃木杖。所说的福儿就是花儿，是在金顶买的插在头上。妇女有以绉绢包头，亦满插红花，尤为夺目。花样以蝙蝠形为最多，因蝠与福同音，所以叫花为福；其外老虎与蝴蝶形的也很多，因虎与蝴都和福音相近的缘故。

“慌慌，慌慌”的“钱粮把”　在路上常见上来下去一队一队的人穿戴特别的衣帽，每人挑着两个高圆笼盒，上有几面小旗，挂着小铃铛；远远就听见“慌慌，慌慌”的铃铛声音。跟人一打听，叫作“钱粮把”，里面盛着香烛、金箔、银箔等物。另有人前面捧着供物。

其外香客有背着大捆高香的；有给别人担着行李的；有不少缠足的妇女一步一步地上山，虽有倦容，而仍勇敢前进的；有回香的香客在肩舆里垂头打盹的；有为亲人还愿，身穿红衣，三步一头或一步一头磕上山顶的；有年轻富足的妇女磕头上山，后面跟着几个护兵的。形形色色，不能尽述。但人人都是极其诚恳，没有发现一次不规矩的行为，与平常所见的庙会大不相同。以数万山野地方的群众，路上并没见一个巡警，而没有听见一件意外的事，或彼此稍有不和的事，使我不禁叹道：“大哉！迷信的势力！宗教信仰的势力!”

乞丐　路上两旁乞丐无奇不有。听说每年在这半月之内，北京的几千乞丐暂时迁都到妙峰山地方，分散各道，各据一方。因香客都为修好而来，比平常人易发慈悲。在从前太平年时，他们的营业甚为发达。富有还愿香客，往往携带巨资，朝山施舍。乞丐中有因此运气大转的，惟今年所见彼等营业不见起色。自涧口至圣母殿 8 里路上，两旁满了乞丐。看那光景有半月在一个所在吃饭、睡觉不离开的。所得的钱放在面前，多属制钱，连铜元亦不多见。从此可知现在人民生活艰难，虽然虔诚之心未必减于昔日，但施舍的力量已经不如从前了。

金顶见闻

涧口 涧口村，为各道香客会集地点。平时不过几百人家的小村，但这半月之内，街上拥挤情形较北京前门外大栅栏，有过之无不及者。家家房屋都成了客栈、旅馆，壮丁做背子、轿夫，为一年中很大的进款。然本村仍不能供给香客的需用。有许多人自北京带来肉面等物，在这里开设露天饭馆。价钱较贵，食品亦甚粗劣，最好自带食品为安。然上来的这些香客，都是大大的满意，席地而坐，大吃大嚼。大约是他们一年最快乐的时候，来往香客日夜不绝。夜间轿夫各执四五尺长的火把，经过人丛中大呼“虔诚！虔诚!”，在此处就是“借光！借光!”的功用。从始至终没看见一件口角的事情；因稍有遇见不如意的时候，对方一说“虔诚!”就把一切的问题都解决了。这里“虔诚”二字为无上之权，就是大总统、大皇帝、大主教的权威都比不上的。

初七早晨我们就随着大群香客自涧口起身朝顶。往上一看，虽然相距尚有8里，似乎就在目前。山峰临空屹立，香烟上腾，远远可见。顶的左右垒石高耸，如天然两对蜡扦。山道如螺旋，尚不甚费力。两旁乞丐哀求道：“虔诚的老爷，可怜我这前生造孽，今世果报的废人罢!”或：“带福还家，救苦救难的太太赏我一个钱罢!”经过灵官殿，就听见“登打”爆竹的声音和“铛铛”的磬声，就觉得渐渐入了圣地，如同摩西当年临近西乃山一般。从西边上去，看见两旁小买卖摊子不少。刚到正殿后边，听见有人说：“会到啦!”一群挑着钱粮把的进了东边观音殿，就见都拿出香来燃着，跪下磕头，一个人拿着一个四五尺高、四寸多厚的长方柱形黄纸袋，放在一个正合适的一个铁架子上，就将这个物件点着了。一个年长的主祭口念：“虔诚!”众会友都说“虔诚！虔诚!”不已，随着大磕其头。主祭又说了不少颂扬、感谢、祈祷的话，又替大家求福，磕了一阵头。众人从地上起来，又挑起钱粮把“慌慌，慌慌”地出庙去了。后来跟人打听这长方纸柱叫作表章，在庙内现买，里面是香会中的人名和奏报神明的几句话。把他燃着叫作“烧表”。以后我们又见了几次“烧表”，手续大同小异。来到碧霞元君庙正殿，自南门进去。只见空间充满灰烟，男女香客往来拥挤。

有自己带香来烧的，有在庙内现买的。庙内地方不很大，香客这样的多，连大香炉都盛不了这些香，只得在炉后面又筑起五六尺长宽的三面墙大槽，代替香炉。香客常将大捆的香往里扔，以致火焰很高，看着颇为危险，将院内照得非常炎热。香客又在外面五方丈的空地上架起大堆的香来焚烧。所以远远望见妙峰山的时候，令人生一种特别的感想。正殿为天仙圣母碧霞元君、眼光娘娘、子孙娘娘神像，似乎有教会中三位一体的光景。旁边又有王三奶奶、三教堂、鲁班殿等等神像。庙外有一张报子写着“天仙圣母王三奶奶有求必应”，烧香的人却不理会这些乱凑的神明，只管见庙就进，见像就拜，满足自己的心愿，不枉来一趟而已。以他们诚恳虔诚的态度而论，实与纽约城中心大礼拜堂中的男女有天渊之别。孰为真宗教？孰为假迷信？孰为假宗教？孰为真迷信？哪一个为进步的、有教化的、引人为善的？哪一个为退步的、野蛮的、导人为非的？实在是一个问题。庙内匾额极多，多为香会所献。如“如意老会”所献“圣母仙灵”。殿前左右有碑 30 余通，最古的为康熙二年。左边有慈禧皇太后所献的大钟。

殿后有茶棚一座，房屋、桌椅、壶碗、灯烛等物甚为讲究，日夜不断地施舍绿豆、白米、稀饭。执事人等招待殷勤，请我们吃些素斋，我只喝了两碗很不错的稀粥。与他们谈话，领教不少庙中的光景。此棚为天津人所设立，每年捐款有四五千元之多。几个盛粥的伙计不时唱起粥歌，嗓音洪亮地领起来，大家到叠句的地方合唱，如教堂中歌赞美颂似的。粥歌亦颇有趣味，记录几首列下：

有豆儿没枣儿熬得好。参驾以后，这边坐着。
各了心愿皆欢喜，喝碗热的细米儿粥。

又一首唱的是：

有缘千里来相会，对面无缘不相逢。
一路辛苦来朝顶，落坐喝粥不用忙。

又有很滑稽的一首：

千山万水来还愿，大家有缘来相见，香钱多少请随便。
莫忘回家路上钱，路上没钱没人管，落坐喝碗热稀饭。

唱完一首又一首，令人丢开一切的烦恼，别入一个天地。又来到庙门右边香堂中，有几间为客人住宿的房子。从房前短栏俯视东南西三面万山重叠，真是宇宙间的大观。本庙居本山第二高峰，往北不远为第一高峰，高度 4 000 余英尺。用望远镜可见北京城楼。往西可见华北不可多得的犬牙形峻岭，万里长城亦能辨识；往北可见南口明陵等名胜；往南可望见门头沟、浑河、卢沟桥、京汉铁路等处。可见天仙圣母势力的伟大，实在与她的地势风景有密切的关系。我们在客堂中请老和尚一见，年在六七十岁，在庙 30 多年。问他庙的原始以及他种情形，毫无所知。我们又转到庙后北边的东岳庙。凡从庙中回去的到此进香，所以又叫回香亭。有张勋如夫人立的一通碑。我们又转到正殿观察各种情形。

按香客中农民居百分之七八十，自城内而来的居百分之二三十，妇女居百分之七八。以京兆一带占最多数，天津人次之，保定、张家口、关外都有香客。南方口音体面的男女也不少。有坐汽车到山下再换肩舆上来的。以来的目的而分类，为父母亲人疾病还愿而来的占百分之二三十；为灾难、疾病、贫穷、无子、忧苦而来求圣母救助、解难的占百分之五六十；为香会而来的占百分之一二十；为游览山水而来的，不过百分之一二；为调查而来的不过十数人。

还愿的种类很多。普通的许愿就是，若父母疾病痊愈，愿到金顶来烧香，一年或数年不等。也有应许三步一磕头，或两步、一步一磕头上来的；有穿红衣或戴手铐脚镣上来的；有将自己扮成牛马等形状上山的；有许愿，按他所会的工作，到山上来做工的；有应许给庙内买应用之物的。我一到正殿的时候，正看见一个穿红衣裳的少年，背着马鞍子爬进来，有掌礼的人引他来到天仙圣母面前，叫他叩头烧香，又为他念诵了许多话语，然后把马鞍子给他拿下来，他在地上如马似的打了几个滚儿，然后才算完事，到后边喝粥去了。听说此人，因母亲身得重病许愿三年，每年如此上山还愿。在上山以前，以牲口自居，一路不说话，直到一切的手续都完了，才与人谈话。其外有许多详细还愿的手续未能一一调查，还有“还愿毁陇”的新闻。在山脚的地方有人故意到人家的田陇上走，将麦苗踏得不像样子。这乃是田主许的愿，将麦田的一部分任人践踏几陇，所以叫作“还愿毁陇”。

普通的香客多半上三位娘娘面前求签。今将几种签上的话列在下边：

妙峰山圣母灵签：

第二签 大吉

心直德厚福无疆 任意求财定有方

守分自然多吉庆 名利双全荣与昌

解曰

求官得位 财源大通 婚姻可成 谋事遂意

孕生男子 利见大人 行人即至 疾病必痊

诗曰 此签详之诸事安然所求必得存心向善不必再求婚姻全美孕产麟儿行人不过数日有事大吉

板存琉璃厂会远斋甘姓公议助善

下列“金顶妙峰山王奶奶灵签”：

第二十签 男科

肝有火 胃不开 心胃相交 病无来

白茯苓 1 钱 次生地 2 钱 柴胡 1 钱 酸枣仁 8 分 引藕节 2 个 2 剂完

板存文德斋

第二十六签 妇科

无鬼又无精 此是尔心朦 灵光一射尔 疾病永无攻

黄柏 2 钱 条芩 2 钱 白芍 2 钱 牛膝 1 钱 甘草 1 钱 引大枣 8 枚 灯心 1 束 5 剂成功

第二十八签 幼科

白术 7 分 块苓 2 钱 赤芍 1 钱 麦冬 1 钱 加柳枝 10 寸 姜 1 片 3 剂即愈

我们在庙中看了几十个香会进香。除“烧表”以外，还献各种技艺。如万里云程踏车圣会，是几个善于骑自行车的人，将车带到金顶，将车立在神前，在上面做出种种花样形式，如“拿大顶”等。五虎少林，扮成戏装在神前演武。又有狮子会，四人扮成两个大狮子，在殿前跳舞。众人都登在桌椅上围观叫好。其外施演刀、枪、鞭、叉等会，终日不绝。限于篇幅，不能尽述。

“回香”见闻

香客从金顶回来叫作“回香”。我们几个人不配称“回香”，只说下山罢了。出了庙门往北走，就听见两旁卖纸花的嚷道：“先生，这里买福啊!”差不多人人带了满头福儿，胸前戴着一朵大红花，下边红带子上写着“朝山进香带福还家”。我们也买了不少福儿，插在帽子上。就听见四围的人说：“连外国人也信娘娘，带福还家了。”又有许多卖五六尺长桃木棍的，可以下山当作拐杖。香客都心满意足地慢慢下山。我们又回到涧口住了一夜，次日（即初八日）早晨雇了一匹马驮着行李先行，我们仍然步行顺着南道下山。这一天又是天气晴朗，清风习习。山路崎岖，重岚围绕，水声潺潺，甚觉快活，吾等受圣母之惠也算不少。回顾妙峰耸立群岭中，摄影数张，遂与告别。经过抢风岭到樱桃沟，林木繁盛。有宣统老师英人庄士敦之别墅，名净乐山庄，门前有宣统所题“乐净山斋”四大字。拜访未遇，遂游览林园与庄氏所筑的一座小庙。两边对联写的是“敬神如神在，虔诚圣有灵”。庙内陈列英汉文书籍不少，有15岁童陈宏铎山水画数幅，其外案当中铜佛一座。两旁有约一尺高之神位若干。属中国的如：

李太白先生讳白之神位
安平张孟阳讳载之之神位
长洲陆鲁望讳龟蒙之神位

属西国的如：

莎士比亚（Shakespeare）之神位
倭之为（Wordsworth）之神位
谢立（Shelley）之神位

庄氏关于中国文学及佛学，英文著作不少。闻此公颇古怪，于其别墅之布置亦可见之。经过孟尝岭云聚寺下山时见有一人化缘，面前铜元一大堆，洋钱毛钱不少。甘博先生曾见此人去年以钉穿腮在此化缘修庙，其钉尚存。乃是为母病所许之愿，达到将庙修成之目的为止。又过十八盘、西北涧、浑河、观音院等处。路上村人出卖以麦茎编成之各色小花篮甚多，也是从妙峰山回家的一种纪念。路上茶棚 10 余处，与别处大同小异。到三家店车站，距妙峰山 70 里，遂坐车回京。

碧霞元君庙的起源

碧霞元君的起源　按稗史云：元君者，汉时仁圣帝前有石琢金童玉女。至五代殿圮像仆，童涤尽，女沦于池。宋真宗东封泰山还，涤手池内，一石人浮出水面。出而涤之，玉女也。命有司建祠奉之，号为圣帝之女，封天仙玉女碧霞元君。碧霞元君封号虽自宋时，而泰山女说，西晋前已有之。张华《博物志》云："太公望为灌坛令。期年风不鸣条。文王梦见一妇人，当道而哭。问其故。曰，我东海泰山女，嫁为西海妇。明日东归灌坛。令当吾道，令有德，吾不敢以暴风过也。明日文王召太公望归。已而果有骤雨疾风去者。"泰山女即传于此事。

今将容庚先生关于碧霞元君庙考的几段记载择要列下：

> 明王之纲《玉女传》云："泰山玉女者，天仙神女也。黄帝时始见，汉明帝时再见焉。"按《玉女考》李谔《瑶池记》云："黄帝尝建岱岳观，遣女七，云冠羽衣，焚修以迓西昆真人。玉女盖七女中之一，其修而得道者。"《玉女卷》曰："汉明帝时，西牛国孙宁府奉符县善士石守道妻金氏，中元七年甲子四月十八日子时生女名玉叶，貌端而性颖；三岁解人伦，七岁辄闻法。尝礼西王母。十四岁忽感母教，欲入山。得曹仙长指入天空山黄花洞修焉——天空盖泰山洞，即石屋处也。三年丹就，元精发而光显，遂依于泰山焉。"泰山以此有玉女神。山顶故有池，名玉女池，旁有玉女石像。宋真宗东封，先营至，泉水忽瀑，光清泚可鉴，味甘美。王钦若请濬之。像隅折，诏易以玉。复砻石为龛，构昭真祠祀焉。尹龙谓："世传天仙玉女碧霞元君之祠始此。国朝成化间，拓建改为宫，弘治间更名灵应，嘉靖间再更碧霞——碧霞宫之名始此。累朝增葺，宫制滋阔，而神之灵益显。四方之瞻礼者益争奔走焉。"

康熙戊子御制重修西顶碧霞元君庙碑云："元君初号天妃，宋宣和间，始著灵异，厥后御灾捍患，奇迹屡彰。下迄元明，代加封号，成弘而后，祠观尤盛。"顾炎武曰："世人多以碧霞元君为泰山之女。后之文人知其说之不经，曲引黄帝遣玉女事以附会之。不知当日所褒封，固真以为泰山女也。"汪楫《使琉球杂录》云："明庄烈帝时，天妃始有碧霞元君封号。"《黟县志》云："泰山碧霞元君祠，宋真宗时敕建。又天后明亦曾封为碧霞元君。"

妙峰山碧霞元君庙的起源　妙峰山碧霞元君庙不载于《日下旧闻考》，及《顺天府志》。即康熙二十三年所修之《宛平县志》，其山川、古迹两门，亦不见妙峰山及碧霞元君之名。惟卷六今文中有邑人张献所作《妙峰山香会序》云："己巳春三月，里人杨明等卜吉共进纸币于妙峰山天仙圣母之前。因勒石纪同事姓名传诸不朽，而请予数言为序。……"己巳为崇祯二年或以前，则庙之建于明代亦可断定。明袁宏道有《妙高峰记》，是否即妙峰山，未敢质言。其录较详者，厥为《燕京岁时记》。记作于光绪二十六年。其中有云："……以各路之人计之共约数千万，以金钱计之，亦约有数十万。香火之盛实可甲于天下矣。……"

碧霞元君庙宇之盛　碧霞元君庙宇，肇始于泰山。自京师以南，河淮以北，男女之进香无算。明代设富征税，以充度支。陶允宜有诗云："自是神人同爱国，岁输百万助升平。"虽意含讽讥，亦可见香火之盛矣。清初诏免其税，而庙宇偏于北省。兹略举其在京城内外，著录于《顺天府志》者如下：

（一）东直门外有碧霞元君庙，土人呼为东顶。（二）在永安门外马驹桥，庙建于明季。土人呼为南顶。（三）在蓝靛厂，俗称西顶。（四）在北极寺之东，称北顶。（五）在右安门外草桥北，俗称中顶。以上五庙即康熙御制碑所谓"郛郭之间，五顶环列"。在妙峰山的碧霞元君庙为五顶之冠，称金顶。

至于妙峰山的香火，从什么时候才发达的，是无从考查。按顾颉刚先生的意见，明代妙峰山的香火是不盛的，从几样记载中可以断定，妙峰山庙中没有明代的碑碣。又从几篇记载里可以看出明代北京一带香火最盛处是北京西南145里的涿州，与京东40里的通州，及离京很近的蓝靛厂，妙峰山是数不着的。明末太监刘若愚所著的《酌中志》卷二十为《饮食好尚纪略》，其"四月"条云："初旬以至下旬，要西山、香山、碧云等寺，西直门外之高梁桥涿州娘娘，马驹桥娘娘，西顶娘娘进香；二十八日药王庙进香。"明代刘侗、于奕正合著的《帝京景物略》中有一段描写通州的香火，择要抄录如下：

> 出左安门东行四十里，石桥五丈，曰弘仁桥（在通州南三十里）。桥东头元君庙……岁四月十八日，元君诞辰，都士女进香。先期香首鸣金号众，众率之如师如长，令如诸父兄。月一日至十八日尘风汗气四十里，一道相属也。舆者、骑者、步者、步以拜者，张旗幢、鸣鼓金者。舆者，贵豪家；骑者，游侠儿、小家妇女；步者，窭人子，酬愿所愿也。拜者，顶元君像，负纸锭，步一拜，三日至。其衣短后丝裈，光乍袜履，五步、十步至二十步拜者，一日至，群从游闲数唱吹弹以乐之。旗幢鼓金者，绣旗丹旐各百十，青黄皂绣各百十骑，鼓吹步伐鼓鸣金者称是。人首金字小牌，肩令字小旗，舁木制小宫殿曰元君驾，他金银色服用具称是。后建二丈皂旗，点七星；前建三丈绣幢，绣元君号。又夸儇者为台阁，铁杆数丈，曲折成楼阁岩木云烟形；层置四五婴儿，扮如演剧。其法环铁约儿腰，平承儿尻，衣采掩其外杆，暗从衣物错乱中传下。所见云梢烟缕处，空坐一儿，或见跨像马蹬空，飘飘道旁，动色危叹，而儿实无少苦。人复长竿掇饼饵，频频啖之。路远，日风暄拂，儿则熟眠。别有面粉墨、僧尼容、乞丐相、遢伎态、憨无赖状，闾少年所为喧哄嬉游也。桥旁列肆，抟面角之，曰麻胡。饧和炒米圆之，曰欢喜团。秸编盔冠幞额，曰草帽。纸泥面具，曰鬼脸、鬼鼻。串染鬃鬣，曰鬼须。香客归途，衣有一寸尘，头有草帽，面有鬼脸、有鼻、有须，袖有麻胡、有欢喜团。入郭门轩轩自喜；道拥观者啧啧喜。入门，翁妪妻子女旋旋喜绕之。然或醉则喧，迷则失男女，翌日烦有司审听焉。

可见现在妙峰山碧霞元君庙是赶不上从前那样热闹的。在《职方典》卷十八《顺天府风俗考》引《舆地记》上说：“四月一日至八日，为浴佛会，民间散盐豆结缘。十日至十八日，庆碧霞元君诞。”浴佛会是为佛诞而举行的。可见四月中的娘娘香火，原含有庆祝佛诞的分子在内；所以从四月初一一直闹到四月十八。但后来竟把四月十八这一个碧霞元君诞辰忘记了，因此混合佛诞，缩成四月初一至十五半个月。至于民间散盐豆结缘，或者即为现在茶棚施舍粥茶的起源。从此可以知道明代碧霞元君的香火已经很盛，五顶之名也已经规定。不知道从什么时候妙峰山的碧霞元君庙后来居上，在五顶之外又添上一个金顶。清代妙峰山的香火一定是很发达的，有不少的香会都是康熙与乾隆的时代发起的。再调查所修理的几条香道与建立的这些茶棚，知道并不是短时间可办到的。在前清慈禧后听政时代，妙峰山香火是最盛的。那时行香走会的由内务府掌仪司运动，车笼上插布黄色龙旗，或用万寿无疆字样，作各式美观。所为慈禧后驻跸颐和园观看走会，因而遂有伺候过皇会之荣名。听说今年的香火不如往年，因为水旱兵灾的缘故。又因谣传冯军毁庙捕人，来者裹足。

妙峰山的香会

调查妙峰山香会的起源、宗旨、组织、典章、性质、服务、地域，很有趣味与价值。我在妙峰山路上只抄写了六十几个不同的会。以后看见顾颉刚先生的香会一篇文字，有99会，比我抄的多30余会，并且分析得很为详细。我就将他全篇要紧的考查与分类都介绍在这里：

> 香会是从前“社会”的变像。社祭是周代以来一向所有的，自天子以至于庶人都有。现在各村里都有“土地堂”，这原来是一社的社神。自佛教流入中国，到处塑像立庙。中国人要把旧有的信仰和它对抗，就建设了道教，也是到处塑像立庙。他们把风景好的地方都占据了。春天游览是适合人性的要求，再与宗教的信仰结合，就生出春天进香的结果，渐渐成了风俗。于是固定的“社会”就演化为流动的“社会”。流动的“社会”分为二种：一种是从庙中舁神出巡的赛会，一种是结合许多同地同业的人齐到庙中进香的香会。赛会是南方好，因他们的文化发达。香会是北方好，因为他们长于社交，有团结力。本来“社”是独尊的，自从有了佛教、道教庙宇以来，他的势力就一落千丈，到如今各处的社坛都是若存若亡的了。“社会”是从前的一件大事，但自从分出了赛会和香会之后，就渐渐消失了。这是古今的一大变革。凡香火盛的地方，都是风景极好的地方，因此能给与进香者满足的美感。北京的妙峰山，是京兆一带风景最好的地方，所以能吸收京兆全部和直隶北部人民的香火。

“会启”　每年自三月初旬起，北京城内外的人就看见街上渐渐贴出

“会启”来（俗称报子，顾先生给起了这个很合宜的名字，叫“会启”）。会启是用黄纸印的，大的有五六尺长，二尺来宽，小的有一尺来高，八九寸宽。大抵印成石碑的模样，上面有碑额，下面有碑座。碑额与碑座用红绿色纸的多，往往上面有图画，画中或是他们朝山的样子，或是妙峰山的风景和路线，或画些花果、荷叶之类。

会启上主要项目是下边几样：

(1) 会所及设驾所（驾，即是碧霞元君。他们在自己的会内或附近的庙内，都供有碧霞元君的神位或神像。他们在朝山之前，先要在自己会内设驾致祭，有的竟把驾抬上山去）。

(2) 守晚、起程、上山、朝顶、回香的路程和日期（守晚是晚间在会中聚集，以便明晨一同出发）。

(3) 到山后所做的事情（如开茶棚及诚献物品及工作等）。

(4) 说明化缘与不化缘。

此外也有写出规劝的话，和说明施舍茶粥之故的，可是不多。这些会启，有的简单，有的复杂。有的只能知道会名，有的竟可以知道他们终年的工作。例如“希贤惜字老会”的会启，上边横写“万寿无疆”四大字，再往下又横写“同议希贤惜字老会”数大字。当中小字写的是：

兹因京都顺天府大宛两县皇城内外关乡住户铺户官　旗民众善人等诚起同议希贤惜字老会年例于三月二十六日在　安坛设　驾敬备启知恭祝

仓颉至圣先师圣诞之辰虔备香烛供品敬　请阖会惜字众善台是日早降拈香交纳心愿本会年例于四月初　日守晚　日黎明于齐内南小街拐捧胡同富处起程自德胜门外头道茶棚起沿途香道焚化香纸残文废字交纳钱粮早至青龙桥仲伙晚至北安河仲伙落宿日坐地仲伙由中北道登山晚至灵光殿报号　日丑刻大众朝　顶进香恭谒

眼光　　广佑

天仙圣母碧霞元君懿前诚献香烛供品文房四宝明心吉祥表文等仪交纳当年钱粮当日由中

子孙　　广嗣

道回香下山晚仍至北安河村下处仲伙落宿　日黎明起程由金山口至青龙桥仲伙当日进京仍至本会下处安驾右启于四月二十六日由本会下处起程前往彰仪门外看舟村

普济宫本棚诚献惜字粥茶四昼夜二十八九日收焚沿途各棚香纸残文废字并至卢沟桥伐内去岁五月至今岁五月一年所焚字灰至晚戌刻大众恭谒

感应药王孙大真人驾前诚献香烛供品文房四宝明心吉祥表文等仪交纳当年钱粮各了心愿

右启　秋香七月二十四日起程二十五日朝顶守驾四昼夜二十八日进香交纳心愿

请　本会每月自二十二日为始出笼口收残文废字在本下处投炉焚化

会末众等同拜

会启下端写的是："本会并无缘簿在外募化亦不勒令捐资若有诸君遂喜乐为引善施助者须请登台衔入会。"

香会中有会启的只有北京城内外天津的会众，其他各县如宛平、大兴两县偏僻的地方全没有。因为他们的文化程度没有京、津高；又因会众召集都很容易，不像京、津大城中的会员散在各处，必须有会启通知。只因有许多没会启的，所以就很不容易将所有的会名都调查出来。听茶棚里的人说，从前进香的有四百余会，今年只有一百余会。

会费　在京、津大城的香会，一切用费是由于捐助。有的只向自己会中募捐，会启上说："永不外化。"有的向外募捐，会启上说："普请助善。"款项最足的属天津的香会，所以他们设立茶棚施送粥、茶、馒头最多。各香道的煤油灯、汽油灯多半是天津人承办的。在乡间的香会，会费是依地亩捐钱的，一亩地派捐多少钱，所以很公平。这实在是一件可注意的事。他们看这位圣母娘娘如同一位女皇，有按年交纳田地钱粮的义务。北京香会的款项没有天津足，也没有乡下人的稳，不过捐到多少钱，就办多少钱的事情。有的香会中有一笔恒款或一块产业的，为大财主一次捐助。用这恒款或恒产所得的赚利办理每年的善举。

会规　香会中的规条，调查出来的尚不很多。不过从会启中可以看出一些。如普兴万缘净道圣会，会启中云："本把人等不准拥挤喧哗玩戏，亦不准沿路摘取花果，以及食荤饮酒，一概禁止。人多，饮酒不免有乱性行为、口角淫词等事……恐其有失善道，不成体制。如不遵约束者除名不算，各宜戒之慎之！"又在某庙内客堂中写道："各会诸棚各把众位老爷都管行香坐棚文武，当通同一体，必应互辅。若有各把误失神脱落之处须破缝绽补，不令外人看出遗漏，以整局面。”可见他们会中很有团结的精神。

组织　他们的组织如何尚待以后细细调查。但从他们庙内所立的碑上，可以看出一个大概。今将三方石碑上的会众职名列下：

(A) 康熙二年引善老会：

①钱粮都管　②请驾都管　③车上都管
④苦行都管　⑤陈设都管　⑥中军吵子都管
⑦号上都管　⑧揆子都管　⑨厨房茶房都管
⑩拉面都管　⑪饭把都管　⑫净面清茶都管
⑬司房都管　⑭本会香首

以上每事2人或3人。

(B) 乾隆五十二年献供斗香膏药圣会：

①香首　②副香首　③村香首　④都管
⑤中军上　⑥揆子上　⑦执事上　⑧口号上
⑨吵子都管　⑩钱粮上　⑪厨房都管　⑫司都
⑬信女

(C) 光绪三年净道圣会：

①引善都管　②催粮都管　③钱粮都管　④车把都管
⑤司库都管　⑥中车把　⑦净道都管

除以上不懂的职名外，有下列数项：

(1) 引善都管（香首与副香首）是会中的领袖。

(2) 催粮都管是收取会费的人。

(3) 请驾都管是掌礼的人（即古之祝）。

(4) 钱粮都管是采办供品的人。

(5) 司库都管是管理银钱的人。

(6) 中军吵子（哨子）都管是管理巡查防卫的人。

(7) 车把都管是管理车辆的人。

(8) 厨房茶房都管是管理饮食的人。

(9) 女香客不任职务，所以别立“信女”一项。

从这些职名看来，他们的组织是很精密的。他们在财政、礼仪、警察、交通、饷糈等各方面都有专员管理，与我们现在所组织的团体有许多相似的地方，不过名辞不同就是了。我们中国旧社会中，这些民间自由结合的团体，很可以为他们地方自治的基础，所以极有研究的价值。

老会　听说香会若经过了100年，就可改“圣会”为“老会”。老会是香会中的领袖。今年调查的香会中有21%为老会。

香会地点　把99个现在的会按地域分配如下：

在北京内城有20会：

(1) 会峰普照燃灯老会——崇文门内本司胡同东头关帝庙。

(2) 乐善俊山清茶圣会——东四牌楼。

(3) 长寿白纸神账圣会——东四五条。

(4) 长寿清品神茶圣会——东四五条（以上二会合出会启）。

(5) 公议希贤惜字老会——齐化门内南小街后拐捧胡同。

(6) 悟善同修清茶圣会——齐化门内南小街中间棚铺后院。

(7) 长寿白纸圣会——东直门内草厂路南。

(8) 一心乐善清茶圣会——宣武门内西单牌楼中铁匠胡同路北。

(9) 南道水泉降香粥茶老会——宣武门内东铁匠胡同中门路南洛伽寺。

(10) 清静乐善清茶圣会——太仆寺街，驾设罗家大院。

(11) 万年永庆太狮一堂——西四牌楼西珠市，驾设银定桥三元宫。

(12) 同兴南庄诚献粥茶子孙圣会——西四南缸瓦市长庆街。

(13) 公议呈供献盐圣会——西四南兵马司无量庵，现移白塔寺。

(14) 静修乐善清茶圣会——阜成门内宫门口北顺成街西弓匠营路北三义庙。

(15) 万里云程踏车圣会——地安门外护国寺街路北。

(16) 松棚秉意诚献粥茶圣会——护国寺西口柳泉居。

(17) 公议重整拜席老会——护国寺西口外。

(18) 缝绽老会——皇城内外。

(19) 万寿善缘缝绽会——皇城内外。

(20) 德缘志善献盐圣会——京兆、大宛两县及皇城宫内各关内外旗民。

在北京外城有28会：

(21) 同心万代巧炉圣会——正阳门外大蒋家胡同，驾设鲜鱼口内豆腐巷路东。

(22) 一统同善杠子圣会——正阳门外冰窖胡同。

(23) 公议乐善巧炉圣会——珠市口南山涧内路东三盛店。

(24) 永乐同春五虎少林——山涧胡同路南。

(25) 义顺同祥五虎打路藤牌少林——珠市口南边中间狗尾巴胡同路东万顺店。

(26) 永年志善献盐圣会——正阳门外精忠庙迤南。

(27) 一心秉善毛掸清茶圣会——正阳门外兴隆街西头路北。

(28) 公议助善开路老会——正阳门外鞭子巷，驾设金鱼池娘娘庙。

(29) 公议志善沿路缝绽圣会——正阳门天桥东蒲包店。

(30) 同心志善诚献茶烛圣会——正阳门外果子市南。

(31) 裱糊神堂佛殿窗户（裱作合行公议心愿）——正阳门外大沟沿。

(32) 乐善同心献花圣会——崇文门外花市大街皂君庙。

(33) 子孙万代诚献粥茶盘香圣会——崇外瓷器口东头地藏寺。

(34) 永佑平安绳络老会——宣外达智桥内路北潮庆庵。

(35) 公议心愿诚献茶瓢——宣外教场小六条。

(36) 公议心愿诚献围棹——宣外校场口内。

(37) 提灯乐善诚献粥茶——包头章胡同。

(38) 万代同春少林五虎——宣外教子胡同，驾设达智桥中间路北。

(39) 同心秉善檀香素烛圣会——西小市，驾设宣外车子营小五条。

(40) 公议同善缝绽老会——宣外菜市口山西洪洞会馆。

(41) 议心善缘掸尘圣会——宣外小市西头。

(42) 公议重整合义面茶老会——宣外上斜街。

(43) 兴隆十八盘献粥茶老会——宣外老墙根路南。

(44) 秉心如意茶叶老会——广安门内白纸坊东头高庙村，驾设道士观真武庙。

(45) 子孙万代粥茶路灯老会——广安门内白纸坊。

（46）同心长善清茶圣会——广安门内白纸坊。

（47）公议乐善诚献粥茶棚花会——广安门内南乐园。

（48）公议永善清茶圣会——广安门内南乐培园。

在北京四郊有23会：

（49）乐善合缘敬宾茶会——朝阳门外东中街朝阳寺。

（50）乐善会缘茶会一堂——朝外东中街朝阳寺（以上二项，或是一会分出两种会启者）。

（51）心缘同善巧炉圣会——东便三关，发信处在朝外弥乐院。

（52）同议善缘诚献净饰香道圣会——德胜门外尚清河镇六道口双泉堡村。

（53）同心助善檀香老会——阜成门外八宝庄关帝庙。

（54）亿善合缘清茶圣会——西便门外会城门间村。

（55）善缘吉庆诚献果供——广安门外三路居。

（56）善缘吉庆果供圣会——广安门外三路居村（以上二项或亦为一会而分出两种会启者）。

（57）恭献鲜花老会——右安门外角二堡村。

（58）万善长青献鲜老会——右安门外关庙村。

（59）攒香如意老会——右安门外草桥关西南狼垡村，驾设本村高庙。

（60）同心乐善诚献粥茶——右安门外草桥关西南马厂郭公庄。

（61）万缘吉庆攒香圣会——右安门外玉米市街。

（62）益善同缘茶棚圣会——海甸皇影壁北药秀园。

（63）遵王荡平修道圣会——圆明园正红旗内外旗民。

（64）圆明园正白旗修道老会。

（65）金善合缘如意子孙面鲜圣会——海甸西青龙桥西关帝庙。

（66）普兴万缘净道圣会——玉泉山前北坞村。

（67）开山老会——京西玉河乡下苇甸村。

（68）平安圣会——玉河乡三岔涧村。

（69）攒香老会——香山齐家村，善化寺守晚。

（70）天太山感应修道进香（天太山在三家店西）。

(71) 万程童子跨鼓老会——陈家庄(在三家店北)。

京兆属县2会:

(72) 拨子圣会——昌平县西南苏家块村。

(73) 口香如意圣会——房山县西王佐村。

有村名,而不知属何县的2会:

(74) 重整攒香金花圣会——西局村。

(75) 音乐圣会——西小营村。

不知道地名的有6会:

(76) 公议呈献巧炉圣会。

(77) 五圈万代吉庆奉台(不知是丰台地名否)攒香圣会。

(78) 狮子圣会。

(79) 大鼓圣会。

(80) 拜垫圣会。

(81) 中幡圣会。

天津、大连的香会有18个:

(82) 老北道老爷庙馒首粥茶老会。

(83) 河北关上崇善堂修补老北道会。

(84) 老北道估衣商诚献洋灯会。

(85) 中北道北安河信意粥茶灯棚姜汤馒首善会。

(86) 津郡公议老路灯进香。

(87) 天津礳碰石河馒首粥茶会。

(88) 老南道桃园议善汽灯笼灯路灯施茶圣会。

(89) 老南道桃园信余堂褚自备馒首施粥善社。

(90) 娘娘顶后殿众善汽灯施粥施茶善会。

(91) 天津裕德里大连小岗子合办汽灯会。

(92) 双龙桥公议馒首粥茶会。

(93) 大峰口馍馍施茶会。

(94) 朝顶山口苇子港施茶社。

(95) 磕头岭公议乐善社施馒首粥茶善会。

（96）天津阖郡公议大乐老会。

（以上15会是入天津全体联合会的。联合会立于民国十二年二月初一日）

（97）天津西窑洼公议代香会。

（98）天津堤头村公议随路大乐会。

（99）天津公善汽灯会。

（以上3会是不入天津全体联合会的）

（顾先生将以上的地点排列这样清楚，给后来对于这些香会要深一层调查的人极大的便利。）

香会分类　把99个现在的会和碑中所见的13个会分类如下：（顾先生在许多会名底下又记载他们进香起程下山等日期，限于篇幅，不能尽录在此。）

Ⅰ修路：

（1）遵王荡平修道圣会。在道光二十年旗民发起的。每年阴历三月二十一日兴工，修理中道。

（2）圆明园正黄旗修道老会。

（3）普兴万缘净道圣会。在“三月内将山径石坎用錾打平浮沙扫除活石”。修的是中北道。

（4）净道圣会。

（5）开山老会。

（6）天太山感应修道进香。修理南道。

（7）公议助善开路老会。

（8）河北关上崇善堂修补老北道会。

Ⅱ路灯：

（1）天津公善汽灯会。老北道沿路汽灯皆由此会筹备。

（2）中北道估衣商诚献洋灯会。将煤油灯放在长方玻璃笼架内，下面用插入地下的木杆支着。

（3）津郡公议老路灯进香。

（4）老南道桃园义善汽灯笼灯路灯施茶老会。

(5) 娘娘顶后殿众善汽灯施粥施茶善会。

(6) 天津裕德里大连小岗子合办汽灯会。

(7) 金峰普照燃灯老会。

(8) 子孙万代粥茶路灯老会。

(9) 万年长清甲子悬灯灵丹圣会。

(10) 海灯老会。

Ⅲ茶棚:

(1) 老北道老爷庙馒首粥茶会。

(2) 朝顶山口苇港施茶社。

(3) 磕头岭公议乐善社施馒首粥茶善会。

(4) 双龙桥公议馒首粥茶会。

(5) 天津磨硅石河馒首粥茶会。

(6) 大峰口馍馍施茶会。

(7) 中北道北安河信义粥茶灯棚姜汤馒首善会。

(8) 子孙万代诚献粥茶盘香圣会。

(9) 同心乐善诚献粥茶。

(10) 公议重整合义面茶老会。

(11) 同兴南庄诚献粥茶子孙圣会。

(12) 公议同善缝绽老会。

(13) 老南道桃园义善汽灯笼灯路灯施茶圣会。

(14) 老南北桃园信余堂褚自备馒首施粥善社。

(15) 南道水泉降香粥茶老会。

(16) 兴隆十八盘献粥茶老会。

(17) 提灯乐善诚献粥茶。

(18) 子孙万代粥茶路灯老会。

(19) 松棚秉意诚献粥茶老会。

(20) 娘娘顶后殿众善汽灯施粥施茶善会。

(21) 益善同缘茶棚圣会。

(22) 公议乐善诚献粥茶棚圣会。

Ⅳ缝绽：（有许多尽义务的鞋匠，在山路上修理香客们损坏的鞋。）

（1）公议志善沿路缝绽圣会。

（2）万寿善缘缝绽会。

（3）缝绽老会。

Ⅴ成补铜锡瓷器：

（1）同心善代巧炉圣会（巧炉就是平常的小炉匠）。

（2）心缘同善巧炉圣会。

（3）公议呈献巧炉圣会。

（4）公议乐善巧炉圣会。

Ⅵ呈献庙中途中用具：

（1）公议心愿诚献围桌（是桌前的围布）。

（2）公议心愿诚献茶瓢。

（3）拜垫圣会。

（4）公议重整拜席老会。

（5）议心善缘掸尘圣会。

（6）一心秉善毛掸清茶圣会。

（7）永佑平安绳络老会。

（8）一统同善杠子圣会。

（9）裱糊神堂佛殿窗户。

Ⅶ呈献神用物品及供具：

（1）献袍会。

（2）献供斗香膏药圣会。

（3）长寿白纸圣会。到回香亭呈献文房四宝，更换幽冥档册。

（4）长寿白纸神账圣会。

（5）同议希贤惜字老会。献香烛供品、文房四宝。

（6）同心助善檀香老会。

（7）同心秉善檀香素烛圣会。

（8）同心志善诚献茶烛圣会。

（9）同议善缘诚献净饰香道圣会。

(10) 金善普缘如意子孙面鲜圣会。

(11) 乐善同心献花圣会。

(12) 万善长青献鲜老会。

(13) 重整攒香金花圣会。

(14) 善缘吉庆诚献果供。

(15) 善缘吉庆果供圣会。

Ⅷ施献茶盐膏药：

(1) 长寿清品神茶圣会。

(2) 乐善俊山清茶圣会。

(3) 悟善同修清茶圣会。

(4) 一心乐善清茶圣会。

(5) 清静乐善清茶圣会。

(6) 静修乐善清茶圣会。

(7) 同心志善诚献茶烛圣会。

(8) 秉心如意茶叶老会。

(9) 同心长善清茶圣会。

(10) 公议永善清茶圣会。

(11) 亿善合缘清茶圣会。

(12) 乐善合缘敬宾茶会。

(13) 乐善合缘茶会一堂。

(14) 公议沿路茶棚施献茶叶圣会。

(15) 永年志善献盐圣会。

(16) 德缘志善献盐圣会。

(17) 公议呈供献盐圣会。

(18) 义合膏药老会。

(19) 十人膏药圣会。

(20) 献供斗香膏药圣会。

(21) 万年长清甲子悬灯灵丹圣会。

(以上4会只在碑文中看见，成立在100年以前。现在没有发现施膏药灵丹的会。）

Ⅸ技术：

（1）义顺同祥五虎打路藤牌少林。

（2）万代同春少林五虎。

（3）永乐同春五虎少林一堂。

（4）攒香如意老会。施演刀枪鞭棒。

（5）中幡圣会。

（6）音乐圣会。

（7）大鼓圣会。

（8）万年永庆太师一堂。

（9）狮子圣会。

（10）万里云程踏车圣会。将自行车放在神前，在上面做出许多花样（并不是在路上骑车）。

（11）拨子圣会（或者是一种玩艺的小孩子结合的）。

（12）万诚童子跨鼓老会。

Ⅹ普通的进香及未详其意义者：

（1）引善老会。

（2）妙峰山进香圣会。

（3）二人圣会。

（4）二顶兴隆圣会。

（5）二人老会。

（6）口香如意圣会。

（7）五圈万代吉庆奉台攒香圣会。

（8）攒香老会。

（9）万缘吉庆攒香圣会。

（10）平安圣会。

（11）天津西窑洼公议代香会。

（12）天津堤头村公议随路大乐会。

（13）天津阖郡公议大乐会。

除去上边所知道的以外，一定还有不别类的会。再添上许多还愿来做工的人，差不多各类尽义务的工匠都有。在开庙以前，就有人来修道路；有人在道旁来安设汽灯、洋灯；有木匠、瓦匠、油漆匠等工人来修理庙中的房屋；有棚匠来搭好了茶棚，有铁匠、小炉匠来修补庙中一切损坏的铜锡瓷器。总而言之，路上庙里一切应用的东西，都有尽义务来承办的，并且都是欢欢喜喜来帮忙的。在路上香客们饿了有粥、馒头吃，渴了有茶喝；在娘娘顶有音乐听，有游艺看。所以凡“朝顶进香”的人都是高兴而来，满意而去。这一类的光景，在人群社会中不可多得。

对于妙峰山进香的意见

对于妙峰山进香的风俗，许多人的意见不同。有人看为迷信当禁止的事；有人以为这种宗教的信仰，可藉以维持民间的道德，是法律以外难得的权威，所以应当保守，或取放任主义的。今年有人在《群强报》上发表一篇文字，其中有几句话说：“这山上烧香，是不是一宗善事呢？……就着大多数的香客看起来，准有一半儿的心为烧香用的，就算虔诚。请看那女香客洋绉绢子包头，满排绒球儿玻璃镜儿，身上霞缎花丝葛，特意露出花汗巾来，在车辕上一跨，东张西望，得意扬扬。从旁边一过，喷鼻儿香。再看那男客真有为上山多费点子板儿油玉容油的，特意打扮得风流标致，摇头晃脑，说说笑笑，像这个样儿的他准是一心无二为烧香去的么？……记得看见过同治年间的一道上谕，因为上山的有伤风败俗的行为，禁止开山……怎么怪人家藉口破除迷信呢？我可不是反对朝山烧香，是希望着维持风化哩！……”但按我今年一路的观察，并未理会有这样的现状。调查社会的人是注重事实，不以揣度为根据的。但我也并非赞成迷信，或主张保存妙峰山进香的风俗。我以为凡在社会中已成的各种习惯，都是由于人性中各部分的要求。若我们发现与社会不相宜的习惯，并且打算将它革除，必须在未革除已成的习惯以前，介绍或计划一样别的与社会适合的代替物，也能满足这一部分的人性。不然，不但不能革除社会中已有的害处，反倒添上别的害处。有时结果是所得不偿所失，社会的幸福反倒因此减少了，这是有心改良社会的人应当特别注意的。以现在平民的程度而论，妙峰山“朝顶进香”的风俗，实在与他们的人生幸福有不少的帮助。若主张废除这种迷信的进行，必须增加他们科学上的知识，与提高他们生活的观念，为他们找出他种高尚的娱乐，而更能满足他们春游的天性，和宗教的信仰或感情的发泄。在他们教育的程度和环境没有进步以前，我很舍不得他们从妙峰山所得自然的快乐和满足的安慰，不必须的被抢夺了。三位娘娘也罢，三位一体也罢，释迦牟尼也罢，凡能使人类近于至善、具足的生活，而达于安宁之域者，都是可宝贵的。吾人不可以自己道德的标准而排斥凡与己不同者皆为悖谬。所以我在引言里说，调查社会的人不可先有成见，必须报告事实，供人研究讨论。

以上的调查，不过几个人用三天很短的时间，极不完全，仅可作提倡调查“朝山进香”的小引。盼望再有人用细一层的工夫，用科学方法下手调查各处的香火。在山东的可以调查泰山，在山西的可以调查五台，四川的峨眉，安徽的九华，浙江的西湖或普陀，广东的罗浮，以及他省香火有势力的地方。希望不久可以有一部“朝山进香”调查大全了。回想我们的祖先，对于他们当时社会大多数人民的生活，有许多没有记载流传，我们甚以为憾事。现在我们中国社会正在起重大变化的时候，我们当急起调查。不但供给我们自己研究社会的资料，就是我们的子孙将如何的感激我们！

（载《社会学杂志》第2卷第5、6期，1925年）

北京拉车的苦工

我调查北京劳工的情形已过一年了。一位老乡亲常来质问：为什么出洋回国，天天和那些龌龊粗鲁的下流社会结着因缘？他老人家的话，我毫不觉得可怪。去年五卅事件发生后，一位负盛名的留学生，在《晨报》发表论说，也以学生放下书来不读，而去“劝拉洋车的爱国”，为可慨叹；他以为，“劝化了100个拉洋车的，不如感化了一个坐车的”。放下书来不读，固然不好；可是拉洋车的也得有人去劝。一个坐车的纵然比100个拉车的重要（?），可是拉车的也得有人去感化——至少也得有人去了解他们。

现在谈民治主义的人不算少，但是有几位曾到三亿农民里去实地调查的呢？讲社会主义的人也不算少，但是有几位曾经详细剖解民众内容、专心研究工人现状的呢？我以为若要彻底地补救社会，断不能仅凭藉任何一种舶来品的什么主义。解决社会问题的基础，在乎赤条条的事实，在乎烦琐复杂的事实，在乎用长时间和忍耐心换来的事实的调查。我是信仰社会调查的。今将我在半年内调查北京洋车夫情形的大概介绍给《现代评论》的读者。

民国以来，水旱连年，兵匪为灾，民生困苦，日甚一日。失业流离的或转入沟壑，或变为乞丐。外此尚有三条路可走：入军队，当土匪，拉洋车。兵匪不用说了，他们是社会分利的分子，是社会的寄生虫。洋车夫却还有天良，要卖他们的苦力，过牛马似的生活，做社会生利的分子。可是坐车的有几人还尊重他们的人格呢？有几人和洋车夫表同情的呢？

北京拉车的苦工至少有 5.5 万人。这是全城民数的 7%。换言之，每 14 人，每 9 个男子，或每 6 个 16～50 岁的男人中间就有 1 个车夫。再说车夫的亲属和他们有经济的关系者，总数有 25 万。此 25 万人中至少 15 万是住在北京城内的。可说北京城里 19%的居民就是靠着洋车夫的行业过活的。

以籍贯论，这 5.5 万车夫中 53%是本京的，31%是京兆的，9%是直隶的，5%是山东的。其余是他省来的。以年龄论，21～40 岁的有 60%。50 岁以上的有 8%。最可怜的是营养未足、筋骨未强的幼童；12～17 岁的小洋车夫占总数 5%。在家歇宿而已经成婚者 62%。无妻室而寄身车厂者 38%。

北京的拉车苦工以“旗人”为最多。他们占总数 5%。农民出身的 4%。工役出身的 18%。小贩出身的 13%。游手好闲的有 10%。军人出身的 5%。其余都是失业的一般工徒。北京附近的农民在冬季田庄休假的时候有好些赶到城中来拉车的。所以冬季比夏季洋车夫多着 6%。

农人跑来当车夫亦并非为发大财。不过他们不愿亦不能闲着过活是了。北京的洋车夫每日平均进款有铜元 130 枚。97%是从车厂租赁来的洋车。每日须付租钱铜元 30 枚左右。所以实际上一个拉车的平均每日仅得 100 枚铜元。

我们要看这每日 100 铜元的进款如何应用到车夫和他的家族身上。第一，每人平均要吃 60 铜元的饭食。若寄宿车厂里，每晚须纳费 3 枚铜元。若住家则每月须出租钱大洋 1 元左右。90%的车夫仅租一间房屋。不到十步见方的地面住着全家五六人的无产公民。洋车夫每年要衣褂费约 3 元，鞋履费约 5 元。他家中若有五口，则饭费每月约大洋 10 元，衣服费每年亦约大洋 10 元。煤柴月需 1 元上下。煤油及杂费月需 4 角。

洋车夫生活费用既如此低微，他们的生活程度更是有退无进，日窘一日。试看他们生活费用的分配。75%是饭食。9%是煤柴。8%是房租。5%是衣服。3%是煤油及杂费。虽 30%的车夫能够读白话报，他们哪里有钱可以买一两张报纸来看看！

近年北京米粮的价钱增加，苦工所得铜元的价值减跌。如此，真实的工资反不如昔，生活程度怎能比前长进呢？洋车夫困穷到万分的时候，若不加入军队亦不去当土匪，则势必兴当衣物或去借“印子钱”。民国十四年一年中北京拉车的平均每家兴当物件值 6 元。平均每家借债 6 元。利率有重至 20 分以上者。

譬如借 200 枚铜元，每日债主要来取铜元 8 枚。以一月为限，则本利清偿需铜元 240 枚。车夫自身虽勉强保守拉车的职业，其妻室子女因债务压逼不得不逃入施粥厂或流入乞丐队伍者颇不乏人。这些可怜的人没有团结自卫的知识与能力，于是北京城中被淘汰入下层社会的一天比一天的多起来了。

况北京工徒的制度前途非常黑暗。幼童学习行业都以三年为期。期满即须向主人取工资。主人为省费起见往往多招新来的学徒。如此则工徒学习期满后因无处谋生多逼为拉洋车的苦工。车夫有增加，坐洋车的人数在一年内因电车通行的影响反而减少。于是有许多车夫嫌赚钱太不够用，想去经营小贩的生意。谁知北京城中三万的小贩还大半靠着车夫做他们的主顾！车夫减而小贩增。岂不是难兄难弟要同归于尽吗！

从北京拉车的苦工这般情形看来，无怪今日中国的乞丐、丘八和土匪要盛行。这是我国无产阶级的真相。我深盼谈什么主义讲什么政策的人们对于此种真相多用心去调查，多去研究一番。须要根据事实，对症下药。不能见样学样，削足适履。大家先来量脚，好预备做舒服的鞋子。这是我所馨香祷祝的。

十五，二，五，北京

（载《现代评论》第 3 卷第 62 期，1926 年）

洋车夫的统计答西滢先生

《现代评论》第64期，西滢先生的《闲话》中有一段对于我所调查的洋车夫统计有些“震惊”的地方。现在让我来解释几句或者可以替他压惊。先把他的原文照抄下来：

> “北京城里19%的居民就是靠着洋车夫的行业过活的。”这是李景汉先生费了半年工夫，调查北京洋车夫的情形得到的结论。（见本刊第60期185页）19%！那不是说，每5个人中间，就有1个洋车夫，或与洋车夫有“经济的关系”的人吗？换一个说法，每4个人就得供养1个靠洋车夫的行业过活的人！这真是出人意料的巨数。在统计学者看起来，方法是十二分的重要，结论是不一定有绝对的价值的，他们也许要怀疑地询问。在我这样不懂得统计学的人，就未免有些震惊了。

西滢先生所批评的话，我实在感谢；并且盼望读社会调查的人都有这样细心的态度。他说：“方法十二分的重要，结论是不一定有绝对的价值的。”这早就是我的座右铭。但我所寄给《现代评论》的原稿里并没有这句可惊疑的话，更没有在旁边加上若干的圆圈符号。这句话是一位朋友替我抄写的时候改变的。原文本是“北京城内的车夫和与车夫有经济关系的人有15万，占城内人数19%”。投稿前我没有机会读过，自觉很是抱歉。可是19%的统计究竟如何得来的呢？

北京城内有多少洋车，不是一两个私人在短时期间可以直接调查得到的。关于这种统计我们不得不用警厅的统计来做参考。我对于任何政府的统计素来抱着怀疑的态度。所以亦常常有些“震惊”的经验。但这一次的统计我以为比较的可靠。因为北京的洋车无论营业的或自用的必须领买车牌（即执照），并且每月须要上捐。民国十三年自用人力车的车牌要铜元 60 枚，月捐 40 枚。营业的人力车车牌要铜元 40 枚，月捐 40 枚。“京都市工巡捐局”按月征收车捐；每一区都有详细的洋车数目。我不但有 20 区的洋车总数，并且有每区的细数。每区出赁洋车的车厂和制造洋车的铺子，我亦曾经调查过它们的数目。有一区的车厂所赁出的辆数我亦抄下来了。又承许多人介绍，调查了各区的 200 处车厂。按城内 20 区署挂号的数目计算，营业的洋车共有 29 000 辆。自用的洋车共有 7 500 辆。城外四郊地方挂号的洋车亦有 7 700 辆。三数总计为 44 200 辆。我又设法询问 1 300 多车夫，选其中最可靠的答案 1 000 份来做统计。外此又调查了 100 处人力车夫的家庭。

从车厂、车夫和车夫的家庭三方面调查，方才有些具体的统计。原来北京拉车的有拉半天的，有拉整天的。拉早半天的是从五六点钟到三四点钟。拉晚半天的是从下午三四点钟到半夜或早晨。如此可知有许多时候两个车夫轮流拉着一辆车。近年来，水旱兵灾都逼着贫人去拉车。所以一个车夫只拉一辆车的事实更比从前要少些。

在北京电车未通行以前两人合赁一车的车夫占总数二分之二，一人拉一车的占三分之一。换句话说，仿佛每 2 辆车有 3 个车夫。平均则每辆车有车夫 1.5。用 1.5 去乘营业的车数 2.9 万辆，就得车夫 4.35 万的数目。

这些车夫的家庭不全在北京，在北京的不过 62.3%。用此数去乘 4.35 万，就得家眷在北京的车夫 27 100 人。按调查 100 家的结果说，平均每家的人口是 5.43（车夫亦在内）。有人以为这个平均数或许高一些。若以每家 5 口计算，则 5 乘 27 100 尚得 13.55 万。再加上没有家眷在北京城内的车夫 1.54 万人，就得 15.09 万。我未曾有机会去调查自用车的车夫的家眷。这种拉自用车的 7 500 人中也许有以一部分的工夫做别的工役事务。所以我们可以不必将他们的家人算入统计。北京的人口还没有确实的调查。若据警厅报告则北京城内的人民有 80 万左右。车夫和与车夫有经济关系的人既有 15.09 万，岂不是占城内人口的

19%吗？何况北京城内还有些带假车牌的洋车呢？

最初猛看这个很大的数目，连我自己也觉得奇异。后来我亲自去访问了200个车厂的主人和几位多年在北京的警官。他们都以为这个统计是没有大错的。即按去冬报载北京内外贫民的数目竟有239 268！这个数目未必可靠。但不能说是毫无根据的。有时我在早晨经过几处粥厂，看见在那极冷的天气里有几千人等着讨碗粥吃。北城方面，南城东西近城墙一带，和城外贫穷的区域更不知有若干贫民啦。北京大多数的车夫的家眷是列在“至贫”的一栏。他们的许多院子内只有十几间屋子。可是每间还住着五六口的人家。这是何等困苦！我真愿意我的“15万”的数目不确实呢！

你说这些人“靠着洋车行业过活”或为车夫所“供养”，还有些冤枉。因为车夫家中的人不能专靠车夫的进款过日子。这些男女老少都得去按他们所能办到的去谋生。他们至少也须拾煤块或讨饭。至于车夫本身，也不免良莠不齐。只顾目前的快乐，不管家人的困苦，不想到他自己将来的结局的人也很不少。甚至也有“吃喝嫖赌”无所不为的。西滢先生说得好，“洋车夫也有洋车的苦闷，也只恨我们不知道吧了”。

十五，三，六，北京

（载《现代评论》第3卷第66期，1926年）

京兆农村的状况

今日吾国人口号称四万万，农家即占 85%。故欲解决现在的社会问题，为大多数人民谋幸福，非透彻了解他们的内容不可。但吾国地方宽阔，从事完全调查，又非短时间所能办到。所以只好希望各处能协力合作，在一省中选择数县，一县中选择数村，开始调查，比较研究，庶几全国农村的大概情形，或者因而不难窥见一斑了。近一二年我有不少的机会去到京兆的许多地方调查研究。可惜水旱兵灾，层见迭出，以致未能大规模地进行。所以现在只能把我所调查的一个农村的几方面情形介绍给本刊的读者。

村名甄家营，在京津之间，武清县境内，距张庄火车站西南 15 里。村南 3 里即皇后店，为贸易的大集，离京 150 里。调查的时间自民国十三年十一月至十四年正月。除向 82 家直接详细询问外，其余答案都是从熟悉本村情形的居民得来的。

吾国调查人口，或征收特别税捐，皆以户为单位。一户中的人口虽有血统的关系，未必共享财产。我所调查的 45 户里，共享财产者有 24 户，一户中有 2 家经济独立者 14 户，有 3 家者 6 户，4 家者 1 户。换言之，一户有 1 家者占 53%。其余 47%户皆在 1 家以上。45 户有 74 家。其中 3～10 口者有 26 户，11～20 口者有 16 户。21、37 及 43 口者各有 1 户。每户平均有 10.8 口。本村共有 306 户，人口 3 000 有奇。所调查的 82 家中，在家居住的人口有 517 人。其中 1～5 口者有 42 家，6～10 口者 30 家，10～15 口者 6 家，16～20 口者 3 家，

21 口者 1 家。每家平均 6.3 人。大家庭一年少一年，小家庭一年多一年。

在家居住的 517 人中有 17 岁以上的男丁 133 人，占 26%。17 岁以上的妇女有 181 人，占 35%。18 岁以下的男女幼童有 202 人，占 39%。妇女比男子多 49 人。因近几年来连遭水旱兵灾，民生憔悴，男丁有离家到京津谋生去的。若将出外谋生，而与家中尚有经济关系者计算在内，在男丁 162 人中，占 29%。妇女 187 中，占 34%。幼童 206 中，占 37%。此外与家中断绝经济关系者不知多少。再甄家营地势较高，临近永定河决口的时候，本村所受水灾比邻村稍轻。加之此村发源不过一二百年，军用地图上没有它的名字，故所受的兵灾也不如别村的厉害。所以村中人民的生活比邻村稍强：能自养的寡妇多不改嫁，而断弦的鳏夫无不再娶。这也是妇女多于男子的一个原因。（按内务统计中京兆各县无不男子多于女子，不知确否?）

大多数的男女在身体没有完全发育以前就结婚了。所调查的 100 个男子中在 11 岁（以中国方法计算）娶妻的有 3 人。15 岁以下结婚的占 25%。15 和 16 岁结婚的占 26%。17～20 岁结婚的占 29%。21～24 岁结婚的占 20%。所调查的 146 个妇女中 12 岁出嫁的有 4 人。15 岁以下出嫁的占 22%。15 和 16 岁出嫁的为最多，占 43%。自 17～20 岁出嫁的占 33.5%。自 21～24 岁出嫁的“老姑娘”仅 2 位，占 1.5%。早婚是这乡间很大的问题。

贫穷的男子非出百元的定礼不易娶妻，有一二十亩地的男子须出五六十元，有 30 亩地的男子用 20 元，就可大事告成了。有 100 亩地的男子娶妻，不致赔钱。因女子是从“门当户对”的小康之家来的。所陪送的嫁妆与他的费用就差不多相等了。所以在乡间娶妻越没钱的男子花钱越多。

夫妇年龄相等的仅占 4%。这或者是受算命瞎子所批八字的影响不少。其余夫长于妇的占 61%。其中夫比妇大 4～10 岁的占 27%。大 1～3 岁者占 34%。妇长于夫者占 35%。其中妇比夫大 1～3 岁者占 27%。大 4～6 岁者占 8%。甄家营大多数的丈夫是比妻子大的。

所娶的女子，大多数来自邻近的村庄。生在本村的只占 16%。从五里之内的村庄来的占 25%。从 6～10 里来的占 29%。从 11～20 里来的占 16%。自 21～100 里来的占 10%。百里以外来的占 4%。其中亲上做亲的一定不少。

关于妇女生产的能力，不易有精确的调查。所询问 40 岁以上的妇女中有 71

个母亲的答案颇为可靠。其中有寡妇及未尝生育者数人。平均计算，每妇女的生产率为7.4（小产和死胎不在其内）。其中死去的为4.5，占62%。村中接生的为78岁的老妇。每次接生取费1元。她自己共生过11个子女。就中有7个生后不久即死，2个活了几岁亦死，仅留下2个。这就是她对于接生的训练与经验。

甄家营的地主约有田地7 000余亩。其中上等腴地4 000余亩，每亩价值30元。中等田地2 000余亩，每亩20元。下等沙地1 000余亩，每亩1元上下。村中地价比田价多3倍，每亩10元。有田产之家占五分之四。以有20～30亩者为最多。100亩以上者，占10%。1 000亩以上者仅1家。田块之大小，以10亩上下的为最多。故大多数的农家可有高洼不同之地二三块。除遇特别水旱外至少有一两块收获。

此村租田之佃户占全部农家25%。田主兼佃户占35%。耕自己地之田主占40%。此外典地的农家占20%。其办法如典主典地10亩须一次交足田主200元，每亩合20元。三年之后田主归还典主200元，赎回原地，并不出利息。典主用地三年即算地主所出的利息。典房的办法也是如此。房屋为典主修理。如失火，归典主赔偿，或则房主不还典价。每遇水旱荒年，典当房屋地亩者甚多。农家损失甚大。若借债月利多至三四分。当衣物月利亦三分，限期为18个月。

近二十五年中旱荒2次，平均每次农作物的损失30%。虫灾8次，每次平均损失20%。为患最烈者为水灾，约每三年一次，每次损失50%。永定河每年修理费自数十万至数百万元。其办理的成绩不过如此。自民国以来兵灾4次。每次每家损失2元。离此不远的村庄，竟有十室九空者。这样看来，甄家营算是最幸福的了。

本村的房屋也较邻村整齐。砖墙与土墙的房屋各占5%。草房顶占30%。其余为灰顶或瓦顶。屋中有砖地者占80%，有土地者占20%。每家平均有房6间。好房每间长1丈3尺，宽1丈，建造费需100元。土房较小，每间需三四十元，可用二十年。每家窗户上之玻璃约有1尺见方。

如用普通田地供给一人之生活，约需4亩。若供给六口之家，约需24亩。如用菜园供给一人之生活，半亩即足。全家需3亩。农民食品以玉米、高粱为大宗，每石价值8元。其次小米，每石11元；黄豆，每石8元。除年节外吃白面者很少。

所吃菜蔬以腌萝卜和芥菜为最多。白菜、葱等次之。每年吃肉不过数次。衣服原料以粗蓝洋布为最普通，每尺约 1 角。

每年一家六口的费用需 250 元。乡间有一句谚语说：“大口小口每月三斗。”如此计算，每月需粗粮 1 石 8 斗。若家中有很小的孩童，每年至少亦需粗粮 18 石，约合 3 240 斤，价值 144 元。所吃菜蔬及调和需 12 元。燃料值 20 元，衣料费需 30 元。房屋修理费及家具费各 2 元。人情来往酬应需 5 元。乡民虽贫，颇重香火，每年至少需 3 元。每家有猪 1 只、鸡 5 只，喂养费需 6 元。24 亩的地租需 1 元 2 角。购买农具需 4 元。籽粒值价 8 元。若家中有地二三十亩，两个壮丁，每年亦须雇用短工和牲口，需 10 元。除家中人拾粪外，亦须买 7 元肥料。以上一共合计 254 元。若租种别人的田地，每亩须纳二三元。

试看六口之家按百分比例计算一年费用的分配：伙食 61，燃料 8，衣服 12，修理房屋 1，家具 1，酬应 2，香火 1。喂养猪鸡 2，地租 0.5，农具 1.5，籽粒 3，雇用短工及牲畜 4，肥料 4。以上各项乃农家不可少的用费。此外如娱乐、卫生、教育、交通等皆未列入。

从一家的费用看来，非有地 24 亩，不能足用。若遇普通年成，每亩可收获粗粮 1 石。24 亩可得 24 石，价值 192 元。田中燃料值 58 元。此外可得卖猪肉钱 16 元，鸡蛋 4 元。以上共进 270 元。与出款比较大略相等。若遇丰年，农家尚可过他们简单的生活。可是自民国以来灾荒不绝。多数农夫不得不典卖田产，当物借债，离家谋生，或当兵或为匪。中国的老百姓真是太老实了。他们没有结合自卫的知识。现在虽然在京兆各县已经成立了不少的农村合作社，但也无力解脱所有受罪乡民的倒悬。非令他们觉悟自己的能力，自动谋大规模的改革不可。

甄家营生活的费用一年多一年，工资也随着一年高一年。长工每年工作 8 个月，工资 30 元，每月饭费值 4 元。两项合计共 62 元。短工平常每日 2 角，农忙时自 6 角至 8 角不等。冬天农人多有闲暇。除少数做小买卖，每日赚利四五十枚铜元外，有许多人在自己家中辫草帽辫子。妇女做的也很多。村中有草帽工厂 2 处。共有男工 30，每日每人工资 1 角至 3 角。女工 40，每日每人工资 1 角至 2 角。全村每年运往天津的草帽辫值 1 万余元。二十年前从本村运往德国的已达 8 万元。可惜农民不知改良辫法，以致大有利益的家庭工艺一年不如一年。

若有人肯在本村从新整顿，利用本地的土产与农家的闲暇，全村人民也就能享受一项很大的进款了。

这村教育的程度也较邻村稍高。识字的人占25%。现在入学的儿童占学年儿童人数10%。在此村天主教与基督教进行传教已二十余年。妇女因此而识字的，占所有妇女人数2%。平民教育促进会亦在此组织平民千字课班。不久识字的人数必日见增多。听村民说，凡受过高等小学教育的人就不肯在田间工作，这也是乡村教育的一个问题。

甄家营虽然在京津之间，又靠近铁路，它的风俗仍然没有很大的改变。缠足妇女的人数之多，足令人惊异，至少尚有85%。邻近十余里的村庄竟有完全缠足的。前几年本村一个未缠足的女子嫁给邻村，她的婆母大怒，强令认真再缠。并且脚骨折断，仍令工作。听说不到二年就因此死去了。离甄家营15里的一个村庄，其中仅有本村一个外孙女未缠足。因此一般邻人都为她担心难得找着婆家。又此地也曾娶过一个没缠足的女子。听说婆母竟用菜刀将她的两只天足砍掉，因而死去了。于是女家提起诉讼，法庭才判定悍妇抵命。缠足是急应禁止的恶俗，也是政府能办、当办，而因循不去办的事呵！

带发辫的男子，也一望皆是。有鸦片烟嗜好的男女占18%。年节赌博的占50%。常赌博的占5%。娶妾的有2家。本村没有妓女，也没有蓄婢之家。男女品行污秽者极少。私生子也不多见。有童养媳者4家。乞丐2个，不在本村讨饭，怕丢面子。饮酒过度者并无一人。

甄家营的风俗颇为敦厚。人民的体格也甚强壮。全村中瞎子4人。四肢有残疾者4人。心志薄弱者4人。痴子2人。患癫痫病者2人。癫狂者1人。以上各等人都受亲族的保护。

本村流行病中以疟疾为最常有，每二三年发现一次。痢疾次之。近十年中霍乱症流行一次。患传染目疾的不少。

本村地方自治的精神在民国二三年时为最好，此后一年不如一年。现在虽有保卫团及乡议会等团体，早已有名无实。本村现有村长、村佐各1人，村董8人，办理本地公益事务，皆为村中有势力者所推举，也没有一定的期限。此外夏季有青苗会，专为保护禾稼的。每亩向地主征收铜元20枚，雇巡丁10人看守庄田。夜间手拿梆子，一路走，一面打，似乎警告敌人不要到此处来偷的意思。

冬天男女乡民的闲工夫甚多。除彼此聚谈，与少数人赌博外，缺少消遣的游戏。如何利用农家的暇时，也是乡间的一个问题。

以上所说的不过是武清县800村中的一个大概状况，不但不能代表1县，更不能代表全京兆20县中1 000多农村的内容了。我甚希望现在有志研究社会问题的人们，与其镇日地在书本子里找死材料，不如散步乡间去寻活材料。我们中国的旧社会里有许多可宝贵的风俗习惯，也有许多可憎恶的。至于到底哪些当保存，哪些当革除，非有精密的调查与研究，自然不能断定。现在有人提倡新村的运动，打算在乡间实行种种改进农村的理想。但是对于这些乡村若不先有个透彻的了解，恐不免就有削足适履的危险了。最妥当是多调查事实，再研究方法。虽然表面上似乎是一条很迂远的路，但实则是一条最近的路。

十五，二，二五，北京

（载《现代评论》第3卷第71期，1926年）

二十五年来北京生活费的比较

“目下的生活程度高了”或“现在的嚼用贵了!”是近几年来人们的口头语。前一句是知识阶级的人常写的，后一句是劳动工人常说的。至于今日的生活程度到底比从前高了几何，是不容易切实答复的，可是一个极有研究价值的问题。这是因为生活——特别是饭碗——为人类问题的中心。古今社会的安宁和纷乱无不直接或间接以生活程度的变动为主要原因。最显著的例如政治革命、社会革命、阶级的冲突、殖民的扩张，大多数是由于生活困难激成的。因此欧美各国的政府和许多经济团体早已从事研究历年人民的生活状况，藉以消弭社会不安的现象。

普通生活程度的变迁有两个主要原因：一个是物价的涨落，一个是工资的增减。若外围没大改变，而物价的涨贵超过工资的增加，生活程度就有降低的趋势；反之，若工资的增加超过物价的涨贵，生活程度就有升高的倾向。若同时二者增减的比例相同，生活程度自然就有固定不变的状态。换言之，实际工资，或说货币的价值，与生活程度有连带的关系。此理好像极其浅显，但要按科学方法认真地计算，可就不是如此的简单。因为物品的种类极繁，是不易选择的；各种价格的涨落和各项工资的增减是不整齐的；货币的制度是复杂的；平均的方法是不同的；此外还有许多困难的问题。限于篇幅，我们可不必讨论，只简单地说几句就够了。

本篇要注意的是北京二十五年来普通市民生活的费用，就是物价的涨落，编制一个比较表来，藉以了解变动的原因和社会所受的影响。关于这类事，欧美的人已经研究了200年了。虽然他们所用的方法很不一样，但是所得结果比较地大同小异。他们这个表就叫作“物价指数表”。我国对于统计向来是不讲求的，在民国八年才仿照欧美的办法在上海大埠设立调查货价处。在北京尚没有这件事情。若要知道生活的费用，第一步得先调查市民日用必需品的价格，例如食物、衣料和燃料。本篇所用的价格是从北京的老米面铺、油盐店、肉铺、布铺和煤厂等行业的老账上得来的。进行的手续是将各类物品的价格按日抄录，计算每日的平均价格，再由每日的价格推算每月的平均价格，再进一步得每年的平均价格。兹从各种食物表中摘录两样，以百斤为数量单位，银元为货币单位，列下：

年份	白面价	小米面价
1900	$6.41	$3.90
1901	5.76	3.29
1902	5.52	3.84
1903	5.77	4.36
1904	5.29	3.80
1905	4.88	3.80
1906	5.71	4.08
1907	6.32	4.25
1908	5.75	4.36
1909	5.83	4.32
1910	5.94	4.26
1911	6.77	4.90
1912	6.10	5.10
1913	5.54	5.07
1914	5.39	4.63
1915	5.09	4.50
1916	5.54	4.75
1917	6.77	5.08
1918	5.80	4.82
1919	4.89	3.79
1920	6.99	5.59
1921	7.32	5.81
1922	7.11	5.45
1923	7.51	5.28
1924	7.47	5.65

即以白面一项而论，种类极多；不但有机器面和伏地面的区别，就是伏地面也不下10种。表中所列乃是最普通的中等伏地白面的零售价格。在1900年（光绪二十六年）因有义和团之乱，所以平均的价格颇高。至1901年立刻恢复乱前的5元7角6分的价格。1905年落到4元8角8分，1907年涨至6元3角2分，1911年（宣统三年）革命起义，面价涨到6元7角7分。此后数年雨水甚好，价格平稳。1917年收获不佳，价格又涨至6元7角7分。此后两年麦秋甚丰，价钱竟落到4元8角9分。1920年（民国九年）直鲁豫三省遭遇空前的旱荒，人民饿死百余万，面价忽涨至7元上下。此后数年价格有继长增高的趋势。自后内乱迭起，交通从未恢复原状。先有1920年安福系与直奉联军之战，继有1922年直奉之战，1924年直奉再战，去年战事发生，至今尚未终了。在1924年十二月面价已增至8元2角7分，较1900年正月高2元4角3分（42%），较1913年高2元7角3分（49%）。

至于劳动工人常吃的小米面（豆面与糜子面的混合物）与历年白面价格的涨落大同小异。在1900年正月每百斤的价格是3元7角5分，至1924年12月涨到7元，在二十五年内增87%。兹将自1900至1924年，及1913至1924年食品价格增加的百分比例摘要列下：

食品	1900—1924	1913—1924
白面	42	49
小米面	87	11
玉米面	102	59
大米	14	53
小米	58	17
黑豆	150	47
绿豆	122	44
豆面	40	17
猪肉	101	62
羊肉	14	3
香油	44	18
盐	56	7
咸鸡蛋	109	4
酒	31	31
酱油	40	44
酱	37	24
醋	150	118

表中价格在二十五年内有增至100%以上者如豆类、咸菜、猪肉、醋等；有所增甚微者如羊肉仅14%。

衣服料中最多用者为粗蓝洋布。在1900年每百尺的价格是4元8角8分；在1913年是8元7角5分；在1924年是12元7角，较1900年增160%。

北京最普通的燃料是煤球。在1900年每千斤的价值是5元2角；在1913年落到4元2角8分；在1917年再落到3元4角3分，为煤价最低的年份。在1918年涨到5元价格；在1921年又落至4元；在1924年十二月增到5元8角，比1900年仅高16%，比1913年高37%。除近数年外，煤价在二十五年内甚为平稳，在各项必需品中增价最少。

从各种物价涨落的每年百分数，按照各种生活费用的百分比例分配推算总物价指数。并仿照欧美成例以1913年为标准年度，即以是年物价的总平均为100分，推算每年的百分数。兹将二十五年中的北京生活费用指数列表如下：

年份	指数
1900	81
1901	68
1902	76
1903	84
1904	78
1905	75
1906	83
1907	87
1908	89
1909	89
1910	90
1911	100
1912	102
1913	100
1914	93
1915	88
1916	96
1917	102
1918	97
1919	88
1920	114

续前表

年份	指数
1921	117
1922	113
1923	118
1924	126

北京每年生活费用的高低从上表就可一目了然。1900 年的平均指数比 1924 年增加 56%。若按 1900 年正月的指数 80 和 1924 年底的指数 144 比较，恰增 80%。

物价涨贵的主要缘因是：收获的不足，例如 1916 及 1920 年旱涝的影响；战争延长，交通断绝，例如 1900、1912，和近几年的内乱。目下的北京将有绝粮的恐慌；空前的物价腾贵，本刊的北京读者已身临其境了。此外物价涨落的原因很多，例如铜元与银元的兑换、工资的增减，及供给与需要的消长。此后将在本刊继续发表，使读者明白北京人们的生活——特别是劳动工人的——到底到了什么程度，和社会因此受了多大的影响。

十五，四，二九，北京

（载《现代评论》第 3 卷第 76 期，1926 年）

数十年来北京工资的比较

资本劳工之争向来在中国不是一个重要问题；可是目下劳动阶级已从事联合运动，渐呈不安的现象。若不即早因势利导，则西方工人最激烈的举动或竟致重演于中国。若能以欧美的经验为中国前车之鉴，从事研究，消乱于未形，就可不蹈故辙，避免劳资的战争了。

历来工人的争端包括三项问题：（一）给发公平的工资；（二）限制工作的时间；（三）保护工人的健康。目下中国工人大半缺乏知识，尚谈不到工作时间的缩短与卫生的改良；可是他们现在为家境所迫，必须赚钱糊口起见，工资的问题恐怕不久就要成为劳资冲突的导火线了。工人本是无产的阶级，工资就是他们惟一的进款，衣食住差不多占尽了他们所有的生活费用。所以就说工资是他们和他们家里人的生命亦无不可。

虽然北京不是工业发达的大城，据警察厅的统计劳动工人不下 30 万。他们历年工资的多少颇能代表中国多数旧式工人的进款。北京劳动阶级的行会有 100 上下，工人的种类极多，他们的工资因此不一样多，但工资的增减有相同的趋势。本篇不能将各类工人一一讨论，只选出最普通的瓦匠代表手艺人，小工代表卖力气的一班"笨"夫。历年工资的多少是根据行会的记录、碑文和几家木厂的工资老账。向来工资的多少皆由瓦匠行会决定，雇主及工人不得任意增减。

在 1859 年（咸丰九年）瓦匠每日工资为大钱 1 吊 600 文（合铜元 16 枚。当十大钱仅抵制钱 2 文，50 个为 1 吊。每枚铜元当制钱 10 文，当大钱 5 个）。在

1877年（光绪三年）为大钱2吊400文（合铜元24枚）。在1887年（光绪十三年）为3吊，内有工钱1吊600文，饭钱1吊200文，茶水钱200文。在1900年（光绪二十六年）瓦匠每日工资30枚；小工每日22枚（合大钱2吊200文），内有工钱7枚，饭钱11枚，茶水钱4枚（应工人所得的佣钱）。同年八月匠人的工资增至35枚，小工27枚。在1908年大工40枚，小工30枚。在1911年（宣统三年）大工57枚，小工37枚。此后九年内工资并无变动。至1920年（民国九年）大小工同增13枚，在1922年又同增4枚。此后铜元价值日低，每年工资均有增加。至1924年三月大工每日105枚，小工72枚。后因铜元兑换银元的数目增加过速，瓦匠行会乃决定工资按银元计算，大工每日6角5分，小工4角。至1925年大工增到7角，小工4角5分。

瓦匠行会所定的工资内包含三项：（一）工钱；（二）饭钱；（三）茶水钱。末一项为雇主的佣钱，或称工人使用应工人的家伙费。若工人吃雇主的饭食，须从工资内扣除饭钱；若工人自备饭食，则得工钱与饭钱。瓦匠与小工的饭钱相同。目下匠人每日工钱4角，小工1角5分，饭钱2角，茶水钱1角。兹将从1900年至1925年间工人每日实得的进款（即工钱与饭钱之总数，茶水钱在外）按铜元计算列下：

年份	工资	
	瓦匠	小工
1900	26	18
1900 八月	31	23
1902	31	23
1908	37	25
1911	50	30
1920	60	40
1922	64	44
1923	78	50
1924 三月	93	60
1924 八月	$0.55	$0.30
1925	$0.60	$0.35

工资增加的原因在于物价的腾贵（参看本刊第76期拙著《二十五年来北京

生活费的比较》）和铜元价值的低落。一看上表，好像数十年来工资有增无减。这是因为按铜元计算。若把铜元工资折成银元就可看出很大的差别。二十五年来工资低落的年份反比增长的年份多。到了 1924 年秋季工资改成银元计算后，它几实在增高了。兹将每年每银元兑换铜元的平均枚数列下：

年份	铜元
1900	76.4
1901	83.2
1902	87.8
1903	91.9
1904	96.1
1905	97.5
1906	97.9
1907	108.2
1908	119.5
1909	128.5
1910	131.3
1911	130.0
1912	135.2
1913	134.7
1914	132.0
1915	135.4
1916	133.9
1917	123.5
1018	134.2
1919	138.0
1920	141.0
1921	152.8
1922	170.7
1923	163.2
1924	232.9
1925	285.5

我们若要比较工资每年的增减，最好做出一个工资指数表。以 1913 年的工资为 100 分，再推算每年的百分数。如此，每年工资的高低就可一目了然了。兹将每年按银元分计算的每日工资与每年工资的升降指数列表如下：

年份	工费		指数	
	瓦匠	小工	瓦匠	小工
1900	34.1	23.6	92	105
	40.6	30.3	109	135
1901	36.8	27.2	99	121
1902	35.2	26.2	95	117
1903	33.6	25.0	90	112
1904	32.1	23.8	86	106
1905	31.8	23.6	86	105
1906	31.6	23.4	85	104
1907	28.3	21.0	76	94
1908	30.6	20.6	82	92
1909	28.8	19.4	78	87
1910	28.2	19.1	76	85
1911	38.4	23.0	103	103
1912	36.9	22.1	99	99
1913	37.2	22.4	100	100
1914	37.9	22.7	102	102
1915	36.9	22.1	99	99
1916	37.6	22.6	101	101
1917	40.3	24.2	108	108
1918	37.3	22.4	100	100
1919	36.2	21.8	97	97
1920	42.5	28.4	114	127
1921	39.4	26.2	106	117
1922	37.6	25.4	101	113
1923	38.6	25.0	104	112
1924	41.2	26.1	111	117
	55.0	30.0	147	134
1925	60.0	35.0	161	156

从上表可知瓦匠的工资在1910年（宣统二年）为最低；在1925年（民国十四年）为最高，较最低时增加112%，若按铜元计算为363%。1925年瓦匠的银元工资比1900年春季之工资增高76%，铜元工资的增加为558%；小工银元工资的增加为48%，铜元工资的增加为455%。1924年秋季的瓦匠银元工资比1900年春季的工资增加61%，小工工资的增加为27%。1913年（民国二年）的瓦匠银元工资比1900年春季的工资增高9%，小工的工资减低5%。在1900年

至 1925 年间若以铜元计算，工资没有一年减低；若按银元计算，瓦匠的工资增高 12 次，减低 15 次；小工的工资增高 10 次，减低 17 次。所以历年工资减少的次数反倒多于增加的次数。数年来工人们似乎觉悟他们吃亏的原因就在于民国十三年八月改铜元为银元工资。这是很重要的一个改变。从此劳动阶级的进款就可不受铜元价值低落的影响。

目下大工的工资每日 6 角，小工 3 角 5 分；诚然比已往任何年的工资都高。若外围没有改变，他们的日子自然应当比从前好过多了。但数十年来，特别在近几年里，北京市民的生活费已渐增高。是否历年工人进项的增加赶得上历年物价的涨贵是一个可注意的紧要问题。此外还有一个问题，就是这些劳动工人是否每日或每月准有工作。若已经有了相当的工资，而一年中有不少失业的日子，工人自然不能有恒久的收入，他们的生活一定受很大的影响了。关于这两个问题的答复不久当仍在本刊发表，或者可使读者更能深一层地明了北京工人生活程度的真相。

十五，六，五日，北京

（载《现代评论》第 4 卷第 80 期，1926 年）

数十年来北京生活程度的比较

向来生活程度的变迁有两个主要的原因：一个是物价的涨落，一个是工资的增减。若环境没大改变，而物价的涨贵超过工资的增加，生活程度就有降低的趋势；反之，若工资的增加超过物价的涨贵，生活程度就有升高的倾向。若同时二者增加的比率相同，生活程度不致发生很大的变化。关于北京数十年来生活费的和工资的比较我已经在本刊讨论过了（参看第 3 卷第 76 期和第 4 卷第 80 期）。工人们的工资差不多是他们所有的进款。目下瓦匠和木匠的工资每日大洋 6 角，小工 3 角 5 分，比已往任何年的工资都高。但我们不能因此就说他们的生活程度比从前高了，因为现在北京的生活费亦比从前任何年的都高。所以很难断定是否他们的日子比从前好过。本篇特别要讨论的是是否历年工人进款的增加赶得上历年物价的涨贵。换句话说，要知道历年工资的购买力，或说货币的价值是多少。经济学所用的名辞是实际工资。推算实际工资的方法是用生活费的指数除工资的指数。兹将自 1900（光绪二十六年）至 1925 年（民国十四年）北京大工（手艺人）和小工的每年实际工资列下：

年份	实际工资	
	大工	小工
1900	114	130
	135	167
1901	145	177
1902	124	154

续前表

年份	实际工资	
	大工	小工
1903	108	133
1904	111	136
1905	114	140
1906	103	122
1907	89	108
1908	92	103
1909	89	99
1910	85	95
1911	103	104
1912	98	95
1913	100	100
1914	110	109
1915	112	111
1916	106	105
1917	106	105
1918	103	103
1919	111	111
1920	100	111
1921	91	100
1922	89	100
1923	88	95
1924	91	95
	106	96
1925	112	108

从上表对于历年实际工资的变迁就可一目了然。在 1913（民国二年）标准年度实际工资自然是 100 点。在 1900 年大工的实际工资为 114，小工的实际工资为 130；在 1901 年为 145 与 177。是年实际工资的增加由于 1900 年秋季工资的增高与物价的低落。工人的生活状况因此较好。但为时不久，物价在 1902 和 1903 年渐渐增涨，同时铜币的价值渐渐低落。因此在 1903 年大工的实际工资为 108，小工的为 133，低落 37 与 44。但我们要明白虽然小工的实际工资高于大工的实际工资，这并不是小工能比大工多买物品。这不过表明若按 1913 标准年度的工资看来，小工的购买力稍微比大工购买力大些。这个分别乃是由于两样工

资增减的比例不同，而大工和小工生活费的涨落相同。在 1904（光绪三十年）和 1905 年物价低落，因此这二年中的实际工资增高。但从 1906 至 1910 年大工的实际工资渐渐低落，只在 1908 年微增 3%，这是由于是年工资的增高。虽然小工的工资亦在 1908 年增高，但没有赶上物价的涨贵和铜元兑换的增加。他们的实际工资因此继续低落。在 1910 年（宣统二年）手艺人的实际工资落到 85，小工的落到 95，为数十年最低的实际工资。这数年里工资这样的低落，工人并没有提议增加工资，这似乎是很奇怪的事，多半因为从 1900 至 1906 年工人的状况比向来好。若他们的实际工资不比他们所习惯的生活程度低，他们想不起增加工资。在 1900 年前数年中银两兑制钱的数目渐减少，物价亦渐低落。自 1887 至 1900 年工资没有变动。从 1920 年来行会的屡次增加工资看来，若从 1900 至 1910 年间实际工资低过寻常的生活程度，工人们决不能不提议增加工资的。

从 1911（宣统三年）至 1919 年（民国八年）大工和小工的实际工资几乎相同。它们的涨落在 99 与 112 之间，并且除在 1912 民国成立年外，常在 100 或 100 以上，在此时期内铜元工资毫无改变。所以实际工资的变动完全由于铜元兑换和物价的变动。1919 年的低物价把实际工资提高 8%，但 1920 年空前的旱荒和铜元兑换的增加又将大工的实际工资降低 10%，虽然是年有铜元工资的增高。

1921 年的实际工资为 90.5，又低落 10%。在 1922、1923 和 1924 年春季大工的工资皆有增加，实际工资在 89 与 91 之间，虽然铜元的兑换从 157 枚增至 264 枚。

在 1920 年（民国九年）小工的工资增加尚能与物价和铜元兑换的增加相抵。是年的实际工资为 111，与 1919 年的相等。从 1920 至 1923 年（民国十二年）他们的实际工资从 111 降到 95。

在 1924 年（民国十三年）秋季瓦匠和木匠行会改铜元工资为银元工资，因此大工的实际工资增加 26%。小工的实际工资直至 1925 年（民国十四年）才有增加。在 1924 年底大工的实际工资为 106，小工的为 96。我们若用 1925 年的工资和我们所有的 1924 年底的价推算，在 1925 年大工的实际工资为 112，小工的为 108。若我们现在有 1925 年的物价，实际工资也许还高一些。在 1925 前半年物价渐落，而在十一月与十二月内，因为战事的缘故，又转而涨贵。

从历年实际工资的变迁看来，北京的工人们似乎有他们习以为常的生活程度。若是物价、工资和兑换能维持他们的生活标准，他们就不打算增高工资。

再者，雇主和工人同在一个行会，虽然有时物价的低落使实际工资增高，可是没有一部分人可以出来将工资减低。若物价的增高使实际工资降到工人们习以为常的生活标准以下，行会一定要召集会议，讨论增高工资的。这是因为不但工人们要自动地维持他们的生活，雇主和工人们寻常彼此是很熟习，所以他们也和工人们表同情的。

从这几十年实际工资的比较看来，我们可以断定向来中国工人的生活程度是极简单。就是实际工资较高的时候也不过能维持他们粗衣粗食的不冷不饿之生活。目下的实际工资好像比前几年稍高，其实他们的生活程度已经低到仅能生存的地步。这是因为虽然他们的每日工资增高了，可是每日不都是有工作。大多数的瓦匠在冬天四个月内完全没有工作，夏季降雨的日子亦得歇工而不得工资。平均计算每年只有六七个月的工作，每月的平均进款仅10元左右。除去工人自己的饭费仅能剩五六元。这就是他父母、妻子和儿女们的救命来源。因此未成家的小工竟占45%。

加上近几年来军人们屡次在近畿一带实地练习。交通因此常断绝，货物不能来京，工人们因此往往有常时期的失业。他们素日本无多少积蓄，典当衣物亦不能持久。所以被挤到作小本经营或拉洋车的日见增多。但这实在不能解决彼等的失业问题（参看本刊第3卷第62期《北京拉车的苦工》）。他们家中的妇女亦逼得从事各种家庭工业。他们生活的真相以后在本刊讨论。

北京瓦匠的生活程度自然不能与欧美工人相提并论，可是他们的工作钟点不相上下。每日除去吃饭、喝茶、歇憩和吸烟的时刻外只作六七小时（天津及外来匠人的时间较长）。

末了还有几句话，若不久时局恢复太平的景象，北京的生活费不致增加，也许低落；工资必仍保持原状或增高，决不能减低；交通恢复，可免去失业的问题。这样，劳动阶级的生活状况或能稍有转机。若目下的混乱情形仍然延长下去，不但工人的生活程度要一天不如一天，连现在一日吃两餐的人恐怕有的也得吃一餐了！

十五，九，一日，中华教育文化基金董事会社会调查部，北京

（载《现代评论》第4卷第92期，1926年）

一个声明

致《现代评论》记者：

我在本刊有三篇短文，讨论数十年北京生活费、工资及生活程度的比较（本刊第3卷76期、4卷80期和92期），颇引起人们对于社会调查的兴趣。这项调查孟天培和甘博二位先生用了很久的工夫搜集材料，编制图表，现在已用英文发表：*Prices, Wages and The Standard of Living in Peking 1900－1925*, By Tien P'ei Meng and Sidney D. Gamble, published by The Chinese Social and Political Science Association April 1926。我讨论所用的图表是从这本书中选用的，汉文本不久在北京大学《社会科学季刊》发表。

李景汉十五，九，十六日

（载《现代评论》第4卷第94期，1926年）

北京无产阶级的生活

“不去做大学的教授，也不去谋机关的优差，却和龌龊的车夫与粗鲁的工人结下了因缘，真令人莫名其妙!”这是去年一位老乡亲在我调查北京劳动阶级的时候说的。同时有一位名流在报纸的社论里说：“学生放下书来不读，每天向群众去讲演，劝拉洋车的爱国，劝开小铺子的捐钱。不知道劝化了100个拉洋车的，不如感化了一个坐车的；向100个小铺子捐款，不如请一个大财主解囊……”是的，当今大多数人民的心理尚在这层程度，怪不得吾民族四千年的历史无非是记载几个有权力者的兴亡隆替，怪不得各种志书里充满了颂扬先儒和烈女的功德。社会中大多数的生活状况是不值得一写的。又焉能怪现在有知识阶级的人大唱高调？谈民治主义的人多了，有几个到三万万农民里去实地调查的？讲社会主义的人多了，有几个去详细解剖民众内容的？劳动问题也喊得哑了，有几个去专心研究工人现状的？一言以蔽之，若对于当今社会的各项问题不根据事实而有彻底的了解，就是再谈几十年入口的主义，社会是依然如故的。恐怕是不止依然如故，反倒越发纷乱不可收拾了。闲话已经说得不少，赶紧入题。

自民国元年以来水旱频频，战祸连年，人民生活的压迫一天增高一天。至于社会生活不安的程度到了什么程度是目下当研究的最大问题之一。时局一天坏一天，贫民一天多一天。失业流离的人除去转入沟壑或加入社会最下层的乞丐阶级以外尚有三条路走，就是入军队，当土匪，与不肯讨饭不肯作贼而拉洋车。兵匪不用说了，他们是社会分利的分子，是社会的寄生动物。人力车夫天良不死，要卖他的苦力气，过牛马的生活，作生利分子，为仅求不死的衣食住奋斗。虽然如此，有几个坐车的人尊重他们的人格？有什么人与他们表同情？有谁拿他们当作有价值的人类来研究？又有谁实觉他们在社会中的地位、关系和影响？

各大城的洋车夫一天多一天。以北京而论，城内约有车夫5.5万，占所有市民7%。每14人，有9个男子，或每6个16～50岁的壮丁中有1个车夫。与车夫有经济上关系的亲属约25万人，其中在城内居住者约15万，占市民19%。车夫中北京人占53%，京兆人31%，直隶人9%，山东人5%，余为他省人。结婚的车夫53%，未婚者47%，21～40岁的车夫占60%，12～17岁的幼童5%，50岁以上的8%，在家居住的车夫62%，在人力车厂睡觉的车夫38%。能看白话报的车夫33%。车夫中至少有旗人25%，农民出身的24%，苦力18%，小买卖人13%，游手好闲者10%，当兵者5%，余则各种失业的手艺人。冬季近时农民没有工作，有到北京来拉车的。所以冬季的车夫比夏季多6%。大多数的车夫平均每日进铜元130枚。车夫自己有车的仅占3%。其余的车夫都是从人力车厂赁车。普通的旧车每日车份30枚。所以一个车夫每日仅得100枚。再除去每日的饭费60枚，下余40枚。若住车厂须交房费3枚。若住在家中每月房费1元上下。90%的车夫全家仅赁1间屋子。一个车夫每年的穿鞋费在3元上下，衣裳费5元上下。这是讲到车大本身的情形。至于他的全家，若以吾计算，每月饭费10元上下，衣裳费每年10元上下，房租每月1元上下，煤柴每月1元有奇，煤油及杂费每月4角上下。他们生活的程度可以从他们生活费用的分配看出来：饭食75%，煤柴9%，房租8%，衣裳5%，煤油和杂费3%。近来北京粮米的价钱大增，而苦力所得铜元的价值日落。他们所得的实际工资（Real wages）反比从前减少，生活的程度也就随着不得不低了。其中有人仍然不肯加入军队或当土匪，逼得走入几条小路，就典当衣物和借印子钱。去年全年每家平均当物8元，借债6元。利率有重20分以上者，如借铜元200枚，每日放钱的人来取8枚，一月为限，本利债清共240枚。至于妇女则到粥厂或加入社会最下层的乞丐阶级。北京已有电车一年，这些被淘汰入于下层的人既无抵抗外围压迫的能力，又没结合团体的智识。虽然饭碗不保，惟有听天由命。而同时各机关不断裁人，或久不发薪。被挤到拉车阶级的一定不少。再者北京工徒的制度非常的黑暗。幼童三年学满，大多数无处谋生。因主人又另招新学徒，省雇人的工资。所以北京毕业的工徒就是拉车的候补。从此看来，一方面坐人力车的人减少，而他一方面拉车的加多，其结果就可想而可知了。所以现在有许多车夫因进钱太少想做小本经营。他们不想在北京推车负担的小买卖已有二三万人。洋车夫是他们主要的买客。若有不少车夫变成小买卖人，结果是难兄难弟同归于尽，乞丐和兵匪也就一天多一天。这是属无产阶级最下层的现状。我们再看较上一层的劳动阶级之生活到了什么程度，工人行业甚多，不能一一讨论，这里暂以最普通的瓦木匠和小工为代表。我们试看他们生活费用的分配。70%是饭食，其中小面占29%，白面占19%，玉米面11%，小米6%，大米5%。12%是衣服，以粗洋布及褡裢为主要衣料。8%是房租。5%是煤柴。5%是杂费。

本篇原有统计表，甚有价值，因限于篇幅，只得割爱，特此致歉。

编者附志

（载《生活杂志》第1卷第37期，1926年）

北京的穷相

十余年来北京的贫民一天比一天多，穷相也一天比一天显。先有旗民失了给养，变为无业的游民。继而水旱连年，兵灾遍地，生活程度日低一日。据京师警察厅的统计，在民国七年北京贫民的数目为 9.6 万，去年增至 24 万。又据最近的调查，北京城内的铺户为 27 628 处，住户 154 897，合计 182 535 户，男丁 593 186 名，女子 396 584 口，合计 989 770。以我个人的观察与在京久办慈善事业者的估计，其中仅能生存者有 3 万余户，衣仅蔽体，食仅充饥者也有 3 万余户；在近百万的人口中至少有贫民 30 万。这些数目仅能表显穷的外面，我们再看穷的内容和程度。姑从穷的底层说起。

今年北京的乞丐约有 3 万，其中四分之一是住在小店，俗称火房子。这种小店约有四五百家，专为无家可归的乞丐开设。最著名的地点是在天桥附近的六铺。平均计算每店有两三间通连的长屋，可容二三十人，且有男女混杂者。屋内有凹字形三面大炕，正中为公共热饭或做饭的火炉。店主坐卧炉旁，随时收取住费，每人每日铜元 6 枚。“先缴费，后住店”为店中主要规条。那些每日沿街冻死的乞丐大概就是凑不足房钱的人。所以我们常听见乞丐追随行路的人说“给我一个店钱罢!”，含有重要的意义。屋中燃火光如豆之旧式瓦灯，空气污浊，龌龊满室。店客蓬首垢面，身披麻袋报纸，绕以麻绳；稍体面者则穿“灯笼裤子，炸帮鞋”。每人抱火锅一个，内有值一二枚铜元之木炭，为其过冬之燃料。每日饮食无定，多要多吃，少要少吃，要不着不吃。阴曹地府我们没有去过，这就是人间地狱。这七八千形同活鬼的市民算是北京，也许是世界人类中最不幸的人了。以我国首善之区，竟有如此怪状！其余四分之三的乞丐是合伙赁屋或有家室的人，不若住小店的孤苦零丁。屋内情形恰似小店的缩影。“一息尚存，希望不绝”是彼等共有的人生观。

在乞丐阶级以上就是警察厅所列为极贫的住户，约 3 万余户，人口十五六万。户主的职业包括大多数的车夫、100 多种的小贩、各种“笨”工及仆役。平均计算每人每日的收入自铜元四五十枚至七八十枚（每银元换铜元 364 枚），每月自三四元至五六元。四口之家每日仅能买杂和面（即玉米面）三四斤，每斤铜元 18 枚（合洋 5 分），每日 60 枚左右，每月 5 元。若遇收入减少的时候，连这种标准也不能维持，只好以窝窝头（玉米面制成）为早餐，以白薯为晚餐，有钱则买 4 斤，每斤铜元 6 枚（大洋 1 分 7 厘），钱少只买二三斤，早早睡觉，耐至明晨。若一日只进铜元 30 枚，则买带砂灰色口小米（张家口产，每斤十五六枚）2 斤，熬粥充饥。除米面外买不起菜蔬，若有亦不过是腌水疙瘩儿条或咸萝卜一块。盐是他们惟一的调味。连在年节想尝肉味也是等于妄想。彼等惟一的荤菜只有“洋粥”（为西人饭后余物由厨役卖给穷人，铜元 40 枚可供全家饱餐一顿）。然这项口福也是少数有运气的人能享受的。关于全家每年衣服费，除不得已买几双旧鞋外，几乎没有这项支出，即或有也不过四五元。夏季容易混过，冬天只好指望慈善老爷们的救济了。衣食以外，住是少不得的。这些贫户各区都有，尤以近城墙及关厢一带地方为多。他们的 99%是全家住一间屋子的，还是旧的，或漏雨的。同院居住者二三十家。房费自两三角至七八角不等。这是每月一项甚难应付的支出。衣食住已是来不及了。要买燃料是办不到的。可幸有这些知人疾苦的土车，不但每日带出不少没烧透的煤核，连破布烂纸也是交换火柴的材料。若煤块拣得不多，可以把两餐饭一次做出，早饭吃热的，晚饭将就吃冷的。若拾多了，不但能免去一顿冷餐，屋中且不致冻得上下牙相打了。煤是自己不会燋的，但这些人家只需半枚铜元的劈柴、一枚半铜元的木炭，就能生火。这也是每家每日不得不有的一项支出。冷炕占了屋中的一半，上面铺着破席，席上是补丁摞补丁的被褥和漆黑一团的枕头。地上除不可少的小火炉、水桶、砂锅和几个盆碗以外，少见他种器具，也实在没有置放他种物品的余地。这一间屋就是全家的客堂、饭厅和卧室，也许是厕所。然而住在里头的人，虽然是形容枯瘦，都看是到底活着好，并且尽量尽增添北京人口的义务。

现在我们要看极贫等级以上的次贫阶级是怎样的生活。户数也有三四万，包括收入无定的各种工匠及伙计，一部分的巡警，典卖将尽的旗民，与收入较丰之年壮车夫、小贩与仆役。户主之收入每月五六元至七八元。四口之家庭除吃口小米、白薯、杂和面及洋粥外，有时每日可购小米面（豆面与糜子面之混合食品，味较玉米面稍好，饱之时间亦较久）三四斤，每斤铜元24枚（合洋6分6厘）或吃黑面（极粗白面，每斤铜元二十四五枚）、馒头、荞麦面条、玉米渣粥（玉米粒之硬壳部分）或杂面汤（豆面制成）。菜蔬方面除咸菜外尚有葱、蒜、辣椒、韭菜花及少许白菜。调和方面除盐外每日可添几滴香油。“见面条是生日，吃饺子是年下”为彼等传诵的俗语。每月每家之平均米面费5.5元，调和及菜蔬七八角。若不能在外拾煤核，每日须买煤球（北京所用普通燃料，为煤屑三分之二及黄土三分之一制成之圆球）四五斤，每斤铜元2.5枚，每月洋1元。全家衣服费，若未得施舍衣裤，每年仅用十四五元。冬季则将夏季衣服放在当铺，夏季则放冬季衣服在当铺。一间房租每月1元。能住一间半之人家即算例外。这一阶级的人更看是活着好，因为觉得尚有许多赶不上他们的人家。对于北京人口的数目——不是成色——他们也极出力，不拘是“低能儿，劣等儿”。

在次贫阶级以上为普通工人阶级，约3万户，包括工资较高之旧式手艺人、工厂及公共事业之工人、一部分店铺伙计及巡警。除一年中失业的时间外平均每月收入十二三元。彼等之生活程度比较的稍高。米面中能见白面和白米。菜蔬的支出内有肉类及豆腐五六枚。四口之家每月米面费增至8元左右，调和及菜蔬费增至1元，煤球费增至1元二三角，一间较好或两间之房租自1元至2元，衣服费全年十七八元。白水外有时可以喝茶，饭食外可以有零食。烧香费、沐浴费、应酬费或吸烟费在他们的支出项中也有份了。这一阶级的人真是北京劳动界中有福气的人，即或收入不足的时候也有衣服或被褥当钱（月利3分）和借印子钱的资格（借千枚铜元以下月利约20%，3元以上月利约5%）。“比上不足，比下有余”是彼等满意的口头语。

总起来说，北京大多数的家庭是住在一两间屋子里的。平均每家四五口人。平均计算每人每月的饮食费不到1.5元，每年全家衣服费不到20元，每月房费不到3元，燃料费不到1.5元。衣食住外他项杂费不到总支出的5%。彼等都在最低之健康的生活标准以下活着。可是一方面目下的物价仍然继续增涨，而一方面失业的人数有加无减。因此近来冻饿倒毙、煤毒熏死及自尽者日见增多。

对于北京的贫穷并非无人注意。十余年来各种慈善团体前后成立者不下四五百处。据刘锡廉先生的调查，在民国十二年北城有公私慈善团体或机关227处，南城149处，合计376处，其中专为救济贫民者不下50余处。即以粥厂一项而论，粥厂筹备处在民国九年设立37处，用洋27万元，放赈衣4.03万套。去年公私团体所设粥厂不下50余处。据去冬报纸所载，一日到厂领粥者不下7万人。据办理粥厂人云，每日每厂约有1 000人。每人每日领粥一盆，约重15两，为干小米4两。去年镇威军捐米22 111包，每包160斤，共353.8万斤。领米者约2万户，每次领米20斤，共领8次。开设粥厂、施放米面以外，每年各公私救济机关施放棉衣10余万套。此外由私人施舍米面、棉衣及钱文者亦甚众。总计北京每年为救济贫民所用不下五六十万元。可是想不到慈善团体愈多，贫民愈众，穷的程度亦愈增高，有“道高一尺，魔高一丈”的趋势。

这十几万住户之家主既无力供养全家之生活，妇女和儿童不得不从事工作，共同为饭碗奋斗。妇女中年轻及伶俐者可为家庭佣妇或从事挑花、补活、缝纫及制玩具等家庭工作。每人每月可入2元左右。其中老幼及拙笨者有缝洋袜口袜尖的，每缝一打得洋5分。平均每人每日只缝半打，每月收入不到1元。有纺羊毛绳者，每日能纺1斤，得洋5分，每月工资1.5元。有糊取灯盒者（即洋火盒），每人每日能糊千个，收入5分5厘。其余各种家庭工业有制纸花、缝帽里、捺鞋底、尚鞋、裁牙刷及制各种食品。每人每月收入一二元，仅足个人吃杂和面、白薯或小米粥的用费。可是还有许多愿意从事这些工作而找不到事做的人。更不幸的是现在京畿一带军匪遍地，北京家庭制品不能出运；因此工厂及作坊倒闭甚多，连已有工作之家庭都有失业的恐慌。北京的人民真是老实。虽然在这种景况里，他们却安分守己，过他们以为前生造定的简单生活。近来北京抢劫的事已成每日的家常便饭。但犯案的人多是外乡人，少有本京人。若这些本地贫民也有这种胆量，北京今日的情形就要不堪设想了。

北京的贫穷不止限于这些劳动工人。1万多的巡警数月没有领饷，家中的穷相不减于车夫，已有白日站岗、夜间拉车的人了。北京中等阶级的人本来不多。

其中大学教员久未领薪，已有离京、另谋生活的了。没有走的大半典当借债，降低他们生活的程度。中小学校的教员组织索薪团，连日奔走于国务院及教育部之间。政府各部职员的穷相尽人皆知。

再以北京2.7万的铺店而论，除店主及经理外，其中十分之六七为不领工资之学徒，十分之三四为每月五六元之伙计。其中能在北京养得起家眷者不到20%。向来北京的买卖大半倚赖政界。目下政府穷到这般地步，商业自然大受打击了。说到北京四郊的农民尤为困苦。蝗虫似的军匪已把地皮啮得光净。可幸今年收获尚佳，还有老天爷赏他们一碗饭吃。

连顾维钧博士似乎也很知道北京的现状。他近日给五巨头所打的电报说："首都政费，不名一文，官吏饥寒，师儒穷饿，万民愁叹，百业萧条。"这几句话已把北京的穷相宣露无遗了。

临了再添一句话，目下的北京若不经一番根本的改造，它的穷相更要出色。

十五年，十二月，六日，北京

（载《现代评论》两周年纪念增刊，1927年）

北平最低限度的生活程度的讨论

民生！民生主义！非提高人民的生活程度不可！是近来最时髦也是真能动人的革命口号。的的确确，比甚么都准，我国大多数人民的生活状态低得不像样子。可是到底低到甚么样子，实际上怎么活着？若说提高究竟比现在应当提高多少，提高到甚么程度才算合适？竟说合适也不行，还得看看办得到办不到。若是说得天花乱坠，仍然是办不到，或是办得到也须等到百年之后不可，那么也只等于望梅止渴，画饼充饥。人民现在如何活着，仍得继续如何活着，不过快活快活口与耳朵罢了。本短文就是要试一试讨论人怎么样活着才算为适当的生活程度，现今中国人民如何活着，在最近的将来应当或说能够提高到甚么样的生活程度。

一般人常将生活程度和生活费这两个名辞弄不清楚，甚至于把生活程度当作生活费用。常听见人说，生活程度一天比一天高，这可怎么过日子啊！他们的意思是物价高涨，生活费增加，同量的收入款额买不了同样的日常用品，或进款增加的比率赶不上物价高涨的比率，因此要维持向来所习惯享受的生活状态发生了困难。如此，生活的境况不但不能一天好一天，势必一天坏一天，不是生活的程度一天比一天高，乃是一天比一天低。生活程度的意思是指着社会的实际生活状态，说明白了，就是人民当时怎么样过日子，他们吃的是甚么、穿的是甚么、住的是甚么……至于用多少钱是不要紧的。生活费的意思才是指着人民维持他们实际生活的或说生活程度所需的费用，这里要用钱数表明出来。

例如甲社会中工人的生活程度高于乙社会中工人的生活程度，不一定是甲社会中工人的生活费高于乙社会中工人的生活费，乃是甲的实际生活状况较好于乙的生活状况。

现在的人类社会里包含许多阶级，各阶级所习惯的生活程度也随着不同。认真说起来，世界上没有两家或两个人的生活程度正正相同，一家或一个人的生活程度每年不能相同，甚至于连两日的生活程度也不能恰恰相同。大概说来，世界上无论哪一国至少包含四种生活程度。我们可以从下层说起。

第一层我们可以叫作穷得要命的生活程度。这一阶级包括仰给于人的乞丐、到粥厂喝粥者，及一切吃不饱穿不暖的贫民。

第二层为将就度日的生活程度。这一阶级的人倒是吃饱了穿暖了，也用不着慈善机关的补助，但近于禽兽的生存，至于人为社交的动物的各种需要还供给不够。他们过了一日再说一日，即或偶尔有些积蓄也不足几天用的。家主一旦有病或失业，全家立刻感觉困难，非当则借，有溜入第一层生活程度的趋势。

第三层为安乐度日的生活程度。这一阶级的人不但不愁吃并且常吃适口的食品，不但不愁穿并且常穿舒服又好看的衣裳，不但房子够住并且外表很可观，里面家具应有尽有，也布置得很像个样子，除了能维持身体的健康外，或能接长不短地听听戏、看看电影，年幼的儿女都上学读书。即或家中发生意外的不幸，也有积蓄的钱来打接应，一年半载不至于塌架。

第四层为任意奢侈的生活程度。凡人类的需要和安乐这一阶级的人都能享受。除了极可心的衣食住外，也能满足他们关于文学、美术、音乐、游历等种种的兴趣。

以上四层生活程度不过是极粗的分类。每层皆可再重分为若干层，尤其是第三和第四层。若问哪一层才算为理想的、合理的、适当的，或最低的生活程度呢？这是很不易回答的问题。禽兽除了吃住等本能以外缺少发生新欲望的能力。人类可就不然，有发生新欲望的能力，这是人类进步的基础。若人类的欲望只限于食衣住就止住了，则进步与文化也就随着止息了。幸而人类满足了他的食衣住后，就紧跟着发生些新的欲望，又设法满足这些新的欲望，而有新的满足，于是接连不断地发生新的欲望和新的满足，似乎没有止境。所以也就很难为合理的生活程度下一个定义，更不用说理想的生活程度了。我们只可以武断地试一试给一个定义。合理的生活必须是健康的生活或有效率的生活，不但供给属乎物质的需要，也得满足精神上的欲望。这种生活程度包括必需的滋养物、熟睡、相当的工作、充分的娱乐及安乐等；这种生活程度能养成社会中有能干的生产者和知足的消费者。说到滋养物，所吃的食品须有充足的碳水化物、脂肪、蛋白质和矿物，能使未成熟的身体充分发育，维持成人的健康；食物的做法合乎卫生与胃口，放在清洁的盘子和桌子上；用饭人的心里没有存着忧虑的事，在快乐的环境里，不慌不忙地吃下去，吃了之后自然容易消化。至于睡眠，一个人大约每日须有八小时的睡觉，也须是真正的熟睡；要睡得熟须有合适的床铺、房间及空气的流通；睡的人又须身体乏倦，心里没有挂虑。关于工作和娱乐，一个人最好从事合心的工作，对于他的职业发生兴趣，不是勉勉强强的。作事累了须仗着娱乐来恢复元气。对于用脑力的人身体的运动便是歇息，对于筋肉疲劳的人运用脑力便能休养。因此休息不过是换一换动作，并不是懒惰。再说到安乐，人应当坐舒服一点的椅子，不伤眼目的灯光，屋内有些应用的陈设，心爱的画片和乐器，方便的客室款待亲友，屋外面有花草树木诸如此类，叫人觉着生活有兴味。此外家内子女受相当的教育，成年人也有继续受教育与旅行的机会，渐渐增长赏识美术、热心公益、与人合作及辨别是非的能力。这种生活程度虽然不能说是完全地满足了人的各种欲望，但按现在的文化程度看来，算为合理的程度大约没有很大的错误，至少为近于健康的生活程度。若将此种生活程度作为最低生活程度的标准还恐怕太高一些。现在全世界人类的大多数尚在这种生活程度以下活着，尤其是在目下的中国。现在先让我们看一看中国人民的生活是在甚么程度。再接着讨论中国人民最低的合理的生活程度怎么样来规定。

中国的面积极大，各处的情形不同，作者的知识有限，不能通盘讨论，只以最熟习的北平社会做一个例。按警察厅民国十五年冬季的调查报告，北平城内及四郊的住户共计254 382，其中贫户计66 603，占总户数的26%。贫户中有极贫户42 983，占17%；次贫户计22 620，占9%。下等户计120 437，占总户数的47%。下户及贫户合计187 040，占总户数的73%。中等户或说从容度日及小康之家计56 992，占总户数的22%。上等户或说富裕之家计10 350，占总户数的5%。本篇要注意研究者属乎前四类，特别是前三类，即极贫、次贫与下等户的劳动工人家庭的生活状况。

作者曾专心调查北平苦力及多种手艺工人之生活程度已有四年的工夫。大概说，他们的生活状况可分为四种。第一种为仅能生存或说半生不死的生活程度，包括人数约计 10 万，其中无家可归，住在小店，俗称火房子的乞丐至少有 1 万人，这些形同活鬼的人每日沿街讨要，活一天是一天，简直不如痛痛快快死了倒是他们的福气，无须乎描写他们的惨苦情形。其余为有家的乞丐及指望慈善机关赈济的贫民，包括警察厅所列为极贫的 4 万多家庭。家主的职业为老弱车夫，大多数的各种小贩，各种"笨"工及仆役。一月的工资，若不吃雇主的饭，少有超过 10 元的。全家人口所吃的米面大半是玉米面、白薯、次等小米；少有时买得起青菜吃，不过有少许腌水疙瘩或咸萝卜下饭，除盐外少有别种调味。每日吃喝已是顾不过来，做衣服的钱简直没有，也只能有时买些旧的，或得些施舍的，补了又补地对付穿罢。全家只能在大杂院内租一间又旧又漏的屋子住。这每月五六角的房租也少有按照时候痛痛快快地付给房主。家中的老妇或小孩每日到肮脏的秽土堆中去拾没烧透的剩煤。食、衣、住和燃料外再有甚么用费也是极少的。这种生活程度真是人类社会的羞耻，或说是罪恶的结果亦无不可。全家全年的支出少有超过 100 元的。有这种生活显然存在的国家是可以证明没有良好的政府。这种似乎还赶不上禽兽的生活程度决不应当存在人类社会里，用不着详细的叙述。我们可以多用些时间讨论其余三种能自立的普通生活程度。

为讨论的便利和清楚的比较起见，我们以家庭为单位。北平工人家庭的平均人口数在四口与五口之间，我们假定为五口的整数。但我们每逢比较家庭状况的时候，常感到一种困难，就是各家的人口不同。同是五口之家，但两家内人口的年龄与性别不易相同。一个 20 岁的壮年和一个 2 岁的小孩在各种生活费上相差甚多，同年男女的用费也不能一样。要免除这层困难，西国研究生活费的专家已经想出一个解决的方法，就是将一切人口合成一种单位。关于折合单位的计算方法多数学者的意见不同，但多是以一个成年的男子为单位，折合家中一切人口数等于多少成年男子，因此叫作"等成年男子"①。本篇采用阿德瓦

① 关于"等成年男子"(adult-male-equivalent）的用法，请参看拙著《北平郊外之乡村家庭》第一部第四章第六节（商务印书馆版）。

特氏计算法。我们假定北平五口之家内有壮年夫妇 2 人，夫的年龄为 30 岁，妻 28 岁，一个老母年 60 岁，一个男孩 8 岁，还有一个女孩 4 岁。若按阿氏的折合方法，凡在 16 岁以上的男子皆等于一个等成年男子，所以 30 岁的丈夫等于 1 单位；凡 16 岁以上的女子等于一等成年男子的十分之八，所以 28 岁的妻子和 60 岁的老太太各等于 0.8 单位；凡 6～9 岁的男孩等于等成年男子的十分之五，所以 8 岁的男孩等于 0.5；凡 2～5 岁的女孩等于等成年男子的十分之四，所以 4 岁的女孩等于 0.4。全家男女老少五口的等成年男子数合计为 3.5，意思就是全家五口人的费用等于 3.5 等成年男子的费用。我们就以 3.5 等成年男子之家庭来讨论北平劳动工人的三种生活程度和每种生活程度所需的生活费。

第二种为对付着过的生活程度，也就是北平工人能自养的最低生活程度。这一阶级的户数约计不下 6 万户，包括警察厅所列为次贫的 2 万余户及下户的三分之一计 4 万余户。五口或说 3.5 等成年男子之家庭的全年生活费在 150～200 元之间，平均约计 170 元。这 170 元的用费如何分配呢？先从最要紧的食物费说起。北平一个通常男子所需用的米面在 1 斤 5 两左右，或简便地说 1.3 斤；饭量小的比 1 斤稍微多些，饭量大的也少有超过 1.5 斤的；多用力气的自然吃得多些，少用力气的吃得少些；若多吃粮米重量就少些，多吃面粉重量就多些。这里所说的米面重量自然是指着生米和干面，不是蒸熟的大米饭或馒头。若一人每日吃 1.3 斤，全家 3.5 等成年男子每日需用 4.5 斤，即 4 斤半。按阿德瓦特的计算法分配，则家中丈夫每日所用的米面重量为 1.3 斤，妻和老母的重量各为 1.04 斤，男孩为 0.65 斤，小女孩为 0.52 斤，总计 4.5 斤。全家一日的米面重量等于 4.5 斤，则全年 365 日的重量等于 1 642 斤。这一种生活程度的家庭最常吃的为玉米面和小米面，约占米面总重量的 80%，每种约占 40%。这样计算一家全年所用的玉米面及小米面各占 657 斤。玉米面的价钱便宜，每斤的全年平均价约合大洋 5 分，全年 657 斤的价钱为 33 元。小米面并非小米压成的面粉，乃是一种糜子面和豆面掺和的面粉，较玉米面稍好吃，饱的时间亦较久，价钱较玉米面亦稍高，每斤约合 6 分 7 厘，全年 657 斤的价约为 44 元。这两种米面的普通做法是蒸成坟形的窝窝头。除以上两种面占 80%外，所用的小米约占 15%，每斤价钱约合 6 分 7 厘，一家全年所用 246 斤的价钱约 16 元。吃法多半是熬粥用。其余米面的 5%为北平人爱吃的白面和白米，全年各占 41 斤。白面每斤价约 9 分，全年约计 4 元；次等白米每斤价约 1 角，全年约计 4 元。以上各种米面重量的分配是根据作者个人在北平数年的经验所认为近于实况的一种估计，自然不能十分准确，但大致不过如此，尤其是米面的全年用费。再者，也不能说全年就吃以上所列之几种米面，例如荞麦面、玉米渣、黑面、高粱米等也是他们有时倒换吃的东西，价值与小米或玉米面等不相上下。按照以上的估计，一家全年 1 642 斤各种米面的用费共计 101 元，每月 8 元 4 角，每日 2 角 8 分。五口之家老幼平均每人的全年米面用费为 20 元，每月约 1 元 7 角，每日约 6 分。每等成年男子的全年米面费约合 29 元，每月 2 元 4 角，每日 8 分。北平普通人最常用的菜蔬为腌萝卜、腌水疙瘩、酱菜、豆腐、豆芽、白菜、菠菜、黄瓜、葱、蒜、韭菜等。我们以最常吃的三种菜来估计全年的菜蔬费，以腌萝卜代表各种咸菜，豆腐代表多种豆类，白菜代表其他菜蔬。这自然不是说实际上他们一年到头永是吃这三样菜，意思是即或他们吃别的菜所用的菜费也差不多相同。这一阶级的家庭每日的菜钱在 2 分 5 厘左右，每月约 8 角，每年约 9 元。这 9 元的分配，若吃腌萝卜每日需 2 斤，每斤价 6 分，全年 24 斤约需 2 元；若吃豆腐每年 45 斤至 60 斤，每斤约合 3 分 2 厘，每年约用 2 元；若吃白菜每日用 0.5 斤，每斤价约 3 分，全年 180 余斤约用 5 元。我们以北平普通家庭最常用的香油、盐和酱为调和的代表来估计他们的全年数量和用费。这种对付着过的家庭每月约用香油 1 斤，每斤 3 角 3 分，全年 12 斤约计 4 元；每月盐 2.2 斤，每斤约合 8 分 6 厘，全年 26 斤约用 2 元；每月用酱约 1 斤，每斤 9 分，全年 12 斤约用 1 元。全年调和费约计 7 元，无论他们吃甚么调和。这一种生活程度简直提不到肉的用费。按照以上的估计全年食品费总数为 117 元。食物外最大的支出为燃料。燃料费中以煤末三分之二及黄土三分之一混合摇成之煤球为大宗，每月约用 220 斤，每百斤约合 6 角，全年 2 640 斤约计 16 元。每月用木炭 2.5 斤，每斤约合 5 分，全年 30 斤约计 1 元 5 角。每月用劈柴 8 斤多，每斤 1 分 5 厘，全年约用 100 斤计 1 元 5 角。每月用煤油 11 两，每斤价 1 角 2 分，全年 8 斤约计 1 元。全年各种燃料费总计约 20 元。他们多半是自己到井上去打水，若有用费也是很少。其次最大的支出为房租。全家只住得起一间屋子，长约 10 尺，宽约 8 尺，高约 8 尺；每月房租 1 元，全年 12 元。全家全年只能添衣服费 10 元左右，自然这是不够用的。全年被褥费只合 1 元左右，一条被窝可以用二十年。

食物、燃料、住和衣服外，别的用费极少，全年也不过 10 元左右，包括用具费 2 元，卫生或清洁费 3 元，酬应 1 元，茶叶 1 元，年节 1 元，其他杂用 2 元。关于医药、装饰、交通、娱乐、教育等费不在他们的生活范围里。各种主要用费百分比的分配为食物费占 68.8%，燃料费占 11.8%，房租占 7.1%，衣服费占 5.9%，其他杂费占 6.6%。一家全年用费总计 170 元，每月约合 14 元 2 角，每日 4 角 7 分。五口之家平均每口全年用费为 34 元，每月 2 元 8 角，每日约 9 分。每等成年男子每年用费合 49 元，每月合 4 元，每日合 1 角 3 分。若是一个工人须完全养活他的全家，则北平工人每月不能挣到 15 元的不在少数，例如普通车夫、仆役、无技粗工、巡警、铺店伙计等的工资每月 10～13 元左右。可是他们中间的许多家庭仍然能享受以上所讨论的这种生活程度，乃是因为他们家中的父母、妻子、儿女等都尽着力量为饭碗奋斗。不然，他们的生活就溜到第一种半生不死的程度里去了。

第三种是北平工人看为知足的生活程度。这一阶级的家庭包括警察厅所列为下户的二分之一，约有 6 万户。一家的全年用费约在 200～300 元之间，平均约 250 元，这 250 元的各种用费分配大约如下：他们所用米面总数的 60%为玉米面和小米面，20%为白面，10%为白米，10%为小米。全年用玉米面 493 斤价 25 元，小米面 493 斤价 33 元，白面 328 斤价 30 元，白米 164 斤价 18 元，小米 164 斤价 11 元。全年米面共计 1 642 斤，价钱总数 117 元，较第二种生活程度的米面费多 16 元；因为好吃的白面和白米的重量增加了，而不大好吃的米面减少了。他们所用菜蔬的重量也随着增加，全年用到 16 元，较第二种生活费多 7 元。腌萝卜每月用 4 斤，全年用 48 斤，价 3 元；豆腐全年用 91 斤，价 3 元；白菜一日可以吃 0.5 斤，全年用费 5 元，其他菜蔬全年多加 5 元。全年菜蔬费共计 16 元。全年调和费约计 14 元，较第二种生活程度多 1 倍。香油每月用 1.5 斤，全年 18 斤计 6 元；盐仍为每月 2.2 斤，全年 26 斤计 2 元；酱每月 1.5 斤，全年 18 斤计 2 元；其他调和费每年添 4 元。这一种生活程度的家庭也稍有肉费的支出。羊肉和猪肉每月每种约用 1 斤，每斤价皆约为 2 角 8 分，全年 24 斤价约 7 元；其他食品费如水果等全年亦可多添 6 元。全年各种食物费总数为 160 元，较第二种生活程度多 43 元。全家每月食品费合 13 元，每日合 4 角 4 分。全年的衣服费在 20 元左右，全家仍然如第二种生活程度住一间屋子，不过住稍微好一些的，每月租价1元二三角，全年15元。全年水火费约22元。其他全年杂费包括被褥费合2元，用具及修理费3元，卫生费5元，装饰费1元，交通费2元，酬应费3元，娱乐费2元，茶叶费3元，宗教费1元，年节费3元，其他杂费8元。以上共计33元。一家全年各种用费总数为250元，每月约21元，每日约7角。五口之家平均每人全年50元，每月约合4元2角，每日合1角4分。每等成年男子全年合71元，每月合6元，每日合2角。各种主要用费百分比的分配为食物占64%，水火占8.8%，衣服占8%，房租6%，其他杂费13.2%。北平旧式手艺人如瓦匠、木匠、棚匠、石匠、油匠、裱糊匠等的每日工资实得约7角5分。他们一年内只能有八九个月的工作。其中在北平带得起家眷者约有三分之一。工厂内各种精巧工人、电车的雇工、邮差及一部分的铺店雇员等的每月工资在15～20元左右。以上这些雇工享受这种知足的生活程度，但除家主外，家中的其他人口多半仍须从事进钱的工作。

第四种为北平人看为舒服的生活程度。这一阶级约有3万户，包括警察厅所列为下户的四分之一及中户的五分之一。全年一家的生活费总数在300～400元之间，平均约350元。这种家庭所用米面重量的一半是白面和白米，其余一半为玉米面、小米面和小米。全年各种米面斤数及用费的估计为白面410斤计37元，白米410斤计45元，玉米面274斤计14元，小米面274斤计18元，小米274斤计18元。米面费共计132元。他们所用的菜蔬费每月约2元，全年24元。腌萝卜一月4斤，全年48斤计3元，豆腐每日3块重0.5斤，全年用6元；白菜一日1斤，全年用11元；其他菜蔬全年用4元。调和的重量皆随着增加，全年约用18元。香油一日吃得起1两，每月约2斤，全年24斤计8元；盐全年用26斤计2元：酱一月2斤，全年24斤计2元；猪油一月用5角，全年6元。每月能用羊肉及牛肉各2斤，全年各用24斤，共计14元。其他如水果及零食等每月约用1元，全年12元。一家全年食物费总计200元，每月16元7角，每日5角5分。每年全家衣服费可添至35元，其中男家主占15元，我们也可以略说一说这15元的分配。这一阶级的工人冬季同时有两身单褂单裤，是倒换着穿在棉衣里面紧挨皮肤的衣裳。一身，即一褂一裤，用布13尺，每尺价1角3分，一身用1元7角，能用一年，两身用二年。同时有两身小棉袄棉裤。一身棉袄裤之面需布13尺，每尺1角3分；里需较贱之布13尺，每尺价1角；棉花用1斤半，每斤价 6 角。一身共用 3 元 9 角，可穿一年半，故一年用费合 2 元 6 角。同时有大棉袍两件，一件为平时穿，其他一件为酬应时用。一件需 3 元 9 角，与一身小棉袄裤的价相等，能用五年，故一年用费合 8 角。同时有小夹衣裤两身。一身之面与里共用布 26 尺，需 3 元，能穿五年，故一年用费合 6 角。大夹衣一件需 3 元，可穿六年，每年用费合 5 角。搭包一条需布 4 尺，价 6 角，能系三年，故一年用费合 2 角。帽一顶价 1 元，能戴两年，故一年合 5 角。家做棉鞋一双，用 6 角，就穿一年。暖季同时有小单褂与裤两身。一身需布 13 尺，用 1 元 7 角，只能穿一年。大褂一件需布 13 尺，用 1 元 7 角，可穿五年，故一年用费合 3 角。全年穿四双家做夹鞋，每双材料需 4 角，共计 1 元 6 角。全年袜四双，亦需 1 元 6 角。草帽一顶需 6 角，可用二年，故一年合 3 角。全年其他衣着费算 1 元，修补费打 1 元，一个壮年男子的全年衣着费共需 15 元。大约家中其他四口人的衣着费共需 20 元。全家同时有大小被窝 5 个，平均每个需 6 元，共需 30 元；褥子 5 个需 15 元。被褥价值总计 45 元，可用十五年左右，故一年用费合 4 元。这一种生活程度的家庭住得起两间屋子，一间每月房租 1 元 5 角，两间全年需 30 元。一日用煤球 10 斤，全年约用 3 600 斤计 22 元；全年柴炭费 3 元；煤油每月 2 斤，全年需 2 元；全年水费 3 元。全年水火费总计 30 元。全年卫生费约用 10 元，包括牙刷和牙粉等费 2 元，肥皂费 4 元，理发费 2 元，洗澡费 2 元。此外儿童教育费全年 10 元，用具及修理费 5 元。酬应 5 元，年节 5 元，茶叶 5 元，医药 2 元，交通 2 元，装饰 1 元，宗教 1 元，其他杂费 3 元。一家的全年用费总数为 350 元，每月将近 30 元，每日约合 1 元。五口之家平均每口每年合 70 元，每月约合 6 元，每日约合 2 角。一等成年男子的全年用费合 100 元，每月约合 8 元，每日合 2 角 7 分。全年各种主要用费的分配为食物占 57.1%，衣服占 10%，房租与水火各占 8.6%，其他杂费占 15.8%。北平一部分的有技工人或商店中工薪较高的雇员方能享受这种比较安乐的生活程度。大约这种家庭的家主仍然不能独自维持这种生活程度，家中亦必须有其他能进钱的人，例如父子同为瓦匠，或成年的弟兄同过。北平妇女从事家庭工业的也不少，例如挑花、补活、缝纫、纺羊毛绳、糊洋火盒、制人造花、捺鞋底、裁牙刷等工作。每月所得在 2 元左右，少有超过 5 元的。兹将末三种生活程度的用费列表如下（见第一和第二表）：

第一表　北平三种生活程度之工人家庭全年内每家之各种用费及百分比

用途	看为舒服的生活程度		看为知足的生活程度		对付着过的生活程度	
	用费	百分比	用费	百分比	用费	百分比
食物	$ 200	57.1	$ 160	64.0	$ 117	68.8
米面	132	37.7	117	46.8	101	59.4
菜蔬	24	6.9	16	6.4	9	5.3
调和	18	5.1	14	5.6	7	4.1
肉	14	4.0	7	2.8	—	—
闲食	12	3.4	6	2.4	—	—
衣服	35	10.0	20	8.0	10	5.9
房租	30	8.6	15	6.0	12	7.1
水火	30	8.6	22	8.8	20	11.8
被褥	4	1.1	2	0.8	1	0.6
用具	5	1.4	3	1.2	2	1.2
卫生	10	2.9	5	2.0	3	1.8
医药	2	0.6	—	—	—	—
装饰	1	0.3	1	0.4	—	—
交通	2	0.6	2	0.8	—	—
酬应	5	1.4	3	1.2	1	0.6
娱乐	3	0.9	2	0.8	—	—
茶叶	4	1.1	3	1.2	1	0.6
宗教	1	0.3	1	0.4	—	—
年节	5	1.4	3	1.2	1	6
教育	10	2.9	—	—	—	—
其他	3	0.9	8	3.2	2	1.2
总合	350	100.0	250	100.0	170	100.0

第二表　北平三种生活程度之工人家庭全年内每家所用各种主要食物重量及用费

食物种类	每斤价格	看为舒服的生活程度		看为知足的生活程度		对付着过的生活程度	
		斤数	用费	斤数	用费	斤数	用费
米面：		1 642	$ 132	1 642	$ 117	1 642	$ 101
白面	$ 0.090	410	37	328	30	41	4
白米	0.110	410	45	164	18	41	4

续前表

食物种类	每斤价格	看为舒服的生活程度		看为知足的生活程度		对付着过的生活程度	
		斤数	用费	斤数	用费	斤数	用费
玉米面	0.050	274	14	493	25	657	33
小米面	0.067	274	18	493	33	657	44
小米	0.066	274	18	164	11	246	16
菜蔬：		714	24	469	16	252	9
腌萝卜	0.060	48	3	48	3	24	2
豆腐	0.032	183	6	91	3	45	2
白菜	0.030	365	11	183	5	183	5
葱	0.034	118	4	147	5		—
调和：		90	18	72	14	50	7
香油	0.330	24	8	18	6	12	4
盐	0.086	26	2	26	2	26	2
酱	0.090	24	2	18	2	12	1
猪油	0.384	16	6	10	4	—	—
肉：		48	14	24	7	—	—
羊肉	0.280	24	7	12	4	—	—
猪肉	0.280	24	7	12	3	—	—
闲食：		175	12	88	6	—	—
柿子	0.053	113	6	57	3	—	—
糖梨	0.111	27	3	13	1	—	—
花生	0.085	35	3	48	2	—	—
总合	—	2 669	200	2 295	160	1 944	117

北平总户数的四分之三是包括在所讨论的四种生活程度之内。我们先看一看他们所用食品的养料够不够。第一种的生活程度连吃饱了没有都不可靠，无须乎我们再费工夫讨论养料。我们只大略计算较高的其他三种生活程度所用各种食物的滋养物是多少。食物所含的滋养物有四种，即碳水化物、脂肪、蛋白质和矿物。每日所用的食物亦须供给人身所需用的热量。例如有白面按京平秤410斤，每斤等于562克兰姆，共计230 748克兰姆，其中12.15%为蛋白质，1.35%为脂肪，72.7%为碳水化物，每100克兰姆有352卡路里热力（热量单位calorie）。如此计算，410斤白面得蛋白质28 036克兰姆，脂肪3 115克兰姆，碳水化物167 754克兰姆，热力812 232卡路里。再例如香油24斤合13 507克兰姆，其中100%为脂肪，每100克兰姆有900卡路里热力，共计121 565卡路里热力。照这样计算，三种生活程度全年所用各种食物包含各种滋养物的重量与

热量单位列表如下（见第三至第六表）①：

第三表　北平三种生活程度每日每家及每等成年男子所用食物之各种滋养物重量及热量

生活程度	蛋白质（克兰姆数）		脂肪（克兰姆数）		碳水化物（克兰姆数）		热量（卡路里数）	
	每家	每等成年男子	每家	每等成年男子	每家	每等成年男子	每家	每等成年男子
舒服的	321.6	91.9	180.9	51.7	1 967.8	562.2	10 800.8	3 085.9
知足的	289.8	82.8	149.9	42.8	1 926.7	550.5	10 223.2	2 920.9
对付的	253.7	72.5	113.1	32.3	1 883.0	538.0	9 564.4	2 732.7

第四表　北平工人看为舒服之生活程度全年内每家所用各种主要食物之估计重量与所含各种滋养物重量及热量

食物种类	重量					热量（卡路里数）
	斤数总计	克兰姆数总计	蛋白质（克兰姆数）	脂肪（克兰姆数）	碳水化物（克兰姆数）	
米面：						
白面	410	230 748.0	28 035.9	3 115.1	161 753.8	812 233.0
白米	410	230 748.0	22 151.8	461.5	183 675.4	327 462.3
玉米面	274	154 207.2	13 878.6	6 630.9	111 800.2	562 856.3
小米面	274	154 207.2	14 896.4	5 088.8	115 809.6	568 099.3
小米	274	154 207.2	14 896.4	5 073.4	115 809.6	568 099.3
菜蔬：						
腌萝卜	48	27 014.4	1 134.6	10.8	—	4 646.5
豆腐	183	102 711.0	8 627.7	3 081.3	1 438.0	67 892.0
白菜	365	205 422.0	2 485.6	123.3	3 903.0	27 321.1
葱	118	66 410.4	1 062.6	199.2	6 574.6	32 541.1
调和：						
香油	24	13 507.2	—	13 507.2	—	121 564.8
盐	26	14 632.8	—	—	—	—
酱	24	13 507.2	2 552.9	1 364.2	202.6	23 286.4
猪油	16	9 004.8	—	9 004.8	—	81 043.2
肉：						
羊肉	24	13 507.2	2 107.1	4 173.7	—	47 745.3
猪肉	24	13 507.2	1 269.7	8 333.9	—	82 529.0
闲食：						
柿子	113	63 596.4	381.6	63.6	5 723.7	24 974.3

① 根据吴宪博士所作各种食物包含滋养物之重量与热量表。

续前表

食物种类	重量					热量（卡路里数）
	斤数总计	克兰姆数总计	蛋白质（克兰姆数）	脂肪（克兰姆数）	碳水化物（克兰姆数）	
糖梨	27	15 195.6	76.9	60.8	1 929.8	8 661.5
花生	35	19 698.0	3 841.1	5 732.1	3 644.1	81 549.7
总合	2 669	1 501 831.8	117 398.0	66 024.6	718 264.4	3 942 305.1

第五表　北平工人看为知足之生活程度全年内每家所用各种主要食物之估计重量与所含各种滋养物重量及热量

食物种类	重量					热量（卡路里数）
	斤数总计	克兰姆数总计	蛋白质（克兰姆数）	脂肪（克兰姆数）	碳水化物（克兰姆数）	
米面：						
玉米面	493	277 460.4	24 971.4	11 930.8	201 158.8	1 012 730.5
小米面	493	277 460.4	26 802.7	9 156.2	208 372.8	1 022 164.1
白面	328	184 598.4	22 428.7	2 492.1	134 203.0	649 786.4
白米	164	92 299.2	8 860.7	184.6	73 470.2	330 984.9
小米	164	92 299.2	8 916.1	3 036.6	69 316.7	340 030.3
菜蔬：						
腌萝卜	48	27 014.4	1 134.6	10.8	—	4 646.5
豆腐	91	51 214.8	4 302.0	1 536.4	717.0	33 853.0
白菜	183	102 992.4	1 246.2	61.8	1 956.9	13 698.0
葱	147	82 731.6	1 323.7	248.2	3 190.4	40 538.5
调和：						
香油	18	10 130.4	—	10 130.4	—	91 173.6
盐	26	14 632.8	—	—	—	—
酱	18	10 130.4	1 914.6	4 023.2	152.0	17 464.8
猪油	10	5 628.0	—	5 628.0	—	50 652.0
肉：						
羊肉	12	6 753.6	1 053.6	2 086.9	—	23 772.7
猪肉	12	6 753.6	634.8	4 167.0	—	41 264.5
闲食：						
柿子	57	32 079.6	192.5	32.1	2 887.2	12 597.7
糖梨	13	7 316.4	36.6	29.3	929.2	4 170.3
花生	18	10 130.4	1 975.4	2 947.9	1 874.1	41 939.9
总合	2 295.0	1 291 626.0	105 793.6	54 702.3	703 228.3	3 731 467.7

第六表　北平工人对付着过之生活程度全年内每家所用各种主要食物之估计重量与所含各种滋养物重量及热量

食物种类	重量					热量（卡路里数）
	斤数总计	克兰姆数总计	蛋白质（克兰姆数）	脂肪（克兰姆数）	碳水化物（克兰姆数）	
米面：						
玉米面	657	369 759.6	33 278.4	15 899.7	268 075.7	1 349 622.5
小米面	657	369 759.6	35 718.8	12 202.1	277 689.5	1 362 194.4
小米	246	138 448.8	13 374.2	4 555.0	103 975.0	510 045.4
白面	41	23 074.8	2 803.6	311.5	16 775.4	81 223.3
白米	41	23 074.8	2 215.2	46.1	18 367.5	82 746.2
菜蔬：						
腌萝卜	24	13 507.2	567.3	5.4	—	2 323.2
豆腐	45	25 326.0	2 127.4	759.8	354.6	16 740.5
白菜	183	102 992.4	1 246.2	61.8	1 956.9	13 698.0
调和：						
香油	12	6 753.6	—	6 753.6	—	60 782.4
盐	26	14 632.8	—	—	—	—
酱	12	6 753.6	1 276.4	682.1	101.3	11 643.2
总合	1 944	1 094 083.2	92 607.5	41 277.1	687 295.9	3 491 019.1

究竟一个等成年男子每日所需用的各种滋养物应当有多少克兰姆，研究食物专家的意见不同。大概说，一个人一日需 100 克兰姆蛋白质和 300 热量单位。日本政府卫生局则以为一工人每日需用 96 克兰姆蛋白质，20 克兰姆脂肪，405 克兰姆碳水化物。关于美国普通人所用饭食中包含各种滋养物的分配为 100 克兰姆蛋白质，150 克兰姆脂肪，350 克兰姆碳水化物。中国工人的饭食中缺少肉、鸡蛋、牛乳等物，所以蛋白质滋养物显然不足。三种生活程度所用蛋白质的克兰姆数每人每日为 72.5、82.8、91.9。关于碳水化物，各种生活程度的克兰姆数都超过 500；关于脂肪，都超过 30 克兰姆。热量方面只有北平工人以为舒服的生活程度所得的达到 3 000 单位。我们也应当知道若这些食物做得不得法或吃的人的消化力弱，则人身体所得各种滋养物的重量和热量也就随着减少。总起来说，中国普通工人所用食品的样数应当增加，尤其是关于多含蛋白质的食物。大多数工人的饭食不但所含的滋养物不足，并且也不很好吃，离着合乎胃口及在快乐的环境里吃的程度尚远。调和与菜蔬的种类和数量都有增加的必要。

关于北平普通人的衣服，至好也不过是将就够穿的，简直提不到美观，连有能更换的敷余衣裳的人都很少。工人家庭中大约十分之八的人一冬只有一条棉裤穿，从十一月直穿到明年三月才换下来。这条裤子的情形，尤其是里面，可想而知。再说大多数的工人家庭是住一间屋子，少有住两间的，离着合乎健康的生活实在太远。食、衣、住既然如此，其余各种用费的缺乏无须乎我们费时间来讨论。

简直说，北平这四种生活程度都尚在我们起首所讨论的穷得要命与将就度日的下两层生活程度里。北平工人看为舒服的生活程度也远不及第三层安乐度日的生活程度。若以健康的生活程度为最低限度的生活程度，则中国工人不能在极短时期内忽然升到这步田地。以现在一般人的知识与社会的经济状况看来，社会的组织不拘是如何的改变，工人的生活状态是无法在最近的将来发生极大的变化。在这种情况之下，若能把大多数工人的生活先提高到工人们自己看为舒服的生活程度，就算不错。这也就是从极穷提高到不很穷。虽然按着生活程度研究者的见地，这种程度固然不能满意，但工人本身方面对于这种生活程度却是知足的了不得。若不久政治入了轨道，农民能够不受兵匪的扰害，安心种地，工商业等也渐渐发展，人民都有了相当的职业，一个工人的一日工资自 7 角至 1 元是可以办到的，决不是不可能的。作者实在愿意立刻看见工人们享受最低限度的健康生活程度，但目下从哪方面研究，实际上都难办到。只可不痛快地将这种愿望降低，先希望他们都不挨饿，有四季的衣服穿，住一间以上的屋子，有够烧的燃料，小孩有识字的机会，和一切其他日常生活上所不可缺之基本需要的供给。等到社会的经济基础稳固了，人民的知识也增加了，再加紧向安乐的生活标准提高。若现在握权的人真是民生主义的忠实信徒，这种希望在十年左右不至于不实现。

末了添几句题外的话。看一国人民的生活程度就可以知道这一国之政府的好或坏的程度。若国中大多数的人民连适当之食衣住都得不着，这个政府就是人民生活的障碍物，不应当存在。若人民自己不快起来推翻这种政府，则这种人民也不够享受高等生活的资格；换句话说，受罪是自取的、应当的。一民族的强弱也可从这一点看出来。

再说切近一些，目下政府的真正成功或失败是在乎究竟能实现中山先生的民生主义不能。这一点似乎人们已经翻来覆去地说过了，那么，就算这里再提醒一次罢。保不住也许有人要用口头以外的方法提醒呢。

（载燕京大学《社会学界》第 3 卷，1929 年）

国立北平大学农学院工友生活及其家庭概况之调查

引　言

民国十九年十一月农学院农业经济学会职员会议指定我为调查股主任，龚世椿与曾广墀先生为理事，计划进行调查事宜。由龚世椿先生提议调查本学院工友的生活与他们家庭的概况，并且作了简单的问题表，包括二十几项，如年岁、籍贯、教育、嗜好、工资、家庭人口、收入、支出等项，尤特别注意关于经济方面的情况。后由龚先生向调查股人员报告调查的目标，并与大家讨论进行步骤。然后决定调查员各负责调查其附近的工役。又按农场工人所在之六区，即龙王庙、林木标本园、养蚕室、牧场、林木实验区、西门旱田实验区，分调查员为六组，分头进行。工作人员分配后，为欲免除工友的怀疑或误会起见，先由胡秘书召集院役谈话，由农场主任召集工人谈话，详细解释调查的意义。这步预备的工作举行以后，工友对于此次调查皆有了相当的了解。至十一月底各方面皆已接洽妥当，实行调查之时机已至，遂由各调查员分头联络各工友，先博得他们的好感，然后详细询问关于所要调查的事项，随机应变地填写表格，能回去填写的就不当面填写，力求做到从容自然的态度，使工友们在不知不觉中说出实话。至二十年一月底大致调查完竣，又在二三月间稍有补充工作。填表最多者为王尔鼐、龚世椿、赖信等先生，其次为方云先、余其心、杨汝南、罗漾章等先生，此外按填表数目多寡之次序为林绍炎、曾超洋、高凤举、陈文煊、刘庭良、李景淑、吴顺友、覃远祖、韩应元、王道徽、王拯、雷轰、吕天松、戴麟等先生。

我因远在农村作事，未能参加实地调查，在二月寒假期内回北平时方能与在院从事调查同志数人共同进行校正补充与整理统计工作。用时间最多者为余其心、赖信、方云先、龚世椿、杨汝南等先生，其次为王尔黼、文先俊、吴顺友、程侃声等先生。这几位肯牺牲他们的假期，就连废历元旦也在内，终日从事这种极易厌倦的计算工作，使我不得不表示很深的敬意。龚世椿先生是此次实地调查领导的人，用了许多时间，有任劳忍怨不达目的不止的精神。杨汝南助教从实地工作起至报告付印止，指导帮忙极为热心。此外对于工友们的合作我们甚为感谢。

整理的工作完毕以后，诸同志又指定我编辑报告，坚辞不获，只得从命。整理材料时因工役工作性质之不同，约可分为两大类，一为院役，人数颇多，共计 77 人，一为农场工人，数目较少，共计 28 人。两类合并总数为 105 工役。统计表内分别排列，而亦有共计。

这一个调查的规模自然很小，原来只为同学们调查的实地练习，鼓舞对于调查的兴趣，并未有甚么贡献的奢望。但世界上任何事业都要从大处着眼，小处入手，所谓万丈高楼必自平地作起。由小至大，由近及远，这就是举行此次调查的目的和精神。果然，有十几位同学有了这一点尝试之后，感觉非常的兴趣，又叫我作了一个比较详细的农村研究表格，正在积极从事调查农学院周围十里内的数十村庄。负责进行者有余其心、赖信、王尔黼、龚世椿等组长及方云先女士。我这里馨香祷祝他们的成功，并且深信一定有相当好的结果，也恳切希望不久毕业的同学们，将于对于农村调查都有极大的贡献。

李景汉，民国二十年五月十五日

工作种类

77 院役中以听差为最多计 39 人，工匠次之，计 12 人，再次按多寡之次序为院警、打杂、号房、更夫等工作。

农场工人中以从事畜牧者为最多计 9 人，森林工人次之，再次为水田、旱田、蚕桑、园艺等工作。从事各种工作之人数见第一表。

第一表 院役与农场工人工作种类及每种人数

院役工作种类	院役数	农场工作种类	工人数
听差	39	畜牧	9
工匠	12	森林	6
印刷	5	水田	3
电机	2	旱田	3
厨役	2	蚕桑	2
理发	1	园艺	2
木工	1	喂牲口	1
土工	1	赶大车	1
院警	9	打扫厕所	1
打杂	8		
号房	5		
更夫	2		
茶炉	1		
采买	1		
总合	77	总合	28

籍 贯

院役内以北平籍贯为最多计 35 人，不只因其为本院所在之地，亦因北平人性情温顺，惯于酬应，适于听差工作。其他河北地方次之计 34 人，再次为山东人，江苏与广西各计 1 人。

农场工人内以山东人为最多，河北人次之。籍贯详情可见第二表。

第二表　院役与农场工人籍贯之分配

籍贯	院役数	农场工人数	人数共计
北平	35	3	38
其他河北地方	34	9	43
山东	6	15	21
河南	—	1	1
江苏	1	—	1
广西	1	—	1
总合	77	28	105

在院作业年数

院役内在本院工作年数不满 5 年者超过半数计 41 人，农场工人计 11 人，合计 52 人约占总数之平。5～9.9 年者计 23 人，10～14.9 年者计 19 人，15～19.9 年者 8 人。超过 20 年者 3 人，几等于本校创办之年数。其他工作年数细情可见第三表。

第三表　院役与农场工人在院作业年数

作业年数	院役数	农场工人数	人数共计
5 年以下	41	11	52
1 年以下	14	1	15
1～1.9	8	3	11
2～2.9	12	4	16
3～3.9	7	2	9
4～4.9	—	1	1
5～9.9	13	10	23
10～14.9	16	3	19
15～19.9	6	2	8
20～29.9	1	2	3
总合	77	28	105

年　龄

院役内最低之年龄为 16 岁，最高为 58 岁，20～29 岁者占 36%，35～49 岁者占 44%，平均年龄为 36 岁。已婚院役之平均年龄为 39 岁，未婚者之平均年龄为 25 岁。

农场工人最低之年龄为 23 岁，最高者为 69 岁，众数在 25～29 岁，平均年龄为 40 岁。已婚工人年龄平均为 44 岁，未婚者平均为 34 岁。105 工役年龄之各方面分配可从第四表推算。

第四表　院役与农场工人年龄之分配

年龄组	院役数	农场工人数	人数共计
19 岁以下	2	—	2
20～24	16	1	17
25～29	12	8	20
30～34	5	2	7
35～39	10	3	13
40～44	15	3	18
45～49	9	4	13
50～54	5	3	8
55～59	3	1	4
60 及以上	—	3	3
总合	77	28	105

教育能力

院役内识字者占 70%，文盲占 30%。工人内识字者占 68%，文盲占 32%。工役合计识字者约占三分之二强，文盲占三分之一弱。两方面数目可见第五表。

第五表　院役与农场工人内识字者与文盲数目

教育能力	院役数	农场工人数	人数共计
识字	54	19	73
文盲	23	9	32
总合	77	28	105

嗜　好

院役中有吸烟嗜好者 29 人，其中 6 人兼常饮酒，1 人兼好赌博。好饮酒而不吸烟者 3 人，无特别嗜好者 45 人。农场工人中吸烟者约占三分之二。工役合计，有特别嗜好者约占半数，其余无特别嗜好，或有嗜好而不肯告亦未发现者。关于各种嗜好人数见第六表。

第六表　院役与农场工人之嗜好

嗜好种类	院役数	农场工人数	人数共计
吸烟	22	16	38
饮酒	3	1	4
吸烟兼饮酒	6	3	9
赌钱兼吸烟	1	—	1
无特别嗜好	45	8	53
总合	77	28	105

迷　信

工役内未有清楚地属何宗教，从与彼等接谈中大约看出信奉庙内各种偶像者约占三分之一。其余三分之二的人对于任何宗教漠不关心，对于鬼神亦不大迷信。

已婚未婚人数

院役内已婚者占 77%，未婚者占 23%。未婚院役之最低年龄为 16 岁，最高年龄为 49 岁。

农场工人内已婚者占 64%，未婚者占 36%。未婚工人之最低年龄为 23 岁，最高为 64 岁。未婚者，尤其是年高之工役，乃因贫穷所致，说不起媳妇。工役合计已婚者约占四分之三弱，未婚者占四分之一强。工役已婚未婚详数见第七表。

第七表　院役与农场工人已婚与未婚人数

已婚未婚	院役数	农场工人数	人数共计
已婚	59	18	77
未婚	18	10	28
总合	77	28	105

家庭之大小

工役家庭之人数以 5 口为最普通，4 口之家次之，6 口又次之。院役平均每家为 5.3 口，农场工人平均每家为 4.9 口，工役家庭合计总平均每家有 5.2 口。

77 院役家庭内共计 411 人，内有 51%为男子计 211 人，其中 49%为女子计 200 人。28 农场工人家庭内合计 136 口，内有 78 男子占 57%，有 58 女子占 3%。105 工役家庭合计 547 口，内有 289 男子，占 52.8%，有 258 女子占 47.2%。男子数稍偏高之原因为成人女子皆早出嫁，而成人男丁有仍须守独身者。自然也因为重男轻女之故而致男孩稍多于女孩。家庭人口分配情形见第八表。

第八表　院役与农场工人家庭人口数目

家庭人口数	院役家数	农场工人家数	家数共计
1	3	2	5
2	4	5	9
3	9	4	13
4	15	3	18
5	18	2	20
6	11	3	14
7	7	4	11
8	2	3	5
9	2	—	2
10	2	2	4
12	2	—	2
15	2	—	2
总合	77	28	105

已婚工人之子女数目

已婚之 59 院役中尚无子女，或有过而皆不存在者，计 13 人。现只有 1 个子女者为普通，有 2 个子女者次之，3 个子女者又次之。共计有子女 103 人，内有 52 男孩占 50.5%，有 51 女孩，占 49.5%。59 个结婚院役的平均年龄为 39 岁。他们平均每人现有 1.8 子女，男女约各占半数。若只以 46 有子女之院役而论，平均每人有 2.3 子女。

18 已婚之农场工人共有 27 子女，内有 16 男孩 11 女孩。18 工人之平均年龄为 44 岁，平均每人有 1.5 子女。若只以现有子女之 12 工人而论，平均每人有 2.2 子女。子女分配之详细数目可见第九表。

第九表　已婚院役与农场工人现有子女数目

子女数	院役数	农场工人数	人数共计
无	13	6	19
1	15	3	18
2	14	5	19
3	11	2	13
4	3	2	5
5	3	—	3
总合	59	18	77

工　资

院役每年工资多在 100 元以下。100～110 元者占三分之一，90～130 元者占 75%。77 院役工资全年合计为 9 208.6 元，平均每院役工资为 119.6 元。

农场工人工资以 120～130 元者为最多，竟占 82.28%。工人全年工资总数为 3 546.4 元，平均每工人为 126.7 元。

105 工役全年工资合计等于 12 755 元，平均每人等于 121.5 元。工资分配情形见第十表。

第十表　院役与农场工人全年工资

全年工资	院役人数	农场工人数	人数共计
70～79.9 元	2	—	2
80～89.9	1	—	1
90～99.9	12	—	12
100～109.9	25	—	25
110～119.9	11	1	12
120～129.9	10	23	33
130～139.9	5	1	6
140～149.9	7	1	8
150～159.9	1	1	2
160～169.9	1	—	1
170 以上	2	1	3
总合	77	28	105

各种院役内以印刷工、电机工、土工、木工等工匠之工资为最高，平均每人136元。一茶炉工人之工资为129.6元，号房之平均工资为121.7元。院役中之最高工资为240元，最低工资为72元。每种院役之平均工资、最高工资及最低工资数目见第十一表（甲）。

第十一表（甲）　各种院役平均每人全年工资及其中最高与最低之全年工资

院役种类	人数	平均每人工资	其中最高全年工资	其中最低全年工资
听差	39	116.6	168.0	84.0
工匠	12	136.0	240.0	96.0
号房	5	121.7	141.6	96.0
院警	9	118.4	150.0	108.0
打杂	8	114.6	144.0	72.0
更夫	2	99.0	102.0	96.0
采买	1	111.6	111.6	111.6
茶炉	1	129.6	129.6	129.6
一切院役	77	119.6	240.0	72.0

农场工人内以水田工人之平均工资为最高，等于139.7元。最高之工资为170.8元，最低工资为110.4元。各种农场工人平均工资、最高及最低工资见第十一表（乙）。

第十一表（乙）　各种农场工人平均每人全年工资及其中最高与最低之全年工资

工作种类	人数	平均每人工资	其中最高全年工资	其中最低全年工资
畜牧	9	124.3	153.6	110.4
森林	6	124.4	138.0	120.0
水田	3	139.7	170.8	122.4
旱田	3	130.0	144.0	120.0
蚕桑	2	126.0	126.0	126.0
园艺	2	123.0	126.0	120.0
喂牲口	1	122.4	122.4	122.4
赶大车	1	126.0	126.0	126.0
打扫厕所	1	126.0	126.0	126.0
一切工人	28	126.7	170.8	110.4

赏 钱

除正式工资以外，尚有年节之公私赏钱。院役内有 16 人不得赏钱。能得学院之公赏者计 61 人，能得教职员与学生之私赏者计 36 人，得公赏兼私赏者 34 人。全年赏钱不满 5 元者 14 人，5～9.9 元 10 人，10～14.9 元者 13 人，能得 75 元以上者 4 人。赏钱超过 100 元以上者有 3 人，最多者约达 130 元。一切院役全年所得公私赏钱总数约计 1 455 元，内公赏约计 431 元，占 30%，私赏约计 1 024 元，占 70%。77 院役平均每人赏钱为 18.9 元，内公赏 5.6 元，私赏 13.3 元。若只以能得赏之 61 人而论，平均每人得 24 元。院役全年所得赏钱之分配见第十二表。农场工人之赏钱不多，合计为 37 元，平均每人仅得 1.3 元。

第十二表 院役全年所得赏钱

全年赏钱	人数
无	16
5 元以下	14
5～9.9	10
10～14.9	13
15～19.9	5
20～24.9	4
25～29.9	—
30～34.9	1
35～39.9	—
40～44.9	—
45～49.9	1
50～54.9	4
55～59.9	2
60～64.9	1
65～69.9	—
70～74.9	2
75 以上者	4
总合	77

全年收入总数

工役自农学院全年之收入总数等于正式工资及赏钱之和。院役之全年收入多在 100～180 元之间，超过 200 元者 6 人。一切院役之收入总数为 10 663 元，平均每人为 139 元。

28 农场工人全年收入总数为 3 583.3 元，平均每人为 128 元。院役与农场工人全年收入之分配见第十三表。

第十三表　院役与农场工人全年工资及赏钱收入总数

工资及赏钱收入总数	院役数	农场工人数	人数共计
80 元以下	1	—	1
80～99.9	8	—	8
100～119.9	26	1	27
120～139.9	15	24	39
140～159.9	11	2	13
160～179.9	8	1	9
180～199.9	2	—	2
200 以上	6	—	6
总合	77	28	105

除工资及赏钱之收入外尚有其他“外入”，例如购物赚钱等事。但有此种机会之人数约计三分之一，且亦难揣测其外入实数。据熟习其中情形者估计，全年不满 10 元之外入者约计 20 人。10～20 元者约计 7 人，有谓有可达至 100 元可能者，但亦属臆测而无实据。

每月饭费

工役皆自备伙食。院役中三分之一的人数每月饭费 5～5.9 元，其次以 6～6.9 元者为众，再次为 4～4.9 元，超过 7 元者数人，亦有尚不满 4 元者。

农场工人饭费每月 6～6.9 元者占人数的三分之一，最高者超过 7 元，最低者亦超过 4 元。一切工役每月饭费之分配见第十四表。

第十四表　院役与农场工人每月饭费

每月饭费	院役数	农场工人数	人数共计
4 元以下	4	—	4
4～4.9	14	6	20
5～5.9	23	4	27
6～6.9	21	12	33
7 及以上	9	6	15
总合	71*	28	99

* 外有 6 人饭费不明。

工役饭费这样的差别是因为所用饭菜颇不相同。每月超过 7 元者不但多用白米白面、青菜、调和等物，且不时吃肉。每月 6 元以下者则少吃价贵调和或肉食。5 元上下者连白面白米亦不多用，4 元上下者则多食玉米面、小米面、小米等粗粮，亦少用菜蔬。

院役内每月吃白面或白米次数或餐数不满 5 次者约占五分之一，超过 55 次者约占四分之一。农场工人每月吃白面白米次数不过 5 次者颇多，但他们的饭费亦多超过 5 元，因为作力气工而得多吃的缘故。关于一切工役每月用白面或白米详细次数之分配见第十五表。

第十五表　院役与农场工人每月吃白面或白米次数

每月吃白面或白米次数	院役数	农场工人数	人数共计
5 次以下	15	19	34
5～9	12	4	16
10～14	4	3	7
15～19	3	—	3
20～24	4	—	4
25～29	1	—	1
30～34	8	1	9
35～39	—	—	—
40～44	5	—	5
45～49	1	—	1
50～54	2	—	2
55 以上	22	1	23
总合	77	28	105

家 产

大多数院役之家中皆有少许田园或房产。有27家未能调查清楚，有10人之家庭在100元以下，亦有超过1 000元者，有1家达4 000元。50院役之家产估价总数约计24 600元，平均每家约190元。

农场工人家中亦多少有些房屋地亩，最多之一家达3 300元，28工人之家产估价总数约计15 500元，平均每家约550元。家产估计之分配见第十六表。

第十六表 院役与农场工人家产估计价值总数

家产价值	院役数	农场工人数	人数共计
100元以下	10	8	18
100～199.9	7	—	7
200～299.9	2	5	7
300～399.9	5	2	7
400～499.9	8	6	14
500～599.9	6	1	7
600～699.9	2	—	2
700～799.9	3	2	5
800～899.9	2	1	3
900～999.9	1	—	1
1 000及以上	4	3	7
总合	50*	28	78

*外有27家之家产不详。

家庭收入

院役家庭全年收入不满200元者占过半数，200～300元者约占四分之一，超过300元者占五分之一，超过400元者7家，最高者为860元。77院役家庭全年收入共计约 17 030 元，平均每家收入约 220 元。

农场工人家庭全年收入不满 200 元者恰占半数，高者达 1 200 元。28 家庭收入总数约计 7 040 元，平均每家约计 250 元。

105 工役家庭全年收入合计约 24 070 元，平均每家约 230 元。每家收入之详细分配可见第十七表。

第十七表　院役与农场工人家庭全年收入总数

全年收入总数	院役家数	农场工人家数	家数共计
100 元以下	1	—	1
100～124.9	13	1	14
125～149.9	8	5	13
150～174.9	11	6	17
175～199.9	11	2	13
200～224.9	4	3	7
225～249.9	7	—	7
250～274.9	4	3	7
275～299.9	3	4	7
300～324.9	6	—	6
325～349.9	—	—	—
350～374.9	2	2	4
375～399.9	—	—	—
400 以上	7	2	9
总合	77	28	105

家庭支出

院役家庭全年支出不满 200 元者约占 60%，200～300 元者约占五分之一，超过 300 元者约占五分之一，超过 400 元者有 6 家，最高者 900 余元。77 院役家庭收入总数约计 16 600 元，平均每家约 216 元。

农场工人家庭全年收入不满 200 元者约占半数强，超过 400 元者 2 家，最高者约 600 元。28 家支出总数约为 6 340 元，平均每家支出约 226 元。

105 工役家庭全年支出总数约计 22 940 元，较收入总数约少 1 000 元；平均每家支出约 220 元，较平均每家收入几相等，仅少 10 元。各家全年支出详细分配情形见第十八表。

第十八表 院役与农场工人家庭全年支出总数

全年支出总数	院役家数	农场工人家数	家数共计
100 元以下	3	1	4
100～124.9	12	1	13
125～149.9	11	5	16
150～174.9	12	5	17
175～199.9	8	3	11
200～224.9	7	1	8
225～249.9	6	1	7
250～274.9	3	3	6
275～299.9	1	4	5
300～324.9	5	1	6
325～349.9	—	—	—
350～374.9	3	1	4
375～399.9	—	—	—
400 及以上	6	2	8
总合	77	28	105

家庭全年盈余或不敷

院役家庭内有 21 家收入数超过支出数，12 家收入数不敷支出数。其余家庭收入支出约略相等，无甚出入。此亦近实情，因贫苦家庭多按所能得的钱来过日子，彼等所谓“多挣钱就多花，少挣钱就少花”。全年盈余不满 40 元者计 13 家，超过 40 元者 8 家，最高者约计 100 元。21 家全年盈余总数约计 900 元，平均每年盈余约合 43 元。

农场工人家庭内有盈余者计 7 家，入不敷出者 1 家。其余收入支出约相等。盈余不满 40 元者 5 家，最高者达 600 元，7 家盈余总数约计 740 元。

工役家庭有盈余者合计 28 家。盈余总数约计 1 640 元，平均每家约 60 元。盈余分配情形见第十九表。

第十九表　21 院役与 7 农场工人家庭全年盈余款额

盈余款额	院役家数	农场工人家数	家数共计
20 元以下	7	2	9
20～39.9	6	3	9
40～59.9	3	1	4
60～79.9	4	—	4
80 以上	1	1	2
总合	21	7	28

入不敷出之 12 院役家庭不敷数不满 20 元者占半数，超过 100 元者 2 家。12 家不敷总数约计 480 元。平均每家约 40 元。

农场工人家庭之入不敷出者只 1 家，不敷数为 40 元。13 工役家庭不敷总数约计 520 元，其分配情形见第二十表。

第二十表　12 院役与 1 农场工人家庭全年不敷款额

全年不敷款额	院役家数	农场工人家数	家数共计
20 元以下	6	—	6
20～39.9	3	—	3
40～59.9	—	1	1
60～79.9	1	—	1
80～99.9	—	—	—
100 及以上	2	—	2
总合	12	1	13

家庭负债

院役家庭负债者计 28 家，其中欠债不满 50 元者约占五分之二，50～100 元者约占六分之一，100～150 元者约占五分之一，超过 300 元者 3 家，最高负债为 450 元。28 家负债总数约计 3 060 元，平均每家约 110 元。

农场工人家庭负债者 7 家，欠债数不满 50 元者计 6 家，其余 1 家之债为 80

元。7 家欠债总数约计 180 元，平均每家约 25 元。

有债之 35 工役家庭欠债合计约 3 240 元，平均每家 93 元。各家负债之分配见第二十一表。

第二十一表　28 院役与 7 农场工人家庭之欠债数目

欠债数目	院役家数	农场工人家数	家数共计
50 元以下	11	6	17
50～99.9	5	1	6
100～149.9	6	—	6
150～199.9	2	—	2
200～249.9	—	—	—
250～299.9	1	—	1
300 及以上	3	—	3
总合	28	7	35

附录 农村调查表

本会调查股与农业经济学系合作，调查本院周围十里之农村经济情形，一切计划及问题表，均出李景汉先生之手，现调查工作，尚在继续进行，材料理整，颇费时日，详细报告，另有专刊，兹将重要表格，摘登于此，以供关心社会调查者之参考（见第二十二至三十二表）。

第二十二表 村概况

询问时间 年 月 日 访问者姓名 赐教者姓名

<table>
<tr><td colspan="11">1. a. 村名 b. 距农院中心里数 c. 距院址里数</td></tr>
<tr><td colspan="11">2. a. 距最近城门之名称 b. 距城门之方向 c. 距城门里数</td></tr>
<tr><td colspan="11">3. a. 全村准确家数 b. 人口总数</td></tr>
<tr><td colspan="11">4. a. 最大姓及家数 b. 次大姓及家数</td></tr>
<tr><td colspan="11">5. a. 本村前三十年家数 b. 前二十年家数 c. 前十年家数</td></tr>
<tr><td colspan="11">6. a. 近二十年内迁居本村家数 b. 原因</td></tr>
<tr><td colspan="11">7. a. 近二十年内自本村迁出家数 b. 原因</td></tr>
<tr><td colspan="11">8. 本村在旗家庭数目</td></tr>
<tr><td colspan="11">9. a. 村长姓名 年龄 主要职业 b. 村佐姓名 年龄 主要职业
c. 村内主要办公者</td></tr>
<tr><td rowspan="5">10</td><td rowspan="2">学校名称及种类</td><td colspan="3">学生数</td><td rowspan="2">教员姓名</td><td rowspan="2">年龄</td><td rowspan="2">性别</td><td rowspan="2">全年经费</td><td rowspan="2">校舍房间数目</td><td rowspan="2">设立年数</td></tr>
<tr><td>男</td><td>女</td><td>共</td></tr>
<tr><td></td><td></td><td></td><td></td><td></td><td></td><td></td><td></td><td></td><td></td></tr>
<tr><td></td><td></td><td></td><td></td><td></td><td></td><td></td><td></td><td></td><td></td></tr>
<tr><td></td><td></td><td></td><td></td><td></td><td></td><td></td><td></td><td></td><td></td></tr>
<tr><td colspan="11">11. a. 本村识字人数 b. 其中曾在初级小学毕业人数
c. 其中曾在高级小学毕业人数 d. 其中在中学毕业人数</td></tr>
<tr><td colspan="11">12. a. 全村自有田地亩数 b. 全村种地亩数</td></tr>
<tr><td colspan="11">13. 本村产物：a. 最主要的一种 b. 次要的一种 c. 再次几种</td></tr>
<tr><td colspan="11">14. a. 种地外男人的主要职业 副业 b. 女人主要的职业 c. 副业</td></tr>
<tr><td colspan="11">15. a. 长工全年工资：最高 普通 最低 b. 短工每日工资 平时 农忙时</td></tr>
<tr><td colspan="11">16. a. 本村各种房屋所占百分数：瓦顶 灰顶 土顶
b. 普通一间屋内之大小（尺数）：长 宽 高
c. 屋内有土地者 % 砖地 % 洋灰地 %</td></tr>
<tr><td colspan="11">17. 农民最常用的米面（以一年为标准）：1. 2. 3. 其他</td></tr>
<tr><td colspan="11">18. 村内大小铺店数目</td></tr>
<tr><td colspan="11">19. 本村日常用品至何处买 距离里数</td></tr>
</table>

20. a. 本村村内饮水井数目 b. 村外溉田井数目 c. 井数共计 d. 井水性质 e. 井水深度 f. 自井口至井底深度 g. 普通井口直径尺数
21. a. 本村树木数目：直径一尺以上者 半尺至一尺者 三寸至半尺者 b. 树木种类：最多者 其次 再次
22. 本村给人看病之医生数目 年龄
23. a. 本村伊斯兰教家数 b. 天主教家数 c. 基督教家数
24. a. 本村古迹名称 b. 本村古迹年代
25. 其他可注意特别情形

附注：1. 农院中心为钟楼；2. 进款最多者为主要职业，次多者为副业；3. 以普通房大小定房间标准；4. 凡入学者即认为识字人；5. 种地外的主要职业即以种地为副业的主要职业；6. 种地外的副业即以种地为主业的副业；7. 从门到后墙为房间长，进门两旁为宽，顶篷或大柁至地为高。

第二十三表 农作物面积产量调查表

询问者 赐教者 第 区 村 年 月 日

情形 / 农作物种类	第几次作物	亩数	占本村熟地面积百分之几	每亩通常产量（袋）	每亩最多产量（袋）	说明
小麦						
大麦						
玉米						
谷子						
高粱						
玉米和豆子						
黍子						
稷子						
豆子（注明种类）						
花生						
芝麻						
荞麦						
白薯						
瓜类						
菜蔬						
高粱和豆子						
荞麦和萝卜						

续前表

情形 / 农作物种类	第几次作物	亩数	占本村熟地面积百分之几	每亩通常产量（袋）	每亩最多产量（袋）	说明
谷子和白豆						
葡萄	—			（斤）	（斤）	
桃树	—			（斤）	（斤）	
杏树	—			（斤）	（斤）	
莎果	—			（斤）	（斤）	
枣树	—			（斤）	（斤）	
柳林	—	（棵）				
小杨林	—	（棵）				
柳条	—	（棵）				

附注：第几次作物以收获前后为序。

第二十四表　非耕种地亩数

询问者　　　　**赐教者**　　　　　　　　　　**第　　区　　村　　年　　月　　日**

种类	亩数	说明
村内面积		
坟地		
沙滩		
河流		
池沿		
道路		
铁路		
土疙瘩		

1. 村落东西里数　　　　南北里数
2. 村落至村界之距离：至东　　至西　　至南　　至北
3. 村落及其耕种田地之面积：东西里数　　南北里数
4. 村落形状：长方　　正方　　长圆　　圆
5. 村落及其耕种田地面积之形状：长方　　正方　　长圆　　圆
6. 简单记述询问之经过：

第二十五表　自有田产之大小

询问者　　　赐教者　　　　　　　　　　　第　区　村　年　月　日

自有田产之大小	家数	家数百分比	合计 面积亩数	面积百分比
无				
10 亩以下				
10～24.9				
25～49.9				
50～99.9				
100～299.9				
300 及以上				
总数		100.0	100.0	

最大田产多少亩?
本村自有田地多于本村耕种田地多少亩?
本村自有田地少于本村耕种田地多少亩?
本村现有田地亩数较二十年前增加或减少多少亩?
若增加购自何村?　　增加原因
若减少卖与何村?　　减少原因
略述询问之经过:

第二十六表　田庄之大小（即耕种田地包括自有田地及租种田地）

询问者　　　赐教者　　　　　　　　　　　第　区　村　年　月　日

田庄之大小	家数	家数百分比	面积亩数 总计	面积百分比
无				
1 亩以下				
10～24.9				
25～49.9				
50～99.9				
100～299.9				
300 及以上				
总数				

1. 本村自外村租种田地亩数多少?　　自何村租种?
2. 本村自本村租种田地亩数多少?
3. 本村租出于外种田地亩数多少?　　租出于何村?
4. 略述询问之经过:

第二十七表　田产权

询问者　　　赐教者　　　　　　　　　　　　第　区　村　年　月　日

农家类别	家数	家数百分比	亩数				此类农家有增加或减少之趋势
			种自己地	租种	租出	共	
自耕农（完全种自己地）							
自耕农兼租种（钱租）*							
自耕农兼租种（粮租）							
自耕农兼租出（种伙）♀							
自耕农兼租出（地主）							
地主（完全租出）							
佃农（钱租）*							
佃农（粮租）							
佃农（伙种）♀							
雇农（只为人佣工）							
非地主亦不种地							
总合							

（若时间不足或调查困难可将亩数项下之三种田地或完全暂不询问）
*其中上拿租家数：自　佃　　　　　下拿租家数：自　佃
♀其中农产完全平分家数：自　佃
一部分平分家数：自　佃
准确程度：
略述询问之经过：

第二十八表　村外田地价值

询问者　　　赐教者　　　　　　　　　　　　第　区　村　年　月　日

每亩价别	亩数	亩数百分比	说明
$1～24.9			
25～49.9			
50～74.9			
75～99.9			
100～124.9			
125～149.9			
150及以上			
总合			

村内每亩价值（编者注：原文献有此表注，不知何意）

第二十九表　工厂概况

询问者　　　赐教者　　　　　　　　　　　　　第　　区　　村　　年　　月　　日

工厂种类 / 情形											
男工	数目										
	工资										
女工	数目										
	工资										
全年出货总数											
全年出货价值											

关于原料销售方法、工作时间、赚利工厂数目、各工厂情形，详述于下：

近二十年内工厂增加或减少之情形变迁之原因：

略述询问之经过：

注意工资一项应将每日每月或每年分别填写。

第三十表　家庭手工业

询问者　　　赐教者　　　　　　　　　　　　　第　　区　　村　　年　　月　　日

工业种类 / 情形											
有此种工业之农家数目											
工作者系男子或妇女											
工作在一年中之何月											
每日工作八小时及以上人数	男										
	女										
四小时至不满八小时人数	男										
	女										
不满四小时人数	男										
	女										
每年出货数估量计											
每年出货价估值计											

关于原料、工资、销售地点方法，赚利及其他情形，详细叙述：

近二十年中手工业增加或减少之概况及原因：

略述询问之经过：

第三十一表　户口调查表

号数：　　　　　　　　　　　　　　　　　　　　第　　页

调查者姓名：　　　　　　　　　　　　调查时期：　　年　　月　　日

第　　区，　　村，　　街，第　　闾，第　　邻，门牌第　　号，户主姓名

类别 事别	户主	亲属称谓（若有佣工或同居关系者即列于亲属后，中间画一重竖线隔开）								
性别										
岁数（照乡民习惯）										
属相（或生年）										
出生月日（阴历）										
推得真年龄年月日数										
已未婚嫁										
正业（十四岁及以上）										
副业（十四岁及以上）										
入学年数										
现入学否										
在何种学校毕业、修业或肄业										
宗教										
本家自有田亩数　　，自有房屋间数　　，离家在外作事者										
全家人口数：亲属男　女　共　，佣工男　女　共　，同居男　女　共　，总数										

第三十二表　家庭全年生活费调查表

调查者姓名：　　　　　　调查时期：　　年　　月　　日

村名　　　　门牌号数　　　　家主姓名

性别											
年龄											
已未婚嫁											
全年内在家用饭日数											
家内男子年龄（按长幼次序列右）： 家内女子年龄（按长幼次序列右）：											

全年生活费		
用途	费用	费用
食品		
米面		
菜蔬		
调和		
肉		
其他		
衣服		
男子衣服		
女子衣服		
被褥		
房屋		
燃料		
柴煤		
煤油		
杂费		
用具（农具除外）		
茶叶		
吸烟		
饮酒		
清洁（胰皂、牙粉等）		
理发		
化妆品		
医药		
年节（特别费）		
娱乐		
迷信		
酬应		
教育		
公益捐		
婚事		
丧事		
其他		
总计		
合家全年收入总数：　借债总数： 田地亩数：　房屋门数：		

（李景汉主编，载《国立北平大学农学院农业经济学会会刊》第 3 期，1931 年）

张次溪《人民首都的天桥》序

天桥是多么动人的一个地名啊！这也许是因为它受了国都之赐，在北京人民大众的心里，尤其是在土生的北京老儿们的想象中，天桥的地位也许是在那些古色古香的宫殿之上，是在那些金碧辉煌的寺庙之上，是在那几处幽美的公园之上。天桥对于北京人民的吸引力是远超过驰名世界的天坛、故宫、国子监或颐和园。凡到过北京的中外人士没有不爱北京这地方的。我在北京住了许多年之后，在不久以前得到一个世界旅行的机会，漫游了亚、欧、非、南北美及海洋洲的几十个国家。许多地方的名胜使我恋恋不舍，尤其是那些具有大自然美的处女地带。天人合一的峇厘岛，"南洋乐土"，直使我有点儿恍惚了，几乎迷醉了。可是每逢遇到有人问我：世界上你最喜欢甚么地方？或问：你喜欢常住在哪儿？我毫不犹豫地回答他：是北京啊！一次有人接着问我：究竟北京的哪一点儿使你这样地喜欢它呢？这倒把我给问睖了！因为我就压根儿没好好地想过到底我喜欢北京的是甚么东西，只觉得是最喜欢它而已。经过了一番的思考之后，我有些明白了，就是我所最喜欢的不是别的，乃是北京的人啊！说得绕弯一点儿，就是北京的社会环境啊！也就是北京的文化啊！但住在北京的人可多啦，多少年来都不下百万人口。所喜欢的是其中的王公大臣、达官贵人么？不是。是富商大贾么？不是。是文人学士、知识阶级么？也不是。真北京人不是住在皇宫里面的，不是住在六国饭店的，不是住在交民巷的，不是住在高楼大厦的，不是住在那些公馆的，也不是常到大栅栏买东西的士女，或常光顾八大胡同的大人先生们。真代表北京人的是那些在北京长大起来的群众。他们的主要部分是占大多数的劳动人民，也就是从前常说的平民。他们是地道的北京人。我还没听见到过北京的人说过他不爱北京的，几乎连一个例外也没有。我常听到的是：北京太可爱啦！北京人真好啊！

北京人的可爱究竟是在哪一点儿呢？一定是与北京人接触的时候感到愉快、满足或甚至敬重。北京人待人接物的圆熟老到、语态的优美、举止的大方是名闻世界的。到一个北京的老商店去看看东西的人，无论买与不买，掌柜的们对他是客气的，与到纽约的一个犹太人的商店或到昆明的一个铺子里去，所得到的感觉就大不同了。一个英国哲学家在北京住了些日子以后，曾说过这样的话：连北京的洋车夫也具有绅士的风度！

无疑的，北京人真有可爱之处，有他们的特色。这不是说北京人就没有缺点。尽管有些缺点，可是没有掩盖了这特别显著的可爱性格。这种特性是怎么形成的呢？是自幼受过良好的学校教育么？不一定。因为已往大多数的平民是没入学的。当然一种特质形成的因素是多方面的。大致说，一个人的性质一方面是在他的劳动环境里面形成的，而另一方面是在他的消闲的环境里面形成的。

北京人是怎样度过他们的闲暇呢？他们的娱乐都是些甚么方式和内容呢？最吸引北京人的消闲所在是甚么地方呢？恐怕几乎每一个北京老儿的答案是天桥。天桥是集合北京平民消遣种类之大成的一个社区。也在区里面居住着、生活着、工作着成千成万的劳动人民。一个平常人可以在那儿吃点儿他爱吃的东西，也吃得起；喝点儿他爱喝的东西，也喝得起；看点儿有趣的活动；听点儿可笑的事儿。所费无几而满足不少。他所需要的日常用品在那儿也是应有尽有。北京人的工作是劳苦的。他们需要一些消遣，即或是短期的、季节性的、几天的、几小时的或一会儿的，各式各样的人民都可以在天桥得到满足。天桥满足了他们的需要，也影响了他们的品行，陶冶了他们的性质，供给他们物质上的东西，也供给他们精神上的食粮。去天桥的次数越多，所受的影响也越大。地道北京人的血肉里、脑髓里或多或少都逃不了天桥的浸染，直接的或间接的。久享盛名的北京滑稽大王云里飞，天桥的贾波林，说得好：一个北京人没到过天桥或到过天桥没听见过云里飞，正如一个人一辈子没吃过白面一样。这并不是说北京人的品性，尤其是其中可爱的优点，都是由天桥形成的，乃是可以这样说，北京人的性格是在天桥活生生地表现出来，而天桥对于北京人一般性格的形成，尤其是其中的某些部分，起了不少的作用，无论好也罢，不好也罢。

在北京从前没受过学校教育的人虽然很多，但没受过天桥教育的人却是寥寥无几，即或是速成科的话。天桥不但是成年的学校，也是青年的学校、儿童的学校、老年的学校，并且是男女合校。可谓不分性别年龄综合性的北京平民大学了。它的前前后后的校友恐怕不止几百几千万的惊人数目了罢！

天桥的影响不仅限于北京人，正如北京的影响，不仅限于中国人。在中国每一个较大的都市中都有类似天桥的一个地方。例如天津的三不管、南京的夫子庙、上海的徐家汇、开封的相国寺。据我所到过的许多县城里也都有个“小天桥”。这些地方除了买卖日常用品之外，最显著的是各种娱乐的活动。大多数的顾客是人民大众。供给娱乐或其他需要者是各式各样吃“张口饭的”，平常称为江湖艺人。他们的行业可能有百数十种。他们有组织，有规矩，有术语，有暗号。他们讲道德，重义气。“宁给一定金，不给一句春。”春是春点儿，就是调侃儿。“宁给十吊钱，不把艺术传。”恐怕人间的真友谊是从他们里面才能找到。有些江湖人的足迹是走遍大小天桥的。以他们那种活泼的表情和流利的语言，我们不难想象他们对于多少百万群众的影响是多么深刻和多么普遍。国内大大小小的“天桥”都向北京的天桥看齐，正如北京的许多其他事物是对全国起带头作用的。何况多少年来的天桥的确有鹤立鸡群的种种条件呢?

天桥吸引民众的力量究竟在哪儿?供给消闲的种类和满足其他生活需要的活动都是哪一些?它们的形式和内容有哪些特质?它们是怎么起源和发展的?对于民众的生理和心理方面都发生甚么作用?其中哪一些是已经尽了历史的任务?哪一些是不合时代的需要?哪一些是有前途的东西?这都是值得注意研究的。

天桥能够存在这么多年，是因为它在调剂人民的生活上有它的功能。如果所谓文化就是人类所形成的生活方式的话，就是满足人类需要的一套生活习惯和工具的话，就是活动的结果的话，就是应付环境的总成绩的话，天桥有它的一套生活方式，也可称为是天桥文化。天桥是一个旧式的平民文化宫。

谁都认为天桥是值得研究的，因为它象征着东方的文化和中国人民杰出的智慧。如果你真要了解北京劳动人民的生活方式，最好而且很便利的是到天桥去领悟。因为到天桥和在天桥的人们，就在那儿，比较是更显露原形了，在态度、情感、思想和智力等方面。在那儿就可以看出他们是如何的真吃、真喝、真玩儿、真乐、真说、真笑、真怒骂、真瞪眼、真吵、真闹、真斗心眼儿，也真大方、真慷慨解囊、真拔刀相助。如果认为我们过去是过于抽象，没多联系实际生活，那么天桥是真能联系实际的场合。

有人说天桥是下级民众会合游息的地方，是藏污纳秽的地方，是杀人的刑场，是下流养成所，是北京的盲肠，说那里的人品类不齐，有地痞流氓、花子乞丐、贩夫走卒，甚至说天桥一切的一切都是低级趣味的，是俚俗的，是下品的，是诲盗诲淫的，说它不见齿于士林，不足登大雅之堂。至于说得对与不对，就要看是从甚么人口里说出来的，是站在甚么立场和观点来说的。狗嘴里吐不出象牙来。比如说，是谁伟大过谁呢？是开明的梅老板呢，还是天桥的云里飞呢？哪一个对北京人的影响大呢？传统士大夫阶级的达官贵人们对于天桥的评价当然是高不了的，虽然在过去也会有少数文人雅士在天桥酒楼和水心亭流连而作了一些诗歌或在落子馆捧歌女而作过天桥曲。天桥的人才群众和它的整个生活与士大夫们的情趣不是一回事。无怪他们看不上天桥。但这却阻止不了多少万的北京平民爱上天桥了。实际上维持天桥的不只是道地的北京人，连从乡间四面八方而来天桥的老百姓、农民阶级，也占了很大的一部分。这使我们不得不更重视天桥。

不错，天桥是平民消闲的场所，是穷朋友们解决人生的地方。天桥的江湖客是些无产者，除了两个肩膀扛着一个脑袋之外，别无长物，凭空地抓饼活着。这也正是天桥之所以为天桥。

如果我们说天桥是人才荟萃的地方，那么天桥是称得起大众人才荟萃的地方。即以艺人而论，真是人才济济，例如：有说相声的醋溺高、韩麻子、丑孙子；说评书的双厚坪、张泰然、猴儿安、哈辅源；唱大鼓的王凤友、高玉兰、郭小霞、李红楼、张桂兰、田玉福、二狗熊；落子馆的冯凤喜；河南坠子的董桂枝、段大桂；学打各种文场的田德禄；臭春场擅长口技的管子张；唱杂曲的万人迷；单弦诙谐随缘乐；卖药糖的笑骂家大兵黄；擅长演唱姐夫戏小姨的人人乐；拉洋片的大金牙、小金牙；变戏法的胡半仙、季凤祥；具绝技的狗熊程；摔跤的沈三、宝三、张狗子；练武术的胡老道、大刀张；武功女杰刘雪缘、赵凤云、马惠兰；砸石头的常傻子；百发百中的弹弓张；抖嗡壶的空中范；练空竹的王雨田、王葵英；鼻塞竹哨的怪艺人花狗松；弄铁锤的怔米三；玩铁锤的周老公，盘杠子的田瘸子、磨袴当；酷肖李铁拐的盆二秃子；用白粉撒字的穷不怕；善学禽鸣的百鸟张；别辟途径的字画家陈文辉；盖天桥的滑稽大王云里飞，他的儿子飞不动。其他方面引人注意的人物有治虫病的虫子王、命相专家铁笔鹤、治秃疮的癣药刘、冰镇杨汤大王老邱、烤肉王、豆汁儿舒，以及其他种种小吃大王和种种活动的专家，不少的名伶是天桥出身的，例如雪艳琴、绮鸾娇，连梅老板也在天桥演唱过的。天桥吸引群众的魔力不是偶然的。在那儿的一些艺人具有特殊活泼的动人技巧，对人物的喜怒哀乐，刻画得惟妙惟肖，因之才能博得观众的欣赏。其中也不乏淳真人物，有的不愧是平民代言人，在天桥也表现了北京人的含蓄、幽默、滑稽、讽刺、不慌不忙的神气、爱面子的客套、知足知止的人生哲学和人类最大的适应性。

北京是封建社会的大本营。天桥是具体而微的封建社会的缩影。在那里有阶级矛盾，有剥削者和被剥削者，有压迫者和被压迫者。有封建关系，有封建组织，有帮会。有封建头子，有恶霸，有地头蛇。有骗子，有绑票，有男盗女娼。有不劳动而吃得饱饱的，也有劳动而不得一饱的。在那里看出谋生的辛苦，如何地在生存线上挣扎。有各式各样的悲剧和病象。但在里面也充满了对剥削者的不满、憎恨和愤怒，对压迫者反抗的意识、斗争的精神和意志，表现了无产阶级的品性，他们的气节、正义感，劳动人民的本质形象。例如大兵黄的“不怕天，不怕地，专骂贪官与污吏!”。我们得从平易中、微细的事物中，从粗俗朴素的形式中，从牛鬼蛇神的现象中，来认识天桥社区的内容和本质；从活生生的客观现实生活中来透视天桥的伟大处。

谁都认为北京是值得研究的。我向来对北京的调查也感浓厚的兴趣，也曾作过某些人民生活和劳动状态的调查。可是越来越觉得北京太大了！如果要作全面和深入的调查研究，谈何容易。北京内幕的情形太复杂了，具有望洋兴叹之感！遂不得已而思其次，就注意到天桥这个地方。因为天桥社区小，又是麻雀虽小，肝胆俱全，大致足够代表首都劳动人民全套的生活。在我很小的时候，天桥就引起了我的注意。此后在我从事社会调查的期间就有入手调查天桥的企图。直到 1936 年我的愿望才开始具体化。当时我在清华大学担任了初高两级社会调查的学程，遂为四年级一个同学李君编制了一个颇为详细的天桥调查纲目，指导他实地调查了一年。他做得非常起劲，几乎把他所有的课余之暇都放在这项工作上，奠定了天桥研究的基础。他又擅长照相，把天桥的种种活动一一摄入镜头。即以赠给我的帧数而论，就不下200种之多，可称精美绝伦，令人爱不释手。深叹吾道不孤，同志有人矣。这就使我对于继续研究天桥的兴趣，提高了一步。谁料好事多磨，就在他缴上了这篇学士论文不久的夏天里，卢沟桥的七七事变就爆发了。我也跟着清华到昆明度流亡教授的抗战生活去了。又从昆明出国进修考察，在两年多的期间，在地球上兜了一个大圈子之后，就在北京解放的前夕，又回到了这可爱的首都，又恢复了教授的生活，又担任了城内一个社会调查研究室的任务。有一天怀着揣测的心情，再去看看别离了十余年的天桥。虽然徐娘的面貌使人不胜今昔之感，但她的风韵犹存。遂又指定一个同学张君，从事简单的天桥考察。

解放以来天桥的面貌也如北京的面貌，无论在量上或在质上，都发生了很大的变化。旧的在没落中，新的成长起来，使我感觉天桥的调查更刻不容缓了。北京成为人民的首都。建设首都已成为政府和200万市民的口号。建设计划是科学的集中性的而又是群众性的工作。调查研究是制订具体建设计划的根据。建设方面虽多，首重人民生活的改善与文化的提高。这必先从改进社会环境入手，也就需要有关社会环境情况的资料。

基于上述种种原因，我非常高兴得见老友东莞张次溪同志有《人民首都的天桥》之作。他生长在首都，从事考索工作有年，已编著《北京近百年社会变迁史》《北京见闻录》《北京琐志》《北京岁时志》《燕京访古录》《北京庙宇碑刻目录》《清代燕都梨园史料》和《次溪野录》诸书。现又将关于天桥已往所闻及多年搜集的丰富资料编辑成书，使人对于天桥的过去情形，一览无余；无论是在学术方面或在实用方面，均有贡献。社会的转变与发展是继续不断的，是前后分不开的，是具有因果律的。不清楚地知道过去的社会背景，就不能透彻地了解现在的社会现象，也就不能周密地处理目前的社会建设工作，不能适当地解决所发生的问题。同样地要计划将来就必须明了现在。唯有敢面对现实，才能了解现实，也才能有具体的办法来应付现实。

以科学研究的观点而论，这本天桥新志已经作了搜集资料和描写的这步工作。如果能够再进一步，将这些资料系统化、条理化而说明这些事实资料所代表的意义和它们中间的相互联系与因果关系，则贡献就更大了。这当然是绞脑汗的吃力工作，不是轻而易举的。就是这种初步的搜集和编写在今日也是不可多得的工作。我也希望此后有人站在正确的立场把抗战期间的天桥和解放以来的天桥，尤其是后者，加以有系统的、深入的调查研究。也有人在其他都市把类似天桥的社区，用新的观点和方法，从事资料的搜集、整理与研究，这就可以做到科学研究过程中比较和证验的这步最有意义的重要工作，而可能得到一些正确的通则和可靠的结论。这样使我们在我们的传统遗产中能够取其精华而去其糟粕，把一切优良的成分加以保存并发扬光大之，也批判地抛弃那些落后的部分，使新的东西与民间原有的传统遗产相结合，把新的血液灌输到旧形式里去，也从旧形式的基础上创造出崭新的新形式来。唯有这样将新生的东西和旧有的衔接起来，人民大众才易于接受新的东西，而这些新东西也才能在他们里面生根，成长，开花，结实。这更需要许多人的通力合作。如果我们不赶快就开始担任起这个任务来，恐怕就把最好的机会放过去了。

解放以来的天桥，不仅是量变得很快，而质也变得很多了。封建的帮会组织和剥削的恶霸已经不存在了。妓女和小偷已经被改造而参加生产了。卖野药的骗子和相面的术士也逐渐转入正当营业了。《白毛女》和《九尾狐》等新剧代替了《拿苍蝇》《杀子报》《高成借嫂》等色情狂及封建的戏剧了。艺人，尤其是女演员的社会地位被提高了。新小人书逐渐代替了旧小人书。卖东西的不像从前漫天要价地骗人了。一切都在迅速地变动中。

近来在报纸上理会到现在政府对于收藏与捐献古物有功者予以鼓励与表扬，认为古迹文物是民族历史文化遗产的一个重要部分，应加以保护，并主张进行系统的科学的发掘。关于人民实际生活方式的探讨工作的重要性是超过古物发掘工作之上的，是更应加以鼓励的。在这方面，天桥就是一个丰富的宝藏，值得发掘和加工的。

次溪同志要我为天桥新志写几句话，遂冒冒失失地在繁忙中啰啰嗦嗦地竟写了这么一大堆。末了要说的是，我相信这本书很能引起人对于搜集社会史料的兴趣，也相信读者对于此书的评价，见仁见智，虽或不同，但一定各有所得，而很愉快地看下去，直到满意地看完了它，也许还要常打开再看。

1950 年七十纪念日李景汉撰于北京辅仁大学社会调查研究室

图书在版编目（CIP）数据

李景汉文集．第一卷，北京社会调查/洪大用，黄家亮组编．—北京：中国人民大学出版社，2019.10

ISBN 978-7-300-27386-0

Ⅰ．①李…　Ⅱ．①洪…②黄…　Ⅲ．①社会调查-北京-文集　Ⅳ．①D668-53

中国版本图书馆 CIP 数据核字（2019）第 187817 号

策划编辑　潘　宇　盛　杰
责任编辑　郦　益
封面设计　蔡立国

李景汉文集　第一卷　北京社会调查
洪大用　黄家亮　组编
Li Jinghan Wenji　Di-yi Juan　Beijing Shehui Diaocha

出版发行	中国人民大学出版社		
社　址	北京中关村大街 31 号	邮政编码	100080
电　话	010－62511242（总编室）		010－62511770（质管部）
	010－82501766（邮购部）		010－62514148（门市部）
	010－62515195（发行公司）		010－62515275（盗版举报）
网　址	http://www.crup.com.cn		
经　销	新华书店		
印　刷	涿州市星河印刷有限公司		
规　格	175mm×250mm　16 开本	版　次	2019 年 10 月第 1 版
印　张	24.25 插页 8	印　次	2019 年 10 月第 1 次印刷
字　数	372 000	定　价	1688.00 元（共六卷）

李景汉文集

第二卷◎定县社会概况调查

洪大用　黄家亮　组编

中国人民大学出版社
·北京·

本成果受到中国人民大学“统筹推进世界一流大学和一流学科建设”
专项经费的支持（项目批准号：15XNLG04）

李景汉

1985,1,15

李景漢編

定縣社會概況調查

晏陽初題

李景汉三十年代在定县

定县城垣的一部分

汉中山靖王墓

宋开元宝塔（又名料敌塔）

白果树（据说先有白果树，后有定州城）

定县村长佐训练班第一组下课情况

选举农村办公人员投票时情形

选举农村办公人员的会场

一个农村的消费合作社执行委员

一个农村的少年会执行委员

一个农村的主妇会执行委员

一个农村的闺女会执行委员

十二口的农村家庭（后排右一为新妇）

九口的农村家庭（阴历新年时摄）

农家打辘轳浇灌田园

庄稼收获后打场工作

乡村儿童搂柴火

新年时的乡村儿童

乡村儿童在场院游玩

夏季赤裸裸的乡村儿童

一个农村女子初级小学的学生（后排左一为教员）

一个农村女子平民学校的学生

游行各农村的图书担

女子平民学校的学生练习唱歌

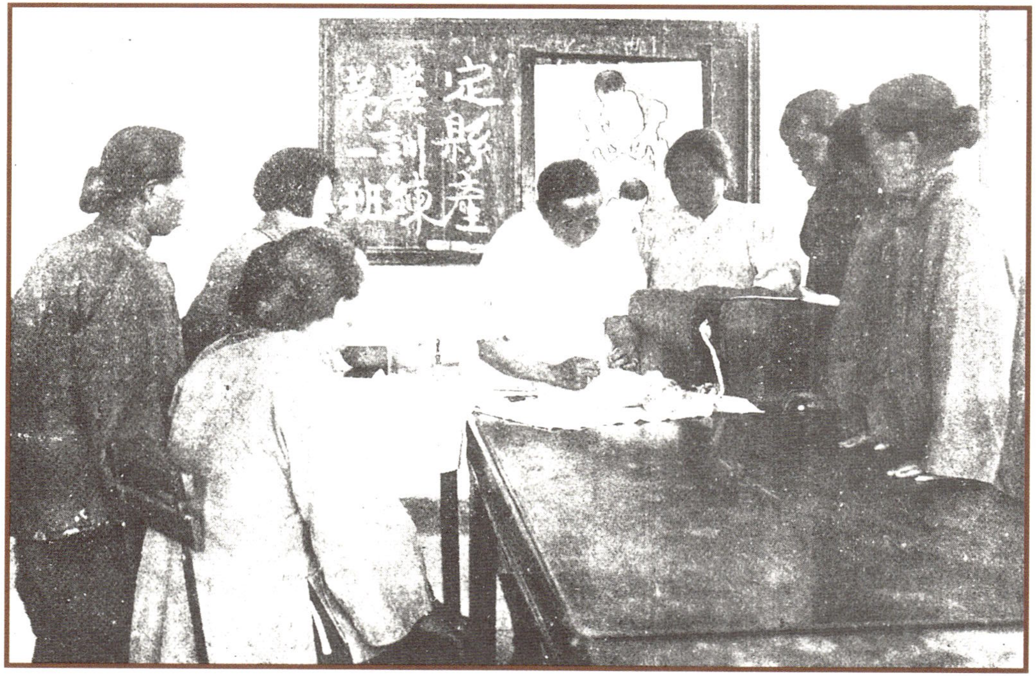

定县产婆训练班

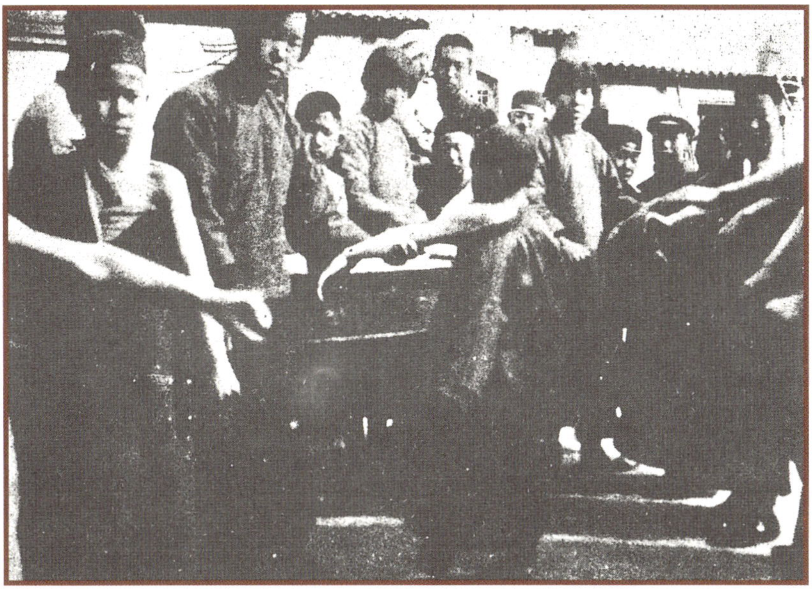

农村儿童施种牛痘

民国十七年十二月三十一日定县人民举行大扫除

普通农家的内院

普通农家的外院

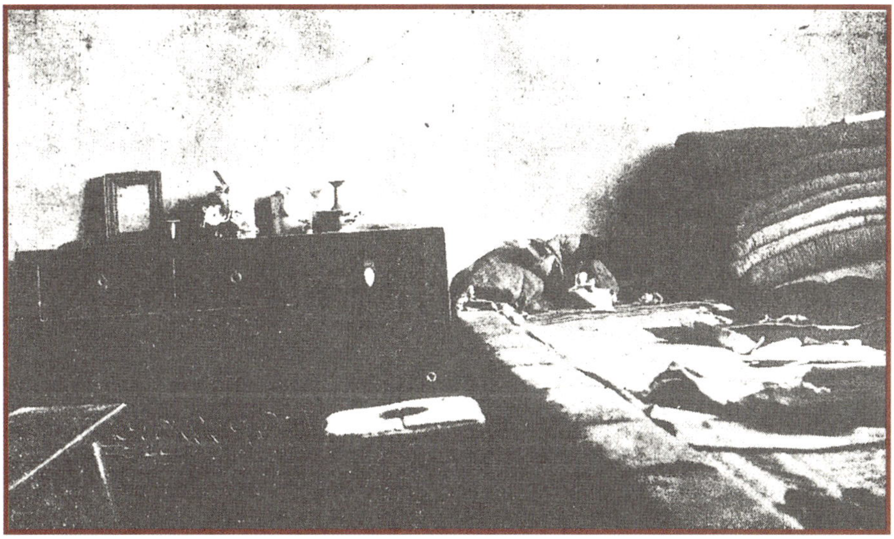

普通农家的卧房

普通农家的厨房

定县城内西街灯会的会员

农村儿童游戏

农村演剧的剧棚和观众

剧棚旁看戏的妇女

一个平民学校同学会的音乐会

新年时游行玩耍的龙灯

新年时的跑旱船

农村表演新剧时的观众

新年时的狮子会

农民的武术团

迎娶时的喜轿

迎娶时喜轿前的吹鼓手

出殡时龙头凤尾的棺罩

出殡时灵柩前的孝子

白果树下供奉的白果大仙

农民上庙烧香

瘟神庙内瘟神的塑像

庙宇内的画像

农民载运庄稼的大车

庄稼收获后碾场工作

农民在田地筛花生

农民在田地里收获玉米

农妇磨面

农妇掐谷穗

妇女和儿童摘棉花

农妇刨甘薯

农民耕地

牲畜曳水车浇田

看守菜园的窝棚

开集时的菜市

粮市的斗经纪

集市的拥挤

农民赶集

水灾后的农村

待赈的贫苦农民

贫农的住屋

民国二十年中华平民教育促进会社会调查部职员

前排自左而右：张世文　张瑶山　王紫园　李景汉　郭志高　孙焕章　宋宝文
中排自左而右：王佩珂　高吟涛　李柳溪　王振华　李如山
后排自左而右：柴庆元　吴经九　宋国桢　史汶春　孙介卿　米子荣

农民打土坯

定县监狱

李景汉于定县调查时留影

定县办公室

目　录

附 录

表　次

晏　序

定县实验的目标是要在农民生活里去探索问题，运用文艺教育、生计教育、卫生教育与公民教育的工作，以完成农民所需要的教育与农村的基本建设。而一切的教育工作与社会建设必须有事实的根据，才能根据事实规划实际方案。

因此本会对于定县的实验最先注意的就是社会调查。要以有系统的科学方法，实地调查定县一切社会情况，使我们对于农民生活农村社会的一般的与特殊的事实与问题有充分的了解与明了的认识。然后各方面的工作才能为有事实根据的设施。

定县实验区的工作近年颇引起社会人士的深切注意，来定县参观的人，实在不少。到定县来的都愿意先知道定县社会的事实。社会调查的工作，亦很得到大家的注意，希望从速整理发表，现在所发表的只是会中社会调查工作的一部分，是“定县社会的概况调查”。其余比较细密的调查工作，比较属于专门研究的整理工作，此后自当陆续编辑发表，供实际从事农村建设的同志们，与关心农民生活的朋友们参考研究。

定县实验的社会调查有其特殊的注重之点，这是从整个的平民教育运动立场下应该说明的。关于这几点的说明可以说是我底义务。

说到社会调查，有人以为这是政府的责任。政府以法令行之，可以有种种的方便。但社会调查的目的在得到事实的真相，而如何才能了解事实真相，至少根据定县社会调查的经验，也有一套方法，必须切实研究，实地经验。在完成这套实地调查的学术研究之后，政府才能有方法上的一种根据，可以作大规模的全国或全省的调查，才能希望得到社会事实的真相。

农村社会的调查工作，由社会学术机关去作，也有他的困难。第一点，从事农村调查的工作人员，必须有到民间去的认识与决心。在与农民共同生活之下，才能了解农民生活的真相，才能得到正确数字，才能亲切地了解数字背后所含有的意义，才能做规划实际建设的方案。

第二，调查既是为谋整个农村社会建设之人手的工作，单独地进行，是不会顺利的。必须通盘筹划，由多方面施以互相为用的工作，然后才能造成可以深入的环境，调查方为可能。定县实验在各方面的工作，增加了若干调查上的便利。

第三，调查的目的，既是为了解事实，但事实的了解不是工作的终了，而是工作的开始，所以调查工作不是为调查而调查，必须要着眼于社会的实际的改造。要根据建设的需要，调查事实。

第四，从事调查的人，必须了解现代社会调查的科学的理论以及方法与技术，必须要顾到中国的民间生活状况而规定出适合情形的方法及技术来。即如拟一表格，就得特别注意与农民心理、风俗、习惯、生活相应合，而又要顾到：（一）所问须使他们能回答；（二）他们所能回答的，又是我们所需要的。

换言之，社会学术机关所进行的社会调查在它的进行中，便须以整个社会改造为目标，从多方努力，随时研究如何先建设起来社会调查之整套的学术。而调查人才所应具的修养、训练与经验，更是使调查成功的重要条件。

本会底社会调查工作，是根据对于上述困难之了解而呈现，同时又以下述二种意义为其特具的立场：

一为教育的意义。本会社会调查，非为调查而调查，为的是要知道农村生活的究竟，寻出生活上的问题，进而解决此项问题。即整个工作要以社会调查为指南针，先求知道生活底依归，然后再事规定教育的实施的方案。如此乃可以谈得上“教育和生活打成一片”。

二为社会科学的意义。社会科学和自然科学不同，不能依样画葫芦般地抄袭应用。必须先知道中国社会是什么样，然后始能着手于科学的系统之建设。因此我们希望本会的社会调查对于中国的社会科学之研究有其贡献。以中国的社会事实一般的学理原则，促立中国化的社会科学。必如此中国化的政治、中国化的教育等之建设，乃有可能性。

本会于民国十五年秋选定定县为“华北实验区”，以翟城村为中心，从事各项工作，社会调查便开始进行。当时由冯梯霞先生主持，进行一年多，各事粗具规模。冯先生曾著有《乡村社会调查大纲》一书，胪举当时所拟各项表格。至民国十七年，即由李景汉先生偕同多人继续进行，直至现在。虽然此项工作已有五六年的历史，但在开始时，是有特别困难的。最主要的，就是农民对于从事工作者的不信仰，工作不易进行。后来战胜这种困难，便是从教育方面着手。因教育底实施而联络其感情，而获得其信仰，调查工作始得逐渐顺利进行。

说到教育工作底设施，这实在引我们得到一种深切的认识。即调查者底技术，固须训练；被调查者也同样地须受技术的训练。譬如我们为调查农民家庭岁入和岁出的情形，而要他们记账，便须先训练他们能写，能算，就是说，他们信仰你，而愿意帮助你，但是帮助你的能力，还须你先替他们培养起来。这是一切中国建设事业中的共同问题，一切从事中国建设事业的人都应体会——我们要建房子，本来招工购料就可开始，但是我们现在的中国啊，正是工料全无。我们须得先栽树，烧砖，训练工人，在这种意义下，就本会底全体工作来说，还是附产品了。

“实验区”之设置，从第二次内政会议后，俨成风行一时之势，可见政治建设、社会建设工作之需要科学的研究与实验，已为一般所认识。调查工作之重要更为从事建设人所了解。希望这本书能坚定从事“实验区”工作者调查底兴趣或且能增添他们一点勇气，希望多有这一类的工作实现，使我们更能走上科学化的建设之途。

自翟城村起始工作到现在，经过三次战争，还有地方水灾、瘟疫，以及农村经济之凋敝，工作上受过不少的阻碍，而我们能获得如许的结果，虽然自己也不能满足，但也很矜视这点收获。

即此成绩，已由许多人的努力始抵完成。甘博（Sidney D. Gamble）先生是社会调查的专家，在中国曾编著《北京社会调查》（*Peking*：*A Social Survey*），对于本会社会调查，非但在工作上给予指导，在经济上也予援助。冯梯霞先生从事艰苦的开轫工作，李景汉先生及其许多得力的助手，积年地继续努力，会中其他部分，也都是踊跃地通力合作，这都是我愿意表明，而且引为欣幸的，还有许多本国和国外的专家，对于本会的调查工作，有种种的鼓励与指导，这是我们更应该感谢的。

晏阳初

民国二十一年二月，定县

陶　序

在中国，采用科学方法，研究社会状况，只不过是近十年的事。从前我国的士大夫，向来抱着半部《论语》治天下的态度，对于现实的社会状况，毫不注意，只以模仿古人为能事。等到西洋的炮火惊醒了这迷梦，又完全拜倒在西洋文明之下。每每不顾国情，盲目地整个把西洋的各种主义和制度，介绍到中国来。以为只要学得维妙维肖，便是社会的福利。哪知道主义和制度介绍得越多，中国的社会，反倒越发紊乱越发黑暗了。于是一部分有识之士，看出这种只模仿他人而不认识自己的流弊，便起而提倡社会调查运动。主张用科学的精密的方法，研究我们自己的现实社会。我们必须先认识自己的社会，然后才可以根据这认识规定改进社会的计划。这如同治病一样，必须先检查病源，然后才可以处方下药。这个社会调查运动，在最近十年中，由鼓吹进到实地试验，更由实地试验的结果，获得多数人的信任和同情，实有赖于少数人的继续努力。本书编者李景汉先生，便是这运动中，鼓吹最力工作最久的一员勇将。

李先生在十年前，便同美人甘博在北京城内，从事于社会调查的实地工作，成绩已有可观。民国十五年中华教育文化基金董事会社会调查部成立，我得有机会和他同从事于调查工作的指导。他那种不畏艰难、不辞劳苦、不厌琐细的精神和丰富的实地工作经验，实是从事社会调查的人们中，不可多见的。十八年七月社会调查部改组为社会调查所，李先生已先期应中华平民教育促进会之约，主持该会的定县社会调查。三年来，我们因为公务繁忙，见面的机会很少，偶尔见面谈起定县的社会调查工作，他每是很谦虚地说，那边的工作，是为随时应付平教总会的需要而调查，所得的材料很是零碎。但我深信，以李先生对于社会调查的信心和能力，三年长时期努力的结果，必有许多材料，可供我们研究农村社会的参考。时常期待着他能把辛苦得来的材料，整理发表。现在这期待，居然达到。李先生已肯先将一部分关于定县社会概况的材料，整理出来，编为《定县社会概况调查》一书，这是如何可喜的事。

李先生在本书序言中，一再说明："本书材料中，有的调查较为精细，有的调查颇为粗简，皆以本会随时需要的程度与多寡，而决定其轻重与缓急。""本书在报告多种赤裸裸的事实以外，不下评论与结论，连较细的解释也是很少的。这一方面是因为本县的各项问题尚在继续进行较深的研究，最好在叙述全县社会概况的时候少加讨论，等到各项问题有了彻底的调查以后，再分开发表，不但着重事实，也要加以详细的解释和相当的结论。又一方面是因为堆积的材料这样多，叙述的篇幅已经很长，只先将这些不很整齐的原料发表，供给研究农村社会人们的参考。好像矿工把山间一块一块的矿石开出来，送给化验师们去化炼，由他们随便炼出什么有价值的东西来。"读者若能注意这两段说明，或者对于本书的内容和特点，有明了的认识。凡是注意农村问题的人们，大概都可以从本书中得到一些有价值的"矿石"，虽然不一定对于所有的"矿石"，都感觉有趣味，加以化炼。我们应感谢李先生在为实用而调查的百忙之中，还不厌琐细，编辑这本概况调查的报告，供给许多原料，以便行使学术上的研究。我们知道，并且希望，李先生所说的专题研究，在不久的将来，将要陆续发表，那么我们对于定县所代表的农村社会，或者可以由概括的"不很整齐的"观念，更进而得到精深而有系统的认识。

陶孟和

民国廿一年十二月廿八日，社会调查所，北平

陈　序

吾友李景汉先生，将中华平民教育促进会在河北省定县的社会调查工作，汇集成书名曰《定县社会概况调查》。自民国十七年以后该会所搜集的一部分材料，关于定县的社会生活各主要项目，分章叙述，成为专书。本书是事实的报告，就性质言，应特别注意两点：（一）所搜集的事实，必须对于社会是有意义的，是含有重要性的；那么，这些事实才有相当的价值。（二）对于事实的记载，要不存偏见；对于事实的主要部分要减少错误或脱漏；然后事实报告，能够大致与实情相合。

如果以上两部分的工作能做到的话，这一类的事实报告至少有两种重要贡献。第一，社会改良者可以按照这种报告，找寻适当的改良路径；他们可以把计划分出轻重缓急，斟酌办理，不致空费财力与人力。第二，社会科学研究者，可以引用这种报告，或作事实的比较，或作假设的根据，或作学说的出发点。因此我们对于李先生的努力，很表同情；我们以为事实的搜集与分析，是社会改良与社会研究的入门之路。

我国现时缺乏关于社会的实际材料，因此妨碍研究的工作。如果定县和其他的乡村运动机关，尽量刊布相似的报告，使我们对于我国目下的社会情形，渐渐形成有系统的和整个的认识，那么，建设自然会有根据，研究事业自然可以发展。不然，理想中的改良，或者不是真正急切的抽象的理论，或者是与实际不符的，社会怎能有进步，学说怎能找到立足地呢？因此我们不但钦佩李先生与其同人的奋斗精神，并志数语以自勉。

陈达

民国廿二年一月廿九日于北平，清华大学

何 序

吾国数千年来，书籍浩繁，而关于社会实况之抒述甚鲜。故吾人欲洞悉古昔社会一般之情形，民风物情之梗概，仅能于稗史杂记中见之，鳞爪断碎，欲自其中得一社会状况整个之印象，至难能也。第昔时农业自足之社会，人民耕而食，桑苎而衣，伐木艺竹而材，服先畴而习旧规变迁甚微。自东西沟通以来，西洋经济势力，渐渐侵入吾国，人民之经济生活，随之而产生变迁。而经济蜕变之时，新陈代谢之际，又易发生病态，影响人民生机。故在今日研究社会情况，较昔时重要远甚。加以近二十年来，内战频仍，匪祸滋蔓，人民困于诛求，几无宁岁，匪区农地荒废，生产没落，全国农民经济已达破产时期，整个社会亦极呈临危不安之象。民困已深，调查尤为急务。国民政府年来，怵目民艰，已屡有注意农村建设之计划，第思想必根于事实，建设必本于实况，病征不悉，治疗无从，故居尝谓调查社会实况，实为今后一切建设之根本要图。予至友李君景汉主持定县社会调查有年，近将调查结果，编缀成书，顷以目次见示，嘱为之序。予展阅数过，见其赅括详至，方法精密，是书梓行之后，披览之者，对于定县之社会情况，民风物情，一一将若同亲历，诚极有价值之著作也。定县为中华平民教育促进会之实验区域，年来各种改良工作，久已脍炙人口，此后望能就调查所得，施之于政，采其中重要问题，如教育之推广，卫生之提倡，习俗之转移，杂敛之蠲除，以及农工商业之改良等，加以致力，以期益臻于善。虽然，定县不过一斑耳，大江南北，连年天灾人祸，乡村社会之情形，有远出定县下者。尤望有志社会改良者，本是书之成规，继起为之，以为将来改良建设之标准。是则李君此书之刊行，不第足供研究社会状况参考之用，实今后乡村建设之所资赖也。

何廉

序于南开大学经济学院民国二十二年二月

陈　序

中国北部最兴盛的农业区域是河北省沿平汉铁道的一大平原。和西南丘陵地或西北黄土高原或江南岭南各处来比较，这大平原的经济自有它的特点。定县就在这大平原上，它的调查自然可以提供中国北部农业区域的研究资料。

李景汉先生所编这本调查报告虽然方面很多，各村户的饮食起居，疾病死亡，农田农业，和全县的宗教风俗，政治教育，工商灾荒，差不多无所不包，可是完全是从实地调查而得；和地方志的多凭考据编成决不相同。李先生既具多年的调查经验，又一向抱着努力的热诚，他的报告更富有准确的性质。

凡是为实用或为研究而做的调查，和那些为调查而调查所得的材料不是相同的。李先生等在定县所做的调查是为了解决实际问题而进行的。它的价值当然不只是“准确”两字所能表示出来的。

从定县的概况调查并不难看出中国社会一般的愚和穷和弱和私的病象；愚和弱和私尽管直接或间接影响于穷，但穷——农民的贫穷化——确是愚和弱和私的根本原因。目前中国经济正在恶化，农民皇皇乎求生之不得，农村教育的推进必然要受到重大的阻碍。定县社会概况调查可算对于这些病象做了一个切实的诊断。

陈翰笙

民国二十二年二月二十日，南京

序　言

中华平民教育促进会运动的目标是要在生活的基础上，谋全民生活的基本建设，解决生活的问题。根据中国社会的事实，深知“愚”“穷”“弱”“私”为人民生活上之基本缺点。因此主张四大教育，即以文艺教育救愚，以生计教育救穷，以卫生教育救弱，以公民教育救私。平民教育工作既是以实际生活为研究的对象，就必须到民间来实地工作，在实际生活里研究实验，在民间生活里找出生活的缺憾，寻求具体的方案。具体的方案必须以事实为根据，而事实的根据必须以实地社会调查的结果为材料。否则拟定的方案不能与社会的情形适合，就不能对于人民生活上行为上发生若何影响，易犯药不对症或削足适履之病。因此本会对于社会调查甚为注意，并认清中国的基础是农村，所以特别着重农民的教育与农村的建设，遂选定县为实验区。

定县实验区的社会调查工作，在平民教育运动的立场上，是要以有系统的科学方法，实地调查定县一切社会情况，特别注意愚、穷、弱、私四种现象。随时整理搜集之材料，分析各种现象之构成要素，发现愚、穷、弱、私等现象之原因，试下相当的结论。然后将根据调查所归纳之各种结论及建议，分别供给本会各设计之负责者，使他们计划实验或推行工作时有参考之材料及可靠之根据。总之，使本会全体人员对于全县社会之内容及各种问题，有充分之认识与彻底之了解。因此本会之调查工作不是纯为学理的研究，所谓“为调查而调查”，乃是为实用而调查，为随时应付本会之需要而调查。因此本书的材料中有的调查较为精细，有的调查颇为粗简，皆以本会随时需要之程度与多寡，而决定其轻重与缓急。

本会到定县工作的第一步，是先提倡设立平民学校及普及简单的农业科学。无论如何，不能免除农民的怀疑。有的说我们是传教的，有的想我们是征税的，有的以为我们是招兵的，或是与政府有其他关系的。在这种情形之下，最易使人怀疑的调查工作自然不能进行。又因乡村久受贪官污吏、苛税杂捐、兵匪劫掠等种种的害处，人民如惊弓之鸟，在恐惶中过生活。若来调查其生命财产及种种家庭私事，岂不视为大祸之将至？再者，定县向来摊款、征兵拉夫，或索要车马粮草，皆按各村户口或地亩之多少为标准，尤不利于调查工作之进行。

因为有以上所述种种障碍，于调查时就不易按照预定之步骤进行，只能在可能的范围内先择不甚困难而能办到的及不致引起农民怀疑的事项进行调查。例如首先调查定县之历史、地理、县政府组织、赋税、风俗习惯，六十二村的户口、教育、娱乐、宗教、卫生、生活程度、经济概况等项。由这些普通概况的调查渐及属于数量方面简略的调查。民国十九年以全县为实验范围时即首先举行各村之概况调查，包括每村户口、村中领袖、学校现状、文盲人数、种地亩数、农产物种类、男女职业、集市情形、医药状况等项。全县各村一般的概况调查以后，就进一步举行较细的分项调查，例如县内各村的土地分配调查和家庭手工业调查、选样的按户人口调查和家庭生活费调查等项。民国二十一年秋季本会选定县内第一区之东部及第三区之西北部为集中工作之研究区，包括六十一村①，而以其中之高头村为研究村。调查之范围亦随之而集中于此区，现在进行中者，根据本会之需要，有区内经济状况调查与家庭卫生调查。现因前后许多到定县参观人士的希望与要求，先将一部分关于定县社会概况的材料首先发表。以后再继续编著丛书，分项发表较细的调查研究。本书各章材料的多寡有的欠匀，因此各章前后的次序未能尽然按照题目的性质排列。

定县是中国一千九百余县中的一个县，人口约四十万众，约等于全国人口的千分之一。县内的农民生活、乡村组织、农业等情形可以相当地代表中国的农村社会，尤其是华北的各县情形，也可以大致说明全国农村社会的缩影。有

① 疑为“六十二村”之误。——编者注

许多定县的社会现象和问题也就是其他地方的现象和问题。吾人要继续集中精神，彻底地从事研究定县的各种社会问题，求得解决的方案的目的亦即在此：因为不是单为定县而研究，乃是为全国而研究的。

在定县调查的材料中有许多是不便于发表的，只供本会主持工作者参考的用处，为的是要免除误会。严格地说，为一个地方实用的社会调查是不应当随便公开发表的，尤其是近代所谓之“个案调查”与私人的地位名誉有关系的。就是本书所发表的一部分材料中也极力地避免村名或人名，只将社会的某种现象说明而无须发表一定是在何处或关于何家何人的，特别是关于各村经济和人口等情况，叙述时都是以号数代实际名称的。否则在目下的社会情形之下，说不定有人可以误用调查的材料来害民的。因此本书一方面只将一部分的事实以妥当无碍的方式发表，一方面对于许多调查人的报告亦竭力保存其本来面目而少加润色，虽语句有时粗俗亦所不计，为的是要在可能的范围内求得最近真相的事实。因此本书的文调和报告的方式是不一律的。再者本书在报告多种赤裸裸的事实以外，不下评论与结论，连较细的解释也是很少的。这一方面是因为本县的各项问题尚在继续进行较深的研究，最好在叙述全县社会概况的时候少加讨论，等到各项问题有了彻底的调查以后，再分开发表，不但着重事实，也要加以详细的解释和相当的结论。又一方面是因为堆积的材料这样多，叙述的篇幅已经很长，只先将这些不很整齐的原料发表，供给研究农村社会人们的参考。好像矿工把山间一块一块的矿石开出来，送给化验师们去化炼，由他们随便炼出什么有价值的东西来。吾人希望此后本会的社会调查不但随时应付本会的需要，也能在社会科学上有相当的贡献，并使对于农村研究有兴趣的学者有可靠的参考材料。若要举行精密的社会调查，在定县的机会大概比在中国任何地方都好，因为已经得到农民相当的信仰。平民学校毕业的学生又一天比一天多，最近又有许多平校毕业同学会的成立。吾人宜如何努力调查研究，才不辜负这个难得的机会。

编者不希望本书有什么特殊的贡献，所包括的不过是已往在六十二村的一些零碎材料和关于全县的一些普通状况；但至少可以帮助人们对于中国一般的农村情况有一个鸟瞰的认识，尤其是从这些表的数字里可以发现许多的农村社会问题，得到许多社会现象的线索。吾人已往的调查工作亦不过看作实验的准备时期，有系统的调查方在开始进行。同时恳切地请求国内外的专家此后能够不吝指导，俾此种研究日益精深，对于实用上和学术上将来能有相当的贡献。

本会在定县举办的事业是分工合作，各方面连锁进行，因此所收的各种效果不易分开指出是何部何人的成绩。例如没有平民学校与许多别种工作，社会调查很难单独进行；但若没有社会调查的材料，其他许多的工作也不易单独地举办。故此本书发表的材料是全会同人努力的结果，不单是少数调查人的力量。但与本书有特殊关系的人，编者要一一地提出。本会干事长晏阳初先生对于调查工作非常注意，不断地予以指导与鼓励。甘博先生对于定县社会调查甚为热心，数年以来关于调查的计划与方法方面指导很多，对于经济方面曾予以慷慨的援助。应当特别提出的是冯梯霞先生，他是在定县实验区开创工作和指导社会调查的人，从他（民国十八年在本会出版的）《乡村社会调查大纲》一本书里可以看出来。编者和许多其他的同人是继续冯先生已经开创的工作。在二年前着手整理编写这些材料的时候，冯先生允许担任整理编写关于农业和经济的部分。不幸冯先生因公致疾，须往山间有长时期的静养。他的健康恢复后，又不幸因他方面的要求，于一年前离开定县工作，从事别处的服务，遂未能实现预定的计划；一部分农业经济的材料可惜也未能整理加入同时发表，但书中许多关于六十二村的材料，是在冯先生的主持下搜集的。编者以未能继续和冯先生同在一处直接得到他的指导为憾事。诸葛龙先生在三四年前努力搜集考察关于许多教育、历史、地理、赋税等项的材料，尤其下苦工大整理历史和地理的材料。张世文先生已经在本会专心致志地从事社会调查工作三年之久。对于本书内风俗习惯、娱乐、生活费、教育、政府和许多其他材料的统计与整理帮忙甚多；现正从事于本县家庭手工业的研究，已获得很好的成绩，不久将以专书发表。吴太仁先生曾帮助调查整理县财政和赋税的材料。杨铭崇先生帮助关于六十二村的经济调查。于子厚与张瑶山二先生帮助整理经济材料的一部分。

李耀轩、宋宝文、王振华、高观海诸先生从事各种统计的工作。郭志高先生从事制表绘图和校对的工作。宋国贞、李柳溪二先生从事实地调查四年之久，并随时帮助训练缺乏实地经验的调查人员。此外从事实地调查者前后有于鲁溪、史秉章、秦士端、秦宏绪、孙之藩、王佩珂、柴庆元、吴铭纶、米春生、孙致祥、史汶春诸先生。瞿菊农先生在编者病假期内，于其极忙的职务以外，不辞劳苦代理社会调查部主任半载之久，使调查工作继续进行。前定县社会教育办事处主任宋燮青先生借给许多关于本县各方面的参考材料。在调查时县政府及各局也多予以很多的便利。这里应当特别感谢的是各村村长的合作。村民对于我们和蔼的态度，尤其是平民学校毕业生们亲切的招待和热心的帮忙，不但使我们铭感难忘，并且给我们极大的安慰，增加我们工作的勇气与兴趣，更使我们深深地觉得中国将来的希望是在这些可敬可爱的朴实农民。编者特一一声明，借表谢意。

李景汉

序于定县实验区社会调查统计室

民国二十一年双十节

第一章　地　理*

第一节　疆　域

一、全县的疆域

定县位于河北省的右肋。横跨东经度 29 分，东起 115 度 23 分，西迄 114 度 54 分。纵据北纬度 22 分，南起 38 度 19 分，北迄 38 度 41 分。全境轮廓整齐，略成方形。比邻共有 7 县。东境和安国县毗连，从县城到安国县界 40 里，到安国县城 60 里。西境和曲阳县毗连，从县城到曲阳县界 30 里，到曲阳县城 60 里。南境毗连的有深泽、无极、新乐等 3 县。从县城东南到深泽县界 60 里，到深泽县城 85 里；从县城南到无极县界 60 里，到无极县城 90 里；从县城西南到新乐县界 35 里，到新乐县城 50 里。北境毗连的有望都县及唐县，从县城到这两县的界上各 30 里，到这两县的县城各 60 里。县城略为长方形，约长 20 里。全县的辖地，横之最广处 70 里，最狭处 45 里；纵之最长处 90 里，最短处 70 里；面积 3 730 方里（据河北民政厅报告）。

中华平民教育促进会在定县工作开始的时候是以县的东部 62 村为实验范

---

* 本书初版于 1933 年，由中华平民教育促进会出版，署为“李景汉编”。1986 年由中国人民大学出版社重印。

围，以东亭镇为中心。所以社会调查工作亦从此处着手进行。本书中许多的材料是在此区域内搜集的。因此将这 62 村的地理特别在下面分开详细叙述。

二、东亭乡村社会区 62 村的疆域

东亭乡村社会区是以社会生活的共同兴趣为中心所构成的一个区域。全区连东亭镇在内共 62 村。这镇以外 61 村的住民常要到镇上来赶集，彼此常常见面，兴趣大致相同，因此这许多村庄就构成了一种颇强固的社会团体，这就是 62 村成为一个乡村社会区的原因，又因为东亭镇是这个乡村社会区所由成立的中心，所以把全区称为东亭乡村社会区。全区的位置在县城的东部，占有旧划的自治第三区的大部分和自治第一区的小部分。南北各以河流为界：北以唐河和自治第六区分界，南面以草场沟为止境。东境离安国县界 15 里，西境离县城 10 里。

62 村的经纬度，东起东经度 115 度 19 分，西迄同度 10 分，东西共占东经度 9 分；南起北纬度 38 度 27 分，北迄同度 35 分，南北共占北纬度 8 分。东西相距 28 里，南北相距 33 里，全区面积 465 方里，占全县面积的 12%或 1/8。兹将各村及全区面积列表如下（见表 1－1①）：

表 1－1　　62 村面积

各村面积大小次序	亩数							各村面积方里数
	村落	农田	果园	林地	荒地	不毛地	合计	
1	350	9 500	20	200	100	1 000	11 170	20.69
2	330	7 900	…	400	2 000	500	11 130	20.61
3	370	10 000	…	200	…	…	10 570	19.57
4	640	7 500	50	500	300	400	9 390	17.39
5	335	8 200	…	300	…	500	9 335	17.29
6	250	7 000	…	350	1 000	100	8 700	16.11
7	350	8 000	…	100	…	…	8 450	15.65
8	450	4 800	250	2 000	…	…	7 500	13.89
9	390	5 500	…	…	…	1 000	6 890	12.76
10	550	6 000	…	300	…	…	6 850	12.69
11	450	6 000	…	300	…	50	6 800	12.59
12	340	6 000	…	400	…	30	6 770	12.54
13	270	5 000	35	100	800	500	6 705	12.42

① 因原书表格有漏编序者，因此此次编订重新编序。——编者注

续前表

各村面积大小次序	亩数							各村面积方里数
	村落	农田	果园	林地	荒地	不毛地	合计	
14	350	3 200	…	120	500	2 100	6 270	11.61
15	150	5 900	20	20	20	…	6 110	11.31
16	300	5 200	…	50	300	…	5 850	10.83
17	335	3 500	50	450	1 000	500	5 835	10.81
18	600	4 500	…	350	…	…	5 450	10.09
19	380	4 600	…	300	…	…	5 280	9.78
20	280	3 000	…	1 000	600	…	4 880	9.04
21	280	4 300	30	200	…	…	4 810	8.91
22	350	4 000	…	200	…	…	4 550	8.43
23	230	4 000	…	50	200	…	4 480	8.30
24	230	3 900	…	300	…	…	4 430	8.20
25	270	3 900	…	…	100	7	4 277	7.92
26	220	3 800	…	120	…	80	4 220	7.81
27	175	3 500	…	200	300	…	4 175	7.73
28	200	3 400	…	500	…	…	4 100	7.59
29	290	3 600	…	60	…	…	3 950	7.31
30	300	3 200	…	50	…	…	3 550	6.57
31	180	2 950	…	300	…	50	3 480	6.44
32	200	3 100	…	100	…	…	3 400	6.30
33	240	3 000	…	50	…	…	3 290	6.09
34	250	2 500	…	500	…	…	3 250	6.02
35	170	3 000	…	30	…	…	3 200	5.93
36	220	2 400	…	30	100	…	2 750	5.09
37	110	2 200	30	350	20	…	2 710	5.02
38	250	2 200	…	200	…	…	2 650	4.91
39	230	2 000	…	300	…	…	2 530	4.69
40	170	2 000	20	60	…	100	2 350	4.35
41	135	2 000	15	150	35	…	2 335	4.32
42	260	1 500	30	200	300	…	2 290	4.24
43	70	2 100	…	100	…	…	2 270	4.20
44	60	1 900	…	…	…	…	1 960	3.63
45	60	1 500	…	200	…	…	1 760	3.26

续前表

各村面积大小次序	亩数							各村面积方里数
	村落	农田	果园	林地	荒地	不毛地	合计	
46	120	1 500	20	30	30	…	1 700	3.15
47	80	1 500	…	30	30	10	1 650	3.06
48	70	1 200	…	40	160	…	1 470	2.72
49	88	1 200	…	…	…	…	1 288	2.39
50	70	900	…	250	…	50	1 270	2.35
51	60	1 100	…	20	…	…	1 180	2.18
52	50	1 000	20	80	…	…	1 150	2.13
53	60	1 000	…	60	…	…	1 120	2.07
54	80	900	10	50	…	50	1 090	2.02
55	60	950	5	65	…	…	1 080	2.00
56	60	820	…	80	…	…	960	1.78
57	60	850	…	50	…	…	960	1.78
58	130	700	…	20	…	…	850	1.57
59	55	700	20	20	…	40	835	1.55
60	80	600	…	…	…	…	680	1.26
61	25	600	…	20	…	…	645	1.19
62	25	200	…	60	50	…	335	0.62
总合	13 793	208 970	625	12 565	7 945	7 067	250 965	464.75

从表 1－1 看来，62 村面积的分配，由大至小，变化尚觉整齐平顺。那最大的村的面积是 20.69 方里，占全区面积的 4%有奇。那最小的村的面积是 0.62 方里，占全区面积的 1‰有奇。最大的村的面积比最小的村的面积大 33 倍有奇①。全区平均每村的面积是 7.49 方里。在 10.83 方里以上的 16 村的面积共计是 237.95 方里，占全区面积的 51%；平均每村占 14.87 方里，当全区面积的 3%有奇。在 10.81 方里以下 3.06 方里以上的 31 村的面积共计是 199.19 方里，占全区面积的 43%；平均每村占 6.43 方里，当全区面积的 1%有奇。在 2.72 方里以下的 15 村的面积共计是 27.61 方里，占全区面积的 6%；平均每村占 1.84 方里，当全区面积的 4‰。足见全区内没有极大的村，也没有极小的村。

① 应该是大 32 倍有奇。此处计算疑似有误。——编者注

第二节 地 势

一、全县地势的概况

定县从为陶唐氏的封地以后，历代都占重要的位置：在汉为卢奴县，为中山王国都，在晋为慕容国都；在元魏建设行台，在李唐设置都督；到汴宋的时候，设置节度，这地方更成为河北的重镇。这是因为定县的地势平坦，驰驱便利，平时既号称九省的通衢，有事的时候，自然成为四战的区域；加以位置居于北鄙，一有外族侵入，此地不能不首当其冲。所以慕容氏、拓跋氏等南下侵略以后，就把这地方作为他们经营中原的根据地了。唐代定都长安，定县的地方西临云代，东接沧瀛，北控幽燕的肘腋，南拊冀镇的肩背，俨然为国都东方的屏蔽，所以仍为国家治乱的枢纽。裴行俭尝说："欲固河北，先扼云蔚。欲扼云蔚，先壮定州之扁钥。"这可见唐代的人看视这地方的重要了。后来石敬塘以燕云十六州割归契丹，定县的地方既直接和契丹毗连，边防问题日益重大。所以一到赵宋定都汴京，定县的位置更觉重要。北边既和强寇比邻，南面又须拱卫京畿，那时这地方成为河北重镇，实在是势所必至的。我们要明白宋代定县形势的严重，可引几个人所说的话以见一斑。

韩琦在定县的《阅古堂记》里面说："庆历八年夏五月，天子以河朔地大兵雄，而节制不专，非择帅分治，而并抚其民不可。始诏魏瀛镇定四路悉用儒帅，兼本道安抚使。"

富弼在《阅古堂序》里面说："天下十八道，惟河北最重。河北三十六州军，就其中又析大名府、定州、正定府、高阳关为四路，惟定州最要。定为一路治所，实天下要冲之最。知是州者兼本路兵马都部署，居则治民，出则治兵，非文武材全，望倾于时者，不能安疆圉、屏王室也。"

宋祈在《论镇定形势疏》里面说："天下根本在河北，河北根本在镇定。以其扼贼冲，为国门户也。……故谋契丹者当先河北，谋河北者舍镇定无议矣。"

我们看了上面所引三个人的话，可以知道宋朝的时候，河北为天下的根本，地广兵雄，分为四路，定州是其中的一路。这定县又非但为河北的根本，并且为“天下要冲之最”，这是因为它的位置可以“扼贼冲，为国门户”，换句话说，就是“安疆圉、屏王室”。所以往日的定县，为王国，为名州大郡，不是把它作为首都，就是把它作为重镇。这不是因为它的地势真有什么险要，像有些人所说的“枕岳带河，形势雄固”，实在只因为它的地势平坦，位置又当南北冲要，所以常遭外族的蹂躏。为保国安民起见，就不能不把它作为一个防守重地罢了。这种情形，韩忠献公早就说明了。他在知定州的谢表里面说：“窃以中山控扼素号权重。地形坦易，无陂泽之阻。先时敌骑入寇，必趋是疆，故国家常聚重兵，择名将，以制其冲。自约和以来，不忘备豫。至于守帅之任，未尝轻以属人。”这是最切实的几句话，令我们看了，能够把昔日定州的地势，了如指掌。

据现在的情形，定县全境是一个坦平无阻的平原，它的位置占据河北大平原的右部。境内不见什么巍峨的山峦，或任何险阻的关隘；所有的只是康庄大道，绿野平畴。所以定县是一个天然完美的农业地。对于工商业，虽不甚相宜，但对于陆地交通，尚占一个重要的位置。在军事上，虽非有什么天险为兵家所必争，但因为它的位置适当冲要，所以每当渔阳挝鼓的时候，此地亦必先受其害。境内河流，北有唐河，南有沙河，中间又有孟良河，都是自西向东，水流湍急。当阴雨连绵的时候，河水汪洋充溢，往往泛滥成灾；并且因为两岸地质疏松，容易坍塌，河身也就常有变迁。但在平常的时候，这几条河都是沙淤水浅，甚至干涸像陆地一般。定县的河流在交通方面，既不足以通舟楫，利运输；在军事方面，也不足以为天堑，限马足。所以定县的河流可说是利用很少的。

二、东亭乡村社会区的地势

本区的位置占县境的东部，介于唐河与孟良河的中间。全区地势平坦，真可以说是“周原朊朊”。要说起境内的山吧，只有小溪河东南的富乐山，其实它的高度只有三丈，周围也只有数十丈，不过是一个土阜罢了。唐河是打本区的北境流过的。位于唐河南岸的有伯堡、帅村、东丈、齐堡等四村，离河都不过三里上下，地势较低，土多沙质。区南的孟良河也是自西向东的。位于河北的有安家营、东马头、王家庄、唐家庄等村；位于河南的有西马头、鸡鸣台、刘家庄、吴家庄、马家庄等村。孟良河和这些村庄的距离，除由村内流过的几村以外，至远的也不过二里左右罢了。在孟良河以南，有一条太平沟，也是经过西马头、鸡鸣台、吴家庄、马家庄等村的南面流入孟良河的。此外在唐河南支故道的沿岸的，尚有大鹿庄（在河北）、西建阳（河南）、东建阳（河南）、辛兴（河南）、寨里（河北）、北齐（河北）、南齐（河北）、庞村（河北）、东亭（河南）、夏家营（河南）、元光（河南）、西堤阳（河南）、东堤阳（河南）、固城（河北）、王村（河北）、李村店（河南）、东旺（河北）等村。这样看来，全境62村大半是河流经过的地方，那地势平坦的情形，也就可想而知了。现在本区以内，农业发达，人烟稠密，人民知识也较开通，都是因为地势平坦的缘故。本区又为赴安国县必经之道，所以在交通上也占重要的位置。

第三节 山 川

定县是一个平坦如砥的平原，没有高大的山陵，县人所称为山的，实不过几个土阜罢了。河流较大的，北有唐河，南有沙河，都是害多利少。这等情形在上文虽都已经提到，可是说得非常简略，所以再得详细地叙述一下。

一、山

定县在古时候或为国，或为府，或为郡，都往往叫做中山。我们要考究这个名号的由来，据《中山记》里面说，城中有山，故曰中山；《水经注》里面说，中山者城内小山，侧而欲上，若委粟焉。把这两说掺合起来，似乎古代的定县城内真有什么中山为国名、郡名、府名的由来的。可是调查现在定县的城内，非但没有中山，实在是什么山都没有，甚至全县以内，也不单是没有中山，并且连一个真正够得上叫做山的也没有；有几处地方普通称为山的，实在不过是一些土丘罢了。照这样看来，现在的定县是否确为春秋战国的中山国及西汉初年的中山郡的地方，还是一个疑问。定县的旧志书里面说：“城中央两峰对峙，明洪武间，都督平安建库楼其上，即今钟楼，鼓楼。”这是说明现在的定县城内虽然找不到中山，却还可以找到一些山的遗迹，足见古时候这城内真有一个中山，和《中山记》及《水经注》所说的完全符合的。其实这也不过是一种向壁虚构、穿凿附会的话，没有可以相信的价值。

按定县新志里面说：“靖王胜由中山徙治卢奴之后，为国、为郡、为府，均袭中山之号，故亦曰中山城。”照这种说法，定县有中山的名号，是起于中山靖王迁都以后的，并且这个名号是由沿袭而来的；换句话说，中山靖王徙治以后的中山是在现今的定县，未徙治以前的中山是另外一个地方。那《中山记》和《水经注》所说的话，都是指着靖王未徙治以前的中山说的。现在唐县境内有一个中山城，就是《中山记》和《水经注》所说的中山的遗迹。现在的定县既然不是原来的中山的地方，所以城内县内自然都找不到一个号为中山的山了。

上文既把县境内没有号为中山的山，以及历代以中山二字定为国名、府名及郡名的缘由说明了，接着就得把县人通常叫做山的地方一一分述在下面。

1. 平山

在城东 3 里，贴近东里元村的东边，东到大溪河，南到高头，都不过 1 里上下；双峰高耸，东西相对，俗呼双女儿疙瘩，也有称为女郎山（见定县新旧县志）或双峰山的。相传这山上曾经产生五色芝，有仙人采芝的遗迹。清康熙年间，知州黄开运把这山列入定州八景以内，题曰“平山胜迹”。

城东东西里元及总司屯一带地方，土阜很多，俗呼疙瘩，平山不过是其中一个较大的。民间有一个流行的故事，说杨六郎屯兵于此的时候，堆积沙土，假充粮食，以欺敌人，现在这许多疙瘩，就是他聚土为粮的遗迹。这虽是一种齐东野语，但是城东多土阜的情形，以及所有各土阜的形势，都不难由此想见了。

2. 富乐山

在县东 10 里，离小溪河村的东南约 2 里，高仅 3 丈，周围也只数十丈，是一个比平山小些的疙瘩。山上有古井，深丈余。据说井水是久旱不竭的，并传井内有龙，所以现在山上有一个龙母庙，那个古井就在庙前，每逢求雨的时候，必在这井内取水供奉。因此这山也就取名富乐山。

3. 鱼山

在城北 25 里，西南宋村的西南，黑龙泉的西北，高也不过 3 丈，周围数十丈。因为它的地形像鱼，所以称为鱼山。

4. 青龙山

俗名高台，在城北 15 里，离小西涨村东约 1 里，高 4 丈余，周围 25 丈。相传附近的村民常见有人在山上晒药，及走到山上，就看不见了。现在山上有一个三皇庙，庙内有药王殿，都是明朝嘉靖辛酉年建造的。

以上把全邑所有的山都约略地说明了。中山是等于蓬莱三岛，有名无实的，我们可以不必再提。所有平山、富乐山、鱼山及青龙山，也都是高仅 3 丈上下的一种土阜，住居稍远的人就不但不知其名，并且不知有这样的地方；那附近的村民对这等土阜也不叫山，只叫做疙瘩。所以定县境内，实在可以说是没有山。在东亭乡村社会区内，也只有一个号称富乐山的小疙瘩。

二、河流

定县的河流以唐河、沙河为最大，都从山西发源，经过本县的南北两部，向东流入大清河。唐河长 500 里有奇，在本县境内的 70 里有奇。沙河在本县境内的不足 50 里。唐河在本县境内有南支、故道及新道的分别。南支侵夺小清河的河道，流入孟良河。故道经过清水河、固城等村，入安国县境内，也注入孟良河。新道就是现在所有的河道，若对南支说，也可称为北支，自黑龙泉发源的清水河，就是在唐城村北流入新道的。沙河的河道也有新旧的分别。它的支流除孟良河以外，尚有兰河；其他如太平沟、草场沟及广济沟，也都会入沙河。县的最南境内尚有注入滋河的木道沟，号为南渠的清水沟是注入这条沟内的。本县所有河流分布的形势既经约略说明，以下当再把各河所有详细的情形分项叙述。

1. 唐河

此河在《禹贡》里称为恒水，在《周官》里称为沤夷，在《水经注》里称为寇水，直到《太平寰宇志》里才称为唐河。考究这河以唐为名的由来，许是因为有唐水流入的缘故；那唐水命名的由来，又许是因为它在古代唐县的旧境内，或流过唐尧受封的故城——唐城的缘故。唐河从山西浑源县的翠屏山发源以后，经过灵丘、涞源等县，至唐县南境钓鱼台村西，才流入定县的西北境，向东流过县的北部，入望都界，又经清苑县境，至安新县，流入白洋淀。这河在定县境内，因为两岸多沙，地质不坚，河道迁徙无定；现在的河道是从清嘉庆六年（西元 1801 年）才有的，可以称为新道，现在有些人称为新唐河的，就是指这条河道。嘉庆六年以前的河道由曲阳的支曹村入境，在新道的南面，由小清河流入孟良河，可以称为南支，是从清乾隆五十九年甲寅（西元 1794 年）才有的。离南支稍东，又有一条河道的遗迹，这就是唐河南支的故道了。现在把唐河的源委及河道历代变迁的情形详述于下：

甲、唐河的源委

唐河发源山西省浑源县南的翠屏山，经灵丘的南境，东南流入本省涞源县的西境，转向南，流入长城，从涞源县西南境流入唐县北境，经倒马关北，向东流，至唐、完两县交界的地方转向南，又向西南，经唐县境内，至西南境，经秃山下，流入定县。东流经县北，会清水河，流入望都东南境，又经清苑县南境，穿高阳西北隅，至安新县西境和清苑县交界的地方，先会阳城河（界河），又会府河（清苑河），至安新县境内又有曹河（徐河）自西来会，唐河自此以下，又名依城河，再向东会雹河（南易水），流入白洋淀，淀向东出口为大清河，是为沽河的第三源。所以唐河自发源（翠屏山）到出口（白洋淀），流过的县邑有十，即浑源、灵丘、涞源、唐、完、定、望都、清苑、高阳及安新。支流较大的有四，即阳城河、府河、曹河及雹河。在定县境内只有一清水河流入，但河道不大。

乙、唐河河道的迁徙

a. 唐河南支的故道　唐河在清嘉庆以前，本由曲阳县嘉山的西南，经过支曹村西、杏树村北，从县的西北隅入境，沿达子庄、大流、庄头、大奇连（俗呼疙瘩头）、小奇连、奇连屯、唐城、清水河等村的南面迤逦东行。《水经注》里说寇水“北对君子岸”，当即指现在县西北境的岸下村；又说“东迳白土北”，当即指现在县北的庞白土、郝白土、支白土等三村；又说“东迳唐县故城南……城西有一水，导源县之西北平地，泉涌而出，俗亦谓之唐水；东流至唐城西北隅，堨而为湖，俗谓之唐池；……其水南入小沟，下注寇。”这里所说的“唐县故城”就是现在离县城北 12 里的唐城村，是在清嘉庆六年（西元 1801 年）才由河的北岸转到河的南岸的。所谓“唐水”，就是现在唐城村北的清水河。所谓“唐池”，就是现在离唐城村西北约 10 里的黑龙潭。所谓“小沟”，就是东坂村南现在为唐河新道所占的清水沟。查唐河南支的情形和《水经注》所说的一一符合，可见这南支的河道是很古的了。

后人因为寇水到唐城村南有唐水流入，就把支流的名称混充干流的名称，叫做唐河。这河从唐城村以东固有的河道大概就是现在只留沙滩的，经清水河村南，总司屯、东里元和大溪河等村北，寺市邑、萧市邑、鲍市邑和大鹿庄等村南，西建阳和东建阳村北，寨里、北齐、南齐及东庞村南，辛兴、东亭、夏家营、元光、西堤阳、东堤阳等村北，固城、王村和东旺村南，城旺和李村店村北，至安国县西境流入孟良河的一条故道：和定县旧志书所说“距城八里，其后未详何年南徙，距城仅三四里，绕至城东北角，迤逦东下”，完全符合。当清乾隆甲寅年（西元 1794 年）以前，唐河未曾向东侵入小清河的河道的时候，清水河村的西、南两面，大溪河村的北面，尽是肥沃的稻田。从唐河南徙以后，上述诸村的稻田就逐渐荒废。现在旧河道只留沙滩，这就是唐河南支的故道。

b. 唐河南支 唐河南支离去故道，直向南流，从城东门外，占小清河的故道，是从乾隆五十九年甲寅（西元 1794 年）大水以后起的。那时唐河决口约在奇连屯村南。乾隆甲寅（西元 1794 年）以前，城东本有一条河，名小清河（唐河南支在清水河村以上，现在还称为小清河。这两条河定名小清，时期的先后，现在不可考知了），又名护城河，以城西北和西南两隅的大泉为河源，先绕城而流，为南北两濠，至城东南合流，向南经四家庄、牛村及程家庄，至马家寨流入孟良河。据说明朝末年，这河已为沙土淤塞。清雍正七年（西元 1729 年）州守王大年捐廉募夫挑浚，访合诸泉故泉，河水又得畅流。那时吴家庄和唐家庄的稻田七八十顷，均赖这河灌溉。可见这河在那时是水利很大的。至乾隆甲寅年（西元 1794 年），唐河在奇连屯村南决口，直向南流，就夺取小清河的河道，由孟良河至安国县南境的三岔口，和沙、滋两河会合，成为猪龙河。这唐河南支，一为乾隆甲寅（西元 1794 年）以前的故道，一为甲寅以后占小清河而成的新道，都流入孟良河，为猪龙河三源之一。及至嘉庆六年（西元 1801 年），唐河改由新道，小清河就逐渐干涸，到现在只留河道的遗迹，绕城西、南两面的护城河，也只留干涸的河床，只有西南一角尚可供人种植莲藕。所说当唐河未改道以前，北门外一带尽是肥沃的稻田，从唐河北徙以后，这些稻田就逐渐不见了。至于清水河以上，唐河南支的本身，现在俗名还称为小清河。嘉庆六年（西元1801年）以前，河身的宽度本有1里左右；从河道北徙以后，这南支的河水就逐渐干涸，河道也就变成沙滩，两旁由居民开垦升科，现在河身的宽度仅留二三丈。民国六年、十二年、十三年，定县接连发生水灾，都是因为唐河在曲阳的杏树村北向南冲开，归旧河槽东流，至城东南马家寨村，注入孟良河，可是孟良河河身浅狭，不能容纳，因此河水泛滥，就成了水灾；并且因这缘故，唐家庄一带村庄受灾特别重大。后经这一带村庄的人民携取沙袋赴曲阳的杏树村堵塞唐河决口，才免发生水患。

c. 唐河新道　清嘉庆六年辛酉（西元1801年），定县发生水灾。从那时候起，唐河就舍去南支的漕道，改就现在的新道，从唐县钓鱼台村西流入本县的西北境，经西潘、台头等村的南面，直向东流。所有达子庄、大流、庄头、大奇连（俗名疙瘩头）、小奇连、奇连屯、唐城、清水河等村旧在河北的，从唐河北徙以后，都改在河南。那东坂一村，原有稻田很多，当唐河北徙的时候，洪水横流，禾苗尽淹，这一带的稻田也都没入河中了。在民国纪元前四十年，这河与南岸的村庄相接近，河身宽处有三四里，窄处约一里。民国六年以后，水灾迭见，河的北岸一再坍塌，总计毁地至少有900亩，因此河身又与北岸的村庄接近，宽处有六七里，窄处亦有二三里。至于河水，大雨以后，深浅无定，一逢久旱，就点滴不见了。考究唐河所以改就现在的新道的缘故，大概是因为这一带地方地势洼下，并且向来已有河沟，不过容水不多罢了。按嘉庆六年（西元1801年）以前，在东坂村以西，本有一条小沟，现在的附近村民称为清水河，由平地涌泉联合而成，河身虽小，水利却大；那时东坂村为一富庶的村落，居民200余户，四周尽是稻田，都由这沟水灌溉。至嘉庆六年大水以后，这沟的小道就被唐河夺取。可知唐河改由现在的新道，是有所凭借，顺流直下的。

唐河新道，流至唐城村西北，和清水河相合。这清水河在《水经注》里称为唐水，上文已经提及。它的上流分为三支：北支是黑龙泉，中支是白龙泉，南支是清水沟。清水沟嘉庆六年以后，被唐河侵占，上文曾经说过，不必再述。现在把黑龙泉和白龙泉分述于下。

白龙泉在大西涨村的正南，小西涨村的西南，东坂村的正东，和这等村庄的距离都不过一里上下，恰在清水河和唐河的中间。嘉庆六年以前，泉的四周尽是稻田。泉中有一岛，名中海岛。泉水向东流出，和泉北的黑龙泉及泉南的清水沟会合，同入唐河。至嘉庆六年大水以后，白龙泉被水淹没，附近的稻田也都变为旱地，清水沟既被唐河侵夺，黑龙泉的河身也向北迁徙，岛的周围完全干涸，因岛上有寺名中海寺，附近的村民，就把这岛通称为中海寺了。岛的前面有一井，就是白龙泉泉水的遗迹，井内的水据说比他处的水要重三分之一，颜色却是洁白，泉名白龙，大概就是因为这个缘故。

在白龙泉的西北有黑龙泉，俗名老龙窝，也称黑龙江，这就是《水经注》里的唐池；后人因它的水色稍黑，所以称为黑龙泉或黑龙江。泉的位置在东西南宋村的南面，西坂村的东北，东坂村的正北，相距都不过二里以下。在此有老君庙，庙后有苇坑和藕池，这就是黑龙泉。附近有稻田百余顷，相传是从宋朝苏东坡提倡才有的。定县特有的秧歌，据说也是起于苏氏替这一带种稻的农民编制，给他们歌唱的。据这样看来，黑龙泉不但是在产业和水利上占一个重要的位置，就是在平民文学上，也是一个值得纪念的地方。泉水向东流出，经过大西涨村南的石桥，就称为清水河；又向东流，经小西涨村的南面。在唐河北徙以前，这清水河本和白龙泉及清水沟会合，从东涨村南下，至唐城村南流入唐河。嘉庆六年以后，唐河改道，清水沟被占，白龙泉干涸，黑龙泉也北徙，清水河就独自在东涨村南、唐城村西北，流入唐河。这清水河的河身，宽处一丈有余，窄处五六尺，平时水深三四尺，利于灌溉。唐河在东涨村以上，平时完全干涸；东涨村以下，才稍有水，就是从清水河注入的。

相传黑龙泉在清咸丰年间曾经干涸，说是因为附近村民来泉打鱼的太多，龙王搬到清苑县的一个村庄去住，这泉立刻就干涸了。后来由年老的村民备四套大车迎接龙王归来，因此这泉又有水了。这种传说表面上虽然是一种迷信的话，骨子里却表现出一般村民重视这泉水的心理，很值得我们注意的。

雍正年间修的定县志指黑龙泉为卢奴水，这话是说错的。《水经注》里曾说：城内西北隅有水，渊而不流，南北百步，东西百余步，水色正黑曰卢，不流曰奴，俗名黑水池，此城借水以名。从这段话看来，可见卢奴水必在城内，黑龙泉却在城的西北约20里，这两条水的不容混合，是不辨自明的。不过卢奴水和黑龙泉，虽然不能说是同一条水，可是也不能说是完全没有一点瓜葛。康熙年间州牧黄开运所编的定州八景里有一景为“西溪玩月”。据说这“西溪”是在“大道观东，北通黑龙泉，水清澈底，湛若玻璃，州人每于中秋携酒竞赏”。近人指这“玩月”的“西溪”，以为就是古代的卢奴水。从方位看来，这话是很可信。那么黑龙泉的南通西溪，就是南通卢奴水了。黑龙泉在寇水以北，卢奴水北通黑龙泉，中间必经过唐河，可见唐河的支流，在古代又有卢奴水，这一层和《水经注》里所说的话也是符合的。《水经注》里说：池水东北际有中山王故宫处……穿北城，累石为窦，通池流……池之四周，居民骈比，填褊秽陋，而泉源不绝……自汉及燕，池水迳石窦。石窦既毁，池水亦绝。水潜流出城，潭微涨涓，东北注于寇上。从这段话看来，我们得知卢奴水确是唐河的一条支流。又从康熙年间修的县志看来，可知这卢奴水道，在那时还是存在。可是这条水道究竟经过一些什么地方，从什么时候才淤没，现在无从考究了。

唐河和清水河会合以后，经唐城和清水河的村东，到新立庄西南，直向东流，经寺市邑、萧市邑、鲍市邑、小鹿庄、伯堡、帅村、齐堡、泉丘等村的南面，流入望都县界。这等村庄本来都是在故道的北面的，现在都在新河道的南岸了。不过唐城以东这段河道从什么时候才有，现在已无法考究。雍正年间修的州志里曾说：“清水河东流合寇。”但不知两河会合以后的河道究竟怎样——是和现在的新道一样呢，还是流入南支的故道？查道光的州志里说：“乾隆间唐河南徙，清水河独自东流，迤逦至望都县界。”照这种说法，似乎乾隆甲寅（西元 1794 年）以前，唐河是顺着清水河的河道向东流的。至乾隆甲寅以后，唐河向南侵入小清河的河道，清水河才独自东流。假定这种说法是对的，那么可说现在唐河的新道也是旧有的河道，许是雍正以前就有的河道，现在名虽为新道，实在不过是恢复故道罢了。不过照这种说法，不能不发生下面的几个问题，就是，假定唐河和清水河会合以后的河道，在乾隆甲寅以前，是和现在的新道一致的，那么唐河南支的故道又是从什么时候才有的？并且在乾隆甲寅以前的情形是怎样的？当唐河由南支故道流的时候，清水河是不是独自东流呢？这等问题现在虽然不能有确切不移的解答，但是根据固有的传述，并参照当地的形势，可以暂时解答如下：

唐河南支的故道，虽不知起于何年，但必在乾隆甲寅以前；因为在那一年，唐河既南下侵夺小清河的河道，就不能同时再冲开这一条故道。至于乾隆甲寅以前唐河由这南支故道流的时候，以及甲寅以后唐河南下由小清河的河道南流的时候，那清水河是不是由和现在唐河的新道一致的河道独自东流，我们虽然不能确切证明，但在那些时候，在这唐河新道流过的地方，至少必有一条水沟，可以为后来唐河东流的张本。那么我们虽然不知道清水河旧有的河道是经过一些什么地方，但是唐河新道从唐城以下，也确是凭借固有的河道，我们可以完全了解了。

丙、唐河的利害和堤防

由上文所述唐河河道历代变迁的情形，可见唐河在本县境内确是迁徙无定的。考究它的原因，不外是：(1) 唐县和曲阳县地势较高，唐河从这里东流，水势十分湍急；(2) 定县既为平原，又多沙土，地质不坚，河道容易淤没，也容易溃决。有这两个原因，所以一遇雨水过多的时候，河水就要汛滥成灾，河道也就要随着迁徙。唐河的形势既然这样，怎样去思患预防，那就是地方人士的责任了。防川的最要原则是"顺水之性"，"顺其性则治，逆其性则决"。这两句话是治水的金科玉律。试看唐河历代变迁的路径，我们就可以明白预防的方法。唐河最古的河道大概是和《水经注》所说的一致的，就是现在所见的南支。直到乾隆甲寅年，因城东本有小清河，唐河就侵夺它的河道，流入孟良河。至嘉庆六年，因西潘等村原有小水沟，所以唐河又转从唐县入境，由那小水沟流过成为现在的新道。至民国六年、十二年及十三年，连年大水，都是因为唐河从支曹村决口①，沿南支的河道，流入孟良河。又因为孟良河不能容纳，所以泛滥成灾，那时假使没人到支曹村堵塞决口，不见得唐河不又流归南支的河道了。可见唐河的河道虽然是迁徙无常，可是也有一定的路径。这是因为水性就下，倘非有隙可乘，那河道也就改不成的。照这样看来，倘能在唐河的上流如曲阳的支曹、杏树村及唐县的钓鱼台等村的地方多做一些防御决口的工程，并现在有的新道的两岸修筑坚固的堤防，唐河的水患就永不再见，也不是不可能的。现在且把利害的情形和旧日的堤防，分项说明如下。

a. 水利　唐河在唐县境内因为土脉胶固，所以不能崩决为害，沿岸的居民

① 与前所述决口位置不一致，原文如此。——编者注

并且逐段筑闸，享受灌溉的利益。及到定县境内，情形就大不同了。平时河水都被唐县的居民筑闸阻塞，不能下流，所以除有泉水流入的河道以外，完全干涸，照这样的情形，自然谈不到什么交通和灌溉的利益。据定县的旧志书载称："唐河入界处，西潘，台头，潘村，岸下等处引河灌田，享其利已数百年矣。取水向自河北迤逦而上至禹王庙。嘉庆十五年（西元 1810 年）被唐民阻塞，因以成讼，屡次上控。道光六年（西元 1826 年）断令定民仍旧取水，讼端乃息。"可是现在那阻水的地方还是尽管阻，西潘等村因为地处下游，终究不能享受什么利益。从唐城村以下，因为有清水河的水流入，所以河内有水。河至伯堡和帅村等村以北，宽约半里，深约 3 尺，两岸田亩常赖以灌溉，不过获益也极微细。东丈村北的河道宽自 1 里至 2 里，深自 3 尺至 6 尺，但河水浑浊，无人引取灌溉。康熙年间修的定州志载齐堡村有一条齐堡沟，说是"岁久闭塞，水潦无所泄。乡人王应桢捐赀浚之，患乃已，乡人德之"。这段事实在雍正志和道光志里都不载，大概这沟在雍正年间修志以前，早经埋没了。至于南支的情形，往日如唐、吴两庄及北门外一带地方尽是稻田，那时的水利尚有可观，可是现在都已经成为陈迹了。所以总说起来，唐河的水利是很小的。

b. 水患　唐河的水利虽小，水患却大。每年春季为雨水稀少的干季，农田都正在需水灌溉，所以那时的河水尽被上游邻县的居民截阻，不能下流。及到夏秋之交，雨水甚多，那时水的用途又比较的少，上游就把河水尽量开放。河水因此顺流直下，奔腾澎湃，来势凶猛，一到定县的平原旷野之间，正如怒马脱羁，任情驰骋，一遇宣泄不灵，自然要泛滥横流，成为灾患了。河水既恣睢暴戾，所以河道也屡有迁徙，每次损失必非少数。年代久远的且不论，单说嘉庆六年大水以后，河道北徙，旧有清水沟附近一带的稻田就完全淤没了。那沿河的村庄所塌的地亩也不计其数。现东坂村西有一石碑，是咸丰三年（西元 1853 年）立的。那碑上说："嘉庆六年，唐河北迁，洪水横流，四野禾苗尽淹，民叹无衣食之资。波涛四溢，两街房屋皆倒，民绝无居处之安。村之民老少啼饥号寒，不堪言也。迨其后水势东流，以伟大村庄而成河流，郊外四野尽成荒地之沙。屯内两街俱是坑隍之形。村之民无食无居，思逃奔者往往然矣。全村民不下二百余户，逃者足有一百余家，东逃西散，守村者不过二三十家。"据这碑文看来，那东坂一村当嘉庆六年的损失是很大的。东坂村如此，其他受害的村庄，如达子、大流、庄头、大奇连、小奇连、奇连屯、唐城、清水河等，由河北迁至河南，所受损失的情形，也不难想象得其大概了。嘉庆六年的水灾如此，乾隆甲寅年的水灾及其他各年的水灾，也可推想得一种概况了。再如民国六年、十二年及十三年，连发大水，河北的村庄如西潘、台头、岸下、辛庄、王村、丁村、苏泉、西坂、东坂、东涨等，以及南岸的村庄如疙瘩头等，皆受其害。民国六年损失田地房屋约共 34 120 元，十二年淹没田地约值 24 000 元，十三年又淹没田亩约值 16 000 元。三次共损失 74 000 余元。其中淹没田地 900 余亩，倒塌房屋百余间，并淹死人口 7 人。所以在民国纪元前四十年的时候，河身和南岸的村庄接近，宽处三四里，窄处仅一里左右。自民国六年以来，因河的北岸连年塌地，河身又与北岸的村庄接近，宽处有六七里，窄处也有二三里了。

c. 旧日的堤防　唐河的水患既大，防备就不可不周密。历代曾筑河堤，以“防水患，护民田”。后来虽都因为“河道屡徙，年久毁壤”，可是古人思患预防的遗意，颇足使后人闻风兴起的。据定县的旧志书载，唐河在州北两岸有堤约长 50 里，是明知州裴泰因旧基修筑的。在州东与祁州交界的地方也有堤，是明知州官贤修筑的。这等堤照修筑的年代推想，必定都在南支的两岸。后来因为唐河屡徙，早已崩塌无遗了。又当乾隆二十六年（西元 1761 年），西潘、台头等 22 村在唐河入界的地方，筑造鱼鳞堤，以“防水患”。至乾隆四十年（西元 1775 年），唐水复涨，旧堤塌陷，官绅又同事修筑，可惜至嘉庆六年又被唐河冲坏。总之，唐河在定县境内既易为害，居民就不能不思患预防。诚欲预防水患，就不能不顺水之性，筑造河堤。倘若因为河堤易坏，不敢倡言修筑，那就是因噎废食了。

丁、唐河在历史上的价值

唐河在夏禹的时候，称为恒水。《禹贡》里说：“恒卫既从。”由此可见唐河是曾经大禹平治的。汉置安险县。据《中山记》说，“县在唐水之曲”。《元和郡县志》以后也都说是“在城东三十里唐河之曲”。近人考定城东 30 里的固城村就是安险县的故城。按照方隅道里这话是可信的。又如“固城是禹治水时所筑”及“固城塔是禹筑造看望水势”等传说，也由此可推求得它的由来。因为把大禹平治恒水即唐水及安险县在唐水之曲两个观念联结起来，就产生安险县即现在的固城，是大禹治水时所筑的一个传说。既有这个传说，再因塔可以登高望远，所以又产生固城的塔是大禹筑造看望水势的传说。可见凡是一种传说，虽然不是完全可信，可也不是完全无稽，这也是研究社会现象的人不可不特别留意的。

唐河从西汉初年在它的沿岸设置安险县以后，虽然一时没有什么特别可注意的事迹，但是从晋代以后，这唐河就往往为兵家对垒的天堑。现在把历代在唐河沿岸争战的事迹胪述于后，以见唐河在古代军事上的价值：

a. 宇文肱从鲜于修礼攻定州，战死于唐河。考《通鉴》及《魏书·敬宗纪》，魏敬宗永安元年（西元528年）二月，肃宗崩，敬宗立，改武泰为建义元年，九月，以平葛荣，改元永安。先是葛荣围业，众号百万，尔朱荣自率精兵七千，讨荣于滏口，以奇兵破擒之，余众悉降，于是定冀沧瀛股五州皆平。有宇文肱者，前从鲜于修礼攻定州，战死于唐河，其子泰在修礼军中，修礼死，从葛荣，葛荣败，尔朱荣爱之，以为统军。

b. 五代唐明宗天成三年（西元928年）秋七月，王晏球大破契丹于唐河北。考《通鉴旧五代史·唐明宗纪》及《契丹国志》，契丹遣其酋长惕隐，将七千骑助贼，晏球逆战于唐河北，大破之，追至易州，时久雨水涨，契丹为唐所俘斩及陷溺死者，不可胜数。

c. 宋太宗端拱元年（西元988年）冬十有一月，李继隆败契丹于唐河。冬十有一月，契丹进寇定州，李继隆败之于唐河，契丹拔满城，戊戌下祁州，纵兵大掠，己亥拔新乐，庆子破小狼山寨，遂至于唐河北，诸将坚壁清野勿与战，继隆不听，乃与监军袁继忠出兵拒战，摧锋先入，契丹大溃，追击至曹州，捷闻，降玺书，赐予甚厚。——毕氏《续通鉴》云：“唐河之败，辽史不书，当时但夸克敌，讳言败也。”今从《太平治迹统类》书云：此役乃李继隆之功，而宋惠要以为郭守文与李继隆背城而战。《宋史本纪》，亦作郭守文败契丹于唐河。今从李焘长编《契丹国志》。

d. 宋咸平六年（西元1003年）六月己未，帝以阵图方略授诸将，令镇定高阳三路兵，悉会定州，夹唐河为大阵。按毕氏《续通鉴》，“帝御便殿，出阵图示辅臣，并授诸将方略，令镇定高阳三路兵，悉会定州，夹唐河为大阵，量寇远近出军，并分树栅，寇来坚守勿逐，俟信宿寇疲，则鸣鼓挑战，勿离队伍，兵贵持重。而敌骑无以驰突也”。

e. 宋真宗景德元年（西元1004年）闰九月，契丹合兵攻定州，王超阵于唐河。考毕氏《续通鉴》及《契丹国志》，是月丁卯，萧挞览攻遂城，擒守将王先知，乃与契丹主太后合兵攻定州，王超阵于唐河，执诏书按兵不出，敌势益炽，乃率众驻阳城淀。

f. 清顺治元年（西元1644年）夏五月，吴三桂破流贼于定州北。据《明史稿李自成传》及《纪事本末》："闯贼既败于保定，疾走定州，吴三桂统大兵追及之，贼还战，又破之于定州北（即今之清水河南），斩其大将谷可成，左光先伤足，贼负之而逃，闯则西走真定。"

2. 沙河

《舆地记》说："卢奴城北临寇水，南面泒河。"卢奴城就是现定县的县城。寇水就是唐河；泒河就是沙河，这河因为发源于山西繁峙县东北130里的孤山，所以古名为泒。现在把这河的源委、变迁、支流、利害、堤防及在历史上的价值等等，分段详述如下：

甲、沙河的源委

沙河从山西繁峙县东北的孤山发源以后，东南流，穿长城。入阜平县西北境，经大寨口，又东经竹帛口及茨沟营，又东南流，至南口，折向东，经阜平县城南，至柳口村西，有鹞子河自北来会。又东流至阜平县东南境之王快镇南，又有胭脂河自西来会。由此流入曲阳县西境，至贾家口，有平阳河自北来会，又东流，至北雅握村东北，折向南，经行唐县界，东南流入新乐县境，至县城西，穿平汉铁路，向东经县城南，至北张村北，有部河从西北大白石岭经行唐县城南来会。直至南辛村西南，才流入定县的西境。自此东流，至怀德村西南，分南北两支，东流至中流村南，仍合为一。又东流经张谦村及邵村，直到刘家店，流入安国县境。自此又东流至流昌军诜村，北有孟良河来会，南有滋河来会。自此以下，就名为猪龙河，东北经博野、蠡及高阳等县，至安新县，流入白洋淀。沙河在定县境内约长50里。这河的水性和唐河相同，河道也时有变迁，当在下文详细叙述。

乙、沙河河道的变迁

沙河的河道现有三条：一为故道；二为新道，是民国纪元前五十五年才有的；三为南支，一名兰河，是从民国十三年才冲开的。这三条河道的情形，再在下面分叙：

a. 沙河故道　沙河从南辛店入境以后，向东经怀德、中流、西杨村、东杨村及西张谦、东张谦等村的南面，本来就向东南，经李亲顾东、南疃村西，绕东湖村西及南，向东经东、西二赵庄及东、中、西三大定村的南面，东、西二丁村和子位村的北面，流入安国县境，向北，仍和现有的新道会合，这就是民国纪元前五十五年以前的故道。《寰宇记》引《水经注》的佚文说："泒水历安喜县天井泽南流，所播为泽，俗名为天井淀。"这里所说的"天井泽"，据《元和郡县志》说是在城东南 47 里，周围 62 里。据定县新志稿以为这泽的位置当在李亲顾以东，又以为东、中、西三大定或者就是天井淀的遗迹，假使此说可信，足见得这条故道在北魏的时候，就已经有了。

b. 沙河的新道　沙河的新道是从东张谦村南直向东流，经邵村、东西二留春、小王耨、董家庄、大王耨、齐家庄及马阜财、东阜财等村南，至刘家店，流入安国县境。它的位置在故道北面，两道的中间夹着北疃、南疃、东湖（三村在故道东），解家庄、东城、西城（三村北至新、故两道，南至故道），胡阜财（在新道南），西赵庄、东赵庄（二村在故道北，胡阜财村南），及东、西、中三大定（恰当两道中间）等村。这新道是从民国纪元前五十五年才有的。因为东张谦、邵村，及东、西两留春等村以南的地势都稍为洼下，每逢大雨，那雨水就由这一带地方向东流注，历年久远，这一带地方就愈流愈洼了。恰巧李亲顾以北的河身在转向东南的地方，河水不能畅流反把那带来的泥沙愈积愈高，河水因此就在民国纪元前五十五年由邵村的南面，顺流直下，这就是沙河由故道改归新道的原因。那故道现已仅为干河身，并且已有开辟为农田的了。

c. 南支，即兰河　这条河道本来是沙河的支流。在 40 年前，每逢大雨，那河水就汪洋澎湃，来势凶猛，下游沿岸的居民往往受它的害。因此，下游的居民每年往往拉些砖石草木到新乐县的西柳村去堵塞河道，使河水不能下流，却也不生效力。后因河水在西柳村以上依北岸流行，那南岸及流入兰河的水口就逐渐被泥沙淤塞，因此，兰河以内就完全无水可流了。直至民国十三年，沙河的水又依南岸流行，在西柳村河身转弯的地方，冲入旧有的河道，自此以后，沙河的水就完全由这条河道宣泄，经息冢及贾村等村的北面，直向东流，又经邢邑、市庄等村的南面，至木佃村西，河水才散漫失去漕道。自有这条河道，那条所谓新道的，非逢霪雨连绵，山洪暴发，又就完全无水了。

丙、沙河的利害与堤防

沙河的水势和唐河一样，携沙带泥，奔腾湍急。所有利益不及害大。那故道已成陈迹，可不必论。新道的河水，深浅无定，或至二丈有余。近年因有兰河，这条河道就常常无水，完全没有灌溉的利益。河身宽处约 8 里，窄处约 3 里。40 年前的河身仅宽 1 里上下。后来因为两岸逐渐坍塌，河面就年年加广。民国初年，河北的王耨等村离河尚有 2 里上下，沿岸的土地均甚肥沃，适宜种植谷，尤以种麦为宜。并且非遇大水，决无水患。那南岸东城和西城等以北的土地本来都是沙土，五谷不生。但是从民国六年大水以后，河道忽向北移动，总计河北冲塌良田 300 余顷。河南却淤成坏土 150 余顷。民国十年，河北又冲坏良田 80 余顷。十一年，又塌地百余顷。总计这几年河北沿岸被灾的人家有 1 000 余户，西留春的南街完全塌陷。沙河的水患，也真可说是大了。近年有兰河分向南流，沙河新道的水势就不致十分猖獗。兰河冲开河道的时候所冲流的因为都是壤土，所以到木佃等村沉积下来的都是沃土，居民耕种，得利极大。并且河面宽约 8 尺，深丈许，可以引水灌溉。所以这条兰河总算是有利的。

定县旧志里曾载沙河本有堤防约长 40 里，后来因河道转徙无定，旧堤都已坍废。岸旁只由居民多栽柳树，以防冲决。现在查得沙河两岸又筑有堤防，东起安国县的龙王店，西抵新乐县。这堤筑成，已历 50 多年了。在民国七年曾经重修。堤高 7 尺，下宽 5 丈，上宽 3 丈。现在的高度尚有 5 尺，用土筑成，多植柳树及小杨树。

丁、沙河在历史上的价值

沙河在历史上也曾为两军对垒的地方。见诸正史的，有下面几件事情：

a. 唐天宝十五年（西元 756 年）五月，郭子仪败贼于沙河。据《通鉴》所载："郭子仪李光弼还常山，史思明收散卒数万踵其后，子仪选骁骑更挑战，三日至行唐，贼疲乃退，子仪乘之，又败之于新乐之沙河。"

b. 后唐昭宗光化三年（西元 900 年）王处直与梁将张存敬战于沙河，败绩。据《通鉴》所载："朱全忠将张存敬攻刘仁恭，下二十城，将自瓦桥赴幽州，道泞不能进，乃引兵西拔祁州，杀刺史杨约，随攻定州，部遣后院都知兵马使王处直将兵数万拒之，战于沙河，易定大败，死者过半，余众拥处直还走，部遂出奔。”

c. 晋王击契丹于沙河，大败之。晋王自镇州率骑五千来救定州，甲午，至于新城，契丹先锋至新乐涉沙河而南，晋人皆不欲战，王不从，契丹万余骑，遽见晋军，骇惶而去。晋军分军为二广，追蹑数十里，获契丹主之子，会沙河冰薄桥狭，敌争践而过，陷溺死者甚众，时契丹主车帐在定州城下，闻前军败，退保望都。

3. 孟良河

孟良河在《水经注》里称为长星川。因为经过嘉山，所以一名为嘉河，又因为嘉山上相传有宋将孟良的遗寨，所以通称为孟良河，及至定县境内，又随地异名，或称七里沟，或称小清河，或称普济沟。和它合流的大川，旧有唐河，现有沙河，此外又有太平和广济等沟渠。它的源委及利害的情形，当在下文详细分叙。至于这河在历史上的地位，因为河身不大，未曾发生重大的事实，所以这里也就无可记述了。

甲、孟良河的源委

孟良河源出曲阳县西北孔山的曲道溪。那溪在《水经注》里称为长星沟，这河因此也就称为长星川。东南流，绕曲阳县城一周；又东南，经嘉山，得嘉河的名称。又东经燕赵镇及东，西磨罗等村，流入定县。经东沿里村东北、大寺头村南，向东南流，至黄宫城南，穿平汉铁路，经孟良桥、吴家庄村北、曹家庄村南，至西朱谷及东朱谷等村。孟良河至此，因为距城不过7里上下，故名为七里沟。自此又向东行。至马家寨村南，和唐河南支即小清河的故道会合，所以自此以下又通称为小清河。向东南流，经吴羊平、霍羊平、寺羊平、大羊平等村南，西马头村东北，安家营、东马头、王家庄、唐家庄等村南，鸡鸣台、刘家庄、吴家庄、马家庄等村北，至渠头村北，会太平沟，自此以下，就又通称为普济沟。经柴里村北，东入安国县境，又会广济沟。向北至三岔口，与沙河会合，孟良河向称为沙河的支流，实在是同时汇注于猪龙河的。唐河旧曾由小清河注入孟良河。从唐河北徙以后，小清河亦随着干涸，只留孟良河仍由故道东流。孟良河和唐河及沙河的关系，上文都曾详细说明，可以不必再提。下文当把流入孟良河的沟渠即太平沟和广济沟的情形，详细说明。

乙、流入孟良河的沟渠

流入孟良河的沟渠，有太平沟和广济沟。流入太平沟的有草场沟。太平沟流入孟良河以后，亦名普济沟。广济沟的上流为马跑泉，但亦有人说太平沟亦发源于此泉的。广济沟南又有顺水沟流入。

a. 太平沟及草场沟与普济沟　太平沟原自水磨屯村东，由孟良河分出，直向南行，至安家庄东，转向东南，经官道庄和杨家桥村北，西马头和鸡鸣台等村南，流至圣佛头村北，和草场沟会合，以下仍称太平沟。民国六年以后，沟道淤没，至今差不多连痕迹都没有了。但从这沟埋没以来，孟良河的河水无处分泄，就容易泛滥成灾。近年孟良河沿岸一带村庄如鸡鸣台、唐家庄、吴家庄等常有水患，这个太平沟沟道淤没也是一个原因。

草场沟发源于怀德村以东，由南王村、北王村、蒲家庄、牛王庄等处，经叮咛村及叮咛店，至圣佛头村北，流入太平沟。自此以下，经吴家庄村南，仍名太平沟。清道光初年，州牧袁俊曾命名为新汤江。后人又在吴家庄村南立桥，名曰保安桥，并立碑记载这事的始末。这碑文里说的话有几点很值得注意，所以把它转录于下：

> 尝闻十一月徒杠成，十二月舆梁成，桥之由来也久矣。然桥皆因河水而修。如此河水发源于马跑泉，分流至此，前名为太平沟。容水无多，屡年被涝。而道光二三年间，水患尤甚。不得已，各村绅士诉于州尊，蒙前任袁牧详于治台，松大人念切生民，转乞皇恩，圣上准奏，发帑银一万多，老米数千石。于是宽展河形，高筑岸堤。河工既成，袁牧命名新汤江。既已有河道，不能无桥梁。前修土桥。继修板桥。经年无多，不久即坏。因而重修石桥一座。不惟利徒舆之往来，且以经年代之久远。桥工既成，因溯河水之源流，并叙石桥之来历，援笔而书之，以志永垂不朽云。大清同治六年岁次丁卯二月初九日立。

我们在这碑文里应注意下列的几点：

(1) 太平沟发源于马跑泉。

(2) 这太平沟本来容水无多，屡年被涝。

(3) 道光初年，宽展河身，高展岸堤。

上文既说太平沟原在水磨屯村北从孟良河分出，至圣佛头村北和草场沟会合，以下仍称太平沟。这是和碑里所说的太平沟，完全符合的。因为碑里所说的太平沟在吴家庄南，吴家庄又在圣佛头东，可知碑里所说的太平沟就是圣佛头以东的太平沟。但考定县的道光志里说："草场沟在叮咛村之东，迤逦东流，过第二石桥为太平沟，又东过圣佛头、鸡鸣台等村，至钮家庄、王家庄、李家庄，达祁州界。"照这样说来，草场沟在圣佛头村以上就称太平沟了。这种说法，从水磨屯村以南的太平沟故道一想，就可断定它不足信了。

又上文曾说明草场沟发源于怀德村以东。可是道光志里只含混地说："在叮咛村之东。"保安桥的碑文里，也只说："河水发源于马跑泉，分流至此，前名为太平沟。"这种说法看似和事实完全不合，实在是互相一致的。因为草场沟从怀德村发源以后，向东北，经叮咛村，转向东流，所以怀德村可以说是草场沟的远源，叮咛村是它的近源。至于马跑泉的位置，向来就不能确实指定，可是所指的地方都相距不远。照现在实地调查的情形说，马跑泉固然是广济沟的源泉，但是有些人以为草场沟的上流所有的泉都是马跑泉，这种说法也不能完全否认。因为泉的位置既不能确定，自然就各有各的说法。那么保安桥的碑文里所说太平沟发源于马跑泉的话，也是不错的。

b. 广济沟及马跑泉　叮咛村南有一隍坑，坑水东流，经过桥，名苏家桥。桥南通张谦村，北通叮咛店。这坑水就是马跑泉，下流就是广济沟，所以说广济沟发源于叮咛村南的马跑泉。由东、西张谦等村北，经圣佛头村南，至佛殿村东南，流入安国县界，又东经大五女、小章凝、河北庄，流入孟良河。至于马跑泉流到什么地方，才有广济沟的名称，这也很难确定。定县的道光志里说："广济沟在张谦村东北，迤逦东下，过佛殿等村，达祁州界。"照这种说法看来，好像"广济沟"的名称在张谦村东北就有的。近人以为入安国县界，始号曰广济沟，却未曾指出这话的根据，也难使我们确信的。及至询问当地的人民，也都茫然不能解答，所以我们现在只能说发源的地方叫马跑泉，下流叫广济沟了。

道光志不直说广济沟发源于马跑泉，却只说在张谦村东北，许是因为马跑泉的位置尚不能确实指定的缘故。但是由种种记载，我们可以断定马跑泉的所在，及它确为广济沟的水源。

雍正志未曾说明马跑泉发源的地方，只说："吴家庄、曹家庄等处营田，引小清河、马跑泉之水，仍泄于河。”按这里所说的吴家庄及曹家庄，两个村名许有错误，因为县城西南，孟良河南岸，虽然有这两村，但是小清河在这两村的下游，马跑泉也必在两村的东南，那么这两处的水怎样能够逆流引到曹、吴两村庄呢？

雍正志又说：“小清河源发隍池，自西而东，唐家庄先受之，次及吴家庄，而以州南马跑泉济其不及。”从这段话看来，上文所述的曹家庄，许是唐家庄的错误。唐家庄在孟良河北岸，吴家庄在太平沟北岸，都在马跑泉的下游，引用马跑泉的泉水以补不足，自然是可能的。不过这里所说的马跑泉，大概是指太平沟的上游，和保安桥的碑记里所说的马跑泉许是一样的。

雍正志里又说：“张谦等村亦引马跑泉。”这里所说的马跑泉和上文所说的马跑泉，大概不是同一个泉。因为上文所说的马跑泉是流入太平沟的。这里所说的马跑泉是流入广济沟的。道光志里曾说：“广济沟在张谦村东北。”把这两说互相考证，足见马跑泉和广济沟，在张谦村附近是有密切的关系的。今在叮咛店南，广济沟的苏家桥上有一咸丰年间立的修道碑。那碑文现在照录如下：

盖闻修道成梁，纪于夏令。视涂授里，载在冬官。其事属于司空。而其泽遍及天下。此古昔盛世所以道坦夷而人不病于征涉也。定县城南三十里有张谦村者，为南北之通衢，实往来之要路。但历年久远，间车马之所驰驱，担荷之所奔赴，风雨之所漂摽，往来之际，未免有泥涂之苦，本村人等心窃忧之。因于咸丰六年三月间共发善心，买地十余亩，以为填道之用。斯时急义而赴功者，无不脂车秣马，踊跃于争先。工程浩大，未能不日成功。至丁巳年五六月间，由双石桥以至苏家桥，始能荡荡平平，以不失于洼下。苏家桥以南，则有马跑泉焉。昔汉光武为王莽所追，至此渴甚，忽焉马足跑地得泉。是泉也，炎夏则风清气凉，隆冬则水秀草青，古迹昭然，诚中山之胜境，实泥水河之发源者也。然非有以疏通之不可，东张谦浚其东，西张谦浚其西，庶水有所归，而大道之中方不至成为巨浸。凡人之过往于斯者自不忧其窘步者也。咸丰七年岁次丁巳上浣。

修道碑记里既说马跑泉在苏家桥南，又说为泥水河所发源，又说东张谦浚其东，西张谦浚其西。由这样看来，马跑泉的位置确在广济沟以南、张谦村以北。所谓泥水河，大概就是现在张谦村附近所流入广济沟的一切小水沟。再看有的说“张谦等村东北有马跑泉”，又有的说“广济沟在张谦村东北”，都是更足以证明张谦村北、广济沟南有马跑泉。不过我们有须注意的一点，就是，马跑泉不止一处，非但上文所述雍正志里所说流到唐、吴两庄以济小清河的不足的，及保安桥碑记所说为太平沟所发源的，这和修道碑记里所说在苏家桥南的，不是同一个马跑泉，就是和现今在叮咛村南指为广济沟所发源的马跑泉，也各不相同。

我想修道碑虽曾切实指明马跑泉在苏家桥南，但也不见得是一种切实不移、人人承认的说法，保不住是因为光武马跑得泉的传说，指定一处，聊以充数。所以从立碑到现在，虽然只有七十多年，可是已经没有人能够说明这碑里所说的马跑泉实在何处。所以我们现在只能说叮咛村南、张谦村北一带地方所有的泉都是马跑泉，不能在这许多泉里，指定哪一个是马跑泉，哪一个不是马跑泉，也不能在其他的地方找到一个真正为光武马跑地所得的泉。假使真有一个公认的可以确实指定的马跑泉，必定早就确定，不会到现在还成为疑案了。定县的道光志里有一段关于马跑泉的话，可以作为我们的结论，现在把它转录在下面：

> 又按泉以马跑名，必其发源奔驶，非一泓如鉴者可比。或其后的分引过多，来源反致散弱，渐不知其处。或州之东南乡本是多泉，交相挹注，皆可目为马跑泉，究未知孰为马跑泉也。当日王刺史（按即王大年）勤求水利，未有确知源派。而不详载于志书者，今时又百数十年，何从泝溯？亦惟有利并享，有害共恤，商蓄泄之宜，而化町畦之见焉可也。

c. 顺水沟　这沟的发源地在西留春村北，沿广济沟南岸，经东留春、小王耨、董家庄、大王耨及齐家庄等村北，流入安国县，附近村民通称为小河子，沟宽七八尺，深五六尺，两岸栽植柳树。天旱的时候，沟水可以供灌溉。水涝的时候，沟道又可以排泄积水，所以这是有利于附近村民的一条沟。

丙、孟良河的利害

孟良河西自东沿里村西入境内，东至李家庄村南，流入安国县。自昔至今，河道无改。自石坂村以上，河道宽约 1 丈，深约 1 丈 5 尺。自石坂村以下，因与小清河会合，河道宽约 3 丈，深丈许。若非大旱之年，河水可供灌溉。若是旱久，河水也就干涸。崔丘等村在民国三年曾共同开浚河身，深至三四尺，所以河水既可以灌溉，又不至泛滥。唐家庄等村的附近，河身较浅，又兼水磨屯村以南的太平沟的故道已经淤塞，所以这一带村庄常有水灾。民国六年六月初旬，十二年六月中旬，十三年六月中旬，皆发生极大的水灾，唐家庄一带村庄淹没禾稼三百余顷，坍塌房屋五百余间。这河沿岸，向无堤防。现在两岸栽植树木，土质坚固。至于各沟渠利害的情形，亦可略述如下：

太平沟故道未经淤塞以前，每逢孟良河水涨，河水可以由此分泄，不至泛滥成灾；可惜从民国六年大水以后，这条故道就被淤没，现在沟的痕迹都已经埋灭，所以唐家庄、吴家庄、鸡鸣台一带村庄也就容易遭水灾了。草场沟从圣佛头西北石桥以上，宽约 1 丈，石桥以下，宽约 1 丈 5 尺。沟的南岸，堤高 7 尺，沟的北岸，却无堤防，每逢天旱，沟水就涸。所以这沟可以说是没有灌溉的效用。说到广济沟和顺水沟，水利都是很大的。广济沟宽约 2 丈，深 1 丈有余，两岸无堤，土质巩固。水流不绝，可供灌溉。顺水沟宽七八尺，深五六尺。两岸也有些地方栽种柳树。天旱的时候，沟水可供灌溉。一逢雨水太多，这沟又可以排泄，所以这沟的水利，可谓甚大。总起来说，孟良河的河道虽小，水利倒很有可观：河身既然坚固，不容易坍塌，注入的沟渠又各有好处，或足以分泄水势，或足以灌溉田亩，所以这等川渠若能好好地经营，一面疏浚河身，一面加筑堤防，发展水利，是有极大的希望的。

4. 木道沟

《新唐书》载："元和五年夏四月，义武军节度使张茂昭及王承宗战于木刀沟，败之。"这沟所以取名木刀，据《新唐书·地志》里说，因为沟旁有木、刀二姓居住的缘故。现在通称为木道沟，是为滋河的支流；上流在新乐县西境从滋河的北岸分出，东流经过新乐、槁城、无极，及完县，至深泽县北境，又流入滋河。所以滋河和木道沟的形势，恰如一弓一弦。这沟仅经过定县的东南一隅，从木佃村东南入境，经七级和东内堡两村之间，北流合清水沟，又入深泽县北境，流入滋河，在定县境内的沟道，宽约 5 丈，深 1 丈有奇。不过以上所说的都是新道。故道在雍正年间就已经淤塞。后来因为"故道既淤，新道久未疏浚"，"水易泛滥，民田被害"，定县和无极的人民，争自防卫，屡兴词讼。

在东内堡村西北流入木道沟的有清水沟，自钮店村东流出，经南、北高蓬村南，至西湖村南，新立庄西，有泉自西流入。这泉分南北两支：北支从油味村西流出，南支从油味西南流出，合称为卧牛泉。惟北支较南支稍短。清水沟宽六七尺，深约八尺。水深时四五尺，浅时亦有完全无水的地方。卧牛泉宽约六尺，深六七尺。泉水终年不断。所以清水沟和卧牛泉灌溉的利益都很大。

第四节 区 划

定县在道光年间，有433村。据道光三十年（西元1850年）修的定州志《乡约门》所列村数的引言里虽然有“定州为村者四百四十有奇，向统以四十四约”一句话，但总计各约所列的村数，实只有433村。且因各约内往往有把小村附属于邻近较大的村庄，就把两村或三村作为一村看待的情事，所以把各约下所载的领村数合计，只有423。现在把各约内合为一村的各村庄开列于下：（1）元光约内的马头屯和吴阳平合为一村。（2）全邱约内的高就和来合两村合为一村。（3）东不随约内贺家营、瓮家庄及彭家庄三村合为一村；又牛村和程家庄两村合为一村。（4）赵庄约内的西城和东庄两村合为一村。（5）胡房约内的南全房和后营两村合为一村；又高家庄和新村两村合为一村。（6）北不随约内的南全家屯和后营两村合为一村；此外不知还有哪两村合为一村。及到近年，已有470村。因为求行政上的便利起见，往往又把全县的地方分划若干区域，或称里，或称约，或称自治区，或称学区，名称既时时改变，所属的村数亦前后各异。现在把全县区划的概况和东亭乡村社会区内区划的沿革及现状，分项说明如下：

一、全县区划的概况

定县全境旧日曾分为里，后来又改为约，及到近年，才又有自治区和学区的分割。现在且把每种区制的数目及所属的村数，逐一说明如下。

1. 里的区划

定县全境的区划，旧曾行用里制。全县所分的里数，可以从邑志里求得。

据道光志《乡约门》所载各村所属的里，统计起来，全县共有38里。各里所属的村数多寡不一，最多的29村，如忽村里；最少的1村，如永顺里和大兴里。现在把38里所属的村数，列表如下（见表1-2）：

表1-2　　定县38里所属村数

里名	村数	里名	村数
忽村里	29	王吕里	10
南合里	25	宣化里	9
柴篱里	18	永丰里	9
周村里	18	齐堡里	9
永兴里	17	西城里	9
大杨里	17	木佃里	9
赵村里	17	北宋里	9
紫荆里	16	伯堡里	8
庞村里	15	王郝里	8
堤阳里	15	西涨里	8
威武里	15	张蒙里	7
王习里	13	王耨里	6
宫城里	13	土良里	5
永义里	12	子位里	5
永安里	12	张谦里	5
新顺里	12	子远里	4
奇连里	12	永顺里	1
潘村里	12	大兴里	1
车寄里	10		
阜财里	10	总合	430

查表1-2内永顺里和大兴里都只有一村，所属的村数少到这样，似乎可疑：不知是否由于分里的办法一村也可成为一里，所以这永顺和大兴两里原来就都只有一村；抑或由于分里的时候本各有数个属村，及到改行约制以后却只留有一村了。假使后一个猜想是对的，那么从分里的时候到道光年间必定相离很远，因为一个村庄决不是在短时间内能够消灭的。但查永顺里所属的八里店村，大兴里所属的是窑房头村，这两村附近都没有消灭的村，那么后面的一个猜想是错误的。又查八里店后属东不随约，窑房头村属南不随约，照这种情形

推想，也许这两村都因为特别情形，不能附入邻近的各里，就一村独立成一里的。

又按道光志《乡约门》所载的433村里有王耨约的刘家庄、南不随约的怀德营和吴村屯、胡房约的东南合村等四村，未曾注明属于何里，不知是否由于遗漏，抑或由于这四村都是在施行里制的时候尚未成立的村，所以到了改行约制的时代，就不能说明这些村所属何里。假使前一个猜测是对的，那么我们可以注意下面的两点：

（1）里制时代的村数和约制时代的村数相同，都是433村。

（2）全县38里，平均每里有11.4村。

假使后一个猜想是对的，那么我们可以注意下面的两点：

（1）里制时代的村数比约制时代少4村，就是只有429村。

（2）全县38里，平均每里有11.3村。

上面所说的两个假定，现在还没找到充分的证据，所以不能断定究竟哪一个是对的。但是从村的总数说，固然有429和433的差别，但差数只有4村，还不到总村数的1%。若是单从平均数看，那么我们尽可以说平均每里有11村。若得说得更精确一点，那么，只要说平均每里的村数是11村有奇，这样也就够了。

2. 约的区划

定县改里为约，不知从什么时候起的。现在可以供我们查考的，只有道光三十年修的定州志一书。那志里对于改里为约的缘故和年代、定名为约的意义及编约的标准等项，都未曾有所说明；只有含混的话，略略暗示行用约制的时期。如凡例里说，“今从定州旧定之四十余约绘图”；又在《乡约门》的导言里说，“定州为村者四百四十有奇，向统以四十四约，其不随约者亦自以为一约”。我们从“旧定”及“向统”等字样看来，可见在道光二十七八年以前，就已经有约制了。至于编约的办法，州志里也未曾说明，只在《乡约门》的导言里约略有一点提及，如上文所述的四百四十余村统以四十四约，其不随约者亦自为约；又说，一约所统者村有多寡，里有远近。我们从这几句话里只能知道各约所统的村数多寡不等，及这许多村庄有随约和不随约的分别。至于某村凭什么理由或标准划入某约，以及为什么又有不随约的村庄自为一约，这些问题现在都不能查询清楚了。现在根据道光的定州志，把各约所领的村数，列表如下(见表1-3)：

表1-3 定县43约所领村数

约名	村数	约名	村数
张蒙约	22	高蓬约	7
寨南约	15	李亲顾约	7
赵村约	14	王耨约	7
赵庄约	13	西坂约	7
忽村约	13	砖路约	7
全邱约	12	清风店约	7
安家庄约	12	元光约	6
疙瘩头约	12	邢邑约	6
周村约	12	大寺头约	6
潘村约	12	五女约	5
钮店约	11	张谦约	5
胡房约	11	子位约	5
建阳约	10	西涨约	5
庞村约	10	高门约	4
东朱谷约	10	奇连约	4
梁村约	10	大辛庄约	3
溇底约	10	明月店约	3
东亭约	9	南不随约	29
滨河约	8	东不随约	18
怀德约	8	北不随约	17
连塚约	8	西不随约	16
柴篱约	7	总合	423

按元光约、全邱约、东不随约、赵庄约、胡房约及北不随约内，都有两村或三村合为一村的，详细的情形，曾经叙述过，表1-3所列这几约所领的村数，是指合并以后说的。若照原来的村数说，元光约有7村，全邱约有13村，东不随约有21村，赵庄约有14村，胡房约有13村，北不随约有19村。

全县四乡除不随约以外，共39约，统村343。其中领村最多的约领22村，最少的领3村，平均每约领8.8村。东西南北四不随约共有80村，和其他39约合计，共43约，领423村，平均每约领9.8村。

接表1-3所列的约数只有43，和道光定州志里所说44约，数目不符，许是城关本来也认为一约的缘故。但是州志里说44约所统的村是440有奇，查表1-3所列只有423村，就是按照未曾合并的村数计算，也只有433村，和所谓“440有奇”的数目相差10村上下，不知道是什么缘故。

3. 自治区的分划

上文所述的里制和约制，都是一种陈旧的区划法。及到民国初年，因为办理警政，把全县分为六区，后来称为自治区。从县城北至唐河，南至孟良河，东至鲍市邑、大洼里及小陈村等村庄，西至庞白土、塔宣村及孔会同等村，称为自治第一区。孟良河以南，沙河以北，西马头、杨家桥及吕家庄等村以西，张蒙屯、北紫荆及朱家庄等村以东，称为自治第二区。在第一和第二两区以东，北至唐河，南至沙河，称为自治第三区。沙河南一带地方，完全划入自治第四区。第一和第二两区以西的地方，完全划入自治第五区。至于自治第六区，就是唐河以北所有一带地方。现在把六个自治区所属村数（民国十八年调查），列表如下（见表1-4）：

表1-4　定县6自治区所属村数

区名	村数	区名	村数
自治第一区	72	自治第五区	76
自治第二区	66	自治第六区	91
自治第三区	84	总合	470
自治第四区	81	平均每区	78.3

4. 学区的分划

民国十三年，定县教育局又把每一自治区，分为两学区，惟向属自治第一区的城区，划为特别区，所以共分成13学区。自治第一区除城关划为特别区以外，东西成两学区：东边的从总司屯、东关、尧房头及西朱谷以东，称为第一学区，共有37村；西边的从清水河、北庄、西关、南关及刘家庄以西，称为第二学区，共有35村。自治第二区也是东西分成两个学区：东边的从东车寄、梅家庄和牛王庄以东，称为第三学区，共有37村；西边的从北车寄、南车寄、蒲家庄及子远村以西，称为第四学区，共有29村。自治第三区南北分成两学区：

北边的从小洼里、东庞村、东旺及小五女等村以北，称为第五学区，共有45村；南边的从大陈村、东亭镇、元光、西堤阳、东堤阳、李村店及五女店以南，称为第六学区，共有39村。自治第四区内所分的两个学区：在太庄南、油味及北俱佑等村以东的称为第七学区，共有38村；在北留宿及南留宿等村以西的，称为第八学区，共有43村。自治第五区所分的两学区：在高家庄、西念自疃、东念自疃、大小近同及沟里等村以北的，称第九学区，共有34村；在东忽村、于家左、岗北、赵家洼、沿士村及齐家左等村以南的，称为第十学区，共有42村。自治第六区的两个学区，也是向东西分的：在清风店、太平庄、罗家铺及新立庄以东的，称为第十一学区，共有52村；在吴村、东西不落岗及东涨村以西的，称为第十二学区，共有39村。全县12学区，平均每区有39.2村。

二、东亭乡村社会区内区划

东亭乡村社会区包括62村。在里制时代，分属王习、庞村、永安、伯堡、堤阳、永义、土良、新顺及柴篱等九里。在约制时代，分属滱河、建阳、东亭、元光、庞村、五女、全邱、安家庄、柴篱及东不随约等十约。就自治区说，大部分（51村）属于自治第三区，一小部分（10村）属于自治第一区，属于自治第二区的，只有西马头一村。就学区说，分属第一、第三、第五、第六等四学区。中华平民教育促进会总会于民国十五年九月间既定本区以后，又把全区划成六个分区：东亭等7村，称为第一分区；翟城等17村，称为第二分区；西建阳等9村，称为第三分区；小陈村等13村，称为第四分区；唐家庄等9村，称为第五分区；李村店等7村，称为第六分区。把全区分为六个分区的目的，是要使相距较近的各村庄有一种组织，有事的时候更容易联络。分划的办法是先察看62村的位置、交通及人情风俗等情形，假定分为几区，然后又就假定的分区内察看生活情形是否相似，和他区相较是否有特殊之点，是否有一中心村落足为全分区的人集合便利的地方，这种村庄的人口、文化等等情形是否足为全分区的代表。从这几点详细考察以后，才决定某村应属某分区，某分区应有多少村。这东亭乡村社会区内现在所有六个分区，就是按照这种办法划定的。

第五节 土 壤

一、全县土壤的种类及分布的状况

土壤原为地壳的表层，经风、水、温度、生物诸作用，就变为细微之土粒，而成土壤。定县是一大平原，它的土壤由来，属于冲积土，随其所含沙子、黏土质物及石灰、腐植质等之量，可分为壤土、沙质壤土、黏质壤土、黏土、沙土、黑土、青碱土、石砾数种。壤土（Loam Soils）俗名黄土，或名黄沙土，分布于县的东、南、西、北四面。黏质壤土（Clay Loam Soils）为壤土中含黏土质物较多者，又有一种颜色红的，叫做红土，也属于此，分布于县的东部。沙质壤土（Sandy Loam Soils）俗名沙黄土，是壤土中富于沙子者，又有一种叫做细沙土（Silt Soils）也属于此，分布于县的南部和北部。黏土（Clay Soils）分布于县的南部和北部。黏土多含有机物者，叫做黑土，分布于县的南部。黑土含有碱性者，叫做青碱土，一名黑碱土，分布于县的南部和北部。沙土（Sand Soils）即白沙土，分布于县的北部。石砾（Ray）分布于县的南部和北部。

二、第一乡村社会区土壤

1. 全区所有土壤的种类及各种土壤分布的区域与占有的面积

第一乡村社会区全区的土壤面积，共计231 811亩，依照它的价值上说，可分上、中、下数种：上地共计133 301亩，占全区土壤面积之57.5%；中地共计79 910亩，占全区土壤面积之35.1%；下地17 200亩，占全区土壤面积之7.4%。就中以上地为最多，中地次之，下地为最少。又依照它的土性上说，可分沙壤土、沙土、壤土、黑土、黏壤土、青碱土、黏土数种。沙壤土共计67 270亩，占全区土壤面积之29.0%，分布于全区的南西北中部。沙土共计55 318亩，占全区土壤面积之23.9%，分布于全区的东南西北中部。壤土共计54 460亩，占全区土壤面积之23.5%，分布于全区的东北西南部。黑土共计22 400亩，占全区土壤面积之9.7%，分布于全区的南部。黏壤土共计16 963亩，占全区土壤面积之7.3%，分布于全区的南西北部。青碱土共计13 300亩，占全区土壤面积之5.7%，分布于全区的南部。黏土共计2 100亩，占全区土壤面积之0.9%，分布于全区的南部。其中以沙壤土为最多，沙土次之，壤土又次之，黏土为最少，列表如下（见表1-5）：

表1-5　东亭乡村社会区62村各种土壤之分配

土质种类	亩数				
	上地	中地	下地	总计	百分比
沙壤土	48 630	14 740	3 900	67 270	29.0
沙土	16 568	29 500	9 250	55 318	23.9
壤土	38 510	15 000	950	54 460	23.5
黑土	17 450	4 350	600	22 400	9.7
黏壤土	5 213	9 250	2 500	16 963	7.3
青碱土	4 830	8 470	…	13 300	5.7
黏土	2 100	…	…	2 100	0.9
总合	133 301	81 310	17 200	231 811	100.0

2. 各种土壤现在的用途

黏土适于栽种高粱、麦等作物，沙土栽种谷子、豆、花生、棉、山药、麦及树木。壤土栽种谷、棉、豆、高粱、山药、红薯、麦、玉米、花生等作物。沙壤土栽种谷、豆、棉、花生、高粱、番薯、山药、麦及树木。黏壤土栽种谷、豆、棉、山药、花生等作物。黑土栽种五谷。青碱土栽种谷、豆、麦、高粱及树木。

第六节　气　候

定县的位置当北纬38度，在北温带的中部，所以气候温和，适于生活。不过雨量稀少，空气干燥，春秋两季又多大风，夏天且常有疾风暴雨及冰雹，这是当地气候的缺点。所有各种详细情形，当在下面分项叙述。

一、气温

要知道一个地方气温的情形，应当有那地方历年精确的测量和记载。定县向来未有人做过这种工作。平教总会的测量气温，又正在开始，时期太短，不足为据，所以要知道定县的气温的详细情形，只有参考邻近地方所有的材料了。定县北离保定只有150里，两地的地势又同为平原，所以两地气候相差无几。现在把保定气候测量所历年测量和记载的气温，转录于下（见表1-6至表1-9），以作参考。

表1-6　　民国二至十五年平均气温

年别	平均气温（摄氏度）												
	一月	二月	三月	四月	五月	六月	七月	八月	九月	十月	十一月	十二月	年平均
民国二年												−2.2	−2.2
民国三年	1.2	0.9	6.3	13.6	20.6	25.7	25.7	25.4	19.8	14.4	3.3	−2.7	12.9
民国四年	−7.5	−3.4	4.3	12.2	19.1	24.5	26.8	25.2					12.7
民国五年	−7.0	−0.9	3.7	12.4	20.7	25.0	27.2	24.7	19.2	12.3	5.1	−5.4	11.4
民国六年	−7.0	−2.2	3.2	14.2	19.4	26.3	26.9	25.7	16.8	12.8	3.8	−0.5	11.5
民国七年	−4.5	−0.4	5.9	13.6	18.3	25.9	27.0	24.9	18.8	12.7	3.7	−5.0	11.7
民国八年	−6.8	0.1	7.8	15.1	20.8	26.2	27.3	27.1	21.2	13.5	4.2	−3.5	12.8
民国九年						25.3	29.3	27.7	20.0	15.2	5.3	−2.5	17.2
民国十年	−6.9	−0.6	5.6	13.7	19.2	25.2	27.6	25.3	20.9	13.4	4.6	−3.7	12.0
民国十一年	−7.5	−2.9	5.6	16.5	20.0	27.5	27.0	26.2	20.8	14.5	3.7	−2.5	12.2
民国十二年	−6.9	−3.2	6.9	13.2	20.6	25.6	27.0	25.7	20.1	12.1	3.8	−1.9	11.9
民国十三年	−3.0	−1.6	4.3	14.3	21.8	26.1	25.7	25.6	20.9	9.8	5.1		13.5
民国十四年				14.6	18.5	21.2			20.7	14.8	8.9		16.5
民国十五年									18.9	13.0	6.4	−4.4	8.5
总月平均	−5.6	−1.4	5.4	13.9	19.9	25.4	27.0	25.8	19.8	13.2	4.8	−3.1	11.6

表1-7　　民国二至十五年最高气温

年别	最高气温（摄氏度）												
	一月	二月	三月	四月	五月	六月	七月	八月	九月	十月	十一月	十二月	年平均
民国二年												6.9	6.9
民国三年	1.1	7.5	12.9	21.1	30.3	33.5	30.7	32.5	28.1	22.1	9.5	4.5	20.3
民国四年	−1.5	2.9	11.3	18.7	26.7	31.9	32.6	31.5					19.3
民国五年	0.3	4.7	10.9	19.4	28.7	32.8	34.2	31.5	25.7	20.4	11.2	1.2	18.4
民国六年	0.3	6.0	13.2	31.1	27.3	33.2	31.7	30.7	23.6	19.4	10.9	−0.2	18.1
民国七年	3.7	7.2	12.6	19.8	24.9	31.3	33.5	30.2	23.6	21.8	9.5	1.0	18.3
民国八年	−3.0	7.6	14.3	21.8	20.6	33.1	33.6	35.2	27.9	21.4	12.5	3.4	19.0
民国九年						33.1	36.1	35.1	27.8	24.5	13.0	4.9	24.9

续前表

年别	最高气温（摄氏度）												
	一月	二月	三月	四月	五月	六月	七月	八月	九月	十月	十一月	十二月	年平均
民国十年	1.9	8.8	12.9	21.7	27.5	31.3	34.2	31.6	30.3	24.7	12.4	7.4	20.4
民国十一年	-1.4	4.3	11.7	33.4	27.3	35.7	35.7	31.6	27.5	24.1	9.8	5.6	19.6
民国十二年	1.9	2.5	12.8	20.8	26.5	34.9	34.5	31.7	27.1	20.9	10.5	5.0	20.8
民国十三年	4.7	3.8	10.5	22.1	21.0	34.9	30.3	30.9	27.1	18.5	14.5		20.8
民国十四年				21.5	25.2	25.9			26.6	22.2	15.0		22.7
民国十五年									23.8	20.7	11.0	1.5	14.3
总月平均	0.8	5.5	12.3	22.9	26.8	32.6	33.4	32.0	26.6	21.7	11.7	3.7	18.9

表 1－8　　民国二至十五年最低气温

年别	最低气温（摄氏度）												
	一月	二月	三月	四月	五月	六月	七月	八月	九月	十月	十一月	十二月	年平均
民同二年												-7.6	-7.6
民国三年	-4.2	-4.5	0.5	6.3	12.6	18.5	21.4	11.8	14.3	7.9	-0.9	-8.4	6.3
民国四年	-11.4	-8.5	-2.0	5.4	11.8	17.4	21.4	20.5					6.8
民国五年	-12.8	-5.8	-3.4	5.3	12.4	17.6	20.8	19.6	13.7	4.6	0.1	-10.8	5.1
民国六年	-12.8	-9.0	-2.1	7.3	11.5	20.0	22.8	20.9	14.8	7.4	-1.6	-11.4	5.7
民国七年	-11.1	-6.0	-0.3	7.4	12.2	18.2	21.5	20.5	14.8	4.8	-2.3	-9.7	5.8
民国八年	-7.6	-4.5	2.3	8.8	13.9	18.3	22.4	21.4	14.7	6.9	-1.9	-8.5	7.2
民国九年						18.0	23.7	21.1	15.4	8.5	-0.2	-5.9	11.5
民国十年	-3.9	-8.1	-1.5	6.6	12.0	17.5	21.1	19.9	13.7	11.9	-1.0	-2.6	7.1
民国十一 年	-6.2	-10.0	-1.7	8.7	12.4	18.5	21.5	21.6	14.2	5.3	-2.9	-9.2	6.1
民国十二年	-11.4	-14.4	2.0	7.3	13.4	18.7	21.7	21.2	14.5	5.4	-1.1	-7.0	5.6
民国十三年	-8.8	-6.6	-2.0	0.5	13.4	18.2	22.1	21.5	15.4	3.4	-1.7		6.9
民国十四年				7.3	14.4	17.0			14.6	8.1	2.7		10.7
民国十五年									13.6	6.0	1.0	-9.9	2.7
总月平均	-9.2	-7.7	-0.8	6.5	12.7	18.1	21.9	20.0	14.5	6.7	-0.8	-7.4	5.7

表 1－9　　定县民国十七年内每月之平均最高及最低气温

月份	气温（华氏度）		
	平均	最高	最低
一月	25	39	23
二月	28	36	21

续前表

月份	气温（华氏度）		
	平均	最高	最低
三月	47	60	30
四月	60	72	42
五月	70	78	59
六月	82	88	74
七月	82	91	73
八月	78	87	70
九月	68	80	60
十月	59	70	50
十一月	39	51	30
十二月	21	35	23
年平均	54.9	68	46.3

从上面表 1－6 至表 1－8 看起来，可见定县每年最冷的时候在一月，这月最高温度约为 0.8℃，最低温度约为－9.2℃，平均温度约为－5.6℃。每年最热的时候在七月，这个月最高温度约为 33.4℃，最低温度约为 21.9℃，平均温度约为 27.0℃。一、七两月的平均温度相差 32.6℃。一年十二个月的温度，按月相差，平均约为 5.4℃。其中差数最大的为由三月（平均温度 5.4℃）至四月（平均温度 13.9℃），及由十月（平均温度 13.2℃）至十一月（平均温度 4.8℃），前者为增高 8.5℃，后者为降低 8.4℃。差数最小的为由六月（平均温度 25.4℃）至七月（平均温度 27.0℃），及由七月（平均温度 27.0℃）至八月（平均温度 25.8℃），前者增高 1.6℃，后者降低 1.2℃。现在把气温按月的差数列表如下（见表 1－10）：

表 1－10　　民国二至十五年十二个月平均温度递增递减数

月别	平均温度（摄氏度）	与上月比较增加（＋）或减少（－）（摄氏度）
一月	－5.6	－2.5
二月	－1.4	＋4.2
三月	5.4	＋6.8
四月	13.9	＋8.5
五月	19.9	＋6.0

续前表

月别	平均温度（摄氏度）	与上月比较增加（+）或减少（-）（摄氏度）
六月	25.4	+5.5
七月	27.0	+1.6
八月	25.8	-1.2
九月	19.8	-6.0
十月	13.2	-6.6
十一月	4.8	-8.4
十二月	-3.1	-7.9

又查各月的平均气温，六月和八月相似，五月和九月相似，四月和十月相似；惟三月比十一月略高，二月比十二月亦略高。照这种情形看来，可见定县一年当中，温暖的时候比较寒冷的时候多。若把全年分为四季，那么应当以十二、一、二等月为一季，是为寒季；以六、七、八等月为一季，是为热季；又三、四、五等月及九、十、十一等月各为一季，这两季的气温差不多相同，可称为温季。不过这样的分法和习惯上春夏秋冬的分法有点不合。普通的习惯都以二、三、四等月为春季，五、六、七等月为夏季，八、九、十等月为秋季，十一、十二及下年一月为冬季。照这种分法，春秋两季的气温就不能说是相同，因为二月的气温和十二月相似，以二月为孟春，那么十二月就当为仲冬，这就是说孟春的气温和仲冬相似了。依此类推，仲春（三月）的气温等于孟冬（十一月），季春（四月）的气温等于季秋（十月），孟夏（五月）和仲夏（六月）的气温反各等于仲秋（九月）和孟秋（八月）了。这虽似小事，却也不可不特别说明，以免发生误会。

二、雨量

定县雨水稀少。冬春雨季普通称为干季。至夏秋之交，始常见阴雨连绵，檐溜不绝。现因本县对于雨量没有精确的材料可作研究的根据，故又暂把保定的降水量统计表转录于下以供参考（见表 1-11）：

表 1-11　民国二至十五年降水量

年别	降水量（公厘）												
	一月	二月	三月	四月	五月	六月	七月	八月	九月	十月	十一月	十二月	年平均
民国二年												3.8	3.8

续前表

年别	降水量（公厘）												
	一月	二月	三月	四月	五月	六月	七月	八月	九月	十月	十一月	十二月	年平均
民国三年	—	23.3	17.2	1.3	3.3	47.8	171.9	14.2	21.1	35.0	70.1	2.5	407.7
民国四年	4.4	11.5	0.0	13.5	70.1	19.4	105.6	111.2					335.7
民国五年	0.0	3.7	5.2	9.5	9.8	56.8	106.0	107.4	55.5	3.2	45.7	5.1	407.9
民国六年	0.0	0.0	0.0	0.0	8.7	34.7	403.0	185.7	132.0	68.5	—	6.0	838.6
民国七年	0.0	0.0	7.0	4.6	61.4	69.8	57.2	95.0	15.6	0.0	29.2	6.0	345.8
民国八年	1.5	0.0	0.0	4.8	13.8	94.8	180.7	40.3	3.3	0.0	0.0	3.5	342.7
民国九年						2.5	43.0	11.9	6.6	0.0	—	1.0	65.0
民国十年	0.0	—	0.0	0.0	1.8	5.7	1.4	5.5	12.0	2.5	—	—	28.6
民国十一年	1.4	1.7	—	1.0	30.6	14.3	117.0	137.5	18.8	0.6	0.8	0.0	323.7
民国十二年	0.0	0.0	13.0	2.5	1.5	19.8	112.8	167.0	32.5	16.0	1.2	3.6	369.9
民国十三年	2.5	6.4	12.3	0.0	8.4	7.0	624.5	172.8	23.8	—	—		857.7
民国十四年				26.2	30.6	29.9			41.4	0.0	1.7		129.8
民国十五年									3.0	1.0	34.4	0.0	38.4
总月平均	9.8	46.6	54.7	63.4	239.7	402.5	1 923.1	1 048.5	365.6	126.8	183.1	31.5	4 495.3

从表 1－11 看来，可见定县在十二及一、二、三、四等月，往往不下雨，即下也是不多。从五月以后，降水量才逐渐增多，至七月为全年降雨最多的时候，降水量为 1 923.1 公厘。八月的降水量比七月稍少，从九月以后，就又逐渐减少了。

三、气压、湿度、风速及风向

关于此项情形，现亦只好转录保定所测定的结果（见表 1－12），以见一斑。

表 1－12　　民国十四至十五年之气压、湿度、风速及风向

月别	气压			湿度			风速			风向	
	十四年	十五年	总月平均	十四年	十五年	总月平均	十四年	十五年	总月平均	十四年	十五年
一月											
二月											
三月											
四月	760.91		760.91	38.9		38.9	2.39		2.39	W76°S	
五月	754.28		754.28	69.2		69.2	2.89		2.89	E6° ENE	
六月	752.74		752.74	74.6		74.6	1.67		1.67	E27°NE	

续前表

月别	气压			湿度			风速			风向	
	十四年	十五年	总月平均	十四年	十五年	总月平均	十四年	十五年	总月平均	十四年	十五年
七月											
八月											
九月	757.32	761.10	759.21	66.1	72.2	69.2	1.54	0.90	1.22	E4°ENE	E50°NNE
十月	763.37	762.81	763.09	66.1	53.2	59.7	1.32	1.84	1.58	E15°ENE	E7°ENE
十一月	765.25	766.55	765.90	69.1	70.4	69.8	1.39	1.78	1.59	567°ESE	E57°NNE
十二月		770.62	770.62		55.1	55.1		1.71	1.71		E37°NE
年平均	758.98	765.27	…	64.0	62.7	…	1.87	1.56	…	…	…

四、作物生长期的长度

从春季晚霜到秋季早霜所隔的一段时间，叫做作物生长期。定县春季最后的晚霜多在清明节前，虽有时在清明节以后，但不常见。秋季的早霜多在寒露节后，亦有时在寒露节前。照这样计算，定县作物生长期的长度约有6个月，合计180日上下。

五、气候不良的情形

定县雨水稀少，易受旱灾。幸亏近年以来，遍地凿井，用人力灌溉，天气虽旱，庄稼还可不至于受大损失。但六七月间常有暴风疾雨，且常有冰雹，庄稼往往受害。那冰雹所伤的地段，仅成一直线，受害的区域还是有限。至于暴风烈雨所过的田亩，庄稼大半折倒，受害极大，常能使农家收量大减。据云受害时期若在头伏以前，还可种荞麦，以为补救。若在头伏以后，就不能补种作物，这就成为荒年了。

第二章　历　史

第一节　定县的起源及沿革

定县的历史，颛顼以前，无可考究。颛顼氏分天下为九州，那时定县的地方属于冀州。帝挚五年（西元前 2361 年）尧受封为唐侯，到帝挚九年（西元前 2357 年）受禅为天子，定都平阳。① 现今新乐以北、唐河以南的一带地方都是昔日唐侯的封域，定县城北十五里的唐城村，就是唐侯的故城。所以定县在西元前 2361—前 2357 年的五年间，是尧受封的唐国。帝尧登位以后，九州的区制沿用颛顼的旧制，可见那时的定县仍属冀州。后经虞、夏、商三代都是如此，直至周时才属并州。

春秋时（西元前 722—前 481 年）② 有鲜虞国，这国名最初发现于鲁昭公十二年（西元前 530 年）的《春秋经传》。《经》云："晋伐鲜虞。"《左传》云："晋荀吴伪会齐师者，假道于鲜虞，遂入昔阳。"杜预注云："鲜虞白狄别种。在中山新市县。"昭公十三年的《左传》里又说："鲜虞人闻晋师之悉起也，而不警边，且不修备。晋荀吴自着雍以上军侵鲜虞，及中人，驱冲竞，大获而归。"杜

---

① 关于帝挚、唐尧的生平活动时间，有不同说法。——编者注

② 关于春秋时期起止时间，与今不同。——编者注

预注云："中山望都县西北有中人城。"杜预为西晋时候的人。那时的新市县就是现在定县南的新乐县，那时的望都县就是现在定县北的望都县。中人城既为鲜虞的属邑，那时定县的地方属于鲜虞国，是显然的了。至定公四年（西元前506年）又有中山的名字始见于《左传》。《左传》云："四年春三月，刘文公合诸侯于召陵，谋伐楚也，晋荀吴求货于蔡侯，弗得。言于范献子曰：'国家方危，诸侯方贰。将以袭敌，不亦难乎？水潦方降，疾疟方起。中山不服，弃盟修怨，无损于楚，而失中山，不如辞蔡侯。吾自方城以来，楚未可以得志。只取勤焉。'乃辞蔡侯。"这是中山的名字在《左传》中发现的第一次。至哀公三年（己酉，周敬王二十八年，西元前492年）又在《左传》中发现一次。《左传》云："春，齐卫围戚，求援于中山。"中山的名字在《左传》中前后发现二次。且有中山的名字以后，鲜虞的名字在《左传》中仍旧继续发现，直至哀公六年（西元前489年）以后才不再见。但在《春秋》里始终只有鲜虞而无中山。杜预注云："中山鲜虞。"难道中山就是鲜虞的别号吗？但是鲜虞为白狄子姓，中山为姬姓。姓氏既然不同，两国并非本为一国可知。但是鲜虞究在什么时候灭？后来的中山究在什么时候立国？在昭公十二年的《左传》中何以就有中山的名字发现？有中山的名字以后，何以仍旧有鲜虞的名字直至哀公六年为止？这些问题都只好等历史家去研究解决了。

史载周威烈王十二年（西元前414年）中山武公初立，从此以后，鲜虞的名字不再看见，定县的地方就为中山国土了。威烈王十八年魏文侯克复中山，不绝其祀，仅使人防守，中山国从此属于魏。周赧王二十年（西元前295年）中山为赵所灭，定县的地方从此又为赵国的属地。秦王政二十六年（西元前221年）分天下为36郡，各郡的领县不详。参究那时钜鹿郡的疆域和现在定县的境地，可见定县是属于钜鹿郡的。汉高祖因秦郡过大，把原有的36郡析为62郡，设置中山郡，领有卢奴、苦陉、新处、安险等14县。据定县新志说，那时的中山郡治在唐县西北13里的中山城。现在的定县占有那时卢奴、新处、安险、苦陉等四县的地方。卢奴故城就是现在定县的县治。卢奴的领土在现今定县的西境，占全县面积的十分之五六。安险的故城为现在县东30里的故城村，它的领土也为现在县的东境，约占全县十分之二三。新处县也当在县的东北境，大辛庄的名字许是由新处转变而来，它的领土地占现在县的十分之二三，这县在光武以后就并入卢奴了。至于苦陉的故城为现在县南的陉邑镇。宋初把陉邑并入无极。明初才把无极北境原属陉邑的十村割归定州。景帝前三年（西元前 154 年）封皇子胜为中山王，从都卢奴，从此以后，中山郡改为中山国，并且才以卢奴为国都。武帝元朔五年（西元前 124 年）又封中山靖王子嘉和应各为新处侯和安险侯，至元鼎五年（西元前 112 年）均因事削封。当时郡国相间。至元封五年（西元前 106 年）置 13 部刺史分统郡国，中山国属于冀州。新莽窃国十五年，曾把苦陉改名北陉，安险改名宁肯险。又因中王成都曾献书颂功德，封他为列侯。及光武中兴，初封族叔茂为中山王，建武十三年（西元 37 年）改封为穰侯。建武十七年进封皇子右冯翊公辅为中山王，二十年徙为沛王。三十年进封皇子左冯翊公焉为中山王。自此至灵帝熹平四年（西元 175 年）中山穆王畅薨，因无子，国除。所以东汉从建武初到熹平中，140 余年间，定县均为中山国土。那时中山国领有卢奴、安熹、汉昌等 13 县，卢奴为中山国都。汉昌就是苦陉，是章帝改名的，所以建武二年（西元 26 年）封杜茂，还称为苦陉侯。安熹就是安险，也是章帝改的，后来又改作安喜，灵帝末年，刘备因讨黄巾贼有功，曾擢为安喜尉。三国的时候，魏据中原，有州 13，冀州也属于魏。明帝太和元年（西元 227 年）改封诸侯王，皆以郡为国，从封濮阳王衮为中山王，领县不详。查东汉中山国所领的 13 县及西晋中山国所领的 8 县内都有卢奴、安熹、汉昌（魏昌）等县，照这样推想，要说曹魏的时候这 3 县都属于中山国，也许是不错的。

晋武帝泰始元年（西元 265 年）封司马睦为中山王，食邑 5 200 户，统卢奴、魏昌、安熹等 8 县。魏昌就是前汉的苦陉，至魏文帝的时候才把它改名魏昌。武帝咸宁三年（西元 277 年）降中山王腾为丹水侯，封济南王耽为中山王，弟缉袭爵，后从成都王颖拒王浚，没于阵，无子国除。怀帝永嘉三年（西元 309 年）石勒遣将攻中山、博陵、高阳诸郡，降者数万人，自是中山属于石赵。及冉闵灭赵，中山又属冉魏。至东晋穆帝永和七年（西元 351 年）前燕的慕容恪攻拔中山，从此中山又属前燕。永和十年（西元 354 年）燕王儁以子玮为中山王。升平三年（西元 359 年）燕王儁封子冲为中山王。帝奕太和五年（西元 370 年）前燕亡，中山又改属苻秦。武帝太元九年（西元 384 年）燕慕容麟攻拔中山，自是中山又属后燕。太元十年（西元 385 年），燕在中山大营宫室，十二月，燕王垂定都中山。翌年（西元 386 年）正月燕王垂在中山称皇帝。自怀帝永嘉以来，直至此时，80 年间，中山的隶属凡五变，先属石赵，继属冉魏，又属前燕与苻秦，最后又属后燕。争夺纷纭可谓已达极点。所以这 80 年间，中山的领县亦不能详考。直到燕王定鼎，慕容垂在此置中山尹，改卢奴名曰弗远（《旧唐志》作不连），定县的地方才又为燕国都城。

晋安帝隆安元年（西元 397 年）魏王珪攻克中山，平慕容宝，置行台，以防山东。又置安州，领中山郡。并复卢奴故名，为安州州治及中山郡治。安州后来取“平定天下”的意义，改为定州。定州的名字是从这时候才有的。中山郡所领的有卢奴、魏昌、安熹等 7 县。北齐的时候，据定州新志里说，州郡的制度没有更改。这时废除安熹，并入卢奴，并把卢奴改名安喜，唐县也同时并入。后周高祖建德六年（西元 577 年）置定州总管府，领鲜虞郡，郡的领县，当与齐同。隋初置定州，设总管。又在安险故城复置安喜县，至大业初年（西元 605 年）又废。大业三年（西元 607 年）改定州为博陵郡。大业九年（西元 613 年）又改为高阳郡。领有鲜虞、隋昌等十县。鲜虞就是前汉的卢奴。北齐废安熹入卢奴，并把卢奴改名安喜。北周时，置鲜虞郡。到隋开皇初年（西元 581 年），废郡，入州，并改安喜为鲜虞县。又在安险旧境复置安喜县。至大业十年（西元 614 年），又废安熹，并入鲜虞。从此以后，安险故境就不再设县了。元魏的魏昌当北齐时也曾被废。到开皇十六年（西元 596 年），才又恢复，并且改名隋昌。

唐高祖武德初年（西元 619 年），改郡为州，改太守为刺史。四年平窦建德，在定州设总管府，领定、恒等 5 州。六年升为大总管府，领定、洛等 32 州。七年，改设都督府，领定、恒等 8 州。至太宗贞观元年（西元 627 年）并有州县，分设十道，以定州隶属河北道。五年废除定州都督府。唐元宗天宝元年（西元 742 年）改定州为博陵郡，到肃宗乾元元年（西元 758 年）才又恢复旧制，设置定州。德宗建中三年（西元 782 年）置义武节度使。是为定州设置节度使之始，自此至五代，均相沿不改。德宗贞元十三年（西元 797 年）改为大都督府，十四年，又废，仍改定州。按唐代 290 年间，自武德初年改郡为州，定州的名称，除自天宝至乾的 16 年间改为博陵郡以外，其余的时候皆相沿无改。所领有安喜、唐昌等 10 县，隋代的鲜虞县，在武德四年改名安熹县。隋昌县也于武德四年改名唐昌，到天宝元年又改名陉邑。五代 53 年间（西元 907—959 年）沿承唐制，仍置定州。至于所领何县，不能详考了。

宋太宗太平兴国五年（西元980年）设定州都部署以镇定州。仁宗庆历八年（西元1048年）置定州路安抚使，统领定、保等8州军。徽宗政和三年（西元1113年）升定州为中山府。至高宗建炎三年（西元1129年）此城为金人所攻取。宋时的定州和中山府皆领安熹等7县，并一寨，一军。唐代的陉邑，据定县新志里说，宋初已并入无极了。

金得中山，仍设为府，领有安熹等7县及2镇，以安熹为府治。元沿金制，仍为中山府，领安熹等3县。是现在的定县在金时犹称为安熹，到元时才称为安喜。直到明太祖洪武元年（西元1368年）改中山府为定州，隶属真定府，以安喜为州治，省县入州，从此以后，安喜的名字就不再见，明思宗崇祯年间设定州道于此。至清顺治六年（西元1649年）始裁撤。雍正二年（西元1724年）升定州为直隶州，领2县。十二年新乐改属真定，而以保定之深泽来属，仍领2县。至民国二年分全省为津海、保定、大名、口北四道，以定州隶保定道。民国三年始依部令，改为定县。

统观定县的起源及沿革，最初属冀州，后为唐国，春秋属鲜虞国，战国属中山国。秦属钜鹿郡，汉、晋为中山国都，南北朝为后燕国都。元魏置行台，北周设总管，唐设节度使，宋设都部署，金元为府治，明清为州治。可见这地方历代皆占重要的位置，至于它的疆域在汉时，为卢奴、苦陉、安险、新处等4县，光武以后，新处并入卢奴，是以由4县并为3县，就是卢奴、苦陉、安熹等。至隋炀帝大业初年，并安熹入鲜虞，这时又由3县并为2县，就是鲜虞和隋昌，隋昌在唐初改名唐昌，天宝元年又改名陉邑，到宋朝初年又省入无极。所以定县的地方在太平兴国初年只有一个安熹县。历金及元，都是如此。直至明洪武二年（西元1369年）才又把无极北境原属陉邑县的10村割归定州。从那时以后，定县的疆域就没有什么改变了。

定县自唐建国以来，历代皆占重要位置，视为河北重镇，地势重要，兵家所争，因此地方常受兵灾。兹将自清以来在定县发生变乱略述于下。顺治七年（西元1650年），大同总兵姜瓖叛变，自山西窜定州，大行抢掠，妇女被掳者甚多，唐城一带村庄受害最重。有平阳烈妇，为贼所得，矢志不从，血书绝命诗4首，缢于唐城文昌阁。自此以后，清代休养生息，几200年不见兵事，至咸丰间始有警报。咸丰三年（西元1853年），粤匪作乱，攻破真定、栾城，进藁城之濠庄，定州土匪亦乘机倡乱。匪首卢二鲁、张吉太、马撅子等率众叛徒，四出劫掠。时州有王灏者独出家财，办团练，保卫地方，且尝协助官军，御防贼匪，很有功效。州境因以得安。同治元年（西元1862年），匪乱大起，王灏率团练破之，同治六年（西元1867年），盐枭倡乱，王灏率众与战于东亭镇，贼不支逃去。同年八月在唐河南岸发现马贼数百骑，意欲渡河往扰清风店，地方团练奋力往御。后来官兵亦往助剿，奈贼党人多势大，官民死伤甚多，贼势更张，横行大流、高门一带，在州境盘踞约三月之久。后官军攻破高门镇，贼始逃沙河。同治七年（西元1868年）捻匪张总愚，由深泽来扰州境。定州东南丁村，村民选壮丁防守，筑寨御贼，附近村民多往避难者，声势大振。贼率众包围村庄，用疑兵之计，声东击西，村民惊扰，贼破围墙而入，大行杀戮，村民死者无数。贼复率众进博县城，值学使贺寿慈来县试士，贺亲自巡视城垣，监督官民，分防固守，又张设灯火，多竖旗帜，以张声势。匪至果疑城内有戒，引众东去，往略祁州。捻匪乱后，河北平静无事者，约三十年，至光绪二十六年（西元1900年），又有拳匪之乱。拳匪是人民愤于外人侵略日甚，国势日见陵替，因而聚集党徒，仇杀外人。初设坛焚香，借迷信以资号召，党徒既众，遂大举杀戮教民，烧毁教堂，后竟乘机掠夺，行同强盗，人民苦之。定县北车寄村有天主教堂为定县最大之教堂，拳匪乱起，各地教民多避集于此，教民亦作防守之策，负固抵抗，拳匪攻之未能破，教民复吋出扰城南笃义团。难民逃奔县城，求救于官，县中有团勇百人，派往攻车寄教堂，教民度不能支，夜间率男女老幼数百人，欲逃往真定，黎明行抵高蓬镇，又被镇中拳匪截住，有被杀戮者。二十六年九月，联军登岸，进据定州西关，后至高蓬镇，以炮轰击，镇中火起，市廛变成灰烬，居民惨死无数。拳匪畏联军威势，四散逃避。曲阳黄山古寺，有拳匪避集约数百人，凭险以守，且不时出掠居民，为害最烈。后被联军侦知，以巨炮轰击，烧毁山寺，寺中有隋代石经，亦被焚毁无遗。同年十一月，拳匪又起，且与盗贼勾结，盘踞南乡，昼夜劫掠，州境几无净土。幸州牧金永，勇武强干，访查甚严，捕获六十余人，斩于市曹，乱乃稍定。时城东王习村，有匪称乱，拥一少年女子为首，称帝号召，后被营防捕获，乱遂平定。光绪二十七年（西元1901年），驻定县联军，有数十人经过城东大寺东丈村，见有寨很坚固，欲入村游览，村人不许，联军走去，村人戏以枪毙其兵目一人，联军大怒，调炮队来攻，村人惊散，联军破寨入村，纵火烧房，田舍都被烧毁，且任意杀人，附近村庄小流、北祝等村，亦遭惨害。①

民国成立以后，人民方庆脱离革命的浩劫，希望政治上轨道，内战不再发生，从此苏息休养，与民更始。但事竟不然，内战仍是接连不断地发生，而且每次内战，居民的农事、经济，都大受影响，尤其是溃兵散乱，到处抢夺。民国五年通州兵变，溃军向南退却，一路索衣要食，并搜罗车马，沿京汉铁路的村庄，大受骚扰。民国八年段祺瑞、吴佩孚因护法问题决裂，在长辛店战争，相持数月。定县虽未被兵灾，然后方供给浩繁，征发车马，搜索粮草，人民负担甚巨。民国十三年秋季，直奉战争，其后冯军退去五原，吴军亦放弃保大，某军雄踞华北数省，时间最久。因连年用兵，需款孔急，加捐加税，其名目有讨赤费、兵事费、特别捐等项。民国十四年，某师长率部由南来，驻扎定县西关、陈蔡庄、宣村、会同一带村庄，民房都被占据，衣服财物损失甚巨。十五年五月，某军南行，大征车马，粮秣草料，供应极繁。十五年十一月，某军大队南行，时天气正寒，大雪漫漫，人马喧阗，行经西关，驻于明月店镇左右。军队一经驻扎，猪、羊、柴、菜，供应极繁。民国十六年九月，某军（甲）在河南战败，退到新乐县，与某军（乙）遇，两军战于杨麼山迤南地方，战事异常激烈，炮火轰天，三日夜未息。定县人民夜间听到炮击，大起恐慌，谣言四起，市面顿形紊乱。九月十三日，某军（甲）蜂蚁而至，大部驻于中军帐、陈蔡庄等村，适某军（乙）追至，某军（甲）不战匆匆北退，退到方顺桥，才与追兵接战，作拒守计。这时某军（乙）只顾乘胜追击，不料孤军深入，后方无继，又被某军（甲）包围，某军（乙）被迫退守定县县城，以待援军。这时某军（甲）忽从东道绕至东关，与某军（乙）侦骑相遇，急发枪弹，击死某军（乙）人马各一，某军（乙）侦骑南退，某军（甲）喊声大作，将县城包围。城内某军（乙）力图抵抗，激烈战事于是开始。某军（甲）首先攻破东门，夺获某军（乙）大炮一尊，但某军（乙）仍不肯退走，拼命抵抗，两军在城内发生巷战，一时枪林弹雨，炮声动地，城内商民非常地惊恐，有的人逃出城外，到

① 拳匪，指义和团；捻匪，指捻军。二者是当时政府对民间运动团体的蔑称。——编者注

远处乡村避难，有的人不能逃走，就潜伏在墙隈下或藏地窖中，以避枪弹。虽然，人民死于非命者，还是不少。某军（甲）一面猛烈地向某军（乙）进攻，一面捉拿苦力，逼人索钱，且战且抢。两军战争互有胜负，炮火所过，浓烟四起，断垣颓屋，一片焦土，人民伏地穴中，有三日不得食者。日暮某军（乙）退至西关，某军（甲）尾击，某军（乙）徐徐退去。九月十六日，战事方歇，忽而某军大掠数日。西关一带更是厉害。大掠数日之后，军队仍扎城关，秩序稍为安定。但在附近村庄，收劫粮料，搬运秆草。抑买猪羊，强取柴菜。后来天寒的时候，柴草日少，近处搜括不得，又到远乡搜括，弄得四境骚然。民国十七年春，某军（甲）南攻，进驻行唐、获鹿一带，与某军（乙）战，先获小胜，后又失利，退回真定，改攻山西各关。某军（乙）防守甚固，某军（甲）屡攻不得胜利，怒毙军官多人，终不能克。后来某两军合约以进，某军（甲）不战而退，退到定县，肆行抢掠，烧毁房屋。其后某军追至，激战数十日，胜负尚未决。定县县城为某军占据，设防巡守，捉苦力，修战沟，棚战壕，斫伐树木，运子弹，一如前线光景。后某军果一度绕攻县城，那时候恰巧南军开到，与某军合力攻之，某军不支，弃保阳而去。

总之，民国十余年来，内战常常发生，人民财产牲畜，损失甚巨，又加以赋税屡增，征收特别捐、抚恤捐等杂捐，人民担负日重。

第二节　古　迹

定县有久远的历史，从唐尧受封（西元前 2361 年）的时候到现在，已有四千多年。加以历朝在这地方建国、建州、建郡、建府，都是竭力经营，十分重视。这定县真是个先进之邦，古迹丰富，自不必说。现在只把那些和现在的社会生活有关系的古迹简单地说明，以为了解现在这地方的社会生活的一种帮助，其余的暂置不提。

一、料敌塔

塔在县治以南。清康熙时，知州把它列为定州八景之一，题曰：开元宝塔。

这个题名的由来，大概因它建在开元寺中的缘故。考定县志书所载，这塔是宋代建造的。宋真宗时，开元寺僧会能尝往天竺取经，得舍利子以归。咸平四年（西元 1001 年）诏会能建塔，伐材于嘉山。到仁宗至和二年（西元 1055 年）塔始告成，工程的始末共经过五十余年。嘉山本多乔木。因为建造这塔，山木采伐无遗。所以那时的谣谚说“砍尽嘉山木，修成定州塔”，足见当时建塔的工程浩大可惊了。塔高 13 级，周围 64 步，考这塔名为料敌的原因，据定县的旧志说是“筑以望契丹，故名”。新志说是“因可以瞭望，故名”。按这塔本因僧会能取经，得舍利子，才由真宗下诏建筑。若要说它是筑以望契丹，故定名料敌，似乎和原来筑塔的动机不符。不过宋初的北边，有辽为契丹的后裔，时时入犯。到真宗景德元年（西元 1004 年）就有“澶渊之役”。下诏建塔，在澶渊之役以前，本因会能取经得舍利子。及到澶渊之役，塔工告成，因外患方亟，就把塔取名为料敌，以寓触目惊心的意思，这也是很近情理的。这塔从造成到现在，已历八百余年，中间曾经重修数次，并且一再发生惨祸。如康熙志所载：“定俗过节登塔。明穆宗隆庆二年正月十六日群往登眺。有人诈言州守且至。游众惊迫，互相拥挤，压死者二百三十有七。”道光志又载：“清乾隆三十八年五月五日村民登塔眺望者甚众。忽讹传州牧封锁塔门。游人惊恐，拥挤而下，压死者三百余人。”从这等纪事看来，足见得这塔在社会生活中占有极重要的地位，常为一般民众登临消遣的场所。清光绪十年（西元 1884 年）六月塔的东北面自颠至地已经坍塌，至今尚未修理，并且禁人登临，但是游人仍络绎不绝。这是因为人们本有一种好奇的心理，在定县的地方又只有这一个可供游散的场所。所以游人如鲫，欲禁不能。为预防危险计，只有把塔赶紧修理才好。

二、中山靖王陵

定县境内本多王陵，可惜现在大多数不能考究。惟有中山靖王陵巍然存于城内，为世人所瞻仰。中山靖王名胜，为汉景帝的第九子。景帝三年（西元前 155 年），封为中山王。在国 43 年薨，时在武帝元鼎四年（西元前 113 年）。陵在县治西二里余，高二丈上下。历岁既久，居民曾占为蔬圃。明嘉靖间，州牧倪玑开神道。清道光三十年（西元 1850 年）州牧宝琳又重修缭垣与墓门。

三、古众春园

众春园在县治东北，是宋韩魏公知定州的时候创建的。韩公自撰的记文里说："……郡城东北隅，潴水为塘，广百余亩，植柳百万本，亭榭花草之盛冠于北垂，盖今宣徽李公昭亮始为之，后实废焉。予……复完而兴之。凡栋宇树艺，前所未备者，一从新意，罔有漏缺。又治长堤，筑门西南隅，以便游者，于是园池之胜益倍畴昔，总而名之曰众春园。"据定县旧志里说，这园经兵燹以后，曾被豪劣侵占。直到明神宗时，州牧唐祥兴寻获遗址，这园才得恢复。前清康、雍、乾、嘉诸朝相继巡幸驻跸定州，都在众春园内设置行宫。道光二十七年（西元 1847 年），才下诏罢置行宫。州牧宝琳捐俸修葺，东偏立石，题曰古众春园，并在大门悬额曰韩苏公祠。祠东为雪浪斋，斋南为御书亭，西北为九曲亭。自光绪三十一年（西元 1905 年）以后，这园就用作校址，初时仅办小学，后更添办师范。现在出入虽不能自由，游览的却还是络绎不绝。现在再把园内的韩苏公祠、御书亭及雪浪斋等分项叙述于下。

1. 韩苏公祠

定州立祠祀韩忠献公，是从宋元丰三年（西元 1080 年）起的。到哲宗元祐五年（西元 1090 年）载入祀典。明神宗万历十四年（西元 1586 年）州牧唐祥兴既恢复众春园，就在园内建祠奉祀韩公。苏文忠祠创建的年月已不可考。明武宗正德十四年（西元 1519 年）州牧王玑把祠移入众春园。清康熙四十一年（西元 1702 年）圣祖西巡，以众春园为行宫。州牧韩逢庥才把韩苏二公像移往阳公祠，并列为三。园中只设木主奉祀，这是韩苏二公合祀的起始。道光二十七年（西元 1847 年）罢置行宫，州牧宝琳修葺众春园，专祀韩苏，在大门上悬额曰韩苏公祠。现在所有的韩苏公祠在雪浪斋的西侧。

2. 御书亭

清康熙四十一年，圣祖西巡，驻跸众春园，御书紫阳绝句一首赐韩逢庥。逢庥就在园内构亭。把御书勒石藏于亭内，并把这亭名为御书亭。后来高宗每次巡幸，都有题咏，所勒诸石，都存置这亭中。道光年间，知州宝琳在园中寻得高宗所留"古欢堂"和"清韵轩"二石，因为要字义和景物相映合，所以把古欢堂为御书亭额，清韵轩为九曲亭额。

3. 雪浪斋与雪浪石

斋因石得名。现在斋有“古”“后”的不同，石也有三种的区分。古雪浪斋是苏文忠公自建的，后雪浪斋是明末州牧韩逢庥所建的。雪浪石除苏公自己在圃园得的以外，还有从赵州移置众春园内的后雪浪石，及在韩逢庥把苏公原来的雪浪石移置众春园内以后，人所拾得，置占斋中的小雪浪石，这种种都在下文分项说明：

甲、雪浪斋

a. 古雪浪斋　苏文忠公自建的雪浪斋在文庙后。因为后来在众春园内又有一个雪浪斋，所以把这个称为古雪浪斋。康熙时，州牧黄开运以雪浪寒斋列为定州八景之一。苏文忠公手植的双槐也在古斋内。现在这斋已为女子师范校舍的一部分。

b. 后雪浪斋　在众春园内韩苏公祠的东侧。清康熙四十一年，知州韩逢庥把雪浪石和盆移置众春园内，才建造这后雪浪斋。斋前的槐树，也说是坡公手植，大概是附会的。

乙、雪浪石

苏文忠公自己在后圃所得的雪浪石，原在古雪浪斋中。宋哲宗绍圣元年（西元1094年）公落职贬知英州以后，盆石也就逐渐埋没。直到万历八年（西元1580）原盆才为真定令郭衢阶至定州时所发现。原石也于十五年（西元1587年）为知州唐祥兴所发现。前清康熙四十一年，韩州牧把盆石移至众春园内安放于现今所在的位置。今按苏文忠公的自序，可以知道他得石建斋的由来。现在把苏公的自序及诗、铭，都录述于下：

苏文忠公自序：

余于中山后圃得黑石白脉中涵水纹，有如蜀孙位孙知微所画石间奔流，尽水之变。又得白石，为大盆盛之。琢盆为芙蓉。激水其上。名其室曰雪浪斋。且勒铭于盆唇，系以诗二首。

雪浪石铭：

尽水之变蜀两孙，与不传者归九原。异哉炮石雪浪翻，石中乃有此理存。

玉井芙蓉丈八盆，伏流飞空漱其根。东坡作铭岂多言，四月辛酉绍圣元。

雪石诗二首：

太行西来万马屯，势与岱岳争雄尊。飞狐上党天下脊，半掩落日先黄昏。削成山东百二郡，气压代北三家村。千峰石卷矗牙帐，崩崖凿断开土门。揭来城下作飞石，一炮惊落天骄魂。承平百年烽燧冷，此物僵卧枯榆根。画师争摹雪浪势，天工不见雷斧痕。离堆四面才江水，坐无蜀士谁与论。老翁儿戏作飞雨，把酒坐看珠跳盆。此身自幻孰非梦，故园山水聊心存。

俄顷三章迄越州，欲寻万壑看交流。且凭造物开山首，已见天吴出浪头。履道凿池虽可致，玉川卷地若为收。洛阳泉石谁为主，莫学痴人李与牛。

以上所述的是苏文忠自得的雪浪石。至于后雪浪石是前清乾隆三十一年（西元1766年）赵州刺史李文耀在临城县所掘得。李刺史得石以后，详请直隶总督方观成奏闻，高宗御制记文，差官移置定州众春园，置于雪浪斋前，御题曰“后雪浪石”。

清高宗御制雪浪石记：

丙戌春，直隶督臣方观成获苏东坡雪浪石并其故以闻，请移置苑囿。予曰，否否。东坡之石，宜置之东坡之雪浪斋，而此何有焉？然向过定州，斋与石非不屡形之歌，貌之图。而今又出所谓雪浪石者，真伪果孰是哉，则称今所出者，乃所谓真。稽其故，盖自康熙初年，有临城令宋广业者，自定州移此石于彼，建亭凿池，诗酒其间，而有中山一片石之句。此后亭圮石仆，鞠为茂草。衙之人以为马厩皁栈。而系马于此石，马辄咆哮蹷躟。不敢遗溲龁草。否则骇骍病以毙，人异之。今牧赵州李文耀者闻其事，乃亲诣临城，掘土剔苔，沃之以水，而石之上宛露雪浪二篆题。因以告之方伯，是可信矣。夫可信在是，其不可信即在是。何以言之？东坡之石宜以东坡之诗为准。东坡之诗，一则曰，揭来城下作飞石，一炮惊落天骄魂。一则曰，异哉炮石雪浪翻。以诗质之，则向置定州者臲屼磊磊，有炮石之用焉，若今之片石高且盈丈，其不可为炮石，而非真，益明矣。既考墨庄漫录称东坡帅中山，得黑石白脉，如蜀孙位孙知微所画石间奔流云云。则兹得之临城者又实似之，而向之定州所置者，实不似焉。夫东坡去今六百余年，风流太守，一时遣兴摛辞，即瓦砾可为珠宝。而必争是非真伪于此时，是不大可笑哉。且也可移之中山而去，即可移之临城而来，又安知他日之不可复移之中山而去哉。然则向之形之歌貌之图者为均误耶，曰，不误也。形之歌貌之图者，自在东坡之雪浪石，而不在炮石片石之间也。是不可起东坡并向承予命图中山雪浪石之张若靄而一问之矣。记既成，命邮而镌诸石，以识缘起。丙戌上巳后一日，御笔。

现在置于古雪浪斋中的，尚有一种雪浪石称为小雪浪石，也是黑质白纹，是在苏公原有的盆石移置众春园内以后，人才发现，安置在这古斋内的。

四、白果树

东距县署约一里，北距中山靖王陵不及半里，有一古木，高数丈，大数围。不知是什么时候长的。据道光定州志说是白果树，并且已经说是僵枯无枝叶。直到现在，却还高插云霄，具有昂藏气概。附近居民，只叫古树。看树的纹理，很像柏树。恐怕白果树的名字是由古柏树三字转辗误传而来的。一般人民的传说都以为先有白果树，后有定州城。近年在树根下立庙奉祀，并且沿树根四周筑墙，以资保护，因此，人对这根古树就可望而不可即了。

五、故唐城

《帝王世纪》载尧年十五佐帝挚，受封于唐，二十而登帝位。唐李吉甫著《元和郡县志》，说："定州北有故唐城，是尧所封。"后来元马端临的《文献通考》、明曹学佺的《天下名胜志》及清乾隆的《部厅州县志》，立说都和李氏相同。这故唐城就是现今定县城北十五里唐城村。《水经注》里曾说滱水东经唐县故城南。现在唐城村虽在唐河南岸，但在嘉庆六年（西元 1801 年）以前，原在唐河北岸。可见《水经注》里所说的故城，也就是指这故唐城说的。定县新志对这一点辨证甚详，可供参考。

六、安险故城

安险县的设置，从汉高祖年间（西元前 206—前 195 年）[1] 为始。初属中山

① 指的是从刘邦进驻霸上，秦朝灭亡，至高祖逝世。——编者注

郡，后属中山国。武帝元朔五年（西元前124年）封中山靖王子应为安险侯，元鼎五年（西元前112年）因酎金事剥夺封爵。新莽时，改名宁险。东汉章帝改名安熹。熹字又有写作喜的。刘备曾因有功，选擢为安喜尉。北齐废安熹县，并入卢奴，并改卢奴名曰安喜。隋开皇初年，改安喜县为鲜虞县。又在安险故境复置安喜县。至大业十年，仍将安熹县，并入鲜虞县。从此以后，安熹县就永远废除。这安险县的设置，自汉至隋，约历800年，从废除到今，又已有1 300余年了。按这安熹县废除以后既并入鲜虞，鲜虞就是现在的定县，那么安熹的故城必在定县境内可知了。《元和郡县志》以后诸书都说它在城东30里唐河之曲。查现在定县城东30里的固城村离唐河南支的故道不远（详见第一章第三节中唐河南支的故道一段），和郡县志诸书所说安险故城的方位恰相符合。所以定县新志断定这固城村为安险故城，并曾详加辨证，说多可取。现在既认定这故城村就是安险县的故城，同时可以明了下面所述的几件事：

（1）旧说这村因为“屹然坚固”故取名为“固城”，这是说错的。“固”字应改作“故”字。因为这村本是安险县的故城，故名为“故城”。旧说非但没有事实可资证明，并且只能附会一个“固”字，却不能说明一个“城”字。后说就面面俱到，能够使人完全了解这个村名的由来了。

（2）旧说以为这固城是大禹治水时所筑的。现在我们既经认定这个村是前汉初年才设置的安险的故城，就知道旧说是不可信的了。推想旧说的由来，许是因为这故城的位置在于唐河之曲，《禹贡》里又有“恒卫既从”一句话，这恒水就是唐河，旧说因此就牵强附会，以为大禹疏导恒水的时候，曾筑造这“屹然坚固”的“固城”了。

（3）现在固城村中有一座塔，建筑的年代不能考究。村人传说以为是大禹筑造，用以望水的。我们只要知道塔是佛教里的一种建筑物，就可以断定大禹的时候决不会有这种建筑。不过凡是一种传说，都不是无因而起的。这个大禹造塔看水传说，和大禹治水筑城的传说有十分密切的关系，只不能断定两说的发生孰先孰后罢了。可是它们的发生，必定是因为这固城村的位置原在唐河的沿岸。由这一点，更可以证明这固城村原来的形势是和《元和郡县志》所说的在城东30里唐河之曲及《中山记》所说的“县在唐水之曲，山高岸险，故曰安险。……”完全符合了。

七、新处故城

前汉初年，设置新处县，隶属中山郡。武帝元朔五年（西元前124年）曾封中山靖王子嘉为新处侯。元鼎五年（西元前112年）与安险侯同因酎金，被削夺封爵，光武的时候，又以这邑封陈俊为侯。后来省入卢奴，新处的名字就永不再见。这新处既说是省入卢奴，卢奴就是现在的定县，那么新处的故城必在定县境内。从前一统志和方舆纪要都以为在定州的东北。所以定县新志以为定县东北境的大辛庄许是新处的沿名。我们探究乡村的起源，这说是足供参考的。

八、陉邑故城

陉邑有很古的历史。战国时为苦陉，属中山国。西汉高祖初年，设苦陉县，是苦陉设县的起始。新莽时，改名北陉。东汉光武建武二年（西元57年①）封杜茂为苦陉侯。至章帝时，改苦陉名汉昌。后来魏文帝改名魏昌。北齐废除不设，隋文帝开皇十六年（西元596年）仍旧设置，并且改名隋昌。唐高祖武德四年（西元621年）改名唐昌。元宗天宝元年（西元742年）又改名陉邑，这是陉邑的名字发生的起始。宋代以后，这陉邑县就被废除，并入无极县。现在定县城南三十余里的陉邑镇就是陉邑县的故城，是明太祖洪武二年（西元1369年）从无极县划割定县的。

九、廉台

县南70里有村名曰廉台，据说村名由台名而来。台名又因廉颇筑以练兵而得。旧日本有一个廉颇庙，现在已经废了。不过村东半里左右，还有一个墓，说是廉颇的墓。附近的村民有时还要去烧祭的。按战国时候的中山虽曾为赵所灭，但要说廉颇曾在此筑台练兵，却没有史实可为佐证。要说他的坟墓也在这里，更觉难以凭信了。推想这等传说的由来，大概是因为廉颇是赵国的名将，很足以引起人们崇拜英雄的心理。这个廉台的传说不过是人们崇拜英雄的心理的一种表现罢了。在定县境内还有种种传说，如关于汉光武的及说北齐村外的

---

① 原书疑似有误，应为西元26年。——编者注

李公墓为李牧墓，大概也都不过是这种心理的表现罢。

十、闻鸡台

台在明月店北一里上下。荒邱半亩，相传为燕太子丹过此闻鸡的地方。

十一、鸡鸣台

定县东南25里有村名曰鸡鸣台。村名的来源是因有台的古迹。台所以名为鸡鸣的缘故，据郎蔚之的隋诸道图经里说："光武自蓟而南，宿此，以地卑，筑台居之，鸡鸣而去，因名。"

十二、慕容遗址

在县南八角廊村，有一土阜，高三四丈，占地约10亩，相传为慕容氏遗址。

十三、兴国寺

寺在县署东北，众春园东南，是金大定十八年（西元1178年）创建的。现在俗名为华塔寺。定县旧志载："华塔在宋咸平中与料敌塔同建，在众春园侧。明洪武末，都督平安毁塔砖以甃城垛，销钟为戎器。"这里只说华塔在众春园侧，未曾说在兴国寺中。大概是后人因为塔和寺都在众春园的左近，相离不远，就以为塔在寺中，并且把塔作为寺名了。现在定县城内只有一个寺，凡自北来，到五台山去进香的僧徒和喇嘛往往食宿于此。

十四、康王陵

陵在白土村，就是村东的三盘山。

十五、周村古墓

墓在县南30里周村，高约4丈。墓地约有30亩，其中禁止垦殖的约占10亩。据说地下有神道长二里许。定县旧志以为是一个姓郝的耕夫的墓。据说，"光武为王郎所逐，至此遇耕夫，令伏沟内，以土覆之，乃免。即位后，耕夫已死，遂培土于冢，近冢之村犹曰陵南、陵北。耕夫郝姓，今诸郝其后也。"新志却不赞同这一说。以为近冢的村即以陵为名，足见这不是耕夫的冢，许是为赵惠文王诸陵。要知道这两说究竟谁对，只好等考古家去考究。不过这个冢的规模既然这般大，近冢的村又以陵为名，从这两点上着想，后说比前说可信得多了。

十六、杜茂墓

墓在陉邑村东，和赵熹墓东西并列。杜茂虽曾封为苦陉侯，但是后来曾改封为修侯，又降为参蘧乡侯。赵熹虽曾为中山相，但以勘薛修事不宽免。这两人的卒葬都未必在这地方。但是现在有他的坟墓，这大概都是由后人崇拜伟人的心理牵强附会而成的。现在附近的村民有时前往祭祷，这却不是由于崇拜，不过是一种求福免祸的迷信举动罢了。

十七、阳城墓与阳公祠

阳城字亢宗，唐谏议大夫，又为国子司业，因事贬为道州刺史，卒于任所。《唐书》载顺宗赐钱20万，官为护丧归葬北平。按唐时的北平为定州属县，即现在的完县。《唐书》既说归葬北平，现在定县城内何以又有阳城墓，这事诚不容易了解。墓在东街，离县治约有一里。明孝宗弘治十年（西元1497年），知州官贤立碑于通衢。十七年（西元1504年）知州李梦龙访得茔域，才出资购地，在墓上建祠立坊。清雍正十三年（西元1735年），州牧王大年，道光二十八年（西元1848年），州牧宝琳，先后重修，各立碑记。现在将阳公的事略及王、宝两刺史的碑记转录于下，以见阳公的为人及建祠可祭祀的由来。

阳公事略：

公字亢宗，定州北平人。徙陕西夏县。家贫无书，求为集贤吏，窃书读之。六年，无不通。举进士。与弟阶域隐中条山，各不娶。远近慕其德，多从之学，闾里有争讼者，辄诣城请决。陕虢观察使李泌诣其里，与语甚悦。泌入相，荐之，召为著作郎。寻迁谏议大夫。时谏官论事多细苛。城未肯言。居位八年，莫窥其际。及裴延龄诬逐陆贽、张滂等，城曰，吾谏官，不可令天子杀无罪大臣。乃约拾遗王仲舒守延英阁，上书极论延龄、申直贽等。帝欲抵城罪，以太子开救得免。帝欲相延龄，城大言曰：某为相，吾当取白麻坏之。哭于庭。帝不获相延龄，城之力也。坐是改国子司业。进诸生曰：凡学者所以学为忠与孝也。诸生有久不省亲者乎。明日谒城还养者二十辈。有三年不归者斥之。有薛约者言事得罪，吏捕迹得之城家。坐是出为道州刺史。太学生何蕃等二百余人诣阙请留。为吏遮抑，疏不得上。皆涕泣立石纪德。城至道州，治民如治家。不以簿书介意。州产侏儒，每岁上贡。城哀其生离，乃抗书论而免之。州人泣荷，以阳名子。赋税不登，观察使数诮责。州当上考功第。城自署曰，抚字心劳，催科政拙，考下下。观察使遣判官督赋至州，怪弗迎，以问吏。吏曰，刺史以为有罪，自囚于狱。判官大惊。驰入谒曰：使君何罪？某奉命来候安耳。判官辞去，又遣他判官按之。他判官不欲按，乃载妻子行，中道而逸。顺宗立，召城，时已卒。（据道光定州志）

王大年重修阳公祠记：

邑之有祠也，官斯土而有功德于民，与生斯地而品行卓越，表表足传于后者，并列祀典，乃流风余韵，均之不容没灭，而生于斯，卒于斯者，其感人为尤深。盖其里居阡原，历历在目，不若遥隔山川者之传闻异词也。有唐谏议大夫阳公，中山人也，其因墓以为祠者旧矣。祠不详所始。明宏治丁巳，郡侯李公葺之；越四十年，大府朱公葺之；越六十年，州牧张公复葺之。韩子所谓“乡先生没而可祭于社”，亦欧阳子所谓“慕其名而思其人者众也”。余之莅兹土也，屡瞻祠宇，辄思理新之。岁甲寅，圮于秋霖，墙栋无一存者。乙卯春，乃鸠工庀材，为堂三楹，门一楹；崇垣屹屹，顿还旧观。乃属定之人告之曰，公之隐中条山，读书不辍，纯儒也；其争裴陆事，直臣也；及在太学，名师也；官于道，良吏也。抚字心劳一语，沁人心脾，千百世号循良者，咸诵法焉！斯言为不朽矣！其尊行美德，闻风可兴起者甚众，愿都人士经斯祠者，指而目之曰：是昔之榆屑自活，俸裁取足者也，而顽可廉；是昔之抗疏廷英，慷慨批鳞者也，而儒可立；是昔之遇盗引避，醉仆复归者也，而鄙可宽；是昔之义笃姻戚，不远千里，偕弟徒行，负榇还丧者也，而薄可敦；是昔之德行课士，定省遣归，且昆季友于，依倚终身者也，而孝弟之心可以油然生矣。夫表斯邦之懿行，以作斯邦之矜式，有司之事也。定之人昔公之桑若梓也，而能勿感与？适祠成，爰述余之崇祀乎公，以厚望于乡人者，而为之记。

宝琳重修阳公祠记：

贤大夫没而祀于乡，俾其乡之人观感而兴起，亦御世者之微权也。后或以标榜相尚，禄位相高，祀非其人，而人亦不之重：其有关于世道人心，岂浅鲜哉？定州乡贤以汉唐为盛，立专祀而俎豆弗替者，则惟唐之阳公为卓绝焉。夫公之德行文章，气节风采，照耀于史乘，亦时时见于他说。好古之士，类能慷慨尚论，感慕弗能已，而况于其乡。然而知公之人，而不知公之学，犹弗知也。慕公之人，而不知学公之学，犹弗慕也。大抵古人修身行道，独善兼善，其大端不外乎仁义，其本量不出于孝弟。公之居乡也，肫然而蔼然。事迹所著，凡古以独行传者，弗能及也。出而为直臣，为循吏，为名师，则又举人可以一端显者而兼而尽之，即莫非以仁义孝弟之道推而行之。后之人固有近其居，闻其风而兴起者乎？则必学公之学以学公之人，乃庶乎其弗失矣！祠旧与墓合。雍正间，刺史王公修葺之。经百有余年，复化为榛莽。慨然曰，欲治定则当知定所宗仰之人，与所以祀公于定之意，顾使其颓废若此耶？亟捐俸谨敬修复如旧，妥公灵即所以兴民志与！王公旧碑完好，论列公之事实甚详赡，俾仍树之祠，可弗赘述云。道光戊申秋八月记。

十八、滕文穆公墓

滕公名安上，安喜人，在元时官至国子司业。卒谥文穆。墓在县城东南十五里崔邱村。现将道光定州志所载事略转录于下：

少孤，克自砥砺，留心正学，有东庵类稿行于世。学士吴澄序云：根之以义理，翼之以英华，信乎有学有行者之言也。被荐，除中山教授，召为国子丞，升太常丞，拜监察御史。京师地震，上疏累数百言，反复深切，时论韪之。以疾去，寻起为国子司业。未几卒，赠昭文馆大学士，谥文穆。

十九、王贞孝先生墓

先生名文渊，卒后，学者私谥为贞孝先生。墓在唐城西原乡。他的生平事迹，道光定州志已经略有记载，现在转录在下面：

幼失怙。能自立。尝推择为吏，弗屑。从滕安上游，益自刻励，遂淹洽经史。事亲养志，友弟训子，门以内肃如也。作诗纡徐冲澹，得韦柳体。当代名公相推服，竟高尚不仕。卒于家，葬唐城西原乡。学者私谥曰贞孝先生。

二十、田天泽墓

墓在县城东北二十里王吕村，天泽在元时仕至翰林侍读学士，知制诰，兼修国史。

二十一、张涣墓

涣在明代，仕至都察院左都御史。号风泉，颇为时人所景仰。墓在城南，八兄村北，墓道碑在官道旁。道光定州志所载张公的事略，现在可转录如下：

字文甫，号风泉。嘉靖甲午举人，戊戌进士，授御史，正直敢言。首发咸宁侯仇鸾之恶，剖棺戮尸，权贵肃然。巡察陕西，诸夷绥服，条兴革六事为定制。贵州苗犯孔棘，奉命晓以祸福，五旬而苗服。诸所弹奏，不避权要。为陕西副使时，韩府与民构狱，诸司弗敢问，涣毅然决之，人目为铁面。敌入陇右，势甚猖獗，涣整练戎器，衣不解带者五十日，与战大胜之。库有羡余八百缗，守吏密启，涣悉籍诸册。擢宣府巡抚，兴学讲武，信赏必罚，关节屏息，号令严明，敌人见阵列整饬，每骇愕而退。时以父年老告致，朝夕奉事惟谨。父殁，哀毁骨立，平居杜门埽迹，所识贵宦道经就谒，俱不见。抵京，朝士辄问曰：过中山曾见张风泉否？其令人景企如此。

二十二、何善人墓

“在疙瘩头村北唐河中，清初以义侠闻。墓在中流，数百年无冲陷之患，人咸异之。”（据定县新志）

二十三、郝中丞墓

中丞名浴，字雪海。墓在唐城东南隅。（据定县新志稿）现将道光定州志所载中丞的事略转录于下：

一字冰涤，志气卓荦。顺治乙丑进士，授刑部主事，能独任本曹事。寻改御史，巡按四川，巨寇刘文秀盘踞滇黔蜀中，屠戮至惨，仅留存川北一区。吴三桂等进剿，七年弗克。浴劾其纵兵焚掠，任用私人，阻塞塘报，阴蓄异志。三桂衔之。兵败，走棉州，将退保汉中，浴一昼夜七次移催，迫以不死于战，必死于法之语，始回劄保甯。时补行乡试，寇忽薄城下，乃檄将婴城，多设方略火攻，四伏遮杀嘉江，遂破贼，全川底定。先是抚臣因荒请给牛种，每头起租八石，鸟道输将，人牛多毙，为疏免苦累，川民至今尸祝。三桂忌其忠鲠，惧其柄用，狡摘浴前疏，诬为冒功，遂谪戍奉天。二十二年圣祖谒陵，伏道左具奏平蜀始末，侍从为泣下，圣祖改容慰劳。癸丑三桂反，刑部尚书魏象枢，兵部尚书王崇简，先后疏荐浴材兼文武，学纯忠孝，先知巨逆，宜柄大用。特旨召还，仍补御史，首言圣学圣心为戡乱大本，休息轸恤为生民至计。条悉安秦制楚，诸路之要害。简将练兵，灭寇之先筹，所急请禁者，武官纵部兵而戕民命，有司借谋叛以倾民家。言官纠劾，而内外诸吏废格不行，督抚权重，而坐名题补多涉私人。请罢漕以苏运饷，停捐纳以养人才，皆通达国体之言。寻遣巡视两淮盐政，剔弊归公，适资兵饷急需之用。时洊饥，浴饬纲纪运糈赍赈，施药饵，全活数十万众。疏闻，叠叨嘉奖，在任即擢副都御史。旋巡抚广西，浴以哀鸿未集，抚绥更费不赀。藩司请暂动库金，又前抚臣傅以军饷动挪库帑，浴代偿未毕，忽即世。署抚某挟夙隙，诬以侵隐，坐夺职追赔。圣祖以廉洁素著，所动支并非入己，着免追取。子林上疏讼冤，诏追复原官，赐祭葬如例。

二十四、郝侍郎墓

侍郎，名林，郝中丞子。墓在城北十五里。（据定县新志）道光定州志所载侍郎事略，现转录于下：

字中美，一字筠亭，生于父浴奉天谪所。幼有志量，父被召复职，始归应试，辄冠军。康熙辛酉壬戌联捷，以父被诬侵帑之案，奔驰粤西，烟瘴万里，备历艰辛。三年，上疏讼冤，卒用昭雪，父柩始得奉旨归葬，朝论目为纯孝。嗣以中书历考功员外郎迁选司郎中，时称铁面选司。遂由礼科晋吏科，历光禄太常少卿左右通政太仆卿，癸未分校礼闱，戊子典试粤西，甲午尹奉天，除民害，清疆理，合属感颂。是时距生年恰周甲子，林痛父当日冰天雪窖之苦，亲奠铁岭银冈书院，恸不欲生，闻者皆感动。旋升宗人府府丞，都察院副都御史，侃侃立朝，不苟同异。迁少司空，水曹积弊陋规，悉予革除。丁母艰，三年未尝露齿。后调少宗伯，以目疾乞休，奉优旨褒奖，并将所奏加增京官俸米如旗下例一疏，谕知在廷诸臣，加礼部尚书衔，予告致政。因有工部任内分赔之案，不敢归休，侨居京邸，雍正壬子豁免，力疾诣圆明园谢恩，以是年卒，年七十有九，道光己酉详请入祀乡贤祠。

二十五、王之枢墓

墓在城东八里店。（据定县新志稿）他的事略，据道光定州志所载的可转录于下：

字恒麓，幼敏异，穿穴经史多旷解。康熙甲子乙丑联捷，年二十以庶常充戊辰会试同考官。四十年以侍读督学云南，时通省恩副贡生共候二教缺，铨选无期，循例请增添教职十二缺，而明经仕路顿开。又振兴昆明书院，刻御制训士子文，自著性理正宗，分给诸生，滇南士风由此益振。四十四年以少詹典试江南，明年充武会试总裁。戊子春以祖母陈年八十三，奏请御书锡庆堂三字于邸第，荣及先人。五十二年恭逢圣祖仁皇帝万寿，适所修历代帝王年表告成，上大嘉悦，恩赐封荫。乙未以阁部充会试总裁。五十六年奉命出抚湖南，湖南赋额重于他省，疏请裁减，以属员奉行未善被议，又以各属亏项，例应分赔，羁迹楚乡。雍正十年遇恩旨宽免，竟卒于楚，年六十有五。

二十六、清泉井

井在文庙后，是韩魏公建学的时候所开凿的。相传这井的水较他井清且重。其实这也不过是物以人重罢了。

二十七、八角井

八角井在城内西北隅，俗名八角琉璃井，不知是什么时候开凿的。井北的龙王庙是明万历末年（西元1620年）知州宋子质创建的。井上的八角亭是清道光甲辰年（西元1844年）知州王仲槐创建的。相传清雍正初年（西元1723年），井中有二龙子状若蝘蜓，倏忽变幻，雨泽随降，因此俗又呼为龙井。这不过是一种迷信的话，迷信一经打破，这井就失去可以注意的价值了。

二十八、地平井

井在县东南七十五里的东内堡村西。因为水与地平，故名地平井。开凿的年代现在无可考究了。

二十九、苏过楷书

《秦蜀驿程后记》里说："天甯寺壁旧有叔党楷法云：'大帅陈公邀廉访梁公饭于天甯，率其属游企、盛仑、苏过、王执中、赵猗、韩楫、同来、孙仲举、王昭明、刘目之，皆与。癸卯九月七日过题'。"天甯寺颓废已久。苏碑现在移置众春园内。楷书古劲有文风，惜已残缺不完。

三十、蛰窟二字

金大定二十二年（西元1182年），天甯寺僧智宗书，镌石嵌壁。现在移置古物保存所内。

三十一、段公碑

这碑现在众春园内。清道光己酉年（西元1849年），州牧宝琳因修州志，搜求古迹，在万岁寺的故墟搜得一块八角碑，残缺不完，仅留一半，碑文也残缺不可读。起首一行云："大唐定州刺史段公祈岳降雨之颂碑。"大意谓，段公莅任，境内醉德饱仁。家安其业，民不识吏。岁旱祈神，香焚雨降。又有云，"周桓王之后"。颂词内亦有"宗周远兮，昔侯王兮"八字。这碑上所说的段公究竟是个什么人，现在尚不知道。

三十二、周村古碣

碣在周村，已无字迹。相传旱而倒之则雨，雨久竖之则晴。其实这也不过是一种齐东野语罢了。

三十三、寿星图石刻

这个寿星图本为苏文忠的手笔。石刻现在置于古物保存所内。

三十四、阴阳竹石刻

竹为王摩诘所画。石刻今在文庙崇圣宫内。

三十五、六言诗石刻

这六言诗共四首，是明学士李光溥作的。石刻现在文庙崇圣宫内。书法端遒苍劲。诗四首，照录如下：

幽鸟避人飞去，好风恋竹频来。为爱僧家庭宇，莫教踏破苍苔。

前山后山红叶，东溪西溪黄花。红叶黄花缺处，竹篱茅舍人家。

画栋珠帘云雨，玉第金粉霓裳。千古太平影野，一声烽火渔窗。

再见封侯万户，立谈白璧一双。讵胜偶耕南亩，何如高卧东窗。

三十六、风云雨露四竹石刻

竹为明隆庆初年知州余一鹏所画。石刻现在女子师范学校内。

第三节　62村的起源

从村的起源一点说，在这东亭乡村社会区内有一种极有趣味的现象，就是，村数虽有 62，关于起源的情形却彼此一样，恰如同一个村一般。这 62 村内没有一村有具体的材料如碑记、宗谱等可以作研究起源的根据，调查时候，只好以村人的传说为主，这是第一种相同的情形。62 村在朱明以前的情形都不可考，现在所有各村的各氏族都在同一时期，由同一原因，从同一地方迁来的，这是第二种相同的情形。所以关于起源一点，62 村的情形可以说是非常地简单。一个社会区的内部情形有这样的一致，实在是一件很值得注意的事。现在把这 62 村起源的情形概括地叙述于下。

东亭乡村社会区内各村在朱明以前的情形，除故城和翟城二村以外，现在都完全无可考究了。据定县新志里说，现在的故城村就是古代安险县的故城。按安险县是前汉高祖初年设置的，直到隋炀帝大业初年才并入鲜虞县，这鲜虞县就是现在的定县。照这样看来，现在的故城村从 2 100 余年前到 1 300 余年前，都为县城，前后共历 800 余年。自从把县并入鲜虞，直到现在，又已经有 1 300 年，所以现在的村名应该是“故城”不是“固城”。旧说固城为夏禹治水时所筑，以其屹然坚固，号曰“固城”，这种说法大概是出于牵强附会的。定县新志又以翟城的村名或因丁零翟氏而来，按五胡乱华的时候，石勒命秦因为中山太守。史称“丁零翟鼠叛，石勒讨之，攻中山，获其母妻而还”（道光定州志卷三）。这事亦必发生在石勒据有中山的时候，约当西历四世纪的初叶。史里既称“丁零翟鼠叛”，可见翟鼠早已占据这地方了。翟鼠既占据这地方，并且称兵背叛，势必有种种防御的工程如城堡等类。这种情形和翟城两字的意义都很相合，那么要说现在的翟城村就是西晋时丁零翟氏的故城，也很近理。假使这种推理不误，那么这翟城村也可以说是始于 1 600 年前的一个故城了。

除以上所述故城和翟城两村以外，如夏家营、黄家营、王习营、陈村营、安家营等村何以称营，伯堡、齐堡等村何以称堡，寨里村何以称寨，名为东庞村，何以没有姓庞的，南北齐村何以没有姓齐的，大小陈村何以没有姓陈的，以及其他一切村名的来源，都因未得确实的证据，只好暂置弗论，以免陷入穿凿附会的弊病，反致失去真相。现在且把自明朝以来 62 村的情形说明如下：

现在 62 村内共有 10 445 户，约计 5.8 万人，分为 529 族，共 110 姓。调查这些氏族的来源，除极小部分以外，都说是在 500 年前燕王扫北以后，从山西洪洞县迁来的。那些以后从他处迁来的不过占极少数。按调查的结果，529 族中有

217族记得他们的祖先是从洪洞县迁来的，共计75姓。

按血统比较地统一，是乡村社会的特征。现在62村内共有529族，110姓，平均每村有8.5族。一村的族数最多的如东亭镇有26族，最大的一族占全村家数的35%，次大的一族占全村家数的33%，最少的如固城村，有2族，一占全村家数的69%，一占全村家数的31%。每姓平均家数为95家。家数最多的为王姓，有1419家；次之为张、刘、李等姓，各有856，828，730家。有15姓，每姓只有一家。这种血统复杂的情形，好像是城市的社会一般。在这东亭乡区内有这种情形，大概是因为由迁徙而来的缘故。现在各村的居民，都说他们的祖先是由山西洪洞县的老鸹窝迁来的。据说这鸹窝不过是洪洞县旧有的一个村庄。当日迁移河北来的原来不尽是这一个地方的人。不过附近各县来的人也都在这里取齐，所以以后，就都说是从这老鸹窝迁去了。

这62村的人民所以都由山西洪洞县迁来的缘因，据说有二个。

(1) 靖难兵起以后，定州一带地方所受战祸非常惨酷。相传兵燹以后，全县只余3000人，甚至有人说只余300人。所以后人把这次战事称为“燕王扫北”，民间俗语又叫做“红虫吃了”。据说因燕兵的衣饰都用红色，所以称为“红虫”；又因为全县的人都被兵士屠杀净尽，所以称为“红虫吃了”。闻有某史书记载当时的情形说，“春二月，玄鸟巢于树”。按玄鸟构巢，都在人家的厅堂的。若是玄鸟要在树上构巢，那么闾里丘墟、四无人烟的景象，就不难想见了。现在62村内仅有王村有姓史的一族，共17家，据说是本地的土著，他们的祖先因用铁器裹身，藏在暗室内，所以能够免于杀戮。遭逢时乱，硕果仅存，这史氏一族真可谓得天独厚了。

(2) 成祖登基以后，定都北京。这定县自经兵燹以来，四野无人，萧条不堪。到这时候，因为它是个近畿的地方，就不能不从速移民填居，以示殷实。据说那时洪洞县一带的人民恰好遭遇饥荒，因此就向定县一带地方移徙。那个时候大约是在永乐四年（西元1406年）。

从洪洞县迁来的217族之外，有61族记得他们祖先迁来的处所。自定县界内迁来的计44族；自河北博野县、巨鹿县、深泽县、望都县、故城县、束鹿县、河间县迁来的各有一族；安国县三族；自山西平阳府、人谷县、曲阳县的各有一族；自山东曹州一族，与新疆三族。各族迁来的时候都是一家。其余的251族记不清他们的祖先是从何处迁来的，有的信是从洪洞县来的，其余大约是住在此地年代久远的家族。

至于迁来的时期，自洪洞县迁来的是在明朝永乐年间；而在清朝雍正年间迁来的有 1 家，嘉庆年间 2 家，道光年间 6 家，咸丰年间 4 家，同治年间 6 家，光绪年间 13 家，宣统年间 l 家；民国以来 7 家。此外 272 家族不知道他们的祖先迁来的时期。

关于迁来的原因，有 18 家是因为投奔这里的亲戚，有 11 家移居此地做买卖，有两家到此地为工人，一家为农夫。其余的原因不详，大半说是因为在原来的家乡很贫苦，移到此处谋生比较容易。

第三章　县政府及其他地方团体

第一节　定县为模范县的由来及现在的县政府

一、定县为模范县的由来

定县之所以称为模范县，是由于县长孙发绪的提倡。孙发绪是民国三年五月里来的，五年九月里走的。虽然只做了两年四个多月的县长，但是他办了许多有影响的事。孙发绪不但是一个理想家，并且是一个实行者，他勇于维新，提倡教育，有模范县的建议。孙氏到任以后，就实行县政府改组，同时呈准办理模范县。所以关于种种公益事情，没有不积极创举的。孙氏亲自到乡村去访村长佐，同他们讨论兴办学校的事，把庙宇修改为学校。在民国五年五月，就在县内各区设立筹办模范事务所，目的是帮助县公署筹办关于模范各种事务。每所设董理 4 人，由各界绅董选出，但未选上的绅董，也得贡献意见，发表言论。每所设事务员 6 人，书记兼庶务 1 人。董理由县署委任，办理一切改良或创办的事，并且陈述关于改良的意见于县公署。董理也负有指导督促事务员办理一切事务，报告进行现状于县公署的责任。事务员受县公署或董理的指挥，办理各区公益事务，并调查各村长佐是否努力进行。每月开会 1 次，召集各界绅董到事务所开模范事务会议 1 次，议决事项，呈报县公署。县公署批准以后施行。这样一来各区都筹备办学校，提倡教育、宣讲、传习，办理警察、实业、交通、财政、司法等事，很有成效。

当孙发绪筹办定县为模范县的时候，也就是米迪刚先生办翟城模范村的时候。

二、现在的县政府

1. 县公署

甲、组织的沿革

前清地方治理行政的事，都采用多级制，省道下面，有府、厅、州、县的分别。定县本是直隶州，民国初年把多级制改为两级制，把府、厅、州完全废除，单独留县，定州才改为县。民国二年一月奉令改组县公署，以县知事为一县之长，内分内务、财政、教育、实业四科，每科设科长 1 人，科员 2 人，书记没有定额。当时县知事孙家钰虽然呈报改组，但是，到底没有实行。

前清县公署的组织，很有研究的必要，并且与县公署改组的变化很有关系，应当知道。一县之长就是知县。知县以下设宾幕、丁家、科房、班等。宾幕下设账房，掌管收支；设刑名，掌管杀伤斗殴窃盗等词讼；设钱谷，掌管赋税稽核报销及钱债地亩等词讼；设书启，掌管书札禀函；设教读，教授知县的子弟读书；设征收，掌管征收核算。丁家下设收发，掌管收发文件的事；设前稿，掌管标差画硃；设候稿，掌管签押房的事情；设班管，管理监所内的看守人等；设值堂，就是现在法庭的庭丁。在法庭开审时，他们站班，传叫犯人。有驿站的各县分设管号，专管马号。还有跟班、执帖、门房等。跟班就是如今的随从，执帖就是如今的传达，门房就是如今看门的。以上所讲的这些办事人员，并不是官职，也不是县署组织系统内的；是随着知县来的，随着知县走的，好像是知县私人的帮办，私人的一套工具一样。至于科房、典史、巡检、县丞、吏目、各班才是官职，才是县署内组织的系统，他们是固定的，不是活动的，知事升调，他们不发生影响。科房内设承发房，如今的外收发。各房文件出入由此房承转。设兵房管军事防卫。刑房就是如今的司法科。工房管河道水利及其他工程等事。吏房管任用及罢免官吏。户房有南户房、北户房。南户房管粮租，北户房管契税杂税。典史管监狱缉捕。巡检驻县镇管弹压秩序，就是如今的警察。

县丞管催征。吏目在科房之上管书吏。各班有捕班管捕贼，有快班管缉盗。有民壮知县出行，跟轿护卫。有白役管站堂用刑。关于县公署的组织结构如图 3－1 所示。

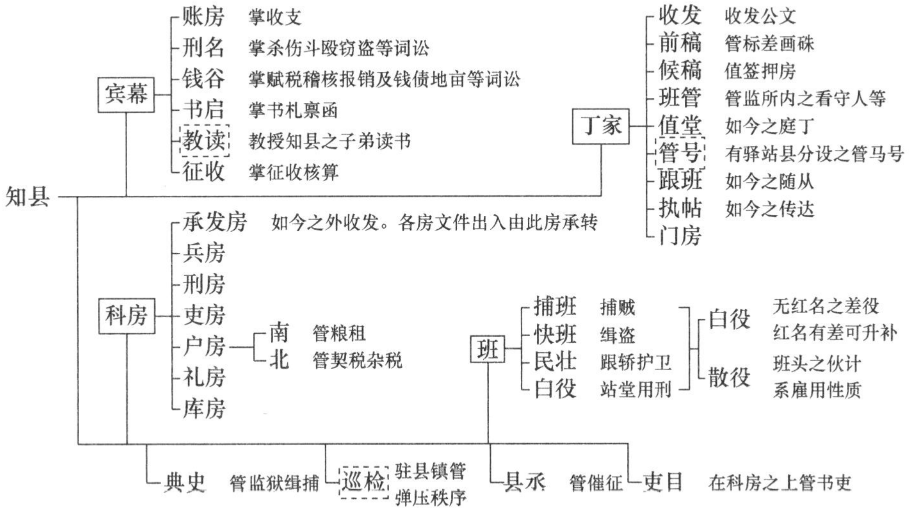

图 3－1　县公署的组织结构图

至于县署改组，到民国三年夏孙发绪做定县知事的时候，才起始实行。孙氏把署内分设 3 科，内务科、财政科，以教育实业并为 1 科。科长改为主任。又分为 6 股，各股皆设主稿员，书记共 20 人。这种主稿员与书记都是从旧日的房书选充。分管各科案卷，缮写文稿，办理田房税契的种种事情。另雇临时书记 24 人，征收田赋。除此以外，还设有收发处，管理出纳文件。设有问事处，以便人民询问各种不明白的事情。收发处、问事处都是科员担任办理一切。同时并呈准办理模范县，对于种种公益事情，都为各县先导。民国九年县公署成立会议厅，专讨论民间利弊与应当创办、应当改革的事情。后来因为分科办法，颇有窒碍，所以由多数科长改为 1 总务科长，使各科所办事情，能互通消息，集中一处。

自孙发绪改组县公署以后，就积极筹备司法独立。民国二年春，政府下令命各县设立审检所，并设帮审员专任民事刑事诉讼审判事宜。县知事兼任检审事务，略微有点法院的雏形。后来因为人民感觉不便，到民国三年春才宣布裁撤，并颁布县知事兼理诉讼章程，改帮审员为承审员，受承于县知事。定县诉讼向来繁杂，必须设承审员 2 人，分管民刑案件；管狱员 1 人，管理监狱与看守所。并设有录事、承发吏、检验吏、庭丁、司法警察、看役种种人员。

自国民革命成功，国民政府成立，县政府的组织又经过一番改变。县行政方面共分 3 科，称为第一科、第二科、第三科。在科之上有县政会议，由县长，3 科科长，以及公安局、财务局、教育局、建设局 4 局局长组织，每周开会 1 次，讨论全县各种问题，计划各种改进事业。第一科设科长 1 员，科员 1 员，书记 3 员，共 5 员。管理户籍、警卫、消防、防疫、卫生、救灾与保护森林等事项。第二科设科长 1 员，科员 1 员，书记 3 员，共 5 员。管理土地、农矿水利、道路、桥梁、工程、劳工、公营业、学校、图书馆、博物馆、公园等事项。第三科设科长 1 员，科员 1 员，书记 5 员，共 7 员。管理县政府预算、决算、征收粮银、税务、契税、募债、公产、地方财政，以及本县府收发、校对、会计、产务等事项。科长月薪 60 元，科员月薪有 40 元的，有 30 元的，书记月薪 11 元。

此外有承审处，承审处是民国十七年八月成立的。设承审官 1 人、司法主任 1 人、书记 5 人。并设有管狱员兼看守所长 1 人。男看守 10 名，女看守 1 名。设司法警察 10 名，巡长 1 人，警士 9 人。每月司法费是 480 元，常年经费为 5 760 元，由省库正款拨发。

虽然提倡了多少年的司法独立，但是，总也未能完全实现。承审处可以说是掌管司法的，不应当附属在县政府组织系统之内，可是现在的司法还没有完全与内政分开。承审官有时是由县长任用的，但是多半是由高等法院委派的。就是县长任用，也得呈请高等法院批准委任。这样看来，司法好像是独立的，但是，如果仔细考察，就可知道，承审官判决一件案子，自己单独盖章不行，必得通过县长，县长通过盖章以后，才能实行。所以把承审处也划入县政府组织之内，用虚线表明，意思是一半属于县政府组织系统之内，一半属于高等法院，如图 3－2 所示。

乙、县行政经费

县行政的经费在前清时候，已难考查。民国三年一月改组后，县公署旧有收入，除解省库拨给地方各机关以外，完全留充县公署的经费。那时每月开支 1 800 元至 2 000 元。三年六月奉省政府令按各县事务的繁简划分 6 级，定县划为

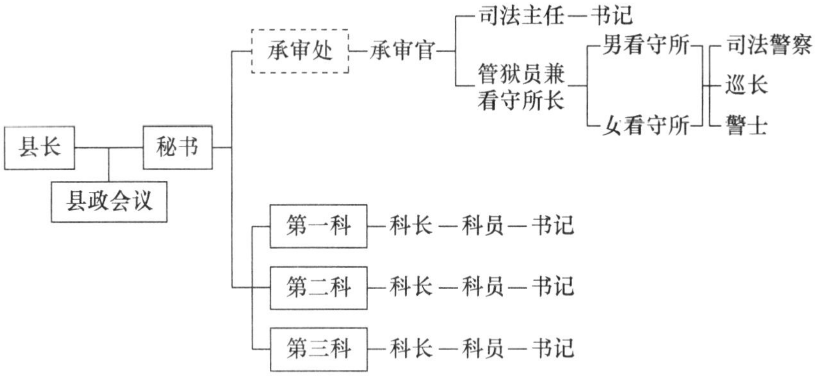

图 3-2　国民政府成立后县政府的组织结构图

第 2 级，每月额定经费为 1 100 元，所有收入，除应支经费从解款内扣留外，余皆报解省库。那时因为行政经费不够开支，呈准提升 1 级，每月额定 1 300 元。后来又呈准增加 100 元，每月共额 1 400 元。民国八年七月奉令减政，规定每月额支 1 200 元。县知事月薪 300 元，科长 1 人月薪 100 元。科员 7 人：有 2 人月薪 40 元，共 80 元；有 5 人月薪 30 元，共 150 元。科员薪水总计 230 元。书记 21 人，月薪共 200 元。公役 16 人，月薪共 112 元。以上每月额支共 942 元，其余 258 元为办公费、杂费及活支的用款。

丙、历年县长任期

从光绪二十七年（西元 1901 年）五月十六日至民国十七年九月二十一日，共调县长 25 任，其中有 1 位县长任期两次。从光绪二十七年五月十六日至宣统二年（西元 1910 年）十月，共调任县长 7 次，实际调任县长 6 人，有 1 位县长任期两次。这 6 位县长就是王忠荫、朱乃恭、重燠、吴国栋、续绵、陈燕昌。重燠任过两次县长。这 6 位县长任期最长者为朱乃恭，任期 2 年 4 月 4 天；最短者为重燠，虽任期两次，一共只 2 月 22 天。从宣统二年十月七日至民国元年三月二十五日共调任县长 2 人。这 2 位县长就是周龢鼐、林际康。从民国元年三月二十五日至民国十七年九月二十一日共调任县长 16 位。这 16 位县长就是张梦笔、孙家钰、孙发绪、谢学霖、傅恩德、何其璋、张在田、王梦鱼、柴楹、侯炳南、边英侪、陈云官、马锡三、周景清、魏起功、赵兰馨。其中任期最长者为何其璋，任期 3 年 10 月 18 天；最短者为侯炳南，任期 1 月 14 天。关于县长到职日期、离职日期、在任日数详细情形见表 3-1。

表 3-1 定县 25 任县长到职日期、离职日期与在任日数之比较

县长姓名	到职日期	离职日期	在任日数
王忠荫	光绪二十七年五月十六日	光绪二十八年二月一日	7 月 15 天
朱乃恭	二十八年二月一日	三十年六月五日	2 年 4 月 4 天
重 燠	三十年六月五日	三十年七月十三日	1 月 8 天
吴国栋	三十年七月十三日	三十一年四月六日	8 月 23 天
重 燠	三十一年四月六日	三十一年五月二十日	1 月 14 天
续 绵	三十一年五月二十日	三十一年十一月二十五日	7 月 19 天
陈燕昌	三十一年十一月二十五日	宣统二年十月七日	1 年 11 月 12 天
周龢鼐	宣统二年十月七日	三年十一月二十日	1 年 1 月 13 天
林际康	三年十一月二十日	民国元年三月二十五日	4 月 5 天
张梦笔	民国元年三月二十五日	元年十二月一日	8 月 6 天
孙家钰	元年十二月一日	三年五月十二日	1 年 6 月 12 天
孙发绪	三年五月十二日	五年九月二十六日	2 年 4 月 24 天
谢学霖	五年九月二十六日	八年三月三日	2 年 6 月 7 天
傅恩德	八年三月三日	九年三月五日	1 年 2 天
何其璋	九年三月五日	十三年一月二十三日	3 年 10 月 18 天
张在田	十三年一月二十三日	十三年三月十一日	1 月 18 天
王梦鱼	十三年四月十一日	十四年一月三十日	10 月 19 天
柴 楹	十四年一月三十日	十四年五月九日	3 月 10 天
侯炳南	十四年五月九日	十四年六月二十三日	1 月 14 天
边英侪	十四年六月二十三日	十五年一月一日	6 月 8 天
陈云官	十五年一月一日	十五年四月十二日	3 月 11 天
马锡三	十五年四月十二日	十五年十月二十九日	6 月 17 天
周景清	十五年十月二十九日	十六年十月十一日	11 月 12 天
魏起功	十六年十月十一日	十七年五月十五日	7 月 4 天
赵兰馨	十七年五月十五日	十七年九月二十一日	4 月 6 天

在这 25 任县长内，任期不满 1 年者有 17 人。任期由 1 年至不满 2 年者有 4 人。任期由 2 年至不满 3 年者有 3 人。任期由 3 年至不满 4 年者有 1 人。由此可知，县长不满 1 年者为最多，没有任期在 4 年以上者。

丁、历年县长资格及年岁

在这 25 任县长之中，有 3 位县长是前清举人出身，两位是前清贡生出身。其他 9 位县长之出身为两江优级师范学堂毕业，安徽官立法政学堂毕业，法政毕业，武备学校肄业，顺天高等学堂毕业，陆军军官学校毕业，保定高等师范学校毕业，日本宏文学院毕业。其余 11 个县长①都无法查考。关于县长的年龄，有 11 位无从查考。能查考的 14 位县长在 40 岁以下的有 3 位，40 岁至 49 岁的有 10 位②，50 岁以上的有 1 位，详细年龄见表 3-2。

表 3-2　　定县 25 任县长年龄之分配

年龄	县长数	年龄	县长数
37	3	46	1
40	3	49	1
41	1	54	1
42	1	未明	11
43	1		
44	1	总合	25③

2. 公安局及附属保卫团

定县在前清光绪二十八年（西元 1902 年）就创设了警务总局，地址在南街定武公局。设巡官 5 名，总办 1 名，由直隶州兼充；设帮办 1 名，由督粮厅兼充；设警董 2 名，由本地绅士充任。全县共分 5 区。民国元年改组，改名为警务长公所，设警务长 1 名，区官 5 名，区长 17 名。民国四年又改组，改名为警察所，设所长 1 名，由县知事兼充，设警佐 1 名。全县分为 6 区，每区设巡官 1 名，第一区地址在南街，定武公局。第一派出所，附在县公署内。第二派出所在东关。第三派出所在西关车站。第二区地址在南平谷村，分驻所在怀德村。第三区在东亭，翟城、大王耨均设分驻所。第四区在李亲顾，高蓬、市庄均设分驻所，邢邑子位也设有分驻所。第五区地址在明月店，分驻所在赵村。第六区地址在清风店，分驻所在西坂村，派出所设在高就村。各警区设警官 1 名，分驻所设副巡官 1 名，派出所各置巡长 1 名，警佐改为所长。6 区共有警生 239 人，内有马巡 24 名。

民国十七年六月将警察所改为公安局，设局长 1 人，课长 2 人，课员 2 人，督察长 1 人，书记 1 人，会计 1 人，号房正副巡长各 1 名，巡士 10 名。马巡正副巡长各 1 名，兵士 10 名，本局派出所巡长 1 名，巡士 12 名。定县共分 6 区，

① 应为 10 个，因为重燠任两次县长，算成了两人。后同。——编者注

② 根据表格统计数据，应为 9 位。——编者注

③ 数据有误。总共应为 24 人。——编者注

每区设巡官 1 名，书记 1 名，巡长 2 名，马巡 2 名，巡士每区名数不同。每月经费 1 917 元。全年经费 23 004 元。

保卫团虽然是附属在公安局之下，但并不是政府设立的，乃是人民自行组织的。定县保卫团也分为 6 区，由县长召集各区的村长佐，定期来县讨论组织保卫团的事情。每区划分为 5 部，每部由各村长佐推举董事 1 人，共为 5 人。由 5 人再推出乡望 2 人，在城内机关做事的 2 人，共为 9 人。由这 9 人组织董事会，然后开会推举团正 3 人，呈县择委。

第一区现有董事 5 人，是民国十八年四月成立的。设团正 1 名，书记 1 名，分队长 5 名，副队长 5 名，护兵 1 名，号兵 1 名，夫役 1 名，团丁 45 名。每月经费 500 元。区内住户摊款方法，由董事会计算 6 个月应需经费若干，然后按照区内户口议定每户应摊若干，呈县催交。第一区每户每 6 个月应摊大洋 0.60 元。第二区也是民国十八年四月成立的，董事 9 名，每月经费 507 元。每户每 6 个月也摊大洋 0.60 元。组织与团内人员同第一区一样。第三区也是民国十八年四月成立的，组织人数与第一区第二区一样。第四区也是民国十八年四月成立的，董事 9 人，团正 1 名，调查员 1 名，书记 1 名，团佐 2 名，班长 3 名，马丁 2 名，团丁 54 名，伙夫 3 名，差役 1 名。每月经费 670 元，区内每户每 6 个月摊大洋 0.35 元。第五区也是民国十八年四月成立的，董事 7 人，团内人数与第一区第二区相同。每月经费 670 元，每户每 6 个月摊大洋 0.60 元。第六区分为东半区、西半区，东半区是民国十八年五月成立的，西半区是民国十七年十一月成立的，东半区有董事 13 名，西半区有董事 3 名，组织与第一第二区相同。经费每半区为 670 元，每户每 6 个月摊大洋 0.60 元。保卫团有时比公安局还有力量，对于冬防很见功效。

3. 建设局及其所属机关

建设局是由实业局改的，实业局是由劝业所改的。劝业所是民国九年成立的，由县公署选举 3 人，呈经实业厅委任所长 1 人，劝业员 4 人。经费每月 122 元。这种经费是由商会经办土布牙佣，每匹抽收 3.5 文拨给 1 文开支。不足之数由亩捐改征足钱底子项下支领。那时地址暂借南街图书馆。民国十年因军队借驻，所以移到北街民房。民国十一年择定农事试验场，开始建筑劝业所。计正房 5 间，厢房 4 间，共 9 间。所长月薪 22 元，劝业员月薪各 10 元。自劝业所成立以来，提倡凿井，共凿大小土砖井 25 802 口。植树 17 种，计 3 311 200 株。并协同第一民立工厂提倡草帽辫，统由工厂收买。

民国十四年七月奉实业厅命令把劝业所改为实业局。地址在西街路北。设局长 1 人，劝业员 4 人，事务员 2 人。提倡造林凿井，成绩可观。不过近年来战事很多，时局不靖，事业极难进行。

民国十七年又奉省令设立建设局，所以就把实业局改为建设局了。设局长 1 人，技术员 4 人，事务员 3 人。全局分为 3 科，有农工科、建筑科、总务科。农工科提倡改良农工事业，建筑科提倡筑路、造桥、修房等事。总务科管理局内一切事务。民国十八年全年共用经费 5 150 元。经费来源是地方公款，向财务局支领的。局长月薪 40 元，技术员月薪 27 元，事务员月薪 24 元。书记 1 人，月薪 18 元。自民国十七年十月间就起始派农工、建筑两科职员，分赴各村调查讲演。并且沿唐河巡视，要道处都强迫人民造桥。又劝导乡民植树，计约 800 000 株之多，造井也约 900 口，又派各村一律修道，便利交通。

关于农业方面，计划要提倡蚕桑、造林、养蜂、牧畜、园艺、改良土壤、改良农具等事。关于工业方面，计划要提倡制油、制胰、纺纱、制纸、制骨粉肥料；改良土布及家庭工业；并要创办面粉公司、电灯公司、皮革事业。关于工程方面，计划要建筑桥梁，修筑道路、游艺场等。关于推广方面，计划要提倡农民组合、函授学校、家庭工业农民讲习会、全县农工成绩展览会；并计划整顿各村农林会及护林警察，整顿试验场；更计划创办《建设月刊》及开辟商场等事。以上的计划现在已实行者甚少。

甲、农事试验场

定县农事试验场是民国五年创办的。择警察所前隙地 20 余亩，开辟成为试验场，设场长 1 人。地点借警察所东武库旧址。经费由棉花牙佣公益捐项下支领，年收 1 180 元，按月领取。民国八年又在塔南设棉业试验场，自开办以来，历年都有成绩报告书。至民国十七年农事试验场改为公共游戏场，所以停办。

乙、苗圃

民国六年谢学霖县长委农事试验场场长燕兆庚筹办苗圃。每年出租价大洋 166 元，借女校校场地 700 亩，绘具图说，分段试办。民国七年变卖腾骧卫及慈氏寺的树木，用所得的款项，建筑苗圃的办公处与工人饭厅、宿舍。历次拨给公款，规划各种关于改进的事情。以试验场场长兼充苗圃主任。民国九年有省视察团到定县考察。对于苗圃的成绩，颇为称赞，训令嘉奖。民国十年呈报扩充苗圃的情形与每年分发苗木种类、数目。并拟简章改主任为管理员。民国十年划出苗圃西南角百亩，归为女校研究蚕桑之用，按十七年调查该苗圃有刺槐 75 000 株，有中国槐 6 000 株，有侧柏 12 000 株，有椿树 5 500 株，有青杨 9 800 株，有梓树 7 000 株，有合欢 5 800 株，有桑树 25 000 株。此外还有柳条 96 亩，德国槐 31 亩，农田 35 亩，种菜蔬与各样作物。近年来苗圃经费太少，许多计划难以实现。

4. 教育局及其所属机关

教育局是劝学所改组成立的。劝学所成立于前清光绪三十年（西元 1904 年）。州牧吴国栋会同中学监督劝办各村小学，共计办了 130 处。光绪三十一年，所内始设劝学总董 1 人，劝学员 16 人，都是义务职，不常住所，每人酌给车马费，每月终结报告 1 次。宣统二年（西元 1910 年）以劝学员人数太多，责任不能专一，对于学务进行很有妨碍，所以大家议决裁额发薪。把劝学员减为 4 人，月给薪金，使劝学员轮流住所办公。民国三年奉令取消，归县公署内教育科办理，委县视学 1 人担任，视察各小学。学界同人以教育科只管教育行政，劝导职务，恐难办到，所以在前劝学所旧址组织学务委员会，设学务员 3 人与各村村正副校董接洽办理。民国三年十一月，因感觉教育科办理学务不便，所以又将劝学所恢复。总董改为所长，月薪 30 元，劝学员增至 5 人，月薪各 10 元。年底成立两等小学 2 处，女子小学 2 处，初等小学 37 处。民国四年初等小学改做国民学校，成立男国民学校 137 处，两等小学 6 处，女子国民学校 16 处，并添巡行教员 1 人。民国五年至八年，学校数目增多，巡视难以周到，又添巡行教员 1 人。成立男国民学校 20 处，女国民学校 60 处，经费由亩捐项下支拨。自民国四年以后，因为洋价物价昂贵，劝学员、书记与巡行教员迭次增加，至民国十二年，经费由 1 100 元增到 1 700 元。把全县境分为 25 学区，试行强迫教育。哪个地方应当单独设立学校，哪个地方应当联合设立学校，都有一定办法。凡村庄在 500 户以上的，必须设立国民学校 1 处，学龄儿童在 7 岁以上、15 岁以下的，都迫令入学。有田 20 亩的，如不令子弟入学，就罚地 2 亩。各村学校基金不得私自更动。

民国十二年十月奉教育厅令改劝学所为教育局，设局长 1 人，视学 5 人，教育委员 4 人，会计、庶务、书记各 1 人，共 13 人。地址设城内文庙，局长商承县知事掌理全县教育行政事务，民国十三年呈准施行义务教育提倡基金独立，改组男女师范，提高学生程度，增加教薪，划一教材，补习改良教法。经费全年为3 948元。

民国十八年调查，局内设局长1人，督学3人，教育委员5人，会计、文牍、庶务、书记各1人。局长负责办理全局事项。督学到各村视察学校，委员催办学校，事务员办理局内事务。现全县有男初小325处，女初小95处，两级小学21处，高小2处，幼儿园1处，男师范1处，女师范1处，职业学校1处。共有学校447处。全年经费为3 952元。扩充经费全年为6 069元，已经备案照准，但因款项无着，尚未实行。

甲、社会教育办事处

社会教育办事处是民国六年三月创立的。那时因为提倡办模范县，所以创办社会教育办事处，发展社会教育，改良社会风俗习惯。设主任1人，管理处内一切事项，设书记1人，管理各种文件，主任的职务就是管理通俗图书馆、阅报处、古物保存所及三民主义演讲所。社会教育办事处地址在东街，通俗图书馆、阅报处、古物保存所都附属在社会教育办事处里，三民主义演讲所地址也在东街，设在社会教育办事处旁，社会教育办事处主任除兼管以上所说的这几处事情外，有时还出外游行演讲。全年经费648元，通俗图书馆、阅报处、古物保存所的经费在内。社会教育办事处在民国十九年改为民众教育馆。

乙、通俗图书馆

图书馆是民国六年三月成立的。设管理主任1人，书记1人，均由社会教育办事处兼充，完全是名誉职。主任管理馆内一切事宜，书记专管钞录、会计、庶务管事。图书共有170多种，共1 200册。开馆时间每日上午9时至下午3时。平均每天阅书人数有十余人。全年经费大洋120元，有图书费，有装订费，有津贴夫役费，有煤炭费等。款项由社会教育办事处款下支用。自民国十九年后较前扩充。

丙、阅报处

阅报处是民国元年四月创办的，设管理员1人，掌管处内一切事宜。后来创办社会教育办事处，办理人员就由社会教育办事处人员兼管。全年经费为120元，由县教育经费项下支领。处内有报8种，有《河北省政府公报》，有《定县公报》，有《教育旬报》，有《益世报》，有《国民日报》，有《山西来复报》，有《无锡民众周报》，有《社会星期报》。阅报时间每日上午 8 时至下午 4 时。民国十九年以来报纸种类增加颇多。

丁、三民主义演讲所

三民主义演讲所是正俗宣讲所改组而成的。正俗宣讲所是民国元年十月成立的。设讲演员 1 人，专管演讲。现在讲题多关于三民主义与中外新闻。每逢集市，三、八、一、六，都有演讲。上午 11 时至 12 时。平均每次听演讲的有 30 余人。全年经费为 288 元，由县教育经费项下支领。

戊、古物保存所

古物保存所创设于民国十年。当时修筑城关马路在料敌塔南边取土，掘得唐宋时代的残碑与六朝造像多种，大家都认为有保存的必要。所以把城乡公有各种古物，大加搜集，就在社会教育办事处，附设 1 古物保存所，分金、石、陶、木 4 种，造册备案，防备遗失。古物中以石类最多，金类次之，陶类木类最少。七八年来，古物也常有增加。古物保存所事项也由社会教育办事处主任兼管。现归民众教育馆。

己、教育旬报社

教育旬报社是教育会改组而成的。教育会自清光绪三十三年（西元 1907 年），就照章组织设立了。那时因为风气不开，所以士绅入会的很少。后来因为劝学所总董改由教育会选举接充，所以每到开会，新旧学界的人物，都不期而至，共有 100 多人。民国以来，劝学所取消，教育会也就无形消灭。民国五年冬天，召集会员开成立大会，重新组织，改名为教育旬报社，公举田德霖为会长，赵漱芳为副会长，3 年改选 1 次，社中出版《教育旬报》，由正副会长负责编辑，全年经费 150 元，旬报花费居经费大半。

5. 财务局

民国九年直隶省会议员籍忠寅这般人提倡各县设立财政所，各县风行，定县也就改自治事务所为财政所，地址租借西街白宅。民国四年旧历六月县立筹办自治事务所，公举富有经验、办事老成、向来为大众所信仰的人，四乡各 1 人叫做“董理”，筹备自治的事情，后来进行财政公开。民国五年旧历三月由县公署将地方款所有的油槽公益捐，高蓬牲畜牙佣捐，市庄牲畜牙佣捐，明月店、清风店柴菜捐，高蓬牲畜附捐，屠宰牛羊捐，八镇牲畜一分牙佣捐，税契牙佣，亩捐，棉花牙佣捐，在城花行公益捐，亩捐改征足钱底子，清风店牛行捐，八镇牲畜附捐，猪肉公益捐，树木牙佣捐，模范补助费，麻行捐，席行捐，牛马羊皮油骨捐，在城布行牙佣捐，屠宰骡马捐，花生木植税各项拨进自治事务所经手管理。至于包办各项捐税，由县公署当堂投票，按票面投价最多的，预交押款，并且得有殷实铺保，才准他包办。后来事务所事情繁杂，又添会计 1 人。税契稽核处也附属在自治事务所内。

民国九年七月县长何其璋遵令筹办财政所，就把自治事务所改为财政所了。依照财政单行条例，公举所长 1 人，检查员 5 人，轮流值月。设出纳股、会计股，各委任司事 1 人，聘任文牍 1 人，一切收入还是自治事务所旧有的款项，税契稽核处仍是附属在内。后来因为税契的事情繁杂，何县长才委经理，在每年年终开财政会议，表决第二年度的预算案，审查本年度收支决算书，将议决事项公布在《定县公报》，使大家知道。各机关遵照议案，向本所支取经费，不许稍有移动。如有紧急需要的款项，须得由县长召集临时会议，经大家承认，通过以后，才许动用。各机关每月造送月报 1 份，由检查员稽查综核。

自民国十一年旧历十二月状纸也由财政所经理，所收进的钱，充教育经费。

民国十七年八月改名为公款局，十一月又改名为财务局。关于各年度地方税收预算与地方支出预算等项可参考县财政章。财务局十八年的经费为 3 222 元。

第二节　县党部及其领导下的各种民众组织

一、县党部[①]

民国十三年至十七年五月是国民党党员在定县秘密工作的时期。十七年五月至七月为筹备时期。十七年八月至十八年三月为指导时期，十八年三月以来为执行时期。民国十九年党务停顿，二十年又开始活动。

民国十八年时党部内有执行委员会，有监察委员会，执行委员会分秘书处、

① 指国民党党部。——编者注

组织部、训练部、宣传部、党务共 17 人。党员共 208 人，其中有农人 20，商人 13，党务 17，教员 82，学生 53，政界 5 人，军界 2 人，警界 2 人，其他 14 人；教员占 39%，学生占 25%，农人占 10%，党务占 8%，其他占 7%，商人占 6%，政界占 2%，军界、警界都占 1%。由上看来，党员中学生与教员为最多。民国十八年党部全年经费 14 400 元。

二、县党部领导下的各种民众组织

1. 农民协会

农民协会是党部领导下的一种民众组织。这种组织是民国十七年十二月七日成立的。因为全国农民受压迫最深，所以组织这种农民协会，谋求自卫，并设法改良农村生活。县农民协会下有区农民协会，区农民协会下有乡农民协会。县农民协会有执行委员会，有监察委员会，议决事项，各区各乡遵照实行。执行委员 7 人，监察委员 4 人。经费无着，颇不容易。

2. 商民协会

商民协会也是党部下领导的一种组织。这种组织是民国十七年十月二十七日成立的。目的在提倡国货，挽回利权，改善商人的组织，解除商民的痛苦，促进三民主义的实现。县商民协会下有区商民协会，区商民协会下有商民分会。县商民协会设执行委员会及监察委员会。执行委员 15 人，监察委员 5 人，还有常务委员 3 人，由执行委员推出。

该会出席全部重要政治会议，参加各纪念大会。经费无定，办事颇困难。会址在城内北街文庙。

3. 工会

工会也是党部下领导的一种组织。这种组织是民国十七年十一月三日成立的。目的在谋工人生活的改进，获得政治上经济上的平等自由。原来定县工人并无工会，党部成立以后，才把工会组织起来。定县总工会是由成衣工会、鞋工会、银工会、木工会、理发工会组织而成的。最高职权机关就是全县代表大会。由代表大会举出执行委员 5 人。办理会内各种事务，没有一定的经费，临时办公费由党部津贴。常出席全县财务会议及禁烟公所评议会。每年五一世界劳动节，全体工人游行宣传。开会借用县党部会议厅。

4. 学生会

学生会也是党部领导下的一种组织，是民国十七年十二月二十三日成立的。目的在联络感情，唤起革命的思想，养成社会服务的精神。学生会是由各学校学生会组织而成的。有执行委员会，有监察委员会，除此以外，有总务股，有宣传股、交际股、调查股，共有职员 14 人，办理一切事项。该会出席全县财务会议和禁烟公所会议，并参加各纪念日、游行示威宣传等运动。经费无着，由县党部津贴少许。开会地点暂借定县女子师范学校。

5. 妇女协会

妇女协会也是县党部领导下的一种组织，是民国十七年十月二十日成立的。目的在实现男女法律上、经济上、教育上、社会上的一律平等，并参加革命运动，从事民族解放。县妇女协会下有区妇女协会，区妇女协会下又有妇女协会分会，妇女协会分会下又有小组。妇女协会里有执行委员会，监察委员会，执行委员 7 人，监察委员 3 人。该会出席县财务会议、禁烟公所会议，参加各纪念日运动。经费无着，每月由天足会借助 11 元。

第三节　旧有各种地方团体

一、农会

农会是宣统二年（西元 1910 年）创办的，目的在提倡农林、保护麦苗，后来因为时局变迁，中止停办。民国三年又继续成立。设正副会长各 1 人，办事员 2 人，事务员 2 人。由民国七年催办乡农会，到现在逐渐成立者已有 327 处，设法保护麦苗树木，并派员出去调查因偷盗庄稼与树木所发生的争讼，不但调查而且帮忙处理。自民国十七年三月开办函授农民学校，补助农民科学的知识。

经费全年 570 元，一方面由财务局补助，一方面由该会基本地之地租入款补助。地址附属在财务局内。

二、商会

定县在前清宣统三年（西元1911年），就有定县商务公会的设立。民国三年商人恒安当等95家，组织分会，举王润德为总理，王思陶、米得绪为副总理。在北街租设事务所。民国四年，农商部下令改组，于是呈拟简章，商务分会才改为商会。改总理、副总理为正副会长，利用木质图章。后因拟章未合，签注发回，才准改组立案，设事务所于城内北街旧仓房地，启用新式图章。民国五年部饬照现行修正法更正补报，复依法改组，呈拟简章并将图章缴销，另请颁发钤记。民国六年农商部批准立案，就旧仓房事务所改建定县商会。民国七年实业厅饬遵照部章更正会章4条，派员具领钤记，呈报启用日期，商会才正式成立，并发到公断处章程与办事细则。那年商会开常年会时，就成立商事公断处；目的在解决调解商界内一切的分争。举米得绪为处长。商会经费的来源有三种。一是会费，分3元、4元、5元三等，按等缴纳。一是印花经手费，每1 000元收费7元。一是布捐，每匹抽收0.075元。正副会长都是名誉职，公断处处长1人，月薪20元，文牍月薪8元，书记月薪5元。商会与商事公断处全年经费为2 000元。

三、息讼会

息讼会是民国十二年十一月成立的。目的在调解讼事。成立时各机关领袖均为会员，设正会长副会长各1人，管理会中一切事务；设评议员2人，评议一切事务；设事务员2人，办理会内杂务及账目；设文牍1人，书记1人。民国十四年三月改组。成立时是在县长何其璋任内，无论什么案件都先到息讼会，息讼会评议后，调解后，如果案件解决，就无须再到县署，解决不了，再到县署。经费全年635元，由商会拨发。自改组日起解决案件100余件。现已有名无实。

四、天足会

天足会是民国二年成立的。县知事为正会长，教育局长、警察所长为副会长，各机关士绅为会员，都是名誉职。正副会长掌理召集开会及督促调查事宜。规定每月1号假借劝学所开会，讨论放足事情。派女调查员6人，分区调查，到各乡各村劝人放脚，劝父母不给女孩缠脚。月给车马费20元，共120元，后来规定法律，缠足罚款，现在各村女子放足实居多数，13 岁以下的女孩，几乎没有缠足的。分会地点，在各村公共地方。天足会现在已无需要，故已停办。

第四节　东亭乡村社会区 62 村内各村所有各种自治组织

关于翟城模范村的历史与各种自治组织，不在本节讲述，翟城模范村很重要，自治组织很多，所以另写一节，详细申明，以资参考。本节专讲东亭乡区内其他各村的自治组织。

一、东亭的自治组织

东亭的公差局是前清光绪时成立的，目的在替村中公家办事。这种公差局是村长与公直组织的，村中公款与公地所得，充作经费。民国以来，公差局全力提倡学校，发展教育，将公款用尽，后来停办。

东亭的义仓是民国四年成立，目的在预防荒灾奇变，职员共十余人，村长与公直代管义仓一切事务。凡 20 亩以上的农家，每亩纳粮 1 升或半升，20 亩以下的农家，得免纳粮，遇有荒年，贫寒之家，可随意借用，但还时须稍加微利。民国十六、十七两年，因闹兵灾，所储粮食都已借出，近年没收新粮，无形停办。

东亭的学校董事会是光绪二十六年（西元 1900 年）成立的，目的在办理学务保管学校基金。由董事长与董事等组织的，他们的职务在讨论学校事宜。设正副董事长各 1 人，董事 5 人。学校较前颇为发达，但是经费无着，工作很难进行。

东亭的卫生会是民国四年奉县令设立的，目的在研究卫生，宣传卫生。设会长 1 人，会员 3 人，会长会员均负研究与演讲卫生的责任。现在因经费无着，已经停办。

东亭的支应局目的在支应军队，所以随时成立，随时停止。这种支应局是由村长佐与公直组织的，均负支应的责任。除村长佐外还有职员十余人，也多少负责支应。经费无定，随出随入，来源按地亩多少均摊，用途皆为支应兵差。

东亭的禁烟会是民国四年成立的，目的在禁吸鸦片。有会长 1 人，会员 7 人，都负调查本村吸烟的责任。因经费无着，早已停办。

二、史村的自治组织

史村的学校董事会是民国十三年四月成立的，目的在专办校务，管理学款。设正副董事长各1人，董事7人。实际工作是讨论学校事宜，提倡教育，管理学款。经费虽然不足，但是，仍能继续进行。

史村的义仓是民国十三年四月成立的，设管理员2人，管理义仓一切事务。目的在预防荒年。办法与东亭义仓一样，无须再说。因近年兵灾，现已停办。

史村的禁吸金丹会是民国十三年四月成立的，目的在禁止本村人吸食金丹。设会长1人，调查员2人，均负有调查村人的责任。因经费无着，现已停办。

三、鸡鸣台

鸡鸣台的教育董事会是民国十六年成立的，目的在提倡教育，办理学校。设正副董事长各1人，董事无定额，凡对于董事会赞助帮忙的，都可以算为董事。在外求学服务的，可以算为名誉董事。董事长与董事都负有讨论学校事务的责任。因为经费无着，所以不易发展。

四、大鹿庄

大鹿庄的卫生会是民国十二年成立的，目的在清理街道，注重卫生。设正副会长各1人，主持会中一切事务，职员2人协同办理。先前经费由村正、村佐筹划，现在经费无着已停办。

村中其他一切事情，由村长佐、学董办理。

五、大陈村

大陈村之公差局是民国十一年成立的，目的在办理公事。公差由村长、公直组织的，职员一共10人。经费由村内各户分担，按地亩多少抽捐。关于户口、教育、卫生、地亩等事，都由公差局办理。现状如常。

六、东旺

东旺的支应局是民国十六年成立的，目的在支应兵差。由村长、公直组织的。设局长1人，交际员9人，局长管理全局事务，交际员多负与兵丁长官交际责任。经费由村长、公直筹划，按每户地亩大小均摊。

七、唐家庄

唐家庄的息讼会是民国四年成立的，目的在调解本村诉讼事项。设会长1人，会副1人，会员6人，均负责办理息讼事情。凡村中有诉讼事发生，就先报告息讼会，由息讼会调解，不能调解者，任其自便。经费由公款中扣下。现在情形很好，平均一年不过有一两件讼息事情。

八、西建羊

西建羊也有息讼会，是民国十五年成立的，组织现状与唐家庄相同。不必再说。

村中其他一切事情由村长佐、公直办理。

九、东丈

东丈也有息讼会，是民国十二年成立的。组织现状与唐家庄、西建羊相同，无须再说。

十、各村皆有的会社

各村都有保卫团，目的在保守村中治安，预防盗贼，补充县署保卫团与公安局的不及。设团长1人或2人，团员2人至十余人。团长管理全团内一切事情并检查团员的勤怠。普通团长都由村长佐担任，团员由村内壮丁担任。团员听受团长的指挥夜间巡逻打更，遇有盗贼合力捉捕。

保卫团的经费没有一定，有的由公款支给，有的按地亩分摊，有的按秋收后每亩收获多少，酌量出谷一升或麦半升。有的由富户随意捐出粮食，供给团员用。

除保卫团以外，各村都有青苗会的设立，每到夏秋的时候，庄稼都要成熟，恐怕庄稼被人偷窃。所以各村都设有青苗会，目的在看护庄稼，防备偷盗。组织极为简单。会长多为村长佐担任，雇村中无职业者4人至6人，叫做“看青的”。看青的每天到田间分头巡视。遇偷盗庄稼的，把他捉住，送到村长佐家，或村公会；由村长佐责问，酌定罚项。若有某家庄稼被偷，而偷庄稼人未被看青的捕住，某家可向地方声明并告知村长佐，村长佐验明被盗情形，由看守该处庄稼的看青的负责查出。如不能查出时，则由村长佐及地方共同按损失的情形，酌量扣除看青的工资。

看青的每人每日工资约在一角上下，食物自备。这种经费完全由村中公款支出。除看青的工资外，没有什么别的花销。看青的居住，没有一定的地方。普通由看青的自己选择庙宇、闲房休息。至于会所多在村公会或村长佐家里。

曹村青苗会有一定简章。曹村种苜蓿者居多，所以村人常有在田里放牛羊马猪的，也有在地里割草的。村长佐、公直决定几条章程：（1）在苜蓿地割草者罚洋二元。（2）放骡马者罚洋五元。（3）放驴牛羊猪者罚洋二元。（4）在庄稼地内割莠草者罚洋一元。

此外还有许多村子有农会，有天足会，组织活动都与第三节“旧有各种地方团体”内所讲的农会、天足会相同，此处无须多讲。

第五节　翟城模范村

一、创办翟城模范村的经过

创办翟城模范村的主要人物为米迪刚先生，但发起者为其父米鉴三先生。米鉴三先生在光绪二十八年（西元 1902 年）的时候，就有了村治的规划。民国成立以后，就在本村兴办教育，创办高等小学校、女子国民学校、女子高等小学校，自备所需，不费公款。民国三年夏孙发绪来定县做县长，见翟城学务发达，风俗良善，遂呈请省部创办模范村，为定县全境各村的模范。先后创设自治公所、自治讲习所、通俗讲演社、图书馆、爱国会等。当时政府要人、教育家、学者都先后来此参观，称扬赞美。那时米迪刚先生已经由日本留学归国，见日本农村的新建设、新改造，很受感动。更根据学理上村治一级应占的重要位置，组成翟城村治，以求达到他所说的“一般村治，在家与省县之间，取得显然平列之对等地位”的目的。他想改造中国，必得由村治起，因为惟有如此，才能把国家之间，联络一起。如果不讲改良农村，而想齐家治国平天下，也恐怕不容易有一贯的发展。他一方面提倡内地旧有农村的整理，又一方面提倡边荒新农村的创建。第一，他想把旧有农村整理一番，使其组织划一，适用新农村的井田法，创办种种合作社，力谋村民享受的平等。第二，他想酌采古代井田成法，至少可免去资本家出面包领大段荒地，造成地主佃户贫富失均的恶现象。这两种思想就是翟城村改造的基础。

翟城村的发展，可以分成四时期。米鉴三先生规划村治的时期，可以称为“组创时期”。米迪刚先生归国以后，办理村治的时期，可以称为“组成时期”。在村治组成，各种章程规定后，各职员努力工作的时期，可以称为“保守时期”。近年来创造与保守各分子努力进取，积极合作；又加中华平民教育促进会到定县设华北试验区，帮助定县解决定县问题，翟城村又受了一番新戟刺、新影响，同时也得了一种新助力。这个时期可以称为“改进组织时期”。

翟城村不但在华北出名，就是在全国也很出名。山西之所以有村制，也是因为翟城村的影响。孙发绪县长升任山西省长以后，就急欲要把翟城村的一套村治，搬到山西施行，后因去职，未能办到。幸赖继任的阎锡山省长，竭力经营，以终其事。现在山西村治，在全国十几省中，居然有模范的名称。推其根源，实在起于翟城，这一点我们很可注意。

二、翟城村概况

翟城村距县城东 30 里，在第三自治区内。据说是 1 600 年前的一个故城。晋时丁零翟氏称兵背叛，曾占据此地，建筑防御之城堡。现在村落之面积约计 350 亩。村外普通之田约 9 500 亩，果园 20 亩，林地 200 亩，荒地约 100 亩，不毛沙地约 1 000 亩，共计约 10 820 亩，村内外所占面积合计，全村约 11 170 亩，合 20.7 方里。平均每户有能耕种之田地约 28 亩，田块大小颇为散碎，每家大半有数块小田。不满 5 亩的小田块最为普通，5～9 亩之田块次之，10～15 亩者又次之。村内外之井数为附近一切村庄之冠，共有 390 口，内有村内井 96 口，村外井 294 口。因此，农产量较前大增，旱荒问题大致解决。并且村内外不能种谷之地，无不试种各种树木。翟城共有五条街道，这五条街道就是仁、义、礼、智、信。据该村民国十八年之记载：仁字街有 85 户，男 297 人，女 262 人，共 559 人。义字街有 65 户，男 175 人，女 145 人，共 320 人。礼字街有 76 户，男 276 人，女 283 人，共 559 人。智字街有 70 户，男 189 人，女 137 人，共 326 人。信字街 70 户，男 173 人，女 148 人，共 321 人。翟城共有 366 户，男 1 110 人，女 975 人，共有 2 085 人。平均每户有人口 5.7 人。

翟城共有 19 姓，就是米、秦、张、韩、李、同、徐、刘、吕、杜、师、梁、朱、夏、渠、齐、邱、陈、赵。最大之族为米姓，共有 130 户，男 433 人，女 400 人，共 833 人，占全村人口 40%。姓秦的次之，共有 73 户，男 193 人，女 162 人，共 355 人，占全村人口 17%。张姓有 48 户，男 127 人，女 85 人，共 212 人。韩姓共有 33 户，男 91 人，女 91 人，共 182 人。李姓共 27 户，男 103 人，女 92 人，共 195 人。此外同姓 12 户，徐姓 10 户，刘姓 5 户，吕姓 5 户，杜姓 4 户，师姓 4 户，梁姓 4 户，朱姓 2 户，夏姓 2 户，渠姓 2 户，齐姓 2 户，邱姓 1 户，陈姓 1 户，赵姓 1 户。

据民国十七年之教育调查，本村 11～24 岁的青年中识字者占 53%，内 38% 为男子，15%为女子。若只以其中青年男子而论，识字者占 65%，不识字者占 35%；若只以女子而论，识字者占 36%，不识字者占 64%。民国二十年来村内儿童少有不入学者，青年男子皆已识字，青年女子识字者亦日渐增多，本村在中学、大学毕业及留学者已达五十余人，其中四分之一为女子。大多数家庭皆有农村副业，村中道路比较平坦，厕所较他村洁净整齐。风习颇敦厚，鸦片及赌博等不良习惯早已绝迹，即连纸烟亦少有用者。庙宇完全改为学校。他种迷信亦渐革除。自息讼会成立以来，从无至县公署诉讼者。青年妇女皆已放足，不满 15 岁之女子皆为天足。以上各种成绩皆为村中领袖对于该村公益事业热心举办的结果。

三、翟城村公所与村会

村公所是翟城村的最高执行机关。翟城村自筹备村治，组织大纲规定以后，就着手建筑自治机关。民国四年七月孙发绪县长补助开办费 300 元建筑村公所三间，当年九月间落成。所有一切重要规约，也都相继订妥备案，议举的村长、村佐与各区区长，在十月六日推举就职，各股员均议定专人，村自治公所才得成立。向日在公差局存管的公款，尽数接收。这样一办，自治的基础才算稳定。

村内一切事务，都归自治公所执行。村长总理本所一切事务，村佐帮忙办理。设股员若干人，商承村长，分任各股事务，设书记一人专管缮写。公所为自治便利起见，将全村分为八自治区，每区设区长一人，商承村长，掌管本区一切事务。自治公所分庶务、财务两股。庶务股股员四人，管理教育、保卫、户籍、劝业、慈善、土木、卫生、征兵、记录及其他不属于财务股的一切事项。财务股股员二人，管理全村纳税、银钱簿籍、出入款项、预算决算等事。公所为谋求教育普及，公推学务委员一人。学务委员遵照村会议决的教育普及计划书，执行其职权。

每日上午八点至十点，下午三点至六点为村长、村佐办公时间。每日下午三点至六点，为本所各股员办公时间。每日下午三点到六点，为各自治区区长到所接洽公务时间。每日上午八点到十二点，下午一点到六点为本所书记办公时间。每星期日停止办公。

村会是由村长、村佐及各股股员、各区区长组织的。会长由村长兼充，总理会务，遇有事故，村佐代理。凡关于自治重要事件及村民的一切建议事项，均须由村会讨论议决。村会每月开常会一次，遇有临时事故，得开临时会。

自治公所地址在翟城村十字街路。自治公所是先前关帝庙改造的。

在自治公所没成立以前，就有自治讲习所的设办。自治讲习所是民国三年十月成立的。目的在补助官治不足，研究自治，造成公民，筹办模范。自治讲所是村长提倡的，借村中前女子私塾旧址，职教员由村长与高小校长教员分担，义务讲习，不支薪水。除择讲县立公民讲习所讲义外，兼授《日本地方自治模范》一书。第一次召集村中在职人员一律入学。第一次毕业后，再召集村人识字较多者，陆续入所听讲，期望能够培养自治人才。

民国十八年该村村政组织系统如图 3 - 3 所示。

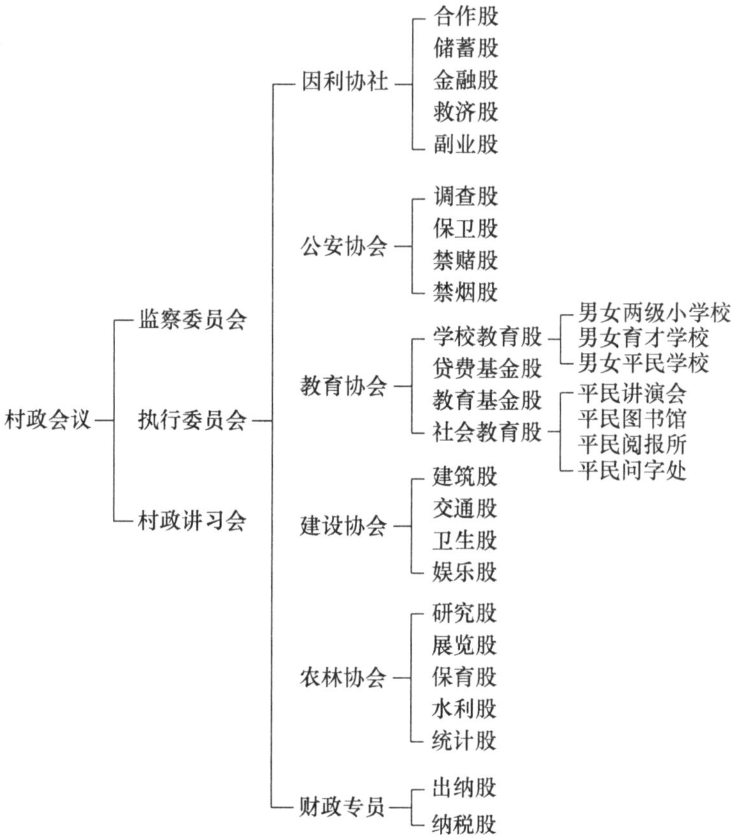

图 3-3　翟城村村政暂行组织系统

四、翟城村的自治经费与经济设施

翟城村不太富，不太贫，实在是一个极普通的农村。其所以能创成村治，经 20 年的努力，能逐渐改良，不乏财源，实在不是一件容易事。在起初基本经费全凭村内领袖热心劝导，善为筹拨，把无用变为有用，把不生产的变为生产的，更按照因利而利、协作互助的意思，使生产事业发达起来，因此翟城自治经费的基础，才得稳固。

1. 自治经费

清光绪三十年（西元 1904 年）冬季，村内开办初等小学校，先提入旧属公差局地四顷零五亩五分，将所得田租款项作为经费。后来因为要兴办一切公益，这项租款，不能敷用。村中旧有各项社款，都用在没有益处的事上，所以在光绪三十年十二月，村中就将迎神赛会的戏会、马会、花炮会、神棚会与驴牛户的随差款资，都详细查明，提集一处，再与公差局原有的旧款，放在一处，作为经费基金。

当日共得地589亩。这些地都是历年佃给村人的，每年清明节缴给佃价，起初这种款项都由村内公直轮流存管，后来移交财务股股员保管，用时由村长佐盖章，否则不许动用，款项用途有两种：（1）临时经费；（2）常年经费。临时经费就是各种自治事务的用款，学校款项为大宗。常年经费就是为兴办一村的事业而用的。

2. 因利协社的缘起与筹备

翟城的因利协社虽然多采取东西各国各种合作社的成规，但是，最初动机实在是起于创办教育费贷用储金会。村内有米树屏先生，平素识字有限，仅能勉强记账，就是极浅近的书报也不能读，哪里知道欧美有所谓合作制度。有一天他向村公所提议，由村中先垫款派人到无极县买棉种，回来分配给村中种棉各户，因为不但无极县棉种很好，种棉各户种它可以多得棉花，并且种棉各户可以无须自己到无极县去买，一方面节省经济，一方面节省时间，岂非一举两得？村公所采取这种办法，并且扩充发展，扩充的结果，就组织了因利协社。

因利协社的目的，在乎提倡全村人民互助的精神，谋全村人民共同利益的发展。社内组织分为4部，以金融协社（又称平民银行）为主体，消费协社、购买协社、贩卖协社附属在内。金融协社就是全村出纳的总机关，所以凡村内公款，如学校基金、教育费贷用储金等项，都由金融部代理保管出纳，就像国家银行的代理金库一样。

社内所运用的资本有六种：（1）股款；（2）代理保管的村中公款，与各团体的公款；（3）村民的储蓄存款；（4）村民与非村民储金以外的存款；（5）公积金；（6）由他团体与银行钱号或个人借入的款项。

社内组织有股东总会，有评议委员会，有执行委员会，有监察委员会。社内一切职员都是名誉职；但是，执行委员在事务繁多时，酌支津贴。协社每到年底结账一次，除一切正当开支外，纯利按十二成分配，二成作为公积金，三成作为办事员花红，七成作为股东红利。

3. 纳税组合

民国四年十月村公所开第二次村会议，当时会长提议成立纳税组合。一方面可以唤起村民对国家尽义务的同情，再一方面可以使村民纳税便利。当即由村会议议定规约，并每区推举纳税经理二人，同区长帮办纳税事宜。民国五年春三月间，县公署征收田赋，依然由村长向公署领取底簿，将各户应纳款数一一算妥，预先通知，限定十日纳完，并且经各区长与经理人等，共为催劝。各纳户也就一一送交税金于本区区长，再由区长汇缴财务股股员，由财务股再直接交到县署。这次虽然是创举，但成绩很好，村民感觉非常方便。

4. 义仓

翟城义仓是民国三年十一月十五日成立的，目的是预防天灾奇变，和衷共济，筹救本村贫民。议定的方法很简单，每年秋收以后，按上中下三等户收集粮食，但50亩以下的家户酌免。上户每亩7合，中户每亩5合，下户每亩3合。每年将每户所出粮食，详加记载，特别捐得多的，也特别记载，为的是表彰善行。公举总经理1人，干事5人，分别管理。村内住户，得以抵押品向义仓借粮，秋收后以借九还十之法归还，总经理得与村长商酌，把积粮酌量卖出，用得款生息，以资积蓄。遇有荒年，将所积资购买米粮，连同存粮一同施放贫家，作为周济。荒年受惠之户，日后须设法偿还，实力不足之户得酌免。此种设施，可惜因近年兵灾，工作暂停。

五、翟城的教育

村治之发达，村治之成功，必得以教育做基础。没有教育简直不能建设很稳固的村治。翟城村之所以能建设村治，实在因为翟城村的教育发达。翟城村的教育可以分为两种，一种是教育行政与学校，一种是关于社会教育的种种组织。以下分述：

1. 教育行政与学校

甲、教育董事会

教育董事会是民国十六年成立的，由教育会改组产生的。教育会是民国三年七月成立的。目的在发展教育，组织教育行政总机关，遇有教育上的障碍，就设法排除，以求收完美效果。教育会所应研究的事项有四。（1）学校教育的普及；（2）家庭教育的改良；（3）社会教育的要旨；（4）青年道德的研究。

关于教育会的组织，除设有会长、副会长外，还设有评议员 7 人，干事 4 人，任期二年。村中高等小学以上毕业的，都有为会员的义务。评议员的权限有二，一是议定总会提出的问题，一是议定会内紧急事件。教育会每年开会 2 次，讨论事项。

民国十六年教育会改为教育董事会，设董事长及副董事长各一人，董事 20 余人，目的与教育会相同。

教育会除了创办学校外，还有两件事是最值得说的，因为这两件事情，实在可以做全国村教育的模范。第一就是普及教育的事情，第二是办理教育费贷用储金会。

民国三年十月翟城村学界同人，因为谋求村教育的普及，由村长、村佐等召集会议，共筹进行方法，议定规约 12 条，公举学务委员 1 人。凡村内人民，凡在学龄期内的，应受国民学校教育，称为义务教育。儿童从满 6 岁的次日起，到 14 岁止，这期间叫做学龄。学龄儿童的家长，负有督令儿童读书的责任。各区长调查该区儿童的姓名、年龄、监护人的职业，详查登记，编制儿童年龄簿，在每学年前一月，交由村学务委员，汇报村公所存查。学务委员查照儿童就学年龄，把儿童应入学的事项与日期，先通知儿童的家长，或监护人。校长受学务委员所发就学儿童通知后，过入学日期一礼拜，如儿童还没入学，校长就报告给学务委员，学务委员就去劝导儿童的家长或监护人，令儿童入学。

国民学校概不收费。

光绪三十四年（西元 1908 年），村立初等小学甲班期满毕业，毕业生里有家贫无力升学的 7 人，当时米逢吉先生很怜惜他们，遂与村正副商量补救办法，拟定贷借章程，由村学校经常费下余款，每人每年贷与 18 元，使他们升入高等小学。将来能自立时除偿还外，再按章程纳利，作为公家的酬报。这种办法继续到民国元年，后来村中共同协商，研究结果以为添设高等小学比贷费与少数学生升入高等为便利，为妥当。所以筹款建筑房舍，添招高等。

关于教育费贷用储金，米迪刚先生曾发表过一篇文章，题目是《教育费贷用储金之商榷》。在这篇文章里，他提出 3 种具体的办法：第一是农村教育费贷用储金，第二是族姓教育费贷用储金，第三是家庭教育费贷用储金。什么叫做农村教育费贷用储金？这种农村教育费贷用储金是以农村为单位的，凡家境贫寒的村民，都有享用的权利。至于筹集的方法，可按各村情形酌定。私人捐助也可，由村中公款公产内指定一部分也可，另款存储也可，或由村众合议，商定办法，分年筹集，也无不可。总之设法得笔巨款，足够贷用之目的，使村内贫苦儿童能够读书。

什么叫做族姓教育费贷用储金？这种储金是同族筹的，为同族用的，筹划的方法，是每同族除祭扫祖茔族众宴会之用外，余款存储生息，这种余款就可做同族贫苦子弟学费贷用的款项。

什么叫做家庭教育费贷用储金？中国乡间的大家庭，常容易变卖私有，所以几世家产荡尽，子孙败落。其所以如此，大半因为父兄子弟一堂，互相依赖，不事生产。一旦分居，入不敷出，数年因循，一贫如洗。所以家庭之中，应提出一部分财产，另款存储，不做别用，专为子弟学费贷用的用处。这样子弟教育可以无忧，家庭前途有望。

以上所提出来的 3 种，翟城创办的是头一种。

乙、学校

翟城有育正学校，有女子初高小学校。自从中华平民教育促进会到定县办华北试验区，又帮助翟城办了育才女子学校、育才男子学校。在民国十八年有 1 处男平民学校，1 处女平民学校，实验学校 4 处，两处男的，两处女的。

育正学校是光绪二十年（西元 1894 年）创办的，那时只有初小一班。光绪三十一年，又由公差局提银 1 500 元，在村东头公有地内，建筑学舍 1 所，讲室 5 间，教员室 5 间，厨室、沐浴室各两间，七月落成，又招初小 1 班。光绪三十四年甲班毕业。宣统三年（西元 1911 年），学风渐开，愿入学者也多了，所以在民国元年，又招初小两班。继因乙班毕业，村内遂共同协议，由公差局又提洋 2 200 元，增建教室 3 间，宿舍 12 间，厨室茶室共 5 间，民国二年竣工，又添招高等 1 班。民国三年孙发绪县长来定县，不但提倡教育，并且实际工作。孙县长见翟城村学务发达特捐助两次，一次 600 余元，二次 350 元，添筑教室 7 间，宿舍 6 间，教员室、储藏室、食堂各 3 间，作为招添高等的用处。那年暑假，初等两班毕业，新筑教室又告成，所以又招考高等第二、第三班。民国三年朱巡按使又补助男女学校建筑费 2 000 元。民国四年又添教室两所，五月间高等毕业，又招高等 1 班。从民国四五年起，一直到了现在，逐渐改良进步，很有成绩。校舍现在共有 80 余间，学生有初等 3 班，高等 3 班，共 150 余人。初等所授科目有修身、国文、算术、体操、手工、图书、唱歌。高等所授科目有修身、国文、算术、本国地理历史、理科、体操、手工、图书、唱歌、英语。女子高级、初级学校共有学生 90 余人，有校舍 20 余间，所授科目与育正学校相同。

育才学校的目的在培养村中领袖人才，办理村中的自治事务。凡高等小学毕业的男女学生及中途辍学有相当学力，愿对于本村服务的，不拘年龄，都有入学的资格。所授科目男女各有不同。男子育才学校每星期上课 6 日，每日授课两小时，由下午七时至九时。科目有文艺、公民、文件、地理、历史、村治、常识，一天一样，周而复始。女子育才学校每星期也上课 6 日，每日授课 5 小时，上午九时起至十二时止，下午二时起至四时止。科目有文艺、文件、历史、地理、家庭常识、家庭工艺、游艺、村治、三民主义、公民道德、珠算、习字。男子育才学校有学生 40 余人，女子育才学校有学生 30 余人。

民国十八年有中华平民教育促进会办的实验学校 4 处，两处男的，两处女的。平民学校两处，一处男的，一处女的。男实验学校有高级与初级两种，女实验学校也有高级、初级两种。男实验学校高级有 25 人，每星期授课 6 日，每日两小时，由下午七时至九时。所授科目有高级识字课本、农业常识、应用文件、算术、公民、历史教材。初级有 30 人，每周授课日数与时间与高级相同，所授课程有千字课、习字、珠算、注音字母。女实验学校高级有 28 人，每星期授课 6 日，每日两小时，午前十时至十二时。所授课程除农业常识外与男实验学校高级都相同。女高级虽然没有农业常识，可是有家庭常识。女初级每周也 6 日，每日也两小时，午后二时至四时。所授课程与男初级相同。共有学生 24 人。至于平民学校有男、女各一处。每星期授课 6 日，每日两小时。男平民学校授课时间，每日下午七时至九时。女平民学校授课时间，每日下午二时至四时。所授功课为千字课。

2. 社会教育

关于社会教育翟城很注重，很提倡。成立的团体也不少，下边一一分述：

甲、爱国宣讲社

爱国宣讲社是民国三年六月成立的，目的在激发一般人民的爱国思想。爱国宣讲社设董事一人，干事及调查各一人。凡志趣纯正，品行端谨，具有普通知识，熟谙本社情形，口齿清白，有二人以上的介绍者，都可做本社宣讲生，但须呈县长核定。通常宣讲地点就在翟城宣讲所。在村子集市的时候，就当众讲演。有时游行宣讲。宣讲有两种，一种是完备式的，一种是简便式的。完备式的是先定好日期，贴报纸，设演说场，悬旗彩，备条凳，或借学校，或借公共场所，郑重举行；简便式的是不具规模，不定日期，有时在茶馆酒铺，有时在庙会戏场，随时演讲，随地演讲。每次宣讲，都有记录，以备参考。经费除宣讲生伙食，请求发给外，其余费用都由翟城村宣讲所开支。

乙、阅报所与图书馆

图书馆与阅报所是民国四年九月成立的。那时孙县长提倡模范，想灌输村人知识，养成优美乡风，所以合力捐助，假高等小学校右侧房院开办通俗图书馆，并附设一阅报所，使村人阅览，开通知识。为节省经费起见，所有一切事务，都议由高等小学校长兼理。应备书籍，米春明、徐进两位先生捐助很多。十二月间，省公署教育主任李芹湘先生慨捐百元，孙县长也捐助书籍。馆中定有月报 2 份，日报 3 份，供村人阅览。图书馆与阅报所现在已移到自治公所内。

丙、德业实践会

德业实践会是民国四年一月成立的。目的在进德修业，养成完全人格。会内分男、女两部。凡村内男女，年在 15 岁以上的，都可以入会，男子部借高等小学为会场。女子部借女子高等小学为会场。会内设会长 1 人，副会长 2 人，干事男、女两部各 4 人，顾问共 2 人。会长总理本会一切事项。副会长佐助办理。干事商承会长，分掌各部事务。顾问受会长咨询，有监督本会的责任。

男子部分夜学会与通常会两种。夜学会为冬季会，每年冬季讲习 3 月，以实践青年道德，修习日用生活必要的知识技能为目的。科目有修身、国文、算术、农业、教育、定县公民讲习所讲义。时间为每日下午七时至九时，星期日休息。通常会以尊重道德、躬行实践为目的，专研究道德、勤俭、兴业等事。每年开会选举本会及通常善行者各 2 人。被举上者发与奖品，开会时列首席，特别待遇。善行者登录于村公所善行簿内，如有不善行为时，得以干事会之议决，除去其名。

女子部分处女与妇女两部。处女部以增进女子之品学为目的，每年开会一次，以三点钟为限，由校长教员等讲演女子道德、家庭教育等。妇女部以研究家庭教育、家庭经济、看护儿童等法，以全妇道为宗旨，每年开会选举，两部善行者，也发给奖品。

丁、改良风俗会

改良风俗会是民国四年一月成立的。目的在改良本村的风俗。改良风俗的职权，由村公所执行。村内已认为应实行的事项有六：(1) 男非满 20 岁不娶，女非满 16 岁不嫁。(2) 女不准缠足，其已缠而未满 16 岁者，得一律放脚。(3) 丧事的照庙、说书、念经、糊纸人等项，概行禁止。(4) 过年劳酒应注重阳历，贴灶、门香，一律禁止。(5) 除丧事死者的子女，仍遵行旧礼，其余庆贺吊问，概行鞠躬，禁止跪拜。(6) 其余一律迷信、风俗，都改正。

戊、辑睦会

辑睦会是民国四年十月成立的，目的在联络村人感情，吉凶相问，患难相助，诚忱亲睦。会内设会长 1 人，交际员 9 人。会长、交际员对于本会员都有劝告调查之责，关于安宁秩序，改良风俗的事情，更应当注意。会长、交际员，均由会员开会选举，任期 2 年，但任期内有不当行为，可开会改选。会内同人如有放荡野蛮行为，紊乱风俗的，同人应互相劝诫。

己、爱国会

爱国会也是民国四年十月成立的，目的在促进村人爱国的思想。凡是村人都有入会的资格。本会设会长 1 人，干事 1 人，管理本会一切事务。会长与干事都由本会选出，任期 2 年，期满得连举连任。每 3 个月开例会一次，会期由会长指定；遇有临时事件发生，得召集临时会议。本会有 3 种职务：(1) 遇国家发行内国公债时，本会有提倡购买的义务。(2) 遇国家征兵时，本会有劝导村人充兵的义务。(3) 劝用国货，保护利权及一切有益国家的举动，会员有违背本会规约者，得酌量处罚，情节较重者得令其出会。该会现已停办。

庚、勤俭储蓄会

勤俭储蓄会是民国四年九月成立的，目的在厚民生，美风俗，养成耐劳敦朴之风。凡是村人都得入会。设会长 1 人，干事 8 人。会长对于全会有统率处置的责任。干事佐理会长，对于全会有调查劝告的责务。会长由村长兼充，干事由区长兼充，不再选置，会员无论操何职业，须一致奋勉，不得始勤终惰。遇有婚丧等事，应当力求俭朴。会员衣食用物，均应以国货为限。会员禁止喝酒，但祝贺宴祭算例外。关于储蓄方面，会员每月至少须储蓄大洋一毛五分（铜元六十枚），多者也可。所有储金都由村公所财务股股员商承村长管理。每年年中由财务股开示清单一次，开会公布以后，清单交给本人收存。如过饥荒灾难，或购置产业，得领回储金。

辛、乐贤会

乐贤会是光绪三十二年（西元 1906 年）八月成立的，目的在联络学校家庭，取孟子“乐有贤父兄”的意思。乐贤会专请学生的父兄，来校研究学校家庭联络的方法，说明学生的特性，使父兄了解。每年举办二次，日期由学校规定。每次开会时，将各级学生的成绩陈列，任学生的父兄观览。学校得询知学生的家庭职业及日常生活态度，对于训练管理，一定很有补助。学生的父兄借着这个会也可以得到相当的教育影响。每次开会结果，都详细记载，以资参考。

以上所说的几种组织，虽然有的并不是直接的社会教育，但是，间接都有社会教育的性质，所以也都放在这节来讲。

六、翟城村的劝农事件

翟城村创办村治以来，不但对于教育与自治极为注意，并且对于农林也十分提倡。提倡凿井，规定看守禾稼规约、保护森林规约，创办各种关于农业的会，以下分述。

1. 凿井的提倡

凡地势高燥地方，雨少易成旱灾，应当设法补救。翟城地多沙质，形势较高，性质干燥，所有可耕的旱田，就是多加肥料，努力耕种，雨水充足，每亩所收的粮食，多也不过十二三斗；若是遇着旱年，收量更要大减，惟有凿井一途，倒可以挽救。但是，贫家因为经济的关系，不能凿井；富家又无志开创，观望不前。在光绪三十年（西元 1904 年）至三十四年（西元 1908 年）间，定县雨量骤减，农家受害颇巨，村人很以为忧。因此村正副米、徐二君与其他绅士，共同商议，讨论凿井。除自行创办外，于三十二年春，先在官地内，选择段落较大的地，开凿8井，使村人仿办，后来又议定奖励规约，使贫寒之家，也能凿井。凡有家境艰难愿意凿井而不能为力的，即由公款内贷给一半，等秋收后，再照章偿还。八九年来，村内增井百余眼，灌溉的园地亩数，也有3 000上下。就是按出佃来论，有井的田地比较旱地所得租价，可以增加一倍。这是提倡凿井的第一期办法。

第一期凿井的提倡是以贷借方法促成的。后来有了成绩，村人乐为，就规定组合法。贫户几家合力共凿一井，分担经费，众擎易举，农利大兴。米迪刚先生当时曾发表过一篇文章，题目是《为施行农村凿井组合法敬告全省当局》，很引起社会一般的注意。文章的大意就是说中国实行小农制度，已经有几千年的工夫，农民多自己有田，所以地段都很零星。虽然有的富户所有土地较多，但一旦兄弟分家，又将大段变为小段。所以说这种大段地实居最少数。如果打算所有农田，均得灌溉的利益，非几家合力共凿一井不可。（1）这种凿井组合，可以酌量情形，30亩至50亩成一组，共凿一井或二井。按地势高低，水源强弱，临时由地主酌定。这种灌溉法与平常种菜的园地不同。不过在下种、不秀穗、不结实的时候，忽然天旱，可以灌溉一二次，补雨量的不足，以期收获。（2）关于当地租地均须妥订保障法。譬如当地，当主应出款凿井，但是，将来原业主赎地时必须补偿凿井费，然后才能把地赎回。租地应由地主出款；但是，得斟酌情形，增加租价，以使公道。民间如有因此起争端者，公家须按所定办法，公平判理。（3）旧凿井法，实在很有危险，有时半途而废，有时水源太弱，均不妥当。应采用新法，由县里设法请人传习，用官力奖励，一定很有效果。（4）农田凿井，应在春季；但是，在此青黄不接的时候，贫民多无能为力，如果各村村长佐能仿照贫民银行的办法，组织一金融机关，贫民可以借款凿井，以凿井之地作抵押，春借秋还，一定很容易推行。

第三期的办法有两方面：一方面维持已凿井泉，使其永久不敝；再一方面把这种办法推广到四方。翟城村当局曾续订《翟城村保护公有井泉规约》，借以保护公有井泉。井泉损坏以冬季冻患为甚，所以凡村有田地之凿有井泉者，无论一家租种或数家分别租种，租户到冬季应当负责棚井。一家简单，当无推诿。数家分别租种者，按所种地亩的多少，每年冬季轮流棚井；但是，每年应某家棚井，就得先报知自治公所。公有井泉，如有因冬季受损坏之处，除责成租户按地亩多寡分别摊款，照原式修补完整外，当年应棚井的租户，须另外受罚银五元，以示惩戒。每年某地之井，应某家棚盖，自治公所均须登录簿记，以便查考。每年在冬季上冻前、春季消冻后，村长佐须携同乡地查看一次，看看棚盖是否坚固，有无冻损。有了办法，定了这种规约，当然公有井泉，可以保护。至推广事业，米迪刚先生在他所发表的《再为凿井防旱事敬告全国官绅》这篇文章里，说了一点具体的计划。每一农村应画一图表。把全村的耕地，按东西南北画一总图，图内将大小地段界限划清，用数目字作标记。地段内的旧有井泉或新凿井泉，用红绿点分别记出。再附一表，说明各大小地段的亩数与地主的姓名。如果是当地，就把当主与原业主分别标出，以备考核。这样一看图表，全村耕地有无井泉，便一目了然，村户地数的多少，也可以知道。至于耕地内有不适于凿井的，也应当在表内把理由说明。然后再按照住户所有地亩的多寡，哪个地方应当独自凿井，哪家与哪家应当共同凿井，计划妥当，分年实行。一村一村的这样做去，一定很有成绩。

按民国十七年的调查，62 村共有井 6 206 口。翟城村一村有井 390 口。村内饮水井 96 口，村外灌溉井 294 口，在 62 村占第一。这可以证明提倡凿井的功效。

2. 看守禾稼规约

农夫最苦，既尽人力，又虑天灾。到了五谷将熟的时候，如果被人盗取，实在不幸，受害很大。自光绪三十年（西元 1904 年）起，本村村正副米、徐二君，讨论看守禾稼办法，议定规约，每到秋初，就由村中雇用八人，把全村所有禾稼，划为东西南北四段，每段二人，分段看守。如果雇役中有看守不力的，在他经管段内，禾稼被人偷窃，而没捕获，村正副与公直讨论，酌量情形，叫他赔偿。经这一番办法，禾稼的偷盗，年年减少，到了民国二年，就减用四人，只在本村边界，轮流巡视，而禾稼也没损伤被盗。关于雇役的工资，议定按亩分摊，百亩以上者，每亩须出粮七合，五十亩以上者，每亩须出粮五合，二十亩以上者，每亩须出粮三合。除工资外，如有盈余，就存做别用。

3. 保护森林规约

树木可以蔽暴风，吸炭气，化燥为雨，获利便用，所费无几，收效无穷。

翟城村地多沙质，无法耕种。但是，沙深二尺，里面都是肥土，所以如果在沙土上栽种树木，一定可以获利。在光绪三十一年时，村正副就议定保护规约，提倡栽树。所有按亩摊派的秋粮，除雇人看守禾稼外，再用盈余雇用二人专任看管树木，遇有盗斫被获者，即共同照章罚办。村人因为保护法很严，所以种树之家，一天比一天多，先前荒废的沙土，现在已经变成一片森林，成绩很好。

4. 防除害虫会

在光绪三十四年的时候，秋禾未熟，忽有蠕虫发生。村中米春明先生见它容易除灭，就到各户劝男女老幼快去捕打蠕虫；那年禾苗并没受伤，虫灾也因之大减。民国四年八月，定县发现蝗虫，在城北一带。村人恐怕蝗虫飞到本村，大家商量办法，组成防除害虫会，在八月中旬，假村中半日学校，开成立大会，到会者有100多人，除举定会长一人，干事四人外，又推举八人为临时害虫防除委员。每年夏季开例会一次，研究预防及驱除害虫的一切方法。本会主要职务，可以分为三项：（1）遇有虫害发生时，本会有提倡扑打的义务。（2）本会有劝导人民清洁田亩，注重培养，预防虫害发生的义务。（3）本会会员有随时巡视田亩，查见害虫报告会长，开会防除的义务。本会会员遇开会或驱除害虫时，有不到会者，酌量处罚。

5. 农产物制造物品评会

农产物制造物品评会是民国三年十二月成立的，目的在改良农工，求生产发达，经济生活提高。优良产品，设法表扬；劣败产品，苦口劝戒。自民国三年十二月开会选举职员后，职员、会员都努力办事，各尽其责，所有关于林业水利诸事，向来由他人办理的，现在也归本会经理提倡。开会提议的事项议决者有3种。（1）按调查员米君报告，略谓村中园地已有3 000多亩，固然有井田地每亩所收的粮数增加；但是，按所费的人力比较旱地约增两倍，这样算来，获利并不很厚。其所以如此，实在因为各农户吝惜小费，在播种时，不肯多用肥料，常常浇灌，土地渐瘠，等到秋初结实，田禾日益萎弱，所以不能丰收。大家应当共同议决，由会内职员，商同各区区长，劝戒农户，多施肥料，以图实效。（2）调查员徐君报告，略谓织造粗布向来就是村中一大宗营业。但是，织布之家相习已久，都用旧式木机，一天一人只可以织一匹到两匹布。民国二年经米君提倡铁轮新式机，一天一人可以织布五匹。后来村中增添这样机器60多架。这种成绩可以说是米君的功劳，应当奖励。大家议决，特制奖牌，赠送米君，以资鼓励。(3) 经米君提议略谓新式织布机既然一天一人可以织布五匹，何不由本会发起共同集款，聘请二三工师，预备染料洋线，仿造多架机器，成立一总所。教各织户学织各样爱国布，再由总所发售，既可改良织业，又可振兴商业，将来一定能收莫大利益。后来经大家议决请村长拟定集股简章，等筹得款项，再行开办。以上所说这三项是具体的议决案，现在说一说本会应提倡的事情。本会应奖励开井；研究肥料与播种；改良农事以图进步；研究预防与捕灭害虫的方法；提倡种桑，谋蚕业发达；提倡制造物原料多用国产，以挽利权；奖励林业，图雨量增加。

至于组织，凡本村公民，都可以做会员。会内设评议员九人，开大会时选出。设评议长一人，由评议员互选出。由评议长选置调查员三人以上，实地巡视，调查成绩。每年开例会二次，遇有临时事件，得由评议长召集。

七、翟城村的其他事件

翟城村除了教育、农业之外，还注意到其他的事项。卫生所的设立，共同保卫法的规定，平治道路办法的议定，足可以表现自治组织的功效。以下分述这三件事情。

1. 卫生所

农村卫生实在太不讲求，多在门旁设厕所，道旁掘臭坑。有时秽土烂柴都堆在街上。夏天一经下雨，浊气熏人，秽水满街，有害实在不小。翟城村先前也是如此。民国四年春，因为孙发绪县长时常奖励，村人很觉惭愧。所以由村长佐等，邀集村中各街人士，共同筹划卫生办法。议定由五街各推定二人定期督同各户，实行清理，无论长街短巷，除两旁依法栽树外，把秽物都扫除干净，限一月竣工。竣工后又按户出工修筑道路，以求整洁。当年十月，村公所开第三次会议时，村长等恐居户众多，日久懈怠，遂又倡办卫生所。当时就把卫生所的章程议妥，推定职员，以期照章进行；并且议定每年春夏两季，施行清洁种痘方法，预防传染病。购置痘浆的费用，由慈善捐款项下支用，施痘由卫生所长担任。

卫生所设所长一人，副所长一人，干济员五人，管理本所一切事务。村内人民对于本所有几种应遵行的事项。村人不准在街内设置厕所粪坑；不准在村内街上晒粪；不准在街内堆粪土，限于地势，不能不在街内堆积粪土的，必须在三日之内运出；每天在黄昏以前，每家各出一人，打扫门前，使沿街清洁。本所职员对于村人的卫生应尽调查与指导的责任，对于传染病有预防救护的责任。以上所说是关于卫生所的组织与职员的职务方面。

2. 翟城村的共同保卫法

翟城村的共同保卫法是民国四年十一月村公所开村会议时，由会长提出保卫案议定的。本村为谋求公共治安起见，特仿照古保甲法，编全村为五组，实行保卫。每组公推组长一人，商承村长管理本组一切事宜。除团体保卫外，并雇用更夫二名，由组长轮流督查，分街巡夜以备不虞。组内若有警报，由组长会同村公所，鸣锣集众，共同捕治。如果村中有紧急事故，因防卫致死伤者，由公所开临时会予以相当的赙奠，或养伤费，但事主不在此例。关于保卫经费，由村中人民负担。

3. 平治道路的规定

翟城村的东南两面，每面都有一水沟，地势低下，村内雨水都流到沟里。夏天一下大雨，东南两街大道，就被冲刷，且深至尺，泥泞难行，村人很以为苦。民国三年间，由村长提倡，同村人共议办法，先由公款内提200元，将各水沟濠口用石修治，使它高下相宜，水流便不能太猛，道路也就不易冲坏。再按户出工，分段把沟补平，月余告竣，村人都很欢喜。那时并议定平治道路规章。本村分八区，各区道路之有无损坏，由区长负调查的责任。无论哪区，道路只要有点损坏，就由区长劝令区内各户，随时修治。道路如有重大破坏，不易修理时，由区长商同村公所酌办。道路两旁不准堆积粪土、柴草与其他污秽等物，以致妨碍交通。

八、翟城村村治对外的影响

翟城村自创办村治以来，定县他村亦受影响。民国九年何其璋县长制定全县村治大纲，使全县整齐划一，当时登载在《定县公报》上。关于村中的组织，村中领袖的职责，村公产登记的办法，村财政的收入与支出，以至村教育及其他活动，都有详细的规定。

民国五年米君以直省会副议长的资格，乘省议会恢复后，开第二届常会时，曾参照定县已经办有成效的公民讲习所，提出议案，改名为自治讲习所，令全省各县一律设立，同时并主张改村正副为村长佐，借以提高村中领袖的身份。到所讲习数月，以为改进河北全省农村人才的预备。到民国八年春，又提倡创设一直隶全省自治筹备处，以为督促实行农村自治的总机关，不料成立两月，仅拟就直隶全省自治第一期计划草案，因政治关系，就已停办，颇为可惜。

翟城村对于山西省的影响，是孙发绪县长的努力。民国三年孙发绪到定县做县知事，对于翟城村的村治十分注意，提倡进行，非常热心。先呈准办模范村，后又呈准模范县，因此孙氏的政声，遂大有起色。民国五年共和再复，孙氏乃一跃而为山西省长。孙氏到晋后，就特别注意推进农村自治，并创设村制。不料到晋不及一年就因政潮去职，但是那时村制的种子已经播满山西全省了。幸有继任的阎锡山省长，竭力经营，才有今日的山西村制。

翟城村对于云南亦有影响。在民国六年南北分裂的时候，米迪刚先生深感村治的效用不能扩张，以为西南各省如能一方面在军事上取消极的保守态度，一方面从事农村自治，切实着手进行，以巩固其社会基础，对于中国的前途，一定造福不少。西南各省中最相宜的就是云南省，因为云南的地理人物，实在有划一农村组织的可能性。所以米氏当时对于国会议员中同志南下的，极力劝他们到云南以后，设法鼓吹村治，借以树国家长治久安的预备。又因为关于农村自治的事情，在北方有山西省首先提倡，如果在南方能有云南继起创办，一时虽不能普遍全国，但是，南北互相响应，互通声气，将来一定可以推行到全国。当时并没见效果，到民国八年五月二十二日《河北日报》出版时，米氏曾作一发刊小引，对于农村自治，多有发挥。又因为对于云南施行村治有莫大的希望，所以该报出版后，就多多地赠给云南公私各机关。云南各报将村治社论遍为转载，欢迎的热烈，程度颇高。在民国十二年云南当局就颁布《云南全省暂行县行政官任用条例》，其中就有提高村长资格之点，足见云南省当局对于农村自治的注意。后来又颁布《云南村自治条例》与《云南全省暂行村民会规则》。《云南村自治条例》共分十章，共分七十条。第一章总则，第二章村区域，

第三章村编制，第四章村民及其权利义务，第五章村自治事务，第六章村议会，第七章村长、村佐、村事务员，第八章村自治经费，第九章村事务组合，第十章附则。故翟城对于云南省亦发生影响。

米迪刚先生又联络王鸿一、胡象三先生等，根据以农立国的精神，提倡西北垦殖，划一农村组织，以刷新东方文化，来解决社会上、政治上一切重要问题，有六项条目。（1）以实行西北垦殖，解决人口分配问题；（2）以划一农村组织，解决教养普及问题；（3）以改订社会经济制度，解决经济侵略问题；（4）以修明家庭制度，解决道德堕落问题；（5）以消极化解决政治改良问题；（6）以表明国家人格，解决世界共同生活问题。他们想在西北荒边建设许多新农村，发展村治，并且要按井田法预备一种村有公产，拿这块公田做全村自治教育及一切公益事业的基金，用来发展全村事业。一方面可以建设新西北，一方面可以解决内地人口与粮食问题。

按米先生的意见，全国村治计划的实现，一方面要依赖政府的帮忙，一方面要有相当的准备。第一，国家宜设立村治育才馆，培养村治人才。第二，国家宜颁行划一的全国村治条例。第三，国家宜改良钱粮纳税，向例以为村治经费的后援。如果以上三种事情能够办到，全国村治划一计划一定可以实现。全国村治划一计划能够实现，民主政治国家的基础，就能稳固地建设起来了。

第四章　人　口

第一节　人口总数与分布

一、人口总数

定县既然有这样久远的历史，名称和疆域又时有变迁，因此很难考察历代人口的准确数目，也不能比较其增减。按各史志与各地志所载户口，往往彼此悬殊，甚难索解。且其数目内是否包括属县户口亦无分析明文。现在只可节录历代户口数目以供参考。

据道光己酉年（西元 1849 年）重修直隶定州志所载，前汉中山国有户 160 873，口 668 080。后汉时有户 97 412，口 658 195。晋时有户 3 200。魏中山郡有户 52 592，口 255 242。隋时有户 102 871。唐定州有户 78 090，口 496 676。宋中山府有户 65 935，口 186 350。金中山府有户 83 490。明编户 34 里，每里 110 户，共 3 740 户。据清康熙定州志，有户 2 551，口 58 380，内有男 32 580，女 25 800。据雍正定州志有户 5 451。据一统定州志所载，原额并滋生人丁共 156 784。

道光志内所载，在道光二十五年（西元 1845 年）之户口调查系按约分计，似尚详核，全县共有户 35 458，口 208 029，州城内户 830 有奇，口 5 330 有奇。

民国以来，虽有户口之调查，亦无准确数目。每遇本县选举议员时，或遇天灾人祸放赈救济之时，每村所报户口数大半较多于实际户口数。反之，每遇苛税杂捐征兵拉夫之年，则每村报告户口数大半较少于实际户口数。据定县教育局刊行之《教育概况》中载，定县十二年度户数为75 208户，人口为376 040人，十三年度户数为75 425户，人口为378 404人。又据定县十三年度内务报告中载，全县户数为53 000户，人口为407 388人，内有男234 213人，女173 175人。

定县居民之来源在昔不可考。近据调查所得，定县各村居民大概皆自山西洪洞县迁来，其时在永乐年间。燕王扫北时燕赵之民随在起义抗拒。燕兵所至，屠戮甚众，直省尤甚。定州人民多死于此时，适山西洪洞县大闹虫灾，年景饥荒，于是多迁来定州落户。至于现在全县人民到底多少只可按照目下已有比较可靠之材料推算估计。

据民国十九年社会调查部之调查，全县共计68 474家，又据中一区农村内5 255家的人口详细调查，平均每家人口为5.8，即以此数乘全县家数得397 149。约言之，定县全县人口为40万，恰巧为全国四万万人口的千分之一。人口密度每英方里为830人。定县城内有住户1 633家，商店468家，人口总数约计1.15万人，其中男子约计6 500人，女子约计5 000人。西关、南关与东关共有住户536家，商店194家，人口数约计4 000人。城内与三关人口合计约1.55万人。453村共计住户66 205家，约计38.4万人。

二、人口分布

据民国十九年之调查，定县共有大小472村。但其中有19个村没有村长，乃是附属于临近的大村。最好就以一村长所管理之家数为一村，如此定县共有453村。

县城的南方村庄最多，东方次之，北方又次之，西方最少。有193村之人民进城时多入南门，117村之人民多入东门，76村之人民多入北门，67村之人民多入西门。

距城内街市中心十字街不满10里的村数为37；10～19.9里的村数为74；20～29.9里的村数为93；30～39.9里的村数为113；40～49.9里的村数为65；50～59.9里的村数为34；超过59.9里的村数为38。最远者为本县东南角之村，约距城80里。453村在各区内距城里数之分配见表4-1。

表 4-1　**定县 453 村距县城内十字街里数之分配**

民国十九年

距城里数	村数						
	第一区	第二区	第三区	第四区	第五区	第六区	共计
5 里以下	8	…	…	…	…	…	8
5～9.9	29	…	…	…	…	…	29
10～14.9	20	7	…	…	…	1	28
15～19.9	14	19	5	…	6	2	46
20～24.9	…	10	7	…	21	14	52
25～29.9	…	12	10	…	14	5	41
30～34.9	…	13	15	…	25	35	88
35～39.9	…	1	11	…	4	8	24
40～44.9	…	1	18	16	3	10	48
45～49.9	…	…	6	1	…	10	17
50～54.9	…	…	9	20	…	5	34
55～59.9	…	…	…	…	…	…	…
60～64.9	…	…	2	28	…	…	30
65～69.9	…	…	…	…	…	…	…
70～74.9	…	…	…	7	…	…	7
75～79.9	…	…	…	…	…	…	…
80 里及以上	…	…	…	1	…	…	1
总合	71	63	83	73	73	90	453

453 村平均每村距城里数为 30。第四区最远，平均 54 里；第一区最近，平均 10 里。各区内村庄平均距城里数与最近及最远之里数见表 4-2。

表 4-2　**定县各区内村庄平均距县城内十字街里数及最近与最远之里数**

民国十九年

区别	平均各村距城里数	最近村庄里数	最远村庄里数
第一区	9.75	3	18
第二区	21.22	10	40
第三区	34.61	15	60
第四区	53.93	40	80
第五区	25.81	15	42
第六区	32.06	12	50
全县	30.04	3	80

六区中第六区村数最多，计 90 村；第三区次之，有 83 村；第四区与第五区又次之，各有 73 村；第一区除县城及三关外有 71 村；第二区村数最少，计 63 村。

以户口之多寡论，首推第四区，计家数 15 961，人口约 9.26 万人。其次为第三区，计家数 15 622，约 9.06 万人。再次为第六区，计家数 13 018，约 7.55 万人。第二区有 7 854 家，约 4.56 万人。第五区有 7 520 家，约 4.36 万人。第一区内农村家数计 6 230，约 3.63 万人；若与城关户口合计，则有住户 8 399 家，铺户 662，约计 5.18 万人。

第四区多大村，平均每村有 219 家，最大之村达 1 200 家。第三区次之，平均每村 188 家。再次为第六区，平均每村 145 家。第二区平均每村 125 家。第五区平均每村 103 家。第一区内村庄家数最少，平均每村仅 88 家，因距城较近之故。全县 453 村合计，平均每村 146 家，最大之村计 1 200 家，而最小之村仅 6 家。村的大小差别颇多。各区内平均每村家数及最大与最小村之家数见表 4－3。

表 4－3　　定县各区内平均每村家数及最大与最小村之家数

民国十九年

区别	家数		
	平均每村	最大村	最小村
第一区	87.75	282	14
第二区	124.67	407	17
第三区	188.22	465	18
第四区	218.64	1 200	25
第五区	103.01	410	6
第六区	144.64	850	12
全县	146.15	1 200	6

全县不满 100 家之小村计 208，占一切村数的 46％。100～199 家之村数计 131，占一切村数的 29％。200～299 家之村数计 71，占 16％。300～399 家之村数计 26，占 6％。400 家及以上之大村计 17 个，占 4％。由此看来，定县百家左右之小村最多，二三百家之中等村次之，大村较少。关于各区村庄家数分配之详情及其百分比见表 4－4。

表 4-4 定县 453 村家数之分配
民国十九年

村内家数	村数							
	第一区	第二区	第三区	第四区	第五区	第六区	共计	百分比
50 家以下	26	10	10	6	18	20	90	19.9
50～99	21	21	18	9	23	26	118	26.1
100～149	11	13	3	17	16	11	71	15.7
150～199	9	6	16	11	10	8	60	13.3
200～249	2	8	10	4	3	8	35	7.7
250～299	2	2	11	13	1	7	36	8.0
300～349	…	2	6	3	1	4	16	3.5
350～399	…	…	4	3	…	3	10	2.2
400～449	…	1	3	…	1	1	6	1.3
450～499	…	…	2	1	…	1	4	0.9
500～549	…	…	…	2	…	…	2	0.4
550～599	…	…	…	1	…	…	1	0.2
600～649	…	…	…	2	…	…	2	0.4
850	…	…	…	…	…	1	1	0.2
1 200	…	…	…	1	…	…	1	0.2
总合	71	63	83	73	73	90	453	100.0

第二节 人口年龄与性别之分配

关于人口的调查，曾举行两次。第一次是在民国十七年在东亭乡村社会区内 62 村调查了 515 家。举行调查之前大略估计本区小农、中农与大农等农户的数目及其百分比。然后按各种农户所占的百分比在 62 村内分配调查的农户数目。如此希望大致可以代表本区的情形，避免偏重的弊病。兹把 515 家除无田产之 38 家外，477 家的自有田地亩数及其耕种田地亩数列表于下（见表 4-5 和表 4-6），即可大致知道是属何种家庭。515 家的自有田地共计 14 537 亩，平均每家 28 亩；三种农户种地的亩数共计 14 194 亩，平均每家 29 亩。自从有了较详细的田地调查以后，就知道这些家庭的经济状况较一般的家庭略高。

表 4-5　515 家每家自有田地亩数

民国十八年

自有田地亩数	家数	百分比
10 亩以下	136	28.51
10～29.9	167	35.01
30～49.9	76	15.93
50～69.9	43	9.01
70～99.9	37	7.76
100 亩及以上	18	3.77
总合	477	100.00

表 4-6　三种农户数目及其耕种田地亩数

民国十八年

农户类别	数目	百分比	种田亩数总计	种田亩数百分比	平均每家种田亩数
自耕农	350	70.99	11 477.5	80.86	32.8
半自耕农	118	23.94	2 537.5	17.88	21.5
佃户	25	5.07	179.0	1.26	7.2
总合	493	100.00	14 194.0	100.00	28.8

如此少的家庭，本可不必把年龄及性别往细处分析，但亦多少有参考的价值。下面表 4-7 是按 5 年组男女之分配及其百分比。表中年龄均系真实年龄，非中国普通虚岁数之年龄。表 4-8 特别显明男子对 100 女子之比率。壮年男子多于壮年女子，而老年妇女多于老年男子。

表 4-7　515 家年龄之分配及其百分比

民国十八年

年龄组	人数			
	男	女	共	百分比
5 岁以下	249	294	543	15.21
5～9	188	169	357	10.00
10～14	203	161	364	10.19
15～19	202	149	351	9.83
20～24	160	129	289	8.09

续前表

年龄组	人数			
	男	女	共	百分比
25～29	120	130	250	7.00
30～34	129	103	232	6.50
35～39	125	109	234	6.55
40～44	110	108	218	6.11
45～49	105	104	209	5.85
50～54	59	67	126	3.53
55～59	60	61	121	3.39
60～64	50	48	98	2.74
65～69	34	51	85	2.38
70～74	21	27	48	1.34
75～79	16	14	30	0.84
80～84	4	11	15	0.42
85 岁及以上	…	1	1	0.03
总合	1 835	1 736	3 571	100.00

表 4-8　　515 家人口年龄与性别之分配及性比例

民国十八年

年龄组	男女数	百分比	男数	女数	男子对 100 女子之比率
5 岁以下	543	15.21	249	294	84.7
5～14	721	20.19	391	330	118.5
15～24	640	17.92	362	278	130.2
25～34	482	13.50	249	233	106.9
35～44	452	12.66	235	217	108.3
45～54	335	9.38	164	171	95.9
55～64	219	6.13	110	109	100.9
65～74	133	3.72	55	78	70.5
75～84	45	1.26	20	25	80.0
85 岁及以上	1	0.03	…	1	0
总合	3 571	100.00	1 835	1 736	105.7

民国十九年定县实验区的工作打算在中一区积极进行，于是首先举行详细

的人口调查。这次调查可以说在可能的范围内尽到了人力。预先作种种准备，设法免除一切障碍，以求精确。虽然调查了 71 村，共计 6 230 家，但因为其中有 6 村的调查情形不十分顺利，详细分析时就未用这 6 村的家数，以免万一影响真相。只将可靠的 65 村的人口作较细的统计研究。

我们在这里也可以附带地略说一些调查人口的困难。近几年来县内征收杂捐时多半按各区各村户口之数目摊派，因此各村大半少报户口，以期减少税捐。人民对于调查有种种怀疑，怕与县政府地亩捐、房屋捐、人头捐、征兵拉夫、索要车马等事发生关系。他们有时以为调查是慈善机关要举行放赈，或给他们种种利益。因此在调查以前先召集各村村长及办事人，向他们详细解释调查的用意，解除他们的误会与怀疑。以后再分头拜访村中领袖，联络感情。在各村实行填写调查表以前，又在各村相当地点举行类似娱乐会性质之村民大会，与村中村长顺便向村民说明调查的办法和用处。最后在实地调查时，约请村中数人为乡导到各家填表。

填写表格时亦有种种宜防备之错误。调查富户时较贫户稍难，因为他们避富，故意少报。青年妇女往往不报或错报年龄。关于家内老年人往往以为将死之人无关紧要。中年壮丁怕与征兵拉夫有关，亦有时不欲报告。男孩看得宝贵，怕人知道生辰日期，摆镇物陷害；女孩无足轻重，亦易忽略过去；一二岁之婴儿尤易遗漏。夫妇年龄差别太多时，亦往往不说实话，使年龄相差不多。已婚之幼年男子有时瞒尚未娶，而未出嫁之成人女子又以为羞耻，故意遗漏。

以上种种困难，须于召集大会时或调查时设法免除。每调查一家时最好先问其家中人口总数及亲属关系，如此不能遗漏人口。然后再询问各人之年龄、职业等项。不然，若遇较大之家庭，他们觉得答复很费工夫，就不免少报人口而图避免麻烦。

调查表格内文字亦力求避免误会或不痛快，例如标题不用“户口调查表”而用“拜访乡村人家谈话表”，不用“调查员姓名”而用“拜访者姓名”，表之两旁写“若要知道用什么好方法为农民谋幸福，必须清清楚楚明白他们家里的状况”。这些地方都是为极力谋得村民的好感，免除一切怀疑。

此次调查的结果非常满意。兹先把 5 255 家按五年组男女年龄之分配及性比例列表于下（见表 4－9）。表中现象大致能代表华北农村人口情形。男女之性比例为 106，即 106 男子当 100 女子，男较女多 6 人。这与实际情形一定所差无几。5 岁以下的儿童是 104 男当 100 女子。及至儿童渐渐长大时，女子死亡数多于男子。这大约是因为一般家庭爱护男孩胜于女孩的缘故。因此 5～9 岁儿童的性比例为 109.5。10～14 岁的性比例为 111.3。青年女子尤少于青年男子。15～44 岁间五年组的性比例均在 110 左右，有高至 113.3 者。出嫁后妇女的怀孕生产及受气均与她们死亡数目的增加有关系。45 岁后性比例稍减，女子死亡数渐少，男子则渐增。大约是因女子已停止生产，而男子大半劳累年长易病。因此 45～64 岁的性比例均在 100 左右，男女数目平均。过了 65 岁以后，有女子渐多于男子的趋势，性比例由 90 减到 46。如此看来女子寿命大致高于男子。

表 4－9　5 255 家按五年组男女年龄之分配及性比例

民国十九年

年龄组	男女共计		男女分计		男子对 100 女子之比率
	人数	百分比	男	女	
0～4	3 802	12.41	1 942	1 860	104.4
5～9	3 320	10.83	1 735	1 585	109.5
10～14	3 018	9.85	1 590	1 428	111.3
15～19	2 613	8.53	1 388	1 225	113.3
20～24	2 574	8.40	1 360	1 214	112.0
25～29	2 260	7.38	1 186	1 074	110.4
30～34	2 089	6.81	1 096	993	110.4
35～39	2 024	6.61	1 049	975	107.6
40～44	1 963	6.41	1 033	930	111.1
45～49	1 846	6.02	931	915	101.7
50～54	1 348	4.40	684	664	103.0
55～59	1 194	3.90	593	601	98.7
60～64	920	3.00	460	460	100.0
65～69	763	2.49	362	401	90.3
70～74	514	1.68	226	288	78.4
75～79	259	0.84	103	156	66.0

续前表

年龄组	男女共计		男女分计		男子对100女子之比率
	人数	百分比	男	女	
80～84	107	0.35	34	73	46.6
85～89	25	0.08	8	17	47.1
90～94	3	0.01	…	3	…
总合	30 642	100.00	15 780	14 862	106.2

关于五年组的人数及其百分比，表中一目了然，无须重复说明。从各组的人数看来，自不满5岁起至94岁止，均整齐一律地逐渐减少。如此可知定县在近数十年内人口颇为稳定，没有重要的变动。又因本县是属农业社会，移入移出的人口亦甚少。男女的人数比较亦相差无几。

表4-10特别表明小于指定年龄人数及其占一切人数之百分比。表中（3）列为指定之各年龄，（4）列为小于指定年龄之人数。例如不满1岁之儿童计975人，占一切人口的3.18%；不满5岁共计3 802人，为（2）列975加2 827之和，占一切人口的12.41%；不满10岁者计6 122人，为975加2 827再加3 320之和，占20.01%①。余可类推。指定之年龄愈大，则自然人口数亦愈多。

表4-10　　5 255家按年龄组人数之分配及小于指定年龄之人数

民国十九年

年龄组（1）	人数（2）	指定年龄（3）	小于指定年龄（3）之人	
			数目（4）	百分比（5）
不满1岁	975	1	975	3.18
1～4	2 827	5	3 802	12.41
5～9	3 320	10	6 122	20.21
10～14	3 018	15	10 140	33.09
15～19	2 613	20	12 753	41.42
20～24	2 574	25	15 327	50.02
25～29	2 260	30	17 587	57.34

① 此处数据计算有误，不满10岁者应为7 122人，占一切人口之比例应为23.24%。表中相应数据与此相同。——编者注

续前表

年龄组（1）	人数（2）	指定年龄（3）	小于指定年龄（3）之人	
			数目（4）	百分比（5）
30～34	2 089	35	19 676	64.21
35～44	3 987	45	23 663	77.22
45～54	3 194	55	26 857	87.65
55～64	2 114	65	28 971	94.55
65～99	1 671	100	30 642	100.00
总合	30 642	…	…	…

瑞典人口在1890年的年龄分配比被认为是一种年龄分配的标准。把5 255家按年龄组人数分配的百分比与瑞典的并列比较一下（见表4-11）。定县不满1岁儿童的百分比较瑞典高，1～19岁的百分比稍低，20～39岁及40～59岁的百分比又较高，60岁及以上的百分比又减低。

表4-11　　5 255家人口年龄分配与1890年瑞典人口之比较

民国十九年

年龄组	5 255家		瑞典人数百分比
	人数	百分比	
不满1岁	975	3.18	2.55
1～19	11 778	38.44	39.80
20～39	8 947	29.20	26.96
40～59	6 351	20.73	19.23
60岁及以上	2 591	8.45	11.46
总合	30 642	100.00	100.00

从人口年龄的分配亦能大致看出一个地方人口增减的趋势。人口专家孙巴格氏（Sundbarg）曾按年龄分配将世界上各地方人口分为三类：（1）增多类，就是一个地方的人口有增多的趋势；（2）稳定类，即一地方人口不增加亦不减少；（3）减少类，即一地方人口有渐渐减缩的倾向。若把5 255家人口之百分比与上三类人口之百分比并列比较，则定县人口恰属稳定类，0～14岁之人口为人口总数的33%，15～49岁之人口为人口总数的50%，50岁及以上之人口为17%（见表4-12）。此种现象能否代表华北人口情形，尚待此后他处同样调查

的参考。目下尚在缺乏准确生亡统计的时候，很难对于中国人口的增减下一个结论。按照本会生亡调查已有的报告，在城关居住的13 556人口中曾发现在民国二十年全年内出生数为474人，死亡数为451人；这样，出生率每千人中为34.97，死亡率为33.27。又在中一区的47 522人口中，在民国二十年七月至十二月半年内出生数为878人，死亡数为747人。据调查人的观察，在一年内下半年之出生人数较高于上半年出生人数。故以半年之生亡人数而推算全年之生亡率甚为不妥。此项生亡之调查工作正在试办中，很难确定准确之程度，但也可以作为一种参考。

表4-12　5 255家人口与三类人口分配之比较

民国十九年

年龄组	人数之百分比			5 255家人口	
	增多类	稳定类	减少类	百分比	人数
0～14	40	33	20	33	10 140
15～49	50	50	50	50	15 369
50岁及以上	10	17	30	17	5 133
总合	100	100	100	100	30 642

第三节　家庭之大小与亲属关系

65村内5 255家，共计30 642口，平均每家人口数为5.8。这大约能代表华北家庭之平均大小。5 255家中有194家每家只有一口人，其中包括老年鳏夫或寡妇，彼等亲属皆已死绝，尚有产业可以独居生活。5 255家中以4口之家庭为最多，计852家；5口之家次之，计778家；3口之家又次之；再次为6口之家，7口之家，2口之家，8口之家。最大之家庭有65口。由此看来，中国虽属大家庭制度，而不满6口之家庭数目超过家庭总数之半，占55%。不满11口之家庭占家庭总数的91%。超过10口之家庭仅占9%，超过15口之家庭数目极少。5 255家家庭大小之分配详情见表4-13。

表 4 - 13　**5 255 家家庭之大小**

民国十九年

全家人口数	家数	人口总数	全家人口数	家数	人口总数
1	194	194	20	11	220
2	402	804	21	7	147
3	675	2 025	22	6	132
4	852	3 408	23	8	184
5	778	3 890	24	1	24
6	666	3 996	25	2	50
7	534	3 738	26	3	78
8	329	2 632	27	3	81
9	214	1 926	28	2	56
10	159	1 590	30	1	30
11	130	1 430	37	1	37
12	85	1 020	39	1	39
13	63	819	43	1	43
14	43	602	65	1	65
15	26	390			
16	16	256			
17	16	272	总合	5 525	30 642
18	11	198			
19	14	266	平均每家	…	5.8

表 4 - 14 不但表明在东亭社会区 62 村所调查 515 家家庭之大小，并特别显明小农与大农家庭之大小有何不同。按家中所有田地亩数将 515 家分为三类：有地 50 亩以下者，50～99 亩者，100 亩及以上者。不满 50 亩之家庭内小家庭的数目比较其他二类为多。50～99 亩之家庭内较大之家庭数目随之增多，100 亩及以上之家庭内大家庭数又比较地多。不满 50 亩之 417 家庭平均每家人口数为 5.96，50～99 亩之 80 家庭平均每家人口数为 10.64，100 亩及以上之家庭平均每家人口数为 12.94，总平均每家人口数为 6.93。

表 4－14　按地亩组 515 家家庭之大小

民国十八年

每家人口数	家数				家数之百分比			
	0～50 亩	50～99 亩	100 亩及以上	一切	0～50 亩	50～99 亩	100 亩及以上	一切
2	21	1	…	22	5.0	1.3	…	4.3
3	54	…	…	54	13.0	…	…	10.5
4	65	2	…	67	15.6	2.5	…	13.0
5	65	2	1	68	15.6	2.5	5.6	13.2
6	66	6	1	73	15.8	7.5	5.6	14.2
7	38	6	1	45	9.1	7.5	5.6	8.7
8	51	7	2	60	12.2	8.7	11.1	11.7
9	18	10	1	29	4.3	12.5	5.6	5.6
10	13	9	1	23	3.1	11.2	5.6	4.5
11	9	9	…	18	2.2	11.2	…	3.5
12	6	8	…	14	1.4	10.0	…	2.7
13	3	5	1	9	0.7	6.2	5.6	1.7
14	2	…	3	5	0.5	…	16.6	1.0
15	2	7	…	9	0.5	8.7	…	1.7
16	2	1	2	5	0.5	1.3	11.1	1.0
17	1	1	1	3	0.2	1.3	5.6	0.6
18	…	1	2	3	…	1.3	11.1	0.6
19	1	2	…	3	0.2	2.5	…	0.6
20	…	1	2	3	…	1.3	11.1	0.6
21	…	1	…	1	…	1.3	…	0.2
22	…	1	…	1	…	1.3	…	0.2
总合	417	80	18	515	100.0	100.0	100.0	100.0

兹把 515 家庭按地亩组分为六种列表（见表 4－15），家中人口多少与家中地亩多少显然有直接的关系。地亩愈少之家庭，人口亦随之而愈少；地亩增多之家庭，人口亦随之而增多。亦可以说人口愈多之家庭，地亩亦随之而愈多。二者互为因果。由不满 10 亩家庭之平均人口 4.73，增至 100 亩及以上家庭之平均人口 12.94。

表 4-15 **515 家六种家庭人口之平均数**

民国十八年

地亩组	家数	人口总数	平均每家人口
0～9	174	823	4.73
10～29	167	1 071	6.41
30～49	76	593	7.80
50～69	43	453	10.53
70～99	37	398	10.76
100 亩及以上	18	233	12.94
一切家庭	515	3 571	6.93

农村的家庭组织是大家庭制度。欧美的小家庭制度尚没有影响中国的农村社会。已婚子仍与父母共同生活，结婚的弟兄亦少有分家者。因此家庭内的亲属关系颇为复杂，尤其是人口众多的家庭。兹将 515 家庭之各种亲属人数列表于下（见表 4-16）：

表 4-16 **515 家庭之亲属关系**

民国十八年

亲属关系	人数				人数百分比			
	0～50 亩之家庭内	50～99 亩之家庭内	100 亩及以上之家庭内	共计	0～50 亩之家庭内	50～99 亩之家庭内	100 亩及以上之家内	共计
男家主	411	80	18	509	16.53	9.40	7.72	14.25
女家主	6	…	…	6	0.24	…	…	0.17
妻	348	70	18	436	13.99	8.23	7.72	12.21
子	588	158	44	790	23.64	18.57	18.88	22.12
女	351	59	10	420	14.11	6.93	4.29	11.76
其他	783	484	143	1 410	31.49	56.87	61.39	39.49
子媳	141	116	28	285	5.67	13.63	12.02	7.98
孙	119	93	31	243	4.79	10.93	13.30	6.80
孙女	96	93	23	212	3.86	10.93	9.87	5.94
母	108	24	5	137	4.34	2.82	2.15	3.84
弟	73	22	11	106	2.94	2.59	4.72	2.97
侄	42	34	9	85	1.69	4.00	3.86	2.38
弟妻	31	21	11	63	1.25	2.47	4.72	1.76

续前表

亲属关系	人数				人数百分比			
	0～50 亩之家庭内	50～99 亩之家庭内	100 亩及以上之家庭内	共计	0～50 亩之家庭内	50～99 亩之家庭内	100 亩及以上之家内	共计
侄女	33	19	4	56	1.33	2.23	1.72	1.57
父	32	8	2	42	1.29	0.94	0.86	1.17
孙媳	14	10	6	30	0.56	1.17	2.58	0.84
兄	17	6	…	23	0.69	0.71	…	0.64
妹	16	2	2	20	0.64	0.23	0.86	0.56
侄媳	4	12	2	18	0.16	1.41	0.86	0.50
嫂	6	7	…	13	0.24	0.82	…	0.36
曾孙	6	4	1	11	0.24	0.47	0.43	0.31
曾孙女	3	5	2	10	0.12	0.59	0.86	0.28
妾	5	2	1	8	0.20	0.23	0.43	0.22
侄孙	1	2	3	6	0.04	0.23	1.29	0.17
祖母	3	…	2	5	0.12	…	0.86	0.14
叔父	5	…	…	5	0.20	…	…	0.14
堂弟	4	…	…	4	0.16	…	…	0.11
继子	4	…	…	4	0.16	…	…	0.11
姊	3	…	…	3	0.12	…	…	0.08
叔母	3	…	…	3	0.12	…	…	0.08
伯母	2	…	…	2	0.08	…	…	0.06
祖父	2	…	…	2	0.08	…	…	0.06
堂妹	2	…	…	2	0.08	…	…	0.06
继母	2	…	…	2	0.08	…	…	0.06
侄孙媳	…	2	…	2	…	0.23	…	0.06
义子	2	…	…	2	0.08	…	…	0.06
侄孙女	1	…	…	1	0.04	…	…	0.03
堂孙	…	1	…	1	…	0.12	…	0.03
继祖母	…	1	…	1	…	0.12	…	0.03
婿	1	…	…	1	0.04	…	…	0.03
堂弟妻	1	…	…	1	0.04	…	…	0.03
义孙	1	…	…	1	0.04	…	…	0.03
总合	2 487	851	233	3 571	100.00	100.00	100.00	100.00

此处家庭系包括一切共同生活之人口而言。凡与本家有密切之经济关系者虽未在家居住，亦算本家之人，例如在外谋生者或入学之学生。凡已脱离经济关系者，虽在同院居住之弟兄，亦不算为一家。凡偶尔因贫资助或来往送礼等事不算有共同生活之经济关系。若某人谋生在外，因特别缘故未能常常往家寄钱，而非其本愿，仍算本家之人。若某人谋生在外，而又娶妻生子，另成家庭，虽于年节寄钱孝顺父母，而父母已无支配其子经济之权，则父子不能算为一家。表中家主系指家中最主要的男子，而不一定是最年长的男子。家主在家中实际上担负最大的责任，收入大致也比别人多。例如家中弟兄数人共同生活，大哥年富力强，主持家务，他当然是家主。又如某家有老者年近 70，其子年龄 40 上下，生有子女。若实际上此 40 岁之壮丁多担负家中事务，而非老者，即以此壮丁为家主。表中女家主皆为寡妇，是因为有的家庭内只有一寡妇与其不满 14 岁之子女生活，并无其他年长亲人，即以此寡妇为女家主。若子已满 14 岁即以子为家主（本地满 14 岁之男子即能工作如大人，挣钱养家）。表中其他一切亲属称谓系指家中人与家主之亲属关系，例如家主之妻、子、女、父、母等。有女家主之家，其亲属关系是指与女家主的已死之夫的亲属关系。

515 家内有 509 个男家主，6 个女家主。家主、妻、子、女之总数为 2 161 人，占家庭人口总数 3 571 的 60.5%。其中最多者为子，占人口总数的 22%。其他各种亲属关系之总数为 1 410，占人口总数的 39.5%。其中以子媳为最多，计 285 人，占人口总数的 7.98%，孙之数目次之，孙女又次之，再次为母、弟、侄、弟妻、侄女、父等。与家主之亲属关系共计 39 种。表 4－16 内不但有各种亲属之总数及其百分比，且按地亩组分为三种家庭，详列各种家庭内之亲属人数，读者可以比较。

按 5 年组家主之年龄以 45～49 岁者为最多，40～44 岁者次之，35～39 岁者又次之。女家主在 30 岁与 54 岁之间。515 家家主年龄之分配见表 4－17：

表 4－17　　515 家男女家主年龄之分配

民国十八年

年龄组	家主数目			百分比
	男	女	共	
15 岁以下	3	…	3	0.58

续前表

年龄组	家主数目			百分比
	男	女	共	
15～19	10	…	10	1.94
20～24	15	…	15	2.91
25～29	24	…	24	4.66
30～34	49	1	50	9.71
35～39	63	1	64	12.43
40～44	75	2	77	14.95
45～49	84	1	85	16.50
50～54	48	1	49	9.51
55～59	48	…	48	9.32
60～64	38	…	38	7.38
65～69	30	…	30	5.83
70～74	14	…	14	2.72
75～79	6	…	6	1.17
80 岁及以上	2	…	2	0.39
总合	509	6	515	100.00

515 家内只有一辈人之家庭计 13 家，有两辈人之家庭计 252 家，有三辈人之家庭计 207 家，有四辈人之家庭计 42 家，有五辈人之家庭只 1 家。

515 家中兄弟皆已结婚而同居者计 135 家。在 135 家中有 25 个家庭彼等之父母或任何长辈人皆已故去。子已结婚而与父母同居的计 242 家（即两辈人皆已结婚而共同生活）。子已结婚而仍与父母及祖父母同居的计 64 家（即三辈人皆已结婚而同居）。子已结婚而仍与父母、祖父母及曾祖父母同居的计 4 家（即四辈人皆已结婚而同居）。

人们常想中国的旧式家庭既然为大家庭制度，其每家之平均人数必然远超过西方小家庭制度之平均人数。实际并不如此。西方的农村家庭之平均人数多在 4.5 与 5 口之间。定县的平均家庭人数为 5.8，较西方家庭仅多 1 口上下。中国农村社会中大多数的家庭不满 5 口，而且有不少 1 口之家。这多半由于死亡率甚高，尤其是儿童的死亡。中国人种实在有衰弱的现象。

515 家内除亲属外有 71 个雇佣工人，7 个寄居者。

第四节 婚姻状况

东亭乡村社会区所调查的 515 家中，已婚者 1 957 人，占人口总数 3 571 的 55%，未婚者 1 614 人，占 45%。已婚之 1 957 人中，943 为男子，1 014 为女子，其中有鳏夫 80 人，寡妇 143 人。结婚一次者计 1 835 人，其中有男子 842，女子 993。结婚一次以上者计 122 人，其中有男子 101，女子 21，内有鳏夫 8 人，寡妇 1 人。已婚男子内死妻 1 次者 149 人，死妻两次者 13 人，死妻 3 次者 2 人；女中死夫 1 次者 159 人，死夫两次者 2 人；曾失偶之男女共计 325 人。兹将 515 家内已婚者之娶嫁次数列表如下（见表 4 - 18）。

表 4 - 18　515 家内已婚者之娶嫁次数

民国十八年

结婚次数	人数			
	娶	嫁	男女共	百分比
1	842	993	1 835	93.7
2	89	21	110	5.6
3	11	…	11	0.6
4	1	…	1	…
总合	943	1 014	1 957	100.0

已婚的人口中有 766 双夫妇的初次结婚年龄有详细的统计，见表 4 - 19。男子最低之结婚年龄为 7 岁，女子最低之结婚年龄为 12 岁。男子在 10～14 岁结婚者占 766 男子总数的 40%，15～19 岁结婚者占 35.6%，20～24 岁结婚者占 11.5%，男子结婚之最高年龄为 51 岁。女子在 10～14 岁结婚者占女子总数的 7.7%，在 15～19 岁结婚者占 68.9%，在 20～24 岁结婚者占 21.8%，最高之结婚年龄为 38。早婚之陋习显而易见，尤其是男子。表内亦将家庭分为三组，分别统计以便比较。

表 4-19　**515 家内 766 双夫妻初次结婚时之年龄**

民国十八年

结婚年龄组	人数									
	0～50 亩之家庭内		50～99 亩之家庭内		100 亩及以上之家庭内		一切家庭内		百分比	
	娶	嫁	娶	嫁	娶	嫁	娶	嫁	娶	嫁
10 岁以下	4	…	3	…	3	…	10	…	1.31	…
10～14	160	42	104	10	43	7	307	59	40.08	7.70
15～19	176	321	88	162	9	45	273	528	35.64	68.93
20～24	72	116	15	46	1	5	88	167	11.49	21.80
25～29	31	9	5	1	1	…	37	10	4.83	1.31
30～34	24	1	1	…	…	…	25	1	3.26	0.13
35～39	16	1	…	…	…	…	16	1	2.09	0.13
40～44	5	…	2	…	…	…	7	…	0.91	…
45～49	1	…	1	…	…	…	2	…	0.26	…
50～54	1	…	…	…	…	…	1	…	0.13	…
总合	490	490	219	219	57	57	766	766	100.00	100.00

男子结婚年龄既然大半低于女子，如此大多数的丈夫亦较幼于妻子。在 766 双夫妻中，有 533 双匹偶是夫幼于妻，占总数 766 的 69.6%，有 189 双匹偶是夫长于妻，占 24.6%，有 44 双匹偶是年龄相同，占 5.7%。夫幼于妻的 533 双匹偶夫幼于妻的平均年龄为 3.8，夫长于妻的 189 双匹偶夫长于妻的平均年龄为 7.98，766 双夫妻的总平均年龄是夫幼于妻 0.7 年即 8 个月。妻大于夫的最普通年龄为两三岁，大 4～8 岁者亦颇常见，最高者为 11 岁。夫大于妻的年龄则很有差别，有高至 28 岁者。贫苦的农家大半夫长于妻，因为没有早娶妻的经济能力。富裕的农家多半妻大于夫，因为子弟们有钱早娶。兹将夫妻年龄的差数列表于下（见表 4-20）。

表 4-20　**515 家内结婚一次的 766 双夫妻年龄之差数**

民国十八年

夫妻年龄差数	匹偶数		
	夫长于妻	夫幼于妻	同龄
0	…	…	44
1	15	40	

续前表

夫妻年龄差数	匹偶数		
	夫长于妻	夫幼于妻	同龄
2	20	110	
3	9	118	
4	15	94	
5	25	70	
6	17	44	
7	8	26	
8	16	21	
9	5	7	
10	12	2	
11	3	1	
12	7		
13	4		
14	5		
15	3		
16	1		
17	3		
18	3		
19	3		
20	6		
21	4		
22	…		
23	1		
24	2		
25	1		
26	…		
27	…		
28	1		
总合	189	533	44

结婚一次以上的97对夫妇之年龄差数则与初次结婚之夫妇大有不同，其中的70%是夫长于妻，21%是妻长于夫，9%是年龄相等。夫长于妻的总平均数为8岁。夫长于妻之年龄有高至46岁者，妻长于夫的年龄最高不过5岁。这是因

为男子死妻后多半再娶，并且能娶少女；而女子死夫后少有再嫁者，并且是嫁给颇年长之男子（详情见表 4－21）。

表 4－21　　结婚一次以上 97 双夫妻年龄之差数

民国十八年

	年数	匹偶数目	百分比
夫长于妻	46	1	
	35	1	4.1
	32	1	
	28	1	
	26	1	
	24	1	3.1
	22	1	
	20	2	
	19	3	6.2
	18	1	
	16	4	
	15	2	8.2
	14	2	
	13	2	
	12	7	12.4
	11	3	

	年数	匹偶数目	百分比
	10	3	
	9	5	10.3
	8	2	
	7	4	
	6	5	12.4
	5	3	
	4	6	
	3	4	13.4
	2	3	
夫妻相等	…	9	9.3
夫幼于妻	1	4	
	2	7	17.5
	3	6	
	5	3	3.1
总合	…	97	100.0

515 家中结婚一次的 80 鳏夫死妻时之年龄，与 143 寡妇死夫时之年龄见表 4－22。

表 4－22　　80 鳏夫与 143 寡妇鳏寡时之年龄

民国十八年

鳏寡时年龄组	人数							
	0～50 亩之家庭内		50～99 亩之家庭内		100 亩及以上之家庭内		共计	
	鳏	寡	鳏	寡	鳏	寡	鳏	寡
15 岁以下	…	…	…	…	1	…	1	…
15～19	3	…	…	…	…	…	3	…
20～24	3	2	2	1	…	1	5	4
25～29	5	4	…	1	…	1	5	6

续前表

鳏寡时年龄组	人数							
	0～50 亩之家庭内		50～99 亩之家庭内		100 亩及以上之家庭内		共计	
	鳏	寡	鳏	寡	鳏	寡	鳏	寡
30～34	5	14	1	3	…	…	6	17
35～39	7	14	1	2	…	…	8	16
40～44	5	14	…	2	…	2	5	18
45～49	10	13	…	2	…	2	10	17
50～54	6	19	2	5	…	…	8	24
55～59	8	12	2	5	…	1	10	18
60～64	7	9	1	3	…	1	8	13
65～69	4	7	3	1	…	…	7	8
70～74	1	2	…	…	…	…	1	2
75～79	1	…	1	…	…	…	2	…
80 岁及以上	1	…	…	…	…	…	1	…
总合	66	110	13	25	1	8	80	143

在 515 家内曾发现 15 个男子已经订婚。他们的年龄在 9～11 岁者 4 人，12～14 岁者 7 人，15～17 岁者 2 人，18 岁及以上者 2 人。订婚之女子 18 个，其中 13 岁者 1 个，15～17 岁者 13 个，18～21 岁者 4 个。

515 家内共有妾 8 个，其中在 15 岁时出嫁者 1 个，16 岁时出嫁者 2 个，17 岁时 2 个，18 岁时 2 个，24 岁时 1 个。据说娶妾主要原因是为求子。

515 家内发现两件离婚案子。一件是因为女家觉得是受媒人蒙蔽，看男家穷苦，遂令女儿离婚。一件是因为男家看儿媳轻浮，不受家教，致婆媳与夫妻间时相口角，感情日渐恶劣，遂实行离婚。

第五节 职 业

据民国十九年的调查，全县共有大小 472 村。其中有 19 个村庄没有本村的村长，乃是附属于其他村庄之内。因此往往按普通习惯是分开的两个村，但按村单位说，两个村算是一个村，因为两村共有一个村长，县政府派差摊款时均照一村办理。如此以一村长所管理之地域为标准，则定县共有453村。定县既为农村社会，其人民之职业自然是以农业为主，约占85%。农业以外则有工商业等。民国十九年曾调查453村各村种地外男女人民的主要及次要职业。换句话说就是要大略知道农民种地以外还做些什么事情，无论是他们的正业或副业。下列表4-23指出各村种地外男子的主要职业，并且分区统计，以便比较。种地外，男子主要职业以织布为最多，以第六区为最盛，计51村，第三区次之，计32村，第五区又次之，再次的第一区、第二区，全县内共计102村。有54村男子种地外以卖木料为主要职业。以小贩为主要职业者有22村，打苇箔者12村，锯工12村，做粉11村，普通木匠10村，编柳罐10村。此外各种职业及其村数看表即知。县内有361村种地外男子均有显著的其他职业。其他92小村并无特殊的其他职业。

表4-23　定县各村种地外男人主要职业

民国十九年

主要职业	村数						
	第一区	第二区	第三区	第四区	第五区	第六区	共计
织布	5	2	32	…	12	51	102
卖木料	19	4	16	10	4	1	54
小贩	1	12	5	2	1	1	22
打苇箔	1	2	…	2	…	7	12
锯工	…	…	1	10	1	…	12
做粉	2	…	2	…	6	1	11
木匠	…	2	2	2	4	…	10
编柳罐	3	3	1	…	3	…	10
商	1	5	2	…	…	1	9
织带子	…	…	…	…	1	6	7
卖菜	6	…	…	1	…	…	7
织蒲盖	2	…	1	4	…	…	7
短工	1	5	…	…	…	…	6
拾粪	…	4	…	…	1	1	6
泥工	1	…	1	1	3	…	6
纺纱	…	…	…	…	…	5	5

续前表

主要职业	村数						
	第一区	第二区	第三区	第四区	第五区	第六区	共计
拉脚	3	…	1	1	…	…	5
榨油	1	1	…	…	3	…	5
养蜂	…	…	…	5	…	…	5
轧花	1	…	1	1	…	1	4
织席	…	…	…	1	…	3	4
贩猪毛	…	…	…	4	…	…	4
编筐子	…	…	…	…	3	…	3
赶脚	2	…	…	…	…	…	2
做挂面	1	1	…	…	…	…	2
贩粮	1	…	…	1	…	…	2
造车	…	1	…	…	1	…	2
烧砖	…	1	1	…	…	…	2
贩棉	…	…	1	…	…	1	2
旋工	…	…	2	…	…	…	2
刮柳子	…	…	2	…	…	…	2
编篓子	…	…	1	1	…	…	2
做爆竹	…	…	2	…	…	…	2
打绳	…	…	1	…	…	1	2
教员	…	…	…	…	…	1	1
锯碗	…	…	…	1	…	…	1
贩葱	…	…	…	1	…	…	1
铁匠	…	…	…	1	…	…	1
卖盆	…	…	…	1	…	…	1
做板凳	…	…	…	…	1	…	1
打袼褙	…	…	…	…	…	1	1
编筛子	…	…	…	…	1	…	1
编铁笊篱	1	…	…	…	…	…	1
做杈子	1	…	…	…	…	…	1
做香	1	…	…	…	…	…	1
织毯	1	…	…	…	…	…	1
贩榆皮	1	…	…	…	…	…	1
赶车	1	…	…	…	…	…	1

续前表

主要职业	村数						
	第一区	第二区	第三区	第四区	第五区	第六区	共计
培山药秧	1	…	…	…	…	…	1
脚行	1	…	…	…	…	…	1
做工	…	1	…	…	…	…	1
制笤帚	…	1	…	…	…	…	1
开店	…	1	…	…	…	…	1
开染房	…	1	…	…	…	…	1
吹鼓手	…	…	1	…	…	…	1
厨役	…	…	…	1	…	…	1
经纪	…	…	…	…	1	…	1
总合	59	47	76	51	46	82	361
无特别主要职业者	12	16	7	22	27	8	92

表 4-23 是男子种地外最多的其他主要职业。下列表 4-24 是种地外各村男子其他次要的职业。其中以卖木料的村数为最多，计 29 村；纺纱次之，计 26 村；再次为小贩、织布、轧棉花、木匠、拾粪等项。有 268 村村中除种地外未有显著的其他次要职业。有 185 村有其他次要职业。

表 4-24　定县各村种地外男人次要职业

民国十九年

次要职业	村数						
	第一区	第二区	第三区	第四区	第五区	第六区	共计
卖木料	3	4	17	1	2	2	29
纺纱	…	…	1	…	…	25	26
小贩	1	7	4	…	1	1	14
织布	1	…	7	…	…	2	10
轧花	…	…	7	…	…	3	10
木匠	1	1	1	4	2	…	9
拾粪	3	3	…	…	…	1	7
短工	1	5	…	…	…	1	7
榨油	1	…	1	…	1	1	4
养蜂	…	…	3	1	…	…	4

续前表

次要职业	村数						
	第一区	第二区	第三区	第四区	第五区	第六区	共计
做挂面	…	…	1	1	1	…	3
编筐篮	…	…	…	…	3	…	3
牙行	…	1	…	…	…	2	3
商	…	1	1	…	…	1	3
铁匠	1	1	…	…	…	…	2
卖菜	2	…	…	…	…	…	2
凿井	1	1	…	…	…	…	2
卖豆腐	2	…	…	…	…	…	2
拉脚	1	…	1	…	…	…	2
编簸箕	…	…	…	…	2	…	2
打苇箔	…	…	…	…	…	2	2
养兔	…	…	…	2	…	…	2
造车	…	…	…	…	…	2	2
卖布	…	…	…	…	…	2	2
织口袋	…	…	…	…	…	2	2
锯工	…	…	1	1	…	…	2
泥匠	…	…	1	…	1	…	2
抄纸	1	…	…	…	1	…	2
做镳铲	1	…	…	…	…	…	1
赶脚	1	…	…	…	…	…	1
卖花生	1	…	…	…	…	…	1
打坯	1	…	…	…	…	…	1
屠宰	…	1	…	…	…	…	1
做粉	1	…	…	…	…	…	1
攒筲	…	…	…	…	…	1	1
做椅子	…	…	…	…	1	…	1
卖凉粉	…	…	…	…	…	1	1
贩猪毛	…	…	…	1	…	…	1
编笊篱	…	…	…	…	1	…	1
做工	…	1	…	…	…	…	1
造水车	…	1	…	…	…	…	1
编锅盖	…	…	1	…	…	…	1

续前表

次要职业	村数						
	第一区	第二区	第三区	第四区	第五区	第六区	共计
做爆竹	…	…	…	…	…	1	1
剃头	…	…	1	…	…	…	1
卖纸花	…	…	1	…	…	…	1
卖菜籽	…	…	1	…	…	…	1
开皮条铺	…	…	1	…	…	…	1
拾柴	…	…	1	…	…	…	1
经纪	…	…	…	1	…	…	1
卖鸡子	…	…	…	…	…	1	1
打柳子	1	…	…	…	…	…	1
卖榆皮面	1	…	…	…	…	…	1
卖香	1	…	…	…	…	…	1
总合	27	27	52	12	16	51	185
无特别次要职业	44	36	31	61	57	39	268

定县女子除室内家事外多半在田间与男子一同工作。除家事及田间工作的主要工作外，其次要工作有多种手工业。她们的主要副业为纺纱，计 258 村（见下列表 4－25）；织布次之，计 116 村；纺纱兼织布计 30 村。此外有拣猪毛、织席、织带等项。有 30 村村内无特别副业。

表 4－25　　定县各村女人田间工作外主要副业

民国十九年

女人主要副业	村数						
	第一区	第二区	第三区	第四区	第五区	第六区	共计
纺纱	42	43	62	24	24	63	258
织布	4	13	4	44	31	20	116
纺纱兼织布	13	3	12	…	…	2	30
拣猪毛	…	…	…	4	1	…	5
织席	…	…	…	…	…	3	3
织带	…	…	…	…	…	2	2
刮柳子	…	…	2	…	…	…	2
缝补	…	2	…	…	…	…	2

续前表

女人主要副业	村数						
	第一区	第二区	第三区	第四区	第五区	第六区	共计
编柳罐	2	…	…	…	…	…	2
编锅盖	1	…	…	…	…	…	1
纺羊毛	1	…	…	…	…	…	1
编篓子	…	…	1	…	…	…	1
总合	63	61	81	72	56	90	423
无特别副业	8	2	2	1	17	…	30

下列表 4－26 为各村妇女其他次要副业。纺纱最多，计 125 村；织布次之，计 23 村。此外有织带、织口袋、拣羊毛、做挂面等项。以上系全县男女从事各种主要职业的大概。

表 4－26　定县各村女人田间工作外次要副业

民国十九年

女人次要副业	村数						
	第一区	第二区	第三区	第四区	第五区	第六区	共计
纺纱	4	14	6	44	31	26	125
织布	5	41	5	23	1	48	123
织带	…	…	…	…	…	3	3
织口袋	1	…	…	…	…	1	2
拣羊毛	1	…	…	…	…	…	1
做挂面	1	…	…	…	…	…	1
打绳	1	…	…	…	…	…	1
做袜	…	…	1	…	…	…	1
纺织	…	…	…	1	…	…	1
打袼褙	…	…	…	…	…	1	1
教育界	…	…	…	…	…	1	1
放牛打草	…	1	…	…	…	…	1
总合	13	56	12	68	32	80	261
无特别次要副业	58	7	71	5	41	10	192

民国十八年调查东亭乡村社会区内 515 家庭时，曾问及他们的职业。下列表 4－27 指明 13 岁及以上 1 282 男子正业及副业之分配。为农者最众，计 1 057

人，占总人数的 82.4%，其中种自己地或租种之农夫 993 人，为农家雇用为农工者 59 人。993 农夫内有副业者计 365 人，其中织布者 109 人，兼为农工者 54 人，独立或合伙开木料厂者 39 人，轧棉花去籽者 25 人，木匠 13 人。此外有做挂面、制柳罐、为经纪、开杂货店等项。为农工之 59 人内有 4 人自己家中有地，少许兼为农夫，3 人有时织布。此外兼为地保、瓦匠、打土坯等工作。

1 282 人中有手艺技能之精巧工人计 24 人，占 1.9%，其中有副业者 4 人。粗工 13 人，占 1.0%。从事商业者 41 人，占 3.2%，其中为各种铺店主人者 17 人。在学界者 67 人，占 5.2%。在军界者 15 人，占 1.2%。在政界者 7 人，警界 4 人，医药 3 人。其他共计 51 人，其中有在家赋闲不工作者 43 人，多为老弱残病者。

表 4-27　　515 家 13 岁及以上之男子现在职业之分配

民国十八年

正业	正业人数	副业	副业人数
农：	1 057（82.4%）		
农夫	993	织布	109
		农工	54
		木厂	39
		轧花	25
		木匠	13
		做挂面	8
		制柳罐	8
		经纪	7
		杂货店	6
		卖豆腐	6
		做豆腐	6
		地保	5
		医生	5
		纺纱	5
		小贩	4
		卖馒头	4
		蒸馒头	3

续前表

正业	正业人数	副业	副业人数
		教员	3
		卖杂货	3
		斗行	2
		卖纸花	2
		卖酒	2
		药铺	2
		做香	2
		瓦匠	2
		凿井	2
		贩柳条	2
		公直	2
		学董	2
		做干粉	2
		木厂伙计	2
		卖烧饼	2
		卖油	2
		开店	1
		贩米	1
		贩木料	1
		厨役	1
		染布	1
		油房	1
		做油	1
		卖洋油	1
		打更	1
		兽医	1
		剃头	1
		造大车	1
		拉脚	1
		打坯	1

续前表

正业	正业人数	副业	副业人数
		吹鼓手	1
		喂羊	1
		农林警察	1
		卖煎饼	1
		卖菜	1
		卖面条	1
		卖油条	1
		卖鲜果	1
		做柳器	1
		卖糖	1
农工	59	农夫	4
		织布	3
		地保	1
		瓦匠	1
		打坯	1
		打更	1
		卖糖	1
垦地	4		
种菜	1		
精工：	24（1.9%）		
织布	7		
铁工师	1		
铁路包工	1		
木匠	3	农夫	2
瓦匠	3	卖零食	1
兵工厂工人	1		
棚匠	1	农工	1
造酒	1		
制水车	1		
厨役	5		

续前表

正业	正业人数	副业	副业人数
粗工：	13（1.0%）		
编扒子	2		
烧砖	1		
钉掌	1		
差役	4		
拾柴	1		
放猪	1		
拉脚	3		
商：	41（3.2%）		
杂货制铺主	5		
染房铺主	5	农夫	4
药铺铺主	2	农夫	1
油房铺主	1		
客店铺主	1		
煤厂铺主	1		
钱局铺主	1		
棉花店铺主	1		
杂货铺铺伙	2		
首饰店铺伙	1		
煤厂铺伙	1		
药铺铺伙	1	农夫	1
司账	1		
钱商	1		
贩卖	1		
放债	1		
小贩	7	农夫	1
瓷器店学徒	1		
杂货铺学徒	1		
煤厂学徒	1		
医院学徒	1		
估衣	1		
其他	3		

续前表

正业	正业人数	副业	副业人数
学：	67 (5.2%)		
小学校长	2		
小学教员	15	农夫	1
平教会职员	1		
训政院学员	1		
学生	48		
军：	15 (1.2%)		
军官	2		
军需	2		
军医	1		
书记	1		
兵士	6		
其他	3		
政：	7 (0.6%)		
建设局长	1		
财务局会计	1		
户口调查员	1		
铁路职员	1		
《定县公报》编辑	1		
地保	1		
邮差	1		
警：	4 (0.3%)		
警察	3		
保卫团勇	1		
医：	3 (0.2%)		
医生	2		
司药生	1		
其他：	51 (4.0%)		
出外谋事	6		
负气外出	1		
不明下落	1		
赋闲	43		
总合	1 282	…	389

亦曾调查515家内人口职业的变迁。不但调查其现在从事何种主要职业，亦同时调查其在从事目下职业前曾从事过何种职业。若始终未改换过职业，则原来与现在职业相同。若曾改换职业则调查其改换原因。下列表4-28即表显13岁及以上1282男子现在职业。原来职业及改换职业之原因。关于原因颇不易探寻究竟，只将能询问出来的大概原因列于表之右边。1282人中未改换过职业者1101人，改换过职业者181人。现在从事农业的993农夫中，原来的职业即为农夫者为981人，只有12人与原来的职业不同。3人原来为商，其中2人是因家中人口少，须留在家中耕种自己田地，不得不弃商为农。2人原来织布，1人因家中人口少，1人因病，而改换为农。现在从事农工的59人中原来的职业亦为农工者22人，此外37人的职业与现在不同。35人原来的职业是农夫，其中16人因家中境况渐贫，3人地渐减少，因此不得不给人做农而得工资。其他情况及数目皆在表中看出，无须说明。

表4-28　515家内13岁及以上男子之现在职业、原来职业及改换职业之原因

民国十八年

现在正业	人数	原来正业	人数	各种改业原因、人数
农：				
农人	993	农夫	981	
		商人	3	家中人口少2
		织布	2	家中人口少1病1
		农工	1	农工收入少
		差役	1	
		铁器铺	1	家中人口少
		做豆腐	1	农事增多
		教员	1	
		布店伙计	1	被辞
		警察	1	被辞
农工	59	农工	22	
		农夫	35	贫16地少3不愿在家1

续前表

现在正业	人数	原来正业	人数	各种改业原因、人数
		织布	1	贫
		剃头	1	剃头收入日减
垦地	4	农夫	4	贫 4
种菜	1	农夫	1	
精工：				
织布	7	织布	4	
		农夫	2	贫 2
		烧砖	1	窑业歇
铁工师	1	农夫	1	
铁路包工	1	开药铺	1	不愿在家
木匠	3	木匠	2	
		农夫	1	
瓦匠	3	农夫	3	
兵工厂工人	1	军界	1	
棚匠	1	棚匠	1	
造酒	1	造酒	1	
造水车	1	农夫	1	水车利大
厨役	5	厨役	1	
		农夫	4	贫 2
粗工：				
编扒子	2	编扒子	2	
烧砖	1	烧砖	1	
钉掌	1	农夫	1	
差役	4	农夫	4	贫 2 不愿做农 1
拾柴	1	拾柴	1	
放猪	1	农夫	1	
拉脚	3	农夫	3	贫 1
商：				
杂货铺铺主	5	杂货铺	2	
		农人	2	不愿做农 1
		杂货铺伙	1	积有资本

续前表

现在正业	人数	原来正业	人数	各种改业原因、人数
染房铺主	5	染房	5	
药铺铺主	2	药铺	1	
		农夫	1	药铺利大
油房铺主	1	农夫	1	
客店铺主	1	客店	1	
煤厂铺主	1	煤厂	1	
钱局铺主	1	钱局	1	
棉花店铺主	1	农夫	1	
杂货铺铺伙	2	开杂货铺	1	赔累
		农夫	1	
煤厂铺伙	1	农夫	1	不愿做农
药铺铺伙	1	药铺伙	1	
首饰店铺伙	1	农夫	1	
司账	1	农夫	1	
钱商	1	农夫	1	钱商利大
贩卖	1	军界	1	
放债	1	放债	1	
小贩	7	小贩	1	
		农夫	5	年老 2 无地 1
		农工	1	小贩利大
学徒	4	学徒	2	
		农夫	1	
		念书	1	
估衣	1	估衣	1	
其他商人	3	商人	2	
		农夫	1	贫
学：				
小学校长	2	校长	1	
		教员	1	

续前表

现在正业	人数	原来正业	人数	各种改业原因、人数
小学教员	15	教员	8	
		念书	5	
		巡长	1	
		学界	1	
平教职员	1	平教职员	1	
训政学院学员	1	省署科员	1	
念书	48	念书	48	
军：				
军官	2	教员	1	军官薪优
		农夫	1	
军需	2	军需	1	
		兵士	1	
军医	1	农夫	1	
书记	1	教员	1	
兵士	6	农夫	6	贫 3 不愿做农 2
其他军界	3	军界	1	
		教员	1	
		农夫	1	
政：				
建设局长	1	学界	1	被选
财务局会计	1	劝业员	1	
户口调查员	1	小学校长	1	薪较优
铁路员	1	稽查员	1	
《定县公报》编辑	1	教员	1	
地保	1	剃头	1	年老
邮差	1	邮差	1	
警：				
警察	3	警察	1	
		农夫	2	不愿做农 1
保卫团勇	1	农夫	1	

续前表

现在正业	人数	原来正业	人数	各种改业原因、人数
医：				
医生	2	医生	1	
		农夫	1	
司药生	1	司药生	1	
其他：				
出外谋事	6	农夫	6	贫 4
负气外出	1	农夫	1	
不明下落	1	农夫	1	不愿在家
赋闲	43	赋闲	6	傻 2 哑拐 1
		农夫	32	年老 24 残疾 2 地租出 1 嗜好 1 病 1
		织布	1	年老
		入学	1	
		商人	1	年老
		警察	1	撤差
		听差	1	
总合	1 282	—	1 282	—

妇女的日常工作自然是在家做饭做衣。此外亦从事许多其他工作。515家中13岁及以上的1 176妇女中以田间工作为主要工作者，亦可以说为正业者，计943人，其中亦兼纺纱者346人，纺纱兼织布者76人，织布者6人，染线者3人。主要职业为纺纱者138人，纺纱兼织布者25人（详情见下列表4－29）。

表4－29　515家内13岁及以上1 176女子现在职业之分配

民国十八年

正业	正业人数	副业	副业人数
田间工作	943	纺纱	346
		纺纱兼织布	76
		织布	6
		染线	3

续前表

正业	正业人数	副业	副业人数
		做豆腐	3
		摘棉花	2
		做挂面	2
		蒸馒头	2
		佣工	2
		轧花	1
		染布	1
纺纱	138	缝纫	1
纺纱兼织布	25		
入学	3		
织布	2		
佣工	2		
缝纫	1		
卖烧饼	1		
乞丐	1		
普通家事	60		
总合	1 176	—	445

关于 1 176 女子之现在职业、原来职业及改换职业原因等情形见下列表 4 30。未改换过职业者 1 092 人，改换过职业者 84 人。

表 4－30　515 家内 13 岁及以上 1 176 女子现在职业、原来职业及改换职业之原因

民国十八年

现在正业	人数	原来正业	人数	改业原因
田间工作	943	田间工作	941	
		纺纱	1	
		无职业	1	
纺纱	138	纺纱	107	
		田间工作	31	年老 22

续前表

现在正业	人数	原来正业	人数	改业原因
纺纱兼织布	25	纺纱兼织布	24	
		田间工作	1	年老
入学	3	入学	3	
织布	2	织布	2	
佣工	2	佣工	1	
		田间工作	1	
缝纫	1	缝纫	1	
卖烧饼	1	纺纱兼织布	1	卖烧饼利大
乞丐	1	乞丐	1	
普通家事	60	田间工作	58	老年 40 病 1 随夫出外 2
		纺纱	2	年老 2
总合	1 176	—	1 176	—

第六节　宗　族

民国十七年东亭乡村社会区 62 村内共计 10 445 家，最大之村有 458 家，最小之村有 19 家，不满百家之村 23，100～199 家之村 19，200～299 家之村 11，超过 300 家之村 9，平均每村 169 家。此 10 445 家共包括 110 姓氏。其中王姓之家数最多，计 1 419 家，占总家数的 14％；张姓次之，计 856 家；刘姓又次之，占 828 家；再次为李、马、赵、陈等姓。且有林、牛、程、贡等 15 姓各计 1 家。平均每姓 95 家。各姓之详细家数见下列表 4－31。

表 4－31　62 村 110 姓氏每姓氏之家数

民国十七年

姓氏	家数	姓氏	家数	姓氏	家数
王	1 419	李	730	陈	405
张	856	马	514	杨	277
刘	828	赵	457	吴	260

续前表

姓氏	家数	姓氏	家数	姓氏	家数
史	203	薛	54	孔	7
韩	186	孟	52	甄	7
安	185	石	50	路	7
侯	161	董	48	谷	5
萧	155	潘	41	蒋	5
鹿	150	宋	40	柏	5
米	141	田	39	鲁	5
秦	135	武	38	彭	4
白	134	郝	33	康	4
高	127	蔡	32	钮	4
郭	125	孙	31	门	3
么	122	常	31	桑	3
许	122	苏	25	耿	3
徐	114	肖	25	席	3
邢	108	霍	25	宗	2
由	107	邓	24	元	2
卢	104	曹	23	林	1
周	103	唐	23	牛	1
郑	100	顾	18	程	1
贾	97	魏	18	贡	1
齐	93	仝	16	郸	1
渠	87	吕	15	哈	1
胡	84	梁	15	解	1
邵	83	邱	15	锁	1
寇	80	师	14	巴	1
阎	79	杜	12	蓝	1
崔	78	牟	10	香	1
何	76	于	9	崇	1
雷	75	朱	9	方	1
冯	69	夏	9	屈	1
胥	65	任	9	陶	1
曲	61	狄	8	总合	10 445
范	59	罗	8		
申	59	玄	8	平均每姓	95
黄	54	庞	7		

每村家数最多之大姓及家数次多之次大姓亦曾调查其家数，然后计算最大姓及次大姓之家数占本村总家数百分之几。例如某村共计 270 家：村中最大姓为马姓，计 230 家，占总数的 85%；次大姓为王姓，计 30 家，占 11%。62 村中村内最大姓占本村 10%～19%者有 2 村；占 50%以下者有 32 村；只有一村占 100%，全村皆为王姓。次大姓所占本村总家数之百分比最高者亦在 50%以下，不满 20%者有 29 村。关于最大姓及次大姓占全村家数之百分比之 62 村分配数目见下列表 4 - 32。

表 4 - 32　62 村每村最大姓与次大姓所属家数占其全村家数之百分比

民国十七年

占全村家数之百分比	村数	
	关于最大姓	关于次大姓
10%以下	…	6
10～19	2	23
20～29	6	18
30～39	9	10
40～49	15	4
50～59	8	…
60～69	10	…
70～79	4	…
80～89	4	…
90～99	3	…
100	1	…
总合	62	61

62 村中村内姓氏最多者有 26 姓，此村共计 362 家。有 18 村每村姓氏数目皆在 10 以上，6～10 姓者计 25 村，1～5 姓者计 19 村。各村姓氏数目见下列表 4 - 33。

表 4 - 33　62 村内各村姓名数目

民国十七年

村内姓数	村数	村内姓数	村数
1	1	5	6
2	1	6	4
3	5	7	7
4	6	8	5

续前表

村内姓数	村数	村内姓数	村数
9	4	16	2
10	5	18	1
11	7	21	1
13	1	26	1
14	4		
15	1	总　合	62

在 62 村内曾调查 162 个宗族的公共财产价值。其中在 500 元以下者有 57 宗族，500～999 元者有 51 宗族，超过 1 000 元者有 54 宗族，最多者几达 4 000 元。各宗族公产数目见下列表 4－34。

表 4－34　162 宗族每宗之公产

民国十七年

公产（元）	宗族数
500 以下	57
500～999	51
1 000～1 499	19
1 500～1 999	23
2 000～2 499	5
2 500～2 999	1
3 000～3 499	4
3 500～3 999	2
总合	162

每年各宗族皆有公费。曾调查 156 宗族的全年公费，其中全年公费多在 40 元以下，超过 70 元者计 3 宗族，其数目为 80 元、105 元与 200 元。156 宗族每宗族之全年公费数目见表 4－35。

表 4－35　156 宗族每宗族全年之经费

民国十七年

全年公费（元）	宗族数
10 以下	31
10～19	54
20～29	42
30～39	18
40～49	5

续前表

全年公费（元）	宗族数
50～59	1
60～69	2
70及以上	3
总合	156

62村内有宗祠19座。有1间屋之大小者2座，2间屋者1座，3间屋者8座，5间屋者5座，6间屋者3座。

有2宗祠派下之人数皆不满100，4个宗祠派下人数是在100～199之间，派下人数在200～299者有2宗祠，300～399人者有7宗祠，400人者1宗祠，660人者1宗祠，970人者1宗祠，最大宗派下人数为1 110人。

宗祠建立年数除1座无答案外，不满20年者6座，20～100年者5座，101～200年者4座，其他3座之建设年数为280，288及356。

每宗祠由族人推举职员照管，由1人至6人不等，多为族长及年长者担任；任期有一年者，有无定期者。宗祠费用全年多在30元左右，50～100元者3祠，最多之费用达200元。其收入来源大多数为祠产之地租，亦有存款生利及每年公摊者。有13祠有田地，最少者3亩，最多者60亩，其他亩数为5，10，12，13，17，25，30，32。

第五章　教　育

第一节　全县教育

一、全县教育的历史

定县之所以称为模范县，也是因为定县教育发达的缘故。在前清光绪二十八年（西元1902年），就有本县大绅王振尧、谷钟秀等倡议兴办学堂。当时知县王忠荫也极力主张，热心提倡；遂将定武书院改为定武学堂，重订教规，扩充经费。光绪三十年知县吴国栋提倡借庙办学；但因当时人民顽固不化，私塾既不能废除，学堂也难能成立。那年翟城村米春明先生被举为郡学绅，创办初等小学堂一处于翟城，为全县之倡。起初借用民房，第二年又在村东的大寺地址建筑学舍，后来又在村西关帝庙立农暇识字会。这是定县毁庙兴学的起头。从此以后翟城的学校成绩日著，更推及各村。于是城内、乡间各大镇相继仿效，推广教育。当时又加谷钟秀、米迪刚二位先生极力提倡新学，所以定县教育很有发展。直到民国三年，孙发绪先生到定县做县长，就主张毁庙兴学，常骑小驴亲赴各村讲演毁庙兴学、发展教育的利益。于是有许多村庄都把庙宇中神像拆毁，改为学校，相继提倡起来。按调查所得，民国三年定县毁庙有200处之多（详见宗教节），由此可知当时的情况了。到民国十四年，各村至少须立一初等小学校，也有的村子设立识字会与半日学校的。也有的一村不能单独设立一个学校的与邻村合办，于是定县的教育更渐有起色。自民国十三年中华平民教育促进会总会到定县来提倡平民教育，村子的平民学校也就继续创办起来。后来平教总会又划定定县为华北试验区，并划定东亭 62 村为华北平教试验的第一社会乡区，成立普及农业科学研究场，竭力推行平民教育。自民国十八年平教总会已由北平移到定县，施行文艺教育、生计教育、公民教育和卫生教育；以县城为中心，往四外乡村顺次普及，用社会调查所得的结果，来推广提倡解决生活的问题的教育。

二、全县教育行政

关于教育行政的机关，有教育局、教育董事会、村董事会等。教育局是民国十二年十月奉教育厅令改劝学所而成立的。设局长一人，视学五人，教育委员四人，会计、庶务、书记各一人。局长商承县知事掌理全县教育行政事务。把全县分为 12 学区，城内及四厢划为特别区。特别区的教育，由全局职员负责视导。其余各学区，由教育委员受局长的指挥，分区负责视导。现局内组织少有改变，添文书一人，督学三人到各村视察学校。

教育董事会是县长与县内著名绅士组织的。县长选任著名绅士九人，共同组织董事会。职权在审议县教育的方针与计划，并筹划教育经费并保管教育财产，审核县教育的预算与决算，议决县教育局长交议事件，提议关于县教育的种种事项。

定县差不多每村都有教育董事会，是由村长佐、学董、公直及村内其他领袖组织的，人数无定。职权在筹划本村的学款及管理，并有划清本村学校基金、造具清册、报交教育局的责任。关于村内任免校长、教员，议决学校事务与办法、预算与决算，教育董事会都有权柄。

民国十七年教育局全年经费为 3 952 元。至十八年扩充为 6 096 元，已经备案照准，但因款项无着，尚未实行。此项经费由县公署岁入地粮税项内扣下，根据董事会的预算案支给。全县教育董事会的董事全是义务，没有经费可言。各村学校的经费，由各村董事会在各村自行筹划。但各村有高等小学校者，得由县款中八大镇牲畜一分牙佣收入总数的八成，作为全县四乡高等小学校补助费，二成作为奖劝优良高等小学校用。

三、学制的变迁

在古时讲学的地方，设在文庙的旁边，有所谓“庠序”“辟雍”的名称。在元朝设“学正”（州曰学正，县曰教谕），掌管一州的教育。明朝增设“训导”一员。每县设“学正”“训导”各一人，学员有“廪”“增”“附”的分别。定州廪额30名，增广生30名。廪生月领膳银。如有故出缺，就拿资深优等的增生补充。增生有缺，就拿每年试取的优等附生补充。附生没有定额。朝廷每省任学正一员，任期三年，到各府州行岁试、科试各一次（三年一乡举，乡举之前，学正试之，曰科试）。两试时，召集各属县文童，取进者，称为“附生”。顺治十五年（西元1658年），题准大州县例取15名。定县当时是大州，所以也取15名。康熙五十四年（西元1715年）又增加三名，共18名。雍正二年（西元1724年），题准直隶定州照府学额取进23名。雍正二十年（西元1742年）议覆保定、正定各减数名。定州得在所减的增生内拨两名，均在本州属县内拨取，合原额为25名。赶到岁试的年头，不但考试文童，并且考试武童；文童武童取额一样。至于资格深的廪生，得贡入太学。定州贡额，三年起送贡生二名。遇到逢恩诏的年头，就以当年的正贡作恩贡，当年的次贡作正贡。附生以外，学政例取文武修生几人，以备文庙丁祭乐舞的用处，就是所说的乐舞生。

四、学校的沿革

以上所说是学制的变迁，现在说一说定县学校的沿革。以前无所谓中学或大学，高等或初等，乃是称为“庙学”与“书院”。庙学的制度，在宣统初年废的。书院废止较早，在光绪庚子（西元1900年）以后，朝野维新的时候，就废书院改建学堂了。现在定县的省立第九中学，就是以前的定武书院。定武书院是乾隆戊午年（西元1738年）创办的。嘉庆二十三年（西元1818年）州牧袁俊改定武为奎文。道光二十八年（西元1848年）州牧宝琳又把奎文改回定武。光绪二十八年（西元1902年），绅士王振尧、谷钟秀等把定武书院改为定武学堂。当时经费浩繁，书院旧日经费不敷开支，经理卢焴等倡收花生木植等税，兼增学田各租，仍不足用，于是又加办亩捐，并以定县围城及驿路两旁官柳也划归在经费之内。后来改名为官立中学，学生日多，达 300 以上。校长李鸣铎在宣统二年（西元 1910 年）不但购置地亩，并且建筑西斋、东斋，共 50 余间，竭力扩充，不遗余力。民国二年省公署议决，设立省立中学若干处，以广教育。定县中学逐由官立而改为省立第九中学，原来经费除学田租入尚留校动支，围城树株作为本校学林外，所有花生木植亩捐，因为属于地方性质，所以悉拨归地方应用。驿路应归官产处，路旁官柳悉数变价归校。是后校中经常各费尽支省款。后来高小毕业生日多，学校应当再加扩充。民国三年县知事孙发绪把县署后草厂地基十余亩归校，建筑楼房一所，教室四所。民国四年又购校南民宅，添建食堂。民国五年又把官柳所得卖价，添建讲堂及应用各室，改建大门，筑图书馆。民国七年又置买商场空地十余亩，作为学校园及体操场。民国十年又添建南斋，直到民国十八年，校址共有地 32 亩，教室 8 间，应用房舍 200 余间。肄业学生共 7 级，共 350 余人。前此毕业者共 13 班，450 余人。

直隶高等小学的设立起于光绪拳匪乱后。光绪二十七年（西元 1901 年）州牧王忠荫与绅士王廷纶、谷钟秀、马锡蕃等提议创办学堂。中学成立后，就在中学东北隅，建房十余间。招生 20 余名，并选中学之年龄稍幼、程度较低者，归并其中，此时已是二十八年秋。三十一年春，移到古众春园内，定名叫做定州官立高等小学堂，那时校长是燕兆祥。在雪浪斋东建讲堂五间。三十二年春又建东三斋 27 间。民国元年部令改堂长为校长。二年添招新生一班，先后所招新生凡三班。又在马佳祠后建筑西三斋 15 间，当年奉部令将州学学田 223 亩充本校基金。民国三年又借中学地 20 余亩（即在众春园台下）作为操场。民国四年又增招新生两班，共为六班三级。自民国四年至十一年关于学校的建筑又扩充很多。前后新旧建筑凡 164 间，地址 30 余亩。截至十二年六月，共计毕业者 13 届，共 623 人。民国十一年正月，县长召集学务会议，推行新学制，七月将考棚师范迁到众春园，把高等附属在里边。

属于县立的女子高等小学，是创始于民国三年。当时县长孙发绪，用儒学旧舍作为教室，仅办初等二级。民国四年购校北民地七亩，扩充校舍，拟设高等。但当时因款项无着，所以用学款储蓄社之款，购用官产驿路教场等地，以其租入作为本校基金。民国五年设立高等一班，这就是有女子高等小学的创始。

后来又把女工传习所归并在内，增地十余亩，增房19间。又添设保姆养成所、师范讲习科各一班，民国七年又附设蒙养科一班。后来因女子国民学校毕业学生日众，又添高等一班。民国八年因各村女学日增，又添师范一班。民国九年保姆科毕业，添职业科一班。截至民国十一年，先后扩充校址凡二十余亩，增筑教室八所，应用斋舍杂房等共80余间。肄业者已达八级，学生270余人，各科毕业生共190余人。民国十年教育厅饬添中等学校，又因职业科毕业，添蚕科一级。

五、全县学校

据教育局的报告，民国十二年全县有学校451处，教员506人，学生16 316人，常年经费为98 842元。十三年和十四年都有进步。十三年全县有学校474处，教员562人，学生17 723人，常年经费为144 333元。十四年全县有学校489处，教员571人，学生18 350人，常年经费为165 473元。具体见表5-1至表5-5。

表5-1　全县各种学校的比较

民国十二—十四年

学校种类	学校数		
	民国十二年	民国十三年	民国十四年
初级小学	430	448	462
高级小学	17	22	23
中等学校	4	4	4
总合	451	474	489

表5-2　全县各种学校所有级数的比较

民国十二—十四年

学校种类	级数		
	民国十二年	民国十三年	民国十四年
初级小学	444	469	483
高级小学	37	45	47
中等学校	5	8	9
总合	486	522	539

表 5-3 **全县各种学校所有教员数的比较**

民国十二—十四年

学校种类	教员数		
	民国十二年	民国十三年	民国十四年
初级小学	446	482	487
高级小学	52	66	69
中等学校	8	14	15
总合	506	562	571

表 5-4 **全县各种学校所有学生数的比较**

民国十二—十四年

学校种类	学生数		
	民国十二年	民国十三年	民国十四年
初级小学	14 960	15 974	16 368
高级小学	1 203	1 487	1 682
中等学校	153	262	300
总合	16 316	17 723	18 350

表 5-5 **全县各种学校常年经费的比较**

民国十二—十四年

学校种类	常年经费		
	民国十二年	民国十三年	民国十四年
初级小学	68 014	102 301	112 590
高级小学	23 078	29 550	39 079
中等学校	7 750	12 482	13 804
总合	98 842	144 333	165 473

民国十四年全县十二学区共有学龄儿童 44 510，其中男 27 883，女 16 627。在这 44 510 学龄儿童中已就学者共有 16 256，男 14 041，女 2 215。已就学的儿童数目似乎颇高，也是根据教育局的报告（见表 5-6）。

表 5-6 **全县各区学龄儿童与就学儿童的比较**

民国十四年

学区	学龄儿童			已就学者		
	男	女	共	男	女	共
1	1 541	925	2 466	1 252	154	1 406

续前表

学区	学龄儿童			已就学者		
	男	女	共	男	女	共
2	1 892	1 256	3 148	1 196	177	1 373
3	1 828	1 044	2 872	934	75	1 009
4	1 469	912	2 381	525	24	549
5	3 367	1 976	5 343	1 739	355	2 094
6	2 261	1 487	3 748	1 248	243	1 491
7	2 973	1 799	4 772	1 300	286	1 586
8	3 666	2 062	5 728	1 121	160	1 281
9	1 638	1 014	2 652	751	58	809
10	1 808	952	2 760	783	60	843
11	2 833	1 544	4 377	1 483	269	1 752
12	2 607	1 656	4 263	1 709	354	2 063
一切学区	27 883	16 627	44 510	14 041	2 215	16 256
百分比	62.64	37.36	100.00	86.37	13.63	100.00

民国十五年度（十五年八月至十六年七月）全县有学校 493 处，其中有幼稚园 1 处，初级小学 464 处，高级小学 24 处，初级中学 1 处，师范学校 2 处，职业学校 1 处。这 493 校中有男校 371，女校 122。学生共有 18 330，男 15 571，女 2 759。其中以初级小学学生为最多，共 16 527 人。具体见表 5－7 至表 5－8。

表 5－7　　全县所有各种学校数

民国十五年八月—十六年七月

学校种类	学校数		
	男	女	共
幼稚园	1	…	1
初级小学	347	117	464
高级小学	21	3	24
初级中学	…	1	1
师范学校	1	1	2
职业学校	1	…	1
一切学校	371	122	493
百分比	75	25	100

表 5-8　**全县各校所有男女学生数**

民国十五年八月—十六年七月

学校种类	学生数		
	男	女	共
幼稚园	18	15	33
初级小学	14 023	2 504	16 527
高级小学	1 378	148	1 526
初级中学	…	32	32
师范学校	109	60	169
职业学校	43	…	43
一切学校	15 571	2 759	18 330
百分比	85	15	100

教员共有 604 人，其中男 471 人，女 133 人（见表 5-9）。毕业生共有 3 602 人，其中男 3 062 人，女 540 人（见表 5-10）。职员共有 562 人，其中男 439，女 123（见表 5-11）。

表 5-9　**全县各校男女教员数**

民国十五年八月—十六年七月

学校种类	教员数		
	男	女	共
幼稚园	…	2	2
初级小学	392	119	511
高级小学	71	6	77
初级中学	…	3	3
师范学校	6	3	9
职业学校	2	…	2
一切学校	471	133	604
百分比	78	22	100

表 5-10　**全县各校毕业男女学生数**

民国十五年八月—十六年七月

学校种类	毕业生数		
	男	女	共
幼稚园	…	…	…
初级小学	2 793	524	3 317

续前表

学校种类	毕业生数		
	男	女	共
高级小学	239	16	255
初级中学	…	…	…
师范学校	30	…	30
职业学校	…	…	…
一切学校	3 062	540	3 602
百分比	85	15	100

表 5-11　　全县各校所有职员数

民国十五年八月—十六年七月

学校种类	职员数		
	男	女	共
幼稚园	…	…	…
初级小学	397	116	513
高级小学	38	5	43
初级中学	…	1	1
师范学校	2	1	3
职业学校	2	…	2
一切学校	439	123	562
百分比	78	22	100

全县各校全年收入共 169 346 元，其中男校共收入 133 436 元，女校共收入 35 910 元。全年支出共 174 005 元，其中男校共支出 109 869 元，女校共支出 64 136 元（见表 5-12）。

表 5-12　　全县各校全年收入与支出数

民国十五年八月—十六年七月

学校种类	全年收入（元）			全年支出（元）		
	男校	女校	共	男校	女校	共
幼稚园	500	…	500	500	…	500
初级小学	90 393	26 236	116 629	91 589	54 566	146 155
高级小学	36 162	2 241	38 403	11 622	2 187	13 809
初级中学	…	2 211	2 211	…	2 189	2 189

续前表

学校种类	全年收入（元）			全年支出（元）		
	男校	女校	共	男校	女校	共
师范学校	5 222	5 222	10 444	4 999	5 194	10 193
职业学校	1 159	…	1 159	1 159	…	1 159
一切学校	133 436	35 910	169 346	109 869	64 136	174 005
百分比	78.79	21.21	100.00	63.14	36.86	100.00

全县各校共有资产 1 115 034 元，男校共 984 472 元，女校共 130 562 元（见表 5－13）。

表 5－13　全县各校所有资产数

民国十五年八月—十六年七月

学校种类	资产（元）		
	男校	女校	共
幼稚园	1 720	…	1 720
初级小学	754 790	73 200	827 990
高级小学	207 232	24 342	231 574
初级中学	…	4 560	4 560
师范学校	13 170	28 460	21 630
职业学校	7 560	…	7 560
一切学校	984 472	130 562	1 115 034
百分比	88.29	11.71	100.00

民国十六年度（十六年八月至十七年七月）全县有学校 449 处，男 349 处，女 100 处。较十五年度减少学校 44 处。男少 22 处，女也少 22 处（见表 5－14）。

表 5－14　全县所有各种学校数

民国十六年八月—十七年七月

学校种类	学校数		
	男	女	共
幼稚园	1	…	1
初级小学	325	95	420
高级小学	1	1	2
初高两级小学	19	2	21
初级中学	1	1	2

续前表

学校种类	学校数		
	男	女	共
师范学校	1	1	2
职业学校	1	…	1
一切学校	349	100	449
百分比	77.73	22.27	100.00

在这 449 个学校中，共有学生 15 992 人，其中男 13 646 人，女 2 346 人。以初级小学为最多，共 12 775 人。以百分比计算，全县男生占全体 85.33%，女生占全体 14.67%（见表 5－15）。

表 5－15　全县各校所有男女学生数

民国十六年八月—十七年七月

学校种类	学生数		
	男	女	共
幼稚园	13	16	29
初级小学	10 761	2 014	12 775
高级小学	199	59	258
初高两级小学	2 250	83	2 333
初级中学	236	76	312
师范学校	127	98	225
职业学校	60	…	60
一切学校	13 646	2 346	15 992
百分比	85.33	14.67	100.00

在这 449 个学校中共有教员 570 人，男 503，女 67。男占 88.25%，女占 11.75%（见表 5－16）。

表 5－16　全县各校男女教员数

民国十六年八月—十七年七月

学校种类	教员数		
	男	女	共
幼稚园	…	2	2
初级小学	385	52	437

续前表

学校种类	教员数		
	男	女	共
高级小学	9	2	11
初高两级小学	75	4	79
初级中学	17	6	23
师范学校	12	1	13
职业学校	5	…	5
一切学校	503	67	570
百分比	88.25	11.75	100.00

本年共有毕业生 8 645 人，其中男 8 226 人，女 419 人。男占 95.15%，女占 4.85%（见表 5－17）。

表 5－17　全县各校毕业男女学生数

民国十六年八月—十七年七月

学校种类	毕业生数		
	男	女	共
幼稚园	13	15	28
初级小学	7 639	314	7 953
高级小学	32	25	57
初高两级小学	401	23	424
初级中学	64	19	83
师范学校	42	23	65
职业学校	35	…	35
一切学校	8 226	419	8 645
百分比	95.15	4.85	100.00

在这 449 个学校中共有职员 760 人。男 729，女 31。男占 95.92%，女占 4.08%（见表 5－18）。

表 5－18　全县各校所有职员数

民国十六年八月—十七年七月

学校种类	职员数		
	男	女	共
幼稚园	…	…	…
初级小学	662	25	687

续前表

学校种类	职员数		
	男	女	共
高级小学	3	…	3
初高两级小学	51	…	51
初级中学	6	4	10
师范学校	3	2	5
职业学校	4	…	4
一切学校	729	31	760
百分比	95.92	4.08	100.00

全县学校共有资产 830 651 元。男校 693 874 元，女校 136 777 元（见表 5－19）。

表 5－19　　全县各校所有资产数

民国十六年八月—十七年七月

学校种类	资产数（元）		
	男校	女校	共
幼稚园	1 750	…	1 750
初级小学	417 376	81 947	499 323
高级小学	8 270	2 360	10 630
初高两级小学	146 898	9 870	156 768
初级中学	67 800	32 600	100 400
师范学校	32 280	10 000	42 280
职业学校	19 500	…	19 500
一切学校	693 874	136 777	830 651
百分比	83.53	16.47	100.00

本年全县学校共收入 157 457 元。男校 123 422 元，女校 34 035 元。支出共 148 697 元，男校 115 781 元，女校 32 916 元（见表 5－20）。

表 5－20　　全县各校全年收入与支出数

民国十六年八月—十七年七月

学校种类	全年收入（元）			全年支出（元）		
	男校	女校	共	男校	女校	共
幼稚园	300	…	300	314	…	314
初级小学	66 749	13 708	80 457	61 442	12 203	73 645

续前表

学校种类	全年收入（元）			全年支出（元）		
	男校	女校	共	男校	女校	共
高级小学	4 234	2 518	6 752	4 234	2 888	7 122
初高两级小学	22 359	2 200	24 559	22 181	1 694	23 875
初级中学	18 000	8 809	26 809	17 800	8 967	26 767
师范学校	7 780	6 800	14 580	5 810	7 164	12 974
职业学校	4 000	…	4 000	4 000	…	4 000
一切学校	123 422	34 035	157 457	115 781	32 916	148 697
百分比	78.38	21.62	100.00	77.86	22.14	100.00

民国十七年度（十七年八月至十八年七月）全县有学校 447 处，男 342 处，女 105 处。除高级小学增添 1 处，初级小学减少 3 处外，其余学校都与十六年相同（见表 5－21）。

表 5－21　全县所有各种学校数

民国十七年八月—十八年七月

学校种类	学校数		
	男	女	共
幼稚园	1	…	1
初级小学	317	100	417
高级小学	2	1	3
初高两级小学	19	2	21
初级中学	1	1	2
师范学校	1	1	2
职业学校	1	…	1
一切学校	342	105	447
百分比	76.51	23.49	100.00

在这 447 个学校中共有学生 18 666 人，其中男 15 377 人，女 3 289 人。以初级小学与初高两级小学学生为最多。初级小学共有学生 15 308 人，初高两级小学共有 2 542 人。以百分比计算，全县男生占全体 82%，女生占全体 18%（见表 5－22）。

表 5－22　**全县各校所有男女学生数**

民国十七年八月—十八年七月

学校种类	学生数		
	男	女	共
幼稚园	11	29	40
初级小学	12 468	2 840	15 308
高级小学	244	52	296
初高两级小学	2 437	105	2 542
初级中学	120	170	290
师范学校	77	93	170
职业学校	20	…	20
一切学校	15 377	3 289	18 666
百分比	82	18	100

在这 447 个学校中共有教员 575 人，男 487 人，女 88 人。男占 85%，女占 15%。以初级小学的教员为最多，共 435 人（见表 5－23）。

表 5－23　**全县各校所有教员数**

民国十七年八月—十八年七月

学校种类	教员数		
	男	女	共
幼稚园	…	2	2
初级小学	363	72	435
高级小学	10	2	12
初高两级小学	77	6	83
初级中学	20	4	24
师范学校	13	2	15
职业学校	4	…	4
一切学校	487	88	575
百分比	85	15	100

民国十七年度全县全年共收入 164 792 元，男校为 134 694 元，女校为 30 098 元。其中以初级小学为最多，共 94 580 元。全年共支出 153 134 元，男校为 118 557 元，女校为 34 577 元。其中以初级小学为最多，共 82 182 元。以百分比来计算，男校全年收入占全体 81.73%，女校全年收入占全体 18.27%。男校

全年支出占全体77.42%，女校全年支出占全体22.58%（见表5-24）。

表5-24 全县各校全年收入与支出数

民国十七年八月—十八年七月

学校种类	全年收入（元）			全年支出（元）		
	男校	女校	共	男校	女校	共
幼稚园	420	…	420	420	…	420
初级小学	75 653	18 927	94 580	63 879	18 303	82 182
高级小学	6 250	2 862	9 112	6 152	2 862	9 014
初高两级小学	27 437	1 730	29 167	23 408	1 839	25 247
初级中学	14 400	3 211	17 611	14 400	3 211	17 611
师范学校	6 074	3 368	9 442	5 868	8 362	14 230
职业学校	4 460	…	4 460	4 430	…	4 430
一切学校	134 694	30 098	164 792	118 557	34 577	153 134
百分比	81.73	18.27	100.00	77.42	22.58	100.00

全县学校资产共803 970元，男校668 565元，女校135 405元（见表5-25）。

表5-25 全县各校所有资产数

民国十七年八月—十八年七月

学校种类	资产数（元）		
	男校	女校	共
幼稚园	1 780	…	1 780
初级小学	373 285	79 870	453 155
高级小学	46 860	2 800	49 660
初高两级小学	150 340	8 575	158 915
初级中学	68 000	32 660	100 660
师范学校	19 500	11 500	31 000
职业学校	8 800	…	8 800
一切学校	668 565	135 405	803 970
百分比	83.15	16.85	100.00

民国十八年全县共有毕业生2 228人，其中男1 989人，女239人。男占89.3%。女占10.7%。初级小学有毕业生1 549人，为最多（见表5-26）。

表 5-26　全县各校毕业男女学生数

民国十七年八月—十八年七月

学校种类	毕业学生数		
	男	女	共
幼稚园	10	22	32
初级小学	1421	128	1 549
高级小学	31	20	51
初高两级小学	412	50	462
初级中学	55	…	55
师范学校	40	19	59
职业学校	20	…	20
一切学校	1 989	239	2 228
百分比	89.3	10.7	100.0

在这 447 个学校中共有职员 774 人，男 759 人，女 15 人。男占 98%，女占 2%。初级小学共有职员 702 人，为最多（见表 5-27）。

表 5-27　全县各校所有职员数

民国十七年八月—十八年七月

学校种类	职员数		
	男	女	共
幼稚园	…	…	…
初级小学	689	13	702
高级小学	7	…	7
初高两级小学	51	…	51
初级中学	4	2	6
师范学校	6	…	6
职业学校	2	…	2
一切学校	759	15	774
百分比	98	2	100

第二节　东亭乡村社会区 62 村小学调查

这一项小学教育的详细调查是在民国十七年举行的。

一、学校与学生状况

62村的小学共有五种，有初级男子小学、初级女子小学、初级男女小学、初高两级男子小学、初高两级女子小学。初级男子小学为最多，共43处，学生共1 369人。初级女子小学占第二，有14处，学生240人。初高两级女子小学只1处，学生37人，最少。共计学校63处，男女学生2 016人（见表5-28）。

表5-28　62村每种小学及学生数目

学校类别	学校数	学生数
初级男子小学	43	1 369
初级女子小学	14	240
初级男女小学	2	102
初高两级男子小学	3	268
初高两级女子小学	1	37
总合	63	2 016

关于小学创办的年份，最早者是在光绪二十八年（西元1902年），在民国以前创办的不到三分之一，大多数是在民国成立以后创办的。民国元年至五年创办的，占48%，是因为孙发绪县长热心提倡的结果，民国六年至十年占19%（详情见表5-29）。

表5-29　62村63个小学创办之年份

学校创办年份		小学数				
中历	西历	男子	女子	男女合校	一切小学	百分比
光绪二十八—三十二年	1902—1906	46	…	…	6	9.5
光绪三十三—宣统三年	1907—1911	9	1	2	12	19.0
民国元—五年	1912—1916	23	7	…	30	47.6
民国六—十年	1917—1921	7	5	…	12	19.0
民国十一—十五年	1922—1926	1	1	…	2	3.2
民国十六年以来	1927	…	1	…	1	1.6
总合	…	46	15	2	63	100.0

关于小学男女学生的年龄，1 587个初级男生内年龄最低者为5岁，最高者为18岁，最多者在12岁。初级女生共290人，其中年龄最低者为6岁，年龄最高者为16岁，最多者在9岁和10岁。高级男生共128人，其中年龄最低者为11

岁，年龄最高者为16岁，最多者为13岁。高级女生共11人，其中年龄最低者为10岁，年龄最高者为15岁，最多者为12岁。初高级男女学生共有2 016人，其中最多者为12岁，共303人。各年龄之人数见表5-30。

表5-30　62村初级与高级小学男女学生年龄之分配

年龄	初级学生数			高级学生数			一切学生数
	男	女	共	男	女	共	
5	1	…	1	…	…	…	1
6	23	9	32	…	…	…	32
7	117	35	152	…	…	…	152
8	143	40	183	…	…	…	183
9	208	47	255	…	…	…	255
10	204	47	251	…	1	1	252
11	236	44	280	8	…	8	288
12	246	30	276	24	3	27	303
13	142	17	159	36	2	38	197
14	115	14	129	25	2	27	156
15	76	5	81	25	2	27	108
16	47	2	49	10	…	10	59
17	27	…	27	…	…	…	27
18	2	…	2	…	…	…	2
19	…	…	…	…	1	1	1
总合	1 587	290	1 877	128	11	139	2 016

62村小学各年级学生的总数为2 016人，其中男生1 715人，女生301人。共分六年级，由第一年级至第四年级为初小，第五与第六年级为高小。年级愈低学生数愈多。高级的人数仅占一切学生数的4.7%。各年级的男女学生数目见表5-31。

表5-31　62村小学各年级学生总数

年级	学生数			百分比
	男	女	共	
1	474	108	582	28.9
2	455	94	549	27.2
3	410	64	474	23.5

续前表

年级	学生数			百分比
	男	女	共	
4	296	20	316	15.7
5	36	15	51	2.5
6	44	…	44	2.2
总合	1 715	301	2 016	100.0

62 村小学学生家庭之主要职业，可分四种：就是农、工、商、教育。为农的有 1 880 家，占 93.3％。做教育事业的最少，只 27 家，占 1.3％（见表 5－32）。

表 5－32　　62 村小学学生家庭之主要职业

职业	家庭数	百分比
农	1 880	93.3
商	78	3.9
工	31	1.5
教育	27	1.3
总合	2 016	100.0

62 村内自男初级小学毕业由 4 班至 6 班者有 9 校，由 10 班至 12 班者有 16 校，也有毕业多至 18 班者。自女初级小学毕业由 4 班至 6 班者有 5 校，有多至 9 班者。男女合校之初级小学有两处，一处毕业由 16 班至 18 班，其他一处为 20 班。高级男子小学共有 3 处，其中 1 处已有 14 班毕业生。高级女子小学只有 1 处，已有 6 班毕业生（见表 5－33）。

表 5－33　　62 村各小学毕业班数

毕业班数	小学数				
	初级			高级	
	男	女	男女合校	男	女
尚无	1	3	…	…	…
1～3	…	4	…	…	…
4～6	9	5	…	1	1
7～9	7	3	…	1	…
10～12	16	…	…	…	…

续前表

毕业班数	小学数				
	初级			高级	
	男	女	男女合校	男	女
13～15	10	…	…	1	…
16～18	3	…	1*	…	…
19～21	…	…	1**	…	…
总合	46	15	2	3	1

*该校只两班毕业生中有女生。
**该校只六班毕业生中有女生。

据 62 村之 63 处小学报告，在初级小学内男生历次毕业人数为 3 757，女生历次毕业人数为 308，男女共 4 065 人。高级小学男生历次毕业人数为 530，女生历次毕业人数为 50，男女共 580 人。

62 村没有毕业学生的初级小学，男的有 1 处，女的有 3 处。男校以毕业 25 人至 49 人者为最多，有 12 处。有 1 处毕业学生达 470 人。女校以毕业 25 人以下者为最多，有 8 处。其他各种学校毕业人数见表 5-34。

表 5-34　62 村各种小学历次毕业男女人数

历次毕业人数	初级小学数			高级小学数	
	男	女	男女合校	男	女
尚无	1	3	…	…	…
25 人以下	3	8	…	…	…
25～49	12	3	…	1	…
50～74	8	…	…	…	1
75～99	10	1	…	…	…
100～124	10	…	1	…	…
125～149	…	…	1	…	…
162	…	…	…	1	…
200	1	…	…	…	…
334	…	…	…	1	…
470	1	…	…	…	…
总合	46	15	2	3	1

62 村在民国十五年自初级毕业者共计 301 人，高级毕业 58 人。民国十六年初级共毕业 254 人，高级共毕业 46 人。两年中初级与高级共毕业 659 人。

近五年内63个学校学生增加的有3个学校，学生减少的有13个学校，大致不增不减的有47个学校，占75%。

62村于民国十五年有毕业生之初级小学计51处，其中男生毕业44班，共279人，女生毕业7班，共22人。高级小学有毕业生者4处，其中男生毕业3班，共55人，女生毕业1班，3人。于民国十六年有毕业生之初级小学48处，其中男生毕业42班，共233人，女生毕业6班，共21人。有毕业生之高级小学4处，其中男生毕业3班，共41人，女生毕业1班，5人。关于各校毕业人数之分配见表5-35。

表5-35　　62村在民国十五年与十六年中各小学毕业人数

毕业生数	小学数			
	民国十五年		民国十六年	
	初级	高级	初级	高级
5人以下	15	2	26	…
5～9	30	…	18	2
10～14	4	…	3	…
15～19	2	1	1	1
20～24	…	…	…	1
25～29	…	…	…	…
30～34	…	1	…	…
总合	51	4	48	4

据各校所能记得之报告，62村小学自创办以来，初级学生中途退学者至少计1 695人，内男生1 467人，女生228人；高级学生退学者至少87人，内男生77人，女生10人。总计1 782人。因贫穷退学者占90%，其余多半因为不以教育为重要。关于估计各校退学人数之分配见表5-36。

表5-36　　62村小学创办以来退学学生数目

退学人数	小学数				
	初级			高级	
	男	女	男女合校	初级	高级
25人以下	17	11	…	2	1

续前表

退学人数	小学数				
	初级			高级	
	男	女	男女合校	初级	高级
25～29	5	1	…	…	…
30～34	11	…	…	…	…
35～39	…	…	…	…	…
40～44	7	1	1	1	…
45～49	…	…	…	…	…
50～54	3	…	1	…	…
70	2	…	…	…	…
90	1	…	…	…	…
总合	46	13	2	3	1

62 村小学在民国十五年初级退学者至少计 215 人，高级 22 人，共 237 人；民国十六年初级退学者至少计 203 人，高级 5 人，共 208 人。关于二年内各校退学人数之分配见表 5－37。

表 5－37　　62 村在民国十五年与十六年中各小学退学人数

退学人数	小学数			
	民国十五年		民国十六年	
	初级*	高级	初级**	高级
5 人以下	45	3	42	3
5～9	9	…	12	…
10～14	2	…	1	…
15～19	2	1	…	…
总合	58	4	55	3

* 有 5 个初级小学无答案。
** 有 9 个初级小学无答案。

关于小学男女毕业生之出路，男子毕业后为农的占 72%，升学的占 18%，学买卖的占 6%，学手艺的占 3%，当兵或入军界谋生者几占 1%。女子毕业后的出路，约分两种，在家习女红的占 77%，升入高小继续读书的占 23%。

关于 62 村小学所放的各种假期与大城市的假期大有不同。城市中的学校都有长期的暑假，而这 63 处的小学内只有 1 个高小放暑假 30 日。63 个小学都有年假，大多数的日期为一个月。在春季放麦假的有62个小学，日期约为半个月，学生可以帮助家中收获麦子。放秋假的有62个小学，因为秋天收获庄稼学生必须在家帮忙。秋假放一个月左右的有28校，放一个半月左右的亦有28校。所以秋假日期最久，年假次之，麦假又次之，暑假最不要紧。若以全年一切放假日数来看，则放三个月左右的学校约居半数，放两个半月左右的学校约居半数。关于各校假期日数之分配见表5-38。

表5-38　　62村63个小学全年内每种假期日数

假期日数	小学数				
	年假	麦假	暑假	秋假	一切假期
10日以下	…	4	…	…	…
10～19	…	54	…	1	…
20～29	4	2	…	4	…
30～39	59	2	1	28	…
40～49	…	…	…	28	…
50～59	…	…	…	1	3
60～69	…	…	…	…	6
70～79	…	…	…	…	22
80～89	…	…	…	…	4
90日及以上	…	…	…	…	28
总合	63	62	1	62	63

除14个小学外，各小学都有学田，乃是村内原有的公产拨给学校的产业。各小学学田的亩数不一，有少至半亩者，有多至580亩者，不到10亩者有7校，10至19亩的有7校，20至25亩的有6校，25至49亩的有9校，余皆在50亩以上。超过150亩者有3校，亩数为180，216，584。各校学田亩数见表5-39。

表5-39　　62村各小学所有学田亩数

学田亩数	小学数	百分比
无	14	22.2
25亩以下	20	31.7
25～49	9	14.3
50～74	8	12.7
75～99	4	6.3

续前表

学田亩数	小学数	百分比
100～124	3	4.8
125～149	2	3.2
150 亩以上	3*	4.8
总合	63	100.0

＊3 小学之地亩数为 180，216，584。

62 村小学约有七项收入（见表 5－40）。按其多寡之次序，第一是地亩租金，就是学校学田租出所得的租金，用作学校经费的。有此项收入的有 49 校，全年收入共计 6 805 元，占一切收入总数的 41％。第二为地亩摊，是学校经费不足时，由村中各家按地亩多少，平均摊纳，以维持学校。年来因为许多学校经费多不敷用，地亩摊遂成为各校普通收入。第三为地佣，是农民买卖地亩所纳的经纪费用，村中每年以 25％拨归各校，用作经费。第四为补助金，是县政府每年所补助各校的经费。第五为基金利息，是学校基金所生的利息。第六是学费，62 村学校每年学费收入为数很少，收费的方法，也极不一致。21 处学校是按照学生家中的地亩收费，地亩愈多学费愈高。百亩以上者约缴学费七角至一元，亦有高至三元者，其余则自一角至七角，分为数等。有按照学生所在年级收的，高级学费多于低级。有按照学生之家庭在本村或外村的区别而收的。外村学费高于本村。14 处学校各生的学费是一律的。收学费的学校，在 63 处学校中有 44 处（见表 5－41），不收学费的有 19 处。第七为牙捐，是由青菜类所得的牙捐（如山药秧、棉花、菜捐等）内抽出一部分拨作学校经费。

表 5－40　　62 村小学收入之来源

收入来源	小学数		全年收入总数（元）	百分比
	有此项收入	无此项收入		
地亩租金	49	14	6 804.63	40.75
地亩摊	46	17	3 916.37	23.46
地佣	50	13	1 838.50	11.01
补助金	14	49	1 451.00	8.69
基金利息	16	47	1 047.00	6.27
学费	44	19	1 020.85	6.11
牙捐	5	58	620.00	3.71
总合	…	…	16 698.35	100.00

表 5 - 41 **62 村 44 个小学收学费的方法**

收学费方法	学校数
按照学生家中地亩数	21
按照学生所在年级	7
按照学生家庭在本村或外村	2
各生一律	14
总合	44*

* 外有 19 个小学不收学费。

63 处小学内全年收入款额不满百元者计 4 校。大多数的收入是在 100 元至 200 元之间。超过 500 元者计 4 校，为唐家庄之初高级小学、东亭之初高级小学、翟城村之女子初高级小学及育正初高级小学。63 校收入总数为 16 698.35 元。各校支出大致与收入不相上下。入不敷出时则按村中有田地者之亩数均摊。63 小学全年支出总数为 13 920 元。兹将各校收入及支出款额列于一表，以资比较（见表 5 - 42）。近五年内学校之经费大致相同，无大增减。

表 5 - 42 **62 村各小学全年收入与支出**

款额组（元）	小学数			
	收入	百分比	支出	百分比
50～99	4	6.4	5	7.9
100～149	17	27.0	21	33.3
150～199	19	30.2	20	31.7
200～249	6	9.5	4	6.4
250～299	5	7.9	6	9.5
300～349	3	4.8	2	3.2
350～399	3	4.8	…	…
400～449	2	3.2	1	1.6
500 以上	4*	6.4	4**	6.4
总合	63	100.0	63	100.0

* 4 小学之全年收入为 680，853，1 763，2 200 元。
** 4 小学之全年支出为 584，680，1 680，1 160，1 573 元。

63 小学全年支出 13 920 元，内薪水为 7 760 元，占总额的 55.8%，其他为校役工资、图书仪器等项（见表 5 - 43）。

表 5-43　　62 村小学全年各项支出款额

支出项目	支出款额（元）	百分比
薪金	7 760	55.8
工资	675	4.8
图书仪器	567	4.1
其他设备	619	4.4
杂费	4 299	30.9
总合	13 920	100.0

63 小学有工人的学校只有 12 处。只有 1 个工人的有 9 校，有 2 个、3 个、5 个工人的，各有 1 校。这 19 个工人中有 8 个工人是短工，有 11 个工人是全年的。短工最少的工资在一年内为 4 元，最高的工资为 10 元。全年的工资最少的为 24 元，最高的工资为 70 元。

63 小学校舍，以 5 间至 9 间者为最多，共 34 处，占 54.0%，10 间至 14 间者次之，计 13 处，占 20.6%，在 25 间以上的有 2 处（见表 5-44）。

表 5-44　　63 个小学校舍间数

校舍间数	小学数	百分比
1～4	11	17.4
5～9	34	54.0
10～14	13	20.6
15～19	1	1.6
20～24	2	3.2
25 以上	2	3.2
总合	63	100.0

这 63 处学校校舍，属于村有的共 61 处，属于私有的 2 处。63 处学校校舍中，有 4 处也作为村中办公用的，有 16 处同时作为平民学校用的。

62 村小学全年被教育局视导之次数不同。在民国十六年内视导过 1 次的有 3 处，视导 2 次的有 27 处，视导 3 次的有 11 处，视导 4 次的有 21 处，视导 5 次的有 1 处。

二、小学教员

62 村内男小学有 1 个教员的，有 39 校，有 5 个教员的，只有 1 处。女小学有 1 个教员的有 12 校。男女合校有 1 个教员的有 1 处，有 2 个教员的有1处，共 2 处。合计起来，63 小学中有 1 个教员的共 52 校，为最多。63 小学共有男教员 68 人，女教员 10 人，共 78 人（见表 5－45）。

表 5－45　　62 村小学教员数目之分配

教员数	小学数			
	男	女	男女合校	一切
1	39	12	1	52
2	4	3	1	8
3	1	…	…	1
4	1	…	…	1
5	1	…	…	1
总合	46	15	2	63

关于 62 村小学教员的诞生地，生于学校所在村庄的，男 22 人，女 6 人，共 28 人，占 35.9%。定县其他地方的，男 41 人，女 4 人，共 45 人，占 57.7%。可见本县生的为最多，别县的占数很少（见表 5－46）。

表 5－46　　小学教员诞生地之分配

教员诞生地	教员数			
	男	女	男女共	百分比
学校所在村庄	22	6	28	35.9
定县其他地方	41	4	45	57.7
河北省望都县	3	…	3	3.8
河北省宁津县	1	…	1	1.3
河北省内邱县	1	…	1	1.3
总合	68	10	78	100.0

78 小学教员中 20 岁以下者，男有 7 人，女有 3 人，共 10 人，占 12.8%。20 至 24 岁者，男 24 人，女 5 人，共 29 人，占 37.2%。25 至 29 岁者占 24.4%。年龄最高之女教员不满 40 岁，年长之男教员超过 70 岁（见表 5－47）。

表 5－47　　62 村小学教员年龄之分配

年龄组	教员数			
	男	女	男女共	百分比
20 岁以下	7	3	10	12.8

续前表

年龄组	教员数			
	男	女	男女共	百分比
20～24	24	5	29	37.2
25～29	18	1	19	24.4
30～34	5	…	5	6.4
35～39	2	1	3	3.8
40～44	…	…	…	…
45～49	3	…	3	3.8
50～54	3	…	3	3.8
55～59	2	…	2	2.6
60～64	2	…	2	2.6
65～69	1	…	1	1.3
70～74	1	…	1	1.3
总合	68	10	78	100.0

78个小学男女教员已婚的共71人，占91%。未婚的共7人，占9%（见表5-48）。

表5-48　　62村已婚及未婚之小学教员数

婚姻	教员数			
	男	女	男女共	百分比
已婚	66	5	71	91
未婚	2	5	7	9
总合	68	10	78	100

78个小学男女教员中有41个是定县师范学校毕业的，有14个是省立第九中学毕业的，有6个是定县女子师范学校毕业的。其余也有定县毕业的，也有别县毕业的。总之，以本县学校毕业者为最多（见表5-49）。

表5-49　　62村小学教员毕业学校之分配

毕业之学校	地址	教员数	百分比
定县师范学校	定县	41	52.6
省立第九中学	定县	14	17.9
定县女子师范学校	定县	6	7.7

续前表

毕业之学校	地址	教员数	百分比
前清秀才	定县	2	2.5
保定育德中学	保定	2	2.5
省立第八中学	易县	2	2.5
东亭高级小学	定县	1	1.3
翟城高级小学	定县	1	1.3
望都省立师范学校	望都	1	1.3
培基中学	保定	1	1.3
志存中学	保定	1	1.3
保定监狱学校	保定	1	1.3
省立第七中学	正定	1	1.3
泊头省立师范学校	沧县	1	1.3
天津师范讲习所	天津	1	1.3
天津自治研究所	天津	1	1.3
湖北医药讲习所	湖北	1	1.3
总合	…	78	100.0

78 个小学教员中从事教育 5 年以下的有 43 人，5 至 9 年的有 17 人。78 个小学教员中从事教读在 5 年以下的有 45 人，5 至 9 年的有 19 人。78 个小学教员中在本校任事 5 年以下的有 71 人，5 至 9 年的 5 人，10 至 14 年的有 2 人（见表 5-50）。

表 5-50　　78 个小学教员从事教育、教读及现在学校任事年数

年数	教员数		
	从事教育	教读	本校任事
5 年以下	43	45	71
5～9	17	19	5
10～14	8	5	2
15～19	5	6	…
20～24	2	1	…
25～29	1	…	…
30～34	…	…	…
35～39	1	1	…
40～44	1	1	…
总合	78	78	78

78个小学教员担任2至4个科目的有9人；5至7个科目的有23人；担任8至10个科目的有37人，为最多，占47.4%；担任11至13个科目的有9人（见表5－51）。

表5－51　　62村78个小学教员担任科目数

担任科目数	教员数	百分比
2～4	9	11.5
5～7	23	29.5
8～10	37	47.4
11～13	9	11.5
总合	78	100.0

78个小学教员每周担任课程15小时以下的有3个教员，占3.8%；担任30至34小时的为最普通，有41人，占52.6%；有一个教员担任到40至44小时（见表5－52）。

表5－52　　62村小学教员每周担任课程小时数

每周担任小时数	教员数	百分比
15小时以下	3	3.8
15～19	6	7.7
20～24	13	16.7
25～29	14	17.9
30～34	41	52.6
35～39	…	…
40～44	1	1.3
总合	78	100.0

78个小学教员中，教读外兼任其他事项的有14人：有10人兼任平校教员，有1人兼任本校校事总理，有1人兼任本村学董，有1人为农，有1人兼任财务局职员（见表5－53）。

表5－53　　小学教员教读外兼任事项

兼任事项	教员数		
	在本校作事	在校外作事	在校内外作事共
平校教员	…	10	10

续前表

兼任事项	教员数		
	在本校作事	在校外作事	在校内外作事共
总理校事	1	…	1
本村学董	…	1	1
为农	…	1	1
财务局职员	…	1	1
总合	1	13	14

64个初级小学教员中，最低的薪水全年由40至59元者有7人，男5人，女2人。最高的薪水全年由120至139元者有5人，都为男性。14个两级小学教员中，最低的薪水全年由100至119元者男1人。最高的薪水全年由160至179元者有男6人。一切小学教员，最低的薪水全年由40至59元者共7人，占9.0%。最高的薪水全年由160至179元者共6人，占7.7%。最多的是全年薪水由80至99元者共23人，占29.5%。100至119元者次之，计18人，占23.1%（见表5-54）。

表5-54　　62村小学教员之薪金

全年薪金（元）	初级小学教员数		两级小学教员数		一切小学教员数	百分比
	男	女	男	女		
40～59	5	2	…	…	7	9.0
60～79	10	2	…	…	12	15.4
80～99	22	1	…	…	23	29.5
100～119	14	3	1	…	18	23.1
120～139	5	…	1	2	8	10.2
140～159	…	…	4	…	4	5.1
160～179	…	…	6	…	6	7.7
总合	56	8	12	2	78	100.0

78个小学教员家庭，5口以下的有男教员的家庭8个，女教员的家庭3个，共11个，占14.1%。5至9口者有男25家，女2家，共27家，占34.6%。有3家男教员家庭人口由30至34口之多（见表5-55）。

表 5 - 55　　78 个小学教员家庭之人口数

家庭人口	教员数			
	男	女	男女共	百分比
5 口以下	8	3	11	14.1
5～9	25	2	27	34.6
10～14	18	2	20	25.6
15～19	7	1	8	10.3
20～24	7	2	9	11.5
25～29	…	…	…	…
30～34	3	…	3	3.9
总合	68	10	78	100.0

大多数已婚之小学教员属青年，故子女不多。尚无子女者计 7 人，有 1 孩者 18 人，2 孩者 20 人，最多者为 6 个子女，只 1 人。71 个教员共育有男孩 61 个，女孩 51 个，合计 112 个（见表 5 - 56）。

表 5 - 56　　71 个已婚小学教员之子女数

子女数目	教员数
0	7
1	18
2	20
3	6
4	5
5	2
6	1
无答案	12
总合	71

78 个小学教员家中，没有田地的只有 1 名女教员。有田地 20 亩以下的，男 10 人，女 3 人，共 13 人。有田地 20 至 39 亩的，男 15 人，女 4 人，共 19 人，占 24.4%。40 至 59 亩的计 16 人，占 20.5%。有田地 100 亩以上的，男 9 人，女 2 人，共 11 人，占 14.1%（见表 5 - 57）。

表 5-57　**62 村小学教员家中田地亩数**

田地亩数	教员数			
	男	女	男女共	百分比
无	…	1	1	1.3
20 亩以下	10	3	13	16.7
20～39	15	4	19	24.4
40～59	16	…	16	20.5
60～79	6	…	6	7.7
80～99	12	…	12	15.4
100 亩以上	9	2	11	14.1
总合	68	10	78	100.0

78 个小学教员家中无家产的，只有 1 名女教员。有 2 000 元以下家产的男 11 人，女 2 人，共 13 人，占 16.7%。2 000 至 3 999 元家产的，男 16 人，女 3 人，共 19 人，占 24.4%。有 10 000 元以上的家产的，男 7 人，女 1 人，共 8 人，占 10.3%（见表 5-58）。

表 5-58　**62 村 78 个小学教员家产之价值**

家产	教员数			
	男	女	男女共	百分比
无	…	1	1	1.3
2 000 元以下	11	2	13	16.7
2 000～3 999	16	3	19	24.4
4 000～5 999	14	1	15	19.2
6 000～7999	11	1	12	15.4
8 000～9 999	9	1	10	12.8
10 000 元及以上	7	1	8	10.3
总合	68	10	78	100.0

第三节　62 村中学及中学以上学校毕业生的调查

民国十七年，62 村内找得出中学毕业及中学以上教育程度的人的有 44 村，找不出中学毕业的人的有18村。翟城村有中学毕业及中学以上的教育程度者，男33人，女11人，共44人，为各村之冠，平均村中每8.5家有1个中学毕业者。东亭有中学毕业男子25人，女子4人，共29人，在62村内占第2位，平均每12.5家有1个中学毕业者。62村共有中学毕业及中学以上的教育程度者308人，内男子276人，女子32人，每33.9家有1中学毕业者。平均每村中学毕业男子4.5人，女子0.5人，合计5人。兹将各村中学毕业与中学以上学校毕业男女人数，及每个毕业者在本村平均所当家数详细列表如下（见表5-59）：

表5-59　62村每村内中学毕业及中学以上程度之男女人数

民国十七年

村名	人数			每一中学毕业生所当家数
	男	女	共	
翟城	33	11	44	8.5
东亭	25	4	29	12.5
东旺	15	5	20	16.0
东庞	15	4	19	17.3
齐堡	15	1	16	28.6
帅村	12	3	15	20.2
夏家营	10	…	10	5.5
东丈	10	…	10	18.2
土良	9	…	9	19.4
北祝	9	…	9	30.7
小溪河	8	…	8	13.1
陈村营	8	…	8	13.8
鸡鸣台	8	…	8	20.0
赵祚	7	…	7	13.1
小齐家庄	6	…	6	4.8
王家庄	6	…	6	13.3
西堤阳	6	…	6	26.7
小流	6	…	6	27.7
吴家庄	6	…	6	35.0
元光	3	3	6	50.0
马家庄	5	…	5	54.0
刘良庄	4	…	4	39.5

续前表

村名	人数			每一中学毕业生所当家数
	男	女	共	
大羊平	4	…	4	43.0
大陈村	4	…	4	45.3
伯堡	4	…	4	47.5
大鹿庄	3	1	4	67.5
西建阳	4	…	4	69.0
唐家庄	4	…	4	73.0
东王习	3	…	3	64.0
黄家营	2	…	2	21.5
东汉	2	…	2	30.5
曹村	2	…	2	41.0
东马头	2	…	2	48.5
寨里	2	…	2	110.0
东建阳	2	…	2	139.5
李村店	2	…	2	142.0
北齐	2	…	2	163.0
小辛庄	2	…	2	174.0
小陈村	1	…	1	53.0
南角羊	1	…	1	98.0
大洼里	1	…	1	132.0
南齐	1	…	1	180.0
辛兴	1	…	1	183.0
王村	1	…	1	185.0
东堤阳	无	无	无	
史村	无	无	无	
土厚	无	无	无	
西王习	无	无	无	
王习营	无	无	无	
师家庄	无	无	无	
西汉	无	无	无	
小洼里	无	无	无	
药刘庄	无	无	无	
北角羊	无	无	无	

续前表

村名	人数			每一中学毕业生所当家数
	男	女	共	
杨家庄	无	无	无	
寺羊平	无	无	无	
吴羊平	无	无	无	
霍羊平	无	无	无	
安家营	无	无	无	
西马头	无	无	无	
固城	无	无	无	
城旺	无	无	无	
一切村庄	276	32	308	33.9
平均每村	4.5	0.5	5.0	…

62村内中学毕业男女的现在年龄，由15至19岁者，男26人，女5人，共31人。20至24岁者为最多，男90人，女18人，共108人，占35.1%。25至29岁者，男80人，女8人，共88人，占28.6%。30至34岁者计47人，占15.3%。年龄最高者亦不满60岁（见表5-60）。

表5-60　　62村内中学及中学以上学校毕业男女现在年龄之分配

年龄组	人数			
	男	女	共	百分比
15～19	26	5	31	10.1
20～24	90	18	108	35.1
25～29	80	8	88	28.6
30～34	47	…	47	15.3
35～39	11	1	12	3.9
40～44	7	…	7	2.3
45～49	10	…	10	3.2
50～54	3	…	3	1.0
55～59	2	…	2	0.6
总合	276	32	308	100.0

62村内中学毕业男女辍学时的年龄，15至19岁者，男45人，女8人，共53人，占21.4%。20至24岁者最多，男120人，女13人，共133人，占

53.7%。25 至 29 岁辍学的计 39 人，占 15.7%。亦有高至 40 岁以上者（见表 5－61）。

表 5－61 62 村中学及中学以上学校毕业者辍学时之年龄

辍学时年龄组	人数			
	男	女	共	百分比
15～19	45	8	53	21.4
20～24	120	13	133	53.7
25～29	36	3	39	15.7
30～34	10	1	11	4.4
35～39	9	…	9	3.6
40～44	3	…	3	1.2
一切年龄	223	25	248	100.0

另外有无答案者 8 人。

兹将 62 村内中学及中学以上程度的 308 人分为三类讨论之。第一类为中学毕业后即未升入大学，若升入大学或专科学校亦读至毕业为止者。此类男女合计 247 人。第二类为中学毕业后修业者，即升入大学或中学以上专科学校而未毕业即中途退学者，计男子 9 人。第三类为中学毕业后现在尚肄业专科学校或大学者，计男 45 人，女 7 人，共 52 人（见表 5－62）。

表 5－62 62 村内中学及中学以上学校毕业、中学毕业后修业及现在肄业之男女人数

中学毕业类别	人数		
	男	女	共
中学及中学以上毕业	222	25	247
中学毕业后修业	9	…	9
中学毕业后现肄业	45	7	52
总合	276	32	308

62 村内中学及中学以上毕业之男子共 222 人。所学门类以师范为最多，共 74 人。普通为第二，共 64 人。织染最少，只 1 人。修业者共 9 人，所学门类以普通为最多，共 5 人。医科与路政为最少，各 1 人。肄业者共 42 人，所学门类以法科为最多，共 18 人，医科占第二，共 10 人。总计所学门类以普通与师范为

最多，各 75 人，各占 28.1%。其次就是法科和医科。法科共 41 人，占 15.3%。医科共 29 人，占 10.9%。最少者为法文、自治、织染等门。详细情形见表 5-63。

表 5-63 62 村内中学及中学以上毕业者、修业者及现在肄业者所学门类与每门人数（男）

民国十七年

所学门类	毕业人数	修业人数	肄业人数	人数	
				总计	百分比
普通	64	5	6	75	28.1
师范	74	…	1	75	28.1
法科	21	2	18	41	15.3
医科	18	1	10	29	10.9
工业	10	…	1	11	4.1
农业	9	…	…	9	3.4
商科	3	…	1	4	1.5
土木工	…	…	4	4	1.5
路政	2	1	1	4	1.5
军事	4	…	…	4	1.5
体育	3	…	…	3	1.1
理化	3	…	…	3	1.1
法文	2	…	…	2	0.8
自治	2	…	…	2	0.8
织染	1	…	…	1	0.4
总合	216	9	42	267	100.0

注：无答案者计毕业 6 人，肄业 3 人，共 9 人。

62 村内中学及中学以上程度毕业之 222 人中，只毕业于中学而未升学者为最多，计 57 人。中学毕业后又毕业于师范讲习所者次之，计 41 人。毕业于普通大学者又次之，计 39 人。中学毕业后又升学而修业者共 9 人，以修业于普通大学者为最多，计 7 人。肄业于专科或大学者共 45 人，以肄业于普通大学者为最多，计 34 人。三类合计 276 人中以入普通大学者为最多，共 80 人，占 29.00%。中学次之，共 59 人，占 21.38%。师范讲习所又次之，共 41 人，占 14.86%。详情见表 5-64。

表 5-64　62 村内中学及中学以上程度毕业者、修业者及现在肄业者所入学校种类与每种人数（男）

学校种类	毕业人数	修业人数	肄业人数	人数	
				总计	百分比
普通大学	39	7	34	80	29.00
中学	57	…	2*	59	21.38
师范讲习所	41	…	…	41	14.86
师范学校	27	…	1	28	10.15
高等师范	13	…	…	13	4.71
甲种工业	6	…	…	6	2.18
法政专门	3	1	2	6	2.18
大学预科	2	…	2	4	1.45
高等工业	4	…	…	4	1.45
甲种农业	3	…	…	3	1.09
医学专门	3	…	…	3	1.09
交通大学	2	…	1	3	1.09
农业专门	2	…	…	2	0.72
财商专门	2	…	…	2	0.72
法文馆	2	…	…	2	0.72
医科大学	2	…	…	2	0.72
军医学校	2	…	…	2	0.72
留学日本	2	…	…	2	0.72
译学馆	1	…	…	1	0.36
司法储才	1	…	…	1	0.36
医药专门	…	…	1	1	0.36
工业专门	1	…	…	1	0.36
师范大学	1	…	…	1	0.36
工业大学	1	…	…	1	0.36
法政大学	1	…	…	1	0.36
兽医学校	…	1	…	1	0.36
军政学校	1	…	…	1	0.36
讲武堂	1	…	…	1	0.36

续前表

学校种类	毕业人数	修业人数	肄业人数	人数	
				总计	百分比
武备学校	1	…	…	1	0.36
军官教导团	1	…	…	1	0.36
留学法国	…	…	1	1	0.36
留学美国	…	…	1	1	0.36
一切学校	222	9	45	276	100.00

* 高级中学。

62 村内中学毕业男子现在（民国十八年）肄业于保定河北大学者为最多，计 16 人。肄业于北平朝阳大学者共 13 人。有 1 人留法，1 人留美（见表 5－65）。

表 5－65　62 村内男子现在肄业中学及中学以上学校、地址及每校人数

现在肄业学校	地址	人数
河北大学	保定	16
朝阳大学	北平	13
北洋大学	天津	3
河北省立第九中学	定县	1
河北省立第六中学	保定	1
北京国立师范学校	北平	1
北京法政专门学校	北平	1
北京中国医药专门学校	北平	1
北洋法政专门学校	天津	1
清华大学	北平	1
畿辅大学	北平	1
中法大学	北平	1
北京交通大学	北平	1
齐鲁大学	山东	1
法国留学	法国	1
美国留学	美国	1
一切学校	…	45

62村内中学毕业男子修业于河北大学者共4人，在其他学校者共5人（见表5-66）。

表5-66　62村内中学毕业男子修业之学校、地址及每校人数

修业之学校	地址	人数
河北大学	保定	4
朝阳大学	北平	1
畿辅大学	北平	1
北京交通大学	北平	1
北京法政专门学校	北平	1
兽医学校	北平	1
总合	…	9

中学毕业后在大学修业者共9人。关于他们所学之门类及离校后从事各种职业人数见表5-67。

表5-67　62村内中学毕业后各门类修业男子现在从事各种职业之人数

所学门类	从事职业人数					各门类人数
	赋闲	学校教员	学校职员	医生	无答案	
普通	3	…	1	…	1	5
法科	1	1	…	…	…	2
医科	…	…	…	1	…	1
路政	1	…	…	…	…	1
一切门类	5	1	1	1	1	9

62村内中学及中学以上毕业男子最后毕业之学校为定县师范讲习所者为最多，共41人。毕业于定县河北省立第九中学者次之，有40人。毕业于保定河北大学者有23人，又次之。其中有毕业于日本者3人，毕业于法国者1人。共222人。详情见表5-68。

表5-68　62村内中学及中学以上毕业男子最后毕业之学校、地址及每校人数

毕业之学校	地址	人数	毕业之学校	地址	人数
定县师范讲习所	定县	41	保定高等师范学校	保定	11
河北省立第九中学	定县	40	定县师范学校	定县	9
河北大学	保定	23	保定志存中学	保定	6

续前表

毕业之学校	地址	人数	毕业之学校	地址	人数
保定甲种工业学校	保定	6	河北大学预科	保定	1
省立第四师范学校	顺德	6	朝阳大学预科	北平	1
朝阳大学	北平	6	北京高等师范学校	北平	1
北京国立师范学校	北平	5	保定医学专门学校	保定	1
省立第二师范学校	保定	4	北京医学专门学校	北平	1
天津高等工业学校	天津	4	大阪医学专门学校	日本	1
育德中学	保定	3	河北法政专门学校	保定	1
保定甲种农业学校	保定	3	北洋法政专门学校	天津	1
中国大学	北平	3	巴黎法政专门学校	法国	1
国立北京大学	北平	3	天津工业专门学校	天津	1
保定高等师范附属中学	保定	2	保定讲武堂	保定	1
保定农业专门学校	保定	2	保定军官教导团	保定	1
北平财政商业专门学校	北平	2	晋军随营武备学校	山西	1
陆军军医学校	天津	2	河北军事政治学校	北平	1
北京法文馆	北平	2	司法储才馆	北平	1
北京医科大学	北平	2	译学馆	北平	1
北京交通大学	北平	2	保定优级师范学校	保定	1
日本留学（何校不详）	日本	2	北洋大学	天津	1
河北省立第六中学	保定	1	北京师范大学	北平	1
河北省立第八中学	易县	1	民国大学	北平	1
北京志存中学	北平	1	天津工业大学	天津	1
北京畿辅中学	北平	1	北京法政大学	北平	1
天津觉民中学	天津	1	山西大学	山西	1
盐山中学	盐山	1	早稻田大学	日本	1
省立第一师范学校	天津	1			
省立第八师范学校	正定	1	一切学校	…	222
宣化师范学校	宣化	1			

62村内中学及以上程度之男女，最后所在学校之地址以定县为最多，共108人，占35.2%。在保定者有95人，占30.9%。在北平者有67人，占21.8%。有4个在日本的，有2个在法国的，有1个在美国的（见表5-69）。大致说来，地址愈近，人数愈多。

表 5-69　62 村内中学及以上程度之男女最后所在学校地址之分配

最后所在学校地址	人数			
	男	女	共	百分比
定县	91	17	108	35.2
保定	88	7	95	30.9
北平	60	7	67	21.8
天津	16	…	16	5.2
顺德	6	…	6	2.3
日本	4	…	4	1.3
山西	2	…	2	0.6
法国	2	…	2	0.6
易县	1	…	1	0.3
正定	1	…	1	0.3
盐山	1	…	1	0.3
宣化	1	…	1	0.3
张家口	…	1	1	0.3
山东	1	…	1	0.3
美国	1	…	1	0.3
总合	275	32	307	100.0

这 222 人或在中学毕业，或在大学毕业，究竟他们毕业后所作的事业是否是他们所专门学的东西，是一个值得注意的问题。表 5-70 是要试一试答复这个问题。表之左边按所学各门类人数之多寡为序列各门类。表之右边即所学各门类人数之总数及百分比。表之上边详列毕业生离校后所作各种事业。表之下端即从事各种事业者之总数及百分比。表之中间各数目是表明所作事业与所学门类之关系。例如以师范（包括教育学）为主科者共 74 人。其中作学校教员者占大多数，计 49 人，为学校职员者 1 人。他们所作的事业与他们所学的科目有直接的关系。此外有赋闲 10 人，为农者 7 人，及从事其他职业数人。彼等所作事业与所学门类有的多少有些关系，亦有关系不甚显然的。又例如学路政的只有 2 人，而皆为铁路职员，所用皆所学。再如为律师者 2 人皆在法科毕业。关于其他各种职业与所学门类之关系，从表中可以看出来。

表 5-70　62 村内中学毕业及中学以上各门类毕业之男子现在从事各种职业之人数

所学门类	从事职业之人数																	各门类人数	百分比
	学校教员	赋闲	农业	军界	医生	学校职员	铁路职员	文牍	党部职员	法院职员	律师	矿务局职员	工厂职员	商业	养蜂	主笔	无答案		
师范	49	10	7	…	1	1	…	2	1	1	…	1	…	…	…	…	1	74	33.3
中学	12	24	7	12	…	1	…	1	…	…	…	…	…	…	…	…	…	57	25.7
法科	5	5	…	…	…	1	1	1	2	2	2	…	…	…	…	…	2	21	9.4
医科	1	6	1	…	8	…	…	…	…	…	…	…	…	…	…	…	2	18	8.2
工业	4	1	4	…	…	…	…	…	…	…	…	…	1	…	…	…	…	10	4.5
农业	3	1	4	…	…	…	…	…	…	…	…	…	…	…	1	…	…	9	4.0
普通	2	2	…	1	…	…	…	…	…	…	…	…	…	1	…	…	1	7	3.0
军事	…	1	1	…	…	1	…	…	…	…	…	…	…	…	…	…	1	4	1.8
商科	1	1	…	…	…	…	…	…	…	…	…	…	…	…	…	…	1	3	1.3
体育	2	…	…	…	…	…	…	…	…	…	…	…	…	…	…	…	1	3	1.3
理化	3	…	…	…	…	…	…	…	…	…	…	…	…	…	…	…	…	3	1.3
自治	1	1	…	…	…	…	…	…	…	…	…	…	…	…	…	…	…	2	1.0
法文	…	…	…	1	…	…	1	…	…	…	…	…	…	…	…	…	…	2	1.0
路政	…	…	…	…	…	…	2	…	…	…	…	…	…	…	…	…	…	2	1.0
织染	…	1	…	…	…	…	…	…	…	…	…	…	…	…	…	…	…	1	0.4
无答案	…	3	…	1	…	…	…	…	…	…	…	…	…	…	…	1	1	6	2.7
一切门类	83	56	24	15	9	4	4	4	3	3	2	1	1	1	1	1	10	222	100.0
百分比	37.3	25.2	10.8	6.7	4.0	1.8	1.8	1.8	1.3	1.3	1.0	0.5	0.5	0.5	0.5	0.5	4.5	100.0	…

62 村内中学及中学以上毕业女子最后毕业之学校以定县女子师范学校为最多，共 14 人。毕业于保定省立第二女子师范学校者有 6 人，次之。共 25 人（见表 5 - 71）。

表 5 - 71　62 村内中学及中学以上毕业女子最后毕业之学校、地址及每校人数

毕业之学校	地址	人数
定县女子师范学校	定县	14
省立第二女子师范学校	保定	6
定县女子中学	定县	1
保定医学专门学校	保定	1
北京美术专门学校	北平	1
北京师范大学	北平	1
北京平民大学	北平	1
一切学校	…	25

62 村内女子现在肄业于定县女子中学者有 2 人，中学毕业后又肄业于北京平民大学者 2 人。共 7 人。关于彼等所学门类见表 5 - 72。

表 5 - 72　62 村内女子现在肄业中学及中学以上学校、地址、所学门类及每校人数

肄业学校	地址	所学门类	人数
定县女子中学	定县	普通	2
北京平民大学	北平	普通	2
张垣女子师范学校	张家口	师范	1
北京师范大学	北平	师范	1
朝阳大学	北平	普通	1
一切学校	…	…	7

62 村内中学及中学以上各门类毕业之 25 女子，学师范科者有 21 人，其中从事于学校教员者 13 人，赋闲者 8 人（大致已出嫁）。其中学医科者 1 人，现从事看护妇。学美术者 1 人，现为教员（见表 5 - 73）。

表 5 - 73　62 村内中学毕业及中学以上各门类毕业之女子现在从事各种职业之人数

所学门类	从事职业人数			各门类人数
	学校教员	赋闲	看护妇	
师范	13	8	…	21
中学	…	1	…	1
医科	…	…	1	1

续前表

所学门类	从事职业人数			各门类人数
	学校教员	赋闲	看护妇	
美术	1	…	…	1
无答案	…	1	…	1
一切门类	14	10	1	25

第四节 62村文盲与识字人数之调查

一、民国十七年文盲调查

62村约有1万家。此次按照人力与时间之所能及，只能调查500家，包括家内11至50岁的人口（为中国普通计算法，较实际年龄略高一年半）。即在民国十七年冬季平民学校指导员往各村视察平民学校时携带问题表，用撞遇法调查每村家数的5%，特别注意普通农家。凡在初级平民学校毕业者，或在其他学校读书超过二年者，即算为非文盲。凡在初级平民学校读过一二月者，或在其他学校读书不满二年者，即用文盲测验，考查其程度。测验方法是从农民千字课内用抽样法选出“土，母，先，物，约，恒，票，盛，物，照”十个字。凡能读对一个字的音，又能讲明它的意思的，就得5分。二者缺一，即得2.5分。两样都不能办到，即得零分。如此讲读测验的完全分数等于50分。再用听写测验。凡能听教员念一个字而完全写对的，即得5分。不能完全写对，只差一两划而能辨认的，即得2.5分。完全不能写的，即得零分。如此听写测验的完全分数亦为50分。凡能得100分的为非文盲，得50分以上的为半文盲，不及50分的仍算为文盲，与绝对文盲列为一等。如此进行，在500家中共调查了1 752人。内有1 094男子，658女子。11至50岁的1 094男子中有绝对文盲560个，占51%；半文盲71个；非文盲463个，占42%。女子中有绝对文盲619个，占94%；半文盲3个；非文盲只36个，占5.4%。男女合计，绝对文盲1 179个，占总人数的67.4%；半文盲74个，占4.2%；非文盲499个，占28.4%（详情见表5-74）。

表 5-74　　11～50 岁之 1 752 人口中文盲与非文盲数目之比较

教育程度	男子		女子		男女共	
	数目	百分比	数目	百分比	数目	百分比
绝对文盲	560	51.2	619	94.1	1 179	67.4
半文盲	71	6.5	3	0.5	74	4.2
非文盲	463	42.3	36	5.4	499	28.4
总合	1 094	100.0	658	100.0	1 752	100.0

此处有一点应当说明，即定县人口之性比例为 106 男子当 100 个女子。此次 500 家内所调查的 658 女子数目与 1 094 男子数目比较，显然地遗漏了不少的女子，因为乡村家庭很不愿意外人来调查妇女，尤其是大姑娘与少妇。妇女数目既少，其中非文盲之比例数又低，则男女合计之非文盲总数必偏高，因男子的总数目偏高。若根据已知之性比例来推算，既然有 1 094 男子则有 1 032 女子，男女合计为 2 126。按表 5-74 女子中非文盲及半文盲占 5.9%。以 5.9%乘 1 032 则得 61 个非文盲及半文盲。61 个识字女子加 534 识字男子（463+71=534）得 595 非文盲及半文盲男女总数。再以 2 126 男女总数除 595 得 28%，即 11 至 50 岁之人口中有 28%非文盲及半文盲，如此绝对文盲为 72%。此推算之数目与表中 32.6%（4.2%+28.4%=32.6%）识字者与 67.4%绝对文盲稍有出入。因表中妇女的数目遗漏，男子数目偏高，而男子绝对文盲比例数又远低于女子中的绝对文盲比例数，结果总人口的绝对文盲百分比较实际情形亦偏低，而识字者的百分比偏高，因此推算的两个百分比，大致是实际情形，即绝对文盲占 72%，非文盲及半文盲占 28%。62 村之教育状况较其他地方稍强，故非文盲之百分比亦稍高于其他地方。

此 573 非文盲及半文盲（或简称为识字者）入学的年数，男子以三年者为最多，计 124 人，四年者次之，计 116 人。女子亦以三或四年者为最多。男女合计十年以上者只有 27 人。不满三年者亦不少（详细数目见表 5-75）。

表 5-75　　573 非文盲及半文盲入学年数

入学年数	男子数	女人数	男女合计
1 年以下	77	2	79
1	30	4	34
2	54	6	60

续前表

入学年数	男子数	女人数	男女合计
3	124	10	134
4	116	16	132
5	47	1	48
6	25	…	25
7	15	…	15
8	11	…	11
9	4	…	4
10 年及以上	27	…	27
无答案	4	…	4
总合	534	39	573

此 573 识字的人中能看得懂普通报纸者有 368 人，其余 205 人虽然认识报中许多字，但很不容易明白全篇之重要意义。其中 388 人大致能看懂普通县政府所出的告示，其余 185 人难以看得懂。441 人能记账，319 人能写普通信（详情见表 5 - 76）。

表 5 - 76　非文盲及半文盲运用文字之能力

运用能力	人数			
	看报	看告示	记账	写信
能	368	388	441	319
不能	205	185	132	254
总合	573	573	573	573

表 5 - 77 是要显明识字和不识字与家中贫富的关系。表之左边列他们教育的程度，上端列家中有多少亩田地（是他们 8 岁至 12 岁时的家中田亩），中间显明各种田亩不同之家庭内绝对文盲及识字者数目。例如表内家中有田地不满 25 亩者总计 726 人，其中非文盲只有 123 个，占 726 人的 16.9%（见人数百分比部分），半文盲 45 个，占 6.2%，绝对文盲竟多至 558 个，占 76.9%。再看有田百亩及百亩以上者，总计 93 人，其中非文盲占大多数，计 54 人，占 58.1%，半文盲 3 个，占 3.2%，绝对文盲 36 个，占 38.7%。若将此表细看，尤其是百分比部分，即可发现地亩少的家庭内，绝对文盲之百分比远高于非文盲及半文盲之百分比之合，而地亩多（75 亩以上）的家庭内，非文盲及半文盲百分比之合

高于绝对文盲之百分比。与非文盲相对之百分比行内，自左而右，亦即自田亩少者至田亩多者，为16.9%，31.7%，45.6%，51.0%，58.1%，有逐渐增高之趋势；反之再看与绝对文盲相对之行，为76.9%，63.4%，52.9%，42.9%，38.7%，有渐次低落之倾向。由此看来，家中田亩数增加，识字者亦随之而增加，田亩数减少，识字者亦随之减少。贫富与教育程度有密切的关系。

表5-77　文盲与家中所有地亩数之关系

教育程度	人数						人数百分比					
	家中有田25亩以下	25～49亩	50～74亩	75～99亩	100亩及以上	共计	25亩以下	25～49亩	50～74亩	75～99亩	100亩及以上	共计
非文盲	123	116	62	25	54	380	16.9	31.7	45.6	51.0	58.1	27.7
半文盲	45	18	2	3	3	71	6.2	4.9	1.5	6.1	3.2	5.2
绝对文盲	558	232	72	21	36	919	76.9	63.4	52.9	42.9	38.7	67.1
总合	726	366	136	49	93	1 370*	100.0	100.0	100.0	100.0	100.0	100.0

*外有382人之地亩数不详。

近数十年来，定县人民多令子弟入学，因此识字的人数一年多一年，文盲一年少一年，这种趋势可以从表5-78看出来。所调查之11至14岁的人中，识字者超过半数，占本组内人口总数的57.3%。15至19岁的人中，识字者亦超过半数，占本组人数51.2%。20至24岁的人中，识字者不及一半，占39.1%。超过30岁的人中，识字者均在20%左右。如此看来，幼童中识字者之百分比高于青年中识字者之百分比，青年中识字者之百分比又高于壮年及老年者。可知近年人民较从前更注重教育。

表5-78　年龄组内识字人数之百分比

年龄组	各组内识字人数百分比
11～14	57.3
15～19	51.2
20～24	39.1
25～29	28.8
30～34	22.1
35～39	18.2
40～44	22.2
45～49	20.3

此573识字的人中以在初级小学毕业或修业者为最多，计243人，入过私塾者132人，入过平民学校者63人，在高小毕业或修业者30人，在识字会（为孙发绪县长所提倡举办者）读过书者25人，半日学校及夜校读过书者4人，中学毕业或修业者8人，师范毕业或修业者6人，其余皆为专科学校及大学毕业或修业者。女子中之90%为初级小学毕业者。

问及560绝对男文盲未入学之原因，回答因家贫读不起书者285人，因工作太忙无暇入学者237人，两项合计522人，占总人数93%。忙的原因大半仍是因为穷，贫者不得不为糊口而忙，二者是一而二、二而一的。总之，究竟是因为贫穷而不能入学。问及女子未读书的原因，多数亦是回答因为贫或忙，亦有回答因为从前没有女学，现在虽有女学而离村太远，上学不便。亦有不少的人回答父母不赞成女子入学。此外因为病、哑或瞎不能入学者男子中有3人，女子2人。

573非文盲及半文盲中，中途辍学之原因亦以贫或忙为最多，父母不注意多读书次之，因高级学校离家颇远而不愿升学6人，因读书太笨4人。此外为父亡、女子出嫁或病等原因。

问及识字者谁叫彼等入学，回答父令读书者457人，祖父33人，自动入学31人，母14人，伯父6人，兄5人，叔父4人，曾祖父及伯母各1人。

大致说来，识字者多来自人口多之家庭。非文盲之家庭人口数平均为7.3（是他们10岁上下时家中之人口），半文盲之家庭人口数为6.7，绝对文盲之家庭为6.3。

识字者亦多在入学人多的家庭内发现。非文盲之家庭内平均有2个入过学者，半文盲之家庭内平均有1个入过学者，绝对文盲的家庭内平均有0.7个入过学者。500家内平均每家有1.2个读过书的人（是被调查者10岁上下时之情形）。

父母之存在与否与儿童之入学亦多少有些关系。在8岁时父母全在之儿童中未入学者占66%，父母不在之儿童中未入学者占77%。

儿童入学与否与家长识字与否极有关系。识字家长之家庭内，被调查的人中49%为非文盲或半文盲，51%为绝对文盲。家长不识字之家庭内，被调查的人中25.6%为非文盲及半文盲，74.4%为绝对文盲。可见若家长识字则多令儿童入学，家长不识字则少令儿童入学。

家长职业与儿童入学亦颇有关系。家长为农之家庭内，被调查的人中67%为绝对文盲，家长为粗工之家庭内，被调查的人中82%为绝对文盲，家长为商之家庭内，52％为绝对文盲，在教育或军政界作事的家长之家庭内，文盲之百分比皆在29％以下。

家庭内文盲数目与村内有无平民学校之关系尤为显然易见。有平民学校之村庄则识字者多，无平民学校者则识字者少。

在民国十七年春季曾调查中华平民教育促进会办公处所在之翟城村内识字与不识字者数目。此次调查只包括374家内之11至24岁之青年男女（此次岁数系真实年龄）。被调查之365青年男子中，识字者计236人，占青年男子总数的65％，不识字者129人，占35％；被调查之257青年女子中，识字者92人，占36％，不识字者165人，占64％。青年男女合计622人，其中识字者328人，占53％，不识字者294人，占47％（大约青年女子内有不愿叫人调查而遗漏者，如此则令识字者之百分比稍偏高）。详细男女数目及其百分比见表5-79。

表5-79　　翟城村11～24岁识字与不识字者之比较

教育程度	人数			人数百分比		
	男	女	男女共	男	女	男女共
识字	236	92	328	65	36	53
不识字	129	165	294	35	64	47
总合	365	257	622	100	100	100

又同时调查东亭乡区经济中心的东亭镇内150家的男女青年。被调查的11至24岁的129名青年男子中，识字者计78人，占60％，不识字者51人，占40％。被调查之91名女子中，识字者34人，占37％，不识字者57人，占63％。男女青年合计220人，其中识字者112人，占51％，不识字者108人，占49％。详细男女数目及其百分比见表5-80，翟城与东亭两村为中华平民教育促进会首先推广平民学校之地，故识字青年人数之百分比，较任何其他乡村为高，不能代表大多数农村情形。

表5-80　　东亭镇11～24岁识字与不识字者之比较

教育程度	人数			人数百分比		
	男	女	男女共	男	女	男女共
识字	78	34	112	60	37	51
不识字	51	57	108	40	63	49
总合	129	91	220	100	100	100

二、民国十八年入学人数之调查

民国十八年春季详细调查515农村家庭时（参看第4章第3节），附带调查每家内所有人口受教育之程度。515家内共计3 571人，其中入过学校者计811人。此811名受过教育者内最低之年龄为5岁（真实年龄）。于3 571人口内年龄在5岁及以上者计3 028人。入学之811人为3 028人的27%。5岁及以上之男子共计1 586人，其中入过学者为751人，占总数的47%。5岁及以上的女子共计1 442人，其中入过学者为60人，占4.2%。此62村地方教育情形较定县其他各区稍为发达，故识字人数之百分比亦较他处稍高。

此811名受过教育者入学之年数见表5-81。入学不满1年者计62人，占一切人数的7.6%，入过1年至不满2年者计78人，2年至不满3年者99人（见表之右部）。以入学3年和4年者为最多，计149和121人，占18.4%和14.9%。入学最久者为21年，计2人。811人中现已离校者593人，内有男子562人，女子31人（见表之左部）。现仍入学者计218人，内有男子189人，女子29人（见表之中部）。关于现已离校及现仍入学男女入学之年数，皆可自表内清清楚楚地看出来。

表5-81　　515家内受教育者入学之年数

入学年数	人数									
	现已离校			现仍入学			一切入过学者			
	男	女	共	男	女	共	男	女	共	百分比
1年以下	8	1	9	44	9	53	52	10	62	7.64
1～1.9	42	3	45	24	9	33	66	12	78	9.62
2～2.9	61	6	67	29	3	32	90	9	99	12.21
3～3.9	116	10	126	19	4	23	135	14	149	18.37
4～4.9	93	3	96	24	1	25	117	4	121	14.92
5～5.9	62	3	65	7	1	8	69	4	73	9.00
6～6.9	27	1	28	13	…	13	40	1	41	5.06
7～7.9	43	3	46	11	…	11	54	3	57	7.03
8～8.9	39	…	39	2	1	3	41	1	42	5.18
9～9.9	16	…	16	2	…	2	18	…	18	2.22
10～10.9	15	…	15	2	…	2	17	…	17	2.10

续前表

入学年数	人数									
	现已离校			现仍入学			一切入过学者			
	男	女	共	男	女	共	男	女	共	百分比
11～11.9	6	1	7	2	…	2	8	1	9	1.11
12～12.9	8	…	8	2	…	2	10	…	10	1.23
13～13.9	4	…	4	1	…	1	5	…	5	0.62
14～14.9	5	…	5	2	…	2	7	…	7	0.86
15～15.9	7	…	7	1	1	2	8	1	9	1.11
16～16.9	1	…	1	2	…	2	3	…	3	0.37
17～17.9	3	…	3	1	…	1	4	…	4	0.49
18～18.9	3	…	3	…	…	…	3	…	3	0.37
19～19.9	1	…	1	…	…	…	1	…	1	0.12
20～20.9	…	…	…	1	…	1	1	…	1	0.12
21～21.9	2	…	2	…	…	…	2	…	2	0.25
总合	562	31	593	189	29	218	751	60	811	100.00

只以 593 个现已离校者而论，其中 42%的入学年数不满 4 年，32%的入学年数在 4 至 6 年（详情见表 5－82）。

表 5－82　515 家内受过教育而现已离校者之入学年数

入学年数组	人数			
	男	女	共	百分比
4 年以下	227	20	247	41.65
4～6	182	7	189	31.87
7～9	97	3	100	16.86
10～12	30	1	31	5.23
13～15	16	…	16	2.70
16～18	7	…	7	1.18
19～21	3	…	3	0.51
总合	562	31	593	100.00

关于 811 人在各种学校毕业之人数，或在各种学校修业而即中途退学之人数，及现在肄业于各种学校之人数，可自表 5－83 看出来。在初小毕业后未升学，与在初小修业及现在初小肄业者合计 384 人，占总人数的 47%，其中有 338 男子，46 女子（见表之右部）。初小毕业后入过高小，或在高小毕业后即辍学者计 97 人。曾在私塾受教育者亦甚多，计 247 人，占 30%，其余在中学，在中学以上学校，在平民学校，在识字会毕业、修业及现肄业之男女人数详列表中。

表 5－83　　515 家内受教育者所入学校之种类

学校种类	人数												
	毕业			修业			肄业			一切入过学者			
	男	女	共	男	女	共	男	女	共	男	女	共	百分比
初小	33	2	35	170	20	190	135	24	159	338	46	384	47.35
高小	41	4	45	28	2	30	21	1	22	90	7	97	11.96
中学	26	1	27	8	…	8	8	1	9	42	2	44	5.43
中学以上	3	…	3	…	…	…	9	…	9	12	…	12	1.48
私塾	…	…	…	245	2	247	…	…	…	245	2	247	30.45
平民学校	3	…	3	1	…	1	16	3	19	20	3	23	2.84
识字会	…	…	…	4	…	4	…	…	…	4	…	4	0.49
总合	106	7	113	456	24	480	189	29	218	751	60	811	100.00

有中学以上程度者计12人，他们所入的学校见表5-84。其中以入保定河北大学者为最多，因此校距定县百余里，入学方便的缘故。

表5-84　515家内有中学以上程度者所入之学校

学校种类	人数
河北大学	5
朝阳大学	2
交通大学	1
中法大学	1
高等师范	1
高等工业	1
艺术专门	1
总合	12

811人内在5岁即开始入学读书者49人，6岁时入学者139人，7岁时计164人，8岁时154人，9岁时122人（均为真实年龄）。其他年龄入学之人数及其百分比见表5-85。年幼时入学者多半入普通的小学或从前的私塾，年纪很大方入学者多为平民学校及识字会的学生。

表5-85　515家内受教育者开始入学时年龄之分配

入学年龄	人数			
	男	女	共	百分比
5	43	6	49	6.04
6	131	8	139	17.14
7	156	8	164	20.22
8	141	13	154	18.99
9	113	9	122	15.04
10	74	4	78	9.62
11	33	5	38	4.68
12	20	3	23	2.84
13	11	2	13	1.60
14	11	…	11	1.36
15岁及以上	18	2	20	2.47
总合	751	60	811	100.00

811 人辍学离校时之年龄，以 12 和 13 岁为最多，计各 89 人，多为初小毕业后即不再升学，11 岁之人数次之，14 岁之人数又次之。其他各年龄离校男女人数及其百分比见表 5-86。

表 5-86　　515 家内受教育者离校时年龄之分配

离校时年龄	人数			
	男	女	共	百分比
7	9	…	9	1.88
8	13	1	14	2.92
9	22	1	23	4.79
10	44	5	49	10.21
11	56	5	61	12.71
12	85	4	89	18.54
13	84	5	89	18.54
14	54	2	56	11.67
15	24	1	25	5.21
16	23	…	23	4.79
17	11	…	11	2.29
18	11	…	11	2.29
19	2	…	2	0.42
20	6	…	6	1.25
21	3	…	3	0.63
22	2	…	2	0.42
23	2	…	2	0.42
24	1	…	1	0.21
25 岁及以上	4	…	4	0.83
总合	456	24	480	100.00

关于修业 480 人之中途离校之原因，回答由于贫者 163 人，由于忙者 161 人，大致还是因为穷。其次是因为所读的书已足普通的需要，即谋生或理家。在小学，在中学及在私塾半路退学的人数，及其种种原因见表 5-87。

表 5-87　　515 家内受教育者离校之原因

离校原因	人数			
	在小学	在中学	在私塾	共计
贫	84	2	77*	163
忙	84	4	73**	161

续前表

离校原因	人数			
	在小学	在中学	在私塾	共计
理家	20	…	25	45
学问足用	1	…	29	30
种地	3	…	25	28
学徒	5	…	7	12
不注重多念	5	…	6	11
家中人少	7	…	3	10
病	2	1	1	4
笨	3	…	1	4
学校停办	2	…	…	2
不第	…	…	2	2
内战	…	1	1	2
当兵	1	…	…	1
学医	…	…	1	1
学针凿	1	…	…	1
母死	…	…	1	1
学校远	1	…	…	1
家中防其潜入军队	1	…	…	1
总合	220	8	252	480

* 内有在“识字会”者 2 人。

** 内有在“平民学校”者 1 人，“识字会”者 2 人。

515 家中田地不满 50 亩的家庭计 417 家，其中有受教育者的家庭计 236 家，占 417 家的 57%，其余 43%的家庭内没有识字的人。家中有田地 50 亩至不满百亩的计 80 家，其中 79 家，或 99%家，有人过学校的人，只有 1 家内没有识字的人。有田百亩及超过百亩的 18 家内，各家都找得出识字的人（见表 5-88）。如此看来，家内田地亩数的多寡与家内有无受教育者大有关系。总起来说，515 家内有 333 家，或说 65%家，有受过教育者。

表 5-88　515 家内受教育者之家庭与家中自有田地亩数之关系

家中田地亩数	家数	有受教育者之家庭	
		数目	占总家数之百分比
50 亩以下	417	236	56.59
50～99.9	80	79	98.75
100 亩及以上	18	18	100.00
总合	515	333	64.66

再看家中所有田地亩数与平均每家学生数、开始入学年龄及入学年数之关系。50亩以下之家内，平均每家入过学者之人数约为一个（见表5－89）。50亩至不满百亩者，平均每家约有二个半入过学者，较不满50亩之家庭平均多两个半入过学者。100亩及以上的家庭内平均有四个半入过学者，较前又增一个人。如此看来，家中田亩愈多，识字的人数亦随之增加。田地不满50亩之家庭内开始入学之平均年龄约为9岁，50亩至不满百亩之家庭内平均约为8岁，百亩以上者平均约为7岁。如此看来，较富之家令其儿童入学早，较贫之家令其儿童入学迟。50亩以下之家内所受教育者平均入学年数约为4年，50亩至不满百亩者平均入学年数约为6年，较前约增2年。百亩及以上的家庭平均入学年数约为7年，较前又增1年，几为不满50亩家内平均入学年数之倍数。如此可以证明富农家内子弟入学之时间较久，贫农家内子弟入学之时间较短。总之，农民经济能力与他们的教育程度有密切的关系。

表5－89　　515家内受教育者与家中自有田地亩数之关系

家中田亩数	平均每家入学人数	开始入学之平均年龄	入学之平均年数
50亩以下	1.08	8.81	3.92
50～99.9	3.48	7.82	6.11
100亩及以上	4.50	7.15	7.26
总合	1.57	8.31	4.96

第五节　民国十九年识字人数之调查

一、中一区识字人数之调查

民国十八年中华平民教育促进会办公处由翟城村移至城内考棚，以定县全县为实验区，因此首先注重县城所在之中一区。民国十九年春季遂在此区举行大规模之人口调查，同时调查人民之教育程度。本区除县城及附近四关外，共有大小71村，计6 000余家。除不甚可靠6村之家庭外，共得5 255家，包括30 642人口。

30 642人口中现尚入学读书者计1 369人，内有1 267名男子，102名女子。

其中 5 至 9 岁者 573 人，10 至 14 岁者 589 人，15 至 19 岁者 153 人，20 岁及以上者 54 人（均为真实年龄）。各年龄组内现尚入学之男女人数见表 5－90。

表 5－90　5 255 家内现尚入学男女年龄之分配

年龄	现尚入学人数		
	男	女	共
5～9	524	49	573*
10～14	552	37	589
15～19	141	12	153
20 岁及以上	50	4	54
总合	1 267	102	1 369

* 内有 5 岁 34 人，6 岁 92 人。

30 642 人口内受过教育而现已不在学校读书者计 3 047 人，内有 2 931 名男子，116 名女子。其中 5 至 9 岁者 128 人，10 至 14 岁者 426 人，15 至 19 岁者 520 人，20 岁及以上者 1 973 人。各年龄组内男女详细数目见表 5－91。

表 5－91　5 255 家内现已离校男女年龄之分配

年龄	现已离校人数		
	男	女	共
5～9	126	2	128*
10～14	387	39	426
15～19	478	42	520
20 岁及以上	1 940	33	1 973
总合	2 931	116	3 047

* 内有 6 岁男 1 人。

65 村 5 255 家庭内之 30 642 人口中，受过教育者，或说识字者（不拘认识的字数如何少），合计 4 416 人，内有 4 198 名男子，218 名女子（见表 5－92 之中部）。5 至 9 岁组内识字者计 701 人，占 5 至 9 岁 3 320 人口总数的 21.1%。10 至 14 岁人口总数为 3 018，其中识字人数为 1 015，占 33.6%。本年龄组中识字男子计 939 人，为本组 1 590 男子总数的 59.1%；本组中识字女子计 76 人，为 1 428 女子总数的 5.3%。其他年龄组内男女识字人数及其占男女人口总数之百分比，可清楚地在表 5－92 中看出来。总起来讲，5 岁及以上的 26 840 人口中识字的人占 16.5%。若以 7 岁及以上的 25 501 人口作标准，其中识字者计 4 289 人，占 17%，与 5 岁以上者之百分比相差不多。若只以 5 岁及以上之男子而论，识字者共计4198人，占13838男子总数的30.3%。若以7岁及以上的13123男子数目为标准，其中识字者计4071人，占31%。若只以5岁及以上的13002女子而论，其中识字者计218人，占1.7%。若以7岁及以上的12378女子而论，其中识字者亦为218，占1.8%。

表5-92　　5255家内受过教育之人数

民国十九年

年龄组	人口数			受过教育之人数			各组人口中受过教育人数之百分比		
	男	女	共	男	女	共	男	女	男女共
5～9	1735	1585	3320	650	51	701	37.5	3.2	21.1*
10～14	1590	1428	3018	939	76	1015	59.1	5.3	33.6
15～19	1388	1225	2613	619	54	673	44.6	4.4	25.7
20岁及以上	9125	8764	17889	1990	37	2027	21.8	0.4	11.3
总合（5岁及以上）	13838	13002	26840	4198	218	4416	30.3	1.7	16.5

*6～9岁组中受教育者占25.2%，7～9岁组中受教育者占29.3%。

定县城内识字人数之百分比，当然高于城外村庄。于调查之1633家内5岁及以上者约计7900人，其中受过教育人数约计2600人，占33%，文盲占67%。5岁及以上的男子约计4100人，其中受过教育者约计2400人，占59%，文盲占41%。5岁及以上的女子约计3800人，其中识字者计221人，占6%，文盲占94%。详细数目及百分比见表5-93。若以城内7岁及以上之家庭内7500人口为标准，其中识字者占34%，文盲占66%：男子中识字者占61%，文盲占39%；女子中识字者占6%，文盲占94%。民国十九年春季城内12至25岁的文盲总数计1400～1500人，其中女子占三分之二，男子占三分之一。

表5-93　　定县城内家庭人口中受教育者之人数

年龄组	人口数			受过教育之人数			各组人口中受过教育人数之百分比		
	男	女	共	男	女	共	男	女	男女共
5～9	569	476	1045	334	72	406	58.7	15.1	38.8
10～14	466	358	824	381	68	449	81.8	19.0	54.5

续前表

年龄组	人口数			受过教育之人数			各组人口中受过教育人数之百分比		
	男	女	共	男	女	共	男	女	男女共
15～19	447	358	805	328	42	370	73.4	11.7	46.0
20岁及以上	2 617	2 652	5 269	1 364	39	1 403	52.1	1.5	26.6
总合	4 099	3 844	7 943	2 407	221	2 628	58.7	5.8	33.1

附近城门之西关、南关、东关（北关无人家）合计536家庭。总人口中5岁及以上约计3 000人，其中识字者有971人，占32%，文盲占68%：男子约计1 500人，其中识字者894人，占58%，文盲占42%；女子约计1 480人，其中识字者计77人，占5.2%，不识字者占94.8%。若以7岁及以上之人口为标准，其中识字者占33%，文盲占67%：男子中识字者占60%，文盲占40%；女子中识字者占5%，文盲占95%。

二、全县文盲与识字者数目

全县397 000人口内到底其中文盲与识字者各有多少，是为本会推广平民教育重要的问题，若要得一个完全确实的详细数目，非有若干的调查员和长久的时间不可，这是难以办到的。为目前实用和需要起见，亦可以根据已经知道的事实推算这些数目。

全县人口除去不满7岁的幼小儿童外（真实年龄），约计330 300人（等于397 000人口总数的83.2%）。按中一区65村5 255家的调查，7岁及以上的人口内，识字者占17%，文盲占83%：男子人口中识字者占31%，不识字者占69%；女子人口内识字者占1.7%，文盲占98.3%。又根据熟于本县教育情形者的意见和参考本调查部在各区的调查的结果，知道本县各区教育发达情形稍有不同。县东第三区提倡教育，设立小学为最多，成绩在各区中占第一。县北第六区次之，县南第四区又次之，再次则为中一区（城内及四关除外），第二和第五区不及他区。城内及四关又较各区为强。大致说中一区教育情形在各区中为中等，不算最好的，也不是最次的。再者，各区虽稍有不同，而所差有限，因此中一区的识字与文盲百分比大致可以代表全县。惟有其中女子教育情形在此区村庄内赶不上第三区、第六区和第四区，且所差颇多。因此中一区女子识字的百分比1.7，在全县内比较起来稍偏低。根据已有参考之事实当略增至2.5%，方为合适。如此估计全县识字及文盲数目的结果如下。

全县7岁及以上的人口约为330 300人，其中识字者占17%，推算数目约为56 000人；文盲占83%，推算数目约为274 000人。7岁及以上男子计170 100人，其中识字者31%，数目约为52 000万人；不识字者占69%，数目约为118 000人。7岁及以上之女子计160 200人，其中识字者占2.5%，数目约为4 000人；不识字者占97.5%，数目约为156 000人（详情见表5-94）。

表5-94　定县7岁及以上之人口中文盲与识字者数目及其百分比

	男女合计		男子		女子	
	数目	百分比	数目	百分比	数目	百分比
文盲	274 150	83	117 950	69	156 200	98*
识字者	56 150	17	52 150	31	4 000	2**
总合	330 300	100	170 100	100	160 200	100

*97.5。
**2.5。

中华平民教育促进会所最注意者为全县人口中12至25岁的95 800（等于人口总数397 000的24.13%）男女青年。要达到除文盲的目标，首先尽力除去青年文盲。因此要知道全县文盲青年数目甚为重要。此数目亦按照上段方法估计，即先根据已有之事实推算12至25岁人口中识字者和文盲数目的百分比。结果为男女合计识字者占26%，不识字者占74%。若只以男子而论，其中识字者占44%，不识字者占56%。若单以女子而论，其中识字者占6%，不识字者占94%。从推算的百分比中即可以理会青年中识字人数的百分比高于7岁及以上人口中识字人数的百分比，文盲人数的百分比则较低。这是当然的现象，因近十五年来的教育状况较以前发达，青年中识字的数目自然日渐增加，文盲日渐减少。全县12至25岁的青年约计95 800人，其中识字者占26%，推算数目约为24 900人；文盲占74%，数目约为70 900万人。12至25岁的男青年约计50 800人，其中识字者占44%，数目约为22 400人；不识字者占56%，数目约为28 400万人。12至25岁的女子约计45 000人，其中识字者占6%，数目约为2 500人；不识字者占94%，数目约为42 500人。详情见表5-95。中华平民教育促进会计划在三年之内铲除70 000青年文盲。打倒28 000青年男文盲，此较容易办到。最困难者为此 42 000 女青年文盲。不但乡间习惯不易改变，即何处去找此若干女教员，该会人员必须绞尽脑汁、卖尽力气，方能成就这项空前之事业。

表 5-95　定县 12～25 岁青年中文盲与识字者数目及其百分比

	男女青年合计		男青年		女青年	
	数目	百分比	数目	百分比	数目	百分比
文盲	70 890	74	28 360	56	42 530	94
识字者	24 910	26	22 420	44	2 490	6
总合	95 800	100	50 780	100	45 020	100

第六章　健康与卫生

与农民健康与卫生有关系的事项极多，不能在短时期内详细调查，仅将关于农民衣、食、住、行、医药、疾病、清洁等显然的情况大略叙述，聊供参考。现本会卫生教育部的专门人才正与社会调查部合作从事精密的公共卫生及生命调查，不久即可有相当的成绩。

定县自普遍掘井灌田以来，农产物增加，大多数农民仅能饱粗食暖粗衣，在最低生活水平线下活着，以不挨饿为侥幸，视饱食暖衣为福境。农民食品以小米、白薯为大宗，所食菜蔬有白菜、萝卜等物。所用调和甚少，除盐不得不用外，仅能吃少许之香油和醋。除元旦、端阳、中秋三节外，全年几不见肉类。所吃食品和所穿衣服多为本县土产。有地 30 亩左右，6 口人之农家的全年各种生活费大略如下：食品 170 元，燃料 20 元，衣服 15 元，其他房屋、应酬、烟酒、家具、娱乐、拜神、卫生、教育、公差、兵差及各项杂费计 40 余元，一切费用总数计 240～250 元（详细情形参看本书“农民生活费”章）。公众卫生及个人卫生习惯尚谈不到，三房（厨房、卧房、茅房）情况，一塌糊涂。农民之营养既然不足，对于天然良好空气、日光及饮水不能充分利用，疫疠疾病又任其传染，致身体显衰弱状态。人民所患疾病最普通者为肠胃症、肺痨、四六疯、眼病、皮肤病等。全县肯为人治病之医生 400 余人，平均每村 1 人，本事自然都不很高明。全县药铺 400 余处。可幸本县缠足恶习已渐革除，15 岁以下之女子已无缠者。大多数人民也知道种痘的好处。不幸近来嗜好白面、金丹、海洛英者日渐增加；不但影响人民的身体，且增加种种不良习惯。兹把关于健康及卫生各方面情况分述于下。

第一节 农民的食品

普通农家的食品在全年各季中颇有不同，大约可分为三个时期。阴历九月至次年正月为一时期，二月至四月为一时期，五月至八月为一时期。所用食品的种类和数量在三时期不同。在工作忙的暖季时农民每日吃三餐，早饭在八点钟，午饭在一点钟，晚饭在七点钟。在没有用力气工作的冷季时，则大多数农家每日改吃两餐，午饭在九点钟，晚饭在五点钟，午间可以吃点白薯。若有吃三餐的，也是有一顿饭很轻。

九月至正月，因为少有工作，多吃小米粥和蒸白薯。此外有各种豆类、高粱、荞麦、玉米等。所用的菜有白菜、晒干的红萝卜叶子和白萝卜叶子，此外间或有蔓菁、黄菜、酸菜少许。每日食品数量中白薯约占十分之四，小米十分之三，杂粮十分之二，菜占十分之一。若一家内有老年夫妇、中年夫妇和两个小孩，六口之家的各种食品数量大略如下：白薯七斤上下，小米两斤多，杂粮一斤四五两，白菜和干菜两三斤。贫苦的家庭把这几种东西都放在大锅内，放上盐，用水煮成粥，也有时加几滴油在里面。然后各人拿大碗取食。往往每日如此，食法大同小异。只求吃饱足矣，不能谈到滋味和营养的分配。

二月至四月，农人渐渐忙起来，也得多吃颇能耐饿的东西。此时期小米的数量增加，约占食品总数量十分之六，杂粮占十分之二，晒干的白薯片占十分之一，萝卜干占十分之一。若以全家六口人每日食品数量来论，则小米将近五斤，白薯干两斤半，杂粮一斤上下，萝卜干一斤，渐有小葱、菠菜、小白菜、韭菜、豆芽等青菜。

五月至八月，农民终日田间工作，食品尤须耐饥，小米数量增到食品总数量的十分之八，杂粮占十分之一，青菜占十分之一。每日全家约用小米七斤半，杂粮一斤四两，青菜有北瓜、豆角、莀莛、黄瓜、茄子等。

关于调和，自九月至正月时期内，普通一农家每月用盐四斤半，五分钱的醋，五分钱的香油和花生油。自二月至八月时期内调和渐增，每月用盐约五斤，一角钱的醋，一角钱的香油。关于肉类，全家在一年内用十斤上下，其中大半用于三节，猪肉最多，牛羊肉次之，鸡鱼等则极少见。每年一家也许用四五十枚鸡蛋，大半是款待亲友。

定县产枣、梨、葡萄、桃、杏、西瓜、甜瓜等物。一家在全年内约用枣十斤，梨五斤，柿子十五斤，杏桃等四斤，葡萄一斤，西瓜一两个，甜瓜和菜瓜四斤，花生和瓜子两三斤。

关于食品的卫生知识和清洁农民是不大理会。往往以为食物若叫苍蝇落在上面吃了，倒是与人有益。“不干不净，吃了没病”等样的说法，随时可以听见。现在把乡村间普通所常吃的各种食品和年节时所用的特别食品一一地简单叙述于下，供研究食物者的参考。

小米　农民种谷子是在阴历三月里，至八月收获。把谷穗在禾场上轧出谷粒，然后就用大碾子把谷粒碾了，把谷粒皮去了，谷皮一去，就叫小米。农家普通都用小米煮粥或煮干饭。也有的农家把小米磨成面，和上水，做成馒头，又称窝窝头，蒸着吃的。也有的农家用小米面做成饼子贴在锅上，连蒸带烤的。春冬两季，小米粥、小米饭是农家的主要食物，间或有吃小米面馒头、小米面饼子的。夏秋两季农忙的时候，农家主要的食物是小米粥、小米饭。小米是定县乡村最主要的食品，养料很好，且颇耐饿，为本地土产。

杂面　农家把白豆与少许黄豆混在一起，用碾子轧碎。轧碎后，用水把它湿润。湿润以后，再用碾子轧之使它成为面粉。做杂面的时候，用水把面和好。和好以后，仍旧放在面盆里用湿布盖好，不叫它发干。然后一块一块地取出，放在面板上。用手把面揉成圆形，再轧成圆扁；再用面杖擀成圆片。在擀面的时候，面板上必得撒上面粉，免得把所擀的面片粘在面板上。把面擀好以后，用刀切成细条。擀得很薄，切得很细，这就叫做“杂面”。吃的时候，把干的面条下在锅里煮熟。有时乡民在面里下上菜和小米，煮好了一块吃，这个叫做“杂面饭”。有时面里只加蔬菜，不加小米。农家吃杂面多在冬春两季。

高粱饼子　农家在阴历三月种高粱，八月就可收获。高粱有红高粱、白高粱两种。用红高粱可以做红高粱面饼子，用白高粱可以做白高粱面饼子。做法同做小米面饼子一样。先把高粱用碾子轧碎，用水湿润，再轧成细面粉。做时用水把细面粉和起，用手把软面团揉成一个一个的饼子。有时上锅蒸，有时上锅贴。蒸的叫做蒸饼子，贴的叫做贴饼子。

荞麦面河落　河落床是用榆木、槐木或枣木做的，高约二尺八寸，长四尺，宽二尺四寸。用时把此简单木机放在大锅上面。床身是一长条四方木头，正在锅中有一上下之圆孔，谓之床池。孔的底端有许多小孔之铁片，孔上端是空的。床身的上头有一木把，谓之压把。把上正对着床孔有一圆长压锤，与孔大小适合。把可在床架上上下活动。用荞麦面和水，用手揉成细长面团。把细长面团放在河落床的面池里，再用手把河落床的压把提起，往下一压。面池里的面，因为受压，自然要从面池的底孔流出。河落床下放一大锅，锅里煮水，河落压在锅里煮熟。叫做河落的缘故，大约是因为以锅内之水为河，而许多面条落在河里。然后从锅内用笊篱捞出放在碗里，再加上酱油、醋、葱、蒜拌着吃。有的农家一边煮河落，一边煮蔬菜，煮熟以后，两下拌着吃。夏天多煮豇豆，秋天多煮西葫芦，冬天多煮大白菜。农家四季都有时吃河落。

山药面河落　农家压河落也有用山药面做的。定县人称白薯为山药。农家秋后把山药块用刀切成薄片，晒在房上。晒干以后，装在布口袋里，放在地窖里过冬。到了来年春天，把晒干的山药片用碾子轧碎成面，就叫做山药面。把山药面用水和起，杂以少许榆皮制的面粉。山药面压河落不容易成条，榆皮面有一种黏性，能使山药面的河落成为细条。榆皮面的做法是乡下人把榆树枝、榆树根砍下，把老皮剥了，只要里边的嫩皮。晒干以后，用铡刀铡碎，再用碾子碾成细面，这就叫做榆皮面。

荞麦面条　农家把榆皮面与荞麦面用水和在一起，多加荞麦面，少加榆皮面。和好以后，把面一块一块地放在面板上。把面揉成圆扁，用面杖擀成圆片，再用刀切成细条。切成细条以后，就下在锅里煮熟。煮熟以后，拌上酱油和醋吃，有时拌大酱吃。

碾转　碾转的做法比较费事。在阴历四月二十几的时候，大麦还不十分成熟。农家把它拔下，把穗砍下。再用木刀把麦穗击碎，用大孔筛子一筛。筛完以后，麦粒就可选出。然后把麦粒放在锅里，用火干炒。锅里略微放水少许，使麦粒不致炒煳。炒时火力不宜太大，也不宜太微。炒完以后，把麦粒用碾子碾轧。碾完以后，把麦粒外皮用簸箕扇去。麦粒去皮以后，再上磨一磨，因为麦粒是湿的，所以用磨一磨，就磨成粗短圆条。磨成圆条以后，放在大碗里用莴苣菜或大葱拌好，再加上油、盐、酱、醋，这就叫做碾转。普通农家都在四月底吃碾转。有的农家把碾转晒干了，全年什么时候吃都可以。吃的时候，用温水洗湿，然后用油、盐、酱、醋拌着吃。有时用油炒着吃，比拌着吃还香。

榆钱与榆叶　农家用榆钱（即榆树花）做榆钱糕吃。他们把榆钱由树上采下，用水洗净。然后用水把高粱渣和起，把洗净榆钱拌在高粱渣里，再把它调和在一起，放在笼屉里蒸成糕，这就叫做榆钱糕。农家常用榆叶做疙瘩。把榆叶采下用水洗净，然后再和上碎高粱米或碎小米，用锅一蒸，蒸熟以后，拌盐、蒜吃。

苜蓿芽　农家用苜蓿芽做疙瘩吃。在苜蓿芽最嫩的时候，农民采下用水洗净，再用碎米和起，用锅一蒸，蒸熟以后，拌盐、蒜吃。

包子　农家多用荞麦面、小麦面、山药、黑面做包子吃。黑面是用小麦与白高粱磨成的。包子馅多用白菜、萝卜、胡萝卜、北瓜、莨菪菜、莨菪菜根等。做法先把菜用水洗净，再用刀剁成碎末，然后放在瓷盆里。吃素馅的，就把菜里拌上盐和豆油。吃肉馅的，就把剁好的肉馅用豆油、酱油拌好，然后再把菜末拌在一块。馅子预备好了以后，就和面预备擀皮。把面和好，在面板上用刀切下一块，用手揉成圆条。再用刀切成一个一个的小块。然后用手揉成一个一个的圆球，再用手压成一个一个的圆扁。再用擀面杖擀成一个一个的圆片，然后把和好的馅子，用筷子夹在面皮上，再用手包好，包成一个一个的包子。上锅一蒸，蒸熟后加醋少许。

白面条　农家把麦子磨成面，用水和好，做成面团。然后用面杖擀成薄片，再用刀切成细条，用锅煮熟。加醋与酱油吃。

馒头　农家蒸馒头，有用麦面做的，有用稷米面做的，有用小米面做的。最普通的是用小米面与白高粱面两种混起来做的。做馒头的方法，虽然简单，但是必得有经验，因为碱水和得一多，面就发黄，碱水和得一少，面就发酸。碱水必得合适，才能不黄不酸。发面是用水和面，再加上碱水，把碱水与面肥和在面里，放在面盆里，盆上放块湿布，然后把面盆放在锅台或热炕上，使它发酵。发酵以后，把面做成一个一个的馒头，放在笼屉里蒸熟。

粽子　农家到了阴历五月初五的端阳节，各家都包粽子吃。粽子做法是先把黍米用水淘净，再把红枣用水洗净，然后用苇叶包成一个一个三角形的粽子，上锅煮熟。吃时把苇叶取下，有时蘸白糖或红糖吃。

黏糕　把黍米用水淘净，再把红枣用水洗净。然后将黍米与红枣混在一起，放在笼屉里，上锅蒸熟。有时蘸白糖或红糖吃。

茶面　农家把大米用磨磨成粉碎，再加下少许芝麻。和好以后，再用锅炒干。这就叫做“茶面”。吃时用水把它煮成稀粥。

饺子　饺子有煮饺子与蒸饺子两种。煮饺子也叫做水饺，蒸饺子也叫做蒸饺。农家常用白面与荞麦面包饺子。饺子馅有荤素。普通多用白菜、萝卜、胡萝卜、北瓜等。饺子皮与包子皮一样做法，不过包子的形状是圆的，饺子的形状是半扁圆的。包子竟是蒸的，没有煮的；饺子有蒸的，有煮的。

折饼　农家用小米面和水，做成稀面。把锅摆在火上，锅上擦抹猪油。这个锅是当中凸起，四边凹下的，所以一把稀面放在锅的当中，自然会向四外流下。这时把锅盖盖好，五六分钟以后，就能摊熟。摊熟一层再摊一层，这饼很薄，可以折起，所以叫做折饼。

玉蜀黍面饼子　玉蜀黍有春玉蜀黍与秋玉蜀黍两种。春玉蜀黍在阴历六月二十前后可以收获，秋玉蜀黍在阴历八月二十前后可以收获。收获以后，用碾子把玉蜀黏粒轧下，再用筛子把玉蜀黍粒筛净。再用磨把玉蜀黍粒磨成面。做时用水把面和起，用手做成长圆形的饼子，有时上锅蒸，有时上锅贴。

菜粥　农家春夏秋冬所种的蔬菜不同，所以四季的菜粥也不同。春天多用萝卜条煮粥；夏天多用莨莛菜、萝卜条煮粥；秋天多用北瓜、小白菜煮粥；冬天多用白菜煮粥。煮粥所用的米，多用小米、白豆两样。做法是先把小米、白豆用水淘洗干净，下锅先煮，然后把菜切成细条，用水洗净，下锅后煮成菜粥。

米粥　菜粥是用米和菜煮的，米粥是只用米煮的。农家做米粥普通都用小米，有时用大麦米。有时小米粥里加上白豆。

烙饼　农家烙饼多用麦面、荞麦面，也有用山药面的。做法是先把面用水和好，然后用手揉成一个一个的圆球，再用面杖擀成圆饼。然后在圆饼上撒上碎盐和豆油。再把圆饼一个一个地卷起，卷成细圆条，再把细圆条卷成一个圆盘，用手把圆盘一压，再用面杖一擀，就成了一张饼。把锅里放油，锅下烧火，再把饼放在锅里烙熟。

疙瘩　疙瘩有用麦面做的，有用荞面做的。做法是先把面用水和好，稀和稠都没关系。再把锅水煮开，如果面和得稀就把它慢慢倒在锅里，自然就成了一粒一粒的面疙瘩。如果面和得稠就用筷子一条一条地拨到锅里。有时只煮疙瘩汤，有时疙瘩汤里煮萝卜条、北瓜条、白菜条等，这就叫做疙瘩菜汤。

甘薯　甘薯又名红薯、白薯，或山药，是本地农家冬季常吃的一种主要食品。吃法有煮、蒸、烤的分别；也可以切成片晒干，然后压成面粉，搅以榆皮面压河落条吃。

白菜　农家在立秋种白菜，立冬收获，为农家冬季主要的菜蔬。普通用白菜做菜汤、菜粥或包子馅的。差不多农家冬季每天吃白菜。

萝卜条　萝卜条是农家冬春两季主要的食品。农家在阴历七月里种萝卜，九月底收获。农家把萝卜用水洗净，用刀切成薄片，放在院里晒干。晒干以后，用锅蒸熟。蒸熟以后，再重新把它晒干。用时把干萝卜片放在水里洗泡两三次，然后用刀切成细条煮食。

茴香　农家种茴香的很多，是夏天一种好菜。农家有时用油盐炒茴香吃，有时用它做饺子馅吃。普通都在阴历二月二十前后种茴香，四月底可以收获。

黄瓜　黄瓜是夏天的一种好菜。农家普通都生吃，有时用盐腌着吃，有时做菜汤吃。普通二月初种黄瓜，四月底可以开始收获。

豇豆　豇豆是夏天的一种好菜。农家普通都煮豇豆拌盐吃，有时用油炒着吃，有时做饺子馅吃。普通都在阴历二月二十前后种豇豆，五月初就可开始收获。

扁豆　扁豆又称芸豆，也是农家夏天的一种好菜。农家普通都煮扁豆拌盐吃，有时用油炒着吃，有时做饺子馅吃。种扁豆的时期，收扁豆的时期，都与豇豆一样。

西葫芦　农家种西葫芦的很多。是农家夏天的一种主要菜蔬。普通都把它切成块，用油水煮着吃。有时把它切成细丝和在面里，蒸馍馍吃，有时用为饺子馅。普通都在阴历二月二十前后种西葫芦，四月底就可开始收获。

韭菜　韭菜是农家春夏两季的一种菜蔬。普通多用盐腌着吃，炒着吃的也有，做饺子馅吃的也有。种韭菜一年可以割几次，由二月底割起，一直可以割到六月底，半月割一次，一块田里三年种一回。

莴苣 莴苣菜是农家夏天一种普通菜蔬。有时腌着吃，有时拌盐葱吃。普通在二月中种莴苣，四月底可开始收获。

葱 农家普通每年都种葱。农家炒别的菜时，都用葱来调和味。也有用盐腌着生吃的，也有蘸酱生吃的。

干瓜 干瓜是农家夏天的一种蔬菜。农家用为包子或饺子馅。普通都在二月底种，五月底就可收获。

咸菜 农家把收获的萝卜、胡萝卜用水洗净，用盐腌过两个月以后再吃。咸菜能长久不坏。

酸菜 农家把萝卜叶用刀切碎，用水洗净，然后把萝卜叶放在大锅里一煮，煮到七八成熟捞出。同生萝卜条搅拌在一起，放在大缸里。过三四日，再把大缸里倒满凉水，盖好缸盖。十天以后，就变成酸菜。吃的时候用盐搅拌。

莨莛菜 莨莛菜是夏天一种好菜。农家有用莨莛菜做汤吃的，有用它腌好生吃的，或蘸酱吃的。普通种莨莛菜都在阴历二月，收获在四月底五月初。

蒜 农家差不多家家种蒜。普通都用为做调和滋味的菜。阴历二月里种，五月里就可收获。

炖肉 农家在年节时或办婚丧喜事时常炖猪肉吃，炖牛肉的也有，但是很少。炖肉的方法是先把肉放在锅里煮熟，再用刀切成长片。切完以后，再放在锅里，加上白菜、粉条、海带、酱油、花椒等煮熟。以下所列一切肉类食品，都是农民不常吃的东西。

炒肉片 先把肉切成薄片，放在碗里，用水洗净。再把猪油放在锅里烧热，里头放上葱花。炒时把肉倒在锅里，再倒上酱油炒熟。

煮丸子 先把肉切成块，再把肉剁成肉酱。把肉酱放在碗里，加上酱油和绿豆粉面，用筷子搅均匀。然后一个一个地做成圆球的丸子。锅里放油，倒上开水，煮开时把丸子放在锅里煮熟蘸酱油吃。

炸丸子 做法与做煮丸子的方法一样，不过是一个是煮的，一个是油炸的。炸丸子吃的时候蘸花椒盐。

溜丸子 锅里放油烧热，把做好的生肉丸放在锅里一炸，然后把用水和好的绿豆粉面倒在锅里，再倒上酱油、葱花、蒜末，一齐炒拌，四五分钟后即溜好。

炒肉丝　炒肉丝与炒肉片的做法一样，不过炒肉丝所炒的是细长肉丝。

第二节　农民的衣服

普通农家内，衣服费最多者是青年夫妇。一个青年男子和一个青年女子的衣服费差不多，男子因为多在田间工作，穿得比较费，而女子穿得虽然不很费，但因质料比较美丽而会多费钱。一个青年全年的衣服费四五元，一个老人全年的衣服费约三元，一个小孩的全年衣服费约两元。普通家庭约有五个被窝，一个约值四元，能用十余年。每家约有褥子四个，每个约值一元半。兹将成年男女及小孩所穿的衣服大略分述于下。

一、男人的衣服

春季开始的时候，男人在家里普通都穿粗布小棉袄、棉裤，以蓝色最多。棉袄、棉裤都是一元二三毛一件。以后天气微暖和一点，就换夹袄、夹裤，也是粗布做的，蓝色最多，价值一元钱一件。农民下地作工时所穿的衣服，也同在家穿的衣服一样，不过普通都穿破的、补的或旧的。

夏季天气炎热，农民就穿单衣服，粗布小汗衫。普通白色最多，淡黄的次之。夏天农民多赤脚，不穿袜子，也有不穿鞋的。单裤也是白色最多，淡黄色次之，也有穿灰色的，不过极少。下地工作时多穿破的、补的或旧的。普通农民在地里工作多不穿小汗衫，只穿一条裤子，露着胸背，太阳曝晒，汗流全身。普通小汗衫一件值洋六毛，单裤一件也值洋六毛。每年一人穿两身裤褂，也有穿三身裤褂的。

秋季普通都穿小夹袄、小夹裤，价值两元钱一身，一元钱一件。

冬季农民普通穿粗布棉袄、棉裤，蓝色最多。棉袄有三种，一种是小棉袄，一种是大棉袄，一种是半大棉袄。年轻的多穿小棉袄，一般农民多穿半大棉袄，老年人多穿大棉袄。普通大棉袄一件值洋约三元。半大棉袄一件值洋约两元。农民所扎的粗布腰带，普通都是黑色的，一条值洋六毛。普通农民的袜子，有单棉两种，多是白色粗布做的。单袜一双值洋二毛。农民一年有穿两双的，有穿三双的。这种袜子底子颇厚而硬，所以十分坚实耐久。棉袜一双普通值洋三毛。普通农民的布鞋，也有夹棉两种。普通都是黑色粗布做的。夹鞋一双值洋五毛，农民一年有穿三双的，有穿四双的。棉鞋普通也都是黑色粗布做的，农民一冬有穿一双的，有穿两双的，每双值洋八毛。

农民在过年的时候普通都穿新棉袄、新棉裤。农民冬天多不穿马褂，到了新年就有许多穿的。马褂有用高阳布做的，染成黑色，一件值洋一元三四角钱；也有用直贡呢做的，一件值洋三元五六角钱。

论到衣服的样式，普通农民夏天所穿的小汗衫都是对襟的，年老的农民多穿大襟的小汗衫。一般农民在春天冬天多扎裤脚，夏秋两季多不扎，因为天气热。每副裤脚带子值洋一角左右。

夏天农民的内衣普通三四天一洗一换，春秋两季二十天左右一洗一换，冬天一月一洗一换。冬天贴身的衣裤内少有没虱子的。

二、女人的衣服

女人在春季开始时多穿小棉袄和棉裤，天气渐暖时穿小夹袄和夹裤，用粗布做的，蓝色和青色最多，也有用花条布做的。内衣是白色的最多，样式是大襟的，没有对襟的。小棉袄或棉裤每件值洋一元五毛。到了耕种的时候，女人多下地工作，换稍旧的衣服穿。

夏季女人穿单裤和单汗衫，粗布做的，蓝色和白色最多，也有花条布做的，但是较少。普通汗衫一件值洋八毛，单裤一件值洋六毛。汗衫的样式是大襟的，没有对襟的。贴身穿的小汗衫与背心多是白色粗布做的，也有用花条布做的，其样式有大襟的，也有对襟的。小汗衫一件值洋四毛五分，背心一件值洋三毛。夏天女人多下地工作，浇水灌溉，所以多半都换旧衣服穿。

秋季女人穿夹袄和夹裤，普通都是粗布做的，深蓝色最多，灰色次之，黑色与花条布的最少。夹袄一件值洋一元两毛，夹裤一件值洋一元。秋天女人也下地工作，摘棉花，摘烟叶，收谷子等，所以多半都换旧衣服穿。

冬季女人除了穿棉袄和棉裤以外，还有穿棉套裤的。套裤只有两个裤腿，没有普通裤子的上半段，上边钉几条带子，穿的时候把它套在裤子外边，把套裤上的带子系在裤腰带上，然后底端再扎上裤脚带。普通年轻少妇穿套裤的很少，年老的女人穿套裤的很多。普通套裤多用洋布做的，也有用洋缎子做的，不过很少。颜色是青的最多。一双套裤值洋一元五六毛，同棉裤的价钱差不多。因套裤穿在外边，所以少用粗布，多用好一点的布做。女人有穿套袄的，较比里边的棉袄肥大得多，普通是用洋布做的，青色最多，蓝色次之，都是大襟的。一件值洋两元。

农家妇女所穿的鞋袜有两种，一种是天足妇女所穿的，一种是缠足妇女所穿的。天足妇女所穿的鞋袜，当然比较得大些，缠足妇女所穿的鞋袜当然是小。普通的袜子有三种，就是单袜子、夹袜子和棉袜子。普通的鞋有四种，就是单鞋、夹鞋、棉鞋和套鞋。天足妇女所穿的夹鞋一双值洋四五毛，棉鞋一双值洋六七毛。夹鞋一年有穿三双的，有穿四双的。棉鞋一年有穿两双的，有穿三双的。鞋的颜色普通都是黑的，粗布做的，也有洋布做的绣花的。天足妇女的袜子，都是白色粗布做的。单袜子一双值洋一毛，夹袜一双值洋一毛五分，棉袜一双值洋两毛。单袜、夹袜一年有穿两双的，有穿三双的。棉袜一年普通都穿一双，穿两双的很少。缠足的妇女所穿的单鞋，是蓝色粗布做的，下边有个薄底。这种鞋妇女穿着并不落地，睡觉的时候都不脱下。因为一经脱下，缠脚条子就要散开。她们下地的时候，在单鞋外边再套上一双套鞋。套鞋是蓝色粗布做的最多，鞋上有绣花的。这种套鞋有木底的，有布底的，布底是很厚很硬。至于夹鞋、棉鞋，有软底的，有硬底的。妇女穿硬底的夹鞋、棉鞋，可以下地。穿软底的夹鞋、棉鞋，必得穿套鞋才可以下地。夹鞋、棉鞋也是用蓝色粗布做的最多，用青色、灰色粗布做的也有，不过较少。普通缠足妇女的单鞋每双值洋五分，软底夹鞋每双值洋一毛，硬底夹鞋每双值洋二毛，软底棉鞋每双值洋一毛五分，硬底棉鞋值洋二毛五分，木底套鞋每双值洋三毛，布底套鞋每双值洋二毛五分左右。普通一年每个缠足妇女要穿五双单鞋，十双夹鞋，两双棉鞋，一双套鞋。妇女穿鞋较费，因为妇女做鞋很方便，自己找一块布头，就可缝一双鞋。再说妇女喜欢好看，自己鞋子稍微破点，就想换双新的，所以穿鞋比男子费得多。

缠足妇女的袜子，普通都是白色粗布做的。单袜每双值洋五分，夹袜一双值洋八分，棉袜一双值洋一毛二分。普通每年每个缠足妇女要穿六双单袜子，三双夹袜子，两双棉袜子。

缠足妇女的裹脚条子，普通长三尺五寸，宽三寸。一只脚裹一个裹脚条。多用白色洋布做的，也有用白色粗布做的。洋布做的一双值洋三毛，粗布做的一双值洋两毛。

过年的时候，乡村妇女多穿新衣服，年轻少妇有穿红绿裙的，也有穿各色花布的。年老妇女多穿黑、蓝、灰色的高阳布或直贡呢的棉袄。

乡村时髦的妇女，在春天常穿浅蓝色高阳布褂子、黑布裙子。夏天穿白色或花条布的褂子、黑布裙子。秋天穿浅蓝或浅灰色的褂子、黑布裙子。冬天穿白布袄或灰布袄、黑布裙子。

女子的内衣，春秋两季十天一洗一换，夏天三五日一洗一换，冬天半月一洗一换。大多数的人长虱子。

三、儿童的衣服

小孩生下来的时候大人就用一块宽二寸、长一尺五寸的布把小孩的肚脐包好，一方面保护孩子肚脐不使透风，再一方面使小孩的腰挺直，不使弯曲。除此以外，大人还预备棉花套子把小孩裹起，外边用蓝布褯子包好，再用带子绑起，只把小孩脑袋露在外边。棉花套子里边也用一个蓝布褯子垫好，小孩粪尿都可拉在褯子上，就不致脏了棉花套子。小孩到了满月的时候，大人给他穿上对襟小袄，连脚开裆裤。外边还是包上蓝布褯子。男孩子的对襟小袄与连脚开裆裤，普通都是蓝色洋布做的，花布做的也有，不过很少。女孩子的对襟小袄与连脚开裆裤，普通都是花洋布做的。蓝布褯子普通都是粗布做的，二尺见方，也有用高阳布做的。普通小孩的对襟小袄，每件值洋二角，连脚开裆裤每件值洋二角，褯子每块也值洋二角。

到了小孩会走路的时候，就添上鞋袜，不再穿连脚开裆裤，只穿开裆裤。在冬天大人常给小孩子做个小马褂与风帽等。普通马褂多是黑色粗布做的，风帽多是红色粗布做的。袜子多是粗布做的，有蓝色有白色。鞋多是粗布做的，也有洋布做的，黑色与蓝色的最多。鞋上也有绣花的。小孩的马褂一件值洋五毛，风帽一个值洋三毛，小鞋一双值洋一毛，小袜子一双，也差不多值洋一毛。到了六七岁，大人有给小孩子做长衫的。这时男孩虽然还有穿开裆裤的，但是女孩子却是没有穿开裆裤的了。春夏两季女孩多穿花条布或印花布的衣服，男孩多穿白或黄色的衣服。秋冬两季女孩男孩多穿蓝色和青色的衣服，穿花条和印花布的衣服较少。

小孩的内衣，春天五六日一洗一换。夏天二三日一洗一换。多数小男孩子夏天都不穿衣服，所以也用不着换衣服。秋天八九日一洗一换。冬天半月一洗一换。

以上的成人男女和儿童的衣服是普通一般的状况，也可以说是农民中等人家的情况。乡村也有富户财主，他们也穿绫罗绸缎、贵重皮衣，样式也很时髦，但这种人家不多。

第三节　农民的住房

定县农家大致都有自己的房产，租房或典房住的很少。此外有的贫农借住亲戚或朋友的房子，只在农忙时帮助工作，或尽守望相助的责任。富裕和人口多的家庭自然房屋偏多，贫穷或人口少的家庭房屋偏少。在调查东亭乡村社会区 515 家的时候曾询问每家现住房屋间数，详细数目见表 6－1。

表 6－1　　515 家内房屋间数之分配

房屋间数	家数	房间总数	房屋间数	家数	房间总数
1	7	7	14	9	126
2	42	84	15	7	105
3	91	273	16	8	128
4	44	176	17	7	119
5	68	340	18	1	18
6	62	372	20	3	60
7	37	259	21	5	105
8	37	296	23	2	46
9	23	207	24	1	24
10	14	140	25	1	25
11	15	165	34	1	34
12	21	252			
13	9	117	总合	515	3 478

表中显然有3间屋子的农家为最多，计91家。农村内的一座房子大致包括3间屋子，两端的2间多为住屋，当中1间主要的用处是做饭。其次是5间的家庭，计68家，这多半是一家内有两座房子，3间屋的一座和2间屋的一座。再次多的是6间的家庭和4间的家庭。在515家中1～5间的家庭计252家，几占总数之半，这多半是偏穷的小农户。6～10间的家庭计173家，占总数三分之一，这在农村中算是中等的家庭。超过10间屋子的家庭计90家，约占总数六分之一，这些多是农村中小康及颇富的农家。超过15间屋子的家庭仅占总家数的6%，超过20间的家庭仅占2%。

515家内共有卧室1 548间，平均每家3间。家内有2间卧室者为最多，计150家，占总家数的29%。有3间卧室者次之，计122家，占24%。有1间卧室者又次之，占20%。再次为4间，6间，5间；最多者12间。详细数目见表6-2。

表6-2　　515家内卧室间数之分配

卧室间数	家数	百分比
1	104	20.19
2	150	29.13
3	122	23.69
4	49	9.51
5	28	5.44
6	33	6.41
7	6	1.17
8	15	2.91
9	2	0.39
10	4	0.78
12	2	0.39
总合	515	100.00

调查时亦曾询问各家卧室内在冬季睡觉人数，后来因为麻烦，只问每家睡觉人数最多的那一间屋子睡多少人。每间睡觉人数多至6口者计18家，每间睡5口者63家，每间睡4口者158家，每间睡3口者181家，每间睡2口者91家，每间睡1口者4家。详细数目及家数百分比见表6-3。

表 6-3 515 家内冬季各家卧室睡觉人数

每间睡觉人数*	家数	百分比
1	4	0.78
2	91	17.67
3	181	35.15
4	158	30.68
5	63	12.23
6	18	3.50
总合	515	100.00

* 室内睡觉人数最多之屋。

农民多半有自己的房屋。在中一区调查的 5 255 家内有自己房产的计 5 193 家，租房住的仅 22 家，借房住的计 40 家。凡租住和借住的家庭的屋子间数未有超过 7 间者。

现在将富农、普通农和贫农住房的内容分别略述于下。

农村中富户的住宅有前院、中院、后院、菜园、收获场等。房屋多半是抹灰的平顶，房屋的墙多半是用土坯建筑的，但房子周围墙壁的外面有砖一层。没有砖的部分多在土坯上面抹一层白灰。房屋里边的地多半是土地，少有砖地。普通这种房屋从外边量每间长 1 丈 4 尺，宽 1 丈 2 尺，高 1 丈 1 尺。从里边量每间长 1 丈 2 尺，宽 1 丈零 5 寸，高 9 尺。每间价值普通约七八十元，可用由 80 年到 100 年。普通富农的房屋有 15 间到 20 间，其中有卧房、厨房、仓房、农具房、碾房、磨房、畜房、饲料房、工人住房、车棚。此外有猪圈、厕所、鸡窝、柴门、大门、菜园、收获场等。卧房里有土坯建筑的炕，普通炕长 1 丈零 5 寸，宽 5 尺 5 寸，高 2 尺 2 寸。炕的当中有洞，可以烧火。夏天常下雨，炕上发潮，普通四五日烧炕一次。冬天天冷，每天烧火两次，使屋里炕上都能温暖。仓房里专为贮藏粮食用的。农具室里贮藏农具如锄、犁、锹、耙等。磨房里有磨，碾房里有碾子，都为轧面粉用的。饲料房为饲养牲口之用。工人室是工人睡觉、休息、吃饭的屋子。畜房是牲畜育养的房屋。车棚是放车的地方。猪圈里有猪棚、猪坑。猪棚是用土坯盖的，上边有苇草的棚子，平常猪就在棚里卧着。猪棚普通长 5 尺，宽 4 尺，高 5 尺。猪棚前边就是猪坑，猪坑普通长 1 丈 2 尺，宽 5 尺，深 5 尺。猪坑四边筑 2 尺多高的墙，使猪不得跳出。农家把脏水、坏烂菜叶、粪尿、肥土等都倒在里边，一方面可以喂猪，一方面可以做肥料。往往厕所与猪圈相连，猪可以吃人的粪。普通每间房子有一个窗户，窗户有的是玻璃的，有的是糊纸的。家人卧室里的窗户用玻璃的渐多。工人室、仓房、农具室里的窗户都是糊纸的。普通窗户长 4 尺 5 寸，宽 4 尺。主要屋子夏天糊冷布避苍蝇蚊子，外挂竹帘蔽日光，使屋子凉快。冬天里边挂厚棉帘，保护屋子温暖。工人屋子的窗户在夏天多不糊纸。下面列一普通富农的院落图（见图 6－1）。

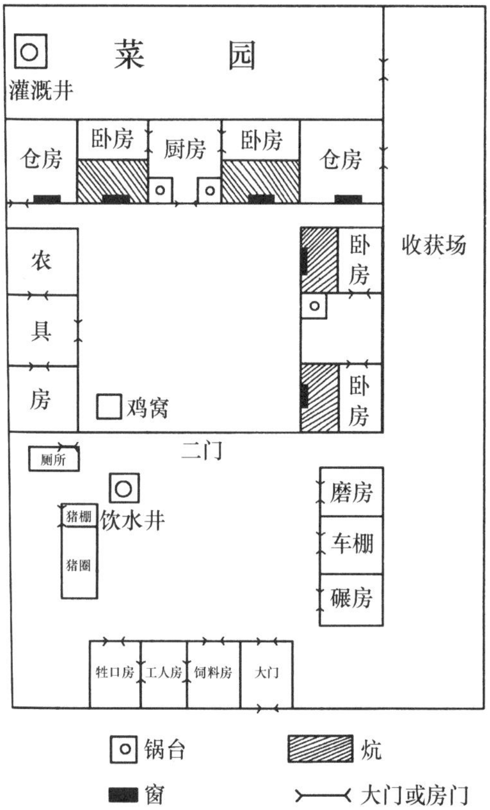

图 6－1　富农的院落

普通农家有一个院子，也有有两个院子的，有院墙，屋顶也是抹灰的平顶。房子的下层是用砖建筑，离地 1 尺多高。房子离地 1 尺以上的墙壁是用土坯建筑。房屋里边是土地。从外边量每间长 1 丈 3 尺，宽 1 丈 1 尺，高 1 丈 1 尺。从里边量，每间长 1 丈 1 尺，宽 9 尺，高 9 尺。每间价值普通约 50 元，可用四五十年。这种农家的住房约有十间。院内有卧房、厨房、堆房、车棚、厕所、猪圈、大门。卧房里都有土炕，普通约长9尺，宽5尺5寸，高2尺2寸。朋友来的时候让在卧室内谈话。夏天因为常下雨，炕发潮湿，所以隔几天要烧干一次。冬天寒冷，每天要烧一两次。上房普通都是3间，两边两间是卧房，当中的一间是厨房，也往往同时是牲口房。所以有时这一边做饭做菜，那一边就喂马喂驴。这一边骡马粪尿，堆了满地，臭气熏人；那一边小菜水饭，萝卜菜粥。夏天天气炎热，苍蝇满屋，提不到卫生。我们也就可以想象那旁边的两间卧房的空气与卫生怎么样。较好的农家就另外盖一间牲畜房。买不起牲口的人家，耕种是用人工，有时短期借用邻人的牲口。堆房专堆各种农具与破烂东西，有时也堆草、萝卜片子和山药片子。没有仓房的农家往往把粮食存在卧房里。他们的厕所是土坯建筑的，与猪圈相连，猪可以吃人粪。车棚就在大门洞里。普通每间卧室都有一个窗户，窗户多是纸糊的，在下端当中有一条玻璃。普通长3尺5寸，宽3尺。夏天开窗，冬天不开。夏开的苍蝇蚊子出入颇便利。兹将普通农家院落情形列图如下（见图6-2）：

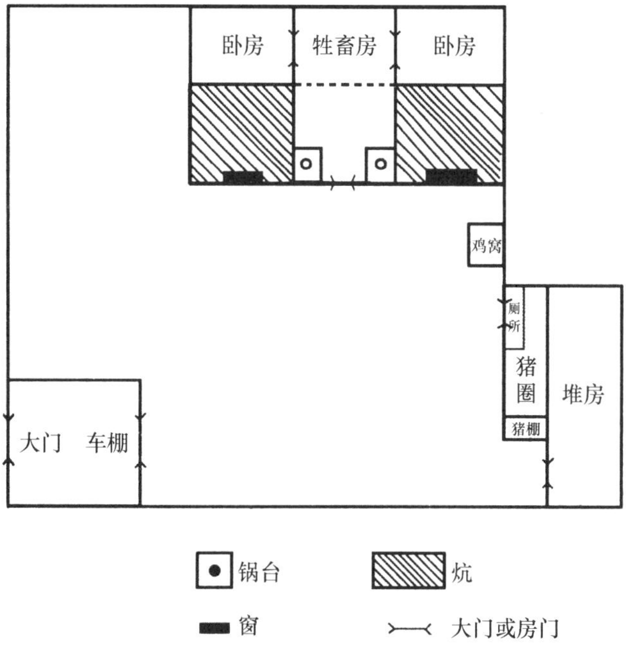

图6-2　普通农家的院落

贫穷的小农，尤其是小佃户，多半没有院墙。住 3 间一座的房子。房屋的墙壁离地 1 尺多的这部分，是用砖建筑的，1 尺多以上的地方，是用土坯建筑的。房屋里边的地是土地，夏天很潮湿。房顶有抹灰泥的，也有少数里面用高粱秆而外面抹普通泥的。从外边量每间长 1 丈，宽 9 尺，高 8 尺 7 寸；从里边量每间长 9 尺，宽 8 尺，高 7 尺 4 寸。每间价值约 35 元，可用三四十年。窗户约长 3 尺 5 寸，宽 3 尺，冬天糊纸，夏天透天。夏天炕易潮湿，几天须烧一次，冬天寒冷，也是一天烧两次，同时做饭。卧房和厨房外，有猪圈和相连的厕所。

第四节 其他普通卫生与健康状况

除了已经叙述的与农民健康有密切关系的以外，现将农村内普通卫生及健康的状况略加说明，包括街道、厕所、清洁、缠足、疾病、医药等项。

关于乡村的道路，没有负责的机关或团体来修筑和保护，多是任其自然变化。因此村外的大车路多半凹凸不平，常积泥水，村内的街道也多不洁净。村内街道普通宽约 15 尺到 20 尺。农家多在自己门口两旁栽种树木，夏天可以有荫凉，并且树长大了可以卖钱，多是柳树、杨树、槐树、椿树和榆树。夏天下雨的日子，乡村街道泥泞难行，高洼不平，通行不便。在秋天收获的时候，杂草满地。往往农民在家门口街道旁边晒晾大粪，臭气满街。

乡村的男厕所普通都建筑在院外，或靠街道的墙边，自街上出入。女厕所普通都建筑在院里，并且常与猪圈相连，大小便完全落在猪圈里，与猪粪及其他秽物打成一片。男厕所普遍没有顶，女厕所普遍有房顶。普遍都用土坯建筑厕所墙壁，也有的是高粱秆编的篱笆。里面在地下挖一个 3 尺长、2 尺宽、4 尺深的土坑。土坑上面有一层盖，盖当中留一长孔，即大小便落下的地方。等到坑内满了粪尿时即淘取出来，每隔三四个月之久一次。往往厕所内的小便从里面流到街上，有碍行路，又有气味。苍蝇往来其中自然是方便的。有许多农民以为凡是苍蝇落上吃过的食品人吃了更没病。有时厕所与井相离很近，农民不知道注意。

曾在3村内调查175口井与最近厕所之距离。距离不到40尺者占大多数，有近至10尺以下者，详细数目见表6-4。

表6-4　175口村内井与厕所之距离

民国十八年

厕所距井尺数	井数	百分比	厕所距井尺数	井数	百分比
10尺以下	7	4.0	60～69	12	6.9
10～19	22	12.6	70～79	3	1.7
20～29	41	23.4	80～89	3	1.7
30～39	40	22.8	90～99	…	…
40～49	18	10.6	100尺及以上	14	8.0
50～59	15	8.6	总合	175	100.0

农民多把秽物秽水倒在猪圈里，为做肥料。

农村的男子在夏天可以在河里或晚上在井台旁边洗澡，冬天很少有沐浴的机会。至于乡间妇女就是在夏天也不能像男人可以到井台去洗个痛快。屋内也没有一个洗澡的方便地方，她们仅能有时用一盆温水把上身衣服脱下来洗一洗，下身差不多是永远不洗。有的以为洗下身是羞耻，还有的以为洗下身要受风生病。至于漱口刷牙等习惯在大多数的农民家里是谈不到的，仅有少数入过学堂或在大城市做过事回家的才有这种习惯。春秋两季乡民多在早六点半钟起来，晚八点半钟就寝。夏季普通在早四点半钟起来，晚九点钟就寝。冬季普通早七点钟起来，晚八点或八点半钟就寝。

定县妇女关于缠足恶习现已彻底革除。其原因由于民国三四年间孙发绪为定县县长，强迫禁止女子缠足，自村中领袖人的家庭做起，推广至全村。凡违章暗缠而被查出者不但罚钱而且惟村长是问。至今定县幼女已无一缠足者。在民国十八年曾调查东亭乡村社会区中515家内女子缠足和天足的人数。除未达缠足年龄之294小孩外，其余1 442女子中缠足者909人，天足者533人。可注意的是5～9岁的169个幼女内完全是天足，已无一缠足者。10～14岁的161个女子中只有9个缠足的，15～19岁的149个女子中亦仅有29个缠足者。我们细看表6-5，即可了然在各年龄组内缠足者占总人数的百分比自幼女起至老年妇女止，其百分比是逐渐增高，由零渐增至5.6%，19.5%，59.7%，直至40岁以上妇女组的99.2%。反过来说，就是缠足最多者不过是已经没有办法的年长妇女，青年妇女内天足甚多，幼年女子已经是完全天足。

表 6-5　515 家中按年龄组女子缠足及天足人数

年龄组	人数			缠足者占总人数之百分比
	天足	缠足	共计	
5～9	169	无	169	0
10～14	152	9	161	5.6
15～19	120	29	149	19.5
20～24	52	77	129	59.7
25～29	24	106	130	81.5
30～34	6	97	103	94.1
35～39	6	103	109	94.5
40 岁及以上	4	488	492	99.2
总合	533	909	1 442	63.0

515 家中仅发现 3 个尚留发辫的男子，他们的年龄分别是 46，48，55。

定县人民近年来颇知种痘的好处。民国十九年本会卫生教育部曾为本县 9 984 个人种痘，其中男子占 78%，女子占 22%。被种痘的人数中学生甚多，占总数的 42%。以年龄论，6 岁以下的有 2 004 人，6～10 岁者 1 072 人，11～15 岁者 1 096 人，其余皆 16 岁及以上者。

调查的 515 家中有聋子 6 个，哑巴 2 个，双目盲 3 个，一目盲 4 个，跛腿 6 个，左臂不能动 2 个，手不能动 2 个。

农民的营养不足，疫疠疾病又任其传染，许多人的身体显衰弱状态。曾于民国十八年在中一区调查 5 255 家内所得各种疾病人数、死亡人数与死亡原因，并请本会卫生教育部的专家合作分析，可以大略地知道农民普通最常得的都是些什么病。至于患病者的数目，尤其是死亡人数，不免有遗漏的，因为农民不高兴这种调查，往往所说的疾病也很不清楚。再者农民说有病时均系颇重之病。因此这种材料仅能稍供参考而已。无论如何，按所得结果，在能调查出来的患病的 1 415 人中，以患肠胃症的为最多，共计 354 人，占总数的 25%，其中死去 50 人。肠胃症内又分泻肚、痢疾、肠热症等。其次最多者为眼病，据本会有经验的医生估计本县有痧粒眼者约占总人口数 60%以上。因家庭内彼此传染。可是定县所出的眼药驰名全国。再次为疮伤、肺痨、呼吸病、抽疯、喉症、疹子、骨节炎、疟疾、皮肤病、天花、瘫痪及脑出血、臌症、产后夹杂症、牙痛、神经病、花柳病、耳病与其他杂病。大略情形见表6-6和表6-7，也许于研究农村卫生的人有点用处。

表6-6　民国十八年内中一区5 255家所得各种疾病及死亡人数之分配及百分比

病源	得病人数	死亡人数	共计	百分比
肠胃症	304	50	354	25.02
泻肚	82	13		
痢疾	62	9		
肠热症	14	…		
其他肠胃症	146	28		
眼病	200	…	200	14.13
疮伤	116	18	134	9.47
肺痨	67	61	128	9.02
肺病	…	3		
其他痨病	67	58		
呼吸病	78	14	92	6.50
抽疯	39	50	89	6.26
脐疯	…	13		
其他	39	37		
喉症	57	14	71	5.02
疹子	38	21	59	4.17
骨节炎	41	…	41	2.95
疟疾	26	…	26	1.84
皮肤病	18	…	18	1.27
秃疮	11			
癣	2			
疥疮	5			
天花	9	6	15	1.06
瘫痪及脑出血	9	4	13	0.92
臌症	6	5	11	0.78
产后夹杂症	4	6	10	0.71
牙痛	10	…	10	0.71
老病	…	9	9	0.64
神经病	8	…	8	0.56

续前表

病源	得病人数	死亡人数	共计	百分比
花柳病	4	…	4	0.28
耳病	3	…	3	0.21
其他	82	38	120	8.48
总合	1 119	296	1 415	100.00

表 6-7　民国十八年内中一区 5 255 家 296 人死亡原因之分配及其百分比

病源	死亡人数	百分比
肺痨	61	20.61
肺病	3	
其他痨症	58	
抽疯	50	16.89
脐疯	13	
其他	37	
肠胃症	50	16.89
泻肚	13	
痢疾	9	
其他肠胃症	28	
疹子	21	7.09
疮伤	18	6.08
呼吸病	14	4.73
喉症	14	4.73
老病	9	3.04
天花	6	2.03
产后夹杂症	6	2.03
臌症	5	1.69
暴死	4	1.35
其他	38	12.84
总合	296	100.00

关于疾病还有一点材料，也可以稍供参考，就是在调查东亭乡村社会区内515家的时候也询问他们家中人口现患何病。此次调查亦无医生的察验，仅靠农民的口述，自然不能精确，可是也可以大略知道他们的普通疾病。其中所患病

症按多寡之次序为眼病、肠胃症、痨症、精神病、疮伤、梅毒、痞积、疝气、流行性感冒、痔漏等病。其中男女患病人数见表6-8。表内其他病症包括一切不很清楚之病症，如气喘、咳嗽、腿疼、月经病、腰疼、心痛、虚弱、头痛、四肢痛、牙痛、脱肛、气鼓、痰闷、下痿、气串筋、胸痛、肝气、遗精等症。

表6-8　民国十八年内515家中所患各种疾病人数及其百分比

疾病种类	人数			
	男	女	共	百分比
眼病	16	18	34	22.4
肠胃症	8	9	17	11.2
痨症	4	7	11	7.2
精神病	6	2	8	5.3
疮伤	5	2	7	4.6
梅毒	3	…	3	2.0
痞积	2	1	3	2.0
疝气	2	…	2	1.3
流行性感冒	1	1	2	1.3
痔漏	1	…	1	0.7
杂病	35	29	64	42.1
总合	83	69	152	100.0

亦曾询问515家中在民国十三至十七年五年内所能记忆死亡之人数及死亡之原因。自然此种调查尤易遗漏，更没有推得死亡率的奢望，仅希望知道死亡原因的大略情况，就是这一点也离精准的程度颇远。分析的结果以婴儿抽疯死的为最多，再次为疹子、痨症、痢疾、天花、肠胃症、痞积、白喉、流行性感冒、疮伤、产褥热、精神病、破伤风、梅毒等病。这些家庭所肯报告之死亡男女人数及死亡原因详情见表6-9。亦可借此知道调查的困难。

表6-9　民国十三至十七年内515家中曾患各种疾病及其他原因死亡之人数及百分比

死亡原因	死亡人数			
	男	女	共	百分比
抽疯	47	22	69	19.5
疹子	26	12	38	10.7

续前表

死亡原因	死亡人数			
	男	女	共	百分比
痨症	12	15	27	7.6
痢疾	17	7	24	6.8
天花	11	12	23	6.5
肠胃症	14	8	22	6.2
痞积	12	9	21	5.9
白喉	5	2	7	2.0
流行性感冒	3	4	7	2.0
疮伤	4	2	6	1.7
产褥热	…	5	5	1.4
精神病	2	1	3	0.8
破伤风	1	…	1	0.3
梅毒	1	…	1	0.3
杂病	13	11	24	6.8
其他原因	3	2	5	1.4
未答	35	37	72	20.3
总合	206	149	355	100.0

515家所报告的355个死人中不满11岁的小孩有243个。他们死亡的原因有特别注意的必要。兹即按照从农民口中所说的原因，不加修正地列表如下（见表6－10）。我们从表中至少可以得到儿童死亡的主要病症是抽疯、疹子、天花、痞积、痢疾等病；其中有的不是因为得病，乃是饿死、冻死、坠井、噎死、疯狗咬和惊吓等原因。

用问题表方法调查生亡率，在现在农民知识的程度之下大约是不可能的。我们也曾试问了这515家。所得的结果是在3 571人口中于民国十七年全年内照他们所报告的出生人数是163，死亡人数是92。假定此数确实则出生率为46‰，死亡率为26‰。据专家的推测，死亡率一定不止于此。但我们也可以知道这是最低的数。据现在本会生亡调查股的最近报告，出生率为35‰，死亡率为33‰。不久另有详细报告。按照515家的调查，死亡的时期以阴历五月内为最多，三月次之，四月又次之；再次为六月、九月、七月、八月、十月、十一月；死人最少之月份为正月、十二月和二月。

表 6－10　民国十三至十七年内 515 家中不满 11 岁之儿童因各种疾病及其他原因死亡数目之分配

年龄		儿童死亡数目																											
		抽疯	疹子	天花	痞积	痢疾	泻肚	喉症	产后死	惊吓	肺病	内伤	冻死	坠井	饿死	大头瘟	疯狗咬	霍乱	噎死	瘟病	伤风	牙疳	疮	便血	胎毒	热病	未答	一切病症	百分比
1岁以下	男	18	2	2	…	2	2	…	2	1	…	…	…	…	…	…	…	…	…	…	1	…	…	…	1	…	6	37	26.34
	女	11	1	2	…	2	1	…	4	…	…	…	1	…	1	…	…	…	…	…	…	…	…	…	…	…	4	27	
1	男	1	5	1	…	2	2	…	…	…	1	1	…	…	…	…	…	…	…	…	…	…	…	…	…	…	2	15	10.29
	女	1	3	1	…	…	1	…	…	…	…	…	…	…	…	…	…	…	…	…	…	…	…	…	…	…	4	10	
2	男	9	10	5	2	2	…	3	…	…	…	…	…	1	…	…	…	…	…	…	…	…	1	…	…	…	4	37	24.28
	女	5	6	4	1	1	2	1	…	…	…	…	…	…	…	…	…	…	…	…	…	…	…	…	…	…	2	22	
3	男	7	3	…	1	…	1	1	…	…	…	…	…	…	…	1	…	…	1	…	…	…	…	…	…	…	5	20	14.40
	女	1	1	4	2	1	1	…	…	1	…	…	…	…	…	…	…	…	…	…	…	…	…	…	…	…	4	15	
4	男	4	3	1	4	3	…	…	…	1	1	…	…	…	…	…	…	…	…	1	…	1	…	1	…	…	…	20	10.29
	女	…	1	…	1	…	…	…	…	1	…	…	…	…	…	…	…	…	…	…	…	…	…	…	…	1	1	5	
5	男	1	2	…	2	2	…	1	…	…	…	…	…	…	…	…	…	1	…	…	…	…	…	…	…	…	1	10	5.77
	女	…	…	…	1	1	…	…	…	…	…	…	…	…	…	…	…	…	…	…	…	…	…	…	…	…	2	4	
6	男	1	1	1	…	2	…	…	…	…	…	…	…	…	…	…	…	…	…	…	…	…	…	…	…	…	…	5	4.12
	女	…	…	…	2	1	…	1	…	…	…	…	…	…	…	…	…	…	…	…	…	…	…	…	…	…	1	5	
7	男	1	…	…	…	…	…	…	…	…	…	…	…	…	…	…	…	…	…	…	…	…	…	…	…	…	…	1	1.23
	女	…	…	…	2	…	…	…	…	…	…	…	…	…	…	…	…	…	…	…	…	…	…	…	…	…	…	2	
8	男	1	…	1	…	…	…	…	…	…	…	…	…	…	…	…	…	…	…	…	…	…	…	…	…	…	1	3	1.64
	女	…	…	1	…	…	…	…	…	…	…	…	…	…	…	…	…	…	…	…	…	…	…	…	…	…	…	1	
9	男	…	…	…	1	…	…	…	…	…	…	…	…	…	…	…	1	…	…	…	…	…	…	…	…	…	…	2	0.82
	女	…	…	…	…	…	…	…	…	…	…	…	…	…	…	…	…	…	…	…	…	…	…	…	…	…	…	…	
10	男	1	…	…	1	…	…	…	…	…	…	…	…	…	…	…	…	…	…	…	…	…	…	…	…	…	…	2	0.82
	女	…	…	…	…	…	…	…	…	…	…	…	…	…	…	…	…	…	…	…	…	…	…	…	…	…	…	…	
总合		62	38	23	20	19	10	7	6	4	2	1	1	1	1	1	1	1	1	1	1	1	1	1	1	1	37	243	100.00

关于已婚妇女的生产力，就是不同年龄的结婚妇女已经生过多少子女，其中死亡多少，现存多少，是在中国很难调查的一件事。也许用问题表的方法不易办到可靠的程度。无论如何，我们也曾试问了一次，虽然未必可靠，但也把结果发表在这里，供参考的用处，因为在中国的材料甚为缺乏，也希望引起人的注意。在515家内曾询问过981个已婚的妇女。分析时把14～29岁青年的妇女、30～45岁的中年妇女和46岁及以上的妇女分开统计。凡超过46岁的妇女大致说是已经停止生育的。14～29岁的301个妇女共产生383个子女，死亡107个子女，尚存（即在调查时）276个子女。30～45岁的314个妇女共产生1 342子女，死亡434子女，尚存908子女；平均每妇女产生4.27子女，死亡1.38子女，尚存2.89子女。最可注意的是大致已经达到不能生育年龄之46岁及以上之366个妇女的子女数目。她们在一生中共产生1 748个子女，其中死亡616子女，尚存1 132子女；如此平均每妇女在结婚期内共产生4.78子女，死亡1.68子女，尚存3.09子女。自然在产生的数目中没有报告小产数目，多半也没有包括生下即死之婴儿。但我们至少可以知道每个农妇在一生中平均至少产生约5个小孩。多半确实的数目也许比5还高，因为报告时不免有遗漏的。详细数目见表6-11。

表6-11　按年龄组981个妇女产生、死亡及现存子女数与平均每妇女产生、死亡及现存子女数

妇女年龄	妇女总数	产生子女数	死亡子女数	现存子女数	平均每妇产生子女数	平均每妇死亡子女数	平均每妇现存子女数
14～29	301	383	107	276	1.27	0.36	0.92
30～45	314	1 342	434	908	4.27	1.38	2.89
46岁及以上	366	1 748	616	1 132	4.78	1.68	3.09
总合	981	3 473	1 157	2 316	3.54	1.18	2.36

在已婚之14～29岁的301个妇女中尚未生育子女者有104个，其中大多数是新婚尚不满一年者；有1个子女者计80个妇女，有2个子女的计69个妇女，最多的已有5个子女，计3个妇女。最有价值的是看46岁以上的妇女的子女数目。366个妇女内有14个妇女终身没有生育子女；最普通的子女数目是3个、4个或5个，最多的数目是1个妇女产生12个子女。按3年龄组981个妇女关于

产生子女数目之分配、关于死亡子女数目之分配与关于尚存子女数目之分配等详情见表 6 - 12。

表 6 - 12　　按年龄组 981 个妇女产生、死亡及现存子女数目之分配

子女数目	妇女数目								
	关于产生子女			关于死亡子女			关于尚存子女		
	14～29 岁	30～45 岁	46 岁及以上	14～29 岁	30～45 岁	46 岁及以上	14～29 岁	30～45 岁	46 岁及以上
0	104	10	14	213	105	114	127	20	17
1	80	20	12	70	90	83	101	45	43
2	69	44	32	17	58	68	48	70	76
3	30	36	62	1	34	47	21	64	91
4	15	62	50	…	15	28	4	62	76
5	3	55	64	…	10	15	…	39	37
6	…	40	47	…	1	8	…	10	14
7	…	29	39	…	…	3	…	4	6
8	…	9	19	…	…	…	…	…	5
9	…	5	13	…	…	…	…	…	1
10	…	3	13	…	1	…	…	…	…
12	…	…	1	…	…	…	…	…	…
13	…	1	…	…	…	…	…	…	…
总合	301	314	366	301	314	366	301	314	366

民国十九年调查 5 255 家的详细人口时，曾询问每家在民国十八年内曾产生子女之母亲的数目，共得 992 个母亲。再继续询问这 992 个中的每个母亲结婚的期限和在结婚期内共计已生过多少子女及现存多少子女。调查的结果是 992 个母亲共产生过 3 053 个子女，死亡 805 子女，现存 2 248 子女。992 个母亲结婚年限的总数等于 11 815 年，如此平均每母亲结婚年限等于 11.9 年。平均每母亲每 3.9 年产生 1 个小孩。平均每母亲已产生 3.1 个小孩，已死亡 0.8 个小孩，现存 2.3 个小孩。虽然不敢说可靠的程度如何，但实在有可注意和参考的价值。

民国十九年曾调查全县医生与药铺数目。城内有普通中国旧式药铺 13 个，定州自制的眼药铺 3 个，眼药作坊 2 处，西式医院 6 处。453 村内共有医生 446 个，中式药铺 375 个；第三区最多，第四区次之。自然这些医生的资格与本事多属平庸，凡肯为人看病的都算为医生。各区内医生和药铺数目见表 6 - 13。

表 6 - 13

定县各区医生数及药铺数

民国十九年

区别	医生数	药铺数
第一区	41	29
第二区	38	41
第三区	165	116
第四区	88	93
第五区	30	28
第六区	84	68
全县	446	375

平均每村约合一个医生，但有 226 个村庄没有一个医生，多半是小村。有 119 村每村内有 1 个医生，有 52 村每村内有 2 个医生，有 27 村每村内有 3 个医生，有 18 个村每村内有 4 个医生，一村内最多之医生数目为 9 个。医生数目在农村分配情形见表 6 - 14。

表 6 - 14

定县各村医生数目之分配

民国十九年

医生数	村数	医生数	村数
无	226	6	2
1	119	7	1
2	52	8	1
3	27	9	2
4	18		
5	5	总合	453

青年医生在农村内不多，不但由于缺乏经验，也因为出入于家庭颇不方便，尤其是为女子看病。年龄以超过 45 岁者为最合适，30～45 岁也很不少。446 个医生年龄之详细分配见表 6 - 15。

表 6 - 15

446 个医生年龄之分配

民国十九年

年龄组	医生数	百分比
25 岁以下	11	2.5
25～29	27	6.1
30～34	33	7.4

续前表

年龄组	医生数	百分比
35～39	49	11.0
40～44	44	9.9
45～49	66	14.8
50～54	76	17.0
55～59	36	8.2
60～64	61	13.7
65～69	14	3.1
70～74	17	3.8
75～79	10	2.2
80 岁及以上	2	0.4
总合	446	100.0

民国十七年曾调查东亭乡村社会区内 62 村的医生概况。区内共有 90 个医生，平均每 116 家有 1 个医生。62 村内有 20 村没有医生，一村有 1 个医生者计 17 村，一村有 2 个医生者计 13 村，一村有 3 个医生者计 6 村，一村有 4 个医生者计 2 村，一村有 5 个医生者计 3 村，一村有 6 个医生者计 1 村，平均每村有 1.5 个医生。

90 个医生中年龄不满 40 岁者 17 人，40～49 岁者 24 人，50～59 岁者 30 人，60 岁以上者 19 人。

90 个医生中专治内科者 58 人，外科者 13 人，内科兼外科者 11 人，特别治小儿疾病者 2 人，治目疾者 2 人，治疗牲畜者 2 人，专治疯犬咬伤者 1 人，专治妇女病症者 1 人。

90 个医生中行医年数不满 10 年者 6 人，10～19 年者 22 人，20～29 年者 34 人，30～39 年者 15 人，40～49 年者 9 人，50～54 年者 4 人。

90 个医生内旧式中医 85 人，新式西医 3 人，此外 2 人兼用一种秘密之巫术治病。

普通医生为人看病少有收医费者，大半治好者到年节时送 5 角至 1 元钱之礼物以表谢意而已。有时医生同时自己开小药铺，如此在售药时赚利。大多数的医生仅以行医为附带的事业，而不是赖以生活的正业。

第七章　农民生活费

本会在翟城村设立办公处，开始进行简单的工作以后，首先想要明了这一带地方农民生活的程度。于是就在翟城本村及附近的两个村庄内一共接洽了55家，愿意我们以每日家庭记账的方法研究他们全年的生活费用。他们家里的人大半是不识字的，向来也没有记过账。我们在每村请一位本村的人为我们的职员，随时到他们的家里替他们填写每日的各项收入与支出。账簿与笔墨等物都是我们预备，只求他们费些时间告诉记账人员，也请能自己记账的家庭尽力填写。自然这是一件很难办到完善地步的事情。有的家庭始终免不了有多少的怀疑，大半的家庭渐渐就觉着麻烦了，尤其是在他们农忙的时候。无论如何，都勉强地记了一周年之久，其中有27家是从民国十七年阴历三月初一日起至十八年二月底止，有5家是从十七年二月起至十八年一月止，有1家是从十七年四月起至十八年三月止，有1家是记十七年全年。期满以后我们详细看了一遍，发现其中有21家的账内有的遗漏主要项目，有的日期不全，也很不易补充，最好舍弃不用。其余34家的账簿比较地可靠，虽然有些地方遗漏，尚可以合理的方法补充，大致可以代表农民过日子的情形，因此值得我们费工夫来分析。我们先叙述34家的普通情况，再总论一切主要支出，然后分论各项支出。

第一节　34户周年记账农家之概况

34家中最小之家庭有两口人，最大之家庭有12口人，7口之家为最多，5口者次之，4口与6口者又次之。合计205口，其中有106男子，99女子。平均每家为6口，3.1男子，2.9女子。

只以家庭人口数目来定家庭的大小尚不甚准确，尤其是比较各家消费的时候。同是6口之家，但各家人口之性别或年龄大半不同。一个20岁的青年与一个3岁的小孩在各种消费上相差甚多，同年男女的一切消费也多半不等。因此欧美研究生活费的专家已经想出解决的方法，就是将男女老幼不一的人口折合为一种单位。此项单位普通皆以成年男子为计算标准，就是折合家内一切人口等于多少成年男子，因此称此单位为"等成年男子"（adult-male-equivalent）。现在中国尚没有根据调查研究制定一种折合的单位标准，本书即采用阿特瓦特（Atwater）计算法。此法是根据食品消费量制成的。主要的原则是不满12岁之同年男女幼童的消费相等，12岁及以上则男之消费较多于女子。详细折合方法如下（见表7－1）。

表7－1　　折合各年龄之男女等于"等成年男子"单位计算法

年龄	等成年男子数	
	男	女
2岁以下	0.30	0.30
2～5	0.40	0.40
6～9	0.50	0.50
10～11	0.60	0.60
12	0.70	0.60
13～14	0.80	0.70
15～16	0.90	0.80
17岁及以上	1.00	0.80

例如有6口之家，夫之年龄为30岁，妻29岁，子7岁，女3岁，父70岁，

母 68 岁。按表 7－1 折合则夫为 1.00，妻为 0.80，子为 0.50，女为 0.40，父为 1.00，母为 0.80，此家共计 4.50 等成年男子。

34 家之 205 口人共折合 161.2 等成年男子单位，平均每家 4.74 等成年男子。按实际人口数及按折合等成年男子数家数之分配的比较见表 7－2。

表 7－2　34 家家庭之大小

家庭人口数	家数	家庭人口折合等成年男子数	家数
2	1	2 个以下	1
3	2	2～2.9	3
4	5	3～3.9	9
5	7	4～4.9	6
6	5	5～5.9	8
7	8	6～6.9	4
8	2	7～7.9	2
9	2	8～8.9	1
10	1		
12	1		
总合	34	总合	34

34 家 205 人口内的儿童比较地少，15～30 岁的青年偏多，尤其是男子。不满 15 岁的男童有 28 个，仅占总人口的 14%；不满 15 岁的女童有 27 个，仅占 13%。15 岁及以上的男子有 78 个，占 38%；女子 72 个，占 35%。男女年龄之分配及与家主之各种亲属关系之人数见表 7－3。

表 7－3　34 家人口之亲属关系与年龄之分配

人口关系	人数	百分比	年龄组	人数		
				男	女	共
家主	34	16.6	5 岁以下	12	12	24
妻	29	14.1	5～9	7	8	15
子	52	25.4	10～14	9	7	16
女	28	13.7	15～19	19	10	29
儿媳	15	7.3	20～24	11	10	21

续前表

人口关系	人数	百分比	年龄组	人数		
				男	女	共
母	11	5.3	25～29	13	10	23
弟	9	4.4	30～34	4	5	9
孙女	8	3.9	35～39	3	5	8
孙	5	2.4	40～44	6	3	9
父	4	1.9	45～49	7	8	15
兄	2	1.0	50～54	4	7	11
嫂	2	1.0	55～59	4	3	7
弟妻	2	1.0	60～64	2	3	5
侄女	2	1.0	65～69	2	2	4
祖母	1	0.5	70～74	1	1	2
妹	1	0.5	75～79	1	4	5
			80～84	1	1	2
总合	205	100	总合	106	99	205

34 家内 15 岁及以上之 150 人中尚有未结婚者 33 人，其中男子 22 人，女子 11 人。15～19 岁未结婚之男子 14 人，女子 9 人；20～24 岁未结婚之男子 5 人，女子 2 人；25～29 岁未结婚者只有男子 2 人，超过 30 岁未结婚者只有男子 1 人。

34 家内有 48 双夫妻，其中妻长于夫者占 63%，夫长于妻者占 31%，夫妻同年龄者占 6%，平均妻大于夫 9 个月。

34 家 15 岁及以上之 78 人中除 5 人外皆以经营田地为业。此 5 人之职业 1 人为学校教员，2 人经商，1 人在铺店学徒，1 人为人作长工。经营田地者亦多同时或在农闲时从事他种工作。有 7 人以织布为副业，4 人为日常用品小贩，2 人宰猪，此外打土坯、制香、制纸、制锡壶、放羊、轧棉花、卖木料、赶车等工作各有 1 人。妇女在农忙时亦从事田间工作，农闲时大半纺线，亦有织布者。

34 家主要之收入当然是农场的盈余，在记账之一周年内共计 6 740.49 元，平均每家 198.25 元。最少之农场盈余为 66 元，最多之盈余为 325 元，大多数家庭之农场盈余在 200 元左右。次要之收入为各种副业收入及人口中从事经商或教育者之入款，34 家共计 1 052.15 元，平均每家 30.95 元。34 家中有此项收入者计 24 家，最多之一家收入达 150 元，普通多半不满 50 元，50～100 元者有 3 家，超过百元者有 4 家。34 家再次要之收入为卖出之牲畜及其副产物，共计 996.71 元，平均每家 29.32 元。有此项收入者共计 27 家，每家皆有卖猪进款，大多数的家庭有卖鸡蛋进款，9 家有卖木料进款，3 家卖驴，1 家卖马。34 家中有租出一部分自己田地者，共收租金 139.44 元，平均每家合 4.11 元。有田租收入者计 8 家，最少者收入 3.5 元，最多者收入 50 元。

此外 34 家之收入内尚包括假定之房租收入一项。此处须略为说明。假定房租的用处是如此计算才可以将住自己房屋者与租房住者的费用比较，也可以与其他中外各处生活之研究比较。例如某家住自己房 10 间，若将此房出租全年能得 40 元，如此即假定此家每年支出房租 40 元。既然此家的支出项下全年内多了 40 元，必须同时在此家的收入项下亦加上 40 元方为合理。换言之，即假定此家租住自己的房子，因此支出方面有估计的房租，而收入方面亦有出租房屋的进款。

34 家中实际租出房屋的只有 1 家，且各家都是住自己的房屋，没有租住的。按村民的估计，一间无廊的土房每月租金约 1 角 5 分，全年将近 2 元；每间带廊的土房每月约收租金 2 角，全年约合 2.5 元；无廊砖房每月每间可租 3 角，全年约 3.5 元；有廊砖房每间每月可租 3 角 5 分，全年约合 4 元。如此计算，34 家全年共有假定房租收入 630.1 元，平均每家 18.53 元。

34 家全年内一切收入总数计 9 558.89 元，平均每家计 281.14 元。收入最少之家庭全年计 89 元，最多之家庭计 486 元。

34 家耕种之田地，即农场面积总数，计 1 062 亩，平均每家农场计 31 亩，最小之农场面积为 8 亩，最大之农场为 60 亩。1 062 亩中包括自有田产 977 亩，当进田地 53 亩，租种田地 32 亩。34 家中有 25 家是完全自耕种，有 5 家耕种自己田产兼耕种当进田地，有 2 家耕种自有田产兼耕种当进田地与租进田地，有 2 家耕种自有田产兼租种田地。总之，34 家都是有田产的，其中有 9 家兼种当地或租地的，并且有 8 家租出田地的，租出地亩数未详。按照这一带地方 62 村大规模调查的结果，平均每家田场为 23 亩，而平均每记账家庭之农场亩数为 31 亩，由此可以知道大约 34 家的平均生活程度尚稍高于一般的生活程度。并且在记账的周年内农作物的收获也比较好，又没有遭遇特别的天灾人祸，大致农民是过的比较太平的日子。这也是应当注意的一点。34家周年收入总数及农场之大小见表7－4。

表7－4　　34家农场之大小与周年收入总数

种地亩数	家数	周年收入总数	家数
10亩以下	1	100元以下	2
10～14	5	100～149	1
15～19	3	150～199	5
20～24	2	200～249	3
25～29	4	250～299	8
30～34	4	300～349	6
35～39	5	350～399	6
40～44	4	400～449	1
45～49	3	450～499	2
50～54	1		
55～59	1		
60～64	1		
总合	34	总合	34

第二节　34家生活费总论

34家在一年内一切支出款额总数计8 249.72元，平均每家支出242.64元，最少之一家支出为107元，最多之一家为360元。各家支出总数见表7－5。

表7－5　　34家各家周年支出总数

周年支出总数（元）	家数
100～149	3
150～199	7
200～249	9
250～299	7
300～349	5
350～399	3
总合	34

平均每家全年支出之 242.64 元内最多之首项支出为食品费，共计 167.97 元，占支出总数的 69.23%。吃饭的费用竟超过所有生活费的三分之二，从这里已经大致可以看出农民生活的低陋。其次最多之支出为燃料费，共计 19.56 元，占总支出的 8.06%。再次为假定的房租（解释见本章第一节），共计 18.53 元，占 7.64%。再次为衣服费，共计 14.86 元，占 6.12%。其余支出为各项杂费，共计 21.72 元，占 8.95%。

食品费内米面杂粮之支出竟占去 81%，菜蔬占去 13%，调和仅占 3%，肉类仅占 2%，水果仅占 3‰。杂费内以应酬费为最多，然全年亦不满 5 元，次多之各项杂费次序为兵差摊款，烟、酒等嗜好，村内公益摊款，婚丧特别事项，娱乐，家具，医药，烧香拜神，卫生，教育等项。各项主要支出数目见表 7-6。

表 7-6　　34 家全年各项支出总数与每家平均支出数

各种出款	34 家支出总数（元）	每家平均支出数（元）	百分比
食品	5 710.89	167.97	69.23
米面杂粮	4 670.77	137.38	
菜蔬	718.09	21.12	
调和	169.00	4.97	
肉类	124.16	3.65	
水果	19.47	0.57	
其他	9.40	0.28	
燃料	665.03	19.56	8.06
房租*	630.10	18.53	7.64
衣服	505.24	14.86	6.12
衣服	467.24	13.74	
被褥	38.00	1.12	
杂费	738.46	21.72	8.95
应酬	152.53	4.49	
兵差	84.74	2.49	
嗜好	76.17	2.24	
公差	68.89	2.03	
特别	59.99	1.76	
娱乐	57.82	1.70	

续前表

各种出款	34 家支出总数（元）	每家平均支出数（元）	百分比
家具	55.19	1.62	
医药	41.35	1.22	
信仰	23.79	0.70	
卫生	20.77	0.61	
教育	18.32	0.54	
杂项	78.90	2.32	
总合	8 249.72	242.64	100.00

＊假定的估计房租。

表 7－6 是将 34 家总起来看，不论贫富或家庭大小的分别。兹按 34 家之全年收入分为 3 组，则收入不满 250 元者有 11 家，250～349.9 元者有 14 家，350 元及以上者有 9 家。试看 3 组内每家平均生活程度有什么差别。自然我们要知道家数既然这样少，不一定能十分代表一般的情况。看下列表 7－7，34 家之平均人口数等于 6，平均等成年男子数为 4.7 口。各组人口数有随组增加的趋势，第一组为 4.6 口，第二组增至 6.1 口，第三组增至 7.7 口。这里有可注意的一点，就是大致收入多的家庭人口亦多；也可以说，人口多的家庭收入也随之增多，二者互为因果。这是家庭收入虽多而未必生活程度亦较高的一个主要原因。

表 7－7　按收入组 34 家全年五项支出平均数目及其百分比

收入组	家数	每家平均		每年平均支出数					每家支出总平均数
		人数	等成年男子数	食品	燃料	房租	衣服	杂费	
(1) 250 元以下	11	4.6	3.6	129.43	15.49	11.9	10.87	12.76	180.41
(2) 250～349.9	14	6.1	4.7	170.38	21.51	20.20	16.15	26.28	254.48
(3) 350 元及以上	9	7.7	6.2	211.32	21.50	24.20	17.72	25.57	300.28
各组合计	34	6.0	4.7	167.97	19.56	18.53	14.86	21.72	242.64
	百分比								
(1) 250 元以下	32.35	…	…	71.74	8.58	6.59	6.02	7.07	100.00
(2) 250～349.9	41.18	…	…	66.95	8.45	7.94	6.34	10.32	100.00
(3) 350 元及以上	26.47	…	…	70.37	7.16	8.06	5.90	8.51	100.00
各组合计	100.00	…	…	69.23	8.06	7.64	6.12	8.95	100.00

各组内五项支出皆随组之次序递增，例如食品由第一组 129 元增至第二组

170 元，再增至第三组 211 元。这是收入与人口数随组递增的结果。

兹以每组每家平均用费为百分总数，来看各组内五项之百分比是多少。表内食品之百分比第一组虽较高于第二组而与第三组所差无几，第二组较低于其他两组。这实在不能说收入较多的家庭生活费亦较少，因为三组的百分比没大差别，亦无显著的增加或减少的趋势。按已往生活费专家研究的结果是家庭的生活程度愈高则食品费所占的百分比应当愈少。

燃料的百分比稍有随组减少的趋势，房租的百分比稍有随组增加的趋势，衣服费的百分比无大差别，杂费的百分比稍有递增的趋势。按原则说，凡生活程度高的家庭，杂费的百分比应亦随之而高，适与食品费之百分比相反。总之，从三组各项百分比的比较看来，各组的生活程度大致相同，家庭收入总数的多少没有发生大的关系，只就这 34 家少数的现象是如此，若要精确地知道，须将研究的家数增多，尤其是添上有地一二百亩的家庭，才可以断定。关于按收入组 34 家各项杂费支出平均数，见表 7－8。

从表 7－9 可以大致看出家庭的人口愈多，不但不能提高家庭之实际生活程度，反有使生活程度降低的趋势。换言之，家庭人口增多非为家庭之福，实为家庭之累。表内按家庭中等成年男子数之多寡分为四组，第一组内平均每家等成年男子等于 2.67，第二组为 4.47，第三组为 6.28，第四组为 8.15。每家收入平均数是随组之次序递增；而每等成年男子之收入平均数随组递减，等成年男子最少之第一组收入平均数为 69.48 元，渐减至最多等成年男子之第四组 48.90 元，相差 20 余元。由此看来，人口愈多之家庭虽然全家之收入亦愈多，而每等成年男子收入平均数反愈减少。全家总支出与每等成年男子支出平均数之比较亦颇与收入之趋势相同。每家全年支出平均数随组之次序增加，每等成年男子之平均支出却随组之次序减少，第一组为 56.43 元，第四组减少至 43.96 元。关于食品费竟亦表示同样现象。人口愈多之家庭自然食品费总数亦愈多，但每等成年男子之食品费随等成年男子数之增加而递减，第一组为 38.41 元，第四组为 32.22 元。食品费等于总支出之百分比在前 3 组所差甚少，而第四组反略增高，亦可以证明家庭人口之增加实有碍于家庭及个人之福利。

表 7-8　按收入组 34 家全年各项杂费支出平均数

收入组	家数	每家平均		每家平均支出费（元）												每家杂费支出总平均数
		人数	等成年男子数	应酬	兵差	嗜好	公差	特别	娱乐	家具	医药	信仰	卫生	教育	杂项	
（1）250 元以下	11	4.6	3.6	2.96	1.61	1.06	1.20	1.41	1.15	0.77	0.65	0.42	0.35	0.09	1.22	12.76
（2）250～349.9	14	6.1	4.7	5.24	2.89	2.40	2.36	3.18	2.13	1.83	1.25	0.94	0.73	0.97	2.36	26.28
（3）350 元及以上	9	7.7	6.2	5.18	2.97	3.44	2.52	…	1.70	2.48	1.86	0.68	0.74	0.41	3.61	25.57
各组合计	34	6.0	4.7	4.49	2.49	2.24	2.03	1.76	1.70	1.62	1.22	0.70	0.61	0.54	2.32	21.72

表 7-9　34 家按等成年男子组每家全年每等成年男子平均收支数及食品费之比较

等成年男子组	家数	每家等成年男子数	收入平均数（元）		支出平均数（元）		食品费平均数（元）		食品费等于总支出之百分比
			每家	每等成年男子	每家	每等成年男子	每家	每等成年男子	
（1）1.50～3.49	7	2.67	185.61	69.48	150.76	56.43	102.60	38.41	68.06
（2）3.50～5.49	17	4.47	273.33	61.14	232.05	50.59	161.44	36.11	69.57
（3）5.50～7.49	8	6.28	352.01	56.10	316.62	50.46	215.36	34.32	68.02
（4）7.50 及以上	2	8.15	398.55	48.90	358.26	43.96	262.62	32.22	73.30
总合	34	4.74	281.15	59.30	242.64	50.56	167.97	35.43	69.23

34 家之全年平均收入为 281.15 元，平均支出为 242.64 元，则平均盈余数为 38.50 元。按在调查之时期内未有特别之天灾人祸，因此 34 家经济状况尚较普通年稍佳。在表 7-10 内可以看出收入不满 250 元之 11 家内，全年收入与支出比较尚有盈余者 5 家，亏短者 6 家，平均每家亏短 11.71 元。第二组之 14 家内盈余者 10 家，亏短者 4 家，平均每家盈余 45.00 元。第三组内 9 家皆有盈余，平均数为 100.89 元。第一组内有 6 家在调查期内借款，其中有亏短者 4 家，6 家之借款数为 15 元、20 元、30 元、40 元与两个 50 元。第二组内有亏短之 1 家借款，数目为 20 元。34 家全年内共借款 225 元，平均每家 6.62 元（未包括在收入项内）。

表 7-10　按收入组 34 家盈亏平均数

入款组	家数	自收入减去支出（元）				全组平均盈余（+）或亏短（-）
		盈余		亏短		
		家数	平均数	家数	平均数	
（1）250 元以下	11	5	22.77	6	40.43	－11.71
（2）250～349.9	14	10	62.13	4	22.83	＋45.00
（3）350 元及以上	9	9	100.89	…	…	＋100.89
总合	34	24	68.46	10	33.39	＋38.50

第三节　食品、燃料、住房与衣服

食品消费以米面为大宗，米面中以甘薯、小米、豆类、高粱、荞麦等为主要食品。平均每家全年用小米 1 017 斤，每等成年男子全年用 215 斤，平均每日约合九两半。平均每家全年用鲜甘薯 2 008 斤，每等成年男子全年用 423 斤，每日约合一斤三两。农民不但煮或蒸鲜甘薯吃，也把甘薯切成细片，晒干保存。有时将干片、小米与菜类放在一起，熬成菜粥。大多数的干片是又轧成面粉，做成饼、窝窝头或河落条。除鲜甘薯外，平均每家全年用甘薯片 495 斤，每等成年男子全年用 104 斤，每日约合五两。除上述大宗食品外，34 家中每家在全年内都用小米、豆类、高粱、荞麦与黍子。在全年内有 29 家用玉米，32 家用大麦，26 家用稷子，7 家用大米。平均每家全年所用米、面、甘薯等物共计 4 202 斤，费用共计 137 元，每日约合 11.5 斤，费用约计三角八分；每等成年男子全年用 886 斤，费用共计 29 元，每日约合二斤七两，费用约计八分。

34 家平均每家全年内所用一切菜蔬共计 1 920 斤，费用共计 21 元，平均每日约合五斤五两，费用约合六分；每等成年男子全年用菜 405 斤，费用 4.5 元，每日约合一斤二两，费用约合一分二厘。所用菜蔬中以白菜、北瓜、莨莛、萝卜片为大宗。平均每家在全年内用白菜 822 斤，每等成年男子全年用 173 斤，每日约合半斤。平均每家全年用北瓜 625 斤，每等成年男子全年用 132 斤，每日约合六两。平均每家全年用莨莛 203 斤，每等成年男子全年用 43 斤。平均每家全年用萝卜片 155 斤，每等成年男子全年用 33 斤。此外菜蔬有葱、茴香、菠菜、鲜萝卜、韭菜、豆角等物。

平均每家全年一切调和费用共计 5 元，每等成年男子全年费用 1 元，每日约合三厘，仅值铜元一枚。调和中最主要者为盐，全年每家用 36 斤，每等成年男子全年用 7.6 斤，每日合三钱多重。平均每家全年用醋 4.5 斤，黑油 4 斤，香油仅 1.8 斤。此外有酱、花椒、姜、糖等少许。

平均每家全年所用一切肉类仅 22 斤，每等成年男子全年用 4.6 斤，平均每日仅合二钱重。除一年内三个节日外，即新年、端午、中秋，全年几乎不见肉类。所用肉类中以猪肉最普通，牛羊肉次之。

所用瓜果类内以西瓜、枣、甜瓜、梨为最普通。兹将 34 家平均每家及每等成年男子全年所用各种食品重量与费用列于表 7 - 11；且在表之右半表明用各种食品之家数及其等于总家数之百分比，与每家平均数量及费用。

表 7－11　　34 家全年内各项食品平均消费数量及平均费用

食品名称与种类	34家合计				用此项食品之家庭			
	平均数量（斤）		平均费用（元）					
	每家	每在家食饭之等成年男子	每家	每在家食饭之等成年男子	家数	等于总家数之百分比	每家平均数量（斤）	每家平均费用（元）
米面类	4 202.35	886.35	137.37	28.98	34	100.0	4 202.35	137.37
甘薯	2 007.53	423.42	20.08	4.23	34	100.0	2 007.53	20.08
甘薯片	495.17	104.44	14.85	3.13	34	100.0	495.17	14.85
小米	1 017.22	214.55	61.05	12.88	34	100.0	1 017.22	61.05
小麦	146.84	30.97	11.20	2.36	34	100.0	146.84	11.20
豆类	127.63	26.92	8.08	1.71	34	100.0	127.63	8.08
高粱	111.15	23.45	5.39	1.14	34	100.0	111.15	5.39
荞麦	98.34	20.74	5.59	1.18	34	100.0	98.34	5.59
黍子	56.32	11.88	2.95	0.62	34	100.0	56.32	2.95
玉米	50.90	10.74	2.42	0.51	29	85.3	59.68	2.84
大麦	38.07	8.03	2.31	0.49	32	94.1	40.45	2.46
稷子	34.68	7.32	1.72	0.36	26	76.5	45.35	2.25
白面	8.96	1.89	0.80	0.17	15	44.1	20.31	1.82
大米	4.23	0.89	0.38	0.08	7	20.6	20.57	1.83
卷子	2.06	0.44	0.16	0.04	18	52.9	3.89	0.31
挂面	1.59	0.33	0.20	0.04	15	44.1	3.62	0.44
烧饼	1.23	0.26	0.12	0.03	25	73.5	1.67	0.17
面食	0.25	0.05	0.05	0.01	10	29.4	0.84	0.17
芝麻	0.17	0.04	0.02	0.00	1	2.9	5.60	0.51
菜蔬类	1 919.66	404.89	21.12	4.46	34	100.0	1 919.66	21.12
白菜	821.88	173.35	7.69	1.62	34	100.0	821.88	7.69
北瓜	625.00	131.82	3.13	0.66	34	100.0	625.00	3.13
莨莛	202.68	42.75	1.15	0.24	34	100.0	202.68	1.15
萝卜片	155.47	32.80	6.57	1.39	33	97.1	160.18	6.77
葱	48.32	10.19	0.42	0.09	32	94.1	51.34	0.45
茴香	30.35	6.40	0.37	0.08	27	79.4	38.22	0.47
菠菜	9.29	1.96	0.11	0.02	4	11.8	79.00	0.98
萝卜	6.91	1.46	0.06	0.01	3	8.8	78.33	0.65

续前表

食品名称与种类	34家合计				用此项食品之家庭			
	平均数量（斤）		平均费用（元）		家数	等于总家数之百分比	每家平均数量（斤）	每家平均费用（元）
	每家	每在家食饭之等成年男子	每家	每在家食饭之等成年男子				
韭菜	2.38	0.50	0.04	0.01	7	20.6	11.57	0.22
豆角	2.79	0.59	0.03	0.01	3	8.8	31.67	0.35
茄子	1.79	0.38	0.02	0.00	2	5.9	30.50	0.30
豆芽	1.56	0.33	0.05	0.01	15	44.1	3.53	0.11
黄瓜	0.80	0.17	0.01	0.00	6	17.6	4.50	0.06
海带	0.79	0.17	0.14	0.03	26	76.5	1.04	0.18
干粉条	7.80	1.65	1.22	0.26	32	94.1	8.29	1.30
蒜	0.77	0.16	0.03	0.01	4	11.8	6.50	0.29
豆腐	0.74	0.16	0.04	0.01	15	44.1	1.69	0.10
香菜	0.03	0.01	0.00	0.00	1	2.9	1.00	0.03
干菜	0.29	0.06	0.02	0.01	1	2.9	10.00	0.75
调和类	48.30	10.19	4.97	1.05	34	100.0	48.30	4.97
盐	36.13	7.62	3.47	0.73	34	100.0	36.13	3.47
醋	4.47	0.94	0.15	0.03	32	94.1	4.75	0.16
黑油	4.05	0.86	0.61	0.13	34	100.0	4.05	0.61
香油	1.85	0.39	0.46	0.10	33	97.1	1.90	0.48
酱	0.59	0.13	0.11	0.02	23	67.6	0.88	0.17
花椒	0.57	0.12	0.04	0.01	24	70.6	0.81	0.06
姜	0.21	0.04	0.05	0.01	24	70.6	0.30	0.07
团粉	0.19	0.04	0.03	0.01	7	20.6	0.90	0.14
糖	0.14	0.03	0.02	0.01	11	32.4	0.42	0.07
猪油	0.10	0.02	0.02	0.01	4	11.8	0.82	0.21
肉类	21.62	4.56	3.65	0.77	34	100.0	21.62	3.65
猪肉	15.09	3.18	2.74	0.58	34	100.0	15.09	2.74
牛肉	4.88	1.03	0.71	0.15	27	79.4	6.15	0.90
羊肉	0.91	0.19	0.10	0.02	8	23.5	3.88	0.43
鸡蛋	0.46	0.10	0.04	0.01	1	2.9	15.60	1.37
猪肝	0.24	0.05	0.05	0.01	1	2.9	8.00	1.50

续前表

食品名称与种类	34家合计				用此项食品之家庭			
	平均数量（斤）		平均费用（元）		家数	等于总家数之百分比	每家平均数量（斤）	每家平均费用（元）
	每家	每在家食饭之等成年男子	每家	每在家食饭之等成年男子				
马肉	0.04	0.01	0.01	0.00	2	5.9	0.65	0.22
瓜果类	14.64	3.09	0.57	0.12	34	100.0	14.64	0.57
西瓜	4.47	0.94	0.04	0.01	9	26.5	16.89	0.17
枣	4.33	0.91	0.22	0.05	34	100.0	4.33	0.22
甜瓜	3.31	0.70	0.07	0.01	15	44.1	7.50	0.15
梨	1.15	0.24	0.14	0.03	27	79.4	1.45	0.18
柿	0.71	0.15	0.04	0.01	17	50.0	1.41	0.08
杏	0.49	0.10	0.03	0.01	10	29.4	1.66	0.11
桃	0.06	0.01	0.01	0.00	3	8.8	0.64	0.12
葡萄	0.06	0.01	0.01	0.00	3	8.8	0.73	0.06
山里红	0.04	0.01	0.00	0.00	3	8.8	0.43	0.00
橘	0.03	0.01	0.01	0.00	1	2.9	1.00	0.32
其他	3.58	0.76	0.28	0.06	31	91.2	3.93	0.30
榆皮	2.16	0.46	0.13	0.03	6	17.6	12.23	0.72
碱	0.68	0.14	0.05	0.01	18	52.9	1.29	0.10
麻糖	0.50	0.11	0.06	0.01	16	47.1	1.07	0.12
糖果	0.20	0.04	0.03	0.01	14	41.2	0.49	0.08
冰糖	0.03	0.01	0.01	0.00	4	11.8	0.21	0.05
花生	0.01	0.00	0.00	0.00	1	2.9	0.25	0.03
各类食品总计	6 210.15	1 309.83	167.96	35.43	34	100.0	6 210.15	167.96

平均每家全年燃料费19.56元内以所烧柴草费为最多，煤费次之，煤油费又次之，再次为洋火费。平均每家全年共用柴费15.16元，最少之家全年用6元，最多之家用25元。平均每家用煤费2.26元，无煤费者14家，煤费最多之家用10元，最少之家用1元。34家皆用煤油，平均每家全年用13.58斤，费用共计1.90元；每日仅合半两多，铜元2枚。有的家庭全年仅用煤油5.5斤，最多者用25斤，多在冷季天短时用，夏季几乎不用。平均每家全年用洋火55盒，费用

共计二角五分，最少之家用 20 盒，最多之家用 110 盒，吸烟之家庭较费。

34 家共有房屋 229 间，估价共计 12 300 元；平均每家 6.74 间，估价 362 元，平均每间约值 54 元。229 间中前面有廊之砖墙房屋计 23 间，无廊之砖房计 104 间，有廊之土房计 3 间，无廊之土房计 99 间。每间有廊砖房普通约值 90 元，每间无廊砖房约值 60 元，有廊土房约值 70 元，无廊土房约值 40 元。若出租，每间有廊砖房租价每月约三角五分，每间无廊砖房或有廊土房每月约三角，无廊土房约一角五分。

34 家内有 6 间与有 8 间屋子者各计 7 家，有 4 间与有 5 间者各计 5 家，最少有房 3 间，最多有房 15 间。每家房屋估价最少 120 元，最多者达 920 元。各家房屋间数与房屋价值见表 7-12。

表 7-12　34 家各家房屋间数与房屋价值

房屋间数	家数	房屋价值	家数
3	3	100～149	1
4	5	150～199	2
5	5	200～249	8
6	7	250～299	3
7	1	300～349	4
8	7	350～399	4
9	1	400～449	4
10	1	450～499	3
11	1	500～549	2
12	1	550 元及以上	3
13	1		
15	1		
总合	34	总合	34

34 家平均每家全年内衣服及被褥费共计 14.86 元，其中被褥费占 1.11 元，此年内只有 9 家有被褥费。平均每家全年内买本地土布 86 尺，价值 5.99 元；每家买自县外输入之洋布或本国布 10 尺，价值 1.10 元；每家买棉花 4.56 斤，价值 1.82 元。平均每家全年鞋费 2.56 元，袜子费 1.47 元，带子费二分，操衣一角一分，帽子九分八厘，皮衣五角二分，洋纱一角六分。有两家制操衣，10 家买帽子，有两家买皮衣，1 家买洋纱，4 家买带子。

第四节 杂 费

杂费中以应酬费为最多，就是对亲友与邻人的来往交际费。农民遇亲友有婚丧等事时多送卷子馒头等物为贺礼，平均每家全年有此项费用1.46元，最少之家用6角4分，最多之家用4元。农妇生小孩时亲友多买烧饼油条为贺喜礼物，平均每家全年内有此项费用7角4分，最少之家用2角，最多之家用1.50元。平日亲戚来往多送糕点，平均每家全年用5角2分，有13家无此项费用，最多者全年用糕点费1.60元。其他送礼包括在年节时买肉送给看病之医生，喜事送幛子，生小孩送鸡蛋等费用。此外其他交往用现款者有赏新妇之拜钱及新年之拜年钱。外祖母给外孙或舅父给外甥之钱及干父母给干儿女之钱，谓之岁钱。

34家平均每家全年摊兵差2.49元。

嗜好费中有酒、旱烟、纸烟与茶叶。34家全年内多少皆有些酒费，有在平日饮酒者，有只在年节用少许或款待亲友者。平均每家全年用烟叶4.48斤，有旱烟费者共计26家。平均每家全年用纸烟7.7盒，每盒10支，有纸烟费者共计12家。平均每家全年用茶叶将到一两，只有7家有茶叶费。

平均每家全年内摊公差2元，包括学校及保卫团等费用。

有1家有丧事费，共用洋13元。有两家还债，一为31元，一为15.50元。

娱乐费中以赶庙会时花钱较多，看戏次之；此外有看变戏法、赌博、捐助走会、养鸟、听说书等项。

家具费内包括一切日常用器费，平均每家全年仅用1.62元。

平均每家医药费1.22元，有此项用费者共计24家，最多者全年用5.70元。

关于信仰费，平均每家全年用烧纸2.9刀，每刀88张，用黄表纸1.22刀，每刀96张，用香2.66封。神纸费包括新年时所用天地神、门神等费。

卫生方面之费用大半属清洁费。34家皆有胰皂费，8家买手巾，2家买脸盆，2家有牙刷与牙粉费，4家有刮脸费，3家有洗澡费。

平均每家教育费约半元，有此项费用者计19家。

兹将34家各项杂费总数、每家平均数、有各项费用之家数列表于下（见表7-13）。

表7-13　　34家全年各项杂费

杂项种类	34家合计		有此项费用之家庭	
	费用总数（元）	每家平均费用（元）	家数	每家平均费用（元）
应酬	152.53	4.49	34	4.49
卷子	49.56	1.46	34	1.46
烧饼	25.14	0.74	34	0.74
点心	17.60	0.52	21	0.84
其他送礼	32.99	0.97	34	0.97
其他交往	19.99	0.59	21	0.95
岁钱	7.25	0.21	14	0.52
兵差	84.74	2.49	34	2.49
嗜好	76.17	2.24	34	2.24
纸烟	13.10	0.39	12	1.09
旱烟	26.77	0.79	26	1.03
酒	34.75	1.02	34	1.02
茶	1.55	0.05	7	0.22
公差	68.89	2.03	34	2.03
特别	59.99	1.76	34	1.76
丧葬	13.49	0.40	1	13.49
还债	46.50	1.37	2	23.25
娱乐	57.82	1.70	34	1.70
赶庙会	25.65	0.75	34	0.75
看戏	18.70	0.55	34	0.55
赌博	8.70	0.26	3	2.90
走会捐	0.40	0.01	2	0.20
养鸟	4.00	0.12	2	2.00
听说书	0.25	0.01	2	0.13
看变戏法	0.12	0.00	3	0.04
家具	55.19	1.62	34	1.62
饭勺	2.80	0.08	30	0.09
锅盖	2.60	0.08	21	0.12

续前表

杂项种类	34家合计		有此项费用之家庭	
	费用总数（元）	每家平均费用（元）	家数	每家平均费用（元）
筷子	4.90	0.14	34	0.14
笊篱	2.60	0.08	32	0.08
酒壶	0.70	0.02	3	0.23
灯笼	0.69	0.02	4	0.17
风箱	4.40	0.13	2	2.20
盘子	2.86	0.08	12	0.24
小刀	0.80	0.02	4	0.20
盒子	0.50	0.02	2	0.25
桌子	3.85	0.11	2	1.93
板床	3.00	0.09	14	0.21
搓板	0.66	0.02	5	0.13
碗	6.67	0.20	32	0.21
盆	2.35	0.07	16	0.15
灯	1.20	0.04	10	0.12
斧	1.35	0.04	3	0.45
席	4.40	0.13	6	0.73
锅	1.76	0.05	3	0.59
缸	3.40	0.10	2	1.70
罐	0.20	0.01	2	0.10
斗	1.00	0.03	2	0.50
升	0.26	0.01	2	0.13
水壶	1.04	0.03	2	0.52
剪刀	0.40	0.01	2	0.20
箩	0.41	0.01	2	0.21
锅篦	0.12	0.00	1	0.12
香炉	0.15	0.00	1	0.15
匙	0.12	0.00	3	0.04
医药	41.35	1.22	24	1.72
信仰	23.79	0.70	34	0.70
烧纸	9.90	0.29	34	0.29
黄表纸	4.43	0.13	28	0.16

续前表

杂项种类	34家合计		有此项费用之家庭	
	费用总数（元）	每家平均费用（元）	家数	每家平均费用（元）
香	4.52	0.13	34	0.13
爆竹	2.58	0.08	17	0.15
锡箔	1.07	0.03	4	0.27
假银元	0.10	0.00	1	0.10
神纸	0.15	0.00	4	0.04
供品	1.04	0.03	1	1.04
卫生	20.77	0.61	34	0.61
手巾	2.45	0.07	8	0.31
胰皂	8.67	0.26	34	0.26
洗脸盆	1.00	0.03	2	0.50
牙粉	0.30	0.01	2	0.15
牙刷	0.45	0.01	2	0.23
剃头	5.76	0.17	34	0.17
刮脸	1.04	0.03	4	0.26
洗澡	1.10	0.03	3	0.37
教育	18.32	0.54	19	0.96
书	7.36	0.22	19	0.39
笔	2.50	0.07	18	0.14
纸	2.60	0.08	16	0.16
墨	0.78	0.02	8	0.10
墨盒	0.30	0.01	1	0.30
石板	0.38	0.01	3	0.13
砚台	0.20	0.01	2	0.10
字帖	0.08	0.00	2	0.04
学费	4.12	0.12	3	1.37
杂项	78.90	2.32	34	2.32
苇叶	0.47	0.01	4	0.12
袼褙	0.07	0.00	1	0.07
红纸	1.06	0.03	21	0.05
喜画	0.10	0.00	1	0.10
纸花	0.15	0.00	1	0.15

续前表

杂项种类	34家合计		有此项费用之家庭	
	费用总数（元）	每家平均费用（元）	家数	每家平均费用（元）
铁丝	0.57	0.02	8	0.07
桐油	1.69	0.05	2	0.85
针线	2.54	0.08	29	0.09
颜料	0.14	0.00	3	0.05
花纸	0.12	0.00	3	0.04
画	0.46	0.01	8	0.06
日记本	0.08	0.00	1	0.08
窗户纸	0.38	0.01	3	0.13
蜡	0.05	0.00	1	0.05
麻	0.29	0.01	2	0.15
钉	0.27	0.01	6	0.05
印花票	0.45	0.01	1	0.45
木头	10.02	0.30	3	3.34
杂货	0.31	0.01	1	0.31
头绳	1.41	0.04	23	0.06
扇子	0.07	0.00	1	0.07
玩具	0.41	0.01	1	0.41
算卦	0.10	0.00	2	0.05
赶集	2.81	0.08	19	0.15
送号	0.08	0.00	1	0.08
染布	1.54	0.05	6	0.26
锥鞋	0.40	0.01	1	0.40
做衣手工	0.53	0.02	1	0.53
打绳	0.61	0.02	2	0.31
枪及缨	0.42	0.01	1	0.42
修理家具	0.31	0.01	2	0.16
猪	47.77	1.41	17	2.81
鸡	3.22	0.10	4	0.81

第八章　乡村娱乐

娱乐是人类社会生活中的一种不可少的活动，不但能使人的身体与精神双方面都得到安慰与康健，并且能陶冶德性、培养人格，更是一种良好有趣味的社会教育，例如：开通民智，增进知识，养成良好的习惯。参加社会的生活，都可以由娱乐方面入手办理，而收事半功倍的效果。城市的娱乐虽是重要，乡村的娱乐尤其重要，因为乡村的生活简单，各种文化的机关缺乏，社会团体的生活太少。这样，农民除了耕种收获，娶妻生子，新年酬酢，逛庙烧香，墙根底下谈天等等以外，很少有别种复杂社会的生活，尤其是社会的娱乐。从调查所得，我们知道定县乡村的娱乐，很是缺乏。今把它概括起来，分为儿童娱乐、成人娱乐、秧歌、大戏和新年各种娱乐会等。

凡想改良农村的，对于乡村的娱乐不能不加以注意，以求用娱乐来提高农民的生活，改良农民的习惯，增进农民的知识，启发农民的团体及社会的意识。因此把所采集这几种乡村娱乐列在后面，以作留心乡村生活的参考材料。

第一节　儿童娱乐

一、打顺

在空阔的地方，聚集十人上下，分成两伙，例如甲乙两伙，每伙各占一处有树木墙角等类的地方，叫做“庄”。双方距离约在三丈远近。先有一伙作受罚的，例如甲伙是受罚的，甲伙再在本伙里指定一人为“受罚人”。乙伙知道哪个是受罚人以后，再听到甲伙说“得啦”二字，这时乙伙全体动员，竭力去捕受罚人。甲伙一方面保护受罚人，不使乙伙捉住。一方面拥护受罚人去抢乙伙的“庄”。如果甲伙在抵御之外，拥护着受罚人到乙伙所占的地方，摸着所指定的庄一下，就叫“占庄”。这样就算乙伙输了，应当各回各伙的地方，重新再玩。要是受罚人在没有占庄以前，竟被乙伙捉住，乙伙人就用拳打他，直等到受罚人说出“顺”字来才停止。这就叫做“打顺”。

二、数脚

在空地上，聚集十余个儿童，举出一个“数脚人”，其余儿童都排列成行，坐在一块横木或台阶上，都把两脚伸出。然后数脚人站在对面，口里念着：“盘脚儿盘，盘三年，三年整，烙花饼，花饼花，一担茄子两担瓜；你吃个儿，我吃个儿，咱们俩个做买卖儿。”按照语句的顿挫，用他自己的右脚，从这头向那头挨次数他们的脚。说到末句的时候，他的脚落到哪只脚上，那个人就把被数着的那只脚掣回。然后数脚人照样从头再念一遍，数一次。每次如此。脚也每次减少一只，先把两脚掣回的，称他为“大官”；次掣完两脚的，称他为“二官”；最末剩一双脚的算输。数脚人就用拳打他的腰背，口里并说：“小勺煎鸡蛋儿，问问大官吃几片?”那个大官回答说吃几片，数脚人就打受罚人几下。再照样问二官，也是这样。

三、浇花

在一块空地或草场，聚集十余个儿童，举出一个“浇花的”（手里拿一节秫秸），一个“偷花的”，另举一个人蹲下做“花心”，其余儿童用两手按在做花心的儿童的头上，作为“花瓣”。这时浇花人围着花行走，口里念着：“浇花来！浇花来！大年初一消灾来！一葫芦水，两葫芦水，浇得花儿龇了嘴。一葫芦汤，两葫芦汤，浇得花儿兹了秧。梆，梆，睡觉去。”浇花人一面念着，一面用手在各儿童的头上作浇水状。众儿童的手也慢慢地往上举，仿佛花儿渐渐开放的样子。说到梆梆二字时，就用所拿的秫秸作打更状。然后站在一旁伪作睡觉形态。

这时偷花人轻步走上来，围着他们行走几圈，再故意把脚步放重。这时浇花人问道："做什么的?"偷花人回答说："拾大粪的。"说完便拉一人到一边去。浇花人走过来一看，说道："我这花儿怎么少了一枚，谁偷去了?"说完，再把头一次所念的、所做的，照样来一遍，偷花人再偷一遍，如此轮流到偷完为止。

四、摸瞎打鬼

在一块空地或草场，聚集十余个儿童，将一人的两眼用带子遮蔽；别的儿童偷着用拳打他，遮眼的儿童乘别人打他的时候，就势向前急去追捕，以摸着打他的那人为止。被摸的儿童，再遮上双眼，继续游戏。

五、猫捕鼠

在草场或空地上，聚集十人至二十人，从中举二人为"猫"，一人为"鼠"。其余的儿童携手成圈，每二人距离的空间算作鼠洞。鼠在洞里藏着，猫在洞外等着。鼠每次都从猫不在的地方迅速地突出来。外面的猫发觉鼠已出洞，就急力追捕；捕着的时候，当鼠的就算输了；以后另换一人作鼠。如果老鼠绕过四五人后，当猫的还不能捕获老鼠，当猫的就算输了；再另换二人当猫，继续游戏。

六、耍子儿

这种游戏，多半是女孩们玩耍，并且无论什么地方都行。先预备五块用碎砖瓦或石头磨成小棋子大小的子儿。只要有两个人就能玩，多了就得分对去玩。在玩之先，要讲好是"玩灵的""玩笨的"。灵的是在抓子儿的时候，除应当抓起的子儿之外，不许碰着别的子儿。笨的就随便了。还有在玩的时候，把撂在地上的四个子儿之中，指定两个距离较近的子儿后抓起来，这叫"粘粘儿二"。这时那耍子儿的，就得乘着子儿抛上去的时候，一次把那两个距离很远的子儿同时抓在手内；然后再反手接那才抛去要落的子儿。完了之后，再把地下的两个子儿分两次抓起算完。还要做"粘粘儿一"。这粘粘儿一就更难了！是对方在四个子儿里选出三个不同方向距离又远的子儿，让他一次先抓起来，而把一个粘住，在第二次再抓。还有几套歌子随在每一个动作时要唱的，虽然是很难玩，可是颇感兴趣。

开始玩的时候，大家都蹲下来；先耍的人右手拿着五个子儿，先往上抛去一个，约一尺高。这时乘空把其余的四块放在地上，再反手把抛上去的子儿接住。然后再往上抛去一个，乘空急把地上的四块之中的二块，抓在手里；再反手去接住抛上去的子儿。此后再抛每次就拾一个。拾完之后，再从头抛一个，拾二个，抛一个，拾一个地去玩。如果要互相为难的时候，就用上面所说的“粘粘儿”法作限制，那就不按前头的次序去拾了。这样连续地玩下去，谁有一次接不着或抓不起，就得停止，让对方照样再玩。谁多谁赢，少的算输。至于随唱的歌子，也选两套录在下面：

你一我一，见面作揖；你二我二，不打苞儿绣穗；你三我三，织布抛拴；你四我四，吃鱼择刺；你五官我五官，小笊篱捞水饭；你六我六，吃馍馍就肉；你七我七，赶紧地追你；你八我八，八对对八；你九我九，十升一斗；满了完了，追了赶了。

啊零零对，对零；你一我一，慢慢儿着追你。啊一一对，对一；你二我二，咯唧儿（即隐僻地）配对。啊二二对，对二；三月三织牡丹，牡丹花真好看。啊三三对，对三；四油线儿稠，稠线儿四瓣儿。啊四四对，对四；大五小杵，种黄瓜小锄。啊五五对，对五；你六我六，吃馍馍就肉。啊六六对，对六；你七我七，七老婆骂鸡。啊七七对，对七；你八我八，八老婆看家。啊八八对，对八；你九我九，十升一斗。啊九九对，对九；你十我十，石榴花儿开得迟。拿出大把，拿出本对；本愧，一层，架鹰；鹰架上，一层。啊一一对，对一；二根儿，借针；针借，黄叶。啊二二对，对二；三月三，织牡丹，牡丹花真好看。啊三三对，对三；你四我四，照格儿写字。啊四四对，对四；你五我五，吹笙打鼓。啊五五对，对五；你六我六，张飞卖肉。啊六六对，对六；你七我七，七老婆骂鸡。啊七七对，对七；你八我八，八老婆看家。啊八八对，对八；你九我九，二人喝酒。啊九九对，对九；你十我十，石榴花开得迟。

七、缕缕疙瘩（即行走中流落下的疙瘩之意）

在空地或草场，聚集十数个儿童，有一个充作缕缕疙瘩人；其余儿童携手成圈，然后蹲下。缕缕人用带子一条，在一头结成疙瘩，藏着绕圈行走，看哪个儿童不注意，就把那疙瘩放在那个儿童的后边地上。放下后，不动声色地再走一圈。如果那个儿童还没有发觉，偻偻人就拾起疙瘩来打他，他就急忙起来紧跑，转过一周再到原处蹲下。因为后边偻偻人追赶打他要到原处为止。这样偻偻人就重新再做。如果那个儿童已经发觉偻偻人把疙瘩放在他的身后，就赶紧拿起疙瘩接着做偻偻人去绕行。此时他所留的空位就被先一个偻偻人占去。后充偻偻的人再如前做。如此更替进行。不过偻偻疙瘩的时候，其余儿童只许手摸不许回头望看。

八、星星月亮

在草场地上，聚集十个以上的儿童，有一人用手遮蔽别一个儿童的双眼，其余儿童站在一边。游戏开始时，这些儿童从被遮的儿童面前一个跟着一个地经过，并且各作一种形态，如指星星，指月亮，开步，打拳……同时遮人的儿童把各儿童所作的形态，挨次告诉被遮的儿童，可是并不说出姓名。等到都过完后，遮人的儿童就说："摸摸，合合，猜着了是你哥哥。"说完把被遮儿童撒开，让他猜哪个儿童是作那种状态。如果猜对，那被猜着的儿童就替他去遮眼，照样去做。如果猜不中，他还得遮目再猜，非得猜对，然后才能了事。

九、闯拐

这是两个人的游戏，人多亦可，并且随便在什么地方都行。先由两个人用手各把右腿盘起，左脚着地站稳。两人单腿跳着，用膝盖互相对闯，那个被闯到右脚着地的算输。如人多时继续再和赢的比较。

十、偻偻豆儿

在空地或院中聚集十余个儿童，推一人做"偻偻人"，一人做"猜豆人"。其余儿童排列成行，都把手缩在袖里。偻偻人拿小砖一块作为豆儿，挨次与排列的儿童接手，作出交接的样子。同时随便递给排中的一人，不让猜豆人看见，然后让猜豆人猜哪个人的手里有豆，向他讨要。如果猜对，被猜的儿童就替他做猜豆人，猜不对还继续再做。

十一、打球

这是两人以上无论在什么地方都可以玩的游戏。先预备一个用线缠成的球，或皮球亦可。由一人用手拍打这球，嘴里数着数目。也有时在拍打时做出种种式子，如拍一下球转一回身，或迈一双腿等类。直到手没拍着球为止，记住共拍多少下，后一个人也要照他的样子、数目去拍。多者为胜，不够算输。

十二、打杠子

这种游戏只用二人。在草场或空地作约一丈远近的距离；二人各占一头，每头地上都放一标准物，如铜元、小砖等物。二人相互用铜元或圆铁片照准对方标准物打去，打中的算赢，不中的没事，如是继续来回相打。

十三、苏马庄

在黄昏或月夜的时候，聚集十人到二十人，找一块草场或空地，只要有树木、墙角、碌碡、石椿等物的地方都可。先由一人站在树木、墙角等任何东西的前面，作为占“庄”。其余人都散立在四周围。演时是由占庄的人口中呼着“苏”的声音前去向四周捉人，能够在“苏”声不断的时候捉住一人，那么其余的人都可以打那被捉的人，并送到庄前让他向月儿磕一个头就算了事，然后重新再玩。要是占庄的在没有捉到人，又没回到所占的庄上的时候声音中断，这样，其余的人也都来赶着打他，除非他跑回本庄，用手摸着庄的时候才停止打他。

十四、打官骡

聚集七人至十余人，找一个有木桩或树的院里或草场上，选一人做“官骡”，用手握着树伏下身去。其余的人围着他，在他不防备的时候都可以乘机打他。他就用脚乱踢，被他踢着的就替他做官骡。如此循环做去。不过这种游戏是危险的。

十五、捉迷藏

在黄昏以后，聚集十几个人。找一处障碍物最多的地方，把人分成两组，一组做藏的，一组做捕的。两组议决共捉若干人。然后捉人的一组站在指定的“庄”前，等着藏的一组全去藏好，听见发出“得啦”的口号，除预先定好留一人看庄，防备人偷着占庄之外，全体出发去到各处捉人。如果把所议的人，全部捉住拖回，一个不多，一个不少，就算赢了。多捕少捕，或被人把庄占去，都是算输。

十六、哭黄雀

在院里或空地聚集十余人，分成两组，对面站立，相隔一丈多远。先由甲组出一人作为“哭的”，到乙组用种种笑话或奇怪状态去哭（即装哭引人笑）。这时乙组的人如果被他引得发笑，就把笑的人拉到甲组去。要是向这人哭，他不笑，可以再向别一人去哭。若是这一组里都没被他引笑，那就由乙组里出人再到甲组去哭。结果哪组拉的人数多算赢，人少的一组算输。

十七、跑麻绳

在空地或院里，聚集十几人至二十几人，分成两组；对面排成横队，相隔三丈多远。每组各举一人作为“说话的”。如甲组说话的人先叫阵，就说“野鸡翎”。乙组说话的接说“跑麻绳”。甲组再说“麻绳开”。乙组接着又说“将你那小鸡撒过来”。这时甲组遂出一力大之人，向乙组横队跑着闯去。闯开横队算赢，闯不开算输。

十八、鹞子拿家雀

在院里或草场上，聚集十几人至二十余人。其中举出二人，一做鹞子，一当家雀，其余的人都携手成圈。演时鹞子在后追，家雀在前跑，二人围在圈外追赶着。如果鹞子在三圈之内能追上家雀，那个家雀就算鹞子的人，鹞子就算是赢了。三圈追不上家雀，鹞子就算是输。

十九、拜太阳

在正午的时候，找一块空地，聚集十余人或二十余人。随意举出两人，一做追的，一做跑的。其余的人都携手成圈。然后两人在圈外围着追跑。如果跑的被追的追上，跑的就得向太阳作三个揖，叩一个头，作为罚他。

二十、瞎子捉兔

在宽敞的地方，聚集二三十人，任意选出两人：一人当瞎子，用手巾遮住眼睛；一人当兔子。其余的人都携手成圈。瞎子和兔子都站在圈子当中，由一人发出号令，瞎子首先说“一”，兔子回答说“二”，这时瞎子就向着兔子的声音去追捕他。捕着兔子算输。如在相当的时间里，瞎子始终没捉住兔子，瞎子就算输了。不论谁输了，都由圈子里再举一人替代他。

二十一、抬杠官

在旧历正月里，聚集六个人，预备木杠两根和一把茶壶，一个茶碗。然后选出一个能唱的人做“官”，一人做夫役，四人做抬夫。演的时候，四个抬夫一人一头，前后各二人互相搭着肩地抬着，当官的两只脚分站在两根杠上，或坐在一边。任凭抬杠的人如何颤动，总不能掉下来。同时这官还要唱着各种难曲，做出各种舞态。夫役在后边提着壶，拿着碗跟随着。唱曲的时候，是做官的先唱，夫役、抬夫也随着唱。这样到各处游行。

二十二、鹰捕小鸟

在院中或空地聚集十四人，从中选出五人；一人做鹰，四人做小鸟，其余九人，分成三伙，每伙三人，都携手作圈，直立不动，作为小鸟的窝巢。每个窝巢只准住一个小鸟。那剩下的一只，就在窝巢以外。做鹰的只准在外边，无论如何不许进入鸟窝。这样预备好以后，告诉鹰知道，鹰就奋勇直前捕捉在外边的小鸟。小鸟奔跑，不使老鹰捕获。到不得已的时候，被追的小鸟，可以随意跑进哪个窝巢去避难。这时那窝巢里原住的小鸟，就得赶快飞出。鹰看见后飞出的小鸟，再去追捕，小鸟再跑。直到鹰追上小鸟为止。追上小鸟后，小鸟就向鹰行一个敬礼作罚。

二十三、捉曹操

这是室内的游戏，最好用八个人。如果人数不足时，可以从关、张、赵、马、黄五将之中，倒着缩减。玩法是用八个纸条，把刘备、诸葛亮、关羽、张飞、赵云、马超、黄忠、曹操等八个人名分着写在条上。然后把字向里揉成球，混堆起来，让在座的八个人，各人随意拣选一个。打开看过，无论拿着什么都不要动声色，尤其是拿着曹操的。这时拿着诸葛亮的，可以在五将之中随便指派一人，赵云也好，张飞也好，叫他去捉曹操（就是去猜谁是曹操）。如果被派的那个人捉住了曹操，曹操就要受罚；如果猜不着，被派的也要受罚。受罚的方法，就是由孔明问刘备应当打几板，刘备说打他几板，然后孔明再派人执行惩罚。

二十四、背弓射箭

在空地或院中聚集十数人，分成两组（例如甲乙两组），分站在距离丈余宽的地方。每组各出一人说话。演时，甲组的说话人先说："背弓。"乙组说话人答道："射箭。"甲组再问："射的谁?"乙组指定甲组中的一人说："射的某某。"同时乙组跑出一个力大的去抢甲组某某。甲组见乙组来抢，百般围护着被抢的人。乙组若把指定的人抢过来算赢，否则算输。

第二节　成人娱乐

一、男子的游戏

1. 踢毽子

这种游戏，是最有益的健身柔软运动。大致多在冬季和正月间玩耍。先预备公鸡毛一束，用布或皮子把它绑在制钱上，人们相互着用两脚踢起，能够玩出种种不同的样式。例如：用右脚由背后踢起，从左肩上过到面前，这叫"苏秦背箭"。要是踢起之后，将两腿交叉着跳起来，再用叉在后面的脚踢起，这叫"剪子股"。还有"仙人过桥""孤树盘根"等许多名称，都是用种种方法去接住或踢起。在踢起之后，有时也能用头、颈、背、眉、膝、鞋底等处去接住。最忌用手去接。玩的时候，许多人围起来传着踢，以毽子落地为输。要是几个人互相比赛数目的时候，有的不玩花样，是以开始踢起直至毽子落地为止，多者为胜。

2. 打秋千

用木杠做成秋千架，在横木的上面，系绳两条，下端系一块横板。游戏的时候，人站在横板上，两手握绳，前后用力摇荡，越荡越高，好似凌空飘飞一般。这种游戏在每年正月的时候最多。

3. 耍钹

这种游戏是旧历正月间玩的。共用十几个人，一人打着鼓，再有几人敲着铙，其余的人每人手持大铜钹一对，先站成一定的式子。听到鼓声一起，除拿铙的随着鼓点敲打不动外，所有耍钹的人，一面也要随着鼓点敲钹，一面还要耍成种种玩拳式的样子，并且这许多人总是一律的。演时忽紧忽慢，须与鼓点合拍，动作也很整齐好看。可见事先的演习也很费时间。

4. 耍河叉

叉是古时一种兵器。耍的人手持河叉，围绕全身旋转不定地舞着，并做出种种的姿势。最精彩的能用手脚把叉飞起，然后用脚或腰臂等处再接住。这样起落不定，上下翻飞，甚是好看。有时是一人独耍，有时多人对耍。这种游戏也是在正月里最多。

5. 闯拐

这种游戏的方法与儿童娱乐第九项同。

6. 荷子灯

这是旧历正月里夜晚的游戏。先用铁丝做成莲花的样子，糊上粉红色的纸，里头点上蜡烛。游戏的时候，要在宽阔的场上。一共十几个人，每人拿一个或两个荷子灯，随着锣鼓走成种种样式，如剪子股、大圆圈、一字长蛇、二龙出水等类。步踱的快慢，按时不同，都须与鼓乐合拍。在每一停顿的时候，用灯和人能凑成各种字形或其他形式。这样练习好了之后，再到各处去公演。

7. 擦冰

擦冰是冬季的游戏。乡村里有冻上冰的壕坑，农民就在上面做擦冰的游戏。

擦冰的人先由远处跑来，到冰上时一脚在前一脚在后地立着溜。随跑随溜，总是直走。有的在鞋底绑一铁片或铁条，一脚擦着，一脚蹬着地跑。要是没有壕坑，就在地上掘一个长沟，沟中注水，隔夜成冰也可以玩耍。

8. 打𡏖

这是二人以上的游戏。每人各拿一二尺长的木棒一根。先在地上画一横线，在距横线三四尺或五六尺之间，再画一“十”字。然后都把木棒放在“十”字的前面，如扇形，其棒头相聚处向着“十”字。这时由任何一人持棒在“十”字后向横线的方向打这些木棒，以木棒距横线远的，先去窜𡏖。窜𡏖之先，众人把木棒仍作扇面式放在横线后边。因为防窜𡏖的把木棒打过横线，所以把扇形的边缘向着十字。窜𡏖的人拿起自己的木棒，站在十字上向着横线的方向打那些木棒，必须把排列的木棒冲过横线，同时不使自己的木棒随着越过去，能够这样就算是赢。然后再看被打过横线的木棒的远近，就按先远后近的次序去作窜𡏖的。要是自己同别人的木棒一齐过了横线，或是别人的没过去，自己的过了横线，那就由距横线较近而没过去的人再做窜𡏖的，重新再打。有时也轮流着击打，各人先占一数目，按着次序一打二、二打三、三打四地循环不已。这种游戏，多行于秋冬两季。

9. 夹吃挑担

这是二人走棋式的游戏。先在地上画一个棋盘（如图 8 - 1 第一图），每人用五个子，预先放好，然后依次走子。走到甲的两子夹着乙的一子的时候，就叫做“夹吃”。那被夹的子就被甲吃起，换成自己的子再走。如果乙的两子在两头，甲的一子恰巧走到中间，这就叫做“挑担”。甲也将两头的乙子吃起换成自己的子，这样走着看谁的子先被换完，谁就算输。这种游戏，多行于夏季。

10. 鸡毛蒜皮

这也是二人走棋的游戏。先在地上画一个棋盘（如图 8 - 1 第二图），每人各用四子，放在盘上成四角形。走动时如距自己的子四步的地位有对方一子，就依鸡毛蒜皮四字，将自己的子一连移动四步；口念一字，走子一步，走到四步，正当对方之子，就把对方的子吃起。若在四步的地位没有对方的子可吃的时候，每次只准走动一步。这样走去，先被吃完者为输。这也是夏季的游戏。

11. 搿连

这是二人对着的游戏。先在地上画一个棋盘（如图 8－1 第三图），然后各用一种不同的子，按次向盘上互搿一个。不论横竖或斜线上，如能三个搿成一行，就叫做“乘上”。这样，就把对方不成连的子压住一个，如此继续搿子，直到满盘为止。然后把被压的子，完全除去，盘上也就有了空地位，再接着互相走动。如果通盘搿满以后，双方没有压子，那就各人随便去掉一子，以便“走连”。“走连”的意思，就是设法把自己没有乘上的子，走成三子一行。乘上之后，仍然吃起对方一子。先被吃完者算输。这也是夏季的游戏。

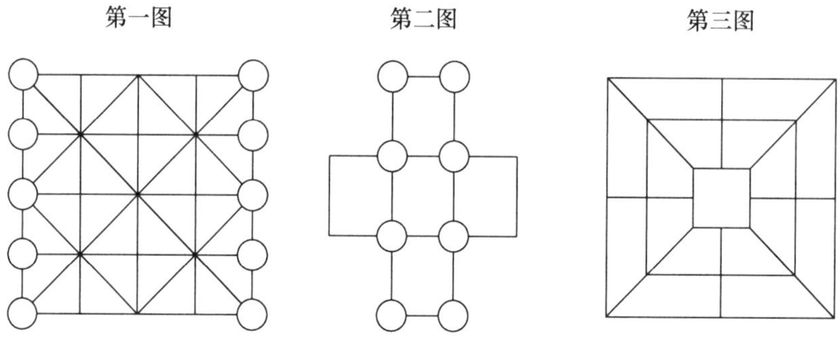

图 8－1　棋盘

二、妇女的游戏

1. 打懒老婆

用一块小短圆木，一头削成尖形。另备绳鞭一根，用鞭上的绳将小圆木由尖处向上缠绕好了，然后就地把小鞭猛地抽回，于是小圆木便尖头向下旋转不已。如见有停歇的样子，再用小鞭抽打几下，便又继续不断地旋转起来。有的一人独打，也有许多人用它比赛，是以旋转工夫大的算赢。这种游戏，多行于春冬两季。

2. 打球

这种游戏的方法，与儿童娱乐第十一项同。

3. 打秋千

这种游戏的方法，与本节男子游戏的第二项同。不过妇人们要打，都是家中立秋千架的才行，要是村中立在街上的秋千架，妇人和十五六岁以上的女子就不肯去打了。

第三节　秧　歌

一、秧歌的沿革

据定县的传说，秧歌的起源是宋朝的苏东坡编的。定县北部，黑龙泉附近的苏泉村、东坂村、西坂村、大西涨、小西涨等村的农民多以种稻为生。苏东坡治定州时，看见他们在水田工作甚为劳苦，就为他们编了歌曲，教他们在插秧的时候唱，使他们忘了疲倦。这就是秧歌名称的起源。不久就传遍了定县，男女老幼都会唱了。农民多半不识字，就一代一代地口传下来。苏东坡也万没想到后来秧歌竟变成了戏剧。当时他所编的多半是一个或几个短歌。后来歌词一定是渐渐改变，离本来的面目愈去愈远。现在也难考察他原来的秧歌究竟是什么辞句与是否和现在声调相同。后人随时又编了许多不同的秧歌。亦不知在哪一时代有人把秧歌变为表演的小戏，又配上音乐。后来秧歌竟慢慢地成为正式的戏剧了。据老人说，从前的秧歌比较现在的文雅，自前清以来，秧歌的腔调、辞句和表演日趋于粗俗淫荡。官厅曾经禁止演唱，但始终无效。

定县秧歌表演的方式和声调与北平一带地方的秧歌大不相同。最主要的分别是，北平唱秧歌的人脚底下绑上三四尺高的木棍，叫做踩高跷，并且是在街上游行演唱。主要的角色有“陀头和尚”，手拿一对木棒，在前引路，一面走一面打，后边都按照他打的快慢来走路。他的后面有“傻公子”、傻公子的媳妇、“老作子”、“小二格”等角色。所唱的都是短歌，或随时说些趣话，演些逗笑的动作。定县的秧歌没有向上面所说的表演方式演进。它完全不用高跷，不在街上游行。没有固定的几种角色，歌词也不那样简短。定县的秧歌，从歌曲变为表演的方式，大约是始而仿效唱对花、莲花落或蹦蹦戏之类，继而摹仿普通大戏。不但是在固定地点演唱，而且有棚有台，出将入相，有在“高腔”“梆子”“二簧”等戏外另树一帜之势。至于定县的秧歌，从苏东坡时起至现在止，如何自简单的短歌渐变为整本大套的故事，如何自简单的表演一步一步变成现在的戏剧，皆待专家的考察研究。这种细密的工作不是我们在短时间内所能办到的。

二、秧歌的现状

现在秧歌的表演与大戏相似。主要的角色分青衣、须生、老旦、花旦、花脸、小生、小丑等。所用的乐器有鼓、锣、钹、旋子四样。定县各大村都有能唱秧歌的人，其中善唱的就联合起来，组织秧歌会，普通称为义合会。由会中置办乐器、帘帐、行头、彩饰以及各种应用物品。会员中一部分是前台上管音乐的，一部分是后台内化妆的、画脸谱的、管衣箱的，一部分是出台演唱的。这些人多半平日为农，或从事他种职业，到演唱秧歌时来临时帮忙。会员中也有极少数以唱秧歌为主要职业或副业的。唱得好的人也收徒弟，亦无一定年限，乃是随时学习。徒弟必须是记忆力很强的聪明青年，因为只靠口头传授，少用写本。

每年秧歌最盛的时期是在旧历新年。此时正当严冬已过，天气渐暖，新春开始的时候。农民无不高兴鼓舞，呈一种所谓家家欢乐过新年的现象。大半的村庄都要在正月内演一次秧歌。此外各种庙会或节日，亦多演唱秧歌助兴，演唱一次普通一连唱四日，最少三日，亦有长至十日者。请秧歌会的十几个人演唱，每日需用费10元左右，四天用40元左右，此外搭戏棚戏台亦需15元左右。亦有极少数村庄从不请秧歌会而自己临时组织一班人员演唱，向秧歌会租用一切应用物品。无论何人演唱，一切费用都由村中供给。按地亩之多寡挨户均摊，不能出现款者亦可以米面等食品替代。

秧歌不但是定县一般人最高兴的、最普遍的消遣，尤为妇女户外不易多得的娱乐。演唱秧歌的村庄的住户大半借此机会请他们外村的女亲戚，特别是姑奶奶、外孙、外孙女等人，来村里家中住几天，款待他们。因此演唱秧歌也是给与亲戚来往的一个机会。本地有人说青年妇女喜看秧歌，并不是与她们有益，因为秧歌多有淫词浪语，并且往往有乡村无赖分子借端生事。可是我们亲自看了几次秧歌，并没理会什么了不得的不良影响，不一定比城市内的大戏、小戏或莲花落等显得坏。只因朴实的农民总以为凡关乎男女爱情的表演就是坏的。编者曾记得前二年中华平民教育促进会某次给农民演了一短篇外国电影。他们看到一个青年男子与一个青年女子拉手的时候，一个农人说，这张片子是荤的，及至看见父亲和他的女儿亲嘴，都以为是了不得一桩事，在他们看来更是大荤而特荤了。他们对于秧歌的判断，也不过就是这种中国旧礼教的观念。可是官府曾禁止过他们演唱，而他们毫不介意，一到年节仍是大唱而特唱。这是表明他们在一种极单调的生活里需要一些娱乐。秧歌是满足这种欲望的，若能把现在已有的秧歌改良一下，可以成为很好的一种社会式教育。

三、秧歌的分类

搜集的秧歌约可分为六类，即爱情类、孝节类、夫妻关系类、婆媳关系类、谐谑类与杂类。

1. 男女爱情类

在男女爱情类的秧歌里表示女子有“好马不备双鞍韂，烈女不嫁二夫郎”的观念。只要婚姻一定，即当始终不变。但并不是没有例外，也有羡慕自由恋爱的故事。中国的社会素来注重读书人，说起来总是士农工商，士居第一，在科举时代平民一样可以金榜得中，做官为宦。今天是平民，明天就可以为宰相；今天是乞丐，明天就可以中状元。中了状元，做了官宦，不但可以光宗耀祖，就连乡里也增了声价。因此一般女子喜欢嫁给金榜得中及做官为宦的男子。女子尤其喜欢嫁给皇帝。有三出秧歌都是因为女的看见男的身上有真龙出现，就上前讨封。

2. 孝节类

凡表演孝或节的秧歌，都归这一类。这类秧歌表现数要点，由这数点可以看出中国社会关于孝节的伦理观念。中国极重孝道，孝子为人所敬，孝能感动天地鬼神。有因重孝甚至活埋自己的儿子。有时“无后为大”这种观念重于守节，宁可失去贞节，也得要子孙。如《倒听门》这出秧歌就是表现这一点。也有时女子因为要在将来报仇雪恨，亦可忍气吞声暂时不顾贞操，并且往往有神仙保佑，帮助达到尽孝守节之目的。

3. 夫妻关系类

这类夫妻关系的秧歌，表现中国夫妻间的道德，夫妻间的伦理，以及夫对妻、妻对夫的观念。从这些秧歌中看出来，夫是妻的主人，妻是夫的奴仆，甚至于可以说妻是夫的财产。夫妻间的地位不平等，夫有休妻的权柄，妻无休夫的权柄。如果妻不生子，夫就可以休她。生子是结婚的主要条件，这种观念也是受了“不孝有三，无后为大”的影响。有时夫休妻非出己愿，是由于母亲的命令。婆媳间起了冲突，婆母可以随便打骂儿媳，也有时命令儿子把儿媳休了，儿子因孝母，不敢违背，宁愿孝而不顾妻。做媳妇以被休为奇耻，无法回家，没脸见人，因此就引起两种结果：一种是哀告丈夫收下，就是丈夫娶妻买妾，自己也都情愿；一种是自己剃发为尼。如果休妻是由于婆母的缘故，要想收回休妻的命令，不是儿子所能办到的。有时因小姑或他人劝解的缘故，也许使她婆母收回休妻的命令。夫有卖妻的权柄，可是有时妻被卖之后，还能体贴丈夫、爱丈夫，至终还跑回原夫家来过日子度这一生。

4. 婆媳关系类

凡是表演婆媳关系与因婆媳关系所发生的其他关系的都归这一类。从这类秧歌可以看出女儿一出了嫁，就算归了人家，好像把东西卖给买主的一样。婆母对于儿媳有莫大的威权，娘家对于她就没有多少权柄了。在一个家庭里做媳妇先要受婆母的管辖，听婆母的命令，其次才听丈夫管辖。有时婆媳闹意见，儿媳受虐待，两家亲戚却要因此起了冲突，不相往来。做媳妇的在婆母在时，一点主意都拿不了，只有听从命令而已。做儿媳妇的愿意婆婆早早死了，她好当家做主，没人再给她气受，而她可以给她的儿媳气受。凡婆婆没做过的事，也不许儿媳做，婆婆没享过的福，也不许儿媳享。

5. 谐谑类

凡是表演滑稽、诙谐、挑戏、调情的秧歌都归这一类。这类中例如《锯缸》《王小赶脚》《武搭萨做活》《顶砖》《顶灯》《杨文讨饭》《王妈妈说媒》。《锯缸》是表演妖魔王大娘与土地爷所变的锯缸匠的故事。《王小赶脚》是表演二姑娘骑驴，王小赶脚，在路上互相挑戏调情的故事。《武搭萨做活》是表演武搭萨懒惰的长工与女主人为工钱争吵的故事。《顶砖》是表演商天宝怕老婆，给老婆顶砖的故事。《顶灯》是表演张岐山因好赌被老婆管着，怕老婆，给老婆顶灯的故事。《杨文讨饭》是表演杨文因吃喝嫖赌把家财荡尽回家同妻子到大街唱莲花落谋生的故事。《王妈妈说媒》是表演王妈妈到东庄秃大姐那里说媒的故事。

6. 杂类

杂类中有的是纯粹的本地秧歌，有的是从大戏改编的秧歌，例如《借髢髢》《借女吊孝》《崔光瑞打柴》等是纯粹的本地秧歌。至于《薛金莲骂城》《关王庙》《坐楼杀惜》《庄周扇坟》《白蛇传》等出是本着大戏重编的秧歌。近年以来，秧歌的范围有扩大的趋势，不但把本地的事情用秧歌表演出来，并且把外来的大戏也渐渐放在秧歌的范围里，这种秧歌是根据大戏的故事而编成秧歌的词句表演出来。

兹选录七出秧歌于下，即可代表各类秧歌之性质。

四、各类秧歌选录

1.《打鸟》

王子白　小小的鱼儿未成龙，落在深山泥洼中。生在皇宫院，长在帝王家，饥吃玉米饭，渴喝翰林茶。生，小王古存思想起来，好不愁闷人也。

王子唱　小王落泪好伤情，埋怨父王是真龙。条龙条凤龙国母，要害小王命残生。把小王绑在龙庭上，声声要斩不留情。不该着人死有神救，救出海外逃命生。不会行路学行路，不会登程学登程。走了一里哭一里，走了一程哭一程。哭哭啼啼高庄上，太湖石坐着一老公。老公缺子无有后，留下小王作螟蛉。一年四季把衣换，送到南学把书攻，上学念的百家姓，然后念的三字经。五经四书全念过，师傅又叫我把文通。头一篇文章作得好，第二篇文章不犯重。第三篇文章写差了个字，怒恼师傅动无明。师傅打了四十大板，羞得小王睡朦胧。头一梦梦见神说话，第二梦梦见女花容。第三梦梦见去打鸟，打鸟的王子喜事冲。小王醒了是个梦，不知是吉可是凶。怀里揣上泥丸弹，臂膀挎上宝雕弓。迈步走出南学外，回头就把学门封。今天不上别处去，荒郊以外打鸟生。

妙梅唱　来了妙梅一枝花，心里欢来心里喜，梳洗打扮前去观花。慌忙拆开青丝发，黄杨木梳手中拿。左拢右梳的盘龙凤，左梳右拢的水墨云儿。盘龙凤里加香草，水墨云儿里麝香薰。左边一撮乱头发，梳了个蚂螂来戏水。右边一撮乱头发，梳了个蜜蜂儿采花心。后颈一撮乱头发，梳了个童儿拜观音。蜜蜂儿采花人人所爱，童儿拜观音爱死个人。脑瓜顶儿上一撮乱头发，梳了一座小庙儿。小庙儿里头神三座，刘备、关老和张飞。江南的官粉润满面，苏州的胭脂涂嘴唇。耳朵上戴的是铃铛坠，滴啷当啷的九莲针。身穿一件大红袄，腰扎着一条裙。仙人过桥杉木底儿，两头儿着实当间儿空。脚尖上缀着花缨缨，花缨缨上缀着个花嗝铃。脚后跟上把着青谷穗，青谷穗上落着"青驴驹儿"（俗名蝈蝈）。两根须儿六条腿儿，喽兹喽地喝露水。向前一走叮当儿响，往后一退响咯吱儿。身上穿戴我不表，一到花园观花儿。迈步走出绣帘外，出了住宅来到园门。迈步就把园门进，我到花园里散散心。一边开的老来少，一边开的串枝莲。影壁墙上爬山虎，芍药牡丹在两边。各样的花儿观不尽，养鱼池里观一观。红鱼赶着绿鱼儿跑，黑鱼儿赶着绿鱼儿蹿，五色金鱼儿全有对，就是妙梅十六七的姑娘受着孤单。妙梅留落凉亭儿上……

王子唱　小王这里着眼斜。太湖石坐着一美女，顶小也下不了十五六，顶大也不过十七八。头上青发如墨染，鲜红的绳儿抹根扎。江南的官粉她润满面，苏州的胭脂嘴唇擦。耳朵上戴的铃当坠，叮啷当啷的九莲针。身上穿一件红大袄，八幅罗裙腰中扎。观见上来观不见下，观不见小姐金莲它多么大。一阵小风儿罗裙抄起，露出来了金莲三寸大。有心上前把她戏，没有法儿怎么戏弄她。小王说罢回去罢，该死的鸟儿叫喳喳。怀里掏出泥丸弹，弯弓就在手中拿。去得直来照得准，将鸟儿打在树底下。打鸟儿打在花墙里，看看小姐说什么。

妙梅唱　妙梅这里着眼斜，观见个鸟儿直噗啦。上头没有黄鹰叫，底下又没有猫儿掐。什么能人把你害，害得鸟儿染黄沙。用手拾起这只鸟，原是大嘴白脖儿山老鸹，隔着墙儿才说扔，墙外边站着个俏皮冤家。有心给他扔过去，恐怕冤家取笑奴家。将鸟儿撂在流平地，我看你只顾打来，怎么着拿。看你什么人来拾鸟，打鸟的人们说什么。妙梅留落太湖石上……

王子唱　小王抓住墙头草，鹞子翻身向上爬。小王跳在花墙里，舒手就把鸟儿拿。拾起鸟儿向回走……

妙梅唱　闪过妙梅把你拦下。你又不秃来又不瞎，来在我花园里做什么？你不是偷花就是盗柳，你不是戏俺就是偷看奴家。呐喊一声人来到，人多手众把你拿，把你拿到公堂上，四十大板一面枷。板子打得你的肉，枷板枷得你重刑法。思一思想一想，小小年纪要尬为什么？

王子唱　小王这里笑哈哈，叫声小姐听根芽。要打官司咱俩去，耻笑不过咱两家。

妙梅唱　一见公子会讲话，一心盘盘你的家，家住哪州并哪县，你爹的名姓娘姓什么？

王子唱　提起家来家不远，皇宫内院有我的家。我父姓王，王员外，母亲吃斋行善家。

妙梅唱　我问你家乡弟兄有几个，你是排行第几名？

王子唱　上没有三兄下没有四弟，所生小王我自家。

妙梅唱　你在家是否要过妻，你娶的妻子是谁家？

王子唱　小王生来面容丑，长得丑陋没人寻咱。

妙梅唱　闻听公子没有娶过，我妙梅十七八姑娘也没有婆家。有句话儿想着讲，恐怕公子你不从下。

王子唱　有什么玉言请你讲出口，讲在当面我从下。

妙梅唱　有心跟你婚姻配，怕你公子不从下。

王子唱　你愿意来我愿意，缺着个媒婆在当间。

妙梅唱　你愿意来我愿意，还要媒人干什么。

王子唱　此处不是缘法地。

妙梅唱　走，走，走，到在花园架根底下。

王子唱　小王只在头前走。

妙梅唱　一不羞，二不臊，十六七的姑娘跟着他。

王子唱　依顺花园来得快。

妙梅唱　别走了，别走了，来在花园根底下。

王子唱　小王扑拢三堆土。

妙梅唱　折了三个花枝儿当香插。

王子唱　没有纸来烧花叶。

妙梅唱　没有供飨的供黄沙。

王子唱　小王跪在平川地。

妙梅唱　咱排排年纪差不差。奴家二八一十六。

王子唱　小王二九一十八。我比着小姐大两岁。

妙梅唱　大两岁来小两岁，你就搭着奴家。

王子唱　早知道打鸟好，不在南学把弓拉。

妙梅唱　我要知道观花有好处，不在绣帘来观花。

王子唱　你要是不来发疟子。

妙梅唱　你要是不来疟子发。

王子唱　你要是不来你先死。

妙梅唱　你要是不来你染黄沙。

王子唱　磕罢头来平身起。

妙梅唱　妙梅离了就地下。

王子白　小王爬花墙。

妙梅唱　妙梅进绣房。

王子白　爹娘要问你。

妙梅白　打死也不承当。公子请哪！

王子白　请哪！

2.《蓝桥会》

魏魁元白　上学抱书本，下学拜圣人。远望南海思忖中，家有梧桐招凤凰。绣帘以里出美女，南学也出状元郎。字表魏魁元，南学读书，走过前去。

魏魁元唱　魏魁元正在上房里，忽然一事想心中。欠身离了坐，迈步出了我家门。依顺大街来得快，南学不远眼头里。迈步就把南学进，我跟南学上灯盏。打开一本经书看，又打开唐诗观一观。魁元念书多一会，歇息歇息……

蓝瑞莲唱　蓝瑞莲领了婆母娘的命，一到井台把水担。黄杨木担子拿在手，慌忙挂上二只钩环。丈二的井绳忙搭上，身子一斜滚上肩。迈步走出厨房外，大门不远到跟前。迈步走出大门外，依顺盘道出了山。丈夫姓周周俞子，奴家的名儿蓝瑞莲。丈夫五十单三岁，奴家二九一十八年。咱丈夫脓袋鼻子哈啦嘴，一个耳朵少着半边。一条胳膊半条腿，四指长的辫子赶成毡。立着好像磨地鬼，蹲着好像大磨盘。到了夜晚上不去炕，奴家不拉他还蹬砖。到了白天还好受，到了夜晚同床以里把我熬煎。丈夫得了黏床的病，一到井台把水担。一步两步莲花步，三步四步菊花仙。五步六步芍药像，七步八步霸王鞭。九步十步十样锦，前走九步后退三，走了个珍珠倒卷帘，走了个葫芦大传蔓，行在路北行在路南。井台上栽的垂杨柳，汉白玉石砌栏杆。迈步就把井台上，筲担撂在这一边。丈二的井绳拿右手，慌忙挂上一只钩环。来下一系龙头摆尾，俄后噗嗤来上翻。蓝瑞莲打上一桶水，另后再挂这只钩环。来下一系照样如此，来上一提是一般。蓝瑞莲打上两桶水，只使得蓝瑞莲汗溻了衣衫。蓝瑞莲留落在井台上，歇息歇息再回家园。

魏魁元唱 南学里来了魏魁元，一边走着一边想。想起夜晚一梦间，梦见蓝桥出俊景。一到桥上把景观，正走着用目望，蓝桥不远到跟前。迈步就把蓝桥上，我在蓝桥观一观。观观前观观后，观了左边观右边。八十的老翁江边站，二八佳人洗衣裳，观景观的旧年景，不知新景在哪边。魁元说罢蓝桥下，观见俊嫂把水担。头上的青丝如墨染，鲜红的绒绳儿末根缠。偏花正花一边一朵，鬓角里斜插白玉簪。江南的官粉润满面，苏州的胭脂涂嘴间。耳朵上戴的是盘龙坠，钩套钩来环套环。身穿着一件大花儿氅，八幅的罗裙结在腰间。观见上观不见下，观不见俊嫂小金莲。此处讲话当不了，当不了井台把话言。迈步就把井台上，来在俊嫂以面前，走上前来施一礼，……

蓝瑞莲唱 蓝瑞莲弯腰施一礼，并礼相还。莫非是小公子失迷了路，莫非是观景忘家园？

魏魁元唱 不是我观景失迷路，不是我观景忘家园。观景观得我渴极了，我借俊嫂一井泉。今天用了你的水，临走奉还几串钱。

蓝瑞莲唱 蓝瑞莲在东大道上我施舍茶水，小公子喝口冷水我不要钱。蓝瑞莲只在一旁闪，……

魏魁元唱 惊动了学士魏魁元。上前把着杉木桶，我跟井台把水餐。心中不渴难用水，偷看俊嫂的小金莲。魁元用了三点水，……

蓝瑞莲唱 井台上气坏了蓝瑞莲。你心中不渴强用我的水，偷看奴家是为哪般。

魏魁元唱 光顾喝水忘记了，没跟俊嫂盘家园。问声俊嫂哪厢住，家乡住处你对着我言。

蓝瑞莲唱 喝了我的凉水不滚白着走，你盘问我的家园是为哪般。我娘家住在华山后，我婆家住在华山前。

魏魁元唱 你丈夫姓什么对着我讲，俊嫂的名字对着我言。

蓝瑞莲唱 奴家的丈夫周俞子，奴家的名儿蓝瑞莲。

魏魁元唱 你丈夫的年庚对我讲，俊嫂的年庚对我言。

蓝瑞莲唱 咱丈夫五十单三岁，奴家二九十八年。

魏魁元唱 好你丈夫五十单三岁，好你二九一十八年。妻小夫大年庚不对，活活地就把俊嫂熬煎。

蓝瑞莲唱 虽然丈夫年纪大，抓髻夫妻咱也不嫌。

魏魁元唱 四处斜斜没有人走，井台上调戏女天仙。有句话我想着讲，恐怕俊嫂不耐烦。

蓝瑞莲唱 有什么话你讲出口，讲出好话我耐烦。

魏魁元唱 有心跟你婚姻配，成不成的莫把脸翻。

蓝瑞莲唱 一句话说得蓝瑞莲恼，手指着公子骂几言，你家也有姊和妹，跟你姊妹去配姻缘。蓝瑞莲井台上骂破了口，……

魏魁元唱 越骂魁元越喜欢。俊嫂你不把婚姻配，有一辈古人对你言。昔日有个樊梨花，她跟杨丑配下姻缘。她跟小将打一仗，爱上小将薛丁山。回马刀劈了杨丑鬼，她跟小将配姻缘。俊嫂不把婚姻配，红花能开几日鲜。

蓝瑞莲唱 好马不备双鞍子，好女不嫁二夫郎。

魏魁元唱 好马也备双鞍子，好女也嫁二夫郎。

蓝瑞莲唱 马备双鞍没有好马，女嫁二夫也不贤。

魏魁元唱 马备双鞍有好马，女嫁八夫也为贤。俊嫂不把婚姻配，听着魁元表家园。我是河东魏学士，我的名字是魏魁元，好地也有几十顷，楼房瓦房几十间，冬天有锦被，到了夏天纱绉幔。想吸烟有人打火，想喝水叫丫环。俊嫂不把婚姻配，耽误你青春美少年，别怨魁元。

蓝瑞莲唱 一句话说得我没了主意，心眼里忽扇好几忽扇。背地里想想我丈夫周俞子，眼角斜斜魏魁元。二人同是男子汉，咱丈夫不如公子长得好看。罢罢舍了丈夫周俞子，咱跟公子配姻缘。

魏魁元唱 既然是肯把婚姻配，咱跟蓝桥盟誓愿。魁元只在头前走，

蓝瑞莲唱 后跟着没有主意的蓝瑞莲。

魏魁元唱 迈步就把蓝桥上。

蓝瑞莲唱　咱跟蓝桥盟誓愿。

魏魁元唱　魏魁元作揖……

蓝瑞莲唱　蓝瑞莲拜。

魏魁元唱　双膝跪在地平川。我许小姐三更鼓，

蓝瑞莲唱　我许公子三更天。

魏魁元唱　三更鼓来在蓝桥上，

蓝瑞莲唱　咱跟蓝桥配姻缘。

魏魁元唱　磕罢头平身起，

蓝瑞莲唱　蓝瑞莲立在地平川。盟了誓愿咱就想走，

魏魁元唱　慌忙就把小姐拦。盟了誓愿你就想走，你拿着什么作个证见。魁元就把证见要，……

蓝瑞莲唱　难住奴家蓝瑞莲。我给婆母娘来挑水，拿着什么作个证见。我来头上摸一把，摘下奴家的凤头簪。久后若有凤头簪在，要饭的花子我也不嫌。我把金簪付过去，……

魏魁元唱　魁元接在我手间。得了证见就想走，……

蓝瑞莲唱　闪过奴家把你拦。你得了我的证见就想走，你拿着什么作个回还。奴家就把回还要，……

魏魁元唱　难着河东魏魁元。我到蓝桥上来观景，拿着什么作回还。低下头想巧计，撕下蓝衫作回还。久后若有蓝衫在，烧火的丫头我不嫌。我把蓝衫付过去，……

蓝瑞莲唱　瑞莲褪在袖儿里边。

魏魁元唱　辞别小姐走下去，

蓝瑞莲唱　井台上抛下蓝瑞莲。我一见公子他去了，给我婆母娘还把水担。黄杨木担子拿在手，慌忙挂上两只钩环。丈二的井绳忙搭上，身子一斜滚上肩。迈步就把井台下，依顺盘道上了山。蓝瑞莲挑水走下去，……

3.《安儿送米》

安儿白　老娘出门去，常常挂心中。七岁的小孩子，南学去苦攻。要知国家事，还得去读书。

安儿白　我乃七岁安儿，自老娘被祖母赶出门去，实教我常常挂心。那一

天尼姑前来化缘，她言说老母现在她庙中，不知真假，今天我背着祖母探望一遭，就此前往。

安儿唱 安儿一阵好伤情，想起我老娘珠泪倾。连把祖母来埋怨，埋怨祖母心不公。无故地把我生身的老娘赶出门去，母子活离各西东。就打老娘被赶在外，我那狠心的奶奶才把米来供。一天供我一升米，十天供我米十升。我应当吃一碗来吃半碗，当吃一升来我吃半升。一个月积下一斗米，今日逃学到庵中。欠起身来离了座，回头再叫众学兄。要是我奶奶把我找，你们就说我在南学把书攻。要是先生把我问，你们就说安儿在家中。拴住口袋背起米，口袋背在我的肩中。安儿走出南学外，大街上人多乱哄哄。心中着急躲藏着走，要叫奶奶知道了不成。迈大步走出村庄外，来到双阳岔路中。安儿正在朝前走，噗冬栽倒地流平。

安儿哭介 叫一声我那难见面的老娘呀！孩儿背米探望于你，背我也背不动，我难见面的老娘！

安儿唱 安儿一阵好伤情，难见面的老娘我叫不应。孩儿背米把你探，安儿能说不能行。两手按地忙爬起，口袋攒在我手中。拉拉扯扯往前走，来到师傅山门中。口袋撂到山门外，再叫声师傅开门庭。

安儿白 老师傅开门来，老师傅开门来！

尼姑白 门外哪个？着，去了！

尼姑唱 尼姑禅堂正唪经，忽听得门外有人声，合上经本不虑字，打个问讯往外行。老尼姑走出禅堂外，一句道言想心中。扫地不伤蚂蚁命，爱惜飞蛾纱罩灯，池中有鱼钩不钓，谁家买鸟放长生。闲言少叙来得快，来到自己山门庭。开开门来朝外望，原来是姜家的年幼的小玩童。看着玩童他年纪小，说一句瞎话把他糊弄。你不在南学把书念，你到在山门为何情。

安儿唱 我老娘可在你庵里，我老娘可在你庵中。

尼姑唱 你老娘没在我庵里，

安儿唱 倒叫安儿好伤情。孩儿背米将母探，不知道老娘在哪里受着苦情。安儿哭得如酒醉……

尼姑唱 哭得尼姑好伤情。叫声安儿你起来吧，你母亲就在我庵中。

安儿唱 老娘现在你庵里，就请你保俺母子来相逢。

尼姑唱　叫声安儿你宽心放，我保你母子得相逢。领着安儿前殿进，叫声三娘你是听。

尼姑白　三娘走来？

三娘白　去了！

三娘唱　三娘正在禅堂里，忽听得老师傅唤一声。三娘走出禅堂外，想起夜晚一梦中。夜晚之间得一梦，梦见安儿到我庵中。着那冤家扑了一把，两手怀抱扑了个空。这也不过是做梦胡思乱想，谅安儿找不到这庵中。三娘不表梦中语，见了老师傅问安宁。三娘来到前殿里，再叫声师傅你是听。

三娘白　老师傅将三娘唤出有何话说？

尼姑白　无事不把你唤来，我且问你，你终朝每日哭哭啼啼为何情？

三娘白　师傅是你不知，我终朝每日哭，哭的是我那七岁的孩儿。盼，盼的是我那无娘的儿呀！（哭介）

尼姑白　三娘不要恸哭，你那七岁的孩儿现在探望你来了。

三娘白　老师傅不用你讲出口来，我就明白。你看着我终朝每日哭哭啼啼，不过是给我两句宽心的话罢了！

尼姑白　你那冤家当真是探望你来了。

三娘白　老师傅开天地之恩，保俺母子见上一面哪！

尼姑白　安儿现在前殿以里，你母子相见去罢！

三娘白　老师傅请回。我儿在哪里？

安儿白　老娘在哪里？这是老娘？

安儿唱　是我不知道哭来不知叫，嗓子里叫一声难见面的娘。自说咱母子不得相见，现在见面亚赛沙里澄金一般同，我那难见面的娘呀！

三娘唱　苦命的儿呵！哎！三娘一阵泪珠倾，怀抱着小冤家大放悲声。在家下你奶奶她可好？……

安儿唱　你问我奶奶为何情？

三娘唱　虽说你奶奶心肠狠，哪一个做媳妇的忘了婆婆的情。在家下你爹爹好不好？……

安儿唱　你问我爹爹又为何情？

三娘唱　论到你爹爹不该把他问，常言道一日夫妻百日恩。再问声冤家你好不好？……

三娘白　你为何不言，你为何不语？

三娘唱　苦命的儿来苦命的儿，就知道冤家受苦情。你不在南学把书念，找到我庵中为何情？

安儿唱　正跟老娘来讲话，想起了口袋还在山门中。安儿走出了大殿外，观见了这口袋泪洒胸。上手攒住布袋口，拉拉扯扯往前行。口袋撂在大殿里，……

三娘唱　连把冤家问几声。莫非是你奶奶给我的米？……

安儿唱　我奶奶并没有疼娘的情。

三娘唱　莫非是你爹爹给我的米？……

安儿唱　我爹爹亦没有疼娘的情。

三娘唱　想必是狗子你偷了来的米，畜生你逃学到庵中。说了实话还罢了，不说实话为娘不答应。

安儿唱　未曾说话我搭下了躬，养儿的老娘要你听。我祖母听了外人的闲话，把我生身的母亲赶出门庭。自打我的老娘出门去，狠心的我那奶奶才把米来供。一天她供我一升米，十天她供我米十升。应吃一碗我吃上半碗，应吃一升我吃半升。一个月积下一斗米，孩儿我逃学来到庵中。孩儿要是偷来米，必定是细米一般同。孩儿要是积下的米，必定是大的大小的小，青的青来红的红。我的老娘要是不凭信，你打开口袋看分明。

三娘唱　三娘抓出细米看，果然不是一般同。就知冤家有了疼娘意，积下细米送到庵中。站在前殿一声叫，再叫师傅你是听。冤家背米将我探，给我冤家口袋倾。布袋付给我儿手，好叫冤家早回家中。

尼姑唱　三娘耐耐等一等，我给安儿口袋倾。小米子直往瓦罐里倒，把罐倒了个尖顶顶。把这个口袋交给你，打发你那冤家回家中。

三娘唱　手拿口袋向外递，……

安儿唱　安儿不接着手迎。在此庵中我来的时候少，玩耍一回我再回家中。安儿说罢到后殿玩耍，……

三娘唱　倒叫三娘我吃一惊。光顾玩耍不要紧，他奶奶要找到庵中了不成。老师傅你把冤家找。

尼姑唱　听罢三娘讲一遍，我找安家小儿童。站在前殿一声叫，再叫声安儿你是听。

安儿唱　安儿后殿正玩耍，忽听得老师傅唤一声。安儿走出了后殿外，老师傅你唤我为何情？

尼姑唱　你老娘着我把你找，找着你叫你回家中。

安儿唱　你怕我吃了你庵中的米，我嚼你一升，还你二升。

尼姑唱　别看安儿年轻小，说出话儿来不中听。叫声安儿你跟我走，见了你老娘说分明。（转向三娘）你叫我把你的冤家找，他讲出话来不中听。三娘安儿快走吧，出家人不落那污名。

三娘唱　听罢老师傅他讲一遍，连把闯祸的奴才叫几声。你哪是背米把我探，你是给为娘惹灾星。刚才讲话你把师傅来得罪，快到老师傅面前去陪情。老师傅你不看僧面看佛面，不看水情看鱼情。叫声师傅你看一看，我母子两个跪在地流平。

尼姑唱　尼姑回过头来看，果然是他母子跪倒地流平。安儿跪着跪折了你的腿，三娘跪着我心疼。三娘安儿起来吧，出家人不与你一样儿行。这不是口袋交给你，打发安儿回家中。我把口袋递过去，……

安儿唱　安儿不接着手迎。

三娘白　天道已晚你还不与我走去！

安儿白　我宿了吧？

三娘白　小冤家再三不走却是为何？

尼姑白　依着我他就走了。

三娘白　依着你他怎么就走了？

尼姑白　粉皮墙现有挽手一把，摘下来，打他几下，他就走了。

三娘白　是你慢、慢、慢着，我那冤家好心好意探望于我，岂能打我那苦命的儿呀！

尼姑白　你那里打慢些，我这里拉紧些，难道还教你打着不成吗？那本是吓唬于他！

三娘白　老师傅好些看待。安儿天道已晚还不与我走去！

安儿白　孩儿宿了，明天再走。

三娘白　你若不走吃为娘一场好打。

安儿白　罢了，狠心的娘呵！孩儿南学念书，背书不过，也要挨打。孩儿回家用饭，祖母不教吃，赶到前院，也要挨打。孩儿背米探望母亲，实指望有些好处，不想到老娘见儿也是要打。我那狠心娘呀！

安儿唱　安儿一阵好伤情，狠心的老娘尊上几声。都说探娘有好处，你照着孩儿下绝情。孩儿我哭来哭去哭渴了，要喝师傅茶一盅。

三娘唱　小冤家讲话渴急了，劳动师傅把茶烹。

尼姑唱　听罢三娘讲一遍，到在后面看分明。尼姑说话烹茶去，……

安儿唱　连把老娘问几声。老师傅他待你好不好，老师傅他待你行不行？

三娘唱　提起师傅她待我好，桩桩件件有恩情。吃饭吃的一样儿饭，夜晚困眠一铺儿行。

安儿唱　既然师傅她待你好，师傅来了我陪情。站在前殿把她等，……

尼姑唱　来了尼姑把茶烹。尼姑烹茶前殿进，来了安儿面前迎。一杯香茶往外递，……

安儿唱　安儿不接着手迎。师傅转上受我一拜，施礼跪在地流平。拜你不为别的事，你待我老娘好恩情。残茶剩饭别喂狗，着我老娘把饥充。破衣烂鞋别损坏，着我老娘隔风寒。安儿久后得了好，一重恩德报答十层。叩罢头来平身起，再叫老娘你是听。老娘给我米口袋，今天孩儿回家中。说罢走出前殿外，一边想来一边行。忽然心中想一计，不知道能行不能行。今天我母子见一面，不知何时再相逢。着脚蹬住米口袋，把袋子撕了一个大窟窿。一来着老娘缝口袋，二来母子得相逢。安儿来在大殿里，母亲老娘你是听，安儿走得慌唐了，山门钉把口袋挂了个大窟窿。叫声老娘缝口袋，缝上口袋我回家中。

三娘唱　我把口袋接在手，不由心中犯叮咛。我有心给冤家缝口袋，婆母娘知道我的针线了不成。劳动师傅给他缝吧，……

尼姑唱　我给安儿把口袋缝。拿起针来纫上线，上边补上一个大补丁。看这安儿他不愿意走，三娘你送出他大门庭。

三娘唱　叫声安儿你头前走，为娘送你到山门庭。

安儿唱　走出师傅山门庭，

三娘唱　再叫孩儿你是听。

三娘白　我母子好比一群鸡，每日寻食在山里。黄鹰过来蹈一掌，东的东来西的西。（哭介）罢了！儿呀！

4.《王明月休妻》

王明月白　老来缺子女，恨天不公平。头戴一叶巾，身穿绣团花。有财必有宝，称起员外家。本人王明月，家住河南，洛阳县人氏，老来缺子无后，稳坐前庭，愁死人也！

王明月唱　洪武爷坐南京，风调雨顺，明明的老徐达治国安邦。表不尽洪武爷明君有道，明一明贤良女解劝夫郎。东庄刘员外请我饮酒，俺二人酒席筵前论家常。他言说有财无儿充不起富户，有儿无财能充刚强。他有着四个儿席前斟酒，只急得我王明月脸上无光。脸红脖儿紫回家下，我打量我自己好不悲伤。王明月在前庭自思自叹，……

张小姐唱　有京东张小姐在此上房。张小姐在上房我学习针凿，只听得老员外他回到家乡。我放下钢针我不把活来做，迈寸步来走出上房。张小姐进前庭开言便问，问一问老员外为着何事面带愁容。

王明月唱　狗贱人不必来把我问，因为你不生养气满胸膛。东庄刘员外请我去赴宴，俺二人酒席筵前论开家常。他言说有财无子充不起富户，有子无财能充刚强。我脸红脖儿紫回家下，我打量我自己好不悲伤。怒一怒写一封无情的书信，休门在外，我另娶别妻生养儿郎。王明月坐前庭数骂张氏，……

张小姐唱　你只气得张小姐粉面佳人气个焦黄。张小姐自幼儿着了气我耐忍不住，转身来走进前，尊一声我的夫郎。你倒说东庄刘员外请你饮酒，你们二人酒席筵前论家常。老员外你有财没有儿充不起富户，若有儿无财能充刚强。众朋友有儿女在席前鼓掌大笑，直急得老员外你脸上无光。你脸红脖儿紫回到自家下，回来坐下在前庭堂。张嘴说出两句丧兴的话，实叫为妻我羞臊难当。那人家有儿女前世修道，老员外你无儿我无女怨只怨咱们那辈子没烧过高香。老员外抬头看榆林树曲直不等，老员外你伸出十指有短有长。世界上无儿女那不光你我，有三亲并六故缺少儿男。你着我作活万般不能差，常言说养儿女有份数不独口讲。

王明月唱　张小姐说此话冷言恶语，王明月怒狠狠骂一声无良。狗贱婢你在前庭等，我写休书一到书房。走出了前庭门以外，来到自己一书房。桌上铺着砚和纸，一管竹笔拿手上。上写着王明月休妻张氏女，下写着张氏太不良。不嫌你脚大并脸丑，俺为不生儿不养女不长胸膛。说话休书写完毕，不多一时走出书房。这本休书摔给你，狗贱人出门去快给我腾房。

张小姐唱 张小姐见休书我魂飞天外，泪珠儿止不住淌在我的胸膛。走向前来忙把休书捡，无奈何顶在我头上。张小姐走向前双膝跪倒，尊一声老员外你听端详。想当年在老伙同居度日，你为妻做活我当头行，到后来分了家咱各顶门户，岂不知直使得为妻我孤凄劳伤。咱们分的是空宅院破房一所，我打水你挑泥咱夫妻二人才做成院墙。清晨起套上磨我前去做饭，做熟饭卸了磨我前去采桑。采了桑喂上蚕我才把饭用，饭又冷菜又凉不入我这饥肠。蚕老了有丝停又停不住，种地浇园麦焦黄。慌忙地为妻入地拔麦，你为妻搬铡刀入麦头，摊了满场。打清麦子入了囤，麦秸根子滑秸也收拾停当。你为妻三伏天气也到机房去织布，一织织到天秋凉。好绫罗缎匹织了满箱满柜，做成的衣服顶柜满箱。又恐怕员外你穿着不好，不能咯吱吱地穿身旁。为妻我经心作意好好做，你看你穿着又不大又不小有多么漂亮。时兴的鞋儿多做上几对，可脚儿的袜子多做上几双。老员外你那时候走到大街上，凡看见你的没一个不夸着为妻我手艺高强。咱全凭着口里浅肚里饿积下了富户，人口少土地多咱积下了余粮。到来年遭荒旱这米粮贵，老员外又把集赶，粜粮食万万贯置下田庄。好土地咱要下数千百顷，好宅院咱盖下几百间房。进大门只听得鹅鸭乱叫，老员外坐在当院数半天也数不尽咱这骡马牛羊。河南府你称起是富足员外，你为妻受苦只一面地指望。老员外自幼你好赶集上庙，众朋友他请你去吃酒浆。天晚了不回来差人把你找，又怕老员外你吃醉酒躺在路旁。要见君子人他把你唤起，要遇见小人他扒了你的好衣裳。要遇见好乡亲他把老员外搀到家下，你为妻着了忙，慌慌张张迎接到大门上。上前头我拉住老员外你的手，咱夫妻手拉手儿一到上房。到上房铺开红绫被，二人枕高高地垫起，又恐怕老员外舍了酒脏了你的衣裳。老员外醒酒来观只见老员外心中不悦，你为妻着忙到大街请名医开药方煎药熬汤。你一顿饭吃不下去我放心不下，我格外加油醋做料三片鲜姜。你为妻我今年三十七岁开花没败，你就是娶妻买妾我不拦挡。你娶到家来你叫她当家主计，我愿意让她占大我占小我占个偏房。堂楼上有女客叫她陪伴，我愿在下边去下厨房。好香油共美味你俩所用，我愿意吃上两碗粗米糟糠。好绫罗美缎匹你俩穿戴，我愿意穿上两件子粗布衣裳。堂楼上红绫被你俩去睡，我愿意在下边搭草铺睡凉炕跟丫环同床。望只望产生一男共半女，为的是咱夫妻百年后有人承丧。王员外你今天无故休了我，我怎见我那一双二老爹娘。一双爹娘就算好见，又怎见我那嫂嫂和兄长。我那一双哥嫂也算好见，要有外人来问我，我又拿什么话儿挡。老员外你发个善心留下我，你自当三吊钱买了一个老梅香。张小姐跪前庭苦苦哀告，……

王明月唱　只哭得王明月转回心肠。走上前把休书撕他个粉粉烂碎，普天下没有我妻这样的头等贤良。走上前来深施一礼，双膝跪在前厅上。祷告祷告多祷告，祷告空中神灵听其详。久后我再说休妻的话，苍天爷加罪我死在外乡。

张小姐唱　我一见老员外他把愿许，张小姐喜婆娑地笑脸开，尊声夫郎。走上前把员外急忙拉起，老员外且落坐你听着为妻唤唤梅香。在此前庭落了坐，再叫声丫环，……

张小姐白　丫环走来！

丫环白　去了！

丫环唱　小丫环正在厨房里，忽听得奶奶唤了一声。梅香我撂下了钢刀不切菜，见了奶奶问分明。小丫环走出厨房以外，来到奶奶的上房中。奶奶唤我丫环为何事，对着丫环说其情。

张小姐唱　叫一声丫环快装酒，你急忙装酒到在厨中。

丫环唱　小丫环听说不怠慢，我慌里慌张去把酒装。小丫环走出上房以外，不远来到一厨房。怎大的宝瓶装好酒，两个磁杯拿手上。小丫环装酒往回转，我来到奶奶一上房。进上房我与那爷爷奶奶满上酒。

张小姐唱　咱们一见丫环满上了酒，老员外咱二人吃几杯水酒解愁肠。

王明月唱　头杯酒不喝敬天地，

张小姐唱　二杯酒儿敬灶王，

王明月唱　三杯酒儿不可用，

张小姐唱　咱敬敬上方张玉皇。

王明月唱　因为无儿常舍饭，

张小姐唱　因为无女常舍衣裳。

王明月唱　因为无儿修桥补路，

张小姐唱 因为无女修盖庙堂。

王明月唱 在上房盼儿儿不到，

张小姐唱 不知多怎才见儿郎。

青龙报名，白虎报名（词白）玉主登殿陪伴伺候。请！

玉皇白 上方金鸡叫，下方海水潮。玉主在位稳坐龙殿。差那李长庚查那善恶文簿，不见到来。青龙白虎大开南天门！

青龙白虎白 啊！

李长庚唱 下方查得善恶簿，查得善恶文簿启奏上神。驾祥云来得快，不多时来到南天门。隔竹帘望不见玉皇老主，两边站的老少二臣。李长庚跪在龙心宝殿，下方查来的善恶簿子呈君主。

玉皇唱 善恶文簿铺在龙心书案，查来的善恶文簿我看原因。抬头观见山东地面，山东地面妖魔贼寇成了群。我在金殿一声叫，单叫青龙你听真。将你发在山东地面，半夜三更剪草除根。抬头观见山西地面，山西地面出了不良人。有一个王小行恶不行善，他打骂爹娘咒骂四邻。白虎发在山西地面，正当午时挖苗断根。抬头观见湖北地面，三年不落雨，苦坏了黎民。李长庚发在湖北地面，正当午时降雨三分。耳鸣眼跳心不定，抬头又见河南洛阳地面人。河南有个王明月，修桥补路修盖庙堂大善人。王明月倒有九子的命，眼下无子断绝根。在龙殿吹法气，有语再叫送子娘娘神。金童玉女赐给你，命你送子到洛阳明月家门。袍袖一撣退龙位……

送子娘娘唱 在龙殿下了送子娘娘。今天领了玉帝旨，明日送子到洛阳。尘埃以上画双十字，五色祥云我忙驾上。驾动祥云我来得快，不远我来到河南洛阳。收住云头我拦云尾，我轻轻落在楼板上。我站在那楼上问一问……

张小姐白 儿啦啊！

送子娘娘唱 只听得他夫妻盼儿郎。一双儿女忙赐下，一个比着一个强。今天回在玉皇殿，见着玉皇禀其详。

张小姐唱 张小姐三十七岁恭贺大喜，唏唏哈哈这嗒这嗒。

王明月唱 生一儿来养一女，喜欢我们两个当上爹娘。叫声贤妻你跟我走，……

张小姐 咱到在门外夸儿郎。

王明月唱　领我妻头前走，

张小姐唱　咱夫妻走出这座上房。

王明月唱　说话走出了大门外，

张小姐唱　张小姐没有劲，慌忙着靠在这门板上。

王明月唱　站在门外高声叫，

张小姐唱　再叫声婶子老大娘。

王明月唱　终朝每日好佛行善，

张小姐唱　生一儿养一女抱在胸膛。

王明月唱　我的儿题乳名叫庆寿，

张小姐唱　小丫头题乳名叫做桂香。

王明月唱　我的儿成人长大高官作，

张小姐唱　小丫头成人长大占个娘娘。

王明月唱　我为儿要下千顷地，

张小姐唱　为丫头栽下了万棵桑。

王明月唱　千顷地来儿承受，

张小姐唱　万棵桑来女歇凉。

王明月唱　夫妻夸儿多一会，再叫我妻……

王明月白　妻啊！

张小姐白　夫啊！

王明月白　夫妻夸儿多时，随丈夫还家去吧！

张小姐白　你慢，慢着，曾记得在此前庭以里，你在上边坐着，我在下边跪着，到此如今，你抱着你那儿子，我抱着我那女孩，有什么脸面回家来！

王明月白　哈哈哈哈，嗳！妻呀！有两句言语你可知晓？

张小姐白　哪两句言语？

王明月白　人打高处走，水往低处流。不看起我的脸面，看起咱一双儿女的脸面上，咱就还家！

张小姐白　也是啊！不看起员外你的脸面，看起一双儿女的脸面，咱就得还家。还家咱就还家！

王明月白　湛湛青天不可欺，

张小姐白　别笑话穷人穿破衣。

王明月白　财帛儿女谁不想，

张小姐白　夫啊！

王明月白　妻啊！

张小姐白　一双儿女天赐的。

王明月白　好吗！好一个一双儿女天赐的。夫妻望空一拜啊！

5.《四劝》

王素真白　从把小妹叫，未曾送过河。一去二三里，烟村四五家。亭台六七座，八九十枝花。本人王素真，自从把小妹接过河来，不知道她婆母放了几天假，不免把小妹唤来问她一声便知明白。小妹走来！

妹白　忽听大哥唤，上前问根源。大哥唤来哪边使用？

素真白　没事不将你唤来，小妹落坐！

妹白　谢坐！

素真白　从把小妹接过河来，不知道你婆母放了几天假？

妹白　放了十天假。

素真白　现在你住了几天了？

妹白　住了九天了。

素真白　现在假期就满，我有心把妹送过河去，不知你心下如何！

妹白　大哥你当真？

素真白　当真！

妹白　果然？

素真白　果然！

妹白　你就杀了小妹了！

妹唱　忽听大哥把我送，倒叫二姐泪如梭！

素真唱　叫小妹莫悲泪，大哥送你怕什么？嘱托小妹我备马去……

妹唱　前厅抛下二姐我。一见大哥前去备马，我到绣帘换衣裳。二姐说罢把衣裳换，换罢了衣裳回家去。旧衣更下新衣儿穿上，半新不旧的打在包裹里。抱着包裹向外走，好性的嫂嫂你听着。我说今天大哥把我送，紧记住过节过令前去接我。我把嫂嫂嘱托过，大门以外等等大哥。二姐站在大门外……

素真唱　来了素真拉马呵。拉马拉在大门以外，观见小妹泪如梭。走上前来勒住马，请一声小妹上马呵！

妹唱　二姐上马包裹递，

素真唱　素真撒马接包裹。

妹唱　二姐打马头前走，

素真唱　后跟着娘家你的大哥。

妹唱　二姐打马荒郊以外，

素真唱　叫小妹有什么伤心话对着我说。

妹唱　叫声大哥你不知道，你屈死的小妹对着你说。咱父本是王员外，河北有个丈子坡。两家儿爱好做下亲事，看了好日把妹娶过。我只说寻了个大财主，不料想寻了个利害小姑刁婆婆。今天到了他家去，光想着死来不想着活。你小妹要死在阴曹地府，给你的小妹争装裹。给你小妹装裹争上，你小妹死在阴曹地府忘不了大哥。你要不给我把装裹争上，活活地屈死你小妹我。二姐哭得亚如酒醉……

素真唱　一旁哭坏了你的大哥。叫声小妹催马走，路途以上把你劝说，埋怨埋怨多埋怨，埋怨说媒的张媒婆。咱一双爹娘死得早，留下小妹你和大哥。小妹长到十八大九，来了媒人张媒婆。三言五语说停当，看了好日把妹娶过。我只说寻了个大财主，有的吃来有的喝；想不到小妹过门以后，寻了个利害小姑刁婆婆。你婆母倒有六十多岁，他莫非还活六十多。你小姑也有十八大九，不等几年把她聘过。他死的死来聘的聘，丢下小妹你再吃喝。多年的小道踏成大道，多年的水沟冲成大河。多年的柳条长成古树，多年的媳妇当了婆婆。你要听了大哥劝，小妹要死了我争装裹。小妹寻了无常死，你大哥以后百话不说。叫小妹你催马走，不等一时要过河。

妹唱　二姐打马把桥上，

素真唱　兄妹二人过了河。

妹唱　在马上用目望，

素真唱　不远就是丈子坡。

妹唱　二姐打马村庄进，

素真唱　来到你婆家大门呵！走上前来勒住马，叫声小妹下马呵！

妹唱　扳鞍离镫把马下，

素真唱　素真拉马递过包裹。你家去先问你婆母娘好，不良的小姑你也问过。

妹唱　我有心叫大哥家下去用饭，这点主儿也不敢做。

素真唱　你大哥临来用过了饭，又不饥来又不渴。我有心家下问你婆母娘好，我跟你婆母大大地不和。嘱托小妹拉马去，……

妹唱　大门上抛下二姐我，我在此处莫久站，哪一个丑媳妇怕见婆婆。二姐说罢大门进，……

6.《王妈妈说媒》

王妈妈白　哟！天上下雨忽啦啦，下得地儿泥泞噗喳。房儿也倒屋儿也塌，砸得孩子叫喳喳。抱起他来哄哄他，吃吃为娘的大妈妈，叶哑叶哑又叶哑。房檐一棵草，刮风四下倒；谁给我点吃，我就跟着谁跑。我乃王妈妈是也。有心到外边说媒，就可前去！

王妈妈唱　王妈妈坐在草房里，忽然一计想心里。东庄上有一个秃大姐，说到西庄没有毛的。我站起身来离了坐，迈片脚走出草屋里。我来到当院一声叫，叫声三儿四儿你们听端的。你们在家看门户，为娘我出门说条媒去。我不多一时走出村庄外，说媒的歌儿想到心里。那一天我到厨房去，我说得扫帚娶了笊篱。那一天我到磨道里去，我说得上磨石家里没有妻。上石动来下石不动，下磨石不动是一个死的。那一天我打菜园里走，我说得小葱子娶了莴苣。说媒的歌儿我不表，东庄儿就在眼头里。进了村庄来得快，我来在大姐大门基。走上前来推门户，大姐里边上着门哩。站在门外一声叫，待叫声大姐！

王妈妈白　嗳！你瞧上着门子，不免叫上一叫。插着门哩就是有人。大姐开门来！

大姐唱　大姐正在绣帘里，忽听得有人叫俺家。我扎上钢针盘绒线，绒线就在样册里夹。打一个转身床边下，小金莲扎在当地下。一边走着心中想，我想起二老爹娘没有在家。大姐长到十七八九，并没有一人说个婆家。对门子有一个小细姐，做姑娘长到二十八。娶的不过三年二载，怀抱小子胖达达。我迈动金莲来得快，来到自己门楼底下。走上前来我开门户，十指尖尖把插棍拉。出的门来我抬头看，原来是说媒的王八他妈。

王妈妈白　我给你一蒲扇！

大姐白　蒲扇就打着人啦？正是一巴掌。

王妈妈白　我说怎么漏空啦。大姐你跟我开玩笑哪！

大姐白　没有！

王妈妈白　没有！你怎么说是王八他妈？原是王妈妈。

大姐白　我说差了，王八他妈叫什么？

王妈妈白　王妈妈。

大姐唱　王妈妈就是王妈妈。门外不是讲话之处，一到绣帘把话儿发。领着妈妈大门进，……

王妈妈唱　后跟着说媒的！……

王妈妈白　你这人家才不说理哪！

大姐白　怎么不说理呢？

王妈妈白　你们怎么把一截子木头安在当道？

大姐白　那是门限子，对你说那是门坎！

王妈妈白　俺家怎么没有门限子？

大姐白　你说你家呵？你那是栅栏门口！安着小栅栏，清晨起来，一抬连那个门限子都抬过去了。

王妈妈唱　后跟着说媒的我这王妈妈。

大姐唱　领妈妈来到绣帘里，

王妈妈唱　走进来说媒的王妈妈。

大姐唱　我给妈妈打下坐，

王妈妈唱　坐下说媒的王妈妈。

大姐唱　一见妈妈落了坐，我给妈妈去打茶。

王妈妈唱　乡里的妈妈茶不惯，不用饭来不用茶。来来回回光见你，怎么不见你的爹爹和你的妈妈。

大姐唱　爹爹清晨把集赶，母亲串亲戚也没有在家。

王妈妈唱　只听得他一双爹娘没有在，说媒的王妈妈白来了。王妈妈站起身来就讲走，……

大姐唱　闪过我大姐拉住了她。

王妈妈白　我没说你这小丫头子，你是诚心跟我开玩笑吗？

大姐白　哪一个跟你开玩笑啦？

大姐唱　又闪过大姐往回拉。有什么话儿你对着我讲，爹妈回家我学说给他。

王妈妈唱　我有一句话儿恐怕妨碍着你，

大姐唱　嗳！叫妈妈，你莫非是给大姐说着一个婆家。

王妈妈唱　小小的年纪你嘴头儿尖，你不怕外人把你笑话。

大姐唱　绣帘里讲话咱娘儿俩，谁要笑话谁是怎么大的……

王妈妈白　是个怎么大的盘子吧！

大姐唱　叫妈妈，谁要笑话谁是怎么大的一个老王八。你说的那女婿好不好，对着大姐你就夸上一夸。

王妈妈唱　叫声大姐你落坐，细听着王妈妈把女婿夸。额戴着一顶缎帽翅，在上边安着算盘疙瘩。身穿着袍子鹦哥绿，又穿着马褂青哈喇。漂白的袜子明缉脸，鱼鳞缎鞋一撒拉。不高不矮匀路个儿，白光的小脸蛋儿没有疤拉。画眉笼子不离他的手，缎子荷包像浮鸭。头年里上学他把书念，今年武学就把弓拉。他要是上京去赶考，不进一个状元也进一个探花。你要问他好像哪一个，小模样长得就像他呵！（任意指台下一人）

大姐唱　就像他来就像他，他要是娶我我就嫁他。过上三年并二载，管保他小伙子当了王八。这个女婿说停当，我就得送给一双绣鞋上头纳花。

王妈妈唱　女婿不好兴你打倒，

大姐唱　绣鞋也兴你摔打。

王妈妈唱　我告辞大姐向外走，

大姐唱　小大姐我在后边送妈妈。

王妈妈唱　出得门来拦着路，叫声大姐听根芽。你爹娘要是回家下，我的话儿你学给他。辞别大姐回家下，……

大姐唱　抛下大姐在门楼底下。我不免回到绣房里，爹娘来了……

7.《借髢髢》

张四姐白　哎呀！左梳洗，右打扮，梳洗打扮去擀面，擀得一片两三斤，雪花就在空中转。雪花落在庙脊上，好像一座金銮殿。擀了个五片六七片，雪花又在空中转，雪花落在扁担上，好像一根斩人剑。擀了个八片九片十来片，雪花又在空中转，雪花落在裤裆里，好像连鬓胡子带炒面。房檐一棵草，哪一边刮风，往哪一边倒。奴家张四姐，俺娘家起了个四月四的庙会，捎信叫我逛庙去。到外边借点衣服。要不思念逛庙这还罢了，思念起逛庙的事来，好不愁煞人也！

张唱　张四姐坐在草房内，忽然一事想到心里。想当年俺也是个小财主。万贯家财有东西，实指望配个好女婿，想不到配了个王八汉子好押宝的。许多的东西全卖净，当了簪环和首饰。许多的衣服当卖了去，到如今他穿着那条红绸棉裤都是我的。那一日黑夜输得苦，精光的身子跑到家里。不叫门来隔墙跳，钻到被窝里冰凉的。老头子不把别的讲，他倒说老婆子你给我张票子。俺娘家起了四月四的庙，捎信带信叫我逛庙去。不免来到王大嫂家下，到了她家借点东西。闻听说那东西王大嫂家里有，她不定借给不借给。欠起身来离了坐，迈步走出草屋里。走出穷门来得快，来到王大嫂的大门里。来在当院一声叫，再叫声大嫂——

张白　嫂子你做什么哩？

内白　干什么哩！我们坐着忙着，忙着坐着哩！

张白　你看你这老蹄子！这话是怎么说着哪？忙着坐着，坐着忙着哪！

内白　坐着纺棉花哩！

张白　可不是吗！立着纺不了。嫂子你们逛庙去不？

内白　俺不去。没人管饭吃。

张白　这借衣裳得讲究会借不会借，她说不去，我们再说借衣裳就好借了。王大嫂把哪个衫子褂子借得我两件子吧？

内白　没有好的啦，像那打兔子网似的。

张白　那你还怎么穿哪？

内白　俺不穿，净当外差。拿着吧？

张白　回头我们再拿着。

张唱　当院辞别王大嫂，辞别大嫂，我那妯娌。衫子褂子全借下。摸了摸头上没戴的。听说这髦髦四妹子有，她也不定借给不借给。豁出老脸碰上一碰，来到四妹子的大门里。走上前来推门户，四妹子里边上着门哩。站在门外一声叫，再叫声妹妹……

张白 妹妹开门来！

内白 没人！

张白 没人，没人怎么关的门哪？

内白 那是隔壁的。

张白 有人没人这门是两样，有人里边插着，没人外边划着。（推门介）这门里边插着哪，里边有人。想系深宅大院使的声小，四妹子！

内唱 李四姐正在绣房里，忽听得有人叫门哩。在绣房听不出谁来叫，到在门外看看去。扎上钢针盘绒线，绒线盘在样册里。打个转身床沿下，走出自己绣房屋里。不用人说就知晓，不是取东来就是借西。迈动金莲来得快，来在自己大门里。用手开放门两扇，门外站着一个老草鸡。

张白 咳！我得打你一蒲扇。

李白 那蒲扇就打痛人啦，那是一巴掌。

张白 我说怎么漏风哪。你成心跟我开玩笑哇！

李白 哪一个跟你开玩笑啦！

张白 你不跟我玩笑怎么说我是草鸡！

李白 我看你那头上扎蓬蓬的好像一个老草鸡！

张白 我也说说我们当年梳这个平三套，二八俏，倔不起来，小簪抄，马尾纂，一道沟，小燕尾，小蓬头。我给你把我这穿的再说说。当年我净穿这红绸子，绿衫子，十三太保的坎肩子，二龙戏珠的坠圈子，挂红缨的脚尖子。到了夏天穿这顺青的裤儿，白光的褂儿，走动拿着小翎扇，走一步打一扇，你看闹派儿不闹派儿。想我那时候擦粉，外号叫八匣粉，俊女儿，小白桃，就是我。到而今光景萧条了，也就讲究不起了！

李白 小家主儿梳头，唾沫就是油。遇见风一吹，扎蓬蓬的活像个老草鸡。

张白 没有这么大的草鸡。若有这么大的草鸡，筐里头卧不下。若是下出蛋来，离不了这么大个（用手比李势）。还是叫老嫂子。

李唱 老草鸡一改老嫂子。门外不是咱讲话处，讲话到在绣房里。四姐就把大门进，

张唱 后边跟着姓张的。

李唱　在此绣房先落坐，

张白　闪过老身来推你。

李白　想是拜！

张白　我不推起你来，怎么拜呢？

张唱　我推起你来我好拜你。

李唱　你轻易不到我家下，老嫂子不是好串门子的。到在我家有何事，对着妹妹把话提。

张唱　我未曾说话好凄惨，叫了一声坠子——

李白　妹子！

张白　妹子你没带着坠子？

李白　倒是妹子！

张唱　再叫声妹妹要你听的。想你们命强寻了个好女婿，张四姐命不济寻了个王八汉子好押宝的。想当年俺家是个小财主，万贯家财有东西。许多的东西输了个净，到如今老头子他穿着红绸棉裤是我的。那一日黑夜输得苦，精光着身子跑到家里。不叫门来他隔墙跳，钻到被窝里冰凉的。老头子不把别的讲，他还说老婆子给我张票子。俺娘家起了个四月四的庙，捎信带信叫我上庙去。衫子褂子全借下，头上缺着花髢髢。耳听说髢髢四妹妹有，借给我髢髢上庙去。

李唱　要提起髢髢我倒有，髢髢不是好容易来的。人家睡觉我不睡觉，打二更熬半夜，纺棉花掉线子，手指头拧的。铜钱赚了数十吊，银子赚了七两七。都说苏州城里髢髢样儿好，苏州城里打的髢髢。自打髢髢打到家下，到如今没戴还是新的。借我别的我借给你，借我髢髢是不能的。

张唱　一见四妹不借给我，这倒叫张四姐心中不欢喜。不借髢髢回去罢，摸摸头上没有戴的。常说人贫没有志，还得上前说好的。未曾讲话……

张白　四妹！这哈哈哈哈！（笑介）

张唱　满脸带笑，开言再叫妹妹我那妯娌。你把髢髢借给我，梳洗打扮去上庙，回头我难为不了你。

李白　走！

张白　你借给我了就走。

李唱　你说此话烦恼了姓李的。叫了声姓张的，我有心借给你髢髢戴，拿到你家去梳洗，孩子们多来没规矩。

李白　我那老嫂子哪！

李唱　恐怕你揉坏了花髻髻。

张唱　坏不了来坏不了，听我把话说给你。你把髻髻借给我，拿到我家去梳洗。大的大姐去玩耍，老二推在当院里。插上门去梳洗，

张白　四妹子！

张唱　怎么着就揉坏了花髻髻？

李唱　揉不坏，揉不坏，就是不肯借给你。四月里天气没正经，不是下雨就是刮风。老嫂子走在中途路，

李白　老嫂子！

李唱　恐怕你淋坏了花髻髻。

张唱　淋不坏来淋不坏，听我把话说给你。我家有把黑老破伞，临行放在褥套里。他要下雨我支起伞，……

张白　四妹子！

张唱　怎么就淋坏了花髻髻？

李唱　淋不坏来淋不坏，听着妹妹说给你。我把髻髻借给你，梳洗打扮上庙去。你大哥在槽头拉过那喔啦呱啦大叫驴，你那驴儿不会走，老嫂子驴上不会骑。

李白　老嫂子！……

李唱　恐怕你摔坏了花髻髻。

张唱　摔不坏来摔不坏，听我把话说给你。俺家驴儿也会走，老嫂子上边我会骑。……

张白　我那四妹子！……

张唱　怎么着就摔坏了花髻髻？

李唱　摔不坏来摔不坏，就是不肯借给你。有心借给你髻髻戴，拿到家里上庙去。你身子高庙门低，未曾进门不把头来低，……

李白　老嫂子！

李唱　恐怕你碰坏了花髻髻。

张唱　碰不坏来碰不坏，听我把话说给你。身子高庙门低，进庙门来我头

先低。未曾进门弯弯腰，回头就把髦髦摸，……

张白　四妹子！……

张唱　怎么着就会碰坏了花髦髦？

李唱　碰不坏来碰不坏，听我把话说给你。你烧不了香还不了愿，哥嫂请你去赴席，不会用酒强用酒，好酒用个醉醉的。走在中途舍了酒，

李白　老嫂子！……

李唱　恐怕你脏坏了花髦髦。

张唱　脏不坏来脏不坏，听我把话说给你。烧不了香还不了愿，哥嫂请我去赴席，不会用酒我不用，好酒用不了醉醉的。路途以上舍不了酒，

张白　四妹子！……

张唱　怎么就脏坏了花髦髦？

李唱　脏不坏来脏不坏，就是不肯借给你。

张白　闹了半天你倒是借我呀，四妹子！借给我戴戴得啦！

李白　我可不是——不借给你！

张白　你若不借给我，我就揭你的短！

李白　你揭我短，我借过你的什么东西？

张白　你借过我的大磁盔小磁盔，马尾罗捣蒜锤。

李白　你没借过我们的吗？拿当票子去，光票子就这么一大卷了！

张白　揭短也揭不住人家，说不得，你若是不借给我，今日不同往日。

李白　今天你敢把我怎么样？

张白　新做的衣裳不穿，我给你下了跪了！

李白　老嫂子，看起你这大的年纪跪在面前背后的，我借给你罢。

张白　你借我，就给你磕个头吧！

李白　等着！

李唱　叫声老嫂子等一等，你等着妹妹取髦髦。回过头来转过脸，三簧钥匙拿在手里。用手打开描金柜，那髦髦匣子抱怀里。把这髦髦交给你；你可别叫王八汉子当了我的。髦髦匣子交过去，

张唱　我把匣子抱怀里。这会比那会真欢喜。梳洗打扮，打扮梳洗上庙去。我若是上庙回来了，我当了……

李白　你拿过来罢，你还没戴哪，就想当我的。

张白　哎哟！我那个妹子！你没听准，我说早早给你送回来。

李白　勤借勤还，再借不难。

张唱　哎哟！妹妹！梳洗打扮上庙去，我若是回来了，送张票子。

李白　一见老嫂子他去了，倒叫李四姐心中挂记。四姐回到绣房里。……

第四节　大　戏

乡村的娱乐除了秧歌与正月的各种娱乐会，如武术会、龙灯会等含有社会的表演的性质外，就要算是唱大戏了。演戏与神庙发生极大的关系。乡下人因为想求神保佑、降福、除灾和降雨起见，所以总拿烧香、还愿、唱戏为报酬、乞灵的必需事项。于是唱戏与酬神，成了不可分离的事情。

还有在新年的时候，乡村搭台演戏，虽然为的是村庄大家快活消遣一下，但是，如果稍加留神，还可以找出有祭神的痕迹。新年无论哪一村演戏，若是不在庙会的地点，也要在戏棚以外另搭神棚，位置是与戏棚相对，里头供着神位。乡人一方面来烧香还愿，一方面来看演戏，借此消消积年的苦闷。

除了新年演戏以外，平常乡人为求雨还愿，也有时唱戏（在信仰章里有一节专讲庙会）。说到大戏，种类约有三种。要按农民欣赏的程度来分，当以“梆子腔”为最。它的腔调词句虽然粗野鄙俚，但因妇女小孩们都听得懂，站在很远的地方也听得清，所以乡间多欢迎它。其中有时附带演唱“二簧”，农民因为不甚了解，声调又低，就不甚欢迎了。因此本地也没有专演二簧的班子来演。其次，要算“老调”“四弦”“河西调”三种混合的班子了。因为这三种腔调有些相近，所以会唱一种的就能唱三种。它的腔调简单，词句浅白，不过其中也有很少的文言，这也是居在第二的原因。第三种是高昆班，就是演唱“高腔”与“昆腔”。这种戏的腔调是雄壮浑厚的。可是因为它的词句文雅，字韵含混，农民听了格格不入，便觉无味。所以演唱这种戏的很少。至于演唱的人员有时也不约请外人或戏班。在新年的时候，大家为凑热闹，就互相约请本村会演戏的人来组织。租了应用的行头、锣鼓、彩衣等物就演唱起来。一方面为自己消遣，一方面在村中尽点义务，也教村里的人大家都快乐快乐。要是约请戏班来搭台演唱，一切费用由村中按户分摊。普通庙会或乡村每次唱戏多是四天，这四天的开销合计起来，总在一百三四十元。演戏人员的报酬，就要五六十元。

演戏用的戏棚，普通长六七丈，宽二三丈，高一二丈。戏台上悬灯挂彩，也很显目。拉胡琴和打锣鼓的人们，都坐在台上的右边。戏棚的对面，就是神棚。这棚有两丈多长，高和宽也各有一丈多。里头放着供桌，烧着香，上着供。在棚里当中贴着一张红纸条，上头写着所供的神名。戏棚的两旁，预先有人安放许多大车，预备自家妇女小孩们坐着看戏的。那从远处村子坐车来的妇女小孩们，到了戏棚，把牲口喂上，就坐在原车上看戏，也倒方便。四外做小买卖的很多，还有剃头的，演西洋景的等人也都赶来做生意。乡下看戏的妇女小孩很多，都表现着新年的新气象；妇女擦着满脸脂粉，戴着几朵红花，梳着油光的头。小孩们穿着花衣裳、新鞋袜，男的戴着各式的帽，女的点着红嘴唇，用各色绳缠着辫子。坐车的坐车，步行的步行，拥拥挤挤，争先恐后，非常热闹。爱看戏的人有从十七八里地赶来的，若听说戏好就是妇女们也从二十多里远的村子来看看，可见乡下人对于娱乐的兴趣。

大戏对于乡村社会的影响很大。因为它在乡村社会里是一种最普通的社会表演的娱乐，也是一种乡村社会教育。固然有的戏给乡民一种尽忠尽节一类的旧思想，可是有的戏也能给他们一种新经验、新刺激、新知识。乡民的生活不但简单而且单调无味。日出而作，日入而息，男人在田里种地，女人在家里做活，没有什么消遣，没有什么娱乐。所以能够调剂他们的干燥生活的，也全赖每年中演唱戏剧。

大戏既是一种乡村不可少的娱乐，在这改善农民生活的高潮中，如果能够加以改良，一定可以收到很好而有效的结果，以上所说，都是一种普通概况，至于实在的情形，举例如下以备参考。

一、定县西街灯会演戏记录

定县西街灯会于民国十八年阴历正月十四至十六的三天，在财神庙里，就原有的戏台上搭了席棚，唱了三天大戏。一方面要使财神爷欢喜欢喜，一方面借着新年的时候给本城人民一种娱乐。这个灯会每到新年，就有首事的人们自动地组织起来，然后置办演戏应用的东西。三天演完，大概要用一百多元的开销。用费的来源是由本街公摊，家家有份。所搭的戏棚，高约三丈五尺，与戏棚前面相连的席棚，宽约三丈，长六丈。戏台的大小是前台与后台的面宽都是三丈，进深是前台两丈，后台一丈。席棚里挂着红绿彩绸和各色的灯笼。灯笼的形式很多，有莲花、扇面、螃蟹等类的样式。都是用纸糊成，画上各种颜色，白天虽不觉得甚好看，到了夜晚，点起蜡烛，才显出辉煌灿烂。戏台上正中摆着一张桌子两把椅子，上头都铺着红布，在桌布上还绣着仿佛对联似的两句话，是“富贵平安”“年年如意”，表现一般人希望发财过太平日子的心理。场门上的两幅台帘是红布做的，上边缀着青布飘带。中间的大幔帐上，画着仙童仙女驾着五彩祥云。在上场门的前面坐着拉胡琴和打锣鼓的一班作音乐的人们，手下并预备着当用的乐器。他们在演戏以前，先敲三通锣鼓，每通隔半点多钟，为是让人知道开演的时候快到了。在下午三点钟就开始敲头通锣鼓，在没敲以前席棚底下已经有很多的人都站在那里候着看戏。等到敲完二通锣鼓的时候，来的人就更多了，这时男女老少都在拥挤着。说到穿戴，男的差不多都是蓝布大衫，有的套着洋缎马褂，头戴瓜皮小帽。女的多是花洋布的衣裳，有的穿青布棉裤，梳洗着油光的头，戴着各种纸花儿，脸上擦着胭脂粉。小孩们也都穿着花布和其他颜色的新衣裳。这一切人们喜喜欢欢，都表现着活泼的新气象。至于秩序方面，是男子都挤在台的前面，不过青年的人们总不肯落后的。妇女们都站在两边和后面。还有一般卖烟卷、糖果、花生、老豆腐，以及各种儿童玩物等类的小生意，都摆列在戏棚和走道以外的地方。可是他们在那没人来买的时候，也是不肯把看戏的机会错过去的。再说每天所演的戏剧，因为在城内要雅俗共赏的缘故，所以梆子以外添演高腔和二簧两种。今把其中一天晚间所演的戏名录在下面，以见一斑：（1）《水漫金山寺》；（2）《夫奴求灯》；（3）《探亲顶嘴》；（4）《独木关》；（5）《花子拾金》。

二、曹村新年演戏记录

曹村在定县城东36里，离翟城一二里，是个小村庄。十八年正月十四至十七日演了四天热闹的大戏。远村来的人很不少，妇女也很多。

在村外空地上搭好了戏棚和神棚：戏棚约长八丈，高二丈，宽四丈；神棚约长二丈，宽一丈，高一丈五尺。戏台是三丈见方，不过前台进深是二丈，后台进深是一丈。戏台的前边挂着两盏煤气灯和一些个五色灯笼。幔幛与帘子都很讲究，上头绣着游龙戏凤、仙女捧桃，余外还有五色锦花、绿柳红桃镶衬着。右边台帘上绣着"阳春"二字，左边台帘上绣着"白雪"二字，当中幔帏上绣着"歌舞楼"三个大金字。神棚里挂着八角玻璃灯，每个角上都挂着红绸飘带，随风飘荡着。当中摆着一张桌，上头供着三盘馒头，五碗菜。馒头每盘四个，都点着红点。五碗菜是面条、粉条、白菜、豆腐丸、白扣肉。上面都插着一朵红纸花，纸花底下有两个绿叶。前面还摆着香炉蜡阡，炉里点着几炷香，蜡阡上也点着红蜡。在供桌正中的席上，贴着一条长红纸，上头写着"供奉全神之神位"。这种全神就是综合佛教和道教里的神佛的意思。棚外贴着一副对联，写着"乐神德崇朝而至""喜蝗虫旦夕不留"，横批写着"酬神德"三字。从这副对联上我们足可以知道乡民自己无法驱除害虫，靠着老天爷的心理。在神棚的左右各有茶棚一座，都是约长二丈五尺，高一丈五尺，宽一丈。其中可以容下二三十人。里头预备有八仙桌、椅凳、茶壶、茶碗、火炉、水缸等物。乡人看戏看乏了，可以到茶棚来饮茶休息，然后再接续看戏。有很多乡民是一方面来看戏，一方面来拜神的。到神棚里烧香叩头，焚祭黄纸的，总是继续不断，亦可见香火之盛了。

在演戏的头一天，村里的人家就都把自己的大车安放在戏棚两边，预备亲戚和家里的妇女小孩坐着看戏。还有临时从远村来的妇女，也都坐在原来的大车看戏。在没开戏之前，先要祭神，由首事的人们捧着"疏"，后面跟着戏班里扮好的几个角色，一并在神前烧香，敬礼，焚疏。然后这几个角色对着神位唱几句词，小鼓、笛子等乐器在吹打着，外面就放起鞭爆来。这种礼毕之后，接着就打三通锣鼓，才开始演戏。这时男男女女，老老少少，坐车的，步行的，也都赶来看戏。这样演了四天，每天上午、下午、夜晚，共演三场，统共费用约 140 元，事后再由各家分摊。

所演的戏剧，都是四弦、老调和高胜。如《棋盘会》《卖绒线》《金铃记》《大上吊》《忠保国》《小王出家》《拾万金》《伍子胥过江》等。

第五节 新年各种娱乐会

定县在新年的社会表演，除了大戏与秧歌以外，还有各种娱乐会，如七巧灯会、龙灯会、武士会、狮子会等。都是在新年以前自动地组织起来，各处募捐约人，置办行头、锣鼓及一切用品。然后在会所练习纯熟。到了正月十四、十五、十六在街上各机关、各会所、各处空地去表演，任人观看，颇为热闹。

龙灯会、七巧灯会，都是在夜晚表演的，龙灯会是专耍龙灯。这灯是用竹篾和纸糊成的龙形，里面点上蜡烛，用人举着戏耍。七巧灯会也是耍灯的一种游戏，有许多人举着各样的灯笼，游行舞动，停止时用灯堆成多种形式。武士会、狮子会，都是在白天表演的。武士会是许多练拳术的，表演各种拳法和刀剑之类。狮子会除了表演狮子舞跳与狮子滚绣球以外，开场时还有小车子、跑旱船等等的游戏。以上各种娱乐会在表演的时候都有锣鼓相衬，有节有段。下面把调查各种娱乐会的实情略为叙述，供读者参考。

一、鳌山灯会记事

鳌山灯是烟火的一种。它的名称，据一般农民传说，是由《封神演义》而来。考《乾淳岁时记》所载：元夕二鼓，上乘小辇，幸宣德门，观鳌山，山灯凡数千百种，其上伶官奏乐，其下为大露台，百艺群工，竞呈奇技，缭绕于灯月之下。足见此灯有很远的历史。其灯用各种色纸和竹篾扎好，糊成山妖水怪，鸟兽鱼鳖，千奇百样的形状。历年在阴历正月十四、十五、十六日夜间燃放，以庆丰年，为元宵节民众的娱乐。

据一般人传说，鳌山灯是定县发明的。在前清同治年间，有纸匠张某，独出心裁，发明该灯。以后由东街士绅，醵金映演。最初扎糊各种灯具，费去白银500余两。后来因耗费太大，屡演屡停。近十数年来，因为天灾兵燹相继，更不敢轻举。至十九年时重新整顿，费用400余元，方能表演。在民国二十年所用各种灯具，多系去年旧物。

会中的组织，计有会员94人，分为两部：一部为演员，计56人，专司映演各种技术和奏音乐；一部为司事，计38人，专管理灯会中一切事务。会中人员，都是纯粹义务，并且捐资于会，耗财买脸，由于嗜好这种游艺的缘故。此种灯会颇能表现团结的精神。

会场在定县东街职业学校门前。搭席棚一座，长七八丈许，高二丈余，宽五丈左右。一面做成假山状，外面用色纸糊成，仙洞禅林，细巧玲珑。一面搭成佛殿，和假山遥遥相对。内供神三位："天地全神之位"，左右两旁是"风神火神之位"。中间悬十数条绳，为耍各样灯的走线。棚的两旁，悬挂各样花灯，鲜明灿烂，秀丽可观。

鳌山灯的种类很多，因变化无穷，而名称也很繁杂。今把所调查的一部分名称列在下面：《三角寺》《月明楼》《武财神》《五福堂》《风火山》《狐狸浣》《桃花舟》《牡丹亭》《忠孝牌》《虾蟆》《鱼篮》《葡萄》《圆雷》《祺鱼》《二龙戏珠》《狮子夺球》《白鹤落地》《哪吒闹海》《瓶蝴路飞》《石榴百子》《田夫得兔》《太子卧莲》《五子捕蝶》《五子同乐》《鱼龙变化》《瓶升三级》《世世如意》《加官进禄》《梁山牌塔》《鼋龙脱壳》《洞宾牡丹》《鱼龙鸟飞》《五子登莲》《鱼蓝仙花》《刘海戏蝉》等。

鳌山灯表演时的变化，真是千奇百怪、活动如生。兹举鱼龙变化一幕，略加说明，以供参考。先由假山的走线系出红色大龙并鱼五尾，在棚里空间游动。然后点烧药系，作燃花状，炮声一响，霎时脱壳于地，变成五条金龙，往来盘旋，活动如真。并和以音乐，以助兴趣。

表演鳌山灯的日期，是在废历正月十四、十五、十六日的夜间。但这三日中，要以十五的夜间为最繁盛。是日晚上，全城空巷，观者塞途。就是邻近的保定、唐县、新乐、望都、曲阳、安国等处，来看灯的人也很多。真是红男绿女，结队成群，人烟辐辏，车马喧阗。

二、七巧灯会

定县每到旧历正月有七巧灯会在街上游行表演。民国十八年正月十四、十五、十六夜晚演了三天，很是热闹。在演灯的晚上大街小巷都是来来往往看灯的人，其中以小孩和青年男子们为最多，就是妇女和老年的人们也是兴高采烈、欢天喜地地去看灯笼会。当锣鼓的声音从远处传到了耳边，灯光映照在天空上发亮的时候，人们都在翘首企足地望着。等到锣鼓的声音渐渐地近了，天上的亮光也慢慢地从远处的树梢移动过来，就看见灯光缭乱，这时灯会便从鼓乐喧天、人声嘈杂中拥挤前来。在前面有四个人高举着四个长方形的白纸灯笼，每个灯笼上都写着“七巧灯会”四个鲜红的大字。随后有七八个人敲着锣鼓，颇为整齐。再后就是一队演灯的人，一共有十四个，分成两组，每组七个，都穿着花衣，戴着花帽。每组有两人拿着大号三角灯，一人拿中号三角灯，两人拿小号三角灯，还有一人拿四方形灯，一人拿斜方形灯。每个灯笼上面都画着“荷叶莲花”“喜鹊闹梅”“金鱼游水”“蝴蝶牡丹”等类的花卉。演的时候，锣鼓敲得格外响亮。男女老少都围成一个圈子。有的看不见就爬到树上，或站在墙头。这时演灯的人，随着锣鼓敲的点，手拿着灯，动作起来。先围着场子绕圈慢走，以后鼓点和动作就渐渐紧凑起来，快慢都中节奏。有时一人一手举起灯笼，众人围着舞蹈。有时走成二龙出水，然后各人互走剪子股。有时像蝴蝶穿花，有时像牡丹荡影。种种姿态，无奇不有，五花八门。让看的人眼花缭乱。忽然锣鼓一变，耍灯的人也就立刻分成两堆，一边一堆，将灯捧起，隐着身子。只见两边灯光闪烁，并不见耍灯的人。原来两边灯笼所堆成的，一边是老人垂钓的模样，一边是樵夫担柴的状态。人们就惊奇喝彩。这样演完，又到别处去演。如此绕遍四街，走遍各处，到了半夜方才散去。

三、龙灯会

龙灯会也是定县新年娱乐的一种。每年正月十四、十五、十六的夜晚都有龙灯的表演，很是热闹。龙灯是用竹篾和纸糊成的，有头有尾，有须有鳞，有牙有爪，非常壮丽。龙身各段中点着蜡，辉煌闪烁，亦甚可观。表演的时候，由耍龙灯的人将头探入龙身，分段举起，仅露下身在地上行走，作出种种游动的姿态。举龙头的与举龙尾的连贯一起，不使间断。行走的时候，摇头摆尾，忽起忽落，在抬头张口时好像喷云吐雾，曲身伸爪好像作势追珠，有时像翻江闹海，有时像飞舞天空。龙灯前边有人举着一个纸糊蜘蛛，诱龙进退舞动，称为“龙戏蜘蛛”。在龙舞跳的时候，锣鼓齐奏，一方面使看热闹的人发生兴趣，一方面龙的舞跳也有节奏。

四、武士会

武士会也是定县新年的一种含有社会表演的娱乐。十八年阴历正月十五他们也出来表演了一番。在武士会快到的时候，街上人山人海，红男绿女，扶老携幼，拥拥挤挤，非常热闹。远远地就见国党旗随风飘扬着。内中参加着武士会的长枪、大戟等类的兵器，真是威武非常。到了表演的地方，就见有拿着大刀短棍的，抱着长枪大戟的，捧着七星宝剑的，拿着短刀钩拐的，其中有的是赤手空拳，也有袒露着胸背，合算起来总有七八十人。每人的头上都用红蓝绸子包着，再用别种颜色的绸带扎好。还有鬓边插着花，或腿上缠着花裹腿的，形形色色，五花八门。到了开演时，场子被人们挤得很小，简直不能表演。于是有一个演员，手里拿着一根长绳子在一头拴着一个铁球，把绳子拿在手中就抡将起来。越抡越放绳，人们也就随着往后退，场子才越来越大了。这时演艺的人才各拿各的兵器，聚精会神地表演起来。先练的是各种拳法，如揸拳、对拳、太祖拳、罗汉拳等，都是非常熟练。随后就演单刀、花枪、宝剑、双钩等兵器，闪烁夺目。飞腾窜跳，身法敏捷。最后还有短棍破三枪，空手对大刀，单刀破花枪，空手夺双刀。在交锋的时候，刀来枪挡，枪来刀迎，上下翻腾，左右躲闪。眼快手快，身子轻便。各种姿势，使人看得眼花缭乱。看玩艺的人们万头攒动，鸦雀无声，不愿拥挤，不怕灰尘。演完一场观众鼓掌喝彩一回，非常热闹。此外还有卖吃食与玩物的小贩很多，有提篮的，有挑担的，都是追随着武士会。武士会跑到哪里，他们就卖到哪里。武士会由早晨十点钟出来表演，到下午六点钟才回去。

五、狮子会

狮子会也是定县新年的一种娱乐。民国十八年阴历正月十四日就有狮子会，会头手拿着木匣，里头装着许多红纸帖，帖上写着“恭贺新春节喜”，下面写着“狮子会会末人等同拜”字样，去到各机关、各会所、各士绅住宅，一一拜递，并说“狮子会今天要来庆贺春节”。说完不久，就听见锣鼓喧天，由远往近而来，看热闹的人也随着蜂拥而至。这时先由狮子会的人把场子开扩好了之后，于是就见人群里拥出一辆小车来，车上有一人假设坐着的样子，放着两只假腿，穿着靴子，他的真腿却在地下走着。他头上戴着前清的纬帽，身上穿着带补子的长袍，脸上画着两个黑墨的眼镜，嘴上抹着两撇小须子，手里拿着破毛扇，眉开眼笑，弄鼻弄嘴地招人大笑。车后一个扮作老头的推着车，一个扮作老婆的在前拉车，青布包头，插着一朵红花，耳朵上戴着一双大环子，脸上抹着胭脂粉，身上穿着花衣裳，袖子肥，滚花边，下面红肥裤，红鞋袜。她一边走，一边笑，并做出种种调情的状态，很可笑。还有个扮作丑角的，在车的前后左右胡蹦乱跳。这时推的推，拉的拉，窜的窜，跳的跳，一齐动作起来。各人有各人的姿态样式。并且老夫老妇互相耍戏，互相调情，眉来眼去，动手动脚。他们有时围着场子跑，忽进忽退。有时停在当中，不拉不推，二人一问一答互作戏语。他们种种动作都与锣鼓的声音相应。作到招笑的时候，看热闹的人们也就喊好助兴。演了十几分钟才完。演完了小车子接着就是跑旱船。旱船是用许多柳竿做成的。周围缝上各种花布。一个男子扮作少妇的模样，身穿花衣，头戴首饰，面擦官粉，唇点胭脂，站在船里，带船行走。船上故意放两条假腿，穿着红小鞋盘在船上，就像少妇坐在船上一样。另有扮撑船的一人，武生模样，手拿着桨作摇船的样子。少妇带船绕场有时快跑，有时慢走，前进后退，左右摇荡，都与锣鼓相合。这两样都是开场的游戏，并没有演多大的工夫就全完了。

这个时候看热闹的人越来越多，越挤越密，原来的场子也就越来越小了。帮会的人向大家报告狮子要出场了，请大众往后退退。场子这才开扩大了。就见人丛中走出一对狮子，一红一绿，张牙舞爪，摇头摆尾，从容不迫地舞踏而来。这狮子乃是用竹篾和纸做成的，外面画上颜色，添上尾，点上眼，很是雄猛。腹内是空洞的，每个用两个人在里边举着，耍来耍去。另外还有一个做狮奴的人，手拿一棍，在两个狮子的当中玩耍。在他玩棍的时候，狮子也就随着作出种种舞跳的样子，每在昂首摇尾举脚落步的时候，都能点点中节。并有锣鼓相衬，是一种规行矩步有节奏的跳舞。又有人举着两个绣球在前面引诱狮子前进，绣球引诱狮子，狮子也追逐绣球，这叫“狮子滚绣球”。狮子在场中跑来跳去，有时缓步摇头，有时伸爪舒身，有时一个匍匐于地，一个昂首蹲身。纵身高跳，好像飞跃深渊；作势猛扑，又像捕獐捉鹿。这样耍了半点多钟的工夫，观众随时都在喝彩。在这个地方耍完之后，又到别的地方去耍。所到之处，都预备些茶水、点心，招待他们。

第九章　乡村的风俗与习惯

第一节　婚　事

一、结婚的年龄

男子的结婚年龄普通从13至15岁，有早至10岁左右者，有迟至30岁者。富家多早婚，贫家多晚婚。

女子的结婚年龄普通都比男子高，从15至18岁者最多，有早至13岁者，少有超过20岁者。家里贫寒的，有五六岁就送出作童养媳的。婆家养活她，教导她，使用她，等她长大再行结婚。

我们从男女的结婚年龄与调整所得的结果，都能知道定县乡村的男女结婚，大多数夫幼于妻。媳妇大三四岁是很平常的，亦有大到七八岁的。

二、定婚的手续

男女的婚姻都是父母规定、媒人介绍的。两家把男女的年岁、生日、时辰，写下交给术家推算。如果男女八字相合，婚姻就由此而定；如果男女的八字不合，就是男女二人都很合适，也是不能定婚的。八字合好以后，男家用拜匣盛大红书，红书上写着男女的年岁、生日、时辰与年月日，由媒人送到女家，女家再出一允帖，由媒人带到男家。这样男女就算定了婚，男女两家就算结了亲家。有的时候，还有指腹定婚的，就是两家都要生养小孩，又是世交，所以在小孩没有出母腹以前，两家大人就预先约定：一男一女，结为亲家；两家都是男孩，结成兄弟；两家都是女孩，结成姊妹。

三、换书，催妆，铺床

迎娶日期由男家择吉规定，发出一娶帖送到女家，女家也择吉回答，双方同意，这就叫“换书”。有时男家富户在换书时略备币帛簪珥，送到女家；女家也回书籍笔墨等类作答。迎娶的头一天，男家用白面蒸大包子24个，整猪半个，食盒子一个，里头盛面条、大米、干粉、咸盐等等礼物，一同用大车送到女家，这叫作“催妆”。媒人也随着前去。礼物送到女家后，女家把所有礼物都一一收下，不过把猪割下半块，只留一半，那半带回男家。女家又把妆奁的红箱交给媒人带到男家，当日晚间请一位父母双全、子女众多、丈夫尚在的妇人，将新人卧室内的被褥安置整齐。她一边扫炕，一边口里随着说道：“这边扫，那边扫，姑娘小子满炕跑。”她放被褥的时候又说道：“这边推，那边推，小子姑娘一大堆。”这一层手续叫做“铺床”。

四、迎娶

迎娶的那一天，男女两家都用白纸糊房，结灯挂彩，设席招待亲戚朋友，非常热闹。迎娶的时候，前边打灯笼的与放爆竹的引路。打灯笼与放爆竹的后边，就是打旗的，打锣的，打鼓的，吹喇叭的。打旗、打锣的都在地下走着；作鼓乐的在车上奏着。鼓乐后边就是娶亲客人所乘的轿车，一个跟着一个，慢慢地走着。最后有两个彩轿，一个红轿，一个绿轿。新郎乘红轿到女家迎接新娘，叫做“迎娶”。新郎到了女家，女家送客人派人出去迎接，手托点心四碟，提酒一壶，酒杯三个，在新郎轿前奠酒三杯，请新郎下轿。新郎下轿以后，引新郎到客房入座。敬上香茶果点，休息休息。最后摆上筵席招待新郎与娶客。有的时候，因为女家贫寒，或工夫短促，就不预备筵席招待，仅敬上茶点而已。吃完了酒饭以后，女家又献上“插花”“披红”。把插花戴到新郎的帽子上，披红多挂在新郎的轿前。有的时候，也把它披在新郎的身上的。插花披红，献给新郎以后，新娘这就预备上轿了。新娘多半都是穿红缎子或是红绸子的衣裳、裙子、裤子，头上戴满红花，脸上擦着粉，嘴上点着大红唇，打扮成一个美人。这个时候，锣鼓一敲，喇叭一吹，新娘就上轿了。这时新娘却坐红轿；并在新娘的轿后，系上一把铜壶，里边盛满水，轿一边走着，水一边滴着，叫做“长流水”，取男女两家亲戚往来不断的意思。这个红轿，就是新郎迎娶坐来的。后来新郎换坐绿轿，伴着新娘的红轿了。迎娶回去，不顺原路，绕出多少里地，经过几个邻村，才回男家。女家有的用送车四辆，送客二人，送新娘到婆家。有的用陪轿一乘，女送客一人坐着，另外有二人骑马在新娘轿前走着，叫做“顶马”。新娘的轿前，另有一人提茶壶的，扶着轿杆，预备新娘路上渴了，好喝茶水。虽然如此，新娘在路上喝水的极少，除非新娘渴得要死，她并不张口要水。至于新娘的妆奁，另有女家人预先抬送，不跟轿子一齐送走。

五、礼仪

新郎临上轿的时候，向天地神位行三叩头礼。娶亲回来，下轿以后，仍向天地神位行三叩头礼，并焚纸祭祷。新娘下轿以后，再用小轿抬到天地神前，表示朝拜的意思。然后在另一间屋里，有人把新娘接下轿来，让她梳头洗脸。梳洗完了，再请新娘上轿，抬到洞房。新娘到洞房下轿的时候，鼓乐齐奏，并且在街门两旁焚烧两小束谷草，表示新娘进门，日子像火一样的越烧越旺。

迎娶的那一天，亲友都来庆贺送礼。正午的时候，摆上筵席招待亲友。亲友吃饭以后，先由女家送客人请男家长亲一同到天地神位前边，满了酒杯，叫做“满喜盅”。敬天地神三杯，再满了酒杯，敬长亲三杯，最后对施一礼，并说“恭祝亲家大喜之日”。施礼道喜以后，一同到新房看看，看完回来，亲戚朋友都照样给新郎的长辈满喜盅敬酒，闹个热闹。当天晚上新郎新娘入洞房，朋友亲戚闹洞房的很多，有时通宵不叫新夫妇安静。

迎娶的第二天，新妇回娘家。叫做回门。男家用轿车或太平车二辆，送新郎新妇到亲家去。女家预备酒席招待，饭后由女家一男人引新郎到女家长亲面前，一一介绍，介绍的时候，对施一礼。女家敬上茶点，新郎稍微休息休息，这就同新妇乘车同归。到家以后，由男家一女人引新妇到附近同族拜见同族长辈，新妇拜见行拜见礼，长辈给新妇赏钱，叫做“拜钱”。

新妇过门后四日，女家打发轿车两辆，把新郎新妇接到女家。新郎在女家连住六天，这叫“住六”。女家每天预备好菜好饭，酒肉招待。到了第六天男家自发车辆把新郎新妇接回。在成婚第一年的正月初六或初八，女家又发车辆把新郎新妇接到女家，一直住到正月十六。每天也是酒肉款待，这叫做“住十五”。普通女家只接新夫妇一次，也有连接三年三次的，俗语说“三年以内新妇不看婆家灯”。

新妇头次做鞋，家里大小一人一双，叫做“遍家鞋”。到了端阳节，女家预备角黍、鱼肉、瓜果，送到男家。重阳日女家邀请女眷，用糖、栗、枣，和面蒸花糕，一尺多大，送到男家，叫做“缀花糕”。

六、婚娶礼物

婚娶所送的礼物，种类很多。有食盒，有荤礼，有屏画，有对联，有仪幛，有纸画，有衣服，有拜钱，有现金等。最近的亲戚多在男家喜日、女家回门的日子，送食盒、荤礼。有钱的人家，所送的食盒，还算讲究，里头盛着印红花的馒头、花卷、粉条、猪肉，价值在 2 元左右。贫寒人家送不起这样的食盒，有的只送一篮子花卷、馒头、粉条而已。女家的至亲，多在办事的前几天，送给姑娘衣服、首饰。有钱的人家所送的衣服、首饰，有时值四五十元，最少也值五六元。普通为七八元。乡亲朋友多送喜幛、对联、纸画、屏画等。对联的价值由 1 毛到 5 毛，普通约 3 毛。喜幛的价值由 1 元到 10 元，普通为两三元。纸画的价值在 5 毛上下。屏画的价值由 1 元到 2 元。现钱份子最多有送 4 元的，最少有送 50 枚铜子的。幛子都是多人合在一块送的，有绸的，有缎的。对联上都是写些吉祥话儿。纸画、屏画多是画着“麒麟送子”、美人、胖小儿的画，足见中国人对于娶妻生子的思想了。至于新妇所得的拜钱，普通都是铜元 50 枚，最多 1 元，最少不过 10 枚而已。

在婚娶的日子，男女两家都请一附近能写字的邻居作“上礼者”。在院子里放一个方桌，预备笔墨、砚台，另外预备红纸几张，钉成一本长方账簿式的礼单，面上写着“迎亲礼单”，与年、月、日。亲友来贺喜的，先到这个地方上礼。上礼者就把礼物收下，并在礼单上记明。送“干礼”的（现钱份子的意思）差不多都是朋友，所以朋友少的干礼也就少了，乡村有一个俗语，叫做“追往”，意思就是说朋友家里有事，自己给朋友家送礼，赶到自己家里有事的时候，朋友自然也要送礼的。这样互相往来，联络感情，就叫做追往朋友。

七、婚娶办事的费用

婚娶办事的费用，可以分男家与女家来说。普通除了乡民纳妾以外，正式的结婚，很少有聘金的。男家大宗的费用，就要算是酒席、聘礼与新郎置办的新衣服了。上户人家的酒席，普通每桌 4 元上下。中户与下户人家的酒席普通每桌 2 元以上。按调查所得，上户酒席一项最多八九十元，普通都在 50 元上下，中户与下户酒席普通都在 20 元以上。男家聘礼多与食盒一齐送到女家。聘礼都是簪子首饰等。上户所送的聘礼值 10 元到 20 元。中户所送的聘礼在 10 元以内。下户因为贫寒，常是不送聘礼。新郎置办迎娶的衣服，也是因贫富而有分别。上户普通从 40 元到 50 元，中户普通从 20 元到 30 元，下户普通在 5 元以上，15 元以下。除了这几样大宗的开销以外，还有修理新房费、赁家具费、赁轿费、香烟费、酒费等等。按调查所得，这几样费用合计起来，也得 20 元左右。

女家大宗的费用，就要算是酒席、嫁妆、衣服、首饰了。女家的酒席费用与男家的酒席费用相差不多，所以不用再说。

女家普通多预备箱、镜、瓶、钟等，给新娘作嫁妆。上户的嫁妆费用 100 元上下，中户 50 元上下，下户 15 元上下。女家给姑娘做的衣服，富家贫家很有不同。上户普通都预备皮、棉、单、夹四季的衣服，还有裙了，不是绸了的就是缎子的。就是衣服一项，上户普通就要用 200 元上下，中户普通 100 元上下，下户普通 40 元上下。至于首饰，现在因为不大时兴，所以乡民也不大喜欢它。首饰多半是镯子、簪子、戒指等，少有金的，就是上户也都是给姑娘打银首饰。有的家给姑娘买手表，替代首饰的。上户普通要用 100 元上下，中户 40 元上下，下户 10 元上下。除了这几样大宗费用以外，还有修理费、赁家具费、烟酒费等，合计也得 20 元左右。

按以上所说，我们可以粗粗地估计一下。顾体面的男家费用合计起来，办这一回喜事，上户用 200 元上下，中户用 100 元上下，下户用 40 元上下。顾体面的女家办这一回喜事，一切费用统计起来，上户用 400 元左右，中户用 200 元左右，下户用 70 元左右。这虽然是一种粗粗的计算，但是我们足可以看出来，女家嫁一个姑娘，不管是上户、中户、下户，都比男家娶一个媳妇费用多一倍。乡下人愿意养男孩，不愿意养女孩，这是其中的一个原因。他们以为女孩养活大了，还得嫁给人家作媳妇，让人家使用着。不但这样，嫁一回姑娘要比娶一个媳妇花钱还多，那真是太不上算。

第二节 丧事

一、丧葬的琐俗

1. 含银铃

在人将要气绝身死的时候，家人用一个小银铃系上一条线，待人死后把银铃放在死人嘴里，把线露在嘴外。贫寒人家没有银铃，都用小铜钱替代。

2. 门幡

人死以后，按照死人的岁数，预备白纸的张数，重叠起来，剪成三联，捆在棍上，把末尾的那条下垂，挂在街门一旁，死男挂在街门左边，死女挂在右边，叫做“门幡”。表示家里死人的意思。

3. 倒头饭

在人死后，用小米烫饭，拿一个黑碗盛着，叫做“倒头饭”。入殓停灵以后把碗和饭都扣在棺盖上。

4. 打狗棒和喂狗饼

在人死后，用麦面捏在秫秸秆上，做成棒槌的形状，一共用七根，插在倒头饭里，叫做“打狗棒”。“喂狗饼”，也是用面做成七个饼。在入殓的时候，把它们都放在死人的手里。据说是死人的灵魂赴阴曹时，必须经过恶狗村，恐怕狗咬，所以给死人拿着“打狗棒”和“喂狗饼”。

5. 遮阳

在死人的床前，用纸糊一个屏板，叫做“遮阳”，绑在灵桌上。意思是人死算阴，恐怕见阳，所以用屏板把阳遮住。

6. 照尸灯

死人的床前，用一个旧式铁灯点黑油，昼夜不熄。阴幽惨淡，黯然生光。有人吊祭，也就在灯上点纸，叫做“照尸灯”。意思是照着道路，使灵魂不迷路径。

7. 灵桌

在死人的灵前，放一个单桌，上边放着果供、香炉、照尸灯、倒头饭、香纸等类，叫做“灵桌”。

8. 烧马

在人死的第二天夜里，用纸糊成小轿车与小马，有二尺多高，二尺多长。在夜深人静、万籁无声的时候，拿到村外路口，向着城内焚烧，叫做“烧马”。意思是使灵魂乘着到城隍庙去。

9. 开光明

在入殓之先，用棉蘸水擦死人的脸，又用金簪点水划死人的眼睛，叫做“开光明”。

以上所说的，都是关于丧葬很琐碎而不能免的习俗。并且这些事物，也不是礼仪上所必需的，大半偏于迷信。但是来源很远，相习成风，竟有不知其用意的地方。

二、丧葬的筹备

家里遇着丧事，就应当把管事人和办事人预先请好。乡下人差不多都请认识字的亲戚朋友帮忙。他们最先就要雇人搭席棚赁家具等项。还得预备酒肉菜面，叫厨子，做酒席，等着招待亲戚朋友。用纸糊宅院、库柜、骡马、轿车、牌楼、狮子、将军、公园、箱子。箱子里放进一包一包的食物，什么米面、盐菜、干粉、饺子等，都是平日死人所喜欢吃的东西。意思就是说，死人虽然到了阴曹地府，也能住宅院，有箱柜，使骡马，坐轿车，逛公园，吃好的，喝好的，享受平安快乐。

此外还得预备一起或两起鼓乐，每起七八人。到了出殡的那天，好叫他们吹打。这种鼓乐竟是吹唱各种戏曲，如梆子腔、高腔、丝弦等，这种戏曲分“清唱”与“彩唱”两种。“清唱”是不搭台，不穿形套，只是一边口唱，一边奏乐而已。“彩唱”是搭棚搭台，穿上形套演唱。有时富家预备两起叫做“对台”。

还要预先请好僧道，到时超度死人灵魂。预备灵轿，雇好抬轿的，到出殡时抬着。

三、礼仪

1. 穿衣

人在要气绝身亡的时候，家人便把预备的衣服拿来，给他穿上，这种衣服叫做“寿衣”，据说，要是给他穿晚了，他的灵魂就已经去了，到阴间简直就没有衣服穿。衣服的材料，有好有坏，全看死人的家里是穷是富。无论冬夏都是棉衣。男子普通都是大帽、外套和官靴。女子不戴帽子，只用一块黄布，箍在顶上，下身束起一件裙子。男女扎腿束腰，都用一缕线，不用带子。

2. 上床铺

人死以后，家人就把他从炕上移到床铺上去。床上铺着褥子，这褥子的面是黄色布做的，褥子的里是蓝布做的，褥子中间填上棉花，把死人移到床上以后，给他枕上木枕，把他平常所枕的枕头，放在床底下。死人身上不盖被，只用一纯蓝布或蓝绸子蒙上，叫做“蒙帘”。等到入殓以前，把蒙帘的一头，撕下一尺多长，叫做“撕富”。

3. 报庙

死人移到床上以后，家人都暂不哭泣，默默无声。孝子到五道庙去，焚香点纸，叫做“报庙”。孝子“报庙”以后，就立刻回家，一路必须大声哭喊，不许间断，一直哭到床前。

4. 贴阴阳状

用一张棉纸，当中写上死人的姓名、年岁，左边写死人的生日、时辰，右边写死时的年月日时。写好以后，把它贴在死人停床的门旁，男左女右。这叫做“阴阳状”。

5. 丧帖

家里遇有丧事，就出报丧帖，通知亲戚朋友。丧帖的格式有两种，一是单帖，一是全帖。丧帖的样式如下（见图 9－1 和图 9－2）：

先考/妣痛於　○○年○月○日　時壽終

正/內寢哀此

訃

聞

孤/哀子○○○泣血稽顙

期服孫○○○泣血稽顙

图 9－1　丧帖单帖式

不孝某罪孽深重不自殞滅禍延
顯考清授○○大夫歷任（此處叙歷任官職）
某某府君慟于民國○○年○月○○日即陰歷○○年○月○○日○时壽終正寢距生于○○年○月○○日○时享壽幾十有幾歲不孝某随侍在側親視含殮遵禮成服兹擇於○月○○日即陰歷○月○○日○时發引暂厝
預日家奠另期安葬叨在
鄉
年
友
寅誼哀此訃
世
戚
聞
○月○○日即陰歷○月○○日領帖

孤哀子○○○泣血稽顙
齊衰期服孫○○○泣血稽顙
服期姪○○○拭淚頓首
大功服姪孫○○○拭淚頓首
功服姪孫○○○拭淚頓首
緦服姪孫○○○拭淚頓首

图 9－2　丧帖全帖式

6. 孝服

家里遇有丧事，孝子、孝女、孝妇都穿白鞋、白孝挂，腰里束着白孝带，孝子戴着白孝帽，孝女、孝妇戴着白孝包头。其余家里晚辈，男的戴孝帽（用一块长方形白布做的），鞋蒙白布。女的戴孝首帕（用一块长条白布做的）。亲戚朋友来吊祭的，本家就给他们一个人一块白布，戴在头后，用帽压着。子女给父亲穿二年半孝，给母亲穿三年孝。

7. 入殓

有钱的人家，在人病到危险的时候，就早把棺材预备妥当。贫寒人家有的因为手里没有钱，东借西借，这才办好。有的家里太贫寒了，没钱买棺材，只好募化。普通在人死的第二天，就把死人移入棺材叫做“入殓”。“入殓”以前，先在棺材底上铺洒一层细灰，灰上再铺一层棉纸，铺好以后，再把棺材抬到死人床前，孝子拿着许多纸钱、纸银币和小铜钱，完全都散布在棺材里，叫做“垫背钱”。撒完了钱以后，孝子一边叫着“爹（或娘）动动吧”，一边亲手把死人移到棺材里。安放已毕，立刻就把空床搬到外边空地，三天不许动它。统通安排好了，这就要盖棺了。把棺盖好，把木楔一钉，活人与死人就再不能相见了。棺材也不能再打开了，入殓以后，大大小小，绕着棺材痛哭一场，很是悲惨。

8. 送盘缠

入完了殓的那天晚上，到了夜深人静的时候，把预备好的纸糊车、马、车夫，在马的身上有一个口袋，里面装些纸钱和铜钱，都摆在街门外的大路上。车马安放的位置，使头向着城里，据说是死人的灵魂都先到城隍庙去。在车马的周围撒灰一圈，叫做“灰栏”。在灰圈上留一小口，说死人的灵魂就在这里登车。在路旁摆上一张桌子，桌子上摆三碗饺子，还摆上一个镜子、一块手巾、一盆洗脸水，说是给死人饯行的。

这个时候孝子在家里守着棺材，其余的家人都到土地庙里去，他们拿着一把扫帚和死人的一件衣服，还有人拿木棒，可是不许点火把、打灯笼。到了庙里，他们都一齐跪下，拿扫帚的人把扫帚放进庙里，然后把死人的衣服一铺盖上，好似捉住死人的灵魂一般。他们拉着扫帚往回就走，嘴里念着“爹（或娘）上车去”。那拿木棒的人在前面耍着，一直回到家门口。这时孝子也出来了，拉扫帚的把扫帚放在饭桌旁边，大家齐声地说道：“爹（或娘）洗洗你的脸，照照镜子，吃些东西上车去吧。”说完了以后，用一把火点着纸糊车马，一齐焚烧。死人的灵魂就从此乘车到城内城隍庙去了。

9. 吊祭

普通吊祭，亲戚朋友多拿“纸钱”“冥资”。有行四叩首礼的，有行三叩首礼的，普通都说“神三鬼四”，所以行四叩首礼的居多。孝子跪在灵左，吊者行完了礼，孝子也匍匐叩谢。

10. 礼物

普通亲戚来吊祭，所送的礼物，多是“大饭”“素食盒”“荤食盒”“三牲食盒”“全席”“仪幛”“挽联”“果供”等。朋友多送“挽联”“现金”“纸钱”等。“现金”普通多送洋一元或铜元一百枚。“荤素食盒”“全席”“幛子”“挽联”等，价值与婚礼所送的差不多，不用再说，“纸钱”的价值约费两三毛而已。

11. 出殡

出殡的那一天，丧家雇吹鼓手，在门口敲锣打鼓，大闹起来。有钱的人家搭台唱戏，热闹得很。把预备好的纸糊的各种东西，都一件一件地摆在大门外头，等着拿到坟地去烧。有钱的人家，还请许多僧道念经，每起 8 人或 10 人，有时也有 12 人、16 人的。预先给他们在本村或村外借一庙宇或闲房，请他们在那里休息。到了出殡以前，僧人道士们都穿上法衣，戴着帽子，手里拿着乐器。有的吹笙，有的吹笛，有的吹管子，有的打云锣，在街上一边走着，一边奏乐。来到灵前，有一“领众”对灵默诵真经，在灵前上香，发“疏”超度，如此往返数次，超度数次，叫做“参灵”。

到要出灵的时候，孝子在灵前的小盆里烧纸，烧完以后，把盆对灵前摔碎，叫做“摔献”。意思是说，不能再献亲了。家里没有小盆的，就用瓦替代。

“摔献”以后，把灵抬到大轿上，用大杠横在轿里，杠的前端是龙头式，后端是凤尾式。这种大轿有时用 32 人抬着，有的用 36 人抬着。还有一种灵车，是孝子在当中，本族和亲戚在两旁共同拉着，直到坟地。

在出殡的时候，长子执引魂幡，导灵前行，其余晚辈都拿着丧棒，同哭送殡。乡亲多在村子的路口，放一个小桌，上头放纸钱、酒果、猪头、小鸡等物，灵柩到时，众乡亲对灵叩拜，孝子匍匐叩谢，名曰“路祭”。沿路抛撒纸钱叫做

“买路钱”。

12. 葬期

中等以上的家庭遇有丧事，分殡埋与不殡埋两种。殡埋的家庭，多在人死第七日出殡埋葬，叫做“一七”。中等以下的家庭，有在人死第二日或第三日出殡埋葬的，有的家庭当天就埋的。不殡埋的家庭，在“一七”开吊叫做“办七”。殡埋日期，后来另外规定。有时因为迷信风水，殡埋延至半年、一年、三年、五年，甚至于延长十年。不过现在这种风俗，已经渐渐失去它的重要与势力了。

13. 圆坟

坟冢有砖垒成的，有在地上掘成坑的，棺材到坟地，把棺材放进坑去，叫做“下葬”。下葬以后，孝子用三铁锹土首先填埋下去，然后土工随着把土填到坑里，再继续堆高，做成坟头。殡埋第三日，孝子、孝妇等，拿着纸钱、果供，再到坟前哭奠上祭。不但祭奠，并且把坟头上的土，堆得圆满周正，这叫做“圆坟”。

14. 三七与五七

人死以后第 21 天，叫做“三七”。第 35 天，叫做“五七”。“三七”“五七”两天，孝子、孝妇等都要上坟烧纸，哭泣祭奠。过这两天以后，就非等到清明、十月初一，或死人的忌日，不再上坟烧纸了。

四、殡埋办事的费用

殡埋费用多少，因家境的贫富而定，我们可以把它们分成三类。第一是富户，第二是普通户，第三是贫户。富户普通棺椁费就得 150 元左右，最多约 300 元，最少约 100 元。死人衣衾费普通 100 元上下，最多约 150 元，最少约 80 元。酒席费、音乐费、棚费三项普通在 150 元左右，最多约 300 元，最少约 100 元。其余杂用如孝衣、纸扎、供物、灵车、烟酒、僧道、执事酬劳等项费用，普通也得 150 元左右，最多约 200 元，最少 100 余元。

普通户棺木费通常 30 元左右，最多约 60 元，最少约 20 元。死人衣费通常约 15 元，最多约 30 元，最少约 10 元。酒席费、音乐费、棚费三项，通常 30 元左右，最多约80元，最少约20元。其余杂费普通30元左右，最多约60元，最少约20元。

贫户棺木费普通约15元，最多约30元，最少约10元。死人衣衾费普通约10元，最多约15元，最少三五元。酒席费、音乐费、棚费普通在10元左右，其余杂费普通在5元上下。

总计起来，富户普通办一回丧事，要用500元左右，普通户要用100元左右，贫户要用三四十元。在乡下办丧事，糜费这么许多的钱，实在是一件应当设法改善的事情。因为有不少的家庭必须典房卖地或借贷为终身之累的。

五、扫墓

乡村里有一种合族上坟的风俗。每年清明与十月初一，村庄里同族的人都联合到一起，组织成会，上坟祭奠。到了时候，召集同族所有的男人，上坟烧纸，祭祀祖先，然后大家在一块大吃大喝一顿，叫做“吃会”。一方面联络感情，一方面商量本族应当进行的事情。组织的情形，一一述明如下。

1. 经费

上坟扫墓的费用，都用祖宗的遗产作基本金。每次的经费多少，全看本族的公地收入与钱财多少而定。如果经费充足，“吃会”预备的菜饭也很丰富，全族的男人都可到会，不过限定年龄，从多少岁以上的。有的会并不限定岁数，从能托碗吃饭的男孩以上，都有到会的资格。妇女与不能托碗吃饭的小孩，都不许到会。如果经费太少，会中就要限制每家的人数，有时不但限制人数，并且到会的人还得缴纳份子。有时一个份子铜元10枚，有时20枚。

2. 职员

每次开会都有会首一人，敛首二人或四人。会首是同族各家轮流担任的，任职一年为限。敛首是每次接会的时候，会员大家选举出来的。除了会首、敛首以外，还有人专管账目和会中公务。这人多是年长，族中各样事情都非常明白，并且富有经验，又能写字的。这人也是大家公推的。

会首为每次“吃会”的主人，筹备一切。敛首专经管出入钱财与购买物品。有时不用厨子，敛首还得亲身做饭。

3. 公款

本会的公地，有出佃给别人家的，每年所收的租价，就充作会里经费。公地也有时由本族各家轮流承种的。会里的钱财，有的放给别人，求得利息，利率就无一定。有时会首、敛首分用，利息有一定，普通月利一分半。

4. 上坟时期

每次到了合族上坟的日期，会首都预先通知本族各家，让他们预备到坟地祭祖。合族的人在清早就都齐集在会首家里，同往坟上烧纸，祭奠，放鞭炮。族人有无故不上坟的，会里也有一定罚规。普通罚酒一斤或二斤，作为警戒。至于坟地有什么应当修理的，树木有什么应当补种的，公地怎样出佃，以及其他一切关于本会各种问题，都可以在“吃会”大家共议，大家讨论，设法解决。

第三节　新年及其他节令

一、新年的风俗

1. 除夕

在阴历腊月三十那一天，乡村里家家男女老少都穿上新衣服，预备过年。贴春联、贴纸花、贴门神、贴灶王、贴天地神，糊灯笼，预备香、纸、香炉，洒扫院子、街道，到处都让它洁净，表现新年的新气象。妇女们也都忙着收拾屋里的一切东西。然后还得剁馅，和面，包饺子。到了夜里，在天地神、灶神、财神与祖先灵位等等地方，烧香、点灯，挨次行跪拜礼。这时候在街门口挂着明亮的灯笼，院中一旁的高竿上，也挂有一个灯笼，叫做“天灯”。街上、院中都是灯光闪闪，辉煌灿烂，很有趣味，拜了神灵以后，家里男女老少，同族长幼，聚在一堂，欢呼畅饮，叫做“喝年酒”。还有提着酒壶，拿着酒杯，到各亲戚家喝酒，足闹的。这次除小孩外，全家都不睡觉，一边吃，一边喝，一边说，一边笑，终夜都是这样，这叫“熬岁”。并且都在院中地上撒芝麻秆，叫做“撒岁”。

2. 元旦

从三十晚上燃放鞭炮，通宵不绝地直到大年初一早晨。这时候男女老少都忙着梳洗，穿上新衣服，尤其是小孩子穿的衣服更鲜艳。在梳洗穿戴好了之后，开始第一件事就是在天地神、财神、灶神与祖先等处，供上馒头、花卷、肉菜、饺子等项。然后焚香，点烛，烧黄钱纸，放鞭炮，合家跪拜行礼。拜完神佛祖先，小辈又向长辈顺序拜年，行叩首礼。拜完了年，合家吃饺子。吃完以后，老老少少就都到附近同族或邻家分头去贺年，很是热闹。男子与媳妇都出去拜年，惟有闺女就不出去拜年，这是一种习俗。可是新媳妇要由家人领着出去拜年，不行叩头礼，仅行拜手礼。但是对于家中长辈必得行叩头礼。

3. 其他风俗

甲、吊挂与灯笼

新年正月里，许多的村庄，都把有字或有画的布旗，在街上横着悬起，用绳串着。每隔三四家悬一挂，叫做“吊挂”。街道越长越直，“吊挂”也越多，远看层层飘荡，很是好看。这种风俗很久了，可是我们并不知道它的起源。据村人说村里有一种会保管这种“吊挂”，到了新年正月，会里的人就自然把它挂起，借以点缀新年的盛景。这种“吊挂”专挂白天，夜晚换上五彩灯笼，闪烁辉煌，非常壮观。

这种“吊挂”是用白布做的，长约两尺五寸，宽一尺三寸，四周镶着各色的围边，底下连着两个长三角。每一挂有的用四个旗，有的六个旗，至多一连八个。挂起来随风飘荡，上下翻飞，好似古时安营下寨的旗号一样。有的挂旗两面都写字的，有的是画，有的一面是字一面是画。上面的字多数是成套的古诗。至于画呢，有人物，有山水，有鸟兽，有戏剧，差不多是着色的。并且每一个旗上面，都题着一句诗，大致都从《龙文鞭影》《千家诗》和《唐诗》摘下来的。还有简单的，是在每一个旗上，按画意写上一个字，四个旗就连成一句吉祥话，或成语。可惜保管“吊挂”的人，多半不认识字，有时把旗的位置胡乱挂起，词句颠倒，念起来也就不像一句话了。

乙、串亲戚

一过元旦，亲戚朋友，家家互相往来，叫做“串亲戚”，所以各家都要预备肉、茶、馒头、饺子等好招待亲友。在正月十五以前不串亲戚的，就在家里做种种游戏。有的赌博，有的打秋千，有的下棋，有的打拳，这样足足闹到十五，并且村里有女婿住十五的，是从十一或十二，将女儿、女婿们接到家来居住，过了十五才走，每日款待他们，有的特邀本村绅士作陪。

丙、灯节

阴历正月十四、十五、十六三天，差不多的村庄都有玩艺庆祝灯节，有的村子搭棚唱戏，有的唱灯歌，有的耍龙灯、耍狮子、耍七巧灯，还有闹各种玩艺的，如跑旱船、丑车子、演武术、耍河叉等，非常热闹。到了正月十六，因为是农家佣工上工的日子，主人所预备的好菜好饭，就便款待他们，借以表示欢迎，是希望他们将来工作努力。

二、其他节令

1. 二月二

二月初二叫做“龙抬头”日，乡民用新灰撒在井边上，再由井边引到院墙与屋里，叫做“引龙”。又用竹竿或木棒打屋里四壁，为的是驱毒虫。

2. 三月三

三月三日念书的人都出去踏青。日暖风和，桃李含笑，多携酒在野外宴饮。

3. 清明

清明日是乡民合族上坟祭祖的一日，并且祭完以后在会首家里开“吃会”，借以讨论本族的各种问题。各界亦多于此日植树，借以提倡造林。

4. 五月五

五月五日是“端阳节”。家家的门前，都插着艾和杨柳条，并用红纸剪成“葫芦”，贴在门上。把五彩丝线，系在小孩的衣扣上，叫做“百岁索”。大人小孩都戴点艾叶，衣襟上佩挂“茧虎”“葫芦”等，并吃角黍、喝雄黄酒。亲戚朋友都互送角黍，作为礼物。

5. 六月六

六月六日家家都晒书籍，晾衣服。

6. 七月七

七月七日妇女都穿针乞巧。并说这一天是牛郎会织女的日子。

7. 七月十五

七月十五叫做“中元节”。家家都带着瓜果到坟上祭墓。

8. 八月十五

八月十五是“中秋节”。定县各村的农家对于中秋节，非常重视，所以也格外热闹。普通在中秋节，都是过三天，饭食特别讲究。现在把中秋节的详细情形，说在下边：

八月十四日，是中秋节的第一天。这一天农民预备各种食物，如馒头、粽子、各种点心、月饼、菜、肉与果品等类。家里还有做面条、轧河落吃的，很是忙碌。

八月十五日，是中秋节的正日子。农家吃的饭食比十四还丰美，还讲究。差不多是早饭吃面条、馒头、粽子等，午饭吃菜、肉、馒头等。这天不但家人是这样，就是所用的工人也是这样。并且表示优待他们的意思，到了吃饭的时候，主人把他们请到屋里，给他们斟酒、布菜、盛饭，请他们大吃大喝一顿。吃完了午饭以后，主人给他们每人一个篮子，里头盛着馒头十个，点心半斤，月饼半斤，梨两个，葡萄一挂，让他们带回家去，使他们家里的人，也感觉主人优厚的意思。到了夜晚，银月辉煌，主人预备菜、酒，邀请工人与工人的原介绍人和附近邻人，同坐赏月，欢呼畅饮。在这时候，就共同着把来年的工资和续订与否商量妥协，有的预先由介绍人向双方接洽好了在此时正式发表的。因为多数工人都是在这晚上或十月初一要把这事决定好了。完事之后，家里就在月亮升到天空的时候，在院里对着月亮放一张桌子，上头放一个香炉，几个盘子，盘子里摆满了月饼、点心、葡萄、梨等供品。并且焚香，烧纸，向月跪拜，叫做“供月”。拜罢以后，所供的东西，合家分食。

八月十六日，是中秋节的末一天。乡村各家的午饭大致都吃饺子，也有酒和果品。

9. 九月九

九月九日是“重阳节”。有的人在这天出去登高，吃花糕，喝菊酒。

10. 十月朔

乡村妇女们在这天剪纸做衣，到坟上祭墓，把所做的纸衣在坟前焚烧，叫做“送寒衣”。意思是天气渐渐地寒了，给故去的人送几件衣服来御寒。

11. 冬至

乡村念书的学生，都在冬至这天拜师长，像拜年似的。

12. 腊八

十二月初八日，叫做“腊八”。家家都用五谷、枣、栗做粥，叫做“腊八粥”。

13. 腊月二十三

十二月二十三日，是祭灶的日子，家家吃糖果、大扫除，使屋子院子各地方，都干净整齐，预备过年。

第四节 关于迷信的习俗

一、关于农事的迷信

1. 元旦泡豆

在除夕日农家把秫秸一节，用刀劈开两半，在每半个秫秸里边，隔相当的距离，挖十二个小坑，每个小坑里放一小白豆。做好以后，仍把两半的秫秸合在一起，用绳束好，不要白豆落出。然后就把它投在水缸里，到了元旦的早晨，从水缸取出来看。由秫秸的一头数，第一个小坑里的豆，算是正月。第二个小坑里的豆，算是二月。如此类推，一直到十二月。哪个小坑里的豆儿被水泡涨，哪个月的雨水就大；哪个坑里的豆儿没被水泡涨，哪个月的雨水就小。

2. 二月二摔高粱籽

农民把所留下的高粱穗在二月二摔种。他们说这一天摔的种，将来种出高粱来，不长红油病。

3. 三月三种葫芦

农民多在三月初三种葫芦，据说这天种的葫芦不长斑。

4. 防猪瘟

在猪瘟传染的时候，农民用一块红布尖，绑在一根棍上，把它插在猪圈门旁，说是可以避免传染。

5. 长虫过道

在久不下雨的时候，农民看见道上有长虫（蛇）走过的痕迹，就知道是要下雨。

6. 收获敬神

农家在场上收获粮食的时候，先要向农神上供，焚香、烧纸并放鞭炮，为的是求着多多收获。

7. 收获时忌说不吉利语

农夫在场里收获粮食的时候，不愿意别人问他每亩收粮食多少，更不愿意别人问他粮食快要收完没有。他们认为这类话，都是不吉利的。恐因一语之错，少打几斗粮食。

8. 野外撒饭

农忙的时候，农人在地里做活，离家很远，不能回去吃饭，家里就要送饭到地里。在吃饭以前，先盛一勺饭，撒在地上，叫做敬“青苗神”。据说田里有一位“青苗神”，手拿小鞭，绕地行走。吃饭不敬他的，他就用小鞭打庄稼穗，叫庄稼不茂盛；凡是吃饭敬他的就使庄稼茂盛。

二、关于避灾害与危险的迷信

1. 元旦拜东

新年元旦早晨，在太阳没出来的时候，自己一人在院中向东叩头，这一年可以免去蝎子螫。

2. 戴柏枝

正月十五是“灯节”。许多妇女都在这天剪柏枝插在鬓边或辫子上，说是一年不长虱子。

3. 正月不剃头

有舅父的正月不剃头，说是剃头伤舅。

4. 龙抬头

二月二日在太阳出来以前，还没有起来的时候，农民有在炕上顶着枕头，心里默念："二月二，龙抬头，未曾龙抬我先抬，蝎子蚰蜒不敢上身来。"一连默念三遍，这样一年不受毒虫的螫咬。

5. 插鸡

二月二日还有用秫秸做出许多小鸡形状，插在屋里墙上，意思是用它来吃蝎子。如此这一夏季的蝎子可以减少。

6. 端午戴艾

端午节农民都在大门旁插艾，妇女摘艾尖戴在鬓旁，或插在辫上，可以避毒免灾。

7. 吃饭不扣碗

正吃饭的时候，不许把碗扣在桌上，据他们说扣碗的要得噎食。

8. 新妇带黑豆

新妇在出嫁的那一天，自己身上暗暗地带上许多黑豆，到了婆家下轿进新房的时候，把黑豆撒在看热闹人的身上和屋子的四周围，防备有凶星。

9. 路口撒米

妇人产小孩快到满月的时候，娘家就把她接回家中，在回家以前，暗带许多小米，每过路口就撒一把，据说是不过满月的产妇，恐怕路口被祟。

10. 防瘟疫

乡村有瘟疫的时候，农民就用桃树枝做成一个小弓，用五色线作弓弦，另有一块红布尖都悬在门上，说是可以避瘟疫。

11. 带黑豆

当腊月二十三日晚间，祭完了灶的时候，把供在灶王前的神马饲料里的一种黑豆，用小红布袋盛起，缝在腰带上，就可以免灾。

三、关于丧事的迷信

1. 吃岁数饼

人死第二天，用白面做成小圆形饼，数目是按死人的岁数为准（死人多少岁就做多少饼），这叫做“岁数饼”。在夜间焚烧马的时候，把饼一齐焚烧。到了第二天，农民拾去给小孩子吃，说是可以给小孩壮胆。

2. 带钱

死人入殓的时候，孝家撒在棺材里的“垫背钱”，有时帮忙的朋友捡起一个拿回家去，用线系好，给小孩带上，说是可以早日成人。

3. 扫材

遇有丧事，在出灵以前，本家人用扫帚簸箕把棺材上的土扫下来，叫做“扫财”。意思是说财不外去。

4. 下食罐

有丧事的人家，用一小罐（就是治病用的火罐），里头装一个馒头。殡埋的时候，另在坟墓里，棺材的头部挖一个小洞，把小罐放在里头，叫做“下食罐”。意思是说人去世以后，还有饭吃，不致饿着。

5. 妇人抱土

在人死殡埋以后，家中送殡妇女，把掘坟墓的土，用衣襟包一把，带回家去。意思是抱财土回家，家里必要发达。

6. 男人从原路回家

死人殡埋以后，所有送殡的男子，都从旧路回家，不走近路，也不回头。

7. 纸钱擦癣

死人出殡的时候，在沿路上撒纸钱，有长癣的人就把它捡起，一路用它擦癣，并不回头，说是可以把癣治好。

其余如含银铃、倒头饭、打狗棒、烧马等等关于丧葬的迷信，可参看本章的丧事节。

四、关于婚事的迷信

1. 被角放枣栗

男子要成婚的时候，家里给他做新被，在被的四角都放上枣和栗子，然后缝好，据说是盼望新夫妇早立子的意思。

2. 点谷草

成婚的那一天，男家预备谷草两束，放在大门两旁，等到迎娶回来的时候，家人把谷草一齐焚烧，这是祝成婚以后，家境如火地兴旺起来。

3. 抛迈门糕

在迎娶新妇进门的时候，男家有一人拿一块黏糕，往上抛去，叫做"迈门糕"。意思是说新妇过门后，家境年年高。

4. 门限置鞍

新妇下轿的时候，在门限上放一马鞍，新妇从上迈过，这是祝新妇过门后，步步平安。

5. 照妖镜

新妇在上轿以前，当胸必要藏着一面古铜镜，或平常的镜子，叫做"照妖镜"。有这镜子妖魔就不敢侵犯她了。

6. 成婚夜不熄灯

成婚的第一夜，洞房里的灯，要一夜长明，不准吹灭，相传新夫妇谁要先把灯吹灭，谁就先死。所以二人谁也不吹灯，一直到天明。

还有别的关于新婚里的迷信风俗，可以参考本章婚事节。

五、关于仙鬼的迷信

1. 下神

农民得了邪病或病重的时候，家人就请一个顶大仙的妇人治疗。来的时候多在夜间，并且先把预备出来的屋子遮得很严密，始终不许点灯。还要在炕桌上供些熟鸡蛋和烧酒。等这妇人来到之后，先要烧香请仙，把香烧完不要，她便坐在炕沿的桌旁，给大仙留着炕里正座。忽然有点响声，就说大仙来了，家人忙着叩头，请大仙饮酒、吃鸡蛋。也能听见吃喝的声音。然后由顶仙的妇人请问大仙说："这人得的是什么病?"于是就听大仙似说似唱地答道："这个人得的是〇〇病。"这样一问一答的好久，所有得病的原因、治疗的方法和几种简单的药品，都给说清。那声音的细弱，好像女子。有时大仙还用一只毛烘烘的小手，替病人按摩。据说这是欺骗乡民的一种口技。

2. 拜狐仙

乡民有平日敬拜狐仙的，按时给它烧香、叩头，供奉食品、衣物，有时也请它治病。

3. 燎星

在除夕的晚间，有的村庄里人家，要请祖先回家过年。到时由家里的男人和小孩手拿着谷草，到祖先的坟地，先把谷草点着，再挨着次序向坟头叩拜，嘴里还说"老爷，老奶奶回家里吃水饺子"。祭完之后，便往回走，一路上不许谷草熄灭，嘴里仍不断地叫着"老爷，老奶奶回家吃水饺子"。到家，就把谷草焚在门外，只留一根，供在屋里祖先牌的前面，并供些食品。这样每天三餐地供奉到五天，再焚纸把祖先送回坟地，这叫做"燎星"。但是这种风俗并不普通。

4. 结阴亲

无论男女，到了成年时期，没有结婚就死去的人，家里因着孤男孤女不入祖坟的习俗所限，又不忍把他们埋在地边上独受凄凉，又因为他们没有结过婚，家里总觉得对不住他们，要想着给死人继子立后，接续香烟，这才有"结阴亲"之说。当青年男子死去的时候，他家便一方面选择承继人，一方面托人物色以先死去青年女子的人家，然后由介绍人说合，有的也讲究年貌、门户。说妥之后，就叫新承继的孝子，手拿纪幡，上写着死去新妇的姓名、年岁、生日、时辰。有的坐一辆车，前往女家迎接死妇的灵柩回来。女家也预备纸钱、纸锞，坐车相送，到男家的村外再一同举殡葬埋在祖坟里。女青年死的时候，阴家也托人寻一已死未婚的男人，给他们结合，也是如此办理。至于做这门"阴亲"的人家，也有由此往来很好的。

5. 门口撒灰

农家死人，附近邻家都要在门口横着撒一条灰，意思是恐怕死人的阴魂跑到自己家里来。

6. 糊窗留孔

秋后天凉，农家都要糊窗，可是在十月初一以前要把窗户糊好，就得在窗上的一角留一小孔，等到过了初一以后再补着糊上。据说酆都城到七月十五日把鬼放出来，散在各处，直到十月初一就得回去。若早把窗户糊好，不留一孔，那就把鬼糊在屋里了。

其余关于鬼的迷信，可以参看本章丧事节。

六、其他的迷信

1. 泰山石敢当

农民因避免不利，或其他的灾害，常在自己住房墙垣适当地方，立一石柱，或砖一块，上刻“泰山石敢当”字样，并把字用朱砂染了。亦有在石柱顶上刻一虎头的。据风水先生说，这块石头应当七尺五寸高，在冬至前后，择一龙虎日，把石立上。因“石敢当”是禁压不祥者的。在宋时曾发现唐石铭一，文曰：石敢当，镇百鬼，厌灾殃，官吏福，百姓康，风教盛，礼乐张……这样看来，它的根源很远，意义显明，不过何以加上“泰山”二字，就不详了。有的石上写“姜太公在此”。据说周时姜太公会斩将封神，一切凶神、恶鬼、妖怪都很怕他，见他的牌匾都得远避。

2. 缝衣衔物

自己身上的衣服，因为一时不慎，以致撕破。如不脱下来缝补，就在别人给他缝补的时候，他自己嘴里衔着一样东西，如筷子、秫秸等物。不衔的就要被贼偷。

3. 元旦五更不提名

农家除夕要有睡觉的，到了元旦早晨，家里打算要叫醒来，不能叫他的名字，最好用东西的声音把他惊醒。据说要是提名，被叫的人必患红眼，或也许把臭虫叫来，那么这一年的臭虫必多。

4. 奶奶庙讨小儿

农民有久不生养小孩的，要到庙会买个小泥人，拿到奶奶庙里烧香，叩头，默默祷告。然后把小泥人拿回家里，放在炕席背后，说是就可以得子。

七、几种迷信的概况

1. 巫觋

巫觋有男有女，多以请大仙附体，给人治病，驱除妖邪为名，愚惑老乡民，借着得些钱财。做这种事业的人，多是无业无识的乡下人，他们不但宣传，而且号召。所以乡村许多人受他们迷惑，受他们影响。

巫觋在治病以先，要烧香叩头，请大仙附体。然后这人就改变声调，做出种种怪态。要是给人念咒驱邪，就用一个桃木钉子（用桃树枝削成的钉子），在病人身上各处乱钉，虽然不是真往肉里钉，有时也要着上几下。病人受了这种苦痛、这种暴刑，他哪能忍受，一定要叫苦，要说胡话。这样一来，巫觋便说妖魔邪鬼在他身上附着，乡民愚昧无知，也就相信。至于治病的事，大致和下神一样。

有时坟地闹邪，乡民也就沿用巫觋的方法，拿桃木钉子钉在坟头上，说是可以驱邪。

2. 卜筮

农民多信卜筮，如“算卦”“批八字”之类，所在皆有。因为乡村的婚姻、买卖田地、修盖房屋及其他等事，都要经过卜筮，然后才决定。

普通卜筮有四种，一是“金钱课”，二是“批八字”，三是“抽签”，四是“麻衣相”。“金钱课”是用制钱摇出正面反面，然后再按“金钱课”书来卜吉凶。“批八字”是把年岁、生月日、时辰，交给算卦的先生去批算，他就可以告诉你每年的吉凶。乡村农民要给儿女订婚，也得先把男女的八字交给他们批一批，合适以后，才能订婚。“抽签”是借着“抽签”来推算的，算卦的先生有很多的书籍，如《子平》《大六壬》《小六壬》《奇门遁甲》《水镜集》等。他们借着这个来推算。“麻衣相”就是相面的。他们多半认识字，常看各样相书，练习口才，给人相面。在人的体格和面部，以及五官的位置、气色、精神，都能说出人的功名利禄和荣辱休咎来，不过以上各种卜筮，都是瞽者和一般无业的穷书生或走江湖的人等一条糊口的道路罢了。

3. 堪舆（风水）

乡村人家死了人，要在新置的坟地葬埋，必得请风水家选择地龙生气茂盛的地方，指定地穴，叫做“安穴”。“安穴”以后，还得“调向”，就是按着地形与水法、天干地支、五行生克制化，指定最适宜的方向。例如地是南北的，应当调什么方向才算适宜；地是东西的，应当调什么方向适宜。他们用“罗盘”依照八卦的标准，定好了方向，才能葬埋。

据风水家说，选择葬地，实在是件极难的事。头一件应当学“寻龙”，“寻龙”就是寻视龙脉。学会了“寻龙”以后，才能学“安穴”。风水家有这么一句话：“十年寻龙，二十年安穴。”由此可知看风水的不容易，又说地龙在地里走，距水很近，就是所谓“水不离龙，龙不离水”。选择的地点，应当在龙水交接的地方才适宜，不过已经埋过人的坟地，就可以挨着次序去葬埋。虽也有请风水先生看的，也就省事多了。

还有年代久远的坟地，次序容易混乱，因此也有“抢葬”的。就是后人不按次序，任便选好的地方葬埋。也有经风水家看出原有的坟地，气脉不好，或是年代太久，没有地方“安穴”，那么农家就得另外预备新的坟地。据说风水家如果安穴安得好，调向调得好，这家一定兴旺发达。农民因为没有什么知识，所以就迷信他们。

第五节　乡村其他的风俗

一、关于生小孩的风俗

乡村农家生小孩的时候，都要请一位本村对于生产小孩有经验的妇人，到家帮忙。普通这样妇人都在四五十岁，是本村最有名望的收生婆。她们并不拿收生当作一种营业，不过是善意地帮助人而已。小孩落生以后，赶紧给产妇做小米饭汤吃，叫做“定心汤”。同时急忙派人带着东西到产妇娘家道喜。所带的东西，在早先的时候，生的是男孩，就带一本书，生的是女孩，就带一朵花。这不过是拿着东西作标记，到娘家报信而已。到了现在，无论生的小孩是男是女，到娘家道喜的，总是拿着一本书，不再拿一朵花了。娘家得信之后，当时拿些鸡蛋，装在篮里，让道喜的人带回，并且给他几个喜钱。普通所给的喜钱是铜元100枚，财主富户也有给几元钱的。

至于产妇所吃的东西，普通人家都是小米饭、芝麻炒盐、煮鸡蛋等，有钱家里的产妇，当然要吃些滋养料丰富的东西了。到了产后的第三天，同族亲戚和近邻们，都来道喜送礼。所送的礼物，多是鸡蛋、芝麻、烧饼、麻糖和油炸果等。产妇的娘家也带许多东西来，不过是鸡蛋、白面、挂面等类，都是给产妇吃的。并且也做些小花衣裳给小孩穿。到了第九天，家里要做好了席面，预备招待亲戚朋友，因为这天小孩的姥姥、姨母等亲戚，家里的同族、邻居和朋友，都要来道喜，并且送许多礼物。在吃饭的时候，所有来道喜的同族、亲戚、朋友，都给家主满喜盅，表示庆贺。关于礼物一项，也有种种的不同，大致说来，中等以上的家庭，普通都送些银东西，给小孩戴，像是手镯、脖锁、大银钱等类。在上边还都要刻上“长命富贵”一类的吉祥话。其次还有送喜幛的，也不在少数。中等以下的家庭，都是给小孩钱，普通都是50枚铜元。

在这第一个月里，生人或怀孕的妇人，都不许到产房里去。因为他们若进到产房去，有时产妇的奶（即乳浆）就不好了，有时也许不来了，这叫做“蹬嘴头”。如果有人在无意中走进产房，已竟蹬了小孩嘴头去的时候，那么进屋的人，就得同产妇换换腰带。仿佛这样产妇的奶就能恢复过来似的。其实蹬了嘴头去的倒有，用腰带把奶换回来的很少。不得已时也得想别的方法救济才行。还有“填圈”“糊窗”等话，都不许当着产妇说，也是预防奶水不来的一种禁忌。

到了满月那一天，娘家必套车来接。普通都是小孩的姥姥亲身来接，如果实在没有工夫，就是产妇同族最亲近的人来接。在她们回娘家的时候，还有一种不普通的习俗，就是每到一个十字路口，产妇就撒一把米、一把钱，撒米的意思，是恐怕没满月的产妇路口被祟。撒钱为的是给初次过路的小孩向鬼神买路用的。所撒的米差不多都是小米，撒的钱以先是小钱，现在都撒铜元，不过是多少的分别罢了。听说定县城内西街，有一个财主得了小孩，到了产妇满月回娘家去的时候，在路口撒过一次洋钱，可见这种习俗的重要和财主在迷信上的挥霍了。产妇带着小孩回到娘家，住过100天；然后就回到婆家，给小孩剃头。

二、关于生日的风俗

乡下人的生日因为贫富、长幼而有不同，所以过生日的情形也都不一样。小孩子到周岁的那一天，家里预备一本书、一朵花、一块土、一个小锄，要是女孩多加上一把剪刀。把这些东西，都放在天地神前边，然后全家向天地神烧香叩头。再把小孩抱在天地神位前，让他随意拿一样东西。如果拿书，将来一定爱读书。拿花，男的必好女色，女的必不务正。拿土的不能成人，拿锄的必尽力种地。女孩拿剪刀，将来会做活。这是小孩一周岁生日的情形。

十几岁的小孩过生日，并没有什么礼节和讲究。不过家里煮几个鸡蛋，买几个烧饼，取其圆满的意思。到吃饭的时候做些面条大家吃吃，取其长寿的意思而已。

成年人过生日，除去吃一顿面条之外，子女对于他和他对于父母，都没有什么表示。一切也都和平常一样。

老年人过生日，有的倒是十分讲究。家里从头几天就忙起，和办喜事一样地预备好菜好饭。并且有请一班奏细乐的，在院子里随时奏乐。也有搭台唱大戏的，招待附近各村的农民都来看戏。这天是亲戚、朋友都来送寿礼，并且当面给老人拜寿。这样锣鼓喧天扰扰攘攘地热闹一天，也有酒席摆到三天才完事的。至于寿礼的种类，普通多是白面蒸的桃子、寿联、喜幛等物。还有人缘好、孚众望的人，到了做寿的时候，有的由几个人，有的由合村恭送一块匾额。到时本人的子弟等要带着乐工出外迎接进来，在院中陈列多时。然后仍用人抬着，子侄们跟随着，奏着乐器，在本村游行一周。意思是夸耀。不过这样办寿的在乡村很少，尤其是送匾的更不多见。若说到一般的老人过生日，也只于当天有几家近亲，像是已出嫁的女儿和外孙男女等前来，大家共同吃点好饭食，谈谈说说而已，并且很少有拜寿和送礼的。

三、关于送号的风俗

定县乡村有一种风俗。凡是15岁以上的男子，在家长故去之后，或家长虽在，家中由他当家，村户有事也都由他出头办理。因此，为与别人往来方便起见，朋友们就请村中有学识的人给他起号相送。送号的时候，都在阴历每年正月举行。到时所有村中没有号的男子，共同找一个适宜地点，预备酒菜。请送号的朋友们和起号的先生大吃大喝一顿，算是酬谢。然后由起号的先生，用红纸把所起的号，按着格式（见图9－3）给他们各写一张，一齐贴在街道墙壁上，或分贴各人的家门外，并且燃放鞭炮，作为庆祝。这种风俗，颇有古时冠礼的意味。

在送号之后，接着产出一件有趣味的事来。就是送号本来是为叫的，可是乡民因为恭敬的缘故，都不完全叫号，必须把号上加一个“老”字，再把号的第二个字去掉。譬如送的号叫“益友”，别人不叫他“益友”，只叫他“老益”，而他便谦逊地自称为“洛益”。这不但互相称呼是这样，就是一切契约文件上的名字，也是“张洛益”“李洛友”地写着。因此，年深日久便把他自己原来的名字和号的下一个字，一并都忘了是很多很多的。

恭賀

侄
〇〇翁〇老先生〇令郎印〇〇字〇〇雅號之喜
孙

揚名四海（或名播中山）

〇〇〇
眷友〇〇〇同拜
〇〇〇

图9－3　送号帖式

四、关于坟地埋葬的风俗

1. 拔坟

乡民因为原有的坟地气脉不好，或年代已久没有“安穴”的地方，必得另置新坟地。在置妥之后，如果要把旧坟里埋葬的正系祖先移到新坟地去，就叫做“拔坟”。因年久棺材腐烂，无法搬移的时候，就把新坟应占的正穴里，放一个小棺材，里面装进一个长木板做成的牌位。在牌位的上面用朱砂写上“显考〇府君讳〇〇字〇〇之灵位”字样。然后也照样堆成坟丘，这就算替代搬移一样。不过所移的世系，都是很近的，自己的父亲、祖父，至远到曾祖为止，再远的就不移动了。

2. 埋葬的情形

一个坟地里，大致可容四五穴到二十穴。要知道坟穴的多少，完全在置坟地的时候由风水家按气脉看定，坟地的大小，要以坟穴多少为标准。如果所置的坟地很大，能安的穴数很少，也是多半荒废着。至于埋葬排列的次序，也有一定。夫妻都是并葬，同辈的列一行，以左为上，依次右排如下式：

高祖—曾祖—┬—长祖—[
　　　　　　├—次祖—[
　　　　　　└—三祖—[

埋葬掘穴的时候，按棺材形状，在地上掘一个四尺多至五尺深的长方坑，把棺材放下去，再用土掩好，地上做成坟头，坟头的大小也看家中景况来定，因为景况好的要从别处拉土来堆坟，所为显着大而壮观，还有把所掘的长方坑，用砖在四面和坑底砌好，等把棺材放在里面之后，再把上边砌起砖镟，叫做“砖套”，这是保护棺木的方法。

坟头与坟头的距离不可太远，平常都是相隔三四尺。意思是如果太远，恐怕事业不能继续，有上气不接下气的危险。

乡村在坟墓前面立碑的不少，也有立碑楼的。坟地里树木，多是柏树和杨树，也有栽杜树和柳树的，罗列成行，甚是幽静。

关于埋葬还有一种风俗，就是没有结婚的男女死了不准入坟，只在本家地里选一个地头埋葬。要能在死后结“阴亲”才许埋在坟地里。

3. 公葬地

乡村里有一种不能归私人的公地，如荒地、沙地或庙基地之类。有的村庄因为要免去村中孤独的男女和小孩死了无处埋葬的缘故，就把这项公地，改为公葬地。凡是村里死了没有坟地或不许入他们祖坟地的人，就可以在公葬地随便选择一块埋葬。因为他们没有秩序地随便埋葬，所以又称之为“乱葬坟”。这种公葬地并没有经费，也没有人去管理，只是很少的村庄里一种慈善事业而已。

第六节　歌　谣

歌谣不但能描写乡民的生活与习惯，并且能表现乡民的愿望、思想、信仰与传统的教训，现把定县所得的歌谣写在下面：

一

小儿饥寒找母亲，
不知嬉乐无他心。
离母不过一日时，
哭啼要找自母亲。
见母忧时自亦忧，
孝亲之心实是真。
待至成人娶妻后，
有了能力不赖亲。
与妻日日以取乐，
离开一日如一旬。
自小亲母无可比，
此后乃有两样心。
想不起来自母亲，
只想起来与妻亲。
如此之人失孝心，
不能算是一个人。

二

马尾鹊，尾巴长，
娶了媳妇忘了娘。
把娘背的山沟里，
把媳妇背到炕头上。
稻米饭，浇肉汤，
不吃不吃也盛上。

三

拨灯棍，打灯台。
爷爷要了个后奶奶，
脚又大，嘴又歪，
气得爷爷发愣呆！
奶奶，奶奶您走吧！
爷爷好了你再来。
拨灯棍，打灯花，
爷爷娶了个十七八，
又擦粉，又戴花，
欢喜得爷爷啃脚鸦。

四

小伙子，媳妇多，
一年娶了十五个。
好的通卖了，
丢下一个拙老婆。
叫刷锅，不刷锅，
蹬着锅沿骂婆婆；
叫刷碗，不刷碗，
拿起碗来洗洗脸；
叫刷瓢，不刷瓢，
跳的瓢里洗洗脚；

叫刷瓮，不刷瓮，
蹬着瓮沿骂公公；
叫浇园，不浇园，
拿起辘轳来玩玩拳；
叫改沟，不改沟，
蹬着沟沿骂叔叔。

五

小纺车，忽喇喇，
婆婆死了我当家。
烙薄饼，炒丝瓜，
上上门儿可吃吧！
吃了个饱，撑了个楞，
到了人群里走不动。
推也推不动，拉也拉不动，
叫声大娘快救命。

六

剩饭难饱，
后老婆子难管。

七

小闺女，上梯子，
老鹳锛了眼珠儿。
爹也骂，娘也骂；
嫂子出来说：
锛了吧！锛了吧！

八

扁豆角儿串满架，
背着包袱上娘家；
爹出来抱包袱，
娘出来抱娃娃；

嫂子出来一扭搭，
嫂子嫂子你别扭，
立时来了立时走。
有咱爹娘还来遭，
没咱爹娘两分手。

九

锛子锛，凿子凿，
柳罐头儿，菜瓜瓢。
温热水，烫狗毛，
烫了一千又一千。
王母娘娘上刀山，
刀山有个白老道，
问问大姊要不要？

十

大脚板，刮唧唧，
到了婆家不受屈。

十一

大姑多，婆婆儿多；
小姑多，舌头儿多。

十二

棉花桃儿，地里蹦（蹦即裂开），
亲近姥姥疼外甥，
妗子看见把眼瞪（妗子即舅母），
妗子妗子你别瞪，
瞪不瞪不中用。

十三

二月二，龙抬头，
天子耕地臣拉牛；
正宫国母来送饭，

五谷丰登太平秋。

十四

庄家主本是忙，
头着走动背粪筐。
一年拾了几石粪。
使的地里满现劲。

十五

大白面，马尾罗，
什么饭食什么活，
不教吃，咱就磨，
看是耽误的谁的活。

十六

墩三墩，掩三掩，
不怕当家的买大罐。

十七

庄家主儿，打早起恋黑。
房上搜泥，防备风雨摧。
地弱最怕多使粪，
勤又勤锈几回，
哪怕那荒草把苗围。

十八

早封粮，
自在王。

十九

早赶集，
迟赴席。

二十

种地不使本儿，
越种越着紧儿；

种地不使粪，
一年一年瞎胡混。

二十一

羊马年多种田，
预备鸡猴那二年。

二十二

天不怕，地不怕，
谷子地里保着驾。

二十三

黑间阴，白日晴，
打的粮食没处盛。

二十四

有钱难买五月的旱，
六月连雨吃饱饭。

二十五

六月六，看谷秀。
春打六九头。

二十六

立冬不搬菜，
莫把老天怪；
霜降不绑葱，
莫怕里头空。

二十七

鹦哥儿，啊唔！
干么呢？采花呢。
花呢？卖啦。
钱呢？花啦。
绳串儿呢？当街门儿上挂着呢。
几架高？两架高。

骑红马，架银刀；
银刀快，切白菜；
白菜长，赶群羊；
羊不走，赶群狗；
狗不乖，叮儿当儿过门来。

二十八

二十年前他去偷，
钢刀切了木人头，
儿孙自有儿孙福，
何用给儿孙做马牛。

二十九

人投人，鸟投林，
和尚投的出家人，
落地梆子投光棍（落地梆子即流氓）。

三十

有钱不娶活人妻，
要地不要顺道的。

三十一

跟着好人学好人，
跟着师婆学下神。

三十二

姨儿亲，皮儿上亲；
姑姑亲，骨头上亲。

三十三

明了，鸽子起咧；
蓬了，老鹳打鸣咧；
雨了，孩子大人都该起了。

三十四

瞎子的口，没量儿的斗（瞎子系指算命者）。

你只问，他只有。

三十五

饥了甜如蜜，

饱了蜜不甜。

第七节　乡民的几种习惯

一、烟

1. 烟的种类

乡民所吸的烟，有三种。一是纸烟，二是旱烟，三是鸦片烟。

2. 烟的来源

纸烟，完全是做小买卖的，从定县城市运到乡下去，到各村庄贩卖。旱烟，有的是做小买卖的运去的，有的是乡民自己种的。鸦片烟，都是乡村吸食鸦片的人自己从定县城里买去的。听说定县城里药房也有代卖鸦片的。

3. 纸烟的种类

从调查所得，乡村普通流行的纸烟，只有几种，如："第一烟""大鸡烟""婴孩烟""哈德门烟""大联珠烟""佛手烟""爱国烟""红锡包烟"等。

4. 吸烟的人数

从调查所得，乡村吸烟的实在不少。吸纸烟的多是绅商、学界和游手好闲的流氓。吸旱烟的多是农民。两样比较，吸旱烟的多，吸纸烟的少。吸鸦片的多是乡村富户，占数极少。有的村子吸鸦片烟的有一两家，有的村子有三四家不等。还有许多村子并调查不出来有吸鸦片的。至于妇女吸烟的，很不多见。

5. 烟的消费

按调查所得，吸纸烟的一人每月在 1 元 2 角上下，吸旱烟的一人每月在 4 角上下。吸鸦片烟的一人每月在七八元。（民国十八年）

6. 旱烟的制法

农民把所种的烟草叶，用一长绳挂起来，在日头下晒干。晒干以后，揉成碎末，就可以吸。有的农民不用日头晒，用锅焙烟。

7. 旱烟的用具

吸旱烟的，用一个“烟锅子”，一个“烟袋”。用烟锅子吸烟，用烟袋盛烟。

8. 烟的价值

纸烟每盒自 14 枚至 24 枚。旱烟每斤 80 枚至 100 枚。鸦片每两 4 元至 5 元。（民国十八年）

9. 吸烟的影响

纸烟与旱烟对于农民实在没有什么重大的影响，不过消耗他们些个金钱而已。至于鸦片，影响就十分重大了！农民不但耗费金钱，并且伤害身体，消磨光阴。有的农民因为吸食鸦片，不但自己的名誉扫地，就是他家里也弄得七乱八糟。有的还要吃白面、金丹，打吗啡，那更是危险可怕了。

二、酒

1. 酒的种类

乡民所喝的酒，普通有两种：一是“茶酒”（俗称白干），一是“枣酒”。除了这两种普通酒外，还有“瓶酒”和“黄酒”。瓶酒是用瓶子装着卖的。这种瓶酒也有数种，如“二锅头”“松醪”“葡萄酒”“状元红”等，都是论瓶卖的。黄酒普通吃的很少，都用它做药引和调菜味。

2. 酒的来源

乡村里有小铺带卖酒。他们是从定县城里，或直接到清风店、容城等处的烧锅购买，运到乡村去卖。农民也有自己到城里和清风店等处购买的。

3. 吃酒的人数

按调查所得，关于吃酒的，可以分为三种：一是痛饮的，二是常饮的，三是少饮的。痛饮是喝醉酒发酒疯的。这样的人占极少数。常饮的是用酒作消遣，在吃饭以前或没有事的时候，要喝上几杯作乐的。这样的人农民里很多。少饮的就是平常不大喝，到了年节，喝上几杯。这样的人也不少，因为到了年节，农民都要吃上几杯的。

4. 酒的价值

茶酒每斤2角5分（民国十八年），枣酒每斤1角6分，瓶酒每瓶3角多，黄酒每斤4角多。

5. 喝酒的影响

酒对农民没有什么重大的影响，因为我们知道痛饮的极少。常饮的因为有节制，对于身体并无重大损害，不过耗费金钱而已。少饮的是在年节借酒欢乐，当然更没有害处。总之，酒在乡间并没有什么很大的害处，有时还是农民干燥生活里的一种消遣。

三、赌博

按调查所得，赌博最盛时期在阴历正月间。赌博的种类很多，有开宝、骨牌、骰子、麻雀、纸牌等。因为乡村没有正当的娱乐，赌博的当然要多。有的村庄如翟城，虽在正月也禁止赌博，违者由警察逮捕。有的村庄如东丈，正月初十后才禁止。有村庄如北祝，过了正月初五村长就实行禁止。

赌博在乡村的影响很大。有的真拿房子地亩来赌输赢，闹得家败人亡。可是这样人占极少数。有的小孩学会了赌博，就不做正经事，专去赌博。长大了就是乡下的流氓。虽然赌房子赌地的和小孩迷上赌博不务正业的很少，但是这种恶劣影响实在很大，应当设法禁止。

四、缠足

按调查所得，定县乡村妇女缠足的，还是不少。不过有一种现象我们觉得非常满意，就是15岁以下的小姑娘简直看不见缠足的。翟城缠足的与天足比较，一半一半。姑娘们也是没有缠足的。这样子下去，缠足的风俗不久也就灭绝了。因为现在只有上点岁数的妇女是缠足，其余差不多竟是天足。

第十章　信　仰

第一节　全县信仰概况

定县一般民众，尤其是妇女，崇拜偶像，几乎无所不信。各村大致皆有庙宇。民国三年孙发绪县长破除迷信，将很多的寺庙改为学堂。近数年来因天灾人祸不断发生，人民求助于鬼神的念头又虔诚起来，新庙宇也随之而修盖起来。但入过学堂的青年对于宗教的信仰显然地薄弱。中学以上教育程度的人有任何宗教也不信的趋势。有组织的宗教团体有伊斯兰教、天主教、耶稣教、救世军等。此外有各种秘密道门，如背粮道、九功道、坐功道、金香道等。兹将各种信仰情况大略分述于下。

据民国十九年的各村概况调查，全县尚存在庙宇至少有 879 座，在城关者计 22 座，在 453 村内者 857 座。城内大庙为城隍庙、瘟神庙、大道观、八蜡庙、兴国寺、财神庙、关岳庙、三义庙、文庙等。兹将 453 村内各种寺庙数目列表于下（见表 10－1）。表内庙宇名称皆按照村人习惯的称呼，也许不是本来真正的名称，其中最多之庙宇为五道庙，计 157 座，关帝庙次之，计 123 座，再次为老母庙、南海大士庙、三官庙、奶奶庙、真武庙、龙王庙、玉皇庙、马王庙、虫王庙、药王庙、观音庙、三义庙等。庙的大小不一，平均每庙不过两间屋子。

表 10-1　　定县 453 村内各种寺庙数目

民国十九年

寺庙类别	数目	寺庙类别	数目
五道庙	157	关岳庙	2
关帝庙	123	佛寺	2
老母庙	102	佛爷庙	2
南海大士庙	80	狐仙庙	2
三官庙	48	北斗庙	1
奶奶庙	45	九神庙	1
真武庙	41	弥勒庵	1
龙王庙	32	天齐庙	1
玉皇庙	22	天地庙	1
马王庙	21	五将庙	1
虫王庙	20	大王庙	1
药王庙	14	瘟神庙	1
观音庙	13	白塔寺	1
三义庙	13	阎王庙	1
大寺	13	韩祖庙	1
龙母庙	12	显兴寺	1
菩萨庙	9	四杰庙	1
土地庙	7	慈云寺	1
二郎庙	7	佛祖寺	1
老君庙	6	苍山院	1
太公庙	5	五灵庙	1
河神庙	5	三清观	1
孔子庙	5	禹王庙	1
岳王庙	4	天台寺	1
全神庙	4	苍姑庙	1
三皇庙	4	报恩寺	1
城隍庙	3	高阁庙	1
仙姑庙	3	木塔寺	1
七神庙	3		
天仙圣母庙	2		
清真寺	2	总合	857

据本会农业推广员的调查，全县有庙会的庙宇至少有50座，城内6处，西关与东关各1处，第一区农村内5处，第二区1处，第三区9处，第四区10处，第五区6处，第六区11处。兹将各庙会地点及阴历日期列表于下（见表10-2）。

表10-2　　定县庙会地点及日期

民国二十年

庙会地点		日期		庙会地点		日期	
		月	日			月	日
城　关	城隍庙	1	16		北高蓬	3	8
	西　关	3	8		良　村	3	18
	高台庙	3	23		油　味	3	25
	东　关	3	28		南　疃	4	15
	瘟神庙	5	5		寨　里	4	18
	南　街	5	13		邢　邑	4	18
	西　苍	7	12		市　庄	4	25
	仓门口	8	15		钮　店	6	13
第一区	西朱谷	2	8	第五区	西甘德	1	18
	西市邑	3	3		明月店	2	4
	水磨屯	3	15			2	19
	唐　城	3	18			9	19
	会　同	10	15		忽　村	2	10
第二区	北紫荆	2	2		内　化	3	15
第三区	东　亭	1	26	第六区	台　头	1	21
		9	26		大西涨	2	18
	齐　堡	2	10			2	28
	大　礼	2	19		清风店	2	22
	刘良庄	2	19			4	12
	东　旺	3	15			9	22
	北　齐	3	21			10	27
	北　旺	3	24		大白尧	2	26
	大辛庄	9	17		西　潘	4	8
第四区	李亲顾	1	15		西　坂	4	28
	东王郝	3	3		小西涨	9	15

全县共有和尚 24 个，平日从事耕种庙产。有时死人之家约请诵经，每人每夜约得 1 元。全县道士共有 15 个，其中有妻者 12 个，无妻者 3 个。平日亦以种地为业，有时也到死人家庭诵经。

县内穆斯林约计 7 000 人，在本县已有 300 多年的历史。城内清真寺有阿衡[①] 1 位，学徒 4 人。教徒居住地点多半集中，团体甚为坚固。寺内人员每日均按规矩礼拜 5 次，第一次在黎明时约用半小时之久，午间一次用两小时，晡时一次用三刻钟，暮时一次用半小时，宵时一次用两小时。每星期五这一日凡有工夫的教徒均至寺内朝真，即礼拜。朝真前必先沐浴。沐浴又分大洗小洗。穆斯林之饮食与习惯虽与常人稍异，但与其他人民相处无大妨碍。

天主教自宁晋县传入定县。在 1820—1840 年间本县之东朱谷村大半皆为教徒。后大遭逼迫，驱逐教士，至今村人已无一天主教徒，但亦不拜偶像。后有董主教在 1860 年得恭亲王的帮助，准许随便传教。至 1870 年董主教死时，在正定府教区内，包括 32 县，已有教徒 21 594 人，其中定县教徒有 794 人。1904 年在定县之南车寄始建教堂。现在全县已有大小教堂 42 处，其中较大者为南车寄、会同、邵村、西建阳、大堡自疃、小召等处。目下本县教徒约有 1 100 家，5 800 人，其中在城内者有 36 家，130 人。在城外者散布于 58 村内。城内大教堂系在民国十八年建造。现有艾司铎，法国人，主持教务。此外有中国司铎 1 人，传道先生 3 人，守贞之姑奶奶 1 人。教友数目每年均有增加，贫家居多。全家人口或家主入教最为欢迎，妇女和少年不甚欢迎，恐其不能自由，半途改变。城内教堂设小学 1 处，学生 40 余人。每遇兵灾时教堂热心收容妇孺，因此县人甚为感激。关于救济水旱灾祸及一切慈善事业，教堂均极力合作。因此村民往往因为要得便宜而愿入教。例如民国三年孙发绪强迫各村设立小学时，城东报名学道者忽增万余人。他们希望借教堂势力不办学校。后因艾司铎不随彼等之愿，结果真正教徒只余五六百人。关于经费的来源从前大半出自法国，欧战以后多半来自美国。教堂现在每年经费约 2 000 元，其中自本县教徒捐助者百元左右。农村中各小教堂每年自教友所集捐款至多七八十元，至少二三十元。赵县的天主教堂已能自立，而定县教徒颇贫，离自立的程度

① 即阿訇。——编者注

尚远。

定县基督教公理会成立于1901年，为保定公理会之分会。现有孙牧师主持会务，外有布道员2位。县内共有乡会13处，每处有聚会地点，职员及教友至少10人。全县共有教友525人，其中男子315，女子210。城内有36家，48教友，城外320家，477教友。教友分布于58村内，第一区有6村，第二区7村，第三区9村，第四区26村，第五区1村，第六区9村。民国十七年该会曾设立平民学校5处，教友多系识字者。目下每年经费约1 200元。每年每教友捐助会款五六角。

定县救世军为北平总司令部之一区部。城内北街有会堂1座，正副队长各1人，队长为一西人。全县内教徒共计400左右。

西关有神召会，亦为基督教之一派，有一瑞典牧师主持会务，外有布道员1人。现尚无会堂，租民宅办公。

以上系零星的材料，未有详细的调查。

第二节 62村信仰调查

一、庙宇

民国十七年曾调查东亭乡村社会区内62村的庙宇。据村民所能记忆，原有庙宇数目共计435座，其中存到现在尚有神像的庙宇只有104座。其余331座庙宇，有的房屋已被拆毁，有的只神像已毁而房屋改为他种用处。年久失修自行损坏者占少数，有意毁坏的占大多数。被人毁坏的庙宇多在光绪二十六年（西元1900年）发生教案以后，许多庙宇渐改为学堂及村中办公地方。特别是在民国三年孙发绪县长毁庙兴学，一年之内曾将200处庙宇改为学堂，民国四年改为学堂45处。原有庙宇中的寺没有一座不被毁坏。兹将原有327座毁坏的年份列表于下，此外4座之日期不可考（见表10-3）。

若把原有庙宇数目与家数比较，有的村庄每数家即合一座庙宇，有的每一二十家即合一座庙宇，有的三四十家合一座庙宇，总平均数为每24家合一座庙宇。目下庙数约等于原有数目四分之一，每100家庭合一座庙宇。过半数的村庄已经没有一个庙宇。兹将各村原有与现有庙宇数目及其所当家数列表于下（表10－4）。

表10－3　　62村历年毁坏庙宇数目

民国十七年

毁坏年份		庙宇数	毁坏年份		庙宇数
西历	中历		西历	中历	
1882	光绪八年	1	1911	宣统三年	6
1889	光绪十五年	1	1912	民国一年	4
1899	光绪二十五年	1	1913	民国二年	2
1900	光绪二十六年	27	1914	民国三年	200
1902	光绪二十八年	1	1915	民国四年	45
1904	光绪三十年	6	1916	民国五年	1
1905	光绪三十一年	5	1917	民国六年	5
1906	光绪三十二年	1	1926	民国十五年	1
1907	光绪三十三年	1	1928	民国十七年	1
1908	光绪三十四年	5			
1909	宣统一年	3			
1910	宣统二年	10	总合	…	327

表10－4　　62村每村原有与现有庙宇数目及其所当家数

民国十七年

村号数	家数	庙宇数目		平均每庙宇所当家数	
		原有	现有	原有庙宇	现有庙宇
1	458	9	5	50.9	91.6
2	374	13	…	28.7	…
3	362	15	1	24.1	362.0
4	348	17	1	20.5	348.0
5	328	22	…	14.9	…
6	326	15	10	21.7	32.6
7	319	10	2	31.9	159.5
8	303	11	…	27.5	…

续前表

村号数	家数	庙宇数目		平均每庙宇所当家数	
		原有	现有	原有庙宇	现有庙宇
9	301	6	…	50.2	…
10	293	9	…	32.6	…
11	292	…	…	…	…
12	284	8	5	35.5	56.8
13	279	8	…	34.9	…
14	276	10	…	27.6	…
15	276	10	…	27.6	…
16	270	12	11	22.6	24.5
17	270	3	3	90.0	90.0
18	247	16	2	15.4	123.5
19	220	7	…	31.4	…
20	210	5	2	42.0	105.0
21	199	3	3	66.3	66.3
22	192	6	2	32.0	96.0
23	190	9	4	21.1	47.5
24	185	6	…	31.3	…
25	183	17	…	10.8	…
26	182	8	1	22.8	182.0
27	181	9	3	20.1	60.3
28	180	9	3	20.0	60.0
29	175	5	…	35.0	…
30	172	6	…	28.7	…
31	166	7	4	23.7	41.5
32	160	6	…	26.7	…
33	160	7	…	22.9	…
34	158	7	7	22.6	22.6
35	156	9	4	17.3	39.0
36	132	7	…	18.9	…
37	120	6	…	20.0	…

续前表

村号数	家数	庙宇数目		平均每庙宇所当家数	
		原有	现有	原有庙宇	现有庙宇
38	110	3	…	36.7	…
39	105	5	…	21.0	…
40	98	7	…	14.0	…
41	97	2	1	48.5	97.0
42	92	8	8	11.5	11.5
43	82	6	…	13.7	…
44	80	1	1	80.0	80.0
45	67	4	…	16.8	…
46	66	1	1	66.0	66.0
47	64	8	…	8.0	…
48	61	5	4	12.2	15.3
49	56	1	…	56.0	…
50	55	2	…	27.5	…
51	53	5	1	10.6	53.0
52	52	4	…	13.0	…
53	51	4	…	12.8	…
54	50	6	2	8.3	25.0
55	48	3	3	16.0	16.0
56	45	3	2	15.0	22.5
57	43	4	1	10.8	43.0
58	37	6	4	6.2	9.3
59	30	2	…	15.0	…
60	29	3	…	9.7	…
61	28	7	3	4.0	9.3
62	19	2	…	9.5	…
所有村庄	10 445	435	104	24.0	100.0

原有的庙宇中以五道庙为最多，计68座，老母庙次之，计54座，再次为关帝庙、真武庙、三官庙、奶奶庙等。兹将原有及现有各种庙宇数目列表于下（见表10－5），庙之名称皆按村民习惯的俗称呼。

表 10－5　　62 村内原有及现有每种庙宇数目

民国十七年

庙宇名称	数目		庙宇名称	数目	
	原有	现有		原有	现有
五道庙	68	17	韩祖庙	1	1
老母庙	54	19	三清庙	1	1
关帝庙	40	10	八蜡庙	1	…
真武庙	37	11	五神庙	1	…
三官庙	32	9	周公庙	1	1
奶奶庙	22	5	龙母庙	1	1
玉皇庙	22	1	老君庙	1	1
龙王庙	21	4	刘秀庙	1	…
药王庙	18	5	文庙	1	1
马王庙	17	3	城隍庙	1	1
大寺	12	…	齐天大圣庙	1	1
虫王庙	9	1	罗汉庙	1	1
观音庙	7	2	佛爷庙	1	1
二郎庙	6	1	凤凰寺	1	…
三义庙	5	…	净业寺	1	…
土地庙	4	1	弥勒寺	1	…
太公庙	4	1	洪门寺	1	…
五龙圣母庙	3	…	兴元寺	1	…
三皇庙	3	1	福长寺	1	…
七神庙	3	…	白马寺	1	…
五圣老母庙	2	1	龙泉寺	1	…
瘟神庙	2	…	开明寺	1	…
永宁寺	2	…	安乐寺	1	
崇宁寺	2	…	小寺	1	
佛光寺	2	…	天真寺	1	…
河神庙	2	1	兴福寺	1	…
李靖庙	1	…	大佛寺	1	…
苍姑庙	1	…	坐佛寺	1	…
老张庙	1	…	地藏庵	1	…
天仙圣母庙	1	…	尼姑庵	1	…
财神庙	1	1			
北岳庙	1	…	总合	435	104

一座庙宇内所供奉的神像往往不是一种，乃是多种。但其中总有一个主要的神位。原有435座庙内主神最多者首推五道，计68座庙宇，南海大士次之，再次为关帝、真武、佛、三官、三仙等神像。各种主神详细数目见下列表10－6。

表10－6　　62村庙宇内供奉之主神数目

民国十七年

供奉之主神	数目	供奉之主神	数目
五道	68	五圣老母	2
南海大士	61	李靖	1
关帝	40	苍姑	1
真武	37	财神	1
佛	36	北岳	1
三官	32	韩祖	1
三仙	23	三清	1
龙王	23	龙母	1
玉皇	22	周公	1
药王	18	八蜡	1
马王	17	老君	1
虫王	9	五神	1
杨戬	6	刘秀	1
刘关张	5	孔子	1
土地	4	城隍	1
太公	4	老张	1
七神	3	罗汉	1
三皇	3	孙悟空	1
五龙圣母	3	总合	435
瘟神	2		

庙内神像有塑像与画像之别。原有庙宇内有31座画像的庙宇，现有庙内有26座。原有庙宇内塑像者计396座，现在庙宇内塑像者78座。原有及现有庙宇内塑像数目见下列表10－7（画像及不知偶像之庙宇除外）。原有庙内不满5塑像者为最多，计255座，其中又以有3像者为最多；5～9像者计93座，10～14像者计26座。现有庙内亦以不满5像者为最多。原有396庙宇内偶像总数为

2 157 个，现有 78 庙宇内偶像总数等于 404 个，现有塑像数目等于原有数目的 19%。

表 10－7　62 村原有及现有庙宇内偶像数目

民国十七年

偶像数	庙宇数		偶像数	庙宇数	
	原有	现有		原有	现有
5 像以下	255	57	30～34	3	…
1 像	54	20	35～39	…	…
2	1	1	40～44	1	…
3	199	36	45～49	…	…
4	1	…	50～54	2	…
5～9	93	15	116	1	1
10～14	26	4			
15～19	5	1			
20～24	7	…	总合	396	78
25～29	3	…			

除无答案之 3 庙宇外，原有 432 庙宇之房屋间数共计 899 间，现有 104 庙之房屋间数为 171 间。以 1 间屋之小庙为最多，3 间屋之庙次之，最大之庙 30 间。各庙房屋间数见表 10－8。

表 10－8　62 村原有及现有庙宇之房屋间数

民国十七年

房屋间数	庙宇数		房屋间数	庙宇数	
	原有	现有		原有	现有
1	303	86	11	1	…
2	12	3	12	1	…
3	79	12	15	1	…
4	2	1	17	1	…
5	5	…	20	1	…
6	14	…	30	2	1
7	5	…			
9	2	1			
10	3	…	总合	432	104

敬奉各种庙宇之原因不同。大致说来435座庙中为祈福免祸而敬奉者占113座，包括老母、观音、七神、五神、三皇、三清、城隍、罗汉、土地、五圣老母等庙及各寺庵。为招魂追悼而敬奉者为68座五道庙。为祈求降雨者有玉皇、龙王、五龙圣母、老张等50座庙。为镇邪祟者有真武、二郎、齐天大圣、太公等48座庙。为祈祐子嗣者有23座奶奶庙。为祈免疾病者有18座药王庙。为祈免畜病者有17座马王庙。为祈免虫灾者有虫王、八蜡等10座庙。为祈免瘟疫者有2座瘟神庙。为求财者有1座财神庙。此外则为普通的崇敬，包括关帝、三官、三义、老君、文庙、周公、刘秀、韩祖、北岳、李靖、苍姑等85座庙。

关于各家敬神费用不易详细考察。估计一个普通家庭的全年敬神费用在五六角，有40亩地上下之农家在1元左右，50～100亩之农家2元左右，百亩以上之农家三四元。关于公众敬神费用尚能调查。62村自民国十二至十六年5年的公众敬神费用共计7 756元，平均每年1 551元。62村每村平均在5年内用125元，每年用25元。为免虫灾（如蝗虫）而敬虫王，所用款额达996元，此项举行包括15个村庄。再次有14个村庄为求雨敬拜龙王，用去1 551元。有10个村庄为求免兵灾而敬神，用去649元。此外是为免雹灾、病灾、水灾等原因而敬神。关于敬神用费包括焚香、上供、演戏等项。兹将5年内各种敬神原因，加入村数及用费数目列表如下（见表10－9）。

表10－9　　62村5年内公众敬神之各项用费

民国十七年

敬神原因	有此项用费之村数	用费	
		五年内总数（元）	每年平均数（元）
庙会	6	2 300	460.00
求雨	14	1 551	310.20
显圣	3	1 150	230.00
免虫灾	15	996	199.20
免兵灾	10	649	129.80
免雹灾	1	600	120.00
免病灾	3	440	88.00
免水灾	1	70	14.00
总合	…	7 756	1 551.20

关于各种庙宇的由来不是我们短时期内研究的范围。现在仅能顺便把我们所能打听出来的和农民传说的，稍微大略地叙述一下各种庙宇的性质和用处而已。

五道庙里供五道神，是人死归阴时报告的地方。乡民家里死人那天晚上，家人妇女亲丁都携烛纸、灯火、酒食等到五道庙去。到了五道庙里，他们把纸贴在墙上。贴到哪个地方纸不落下来，哪个地方就有死人的魂灵。家人就在那个地方燃灯设供，追祭死人。灯灭以后，家人哭泣回家叫“照庙”。

关帝庙里供的是三国时关羽，就是普通所说的关老爷。乡民大都向他求福免祸，常有到老爷庙求签的。据说阴历六月二十四是关老爷的生日，乡民多去叩头烧香。五月十三日是关公单刀赴会的日子，所以乡民有给他搭台唱戏的。

老母庙里供奉老母，老母就是南海老母或南海观音，又名南海大士。乡民多向老母求免疾病，并说老母能保佑人民平安，所以乡民多崇拜她。

三官庙里所供的神，有天官、地官、水官。据说这三官就是尧、舜、禹。天官是尧，因为尧拜天；地官是舜，因为舜耕地；水官是禹，因为禹治水。

真武庙里供的是真武大帝。真武大帝手下有龟蛇二将把门。真武庙是属于压镇邪祟的。据说真武能捉妖镇邪，所以一般乡民凡有邪魔妖鬼等事都求真武保佑。

奶奶庙多半就是天仙圣母庙。奶奶庙里供有三神，一是大奶奶，一是二奶奶，一是三奶奶；所以乡民普通都称奶奶庙为三奶奶庙。奶奶庙是属丁祈佑子嗣的。乡民没有儿子，家里妇人就到奶奶庙里去求子。求子的妇人身上戴一条红线，红线上系着一个小钱。到了庙里先烧香叩头，焚点黄纸。烧完了香纸，就把那条系小钱的红线套在奶奶神龛前摆着的泥娃娃的脖子上，把线一套，把钱一紧，就把它提溜起来，系在腰带上，带回家去。把泥娃娃放在褥子底下，不叫别人知道。如果隔了一年半载，真有了小孩子，那个妇人就得买一个泥娃娃，或是做一个布娃娃，亲自到庙里去烧香祝谢，把娃娃还到庙里去。仍是放在奶奶神龛前边。所以有的妇人抱娃娃，有的妇人还娃娃，奶奶庙里总是有娃娃。有时抱的多了，还的少了，看奶奶庙的人就买娃娃摆在那里，为的是给人家抱。

玉皇庙里供的是玉皇大帝。一般人想他什么都管，为诸神中最高者。因此乡民格外崇拜他。

龙王庙里供的是水神龙王爷。乡民说龙王爷住在海里的水晶宫，能把海水吸上天去然后就能往陆地上下雨。龙王有海龙王、江龙王、河龙王、井龙王、雨龙王等。乡民在天旱的时候，常向龙王求雨，有时特别给龙王唱戏。

药王庙里供的是药王爷。乡民有病时，常到药王庙里求药王治病。有的乡民把庙里香灰包上一包，带回家去当药煮着吃了治病。

马王庙里供的是马王爷，一般乡民说他能统辖一切家畜。所以家畜有病时乡民求他治病，家畜没病时乡民求马王保护家畜平安。

虫王庙里供的是虫王爷。农民信他管辖一切虫类。乡间闹蝗虫的时候，乡民成群打伙地到虫王庙里烧香叩头，求虫王保佑自己的庄稼。有时乡村连年闹蝗虫，乡民就要给虫王搭台演戏，求他把蝗虫收回。如果多少年不闹蝗虫，乡民也有办武术会、竹马会的，在村子里敲锣打鼓玩耍一天，为的是酬谢虫王。

观音庙里头供的是观音菩萨。乡民信她救苦救难。

二郎庙里供的是二郎杨戬，就是《封神》上所说的二郎爷。二郎养有仙犬，能捉妖怪。乡村发生奇奇怪怪的事情，都到二郎庙里求二郎爷镇邪。

三义庙里供的是刘备、关羽、张飞。

土地庙里供的是土地爷。乡民都说土地巡视村里各家的行为。乡村家里死人，有的到五道庙去，有的到土地庙去。

太公庙里供的是姜太公，就是《封神》上所说的姜子牙。

五龙圣母庙里供的是五龙圣母。据本地人说这庙的五龙圣母是定县本地人，她生了五条龙，所以人家想她是神，修庙敬拜她。

三皇庙里供的是三皇，就是天皇、地皇、人皇。

七神庙里供的是北斗七星。乡民信他能治病、救难、赐财。

瘟神庙里供的是瘟神爷，俗称瘟元帅，蓝脸红发，都说他能传布瘟疫。所以乡间闹瘟疫的时候乡民都到瘟神庙里去求瘟神保佑。

靠近河的村庄常修河神庙，说能管理河水。因此乡民拜他，使河水不要氾滥，免得村庄闹水灾。

李靖庙里供的是李靖，就是《封神》上的托塔李天王。乡民信他能镇邪。

老张庙里供的是老张。传说老张这个神是很奇怪的。他是一半人形，一半怪态，是有长尾的。有一次他犯了罪，玉皇大帝怒恼了，把他压在一个大石头底下。老张愤恨不忿，一用力把身子攒出，不幸把尾巴弄断。所以乡民都叫他“秃尾巴老张”。他能呼风唤雨，平常夏天的暴雨就是他的把戏。

财神庙里供的是财神，又称为增福财神。财神有文财神，有武财神。商店供的很多，乡下供的少些。

韩祖庙里供的是韩祖。据说韩祖在深州、饶阳等处显过圣。有一年深州、饶阳大旱，到了荞麦播种的时候，下了一场大雨。但是农民缺乏荞麦种子，不能播种，很是忧虑。后来韩祖下来撒种，农民这才有了收获，定县农民对韩祖信仰极深。

三清庙里供的是《封神》上的三清。

八蜡庙里供的是八蜡。古来有所谓八蜡之祭，每逢田事告成的时候，就祭八蜡。八蜡就是：(1) 先啬（神农一类的神）；(2) 司啬（后稷）；(3) 农（古来对于田种有功于民间的官）；(4) 邮表畷（就是田间的小亭，祭古时劝农官“田畯”用的，因“田畯”在田间督催农民耕种，并且又能显灵）；(5) 猫虎（猫虎能吃野鼠野兽，保护田苗）；(6) 坊（堤坊之类）；(7) 水庸（沟城之类）；(8) 昆虫（就是螟螽之类，祝它不害田苗）。八蜡庙也是由此而来。

北斗庙里供的是北斗七星，敬拜者多为读书人。

九神庙里的九神是九层天上的神，能使人死后的灵魂享福。

苍姑庙里的苍姑是妇女敬拜的神，能叫她们善于针凿。

周公庙里供的是周公。

龙母庙里供的是龙母娘娘、雷公、风婆。龙母娘娘是管下雨的，雷公是管打雷的，风婆是管刮风的。乡民对于龙母信仰很深。

老君庙里供的是太上老君，又名太上真君。做铁器的铺子多供奉他。

刘秀庙里供的是刘秀，就是汉光武帝。

文庙里供的是孔子。

城隍庙里供的是城隍爷。古人祀城隍本来是求城隍保护城垣坚固的意思。七月二十四日是城隍诞辰，相传这一天是筑城之始。现在城隍庙里多塑有阎罗殿，刀山剑树，牛头马面，很失原意。乡民信他是阴间的神。

齐天大圣庙里供的孙悟空，是从《西游记》来的。乡民信他能捉妖镇邪。

此外未加解释的庙宇，有的一看就可以明白，有的无从考察，尚待继续研究。

62村的一切庙宇内现在没有一个和尚或尼姑。有1个村内有3个道士，有3个村各有1个道士。其中没有一个是不娶妻的死居道士，他们都是伙居道士。平时种田，有时出去到死人的家里念经，每次可得数角。

关于被毁坏庙宇的现在用途，其中有135座曾调查清楚。135座中有57座现在用为学校校舍，47座已售为私产，8座改为村中更夫房，8座为村中公用房，3座已变为村中公地，2座存储公物，2座为村立农林会，2座村中公共租出，2座为村中事务所，1座为村自治所，1座为公共林场，1座为中华平民教育促进会借用为办公处，1座道士居住。

二、庙会

农村内各庙会的由来颇久，很难调查成立的时期。目下一切庙会不但在开庙的日期人民可以敬神烧香，许愿还愿，求神保佑，而且人们借此机会享受多种娱乐，打破单调生活。并且临时所成的集市可以活动经济。有的庙会连庙已经不存在，只为买卖东西，看看热闹而已。每遇某村庙会临近的时候，村子里办事的人就召集会议，讨论庙会的办法。商量好了办法，就按村中住户的贫富、地亩的多少，按家敛钱，作为办庙会的经费。如果所敛的钱不够，再按户分摊；如果敷余，把所余的款项存在公差局，就是村公会，算为公款。普通庙会，都是四天，也有长到半月的，也有短到两三天的。庙会开的时候，有时演戏非常热闹。有的庙筑有现成的戏台，有的须临时搭台。台前两旁，摆列大车，妇女在上头坐着看戏。到了开庙的时候，村子的人都来烧香逛庙，男男女女，老老幼幼，都是欢欢喜喜地来来往往。别的村子的人，也有许多坐大车来上庙的。一方面焚香敬神，看看大戏；一方面买点东西，瞧瞧亲戚。有的是本村的人邀请来的。到庙会来卖东西的很多，简直是一个大集市，包括农具、铁器、布匹、化妆品、食品、玩具等物。普通每次庙会得开销一百二三十元，在乡村这样的一笔款项，也就算不小。

庙会有几种显然的利益。每逢庙会多半演戏，农民平常生活很苦，单调无味，借着庙会可以看戏解闷。乡民也借着庙会可以把冬季农闲时候做出来的家庭工业产品如柳器、扫帚、柳竿等，拿到庙会上卖。又可以在庙会上买些应用的东西。再者，乡民的亲戚朋友，平日无事，不常往来。借着庙会的机会，朋友亲戚可以互相见面。有庙会的时候，村内办公人也可以向铺店与做小买卖的敛钱。有时除去开销还有盈余，也是村中的一笔进款。

自然，庙会也有弊端。显然庙会增加乡民的迷信。往往也有无赖借端生事。并且庙会上有赌博的习惯。庙会的时候亲友来往固然有好处，但往往应酬耗费很大。有的贫寒家里没有敷余粮食，因为庙会应酬亲友讲面子的缘故，甚至于买粮食或借粮食，感觉痛苦。

关于庙会内容并未详细研究。仅将四村庙会几方面显著的表面状况大略说明于下。

1. 北齐庙会

这是第三区最大的一个老庙会，拜的是韩祖。乡村传说从前有一年深州、饶阳一带地方闹旱灾，天不下雨，没有法子播种。到了荞麦播种的时候，才下大雨，可是农民因为缺乏荞麦种子，还是没有法子播种。这个时候农民非常焦急。有一天来了一个老头，带了许多荞麦种子，农民都争着买，可是那老头并不要钱，并且对农民说，我现在不要你们钱，我知道你们都没有钱，等秋收以后再给我钱。农民问他姓什么，住在什么地方。他说他姓韩，住在定县北齐村东路北。说完了他就走了。那年的荞麦长得很好，收获极多。农民深深感那老头的恩德。到了秋收以后，并不见那老头去要钱。有的农民心想当初要不是老头卖我们荞麦种子，怎能有今天；所以大家凑起钱来，派人到北齐村给老头送去。送钱的到了北齐，在全村都打听遍了，也没有一个韩老头；只在村东路北有一座小韩祖庙。韩老头说他住在村东路北，韩祖庙也在村东路北，同时北齐村里又找不着这个人，所以农民信是韩祖显圣。这样一来，一个传十个，十个传百个，附近的村子与深州、饶阳、博野一带都传遍了。农民用所凑的钱把韩祖庙重新修盖起来，并且创办庙会。现在每到庙会，祁州、深州、饶阳、博野、蠡县等处农民来烧香还愿的很多，非常热闹。

每年有庙会四天，从三月二十一日到三月二十四日。每次庙会，村子都向大小铺户敛钱，充作演戏的经费。每次戏价约开销 60 元，搭棚与别的杂费约开销 50 元。有时除用费外还有敷余，就归入村中公款。

乡民都拿韩祖庙会当一个节令来过。到了庙会的日子，附近村庄的农人放工，学生放假。家家预备粽子、馒头、河落面，就像过节一样。家家都到庙会去，只留一两人看家而已。在庙会那几天，村子许多人都把远处的亲戚朋友接来逛庙会，并且预备好菜好饭相待。庙会上非常热闹，男男女女，老老少少，烧香的，买东西的，看戏的，逛庙的，拥拥挤挤，真是人山人海。

乡村人民对于韩祖迷信极深。在三月二十那一天，乡村人有因病许愿的，从家门口起十步一头，一直叩到韩祖庙里，有时甚至一步一头叩到韩祖庙里。他们在二十夜里并不回家，就坐在那里，叫做“坐夜”。二十这一夜，满庙里都是坐夜的。二十一这一天，乡民给韩祖挂袍的，打扇的，焚香化纸的很多。给韩祖挂袍就是做一件纸袍到庙里给韩祖挂上；给韩祖打扇就是做一把纸扇子给韩祖放在手边。在韩祖庙的旁边有一个香火池，池里香火继续燃着。凡是逛庙会的人，都先到庙里跪拜叩头。韩祖神像前边挂着一大盘香，地上放着一个笸箩，跪拜的人随便扔钱，叫做“油钱”，庙里有老道专守着这个油钱笸箩，恐怕有人把钱偷去。庙内除了正殿主要的韩祖以外，还有圣庙、齐天大圣庙、药王庙、玉皇庙、三教堂、混元殿、黄姑庙、奶奶庙，乡民都是先拜韩祖，然后再去拜别的神。

主要的买卖多系装饰品、农具、食品、牲口等项。据民国十六年的调查，装饰品可以分几种：卖洋布的有 80 多处，卖首饰的有 30 多处，卖绸缎的有 6 处，卖各种洋货的有 15 处，卖纸花的有 6 处，卖竹货的 2 处。农具类有几种：卖扫帚的 50 处，卖铁器的 35 处，卖木货的很多，占有十亩地大的面积，卖皮货的 15 处，卖石头的 3 处，卖粪叉的 10 处，卖风车的 3 处，卖竹篓的 5 处，卖筐子篮子的 10 处，卖柳罐的 7 处，卖苇箔的 7 处。食物类也可以分几种：卖河落面的 12 处，卖卷子的 15 处，卖锅饼的 7 处，卖各种肉类的 14 处，茶铺 10 处，酒摊 5 处，卖其他各种食物的 30 处。此外有剃头的 20 个，算命的 10 个，卖艺的 3 处，说书的 5 处，观西洋景的 6 处，卖药的 8 处。牲口市很兴旺，每次庙会牲口市的牲口都不下 2 000 匹，有牛、驴、马、骡等牲口。赌博场前几年很兴盛，此次庙会只有三四处压宝的。

庙会上的税捐是县里一宗大收入。各乡各镇都有包税的人替县里收税。县里同包税的人定好一个额数，如果包税的人收的比所定的多，包税的人就可以把多出来的款子留下；如果收的比所定的少，包税的人必得把所少的款子补上。包税的必得按着所定的额数，往县里送款。会上的牲口税、木货税，都按6%计算的，里边有3%的牙佣。在买卖牲口与木货的时候，有许多人过来给买主卖主说合价钱，成全买卖。这些说合买卖的人，也是税上的人，这3%的牙佣，就是给他们的。价钱讲好以后，就要到收税的那里去上税。普通收税的地方都在牲口市的旁边，他们搭一个席棚，有四五个人在那里收税。如果一个牲口卖了100元，就得上6元的税，买主给3元，卖主给3元。如果在讲价的时候卖主说明净落100元，买卖讲好以后，买主就得把那6元拿出上税。如果买主说明只出100元，买卖讲好以后，卖主就得上那6元的税。上完了税以后，收税的把那牲口的笼头上绑一条红色或绿色的绳子，作为上过税的标记。买主并不当时给钱，卖主也不当时要钱，不过在上税的地方记上姓名，记上住址，买主找了保人，就算完事。然后买主把钱送到收税的人那里去，卖主到收税的人那里去取钱。木货上税也是这样，木货卖出以后，必须到上税的地方上税。上税以后，上税的人就跟着买主卖主一同到木货场。收税的人提着几个罐子，里头盛着红绿颜色水，到了木货场，把红绿颜色抹在木货上，这就代表已经上了税。至于其他物品，如扫帚、铁器、柳罐、叉子等都上3%的税。

北齐庙会所占的面积，约有150亩。每日到会的人数估计约10 000人。不但本县的人能来的都来，而且有许多人是从祁州、深州、饶阳、博野、蠡县等地方来的。

庙会以后村中办公人即将庙会收入与各项支出开列清单，贴在庙外墙上示众。民国十六年四月初六日所贴的清单上的总数共计大洋112.5元，铜元5 829枚。兹将其各项支出按原有次序及数目列表于下（见表10-10）：

表10-10　　民国十六年四月北齐庙会各项支出及数目列表

支出项目	款额	
	大洋（元）	铜元（枚）
戏价	60.0	…
押贴彩（唱戏赏钱单贴）	4.0	…
煤气灯	2.0	200

续前表

支出项目	款额	
	大洋（元）	铜元（枚）
麸料	…	500
报单供礼（唱戏以前到庙里供神）	…	204
碗	…	50
盐与香油	…	490
洋油与大炭	2.5	…
烟煤	2.0	68
铺堂草料（唱戏睡觉地方的铺草）	1.0	229
蜡烛	…	244
秫秸	1.0	…
花草钱	…	159
搭棚	17.0	…
戏捐	4.0	…
进城办事	…	105
彩画神	1.0	300
搭台	10.0	489
鞭炮香纸	…	1 414
铜盖笊篱	…	77
租桌凳	…	150
请兵饭钱	8.0	…
杂费	…	1 150
总合	112.5	5 829

2. 东亭庙会

民国十六年简单地调查东亭镇九月的庙会。东亭镇每年有两次庙会，九月一次，正月一次。九月这一次庙会不过有七八年的历史，虽然有庙会的名称并没有庙宇，也没有临时敬神的举动。在七八年以前，东亭镇的村民以为办庙会可以向大小铺户敛钱，是村中一笔进款，又可以借着庙会买卖东西。还有的乡民因为好赌博所以喜欢办庙会，借着庙会可以招引好赌人开赌场，从中取利。

每年九月二十五日到二十八日有 4 天的庙会。所有用费都是在庙会时向大小买卖敛的。一次庙会支出约用 100 元，其中戏价 60 元，搭棚与其他费用约 40 元。有敷余即归入村中公款，遇不足时再由各户均担。

东亭庙会没有北齐庙会那样热闹。关于东亭庙会的买卖，卖木货的很少，卖柳竿的有6处，卖大车的有6处，卖首饰的9处，卖绸缎的5处，卖各种洋布的30处，卖皮袄的12处，卖纸花的3处，卖箱匣的5处，卖洋货的5处，卖饼的3处，卖卷子的8处，卖肉的5处，酒摊3处，卖各种零星食物25处，茶馆6处，卖皮条的7处，卖小孩玩具的7处，卖毡子的7处，剃头的15个，算命的5个，卖铁器的10处，卖艺的3处，说书的3处。牲口市的牲口在1 000上下。关于赌博方面，压宝的7处，打烟卷票的5处，抽签的10处。

庙会所占的面积有50多亩。到庙会的人数每日5 000人上下，多是附近十余村的人。

3. 药刘庄庙会

在民国十八年调查的时候，药刘庄的庙会只有两年的历史。民国十六年冬天，药刘庄的村长佐商量要把村西一棵很大的柳树锯下卖了，拿卖得的钱来兴办学校。因为当时有人反对，没有实行。到了转过年的正月，有人对村人说他有一天做了一个梦，梦见神仙说村西大柳树将要显神，柳树皮可以治一切病症。后来村人多去烧香叩头，请柳树神治病。恰巧有的病人刮柳树皮煮了喝了，果然痊愈。村长佐也不敢再提议卖柳树了。

这样一来，一村传一村，附近各村都知道了。各村的人多来祈求，因此村中就办庙会，给柳树神演戏。

村中还有人说他一天出去拾粪，走在大柳树下，忽然不能动转，站在那里一天。村人把他带到家里问他，他说他曾说过不信神灵的话，今天走在大柳树下，就不能动转，一定是大柳树显圣，所以怪罪下来了。因此村人办庙会，给柳树神演戏。

村中又有人说，无极县有个病人，行路经过这棵大柳树，他看这棵柳树很高大威武，所以就跪下给它叩头，向它祈求，后来病体痊愈。这个病人把这件事情告诉村人，村人才替它唱戏，并且也有很多人向它祈祷求药。

每年有4天庙会，从三月初二日到三月初五日。关于经费，全村先合摊150元作为办庙会的用费。戏价4天计60元，搭棚和别的用费共计40元。庙会举行的时候，向柳树神烧香祈求的很多，都放香钱，这是一笔进款。村中也可以向大小买卖敛钱，又是一笔进款。

关于布置，村西田地里搭一个大棚，一座戏台。对着戏台搭一座神棚，神棚里供着神位，神位前边供着各种点心、菜、肉。凡来上供的都把供礼与自己姓名写在一条黄纸上，贴在棚壁。戏台后边搭杂货棚一座，专为做买卖摆摊的用处。戏台西半里地，就是大柳树，那里也搭一席棚，把大柳树盖住。这个席棚里也摆一个供桌，同神棚里设备的一样。村里与行人路口，都挂满了黄纸灯笼，晚上点着。戏台前两边摆列大车，妇女小孩坐在上面看戏。

凡是来求大柳树神的，都先向大柳树烧香叩头祷告祈求。就有人把包好的柳树皮递过来，拿了包，给了香钱就可以走。回家把柳树皮用水煮了，给病人喝了治病。各村来求柳树神的很多，男女老幼，拥挤不动。有送布匾的，上写“有求必应”“真灵”“佛光普照”“保佑一方”等字样。这些布匾挂满了柳树。

神棚里有招待的人，男有男招待，女有女招待。还有司账员，谁来上供，就把供礼记下。

庙会演戏前几天，村中就通告全村住户，住户也就接亲戚请朋友来看戏，预备好菜好饭，大吃大喝。到了庙会，农人和学校都停止工作，为的是上庙会。

关于买卖，有卖本地布和洋布的 5 处，卖首饰的 3 处，卖纸花的 3 处，卖洋货的 6 处，卖饼的 3 处，卖河落面的 3 处，茶铺 3 处，酒摊 3 处，卖零星食物的 14 处，卖肉的 3 处。关于赌博有压宝的 4 处，抽签的 2 处，抓纸卷的 5 处。此外还有剃头的 2 处，卖小孩玩具的 6 处，卖烟卷的 11 处。

庙会所占的地方都是农田，30 多亩。庄家被蹈坏的很多。每天到庙会的人数 4 000 上下，多是附近十几个村庄来的。

4. 东旺庙会

东旺庙会是年代很久的一个古庙会。东旺村里有一个城隍庙，坐北向南。据现在人传说，这庙先头很灵验。乡民有病或是不能解决的事情，到城隍庙里焚香祷告，病可痊愈，事可解决，所以有人主张发起庙会。

庙会每年有 4 天，从三月十五日到十八日。经费也是从村中各家摊来及庙会上大小买卖敛来的。每次开销都在 100 元上下，戏价、搭台费用都在其内。

庙会所占的面积在 30 多亩，每天到庙会的人数 4 000 上下，情形大致与其他庙会相同。

三、其他宗教团体

关于寺庙的情况已略如上述。此外在 62 村内属伊斯兰教者共计 255 家，1 415 人；属天主教者 77 家，305 人，不一定全家皆为教徒；属基督教者 6 家，32 人。穆斯林散布于 5 个村内，其中 1 村有 210 家，1 村 40 家，其他 3 村共计 5 家。天主教徒散布于 7 村内，其中 1 村有 36 家，有两村各计 14 家，两村各计 5 家，1 村 2 家，1 村 1 家。有两村有基督教徒，1 村有 4 家，1 村 2 家。

62 村内又有佛教会和数种所谓道门团体，其中有的非常秘密。有的虽不很秘密，但也不欢迎外人打听内容。因此调查非常困难，但也多少知道一些内中情形。兹先将民国十七年关于各种团体所能发现的人数列表于下（见表 10－11）。

一个村庄不限一种道门，有时可以发现数个团体。可是一个人只能属一个团体，不能同时加入两种团体。各道门的规矩颇严，关于团中的秘密绝对不许告知外人，上不传父母，下不告妻子。据村中人说在道门的多系老道学的人、游手好闲者、脾气特别者、缺乏子嗣者、年老寡妇及无知妇子。

表 10－11　　62 村内加入各种秘密宗教团体之人数及有此种团体之村数

民国十七年

团体名称	加入人数	有此团体之村数
普济佛教会	854	13
背粮道	570	6
圣贤道	243	22
九功道	109	5
老师道	106	13
理门	90	16
香门道	28	3
坐功道	9	1
静心道	7	1
金香道	5	1
总合	2 021	…

普济佛教会的人数共计 854 人，散布于 13 村内。据本地人说这个普济佛教会的始祖是一位和尚，名叫普济，在各处传教，极其热心，信徒很多。后来普济到五台山去修行，就在那里坐化。信徒入教时，都得先向会里捐钱，相信死

后可以得救。

属背粮道的共计570人，散布于6村。传道的常常背着粮食到村庄人家里劝教，因此人们就称呼它“背粮道”。每月十五日女信徒背粮劝道，每月十六日男人背粮劝道。又常在每月初一、十五两天自己带着粮食到一定的地方会餐，会餐以后，男女大家在一起唱诵道歌，静坐修炼，说是这样修炼，可以使双目放光，能看见死人。

圣贤道的信徒共计243人，散布于22村。信徒有男有女。道里有一种规矩，就是不许吃狗肉、鸽子肉、大雁肉。信徒常常静坐，暗诵道歌，修行来世。本地人说圣贤道是在光绪二十四年（西元1898年）由唐县三尊佛山一位王当家的传入定县。信徒每年按四季选一适中地点开道场，有当家的向大众讲道，同诵道歌。

九功道有109人，散布于5村内，男女信徒都有。此道禁吃五荤。人们传说信了这个道门以后，就能推卜未来吉凶，又能修炼得眼睛明亮，能看见已往死去之人。有时候乡民家里死人，就花钱请九功道门里人到家去给死人来世求福。据本地人说九功道是在咸丰二年（西元1852年）十月由山东泰山崔道祖传到唐县城南。至咸丰四年正月传入定县城北一带地方。两年后又传到城东一带地方。近数年不甚发达。信徒没有一定集会地方，亦无定期。有时农民请此道中人治病。若果然治好就在此家开道场，借此机会向农民宣讲道义。

老师道有106人，分布于13村内，男女都有，与背粮道相似。此道亦禁吃五荤，信徒也能卜未来吉凶，眼睛亦能见死去之人。乡民也请他们给死人求福。信徒也常静坐诵道，求来世福气。道友见面，无论男女老幼，都互称老师。有此道之村庄皆有一位老师傅。每月初一日在老师家中聚会。据会中人说前清顺治年间在山东省少游山有一董四疯子是老师道祖，曾奉顺治帝命令游行农村传道。后同顺治赴五台山修行。定县老师道系在道光二年（西元1822年）从安国县李老师传来。

理门有90人，分布于16村。他们供奉菩萨，并且里头又分派别，如五仙门、八斗门等。有的供奉长虫、黄鼠狼之类。凡是在理的都禁止喝酒、吸烟。据内中人传说理门始于康熙年间，是一位杨祖提倡起来的，其宗旨讲正心修身，克己复礼。理门中人每年选一相当地点，安坛了愿，每年拿斋份六七角作为膳费。若有盈余归入公所。在了愿这一天由旧理门中人介绍新加入者，亦拿斋份，并且随意捐助油钱。后由领众举行加入典礼，默传道言，保守秘密，上不传父母，下不告妻子，从此戒烟戒酒。理门组织有领众一人专司传道，挡众一人司监察事，承办数人管理公所杂务。

香门道有 28 人，分在 3 村，有男有女。据说由无极县传入定县。信徒在每月初一、十五两日夜静时焚香，连叩 800 多头，才算完事。他们集会没有定期，亦无一定地点。有人给人治好了病，就在那家开会，宣传道义。

坐功道在 1 村内，有 9 个信徒，男女都有。此道专讲静坐默思。据说能炼得灵魂出游。他们供奉大仙，借仙治病，很能敛钱。彼等传说此道明末时由西湖传到南京，后传至深泽县王姓家中。顺治六年（西元 1649 年）王某到唐县城北修行。他的徒弟齐某在顺治末年传入定县。信者每日坐功 3 次，一在五更时，一在正午时，一在半夜子时。有当家的为道首。在每年正月、五月、九月的十五日信徒在当家的家中集会。赴会者都拿礼钱交给当家的作为费用。

静心道在 1 村内，有 7 人，男女信徒都有，也是讲静坐默思，安心养性。据说此道颇似坐功道、金丹道、绝户道。

金香道在 1 村内，有 5 人，男女信徒都有。据说与香门道相同。

此外在 62 村内某村有 12 人在万国道德会①。他们供奉的神像不止一种，有释迦牟尼、穆罕默德、耶稣、孔子、老子。据会中人说此会为山东省姜其章创办的。民国丨二年传到定县，不但乡村人民加入的很多，而且城内各机关的人也有入会的。此会也很秘密，有一定地点及时期开会。

又有一种秘密会叫“好事会”，男女都有。光绪三十二年（西元 1906 年）由安国县传到定县。每年正月十九日开会一次。搭席棚为会场，里面挂上神像。并且预备各种娱乐，如演戏、跑马、耍猴、武术、高跷、旱船、丑车等游戏。会员向一切神像叩头 3 个，缴纳布施及油钱。只发现 4 家的人为此会会友。

关于民间各种迷信可以参看本书乡村的风俗与习惯章。

---

① 成立于 1921 年，以普及、维护中华传统文化固有道德为己任。日本侵华期间，沦为日伪政府的帮凶。——编者注

第十一章　赋　税

说到我国的赋税，真是千头万绪，纷乱已极。在此纷乱之中，我们要想寻出一个系统清清楚楚地说明它的源流变革，颇是一件不容易的事情。至若要求得它税收的情形，知道一个确实的数目，更是难上加难。因为年来政局不定，征收机关更动无常，案卷多不完全，过去一两年征收的情形，有时就无法查考。所以关于本章材料虽经多方尽力搜集，但仍有残缺不大完全之处，殊为憾事！

本章范围，是属定县部分的赋税，主要目的是要想知道定县人民每年的担负多少。因此，凡直接或间接归定县人民负担的税务，都搜罗在内。并一面说明它的源流变革，借此或者亦可考求一国赋税的大概情形。我们都知道，我国的赋税，制度紊乱，征收不均，种种苛捐杂税，层出不穷。究竟紊乱不均苛扰繁杂到如何地步，也许此篇亦可贡献给阅者诸君一个简单的概念。

兹为便利起见，将本章分为国税、省税、县地方捐三项说明。国税即中央政府收入的税，省税即河北省政府收入的税，县地方捐即定县地方收入的捐税。兹将各种税捐按此分别归类，列于下面：

赋税种类
- 一、国　税
  - 1. 盐税
  - 2. 烟酒税
  - 3. 烟酒牌照税
  - 4. 卷烟统税
  - 5. 统税
  - 6. 印花税
- 二、省　税
  - 1. 田赋及差徭等项
  - 2. 契税及附征等项
  - 3. 牙税
  - 4. 牲畜花税
  - 5. 屠宰税
  - 6. 芦盐食户捐
- 三、县地方捐
  - 1. 田赋附加地方经费
  - 2. 契税牙佣
  - 3. 花生木植捐
  - 4. 牙捐
  - 5. 牲畜花附捐
  - 6. 屠宰附捐

以上所列，统以现在为断，其有以前存在现已废止的税捐，则从略。至于调查未得的，因征收数不知道，无法统计，亦不列入。三项中，国税项未调查得的计有关税火车货捐等数项（关税等根本无法调查）；省税则比较完全；地方捐税可说应有尽有，无一缺者。最后调查之时期系民国十九年。

现在更用以上所列各项税捐，按它们赋课的性质，分为直接税、间接税、行为税三种。大概说来直接税系以财产及营业为赋课的基础，税的担负即直接归纳税者本人；间接税则系以货物及消费为赋课的基础，以含有转嫁的性质，税的担负不归纳税者本人，最后该消费的人负担；行为税系以行为为赋课的基础，论其担负，一部属直接税，一部属间接税，兹按此亦列于下：

赋税种类
- 一、直接税
  - 1. 田赋及附征各项
  - 2. 烟酒牌照税
  - 3. 牙税牙捐
- 二、间接税
  - 1. 盐税及食户捐
  - 2. 烟酒税
  - 3. 卷烟统税
  - 4. 统税
  - 5. 牲畜花税及附捐
  - 6. 屠宰税及附捐
  - 7. 花生木植捐
- 三、行为税
  - 1. 印花税
  - 2. 契税及附征各项

以上间接税中的牲畜花税及附捐与花生木植捐此等杂税杂捐，一部分虽属间接税，但一部分又属直接税，此种很难归类，今姑且列入间接税中。

此外尚有临时征收的税捐，最近三年所有的，计为验契、田赋中附征的各种军事特捐、烟酒税中附征的军事特捐和赈款及县地方征收的村捐等。今亦按上面的分类，列于下：

最近三年临时捐税种类
- 一、国税……验契费——行为税
- 二、省税
  - 1. 田赋附征各种特捐——直接税
  - 2. 烟酒税附征特捐和赈款——间接税
- 三、县地方捐……村捐——直接税

上面各种分类，是预备在后面将各种税捐的征收数统计出来后，按此分类分别比较一下，看定县一年担负的国税、省税、县地方捐每项有多少，或者一年担负的直接税、间接税、行为税每种又有多少，使阅者能一目了然。

第一节　国　税

国税中除关税等数项未调查得外，现计有 6 项：（1）盐税；（2）烟酒税；（3）烟酒牌照税；（4）卷烟统税；（5）统税；（6）印花税。以下即分别说明。惟为便利起见，即将烟酒牌照税合并烟酒税中。此外尚有临时举办的验契，亦属中央收入之一，此因与省税中的契税有连带关系，亦将它移在下节契税中说明。

在此有一点须说及的，关于各税征收所用的年度，有用会计年度的，亦有用年份的，即每年由一月一日到十二月三十一日，不大一律。至于招商包办的税捐，更有既非会计年度，亦非年份的，譬如包期由上年十月到今年九月，即按此包期的习惯作为年度。大致从民国十八年起后一般改用会计年度的渐渐地多了。以下省税与县地方捐情形均同。

一、盐税

盐税的起源很早，在三代时即有，至于战国专卖制度已行。不过后来税法渐渐地坏了，到前清可说坏已达于极点。税制繁杂，税率不均不必说，不肖官商更朋比为奸，弊害百出，人民受苦不堪。清末虽筹划改革，但不久革命事起，遂即中止。民国成立又议整理。二年十二月，颁布盐税条例十三条，定全国盐税每百斤为2.5元，分区实行。七年三月，修正条例又公布，改为盐每百斤课税3元。因为盐为卤质，中途运输，不免有所抛耗，故在第五条并规定，课税衡量每斤于法定库平16两外，得加耗盐八钱。此为民国以来整理的大概情形。整理后，税收继续增高，已于国税上占一极重要的位置了。

我国产盐场地，遍各行省，共计11区，销行各有引地。运盐的情形，各区不同，约可分官运、商运、民运三种。现在因官运流弊较多，皆趋重于商运、民运两途。不过商运任少数商人之操纵垄断，其弊害亦很难说。

按定县销行的盐，是属天津长芦盐场范围，该场概系招商承运。定县包运盐商有两家：一为南号，在城内南街；一为北号，在城内北街。南号销盐地面，占全县三分之二，北号占三分之一。两号原本一家，后因意见不合才分了家。现在北号已歇业，全归南号运售。不过北号歇业后，从前北号所辖的地面，由他处侵入的盐就增多了。据最近在南号调查，十八年全县所销的盐，约5 000包。若加上他处来的盐，至少有5 500包。每包重471斤，共计2 590 500斤。

长芦的盐税，三年初为每百斤收税2元，是年冬间实行征收2.5元，后又加为2.75元，皆就产地征收，此为正税。另外尚有种种附征，如产捐、销捐、整顿捐等，至十七年八月，河北省府下令一律裁撤归并，改收捐款一道，定名芦盐食户捐。捐率为每包8元（此系省的收入，详见下节省税六芦盐食户捐），每百斤约合1.7元，与正税所征2.75元并计，每百斤已征到4.45元，每斤合四分四厘五。按现时售价（民国十九年）每斤八分七（此系定县盐号所定的价），是税捐所征已占售价之半有多，课税之重，于此可见。一般人民负担如此重税，平常尚不觉察者，以盐原来成本极轻，税捐又是就场征收，加于售价之中，未直接征于食户，故人民往往不察也。

现在我们计算定县一年担负的盐税究有多少（单是正税，附捐不计），我们就十八年销盐的数目，按每百斤征2.75元计，当有71 238.75元，为数已很有可观。若再加上附捐44 000元（可参考下节六芦盐食户捐），则到115 238.75元之多，很可惊人了。

二、烟酒税

1. 沿革

我国在秦以前，禁令本来很严；秦以后，始设酒榷，乃有课税之说。至于烟之课税，则起于前清海禁大开的时候。其时烟草从吕宋传到我国，流行颇广，各常关才着手同酒类一并征税。清光绪末年，因为财政的支出，复设立烟酒税捐，烟酒于是有了专税，不过当时税率甚轻。

烟酒原是一种消耗奢侈物品，各国课税都很重，多有超过原价以上者，以示寓禁于征的意思。我国自民元以后，亦有改革。二年冬，财政部乃于烟酒税捐之外，创办牌照税。四年五月，又举行烟酒公卖的制度。到此时烟酒的课税，共计已有三种，今分别说明于后：

甲、烟酒税捐

各省的烟酒税捐，种类不一，名目繁多。查河北省现行有烧锅税（一称烧锅课）、烟酒税（俗呼征收税）数种。烧锅税是专对酿酒商人所征的一种制造税。在民国初年，每座每年普通纳税银42两。现在按季缴纳，每年分四季，每季多系15元。定县烧锅商，向不发达，仅清风店有烧锅商两家。至于烟酒税，则是征收出产的烟酒，按出产烟酒的多少来纳税，可说是一种出产税。民国初年，关于烟草，每百斤统征洋2.2元；酒类，烧酒每百斤征2.2元，黄酒、枣酒、酪醘酒则减半，每百斤征1.1元。到现在，税率略有增加，从前征2.2元的，现（民国十九年）征2.5元；从前征1.1元的，现征1.25元。另外规定一种洋酒税，详见后。

乙、烟酒牌照税

烟酒牌照税是对于贩卖烟酒商人所征的一种税，系营业税的性质，此属直接税范围。民国二年，成立该税。当时政府筹议加征烟酒两项，但以各省课税方法不一，若仅加征而不改良，反于税收前途有碍，所以后来才于烟酒税捐之外，另创该税。兹将当时颁布的条例节录于后，以供参考：

贩卖烟酒特许牌照税条例

（共十五条）

第一条　贩卖烟草或酒类之营业，分为下列之二种：

第一种 整卖营业，凡以烟草或酒类大宗批发于零卖商人者为整卖营业。

第二种 零卖营业，凡以贩卖烟草或酒类零星售于消费者，为零卖营业。其种类如下：

一 甲种零卖营业，开设一定之店肆，以零卖烟草或酒类为全部分或大部分营业者。

二 乙种零卖营业，开设一定之他种店肆，以零卖烟草或酒类者。

三 丙种零卖营业，无一定之店肆，于道旁或沿户零卖烟草或酒类者。

第二条 欲为前条之营业者，须赴该管征收官署领取牌照。

前项之牌照，由财政部颁发，国税厅转给。

第三条 持有前条牌照者，每年依下列定额纳税：

整卖营业	40元
甲种零卖营业	16元
乙种零卖营业	8元
丙种零卖营业	4元

兼营整卖与零卖，或兼卖烟草与酒类者，须领取两种特许牌照，各依定额纳税。

第四条 前条之税额分两期完纳：

第一期 一月一日至一月末日

第二期 七月一日至七月末日

…………

第十条 无特许牌照者为第一条之营业时，除依第三条之规定缴足税额并补足特许牌照外，处以下列之罚金。

一 初犯者，处以一期税额之三倍之罚金。

二 累犯者，处以全年税额之三倍之罚金；三犯以上者，不得复为第一条之营业。

前项之规定，于兼营业整卖与零卖，或兼卖烟草与酒类，仅领取一种特许牌照者，准用之。

…………

民国十五年，直隶烟酒事务局又改订税率，计：整种牌照改为全年60元，即每期30元；甲种牌照改为全年24元，即每期12元；乙种牌照改为全年12元，即每期6元；丙种牌照改为全年6元，即每期3元。另加印丁种小贩执照一种，全年2元，即每期1元。是各种税率，较前都已提高。

十八年国民政府财政部修正新章颁出，税率增加更多，分的种类亦较细。至缴纳的期间每年则分四季，于一、四、七、十等月每月一日至十日内行之。每次须将牌照换领一次。兹将该项章程关于税率规定一段，节录于此，以见一斑：

国民政府财政部修正烟类营业牌照税暂行章程

整卖营业：

甲　卷烟厂商之分公司及经理分销处，每季牌照税洋100元。

乙　各种制卖土烟店及烟草行，每季洋40元。

丙　经理各种烟类批发店，每季20元。

零卖营业：

甲　开设店肆营业一切烟类者，每季牌照税洋12元。

乙　他种商店，大部分兼营一切烟类者每季8元。

丙　他种商店零售一切烟类者，每季4元。

丁　设摊零卖烟类者，每季2元。

戊　零售烟类之负贩者，每季5角。

国民政府财政部修正土酒类营业牌照税暂行章程

整卖营业：

甲　每年批发在二千担以上者，每季收费32元。

乙　每年批发在一千担以上者，每季收费24元。

丙　每年批发在一千担以下者，每季收费16元。

零卖营业：

甲　开设店肆贩卖一切酒类者，每季收费8元。

乙 他种商店兼售一切酒类者，每季收费 4 元。

丙 零售酒类之设摊者，每季收费 2 元。

丁 零售酒类之负贩者，每季收费 5 角。

章程中并规定各项牌照逾期不领的，由征收机关催征，并征催征费，计：整卖 4 元；零卖甲种 8 角，乙种 6 角，丙种 4 角，丁戊种各 2 角。如依限到该管稽征所自行换领的，除应纳照税应贴印花外，每牌照一张，只交印刷费洋 7 厘，此外别无花费。

烟酒牌照税现在规定由商人包收，因税局派员稽征，困难较多。定县在民国十七年以前，尚没有采用此种制度；十七、十八两年间，乃由县中牌照税局分区招商包办。至十九年一月，定县全境烟酒牌照税稽征所成立，该所亦系商人承包。

章程中对于不领牌照的烟酒商人，惩罚虽严，但实际违反规定暗中偷卖的仍不少。此种人大概是小本营业的居多数。至如设有铺面，营业较大的，当然难于隐瞒。

丙、烟酒公卖费

民国四年五月，政府又谋整顿全国烟酒，统一征税办法，于是本各国专卖之意，定出官督商销的公卖制。当开办之初，财政部内设立全国烟酒公卖局，各省筹备设立省局分局，积极进行，截至是年九月止，各省局已先后成立。是年十二月，并将全国公卖局，改为全国烟酒事务署。与财部划分，独立管理各省公卖局，一切进行，尚属顺利。公卖实行以后，从前的烟酒税捐、牌照税捐等，亦次第归并公卖局征收。兹将当时公布的《全国烟酒公卖暂行办法》及《烟酒公卖栈组织法》，节录于下，以资参考：

全国烟酒公卖暂行办法

（共二十一条）

…………

第三条 凡本国制销之烟酒，均应遵照本章程办理。

第四条 各省设烟酒公卖局。酌量烟酒产销情形，划分区域，设置分局，名曰某省第几区烟酒公卖分局。

第五条 公卖分局于所辖区域内，分别地点，组织烟酒公卖分栈，招商承办，由局酌取押款，给予执照，经理公卖事务。

第六条 凡商民买卖烟酒均应由公卖分栈代为经理。

第七条 已设公卖局的地方，应将原有之烟酒各项税厘牌照税及地方公益捐等，暂由公卖局代收分拨。

第八条 公卖局应酌量商情，给予公卖分栈以相当之经费。

第九条 公卖分局每月于所辖区域内，先期规定烟酒公卖价格，陈报各该省局核定后，通告各分栈遵照实行。

第十条 烟酒销售，应由公卖局核计其成本利益，及各税厘捐等项外，酌量加收十分之一以上至十分之五，定为公卖价格，随时公布之。

第十一条 凡分栈发售烟酒，如有私自增减公卖价格者，应由分局处以相当之罚金。

…………

第十三条 商民如私卖烟酒，当照另定稽查专章，从严惩罚。

…………

第十七条 凡商店贩卖烟类酒类，均须于包裹及盛储器具上，分别贴用公卖局印照，方准出售，以便稽查，如查有印照与货数不符者，应照另章罚办。

第十八条 凡在本省运销，经甲区公卖局检定，贴有印照者，如运至乙区时，勿庸再贴。其运至他省销场，仍应由该处公卖局检定价格，加贴印照。

…………

烟酒公卖栈组织法

（共二十一条）

…………

第三条 各省烟酒公卖分栈各于本区域内，有组织公卖支栈之权。

…………

第十条 烟酒公卖分栈及支栈，应按照主管公卖局规定价格，经理本区域内各商店烟酒买卖事宜。

第十一条 烟酒公卖分栈及支栈，应通知本区域内各商店，须将每月产销烟酒之数目及种类，先期估计投栈报明。

第十二条 烟酒公卖分栈及支栈，接到各商店报告时，应即前往检查，分别粘贴印照，加盖戳记，并代征公卖费自十分之一以上至十分之五以下，其费额由公卖局定之。

…………

第十七条 烟酒公卖分栈，应由各主管公卖局，按月于各该栈代征公卖费内提给二十分之一，以示鼓励。其支栈应得之利益，由该区域内之公卖分栈算给。

…………

又据征收公卖费规则第二条载，各区域内的公卖费，以从产地征收为原则，销地专重缉私。公卖费率，各省轻重不一。当时直隶所征的，为按价格值百抽二十。现行的费率，是按重量计算，烧酒每百斤征洋2元，黄酒、枣酒、酪酴酒减半，征1元，烟叶烟丝每百斤亦征2元。

烟酒公卖费与烟酒税中，在民国十五、十六年间，尚附加有一种军事特捐，捐率按税费60%附征，如征收100元的税或费，军事特捐就应征收60元。至十七年夏，河北省政府成立，是年八月即议决将该项特捐，改为账款，减半征收，并限期加征一年为止，当于十八年停征。此两项皆属省方的收入，因为便利计，故在此处一并叙及。

除上数种税以外，晚近尚成立一种洋酒税。洋酒是特种物品，故单独规定。凡中外机制的酒，统称为洋酒，税率按售价值百抽三十。由售洋酒商人，购买机酒印花，粘贴瓶上，才能出售。此与前三种税性质稍有不同。

现在各种税的征收，不归公卖局了，公卖局的名目已取消，改为烟酒事务局。事务局的权限，与从前公卖局一样，公卖局牌照税、烟酒税捐仍一并归它征收。一省设一省局，省之下划分各区，设立区局。现定县属河北第十五区烟酒事务分局管辖，局设深县。前述之定县全境烟酒牌照税稽征所，即隶属于该局之下。

税局征收各种烟酒税，因为稽征的困难，所以多招商包收。现将河北烟酒事务局公布的包征通则，择要录此：

河北烟酒事务局烟酒税费包征通则

（共十六条）

第一条 本局所属各县烟酒税费及烟酒牌照税，依照本通则分别招商包征。但本产烧酒税费及洋酒类税，不在包征之列。

第二条　包征各项烟酒税费应采用投标方法，投标税则另定之。

第三条　具有下列资格之一者，得包征各项烟酒税费。

甲　烟酒商行

乙　殷实商户

丙　家道殷实信用素著之商人

第四条　包商包征各项税费，于核准后，应即取具殷实铺保两家以上之保结，连同承保书，一并呈送该管分局转呈省局备案。以凭填发包征凭证。

第五条　包征烟酒税费，以一年为期，由该管分局长依全年包额，按淡旺月酌量分配，报由省局核定，列入包征凭证内。包商即依照所列数目，于每月二十日以前，如数解缴。如有延迟逾一个月以上者，应即撤销其包征资格。

第六条　承包烟酒税费者，应按全年包额预缴十分之二作为保证金，准于包期最后两个月抵缴税款，如有半途撤销者，其所欠税款，得由保证金内扣抵。

第七条　包征牌照税者，以半年为期，须依投中包额预缴三分之二税款，方准开征。下余三分之一，上半年于三月二十日以前下半年于九月二十日以前，扫数缴清。如有迟交或交不足额情事应即撤销其包征资格。

第八条　包商得于包征区域内，设立稽征所卡，受该管分局长之指挥监督，办理征收事宜。

…………

现在定县除关于烧酒与洋酒按章程不能包征外，其他概招商包收。至于各种征收方法，关于牌照税系按营业的大小分等，年按四季缴纳，烧锅课是烧商、酿酒商人按座缴纳，年亦分四季。此两种前面已经叙述过，此外公卖费与烟酒税征税方法，则系按产销的数量缴纳。关于酒类，产销的数量即由酿酒商人自报，税局随时派人稽查，每年亦分四季缴纳。至于烟类，则于交易时征收税额归收买的人担负。但零星交易，征收亦感困难，所以亦多由收买商人自报。按收买烟草的商人，多为贩卖烟草商家，按他报销的数缴纳税款。因为是自报，当然以多报少希图少纳税款的，亦在所难免。

公卖费既在产地征收，以后运往他处销售，按规定即不能再征，但过有效期间，年月日斤额不符的，不在此限。至于由外省贩运入境的烟草，如一次征足的，亦不能重征；未征足的，则须照补。

2. 征收数

现在征收税款，计算方法，除牌照税与洋酒税另征当另计外，其他烟酒税捐与公卖费两种，因系一道征收，故计算时多不分，仅按征收货物的品类来分列。计定县关于此项分列为烧酒税费课（即烧酒的酒税、公卖费、烧酒课三种），枣、黄等酒税费（即枣、黄，酪疏等酒的酒税和公卖费两种。此项无课，因多系农家于冬季兼酿，少有专业酿造，故不征），烟叶烟丝税费（即烟叶的烟税和烟叶烟丝的公卖费两种。此项当无所谓课。叶丝因烟叶已纳过税，故只纳费一种）三种，和牌照税与洋酒税共计五种。

各种征收数总计（附加账款未列入），十七年为 4 334 元，十八年 10 466 元（见表 11 - 1）。实际定县担负的当不止此数，见下洋酒项说明。十六年因系驻军自征，无案可稽，故确数不可知，但据闻与十七年差不多。各种税中征收最多的是牌照税，十七、十八两年，都占全体收入的半数以上。至于烧酒税费课一项，在他县都是大宗的收入，在定县烧商不发达，只清风店有两家，故收数每年仅千零数十元。烟叶税费一项，亦因定县产烟甚少，仅子位镇一带有少数农家栽种，税额亦不多。枣黄等酒税费，则以此等酒系农家小规模酿造，出酒有限，征税当然较少。其余洋酒一项，定县几全由保定购来，已在保定购贴印花，归保定税局收入，故定县所收者每年仅数元，几等于零。定县洋酒每年销行颇多，若实际算来，定县人民对于此税的负担，当然不在少数。

表 11 - 1　　定县民国十七与十八年两年烟酒税各项征收数

项别	十七年征收数（元）	十八年征收数（元）
1. 烟酒牌照税	2 300	8 016
2. 烧酒税费课	1 074	1 094
3. 烟叶等税费	575	700
4. 枣黄等酒税费	383	652
5. 洋酒税	2	4
总合	4 334	10 466

至于省方十七年在税费中附加的赈款，按十七年征收的税费计算，大致有 570 余元（十七年的税费表 11 - 1 中 2，3，4 三项，共计 2 032 元。但其中包含

有烧锅课约120元需减去，减去后得1 912元。然后按此数用30%计算，即系赈款之数）。十六年附加的军事特捐，约倍于此数，有1 100余元之谱。此两项皆应归入省收入中。

三、卷烟统税

卷烟统税是一种特种消费税，为国税之一。此税特设征收机关，期间还不久。现在（民国十九年）全国设有卷烟统税总处，各省分设卷烟税局，经管税收事宜。河北省的卷烟税局，设在天津。征收方法，是就厂征税，粘贴印花。税率因为卷烟是奢侈消耗物品，当然较重。据章程规定，是以海关估价为标准，按价缴纳32.5%。现在把国民政府财政部所颁布的现行条例附此，我们就可知道它的内容。

财政部征收卷烟统税条例

（共八条）

第一条　凡一切卷烟及烟叶制成之货品，除国内工制之烟叶烟丝外，均应照本条之规定，完纳卷烟统税。

第二条　卷烟统税为中央国税，由财政部于相当地点，设立全国卷烟统税总处征收之。其各省厅设卷烟税局，由总处酌量筹设，呈部核定。关于前项统税上之验查缉私事务，由该原处办理之。

第三条　凡一切进口之卷烟及以烟叶制成之货品，除缴纳海关税进口税百分之七五外，应按照海关估价，别纳卷烟统税32.5%。凡一切在本国境内设厂制造之货品，应由主管机关以海关估价为标准，缴纳卷烟统税32.5%，准其行销各省及各租界商埠，不再重征他项税捐。

第四条　关于卷烟粘贴印花事项，由所在地卷烟税局，派员驻厂监贴。不论在租界商埠之内，或租界商埠之外，销售卷烟，其箱上均应贴有印花，违者以私论。

…………

在民国十六七年间，尚有卷烟吸户捐一项。此项吸户捐，规定是在统税以外另征。十七年夏间，河北省政府成立，捐局由河北省府派员接收。同时中央之卷烟统税局亦欲接收，因此彼此发生争执。结果暂归河北省府接收过去。是年十二月，省府并颁布暂行条例十三条，如下：

河北省卷烟吸户捐征收暂行条例

（共十三条）

第一条　本省为辅助教育经费，于卷烟特税外，征收卷烟吸户捐，由河北全省境内吸户征收之。

第二条　卷烟吸户捐率，定为按货价征收百分之四十。

第三条　计算卷烟价值以各卷烟商最小包装为标准。

第四条　征收卷烟吸户捐方法，以粘贴捐票行之。

第五条　吸户应纳之捐款由贩卖商店负代征责任，其详细办法另定之。

…………

第八条　旅客入境，随带卷烟以五十支为限。逾限者须照本条例之规定，补贴捐票。

第九条　为监督征收卷烟吸户捐得设立卷烟吸户捐总局，其组织规则另定之。

第十条　为征收卷烟吸户捐，得于河北省境内划分区域，设立分局。

第十一条　各分局得按事务之繁简，分设经征所，并于运输孔道设立查验所。

…………

此项吸户捐既属河北省政府收入，本来应该归入下节省税中；但因为存在期间不久，十八年三四月间即取消，故下节即不载入，特在此地略为一叙。

卷烟是一种消耗的东西，定县一年究竟销售多少，我们若不调查，还惹不起我们的注意。据最近在城内卷烟商号调查，每月销 100 箱左右（每箱 100 包，每包 50 盒，每盒 10 支，共计每箱合 5 000 盒），数目颇为不少。按普通销行最多的小孩牌烟价钱计算，每箱大概售 160 元，一月此项的消耗就有 16 000 元，一年将近 20 万元之多。至于所纳的统税，据调查的商号说，一年在 4 万元左右。我们若按小孩牌烟每箱所纳的税 29.25 元计算，每月 100 箱，该 2 925 元，一年亦是 35 100 元之多。

至于征收吸户捐时代，销行定县的烟，普通每盒（10支一盒）所贴的捐票，是六厘、八厘、一分二。闻每年捐额，较统税尤多，总计不下5万元云。

四、统税

1. 沿革

统税即从前的厘金，是一种货物通过税的性质。征收的范围很广，举凡一切通过厘卡的货物，除特别规定免税的而外，差不多全要征收，故又有百货厘金之名。厘金二字，即按金取一厘（1%）之谓，创始于前清咸丰三年（西元1853年）。其时洪杨事起，饷源枯竭，于是雷以诚首先开办于扬州，以后各地转相仿效，收入颇巨。最初原打算事平即废，但行之既久，便根深蒂固，成为定例了。迄到同治、光绪的时候，更是局卡星罗，遍于全国，物物征税，节节留难。加之讹索中饱种种弊病，其阻碍商运、贻害人民，实非浅鲜。有人谓，百数十年来，赋税之中，万恶所归，以厘金为最，此话诚非过甚。

到民国来，此种制度，依然存在，虽中间曾有数次的整理，但仍不是根本的办法。且省自为政，甚有变本加厉的。民国六年，政府曾规定治标的办法：改订税则。同年财部并通令各省，调查货物产销数目价值及税额等，以为改征产销两税的准备；又拟订土布及机制仿造洋货免厘的办法，以振兴国内产业。种种措施，虽言整理，但皆事不彻底，实际上仍无多大裨益。且土布等免厘，所谓提倡国货，以与洋货竞争，实则洋货输入内地，纳子口半税后，便可畅销无阻。厘金之害，只能于本国商民，与洋人无涉。试问此种枝枝节节免厘的办法，于事何济？

近年各省厘金，又多改称统税，两者实质仍一。惟征收手续，比较从前稍为简单，从前厘金遇卡抽收；现在规定凡货物于第一次经过之局，一次征足，经过其他各局时，查验无误即放行。至于税率系按货物种类分别一一订定，由财厅颁发各局遵守。征收方法，由商人先行报税，税局即按报税单上所列货品征收，并填给厅制四联税单。如遇有则例未载的，即按货物估价以5%完纳（各种货物的税率，可见表11-2，但只是一部分）。

近年裁厘加税的声浪（按裁厘加税之说，发生于光绪二十八年中英商约。该约对于裁厘加税，规定颇详。未几美日诸国商约成立，亦有同样的条款。但因此，厘金与关税，竟成不可解的连缀关系，以改革内政之权，似乎变而为对外的一种义务去了），甚嚣尘上。十七年十二月，国民政府并有五省裁厘会议之召集，拟定裁撤期间，分为三期施行，第一期为十八年二月，第二期四月，第三期六月。裁撤后，举办特种消费税。意固甚善，不幸以政局关系，直至现在（民国十九年）各省仍迟迟未见实行，可叹！

2. 征收数

统税之征收，系依运输的路线，设局办理，不是以一地方为范围，限定征收一地方的货物。故欲调查一地方负担此税的确数，比较困难。按定县的货物，由外运来，不外两路：一北路，由天津、北平或保定运来，即在天津、北平或保定统税局投税；一南路，即石家庄，则在石家庄统税局投税。据闻北路来的货物，较南路多得多。可惜北路的税收，完全未调查得。兹仅有南路，在石家庄税局纳税的部分。至由定县往外运的货物，因所纳的税，实际不归定县人民负担，故不计入。

现在看表 11-2，十八年全年石家庄税局所征运定的货物种类共计 28 种，税银总数 2 461.77 元。其中税量多的是杂药材一项，约有 1 403 元，占总数一半以上；其次为大兴棉纱，有 234 元，占总数差不多十分之一；其他如猪毛约 215 元，熟铁货约 174 元，亦算不少。

观南路运来的货物，大概属药材、竹类、铁货等居多数，其他如绸缎、布匹、洋货、茶糖、海味等则很少，或者完全没有。北路则反是。论定县外来的货物，大多数是从北路来，如天津，如保定，皆是最大来源的地方。故此路岁收当不在少数，推测至低限度总在 1 万元以上。今即以 1 万元计，与南路合共亦有 12 461.77 元。

表 11-2　　定县民国十八年负担之统税一览*

征税货物	数量	税率（元）	年征税银（元）
1. 大兴棉纱	19 500 斤	每百斤 1.200	234.000
2. 大兴粗布	2 160 斤	每百斤 3.000	64.800
3. 猪毛	43 081 斤	每百斤 0.500	215.405
4. 新轿车	1 辆	每辆 6.000	6.000
5. 竹片	52 330 斤	每百斤 0.100	52.330
6. 竹帘	450 挂	每百挂 2.000	9.000

续前表

征税货物	数量	税率（元）	年征税银（元）
7. 杂药材	140 252 斤	每百斤 1.000	1 402.520
8. 桐油	290 斤	每百斤 1.400	4.060
9. 铁锅	356 口	每百口 3.000	10.680
10. 驮货	240 口	每百口 0.800	1.920
11. 生铁货	7 570 斤	每百斤 0.200	15.140
12. 熟铁货	43 380 斤	每百斤 0.400	173.520
13. 粗磨刀石	3 360 斤	每百斤 0.120	4.032
14. 石磨	7 副	每副 0.700	4.900
15. 粗草帽	1 976 顶	每百顶 2.500	49.400
16. 熟漆	134 斤	每百斤 5.000	6.700
17. 切面机	1 架	每架 1.500	1.500
18. 火石	4 500 斤	每百斤 0.100	4.500
19. 黄瓜干	500 斤	每百斤 2.200	11.000
20. 硬煤	40 吨	每吨 0.300	12.000
21. 灯罩	400 斤	每百斤 0.300	1.200
22. 小料瓶	40 个	每个 0.003	0.120
23. 颜料瓶	260 个	每百个 0.250	0.650
24. 黑白碗	700 个	估价按 5%纳税	176.393（24—28 合计）
25. 粗竹器	2 400 斤	估价按 5%纳税	
26. 粗竹货	2 050 斤	估价按 5%纳税	
27. 缸盖	100 个	估价按 5%纳税	
28. 杂木料	15 吨	估价按 5%纳税	
总合	…	…	2 461.770

* 此仅是经过石家庄税局在该局纳税的部分。

五、印花税

1. 沿革

印花税为行为税之一种，创始于荷兰，后来英法等国转相效办，遂普行于全世界，大家都认为良好的税法。我国在前清光绪中叶，即拟创办，但以当时朝野人士，不知印花税为何物，致未实行。光绪三十三年（西元 1907 年），度支部又筹划，先在直隶省试办，后天津商会反对，乃展期一年，指于期满日各省一律施行。到时各省督抚复奏请从缓。故此税在前清，终未实现。民国元年，始由财政部颁布税法十三条。二年三四月间，京师及外省次第承办。后又力谋推广，在财部内设印花税处，在各省区分设印花税处，税收已有起色。

按定县印花税开办，亦在民国二年间，惟最初数年，收数不多。查民国六年五月，谢知事学霖呈报每年认销 4 000 元（各县印花税，系由省派定额数承销），计自呈报之日起，至次年六月底止，为期已一年余，然销售仅 400 余元。八年份派额 6 000 元，实征亦只 436.17 元。因当时一般人民尚不了解此税的性质，如何贴用，大家亦没有习惯，故推行较难。以后渐渐明了，销数乃旺。观九年份实征就增加到 1 019.83 元，十年份亦到 1 052.00 元（八、九、十三年征数见表 11-4）。此后每年都有往上增长的趋势。

以前此税，各县由县知事经征，每年由省派定额数承销，每三月或半年考核一次（时财部颁有各省区考核印花税划一办法，规定盈绌比额报告表以为考核标准）。后乃由省分区设局办理。现定县属河北第六区印花税分局管辖。该局奉省局委令成立于民国十七年八月，局设定县。除定县外，尚辖高阳、安国、行唐、平山、曲阳、无极、新乐、唐县、完县、灵寿、博野、望都、阜平，共 14 县。定县境内，设有代销处 4 所，以送有委令为凭。代销处得按代销额数，支领 5%手续费。如为专员办事处，得支领 1 成。税局经费，则统按 2 成坐支，代销处手续费，都在此内开支。至于每月销行状况，仍有盈绌比额报告表，以定考成。

兹将《国民政府财政部印花税暂行条例》附此，以见一斑。

国民政府财政部印花税暂行条例

（民国十六年八月中央政治会议议决施行）

第一条　凡本条例所列各种契约簿据及人事凭证，并第四类特种物品，均须遵照本条例贴用印花，为适法之凭证。

第二条　前条所列应照本条例贴用印花之各件，分为四类，税额如下：

第一类　　十五种：

发货票，寄存货物文契之凭据，租赁各种物件之凭据，抵押货物字据，承种地亩字据，当额在四元以上之当票，延聘或雇用人员之契约——以上七种，各贴印花一分。

铺户所出各项货物凭单，租赁及承顶各种铺底之凭据，预定买卖货物之单据，租赁土地房屋之字据及房票，各项包单，各项银钱收据——以上六种，银数在一元以上未满十元者贴印花一分；十元以上者贴印花二分。

支取银钱货物之凭折——每个每年贴印花一角。

各种货物所用之账簿——每册每年贴印花一角。

第二类　十四种

提货单，各项承揽字据，保险单，各项保单，存款凭单，公司股票，交易所单据，汇票，银行钱庄所用支票及性质与此相类似之票据，遗产及析产字据，借款字据，铺户或公司议订合资营业之合同，不动产与卖契据，承领或承租官产执照——以上十四种，银数在一元以上未满十元者，贴印花一分；十元以上未满一百元者，贴印花二分；一百元以上未满五百元者，贴印花四分；五百元以上未满一千元者，贴印花一角；一千元以上未满五千元者，贴印花两角；五千元以上未满一万元者，贴印花五角；一万元以上未满五万元者，贴印花一元；满五万元者贴印花一元五角；五万元以上，不再加贴。

第三类　四十五种：

出洋游历护照——贴印花二元。

出洋游学护照——贴印花一元。

出洋侨工护照——贴印花三角。

国内游历护照——贴印花一元。

行李护照——贴印花一元。

运送现金护照——贴印花一元。

免税护照——贴印花一元五角。

子口单——贴印花一元五角。

三联单——贴印花一元五角。

普通官吏试验合格证书——贴印花一元。

高等官吏试验合格证书——贴印花二元。

专门学校以上各学校毕业证书——贴印花五角。

专门学校以上各学校修业证书、转学证书——各贴印花一角。

中学校毕业证书——贴印花三角。

中学校及与中学同等之学校修业证书、转学证书——各贴印花四分。

留学证书——贴印花一元。

检定小学教员证书——贴印花一角。

受试验教员科目成绩证明书——贴印花一角。

考准医士证书——贴印花一元。

通译人证书——贴印花五角。

请求入国籍志愿书、保证书——各贴印花二角。

请求入国籍禀书——贴印花一元。

取得国籍之许可执照——贴印花二元。

新闻发电执照——贴印花一元。

人民投递官署呈文申请书——贴印花一角。

婚书——贴印花四角。

人民请补请分执业田单——此照亩额贴用印花：五亩以下，三分；十亩以下，六分；五十亩以下，三角；一百亩以下，五角；一百零一亩以上，每百亩加贴五角。在一百亩以上而有零数者，其零数亦作一百亩计算。

储蓄会单据——每件贴印花一分。

甘结切结——贴印花一角。

保结及各项担保字据——贴印花二角。载有银数者，按照第二类各项保单税额，贴用印花。

电力汽力火力水力等机器事业或轮船汽车脚踏车等公司营业执照——各分甲乙丙三级贴用印花。甲级三元，乙级二元，丙级一元。其资本在一万元以上者为甲级；在五千元以上未满一万元者，为乙级；不满五千元者为丙级。

轮船汽油船汽车脚踏车等执照——轮船汽油船汽车，共价值满一千元者，贴印花二元；不满一千元者，贴印花一元。脚踏车执照，每件贴印花二角。

各项营业执照——此照资本分别贴用印花，计分二元、一元、五角、二角、一角、四分、二分七级。资本在五万元以上者，为第一级；在一万元以上未满五万元者，为第二级；在五千元以上未满一万元者，为第三级；在一千元以上未满五千元者，为第四级；在五百元以上未满一千元者，为第五级；在一百元以上未满五百元者，为第六级；不满一百元者，为第七级。

旅馆客栈执照——其资本在五千元以上者贴印花二元；在一千元以上不满五千元者，贴印花一元；不满一千元者，贴印花五角。

募工承揽人特许执照——贴印花四元。

人力车执照——贴印花一角。自用者，贴印花三角（营业者奉令缓办，自用者照章贴用）。

轿车执照——马车执照，贴印花一元；运货大车骡车肩舆执照，各贴印花二角；把手小车免贴。

乐户执照——分甲乙丙三级贴用印花。甲级三元，乙级二元，丙级一元。

运送客货之航船快船执照——贴印花一角。

各种采矿执照——五十亩以下，贴印花二元；五十一亩至一百亩，贴印花五元；以次每加一百亩，加贴五元。在一百亩以上而有零数者，其零数亦作一百亩计算。

烟酒营业牌照——分特甲乙丙四种贴用印花：特种一元，甲种五角，乙种二角，丙种一角。

卷烟洋酒运照——贴印花四角。

各种行帖——分上中下三则：上则二元，中则一元，下则五角。

戏券游艺券——券资每位在五角以上者，贴印花二分；不满五角者，贴印花一分。

局票——贴印花一角。

第四类　　四种：

洋酒印花税——照价值百分之三十贴用印花（已划归烟酒事务局征收）。

奥加可印花税——每一百斤贴印花十二元（已划归烟酒事务局征收）。

汽水印花税——舶来者每一磅瓶，贴印花二分；每半磅瓶，贴印花一分。土制者照此减半。

爆竹印花税——照价值百分之二十贴用印花（缓办）。

第三条 国家所用之契约簿据及其他凭证，不贴印花。但有营业性之各种官业，仍依本条例贴用。

第四条 应贴印花之各件，应于交付或使用前，依本条例贴用印花。同时就印花适当处，加盖图章或画押。

第五条 凡应贴印花之各件，不贴印花，或贴用时未盖章画押者，每件处以一百元以下十元以上之罚金；贴不足数者，每件处以五十元以下五元以上之罚金。均酌量情形办理。

第六条 印花税票除第四类印花式样另定外，其票类如下：

一分赭色　　二分绿色

一角红色　　五角紫色

一元蓝色

第七条 业经贴用之印花，不准揭下再贴，违者处以一百元以下十元以上之罚金。

第八条 伪造或改造印花税票者，按照刑律伪造纸币例处罚。

第九条 本条例自公布日施行。

2. 征收数

定县印花税，在未设第六区分局的时候，归县政府经征。查民国十六年征收 2 941 元，十七年一月至七月征收 1 000 元，是年八月，第六区分局奉令设立，九月开办，每月派额 400 元，但九、十两个月无销数，由十一月至年底销 950 元。本年共计销 1 950 元。十八年一月至八月，派额改为每月 800 元，九月至年底改为每月 600 元，计平均每月派额 733.3 元。是年共销 6 340 元，平均每月销 528.3 元（销数见表 11-3）。十八年的销数较十六年增加一倍有余。

表 11-3　　定县民国十六至十八年三年印花税征收数

年别	征收数（元）
民国十六年	2 941
民国十七年	1 950*
民国十八年	6 340

* 本年税收，中间因设立税局，八、九、十三个月停顿，故只有一至七，十一至十二，共九个月。

按第六区分局所辖其他十三县，十八年全年销数共 50 183 元，平均每县合 3 860 元，与定县较，相差太多。

定县前几年的销数亦不多，在民国九年与十年间，不过千零数十元，八年不过数百元（见表 11－4）。到近年来，因推行方法比较严密，故增加甚多，十八年致有六倍于九与十年的数了。

表 11－4　　定县民国八至十年三年印花税征收数

年别	征收数（元）
民国八年	436.17
民国九年	1 019.83
民国十年	1 052.00

六、总结

定县负担的国税，现计有六项。征收之数，以民国十八年而论，共计 135 606.52 元（见表 11－5），其中竟以盐一项占最多数，占总数之 52.5%。须知盐为吾人日常生活所必需，在各国多已废止此税，或减轻税率，独于吾国尚倚为收入大宗，殊非体恤民生之道。其次较多的为卷烟统税，占总数的 25.9%。卷烟为消耗物品，论税是应该加重的，不过区区一县就有如此一笔税收，可见一年人民对于此项消耗之巨。并且卷烟多为外人制造，我国多消耗一分，流入外人的金钱即将多增加一分，其损失甚不赀。盐税、卷烟统税而外，税收多的就要算统税了。表中所列 12 000 余元之数，尚是最低的限度，但亦有总数的 9.2%。论统税原是一种恶税，阻碍商运，妨害产业，将来终应该取消为是。

至于税收最少的是烟酒税费一项。实际烟酒税费当不止此数，因为其中洋酒税一项在保定所缴纳的，未有计入（可参考前二烟酒税征收数项）。

表 11－5　　定县民国十八年担负之国税*

税之种类	征收数（元）	百分比
1. 盐税	71 238.75	52.5
2. 烟酒税费	2 450.00	1.8
3. 烟酒牌照税	8 016.00	5.9

续前表

税之种类	征收数（元）	百分比
4. 卷烟统税	35 100.00	25.9
5. 统税	12 461.77**	9.2
6. 印花税	6 340.00	4.7
总合	135 606.52	100.0

* 此外有验契费一项，因不是常有的，当另外计算，故未列入表中。
** 此项数中有一部分是估计的，仅最小限度之数。

按表 11－5 所列国税，尚未有关税等数项在内。此数项为数恐不在少。此外尚有验契的征数，因为不是常有的，亦未计入。据十八年开办的验契，收数有 2 527.9 元（见下节二契税征收数），如一并算入，当有 138 134.42 元（可参考后面表 11－50 与表 11－51 两表）。

至于民国十六与十七年两年国税的数目，因为有几项不完全，此处暂不列表。

在此有须说明的，关于国税的收入，在平常统一的国家当然归中央无疑；不过在现时的中国，各省往往截留，不一定解到中央。

第二节　省　税

按省税计有六项：（1）田赋；（2）契税；（3）牙税；（4）牲畜花税；（5）屠宰税；（6）芦盐食户捐。以下即分别说明。此外临时征收的税捐，民国十六至十八年三年有田赋中附征的各种特捐，烟酒税中附征的特捐和赈款两种。前一种即在田赋款中叙及，后一种已在前节烟酒税中附带说明。

一、田赋

考我国田赋制度，最为复杂，因为数千年来的积习，陈陈相因，错综变化，已漫无系统之可言。如地亩的大小既不一，税率的高低更因地质的不同，历史的习惯，分为三等九则，以至数十百则不等。省与省既不一致，县与县亦不相同。即一县之中，凌乱无章，差别亦巨。论其赋课的性质，本为一种收益税，但里面包含的丁银，又近似人头税。其他杂税附加，混入正税中者尚多，年代久远，亦无从分辨。至于田地的名称，更纷繁不堪，欲一一稽考其由来，殊非易事。因为政府向来就没有积极整理，所以在人民负担极不公平，在国家则租税极不正确。无粮黑地，又所在皆是。国家收入，遂大受影响。根本上的解决，舍实行清丈改订科则外，别无他策。惟兹事体大，断非短时间所能实现。

1. 沿革

吾国田赋，在夏称为“贡”，殷称为“助”，周称为“彻”。后来改名田赋，以征取民财，是以田为率。田赋可别为二类：一曰地丁，一曰漕粮。所谓地丁者，地系地亩，丁系人丁。古者赋出于地，役出于丁，此为地丁所由起。地丁居田赋的主要，漕粮不过少数。漕粮所以与地丁别为二者，以地丁向系征银，而漕粮则派征本色（征米、豆、谷、高粱之属），依水次之便而运输的。考漕运之制，起于两汉，盛于唐宋，均用转输之法，明时则用民运，清始改为官收官兑。惟兑运之际，吏胥需索，经费浩繁，咸以折征为便。咸同以来，各省渐次改征折色（即征银）。定县素无漕粮之征故兹不详叙。

地丁、漕粮而外，尚有租课一项。租课原属征租性质，与田赋有别。其地大率为国有或公有之产。国家之征收此项租课，俨如地主之收佃户地租，故曰租课，以其非赋税的性质。定县租课，概属旗人产业（故亦称旗租地，详见下文）。不过至民国十五年，已奉令升科，将地分等定出价格，即由租户给价承买，同于民田。从前课租，现则课税，已入田赋范围了。

地丁既占田赋的主要，兹为详明起见，当有细述之必要。现先述地赋一项。地赋的变更，我们考查，当溯自明代。明代科征，其类凡三，如下。

甲、正赋

正赋中包含六项：（1）夏税；（2）秋粮；（3）马草；（4）马价；（5）草料；（6）站银。夏税为小麦丝绢之折征，秋粮为粟、米、花、绒之折征（今之上忙下忙，即近于夏税秋粮之分）。至马草、马价、草料三者，俱因养马始有此名目。马草起源较早，于税粮内折征，以15角为一束计算。马价源于明洪武初令天下养马而起。先是岁解孳生马若干匹，嗣于嘉靖十一年（西元1552年），乃按马价改征折色，是为马价。草料者，明万历年间，裁革种马（按明马政，马有三目，即种马、儿马、骒马是)，每匹征草料银一两，即草料之由来。正赋六项中，关于马的即居其三，谚所谓钱粮马匹者以此。其余站银一项，亦为明代所新增。明初设水驿、马驿递运所急递铺名目，初由州县按银均派，嘉靖二十七年，兵部议与税粮并征，是为站银加入田赋之始。定县为诸省通衢，驿费自重。

乙、杂办

杂办本役而非赋，其目凡二：(1) 均徭；(2) 里甲。均徭者为县以上至于部寺各役的取给，内分三差：(1) 银差——专供县以上至于部寺差役杂项各费；(2) 力差——专供本府本县各差役杂项；(3) 听差——专供礼部坐派历日及祭犊各项。每差各县所摊不过数十两而已。至于里甲，则专为本县杂费之用，内分三支：(1) 额支——供本县春牛、桃符、公宴、岁修、文庙各费；(2) 待支——供科举、花红、旗匾、公车及朝觐等费；(3) 杂支——供过客、下程、油炭等费。前两支每县各数十两不等，后一支每县二三百两不等。万历条鞭以前，役与赋分；条鞭制行，乃并役于赋，一征之外无所科扰了。

丙、加银

加银为条鞭以后所增。明季以东事日棘，有天津及旅顺兵饷之增，旋又有马价、胖衣(戏剧所用的内衣曰胖衣)、绵绒、芝麻四项添入。计所增凡六，号曰加银。天启、崇祯两朝尚有加的，至清初概行取消；惟六项仍如故，且税率有较明稍增者。今则悉入正供，已分辨不出是·种附加了。

计以上正、杂、加三项，额内地每亩约征一钱三分二，亦有比此稍多的(参看表 11-6)；额外地(额内额外说明，详见下文)亩征不等，多则一钱三分余(此种地很少)，少则一分(参看表 11-7)。

以上是属地赋。兹再述丁银。丁银内尚包括匠银一项，所以亦称丁匠银。丁匠银明于地粮以外特征之。清初则摊丁匠于地，地丁之称始此。征丁的制度，本古代力役之征，性质近乎人头税。唐杨炎变租庸调为两税，是以开以丁入税之渐。明代分丁为三等九则，以下下丁为标准折合，每下下丁征银一钱(亦有不折合，仍按原来标准征收的)，与地粮分别经收。丁数按五年一编审。迨康熙五十二年(西元 1713 年)，乃下诏以现征钱粮册内有名人丁，定为常额，是后滋生人丁，永不加赋。当时本县并归并各衙新旧人丁，共计 88 111 丁，共征丁银 8 864.5 两。至匠银一项，系明洪武二十六年（西元 1393 年），营造宗庙宫殿，集天下之匠于京，初则征派，继则输纳班银。定县为 33.75 两。雍正二年（西元 1724 年），定摊丁于地之制，丁匠遂摊入地粮内合并征收。其摊法系就一省的丁匠，按一省的地赋平均摊算。直隶计每两地赋摊银 0.207 027 两，定县共摊 8 063.757 两。定县以丁多之故，实际较原有丁匠（共数 8 898.25 两）少摊 800 余两（根据定县新志稿《赋役》篇所载，该志编成于民国十七年）。

以上地丁合计，额内地平均每亩约征一钱六分，额外地约征二分四厘（参看表 11－8）。

此外复有地闰丁闰耗羡之说。地闰丁闰是遇闰加征的地赋丁银，闰月之年，亦同正供。地闰按亩加征，额内地大率每亩加银三厘四毫七有奇。额外地平均约加五毫三丝三（参看下文地闰亩征说明）。丁闰向随丁征，摊丁于粮后，则按地丁每两加征七厘九毫四有零。至于耗羡之说，其来亦久。明代正税外有倾镕耗银。雍正二年（西元 1724 年），遂定各县耗例，尽提以充公。每粮银一两征一钱三分，亦有征六分或完全不征的。民国来，因改用阳历，无闰月之说，三年遂将地丁二闰悉数蠲除，耗羡亦随同取消。本来地丁征闰，于理不通之极。闰月之年，虽时间上多一月，但地的收益，未见增加，何能增加地的赋税？所以取消后，不但制度上简便，即税则上亦较称公允了。

以上说的，全关于地丁方面。现一述租课。租课在征租时代，以其系征租性质（换言之，即征租不征赋），故丁匠闰银皆不加，仅加耗羡，仍按每两一钱三计算。有并耗羡亦不加的。租率每亩因地有不同，多数均在一分余（见表 11－12）。升科后，租改为赋，赋当较轻，平均每亩约征二分九厘（见表 11－13），与额外亩征相差无几（因两者亩之大小，大致相同）。

现已将田赋各项经过的情形，大体说明。至征收时期，则无论地丁租课，每年概分两忙，即所谓上忙下忙是也。上忙大约在春间，下忙约在秋收后。应征之银，上下忙各征一半。至于征收费用，县政府按 3%提支。

粮户凡完粮后，即由粮房掣发串票为凭。票系两联，式样见下：

串票*式样

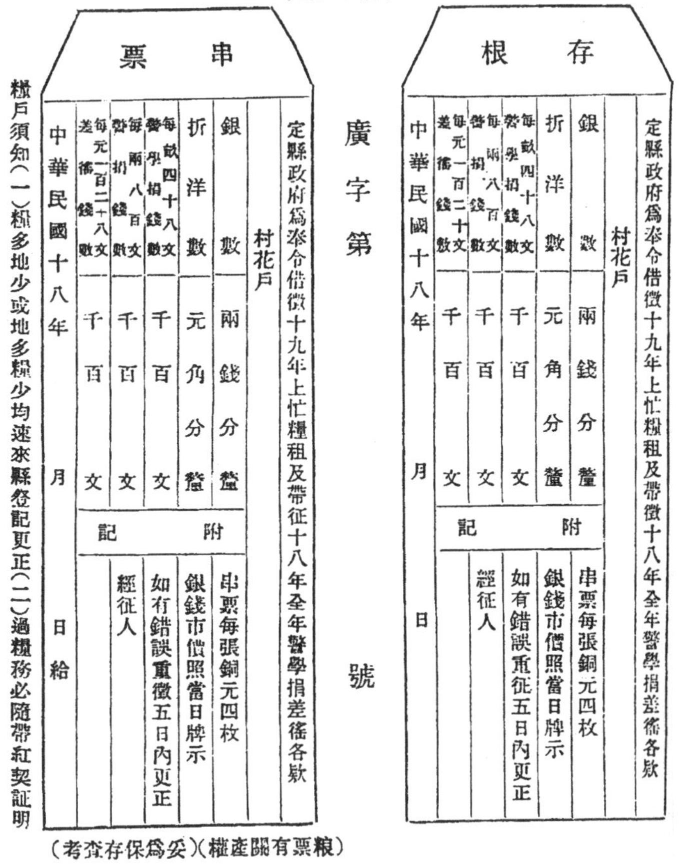

* 串票中所载差徭与警捐征收钱数（全年），因为是依粮银一忙原两数为标准计算，故皆照原来捐率加了一倍，此是计算时当然的手续，实际对于捐率并没有加增（原来捐率按全年粮银计，差徭系每元征 64 文，警捐系每元征 400 文，可参考田赋附征各捐）。

现在粮银已改为折征银元，此在民国三年即起始。先是民元间，政府欲谋征税统一方法，下令各省，凡征收田赋，改两为元。币制未颁布以前，元两之换算法，由财政部酌定公布之。三年，直隶省规定，粮（即地粮漕粮）每两折征二元三角，租则折征二元（租以二元计者，以租重于赋之故。升科后仍同于粮按二元三角计）。同时取消耗羡及地丁二闰。此可谓为变更田赋最巨之典。耗闰取消，诚属便利。不过银两折征，无形中粮不啻每两多征六钱余，租则亦多四钱余（按洋一元合银七钱二，所以二元三，实合银一两六钱五分六；二元，实合银一两四钱四），一则加至半倍以上，一则亦几至半倍了。

2. 征地种类及各种亩数与征额

定县的征地，现在我们可以分额内地、额外地、租课升科地三大类。前两类即所谓地丁征地，后一类即从前之租课地。现在升科后，则称为租课升科地。这不过是大概的分法，若再分析，各类中又可分若干种，总计不下七八十种，各种赋率皆不等，头绪异常纷杂。兹为简单明了起见，按其性质，一一归类，列为下表：

定县征地
- 一、额内地
  - 1. 优免地
  - 2. 行差地
  - 3. 寄庄地
- 二、额外地
  - 1. 收回拨补地
  - 2. 营衙归并地
  - 3. 教场地
  - 4. 备边地
  - 5. 备荒地
  - 6. 充饷地
  - 7. 学租地
  - 8. 新垦升科地
- 三、租课升科地
  - 1. 存退租地
  - 2. 庄头租地
  - 3. 另案租地

额内地多为明万历以来原有的征地，即所谓原额地；额外地大率是清乾隆时才陆续增入的。额外本屯卫无粮之田（自宋以来，有以屯田给军实之说，此屯卫的来源也），清顺治十六年（西元 1659 年）废除屯卫，后遂移为拨补之用。因当时近畿一带地方，有圈占之说，圈占以给王公及八旗勤劳将士。其时屯卫既废，遂取其地以拨补被圈之家（定县系拨补房山良乡二县被圈者），以偿其失。后乃逐渐收回，略同民地。定县额外之地，多属此。

今先将额内三种，分别说明如下：

甲、优免地

士绅之地，有赋无役，纳正供不纳杂办，是谓优免。清顺治十四年，撤去优免，一律改为行差。定县所有优免地的亩数及地丁亩征与总额等，见表 11－6。

乙、行差地

普通人民之地，赋役并征，是谓行差。行差地丁亩征同优免。定县行差地亩数及地丁征银，在额内三种中为最多，约占全体 80％。

丙、寄庄地

寄庄者，系客民置产于异籍，地寄此处，粮寄他处之谓。故赋率较重。各项详见表 11－6。

表 11－6　定县额内各项地亩数、征银数及平均每亩征银数

征地项别	亩数	征银		地丁征银合计（两）	平均每亩征银		地丁合计平均每亩征银（两）
		地赋（两）	丁匠银（两）		地赋（两）	丁匠银（两）	
1. 优免地	2 0751.000	2 738.107	566.862	3 304.969	0.131 951	0.027 317	0.159 268
2. 行差地	214 828.500	28 346.748	5 868.542	34 215.290	0.131 951	0.027 317	0.159 268
3. 寄庄地	30 005.000	4 296.387	889.468	5 185.855	0.143 189	0.029 644	0.172 833
总合	265 584.500	35 381.242	7 324.872	42 706.114	0.133 220	0.027 580	0.160 800

以上额内三种统计，共地 265 584.500 亩。地赋平均每亩征 0.133 220 两，共征 35 381.242 两；丁匠平均每亩征 0.027 580 两，共征 7 324.872 两。总合地丁平均每亩征 0.160 80 两，共征 42 706.114 两。

次述额外八种如下（见表 11－7）：

甲、收回拨补地

定县古本四战之地。自宋以来，以屯田给军实，诸卫屯田，分隶各县，而定独多。清初遂移为拨补之用。乾隆时起，渐次收回。收回之因亦不一：有受补之户绝嗣入官及因他故入官的；有受补后，愿将所受拨补之地，卖归本县人民的；亦有已成荒地，受补之家呈请退回，后又开垦的；复有已归拨补，而又退还原户的。凡此种种，皆收回拨补的原委也。本县此项地特别多，占额外全体 70%以上。地赋亩征不等，有多至七分六，有少至一分，平均为二分余。丁匠亩征平均约四厘七。

乙、营卫归并地

此项即上面所述的屯卫地（即营卫地），未用于拨补，后并入本县的。亩数亦不少，在额外八种中居第三位。地赋亩征一分，或一分余，平均一分有零。丁匠亩征二厘有零。

丙、教场地

此项地为前时练兵习武之用，亩数不多。地赋亩征一分，丁匠亩征二厘有零。

丁、备边地

《明会典》有河北诸省输边仓米麦之文，而他边有备边籽粒地，此即备边所由来。地赋平均亩征一分，丁匠亩征二厘有零。

戊、备荒地

备荒地不见于史志，起源无从考悉。疑备荒为本县所自有，或即用以输纳仓谷以备荒年的意思。地丁亩征同备边。

己、充饷地

此地起源亦无从稽考，或者即屯田的变名。地赋亩征三分，丁匠亩征六厘余。

庚、学租地

此是一种学田，从前归定武书院所有。亩数在额外八种中为最少。性质近于租课，故地赋亩征一钱三分二，丁匠亩征约二分七厘，较其他特重。

辛、新垦升科地

此项大率为河淤地或其他荒地，后来开垦升科，故名新垦升科地。地的亩数不少，在额外中居第二位。地赋多亩征一分，亦有征至一钱三分余，平均为一分有零。丁匠平均亩征二厘有奇。

表 11-7　定县额外各项地亩数、征银数及平均每亩征银数

征地项别	亩数	征银		地丁征银合计（两）	平均每亩征银		地丁合计平均每亩征银（两）
		地赋（两）	丁匠银（两）		地赋（两）	丁匠银（两）	
1. 收回拨补地	257 546.274	5 905.120	1 222.519	7 127.639	0.022 928	0.004 747	0.027 675
2. 营卫归并地	15 570.210	156.268	32.352	188.620	0.010 036	0.002 078	0.012 114
3. 教场地	527.090	5.271	1.091	6.362	0.010 000	0.002 070	0.012 070
4. 备边地	6 196.392	61.964	12.828	74.792	0.010 000	0.002 070	0.012 070
5. 备荒地	2 503.500	25.035	5.183	30.218	0.010 000	0.002 070	0.012 070
6. 充饷地	1 313.550	39.407	8.158	47.565	0.030 000	0.006 211	0.036 211
7. 学租地	87.000	11.484	2.377	13.861	0.132 000	0.027 322	0.159 322
8. 新垦升科地	71 877.280	736.640	152.504	889.144	0.010 249	0.002 122	0.012 371
总合	355 621.296	6 941.189	1 437.012	8 378.201	0.019 518	0.004 041	0.023 559

以上额外八种统计，共地 355 621.296 亩。地赋平均每亩征 0.019 518 两，共征 6 941.189 两；丁匠平均每亩征 0.004 041 两，共征 1 437.012 两。总合地丁平均每亩征 0.023 559 两，共征 8 378.201 两。

我们看了上边额内额外的地亩数和地丁征额，不免要发出疑问：为什么额内的地亩少（约占额内外总数 43%）而征银反多（约占额内外总数 84%），额外的地亩多（约占额内外总数 57%）而征银反少（约占额内外总数 16%）？在表面上固然是额内的赋率重，额外的赋率轻；但实际上，却不是这么一回事。实际因为亩的大小有不同，额内皆大亩（俗称大地），额外多小亩（俗称小地）的缘故。据乾隆十八年《赋役书》所载，明万历以来的原额地（即额内地），分上中下及下下四则，共折正地 3 040 余顷（据《明史·食货志》载，明宣宗时，因地额溢于旧，始有折合之说）。惟折合之数，《赋役书》及定县旧志（即道光志）均不详。兹据新志稿《赋役》篇所云，始知上地折合系以三亩五分折一亩，中地以五亩折一亩，下地以七亩折一亩，下下地以 14 亩折一亩。秦以来，中国定制皆以 240 弓为一亩（定县现行步弓，以部颁为准，每弓当工部营造尺五尺）。北方田赋，因有折合之说，遂号定制为小亩，折合者曰大亩。此大小亩所由分。额外诸地，以后来增入，无折合之说，故多小亩。亩多而赋反少，就是这个缘故。

兹总计额内外，共地 621 205.796 亩。地赋平均每亩征 0.068 129 两，共征 42 322.431 两；丁匠平均每亩征 0.014 105 两，共征 8 761.884 两（因额外诸地陆续增加，故丁匠亦较前增多）。总合地丁平均每亩征 0.082 234 两，共征 51 084.315 两（见表 11－8）。

表 11－8　　定县额内与额外征地亩数、征银数及平均每亩征银数*

征地项别	亩数	征银		地丁征银合计（两）	平均每亩征银		地丁合计平均每亩征银（两）
		地赋（两）	丁匠银（两）		地赋（两）	丁匠银（两）	
额内地	265 584.500	35 381.242	7 324.872	42 706.114	0.133 220	0.027 580	0.160 800
额外地	355 621.296	6 941.189	1 437.012	8 378.201	0.019 518	0.004 041	0.023 559
总合	621 205.796	42 322.431	8 761.884	51 084.315	0.068 129	0.014 105	0.082 234

*额内额外亩之大小，既参差不齐，则上表所列亩数及每亩征银各项，就很难看出它们比较的真正价值。因为田地没有实行清丈，也是没有办法的事情。比如额内之分四则折合，时间已久，究竟各则地亩多少，各志亦无记载。已无可查考。并额外也不纯全是小亩。所以额内的亩数究竟应化为额外若干亩，我们实无从算出。因此只好仍用它原来的亩数。将来再实地详细调查。

以上额内外亩数与征银，皆嘉庆以前之数。嘉庆以后，地尚有开除的。开除的原因大率是水冲沙压，发生于嘉庆十四年（西元 1809 年）、二十四年及咸丰八年（西元 1858 年）、光绪六年（西元 1880 年）各年；亦有少数是从前代征新乐县地，民国来拨还了的缘故。因水冲沙压开除的，在额内有 21 361.131 亩，应除地丁银 3 451.696 两；在额外有 11 304.868 亩，应除地丁银 542.466 两。因拨归新乐开除的，在额内无；在额外有 2 680.101 亩，应除地丁银 39.144 两。合计额内共除地 21 361.131 亩，共除银 3 451.696 两；额外共除地 13 984.969 亩，共除银 581.610 两。总合额内外，共除地 35 346.100 亩，共除银 4 033.306 两（见表 11－9）。

表 11-9 定县额内与额外地应开除之亩数及征银数

地别	开除之亩数		合计开除亩数（亩）	开除之地丁银数（两）		合计开除地丁银数（两）
	因水冲沙压	因拨归新乐		因水冲沙压	因拨归新乐	
额内地	21 361.131	…	21 361.131	3 451.696	…	3 451.696
额外地	11 304.868	2 680.101	13 984.969	542.466	39.144	581.610
总合	32 665.999	2 680.101	35 346.100	3 994.162	39.144	4 033.306

此外又有铁路占据地亩，每岁由平汉路局咨送粮银于县（共计银 76.937 两）。以不在开除之列，故不计入。

以上通计，额内开除后，现有地 244 223.369 亩，征银 39 254.418 两；额外开除后，现有地 341 636.327 亩，征银 7 796.591 两。总合额内外，现有地共 585 859.696 亩，征银共 47 051.009 两（见表 11-10）。

表 11-10 定县额内与额外地原有亩数及征银开除后实剩之亩数及征银

地别	亩数			征银（两）		
	原有	开除	结余	原有	开除	结余
额内地	265 584.500	21 361.131	244 223.369	42 706.114	3 451.696	39 254.418
额外地	355 621.296	13 984.969	341 636.327	8 378.201	581.610	7 796.591
总合	621 205.796	35 346.100	585 859.696	51 084.315	4 033.306	47 051.009

以上各数，皆根据新志稿《赋役》篇所载额内外各项地共 60 余种，一一计算而来。但算出之数，与现在实在征收数目，稍有出入。据新志稿所载的实征数目是：粮地共 586 866.452 亩，粮银共 47 002.956 两。据本年在县政府调查，粮银实征数目又为 46 981.634 两（粮地未详）。今一并录此，以作参考。

以上额内外地，除征地丁而外，尚有耗羡及遇闰加征之闰银诸目。虽各项在民国三年取消，但其征收数目，究有多少，亦应知道。耗羡系按粮银每两加征一钱三分，亦有少数征六分或完全不征的。计额内外共征 5 516.897 两（根据新志稿《赋役》篇所载，但额内与额外未分，见表 11-11），平均每亩征 0.009 417 两。地闰则按亩加征，额内优免与行差每亩俱征 0.003 472 两；寄庄稍重，每亩征 0.003 768 两。计额内共征 852.529 两。额外地闰的亩征，新志稿未述及，即征收总额多少亦无记载；旧志上，征收总额虽载，但与丁闰混合，不过还有办法分出。兹求得当时的额外地为 349 390.753 亩，地闰为 186.347 两（参看旧志卷二十《赋役》篇 11 至 17 各页），由是得亩征的平均数为 0.000 533 两。现在即用此平均数来计算现在额外地的地闰，所得之数，当无大差误，得数是 182.092 两。合计额内外地闰为 1 034.621 两。至丁闰一项，向随丁征。摊丁于地后，则按地丁每两征 0.007 941 两。计额内丁闰 311.719 两，额外 61.913 两。合计额内外丁闰共 373.632 两。总合额内外地丁二闰共为 1 408.253 两，平均每亩征 0.002 404 两。

表 11－11　定县额内外征地（开除后的）加征之耗羡及地丁二闰并其平均每亩加征数

征地类别	亩数	加征羡银（两）	平均每亩加征耗羡银（两）	加征闰银		加征闰银合计（两）	平均每亩加征闰银（两）
				地闰（两）	丁闰（两）		
额内地	244 223.369	5 516.897	0. 009 417	852.529	311.719	1 164.248	0.004 767
额外地	341 636.327			182.092	61.913	244.005	0.000 714
总合	585 859.696	5 516.897	0.009 417	1 034.621	373.632	1 408.253	0.002 404

上面已将额内外情形说清楚，兹再述租课升科地一项。此项地原分三种如下（见表 11－12）：

甲、存退租地

是项租地，皆为旗产因事退出（如地主已绝等），交州县暂为经租，以俟拨还旗人者，故名存退。现则一律升科。地不多，仅 602.000 亩。课租时代，租银亩征不等，平均一钱零四厘余，共征 62.813 两。丁匠闰银不加，仅加耗羡，仍按每两加一钱三，计共加 8.166 两。

乙、庄头租地

以前凡承租旗产，率有庄头（清初多田者，往往以地归旗，号曰投充，亦庄头类也），而庄头例有赐给之田。赐给之田，仍须纳租，不过租率甚轻。但日久常有拖欠事情。旗人无法，亦交由州县代征。此即庄头租地的来源。定县此项地有 1 423.200 亩，现已一律升科。未升科时，租各不同，平均每亩约征四分五，共计征收 63.346 两。至丁匠闰银亦不加，只加耗羡，每两仍按一钱三计，共加 8.235 两。

丙、另案租地

另案者，皆旗人有罪查抄入官之产。既属查抄，租与地当为国家所有（上两项存退与庄头之征租，系政府代租性质，租与地仍为旗人所有）。此项地有 3 570.810 亩，在租课地三种中为最多，占全体 60％以上。现亦一律升科。课租时代，租银亩征多在一钱三四分，亦有征至二钱有余者，平均约为一钱四分六，计共征 521.379 两。丁匠闰银不加。耗羡亦无。

表 11-12 定县租课地各项未升科时的地亩数、租银数及平均每亩租银数

项别	亩数	租银（两）	平均每亩租银（两）
1. 存退租地	602.000	62.813	0.104 341
2. 庄头租地	1 423.200	63.346	0.044 510
3. 另案租地	3 570.810	521.379	0.146 011
总合	5 596.010	647.538	0.115 714

总合上三种地，共 5 596.010 亩。未升科时，每亩平均征租 0.115 714 两，共征银 647.538 两。此外加耗羡共 16.401 两（已于民国三年免征）。

上面租银数目，与实有的数目稍有不符。据民国十五年征收田赋报告表上所载，实有额数计 644.376 两，是较原额减 3.162 两。减之原因不详。至于亩数当时有无变更，亦未得知。

升科以后，地的亩数，据本年在县政府调查，为 5 584.11 亩。此与原额较，少 11.9 亩。至于赋为 164.012 两，因赋较租轻，故少。计平均每亩赋银 0.029 371 两（见表 11-13），约当从前租课亩征的四分之一。若与额外地征收地丁平均亩征较，则稍重，约重六厘（额外平均亩征 0.023 559 两）。

现在所有的征地都已说过，特在此列一总表将它们现有的亩数和征银记出，并将征银折洋，又看它们平均每亩征洋多少。我们看表 11-13，亩数统计是 591 443.806 亩，征银 47 215.021 两（额内与额外地的亩数与征银，仍根据前面表 11-10 所列之数）。征银折为洋元数（每两统按 2.3 元折合），是 108 594.548 元。平均每亩征洋额内为 0.369 683 元，额外 0.052 489 元，租课升科地 0.067 554 元。后两种因为亩的大小差不多，所以平均亩征数比较相近；前一种以是大亩的关系，故亩征较重。至于三种地平均，每亩征 0.183 609 元。

表 11-13 定县各种征地现有亩数征额及平均每亩征收数

征地类别	亩数	征额		平均每亩征银	
		银数（两）	折洋（元）	银数（两）	折洋（元）
额内地	244 223.369	39 254.418	90 285.161	0.160 732	0.369 683
额外地	341 636.327	7 796.591	17 932.159	0.022 821	0.052 489
租课升科地	5 584.110	164.012	377.228	0.029 371	0.067 554
总合	591 443.806	47 215.021	108 594.548	0.079 830	0.183 609

* 按政府规定粮银每两折合 2.3 元。

3. 附征各捐

田赋中附征比较多，常设的有四：属于省的有一，即差徭是也；属于地方

的有三，即亩捐、亩捐底子钱、加征警款是也。今分别说明于后：

差徭性质等于从前的杂办，在前清时已有。计所包含的有所谓差钱、大车折价、大季草折与大季麦麸折四项。清末本一律裁免，到民国初，又次第归复。向来由各村交纳县署，民国五年始摊入地粮内征收。计此项收数当时共有钱 6 893.296 千，摊入地粮每元摊 64 文，随上下忙缴纳。从前此款一部分归县，现则完全解省。

亩捐，一名警学捐，为光绪三十三年（西元 1906 年）十月知州陈燕昌所开办。因当时举行新政，无常年的款，遂将村捐、约捐（约是村的集合，合许多村为一约，比区的范围小）正名核实，改为亩捐，禀准征收。每亩每年征收钱 48 文（此处所谓亩，是以小亩中等地为标准，其他皆按此折合计算），大致一两粮银合 900 文，亦分上下忙随粮缴纳。所以一种警学捐者，以该款系用于警学的缘故（警占 8 成，学占 2 成）。至亩捐底子钱，是因为亩捐征收制钱，习惯钱无足数，每百文实数只有 98 文，故民国八年、九年间，乃有此项底子钱之征收，按亩捐每 1 000 文征 20 文计算。实则所谓征收底子者，亦不过托名。现在交纳亩捐，谁还给制钱，还有什么不足数之说？再加征警款一捐，系民国十六年因警款不足才加收的。一名加征亩捐，意思即是亩捐的加征，按粮银每两加收 400 文，亦随粮分两忙交纳。以上三项，均完全为地方款。民国十八年，三项已合并，改称地方经费。因为地方上经费的困难，所以改为地方经费后，即比从前加征一倍有多。从前三项合计，每年每两粮银不过征收钱 1 300 文余；现在每两粮银则征收铜元 280 枚，即钱 2 800 文，每两粮银约多征 1 500 文。

现在我们将各种征数合为亩征，并折合为洋，看平均每亩征洋多少。观表 11－14，地方经费一项，各种地平均每亩征收 0.054 518 元，差徭则为 0.002 866 元，合计 0.057 384 元。我们若把正赋和附征一并计算，平均每亩征收是 0.240 993 元。

表 11－14　　定县各种征地平均每亩正赋、附捐征收数之比较*

征地类别	正赋（元）	附捐（元）			正附总计（元）
		差徭	地方经费	合计	
额内地	0.369 683	0.005 771	0.109 768	0.115 539	0.485 222
额外地	0.052 489	0.000 819	0.015 585	0.016 404	0.068 893
租课升科地	0.067 554	0.001 055	0.020 058	0.021 113	0.088 667
平均数	0.183 609	0.002 866	0.054 518	0.057 384	0.240 993

* 本表附捐各数，统以表 11－13 正赋平均每亩征收数为根据计算的。计算出之数，原为钱数，兹按十八年银元每年兑换 4 100 文，换为银元。银元时有涨跌，故折合之数，各年当不一律。

以上差徭和地方经费两种，是每年随田赋固定带征的。此外临时附征的，近两年亦常有。如十五年的“讨赤”费，十六年的“讨赤”特捐与“讨赤”军事善后特捐，十七年的“讨赤”军事善后特捐与战役抚恤特捐等皆是。此是奉直军与国民革命军作战时所征收的。捐率除抚恤特捐按粮银每两附收 1 角外，其他均按粮银每两征收 2.3 元，征收之数，刚好同粮银一样。粮银每两折合为洋元时，亦是 2.3 元。所以粮银征收多少，此项附捐亦可征收多少，实际不啻把粮银加了一倍。并且十六年，还是征收两次，上忙征“讨赤”特捐，下忙征“讨赤”善后特捐，实际这年附征的数就二倍于粮银。平常一两粮银年只要 2.3 元的，在这年正附并计就要 6.9 元，三倍于从前之数。定县一年征收的田赋是 10 余万元，十六年征收的，单是此项附捐就到 20 余万元。即以十七年而论，“讨赤”善后特捐与抚恤特捐都是在上忙一次征收的，上忙正粮只征一半，如一两粮银征一半是 5 钱，合洋 1.15 元，而此两项附捐则征收全年，每两粮银一征 2.3 元，一征 1 角，共计 2.4 元，连正粮就是 3.55 元。我们试想，平常一两粮银一忙只征 1.15 元的，现在却要征 3.55 元，为三倍有多。负担之重，于兹可见。

我们若计算它平均每亩的负担，以十六年为例。十六年正赋和特捐并计，是三倍于平时正赋的数。平时每亩负担的正赋，平均是 0.183 609 元，三倍就是 0.550 827 元。如加上差徭、亩捐等项（是年亩捐、亩捐底子钱及加征警款，尚没有改为地方经费。按当时亩捐等的捐率并银元兑换率每元 3 750.7 文，计算它们平均每亩征收数，共为 0.028 052 元。再加上差徭的平均每亩征收数 0.003 133 元，合计 0.031 185 元。差徭的平均每亩征收数，亦按当时的银元兑换率计算，故与表 11－14 所载的不同），平均每亩征收的共 0.582 012 元之多。一时税率过重，人民甚感痛苦。

上项特捐，至十七年五月，国民革命军克复河北，第三集团军总部财政处始通令豁免。不过十九年战事发生，又有军事特捐之加征，闻仍按从前办法征收，惟每两粮银系加征 2 元云。

田粮中除以上附征外，尚有一种串票费，因征收田粮，例须掣发收执，即串票，故有串票费的征收。从前每张串票，收钱 5 文，至民国十五年改收铜元 2 枚，旋又改为 4 枚，十八年河北省财政厅，仍令各县一律改为 2 枚。至收得之数，县政府留七成六，省占二成四。定县全年所有串票，约计 28.5 万张之多。

4. 征收数

定县最近数年的田赋，每年都是预征下年的。自民国十五年下忙预征十六年全年田粮起，以后皆一年预征一年。观表 11－15，十六年征收数（即预征十七年之数）共 108 190.637 元，十七年（预征十八年之数）共 108 190.636 元，十八年（预征十九年之数）共 106 755.346 元。

表 11－15　　定县自民国十六至十八年三年田赋征收数的比较

征地类别	民国十六年征收数（元）		
	上忙	下忙	合计
额内外地	54 028.879	53 784.530	107 813.409
租课升科地	188.614	188.614	377.228
总合	54 217.493	53 973.144	108 190.637
征地类别	民国十七年征收数（元）		
	上忙	下忙	合计
额内外地	54 028.879	53 784.529	107 813.408
租课升科地	188.614	188.614	377.228
总合	54 217.493	53 973.143	108 190.636
征地类别	民国十八年征收数（元）		
	上忙	下忙	合计
额内外地	53 007.525	53 370.593	106 378.118
租课升科地	188.614	188.614	377.228
总合	53 196.139	53 559.207	106 755.346

* 表中所列各年征收数，都是预征下年之数。十六年上下忙，是预征十七年上下忙；十七年上下忙，是预征十八年上下忙；十八年上下忙，是预征十九年上下忙。

至各年未完数，看表 11－16，十六年为 244.349 元，占全税额约 0.23%；十七年为 244.350 元，可说与十六年相等；十八年较多，为 1 679.640 元，占全税额 1.55%。各年未完之数，即于次年催征。

关于附捐收数，见表 11－17，差徭及亩捐各项统计并串票费，亦计算在内（串票费虽名为串票的印刷费，不是随田粮按银两或地亩附征，但实际征收之数，多过印刷的成本，故一并列入附征数中），十六年征 20 624.264 元，十七年征 19 052.591 元，十八年征 36 502.992 元。十八年因亩捐三项已改为地方经费，捐率增加，故是年征收特多。惟是年串票费一项，因改收两枚，为数减少。附捐中差徭与亩捐等，虽随预征正粮附征，但都是各征各本年内的，不属预征。

表 11－16　定县自民国十六至十八年三年田赋已完数与未完数的比较

征地类别	应征税额（元）	民国十六年	
		已完数（元）	未完数（元）
额内外地	108 057.758*	107 813.409	244.349
租课升科地	377.228	377.228	…
总合	108 434.986	108 190.637	244.349

征地类别	民国十七年		民国十八年	
	已完数（元）	未完数（元）	已完数（元）	未完数（元）
额内外地	107 813.408	244.350	106 378.118	1 679.640
租课升科地	377.228	…	377.228	…
总合	108 190.636	244.350	106 755.346	1 679.640

* 为民国十九年在县政府调查之实征税额，银为 46 981.634 两，折合洋元如表所列之数。

表 11－17　定县自民国十六至十八三年田赋附征各捐征收数的比较*

项别	十六年征收数（元）	十七年征收数（元）	十八年征收数（元）
1. 差徭	1 822.349	1 683.477	1 667.094
2. 亩捐	10 614.116	9 805.267	…
3. 亩捐底子钱	212.282	196.105	33 578.041
4. 加征警款	5 225.517	4 827.306	…
5. 串票费	2 750.000	2 540.436	1 257.857
总合	20 624.264	19 052.591	36 502.992

* 表中亩捐、亩捐底子钱及加征警款三项地方款，包含有代征地征收的数在内。按代征地，即代征良乡房山地，因既系代征，故前面各表俱未载及。此处以是地方款为地方收入，当一并计入。

又表中各数，俱原为制钱数，统按各年银元兑换率分别换为银元（十六年每元换 3 750.7 文，十七年换 4 060.1 文，十八年换 4 100 文）。十六年与十七年的征收数，论钱原来是一样的，因折合银元的关系，才有多少之不同。至十八年所列之差徭与串票费的征收数，不是实征之数，是取上年的数目合算的（串票费十八年改收两枚，当按上年之数折半换算）。特此说明。

“讨赤”费等临时特捐的收数，见表 11－18，十五年共 107 813.409 元（即从是年下忙起，上忙尚未征收），十六年因为征收两次，数特别多，共 215 626.818 元；十七年亦有 65 717.994 元。此项特捐，十七年五月停止，是年下忙已无，即上忙亦未征收齐。

表 11-18 定县自民国十五至十七年三年田赋附征各项临时特捐的征收数

项别	民国十五年征收数		
	上忙（元）	下忙（元）	合计（元）
“讨赤”费	…	107 813.409	107 813.409
“讨赤”特捐	…	…	…
“讨赤”军事善后特捐	…	…	…
战役抚恤特捐	…	…	…
总合	…	107 813.409	107 813.409
项别	民国十六年征收数		
	上忙（元）	下忙（元）	合计（元）
“讨赤”费	…	…	…
“讨赤”特捐	107 813.409	…	107 813.409
“讨赤”军事善后特捐	…	107 813.409	107 813.409
战役抚恤特捐	…	…	…
总合	107 813.409	107 813.409	215 626.818
项别	民国十七年征收数		
	上忙（元）	下忙（元）	合计（元）
“讨赤”费	…	…	…
“讨赤”特捐	…	…	…
“讨赤”军事善后特捐	62 979.744	…	62 979.744
战役抚恤特捐	2 738.250	…	2 738.250
总合	65 717.994	…	65 717.994

注：十五年下忙（即预征十六年全年田粮）旗租正处分升科，奉命预征蠲免，故“讨赤”费当无。十六年大概亦因处分未完，“讨赤”特捐与善后特捐俱未征收，不然，就是未算在内。因为与正赋核对，刚好只有额内外之数，没有租课升科地之数。此种特捐以时过境迁，致查案卷颇感困难，故所列之数，我们只好视为大概的数目。

现在看表 11-19，正赋附收以及临时特捐各项总计，十六年共征收 344 441.719 元，是年临时特捐的收数项，几二倍于正赋之多；十七年共 192 961.221 元，是年临时特捐虽只在上忙征收一次，但亦有全年的正赋一半有多；十八年临时特捐已取消，故只有 143 258.338 元，惟此年附捐增加，占正赋三分之一有多。至于三年的收数，平均每年为 226 887.093 元。

表 11-19 定县自民国十六至十八年三年田赋正附及临时特捐各项征收数的比较

项别	十六年征收数（元）	十七年征收数（元）	十八年征收数（元）
正赋	108 190.637	108 190.636	106 755.346
附捐	20 624.264	19 052.591	36 502.992
临时特捐	215 626.818	65 717.994	…
总合	344 441.719	192 961.221	143 258.338

以上关于田赋各项的收数，除附捐中亩捐、亩捐底子钱、加征警款三项（即现在的地方经费）为县地方收入外，其他皆为省方所有。临时特捐系省中筹给的战费，亦应归入省的税收中。串票费虽有一部分归县政府，但县政府的经费，向来划入省中开支，故亦应归为省有。以是计算，省方所收田赋各项（见表11－20），十六年有328 389.804元，十七年178 132.543元，十八年109 680.297元，平均每年205 400.881元。在各种省税中，当然以为最大的收入。

表11－20 定县自民国十六至十八年三年田赋正附及临时特捐各项征收数属省部分的比较

项别	十六年征收数（元）	十七年征收数（元）	十八年征收数（元）
正赋	108 190.637	108 190.636	106 755.346
附捐	4 572.349	4 223.913	2 924.951
临时特捐	215 626.818	65 717.994	…
总合	328 389.804	178 132.543	109 680.297

二、契税

契税是田房买卖或典当时，承买或承典者所纳的一种税。凡田房买典成交后即须到县投税，盖所以确定权利的意思。契税的经过很复杂，到现在正税中有附加学费，此外复有牙佣与契纸价注册费诸名目。契税税率，各省情形不同。民国十九年时，河北省买契正税与附加学费共为六分六厘，牙佣按习惯规定为六分（买主出三分六，卖主出二分四），两者已达十二分六厘（即契价的12.6%）；典契则正税与附加为三分三厘，牙佣二分（承典者一分二，出典者八厘），合计亦至五分三厘（即契价5.3%）。另尚有契纸价五角，注册费一角。税率不可谓不重。此外更有所谓验契之说，名虽为整顿税务而设，实则有时不过借此敛财而已。

买典田房的人，鉴于负担之过重，故常发生舞弊情事。即税契时，串同卖方人等，将价值少报，以图少纳税款。此种弊端，不独河北各县为然，即其他各地，亦在所难免。

1. 沿革

契税的起源颇早，元时已有契本费一项。明代契本有额，亦征税款。在前清据《清户部则例》所载，置田房价银，每两纳税三分，加耗银三厘；至典当田房，如在十年以内的，则概不纳税。是买契有税，典税尚无税之可言。清初定县阖境常年所征，不过银四五百两（根据定县新志稿《赋役》篇所载），可见其时收入尚无足轻重。清末官府忽重视之，税率遂日有增加。至近年来，税收已至二三万之多矣。兹就其经过情形分别说明于下：

甲、买契

买契在光绪三十二年以前，税则仍为三分三厘，以三分解司，留三厘于县以办公。至三十二年，乃加本府中学费（即现在定县之省立第九中学）一分六厘五毫，共为四分九厘五毫。契税之有附加税，即自此始。三十四年，定例州县征收经费，以正税一成留支，余九成解省。宣统二年，部分各省田房契正税一律加税，每两四分零五毫，合前之三分三厘，已为七分三厘五毫，合附加之一分六厘五毫，每两征收至九分之多，实为从来所无。而胥吏复以契中制钱一千作银一两反复折合，实折九分为十八分，民以为累。宣统三年，藩司始札令银契征银，钱契征钱，严禁折征的弊病。但税率仍如故。民国三年正月，正加学费乃共减二分，以广招徕。正减七厘三毫，加减九厘（指宣统二年正税所加的税，非指附加学费），即正加税减后为五分七厘二毫；学费减三厘七毫，即减为一分二厘八毫。行至十月，新契仍复旧制，旧契则减为三分九厘三毫。四年，又规定不论新旧，正加税各二分五厘，学费一分六厘，共征六分六厘。六年，税如故，而改六分为税，改六厘为学费。直至民国十九年尚未有所变动。至六分税中，县政府则留支2%征收费。

乙、典契

田房典当，本暂时押抵性质，交易未定，从来无税契之说。据清例所载，典当田房之在十年以内的，概不纳税。及光绪二十六年，始令典当者须用官纸契尾（官纸契尾的经过见下），然仍不投税。光绪三十四年，定例不分新旧，典当契均照买契减半投税，每两征税一分六厘五毫，外加学费八厘，共二分四厘五毫。宣统二年，部令买契既为九分，典当应一律加至六分。至民国四年，乃减为二分八厘，正税二分，学费仍为八厘。六年，以中央有买六典三之规定，遂改税为三分（征收费用亦是在正税中提2%），附收学费三厘，共三分三厘，仍得买契之半。然此例一行，置产的人多不肯出此无益之费，宁买而不典。贫者有时急不暇择，则减值以典，而税仍出于贫者。各县典契税之无一畅旺者，是因为税率不公平的缘故。

以上仅说的买典契的正税与税中的附加，此外额外的需索，光绪以来所增的尚有下列数项：

甲、契纸价

从前民间习惯，买典田房，成立契约，均系购用私纸，其报官投税与否，征收官署无从查考，故后来有官发契纸的规定。民间购用此种官发契纸，须纳纸价，即所谓契纸价是也。现在契纸价中，包含有契纸与从前的契尾两种费。契尾的起源很早。乾隆十四年，规定契纸后，例粘藩司所发契据，名曰契尾。定县旧例，号制钱十千以上之契曰大契，十千以下名小契。大契契尾，每张制钱80文，小契半之。光绪十六年，始定官发契纸之令，每张制钱50文。其时与契尾并行。至三十年，契纸由制钱50文增至百文；契尾由制钱80文增收银三钱，以一钱八分解省，余则留县办公。宣统三年，藩司改定契纸为三联，一曰正契，二曰副契，三曰契尾，契纸契尾自此合而为一，总收库秤四钱，以六成解司，四成留县。民国三年冬，又改定凡旧契（三年二月一日以前成立之契曰旧契，以后曰新契。此处指未税之旧白契而言）百元以上的，收纸价一元；百元以下50元以上收五角；50元以下30元以上收二角；不足30元免收。新契则一律收洋一元。旧契已税的，以加验契注册故，皆免纸价。旋又改买典新契及补税旧契，一律收纸价五角，以八成解省，二成留县充办公经费。到现在仍照旧办理。

此外尚有注册费（此是投税时的注册费，与后面所说的验契注册费有别）一项，系民国六年直隶财厅所规定（见修正直隶契税条例施行附则中）。凡投税各契，均须一律注册，收费一角。以五成解交财厅，以五成留县备用。此所以纸价五角之外，尚有一角注册费也。

乙、牙佣

凡田房买典，必有人从中说合，说合的人，一般俗称为牙子。何以称为牙子？因为他说的时候，想拉拢两方，费话很多，意思就是他费了不少的口齿，齿即牙，故称他牙子。再有一解，一般比喻交易买卖，如种子的发芽。常说，芽子发得出或发不出，意思就是说交易之能成或不能成。芽子之能出与否，与说合的人很有关系；因是后来称说合的人就直呼之曰牙子，即芽子之转。牙子与人说，当然不能白说，如事说成，必有佣钱，此佣钱即所谓牙佣是也。田房买典牙佣，向由民间习惯，官府从不过问。光绪三十年，始定官牙纪（官牙成立后，仍有私牙。私牙只是与人说合；官牙则系一种见证人，说合的事他不管，让私牙为之。牙佣则归官牙收，收来仍给一部分与私牙。官牙所以别称官中，以别于私牙的意思。官中在定县，又俗名官尺），发卖官纸，每牙每年例交工料制钱三千文（牙子须领尺，用以丈量土地。工料即尺子之工料费。卖则领尺不过有名无实，所谓工料者，即叫官牙纳捐的意思而已），是为政府干涉牙佣之始。民间旧习，买契出牙佣五分，买主担负三分，卖主担负二分；典契二分，承典者一分二厘，出典者八厘。宣统三年，由自治员规定五分牙佣中，私中代笔取其二，官中取其一，所余二分提充自治经费。民国四年，又改定阖县六区官中29名，分六等领帖于财厅，其缴捐、领帖、纳税等手续，悉照牙帖例办理（见下牙税项附载之《直隶省整顿牙税章程》）。并增买契牙佣为六分，买主出三分六厘，卖主二分四厘，取消私中代笔。官中取二分，余四分交县，内解省者一分，充学费者三分。典契仍旧，官中取七厘，余一分三厘皆充学费。七年省令取消官中，改称田房交易监证人，以各村村正副或学董兼充。以牙佣二分归各村学费，四分交县；县以一分五厘解省，以二分五厘充学费。典契以七厘充各村学费，以一分三厘交县；县以五厘解省，八厘充学费。此清季以来牙佣之大略情形。

丙、验契

考验契之制，肇始于民国二年的划一契税章程。其办法：凡旧契无论买典或已税未税，均须一律呈验。契价之在30元以上的，收查验费一元，注册费一角；惟契价在30元以下的，仅收注册费。三年五月，改30元以下的号小契，亦加收查验费五角。旋又定凡补税旧契，即于所纳税内，照章提解，不再收验注二费。验费以九成解省，以一成留县办公，当时收入至巨。定县自三年五月至十二月，即上解一项已达5.2万余元。至十六年，直隶财政厅颁布之《直隶省整理契税暂行简章》，更有所谓贴用印花的办法。凡属民间不动产契据，无论成契远近，已未税验，均须一律查验，按照契价，依率贴用印花（即查验期内成立之新契，亦须于投税时，同时登号粘贴印花）。契价之在50元以下的，贴印花一角；在100元以下，贴二角；100元以上至300元，贴五角；300元以上至500元，贴一元；500元以上至1 000元，贴二元。再多亦不累进。章程系十六年八月公布，但至次年二月，来验者仍寥寥无几。当时定县县公署以上宪严催，刻不容缓，乃拟定以村庄为单位办法。村庄之在500户以上1 000户以下的，至少须呈验红契3 000张；200户以上500户以下，至少1 500张；50户以上200户以下，至少500张。并限各村正副于半月内汇送来县，雷厉风行，民殊以为苦。迄后河北省政府成立，认为办法不当，乃明令取消。嗣以国民政府财政部颁有《验契暂行条例》（该条例本于十六年十一月即已颁布，不过其时河北省尚未隶属国府范围），验契又于十八年二月举行。时河北各县，甫经战事，并迭遭灾荒，民生凋敝，各县对此，皆相继表示反对，致有96县民众代表在北平之大请愿（又为发行公债等事）。本来条例规定验契以三个月为限，逾限即受增价之处分。河北省府乃变通办理，分作三期举行，以十八年二月至四月为第一期，四月至六月为第二期，六月至八月为第三期。后又延展以二月至五月为第一期，五月至八月为第二期，八月至十一月为第三期。其第一期内未及呈验之契，归入第二期内，一并查验，仍准免增纸价。定县实际开办，已迟在十一月，现奉令截至今年七月底止，为结束之期。

以上是契税、牙佣、契纸价、验契等经过的大概。验契一项，本来是中央的收入，因与契税有连带关系，故一并在此说明。兹将现行契税简章及验契条例附后，以供参考。

河北省契税暂行简章

（民国十八年四月河北省政府公布）

第一条　凡买典田房者，应遵照本章程之规定，完纳契税。

第二条　凡买典田房者，须于契约成立六个月内，赴县政府报税领契。

第三条　买典各契，应征税率如下：

1. 买契按价征税六分，附加学费六厘。
2. 典契按价征税三分，附加学费三厘。
3. 买典每粘契纸一张，征收纸价五角。

凡推契①准用典契之规定。

第四条　契价税款一律以银元计算。其民间习惯有写钱数者，应按市

① 凡属租课地（租课地详见前田赋项）的佃户，有愿耕种时，将地推出去，即将地转让与别人的时候所立的契约，就名推契。

价折合银元。

第五条 典契税由原业主于限满赎产时，归还税费全额之半于承典人。

第六条 先典后买之买契，得以原纳税额割抵买契税。但以承典人买主属于一人者为限。

第七条 买典田房成交时，应由监证人于草契上加盖戳记。

第八条 监证人负催令当事人于限内投税之义务。倘徇情隐匿或串同舞弊者，应照应纳税额处以二倍以下之罚金。

第九条 买典各契成立后，如逾限不税或匿价投税者，应照契税条例第七、八两条①处罚。其罚金以五成解库，五成留县。如系被人举发者，应由留县五成内提一半奖给举发人。

第十条 买典田房所用草契纸②，由财政厅规定式样，饬县仿制，转发应用。每草契纸一张，收铜元十枚，以一半给监证人，一半由县拨充印制工料费③。

第十一条 各县经征契税，如能溢额，准就溢征款内提支一成五奖金，尽数留县。其经征比额另定之。

…………

国民政府财政部验契暂行条例

（十六年十一月公布）

第一条 国民政府为证人民不动产所有权之契据，特颁行本条例。

第二条 在本条例施行以前成立之不动产旧契，无论已税契未税契，均应一律呈验。

---

① 契税条例第七条，即逾限不税者，除纳定率之税额外，如逾限在六个月以上，处一倍罚金；一年以上，处二倍罚金；二年以上，处三倍罚金。第八条，即匿价投税者，除另换契纸、改正契纸、补缴短纳税额外，并处以下列之罚金：匿报契价十分之一以上未满十分之二者，处以短纳税额一倍之罚金；十分之二以上未满十分之三者，处以短纳税额二倍之罚金；十分之三以上未满十分之四者，处以短纳税额三倍之罚金；十分之四以上未满十分之五者，处以短纳税额四倍之罚金；十分之五以上者，处以短纳税额五倍之罚金。

② 草契纸与前面所说五角一张的官契纸有别。这不单是价钱的不同，性质上亦各有异。草契纸是田房交易成后，书写契约所用的纸；官契纸是投税时所领，用以粘于草契之后的。

③ 按现在定县草契纸费，却收的是一角。以五分归县政府作印料费，二分五归教育局手续费（因此项契纸由教育局代售），余二分五归各村学费。

第三条 呈验前项旧契，无论典卖，均应一律注册新契纸，每契纸酌收纸价一元五角，注册费一角，附收教育费二角（中央地方各半）。其不动产价格在三十元以下之契据，只收注册费。

第四条 本条例施行以后成立之新契，仍照现制办理。

第五条 呈验期限，以本条例实行之日起三个月为限。

第六条 凡逾限补行呈验者，每迟一个月递增纸价十分之一。

第七条 所有旧契不呈验者，于诉讼时不能作为凭证。如经人告发或官厅查出者，加倍征收纸价。由财政部咨请司法部通饬查照。

第八条 各县办理验契，按照所收之额，准百分之五作为征收经费。各县县长办理著有成绩者，另给百分之一为奖励金。其办理不力者，由部咨行该省政府撤任。如有舞弊情事，依法惩办。

第九条 各省财政厅办理验契，提百分之二点五为办公费；各验稽核员提百分之一点五为薪公等费。至所收各县验契收入，按旬报解财政部。

…………

2. 征收数

契税在省税中亦占一笔大宗的收入。买典契各项如正税、附加及牙佣（留县及留归各村部分亦算入）、纸价、注册费等统计，十六年共征收 17 317.723 元，十七年 22 462.322 元，十八年 33 091.101 元，一年比一年增加，平均每年 24 290.382 元。买契与典契比较，当然买契占多数，平均每年征收数中买契占 89.3%，典契占 10.7%。三年中的百分比都差不多，没有什么变动（详见表 11－21）。

表 11－21 定县自民国十六至十八年三年买典契税佣纸价及注册费各项征收数的比较

项别	民国十六年征收数（元）		
	买契	典契	合计
1. 正税	5 980.076	737.052	6 717.128
2. 附加学费	598.011	73.707	671.718
3. 牙佣解省部分	1 495.020	122.842	1 617.862
4. 牙佣留县部分	2 491.700	196.547	2 688.247
5. 牙佣留归各村部分	1 993.390	191.978	2 185.368
6. 契纸价	2 413.000	451.500	2 864.500

续前表

项别	民国十六年征收数（元）		
	买契	典契	合计
7. 注册费	482.600	90.300	572.900
总合	15 453.797	1 863.926	17 317.723
百分比	89.2	10.8	100.0
项别	民国十七年征收数（元）		
	买契	典契	合计
1. 正税	8 350.528	1 039.545	9 390.073
2. 附加学费	736.851	88.527	825.378
3. 牙佣解省部分	1 842.126	147.542	1 989.668
4. 牙佣留县部分	3 070.210	236.067	3 306.277
5. 牙佣留归各村部分	2 456.168	206.558	2 662.726
6. 契纸价	3 006.500	567.000	3 573.500
7. 注册费	601.300	113.400	714.700
总合	20 063.683	2 398.639	22 462.322
百分比	89.3	10.7	100.0
项别	民国十八年征收数（元）		
	买契	典契	合计
1. 正税	12 446.938	1 635.900	14 082.838
2. 附加学费	1 244.693	163.590	1 408.283
3. 牙佣解省部分	3 111.720	272.650	3 384.370
4. 牙佣留县部分	5 186.200	436.240	5 622.440
5. 牙佣留归各村部分	4 148.960	381.710	4 530.670
6. 契纸价	2 830.000	555.500	3 385.500
7. 注册费	566.000	111.000	677.000
总合	29 534.511	3 556.590	33 091.101
百分比	89.3	10.7	100.0
项别	平均每年征收数（元）		
	买契	典契	合计
1. 正税	8 925.847	1 137.499	10 063.346
2. 附加学费	859.852	108.608	968.460
3. 牙佣解省部分	2 149.622	181.011	2 330.633
4. 牙佣留县部分	3 582.703	289.618	3 872.321
5. 牙佣留归各村部分	2 866.173	260.082	3 126.255
6. 契纸价	2 749.833	524.667	3 274.500
7. 注册费	549.967	104.900	654.867
总合	21 683.997	2 606.385	24 290.382
百分比	89.3	10.7	100.0

定县一年的买典契共有多少张数，我们看注册费或契纸价征收的数目就可看出。注册费不论契为买典与大小，每张统征洋一角，契纸价则每张统征五角。我们看表 11－21 注册费一项，十六年买契征 482.600 元，典契 90.300 元，我们即可知道这年的买契有 4 826 张，典契 903 张，买典契共 5 729 张。十七与十八年亦是一样，看它们的注册费，十七年有买契 6 013 张，典契 1 134 张，共 7 147 张；十八年有买契 5 660 张，典契 1 110 张，共 6 770 张。平均每年买契约 5 500 张，典契 1 049 张，共约 6 549 张；买契占 84%，典契占 16%。

我们看此契纸的张数，若与正税（或牙佣部分）的征数比较，不免要发出疑问：为什么契纸这样多，正税才征收这一点？似乎不大相当。例如平均数中，买契每年有 5 500 张，典契 1 049 张，买契的正税才 8 925.847 元，典当的正税 1 137.499 元，买契每张仅合 1.6 元余，典契每张纸 1.1 元光景。买契的正税不是按契价征收 6%，典契征收 3%吗？如是每张契纸价才合 30 元左右，不太少么？这有缘故。因为平常契纸都有写钱数的习惯，钱贱银贵，故折征银元，数就少了。兼之契纸上写的价值，多半是瞒了价的，如一亩地值 100 元，不过写钱数十串，所以准此征收，数当更少（买典田房的人少写契价，固然少纳一部分税款，但在村中学款方面要多报一点，实际还是少纳有限。其中不瞒价的，当然也不乏其人）。实际田地买卖，亩数多的也很少，平常几亩的居多数，不到一亩的也有。所以契纸虽多，而税收不能如我们理想所有之数。至于瞒价的事情，现可说已成通弊，政府中人未尝不知道，但也没有办法。到十八年春间，始把纸价上写钱数的习惯明令取消，税收较前稍有增加。

至于正税与附加学费，买契正税六分，附加六厘；典契正税三分，附加三厘。是买典契的附加，都相当于正税的十分之一。惟十七年附加的征数与正税的征数，买典两项都有不大符合之处（见表 11－21）。我们看买契正税征额 8 350.528 元，典契正税 1 039.545 元，照十分之一计算，买契附加应有 835.053 元，典契附加应有 103.955 元。但原来数目比较此数稍少，也许本年实解的只有此数。

契税各项中，除牙佣一部分留归县地方用外（买契牙佣六分，留县二分五厘，留归各村二分；典契牙佣二分，留县八厘，留归各村七厘），其他皆悉数解省（契纸价二成，注册费五成，虽是留县，但是留充县政府办公经费，不是归县地方动用，故应一并列为省的收入）。计解省之款，十六年共 12 444.108 元，十七年共 16 493.319 元，十八年共 22 937.991 元，平均每年 17 291.806 元（见表 11－22）。

表 11－22 定县自民国十六至十八年三年契税属省部分的比较

年别	征收数（元）
民国十六年	12 444.108
民国十七年	16 493.319
民国十八年	22 937.991
平均每年	17 291.806

此外尚有验契的收入（十六年验契一次，系贴用印花，收数未查得），计自十八年十一月开办之日起，截至今年五月底止，共查验大小契纸 3 100 张，共收纸价（按章程规定，30 元以下的小契免收纸价。但现在仍改收五角）、注册费、教育费 2 592.8 元（见表 11－23）。验契已快到结束之期，收数仅此区区，可见投验者之不踊跃。若与从前每次验契收数动辄巨万较，相差实在太远（教育费要 30 元及 30 元以上的大契才收，每张收二角，用此可以推算出大契有 649 张，小契有 2 451 张。大契仅占 20.9%，小契占 79.1%之多。由此可证明大契之少，普通都是 30 元以下的小契居多数。在此附带要说明的，我们若以大小契的张数分别求它们的纸价，求出之数与原数稍不符。如原数无误，则教育费一项或许有误，教育费或较实数稍多。教育费较实数稍多，意思即是求得的大契亦要较实数稍多一点。换言之，实际有的大契恐还没有 649 张之多，小契则恐多于 2 451 张之数）。

表 11－23 定县验契各费征收数*

（民国十八年十一月开办，至十九年五月底止结算）

项别	征收数（元）
1. 纸价	2 153.0
2. 注册费	310.0
3. 附收教育费	129.8
总合	2 592.8

* 此表所列之数，系截至五月底止，距结束之期，尚有两月，特此说明。

验契各费，除附收教育费中央与省各半外，其他皆悉数归中央收入，计中央共应收 2 527.9 元，省应收 64.9 元，当分别计入国省税中。

三、牙税

牙税近似一种营业税。征收的范围很广，凡市场买卖交易的货物，只要是经牙子为媒介的，统要征收牙税。如杂粮、棉花、土布、席麻、牲畜、树木，甚而至于柴、菜、水果、口袋、线带子等，无一不在应征之列。从来民间习惯，货物交易，买卖两方，多由一中间人为之说价，并过秤量斗等事。此中间人俗名曰牙子，一称牙纪，别称经纪。牙子之来历与前契税中田房买典的说合人之称牙子同。牙子与人说合，从中取得佣钱，官府后来亦即承认之，并颁布章程，发给牙帖，准伊正式收佣纳税。此所纳牙税，即所谓牙税是也。

牙税抽佣，系按货物分行办理，各抽收各本行范围内的货物。如棉花行，则抽收所辖地面凡关于棉花的佣钱。每逢集市，牙纪即上市介绍交易（多雇用牙伙代办），交易成就，即可循习惯向买方或卖方索取佣钱。佣钱收来后，即以之缴纳税款。从前缴纳税款的办法，系按领帖等第以定缴款之多少；自民国十四年起改为投标包办，则依各人所投标额缴纳。缴纳后，如有盈余，即归他赚；如万一不敷，则归他赔。此为牙纪收佣纳税的情形。关于税之经征，各县由县政府主持，以县为范围办理。

至于牙税征收的货物为什么这样的广，亦有原因。在前清充当牙商请领部帖，本来限制颇严。但后来，积久弊生，或则期满不换，或则无照私征，各县知事，明知此弊，乃欲从中分利，往往私给谕帖。人民无知，遂任其需索，久则习为自然。迨后整顿牙税章程颁出（民国四年，直隶省颁布，见下），不管有帖无帖，凡习惯之已征收者，概给新帖，许其征收，征收范围，因此就扩大了。

1. 沿革

考牙税一项，在清初即有。不过其时征收范围较小，税收亦微。定县牙税，据乾隆十八年赋役书所载，当时阖境常年所征，仅银 7.45 两。旧例全县牙纪共 54 名，每名率纳银一钱，间有一钱五分者。后以牙纪散亡者多，此区区 7 两余之牙税，尚每每无着，致岁由有司垫解（见定县新志稿《赋役》篇）。可见其时该项税收之不足重轻。光绪二十年，勒牙行分六等认捐，自 100 两至 5 两，凡六等。统定县斗级牲畜花布各牙纪认捐的，凡 52 名，共 1 062 两，名为牙纪盈余。是为牙税发越之始。不过行之既久，弊端遂出，牙行领帖的规定，直视同具文。

光复以后，财部本拟厘定划一章程，以资遵守；嗣以各地生活程度不同，民生担负不一，恐难支配得当，致未实现。民国三年三月，始由财部电令各省，按照当地情形，妥拟章程报部。四年，直隶省拟定整顿牙税章程十三条，其重要条文录如下：

直隶省整顿牙税章程

第一条 本章程以整顿牙税，划一税则为宗旨。凡旧有牙纪从前所领司帖，厅帖，县谕，或仅有县给腰牌，均应一律取具殷实商铺两家，或同业三家保结，换领新帖，照则纳税，免纳帖捐。

前项牙帖由财政厅制定之。

牙帖式样见后面。

第二条 本省牙帖有效期间，以五年为限。满五年后，应照第三条规定，缴纳帖捐，另换新帖，方准继续营业。如有呈请新充之户，经本院知事认为有添设之必要时，得照第一条取保，第三条纳捐后，给以新照。

第三条 本省牙帖捐分为下列六等：

一等 300 元，二等 250 元，三等 200 元，四等 160 元，五等 120 元，六等 80 元。牙帖捐于领换新帖时，一次缴之。

第四条 本街牙税，每年应纳税额如下：

一等 160 元，二等 120 元，三等 100 元，四等 70 元，五等 40 元，六等 20 元。

第五条 前条税额，每年分两期完纳。第一期定为六月一日至六月末日，第二期定为十二月一日至十二月末日。如有滞纳，应按月递加原额十分之一。两月后再不缴纳者，传同原保押追，并追销牙帖。

…………

第七条 牙纪领换新帖，每张须缴纳帖费大洋 1.2 元，以一半留为县署办公，一半解缴财政厅，作为印刷及委员催办各项之需。此外不得需索分文，违者准其控究。

第八条 换帖之标准：

原认盈余满 100 两，或年计牙佣收入在 350 元以上者，应领一等帖。

原认盈余满 80 两，或年计牙佣收入在 300 元以上者，应领二等帖。

原认盈余满 60 两，或年计牙佣收入在 250 元以上者，应领三等帖。

原认盈余满 40 两，或年计牙佣收入在 200 元以上者，应领四等帖。

原认盈余满 20 两，或年计牙佣收入在 150 元以上者，应领五等帖。

原认盈余满 20 两以下，或年计牙佣收入在 150 元以下者，应领六等贴。

前项标准，二者但取其一。

…………

第十二条　如有不领牙帖，私行营业者，除由本县知事查明其经过期期内取得用钱，悉数充公外，仍须酌量惩办。

…………

分等第时代之牙帖式样

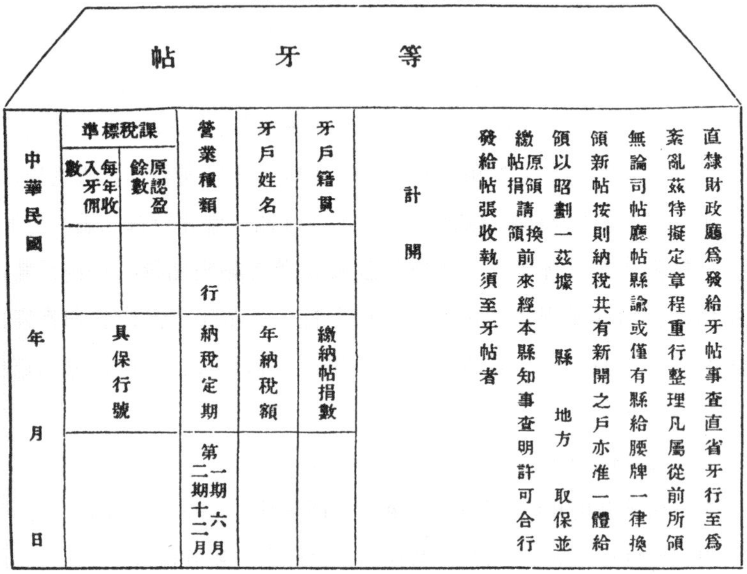

自此章程颁布后，定县所有牙行，共计 59 行，牙纪 59 名。帖捐三千五六百元，年税二千零数十元（详见下）。因为各行没有统一，征收情形，非常复杂。如关于牲畜，就所谓猪行、牛行、骡马行，或骡马驴行等等。各集市各就其征收货物即设立一行。故同是征收某项货物，此集有一行，彼集亦有一行，各自为政，异常凌乱（民四、民五两年起，税中又陆续附加地方公益捐，名为牙捐。用途不外办理教育与自治。此为县地方的收入，别详于下节，兹不赘）。此种办法，直至民国十四年九月为止，仍照旧未变。至捐税数目，每换一次帖，稍有增加。计算民国十四年四月为换帖之期，统计牙行共 64 行，牙纪 64 名，帖捐为

6 200 余元，年税为 2 200 元之谱（详见下目）。据调查（十四年七月间，县中派各区巡官调查各集市牙税征收情形，调查后有报告。此处是根据彼等的报告而来）当时征收税率斗行大多数为每斗铜元一枚（出卖方出），或二枚（买卖主各出一枚），间亦有抽四五枚的；布行每匹为六枚，或洋二仙（合五枚）不等（都归卖方出）。以上斗行与布行所抽的，合之物价，皆没有到 3%。至其余各行，大概说来，多按物价 3%征收，何方担负，没有一定，有一方独认的，有双方分担的，甚有两头抽三分而至 6%的，极不一律。此当时的大概情形。

是年，直隶整理牙税新章颁布，现定招商投标包办，废除从前分等缴纳帖捐帖税的办法。其第一条载：本省牙税秉承财政部化散为整之主旨，招商包收，以期增加收入。第二十二条载：新牙行成立后，所有领有牙帖帖限未满各牙纪，无论领帖换帖长缴之帖捐帖税，均按月算还，以示体恤。因此章程之颁布，定县旧牙行，于是年九月末日即告终止，新牙行于十一月一日正式成立，新牙招包，总分八行，故亦称八包税，八行名称如下：

（1）牲畜行（即骡、马、驴、牛、猪）。

（2）棉花、棉花籽行（即棉花、穰花、棉花籽）。

（3）布行（即土产之白布、紫花布、金砖布、蓝方布）。

（4）斗行（即杂粮）。

（5）油饼、柴、菜、水果、口袋、线带子行。

a. 油之种类：限定花生油、棉籽油、芝麻油三项。

b. 饼之种类：限定麻饼一项。

c. 柴之种类：限定劈柴、树枝、秫秸、豆秸、干草、芝麻、高粱茎七项。

d. 菜之种类：限定白菜、萝卜片、山药三项。

e. 水果之种类：限定梨、杏、桃、柿、葡萄、沙果六项。

以上五项，无论何种，凡沿街叫卖者，及五十斤以下者，皆不得抽佣。

f. 口袋线带子之种类：限定口袋、线带子两项，以赴清风店集市大宗发售者为限。此外凡沿街叫卖及零星出售者，概不抽佣。

（6）花生、席、麻行（即花生、苇席、线麻、苘麻、麻绳）。

（7）树木、油槽、牛马羊皮骨行。

（8）猪毛鬃行。

最后两项，树木、油槽、牛马羊皮油骨行与猪毛鬃行，在十四年七月定县公署公布的投标规则中，尚未列入。迄九月增补条款出，始将两行加上。兹将此两章程附此，以见一斑。

定县牙税投标规则

（共二十八条）

第一条　本县牙税遵照财政厅颁发整顿牙税新章，招商包办。

第二条　包收范围，以定县境内牲畜行，棉花籽行，布行，斗行，油饼柴菜水果口袋线带子行，花生席麻行，分为六项。每项得总牙行一名，招商承包。

…………

第七条　商人有买卖行为，经由牙行介绍，以及评价过斗、过秤时，方得抽收牙佣。

…………

第十二条　投标税额以银元为本位。

…………

第十四条　……至牙行内幕如何组织，概归牙行自理。

…………

第二十一条　包商得标后，于五日内，须先缴包额全数的五成。其余五成，取具当地相当铺保，方准承办。接办后，每三个月缴全额之二成五，两次交清。交款不依期限，或不足数，即生成铺保代缴。

…………

第二十三条　牙行应领牙帖，由财政厅制定，由县呈请核发，每张收帖费银十元。牙行所用之牙纪，名曰牙纪，由牙行自由选定，将花名造册，于十五日内送县转呈财政厅，按名发给执照，每张收照费银一元。

…………

牙帖与执照式样，见下面所附的图。

第二十六条　承包期限暂以一年为限，期满另行投标。

…………

民国十四年之牙夥执照式样

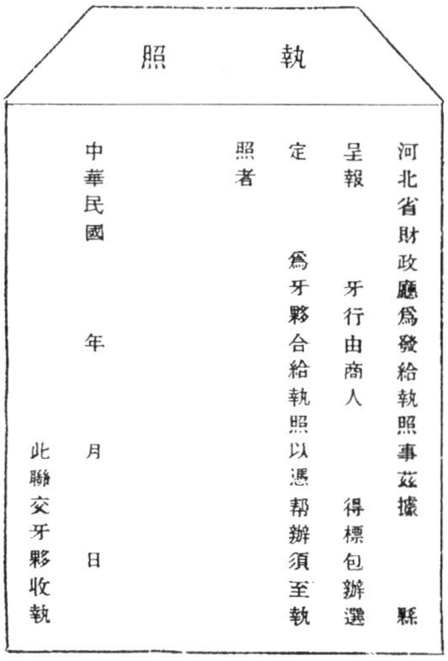

民国十四年之牙帖式样

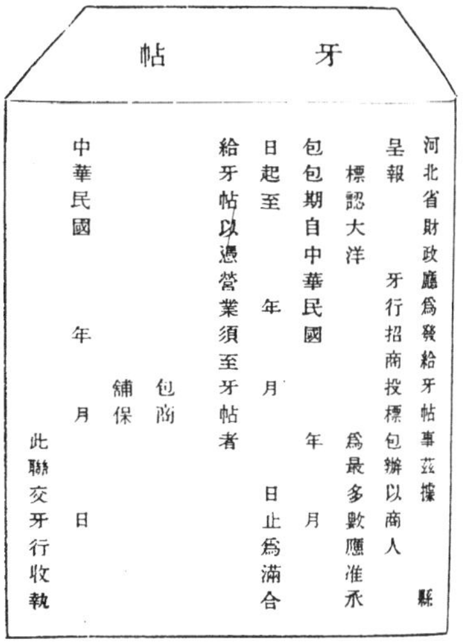

定县增补牙税投标条款

（共十五条）

一、各牙行投标之最低标额，呈奉财政厅核准，分列于下：

1. 牲畜行全年正税以 8 100 元为率（公益捐以 6 390 元为率）。

2. 棉花、棉籽行全年正税以 6 100 元为率（公益捐以 4 104 元为率）。

3. 布行全年正税以 1 636 元为率（公益捐以 1 635 元为率）。

4. 斗行全年正税以 5 522 元为率（公益捐以 742 元为率）。

5. 油饼、柴、菜、水果、口袋、线带子行全年正税以 3 475 元为率（公益捐以 3 475 元为率）。

6. 花生、席、麻行全年正税以 2 643 元为率（公益捐以 2 643 元为率）。

7. 树木、油槽、牛马羊皮油骨行全年正税以 3 512 元为率（公益捐以 732 元为率）。

8. 猪毛鬃行全年正税以 1 200 元为率（公益捐以 750 元为率）。

…………

● 各投标人无论认投何项牙税，均先缴最低标额正税公益捐共数百分之十作为保证金（所缴之保证金，得标后，准算入应缴款内；如不得标，照数退还）。

● 投标人所投标额，在最低标额以上之最多数为得标。

…………

● 牲畜、棉花籽、油饼、柴、菜、水果、口袋、线带子、花生、席、麻、树木、牛马羊皮油骨各项牙佣，统按物价抽收百分之三，即每百元抽佣三元。无论向来习惯之为多为少，嗣后概按三分抽佣。其牙佣之担负，应查照本地习惯，向由何方出佣，仍循习惯办理。如系分担，统数合为三分，非向买卖两方各抽三分也。

● 棉花牙佣，现奉通令，特别规定。凡原抽牙佣超过三分者，一律改按三分抽收，不准再多。其向来抽足三分，按诸地方情形，实无窒碍，亦准照旧办理。其向来抽佣不足三分者，准照习惯抽佣，不必定收三分。

● 粮食、土布两项，已奉通令准予变通办理，悉照向来习惯，不必拘定章纳三分佣。但其他牙佣，不得援以为例。

…………

● 油槽按户之大小抽收，大户全年收钱十二千文，小户全年收钱六千文。

…………

看了上边两种规程，我们就可知道当时筹办新牙行的大概情形了。至于牙行投标，时在县公署大堂举行，每届期满，由县知事先期布告通知。凡欲充当牙商者，即行报名投标。八行每行总包与一人，共取八人。得标之牙商，领帖组织牙行，雇用牙伙，即可开始征收牙佣。有时牙商因所辖地面广大，不能兼顾，又分包一部分与他人，此当时招商投包的状况。以后，十六、十七、十八几年中，仍照旧办理，没什么变更；惟最低标额一项，各年有不同（各年规定最低标额数目，可参考表 11－27）。

十八年四月，河北省政府颁发《河北省牙税暂行章程》十九条，内容则与前稍异。最重要的，是税则担负的规定、地方附加税限制等。这与各县的牙税现状有关，兹特摘录于下：

河北省牙税暂行章程

…………

第二条　本省征收牙税，以各县原有之牙行为限。如有大宗行货，非呈准财政厅不得添设。

第三条 各县原有铺摛、絮套、柴、草、麸子、荆条、农盖、菜子、耍货嫁妆以及埠头起卸小脚等行，或物属细微，或事近苛扰，应一律免征。

第四条 牙税按物价百分之三征收，由买卖主双方负担，买主三分之二，卖主三分之一。

零星交易，共应纳税款不及一角者免征。

第五条 牙税应按物价折征银元，不得以货物抵收（如买卖粮食吃合子等旧习，应即革除）。

第六条 第四条规定税款，应完全解库。如县地方有必须附加征收者，应由县长呈请财政厅核准后，方得照加。但至多不得超过正税之半。

第七条 牙行征收牙税，除正税附加税外，不得再收牙佣。前项征收牙税之牙行，得就所收正款内，提给百分之五征收费。

…………

第十一条 牙行承包牙税，以一年为期。……

…………

第十三条 凡地方各种机关及在职人员，概不得承包牙税。

第十四条 牙行收税，如巧立名目，违章浮收，一经查觉，或被告发，由县政府照浮收之数，处以十倍以下之罚金。其情节较重者，并得取消牙行资格，没收其押款。

第十五条 买卖商人，如有漏交牙税，查明后，除照章补税外，按应交牙税数目，处以五十倍以下之罚金。其未领帖照私充牙行者，除追出私收牙税外，按其所得数目，处以十倍以上二十倍以下之罚金。

前两项处罚事件，应由县政府核办，牙行不得私自处罚。

第十六条 牙行应领之牙帖，及牙伙应领之执照，均由财政厅制发。牙帖每张收费十元，执照每张收费一元，均按五成留县，五成解财政厅。

第十七条 凡罚金以三成给举发人，三成留县政府，四成解财政厅。

…………

第十九条 本章程经省政府公布后，自十八年七月一日施行。

上项章程，现在已陆续有变更，关于第四条税率一层，本规统按3%征收。

但十八年五月（即章程颁布后一月）十日省政府委员会议决，棉花、土布、绳席及纸四项牙税，应变更税率，暂照1%征收。同月三十一日省府又议决将粮牙税亦援案办理。因为这几项都有关平民的生计。并纸与土布，尚有关国货的前途，所以税率有减轻的必要。

至该条中第二项，不及一角免征的规定，现则取消（见十九年三月六日《大公报》）。这大概是此种零星交易不及一角的税款甚多，如免征，不免有影响税收前途也。

再第七条第二项，牙行得提及5%征收费一节，在前省府委员会第十五次临时会议改为此项征收费划拨一半充县政府经费，一半始归包商。近又议决将该项条文完全取消。理由是，牙税招商投标，系属包办性质，当无给予牙行征收费的必要（亦载十九年三月六日《大公报》）。

不过此地须说明的，上面章程虽是如此规定，但实际上仍未完全照此办理。因为积习太深，一时很难更改。如简章第四条，规定牙税按物价3%征收，由买主出三分之二，卖主出三分之一；以及后来对于棉花、土布、绳、席、纸，（定县尚无纸牙行）及粮食等项提出，改为1%征收等等，在定县就未尽依此实行。我们看了下边所列各牙行征收税佣的情形（此系大概情形，不一定全县各集市都完全是这样，因各集市彼此常有不同），就可知道：

甲、牲畜行

税率为3%（据民国十七年六月调查，以下均仿此），由卖方负担（因买卖之牲畜，除牙税外，尚有牲畜税，牲畜税归买方缴纳，故牙税归诸卖方），现仍照旧。

乙、棉花、棉籽行

税率为3%，多归卖主出。现棉花已遵新章改为一分，棉籽仍照旧。

丙、布行

税率系按匹计算，每匹布抽洋二仙不等（此二仙不能完全归牙纪得，尚须给一部分与各布号堆栈，作为他们的酬劳），由卖方负担。现仍照旧，没有遵新章一分办理。因每匹所抽的，比之物价，向来没有到3%，亦不过在一分左右光景，故未改。

丁、斗行

税率系按斗计算。普通粮食大概每斗由买卖双方各出铜元四枚，稍贵的粮食如芝麻之类，每斗则各出铜元八枚。亦因每斗所抽的，合物价没有到3%，故现在亦是未改。

戊、油饼、柴、菜、水果、口袋、线带子行

税率为3%，归卖主缴纳，亦有买卖两方各抽三分的，共为6%。现在仍循旧习办理。

己、花生、席、麻行

税率为3%，花生归卖方缴纳（因买方已有三分的花生木植捐），席、麻大概亦归卖方缴纳。

庚、树木、油槽、牛马羊皮油骨行

油槽税率系按开油槽户之大小分头等二等，头等纳钱12千文，二等纳钱六千文。至树木与牛马羊皮油骨系按物价3%抽收，由卖主负担（树木一项买方已有花生木植捐三分。按木植即指树木）。现一切均照旧。

辛、猪毛鬃行

税率3%，卖方负担，现亦照旧。

我们从上边可知道，征收税佣，八行各有不同，有时同行亦因物因地而异，极不一律。有不按物价征收的，有按物价征收而超过三分的，有为三分而不一定依买二卖一交纳的。至棉花、土布等数项，有遵令改为一分的，也有沿旧习办理而不一定刚好一分的，亦有仍照三分抽佣完全未改的。总之一切所行，可说仍是从前的习惯，并未因章程之颁布而有何更改。这都是积习太深的缘故。一层也是牙商任意需索，买卖之家怕麻烦不与他们计较，故纵有章程亦等于具文了。

再第六条，限制地方附加（即指牙捐而言）不得超过正税之半一节，亦未实行。在定县附加不但超过正税之半，甚有多过正税的。由来已久，并关系地方收入，如减为正税之半，则短少之额，如何挹注。所以此层更难办到。

至于牙商征税，论到弊病，亦很多。如斗行有所谓合子，牲畜行有所谓绳钱及票钱等名目，即是他们滥征的恶习。所谓吃合子者，即牙商对于粮食买卖，除应征正税之外，犹勒取少许粮食，归为他私人进财，俗名就叫吃合子。至绳钱票钱，则是买卖的牲畜，凡买妥后，须系之以绳索以为标记，买家更须写税票（因买方须纳牲畜税也），记明价目税额等，以是牙商即从中索费，名曰绳钱票钱。此亦是他们饱私囊的一种方法。此外如油饼、柴、菜、水果、口袋、线带子行等，亦有种种额外浮收之弊。十八年三月，河北财政厅乃训令各县，对此等恶习严行取缔，以后此风始稍戢。

2. 分等第时代的牙行数目及缴纳的捐款

定县各牙行，在民国十四年九月以前，俱是分等领帖，支离破碎，凌乱不堪。以民四、民十四两年为例，此两年皆是换帖之年，在民四全县有 59 行，民十四有 64 行（见表 11－24 与表 11－25）。那时设立牙行，差不多全以集市为单位，看某一集市有哪些应征税的物品，即可分别一一设立，所以各集市间彼此不相统属。我们看民十四年所有牙行的种类（表 11－25），即可知道其繁杂情形之一般。

以各集市为单位计算牙行的数目，民国四年县城共有牙行 10，明月店 9，清风店 7，以此三处为较多；其他三四行，一两行不等。十四年，县城为 9，清风店、明月店各 7，仍是此三处占多数（仍见表 11－24 与表 11－25）。

表 11－24　　定县民国四年各集市所有各种牙行数目及缴纳之税额

地名	所有牙行数（行）*											牙行数合计(行)	年纳税额(元)
	按种类分配					按领帖等第分配							
	牲畜行	棉花、棉花籽行	布行	斗行	油饼、柴、菜等行	第一等	第二等	第三等	第四等	第五等	第六等		
1. 县城	3	1	1	3	2				1	1	8	10	307.00
2. 清风店	2	1	1	2	1		1		3	2	1	7	503.50
3. 明月店	4	1	1	1	2					4	5	9	315.50
4. 李亲顾	2	1		1						1	3	4	115.10
5. 市庄	2			1	1					1	3	4	100.00
6. 北高蓬	2	1^{+}		1							4	4	117.00
7. 子位村	2		1^{+}	1							4	4	117.00
8. 砖路			1					1				1	100.00
9. 东亭	1	1		2							4	4	80.00

续前表

地名	所有牙行数（行）*											牙行数合计(行)	年纳税额（元）
	按种类分配					按领帖等第分配							
	牲畜行	棉花、棉花籽行	布行	斗行	油饼、柴、菜等行	第一等	第二等	第三等	第四等	第五等	第六等		
10. 邢邑				1‡						1		1	40.00
11. 大辛庄	1			1					1		1	2	90.00
12. 大鹿庄				1							1	1	20.00
13. 五女集	1	1		1							3	3	75.10
14. 高就村	1			1							2	2	58.50
15. 东内堡		1									1	1	20.00
16. 张谦村				1							1	1	20.00
17. 沟里村					1△						1	1	20.00
总合	21	8	5	18	7	—	1	1	5	10	42	59	2 098.70

＊尚有县城之五等酒行及砖路之六等炮竹行各一，均以不在现时八行范围，故未列入。
＋该行包含有布庄在内。
‡该行包含有棉花在内。
△该行包含有棉杂粮（属斗行）在内。

表 11－25　　定县民国十四年四月各集市所有牙行之种类及数目

地名	所有牙行		行数
	种类	领帖等第	
1. 县城*	骡马行	6 等	9
	驴牛行	6 等	
	猪行	6 等	
	棉花行	6 等	
	布行	4 等	
	斗行	5 等	
	斗行	6 等	
	斗行	6 等	
	花生、油饼、柴、菜、水果行	6 等	

续前表

地名	所有牙行		行数
	种类	领帖等第	
2. 清风店**	骡马驴行	4 等	
	猪行	5 等	
	棉花行	4 等	
	布行	4 等	
	斗行	2 等	7
	稻米行	5 等	
	口袋、线带子行	6 等	
3. 明月店	骡马行	5 等	
	驴行	6 等	
	牛行	5 等	
	猪行	5 等	
	棉花行	5 等	7
	斗行	6 等	
	花生、油饼、梨行	6 等	
4. 李亲顾	骡马驴行	5 等	
	牛行	6 等	
	猪行	6 等	
	布行	5 等	
	斗行	6 等	5
5. 市庄	骡马驴牛行	5 等	
	猪行	6 等	
	棉花行	6 等	
	斗行	6 等	
6. 北高蓬	骡马驴牛行	6 等	4
	猪行	6 等	
	花布行	6 等	
	斗行	6 等	

续前表

地名	所有牙行		行数
	种类	领帖等第	
7. 子位	骡马驴牛行	6 等	4
	猪行	6 等	
	棉花行	6 等	
	斗行	6 等	
8. 砖路	猪行	6 等	3
	棉花行	6 等	
	布行	3 等	
9. 东亭	骡马行	6 等	3
	棉花行	6 等	
	斗行	6 等	
10. 邢邑	骡驴猪行	5 等	2
	杂粮花布行	5 等	
11. 大辛庄	骡马驴牛行	6 等	2
	斗行	4 等	
12. 大鹿庄	棉花行	6 等	2
	斗行	6 等	
13. 五女集	骡马驴牛行	6 等	2
	斗行	6 等	
14. 高就	骡马驴牛猪行	6 等	2
	斗行	6 等	
15. 东内堡	棉花行	6 等	1
16. 大五女	棉花行	6 等	1
17. 西丁	棉花行	6 等	1
18. 张谦	斗行	6 等	1

续前表

地名	所有牙行		行数
	种类	领帖等第	
19. 寨西店	斗行	6 等	1
20. 油味	斗行	6 等	1
21. 沟里	棉花、油饼、梨果行	6 等	1
22. 吴村	棉花籽行	6 等	1
总合	…	…	64

* 尚有五等酒行一，以不在现时八行范围，故未列入。

** 尚有牛行一，因未领牙帖，于民国四年经人告发，将应纳牙税，改为认缴公益捐（即牙捐），以不属牙税，故不列入。

以现时八行分类计算，民四关于牲畜行有 21，棉花、棉籽行 8，布行 5，斗行 18，油饼、柴、菜、水果、口袋、线带子行与花生、席、麻行共 7；十四年，牲畜行 24，棉花、棉籽行 13，布行 4，斗行 19，油饼等行与花生等行共 4（见表 11-24 与表 11-26）。两年俱以牲畜行占最多数，当全体三分之一有多；其次为斗行，再其次为棉花、棉籽行。牲畜的贸易，在北方较多，棉花是定县出产大宗，粮食则为生活所必需，买卖当盛，故关于此三项的牙行数都不少。至油饼等行与花生等行，当时征收的内容，没有现在这样广，席麻等项尚未征及（惟已有牙捐）。其他树木、油槽、牛马羊皮油骨行与猪毛鬃行，则完全未设（惟树木油槽行各项，当时亦已有牙捐）。

至若以领帖的等第来分类计算，民国四年一等帖无，二、三等帖各一，四等帖五，五等帖十，六等帖 42；十四年一等帖仍无，二、三等帖各一，四等帖五，五等帖 12，六等帖 45。两年俱以六等帖占最多数，差不多有全体四分之三，其次为五等帖。可说帖的等第小的，数目较多；等第大的，数目较少。

至于帖捐数，民四年约有 3 600 元，民十四有 6 290 元。民四因为整顿章程新颁布，规定凡属旧牙换帖，皆免纳帖捐，仅新牙领帖者缴纳，故捐数当少。民十四则无论新旧，一律照纳，故较多。至年税民四为 2 098.70 元，民十四为 2 201.70 元，相差无几（仍见表 11-24 与表 11-26）。本来年纳税额，按规定是依等分为 20 元、40 元、70 元等级缴纳；但事实上，有时看牙纪所报余数，稍为多一点的，即将税额分别提高。如六等帖中，有纳 29.25 元的，亦有 35.10 元的；五等帖中，有 58.50 元的等等。

表 11-26 定县民国十四年四月所有牙行数目及缴纳之帖捐与税额

牙帖等第	牲畜行			棉花棉籽行		
	牙行数	缴纳帖捐数（元）	年纳税额（元）	牙行数	缴纳帖捐数（元）	年纳税额（元）
第一等	…	…	…	…	…	…
第二等	…	…	…	…	…	…
第三等	…	…	…	…	…	…
第四等	1	160.00	97.50	1	160.00	97.50
第五等	7	840.00	335.50	1	120.00	58.50
第六等	16	1 280.00	372.10	11*	880.00	229.25
总合	24	2 280.00	805.10	13	1 160.00	385.25

牙帖等第	布行			斗行		
	牙行数	缴纳帖捐数（元）	年纳税额（元）	牙行数	缴纳帖捐数（元）	年纳税额（元）
第一等	…	…	…	…	…	…
第二等	…	…	…	1	250.00	120.00
第三等	1	200.00	100.00	…	…	…
第四等	2	320.00	140.00	1	160.00	70.00
第五等	1	120.00	40.00	3**	360.00	138.50
第六等	…	…	…	14	1 120.00	322.85
总合	4	640.00	280.00	19	1 890.00	651.35

牙帖等第	油饼、柴、菜、水果、口袋、线带子及花生等行			合计		
	牙行数	缴纳帖捐数（元）	年纳税额（元）	牙行数	缴纳帖捐数（元）	年纳税额（元）
第一等	…	…	…	…	…	…
第二等	…	…	…	1	250.00	120.00
第三等	…	…	…	1	200.00	100.00
第四等	…	…	…	5	800.00	405.00
第五等	…	…	…	12	1 440.00	572.50
第六等	4	320.00	80.00	45	3 600.00	1 004.20
总合	4	320.00	80.00	64	6 290.00	2 201.70

* 内有一行包含有布在内，原名花布行（可参看表 11-25 北高蓬所有牙行栏内），今即归入棉花行中。

** 内有一行包含有花布在内，原名杂粮、花布行（可参看表 11-25 邢邑所有牙行栏内），今即归入斗行中。

我们若以集市为单位，计算各集市年纳的税额，以民四年为例（见表 11-24），县城系 307.0 元，清风店 503.5 元，明月店 315.5 元。以清风店为最多，占全县税额 24.0%；其次为明月店与县城，明月店占 15%，县城占 14.6%。

以牙行类别计算，取十四年为例（见表 11－26），则牲畜行年纳税额最多，计 805.10 元，占全税额之 36.6%；其次斗行，为 651.35 元，占 29.6%；再次为棉花棉籽行，为 385.25 元，占 17.5%；其他布行占 12.7%，油饼等行占 3.6%。

3. 投标时代八行的包额

牙税在民十四年十月，改为招商投标包办后，全县统一，共分八行。按招商投标，向有最低标额的规定，每年各行的最低标额，多半取上年实包的数，作为标准。至于每次标额，皆系统合牙税牙捐而言，因牙行统一为八行后，牙捐已合并在牙税一道包收，并年中有定额，故不分别规定（惟十四年刚开办，牙捐是分别规定的。至于牙捐内容，详下节第二款）。

我们看定县民十六至十八三年的最低标额（见表 11－27），十六年八行共 37 092 元，十七年 36 345 元，十八年 56 527 元。十六、七两年，俱是取的上一年的实包数。惟十八年，则因为该年五月间，河北财政厅有训令到各县，将牲畜牙税最低标额加五成，其余牙税各加三成，至斗秤两行（按秤即指油饼柴菜水果等行），亦应按各县营业状况，将标额分别提高，故是年各行皆增加甚多。不过标额突然增高，实际各行投包之数，无一及额的。

计十八年实包数（税捐合计十六、十七两年均同），八行共 44 313 元，十七年共 40 382 元，十六年共 36 345 元。十六、十八两年皆不及额，十六年相差约 700 余元，十八年则相差到 1.2 万余元。惟十七年超过，有四千零数十元。至于各年比较，却年有增加，每年增加四千元之谱。平均每年的包数为 40 346.7 元（仍见表 11－27）。

各行比较，包数最多的，要算牲畜行，以平均每年的包数为例，占八行总额之 36.3%。其次为斗行，占 14.2%。再次为树木油槽等行与棉花棉籽行，各占 11%有余。树木油槽等行包数之所以多者，因为其中树木一项，为交易的大宗，数当不少。至包数最少的，为猪毛鬃行，仅占 3.3%。

至于最初改投标包办两年的包数，十四年八行共 51 000 元，十五年共 37 092 元。十四年是因为刚改投标，标额规定很高（参看前增补牙税投标条款第一条），包商亦以为有利可图，所以包数特别多。闻后来各商皆赔累不堪云。

表 11－27 定县自民国十六至十八年三年牙税（包含牙捐）最低标额与实包数的比较*

牙行名称	十六年		十七年	
	最低标额（元）	实包数（元）	最低标额（元）	实包数（元）
1. 牲畜行	11 400.0	11 410.0	11 410.0	14 420.0
2. 棉花、棉籽行	4 370.0	4 510.0	4 510.0	4 370.0
3. 布行	1 820.0	1 825.0	1 825.0	1 530.0
4. 斗行	5 692.0	5 695.0	5 695.0	5 696.0
5. 油饼、柴、菜、水果、口袋、线带子行	3 610.0	3 960.0	3 960.0	4 360.0
6. 花生、席、麻行	4 500.0	3 710.0	3 710.0	3 830.0
7. 树木、油槽、牛马羊皮油骨行	4 700.0	4 230.0	4 230.0	4 610.0
8. 猪毛鬃行	1 000.0	1 005.0	1 005.0	1 566.0
总合	37 092.0	36 345.0	36 345.0	40 382.0

牙行名称	十八年		平均每年实包数	
	最低标额（元）	实包数（元）	金额（元）	百分比
1. 牲畜行	21 630.0	18 130.0	14 653.3	36.3
2. 棉花、棉籽行	5 681.0	4 500.0	4 460.0	11.1
3. 布行	1 989.0	1 540.0	1 631.7	4.0
4. 斗行	8 554.0	5 750.0	5 713.7	14.2
5. 油饼、柴、菜、水果、口袋、线带子行	5 675.0	3 465.0	3 928.3	9.7
6. 花生、席、麻行	4 979.0	3 850.0	3 796.7	9.4
7. 树木、油槽、牛马羊皮油骨行	5 993.0	5 620.0	4 820.0	11.9
8. 猪毛鬃行	2 036.0	1 458.0	1 343.0	3.3
总合	56 527.0	44 313.0	40 346.7	100.0

* 表中包含牙捐在内。

以上各数，均税捐并计，兹将民十六至十八三年的税单提出（牙捐为县地方款，则在下节中述之）。计十六年收数，八行共 7 482 元；十七年，共 11 519 元；十八年，共 15 450 元（见表 11－28）。十八年所有之数，较之十六年二倍还有多。至于平均每年的收数，为 11 483.7 元。我们若以此数与民四，民十四分等第时代的牙税比较，民十四年税为 2 201.7 元，帖捐数为 6 290 元，每年帖捐合 1 258 元（按帖捐系每五年换帖缴一次，不是年年缴纳），总计不过 3 400 余元，较现在要少好几倍，民四更少。其所以然者，一则是现在牙行范围扩充，一则是现在物价增高，故税收现在当然较多。再一层，现在改用投标办法，包商彼此竞争，标额提高，亦是重要的原因。税收增加，固然政府方面蒙利，不过包商以高价包来，为营业关系，不得不想尽方法征收，因此其间的弊病就很难免。

表 11－28　　定县自民国十六至十八年三年牙税正税的征收数

牙行名称	十六年收数（元）	十七年收数（元）	十八年收数（元）	平均每年收数（元）
1. 牲畜行	2 910.0	4 920.0	8 630.0	5 486.7
2. 棉花、棉籽行	610.0	470.0	600.0	560.0
3. 布行	325.0	1 030.0	1 040.0	798.3
4. 斗行	1 395.0	1 396.0	1 450.0	1 413.7
5. 油饼、柴、菜、水果、口袋、线带子行	660.0	1 060.0	165.0	628.3
6. 花生、席、麻行	710.0	830.0	850.0	796.7
7. 树木、油槽、牛马羊皮油骨行	667.0	1 047.0	2 057.0	1 257.0
8. 猪毛鬃行	205.0	766.0	658.0	543.0
总合	7 482.0	11 519.0	15 450.0	11 483.7

关于牙行雇用牙伙，牙伙的人数，见表 11－29，此是民国十五年的，大概八行共有 70 人之谱。

表 11－29　　定县民国十五年八行牙伙人数

牙行名称	牙伙人数
1. 牲畜行	17
2. 棉花、棉籽行	4
3. 布行	5
4. 斗行	7
5. 油饼、柴、菜、水果、口袋、线带子行	23
6. 花生、席、麻行	9
7. 树木、油槽、牛马羊皮油骨行	5
8. 猪毛鬃行	…*
总合	70

* 猪毛鬃行牙伙人数未详，故略。

四、牲畜花税

1. 沿革

牲畜花税为杂税中的大宗。征收范围为贸易的牲畜及棉花两项。原称牲畜花布税，包有布一项在内。民国十七年，国民政府财政部鉴于征布类皆系国产土布，为提倡国货起见，始将它明令免征。故现改称牲畜花税。

牲畜花税在清初，据《赋役书》所载，分为牛驴税与猪羊花布烟油税两种。是烟油尚与牲畜花布混合一起征收。后又新增马税一项。清初定章，凡贸易的牲畜，系按价值百分抽三。后来将三种合并，惟烟油除外，遂定名牲畜花布税。

该税自民国四年起，经孙前知事发绪改用投标包办（在县署投标，投标章程与其他的大致相同），分八镇牲畜花布税、高蓬邢邑牲畜花布税、市庄牲畜花布税三种招包。征收的区域第一种为城内及清风店等八镇各集；第二种为高蓬、邢邑、怀德等集；第三种为市庄集。当初八镇税归正堂官，高蓬、邢邑税归西厅，市庄税归东厅，相沿至今，仍分别包办。八镇税因地面较广，后来更按六区分包。税率牲畜仍为值百抽三，由买方担任。凡买卖经牙子说妥后（因牲畜尚有牙税，故有牙子说价，牙税归卖方出，见前牙税款），即到收税处写税票，记明价目和税额。如系骡马牛等牲，则敷之以绳索，用作标记；猪羊则用红色水打印，至棉花与布的税率，大概系按值百抽一，亦由牙子说合（棉花与布亦有牙税），买主担负。现布一项已免征（该税有附捐即牲畜花附捐，详见下节第三款）。

兹将现行牲畜税章程附后（惟只有牲畜税章程，未见棉花税章程颁布），以见一斑。

河北省牲畜税章程

（民国十八年四月省府委员会通过）

第一条　凡购买牲畜者，应遵照本章程之规定纳税。

第二条　牲畜税以下列各种为限：

（1）骡；（2）马；（3）牛；（4）驴；（5）猪；（6）羊；（7）骆驼。前项牲畜，不分大小牝牡，一律照征。

第三条　牲畜税照买价值百抽三，由买主在交易场所之征收所完纳之。

…………

第五条　凡第三条规定税额，应完全解库。如各县地方有必须附加征收者，应由县长呈请财政厅核准后，始得照加，但至多不得超过正数之半。

…………

第七条　凡购买牲畜如有偷漏及匿报价值者，除照章补税外，处以应纳税款十倍以下之罚金。经征人员如有浮收滥征情事，应照现行刑法从严惩处。

前项处罚事件，均须由县政府办理。

…………

第九条　本章程经省政府公布后，自十八年一月施行。

2. 包收数

此税民十六至十八三年的包数（见表 11－30），十六年共计 18 780 元，十七年 22 020 元，十八年 22 928 元。收数年有增加。十七年布一项虽取消，但收数竟多于上年 3 000 多元。三年平均，每年的收数，为 21 242.7 元。在省税中，居于第三位。

表 11－30　定县自民国十六至十八年三年牲畜花税包收数*

项别	十六年包收数（元）	十七年包收数（元）	十八年包收数（元）
八镇牲畜花税	17 040	19 920	20 000
高蓬邢邑牲畜花税	1 260	1 620	2 133
市庄牲畜花税	480	480	795
总合	18 780	22 020	22 928

* 十六年布尚未免征，故当时仍包含有布在内。

在民国十至十二年三年的收数（见表 11－31），十年共 11 214 元，十一年 12 492 元，十二年 15 206.4 元。此三年的平均数，为 12 970.8 元，虽比现在三年为少，但在当时说，能超过万元，税收就算很有可观了。

表 11－31　定县自民国十至十二年三年牲畜花布税包收数

项别	十年包收数（元）	十一年包收数（元）	十二年包收数（元）
八镇牲畜花税	9 720.0	10 920.0	13 260.0
高蓬邢邑牲畜花布税	1 116.0	1 140.0	1 404.0
市庄牲畜布花布税	378.0	432.0	542.4
总合	11 214.0	12 492.0	15 206.4

以上各数，尚未将附捐计入，附捐的收数亦不少，如一并计入，数当更多（详见下节牲畜花附捐款表11－41与表11－42）。

至于此税分三项包收，包数最多的是八镇牲畜花税，差不多每年都占全税额十分之九左右，其他两项不过共占十分之一之谱。这因为八镇所辖区域较大之故。

五、屠宰税

1. 沿革

屠宰税即屠宰牲畜时宰户所纳的税，其起源较牲畜税为后。牲畜税在乾嘉以后，各省即先后开征。屠宰到清末，始行创设，以充自治费用，然亦仅限于东南数省。民国初元，亦未积极推行。至民国四年间，乃由财部设法整理，并颁发简章，通行各省，创令开办。简章大要如下：（1）屠宰税以猪牛羊三种为限。猪每头征洋三角，牛一元，羊二角。但向征之数有超过者，仍依旧。（2）前项税额，由屠宰户完纳。不分牲大小及冠婚丧祭年节，屠杀者一律照征，如有附收地方公益捐，不得超过正项之数。（3）征收所，由各县知事委托相当人员办理。

嗣于五年十二月，后边颁布《财政部修正屠宰税简章》十条，将牛一项取消，以宰牛有妨农事。并牛猪羊三项税收中，牛的收数亦甚微，故不如将牛税取消，而增加猪羊的税率。修正章程如下：

财政部修正屠宰税简章

第一条 屠宰税以猪羊两种为限，应征税额如左（但各省向征之数有超过左额者，仍依其旧）：1. 猪每头大洋四角，2. 羊每头大洋三角。

前项税额由宰户完纳，不分牝牡大小及冠婚丧祭年节，宰杀者一律照征。如有附收地方公益捐，不得超过应征税额之数。

…………

第三条 凡屠宰猪羊，均须先期赴征收所完纳屠宰税，领取执照，方准宰杀。

…………

第五条　违犯本章程第三条之规定者，一经查出或告发，每猪羊一头照税额二十倍处罚。征收经手人如有扶同舞弊及浮收侵蚀者，照所得之数以百倍处罚。征收官如有前项情弊，照征收厘税考成条例第十六条处罚。

第六条　告发漏纳屠宰税者，查实后，准于所取罚金内提十分之五作赏费。

…………

第九条　征税所由各县知事委托相当人员代办，不限定额。其一切办公经费，准由屠宰税项下提百分之五开支，不另支薪。

…………

上面章程第一条规定的税率，在直隶《修正屠宰税施行细则》中，稍有变更。细则第二条载，猪每头大洋三角，羊二角，牛二元，骆驼、马八角，驴六角。是征收范围扩大，不只猪羊二种。

按定县屠宰税（税中有附捐一，名屠宰附捐，此为县地方款，详见下节县地方捐中），系民国五年三月间开办，开办时即采用招商投标方法（投标规则，与其他税捐投标规则大致相同），由县署主持。现仍照旧。税的范围，如直隶施行细则所规定，惟骆驼一种甚少，未征收。投标分为三项办理，即屠宰猪为一项，屠宰牛羊为一项，屠宰骡马驴又为一项，每项全县整包与一人。后来（大约在民国十四、十五年间）每一项又改为分区招包。包商缴款办法，系按年额先交一半，余三月为一期，两期交清。

十四年直隶财政厅奉令整理税务，后通令各县，将税则增加一倍征收，计猪每头大洋六角，羊四角，牛马及骡驴以有关农务，每头则征四元，此乃寓禁于征的意思。

迄十八年四月，《河北省屠宰税章程》颁布（章程附后），内容又有变更，骡马驴等不准屠宰征税。故定县十八年包收，已无屠宰骡马驴一项。并自是年起，猪与牛羊两项，亦合并办理，统名屠宰税，不再分猪的屠宰税与牛羊的屠宰税了。

河北省屠宰税章程

第一条　凡屠宰牲者，应遵照本章程之规定纳税。

第二条　屠宰税照下列种类税额征收之。1. 猪每头六角，2. 羊每只四角，3. 菜牛每头三元。

前项税款由屠户完纳。不分大小牝牡及年节婚丧祭祀，宰杀者一律照征。

凡不在本条所列之牲畜，如驴马骡骆驼等类，一律不准屠宰违者重惩。

第三条 凡宰户逐日所宰之牲畜种类及数目，均须先期向征收所报明领取执照，方准宰杀。如不领照而私自屠宰，一经查出或被告发，除令照章补税外，每头照应纳税款，处以十倍以下之罚金。

经征人员如有浮收滥征情事，应照现行刑法，从严惩处。

前项处罚事件，均须由县政府办理。

第四条 凡屠宰牲畜，如已在本管征收所纳过税款领有执照者，无论运赴何县销售，概不重征。但须向本管征收所声明种类数目及运销地点，领取运单，方能起运。如查无运单，或有运单而无执照者，应照第三条之规定，处以罚金。

…………

第六条 凡第二条规定税款，应完全解库。如县地方有必须附加征收者，应由县长呈请财政厅核准后，方得照加，但至多不得过正税之半。

…………

第十条 本章程经省政府公布后，自十八年七月一日施行。

2. 包收数

定县屠宰税最近三年的包数（见表 11－32），十六年共计 3 938.5 元，十七年 4 691.5 元，十八年屠宰骡马驴一项虽取消，但仍有 5 000.0 元，每年可说都有增长。至于三年平均每年的收数，为 4 543.3 元。

表 11－32　　定县自民国十六至十八年三年屠宰税包收数*

项别	十六年包收数（元）	十七年包收数（元）	十八年包收数（元）
屠宰猪税	2 238.5	2 414.5	5 000.0
屠宰牛羊税	1 200.0	1 597.0	
屠宰骡马驴税	500.0	680.0	…
总合	3 938.5	4 691.5	5 000.0

* 十八年猪与牛羊两项已合并，骡马驴一项则已取消。

在民国十、十一、十二各年的收数（见表11－33），十年有2 431.5元，十一年有2 896.5元：比现在的收数少得很多。惟十二年突然增高有4 215.0元，略等于民十六至十八年三年平均每年的收入了。

表11－33　　定县自民国十至十二年三年屠宰税包收数

项别	十年包收数（元）	十一年包收数（元）	十二年包收数（元）
屠宰猪税	1 290.5*	1 531.0	2 251.5
屠宰牛羊税	781.0**	1 005.5	1 445.0
屠宰骡马驴税	360.0	360.0	518.5
总合	2 431.5	2 896.5	4 215.0

* 本年原包的是800.0元，因屠宰猪附捐包1 781.0元，超过正税，按章程不合，乃由附捐内拨490.5元，各得1 290.5元。表中所列，即拨后之数。

** 本年原包的只700.0元，亦因此项附捐包862.0元，超过了正税，后分拨各得781.0元。表中所列，亦拨后之数。

屠宰税各项中，税收最多的，为屠宰猪税，各年都占全收入的半数以上。至民十八年，猪与牛羊已合并包收，不能分析。

以上所述各数，仅是正税，附加的地方捐（即屠宰附捐）尚未计入。按此项捐款各年收数，差不多等于正税，故若两者并计，当二倍于上面之数（详见下节屠宰附捐款表11－45与表11－46两表）。

六、芦盐食户捐

芦盐食户捐是盐税的附捐，因河北销行的盐都是长芦盐，故称芦盐食户捐，盐税为国家的收入，此项食户捐则为河北所有，成立于民国十七年八月。当时颁有征收简章七条，兹节录于此：

河北省征收芦盐食户捐简章

（十七年八月十四日河北省府委员会议决施行）

第一条　本省为整顿财政统一附捐起见，将旧日所收各项芦盐捐款裁撤归并，改收捐款一道，定名为芦盐食户捐。

第二条　自芦盐食户捐实行征收之日起，凡照旧章由长芦盐运使署代征之产捐、销捐、整顿捐、省钞基金捐，暨京榆一带芦盐食户饷捐局征收之食户饷捐，一律取消。

第三条　此项芦盐食户捐，应按包征缴，捐率定为每包国币八元，由盐商先行代缴，加入售价，转向食户抽收。但每斤加价，以国币二分五厘为限，不准额外滥加。

第四条 此项芦盐食户捐，应作为教育建设及省钞基金之用，其分配方法另定之，仍由财政厅统收统支。

…………

观第三条载，捐率定为每包国币八元，所谓每包，它的重量是471斤，即每471斤要征收八元，每百斤约征一元七角，每斤合一分七。此一分七由盐商代缴，加入售价中。民国十九年盐的售价每斤八分七（定县盐号出售的价），纳的捐就占了差不多五分之一。即吾人买盐一斤，付价八分七中，即有五分之一是纳的捐款。

从定县一年所销的芦盐，大概至少有5 500包（参看前节第一款），每包征收八元，共应征44 000元。因盐为人人生活所必需故，积少成多，数当不少。

七、总结

定县负担的省税，正附并计，共可得九项，见表11-34。民国十六至十八年三年征收的数目，十六年共计199 407.594元，十七年共计211 138.368元，十八年计219 996.288元，平均每年征收210 180.750元。在十七、十八两年，契税各项及牙税牲畜花税屠宰税等，征收的数俱有增加，故此两年的总数亦增加，尤以十八年增加更多。

表11-34 定县自民国十六至十八年三年担负之省税*

税之种类	十六年征收数（元）	十七年征收数（元）	十八年征收数（元）	平均每年征收数	
				金额（元）	百分比
1. 田赋	108 190.637	108 190.636	106 755.346	107 712.206	51.2
2. 差徭及串票费	4 572.349	4 223.913	2 924.951	3 907.071	1.9
3. 契税正税及附加	7 388.846	10 215.451	15 491.121	11 031.806	5.2
4. 契税牙佣解省部分	1 617.862	1 989.668	3 384.370	2 330.633	1.1
5. 契纸价及注册费	3 437.400	4 288.200	4 062.500	3 929.367	1.9
6. 牙税	7 482.000	11 519.000	15 450.000	11 483.667	5.5
7. 牲畜花税	18 780.000	22 020.000	22 928.000	21 242.667	10.1
8. 屠宰税	3 938.500	4 691.500	5 000.000	4 543.333	2.2

续前表

税之种类	十六年征收数（元）	十七年征收数（元）	十八年征收数（元）	平均每年征收数	
				金额（元）	百分比
9. 芦盐食户捐	44 000.000**	44 000.000**	44 000.000	44 000.000	20.9
总合	199 407.594	211 138.368	219 996.288	210 180.750	100.0

* 尚有其他临时征收之税捐，因为不是常有的，当另外计算，故未列入。

** 芦盐食户捐在十六年及十七年前半年的时候，尚未成立，其时系征收各种旧捐；但旧捐的收数不详，今即以食户捐征收之数权作为旧捐征收数，列入表中。

各项中征收比较多的，当首推田赋一项。以平均每年收数而论，占总数之51.2%。如将附征的差徭及串票费加入，则占53.1%。其次为芦盐食户捐。盐为吾人日常生活所必需，而附加的捐款，竟达4万余元，占总数之20.9%。在省税中居一重要位置。再其次为牲畜花税，占10.1%。牙税为与普通人民生计甚有关系的税，亦有5.5%。契税亦不少，如将牙佣纸价并计，有8.5%，在省税中占第四位。将来如能再加整顿，数当更多。

表11－34所列各数，尚未将临时征收的税捐计入。按临时征收税捐，十六年有田赋中附征“讨赤”特捐与“讨赤”善后特捐共215 626.818元（见表11－18），及烟酒税费中附征的军事特捐约1 100元（见上节第二款第二目），两项合计共216 726.818元；十七年有田赋中附征的“讨赤”善后特捐与战役抚恤特捐共65 717.994元（亦见前表11－18），及烟酒税费中附征的账款约570元（亦见上节第二款第二目），两项合计66 287.994元；十八年有验契附加的教育费64.9元（见本节第二款第二目），平均每年合94 359.904元（可参考后面表11－50）。此项数竟差不多占常设税捐一半之多，十六年并且超过，如此偌大一笔收入，若用于其他有益的事业犹可，今竟几乎全用在战费方面，则未免太对不住出钱的老百姓了。

上面所述临时征收之数，如与各年常设税捐并计，十六年共有416 134.412元，十七年277 426.362元，十八年220 061.188元，平均每年有304 540.654元，为数可算不少（可参看后面表11－51）。

第三节　县地方捐

定县的地方捐，现所有的共计6项：（1）田赋附加地方经费；（2）契税牙佣；(3) 花生木植捐；(4) 牙捐；(5) 牲畜花附捐；(6) 屠宰附捐。以上 6 项，除花生木植捐系特设征收外，其他皆附在各种省税中抽收，以下即分项说明。惟为便利起见，地方经费与契税牙佣两项，已将它们分别移在上节田赋与契税两项中附带叙述。

此外尚有村捐一项，此虽是一种临时征收的捐款，但因为近年来每年都有，并且在县地方收入上占一极重要的位置，故当与上数项一并分别说明。

一、花生木植捐

1. 沿革

花生木植捐亦称花生木植麻饼等捐，简称即花生木植捐，系地方特捐之一种。征收货物为市场交易的花生木植并麻饼等。捐率按物价值百抽三，由买方负担，年中收数颇不少。该捐成立甚早，在前清光绪二十九年即开办，向归县立中学管理。自民国四年中学改为省立后，乃由县政府招商投标包办，拨充地方学款之用。最初招包采用整包办法，全县包与一人。至民国七年，因各商所投标款均不及额，较之往年且更相差过半，显是有意把持。当场县知事即与参加各绅议定，从本年起改为分区投包，即依照本县划定警区分作 6 区办理。不过此种办法仅当年实行，翌年又停止。十五年乃又议决仍恢复分包办法。行至如今尚未变。

至包收规则，历年大致相同。兹将民国十七年八月定县县政府公布的投标条款录后，以见一斑。

定县花生木植捐投标条款（共十三条）

1. 定县各区花生木植麻饼等捐，每年包款以银元为率。所有各项陋规，一律革除。

2. 凡各区花生木植新旧车辆折卖房间以及各色麻饼，均按三分抽收，不得额外多索。

3. 投票柜设于本县大堂，即于是处开标。

…………

7. 所投标额，以在本县预定标准以上数目之最多者为得标人。零数以十元为度。

8. 开标后，得标人须在县妥觅殷实连环铺保两家，立定包帖，由铺保盖章；并先交百分之十押金，随交一个月捐款。倘过三日不交，即由次多数者承包。

…………

11. 此捐包款，于每月初十日以前交齐。倘包捐人不得已中途退办，前六个月按七成折算，后六个月按三成折算。

12. 包捐人倘有不照定章，额外多索及欺诈情事，即将押款充公，另行传案惩办。如民间偷漏，亦准包捐人指名禀请究追。

13. 包捐人如将包得捐务分包与人者，须将所立合同或包帖照抄一份，会同分包人呈县备案。否则无效，即告诉亦不受理。

我们从上面章程，可以知道该捐包收情形的大概了。凡包商得标，均由县署给谕，包期以一年为期。有时包商从县中包来，以征收地面广阔，自己不能兼顾，乃又分包出去。包商征税，是逢集市庙会经收。集市上凡并于此类货物之买卖，经牙子说妥后（因此数项货物都有牙税，故有牙子来说。牙税归卖方缴纳。详情见前节牙税），卖主即随同牙子到收税处纳税，写税票，记明货物的数量、价值，并应纳捐额及买者的姓名等。如系木货，则涂以红色或绿色水，以表明收过捐的意思。有时买卖主彼此商妥，隐瞒收税人，希图漏税者亦有之。此该捐征收时情形也。

2. 包收数

花生木植捐历年包收数，大体上说来，有与年增多的趋向。见表11－35，民六民七几年，每年不过四千余元至六千元光景；至最近三四年，则达一万数千元，较前增至两三倍之多。增多的原因，我想最重要的，是近年物价腾贵。该捐之抽收，系按价值百抽三，物价既增，税收当然畅旺也。

表11－35　定县历年花生木植捐包收数的比较

年别	包收数（元）
民国六年	6 070
民国七年	4 484

续前表

年别	包收数（元）
民国八年	6 170
民国九年	5 560
民国十年	7 670
民国十一年	10 010
民国十二年	12 580
民国十三年	16 282
民国十四年	13 200
民国十五年	12 680
民国十六年	11 818
民国十七年	13 553
民国十八年	17 156

该捐分区包收，各区包数以民国十六至十八年三年的平均数来说，最多的是第三区和第一区，其次是第五区，最少的是第二区。统计各区此三年的平均数为 14 175.6 元（见表 11－36）。在县地方税捐各项中，除地方经费（即亩捐各项）及牙捐牲畜花附捐而外，当以此项收数为多。

表 11－36　　定县自民国十六至十八年三年花生木植捐各区包收数的比较

区别	十六年包收数（元）	十七年包收数（元）	十八年包收数（元）	平均每年包收数（元）
第一区	2 305.0	2 670.0	3 770.0	2 915.0
第二区	1 016.0	1 176.0	1 310.0	1 167.3
第三区	2 021.0	2 861.0	3 870.0	2 917.3
第四区	2 340.0	2 200.0	2 250.0	2 263.3
第五区	2 476.0	2 416.0	2 770.0	2 554.0
第六区	1 660.0	2 230.0	3 186.0	2 358.7
总合	11 818.0	13 553.0	17 156.0	14 175.6

二、牙捐

1. 沿革

牙捐即牙税的附加捐，亦称牙行公益捐，为县地方捐的大宗。定县各种牙捐之成立，多在民国四五两年间。一时因举办自治，设立学校，地方需款，陆续呈准征收（有几种牙捐先于牙税成立，即牙捐成立时，该项牙税尚未创办也），征收机关为自治事务所。征收方法，系招商投标包办（投标规则与其他税捐投标规则大致相同），最初牙税尚未采用此种制度。税率多在牙税中按三抽一，即办牙税之牙纪例抽3分后，由包牙捐的牙商在他所抽3分中抽1分（即物价的1%），此1分即捐也。亦有几种按3分征收的，因为这几项的牙税彼时尚未成立，仅有捐而无税，故捐率较重。

民国十四年牙税改为投标包办后，牙捐亦奉令合并牙税内包收，不再另行包办了（投标时两者总合投一个数目，不是分开投两个数；惟十四年初开办，是投两个数目。投标条款见前节牙税项）。每年牙捐款额，由县署按照旧案拨交地方，即牙捐往常包收多少，现在仍拨交多少。至于税率，以前牙捐既是在牙税中按三抽一，现在合并，当然合抽3分，无所谓三抽一的说法，其余有几种牙捐原抽3分的，现加上牙税3分，有合抽6分的，由买卖双方分担，以习惯难于更改也（这几种除有牙税外，都没有其他的税，故税率较重，可参考前节牙税项各牙行征收税佣的情形）。

牙税改为招商投包后，总分八行，牙捐合并在内，自然亦按八行分法。兹将八行牙捐经过的情形，说明如下。

甲、牲畜行牙捐

牲畜行牙捐，从前分八镇牲畜捐（一名八镇牲畜一分捐），高蓬、邢邑牲畜捐（一名高蓬、邢邑牲畜一分捐），市庄牲畜捐（一名市庄牲畜一分捐）3种。这是从牲畜税的分法而来（见前节牲畜花税），为什么不照牲畜牙税来分？因为那时牲畜牙税尚没有统一（尚是照领帖等第纳税的时代），异常复杂，全县分立至十数行之多。牲畜牙捐采用招商投包制度，倘若亦随它这样分，实在很不便，所以才依牲畜税办法办理（那时牲畜税亦是招商投包）。

此3种牙捐之成立，系在民国四年，因学款不足，呈准征收。八镇牲畜牙捐指定专作补助四乡两等学校之用，其余两种则为设立女工传习所（后改名女子师范传习所，即今之县立女子师范）经费。三项均招商投标包办。捐率按三抽一，即办牙税之牙纪向卖户抽收3分后，由办捐的人在他所抽3分中抽1分（合物价的1%）。

当时牲畜牙捐，除上述3种外，尚有清风店牛牙捐一项，系清风店牛牙有名郝老国者，未颁牙帖，私抽牙佣，民国四年经骡马牙行黄树槐告发，时以地方需款孔急，经系前知事发绪权宜饬令认交公益捐洋 20 元，留备办理自治事宜之用，此清风店牛牙捐之来历也。此项牛牙捐以无牙税之故，所抽 3 分，全为牙捐捐率。后来仍援案办理。

民国十四年，直隶整顿牙税新章颁出，定县所有牙行，统合为八行，将牙捐亦并八行内包收。以上所述 4 种牲畜牙捐，即合在牲畜行牙税内并包，统称之曰牲畜牙捐。此现在牲畜行牙捐之大略也。

乙、棉花、棉籽行牙捐

棉花、棉籽行牙捐，系民国五年六月因设立农事试验场禀准征收。时各牙应得牙佣，均已按照三分之一认交公益捐，故该项牙捐亦仿照各牙办法办理（即在 3 分牙捐中抽提 1 分），牙捐归卖方出。征收方法仍为招商投包。民国十四年八行成立，于是即并合棉花、棉籽行牙税内包收，每年款额由该行税收项下拨补。

丙、布行牙捐

布行牙捐大约成立于民国初年，由商会经收。最初在牙佣项下每匹抽提 1 文（因布牙佣是按匹数征收），嗣于民国六年以筹办乙种实业学校（由职工传习所改办）加为 2 文，后又增为 3.5 文，以 1 文归乙种实业学校，以 1 文归劝业所（即现在的建设局），余 1.5 文为办理工厂并商会补助费之用。十四年八行成立，即附在布行正税内并包，不再由商会征收了。

此外尚有县城布行牙捐一项，此为民国五年县城布行刘福泰，以每年得佣若干，除交牙税外，盈余若干，以三成交作地方公用而起，数不甚多，并年无定额。以后八行成立，即统入八行中。

丁、斗行牙捐

斗行牙捐，成立较迟。民国十四年，牙税成立八行，此项牙捐始因筹实业经费的缘故设立，附在斗行正税中包收。

戊、油饼、柴菜、水果、口袋、线带子行牙捐

此项牙捐，最初只有清风店柴菜捐与明月店柴菜捐两项。清风店柴菜捐未成立的时候，该集每逢集市，关于柴菜类物品因无专人说牙（按其时柴菜尚未征收牙税），屡有口角，故乃于民国五年禀请招商投标开征，充作阅报所宣讲所

经费。至明月店柴菜捐系由赵涌泉禀请仿照清风店办法办理。查此款未投标之先，即由明月店学校年收捐钱30余串。包定后，呈请补助，五年七月批准年拨钱200串。捐率两项俱为值百抽三，由卖户负担。因其时柴菜类尚无牙税，故捐率较重也。十四年，油饼柴菜水果口袋线带子行成立，于是始有所谓油饼柴菜水果口袋线带子行牙捐，将从前分散者统合为一。该捐亦如其他牙捐办法，附在正税内并包，每年照拨。

己、花生、席、麻行牙捐

此项牙捐，最初为席行捐麻行捐两种。席行捐系民国四年十月因将席差取消，详请抽收，作为祀天祀孔以及关岳祭祀等费，余投充地方自治事务所之用。征收方法，亦系投标包办。捐率值百抽三（其时席与麻俱未征牙税），由卖户缴纳。至麻行捐则成立于民国五年八月，亦因麻绳差取消，禀请招商征收（款由麻行摊认），作为筹办警察协会小学观摩会运动会之用。十四年，花生席麻牙行成立，花生席麻数项牙捐，遂合并征收，附正并包矣。

庚、树木、油槽、牛马羊皮油骨行牙捐

树木、油槽、牛马羊皮油骨行牙捐，在民国十四以前，树木、油槽、牛马羊皮油骨各项，尚系分立（民国十四年以前各项尚未征牙税）。树木牙捐于民国四年成立，因筹办自治之故（筹办六区模范事务分所）。捐率值百抽三，卖主负担。油槽牙捐为开办女子高小无款，于民国五年八月创办。头等槽年抽12 000文，二等槽年抽6 000文，由开油槽之户缴纳。牛马羊皮油骨牙捐，亦成立于民国五年。因无专人过秤论价，屡有口角，乃于是年七月禀准征收。捐率仍为值百抽三。旧历每月初一日曾当堂发放孤贫口粮，即系此款。以上三项牙捐，征捐方法，均招商投包。十四年，树木、油槽、牛马羊皮油骨行牙税成立，三项即归并正税包收矣。

辛、猪毛鬃行牙捐

猪毛鬃行牙捐在民国十四年开始成立，是年猪毛鬃行牙税开办，该项牙捐乃随同并征。

以上是八行牙捐经过的大概情形。此八行牙捐，在民国十四年起，统包含在牙税内征收，不另外包抽了，所以十四年起以后的捐率，没有分别规定，统在牙税所抽几分中（各行税率见前节牙税）。款额由牙税包来照拨。

此外尚有须说明者，在民国十四年以前，除上述各种牙捐外，别有牙捐学款一项，由各村自行经收，为各村初高小学经费。成立期间，先后不一，大约在民国初年已陆续禀县开办（由县呈教厅备案）。征收范围至广，举凡上面所述各行牙捐应征之物，可说全包含在内。征收的方法，大概由牙记抽佣后，除交牙税牙捐外，另认交一部分与各村，即所谓学款是也。有几种彼时尚无牙税或牙捐的，如猪毛鬃等，此项学款已在征收。至于何村收何集市的，当然各有界限。十四年八行成立，全县归为统一，牙捐并在八行正税内，故此项学款亦不能例外，统合在牙捐内随正并包，每年由牙捐款内拨交各村，额数准照从前所收之数共 10 915 元支付。

2. 包收数

牙捐既合并在牙税内包收，故招商投包时，规定的最低标额（最近三年最低标额数见前节牙税表 11 - 27），即统括牙税牙捐而言，没有分别规定（惟十四年例外）。并且牙捐额数有一定，已有成案，每年不过照拨而已。额定之数连牙捐学款在内共计 28 863 元，自十四年起，以后各年都没有变更。各行之数亦一定，看民国十六至十八年三年额数（表 11 - 37），只牲畜行十七年与十八年加增了 1 000 元，布行在这两年则减了 1 000 元，一增一减，所以总数仍未变。若以此数与民国十六至十八年三年的牙税比较，各年都多过牙税。民国十六至十八年三年牙税每年平均收数为 11 483.7 元，要少于牙捐 1.7 万余元。

表 11 - 37　　定县自民国十六至十八年三年牙捐额数

牙行名称	十六年额数（元）	十七年额数（元）	十八年额数（元）
1. 牲畜行	8 500	9 500	9 500
2. 棉花、棉籽行	3 900	3 900	3 900
3. 布行	1 500	500	500
4. 斗行	4 300	4 300	4 300
5. 油饼、柴、菜、水果、口袋、线带子行	3 300	3 300	3 300
6. 花生、席、麻行	3 000	3 000	3 000
7. 树木、油槽、牛马羊皮油骨行	3 563	3 563	3 563
8. 猪毛鬃行	800	800	800
总合	28 863	28 863	28 863

各行牙捐之数，以牲畜行为最多，因他包数本来就多，差不多占全体捐额

三分之一。其次为斗行与棉花、棉籽行。最少的，十六年是猪毛鬃行，十七与十八两年则为布行。

在十四年以前，牙捐尚未并入牙税的时候，牙捐的包数，我们看民国五和六两年的（表 11－38），民国五年共 17 631.5 元，民国六年共 19 143.1 元。当时的包数，什九都是包钱数，表中所列已折合为银元。若论钱数，民国五年为 23 700 余串，又银元 464 元，民国六年为 22 400 余串，又银元 536 元。民国六年的钱数，本来少于民国五年约千二三百串，但因折合银元的关系，民国六年每元换钱少，反多了 1 000 余元。

表 11－38　定县民国五与六年两年牙捐包收数

种类	五年包收数（元）	六年包收数（元）
1. 牲畜行	5 472.6	5 335.5
八镇牲畜牙捐	4 964.5	4 729.1
高蓬、邢邑牲畜牙捐	444.0*	516.0*
市庄牲畜牙捐	44.1	70.4
清风店牛牙捐	20.0*	20.0*
2. 棉花、棉籽行	1 328.7	1 520.6
棉花、棉籽牙捐	1 328.7	1 520.6
3. 布行	4 418.3	5 056.5
布行牙捐**	4 342.2	4 969.4
县城布行牙捐	76.1	87.1
4. 斗行	…	…
斗行牙捐***	…	…
5. 油饼、柴、菜、水果、口袋、线带子行	495.0	566.5
清风店柴菜牙捐	225.8	258.4
明月店柴菜牙捐	269.2	308.1
6. 花生、席、麻行	2 139.2	2 340.6
席行牙捐	1 003.0	1 346.7
麻行牙捐	1 136.2	993.9
7. 树木、油槽、牛马羊皮油骨行	3 777.7	4 323.4
树木牙捐	2 547.4	2 915.4
油槽牙捐	874.2	1 000.5

续前表

种类	五年包收数（元）	六年包收数（元）
牛马羊皮油骨牙捐	356.1	407.5
8. 猪毛鬃行	…	…
猪毛鬃牙捐***	…	…
总合	17 631.5	19 143.1

*有此符号的，原包收时即为银元数。其他无此符号的则系钱数，今统按各该年的银元兑换率（民国五年每元兑换制钱 1 381.8 文，民国六年兑换 1 207.4 文）换为银元。

**此项布行牙捐，归商会自收，增减无定，故所列仅是一个大概的数目。

***斗行牙捐与猪毛鬃行牙捐，彼时尚未成立，故无。

民国五和六两年的包数，若与现在比较，亦不算少。因为当时各村行抽收的牙捐学款，尚未计在内；并且斗行牙捐与猪毛鬃牙捐，亦未成立。

此两年牙捐，倘按现时八行分类统计，仍以牲畜行占最多数，两年都在总数四分之一以上，三分之一不到一点。布行却居了第二位，亦有四分之一稍多。树木油槽牛马羊皮油骨行居第三位，有五分之一以上。

三、牲畜花附捐

1. 沿革

牲畜花附捐一称牲畜花公益捐，为牲畜花税的附加捐。本名牲畜花布附捐，因布一项已于民国十七年奉令免征，正税改称牲畜花税，故附捐亦当随之而改。查该捐在定县，系民国四年开办。因是年正税改用投标包办，投标之数超过详报之额，乃由地方各绅议定，将超出之数拨为地方公益捐，以充自治经费，是即附捐的起源也。以后即随正税同时投标包办。包商抽税，税捐共按值百抽三（花则共按值百抽一），并未分别抽收，款由买户负担。

正税牲畜花税按征收区域，分八镇牲畜花税，高蓬、邢邑牲畜花税，市庄牲畜花税。附捐随正税亦分八镇牲畜花附捐，高蓬、邢邑牲畜花附捐。惟市庄牲畜花税一项无附捐（虽无附捐，但税率仍同）。八镇牲畜花附捐更随正税分六区招包。详见前节牲畜花税。

2. 包收数

该捐民国十六至十八年三年包数（见表 11－39），十六年共计 11 988 元，十七年 17 052 元，十八年 19 740 元，每年都往上增长。三年平均每年包数，系

16 260元，约当此三年正税平均每年的包数四分之三有多（按正税此三年平均每年的包数为21 242.7元），在县地方捐中，牙捐与田赋附加地方经费外，当以此为大宗。

表11-39　定县自民国十六至十八年三年牲畜花附捐包收数*

项别	十六年包收数（元）	十七年包收数（元）	十八年包收数（元）
八镇牲畜花附捐	10 788	15 492	17 600
高蓬、邢邑牲畜花附捐	1 200	1 560	2 140
总合	11 988	17 052	19 740

* 十六年布尚未免征，故当时仍包含有布在内。

至民国十至十二年三年的包数（见表11-40），则在一万至一万二三千元左右，与十六年的不相上下，惟不及十七与十八两年。此三年的平均数是11 778.4元。

表11-40　定县自民国十至十二年三年牲畜花布附捐包收数

项别	十年包收数（元）	十一年包收数（元）	十二年包收数（元）
八镇牲畜花布附捐	9 269.3*	10 905.9*	11 800.0*
高蓬、邢邑牲畜花布附捐	1 080.0	1 080.0	1 200.0
总合	10 349.3	11 985.9	13 000.0

* 有此符号的，原系制钱数，今统按各年的银元兑换率（民国十年每元兑换制钱1 580.7文，十一年兑换1 695.6文，十二年兑换1 973.9文），分别换为银元。

各年附捐与正税并计，总数见表11-41与表11-42。民国十六至十八年三年平均每年包收总数到37 502.6元，民国十至十二年三年的包收总数平均每年亦有24 749.2元。税收之所以如此畅旺者，以征收之牲畜与棉花，在定县皆是交易的大宗也。

表11-41　定县自民国十六至十八年三年牲畜花税及附捐包收总数*

项别	十六年包收总数（元）	十七年包收总数（元）	十八年包收总数（元）	平均每年包收总数（元）
八镇牲畜花税捐	27 828.0	35 412.0	37 600.0	33 613.3
高蓬、邢邑牲畜花税捐	2 460.0	3 180.0	4 273.0	3 304.3
市庄牲畜花税**	480.0	480.0	795.0	585.0
总合	30 768.0	39 072.0	42 668.0	37 502.6

* 十六年布尚未免征，故当时仍包含有布在内。
** 市庄牲畜花，有税无附捐。

表 11－42 定县自民国十至十二年三年牲畜花布税及附捐包收总数

项别	十年包收总数（元）	十一年包收总数（元）	十二年包收总数（元）	平均每年包收总数（元）
八镇牲畜花布税捐	18 989.3*	21 825.9*	25 060.0*	21 958.4
高蓬、邢邑牲畜花布税捐	2 196.0	2 220.0	2 604.0	2 340.0
市庄牲畜花布税**	378.0	432.0	542.4	450.8
总合	21 563.3	24 477.9	28 206.4	24 749.2

* 有此符号的，附捐部分原为制钱数，今已折合为银元，可参看表 11－40。
** 市庄牲畜花布，有税无附捐。

税捐三项中，最多的当然是八镇一项，八镇区域较广，故各年包数均占总数 89%至 90%之谱。其他两项，不过占 10%左右。

四、屠宰附捐

1. 沿革

屠宰附捐一称屠宰公益捐，在民国十八年以前，因正税未有统一，随正税分为屠宰猪附捐、屠宰牛羊附捐、屠宰骡马驴附捐三项招包。屠宰猪附捐系民国四年成立（其时尚无屠宰税，税是次年三月成立），因革除官价采买积习，自治机关公议禀准征收，作为设立公民讲习所经费；屠宰牛羊附捐则系民国五年，以筹办模范，设立社会教育办事处（即今之民众教育馆），款项无着，绅商妥议呈准附收。至屠宰骡马驴附捐，为民国六年因警学费不足，公议开征。

捐率系包含在正税税率中，未另外抽收。各项税与捐由一人包办，投标时一张票写两个数目，一即税的包额，一即捐额。但捐之数目，按照章程，不能超于正税。

十八年，《河北省屠宰税章程》颁布，骡马驴禁止屠宰，故自是年起，该捐即取消。猪与牛羊两项，亦随正税合并，统名屠宰附捐。详情见前节屠宰税款。

2. 包收数

屠宰附捐各年的包数，与正税相差不多。民国十六至十八年三年附捐数（见表 11－43），十六年共计 3 814.5 元，十七年 4 413.5 元，十八年屠宰骡马驴一项虽取消，亦有 4 500 元，各年都有增加。至于平均每年的收数为 4 242.7 元。

表 11－43　　定县自民国十六至十八年三年屠宰附捐包收数*

项别	十六年包收数（元）	十七年包收数（元）	十八年包收数（元）
屠宰猪附捐	2 238.5	2 414.5	4 500.0
屠宰牛羊附捐	1 131.0	1 390.0	
屠宰骡马驴附捐	445.0	609.0	…
总合	3 814.5	4 413.5	4 500.0

＊十八年猪与牛羊两项已合并，骡马驴一项则已取消。

以民国十六至十八年三年的数，与民国十、十一、十二各年（见表 11－44）比较，仍以近年占多数。虽十二年收数特别发达，但此三年平均每年的收数 3 115 元，仍少于近三年平均每年的收数有 1 100 余元。

如附捐与正税并计，十六年的总数为 7 753 元，十七年的为 9 105 元，十八年的为 9 500 元（见表 11－45），平均每年为 8 786 元。至民国十、十一、十二三年的（见表 11－46），该三年平均每年总数为 6 296 元，较之最近三年的平均数少 2 490 元。

表 11－44　　定县自民国十至十二年三年屠宰附捐包收数

项别	十年包收数（元）	十一年包收数（元）	十二年包收数（元）
屠宰猪附捐	1 290.5*	1 531.0	2 251.5
屠宰牛羊附捐	781.0**	1 005.5	1 445.0
屠宰骡马驴附捐	260.0	262.0	518.5
总合	2 331.5	2 798.5	4 215.0

＊参看前节牙税项表 11－33“注＊”。
＊＊参看上述同表“注＊＊”。

表 11－45　　定县自民国十六至十八年三年屠宰税及附捐包收总数*

项别	十六年包收总数（元）	十七年包收总数（元）	十八年包收总数（元）	平均每年包收总数（元）
屠宰猪税捐	4 477.0	4 829.0	9 500.0	
屠宰牛羊税捐	2 331.0	2 987.0		8 786.0
屠宰骡马驴税捐	945.0	1 289.0	…	
总合	7 753.0	9 105.0	9 500.0	8 786.0

＊十八年猪与牛羊两项已合并，骡马驴一项则已取消。

表 11 - 46　定县自民国十至十二年三年屠宰税及附捐包收总数

项别	十年包收总数（元）	十一年包收总数（元）	十二年包收总数（元）	平均每年包收总数（元）
屠宰猪税捐	2 581.0	3 062.0	4 503.0	3 382.0
屠宰牛羊税捐	1 562.0	2 011.0	2 890.0	2 154.3
屠宰骡马驴税捐	620.0	622.0	1 037.0	759.7
总合	4 763.0	5 695.0	8 430.0	6 296.0

屠宰税捐各项中，以屠宰猪收数最多。我们看民国十、十一、十二三年平均每年的收数（见表 11 - 46），及十六、十七两年的各年收数（表 11 - 45），至十六、十七两年平均每年收数（猪占 4 653 元，牛羊占 2 659 元，骡马驴占 1 177 元，共计 8 429 元），屠宰猪一项，俱各占全体半数以上。其次为屠宰牛羊，占全体三分之一左右。最少为屠宰骡马驴，不过占八分之一之谱。

五、村捐

村捐是地方上临时征收的一种捐款，不是固定常设的。村捐这个名词，在前清光绪年间即有，后来改为亩捐，随田粮带征。不过改为亩捐后，现在仍有村捐，如有急需，即临时征收。近年来且年年都有一次，每次收数动辄巨万，其用项多半是为办兵差。因近年军事频仍，所以兵差不断常有，而村捐亦因之年年不断地征收。

征收方法，系以户口为单位摊派，每户摊派多少不一定，看临时需款多少。民国十八年征收一次，每户摊派三角五分。各村应派多少，即按它的户口数计算，然后各村自去按地亩数分派。所以该捐上面虽是以户口为单位派下来，而下面实地征收仍是以地亩的多寡为标准分配。不然户有贫富，如一律同样担负，那就未免不公平了。

民国十八年征收的数，六区共计 21 437.8 元，以第四、第三两区收数较多，其次为第六区，最少是第五区（见表 11 - 47）。

表 11 - 47　定县民国十八年征收村捐数

区别	征收数（元）
第一区	2 396.45
第二区	2 573.90

续前表

区别	征收数（元）
第三区	5 048.40
第四区	5 316.50
第五区	2 327.45
第六区	3 775.10
总合	21 437.80

六、总结

定县担负的县地方捐连上节所述的田赋附加地方经费及契税牙佣并计，共可得六项，见表 11－48。民国十六至十八年，三年征收数目，十六年共计 77 409.030 元，十七年共计 84 679.181 元，十八年共计 113 990.151 元，平均每年为 92 026.121 元（其中关于契税牙佣的收数可参看前节契税款表 11－21 中 4、5 两项）。十八年因为地方经费、契税牙佣、花生木植捐、牲畜花附捐等的数增加，特别是地方经费与契税牙佣两项，约较上两年增加一倍，故是年征数格外多。

表 11－48　　定县自民国十六至十八年三年担负之县地方捐*

捐之种类	十六年征收数（元）	十七年征收数（元）	十八年征收数（元）	平均每年征收数	
				金额（元）	百分比
1. 田赋附加地方经费	16 051.915	14 828.678	33 578.041	21 486.211	23.3
2. 契税牙佣	4 873.615	5 969.003	10 153.110	6 998.576	7.6
3. 花生木植捐	11 818.000	13 553.000	17 156.000	14 175.667	15.4
4. 牙捐	28 863.000	28 863.000	28 863.000	28 863.000	31.4
5. 牲畜花附捐	11 988.000	17 052.000	19 740.000	16 260.000	17.7
6. 屠宰附捐	3 814.500	4 413.500	4 500.000	4 242.667	4.6
总合	77 409.030	84 679.181	113 990.151	92 026.121	100.0

* 尚有临时征收之村捐，未列上表，当另外计算。

至于各项比较，以平均每年征数而论，数较多的当首推牙捐一项，占全体 31.4%。因为该捐征收范围很广，所以收数特多。不过范围太广，不免失之苛细。并所征收之物，在在与贫民生计有关，如遇牙商不肖的，更有种种勒索，因此一般人民常感觉非常痛苦。其次为田赋附加地方经费，亦有 23.3%。再次为牲畜花附捐，有 17.7%。花生木植捐亦不少，有 15.4%。

此外临时征收的村捐，计十八年所征之数有 21 437.8 元。十六、十七两年的征收数未详悉，假定如十八年之数，我们分别加入表 11－48 各年征收总数内，则十六年共有 98 846.830 元，十七年共有 106 116.981 元，十八年共有 135 427.951 元，平均每年有 113 463.921 元（可参看后面表 11－50 与表 11－51 两表）。

第四节 结 论

上面已将国省税及县地方捐叙完了，总计三项民国十六至十八年，三年征收总数（临时税捐尚未计入，见表 11－49），十六年为 412 423.144 元，十七年 431 424.069 元，十八年 469 592.959 元，平均每年为 437 813.391 元。综观此三年，每年收数都有增长，尤以十八年增加更多，比十七年增 3.8 万余元，比十六年增 5.7 万余元。因为十八年县地方捐一项，增加甚多。

表 11－49　定县自民国十六至十八年三年担负之国税、省税及县地方捐之比较*

税之类别	十六年征收数（元）	十七年征收数（元）	十八年征收数（元）	平均每年征收数	
				金额（元）	百分比
国税	135 606.520**	135 606.520**	135 606.520	135 606.520	31.0
省税	199 407.594	211 138.368	219 996.288	210 180.750	48.0
县地方捐	77 409.030	84 679.181	113 990.151	92 026.121	21.0
总合	412 423.144	431 424.069	469 592.959	437 813.391	100.0

* 尚有各种临时税捐，未计入上表。

** 十六、十七年两年国税的收数，中有数项未详悉，故即用十八年收数作为代表。

三项比较，以平均每年的征收数而论，国税占征收总数 31%，省税占 48%，县地方捐占 21%，以省税为多。

以上各数，尚未将临时征收的税捐计入。此项临时税捐，国省税及县地方捐三项并计，十六年征收 240 692.518 元，十七年 87 725.794 元，十八年 240 030.600 元，三年平均每年合 117 482.971 元（见表 11－50），实在不算少。以之与常设税捐征数比较，平均每年所征临时税捐，有所征常设税捐四分之一有多；十六年则到二分之一以上；十七年亦超过五分之一（参看表 11－51）。

表 11－50　　定县自民国十六至十八年三年担负之各种临时税捐

税之类别	民国十六年征收数（元）	民国十七年征收数（元）
国税	2 527.900	…
1. 验契各费	2 527.900*	…
省税	216 726.818	66 287.994
1. 田赋附征特捐	215 626.818	65 717.994
2. 烟酒税费附征特捐	1 100.000	570.000
3. 验契附收教育费属省部分	…	…
县地方捐	21 437.800	21 437.800
1. 村捐	21 437.800*	21 437.800*
总合	240 692.518	87 725.794
税之类别	民国十八年征收数（元）	平均每年征收数（元）
国税	2 527.900	1 685.267
1. 验契各费	2 527.900	1 685.267
省税	64.900	94 359.904
1. 田赋附征特捐	…	93 781.604
2. 烟酒税费附征特捐	…	556.667
3. 验契附收教育费属省部分	64.900	21.633
县地方捐	21 437.800	21 437.800
1. 村捐	21 437.800	21 437.800
总合	240 030.600	117 482.971

*有此符号的，都因为该项征收确数不知，即用已知的一年的征收数作为代表。

按此项临时税捐，属于省税最多，但差不多全是为筹措战费。十六年与十七年上半年，因奉直军与国民革命军作战，故此两年聚敛特别多。

现将临时税捐与常设税捐合计，十六年国省县共征收 653 115.662 元，十七年共 519 149.863 元，十八年共 493 623.559 元，平均每年为 555 296.362 元。国省县三项中，国税平均每年征数占总数 24.7%，省税占总数 54.8%，县地方捐占 20.4%，仍以省税占最多数（见表 11－51）。

表 11－51　　定县自民国十六至十八年三年担负之国税、省税及县地方捐（常设与临时税捐并计）之比较

税之类别	十六年征收数（元）			十七年征收数（元）		
	常设税捐	临时税捐	合计	常设税捐	临时税捐	合计
国税	135 606.520	2 527.900	138 134.420	135 606.520	…	135 606.520
省税	199 407.594	216 726.818	416 134.412	211 138.368	66 287.994	277 426.362

续前表

税之类别	十六年征收数（元）			十七年征收数（元）		
	常设税捐	临时税捐	合计	常设税捐	临时税捐	合计
县地方捐	77 409.030	21 437.800	98 846.830	84 679.181	21 437.800	106 116.981
总合	412 423.144	240 692.518	653 115.662	431 424.069	87 725.794	519 149.863

税之类别	十八年征收数（元）			平均每年征收数			
	常设税捐	临时税捐	合计	常设税捐（元）	临时税捐（元）	合计	
						金额（元）	百分比
国税	135 606.520	2 527.900	138 134.420	135 606.520	1 685.267	137 291.787	24.7
省税	219 996.288	64.900	220 061.188	210 180.750	94 359.904	304 540.654	54.8
县地方捐	113 990.151	21 437.800	135 427.951	92 026.121	21 437.800	113 463.921	20.4
总合	469 592.959	24 030.600	493 623.559	437 813.391	117 482.971	555 296.362	100.0

以上每年数十万的款额，皆定县人民辛苦之负担。按定县人民，约有 40 万，平均每人负担，十六年最多，约 1.63 元，十七年约 1.30 元，十八年约 1.23 元，平均每年约 1.38 元。十六、十七两年因为临时捐多，故担负较重。十六年临时捐一项，平均每人即担负有 0.60 元。

至若按国省税县地方捐三项分别计算，此三年平均一年每人所担负的（仍是常设与临时税捐合计）国税约 0.34 元，省税约 0.76 元，县地方捐约 0.28 元。国税中因有关税数项数目未得，未有算入，故实际国税的负担当不止此数。因之实际平均一年每人所负担的总数，亦比 1.38 元稍多。

此平均每人负担的赋税，如与欧美各国人民负担之数比较，当然不算多。不过我国人民经济力远不及欧美各国，每人负担此数，就算不少。况且我国的赋税制度，种种不平均，征收苛细，特别加重贫民负担，或者有时征收偏重一方面，他部分人民转得幸免，因此一般人民对此也就感觉非常地痛苦了。

现在我们试将国省县所征收各项，关于常设税捐部分，按直接间接行为三税的分类，统计看看，计：直接税共有六项，民国十六至十八年，三年平均每年征收共 181 468.155 元（见表 11－52）；间接税共有十项，平均每年征收共 225 714.854 元（见表 11－53）；行为税共有五项，平均每年征收共 30 630.382 元（见表 11－54）。三者比较，直接税占全体征收数 41.4%，间接税占 51.6%，行为税占 7.0%（见表 11－55），以间接税为最多。实际间接税还不止此数，因为尚有关税火车货捐数项亦属间接税，未计入。

表 11-52 定县自民国十六至十八年三年平均每年担负之直接税*

税之种类	征收数（元）	百分比
1. 田赋	107 712.205	59.4
2. 差徭及串票费	3 907.071	2.2
3. 地方经费	21 468.211	11.8
4. 烟酒牌照税	8 016.000	4.4
5. 牙税	11 483.667	6.3
6. 牙捐	28 863.000	15.9
总合	181 468.155	100.0

*上表临时税捐未计入。

表 11-53 定县自民国十六至十八年三年平均每年担负之间接税*

税之种类	征收数（元）	百分比
1. 盐税	71 238.750	31.6
2. 芦盐食户捐	44 000.000	19.5
3. 烟酒税费	2 450.000	1.1
4. 卷烟统税	35 100.000	15.6
5. 统税	12 461.770	5.5
6. 牲畜花税	21 242.667	9.4
7. 牲畜花附捐	16 260.000	7.2
8. 屠宰税	4 543.333	2.0
9. 屠宰附捐	4 242.667	1.9
10. 花生木植捐	14 175.667	6.3
总合	225 714.854	100.0

*上表临时税捐未计入。

表 11-54 定县自民国十六至十八年三年平均每年担负之行为税*

税之种类	征收数（元）	百分比
1. 印花税	6 340.000	20.7
2. 契税正税及附加	11 031.806	36.0
3. 契税牙佣解省部分	2 330.633	7.6
4. 契税牙佣属县部分	6 998.576	22.8
5. 契纸价及注册费	3 929.367	12.8
总合	30 630.382	100.0

*上表临时税捐未计入。

表 11-55 定县自民国十六至十八年三年平均每年担负之直接、间接及行为三税之比较*

税之种类	征收数（元）	百分比
直接税	181 468.155	41.4
间接税	225 714.854	51.6
行为税	30 630.382	7.0
总合	437 813.391	100.0

*上表临时税捐未计入。

直接税中，大部分是田赋，田赋征数占全体59.4%，如将差徭串票费地方经费等算入，则到73.4%，不为不多。直接税太偏重地主的赋课，而忽略了房主与资本家的征收，这是我们中国税制一大缺点。至牙税牙捐数亦不少，共占22.2%，牙税牙捐虽近似一种营业税，但究嫌苛细，将来终应该改良或取消。

间接税中，税品过滥，如盐税、统税、牲畜花税捐、花生木植捐等，皆涉及于一般的消费品，加重普通人民负担，殊非公平的办法。我们看盐税的征数，在间接税中，到了31.6%之多，如加上食户捐，竟有51.5%了。牲畜花税捐与花生木植捐等杂税杂捐，共计亦有22.9%，也不算少。至统税，表中所列，虽仅占5.5%，但实际恐不止此数。论统税根本是一种恶税，理应从速废止。至其他如盐税等，亦应加以改良整理，或者在相当时期，断然取消为是。

行为税中，只印花税、契税两项，契税的收数正附税、牙佣、纸价等并计，占了行为税全体收入的79.2%。论契税税率，失之太重，反于税收前途有碍，将来亦应加以改良，或者仿照欧美办法，改办登录税。至于印花税，如能推广得法，税收还可有增加的希望。

以上各项，尚未将临时征收的税捐算入。民国十六至十八年三年平均每年所征的临时税捐117 482.971元中，直接税就有115 219.404元，占了十分之九有多，此数几全由地主征来；至间接税有556.667元；行为税有1 706.900元（见表11-56）。以上各数，与常设税捐平均每年所征收的数合计，直接税共有296 687.559元，占三项税收总数之53.4%；间接税共226 271.521元，占40.7%；行为税共32 337.282元，占5.8%（见表11-57）。现在三项中，直接税居于多数了。

表 11-56　定县自民国十六至十八年三年平均每年担负关于临时税捐部分之直接、间接、行为三税

税之类别	征收数（元）
直接征税	115 219.404
田赋附征特捐	93 781.604
村捐	21 437.800
间接税	556.667
烟酒税费附征特捐	556.667
行为税	1 706.900
验契各费	1 685.267
验契附收教育费属省部分	21.633
总合	117 482.971

表 11-57　定县自民国十六至十八年三年平均每年担负之直接、间接及行为三税之比较*

税之种类	常设税捐征收数（元）	临时税捐征收数（元）	合计	
			金额（元）	百分比
直接税	181 468.155	115 219.404	296 687.559	53.4
间接税	225 714.854	556.667	226 271.521	40.7
行为税	30 630.382	1 706.900	32 337.282	5.8
总合	437 813.391	117 482.971	555 296.362	100.0

* 常设与临时税捐并计。

民国十六至十八年三年平均每年每人对于直接、间接、行为三税每项的担负数，直接税约为 0.74 元，间接税约为 0.57 元，行为税约为 0.08 元。

末了，我们再将各种税捐不分国省县，亦不分直接间接行为诸税，统列一表，各依征数大小的次第排列，比较比较。表 11-58，临时征收之税捐未计入；表 11-59，则临时税捐亦计入的。我们观此两表，或者对于定县一年税务的担负，各项多少，大体上可以得到一个概念。

表 11-58　定县自民国十六至十八年三年平均每年各种税捐担负之比较*

税之种类	征收数（元）	百分比
1. 田赋及附征各项	133 105.488	30.4
2. 盐税及食户捐	115 238.750	26.3

续前表

税之种类	征收数（元）	百分比
3. 牙税牙捐	40 346.667	9.2
4. 牲畜花税及附捐	37 502.667	8.6
5. 卷烟统税	35 100.000	8.0
6. 契税及附征各项	24 290.382	5.5
7. 花生木植捐	14 175.667	3.2
8. 统税	12 461.770	2.8
9. 烟酒税费及牌照税	10 466.000	2.4
10. 屠宰税及附捐	8 786.000	2.0
11. 印花税	6 340.000	1.4
总合	437 813.391	100.0

* 尚有临时税捐未计入上表。

表 11-59　　定县自民国十六至十八年三年平均每年各种税捐担负之比较*

税之种类	征收数（元）	百分比
1. 田赋及附征各项	226 887.092	40.9
2. 盐税及食户捐	115 238.750	20.8
3. 牙税牙捐	40 346.667	7.3
4. 牲畜花税及附捐	37 502.667	6.8
5. 卷烟统税	35 100.000	6.3
6. 契税及附征各项并验契各费	25 997.282	4.7
7. 村捐	21 437.800	3.9
8. 花生木植捐	14 175.667	2.6
9. 统税	12 461.770	2.2
10. 烟酒税费及附征并牌照税	11 022.667	2.0
11. 屠宰税及附捐	8 786.000	1.6
12. 印花税	6 340.000	1.1
总合	555 296.362	100.0

* 表中包括临时税捐征数。

第十二章　县财政

本章所论系定县县财政，即定县地方岁入岁出的情形。岁入包含各项县地方捐税及其他款项的收入，岁出则为县中各机关经费及其他用项的支出，凡性质属于一县的收支都在这范围内。其他各区地方的财政，以不属县财政范围，故不论列。至于县政府经费系由省库支给，亦不在内。最后调查时期系民国十九年。

定县财政的管理，在民国五年至八年间归自治事务所；九年成立财政所，则由财政所掌管；十四年财政所取消，由参事会办理；十七年八月，参事会亦取消，仍由公款局过渡；是年十一月设立财务局，始移归财务局管理。

民五以前定县财政尚不统一，地方各项捐税有由各机关直接取用者，非常紊乱。是年十二月财政会议议决，始规定地方收入各项捐税，须总算总除，由财务机关通盘筹划，各机关须提出预算，然后照拨。此后一切采取统筹统支办法，财政始渐归统一。

至于收支上所用的年度，在民国十四年以前，是依年份计算，即每年由一月一日至十二月末日止。十四年起，各机关乃一律改用会计年度。惟捐税之包收，因习惯的关系，起讫期间仍各有不同。

关于县财政的整理，十七年十二月国民政府内政部举行第一期民政会议时，亦曾议及。嗣后内政部会同财政都，根据该会议决的旨趣，制定县财政整理办法七条，颁发各省转令各县遵照。今将该办法录此，以供参考：

县财政整理办法

一　凡一县地方财政，均应依本办法统筹统支。

二　各县地方之收入，不论为附征或特捐、杂捐、公益捐及其他各种收入，均须由县政府制定收入预算，呈报省政府财政厅核准施行。

三　各县地方之支出，应由县政府视地方各种事业需要情形，通盘筹划，分别支配，造具支出预算书，呈由省政府财政厅核定，就县政府收入开支。如有不敷，再请省库酌予补助。

四　各县地方财政之收入支出，均由县财务局掌管之。凡在预算以外有浮收滥支者，应受相当之处分。

五　本办法施行后，除财务局外，无论何种机关，均不得自行筹款，财政局对各机关经费，亦须按月发给，不得延欠。

六　财务局之收入，若有意外减少时，应即速行筹划。不得使其他机关政务停顿。各机关亦不得巧立名目自行弥补。

七　各县已成立之经理地方款产机关得仍其旧，隶属于县财务局，依据各该省颁布单行条例，行使职务。

以下即分两部分来说明，一为岁入，一为岁出。每年定县岁入岁出的情形，因为决算制度没有彻底实行，有些机关年终有决算报告书，有些机关又没有，不大完全，故只好用预算案来表明。好在各机关年中开支，少有超过预算的，实际与预算差不了什么。至于岁入部分，最近三年的，还可参考县地方捐税征收的数目，见第十一章赋税表 11－48，该表所列，皆实包或实征的数，可以之与预算案对照。

第一节　岁　入

一、岁入的来源

岁入最主要的部分当然是各县地方捐税。此外则为官产的收入及省方的补助等。其余有各村自行征收的捐款，或各机关自有的公产收入等，自收自用，不入一县财政范围，故不能算入。

县地方捐税中，最重要的是亩捐、八行牙捐、牲畜花附捐及花生木植捐等项。各项除花生木植捐系独立征收外，其他皆附在别的正税中抽收。征收方法大概都采用招商投标制度，惟亩捐系随田粮按地亩征收，契税牙佣则随契税依契价完纳，皆非包收的制度。亩捐三项（即亩捐、加征亩捐警款与亩捐底子钱是），已于民国十八年合并，改称地方经费，捐率较前增加，至各捐的经征，概由县政府主持，县政府收来拨交财务局，由财务局支付与各机关（关于县地方捐税征收详情，可以参考第十一章赋税第三节）。

此外尚有临时征收的村捐，因系应付临时的急需，如办兵差等，征收无定，故年中县预算岁入中，皆未列入。此项村捐，近几年差不多每年总有。据十八年征收一次，为数至2.1万余元之多（参看第十一章赋税第三节五村捐）。

捐税而外，则为官产的收入。定县官产的收入有限，仅房租一项而已。至于省方的补助，有模范补助款6 000元一笔，因县中举办模范事业需款，于民国六年呈请补助的，民国七年列入预算中，以后每年照拨。

其余尚有杂项的收入，如状纸加收费与厕所租两款即是。状纸加收费，创始于民国五年孙发绪县长的时代，用于教育；不过当初系在县署直接支领，故岁入预算中，未有列入。加收办法，规定无论民刑状纸，买状人除遵照高等法院检察处每张定价备款请领外，须随缴加费1角，由县政府承审处代收，拨交地方。至厕所租为厕所粪料的租钱，收入甚微细。

二、民国十七与十八两年度岁入预算数

民国十七与十八两年度岁入的预算数（见表12－1），十七年度共计78 820.7元，十八年度共计86 164.7元，十八年度多于十七年度7 000余元。我们看这两年度各项中，数最多的当推八行牙捐一项（即表中第10至第18各项。第18项的牙捐学款，本来附在八行各行内，因此是指定用途，专拨充四乡高初小学学款，故表中特为列一项）共有28 863元。在十七年度占岁入总数三分之一以上，在十八年度亦到三分之一。此项牙捐之数，自十四年起到现在，每年由省税牙税中照拨，已成定额，无有变更（可参看赋税章第三节二牙捐）。其次较多的，在十七年为亩捐三项，共有13 105.8元，约占总数六分之一；在十八

年为牲畜花附捐，八镇与高蓬邢邑两项合计 17 052 元，几有总数五分之一。再其次则为花生木植捐，两年都超过七分之一。关于亩捐三项，十八年已改为地方经费，税率较前增加一倍有余，故实际收数当比预算多得多（十七、十八年两年地方捐税实际征收之数，见赋税章表 11－48）。

表 12－1　定县民国十七与十八年两年度岁入各项预算之比较*

项别	十七年度收入预算（元）	十八年度收入预算（元）
1. 亩捐	8 651.000	8 651.000
2. 加征亩捐警款	4 260.000	4 260.000
3. 亩捐底子钱	194.800	194.800
4. 花生木植捐	11 517.000	13 613.000
5. 八镇牲畜花附捐	10 788.000	15 492.000
6. 高蓬、邢邑牲畜花附捐	1 200.000	1 560.000
7. 屠宰猪附捐	2 414.500	2 414.500
8. 屠宰牛羊附捐	1 131.000	1 390.000
9. 屠宰骡马驴附捐	445.000	370.000
10. 牲畜行牙捐	5 100.000	5 100.000
11. 棉花、棉籽行牙捐	1 851.000	1 851.000
12. 布行牙捐	2 000.000	2 000.000
13. 斗行牙捐	742.000	742.000
14. 油饼、柴、菜、水果、口袋、线带子行牙捐	3 500.000	3 500.000
15. 花生、席、麻行牙捐	3 005.000	3 005.000
16. 树木、油槽、牛马羊皮油骨行牙捐	750.000	750.000
17. 猪毛鬃行牙捐	1 000.000	1 000.000
18. 牙捐学款	10 915.000	10 915.000
19. 契税牙佣	2 345.000	2 345.000
20. 状纸加收费	370.000	370.000
21. 房租	629.400	629.400
22. 厕所租	12.000	12.000
23. 模范补助款	6 000.000	6 000.000
总合	78 820.700	86 164.700

* 各机关间有自行收入的款项，如男女两师范的学田是，尚未列入预算中，特此注明。

十八年屠宰骡马驴附捐已随正取消，是年预算上虽列有，实际当无征数，至其他屠宰猪与屠宰牛羊两项，十八年并已合并包收（可参考赋税章第三节四屠宰附税）。

至于十六年度的岁入预算，因未查得，故从缺。惟是年关于地方捐税征收之数，可见赋税章表 11－48，总计征收 77 409.03 元。如加上状纸加收费及房租厕所租模范补助款等项，大概共有 84 420.43 元。

以上各年预算，临时征收的村捐尚未列入，故实际岁入之数，当要超过。就村捐不算入，其他捐税收数大概亦要超过。因为预算时，都是取的往年最低额。关于包收的税捐部分，则大概系取上年的实包数，上年的实包数，即下年投标时的最低额，规定所投之数都要在最低额以上。故实际征数大半多过于预算。

三、民国六年与民国十二年两年份岁入预算数

以上已将民国十七与十八两年度岁入的大概情形说明了。现在我们要考求前数年的情形，姑用民国六年与民国十二年两年份作为代表，与现在比较比较。计民国六年岁入的预算，总数为 69 881.7 元，民国十二年为 61 659.658 元（见表 12－2）。这两年预算各项中，俱以亩捐为数最多，民国六年差不多占全额二分之一，民国十二年（亩捐底子钱并计，民国六年此项底子钱尚没有征收）亦有四分之一以上。其次为牙捐各项（即表中 9 至 22 各项）民国六年合计 15 141.9 元，占五分之一有多，四分之一又不到一点；民国十二年合计 12 205.536 元，约占五分之一。再其次则为牲畜花布附捐与花生木植捐了。

表 12－2　　定县民国六年份与民国十二年份岁入各项预算†

项别	六年份收入预算（元）	十二年份收入预算（元）
1. 亩捐	32 415.100*	16 860.162*
2. 亩捐底子钱	…	337.204*
3. 花生木植捐	7 260.000	10 010.000
4. 八镇牲畜花布附捐	6 758.300*	9 368.256*
5. 高蓬、邢邑牲畜花布附捐	420.000	1 080.000
6. 屠宰猪附捐	3 826.400*	1 531.000
7. 屠宰牛羊附捐	1 060.000	1 005.500
8. 屠宰骡马驴附捐	…	262.000
9. 八镇牲畜牙捐	5 681.600*	4 341.659*

续前表

项别	六年份收入预算（元）	十二年份收入预算（元）
10. 高蓬、邢邑牲畜牙捐	444.000	564.000
11. 市庄牲畜牙捐	50.500*	33.690*
12. 清风店牛牙捐	20.000	20.000
13. 棉花、棉籽牙捐	1 520.600*	1 669.385*
14. 县城棉花、棉籽牙捐	…	35.463*
15. 县城布牙捐	87.100*	65.377*
16. 清风店柴菜牙捐	258.400*	339.227*
17. 明月店柴菜牙捐	308.100*	338.011*
18. 席行牙捐	1 147.900*	1 228.026*
19. 麻行牙捐	1 300.300*	1 525.913*
20. 树木牙捐	2 915.400*	1 018.289*
21. 油槽牙捐	1 000.500*	569.938*
22. 牛马羊皮油骨牙捐	407.500*	456.558*
23. 契税牙佣	3 000.000	3 000.000
24. 模范补助款	…	6 000.000
总合	69 881.700	61 659.658

†另有布牙捐一项，当时因系商会自征，故未入预算。此项款额每年大致有制钱 6 千串。至其他各机关间有自行收入款项，如地租等亦未列入。

*凡有此符号的，都原为制钱数，民国六年共计 69 640 千，民国十二年共计 75 377.629 千，统按各该年的银元兑换率（民国六年每元兑换制钱 1 207.4 文，民国十二年每元兑换制钱 1 973.9 文）换为银元，计民国六年换 57 677.7 元，民国十二年换 38 187.158 元。

牙捐在民国十四年以前，尚未统合为八行，故民国六年、民国十二年关于该捐的项目，分立甚多。其时正税牙税尚系领帖按等第纳税，但牙捐已采用招商包收的制度了（可参看赋税章第三节二牙捐）。至于牙捐学款，当时归各村自行征收，所以预算案中未列入。另有商会自行征收的布牙捐，亦未列入。其余如现在的加征亩捐警款、房租等，民国六、民国十二两年尚没有（加征警款起于民国十六年，房租大约起于民国十四年）。亩捐底子钱，与屠宰骡马驴附捐、县城棉花棉籽牙捐、模范补助款等，在民国十二年有，民国六年亦没有。亩捐底子钱，民国八、九年间才征收的；县城棉花牙捐，亦系九年才起的。至屠宰骡马驴附捐与模范补助款虽系成立于民国六年，但因为刚成立，是年预算中尚没有列入。

民国六年与民国十二年岁入预算数比较，民国十二年反少 8 000 余元。这因为两年各项收入多系制钱数，折合银元，民国十二年银元较贵，故折合少了。若民国十二年的制钱数总额 75 377.629 千，我们按民国六年的兑换率换算，共可有 62 429.707 元，加上原预算中所有的银元数 23 472.5 元，共得 85 902.207 元。持此数与民国六年总数较，从前少 8 000 余元的，现在却多了 1.6 万余元，由此可知民国十二年论到制钱数并不少，是折合银元折合少了。

至民国六年与民国十二年和民国十七年与民国十八年两年较，后者收数自然过多。民国十七年多于民国六年约 9 000 元，多于民国十二年 1.7 万余元；民国十八年更多得多，多于民国六年有 1.6 万余元，多于民国十二年有 2.4 万余元。因为民国十七与十八两年有各项新捐加入，最重要的是牙捐学款一项，从前此项归各村自收，未入预算，现在则合并在八行牙捐中，已列入预算内了。其余如从前商会自收的布牙捐，现在亦并在布行牙捐内了。再有其他各项税捐，民国十七与民国十八两年实际预算数亦增加，如牲畜花附捐（即民国六年、民国十二年的牲畜花布附捐。因布一项，现已免征，故改称牲畜花附捐。见赋税章第三节三牲畜花附捐）、花生木植捐、牙捐等，数皆增加。惟亩捐一项，因民国十八年仍系征收制钱，故折合银元，较从前为少。不过自民国十八年起，捐率已增加，是年实际征数已达 3.3 万余元了（见赋税章表 11－48 田赋附加地方经费一项。惟本章表 12－1 所列预算数，仍照从前预算的，故仍与民国十七年一样）。

第二节　岁　出

一、岁出项别及民国十六年至十八年三年岁出预算数

定县岁出，可别为五项：(1) 党费，凡关党务开支者属之；(2) 政费，县政府下各局及其他县立行政等机关的经费开支属之；(3) 教育费，县立各学校与各学术机关的经费支出及四乡各学校的补助费等属之；(4) 建设费，凡关于县中实业方面的建设费均属之；(5) 特别费，凡特别或杂务的支出以不在上列四项之内者均属之。以上五项费用，概是在岁入各款项下动支，其有不在此款

动支的，则不列入。

各机关经费的支出，每年须提出预算，由财务会议通过，然后由财务局按月照拨。兹将最近三年岁出各项预算分别说明于次：

1. 党费

民国十六年度内，定县尚未入国民政府统治之下，故党部尚未设立，本年无党费开支。民国十七年八月间，党务指导委员会成立，每月经费预算 1 420 元。该会办理只有五月，故列的只有 7 100 元。民国十八年三月，县党部正式成立，每月预算经费 1 400 元，民国十八年全年度预算为 16 800 元。

2. 政费

政费的支出预算，民国十六年度为 44 932.8 元，民国十七年度为 36 993.4 元，民国十八年度 43 922 元（见表 12 - 3），平均每年度 41 949.4 元。三年中以民国十六年度较多，民国十八年度略少于民国十六年度，但多于民国十七年度。民国十六年度之所以多，因为有参议两会（即参事会与县议会）的缘故。民国十七年参议两会虽有，但存在期间不久。

每年中开支最多的，要算公安局（民国十七年六月始改称公安局，以前名警察所），三年都超过全体支出半数以上。该局因规模较大，全体设六警区，办有警察多名，故开销较繁。其次支出较多的，在民国十六、十七两年度，均为参议两会与教育局，民国十八年度则为教育局与建设局（民国十七年夏改名建设局，以前称实业局）。民国十六年度田房税契稽核处归参事会管理，经费未另开支。是年公款局与财务局则尚未设立。民国十七年度参议两会存在的期间不久，故所列预算较上年为少。是年公款局仅过渡性质，财务局亦才设立几月光景，所以经费开支都不多。民国十八年度参议两会与公款局已取消，当无开支。

表 12 - 3　　定县民国十六至十八年三年度政费支出预算之比较

项别	十六年度支出预算（元）	十七年度支出预算（元）	十八年度支出预算（元）
1. 参议两会	10 531.000	6 032.600	…
2. 田房税契稽核处	…	180.000	204.000
3. 公款局	…	630.000	…
4. 财务局	…	270.000	3 222.000

续前表

项别	十六年度支出预算（元）	十七年度支出预算（元）	十八年度支出预算（元）
5. 建设局	1 956.000	1 956.000	5 160.000*
6. 教育局	3 952.800	3 952.800	6 096.000
7. 公安局	25 097.000	20 616.000	25 884.000**
8. 电话局	960.000	960.000	960.000
9. 县政府公报处	696.000	696.000	696.000
10. 保卫团	1 740.000	1 700.000	1 700.000
总合	44 932.800	36 993.400	43 922.000

* 内有 720 元系临时费，经常费占 4 440 元。
** 内有 2 880 元系临时费，经常费占 23 004 元。

3. 教育费

教育费的预算，十六年度系 37 600.64 元，十七年度 37 016.64 元，十八年度 39 348.64（见表 12-4），平均每年度 37 988.64 元。以十八年度为较多，十七年度较少。十八年度之增多，可说完全是因为县立师范学校在该年增了 2 000 多元的缘故。其他各项，都少有变动。

表 12-4　　定县民国十六至十八年三年度教育费支出预算之比较

项别	十六年度支出预算（元）	十七年度支出预算（元）	十八年度支出预算（元）
1. 社会教育办事处	648.000	648.000	648.000
2. 通俗教育讲演所	192.000	288.000	288.000
3. 教育旬报社	150.000	150.000	150.000
4. 县立师范学校	9 468.000	9 468.000	11 800.000
5. 县立女子师范学校	8 559.240	8 559.240	8 559.240
6. 职业学校	1 484.400	1 484.400	1 484.400
7. 中山中学	1 040.000	360.000	360.000
8. 四乡高小补助、奖励款	5 100.000	5 100.000	5 100.000
9. 四乡高初小学学款	10 915.000	10 915.000	10 915.000
10. 明月店学校补助款	44.000	44.000	44.000
总合	37 600.640	37 016.640	39 348.640

每年中支出最多的要算四乡高初小学学款一项（指定牙捐学款全部充用），在十六、十七两年占第一位，在十八年亦占第二位，十八年占第一位的是县立师范学校。该校在十六、十七两年则占第二位。县立女子师范学校在三年中都

占第三位。该两校因为是定县男女最高学府，故经费当较其他学校优裕（另尚有学田收入，系各该校自行经收，故不列入）。至于中山中学，十八年暑间已停办，十八年度虽列出预算，当未开支。

4. 建设费

建设费十六年度预算额为 1 466 元；十七与十八两年度俱为 1 471.6 元，与十六年度相差无几（见表 12-5）。至于平均每年度为 1 469.7 元。三年中都以县立试验场苗圃经费占最多数，占每年全年支出的四分之三以上。保定道苗圃设在保定，每年 40 元，系定县摊认之数。至民立工厂在定县城内，主要是织草帽鞭等，不过现在已有名无实。

表 12-5　　定县民国十六至十八年三年度建设费支出预算之比较

项别	十六年度支出预算（元）	十七年度支出预算（元）	十八年度支出预算（元）
1. 试验场苗圃	1 276.000	1 275.600	1 275.600
2. 保定道苗圃	40.000	40.000	40.000
3. 民立工厂	150.000	156.000	156.000
总合	1 466.000	1 471.600	1 471.600

5. 特别费

特别费预算，十六年度为 8 474 元，十七与十八两年度均为 6 343.15 元（见表 12-6），平均每年度 7 053.433 元。此项预算中关于杂支一项，包含军队来往驻扎一应零星的供给，费用多少，最无一定。如遇军事发生的时候，临时需用大批款项，则另外筹集村捐开支，未入预算中。

至于商会的经费，从前是在自征的布行牙捐项下开支；现在该捐并入八行中，乃按年领取 2 000 元之数。翟城模范村补助款，是在模范款 6 000 元中支领十分之一，为补助该村办理模范村政之用。施种牛痘，民国十七、十八两年无预算。

表 12-6　　定县民国十六至十八年三年度特别费支出预算之比较

项别	十六年度支出预算（元）	十七年度支出预算（元）	十八年度支出预算（元）
1. 商会	2 000.000	2 000.000	2 000.000
2. 农会	570.000	570.000	570.000
3. 翟城模范村补助	600.000	600.000	600.000

续前表

项别	十六年度支出预算（元）	十七年度支出预算（元）	十八年度支出预算（元）
4. 祭祀典礼费用	550.000	550.000	550.000
5. 施种牛痘	130.000	…	…
6. 孤贫口粮	380.000	380.000	380.000
7. 孤贫冬衣	28.000	27.150	27.150
8. 管理犯口粮	216.000	216.000	216.000
9. 杂支	4 000.000	2 000.000	2 000.000
总合	8 474.000	6 343.150	6 343.150

总结以上五项，十六年度支出共 92 473.44 元，十七年度共 88 924.79 元，十八年度共 107 885.39 元（见表 12－7），平均一年的支出占 96 427.873 元。三年以十八年度支出最多，较之十六年度增 1.5 万余元，比十七年度增 1.8 万余元。增多的原因，我们看表中所载，便知是党费的增入。党费在十六年无，十七年仅 7 000 余元，十八年就到 1.6 万余元之多。其次是教育费的增加，十八年较十六、十七两年约增 2 000 元之谱。至于政费与特别费两项，十八年反较十六年略少。

表 12－7　　定县民国十六至十八年三年度岁出各项预算之比较

项别	十六年度支出预算		十七年度支出预算		十八年度支出预算	
	金额（元）	百分比	金额（元）	百分比	金额（元）	百分比
1. 党费	…	…	7 100.000	8.0	16 800.000	15.6
2. 政费	44 932.800	48.6	36 993.400	41.6	43 922.000	40.7
3. 教育费	37 600.640	40.7	37 016.640	41.6	39 348.640	36.5
4. 建设费	1 466.000	1.6	1 471.600	1.7	1 471.600	1.4
5. 特别费	8 474.000	9.2	6 343.150	7.1	6 343.150	5.9
总合	92 473.440	100.0	88 924.790	100.0	107 885.390	100.0

三年中以十七年支出较少。少的原因，可说完全是政费的突减。该年政费比十六年几少 8 000 元，比十八年亦少 7 000 元左右。是年定县初隶属国民政府，在此青黄不接的时代，旧的机关准备结束，新的机关一时尚未产生，故政费开支较少。

每年中各项支出最多的，是政费一门，三年的百分比都在 40%以上。其次是教育费，十六年为40.7%，十七年为41.6%，十八年为36.5%。再其次是党费。最少的是建设费，每年不过占百分之一多一点。

以上各项费用，实际开销时，超过预算的还少。不过临时兵差费没有算入。近年因兵差常有，如算入，则一年开支之数恐要多一两万元（十八年应付此项兵差所征的村捐，即有二万余元）。

二、民国六年与民国十二年两年份岁出预算数

我们现在看民国六年与民国十二年的岁出预算。民国六年份预算总额为66 713.5元，其中政费占34 048.8元，教育费占30 080元，建设费占1 691.2元，特别费占893.5元。以政费支出最多，占全体支出的51%；其次教育费，占45.1%；特别费最少，占1.3%（见表12－8）。此外尚有数项经费，表中未列（见表12－8表末说明），因它们款的来源，不在岁入预算中，原预算案内即未列。另四乡高初小学学款一项，当时系由各村在自征牙捐学款项下开销，故亦不能列入。

表12－8　　定县民国六年份岁出各项预算†

项别	支出预算（元）	百分比
政费	34 048.800	51.0
1. 自治事务所	1 391.400*	
2. 模范事务总所	3 776.700*	
3. 六区模范事务分所	1 490.800*	
4. 劝学所	2 153.400*	
5. 警察所	25 236.500*1	
教育费	30 080.000	45.1
1. 社会教育办事处	1 440.000	
2. 公民讲习所	1 987.700*	
3. 阅报所宣讲所	531.700*	
4. 师范讲习所	5 963.200*	
5. 女工传习所	2 400.000	
6. 县立高等小学校	6 463.100*2	
7. 县立女子高等小学校	3 819.100*3	

续前表

项别	支出预算（元）	百分比
8. 贫民学校	120.000[4]	
9. 四乡高小学校补助	5 681.600*	
10. 明月店学校补助	165.600*	
11. 选送农业学校学生学费	108.000	
12. 小学观摩会	800.000	
13. 小学运动会	600.000	
建设费	1 691.200	2.5
1. 农事试验场	1151.200*[5]	
2. 保定道苗圃	40.000	
3. 物产品评会	500.000	
特别费	893.500	1.3
1. 罪犯土工工程处	200.000[4]	
2. 孝子高白云补助	24.800*	
3. 祭祀典礼费用	261.200*	
4. 孤贫口粮	407.500*	
总合	66 713.500	100.0

† 另有织工传习所经费（年约2 000千）与商会经费，均在商会自征之布牙捐项下开支未入预算中。又办理模范国民学校，修理道路，建筑市场，设置六区电话等事宜，另由第一次呈准留支政费（县署政费）盈余4 000元项下开支，亦未列入预算中。

*凡有此符号的，都原为制钱数（有同一笔开支中，钱与银元两项都有的，仍记以此号）。共计69 335.549千，按民国六年银元兑换率每元换制钱1 207.4文，换为银元，共换57 425.5元。

注：1. 内有2 552.4元系临时费，经常费占22 684.1元。
2. 内有1 500元系临时费，经常费占4 963.1元。
3. 内有1 500元系临时费，经常费占2 319.1元。
4. 贫民学校与罪犯土工工程处，均系本年才开办，故所列之数，仅为开办费，尚无经常费在内。
5. 内有157.4元系临时费，经常费占993.8元。

至民国十二年份的预算，总额为46 551.051元，其中政费占26 990.934元，教育费占17 487.420元，建设费占587.140元，特别费占1 485.557元。仍以政费支出最多，占全体支出的58%；其次教育费，占37.6%；建设费最少，占1.3%（见表12－9）。表中亦未将四乡小学学款等项列入，理由同前。另有教育会经费等约1 300元（见表12－9表末说明），原预算案内亦未列。本来此款是在岁入项下动支，应该计算在内才对。现在我们将它算在内，则是年岁出共有4.78万余元。

表 12-9　　定县民国十二年份岁出各项预算†

项别	支出预算（元）	百分比
政费	26 990.934	58.0
1. 模范事务所	2 026.445*	
2. 财政所	1 440.000	
3. 劝学所	1 702.214*	
4. 劝业所	1 464.000	
5. 警察所	19 588.226*‡	
6. 工程局	770.049*	
教育费	17 487.420	37.6
1. 社会教育办事处	376.919*	
2. 通俗教育讲演所	177.314*	
3. 图书馆与阅报所	323.414*	
4. 师范讲习所	2 264.552*	
5. 女子师范讲习所	3 600.000	
6. 县立高等小学校	4 437.915*	
7. 县立女子高等小学校	1 864.325*	
8. 四乡高小学校补助	4 341.659*	
9. 明月店学校补助	101.322*	
建设费	587.140	1.3
1. 农事试验场	547.140*	
2. 保定道苗圃	40.000	
特别费	1 485.557	3.2
1. 农会	382.998*	
2. 翟城模范村补助	600.000	
3. 祭祀典礼费用	253.306*	
4. 孤贫口粮	249.253*	
总合	46 551.051	100.0

† 另有教育会经费及办理通俗报用款、劝学所调查学龄儿童费（年支 1 400 千）、自治预备会经费（年支 594 千）等共计 1 300 元之谱未列预算，仍在岁入项下开支，特此注明。

尚有乙种实业学校经费，即前之织工传习所，现在之职业学校年支 2 324 千，商会经费，均在商会自征之布牙捐项下开销，苗圃经费系由苗圃内收益直接开支概未入预算中，合并声明。

* 凡有此符号的都原为制钱数，共计 77 785.578 千，按民国十二年银元兑换率每元换制钱 1 973.9 文，换为银元，共换 39 407.051 元。

‡ 内有 1 573.129 元系临时费，经常费占 18 015.097 元。

在此附带要说及的，民国十二年的工程局，名义是关于工程，实际是承办兵差，等于他县的支应局；在民国六年与民国十二年的劝学所，即现在的教育局；师范讲习所，即现在的男师范；民国六年的女工传习所、民国十二年的女子师范讲习所，即现在的女师范。至县立男高等小学与女高等小学，现在已分别附属男女师范内。

我们试比较民国十二年份与六年份的预算总额，不免要诧异道，为什么民国十二年开支这样少，较之民国六年少到 20 162.449 元之多（十二年的数，仍根据表 12－9 所列的数计算。表末附记之 1 300 元，未有列入）？其中的原因，最重要的亦是制钱数换为银元的关系，与前面岁入的情形一样。支出各项中，仍多用制钱数，十二年因为银元贵就折合少了。如十二年原预算中的制钱数 77 785.578 千（见表 12－9＊号附记）按六年的银元兑换率换算，就能换 64 424 元。此数加上原预算中所有的银元数 7 144 元，就有 71 568 元，从前比六年少二万零，现在反多了 4 800 余元。可知十二年论制钱数并没有减少。

再有一层，十二年的临时费比较少，亦有关系。按是年临时费，不过 1 500 余元。至于六年的就很多，共有六千零数十元；若加上观摩会、运动会、品评会等特别的支出（此等支出，只六年才有），则有 7 900 余元，比十二年多 6 400 余元。六年正是县中办理模范事业热烈的时候，故一切费用较繁。

现在我们可以拿这两年的岁出数与民国十六至十八年三年平均每年的岁出数比较一下。现在三年的平均岁出数为 96 427.87 元，比民国六年多 29 700 余元，比十二年多 49 800 余元。固然六年与十二年，四乡小学学款与职业学校及商会经费没有在预算内，但是即算在内，不过增加 14 000 余元（按现在的数目计算，若按当时的数目，恐还没有这样多），还是没有现在多。虽然把其他不在预算的通算入，六年约再可增 4 000 元，十二年约再可增 1 300 元（见表 12－8、表 12－9 两表表末附记），与前 14 000 余元并记，六年共可增 18 000～19 000 元，比现在仍要少 10 000 余元，十二年共可增 15 000～16 000 元，比现在要少 33 000 余元。至于现在的数中，临时支出的兵差费用，则尚未有算入。

我们如分开各项比较，民国十六至十八年三年的政费教育费特别费各项，比从前都有增加。惟建设费一项只六年因有物产品评会特别支出，故较现在略多。按民国十六至十八年三年平均每年支出，政费项为 41 949.4 元，较六年多

7 900 余元，较十二年多 14 900 余元；教育项为 37 988.64 元，较六年多 7 900 余元，较十二年多 20 500 余元；建设项为 1 469.733 元，较六年少 200 余元，较十二年多 800 余元；特别项为 7 053.433 元，较六年多 6 100 余元，较十二年多 5 500 余元。另十七、十八两年尚新增有党费的支出。现在因各机关用费较繁，并有新设机关，故各项预算皆增加。

第三节　结　论

上述各年岁入与岁出相较，六年与十二年皆有盈余，六年约可余 3 100 余元，十二年约可余 15 100 元。十二年即将教育会等经费 1 300 元除去，亦可余 13 000 余元。至十七、十八两年，据预算表中所列，十七年不敷约 10 000 元，十八年不敷则有 21 000 余元。不敷如此之巨，如岁入的实数不能多过预算，当然须另外想方法弥补；不过实际岁入之数均多过，我们看赋税章表 11－48 所载十七年各地方捐征收的数目总计已有 84 000 余元，如再加上其他收入部分如模范补助款、状纸、加收费房租等，当有 91 000 余元。是年岁出预算约 88 900 元，是收入已足敷用了。惟十八年则因不敷太多，故不能不在亩捐上设法，加增捐率，捐率增加后，是年收数连其他捐税并计已达 113 000 余元（仍见赋税章表 11－48），不算模范款等，已足与是年岁出预算 107 000 余元相抵了。

末了，特将各项捐款开于教育部分的（即教育经费的来源各款）列出一表，以备注意此项经费的人们，作一个参考。

定县教育经费来源：

1. 亩捐（占十分之二）
2. 花生木植捐
3. 高蓬、邢邑牲畜花附捐
4. 屠宰牛羊附捐
5. 牲畜行牙捐
6. 油饼、柴、菜、水果、口袋、线带子行牙捐
7. 油槽行牙捐
8. 猪毛鬃行牙捐
9. 牙捐学款
10. 契税牙佣
11. 状纸加收费

上表所列11项，统以现有为断。此11项一年的收数，根据民国十八年的预算，总计有41 700余元（原列预算，教育局经费亦从此数出）。此外尚有契税中附征的民国教育捐一项，是最近县中因办理民众教育需款，才筹划的。闻大致办法是在契税中附征一分，即按契价加征百分之一，由买方缴纳，专作办理民众教育之用，惟章程尚未公布，不知典契部分是否照样征收，此项捐款收数，我们如按十八年契税正税的收数（见赋税章表11－21）估计，一年大致有2 000元的希望（单是按买契部分估计的，典契未算在内）。

第十三章　农　业

第一节　全县农业概况

全县耕种地之亩数究竟有多少尚没有大规模的精确调查，也是很不易办到的调查。根据现有的材料，本县第 ·区 71 村与第二区 63 村共种地 339 958 亩，两区共计 14 617 家，如此平均每家约合 23.3 亩。全县除城关外共计约 6.62 万家，若以每家合 23.3 亩推算，则约得 154.2 万亩；再加上所估计之城关耕地 1.9 万亩，则约得 156.1 万亩。全县人口约 40 万，平均每人约合田地 4 亩。这个推算的数目大致很近实际情形。

民国十九年调查全县每村概况的时候，曾问及村中种地总亩数，并未详细实地调查其可靠程度。大约本会事业尚未普及之许多村庄，农民因为尚不很认识本会的性质，也许不肯十分说实话，定有以多报少的弊病，且遗漏土壤不良之地亩，只包括较好之耕地。现正进行调查实数。兹将各村所报亩数列表于下，暂供参考，也可以大致地看出各区分配情形（见表 13 - 1）。

表 13 - 1　**定县各村种地亩数**

民国十九年

种地亩数	村数						
	第一区	第二区	第三区	第四区	第五区	第六区	共计
500 以下	5	2	1	…	8	4	20
500～999	20	6	6	6	14	14	66
1 000～1 499	11	6	12	4	16	13	62
1 500～1 999	9	8	4	8	6	6	41
2 000～2 499	6	13	5	10	8	16	58
2 500～2 999	4	7	5	6	10	4	36
3 000～3 499	5	8	6	3	3	12	37
3 500～3 999	3	1	6	5	2	2	19
4 000～4 499	1	3	7	8	3	3	25
4 500～4 999	3	3	5	3	1	2	17
5 000～5 499	1	1	5	4	…	6	17
5 500～5 999	1	1	4	2	…	…	8
6 000～6 499	…	2	8	6	2	1	19
6 500～6 999	…	1	4	1	…	1	7
7 000～7 499	…	1	…	1	…	2	4
7 500～7 999	2	…	…	1	…	…	3
8 000～8 999	…	…	2	…	…	1	3
9 000～9 999	…	…	…	1	…	…	1
10 000	…	…	1	1	…	2	4
11 500	…	…	1	…	…	…	1
12 500	…	…	…	1	…	…	1
12 800	…	…	…	…	…	1	1
13 000	…	…	1	1	…	…	2
32 500	…	…	…	1	…	…	1
总合	71	63	83	73	73	90	453

民国十九年曾在各村询问最主要之农产物，次要之农产物，又次要及再次要之农产物为何。按调查之结果，主要农产物中以谷子为第一，有 363 村皆以谷子为首要产物。主要农作物中麦次之，麦中以小麦为多，大麦较少。再次为高粱、棉花、玉蜀黍、白薯（即甘薯）、花生、白豆等。高粱与玉蜀黍之地内亦多同时杂以豆类。兹将各区各村主要农产物列表于下（表 13 - 2）。

表 13-2 **定县各村主要农产物**

民国十九年

主要农产物	村数						
	第一区	第二区	第三区	第四区	第五区	第六区	共计
谷子	53	50	63	68	45	84	363
麦	14	7	…	5	11	1	32
高粱	…	4	9	…	5	4	24
棉花	3	2	8	…	1	…	18
玉蜀黍	…	…	…	…	11	…	11
白薯	…	…	1	…	…	1	2
花生	…	…	2	…	…	…	2
白豆	1	…	…	…	…	…	1
总合	71	63	83	73	73	90	453

各村次要农产物中以高粱为第一，多种于近河沙地，再次为麦、棉花、谷子、豆、玉蜀黍、花生、白薯、荞麦等。关于次要农产物各区各村分配情形见下列表 13-3。

表 13-3 **定县各村次要农产物**

民国十九年

次要农产物	村数						
	第一区	第二区	第三区	第四区	第五区	第六区	共计
高粱	1	17	20	61	3	29	131
麦	26	29	2	6	23	1	87
棉花	1	…	27	…	1	47	76
谷子	16	8	13	3	13	6	59
豆类	19	5	6	…	5	3	38
玉蜀黍	2	1	…	2	26	3	34
花生	5	…	8	…	2	…	15
白薯	…	3	7	1	…	1	12
荞麦	1	…	…	…	…	…	1
总合	71	63	83	73	73	90	453

关于各村第三重要农产物以豆类为第一，麦次之，白薯又次之。除 1 村无答案外，各区村数之分配见下列表 13-4。

表 13-4　　定县各村第三重要农产物

民国十九年

农产物	村数						
	第一区	第二区	第三区	第四区	第五区	第六区	共计
豆类	13	46	10	42	8	25	144
麦	10	9	6	11	12	16	64
白薯	17	1	22	3	4	14	61
高粱	5	3	5	4	6	19	42
玉蜀黍	5	…	4	6	21	1	37
花生	8	…	12	1	10	5	36
棉花	4	…	16	3	1	7	31
谷子	1	3	6	2	10	…	22
菜	5	…	…	…	…	…	5
葱	2	…	…	…	…	…	2
稻	…	…	…	…	…	2	2
黍	…	…	1	…	1	…	2
瓜	1	…	…	…	…	…	1
北瓜	…	…	…	…	…	1	1
蒜	…	1	…	…	…	…	1
金针菜	…	…	…	1	…	…	1
总合	71	63	82	73	73	90	452

第四重要农产物中以白薯为第一，豆类次之，麦又次之。除 275 村无答案外，其他产物及各区村数之分配见下列表 13-5。

表 13-5　　定县各村第四重要农产物

民国十九年

农产物	村数						
	第一区	第二区	第三区	第四区	第五区	第六区	共计
白薯	16	6	4	1	2	9	38
豆类	7	4	3	3	…	13	30
麦	3	18	1	…	…	6	28
高粱	…	17	…	…	3	2	22
花生	7	3	2	…	9	…	21
棉花	3	3	1	1	1	2	11

续前表

农产物	村数						
	第一区	第二区	第三区	第四区	第五区	第六区	共计
玉蜀黍	1	5	…	1	…	1	8
菜	6	…	…	…	…	…	6
稷	…	…	1	…	3	…	4
稻	…	…	…	…	…	2	2
扫帚	2	…	…	…	…	…	2
瓜	1	…	…	…	…	…	1
谷子	1	…	…	…	…	…	1
荞麦	1	…	…	…	…	…	1
芝麻	…	1	…	…	…	…	1
蒜	…	1	…	…	…	…	1
黍	…	1	…	…	…	…	1
总合	48	59	12	6	18	35	178

总之，全县产物以谷子为最多，麦次之，再次为豆类、白薯、高粱、棉花等物。关于各种产物数量尚在进行调查中。豆类多间种于高粱、玉蜀黍之地内，白薯亦甚普遍。小米（即谷子）、白薯与豆类为本县农民主要食品；高粱、小麦、大麦与玉蜀黍等为次要食品。自本县贩运出境之主要农产物为棉花，大半运往天津、河北、张家口等处。此外输出农产品有小麦、芝麻、鸭梨、枣、葡萄、香油、花生油、黄花（即金针菜）、大黄等物。

从前定县常遇旱灾，土壤又属平常，因此农作物之产量不丰，民食甚感困难。近十年以来产量大增，是由于遍地凿井灌田的结果。此略述井泉之由来及渐次增多之经过。民国九年北五省发生空前的旱灾，定县受害甚大。民国十年华洋义赈会在定县提倡用新法凿井。当时规定每凿井一个约洋 40 元，由华洋义赈会补助洋 20 元。由各村村长佐自行赴实业局报告。大村有报至 20，小村有报至三四井者不等。在领款之先，须经实业局协同华洋义赈会调查员到该村详细调查。当时各村所凿之井，都是由各村井匠自行办理，好者甚少。普通所凿之井，口径 5 尺，底径 7 尺，水深 5 尺。当时所用的水车，都从获鹿县来，每架 60 元上下。凡由华洋义赈会领款凿井的，必在井中砌砖，上书华洋义赈会捐款字样。后来各村人都感觉不便，遂由实业局通告各村，凡能将井凿好者，就将官立平粜局所余的款项补助，以资奖励。当时有实业局委员李树棠君学习机器凿井，先把方法教给邵村农民，后又把方法教给翟城村农民。当时学成者有许多村，以翟城村学习的成绩最好。实业局就把井架借给翟城村，使他们先凿井数个。起初成绩不很好，但后来越研究越好。起初凿井十余个须用三个月工夫，且不甚好；后来七八天就能凿十余个井，成效大著。各村相继仿效。凿井日多。后来翟城村村正米聚五先生出资向天津购买新式井架 1 具，到各村提倡凿井。当时规定凡翟城村本村凿井者每个出洋 7 元（专指用凿井机器下木泉而言），外村凿井者每个出洋 12 元。

民国十二年二月，翟城村米迪刚先生偕山东大绅士王鸿一到翟城村参观。王氏很欣赏翟城村凿井的成绩。当年六月底实业局约请村中能手 2 人，赴山东曹州府教徒弟，由实业局代出川资。那时收徒弟 3 人，在 5 个月内共凿井 11 个，教徒弟 5 个。于是又被约往汀陶县，9 个月工夫教徒弟 4 人，后增至十余人，都是遣散的青年步兵。起初在曹州林场凿井完成时，观者数千人。四五十里外的农民也都来参观，因此山东省也起始提倡凿井了。井手由山东回来以后，声望日著，各村仿效，又多凿起井来。水车是民国十一年各村自行仿造的，以北齐与东亭的铁匠为最先。

普通凿一能用水车或三把辘轳之大砖井约需 80 元：包括用砖 3 500 个，需 40 元；50 人工需 35 元；木盘 5 元。能用两把辘轳之井需洋 55 元；能用一把辘轳之井需洋 40 元。每个榆木辘轳价约 1.5 元至 2 元，小辘轳木架价约 2 元，大者约 3 元。大水车价约 80 元，小水车约 50 元。

据民国十九年之调查，除城关外，全县约有井 59 000 口；第六区井数最多，第四区次之，第三区又次之。全县 453 村平均每村约合 131 口井；453 村共计 66 205 家，平均每家约将合一口井（0.89）。453 村村外井共计 39 799 口，村内井共计 19 412 口。各区村数、家数、井数、平均每村井数、每家井数，见下列表 13－6。

表 13－6　　定县各区井数

民国十九年

区别	村数	家数	井数（口）			平均每村井数	平均每家井数
			村内	村外	共计		
第一区	71	6 230	2 484	2 918	5 402	76.08	0.87

续前表

区别	村数	家数	井数（口）			平均每村井数	平均每家井数
			村内	村外	共计		
第二区	63	7 854	2 195	3 090	5 285	83.89	0.67
第三区	83	15 622	2 815	5 883	8 698	104.80	0.56
第四区	73	15 961	3 132	11 834	14 966	205.01	0.94
第五区	73	7 520	3 057	5 453	8 510	116.58	1.13
第六区	90	13 018	5 729	10 621	16 350	181.67	1.26
总合	453	66 205	19 412	39 799	59 211	130.71	0.89

小村之井数有不满 10 口者，大村之井数有多至 1 220 口者。按井数组全县 453 村之分配见下列表 13－7。

表 13－7　定县各村井数

民国十九年

井数（口）	村数	井数（口）	村数	井数（口）	村数	井数（口）	村数
1～9	5	140～149	12	280～289	2	450～459	2
10～19	33	150～159	8	300～309	9	480	1
20～29	44	160～169	12	310～319	2	500	2
30～39	33	170～179	5	320～329	3	520	1
40～49	34	180～189	8	330～339	1	530	1
50～59	31	190～199	3	340～349	3	550	4
60～69	22	200～209	4	350～359	9	590	1
70～79	26	210～219	3	360～369	2	600	1
80～89	14	220～229	2	370～379	1	670	1
90～99	16	230～239	3	380～389	2	830	1
100～109	11	240～249	7	400～409	5	950	1
110～119	14	250～259	8	410～419	1	1 220	1
120～129	18	260～269	7	420～429	1		
130～139	10	270～279	1	430～439	1	总合	453

定县春季雨量缺乏，有井泉灌田之后种麦者大增。麦收获后又可种第二次作物，如谷子、白薯等物。因此有井之地，不但在一年内能收获两次作物，且每次作物之产量亦较无井时增加，又可年年收获，而无苗枯之患。凿井灌田之方法与解决华北旱灾及农产之增加关系甚大。因此关于凿井之方法实有研究与

推广之必要。本会有研究农业之史秉章先生来自河北赵县，关于凿井之方法努力研究，拟出专书。赵县凿井亦甚发达，凿井之方法亦与定县大致相同。兹将史君于民国十八年时，在赵县与定县两处凿井方法之调查研究，略述于下。

择验井地　凿井之法，因土层土质不同而异其趋。在兴工之前，必须先行测验，以求明了其地之土质水层。测验之法，以杉木三根搭成三角架，以绳束之，系以铁环。然后以铁锥（直径半寸许，长约四丈）直贯铁环中。下端入地，由二人或四人手执铁锥往下锥之。或于锥上距地二尺许处，横缚一木（直径寸余，长二三尺），二人手执横木提起按下，上下不已。铁锥渐按渐下，横木亦渐近地面。如是再将横木往上移动，再近地面时，再往上移动，如是不已，直至达到欲凿之深度为止。设当地之水皮层过深，铁锥不能相及，则可接以竹篦（篦厚三分，宽寸余，长一二丈不等）。当用锥试探之时，务须特别留心锥在土内之情形。设锥上下往来颇觉涩滞，则知地内纯系黏土；爽快易入则为沙土；坚而难下，并按时铿然有声，则为石层。每遇换土层，即当量锥在地上余长若干。由此计算可知锥入地下若干，此法甚属简单，而非富有经验者，运用之际恐难免错误。若舍铁锥而用一种铅制之空桶锥，直径二寸许，长短不等，下口有活塞，再下有钢铲，能将地内之土取出，以资审察。如是虽无经验者用之亦能测得正确之结果。

黏土造井法　设所择验之地纯为黏土，则造井之法，非常简单。即以铁锹掘地为穴，其直径之尺数可随当地之便。井上安置辘轳，提起泥土，及达水层下丈许时，井中之水即可取之不尽，然后用砖砌成井壁。砌法亦分二种：一为表砖，使砖立砖；二系卧砖，使砖平铺；表砖省砖，卧砖耐久。二者以卧砖为佳。砌时仍用辘轳，一面汲水，一面送砖。三四人在井内，先以木盘置井底。盘为圆圈形，宽七寸，直径与井底等，厚三寸。然后砌砖其上，直至地面为止。此法名曰抢盘。此等井在赵县概用 80 余元。赵县之井，普通均深为四丈。共用砖 4 000，砖价共 70 元，再加上人工等费 10 余元，共 80 余元。

上为黏土下为沙土之造井法　设欲造之井深为四丈，上两丈为沙土，下两丈为黏土。其造法亦如黏土造井法。惟开掘井桶之时，在沙层之桶，直径可特大出四尺，以防沙坍塌，落入井内。至井桶掘成，叠砌砖桶时，则决不可上大下小，只可上边微微小些。平常井底直径七尺至八尺，井口直径四尺至五尺。

井桶外之空隙，当用土填实。设欲造之井上为黏土，下为沙土，则其法较觉复杂。法先开掘升桶及水皮层而止，然后安置木盘于井底。盘之外缘每隔尺许立柳杆一根，杆之直径二寸许，长与沙层之高等，下端紧系木盘之外，共二十四根。然后木盘上砌砖，当砌第一层砖时，每隔八尺之处，留宽寸许之缝一，如是共留四缝，以备将来拴绳提盘。然后再以粗如大指约长三尺之绳，套过柳杆下端，余绳置所砌之砖上，绳头落井桶内。然后再砌第二层砖，压着套杆之绳，又砌第三层砖，第四层，直至第八层，又以同样之绳如前套过柳杆，余绳亦悬入井桶内。以后每隔八层砖拴绳一次，至杆尽为止。然后再用粗如大指之绳两根，联为一条，以其下端套于杆之下端，沿井桶而上系于柳杆上端。如是井桶之外有柳杆二十四根，井桶内有绳二十四条，每条必为两根，名曰径绳。其在井桶内，每隔八层，系于柳杆之绳，更皆绑于径绳上。惟此二十四条绳，均甚宽松，于是将第一绳之第二根与第二绳之第一根，用手拉在一处，用长尺许粗如大拇指之柳木棒用力绞住。此第一绳之第二根与第二绳之第一根，每隔八层砖皆绞缥一回。第二绳之第二根与第三绳之第一根，也用前法绞缥。以下诸条依此类推，至第二十四绳之第二根与第一绳之第一根再互相绞缥，如是柳杆二十四根与径绳二十四条，内外相绞，使井桶固如铁石。但此桶之深，不过为全井之半，此种坚固之构造，仅为下部沙层预备而已。此桶之上，可照平常砌桶法，不用下部井桶之柳杆绳子等，往上砌起，及达到欲凿井之深度（连下部井桶）即止，如是上部井桶高耸平地之上。然在井桶外之四隅，于距五尺许之处，各竖二柱，再用横木八根，将四柱连起，成为方形，高与井桶上口平。又用木棍四根，一端绑在柱上，一端绑在井口上，然后密搭木板数十块，使井口能站人数十个，把辘轳四个或六个安置井口上。再用最坚固之大绳四根，下端拴于井盘上（砌砖时盘上已预留四孔），上端拴于安辘轳之木桩上。拴妥之后，用辘轳往井中送下四人，各站于一隅。以镢掘井盘下之土。再用辘轳把土提上，倾于井外近旁，如是井盘之下渐掘渐空，井桶亦逐渐下行。但有时至沙层下部，往往发生沙孔，向上喷沙。治法则用麦秆扎成小束，用脚踏入沙孔，至井桶完全入地时为止。至于井中掘土之人，须常常更换。井桶既完全入地，井桶外空隙之处亦须速用土填实。然后用水车将水汲上，并使数人下井，将四条大绳及二十四条径绳，从井底割断，再将系于径绳上之小绳一一割断。割小绳之法，安镰刀于长杆上，在井上割之。割后将绳取出，井外下部之柳杆，则扔内不动。

沙土造井法　设遇沙土过厚之地，亦可用上述测验井地之法。在该地中多测验几处，如在水皮层下数尺，有黏土最好将井桶下木盘安于黏土上，以免井造成后，井桶时往下坠。设当地水皮下二三丈仍无黏土，则惟有预备井桶，以能达到水皮下八九尺为适宜。其造法与上黏下沙之法，大同小异。惟在井桶下半部外围之柳杆上，再按前法，接以二丈余之杉杆；大头向上，其绑法均与下部之柳杆同。俟造成后，此等杉杆即可一一提出。提法以绳拴杉杆上端，再用横杠，由数人用力抬之即出。其他手续均与前所述之法同，此法造井约需洋 120 元。

人造泉之用具及手续　井造成后，所含水量有足用与不足用之分。其不足用者，即不能不赖人造泉以救济之。经营此种人造泉之用具与手续，均甚简单，兹略述于下。

用具：

（1）大铁锥一件，长丈余，直径二寸，中空，下有立刀与活塞，为泥沙水等入锥之门户。上端之侧有寸许之方孔，为锥内泥沙水等出锥之处，此锥无论经过何土，均可取上，细细致验。

（2）亚铅探水筒，其外形构造，均与上述之锥同。用以吸取锥眼内之水，但不能用以向地下钻凿新孔，因亚铅甚薄故也。如无大铁锥时，则此种亚铅探水筒实为必需之物。

（3）中实大铁锥，此锥以平常之铁制之，中实，长二丈余，直径一寸半，下端为铲形，以备凿地，上端稍细，有孔或缺刻，以备接竹篦。但此锥必与第二种偕用，因其不能汲取经过之土，以便审查。

（4）竹篦，竹篦之制法，以竹筒十数根劈开，使其宽一寸许，长一丈余，为系锥之用。每根两端有缺刻，以备接续，接时用铁箍，两头相接，即以箍之。

（5）木轮，状如旧式纺车之轮，中贯铁轴，轮之直径一丈五尺。此轮专为提锥之用，用时将锥系竹篦之上端，挂于轮之外周边上，一人入轮中，手攀铁轴，足登轮周横木，则轮自转，竹篦缠轮外周上，锥即提出。

（6）木管，此管长数尺至一丈余，以木板为之，管为方形，径口八寸或一尺，为人造泉必需之物。用时插入井水内，下端至井底，上端露水皮上尺许，最好备有长短两个，因井水有浅有深，锥从木管中向下锥时，以免井淤泥流入锥眼内。

(7) 其他用具如杉杆十数根，木棍十数条，木板数块，麻绳数十条，铁丝、斧、锤等物，皆可在当地临时借用。

手续及做法：

先用杉杆四根，至少必比井之深度稍长，使之顺立井内四隅；然后再用杉杆两根，最好与上四根等长，平放地上，相距一尺半或二尺，成平行状。然后每距一尺半即扎横木一根，做成梯状，竖立井内。人从梯子下去，至水皮上数寸，用横木四根扎于四隅之杉杆上，成正方形；然后搭以木板，但当中必留一孔，再将木管从孔中插入井中；然后在井上竖杉杆六根，悬木轮于其上。木轮之上五尺，也用木棍四根，将四角之杉杆，连络绑住，亦成正方形；方形之下，悬以大弓；弓背以竹筒三四根为之，长一丈四五尺，弓弦以大绳为之。用法将中实铁锥，放入井内之木管内，锥上接以竹篦一二根，竹篦上端，拴弓弦上；然后在井内木管上二尺许，拴以长二尺，粗如鸭卵之横木。二人手持横木，提上按下，因有弓之弹力，不甚费力。如是上下不已，锥渐下进，横木亦随时往上移动。竹篦上端接弓弦处，亦要随时往下松解，至竹篦已尽，再接竹篦，相接处均有缺刻，套以铁箍。工师平常六人或八人，二人一班，轮流做工，每日平均可锥二三丈，但亦因土质不同，随有深浅。工人休息时，必将铁锥提出。提法将竹篦上端挂轮上，人入轮中，手执中轴，足登轮周横木，轮转时竹篦环绕轮上，锥渐提上。然后将所凿孔内，用漏斗注以浓厚胶泥（纯黏土）水，每停工时必如是。因泥水之外压力大，凿孔不易坍坏，且因有胶泥，竹篦周围摩擦，孔之周围渐生胶泥皮，故凿孔虽深，决无自行破裂之说。如欲知下部系何土质，随时可换以亚铅锥或中空大铁锥。所得泉水之强否，以沙层之深浅良否为标准。最浅亦须五尺，深度愈厚愈好。沙粒整齐，形大如豆者为最佳（俗名马牙沙）。富有经验者，铁锥在井底下十余丈，手抚井上系铁锥竹篦，即可断定井下之土质。据云手抚竹篦，觉其锥在下部，黏而涩者为黏土，坚而爽其声铿然者，必为石或铁板沙（黏细如土成板状，坚而如石），爽而下行甚速者必为沙。但为准确起见，必须用空锥提上细验，方可为凭。设为良好之沙，则可下筒，但必须在井底四五丈以下，不然泉水决难强盛。至于筒之质料，有以木为之者，有用竹筒者。用木或竹筒数根相接，相接之处，锯有许多缺刻。相接之后，再缠棕数次，再缠以铁丝。筒之长短与锥孔之深浅，必须要十分精确，不然稍有差错，即有良好之沙层，亦难出水。筒之下端应在沙层上尺许，但沙层之上，须为黏土。安妥之后，再用亚铅撮水中空锥，将筒之下端沙层撮出许多，使筒之下端成空腔状，但竹筒中之隔膜，须穿通使其光滑。一切完妥之后，井上安置辘轳四个或水车，将井水汲出许多，然后将竹筒距井底二尺处锯断，则水自出，取之不尽，用之不竭矣。一挂水车以牲口两头拉之，每日可灌地五六亩。如水车停止，则水筒之水涨至井水原处，亦即停止，在赵县所下之水筒，浅则五六丈，深则三十余丈。有时一筒兼收两层沙之水，法在第一层沙下再锥，至得第二层沙，再下筒，在第一层沙之处，在筒之周围，穿许孔小孔，缠以棕片，上下两端绑以铁丝，第二层沙处，与前次所说同。

第二节　62 村土地分配、租田制、井水灌溉与农工概况

一、土地分配

民国十七年时调查东亭乡村社会区 62 村之土地分配。62 村共计 10 445 家，其中种地为业者共计 10 290 家，占一切家数的 98.5%。有许多村庄百分之百的住户皆为农家；62 村所有农场的耕种面积共计 238 563 亩。若只以种地之 10 290 家而论，平均每家种地 23.2 亩；若以所有 10 445 家而论，平均每家计 22.8 亩。关于每村家数、村内种地家数、全村农场耕种面积、平均每家亩数等详细情况见下列表 13－8。

表 13－8　　62 村每村种地家数、耕种面积及平均每家亩数

民国十七年

村号数（以家数多寡为序）	村内总家数	村内种地家数	种地家数占总家数之百分比	全村农场耕种面积（亩）	平均每家亩数	
					种地之家	村内所有家庭
1	458	455	99.3	7 900.0	17.4	17.2
2	374	357	95.4	9 800.0	27.5	26.2
3	362	349	96.4	6 200.0	17.8	17.1
4	348	348	100.0	6 100.0	17.5	17.5

续前表

村号数（以家数多寡为序）	村内总家数	村内种地家数	种地家数占总家数之百分比	全村农场耕种面积（亩）	平均每家亩数	
					种地之家	村内所有家庭
5	328	324	98.8	7 500.0	23.1	22.9
6	326	323	99.0	7 000.0	21.7	21.5
7	319	319	100.0	8 000.0	25.1	25.1
8	303	303	100.0	8 200.0	27.1	27.1
9	301	285	94.7	5 300.0	18.6	17.6
10	293	288	98.3	4 500.0	15.6	15.4
11	292	292	100.0	11 500.0	39.4	39.4
12	284	284	100.0	5 400.0	19.0	19.0
13	279	279	100.0	5 800.0	20.8	20.8
14	276	272	98.5	6 150.0	22.6	22.3
15	276	272	98.5	7 000.0	25.7	25.4
16	270	270	100.0	7 050.0	26.1	26.1
17	270	270	100.0	6 000.0	22.2	22.2
18	247	247	100.0	6 500.0	26.3	26.3
19	220	200	90.8	4 457.3	22.3	20.3
20	210	207	98.6	4 050.0	19.6	19.3
21	199	199	100.0	3 710.0	18.6	18.6
22	192	192	100.0	4 200.0	21.9	21.9
23	190	187	98.4	5 000.0	26.7	26.3
24	185	185	100.0	3 000.0	16.2	16.2
25	183	182	99.4	3 670.0	20.2	20.1
26	182	182	100.0	4 350.0	23.9	23.9
27	181	180	99.4	4 120.0	22.9	22.8
28	180	180	100.0	5 500.0	30.6	30.6
29	175	169	96.6	4 624.4	27.4	26.4
30	172	172	100.0	4 100.0	23.8	23.8
31	166	162	97.6	4 000.0	24.7	24.1
32	160	160	10.00	3 500.0	21.9	21.9
33	160	149	93.1	3 456.6	23.2	21.6
34	158	155	98.9	4 250.0	27.4	26.9
35	156	150	96.1	2 900.0	19.3	18.6
36	132	132	100.0	2 400.0	18.2	18.2

续前表

村号数（以家数多寡为序）	村内总家数	村内种地家数	种地家数占总家数之百分比	全村农场耕种面积（亩）	平均每家亩数	
					种地之家	村内所有家庭
37	120	120	100.0	2 678.1	22.3	22.3
38	110	103	93.6	3 334.5	32.4	30.3
39	105	102	97.1	3 150.0	30.9	30.0
40	98	97	99.0	2 080.0	20.7	20.5
41	97	97	100.0	3 000.0	30.9	30.9
42	92	92	100.0	2 100.0	22.8	22.8
43	82	80	97.6	1 500.0	18.8	18.3
44	80	77	96.2	2 200.0	28.6	27.5
45	67	67	100.0	1 400.0	20.9	20.9
46	66	65	98.4	1 150.0	17.7	17.4
47	64	64	100.0	1 000.0	15.6	15.6
48	61	58	95.0	1 200.0	20.7	19.7
49	56	56	100.0	1 356.0	24.2	24.2
50	55	55	100.0	1 500.0	27.3	27.3
51	53	49	92.4	1 816.0	37.1	34.3
52	52	51	98.0	1 170.0	22.9	22.5
53	51	50	98.0	1 250.0	25.0	24.5
54	50	50	100.0	1 700.0	34.0	34.0
55	48	48	100.0	1 800.0	37.5	37.5
56	45	45	100.0	1 450.0	32.2	32.2
57	43	43	100.0	1 000.0	23.3	23.3
58	37	37	100.0	620.0	16.8	16.8
59	30	30	100.0	600.0	20.0	20.0
60	29	28	96.6	1 050.0	37.5	36.2
61	28	27	96.4	320.0	11.9	11.4
62	19	19	100.0	950.0	50.0	50.0
总合	10 445	10 290	98.5	238 562.9	23.2	22.8

种地最少之村计 320 亩，种地最多之村计 11 500 亩。平均每村种地 3 848 亩。兹将各村种地面积按亩数组列在下面（表 13－9）。

表 13-9 **62村各村农场面积**

民国十七年

农场面积（亩）	村数	农场面积（亩）	村数
500以下	1	5 500～5 999	2
500～999	3	6 000～6 499	4
1 000～1 499	10	6 500～6 999	1
1 500～1 999	5	7 000～7 499	3
2 000～2 499	4	7 500～7 999	2
2 500～2 999	2	8 000～8 499	2
3 000～3 499	5	9 500～9 999	1
3 500～3 999	3	10 000及以上	1
4 000～4 499	8		
4 500～4 999	2		
5 000～5 499	3	总合	62

10 290农家内，种地不满10亩之家庭计3 625家，占35%；10～29.9亩者计3 530家，占34%；百亩以上者仅220家，占2%。详细分配见下列表13-10。

表 13-10 **10 290农家种地亩数之分配**

民国十七年

种地亩数	农家数	百分比
10以下	3 625	35.2
10～29.9	3 530	34.3
30～49.9	1 687	16.4
50～69.9	602	5.9
70～99.9	626	6.1
100及以上	220	2.1
总合	10 290	100.0

每农家所种之地非相连之一块整田，乃分为数块，甚至于十余块，散布于村之各方。地块距家之远近多在二里之内，亦有距三四里者。在某一大村曾调查了200农家，其中以有6块田地的为最多，计26家，其次9块者计25家，再次为有5块者，最多者为20块。各家块数见下列表13-11。

表 13-11　　**200 农家每家所有地亩块数**

民国十七年

块数	家数	块数	家数
1	1	11	10
2	6	12	9
3	12	13	4
4	17	14	3
5	24	15	6
6	26	17	2
7	20	20	2
8	15		
9	25		
10	15	总合	200

不但每家田地块数很多，且每块之面积亦颇小。200 农家共有田地 1 552 块。不满 5 亩一块者计 1 070 块，占所有块数的 68.94%；且其中不满 1 亩一块者计 49 块，1～1.9 亩者计 233 块，2～2.9 亩者计 329 块，3～3.9 亩者计 250 块，4～4.9 亩者计 209 块。5～9.9 亩者计 370 块，占一切块数的 24%。超过 10 亩一块者计 112 块。200 家所有田地平均每块 4.2 亩。每块亩数分配详情见下列表 13-12。

表 13-12　　**1 552 块田地每块亩数**

民国十七年

每块亩数	块数	百分比
5 以下	1 070	68.94
5～9.9	370	23.84
10～14.9	64	4.13
15～19.9	21	1.36
20～24.9	16	1.04
25～29.9	6	0.38
30～34.9	3	0.19
35～39.9	1	0.06
40～44.9	1	0.06
总合	1 552	100.00

若将每农家之数块或十余块田地之亩数相加，以块数除之，得每块平均亩

数，则知平均每块之面积甚小。看下列表 13－13，可知有 56 家各家平均每块之亩数在 3～3.9 亩之间，有 54 家各家平均每块之亩数是在 2～2.9 亩之间，有 36 家各家平均每块之亩数是在 4～4.9 亩之间，有 1 家内每块之平均亩数为 19 亩。

表 13－13　　200 农家各农场平均每块田地之大小

民国十七年

农场平均每块亩数	农家数
1～1.9	11
2～2.9	54
3～3.9	56
4～4.9	36
5～5.9	17
6～6.9	11
7～7.9	6
8～8.9	4
9～9.9	3
10～10.9	1
19	1
总合	200

下列表 13－14 更详列每家农场之大小，即种地总亩数，与此农场之面积包括田地之块数，再显明平均每块之亩数。平均每农家种地 32.6 亩。按普通农民看来，超过 15 亩之地块即算大块田地，10 亩左右者为中等块，不满 7 亩者为小块。一农家而有不相连之数块小田地，在工作方面颇不经济，灌溉甚不方便，实有重行整理之必要。有利的方面是一农家可以有高洼与肥瘦不同的田地。

表 13－14　　200 农家各农场之大小、块数与平均每块亩数

民国十七年

号数	农场大小（亩）	块数	平均每块亩数	号数	农场大小（亩）	块数	平均每块亩数
1	3.0	1	3.0	6	5.5	2	2.8
2	3.0	2	1.5	7	6.0	3	2.0
3	4.5	2	2.2	8	6.1	4	1.5
4	5.0	3	1.7	9	6.2	5	1.2
5	5.0	3	1.7	10	6.5	2	3.3

续前表

号数	农场大小（亩）	块数	平均每块亩数	号数	农场大小（亩）	块数	平均每块亩数
11	7.0	3	2.3	41	14.5	5	2.9
12	8.0	2	4.0	42	14.6	7	2.1
13	8.5	3	2.8	43	14.9	7	2.1
14	9.0	3	3.0	44	15.0	5	3.0
15	9.0	6	1.5	45	15.3	7	2.2
16	9.1	4	2.3	46	15.5	4	3.9
17	9.1	5	1.8	47	15.8	6	2.6
18	9.3	3	3.1	48	16.0	4	4.0
19	10.0	3	3.3	49	16.0	4	4.0
20	10.0	3	3.3	50	16.0	6	2.7
21	10.0	4	2.5	51	16.2	4	4.1
22	10.2	5	2.4	52	16.2	6	2.7
23	10.4	4	2.5	53	16.5	6	2.8
24	10.5	4	2.6	54	16.5	6	2.8
25	10.5	5	2.1	55	16.5	7	2.3
26	10.8	6	1.1	56	17.0	4	4.3
27	11.2	6	1.9	57	17.0	5	3.4
28	11.5	3	3.8	58	17.0	5	3.4
29	11.5	4	2.9	59	17.0	7	2.4
30	11.5	4	2.9	60	17.1	9	1.9
31	11.7	5	2.3	61	17.5	4	4.4
32	12.0	2	6.0	62	17.5	9	1.9
33	12.0	3	4.0	63	18.0	5	3.6
34	12.5	6	2.1	64	18.0	7	2.8
35	12.8	5	2.6	65	18.0	9	2.0
36	13.0	4	3.3	66	19.0	5	3.8
37	13.0	6	2.2	67	19.0	7	2.6
38	13.0	6	2.2	68	19.1	7	2.7
39	13.5	5	2.7	69	19.2	6	3.2
40	14.5	4	3.6	70	19.5	6	3.3

续前表

号数	农场大小（亩）	块数	平均每块亩数	号数	农场大小（亩）	块数	平均每块亩数
71	19.9	6	3.3	101	23.5	8	2.9
72	20.0	4	5.0	102	24.0	5	4.8
73	20.0	6	3.3	103	24.0	8	3.0
74	20.0	7	2.9	104	24.5	8	3.1
75	20.5	5	4.1	105	24.7	7	3.5
76	20.5	6	3.4	106	25.0	8	3.1
77	20.5	6	3.4	107	25.5	6	4.3
78	20.5	7	2.9	108	25.5	8	3.2
79	20.8	7	3.0	109	25.7	10	2.6
80	21.0	4	5.3	110	26.0	8	3.3
81	21.0	5	4.2	111	26.5	6	4.4
82	21.0	6	3.5	112	26.6	10	2.7
83	21.0	7	3.0	113	27.2	10	2.7
84	21.0	7	3.0	114	27.2	11	2.5
85	21.0	8	2.6	115	27.3	10	2.7
86	21.2	9	2.4	116	27.7	8	3.5
87	21.4	10	2.3	117	28.0	4	7.0
88	21.5	5	4.3	118	28.0	9	3.1
89	21.5	5	4.3	119	28.0	9	3.1
90	21.5	8	2.7	120	28.5	6	4.8
91	21.7	9	2.4	121	28.5	9	3.2
92	22.0	5	4.4	122	28.5	9	3.2
93	22.5	7	3.2	123	29.5	9	3.3
94	22.5	7	3.2	124	30.5	6	5.1
95	22.5	8	2.8	125	30.7	12	2.6
96	21.2	9	2.4	126	30.9	9	3.4
97	22.8	9	2.5	127	31.0	6	5.2
98	23.0	9	2.6	128	31.0	7	4.4
99	23.0	10	2.3	129	31.5	8	3.9
100	23.5	7	3.4	130	31.5	8	3.9

续前表

号数	农场大小（亩）	块数	平均每块亩数	号数	农场大小（亩）	块数	平均每块亩数
131	32.0	5	6.4	161	46.2	10	4.6
132	32.0	6	5.3	162	46.3	15	3.1
133	33.1	9	3.7	163	46.5	10	4.7
134	34.2	9	3.8	164	47.3	15	3.2
135	34.5	7	4.9	165	47.5	10	4.8
136	34.5	10	3.5	166	48.5	12	4.4
137	34.7	13	2.7	167	53.0	5	10.6
138	35.0	6	5.8	168	53.0	10	5.3
139	35.5	9	3.9	169	53.5	11	4.8
140	35.5	9	3.9	170	53.8	11	4.9
141	36.1	9	4.0	171	54.5	8	6.8
142	37.0	9	4.1	172	56.5	11	5.1
143	37.5	6	6.3	173	57.0	3	19.0
144	37.9	8	4.7	174	60.0	15	4.0
145	38.5	9	4.3	175	60.5	12	5.4
146	39.3	12	3.3	176	61.2	17	3.6
147	39.5	10	4.0	177	62.0	14	5.2
148	40.0	5	8.0	178	62.5	9	6.9
149	40.0	5	8.0	179	62.5	15	4.2
150	41.0	9	4.6	180	64.5	11	5.9
151	41.5	7	5.9	181	65.5	12	5.5
152	42.0	8	5.3	182	67.1	10	6.7
153	42.0	10	4.2	183	76.4	16	4.8
154	42.0	11	3.8	184	78.0	14	5.6
155	42.6	11	3.9	185	80.8	12	6.7
156	42.7	13	3.3	186	81.5	12	6.8
157	43.3	11	3.9	187	83.0	16	5.2
158	43.5	5	8.7	188	84.5	9	9.4
159	43.5	9	4.8	189	84.8	11	7.7
160	44.5	11	4.5	190	87.0	12	7.3

续前表

号数	农场大小（亩）	块数	平均每块亩数	号数	农场大小（亩）	块数	平均每块亩数
191	90.5	14	6.5	198	118.0	13	9.2
192	98.6	13	7.6	199	132.1	15	8.8
193	100.5	15	6.7	200	139.6	20	7.0
194	108.0	12	9.0				
195	110.8	17	6.5				
196	111.5	16	7.0				
197	117.0	20	5.9	总合	6 514.9	1 552	4.2

注：平均每家 32.6 亩。

地块之形式多为长方形，其他为四方形、三角形与少数梯形及车网形。

二、租田制

民国十七年在 62 村的 6 个村内按田产权调查各种农家数目。6 村共计 838 家，种地之家数计 790，其中 559 家为完全耕种自有田地之自耕农，220 家所种之田地内一部分为自有田地而又有一部分是租种他人者，仅有 11 家是完全租种他人田地之佃农而无自有田者。

790 农家共种田地 20 366.9 亩；其中 559 自耕农所种之田地计 14 662.4 亩，占总亩数的 72%；220 半自耕农之耕地计 5 563.5 亩，占 27.3%；11 佃农之耕地计 141 亩，占 0.7%。

每自耕农平均种地 26.2 亩，每半自耕农平均种地 25.3 亩，每佃农平均种地 12.8 亩，总平均每农家种地 25.8 亩。上述情形见下列表 13-15。

表 13-15　　三种农家数目与种地亩数

民国十七年

农家类别	家数	家数百分比	耕地面积		平均每家亩数
			亩数	百分比	
自耕农	559	70.8	14 662.4	72.0	26.2
半自耕农	220	27.8	5 563.5	27.3	25.3
佃户	11	1.4	141.0	0.7	12.8
总合	790	100.0	20 366.9	100.0	25.8

半自耕农之 5 563.5 亩内自有田计 3 468.3 亩，租种田计 2095.2 亩。

据农民的意见，这一带地方的自耕农和半自耕农渐增，而佃农渐少。

租种田地时有写租约者，有不写租约者。不立契约者系租地者直接向地主说定租价，到期缴租。立契约者系由中间人介绍，双方立约，凭约收租。兹录两种契约式样于下，首列地主之契约：

> 立佃契人（或租契人）某某，今将自己村某地一段若干亩，东至某处，西至某处，南至某处，北至某处，四至分明。凭中人某某说合，出佃于（或租于）某某名下。言明佃价（或租价）每亩大洋若干元，棉花若干斤，若干年为满。恐后无凭，立佃契（或租契）为证。中华民国某年某月某日某某（地主）画押。

下列为耕农之契约：

> 立佃契人某某，今佃本村某某名下某地若干亩。言明每亩租价大洋若干元，棉花若干斤，租期半年。在租期以内，地主不许转租他人，佃户亦不许在租期内不佃。两方如有反复，均归保人承管。恐口无凭，立佃契为证。中华民国某年某月某日，承租人某某画押，保人某某画押。

此外在民国十七年在第三区内又举行200农家的调查，其中以现款纳租而种地的计59家，以农产纳租而种地的计16家，并无以他种方法租种者。据熟习本县情形者的意见，若按全县而论，多半纳粮租者多于纳钱租者。现款纳租法就是佃农对于地主每亩应纳的地租定为现款，写明于租约之内按期缴纳。地主对于作物收获之丰歉，概不过问。无论钱租或粮租，除田地外，地主不供给其他农用物件，但有供给井和水车的。

关于现款纳租的款额曾调查6村，询问村中素有经验之农夫。此数村中之土壤颇不整齐，即按各村民之意见大致分为三等。兹将各村各等农田之每亩地价、每亩租金，及租金为地价之百分比列表于下（表13－16）。

表13－16　6村每亩之地价与租金

民国十七年

村名（以单字代）	每亩地价（元）			每亩租金（元）			租金为地价之百分比		
	上等地	中等地	下等地	上等地	中等地	下等地	上等地	中等地	下等地
甲	80	40	10	5.0	3.0	0.6	6.3	7.5	6.0

续前表

村名（以单字代）	每亩地价（元）			每亩租金（元）			租金为地价之百分比		
	上等地	中等地	下等地	上等地	中等地	下等地	上等地	中等地	下等地
乙	100	60	20	6.0	4.0	1.0	6.0	6.7	5.0
丙	75	45	12	5.5	3.5	0.6	7.3	7.8	5.0
丁	120	80	12	7.0	4.0	0.6	5.8	5.0	5.0
戊	100	50	10	5.0	3.0	0.5	5.0	6.0	5.0
己	100	40	20	5.0	2.0	1.0	5.0	5.0	5.0
6村平均	96	53	14	5.6	3.3	0.7	5.9	6.3	5.2

看上表，各村之租金稍有不同，系因各村之背景不同。甲乙丙3村之租金略高，上等地与中等地之租金为地价的6%或7%或近于8%；其他3村则为5%或6%。甲乙丙3村出租田地者比较少，而租种者比较多，且离买卖粮米之集市近，因此租金稍高。己村之运输不便，且近河水，时有泛滥之患，因此租金低。自然也是因为各村演成了不同的习惯。

现款纳租时期，如系有井水地，均在阴历三月之惊蛰；如系旱地，均在四月之清明。至交租时期，多由佃农将租金送到地主家里，少有待地主催讨而始纳租的。除有特别亲友关系外，少有不按期纳租的。

现款纳租法与双方都很便利。地主无须监督佃农，可在种地前收款，谓之上纳租，免去许多争执。佃农除已交之款外，可自由种地，不受地主之干涉。

此外有农产纳租法，就是佃农每亩纳一定的农产数量，例如棉花、谷子、高粱、小麦等物。兹将6村内各等田地每亩所纳产物数量列表如下（见表13-17）。

表13-17　　6村各种田地每亩所纳租粮数量

民国十七年

村名（以单字代）	上等地数量			中等地数量				下等地数量			
	棉花（斤）	谷子（斗）	小麦（斗）	棉花（斤）	谷子（斗）	高粱（斗）	小麦（斗）	棉花（斤）	谷子（斗）	高粱（斗）	小麦（斗）
甲	35.0	7.0	…	20.0	4.0	…	…	8.0	1.5	…	…
乙	40.0	6.5	…	25.0	…	4.0	…	…	…	2.0	…
丙	…	6.0	…	…	3.0	…	…	…	…	…	…
丁	40.0	7.5	…	24.5	4.0	…	…	10.0	1.5	…	…
戊	…	5.5	3.5	…	3.0	…	2.0	…	1.5	…	0.6
己	…	6.5	3.5	…	2.0	…	1.4	…	1.5	…	1.0
6村平均	38.3	6.5	3.5	23.2	3.2	4.0	1.7	9.0	1.5	2.0	0.8

各村租粮种类数量稍有不同。平均上等地每亩交棉花 38.3 斤，或谷子 6.5 斗，或小麦 3.5 斗；中等地每亩交棉花 23.2 斤，或谷子 3.2 斗，或高粱 4 斗，或小麦 1.7 斗；下等地每亩交棉花 9 斤，或谷子 1.5 斗，或高粱 2 斗，或小麦 8 升。

按民国十七年调查时，每百斤棉花之秋季价格为 14 元 5 角，谷子每斗 7 角 2 分，高粱每斗 8 角 3 分，小麦每斗 1 元 3 角。若将上表各种粮租折合银元，再将现金纳租之数并列比较，即可看出两种纳租法之差异（表 13-18）。

表 13-18　6 村现款纳租与农产纳租之比较

村名（以单字代）	上等地每亩		中等地每亩		下等地每亩	
	现款纳租（元）	农产纳租（元）	现款纳租（元）	农产纳租（元）	现款纳租（元）	农产纳租（元）
甲	5.0	5.1	3.0	2.9	0.6	1.1
乙	6.0	5.2	4.0	3.5	1.0	1.7
丙	5.5	4.3	3.5	2.2	0.6	…
丁	7.0	5.6	4.0	3.2	0.6	1.2
戊	5.0	4.3	3.0	2.4	0.5	0.9
己	5.0	4.6	2.0	1.6	1.0	1.2
6 村平均	5.6	4.9	3.3	2.6	0.7	1.2

只按该年而论，上等地和中等地用现款纳租较高于用农产纳租，下等地则农产纳租较高于现款纳租。但此仅按各种作物收获时之价格而言。若按一年中价格最高之时，也许按农产之租金略高于现款纳租矣。且农产物每年之价格涨落不定，很难说何种纳租为高低。从前农民租地多纳粮租，因此纳粮之数量已成一种习惯，不轻易更改。现款纳租法近年来始渐流行，与粮租比较，有的地方较高，也有的地方较低。

农产纳租时期，若所讲的是麦租，则在春季小麦收获以后纳租。若所讲的是棉花或谷子等，则在秋季粮米收获以后纳租。租地者将产物送到地主家内。亦有时可以变通办理，例如所讲定者为棉花租，而租主本年所种为谷子，未种棉花，即可交纳谷子以代棉花，但须按市价折合，商定公平的数量。

钱租与粮租外，尚有农产分租法，就是佃农耕种地主的田地，待各种农产收获后，按比例两方分配。有对半分租法，即地主与佃农各得农产物一半，但散碎柴草全归佃农，若有齐整之禾秆与高粱秸类则须平分。有四六分租法，则地主得十分之四，佃农得十分之六。除田地外，地主不供给佃农其他用具。分粮时，地主到佃农家当面收取。此种租地办法早年有之，现在第三区内几乎绝迹。还有一种办法，即雇工佃种法，现亦少有实行者。地主供给种子、肥料、房屋、牲畜等项，佃农只出人力。庄稼收获以后，若为细粮如麦子则地主分得十分之八，佃农得十分之二；若为平常粗粮如谷子则地主得十分之六，佃农得十分之四。

现款纳租法与农产纳租法之租地年限，如系有井园地则多半以 5 年为限，如系旱地则多以 3 年为限。农产分租法之年限多以 1 年为限。雇工佃种法亦以 1 年为限，现只有种瓜者用此种方法。

本区地主与佃户间之关系颇好，没有地主无理压迫佃农的事情。这大半由于双方有同族或近邻或同乡之谊，平日感情都很融洽，每遇婚丧等事皆互相往来庆吊。因此没有听见有佃农抗租或霸种，或地主欺诈或威吓的事情发生。

三、井水灌溉

民国十七年时，62 村的井数共计 6 206 口，其中在村内之井计 1 781 口，村外田地内之井计 4 425 口。平均每村有井 100 口，平均每村村内井计 29 口，平均每村村外井计 71 口。村内井一方面供饮水，一方面在宽大之院内种菜园。村外井皆为灌溉田地之用。村内井有少至 6 口者，有多至 96 口者；村外井有少至 1 口者，有多至 294 口者。下列表 13－19 即表明 62 村村内井、村外井及村内外井共计数目之分配。例如表内第一行表示有 10 个村每村村内井在 10 口以下，有 4 村每村村外井在 10 口以下。第二行有 17 村每村村内井计 10～19 口，有 8 村每村村外井计 10～19 口，有 3 村每村村内外井共计 10～19 口，余类推。

表 13－19　62 村井数之分配

井数（口）	村数			井数（口）	村数		
	村内有井	村外有井	村内外有井共计		村内有井	村外有井	村内外有井共计
10 口以下	10	4	…	20～29	9	6	7
10～19	17	8	3	30～39	7	6	6

续前表

井数（口）	村数			井数（口）	村数		
	村内有井	村外有井	村内外有井共计		村内有井	村外有井	村内外有井共计
40～49	9	4	8	180～189	…	1	…
50～59	6	8	1	190～199	…	1	1
60～69	1	2	6	200～209	…	…	1
70～79	1	5	3	220～229	…	…	2
80～89	1	3	2	230～239	…	…	3
90～99	1	3	5	240～249	…	…	1
100～109	…	…	2	250～259	…	2	…
110～119	…	…	2	294	…	1	…
120～129	…	2	…	303	…	…	1
130～139	…	…	3	315	…	…	1
140～149	…	…	1	390	…	…	1
160～169	…	1	1				
170～179	…	2	1	总合	62	62	62

表13－20详列62村各村村内井数、村外井数、井总数，及各村每村内井所合或说所当家数，每村外井所合家数，不分村内村外井每井所合家数。例如1号村内每家合1口井，每3.9家合1村内井，每1.3家合1村外井。其余各村类推。

表13－20　　62村每村井数及每井所当家数

村号数（以井数多寡为序）	井数（口）			每井所当家数		
	村内	村外	共计	村内井	村外井	共计
1	96	294	390	3.9	1.3	1.0
2	65	250	315	5.0	1.3	1.0
3	53	250	303	5.1	1.1	0.9
4	81	166	247	4.0	2.0	1.3
5	59	180	239	5.1	1.7	1.3
6	45	190	235	6.1	1.5	1.2
7	56	175	231	5.4	1.7	1.3
8	75	151	226	4.8	2.4	1.6
9	45	177	222	4.0	1.0	0.8
10	53	150	203	5.3	1.9	1.4

续前表

村号数（以井数多寡为序）	井数（口）			每井所当家数		
	村内	村外	共计	村内井	村外井	共计
11	43	150	193	4.0	1.1	0.9
12	53	120	173	5.2	2.3	1.6
13	48	120	168	5.9	2.4	1.7
14	54	90	144	4.1	2.4	1.5
15	42	95	137	7.0	3.1	2.1
16	39	92	131	8.2	3.5	2.4
17	41	89	130	4.0	1.9	1.3
18	45	70	115	7.7	5.0	3.0
19	33	80	113	5.5	2.3	1.6
20	32	75	107	5.0	2.1	1.5
21	31	73	104	6.1	2.6	1.8
22	45	53	98	4.1	3.5	1.9
23	25	70	95	7.0	2.5	1.8
24	35	60	95	7.1	4.1	2.6
25	15	80	95	12.8	2.4	2.0
26	21	73	94	5.0	1.4	1.1
27	31	54	85	5.0	2.9	1.8
28	16	65	81	12.4	3.1	2.5
29	28	50	78	16.4	9.2	5.9
30	26	50	76	7.1	3.7	2.4
31	22	50	72	5.0	2.2	1.5
32	13	55	68	7.5	1.8	1.4
33	17	50	67	7.1	2.4	1.8
34	22	40	62	6.0	3.3	2.1
35	14	48	62	7.0	2.0	1.6
36	11	50	61	4.8	1.1	0.9
37	18	42	60	10.1	4.3	3.0
38	32	20	52	9.1	14.6	5.6
39	11	38	49	8.4	2.4	1.9
40	13	35	48	6.3	2.3	1.7
41	8	40	48	8.4	1.7	1.4
42	11	35	46	7.3	2.3	1.7

续前表

村号数（以井数多寡为序）	井数（口）			每井所当家数		
	村内	村外	共计	村内井	村外井	共计
43	11	35	46	4.5	1.4	1.1
44	13	30	43	5.1	2.2	1.5
45	42	1	43	6.4	270.0	6.3
46	9	33	42	5.8	1.6	1.2
47	12	26	38	4.6	2.1	1.4
48	12	22	34	4.3	2.3	1.5
49	22	10	32	7.3	16.0	5.0
50	10	22	32	4.3	2.0	1.3
51	6	25	31	4.8	1.2	0.9
52	10	20	30	4.5	2.3	1.5
53	28	1	29	7.5	210.0	7.2
54	8	18	26	6.0	2.7	1.8
55	8	16	24	4.6	2.3	1.5
56	22	1	23	7.2	158.0	6.9
57	7	15	22	9.1	4.3	2.9
58	12	10	22	5.1	6.1	2.8
59	6	14	20	5.0	2.1	1.5
60	7	12	19	8.0	4.7	2.9
61	6	10	16	3.2	1.9	1.2
62	7	9	16	4.0	3.1	1.8
总合	1 781	4 425	6 206	5.9*	2.4*	1.7*
平均每村	28.7	71.4	100.0	…**	…**	…**

* 疑为下一行平均每村数，原文如此。——编者注

** 疑为上一行总合数，原文如此。——编者注

下列表 13 - 21，使我们总起来看按每井所当家数村数之分配。每井合或说所当家数 1～1.9 者竟有 39 村之多，2～2.9 者计 10 村。其余可按村内井、村外井之不同，细看表内分配数目。

表 13 - 21　　62 村各村每井所当家数

民国十七年

每井所当家数	村数			每井所当家数	村数		
	按村内井	按村外井	村内外井共计		按村内井	按村外井	村内外井共计
1 以下	…	…	5	2～2.9	…	25	10
1～1.9	…	18	39	3～3.9	2	7	2

续前表

每井所当家数	村数			每井所当家数	村数		
	按村内井	按村外井	村内外井共计		按村内井	按村外井	村内外井共计
4～4.9	16	4	…	14～14.9	…	1	…
5～5.9	16	1	3	16～16.9	1	1	…
6～6.9	6	1	2	108	…	1	…
7～7.9	12	…	1	210	…	1	…
8～8.9	4	…	…	270	…	1	…
9～9.9	2	1	…				
10～10.9	1	…	…				
12～12.9	2	…	…	总合	62	62	62

又在62村中选择3村调查其凿井之时期及井之大小。3村内调查村内井183口，村外井471口，共计654口。关于凿井时期系根据村人之记忆，其年代久远者亦靠传说，不免有不甚准确的。但使我们注意的是自民国九年发生非常的旱灾后凿井的数目大增。民国十至十二年间3村内共凿井117口，十三至十五年共凿井162口。654口井凿井的年份见下列表13－22。

表13－22　3村内654口井凿井之年份

民国十七年

凿井时期		井数（口）		
中历	西历	村内	村外	村内外共计
顺治元年—十八年	1644—1661	1	…	1
康熙元年—六十一年	1662—1722	1	…	1
乾隆元年—六十年	1736—1795	3	…	3
嘉庆元年—二十五年	1796—1820	5	1	6
道光元年—三十年	1821—1850	13	2	15
咸丰元年—十一年	1851—1861	1	…	1
同治元年—十三年	1862—1874	9	4	13
光绪元年—九年	1875—1883	10	9	19
光绪十年—十九年	1884—1893	13	9	22
光绪二十年—二十九年	1894—1903	27	17	44
光绪三十年—三十四年	1904—1908	33	28	61
宣统元年—三年	1909—1911	9	9	18

续前表

凿井时期		井数（口）		
中历	西历	村内	村外	村内外共计
民国元年—三年	1912—1914	30	46	76
民国四年—六年	1915—1917	8	12	20
民国七年—九年	1918—1920	6	51	57
民国十年—十二年	1921—1923	7	110	117
民国十三年—十五年	1924—1926	6	156	162
民国十六年—十七年	1927—1928	1	17	18
总合	…	183	471	654

654 口井上面井口之直径有不到 2 尺者，有大至 6 尺以上者，大多数的直径在 4～6 尺之间。下面井底之直径有小至 3 尺以下者，有大至 9 尺者，普通的直径多在 6～8 尺。654 口井井口之平均直径为 3.9 尺，井底之平均直径为 6.2 尺，井底较井口之直径约大 2.3 尺。井口与井底之大小详情见下列表 13－23。

表 13－23　　654 口井井口与井底直径尺数

民国十七年

直径尺数	井数（口）	
	按井口	按井底
2 以下	5	…
2～2.9	171	…
3～3.9	55	1
4～4.9	193	98
5～5.9	227	130
6～6.9	3	56
7～7.9	…	325
8～8.9	…	43
9～9.9	…	1
总合	654	654

654 口井井口至井底（即水底）之深度，多在 20 尺左右，有浅至十余尺者，有深至 30 尺以上者（详数见下列表 13－24）。

表 13 - 24 **654 口井井口至井底之深度**

民国十七年

井深尺数	井数（口）
10～14.9	4
15～19.9	348
20～24.9	294
25～29.9	7
30～34.9	1
总合	654

曾量 270 口井水深之尺数，水浅时有不及 1 尺者，有深至 10 尺以上者；平时有浅至 2 尺以下者，有深至 11 尺以上者；水深时有浅至 3 尺以下者，有深至 12 尺以上者。平时水深多在四五尺左右，水深时多在五六尺左右。水浅时平均每井水之深度约 4 尺，平时平均约 5 尺，水深时平均超过 6 尺。除旱年外，水源尚足灌溉之用。井水深度详数见下列表 13 - 25。

表 13 - 25 **270 口井井水之深度**

民国十七年

水深尺数	井数（口）			水深尺数	井数（口）		
	水浅时	平时	水深时		水浅时	平时	水深时
1 以下	2	…	…	8～8.9	12	20	19
1～1.9	25	4	…	9～9.9	3	13	21
2～2.9	55	19	4	10～10.9	3	3	15
3～3.9	64	51	18	11～11.9	…	3	3
4～4.9	41	61	47	12～12.9	…	…	3
5～5.9	34	42	60				
6～6.9	12	37	42				
7～7.9	19	17	38	总合	270	270	270

村外 471 口井灌溉田地面积约计 1 万亩，平均每井灌田约 21 亩。水源旺之大井能灌至 50 亩以上，水源不旺之小井有只能灌田数亩者，普通之井能灌 30 亩左右。下列表 13 - 26 详列各井灌田之实在亩数。

表 13-26　471 口村外井灌溉田地亩数之分配

民国十七年

灌溉亩数	井数（口）	百分比	灌溉亩数	井数（口）	百分比
5 以下	23	4.9	30～34.9	74	15.7
5～9.9	50	10.6	35～39.9	34	7.2
10～14.9	47	10.0	40～44.9	14	3.0
15～19.9	67	14.2	45～49.9	1	0.2
20～24.9	78	16.6	50～54.9	2	0.4
25～29.9	81	17.2	总合	471	100.0

村内 183 口井之凿工共用人工约 6 000 工，平均每井约用 33 工（一日一人之工作为一工）。471 口村外井约用 2.55 万工，平均每井约用 54 工。所有井合计，平均每井约用 48 工。估计 654 口井从前凿井时之费用，平均每村内井约用 33 元，每村外井约用 54 元。民国二十年时每大井之费用增至 80 元左右。

四、农工概况

按农工做工日期的长短，可以分成三类，即长工、月工与日工。按农工的技艺与经验，又可分成工头（即掌作）与随伙。长工分过冬与不过冬两种。过冬者系自阴历十月初一日上工至次年十月初一日下工，或自阴历二月初一日上工至次年二月初一日下工。不过冬者最普通系自阴历正月十六日上工至十月初一日下工。凡雇用工人按月计算者，都称为月工。这种工人大概都在农忙时期，用以补充长工的，普通都是三四个月，所以又称为季工。在雇用时就说明自某月某日上工，至某月某日下工，有按一月又一月雇用的，有按数月或一季雇用的。凡雇用工人按日计算者，都称为日工，又称为短工。这种农工也是农忙时雇用的，小农家雇用极为经济。自春忙日起至秋收后止，许多大村庄的街头，每天早晨在天未明时，就有许多农工集合一起，等着农家雇用。这种地方，就叫做人市。农家用工人时，就到人市招呼，随意选择，双方直接说价。这种农工皆系日工。他们多半都是贫苦农民，自己工作甚少，往往在家无事，就到人市。雇这种工人者，不是大农就是小农。大农雇这种日工帮助长工，小农雇这种工人帮忙自己。雇用这种工人比较经济。另有一种农工，自己的地亩很少，一面给自己做工，一面给别人做工。有给自己做两天给别人做两天的，有给自己做三天给别人做三天的，如此轮流。还有一种农工，自己有地很少，差不多完全给别人佣工。普通这种农工的住家离雇主很近。他们可以顺便借用雇主家中的牲畜农具等，耕种自己的田地。

工头俗名掌作，分为大头与二头两种。大头负有指导与支配全体工人的责任，工资最高，普通大头比随伙的工资约高三分之一以上。二头的工资比大头为次，比随伙为高。大头如有事不在，二头就代理大头。有时大头二头分工，各人支配各人的工作。除工头外，皆称为随伙，都归工头的支配。所有工人对于雇主的家长，皆称为当家的或主人。农主对于工人则直呼其名。或呼其姓而加以老字，如姓李则呼老李，姓王则呼老王。

农工的工资自民国元年以来改变很多。大头的全年工资在民国元年时约为20元，民国十年时约30元，民国二十年时约60元。二头亦名二掌锄，又名拉下把的，全年工资在民国元年时约15元，民国十年时约为25元，民国二十年时约50元。普通长工全年工资在民国元年时约10元，民国十年时约20元，民国二十年时约45元。初次为长工者全年工资较少，在民国元年时约为5元，民国十年时约为10元，民国二十年时约为20元。上等月工每月工资在民国元年时约2.5元，民国十年时约为3.5元，民国二十年时约为7元。中等月工工资在民国元年时约2元，民国十年时约3元，民国二十年时约5.5元。下等月工工资在民国元年时约1.5元，民国十年时约2.5元，民国二十年时约3.5元，上等日工在最忙时在民国元年时约为0.1元，民国二十年时增至0.3--0.4元。中等日工在民国元年时约为0.07元，民国二十年时增至0.25元。下等日工自民国元年时0.04增至民国二十年时0.13元。一切工人除工资外皆由雇主供给饭食与住屋。

长工工资的议定时期普通多在中秋节那天夜里。主人、工人与介绍人大家在一起赏月饮酒，由介绍人与主人双方议定次年工资，以定第二年的去留。也有在阴历十月初一日议定的，也有第一年下工前议定的。如果农主不愿继续雇用，或工人不愿继续做时，双方都可向介绍人提出。月工随时议定，日工当日议定。

至于领款期也有一定。凡长工过冬者，则多分两期领工资。上工时先付一半，其余一半，在阴历十月初一日领取。不过冬者则一次领完，领取时多在清明节。月工在上工后数日就领取，有的在完工时领取，也有的随时领取。日工按日领取，有时工价按日不同。日工的工资随农事的忙闲而有涨落，普通在阴历五月初拔麦子的时候，因为最忙，日工的工资有涨到一元的。

关于农工的待遇，饮食可以分为两种，一种是普通饮食，一种是犒劳。普通饮食每日三餐。夏季早饭在六点半至七点，午饭在下午一点，晚饭七点至八点。主要食品为小米、高粱、荞麦面、豆面、玉蜀黍面。田间工作时，工人都在田间饮井水。凡农地距农家近者就回农家吃饭，远者就由农主子女及饭厨送到田间。犒劳有几次，如上工饭、吃刚手、吃开锄、开镰、下工饭。上工饭就是在上工的日子，主人请长工吃酒肉。吃刚手就是到了麦熟的时候，主人犒赏农工以酒、肉、麦面等类奖励工人，意思是使工人手上用力拔麦。吃开锄就是到了庄稼应当中耕的时候，主人又犒赏工人，意思是工人初用锄除草。开镰就是在秋收的时候，主人又犒赏工人，意思是工人开始用镰刀收获。下工饭就是在长工下工的时候，主人又犒赏工人，意思是一年工作辛苦，最后酬劳一下。除此以外，主人犒劳工人的时候也很多。阴历二月二日称为龙抬头，三月二十一日北齐庙会（城东一带村庄，到了这天主人犒劳工人，其他地方不是如此），端午节，六月十三日（单刀会），中秋节，重阳节，冬至，腊八，新年等日，主人都犒劳工人。主人多在院外或闲院，为工人预备房屋，间有在同院或田地另盖房屋给工人住的，也有居住在主人家里的。凡长工月工主人都供给棉被，下工时仍归还主人。

工人每日工作约十小时。自阴历立夏日起至立秋日止，每日下午自午饭后至三时为休息时间，这叫做歇晌。别的日子只在午饭后稍微休息一下而已。在工作时间内，每日上午休息两次，下午休息一次，每次约十几分钟。长工假期很少，凡本村或邻村演戏及各种庙会放假半天或一天，中秋节放半天，阴历年放一天。每年中秋节，由主人请农工坐上席，主人陪坐，并给工人亲手斟酒，饭后主人送给每个工人大馒头四十个，也有点心水果，用篮子携回家中，叫做送篮子。

工人与主人有纠纷必须中止工作时，如工人领去的工资与工作日期整相合时，则两不找。如工人领去的工资，比他所做的日期应得的工资为多时，主人常不计较，也不退还。因为工人既然已将工资领去，再令退回，实在不易。但是也得看是主人辞工人，是工人辞主人。如果主人辞工人，当然无法究回。如果工人辞主人，或者可以究回。如果工人做工的日子多，所领的工资少，主人按他工作的日期计算所欠的工资，照数补发。

农工又可分为三种，即男工、女工与童工。自大雪前后（即阴历十月十五日前后）作物收获妥当，秋耕终了，农事完毕的时候起，一直到来年春分前后止（即阴历二月十五日前后），在这四个月的期间内，可以说是男工的闲暇时期。在这四个月里男工有几种代替的工作。有的转运土粪，或出外拾粪，以备来年做肥料用。有的出外拾柴。有的在家里做家庭工业如织布、编柳器、编席、打绳等。有的开木厂，锯树买木头，以备来春在庙会出卖，这种工作大半由多人合办。也有在家练习算盘，读书写字的。也有的自己修理房屋农具。也有在家管杂务的如卖房卖地、买房买地之类。有的因为无事可做，到外边庙会上卖杂货做小生意。阴历正月初一至十六日这半个月，是农工休息的日子。普通都在拜年、串亲戚、赌钱、游戏、赶庙会等。女工除了正月休息半个月，平常的工作不在男工以下。妇女不但在家做饭，料理家务，并且帮助男工在农场工作，如打辘轳、割谷、拔麦等。有时从事织布、打绳、纺线等工作。童工的闲暇时间与男工相同，所做的工作也相差不多。闲暇时就帮助家中织布、络线、推碾、推磨、香房粘签，有时出去捡柴拾粪。春天童工有时割青草饲牲口。畜工在正月工作很少，不过有时家人串亲戚，必得拉车。畜工以春夏秋三季最忙，春天耕地，夏天秋天拉水车，又拉粮草车。除此以外，有时拉粪拉土，拉碾拉磨。也有时出外拉脚赚钱。

第三节　第一区[①] 71 村与第二区 63 村之土地分配

民国十九年本会社会调查部开始调查定县 6 区土地分配之概况，直至二十一年方调查完竣，今尚从事于较细的调查，将来有专书报告。兹仅将已经整理材料中一小部分在此发表，借以明了定县一部分土地分配之概况。兹将 2 区情况分述于下。

一、第一区 71 村土地分配

第一区内除县城与三关外，共计农村 71 个。城内与三关之大部分为耕田，

① 本节正文中均为“第一区”，表格中为“中一区”，原文如此。第十四章第二节情况相同。——编者注

约计 19 000 亩，此外房屋所占面积约计 5 500 亩，其他非耕种地之面积约计 3 000 亩，现注意叙述者非为城关，乃是 71 村。

71 村共计 6 555 家。属于 71 村之自有田产面积计 141 626 亩。其中无自有田产者计 1 026 家；有田产而不满 25 亩者计 3 892，占一切家数的 59%；有田产 25～49.9 亩者占 16%，50～99.9 亩之家数占 7%，超过百亩且在 300 亩以下之家庭占 2%，超过 300 亩者仅占千分之一。有地不满 25 亩之农家共有田 50 176 亩，占所有亩数的 35%；25～49.9 亩之农家共有田 37 544 亩，约占 27%；50～99.9 亩之农家田地亩数约占 22%，超过百亩之农家地亩数约占 16%。若以有田产之 5 529 家而论，平均每家约有地 25.6 亩；若以所有 6 555 家数而论，平均每家约合 21.6 亩。家数与亩数分配之情形见下列表 13 - 27。

表 13 - 27　　中一区 71 村自有田产之家数与亩数之分配

自有田产之大小（亩）	家数	家数百分比	面积亩数总计	面积亩数百分比
无田	1 026	15.7	…	…
25 以下	3 892	59.3	50 176	35.4
25～49.9	1 060	16.2	37 544	26.5
50～99.9	437	6.7	30 889	21.8
100～299.9	131	2.0	18 703	13.2
300 及以上	9	0.1	4 314	3.1
总合	6 555	100.0	141 626	100.0

各村平均每家之田地亩数不同。若以有地之家而平均，有某小村每家少至 12 亩者，有某村每家多至 37 亩者，大多数皆在 25 亩上下。若以村内一切家数而论，有平均每家少至 10 亩者，有多至 36 亩者，大致多在 22 亩左右。各村平均每家之详细数目见下列表 13 - 28。

表 13 - 28　　中一区 71 村每村平均每家自有田地亩数

民国十九年

村号数（以村内家数多寡为序）	平均每家亩数		村号数（以村内家数多寡为序）	平均每家亩数	
	有地之家庭	一切家庭		有地之家庭	一切家庭
1	28.2	27.3	4	28.3	25.9
2	28.7	28.5	5	24.6	23.6
3	25.9	23.2	6	29.1	27.0

续前表

村号数（以村内家数多寡为序）	平均每家亩数		村号数（以村内家数多寡为序）	平均每家亩数	
	有地之家庭	一切家庭		有地之家庭	一切家庭
7	24.1	22.3	40	28.3	24.1
8	30.1	18.6	41	23.2	19.7
9	29.8	27.7	42	26.3	20.7
10	37.1	31.5	43	22.3	19.8
11	25.1	22.0	44	20.3	17.3
12	20.4	14.7	45	24.0	20.7
13	21.5	18.9	46	26.8	20.4
14	22.0	19.3	47	23.1	15.6
15	28.4	21.7	48	21.6	19.8
16	32.3	18.9	49	23.7	20.5
17	34.6	30.9	50	25.0	20.9
18	21.1	17.9	51	28.0	18.9
19	32.6	25.9	52	26.6	17.9
20	24.0	23.0	53	22.4	19.6
21	24.0	22.4	54	19.7	16.0
22	23.0	20.7	55	20.8	17.9
23	26.8	19.5	56	25.9	18.3
24	19.7	19.2	57	21.8	16.4
25	23.6	20.4	58	23.7	19.0
26	24.7	23.8	59	23.7	15.9
27	31.1	24.5	60	18.4	16.3
28	24.3	15.9	61	24.3	21.3
29	22.8	20.9	62	29.1	26.8
30	35.3	32.1	63	21.7	13.5
31	37.5	35.8	64	19.1	15.9
32	22.7	20.6	65	19.4	13.8
33	32.0	20.5	66	26.4	17.6
34	22.5	20.1	67	17.4	13.6
35	24.5	19.6	68	15.6	14.0
36	19.8	17.9	69	15.0	12.0
37	21.7	20.1	70	16.5	11.9
38	21.1	20.5	71	12.0	9.8
39	22.0	17.6	71 村	26.5	21.6

各村内最大之田产亩数，即有田最多之首户，有少至 40 亩者，有多至 650 亩者。71 村中有 20 村每村内之最大田产在 50～99.9 亩之间，有 21 村每村之最大田产在 100～149.9 亩之间，有 13 村每村之最大田产在 150～199.9 亩之间，200～299.9 亩者有 8 村，超过 300 亩者有 7 村，其亩数为 315、400、450、520、526、641、650。按最大田产亩数组、村数之分配及其百分比见下列表 13－29。

表 13－29　　中一区 71 村每村最大之田产

民国十九年

村内最大之自有田产（亩）	村数	百分比
50 以下	2	2.8
50～99.9	20	28.2
100～149.9	21	29.6
150～199.9	13	18.3
200～249.9	3	4.2
250～299.9	5	7.0
300 及以上	7	9.9
总合	71	100.0

上面所叙述系每家自有田产之大小，但有地之家不都是自耕，有的完全租出，有的一部分租出。此外没有田产的家庭也可以租种田地。现要叙述的是田庄的大小，就是每家种地亩数的多少，无论是完全自有的、完全租种的或自有兼种的。71 村共种地 155 683 亩。若以所有 6 555 家而论，平均每家约 23.8 亩；若以种地之 6 176 家而论，平均每家约 25.2 亩。在 6 555 家中有 379 家是不种地的，但这不一定是没有田产的。种地不满 25 亩者有 4 236 家，占 6 555 总家数的 65%，25～49.9 亩者占 22%。再以各组种地农家所耕田地之面积来看，种地不满 25 亩之 4 236 家小农耕田面积共计 67 956 亩，约占所有种地亩数的 44%；种地 25～49.9 亩之家庭共耕田 50 979 亩，约占 33%。各组田庄之家数与种地面积亩数及其百分比见下列表 13－30。

表 13－30　　中一区 71 村按田庄大小组家数与面积之分配

田庄大小（亩）	家数	家数百分比	面积亩数总计	面积亩数百分比
不种田	379	5.8	…	…
25 以下	4 236	64.7	67 956	43.6

续前表

田庄大小（亩）	家数	家数百分比	面积亩数总计	面积亩数百分比
25～49.9	1 465	22.3	50 979	32.7
50～99.9	427	6.5	29 622	19.1
100～299.9	46	0.7	6 476	4.2
300 及以上	2	…	650	0.4
总合	6 555	100.0	155 683	100.0

71 村 6 555 家中，完全耕种自有田地者计 2 682 家，约占总家数的 41％；耕种之田地内一部分为自有田产而一部分系租人者可谓之半自耕农，共计 2 308 家，约占 35％；耕种自有田产一部分而租出自有田产一部分之农家数目约占 7％；没有田产而完全租种田地之佃农约占 11％；男子为人佣工而只得工资糊口之家约占 2％；将田产完全租出而不自种之地主约占 1％；无田产而亦不以种田为生之家约占 3％。从此看来，大多数的农家是耕者有其田的，佃户仅占约十分之一。各类农家数目见下列表 13－31。

表 13－31　　中一区 71 村各种田产权之农家数目

农家类别	家数	家数百分比
自耕农	2 682	40.8
自耕农兼租种	2 308	35.2
自耕农兼租出	444	6.8
佃农	742	11.4
雇农	110	1.7
完全租出之地主	95	1.4
非地主亦不耕种	174	2.7
总合	6 555	100.0

6 555 家中种自己地者，无论是完全或一部分，共计 5 434 家，约占一切家数的 83％。这些农家所种自有田之面积为 120 635 亩，租种之田地面积为 22 640 亩，租出之田地面积为 15 638 亩。2 682 自耕农家共种地 63 152 亩，平均每农家约种 24 亩。2 308 自耕兼租种之农家共种地 60 253 亩，其中所种自有地计 37 613 亩，租种地 22 640 亩，平均每家约种地 26 亩。自耕兼租出之 444 农家共有田产 35 508 亩，其中自耕地 19 870 亩，租出 15 638 亩。742 佃农共租种 12 408 亩，平均每家约 17 亩。将田地完全租出之 95 地主共租出 5 353 亩，平均每家约

56 亩。

自耕兼租种之 2 308 农家中，以粮缴租者 1 801 家，以现款缴租者 381 家，以棉花缴租者 107 家，平分农产物者 10 家。742 佃农缴租方法用粮者 607 家，用现款者 114 家，用棉花者 21 家。

普通田地之每亩价值在 80 元左右，详情见下列表 13－32。

表 13－32 中一区 71 村村外田地价值

民国十九年

每亩价值（元）	亩数	亩数百分比
25 以下	1 9611	13.8
25～49.9	24 618	17.4
50～74.9	32 017	22.6
75～99.9	33 246	23.5
100～124.9	25 328	17.9
125～149.9	5 686	4.0
150 及以上	1 120	0.8
总合	141 626	100.0

村内每亩之地价相差甚多。土质不良而且在小村内之每亩地价多在 150 元以下，有低至 50 元者；普通每亩在 200～300 元左右，有高至 500 元者。主要街心之地价亦有特别高者，然亦少有超过 1 000 元者。

71 村所种 155 683 亩田地中，有林地 6 439 亩、果园 604 亩；其余 148 640 亩种五谷、根作物、纤维作物及菜蔬等物。71 村除林地外共有熟地 149 244 亩，平均每种地家庭约合 24.2 亩；若以 6 555 所有家庭平均，则每家约合 22.8 亩。

定县自凿井灌溉以来，许多田地在一年内可得两次作物。第一次作物为小麦或大麦，第二次作物多为谷子、白薯、豆子、花生、荞麦等物。若一亩田地一年内有前后收获两次作物，例如春季收获小麦，秋季收获谷子，则等于二作物亩；若只收获一次，例如西瓜，则仍为一作物亩。如此计算 71 村作物亩数共计 225 032，与 155 683 亩熟地面积比较，则每一亩田之面积约合 1.45 作物亩。71 村种谷（即小米）最多，只一次作物亩数、第二次作物亩数合计占 225 032 总作物亩数之 25%；小麦次之，约占 21%；豆类又次之，约占 11%；再次为棉花与白薯，各约占 6%；再次为大麦、玉米、花生、荞麦、黍子等物。菜蔬中以白菜为最多，北瓜次之，再次为萝卜、红萝卜、葱、蒜等物。果树有枣、梨、葡萄等物。林木有杨、柳、榆等树。柳条每年砍伐一次，用以编各种柳器；其他树木虽须多年方可成材，但每年亦可砍下一些大小树枝，故亦可勉强列于每年有一次作物内。此外亦产少许药材，如大黄、草决明、苏子等物。兹将各种作物之属于第几次、所占作物亩数、占作物总亩数之百分比，及占熟地面积之百分比列表于下（表 13－33）。

表 13－33　　中一区 71 村各种农作物所占面积及产量*

作物种类	第几次作物	作物亩数	为作物总亩数之百分比	为熟地面积之百分比
五谷类				
谷子	只 1 次	29 786	13.23	19.12
	第 2 次	27 334	12.15	17.56
小麦	第 1 次	47 144	20.99	30.27
豆子	只 1 次	14 583	6.48	9.37
	第 2 次	10 545	4.69	6.77
大麦	第 1 次	9 704	4.31	6.23
玉蜀黍	第 1 次	376	0.17	0.24
	第 2 次	285	0.13	0.18
	只 1 次	8 003	3.56	5.14
荞麦	第 2 次	7 301	3.24	4.69
谷子和豆子	只 1 次	7157	3.18	4.60
黍子	只 1 次	812	0.36	0.52
	第 2 次	2 709	1.20	1.74
稷子	只 1 次	1 076	0.48	0.69
	第 2 次	2 184	0.97	1.40
高粱和豆子	只 1 次	1 732	0.77	1.11
高粱	只 1 次	1 372	0.61	0.88
露仁	第 1 次	1 250	0.56	0.80
芝麻	只 1 次	727	0.32	0.47
	第 2 次	99	0.04	0.06
黑豆和黍稷	只 1 次	400	0.18	0.26
荞麦和萝卜	第 2 次	282	0.12	0.18

续前表

作物种类	第几次作物	作物亩数	为作物总亩数之百分比	为熟地面积之百分比
根作物及纤维作物				
白薯	只 1 次	2 951	1.31	1.90
	第 2 次	6 938	4.42	6.38
花生	只 1 次	4 091	1.82	2.63
	第 2 次	5 059	2.25	3.25
棉花	只 1 次	12 950	5.75	8.31
菜蔬及瓜类				
白菜	第 2 次	2 538	1.13	1.63
北瓜	第 1 次	2 500	1.11	1.61
红萝卜	第 2 次	554	0.25	0.36
大葱	第 2 次	150	0.07	0.10
蒜	第 1 次	60	0.03	0.04
其他菜蔬	只 1 次	150	0.07	0.10
	第 2 次	371	0.16	0.24
	第 1 次	527	0.23	0.34
西瓜	只 1 次	350	0.15	0.23
	第 1 次	45	0.02	0.03
甜瓜	只 1 次	189	0.08	0.12
	第 2 次	100	0.04	0.06
菜瓜	只 1 次	8	…	…
	第 1 次	16	0.01	0.01
林木类				
小杨林	只 1 次	3 272	1.45	2.10
柳条	只 1 次	1 265	0.56	0.81
柳林	只 1 次	1 256	0.56	0.81
榆林	只 1 次	546	0.24	0.35
果树类				
枣儿	只 1 次	500	0.22	0.32
鸭梨	只 1 次	200	0.09	0.13
葡萄	只 1 次	25	0.01	0.02
油秋梨	只 1 次	10	…	0.01

续前表

作物种类	第几次作物	作物亩数	为作物总亩数之百分比	为熟地面积之百分比
其他				
扫帚	只1次	200	0.09	0.13
葱子	只1次	145	0.06	0.09
大黄	只1次	140	0.06	0.09
草决明	只1次	30	0.01	0.02
地丁	只1次	20	0.01	0.01
苏子	只1次	15	…	0.01
总合	…	225 032	100.00	…

* 表中似无产量，原文如此。——编者注

有井灌溉之水田与无井靠天之旱田的每亩产量不同，一年内只种一次之产量与第二次作物之产量亦不同。例如谷子在普通较好之年若只种一次，每亩水田可收获 14 斗，而每亩旱田只收 9 斗，若在小麦第一次作物收获后而种之第二次谷子，则每亩水田可收获 10 斗，每亩旱田可收 6 斗。第一次作物的小麦每亩水田约产 8 斗，旱田约产 4 斗。兹将各种作物在普通较好之年，按一年内只种一次，或为第一次作物，或为第二次作物，水田每亩与旱田每亩之产量约数，列表于下（表 13-34）。

表 13-34　　中一区 71 村各种作物每亩产量

作物种类	第几次作物	每亩产量	
		水田	旱田
五谷类			
谷子	只1次	14 斗	9 斗
	第2次	10 斗	6 斗
谷子、萝卜	第2次	谷子 10 斗　萝卜 300 斤	5 斗　200 斤
谷子、萝卜、白豆	只1次	…	谷子 6 斗　萝卜 300 斤　豆 2 斗
小麦	第1次	8 斗	4 斗
大麦	第1次	16 斗	8 斗
黑黄豆	只1次	8 斗	5 斗
	第2次	6 斗	3 斗
玉蜀黍	第1次	9 斗	…
	第2次	8 斗	…

续前表

作物种类	第几次作物	每亩产量	
		水田	旱田
玉蜀黍、小豆	第 1 次	玉蜀黍 6 斗　小豆 3 斗	玉蜀黍 4 斗　小豆 2 斗
	第 2 次	玉蜀黍 5 斗　小豆 2 斗	玉蜀黍 3 斗　小豆 1 斗
荞麦	第 1 次	…	10 斗
	第 2 次	12 斗	8 斗
黍子	只 1 次	10 斗	9 斗
	第 2 次	8 斗	6 斗
黍子、绿豆	第 1 次	…	黍子 7 斗　绿豆 2 斗
稷子	只 1 次	10 斗	9 斗
	第 2 次	8 斗	6 斗
稷子、绿豆	只 1 次	…	稷子 9 斗　绿豆 3 斗
高粱、黄黑豆	只 1 次	…	高粱 3 斗　豆 2 斗
高粱	只 1 次	…	7 斗
黑豆、黍、稷	只 1 次	…	黑豆 2 斗　黍 3 斗　稷 3 斗
荞麦、萝卜	只 1 次	…	荞麦 7 斗　萝卜 200 斤
	第 2 次	荞麦 8 斗　萝卜 300 斤	荞麦 6 斗　萝卜 300 斤
荞麦、油菜	只 1 次	…	荞麦 6 斗　油菜籽 3 斗
	第 2 次	荞麦 8 斗　油菜籽 4 斗	…
露仁	第 1 次	8 斗	…
芝麻	第 1 次	…	4 斗
	第 2 次	…	3 斗
芝麻、绿豆	只 1 次	…	芝麻 3 斗　绿豆 2 斗
	第 2 次	…	芝麻 3 斗　绿豆 2 斗
根作物及纤维作物类			
白薯	只 1 次	2 800 斤	2 000 斤
	第 2 次	2 300 斤	1 800 斤
花生	只 1 次	350 斤	300 斤
	第 2 次	300 斤	250 斤
棉花	只 1 次	80 斤	50 斤
棉、萝卜	只 1 次	棉花 80 斤　萝卜 150 斤	棉花 50 斤　萝卜 100 斤

续前表

作物种类	第几次作物	每亩产量	
		水田	旱田
棉、芝麻	只1次	棉花80斤　芝麻7升	棉花50斤　芝麻5升
棉、芥菜	只1次	棉花80斤　芥菜籽3升	棉花50斤　芥菜籽2升
菜蔬及瓜类			
白菜	第2次	3 000斤	…
北瓜	只1次	2 500斤	…
	第2次	2 500斤	…
红萝卜	第2次	3 000斤	…
大葱	只1次	1 500斤	…
	第2次	1 500斤	…
蒜	第2次	600斤	…
白菜、芥菜、蔓菁	第2次	白菜300斤　芥菜100斤　蔓菁100斤	…
白萝卜	第2次	2 800斤	…
白萝卜、红萝卜	第2次	白萝卜500斤　红萝卜2 500斤	…
西瓜	只1次	(值37元)	(值18元)
菜瓜	第1次	(值40元)	(值25元)
甜瓜	第1次	(值30元)	…
	第2次	(值27元)	(值19元)
果树类			
枣	只1次	…	230斤
鸭梨	只1次	…	1 200斤
葡萄	只1次	…	4 800斤
油秋梨	只1次	…	1 200斤
其他			
扫帚	只1次	300把	
葱子	只1次	5斗	
大黄	只1次	…	650斤
草决明	只1次	…	8斗
苏子	只1次	…	12斗
地丁	只1次	…	种子2斗　柴1 000斤
苜蓿	只1次	…	1 000斤

二、第二区 63 村土地分配

第二区 63 村在民国二十年调查时前后共计 8 062 家，其中有田产者计 7 363 家，共有田产 182 289 亩。按一切家庭计算，平均每家约合 22.6 亩；按有田产之家庭计算，平均每家约有 24.8 亩。63 村内无田产者仅 699 家，占所有家数的 9%；田产不满 25 亩者计 4 829 家，约占 60%；25～49.9 亩者计 1 624 家，占 20%；50～99.9 亩者约占 9%。但各田产大小组家数之百分比与各组所有田产面积亩数之百分比并不一致地增减。家数与地亩数之详细分配见下列表 13－35。

表 13－35　　定县第二区 63 村按田产大小家数与亩数之分配

田产大小（亩）	家数	家数百分比	亩数	亩数百分比
无田	699	8.7	…	…
25 以下	4 829	59.9	44 963	24.7
25～49.9	1 624	20.1	50 359	27.6
50～99.9	715	8.9	48 146	26.4
100～299.9	171	2.1	27 654	15.2
300 及以上	24	0.3	11 167	6.1
总合	8 062	100.0	182 289	100.0

各村内最大之田产有多至 1 150 亩者，有少至 60 亩者。村内最大田产不到 100 亩者计 9 村，超过 500 亩者计 3 村，其亩数为 1 150 与 513。按村内大田产组、村数之分配及其百分比见下列表 13－36。

表 13－36　　定县第二区 63 村各村最大之田产

村内最大田产（亩）	村数	村数百分比
50～99.9	9	14.3
100～149.9	14	22.2
150～199.9	8	12.7
200～249.9	10	15.9
250～299.9	7	11.1
300～349.9	5	7.9
350～399.9	5	7.9
400～499.9	2	3.2
500 及以上	3	4.8
总合	63	100.0

63 村一切田庄面积亩数，即所耕种之面积亩数，共计 184 275 亩，较多于自有田产亩数。以区内一切家庭计算，平均每田庄之面积，即每家种地亩数，约合 22.9 亩；若只以种地为业之 7 639 家庭计算，则平均每农家约种地 24.1 亩。区内不种地者仅 323 家[①]。按田庄大小组、家数与面积亩数之分配及其百分比见下列表 13-37。

表 13-37　　定县第二区 63 村按田庄大小家数与亩数之分配

田庄大小（亩）	家数	家数百分比	亩数	亩数百分比
不种田	323	4.0	…	…
25 以下	4 727	58.6	52 598	28.5
25～49.9	2 203	27.3	71 434	38.8
50～99.9	714	8.9	47 112	25.6
100～299.9	94	1.2	12 831	6.9
300 及以上	1	…	300	0.2
总合	8 062	100.0	184 275	100.0

8 062 家中，有自耕农 4152 家，约占 52%；自耕农兼租种约占 33%，无地之佃农仅占 5%。其他按田地所有权家数之分配见表 13-38。

表 13-38　　定县第二区 63 村田产权家数之分配

农家类别	家数	家数百分比
自耕农	4 152	51.5
自耕农兼租种	2 633	32.7
自耕农兼租出	531	6.6
佃农	423	5.2
雇农	138	1.7
完全租出之地主	47	0.6
非地主亦不耕种	138	1.7
总合	8 062	100.0

又在 18 村内调查自耕农的数目为 1 303，共种地 26 783 亩，平均每自耕农约合 20.6 亩；半自耕农平均每家约合 21.5 亩；佃农平均每家约合 13.3 亩。租种者以缴粮者为最多，缴现钱者次之，缴棉花或伙种平分农产物者甚少。18 村内共计 2 601 家，自有田产共计 53 969 亩，耕种田地即田庄面积共计 54 179 亩。各

① 此处数字疑有误，原文如此。——编者注

类家庭数目、田地亩数及租地者之缴纳田租方法见下列表 13－39。

表 13－39　定县第二区 18 村田产权家数之分配及缴纳田租方法

农家类别	家数	亩数			
		种自己地	租种	租出	共
自耕农	1 303	26 783	…	…	26 783
自耕农兼租种（钱租）	365	4 216	2 779	…	6 995
自耕农兼租种（粮租）	466	8 286	2 657	…	10 943
自耕农兼租种（棉花租）	2	11	44	…	55
自耕农兼租种（伙种）	4	31	14	…	45
自耕农兼租出	198	7618	…	5 808	13 426
地主完全租出	38	…	…	1 216	1 216
佃农（钱租）	45	…	733	…	733
佃农（粮租）	86	…	1 007	…	1 007
雇农	35	…	…	…	…
非地主亦不耕种	59	…	…	…	…
总合	2 601	46 945	7 234	7 024	…

第二区普通田地价格每亩约在八九十元。按每亩价值组、亩数之分配，见下列表 13－40。

表 13－40　定县第二区 63 村村外田地价值

每亩价值（元）	亩数	亩数百分比
25 以下	9 572	5.3
25～49.9	21 422	11.7
50～74.9	42 948	23.5
75～99.9	62 460	34.3
100～124.9	35 865	19.7
125～149.9	9 461	5.2
150 及以上	561	0.3
总合	182 289	100.0

63 村中又调查 24 村，共计田产 56 210 亩，其中有井泉灌溉之水地计 29 440 亩，无井之旱地 26 770 亩。普通每亩水地价格在 100 元上下，普通每亩旱地价格在 70 元上下。各种不同田地之价值见下列表 13－41。

表 13-41 定县第二区 24 村村外水地与旱地之价值

每亩价值（元）	水地		旱地		水地与旱地共计	
	亩数	百分比	亩数	百分比	亩数	百分比
25 以下	…	…	200	0.8	200	0.4
25～49.9	500	1.7	4 450	16.6	4 950	8.8
50～74.9	1 000	3.4	10 870	40.6	11 870	21.1
75～99.9	11 070	37.6	9 580	35.8	20 650	36.7
100～124.9	12 470	42.4	1 670	6.2	14 140	25.2
125～149.9	4 400	14.9	…	…	4 400	7.8
总合	29 440	100.0	26 770	100.0	56 210	100.0

若以村内普通的地价而论，大多数的村庄每亩约 200～300 元，有高至 600 元者，有低至 150 元者。若以村内价值最高的地价而论，大多数的村庄每亩约 300～400 元，有高至 1 000 元以上者，有低至 200 元者。若以村内价值最低的地价而论，大多数的村庄每亩在 200 元上下，有高至 400 元者，有低至 100 元者。

第四节 农 具

一、整地用具

1. 耕耠器

甲、犁

犁的用处是耕翻田地，轻松土壤，为农人整地时很重要的一种用具。它的主要部分由犁柄、犁辕、犁柱、地侧板、镵、壁和犁杈 7 部分构成。

犁柄长约 4 尺，系用槐木或榆木制，下端与犁柱及地侧板结合。柄的上端，有向上小柄一，专为系套绳之用。又有向下小柄一，专为耕地人每次到地头时转弯抬起犁身之用。

犁辕本地称犁弯，系用熟铁制，长 4 尺以上，成鹤颈形。辕的后方穿过犁柱，与犁柄下部相连接；前方有向上弯曲之钩，特为挂套之用，名曰犁钩。

犁柱为犁的中心部，高约 2 尺，下与地侧板连接成直角。

地侧板本地称为犁托，长 2.25 尺，制以枣木或槐木，用以支持犁身侧压，防其偏斜者。后方包以铁叶，以防摩擦；前方成钝角形，专为安镵之用。

镵为钝三角形，有生铁熟铁两种。一边凸出圆孔，地侧板前方由此安入，左右各有一小孔，可以用铁丝或绳系于犁柱及地侧板之上。镵的效用是轻松土壤，为犁中主要部分。

壁本地称盘，系用生铁制，普通长 0.67 尺，宽 0.42 尺，微有弯形。用时将壁置镵上，后方用绳系紧。它的功用能翻转土块，向右边成45度，壁愈安倾斜，则押抗力愈大，翻转土块愈多。

犁杈为长一尺余之木楔，安在犁弯与犁柄连合处之孔内。若欲深耕，可将杈下按，能使犁钩下落；若将杈上提，则犁钩上升，耕地必浅。

全犁值 5 元以上，普通可以使用 20 年之久，系本地木匠及铁匠制造，常在庙会出卖。耕地时犁钩挂套，驾以役畜，曳行田间，用两畜者居多，用一畜者甚少。本地农人多以为此种犁甚重，小牲畜不能曳行；并且耕地人手握犁柄，时常左右摇动，甚觉吃力，不如西洋犁之有犁轮，可以减少重量而平稳。

乙、耠子

耠子的用处和犁相同，不过较比犁耕地浅，而且构造也较简单。它的主要部分为柄、腿、镵、壁和辕、除镵、壁系用铁制造外，其余部分概用槐木或榆木制。

柄左右各一，均长约 3 尺 2 寸，两柄相距 1.92 尺；当中有 3 横撑，柄下方横撑中间与腿连接。

腿只一个，长 11.7 尺，腿向前坡斜，下端安镵及壁，与犁形状相同。

镵及壁均系用生铁或熟铁制，形式和犁相同，不过较犁所用稍小。

辕左右各一，均长 7 尺以上，两辕后部与柄下横镵相连接，辕中间拴套，驾以役畜，曳行田中，普通全用一牲畜，用人力者甚少。

耠地时一人牵牲畜，一人扶柄，平均每日能耠地五六亩。本地小农耕地，用耠子者甚多。一者因为它的重量较比犁轻，用一役牲畜足能耠地；一者因有双柄，较犁省力。但耠子耕地不若犁耕地深，这是它的短处。耠子约值洋 3 元 5

角，使用 10 年左右，系本地木匠及专铸镵壁铁厂制造，庙会集市均有卖者。

2. 耙碎器

甲、耙

耙是在耕地后用以耙碎土块，使地平整者。耙有两竖框交叉成燕尾形，所以又名燕尾耙。两框各长 4 尺余，前部有框头，长 0.50 尺，宽 0.33 尺，中间有两横撑，小者长 1 尺，大者长 1.67 尺；两框尾中间距离 7 尺以上，两旁各有无数小孔，专为安耙齿之用。耙框系用槐木或榆木制，耙齿系用熟铁造，长七八寸，下露 0.33 尺。用时耙头有铁环，可以挂套，驾以役畜，曳行田中，用两役畜者，人可立在耙上，用一役畜者，上可放土筐代人。耙值 3 元以上，能用 10 年左右，但耙齿每隔 2 年可修理 1 次。本地木匠及铁匠能打制者很多，常在庙会售卖。

乙、盖

盖也属耙碎器之一种，但它碎土的力量较耙为小。盖系长方形，形状大小不一，普通约长 5 尺，宽 2 尺 3 寸。四框多用槐木或榆木制，中有两横撑，前梁有无数小孔，上安盖条，盖条用枣条做成，中间钉有铁环，环上系套，只用 1 牲畜曳行足可。盖价约 3 元，除盖条 1 年修补 1 次外，足能使用七八年之久。盖系本地木匠打制，凡是灌溉的田地，必须先用盖盖平，较耙用处普遍，本地庙会卖者甚多。

丙、铁筢

筢为耕地后搂碎土块使地平整之具。全身为柄、筢头和筢齿 3 部分构成。柄长约 6 尺，筢头长 1.42 尺，全系槐木或柳木制。筢齿尖形，共 10 个，概用熟铁制，均长约 9 寸，安于筢头之上。筢头中间安柄，用时人双手持柄向后搂之。在灌溉的田地，于未下种之先，非先用铁筢搂平不可。按农人言：此种筢坚固耐久，使用自如，可能用六七年之久。本地庙会、集市，多有卖者，价约八九角。

二、种植用具

1. 播种器

甲、耧

耧为条播种子一种很重要的用具，其中主要部分为耧柄、耧腿、辕、耧斗、覆土板、搅种杆、种子角 7 部构成。

耧柄左右各一，均长 2.60 尺，两柄相距 1.50 尺，因柄于下种时常常摇动，所以中间有横撑二，以司坚固。

耧腿左右各一，均长有 3 尺，两腿相距 1.25 尺，上部与柄下横撑连接，下部中空，种子由此入地。

辕本地称骡杆椽，左右两个，均长 7 尺，两辕相距 2.58 尺，后方与耧腿中部连接，前方拴套，只用一役畜驾行。

耧斗位于耧之中心部，专为盛种子之用。间或有用以施肥料者。斗深约 10 寸。口宽 1 尺 1 寸；斗之后面下方，有长约 2 寸，宽约 1 寸 5 分之小月亮门，门内外均有活板，可使门口大小随意。

覆土板以绳系于两耧腿之后，板长一尺二三寸，宽 5 寸，厚五六分，其中也有用木棍代替者，它的用处专等种子入地，将土拥盖沟中。

搅种杆本地称黄瓜，系用竹制，细如筷子，长约 9 寸，中衬四方铁锤，以司左右摆动。杆一端系于柄中横撑上。

种子角又称梭子角，以其形如梭子，系熟铁制，上端有 4 小孔，系于耧腿的最下方，下端尖锐，用以起沟，种子由此入土。

下种时用 1 役畜驾行，1 人牵牲畜（俗名傍耧），1 人扶柄，随时随摇，摇得快慢并无一定，只看籽粒的大小，和除苗庄稼及不除苗庄稼之别。例如种黄豆籽粒形大，而不除苗，所以摇时稍快；芝麻粒小，而除苗，摇时稍慢。至于种籽入土的深浅，农人皆视为很紧要的一项，一方面看地皮的干湿如何，一方面看种子出土的力量如何。例如，地皮干，则深种，地面湿，则浅种，如种玉蜀黍，秀根力强，则深种无防；若种芝麻，发芽出土力弱，则浅种，否则不能出芽。使种子深浅的关键，全在乎耧中套的长短，如深种则套放长，浅种则缩短。

种子由耧口流出时，被搅种杆摆动而分于左右，由两圆孔落入腿内而入土，同时覆土板将土刮入沟内，再以石砘砘之。1 日能种地若干，视役畜的快慢如何。例如种小麦，用役畜 1 头，1 人傍耧，1 人扶柄，1 日平均可种 30 亩以上。本地人多以为此种用具，在下种时，扶柄人时时摇动，甚觉吃力，稍有摇动不均，则出苗必不一律；并且非有数年的经验，不能扶柄。

全耧除种子角用铁制造外，余完全用槐木。辕则用柳木或榆木制。本县如北祝村、大辛庄、北齐村及安国县木匠打造者甚多。价约三元五六角，多在春秋之初来庙会售卖，平均可能使用20年之久。

2. 镇压器

砘子

砘子为下种后，专供作镇压的用具。它的功效能使土壤密实，可以保存水分，使蒸发迟缓，容易发芽，又可以防止田鼠地蚕，不易盗取籽粒。本地砘子全系双辊，有有框者，有无框者。砘系用青石制，径长约8寸，厚2寸5分，中间有孔，砘轴由此穿连。轴用木制，长约1尺5寸，两辊用距11寸，辊外露出轴各有1寸余。木框架于轴上，有框者多用畜曳行，无框者在轴两端系绳，多用人力，也有用畜力的。石砘系曲阳县石作制，约值七八角，能用三四十年之久，本地庙会多有售卖者。

3. 施肥器

甲、铁锨

铁锨为农人在一年四季之中，时常用的东西，它的用处，不只能施肥倒粪，也能用它掘坑收土。锨有大小两种，大者柄长5尺以上，锨头长1尺，宽10寸，微有弯形。多用于收土散粪时。用时人双手持柄，多系腿部用力前拱的力量。小者柄长3尺，锨头长约7寸，宽5寸，直形，多用于刨坑掘土。用时全恃足蹬锨膀之力。柄系用槐木、榆木制，锨头系熟铁制，为本地铁匠打造。庙会或集市皆有卖者，大锨约值1元，小锨四五角，均能用三四年左右。

乙、粪筐

粪筐虽然用以拾粪、盛粪而取名，然而它的用途很广，如拾柴、背土、打草、施肥，为农人家家必有的用具。筐的大小不一，系用荆条或柳条编制，筐上安弯形木系，以便背负之用，若专为打草盛柴时，在筐上边系绳两条，拴于筐系之上，可以多盛柴草，而不容易掉落。大筐约值4角，小筐2角，全系本地农人编制，出卖于庙会者。筐重量很轻，便于携带，然而只能使用一二年之久。

丙、簸箕

簸箕系用柳条编制，三面有缘，一面敞口。缘边用柳板包裹，敞口处接以薄柳板，普通名曰簸箕舌头。它的用处不只扬场施肥，并且在碾米推磨的时候，也是必用的。佳者约值 8 角，次者五六角，本地庙会多有卖者，能用三四年之久。

丁、三齿

三齿，专为碎粪（即捣粪）之用，间亦有作着地者。柄系木制，长约 4 尺，齿头有齿 3 枚，各长 0.42 尺，齿中间相距 0.17 尺，齿头宽 0.42 尺，全系熟铁制，下乡铁匠包做者甚多，约值四五角。用时人双手持柄，以齿着粪，硬块者，则将健翻转向上，以齿头砸之，1 人 1 日平均可捣粪十五六车。

4. 中耕器

锄

锄为中耕及除草时很重要的农具，不只能用它除草、匀苗、松土，也能用它培梗、平土、擦沟（锄钩擦成沟缝，放种子其中。此种工作多用于园艺中）。锄为柄、锄钩及锄板构成。有大小两种，大者柄长 6 尺以上，多系槐木、枣木或大杨木制。锄钩长一尺五六寸，成鹤颈形。锄板长约 9 寸，宽 7 寸。钩及板全系熟铁制。全锄约值一元四五角。小者本地称挖杓子，柄长 1 尺余。为木制。锄钩与大锄形状相同，惟略短。独锄板则为钝三角形，长 0.42 尺，宽 0.33 尺，约值四五角。用时以左手拄小拐棍，右手持锄柄，深曲腰部成 90 度。按本处农人言，用大锄锄地深，为重量大而去苗无准；用小锄虽锄地浅，然体小量轻，且去苗有准，用小锄多在锄头遍地匀苗的时候，用大锄多在锄二三遍地中耕的时候。大小锄均能使用四五年之久，本地庙会多有卖者，概系获鹿县专造。

5. 灌溉器

甲、水车

水车专以井水灌溉田地之用，全体主要部分为车架、立轮、卧轮、水斗、水盘、车杆 6 部构成。

车架架放井口之上，专为载车各部之用。架为木做，高 3 尺，长约六七尺，上梁 1 个，下梁 2 个，上梁正中穿一孔，立轮之轴由此穿过，下梁与孔相对处，安一横木板，中刻有缺坑，立轮轴末端插于坑内，以司旋转。两下梁中部，安卧轮轴的两端，左方木撑之后，有一铁板，能自行启闭，停车时则放下，以支住卧轮之齿，以免水斗往下沉坠，而使车旋转。

立轮轴高 2.33 尺，轮径 3.42 尺，有撑 8 根，轮廓外周有铁齿 23 枚，齿长 0.42 尺，轮轴直立，形状如伞柄。

卧轮轴长 2 尺，轮径长 3 尺，铁齿之数目及长，与立轴相同。轴之两端，均伸出轮外 2 寸许，横置于下木梁中部，立轮、卧轮均系铁制。

水斗为方形，口宽底窄，斗左右各有两耳，以铁杆贯穿上下耳孔，使互相嵌连数十斗成为一环，挂于卧轮水撑之上。斗先前多用槐木制，近来多改用铅铁板，因其较木制坚固耐久，而价并不贵。每口井所用斗数不同，在乎井的深浅如何，普通自 35 至 55 斗者居多，惟当大旱时不在此例。每斗能容水 5 升以上。

水盘为方形，系铁制，专为装盛水斗所打出之水，流送于田间者。盘口伸出，形似簸箕，盘身置于卧轮之轴下。

车杆为木制，长 1 丈余，一端挂于立轮之上，一端系套，用 1 役畜驾曳，绕井而行，立轮齿拨动卧轮齿，则水斗下坠，沉没于水中，将水汲满斗内，自右上升，转至上面卧轮横轴时，斗口向下将水倒于水盘内，如此挨次往返，则汲水不止，1 畜 1 日平均可浇田 3～4 亩。每架水车约值自 80 至 100 元不等。早先本地农家所用水车，多买自正定及获鹿县者，但近数年来多有购自保定者，因其将立轮加大，可以减轻车的重量，自民国八年华洋义赈会来定县提倡凿井后，到现在井数大为增加，于是车数亦随之增加，平均有地三四十亩以上之农家，皆有水车 1 架，30 亩以下的小农，数家合伙买 1 水车者亦为不少。水车打水既快，且省人力，惟价高贫家多不能购买，且体重搬运不便，1 架水车可能用三四十年之久，惟水斗每年修理 1 次。

乙、辘轳

辘轳为本地农人灌溉田地最普通的一种用具，尤其是小农灌溉田地，全恃辘轳。它的主要部分为架、轴、辘轳头及把、柳罐及绳构成。

架为木制，高约 3 尺，有 3 腿者，有 4 腿者，上端用横棕将腿连接，置井口上，专载辘轳头及柳罐之用。

轴专为安辘轳头之用，系木制，轴横安架中部，有自 2 至 4 轴者，普通用作灌溉者，以 3 轴居多。轴约长一尺五六寸，两端包以铁箍，以防摩擦。

辘轳头为圆柱形，长约一尺三四寸，系用榆木或槐木制，中空，两边圆孔嵌以铁圈，头外方安以木把，把如弓形，用时将头安于轴上，头上系绳及柳罐，人手持把旋转，绳绕辘轳头上，则柳罐满水上升，至井口时，以手倒罐水于沟中而流入田间。

柳罐系用柳条编制，罐口钉有横木梁，中嵌铁环，系绳环上，绳长自2至3丈不等，为青麻制，粗如拇指。

全套辘轳约值四五元，辘轳头及柳罐乡村农人多有制造及编制者，本地庙会卖者甚多，平均能用五六年之久，惟柳罐及绳每隔2年一换。如用3人打水，1人看畦，1日能浇大种田（本地以大种田是未下过种子之地，先浇水洇湿，因土暄所以费水）3亩左右，浇小种田（小种田是已出苗之地）5亩以上。

三、收获用具

1. 刈收器

甲、镰

镰为收获时用以割麦，割豆，削芝麻、高粱或谷类等，用处很广的。镰系把及镰头构成。把长一尺四五寸，以枣木、榆木或槐木制者居多。镰头长五六寸，宽寸许，系用熟铁制，惟刀部加钢。镰约值四五角，能用二三年之久。用时右手持柄，左手握庄稼搂之，工作虽慢，然量轻便于携带，平均一人一日，约割谷四五亩。

乙、爪镰

爪镰系长二寸许、宽约3寸之铁片制。上端有孔，可以穿带，以便握持。用时右手持握，左手持庄稼穗掏之。镰约值1角，本地庙会集市铁器摊通有卖者。

2. 掘采器

甲、镐

镐有大小两种。大者柄长4尺，系木制，镐头系用熟铁打造，刃部加铜，头长一尺二三寸，宽5寸。农人多用以着地，约值1元。小者又称片镐，柄长一尺二三寸，镐头长六七寸，宽3寸，着玉蜀黍或高粱等多用之，约值四五角。镐头多系乡下铁匠打造者，能使四五年之久，惟1年须加钢1次。

乙、起粪叉

起粪叉虽用它以为起粪之具，但本地农人种红薯及白萝卜的很多，于采收的时候，非用起粪叉掘刨不可。叉有 3 齿者，有 4 齿者。叉柄长约 3 尺，为木制；齿均长 10 寸，以熟铁制造。乡下铁匠包做者甚多，约值 1 元，可能使用六七年之久。

丙、二齿镐

二齿镐系柄及镐头构成，柄为木制，长约一尺二三寸，镐头为铁制，后方有孔，可以安柄，前方有 2 齿，如倒羊角形，齿长 0.42 尺，两齿相距 0.21 尺。镐约值 3 角，农人多用以拾柴，如刨谷根芝麻秸根等。虽然质轻而价廉，然齿部容易弯曲，甚不耐久，乡下铁匠，多能打造，能用一二年左右。

3. 运输器

甲、大车

大车的用处很广，如拉土拉粪，运送庄稼，装载粮食柴草等等，为农家一年四季时常必不可少的。车的大小不一，普通车辕长 13 尺，两辕相距 2.25 尺，车辕后部下方有车梯一，约高 2 尺 5 寸，车箱长 3.83 尺，宽 2.42 尺，高 1.25 尺，车尾长 2.58 尺，宽 3.08 尺，车箱之下左右有一半圆形铁制，俗名车穿，以为安入车轴之用，以上各部，俗称上脚，多系槐木及榆木制造。车轴车轮，通称下脚，车轴长约 5 尺 5 寸，系用枣木或檀木制，距两端以内 3 寸许，各嵌入铁条十余根，车穿与此扣合，以司旋转。轴两端各连合车轮，1 轮径 3.58 尺，中圆形，名曰车头，径长 0.92 尺，车轮各安辐条 18 根，外有大板，名曰网片，着地处，各包以铁片 4 块，名曰瓦，车系本地木匠打造，约值八九十元，庙会多有卖者，普通约能用二三十年，惟每年须油涮 1 次。

乙、小车

小车的用途和大车相同，不过小车容量甚少，并且推曳概用人力。车有两种，一为平车，一为羊角车。

平车有车把两个，均长 2 尺，车身系平面，长 3 尺，宽二尺二三寸，车轮一个，径长 2 尺余，中有铁轴，轮上安辐条 12 根，车把末端下方，左右各有一车腿，均高 2 尺，全车除车轴系用熟铁制造外，其余概用榆木或槐木制。车约值六七元，为本地木匠打造，庙会通有卖者，能用 10 年左右。

羊角车用途与平车同，惟车身形式中间高出，下方车轮较平车轮加大，装载物件全系在车左右两旁，车前有两竖木外伸，状似羊角。制造材料与平车同，惟车价须十四五元左右，能用 10 年以上。

丙、拖车

拖车，专供耕耩地时载运犁、耧、耙、盖之用，车完全用榆木或柳木绳，长约 5 尺，宽 3 尺，高 2 尺。惟着地两头撑较厚，以防摩擦，前方横撑系绳，可以挂套，以役畜曳行。有时在泥水田地，常用以载运庄稼。车系本地木匠造，约值 4 元。

丁、抬筐

抬筐系用荆条编制，专供抬土或粪之用。筐大小不同，普通筐，口大底小，底径长约 2 尺，筐高一尺二三寸，底系绳通于筐口，穿以扁担，两人抬之。约值六七角，本地庙会卖者甚多，全系乡村农人编制，若善自使用，不使受潮湿，能用二三年左右。

四、调制用具

1. 脱谷器

碌轴　碌轴专供打场时使庄稼籽粒由穗脱落之用。轴为圆柱形，系用盐粒石琢成。轴长 2 尺，高约 1 尺，两端中间各嵌入铁制凹孔，俗称脐眼，轴外驾以方长木框，框左右中间安铁杵各一入于脐眼之内，以司旋转，前框拴绳盘铁钩，可以挂套。用时将晒干之庄稼，匀铺场上，轴套一畜或二畜，绕庄稼之上压之，则籽粒渐自穗上脱落。碌轴多购自曲阳县石作铺，约值四五元，足能用二十年以上。

2. 收敛器

甲、三四股杈

杈专为翻场垛之用，有三股四股两种。三股者，为天然柳树制成，将砍下之柳树，用火烤成弯形之杈齿；四股者，杈齿系安于长约一尺二三寸之横木上，横木中间凿孔，再安杈柄。两种杈柄，均长 5 尺余，齿长一尺二三寸，均值七八角。本地乡村农人单有能制者，三股杈虽然较比四股轻便，但不如四股杈可以翻碎秸碎草，惟四股杈齿易落是其劣点。

乙、扫帚

扫帚专为扫场之用，本地所有扫帚，均系用扫帚草制者，扫帚草于秋后割下，略带根部，将枝加重压扁，再以竹条系干部，大者高 4 尺，约值 3 角，小者高 2 尺余，约值 2 角，本地庙会卖者甚多，能用一年以上。

丙、木锨

木锨为柄及锨头构成。系用槐木榆木制，专供扬场收堆籽粒及散粪之用。锨柄长 6 尺，锨头长 1 尺，宽 0.67 尺，厚 0.02 尺，稍有弯形，锨约值五六角，本地庙会多有卖者，能用二三年之久，惟锨头易裂，且不能修理。

丁、刮板

刮板完全为木质，专供打场时推聚带稃籽粒之用。柄长 6 尺以上，板头长一尺二三寸，宽 5 寸，厚 2 分许，横钉柄上成 45 度。价约值 3 角，本地庙会通有卖者，可能用二三年之久。

戊、木筢

木筢为打场时，搂除碎秸之用，柄长 6 尺以上，系用柳木或榆木制。筢头长约一尺二三寸，上安齿八九根，均长 1.17 尺，齿头尖形微弯，筢头及齿多以槐或枣木制。筢约值六七角，本地春秋庙会卖者甚多，能使用三四年左右。

3. 脱稃器

甲、碾子

碾子为去糠或碎米之用，是农家时常必用之具，全体为碾棍、碾砣、碾轴、碾盘及碾台 5 部合成。

碾棍为木制，长约七八尺，一端插入碾砣之木框内，一端系套，以役畜曳绕碾台而行。

碾砣为青石制，长约 2 尺，直径 1.25 尺，外驾以木框，与碌轴形式相同；但里框中间有圆孔，特为穿碾轴之处，以司旋转。

碾轴高约 2 尺，为木制，嵌连于碾盘中间竖立。

碾盘为圆形，径长约 6 尺。有用青石制者，有用缸末合灰砌成者，约厚 4 尺。

碾台专为载碾盘之用，高 2 尺许，有用砖砌者，有用土坯砌者。

本地农家所用碾子，多自曲阳县购来，大者约值20元，小者约值15元。用时多以畜力曳行，惟贫家无役畜者，多就小碾，用人力推行。普通碾子1人1畜，1日可碾谷三十五六斗（每斗25管）。

乙、磨

磨为盐粒石制，专供磨米、麦，使碎及成细面之用。磨有上下两扇，大小不一，普通直径长2尺，上扇厚0.42尺，下扇厚0.50尺，上扇有磨眼两个，为粮食流入磨膛之用；下面中间有圆凹孔，与下磨扇中间高约2寸，直径2寸许之圆木杵相符合。木杵上包铁箍，以防摩擦。上扇下面，下扇上面，均琢有齿沟。上扇两旁有两耳，专为系磨棍之用；下扇中间稍凹，名曰磨膛。磨台四周，均宽有0.42尺，下用砖或土坯砌成。用时磨棍系套，驾以牲畜，绕磨台而行，则磨碎之面糁，由上下扇相合处之缝口四周落下。大磨概用畜力，小畜亦常用人力。磨约值十三四元，买自曲阳县石作制者居多，能用三四十年之久，惟1年须打磨两三次，但于打磨后，常有细砂混于面中。普通磨1盘，驾1役畜，约能磨小麦成面六七斗（每斗25管）。

4. 精选器

甲、扇车

扇车专为去糠及土之用，间亦有用作选种者。全车除柄用熟铁制外，余均系用榆木或杨木制。车长约7尺，宽2.5尺，高约6尺；车尾为死头，车头为敞面，专为糠或土出口。车上面有凹下之斗，专为盛去糠土之米，下有0.03尺宽之缝，缝下有木挡，可以自由启闭，木挡之下，为倾斜向下之簸箕槽，口外伸。左方中部，安风轮，轮径约二尺三四寸，中贯以轴，轴外安铁柄。

用时将混土及糠之谷，倒于车斗内，再将木挡徐徐开放，同时右手绕转车柄，风轮生风，将下落之米内糠土扇出，则净米直落簸箕槽内，再流出于簸箕中。

车值15元左右，系本地木匠包做，能用20年之久，乡村农家，多有十数家或数十家合伙买1扇车公用者。

乙、络车

络车专为络线之用，轴长0.83尺，共有翅6根，长2尺。座轴高2尺以上，座宽1.08尺，长1.17尺。翅中安大撑，厚0.17尺，宽0.25尺；小撑厚0.08

尺，宽 0.17 尺。全部系用榆木、槐木或枣木制；约值六七角，为本地木匠制，能用四五年之久。

丙、纺线车

纺线车专为纺线或割绳之用，系用柳木或榆木制。车腿长 2.17 尺，左端有长 0.25 尺、宽 0.17 尺、厚 0.17 尺之长方木，名曰车头。右端有车架，高约 1.5 尺，上方安轴，轴长 2 尺，两端各外露寸余，轴外方安柄，轴两端相对共安翅 8 根，均长 2.17 尺，各翅用棉线相连，再以长线绕翅中之线，环挂于车头之钉针上，针系铁制，长约 8 寸，上安磁槽，以司线转。针中穿如铜元大之圆瓢片，专为线纺于针上时，不使脱落。用时人右手转车柄，则线带针转动，左手持棉绒（本地称聚结），挂钉针上，徐徐引长。此种工作（十分之八九）多系村中妇女，在闲暇时纺线自用者。专以纺线为正业者，不多，其中男子纺线者，百不一二，平均每人 1 日，纺线 3 两左右。每纺车约值五六角，系本地木匠做，庙会多有卖者，能用八九年之久。

丁、筛

筛专供筛五谷及碎草之用，系圆形，筛有大眼小眼两种。大眼者，底直径 2 尺，筛圈约高 4 寸，全系用荆条编成。小眼者，形式与大眼筛相同，惟底用荻子编制，且眼孔较大眼筛细密。大眼者多用以筛碎秸碎草，小眼者多用以筛谷麦。两种均值三四角，筛系本地农人编，于庙会出卖者甚多，可能用二三年左右。

戊、花生筛

花生筛专为筛花生之用，筛框及架，均用榆木或柳木制。筛长 7.25 尺，宽约 3 尺，高 0.58 尺，筛两头各有横撑 1 个，以为筛时手握之用。筛底系用若干铁条，各条相距约 3 分。筛架横梁长 3 尺余，下各有两腿，均高 3 尺。筛系本地木匠制，约值八九元，用时将筛置架上，两人各握横梁，上下摇之，再有两人频将混土花生，继续用铁锨敛入筛内，则土落下，净花生存于筛中。按此种用具，农人自备者不多，每至用时，多系按日赁用，普通赁价，1 日约需 4 角。

己、罗

罗专为推磨碾米用以罗面者。有马尾罗底及绢罗底两种。马尾罗多用以罗粗粮，如玉蜀黍面、高粱面等。绢罗眼孔较密，多用以罗白面及小米面等。大罗径约长一尺七八寸，小罗径约长 1 尺。罗圈为柳木制，约高 5 寸。大者约一元三四角，小者七八角，罗底多来自安平县，全系下乡张罗匠包做，近数年来，改用细铜丝罗底者虽有，然不如用马尾及绢罗底者数多。

5. 轧织机

甲、轧花机

轧花机全部以铜铁制，机身高 3 尺余，机顶长 1.50 尺，宽 1.58 尺，为 11.17 尺深之箱，上覆 1 木板，前方留缝，为棉入口。箱底为铁丝筛，专为棉籽漏出之用。箱前方，有 1 固定之刀，刀刃向上①，名曰上刀，下有 1 能活动之刀，刀刃向上，名曰下刀。均长一尺二三寸，刀后方有 1 行竖立小铁杆，专为机器动作时，防阻棉絮及棉籽不使振出之用。

与上下刀相近之箱外，有 1 皮轴，径长 3 寸许，轴成皱纹形，此轴及上下刀为机中重要部分。箱外左方，共有铁轮 3 个，其中以大轮（俗称大风轮）为全轮之枢纽。次为箱右外方之中轮，轮直径 1.50 尺，该轮专司下刀往反动作者。其余尚有 3 轮，均用皮带互连，专借大轮旋转之远心力，以补足脚踏力之不及。

用时将棉投于入棉口，以脚踏脚板，使各轮转动，下刀上下与上刀彼此挫啮，将棉纤维截碎，则棉籽落于箱下而净棉被皮轴带出，落于箱外。

本地乡村近年购买此种机者，日见增多，大半系来自保定，或清风店。每架约值 30 元，每人每日平均能轧籽棉 140 斤，每 100 斤籽棉普通约能出净棉三十五六斤之谱。

乙、弹花机

弹花机全部系铁与木制，它的功用专为将轧好之净棉，经此机弹力，将棉絮纤维弹松，使其熟软而便于使用。机箱为立方形，系木板制，箱高约 5 尺，长 3 尺，宽约二尺三四寸。上覆木板，正中有 1 长缝，为入棉口。箱后下方，有脚踏板一，专司运动各轮之用。机箱外左方有铁轮二，右方有铁轮四，大轮轴长 3 尺，横安于箱内正中。

箱内横列铁轴数根，上嵌有钢刺约 290 行，机器动时，则钢刺互相挫啮，将棉絮扯熟。另外有一铁滚，将熟棉带去箱外，箱外下方有一铁轴，专为棉出箱时，阻止不使上拥或自卷之用。

---

① 此处疑为“下”，原文如此。——编者注

棉出箱外徐徐自行平铺棉床上，床系木制，约高 8 寸，长 5 尺，宽二尺三四寸。

此种机器本与轧花机有连带性，1 架弹花机，普通多用轧花机 4 架，供给棉絮，方不至停止工作。每架弹花机，约值 40～50 元不等，多购自清风店或保定者，1 人 1 日，能弹熟棉 100～110 斤之间。

丙、铁机

铁机十分之八九，专供给织布之用，不过十分之一二，兼用以织带子及冷布者。机主要部分，系以木及铁制。普通机身约长 6 尺，宽 2 尺 4 寸，高约 2 尺。机前方有木轴，长 2 尺余，两端各有翅 3 根，总称为盛子，专供卷线之用。盛子前方为 2 尺余长之托线轴。机身正中有高约三尺六七寸之木架，俗称机楼；楼顶左右各有向后伸出约长 8 寸之木撑，各曰杠托；两托之上横 1 木轴，名曰滚杠；杠上两端各系皮带两条，与下方两缯结连。缯系用棉线制，均长约二尺二三寸。

缯后为盛筐，约长四尺六七寸，中嵌入机杼，杼用三百余个小竹签做成，形如篦子，长二尺三四寸，高二尺五六分，盛筐两端各有木槽，槽头各有 1 老瓜嘴，专用其反动力，使梭左右行动者。盛筐左右外方，各有打梭棍，均长 3 尺，下与铁轴连，专供打梭之用。梭系牛角及枣木制，约长 6 寸，形如橄榄，内空，专为盛织布之纬线。机后方，为卷布轴，最后方，为织布人之座位。

机身下方有两个木制脚蹬，均长 4 尺，蹬上各有 1 铁制，名曰提正钩，钩挂于大铁轴之上。轴长约二尺四五寸，两端各安马蹄轮 2 个，专为提缯上下移动者；轴左外方与大风轮相连，轮直径 1.67 尺；轴右外方与 1 大哑轮，及 1 小哑轮相连，大者直径 0.92 尺，小者直径 0.50 尺。

在织布之前，先将线卷盛子上，线总名曰经线，将经线分上下两排，穿过缯后，再合并穿过机杼，而系于卷布轴上。此时织布人，上下踏脚板，则经线上下开张，以梭投入盛筐后之线空内，梭被打梭棍击打再被老瓜嘴反动力回击，则梭左右往返不止，布自成矣。

铁机约值 30 元，本地村人多买自保定或清风店者，可能使用 20 余年。1 人 1 日平均能织量布尺 36 尺（量布尺俗称对心尺），约合英尺 100 尺。

丁、木机

机全体系木制，功用与铁机相同，惟不若铁机效率大，构造也和铁机大致一样，不过对于铁轮、铁轴、马蹄轮及提正钩等，概为木机所无。木机楼上安两个能上下活动之木板，本地人名为“莺不落”。板下有与缯相系之绳共 4 根，本地人称“吊死鬼”。盛筐之两端，各有 1 能活动之木撑，俗名“机胳膊”。盛筐两头槽内之老瓜嘴，均用绳系于机楼滑车之上，与铁机不同之点，不过如此。

织布时，以脚踏脚板，则缯带线上下交错，同时一手向前推盛筐，一手下拉打梭之绳，则梭左右往返，如此两手两足，同时工作不止，则布自成矣。

此种木机，系本地木匠打造，约值七八元。十余年前，乡人多用笨机（俗称扔梭机），笨机 1 人 1 日，约织布 30 尺。自改用拉机以来，拉机（本地人称勺一勹机）1 人 1 日，约能织布四五十尺；虽然比较铁机相差一倍，但乡人因其价值便宜，用铁机者仍不如用木机者多。

6. 贮藏器

甲、口袋

口袋系用棉花线织，专供盛五谷之用。农人一年所收获粮食，概以口袋计算，每袋约盛 6 斗（每斗合 25 管），系本地农民织，每口袋佳者约值 1.5 元，次者 1 元。

乙、席囤

席囤也是贮藏粮食的一种，系用苇席缝成圆篓而置于砖砌囤台上。大者用两席并连，小者只用 1 席。本县丁村、苏泉、东坂村、西坂村等，织席者甚多。

五、附属用具

1. 铡刀

铡刀专为铡草之用，刀身系熟铁及钢制造，长 3 尺，宽 0.33 尺。刀头有圆孔，专为与刀床穿连之用，刀后方为柄，约长 3 寸。刀床为榆木或槐木制，长三尺七八寸，宽 0.33 尺，高 0.33 尺；床身中间有缝，左右排列铁齿（俗名马牙）共 18 个；床内方空缺口，碎草由此落出；床头有孔，用长约 6 寸之铁棍与刀穿连。刀系本地铁匠打造，约值 2 元，能用五六年之久。惟每年须加钢 1 次，用时

1 人扶刀，1 人入草，平均 2 人 1 日约能铡谷草 300 余斤。

2. 粪叉

粪叉为叉柄、叉头构成，专供拾粪之用。柄为木制，长 3 尺余，叉头系熟铁制，后部安柄，前部有 5 齿，均长五六寸。下乡铁匠均能包做，约值三四角。此种叉能拾冻粪，惟不能拾稀粪，农家购者约占大半。

3. 竹筢

竹筢专为搂苗、拾柴之用。柄木制，长 6 尺余。筢头为竹编，前方筢齿均向后弯曲。筢有大小齿，有稀密。大者约值 5 角，小者 2 角，本地庙会卖者甚多。

4. 风箱

风箱专为吹火之用，为本地农人家家必有的用具。风箱为长方立体形，系用榆木或杨木板制。大者长 3 尺，宽 2 尺，高一尺五六寸，约值 5 元；小者长 2 尺，宽一尺二三寸，高 1 尺，约值 2 元。均为本地木匠打造，出卖于庙会者甚多。箱内有两杆，一端通于外，可以安柄。箱两头下方各有活叶门，以为吸气之口，里面中下方有出气口，通于炉底。用时人持箱柄前拉，则两杆前端粘有鸡毛可以抽气，后推则前方活叶门张开吸气，后方活塞门关闭，箱内所入之气，由出气口追出，达于锅底，以助燃烧。

5. 扁担

扁担专为挑筐之用，系槐木或榆木制，间亦有用椿木者。头号担约长 8 尺，值洋二元六七角，中号约值 1 元 5 角，三号约值七八角。此种用具是农人家家必有的东西。

6. 鞭子

鞭子专为督责牲畜之用，有大小两种。鞭头多系用牛皮拧成，鞭杆则用竹制或杉木条。惟大鞭杆则系用白梨杆制，大鞭约值 1 元，小鞭 5 角。放车放轴（即压场）多用大鞭，耕、耩、耙、盖地时，多用小鞭。

7. 升和斗

升和斗为量米面的器具，形状皆为方形，底小口大，均为木板制。本地所用升斗概以十进，10 合为 1 升，10 升为 1 斗，每斗为 25 管。升约值 1 角，斗值六七角。

8. 秤

秤为权轻重之具，由秤杆、秤锤、秤毫、秤钩和秤盘等部构成。秤杆为乌木制，秤锤、秤钩、秤盘为铁制。秤毫系麻绳制。秤杆上嵌入铜星为符号，以示斤两。大秤能称 500 斤，小秤能称三五斤或数十斤不等。本地除买卖燃料及大批发售各种青菜以 18 两为 1 斤外，概以 16 两为 1 斤。

第五节　猪鸡调查

一、猪数调查

民国二十一年在第一区内选一中等大小之村，调查其现有猪鸡的数目及民国二十年时所有猪鸡数目。此村共计 120 家。村中并无能交配之公猪，使母猪到邻村有公猪处交配。在调查时杂种猪共计 24 只，即波支猪与本地猪交配而生者，本地猪有 96 只，全村共计 120 只。村内未养猪者计 43 家，养猪者计 77 家，如此每家平均 1.56 只。若以全村 120 家计算，则平均每家恰合 1 只。各种公猪与母猪之分配见下列表 13－42。

表 13－42　　民国二十一年三月时养猪之 77 家所养各种猪数目

	能交配之公猪（只）	阉割之公猪（只）	能交配之母猪（只）	阉割之母猪（只）	共计（只）
杂种猪	0	9	3	12	24
本地猪	0	36	6	54	96
总合	0	45	9	66	120

77 家中有 54 家每家只养 1 只，养两只者有 18 家，养 3 只者有 3 家，养 10 只者 1 家，养 11 只者为最多，亦只有 1 家。

在民国二十年全年内村内没有养猪者有 37 家，养猪者有 83 家，共养猪 164 只，包括一切在此年内喂养之大猪小猪，无论寿命之长短。若以养猪 83 家计算，则平均每家约合两只；若以全村 120 家计算，则平均每家 1.37 只。各种公猪母猪之分配见下列表 13－43。

表 13－43　民国二十年全年内养猪之 83 家所养各种猪数目

	能交配之公猪（只）	阉割之公猪（只）	能交配之母猪（只）	阉割之母猪（只）	共计（只）
杂种猪	0	10	2	6	18
本地猪	0	69	5	72	146
总合	0	79	7	78	164

83 家内只养 1 只猪者有 58 家，养两只猪者 15 家，养 3 只猪者 3 家，养 4 只猪者 1 家，养 5 只猪者 2 家，其余 4 家养猪数为 6 只、11 只、16 只，最多者 20 只。

83 家所养 164 只猪内于民国二十年内卖出长成之大猪 115 只，自宰卖肉者 25 只，卖出与自宰共计 140 只。养猪之 83 家中在民国二十年全年内因猪尚未长成未卖亦未自宰者有 10 家，卖出或自宰 1 只者有 52 家，2 只者有 12 家，3 只者有 3 家；4 只者、5 只者、6 只者、11 只者、14 只者、15 只者各有 1 家。若以养猪之 83 家计算，则在 1 年内平均每家卖出或自宰大猪约一只半（1.69）；若以全村 120 家计算，则平均每家卖出或自宰 1.17 只。

二、鸡数调查

全村 120 家中在民国二十一年三月调查时没有鸡者计 44 家，养鸡者计 76 家，共养鸡 294 只，其中有改良种之白色力行鸡 20 只，本地鸡 274 只。294 只中大母鸡 224 只，未长成之小母鸡 43 只，大公鸡 18 只，未长成之小公鸡 9 只。若以养鸡之 76 家计算，则平均每家养鸡约 4 只（3.87 只）；若以全村 120 家计算，则平均每家约合两只半（2.45 只）。各种公鸡母鸡数目之分配见下列表 13－44。

表 13－44　民国二十一年三月时养鸡之 76 家所养各种鸡数目

	大母鸡（只）	小母鸡（只）	大公鸡（只）	小公鸡（只）	共计（只）
力行鸡	9	11	…	…	20
本地鸡	215	32	18	9	274
总合	224	43	18	9	294

76 家中养鸡 1～4 只者有 68 家，5～9 只者有 12 家，10～14 只者有 4 家，养

15 与 16 只者各有 1 家。[①]

全村 120 家中于民国二十年全年内没养鸡者共计 42 家，养鸡者共计 78 家，共养鸡 572 只，其中有力行鸡 62 只，本地鸡 510 只。平均每养鸡之家在一年内约养鸡 7 只（7.33 只），若以全村 120 家计算，则平均每家约养鸡 5 只（4.77 只）。

养鸡之 78 家中养 1～4 只者有 31 家，5～9 只者 30 家，10～14 只者 9 家，15～19 只者 5 家，超过 20 只者 3 家。各家详细鸡数见下列表 13－45。

表 13－45　民国二十年全年内养鸡之 78 家每家养鸡数目

养鸡数（只）	家数	共计（只）	养鸡数（只）	家数	共计（只）
1	3	3	12	2	24
2	12	24	13	2	26
3	7	21	14	2	28
4	9	36	15	1	15
5	5	25	16	1	16
6	7	42	18	1	18
7	6	42	19	2	38
8	8	64	21	1	21
9	4	36	26	1	26
10	2	20	36	1	36
11	1	11	总合	78	572

① 此处数字疑有误，原文如此。——编者注

第十四章　工商业

第一节　钱币兑换与度量衡之标准

一、钱币兑换

本书关于钱币数目，除不得已外均一律以银元为单位。定县在民国十二年以前通用小铜制钱。至十二年时制钱废除，一切交易通用银元与铜元两种。下面表 14－1 详列自咸丰七年（西元 1857 年）至民国二十年之银两或银元兑换铜元数目。兹将折合的方法略加解释。自咸丰七年至民国二年之兑换数目原系银每两兑换制钱数目，再按每元合银 7 钱 2 分得每元兑换制钱数目。再以每 10 文制钱合铜元 1 枚计算得每两及每元兑换铜元数目。自然咸丰、同治等年间定县尚未用银元与铜元，系用银两与制钱。民国以后则多用银元与铜元，有时用银两，制钱已无用者。举例说明，咸丰七年时每两兑换制钱 1518.3 文，再按每 10 文制钱折合 1 枚铜元计算，等于铜元 151.83 枚。1 块银元等于 7 钱 2 分，则每银元折合铜元的数目即等于以 72％乘 151.83 得 109.32 铜元。自咸丰七年至民国二年之兑换数目皆是如此计算得来。表中每年之兑换数目皆为每年 12 个月之平均数目的平均，而每月之平均数又为每月内初五、十五和二十五日三个兑换数目的平均。若每月找不到 3 个数目时，则以两个数目之平均或只用 1 个能找到的数目。总之，先得每月每两平均兑换制钱数目，再由12个月的平均数目得全年的总平均数。这些数目是从县政府收支处的老账上抄来计算的，再借用几家铺店的老账作参考。据说县政府收支处账上的行市往往较普通账上折合的行市稍高一些，即每两折合制钱的数目较多几文，有时多到10文，即相差铜元1枚。但所差无几，而且铺店的兑换数目不易找到连续不断的老账。折合的时候尚有一件事必须留意，即账上写100文制钱时，实际等于96个制钱，叫做九六钱。如此计算时须除去虚数，例如1 000文制钱乃等于960个制钱。表内自民国三年起至民国二十年之每元兑换铜元数目系实在兑换数目，而非按7钱2分自银两折合之数目。自民国十七年以后亦不调查银两兑换数目，因无多少用处。表中年份皆系阴历，银两皆系市平。

表14-1　　历年银两与银元兑换铜元数目

1857—1931

年份		兑换铜元数目（枚）		每元行市与上年比较（+－）（枚）
中历	西历	每两	每元	
咸丰七年	1857	151.83	109.32	…
八	1858	157.73	113.56	+4.24
九	1859	174.53	125.66	+12.10
十	1860	175.70	126.50	+0.84
十一	1861	180.96	130.29	+3.79
同治元年	1862	176.27	126.91	－3.38
二	1863	153.75	110.70	－16.21
三	1864	133.09	95.83	－14.87
四	1865	121.55	87.51	－8.32
五	1866	122.72	88.36	+0.85
六	1867	136.48	98.27	+9.91
七	1868	130.21	93.75	－4.52
八	1869	157.73	113.56	+19.81
九	1870	173.07	124.61	+11.05
十	1871	181.20	130.46	+5.85
十一	1872	172.16	123.95	－6.51
十二	1873	167.82	120.83	－3.12
十三	1874	169.35	121.93	+1.10

续前表

年份		兑换铜元数目（枚）		每元行市与上年比较（＋－）（枚）
中历	西历	每两	每元	
光绪元年	1875	147.03	125.30	＋3.37
二	1876	167.85	120.85	－4.45
三	1877	144.76	104.23	－16.62
四	1878	145.33	104.64	＋0.41
五	1879	141.14	101.62	－3.02
六	1880	154.11	110.96	＋9.34
七	1881	159.68	114.97	＋4.01
八	1882	162.83	117.23	＋2.26
九	1883	158.43	114.07	－3.16
十	1884	154.53	111.26	－2.81
十一	1885	157.60	113.47	＋2.21
十二	1886	154.24	111.05	－2.42
十三	1887	149.66	107.76	－3.29
十四	1888	150.75	108.54	＋0.78
十五	1889	149.63	107.73	－0.81
十六	1890	142.61	102.68	－5.05
十七	1891	147.36	106.10	＋3.42
十八	1892	157.76	113.58	＋7.48
十九	1893	148.32	106.79	－6.79
二十	1894	142.37	102.51	－4.28
二十一	1895	137.50	99.00	－3.51
二十二	1896	129.36	93.14	－5.86
二十三	1897	123.51	88.93	－4.21
二十四	1898	108.97	78.46	－10.47
二十五	1899	110.03	79.22	＋0.76
二十六	1900	112.73	81.17	＋1.95
二十七	1901	116.71	84.03	＋2.86
二十八	1902	107.52	77.41	－6.62
二十九	1903	112.07	80.69	＋3.28
三十	1904	110.16	79.32	－1.37
三十一	1905	105.25	75.78	－3.54
三十二	1906	115.17	82.92	＋7.14

续前表

年份		兑换铜元数目（枚）		每元行市与上年比较（+－）（枚）
中历	西历	每两	每元	
三十三	1907	123.63	89.01	+6.09
三十四	1908	130.16	93.71	+4.70
宣统元年	1909	146.69	105.62	+11.91
二	1910	146.05	105.16	－0.46
三	1911	143.63	103.41	－1.75
民国元年	1912	152.74	109.97	+6.56
二	1913	167.36	120.50	+10.53
三	1914	181.03	123.63	+3.13
四	1915	204.72	137.22	+13.59
五	1916	204.24	138.18	+0.96
六	1917	178.47	120.74	－17.44
七	1918	201.82	137.64	+16.90
八	1919	211.25	140.79	+3.15
九	1920	219.33	146.05	+5.26
十	1921	237.55	158.07	+12.02
十一	1922	254.34	169.56	+11.49
十二	1923	296.41	197.39	+27.83
十三	1924	347.68	231.71	+34.32
十四	1925	436.20	289.59	+57.88
十五	1926	531.24	354.14	+64.55
十六	1927	555.94	375.07	+20.93
十七	1928	…	411.53	+30.94
十八	1929	…	431.25	+19.72
十九	1930	…	409.38	－21.87
二十	1931	…	408.91	－0.47

自上表我们可以理会在用银两与制钱时期，每两兑换数目虽有增减，但皆在 1 500 个制钱上下。惟自有铜元之后，则每元兑换铜元数目由民国元年 109.97 枚增到近年 400 余枚。这大半是因为政局混乱，各省任意铸造铜元。不但数目太多，且重量亦渐减少，质量亦日渐低劣。原来是当制钱 10 文的单枚，继而当 20 文的双枚，最近又通行当 50 文及 100 文者。

按铜元铸造之始是在 1900 年。银元鼓铸之始是在广东 1891 年，1897 年湖北省亦鼓铸银元，1905年天津始设造币厂，1910年度支部始定7钱2分为本位币重量。

定县大商店尚用京津通行之纸币，但在农村内只用现洋与铜元，不敢收用银行钞票。

二、度量衡之标准

1. 尺

最普通之尺为木尺即营造尺。每木尺等于1.05英尺，等于本地裁尺9寸。五尺等于木尺5尺，亦等于1步或1弓，多用以量地。许多村庄的公差局内放1五尺以备随时使用；三尺等于木尺3尺，木匠多用之。木尺多以竹制成，价约1角。

其次普通常用的为裁尺，等于1.15英尺，比木尺长1寸，买卖洋布时多用之。裁尺多以乌木制造，价约1角。

大尺等于2.10英尺，等于木尺2尺，买卖本地土布时用之。

2. 量器

斗是最普通量粮米的用具，四方形，以木制成，上面口大，下面底小，用铁叶镶边。木斗上面安一木梁，便于提携。买卖粮米时均用平斗，即米粮之高度与斗口平行，而非尖出。定县每斗约合25管。每斗小米约20斤，小麦约19斤，稷米约19斤，高粱约17斤。木制斗每个约值8角。定县少用柳条编成之斗。

升亦木制，四方形，口大底小，状似斗，但无横梁。10升等于1斗，亦往往不甚准确。升可以量零碎米粮。每升小米约2斤，麦约1斤14两。每升价约2角。

管亦量米粮之一种器具，其形状有木制口大底小之方者，有用上下面积相等之圆形者。定县之管多为圆形，有竹制、木制、铁制或铜制之别。竹制者价约2角。25管等于一斗。每管小麦12两余重。

墩子又名提码，有数种。一种是煤油墩，洋铁制成，分1两、2两、4两、半斤等类。形状为带长把之圆筒，大者价约6分，小者约3分。酒墩多为铜制，亦因重量之不同而分1两、2两、4两、半斤与1斤者。亦有用罐售酒者，每罐盛酒6斤。醋墩以竹筒制成，分2斤、一斤半、1斤、半斤者。每个价目大者7

分，小者 3 分。香油墩以铁片或锡片制成，形状扁而圆，有半斤、4 两、1 两、半两等类。每个价目大者 1 角，小者 4 分。

3. 秤

秤杆多以枣木制成，上有铜星，计算斤数或两数。秤钩有单钩，双钩之别，秤杆上面之提毫有马鬃的，有麻绳的。普通之秤有两个提毫，谓之头毫、二毫，亦有三毫的。例如肉秤普通是两个提毫，提头毫称肉时看里面一行之铜星，能计算斤数和两数。提二毫时看上面铜星，只能计算斤数，没有两数。若有三毫，则提三毫时是看外面铜星，计算斤数。

人们多用右手提毫，秤头向右，秤尾向左，而秤杆有里面、上面、外面或背面、底面的分别。有时一秤杆上四面皆铜星，里面与上面的铜星皆按 16 两为 1 斤计算，而外面的铜星有时 1 斤是等于 18 两，底面的铜星计算法 1 斤小于 16 两。小秤可称 10 斤、20 斤，大秤能称 50 斤、200 余斤。每个小秤价约 4 角，最大者约 5 元，其余有 5 角、1 元、3 元者。

农家普通称物所用之秤谓钩子秤，小者能到 30 斤，大者到 60 斤，称零星物品时用盘子秤。吊物不是钩子，乃是放在铜或铁制之盘内，小秤可称 5 斤，大者可称 10 斤。例如买卖熟花生、点心、面粉及其他细致的东西多用盘子秤。盘子有簸箕形者，有圆形者。

戥子之秤杆多以乌木制成，有小铜盘、小铜锤，提毫用丝线。此种小秤是称药材与首饰。有两毫，杆之上面是看出两数与钱数，里面看出钱数与分数。至多可称半斤重之物。

柴草秤多用枣木制成，亦有用紫檀木者，提毫用弓弦或皮绳。买卖多以 18 两为 1 斤。

买卖青菜若超过百斤，多按 18 两为 1 斤算。普通其他物品多按 16 两为 1 斤计算。本地所纺的线卖时有特殊的称法，只论两，不论斤，而其 1 两之重量亦非普通之两。普通秤之 16 两合线秤五两半。

4. 亩

定县 1 亩等于 0.152 英亩，等于 6 000 方尺。1 英亩等于 6.58 定县亩，等于 43 560 英方尺。

第二节　工　业

定县系农业的区域，没有大规模的工业，只有小工厂和各种家庭手工业，对于手工业在民国十八年在第三区内东亭乡村社会区简略地调查了62村的手工业情况，又搜集一些关于城内的工业情况，又在民国二十年调查中一区农村内的手工业状况。兹将搜集的材料分述于下。

一、62村手工业概况

民国十八年简略地调查了定县第三区内一部分的62村的工业。关于家庭手工业有纺纱、织布、木作、轧花、榨油、制豆腐、制粉条、编筐、造糖、烧窑、制绳、造香、酿酒、造缯。62村大多数的家庭有纺车，这种纺车是用槐木、榆木或杨木做的。普通每个值洋6毛，在庙会就可买到。也有让木匠做的。纺纱是乡村妇女的一种副业。普通十二三岁的女孩就起始学纺纱，须学习四五个月的工夫才能纺得好。姑娘与老妇纺线的最多，因为她们不能做力气活，中年妇女纺线的极少。纺线都在冬春两季，夏季颇少，秋季尤少。纺线的方法是先将棉絮做成布节，亦名聚，用一秫秸棍把棉絮缠在上边，然后把秫秸棍抽出，就剩下一个棉絮套，这种棉絮套就叫做布节。把布节拿在手里，以纺车纺线。自己家里没有棉絮的，可以在外边买。春冬两季在村子里有专挑担卖棉絮的。普通乡间妇女买棉絮多是一次买一斤，一斤在民国十八年值洋4角。纺完一斤再买一斤，乡间五天一集，妇女总要在五天之内纺出一斤棉絮的线来。有时妇女纺完线后，将地用水喷湿，在地上铺一块湿手巾，把线放在湿手巾上，在线上再铺一块湿手巾，这样线就能加重分量，多卖点钱。普通纺线每斤可赚10枚至四五十枚不等，行市变动很快，随着布行市价涨落。乡村间妇女纺线所赚的钱，大半是归自己，叫做体己钱。

62村织土布的多是妇女，在秋末最多，冬季春季农闲的时候也不少，夏季农忙时很少。但是夏季因为天气湿潮，所织出来的布最紧最密，也最好。普通十六七岁的妇女就起始练习织布。起初练习用红线，就是用红花纺出来的线织，红花是劣等的棉花，总得练习半年才可以织好。织布所用的工具有织布机、梭、杼、缯、拐子、织布板、剪刀、水罐等物。织布机普通都是坚硬结实的榆木做的，也有用槐木做的。梭普通都是枣木做的，两头尖，中间扁圆，中间有一小孔，其中有一铁丝。杼是用竹皮做的，好像梳头的拢子，上边普通有空格360格，每格可以穿一条线，这类杼是长方形，长2尺，宽3寸。缯是用双股线做成的，在织布时可用它把线分开，以便使梭来回穿过。织布板是用竹板做成的，两头有铁箴，用此以夹布的两边，使布不致皱缩。拐子是用木头做的，用以放线停线的。剪刀就是普通所用的剪刀，用以剪布上的不齐线。水罐是用以盛水的。用刷子蘸水刷在布上，可使布线收紧。织布的方法是把纺成之线用拐子拐好。再把拐好的线放在白面所做的浆糊里，使拐子上的线都浸在浆糊里，然后捞出放在太阳光里，再把线穿在大杆上，使人拧之，把水分拧干，这种手续叫做浆线。浆线的用意是使线硬直，以便容易织布。浆好之后，用小纺车把线缠于卧上。卧形似短小之四腿盆架。这种手续叫做捞线。捞完线后，就按照所要做布的匹数把卧挂列成一行在地上，两头钉上木棍，以便挂线，用引布杼穿线往返而走，将线交给两头司线人，司线人就把线挂在木棍上，这种手续叫做经线。再将经完之线卷成一大球形，然后再用引布杼把每一线头都穿在杼的空格间，用梭挺拨开，卷在木制的胜上。线经过杼以后，就有了次序，这种手续叫做引布，意思是快要织布了。把线在胜上卷好以后，就把这卷好了线的胜放在机上。原来这胜与机子一样宽。再将所引的线上下间穿于上缯。以上所说是经线。此外还有一种纬线，普通叫做横线。将线缠于一苇节上，形如小纺锤，俗名叫做浮腾。将这浮腾置于梭中，就可以起始织布了。现在乡间织布，经线大半是洋线，纬线大半用本地所纺出来的线，因为织出来的布比较光滑、细密。因此所谓土布也不是纯粹的土布。定县沙河以南，用机器织布的也不少，这种布多半发到城内布店，布店再转销到张家口一带。普通木机一架在民国十八年值洋20多元，最低也在10余元，最高30元。乡间雇工人织布，每人一天可织出布一匹，约长40尺，不管饭工资每天为150枚。织出来的布有长2丈的，有长3丈3尺，宽1尺2寸。小孩老妇不能织布，只能拐线、缠浮腾、挂木棍等。

62村的木作可以分为几种。有开木厂的，开车铺的，做箱柜的和做风箱的。乡民在冬闲的时候，几家凑些本钱，开一木厂。他们先买许多树，锯完拉回木厂。按材料的成分，锯成箱板、柜板、棺材板，椽子、房架等。普通这种开木厂的都懂得木行情形，也知道怎样锯树。这些人按股凑资本，有时大家联合一起向富户或同村乡亲借一笔款，作为资本。这些人也没有什么组织，也没有成文的规矩，不过赚钱均分，赔钱均摊而已。有的是临时凑几个人，有的是几年都在一块做木厂的朋友。普通都从阴历十月起至第二年阴历二月止，做四五个月的买卖。他们所买的树木以杨木、榆木、槐木、柳木为最多，到各庙会周游去卖，总把所买的木头悉数卖完为止，有时就是价格低落，他们赔钱也要卖出，因为晚卖出一天就要多花一天的利钱，多费一天的工夫。有时锯树太忙，人工不够，就另外雇锯工，每天工资约大洋 5 角，供给饭食。

普通开车铺的、开箱柜铺的、做风箱的在乡村里，并没有门面。村子里的人自然都知道哪家打车，哪家打箱柜，哪家做风箱。这种木作铺家里也有地亩，家里有人种地，有人专做木匠活，也收徒弟，三年期满。有时有人到木作家定购木器，有时他们把做出来的木器运到庙会上卖。普通车轮是用枣木做的，车轮的辐条与车头是用槐木做的，车辕条是用榆木做的，其他部分如车底车梆都是用杨木或柳木做的。箱柜多是用杨木槐木做的。风箱是用大杨木做的。一辆大车约值 100 元，每个风箱约 3 元。

62 村普通每村有一家轧花店，大村子有三四家轧花店的。轧花店约分两种，一种是做买卖的，一种是赚工钱的。做买卖的是有时在棉花价格贱的时候，买下几千斤的棉花，轧去了籽，再弹了，然后大宗卖出。有的只轧了不弹，就大宗卖出。为赚工钱的轧花店也叫做轧小包的。只管给人家轧棉花，轧一斤得一斤的工钱。普通一人一天可轧棉花 80 多斤。每斤可得四五枚。计算起来一人一天可得 8 角。有许多人都是一包一包的棉花送到这种轧花店去轧。有的轧花店轧花并不要现钱，只把棉花籽留下，然后把籽卖出，这样得钱。轧花用轧花车每个值洋 25 元。每个弹棉花的弓值洋 40 多元。每人每天可轧花 80 余斤，每人每天可弹花 80 余斤，如连轧带弹每人每天只能做 40 余斤。轧花店普通都雇两个长工，每个长工每年工资为六七十元，此外还供给饭食。在轧花忙时添雇短工。短工普通都是包工活，轧一斤几个铜元，弹好的熟絮，有大宗批发的，有挑担零售的。

62 村榨油的有香油房，有花生油房，有棉花籽油房。乡民吃菜多用香油与生油。乡民妇女梳头及上大车都用棉籽油。这种棉籽油也叫做黑油。香油是用芝麻磨的。把芝麻用凉水洗净，放在锅里炒熟，炒熟以后就放在磨上，和水磨之。磨盘下边放一铁锅，所磨出来的芝麻酱就流到锅里，把芝麻酱用凉水调和，再用长把的葫芦在芝麻酱里来回搅拌，使香油漂浮在上边，渣子沉到下边。然后将油取出，将渣子在地上晒干了就是肥料。普通用一长工，全年工资约 30 元，管饭。

花生油是用花生榨的。先将花生用碾子碾碎，再用锅蒸。蒸好之后，就放在大铁圈里。这种铁圈高约 8 分，直径约 1 尺 2 分。先在地上铺麻，再将铁圈平放于麻上。普通将三个铁圈落在一起，再将蒸好的花生放在铁圈里，在铁圈上盖一麻皮，用脚踩，用手压，用锤砸。一次 10 斤，如此继续装置 8 次，共 80 斤，称为一垛。一垛完了，就将它放在榨油槽里，这里油槽是木制的，底有小孔。榨时两头加上木楔，再用大铁锤砸楔，油槽紧小，花生油自然由油槽底小孔流出。普通花生每百斤可出油 27 斤。每百斤花生在民国十九年约值 5 元 7 毛。每斤花生油约值大洋 1 毛 6 分。每百斤花生可剩下 70 斤油渣，约值大洋 3 元。花生油房雇用榨油匠，每年工资有三四十元，管饭。学徒的 3 年满期，在学徒年限内没有工资，只管饭。

62 村做棉花籽油的将棉花籽买来，用锅炒好，再经碾子碾了。然后再用锅蒸，蒸好每 60 斤加水 7 斤。然后再蒸，蒸好放铁圈里压，再放油槽里榨，棉花籽油就从槽底小孔流出。这种棉花籽每百斤可出油 13 斤，每斤棉花籽油在民国十九年值大洋 1 毛 6 分。棉花籽 100 斤值大洋 3 元。每天 3 人可打油 60 斤。棉花籽油又称为黑油。乡村妇女用黑油梳头，农民也膏大车用。近来有用生棉花籽不经炒的手续而榨成黄色的油的。这种油可以掺入花生油做不纯的假花生油。

此外还有菜籽油、小麻籽油、大麻籽油。菜籽油是油菜籽榨的，每百斤可出油 26 斤。大麻籽油是大麻籽榨的，小麻籽油是小麻籽榨的。菜籽油在民国十九年每斤大洋 1 毛 3 分。大麻籽油、小麻籽油每斤都是大洋 1 毛 3 分。菜籽油可食，麻籽油又可吃，又可上车。

62 村做豆腐的也不少，普通都以卖豆腐为副业，以卖豆腐为正业的很少。在过节过年的时候，做豆腐的很多，因为那时买豆腐的很多。平日做豆腐的很少。豆腐的做法，先将黄豆或青豆磨成豆瓣，把豆皮用簸箕簸出，再将豆瓣泡在水里，至将豆瓣泡涨为止。再把这种泡涨的豆瓣放在豆腐磨上。这种磨豆腐的磨比磨面的磨为小，只能用人推，不能用牲口拉。把它磨成豆浆糊，再在豆浆糊内点上油胶。油胶是用棉花籽油熬热做成的，把它点在豆浆糊上，使豆浆糊易于浮出。再把豆浆糊装在以洋布所做的小口袋里，一口袋一口袋地将豆浆挤出，把所剩的豆腐渣放在别处，把豆腐浆放在锅里，用火煮之。煮将沸时，上结一层薄皮，这种皮叫做豆腐皮，可做饮酒的酒菜，并且可以用它炒着吃。把这种皮挑出一两张后，就可点卤。卤色似醋，有酸性，可使豆质凝成块。点卤以后少顷，就变成较软的老豆腐。再将老豆腐掏在豆腐模内，上盖一布，用砖压上，过 2 小时，就成了普通的豆腐。

62 村有制粉条的。粉条是用绿豆、高粱、玉蜀黍、山药做的。方法是先将绿豆用热水泡开，用磨磨烂。把磨放在三足木架上，下放一锅，磨粉就流到锅里。磨毕，将锅内磨妥之物，用瓢舀在大篮里。把大篮放在瓮上，瓮口有箅子隔着。用一木槌在大篮内摇动，将粉质压下。再用引浆（即绿豆粉做的浆）和小浆（也是绿豆粉做的），与压下的粉质对好。对好后不多一时，粉质就沉下去，上有清浆，这种清浆就叫做清缸。再把清缸取出，所余就叫做漂缸。余下之粉，再用小篮细筛，仍照前法清缸和漂缸。余下之粉用瓢舀出，放在一块 1 尺 5 寸见方的布上。这块布的四角是有绳系着，悬在空中，使水慢慢滴下，布上的粉面就结成团块，这叫做团粉，又名粉面。瓮底有一层粉红色不纯粹的粉面，叫做黑粉。这种黑粉也可以吃，但是不能漏成细粉。再将粉面与欠（即一种绿豆粉浆）掺好，放在瓢内，瓢底有小孔，用手摇瓢，粉面成条，漏在开水锅中。这时一人持小棍，将漏在锅内的粉条拨挑，以免粉条团聚一起。成熟后就用笊篱将粉条捞出，放在冷水内。再将粉条由冷水中捞出，架于一小木杆上，这木杆长约 1 尺 5 寸。用手将木杆上的粉条排匀，晒在太阳光下，晒干后就叫做干粉，细条的叫做细粉，宽条的叫做片条。纯用绿豆制造的粉条，叫做净粉，这种粉条最好最贵。也有用绿豆、高粱与玉蜀黍三者制造的，叫做花粉，这种较次。还有用绿豆加山药制造的，叫做山药粉，这种最劣。总之粉条以绿豆为主体，绿豆越多越好。所剩的渣子，可以喂猪。每斗绿豆最多可出粉面 12 斤，每斤在民国十九年值铜元 60 枚。每一斤半粉面可出干粉 1 斤，每斤值铜元 85 枚。净粉 1 斤值铜元 85 枚，花粉值铜元 60 枚。制粉坊的粉匠每年工资大洋 60 元，管饭。学制粉约需 3 个月的工夫。

关于 62 村编制的家庭工业有编篓的、编筐的、编花筐的、编席的、编苇箔的、编柳罐的。这种家庭工业都是农闲时做的，以冬季最多，都在庙会上销售。

关于制糖，62 村只有唐家庄、大洼里两村。他们在农暇时候，制造各种糖块，到新年或庙会上去卖。

62 村有 10 个烧窑的村庄。烧窑的通都在冬天和春天。因为春天盖房子的很多，用砖的多，而夏天下雨，不好放甓。烧窑的在秋末就选一块红土地，把土合成泥。然后把砖模子用水一洗，里边撒一层沙子，再把泥用砖模子做成甓。在秋末做出许多甓，为冬天和春天烧。到了冬天就将甓装在窑里，烧火 3 天，后用水灌注在窑内，再经过 3 天，就可出窑。普通一次烧窑可出 17 000～23 000 块砖，最多可出 4 万块。

62 村有两村有绳铺制绳。制法先将麻皮用纺车轮纺成绳坯子，再将绳坯子两头系在铁辘轳架上，两边用力绞之，就做成绳。这种绳子在庙会上销售。

62 村有 3 个村内制香。制法是将买来的松柏树末，合些榆皮，碾成细面，用水合成面泥。再用压香床压在木板上。压香床的样式好似河落床，不过床底只有一孔。再将所压的香条按香的长度割断。最后晒干封好出卖。

62 村有 4 村有酿酒的工业。他们普通做黄酒。黄酒是用黄米做的。先将黄米用温水泡涨，捞在竹筐里，再用热水将米冲洗干净，放在锅内蒸之。快蒸熟时，在米上加极热的开水，再继续蒸一点钟。然后由锅中取出，放在瓮里，用木拐子搅，使成一色，再取出放在大木板上，把米摊开，并且翻一翻，使热力散去。每斗米用麦做的曲一斤，其中加少许绿豆、姜、花椒等，用引醉掺好，再放在瓮里，发十几天，就由瓮中取出，装在小布袋里，同时装上少许炭灰，使米无酸味。再放在大木盆里，用盖盖好，上压石或砖，这样可将酒质压出。将袋压扁以后，还恐酒质不能出净，所以再将布袋卷成圆卷，再压，使酒质完全出净，把醉放在别处。做酒时忌醋浸入，因为醋一经浸入，酒就无味。又忌油浸入，因为油浸入，酒就起沫。每日每人用米 4 斗可做 80 斤黄酒，每斤值铜元 56 枚。

62 村造缯的只有 1 村。缯是织布用的。

二、城内工业概况

定县城内之地大部分已变为农田，户口颇少，约 1 万 1 千人，有大农村的情况，工业没有发达，只能将一些小工厂的情形叙述如下。按照民国十八年简略的调查，有制纸、制糖、织布、轧花、制鞋、制革、木作、首饰、榨油、眼药、制绳、染坊、制豆腐、磨面、铁工、制草帽、铜器、制毡、制酒、制醋、制笼、竹作、粉坊等项。

定县城内制纸的共有七八家。普通制纸厂都有财东、掌柜、抄纸匠、剁绳匠、缕绳匠、晒纸匠、碾绳匠、洗绳匠。学徒都经朋友亲戚介绍并得有妥实铺保，年龄大半在 16 岁以上 25 岁以下。学徒年限内没有工钱，只有年节赏钱，3 年期满，每年可得工资 30 元左右。掌柜每年工资普通五六十元，抄纸匠普通 35 元，剁绳匠、缕绳匠、晒纸匠，普通 30 元。制纸方法是将买来的烂绳用水泡湿，然后缕成小束，再用斧子剁成碎段，再用碾砸成极烂的细沫，再用水洗净，混合于抄纸池内，用抄纸竹帘，抄成细薄湿纸。普通每天每人可抄纸五六百张，每张铜元 2 枚。把抄好的纸运到院中，晒纸匠就把它一张一张地刷在白墙上。日头晒干，就可揭下成为棉纸。这种棉纸糊墙糊棚都可。每天工人工作有 11 小时之多，抄纸匠因为整天站着抄纸所以常引起腰疼腿酸的病来。

定县城内的眼药驰名全国，有白敬宇、马应龙两家大商。这种工厂的主人都有秘方不传，所以仿造不易。白敬宇眼药铺成立于明永乐年间，主人叫白锡昌。民国十八年有男工 30 名，女工 15 名。最高的工资每日 1元，最低工资每日 4 毛，普通工资每日 7 毛，这是男工的工资。女工的工资普通每日 5 毛。所用原料多半由香港、福建、四川、陕西及他省运来，有麝香、牛黄、珠子、冰片、各种草药等。现在分销到各省。买卖颇发达。下边有一个白敬宇眼药铺的广告及价目单，可供参考。

清　直隸定州城內　真
白敬宇家秘製各種退雲散
巴拿馬賽會特賞奬憑奬章　　農商部註册又賞金牌奬憑

本藥莊祖傳七代，秘授仙方，製成退雲散，專門一家，爲眼科之聖藥。此藥專治男女老少目生雲翳，火矇，氣矇，胬肉攀睛，翳膜遮蓋，瞳人生有藍白雲翳，血灌瞳人，無論遠年近年一切眼症，並皆治之。用法以骨簪蘸新凉水，點大眼角，早晚點二三次，無不速見神效。須忌一切厚味辛辣之物。

最優八賓退雲散每中瓶大洋六角	大 一元；小 三角	超等加料退雲散每中瓶大洋五角	大 八角；小 二角五分
上等退雲散每中瓶大洋二角	大 三角；小 一角	普通退雲散每中瓶大洋一角五分	大 二角五分；小 八分

開設定州城內十字街，樓房門面有白敬宇字號便是。

定县城内制革工厂只有鸿业制革厂，是商会立的。有经理 1 人管理厂内一切事务，营业员 1 人管理交易事项，会计 1 人管账目收入支出，监工员 1 人管理工人工作的勤惰，工友 7 人，厨役 1 人。除供饭食外，经理每月 30 元，营业员每月 12 元，会计每月 10 元，监工员每月 5 元，工友每月 3 元 5 毛，厨役每月 4 元。

制皮的原料是牛皮，从顺德、辛集而来，也有由本县买来的。制法将买来的干牛皮，用温水浸泡，然后放在灰皮槽里，少顷由灰皮槽中取出，放在板子上，用刀刮去其毛，再将皮上之肉去掉。理净一次，再用灰擦，然后再用盐腌。腌毕鞣革，继而把它酸化，继而把它中和。中和以后，就用水洗净，晾在板上，接着就染，上油。染完油，就将皮钉在板上，干后就成为很好皮革。这种皮革每磅大洋 9 毛 5 分，买皮至少买 1 丈，不得零买。普通销售到邻县或保定、石家庄等处。干牛皮每张的重量普通为 30 斤，最重的为 35 斤，下重的约 25 斤。30 斤重的牛皮做好可得纯皮 40 磅。学徒也是经朋友亲戚介绍的，自己填写志愿书，并有铺保。资格限制高小毕业，待遇比较普通商店为优。除供给饭食外，第一年每月 1 元 5 毛，第二年每月 3 元，第三年每月 4 元，3 年期满。满期后就成工师，每月可得 10 余元。学徒的围裙、鞋、袜，都由厂内供给。每日工作八九小时，早五时半起床，晚八时半就寝。每日 3 顿饭，早饭七点半，午饭十二点，晚饭七点，小米为主要食品。晚饭后，夜间可从事习字、读书、看报或游艺。

城内毡房只有 1 处，制毡的原料是用羊毛。白羊毛来自山西榆次县，平定州，每斤大洋 4 角。黑羊毛来自河北完县，每斤大洋 3 毛。制毡的方法是先将买来的羊毛，用弓弹成毛絮。然后放在池里，池底放一大竹帘，把毛絮用竹棍摊匀，再加温水，将帘卷成一卷，放在地上，用脚蹬来蹬去，使毛絮团结一起。然后再放池里，加上沸水，工人将袜脱下，赤足在毡上走，用意把毡踏平。踏平以后，就成了毡。做毡的并不整年做，他们看货物销售的多少而做，销售的多就多做，销售的少就少做。做这种生意是山西人居多，在秋冬两季做毡出卖，其余的人都在春秋两季回家为农。秋后庄稼收成完了，又回来做工。这种货物在秋冬两季销售最多，一方面因为那时天气较冷，再一方面因为娶嫁多在秋冬农闲时，所以买毡铺床的很多。制毡的工人每年可得四五十元。学徒多是朋友亲戚介绍来的。第一年报酬为 10 元，第二年为 20 元，第三年为 30 元。3 年期满以后可得 40 余元。

定县工人普通雇主皆供给饭食。饭食外，民国二十年时，木匠、瓦匠、油匠、石匠、棚匠等工人每日工资为 4 角 5 分。铜匠与锡匠每月工资为 6 元，铁匠每月 7 元，皮匠 5 元 5 角，刻字工人 7 元，制大车工人 5 元，砖窑苦工 4 元，裁缝 9 元。

三、第一区农村内手工业概况

自民国二十年开始，以村为单位，用简单问题表调查全县各区各村之各种手工业情形。兹将第一区 71 村内一部分状况简略叙述于下。71 村内计 6 200 余家，36 000 余人。农业外，尚有各种手工业，主要者为织布和纺线。织布者计 500 余家，约 600 人，工作女子较男子为多。每年出布约计 78 000 匹，此区每匹约计 30 尺，约值 94 000 元。一人一日可织一匹，赚洋两三角。纺线者 2 000 余家，3 000 余人，工作者多为女子，全年出线约计 103 000 斤，约值 62 000 元。一人一日可纺半斤线，赚利七八分，不到 1 角。此外有 1 村做猪羊小肠，由天津商人购买，运往美国，用为香肠之外皮。从事其他各种手工业之家数、男女人数、全年出货量及价值，见下列表 14-2。

表 14-2　中一区 71 村从事各种家庭手工业之家数、人数、全年出货总量及价值

民国二十年

家庭手工业之种类	从事此种手工业家数	从事此种手工业人数全年出货				
		男	女	共	总量	总值（元）
织布	547	200	392	592	78 000 匹	94 000
纺线	2417	50	3 084	3 134	103 000 斤	62 000
做猪羊小肠	15	30	15	45	174 000 根	55 000
编柳罐	149	181	129	310	76 000 个	50 000
轧花	25	69	10	79	123 000 斤	49 000
制花生及棉籽油	23	73	4	77	198 000 斤	27 000
编铁丝笊篱	10	20	…	20	216 000 个	27 000
磨面	25	26	15	41	290 000 斤	20 000
做竿子及叉子	43	125	…	125	61 000 个	18 000
做粉条	30	112	2	114	125 000 斤	15 000
做豆腐	52	65	43	108	9 000 模	14 000

续前表

家庭手工业之种类	从事此种手工业家数	从事此种手工业人数全年出货				
		男	女	共	总量	总值（元）
做挂面	18	53	…	53	80 000 斤	7 000
做绵纸	1	6	…	6	1 686 000 张	5 500
做扫帚	124	136	…	136	54 000 个	5 000
织毛毯	25	45	25	70	6 000 个	5 000
做高香	15	45	30	75	135 000 封	3 000
做镳铲头	7	7	…	7	1 000 个	2 600
做猪胰	17	18	6	24	3 000 斤	2 500
做草纸	12	48	…	48	4 000 000 张	2 000
编蒲锅盖	170	200	145	345	10 000 个	1 700
制绳	5	12	7	19	5 000 斤	1 700
铁器作	1	4	…	4	…	1 500
磨香油	5	10	2	12	3 500 斤	1 000
编苇箔	7	6	4	10	1 000 个	1 000
做大火柴	7	9	5	14	7 000 斤	280
做各种皮条	1	2	…	2	1 000 根	200
做箬帚及炊帚	1	1	…	1	4 800 个	150
做爆竹	5	10	5	15	47 500 个	150
编竹篼	1	1	…	1	1 400 个	140
做木犁架	1	3	…	3	60 个	50
编柳条笊篱	1	1	…	1	1 100 个	40
总合	3 760	1 568	3 923	5 491	…	471 510

全县织布纺线者以第六区为最多，第三区次之。第一区 71 村中有 41 村织布者。兹将第一区各村总家数、织布家数、织布人数、出布匹数、价值，列表于下（表 14－3）。

表 14－3　　中一区 41 村织布家数、人数、全年出布匹数及价值

民国二十年

村号数(以村中出布价值多寡为序)	全村家数	织布家数	织布人数	全年出布匹数	价值（元）	村号数(以村中出布价值多寡为序)	全村家数	织布家数	织布人数	全年出布匹数	价值（元）
1	113	15	15	16 500	19 800	3	197	65	65	11 700	14 040
2	49	3	6	12 000	14 400	4	102	33	33	6 750	8 100

续前表

村号数(以村中出布价值多寡为序)	全村家数	织布家数	织布人数	全年出布匹数	价值(元)	村号数(以村中出布价值多寡为序)	全村家数	织布家数	织布人数	全年出布匹数	价值(元)
5	263	50	50	4 500	5 400	26	17	5	5	450	540
6	109	40	48	4 000	4 800	27	163	7	14	420	504
7	126	32	34	2 275	2 730	28	47	10	10	375	450
8	41	1	1	1 830	2 200	29	66	10	10	375	450
9	61	2	8	1 600	1 920	30	53	15	15	375	450
10	143	35	40	1 600	1 920	31	72	12	12	360	432
11	199	40	40	1 500	1 800	32	70	4	4	360	432
12	160	5	10	1 500	1 800	33	45	10	10	300	360
13	46	4	5	1 200	1 440	34	29	8	8	300	360
14	161	20	20	750	900	35	46	8	8	288	345
15	77	20	20	750	900	36	120	2	4	230	276
16	116	15	15	675	800	37	33	9	9	220	260
17	41	14	14	630	760	38	81	2	2	180	216
18	190	7	7	630	760	39	40	6	6	90	108
19	169	3	3	580	700	40	60	2	2	45	54
20	111	6	6	540	640	41	43	2	2	45	54
21	157	4	8	530	648						
22	215	1	2	500	600						
23	282	3	4	480	576	41村	4 211	547	592	78 333	94 005
24	41	12	12	450	540	平均每村	102.7	13.36	14.44	1 910 562	292.80
25	57	5	5	450	540	平均每家	…	…	1.06	143.2	171.86

71村中有67村有纺线者。兹亦将纺线家数、人数、出线数量及价值列表于下（表14－4）。

表14－4　　中一区67村纺线家数、人数、全年出线斤数及价值

民国二十年

村号数（以村中出线价值多寡为序）	全村家数	纺线家数	纺线人数	全年出线斤数	价值（元）
1	169	60	120	7 450	4 470
2	197	150	190	6 960	4 175

续前表

村号数（以村中出线价值多寡为序）	全村家数	纺线家数	纺线人数	全年出线斤数	价值（元）
3	111	45	50	6 700	4 020
4	217	130	200	4 500	2 700
5	137	30	50	4 320	2 590
6	199	150	150	3 670	2 200
7	215	90	120	3 520	2 110
8	143	98	112	3 210	1 925
9	169	80	110	2 870	1 720
10	109	60	90	2 800	1 685
11	190	50	70	2 720	1 630
12	113	65	80	2 640	1 585
13	81	50	70	2 490	1 495
14	80	50	60	2 370	1 420
15	47	40	55	2 250	1 350
16	126	100	100	2 200	1 320
17	120	60	90	2 100	1 260
18	81	50	60	2 050	1 230
19	160	50	80	1 960	1 175
20	14	10	22	1 920	1 150
21	43	35	55	1 760	1 060
22	116	40	50	1 600	960
23	77	50	50	1 460	880
24	282	30	60	1 400	840
25	86	25	35	1 380	830
26	33	20	40	1 220	730
27	103	15	31	1 200	720
28	41	35	45	1 200	720
29	66	45	45	1 200	720
30	161	50	50	1 170	700
31	54	30	45	1 170	700
32	41	30	40	1 130	680
33	118	15	30	1 120	670
34	72	30	30	1 100	660

续前表

村号数（以村中出线价值多寡为序）	全村家数	纺线家数	纺线人数	全年出线斤数	价值（元）
35	102	35	45	1 060	635
36	53	40	40	1 040	625
37	49	25	35	990	595
38	32	20	35	980	590
39	40	25	25	850	510
40	45	35	35	800	480
41	41	25	25	750	450
42	47	25	25	750	450
43	46	28	28	720	430
44	70	20	25	710	425
45	44	20	20	600	360
46	163	20	30	600	360
47	17	15	20	570	340
48	61	20	40	560	335
49	29	18	18	520	310
50	56	20	20	520	310
51	41	15	20	480	290
52	103	25	25	480	290
53	263	20	20	450	270
54	51	10	15	400	240
55	46	7	7	380	230
56	157	10	15	350	210
57	48	15	15	330	195
58	57	10	10	300	180
59	70	7	7	230	140
60	63	5	5	160	95
61	43	5	10	130	80
62	42	5	5	130	80
63	37	5	5	130	80
64	20	6	6	120	70
65	18	5	5	120	70
66	21	5	10	100	60

续前表

村号数（以村中出线价值多寡为序）	全村家数	纺线家数	纺线人数	全年出线斤数	价值（元）
67	60	3	3	50	30
67 村	6 006	2 417	3 134	103 170	61 895
平均每村	89.64	36.08	46.77	1 539.85	923.81
平均每家	…	…	13	42.68	25.61

第三节　商　业

一、商店

定县全县据民国十九年的调查，共有大小商店 2 228 处，其中城内计 467 处，三关计 187 处，此外农村或镇内共计 1 574 处。全县 453 村内有 155 小村中没有小铺店，内有 1～4 个小铺者计 215 村，5～9 个小商店者计 54 村，10～20 个商店者计 19 村，超过 20 个商店者计 10 村。各村商店详细数目见下列表 14－5。

表 14－5　　定县各村商店数

民国十九年

商店数	村数	商店数	村数
无	155	11	3
1	100	12	5
2	59	13	3
3	36	14	1
4	20	15	2
5	21	18	1
6	13	24	1
7	8	27	1
8	5	28	2
9	7	40	1
10	4	47	1

续前表

商店数	村数	商店数	村数
53	1	160	1
85	1		
100	1	总合	453

城内 467 个商店中以资本不满 500 元之小杂货铺为最多，计 41 处；再次为钱铺，计 39 处。再次按多寡之次序为小饭铺（资本不满 500 元者）、栈房、茶馆、烧饼铺、洋布庄、药铺、大杂货铺（资本超过 600 元者）、酒铺、粮局、大饭铺（资本超过 500 元者）等。各类商店详细数目见下列表 14－6。

表 14－6　定县城内各类商店数目

民国十九年

商店种类	数目	商店种类	数目	商店种类	数目	商店种类	数目
小杂货铺	41	油房	6	照像馆	3	油饼铺	1
钱铺	39	书铺	6	洋布估衣铺	3	糊篓铺	1
小饭铺	32	布店	6	鞋作坊	3	伞作坊	1
栈房	17	卷子房	5	眼药庄	3	铁工厂	1
茶馆	16	茶叶店	5	烟铺	3	毡子房	1
烧饼铺	14	鲜果局	5	锡器铺	2	揭裱铺	1
洋布庄	14	理发所	5	粗瓷店	2	广货古玩铺	1
药铺	13	糖房	4	铅铁壶铺	2	纸铺	1
大杂货铺	13	自行车铺	4	火烧铺	2	弓厂	1
酒铺	11	麻铺	4	镀金作	2	洗衣局	1
粮局	11	铁器铺	4	木厂	2	瓷器广货庄	1
大饭铺	10	盐店	4	皮条铺	2	军衣帽庄	1
鞋铺	9	澡堂	4	打铁铺	2	面粉公司	1
洋货庄	9	石印局	4	竹货铺	2	制革工厂	1
染房	9	棉花铺	4	镶牙馆	2	大车铺	1
首饰楼	8	瓷器店	3	刻字铺	2	蜡铺	1
柜箱铺	8	首饰作坊	3	油粉房	2	镜框玻璃铺	1
磨面房	8	肉铺	3	毛巾工厂	2	修理钟表铺	1
成衣铺	7	翠作坊	3	眼药作坊	2	麻糖铺	1
官钱局	7	罗圈铺	3	书店	2	笔墨铺	1
挂面铺	6	铜器铺	3	卷烟分销处	2		
医院	6	钱粮行	3	花轿铺	1	总合	467

467处商店内共计1 985人，其中女子只31人。学徒计292人，年龄多在14～19岁。商店人员之家眷在城关居住者约占三分之一，在定县其他乡村居住者亦约占三分之一，其余是在定县以外的地方。除供饭食外，商店人员之全年工资约四五十元。工资外商店人员每年可得酬劳费20元。学徒没有工资，每年可得酬劳费10元左右。店员所费饭食每月约需4.5元，每日两餐者占多数，大多数的商店每日能吃一次白面。1 985人中入过学者1 424人，不识字者561人。五分之三的商店是在近十年内开办的，超过100年的商店有12处，内有眼药庄、眼药作坊、药铺、烟铺、盐店、布店等铺店。467处商店内房屋间数不满5间者计241处，超过20间者计19处，最大铺店有房屋78间。四分之三房顶皆为灰顶，其余为瓦顶或土顶。大多数的铺店的房屋是租赁的，自有房屋者只85处。467处商店中资本不满100元者计46处，百元以上而不满200元者计57处，200元以上而不满300元者计51处，300元以上而不满500元者计81处，500元以上而不满1 000元者计81处，超过10 000元者20处左右。普通商店之赚利约为资本的10%至40%，大多数商店的全年赚利数目不满300元。

定县县城虽有四门，而北门外只有几家住户，并无铺户，西关因有平汉铁路车站故商店最多，南关与东关各有少数小铺店而已。三关各类商店数目见下列表14－7。小杂货铺最多，计27处，小饭铺次之，再次为店、烧饼铺、眼药铺、煤厂、药铺、过货栈等营业。187个商店人员共计776人，其中只有女子3人。店内人员本县人约占三分之二，外县人约占三分之一；已婚者占四分之三，未婚者占四分之一；入过学者约占三分之二，不识字者占三分之一。过半数的商店开办不满十年，过百年者有两座药铺，1处过货栈。房屋多为灰顶，土顶次之，瓦顶甚少。过半数之商店房屋不满5间，且多租赁者，自有房屋之商店仅40家。除4处之组织为有限公司外，其余皆为旧式商店。过半数之商店资本不满300元，超过5 000元者4处，最大之资本约20 000元。大多数之商店每年赚利不到300元，超过1 000者约10家。其余情形与上述城内铺店略同。

表14－7　　定县东西南三关各类商店数目

民国十九年

商店种类	数目	商店种类	数目
小杂货铺	27	小饭铺	21

续前表

商店种类	数目	商店种类	数目
店	15	煤油公司	2
烧饼铺	14	铁器铺	2
眼药铺	13	收骨庄	2
煤厂	13	医院	1
药铺	7	成衣铺	1
过货栈	7	茶叶店	1
鸡肉铺	6	寿材厂	1
卷子房	6	钉蹚铺	1
大杂货铺	5	洋铁壶铺	1
骡店	4	粉房	1
花房	4	染房	1
磨面	3	麻铺	1
粮局	3	糊匣铺	1
肉铺	3	油店	1
理发所	3	自行车铺	1
洋布铺	3	澡堂	1
鲜果局	2	钱粮行	1
茶馆	2	酒店	1
车铺	2	骆驼店	1
转运公司	2	总合	187

除城关外全县内最多的商店是在各区的大镇内。现将第三区内东亭镇的商店情形简略地叙述。平日到东亭镇来赶集市的计 50 村左右。镇内住户约 300 家，商店计 51 处。商店中以杂货铺为最多计 10 处，再次为钱铺、饭铺、栈房、烧饼铺、洋布店、药铺等。各种商店数目见下列表 14－8。这些商店多半店主亦兼掌柜或伙计。51 个商店内共计 146 人，内有伙计和工人 63 人，学徒 12 人。146 人中已婚者 104 人，未婚者 42 人，未婚人中多为伙计与学徒。146 人中本镇人计 45 人，来自本区内村庄者 54 人，来自定县其他地方者 18 人，来自定县以外者 29 人，内有山西 13 人。店内司账员之全年工资，除供给饭食外，约 50 元，跑外和守柜伙计约 40 元，苦工在 30 至 40 元之间，司账员每年可得酬劳费 30 元左右，其他伙计可得 20 元左右，工人和学徒可得 10 元左右。每人每月饭费在 4 元上下，大多数每日两餐，每日能吃白面一次。146 人中入过学者计 117 人，不识

字者计29人。51处商店内开店不满5年者计27处，开5～9年者10处，10～14年者6处，最久者约50年。房屋不满5间之商店计19处，5～9间之商店计20处，10～14间者计8处，15～19间者计3处，最大之商店计27间。房顶多为灰顶，少有瓦顶。自有房屋之商店计44处，租房者计7处。资本不满500元之商店计17处，500元至1 000元者计20处，1 000元以上而不满5 000元者计7处，资本最多者为一钱铺约20 000元。大多数的商店的全年赚利不到300元。过半数的商店人员不到4个人，最大的一个商店内有8个人。

表14-8　定县东亭镇各类商店数目

民国十九年

商店种类	数目	商店种类	数目
大杂货铺	10	风箱铺	1
钱铺	6	点心铺	1
小饭铺	5	油房	1
栈房	5	盐店	1
烧饼铺	4	医院	1
洋布铺	4	猪肉铺	1
药铺	3	澡堂	1
自行车铺	2	染房	1
铁器铺	2		
酒铺	1		
绳线铺	1	总合	51

二、集市

农村社会大多数的贸易在集市举行。各镇内许多商店平日买卖很微，甚至于关门。等到有集市的日子才开门交易。定县有集市的村镇，除县城外，共计大小82处。第三区最多计25处，第四区和第六区各计19处，第二区10处，第一区5处，第五区4处。各处集市大多数是每五日有集市一次。为农民容易记忆起见，选择两个日期为集市的名称。例如翟城村四九集，意思是阴历每月初四、十四、二十四和初九、十九、二十九，这六日内有集市；再例如东亭一六集，是在初一、十一、二十一、初六、十六、二十六，这六日内有集市的意思。兹将除城内一、六、三、八的集市外，各村的集市日期列表于下（见表14-9）。

也有少数的村庄不但每月有 6 次集市，而且此外又加上 6 次小集，例如某村是二、七、四、九集，其中二、七日为正式的大集，四、九日为附带的小集，小集时货物种类少，人也少。

表 14-9　定县 82 村集市日期

集市日期	村数
一、五	1
一、六	9
二、七	18
三、八	12
四、九	20
五、十	22
总合	82

453 村内有 82 村集市是在本村，有 36 村距最近之集市 1 里路远，有 28 村距最近集市 2 里路远，60 村 3 里路远。最远者有 20 里路。各村距最近集市地点之里数，见下列表 14-10。

表 14-10　定县各村距最近集市里数

距集市里数	村数	距集市里数	村数
在本村	82	8	60
1	36	10	31
2	28	12	15
3	60	15	11
4	10	20	2
5	80		
6	29		
7	9	总合	453

82 集市中有 65 集市主要交易货物为各种粮食，有 10 集市为棉花，5 集市为线，1 集市为布，1 集市为胶。自然同时亦买卖其他各种杂货。

1. 东亭集市概况

全县农村中大的集市有十几处，东部有东亭和大辛庄，南部有李亲顾、市庄、北高蓬等处，西部有明月店，北部有清风店、砖路等处。现将东亭镇的集市情况简略地叙述于下，颇能代表其他大镇，此集市概况是在民国十七年调查的。东亭有300余住户，50余铺户，距城东25里，东亭是一、六集，即在每月初一、十一、二十一、初六、十六、二十六日有集市。所卖货物以农产品与食物为最多，都排列在街道的两旁，有摆摊的，有推的，有担的。最热闹的地方就是粮市、牲口市、猪市、棉花市、青菜市。卖普通东西的都沿大街两旁，由村东口一直到村西口，这条街有二里多长。猪市、牲口市，不在大街，都在支街。关于普通的买卖有卖卷子、煎饼、豆腐汤、花生糖果、烟卷、糌糕、河落、农具、木器、瓷器、水果等类。此外还有理发的、算命的。以下略述粮市、牲口市、猪市、棉花市、青菜市等情形。

粮市所交易的五谷杂粮都是由附近村庄运来贩卖的、有麦子、高粱、小米、黍子、黑豆、芝麻、黄豆、白豆、绿豆、荞麦、玉蜀黍、大麦、稷子等。普通粮食的贩卖都属于间接卖出，意思就是说卖主不直接与买主交易，必须由经纪人从中接洽，或卖主先卖与经纪，再由经纪卖与买主。卖主将粮食自行运到市场，或请拉脚的用车运载到市。这种拉脚的大半是村里贫寒农家或曾经做过经纪的，把卖主的粮食运到市上。运到集市某粮摊之后，这一个粮摊的经纪人就斟酌情形给这个拉脚的以相当的报酬，或将拉脚人的村中运来的粮食的斗佣，让他征收。如此拉脚人与经纪合作，求得利益。粮食既已运到集市，某某经纪粮摊就由该经纪介绍过斗的卖与消费者或行贩。分别说来，间接卖出的方法可分两种。一种是经纪人从中介绍，卖者买者将价目商妥以后，由经纪过收斗佣。一种是由经纪人向农民直接买进，按照市面情形价格，随定随卖。关于集市上粮食的价目，并没有什么机关给规定，多由经纪人从中介绍，再由卖者与买者双方斟酌情形而定。定价所根据的是附近较大市场最近的价格，及当日上市粮食的供给的多少，与购买者需求的多少。如果上市的粮食多，购买粮食的少，粮食的价钱就一定贱；如果上市的粮食少，而买粮食的多，粮食的价钱就一定贵。买卖粮食，两方都是当地农民，商贩很少。所以其中经纪只有斗官一种专管给过斗，从中取佣。所收数目杂粮每斗铜元4枚，芝麻每斗铜元8枚，就是佣钱。此外尚有所谓吃杂粮者，就是经纪给人过斗时笸箩中所剩的杂粮，收为己有。粮食间接卖出，关于交款，以现款居多，记账者少。记账者由经纪设账桌，请管账先生担任，从中作保，期限至多5日。若到期购物人不缴款，经纪必得代为催讨。普通每集卖粮食的有五六摊。

牲口市的地点不在一处，逢六集期（初六、十六、二十六日）牲口市在东街，逢一集期（初一、十一、二十一日）牲口市在西街。每逢集期，附近居民就将牲口牵拉或用大车载运赴市，由经纪为之介绍，卖与行贩或农民。上市的牲口有骡马牛驴等。牲口到市后，经纪人介绍出卖。卖者与买者将价格商妥之后，经纪或将牲口系以红绿麻绳于牲口头上，叫做税绳。然后再往税桌登账及填写税票，记明牲口的价格及应交的税佣。关于牲口价格也多先由经纪人从中介绍，摸手讲价，再由买主与卖主双方斟酌情形而定。牲口的价格也是根据附近较大的集市最近价格及当日供给与需求而定。牲口卖出的价格公平与否，全看卖主是否熟悉当时情形。若不熟悉行情，完全听经纪用摸手方法讲价，那么一定吃亏，因为经纪常常舞弊。比如说，经纪以手示卖主值 45 元，又以手示买主值 50 元，两方遮瞒，从中取利。至于经纪的佣钱，多与国税同时抽收，卖者买者双方均出 3%，共得 6%。包税人取 4%，经纪得 2%。普通每集上市的牲口约达 500 头。买卖牲口最多的时候，在三月与七月，因为三月是农忙之始，七月是农闲之初。有的愿意把老牲口卖出，买年轻力壮的牲口。有的需要牲口使用，故此要买；有的不需要牲口，故此卖出。近年来因时局不宁，一旦打仗，大兵就要拉走牲口，因此农民不愿多养牲口，所以卖牲口的很多。

猪市在鸡市街南头。东亭附近十里、二十里地方的村庄，都到这里买猪。东亭附近一带有商贩，到东亭来贩猪，运到北平、天津销售。普通买卖猪也由经纪介绍，卖主买主将价格商妥之后，经纪就将猪染以红绿颜色，然后再往税桌登账及填写税票，记明猪的价格及应交的税佣。猪税与牲口税一样，都是 6%。普通八月十一日与腊月十一日卖猪的最多，因为一是为八月中秋节，一是为新年。这时所卖的猪都是肥猪。

棉花市以农家摘棉花的时候与冬季买卖最多。买卖手续也是由经纪介绍，双方议定价格，互相同意，就能立刻过秤打包。现款交易的最多，也有记账者，但交款期不得过 5 日。关于价格也是由市面情形及供给与需求的多少而定，但与附近其他市面的价格，也不能相差太多。普通交易时，都在下午，买者多半都是轧花店，将棉花轧成花衣，卖与商店。棉花每百元抽 2 元，由经纪收下，称为佣钱。

柴草市专卖柴草。关于柴类有劈柴、秫秸、豆秸等。关于草类有干草、碎草等。交易时间在上午。买卖也由经纪介绍，卖主买主双方议定价格。价格的标准也由市面情形及附近各集柴草价目为定。经纪人每元抽 3 分。例如卖柴百斤，价洋 5 毛，佣钱合 1 分 5 厘。普通买卖柴草以冬天春天最多，夏天简直没有。

青菜市在十字街及大街。所卖的青菜有韭菜、葱、蒜、莴苣、莨莛、菠菜、黄瓜、豆芽菜等。卖菜农民都是来自附近村庄，有男人，有妇女，有儿童。菜市都在早晨买卖，由经纪人介绍的很少，普通都是直接买卖。如有经纪人介绍，佣钱抽 3%。

除以上所说之外，还有花生饼、棉籽饼、麻饼、豆饼等，经纪抽佣钱 3%。关于土布上市必得先到收税处打印缴税，然后才能在集上摆摊，也是由经纪介绍卖与买者，每个布（约 20 尺长）经纪抽佣洋 5 分。至于西瓜甜瓜的贩卖，与普通别的有点不同。经纪人介绍卖者与商贩，商贩就到瓜田察看选择，当时讲价，说合议定。关于瓜熟谁运，买主与卖主也得讲好，有时买主自运，有时卖主自运到集上，交给买主。也有卖主自己运西瓜到集上卖的。其他如鸡鸭之类，经纪介绍也抽佣钱 3%。

普通东亭集市上的席，都是由西坂村、安州运来。西坂村离东亭 50 里，在东亭的西北。安州离东亭有 200 里。席子都用大车运来，共有四五个摊贩。东亭集市上的柳筐多由南齐、辛兴等村运来。村内农民在夏季用镰刀将沿道所生的柳枝割下，在农闲时就编成柳筐。割后立刻就编，干了易折。东亭集市上的篓子多由西堤村运来，是农民在农闲时用秫秸编的。柳罐多由寨里、邵村运来，是用柳条编的。

平常集市最热闹、买卖最多的时候，在午时，由十二时到三时，关于集市的人数大约普通每次有二三千人。集市的治安由警察所维持。

2. 翟城村集市概况

翟城村集市为普通的小集，没有东亭集市的货多人众，是在每月初四、十四、二十四、初九、十九、二十九日开集，谓之四九集。邻近的村庄皆来赶集。平日主要的交易货物为棉花和粮米，但在重要节日临近时的集市亦甚热闹。现在所要叙述的调查是民国十七年八月十四日举行的。因为次日是中秋节，所以集市上的情况比平常格外热闹。集市亦分猪肉、牛羊肉、水果、干粉、青菜、杂货等部分。

猪肉市的地点是在翟城村的西街。卖猪肉的多系屠户，由农家直接购猪，屠宰以后，就上市贩卖。也有农家不卖给屠户，自己屠宰，趁节赴市贩卖的。那天贩卖上市的共有 51 处，整猪达 175 口。关于价格最高的每元 4 斤 10 两或 4.5 斤，最低的每元五斤半或 5 斤 6 两，普通的每元 5 斤。买卖猪肉多半用现款交易，记账者不多。本村农民在本村贩卖，并无须抽地址钱，但外村农民来本村贩卖者，就得抽地址钱，就是地主每天向占其地面之摊贩收取 1 角多钱。

牛羊肉市在翟城村的十字街。来市贩卖者都是唐家庄、大礼、小庄、官道等村之人，都是伊斯兰教教徒。他们所宰的牛羊是他们平常使用的，或是预先购买，不使工作，饲以美好食料，等到它们肥的时候宰，上市贩卖。关于价格，牛肉最高者每元六斤半，最低者每元七斤半，普通的每元 7 斤，羊肉最高者每元五斤一二两，最低者每元六斤半，普通者 6 斤。那天共有卖牛肉的 8 处，卖羊肉的 1 处，上市牛肉共 1 200 斤，羊肉共 150 斤。交易买卖都是现款，并不记账。卖牛羊肉的都是外村人，没有本村人，地址钱每处摊贩出 2 角上下。

水果市在翟城村的西街中间。贩卖水果的人多从东旺、大张村、元光、小流、北齐、土厚、韩村、高头、东堤阳、刘家庄、西堤阳、吴家庄等村而来。所卖的水果有梨、葡萄、石榴、桃、柿等。有的农家自己有果园，收获以后，自己贩卖于市。有的农家典租别人的果园，或从农家大批购买，再转卖于市。梨普通每斤 4 分钱，葡萄每斤普通四五分，石榴每个普通三四分，柿子每个普通 1 分 5 厘。那天卖梨的一共有 26 处，卖葡萄者 9 处，卖柿子的 5 处，卖石榴的 4 处。上市的梨共有 3 900 斤，葡萄 280 斤，柿子 38 担，石榴 160 个。普通集市常见的水果只有梨与葡萄，别的都不常见。外村来卖水果的有地址钱，普通每处约 1 角钱。交易买卖，都是现款，没有记账。

干粉市在翟城村西街东口。来村贩卖干粉的人多从北祝、小流、北齐、南齐、东建阳、西建阳、史村、齐堡、土厚、南合、庞村、唐县、望都县等处而来。最高的价格每元 7 斤，最低每元 8 斤，普通每元七斤半。那天贩卖干粉的共有 29 处，其中自己家制造者有 22 家，由别家贩来卖者有 7 家。外来的须给地址钱 2 角。都是现款交易，并不记账。

此外卖点心的有 7 处摊贩，都在西街东口。多由大辛庄、东亭、帅村、齐堡、王习等村而来，本村也有。价格最高者每斤 2 角 5 分，最低者每斤 1 角 5 分，普通每斤 1 角 7 分。那天贩卖点心的共 7 处，共计卖出点心 2 700 斤。外村来市贩卖者每处出地址钱 2 角，不出地址钱的，则送地主点心 1 斤或半斤。

市中卖饭的有 4 处，所卖的东西有河落、面条、烧饼、油条、锅饼等。卖饭的都从土厚、曹村、小流而来。

卖杂货的共有 5 处，来自帅村的或本村的。杂货都由定县城里或安国县、保定运来，转卖于市。用木板支台面的，须出台面及地址钱 2 角。

卖青菜的很多，有茄子、豆角、黄瓜、小白菜、姜、芹菜、葱、韭菜、北瓜、莨莛。多从小流、曹村而来，本村也有。那天卖茄子的有 38 处，卖北瓜的有 23 处，卖豆角菜的有 18 处，卖姜的有 14 处，卖葱的有 6 处，卖小白菜的也有 6 处，卖莨莛菜的有 5 处，卖韭菜的有 4 处，卖黄瓜的有 3 处，卖芹菜的 1 处。至于价目茄子每斤铜元 4 枚，豆角每斤 9 枚，黄瓜每条 3 枚，小白菜每斤 2 枚，姜每斤 2 角 7 分，芹菜每把 5 枚，葱每斤 4 枚，韭菜每斤 8 枚，莨莛每斤 1 角 5 分，北瓜每斤 2 枚。卖菜时秤由经纪持拿，所以经纪抽取 3 分佣钱。因为卖菜时间太短，所以不抽地址钱。

以上所说的都是民国十七年阴历八月十四日翟城村集市的情况。以下要略说民国十七年阴历十一月十九日翟城村集市的粮市与棉花市的情况。

粮市的地点是在翟城村十字路东的东西大街。附近村民多于早十点运粮到市，搬运方法多用大车。粮食一运到市上，就由经纪人指定地点，按次放置，并无租赁地址的事情。上市的粮食种类很多，有小麦、玉蜀黍、高粱、豆子、芝麻、荞麦、绿豆、黑豆、白豆、小米及花生等。上市卖粮食的人多是土良、北祝、王村、史村、庞村、小流、黄家营、北齐、南齐、曹村、土厚、东王习、西王习等村的人。买粮食的人多是附近村民。也有从城里与保定来的，这些人都是粮商，他们多买芝麻、小麦等，至于粮食的价格，也得买卖双方商议规定。但是价格也得看供给与需求的多少而有高低。

棉花市的地点在翟城村自治公所前的东西大街。近村农民多在早九点或十点来市。搬运方法，个人用包袱提来或数家连合用大车载来。到集后各家随便觅地设摊，并无租赁台面与地址的事情。棉花的种类按农民的称呼，共有两种。

一种称为洋棉，就是退化的美棉。这种棉花纤维比本地棉花为长，但籽大棉少，所以价格较低。一种称为本地花，这种棉花又可分为两种。一为好花，一为红花。好花就是完全成熟而未受虫害者。红花就是未成熟或受病虫害的，或是秋季霜降霜后割下的生棉花。上市卖棉花者多来自土良、小流、曹村、土厚、王习营、东王习、西王习、辛兴、北齐、南齐、史村等村。上集买棉花之人，多为附近农村的小棉贩。将棉买妥之后，用车运回，轧去其籽，打包运到县城去卖，也有运到清风店、安国县、保定、天津等处。据经纪人说，这种商贩到市收籽棉，均系经纪人为之作保，记账购买，所以一时并不需用很多资本。至于棉花的价格，也由经纪人从中介绍，再由卖者与买者自行议价。定价多根据棉花的好坏与上市棉花的多少。如上市棉花适中，这时价格多半平和。上市棉花普通每百斤十五六元。

在东亭乡村社会区内的62村，除东亭集和翟城村集外，有不少的村有定期的露水集。这种露水集就是线子集。专卖棉花线，不卖别的。冬季春季农闲时期，妇女都在家纺纱织布，所以特别有这种集。其所以叫做露水集的乃是就在早晨很短的时间，交易买卖，好像露水，太阳一出来，就算完了。

3. 城内集市概况

城内集市日期为一、六、三、八，即阴历每月初一、十一、二十一、初六、十六、二十六、初三、十三、二十三、初八、十八、二十八等日为集市日期。三八日为大集，一六日为小集。大集日有牲口和猪的买卖，小集日无此两项，其他略同。在集日为买卖便利起见，各种货物皆有一定地点。

棉花市之地址是在花市街。买卖以阴历八月至十一月为最旺，十二月至三月次之，四月与五月极微。

棉花线市之地址在十字街西。交易以阴历九月、十月、十一月、二月、三月为最旺；正月、四月、六月、七月次之；五月、六月没有买卖。

粮食市之地址，一段在由塔胡同至仓门口之南街，一段在由马号至草厂胡同之东街。交易以阴历五月、八月、九月、十月、十二月为最发达，其余月份平常，惟在正月初一、初三日停市。

花生市之地址是在南门内。交易以阴历九月、十月、十一月、十二月和正月为最盛，其余月份平常。

牲口市之地址是在仓门口。交易以阴历二月、三月、十月为最盛，十一月、十二月、正月、四月平常，五月、六月、七月、九月为最微。

猪市之地址是在东街玉皇阁前。交易以阴历八月、十二月两月为最旺，其他各月市况平常。猪肉或牛羊肉平日无市，买卖多在铺内。惟在将近新年时有临时肉市地点，阴历十二月二十三日是在东街与马号，二十六日在塔南，二十八日在东街，三十日在北街。

鸡市之地址是在十字街西。买卖以阴历七月至十二月为最旺，其余月份平常。

葱市之地址是在北街。买卖以阴历十一月、十二月最盛，正月、二月、三月平常，五月、六月没有。

蒜市之地址是在南门内。交易以阴历正月、二月为最盛，七月至十二月平常，四月和五月没有。

菜市之地址是在北街。交易以阴历十一月和十二月为最旺，正月、二月、三月平常，四月至七月几乎没有。

西瓜市之地址是在四大街皆有地点，以东街与南街货多，西街与北街稍次。交易多在阴历六月、七月、八月，其余月份无市。

柴草市之地址是在花市街北。买卖以阴历二月、三月、四月为最旺，其余月份情况平常。

柳条与柳罐市之地址是在东街。交易以阴历正月、二月、三月、十月、十一月、十二月为最盛，其余月份平常。

此外有数种短时期之集市。例如木货市是在每年阴历正月和二月内开市，地址是在北街和西街，杈子市是在端阳节开市，地点在杈子市街。爆竹即鞭炮之集市是在阴历十二月举行，专为庆祝新年。

兹将猪市和牲口市的概况约略地叙述。猪市是在东街玉皇阁前路之两旁。每逢阴历三、八集日的上午九点钟的时候，附近二三十里以内的乡村卖猪农民，都要设法把猪赶到这里。有的用大车载，有的用小车推，有的用担子担，还有用鞭子赶来的。到市之后，把猪卸下，大猪排列在路之北面，小猪排列在路之南面。主顾来买时中间有介绍人用摸手指讲价法，或说猪市所用讲价行话，为之评价。用这方法为的是保守秘密，免得旁人知道。即买卖不成时，对于双方也没妨碍。设若买者卖者双方同意时，介绍人就持红白印帚在卖的猪身上打上红白印儿，这就叫做税佣印儿，以示此猪已经介绍人的正当手续买卖，不得再有改变。当买者交猪价的时候，由买者纳税 3 分，卖者纳佣 2 分，交给介绍人，介绍人所得的这些报酬，叫做税佣。这个猪市里共有介绍人 20 余个。每到清明节、中秋节、新年节之前一两个集日的时候，猪价多半骤涨。因为本地民众过节时差不多家家户户都要吃些猪肉。于是各猪铺就争先恐后地收买。再加以保定、山东等处之大猪贩也有来市收买的。因此农民为投机赚钱计，就于这几个节令的一个月之前，预备喂养肥猪。猪市上猪最多的集日，是在阴历新年节的前几个集日。平日也时有外边的大猪贩来买。本地城关共有猪铺六七处，每集每铺至少也得买几头，所以大猪在平时也不愁没有销路。在节令的时候农民卖了大猪之后，就必须要买小猪，因此小猪也涨价钱。又当秋末的时候，有专买小猪而在野地放的，因此也稍微涨价。平常的集日，猪市约在上午十一时结束，而在买卖多的时候，往往延长到下午。

牲口市是在南街仓门口，丁字街路之南北，夏秋两季是在路之南，春冬两季在路之北。每当三八大集日，午饭以后城乡买卖牲口的人和牲口贩子，有的牵着，有的骑着，有的赶着，把马、驴、骡、牛赶到市上。当买卖的时候，中间也有介绍人用摸手指法和说行话法为之评价。双方如意时，由介绍人给以红绿麻绳各一条，缚于牲口笼头上，表示买卖已成，双方业已经过正当手续。然后买者卖者共纳税佣 6 分，如买者纳 4 分 5 厘，卖者则纳 1 分 5 厘，交给介绍人。介绍人再送交税桌司账员，发给税票，开明买者姓名、兽名、价目等交给买者。买者或付现洋，或讲明在卖者所熟识之铺内过数日取钱。农民买牲口是为耕种，如果买得之后，发现有缺点暗疾等情，常留退还之余地。农民买贩子的牲口，或是贩子买农民的，多半是纳现洋的。牲口最贵的时候多在春初农忙的时候，有的农家添买牲口，有的农家因原有的老弱而要调换，因此买卖增加，价亦奇涨。牲口价钱低落多在秋末农闲的时候，有牲口贩子由张家口等处赶来之牲口，赴集销售。这时买者减少，卖者增多，所以价值便宜。

城内有集市时在街旁之摊贩骤增。民国十九年三月曾调查城内平时之各种摊贩计得 124 处，又在集市时调查摊贩数目计得 434 处。平时各种摊贩之数目见下列表 14－11。

表 14-11　定县城内平时各种摊贩数目

民国十九年三月

摊贩种类	数目	摊贩种类	数目
杂货	23	剃头	2
杂食	23	牛肉	2
卷子	15	熏鸡	2
麻糖	11	茶水	2
烧饼	6	熟面	2
纸烟	6	煎饼	2
粑糕	5	菜摊	1
鲜果	4	白菜	1
补鞋	3	豆腐脑	1
马肉	3	糖葫芦	1
猪肉	3		
饭摊	3		
红薯	3	总合	124

集日之摊贩大多数系卖各种食物者，其他多为日常用品。各种摊贩详细数目见下列表 14-12。表中摊贩数目约可分为三类，一种由街上商店内取出货物在街旁摆摊零售，一种系由农村所来之小贩，一种系平日在城内谋生之小商人。其中以农村所来之摊贩为最多。

摊贩所占地面多在 10～20 方尺之间，超过 50 方尺者在集日不过 13 处，最大之摊贩约占 300 方尺。平日及集日各摊贩所占街旁面积之尺数见下列表 14-13。

表 14-12　定县城内集日各种摊贩数目

民国十九年三月

摊贩种类	数目				摊贩种类	数目			
	属于商店者	属于乡民赶集者	属于城内商民者	总计		属于商店者	属于乡民赶集者	属于城内商民者	总计
卷子	2	32	4	38	灯	…	2	1	3
杂食	14	5	8	27	袜	…	2	1	3
杂货	16	3	4	23	洋布	…	3	…	3

续前表

摊贩种类	数目				摊贩种类	数目			
	属于商店者	属于乡民赶集者	属于城内商民者	总计		属于商店者	属于乡民赶集者	属于城内商民者	总计
粮食	7	9	6	22	饼	…	1	2	3
粑糕	…	18	4	22	笔	…	2	1	3
铁器	6	10	3	19	白铁器	2	1	…	3
粉条	1	16	1	18	药	…	1	2	3
蒜	…	15	…	15	剃头	…	2	1	3
葱	…	15	…	15	鲜果	3	…	…	3
麻糖	6	3	5	14	火烧	…	3	…	3
饭摊	2	4	7	13	棉纸	…	3	…	3
烧饼	5	5	8	12	熏鸡	1	…	1	2
纸烟	4	1	6	11	鞋	1	…	1	2
菜籽	…	11	…	11	线子	…	2	…	2
柴草	…	10	…	10	烟叶	…	2	…	2
鲜菜	7	1	…	8	葡萄干	…	2	…	2
香纸	…	5	3	8	白菜	…	2	…	2
绳	5	2	1	8	红薯	…	1	1	2
牛肉	…	4	3	7	肉汤	…	…	2	2
煎饼	…	5	1	6	煮豆腐	…	1	1	2
棉花	…	5	…	5	包子	…	1	1	2
干挂面	1	2	1	4	星秤	…	2	…	2
猪肉	3	1	…	4	糖	…	2	…	2
皮条	…	4	…	4	干果	2	…	…	2
破鞋	1	2	1	4	黑枣	…	2	…	2
补鞋	…	1	3	4	鞋袜	…	…	1	1
马肉	…	1	3	4	茶食	1	…	…	1
算命	…	2	2	4	红枣	…	1	…	1
纸	…	1	2	3	油饼	…	1	…	1
火柴	…	…	1	1	布袋	…	1	…	1
饺子	…	…	1	1	马鞍	1	…	…	1
梨	…	1	…	1	柳罐	…	1	…	1
被褥	…	1	…	1	荆货	…	1	…	1

续前表

摊贩种类	数目				摊贩种类	数目			
	属于商店者	属于乡民赶集者	属于城内商民者	总计		属于商店者	属于乡民赶集者	属于城内商民者	总计
谷草	…	1	…	1	柳筐	…	1	…	1
棉油	1	…	…	1	老豆腐	…	…	1	1
篮	…	1	…	1	碗	…	…	1	1
煤油	1	…	…	1	油炸糕	…	1	…	1
粉汤	…	…	1	1	馄饨	…	…	1	1
蜜	…	1	…	1	炸包子	…	…	1	1
土布	…	1	…	1	织布工具	…	1	…	1
姜	…	1	…	1					
火石	…	1	…	1					
手巾	…	1	…	1	总合	94	247	93	434
大米	1	…	…	1					

表 14-13　　定县城内各摊贩所占面积

民国十九年三月

所占面积（方尺）	集日摊贩数目	平日摊贩数目
10 以下	49	38
10～14	109	17
15～19	161	43
20～24	52	11
25～29	18	…
30～34	12	4
35～39	2	2
40～44	7	2
45～49	11	2
50～54	3	2
60～64	5	1
70～74	1	1
80～84	1	1
105～109	1	…
120～124	1	…
300～304	1	…
总合	434	124

第四节　交通与运输

一、道路与运输

定县普通的土路大半低于两旁田地，并且凹凸不平。每遇雨水泥泞难行，甚至积水如小河；天旱时每遇起风沙土飞扬，行路运输很感困难。没有一定的机关负责设法修理，村民亦任其自然变迁。近年始有少数平民学校毕业同学会提倡修路，但尚无大规模的进行。民国二十年吴县长重修城内马路。在附近西门外墙另辟新门，车马可以直行，不必一连转绕三门，县人便之。

定县有国道一条，北从唐县入境，经过清风店、罗庄铺、新立庄、清水河、定县城北、南门、八角郎、孟良桥、二十里铺、明月店等处。约长 60 里，宽约 3 丈 6 尺。前清时五里有支更夫一人看守，每遇过皇差时则大加修理。民国以来任其损坏，归为县产，有多处已变为耕田，民国五年时拨为本县女师学田。

最普通之运输工具为大车。大车有两种，即大敞车与太平车。不带席棚的为大敞车，带席棚的为太平车。大车是用几种木料做成的。车轴与车辋都用枣木；车头、轴条、车门柱多用槐木；车缘头多用榆木；车箱多用小杨木。普通每辆大车价约 80 元，不上漆的约 70 元。大多数乡民都是自己造车，有的自己买木料到木厂去打车，每辆约用 60 元。定县城内与清风店有车铺，专卖现成大车，大车虽然笨重，但颇坚实，普通每辆可用 15 年。夏天盖上席棚，能遮蔽日光。冬天盖上席棚，车里围上布围，能够御寒。普通大车全部长 12 尺 5 寸，其中车尾长 2 尺 3 寸，车箱长 3 尺 10 寸，车辕长 6 尺 4 寸，车箱宽 2 尺 8 寸、高 1 尺 2 寸，车轮直径 3 尺 8 寸，车轴长 5 尺半，车缘杆长 4 尺 4 寸、宽 9 寸。大车尾后装一油瓶，内装棉花籽油，用以润车轴，使车轮转动灵活，骡马拉着轻便。大车一天可行 80 里，每百斤每天运费约 6 角，普通套一个牲口的大车可载 500 斤，套两个牲口的大车可载 800 斤。车辙约宽 4 尺。

有一种以人力推行之车，有二把，一个车轮。每天能走 70 里，每百斤每天运费约 8 角。其便利处是无论宽路窄路都能行走。

轿车多用骡子拉，专为载人，是乡村富户旅行的工具。车轮较高，上有布棚，每天可行百里，每车一天费用约 4 元。

若用牲口，每天一骡或一驴能行 80 里，费用约 2 元。

人力车每天可行 80 里，每人可拉 200 斤的重量，费用约 2 元，定县有洋车始于民国十六年十月，至民国二十年时共有 79 辆。最贵之车值洋 120 元，最贱者值洋 90 元。租车费每月 4 元或 5 元。此外有脚踏车日渐普遍，农民用者甚众。

城内马路在民国二十年重修后即设车捐，凡通过者须购通车证。一马拉之一套大车及轿车，一日通车证铜元 10 枚，一月 5 角，半年 2 元 5 角，全年 4 元。二套大车一日通车证铜元 20 枚，一月 1 元，半年 5 元，全年 8 元。三套大车一日通车证铜元 30 枚，一月 1 元 5 角，半年 7 元 4 角，全年 12 元。四套大车照二套大车加倍，五套大车照三套大车加倍。人力车一月通车证 3 角，半年 1 元 5 角，全年 2 元 5 角。

民国十七年三月新修筑一条汽车路，称为定祁汽车路，起自定县车站入西门，出东门，经过南角羊，小陈村、东亭、西堤阳、李村店、五女店等处，直达安国县。东亭镇是定祁汽车路的中点，设一小站。从定县到安国县乘费大洋 1 元。从东亭到定县车站或从东亭到安国县乘费都是大洋 5 角。

平漠铁路纵贯定县境内。此路是前清光绪二十三年（西元 1897 年）动工修的。光绪二十五年时修至定县城北三疙瘩地方，二十六年西关车站竣工。定县境里共设三站。北边有清风店车站，定县城东、城北和城东南出产的棉花，多从这车站装运出境。当中为定州西关车站，从此站输入各种杂货，运出棉花、花生、芝麻等。外来的药材这里下火车，然后再用大车运到安国县。西南有寨西店车站，城西所产的水梨、棉花和花生大半从这站出境。按照民国十七年车站之估计，一年内自铁路输出棉花约 300 万斤，鸭梨约 300 万斤，香油约 150 万斤，花生油约 100 万斤，土布约 100 万匹。定县有转运公司五家，包运各种货物。此外又有旱脚骡店两家。

二、邮政电话与电报

定县有二等邮局，设于西关车站。局内除办公人员 10 余名外，有向各户分送之投递差 5 人，专跑代办所及管互递等事者 6 人，与专跑围城 10 里以内者 1 人。

定县邮局送取邮件，共分 5 路。（1）阜平路，从车站经曲阳到阜平县。（2）祁州路，从车站一直到祁州，并且代办博野、蠡、饶阳、安平等县的邮政。以上两条路都是邮差邮路，邮差骑自行车取送信件，每天来往一次，10 天休息一天。（3）清风店路，清风店与砖路镇的邮寄代办所，都是属于清风店路。清风店是平汉铁路经过的地方，并且又有车站，所以清风店的邮寄代办所，不但收寄信件，并且收寄联邮包裹。凡是由北往南寄到清风店一带的信件，都直接由清风店下车发送。凡是由本县寄发到清风店一带的信件，或是由南往北来寄到定县北部的信件，都是必须经定县车站邮局，然后再上火车送到清风店车站。（4）明月店路，明月店的邮寄代办所也是收寄联邮包裹。往来信件都由寨西店车站送取。凡由南往北来寄到明月店的信件，都是由寨西店站下车。凡是由本县寄发到明月店一带的信件，或是由北往南寄到明月店一带的信件，都必须经过定县车站邮局，然后再由定县车站上车，送到寨西店车站转送明月店。以上两路的信件，火车转运到站以后，再由邮差分送，每天一次。（5）城东南路，定县城内和城外各大镇的邮政，都属于城东南路。全定县共有邮寄代办所 12 处、信柜 3 处。属于这条路的 9 处代办所分布在城外几个大镇，如李亲顾、邢邑、市庄、高蓬、子位、大五女集、翟城村、大辛庄、东亭等处。这种邮政代办所仅管收发普通信件、新闻纸类、普通包裹和挂号信而已。城内北大街的邮局，是邮务支局，职务与定县车站邮局相同，不过规模较小而已。专管城内，不到城外农村。定县车站邮局每两天有一邮差骑自行车到上述处取送信件一次，每 10 天休息一天。往来的路线分正走倒走两种，以邮件的多少而定。正走路线的次序为车站邮局、城内支局、李亲顾、邢邑、市庄、高蓬、子位、大五女、大辛庄、翟城村、东亭。倒走路线的次序为车站邮局、城内支局、东亭、翟城村、大辛庄、大五女、子位、高蓬、市庄、邢邑、李亲顾。邮政代办所多系镇内商店代办，邮局酌予津贴若干，其数目以经手信件多寡而定。凡代办所每月最低津贴 1 元 5 角，最高 15 元，普通多在 3 元左右。信柜则以每季计算，所得津贴不过一二元。不在邮路通过的村庄，邮差不管送信。因此这些小村得信多由附近市镇内熟识之铺店转寄。

电话局设立在定县城内西街，为前警察所长在民国三年时创办。经费由警捐项下提拨。规模很小，没有发电机，只用大干电池发电。内有司机技师 1 人，月薪约 20 元，工徒 2 人，一人每月 14 元，一人每月 11 元，外有每月办公费 65 元，由财务局拨支，由建设局保管。有电话处为西关车站、清风店、明月店、县政府、男子师范学校、女子师范学校、省立第九中学、商会、教育局、财务局、建设局、公安局、县党部、民众教育馆、新明池澡堂、中华平民教育促进会、李亲顾、东亭、翟城、南平谷、北高蓬、市庄、砖路、子位等处。凡要安电话的须自己购买电话机，付安设电杆、电线和电池的费用。

电报局设立在定县城外西关十字街，是保定电报局的分局。凡是城乡的电报都由此局收发。电报费与各处所定价目相同。发送到城内和乡间的电报，每 10 华里由收报人付脚力钱 2 角 5 分，不够 10 里的，也按 10 里计算。由别处往邻县来的电报，从邮局代递。邻县有邮局收送定县电报局电报的地方为：（1）安平县城与中佐镇、子文镇、马店镇、傅各庄镇；（2）饶阳县的张岗镇；（3）曲阳县城与燕赵镇、下河镇、灵山镇；（4）深县的唐奉镇；（5）新乐镇；（6）阜平县城与王快镇；（7）蠡县的洪奎堡；（8）安国县城与南马、齐村、安国城、伍仁桥、伯章镇、石佛镇、大五女镇；（9）博野县城与小店镇、程六市、程委村、北阳村；（10）清苑县的阳城镇、北王力、大李各庄。

第十五章　农村借贷

农民借贷普通约有 3 种方法：（1）立约借款；（2）摇会储蓄；（3）典当田地。兹将在民国十七年关于 6 村内借贷的概况，略述于下。

第一节　立约借款

立约借款，系农民缺款时，托本地有声望者向放债人说合。如两方同意，即凭中人立一借约。此后按约归还欠款。

1. 借款数目及其利息

在 6 村内曾调查了于民国十七年内借款的 68 家。在甲村调查 9 家，平均每家借贷 139 元。在乙村调查 19 家，平均每家借贷 168 元。在丙村调查 6 家，平均每家 90 元。在丁村调查 10 家，平均每家 37 元。在戊村调查 15 家，平均每家 66 元。在己村调查 9 家，平均每家 107 元。68 家借款总数为 7 296 元，平均每家 107 元。最高之利息每月每元 3 分，最低 1.5 分，普通 2 分。有产业作抵押品者则利息偏低，无产业为抵押品者则利息偏高。据村人的估计，借贷家庭占一切家庭数目的 20％左右。

2. 期限

68家内，借款期限以3年为满的计3家，占一切家数的4.4%；以1年为满的计15家，占22.1%；以10个月为满的计27家，占39.7%；以8个月为满的计12家，占17.6%：以6个月为满的计4家，占5.9%；无定期的计7家，占10.3%。从此看来，以10个月为限的为最多，1年者次之，8个月者又次之，再次为无定期、6个月及3年者。

3. 抵押品

68家内以土地为抵押品者为最多，计50家，占一切家数的73.5%；以房屋为抵押者次之，计3家，占4.4%；以产业红契作抵押者又次之，计2家，占2.9%。此外13家则只凭中人及借款人签字之字据，纯靠中人或本人之信用。

据多数农人的意见，抵押品之价值与借款数目约为5与2之比例，就是借款人要借40元，须有价值100元的抵押品方可使款。

负债人的不动产作为抵押品时，在借款期限内，仍归负债人自行管理，但不得再转押与其他债主。因此债主有监视之权。

4. 用途

本地农人借款的用途，据调查68个农家所得，可分为3类：(1) 用在生产方面者，如买地、经商、买牲畜、买农具、凿井，共有13家，占全体的19.12%；(2) 用在不生产方面者，如家亏、还旧账、修盖房屋、买粮食、讼事、川资、零用、抽鸦片烟、赌、婚、丧，共有53家，占全体的77.94%；(3) 用在教育方面者，共有2家，占全体的2.94%。

5. 偿还办法

债主借出的款，到了收回的时候，就预先通知中人转达负债人于某月某日将款筹措归还。到期负债人即随同中人至债主处当面将本利交清，由债主退还以前借款时所立的借帖。若负债人到期而不能偿还的，其办法由负债人央托中人转求债主，用下列几个方法解决：(1) 更换借帖，负债人在偿还借款以前，协同中人请求债主换帖。若得债主允许，即重定借帖，将利作本，继续使用。(2) 借债还债，债主如不愿换帖，负债人即向他方暂借现款，归还该债。(3) 变产还债，负债人若欠债过多，前两项办法不能解决时，就将产业变价偿还。若所卖的产业，偿还各债主仍然不足，就由负债人央求本地有声望者出面调解，并设筵请各债主来，以所卖产业的款若干，按各债主的债本多少，给以十分之几而偿还之。(4) 随有随还，由中人担保一个确实日期，归还前款。

债主对于负债人到期不能偿还时，其态度大半颇为和平，因为债主是本地殷实的农人、商人或钱局，负债人均系邻里乡亲，且多顾惜信用，尊重名誉，所以为欠债而起纠纷者甚少。若负债人预料届时不能偿还，早日即托中人代为转求债主而谋解决之方法。其因讨债而成讼者亦有之。此种情形，多由于负债人家境贫苦，产业不多，为维持暂时生活起见，遂不让前债主知道，又将该不动产转押与其他债主，至债主讨债时，双方均要没收，于是讼事纠纷即起。结果只有将该产业完全变卖，按十分之几分偿各债主。有时该款完全归前债主，而后债主不得分文。此以优先权之所在，使后债主抱向隅之叹。

6. 借帖之种类

关于立约借款，负债人均须立借帖为凭，现由农家觅得借帖 5 种，录之于下：

借帖一（利息在外者）

立質契人〇〇〇，因乏用，將自己〇處旱園地一段〇畝，東至〇〇，西至〇〇，南至〇〇，北至〇〇，四至分明。憑中人〇〇〇說合，出賃質於〇〇〇名下，使大洋〇元〇角〇分正。言明每月〇分〇釐行息。期至〇年〇月〇日本利歸還。恐口無憑，立質契爲証。

借欵人〇〇〇押
中　人〇〇〇押

中華民國〇年〇月〇日

借帖二（本利合計者）

立質契人〇〇〇，因不便，將自己〇處旱園地一段〇畝，東至〇〇，西至〇〇，南至〇〇，北至〇〇，四至分明。憑中人〇〇〇說合，出質于〇〇〇名下，使本利大洋〇元〇角〇分正。並言明期至〇年〇月〇日交還。恐口無憑，立質契爲証。

借欵人〇〇〇押
中　人〇〇〇押

中華民國〇年〇月〇日

借帖三（利息在外者）

立借帖人〇〇〇，今使到

〇〇村〇〇〇名下大洋〇元〇角〇分正。憑中言明每月按〇分〇釐行息。期至〇年〇月〇日本利交還。恐口無憑，立借帖爲証。

借欵人〇〇〇押

中　人〇〇〇押

中華民國〇年〇月〇日

借帖四（本利合計者）

立借帖人〇〇〇，因不便，今借到

〇〇村〇〇〇名下本利洋〇元〇角〇分正。期至〇年〇月〇日歸還。恐口無憑，立借帖爲証。

借欵人〇〇〇押

中　人〇〇〇押

中華民國〇年〇月〇日

借帖五（保人負擔完全責任者）

立借帖人〇〇〇，因不便，今借到

〇〇〇名下大洋〇元〇角〇分正。言明〇分〇釐行息。期至〇年〇月〇日歸還。恐后無憑，立借帖爲証。

借欵人〇〇〇押

中保人〇〇〇押

〇〇〇押

中華民國〇年〇月〇日

上录5种借帖，程式虽同，而其内容意义均异，现略说明：（1）借帖一，系仅将地亩写明抵押。所纳利息之总数，不载明帖内，乃按月支给。至归还时期，仅交债本及最后一个月之利息。但此种手续在乡间很少。所借本金与利息，至期本利一齐交还的占最多数。（2）借帖二，系将地亩抵押及所应纳之利息总数若干，一并载明帖内。至归还时期，按照借帖内载明的本利数目还清。（3）借帖三，与借帖一与二不同。只写明所借钱数若干及每月利息，但无抵押品。此类借款家庭大致皆有田产。（4）借帖四，与借帖三大致相同。所异者，所应纳的利息及本金写成一笔总数。至期照总数归还，内中亦无抵押品。借款者多为有田产之家。（5）借帖五，多系无产业者，由一个或两个担保人负完全责任。至期如不能归还，担保人须设法偿还。因此借帖后写有代还保人、承保代还人或承还保人字样。

以上 5 种借帖，前 4 种借款者大致均有产业，但一与二载明抵押，三与四无抵押，而由中人介绍立一字据，中人负届时催交之责。后 1 种系无产业者，而求担保人借款的，若借款成功，亦立一字据，不过担保人须负全部责任，有代还的义务。

第二节　摇会储蓄

由摇会借贷的方法，可说是乡村中流通金融的一种重要组织。在摇会中，会首取款，不必计利。故一般贫苦的农人，若缺乏经济的时候，咸到亲友之家，极力恳求其帮忙，凑成一会。关于此项的种类、组织及其他手续，据调查的结果，兹略分述于下。

一、摇会储蓄的种类与组织

摇会储蓄最通行于东亭乡村社会区各乡村者，厥为 4 种：（1）坐会，（2）坐乾会，（3）走会，（4）乾会。

1. 坐会

坐会的组织，是由乡村贫苦农民欠债急于偿还，或发生意外之事而急需款用，遂央求本地绅董担保所组织之会。它的性质与借款相似，它的组织方法则与借款有别，因为此种摇会系由会首托绅董或亲朋召集的。其中会员有 20 人、30 人或 40 人。据多数农人的意见，钱多之大会则人数少，钱少之小会则人数较多。

当坐会成立之日，会首即设席召集各会员赴会，并通知他们随带现款缴纳与该会之记账人。款之总数就是会首所需者。例如会员有 20 人，每人缴纳 5 元，会首所得为 100 元。俟会员到齐，即规定会首之保证人。然后再由保证人定摇会之次数，最多者为 36 次，普通者为 26～32 次，最少者为 3 次或 4 次。又定会期之长短。普通每隔 4 个月摇会 1 次。若会员人数过多，就每隔 3 个月摇会 1 次。各事定后，依下列的手续摇会。

坐会使会的手续，当坐会使会之初，由保证人立在桌上，当众宣布会员的人数及本日各种用费均摊的数目。最后就说明该会会规，无论会首会员均须遵守，并按会员的人数编制各人号码。

坐会投标的方法，现设一例说明，设每一会每人所纳之会金为 5 元，会员共 20 人（会首在内）。第 1 会之会金总数为会首所需者，毋庸投标。至第 2 会开会时，使会诸会员每人在投标以前，各取一纸条，写明各人的号码及愿使钱的钱数即可交会首。再由会首当众开标，以使会之钱数最少者为使会人。例如第 1 号愿 4.5 元使会，第 2 号愿 4.2 元使会，第 3 号愿 3.9 元使会，第 4 号愿 3.8 元使会，其余之会员所写钱数，皆在 3.8 元以上，则此次所标之钱数，以第 4 号为最少，这一个月的会，就为第 4 号使会。然后由会首负责向各会员每人收大洋 3.8 元，再加会首应出的 5 元（此款为本会成立之日，会首向第 4 号所收之数），共收得大洋 73.4 元，交与第 4 号会员。当时请他立字招保，以为凭证。至第 3 月开会时，若第 7 号出 3.2 元使会，为投标钱数最少者，则第 7 号为第 3 月使会之人，共收得会款大洋 64.4 元，内有会首 5 元同第 4 号会员 5 元。至第 4 月会期，会首仍设席召集会员摇会，再决定第 4 月使会人，如第 9 号以 3 元为投标钱数最少者，即为此月使会之人，然后由会首向未使会会员每人收会款大洋 3 元，共 48 元，再会首 5 元，第 4 号 5 元，第 7 号 5 元，共得 63 元，一概交与第 9 号。从此以后每月仍开会一次，至最末一个月为第 20 会，即最后之会。凡使会会员同会首每人各交 5 元与此未使会的会员，此一会共得 95 元。如会款收不齐，统由会首负责清还。

坐会的宴会手续，在会首请会之第 1 月，须设席宴请会员，但该款由会首一人担任。自第 2 月起至会终之月止，其间每于摇会时均有筵席，皆在会首家内。所费之款，按照会规已定的每席钱数，由会员分摊。例如会规定为 3.2 元，每席以 8 人计算，每人须纳 0.4 元与会首。倘有不足，均归会首添补。

2. 坐乾会

坐乾会的组织、方法及一切的手续，都与坐会相同。所异者，即会首所使会金，不再归还，只在家中为会员预备筵席。

坐乾会之宴会手续，自第 1 月起至会终之月止，每次在会首家中开会所用宴会员的席钱及各种杂费，均由会首 1 人担负。

3. 走会

走会的组织、方法及一切的手续，均与坐会相同。所异者，即会首只在请会时设席 1 次，全会人数亦较坐会为多。在会首设席宴罢时，诸会员即各取纸条写明自己的号码及使会的钱数。如甲号写的钱少。第 2 次开会即在甲家，并由甲家预备宴席。在甲家宴罢时，诸会员又按号写使会的钱数多少，如乙号写的钱数少，第 3 次开会即在乙家，乙家即预备宴席。往下类推。这叫走会。总而言之，使会者摆席。

走会的宴会手续，会首仅于请会的时候，设席 1 次宴请诸会员。该款由会首 1 人担任。自第 2 月起至会终之月止，每次开会所费的席钱及各种杂费，均由当时使会的会员 1 人担负，成为轮流请客法。

4. 乾会

乾会，亦名白敛会。多为本村素有德望、人格高尚的贫苦农家，无钱偿债，央求亲朋代为写帖请会。会金的多寡，由彼托亲朋及到会会员按照他负债的情形而定。如到会者仅有 10 人，请会者负债 30 元，则每人分摊 3 元。但会金的多少，亦有按感情深浅，不平均摊分的。如感情好就多担负，感情少就少担负。全会的人数，最普通者为 10～20 人，30～40 人亦有之。鸡鸣台有一个乾会多至 145 人。

乾会的宴会手续，会首仅于请会的时候，设席一次，宴请各会员。该款由会首一人担任。以后会首若有款能归还诸会员，即设席请会员来聚合。否则再无宴会期。

二、摇会储蓄的实例

现就调查所得来的一个已经完全结束的坐会的实例，列表于表 15 - 1。表中皆系制钱数目。每制钱 1 000 文宜等于铜元 100 枚，但实际为 96 枚，内有空数 4 枚。因此制钱 10 000 文实合铜元 960 枚。

表 15-1　　翟城村张君的坐会表（民国十七年调查）

使会日期	使会人	使会次序	所使会金（文）	使会人收入之总数（文）
六年七月十八日	张君	1	4 000	120 000
六年十一月十八日	A君	2	2 200	67 800
七年三月十八日	B君	3	1 900	61 200
七年七月十八日	C君	4	1 800	60 600
七年十一月十八日	D君	5	1 900	65 400
八年三月十八日	E君	6	1 700	62 500
八年七月十八日	F君	7	1 700	64 800
八年十一月十八日	G君	8	1 800	69 400
九年三月十八日	H君	9	2 000	76 000
九年七月十八日	I君	10	1 900	75 900
九年十一月十八日	J君	11	1 800	76 000
十年三月十八日	K君	12	2 200	85 800
十年七月十八日	L君	13	2 000	84 000
十年十一月十八日	M君	14	2 000	86 000
十一年三月十八日	N君	15	2 300	92 800
十一年七月十八日	O君	16	2 300	94 500
十一年十一月十八日	P君	17	2 200	94 800
十二年三月十八日	Q君	18	2 300	97 900
十二年七月十八日	R君	19	2 300	99 600
十二年十一月十八日	S君	20	2 300	101 300
十三年三月十八日	T君	21	1 900	99 000
十三年七月十八日	U君	22	1 900	101 100
十三年十一月十八日	V君	23	1 900	103 200
十四年三月十八日	W君	24	1 500	102 500
十四年七月十八日	X君	25	1 800	106 800
十四年十一月十八日	Y君	26	1 800	109 000
十五年三月十八日	Z君	27	800	107 200
十五年七月十八日	甲君	28	1 300	111 900
十五年十一月十八日	乙君	29	1 200	114 400
十六年三月十八日	丙君	30	1 100	117 100
十六年七月十八日	丁君	31	4 000	120 000
总合	31人	31次	…	2 828 500
平均数	…	…	…	91 241.94

综观上表，摇会的年数，自民国六年七月十八日起，至民国十六年七月十八日止，共计 10 年，方可结束。摇会的次数，1 年共 3 次，每隔 4 个月摇会 1 次。摇会的人数，有会员 30 人，会首 1 人，共 31 人。所使的会金，每一会员在初次聚集时，各人缴纳 4 000 文与会首，并不投标。其余每在摇会时，投标决定。其所使会金最多者为 2 300 文，最少者为 800 文，最普通者为 1 900 文。使会人收入会金之总数，最多者为 120 000 文，最少者为 60 600 文。平均会金收入为 91 241.94 文。

会金的收入，据统计的结果，用在放债者共 7 家，占 22.58%；用在家庭费用者共 4 家，占 12.90%；用在商业资本者共 4 家，占 12.90%；还外债者共 1 家，占 3.23%；用途不详者共 15 家，占 48.39%。

三、摇会储蓄会的规程式

上述各种摇会储蓄，均有会规及使会者之质契。兹搜得会规及质帖程式最普通者，录之于后，以供参考。

坐會會規程式

立會規人〇〇〇，今托親朋請拔會一道，會友共〇名。每年按〇月〇次；開拔底印（會首所使的會金叫做底印）大洋〇元，上拔下使（即上次拔會投標得中者在下次使會的意思），一使二保（即一人使會二人作保的意思）。無保不許使會。大印（即已使會會員應繳納之會金）不到，保人墊出。小印（即未使會的會員應繳納之會金）不到，不許開拔。小印須交保會人手。每月出席洋〇元〇角〇分。寫號時有錯不辯（即使會錢數寫錯時，不許與衆辯論），抽長洋〇元〇角〇分。本會主如有外欠，不許撥兑。恐口無憑，立會規爲證。

會首〇〇〇使底印〇元〇角〇分正
保人〇〇〇押

中華民國〇年〇月〇日　　立

坐乾會會規程式（與坐會同）

走會會規程式

立走會會規人〇〇〇等，今議定走會，一年〇拔，按〇月〇日擺。上拔下使，一使二保。使錢者質地。大印不到，保人墊出。小印不到，作爲免拔。一年四季，菜，豆芽，豆角，白菜，茄子，乾菜〇斤，肉〇斤，卷子菜足用。合會人等，遵規行事。誰使誰攤。過午不候。

會首〇〇〇使底印〇元〇角〇分正
保人〇〇〇押
〇〇〇押

中華民國〇年〇月〇日　　立

使會質契程式

立質契人〇〇〇，因不便，今將自己村〇地一段〇畝，東至〇〇，西至〇〇，南至〇〇，北至〇〇，四至分明。由中人〇〇〇説合，出質于合會人等名下。言明質價大洋〇元〇角〇分。恐後無憑，立質契爲証。

立質契人〇〇〇押

中　　人〇〇〇押

中華民國〇年〇月〇日　　　　立

四、摇会储蓄的会员对于摇会的意见

下面所述的优劣点，系找许多的会员询问得来。兹把他们的意见，述之于下。

1. 摇会储蓄的优点

（1）乡人急难，可以相帮。如张君因资本不充，秦君贫穷皆是。（2）按期抽拔，周转较易。如会首与使会会员等，起首收入大宗款项，以后每月还 4 000 文。（3）养成储蓄的习惯。如每年交 3 次，至会结束的时候，可得大宗款项。（4）免因偿微债或发生意外之事而破产。如仝君请会还债。（5）可以联络感情。如在摇会的时候，设席聚餐，大家畅谈。（6）养成互助的精神。如会员张君缺乏资本，大家均愿摇会出资补助，使他得以经商。（7）有保人负责，以及使会会员立质契为抵押，不致发生短款之虑。

2. 摇会储蓄的劣点

（1）会员中途不能按期缴款；（2）使会后，会员携款潜逃；（3）摇会时，须设席，所用之款，由会首 1 人担任或由会员分摊，殊不经济；（4）会期太长，易遭变故，如死亡或由富变贫；（5）范围不大；（6）借会生利，致富者愈富，贫者愈贫。

五、摇会储蓄之流行

曾调查 3 个农村内摇会的普遍情形。甲村共有 16 岁以上之成年男子 686 人。村内共有 13 个摇会。其中坐会 3 个，入会的人数共 90 人；坐乾会有 1 个，入会人数共 20 人；走会有 9 个，入会人数共 344 人。乙村共有 568 个成年男子。村内共有 8 个摇会。坐会有 3 个，入会人数共 100 人；走会有 5 个，入会的人数共 195 人。丙村有 396 个成年男子。村内共有 6 个摇会。坐会有 1 个，入会人数共有 50 人；走会有 4 个，入会人数共有 149 人；乾会有 1 个，入会人数共有 145 人。

据多数摇会储蓄的会首说，本乡区摇会储蓄的人，都是农人，而且是一家之长。一个人亦有时同时在两个摇会，至于妇女们少有加入摇会的。

有的村庄摇会显然的不发达，其原因据本地人的意见约有三种：

（1）因一村之户数少，并分党派。有人虽欲组织摇会，但以派别不同，终归失败。

（2）会首在立会之前二三年，都是热心招待会员。以后就渐渐冷淡，所设的筵席亦随之粗恶。所以摇会之举，就难以召集。

（3）会员在中途因事出外，不能按期缴款，会首与保人，亦不代偿，致摇会消灭。

从上述各项看来，摇会储蓄的组织是由于乡村中没有相当的金融机关。所以一般的农人借此作为经济上的调剂，并可表现出他们一种合作的精神。从社会的关系讲来，他们是一种人情的观念，不一定是为获利，例如甲村张某因为缺乏经商的资本，托亲朋代他凑一个会，大家都来帮他，使他得以经商。再从他们摇会的方法看来，是用投标的手续，以决定谁先谁后使会。归还的方法，是分期摊还。

第三节　典当田地

农人往往因为缺钱，借贷的利息又高，遂将自有田地当出，较为合算。田地当出以后，地主即无耕种权利。在典当期限以内，田地由典入者负完全责任。

在民国十七年内会在 6 村调查了 46 个典当田地的农家。26 家共当出田地 946 亩，平均每家当出约 6 亩。据本地人之估计，村中七分之一人家是典当田地的。所得当价约等于所当田谷之半而弱，例如有田地 5 亩价值 400 元，可得当价 150～200 元。

调查之46家中，典当的期限以5年为满者仅有1家，其余皆以3年为满期。按照普通情形，水浇园地多以5年为满，旱地多以3年为满。

64家典当田地的原因，约分6项。由于家中生活费不足者占41.9%，还旧债者占19.4%，办丧事者占16.61%，办婚事者占12.9%，由于经商亏本者占6.5%，由于助子弟入学者占3.2%。

若要出当田地须有中人说合，立一契约为凭，交与典入者保存。兹将一种当地文契格式列下：

> 立當契人〇〇〇因乏用，今將自己〇村園地一段〇畝，東至〇〇，西至〇〇，南至〇〇，北至〇〇，四至分明。今憑中人説合，出當於〇〇〇名下。每畝言明當價大洋〇〇元整。五年為滿。在五年之内不許有轉當及贖出加價等事。恐口無憑，立字爲証。
>
> 每畝錢糧〇〇
>
> 中　人〇〇〇説合
>
> 代筆人〇〇〇
>
> 中華民國〇年〇月〇日　　立

第十六章　灾　荒

一地的灾荒，与一地的社会上和经济上，有很大的关系，故有研究它的价值。定县的灾荒，可以分为两部分来说：一部分是关于历代的，一部分是关于民国以来的。历代的灾荒，现在所引为根据的，就是定州雍正志、道光志和定州新志稿三书。至于各项记载的确实程度如何，实在不易断定，只能按照字面引用。从晋武帝太康五年甲辰（西元 284 年，民国纪元前 1628 年）记载最早一次的那年起，到清德宗光绪二十六年庚子（西元 1900 年，民国纪元前 12 年）记载最末一次的那年止，在这 1617 年里面，它的成灾，有记载可考的，凡 100 次，平均每 16 年有灾一次。其中以水灾的次数为最多，计 25 次，占各种灾荒总次数 25%。旱灾次之，计 24 次，占各种灾荒总次数 24%。霜灾、风灾、塔灾为最少，各仅有 2 次，各占各种灾荒总次数 2%。这历代 100 次灾荒的分配，见表 16－1。

表 16－1　　定县 100 次灾荒的分配

灾别	次数	百分比	灾别	次数	百分比
水灾	25	25	病疫	5	5
旱灾	24	24	霜灾	2	2
虫灾	14	14	风灾	2	2
地震	14	14	塔灾	2	2
雹灾	12	12	总合	100	100

至于民国以来的灾荒，现在根据定县县政府所呈报省道的文件中，和各区巡官各区村长佐所禀报县长的各种文件中整理出来，从民国四年起至民国十五年止，在这12年中，共受过各种大小的灾害26次，平均每年有灾2次。其中以水灾和虫灾的次数为最多，各计7次，各占各种灾荒总次数27%。雹灾次之，计5次，占各种灾荒总次数19%。霜灾为最少，仅有1次，占各种灾荒总次数4%。这26次灾荒的分配见表16-2。

表16-2　定县26次灾荒的分配

灾别	次数	百分比
水灾	7	27.0
虫灾	7	27.0
雹灾	5	19.0
旱灾	3	11.5
病疫	3	11.5
霜灾	1	4.0
总合	26	100.0

第一节　水　灾

一、历代的水灾

在定州雍正志、道光志和定州新志稿，关于历代水灾的记载，有25次。最早的一次，在北魏肃宗正光二年辛丑（西元521年，民国纪元前1391年）最后的一次，在清德宗光绪五年己卯（西元1879年，民国纪元前33年）。现在按照年代的先后，顺次转录出来，以供参考。

（1）北魏肃宗正光二年辛丑（西元521年，民国纪元前1391年），定州大水。

（2）齐后主武平六年乙未（西元575年，民国纪元前1337年），定州大水。

（3）宋仁宗庆历八年戊子（西元1048年，民国纪元前864年），定州大水，饥。知州韩琦设方略赈之，诏书褒美。

（4）宋仁宗皇祐二年庚寅（定州道光志作辛卯，有误。西元 1050 年，民国纪元前 862 年），七月，定州大水，坏庐舍。

（5）明成祖永乐五年丁亥（西元 1407 年，民国纪元前 505 年），定州大水，诏蠲粮刍（黄志）。

（6）明世宗嘉靖三十二年癸丑（西元 1553 年，民国纪元前 359 年），秋，大水。时以树皮充饥，斗粟三钱，民有相食者。七月，大水。淹禾稼，多鬻男女。

（7）明世宗嘉靖三十五年丙辰（西元 1556 年，民国纪元前 356 年），六月，大水。渰稼圮屋，木叶尽脱。

（8）明神宗万历二十五年丁酉（西元 1597 年，民国纪元前 315 年），八月，水暴涨。时十六日，滱水无风溢数尺，良久乃退。或谓因地震，而民居如故。

（9）明神宗万历三十五年丁未（西元 1607 年，民国纪元前 305 年）夏六月，大水。

（10）清世祖顺治二年乙酉（西元 1645 年，民国纪元前 267 年），七月，大水。

（11）清世祖顺治十年癸巳，至十三年丙申（西元 1653—1656 年，民国纪元前 259—前 256 年），俱大水。

（12）清圣祖康熙二十四年乙丑（西元 1685 年，民国纪元前 227 年），秋，大水，成灾。

（13）清圣祖康熙三十二年癸酉（西元 1693 年，民国纪元前 219 年），春夏积雨，二麦腐烂。

（14）清圣祖康熙三十五年丙子（西元 1696 年，民国纪元前 216 年）大雨霖。秋八月，大雨八昼夜，伤稼。

（15）清圣祖康熙三十六年丁丑（西元 1697 年，民国纪元前 215 年），六月，大雨，伤禾稼。

（16）清世宗雍正元年癸卯（西元 1723 年，民国纪元前 189 年），三月久雨，七月大雨，坍塌房屋甚多。

（17）清世宗雍正二年甲辰（西元 1724 年，民国纪元前 188 年），六月，唐河水溢。秋涝报灾，蒙皇恩蠲赈并施。

（18）清高宗乾隆四十年乙未（西元 1775 年，民国纪元前 137 年），大水。

平地流四十日不竭。

（19）清高宗乾隆五十九年甲寅（西元1794年，民国纪元前118年），大水，饥。

（20）清仁宗嘉庆六年辛酉（西元1801年，民国纪元前111年），大水，恩诏放赈。是岁大水成灾，放赈用米共折银9863两6钱1分9厘。

（21）清仁宗嘉庆十三年戊辰（西元1808年，民国纪元前104年），大水。

（22）清宣宗道光二年壬午（西元1822年，民国纪元前90年），夏六月，大雨霖，河水溢，恩诏放赈。是岁大水民饥，发赈米3 489石1斗7升4合，赈银2 095两8钱2分8厘。

（23）清宣宗道光二年癸未（西元1823年，民国纪元前89年），夏六月，大雨霖，河水溢，恩诏放赈。是岁大水民饥，发赈米2 814石6升1合，赈银1 542两5钱9分6厘。

（24）清穆宗同治六年丁卯（西元1867年，民国纪元前45年），秋七月，霖雨七日夜，禾头生耳。

（25）清德宗光绪五年己卯（西元1879年，民国纪元前33年），大水。

二、民国六年的水灾

1. 全县

民国六年六月到七月间，连日霪雨，定县较大的唐、沙两河和其他小流暴涨，因为河底淤塞，水势湍急，不能畅流，就于六月初九日那天，河堤在各村决口，泛滥成灾了。近河的村庄、房屋都被水冲坏倒塌，高洼地亩也都被水淹没变成沙滩。全县462个村子，成灾的有302村，歉收的有33村，灾歉共计335村，占全县总村数73%。其中以唐河和沙河堤岸决口成灾的村子为最多。

灾情最重的，是成灾十分和九分，计197村，都在东北一带。最轻的是歉收三分，也有24村。

被灾的地亩，成灾的计额内外并改归粮地5 596顷15亩，存退庄头另案三项旗租地50顷86亩。歉收四分的计额内外并改归粮地187顷13亩，庄头租地4亩。两项共计额内外并改归粮地5 783顷28亩，存退庄头另案三项旗租地50顷90亩。

因受这次水灾冲坏倒塌房屋 35 089 间，人口被水冲没淹死的，和房屋倒塌压死的，计 52 人，受伤的计 34 人。牲畜损失牛马驴骡共计 82 头。还有盖房屋的木料和河旁的树木，被水冲去，为数也很不少。

全县灾民，极贫的 46 191 人，次贫的 53 277 人，共计 99 468 人。由县知事集合士绅，议决呈准在义仓谷价存款项下提拨十足钱 4 500 千文（按照民国六年平均兑换率 1 207.4 折合洋 3 727.167 元），散放急赈。极贫大的每人赈济十足大钱 100 文（折合洋 0.083 元），小的每人赈济十足大钱 50 文（折合洋 0.041 元）。次贫大的每人赈济十足大钱 70 文（折合洋 0.058 元），小的每人赈济十足大钱 40 文（折合洋 0.033 元）。除第五区辛庄、达子庄 20 户，因生活难以维持，逃到晋省谋食，应赈济十足大钱 9 900 文（折合洋 8.199 元）没有散放外，共放赈款十足大钱 6 859 430 文（折合洋 5 681.158 元），不符的数目，另在自治事务所内，设立定县水灾募捐处，印刷捐启，分头劝募，在已收账款内拨助。这散放急赈，就是当时救济的一种方法。

此外还在大王耨、钮店、奇连屯、燕三路 4 个村子，设立 4 个粥厂。由这 4 个村子的村长佐，各举公正富绅 5 人，经理粥厂内一切的事务。自民国六年十一月起，到七年三月止，共散放 4 个月。在这个时期，每个粥厂规定散放 120 人。每天煮粥 4 斗散放。米粮以北仓所余陈谷斛斗 112 石，平均分配，每粥厂得 25 石 5 斗，并另筹新谷补助。每天所用薪柴费，约需洋 4 洋，由各经理人按日计算具领，凡有确系孤贫老弱无力谋食的灾民，由粥厂发给京折一扣，一天 12 点钟，持折到厂领食，粥厂按照京折号数，顺次各给规定的碗两碗，即于京折上盖食讫戳记，以示区别。至于到粥厂领食的人，不许争先恐后，或携带出外喂养牲畜。

又被灾地亩，由知事呈报省道，经道尹委望都县知事复勘以后，灾地应征钱粮，照《灾歉条例》第七条，自十二月二十一日勘报之日起，停止征收。计成灾十分的，蠲免十分之七。成灾九分的，蠲免十分之六。成灾八分的，蠲免十分之四。成灾七分的，蠲免十分之二。成灾六分和五分的，均蠲免十分之一。蠲余应缓至次年秋役分作二年带征。歉收四分的，应缓至次年秋后起征。歉收三分和勘不成灾的，粮租照常完纳，分别减免亩捐差徭，以纾民力。

2. 东亭乡村社会区

东亭乡村社会区，这次被水成灾计 41 村，占全社会区所有村数 66%，占这次被灾总村数 12%。被灾地亩计额内外并改归粮地 635 顷 34 亩，庄头租地 7 亩，共计 635 顷 41 亩，占全被灾地亩数（5 834 顷 18 亩）11%。

全区灾民，极贫的计 7 321 人，内有大的 4 619 人，小的 2 702 人。次贫的计 7 875 人，内有大的 4 984 人，小的 2 891 人。共计 15 196 人。

人口被水冲没和被房屋倒塌压毙的，计 5 人，损伤 20 人。牛马骡驴损失 54 头。房屋被冲塌 4 263 间。

灾民的救济和被灾地亩应征粮银的蠲缓，均已在上文叙述，兹从略。

三、民国七年水灾的救济和河堤的修筑

定县自民国六年水灾以后，民食昂贵，贫民不能维持目前生活，于是有平粜局和灾民留养所的组织。

平粜局在城内社会教育办事处设立总局一处，董事 10 人。又在县境六区各设分局一处，董事 4 人，由各区自治董事担任分局内一切的事务。董事都是义务职，不支薪水和车马费，记账、搬运、排合（又名抱斗，即持斗量粟人）等事，临时雇用。其距分局较远来往不便的村庄，由富绅联合数村，领粮代办，不支办公费。平粜的米粮，以小米和高粱为主，其他适合贫民的杂粮，也可附带出粜。各种粮价，由商会和总局董事照原价和境外运输议定，由县公署公布。其他捐耗和局用，均在义仓谷价项下支销，不加入粮价，也没有掺加秕糠浮收粮价的弊病，出入米粮，均用本县通行的官斗。排斗雇用行伙，不得有洒合（量粟时由斗中洒出之粮即归抱斗人所有）与要斗钱的弊病。购米的人，合下列条件之一者，由局查明发给证券。(1) 实系极贫和次贫者。(2) 有地不及 10 亩，而家口在 5 口以上者。(3) 营小本负贩者。(4) 并无地亩全恃人力工作者。凭证每天到局交价购米，但不能超过下面规定的数目：(1) 大的每天小米 2 合；(2) 小的每天小米 1 合；(3) 其他杂粮照此比例。如有不能亲自到局购买，也得将钱和证券交托殷实的人，代为购买，一次不得过 10 日之量。平粜局每月的支出，总局不能超过制钱 60 千文（照民国七年平均兑换率 1 376.4 折合洋 43.592 元），分局不能超过制钱 40 千文（合洋 29.061 元）。于每届下月初，呈报县公署核销。领运米粮车辆，由各警区所辖村序，轮流尽义务。看道路的远近，酌给车夫食宿费用，但喂养牲畜，仍由车主担负，以节省脚费。

又在县城的城隍庙设立定县灾民留养所，收容老弱残废不能自食的灾民120人，六区各选20人。每天供食两餐，被褥自备，有实在不能自备的，得由公家补助。自民国七年一月二十日（旧历十二月初八日）开办，至五月十七日（旧历四月初八日）止，以四个月为限，期满即行解散。灾民留养所内的经费，由村捐及募捐并仓房修缮费项下开支，不足另请款补助。

上面所说的，是治标的办法，至于治本的办法，有兴修沙河南北两堤岸的工程和保护河堤的方法。

沙河岸堤估计需五尺土方77 013方。北岸需五尺土方58 394方，每方以银元一角计算，需洋5 839.400元。由保定基督教水灾赈济会捐助银元6 000元，担任修理。南岸需五尺土方18 619方，需洋1 861.900元，由县知事筹拨银元2 000元，担任修理。自六月十一日（阴历五月初三日）开工，以20日完工。设办公处二所于河北怀德村和邵村。督工事项，归公理会负责。管理事项，归县知事负责。包工的字据，分合同谕约二种。北岸用合同，南岸用谕约。并定保护的办法八条。大意就是下面几点：(1) 距内外堤底三尺以内临河各村村正副，应负监督之责。禁止农民耕种，以防土松，易于冲刷。(2) 在本村修筑堤段，筹款多栽杨柳枝株，务使成材，以备堤工岁修需用。(3) 各堤上柴草，禁止刨取。(4) 堤身一有鼠洞獾窝及雨水冲刷处，应随时巡查修理。(5) 新栽枝木和布种柳条，成材后由村正副变卖存储，为历年保护堤工经费。

四、民国八年的水灾

本年八月十四、十五两天，唐河的水由上流暴发。疙瘩头和东坂村，都和唐河毗连，又很低洼，被水冲刷，成灾十分。这两村被灾的地亩，疙瘩头计2顷56亩，东坂村计1顷35亩，共计3顷61亩。由知事将灾情呈报省道，经道尹委望都县知事复勘后，照《灾歉条例》将本年应征粮银蠲免十分之七。

五、民国十一年的水灾

本年被水成灾的村庄，有西张谦、东坂两村，被灾地亩，计额内外并改归粮地33顷49亩，存退租地7亩，各成灾六分，秋禾收成，都不很好。由县知事呈报，经道尹委新乐县复勘后，应征本年粮银，照章蠲免十分之一。蠲余应缓至次年秋后起分作二年带征，即于十二月二十九日勘定之日，停止完纳。

六、民国十二年的水灾

民国十二年八月三十日，风雨大作，以后又连天大雨，低洼的村庄，秋禾都被水淹没，成灾的 13 村，歉收的 27 村，共计 40 村。成灾的地亩，共计额内外并归改粮地 163 顷 6 亩，庄头租地 35 亩，均照《灾歉条例》本年应征粮银分别蠲免。成灾七分的 11 村，蠲免十分之二。成灾五分的 2 村，蠲免十分之一。蠲余均缓至次年秋后起分作二年带征。歉收三分的，照章征新缓旧。勘不成灾歉的，分别减免差徭亩捐，以示体恤。

七、民国十三年的水灾

1. 全县

十三年七八月间，连日大雨，临河的村庄和低洼的地亩，水势很大，先后成灾的有 89 村，歉收的有 44 村。灾情最重的是成灾八分。被灾地亩，成灾的计额内外并改归粮地 1 599 顷 21 亩，存退庄头租地 8 顷 24 亩。歉收的计额内外并改归粮地 574 顷 50 亩，存退庄头租地 1 顷 9 亩。后经道尹委曲阳县知事到定县复勘，照《灾歉条例》，将本年应征粮租分别蠲缓，即于十月十一日勘定之日停止完纳。成灾八分的，蠲免十分之四，成灾六分的，蠲免十分之一。蠲余缓至次年秋后起分作二年带征，歉收四分的照民国四五两年直省办理秋灾成案，应完全缓至次年秋后起征。

2. 东亭乡村社会区

东亭乡村社会区，被水成灾歉，计 7 村。占全社会区所有村数 11%，占被水成灾歉总村数（133 村）5%。被灾地亩计 124 顷 92 亩。

损害情形和本年粮银蠲缓，均在上文约略说过了，现在不必再说。

八、民国十四年的水灾

1. 全县

这一年因水灾损失的，凡 69 村，占全县所有村数（462 村）15%。被灾地亩，计额内外并改归粮地980顷35亩，存退庄头另案三项旗租地9顷73亩。灾情最重的，是成灾十分。后来都照《灾歉条例》将本年应征粮银，分别蠲缓。成灾十分的，蠲免十分之七。成灾九分的，蠲免十分之六。成灾八分的，蠲免十分之四。成灾七分的蠲免十分之二。成灾六分和五分的都蠲免十分之一。蠲余缓至次年秋后起分作二年带征。其已经将粮银长完的，都流抵次年应完正赋。

2. 东亭乡村社会区

东亭乡村社会区，这一次被灾的有6个村子，占全社会区所有村数（62村）10%，占这次全县被灾村数（69村）9%。被灾地亩，计额内外并改归粮地135顷51亩，占全县被灾之额内外并改归粮地亩（980顷35亩）14%，存退庄头租地50亩，占全县被灾存退庄头另案三项旗租地（9顷73亩）5%。其中成灾八分的，有鸡鸣台、马家庄二村，计额内外并改归粮地46顷31亩，庄头租地19亩。成灾七分的，有吴家庄、唐家庄、刘良庄、小辛庄四村，计额内外并改归粮地89顷20亩，存退庄头租地31亩。都照《灾歉条例》，将本年应征粮银，分别蠲缓。

九、民国十五年的水灾

这年因水成灾的计8村，仅占全县所有村数（462村）2%。被灾地亩，计额内外并改归粮地120顷7亩。内成灾八分的，有木佃一村，计额内外并改归粮地20顷49亩。本年应征粮银，照《灾歉条例》，蠲免十分之四。成灾六分的，有七级、北内堡、赵家庄、东车寄四村，计额内外并改归粮地56顷55亩，蠲免十分之一。成灾五分的，有南车寄、北车寄、中流三村，计额内外并改归粮地43顷3亩，也蠲免十分之一。所有各村已经长完粮银，都流抵次年应完正赋。

第二节　旱　灾

一、历代的旱灾

定县历代旱灾的记载，据定州雍正志、道光志和定州新志稿，最早的一次，是在魏世祖神䴥四年辛未（西元 431 年，民国纪元前 1481 年）。最后的一次，是在清德宗光绪三年丁丑（西元 1877 年，民国纪元前 35 年）。在这段时间里面，共计成灾 24 次。现在也依年代的先后，顺次转录于下：

（1）魏世祖神䴥四年辛未（西元 431 年，民国纪元前 1481 年），定州大饥。二月丁丑，行幸南宫，定州诏启仓廪以赈之。（《魏书・世祖本纪》）

（2）魏高祖太和七年癸亥（西元 483 年，民国纪元前 1429 年），定州饥。三月甲戌，以定、冀二州民饥，诏郡县为粥于路以食之，又弛关津之禁，任其去来。（《魏书・高帝纪》）时定州上言。活 94 万 7 000 余口。

（3）魏世宗永平三年庚寅（西元 510 年，民国纪元前 1402 年），定州大旱。

（4）后晋高祖天福三年戊戌（西元 938 年，民国纪元前 974 年），定州旱。

（5）后晋高祖天福八年癸卯（西元 943 年，民国纪元前 969 年），定州大饥。是岁春夏旱。

（6）元世祖至元二十七年庚寅（西元 1290 年，民国纪元前 622 年），三月，中山畋户饥，诏给六十日粮。

（7）元泰定帝泰定三年丙寅（西元 1376 年，民国纪元前 586 年），中山路饥。

（8）明英宗正统六年辛酉（西元 1441 年，民国纪元前 471 年），三月，定州饥。畿内连年饥馑，转徙四方，遣大理寺少卿李奎抚恤之，至是民乃复业。（黄志）

（9）明世宗嘉靖三十二年癸丑（西元 1553 年，民国纪元前 359 年），春夏荒歉。

（10）明世宗嘉靖四十年辛酉（西元 1561 年，民国纪元前 351 年），旱，大饥。

（11）明神宗万历十四年丙戌（西元 1586 年，民国纪元前 326 年），旱。蠲甲赋十之三。

（12）明怀宗崇祯十一年戊寅（西元 1638 年，民国纪元前 274 年），定州饥。

（13）明怀宗崇祯十三年庚辰（西元 1640 年，民国纪元前 272 年），风霾亢旱，煮粥赈饥。

（14）明怀宗崇祯十五年壬午（西元 1642 年，民国纪元前 270 年），大旱。

诏发帑金赈饥。

（15）清世祖顺治十一年甲午（西元 1654 年，民国纪元前 258 年），民饥。

（16）清圣祖康熙十八年己未（西元 1679 年，民国纪元前 233 年），春，大旱，民饥。

（17）清圣祖康熙二十四年乙丑（西元 1685 年，民国纪元前 227 年），春，大旱，是岁春旱秋涝，诏蠲粮三之一。

（18）清圣祖康熙二十八年己巳（西元 1689 年，民国纪元前 223 年），大旱。诏蠲下半年赋。又发米赈济，每人一日八石，（?）自十月起至次年四月止。

（19）清圣祖康熙二十九年庚午（西元 1690 年，民国纪元前 222 年），春，饥。诏蠲上半年赋。

（20）清圣祖康熙四十七年戊子（西元 1708 年，民国纪元前 204 年），自春及秋，大旱，五谷不实。

（21）清圣祖康熙五十年辛卯（西元 1711 年，民国纪元前 201 年），大旱。

（22）清仁宗嘉庆二十二年丁丑（西元 1817 年，民国纪元前 95 年），大旱。恩诏放赈。是岁大旱成灾，放赈用米共折银 16 590 两 8 钱 4 分。

（23）清穆宗同治九年庚午（西元 1870 年，民国纪元前 42 年），春夏旱。

（24）清德宗光绪三年丁丑（西元 1877 年，民国纪元前 35 年），大旱。赤地千里，饥人有相食者，饿殍满路。

二、民国九年的旱灾

1. 全县

这次旱灾的时间，在八月到十月（阴历七月上旬到九月上旬），中间相隔这么长的时间，农民的损失，自然很大。被灾的村庄，计 163 村，占全县村数 36%。被灾地亩，计额内外并改归粮地 2 742 顷 43 亩，又存退庄头另案三项租地 45 顷 59 亩。灾情最重的，在县城东北一带地方。

民国八年冬天，雨雪稀少，到九年春夏之交，又旱了许多天，农民播种，非常困难。幸亏靠着井泉的水，大麦小麦，还有秋收的希望。其他黍谷杂粮，已经播种在地的，也都很好。七月二十六到八月初，又下过几次雨，禾苗就格外茂盛。忽有许多飞蝗，从邻县飞进境内，停落禾际，虽然费了几十天工夫，日夜扑捕，把它肃清，禾苗损害，已经不小了，但是比较邻县，却又好得多呢。到新秋那二十多天，正值禾稼结实需要水分的时候，又旱了好多天，热又热得很厉害，农民天天只望下雨，好使禾稼有收成。而井泉里的水又很有限，那里受得起秋阳的曝晒呢。后来井水也渐渐地干枯，仅足供饮料和洗濯。在县城东北一带较高的田地，从前很茂盛的禾苗，现在也都槁枯。因此，米粮缺乏，价钱涌贵，农民每天所赚的钱，不够一天的温饱。天气又渐渐寒冷，饥寒交迫，叫苦连天。灾民有的集合搬到山西、奉天一带地方，以维持目前的生活。

被灾之 163 村中，成灾十分计 10 村，九分者计 8 村，八分者计 11 村，七分者计 23 村，六分者 32 村，五分者 29 村，歉收四分者计 44 村，三分者计 8 村。

贫户的数目，极贫 9 877 户，男大 19 120 人，小 6 642 人，女大 18 503 人，小 5 922 人，男女共计 50 187 人。次贫 7 998 户，男大 17 113 人，小 8 765 人，女大 16 051 人，小 7 584 人，男女共计 49 513 人。

知事因为定县受灾不小，召集士绅，商议救济办法。十一月十五日成立定县旱灾救济会。又写信给直隶义赈会，请求借贷款项，设立因利局。又筹款设立平粜局。又将被灾情形呈报省道，经道尹委望都县知事刘复勘，没有错误，准照《灾歉条例》蠲缓地亩粮银，就宣布十一月二十七日勘定之日，停止完纳。并且省长公署又拨洋 1 000 元，散发急赈。此外还有某慈善家散放棉衣 250 套，正定总教堂派员来定查灾施赈。顺直旱灾救济会二次派员散放麦种 98 石。基督教公理会散施麦种 40 石 7 斗 9 升 5 合。

2. 东亭乡村社会区

东亭乡村社会区，成灾歉的村庄，计 46 村，占全社会区村数的七分之五强，占全县被灾村庄的四分之一强。灾情以小洨河为最重，计成灾十分。歉收四分的为最多，有大羊平等 27 村。被灾地亩，共计额内外并改归粮地 911 顷 37 亩。其他损害的情形，救济的方法，均已在上面说了，现在不必再说。

三、民国十一年的旱灾

这次成灾的时期，是在四月中旬至六月上旬。大旱就是这次成灾的最大原因。这时正是播种的时候，需要雨水分外多，但是天又不下雨，除掉一小部分有井的园田外，其他没有井的田地，都不能好好地播种，错过时机，不能收获，所以这次农民的损失，真不小哩。灾情最重的，就要算县城东北一带地方了。

四、民国十四年的旱灾

四月中旬至六月底，就是这次成灾的时期。它的原因，就是正当播种的时候，天又大旱，不能下种一切情形，和民国十一年的那年情形一样。被灾的区域，也都在县城东和城北。从民国十一年旱灾以后，县公署和华洋义赈会合办凿井局，补助各村款项，提倡凿井。那时候，农民都不知觉悟，所以在民国十四年，又受旱灾了，到这时候，农民始知凿井的利益，也就互相提倡，普及全县。今日各处水井水车，都已通行，本会社会调查部曾在东亭乡村社会区 62 村调查井水，平均每村村内有井数 28.7，村外有井数 71.4，这就是因受旱灾几次的缘故。

第三节 雹 灾

一、历代的雹灾

定县历代雹灾的记载，最早的一次，是在晋武帝太康五年甲辰（西元 284 年，民国纪元前 1628 年），最末一次的记载，在清文宗咸丰八年戊午（西元 1858 年，民国纪元前 54 年），这 1 574 年中，共成灾 12 次。所根据的书籍，就是定州雍正志、道光志和定州新志稿，兹转录在下面：

(1) 晋武帝太康五年甲辰（西元 284 年，民国纪元前 1628 年），七月，中山雨雹，伤稼。甲辰又雨雹。

(2) 魏高祖承明元年丙辰（西元 476 年，民国纪元前 1436 年），定州大雨雹，杀人。大者方圆二尺。

(3) 唐高宗永淳元年壬午（西元 682 年，民国纪元前 1230 年），定州大雨雹，害麦及禾稼。

(4) 晋齐王开运二年己巳（西元 945 年，民国纪元前 967 年），夏五月，定州大风雹。北岳庙殿宇树木悉摧拔之。(旧五代史)

（5）宋真宗咸平元年戊戌（西元 998 年，民国纪元前 914 年），定州风雹。伤稼。

（6）元世祖至元五年戊辰（宋度宗咸淳四年，西元 1268 年，民国纪元前 644 年），夏六月，中山大雨雹。

（7）元泰定帝泰定三年丙寅（西元 1326 年，民国纪元前 586 年），夏六月，中山安喜县雨雹，伤稼。

（8）元泰定帝泰定四年丁卯（西元 1327 年，民国纪元前 585 年），六月，中山府雨雹。

（9）明神宗万历五年丁丑（西元 1577 年，民国纪元前 335 年），夏四月，大雨雹。大者如鸡卵。

（10）清圣祖康熙二十一年壬戌（西元 1682 年，民国纪元前 230 年），雨雹。诏蠲粮十之三。

（11）清世宗雍正三年乙巳（西元 1725 年，民国纪元前 187 年），正月十八日，大雨雹。

（12）清文宗咸丰八年戊午（西元 1858 年，民国纪元前 54 年），七月十九日，雨雹。大者如碗，屋瓦多碎，禾尽偃，大禾斯拔。

二、民国四年的雹灾

五月七日（阴历三月二十四日）下午，狂风骤起，雨雹交加，历时约有一小时。大定村自下午四时至五时，南留宿、东赵庄、西赵庄、位村、北高蓬、南高蓬、马村自下午六时至七时。砸毁各村麦禾。

东赵庄村东南地二十余顷，大小二麦砸伤十分之七。北高蓬村西南，南高蓬村西北，地二十余顷，大小二麦砸伤十分之六。西赵庄、三大定（东大定、中大定、西大定）微有损伤，不及十分之四。马村、南留宿、位村堪不成灾。

那时候，正当禾稼插种之际，秋收都可有望。县知事拟定体恤雹伤办法：将东赵庄应纳之差徭，减免十分之四。北高蓬、南高蓬减免十分之三。西赵庄、三大定减免十分之二。后经巡按使令道尹、委员会勘，经道尹饬委新乐县知事会勘以后，就照所拟的办法办理了。

三、民国六年的雹灾

1. 全县

这年既被水成灾，继又被雹，连次受灾，损失不小。灾歉村数共计 335 村，被灾地亩，共计 5 970 顷 45 亩。救济的办法和粮银的蠲缓，均同水灾，无容再述。

2. 东亭乡村社会区

东亭乡村社会区被水又被雹的村庄，计 41 村，被灾地亩，计 635 顷 41 亩。救济的办法和粮银的蠲缓，均同水灾，已在上文说了，兹从略。

四、民国七年的雹灾

这年七月八日（阴历六月初一日）午后，风雨交加，秋禾被雹，历时约一小时。形如鸡子、核桃，厚约五寸。被雹各村，报灾者 19 村。

第一区曹家庄受灾十分之八，纸房头受灾十分之七，八角廊、蓝家左受灾十分之六。第二区秋禾被雹砸毁十分之六者，花张蒙一村；砸毁十分之五者，寺张蒙、朱家庄、南陵头、南紫荆四村；砸毁十分之四者，南马家寨、南疙瘩头、南车奇、张蒙屯、阜头庄、北紫荆六村。共计 11 村。第六区沈家庄、东冯村、西冯村，棉花比秋禾栽种为多，棉花被雹区毁者大半，秋禾仅将叶子砸破，受伤较轻。已有耕毁，另行栽种者，亦有未曾耕毁者。后来由知事令各区巡官派警查明未经另行耕种各村，挨户劝令补种，以维民食。

五、民国十二年的雹灾

九月三十日风雨大作，杂以冰雹，大的如卵，小的如弹，历时约有三小时之久。灾歉村数，共计 40 村。被灾地亩，163 顷 41 亩。灾情最重的，为县城西南一带。

这年既被水灾，又被雹灾。后来经道尹委新乐县知事汤丙星复勘以后，本年应征粮银和水灾一并分别蠲缓。

六、民国十五年的雹灾

民国十五年的灾荒，也发生两次；一次是水灾，一次是雹灾。这次被雹成灾的村数、被灾地亩、灾情和蠲缓粮银办法，都和水灾相同。已在水灾里说了，兹不再说。

第四节　霜　灾

一、历代的霜灾

历代关于霜灾，曾经载在志籍上的，仅有两次。一次是在魏高宗和平四年癸卯（西元463年，民国纪元前1449年），一次是在清德宗光绪八年壬午（西元1882年，民国纪元前30年）。它的原文就是：

（1）定州道光志："魏高宗和平四年癸卯（西元463年，民国纪元前1449年），七月，定州賨霜杀禾，免民田租。"

（2）定州新志稿："清德宗光绪八年壬午（西元1882年，民国纪元前30年），八月十三日，霜，荞麦枯。"

二、民国十一年的霜灾

1. 全县

这年春夏亢旱，早禾播种数次，都因为雨水不足，没有成苗。直到旧历六月间，天才下雨，农民欢天喜地，大家都赶种晚禾，尤以荞麦占居多数。旧历八月初八日至十九日，这几天正当荞麦开花的时候，一到夜里，天气骤冷，连结严霜，继以大风，因此所种的荞麦，和其他的晚禾，都被风霜摧残，不能收获。后来经新乐县知事复勘，照《灾歉条例》第七条办理。所有被灾各村，本年应征粮银，分别蠲缓。亩捐差徭，一概免除。于十二月二十日勘定之日，停止完纳。

全县被灾的村子，共计99村。占全县所有村数（462村）21%。成灾六分的计40村，被灾地亩计额内外并改归粮地469顷86亩，存退庄头租地2顷51亩。成灾五分的计59村，被灾地亩计额内外并改归粮地895顷10亩，存退庄头租地2顷8亩。两项共计额内外并改归粮地1 364顷96亩，存退庄头租地4顷

59 亩。均蠲免十分之一，蠲余应缓至次年秋后起分作二年带征。

2. 东亭乡社会区

东亭乡村社会区，被灾村庄，共有 38 村，占全社会区所有村数（62 村）61%，占全被灾村数（99 村）38%。被灾地亩共计额内外并改归粮地 445 顷 43 亩，占全灾区额内外并改归粮地（1 364 顷 96 亩）33%。内成灾六分的 25 村，计额内外并改归粮地 289 顷 12 亩。成灾五分的，13 村，计额内外并改归粮地 156 顷 31 亩。本年应征粮银，均蠲免十分之一，蠲余缓至次年秋后起分作二年带征。

第五节　虫　灾

一、历代的虫灾

历代最早的一次虫灾，在唐文宗开成三年戊午（西元 838 年，民国纪元前 1074 年）。最后的一次，是在清德宗光绪十七年辛卯（西元 1891 年，民国纪元前 21 年）。在这 1053 年中，受过虫灾，有记载的，共 14 次。它的根据，也是定州雍正志、道光志和定州新志稿，现在转录出来：

（1）唐文宗开成三年戊午（西元 838 年，民国纪元前 1074 年），秋，定州蝗，草木皆尽。

（2）后晋高祖天福八年癸卯（西元 943 年，民国纪元前 969 年），是岁秋冬水蝗。

（3）元世祖至元二十九年壬辰（西元 1292 年，民国纪元前 620 年），五月，中山虫食桑叶，尽无蚕。

（4）明英宗正统十二年丁卯（西元 1447 年，民国纪元前 465 年），七月，定州蝗。

（5）明世宗嘉靖八年己丑（西元 1529 年，民国纪元前 383 年），大蝗。

（6）明世宗嘉靖三十九年庚申（西元 1560 年，民国纪元前 352 年），秋蝗，黑青见。

（7）明神宗万历十九年辛卯（西元 1591 年，民国纪元前 321 年），夏五月，蝗。所过禾无遗穗，城南尤甚。

（8）明神宗万历四十五年丁巳（西元 1617 年，民国纪元前 295 年），蝗灾。

（9）清世祖顺治三年丙戌（西元 1646 年，民国纪元前 266 年），七月初二日，蝗。

（10）清圣祖康熙四十四年乙酉（西元 1705 年，民国纪元前 207 年），夏，飞天蔽天，随扑灭。

（11）清仁宗嘉庆七年壬戌（西元 1802 年，民国纪元前 110 年），秋蝗。

（12）清宣宗道光五年乙酉（西元 1825 年，民国纪元前 87 年），秋七月，蝗。群飞蔽日，三日乃止。

（13）清文宗咸丰九年己未（西元 1859 年，民国纪元前 53 年），蝗伤禾稼。

（14）清德宗光绪十七年辛卯（西元 1891 年，民国纪元前 21 年），虫伤禾稼，有人面豆。

二、民国四年的虫灾

四年六月二十二日，县属北俱佑一带地方，发生蝻孽，被灾的有 18 村。即由知事督同警佐和长警，率领村民，勤加捕扑，费去三天的工夫，各村的蝻孽，也就一律灭尽，共捕获蝗 762 斤，每斤出钱十文收买，计钱 7 620 文，合洋 5.553 元（按照民国四年平均兑换率 1 372.2 折合）。又奖赏钱 4 810 文，合洋 3.498 元。两项共计捕蝗费洋 9.051 元。到了八月二日午后二时，邻近望都县，飞蝗遍野，势将南延。于是又派警赴县东北境各村，鸣锣召集民夫，协助捕扑。连日共捕得蝗虫 5 945 斤，因为越境的劳苦，加倍发价收买，计支钱 118 900 文，合洋 82 元。又民夫警役等八日饭食，支钱 16 000 文，合洋 11 元，统计协捕费洋 93 元。

三、民国五年的虫灾

这年阴历七月初三日，定县城南 70 里地的东内堡村，忽然发见蝗蝻，遍地蠢动，大的长二三分许，合村见之惊慌。第二天早晨，即召集村民 200 余人，捕打两日，没有完全绝灭。到初六日，请警查勘，又有警佐区官到村督同民夫数百人，竭力捕打，就告尽绝。此后就不再发现。县境其他各村，也未有蝗蝻发现。

四、民国七年的虫灾

民国七年，继续发生蝻孽的村子，就是东内堡村南的田地。经县长派吏协同那村村正副，督率民夫，仍照从前的办法竭力扑捕，又邀同七级、北内堡，不分畛域，也多派民夫，帮助扑捕，在三日之内，扑打净尽，余孽也搜挖无遗了。

五、民国八年的虫灾

民国八年，被蝗成灾，有 13 个村子。不过经被灾各村村正副，召集民夫，连日扑捕，不久均告肃清。并且将田亩一律耕犁，所遗子种，无从繁殖。因此这年灾情，不很重大呢。

六、民国九年的虫灾

1. 全县

这年定县发见蝗蝻的村子，有 100 多个。里面成灾的，计 64 村。各村村正副连日清晨召集许多民夫，排队执器痛扑。或于夜间燃薪列炬诱扑。因为蝗虫见火光，就会竞相飞扑火旁，歼灭自然也很容易，所得效果也都很大。捕蝗最适宜的时间，大半都在：(1) 每天清晨，蝗被露水沾濡时。(2) 日午，蝗虫交对时。(3) 向晚，蝗虫停落时。(4) 雨后，蝗虫不能飞时。捕蝗所用的器具，有下面几种：(1) 小铁锨；(2) 粪杈；(3) 三四尺长前头宽后头窄的软木板；(4) 下端带平面的木棍；(5) 木棍头里钉鞋底的；(6) 柳条一束；(7) 硬性的笤帚。

这 64 村共捕获蝗虫 30 656.5 斤，出价收买，以资鼓励，每斤 50 文。半由各村村正副自行筹款支付，半由地方公款提拨。

这年定县警察所支出捕蝗川资和奖金，计洋 121.500 元，又大钱 49 990 文（照民国九年平均兑换率 1 460.5 折合洋 34.228 元）。共支捕蝗费用洋 155.728 元。

2. 东亭乡村社会区

东亭乡村社会区，被蝗的村子，计 29 村，占全社会区所有村数 47%，占被蝗全村数45%。

这29村，共捕获蝗虫10 522斤，捕获最多的一个村子，为1 257.5斤。

七、民国十年的虫灾

民国十年七月中旬至月底，为这年发生蝗虫的时期。被灾的区域，以县城东南为最重。禾本庄稼的损失，以谷子、黍、稷、高粱为最多。救济的方法，就是集合许多村民，手持鞋底板子等物扑捕。也有掘一条长沟，手持长竿或扫帚从田地中逐之入沟，然后用土掩埋。又犁翻田土，认真搜挖虫孽，杜绝根株。因为当时多系幼虫，未曾长大，所以捕扑没有多时，也就肃清，不再发见了。

八、民国十一年的虫灾

这年未曾有蝻蝗发生，不过县境西北有6个村子，曾经发生夜盗虫。这种虫也叫做粘虫。始食稻叶，继食稻穗。因捕搜勤力的缘故，灾情很轻。都是成灾六分。被灾地亩，计额内外并改归粮地138顷58亩，存退租地1亩。本年应征粮银，均蠲免十分之一，蠲余都缓至灾年秋后起分作二年带征。

第六节　防　疫

一、历代的病疫

定县关于历代病疫的记载，据定州雍正志、道光志和定州新志稿三书，最早的一次，是在明世宗嘉靖三十三年甲寅（西元1554年，民国纪元前358年），最后的一次，是在清德宗光绪二十一年乙未（西元1895年，民国纪元前17年）。在这341年中，发生过病疫有五次。兹照年代先后，顺次转录在下面：

（1）明世宗嘉靖三十三年甲寅（西元1554年，民国纪元前358年），春疫。是岁大疫，民死者甚众。

（2）明神宗万历九年辛巳（西元1581年，民国纪元前331年），春，疫。

（3）清宣宗道光元年辛巳（西元 1821 年，民国纪元前 91 年），夏六月，疫。

（4）清德宗光绪十一年乙酉（西元 1885 年，民国纪元前 27 年），秋，病霍乱内抽。

（5）清德宗光绪二十一年乙未（西元 1895 年，民国纪元前 17 年），秋，病霍乱内抽。

二、民国七年的防疫

这年京汉路一带地方，发生鼠疫。京汉路局在良乡、琉璃河、高碑店、保定、定州、正定、石家庄、高邑、顺德各车站，腾出民房栈房数十间，设立留验所，选派医员查验。凡有各站搭车客人，先到留验所留验四五天，果无疫症，才准买票登车。其他小站，都停止售票，留验的伙食由客人按日照给。其余由路局优为津贴。定县从接到省长通电，和美医盈亨利报告县西门外芦家庄，张石两姓因染疫害病和死亡的不少。就于二月一日下午，召集各学校、医院、警察所、模范事务所、劝学所、平粜局、灾民留养所、农会、商会、工程局、水灾募捐处等机关，在模范事务总所，开会讨论预防的方法。

一是设立定县防疫所和临时防疫警察队。在城内和车站设检验所各一处。芦家庄设隔离所一处。其他各区，设检验隔离所八处。一是遮断交通，堵截道路地点，计 47 处。一是散发治疫药品和药方。一是将防疫和卫生各要点，用白话布告各村，里面包括的几点，就是：（1）尸体当赶快掩埋。（2）街道和居住地方，当常常清洁。一切垢秽，当扫除干净。（3）厕所应用小灰石灰覆盖。每天至少打扫一次；粪秽应到空旷的地方掩埋。并且不许任意在各地方便溺。（4）种痘是预防天花最好的方法。所有幼孩，都当栽种，以防疾疫。（5）鱼肉等物，不新鲜的和变色臭味的，千万不可吃。（6）身体应当常常洗澡。（7）有传染病发生，就应当报告地方政府。

防疫所的组织，设所长 1 人，医士 6 人，总巡查 1 人，防疫警察 8 人。所有办事人员，除掉伙食、车费、油炭、笔墨、纸张和夫役工食防疫药品，由省长在防疫经费项下拨发以外，都是义务职，不支薪金。执行防疫的事务，均照大总统令和内务部令办理。

隔离所的组织，设主任医员和事务员各 1 人，男女看护和夫役若干人。是收容已染有百斯笃的家属，接近过病人的和检查疑有疫症的。所内有许多隔离室、病室、疑似病室。每间的距离，相隔很远。不论已病和没有病的，都分开居住，每室只一人。防备很严，不许走出室外，或和他人相见。每天由医员诊视一次。出入和隔离人所用饮食器具，都经严重消毒。隔离的时间，都在星期。

防疫警察队的组织，设监督、队长、副队长、总巡查、勤务监督、书记各 1 人，巡长 8 人，巡警 80 人。随时巡查、报告，并负有医疗防堵疫症事务。

防疫的费用，防疫所支出洋 2 777.617 元，防疫警察队支出洋 1 452.480 元，共计支出洋 4 230.097 元。

三、民国八年的防疫

定县城内东西南北四街和五六个村子，在这一年内染疫死的男 260 人，女 186 人，共计 446 人。

预防的方法，在城内设立临时检疫所，配制各种防疫药粉和药水，并标明症状和用法，分发村民染疫服用。又在各警区及派出所，暂附设检疫分所，由各区警官选干警若干人，编为检疫队，每天携带总所配制的药粉药水，到各村调查疫死住户姓氏、人数和日期。并负施行治疗、预防、督促各村街道住宅寺院之清洁和消毒的方法。又有县公署配制药料分送，计大钱 40 100 文，约合洋 17 元；由知事认捐洋 10 元，余在地方款内筹拨。

四、民国九年的防疫

定县据各警区报告，这年有好几个村子，发现霍乱病症。病重的，也会因此致于死命。县署配制药品，写明服法，分发警察所、卫生局、六区巡官散放。并且叫各区严重防范，随时检查报告。将方药广为传布，以保重民命。

第七节　其他灾害

定县历代灾荒的记载，除上面所说的水、旱、雹、霜、虫、疫以外，据定州雍正志、道光志和定州新志稿三书，还有地震、风灾、塔灾数种。现在分述于下。

一、历代的地震

定县历代地震的记载，最早一次，在汉殇帝延平元年丙午（西元 106 年，民国纪元前 1806 年），最后一次，在清德宗光绪八年壬午（西元 1882 年，民国纪元前 30 年）。在这 1776 年中，有过记载 14 次。

（1）汉殇帝延平元年丙午（西元 106 年，民国纪元前 1806 年），恒山崩。

（2）魏世宗景明四年癸未（西元 503 年，民国纪元前 1409 年），冬十有一月，恒山崩。

（3）魏世宗永平四年辛卯（西元 511 年，民国纪元前 1401 年），定州地震，殷殷有声。

（4）唐代宗大历十一年丙辰（西元 776 年，民国纪元前 1136 年），定州地震。冬无雪。

（5）唐代宗大历十二年丁巳（西元 777 年，民国纪元前 1135 年），定州地大震三日。

（6）宋仁宗景祐四年丁丑（西元 1037 年，民国纪元前 875 年），定州地震。

（7）明神宗万历九年辛巳（西元 1581 年，民国纪元前 331 年），夏四月，地震。(黄志)

（8）明熹宗天启三年癸亥（西元 1623 年，民国纪元前 289 年），十月，地震。

（9）明熹宗天启七年丁卯（西元 1627 年，民国纪元前 285 年），秋八月，地震。

（10）清圣祖康熙十八年己未（西元 1679 年，民国纪前 233 年），秋，地震。摇伤料敌塔。

（11）清圣祖康熙三十六年丁丑（西元 1697 年，民国纪元前 215 年），地震。

（12）清圣祖康熙五十九年庚子（西元 1720 年，民国纪元前 192 年），六月，地震。料敌塔顶摇坠。

（13）清宣宗道光九年己丑（西元 1829 年，民国纪元前 83 年），地震。

（14）清德宗光绪八年壬午（西元 1882 年，民国纪元前 30 年），九月，地震。

二、历代的风灾

历代风灾的记载，有下面二次，载于定州道光志，原文是：

（1）清世宗雍正元年癸卯（西元 1723 年，民国纪元前 189 年），四月初七日，风霾。

（2）清仁宗嘉庆二十三年戊寅（西元 1818 年，民国纪元前 94 年）。夏四月，大风霾。

三、历代的塔灾

开元寺塔，就是现在人所说的料敌塔。定县村民，每逢佳节，都要相率登高眺望，忽有人诈言州守封锁塔门，因此互相拥挤，压毙人数不少。定州道光志关于这件事情的记载，曾经有过二次：一在明朝，一在清朝。现在将原文转录在下面：

（1）明穆宗隆庆二年戊辰（西元 1568 年，民国纪元前 344 年），春正月，开元寺塔毙二百余人。定俗过节登塔，正月十六日，群往登眺，忽有人诈言州守且至，游众惊迫，互相拥挤，压死者二百三十有七。（黄志）

（2）清高宗乾隆三十八年癸巳（西元 1773 年，民国纪元前 139 年），夏五月，开元寺塔毙三百余人。五月五日，村民登塔眺望者甚众。忽讹传州牧封锁塔门，游人惊恐，拥挤而下，压死者三百余。

四、附历代的雷雪和大有年

历代的雷、雪和大有年，虽然不是一种灾荒，但是与我们也有一点关系，所以把它附在这里，以供参考。

1. 历代的雷

历代关于雷的记载，有五次：

（1）明世宗嘉靖四十一年壬戌（西元 1562 年，民国纪元前 350 年），春正月，雷。晴空震声如雷，起东北，止西南。是年大稔。斗米钱 25 文，斗豆钱 7 文。

(2) 明神宗万历五年丁丑（西元1577年，民国纪元前335年），石佛寺雷震龙起。

(3) 清圣祖康熙五年丙午（西元1666年，民国纪元前246年），三月，雷烘料敌塔上。

(4) 清文宗咸丰六年丙辰（西元1856年，民国纪元前56年），四月十二日夜，雷雨作，贡院后楼焚。

(5) 清德宗光绪二十六年庚子（西元1900年，民国纪元前12年），五月辰后，天东北隅，无云而雷者三。

2. 历代的雪

历代关于雪的记载，有二次：

(1) 清圣祖康熙五十二年癸巳（西元1713年，民国纪元前199年），四月，雪。

(2) 清仁宗嘉庆二十四年己卯（西元1819年，民国纪元前93年），冬十有二月，大雨雪。平地雪深三尺。

3. 历代的大有年

关于历代大有年的记载，有下面六次：

(1) 宋仁宗皇祐三年辛卯（县志作壬辰，西元1051年，民国纪元前861年），定州大有年。

(2) 明世宗嘉靖二十二年癸卯（西元1543年，民国纪元前369年），大有年。

(3) 清圣祖康熙二十九年庚午（西元1690年，民国纪元前222年），大有年。是年斗米银三分，杂粮一分五厘。

(4) 清世宗雍正七年己酉（西元1729年，民国纪元前183年），大有年。

(5) 清仁宗嘉庆二十年乙亥（西元1815年，民国纪元前97年），大有年。

(6) 清文宗咸丰六年丙辰（西元1856年，民国纪元前56年），秋，大有年。

第十七章　兵　灾

中华平民教育促进会在实验区工作期间，定县遭遇兵灾两次。一次在民国十六年十月奉晋开战，定县首当其冲，败兵抢掠，损失颇大；一次在十七年五月有国民革命军第三集团与安国军之战，农村又遭劫掠。全县各村损失，不能一一调查，只能有机会详细调查当时实验区内之 62 村。兹将两次损失分别叙述。

第一节　民国十六年 62 村之兵灾

农家适值秋收之后受败退军队直接之掠夺。此次 62 村损失总数约计 20 160 元，平均每村损失 325 元。62 村共有家数 10 445 家，平均每家损失约 2 元。62 村内只有 42 村被兵丁掠夺，若只以受害村数计算，平均每村损失 480 元，平均每家损失 2.6 元。

损失最多者为一 160 家之村，共计 4 400 元，平均每家损失 27.5 元之多。其次为一 362 家之大村，共计损失 1 625 元，平均每家 4.5 元。全村损失超过 1 000 元者有 5 村，500 至 1 000 元者计 8 村，100 元至 500 元者计 20 村，不满 100 元者计 9 村。各村损失总数及其平均每家损失详情见表 17 - 1。

表 17－1　　民国十六年 62 村* 每村因兵丁掠夺所受之损失

各村损失多少次序	全村家数	损失（元）		各村损失多少次序	仝村家数	损失（元）	
		总数	平均每家			总数	平均每家
1	160	4 400	27.5	27	192	150	0.8
2	362	1 625	4.5	28	55	150	2.7
3	328	1 310	4.0	29	458	125	0.3
4	276	1 230	4.5	30	166	125	0.7
5	156	1 025	6.6	31	120	125	1.0
6	284	1 000	3.5	32	374	115	0.3
7	98	975	9.9	33	67	100	1.5
8	110	725	6.6	34	172	75	0.4
9	92	625	6.8	35	30	30	1.0
10	182	625	3.4	36	276	25	0.1
11	348	600	1.7	37	43	25	0.6
12	97	580	6.0	38	51	25	0.5
13	185	570	3.1	39	29	25	0.9
14	303	450	1.5	40	19	25	1.3
15	326	450	1.4	41	132	20	0.2
16	56	375	6.7	42	61	20	0.3
17	270	375	1.4	42 村	7 674	20 160	2.6
18	180	300	1.7				
19	210	280	1.3				
20	28	275	9.8	被掠 42 村平均每村	…	480	…
21	190	250	1.3				
22	292	230	0.8	62 村	10 445	…	1.9
23	82	225	2.7				
24	293	175	0.6				
25	301	175	0.6	62 村平均	…	325.2	…
26	220	150	0.7				

* 内有 20 村未被掠夺。

第二节　民国十七年 62 村因内战所受之损失

此次不但详细调查每村各家被兵丁劫掠所受之直接损失，并且也询问村长佐本年内因军事所征收之各项款数，如田赋中附征的“讨赤”善后特捐与战役抚恤特捐，索要夫役、大车、牲畜、米面草料，随时强迫捐款，及各种支应兵差用费。因此分每村因内战所受之一切损失为两大类即征收与掠夺。征收为县政府或其他机关以和平之强迫手段向各村索取之现款或物品，充作军事用途。掠夺为战时军队过境或兵丁败退时，私入民宅，抢取之财物。

本年在62村征收总数达71 733元，平均每村征收合1 157元，平均每家合6.9元；掠夺总数达39 862元，平均每村约合643元，平均每家合3.8元。62村因内战所受损失总数约为111 596元，平均每村损失约为1 800元，平均每家损失为10.7元。两项损失总数最重之村达5 885元，内有征收2 300元，掠夺3 585元，该村平均每家损失合15.7元。其次某村之损失为5 640元，内有征收1 300元，掠夺4 340元，平均每家损失合35.7元。全村损失总数在3 000元以上者有11村，2 000至2 999元者有8村，1 000至1 999元者有21村，500至999元者有17村，不满500元者有5村。某村平均每家损失达55.7元之多，平均每家损失最低之村合3.1元。关于每村征收、掠夺、损失总数及平均每家损失等详细情形见表17－2。

表17－2　民国十七年62村每村因内战所受之损失

各村损失多少次序	损失（元）			
	征收	掠夺	总数	平均每家
1	2 300.00	3 585.00	5 885.00	15.7
2	1 300.00	4 340.00	5 640.00	35.7
3	1 200.00	3 810.00	5 010.00	31.3
4	2 060.00	2 375.00	4 435.00	16.1
5	3 640.00	680.00	4 320.00	9.4
6	1 680.00	2 436.00	4 116.00	12.6
7	3 950.00	…	3 950.00	10.9
8	1 700.00	2 063.63	3 763.63	13.6
9	1 035.00	2 200.00	3 235.00	39.5
10	3 200.00	…	3 200.00	10.6
11	950.00	2 239.00	3 189.00	18.5
12	2 500.00	…	2 500.00	7.8
13	1 100.00	1 283.92	2 383.92	18.1

续前表

各村损失多少次序	损失（元）			
	征收	掠夺	总数	平均每家
14	1 250.00	1100.00	2 350.00	12.7
15	2 296.00	…	2 296.00	7.0
16	1 100.00	1 140.00	2 240.00	23.0
17	1 360.00	820.00	2 180.00	11.5
18	897.00	1 176.00	2 073.00	7.1
19	1 494.00	578.00	2 072.00	12.5
20	1 300.00	630.00	1 930.00	10.5
21	1 900.00	…	1 900.00	5.5
22	900.00	910.00	1 810.00	10.3
23	1 800.00	…	1 800.00	6.3
24	1 366.00	427.00	1 793.00	9.9
25	1 260.00	525.00	1 785.00	9.9
26	1 600.00	135.00	1 735.00	5.9
27	1 320.00	390.00	1 710.00	8.6
28	1 700.00	…	1 700.00	6.1
29	1 700.00	…	1 700.00	6.3
30	600.00	823.00	1 423.00	14.5
31	1 010.00	412.50	1 422.50	7.9
32	359.30	1046.00	1 405.30	21.7
33	970.00	434.00	1 404.00	8.9
34	1 300.00	10.00	1 310.00	4.9
35	1 260.00	47.00	1 307.00	5.3
36	1 100.00	125.00	1 225.00	7.9
37	1 200.00	…	1 200.00	10.9
38	1 200.00	…	1 200.00	5.5
39	850.00	240.00	1 090.00	5.7
40	210.00	849.00	1 059.00	55.7
41	510.00	486.00	996.00	19.2
42	700.00	290.00	990.00	12.4
43	960.00	…	960.00	4.6
44	940.00	…	940.00	3.1
45	531.00	385.00	916.00	21.3

续前表

各村损失多少次序	损失（元）			
	征收	掠夺	总数	平均每家
46	520.00	362.73	882.73	18.4
47	400.00	470.43	870.43	17.1
48	840.00	…	840.00	7.1
49	780.00	…	780.00	8.5
50	370.00	395.00	765.00	13.7
51	700.00	…	700.00	6.7
52	300.00	310.00	610.00	21.8
53	550.00	…	550.00	10.0
54	543.00	…	543.00	8.9
55	370.00	167.00	537.00	8.0
56	500.00	…	500.00	7.8
57	500.00	…	500.00	11.1
58	485.00	…	485.00	9.7
59	400.00	53.00	453.00	8.5
60	265.00	113.00	278.00	12.6
61	352.00	…	352.00	9.5
62	300.00	…	300.00	10.3
总合	71 733.30	39 862.21	111 595.51	10.7
平均每村	1 156.99	642.94	1 799.93	…
平均每家	6.9	3.8	…	…

62 村内有 22 村未被掠夺，其余 40 村内被掠夺之家数亦有多寡之不同，且遭祸者自然多系比较富足之农家，败兵急于逃走，故比较贫的家庭少有光顾的机会。40 村内被掠者计 435 家，平均每家损失为 91.6 元。全村内被掠家数最多者为某村之 56 家，其次为 53 家，再次为 25 家，亦有村内只一家被掠者。若按全村内平均每被掠家之损失来看，最重者为某村 2 家损失之平均 1 905 元，其中一家在所有家中损失为最重计 3 690 元，再次为某村之每家平均损失 305 元，再次为 294 元，最轻者 10 元。关于每村被掠家数及平均每被掠家之损失数，皆详细列于表 17－3。

表 17-3　民国十七年 40 村每村被兵丁掠夺之家数及所受之损失

各村损失多少次序	全村损失总数（元）	被掠家数	平均每被掠家之损失（元）	各村损失多少次序	全村损失总数（元）	被掠家数	平均每被掠家之损失（元）
1	4 340.00	24	180.8	22	486.00	14	34.7
2	3 810.00	2	1905.0	23	470.43	15	31.4
3	3 585.00	56	64.0	24	434.00	4	108.5
4	2 436.00	8	304.5	25	427.00	5	85.4
5	2 375.00	25	95.0	26	412.50	3	137.5
6	2 239.00	13	172.2	27	395.00	9	43.9
7	2 200.00	9	244.4	28	390.00	5	78.0
8	2 063.63	53	38.9	29	385.00	2	192.5
9	1 283.92	15	85.6	30	362.73	14	25.9
10	1 176.00	4	294.0	31	310.00	8	38.8
11	1 140.00	5	228.0	32	290.00	2	145.0
12	1 100.00	8	137.5	33	240.00	5	48.0
13	1 046.00	20	52.3	34	167.00	8	20.9
14	910.00	10	91.0	35	135.00	3	45.0
15	849.00	18	47.2	36	125.00	3	41.7
16	823.00	15	54.9	37	113.00	3	37.7
17	820.00	10	82.0	38	53.00	1	53.0
18	680.00	4	170.0	39	47.00	2	23.5
19	630.00	16	39.4	40	10.00	1	10.0
20	578.00	9	64.2				
21	525.00	4	131.3	总合	39 862.21	435	91.6

被掠物之价值中以牲畜为最多，共值 20 519 元，其中被兵丁拉去骡 127 匹共值 11 388 元，掠走驴 144 匹共值 5 817 元，马 61 匹共值 2 969 元，牛 10 头共值 345 元。各种牲口损失数目、价值及其百分比见表 17-4。

表 17-4　民国十七年 40 村被兵丁掠去之各种牲畜数目及其价值

牲畜种类	数目	价值（元）	百分比
骡	127 匹	11 388	55.5
驴	144 匹	5 817	28.4
马	61 匹	2 969	14.4
牛	10 头	345	1.7
总合	342	20 519*	100.0

* 外有赎回被掠夺之牲畜用款计 1 145 元，因此牲口所受之损失共计 21 664 元。

除被拉去之牲口值 20 519 元外，尚有兵丁拉走之牲口而又用款赎回者，共计用款 1 145 元，两项合计因牲口所受之损失为 21 664 元，占一切损失总数 39 862 元的 54%，现款损失共计 7 659 元占 19%，衣服被褥等物损失共值 4 260 元，车辆损失共值 1 495 元，农产物损失共值 838 元，其他杂类损失共值 3 946 元。被掠 40 村平均每村损失约 997 元，若以 62 村计算平均每村约合 643 元。各类损失价值及其所占百分比见表 17－5。

表 17－5　民国十七年 40 村* 因兵丁掠夺所受之各项损失

损失类别	损失数（元）	百分比
牲畜	21 664.00	54.2
现款	7 659.31	19.2
衣服被褥	4 259.80	10.7
车辆	1 495.00	3.8
农产	838.00	2.1
杂类	3 946.10	9.9
总合	39 862.21	100.0
40 村平均每村	996.56	…
62 村平均每村	642.94	…

* 62 村内之其他 22 村未被掠夺。

以上所能调查之损失皆系直接损失，此外间接所受之损失更不知有多少。至于定县全县因内战所受之直接损失总数因未调查，不易随便估计，只知每年按地亩所征收之“讨赤”捐及战役抚恤捐等所能调查之数目。民国十五年全县征收“讨赤”费共 107 813 元，民国十六年征收“讨赤”特捐及“讨赤”军善后特捐共计 215 627 元，十七年征收“讨赤”军事善后特捐与战役抚恤特捐共计 65 718 元。以上是每年随田赋固定带征的，捐率除抚恤特捐按粮银每两征收附收 1 角外，其他均按粮银每两征收 2.3 元，征收之数恰同粮银一样，实际把粮银增加一倍。并且十六年征收两次，上忙征“讨赤”特捐，下忙征“讨赤”善后特捐，因此实际这年附征的数就两倍于粮银，平常一年征收的田赋是 10 万余元，附捐竟达 20 余万元。十七年的“讨赤”善后特捐与抚恤特捐都是在上忙一次征收，平常一两粮银一忙只征 1.15 元的现在要征 3.55 元，增至 3 倍多，负担之重可知。幸而国民军于十七年五月克复河北，第三集团总部财政处通令豁免，故上忙尚未征齐，下忙完全未征（参看赋税章省税节内之附征各捐）。

附　录

中华平民教育促进会定县实验区
六年计划大纲
六年计划第一期设计
社会调查统计处调查项目

中华平民教育促进会定县实验区

四大教育与基本建设

教育的目的是要能适应生活的要求，在全民的生活基础上创造新的生活。中国近几十年来的教育，一方面与生活不发生关系与生活脱节，另一方面即最低限度的教育亦不能普及。青年与成人更没有受教育的机会。从前人说，“民为邦本”，现在国家的根本，建立在无教育的国民身上，如何不危险！因此，根据全民各方面生活的需要，在教育上谋建设是要切要的最基本的建设工作。平民教育运动的目标，就是要在生活的基础上，谋全民生活的基本建设，为中国的教育谋一出路，为中国人的生活问题，谋一解决。

教育必须与生活打成一片，才有办法，换言之，教育必须要生活化，才能真解决生活的问题，也可以说，才能救治社会生活的病痛。教育是最切实最具体的活动，必须足踏实地，根据社会的实在情形，人民的实际需要，有一定的步骤与方法，才真能救济生活的缺憾。也可以说，必须知道病症，才能下药。

我们体察人民的生活，根据社会的事实，深知中国人的生活，有四种基本的缺点，一是“愚”，一是“穷”，一是“弱”，一是“私”。中国最大多数的人民，缺乏知识力，不但没有适当的知识，更不识本国的文字，如何能取得知识，更提不到享受文化！在生计上，最大多数的人民，生产低落，经济困难，生活在生存的水平线之下，没有增加生产改善经济组织的知识和能力。再看一看大多数人身体衰弱，对于公共卫生，毫无办法，真是病夫的国家！而更要紧的是人民不能团结，不能合作，缺乏道德的陶冶，缺乏公民的训练，如何能自立自强。

“愚”，“穷”，“弱”，“私”，是人民生活上的基本缺点，平民教育运动在“除文盲作新民”的目标之下，主张四大教育，以文艺教育救愚，以生计教育救穷，以卫生教育救弱，以公民教育救私。希望中国人，人人都是富有知识力、生产力、强健力与团结力的新民。

文艺教育之意义，在使平民能运用传达知识之工具，促进平民之文化生活，使平民对于自然环境社会生活有相当的欣赏与了解。或编辑教材读物，或适用种种艺术增进学习效率以增加欣赏的能力。务求培养平民的知识力，以适应此复杂的现代生活。

生计教育之意义，在普及科学的知识技术，改善其生计组织以提高其经济生活。从生计教育立论，目前中国经济上最大的困难为生产力薄弱，生产技能落后，而经济上又无通力合作之组织能力。于是不能不一方面普及科学知识，一方面训练参加各种产业合作的能力。用表证的方法使平民确见确信科学方法之优良，与合作组织之经济。必如此始真能增加其生产力，以解决其生计困难，以应付其经济的压迫。

卫生教育之意义，在普及卫生知识，训练卫生习惯，用公共的力量谋公共的卫生，以提高其健康生活，使人人为强健的国民。使平民了解卫生之重要，与保持健康的知识与习惯，以培育其强健力。在卫生工作上则注重预防，然亦不废治疗。

公民教育之意义，在养成平民的公共心与合作精神，从根本上训练其团结力以提高其道德生活与团体生活。一方面要在“一切社会的基础上，培养民众的团结力、公共心，期望受过平民教育的人，无论处任何团体，皆能努力为一个忠实而有效率的分子”。一方面要在人类普遍固有的良心，发达民众的判断力、正义心，期望受过平民教育的人，皆有自决自信、公是公非的主张。这是必要的根本精神，亦是必要的道德训练。

同时我们认定教育不能单着眼于单个的个人，这是以前教育的错误，更要着眼于个人所处的生活环境、所处的社会。因此，四大教育的工作就要在教育、经济、卫生、道德与政治各方面谋基本的建设。

我们再看中国人民的最大多数是农民。中国的基础是乡村，因此平民教育运动不能不分别本末先后，注重农民的教育，注重乡村的建设。

实施方式与原则

四大教育——文艺教育、生计教育、卫生教育与公民教育——是平民教育的内容。但四大教育的实施，第一步必须要人人取得受教育的工具。换言之，必须人人能认识最低限度必不可少的中国文字，然后可以接受生活各方面必不可少的知识。从这一点观察，文字教育是四大教育的基础，也可以说是四大教育的准备。在这样的基础之上，才能从实际上谋四大教育的实施。

四大教育的主要实施方式有三种，一是学校式，一是社会式，一是家庭式。从前的看法以为学校课堂的教授是教育的全部，从平民教育的立场看，学校的方式只是一种方式。学校式的实施以文字教育为主，注重于工具知识之传授与基本训练，注重在个人的教学。社会式的实施以讲解表演及其他直观与直感教育的方法为主，注重团体的共同教学。家庭式的教育或为中国特殊的而又是必需的一种方式。家庭在中国社会结构上，占有特殊的地位，欲改善中国的生活方式，必须从家庭做起。

总结一句，平民教育是在人民生活的要求之下，以四大教育为内容，用学校式、社会式、家庭式三种方式，因时因地分工合作，联锁进行，整个地改进国民生活的教育运动。

平民教育的目的，既是全民的生活教育，即不能不特别注重以下四点，第一是要能普及，第二是要有简易性，第三是要真是基本上的设施，第四是种种方法要真能亲切地解决人民的生活苦痛。这可以说是平教运动的原则。

活的研究与实验

凡注意到教育的革新，注意到根本的建设工作，注意到乡村改进的工作而对于平民教育工作的发展有兴趣的同志看了前面的话，必定发生好些问题：

第一个问题是：怎样着手去办？我们的答案是平民教育的方法原则，东西洋的教育既无可抄袭，旧教育的方法亦无可遵循，非从研究实验着手不可。要能以研究实验的所得，推行全国。

第二个问题是：如何研究实验？到哪里去研究实验？是在图书馆里研究么？有一部分的工作，确是要在图书馆里用功的。然而故纸堆中不见得能发见人民生活上的亲切的实在的情况，不见得能真切地体会到生活的困难苦痛。即使有所体会，亦不能找出实际的解决方法，即使能拟议办法，亦不能实际上试验[①]所拟议的办法是否有效。是在一个小范围之内，假设的环境之内实验么？教育所对付的是活的整个的人生，不能像自然科学的实验一样，在实验室里做工夫，必须真在整个生活里实验，才能得到真的结果，才能有得失经验，因此，平民教育的研究实验，决不能关起门来在图书馆里，在试验室里用功。有的时候，对于有些问题，这种工作是必要的，但真正的平民教育工作是要以实际生活为研究的对象，到民间来在实际生活里研究实验，这是活的研究实验。要这样才有结果，才有办法。必须要在民间生活里，找出生活的苦痛，拟定的办法，根据经验的得失，随时随事，改良修正，才能真找出实施前面所说四大教育的原则与方法，才能具有基本的建设。

县单位的实验

平民教育必须从研究实验着手。平民教育的研究实验必须是活的研究实验，

① 本文“实验”“试验”并用，可能意义有所区别，故照录原文，不强作统一。——编者注

必须到民间来在民间生活里实地工作。将四大教育于联锁进行之下，为整个的改进生活的实验。既是要整个地予以解答就会产生研究实验的单位区域问题。

中国的一个县份实在是一个社会生活的单位，不仅是行政区域的单位。中国的国家是由 1 900 多县构成的。平民教育既是要从基础上改进整个的民间生活，县是最合宜的单位。一县就是一广义的共同生活区域，为若干隶属的共同生活区所构成——乡区与村庄。这是中国最大多数人民的着落地。一切改造工作必须从这里着手。因此平民教育运动的研究实验单位最好的就是县单位。如其在一县里对于四大教育的设施的原则方法与技术在一县行得通，就可以推到各县。如其各县各就其地方情形，因时因事因地都推行这种实验所得的结果，中国的教育，中国的基本建设才能有基础。

为什么在定县

县单位实验的重要，已如上述。现在的问题是以哪一县为研究实验县。

现在县单位的研究实验区在河北省定县。为什么在定县？为什么以定县为平教运动的实验区？这是常常有人问的一个问题。我们的理由是：(1) 根据调查的结果，定县的农民生活、乡村组织、农业情形，可以相当地代表全国各县，尤其是华北各县。(2) 从前在华北推行文字教育，推行平民学校，定县各村办理较有成绩。(3) 定县距离大都市较远，人民生活未受都市的特殊的影响，而交通上有平汉铁路，又尚便利。(4) 定县公共机关、人民团体、地方士绅对于平教运动十分了解，出力赞助。又经过三四年的准备，才选定定县为平民教育的农民教育实验区。(关于定县情形，请参阅《定县须知》或《定县社会概况调查》)

“研究室”的定县

由本会工作的本身而言，不能不注意农民，不能不以县为单位，切实研究，实地经验。定县有人口 40 万，有大小乡村 472。此 40 万人民的种种困难，472 村的问题即是本会研究实验的对象。中华平民教育促进会的立场是学术的立场。因此，所取的态度，根本是研究的态度。所采的方法，根本是科学的方法。中华平民教育促进会到定县来是要发见问题，研究问题，解决问题。所研究实验的决不仅是图书馆、试验室，乃至于农场医院内的工作，是以全县人民生活为研究材料，以全县为一个大的活的研究室。件件事情与人民生活有密切关系，处处要实际参加人民的生活，要测实种种研究在人民生活上的影响。在此种根本精神之下，定县是平民教育的“研究室”。既不是用政治的力量建设一所谓模范县，亦不是慈善机关到定县来施舍教育。是来研究实验四大教育的实施原则与方法，希望以研究的得失经验，贡献于国家社会。这是我们对于定县的工作应有的认识。定县的工作可以说是为全国各县的平民教育而有的研究实验。当然第一步要希望一切的原则在定县能行得通，要能解决定县人民的问题，要定县人民的生活真能有好的影响，才有推行全国各县的可能与希望。

定县实验的准备

教育的实验不是短时间所能见效果的。必须有较长的时间、一定的步骤，才有成功的希望。准备的工作，更为重要。若没有相当时间的准备，贸然到一县去工作，是不见得有效果的。

本会在定县的工作，自民国十五年至十九年可以说是准备时期。最初依总会组织仅有社会调查、乡村教育、生计教育三部分之工作。先着手调查定县生活状况、教育情形，同时联络当地士绅、地方机关，希望对于平民教育的目标与县单位实验有必要的明了的了解。先在翟城村开始，旋划东亭 62 村为第一乡村社会区着手工作。成立华北试验区，由前面提到的三部分的同人负责工作。教育方面分研究、推广及视导训练三股，专注重平民学校的实验与推广。生计教育方面分研究、推广两股，偏重普及农业科学的工作。社会调查分普通调查、产业调查及农业经济调查三股，尤其注重一般的考察。前两年的工作异常困难，同人的饮食起居，定县人民的不能充分了解都是困难问题。但这正是准备时期应有的情形，这些困难，正是工作上必经的阶段。后来一方面人人感觉到平民教育的重要，一方面同人的工作精神感动农民。地方政府与士绅格外了解，亦逐渐取得人民的信仰，准备时期的工作才能比较顺利地进行。

社会调查为实验平教实施平教的必要的准备工作。调查本身的准备，又为对于社会事实取得科学的知识的必要条件，然后规定的方案才能有社会事实为根据。但社会调查在中国是一件新工作，在开始调查的时候，颇难得一般农民了解，引起种种怀疑，不但不能得到精确的材料，工作亦不易进行。于是调查的初步先要解释农民的疑惑，教育农民使他们了解调查的重要。本会的办法是先办平民学校，即以平校为与农民直接发生关系的中心，以平校为本会与农民联络情感、解释误会的枢纽。渐渐地人人了解调查的重要，取得人民的信仰，才有下手的地方。

在这样的准备之下，本会才开始调查的工作，决定先以东亭附近之62村为调查的范围，着手初步调查为此后详细调查的根据。调查62村的地理、历史、交通、度量衡、农业、农家记账、农村家庭等项，十六年北方战事，定县适为战区，又从事兵灾调查。旋一方面详细编制表格，一方面开始全县普通调查、农业调查、经济调查。三年之间，所得材料甚多，一部分材料现已辑成《定县社会概况调查》与《定县秧歌选》二书，其余正在整理编辑之中。一方面实地训练调查人才。社会调查方面之准备工作如此。

农民教育之工作可从三方面报告。关于研究实验者有实验平民学校多处。关于实施者有表证平民学校多处。各校设立之平校民国十七年十八年两年度由本会直接视导者共计287班，179校，毕业学生约6 000人。关于视导训练之工作亦极注意。

生计教育之工作，先从普及农业科学增加农民生产入手。从研究实验、表证实施两方面切实准备。研究实验方面先在翟城村设第一农业表证试验场，旋于城内瘟神庙设第二农业表证实验场，着手研究病虫害、选种、肥料、畜牧、农具、养蜂、园艺等项。一应设计均以农民生活程度所能及，能增加其生产效率而不增加其生产资本为原则。关于表证实施，则以实地表证为方法。

准备期的工作情形大致如此。限于篇幅不及一一详述。欲详细研究此三四年间之工作情况者，有华北试验区工作报告一书，可以参看。于此有须郑重说明者，即本会定县实验之所谓准备，其实即实地工作，于实地工作之中求取得失的经验，规定将来的工作。本会根据准备工作的经验观察全国的情形，深知必须将平民教育的各方面，在定县作一彻底的、集中的、整个的县单位的实验，才能实现平民教育运动的目标。

定县实验之工作与组织

本会于决定以定县为全会工作实验区之后，即着手将全会工作并入实验区进行。到民国十八年度，承地方的赞助，将定县城内贡院借与本会办公，一方面将东亭 62 村区的工作的一部分移到城内，一方面将全会工作移来定县。初移来的时候，职员的食宿，办公的设备极为困难。勉强因陋就简，酌量建筑设备，至十九年始稍有头绪。定县实验区正式成立，依照规定步骤，各部分分工合作，联锁进行。

定县实验工作，一切均以社会调查所得之生活事实为根据，对于四大教育从事研究，以学校式、社会式、家庭式分别实施，然后以研究实施所得之结果，训练人才。兹列简表如下：

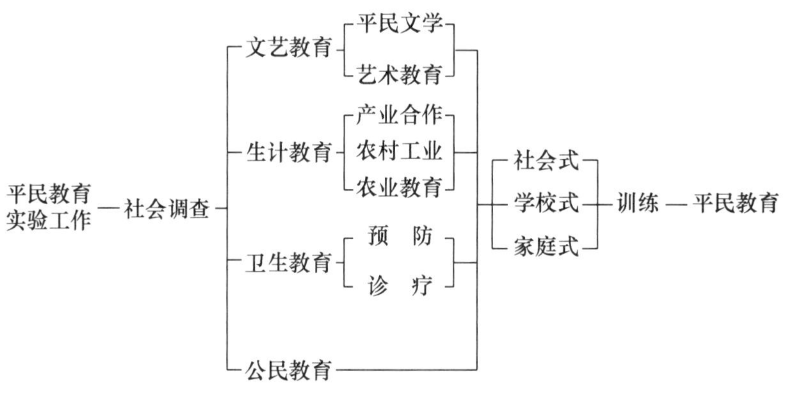

定县实验区之组织亦即以此为根据。分为：（1）学术研究之部，关于社会调查及四大教育之学术研究部分属之；（2）实施之部，关于三种方式之推广实施属之；（3）训练之部；（4）事务行政之部，总务秘书会计三处属之。列表如下：

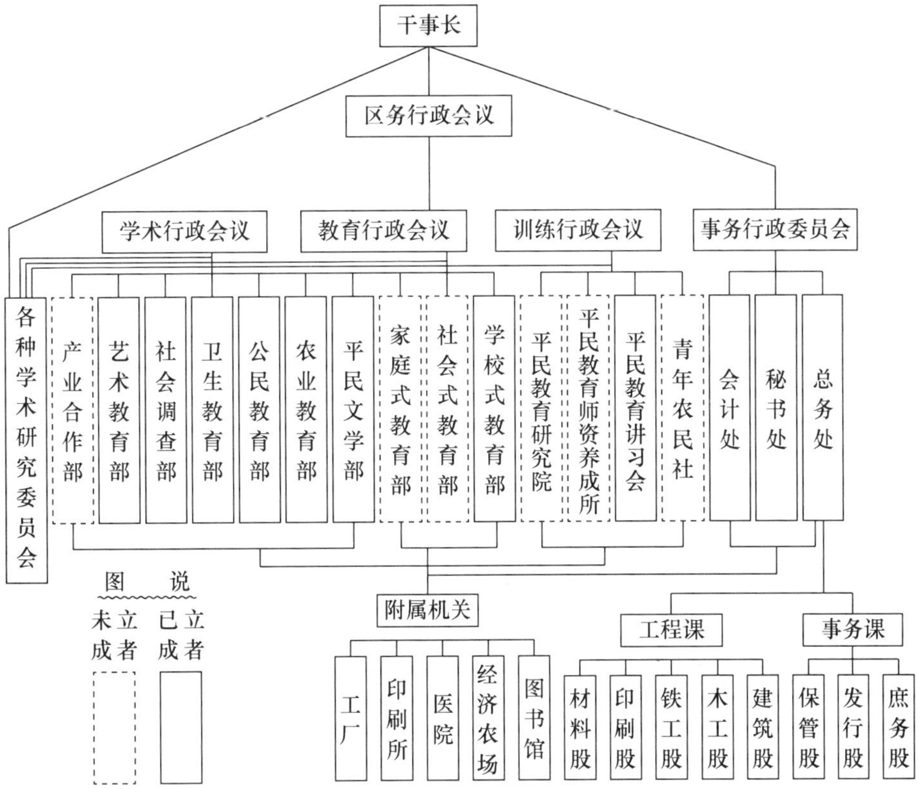

集中的县单位实验

前面曾提到平民教育运动以为中国教育之革新，中国之基本建设必须以县为单位，以平民教育运动所主张的生活教育的方法对于农民生活为整个的改进，对于四大教育为联锁的实施，然后可望完成除文盲作新民之目标。但县单位之工作，其原则如何，如何而可以深入民间，如何而可以就各县之人力财力在切实的方案下，自谋改进，必须有集中的研究实验，于实验之中取得平民教育的原则、方法与技术。然后全国各县，始可以模仿推行。

此集中的县单位实验，一方面须顾到四大教育之联锁，一方面须注意工作进行之步骤，本会根据农民实际生活之要求与工作进行之必要程序，规定十年的实验计划，自十九年度起分为三期：

第一期　三年　文字教育与县单位的整个教育（制度）

第二期　三年　农业改进与经济建设

第三期　四年　公民教育与地方自治

然平民教育全部为分工合作之工作。第一期注重文字教育，即为生计教育与公民教育之准备时期，亦即为生计教育与公民教育建立基础。第二期注重生计教育，即为公民教育之准备时期，亦即为公民教育建立基础。而文字与文艺教育方面之工作在第二期第三期亦继续研究继续实施。卫生教育则于十年计划中与其他方面之教育相依并进。分期之意义在每期有着重之点，为全部工作之中心于一定的程序之中，实现工作之联锁。

研究村与研究区

本会为求工作之确实而有效起见，特于二十年九月规定高头村为“研究村”而划全县为三个“实施区”，并分别选定李亲顾、南支合、明月店为三个“实施中心村”。期根据在乡村生活之研究与实验中，产生各种实施方案，而以三个“实施中心村”为中心，表证并推行于三个“实施区”。负责工作人员均行分别移居“研究村”及“实施中心村”，以利进行。文字教育之实施的实验，以三个实施中心村为中心。研究方面，则仍注意于文艺、生计、公民、卫生等四大教育之联锁。实施方面，则仍注意于学校、社会、家庭三种方式之推进。除已有“学校式教育部”外，并增设“社会式教育委员会”，以研究并准备社会式的教育。家庭式教育，亦于“研究村”中注意研究与实验。

工作进行以来，颇形顺利。惟于进程中发现在“研究村”研究之结果即付“实施区”推行，恐尚不切实际。故于十一月中，决以“研究村”为中心，而扩大其周围61村为“研究村”①。在“研究村”研究之结果，先在“研究区”实施，然后经由“实施中心村”而普及全县；其有工作性质不能限于一村者，即经由“研究区”研究与实验。同时分别向河北省政府及定县县政府商洽得此61村研究与实验之便利，并就近确实与政府以及地方人士联络合作。兹将十九年

---

① 疑为“研究区”，原文如此。——编者注

度与二十年度各种工作概况简述如下。

社会调查

定县实验区社会调查工作，在平教运动立场上，是要以有系统的科学方法，实地调查全县一切社会情况，特别注意愚、穷、弱、私四种现象。随时整理搜集之材料，分析各种现象构成之要素，发见愚、穷、弱、私等现象之原因，试下相当的结论。然后将根据调查所归纳之各种结论及建议，分别供给本会各部分之部，使各部分计划实验或推行工作时，有参考之材料及可靠之根据。对于全县社会之内容及各种社会问题，有充分之认识与彻底之了解。现已调查者，有本县地理、历史、人口、政治、赋税、交通、教育、风俗、娱乐、生活费等项。

社会调查十九与二十年两年度工作，除全县 472 村概况调查已经整理统计就绪外，余依本会各部工作之需要，分别从事调查事实以供各部研究实施之参证材料者有：(1) 高头研究村之详细调查，此项调查之内容为每家人口、每人教育程度与职业、每家各种田地亩数各种农作物产量、每家养猪养鸡现状、每家手工业现状，以及其他一切社会的与经济的情况。计共调查高头村 120 家。(2) 研究区之详细调查。此项调查，系详绘各村地图，调查每家人口、每人教育程度、职业、疾病等项，计共调查 61 村，7 600 余家。(3) 三实施中心村之详细调查，此项调查内容为每家人口，每人教育程度与职业，每家各种田地亩数与各种农作物产量，每家手工业现状，各铺店经济状况。计共调查李亲顾 789 住户与 85 铺户，明月店 311 住户与 100 铺户，南支合 276 住户与 8 铺户。(4) 定县每村土地分配与农产调查，此项调查，以村为单位，调查每村田产大小、田庄大小、田产权、地价、各种农作物产量及估价。计共调查全县 472 村。(5) 家庭手工业调查，此项调查，系以村为单位，调查每村从事各种手工业家数、工作人数、出货数量与估价、原料、制品、方法等项。计共调查全县 472 村。(6) 农家生活费调查，此项调查，系约定各农家每日详细记账，至满一周年为止。包括每日各项收入与支出，各项物品数量与价格。计共约定 120 家。(7) 物价调查，此项调查，在县城内每大集时，调查关于衣食住行及其他一切日常用品。共分 34 类，计 500 余种。(8) 全县铺店调查。此外直接与学校式教育部合作调查者有 (9) 各村教育调查。

平民文学

平民文学部的工作内容可分文字研究、课本、读物与定期刊物四部分。文字方面第一步是选字。根据日常读物与应用文件之类，依用次多少、用途分类与品词分类，用统计的方法选定实际生活通用字 3 400 字，再详为审核，选定基本字为 1 300 余字，即以此为编撰千字课的基础。又以选定的 3 400 通用字为主，参考各种字汇，以千字课已有之 1 300 字为注释用字，编制字典。此外更从事于简笔字之研究，以为根本的改良文字研究之准备。

课本工作依据学校式平民教育的需要，分别编撰初级平民学校课本、高级平民学校课本与青年补习学校课本。初级平民学校课本有为依据市民、农民、士兵与妇女之生活需要，分编四种千字课，每种四册，各附以自修用本四册。除《妇女千字课》在编辑中外，《市民千字课》《农民千字课》《士兵千字课》均已出版。千字课之主要目的在使一般人民能认识并应用日常生活最低限度的文字，供给取得知识的必要工具，促进其知识能力。次要的目的在使人人能略得生计、卫生、公民、文艺四大教育的基础知识。用字以基本字为限。高级平民学校课本所编著者有高级文艺课本。其目的在使读过千字课欲求上进者增加文学的工具，促进其欣赏文艺的兴趣，增加四大教育的基础知识。现已编著者有市民高级文艺课本两册，农民高级文艺课本两册。妇女高级文艺课本正在计划中。用字于千字课已有基本字外，加通用字 1 000 左右。青年补习学校课本有青年补习文艺课本一册，文件课本一册。用字以选定之 3 400 通用字为范围。

为使读完千字课的平民得有相当的读物，为一般粗识文字的青年与成人培养纯正的思想促进其文艺的兴味起见，对于平民读物，特为注意，一方面搜集流行读物歌曲，加以研究审核，一方面从事编辑。或为小说，或为戏剧，或为诗歌，或为故事。希望以文学的作品，介绍科学的知识，记载志士仁人的史事，发扬创造的精神，提高人民的文化生活。现已出版者有 128 种。

此外又编辑《农民旬刊》。内容分论评、农业、卫生、公民、文艺、调查、新闻各栏。用字以农民千字课生字为主，必要时可参用通用字。使平民学校毕业农民应用已识之文字，取得正当的必要的知识，得阅看程度相当的报纸。

民国十九年度平民文学部，除积极参加实际工作，赴各村讲演及在高头村等处组织书报室外，关于编辑撰著之工作，重要者为下列十项。编：(1) 文艺教育讲演图说全份；(2) 高级农民文艺课本二册；(3) 青年补习学校文艺课本一册；(4) 应用文件课本一册；(5) 自然课本一册；(6) 平民读物 46 种；(7) 改编袖珍字典一册；(8) 平民文章工商纲目一册；(9) 平民科学表演博物之部一册；(10) 理化之部一册。其根据实施上实验结果重行修改者有：(1) 农民千字课教学书四册；(2) 自修用本四册；(3) 高级市民文艺课本一册。总计本年度编辑成书之主要的教材读物共 65 册。农民旬刊仍继续出版，已发行至第六卷第 36 期。

民国二十年度平民文学工作，可分为四大部分：第一，文字的选择研究与编辑的工作；第二，初高两级与青年补习学校课本编辑的工作；第三，平民读物编辑的工作；第四，定期刊物出版的工作。但此四大部分内，侧重于平校材料及平民读物之审查与编辑。略举进行各项如下：(1) 市民高级文艺课本，计两册，48 课，修改再版。(2) 农民高级文艺课本，计两册，80 课，修改完毕付印。(3) 妇女千字课及妇女高级文艺课本之选字及编辑，计列生字表五种，及千字课 96 课题目之选定。(4) 平民袖珍字典之编辑及修改。(5) 士兵千字课自修用本，计四册，48 课，修改完毕付印。(6) 青年补习文艺课本，计一册，60 课，修改完毕付印。(7) 平民读物 100 种，修改再版。(8) 平民读物 40 种，新编付印。内十分之七为科学，十分之三为文艺。每种均 5 000 字上下。(9) 平民的自然科学表演计划及其表演法，编辑完成。(10) 农民周刊之编辑，此项刊物原为旬刊，本年度改为周刊，发行至第七卷第 40 期止，现已停刊。(11) 社会式教育文艺材料之编辑。一为文艺救国运动之歌词及说书词，二为无线电台放送隔日一次之“文艺故事”。

艺术教育

艺术教育之工作，一方面在充分应用直感教育之原则，以图画、音乐或戏剧为四大教育制作准备适宜而有效率的工具。一方面实施艺术教育以增进平民的欣赏力使能得到丰富高尚而有趣味的生活。

艺术教育部工作计划，分为研究、制作、表演、表证四部分。关于研究工作分别从历史风俗、自然科学与音乐三方面着手。搜集审核调查研究中外历史故事民情风俗，为编演戏剧、扮演电影、绘制图画之材料；研究以艺术的方法表明自然科学知识使能了解环境欣赏自然，音乐上注重乐理的研究、改良乐器、编制乐曲。

制作工作分别从画图、工具、摄影三方面着手。绘制各种教材及四大教育之图画，同时创作平民能欣赏而有普及性之平民的图画。工具上准备制造乐器、幻灯、电影机器、留声机以及各种模型、各种教具，摄制照片影片亦为制作上极重要之一部。

表演工作注重戏剧、音乐，并试验广播无线电以实施四大教育，灌输知识。表证工作将来拟设置平民游艺场、平民美术馆与平民博物院。平民游艺场以实验提倡正当之娱乐。平民美术馆以展览陈列图画美术，培养审美精神。平民博物院以增进平民之知识。

近年来艺术教育部一方面注意研究平民艺术教育的内容与实施。一方面尽力为各部分制备教材教具。民国十九年度工作有图画、摄影、广播无线电及其他工具制作四类。关于图画者为各部画插画 214 幅，中号挂图 6 种 160 幅，大号挂图 70 幅，总计 444 幅。关于摄影者，各部工作情形 150 张，工作状况底片 420 张，字片 400 尺。关于工具制造者有为识字用及公民讲演用者 5 种。关于幻灯、留声机等项工具正在实验中。此外又设立全县放送广播无线电室，此为艺术教育部一种新实验。

二十年度仍继续上年度进行，主要事项如下：（1）绘画，农民千字课 4 册计 96 课，全部改正，共配用大小挂图 290 幅，以为教学之用。农民周刊插画及各种宣传画160幅。戏剧布景画3套。衣饰图案3套。(2)摄影，各部工作之照相计690余种；印片洗片计3 200余件。(3)广播无线电，每日放送时间1～2小时。“节目内容为宣传平教工作及农民生活上有关系之事件。”接收者为“研究村”“实施中心村”等处。同时在机器之制造上，对收音机及其应用品，亦加以研究。期以低廉成本，制造成品，将来推广乡村，不须购买外货。现在除真空管外，收音机各件，已均能自制。(4)音乐，本年度增设音乐工作，目的在研究并改造民间歌曲之词与调，与民间通用之乐器。工作在进行中。已改编平民教育唱歌集一本。(5)戏剧，本年度戏剧工作，由戏剧研究委员会主持。一方面研究实验乡村戏剧之内容与形式，一方面运用戏剧方法为农民教育之工具。期增进农民对艺术的欣赏，创造民众化的戏剧。共公演四次：第一次公演《卧薪尝胆》与《爱国商人》；第二次游行公演，剧目同第一次；第三次公演《喇叭》；第四次公演《锄头健儿》。

生计教育

县单位之生计教育以改进一县农民生计及经济为目的。依照一定步骤分别注重农业改进、产业合作与农村工业。为达到此种目标计，应根据农民需要、经济程度，普及农业科学以增加生产。于相当时期，推行合作组织，根据合作原则，组织生产合作、信用合作、销售合作与消费合作以平均分配。至于农村工业，则以农民生产上之需要如农具，生活上之需要如食品、衣服、家具，由农民合作自制为原则。相当的应用机器以谋工业效率之增加。现时特别注重农业改进。集中于生产之增加及品质之改良：在研究实验方面，须注意研究实验之结果为目前农民所能实行，在生产上须根据生活需要与农民生活程度相依并进。能增加其生产而毋庸增加其生产资本。在实施推广方面，在感应原则（供给适当刺激以引起活动）与自动原则（由农民领导农民自动实行）之下，以表证的方法为主，以表证场及表证农家为枢纽，推行各种设计。

此种农业改进之工作由农业教育部主持，以设计为进行之方法。所谓设计方法，即一种简单明了改良之农事，交与农民实行。农民实行后便可增加其生产之方法。各种设计均分四步骤进行，即设计之目的，设计之方法，设计之试行，设计之推广。现举一证例以证明：如改良猪种设计，其目的在增加猪之产肉量。根据调查结果，农民之养猪目的在多产肉。如使其猪肥大而所费之饲料费太巨，则所得之肉价便不足偿补。故改良猪种必须饲料费用不增而猪之产肉量增加。第二步为设计之方法，假定研究结果是用波支猪与中国母猪交配所产第一代之杂种猪豢养之可以不增加饲料而产肉量确可比中国猪多，即此设计方法已得。然后将杂种猪交农夫试养，看其是否可以饲料不增加，而肉量可以增加。是为设计之试行。如试行之结果优良，便可推广。而完成此一设计。

农业教育部之主要设计，有育种、畜牧、病虫害、园艺、树艺、土壤肥料、农具等项，分组进行。每组各有三四设计至十余设计不等。例如育种组之设计有棉花、玉蜀黍、小麦、谷子、高粱、大豆、花生等设计。畜牧组有猪种改良、鸡种改良、乳羊繁殖等设计。每一设计又各分若干问题，详为实验。例如鸡种改良设计有：（1）力行鸡之繁殖；（2）新鸡种之育成试验；（3）一村整个鸡种改良试验；（4）力行鸡种之改进；（5）各种鸡产卵数目之比较试验；（6）土法管理鸡群之改进如鸡房饲料产卵箱等；（7）土法孵鸡之研究。

研究实验之目标，原为实施推广。农业教育部特设推广处，负责办理农产展览会、巡回表证演讲、表证农家、巡回训练学校、市集演讲、视导表证农家、农家访问各项工作。十九年十一月开第四次农业展览会，到会全县各村农民约计 3 万人。送农产物来会展览者有土厚、翟城等 67 村。又于十九年十二月至二十年二月在大滦河村区、牛村村区、翟城村区三处办理，表证农家巡回训练学校，为期两星期，分选种、园艺、畜牧、病虫害、普通农业、儿童农业改进团等 6 科。各科农民学生总计 445 人。

民国二十年度生计教育工作，仍依据既定目标，集中于农业教育，继续努力于增加生产及改良农产品质之实验。各种研究实验，一依既定之原则，须为现在农民所能实行。在生产上，须根据目前农民生活之需要与生活程度相依并进，在实施上，以表证农家为枢纽，俾达到以农民领导农民自动实行之原则。全部农业教育，仍以设计为进行之方法。本年度除各项设计之推广外，其他重要工作则有庙会与市集表证演讲，值各地庙会期及城内与东亭镇逢集日期举行之。并举办第二届表证农家巡回训练学校于李亲顾等 11 村，依旧分组表证演讲，计有选种、园艺、畜牧、病虫害等四组。各村各组毕业学生计有273人。

卫生教育

卫生教育之县单位实验，目的在研究一县的卫生实施方法，本会由卫生教育部主持，工作分预防、治疗、训练三项。预防方面注重：（1）环境卫生；（2）防止疾病；（3）增进营养；（4）提倡体育及增进健康之娱乐。治疗方面工作有：（1）医院诊疗；（2）分区治疗；（3）游行诊疗；（4）农村救急等项。训练方面以中国目前办理卫生事业，人才极感缺乏不得不注重人才之训练。在设备方面在县城内建设卫生事务所，附设医院。在各村区亦拟分别添设卫生事务分所，附以诊疗所。根据目前中国情形，治疗与预防，非联合进行不可，因之本会卫生工作，两者并重，期于相当年限之中，为中国研究得一联合预防与治疗之卫生行政制度，推行各县。

十九年度卫生教育部之工作亦可从治疗、预防、训练三方面报告。关于治疗方面，城内设有诊疗所一处，每日就诊人数平均50余人。在乡村设分诊疗所两处，每星期开诊两次，每次每处就诊人数平均20人。冬季有巡回诊疗团在各村施诊。关于预防方面，亦用设计方法，本年度研究实施者有（1）预防肠胃病，（2）预防天花，（3）预防白喉，（4）预防婴儿脐带风，（5）防止沙眼及（6）改良营养等六种设计。此外如举行卫生视察，设立农村游艺场，举办学校卫生以及生命统计等项工计，均在进行之中。关于训练方面，根据公共卫生工作之需要，有卫生视导员训练班、临床护士训练班、卫生调查员训练班、接生婆训练班。各班男女学生在相当的基本训练之后，即在指导之下，实地参加工作，俾学习与活动联合一致。

二十年度卫生工作，仍分诊疗、预防、训练三方面进行。关于诊疗方面，除城内医院正在筹备，诊疗所仍在进行外，并分别在研究村及研究区内各设诊疗所一处。以期逐渐试验完成农村医药制度。关于预防方面，除各项直接的预防工作外，尤注意于间接的教育工作，如供给平校教材、材料及特行印发小册及传单等。关于训练方面，本年度举行者有护士训练及产婆训练等工作。本年度七、八、九三个月，因值战事除外，各种工作进行状况如次：门诊，1 162 人，乡村诊疗所门诊 4 758 人，出诊 427 次，学校治疗 485 人，齿病治疗 452 次，接生 28 人，种痘 4 916 次，白喉预防注射 155 次，齿病预防 1 148 人，预防查体 850 人，妇婴检查拜访 345 次，家庭拜访 673 次，膳食拜访 124 次，学生量重 796 人。

公民教育

平民教育的目的是使三万万以上失学的平民取得最低限度的整个生活的教育。在此种目的之下，平民的公民教育必须具备以下三种条件：（1）适应未受过国民教育的青年与成人的程度，授以相当的能领受的社会知识、道德、技能，以养成现代的新民。（2）体察中国普通社会所表现的团体分子的缺点，施以必要的精神上的训练。（3）应使中国国民，人人取得最低限度的政治道德及政治的知识技能。为实现此种公民生活起见，平民的公民教育，应有如下之目标：（1）培养公共心；（2）训练团结力；（3）授以 20 世纪最低限度应有的公民道德知识技能；（4）指导对于家庭社会国家世界种种生活改良的组织与活动。

十九年度公民教育部工作，分研究、编制、实施三方面。研究工作，除拟定上面所述之公民教育目的外，一方面研究对家庭，对社会，对国家，对世界应有之公民道德、知识与技能，征定公民教育材料。一方面调查实际公民生活，搜集历史乡土有关系的材料，比较研究各国公民教育，讨论实际公民生活上要求的问题，并随时试验研究所得的方法。

编制工作，根据研究所得，分别编制初高级平民学校青年补习学校教材、教师应用之参考材料、各项公民活动之设计。并将研究结果与参考材料编译出版。教材方面有《三民主义》《公民图说》《公民课本》《历史》《地理》《唱歌》等书，教师应用材料有《三民主义讲稿》《公民课本参考书》等。各项设计拟定者为：（1）农村家庭改良会设计；（2）模范家庭调查表彰设计；（3）农村自治研究会设计；（4）农村的教养调查设计；（5）农村自治基本建设设计。此外编制已出版或在印刷中者有：（1）《国族精神》；（2）《公民道德根本议》；（3）《公民道德纲目》；(4)《公民知识纲目》；(5)《国民生活上应改正之点》；(6)《中国伦理之根据》；(7)《自然环境与中国社会》；(8)《日本维新运动史要》；(9)《中国古代国民生活状况》。

实施工作，公民教育重在实施。研究有得，即着手实施于实施之中，实地试验。依现在计划，实施方式有以下各种：(1) 四大教育联锁的实施法；(2) 家庭联络的实施法；(3) 平校毕业同学联合实施法；(4) 村民团结实施法；(5) 个人指导实施法；(6) 娱乐场所实施法；(7) 逢节遇会实施法；(8) 学校式的讲授。

此外并举行公民教育运动以引起农民对于公民教育之注意，以社会式教育实施公民的训练。

在实施方面，本年度特别注意“到乡村去”的集中的实施。在高头村牛村等村区着手试办。先从接洽、访问、调查、讲演入手。现在高头村已组织家庭会，其他各村亦次第酌量组织。希望逐渐推行，在实际上对于农民的道德训育与地方自治的基本训练之研究，有所成功。

二十年度公民教育工作，仍注重于家庭会的活动。高头村家庭会自二十年五月已筹备成立，惟组织之完全就绪，工作之正式开始，则在二十年十二月。

家庭会共包含五种集会：(1) 家主会；(2) 主妇会；(3) 少年会；(4) 闺女会；(5) 幼童会。

各种集会均有执行委员七人，担任公共职务。每种集会每月至少有一次，至多不过四次，随时应农民工作之忙闲，斟酌损益之。

每种每次集会，不外下列事项之设计表演设计活动：(1) 儿童教育；(2) 家庭经济；(3) 家庭卫生；(4) 家庭道德；(5) 家庭和乡村关系问题；(6) 家庭和国家关系问题；(7) 家庭和世界关系问题。

高头村全村户口，据本年调查为 120 家，现在入家庭会的人家有 61 户。工作进行以来，关于儿童教育之改良，家庭卫生之注意，家庭经济之合作，均甚见成效。

关于高头村经济方面之合作组织，已有下列三种：(1) 消费合作；(2) 合作纺织；(3) 合作刺绣。

此外关于乡村的或国家的公益事件，亦因有家庭会而容易举办。壁报，本村街道之清除与各家泼水，以及本村对于上海十九路军抗日之捐款，均系由家庭会发动举办。关于改良风俗，自为家庭会随时注意之问题。其中发现最显著最迅速的效果，即为青年女子之解放的要求，及幼童之清洁卫生的表现。

除家庭会之活动外，本年度进行之工作，尚有以下数种：（1）村治讲学会之举行；（2）开始注意造成基本财产；（3）节会之利用；（4）自卫训练之实验。

学校式教育

就本会工作本身而论，四大教育之实施方案，一切以社会调查为基础。但就四大教育如何影响民间生活一点而论，则各方面活动均以平民学校为中心。换言之，农民接受四大教育以加入平民学校为开端。一方面使农民人人得受最低限度之文字教育为取得知识之基本工具；一方面使人人得受最基本的生计卫生公民教育的训练。

本会学校式教育由学校式教育部主持。根据五年农民教育之经验，县单位教育上之要求，十年的实施计划，与其他各部分工作联锁上之必要实施学校式的教育。虽比较地注重初级平民学校，而学校式教育的实验则不仅为初级平民学校，对于高级平民学校、青年补习学校、儿童教育实验学校，亦认为重要。希望以若干年之研究实验，造成一适合中国国情之县单位教育制度。兹将拟议之县单位教育范围，列表如下。其他如生计卫生方面，亦有短期的学校方式之训练，未列入。

- 县单位学校教育范围
  - 儿童教育（12岁以下）
    - 婴儿院（2~4岁）
    - 幼稚园（4~6岁）
    - 小　学（6~12岁）
  - 青年教育（12~25岁）
    - 初级中学（12~15岁）
  - 成人教育（25岁以上）
    - 初级平民学校（四个月　每日两小时）
    - 高级平民学校（四个月　每日两小时）
    - 青年补习学校
      - 半日制（冬春间五个月）
      - 全日制（冬季两个月）
    - 青年农民社（全日制　一年至三年）
    - 农事学校（六星期至三个月）
    - 家事学校（六星期至三个月）

其他如视导人才及表演平校教师之训练，亦由学校式教育部主持，以便与文字教育之实施联为一气。

学校式教育部在此种计划之下，内部工作分为：（1）教务；（2）研究实验；（3）表演推行；（4）视导训练；（5）学术研究委员会。（现先设学务调查及小学教育两委员会，分别担任工作。）

十九年度学校式教育方面之主要工作，分文字教育、实验与表演、训练与讲习数项。

文字教育工作，依十年计划第一期注重识字运动，更注意全县 12 至 25 岁之青年，使均能受基本的文字教育。青年在农村建设上占最重要之地位，理由显明，毋庸赘述。依社会调查部之详细调查，全县失学青年，年龄在此范围之内者约 70 000 人。本会欲于第一期三年之中，使此 70 000 男女青年人人能入初级平民学校取得最低限度之文字教育。原定第一年除去青年文盲 10 000 人，而今各种初级平校学生共计 14 210 人。较所规划者超过 4 000 余人。

实验与表演工作，实验学校目的在将各种教材、教具、教学方法加以科学的研究，实验结果，在各乡村中心设立表演平民学校，将实验所得实地表证为附近各村自办平民学校之参考与模范。同时一方为推行视导之中心，一方又为一种“重复实验”以测证实验的结果，故其作用极为重要，为研究与推行之联锁制度。十九年度实验学校共 10 班。表演学校 17 处 28 班，分配于全县六区中之大滨河、清水河、尧房头、水磨屯、南车寄、西张谦、土厚、马家庄、市庄、南庞村、内化、赵村、大西涨、南支合等处。

训练与讲习工作，本年度主要的训练工作为专科学校。招收师范及中学毕业生。目的在培养平教工作人才，供给视导员与表演平校教师。课程分自修、讲演、实习三部分，本年学员 17 人，一年毕业。此外短时间的学校式教育训练尚有平校教师研究会、讲习会与实验平民学校与表演平民学校教师讨论会。

二十年度学校式教育工作，仍按既定目标进行。一方面在研究实验除文盲之全套应用学术；一方面根据过去得失经验，继续改良学校式教育实施之方法与工具。工作概况简述如下。

一、除文盲工作之进行

本年度除文盲工作，依本会二十年九月所定计划，先由三个“实施中心村”着手实行，期以全县为范围，完成“十年计划”中第二年之除文盲工作。嗣于二十年十一月，本会决以“研究村”为中心而扩大“研究区”，期于最近二年内，尽先除尽全“研究区”文盲，俾便与其他工作联络，进行步骤遂亦因之变更；即一方仍继续进行“实施中心村”之工作，一方则又积极从事于“研究区”除文盲工作之筹备与开始。兹将除文盲工作内容略举如下：（1）表演学校，此项学校之性质，系供村立平校参证并为指导推行之中心。计在“研究区”及三个“实施中心村”共办此项学校 20 处，共 42 班。初级男生计 1 214 人，女生 113 人；高级男生 587 人，女生 51 人；初高两级共计男女学生 1 965 人。本年度办理此项学校，特注重于下列原则，俾便推行：一为校中之不动产及一切消耗品均由村中预备，教员薪金由本会供给；二为教员专负教学管理及训练责任，其他行政事项则由村中所组织之校董会与村中所公举之校长负责。（2）平民学校，此项学校系各村受本会推行影响而自办者，惟本会仍予轮流视导。本年度此项平民学校共成立 417 处，计 497 班。初级平校男生 11 461 人，女生 395 人；高级平校男生 1 482 人，女生 28 人；初高两级共计男女学生 13 366 人。（3）实验平民学校，此项学校为研究及实验性质，纯由本会负责主持。初高两级共 5 处，男生 89 人，女生 73 人，共 162 人。综合以上三种学校，本年度男女毕业学生共计 15 493 人。

二、视导人员及教师之培养

（1）平民教育专科学校，目的在造成平校视导人员及表演平校教师。期限为一年，共有男生 32 人，女生 16 人，共 48 人。（2）妇女平校教师训练班，目的在造成妇女平校教师，以应最近积极推广妇女平校之急需。期限为一年。共有女生 30 人。

三、协助地方推行识字运动

本年度定县地方举行大规模之识字运动，本会协助担任训练教师及研究教材、教具及实施方法之责。训练教师已竣事，计各区选送报到受训练者 569 人，受测验者 509 人，及格者 477 人。

四、编辑工作

本年度计划编辑全套识字教育应用学术丛书，计 12 种。本年七月中旬可全部脱稿。

五、儿童教育实验学校

本年度对于儿童教育，已开始为整个的研究。本会现有实验学校，规定为城镇小学之研究与实验的场所。

社会式教育

此项工作于二十年度开始进行，目的在研究以社会的方式实施四大教育之方法及技术。本年度大部分工作为对于毕业同学会之筹办与实验。

一、毕业同学会之组织

平民教育每易流于空疏，对生活上无所改进。其故在民众缺乏坚强组织，致少改进生活之自动的要求；同时接受教育之民众，因缺乏组织，并所受教育亦渐丧失；因此有“平民学校毕业同学会”之组织，以期造成农村建设之社会重心。自二十年十月十九日起，先成立平民学校男女同学会 26 处，会员 1 293 人。同学会有简章，自修信条、春夏秋冬四季活动表、每月阅览书报考查表及《平校同学会周刊》。

二、社会式教育之设备

此项设备之意义在以最低限度之经费、地方及时间，收到实际之功效。(1) 平民角，在以极简单之设备及管理，而收到博物馆、图书室、办公室之效用。利用屋之一隅，制木柜一双，抽屉内分格存放同学会自行购置之图书及同学会钤记；

上方布置党国旗、会旗、奖品、照片、章程等。由同学会组织管理委员会，轮流于指定时间值日。近查此木柜之购置费需三四元，颇觉不资，拟以煤油箱代之。（2）图书担，系为适应农民阅书报地方及时间之便利而设。用木制轻便书箱两只，按约定时间及地点，挑往各村开放出借书籍，并为解答问题。计已试行 8 村，每村开放 3 日，每日 4 小时。阅书者共 582 人，阅书共 974 册。（3）巡回文库，目的在训练合作，节省经费。联合数村集资合购图书，分籍编号，按旬分组巡回于各村。计已举行 3 次，每次系 3 村合作，借书者共 732 人。（4）《平校同学会周刊》，此项周刊为同学会会员彼此通讯发表意见及作品之刊物。内容有“谈话”“文艺”“新闻”“报告”“信箱”“介绍”等栏。三分之二为会员投稿。附有图画特刊、抗日救国捐款特刊、谜语特刊及小丛书、视导报告等副刊。

三、社会式教育之活动

（1）文艺运动，此项活动意义，在借最近发生之外侮事件，唤起农民自省自觉及自强之决心，利用本会特行编制之挂图、大鼓书词、新剧、唱歌等，表明中华民族受侵略的事实及原因，并提示农民图强应有之初步工作。计举行 23 日，历“研究区”61 村，民众参加者，共 25 080 余人。活动费 30 余元。（2）抗日救国捐，为使农民对外侮有更切实之体会并慰劳前敌将士，《平校同学会周刊》有募捐谈话，各同学会群起响应，计捐款者 2 387 人，共得银 136 元 2 角 7 分 9 厘 6 毫。（3）抗日救国基金游艺会，为研究民间娱乐以为传播教育之工具，并募救国基金，特举行抗日救国基金游艺会。内容有昆曲、秧歌、梆子及武术等项。参加者有大西涨、赵村、内化三个同学会，演员均为同学会会员。（4）会长会议，各同学会成立后，于十二月二十八日至三十日，举行全体会长会议，说明同学会在农村上之责任，并授以开会仪式。（5）演说比赛，为训练农民用言语发表思想，及启示同学会在村内之活动，于一月元旦举行同学会全体演说比赛。（6）越野赛跑，为训练村中农民之守法精神，并启示同学会在村中之活动，于一月十四日举行中一区同学会越野赛跑。（7）武术表演，为寻求农村自卫之基础途径，并启示同学会在村中之活动方法等，于四月二日及八日在考棚及高头举行武术表演。参加者大西涨、赵村、内化、大羊平、尧房头、南车寄、大滨河七个同学会。

此外尚有同学会在本村自有之村民联欢大会、灯会、高跷会、昆曲、莲花落、修理道路、棋类比赛、踢毽比赛、村中调查、植树运动、家庭教学、扫雪运动、文艺比赛等运动。

关于四大教育的工作，已简单叙述如上。于此有一点应郑重说明者，即四大教育是联锁结合、分工合作的工作。互相关连，互为联络。必如此而后可以整个地解决生活的困难。因为生活是整个的，是联锁的。中国近几十年来，并非没有服务社会，改良民间生活的工作。然而成效很少的一个理由，即为办农业者不问教育，办理教育者不问卫生，各自为谋。是分割的、隔离的、无其他工作可以联络的。因此成功的希望很少。本会根据已往工作的经验，深信生活建设的基本工作，不能不联锁进行。因此，认定四大教育不是不相关联、独立进行的工作，只可以说是平民教育工作联锁进行的四方面。

训练与共同研究

从定县实验的目标上说，如果定县平民教育实验，得到各方面的赞助与本会同人格外的努力，能实现十年的实验计划，整个的实验区即是一大规模的训练机关，训练有志于革新教育为国家谋基本建设的青年，亦是一大规模的共同研究机关，以定县工作的结果，供全国各省各县县单位建设的研究参考。但现在工作方当开始，还谈不到这种理想。

现在本会训练与讲习的工作，一方面注意十年计划互相连贯，实现十年计划的实验与实施的人才。一方面如其中央、各省及各县政府与社会各方面热心平民教育，希望本会指导工作，训练人才，本会亦就能力所及，斟酌本会工作情形，乐于合作。

本会深信平民教育的工作是有学问、有能力、有道德的青年为国家社会尽力的一种工作。申言之，是青年的一条出路。不但是工作上的出路，更是思想精神上的一条出路。因为平教工作可以满足他完成人格，牺牲小己，实现理想，为民众奋斗，救济一般不平等的民众生活上的受压迫的现象，建设自由自主的新国家。但是要努力民间工作，不能不有准备。因此本会对于训练与共同研究的工作十分注意。希望为全国培养多数努力民间基本工作的同志！

十九年度训练与共同研究的工作在定县举行者，除平民教育专科学校及卫生教育部各种训练班为长期的系统的训练外，其他时期较短的训练与讲习次数较多，主要者为：

(1) 乡长副训练班，由定县政府与本会合作举行。全县乡长副约计 1 200 人。由二十年四月份起，分三期开班，每期三星期。在本会新修礼堂开班。课程上不为空泛的法令之讲授而注意于乡村实际的设计。本会各部同人分别担任课程之一部分。例如地方自治，由公民教育部同人担任。产业合作农业改进，由农业教育部同人担任。

(2) 河南民众师范院学生实习班。二十年春季河南百泉民众师范院选派本年毕业学生 15 人到定县实习半年。到定之后在本会训练指导之下，与平民教育专科学校学生共同学习，到各村分担学校式教育与社会式教育的实施工作，成绩甚佳。

(3) 平民教育研究会。陆海空军蒋总司令张副司令鉴于县单位基本的教育为建设之根本工作选送人员到定县与本会同人共同研究，实地参加工作。东北矿务局及东北陆军第七旅等机关亦派员参加。自四月二十日起至五月二十日止本会特为组织一平民教育研究会。各方选送代表共 26 位。此项研究会之工作内容，一方面注意整个平民教育的系统的研究与实习，一方面如浙江奉化溪口镇、辽宁沈阳县东北陆军第七旅等均各根据讲习所得，分组研究规定计划，切实实施，以表证本会在定县实验工作之结果。

(4) 乡村卫生研究会。十八年度全国基督教协进会曾委托本会在定县开办平民教育研究会。全国各省均有代表与会。十八年度参与此种研究会之河北山西两省代表，欲更进一步详细研究乡村卫生之实施。决定在十九年度在定县开乡村卫生研究会。五月十二日起举行。会期一星期，到会研究者 70 人。

本会因全部工作移来定县，其目的在集中才力，为彻底的县单位的实验。现在全部工作正在开始，实无余力到定县以外各省县指导工作。但因各方要求，十九年度仍分别到南京，沈阳，河南开封、百泉，河北泳县，天津各地讲演平教，规划工作，协助进行。

六年计划

前已述及本会在二十年度内确定进行工作之步骤为由“研究村”之研究与实验，进至“研究区”之研究与实验，然后经由三个“实施中心村”而推及全县。在此种步骤与进行中，吾人对以下诸点有更明确之认识：

（1）四大教育之实施，自始即需要联锁地进行。前定十年分期进行计划，今则不得不应事实之要求，另定六年计划。

（2）鉴于内忧外患之交迫，及国内与国际之渴望，十年计划有加紧工作缩短年限及早完成之必要。

（3）吾人在此规定年期之计划中，应以全力注重于县单位之基本建设的研究与实验。

（4）由切实移住乡间工作之结果，愈切实感觉须从农民生活中寻求问题。而计划工作，必须为具体而又精密的设计。

根据以上各点，吾人经缜密之研究与考虑，决定变更“十年计划”为“六年计划”，规定此“六年计划”纯为研究及实验性质。自去冬以来，即准备制定“六年计划大纲”。此项大纲已于二十一年一月二十三日决议，四月十一日正式宣布。继“六年计划大纲”之决议，更顺序进行“设计大纲”“设计细目”各种具体设计，以及适应“六年计划”之新的行政系统等之制定。整个的“六年计划”，自二十一年度起，即可以正式开始进行。

此六年计划，分为三期，其内容略举如下：

第一期——本期以“研究村”为主要工作

（甲）除文盲　完成“区单位”“除文盲”整套的应用学术。

（乙）作新民　完成“村单位”“作新民”整套的应用学术与基本建设。

第二期——本期以“研究区”为主要工作

（甲）除文盲　完成“县单位”“除文盲”整套的应用学术。

（乙）作新民　完成“区单位”“作新民”整套的应用学术与基本建设。

第三期——本期以全县为范围

（甲）继续研究与实施，完成地方人才训练。

（乙）分别以三个“实施中心村”为中心，实施“研究区”之成绩，完成平教运动整套的应用学术与基本建设。

本会之最终目的，在于“作新民”，“除文盲”工作则认为系“作新民”工作之先锋。故第一期虽有“研究区”之“除文盲”工作，仍以“村单位”之“作新民”工作为主；第二期虽有“县单位”之“除文盲”工作，仍以“区单位”之“作新民”工作为主；至第三期纯为“县单位”之“作新民”工作。

至“作新民”工作之内容，则系由“农民教育”“农民建设”两种立场观察。前者为运用继续教育而着重于社会分子之陶冶；后者则着重于农村社会之政治经济等方面之基本建设。两方面相辅而行，仍以整个的生活改进为对象。一切纲目及设计皆由此立场出发。同时并注重“农民组织”“农村重心”及农民之自动。务使地方上皆能自动地继续进行，继续进步。然后研究实验之所得，方能推行全国，为中国教育与农村建设辟一新路。

以上所说的是平民教育在定县的实验的大概情形。定县实验根本上是县单位平民教育的一个“研究室”，希望在定县研究实验四大教育的方法与原则，能在全国各县实施推行。希望为中华民国造成有知识力，有生产力，有强健的身体与合作的精神的个人，造成有丰富生活的农村社会。

六年计划大纲

平民教育在定县的整个的实验表证工作，分两大期进行：

研究实验期——以定县为范围　本会定县实验工作，原订有十年计划。兹以感于内忧外患之交迫及国内与国际之渴望，爰拟及早确定目标、原则，制定设计，加紧工作，缩短年限，以利进行。十年计划应于六年分三期完成之。

表证训练期——以全国为范围　根据六年计划之得失经验成绩，以定县为训练表证中心，以全国为推行范围。

一　研究实验期

一、研究实验期分期及范围

（1）第一期　研究村工作——以高头村为研究村，两年完成之。

（2）第二期　研究区工作——以研究区 61 村为范围，两年内完成之（此为第三、第四两年）。

第一年、第二年为本期之设施准备期间。

（3）第三期　全县实施工作——以全县为范围，为实施的研究，两年内完成之（此为第五、第六两年）。第一年至第四年为本期之设施准备期间。

二、研究实验之原则提要

（1）工作之研究实验，由村而区，由区而县。

（2）从农民生活里找问题。

（3）运用并联锁四大教育求问题之解决。

（4）各方面之设施，不仅为消极的适应，应注意到积极的改造。

（5）计划工作，当以设计为主，而运用并联锁四大教育工作之进行。

应注意之点如下：

（1）为避免以往工作之笼统与空泛，以增进效率并考核成绩计，各项设计，须制定具体的精密的工作单元。工作单元构成之条件为：

工作分配

时间分配

人才分配

经费分配

（2）构成设计时，应注意到县区以外的社会现状及势力之研究与认识——尤其是关于经济方面的，如农产、制造、金融、市场等，以免徒劳无益。

（3）各项设计——尤其是关于经济方面的——应以“互助”的精神为出发点，而以“合作”的方式实现之。

（4）设计应随时注意到“农民自动”“农民组织”“农村重心”。

（5）设计的立场，纯粹为“社会的”“教育的”“学术的”，由下而上的——与政治尽量合作，而不依赖政治。

（6）各项设计，应注意到：

农民之“能力”及“能量”——地方人才地方经费。

问题之“普及性”（“共同性”及“特殊性”）。

为谋“普及性”之清晰的辨认，应对于工作之“因人的”及“技术的”元素，有明确的分析与认识，而使“人”与“术”的元素均能普及为基本条件。

（7）构成设计时，对于每一设计完成后，地方是否能自动地继续下去，须有成算及准备。庶几吾人可以提得起放得下，否则无“普及性”。人到政举，人走政息。而流为一种慈善事业。

三、研究实验区工作

子、第一期——本期以“研究村”为主要工作

（甲）除文盲。

完成“区单位”整套的“除文盲”应用学术。

(1) 第一年 以实施为主。目的在除尽全区之青年文盲。尤注意区内之研究村（高头）、二个实验村（翟城、马家寨）。区内每个学校，皆当视作“实验学校”。以作第二年研究之根据。

(2) 第二年 根据第一年之材料与经验，以研究为主。目的在完成整套的“除文盲”应用学术。并一面为第二期“区单位”之“作新民”工作的先锋。

（乙）作新民。

完成“村单位”整套的“作新民”应用学术与基本建设。

“作新民”的工作，应从两方面观察：一为农民教育之立场，一为农村建设之立场。前者着重于社会分子的陶冶，后者着重于农村社会之基本建设。

(1) 村工作。

①第一年 研究准备——本年工作分两方面：一为四大教育联锁之研究与实施；二为农村建设之研究与准备。

②第二年 实施完成——本年为实施农村建设工作，并补充农民教育工作之不足。务期完成“村单位”整套的“作新民”应用学术与基本建设。此项工作. 必须如期完成，不得使有拖延情形。

(2) 区工作。设计性质不得限于一村者，得扩展到区。惟须特别注意“研究村”的基本工作，勿使精力涣散。

丑、第二期——本期以“研究区”61 村为主要工作

（甲）除文盲。

完成“县单位”整套的“除文盲”应用学术。

(1) 第一年 以全县为范围。充分与政府合作，以期除尽全县之青年文盲。并对于与政府合作之便利及困难种种方面，获得整个的经验。

(2) 第二年 研究初级平校以上之教育，为地方培养自动自治的青年人才，为第三期“县单位”之“作新民”工作的先锋。

（乙）作新民。

完成“区单位”整套的“作新民”应用学术与基本建设。

(1) 区工作。

相当地根据“村单位”之研究成绩并根据“研究区”之共同的与特殊的需

要与问题，及区与较大范围之关联问题上，做进一步的研究与实验“研究村”的成绩。一方面即为“区单位”工作之各项设计的研究实验之实施与完成。此实施“研究村”的成绩必须带有“证实”（Verification）之性质。

（2）县工作。

有因工作性质关系，须越出“研究区”范围以外而涉及全县者，得斟酌行之。但不得因此影响“研究区”之本身基本工作。

寅、第三期——本期以全县为范围

本期应集中精力，实现下列二点：

（1）继续研究与实施，完成地方人才训验。

（2）分别以南支合、明月店、李亲顾为中心，实施“研究区”之成绩。完成平教运动“县单位”整套的应用学术与基本建设。

四、六年计划成功之条件与准备

（一）本身的条件与准备

子、关于共同理想之建树

本会负责较重人员，对于农村生活，务须：（1）由综合的（包含纵的方面——中国农村的历史的演进；横的方面——中国农村处现代世界农村之地位及意义）及分析的（如经济的、政治的、社会的等）两方面，做精确的研究。（2）在工作的研究与实施之进程中，做深切的体会，俾能确定对于“新民”及新民的社会之形态的共同理想。庶免工作有驳杂及不利进行之弊。

丑、关于工作人员之分配

以上各期工作进行，应有详细的具体的计划一一列举其条项内容。所有人员，均应破除向来界限，一一按照设计条项内容性质，分配于各项设计，担负责任。一如学校配当功课表然。如此，一面可查考设计上之工作成绩与责任；一面可作“因事设人”之考核，不致有“因人设事”之弊。

在第一期关于“作新民”工作，以“村”为进行设计试验的期内，各设计主持者，应按照设计中具体的条项内容，集中精神，亲自参加，身到脑到手到，并率同比较学识才能有根底的人员，一同到村中实地实验，寓训练于经历之中，然后于第二期以区为范围表演实施时，方有干练可靠之人才分布各处。到第二期，各设计主持者，则轮流到“研究区”各村指导。到第三期，各设计主持者，则分区指导，并共同训练人才。

寅、关于进行之组织

(1)“研究村”工作。

第一期（二年）以“研究村”为主要工作，为进行便利及效率计，设“研究村委员会”。委员若干人，由干事长指定之；主席一人，由干事长兼任之。

(2)“研究区”工作。

第一期（二年）有因设计性质不能限于一村扩展到区工作，为进行便利及效率计，设“研究区委员会”。委员若干人，由干事长指定之；主席一人，由干事长兼任之。

卯、关于经费

应根据设计性质，确定分配之。

辰、关于六年计划之认识

在各项设计之进行中，应随时将工作情形，分别宣示。借使全体人员，对于六年计划，有持久的认识与奋勉。

巳、“研究村”“研究区”与“县”工作进行状况，得失经验，应由秘书处负责记核

午、各种工作

如经设计试验而有成效，有继续永久进行之性质，在经济上又有自足自给之可能者，应使其营业化——例如出版物，农场之棉花、猪、鸡等。

(二) 对外的条件与准备

子、社会方面

使社会对于六年计划，有明了之认识与帮助。

丑、政治方面

(1) 使政治领袖，对于六年计划，有明了之认识；(2) 能得政府之具体的合作。

五、“县”的三“实施中心村”之工作

根据“研究村”“研究区”基本工作之需要，斟酌进行“县”的三“实施中心村”（南支合、明月店、李亲顾）之工作。

（一）第一期

1. 第一年

（1）辅助视导三区的平校。（2）筹办表演平校。（3）介绍社会式教育。

2. 第二年

（1）提倡妇女平校。（2）使本会所办“表演平校”蜕化为地方自办之“模范平校”，以作第二期普及全县识字教育的准备。（3）提倡社会式的四大教育。

（二）第二期

1. 主要的功用

为全县识字运动推广中心。

2. 次要的功用

为社会式教育的中心，并为进行第三期工作的基础。

六、小学

本会应得相当地顾到农村小学之改良，尤其是“研究村”“研究区”之小学。其理由有三：

（1）小学不改良，则小学教育不能普及，势必至一面“除文盲”，一面文盲又增加；

（2）农村小学，即无异是农村最高学府。如小学不改良，则小学毕业人才与平校毕业人才，难相应合；

（3）小学教育，有“基础性”，有“普及性”，须将现在之小学，改良其办法内容，使之有“实用性”及“简易性”，方能与平民教育之青年成人教育打成一片。

小学分期进行之程序如下：

（一）第一期

1. 第一年

集中精力办理考棚实验小学，务期完成对于城镇小学之整个的实验。

2. 第二年

根据第一年的得失经验，加以研究。即在“研究村”设实验小学一所，作纯粹农村的小学之实验并完成之。

（二）第二期

与地方合作，在“研究区”内二个“实验村”（马家寨、翟城村）设“表演小学”各一所，以资表证与提倡。

（三）第三期

1. 第一年

普及“研究区”。

2. 第二年

普及全县。

二 表证训练期

本期以训练为目标，以全国为范围。

设立“平民教育学院”于定县。为全国训练实际提倡、推行表演，实施视导及平教学术与基本建设之专门人才。

六年计划第一期组织系统

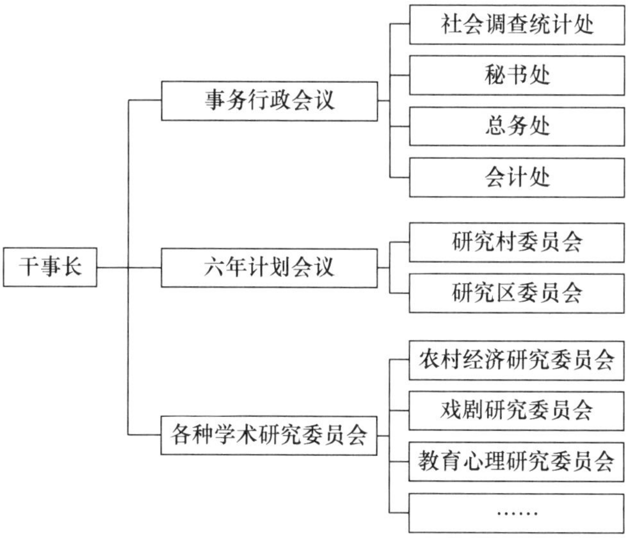

六年计划第一期设计

初级平教研究设计

（1）完成初级平校教材教具教法；（2）规定初级平校毕业标准及测验方法。

除文盲实施设计

除尽研究区全区内14至25岁男女青年文盲。

除文盲实施设计（三实施中心村）

除尽南支合、明月店、李亲顾三实施中心村男女青年文盲。

除文盲应用学术研究设计

研究完成整套除文盲应用学术。

高级平校研究设计

研究高级平校之教材、教具、教法，及测验在学校方式下使青年农民取得基本知识，尤注重生计与公民两方面。

平校同学会设计

使大多数会员：（1）继续练习读写浅显文字；（2）有正当的消闲娱乐及美的爱好；（3）能负责参加地方自治；（4）得到本会设计的卫生教育及技术；（5）得到本会设计的生计教育及技术。

高头村家庭会设计

研究家庭实际问题及改良家庭日常生活，预期作成四大教育联锁实施的家庭式教育的方法与材料。

成人（男，女）社会式训练设计

完成能应用于不识字者社会式的文艺教育材料、公民教育材料、生计教育材料、卫生教育材料。

平民艺术研究设计

采访民间文学（先采鼓词歌谣故事），选辑整理出版。

平民艺术研究设计

（1）采访民间艺术与习尚；（2）测验农民艺术的心理。

平民读物编辑设计

根据文艺教育之三种精神：（1）培养文艺兴趣；（2）增进科学知识；（3）发扬民族精神。以四大教育之内容选作、译作并创作完成平民读物六百种。

同学会周刊设计

完成定期刊物式的农民教育工具，此工具有三种功用：（1）农民有练习读写机会；（2）农民有发表意见机会；（3）农民生活有得到指导机会。

农民文艺馆设计

完成农村内一个各种文艺活动及设备之公共场所。

戏剧研究设计

（1）培养平民欣赏戏剧能力与兴趣；（2）实验平民戏剧内容与形式；（3）以戏剧表演或剧本制作而宣传四大教育。

音乐研究设计

（1）培养音乐兴趣；（2）发扬民族精神；（3）制造简单、实用、经济的乐器。

图画研究设计

（1）培养美感兴趣；（2）发扬民族精神；（3）辅助各项设计进展。

摄影研究设计

（1）表现各项设计成绩；（2）宣扬各种设计活动。

广播无线电教育研究设计

（1）以广播无线电为工具，广播四大教育之内容精神，及农民日常生活上必需之知识与消息；（2）研究实用经济的机械管理与制造。

高头村波支改良猪推广设计

增加高头村猪之产肉量及改良其品质，预期高头村农家养波支改良猪者，较养本地猪者于同一饲养之下，应有四元五角六分收入之增加。

猪种繁殖设计

繁殖优良猪种备推广区县之用。

波支猪、本地猪及第一代改良猪饲养比较试验设计

试验波支猪、本地猪及第一代改良猪在同一饲养管理下之反应，此试验完成后，断定被试验之三种猪中以何者增加体重最速、品质最佳，且饲料之消耗及利用最经济。

五代改良猪种设计

试验何代改良猪生长率最速，且品质最佳，于试验完成后断定五代改良猪中以何代猪生长最速且品质最佳。

瑞士乳羊繁殖设计

供给同人羊乳之饮用，及提倡农家养瑞士乳羊，以改善农家食品而增进国民健康。

本地绵羊改良设计

增加本地绵羊产毛量及改良毛质，于完成试验后能断定本地绵羊第一代改良种及第二代改良种产毛量与毛质之差异。

棉花育种设计

（1）改良品质；（2）增加产量完成此项目的实施方法为纯良品种之育成。

玉蜀黍育种设计

（1）增加产量；（2）提早成熟。

小麦育种设计

（1）增加产量；（2）改良品质；（3）抵抗风灾及病害。

谷子育种设计

（1）增加产量；（2）改良品质；（3）抵抗风灾及病害。

白菜改良设计

（1）育成佳良品种以增强其抵抗力；（2）改良栽培方法以促进其生产量。

葡萄栽培设计

（1）介绍新品种；（2）改良栽培法。

梨树整枝设计

（1）除去无益枝芽，整理树形，以维持树液之平均，抑止果树之生长机能；（2）助长果实或花芽之生育，以调剂果树不结实或互年结实之弊；（3）促进果实品质佳良采收丰富；（4）整齐树枝，以便管理与采收，及病虫害之防除。

介绍园艺作物新种设计

（1）介绍适合于当地栽培及需用的新种；（2）改良农民原有园艺作物栽培的方法。

高头村合作社设计

以兼营合作方法通融资金振兴生产，谋供给与需要之便利，期新农民经济之建设，创造村单位合作经济之组织。

经济农场经营设计

研究最高效率利益高大之混合农，解答华北农业大小应如何组织应如何购买运销等问题，最后对农业集团（合作）经营或可求得相当之方案。

高头村纺织训练设计

利用农暇训练生产技术，利用本地原料发展纺织工业，提高效率增大利益而创建农民合作之经济组织。

创建保健医药制度设计

创立保健院保健所，督率各村保健员以求得乡间最有效最经济之解决医药问题法。

铲除四六风病研究设计

研究最经济而有效的村单位之铲除四六风病方法，以为推广削除此病之根据，并作妇婴之工具。

减除肠胃流行病研究设计

研究村单位最经济而有效之改良环境卫生方法，以为减除肠胃流行病之教育工具。

营养问题研究设计

运用各种教育方法，灌输适当之营养知识与技能，俾作改进民众食物之初步。

学校卫生研究设计

根据本会实验小学及县立小学 19 所之组织，以研究儿童学校卫生教育之简易方法。

预防天花流行病设计

以最经济最有效之组织，灭除天花流行病，俾作其他传染病预防之先声，并使民众相信人力有制止病疫之可能。

高头村自治研究与训练设计

（1）训练村自治基本人才；（2）储蓄村自治基本财产。

国族精神研究设计

从二十四史选择志士仁人故事作系统的研究，再从选辑故事中选择富于感兴力而又与时代精神不相背者，制为历史图说四十套。

田场经营调查设计

是要知道自耕农田场周年经营详细情形，包括各项资本、所用人工、各项支出、各项收获、各项收入与赚利。

各村主要农作物及猪鸡羊调查设计

是要知道研究区内主要农产数量，尤其是贩运出境者，包括棉花、小麦、花生、鸭梨等物。此外调查猪羊鸡数目以应畜牧研究设计之需要。

手工业之详细调查设计

是要知道研究区内各种手工业制品方法、原料、资本、出货数量、销路、价格、赚利、历年之变迁、盛衰之原因、将来之趋势，且要知道农民如何利用农闲，对于现有之各种手工业有何改进发展之可能，有何种其他手工业可以传习于本县农民。

集市与商业调查设计

是要明了集市之组织、买卖方法、贩运手续、各层赚利、其中利弊与改善之可能，且要知道研究区内输出之各种农作物与手工制品之数量，并要知道输入区内各种货物之数量，例如煤油、洋布、纸烟等项，借知外货影响之程度，此种调查结果，亦为组织经济合作之根据。

借贷调查设计

是要明了农民负债情形，借以了解农民经济实况，包括借贷款额、利息、原因等项，调查结果可为组织信用合作之参考。

关于经济之各种会社调查设计

是要知道研究区内现存之各种与经济有关系之团体的内容，例如钱会与青苗会等组织，亦要知道本地钱商之组织与经营之方法及数量，调查结果可为计划新经济制度之参考。

家庭卫生调查设计

是要明了农村家庭卫生概况，包括人口死亡、井、厕所、沐浴、疾病、医药、秽水粪堆、居住清洁设备等项调查结果，可以发现关于健康的各种问题，谋改进之方法。

生命统计调查设计

是要知道研究区内各村出生、死亡人数及死亡原因，逐年调查之结果可以明了本区公共卫生之进步情形。

整理研究区内按户人口调查材料设计

整理已有之人口材料，研究人口之分配。

整理 120 家生活费记账设计

整理统计已有之 120 家记账，明了农民生产真相。

整理全县各区土地分配与农产物之概况调查材料设计

整理统计已有之材料，借以大致明了全县各区土地分配及农业概况。

整理全县各区手工业概况材料设计

整理统计已有材料，借以大致地知道全县各种手工业情况。

整理三实施中心村之调查材料设计

整理实施中心村已有之材料，借以明了三村人口土地与教育概况。

社会调查统计处调查项目

1. 地理——疆域及面积、地势、土壤、气候。

2. 历史——全县、各村、古迹。

3. 政治——县政府、村政府、赋税。

4. 人口——家数、人数、分配、密度、生亡、婚姻。

5. 家族——宗族、家庭。

6. 教育——教育局、学校、社会教育。

7. 卫生——医生、药铺、产婆、卫生设备、人民卫生知识。

8. 娱乐——成人娱乐、儿童娱乐。

9. 信仰——寺庙、伊斯兰教、基督教、迷信。

10. 风俗——婚事、丧事、庆祝、节日、陋习。

11. 救济事业——贫穷救济、特殊救济。

12. 交通与运输——陆路、水路、邮政、电报。

13. 农业——度量衡、币制、田产大小、田庄大小、田权分配、佃租制度、田块大小、地价、农产、经营方法、税捐。

14. 生活程度——食品、衣服、住房、燃料、杂项。

15. 工业——粗工、精工、工厂、家庭手工业。

16. 商业——商店、集市、借贷。

图书在版编目（CIP）数据

李景汉文集. 第二卷，定县社会概况调查/洪大用，黄家亮组编. —北京：中国人民大学出版社，2019.10
ISBN 978-7-300-27386-0

Ⅰ.①李… Ⅱ.①洪…②黄… Ⅲ.①社会调查-定县-文集 Ⅳ.①D668-53

中国版本图书馆 CIP 数据核字（2019）第 192928 号

策划编辑　潘　宇　盛　杰
责任编辑　李　颜　徐德霞　张佳佳　张　婷
封面设计　蔡立国

李景汉文集　第二卷　定县社会概况调查
洪大用　黄家亮　组编
Li Jinghan Wenji　Di-er Juan　Dingxian Shehui Gaikuang Diaocha

出版发行　中国人民大学出版社
社　　址　北京中关村大街 31 号　　**邮政编码**　100080
电　　话　010－62511242（总编室）　010－62511770（质管部）
010－82501766（邮购部）　010－62514148（门市部）
010－62515195（发行公司）　010－62515275（盗版举报）
网　　址　http://www.crup.com.cn
经　　销　新华书店
印　　刷　涿州市星河印刷有限公司
规　　格　175 mm×250 mm　16 开本　　**版　　次**　2019 年 10 月第 1 版
印　　张　45.75 插页 25　　**印　　次**　2019 年 10 月第 1 次印刷
字　　数　737 000　　**定　　价**　1688.00 元（共六卷）

李景汉文集

第三卷◎定县专项调查（上）

洪大用　黄家亮　组编

中国人民大学出版社
·北京·

本成果受到中国人民大学“统筹推进世界一流大学和一流学科建设”
专项经费的支持（项目批准号：15XNLG04）

李景汉

1985,1,15

目　录

定县须知

定县赋税调查报告书

定县地方自治概况调查报告书

论　文

定县须知

（本部分初版于1934年，由中华平民教育促进会出版，署为“李景汉编著”）

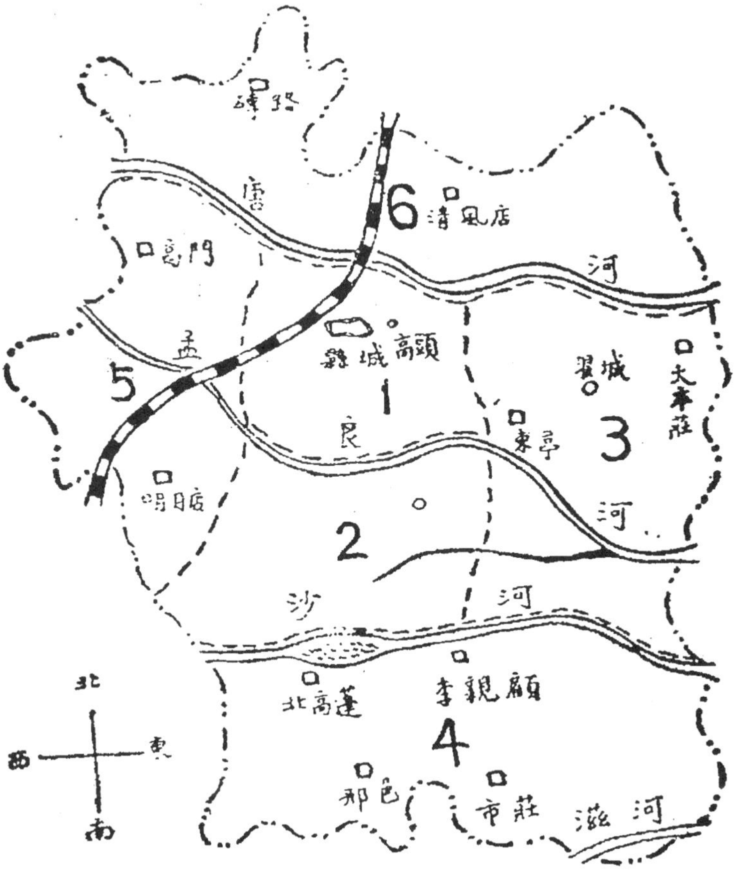

定縣圖

疆域 定县位于河北省的西部，距北平西南约四百五十里，在清苑县与石家庄之间，平汉铁路自西北部通过。横跨东经度二十九分，东起一百十五度二十三分，西讫一百十四度五十四分；纵距北纬度二十二分，南起三十八度十九分，北讫三十八度四十一分。全境轮廓颇为整齐，略呈方形，南北平均约长六十七里，东西平均约宽五十六里。全县面积约三千七百三十方里，合四百八十方哩。县城内面积约十七方里。比邻共有七县：东有安国县，两县县城距离约六十里；西有曲阳县，两县县城距离约六十里；南有无极县，两县县城距离约九十里；西北有唐县，县城距离约六十里；东北有望都县，县城距离约六十里；东南有深泽县，县城距离约八十五里；西南有新乐县，县城距离约五十里。

地势 定县地势平坦无山。北部有唐河，南部有沙河，皆发源于山西。河之两岸多沙，水道迁徙不定，每遇雨水过多，即汛滥成灾，附近村庄多受其害，无水利可言。孟良河颇小，横穿本县中部，夏季有水，冬季即涸。西北部有黑龙泉，为县内唯一有风景之泉水，向东南流，入于唐河。县内土壤以极细砂质壤土为最多，多分布于县之中部与北部；其次为细砂壤土，多分布于南部与西部；细砂又次之，多分布于中部与东北部；再次为壤质砂土，多分布于西部；再次为砂土，多分布于唐河与沙河两岸；再次有砂质壤土，多分布于西部；此外有少数极细壤质砂土，壤质细砂土与黏土。按照土壤的肥沃而论，定县属于中等，颇能代表华北一般的农业区域。

区划 据道光年的《定州志》所载，全县共有三十八里，包括四百二十八村，至后改为约包括四百二十三村。至民国初年办理警政分全县为六区，后又改称自治区。全县共计三百一十乡，包括大小四百七十二村。县城及附近地域为第一区，计有七十二村；第二区介于第一区与沙河之间，计有六十四村；第三区西境与第一第二两区毗连，北至唐河，南至沙河，计有八十五村；第四区占沙河以南全部，计有八十二村；第五区在第一第二两区之西，计有七十四村；第六区占唐河以北全部，计有九十五村。民国十三年定县教育局又分每自治区为两学区，县城划为特别区，共计十三学区。

历史 据史书的记载，颛顼分天下为九州，定县内属于冀州。帝挚五年（西元前二三六一年）尧受封为唐侯，现在定县城北十余里的唐城村，即唐国境的故城。周时属并州，春秋时（西元前七二二至前四八一年）属鲜虞国，战国时属中山国，秦时属巨鹿郡，汉景帝三年（西元前一五四年）封第九皇子胜为中山王，定县即为中山国都。中山靖王墓至今尚存城内。南北朝时为后燕国都，元置行台，北周设总管，唐设节度使，宋设都部署，金元为府治，明清为州治，由此可见定县历代颇占重要位置。这是因为定县地势平坦，驰驱便利，平时称为九州的通衢，有事则成为四战的区域；加以位置居于北鄙，有外族侵入，即首当其冲。唐代定都长安，定县俨然为国都东方的屏蔽、国家治乱的枢纽。裴行俭尝说："欲固河北，先扼云蔚，欲扼云蔚，先壮定州之扃钥。"可见唐代人重视此地。宋代定都汴京，定县的位置更觉重要。北边即和强寇比邻，南方又须拱卫京畿，成为河北重镇，实在是势所必然的。宋人富弼在《阅古堂序》里说："天下十八道，惟河北最重。河北三十六州军，就其中又析大名府、定州、正定府、高阳关为四路，惟定州最要。定为一路治所，实天下要衢之最。知是州者兼本路兵马都部署，居则治民，出则治兵，非文武材全，望倾于时者，不能安疆圉，屏王室也。"宋祈在《论镇定形势疏》里面说："天下根本在河北。河北根本在镇定。以其扼贼冲，为国门户也。……故谋契丹者，当先河北。谋河北者，舍镇定无议矣。"所以往日的定县，非为首都，即为重镇。其疆域时有变迁，明洪武后至今无甚改变。

古迹　定县既有四千年久远的历史，自然古迹很多。中山靖王陵，高两丈余，历二千余年，仍巍然存于城内，为世人所瞻仰。城内瞭敌塔为华北塔中之冠，据志书所载，宋真宗时开元寺僧会能尝往西竺取经，得舍利子以归。咸平四年（西元一〇〇一年）诏会能建塔，五十余年之久塔始告成，至今已历八百余年。当时的谣谚说："砍尽嘉山木，修成定州塔。"工程之浩大可知。塔告成后，因契丹入寇，或用以瞭望敌人，故名瞭敌塔。城内古众春园为宋韩魏公知定州时所建。内有韩苏公祠、雪浪斋、雪浪石、御书亭及苏东坡手笔。前清康、雍、乾、嘉等皇帝，皆在园内设置行宫。光绪三十一年以后，改成学校地址。城内白果树为一已死古树，高插云霄，具有昂藏气概。据一般人的传说："先有白果树，后有定州城。"近年县民在树根下立庙奉祀。此外古迹甚多，不能细述。

人口　全县住户约计六万八千五百家，人口总数约计四十万，恰巧为全国四万万人口的千分之一。居民之来源大概在明朝永乐年间皆自山西洪洞县迁来；

因为燕王扫北时燕赵的居民随在起义抗拒，燕兵所至，屠戮甚众，河北尤甚。定县人民多死于此时。适山西洪洞县大闹虫灾，年景饥荒，于是多移来定县一带地方落户。

城内住户约一千七百家，铺户约四百七十处，人口总数约一万一千五百人。四关住户约计五百六十家，铺户约一百九十处，人口约计四千一百人。城关人口合计约一万五千六百人。

每乡平均二百十四家，每村平均一百四十家。最大之村达一千二百家，最小之村仅有六家。不满百家之小村约占一切村数百分之四十六，一百至二百五十家之中等村约占百分之三十七，二百五十家以上之大村约占百分之十七。第一区内多小村，平均每村八十余家。平均每村家数最多者推第四区，约二百二十家。

县城之南方村数为最多，东方次之，北方又次之，西方最少。距城最远之村不足七十里。

每方哩为八百五十人。以四口之家庭为最多，五口之家次之，三口之家又次之，再次为六口之家、七口之家。不满六口之家庭数目超过家庭总数之半，超过十口之家庭仅占百分之九，超过十五口之家庭甚少。平均每家人口为五点八人。男女性比例为一百零六，即一百零六男子与一百女子之比，亦即男子占人口总数百分之五十一，女子占百分之四十九。男儿童与女儿童约为一百零七与一百之比例，青年男子与青年女子约为一百十二与一百之比例，壮年男子与壮年女子约为一百零九与一百之比例，四十五至六十五之男子与女子之比例相等，六十五以上之老翁远不及老妇之数目，八十以上之人口内女子数目占三分之二，男子仅占三分之一。

定县人民十分之九以农为业，此外为商者次之，各种手艺人又次之，再次为从事粗工、教育、军警、政、医等项。家庭手工业则有织布、纺线、抄纸、织毯及制造各种农家日常用具。

按照定县人口年龄之分配看来，则大致可以推知本县人口近于稳定类，即或增加亦是极缓慢的。土地所能出产之食品已达到不能供养再多之人口。出生率每千人中约为三十五人，死亡率约为三十四人。

教育　全县十四至二十五岁之男女青年约八万二千人，其中识字者在民国二十二年六月时约占百分之三十八，文盲占百分之六十二。男青年中识字者占百分之六十三，文盲占百分之三十七；女青年中识字者占百分之九，文盲占百分之九十一。在民国二十二年底时男女青年文盲总数约计四万人，其中女文盲约占五分之四，男文盲占五分之一。在民国二十三年内或能除尽。

全县六至不满十二岁之学龄儿童数目约占全县人口总数百分之十二零十分之八，约计五万一千人，其中入学者约占百分之四十，失学者约占百分之六十。男儿童入学者约占百分之六十五，失学者占百分之三十五；女儿童入学者约占百分之十六，失学者约占百分之八十四。

全县四十万人口中在高级小学毕业者约计六千人，其中住在本县者约计五千五百人，离定县在外做事者约计五百人；初级中学毕业者约计一千八百人，其中在本县者约一千二百人，不在本县者约六百人；大学毕业者约计五百人，其中在本县者约计一百五十人，不在本县者约计三百五十人。

民国二十二年时，全县一切公立学校共计四百五十四处，其中男校计三百四十五处，女校一百零九处。幼稚园一处。初级小学共计四百二十三处，其中男校三百十九处，女校一百零四处。高级小学三处，其中男校两处，女校一处。初高两级小学二十四处，其中男校二十二处，女校二处。男初级中学一处，男子职业学校一处，男女师范学校各一处。此外全县在民国二十三年一月时设立平民学校者计四百十三村，共七百八十一班。中华平民教育促进会开办之实验初级男平校两处，实验初级女平校两处，实验高级男平校两处，实验高级女平校两处，男初级实验小学一处，女初级实验小学一处，简易制女子小学一处，特约实验小学三处，儿童教育学校一处，与短期之生计巡回训练学校。

民国二十一年度，幼稚园学生共计六十人，其中男生二十人，女生四十人。初级小学学生共计一万七千三百人，其中男生一万三千五百人，女生三千八百人；初小毕业者共计三千九百人，其中男生约三千人，女生约九百人。高级小学学生共计三千八百人，其中男生三千五百四十人，女生二百六十人；高小毕业者共计五百七十人，其中男生四百八十人，女生九十人。初级中学学生共计三百五十人。职业学校学生共计六十四人。师范学生共计一百八十人，其中男生七十人，女生一百一十人；师范毕业者共计一百一十人，男生六十人，女生五十人。在民国二十三年一月时，初级与高级平民学校学生合计约二万人，其中男生约计一万三千八百人，女生六千二百人。初级平校学生约计一万七千五百人，其中男生一万一千五百人，女生六千人。高级平校学生共计约二千五百人，其中男生约二千三百人，女生约二百人。

全县一切学校之资产约计八十余万元，其中小学之资产约计六十余万元。全年支出总数约计十六万余元，其中男校占十二万元，女校占四万余元。全年小学支出总数约十二万元，初级中学约两万元，师范学校约两万余元。

本县定期出版物有《醒民日报》与《农民周刊》两种。

县政府及各机关　实验区县政府之组织与河北省其他各县稍有不同。县政府设县长一人综理县政，设秘书长一人，设立财政局、建设局、公安局、教育局、第一科、第二科、承审处、监狱与看守所、民众教育馆。各局设局长一人，各科设科长一人。财政局分设会计课与事务课。建设局分设事务员与技术员，其附属机关有电话管理所、城关马路管理处、城乡道路委员会、堤工会、农事试验场与苗圃。公安局分设总务行政课、司法卫生课与督察处。全县分设六分局及公安马队，各分局又分设派出所或分驻所。教育局分设县督学、教育委员、学校教育课、社会教育课与总务课。在民国二十二年度以前，各局直隶于河北省主管之各厅，行文直接呈厅，亦直接接受各厅法规及命令，对各局附属之机关用令，直接行文。办公地点亦在县政府外，有独立之性质。自民国二十二年度后，各局迁入县政府合署办公，行政稍变，对于直接主管之上级机关及本身所属之机关不能直接行文，概由县政府名义具办。厅行文至县政府，不直接行局。每当厅令到县，由县政府将厅令批交各局办理。如各局上呈或下令，由局拟稿，用签呈，不盖本局钤记，仅用局长图章，签送县政府行政科，不得直接呈厅。后由科长、秘书长、县长依次签核，再发还原局，誊清后送县政府，由县长署名盖印封发。

第一科分设税契所、征粮所与会计室。第二科分设收发室、监印校对室。承审处设承审员、帮办承审员、书记员、录事长、录事、法警、承发吏与检验吏。民众教育馆分设生计健康部、教学出版部、阅览陈列部、讲演游艺部及民众招待所。

县政会议由县长、各科科长、各局局长组织。每开会一次，讨论全县各种问题，计划各种改进事业。

各区有区公所，区长由县长选派。各乡有乡公所，乡长由村民选举。各邻有邻长，各闾有闾长。

此外有县党部、保卫团、商会等组织。宗教团体有天主教、伊斯兰教、公理会、救世军及各种道门。

河北省县政建设研究院设院长副院长各一人，由省政府聘任。该院设调查、研究、实验、训练四部，各部设主任一人，实验部主任兼县长。

中华平民教育促进会设秘书处、统计调查处、总务处、会计处、平民文学部、艺术教育部、生计教育部、卫生教育部、公民教育部、学校式教育部、社会式教育部、家庭式教育部、教育心理研究委员会、戏剧研究委员会。

赋税与财政　人民担负之税捐约分三种，即中央政府征收的国税、河北省政府征收的省税与定县地方收入的地方捐。民国二十一年度国税实征数为二十一万七千余元，省税约十六万二千元，地方捐约十二万二千余元，共计五十万一千五百三十元。若以百分计，则国税占百分之四十三，省税占百分之三十二，地方捐占百分之二十五。定县平均每人担负约一元三角，每家约担负八元。

国税内以盐税为最多，约十五万余元。其次为卷烟统税，约三万五千元，再次为统税，此外按多寡之次序为烟酒牌照税、印花税与烟酒税。省税内以田赋为最多，约计七万八千元，牲畜花税次之，约为一万六千余元，此外按多寡之次序为契税、八行牙税、屠宰税、营业税及杂收入。地方捐之最大收入为田赋附加地方经费，约二万九千元，八行牙捐次之，约二万二千元，此外为花生木植捐、牲畜花附捐、屠宰附捐、契税中佣及地方杂收入。

民国二十二年度省款收入与支出预算数为十六万六千七百元。省款支出预算数之主要项目为县政建设研究院经费约七万余元，本县行政经费约二万八千元，省立定县中学二万八千余元，本县司法经费约六千七百元，模范费六千元。

民国二十一年度省税支出于本县之主要项目为本县行政经费约一万三千二百元，省立第九中学经费约二万二千七百元，模范费六千元，本县司法经费约五千五百元，征解办公费约五千元。

民国二十一年度定县地方款之主要应支数为教育费约六万元，政费约五万三千元，党费约七千元，建设费三千九百元，特别费约一万八千元。政费内包括公安局经费约二万八千元，区公所经费约一万零八百元，教育局经费约五千六百元，建设局经费约三千元，财政局经费约二千三百余元，度量衡检定所经费约一千元，电话局经费约九百余元，自治筹备处经费约六百余元。教育费包括县立女子师范约一万六千元，县立乡村师范学校约一万四千元，四乡初小学款约一万零五百元，职业学校约六千二百元，四乡高小奖学金约五千一百元，民众教育馆约三千六百元，职业学校工厂约二千元，模范民众教师津贴约一千一百元，识字运动委员会九百元，妇女民众教师传习所三百六十元。建设费包括农事试验场兼苗圃约一千三百元，长途电话协款九百六十元，翟城村模范费六百元，农会五百七十元。特别费中包括《醒民日报》津贴五千四百元，商会二千元。

民国二十一年度县政府支出总数约二万五千二百元，其中包括县政府行政经费约一万三千二百元，司法方面经费约五千五百元，办公费约六千五百元。

农田 全县已耕种之好坏田地共计约一百六十万亩，平均每家约合二十三亩，每人约合四亩。若按田产权分配，则完全耕种自有田地之自耕农家数约占一切农家总数百分之六十三，自耕兼租种他人田地之农家约占百分之二十四，自耕兼租出田产一部分于他人之农家约占百分之五，完全租种他人田地之佃农仅占百分之五。完全租出田地而不自己种地之地主极少。因此，定县大多数的农家是耕者有其田的。

若按种地亩数之分配而论，则小农甚多，大农极少。耕地不满二十五亩之农家约占一切农家总数百分之六十七，二十五至四十九亩者约占百分之二十三，五十至九十九亩者约占百分之六，百亩以上者不到百分之一，三百亩以上者仅占千分之一。

一农家虽仅种地二十亩左右，而非相连之一块土地，多半又分为数块，不满五亩之小块田地约占一切田块总数百分之七十，五至十亩之较大田块约占百分之二十四，十至十四亩之田块约占百分之四，十五亩至十九亩之田块约占百分之一点五，二十至二十四亩之田块约占百分之一，二十四亩以上之田块约占千分之六。

本县田地本系中等土壤，但自民国九年华北发生空前的旱灾以后，定县农民深知凿井的好处，因此农作物产量大增。现已遍地皆井，全县总数约计六万口，平均每村百余口。普通每井可浇田二十余亩，水源颇旺。有井之水田较无井之旱田农产量约多一倍。定县之旱灾问题大致解决。农民亦渐知选种方法。

农产　定县农产物以谷子为最多，约占作物亩面积总数百分之三十，民国二十年内之产量约值三百余万元。小麦次之，约占百分之十七，全年产量约值二百余万元。豆类又次之，约占百分之十四，全年产量亦约值二百余万元。再次为高粱，约占百分之七，棉花占百分之六，甘薯占百分之五，玉蜀黍、花生与荞麦各占百分之三，大麦占百分之二；外有黍子与稷子、白菜、萝卜、芥菜、北瓜、葱、蒜、西瓜、甜瓜、枣、扫帚等作物。普通年每亩有井之水田，谷子之产量若系第一次作物，约为十四斗，若系第二次作物约为十斗；旱田若系第一次作物为九斗，第二次作物为六斗。小麦每亩之产量，若系有井之田为八斗，旱田为四斗。大麦每亩之产量，若系水田为十六斗，旱田为八斗。每亩旱田高粱之产量为七斗，芝麻为三斗。每亩水田甘薯之产量，若系第一次作物为二千八百斤，若系第二次作之为二千三百斤，若系旱田约二千斤。每亩水田花生产量，若系第一次作物为三百五十斤，第二次作物为三百斤；旱田第一次作物为三百斤，第二次作物为二百五十斤。每亩水田棉花产量为八十斤，旱田为五十斤。每亩水田白菜产量为三千斤，北瓜为二千五百斤，大葱为一千五百斤，蒜六百斤。

工业　据民国二十年之调查，县内从事纺线者约五万人，其中女子约四万七千人，男子三千人。从事织布者约三万人，其中女子约占四分之三，男子占四分之一。从事织席者约一千七百人，做豆腐者约一千五百人，做粉条者约一千二百人，编柳罐者约八百人，编蒲锅盖者约六百人，织粮食口袋者约五百五十人，织腰带者约五百人，选猪毛者约四百四十人，做挂面者约四百人，捆扫帚者约二百七十人，织苇箔者约二百七十人，做鞭爆与作杆叉者各约二百余人。

民国二十年内，土布产量之价值约计二百三十万元，线约值五十万元，席约值三十六万元，豆腐与干粉条各约值十六万元，挂面与柳罐各约值五万余元，腰带、粮食口袋与苇箔各约值三万余元，铁丝笊篱与腿带各约值一万余元。

商业　农家买卖物品多在各种集市。民国二十二年时全县共有大小集市七十八处，第三区最多，第四与第六区次之，再次为第二区，第一区与第五区为最少。主要之头等集市约十处，其中第一区内有县城集市，第二区内有东车寄，第三区内有东亭，第四区内有李亲顾、市庄、邢邑与高蓬，第五区内有明月店，第六区内有清风店与砖路。主要交易货物为粮食、棉花、土布、牲口、猪、线、花生、菜蔬、甘薯、柴火等项。

至本县输出之主要货物为棉花、土布、眼药、小麦、猪、鸡蛋、花生、花生油、鸭梨、芝麻、香油、葡萄、猪鬃、猪羊小肠、席等项。主要之输入货物有煤油、煤炭、棉纱、纸烟、洋布、洋火、小米、黑豆、高粱、铁器、自行车、茶叶、糖、高粱酒、油漆、颜料、瓷器、竹货、洋碱、装饰品等物。

民国二十二年农产品价格低落甚多。民国二十年之平均小麦价格为每斗一元三角，二十二年落至八角六分，小米由每斗一元二角落至八角四分，高粱每斗由七角八分落至五角二分，黑豆由每斗一元落至四角，甘薯由每百斤一元四角落至一元。仰光白米由每斗二元五角落至一元八角。

因交易不如从前之繁盛，承包各种税额亦大受影响而减少。例如屠宰税承包实数在民国二十一年为一万四千九百元，二十二年为一万零八百元，八镇牲畜花税前为二万四千五百元，后为一万四千九百元。

交通　平汉铁路自本县西北部通过，北有清风店站，中有定县城西关站，南有寨西店站。近数年来定县与安国县之间，亦常有长途汽车通行。县内道路多为通行大车之土路，城内及由城至西关车站有平坦马路。近来有平民学校毕业同学会之村庄常修村外土路，村人便之。

普通之运输工具为用马拉之大敞车、带席篷大车、轿车、骡、马、驴、牛等。人力车数目逐年增加，脚踏车亦日渐普遍。

定县车站旁设有二等邮局，管理全县及其他数县邮务。西关十字街有电报局，为保定分局。城内有电话局，各重要机关及重要镇市皆通电话。中华平民教育促进会设广播无线电台一座，每日放送关于农民生活上必需之知识与消息，有收音机之村庄日渐增多。

生计　定县自普遍掘井灌田以来，农民大致皆能饱粗食暖粗衣。农民冬季食品以甘薯为大宗，小米次之，再次为小麦、豆类、高粱、荞麦、玉米等杂粮；所食菜蔬以白菜为大宗，外有萝卜、莀莛、北瓜等物。暖季以小米为主要食品，杂粮与甘薯干次之；菜蔬则有葱、蒜、莀莛、北瓜、豆角等物。所用调和甚少，全年几不见肉类。民国十八年时普通六口之家的全年生活费约为一百八十元，其中食品占一百二十元，燃料与衣服各约十五元，其余为各项杂费。

民国二十二年时农村发生破产现象，人民之生计非常困难，普通六口农家全年一切费用总数降至一百一十元左右，其中包括食品费七十元，衣服费与燃料费各约十二元，杂费约二十元。极贫之农家全年食品费仅用四十元，每人每月仅合食品费五角，每日不到二分钱。民国二十二年内定县人民常常连盐也吃不起者约占人口百分之二十。

农民所食食品及所穿布匹多系本县土产。除煤油、洋火等少数物品外，所用洋货甚少。用舶来品者多系较富裕之家庭及受过稍高学校教育者。

民国二十二年度农村破产现象可以从几方面看出来：农民愿出卖田产者日多，因此地价骤落。民国十七年时有井之普通田地每亩为一百二十元，民国二十二年时落至五十元，普通旱田由五十五元降至二十五元。普通雇农之全年工资在民国十七年时为四十余元，民国二十二年时落至三十元。民国二十年时小学教员之全年薪金普通为一百四十元，民国二十二年时落至一百二十元。前数年在定县乞丐数目甚少，民国二十二年时全县增至三千左右。前数年每年由定县移往东北及西北谋生之人数在七百左右，民国二十二年时超过一万人，其中大多数系往东北谋生！人民生计之困难可见一斑。

民国二十年内在定县因债务破产而为债主没收一切家产之家数不过五十左右，二十一年内增至三百家左右，二十二年内竟达二千家之多。破产之主要原因为重利盘剥者超过破产家庭总数之半，此外为家庭内生利者寡而吃饭者众、经商赔累、养蜂赔累、兵匪抢劫、嫁娶耗费、嫖赌抽扎、为人担保牵连、丧葬耗费、疾病等原因。破产家庭所欠债额不满五百元者占破产家庭总数四分之一，五百至一千元与一千至二千元之家数亦各占四分之一，其余四分之一之家庭系超过二千元者。没收之产业估价不满五百元之家数占总家数之半，五百至一千元者占四分之一，一千至二千元者占六分之一，二千元以上者占百分之七。

民国二十二年内定县欠债之家数占全县总家数百分之六十七，约四万六千家，不欠债之家数占百分之三十三。借债之农家数目中种地不满二十亩之小农占百分之六十三，二十至四十亩之家数占百分之二十四，四十亩以上者占百分之十三。借贷约定之期限以十个月及一年者为最多。月利普通为二分五，有高至五分者。全年借入款额不满五十元之家数占总家数百分之三十，五十至九十九元者占百分之二十七，一百至一百四十九元者占百分之十四，一百五十至二百元者占百分之六，其余为超过二百元者。

因农村经济破产的缘故，人民渐觉提倡合作的需要。全县在民国二十二年底自助社成立者近三百处，社员近七千人；合作社成立者约五十处，社员约二千人。合作社业务包括信用、购买与运销。信用又分存款、放款两种，购买品分生产品与消费品两种。关于运销方面有五处仓库，分设于城内、清风店、明月店、东亭与李亲顾。作用是平粜市价，调剂金融与改良产业。人民近年以来对于喂养改良波支猪、梨树整枝、选择籽种等农事改进方法亦大为注意。

卫生与健康　全县肯为人医病中医不下四百五十人，平均每村约合一人。各种药铺约计四百处。人民所患病症最普通者为肠胃症、眼病、疮伤、肺痨、呼吸病、抽风等，此外有喉病、疹子、骨节炎、痢疾、皮肤病、天花、瘫痪等病。

人民对于公众卫生及个人卫生向来不大讲求。三房问题（厨房、卧房、茅房）一塌糊涂。农民虽有天然良好空气、日光及饮水，而不知充分利用，致大多数人民现病弱状态。近年来沾染吸白面习惯者颇多，幸县政府现已严禁。

定县城内有保健院一处，积极研究保健制度。民国二十二年十二月时在县内已设保健所四处，已训练保健员五十余人，改良水井二十余处，城内设模范改良厕所四处。此外有训练产婆与护士、普及种痘、预防注射、防止流行病等工作。人民渐知卫生的好处，渐养成卫生的习惯。

宗教　县内穆斯林约计七千人，天主教徒约计五千八百人，基督教徒约计五百余人。一般民众崇拜偶像，几乎无所不信。受过中学以上教育者，有甚么也不信的趋势。

全县尚有偶像之庙宇几近千座。此外庙宇皆改为学校及村中办公处。最普通之庙宇为五道庙、老母庙、关帝庙，其次为真武庙、三官庙、奶奶庙、玉皇庙、龙王庙，再次为药王庙、马王庙、虫王庙、观音庙、二郎庙、三义庙、土地庙、财神庙等。

全县有庙会者约五十处，其中在城内及三关者八处，在第一区乡间者五处，第二区一处，第三区九处，第四区十处，第五区六处，第六区十一处。

娱乐　农民生活单调，尤其缺乏适当而健康的娱乐。儿童有简单之种种游戏。成人在阴历年节可以听本地土产之秧歌或演大戏。正月间，有城乡人民自行组织之各种娱乐会社，例如鳌山灯会、耍龙灯会、七巧灯会、武术会、耍狮子会。平日可以藉逛庙会、赶集市为消遣。夏季农民忙得要命，无闲暇寻乐之可能；冬季大半是蹲在十字街墙根下晒太阳闲谈而已。这也是嗜好赌博、白面、吗啡等不良习惯的主要原因。如何利用农暇及介绍正当的消遣方法，是颇重要的问题。近年来平校同学会演新式话剧者日渐增多。

风俗习惯　定县民风朴实，颇能代表一般老实忠厚的老百姓。但有好讼之风，往往因极小争端，以致倾家败产，连打数十年之官司，期得最后之面子胜利。又有男子早婚之陋习。男子不满十六岁即已结婚者占一切结婚男子总数之半，不满十八岁结婚之男子约占三分之二。女子结婚年龄多在十五至十八岁。因此大多数之夫妇是女长于男。妻大于夫两三岁者甚为普遍，大四五岁者颇为寻常，大六七岁者亦到处可见。较富之农家子弟大半夫幼于妻，许多贫家之子弟夫大于妻。至于婚丧，尤其是关于父母丧事，因用费过多致负重债之积习，为我国社会普遍之现象，不独定县如此。

大致说来，定县人民之知识较邻县略高。十五岁以下之女子已无缠足者。一般农民皆尽其能力之所能及，使子弟入学读书。近二三年来人民之思想及表面之服装有显然的变化。青年女子剪发者日渐普遍，打扮日趋时髦，离婚案件多于从前。普通农民喜看报纸及平民读物者日众。

总结　定县社会大致能代表中国北部的农村，从在定县数年的社会调查看来，中国社会显著的四大病象是愚、贫、弱、私。目不识丁之文盲多至百分之八十以上，即此少数入过学者亦只识字而已，又非是真正受过“教育”者。老百姓几乎完全在最低生活水准下面活着，以饿不死为侥幸，视饱食暖衣为福境。加以营养不足、疫疠疾病任其传染、天灾人祸任其继续，国民身体之衰弱，岂不当然？人民虽众，一盘散沙，事关公益则袖手旁观，为私争倒可以拼命，是虽有民国而无国民，四万万人不知须打多少折扣？老实来讲，若没有适当的文艺教育培养国民的知识力，适当的生计教育增进国民的生产力，适当的卫生教育发育国民的强健力，适当的公民教育训练国民的团结力，则政治任凭如何改革，社会任凭如何组织，也是白费力气。末了再说一句：大家一齐来呀，培养民族元气，巩固国家基础，逐此“四魔”，不与同中国。

定县赋税调查报告书

（本部分初版于1934年，河北省县政建设研究院印行）

绪　言

调查定县赋税，主要的目的有两种：第一点，是因为我国的赋税制度，千头万绪，纷乱已极，在此纷乱的情况中，我们正要把它一切探讨出来，使我们对于赋税上有一个究竟混乱繁杂到什么地步和不均苛扰到什么程度的概念，好来从事研究改进的方案。第二点，是想知道定县民众每年直接间接负担税捐的实际情况和数字，为研究改进社会一般经济者的一种参考资料。

自从民国十七年，国民政府颁布划分中央与地方收入标准后，从划分的项目内容看来，中央与地方的税收，已有很明了的界限。关于中央的税收，如关税、统税、烟酒税等等，要知道定县民众担负了多少，自然要从货物的运销数字内，才能计算出来。这桩庞大复杂的工作，是不能在短期内把握得着确数，尚有待于继续的探讨。在已往的短期内，系仅就地方收入里面，含有固定性的税捐，先行着手调查。

在调查过程中，关于材料搜集的方法与工作进行的步骤，均由本院调查部主任李景汉慎密考虑，详细拟订，同时并负主编与审核的任务。关于材料的分析与编撰，由专员陈菊人依据主任所指示办理之，并按照计划，领导干事郭志高、调查员杨麟阁分别进行。这本册子的载列，就是这几个月来，对于地方收入的几种税捐所搜集的材料，编辑出来，说个大概，贡献给阅者诸君的一个简单概念。不过，各种税捐的来源、变革和税收的数字，与乎征收的内容，虽经多方搜罗，因为情形复杂和年代悠久，卷宗散佚，很难稽考，终不免有残缺疏漏之处，这是令人抱憾的。

第一章　田赋

一、概说

我国田赋的制度，内容极度复杂。不独一省和一省，有很多不同的地方，就是一县和一县，或是一县的里面，也不划一。因为经过了久远的年代，政府向来没有积极、彻底整理，所以错综变化、漫无系统了。

谈到本县的田赋，从征地的种类说，就有很多繁杂的名称。从征收赋税的款目说，也有各种的项别。他如地亩的大小不同和科则（每亩税率）高低的差别，同样凌乱。同时，因为习惯相沿，仅注意征收银两的数目，忽略了地亩的数目，所以现在欲知征地的确实亩数，已失却记录了。现在就本县征收田赋的实在情况下，加以调查，逐一说明，来提供有关系方面的参考。也许能够给从事研究改进方案者作为一种事实根据。

二、地亩征收赋税的项目及沿革

按田赋的名称，在夏称为“贡”，殷称为“助”，周称为“彻”，其后始称为“田赋”。系以田亩为标准，征取民财，在前代征收的项目有地赋、丁匠银和地闰、丁闰、耗羡等等的名称。地赋里面，包含有正供、杂办、加征三种；每种又包含有各项的名色。丁匠银里面，包含有丁银、匠银两种。各样项目的增减变革和合并的事实及历史来源，已没有详确的根据了。

民国三年，对于地闰、丁闰、耗羡，已一律蠲除。因为改用国历，没有闰月，地丁两闰的加征，当然是有取消的必要。耗羡一项，是因为倾镕银两，总有多少的损失，所以另外征收耗例，来贴补这样损失，自改用银元以来，所以把这一种加征，一并的减去。现在地亩赋税，计有三种：一为正赋，二为附加差徭，三为带征地方用款。前两项系属于省库的收入，第三项属于地方的收入。现在把这三项的最近沿革，简略说明在下面：

（一）正赋

在从前本有征收丁银一项，系在地赋以外的一种特征的税，其性质仿佛是人头税。人丁的数目，系按五年一编审，定其增减。明洪武二十六年营造宗庙宫殿，又增了匠银一项。到了清康熙五十二年下诏以丁银改照当年征钱粮册内有名字的人丁，定为常额，以后滋生人丁，永不加赋。后来在清雍正二年又实行摊丁于地的制度，丁匠银于是就在地赋内一并征收了。现在所收的正赋，当系此数项合并为一的来源。

（二）附加差徭

差徭一项，在前清时代，已经征收。它的用途，原系供应官府卫署一切应用器具及驿站的柴草夫马喂食和官员因公过境需用的各种开销；向系由各村分摊，交纳于县府分别支配的。清末曾经一度的裁免，到了民国，又次第恢复，而且在民国五年间，附加于正赋内征收，计每征正赋银一两附征差徭制钱一百四十六文，现在折征银元三分一厘。良房租地，每征正赋银一两，附征制钱一百零六文，现折征银元二分。此种折征办法，系省财政厅饬辨，于二十二年下忙递征二十三年下忙田赋时，开始实行了。至于良房租地，为什么带征的差徭比较少些，因为征正赋一两内，有一部分属于余租，余租是不征差徭的，所以与他种地亩不同（详见良房租地说明）。

（三）带征地方用款

本县在前清光绪年间，曾征收亩捐一项。它的征收方法，是随着正赋带征，每小亩带征制钱四十八文。因为本县的地亩，有大亩和小亩的分别，而且小亩组成大亩的亩数，又不同一，所以每一大亩，一律按三小亩计算。这种带征的款项用途，系规定以十分之八充警察经费，以十分之二充县教育经费。民国十六年又为着警察经费不敷分配的原因，由全县代表大会议决，每征正赋银一两，再带征制钱四百文。后来因为带征学警各款名目既不一致，征收手续又很烦琐，经全县代表大会议决，从前按地按银带征的学警款名目，一律取消，统改为地方经费，每征正赋一两，带征铜元二百八十枚，并经呈奉本省民政厅和财政厅核准有案。民国十九年，因举办自治，又添上了随正赋带征区公所经费一项，计每征正赋一两，带征银元两角，由财务局（现改称财政局）专案保管，系支持区公所经费的使用，亦经呈奉民政厅核准了。民国二十二年，县政府因为保卫团经费向系由各村摊缴，这种办法不甚适宜，所以自二十二年下忙起，改为随正赋带征，计每征正赋一两带征银元八角。总计现在带征地方用款，共有三项：一系地方经费，二系区公所经费，三系保卫团经费。合计每征正赋一两，带征银元一元六角。至于这种带征，为什么要按征收银两计算，而不按照地的亩数计算呢？固然由于地亩数目很不详确，无法分配，同时因地的肥瘠也有不相同的地方，所以按银两的数目来计算分配，还较适宜。

三、各种征地来源、征地数目、征银数目及科则

本县征地的种类，现在县政府把它大别为五种：一为额内地，二为额外地，三为良房租地，四为旗租升科地，五为圈租官荒黑升科地。关于这五种的征地来源、亩数、征银数及科则，各有各的不同情形，为便于说明起见，特就所分的种类，逐一写在下面。

（一）额内地

Ⅰ．来源　额内地亩，系明万历年以来的原有的征赋地亩，原分为优免地、行差地、寄庄地三种，现把这三种地分别说明如下：

（甲）优免地　这种地亩的所有人系仅须缴纳正供，不用缴纳其他杂项。料必系当时特殊阶级人士所有的地亩，所以能够享受此种权利。清顺治年间，已撤去优免的待遇，因沿习惯，这种名称，仍然在历史上存着。

（乙）行差地　这种地亩系一般普通人民的所有地，一切赋役都要照例

缴纳。

（丙）寄庄地　这种地亩的来源有两说：一说谓系庶民置产于异籍，地寄此处，赋在他处缴纳之地，故赋税较高；一说谓系地亩挨近村庄，因之价值较高，所以课以较重的赋税。两说虽均无可靠的证据，但这种地亩赋税较重于甲乙两种，是它的差异的缘故。

关于优免地于清顺治十四年，已经撤去优免的待遇，一律照行差地的办法缴纳赋税，无形中好像归并行差地里面了。查现在县政府征册的载列，仅分户地和庄地两种，其名称的来源和转变的经过，虽人言各殊，但以现在的户地仍有袭用差地的名称，又以征地亩数和赋率的比照，户地当系优免、行差两种的合并，庄地是寄庄地的简称。至于分别为两款的缘故，就是由于赋率的不同。

额内地和其他地亩大大的差异情形，是这种地系按大亩计算。第一大亩有以三亩半小亩（每小亩合二百四十弓步，每弓步合五营造尺）或五小亩、七小亩、十四小亩组成的。当时划分的标准，原系就征地的肥瘠，而异其小亩组成大数的亩数。后来因自由买卖的缘故，已错综复杂，失了肥瘠的标准。又因历时很久，未曾清理。想知道现在大亩的总数内，究竟由三亩半组成一大亩，或五小亩、七小亩、十四小亩所组成一大亩的，各有多少亩，已失却其记录，现在所知道的，仅系大亩之数罢了。如果要彻底明了，除非是把民众所有的额内地契据重新核算一遍，才能清楚。

Ⅱ. 征地亩数　兹将额内地各种地亩数的增减情况和现在实有地亩数，开列如下：

（甲）优免地　按道光定州志载列，原有优免地 20 751.000 亩。

（乙）行差地　按道光定州志载列，原有行差地 218 203.880 亩，在嘉庆十三年以前，先后增减两次，实有行差地 214 831.100 亩，其后历年水冲沙压共去地凡四次，参考道光志及新志所载共去 17 530.729 亩，到了光绪六年止实剩地 197 300.371 亩。

（丙）寄庄地　按道光定州志载列，原有寄庄地 30 005.000 亩，在嘉庆年间，因水冲沙压去地两次，去地数是 3 830.400 亩，到了嘉庆二十四年实剩地 26 174.700 亩。

以上系根据志书的载列，经核减后所有额内各种地亩的实剩数，现在把县政府征册载列的地亩数，开列在下面，来作比较。

（甲）户地（系行差地优免地合并的）实有征地215 960.392亩。

（乙）庄地（寄庄地）实有征地28 104.830亩。

以上实有征地，系根据县政府征册载列的，若与志书载列的比较，优免行差合并于光绪六年间，其数有318 051.371亩，现在县政府征册载列户地实有征地215 960.392亩，比较志书载列尚少2 090.979亩。寄庄地据志书载列为26 174.700亩，现在县政府征册载列，庄地实有征地28 104.830亩，比较志书载列，尚多出1 930.230亩。此种册载列庄地实有征地28 104.830亩，比较志书载列，尚多出1 930.230亩。此种增多减少的时期和缘由，当然在卷宗里可以查明，可是年代很久，已经散失，无从考究了。

Ⅲ. 征地科则及征银数　额内地亩科则，户地和庄地各有不同的：户地每大亩一年（上下两忙）要纳正赋一钱五分九厘二毫六丝八忽，庄地每大亩一年要纳正赋一钱七分二厘八毫三丝四忽。而且，在户地的里面有6 767.089亩系按一钱五分九厘三毫九丝八忽纳赋。在庄地里面有585.405亩系按一钱七分三厘零一丝六忽纳赋。各地合计征银共有三万九千二百五十四两零三分八厘，按法定二元三角折合银元计算，应有九万零二百八十四元二角八分七厘。

定县额内地各项征地亩数及征银数

征地类别	征地亩数	征银数	
		原征银两	折征银元
户地	215 960.392	34 396.471两	$79 111.883
科则0.159268的	209 193.303	33 317.798	76 630.935
科则0.159398的	6 767.089	1 078.673	2 480.948
庄地	28 104.830	4 857.567	11 172.404
科则0.172834的	27 519.425	4 756.292	10 939.472
科则0.173016的	585 405	101.275	232.932
总合	244 065.222	39 254.038	90 284.287

注：额内地亩系按大亩计算，详细情形已在上面说过，可以参看。

（二）额外地

Ⅰ. 来源　额外地是明万历以来，原征地以外的地亩。它的来源很为复杂，仅能把它的重要原因说个大概。现在分别说明如下：

（甲）自宋明以来，向行屯田的制度，当时政府系把官有的无赋山地和荒地，分给戍守士兵耕种，来充裕军实；同时又把一部分的田地，交与农民耕种来征取租赋。其后因经过了长久的时间，民间把它的耕种田地，互相自由买卖的缘故，一部分地的所有权，辗转落在耕户的手里，而且得着政府升科纳赋的许可，就加入在额外地那里面了。

（乙）历年河流的淤塞和荒芜的土地，经农民的辟耕和政府的劝垦，由农户升科纳赋，并在额外地里面。

（丙）清季多以官田赐给官员经管收益，因为不能守其业，卖给农民，由农民升科纳赋，亦归在额外地里面。

关于额外地的种类，在志书载列有备边地、备荒地、充饷地、瞭马厂地、教场地、学租地、社稷坛地、河淤地、新增地、退回地、窦后池地、毕玉春地、张耿文地、张喜海地、贾维新地、杜有德地、吴动地、刘守业地等等名称。除却河淤地、新增地两种，系因民众垦种升科的和退回一项，系当清初圈去的地亩退回农民，再由农民报请升科的田地外，其余大都系就往日地的收益用途，或就耕户的姓氏，沿用其原来的名称。现在县政府的额外地仅分为河淤及新增、充饷三部分，并且把各种复杂名目的地亩统包括在河淤里面，其原因不很详细，也许是便于稽核的缘故。

Ⅱ. 征地亩数　额外征地据道光志载各种地亩的总合是十二万九千八百六十九亩一分三厘，现在县政府征册的载列，新增、河淤、充饷三部分亩的数总合是十二万九千五百三十二亩三分八厘八毫，其减少的缘故，散在各年的卷宗，因为散失了，无法可以查列。

Ⅲ. 征地科则及征银数　科则的杂乱要算是额外地了。它的科则不下一百多种，最重的有多至每亩三钱六分二厘的，最轻的有至少四厘八毫的，计共征银二千一百九十二两六钱五分九厘，按照法定二元三角折合银元共计五千零四十三元一角一分五厘。

定县额外地各项征地亩数及征银数

征地类别	征地亩数	征银数	
		原征银两	折征银元
新增	46 936.471	589.291 两	＄1 355.369

续前表

征地类别	征地亩数	征银数	
		原征银两	折征银元
河淤	81 515.917	1 555.708	3 578.128
充饷	1 080.000	47.660	109.618
总合	129 532.388	2 192.659	5 043.115

注：按县政府额征数为 2 190.155 两（折合银元为 5 037.357）与所核算的总数差 2.504 两（折合银元为 5.759），系因此项地亩科则杂乱，卷毫成厘，散在各花户内的。

定县额外地各种科则所占征地亩数及其百分比

科则（银两）	征地亩数	百分比
0.012 10	109 550.055	84.57
0.043 30	12 609.688	9.74
0.043 20	2 947.225	2.28
0.051 12	1 147.063	0.89
0.044 13	1 080.000	0.83
0.037 00	663.329	0.51
0.047 666	650.000	0.50
其他	885.028	0.68
总合	129 532.388	100.00

查额外地科则百数十种，除了表列各种科则占地亩较多者外，其余占地不及百亩的，统并归在其他的项内。

定县额外地各种科则所占征地亩数细表

科则（银两）	征地亩数	科则（银两）	征地亩数
0.362 000	5.529	0.049 600	5.822
0.201 200	5.771	0.049 500	7.000
0.148 240	18.229	0.049 300	1.800
0.120 750	8.000	0.049 200	2.930
0.120 720	25.000		
0.051 900	7.151	0.049 100	10.747
0.051 500	0.280	0.049 000	13.600
0.051 120	1 147.063	0.048 900	4.165
0.050 452	98.693	0.048 700	9.796
0.049 700	0.569	0.048 600	14.450
0.049 660	4.060	0.048 540	1.030

续前表

科则（银两）	征地亩数	科则（银两）	征地亩数
0.048 400	0.684	0.021 500	0.401
0.048 300	4.316	0.014 700	7.000
0.048 200	5.000	0.014 600	1.743
0.048 120	7.100	0.014 500	5.140
		0.014 460	3.243
0.047 550	3.710	0.013 000	7.500
0.046 700	0.783		
0.046 670	0.120	0.012 900	7.430
0.032 600	8.000	0.012 840	71.070
0.032 500	2.500	0.012 700	6.400
0.032 400	0.456	0.012 510	19.060
0.032 100	0.081	0.012 500	6.940
0.032 000	34.452		
		0.012 440	10.966
0.028 000	0.433	0.012 400	46.273
0.027 000	0.739	0.012 360	3.839
0.026 600	0.858	0.012 350	4.826
0.026 500	0.376	0.012 330	13.903
0.025 500	0.516	0.120 700	10.000
		0.061 660	6.000
0.025 400	0.684	0.054 100	0.410
0.025 000	0.382	0.053 000	7.470
0.024 400	0.207	0.052 300	2.560
0.024 300	1.305	0.045 000	3.000
0.024 000	0.230	0.044 900	0.722
0.023 300	2.140	0.047 666	650.000
0.023 000	2.337	0.044 300	1.946
0.022 800	0.740	0.044 130	1 080.000
0.022 100	0.331	0.044 000	0.966
0.021 900	2.478	0.043 900	9.093
0.021 700	1.949	0.043 600	12.440
0.021 600	2.366	0.043 500	3.520

续前表

科则（银两）	征地亩数	科则（银两）	征地亩数
0.043 400	0.993	0.016 440	3.750
0.043 300	12 609.688	0.015 800	8.089
0.043 210	4.432	0.015 700	4.582
		0.015 650	5.198
0.043 200	2 947.225	0.015 600	3.822
0.042 400	0.380	0.015 500	1.800
0.041 660	0.024	0.015 400	8.507
0.041 500	4.200		
0.038 900	2.900	0.015 350	6.050
		0.015 300	4.253
0.038 800	6.759	0.015 200	0.230
0.038 600	3.421	0.015 000	23.603
0.037 000	663.329	0.014 800	2.557
0.035 000	1.239		
0.034 900	0.505	0.012 300	14.251
		0.012 262	4.893
0.021 200	0.400	0.012 220	5.917
0.021 100	0.460	0.012 200	39.760
		0.012 190	5.880
0.020 000	25.410		
0.019 700	3.300	0.012 170	15.967
0.019 400	23.270	0.012 150	9.280
0.018 800	1.700	0.012 100	109 550.055
0.018 200	3.300	0.012 000	5.000
		0.004 800	5.000
0.017 340	6.510		
0.017 300	12.300	总合	129 532.388
0.016 500	0.480		

（三）良房租地

Ⅰ. 来源　良房租地，系前清顺治四年，政府圈占了良乡县和房山县民众的地亩，就把定县原有的屯卫官地拨给良乡和房山两县被圈去地亩的民众来管理，算是偿补损失的意思。因为自宋朝以来，用屯田的方法来供给军实，定县的屯田很多，这种地亩原本就没有纳赋的，自拨给良乡、房山两县被圈的民众以后，所以一面由业主升科纳赋，一面由业主自行招租。后来因为收租，发生了纠葛，时常打官司，所以交由县政府替他们征收租金，同时将所有代征的租金内扣除了业主应纳的田赋。其余的银两，叫作余租，每年全数拨给良乡和房山两县的业主，这种办法已有很久的历史了。良房租地的来源，大概是这样的。

Ⅱ. 征地亩数　良房租地，县政府征册内没有载列，只看写征收银两的数目，习惯的相沿，都系以银数为标准，所以地亩确实数目已经年久难于稽考了，仅能根据志书载列的亩数作为参考。据志书载列良乡县地为113 716.675亩，房山县地为55 686.805亩，共为169 403.480亩。

Ⅲ. 征地科则及征银数　良房租地的亩数，失却了记载，仅有征银的数目，所以地的科则，亦因推转的缘故错乱了，不能算出确实的数字。现在成了仅知全部征银，系由全部良房租地经营人分别摊交的状态。至于这种状态的促成，大概系当时根本就没有科则的规定，仅由良房租地的经管人报认征银，不报地亩，后来年代既久，没有整理的缘故。现在良房租地的征银，原额一共有七千七百八十四两五钱五分。在这数目内，属于正赋的有五千五百五十八两七钱六分四厘；属于耗银的有一百三十六两七钱一分九厘；属于余租的有二千零八十九两零六分七厘。如果把这几笔的数目，和志书载列的地亩数目，平均一下，每亩赋租，约有四分五厘九毫五丝二忽强。

关于良房租地亩租的征收银两方面，还有几点要附带说明的：查赋租银两原额里面，正赋五千五百五十八两七钱六分四厘，原系要按照法定二元三角折合银元，余租二千零八十九两零六分七厘，原系要按法定一元五角折合，因为耗银一百三十六两七钱一分九厘，在民国三年奉令删免，而这宗的数目，散在各花户里面，为数很少，无法剔除出来，后来得着省财政厅的核准，将赋、租、耗三项合并平均计算，每征银一两，按二元零五分零五毫五丝一忽一微折合。但在余租项下，有定民买七十九两六钱六分八厘，因为这一款系单征余租，没有正赋的银两在里面，所以仍旧按一元五角折合。除却这一笔的特殊余租不计外，共折合银元计有一万五千七百九十九元二角五分五厘，其结果和赋租各项照章分征的数目相符，但无形中已把耗银删除了。

定县良房租地征地亩数及征银数

征地类别	征地亩数	征正赋银数		征余租银数		共计	
		原征银两	折征银元	原征银两	折征银元	原征银两	折征银元
良乡租地	113 716.675	3 280.121 两	$ 7 544.278	1 175.080 两	$ 1 762.620	4 455.201 两	$ 9 306.898
房山租地	55 686.805	2 278.643	5 240.879	913.987	1 370.980	3 192.630	6 611.859
总合	169 403.480	5 558.764	12 785.157	2 089.067	3 133.600	7 647.831*	15 918.757

* 原征银两系按剔除耗银之数。

注：（1）本表中的正赋系按二元三角折合银元，余租按一元五角折合银元。

（2）本表征余租的里面，有定民买回的良乡余租二十一两七钱零六厘和房山余租五十七两九钱六分二厘，一并计入共折合银元一百十九元五角零二厘。

（3）表中载列的亩数，系按志书载列的。

定县良房租地赋、租、耗三项合并按二元零五分零五毫五丝一忽一微折收银元之各项征银数

征地类别	征地亩数	征银数							
		正赋		余租		耗银		共计	
		原征银两	折征银元	原征银两	折征银元	原征银两	折征银元	原征银两	折征银元
良乡租地	113 716.675	3 280.121 两	$6 726.056	1 175.080 两	$2 397.612	无	无	4 455.201 两	$9 123.668
房山租地	55 686.805	2 278.643	4 672.474	913.987	1 842.266	136.719	280.349	3 329.349	6 795.089
总合	169 403.480	5 558.764	11 398.530	2 089.067	4 239.878	136.719	280.349	7 784.550	15 918.757

注：在良乡租地的余租里面有二十一两七钱零六厘银两和在房山租地里面有五十七两九钱六分二厘银两，系按一元五角折合。

良房租地平均每亩征租赋数

征地类别	征地亩数	征租赋银数		平均每亩征租赋银数	
		原征银两	折征银元	原征银两	折征银元
良乡租地	113 716.675	4 455.201 两	＄9 123.668	0.03918 两弱	＄0.08023 强
房山租地	55 686.805	3 329.349	6 795.089	0.05979 弱	0.12202 强
总合	169 403.480	7 784.550	15 918.757	0.04595 强	0.09397 弱

注：本表所列的平均征租赋数的银两，假如是一律按二元零五分零五毫五丝一忽一微来折合银元，就与表中所列的银元数目不相符了，因为所征的余租里面有良乡租地的二十一两七钱零六厘和房山租地的五十七两九钱六分二厘，系按一元五角折合（参看良房租地的说明）。

（四）旗租升科地

Ⅰ. 来源　旗租升科地，原系清初入关跑马圈占民众的地亩，由内务府经管，赐给王公勋臣收益，后来因各种原因，逐渐归州县经租征解的地亩。它的种类，有存退租地、庄头租地、另案租地、和屯庄、三次、四次、奴典、公产等八种，本县仅有前项三项的地，现在先把它说明。

（甲）存退租地　这种租地，系赐给王公勋臣经管转租收益的，后来因事退出（如人口死绝等等的缘故），交给州县经租征解的地亩。

（乙）庄头租地　这种租地的来源，是清代承租旗产，要有庄头，做庄头的，照例得着赐给的地亩，因事被革退了，要将原领的地亩收回，收回的地亩交给州县经租征解，所以叫作庄头地。

（丙）另案租地　这种租地，系旗人有罪查抄入官的产业，由州县经租征解的地亩。

以上甲乙两项的租与地，仍系旗族所有，丙项既属查抄，租与地当然系政府所有了。这三种租地，向由县经租征解的，每两租银按二元折收。自民国十五年，河北省成立了官产旗产荒地清理处，这三项租地，依照规定，要按租银五倍缴价留置，产权移归承租人所有。民国十六年处分完事，民国十七年升科，就并入田赋里了。这种事实，就是旗租升科的来源。

Ⅱ. 征地亩数　旗租升科地，计征地共有五千四百六十七亩零七厘，内有存退租地五百七十七亩八分，庄头租地一千三百十八亩八分六厘，另案租地三千五百七十亩四分一厘。

Ⅲ. 征地科则及征银数　旗租升科地自民国十七年处分完事，已经照章升科了。每亩正赋按三分科则征收，计共征银一百六十四两一分二厘，按法定二元三角折合银元计算，应有三百七十七元二角二分七厘。

定县旗租升科地各项地亩数及征银数

征地类别	征地亩数	征银数	
		银两	折合银元
存退租地	577.800	17.334 两	$39.868
庄头租地	1 318.860	39.554	90.974
另案租地	3 570.410	107.124	246.385
总合	5 467.070	164.012	377.227

（五）圈租官荒黑升科地

Ⅰ. 来源　兹逐项分别说明如下：

（甲）圈租地　这种地亩，系清初入关的时候，由各旗自行圈占民地，经租收益的地亩。

（乙）荒地　这种地亩，系官有的荒地，可以从事垦种的地亩。

（丙）黑地　这种地亩，系国有的土地，由人民私自占用，向来未曾交纳租赋的地亩。

以上各项地亩，自民国十五年河北省成立了官产旗产荒地清理处（现改称官产总处）以后，即分别进行处分这三种地亩。曾经规定旗地圈租地，准由租主投税升科，或由佃户留置；荒地及黑地，由人民自行缴价承领，升科纳赋。自十八年起，已开始征赋了。

Ⅱ. 征地亩数　本县自从河北省官产旗产荒地清理处开始进行以来，办理这项事宜，原先系由县政府经办，后来并设立官产局处理了。在旗地圈租地升科的有九千一百零七亩三分五厘六毫。荒地及黑地升科的有一千三百六十六亩二分九厘四毫。

Ⅲ. 征地科则及征银数　本县的旗地圈租和荒黑地，自处分以后，在民国十九年陆续升科，科则每亩有一分和二分两种，一分科则共有征银六十两三钱零五厘，二分科则共有征银八十八两八钱六分三厘，总合有一百四十九两一钱六分八厘，按法定二元三角折合银元应有三百四十三元零八分六厘。

四、租课

国家把固有的土地，或是公家购置的田亩，或是政府没收罪人的田地，租

定县圈租官荒黑升科地亩数及征银数

征地类别	征地亩数			征银数					
				科则一分地		科则二分地		共计	
	科则一分地	科则二分地	共计	银两	折合银元	银两	折合银元	银两	折合银元
圈租地	5 779.799	3 327.557	9 107.356	57.798两	$132.935	66.551两	$153.068	124.349两	$286.003
荒黑地	250.701	1 115.593	1 366.294	2.507	5.766	22.312	51.317	24.819	57.083
总合	6 030.500	4 443.150	10 473.650	60.305	138.701	88.863	204.385	149.168	343.086

给人民利用，收回相当的代价，这种代价就是租课。本县在民国十五年以前，曾有租课一项，自官产旗产荒地清理处成立，这种租课已依法定手续升科，改归田赋了。现在租课载在卷宗的，仅有河淤租一种，论它的性质，属于官产，曾一度进行处分，后来却没有办好，到了现时还依旧存在。这种租课一共有九十三亩二分三厘二毫，共征银一两四钱六分九厘。按法定二元折合银元应有二元九角三分八厘。历年系以专案向财政厅报解的。这宗地亩向没有征过差徭和地方用款。

定县租课地亩及征租银数

租课科则	地亩数	征银数	
		原征银两	折征银元
一分	66.397	0.664两	$1.328
三分	26.835	0.805	1.610
总合	93.232	1.469	2.938

五、各种征地亩数及开除数

定县各种征地所占亩数及其百分比

征地类别	征地亩数	百分比
额内地	1 220 326.110*	79.49
额外地	129 532.388	8.44
良房租地	169 403.480	11.03
旗租升科地	5 467.070	0.36
圈租官荒黑升科地	10 473.650	0.68
总合	1 535 202.698	100.00

*额内地的亩数244 065.222亩，原系按大亩计算，现为便于计算百分比，所以把大亩一律按照五小亩折合。

定县各种征地最近开除之亩数及征银数

征地类别	开除之征地亩数			开除之征地银数		
	平汉路占用	二十二年水灾	共计	平汉路占用	二十二年水灾	共计
额内地	370.240	1 471.153	1 841.393	$68.779	$269.464	$338.243
额外地	195.824	15.124	210.948	15.124	0.421	15.545
良房租地	351.000	340.406	691.406	25.251	27.969	53.220
总合	917.064	1 826.683	2 743.747	109.154	297.854	407.008

定县各种征地原有亩数征银数（元）开除后实剩之亩数及征银

征地类别	原有数		开除数		实剩数	
	征地	征银	征地	征银	征地	征银
额内地	244 065.222 亩	$ 90 284.287	1 841.393 亩	$ 338.243	242 223.829 亩	$ 89 946.044
额外地	129 532.388	5 043.115	210.948	15.545	129 321.440	5 027.570
良房租地	169 403.480	12 785.157	691.406	53.220	168 712.074	12 731.937
总合	543 001.090	108 112.559	2 743.747	407.008	540 257.343	107 705.551

注：查平汉铁路在光绪二十五年修筑路线所经过本县的地面，其中占用的地亩向由路局认交征银，但已经积欠很久，到了民国二十一年始奉令造册豁免。又民国二十二年本县沿近唐沙两河的村庄被水冲塌了不少地亩，亦造册呈报豁免征银。但这两宗开除的地亩，尚未得着主管机关的核定，所以各表开列的数目仍然照现在县政府征册载列未曾减去的数目。

六、正赋、差徭及带征地方款征收数

本县征收田赋，除差徭及带征地方款两宗外，正赋每年都是预征下年的（即十九年预征二十年）。现在把这三种额征数和自民国十九年至二十一年的三年征收数列表如下。

（一）额征数

定县各种征地之正赋附加带征额征银数及其百分比

征地类别	额征银数				百分比
	征正赋数	附加差徭	带征地方用款	共计	
额内地	$ 90 284.287	$ 1 216.875	$ 62 806.460	$ 154 307.622	81.46
额外地	5 037.357	67.894	3 504.248	8 609.499	4.54
良房租地	12 785.157	111.175	12 375.612	25 271.944	13.35
旗租升科地	377.227	5.084	262.419	644.730	0.34
圈租官荒黑升科地	343.086	4.624	238.668	586.378	0.31
总合	108 827.114	1 405.652	79 187.407	189 420.173	100.00

定县各种征地亩数及正赋与附加差徭额征银数

征地类别	征地亩数	额征银数				
		正赋		差徭		共计
		原征银两	折征银元	原征制钱	折征银元	
额内地	244 065.222	39 254.038	$ 90 284.287	5 725 594	$ 1 216.875	$ 91 501.162
额外地	129 532.388	2 190.155	5 037.357	319 465	67.894	5 105.251
良房租地	169 403.480	5 558.764	12 785.157	810 801	111.175	12 896.332
旗租升科地	5 467.070	164.012	377.227	23 923	5.084	382.311
圈租官荒黑升科地	10 473.650	149.168	343.086	21 758	4.624	347.710
总合	558 941.810	47 316.137	108 827.114	6 901 541	1 405.652	110 232.766

注：（1）本表银两折合银元按法定 $ 2.3 计算。差徭除良房租地按每征正赋一两征银元二分计算外，其余地亩均按每两征银元三分一厘计算。
（2）参看额外地亩数及征银数。

定县各种征地带征地方用款额征银数

征地类别	额征银数				
	地方经费		区公所经费	保卫团经费	共计
	原征铜元	折征银元			
额内地	10 991 131	$ 23 552.422	$ 7 850.808	$ 31 403.230	$ 62 806.460
额外地	613 243	1 314.093	438.031	1 752.124	3 504.248
良房租地	2 157 367	4 670.730	1 540.976	6 163.906	12 375.612
旗租升科地	45 923	98.407	32.802	131.210	262.419
圈租官荒黑升科地	41 767	89.500	29.834	119.334	238.668
总合	13 849 431	29 725.152	9 892.451	39 569.804	79 187.407

注：（1）地方经费原征正赋一两，带征二百八十枚。民国二十二年七月起折征银元六角。
（2）良房租地正赋及余租一律带征地方用款。
（3）保卫团经费民国二十二年下忙起始随正赋带征。

（二）征收数

民国十九年预征二十年正赋额征数与征收数及未收数

征地类别	额征数	征收数	未收数	说明
额内地	$ 90 284.287	$ 89 556.447	$ 727.840	未收数内有 590.277 元系扣抵十八年被灾蠲免已缴的赋银，有 137.563 元系平汉路局欠缴。
额外地	5 037.357*	4 926.563	110.794	未收数内有 39.767 元系扣抵十八年被灾蠲免已缴的赋银，有 15.028 元系平汉路局欠缴，有 55.999 元系民欠。
良房租地	12 785.157	12 598.202	186.955	未收数内有 161.973 元系扣抵十八年被灾蠲免已缴的赋银，有 18.186 元系平汉路局欠缴，有 6.796 元系民欠。
旗租升科地	377.227	377.228	无	
圈租官荒黑升科地	343.086	343.086	无	
总合	108 827.114	107 801.526	1 025.589	

* 参看额外地各项征地亩及征银数。

民国二十年预征二十一年正赋额征数与征收数及未征收数

征地类别	额征数	征收数	未收数	说明
额内地	$ 90 284.287	$ 90 146.724	$ 137.563	未收数系平汉路局欠缴。
额外地	5 037.357*	4 845.935	191.422	未收数内有15.028元系平汉路局欠缴，有176.394元系民欠。
良房租地	12 785.157	12 760.175	24.982	未收数内有18.186元系平汉路局欠缴，有6.796元系民欠。
旗租升科地	377.227	377.228	无	
圈租官荒黑升科地	343.086	343.086	无	
总合	108 827.114	108 473.148	353.967	

* 参看额外地各项地亩及征银数。

民国二十一年预征二十二年正赋额征数与征收数及未征收数

征地类别	额征数	征收数	未收数	说明
额内地	$ 90 284.287	$ 80 187.826	$ 10 096.461	未收数内有 5 491.192 元系扣抵二十年被灾蠲免预征的赋银，有 137.563 元系平汉路局欠缴，有 4 217.766 元系民欠，有 249.940 元系县政府征粮书记亏空未缴。
额外地	5 037.357*	4 107.517	929.840	未收数内有 276.214 元系扣抵二十年被灾蠲免预征的赋银，有 15.028 元系平汉路局欠缴，有 229.920 元系民欠，有 408.678 元系县政府征粮书记欠缴。
良房租地	12 785.157	12 117.389	667.768	未收数内有 562.196 元系抵二十年被灾蠲免预征的赋银，有 18.186 元系平汉路局欠缴，有 87.386 元系民欠。
旗租升科地	377.227	377.228	无	
圈租官荒黑升科地	343.086	303.269	39.817	未收数内有 26.300 元系扣抵二十年被灾蠲免预征的赋银，有 13.517 元系民欠。
总合	108 827.114	97 093.229	11 733.886	

* 参看额外地各项征地亩数及征银数。

民国十九年差徭额征数与征收数及未收数（制钱）

征地类别	额征数（文）	征收数（文）	未收数（文）
额内地	5 725 594	5 191 864	533 730
额外地	319 465	237 506	81 959
良房租地	810 801	667 223	143 578
旗租升科地	23 923	23 923	无
圈租官荒黑升科地	无	无	无
总合	6 879 783	6 120 516	759 267

民国二十年差徭额征数与征收数及未收数（制钱）

征地类别	额征数（文）	征收数（文）	未收数（文）
额内地	5 725 594	5 704 272	21 322
额外地	319 465	309 339	10 126
良房租地	810 801	797 553	13 248
旗租升科地	23 923	23 923	无
圈租官荒黑升科地	无	无	无
总合	6 879 783	6 835 087	44 696

民国二十一年差徭额征与征收数及未收数（制钱）

征地类别	额征数（文）	征收数（文）	未收数（文）
额内地	5 725 594	5 082 816	642 778
额外地	319 465	258 869	60 596
良房租地	810 801	662 097	148 704
旗租升科地	23 923	23 923	无
圈租官荒黑升科地	21 758	21 758	无
总合	6 901 541	6 049 463	852 078

注：差徭系按制钱征收，折合银元是没有一定的标准，系按征收的当日市价折合的。查十九年征收的总额共折合有一千四百六十二元四角二分三厘。二十年征收的总额共折合有一千四百三十一元一角零九厘。二十一年征收的总额共折合有一千三百四十元五角六分三厘。

民国十九年带征地方用款额征数与征收数及未收数

征地类别	额征数		征收数		未收数	
	铜元	银元	铜元	银元	铜元	银元
额内地	10 991 131	$ 3 925.404*	10 976 448	$ 3 915.201	14 683	$ 10.203
额外地	613 243	219.016*	555 809	203.800	57 434	15.216
良房租地	2 157 367	770.488*	2 146 829	713.644	10 538	56.844
旗租升科地	45 923	16.401*	45 923	16.401	无	无
圈租官荒黑升科地	41 767	14.917	41 767	14.917	无	无
总合	13 849 431	4 946.226*	13 766 776	4 863.963	82 655	82.263

* 区公所经费系征收银十元，十九年九月始成立，故是年只征半数。

民国二十年带征地方用款额征数与征收数及未收数

征地类别	额征数		征收数		未收数	
	铜元	银元	铜元	银元	铜元	银元
额内地	10 991 131	$ 7 850.808	10 976 693	$ 7 830.402	14 438	$ 20.406
额外地	613 243	438.031	555 809	417.600	57 434	20.431
良房租地	2 157 367	1 540.976	2 146 829	1 522.938	10 538	18.038
旗租升科地	45 923	32.802	45 923	32.802	无	无
圈租官荒黑升科地	41 767	29.834	41 767	29.834	无	无
总合	13 849 431	9 892.451	13 767 021	9 833.576	82 410	58.875

民国二十一年带征地方用款额征数与征收数及未收数

征地类别	额征数		征收数		未收数	
	铜元	银元	铜元	银元	铜元	银元
额内地	10 991 131	$ 7 850.808	9 878 816	$ 7 151.120	1 112 315	$ 699.688
额外地	613 243	438.031	445 254	381.040	167 989	56.991
良房租地	2 157 367	1 540.976	1 688 870	1 174.801	468 497	366.175
旗租升科地	45 923	32.802	45 923	32.802	无	无
圈租官荒黑升科地	41 767	29.834	41 767	29.834	无	无
总合	13 849 431	9 892.451	12 100 630	8 769.597	1 748 801	1 122.854

地方用款收入在十九年至二十一年计有两项：一为区公所经费，系收银元；一为地方经费，系收铜元，此项铜元折合银元，无一定的标准，系按征收的当日时价计算，按实征铜元数的总折合。在十九年计三万三千二百四十一元一角一分九厘，二十年计三万二千九百二十九元四角九分六厘，二十一年计二万七千六百七十六元二角一分一厘。

这宗地方用款，系由征粮所征收，经县政府会计室核送财政局支配，在所收的铜元数内并抽百分之一为征粮书记底子钱，所以实送财政局的数目，只有百分之九十九罢了。现在更把地方用款的征铜元数、实送财政局数及折合银元数列表于下，以备参考。

民国十九年地方用款原征铜元数、实送财政局铜元数及折合银元数①

每元折合铜元数	原征数		实送财政局数	
	铜元	折合银元	铜元	折合银元
500	4 200 枚	$ 8.400	4 200 枚*	$ 8.400
430	1 092 439	2 540.556	1 081 689**	2 515.556
425	68 200	160.475	67 518	158.865
420	3 502 285	8 338.773	3 467 263	8 255.388
415	6 721 135	16 195.555	6 653 924	16 033.511
410	317 589	774.607	314 413	766.860
405	888 620	2 194.123	879 734	2 172.182
395	784 590	1 986.304	766 744	1 941.124
369	387 718	1 050.726	383 841	1 040.219
总合	13 766 776	33 241.119	13 619 326	32 892.105

* 未扣底。
** 内有 17 412 枚未扣底。

民国二十年地方用款原征铜元数、实送财政局铜元数及折合银元数

每元折合铜元数	原征数		实送财政局数	
	铜元	折合银元	铜元	折合银元
426	325 147 枚	$ 763.255	321 896 枚	$ 755.622
420	12 215 366	29 084.204	12 0■3 212	28 793.361
410	112 493	274.373	111 368	271.629
404	17 382	43.024	17 382*	43.024
400	736 955	1 842.387	729 586	1 823.965
3■■	359 678	922.253	356 031	913.028
总合	13 767 021	32 929.496	13 629 525	32 600.629

* 未扣底。

① 该表部分数据疑有误。——编者注

民国二十一年地方用款原征铜元数、实送财政局铜元数及折合银元数①

每元折合铜元数	原征数		实送财政局数	
	铜元	折合银元	铜元	折合银元
496	140 534 枚	$ 283.334	139 129 枚	$ 280.500
468	623 365	1 331.981	617 131	1 318.656
448	1 846 132	4 120.830	1 828 067	4 080.507
446	1 168 246	2 619.607	1 158 876*	2 598.599
438	1 323 926	3 022.665	1 310 686	2 999.433
436	2 263 510	5 191.535	2 240 875	5 139.621
430	1 736 804	4 039.075	1 719 436	3 998.688
426	2 246 786	5 274.145	2 224 319	5 221.405
420	570 068	1 357.300	564 367	1 343.731
416	181 259	435.735	179 443	431.353
总合	12 100 630	27 676.211	11 982 329	27 412.493

* 内有 231 224 枚未扣底。

（三）平均每亩征银数

七、田赋之征收

（一）组织

本县征收田赋，系由县政府第二科经管的。在科下面，设有征粮所一处，里面分六柜，每柜有书记二人，直接办理征收的事务。

（二）征收时期

本县征收田赋的时期，分为上下两忙。上忙在三月间开始，到了六月底为截限扫数缴纳的时期；下忙在八月间开始，到了十二月底为截限扫数缴纳的时期。

（三）征收手续

上下两忙，在定了开始日期以前，由县政府布告各村周知。并且饬派雇征的警察，按里通知各村乡长副负责转催各花户交纳。要是逾了期限，催征的警察就要负代垫的义务，以后再由警察赴村挨户讨还垫款。

① 该表部分数据疑有误。——编者注

定县各种征地平均每亩征正赋及差徭与地方用款数

征地类别	征地亩数	额征银数			
		正赋	附加差徭	带征地方用款	共计
额内地	1 220 326.110*	$ 90 284.287	$ 1 216.875	$ 62 806.460	$ 154 307.622
额外地	129 532.388	5 037.357	67.894	3 504.248	8 609.499
良房租地	169 403.480	12 785.157	111.175	12 375.612	25 271.944
旗租升科地	5 467.070	377.227	5.084	262.419	644.730
圈租官荒黑升科地	10 473.650	343.086	4.624	238.668	586.378
总合	1 535 202.698	108 827.114	1 405.652	79 187.407	189 420.173

征地类别	平均每亩征银数			
	正赋	附加差徭	带征地方用款	共计
额内地	$ 0.073 984	$ 0.000 997	$ 0.051 465	$ 0.126 446
额外地	0.038 888	0.000 524	0.027 002	0.066 414
良房租地	0.075 470	0.000 656	0.073 054	0.149 180
旗租升科地	0.069 000	0.000 930	0.048 000	0.117 930
圈租官荒黑升科地	0.032 757	0.000 441	0.022 780	0.055 978
总合	0.070 890	0.000 916	0.051 640	0.123 446

* 额内地按每一大亩折合五小亩计算。

民众交纳田赋时，由收款人填给串票（即收据），来做证件。因为凡交纳田赋，要带回上次纳赋的串票。本县征收正赋、差徭和带征地方用款三项，都要分别填给串票，共有三张。这三张串票，一律由省财政厅印发的，每张各收回工本费银元一分，由民众交纳款项时，一并征取。

在征收的时期内，征收书记每日把征收的款项，核算清楚，交给第二科的会计处点收。每日所收的款项，要填写日报单，由县政府呈报省财政厅。征收的三种款项，除了带征地方用款外，其余的两种，原先系分■报解省库的，现在本县系留拨县政建设研究院的经费。

关于征收手续方面，还有一种附带的说明。查额内地庄地每年每大亩应该缴纳一钱五分九厘二毫六丝八忽，庄地缴纳一钱七分二厘八毫三丝四忽，系在上下两忙各交一半，其他各种正赋，均在上忙或下忙一次交纳。

（四）过割

过割系民间买卖地亩，履行所有权转移和纳赋义务转移的登记，惯例在每年的废历正月间办理，在二月间查照管理业人所在地，造具征册，由征粮所照册征收。关于这里的详细情形，在契税的调查内再来说明。

第二章　契税

一、概说

契税是行为税的一种，按照规定，凡买卖或推典田地房产，于成交后六个月内，须向官厅履行所有权或管有权转移的手续，以确定产权。在履行这种手续的时候，须依法按价缴纳一定的税款，这宗税款就是契税。因为如果违背这种规定，不独产权没得保障，遇着发生诉讼时候，是失却效力，还要受行政处分，而且即无诉讼纠葛，一经他人举发，除照章纳税款外，更须加罚若干倍的税款，所以多数的民众，对于买卖田地房产，视立契投税为一种必要的手续。

征收契税，是有了多年的历史，也曾经过多少次的变革，各省办法，略有不同，税率的高低，亦很参差。民国十七年国民政府颁布划分国家收入与地方收入标准后，这宗税款，遂拨归地方，成为省税收的一部分，兹将本县征收契税的内容，分别叙述如次。

二、契税的沿革及现情

契税的征收，考诸史的载列，在元明朝代已经开始，到了清初的时期税率还轻，不过按所买卖田房的价值，每银一两，征税三分，耗银三厘。而且，在十年（一说三十年）内的概不征税。其后逐次加增，于正税外，并有额外的费用。现把本县加增的情形，大略一说。（1）乾隆十四年规定买卖田房，要粘藩司所发的契据，名曰契尾。（2）在光绪三十年规定买卖田房要加购官纸。（3）在光绪三十年规定官牙纪抽收中佣。（4）光绪三十二年于正税外附收学费。（5）宣统二年，加征正税四分五毫。（6）民国三年，加收注册费。（7）民国三年，因举办验契，曾将税率一度减轻，到了民国四年十月改订新章，另定税率。本县于民国五年一月起，始奉行新章，按买卖契五分、推典契二分征收；迨民国六年将附收学费核减，规定买卖田房，纳正税六分，推典纳正税三分。（8）民国九年规定加贴印花税票。（9）民国十九年本县加抽民众教育捐。（10）民国二十二年，加收本省财政厅印发之收据费。统计现在契税，其征收的项目和费用有正税、附收学费、田房交易中佣、草契费、契纸价、注册费、印花费、民众教育捐、过割费、收据费等十种，兹逐一说明其内容。

三、契税征收的项目

（一）正税

Ⅰ.买契　在清初买卖田房，原系按价每银一两，只征税三分，耗银三厘。宣统二年，加征四分〇五毫，共计征银已达七分三厘五毫了。民国三年，举行验契，为着使民众踊跃应验和投税的缘故，于三年四月间省财政厅规定递增税率办法，原规定在四五月间投税的，税率收正税七厘三毫，加税九厘，六月税率正税一分一厘，加税一分三厘五毫，七月税率正税一分四厘，加税一分八厘，八月税率正税一分八厘三毫，加税二分二厘五毫，九月税率正税二分二厘，加税二分七厘，以后一律依九月税率征收。但是年七月间，即已奉令以后按七月税率，暂不增加，至九月底期满，然后再依旧章办理，十月间又展限两个月。至民国四年一月又奉令规定三期加费投税办法，由民国四年一月至三月为第一期，四月至六月为第二期，七月至九月为第三期，此三期内税率仍照民国三年七月之数征收，惟仅逐期增加查验费及注册费（详见注册费说明）两项。民国四年六月，又废从前所定办法，奉到改订税契简章，其税率的规定，系正税加税各征二分五厘，此项规定原系民国四年七月一日起实行，惟本县实际情形，在民国四年十二月以前，仍按民国三年七月之税率征收，至民国五年一月，始按新章办理。民国六年三月，改征正税为六分，迄今未改，现在所指的正税，就是往日正税、加税两种的合并。

Ⅱ. 典契　典契本是暂时抵押的性质，原定在十年（一说三十年）内概不征税，自光绪十四年起，始规定凡典契照买契应纳的税款，按半数投缴。至宣统二年，曾一度按买九典六的办法（即买契按百分之九，征收典契按百分之六征收），到了民国三年，举行验契，按照递增办法，在民国四五两月的税率为正税二厘八毫，加税五厘九毫，六月税率正税四厘九毫五丝，加税一分〇六毫，五六七月正税七厘一毫五丝，加税一分五厘四毫，八月税率正税九厘四毫，加税二分〇一毫，九月税率正税一分一厘，加税二分三厘七毫，以后一律依九月税率征收，但是年七月奉令展期，其情形一如买契。至民国五年一月，遵行新章，正加税各征一分办理。民国六年合并正加税改征正税为三分。

Ⅲ. 推契　推契一项，缘前清时代，旗人所得赏赐的田地，规定只准出佃收租，不许变卖，并须原佃原种，不得增租夺佃，在佃户仅有永佃权，在管业户只有收益权。其后因承佃人不愿耕种，将佃权让与别人承佃，或出佃人将收益权私自让与别人承受，此种让与，因系属承佃权与收益权的移转，既非产权的让与，又与典当不同，故谓之“推”。成立的契约就是推契，从而征收的税就是推契税。按照规定，推契税是和典契同样的税率。

关于推契，有一点值得说明的，就是上说的移转的手续，在当时似乎是一种收益权与承佃权的让与，并非产权的授受（因有禁止买卖的规定）。可是经了几次的推转让与，在一般人的意识上，已无形中简直认为产权的转移了，所以现在这种推契实质上和买卖无异。本县的旗租地自经民国十五年成立河北省官产旗产荒地清理处进行处分，由承佃人按照规定缴价留置后，已将产权确定，仅良房租地，因尚有余租的关系（参看定县田赋概况良房租地说明），所以让与时仍立推契。

（二）附收学费

附收学费，始于光绪三十二年，因为当时兴办学校，关于全省中学的经费，要有一定的款项来源，所以决定在契税上附带征收。当时附收的标准，买契按价每银一两附收一分六厘五毫，典契按买契半数附收。至民国三年，举行验契，与正加税同时按递增办法，在民国三年四五月间买契附收三厘七毫、典契一厘三毫，六月买契附收五厘五毫、典契二厘四毫，七月买契附收七厘三毫、典契三厘四毫，八月买契附收九厘二毫、典契四厘五毫，九月买契一分一厘、典契五厘二毫，九月以后不再递加。但七月已奉令停止递加，一律按七月标准附收，至民国五年一月实行新章，买契附收一分六厘，典契附收八厘。至民国六年三月，因正加税合并，税率增高，遂减买契附收学费为六厘，典契附收学费三厘，迄今未改。至推契一项，是向例与典契同样办法。

民国三年四月至九月定县各月买契征收正税、加税、学费递增数

月别	征收标准			
	正税	加税	附收学费	共计
4～5	0.007 3	0.009	0.003 7	0.02
6	0.011	0.013 5	0.005 5	0.03
7	0.014 7	0.018	0.007 3	0.04
8	0.018 3	0.022 5	0.009 2	0.05
9	0.022	0.027	0.011	0.06

民国三年四月至九月定县各月典契征收正税、加税、学费递增数

月别	征收标准			
	正税	加税	附收学费	共计
4～5	0.002 8	0.005 9	0.001 3	0.01
6	0.004 95	0.010 65	0.002 4	0.018
7	0.007 15	0.015 4	0.003 4	0.026
8	0.009 4	0.020 1	0.004 5	0.034
9	0.011	0.023 7	0.005 2	0.04

（三）田房交易中佣

凡田房买卖典推，须有人从中说合，是含有介绍与见证的作用。中人为着向双方尽了一番义务，故在买卖成交后，买主和卖主，都要给他一点酬劳费，这就是叫作牙佣。做中人的，一般叫他作牙纪。在原先是由民间依照习惯办理，官厅向不过问，但是往往因竞争说牙，惹出纠葛，自光绪三十年乃有官牙纪的规定。其办法是凡欲做牙纪的，须向官厅纳费购买官尺，纳费的标准系由新承办理的续纳制钱八千，以后欲继续充当，每年续纳制钱三千。牙纪经履行这种手续后，便可为人说牙，并按官厅规定，成三破二的办法（即买主出佣百分之三卖主出佣百分之二），抽收牙佣。官厅除收取官尺费用以外，牙佣概归官牙纪支配。自官牙纪规定后，私为说牙的，仍所不能免除，不过由私人说牙以后，要告诉官牙纪，由官牙纪用官尺丈量，负证明之责，因此官牙纪在所得牙佣内，自然免不了要分润私牙，作为介绍中介绍的酬劳费。至于当时官厅所得牙纪缴纳的官尺费，在名义上是充作县署建筑的土木工料费用，实则每年虚做册报，是县官自肥的一种收入。宣统三年，由自治人员规定官牙纪在所得的百分之五的牙佣内，以百分之二分给私牙，以百分之二提充自治费，其余百分之一，归官牙纪所有。自治机关一度停办，这笔自治经费遂归为县政府办公用。民国四年，取消旧制另订官中办法，规定承充官中的均照本省牙帖捐税章程办理。当时本县六区，共有官中二十九名，其纳费标准，一律按第六等牙帖请领的，牙帖有效时期以五年为限，满五年要新领帖，方准继续经营。按照规定，第六等牙帖捐，系每五年八十元，领帖后，每年纳税额定二十元，此种办法施行后，并增收牙佣为买契六分，推典二分。牙佣的分配，买卖系以四分交县，二分归官中，交县的四分，系以二分归地方教育费，以一分解归省库。典推以一分三厘交县，以七厘归官中，交县的一分三厘，完全充作地方教育费。民国七年直隶省小学会议议决取消领帖包收制度，改由公家办理征收，经呈奉省令照准，并由省规定设置田房交易监证人管理民间田房交易事件，其监证人即以村正副或学董担任，凡民间田房交易，须由监证人盖戳证明，方能有效，按当时田房交易监证人章程第七条曾规定，“买契中佣，仍收六分，典推中佣，仍收二分，照成三破二习惯，由双方担负。买契中佣，除以一分五厘解库外，以一分给监证人；典推中佣，除以五厘解库外，以五厘给监证人，其余买契中佣三分五厘，典推中佣均循旧支配。监证人应得中佣，如欲以全数或几分之几捐充地方公益之需者听”。民国二十二年三月间财政厅以上项办法自各县实行以来，每因各乡长副等与业主居同闾里，非亲即友，往往瞻徇情面，对于隐契匿价，不肯据实举发，转相欺蒙，流弊甚大，税收颇受影响，所以把原颁的田房监证人章程修正，更名河北省田房交易监证人规则。其主要内容，系规定监证人由各县遴选委充，所管辖的区域由县长体察情形酌量划分，不以一乡为界线。凡任监证人并须取具押款，以示限制。本县自奉令后，已把全县分为三十四个监证区，每区选委监证人一人，负责审核田房交易事件。依照规定，由每监证人各缴纳押款三百元，但本县监证人无人实际愿来充任，不过由所划分的各该区域共同推出一人来担当名义，三百元的押款亦系由各该监证区分别摊派缴纳的。至于中间的分配，在修正田房交易监证人规则第七条载有“买契中佣，按价征收六分，典推中佣，按价征收二分，照成三破二习惯，由交易双方负担之，其中佣分配办法：（甲）买契中佣以一分五厘解库，以一分给监证人，其余三分五厘，照旧案支配。（乙）典推契中佣以五厘解库，以五厘给监证人，其余一分照旧案支配。（丙）监证人应得中佣如有向充地方公益之需者，应仍其旧”的规定，但本县中佣的分配，在买契六分内，系以一分归本村教育费，一分给监证人，四分交县，交县的四分里面，除以一分五厘解省外，其余二分五厘充本县教育费。在推典二分内，系以二厘归本县教育费，以五厘给监证人，以一分三厘交县，交县的一分三厘里面，除以五厘解省外，其余八厘充本县教育费。其实各村教育费的中佣，依照规定原系抽取一分。因乡间习惯各不相同，有不论买卖推典一律抽取六分，由买主及卖主各出三分，村中取四分，监证人取一分，私牙取一分，其余解省部分及县地方用款部分，由买主于税契时负责缴纳者。亦有不论买卖推典一律抽取三分，统由卖主负责缴纳，而以二分拨作本村教育费，以一分给监证人及私牙，其余解省部分及县地方用款部分，由买主于税契时负责缴纳者。此种情形，依照各乡习惯而定，大概说来，本村抽佣，最高有抽至六分，最低有至二分。普通的办法，在乡间的费用，多由卖主负责，自然如果村内抽佣特高的，是由买卖双方平均负担。解省部分和县地方用款等项，大都是由买主于税契时清缴，此为征收田房交易中佣的沿革情况。

（四）民众教育捐

在民国十九年间，本县奉令推行民众教育，经由民众教育馆督促各乡村举办民众学校，当时因为各乡村向无办理民众教育的款，所以无力成立的，虽经督促勉强进行，以后遂不免中途停办。民众教育馆为补救这种不良状态，并计划民众教育经费，曾商承教育局根据本省教育厅颁发各县民众学校施行细则第六章第廿八条所载“本县办理民众学校，其经费之来源（乙）增加地方税”的规定，拟向各村田房交易买主抽取民众教育捐。其办法系由村长佐、学董负责向田房交易买主按价抽捐百分之一，作为民众学校经费，以便维持，经提交县政会议议决修正通过后，并由县政府呈奉本省财政厅和教育厅批准试办，十九年七月一日遂开始施行。在规定上，这宗民众教育捐的抽取，是由村内自行办理的，凡经缴交捐款后，由村长佐或学董发给收据外（此项收据联单由民众教育馆发给除存发外并有呈报县政府教育局民众教育馆各联单，每届半年汇报一次）并加盖民众教育馆颁发各村之民众教育捐戳记于草契内，方准投税。不过事实上，多有只盖戳记，不抽捐款，其收据联单照章汇报的亦属寥寥。虽然契纸和联单的数目，可以互相对照（每一契纸应有一民众教育捐收据的联单），但因为缺乏考核的办法，各村遂任意各行各事，不依规定办理，以致各村究竟每年所抽得之民众教育捐有多少，无从考查其确切，仅能按照规定计算。民众教育捐的来源，大略如此。

（五）印花费

契纸粘贴印花，在民国九年已奉令实行。当时的规定，无论地价若干，每张税契，一律粘贴印花一角。民国十八年改订新章，系按地价的多寡，来做粘贴印花的标准。其规定系凡地价总额，在十元以下者粘印花一分，十元以上百元以下者粘二分，百元以上五百元以下者粘四分，五百元以上至千元者粘一角，千元以上至五千元以下者粘二角，直到现今仍照此办法。

（六）草契

草契是民众在买卖或推典成交后，双方的意思表示，由各关系方面，盖戳证明，持以投税的一种契约，其效用一方面用以确定产权的转移，一方面用以向官厅投税的根据。这种契约，原先是由民间买卖或推典田房时，自由填写，便可到县投税，到了前清同治的时候，这种契约的格式遂由县署规定印发。本县草契的名称由此开始，当时是由说合中人承领使用，并不收费。直到光绪三十年，曾一度取消这种草契，当时民间田房成交后，自由填写，即可投税。民国七年，规定田房监证人办法，这种草契又重行实施，并且收回相当的费用。其式样为三联单，一联由官中存查，一联由县备核，一联交业户收执。契约的内容，专为记载买卖或推典田房双方的当事人姓名、村名、亩数、价额、地段、四邻、面积、尺丈等项。凡买卖或推典田房，须经监证人逐项填明，由关系方面，分别盖戳，即可到县投税。至于这种草契征收手续和费用，在民国六年是由本县劝学所向县购领，编号登记，再转发售于各监证人的。征收费用，是不分买典推契，一律每张售制钱一百文，以五十文由劝学所交县，充作印刷工料费，其余五十文归劝学所及监证人各得一半，作为手续费。迄民国十年间，本地铜元畅行，制钱逐渐减少，售买契纸，改收铜元十枚，其分配仍如旧。民国十二年劝学所取消，改设教育局，这种草契遂由教育局向县承领，依照旧例办理。民国十七年，因银元价值高涨，若仍按铜元十枚收费，无形中损失太多，遂由县政府规定，改按银元折价，每张收费五分。教育局监证人各得一分二厘五毫，其余二分五厘，交县作印刷工料费。但实际情形，监证人购领草契时，仅缴纳交县交局部分的费用三分七厘五毫，于转售民众使用时，普通有收一角二角，甚至多至五角一元的，其原因由于当时监证人系由村长副或学董充任，为着顾到本村校款的困难，故多收取来补助经费的缘故。民国二十二年一月间，本县奉省财政厅令饬修正本县田房交易监证人办事细则，查其第四条曾规定“凡田房交易或买或典或推，均须领用草契，加盖监证戳记，方准投税”，更于同条载列“前项草契由县政府印就编号，发交监证人转售，买推契每张收铜元十枚，典契每张收铜元十四枚，以十分之五交县，作为纸张印刷费，以十分之五作为监证人办公津贴”等语。自此项细则施行后，已将教育局经手的一阶段无形取消了。考诸实际，自民国二十二年省财政厅改变交易监证人的办法后，取消乡长副或学董充当而易以划区委选人员担任，因一监证人管辖数乡，故多收契价，以补助本村教育学款的情事，已少发见，不过与规定的细则仍少有出入的就是买推契原定每张收铜元十枚，典契每张收铜元十四枚，以十分之五缴县，以十分之五归监证人，但实则由县转售监证人买推契每张已收足十枚，典契每张十二枚，监证人转售使用者买推契十六枚，典契二十枚，最近的草契价大略如此。

（七）注册费

凡购置田产的业户，在投税的时候，要把买卖户主的村名、姓名和地亩数、税额、交易中佣等项，详细记载在注册簿上，就是叫作注册。履行这种手续，并须按照规定，随税附交一种注册费。这宗注册费，是在民国二年举行验契时代已经开始。当时的规定，是每验契一张，除收验契费外，附带征收注册费一角。其后因为投验的不甚踊跃，屡次展期，到了民国四年，省财政厅遂规定验契展期加费办法，除验契费的增加已另有标准外，凡在民国四年一月一日起到三月末日为第一次展期，注册费收二角，四月一日到六月末日为第二次展期，注册费收四角，七月到九月截止为第三次展期，注册费收八角。这种规定，原系促进民众踊跃投验的一种手段，不过，按诸本县的实际情形，在第一期内依然收一角，到了第二期，始照第一期的办法，征收二角，在第二期就没有投验的了。民国五年停止验契之后，这宗注册费，是没有裁免，不过系依照初定的，每契一张，仍收一角。虽在民国十七年，又重有验契的举行，并且有逾期加税的规定，但对于注册费一项，没有什么增减，直到现在，仍照一角收取。至于这宗注册费的支配，是以十分之五解省、以十分之五留县是向来的规定。

（八）过割费

凡民间变卖了田产，其应纳赋税的义务当然移转于管业户名下负担，所以购产的人于投税之外，还要把卖主的田赋拨在自己名下负责完纳，办理这过拨的事项，叫作过割。过割的意思，是从卖户的名下的粮银，割出一部分（按地的亩数计算）过在买户名下负责，所以叫作过割。办理这种事情，系有专人的，每年到了废历的正二三月间，为过割的例期，购置田产的人都要来请求过割。司事的人得按照地的等级（或系上地，或系中地及下地）和亩数，核算应拨的田赋有多少，才从田赋名册上拨归购产的人，以便按年纳赋。至过割费一节，在早无一定标准。到民国四年，经孙县长规定每过拨时由投税人纳过割费制钱二百五十文，后来地方施行了铜元制，就按铜元折算。民国十二三年间，又没有标准了，有征收二十四枚、三十枚、五十枚，甚至八十枚、一百枚不等。民国十五年时，本县曾以此种收费漫无限制，殊欠公允，遂经县议会议定每契一张，收取过割费三十枚，但过割书吏，奉行未久，擅自增加，任意勒索，较前多至数倍。到民国二十年二月，建设、财务两局拟定过粮分粮办法三条，呈县修正，凡税契一张，过割时纳费洋二角，如系隔里隔约，经两柜手续者，手续费各得其半。自吴县长公布办法后，业已见诸实行，迄至现在，仍是这样办法。过割费的情形和转变，大致如是。此费不属于地方公用和支配，因为过割书员无薪金，所以拿这款作他们的生活费，这是过割费的归属。

（九）契纸价

民众于田房交易成立，首先要填写草契，在六个月内，并须赴官厅投税，由官厅发给契纸，交付购产业户收执，以确证产权的归属。这种官契的始期已无可考，所知的是这种官契，原先是由州衙（即现本县县政府）印制的，到了乾隆十四年，增添了契尾一项。这种契尾，是由布政司颁发的，它的格式是两幅，前幅填写交易双方的姓名和地价，并将税银数目，用大字填写在两幅相连中缝地方，使业户看明，前幅给业户收执，后幅由县解司备核，自此以后州衙印制官契和司发的契尾并行了。光绪三十年，本县添用司印官纸，遂将州衙印制的官契一种取消。迨宣统三年，藩司改官契为三联，一曰正契，一曰副契，一曰契尾。民国以后，改变从前规定，一面仍由县署印制官契纸，一面由省颁发四联单式的契据，一联交购产业主收执，一联交国税厅备核，一联汇呈财政部存案，一联由征税官署存查。民国六年，将县印官契一项取消，仅余由省颁发的四联契据一种，行至今时，尚无改变，现在所称契纸即此一种。至于契纸价的规定，在原先县发官契，每张收价制钱五十文，契尾每张收价制钱八百文。到光绪三十年，由司发官纸，取消县发官契，改收制钱一百文，以八十文由县解司，以二十文留县。契尾价亦改收库银三钱，以一钱八分解司，一钱二分留县作办公费。宣统三年，官纸契尾改为三联，总收库银四钱，以六成解司，四成留县作办公费。到了民国三年，改定新制，凡补税旧契（民国三年二月一日以前未税契而补税的叫作旧契）地价在百元以上的收两角，不足三十元的免收纸价，新契则一律收洋一元。其后又改买推典和补税旧契一律收纸价五角，以八成解省二成留县，直到如今没有改变。契纸价的转变情形，大略如此。

（十）收据费

凡民众完纳税款时，要给回投税者一种收据，以证明履行了纳税的手续。这种收据，原先是县政府印制，式样为两联单，一联发给投税人收执，一联留县存查，并不收费。到了民国二十二年一月间，本省财政厅以此项收据，由县自行印制，难于稽考，改由厅印发，由县具领。其式样为三联单，一联填给投税人收执，一联缴厅备核，一联留县存查，并规定月终造具，用存票据清册，连同缴厅一联，呈送备核，以杜流弊，业已令县遵行。现在关于契税方面的收据，计有两种，一为填收契税的，一为填收中佣的。每张收据各须收费一分，所得款项完全解省厅，除作为印刷工料和支付财政厅票照股员书薪工的用途外，多余的拨作省的特别收入。

四、征收数及契纸数

（一）征收数

契税征收的项目和费用，已详如上述，现已把十九年至廿二年四年内的各项征收数分别列表如下。关于印花费属国家收入部分，草契费系为支付印刷工料及手续费，过割费系关于书员的酬劳费，故不属正项收支之列，为欲确知民众对于契税所花的费用全数，故并列入。再表中属于村学校及监证人的田房交易中佣、民众教育捐和草契价三项，按十九年至廿二年的时期，各村有特别多收少枚的情事，因为无法一一究查详确，只有按照规定来计算。

民国十九年度定县契税及附收各项征收数

征收项别	征收数			
	买契	推契	典契	共计
正税	$ 8 988.00	$ 1 284.20	$ 117.80	$ 10 390.00
附收学费	899.00	128.20	11.80	1 039.00
属于省方的田房交易中佣	2 247.00	214.40	19.60	2 481.00
属于县地方的田房交易中佣	3 745.00	342.60	31.40	4 119.00
属于村学校及监证人的田房交易中佣	2 996.00	299.95	27.44	3 323.39
属于村民校的民众教育捐	1 498.00	428.70	39.27	1 965.97
契纸价	2 272.00	439.00	3.00	2 714.00
注册费	454.40	87.80	0.60	542.80
印花费	87.03	17.82	0.30	105.15
草契费	227.20	43.90	0.30	271.40
过割费	908.80	175.60	1.20	1 085.60
收据费	—	—	—	—
总合	24 322.43	3 462.17	252.71	28 037.31

民国二十年度定县契税及附收各项征收数

征收项别	征收数			
	买契	推契	典契	共计
正税	$ 15 841.00	$ 1 786.60	$ 6.40	$ 17 634.00
附收学费	1 584.00	178.40	0.60	1 763.00
属于省方的田房交易中佣	3 960.00	297.40	1.10	4 258.50
属于县地方的田房交易中佣	6 600.00	476.30	1.70	7 078.00
属于村学校及监证人的田房交易中佣	5 280.00	416.57	1.47	5 698.04
属于村民校的民众教育捐	2 640.16	595.53	2.13	3 237.82
契纸价	3 316.00	595.50	2.50	3 914.00
注册费	663.20	119.10	0.50	782.80
印花费	128.47	24.60	0.09	153.16
草契费	331.60	59.55	0.25	391.40
过割费	1 326.40	238.20	1.00	1 565.60
收据费	—	—	—	—
总合	41 670.83	4 787.75	17.74	46 476.32

民国二十一年度定县契税及附收各项征收数

征收项别	征收数			
	买契	推契	典契	共计
正税	$ 8 748.00	$ 965.50	$ 125.50	$ 9 839.00
附收学费	875.00	96.50	12.50	984.00
属于省方的田房交易中佣	2 187.00	161.10	20.90	2 369.00
属于县地方的田房交易中佣	3 645.00	257.50	33.50	3 936.00
属于村学校及监证人的田房交易中佣	2 916.00	225.40	29.40	3 170.80
属于村民校的民众教育捐	1 458.00	321.83	41.83	1 821.66
契纸价	2 093.00	372.00	7.00	2 472.00
注册费	418.60	74.40	1.40	494.40
印花费	76.58	14.13	0.74	91.45
草契费	209.30	37.20	0.70	247.20
过割费	837.20	148.80	2.80	988.80
收据费	—	—	—	—
总合	23 463.68	2 674.36	276.27	26 414.31

民国二十二年度定县契税及附收各项征收数

征收项别	征收数			
	买契	推契	典契	共计
正税	$ 11 418.70	$ 1 302.40	$ 892.50	$ 13 613.60
附收学费	1 141.80	130.20	89.20	1 361.20
属于省方的田房交易中佣	2 854.60	217.00	148.70	3 220.30
属于县地方的田房交易中佣	4 757.80	347.00	237.90	5 342.70
属于村学校及监证人的田房交易中佣	3 806.20	282.00	193.30	4 281.50
属于村民校的民众教育捐	1 903.10	141.00	96.65	2 140.75
契纸价	2 394.50	400.50	52.50	2 847.50
注册费	478.70	80.10	10.50	569.30
印花费	93.79	17.69	4.63	116.11
草契费	153.18	25.63	4.20	183.01
过割费	957.40	160.20	21.00	1 138.60
收据费	95.78	16.02	2.10	113.90
总合	30 055.55	3 119.74	1 753.18	34 928.47

在契税所征收的项目和费用内，除属国收入之印花税，属村民校之民众教育捐，属办事人员之过割费，田房中佣属县及乡各占一部分外，其余正税、附收学费、属省部分田房中佣、契纸价、注册费、收据费均属省方占有。兹将十九年至二十二年四年内契税收入属省部分者，列表如下，以资比较。

民国十九年度至二十二年度四年度内定县契税属省部分征收数之比较

年度别	征收数
十九年	$ 17 166.80
二十年	28 352.30
二十一年	16 158.40
二十二年	21 725.80
平均每年	20 850.82

（二）契纸数

民国十九年度定县契税按地亩组各种契纸数

地亩组	契纸数			
	买契	推契	典契	共计
1亩以下	1 077	173	—	1 250
1～4.9	2 954	541	4	3 499
5～9.9	454	136	2	592
10～14.9	43	20	—	63
15～19.9	9	6	—	15
20～24.9	1	1	—	2
25～29.9	3	1	—	4
30～34.9	2	—	—	2
35～39.9	1	—	—	1
40～44.9	—	—	—	—
45～49.9	—	—	—	—
50亩及以上	—	—	—	—
总合	4 544	878	6	5 428

民国二十年度定县契税按地亩组各种契纸数

地亩组	契纸数			
	买契	推契	典契	共计
1亩以下	1 144	174	2	1 320
1～4.9	4 350	724	3	5 077
5～9.9	947	228	—	1 175
10～14.9	138	39	—	177
15～19.9	26	13	—	39
20～24.9	10	7	—	17
25～29.9	8	2	—	10
30～34.9	1	3	—	4
35～39.9	5	—	—	5
40～44.9	1	—	—	1
45～49.9	—	1	—	1
50亩及以上	2	—	—	2
总合	6 632	1 191	5	7 828

民国二十一年度定县契税按地亩组各种契纸数

地亩组	契纸数			
	买契	推契	典契	共计
1亩以下	1 133	151	—	1 284
1～4.9	2 473	454	5	2 932
5～9.9	496	109	4	609
10～14.9	66	22	5	93
15～19.9	8	5	—	13
20～24.9	4	1	—	5
25～29.9	1	—	—	1
30～34.9	3	—	—	3
35～39.9	1	—	—	1
40～44.9	1	1	—	2
45～49.9	—	—	—	—
50亩及以上	—	1	—	1
总合	4 186	744	14	4 944

民国二十二年度定县契税按地亩组各种契纸数

地亩组	契纸数			
	买契	推契	典契	共计
1亩以下	876	90	—	966
1～4.9	3 060	479	43	3 582
5～9.9	695	190	43	928
10～14.9	120	31	12	163
15～19.9	20	5	5	30
20～24.9	10	2	1	13
25～29.9	2	2	—	4
30～34.9	2	—	—	2
35～39.9	1	1	—	2
40～44.9	1	—	—	1
45～49.9	—	—	—	—
50亩及以上	—	1	1	2
总合	4 787	801	105	5 693

民国十九年度定县契税按地价组各种契纸数

地价组	契纸数			
	买契	推契	典契	共计
$100 以下	4 263	822	—	5 085
10 以下	1 035	98	—	1 133
10～49	2 206	312	—	2 518
50～99	1 022	412	—	1 434
100～199	134	34	—	168
200～299	63	11	2	76
300～399	58	7	1	66
400～499	13	2	2	17
500～599	3	1	—	4
600～699	2	1	—	3
700～799	1	—	—	1
800～899	4	—	1	5
900～999	2	—	—	2
1 000 及以上	1	—	—	1
总合	4 544	878	6	5 428

民国二十年度定县契税按地价组各种契纸数

地价组	契纸数			
	买契	推契	典契	共计
$100 以下	6 208	1 092	5	7 305
10 以下	1 333	172	1	1 506
10～49	3 658	312	1	3 971
50～99	1 217	608	3	1 828
100～199	257	71	—	328
200～299	68	15	—	83
300～399	58	4	—	62
400～499	23	2	—	25
500～599	3	1	—	4
600～699	2	2	—	4
700～799	3	—	—	3
800～899	1	2	—	3
900～999	2	1	—	3
1 000 及以上	7	1	—	8
总合	6 632	1 191	5	7 828

民国二十一年度定县契税按地价组各种契纸数

地价组	契纸数			
	买契	推契	典契	共计
$100 以下	4 016	693	3	4 712
10 以下	1 196	177	—	1 373
10～49	1 213	312	1	1 526
50～99	1 607	204	2	1 813
100～199	78	36	2	116
200～299	49	7	2	58
300～399	15	3	2	20
400～499	11	5	1	17
500～599	4	—	1	5
600～699	1	—	—	1
700～799	3	—	2	5
800～899	1	—	—	1
900～999	4	—	1	5
1 000 及以上	4	—	—	4
总合	4 186	744	14	4 944

民国二十二年度定县契税按地价组各种契纸数

地价组	契纸数			
	买契	推契	典契	共计
$100 以下	4 487	708	27	5 222
10 以下	959	67	3	1 029
10～49	2 884	476	6	3 366
50～99	644	165	18	827
100～199	210	61	32	303
200～299	47	15	22	84
300～399	17	7	12	36
400～499	7	2	2	11
500～599	5	4	2	11
600～699	7	—	2	9
700～799	2	1	1	4
800～899	—	2	1	3
900～999	—	1	—	1
1 000 及以上	5	—	4	9
总合	4 787	801	105	5 693

五、契税之征收

（一）组织

经管契税，属于县政府第二科。在第二科之下，有税契所，为办理全县税契的地方，有出纳股，为收存契税税款的处所。内部的组织亦极简单，税契所设书员三人，出纳股二人（出纳股不仅办收管契税税款之事）。每当废历正二三月间，税契的事务，非常忙碌，税契所还得烦人临时帮忙。至税款的稽查和管理，县政府是负有全责的。

（二）征收的手续

征收契税的手续，是由税契所首先查验投税者所持之契据，经过了教育局盖戳的手续（教育局盖戳为稽考及提防变卖学田），才核算地价应纳的税用及其他各费，然后开具兑条，交付投税人持往出纳股交款，出纳股收了款，再掣给收条交付税契所存查，税契所知道投人已如数纳款，才给他登记注册，再使投契者拿着文契，过割粮名，然后复将文契拿到税契所交收（准备粘契验印），并开给收据以为投税者已经缴款和将来领契的一种证明与根据。至征收款资，得由出纳股依照正附契税中用纸价注册费的类别和数额，每日到县政府会计处结登一次。

（三）征收的时期

人民税契，在全年十二个月中，是所不免的事，不过因着农民的闲忙多寡自异，而征收的时期自然也旺淡不同。按本县征收契税，以废历正二三月为最旺，十一十二各月次之，九十月又次之，四五六七八各月征收较少。

（四）征收的报解

征收契税，于每月终了之时，由县政府第二科将全月所收的款额造册报厅。县里征收的款资或存县政府保管，或交银行存收，得由县政府自由处置。至解款的办法，属于省库的，或每月报解一次，或数月汇解一次，没有一定，约以视税款的多寡为转移。解省的款，关于正税及契纸价按百分之二提成，注册费按百分之五十提成，作为征解办公费。

（五）关于契税的积弊

契税上的弊漏，约有两端，一曰减价匿税，一曰小割不税。减价匿税是购产业户在村里用草契誊写地价时，不肯填写确实数日，虚写微少的价额，比如每亩价值八九十元，只誊写十几元或二十几元。匿价的原因，就是因为契税税率太高，若少写地价，到县偷税时，便可少纳许多的税用，节省了若干的金钱，不过村里方面的中佣，须按照实数抽纳。虽然章程规定减价匿税者处罚，但是乡村的民众，缺乏畏忌心，依旧瞒价投税，只是买卖户主和监证人三方面，不发生波折，减价偷税，异口同声，即便有人告发，亦是不容易处罚。所以这种漏税的事实，在全县有普遍的现象，所谓“瞒上不瞒下”，演成了一种公开的秘密。现值农村经济崩溃的时候，地价低落，这种瞒价的流弊，更是不易剔除的。小割不税，是买卖成交后，卖户将所有该产的契约给了买户收存，等到废历二三月循例过割的时候，买主即径到过割处，报请何等地几亩，从某人粮名下之粮银拨在自己家某名承接。这种事件，多出于近族或同宗的田房买卖，若是异姓的，很寥寥无几。过割处的书员，认为这是违法的事，难免有刁难的情事，他的目标不过为多索点经手费罢了。按这种小割的经手费，向来漫无规定与限制，约以拨粮的数额为定夺，平常每拨一名，要纳费洋五角、六角或至一元不等，单看是哪种阶级的人来过割。在求小割的人，觉着多出点款资，总比投税纳用便宜，故小割的情事历年不能免掉的。以上这两种，可以说是契税上的最大弊端。

第三章　牙税

一、概说

凡货物交易，习惯上大都要中人向卖主和买主说合，以便双方交易容易成就。因为牙纪向双方尽了一番义务，卖买双方当然要给他一种酬劳费，这种酬劳费，就叫作牙佣。在原先是由民间依习惯办理，做中人的所得的牙佣归自己所有，后来官厅加以干涉，对于做中人的，既定有限制，而且何种货物始得收取牙佣及收取牙佣标准，均逐渐为之规定办法。自此以后，官厅对于居间介绍的中人向卖买双方抽收牙佣，再从而征收税款，这种税款便是所谓牙税。

二、牙税沿革及现情

牙税的起源，虽无确据可稽，但本县征收牙税，在清初已有征收的事实存在。据史的载列，在当时全县牙纪共五十四名，每名率纳一钱或一钱五分不等，全县每年不过得七两四钱五分，其后转变情形已缺乏记录，无可考查。至光绪二十年，令牙纪按等认领牙帖税捐，由五两起至百两止，共分为六等。计本县承办牙纪的有五十二名，共征税捐一千零六十二两。自此以后各认捐牙纪，遂分行抽收中佣，逐渐分为斗行、布行、花行、猪行、骡马行、驴牛行、酒行、稻米行、口袋棉带子行、炮行、秤行、花生油饼梨行、席行、柴菜水果行、麻行、油槽行等几十数种，但行之既久，流弊百出，或期满不换帖，依然抽收牙佣，或无照征收。官厅明知其弊，为欲从中分利，往往私给县谕腰牌，任意需索，上项认捐领帖的规定，无形中多不奉行。民国成立，财政部曾拟一度厘订划一征收章程，以各地情况不同，经济能力各异，恐难适用，故未实现。在民国三年间，财政部遂电令各省，按照当地情况，妥拟牙税章程，报部审核施行。直隶省经遵令拟具整顿牙税章程十三条，呈奉颁行各县遵照，其规定系凡承领牙帖，概由省财政厅发给，以一事权，并将牙帖分为六等抽收税捐，每五年换帖一次，每次一等纳捐三百元，二等纳捐二百五十元，三等纳捐二百元，四等纳捐一百六十元，五等纳捐一百二十元，六等纳捐八十元，并于更换新帖时，每张纳帖费一元二角。此外牙税一等每年纳税一百六十元，二等纳税一百二十元，三等纳税一百元，四等纳税七十元，五等纳税四十元，六等纳税二十元。当时抽佣标准，系依照习惯，无明文规定，而且抽佣的范围，系由承领牙帖者指定抽佣地点和收佣的货物种类。因此各集市牙纪，各就所认抽佣的货物和地点，各设一行，故同是征收某项货佣，此集有一行，彼集亦设一行，各自为政。其后因县地方上，又陆续增加附捐，抽佣标准更形混乱。到了民国十四年间，本省复颁布修理牙税新章，改为招商包办，废除从前分等颁帖缴纳税捐的制度，并化零为整，取消按货物种类分地抽佣的办法，仅就货物的种类划分八牙，每行由商人投标，总包该行全县的抽佣事宜，每年由省方规定最低标额，以投标的数额能超过最低标额的最高额承包。此种制度行至现在，尚无改变。

三、牙税征收的项目

现在牙税共分八行，每行缴纳正税外，均有附捐。正税的收入，全数呈解省财政厅，附捐一项，拨归县地方支配。各行附捐，从前虽各有各的用途，自民国二十二年改为统收统支后，已没有明显的划分了。此外尚有牙帖费及牙伙执照费，均以半数解省。

（一）正税

为便于说明起见，逐行分述如下：

Ⅰ. 牲畜牙行　牲畜交易，抽收牙税，在前清时代已有规定，惟各经纪分行包收，极形纷歧，既按牲畜的种类分行包收，同时收税地域又各由承包者认定，因之此集有一猪行彼集亦设一猪行，此集一牛马行彼集亦一牛马行，各自为政。民国四年，各牙纪一律改领厅帖，分等级缴纳捐税（此项捐款并非现时之附捐，参看上文），全数缴解省厅。民国十四年，本省整理牙税，经奉令将猪、牛、马、驴、骡等类合并为一行，由县招商承包全县牲畜牙税，每年度招标一次，就所得的承包数内，拨出一部分为附捐，余为正税呈解省厅。至税率一向均为值百抽三，尚无转变。关于此项牙税，须规定为卖方担负一分，买方担负二分，实际多由卖方身上剥夺的。

Ⅱ. 棉花棉籽牙行　棉花和棉籽的牙税，先后不同。棉花交易，在本县各地集市，向有普遍的现象，所以本行牙税，在前清时，早就有人承包。民国四年，一律分别等级，改领厅帖，按所认缴税捐的地域承包收税。棉籽牙税，在民国十年，始行规定抽收。民国十四年，本省整顿牙税，经县署并棉花、棉籽为一行，除将指定的附捐数目扣除外，余为正税呈解省厅。至牙税税率，在早尚无相当规定，仅按地方习惯斟酌抽收。民国十四年，省颁牙税章程，统按物价值百抽三（由卖方负担一分，买方负担二分）。民国十八年七月公布新章，将棉花一项税率，减为值百抽一（由买方负担十分之七，卖方负担十分之三），但本县征牙实际情形，多按数量计算，且各地抽取标准亦极不一致。即如棉花一项，现在每百斤有抽取铜元百枚的，还有较多较少的。棉籽一项，固然成交时候有按物抽收三分的，还有向买卖双方各抽三分的，并有论斤取佣的，内容复杂，与省定标准难免有了不少出入。

Ⅲ. 布牙行　土布征收牙税，在前清时即有牙纪分镇分村承包。民国四年，一律改领厅帖，乃按指定承包地域分别抽收牙佣。到了民国十四年，本省整顿牙税，改招为商总包，除拨出一部分为附捐外，余为正税呈解省厅。税率从前是没有规定的，牙纪系按该地习惯办理。民国十四年规定税率为按值百抽三，买方负担二分卖方负担一分，到了民国十八年七月又经省厅公布修正新章，本行牙税减为值百抽一，由买方负担十分之七，卖方负担十分之三，迄今未有转变。但查本行牙纪抽税的实况，系按匹抽取，在早每匹抽取制钱四文，民国十六七年每匹抽取银元二分，均由卖方负担。近年来，承担布行牙税的，系由本县各布店共同负责承包，其办法系由本县各布店议定数额向县政府投标，倘得标后，则由各布店分别比例摊款缴纳，此后购买布匹，除却本店不必纳佣外，依照规定尚可向卖方扣回佣资。因民国十八年省方公布牙税新章，原规牙税按值百抽一，由买方负担十分之七，卖方负担十分之三的缘故，不过现在布店抽取卖方的牙税，每匹扣取银元二分，与定章又不无出入了。

Ⅳ. 斗牙行　本县斗行，在前清时即有牙税，民国四年始规定一律承领厅帖，但分地包收，各自为政。民国十四年，改为投标招商总包，除扣出附捐一部分外，余为正税呈解省厅。至税率在早漫无规定，各依地方习惯办理。民国十四年省定牙税章程，按物价百分之三抽取，由买方负担二分，卖方负担一分；民国十八年七月，又经省方改定斗佣，值百抽一，由买方负担十分之七，卖方负担十分之三。惟查本县各地牙纪抽佣，多未能依照省厅规定，见诸实行。在早按斗抽收，每斗抽取制钱五文或十文，后来抽取铜元一枚或二枚，不及税率之规定。惟现在大多数牙纪，仍按斗抽收，每斗抽取银元二分或一分不等，稍贵的粮食如芝麻、大米之类，则抽取三分。此种抽收标准，已超出省定的税率，同时牙税的抽取大都由卖方负担的。

Ⅴ. 油饼菜水果口袋线带子牙行　本行各种货物抽收牙税的时期，先后不同。口袋线带子，因清风店有大宗的贸易，故在前清时代，即有人承包。油、饼在民国八年时始经牙纪承办，但亦只限于明月店镇一处。菜、水果民国八年添有，其征税范围，仅属于中一区。到了民国十四年，改为投标总包办法，县署遂将本行各种零星物类并成一行。且以本行各种抽税货物的范围，加以限制。关于油的种类，拟定花生油、棉籽油、芝麻油三种；饼的种类，限于麻饼一种；菜的种类，限定白菜、萝卜、萝卜片、山药四种；水果的种类，限定梨、杏、桃、柿、葡萄、沙果六种；口袋线带子的种类，限定口袋、线带子两种，且以清风店集市大宗发售者为限。并规定油、饼、菜、水果四项，无论何种，凡沿街叫卖及五十斤以下者皆不得抽佣。自民国十四年以后，每年度招商总包，其税款除扣出一部分为附捐外，余系正税呈解省厅。至于税率在从前无规定，迄民国十四年以后，始定税率，均按值百抽三，由卖方负担一分，买方负担二分，现本县实际多不遵章，有按值百抽六或按斤抽收的，其情形各地不同。再本行原包括有柴一项，其种类限于劈柴、树枝、秫秸、豆秸、干草、芝麻秸及高粱茎七种，自民国十七年经县党部函准县政府将柴牙一项豁免，故此项已取消征税了。

Ⅵ．花生席麻牙行　花生一项，在民国八年时，经明月店牙纪承领厅帖，包办该镇花生、油、饼、梨抽收牙税，惟席麻等物，向无牙税，仅有地方抽捐之举。当民国十四年整顿本省牙税，经由县署将花生、席麻并为一行，招标承包，从此席麻亦继续添有了。所投标额除拨出一部分为附捐外，余为正税呈解省厅。至于税率一层，从前省方尚无规定，系依地方习惯办理。民国十四年省厅颁布牙税章程，统按物价百分之三征收，由买方负担二分，卖方负担一分；迄民国十八年七月公布修正新章，又将席麻税率改为一分，买方负担十分之七，卖方负担十分之三。但考之实际状况，现在对于花生交易，仍向卖主抽佣三分，席麻则按值百抽一，由买卖双方分别负担，其双方负担的多寡，则全在成交时的协议为定。

Ⅶ．树木油槽牛马羊皮油骨牙行　本行各种货物，从前仅有牙捐，分地分类抽收牙佣，为各该村的公益用款。民国十四年，省令整顿牙税，本行各种货物始征牙税，并招商承包，所得税款，除扣出附捐一部分外，余为正税呈解省厅。至税率规定，系按值百抽三，由买方负担二分，卖方负担一分。惟查本县实际情形，树木交易，向卖方抽佣三分，至牛马羊皮油骨等项牙佣，系各包商向各屠户，按户征款，每户全年十元八元不等，须视其营业的范围为断。又唐县入境贩卖羊肉的甚多，依其头数抽佣，每头铜元十枚。油槽一种，省无规定，只按本县办法办理（详见下面附捐说明）。

Ⅷ．猪毛鬃牙行　猪毛鬃一项，在早并无牙税，只有南北木楼二村介绍交易，从中取捐。到民国十四年经省厅整顿本省牙税，猪毛鬃行才从此成立。牙税章程规定，按值百抽三，由买方负担二分，卖方负担一分，但实际双方负担多少，全在成交时的协议办法作定规。

定县牙税现行税率（从价）

牙行别	税率	负担分配	
		买方	卖方
牲畜牙行	3%	2%	1%
棉花棉籽牙行			
棉花	1%	0.7%	0.3%
棉籽	3%	2%	1%
布牙行	1%	0.7%	0.3%
斗牙行	1%	0.7%	0.3%
油饼菜水果口袋线带子牙行	3%	2%	1%
花生席麻牙行			
花生	3%	2%	1%
席麻	1%	0.7%	0.3%
树木油槽牛马羊皮油骨牙行	3%	2%	1%
猪毛鬃牙行	3%	2%	1%

（二）附捐

牙税有县地方附捐，在民国十四年以后，始正式规定。兹分别说明其来源及转变事实如下：

Ⅰ. 牲畜牙行　牲畜牙行抽收附捐，从前本县各村间有抽收自用。民国四年本县为扩充高等小学，要有相当的经费，同时学款不足，要有所补助，曾呈准抽收本县八镇及高蓬、邢邑、市庄等处的牲畜牙捐。同年清风店牛牙纪未领牙帖，私抽牙佣，经人告发，县令认交捐款，留备办理自治。到了民国十四年，将全县各村原有抽收牙捐数及县规定抽收的八镇、高蓬、邢邑、市庄的牙捐数暨清风店牙纪认交的牙捐数，总合呈报省厅，在本行的牙税承包额内拨归地方支配。至抽捐标准，在民国十四年以前各村的大都依习惯，县规定的系按三抽一（即在牙纪收得牙佣三分内抽其一分），民国十四年以后，此项捐率已并在牙税税率内，不另规定。

Ⅱ. 棉花棉籽牙行　从前各乡，对于棉花及棉籽，多有抽取牙捐。民国五年六月，本县因设立农事试验场，遂在棉花、棉籽内规定抽捐，作为该场经费，呈奉财政厅批准抽收。城集的花牙捐，于民国十三年三月，经县列表呈省有案。

民国十四年，将各村及县内规定的牙捐总数，呈报省厅，在本行牙税承包额内照数拨归地方支配。至抽捐标准，在民国十四年以前，依县的规定，系按三抽一（即由牙纪收得牙佣三分内抽其一分），民国十四年以后，此项捐率已并在牙税税率内，不另规定。

Ⅲ．布牙行　从前各村，对于布一项，甚少抽收牙捐。在民国初年，为筹商会经费，由商会规定，在布内抽收牙捐。民国六年，本县筹办乙种实业学校，更由县呈准在布牙税内附收。抽捐的标准，起初每匹制钱一文，其后增至三点五文，用途分配系以一文归乙种实业学校，以一文归劝业所，以一点五文为办理工厂及商会经费。此外在民国五年县境布牙行以所得的牙佣内除缴牙税外，盈余之数，愿以三成交作地方公用。民国十四年，遂将此两项牙捐数汇报省厅，在本行牙税承包额内拨归地方支配，捐率亦并在牙税税率内，不另规定。

Ⅳ．斗牙行　粮食交易，要由中人过斗，过斗抽收牙佣附捐，从前各村多有自行规定。到了民国十四年，将全县各村每年所抽收的数额，化零为整，呈报省厅，在本行牙税承包额内拨归地方支配。在民国十四年以前，抽捐标准由各村依习惯办理；民国十四年以后，捐率已并在牙税税率内，不另规定。

Ⅴ．油饼柴菜水果口袋线带子牙行　从前本县各村对于本行的各种货物，大都就各村田产的情形，分别抽收牙捐，民国五年本县并呈准在柴、菜、水果抽取牙捐，作为宣讲所阅报所经费。民国十四年，将各村原抽的数额和县政府所抽的捐额合并呈报省厅，在本行牙税承包额内拨归地方支配。抽捐标准，各村的依各村习惯，民国五年县规定的，捐率为值百抽三，因当时该数种货物尚未征收牙税，故尔捐率较高。民国十四年以后，捐率已包括在本行牙税税率内，不另规定。

Ⅵ．花生席麻牙行　此项牙捐，从前系由各村分别抽取，有单抽一种，或兼抽三种的。民国四年，本县并呈准抽收席麻捐，作为各项祀典的费用和自治事务所的补助金。民国五年又呈准抽收席麻捐，作为筹办稽察协会及小学观摩会暨宣讲所阅报所的经费。至花生一项，除各村有自行抽取外，县政府尚无抽收的规定。到了民国十四年，将全县各村零碎抽收的三种牙捐和县规定的席麻两种牙捐的款额呈报省厅，在本行牙税承包数内拨归地方支配。

至抽捐标准，各村的系依照习惯，县规定的系按三抽一（即在牙纪所收牙佣三分内抽取一分）。民国十四年以后，此项捐率已合并在本行牙税税率内，不另规定。

Ⅶ. 树木油槽牛马羊皮油骨牙行　本行各种货物牙捐，从前各村多有自行抽收。民国四年，为筹地方自治经费，曾呈准在树木抽收牙捐。民国五年，为筹本县孤贫口粮，又呈准在牛马羊皮油骨抽收牙捐。同年八月，为筹本县县立女子高等小学校经费，复呈准在油槽抽收牙捐。民国十四年，将全县各村及县政府规定的牙捐总数呈报省厅，在本行牙税承包额内拨归地方支配。至抽捐标准，各村的系依照习惯，民国四年所规定树木牙捐及民国五年所规定的牛马羊皮油骨牙捐，均为值百抽三。民国五年所定的油槽牙捐，分为头等油槽年抽一万二千文，二等油槽年抽六千文，由开油槽的铺户缴纳，现改为银元，头等槽年按三元缴纳，二等槽年按二元或一元五角计算了。民国十四年以后，捐率已并在牙税税率内，不再规定。

Ⅷ. 猪毛鬃牙行　猪毛鬃抽收牙捐，仅本县南木楼、北木楼等村有之。民国十四年猪毛鬃行成立，将各村原有抽收该项牙捐数额呈报省厅，在本行牙税承包额内拨归地方支配。抽捐标准，原由各村依习惯办理，民国十四年以后，捐率已包括牙税税率内，不另规定。

统观本县抽牙取捐，在民国十四年以前就其内容，可分为三种：一为货物未征牙税，由各村自行抽捐；二为货物已有牙税，各村再随抽附捐；三为未征牙税而有牙捐的货物，或已征牙税，同时各村已随抽附捐的货物，县方再另外抽捐。就捐款用途，在各村自行抽收的，多系为本村学校经费，或其他公益事体，在县方规定的，多为全县地方自治事业，或筹办学校，或振兴实业，暨其他属于全县的公益事项。民国十四年李景林督直时，为整顿税务，将牙税化零为整，收归省有，县地方经费大受影响，其后呈准就原有县及各村抽收各种牙捐数额，在各行牙税承包额内，照原数按年拨回地方支配。本县及各村牙捐，其数为二万八千八百六十三元，现在均于每年牙税承包额内，扣除此数，余款缴省，作为正税。

（三）牙帖费及牙伙执照费

牙帖是充当牙纪由官厅予以证明资格的一种执据，在前清时代，如县谕司帖等等是即所谓牙帖。但在早承办牙纪纳缴帖费，无正确规定，到了民国四年，一律改领厅帖，每行均须纳帖费每张一元二角。民国十四年整顿本省牙税时，牙帖费改订为每张十元，每年投标承包后，须附带缴费呈领。至牙伙执照费，亦创始于民国十四年，凡各行所结的牙伙，须承领牙伙执照，每执照一张，纳费一元，直到如今，还是这样办法。可是为什么牙帖费在民国十四年前所规定的帖费与民国十四年后所规定的帖费，有这样悬殊呢？其原因是民国十四年以前，系各就承包的地面分别设行，民国十四年以后，把就地分行的办法改为就全县分行总包，每行只领一帖，不像从前分地设行、分别领帖的缘故。

关于牙税征收项目，其内容已如上述。统括言之，就税率方面说，在民国十四年以前，多由各地自由抽取。民国十四年以后，已为规定，但仍多不遵章办理，其原因为包税者欺弄乡愚无知，任意勒索，往往假名滥收，如斗牙行有所谓吃撒合，牲畜牙行有所谓票索等名目是。所谓吃撒合者即牙纪过斗时撒出斗外或斗概括下的粮食，散落在箩筐中或地上的粮食，归为牙纪私有的一种收益。所谓票索者，就是牲畜交易妥后，须系以绳索，以为标记，买主更须填写税票，缴纳牲畜税，以是牙纪即从中收费，其数目每头有要一二十铜元至一角之谱。此种额外苛收，一般民众不愿因区区的牙佣和费用惹起纠纷，牙纪遂得藉机取巧，故虽有违章的罚则规定，因之每难实行了。就抽收牙税的货物范围说，在民国十四年以后，已有详细的规定，在原则上，当不能在其他货物征收牙捐，但据所调查，本县各村仍不免就各该村的出产货物抽收牙捐，而且尚有已经废止征税的货物依然仍旧照收牙捐。此种原因，由于各村学校经费多由此项牙捐资助，若一旦废止，必受影响，故在名义上免了，但实际一仍其旧。现在各村在八行货物以外的货物私行抽收牙捐的，计有烟叶捐、黄花菜捐、山药秧捐、葱蒜捐、鸡捐、锯末捐、柳罐捐、簸箕捐、苇箔捐、柳条捐、黑白秤捐（即煤炭及石灰）、柴牙捐。凡此种种，多就各该村的出产数量，招人承包，其收佣标准有按值百抽三的，有漫无标准任意收取的。其办法颇为繁杂。

四、征收数

民国十九年度至二十二年度四年度内定县牙行税捐包收数及帖照费数

年度别	牙行别	属省正税	属县地方附捐	牙帖费	牙伙执照费	合计
十九年度	牲畜牙行	$ 9 050	$ 9 500	$ 10	$ 4	$ 18 564
	棉花棉籽牙行	1 275	3 900	10	3	5 188
	布牙行	1 118	500	10	3	1 631
	斗牙行	2 009	4 300	10	5	6 324
	油饼菜水果口袋线带子牙行	1 035	3 300	10	5	4 350
	花生席麻牙行	1 450	3 000	10	2	4 462
	树木油槽牛马羊皮骨牙行	1 137	3 563	10	3	4 713
	猪毛鬃牙行	1 019	800	10	1	1 830
	总合	18 093	28 863	80	26	47 058①
二十年度	牲畜牙行	$ 9 050	$ 9 500	$ 10	$ 4	$ 18 564
	棉花棉籽牙行	1 275	3 900	10	2	5 187
	布牙行	1 118	500	10	3	1 631
	斗牙行	2 009	4 300	10	3	6 322
	油饼菜水果口袋线带子牙行	1 035	3 300	10	3	4 348
	花生席麻牙行	1 450	3 000	10	2	4 462
	树木油槽牛马羊皮骨牙行	1 137	3 563	10	3	4 713
	猪毛鬃牙行	500	800	10	—	1 310
	总合	17 574	28 863	80	20	46 537

① 经计算，民国十九年度征收数总计 $ 47 062，与表中所列 $ 47 058 不符。——编者注

续前表

年度别	牙行别	属省正税	属县地方附捐	牙帖费	牙伙执照费	合计
二十一年度	牲畜牙行	$ 3 500	$ 9 500	$ 10	$ 5	$ 13 015
	棉花棉籽牙行	2 010	4 200	10	2	6 222
	布牙行	1 442	500	10	3	1 955
	斗牙行	3 271	4 300	10	4	7 585
	油饼菜水果口袋线带子牙行	2 022	3 300	10	5	5 337
	花生席麻牙行	1 740	3 000	10	2	4 752
	树木油槽牛马羊皮骨牙行	1 197	3 563	10	3	4 773
	猪毛鬃牙行	310	500	10	1	821
	总合	15 492	28 863	80	25	44 460
二十二年度	牲畜牙行	$ 1 000	$ 7 020	$ 10	$ 2	$ 8 032
	棉花棉籽牙行	500	4 175	10	4	4 689
	布牙行	200	1 742	10	3	1 955
	斗牙行	750	6 420	10	3	7 183
	油饼菜水果口袋线带子牙行	500	3 770	10	1	4 281
	花生席麻牙行	350	2 730	10	3	3 093
	树木油槽牛马羊皮骨牙行	300	2 300	10	3	2 013
	猪毛鬃牙行	104	706	10	1	821
	总合	3 704	28 863	80	20	32 667

民国十九年度至二十二年度四年度内定县牙行承包税捐数与最低标额相差数

年度别	牙行别	承包税捐数	最低标额	承包数与标额相差数
十九年度	牲畜牙行	$18 550	$29 594	$−11 044
	棉花棉籽牙行	5 175	5 175	0
	布牙行	1 618	1 617	+1
	斗牙行	6 309	6 038	+271
	油饼菜水果口袋线带子牙行	4 335	4 330	+5
	花生席麻牙行	4 450	4 428	−22
	树木油槽牛马羊皮骨牙行	4 700	6 049	−1 349
	猪毛鬃牙行	1 819	1 819	0
	总合	46 956	59 050	−12 094
二十年度	牲畜牙行	$18 550	$29 594	$−11 044
	棉花棉籽牙行	5 175	5 175	0
	布牙行	1 618	1 617	+1
	斗牙行	6 309	6 038	+271
	油饼菜水果口袋线带子牙行	4 335	4 330	+5
	花生席麻牙行	4 450	4 428	+22
	树木油槽牛马羊皮骨牙行	4 700	6 049	−1 349
	猪毛鬃牙行	1 300	1 819	−519
	总合	46 437	59 050	−12 613
二十一年度	牲畜牙行	$13 000	$22 260	$−9 260
	棉花棉籽牙行	6 210	6 210	0
	布牙行	1 942	1 942	0
	斗牙行	7 571	7 571	0
	油饼菜水果口袋线带子牙行	5 322	5 202	+120
	花生席麻牙行	4 740	5 340	−600
	树木油槽牛马羊皮骨牙行	4 760	5 640	−880
	猪毛鬃牙行	810	1 560	−750
	总合	44 355	55 725	−11 370

续前表

年度别	牙行别	承包税捐数	最低标额	承包数与标额相差数
二十二年度	牲畜牙行	$8 020	$9 100	$−1 080
	棉花棉籽牙行	4 675	4 968	−293
	布牙行	1 942	1 942	0
	斗牙行	7 170	7 471	−301
	油饼菜水果口袋线带子牙行	4 270	4 258	+12
	花生席麻牙行	3 080	3 555	−475
	树木油槽牛马羊皮骨牙行	2 600	3 332	−732
	猪毛鬃牙行	810	810	0
	总合	32 567	35 436	−2 869

五、牙税的征收

牙税征收的事情，是由县政府第二科主管，自民国十四年起实行招标承包的制度后，分货物为八行，每行由一人总包征收全县该行的牙税。每年招标一次，自七月一日起至次年六月底止为一年度，每届期满，由县政府将最低标额呈准省财政厅后，并指定日期出示招标。凡愿承包者，即可报名，并缴最低标额百分之十为押标金，此项押标金于得标后准算入应缴款内，未得标者如数退还。每届投标日期，应投人齐集县政府大堂公开招标，以所投之数额超过最低标额的最高标额为得标，但屡年多不及最低标额之数，故就出标最高者为得标。得标后，由包商缴纳保证金，其定额为承包数百分之二十，其余递其铺保按全年平均，每月分缴一次，得标后，并须造具包商牙伙姓名册，连同牙帖费、牙伙执照费一并送县。这两种手续完备后，即可由包商在全县各地征收该行牙税。

承包商决定后，即由县政府呈明省财政厅发给牙帖及牙伙执照，所收的包款，除扣除规定的地方附捐外，其余正税分期呈解省财政厅。至包款的报解，照章是按月呈解一次，不过因为包商到期，每有缴款不齐的情事，所以恒至数月始汇报一次。县政府报解税款时，依照规定，是准在所解的正税内提出百分之二为征解办公费。关于牙帖费及牙伙执照费，并准以半数留县政府作为办公的费用。

关于招标承包的办法，固然官厅一方可省却征收的麻烦，一方并可得有定额的收入，但不免有包商把持的弊病，且包商向官厅承包后，又复辗转分包，层层求利，重重剥削，终不免是向交易的民众身上榨取。就斗行一项说，从包商向政府承包数额和最低层的牙纪的转包来的数目相比，据有经验的估计和根据大体的事实来推测，至少要超出三分之一以上，其悬殊可想见了。所以从包额内，要看出民众真正的负担，是不能正确的，不过分包的数额，包商是不肯吐实话的，非从最低层的各个牙纪调查，是无法探讨出来。因为牙纪散布全县各地，为时间和人力上的支配，尚有待于将来精密搜集的。

第四章　营业税

一、概说

营业税的内容，就其性质与目的，可以大概分为两种：第一种系以取缔营业行为为目的者，第二种系以征收营业收益的性质者。前者如牙税、屠宰税等是，现在所述的系属于后者。

营业税是由官厅向经营商业的铺户，依其资本额或营业收入额的多寡，规定章程，征取税款，以应国家的需用的一种税收，考诸东西各国，多有行之。

二、营业税的沿革及现情

本县征收营业税历史，是没有很久。在民国十八年，本省因实行裁厘以后，财政的收入锐减；民国十九年间，曾由省方规定征收河北特种货品产销税，通令施行，后来没有办好，旋即废止；到了民国二十年，省财政厅遂仿照苏、浙、鄂、鲁等省征收营业税的办法，积极举行，以为裁厘后的一种抵补。本县在民国二十年七月间亦奉令举办，在开征营业税的初期，系由财政厅派员到县，协同县政府处理营业税稽征的事项，经过了五六个月之久，没有见着很好的成绩，同时各县都形成同一的趋势，因之省厅遂改变方针，把驻县稽征员调回，专责成县长负全责办理其事。

三、营业税征收的项目

（一）正税

此项税款，系依照税率规定，向各商铺按其资本额及营业收入额所征收的税款是。

至于征收营业税的标准约有两种，一系以营业收入额为标准，一系以营业资本额为标准，并在这两种标准里面，就其营业的性质与种类，分别规定税率的等级。其等级的规定，在这短期内，不免有增减的情况，但大体说来，还没有重大的转变，兹将现行的税率，汇志如下：

按营业收入额千分之二征税者，计有新式凿井业、油漆粉刷业、浴室业、理发业、洗染业、饭馆业、面食业、粮食业、油盐店业、碱业、柴煤炭业、山货地货业、火柴业、烛皂业、干面粉业、绸缎业等十六种。

按营业收入额千分之三征税者，计有棉花业、棉织品业、麻织品业、竹木业、纸业、油菜、酱园业、铜铁器业、麻业、竹木棕藤柳器业、鞋帽袜业、砖瓦石灰业、陶瓷料器业、药材业、伞席业、衣箱业、草织品业、梳篦业、纱线业、茶业、漆业、铜铅锡器业、扇业、蛋业、腌腊鱼鲞业、化学品业、丝茧业、矿砂业、鸡鸭业、牛羊猪肉业、水果业、黄白蜡业、石膏业、鱼蟹业、杂货业、熏业、头发鬃毛骨角业、皮条业、砂石业、车辆业、海味业、颜料业、水电材料业、豆饼麻酱业、旧货业、估衣业、南北货业、菜子业等四十八种。

按营业收入额千分之四征税者，计有转运业、交通业、营造业、承包业、电气业、报关业、广告业、糕点业、打包装箱业、房地经租业、经理介绍业、装璜业、赁器业、牛奶业等十四种。

按营业收入额千分之五征税者，计有毛织品业、洋广货业、野味业、铜铁床业、西药业、五金业、花边抽绣业、汽水冰食业、房地产公司业、橡皮业、糖业、糖果茶食罐头业、水泥业、玻璃业等十四种。

按营业收入额千分之六征税者，计有西餐馆业、菜馆业、旅馆业、售鸟业等四种。

按营业收入额千分之十征税者，计有镶牙补眼业、新式肥田粉业、照相写真业、花树业、娱乐业、参燕业、钟表眼镜业、西式木器业、红木器具业、皮革业、皮货业、音乐用品业、绣货业、火腿业、化妆品业、美术品业、珠宝钻石业、照相材料业、西式服装业、古玩业、汽车业、象牙骨业、金银首饰器皿业、金铺业、玩具业、留声机业、香烛纸炮业、纸糊冥器业等二十八种。

按营业资本额千分之四征税者，计有印刷出版及书籍文具教育用品业、碾米磨面业、榨油业、造船业、煤球业、棉织物业、造碱业等七种。

按营业资本额千分之六征税者，计有货栈业、造纸业、麻织物业、制匣业、装订业、刷帚业、丝织物业、制罐业、钢铁物品业、草制物品业、铜铅锡器业、料器业、竹木棕藤柳器业、钮扣牙刷业、练染业、印榨花业、冶金业、窑业、烛皂业等十九种。

按营业资本额千分之八征税者，计有化学品业、制药业、车辆业、电镀抛铜业、制鞋帽业、熬油业、制扇业、制席伞业、材厂业、制茶业、制面业、制灯业、蛋黄白业、制镜业、玻璃业、镜架业、制肠业、毛织物业、制石棉业、制糖业、书店业等二十一种。

按营业资本额千分之十征税者，计有银钱庄及贷金业、颜料业、糖果罐头食品业、蓄电池业、电器业、造冰业、锡纸业、热水瓶业、西式及红木器业、头发鬃毛骨角物品业、铜铁床业、喷银业、皮革业、皮件业、银炉业、橡皮物品业、制香业等十七种。

按营业资本额千分之十五征税者，计有信托业、眼镜业、照相材料业、钟表业、金银器业、音乐用品业、西式服装业、调味品业、军衣装业等九种。

按营业资本额千分之二十征税者，计有保险业、美术品业、摄制电影业、玩具业、汽水业、化妆品业、珠宝首饰业等七种。

上列各种行业内，有同一业名而资本额及营业收入额内均有载列，系因该行业有偏重于制造方面，与偏重于贩卖方面的不同，所以就其系制造性质者按资本额征税，其性质系贩卖者按营业收入额征税。

（二）营业税调查证工料费

查营业税调查证起初原名营业证，因为证书须粘印花，省厅为欲减轻商民负担，才于营业证上添注调查二字，免贴印花，改称为营业税调查证，表示是官厅调查后给予的证件，这调查证仅收取工料费洋一角。此项调查证是由财政厅印发的，凡营业商户，经过填具申请书，复由县造册报厅，按户核发调查证，再由县填写给由商会转发各商户领收。

（三）保卫团附加捐

保卫团附加捐，系于民国二十二年下届全县行政会议提出议决，本县保卫团经费，由农户负担六成，随粮带征，由商户负担四成，随营业税附征，自民国二十三年一月开始实行。在营业税内附征的，是按百分之二计算，由商会依照每年税额分配数目，饬令各区商户随税附交，再将税款送县转解，附加捐则直接送缴保卫团总部会计处经收留用。

四、征收数

民国二十年度至二十二年度三年度内定县营业税征收数

年度别	征收数			
	营业税	营业税调查证工料费	保卫团附加捐*	共计
二十年度	$ 5 496.30	$ 96.80	$ —	$ 5 593.10
二十一年度	8 844.50	87.70	—	8 932.20
二十二年度	7 821.00	69.00	780.00	8 670.00

*保卫团附加捐自民国二十三年一月开始启征，表填系半年之数。

五、营业税的征收

本县征收营业税开始于民国二十年，当时由财政厅派员来县协办，后来专责县长处理，按营业税征收的手续，系先由县政府印备申请书，分发全县各商户填报。申请书的内容，是记载营业商户的种类、字号、地址和资本额及全年营业收入额等事项，经县政府调查属实，造册呈报省厅核发营业税调查证，分交各商收执，作为缴营业税的标准根据。此项营业证每年换领一次，每年按所应缴的税额分四季缴纳，缴由县政府汇解省厅，其营业资本额不满五百元或全年营业收入额不满一千元的商号和属于国家或地方公有的营业不带营利性质的，均不予征税。

但考诸本县征收营业税的办法，仍不免成一种变态的包办制度。现在的办法，系由商会先把全县的商户，作为已经过切实的调查，按着资本额和营业收入额各有多少及应纳税的总额，造册呈由县政府转报财政厅，经核定了之后，就按所报的税款总数，按六区分别比例摊派，俟税款收齐了，即缴县转解财政厅。至于所报册子的资本额或营业收入是未必实在的，而且册上所列亦未必将全县的商号统统造报，因为只要凑足呈报的总额，就没有问题了。

本县各区所摊的税款，所占的成数，据所闻说，按旧六区的分配，第一区约占百分之五十一，第二区约占百分之一，第三区约占百分之七，第四区约占百分之九，第五区约占百分之七，第六区约占百分之二十五。这种分配悬殊的原因，就是因各该区的商铺有多有少的关系。每年确定了数目以后，就由商会分配，再由本区所有的商铺开会商定就各商铺的营业状况，酌量把本区应摊的数目，分别凑齐送缴商会呈县报解，原定分四期缴解，为节省手续，现系分两期定缴的。此外的营业税调查证工料费和保卫团附加捐，统统亦系将总数平均由各区比例摊缴的。

县政府收到各项税捐及费用后，将所缴的正税分期报解省府，并照章提留百分之二充作征解办公费。营业税调查证工料费，则提留百分之五十作办公费，余款解厅。附加捐系全数拨归保卫团总部支配。

第五章　牲畜花税

一、概说

牲畜花税，就其性质而言，系一类似的营业税。凡该项货物在市场交易，经中人说合，并交牙佣后，即须到收税处所，投缴税款。牲畜花税，原称牲畜花布税，因征收的货物有牲畜及棉花、土布三种，民国十七年国民政府财政部鉴于征收土布，殊属不宜，为提倡国货起见，已明令免征土布一种，故现仅包括牲畜及棉花两种，改称现名。

二、牲畜花税的沿革及现情

本县牲畜花布，征收税款在前清时代已经施行，其创始时期无可稽考。从前全县税区，划分为八镇及高蓬、市庄三部分，收税的机关，八镇的税归州官管理，高蓬的税由吏目经征，市庄的税责州同收取。民国成立，废除旧制，改组行政公署，所有州同吏目等官吏，一并裁撤，高蓬、市庄的税亦提归县署管理。民国三年，奉令整顿杂税，遂改为投标办法，招商承包，仍分为八镇、高蓬、市庄三处，每处分别招一商人总承，迄今未变。

三、牲畜花税征收的项目

牲畜花税，现所征收的项目计有两种：一为正税，一为附捐。正税完全解省，附捐拨由县地方支配。兹分析说明如下：

（一）正税

牲畜花税，从前系包括牲畜、棉花、土布三种。牲畜一项，清初只征猪羊税与牛驴税，后增收马税，至现在牲畜已包括骡、马、牛、驴、猪、羊、骆驼等七种。在前清时代，凡欲承办本县牲畜花布税者，须于新任州官到任之始，携款运动，先以茶敬央托门丁，夤缘求进，继之贡献贽敬，面谒州官，议定税款，其能否攫得税权，须视其贽敬的多寡为转移，而且承包之后，除按月缴纳税款外，还有所谓月规杂费等项，要无不以金钱为买通关节之资。到了民国三年，本县孙知事以这种陋规殊不合法，适奉省饬整顿杂税，于是就把往日陋规所收受的贽敬、茶敬、月规、杂费等项，悉数列入包额内，招商承包，并规定全县分为三个税区，其划分为八镇、高蓬与邢邑、市庄等三部分，分别招商投标承包。自民国三年以后，税额逐年增加，至民国五年，正税包额已达一万六千九百元之谱，其后略有增减。至民国十年，奉省令自民国十一年起，比照民国五年税额，加增一倍半招标，但终未能达到此数，不过后来已逐年增加，在民国十八年已达二万三千余元之谱。近年受农村经济短促的影响，税额已低落大半了。至于税率一层，棉花每百斤原征制钱四十文，民国十四年以后，棉花税率规定按物价百分之一征税。牲畜则自来均按值百抽三，尚无转变。土布原定每匹征制钱二文，民国十七年以后，奉令豁免了。此项规定的税率，在本县一般的情况说来，牲畜是按照章则办理，但棉花一项仍多照每百斤征税，且征税的标准多寡无一定，要亦由于各村的习惯情形不同所致。

（二）附捐

牲畜花税附捐，在早无正式的规定。民国四年间，为筹划地方经费，举办地方事业，鉴于牲畜正税改行投标办法后，竞投承包，溢过额数甚多，遂谕令包商于投承正税额外，并应投认附捐。因此种附捐，虽对于投认正税不无影响，但投标既已及额，即不致妨碍正税的收入，故当时尚未正式呈准省厅备案。在附捐开始的时期，捐款不过二百余元，其后因竞投承包，逐渐增至一万数千元之多。此项附捐，遂划定为地方教育经费，现在附捐系与正税分别投标，所得捐款拨为县地方支配。因此项附捐，其性质当初原属正税的溢额，故无规定捐率。

尚有一点须补充说明的，就是牲畜花正税，系分为八镇及高蓬邢邑与市庄三处征收，但附捐除八镇和高蓬邢邑以外，市庄是无牲畜附捐的，因为市庄正税，本甚少数，附捐所得无多，于地方事业经费的补助甚微，故特予免包附捐。

四、征收数

民国十九年度至二十二年度四年度内定县牲畜花正税及附捐包收数

年度别	项别	属省正税	属县附捐	共计
十九年度	八镇牲畜花税	$ 18 050	$ 15 530	$ 33 580
	高蓬牲畜花税	2 143	2 140	4 283
	市庄牲畜花税	805	—	805
	总合	20 998	17 670	38 668
二十年度	八镇牲畜花税	$ 18 050	$ 15 530	$ 33 580
	高蓬牲畜花税	2 250	2 150	4 400
	市庄牲畜花税	810	—	810
	总合	21 110	17 680	38 790
二十一年度	八镇牲畜花税	$ 14 500	$ 10 000	$ 24 500
	高蓬牲畜花税	1 500	1 310	2 810
	市庄牲畜花税	625	—	625
	总合	16 625	11 310	27 935
二十二年度	八镇牲畜花税	$ 9 730	$ 5 200	$ 14 930
	高蓬牲畜花税	850	650	1 500
	市庄牲畜花税	380	—	380
	总合	10 960	5 850	16 810

第六章　屠宰税

一、概说

屠宰税的性质，属于消费税的一种。凡宰杀牲畜，须向官厅缴纳税款。从前征税的牲畜仅限于猪、牛、羊三种，民国五年又经省令规定骡、马、驴、驼四种，一并征收屠宰税。民国十八年，本省复以骡、马、驴、驼系属家用牲畜，不准宰杀，该项税款自此停征，现在仅于屠宰牛、羊、猪三项征收税款，统名为屠宰税。

二、屠宰税的沿革及现情

屠宰税的起源，在清末始有举办，而且当时仅在东南数省行之。民国四年，财政部为整理税收，曾颁发屠宰税征收简章，通行各省，饬令开办。本县民国五年间开始征收，当时的办法，分屠宰牲畜为三项，除骆驼一项免予征税外，以屠宰猪为一项，屠宰牛、羊为一项，屠宰骡、马、驴为一项，分别投标承包。缘牛、羊及骡、马、驴两项，宰杀甚少，当时无人应投，曾一度由各区警察分局（即现公安分局）负责向各屠户照章征收，到了是年十一月牛羊屠宰税始有人承包，骡马驴一项至民国六年十月开始有人承包，于民国十五年将牛羊及骡马驴复分区招商承包，民国十六年猪屠宰税亦一度分区投包嗣又合为总包。总之此种转变，由于一人总包，其包额甚低，故分区招包，其额数总合可得较高的缘故，民国十八年省厅令饬各税按年度计算，投标总包，遂将各项分包，合而为一，除骡、马、驴、驼系家用牲畜不准宰杀，征税由是取消外，并增加其余的牲畜税率，而且规定无论冠婚丧祭年节宰杀牲畜，一律征税，至今尚无改变。

三、屠宰税的征收项目

屠宰税征收的项目计有三种，一为正税，一为附捐，一为政务警察经费。自民国二十二年六月以后，政务警察经费一项合并在附捐内，不另列项目了。正税全数呈解省方，附捐及政务警察经费拨归地方支配。兹更分述其内容如下：

（一）正税

屠宰正税在民国五年开始征收，是年正税承包额达二千四百七十余元。民国六年，因省议会议决，将冠婚丧祭年节屠宰牲畜免予征税，经省令豁免以后，标额逐年减低，至民国九年减少至一千八百六十余元之数。民国十年，省令由民国十一年起按照民国七年标额增加一倍半，凡包商须投至正税五千七百余元方能得标，但本县包商，陈诉困难，是年标额虽较高，但仍远不及额，不过以后逐年增了。民国十八年，省令骡、马、驴、驼系属家用牲畜，不准宰杀，征税亦因之取消，但同时规定增加税率，而且冠婚丧祭年节宰杀牲畜，仍旧征税，故标额自民国十九年以后突然增加，民国二十一年度标额竟达八千一百元之数。近年因农村经济紧促，投标额亦因之影响而转低落了。每年正税由省规定最低标额，所投承包正税全数解省。至此项税率，在始期（本县尚未征屠宰正税）原以猪、牛、羊三种为限，计猪每头纳税三角，牛每头一元，羊每头二角。民国五年间（本县已开征屠宰正税）又经省令规定骡、马、驴、驼四种，一并加收屠宰税，除猪、牛、羊税率仍旧不变外，骡、马、驼三种每头八角，驴每头六角。民国十八年后取消骡、马、驴、驼征税的规定，将猪每头加征六角，牛每头改征三元，羊每头改征四角。现行税率，一律均依此数。

（二）附捐

本县屠宰捐在前清时代向无抽收，只屠宰商户须向官厅送缴官肉。此种官肉，酌定官价，数值低微，系属陋规的一种。民国四年（此时本县尚未开征屠宰税），本县孙知事为举办公民讲习所，鉴于款源无着，同时认此项官肉陋规有废除的必要，遂将此款缴纳官肉，改征猪公益捐，即以捐款收入提充该所经费。当时捐款数额为一千七百十四元。民国五年间（本县已开征屠宰税），本县社会教育事务所（即今之民众教育馆）经费无着，经县饬承包牛羊屠宰税商于投正税外，附认捐款，当时额有一千零六十元。民国六年为筹本县通俗图书馆及讲演所经费，并在骡马驴一项的包商，于正税外附认捐款，数为六百八十五元，各项并经分别呈准省厅有案，自屠宰附捐，饬商投认以后，均按年由承包正税商认缴，其数额逐年增减无定。民国十八年各项屠宰牲畜正税合并总包后，附捐亦化零为整，合并一个总数，每年度将此项附捐统拨县地方支配。

（三）政务警察经费

本县在民国十七年间，为筹划政务警察经费，在屠宰正税以外，又增收政务警察经费一项，其办法系责令投包税商于投正附税捐外再认包政务警察经费，其数额为一千零五十元，统拨定县财政局，为发给政务警察工薪的专款。民国二十一年全县紧缩开支，经将政务警察经费改为县政府负担拨发，所有包商投认政务警察经费的款项划归地方支配。民国二十三年取消政务警察经费的名称，所有款额与屠宰附捐合而为一，现在已无此项的名称存在了。

四、征收数

民国十九年度至二十二年度四年度内定县屠宰税及附捐包收数

年度别	属省正税	属县附捐	属县政务警察经费	共计
十九年度	$ 6 750	$ 4 500	$ 1 050	$ 12 300
二十年度	8 009	5 750	1 050	14 809
二十一年度	8 100	5 750	1 050	14 900
二十二年度	6 305	3 500	1 050	10 855

第七章　花生木植税

一、概说

花生木植税，亦名花生木植麻饼税，系本县地方特征的一种税捐。凡花生树木、新旧车辆和拆买房屋用料，以及各色油饼等类货物在市场交易，经牙纪说合成交后，除纳牙税外，尚须缴纳此项税捐，论其性质，系一种类似的营业税。此项税收内容，并无其他附捐，所收税款是完全由县地方支配的。

二、花生木植税的沿革及现情

花生木植税，系创始于前清光绪二十九年，当时因为本县开办县立中学，鉴于款源无着，由官绅协议，指定花生木植油饼等类货物征收税款，作为县立中学的经费专款，曾经呈奉藩司核准有案。征收税款，概由该中学负责经管，初时即行招商包办的制度，后来中学虽经改为省立，但该项的税款仍归原校支配。到了民国四年，经本县孙知事将此项税款提归县地方所有，专作为办理县教育的经费，由县署出示招标，并规定由本县自治事务所经收。其后自治事务所停办，该项税款递嬗至今，系由县财政局经管，至于税率的规定，自始即按物价值百抽三，全由买方担负，迄今未变。

三、征收数

民国十九年至二十二年四年内定县花生木植税包收数

年别	包收数						
	第一区	第二区	第三区	第四区	第五区	第六区	共计
十九年	$ 5 090	$ 1 315	$ 3 875	$ 1 900	$ 2 790	$ 2 800	$ 17 700
二十年	4 542	1 210	3 513	2 050	2 790	2 376	16 481
二十一年	4 260	967	3 245	1 855	3 177	2 130	15 894①
二十二年	3 300	680	1 820	1 060	2 130	1 650	10 640

四、花生木植税的征收

花生木植税，原始即行招标承包的制度，每年招标一次，系在九月间举行。在先系采总包制，将全县的税收总包于一个税商，其手续至为简单；后来因税商有操纵标额的流弊，以致标额逐年减低，于民国七年间遂改为分区承包，以免为少数商人所把持。民国八年，虽复行总包制，但终有不善之处，于民国十五年复按六区分包，迄今仍照此办法。

投标税商得标后，须出具铺保，并就承包的总额，按全年平均，每月缴款一次，但须先交承包款额百分之二十作为保证押金，而且要随交第一个月应交的税款。倘承包后，承包商如有不得已之事故，中途退办，前六个月须按包额七成折算，后六个月按三成折算，这是因为本县的花生木植等项货物，交易最旺的时期系在每年的九月至次年一二月间，税收在此时期当然很多，倘过了此旺收时期，中途退办，依然按全年平均来缴款，继续承包的，必然没人来办，为防范取巧，所以特别有此规定。

承包商人，履行其一切手续后，即可在承包的区域内征收税款，但层层转

① 经计算，民国二十一年包收数总计 $ 15 634，与表中所列 $ 15 894 不符。——编者注

包的事情仍不免的，不过就大体说来，征收税率是没有超过规定。包商征税，是逢集市庙会经收，集市上凡关于这类的货物，经牙子说妥后，即同买主到收税处，履行缴纳税款的手续，并由收税的在货物上记一符号，以表明已经征过税的意思，这是征收的大概情形。

第八章　本县地方杂捐

一、概说

本县的零星杂捐，经呈准征收者，计有五种：（1）状纸附加捐，（2）官产附加捐，（3）人力车捐，（4）自行车捐，（5）戏捐。自民国二十三年官产附加捐取消后，现实有四种。此项杂捐，完全交由县地方支配，为明了地方上一切带有固定性的捐税情况，故并说明之。

二、各种杂捐的沿革及现情

（一）状纸附加捐

状纸附加捐，系于民国十三年四月间经教育局向县呈准在县署所发售的民刑诉讼状纸内，每张一律加一角，作为本县观摩会的费用和补习教育的专款。其征收的手续，系由县政府收发处于出售状纸时附带征收所收的捐款，提出十分之一归县政府办公费，余数按月拨交县财政局经管与支配之。

（二）官产附加捐

官产附加捐，系于民国二十一年本县奉令筹备地方自治经费时，经县政府呈奉财政厅核准征收的。其征收的办法，是向缴价留置官产或该地荒地黑地的户主，按照留置产业的总值，抽收百分之五的捐款。经收这笔捐款，是由官产局附带办理，交由县政府转发财政局保管，备作举办地方自治的用费，现在官产局已奉令停办，此项附加捐已无形取消。

（三）人力车捐

本县民国十七年间，即有人力车通行县境，不过当时的车辆为数很少，后来逐渐增多，到了民国二十一年，经本县县政会议，才议决征收人力车捐，作为本县城关马路管理处的经费。此项捐率，系按每辆人力车，月捐银元三角，由挽车户主按月缴纳，旋又经县政会议决定每年分四期缴纳，由马路管理处直接征收。

（四）自行车捐

本县自行车捐，在民国二十年曾经财政局一度拟具提案，计划征收，但未实现。民国二十一年，奉令筹备地方自治经费，于民国二十一年七月间提经县政会议议决征收自行车捐。捐率的规定，每车一辆，全年纳捐一元，由车主负责缴纳，并经呈奉财政厅核准征收，但未见积极进行，最近始认真办理。此项车捐，全年数额分两期交纳，每六个月为一期，不足六个月，亦按一期计算，此外并须购一次车牌费每牌五分。此项捐款，由公安局征收，由财政局制备收捐执照，送请县政府盖印，发交公安局填用。按期由公安局将征收之捐款，解交财政局经管。

（五）戏捐

本县戏捐，在从前即有征收，不过收入甚微，无甚重要。到了民国二十一年，本县奉令筹备地方自治经费，由县政会议议决抽收戏捐，并由县政府呈准财政厅在案。按戏捐的征收标准，每演戏一天，征捐二元，秧歌加倍。所抽的戏捐，由戏班和演戏的村庄平均负担。捐款系由公安局负责征收，汇送财政局保管。

三、各种杂捐征收数

民国十九年度至二十二年度四年度内县地方杂捐征收数

年度别	各种杂捐征收数					
	状纸附加捐	官产附加捐	人力车捐	自行车捐	戏捐	共计
十九年	$886.59	—	—	—	—	$886.59
二十年	890.91	—	—	—	—	890.91
二十一年	586.35	108.97	291.60	665.95	284.00	1 936.87
二十二年	576.63	264.80	336.00	11.00	200.00	1 388.43

注：戏捐收入，在民国十九、二十各年度因经征机关未报到县，二十二年度数目亦因报送不齐，表列系估计之数。

附录　现行地方赋税各种条例汇编[1]

征收田赋考成条例

民国十六年十二月二十四日财政部公布

民国十八年十月河北省财政厅印行

第一章　总则

第一条　凡各省征收地丁漕粮租课及其他随同田赋征收之款项其考成均依本条例规定办理之

第二条　各省财政厅厅长为督征官各县县长为经征官各省民政厅厅长负督催经征田赋之责亦适用本条例关于督征官之规定

第二章　截限时期

第三条　凡征收田赋以次年六月底会计年度届满时为上下忙截限之期其上下忙分征者以本年十二月底为上忙截限之期督征官应于前限届满后一个月内分别汇报

第三章　考核分数

第四条　各经征官应于每年十二月征收上忙截届满限之日分别将已完未完

① 原条文未加标点，由于条文通俗易懂，故遵从原文不加标点。——编者注

实数造具简明清册报由该管督征官核明汇报财政部并分报各该省政府暨民政厅查考

第五条　各经征官应于会计年度届满总限之前一日应将全年丁粮租课已完未完实数及附近三年实完分数扣除灾荒蠲缓分别汇造收入及比较总册报由该管督征官核明汇报财政部并分报各该省政府暨民政厅查考

第六条　前条造报分数分为下列三项

经征本年田赋分数

催征上年民欠并积年民欠各分数

带征某年缓征田赋分数

第七条　前条考核分数应以额征数匀作十分计算但遇有荒缺尚未复额以及蠲缓之年得以实征数摊算其催征上年并积年民欠旧赋以原欠分数计算带征缓赋以缓征分数计算

第八条　前条考核分数如该经征官一年数任者应依照年额合前后任并计仍于已完未完分数内各就在任日期摊但得除去停征日期

第九条　各经征官届考核时如任事未及一月者免予考核

第四章　奖励方法

第十条　各经征官于截数造报定限以前照额全完者由该主管督征官报部核予特奖

第十一条　素称征收疲玩之县本年能加意整顿照数全完者从优核予特奖若照近三年实收成分多收至一分以上者记功一次二分以上者记功二次三分以上者记大功一次四分以上者记大功二次五分以上者酌予优奖

各经征官如积功二次或大功一次者主管督征官得随时报部请奖劳绩金其劳绩金之数目以多收成数百分之十为标准

第十二条　各经征官如在任继续三年均于截数造报定限以前照额全完者酌予优奖若按照近三年比较尚未照额全完之区系由该经征官回复原额三年全完者由该主管督征官报部核予特奖其三年内遇有蠲缓之年应将该年扣除俟次年补足并计

第十三条　各督征官督催全省田赋于截数造报定限以前照额全完者核予特

奖至带征旧欠缓赋核计近三年全省实收成分多至一分以上者记功一次二分以上者记功二次三分以上者记大功一次四分以上者记大功二次五分以上者由部酌予优奖六分以上者核予特奖各省民政厅厅长如能实力督催各县经征田赋财政部得视该省著有成绩县分之多寡分别核奖

各经征官于受优奖特奖时财政部并得咨明该管省政府予以特别保障

第五章　惩戒方法

第十四条　各经征官于截数造报之日止照该县额征或应征数未完不及一分者免予惩处一分以上依下列规定分别惩处

一分以上者记过二分以上者记大过三分以上者减两个月俸十分之二四分以上者免职

向来征收最称疲玩之县各经征官于造报时详晰申明由该主管督征官复核相符者得酌减处分

第十五条　依照前条规定近三年比较向系照额全完本年无故短收者由督征官从严议处

第十六条　各督征官督催全省田赋于截数造报之日止照全省额征总数平均计算依第十四十五两条之规定分别惩处

第十七条　征收田赋未完分数应以截数造报之日为初限责令留任催征展期三月为二限限满实行处行在二限之内续报征完者得视其征完分数分别减免

第十八条　各经征官如将已征田赋捏称民欠者免职惩办仍按数追缴该管督征官知而徇隐者免职失察者减一年俸十分之三

第十九条　造报逾限者依下列日期分别惩处

一月以上者减三个月俸十分之一二月以上者减半年俸十分之一三月以上者减一年俸十分之一四月以上者免职

第二十条　凡受本条例奖励及惩戒者功过得分别抵销

第二十一条　前条所列功过虽得互相抵销但因记过抵销记功时应将以前记功所领奖金缴还方准抵销

第二十二条　应受本条例十四十五十六十七十九各条之处分时如因特别事故呈准有案者不在此例

第六章　附则

第二十三条　各督征官并应订定所属各经征官考核员司规程报部核准施行

第二十四条　本条例如有未尽事宜得由财政部随时呈请修改之

第二十五条　本条例自公布日施行

定县完纳田赋规则

民国二十二年十月定县县政府拟定牌示征粮处

第一条　地粮正银一两折征银洋二元三角并带征差徭银洋三分一厘又带征地方经费洋六角（系前征之二百八十枚）区公所经费洋二角保卫团款八角

第二条　额外寄庄旗租黑荒升科粮银每两折征银洋二元三角其他带征各款与地粮同

第三条　良房租每银一两折征银洋二元零五分一厘并带征差徭洋二分其余带征之地方款区公所经费及保卫团款均与地粮同

第四条　缺额买回租每银一两折征银洋一元五角此系良房二县应领之租向不带征差徭惟其带征之地方款区公所经费及保卫团款均与地粮同

第五条　上忙粮银自开征之日起限于六月底扫数下忙粮银限于十二月底扫数如逾期不纳者依照厅令颁发章程加罚

第六条　每日上午八点至十二点下午二点至六点为书记在柜征收时间各花户应照时间赴柜完纳该书记等亦不得早退迟到致误要公

第七条　完粮人概于柜外接洽不准入内扰乱工作

第八条　花户趁柜完粮将款交足后应即掣给收据如有不符之处得随时声明更正

第九条　完纳粮银所缴之款满银一元者以银元计算不满一元者即以角票完纳或照时价折交铜元亦可一律听从其便

第十条　本征粮所设有银元价值牌所有当时价值若干逐日注明凡银元出入均以银元价值牌所标数目折合为标准

第十一条　完粮收据每张收工本费洋一分如所征之款不及一分者即予免费

第十二条　乡长副或催头及乡地代表多数花户完粮者如当时不能掣给收据时尽可将所带之款先交出纳股收讫再行赴柜约定时间掣据不得强索致误当时零星花户完纳工作

第十三条　花户在完纳踊跃时期应按先后次序完纳不得争吵以防错误

第十四条　该书记等应按正附各款照章征收不得额外多索违者查明从严惩处

第十五条　本规则如有未尽事宜得随时修正之

定县过粮分粮办法

民国二十年二月十一日定县建设局财务局会呈
县政府于三月十六日布告实行

第一条　凡买地之户持印契过粮者不论银数多少每张缴纳手续费洋贰角如系隔约隔里经两柜手续者手续费各得其半不得额外浮索如持验契过粮者应由县政府查核有无诡新为旧之情弊照章办理其手续费应与印契同

第二条　凡分粮者不论旧有新立花名若干总银数未及五钱者共合缴手续费洋五角五钱以上未满一两者共合缴手续费洋一元一两以上未满二两者共合缴手续费洋一元五角二两以上者不问多寡均以两元为限不准递增

第三条　由县政府印就执据发交过割房书吏以便填注过割人姓名及粮银数目给过粮者存执但每张执据收印刷费铜元二枚

河北省契税暂行章程

民国十八年四月四日省政府委员会第八十次会议通过

第一条　凡买典田房者应遵照本章程之规定完纳契税

第二条　凡买典田房者须于契约成立六个月内赴县政府报税领契

第三条　买典各契应征税率如下

一买契按价征税六分附加学费六厘

二典契按价征税三分附加学费三厘

三买典每粘契纸一张征收纸价五角

凡推契准用典契之规定

第四条　契价税款一律以银元计算其民间习惯有写钱数者应按市价折合银元

第五条　典契税由原业主于限满赎产时归还税费全额之半于承典人

第六条　先典后买之买契得以原纳税额划抵买契税但以承典人与买主属于一人者为限

第七条　买典田房成交时应由监证人于草契上加盖戳记

第八条　监证人负催令当事人于限内投税之义务倘徇情隐匿或串同舞弊者应照应纳税额处以二倍以下之罚金

第九条　买典各契成立后如逾限不税或匿价投税者应照契税条例第七八两条处罚其罚金以五成解库五成留县如系被人举发者应由留县五成内提一半奖给举发人

第十条　买典田房所有草契纸一张收铜元十枚以一半给监证人一半由县拨充印制工料费

第十一条　各县经征契税如能溢额准就溢征款内提支一成五奖金尽数留县其经征比额另定之

第十二条　本章程所未载者仍应查照契税条例暨施行细则办理

第十三条　本章程如有未尽事宜得由财政厅提出修正之

第十四条　本章程自省政府公布之日施行

修正河北省田房交易草契规则

民国二十二年三月九日河北财政厅令颁

第一条　凡本省人民买典推田房者应遵照河北省契税暂行章程第十条及修

正河北省田房交易监证人规则第一条之规定购领草契纸照式填写并赴监证人处盖戳依限投税

第二条　草契分买推典三种买推草契均三联以一联给买主或承推主收执一联存监证人处一联缴县政府典契四联以一联给承典人收执一联给出典人收执一联存监证人处一联缴县政府

第三条　买推草契纸每张售铜元十枚典当草契纸每张售铜元十四枚

前项草契纸价以十分之五给监证人作办公津贴以十分之五按月呈缴县政府充纸张印刷费

第四条　草契纸由县政府依照财政厅颁发式样制就编列号簿盖用县印颁发各区监证人发行之

第五条　人民田房交易如私自立契不遵章领用草契纸及不赴监证人处盖戳者除该契作为无效饬令另行补填草契外并处以应纳税额之一倍罚金

前项如系由人举发得由罚金全数内提二成五奖给举发人

第六条　本规则如有未尽事宜得由财政厅随时提出修正之

第七条　本规则自公布之日施行

修正河北省田房交易监证人规则

民国二十二年三月九日河北财政厅令颁

第一条　凡本省各县人民田房交易无论买典推均应由田房交易监证人负责监证审查草契盖用戳记方能有效

前项监证人戳记由财政厅颁发式样令由县政府照式刊发给领概不收费

第二条　监证人由县长就境内居民遴选品行端正精通书算对于田房交易具有经验且素孚乡望者委任之任期三年但成绩卓著毫无劣迹者得连任之

前项监证人之委任及连任应呈报财政厅备案

第三条　监证人管辖之区域由县长按照县境之广狭乡村之多寡参酌地方情形划分之但至少三等县须在十区以上二等县须在二十区以上一等县须在三十区以上其监证人之名额即按照划定区域每区一人

前项区域之划分应呈报财政厅备案

第四条　监证人选定后须先行缴纳押款三百元再行由县政府发给委令就职

前项押款由县政府报解省金库收存于监证人卸事时发还之

第五条　监证人发售草契纸应将田房价格成约时期询查明确令田房交易人据实填写再予加盖戳记每月月终将售出张数号数开具报告单连同缴县一联送县政府查核备案

第六条　监证人所辖区域内人民田房交易如有匿报契价或隐契不税及不用草契情事应随时调查明确向县政府举发并得适用契税章程第九条及田房交易草契规则第五条之规定以罚金全数之二成五作为监证人奖金

前项调查办法除随时实地考查外得按月与本县过割地册详细核对并于册上加盖“田房交易监证人核对讫”戳记如有已过割而未领草契者应即呈县政府核办

第七条　买契中佣按价征收六分与推契中佣按价征收二分照成三破二习惯由交易双方负担之其中佣分配办法如下

（甲）买契中佣以一分五厘解库以一分给监证人其余三分五厘照旧案支配

（乙）典推契中佣以五厘解库以五厘给监证人其余一分照旧案支配

（丙）监证人应得中佣如有向充地方公益之需者应仍其旧

第八条　前条所定买典推中佣均由业户赴县投税时一并交纳所有应留地方及监证人应得之数均由县政府按月核明拨发

第九条　各区监证人之比额应由各县县长按照划定区域内平日税收情形将财政厅所颁之契税总额酌为匀配并报备案

前项比额按照会计年度于年度终了时考核之

第十条　监证人所辖区域内税收如年度终了比核溢征得由县政府于应提奖金总额内提出五分之一按照各区溢征成数分别奖给各监证人其尤为优异者得呈请财政厅特予奖励

前项收数溢征之监证人如遇全县收数不足总比额不能照章提奖时得呈请财政厅另行酌予奖励

第十一条　监证人如有违法干纪情事应按照下列规定分别处罚

（甲）对于田房交易人藉端刁难情节较轻者处以十元以上五十元以下之罚金

（乙）对于田房交易人有欺诈勒索或侵占之行为情节重大者除立予停职送交法庭处办外并没收其押款

（丙）对于田房交易人有徇情隐匿或串通舞弊情事应按照河北省契税暂行章程第八条处以应纳税额二倍之罚金

（丁）甲丙两项罚金以五成解库以五成留县如系被人举发者由留县五成内提出一半奖给举发人

第十二条　监证人前后任交替应将经管草契纸及账簿等项开具清单会呈县政府查核

第十三条　关于契税章则通令凡与监证人职务有关者应由县政府随时令知遵守

第十四条　监证人办事细则由县政府体察当地情形详妥拟订呈请财政厅核定之

第十五条　本规则如有未尽事宜得由财政厅随时提出修正之

第十六条　本规则自公布之日施行

定县田房交易监证人办事细则

民国二十二年四月二十七日由县政府呈请财政厅核准

第一条　本细则遵照财政厅颁发修正河北省田房交易监证人规则第十四条并参酌本县情形订定之

第二条　本县监证戳记由县政府刊发概不收费

第三条　买契中佣六分典推契中佣二分按照成三破二办法买户交三分六厘卖户交二分四厘典推契由承典推各户交一分二厘出典推之户交八厘均由业户赴县投税时一并交纳

前项中佣除买契以一分五厘推典契以五厘解库外买契以一分给监证人一分归田房所在之村小学经费典推契以五厘给监证人以二厘归田房所在之村小学经费其余买契二分五厘典推契八厘按照本县成案完全拨充地方教育经费均由县政府按月核明拨发

第四条 凡田房交易或买或典或推均须领用草契加盖监证人戳记方准投税

前项草契由县政府印就编号发交监证人转售买推契每张收铜元十枚典契每张收铜元十四枚以十分之五交县作为纸张印刷等费以十分之五作为监证人办公津贴

第五条 监证人于每月终报告售去契纸张数时应将该月份田房交易宗数价额另折具报（折式另订之）

第六条 监证人职责如下

一报告该管区域内买典推当田房事宜

一办理该管区域内成立田房契约及丈量事宜

一举发该管区域内田房匿价漏税及不用草契事宜

一发售草契收交纸价及盖用戳记事宜

一民户如有被举发减价匿税情事先令监证人负责查报如查报不确事后经县查有减匿事实时监证人以串同舞弊论

第七条 此区与彼区有田房交易时归田房所在区之监证人办理

第八条 每月契税不及比额时得由县长严令监证人负责查催（税契比额另定之）

第九条 本县共为三十四监证区每区设监证一人一切监证事均须亲自办理不得分包委托

第十条 本细则于呈准之日施行

第十一条 本细则如有未尽事宜得随时呈明修正之

定县各村田房买主担任民众教育捐办法

民国十九年六月民众教育馆呈准财政教育两厅于七月一日公布施行

第一条 各村田房买卖除照向章抽收田房中佣外另由田房买主担任民众教育捐充作本村办理民众学校专款不准挪作他用

第二条 是项民众教育捐由各村村长副学董负责办理之

第三条 是项民众教育捐按照置产原额百分之一计算征收

第四条　田房买主出纳是项民众教育捐归入现在之籍隶村庄

第五条　各村征收是项民众教育捐应由负责人承领本馆制定之五联单（一呈县政府一报教育局一报教育馆一留本村一交买主）照格填写以完办理手续

第六条　各村每届半年应将所收数目胪列清折连同联单暨开支账目分别呈报备核

第七条　各村每届半年除将收款分报外须在本村张贴清单以示公开

第八条　本办法如有不适宜处得由县政会议随时修正之

第九条　本办法经县政会议通过后呈请教育财政两厅核准由县政府通令各村遵照实行

河北省牙税暂行章程

民国十八年七月河北财政厅令颁

第一条　本省征收牙税依本章程之规定办理之

第二条　本省征收牙税以各县原有之牙行为限如有大宗行货非呈准财政厅不得添设

第三条　各县原有铺摛絮套柴草麸子荆条农盖菜子耍货嫁妆以及埠头起卸小脚等行或物属细微或事近苛扰应一律免征

第四条　牙税按物价百分之三征收由买卖主双方负担买主三分之二卖主三分之一

粮食棉花土布绳席纸六项按物价百分之一征收由买卖主双方分担买主十分之七卖主十分之三

第五条　牙税应按物价折征银元不得以货物抵收（如买卖粮食吃拿等旧习应即革除）

第六条　第四条规定税款应完全解库如县地方有必须附加征收者应由县长呈请财政厅核准后方得照加但至多不得超过正税之半

第七条　牙行征收牙税除正税附加税外不得再收牙佣

第八条　牙税除由财政厅派员征收外得由牙行承包代征

第九条　牙行应由县呈请财政厅发给牙帖

第十条　牙行收税范围以一县境内某一种货物为限凡属大宗交易及向有多数牙纪者得设一某种总牙行由商人一人承包僻小县分牙纪零星者得将两种以上之牙税合并承包

第十一条　牙行承包牙税以一年为期一切承包手续应遵河北省招商承包税捐通则及投标规则办理

第十二条　牙行办理收税事宜得用牙伙

前项牙伙花名应由牙行造册送县转呈财政厅按名发给纸照

第十三条　凡地方各种机关及在职人员概不得承包牙税

第十四条　牙行收税如巧立名目违章浮收一经查觉或被告发由县政府照浮收之数处以十倍以下之罚金其情节较重者并得取消牙行资格没收其牙款

第十五条　买卖商人如有漏交牙税查明后除照章补税外按其所得数目处以十倍以上二十倍以下之罚金

前两项处罚事件应由县政府核办牙行不得私自处罚

第十六条　牙行应领之牙帖及牙伙应领之执照均由财政厅制发牙帖每张收费十元执照每张收费一元均按五成留县五成解财政厅

第十七条　凡罚金以三成给举发人三成留县政府四成解财政厅

第十八条　本章程如有未尽事宜得由财政厅随时提议修正之

第十九条　本章程经省政府公布后自十八年七月一日施行

营业税法

民国二十年七月七日河北省政府令颁

第一条　营业税为地方收入凡在各省及直隶行政院之市内营业者除向中央缴纳出厂税之工厂或缴纳收益税之股份有限公司组织之银行外均应完纳营业税

前项所称营业谓以营利为目的之一切事业但农业不在此限

第二条　中央征收之烟酒牌照税收入除由中央留十分之一外其余应拨归各该省市作为地方收入

第三条　凡应纳营业税之营业者均应开具下列事项请领营业税调查证

（一）营业种类商店名称及所在地

（二）营业人之姓名籍贯及住所

（三）营业资本额

（四）全年营业总收入额

（五）全年营业纯收入额

前项营业税调查证每年换领一次不取证费并不征收任何税捐

第四条　营业税税率应依下列三种课税标准由各省政府或市政府按照本地营业性质及状况分别酌定之

（一）以营业总收入额为标准者征收其千分之二至千分之十

（二）以营业资本额为标准者征收其千分之四至千分之二十

（三）以营业纯收益额为标准者其税率如下

（1）纯收益额不满资本额百分之十五者征收纯收益额百分之二至不满百分之五

（2）纯收益额合资本额百分之十五至不满百分之二十五者征收纯收益额百分之五至不满百分之七点五

（3）纯收益额合资本额百分之二十五以上者征收纯收益额百分之七点五至百分之十

第五条　营业税以营业总收入额为课税标准时其营业总收入额年计不满一千元者免税以营业资本额为课税标准时其营业资本额不满五百元者免税以营业纯收益额为课税标准时其营业纯收益额不满一百元者免税

第六条　中央政府及地方政府所办之公有营业免征营业税但官商合办之营业不在此限

不以营利为目的之合作社及贫民工厂等得免征营业税

第七条　营业税得按年按半年或按季征收由各省政府或市政府斟酌情形自行厘定之但短期营业得准用第三条至第六条之规定按月征收

第八条　营业税不得征收附加税

第九条　营业税应由纳税者向征收机关直接缴纳不得由他人承揽包办

第十条　各省市原有牙税当税屠宰税及其他应依法取缔或寓禁于征之营业

税得暂照原有税率分别改征营业税

第十一条 各省政府或市政府对于营业者依第三条第一项第三至第五各款所开具之数额认为不确实时得设营业税评议委员会评定之

前项评议委员会之组织由各省政府或市政府自定之但代表纳税者利益之评议委员不得少于委员总数三分之一

第十二条 各省市财政主管机关应将征收之营业税款按期公告之并编造报告表呈报财政部查核

各省市征收营业税情形财政部与审计部得派员考查或审核之

第十三条 本法自公布日施行

河北省营业税征收条例

民国二十年八月十四日河北省政府令颁

第一条 本条例根据中央颁布之营业税法订定之

第二条 凡在河北省之各县及天津市境内无论中外商民以营利为目的之各种营业除中央别有法令规定者外悉依本条例之规定缴纳营业税

第三条 征收营业税标准分为下列二种

（一）以全年营业收入额为标准

（二）以资本额为标准

前项资本额之计算以其实际供营业之用者为准如公积金等应作为资本额论

第四条 营业税税率等级规定如下

（一）以营业收入额为标准者税率分为四级

（1）第一级千分之一

（2）第二级千分之二

（3）第三级千分之五

（4）第四级千分之十

（二）以资本额为标准者税率分为六级

（1）第一级千分之一

（2）第二级千分之二

（3）第三级千分之五

（4）第四级千分之十

（5）第五级千分之十五

（6）第六级千分之二十

前两项税率等级应按照营业种类另表定之

第五条　凡在河北省境内经营工商业开设店铺工厂除应由中央征收特种税捐之公司银行工厂及已由中央征收特种捐税者外无论旧新开设均须开具下列事项请领营业税调查证

（一）营业种类字号及其所在地

（二）营业人姓名籍贯及住址

（三）营业资本额

（四）全年营业估计额

前项营业税调查证每年换领一次不取证费并不征收任何税捐

第六条　营业税征收机关分区派员设局经征或委托县政府办理其组织章程及划区办法另定之

第七条　营业人对于资本及营业收入各额如呈报不实或以多报少因而漏税者又无营业税调查证或应换证而不换者除分别责令补税领证外并按其情节科以罚金其处罚章程另定之

第八条　下列各种营业免纳营业税

（一）凡依营业收入额课税全年营业收入不满一千元者

（二）凡依资本额课税营业资本不满五百元者

（三）属于国家或地方公有之营业

（四）不以营利为目的者（如合作社及各慈善团体所经营之事业等）

（五）中央以法令指定免征营业税之各业

第九条　营业税照营业人全年应纳税额总数按月分摊每月征收一次由财政厅或市财政局印制完税执照发交经征机关于收税时当时掣给之

前项征税期间遇有特殊情形另定之

第十条　营业人对于每月应纳税款逾限一月以上不缴者加收滞纳罚金十分

之一逾限两月以上不缴者加收滞纳罚金十分之二逾限三月以上不缴者得停止其营业仍追缴滞纳罚金及正税

第十一条　物品贩卖业所贩卖之物品属于整卖批发者其整卖部分之营业税得按照税率折半征收

第十二条　一商店或一工厂兼有数种营业其税率轻重不一者均按主要营业部分之税率计算此项计算办法遇有特殊情形得另定之

第十三条　凡以营业收入额为课税标准之营业应由营业人于每年六月底十二月底将营业额数结算一次于次月五日前填单报告征收机关但营业不及半年而结束者须于结束时报告

第十四条　营业人报告营业额数认为有疑义时征收机关得会同当地行政机关及商会调查该商店或该工厂账簿折据等作违抗不受检查者得强制之

第十五条　营业人如有变更营业或新加资本及出倒移转情事应立即报告该管征收机关请领新营业税调查证

第十六条　营业人歇业时须于半个月内呈报该管征收机关并清缴歇业前应纳之税款

第十七条　税率表内有漏未列举之营业合于征收营业税之性质者由该管经收机关查明的拟税率等级呈请财政厅或市财政局转报财政部核定施行

第十八条　营业人设有总店分店或总厂分厂其资本无从划分者得由征收机关提交评议委员会估定后呈报财政厅或市财政局核示办理其总店总厂或分店分厂设在省外者即专就设在本省之总店总厂或分店分厂征收营业税

第十九条　营业税征收机关成立后应组织营业税评议委员会其组织规则另定之

第二十条　征收机关收起营业税款及罚金应每月公告一次每届年终编造征信录经评议委员会复核由全体委员署名刊布之

第二十一条　营业税施行后本省原有牙税当税屠宰税以及其他向来征收与营业税相同之捐税均暂照旧征税率分别改征营业税

第二十二条　本条例施行细则另定之

第二十三条　本条例如有未尽事宜得随时修正呈报省政府转咨财政部审核备案

第二十四条　本条例由省政府咨请财政部审核备案后公布施行

河北省营业税征收条例施行细则

民国二十年八月十四日河北省政府令颁

第一条　本细则依河北省营业税征收条例（以下简称条例）第二十二条规定之

第二条　凡在本省境内营业者无论是否合于营业税征收条款须一律遵照条例第五条之规定填具申请书请领营业税调查证悬挂于易见之处以便稽查

第三条　营业税调查证如有遗失或损坏时应呈请征收机关补领或换领并随缴罚金大洋五角其换领者应将旧证缴销

前项补领或换领营业税调查证不收证费

第四条　营业者应将所用各种账簿名称申请该管征收机关登记

第五条　营业者请领营业税调查证应填之申请书由财政厅或市财政局印制发交该管征收机关应用其式样另定之

第六条　前条申请书于每年第一期开征前由征收机关各征收机关为事实上便利起见得将此项申请书委托当地商会或同业公会汇领转发或委托公安局办理之

第七条　各营业者如有不依限填送申请书者征收机关得派员照条例第十四条之规定调查该营业者之簿册文件核定应纳税额发给营业税调查证并通知按期完税

第八条　各营业者接到纳税通知如有异议得于五日内提出理由连同原发通知书请求该管征收机关提交评议委员会于五日内开会评议决定之开会时请求人得携带账册文件到会陈述意见

第九条　征收营业税时遇有一户而兼营业税率不同之营业在两种以上者征收员应于其完税执照上注明应纳主要营业部分之税率及税额使纳税人照纳

第十条　征收机关收集各营业者申请书后应即核定其全年应纳税额填发营业税调查证通知各营业者依期领证交税至税额核定后除法律别有规定得以变

更外在一年之中不得增加或减少凡免税者须于营业税调查证上加盖免税戳记前项申请书征收机关如认为填报不实时得派员会同商会代表调查无误后再定税额

第十一条　营业者应置备账簿记载下列各事项

（一）资本及公积金等各事项

（二）买入货物原料及卖出货物各数

（三）银钱收付逐日流水细数及月结年结各总数

第十二条　营业税征收机关应于门首设置公告牌其应行公告事项如下

（一）营业税征收条例施行细则及有关征收办法之法令

（二）每月所收税款及罚金数目

（三）银元辅币逐日市价

第十三条　营业税征收机关应将领证营业之各户按照条例第五条所开事项分别地点编制营业税清册二份一存该管机关一送财政厅或市财政局作为收税之根据

前项清册送到后财政厅或市财政局得随时派员会同商会代表抽查之

第十四条　征收机关对于营业者报告课税标准额数如经会计师负责证明得免除调查手续但认为有疑义时仍得照条例第十四条之规定办理

第十五条　官商合股之营业仍应缴纳营业税

第十六条　因滞纳营业税或抗税而停止其营业者非将税款罚金缴清后不得复业

第十七条　营业税调查证及完税执照罚金收据均由财政厅或市财政局印发加盖征收机关之钤记

前项调查证及完税执照罚金收据均用三联式一联给营业者一联存经征机关一联送财政厅或市财政局备案

第十八条　条例第十三条第十四条第十五条第十六条营业人应用之报告单由征收机关印制其式样由财政厅或市财政局拟定颁发以昭划一

第十九条　征收机关收起营业税款及罚金等项除照条例第二十条之规定每月公告一次外应于下月十日以前将上月征收数目造具月报表检同照据存根连税罚现款一并呈解财政厅或市财政局核收前项月报表格式由财政厅或市财政局拟

定颁发前项税款罚金由财政厅或财政局按季分别造具收入报告表呈送财政部查核

第二十条　本省各地方对于营业税不得以任何名义征收附加税

第二十一条　本细则如有未尽事宜得由财政厅会同天津市政府呈请省政府修改并转报财政部审核备案

第二十二条　本细则由省政府咨送财政部审核备案后公布施行

河北省营业税征收章程

二十一年五月修正

第一条　本章程依据中央颁布之营业税法规定之

第二条　凡在河北省之各县及天津市境内营业者除中央法令别有规定者外无论中外商民均应依本章程之规定缴纳营业税

前项所称营业谓以营利为目的之一切营业但农业不在此限

第三条　下列各种营业免纳营业税

一、已向中央缴纳出厂税之工厂或缴纳收益税之股份有限公司组织之银行

二、已征中央牌照税之烟酒业卷烟业

三、不以营利为目的之营业

四、中央及地方所办之公有营业

五、中央以法令指定免征营业税之营业

六、以营业总收入额为课税标准之营业其全年营业额不满一千元者

七、以营业资本额为课税标准之营业其资本额不满五百元者

第四条　凡官商合办之营业仍应征收营业税

第五条　凡以经营烟酒为主体而兼营其他杂品之商店其主要营业部分业经完纳中央烟酒牌照税者其营业税应予剔除免征但其兼营部分仍应照征营业税以示区别

凡煤油汽油之经理业批发业均免征营业税其有兼营杂品者照本条例前项之规定办理

第六条 凡摊床小贩肩挑贸易等营业免征营业税但有门市商号所分设之摊床不在此限

第七条 本省营业税课税标准以全年营业总收入额及营业资本额二种为限每业只限用一种

前项资本额之计算以其实际供营业之用者为准如公积金等应作为资本额论

第八条 营业税之营业种类课税标准及税率以另表定之

第九条 税率表内有漏未列举之营业合于征收营业税之性质者由该管经征机关查明酌拟税率及课税标准呈请财政厅或市财政局核定并转报财政部审核备案

第十条 凡制造业在制造场所将其制造品直接发售者无论整卖零售均只征制造业之营业税不另征物品贩卖业之营业税

第十一条 凡制造各业物品离开其制造场所另行设所发售者无论与原制造厂是否同一厂主同一牌号均应征收物品贩卖业之营业税不另征制造业之营业税

第十二条 无一定之制造场所或无使用之一定职工只设庄号发给原料工资制造物品以贩卖者应照物品贩卖业课税不征制造业之营业税

第十三条 凡发售物品之本店自设制造场已照物品贩卖业纳税者不再征收制造业之营业税

第十四条 营业税额之计算以业为单位凡一户兼营数种营业其税率轻重不一者应分别计算汇总交纳但此项计算办法遇有特殊情形得另定之

第十五条 凡在河北省及天津市境内经营工商业开设店铺工厂者均应于每年六月底以前填具申请书开具下列事项呈报该管征收机关请领营业税调查证其新设店铺于营业开始前呈报之

一、营业字号种类及其所在地

二、营业人姓名籍贯住址

三、营业资本额

四、全年营业总收入额

前项营业税调查证每年换领一次不取证费并不征收任何税捐前项申请书由财政厅或市财政局印制发交经征机关委托当地商会或公安局汇领发给营业人填用

第十六条　营业人对于资本及营业收入各额如呈报不实或以多报少因而漏税者又无营业税调查证或应换证而不换者除分别责令补税领证外并科以所漏税额五倍至十倍之罚金

第十七条　营业税调查证如有遗失或损坏时应呈请征收机关补领或换领并随缴罚金大洋五角其换领者应将旧证缴销

第十八条　以营业总收入额为课税标准者按照其上年份全年营业收入总数及税率决定全年应征税额总数以资本额为课税标准者按照其资本额及税率决定全年应征税额总数分摊四季每季征收一次由财政厅或市财政局印制完税执照发交经征机关于收税时当时掣给之

前项征税期间遇有短期营业得按月征收之

第十九条　营业人对于每季应纳税款届本季终了逾限一月以上不缴者加收滞纳罚金十分之一逾限两月以上不缴者加收滞纳罚金十分之二逾限三月以上不缴者得停止其营业仍追交滞纳罚金及税款但其逾限之原因由于征收机关之延缓者不适用本条之规定

第二十条　营业人如有变更营业或新加资本及出倒移转情事应立即报告征收机关请领新营业税调查证其有歇业者须于半个月内呈报该管征收机关缴销调查证并清缴歇业以前之税款

第二十一条　营业税征收机关所在地应组织营业评议委员会其组织规则另定之

第二十二条　营业人设有总店分店或总厂分厂其资本无从划分者得由征收机关提交评议委员会估定后呈报财政厅或市财政局核示办理其总店总厂或分店分厂设在省外者即专就设在本省之总店总厂或分店分厂征收营业税

第二十三条　营业税征收机关于必要时得检查营业者所用之账簿文书货物等件但须会同当地商会执行之非经营业税评议委员会之决议许可不得于被检验商店或工厂之内将其账簿文书等件携出检验

第二十四条　按照本章程第十五条之规定营业者接到申请书后应于五日内填妥送交原发机关如不依限填送征收机关得照前条之规定检查营业者所用账簿文件核定应纳税额发给营业税调查证并通知按期完税

第二十五条　征收机关收集各营业者申请书后应即核定其全年应纳税额填

发营业税调查证通知各营业者依期领证交税至税额核定后除法令别有规定得以变更外在一年之中不得增加或减少凡免税者须于营业税调查证上加盖免税戳记前项申请书征收机关如认为填报不实时派员会同商会代表调查无误后再定税额

第二十六条 各营业者接到纳税通知如有异议得于五日内提出理由连同原发通知书请求该管征收机关提交评议委员会于五日内开会评议决定之开会时请求人得携带账簿文件到会陈述意见

第二十七条 营业者应置备账簿记载下列各事项

一、资本及公积金等各项目

二、买入货物或原料及卖出货物各数

三、银钱收付逐日流水细数及月结年结各总数

无货物出入之营业得将前列第二项之记载省略或改换

第二十八条 凡以营业总收入额为课税标准之营业应由营业者于每年六月底及十二月底将半年间营业收入额数结算一次于次月十五日前报告征收机关但营业不及半年者须于结束时报告

第二十九条 营业税征收机关应将领证营业之各户按照第十五条所开事项分别地点编制营业税清册二份一存该管机关一送财政厅或市财政局作为收税之根据

前项清册送到后财政厅或市财政局得随时派员会同商会代表抽查之

第三十条 征收机关征起营业税款及罚金应每季公告一次每年编制征信录经评议委员会复核署名刊布之

第三十一条 营业税施行后本省原有牙税当税屠宰税以及其他向来征收与营业税相同之捐税均暂照原有税率改征营业税

第三十二条 营业税调查证完税执照及罚金收据均由财政厅或市财政局印发加盖征收机关之钤印

前项调查证执照收据均用三联单式一联给营业者一联存经征机关一联送财政厅或市财政局备查

第三十三条 征收机关收起营业税款及罚金等项除照第三十条之规定每季公告一次外应于次季前十日内将上季征收数目造具季报表检同照据存根连税罚

现款一并呈解财政厅或市财政局核收财政厅或市财政局汇总按季造具收入报告表呈送财政部查核

前项季报表格式由财政厅或市财政局拟定颁发以照划一

第三十四条　本章程如有未尽事宜得由财政厅随时呈请财政部核定办理

第三十五条　本章程经财政部审核备案后公布施行

河北省营业税课税标准税率表

二十一年五月修正

业名	课税标准	税率
物品贩卖业	营业额	千分之二至千分之十
新式凿井业	营业额	千分之二田间凿井业免税
油漆粉刷业	营业额	千分之二
浴室业	营业额	千分之二
理发业	营业额	千分之二
洗染业	营业额	千分之二
饭馆业	营业额	千分之二
面食业	营业额	千分之二
转运业	营业额	千分之四
交通业	营业额	千分之四
营造业	营业额	千分之四
承包业	营业额	千分之四
电气业	营业额	千分之四
报关业	营业额	千分之四
广告业	营业额	千分之四
糕点业	营业额	千分之四
打包装箱业	营业额	千分之四
房地经租业	营业额	千分之四

经理介绍业	营业额	千分之四
装璜业	营业额	千分之四
赁器业	营业额	千分之四
牛奶业	营业额	千分之四
西餐馆业	营业额	千分之六
菜馆业	营业额	千分之六
旅馆业	营业额	千分之六
售鸟业	营业额	千分之六
镶牙补眼业	营业额	千分之十
新式肥田粉业	营业额	千分之十
照相写真业	营业额	千分之十
花树业	营业额	千分之十
娱乐业	营业额	千分之十
制造业	资本额	千分之四至千分之二十
印刷出版及书籍文具教育用品业	资本额	千分之四
货栈业	资本额	千分之六
银钱庄及贷金业	资本额	千分之十
信托业	资本额	千分之十五
保险业	资本额	千分之二十

河北省物品贩卖业营业税税率表

依营业额课税以物品贩卖业为限

业名	税率
粮食业油盐店业碱业 柴煤炭业山货地货业火柴业 烛皂业干面粉业绸缎业	千分之二

<table>
<tr><td>棉花业棉织品业麻织品业
竹木业纸业油业
酱园业铜铁器业麻业
竹木棕藤柳器业鞋帽袜业砖瓦石灰业
陶瓷料器业药材业伞席业
衣箱业草织品业梳篦业
纱线业茶业漆业
铜铅锡器业扇业蛋业
腌腊鱼鲞业化学品业丝茧业
矿砂业鸡鸭业牛羊猪肉业
水果业黄白腊业石膏业
鱼蟹业杂货业熏业
头发鬃毛骨角业皮条业砂石业
车辆业海味业颜料业
水电材料业豆饼麻酱业旧货业
占衣业南北货业菜子业</td><td>千分之三</td></tr>
<tr><td>毛织品业呢绒毡毯在内洋广货业野味业
铜铁床业西药业五金业
花边抽绣业汽水冰食业房地产公司业
橡皮业糖业糖果茶食罐业
水泥业玻璃业</td><td>千分之五</td></tr>
<tr><td>参燕业钟表眼镜业西式木器业
红木器具业皮革业皮货业
音乐用器业绣货业火腿业
化妆品业美术品业珠宝钻石业
照像材料业西式服装业古玩业
汽车业象牙骨业金银首饰器皿业
金铺业玩具业留声机业
香烛纸炮业纸糊冥器业</td><td>千分之十</td></tr>
</table>

河北省制造业营业税税率表

依资本额课税以制造业为限

业名	税率
碾米磨面业榨油业造船业 煤球业棉织物业造碱业	千分之四
造纸业麻织物业制匣业 装订业刷帚业丝织物业 制罐业钢铁物品业草制物品业 铜铅锡器业料器业竹木棕藤柳器业 钮扣牙刷业练染业印榨花业 冶金业窑业烛皂业	千分之六
化学品业制药业车辆业 电镀抛铜业制鞋帽业熬油业 制扇业制席伞业材厂业 制茶业制面业制灯业 蛋黄白业制镜业玻璃业 镜架业制肠业毛织物业 制石棉业制糖业书店业	千分之八
颜料业糖果罐头食品业蓄电池业 电器业造冰业锡纸业 熟水瓶业西式及红木器业头发鬃毛骨角物品业 铜铁床业喷银业皮革业 皮件业银炉业橡皮物品业 制香业	千分之十

眼镜业照像材料业钟表业 金银器业音乐用品业西式服装业 调味品业军衣庄业	千分之十五
美术品业摄制电影业玩具业 汽水业化妆品业珠宝首饰业	千分之二十

河北省牲畜税章程

民国十八年四月河北省政府财政厅印行

第一条　凡购买牲畜者应遵照本章程之规定纳税

第二条　牲畜税以下列各种为限

（一）骡

（二）马

（三）牛

（四）驴

（五）猪

（六）羊

（七）骆驼

前项牲畜不分大小牝牡一律照征

第三条　牲畜税照买价值百抽三由买主在交易场所之征收所完纳之

前项买价如有以银两制钱铜元成交者按照市价折合银元计算其应交税银不及一元者准照市价折收铜元

第四条　各种牲畜如有运出省境销售及养成宰杀时仍应照章分别完纳统税屠宰税

其乙县人民向甲县购买牲畜业在甲县完纳税款领有税单运回本县自用不再

售卖者乙县征收所不得再征

第五条　凡第三条规定税款应完全解库如各县地方有必须附加征收者应由县长呈请财政厅核准后始得照加但至多不得超过正税之半

第六条　征收第三条规定税款应需税单由财政厅制发填用每张收工料费铜元二枚

前项税单用四联式以一联给纳税人一联留征收所其余两联送县政府以一联存案一联转送财政厅备查

第七条　凡购买牲畜如有偷漏及匿报价值者除照章补税外处以应纳税款十倍以下之罚金

经征人员如有浮收滥罚情事应照现行刑法从严惩处

前项处罚事件均须由县政府办理

第八条　本章程如有未尽事宜得由财政厅提出修正之

第九条　本章程经省政府公布后自十八年七月一日施行

河北省屠宰税章程

民国十八年四月河北省政府财政厅印行

第一条　凡屠宰牲畜者应遵照本章程之规定纳税

第二条　屠宰税照下列种类税额征收之

（一）猪　每头六角

（二）羊　每头四角

（三）菜牛　每头三元

前项税款由宰户完纳不分大小牝牡及年节婚丧祭礼宰杀者一律照征

凡不在本条所列之牲畜如驴马骆驼等类一律不准屠宰违者重惩

第三条　凡宰户逐日所宰之牲畜种类及数目均须先期向征收所报明领取执照方准宰杀如不领照而私自屠宰一经查出或被告发除令照章补税外每头照应纳税款处以十倍以下之罚金

经征人员如有浮收滥罚情事应照现行刑法从严惩处

前项处罚事件均须由县政府办理

第四条　凡屠宰牲畜如已在本管征收所纳过税款领有执照者无论运赴何县销售概不重征但须向本管征收所声明种类数目及运销地点领取运单方能起运如查无运单或有运单而无执照者应照第三条之规定处以罚金

第五条　屠宰税执照运单均用四联式一交宰户一留征收所其余两联送县政府以一联存县一联转呈财政厅备查

前项执照运单由财政厅制发每张附收工料费铜元二枚

第六条　凡第二条规定税款应完全解库如县地方有必须附加征收者应由县长呈请财政厅核准后方得照加但至多不得超过正税之半

第七条　病毙牲畜应由物主报明征收所查验属实发给免税执照令其掩埋以重卫生

第八条　屠宰税一律征收银元其税银不及一元者准照市价折收铜元

第九条　本章程如有未尽事宜得由财政厅提出修正之

第十条　本章程经省政府公布后自十八年七月一日施行

定县花生木植税招商投包办法

照录县政府民国十八年布告

一、定县各区花生木植麻饼等捐每年包款以银元为率所有各项陋规一律革除

二、凡各区花生木植新旧车辆拆卖房间以及各色麻饼均按三分抽收不得额外多索

三、投标柜设于本县大堂即于是处开标

四、投标日期定于阳历八月十日即阴历七月六日自午前十句钟至十二句钟止同时开标

五、投标人务将包缴数目认定书明姓名及商店字号用纸封固投入柜中

六、开标时投标人或代理人须至开标地点眼同看视开标否则所投之标作为无效

七、所投价额以在本县预定标准以上数目之最多者为得标人零数以十元为度

八、开标后得标人须在县妥觅殷实连环铺保两家立定包帖由铺保盖章并先交百分之十押金随交一个月捐款倘过三日不交即由次多数者承包

九、所投价款如在本县预定价格以上最多数有二人数目相同者得以抽签法定之如得签在先而无妥保者须尽有妥保者补充

十、此捐包妥候本县给谕再行抽收自十八年阳历九月一日起至十九年阳历八月底期满

十一、此捐包款于每月初十日以前交齐倘包捐人不得已中途退办前六个月按七成折算后六个月按三成折算

十二、包款人倘有照定章额外多索及欺诈情事即将押款充公另行传案惩办如民间偷漏亦准包捐人指名禀请传究

十三、包捐人如将包得捐务分包与人者须将所立合同或包帖照抄一份会同分包人呈县备案否则无效即告诉亦不受理

定县地方自治概况调查报告书

（本部分初版于1934年，河北省县政建设研究院印行）

引　言

地方自治，为近世政治组织的基本事业，基于国家和社会前途的漫展，与人民和国体幸福的增进，实有重大的关系。然试观各国办理自治的进程，莫不在一定的时期，获有显著的成绩和相当的效果。可是反顾我国自清末倡言立宪，筹备自治，前后有二十多年的历史，经过了长久的时期，不独未见有所进步，时至今日更形成了国势日蹙、农村崩溃的现象。说者或以为系内受历年战争的蹂躏，外被帝国主义的侵迫，有以致之。不过未能实现自治的目的，所以没有健全群体的组织和合作的精神，来应付、抵抗、消灭这种恶劣环境，实其原素。本部鉴于地方自治是实现县政建设的基本工作，对于本县历年办理地方自治的情形和促成失败现象的原因，认为有急切实地调查之必要。现在就调查所得的实际状况，分别陈述，作为以供关系方面参考和研讨改进方案者的事实根据。

第一章　地方自治沿革及现状

（一）一般的沿革和状况

地方自治的名词，虽起源于十八世纪，但在我国则于清末始出现。然根据史的记载，自治的事实在数千年前已萌芽了。孙诒让《周礼政要》云："周六官员数约五万余人，而乡遂官居其大半。六乡之吏，乡大夫六人，州长三十人，党正百五十人，族师七百六十人，闾胥三千人，比长五千人，六遂乡鄙酂里邻之吏，如六乡之数。大凡乡遂之官，共三万七千八百七十二人，以距王城二百里内，设官如是之多，而不嫌其冗。经固云，使民自兴，而出使长之，入使治之，就其地之人，推举而治其众，其情亲而禄簿；举凡官吏仪制之文，供张之费，一切无之，而有事则其征调赋敛，刑政教治之详，无不躬莅之，事毕举而民不扰，固其宜也。"读了这一段，可知当时已有地方区域的划分，而且再读"使民自兴，而出使长之，入使治之，就其地之人，推举而治其众"，更可想见当时已具有自治事实的发轫了。以后历各朝代，如两汉啬夫乡老制度和保甲制度，大都相沿习惯，有相当的组织。凡此，都系使各地的民众，各就其区域内，来办理于地方公共利益的事业，以自治辅佐官治的不足。到了清季末叶，因时势的需要，由宪政编查馆编订自治章程，于是自治事实显著表现了。当时的制度，是分为两级。以"城""镇""乡"为初级自治团体，以"府""厅""州""县"为上级自治团体。其单位的区分，是把府厅州县地方称为"城"，其余市、镇、村、庄、屯、集的地方，满五万人口以上的称为"镇"，不及五万的称为

“乡”。“城”“镇”设议事会和参事会，“乡”设议事会及乡董，更规定“城”“乡”“镇”所办的自治事宜，仅限学校、卫生、道路、农工商务、善举、公共事业及筹备款项等事。民国成立，各省人士，把清代的章程加以修正，继续进行，等待将来政治系统确定，再图完善的改进。民国三年袁世凯下令停办自治。在民国四年，颁布地方自治试行条例及施行细则。以县下设区，区设自治会议为议决机关，设区董掌执行机关。以篡谋未遂，就没有实行了。民国八年政府公布县自治法及施行细则，以县议事会及县参事会分掌议事及执行事务。民国十年，徐世昌总统公布市及乡自治制，以市乡为法人，规定在法令范围内办理各项自治事务，可是也没有实行。国民政府成立，本总理的遗教，民生主义的重心要放在地方和地方人民自治里面的意义，制定各种自治法规，厘定自治单位的组织，列举其任务，限期实行。于民国十九年七月间，并将县组织法、区自治施行法、乡自治施行法，同时修正公布。规模虽已粗具，但其显著的成绩尚有待于将来。

（二）本县的沿革和状况

清季末叶，因政府倡言立宪，筹备自治，本县各绅董鉴于环境的需要，于光绪三十三年曾派学员三人，前赴天津地方自治研究所，研究地方自治，毕业归县，遂在南街关帝庙内成立自治局，来提倡自治。其主要工作：（1）举办讲演所，以启发民众的思想。（2）办理民众教育，以增进民众的知识。（3）实行禁烟，以消除民众的弱病。到了宣统元年二月，本县并成立自治研究所，由每区选送乡绅二十人，来县应考，当时取录共有六十人，开两班共同研究，后来又招考了两班。研究的期限，每班都系四个月毕业，以养成推行自治的基本人才。宣统二年八月成立议事会及参事会，有议员二十六人，参事五人。后来推展组织，成立乡议事会，分全县为二十五乡，每乡选七人至十一人组织的。此种制度，在宣统三年曾一度停办，民国成立，又经恢复，直到民国三年五月遂奉令解放了。民国四年六月本县成立自治事务所，以五人组织之。其任务系担负整理本县财政和稽核税契、管理苗圃、施种牛痘等事。民国十二年十月又改为自治预备会，办理户口登记等事。民国十四年三月本县议事会及参事会成立，自治预备会就无形取消了。议事会系以三十人组成的，参事会是由议事会推选三人，县政府推派三人组成，并由县长兼参事会长。民国十七年九月，革命北伐成功，奉令解散，由省政府令将自治工作饬由各公安局长兼理。民国十九年四月间，河北省成立区长训练所，由县选送学员，前往训练。经过了三个月的训练，就回到县里，至九月各区公所成立，本县自治事务，遂归区公所办理。民国二十一年十一月，本县曾一度设立自治筹备处，后来亦经奉令停办。现在办理地方自治事宜，是统由各区负责的。这种复杂更张的情形，大略是本县筹办自治的沿革。

第二章　地方自治组织

地方自治自清末举办以来，已有二十多年的历史，组织的转变已经数度了。总其主要的，在清末为“城”“镇”“乡”制，民国十七年间为“县”“市”“村”“里”制，民国十八年以后，为“县”“区”“乡镇”制。每经一度的转变，本县的自治组织也随着更改。兹为便于说明本县地方自治组织状况起见，特择录法令上所规定的有关于组织方面的条文，分别列举如下。

修正县组织法

第六条　各县按户口及地方情形，分别为若干区，除因地方习惯或地势限制及其他特殊情形者外，每区以十乡镇及五十乡镇组织之。

第七条　凡县内百户以上之村庄地方为乡，其不满百户者得联合各村庄编为一乡，百户以上之街市地方为镇，其不满百户者编入乡，但因地方习惯或受地势限制及有其他特殊情形之地方，虽不满百户，亦得成为乡镇。乡镇均不得超过千户。

第十条　乡镇居民以二十五户为闾，五户为邻，但一地方因地势或其他情形而户数不足时，仍得依县政府之划定成为闾邻。

第二十八条　区置区公所，设区长一人，管理自治事务。

第三十一条　各区区民于选举区长时并选举监察委员五人或七人组织

监察委员会。

其职务如下：

（一）监察区财政。

（二）向区民纠举区长违法失职等事。

第三十五条　区公所得用助理员，辅助区长办理区务。

前项助理员由区公所迳请县长委任。

第三十六条　区公所执行区务，得设区丁，其额数由县长定之。

第四十条　乡置乡公所，设乡长一人，镇置镇公所，设镇长一人，管理各该乡镇自治事务。乡镇各设副乡长镇长一人襄助乡长镇长办理事务。但乡镇在五百户以上者，得增设副乡长或副镇长一人。

第四十四条　乡民大会或镇民大会，于选举乡长镇长时并选举监察委员三人或五人，组织监察委员会。其职务如下：

（一）监督各该乡镇财政。

（二）向乡民镇民纠举乡长副乡长或镇长副镇长违法失职等事。

第四十八条　闾设闾长一人，邻设邻长一人，分掌自治事务。

区自治施行法

第二十八条　区公所准用乡镇自治施行法第三十二条之规定，附设区调解委员会。

凡乡镇调解委员会未曾调解或不能调解之事项，均得由区调解委员会办理。

第二十九条　区调解委员会，由调解委员若干人组织之。前项调解委员于区公民中选举半数，于各乡镇调解委员中选举半数。在区长民选前，由区务会议选举之，在区长民选后，由区民大会选举之。区长、区监察委员及所属乡长或镇长均不得被选。

乡镇自治施行法

第三十二条　乡公所或镇公所应附设调解委员会，办理下列事项：

（一）民事调解事项。

（二）依法得撤回告诉之刑事调解事项。

第三十三条　前项调解委员会于乡民大会或镇民大会于乡镇公民中选举调解委员若干人组织之。乡长副乡长或镇长副镇长均不得被选。

调解委员会之组织规则及选举规则，第一次向区公所提交乡民大会或镇民大会决定之，以后得由乡公所或镇公所提交乡民大会或镇民大会修正之。

调解委员会违法或失职时，监察委员会得先请乡公所或镇公所停止其职务，再提交乡民大会或镇民大会罢免之。

统观上项条文的规定，用图表分析如下。

（一）自治单位的组织

县——区——乡或镇——闾——邻

（二）区自治内部的组织

区自治
- 执行机关——区公所—区长—助理员—区丁（附设区调解委员会）
- 议决机关
  - 区务会议
  - 区民大会（区长民选后实行）
- 监督机关——区监察委员会

（三）乡或镇自治的组织

本县自治单位的组织，是每五户设一邻长，每二十五户设一闾长。每村的户数，有在百户以上的，单独称为乡，设乡长一人乡副一人。如果村里的户数超过了一百户的，每多一百户添设乡副一人，不足百户的村庄，就和邻近的村庄，合并成乡的村庄，一齐来办理事情。从这种组织情形来观察，除却乡的组织些少有和法令不十分吻合的地方，然而这种事实，是因为办事上顺利和向来的习惯的缘故，不能不免除的。好在引用第七条的规定，也没有很大的关系，此外大都和法令相符。其中或有因特殊的情形，致名义上的组织，也未曾完善，不过为数甚少。据调查所得的结论，这状态的发生，其主要原因有几种：（1）上级组织未能尽指导的功能；（2）乡内的民众，意见复杂；（3）自治观念薄弱；（4）没有肯负责办事的人士。

- 乡或镇自治
  - 监督机关——乡监察委员会或镇监察委员会
  - 议决机关
    - 乡民大会或镇民大会
    - 乡务会议或镇务会议
  - 执行机关——乡公所镇公所
    - 副乡长或副镇长
      - 闾邻长（乡公所或镇公所事务必要时指定闾邻长襄助办理）
    - 乡长或镇长
      - 事务员或乡丁镇丁
    - 附设乡调解委员会或镇调解委员会

现在本县划分为六个自治区，三百十乡，有二千四百三十闾，一万二千一百五十七邻。这项自治单位组织的数目，系根据各区的调查。但对照本县的人口和户数，闾邻的数目较少，其中因为是有一部分户口未曾参加自治单位的组织的缘故。

关于区乡的自治内部组织，每区设有区公所一处，有区长一人。助理员的人数，系因各区事务繁简不同，有多至六人，但普通皆系三人的。区丁的数目，各区普通皆系六人。每乡设乡公所一处，除了用一位书记外，乡丁可以说完全都没有。镇公所的名称，在本县一律都称作乡公所。

区长现在是由县政府委任，呈报省政府加委。区监察委员会，奉省令缓办，所以没有成立。区调解委员是额定六人，一半是由各该区的乡调解委员中选举，其余一半是由各该区全区乡长和乡副选举。

乡长、乡副和乡监察委员、乡调解委员，是每年由全乡公民选举一次。闾邻长每年在选出乡长副十日后改选。原来闾邻长选举的事情，应由乡公所办理，不过现在是由区公所办理的。

第三章　地方自治经费

自治经费，就广义的解说，所有地方一切事务，如兴办教育、修筑道路、办理保卫等等事件，都包括在自治范围以内。从经费的用途性质，可以为事业费与自治行政费两种。本县办理自治的经费，无明确的划分。就从前财务局（现改称财政局）在名义上于八镇牲畜附税及八行牙捐内各有一部分的款项，和县政府前面的房租及厕所租的收益约六千余元，系为支付自治项的开销。就实际去观察这宗款项的用途，不过系财务局电话局党部、自治筹备处和长途电话局经费的开销，可说于自治上没有一些的关系。这种原因是因为上开的那几种机关，根本就没有指定的经费，所以就把没有用去的自治余款，拨去使用，当作自治项的开销了。至于自治行政经费，明显就是民国十九年起规定的随正赋带征区公所经费。征收的方法，系按每征正赋银一两，带征区公所经费二角，每年额征数目在九千八百元左右。这笔款项是专拨作本县六个区公所的经费，每区平均一年有一千六百元。还有几宗款，就是河北省规定六期所办的事项，要有相当的经费，曾规定抽收自行车捐、戏捐、官产附加三种，预计自行车捐五千元，戏捐三百元，官产附加五百元，不过到了现在，自行车捐只收了六百六十元，戏捐只收了二百八十四元，官产附加只收了一百零八元。河北省政府规定办理六期的事项，到民国二十三年就是要完成的时期了，事实上本县的自治进行当然是没办出什么样的成绩。可是这宗款项还没有用过，在名义上还是以专款存储起来。以上所说的，大概是关于地方自治经费的最近的已往情况。

自从二十二年度起，因为各种规定的款项左拨右填，早已混乱了划分的界限。所以经全县行政会议的议决，把全县的地方财政一律改为统收统支，自治经费现在可说已经没有明显的划分了。

说到各乡的自治经费来源，大都是公产公款的收益和按各家的田亩摊派敛集。款项的用途，多半是办理本乡的教育与乡公所各种行政的开销。至于每年敛集款项的数目，因为各乡的需要不同，没有一定的标准，求其遇着需要的时候，就各家地亩多少，分别摊派。有些乡村是遇着县政府摊款的时候，附带多敛些少，留存着乡里将来的需要。各乡民国二十一年敛集的数目，现在正从事各乡调查，因为地方范围太广阔了，至今还没有调查完竣。现在只能选一百二十村的收支情形核算一下，据所观察，平均每乡一年四百七十元左右，这个数目是包括保卫团的经费，自民国二十二年的下半年起已改为随正赋带征，那么大约只有三百七十元了。

民国二十二年定县一百二十村村地方收入款项数及其百分比

收入项目	款额	百分比
全年敛款收入	$ 56 320.82	59.10
公产收益	16 416.92	17.23
田房中佣	7 408.26	7.77
其他特别收入	6 387.90	6.70
学费收入	2 256.46	2.37
政府辅助金	2 212.92	2.32
民众教育捐	1 828.55	1.92
邻村帮助教育费	1 081.89	1.14
公款收益	889.29	0.93
庙会香火钱收入	494.37	0.52
总合	95 297.38	100.00

民国二十二年定县一百二十村村地方支出款项数及其百分比

支出项目		款额		百分比
教育费		$ 36 455.80		38.26
	教员薪金		20 718.16	
	学校杂支		15 737.64	
村办公费		12 050.03		12.65
	旅膳费		4 759.33	
	杂支		7 290.70	
县兵差摊款		11 061.17		11.60

续前表

支出项目	款额	百分比
本村因军队过境支应用款	10 961.02	11.50
县保卫团经费	9 111.90	9.56
村自卫费	4 110.21	4.31
建设费	2 770.90	2.91
《醒民日报》费	2 002.92	2.10
救济院捐	1 400.24	1.47
敬神与娱乐用费	663.22	0.70
同学会用款	309.49	0.32
其他费用	4 400.48	4.62
总合	95 297.38	100.00

在一百二十村里面，每年入款的项目大都有公产收益、公款收益、学费收入、邻村帮助教育费收入、田房中佣、民众教育捐、政府辅助金、庙会香火钱、其他收入等九种。但这九种的收入，是不敷村里开支的用款，故须分别由各村向村民摊派，其方法大都按地亩平均负担。民国二十二年内在一百二十村敛收的摊派，共为五万六千三百二十元八角二分，每村平均约四百六十九元三角四分。

在一百二十村内支出项目中，关于县保卫团经费和县兵差摊款两项，原系由县规定按户摊派，但实际情形，各村就应摊的数额内，大都系把村内按地亩平均敛集的款去缴交的，属于全村公用的开支部分，故并算列支出表内。更有一点要说明的，在所调查的一百二十村支出数内，关于县兵差一项，有民国二十年县规定的摊款共二千五百五十八元六角六分，系于二十二年始交县，故数额较多。

上列两表的一百二十村，系在本县各区中，比例村庄的大小和选择有普遍性而能代表全县各村一般的情况者，加以详确的调查，其数约当全县村庄的四分之一，依此推测全县情形，当可获得比较正确的概况。

第四章　地方自治法令

地方自治法令，就其性质，可分为地方自治制度的法规和地方自治实施的法规。就其颁布的机关，可分为中央的、省方的、县地方的三种。兹将其重要的，列举如下。

中央方面：

《修正县组织法》十八年六月五日国民政府公布　十九年七月七日修正

《县组织法施行法》十八年十月二日国民政府公布

《修正区自治施行法》十八年十月二日国民政府公布　十九年七月七日修正

《修正乡镇自治施行法》十八年九月十八日国民政府公布　十九年七月七日修正

《县参议会组织法》二十　年八月丨日国民政府公布

《县参议员选举法》二十一年八月十日国民政府公布

《乡镇坊自治职员选举法及罢免法》十九年七月十九日国民政府公布　二十一年十一月一日施行

《乡镇坊自治职员选举法及罢免法施行细则》二十一年八月十五日内政部公布　二十一年十一月一日施行

《区乡坊调解委员会权限规程》二十一年四月一日司法行政部内政部公布宣誓条例　十九年五月廿七日国民政府公布

《乡镇公民宣誓登记规则》十八年十二月二十日内政部公布

《各县区公所与公安分局划定事权办法》二十年六月内政部令发

《区乡镇现任自治人员训练章程》十九年六月十一日内政部公布

《各县划区办法》十八年四月内政部颁发

本省方面：

《修正河北省各县区公所办事通则》二十年八月五日省政府公布

《河北省各县区公所经费保管支用规则》十九年四月二十二日省政府公布

《河北省民政厅委任各县区长办法》十九年民政厅民字第四九四号训令

《河北省区长奖惩章程》十九年省政府公布

《河北省乡闾邻长考核章程》十九年五月十五日省政府公布

《河北省县长待遇乡长规则》十九年四月二十一日民政厅民字第三三〇号训令

《河北省保卫团法施行细则》二十年十月二十七日省政府委员会通过　二十一年五月奉北平政务委员会核定

《河北省乡风俗改良章程》十九年六月十二日省政府公布

《河北省乡道路修治章程》十九年六月十三日省政府公布

《河北省乡积谷章程》十九年六月十三日省政府公布

《河北省乡卫生章程》十九年六月二十七日省政府公布

《河北省乡教育章程》十九年九月十九日省政府公布

《河北省民众学校施行细则》十八年九月教育厅颁行（附部颁民众学校办法大纲）

《河北省乡实业章程》十九年九月二十六日省政府修正公布

《河北省乡沟渠开浚章程》十九年八月八日省政府委员会第一九一次会议通过八月十二日公布

《河北省各县凿井暂行办法》十九年八月十二日省政府公布

《河北省各县兴办农田水利暂行奖励简单》十九年七月十七日省政府公布

《河北省各县民业各堤堤工会组织通则》十九年一月九日省政府公布

《修正河北省修治公路条例》十九年九月一日省政府公布

《河北修治县路乡路暂行通则》十九年八月十四日省政府公布

《河北省荒山荒地造林条例》十九年二月四日省政府公布

《修正河北省合作社暂行条例》十九年四月二十六日省政府公布

《农村信用合作社模范章程》十九年八月十六日　工商农矿厅令行

《消费合作社模范章程》十九年八月十六日　工商农矿厅令行

《河北省各县识字运动宣传实施方案》十九年四月修正公布教育部备案

以上系中央与省方颁布的各种法规，已散见国民政府公报和河北省政府公报，所以不再列举条文。至于本县单行的各种地方自治规则，把它分作县政府、区自治、乡自治三方面说明。

（一）关于县政府者

本县县政府办理地方自治，系遵照中央和本省省政府颁布的法规，一方面并依据全县各区乡向来的习惯，督促进行。自民国二十二年八月以后，为使减少各乡关于财务上发生纠纷计，已逐渐订定各种办法和规则，已实行的有各乡摊差办法和各村敛款规则。除此两种以外，现县政府正进行订定划一乡长副办公费办法，已通令各区区公所拟定呈候核夺。在最近的将来，可以实现了。（上项两种规法和第一区拟呈的划一各乡乡长副办公费办法大纲草案均见本县地方自治规则汇编。）

（二）关于区自治者

Ⅰ. 区自治公约　本县各区自治公约，在民国二十年三月间，曾由全县六区区长，会拟区公约章程十条，已经县政府核准备案。民国二十一年五月，县政府因为该公约的第三条列举的各项款目，类皆系违犯违警罚法，或现行刑法，应该依照区自治施行法第三十九条下列各款办理。而且以第八条所规定的“所有公益捐应以四成奖赏员丁，二成为区公所办公费，四成留区生息，充地方建设或兴办慈善事业之用”一条条文，认为于法律上没有依据，令各区以后应按月呈报县政府，并且由区公所以专款保存。遇有应办公益事项，必须呈明县政府核准，方得动支。这两种修正办法，业经县政府训令各区遵办。到了民国二十二年八月，县政府以民国二十年六月由各区长会拟的各区自治公约章程十条，虽经于二十一年五月间修正，但仍认该项公约内容非但简率异常，且有与法令抵触的地方，所以通令废止。一面并令各区区公所招集区务会议，另行修订。现在各区已经分别把所拟好的草案呈报县政府，并由县政府根据各草案的内容，拟定同一的各区区自治公约章程，大约经一度的核议，便可决定了（各项自治公约均见本县地方自治规则汇编）。

Ⅱ. 区公所办事细则　在河北省各县区公所通则原案的第十四条和修正案的第五章第十八条里面，都有“区公所办事细则由区拟定呈请县长核准行之”的一条条文。本县各区在二十年一月间，曾会拟了各区区公所办事细则，并已经得着县政府核准备案。本来各区办事细则，可以不必尽同的，所以后来第四区区公所又单独拟了一种区公所办事细则，呈县备案。现在除第四区有单行细则外，其他各区一律都照二十年一月间呈县备案的那一种细则办理（区公所办事细则两种均见本县地方自治规则汇编）。

（三）关于乡自治者

Ⅰ．乡自治公约　本县各乡的乡自治公约，由乡自行拟定的很少，在民国二十一年五月间，第一区区公所曾给该区各乡普遍拟定了一种各乡乡公约，已经得着县政府的核准了。其他各区各乡，大致都没有拟定，所以这一种乡公约可以说是通行于全县各区乡了。除此之外，有高头村的乡公约，简括妥善，可以作一种参考（乡公约两种均见本县地方自治规则汇编）。

Ⅱ．乡公所办事细则　按修正乡镇自治施行法第四十六条载列“乡公所或镇公所办事通则，由县政府定之”，从这一条文看来，乡公所办事细则，本要根据通则产生。本县对于乡公所的办事通则，没有整个的规定，不过，试看县政府最近规定的两种办法和规则，也算是办事通则内容的一部分了。至于各乡乡公所的办事规则，除翟城村外（翟城村乡公所办事规则见本县地方自治规则汇编），更未曾见有这种的规定。固然，在大多数的乡公所人员，对于拟定章则，从能力上说，是很薄弱的，所以没有方法去产生。同时，上级组织也许没尽指导的功能吧？从前各乡所办事的程序，都按照向来的习惯，所以时常发生财务上的纠纷，自从次第规定了摊差办法和敛款规则，似乎比较良好了。

此外各乡对于自治方面的制度和其他进行地方自治的方案，可说除翟城村和高头村以外，很少有自行拟定的。据调查所得，除翟城村的各种规则已由该村印有专刊外，关于高头村所拟定的自治周年实行设计大纲一种，也许可以作为研究改进自治方案者的参考资料（见本县地方自治规则汇编）。

第五章　本县地方自治进行概况

地方自治，包含教养、保卫、政治、经济各项的事业，是训练民众行使民权、发展民生的途径。其事业的繁重和使命的伟大，可以想见。国民政府依据第三次全国代表大会通过的政治决议和第三届中央执行委员会第二次全体会议完成县自治案，决定全国训政时期定为六年，即自十九年起至二十四年止，全国一律完成。关于自治各种制度的法规和实施的方案，中央已次第颁布，详明规定了。自县组织法制定以后，以十八年十月十日为县组织法施行时期，以十九年内为完成组织时期，以二十三年底为完成县自治时期。自县组织法施行后，内政部更依照法案，按定年限，拟具训政时期完成县自治实行方案，内政部主管事务分年进行程序表，分为六期，每期以一年为限，列载各种计划，经送中央政治会议第二百零七次会议决议通过，通行各省照办。本省对于进行地方自治，并根据中央法令和斟酌地方情形，分别制定各种章则，更拟定自治工作程序（见本县地方自治规则汇编），列举各种应办事项，规定由二十年七月至二十三年十二月止，分六期完成。关于办理地方自治，中央和省方，其注意的程度和指导的方式，总可说经过一度的考虑了。

本县各区的自治事务，在十九年九月以前，是由各该区的公安分局兼理，根本就没见到进行的成绩。在十九年三月间，本县曾选送经省政府复试合格的区长九人，入河北省区长训练所训练，经过了三个月的时期，在七月间已得着毕业证书回到本县，同时并得着河北省民政厅的命令把曾经受过训练并考列在前六名的区长，为本县第一二三四五六各区区长；本县各区的区公所，于是乎就在十九年九月间正式组织成立。所有公安分局兼办的地方自治工作，一律交由区公所负责推行了。

区公所的地位，是介乎县和乡村之间，好像省的介乎中央与县的一样，收取联络的效用。在没有完成县自治的时期，一方面是全区各乡的指导机关，一方面是传达县政府命令和陈述与征集民众意见的机关，当然占有推行地方自治的重要地位。可是各区区公所成立以来，除了督促乡完成了自治单位的组织以外，在事实上因为人力财力同样的缺乏和民众自治意识薄弱的缘故，演成了办理例行公事则有余，计划进行和实施指导则不足的现象。至于乡的自治，除了几个特殊的乡村，有特殊的人力来指导辅助，或者尚可说有些少的规模，其他一般的乡村，因为不了解自治的意义，不感觉自治的需要，所以一切的事业是很少有进行的表现，除却普遍设有一个乡公所，选出几个乡长副，是根据法令的规定以外，不过只有自治的招牌，而无自治的实际工作。总一句话说，无论区自治和乡自治的自治机关，本为民众自身集合的处所，为谋本身的福利而设立，但其结果变成了一种下级行政机关，负传达公文和征发的任务。于本身所负的责任，几乎渺然不相关涉。所以猛一去看，各区和有些乡村进行的步骤，如组织方面和实施方面，好像甚合法令的规定，可是深一层去看，却没有多少实际的活动。现在把观察所得，概括说说。

县为自治单位，其基本的组织则在乡村。所以乡自治实为完成县自治的细胞，其关系至大。本县现在乡的组成，有时是一个村，有时或是几个村联合成乡的，这是按照法规所规定百户以上村庄地方才能独立成乡的缘故。在论理上百户是最少的根据，再少便不能有种种的公共事业，种种的现代组织。不过在事实上乡里的民众就不想有很多活动，有户数太多的村庄时常发生意见不合的现象，户数太少的村庄也不十分愿意同邻村合作。所以名义上虽然有时是联合成为一乡，而事实上还是各村干各村的事。有时户数太多的村落，就多选了几个副乡长，分了东头西头南头北头，或是一牌二牌等等区域，各自去干各头或各牌的事。在联合乡村组织的乡和户数太多分头或分牌的乡，只能有一个乡长，其余只有副乡长了。不过事实上副乡长在本村或本头本牌的地位和工作，完全和乡长一样。从法律的立场去看，副乡长只是一个帮助乡长的人物，从事实去看他完全是一个独立的自动的中心人物。乡的下面分作闾邻的编制，依照编制，要产生闾邻长出来的。法定的闾邻长原本要作乡长副的帮手，可是除了闾长有时在开乡务会议的时候还去参加以外，邻长可以说没有活动了。这是组织方面的一般状况。

县自治能否完成，要看全县各区各乡的自治办理情形来论断。在县自治没有完成以前，区长工作，站在指导各乡的地位。本县每区平均差不多有五十余乡，以乡长及佐理人员统共不过五六人，每月不过百余元的经费，去干这庞杂的事情，当然没有成绩可以表现，何况各个民众本身根本就没有自治观念呢?所以现在各区除了进行奉县政府命令交办的事情以外，自动去指导各乡进行自治可算没有见到，而且督促和协助各乡摊差和敛款的一桩事情已经够区公所这几个人的奔走、怎样还有多余的时间、人力去考虑进行民众切身需要的工作。

各乡的实际工作，除了县区交办的事件以外，自动举办的可说很少。因为经济压迫和知识缺乏的缘故，失却了自己策动的能力，多半是站在被动的地位。而且县区里交办的事件，上紧一点，也许进行还可快一点，稍为松懈，就根本不进行了。因为政局不定，法令屡更，民众心理上对于政府已有“法繁税苛，莫衷一是”的观念，同时政府缺乏妥善的具体的制裁和考核办法，所以民众持了一种因循敷衍和搪塞应付的态度。

现在各乡除了进行县区交办事件以外，稍为注意是办理教育、调解诉讼、修垫道路和看青工作。各乡都普遍设立国民小学校和民众学校，大体说来，农村教育机关已经成了农村公共事业的一种，管理由乡公所支配，经费是由乡公款拨用。现在全县的初级小学，据民国二十二年的统计，共四百三十一处，内有女校八十八处，男女合校三十五处，其余的都是男校。这些初级小学的经费，都系由学校所在地的乡村担任，县政府仅从所收地方款内酌给补助费或奖励金。中等学校共三处，一为省立的，其余两处，一为男校，一为女校，经费完全由县政府在所收入的地方经费内拨付。至于民众学校，现在县政府正从事除文盲的工作，已经督促各乡成立，根据二十二年十二月份的统计，成立了七百八十处。各民众学校的经费，系由各村买卖田地时向买主收取值百抽一的民众教育捐，不过这项收入很少，不敷的还是由乡公款拨补。

与乡公所有直接关系的自治组织，法令规定的有调解委员会，它的任务在乡镇自治施行法里面已经规定了。名义上调解委员，各乡都有选出，可是这桩调解事情多半是乡长来实际担任和有关系的父老出来疏通和维持罢了。调解的事情，各乡均感觉不少，因此乡长所办的事情里面，这样也占了一部分。

至于修垫道路和看青的工作，因为鉴于环境的需要，各乡长都很注意的。同时民众方面，亦感觉这两桩事情对于自身有明显的、深切的、急迫的直接利害关系，所以大家都愿意去干，事情因之易举了。修垫道路，大都系在农闲的时候，各乡村都要修垫一两次，只可惜各乡对于修垫道路，只顾着目前的一时平坦，没有根本的办法，经过了几次大车通行，或遇着大雨，依然是两道深沟、一条烂路。看青工作，在粮食成熟的时期比较紧张，因为要防止偷盗庄稼。在平常时候只雇有一两个人来做打更和看夜的工作，是自卫的一种设备。

保卫团是人民自卫的工作，为完成地方自治的基础之一。县保卫团法，中央于民国十八年曾经公布，民国二十年河北省并拟定县保卫团施行细则颁行。其用意一方面是使各乡治安由各乡民众自己维持，一方面是藉农隙的时候使乡里的壮丁受有军事训练，养成民众有服兵役的兴趣，是寓兵于农的意思。可是现在本县是保卫团的团丁，完全是雇募的，所以和保卫团创制的本意好像有些不相符合了。本县的保卫团共有三大队九分队二百八十余人，枪械是由地方民众筹备，经费亦由地方民众负担。现在这宗经费是随正赋带征，计每征正赋一两，带征保卫团经费八角，每年有四万余元。此项雇用团丁本为供应临时需要的性质，在各乡壮丁没有编练以前实际无自卫的能力，雇用团丁当然是免不了的事。现在此项雇用的团丁，是由县保卫团总部统制，至于各乡的真正自卫的团体还没有相当的组织。从自治里面产生的保卫，现在各乡都没有见到。

一乡的事情，自然是由乡长主持。不论教育事业、保卫事业、宗教事业、经济事业和其他一切公共利益的事业，原本乡长都是有权过问和设计进行。就上面所述，除保卫以外，各乡同样都有进行的教育、调解、修路、看青四种事情，有些是已有专人负责，有些又是有人来帮忙，乡长总不觉得怎样困难。惟独县政府下来的命令是非由乡长亲身去办不可的。县区开会，便要去开会，县里要车马，就要去找车马。尤其是近年兵差的征发、摊款的浩繁，平添了乡长一种烦难的事情。在这破产的农村里面，要向大家拿钱是多么困难的一桩事，终日东奔西跑，有义务而无报酬，还要替大家做事，挨大家的埋怨，受县政府严厉催迫，这是值得一般殷实人家不敢去干。因此本县各乡中，还有几处乡村竟没人来担任乡长，乡内成了无人负责的状态。

在县组织法里面规定乡设监察委员会，监察委员在法律上负有监督财政、纠举乡长副违法失职的权力，可是事实上没有一些监督或纠举的事实进行。虽然各乡都选有监察委员，不过和虚设的一样。因此可见民众行使四权的意识，还没有显着。至于管理财政，各乡设有财政委员，在法律上是没有规定的，这是各乡向来习惯的遗留，所以特别有这个名称，而且实际负有保管财政的责任。它的产生方法，也同监察委员和调解委员一样的选举。

谈到地方自治的障碍，在这一切地方自治事业没有进行的现时，各乡长总不觉得有深刻困难的感觉，普遍的现象，惟经济困难，不能办事，为众口一词。间或有以乡里派别纷歧无合作的精神，致事业不能举办的。亦有以乡里不良分子混杂，乡长副虽有办事能力，但被他们从中阻梗，遇事捣乱，且往往对于乡长加以危害，如暗中放火焚烧庄稼及毒害牲畜等等举动，乡长既没有相当的权力，又不能有根本去制裁的方法，因之影响乡务的进行很大。除了这三种他们自己可以感觉到的障碍以外，其余对于制度法令有无束缚等等事件，他们根本就没有感觉，因为县区叫干什么事，他们就干什么事，县区叫他们怎样组织，他们就怎么去组织，能应付的事情就敷衍了事，有什么组织，他们照样挂上了一块招牌，就算完事了。

以上关于木县地方自治进行的状况，已大略说明，还有一点值得陈述的。在调查进行中，很明了发现，乡里事业能否振作，与乡长副的知识和责任心很有关系。据所观察，有几处的乡村的乡长副，曾受过了相当的教育，又有责任心，一切自治事件的进行，还有多少的规模，对于乡内公共事业，还可以在恶劣环境中努力挣扎做去，有差强人意的进展。假如是没有知识又无责任心的乡长，那就不必问了。因为自己对自己，还没能够自治，哪能够去为一乡谋自治呢？这一点是值得注意的。

第六章　调查后的建议

本县办理地方自治的概况，已如以上所述。在此数年来，经中央的督促、地方的指导，其成绩所得如此。自须加以缜密的考虑与彻底的研究，详为规划妥适的、整个的改进方案，俾逐步推行，实力做去，使达到理想的迈进，完成县政建设的使命。兹谨将此次进行调查的观察，对于自治问题症结所在的地方，片段陈述，为研究改进方案者一商榷之。

（一）推行地方自治，须注意经济组织

地方自治的目的，系使实现民权和发展民生。总理也曾说过，“自治团体，不仅为一政治组织，同时为一经济组织”。故已往办理自治的失败，自然是未能阐明这个意旨的错误。现在经济势力膨胀，可以支配一切，所以推行地方自治，决不只单纯的政治组织所能解决。假如政治组织具有规模，倘若没有经济组织做它的基础，恐怕要成一个空洞的架子，侵假演成了崩溃的现象。如果要健全地方自治，必然的，除却严密政治组织以外，先决问题还须使民众成立一种经济的组织，发生互相利害的关系，然后团结的观念，才能坚强，自治才容易实现。现在本县区乡的划分和区乡闾邻的编制已实施了，政治的组织总可说有些少的眉目。对于人民实际生活上的利益，今后应该要极力发展了。如提倡集体农场和举办各种合作，进行垦荒造林等等的事业，使各个乡村的民众相互发生了经济关系，对于政治自能够发生兴趣，民权的行使同时才可训练实现。

（二）推行地方自治须注意乡村教育

健全地方自治，对于乡村民众的教育，自然要十分注意培植。因为各乡村民众的教育程度如何，是充分可以表现他们乡里自治进展的程度如何的。可以说经济是地方自治的骨干，教育是地方自治的灵魂，两者是互相为用的。现在本县的乡村，普遍设立了初级小学和民众学校，各乡村民众对于学校的观念，还有良好的印象，可惜经济不充足，农村人才缺乏，难免因循苟且，没有新的精神表规出来。而且乡村教育，很多的地方，是离开他的实际生活太远，今后的措施似乎应该注意实施生产教育，使乡村的学校成为乡村改造的中坚。

（三）推行地方自治须注意实际活动

办理地方自治，须能够实际活动，不然徒设几个办理自治的机关，对于事业上毫无进展，糜费了地方款项，又何所多此赘疣？要解决这个问题，以下两点是值得注意：

Ⅰ. 应提示具体的实施办法　自治事业，应行举办的极烦，在此民众自治能力尚在幼稚的时期，组织既属散漫，知识又甚浅薄，处于领导地位的人士自然要权衡各种事业的轻重缓急和地方实际的需要，同时要抱着先从小做起、不求急切的意思，详为订定计划，逐步推行。对于进行的计划，应该有明显的具体的提示办法，俾有所根据来从事进行。尤其是有永久性的事业，更当考虑保持长远活动和引动兴趣的办法，不然事情做了一次，就像云烟散失了。已往的各种办法里面，没有注意到这两点，所以难收实效，演成了敷衍应付挂招牌的景象。

Ⅱ. 实地去指导各乡办理自治　在各民众对于自治尚未十分认识以前，自治推行必然要赖领导办理自治的人员去指示与协助。已往办理自治人员，多不明此意，在县政府方面，惟责成自治机关以募款项、敛兵差和承转公文、传达命令等等的事务，因之民众对于自治机关失却了信仰。今后似乎要把上面的事情设法极度缩减。一方使办理自治人员，必须与民众发生密切的关系，去从民众实际生活上找出问题来解决，自治事业才能得有发展的希望。一方对于领导办理自治的人员和各级地方自治团体领袖，要划明责任和严定考核的方法，使不致发生虚应故事的状态。

上列三项是根本问题，至于各乡现在办理地方自治本身应改善的事情，再述几点。

Ⅰ. 各乡自治人员的任用　乡长副为一乡自治主持人物，地位自很重要。现在各乡系行选举制，因此发生下列两种病态：

（甲）选举人对于被选举人之能力绝不注意，致各乡中的乡长副，不识字的有之，庸愚不堪的有之。自身已没有自治能力，更不知自治是什么一回事，叫他膺一乡之长，于自治事业哪里能够发展？

（乙）乡长表面上是由民众普选，但民众根本就不明白选举的意义，没有选举的兴趣，甚至连选举字也不懂写，必然很容易给人操纵。所以豪绅把持，是难免的事了。

基上两种情形，普选的制度似乎实行了。然而观察其结果，可以很明白知道，亦不过一种虚应的故事，还要产生不良的状态。在此训练民众运用选举的过渡时期，区长身居乡间，接近民众，应当审慎去选择各乡素孚众望和具有知识、能负责任的人士，向县政府推荐任用。同时为防范区长任意荐用的流弊，应严格使各区长负保证的责任。至于闾邻长的产生，为训练民众运用选举权，自然仍旧以选举方法为合宜。上述的办法，如果认为不妥善，最低限度亦要三倍选出乡长副的人数，由区长述明被选人的资望和智识，由县政府圈定派充。这种办法是关于法律的问题，是要一番去考虑的。还有一层，现在本县的平校和民校，各乡都已有成立，毕业的人数很多，既受了相当的训练，对于公益事业也大都热心办理，并且在乡里有同学会的组织，事业进行可减少很多的纠葛。应使平校民校的学生和毕业生一律宣誓登记的公民，得着被选与选举的资格。凡一切自治职员的产生，设法使在曾经受过训练学生里选出，既不违法，于自治进行，不无效力，这是可以注意的一点。

Ⅱ. 提高各乡长副的地位　乡长副虽然系一乡自治主持人物，但事实上乡长副只有责任而无权力，所以逐渐没人愿意去充当了。这种现象，于自治进行是不无影响的。对于此点，是应该加以缜密考虑，使他们地位提高，能够适当去运用他们的才能，同时又要防止演成藉权欺霸的病态。附带还有一点申说，关于各乡发生讼案，如果是要乡长副证明，以往的情况是由县政府方面出票传讯，来当庭对质，乡村民众的观念，对于这样的事情，是觉得不体面，所以往往被人轻视了，一般殷实的人士更加害怕来担任。似乎今后对于上说的办法，设法变更，关于讼案，如果要乡长副证明的，应该变换方式，避免出票传讯和当庭对质的事情。这件事体，虽然是细微，不过影响乡长副的地位，是很有关系的。

Ⅲ. 展长自治人员任期　现行法令规定各乡自治人员任期为一年，似嫌过短。因为一种事业的进展，在短期内不容易完成的。如果半途换了人，继续办理的又须一番的筹划与考虑，其得失经验自然没有从前办理的人熟练。尤其是每经一次选举，在新旧交替和听候委任的过渡时期，往往成了二三个月没人负责的状态。到了委任确定了，依照法令还要训练三星期，正式担任不过半年的时间，事业的进程因之难免缓延。所以自治人员的任期，似宜展长。不过这是成了法律的问题，要详细论究了。

Ⅳ. 确定自治经费　在地方款收入里面，原指定为办理自治的亦有几种。自施行统收统支以后，已无明显的划分，仅六个区公所每月的经费各有百余元，系由地方款收入拨发。各乡的自治经费，系由各乡就需要时敛集，无一定的标准。统观现在各种自治的经费，大都系属行政方面使用，对于事业费可说没有。今后似乎要把原有办理地方自治经费已移作别用的一律撤还，充实各区行政费和划定各乡事业费协款，对于各乡自治经费，要切实监督和审查用途。在此农村破产的时期，各乡的事业费筹集自然感觉困难，但能因事筹集，而且深切与民众本身有利害关系的事业，民众虽于经济困乏的环境，恐怕也愿意尽力筹措吧？

第七章　结论

地方自治的制度和进行的方法，已属齐备，本县自治的区域划分和自治机关的组织，已具有规模，尚未见有不适合实行的地方，法繁而且轻易变更最使民众不生信仰的心理，似无多事更张的必要。今后的进行，应注意到实际活动和训练的工作。现在我国社会生产缺乏，分配不公，又兼农村经济破产、生产来源枯竭的时期，发展乡村地方自治的经济组织实非常重要的事件。同时民众智识薄弱，无自治能力，改进乡村教育亦为当务之急。倘能使各个乡村实现地方自治的经济理想，在经济的基础上，建立民治的良好制度，训练民治的良好习惯，那么地方自治的前途，自有光明的展望了。

促进地方自治，是县政建设的一种重要工作，对于本县地方自治实际情形，亟待有详确的事实作为研究者的根据。惟搜集此项材料比较困难，故当进行之始，关于调查计划的拟订与报告书的主编，由本院调查部主任负其全责。关于协助编撰与指导调查员实地进行调查工作，则由专员陈菊人依据主任之指示，分别办理。惟以时间与人力均有问题，故仅能把大体事实简括一说，其详细情况则有待于将来作进一步的探讨了。

附录　定县地方自治各种规则汇编[①]

河北省各县自治工作程序

民国二十二年五月河北省令颁

第一期

一、依照规程切实调查本区户口及人事登记

二、调查乡镇公民资格实行定期宣誓登记

三、依照制定区乡镇调解委员会组织章程及选举规则组织调解委员会

四、实行选举乡镇监察委员会委员成立监察委员会

五、实行区务会议乡务会议镇务会议

六、拟定各乡镇自治公约

七、筹设区国民训练讲堂分期训练乡镇长副及民众并派员赴乡镇巡回演讲

八、实行编定闾邻选任闾邻长一律办理完竣

九、调查本区内河流水道堤岸有无淤塞障碍冲决水患并陈明整顿计划

十、调查本区各乡镇旧日保管之积谷有无贷出或变卖情事并陈明整顿方法

第二期

一、设立各乡镇国民训练讲堂分期训练各乡闾邻长民众

二、筹设各乡镇国民补习学校及提倡识字运动

---

① 原条文未加标点，由于条文通俗易懂，故遵从原文不加标点。——编者注

三、筹设简易工厂及贫民生计救济办法

四、筹办修治各乡镇道路桥梁

五、调查本区内各乡镇土地确数

六、调查本区有无公产官荒黑地及公产官荒黑地数目

七、调查本区内有无特产及农工商业之特出品

八、继续整顿保卫团认真训练

九、各乡镇旧日积谷责成乡公所接收保管

十、调查各乡镇应行改良之风俗

第三期

一、继续清查各乡镇土地数目

二、实行清查公产官荒黑地

三、继续调查各乡镇登记户口初期完毕

四、普设各乡镇国民训练讲堂及补习学校

五、提倡及改良农工商业

六、兴办筹议水利森林事业

七、筹设救济卫生疗养慈善事业

八、酌设简易工厂职业传习所

第四期

一、继续办理整顿前三期已办各种事项

二、扩充区乡镇自治经费筹办一切进行事业

三、详定本区各乡镇财政收支及公产公款管理法

四、实行清丈土地……缓办

五、登记各乡镇土地同时报价……缓办

六、随时调查登记区长乡镇长副监察委员之候选人

第五期

一、调查户口完竣

二、各乡镇民众普受训练

三、土地清丈完竣

四、各乡镇道路修治完竣

五、各乡镇普立国民补习学校

六、组织民食调节机关

七、整顿前四期已办事项

八、预备实行民选区长及乡镇长副

第六期

一、选举区监察委员成立区监察委员会

二、选举县参议员成立县参议会

三、完成县市自治县市民行使四权

四、县市长实行民选

以上共分六期自民国二十年七月为始至二十三年六月完成每一期届满由区长呈由县长复查后于十日内报由民政厅派员赴县视察后呈报省政府及内政部备案　二十二年十一月奉民政厅令延展至二十三年十二月完成

本县各乡摊差办法

自民国二十二年八月十日县政府令颁

一、甲村之地卖于乙村者应即过割粮名登入乙村地亩簿内并由甲村乡公所通知乙村乡公所摊纳乙村之差

二、甲村之地典当与乙村者应由乙村之典主摊纳甲村之差（摊款由典主交甲村乡长）至甲村赎回时为止

三、甲村之地租给乙村应由地主摊纳差款如地主他往应由承种人代摊并掣取收据于交租时扣抵租价

四、四乡花户迁至城内居住者除纳原住本村差款外仍须缴纳内城差款

本县各村敛款规则

民国二十一年八月三十一日县政府令颁

一、各村遇有办公花费须先期按该村所有地亩应摊数目核算清楚注明每地

一亩应摊若干该户共地若干应共摊款若干内包括某某等项用款张贴清单俾全村民众明白所摊之款作何用途

二、每季或每半年及某项摊款完毕后要将收支各款张贴清单一次（用旧管新收开除实在四柱清单式即可）并须以一张呈报区公所备案

三、收到花户摊款之后须掣给收据（用两联单一存一掣）注明______年______月______日经手人姓名所摊款目及钱数不得稍有含混并根据该收据内所收数目即登入流水账内（按平常习惯须上入下出）至每季或每半年或敛款完毕时即按四柱清册式结住（清单公布由此而生）

四、乡公所办公花费用一文要有一文正当用途逐日出入均须登入流水账内不准遗漏如有遗漏即由该乡长副负责用款并须有正式收据（但非常时期不在此限）以备检查

五、乡公所除乡长副外其余各项办公人员亦须切实连带负责如财政员监察员等遇事均不得互相推诿

六、本规则自通知到乡公所之日起实行

划一定县各乡乡长副办公费办法大纲草案

民国二十二年十一月二十日第一区呈县政府核示尚未奉批

第一条　本办法根据民国二十二年下届全县行政会议“划一乡长副办公费”之议决案订定之

第二条　本办法之目的在使各乡乡长副养成廉洁自持之精神与人格勤俭奉公之习惯与道德藉以获得乡民之敬仰与服从

第三条　无论各村如遇召集村务会议或办理公务时不得准备酒食或大事铺张但必要时可准备些许茶点

第四条　各乡办公人因公赴县或赴区距城三十里以外的村庄每人每日店饭费不得超过三角三十里以内能即日返村者不得超过二角但如过一日不能公毕之情形不在此限

第五条　各乡办公人员赴城或赴区办公时每日办公费如超过所定之数目责

任由其本人负之

第六条　本办法颁布后由区公所负监督之责

第七条　本办法颁布后明令定于乡公约内俾便遵守

第八条　本办法自呈准之日施行

本县各区区自治公约暂行章程

二十年四月三日县政府令颁

二十一年五月十六日修正

二十二年八月十六日废止

第一条　本公约章程依区自治施行法第二十六条第十七款并参照本区地方情形规定之

第二条　本区为谋全区之利益及安全应由区公所制定区公约并提请区务公会议决共同遵守之

第三条　区公约之范围如下

一、关于公共安宁事项

甲，深夜无故燃放烟火以惊人者

乙，于人烟稠密处所燃放烟火及一切火器者

丙，私携凶器以威人者

丁，散放无稽传单或谣言者

戊，于柴草堆积之处或人家近旁玩弄烟火者

己，窝藏匪类或私设赌娼以及武断乡曲者

二、关于公共秩序事项

甲，婚姻出生死亡分居继承迁移不照章报告乡公所者

乙，乡公所执行村务人员前赴某家调查事项不据实答称者

丙，留住外来之人不到乡公所说明情节者

丁，各乡发觉人命案件不报乡公所私自掩埋者

戊，于道路或公共处所故意酗酒喧哗者

己，于禁止出入处所私自出入者

庚，深夜无故喧哗者

辛，车船夫役于中途强索加价故意刁难者

三、关于公共财产事项

甲，强令牲畜吃人稼穑者

乙，强行盗取他人禾稼者

丙，妨害人家井上附属物品者

丁，私伐他人树株者

戊，损害人家物品者

己，在人家地内私行掘土者

庚，强行借贷者

辛，强迫施济者

壬，故意侵人田地者

四、关于公共交通事项

甲，妨害交通器具者

乙，在道路掘沟或设障碍物者

丙，粪土久行堆积于道路者

丁，在道路上之水沟妨害交通不设覆盖者

五、关于风俗事项

甲，游手好闲不务正业者

乙，以迷信惑人强索钱财者

丙，演唱淫戏者

丁，故作赤体狎亵等举动者

戊，二十岁以下女孩仍行缠足穿耳者

己，虐待子媳及佣婢者

庚，吸贩毒品者

辛，架唆词讼者

壬，酗酒创骂者

癸，男子故留发辫者

六、关于公共卫生事项

甲，于人烟稠密处所开设粪场不听取缔者

乙，随地便溺者

丙，私将秽物投入饮水井者

丁，任意令牲畜在道路游行或便溺者

戊，贩卖食物不设盖罩或物品腐烂不遵取缔者

己，在街衢之上倾倒秽物者

庚，庸医杀人者

七、关于共同遵守或禁止事项

甲，不遵乡公所决议者

乙，乡公所议决事项故意延搁缓办者

第四条　本区居民如有违犯公约时得依本章程处理之

第五条　违犯公约分别议处如下

一、停止其参与乡民大会一次或二次或选举权与被选举权半年或一年

二、交纳二十元以下一元以上之公益捐

三、训诫

第六条　本区居民违犯公约不服处理时得由区送县依法核办之

第七条　本区居民如系二乡以上有共同之利益事项得订立公约联合办理之上项公约之订立及解除由乡民大会决定报区转县备案有一方违背公约时得依区公约之规定处理之

第八条　所有公益捐应以四成奖赏员丁二成为区办公费四成留区生息充地方建设慈善事业之用

第九条　本公约章程如有未尽完善时得由区务会议十人以上之同意提出修正呈县备案

第十条　本公约章程自呈请县政府核准之日施行

附　修正及废止原训令

为令遵事案查接管卷内该区长等上年三月拟制区公约十条呈经吴前县长准

予备案兹经详核该公约第三条第一项乙丁两款丁戊己庚辛各款第四项乙辛两款第五项乙丙丁戊辛各款第六项甲乙丙款均系犯违警或现行刑法应依区自治施行法第三十九条第一项第一款办理又所收公益捐提成充赏于法亦无依据嗣后应即专款保存遇有应办公益事件必须呈经本府核准后方能动支又近闻各区公所竟有假借公约以为勒罚工具者尤违自治原理望该区长等有则改之无则加勉前经本府制定公益捐月报表令发照办以资考核除分行外合行检发表式令仰该区长遵照办理此令

计发公益捐月报表式一纸

县长于龙溪

附　废止暂行区公约并限期结束公益捐训令

二十二年通令各区知照

令各区区长

查本府接管卷内于民国二十年三月间据各区区长会拟定县各区区公所区公约章程十条经吴前县长以一零六九号指令核准施行嗣又经于前县长于民国二十一年五月间以第一六七三号训令规定公益捐月报表式饬遵在案查此项公约内容非但简率异常且有与法令抵触之处又所收公益捐迹近勒罚显背自治原理至提成充赏于法尤无依据行之已久流弊滋多即如民国二十一年六月间据第四区区公所呈报公益捐月报表李明子仅桀骜难训四字考语认缴公益捐四元已滑稽可笑又最近第六区区公所发生处分赌案之事尤为荒谬之极以上两事前者迹近滥罚后者滥用职权均是启人口实为自治事业之玷长此以往诚恐自治基础未立人民信仰先失本县长有鉴于此决将现行区公约自文到之日起立即废止应由各区区长招集区务会议另行修订呈县备案至所有公益捐月报表现限至本月二十日止无论有无存款均应专案呈报听候饬遵嗣后不准再有收受此项捐款情事以免弊端除分令外合行令仰该区长遵照办理此令

县长霍六丁

本县第一区区自治公约草章

民国二十年八月三十日呈县政府请示尚未核定

第一条　本公约依据区自治施行法第二十六条第十七项订定之

第二条　本公约经区务会议通过呈县备案

第三条　本区居民除遵守国家现行法令外皆有履行本公约之义务

第四条　本区居民对于办理公共事业能忠实勤奋或输助捐款建设地方自治事业著有成绩者应由区呈县予以奖励

第五条　本区居民如因救护或防御事项致成伤亡情事时应由区呈县酌予抚恤

第六条　于可能范围内应防范下列事项

一、妨害公众安宁及秩序者

二、妨害公众财产者

三、妨害公众交通者

四、妨害公众卫生者

五、伤害善良风俗者

六、不遵各机关决议案或公共禁止者

第七条　如有违犯本公约第五条规定各项时分别议处如下

一、停止其参与乡民会议权一次或二次

二、训诫

三、除责令赔偿损失外并在本村修垫道路一日至五日

第八条　区民违约事项如有涉及违警及刑事者分别函呈主管机关办理之

第九条　区民违犯公约不服制裁时得即时呈县核办

第十条　本公约如有未尽事宜得由区长或区务会议十人以上之同意提出修正时仍须呈县备案

第十一条　本公约自呈准县政府日施行

本县第二区区自治公约草章

民国二十二年九月二十七日呈县政府请示尚未核定

第一章　总则

第一条　本公约定名为第二区区自治公约

第二条　凡本区人民共同遵守之

第三条　非本区人民在第二区旅行宿店或寄居者亦得遵守之

第四条　凡未成年或心神丧失之人违背本区公约之规定时追寻其监护人负责

第五条　未遂行为不得以违背本区公约论

第六条　违背本公约同时二个行为以上者分别论之

第七条　违背本公约者处罚之种类如下

一、罚苦力一日以上一月以下之处罚（修道路）

二、罚粮米一斗以上一石以下之处罚（开粥厂）

三、停止参与乡民大会一次或二次

四、训诫

第二章　人民之权利义务

第八条　人民对于区内公务员有选举罢免之权利对于区公约或其他单行章程有创制复决之权利

第九条　人民有受教育之义务

第十条　人民有摊纳差款服从命令的义务

第十一条　各村散在团丁有保卫治安排除匪患之义务

第十二条　乡长每遇一次捐款对于民众有宣传事宜与事后捐款额数有张贴清单之义务

第十三条　各乡长每届年终有将全年收入支出之款项张贴清单之义务

第三章　公共卫生事项

第十四条　如传染疫病经乡长副宣传各住户消毒及清洁方法而不照办者

第十五条　病人死后在门前焚烧死人之枕鞋等物不听禁止者

第十六条　公墓场所或故意损坏及侵种者

第十七条　住宅内停灵柩不埋葬者

第十八条　贩卖饮食物品制造方法及贮藏器之贮藏不合规则且不听取缔者

第十九条　粪土在街衢任意堆集者

第二十条　疫死生畜任意抛弃或售卖人食者

第二十一条　任意使猪群游行街上便溺致碍卫生者

第四章　农业渔业牧畜事项

第二十二条　不到开放高粱叶时先行采摘者

第二十三条　不到开放棉花桃时先行采摘者

第二十四条　妨害他人灌溉以利自己田地者

第二十五条　堵截沟渠或水道以淹没众人之禾稼者

第二十六条　私人在沟渠池塘所养之鱼他人强行采取者

第二十七条　牧畜之羊猪鸡兔失群被人拾去不给者

第二十八条　牧畜夫故意使猪羊损害他人之田禾者

第五章　改良风俗事项

第二十九条　各乡村演唱秧歌不听禁止者

第三十条　丧葬仪式从俭对于僧道谈经打醮糊纸等行为不听禁止者

第三十一条　未满十五岁之女子行缠足穿耳者

第三十二条　结婚之限制男子以二十岁女子以十八岁为结婚之年龄

第三十三条　虐待子媳不与合家人平等待遇者

第三十四条　蓄养婢女有虐待不堪之情形者

第六章　公共交通事项

第三十五条　于私有田地及公有田地内当通行之处凿井不设覆盖妨害交通者

第三十六条　于县道或乡区道路故意掘沟妨害交通者

第三十七条　于道旁掘土损坏道路者

第三十八条　于乡道旁栽树违背乡公约之规定妨害交通者

第三十九条　隔道之井田浇地时道中设土岗为行水沟阻碍交通者

第四十条　河道每年该村照例修筑之桥梁无故不修者

第七章　乡公所执行事项

第四十一条　村内住户藏匿行迹可疑之人不报乡公所者

第四十二条　不遵乡公所议定抗不遵办者

第四十三条　损害乡村公共物品并辱骂公人者

第四十四条　婚姻出生死亡分居继承迁移嫁娶不照章报告乡公所者

第四十五条　男女结婚不用颁定之婚书者

第四十六条　乡公所执行村务人员如调查事项不据实答称者

第四十七条　凡公有及私有之土地经国家测量时而不据实答复者

第八章　关于公共事项

第四十八条　关于公共秩序如有损坏者分别处罚之列下

一、路灯

二、指挥牌

三、公告牌

四、乡村村界标

五、闾邻门牌

六、阅报牌

第四十九条　关于体育场之器具公园之花木如有损害者分别处罚

第九章　水利

第五十条　凡一村欲开沟渠浇地以本村地界为限其与邻村接连之处先行议妥方准动土

第五十一条　凡一村或一户关于旧有沟渠之修筑均不得妨害他村或他人之利益

第五十二条　凡浇地之器具或开浚之沟渠设他人故意损害者按照情节处罚

第十章　附则

第五十三条　违犯区公约所处罚的谷米积聚年终时兴办慈善事业如散放谷米或开设粥厂

第五十四条　本公约于九月二十七日开区务会议大会通过于九月二十八日呈请县政府核准施行

第五十五条　本公约如有未尽事宜经区务会议过半数之乡长副同意提出修正之

本县第三区区自治公约草章

民国二十二年十月十五日呈县政府请示尚未核定

第一条　本公约叫作第三区自治公约

第二条　本公约是根据自治施行法第二十六条第十七项的规定并且参与地方上的特别情形规定的

第三条　本区为消极的图谋全区人民安宁幸福起见当由区公所拟制区公约再提交区务会议公决后公共遵守之

第四条　本公约是为防止民众做规外行为和领导民众走向自治途径为目的决无科罚的意思

第五条　本区公约的范围如下

第一项　关于公共安宁事项

第一款　不得于人烟稠密的地方燃放烟火或一切的火器

第二款　不得于干柴草堆之处点放竹炮或玩弄烟火

第三款　不得散放无稽流言或传单扰乱人心

第四款　不得空射实弹惊扰居民或携带凶器威吓他人

第二项　关于公共秩序的事项

第一款　区民必得据实答复公务人员的任何调查

第二款　婚姻出生死亡分居继承迁移等等事情必得报告乡公所登记

第三款　村中的住户不得藏匿行迹可疑的人或留宿

第四款　各乡不得隐匿各种命案或私自掩埋殡葬

第五款　于街道之上或是公共的处所不得酗酒喧哗或横卧不起

第六款　夤夜更深的时候不得肆意喧哗

船夫车夫或各种脚夫不得在中途强索加价或故意向旅客刁难

第七款　区民不得任意撕毁官厅或各机关所张贴的布告

第八款　乡民有服从乡长副排难解纷的义务不得对乡长副取置之不理的态度
第三项　关于公共财产的事项
第一款　管理公共财产手续必得清楚账目必须公开
第二款　管理公共财产不得私自挪用或侵吞
第三款　乡民不得违抗一切应办的差款并且必得遵照乡公所规定办法完纳
第四款　学校拟定的学费不得抗不缴纳
第五款　对于公共的物品不得损坏或毁灭
第六款　在高粱叶未开放的时候不得私自先行采披
第七款　公中的树木不得私人砍伐损伤
第八款　在公共的土地里不得私自掘坑使土
第九款　在他人或公共的墙壁上不得任意涂污或刻画
第四项　关于公共交通事项
第一款　区民有服从区乡公务员随时指导修整道路的义务
第二款　每于秋夏之交得由区公所督促乡公所或区民整顿道路一次
第三款　临街或临道的区民必得注意个人界内的交通
第四款　区民于乡道旁栽树的时候不得妨碍公共交通
第五款　于大道之上不得故意掘沟妨碍行旅
第六款　道路两旁的田块于灌溉的时候须设暗沟流水以便交通
第七款　两旁地高形成道槽的地方必得两边开辟便利车辆的通行
第八款　凡属区民不得妨害交通工具或损坏任何道路
第五项　关于风俗改良的事项
第一款　区民得随时体察不良的风俗要求乡区公所设法取缔或改良
第二款　风俗的改良除本区公所得设法执行禁止外各乡公所亦当负责佐助
第三款　现在应当改良的风俗如下
一、取缔僧道恶化及相士惑人或不药医病的男女巫者
二、红白喜事不得大事铺张花费无用的钱
三、过年度节的时候不得粘灶神与插门香及种种迷信举动
四、迹近迷信或淫词浪调的戏剧不得演唱但于农闲时得力倡正当娱乐
五、男非二十不娶女非十六不嫁

六、女子不得缠足束胸和其他有碍发育的举动

七、铲除虐待子媳不与家人平等待遇的恶劣习惯

八、严厉取缔区民染有嗜好或操有伤风化的贱业者

第四款 以后认为需要改进的不好风俗得随时填入本项内并且公布周知以便共同遵守

第六项 关于公共卫生的事项

第一款 各乡公所得极力设立公共卫生机关开导乡民公共卫生的思想

第二款 在人烟稠密的地方不得开设粪场

第三款 街道上的厕所所须高筑墙壁更得加意清洁决不许尿水四溢有碍公众卫生

第四款 不是厕所的地方不得随意便溺

第五款 街道之上不得驱放猪群

第六款 街道之上不得长期堆积粪土或故意抛弃腐烂的物品

第六条 区民违犯本公约时得依照本章程的规定处理之

第七条 区民违犯本公约不服区公所处理的时候得由区转送县政府依法办理

第八条 各乡拟定的乡公约须送区转县修改批准后才能发生效力

第九条 乡民如有违犯乡公约不服乡公所处理时得按本公约处理

第十条 违犯区公约的时候得斟酌情形分别议处办法如下

一、停止他参加乡民大会的权

二、停止他的选举或被选举的权利一年或半年

三、名誉的惩罚或是登诸报端或是宣布与区务大会

四、当面的责罚

五、罚交五角以上五元以下的公益捐

第十一条 所有的公益捐完全留作自治建设的基金不得作别项用途

第十二条 本公约如有规定未尽完善或因环境变迁有增减必要的时候得由区长提出区务会议或每次区务会议十人以上议决修改

第十三条 本区公约自呈请县政府修改批准施行日起得发生绝对拘束的效力

定县第四区区自治公约草章

民国二十二年十一月呈县政府请示尚未核定

第一条　本公约根据区自治施行法第十一条暨第二十六条第十七款并参照地方情形订定之

第二条　本区居民除遵守国家法令外皆有履行本公约之义务

第三条　本区居民于办理公共事业能忠实勤奋或输助捐款建设地方自治事业并踊跃劝募捐款兴办地方慈善机关著有成绩者应由区呈县予以奖励

第四条　本区居民办理公益事宜因劳致疾与因救护或防御事项致成伤亡情事时区公所得呈请酌予抚恤

第五条　凡未成年或心神丧失之人违背本公约之规定时得追寻其监护人负责

第六条　未遂行为不得以违犯区公约论

第七条　本区居民对于自治人员有选举罢免之权利对于各项章程暨自治法规有创制复决之权

第八条　区居民应遵守下列事项

一、妨害公共安宁及秩序者

甲，私自于人烟稠密处燃放烟火以惊人者

乙，私自携带凶器以威人者

丙，散放无稽传单或谣言者

丁，婚姻出生分居继承迁移嫁娶不照章报告乡公所者

戊，各乡发觉溺死缢死阴死之命案不报告私自殡葬者

己，于禁止出入处所私自出入者

庚，深夜无故喧哗者

二、妨害公共财产事项

甲，不在开放高粱叶时期先行采披者

乙，不在开放棉花桃时期先行采损者

丙，当禾苗生长时肆意牧放牲畜者

丁，拾得他人所牧养的牲畜坚默者

戊，私伐公中树木或他人树木者

己，私人沟渠池塘所养之鱼及一切出产品他人强行采取者

庚，在他人或公中地内私掘土块石块者

辛，侵占他人或公中地亩且损坏田苗者

三、妨害公共交通事项

甲，于县路或区乡大道当交通之处故意掘沟妨害交通者

乙，于乡道旁栽树出乎应有地界妨害交通者

丙，道之两旁田地如灌溉时中间以土岭为流水沟有时甚高不设法垫平致碍交通者

丁，将冰雪尘芥及土石投弃道路者

四、妨害公共卫生事项

甲，如传染疫病经乡长副宣传后而不遵消毒及清洁方法者

乙，于人烟稠密处开设粪厂或在冲要街衢任意堆积粪土者

丙，任意在道路上便溺而不服劝诫者

丁，居民如患时疫病亡而不定期葬埋者

戊，贩卖饮食物之贮藏器及方法不合卫生且不置笼罩者

己，任意使猪羊群游行街上随地便溺致碍卫生者

五、妨害善良风俗事项

甲，未满十五岁之女子仍行缠足穿耳者

乙，虐待子媳不与合家人平等待遇者

丙，养奴畜婢有虐待不堪之情形者

丁，演唱淫词淫戏者

戊，于道路或公共处所赤身裸体为狎亵之言语举动者

六、关于一切应共同遵守或禁止事项

甲，不遵乡公所议定办法抗不交纳差款者

乙，乡长副分配壮丁修筑桥梁道路沟渠抗不遵办者

丙，损坏公用物品并辱骂办公人员者

丁，乡公所执行村务人员如调查事项抗不据实答复者

戊，男女婚嫁不照章购买官制婚书者

己，乡长副训练散在团丁如已调查登记适龄壮丁抗不履行公务者

庚，居民之学龄儿童及青年文盲半文盲不令其入学者

第九条　如有违犯公约第八条规定各款时得分别议处如下

一、停止其参与乡民大会半年或一年之所有权

二、训诫

三、除令赔偿损失外并处以一斗以上一石以下之谷米以作本区救济事业

第十条　本区居民如有紧急违警及刑事时应分别函呈主办机关办理之

第十一条　本区居民如违犯公约而不遵制裁时应即呈县核办

第十二条　本区二乡以上或相互之间有共同利益之事项得订立公约联合办理之前项公约之订立及解除由各乡公所提交乡民大会决议由区转县核准方得施行其一乡如有违犯公约者得由彼乡报告区公所依区公约办理之如不服区公约处理由区呈县依法办理

第十三条　前项对违犯区公约认交之谷米由区推举区仓委员保管或变价生息以助地方建设或兴办慈善事业（救济院类）之用每届年终公布之

第十四条　本公约如有未尽完善时得由每次区务会议十人以上之同意提出修正后由区呈县备案

第十五条　本公约自呈准县政府之日施行

定县第五区区自治公约草章

民国二十二年十一月呈县政府请示尚未核定

第一条　本公约根据区自治施行法第二十六条第十七项制定之

第二条　全区居民除遵守国家现行法令外皆有履本公约之义务

第三条　全区居民对于地方自治及公共事业能输助捐款或热心办理著有成绩者由区呈县嘉奖

第四条　全区居民对于地方自卫因救护或防御事项有伤亡情事者得由区呈县酌予抚恤

第五条　全区居民不得违犯下列各项

一、妨害公众安宁及秩序

二、妨害公共财产

三、妨害公共交通

四、妨害公共卫生

五、伤害善良风俗

六、不听公共禁止

第六条　全区居民如有违犯本公约第五条规定之一者分别以下列各项之规定惩处之

一、停止其参与乡民大会一次或二次

二、训诫

三、赔偿损失

四、充义务公役一日至七日

第七条　全区居民如有违犯本公约并涉及违警或刑事者除按本公约第六条分别惩处外得函呈主管机关办理之

第八条　全区居民违犯本公约不遵制裁时得呈县核办

第九条　本公约如有未尽事宜得由区务会议五分之一人数之提议三分之二以上人数之通过修正由区呈县备案

第十条　本公约自呈准县政府之日施行

定县第六区区自治公约草章

民国二十年九月十日呈县政府请示尚未核定

第一条　本公约依据区自治施行法第二十六条第十七项及参照本区地方情形订定之

第二条　本公约为谋地方安全区自治之进行民众之幸福制定区公约共同遵守之

第三条　凡居民有下列情事之一者得招集区务会议或呈请县政府予以奖励

甲，乡长副办理乡自治著有成绩者

乙，居民自动捐款赈济或建设公共事业者

丙，办理民众教育著有成绩者

丁，热心公益者

戊，为公共救护或防御如有伤亡者

第四条 奖励办法分下列各项

甲，赠予匾额

乙，呈请县政府传令嘉奖

丙，赠予奖章

丁，予以抚恤

第五条 凡居民有下列情事之一者得按情节予以惩处

甲，关于公众治安及秩序事项

1. 谣言惑众及散布无稽传单者

2. 未经党政许可私行组织团体者

3. 无故吵骂及在街市大声喧嚷者

4. 冒充官吏欺人者

5. 持械斗殴者

6. 毁坏官发布告者

7. 欺骗民众钱财或使用假钱票者

8. 凡关于公务人员调查事项拒而不报或不据实答称者

乙，关于公共财产事项

1. 滥用公款者

2. 损害及私行变卖公物者

3. 妨害公共财产者

4. 公共财产收支账目不如期公布者

丙，关于公共交通事项

1. 损坏道路者

2. 损害电杆及电线者

3. 种植树木或建筑墙壁妨碍交通者

4. 砖瓦秽物堆积道路者

5. 阻挠修筑公共道路者

丁，关于公共卫生事项

1. 在街衢堆积秽物及设污水坑者

2. 妨害公共饮水井者

3. 在街衢便溺者

4. 阻碍办理公共卫生事业者

戊，关于保护森林及禾苗事项

1. 损害他人树木及稼禾者

2. 虫灾水灾预防或驱逐时阻碍不办者

3. 放牧牲畜故意损害他人禾苗者

4. 不得本人同意而私行伐树木者

己，关于水患虫灾事项

1. 利己损人阻碍水势流通者

2. 河水泛滥抗不修堤御防者

3. 损坏堤岸而扩充自己地亩者

4. 不协助捕打及御防者

5. 飞蝗经过所留遗卵抗不防范者

庚，关于风俗事项

1. 挑唆词讼者

2. 妇女缠足穿耳者

3. 演唱淫词者

4. 巫神欺人者

5. 僧道恶化及相士惑人索钱财者

6. 其他一切恶俗有伤风化者

第六条　本区居民如有违犯区公约第五条规定各项时分别议处如下

甲，停止其参与乡民会议一次或二次

乙，训诫

丙，除应赔偿损失外须充工修筑公共处所一日至十日

第七条　区民违约事项如涉及违警及刑事者应分别函呈主管机关办理之

第八条　区内办公人员违犯区公约时候与乡民受同等之处罚

第九条　本区居民及区内办公人员违犯区公约时如有不服处理或其情节重大者由区送县核办

第十条　本公约如有未尽适宜时得由区务会议通过半数人数之同意提出修正由区呈县备案

第十一条　本公约呈县核准后施行之

定县各区区公所办事细则

民国十九年十月三十日呈县政府核示

二十年一月二十日令准施行

1. 本细则依河北省各县区公所办事通则第十四条订定之

2. 本区公所处理事务除遵照中央法令及本省区公所章程办理外并应依本细则行之

3. 区长为谋区务进行每月须遵照区公所章程开区务会议一次

4. 区公所设助理员三人受区长之指导协助区务一切进行事宜

5. 助理员之责任

   a. 文牍助理　撰拟文牍收发文件典守钤记保管文卷

   b. 事务助理　收支账目购置及管理一切用具训练区丁缮写公文

   c. 交际助理　关于区务交际一切事宜关于区调查一切事宜关于宣传事宜

6. 区目一人受区长及助理员之指导约束区丁分配勤务

7. 区公所应办文件除紧要事务由区长撰拟外其余普通文件由文牍助理拟稿送区长核行

8. 收发文件应摘录事由登记收发簿由区长核办后分别编号归档

9. 本所职员对于未发文件应守秘密不得泄露

10. 本所事务应随到随办不得积压

11. 各乡办公人员如有因公接洽时各助理员应随到随见不得推延

12. 助理员因事不能到区时须开具事由向区长请假

13. 助理员在办公时间不许迟到早退

14. 本细则自呈县批准后施行

15. 本细则如有未尽适宜时得呈县修改之

定县第四区区公所办事细则

未详

1. 本细则依民政厅颁发区公所通则第十四条规定之

2. 区公所处理事务除通则已有规定外悉依本细则办理

3. 区长为推广各种事务及兴办慈善机关应遵照通则第三条之规定每月招集区务会议其议决案呈由县政府核准施行

4. 区公所各助理员除承受区长委派办理各项乡治章程及其他自治章程并县政府饬办事件外得依据自治施行法第四十五条之规定分股办事

5. 第一股应办事项撰拟文牍收发文件典守钤记保管案卷校对文件及其不属他股事项并负有总管各股事务之责

第二股应办事项代表区长接见民众陈述情由并将接见事实随时记录关于管束区丁分配勤务考核区公所内外状况及区丁之勤惰进退赏罚各事项

第三股应办事项关于保管行政契约经管所内一切家具兼理会计庶务收支款项及其他于第一二两股有关系之稿件得由各该股助理员先行拟稿送交第一股校阅转送区长复阅核行

6. 区公所如缮写文件应遵照区自治施行法第四十六条之规定添设司书一人

7. 各种稿件由助理员拟妥后送请区长核行应即时照样钤记封发不得积压致误要公对于未发文件应遵照通则第四条规定办理之如有违者应加以斥责

8. 区长下乡巡视得委托第一股助理员代拆代行担负完全责任

9. 助理员因事请假在一月以上者得将其应办事项自行委托

10. 本细则如有未尽事宜由区公所随时修正呈由县政府核准行之

定县第一区各乡乡公约

民国二十一年五月十五日第一区呈奉县政府核准施行

第一条　本公约依据本省分期进行自治程序第一期第六款及乡镇自治施行法第三十条第十七款并参酌乡村情形订定之

第二条　本乡为谋全乡之利益及安全应即拟定乡公约由乡民大会通过共同遵守之

第三条　乡公约之范围如下

一、关于公共安宁事项

（一）军队驻境或地方不静时不得燃放爆竹

（二）不得私行携带藏匿或买卖武器

（三）不得散放无稽传单及谣言

（四）于柴草堆积之处不得玩弄烟火

二、关于公共秩序事项

（一）嫁娶出生死亡分居继承迁移须照章报告乡公所

（二）执行公务人员如赴某家调查事项不得阻挠或虚报

（三）不得留住形迹可疑之人

（四）遇有命案发生须急报乡公所或县政府

三、关于公共财产事项

（一）不得窃取或损害公私田禾树株

（二）不得吞使公家款物

（三）不得在公私墙壁上任意刻画及污损

四、关于公共交通事项

（一）不得损坏交通器具

（二）在通行之处不得随便掘坑及堆积粪土等秽物

五、关于一乡风俗事项

（一）不得演唱有伤风化之戏曲

（二）不得赤身裸体游行街道

（三）不得聚赌及吸贩毒品

六、关于公共卫生事项

（一）不得在冲要处所设置厕所粪厂

（二）不得将秽物投入井中

（三）在公共场所不得随意吐痰

（四）不得任意随地便溺

七、关于公共遵守或禁止事项

（一）乡公所议定事项不得故意违抗

（二）不得藉神道强敛财物

第四条　违犯本公约分别议处如下

一、停止参与乡民大会或选举权被选举权半年或一年

二、交纳一角至一元之公益捐更须负赔偿之责

三、训诫

四、违犯前条第五款第三项者照乡自治施行法第四十一条第二项办理之

第五条　乡民违犯本公约不服处理时得由乡长报区或转县核办

第六条　所收公益捐补助乡公所办公费或作慈善事业之用

第七条　本公约如有未尽事宜得由乡民大会半数以上之同意提出请求修正

第八条　本公约自呈准县政府日施行

定县第一区高头村乡公约

十八年八月二十日公议施行

一、禁止设赌场及赌博

二、禁止偷盗庄稼及树木

三、禁止在人家地内放牲畜

四、禁止吸售纸烟及一切毒品

五、禁止打架骂街

六、禁止破坏公物

七、禁止毁坏村誉

八、禁止扰乱治安

九、禁止窝藏匪盗

十、禁止留宿形迹可疑之路人

十一、禁止无故敲钟

十二、禁止在街上设立厕所及久堆粪土

定县第三区翟城村乡公所办事规则

未详

第一条　凡村内一切事务均归本公所执行

第二条　村长总理本所一切事务以村佐襄助之设股员若干人商承村长分任各股事务书记一人承村长之命专司本所缮写表册等事

第三条　本公所为自治便利起见将全村分为八自治区每区设区长一人商承村长掌管本区一切事务

第四条　本所事务分为庶务财务两股

第五条　庶务股股员四人职掌如下

一、关于教育事项

二、关于保卫事项

三、关于户籍事项

四、关于劝业事项

五、关于慈善事项

六、关于土木事项

七、关于卫生事项

八、关于征兵事项

九、关于记录事项

十、其他不属于财务股之一切事项

第六条　财务股股员二人职掌如下

一、关于全村纳税事项

二、关于银钱簿记事项

三、关于出入款项事项

四、关于预算决算事项

第七条　本公所为谋教育普及起见公推学务委员一人

第八条　学务委员须遵照村会议决之教育普及计划书执行其职权

第九条　本公所往复公文均应以村长署名盖印

第十条　所有往复公文除摘由编号外原件仍须妥为保存以备考查

第十一条　本所职员均须按规定时间出席以策进行

第十二条　本所职员须轮流值日

第十三条　本所除雇用书记外一切职员均名誉职

第十四条　本规则呈请县公署备案施行

定县高头村自治周年实施设计大纲

公议施行自二十二年七月起至二十三年六月止为实施期间

一、开乡民会议

本乡镇自治施行法第二十五条之规定每年开例会两次均由乡长召集其第一次大会在乡长任满一月前举行第二次大会在乡长就职半年后举行但遇特别事项时得召集临时大会若乡长及监察委员迟延不召集时得由过半数之闾长联名召集之开会时间依乡镇自治施行法第二十六条之规定最长不得过六日每次会议事项均须登记以便存查开会时以乡长为当然主席出席人员为乡长副闾邻长各家家长及年满二十岁以上之公民本会之职权以乡镇自治施行法第二十一条之规定实行

二、成立监察委员会

依县组织法第四十四条之规定由乡民会议中选举三人或五人为监察委员（乡长副无被选举权）组织监察委员会依乡镇自治施行法第四十八条之规定每月开例会一次遇特别事时召开临时会议依乡镇自治施行法第五十一五十二五十三

三条之规定纠举乡长及其他办公人员违法失职等事

三、改进调解委员会

本会依区乡镇坊调解委员会权限规程第一条之规定组织之调解民事案件得受第三条之限制调解刑事案件得不外第四条之规定本会依第二条之规定得受乡公所之监察调解事项须依第七条之规定民事不得过十日刑事不得过五日但民事当事人自请延期者得再延长十日

四、开乡务会议

本乡镇自治施行法第三十一条之规定每月至少开乡务会议一次由乡长召集之以乡长为主席乡副及闾长为会员但开会时须通知监察委员列席于必要时得通知邻长列席

五、筹设乡自治训练班

招收本村粗通文字之人开短期训练班以便村人明了自治之意义而培养自治人才拟于秋后农闲成立请义务教员担任课程学员讲义等费均由村中设法筹措

六、修订乡公约

本乡镇自治施行法第二十一条之规定制定或修正自治乡公约及议决本乡单行章程如禁赌禁烟及禁止卖纸烟等事应力行不懈

七、整理财政

本乡镇自治施行法第五章第六十一条之规定整理乡财政之收支

1. 公款之孳息

2. 公营业纯利

3. 各种摊款

4. 县补助金

5. 特别捐款

6. 买物单据

7. 付款收据

8. 收支预决算财政专员由乡民会议时选出本乡镇自治施行法第六十五条之规定每三个月终清结收支一次一年总结一次均须公布

八、发展合作事业

将本村之公益合作社再参照河北省合作社暂行条例设法发展以增加社员数

目社股金额

九、土地户口调查

各家土地须于每年清明节后五日内在乡公所登记退收各家人口增减除随时登记外于每年七月内办公人员分赴各家总调查一次

十、修治道路

查河北省乡道路修治章程第二条之规定应由乡务会议预先决定办法及日期通知各家举行并于每年秋后总修一次遇极穷之户村中酌量补助其材料费

十一、设备醒民钟

由村中各家随意捐款买古钟一个悬架适中地点请人专司其事每日照例敲三次（早起正午晚睡）如遇开会报警时得增加次数

十二、注重卫生

本河北省乡卫生章程第三条之规定办理之

1. 凡公私饮水井均不得污秽

2. 厕所不得安置通衢

3. 疫死牲畜不得抛弃或售卖

4. 露厝灵柩不得久停不葬

5. 圈养牲畜不得任意散放

6. 粪土不得任意堆积即有不得已时亦不得过三日其他关于卫生有碍事项亦均在禁止之例

十三、续开家庭会

依照平教会公民教育设计家庭会组织法继续按时召集并严调查各会员及其家庭实行之程度

十四、改善乡教育

对本乡已达学龄儿童均照河北省乡教育章程第三条之规定强迫入学至于小学教学方面拟请平教会指导改进民众教育方面拟再成立妇女平教一班

十五、继续成立农业训练班

本平教会生计教育设计再成立两班以资完成农业上普通知识而增加生产量

十六、改善书报阅览室

原有书报阅览所组织上尚欠完备拟由乡公所召集少年会同学会三方面负责

办理之

十七、继续成立武卫团

秋后农闲仍在夜间教练村中青年其教员及刀枪等均由村中设备

十八、提倡邻乡公共合办事业

邀同附近各邻乡本共同的精神倡办各种公益事项来谋大家利益

十九、接收县区委办事项

县区交办事项均须奉行

论　　文

五百一十五农村家庭之研究

中华平民教育促进会于1926年选定河北省定县为华北实验区。全县面积颇广，计3 700（平）方里，包括462村。当时不易顾及如此大的地域，乃首先选定一个乡村社会区，此区以东亭镇为中心，距定县城东25里。然后调查常到这镇来赶集的村庄，结果共得61村，连东亭镇在内共计62村。再将东亭乡村社会区分为六小区，就分区联络各村领袖人物，进行宣传本会工作的宗旨，倡办平民学校，设立农业试验场，逐渐破除农民的误会。不久即博得该区人民的同情和信仰，本会即利用此机会进行各项社会调查，作计划改造农村社会之根据。这515农村家庭之研究就是于1928年在此社会区内举行的。举行这项调查之前，先大略估计本区小农、中农与大农等农户的数目及其百分比。然后按各种农户所占之百分比，在62村内分配要调查的农户数目，如此希望大致可以代表这一区所有农户之情形，使避免过于偏重的弊病。兹将515家除无田产之38家外，477家的自有田地亩数列表于下：

第 1 表　515 家每家自有田地亩数

自有田地亩数	家数	百分比
10 亩以下	136	28.51
10～29.9	167	35.01
30～49.9	76	15.93
50～69.9	43	9.01
70～99.9	37	7.76
100 亩及以上	18	3.77
总合	477	100.00

515 家中，以种田为主要职业者计 493 家，其中自耕农最多，半自耕农次之，佃户很少。各种农户数目、耕田亩数及平均每家种田亩数见第 2 表：

第 2 表　三种农户数目及其耕种田地亩数

农户类别	数目	百分比	种田亩数总计	种田亩数百分比	平均每家种田亩数
自耕农	350	70.99	11 477.5	80.86	32.8
半自耕农	118	23.94	2 537.5	17.88	21.5
佃户	25	5.07	179.0	1.26	7.2
总合	493	100.00	14 194.0	100.00	28.8

515 家内共计 3 571 口，其中男子计 1 835 口，女子计 1 736 口，平均每家人口数为 6.9。此数较高于普通的每家平均人口数，因此区的农家稍富，又因所调查的大农数目大约亦偏多。此后又在它区调查 5 255 家，其每家平均人口数为 5.5，此数大约可以代表华北的农家平均人口。从第 3 表显然可以发现一件事，即农家自有田产亩数的增加与每家人口的增加成正比例。从无田及不满十亩的每家平均人口 4.73 起，逐渐增加，直至百亩以上的平均每家人口数高至 12.94。

第 3 表　各种农家人口之平均数

农家类别	家数	人口总数	平均每家人口
0～10 亩	174	823	4.73
10～29	167	1 071	6.41

续前表

农家类别	家数	人口总数	平均每家人口
30～49	76	593	7.80
50～69	43	453	10.53
70～99	37	398	10.76
100 亩及以上	18	233	12.94
一切农家	515	3 571	6.93

农村家庭中父子兄弟分居的很少，因此同居的人口关系非常复杂，尤其是地亩多的大家庭。第 4 表即将这种情形表现出来。其亲属关系是指与负家中最多经济责任之男家主，或寡妇女家主已死丈夫而言。如家内无成年男子，则主持家务之妇女即为女家主。主妇系男家主之妻。515 家内家主、主妇、子女共计 2 161 人，占人口总数 3 571 的 60.5%；其他亲属人数共计 1 410 人，占 39.5%。男家主中年龄不满 20 岁者 13 人，20 至 29 岁者 39 人，30 至 39 岁者 112 人，余皆 40 岁及以上者；女家主之年岁皆在 30 至 55 岁之间。

515 家中只有一辈人之家庭计 13 家，有两辈人之家庭 252 家，有三辈人之家庭 207 家，有四辈人之家庭 42 家，有五辈人之家庭 1 家。足见大多数的家庭内有两辈人或三辈人共同生活，称得起五世同居的也见到 1 家。

515 家中，兄弟皆已结婚而仍同居的计 135 家，其中彼等之父母或任何长辈人皆已故去而仍同居的有 25 家。子已结婚而仍与父母同居的计 224 家（即两辈人皆已结婚而同居）；子已结婚而仍与父母及祖父母同居的计 64 家（即三辈已结婚而同居）；子已结婚而仍与父母、祖父母及曾祖父母同居的计 4 家（四辈已结婚而同居）。

如此少的家数，固然不当把年龄及性别往细处分析，但亦可以表显少年及壮年男子多于女子，而 50 岁以上的老妇则多于老头儿，见第 5 表。

本调查之一切年龄均系真实年龄，非中国旧式虚岁数之年龄。各年龄组内之人数及所占之百分比亦有相当参考的用处，见第 6 表。不满 15 岁者占总人口数 35%，15 至不满 50 岁者占 50%，50 岁及以上者占 15%。若把此三项百分数与人口研究专家孙巴格氏（Sundbarg）的三类人口分配比较一下，就可知道此处人口是属逐渐增多类，但每年增加率是极缓慢的。

第 4 表　家庭人口关系

人口关系	人数				百分比			
	0～50 亩之家庭内	50～99 亩之家庭内	100 亩及以上之家庭内	一切家庭内	0～50 亩之家庭内	50～99 亩之家庭内	100 亩及以上之家庭内	一切家庭内
男家主	411	80	18	509	16.53	9.40	7.72	14.25
女家主	6			6	0.24			0.17
主妇	348	70	18	436	13.99	8.23	7.72	12.21
子	588	158	44	790	23.64	18.57	18.88	22.12
女	351	59	10	420	14.11	6.93	4.29	11.76
其他	783	484	143	1 410	31.49	56.87	61.39	39.49
子媳	141	116	28	285	5.67	13.63	12.02	7.98
孙	119	93	31	243	4.79	10.93	13.30	6.80
孙女	96	93	23	212	3.86	10.93	9.87	5.94
母	108	24	5	137	4.34	2.82	2.15	3.84
弟	73	22	11	106	2.94	2.59	4.72	2.97
侄	42	34	9	85	1.69	4.00	3.86	2.38
弟妻	31	21	11	63	1.25	2.47	4.72	1.76
侄女	33	19	4	56	1.33	2.23	1.72	1.57
父	32	8	2	42	1.29	0.94	0.86	1.17
孙媳	14	10	6	30	0.56	1.17	2.58	0.84
兄	17	6		23	0.69	0.71		0.64
妹	16	2	2	20	0.64	0.23	0.86	0.56
侄媳	4	12	2	18	0.16	1.41	0.86	0.50
嫂	6	7		13	0.24	0.82		0.36

续前表

人口关系	人数				百分比			
	0～50 亩之家庭内	50～99 亩之家庭内	100 亩及以上之家庭内	一切家庭内	0～50 亩之家庭内	50～99 亩之家庭内	100 亩及以上之家庭内	一切家庭内
曾孙	6	4	1	11	0.24	0.47	0.43	0.31
曾孙女	3	5	2	10	0.12	0.59	0.86	0.28
妾	5	2	1	8	0.20	0.23	0.43	0.22
侄孙	1	2	3	6	0.04	0.23	1.29	0.17
祖母	3		2	5	0.12		0.86	0.14
叔父	5			5	0.20			0.14
堂弟	4			4	0.16			0.11
继子	4			4	0.16			0.11
姊	3			3	0.12			0.08
叔母	3			3	0.12			0.08
伯母	2			2	0.08			0.06
祖父	2			2	0.08			0.06
堂妹	2			2	0.08			0.06
继母	2			2	0.08			0.06
侄孙媳		2		2		0.23		0.06
义子	2			2	0.08			0.06
侄孙女	1			1	0.04			0.03
堂孙		1		1		0.12		0.03
继祖母		1		1		0.12		0.03
婿	1			1	0.04			0.03
堂弟妻	1			1	0.04			0.03
义孙	1			1	0.04			0.03
总合	2 487	851	233	3 571	100.00	100.00	100.00	100.00

第 5 表　515 家人口年龄与性别之分配及百分比

年龄组	男女数	百分比	男数	女数	男子对 100 女子之比率
5 岁以下	543	15.21	249	294	84.7
5～14	721	20.19	391	330	118.5
15～24	640	17.92	362	278	130.2
25～34	482	13.50	249	233	106.9
35～44	452	12.66	235	217	108.3
45～54	335	9.38	164	171	95.9
55～64	219	6.13	110	109	100.9
65～74	133	3.72	55	78	70.5
75～84	45	1.26	20	25	80.0
85 岁及以上	1	0.03		1	0
总合	3 571	100.00	1 835	1 736	105.7

第 6 表　年龄之分配

年龄组	人数			
	男	女	共	百分比
5 岁以下	249	294	543	15.21
5～9	188	169	257	10.00
10～14	203	161	364	10.19
15～19	202	149	351	9.83
20～24	160	129	289	8.09
25～29	120	130	250	7.00
30～34	129	103	232	6.50
35～39	125	109	234	6.55
40～44	110	108	218	6.11
45～49	105	104	209	5.85
50～54	59	67	126	3.53
55～59	60	61	121	3.39
60～64	50	48	98	2.74
65～69	34	51	85	2.38
70～74	21	27	48	1.34
75～79	16	14	30	0.84
80～84	4	11	15	0.42
85 岁及以上		1	1	0.03
总合	1 835	1 736	3 571	100.00

515家之3 571口内已结婚者共计1 957人，其中男943人，女1 014人。只结过一次婚者共计1 835人，其中男842人，女993人。结婚在一次以上者共计122人，其中男101人，女21人。足见大多数男子死妻的已经续娶，而女子死夫的少有再嫁的。只结婚一次而现在活着的夫妇共计766双，其中男子不满10岁之幼童时即结婚者10个，内有小至7岁者；10至14岁结婚之男子307人，内有14岁者124人。女子最幼之结婚年龄为12岁，766人中有8个12岁幼女时出嫁的，13岁者计16个，14岁计35个，15至19岁者为最多，共计528个（详情见第7表）。早婚之恶习是很显著的。穷家男子娶妻较迟，而女子出嫁较早；富家男子娶妻较早，而女子出嫁较迟。

第7表　初次结婚年龄之分配

结婚年龄	男子		女子	
	数目	百分比	数目	百分比
10岁以下	10	1.3		
10～14	307	40.2	59	7.7
15～19	273	35.6	528	68.7
20～24	88	11.5	167	21.8
25～29	37	4.8	10	1.3
30～34	25	3.3	1	0.1
35～39	16	2.1	1	0.1
40～44	7	0.9		
45～49	2	0.3		
50～54	1	0.1		
总合	766	100.0	766	100.0

这地方大多数的丈夫是小于妻子。初次结婚之766双夫妻内，夫幼于妻的竟多至533对，占70%；夫长于妻的有189对，占25%；夫妻年龄相同的计44对，占5%；总平均妻长于夫八个半月。其详细情形见第8表。以上是只结婚一次夫妻的年龄差数。至于鳏夫再娶和寡妇再嫁的夫妻年龄关系就另有一种情形。在调查的结婚一次以上的97双活着的夫妻中，夫长于妻的计68对，占70%，平均夫大于妻12岁；夫幼于妻的20对，占21%，平均夫幼于妻3岁；夫妻年龄相同者9对，占9%；总平均夫长于妻7.7岁。

第 8 表　结婚一次夫妻年龄之关系

	（相差）年数	数目	百分比
夫长于妻	28	1	0.2
	27		
	26		
	25	1	0.4
	24	2	
	23	1	
	22		1.7
	21	4	
	20	6	
	19	3	
	18	3	0.9
	17	3	
	16	1	
	15	3	1.6
	14	5	
	13	4	
	12	7	2.9
	11	3	
	10	12	
	9	5	3.8
	8	16	
	7	8	
	6	17	7.4
	5	25	
	4	15	
	3	9	5.7
	2	20	
	1	15	
夫妻同龄	0	44	5.7
夫幼于妻	1	40	35.0
	2	110	
	3	118	
	4	94	27.2
	5	70	
	6	44	
	7	26	7.0
	8	21	
	9	7	
	10	2	0.4
	11	1	
总合		766	100.0

515 家内有鳏夫 80 人，其中年龄不满 20 岁者 4 人，20 至 29 岁者 10 人；寡妇 143 人，其中 20 至 29 岁者 10 人，30 至 39 岁者 33 人，余皆 40 岁及以上者。关于鳏寡时之年龄，鳏夫内不满 15 岁即丧妻者 1 人，15 至 19 岁时丧妻者 3 人，20 至 29 岁时 10 人，30 至 39 岁时 14 人，余皆在 40 岁及以上时。寡妇内 20 至 24 岁时即开始守寡者 4 人，25 至 29 岁时 6 人，30 至 39 岁时 33 人，余皆在 40 岁及以上时。

娶妾者 8 家，妾出嫁时之年龄在 15 至 24 岁之间。娶妾之主要原因皆为求子。

只有两家发现离婚，其中一是因为女家嫌夫家贫穷，一是因为婆媳不和。

现在已订婚之 15 个男子中 9 至 11 岁者 4 人，12 至 14 岁 7 人，余自 15 至 24 岁；订婚之 18 个女子中 13 岁者 1 人，15 至 17 岁者 13 人，余在 18 至 20 岁。

在 515 家的 3 571 人中曾入过学者计 811 人，其中男子 751 人，女子 60 人。515 家内 7 岁及以上之人数中，能多少识些字者至多占 28%。811 人中入学时年龄之分配见第 9 表。

第 9 表　515 家内受教育者开始入学时年龄之分配

入学年龄	人数			
	男	女	共	百分比
5	43	6	49	6.04
6	131	8	139	17.14
7	156	8	164	20.22
8	141	13	154	18.99
9	113	9	122	15.04
10	74	4	78	9.62
11	33	5	38	4.68
12	20	3	23	2.84
13	11	2	13	1.60
14	11		11	1.36
15 岁及以上	18	2	20	2.47
总合	751	60	811	100.00

811 人中现尚入学者 218 人。此外不在学校之 593 人中有 42%是读书年数不足四年者。他们入学年数之分配见第 10 表。退学时之年龄见第 11 表。

第 10 表　515 家内受过教育而现已离校者之入学年数

入学年数组	人数			
	男	女	共	百分比
4 年以下	227	20	247	41.65
4～6	182	7	189	31.87
7～9	97	3	100	16.86
10～12	30	1	31	5.23
13～15	16		16	2.70
16～18	7		7	1.18
19～21	3		3	0.51
总合	562	31	593	100.00

第 11 表　515 家内受教育者离校时年龄之分配

离校时年龄	人数			
	男	女	共	百分比
7	9		9	1.88
8	13	1	14	2.92
9	22	1	23	4.79
10	44	5	49	10.21
11	56	5	61	12.71
12	85	4	89	18.54
13	84	5	89	18.54
14	54	2	56	11.67
15	24	1	25	5.21
16	23		23	4.79
17	11		11	2.29
18	11		11	2.29
19	2		2	0.42
20	6		6	1.25
21	3		3	0.63
22	2		2	0.42
23	2		2	0.42
24	1		1	0.21
24 岁以上	4		4	0.83
总合	456	24	480	100.00

811 人中只在初小毕业者计 35 人，在初小修业者（即中途退学者）190 人，现在初小肄业者 159 人。在高小毕业即中止入学者计 45 人，高小修业者 30 人，高小肄业者 22 人。在中学毕业即中止者计 27 人，修业者 8 人，肄业者 9 人。曾受过中学程度以上教育者计 12 人，其中 3 人在大学毕业，9 人在肄业中。只在旧式私塾读过书者计 247 人，占 811 人的 30%；曾入平民学校及识字会者 27 人。

不能入学及中途退学之最大原因是因为贫穷。家中受教育之人数与家中所有田地亩数极有关系，从第 12 表中即可清楚地看出来。在 515 家中不满 50 亩地之家庭计 417 家，其中 57%家是有受过教育的人。在 50 亩至不满百亩的 80 家中有受教育者之家数增至 99%，而百亩及以上之 18 家中则 100%是有受教育的人。

第 12 表 515 家内受教育者之家庭与田地亩数之关系

家中田地亩数	家数	有受教育者之家庭	
		数目	占家数之百分比
50 亩以下	417	236	56.59
50～99.9	80	79	98.75
100 亩及以上	18	18	100.00
总合	515	333	64.66

从第 13 表可以看出，大中小三类农家之地亩数与每类中平均每家学生数、儿童入学之早晚及入学后读书之年数，都有连带的影响。在不满 50 亩的农家中平均每家学生数为 1.1 人；50 至不满百亩农家中平均数为 3.5 人，增到 3 倍多；百亩及以上之家庭增至每家 4.5 人。515 家中总平均每家读过书的人数约为 1.5 人。足见农家愈富入学之子弟愈多，农家愈穷入学之子弟愈少。儿童入学时之年龄在小农家之平均年龄为 8.8 岁，在中农为 7.8 岁，在大农为 7.2 岁。足见富农家的儿童入学早，贫农家的儿童入学迟。再看每家儿童平均入学之年数，在大农家之平均数为 7.3，中农减至 6.1，小农减至 3.9，足见家中地亩数渐渐减少，则子弟能入学的年数亦随之逐渐减少。所以关于受教育之各方面的机会，贫穷与富裕家庭内之儿童是显然不平等的。

第 13 表　515 家内受教育者与家中田地亩数之关系

家中自有田亩数	平均每家学生数	开始入学之平均年龄	入学之平均年数
50 亩以下	1.08	8.81	3.92
50～99.9	3.48	7.82	6.11
100 亩及以上	4.50	7.15	7.26
总合	1.57	8.31	4.96

515 家内 13 岁及以上之男子共计 1 282 人，其中以种地为主要职业者 1 057 人，占 82%，其中有副业者 377 人，精工 24 人，粗工 13 人，商业 41 人，学界 67 人，军界 15 人，政界 7 人，警界 4 人，医生 3 人，老弱不做事者 40 人，其他未详。13 岁及以上之女子共计 1 176 人，其中 943 人不但照管家事，并且常到田间工作，内 428 人兼纺纱或织布；有 138 人主要之工作为纺纱，25 人纺纱兼织布，入学 3 人，织布 2 人，余大半为家事。此地女子在田间从事各种工作是很普通的事。

此处女子缠足之风渐渐革除。515 家内不满 13 岁的女孩已无一缠足者。从第 14 表可以很清楚地看出缠足人数的百分比逐渐减少。在 5 岁及以上的 1 442 女子中缠足者 909 人，占 63%，而其中多半是年龄较长之妇女，年龄愈幼者天足人数愈多。即以 40 岁及以上的 492 老妇而论，其中天足者仅 4 人，缠足者竟多至 488 人，占总人数的 99.2%；35 至 39 岁之妇女中缠足者之百分比减至 94.5%。如此每 5 年龄组内缠足者之百分比渐次递减，15 至 19 岁中之天足者多至 120，而缠足者只有 29 人，占 19.5%；10 至 15 岁之女孩中缠足者仅 9 人，百分比减至 5.6。515 家中仍有带发辫之男子 3 人，年龄为 46、48 与 55。

第 14 表　女子缠足人数

年龄组	人数			缠足者占总人数之百分比
	天足	缠足	共计	
5～9	169		169	
10～14	152	9	161	5.6
15～19	120	29	149	19.5
20～24	52	77	129	59.7
25～29	24	106	130	81.5
30～34	6	97	103	94.1
35～39	6	103	109	94.5
40 岁及以上	4	488	492	99.2
总合	533	909	1 442	63.0

515家中13岁及以上的人属伊斯兰教之男子20人，女子17人，共37人；余皆属普通所谓大数，信奉各种鬼神偶像。

515家内住自己所有房屋者496家；租房住者7家，其中2家每家住2间，5家每家住3间；借房住者12家，其中1家仅住1间，7家每家住2间，3家每家住3间，1家住5间。过半数农家所住的房子不到7间（见第15表）。住10间及以上的农家约占20%。房屋共计3 478间，平均每家6.7间。

第15表 515家内房屋间数之分配

房屋间数	家数	百分比
1～3	140	27.18
4～6	174	33.79
7～9	97	18.83
10～12	50	9.71
13～15	25	4.85
16～19	16	3.11
20～22	8	1.55
23～25	4	0.78
25以上	1	0.19
总合	515	100.00

515家中睡人的屋子共计1 548间，平均每家3间。不满3间卧室之家庭约占半数，详情见第16表。

第16表 515家内卧室间数之分配

卧室间数	家数	百分比
1	104	20.19
2	150	29.13
3	122	23.69
4	49	9.51
5	28	5.44
6	33	6.41
7	6	1.17
8	15	2.91
9	2	0.39
10	4	0.78
11		
12	2	0.39
总合	515	100.00

亦曾调查每家睡觉人数最多之卧室，每间数目最多至 8 人者仅 1 家，7 人者 3 家，6 人者 14 家，5 人者 63 家，4 人者 158 家，3 人者 181 家，2 人者 91 家，1 人者 4 家。

515 家于民国十七年内生 163 人，死 92 人。约计每千人中生产率为 46‰，死亡率为 26‰。死亡人数在一年中之 3 月、4 月和 5 月为最多，1 月、2 月和 12 月为最少。死亡原因内以所谓抽风为最多，占 19.5%；疹子次之，占 10.7%；所谓痨病又次之，占 7.3%；再次为痢疾、天花、痞积，各占 7.3%、6.8%、6.5%；其他为肠胃症、白喉、疮、产后病、肠热症、精神病、霍乱、破伤风、肺炎、梅毒等原因。不满 10 岁之小孩死亡的原因以抽风、痞积、疹子、痢疾为最多。515 家内现患各种疾病中最多者为眼疾，占 22.4%，肠胃病占 11.2%，所谓痨病占 7.2%，再次为精神病、疮、痞积、梅毒、疝气、痔漏、月经病等病。515 家内的残废人中有耳聋男子 6 个，哑巴男子 2 个，双目失明男子 3 个，左臂不能动转男子 2 个，跛脚男子 4 个，跛脚女子 2 个，一目失明男子 3 个，一目失明女子 1 个，手指不能动转之男子 2 个。

以上所叙述之各种情形，皆有详细解释之必要，此外尚有许多关于其他方面的研究，但皆限于篇幅不能尽述。也许这些小规模的调查结果有供人参考的价值。

（载燕京大学《社会学界》，1930 年第 5 卷）

翟城模范村村治之成绩

数十年来模范二字的称呼颇为流行，例如模范监狱、模范小学、模范市、模范县、模范省，甚至于模范督军。大致说来，现在所命为模范的约有二种。一种是标本式的模范，是以多数金钱或某种特殊势力来勉强造成的。这种模范真是设备完善，应有尽有，但只能供人参观与欣赏而已，其他地方却是难照样办到的。一种模范不但成绩很好，堪为他人之模范，而且大多数的人，在普通状况之下，皆能模仿得到的。这种模范多是按部就班，脚踏实地，在颇困难的情况之下努力成功的。这种模范才是真正的模范，才对得起模范的头衔。标本式的模范，无论它是如何尽美尽善，从三民主义的立点看来，不值得特别注意与研究。好像北平的故宫，虽然壮丽得天下无双，而北平数十万的贫民只能在开放的时节饱一饱眼福，仍然终年一辈子住在破陋不堪的既不美观又不卫生的房屋里。故宫与他们的生活有甚么大关系呢?

近几年来农村自治的声浪呼入云霄，人们渐觉悟中国既然是属村落的社会，就必须从改造农村社会入手。目光远大、思想精深的人又认清非社会中的知识分子与乡间老百姓打成一片不可。因此近来各省举办模范县、模范区，尤其是模范村的又应时而起。翟城村是中国最早举办的模范村，非徒本村的农民及附近的乡村大受其影响，就是有名的山西村治也是一部分模仿翟城村的一套村治。因此该村之所以为模范的地方是值得研究村治的人们注意。即以翟城村的表面来看，它不过是一个三百余户二千多人的普通乡村，而叫人注意的方面却是不少。村中内外的树木显然多，道路平坦整齐，亦比较洁净。村内非及村外灌溉田园的井竟多至四百口，水车遍地皆是。村内到处可以见着学校，男高小及初小学生近二百人，女高小及初小学生近百人，此外又有青年补习学校与平民学校数处，青年及儿童无不识字。除老妇外，女子无一缠足者，且皆昂首阔步，行动自然，同与男子在田间工作。十五岁以下的女子大半剪发，精神活泼。农民常到阅报所读书看报，皆有普通常识。村内庙宇皆已完全改为学校，各种迷信亦渐革除。风习敦厚，鸦片及赌博等不良嗜好早已绝迹，即纸烟亦禁吸用，十余年来村民从无彼此诉讼之事。农民不但种地得法，讲求水利，且大多数家庭皆有织布、织袜、纺线等副业维持生活。因此大致家给人足，无极贫者。农民明了合作之利益，例如历年封银子，则公举一人到县署缴纳，既省人工路费又少许多麻烦。以上种种皆显而易见者，此外村民之各种组织甚多。例如村政会议、村政讲习会、自治公所、因利协社、纳税组合、义仓、教育会、教育贷用储金会、乐贤会、德育实践会、改良风俗会、勤俭储蓄会、辑睦会、爱国会、查禁规约、防除害虫会、农产物制造物品评会、卫生所、平治道路办法、清理地产法、户口登记法。在此兵匪遍地之情况下，以一通常之村庄而有如是之现象，实属难得。

考其原因，实由于一二热心的知识分子，立定创办是模范村的决心，联合村民共同努力，遂有今日之特色。这位志士即该村村民米迪刚先生。他在前三十年留学日本时留心考察彼邦著名之模范村，回国后即与其父兄等开始经营翟城村为模范村。其中亦经过种种困难，米氏百折不回，虽未能完全达到志愿，亦已作出值得注意的相当成绩。三四年来该村又与平民教育会合作，积极推广教育，培养人民的智识力，设立农场增加村人生产力，研究合作增加人民组织力，讲求卫生，增加村民健康力，此后必将更有充分的进步。作者居住该村颇久，对于该村之发展知之颇详。兹先将其最近村政组织大略介绍于研究村治之读者。

村治组织大纲规定

本村村治，由全村人民组织之。于民国四年，由已故村长米晓舟君邀同村人共为筹商，议定村制组织大纲十一条，遵守至今。适省政府振兴村政，公布全省村治总纲。本村遂遵照召集村民会议，议定村治组织大纲十条。其内容精神与前者名异而实同耳，计全文如下：

村制组织大纲

第一条　本村村制，按照本大纲组织，以立全民政治之基础。

第二条　本村将旧日之八自治区取消，遵照新章，将仁义礼智信五街，编为十五闾、七十四邻。

第三条　各邻长由五家自行推选，村长佐、各街闾长由五家自行选举之。

第四条　本村设立村政会议，以下列各项人员组织之，议定全村重要事务及推选办理村务各项人员，其简单另定之。

一、村治创办人。

二、村长佐及各街长闾长。

三、男女高小校长。

四、各邻长（扩大会议始行加入）。

第五条　村公所执行委员九人，办理全村执行事务，其简章另定之。

第六条　村息讼公会、检查委员会、财政专员等，组织均遵照省府定章办理。

第七条　本村关于教育公安农林交通储蓄及合作社等自治事项，均根据实事，另立会约，共同遵守。

第八条　本村设立村政讲习会，以为训练人民、使行四权、修养人格、改良风俗之基本工作。其章程另定之。

第九条　本村制组织大纲，由村民会议通过。施行期间，以一年为限，期满另行议改。

第十条　本组织大纲公布后，报区呈县立案。

村政会议之成立

本会议受村民会议之委托，代行其职权。查本村各项自治，事务繁多，又多属创举，如遇事由村公所迳行执行，既非集思广益之义，复恐日久有专断之流弊。故民四以来，即在村自治公所附设村会议，为一村自治最高机关，以村长佐、区长、各股员共十三人组织之。凡关于村治重要事件均开会议决，以公议制多数决行之。兹本会议之组织，以村长佐等二十五人为会员。如遇有非常要件，可照章加入七十四邻长，召集扩大会议议决之。本会完全产生于民会，既可代表其意思，使免召集民会之苦。在此过渡时期，亦万不获已之组织也。

村政会议简章

第一条　本会依本村村治大纲第四条规定组织之。

第二条　本会公推主席一人，总理会务，遇有事故，得临时推员代理。

第三条　本会议议办事项如下：

一、省县法令规定之村民会议应办事项。

二、本村各会社兴革事项。

三、各会社人员推举事项。

四、议定及修改村公约事项。

五　关于全村预算决算事项。

第四条　本会非会员过半数到会不得开会。

第五条　开会时，取决多数，可否同数，以主席决之。

第六条　本会每年开例会二次，遇有临时事故，由主席随时召集开会。

第七条　本会议决事项，由村公所执行委员执行。

第八条　遇有非常事项发生，得加入全村邻长，召集扩大会议。

第九条　本简章时效一年。

执行委员会之成立

本会依省布村公所简章第三条之规定，以村长佐等九人组成之。本村创设自治公所，由所长总理所内事务，为执行一村行政之总机关，今改为村公所。复创设本会，取委员制，以实现合议政治之精神。其组织及简职掌如下：

执行委员会简章

第一条　本会依省布村公所第三条暨本村村制大纲第五条之规定，以下列人员组织之：

一、村政会议主席。

二、村长佐各街长。

第二条　本会附设村公所内，由委员互推主任一人，管理会务，开会时为主席。

第三条　本会应办事务如下：

一、省县法令规定村公所应办事项。

二、财政会议决事项。

三、接受本村各会社报告，临时处理事项。

四、其他应执行之一切村务事项。

第四条　各闾邻长受本会之指挥，执行该管区内自治事项。

第五条　本村各协会及财政专员等，或受本会之指挥，处理各该会内一切事务。

第六条　本会处理全村事务，以合议制多数议决行之。

第七条　遇有特别重要事务，须提交村政会议通过。

第八条　本会委员均无给职，惟雇用书记一员，办理记录事宜。

第九条　村公所图记，由书记承保管之命保管之。对外一切公文概用村公所村长名义行之，以期与他村划一。

第十条　本会简章，报区转县后施行，以一年为限。

村政讲习会之意义

吾国民族，受数千年专制荼毒，愚陋固闭，乡村尤甚。政治及生活方面，或受官吏及自然力之支配，因袭相循，莫由发展。吾村创办村治诸先进，觉独善其身之非，而心慕致力于同乡同族共利事业。诸前辈慨然有复兴吾国古代优美乡治之壮志，及求学海外，观西洋文化制度下社会组织之敏活，归而商诸同志，将本村各自治会社，相继成立。其特殊精神，固系继承吾国旧有的优美文化，而组织活动多采取世界各国民族之所长，以谋融合东西文化之优点，造成复兴吾国民族之新的乡村组织。然兹事体大，非家喻户晓，全村人民共赴进取责任不为功。故自民四创设本村自治讲习所，由已故村长米晓丹君自任所长，授以村治要义。前后毕业者两班，村治之组成多赖其助力焉。民国五年四月，袁政府以本村兴办村治为革命运动，国务院密令省属查复。经朱省长力予维持，事乃寝。故终军阀专政时代，村治进行不敢为热烈运动。去岁革命成功，训政开始，总理所昭示吾人一切建设社会国家的最高原则已经完全由理论而入于实施。民族精神之恢复，民权政治之确立，民生经济之如何解决，皆当积极公开，演述实现之变法，绝不似前军阀时代之一切进行均有所顾忌也。本村村政讲习会之设立，讲演建国大纲，所列乡自治之计划与程序、西洋物质之建设、经济之组合应如何仿效，吾国修齐治平之政治哲学、忠孝节义之固有道德应如何恢复。总之，以吾国礼教为体，西洋之科学为用，造成人人无争、家家有余之村本政治，以实现总理理想终之大同世界，应本会之设立为不虚也。

村政讲习会简章

第一条　本会依村治大纲第八条之归档组织之。

第二条　本会讲授三民主义，先圣格言，世界大势，自治常识，以训练人民使行四权，养成良善人格为目的。

第三条　本村邻闾长、各会社职员及高小毕业生，并粗通文义者均应为本会会员。

第四条　担任本会讲习者列下：

一、村治创办人。

二、驻翟平教会职员。

三、男女高小校长。

第五条　本会并函商县党部，请派员来村讲演，以资启发。

第六条　凡名人来村参观者，本会会员应即集欢迎，并请其演讲，以增见闻。

第七条 本会第一期之会员额七十人，俟第一期开列各课授业，仍继续招班，以期普遍全村。

第八条 本会讲室暂借育政学校中山礼堂。

第九条 本会讲授时间每晚七点至九点。

第十条 本会每年夏历灯节前后开妇女讲习班，地点借女高小，时间上午九点至十一点。

第十一条 担任本会讲习者，均系纯尽义务。所有油印纸张等费由村公所开支。

第十二条 本简章未尽事宜，由村政会议修正之。

第十三条 本简章自呈准县政府公布之日施行。

村财政专员缘起及简章

民国四年成立村公所。所内事务分财务、庶务两股，而财务执掌为全村公款保管、出纳及纳税事宜。本村财政历来公开，由公直输流存管。每年公举一人存款，二人管账，以防弊端。及村公所财政股成立，仍师此意，及民十六因利钱局开办，始将村有公款公产存交该局保管生息。今年遵照省府定章，设财政专员。一切办法，除按定章办理外，兹订本村单行简章数条开列如下：

村财政专员简章

第一条 本村财政专员，除遵照省府公布村财政专员章程办理外，余按本简章规定各节负责。

第二条 本村财政专员共推六人，分掌全村出纳及纳税事宜。

第三条 本村村款财产及各项契券，由财政专员经手，存因利钱局保管之。

第四条 本村定每年夏历二月十五六两日，征取村有地佃租，由全村专员协同村长佐经管之。

第五条 关于村款出纳事宜，由专员中推举一人司账，二人帮账，用取支簿登记之。

第六条　每月初将上月账目开列清单，交由村公所，送检查委员会审核。

第七条　本村每年两季完粮，均由村财政专员协村长佐经理之。

第八条　本简章自公布之日施行。

村检查委员会

本会均遵照省府公布章程办理。

村息讼会

本会组织均遵省府公布章程。

教育协会缘起

本村村治致力最大而收效亦宏者，厥为教育一端。男女两级小学校，开办已二十余年。男校高级毕业生共十八班，女校高级毕业者九班。两校每年均有初级生毕业。总计毕业者，共千数百人。而本村村有公款，亦多用之于此。至自治讲习所、半日学校、宣讲所、财政讲习会等，收效虽同，而用款甚微，因主讲者均系义务职耳。初本村设教育会，为一村教育行政之总机关，继改为教育董事会。兹为划一村政组织起见，复改称教育协会，而责任执掌仍与前两会相同耳。民国十五年秋，北京平民教育促进会假本村设立华北试验区办事处，以本村六十二村为最初之试验区遂在本村创办男女平校十一处、男女育才学校各一处。除施文字教育外，并授以生计公民教育。则本村将来教育发达，咸赖该会之助焉。

教育协会简章

第一条　本会以协谋本村教育之发达，以期永久巩固为目的。

第二条　本会以村公所为会所。

第三条　本会内部组织系统表列于下：

- 教育协会
  - 教育基金股
  - 学校教育股
    - 男女两级小学校
    - 男女育才学校
    - 男女平民学校
  - 社会教育股
    - 通俗讲演社
    - 平民图书馆
    - 平民阅报所
    - 平民问字处
  - 学校贷基金股

第四条　本会设干事二十人，以下列资格之人员互选之，但一二两项人员可省却互选。

一、村长佐。

二、学校创办人。

三、本村人具有教育或相当学识，热心赞助本村教育，年在二十五岁以上者。

第五条　本会设正副干事长各一人，统理会务，由干事长互选之。

第六条　干事、干事长均任期三年，得连任之。

第七条　本会之职权如下：

一、关于学款筹划及管理事项。

二、关于学款分配事项。

三、关于教育费预算决算案审核事项。

四、关于教育改进计划事项。

五、关于校长进退事项。

六、关于教育一切重要事项。

第八条　本会干事，帮同正副干事负同样责任。

一、关于教育案之建议。

二、关于教育案之议决。

第九条　干事因故出席，须经本会过半数公决之。

第十条　本会每年开常会二次，于寒假暑假举行之。临时会无定期，由校长商同干事长招集之。

第十一条　每届会期，须由各校长及其他办理教育人员报告本学期教育概况。

第十二条　每届常会，须有干事过半数出席，一切议决须出席人过半数之同意。

第十三条　开会时，由干事长出席，干事长因故缺席，由副干事长代行其职权。

第十四条　本会干事，开会时不得缺席。倘因故不得列席，可函达意见于本会，或委托相当人代为出席。

第十五条　本会暂借用前教育董事会钤记（文曰定县翟城村教育董事会之章）以资信守。

第十六条　本会钤记，由干事长掌管，或委托干事代管之。

第十七条　支领教育经费，需经本会盖用钤记。

第十八条　教育经费，经本会指定后，任何费用不得挪用，但增加经费或有重要变更须经村政会议通过。

第十九条　本村各学校，每月须造具四柱清册一份，交本会存核。

第二十条　本会所属各机关简章及办事细则，均另定之。

第二十一条　本简章未尽事宜，得开会修正之。

第二十二条　本简章自议决之日施行。

（载《国立北平大学农学院农业经济学会会刊》，1931年第2期和第3期）

华北农民健康与卫生状况

前日到无锡江苏省立教育学院参观时，郑冠兆先生请为本刊民众健康教育专号撰文一篇，固辞不获。兹将华北农村关于健康与卫生状况所得的印象和一些零碎的调查，匆忙中简略叙述，稍供读者诸君参考的材料。现举河北定县情形为例。

定县自普遍掘井灌溉以来，农产物增加，大多数农民仅能饱粗食暖粗衣，在最低生活水平线下面活着，以不挨饿为侥幸，视饱食暖衣为福境。农民食品以小米、白薯为大宗，所食菜蔬有白菜、萝卜等物。所用调和甚少，除盐不得不用外，仅能吃少许之香油和醋。除元旦、端阳、中秋三节外，全年几不见肉类。所吃食品和所穿衣服多为本县土产。有地三十亩左右六口之家的全年各种生活费大略如下：食品一百七十元，燃料二十元，衣服十五元，其他房屋、应酬、烟酒、家具、娱乐、拜神、卫生、教育、公差、兵差及各项杂费计四十余元，一切费用总数约计二百四五十元。公众卫生、个人卫生习惯尚谈不到，三房（厨房、卧房、茅房）情况一塌糊涂。农民之营养既然不足，对于天然良好空气、日光及饮水不能充分利用，疫疠疾病又任其传染，致身体显衰弱状态。人民所患疾病最普通者为肠胃症、肺痨、四六疯、眼病、皮肤等病。全县肯为人治病之医生四百余人，平均每村约有医生一人，本事自然都不很高明。全县药铺四百余处。可幸本县缠足恶习已渐革除，十五岁以下之女子已无缠足者。

大多数人民也知道种痘的好处。不幸近来嗜好白面、金丹、海洛英者日渐增加，不但影响人民的身体，且增加种种不良习惯。

普通农家在全年中所用食品的种类和数量，因气候之寒暖、工作之忙闲，颇有不同。约可分三个时期：阴历九月至次年正月为一时期，二月至四月为一时期，五月至八月为一时期。在工作忙的暖季时农民每日吃三餐，早饭在八点钟，午饭在一点钟，晚饭在七点钟。在没有用力气工作的冷季时，则大多数农家每日改吃两餐，午饭在九点钟，晚饭在五点钟，午间可以吃点白薯。若有吃三餐的，也是有一顿饭很轻。

九月至次年正月，因为少有工作，多吃大米粥和蒸白薯。此外有各种豆类、高粱、荞麦、玉米等。所用的菜有白菜、晒干的红萝卜叶子和白萝卜叶子，此外间有蔓菁、黄菜、酸菜少许。每日食品数量中白薯约占十分之四，小米占十分之三，杂粮占十分之二，菜占十分之一。若一家内有老年夫妇、中年夫妇和两个小孩，六口之家的每日各种食品数量大略如下：白薯七斤上下，小米两斤多，杂粮一斤四五两，白菜和干菜两三斤。贫苦的家庭把这几种东西都放在大锅内，加盐用水煮成粥，也有时加几滴油在里面，然后各拿大碗取食。往往每日如此，食法大同小异，只求吃饱足矣，谈不到滋味和营养的分配。

二月至四月，农人渐渐忙起来，也得多吃颇能耐饿的东西。此时期小米的数量增加，约占食品总数量十分之六，杂粮占十分之二，晒干的白薯片占十分之一，萝卜干十分之一。若以六口之家每日食品数量来论，则小米将近五斤，白薯干两斤半，杂粮一斤上下，萝卜干一斤，渐有小葱、菠菜、小白菜、韭菜、豆芽等青菜。

五月至八月，农民终日田间工作，食品尤须耐饥，小米数量增到食品总数量的十分之八，杂粮占十分之一，青菜占十分之一。六口之家每日约用小米七斤半，杂粮一斤四两，青菜有北瓜、豆角、莨莛、黄瓜、茄子等。

关于调和，自九月至次年正月时期内，普通一农家每月用盐四斤半，五分钱的醋，五分钱的香油和花生油。自二月至八月时期内，调和渐增，每月用盐约五斤，一角钱的醋和一角钱的香油。关于肉类，全家在一年内用十斤上下，其中大半用于三节，猪肉最多，牛羊肉次之，鸡鱼等则极少见。每家一年也许用四五十枚鸡蛋，大半是款待亲友。

定县产梨、枣、葡萄、桃、杏、西瓜、甜瓜等物。一家在全年内约用枣十斤，梨五斤，柿子十五斤，杏桃等四斤，葡萄一斤，西瓜一二个，甜瓜和菜瓜四斤，花生和瓜子两三斤。

关于食品的卫生知识和清洁，农民是不大理会，往往以为食物若叫苍蝇落在上面吃了，倒是与人有益。“不干不净，吃了没病”等样的说法，随时可以听见。

普通农家内衣服费最多者是青年夫妇。一个青年男子和一个青年女子的衣服费差不多。男子因为多在田间工作，穿的比较费，女子穿的虽然不很费，但质料比较美丽多费钱。一个青年全年的衣服费四五元，一个老年人全年的衣服费三元上下，一个小孩的全年衣服费约两元。普通家庭约有五个被窝，一个约值四元，能用十余年。每家约有褥子四个，每个约值一元半。

男人春季多穿蓝色粗布小棉袄、棉裤，每件约值一元二三角。及后天气和暖，就换穿夹袄、夹裤，也是蓝色粗布做的居多，每件约值一元。农民下地工作时所穿的衣服，也同在家穿的衣服一样，不过普通都穿破的、补的或旧的。

夏季天气炎热，农民就穿单衣服、粗布小汗衫。普通白色最多，淡黄色次之。多赤脚，不穿袜子，也有不穿鞋的。单裤也是白色最多，淡黄色次之，也有穿灰色的，不过极少。农民在田里工作多不穿小汗衫，只穿一条裤子，露着胸背，太阳曝晒，汗流全身。普通小汗衫一件值洋六角，单裤一条也值洋六角。每年每人穿两身裤褂，也有穿三身裤褂的。

秋季普通都穿小夹袄、夹裤。冬季都穿粗布棉袄、棉裤，蓝色最多。棉袄有三种：一种是小棉袄，多为年青的人所穿。一种是半大棉袄，为一般农民所穿，每件约值两元。一种是大棉袄，为老年人所穿，每件约值三元。农民所扎的粗布腰带，普通都是黑色的，每条值洋六毛。袜子有单、棉之分，多是白色粗布做的。单袜每双值洋二角，一年有穿两双的，有穿三双的。这种袜底颇厚而硬，所以十分坚实耐久。棉袜每双值洋三角。普通农民的布鞋，都是黑色粗布做的，也有夹棉两种。夹鞋每双值洋五角，一年中有穿三双的，有穿四双的。棉鞋一冬有穿一双的，有穿两双的，每双值洋八角。

农民在过年时都穿新棉袄、新棉裤。冬天多不穿马褂，到了新年就有许多穿的。马褂有用高阳布做的，染成黑色，每件值洋一元四角；也有用直贡呢做的，每件值洋三元五六角。

夏天所穿的小汗衫，普通都是对襟的，年老的人则多穿大襟的。一般农民在春天冬天多扎裤脚，夏秋两季多不扎，因为天气热。每副裤脚带子值洋一角左右。

农民的内衣，夏天普通三四天洗换一次，春秋两季二十天左右洗换一次，冬天一个月洗换一次。冬天贴身的衣裤内少有没虱子的。

女人在春季开始的时候，多穿小棉袄和棉裤。天气渐暖改穿小夹袄和夹裤。棉夹衣服多用粗布做的，蓝色和青色最多，也有用花条布做的。内衣是白色粗布居多，样式是大襟的，没有对襟的。小棉袄或棉裤每件约值洋一元五角。到了耕种的时候，女人多下地工作，换稍旧的衣服穿。

夏季女人穿粗布单裤和单汗衫，蓝色和白色居多，也有花条布做的，但是较少。普通汗衫每件约值洋八角，单裤每件值洋六角。汗衫的样式是大襟的，没有对襟的。贴身穿的小汗衫与背心，多是白色粗布做的，也有用花条布做的，其样式有大襟的，也有对襟的。小汗衫每件值洋四角五分，背心一件值洋三角。夏天女人多下地工作浇水灌溉，所以多半都换旧衣服穿。

秋季女人穿夹袄和夹裤，普通都是粗布做的，深蓝色最多，灰色次之，黑色与花条布的最少。夹袄每件值洋一元两角，夹裤每件值洋一元。秋天女人也下地工作，摘棉花、摘烟叶、收谷子等，所以多半换穿旧衣服。

冬季女人除穿棉袄和棉裤以外，还有穿棉套裤的。套裤只有两个裤腿，没有普通裤子的上半段，上边钉几条带子，穿的时候把它套在裤子外边，把套裤的带子系在裤腰带上，然后底端再扎上裤脚带。普通年青少妇穿套裤的很少，年老的女人穿套裤很多。普通套裤多用洋布做的，也有用洋缎做的，不过很少，颜色是青的最多。一双套裤约值洋一元五六角，同棉裤的价钱差不多，因套裤穿在外面，所以少用粗布，多用好一点的布做。女人有穿套袄的，比较里边的棉袄肥大得多，普通是用洋布做的，青色最多，蓝色次之，都是大襟的，每件约值洋两元。

农家妇女所穿的袜子，有单、夹、棉之分。天足妇女的袜子都是白色粗布做的。单袜每双约值一角，夹袜每双约值一角五分，棉袜每双约值两角。单袜夹袜每年有穿两双的，有穿三双的。棉袜一年普通都穿一双，穿两双的很少。所穿的布鞋，有单鞋、夹鞋、棉鞋和套鞋四种。单鞋为缠足妇女所穿，是蓝色粗布做的，下边有个薄底，这种鞋妇女穿着并不落地，睡觉的时候都不脱下，因为一经脱下，缠脚条子就要散开。她们下地的时候，在单鞋外边再套上一双套鞋。套鞋是蓝色粗布做的最多，鞋上有绣花的。这种套鞋有木底的，有布底的。布底是很厚很硬。天足妇女所穿的夹鞋，每双约值四五角，一年有穿三双的，有穿四双的。棉鞋每双值洋六七角，一年有穿两双的，有穿三双的。鞋的颜色普通都是黑色粗布做的，也有洋布做的，花的。缠足妇女所穿夹鞋棉鞋，有软底硬底之分。穿硬底的夹鞋棉鞋，可以下地。穿软底的夹鞋棉鞋，必得穿套鞋才可以下地。夹鞋棉鞋也是用蓝色粗布的最多，用青色灰色粗布做的也有，不过较少。普通缠足妇女的单鞋每双值洋五分，软底夹鞋每双值洋一角，硬底夹鞋每双值洋二角，软底棉鞋每双值洋一角五分，硬底棉鞋每双值洋二角五分，木底套鞋每双值洋三角，布底套鞋每双值洋二角五分左右。普通一年每个缠足妇女要穿五双单鞋，十双夹鞋，两双棉鞋，一双套鞋。妇女穿鞋较费，因为妇女做鞋很方便，自己找一块布头就可缝一双鞋。再说妇女喜欢好看，自己鞋子稍微破点，就想换双新的，所以穿鞋比男子费的多。

缠足妇女的袜子，普通都是白色粗布做的。单袜每双值洋五分，夹袜一双值洋八分，棉袜一双值洋一角二分。普通每年每个缠足妇女要穿六双单袜子、三双夹袜子、两双棉袜子。

缠足妇女的裹脚条子，普通长三尺五寸，宽三寸，多用白色洋布做的，也有用白色粗布做的。洋布做的每双值洋三角，粗布做的一双值洋两角。

过年的时候，乡村妇女多穿新衣服。年青少妇有穿红绿裙的，有穿各色花布的，年老妇女多穿黑蓝灰色的高阳布或直贡呢的棉袄。

乡村时髦的妇女，在春天常穿浅蓝色高阳布褂子，黑布裙子。夏天穿白色或花条布的褂子，黑布裙子。秋天穿浅蓝或浅灰色的褂子，黑布裙子。冬天穿白布袄或灰布袄、黑布裙子。

女子的内衣，春秋两季十天洗换一次，夏天三五日洗换一次，冬天半个月洗换一次。大多数的人是长虱子。

小孩生下来的时候，大人就用一块宽二寸长一尺五寸的布把小孩的肚脐包好，一方面保护孩子肚脐不使透风，再一方面使小孩的腰挺直，不使弯曲。除此以外，大人还预备棉花套子把小孩裹起，外边用蓝布席子包好，再用带子绑起，只把小孩脑袋露在外边。棉花套子里边也用一个蓝布席子垫好，小孩粪尿都可拉在席子上，就不致脏了棉花套子。小孩到了满月的时候，大人给他穿上对襟小袄、连脚开裆裤，外边还是包上蓝布席子。男孩的对襟小袄与连脚开裆裤，普通都是蓝色洋布的，花布做的也有，不过很少。女孩子的对襟小袄与连脚开裆裤，普通都是花洋布做的。蓝布席子普通都是粗布做的，二尺见方，也有用高阳布做的。普通小孩的对襟小袄每件值洋二角，连脚开裆裤每件值洋二角，席子每块也值洋二角。

到了小孩会走路的时候，就添上鞋袜，不再穿连脚开裆裤。在冬天大人常给小孩子做个小马褂与风帽等。普通马褂多是黑色粗布做的，风帽多是红色粗布做的。袜子多是粗布做的，有蓝色，有白色。鞋多是粗布做的，也有洋布做的，黑色与蓝色的最多，鞋上也有绣花的。小孩的马褂一件值洋五角，风帽一顶值洋三角，鞋一双值洋一角，小袜子一双也差不多值洋一角。到了六七岁，大人有给小孩做长衫的。这时男孩虽然还有穿开裆裤的，但是女孩子却是没有穿开裆裤的了。春夏两季女孩多穿花条布或印花布的衣服，男孩多穿白色或黄色的衣服。秋冬两季女孩男孩多穿蓝色和青色的衣服，穿花条和印花布的衣服较少。

小孩的内衣，春天五六日洗换一次，夏天二三天洗换一次，多数小男孩子夏天都不穿衣服，所以也用不着换衣服，秋天八九日洗换一次，冬天半个月洗换一次。

以上成年男女和儿童的衣服，是普通一般的情况，也可以说是农民中等人家的情况。乡村也有富户财主，他们穿绫罗绸缎、贵重皮衣，式样也很时髦，但这种人家不多。

定县农家大致都有自己的房屋，租房或典住的很少。此外有的贫农借住亲戚或朋友的房子，只在农忙时帮忙工作，或尽守望相助的责任。富裕和人口多的家庭自然房屋偏多，贫穷或人口少的家庭房屋偏少。在调查东亭乡村社会区五百一十五家的时候曾询问每家现住房屋间数，详细数目见第 1 表。

第1表　五百一十五家内房屋间数之分配

房屋间数	家数	房屋总数
1	7	7
2	42	84
3	91	273
4	44	176
5	68	340
6	62	372
7	37	259
8	37	296
9	23	207
10	14	140
11	15	165
12	21	252
13	9	117
14	9	126
15	7	105
16	8	128
17	7	119
18	1	18
20	3	60
21	5	105
23	2	46
24	1	24
25	1	25
34	1	34
总合	515	3 478

表中显然有三间屋子的农家为最多，计九十一家。农村内一座房子大致包括三间屋子，两端的两间多为住房，当中一间主要的用处是做饭。其次是五间

的家庭，计六十八家，这多半是一家内有两座房子，三间屋的一座和两间屋的一座。再次多的是六间的家庭和四间的家庭。在五百一十五家中一至五间的家庭计二百五十二家，几占总数之半，这多半是偏穷的小农户。六至十间的家庭计一百七十三家，占总数三分之一，这在农村中算是中等的家庭。超过十间屋子的家庭计九十家，约占总数六分之一，这些多是农村中小康及颇富的农家。超过十五间屋子的家庭仅占总家数的百分之六，超过二十间的家庭仅占百分之二。

五百一十五家内共有卧室一千五百四十八间，平均每家三间内。家有两间卧室者为最多，计一百五十家，占总家数的百分之二十九。有三间卧室者次之，计一百二十二家，占百分之二十四。有一间卧室者又次之，占百分之二十，再次为四间、六间、五间，最多者十二间。详细数目见第2表。

第2表 五百一十五家内卧室间数之分配

卧室间数	家数	百分比
1	104	20.19
2	150	29.13
3	122	23.69
4	49	9.51
5	28	5.44
6	33	6.41
7	6	1.17
8	15	2.91
9	2	0.39
10	4	0.78
12	2	0.39
总合	515	100.00

调查时亦曾询问各家卧室内在冬季睡觉人数，后来因为麻烦，只问每家睡觉人数最多的那一间屋子睡多少人。每间睡觉人数多至六口者计十八家，每间睡五口者六十三家，每间睡四口者一百五十八家，每间睡三口者一百八十一家，每间睡二口者九十一家，每间睡一口者四家。详细数目及家数百分比见第3表。

第3表 五百一十五家内冬季各家卧室睡觉人数

每间睡觉人数*	家数	百分比
1	4	0.78
2	91	17.67
3	181	35.15
4	158	37.68
5	63	12.23
6	18	3.50
总合	515	100.00

* 室内睡觉人数最多之屋。

农民多半有自己的房屋。在中一区调查的五千二百五十五家内有自己房屋的计五千一百九十三家，租房住的仅二十二家，借房住的计四十家。凡租住和借住的家庭的屋子间数未有超过七间者。

农村中富户的住宅有前院、中院、后院、菜园、收获场等。房屋多半是抹灰的平顶，房屋的墙多半是用土坯建筑的，但房子周围墙壁的外面有砖一层。没有砖的部分多在土坯上面抹一层白灰。房屋里边的地多半是土地，少有砖地。普通这种房屋从外边量每间长一丈四尺，宽一丈二尺，高一丈一尺。从里边量每间长一丈二尺，宽一丈零五寸，高九尺。每间价值普通约七八十元，可用由八十年到一百年。普通富农的房屋有十五间到二十间，其中有卧室、厨房、仓房、农具房、磨房、碾房、畜房、饲料房、工人住房、车棚。此外有猪圈、厕所、鸡窝、柴门、大门、菜园、收获场等。卧房里有土坯建筑的炕，普通炕长一丈零五寸，宽五尺五寸，高二尺二寸。炕的当中有洞，可以烧火。夏天常下雨，炕上发潮，普通四五日烧炕一次。冬天天冷，每天烧火两次，使屋里炕上都能温暖。仓房里专为贮藏粮食用的。农具室里贮藏农具如锄、犁、锹、耙等。磨房里有磨，碾房里有碾子，都为轧面粉用的。饲料房为饲养牲口之用。工人室是工人睡觉、休息、吃饭的屋子。畜房是牲畜育养的房屋。车棚是放车的地方。猪圈是有猪棚、猪坑。猪棚是用土坯盖的，上边有苇草的棚子，平常猪就在棚里卧着。猪棚普通长五尺，宽四尺，高五尺。猪棚前边就是猪坑，猪坑普通长一丈二尺，宽五尺，深五尺。猪坑四边筑二尺多高的墙，使猪不得跳出。农家把脏水、坏烂菜叶、粪尿、肥土等都倒在里边，一方面可以喂猪，一方面可以做肥料。往往厕所与猪圈相连，猪可以吃人的粪。普通每间房子有一个窗户。窗户有的是玻璃的，有的是糊纸的。家人卧室里的窗户用玻璃的渐多。工人室、仓房、农具室里的窗户都是糊纸的。普通窗户长四尺五寸，宽四尺。主要屋子夏天糊冷布，避苍蝇蚊子，外挂竹帘避日光，使屋子凉快，冬天里边挂厚棉帘，保护屋子温暖。工人屋子的窗户在夏天多不糊纸。

普通农家有一个院子，也有两个院子的。有院墙，屋顶也是抹灰的平顶。房子的下层是用砖建筑，约离地一尺多高。房子离地一尺以上的墙壁是用土坯建筑。房屋里边是土地。从外边量每间长一丈三尺，宽一丈一尺，高一丈一尺。从里边量每间长一丈一尺，宽九尺，高九尺。每间价值普通约五十元，可用四五十年。这种农家的住房有十间上下。院内有卧房、厨房堆房、厨房、车棚、厕所、猪圈、大门。卧室里都有土炕，普通约长九尺，宽五尺五寸，高二尺二寸。朋友来的时候让在卧室内谈话。夏天因为常下雨，炕发潮湿，所以隔几天要烧干一次。冬天寒冷，每天要烧一两次。上房普通都是三间，两边两间是卧房，当中的一间是厨房也往往同时是牲口房。所以有时这一边做饭做菜，那一边就喂马喂驴。这一边驿马粪尿，堆了满地，臭气薰人，那一边小菜水饭，萝卜菜粥。夏天天气炎热，苍蝇满屋，提不到卫生。我们也就可以想象那旁边的两间卧房的空气与卫生怎么样。较好的农家就另外盖一间牲畜房。买不起牲口的人家耕种是用人工，有时短期借用邻人的牲口。堆房专堆各种农具与破烂东西，有时也堆草、萝卜片子和山药片子。没有仓房的农家往往把粮食存在卧房里。他们的厕所是土坯建筑的，与猪圈相连，猪可以吃人粪。车棚就在大门洞里。普通每间卧室都有一个窗户，窗户多是纸糊的，在下端当中有一条玻璃，普通长三尺五寸，宽三尺。夏天开窗，冬天不开。夏天的苍蝇蚊子出入颇便利。

贫穷的小农，尤其是小佃户，多半没有院墙，住三间一座的房子。房屋的墙壁离地一尺多的这部分是用砖建筑的，一尺多以上的地方是用土坯建筑的。房屋里边的地是土地，夏天很潮湿。房顶有抹灰泥的，也有少数里面用高粱秆而外面抹普通泥的。从外面量每间长一丈，宽九尺，高八尺七寸；从里边量每间长九尺，宽八尺，高七尺四寸。每间价值约三十五元，可用三四十年。窗户约长三尺五寸，宽三尺，冬天糊纸，夏天透天。夏天炕易潮湿，几天须烧一次，冬天寒冷，也是一天烧两次，同时做饭。卧房和厨房外，有猪圈和相连的厕所。

关于乡村的道路，没有负责的机关和团体来修筑和保护，多是任其自然变化，因此村外的大车路多半凹凸不平，常积泥水，村内的街道也多不洁净。村内街道普通宽约十五尺到二十尺。农家多在自己门口两旁栽种树木，夏天可以有荫凉，并且树长大了可以卖钱，多是柳树、杨树、槐树、椿树和榆树。夏天下雨的日子，乡村街道泥泞难行，坑坎不平，通行不便。在秋天收获的时候，杂草满地。往往农民在家门口街道旁边晒晾大粪，臭气满街。

乡村的男厕所普通都建筑在院外，或靠街道的墙边，自街上出入。女厕所普通都建筑在院里，并且常与猪圈相连，大小便完全落在猪圈里与猪粪及其他秽物打成一片。男厕所普通没有顶，女厕所普通有房顶。普通都用土坯建筑厕所墙壁，也有的是高粱秆编的篱笆。里面在地下挖一个三尺长、二尺宽、四尺深的土坑。土坑上面有一层盖，盖当中留一长孔，即大小便落下的地方。等到坑内满了粪尿时即淘取出来，每隔三四个月之久一次。往往厕所内的小便从里面流到街上，有碍行路，又有气味。苍蝇往来其中自然是方便的。有许多农民以为凡是苍蝇落上吃过的东西人吃了更没病。有时厕所与井相离相近，农民不知道注意。

曾在三个村内调查一百七十五口井与最近厕所之距离。距离不到四十尺者占大多数，有近至十尺以下者。详细数目见下列第 4 表。

第 4 表　一百七十五口村内井与厕所之距离

厕所距井尺数	井数	百分比
10 尺以下	7	4.0
10～19	22	12.6
20～29	41	23.4
30～39	40	22.8
40～49	18	10.3
50～59	15	8.6
60～69	12	6.9
70～79	3	1.7
80～89	3	1.7
90～99	—	—
100 尺及以上	14	8.0
总合	175	100.0

农民多把秽物秽水倒在猪圈里，为做肥料。

农村的男子在夏天可以在河里或晚上在井台旁边洗澡，冬天很少有沐浴的机会。至于乡间妇女就是在夏天也不能像男人可以到井台去洗个痛快，屋内也没有一个洗澡的方便地方，她们仅能有时用一盆温水把上身衣服脱下来洗一洗，下身差不多永远不洗。有的以为洗下身是羞耻，还有的以为洗下身要受风生病。至于漱口刷牙等习惯在大多数的农家里是谈不到的，仅有少数入过学堂或在大城市做过事回家的才有这种习惯。春秋两季乡民多在早六点半钟起来，晚八点半钟就寝。夏季普通在早四点半钟起来，晚九点钟就寝。冬季普通早七点钟起来，晚八点或八点半钟就寝。

定县妇女关于缠足恶习现已彻底革除。其原因由于民国三四年间孙发绪为定县县长，强迫禁止女子缠足，自村中领袖人的家庭做起，推广全村。凡违章暗缠而被查出者，不但罚钱而且惟村长是问。至今定县幼女已无一缠足者。在民国十八年曾调查东亭乡村社会区中五百一十五家内女子缠足和天足的人数。除未达缠足年龄之二百九十四个小孩外，其余一千四百四十二女子中缠足者九百零九人，天足者五百三十三人。可注意的是五至九岁的一百六十九个幼女内完全是天足，已无一缠足者。十至十四岁的一百六十一个女子中只有九个缠足的，十五至十九岁的一百四十九个女子中亦仅有二十九个缠足者。我们细看下列之第5表，即可了然在各年龄组内缠足者占总人数的百分比。自幼女起至老年妇女止，其百分比是逐渐增高，由零渐增至百分之五点六、百分之十九点五、百分之五十九点七，直至四十岁及以上妇女组的百分之九十九点二。反过来说，就是缠足最多者不过是已经没有办法的长年妇女，青年妇女内天足甚多，幼年女子已经是完全天足。

第5表　五百一十五家中按年龄组女子缠足及天足人数

年龄组	人数			缠足者占总人数之百分比
	天足	缠足	共计	
5～9	169	—	169	—
10～14	152	9	161	5.6
15～19	120	29	149	19.5
20～24	52	77	129	59.7
25～29	24	106	130	81.5

续前表

年龄组	人数			缠足者占总人数之百分比
	天足	缠足	共计	
30～34	6	97	103	94.1
35～39	6	103	109	94.5
40岁及以上	4	488	492	99.2
总合	533	909	1 442	63.0

五百一十五家中仅发现三个尚留发辫的男子，他们的年龄是四十六岁、四十八岁和五十五岁。

定县人民近年来颇知种痘的好处。民国十九年本会卫生教育部为本县九千九百八十四个人种痘，其中男子占百分之七十八，女子占百分之二十二。被种痘的人数中学生甚多，占总数的百分之四十二。以年龄论，六岁以下的有二千零四人，六至十岁者一千零七十二人，十一至十五岁者一千零九十六人，其余皆十六岁及以上者。

调查的五百一十五家中有聋子六个，哑巴两个，双目盲三个，一目盲四个，跛腿六个，左臂不能动二个，手不能动两个。

农民的营养不足，疫疠疾病又任其传染，许多人的身体显衰弱状态。曾于民国十八年在中一区调查五千二百五十五家内所得各种疾病人数、死亡人数与死亡原因，并请本会卫生教育部的专家合作分析，可以大略知道农民普通最常得的都是些甚么病。至于患病者的数目，尤其是死亡人数，不免有遗漏的，因为农民不高兴这种调查，往往所说的疾病也很不清楚。再者农民说有病时均系颇重之病。因此这种材料仅能稍供参考而已。无论如何，按所得结果，在能调查出来的患病的一千四百十五人中，以患肠胃症的为最多，共计三百五十四人，占总数的百分之二十五，其中死去五十人。肠胃症内又分泻肚、痢疾、肠热症等。其次最多者为眼病，据本会有经验的医生估计本县有沙粒眼者约占总人口数达百分之六十以上，因家庭内彼此传染。可是定县所出的眼药驰名全国。再次为疮伤、肺痨、呼吸病、抽风、喉症、疹子、骨节炎、疟疾、皮肤病、天花、瘫痪及脑出血、臌症、产后夹杂症、牙痛、老病、神经病、花柳病、耳病与其他杂病。大略情形见下列第6表和第7表，也许于研究农村卫生的人有点用处。

第6表　民国十八年内中一区五千二百五十五家所得各种疾病及死亡人数之分配及其百分比

病源	得病人数	死亡人数	共计	百分比
肠胃症	304	50	354	25.02
泻肚	82	13		
痢疾	62	9		
肠热症	14	—		
其他肠胃症	146	28		
眼病	200	—	200	14.13
疮伤	116	18	134	9.47
肺痨	67	61	128	9.02
肺病	—	3		
其他痨症	67	58		
呼吸病	78	14	92	6.50
抽风	39	50	89	6.26
脐疯	—	13		
其他	39	37		
喉症	57	14	71	5.02
疹子	38	21	59	4.17
骨节炎	41	—	41	2.95
疟疾	26	—	26	1.84
皮肤病	18	—	18	1.27
秃疮	11			
癣	2			
疥疮	5			
天花	9	6	15	1.06
瘫痪及脑出血	9	4	13	0.92
臌症	6	5	11	0.78
产后夹杂症	4	6	10	0.71
牙痛	10	—	10	0.71
老病	—	9	9	0.64
神经病	8	—	8	0.56
花柳病	4	—	4	0.28
耳病	3	—	3	0.21
其他	82	38	120	8.48
总合	1 119	296	1 415	100.00

第 7 表 民国十八年内中一区五千二百五十五家二百九十六人死亡原因之分配及其百分比

病源	死亡人数		百分比
肺痨	61		20.61
肺病		3	
其他痨症		58	
抽风	50		16.89
脐疯		13	
其他		37	
肠胃症	50		16.89
泻肚		13	
痢疾		9	
其他肠胃症		28	
疹子	21		7.09
疮伤	18		6.08
呼吸病	14		4.73
喉症	14		4.73
老病	9		3.04
天花	6		2.03
产后夹杂症	6		2.03
臌症	5		1.69
暴死	4		1.35
其他	38		12.84
总合	296		100.00

关于疾病还有一点材料也可以稍供参考，就是在调查东亭乡村社会区内五百一十五家的时候也询问他们家中人口现患何病。此次调查亦无医生的察验，仅靠农民的口述，自然不能精确，可是也可以大略知道他们的普通疾病。其中所患病症按多寡之次序为眼病、肠胃症、痨症、精神病、疮伤、梅毒、痞积、疝气、流行性感冒、痔漏等病。其中男女患病人数见下列第 8 表。表内其他病症包括一切不很清楚之病症，如气喘、咳嗽、腿疼、月经病、腰疼、心痛、虚弱、头痛、四肢痛、牙痛、脱肛、气臌、痰闷、下痿、气串筋、胸痛、肝气、遗精等症。

第 8 表　民国十八年内五百一十五家中所患各种疾病人数及其百分比

疾病种类	人数			
	男	女	共	百分比
眼病	16	18	34	22.4
肠胃症	8	9	17	11.2
痨症	4	7	11	7.2
精神病	6	2	8	5.3
疮伤	5	2	7	4.6
梅毒	3	—	3	2.0
痞积	2	1	3	2.0
疝气	2	—	2	1.3
流行性感冒	1	1	2	1.3
痔漏	1	—	1	0.7
杂病	35	29	64	42.1
总合	83	69	152	100.0

亦曾询问五百一十五家中在民国十三至十七年五年内所能记忆死亡之人数及死亡之原因。自然此种调查尤易遗漏，更没有推得死亡率的奢望，仅希望知道死亡原因的大略情况，就是这一点也离精确的程度颇远。分析的结果以婴儿抽风死的为最多，再次为疹子、痨症、痢疾、天花、肠胃症、痞积、白喉、流行性感冒、疮伤、产褥热、精神病、破伤风、梅毒等病。这些家庭所肯报告之死亡男女人数及其死亡原因详情见下列第 9 表，亦可藉此知道调查的困难。

第 9 表　民国十三至十七年五年内五百一十五家中曾患各种疾病及其他原因死亡人数及百分比

死亡原因	死亡人数			
	男	女	共	百分比
抽风	47	22	69	19.5
疹子	26	12	38	10.7
痨症	12	15	27	7.6
痢疾	17	7	24	6.8
天花	11	12	23	6.5

续前表

死亡原因	死亡人数			
	男	女	共	百分比
肠胃症	14	8	22	6.2
痞积	12	9	21	5.9
白喉	5	2	7	2.0
流行性感冒	3	4	7	2.0
疮伤	4	2	6	1.7
产褥热	—	5	5	1.4
精神病	2	1	3	0.8
破伤风	1	—	1	0.3
梅毒	1	—	1	0.3
杂病	13	11	24	6.8
其他原因	3	2	5	1.4
未答	35	37	72	20.3
总合	206	149	355	100. 0

五百一十五家所报告的三百五十五个死人中不满十一岁的小孩有二百四十三个。他们死亡的原因有特别注意的必要。据农民口中所说，我们至少可以得到儿童死亡的主要病症是抽风、疹子、天花、痞积、痢疾等病，其中有的不是因为得病，乃是饿死、冻死、坠井、噎死、疯狗和惊吓等原因。

用问题表方法调查生亡率，在现在农民知识的程度之下大约是不可能的。我们也曾试问了这五百一十五家，所得的结果是在三千五百七十一人口中于民国十七年全年内照他们所报告的出生人数是一百六十三，死亡人数是九十二。假定此数确实，则每千人中出生率为四十六，死亡率为二十六。据专家的推测，死亡率一定不止于此。但我们也可以知道这是最低的数。据现在本会生亡调查股的最近报告，出生率为三十五，死亡率为三十三，不久另有详细报告。按照五百一十五家的调查，死亡的时期以阴历五月内为最多，三月次之，四月又次之，再次为六月、九月、七月、八月、十月、十一月；死人最少之月份为正月、十二月和二月。

关于已婚妇女的生产力，就是不同年龄的结婚妇女已经生过多少子女，其中死亡多少，现存多少，是在中国很难调查的一件事。也许用问题表的方法不易办到可靠的程度。无论如何，我们也曾试问了一次，虽然未必可靠，但也把结果发表在这里，供参考的用处。因为在中国的材料甚为缺乏，也希望引起人的注意。在五百一十五家内曾询问过九百八十一个已婚的妇女。分析时把十四至二十九岁青年的妇女，三十至四十五岁的中年妇女，四十六岁及以上的妇女分开统计。凡超过四十六岁的妇女大致说是已经停止生育的。十四至二十九岁的三百零一个妇女共产生三百八十三个子女，死亡一百零七个子女，尚存（即在调查时）二百七十六个子女。三十至四十五岁的三百十四个妇女共产生一千三百四十二个子女，死亡四百三十四个子女，尚存九百零八个子女；平均每妇女生产三点五四子女，死亡一点一八子女，尚存二点三六子女。最可注意的是大致已经达到不能生育年龄之四十六岁及以上之三百六十六个妇女的子女数目。她们在一生中共产生一千七百四十八个子女，其中死亡六百十六个子女，尚存一千一百三十二个子女；如此平均每妇女在结婚期内共产生四点七八子女，死亡一点六八子女，尚存三点零九子女。自然在产生的数目中没有报告小产数目，多半也没有包括生下即死之婴儿，但我们至少可以知道每个农妇在一生中平均至少产生约五个小孩。多半确实的数目也许比五还高，因为报告时不免有遗漏的。详细数目见下列第 10 表。

第 10 表　按年龄组九百八十一个妇女产生、死亡及现存子女数与平均每妇女产生、死亡及现存子女数

妇女年龄	妇女总数	产生子女数	死亡子女数	现存子女数	平均每妇产生子女数	平均每妇死亡子女数	平均每妇现存子女数
14～29	301	383	107	276	1.27	0.36	0.92
30～45	314	1 342	434	908	4.27	1.38	2.89
46 岁及以上	366	1 748	616	1 132	4.78	1.68	3.09
总合	981	3 473	1 157	2 316	3.54	1.18	2.36

在已婚之十四至二十九岁的三百零一个妇女中尚未生育子女者有一百零四个，其中大多数是新婚尚不满一年者，有一个子女者计八十妇女，有二个子女的计六十九个妇女，最多的已有五个子女计三个妇女。最有价值的是看四十六岁及以上妇女的子女数目。三百六十六个妇女内有十四个妇女终身没有生育子

女，最普通的子女数目是三个、四个或五个子女，最多的数目是一个妇女产生十二个子女。按三年龄组九百八十一个妇女关于产生子女数目之分配、关于死亡子女数目之分配与关于尚存子女数目之分配等详情见下列第11表。

第11表　按年龄组九百八十一个妇女产生、死亡及现存子女数目之分配

子女数目	妇女数目								
	关于生产			关于死亡			关于现存		
	14～29岁	30～45岁	46岁及以上	14～29岁	30～45岁	46岁及以上	14～29岁	30～45岁	46岁及以上
0	104	10	14	213	105	114	127	20	17
1	80	20	12	70	90	83	101	45	43
2	69	44	32	17	58	68	48	70	75
3	30	36	62	1	34	47	21	64	91
4	15	62	50	—	15	28	4	62	76
5	3	55	64	—	10	15	—	39	37
6	—	40	47	—	1	8	—	10	14
7	—	29	39	—	—	3	—	4	6
8	—	9	19	—	—	—	—	—	5
9	—	5	13	—	—	—	—	—	1
10	—	3	13	—	1	—	—	—	—
12	—	—	1	—	—	—	—	—	—
13	—	1	—	—	—	—	—	—	—
总合	301	314	366	301	314	366	301	314	366

民国十九年调查五千二百五丨五家的详细人口时，曾询问每家在民国十八年内曾产生子女之母亲的数目，共得九百九十二个母亲。再继续询问这九百九十二个中的每个母亲结婚的期限和在结婚期内共计已生过多少子女及现存多少子女，调查的结果是九百九十二个母亲共产生过三千零五十三个子女，死亡八百零五个子女，现存二千二百四十八个子女。九百九十二个母亲结婚年限的总数等于一万一千八百十五年，如此平均每个母亲结婚年限等于十一点九年。平均每个母亲每三点九年产生一个小孩。平均每个母亲已产生三点一个小孩，已死亡零点八个小孩，现存二点三个小孩。虽然不敢说可靠的程度如何，但实在有可注意和参考的价值。

民国十九年曾调查全县医生与药铺数目。城内有普通中国旧式药铺十三个，定州自制的眼药铺三个，眼药作坊二处，西式医院六处。四百五十三村内共有医生四百四十六个，中式药铺三百七十五处，第三区最多，第四区次之。自然这些医生的资格与本事多属平庸，凡肯为人看病的都算为医生。各区内医生和药铺数目见下列第12表。

第12表　定县各区医生数及药铺数

区别	医生数	药铺数
第一区	41	29
第二区	38	41
第三区	165	116
第四区	88	93
第五区	30	28
第六区	84	68
全县	446	375

平均每村约合一个医生，但有二百二十六个村庄没有一个医生，多半是小村。有一百十九村每村内有一个医生，有五十二村每村内有二个医生，有二十七村每村内有三个医生，有十八个村每村内有四个医生，一村内最多之医生数目为九个。医生数目在农村分配情形见下列第13表。

第13表　定县各村医生数目之分配

医生数	村数
—	226
1	119
2	52
3	27
4	18
5	5
6	2
7	1
8	1
9	2
总合	453

青年医生在农村内不多，不但由于缺乏经验，也因为出入于家庭颇不方便，尤其是因为女子看病。年龄以超过四十五岁者为最合适，三十至四十五岁

也很不少。四百四十六个医生年龄之详细分配见下列第 14 表。

第 14 表　四百四十六个医生之年龄

年龄组	医生数	百分比
25 岁以下	11	2.5
25～29	27	6.1
30～34	33	7.4
35～39	49	11.0
40～44	44	9.9
45～49	66	14.8
50～54	76	17.0
55～59	36	8.1
60～64	61	13.7
65～69	14	3.1
70～74	17	3.8
75～79	10	2.2
80 岁及以上	2	0.4
总合	446	100.0

民国十七年曾调查东亭乡村社会区内六十二村的医生概况。区内共有九十个医生，平均每一百十六家有一个医生。六十二村内有二十村没有医生，一村有一个医生者计十七村，一村有二个医生者计十三村，一村有三个医生者计六村，一村有四个医生者计二村，一村有五个医生者计三村，一村有六个医生者计一村，平均每村有一点五个医生。

九十个医生中年龄不满四十岁者十七人，四十至四十九岁者二十四人，五十至五十九岁者三十人，六十岁及以上者十九人。

九十个医生中专治内科者五十八人，外科者十三人，内科兼外科者十一人，特别治小儿疾病者二人，治目疾者二人，治疗牲畜者两人，专治疯犬咬伤者一人，专治妇女病症者一人。

九十个医生中行医年数不满十年者六人，十至十九年者二十二人，二十至二十九年者三十四人，三十至三十九年者十五人，四十至四十九年者九人，五十至五十四年者四人。

九十个医生内旧式中医八十五人，新式西医三人，此外二人兼用一秘密之巫术治病。

普通医生为人看病少有收医费者，大半治好者到年节时送五角至一元钱之礼物以表谢意而已。有时医生同时自己开小药铺，如此在售药时赚利。大多数的医生仅以行医为附带的事业，而不是赖以生活的正业。

民国二十二年一月二十日，写于定县实验区

（载《教育与民众》，1933 年第 4 卷第 6 期）

定县社会概况调查（引言）

凡住在农村社会很久的人不得不理会我国人民最大的毛病之一，是公共心的缺乏。遇事袖手旁观，不关痛痒，持“各扫门前雪，休管他人瓦上霜”的态度。因此一般民众没有团结力，许多地方应革应兴的事业无人过问。好人不肯出头做事，任凭不肖分子为非作歹，这种消极的态度若不改变，村治没有希望。造成此种现象之原因固多，而主要者却有一个，就是他们对于本乡本土未能发生深的兴趣。没有发生兴趣的原因是因为不深知道本乡的内容和问题，因此不发生密切的关系和社会意识。举行有系统的地方社会调查之后，即可以适当的方法展览宣传，把本地的各种社会情形活活摆在各个民众的眼前，使他们有动于心，对于本乡发生新的感情和新的兴趣。一方面，对于本地光荣体面的事物，发生爱慕敬仰的心肠；他一方面，对于地方的缺点、不体面的事物，发生羞耻心，由此发生整顿地方的责任心。如此很激发人民的公共精神，养成社会力量，团结地方组织。使退缩不前、萎靡不振的人民，渐变为急公好义、负起责任、兴利除弊、积极活动的公民。再者，大多数农民的知识过于简单，见闻极少，不但世界大势、本国情况，毫无所闻，即其本乡的内容亦不清楚。地方社会调查工作，不但藉以研究学理及为改造社会之根据，且最能增加地方民众之知识，打开他们的眼睛。作者从事定县农村社会调查即抱定完成这种目标的志愿。兹把调查所得，关于定县社会各方面情况，撮要列下，供举行地方社会调查之同志们参考。

疆域　定县位于河北省的西部，距北平西南约三百五十里，在清苑县（保定府）与石家庄之间，平汉铁路自西北部通过。横跨东经度二十九分，东起一百十五度二十三分，西迄一百十四度五十四分；纵距北纬度二十二分，南起三十八度十九分，北迄三十八度四十一分。全境轮廓颇为整齐路成方形，横之最广处七十里，最狭处四十五里；纵之最长处九十里，最短处七十里。据河北民政厅调查，全县面积约三千七百三十方里，合四百八十方哩。据县志的记载，县城外围二十六里，高三丈。比邻共计七县：东有安国县，西有曲阳县，南有深泽、无极、新乐等县，北有望都与唐县。

地势　定县全境为一极平坦的原，连平小山也没有，只有几个本地人所称为山的土丘而已。定县有古中山国之称，据说城中有山，故曰中山，可是现在也找不出山来。县内河流以唐河与沙河为最大，皆发源于山西。唐河西入东流，横穿县的北部，长七十里有奇。两岸多沙，地质不坚。河道迁徙不定，每遇雨水过多，即泛滥成灾，附近村庄皆受其害。沙河横穿县的南部，约长五十里，其性质与唐河略同，河道亦时有变迁，无水利可言。孟良河颇小，横穿本县中部，夏季有水，冬季即涸。西北部有黑龙泉为县内惟一泉水，向东南流，成清水河，入于唐河。县内土壤有壤土、沙质壤土、黏质壤土、黏土、沙土、黑土、青碱土及石砾数种。黄沙土分布于县内，黏质壤土见于东部，沙质壤土、黏土、黑碱土及石砾见于南部与北部，曰沙土见于北部。按照土壤的肥沃而论，定县属于中等，颇能代表华北一般的农业区域。

区划　定县全境曾分为里，后改为约，近年有自治区与学区的分划。据道光年定州志所载，全县共有三十八里包括四百二十八村，后改为约包括四百二十三村。至民国初年，办理警政，分全县为六区，后改称自治区。县城及附近地域为第一区，计有村长之村七十一，无村长之附属村一。第二区介于第一区与沙河之间，计有村长之村六十三，附属村一。第三区西境与第一第二两区毗连，北至唐河，南至沙河，计有村长之村八十三，附属村二。第四区占沙河以南全部，计有村长之村七十三，附属村九。第五区在第一第二两区之西，计有村长之村七十三，附属村一。第六区占唐河以北全部，计有村长之村九十，附属村五。按照民国十九年的调查，全县有村长之村共计四百五十三，无村长之附属村十九，合计大小四百七十二村。民国十三年定县教育局又将每自治区分为两学区，县城划为特别区，共计十三学区。

历史　据史书的记载，颛顼分天下为九州，定县属于冀州。帝挚五年（西元前二三六一年）尧受封为唐侯，现在定县城北十余里的唐城村即唐国境内的故城。周时属并州，春秋时（西元前七二二至前四八一年）属鲜虞国，战国时属中山国，秦时属巨鹿郡。汉景帝三年（西元前一五四年）封第九皇子胜为中山王，定县即为中山国都，中山靖王墓至今尚存城内。南北朝时为后燕国都，元置行台，北周设总管，唐设节度使，宋设都部署，金元为府治，明清为州治，由此可见定县历代颇占重要位置。这是因为定县地势平坦，驰驱便利，平时称为九州的通衢，有事则成为四战的区域；加以位置居于北鄙，有外族侵入，即首当其冲。唐代定都长安，定县俨然为国都东方的屏蔽，国家治乱的枢纽。裴行俭尝说："欲固河北，先扼云蔚；欲扼云蔚，先壮定州之扃钥。"可见唐代人重视此地。宋代定都汴京，定县的位置更觉重要；北过既和强寇比邻，南方又须拱卫京畿，成为河北重镇，实在是势所必至的。宋人富弼在《阅古堂序》里说："天下十八道，惟河北最重。河北三十六州军，就其中又析大名府、定州、正定府、高阳关为四路，惟定州最要。定为一路治所，实天下要冲之最。知是州者兼本路兵马都部署，居则治民，出则治兵，非文武全材，望倾于时者，不能安疆圉，屏王室也。"宋祈在《论镇定形势疏》里面说："天下根本在河北，河北根本在镇定，以其扼贼冲，为国门户也。……故谋契丹者，当先河北。谋河北者，舍镇定无议矣。"所以往日的定县，非为首都，即为重镇。其疆域时有变迁，明洪武后至今无甚改变。

古迹　定县既有四千年久远的历史，自然古迹很多。中山靖王陵，高两丈余，历二千余年，仍巍然存于城内，为世人所瞻仰。城内瞭敌塔为华北塔中之冠，据志书所载，宋真宗时开元寺僧会能尝往西竺取经，得舍利子以归。咸平四年（西元一〇〇一年）诏会能建塔，五十余年之久塔始告成，至今已历八百余年。当时的谣谚说："砍尽嘉山木，修成定州塔。"工程之浩大可知。塔告成后，因契丹入寇，或用以瞭望敌人，故名瞭敌塔。城内古众春园为宋韩魏公知定州时所建、内有韩苏公祠、雪浪斋、雪浪石、御书亭及苏东坡手笔。前清康、雍、乾、嘉等皇帝，皆在园内设置行宫。光绪三十一年以后，改成学校地址。城内白果树为一已死古树，高插云霄，具有昂藏气概。据一般人的传说："先有白果树，后有定州城。”近年县民在树根下立庙奉祀，此外古迹甚多，不能细述。

户口 全县住户约计六万八千五百家，人口总数约近四十万人，恰巧为全国四万万人口的千分之一。

平均每家人口为五点八人；男女之性比例为一百零六，即每一百零六个男子合一百个女子；每英方里约有八百五十人。城内住户约一千七百家，铺户约四百七十处，人口总数约一万一千五百人，其中男子约计六千五百人，女子约计五千人。东西南三关住户约计五百六十家，铺户约一百九十家，人口约计四千一百人。城内及三关人口合计约一万五千六百人。

全县四百五十三村（以有村长之村为标准，凡无村长之村皆附属于有村长之村内）之住户约计六万六千二百家，大小铺户约计一千六百处，人口总数约计三十八万四千余人。

定县全县四百五十三村，平均每村一百十六家，最大之村达一千二百家，最小之村仅有六家。县内不满百家之小村约占一切村数的百分之四十六，一百至二百五十家大小之中等村约占百分之三十七，二百五十家以上之大村约占百分之十七。第一区内多小村，平均每村八十八家，平均每村家数最多者推第四区，约二百二十家。

有一百九十三村的人民进县城时是走南门，一百六十七村进西门，一百十七村进东门，七十六村走北门。距城不满十里的村数为三十七，十至十九里的村数七十四，二十至二十九里的村数九十三，三十至三十九里的村数一百十三，四十至四十九里的村数六十五，超过五十里的村数七十二，最远者约八十里。

教育 全县十二至二十五岁的男女青年占人口总数百分之二十四，约计九万六千人。据民国十九年的调查，其中识字之男女青年人数仅占百分之二十六，约计二万五千人；不识字者占百分之七十四，约计七万一千人。男青年共计五万一千人，其中识字者占百分之四十四，约计二万三千人；不识字者占百分之五十六，约计二万八千人。女青年共计四万五千人，其中识字者占百分之六，约计二千五百人；不识字者占百分之九十四，约计四万二千五百人。估计民国二十年之男女青年文盲总数尚有六万人左右，其中女子约四万人，男子约二万人。

据民国十九年之调查，全县七岁以上之人口总数约计三十三万人。其中识字者仅占百分之十七，约计五万六千人；不识字者占百分之八十三，约计二十七万四千人。不识字者中女子有十五万六千人，男子有十一万八千人。

已识字的人中入学未满二年者占百分之十七，入学二年以上而未满三年者占百分之十八，入学三年以上而未满四年者占百分之二十二，入学四年以上而未满五年者占百分之十八，入学五年以上的人数则锐减。换言之，按一般人看来，儿童在初级小学毕业后就无须再继续升学了。

全县曾在高小毕业者约计六千余人；曾在中学毕业者约一千七百余人，其中尚在定县者约一千人；在大学或专门学校毕业者约四百五十人，其中四分之三是在定县以外地方做事。

按照民国十八年上半年本县教育局之总计，全县一切公立学校共计四百四十七处，其中初级小学四百十七处，初高两级小学二十一处，高级小学三处，初级中学两处，师范学校两处，职业学校一处。初级女子小学一百处，初高两级女子小学二处，高级女子小学一处，初级女子中学一处，女子师范一处。

民国十八年全县一切公立学校学生共计一万八千六百余人，其中男生计一万五千三百人，女生三千三百人。幼稚园学生四十人，初高两级小学学生共计一万八千人，初级中学学生二百九十人，师范学校学生一百七十人，职业学校学生二十人。

全县六至不满十二岁之学龄儿童数目约占全县人口数百分之十二点八，约计五万一千人。

据民国十八年之统计，全县一切公立学校教员共计五百七十三人，其中男子四百八十七人，女子八十八人。初高两级小学教员五百三十人，其中女教员八十人。

民国十八年全县一切学校支出总数约计十五万元，其中初高小学支出约计十一万六千元。全县一切学校之资产共计八十万元，其中小学之资产共计六十六万元。

县政府及各机关　县政府有县长总揽一切，下有秘书及行政方面的三科科长。第一科管理户籍、警察、消防、防疫卫生、报灾等项。第二科管理土地、农矿、水利、道路桥梁、工程学校、公园、公共营业等项。第三科管理县政府预算决算、征收粮银、税务、募债、收发、会计等项。此外有承审处掌管司法。审判官判决之案，须得县长盖章后才能实行。

县政府下设四局，即公安局、财务局、教育局与建设局。公安局外又有人民自行组织之保卫团，附属于公安局之下，维持地方治安。教育局之附属机关有民众教育馆，内设图书部、讲演部、卫生部、游艺部及展览部。建设局之附属机关有农事试验场与苗圃。

县政会议由县长、秘书、三科科长、四局局长组织。每周开会一次，讨论全县各种问题，计划各种改造事业。

此外有党部及其指导下之农民协会、工会、学生会、妇女协会等民众组织。

自光绪二十七年（西元一九〇一年）以来定县已换过二十七次县长。任期最长者为何其璋，在任三年十个月，最短者只一月零十四天。任期不满一年者占三分之二，任期一年至不满二年者占六分之一，任期二三年者占七分之一。

本县旧有之地方团体有农会与商会等。宗教团体有天主堂、清真寺、福音堂、救世军及各种道门。

定县素有模范县之名，城东三十里之翟城村久有模范村之称，其发轫由于三十年前有翟城村米迪刚先生留学日本，研究彼邦之模范村。回国后即热心经营翟城村，提倡村治，建设村公所，创办纳税组合及义仓，设立男女高级小学、宣讲所、图书馆、自治讲习所、乐贤会等。后又组织德育实践会、息讼会、改良风俗会、储蓄会、爱国会，提倡掘井、保护森林、平治道路、清理地产、户口登记、破除迷信。二十年来成绩颇有可观，定县他村亦受相当影响。民国三四年间，孙发绪为定县知事，热心举办农村改进事业，将各村原有庙宇的四分之三改为小学，在县内各区设立模范事务所，督促各村村长实现改进计划，成效颇好。此后定县入学读书者日渐增多，人民亦知多种树木。现在定县境内十四岁以下之女子已无缠足者，实孙氏认真禁止之结果。因此孙氏的政声大著，乃一跃而为山西省长，遂树立山西村制之基础。

财政　定县人民担负之税捐约分三种：(1) 国税，为中央政府征收；(2) 省税，为河北省政府征收；(3) 县地方捐，为地方自治经费。民国十六、十七与十八年三年之国税，平均每年征收数为十三万七千元；平均每年省税三十万五千元；每年县地方捐十一万三千元。三种税合计全年五十五万五千余元。平均定县每人约担负一元四角，每家约担负八元。

国税内包括盐、烟酒、卷烟、统税、印花等税。省税内包括田赋、契税、牙税、牲畜、棉花、屠宰、芦盐食户捐等税。县地方捐包括田赋附加、契税牙佣、花生木植捐、牙捐、牲畜附捐等项。

定县地方每年支出预算计十余万元，其中最多为四局政费，教育费次之，外有党费、建设费等项。

县政府照原预算每月应支行政费洋一千三百元，经民国十六年奉令核减后，每月实支行政费洋一千零九十八元。

县政府除行政费外，每月尚有司法经费四百八十元，经民国十八年十月核减后，实支洋四百五十八元。

公安局月支经费洋二千一百十三元，建设局月支经费洋三百二十八元，教育局月支经费洋五百五十二元，财务局月支经费洋一百六十六元六角六分六厘，每月津贴洋四十九元。

农田 全县平均每家有田在二十五亩左右。大农极少，小农甚多。耕地不满二十五亩之农家数目约占一切农家总数百分之六十五，二十五至五十亩之农家约占百分之二十五，五十亩以上之农家约占百分之十，三百亩以上者大约仅占千分之一而已。

完全耕种自有田地之自耕农家数目约占一切农家总数百分之六十，自耕农兼佃种他人田地之农家约占百分之三十，完全租种他人田地之佃农约占百分之十。此界完全租出田地而不自己种地之地主极少，完全为雇工而只得工资者亦不多。大致说来，定县大多数的农家是耕者自有其田的。

农家虽有田地二十五亩左右，而非相连之一块田地，多半又分为数块。不满五亩之小块田地几占一切田块总数之半，五至十亩的田块约占四分之一，五六亩大小的田地到处可以理会。这是因为经过多年的互相买卖及多次重分家产的缘故。因此对于农业经济及合作是一个重要问题。

本县田地本系中等土壤，但自民国九年华北发生空前的旱灾后，定县农民大凿其井，因此农作物产量大增。现已遍地皆井，全县总数约计六万口，平均每村百余口。普通每井可浇田二三十亩，水源颇旺。有井之水田较普通无井之旱田农产量约多一倍。定县之旱灾问题大致解决。农民若再知道选种及农业管理之科学方法，则增加生产方面定更有进步。

物产　定县农产物中以谷子为最多，约占作物亩面积总数百分之三十，小麦次之，约占百分之二十五，豆类约占百分之十三，白薯约占百分之十，棉花约占百分之八，其余为高粱、玉蜀黍、黍子、稷子、芝麻、荞麦、花生等。自本县贩运出境之主要农产物为棉花，大半运往天津、北平、张家口等处。此外输出农产品有小麦、芝麻、鸭梨、枣、葡萄、香油、花生油、黄花、大黄等物。

输出的制造品则有土布，销售地域为张家口及大同等处。此外有线口袋、膏药、毯子、柳罐等物。四远驰名的定州眼药销售于全国各省。

生计　定县十四岁以上的男子职业中十分之九是以农为业，此外为商者次之，各种手艺人又次之，再次为从事粗工、教育、军警、政、医等项。家庭手工业则有织布、纺线、抄纸、织毯及制造各种农家日常用具。

农家买卖物品皆在各种集市。全县共有大小集市八十三处，第三区最多，第四与第六区次之，再为第二与第一区、第五区最少。主要交易品为粮食，棉花次之，再次为线子、布、牲畜、菜蔬、山药等项。

定县自普遍掘井灌田以来，农民大致都能饱粗食，暖棉衣，生活尚极简单。大多数农民冬季食品以白薯为大宗，约占食量总数之半，小米次之，再次为豆类、高粱、荞麦、玉米等杂粮；所食菜蔬以白菜为大宗，外有萝卜、干菜、酸菜及蔓菁等物。暖季以小米为主要食品，杂粮及白薯干次之；菜蔬则有葱、蒜、莨莛、北瓜、豆角等物。所用调和甚少，除盐不得不用外，全家每月只吃得起一角钱之香油和醋。除元旦、中秋、端阳三节外，全年几不见肉类。兹将有地三十亩左右，六口之家的全年各种生活费用估计如下：食品一百七十元，燃料二十元，衣服十五元，其他房屋、应酬、烟酒、家具、娱乐、拜神、卫生、教育、公差、兵差及各项杂费约计四十五元。合计全年全家一切用费总数计二百五十元左右。

农民所用食品大半皆本地产物，所穿衣服多为本地所织土布，除煤油、洋火等极少数物品外，所用洋货甚少。用舶来品者，多系绅商及受过稍高学校教育者。

交通　平汉铁路自本县西北部通过，北有清风店站，中有定县城西西关站，南有寨西店站，近数年来定县与安国县亦有长途汽车通行。

县城与境内八大镇有县道联贯，为通行大车之土路。民国二十年吴县长重修城内马路，在附西门城墙另辟新门，车马可以直行，不必一连转绕三门，县人便之。又有所谓国道，北从唐县入境，道过清风店，县城北门、南门，明月店，向西南入于新乐县境内。

普通之运输工具为大敞车、带席棚大车、轿车、骡、驴、马等，人力车亦逐年增加，脚踏车尤日渐普遍。西关有五家转运公司，近因屡有战事及各种苛捐，营业日见萧条。

定县车站旁设有二等邮局，管理全县及其他数邻县邮务。西关十字街有电报局，为保定电报局分局，城内西街有电话局。各重要机关及县内重要镇市，皆通电话。

卫生与健康　全县肯为人医病之医生不下四百五十人，平均每村约一人，全县各种药铺约计四百处。人民所患病症最普通者为肠胃症，眼病次之，疮伤又次之，再次为肺痨、呼吸病、抽风、喉症、疹子、骨节炎、疟疾、皮肤病、天花、瘫痪等病。

公众卫生及个人卫生习惯尚谈不到，三房（厨房、卧房、茅房）问题一塌糊涂。因此农民虽有天然良好空气、日光及饮水，但不能充分利用，致显病弱状态。近来嗜好白面、金丹、海洛英者日渐增加。强种的问题，复杂得很哪！

宗教　县内穆斯林约计七千人，天主教徒约计五千八百人，基督教徒计五百余人。一般民众崇拜偶像，几乎无所不信。受过中学以上教育者有甚么也不信的趋势。

全县尚有偶像之庙宇几近千座。此外庙宇皆改为学校及村中办公处。最普通之庙宇为五道庙、老母庙、关帝庙，其次为真武庙、三官庙、奶奶庙、玉皇庙、龙王庙，再次为药王庙、马王庙、虫王庙、观音庙、二郎庙、三义庙、土地庙、财王庙等。

全县有庙会者约五十处，其中在城内及三关者八处，在第一区乡间者五处，第二区一处，第三区九处，第四区十处，第五区六处，第六区十一处。

娱乐　农民生活单调，尤其缺乏适当而健康的娱乐。儿童有简单之种种游戏。成人在阴历年节可以听本地土产之秧歌或演大戏。正月间，有城乡人民自行组织之各种娱乐会社，例如鳌山灯会、耍龙灯会、七巧灯会、武术会、耍狮子会。平日可以藉逛庙会、赶集市为消遣。夏季农民忙得要命，无闲暇寻乐之可能，冬季大半是蹲在十字街墙根下晒太阳闲谈而已。这也是嗜好赌博、白面、吗啡等不良习惯的主要原因。如何利用农暇及介绍正当的消遣方法，是颇重要的问题。

风俗习惯　定县民风朴实，颇能代表一般老实忠厚的老百姓，但有好讼之风，往往因极小争端，以致倾家败产，连打数十年之官司，期得最后之面子胜利。又有男子早婚之陋习。男子不满十六岁即已结婚者占一切结婚男子总数之半，不满十八岁结婚之男子约占三分之二。女子结婚年龄多在十五至十八岁。因此大多数之夫妇是女长于男。妻大于夫两三岁者甚为普遍，大四五岁者颇为寻常，大六七岁者亦到处可见。较富之农家子弟大半夫幼于妻，贫家之子弟大半夫大于妻。至于婚丧尤其是关于父母丧事因用费过多致负重债之积习，为我国社会普遍之现象，不独定县如此。

大致说来，定县人民之知识较邻县略高。十五岁以下之女子已无缠足者。一般农民皆尽其能力之所能及，使子弟入学读书。近二三年来人民之思想及表面之服装有显然的变化。青年女子剪发者日渐普遍，打扮日趋时髦，离婚案件多于从前。似乎生产之增加，怕是赶不上生活程度之提高。这是应当注意的地方。

总结　定县社会大致能代表中国北部的农村。从在定县数年的社会调查看来，中国社会显著的四大病象是愚、贫、弱、私。目不识字之文盲多至百分之八十以上，即此少数入天学者亦只识字而已，又非是真正受过“教育”者。老百姓几乎完全在最低生活水准下面活着，以饿不死为侥幸，视饱食暖衣为福境。加以营养不足，疫疠疾病任其传染，过灾人祸任其继续，国民身体之衰弱，岂不当然？人民虽众，一盘散沙，事关公益则袖手旁观，为私争倒可以拼命，是虽有民国而无国民，四万万人不知须打多少折扣？老实来讲，若没有适当的文艺教育培养国民的知识力，适当的生计教育增进国民的生产力，适当的卫生教育发育国民的强健力，适当的公民教育训练国民的团结力，则政治任凭如何改革，社会任凭如何组织，也是白费力气。临了再说句：大家一齐来呀，培养民族元气，巩固国家基础，逐此“四魔”，不与同中国。

（载齐鲁大学《社会学杂志》，1934 年第 4 期）

定县实验区县单位之经济调查

经济建设为河北省县政建设研究院六种建设工作之一。定县实验区内之建设事业，虽万端待举，然其重心要在改善地方人民之经济生活。定县社会，从经济结构、交换形态上，是否为自给自足，或已卷入世界经济之漩涡？外国资本主义工业势力之侵入，究达何等程度？定县人民，从生产能力及生活程度上，究为何种生活？其影响于社会经济发展之症结，究在何处？为了解此类事实计，非有一整个的、系统的、详细的调查，准确数字与具体的事实之根拟，无从悬揣。故经济调查，实为研究院中研究一切实际建设方案最初步之基本工作，而全县货物运销问题遂成为经济调查之核心。

调查之一部分结果，现已大致整理完竣。凡来定县参观者，对于此种调查材料，颇感兴趣，每详细询问调查之方法、步骤、困难，以及种种经过情况。来函询问者亦颇不鲜。故撰是篇藉以答复，并可藉此机会就正于诸位农村工作之同志。

经济调查进行之主要事项：

（1）举办土地测量，绘制全县精确地图。

（2）全县土壤调查。

（3）全县农作物面积、产量及其价值调查。

（4）全县各种工业制品产量及其价值调查。

（5）货物运销调查。

（6）集市调查。

（7）物价调查。

（8）农村金融调查。

（9）民众负担调查。

（10）民众生活程度调查。

（11）其他经济调查。

定县货物运销调查之目标

定县货物运销调查，为研究院调查部本年度中心目标之中心工作。关于全县各种货物输出入量值，不但希望获得准确可靠之数字，且于市场组织，运销程序、手续、方法、费用，亦须作精密之解剖与分析。此项调查期限，以一周年为单位，并望以后每年继续进行，藉资比较。

（一）定县土产运销调查之目标

（1）各种土产交易之总量与总值。

（2）各种土产交易总量中，销售于定县境内者之数量与价值。

（3）各种土产交易总量中，运出定县境外者之数量与价值。

（4）各种土产交易之主要地点及各地点运销之数量与价值。

（5）各种土产输往县外之地点，包括最终地点（即最后消费地点）及经过地点（即转运地点及中间市场）。

（6）一年中各时期内各种土产交易之数量。

（7）各种土产运销之程序与方法（自生产者农民之手至消费者之手，其间经过各种不同之详细步骤）。

（8）各种土产在运销程序中之各种费用（包括购买地价格、贩运费两项。贩运费内又可分运费、保险费、包补费、佣金、利息、汇金、捐税、折耗、杂费等）。

（9）各种土产在运销程序中所发现之利弊及应改进之点（即如何使运销手续简便、运销费用减轻，农民吃亏之处如何补救）。

（10）各种土产数量，上年及前五年、前十年之增减，与输出各种土产较上年及前五年、前十年之增减。

（二）定县输入货物调查之目标

（1）各种输入并销售于定县境内各种货物之总量与总值。

（2）各种输入定县而又输出定县境外之货物数量与价值。

（3）各种货物输入定县销售之地点及在各地点运销之数量与价值。

（4）各种货物，原自何处运来及经过转运之地点。

（5）一年中各时期内各种货物输入之数量与价值。

（6）各种货物输入之程序与方法。

（7）各种输入货物运销之各种费用。

（8）各种货物在输入运销之程序中所发现之利弊及应改进之点。

（9）各种输入货物数量较上年及前五年、前十年之增减。

（10）各种货物输入定县之原因。

（三）定县本地农产品销售调查之目标

（1）本地各种农产物收获时。

（2）销售时期：收获后即出售者占百分之几及原因，未收获前即预售者占百分之几及原因，经过农产仓库存储然后出售者占百分之几及原因，销售最盛时期及原因。

（3）销售地点：农民在本村出售者占百分之几，赴集市出售者占百分之几。

（4）售与何人：农民售与农民者占百分之几，农民售与铺店者占百分之几，售与中间人商贩者占百分之几，售与其他方面者占百分之几。与五年前及再早年份比较，各种农产品售与各种人之比例，有何变迁及其原因。

（5）货价收款方法：交易时付现款者占百分之几，付期款者占百分之几及期限，现款与期款兼有者占百分之几，其他各种收款方法各占百分之几。

（6）与五年前比较，收款方法之比例有何变迁及其变迁之原因。

（7）销售时之税捐及牙佣。

（8）运输工具及方法：各种货物运输工具、方法，所需用之牲口种类与人数。各种运输方法、每次载运斤数，或其他单位数量及每日能行时数；各种天气情形（晴、雨、风、雪等天气）之下每整日能行里数，自某村镇至运往地点之距离里数，晴天需要日期，每日运费，沿途捐税情形及数量，运输方法与工具在近二十年内有何变迁。

（9）有何法律或情形，系补助或阻碍农民之交易者。

定县货物运销调查之项目

全县输出入货物，种类繁杂，若巨细靡遗，同时并举，决非时间经济人力之所许。兹将首先调查之主要货物种类列下：（1）粮食，（2）棉花（包括籽棉、去籽棉、已弹棉花），（3）棉纱，（4）土布，（5）花生，（6）油饼，（7）水果，（8）蔬菜，（9）牲口，（10）猪，（11）食盐，（12）煤油，（13）煤炭，（14）洋火，（15）茶叶，（16）酒，（17）卷烟，（18）瓷器。

定县货物运销调查进行之方法

（一）初步进行之路线

以县为单位之出入口货物运销调查，国内尚无先例。我国每年华洋贸易之记载，全仗海关，定县无稽征出入县境货物之关卡，一切货物，来去自由，头头是道，事实上固无所谓口也。吾人既不能于县鄙通衢，设关稽守，以利民者扰民，又不能广派人员散布道路，作守株待兔之查记，更不能运用政治力，饬人民自动填报，致启民众之惶惑。在此有限时间、人力、财力情形之下，举办如此繁复之事业，寻出条经济活动路线，以为穷本究源之资，则东冲西突，未有不疲于奔命者。据吾人所知，定县运销调查入手进行之路线，不外三种：

（1）集市。

集市为农村经济活动之中心，各村交易多在其附近集市行之，除集日外，殆少交易行为可言。每集市所有赶集村庄，若互相联结，形成一社会区，即为以该集为中心之经济活动范围。定县有集村大小凡八十二，其中有粮食、棉花、土布、棉纱、花生、油饼、蔬菜、水果、牲口、猪等各种交易齐全者，有仅有一二种者。各种交易，皆有经纪牙行居间介绍，收取佣金，登记账本。故从各集市之经纪牙行运销商人及铺店调查，颇有获得各种货物综合可靠材料之可能。又外县集市密接本县边境者，吸收本县附近该集各村之交易，如唐县之拔茄、安国县之张家营、望都县之贾村等，其尤著者。此等集市，均为调查之范围。

（2）车站及转运货栈。

定县西关（即定州车站）、清风店、寨西店等三火车站，为本县货物运输出入之枢纽，关于运输货物种类、重量、起运或到达站名、运费、装卸费等项，各站皆有记载，虽其运进运出之货物，不尽属于定县，常有附近车站之外货物由该车站上车外运，或由平汉线运来货物至该站卸货换车转运他处，然各站运输记载，要不失为重要之参考资料。至各转运货栈乃专承办货物运输（火车、大车者、骡驮等），于货物出入关系极大。

（3）主要货物产销地。

货物交易有不经过市场直接运销者，又附近外县集市之村庄为便利计，相率赶外集县。盖赶集初无县界，往往本县行政范围以内之村庄，卷入他县经济势力之圈内。此种情形，殊堪注意。为防止遗漏起见，势不能不从各种主要货物出产地追求运销之程序，即从生产之农场起至达最后消费者止，其间经过之途程。另一方面，可自从终点市场发见之货物调查其自何地运来、其间之手续、与何种人经手、担任何种职务。

（二）调查区域之划分

以重要集镇为中心，分全县为五大区，即城关调查区、清风店调查区、明月店调查区、东亭调查区、李亲顾调查区。城关调查区包括城内及西关；清风店调查区包括第六自治区全部、中一自治区及第五自治区北一小部；明月店调查区包括第五自治区大部、中一自治区及第二自治区西半部；东亭调查区包括第三自治区大部、中一自治区及第二自治区东半部；李亲顾调查区包括第四自治区全部、第二自治区及第三自治区南一小部。各调查区（城关区除外）所辖村庄，由九十三至一百三十三不等，有集之村由十四至三十不等。城关调查区范围最小，而其社会情形、经济关系则最为复杂。

（三）调查人员之分配

各调查区依其情形之繁简，常川分驻调查员二人或三人，负责调查各该区内所有集镇及村庄。其驻在地点，以能便于兼顾主要集镇与各村为决定条件。城关调查区调查员即在城内办公处，其他四区调查员则分驻于清风店、明月店、东亭、李亲顾。凡属主要集市之镇，每集日必前往实地调查；小集之村，则酌量实情，可隔数集调查一次。此外派定知识经验较丰者一二人游行各区，调查各种特殊问题，搜集运销方面整套的活动的材料。专任调查员二人，则随时赴各区实地研究经济有效的调查方法，解决调查员之疑难，督察工作，同时搜集各方面有关系之材料。

（四）调查进行之经过

研究院调查部于民国二十二年七月一日开始办公，即积极筹办实地进行调查前必须之准备工作。十七日，各调查员分别出发赴各调查区工作。以第一月为试验时期，无问题表，无一定之步骤与方法，仅编发定县货物运销初步调查进行纲要一种，使各调查员在开始工作时清楚明了此种调查之性质、目标、范围及搬集事实材料之线索，作自由活动之根据。而尤注重于各调查员凭固有之常识经验，发现问题，并尝试寻求解决当前问题之方法。经一月之努力，各人均获得不少新的知识与经验。对于市场组织、经济系统、工商业经营方法与习惯、中间商人以及生产消费者相互关系，均有粗略认识。调查进行可能走通之路线、各方可能实际协助之程度、各种问题存在之处所、事实探求之方式，因亦测知梗概，从此决定各项调查进行之动向，编制问题表。

粮食、棉花、土布、花生、油饼、牲口、猪、水果、蔬菜等，每年皆有牙行在县政府投票包税，各行经纪再向各牙行包商转包。因征纳税佣、抽收佣金、赊欠垫款种种关系，多数备有账本，牲口猪且有税票，故上项调查，从各经纪账本、包商税票上找数字之根据，揆诸情理，最为确实。惟其中亦多缺憾：经纪因交易小，来往简单，既无力垫款，现钱交易，无记账必要，且可省购置账本及印花费用，此其一；经纪为文盲，无记账能力，又无力请记账先生，因此不备账本，此其二；账本仅作一时之用，俟某部分来往款项清楚，即不留意保存，或为妇女撕去裱糊窗户，以致残缺不全，此其三；账上不记货物来源去路，仅注交易量值，不能据以看出外县来往情形，此乃经纪利害无关之处，不幸正为货物运销调查之要点，此其四；税票常因税商违法，额外取货，买主非至不得已时，多于交税后宁愿不领税票，故全凭税票亦不能知实际交易之量值，此其五。凡此五端，仅就账本税票方面之荦荦大者而言；至于经纪商人之疑惧敷衍，不欲以交易真相示人，平添烦累。亦有其中确有不便公开之处，或违法取钱，或恐政府征收捐税，种种烦难，不胜枚举。幸赖过去中华平民教育促进会社会调查部对于民众感情，颇有良好基础，地方人士又多热心协助，籍以打破难关。

据调查所知，全县粮摊约有二百四十五处。其他棉花、土布、花生、油饼、牲口、猪、水果、蔬菜等摊贩经纪尚多，加以土布、棉纱、食盐、煤油、煤炭、洋火、茶叶、酒、卷烟、瓷器等商店，为数亦不在少。纵令材料现成搜集毫无问题，然以十数人奔走应付，欲求圆满结果，当为事实所不许。故在各项调查进行上力求对方之协助合作，各种表格形式用字力求通俗，务使经纪商人经过数字训练，便能自动填写，调查员则负指导、抽查、补充、校正之责。无账者设法解除其记账之难，劝其用账；账目不清者，劝其缮写清楚；账本不全者，依照估计方法，尽量补充。全县各摊店肯自动填表且有填写能力习以为常者，粮摊约百分之七十，棉花摊约百分之五十，花生摊约百分之六十，油饼摊约百分之八十，牲口市约百分之六十，猪市约百分之七十，其他尚须调查员自行查记。棉花交易，分籽棉、穰子（去籽棉花）、瓜子（已弹棉花）三种。籽棉交易，多在集市棉花摊行之，穰子、瓜子则另由花店或花房收买籽棉，加工轧弹，运销外地。穰子多走天津、北平，瓜子多走西北张家口。故棉花调查，必从棉花摊及棉花店双方着手。水果多行流动交易，又富于季候性（普通农产交易时期均有一定，但不如水果之显著），交易时期极短，大有稍纵即逝之概，故调查水果，由出产地、交易地及运输三面并进。花生、牲口、猪交易、大量为外县集市吸收，故不能不越出定县境界，赴各有关系之外县集市调查。棉纱、食盐、煤油、煤炭、洋火、茶叶、酒、卷烟、瓷器等皆有固定商号，交易亦非限于集日，故随时可以调查。

其他经济方面之调查事项甚多，限于篇幅，不能尽述，容他日再为文继续讨论之。（调查之结果可参阅河北省县政建设研究院最近出版之《定县经济调查一部分报告书》。）

（载《民教月刊》，1934 年第 1 卷第 4 期）

华北农村人口之结构与问题

编者按：

李君对于人口问题，一向很注意，随时搜求材料。本文是以定县六十五村家庭人口为对象的一个调查，很可庆幸的是因平教会与地方人民有很好的关系及其他种种便利与准备，材料极忠实可靠。

虽然只是定县的调查，然而因是一个人口比较稳定的农村社会，所得的结果很可代表华北农村人口常态情况。

作者分析人口结构的结果，最引为严重的问题是人口繁密超过了土地所能供给的限度，因之人民的生活程度、教育健康和品格的养成等具有问题，关于这些，作者都有详细的讨论。

最后李君说到农村中节育的需要与可能性，这一点与通常以为农民保守性过重、不能接受节育的方法的见解不同，使从事农村工作者感到一线曙光。

关于中国的人口，至今还是一个大谜。不但全国的总数是恍恍惚惚，恐怕没有一省，甚至于一县，有十分可靠的确数。至于人口内容的结构，也是同样如在五里雾中。究竟男女人数的准确比率是多少，各年龄人数分配的百分比是多少，每家人口的数目是多少，人口的各种密度是多少，以及许多其他的问题，都是一个现代的文明国家所应知道的，而且是应根据正确的统计。近几年来，关于我国人口之构成或现象也曾有一些零星的报告，但经过详细的分析审查之后，大半令人怀疑其准确的程度，因为其中许多现象竟为古今各国人类所罕见。

作者对于我国人口之大谜，闷得难过已久，也随时利用可能的机会尽量求得了解。直到民国十九年，才得到了一个空前良好的机会，在平民教育会的定县实验区内举行了六十五村的家庭人口调查。尤可幸的是在一个人口比较稳定的农村社会，因此可以代表常态的人口情况。这次调查也能把各方面都顾到了：有了地方人民的信仰，有了充分预备的时间，有了训练过的忠实调查人员，有了清楚的简单表格。总之，凡关于以往种种人口调查失败的致命伤都能一一应付得当。作者因此也就能得到一次满意的结果，也就对于中国人口之谜微透曙光，把握住一些探讨的线索。本短文内，只把人口结构分析的结果，从几方面作一个简略扼要的总述，并随时附带加以一点说明。又因为中国农村家庭生活的各方面都直接或间接受了人口繁密的影响，故对于这一方面所发生之连带问题多加一些讨论。从人口繁密问题，又不得不引到节育问题。关于这个问题的意见，更是言人人殊，仁者见仁，智者见智，更不容易得到共同一致的见解。作者不过兴之所至，把个人在华北农村从事调查工作时之一些感觉，附带于此叙述而已，因此不免稍带情感，谈不到是研究的结论。

自然，社会问题是社会整个的问题。各方面的部分问题，都有互相联锁的关系，要来单独解决其中的一个问题是不可能的。要求解决必须是从根本下手，求整个的解决，否则头疼医头，脚疼医脚，终不能彻底。今日社会问题之核心，固然是社会组织之如何改造，亦即所谓改善社会之生产关系，例如土地之重新分配、生产之合作经营。换言之，亦即如何使社会间人与人之关系达到公平，不因一方面之剥削而发生对立之冲突。此核心问题不能彻底解决，则一切其他问题也不能圆满解决。可是于期待此根本问题终有解决之日的期间，我们也不能不同时对于其他次要的问题，求得相当的解决，虽然清楚知道不是根本的彻底的解决，不过求其至少可以随时在可能的范围内尽力减少人类一些痛苦，增加人类一些幸福。对于人口繁密问题之解决，亦不过作如是观而已。

一、农村人口的结构

（一）农村家庭之大小与亲属关系

关于我国农村家庭的大小很缺乏可靠的报告，对于家庭人口的范围又多是没有清楚标准。在中国社会的现状之下，也实在不易得到精确的结果，因为在乡间举行挨户人口调查真是难关重重。若要认真得到事实，几乎是不可能的。在定县地方藉着平民教育会与农民的好感，才能获得比较满意的结果，也大致能代表华北农村情形。在调查的六十五村内共计五千二百五十五家，共计三万零六百四十二口（详见拙著《定县社会概况调查》上册第一三三页第23表），如此平均每家五点八口。此处家庭系包括一切共同生活之人口而言，凡无密切之经济关系者一概除外。这个平均的数目在这盛行大家庭制度的农村社会实在不算高，因为欧美小家庭制度下的农村人口平均每家尚在五口左右。这也可以一部分表示由于死亡率高，尤其是儿童的死亡率或种族衰弱，而又由于生计困难、营养不足、不讲卫生、疾病流行等原因。五千余家中有一百九十四家每家只有一口人，大半系亲属皆已死绝之老年鳏夫或寡妇，尚有田产可以维持独居的生活。五千余家中四口之家最为普通，计八百五十二家，五口之家次之，三口之家又次之，再次为六口之家。不满六口之家庭数目超过家庭总数之半，占百分之五十五。超过十口之家庭占百分之九，超过二十口之家庭占千分之七，超过三十口者仅有四家。

虽系大家庭制度，而有两辈人之家庭数目约占家庭总数之半，有三辈人之家庭占家庭总数五分之二，有四辈人之家庭不到百分之一。弟兄皆已结婚而同居之家庭占家庭总数百分之二十七，子已结婚而与父母同居之家庭约占家庭总数之半，子已结婚而仍与父母及祖父母同居之家庭占百分之十三。

若按与家主之亲属关系来分析，则在五千余家的人口内担负家庭经济责任最主要之男家主占人口总数百分之十七（寡妇女家主占千分之七），妻占百分之十三，未婚子占百分之十三，未婚女占百分之十一，以上一切人口总数占百分之五十四；其他一切亲属关系之人口占百分之四十六，其中包括已婚子百分之八、儿媳百分之八、孙百分之六、孙女百分之五、母百分之四、弟百分之四、侄百分之三、弟媳百分之二、侄女百分之二、侄媳、孙媳、父、侄孙、嫂、妹等五十一种亲属关系。这里应注意的一点即百分之五十四的家庭人口是家主、其妻与他们的未婚子和女，也就是西洋小家庭制度的家庭人口。而中国的农村家庭内有百分之四十六，几为半数，是为其他的亲属关系。虽然如此，可是每家的平均人口数尚不满六口，常见的家庭不过四五口。这实在是应当注意的现象。

（二）年龄与性别的分配

关于男女数的性比例，即每一百个女子与男子数之比率，在已往许多政府的及私人的调查报告中，作者不得不怀疑其准确的程度。有言一百一十左右者，有言一百二十左右者，甚至有高到一百四十或一百五十以上者。若在人口参差不齐之大城都邑，吾人实在不易推知其确否，可是若在人口比较稳定的农村就有问题了。至于许多年龄分配的报告也多是显然理会出不妥当的地方。有的儿童组的数目远低于青年组的数目，有的各年龄的人数过于参差不齐。这多是由于调查时的疏忽和报告人的欺瞒。定县的农村人口是很稳定的，少有移动的变化。此处男子对一百女子的性比例为一百零六。换个说法，就是每一百人中有五十一个男子，四十九个女子；男子数占人口总数百分之五十一，女子数占百分之四十九。男女相差之数目不像一般人所想象的那样悬殊。

不满一岁之婴儿的性比例为一百零七，男性多于女性。不满五岁之婴儿的性比例为一百零四，男性仍多于女性。及至婴孩长大时，女婴的死亡率就渐高于男婴的死亡率了，这大约是由于家庭珍贵男孩而轻视女孩的结果。五至九岁之孩童的性比例为一百零九，这样女孩死亡数更多于男孩死亡数了。十至十四岁幼年的性比例增至一百一十，十五至二十四岁青年的性比例增至一百一十二，二十五至四十四岁壮年的性比例约为一百一十，四十五至六十四岁的性比例约相等，六十五岁以后的性比例渐渐减低，六十五至七十四岁的性比例为八十五，七十五至八十九岁的性比例为五十，超过九十岁者女性数目尤远超于男性数目。总起来说，男婴儿数目略多于女婴儿数目，及至年龄渐增，男孩有渐次更高于女孩的趋势，男女达结婚之年龄以后，青年妇女因生育与精神上的受气，死亡率更高于男子，壮年以后男子数目比较渐少而女子数目渐多，至老年时女子数目远超过男子，九十岁以后所余人数几乎皆为女性。这一部分是由于女子天然寿命较长，也大约因为妇女在逃脱为儿媳时期的难关以后当了婆婆，身心大为舒畅，一定影响到身体的健康与寿命的延长。在男子方面多为生活压迫，负家庭的重担，甚为劳苦；及至衰年，精力多不能支持，与寿命之短大有关系。

农村人口年龄的分配自不满一岁的婴儿数目起至九十余岁的人数止，每年龄的人数大致均整齐一律逐渐减少，即年龄愈高其人数愈少。例如定县五千余家的人口内不满一岁的婴儿占人口总数百分之三点一八，一岁者占百分之二点三九，两岁者占百分之二点三六，三岁者占百分之二点二七；如此按序的百分比为百分之二点二二、百分之二点一九、百分之二点一八等。再以每五龄组人数所占的百分比来看，不满五岁的人数占人口总数百分之十二，五至九岁者占百分之十一，十至十四岁者占百分之十，十五至十九岁者占百分之九，二十至二十四岁者占百分之八，如此随着年龄的次序人数一律渐次减少。

从人口年龄的分配（人口数不能太少）亦大致可以看出一个地方人口增减的趋势，尤其是很少移动的人口。人口专家孙巴格氏（Sundbarg）曾按年龄分配将各地方人口分为三类：（1）增多类，就是一个地方人口有增多的趋势；（2）稳定类，即一地方之人口不增加，亦不减少；（3）减少类，即一地方之人口有渐减少的倾向。定县五千余家人口年龄分配之百分比与孙氏三类人口年龄分配之百分比并列比较，则见定县人口恰属稳定类。即不满十五岁之人口数占人口总数百分之三十三，十五至四十九岁之人口数占百分之五十，五十岁及以上之人口数占百分之十七（增多类之三组年龄的百分比按序为四十、五十、十；减少类之三组百分比为二十、五十、三十）。这实在是可注意的现象，不是偶然的巧合。这种现象是否能代表中国他处农村社会，尚不能一定，尚待此后他处亦有同样比较可靠的大规模调查结果的参考证实。于目下尚在缺乏确实的农村人口生亡统计的时候，很宜审慎对于中国人口的增减试下结论。从我数次在农村调查人口的经验及其他方面农村社会的现象看来，似乎使我觉得不出两个推断，即我国农村人口之增加是极缓慢的，也许在许多的地方是不增不减的稳定人口；若无特殊的天灾人祸，人口自然的繁殖大约不会减少的。

（三）农民婚姻情况

Ⅰ．已婚未婚男女人数之比率　在五千二百五十五家的三万零六百四十二人口中男子共计一万五千七百八十人，女子共计一万四千八百六十二人；已婚之男女共计一万七千七百八十八人，其中已婚男子计八千四百四十四人，已婚女子计九千三百四十四人，已婚女子多于已婚男子九百人；未婚之男女共计一万二千八百五十四人，其中未婚男子计七千三百三十六人，未婚女子计五千五百一十八人，未婚男子多于未婚女子一千八百一十八人。再从男子数的本身来看，在一万五千七百八十男子总数中已婚者多于未婚者一千一百零八人；从女子数的本身来看，在一万四千八百六十二女子总数中已婚者多于未婚者三千八百二十六人。从这些数字中使我们注意的是虽然男子总数超过女子总数，而已婚的女子数超过男子数，未婚的男子数远超过女子数。最大的原因是因为女子到了结婚的年龄，除特殊的原因外，没有不出嫁的，而许多男子却是因为贫寒的压迫虽然到了结婚的年龄仍然娶不起媳妇，只得迟延下去，甚至终身不能结婚。在五千五百一十八个未婚女子中十五至十九岁者占总数百分之十一，二十至二十四岁者占百分之一，二十五岁及以上未婚者仅有三人。在七千三百三十六个未婚男子中十五至十九岁者占总数百分之十一，二十至二十四岁者占百分之七，二十五至二十九岁者占百分之四，三十至三十九岁者占百分之五，四十至四十九岁者占百分之二，五十至五十九岁者占百分之一，六十岁及以上者尚有百分之一。显然可以看出若干男子迟婚和无力结婚的现象。

Ⅱ. 农民结婚年龄　农民结婚之早令人惊异。据定县的调查，男子初次结婚之年龄不满十岁的（皆系实足年龄）占所有已婚男子总数百分之一点三，最低者七岁！十至十四岁结婚者，竟占已婚男子总数百分之四十！十五至十九岁结婚者占百分之三十六，二十至二十四岁结婚者占百分之十二，二十五至二十九岁结婚者占百分之五，三十至三十九岁结婚者占百分之五，超过四十岁结婚者占百分之一，最高之结婚年龄为五十一岁。女子初次结婚年龄不满十四岁者占所有已婚女子总数百分之八，最低者十二岁，十五至十九岁结婚者占百分之六十九，二十至二十四岁结婚者占百分之二十二，二十五至二十九岁结婚者占百分之一，最高之出嫁年龄为三十八岁。早婚之陋习甚为明显，尤其是男子方面。大多数的男子尚在十七岁以下即已完婚。这与本人身体的发育、疾病、衰弱显然大有关系，并与子女的数目和健康亦自然发生很大的影响，更牵连到许多其他社会的和家庭的严重问题。

Ⅲ. 农村家庭内夫妻年龄之差异　男子结婚年龄既然大半低于女子，因此大多数的妻子长于丈夫。在定县所有匹偶总数中，妻大于夫者竟占百分之七十！平均妻较夫大四岁。夫大于妻者占百分之二十四，平均夫较妻大八岁。夫妻年龄相同者占百分之六。在所有匹偶中妻大于夫的总平均年龄差数为八个月。妻大于夫的最普通年龄差数为两三岁，相差四岁至八岁之间的亦颇常见。夫大于妻的年龄则很有差别，有高至二十八岁者。贫苦的家庭内有许多是夫长于妻的，因为没有早娶妻的经济能力。富裕的家庭内大半是夫幼于妻，因为有钱可以为孩子们早娶。娶大媳妇的原因并非是本人的主意，乃是婆母要早早有一个年长力壮的儿媳作活，少顾到儿子的幸福。因此夫妻的爱情颇受影响，结婚开始时是女子方面的痛苦，尤其是受婆母和小姑虐待而丈夫年幼不能作主的孤苦少妇。以后又轮到男子方面的不高兴，因此很易发生许多不良的结果和问题。

二、人口繁密的影响

（一）人口密度

人口密度与农民的生计、健康、智识、文化和许多其他社会现象大有关系。我所最熟悉的定县的农民生活、乡村组织、农业情形可以相当地代表华北的农村社会。即以此县而论，全县人口约计四十万，能耕种之农田面积约计一百六十万亩，合二千九百六十方里，等于三百八十英方里；如此每英方里田地约计一千人，平均每人约合四亩，人口的繁密甚为显然。

（二）人口繁密和生活程度

即以食粮而论，根据乡间一句有经验的话“大口小口一月三斗”，则每人一年需粮三十六斗，全县四十万人，如果“大口小口一月三斗”的话是对的，则全年需粮一千四百四十万斗。县内田地多为中等土壤，好田坏田都有，农作物以谷为大宗，农民亦以小米为主要食品。假定全县所有田地皆种谷，平均每亩在普通中等年成可收获八斗，全县全年可以收获一千二百八十万斗，如此尚缺少一百六十万斗；若在七成收获之年，全县全年约得一千一百二十万斗，尚不足三百二十万斗；若在五成收获之年，则亏六百四十万斗；若遇不常见之丰年，则全年约得一千六百万斗，可余一百六十万斗；若在九成收获之年，则全年约得一千四百四十万斗，恰好足用。

自上面粗略推算的数字即可大致看出人民平日生计之一般。实际上县内田地不完全种植五谷杂粮，也种不少的棉花、水果等物。而农民所种的小麦、芝麻、花生及一切值钱的农作物大半出售，舍不得自己吃，也是吃不起的。那么农民如何能活呢？邻县情形大约也是如此，难兄难弟谁也救不了谁。于是只可拣最便宜而又能解饱的东西吃。如此白薯这宗产物就应运而出、首当其选了。定县的大多数农民在阴历九月至正月多吃白薯和小米，外加少许豆类、高粱、荞麦、玉米和几种菜蔬。每口食品数量中白薯约占十分之四，小米十分之三。六口之家的每日各种食品数量大略如下：白薯七斤上下，小米两斤多，杂粮一斤四五两，白菜和晒干的萝卜叶子等干菜两三斤。普通的家庭把这几种东西都搁在大锅内，放上盐，加水，煮成粥，谓之菜粥，也有时加几滴油在里面，然后各人拿大碗取食。每日如此，大同小异。自二月至四月，农民渐有工作，也得多吃些颇能耐饥的东西。此时期内一家每日三餐食包括小米五斤，白薯干两斤半，杂粮一斤上下，萝卜干一斤，渐有小葱、韭菜等青菜。五月至八月，农民终日田间工作，食品尤需耐饥，因此小米数量增到食品总量的十分之八。

关于调和，自阴历九月至次年正月时期内，普通一农家每月用盐四斤半，五分钱的醋，五分钱的香油和花生油。自二月至八月时期内调和渐增，每月用盐约五斤，一角钱的醋，一角钱的香油。关于肉类，全家在一年内也许用到十斤上下，其中大半用在三节；也许用四五十枚鸡蛋，大半是款待亲友。定县产不少瓜果，若一家在全年内舍得吃柿子十五斤、枣十斤、梨五斤、杏桃四五斤、葡萄二斤、西瓜两个、甜瓜和菜瓜四斤，就算不错。

总之，一般农民过的是“大锅菜粥”的生活程度。我们用不着费工夫讨论他们食品的清洁不清洁，滋味的好不好和营养的够不够罢。一个农民最高理想的愉快生活，大约是他要能够达到每日“烧饼油条不离口”的地步，就是他的极乐世界，也就是他无上的生活标准了。

再看农民所穿的衣服如何。六口之家若能每年匀出十五元钱来用在衣服上就得知足。这十五元的分配大概如下：用六块钱买本地所织粗土布八十尺，买一块钱细一点的爱国布或洋布十几尺，不到两元钱的棉花四五斤，鞋料费两元半，袜子费一元半，添补被褥一元左右，其余一元钱包括其他一切的衣着费。既然平均每人全年衣服费只合两元五角，这如何能够用呢？不错，是不够用。结果是小孩子，尤其是男孩，从春天就开始赤条精光的一丝不挂了，直到霜降的节令还有赤裸裸的。少作工的老年人只求衣能蔽体足矣，即有几个窟窿也没大关系，邻人也够不上笑的资格。青年妇女的衣服是不能不讲究些的，何况她们也从事劳苦的工作，于是她们占去了这十五元的一大部分。还有工作的壮丁是必须多费衣服的，因此也占去全家衣服费的一大部分。这样按照轻重缓急的成分来分配，这十五元的出款就对付着解决了这一个人生的衣服问题。

衣食以外，人类需要住房。定县大多数农家的房屋不到六间，三间者最为普通。若只有三间，则以一间为卧室，一间堆积东西，当中一间为厨房，夜间也可以将牲口、猪、鸡或别的动物拉到这间屋里，免得丢失。居住的如何舒适，读者用点想象也就够了。衣、食、住三方面主要的生活问题既然有了着落，行的方面就更不成问题，拿起腿来走就行了，大多数的人仍然是洋车没坐过，马路没见过。

若一个农家仅有二十五亩田地，全家的总收入在二百元左右，除好年成外，不易超过二百五十元，于是一家六口人的全年各种支出亦不能超过这个数目。各种生活费的支出大致如下：全年食品费一百六十元，其中米面杂粮费计一百三十元，菜蔬二十元，调和五元，肉类三元，其他杂项食品二元，每人每月约计食品费两元二角；全年各种燃料费需二十元，其中柴煤费十八元，煤油及洋火费二元，每日合煤油半两合铜元二枚，夏季几乎不用；全年房屋费约十八元，每月合一元五角；衣服费十五元；此外各项杂费全年约计十七元，其中包括应酬费四元，兵差二元，烟酒茶等嗜好二元，村中公差摊款二元，娱乐一元五角，家具一元五角，医药一元，焚香烧纸半元，清洁卫生半元，其他特别费二元；全年全家生活费总数约计二百三十元，每人全年生活费约计三十八元，每月约计三元，每日约计一角。这里应当附带插入一句，就是大多数的农民生活程度也许对于上面所说的生活程度还是望尘莫及。

在这种平日仅免于饿死冻死，一有不测即不免于饿死冻死的生活程度之下，我们主张他们家庭讲卫生，子女入学校，人民重公德，甚至希望他们向上发展，增进文化，提高人生标准，岂不是近于妄想，至少是希望太奢罢！

即以定县而论，人口之密度显然已达到饱和点，人口数目大约已经超过土地生产所能供给的限度，至少已觉人满之患。不但关于衣食住行的物质方面感觉苦痛，即人民之知识、健康、品性等方面亦已连带大受影响。兹亦简略叙述于下。

（三）人口繁密和教育普及

农民大半皆知读书的好处，也尽其力之所能及使儿童入学，且有“万般皆下品，惟有读书高”的观念，但农村文盲数目之众令人惊异。定县教育颇为发达，有模范县之称。据民国十九年之调查，全县七岁以上之人口总数约计三十三万人，其中识字者仅占百分之十七，约计五万六千人，不识字者竟占百分之八十三，约计二十七万四千人。不识字者中，女子有十五万六千人，男子有十一万八千人。县内十二至二十五岁的男女青年占人口总数百分之二十四，约计九万六千人，其中识字者占百分之二十六，约计二万五千人，不识字者占百分之七十四，约计七万一千人。自民国十九年以后，经过平教会的努力及近一二年来实验县县政府之强迫铲除文盲工作，青年男文盲虽已逐渐减少，而女文盲仍占多数。已识字的人中入学未满二年者占百分之十七，入学二年以上而未满三年者占百分之十八，入学三年以上而未满四年者占百分之二十二，入学四年者占百分之十八，入学五年以上的人数则锐减。按一般的习惯，儿童在初级小学毕业就不再升学了。即入学者亦多缺课，且大半中途退学。大秋与麦秋农忙时即停课放假，学生须回家工作。

农村文盲这样多的原因固然很多，但主要的原因是因为念不起。普通的儿童尚不到十岁就得帮助在田间工作，富裕农家的儿童才上得起学。曾询问五百六十个文盲未入学的原因，回答因家中贫穷者二百八十五人，回答自幼作活太忙没工夫入学者二百三十七人，合计五百二十二人，占总人数百分之九十五。忙的原因仍是因为穷，总之是因为穷忙。穷忙的主因是因为地少人多。虽然终年劳苦所获无几，仍不免冻馁之忧，所谓“乐岁终身苦，凶年不免于死亡”。在这种天天继续为下次饭发愁的环境里，不知埋没了多少人才。人口愈多，生命愈贱，生活愈难，贫者愈贫，愚者愈愚，文化很难向上发展。物质文明不进步，则精神文明实难进步。想要提高人民的智识，必先或同时设法提高人民生活程度。

（四）人口繁密与种族健全

一种族健全之程度大致可以从死亡率之高低、平均寿命之长短、身体之发育、疾病之流行、人民卫生之常识及设备等方面看出来。中国现在农村之死亡率，据已有之调查，每千人最低亦在三十左右，大约在三十五与四十之间，而近代文明国家人民之死亡率已低至十五左右。我国人民之平均寿命约在三十岁，而英美人民之平均寿命将近六十岁。人民生计困难，营养不足，又极缺乏卫生常识，因此各种疾病任其流行，儿童死亡率之高为各国冠，幸而生存者身体之发育亦多不健全。

就一般农村论，每千个不满一岁之婴儿中死去者约达二百五十人，其中因生下后得四六疯而死者约计六十人。据同事之卫生专家言，苟收生时剪婴儿脐带之剪刀在开水内煮一煮，收生婆之手用消毒水洗一洗，即可保存其中大多数之婴儿。农民患沙眼者竟超过人口总数百分之七十，此外极流行之病症为各种肠胃病、呼吸病、肺痨、产后疯、天花、疟疾、疮伤等病。再以普通的清洁方面来看，农民在冷季五月之久少有更换贴身衣服或沐浴者。妇女自生至死只洗过一次澡（生后第三日）。一个人身上没有虱子在他们的想象中是不可能的事。

吾人常以为农民之体格甚为强健，不知这都是从多少人中死剩下的，而且余下未死的这些男女老幼若细一调查多显病弱状态。若继续任其归于自然淘汰，则此不甚健全之种族将更日趋劣弱。若欲挽救此种趋势，则须设法减少疾病，促进健康，增高寿命，灌输卫生智识。而今日举办卫生之最大难关，为农民之贫穷与愚昧。农民对于卫生常识之缺乏固无论矣。即或设法增加其健康之知识，亦有不易实现之苦痛。例如农民亦未尝不知肉食之味美，而且多含滋养料，但目下粗食尚难一饱，想要吃肉岂非梦想？他们也未尝不知常换衣服，不但干净而且美观，但全家全年只能出得起十余元的衣服费。男子在夏天能有在野外沟渠洗澡的快活机会，也未尝不知道冷季沐浴亦必同样舒服，但往澡堂去洗必得花钱，在家内洗须得费柴火烧热水，又得买澡盆，也找不出方便的地方，妇女更难办到。农民沙眼病之普遍令人惊异，家内有患者一人则全家即被传染。预防之方法，须全家不用同一脸盆与手巾，必须各人用自己之脸盆，至少须用自己分开之手巾。此亦农民甚难办到者，因为脸盆数与手巾数须增添数倍，而其全家全年之家具费不过二元左右。产前产后之妇女亦知休息保养之好处，但她必须做饭、看孩子；往往婴儿产生时亦是亲自下手，次日仍得下地工作。今日农民之痛苦可谓已达极点，尤以妇女为最。在这种情境之下，我们如何能希望他们、苛求他们尽适当抚育子女之责任？今日之西医，尤其是医学博士表示中医之不科学，亦常痛责普通庸医之杀人。可是他们个个都拥挤在北平、上海等大城都邑，而不到需要最急的农村来行医。其原因安在，不必细讲，是因为一般农民花不起他们最低要求的挂号费、出诊费、住院费啊！因此他们德医也好，美医也好，与农民是不发生关系的。农村的中医固然不好，但他们不在诊费上计较，几个鸡蛋、几根油条也就行了。穷人非等到爬不起炕时，想不起医生，也只能去找穷人惊动得起的医生，就连这种读者看不起的医生仍然是大多数得病的农民不常请的，任其病症自然痊愈，或病死认命而已。

总之，欲求农民身体之强健，无论在医药治疗方面或卫生预防方面，必须得到农民之合作及其家庭本身有相当之设备而后可，如此亦须同时减轻其经济之压迫。否则理想之计划，仍是等于望梅止渴。但欲减轻人民今日生计之困苦，则于人口繁密不能不谋一解决，因其有决难分开之密切关系。

（五）人口繁密与农民性质

人口繁密之影响于农民生计、健康、智识，显然易见，亦能以数字证明；而其影响于农民精神方面的表征，多赖观察与感觉。以今日农村有限之土地，供养此已达饱和点众多之人民，即在普通年成已到你饱我饥、我暖你寒之势，于是不得不彼此拼命竞争，以求生存。一种显然的现象，是养成自私自利的观念与行为：只知顾自己家庭的利益，不顾邻家的利益；甚至于自己家庭人口之利益不能完全顾及时，则又只顾自己本人之利益，而不顾念家中他人的利益。“老吾老以及人之老，幼吾幼以及人之幼”之美德，已成圣贤过去之佳话，在现在农村的生活里不易找到遗迹。公共心缺乏的表现，到处容易看到，村民虽众，不啻一盘散沙，事关公益，多袖手旁观，为小事私争倒可以拼命。农村中比较优秀的分子及所谓好人的，大半不肯出来为公家做事，因为觉得既少利益，又惹是非。于是土豪劣绅应运而出，假公济私，榨取老实农民的膏血。一般平庸的农民则奔忙劳碌地追求衣食，既无发财之本领，又缺为非作歹之胆量，于是养成种种消极方面的品性。非大卖力气而且继续大卖力气不能挣钱养家，于是勤苦耐劳性质之养成是自然演成的结果。连勤苦所得亦常感不足，荒年随时可以临头，于是又自然养成节俭的品性。大多数家庭田亩平日之收入仅足对付生存，稍遇意外，轻则全家有饥寒之忧，重则倾家荡产，于是一般农民平日无不安分守己，遇事忍耐退让，不敢与人计较短长，非至危及维持生命之饭碗时不敢抵抗，总是和平了结。“得饶人处且饶人”“唾面自干”“忍为高”是农民的金科玉律。于是是非不深分辨，处处表现敷衍对付、讲面子、模模糊糊之习惯。天灾人祸不时发生，饿殍遍地已为常事，既无救济，又少储蓄，不幸饿死是命该如此，侥幸不死自然应该知足。此外不甘心受此痛苦而有胆量者，则去当兵或为土匪。活在这种自顾不暇的境地里，自然不能顾人，也不敢顾人，往往甚至连自己的妻子、儿女都可以出售，尤其是把女儿明明陷入火坑，亦有时易子而食。天下忍心之事，孰有过于此者!？这种社会还能养成同情心么？农村家庭之内幕与问题，尤其是人口众多之大家庭里面，更是复杂，显然造成虚伪、倚赖、多疑、虐待、貌合神离、个性及个人便利之损失、青年妇女之苦痛等种种现象。总之，这些似乎好的节俭、勤苦、和平、忍耐、退让、知足、安分守己、听天由命等消极的美德，和马马虎虎、敷衍、麻木不仁、无情、怯弱、虚伪、多疑、讲面子、委靡不振、少生气、缺乏创造力、不进取、缺乏公众观念、不清洁、不合作、缺乏组织能力等性情和习惯，都是社会的和家庭的环境养成的，也可以说是逼挤出来的。并且无论是直接或间接都与人口繁密有连带的关系。

（六）人口繁密问题之解决

穷、愚、弱、私、闷，已成今日农村社会显著的五大病魔。如何逐此五魔，为中国今日急需解决之问题。这些现象固然为不同之原因所造成，其中基本的原因自然是土地分配之不公平，生产关系之不适当，社会组织之不妥善。因为此根本问题尚未解决，所以产生许多惨苦的现象及其他附带的问题。人口显出繁密的现象，就是其中之一例。若能把今日之社会根本地来改造一下，自然是再好没有。可是于此期待治本的实现期间，也无须忽略治标的工作，大可把摆在目前待决的部分问题加以注意，而设法减轻人类之一些痛苦。现在农村社会之现状，显然多少也受了人口繁密的影响。吾人不得不想出几种治标的办法。欲要免除目下人口之压迫，除在土地分配和社会结构的本身谋大致一劳永逸的解决外，尚有三条不无小补的途径：（1）增加生产，（2）移民，（3）减少现在之人口。就以定县地方而论，虽然大部分田地皆已为井水或沟渠灌溉之水田，但农民生产技术之落后，甚为显然。据金陵大学与平教会等处之实验，在同一状况下，许多改良品种较原有品种之产物量增加三分之一左右。据农业等家可靠之估计，若农民完全采用改良籽种，改良肥料、新式农具，再加以合作办法，则较现在之生产可增加三分之一至二分之一左右。产物既增，一方面可以提高原有人口生活之程度，一方面也可以供养较多之人口。若再发展工业，亦可吸收一部分农村之人口。无论增加农业或工业生产，皆予人口繁密问题一部分之解决。至于解决到如何的程度，自然尚有疑问。是否产物的增加率，即能永远维持人类之适当的生活程度，更是疑问。关于第二条路，移民，华北近数年来每年自动移往东北的日渐增多。此后东北的路，定不如从前的畅行无阻，人口定受不利的影响。将来也许西北可以容纳不少的移民，目下方在提倡，尚未实现。中国地大物博的迷梦已经不甚可靠，是否即能解决繁密之人口问题尚待精密的考察。现在各国又多反对华侨入境，海外移民亦为不易办到的事。以中国这样众多的人口，既然在增加生产和移民垦荒两方面都没有绝对的把握，就不得不也在人口的本身方面来想办法，即或不能立刻减少其数目，亦应设法防止其增加。已往天然淘汰的方法皆赖饥荒、疾病或兵灾，其结果不过增加之惨苦程度，而不能解决问题，于是节育方法不得不为吾人所注意。

有人以为今日之大病“不患寡而患不均”，完全归咎于经济制度之不良，政治之腐败，军阀之贪污，以至帝国主义之压迫，资本主义之侵入。诚然不错，这些都是主要的原因，非把这些问题根本地解决不可。至于生产关系之问题完全解决了以后，人口繁密的问题是否也随着即能彻底解决，亦是疑问。即以华北而论，平均每人不过四亩左右田地，全年所获不过四十元左右。人口若无变动，即令尽量增加生产，也尽量开发荒地，是否因此即能使农民达到比较理想的生活程度，更不用说又是一个疑问。因此关于人口繁密之解决，节育也是一条不应忽视之出路。这是许多人到乡间工作以后所共同感到的。曾记得有一位热心的女医士到一个农村实验区去从事农村卫生改进工作，先从训练旧式产婆入手，为要铲除农村婴儿常患的四六疯。在工作数个月以后，她有一次和作者谈话的时候，带着严肃的神色，颇踌躇地叹息着说：“我现在心里有一个不清楚的问题，就是我还不知道我的工作是与农民真有好处呢，还是反倒有害处呢。我来到农村虽然不久，已经理会农民家庭人口这样的拥挤，生活这样的困苦可怜，尤其是多孩的妇女，使我目不忍睹！假定我的实验成功，在每一千婴儿中较比现在要多活一百多个，为母亲的要看管更多的孩子！他们现在受罪，长大了更是活活地受罪。将来的食品更要感觉不足，住房更要拥挤得不堪！情况不是比现在更惨苦么？我是到底救了这些婴儿呢，还是害了这些婴儿呢？他们出生即死或不久即死，痛苦岂不比较少得多么？”我听了某某女士的话，亦发生无限悲哀与感慨。某女医士真是一位有心人，不是盲目的慈善家，她的话值得吾人的注意与深思。作者当时不知所对，沉吟一会儿才答道："同时从事农业的和经济的专家们，也许研究出很好的方法来，能大量增加农业的生产，提高了农民的生计，人口虽然加添，也许无妨（作者心里也明白答复得勉强）。"某女士又说道："能担保如此么？不一定罢！"作者不得已静静地答道："假定目下社会的组织和土地的情况不能变变，移民与大量的增加生产也不能早日实现，而实在没有办法的时候，也许节育是一条出路罢。"

总而言之，就许多农村的观察，清楚地看出来，若人口继续任其增加，同时又没有大量增加生产、增加地亩、提倡实业，或移民他处的出路，则生活问题也要依随得更加严重，恐有"道高一尺魔高一丈"的趋势。假定现在人口的数目不再增加而同时尽量增加生产、发展工业，再有一部分移居西北，则人民生活的程度虽然一时不能提高到吾人所理想的地步，但至少能减少现在许多的悲剧，生活一定也要一天一天比较地向上，在教育文化方面可稍有进步的可能。

作者从前也是对于节育问题没有大加注意的一个人，也没有想到问题这样严重。及至愈久住在农村调查研究，愈不得不感觉人口过密的惨苦和节育的需要。我未到农村和到农村不久的时候有一个颇错误的观念，就是我以为农民虽然过此种极简单的生活，他们仍然是快乐的、知足的、不觉得痛苦的。其实不然，他们的知足是无法的、认命的，他们是深深觉到他们的痛苦的，谈起话来是愁眉不展的、唉声叹气的、呻吟的。他们能够在受任何痛苦之下所发出的忍耐的笑容是使我们心酸的而起敬的。大约我国农民是最能忍苦而又能听天由命、不过于抱怨的民族罢。

实行节育、移民、增加生产，这三样都是可以相当地解决人口繁密问题。若单独在任何一方面努力而忽略其他方面，则效力较缓。若能双管齐下，或三面并进，则收效较速而大。只移民与增加生产而不节育，终有不能移增之一日。可是若能节育，虽无地可移、无产可增，亦终有人地适可之一日。故三者之中仍是以节育为最有把握，作者心目中的节育不是使人完全不要子女的节育，乃是相当的节育，而不使子女太密。

总之，若真能一方面尽量增加已垦田地之生产与移民殖边，一方面实行节育，则现在人口繁密地方之家庭数目自然逐渐减少，家庭之人口数目亦必逐渐减少，而同时各家之田地亩数与收入却是逐渐增加，再加以适当之教育与指导，吾人可以推测家庭的和社会的生活定要依随而发生变化，而较好于目前过低的生活。农民的衣食住行方面定有进步，由吃白薯菜粥的生活渐至间吃白面鸡蛋等物的生活，由不免冻馁之忧的生活渐至饱食暖衣的生活。衣服能多做几件，可以时常洗换。房屋能够按时修理，房顶不致常常漏雨，卧房也不致过于拥挤，个人起居较为便利。夏天窗户可以有些冷布，不使苍蝇蚊虫随便出入，冬季窗户糊满了纸，没有透风的窟窿，也有一部分是透光的大块玻璃。墙壁颇干净，也挂了几张画和相片。也许有一匹驴，出远门时骑着去。关于刷牙洗澡等简单的卫生有了相当的设备。家人有病时可以请医生看看，儿童可以上学念书，成人有工夫入补习学校。家庭内可以定阅农民刊物。妇女逃脱了生产过密和继续不断乱养婴儿，不必照顾许多子女。不但她们的健康大有增进，也有工夫入补习学校，增加管理家庭和教养子女的常识。如此，母性得到自由，妇女的地位和人格渐随之提高。各家不随便生孩子，是按母亲之健康和家庭经济之能力来决定子女之数目。儿童既少，能够多得父母教养的机会，身体的发育定较健全，品性必较活泼聪颖。人口死亡率必渐减少，尤其是儿童死亡率；人数虽然减，但人品质必渐优良。农民在工作外可以有工夫消遣，玩玩简单的乐器；发生意外时，可以有储蓄来接济。结婚之青年有经济独立之能力。夫妻间、父母与子女间之爱情增加，有从容表现之可能，愁苦的家庭渐变为和乐的家庭。鬻儿卖女、人吃人之惨事将永不发现，坠胎与杀婴等恶习几乎不成问题。村内游手好闲、无事生非者或失业者渐次绝迹，亦少有加入土匪和军队者。饥饿与战争亦随着减少。农民不但只顾自己和自己家庭的利益，也有余暇和财力帮忙村中的各种公益。农民可以有谋生以外的活动，有发展文化的能力，有进步的希望，有意义的生存，不是只求不死而已，饱食暖衣而已，亦能渐次求生命之充实，度一步一步向上的人生。或者有人要说，以上所讲不过较现在生活好了一些，这就是解决了人口问题么？诚然不错，不过是五十步与百步的分别而已，离着满意的程度尚远。不过吾人打开眼睛，往四周一看，在此乌烟障气的环境之下，还能有什么过奢的企望？连“二五减租”的一点小办法，早如昙花一现的过去；“耕者有其田”的遗教，就连拿来用为标语口号的也日渐减少。增加生产、移民、节育，虽然不是最好的或根本的办法，但在目下的社会环境之下尚不失为行得通的可能的办法。

实行节育后自然也要发生一些不易免除的弊端。但天下事有一利即有一弊，权其轻重终是利多于弊。时至今日，穷则变，变则通。与其人多受罪，何如人少享福？与其多生多死地糟蹋子女，何如根本不生他们？与其成灾救济于后，何如预防患难于未然？痛快言之，与其半死不活，何如或死或活，况有可活之路呢?！当今的时代，是以科学方法支配人生，减少无意义之耗费，力求人生之经济。自然节育方法并非万灵宝丹，包治诸症；但对于人口繁密的解决，在没有更彻底的较好办法能够实现以前，实在值得吾人之考虑。

关于移民殖边、改良农业、利用新式农具、兴办水利、防除虫害、提倡实业等与人口有关系之种种事项，素为人所熟知，无再详细申述之必要。惟对于节育问题，尚未为一般人所了解，故再将农村推广节育方法之可能简略说明于后。

三、在农村推广节育方法的可能

（一）农民是否感觉生育太密的压迫

人口过庶的影响和节育的需要，已如上述。究竟农民们自己是否已经感觉子女太密的窘迫呢？若他们自己不感觉孩子太多的压迫，或是虽然感觉而不大在乎，仍是处之泰然，如此，旁观之吾人好像替古人担忧。何必多此一举，管别人的闲事？再者，人家既然不以为痛出普渡苦或甘心愿意此种痛苦，就是我们愣来负起先知先觉的责任，拿众生的精神，任劳任怨，勇往直前进行，则吾人的主张亦将如逆水行舟，障碍必多；总不如人家自己先已感觉这种需要，而我们是来供给满足这种需要，就便利多了。从作者和农民很久时间的接触，听他们谈话的口气里，理会他们是已经感觉子女太密的压迫，而且是深深感觉了，尤其是贫苦的家庭。可是无论如何，“男大当婚，女大当嫁”的相沿习惯，他们终是逃脱不了。祖宗香烟是要继续的，绝后还了得？贫苦的家庭在儿子结婚的时候就已想到将来的难以维持。可是既然有人家肯把女儿给我们作媳妇，娶了再说，人该发财总是要发的，若是将来受罪也是命当如此。于是一辈又一辈的，就这样继续模模糊糊地娶了媳妇，又生了小孩，小孩长大又娶了媳妇，就又生了小孩。在一般的家庭里，其情况是这样：生了第一个小孩不甚理会，两个小孩也许不大理会，等到有了三个四个的时候，就开始感到困难了。为父亲的是感觉养活不了，为母亲的更是感觉痛苦，照管不过来。按定县普通的风俗，家内小孩的衣裳本家是不管的，多由母亲的娘家供给。若娘家供给不起，则母亲须亲自织布，好给儿女做衣服。母亲在其做饭浇园等种种日常工作之外，又须顾到这些小孩的抚养和穿戴。因此大多数的中年妇女是怕再生孩子，尤其是怕“热窝”（一年内生两次小孩），因为实在受不了，白天已经累得要死，夜间又不得好好安歇。夫妇都怕又有孩子，但是无法，只可到那儿说那儿，听天由命。结果是农村社会中青年妇女的数目显然少于青年男子数目，因为有许多女子是闯不过这道生命关头的。男子虽然较占优势，闯过了这道难关，可是其中有许多是闯不过第二道关口的，即壮年一过，身体就不能支持，不久就死去了。但闯过第一道关的妇女，过了生育截止的时期，又做了婆母，比较畅快，就活下去了。这也是老年妇女较多于老年男子的原因之一。所以农村家庭感觉孩子太多的呼声是很高的，也是很普遍的。在定县人们不欢迎穷家女子的原因之一，是因为怕有了小孩的时候，娘家供不起衣裳穿。其实就连许多富裕农家的妇女也感觉孩子太多是苦的，尤其是病弱的妇女。她们不是自己本心愿意孩子多，实在是出于不得已的。若说母亲是欢喜要孩子的，这话也许多半对，但她们是否也喜欢接连不断多生小孩，是大有疑问的。从她们的口气和神气中，可断定大多数的母亲是不喜欢孩子多的，也许喜欢两三个，甚至于五个，但是喜欢超过五个和再多的就逐渐减少了。

（二）农民有节育方法的要求没有

农村妇女已经感到生育太密的压迫。她们中间，实在有不少的人在暗中求得避孕的方法。据所闻知，有喝绵子灰的，有吃马尾罗灰的，有身上带麝香的，有吃巴豆的，有用油炸水银吃的，有将碎瓷块捣成细末吃的，有请医生特别配药的，有用现成药的，还有用黄酒或水冲轻粉喝的，据一句成语说“吃一钱管一年，吃一两没法想”，意思是若吃一钱的轻粉，可以管一年不生育，若吃一两可以管一辈子，想要再生育也想不出恢复的办法了。至于上边的方法是否有效，是否于身体有甚么害处，以及采用者普遍到如何的程度，尚未能知其详细，不过知道她们确有节育方法的要求。甚至有贫家的父母怕家中继续增添人口，无法生活，设法使他们的子和媳在夜间不同屋居宿的。

（三）推广节育方法的问题

在农村开始推广节育，自然也要和在城市开始推广的时候，发生同样的现象，即智识阶级比较容易首先采用。至于一般农民对于节育的态度究竟如何，是关心节育的人士所急欲知道的。据从农民的谈话里，知道他们大多数是赞成的。这也许在许多人意料之外。其实明白了他们的想象和态度之后，也没有甚么可怪的。因为中国的老百姓压根儿就不是守旧的，至少不是如我们一般人所想象他们的那样守旧。农民是富于人生基本的常识的。他们若是看清楚了一件与他们真有利益的事，无论多新，他们是能接受的。即以定县而论，从前县内凿井灌田的很少，后来经过一度的提倡，农民看清楚了真能增加生产一倍，于是全县大凿其井，现已遍地皆井，竟有六万口之多了。我前几年到定县时，连一个剪发的女子也没有，后来忽然很快普遍了农村，连上岁数的老妇也有剪的了。此外许多方面的改变，都是很快的。例如现在十五岁以下的女子完全是天足了，缠足的恶习永不能再见于定县了。不但大多数的男青年都已入学识字了，连女子入学的人数也多起来了。他们也都组织了同学会，可惊异地表现了他们种种的活动。原来是一个缠足的、永远不能正面看人的女子及至仅仅入了四个月的平民学校，每日读了两小时的千字课之后，她居然大大方方地登台讲演，其态度之从容，语言之伦次，可以使大学毕业者汗颜而有愧色了。从前农民们是各扫门前雪，现在他们是风起云涌地合作起来了。一切的一切都是真凭实据地、活活地摆在吾人的当前。我们还能说他们是守旧么？农民既然皆在这许多方面肯接受新的事物，对于节育就会有什么特别不同么？每逢与他们谈到多儿多女的时候，许多的人，尤其是受经济压迫的父母，都是发出这样的叹息："可有甚么法子呢!"其中主要的原因之一，也许是因为他们太受经济的压迫，挤得他们走节育这一条路，所谓需要能改变人的理想和态度。总之，农民能接受节育方法是无问题的。现在的问题是推广到农村民众的方式与他们所能出得起的费用。从普通农民的口气里，知道一年用五元之多的费用是不可能，三元也太多，超过一元就很难办到，若费用不满一元比较可行。至于如何设法减少费用及推广传受的方式，这是研究节育的医师们和介绍节育方法有经验的人们的事情，不在本文讨论的范围。作者所能稍微贡献的一点智识，只能包括农村人口的分析、人口繁密的影响与节育的需要及在农村推广节育方法的可能而止。

对于这个问题，公共卫生专家陈志潜先生曾在《民间》半月刊（一卷十七期）发表了一些意见。兹节引数段于此，以补本文之不足。

> 今日社会上有四大问题，需要医学的贡献：（1）人口过剩，（2）毒品充斥，（3）传染病流行，（4）医药组织缺乏。……此中意义最深远、影响最显著者莫过于裁制人口一项，因此近年来我们在定县屡次试验节制生育的办法。……在这样金融滞涩的农业社会里要来解决人口过剩的问题，所有工业社会里的节育方法马上即走不通。……最后我勉强认为满意的方法就是用奎宁栓剂。……少数城市开明分子走到广大的乡村里，头一件遇到的事，就是疑惧心理的满布。特别对政府有关系的城市人，乡村人民真怕极了！……但是村庄是农民组织最大的单位，知识一天不进村庄，一天说不上到了民间。因此我们在定县，就利用推广科学医药的机会，来传达一切健康的消息。节育智识亦在其中。因此我们村单位保健员训练课程里就有节育一课；区单位保健所里有访导员试验，以接近妇女，劝告节育的方术；县单位保健院里有节育用品的配制与负责指导的人员。因此传达的途径，在定县似乎不成很大的问题。……应用任何科学知识，需要受有训练的人员与相当充足的经费。例如政府认定裁制人口的意义，每年动用大批款项自有相当的价值。如政府认不清这个题目的重要，社会上的小规模的办法，必往往失于零碎，不见得能解决这样伟大的问题，除非为试验方法起见。稍具规模的办法非靠政府举办不可。……我们在定县的经验，以为农村的家庭是走得进去的。他们并不绝对拒绝新知识的输入。走进家庭能得了解一层，全看人才是否得当。……科学在中国非走进农村不能生根，非实用在一般老农生活里不能提高我们的文化。……奎宁栓剂不能令人满意，在我们经验里已有证明。其他方法，如男子切断输精管的简单手术，如抵抗怀孕的精虫注射等，均已在外国试行，而我们科学家毫不注意，令人不可了解。……研究节育方法者必须多了解民众生活的实况，否则他们的思想与工作会弄成空中驾云。……经济落后达于极点的农民是真正需要节育的人民。

末了所要补充的几句话是，与其每年政府与各种慈善机关用几百万，甚至几千万元的巨款来救济贫民，从事放赈放粥，何如至少提出一部分款来，以适当的方法推广节育。前者是救灾工作，后者是防灾工作；前者似扬汤止沸，后者是釜底抽薪。自然，天下事有利即有弊。苟权其轻重，利多于弊，则不可因噎废食。时至今日，吾人再不可以情感论事，当平心静气，根据实际需要，以理解谋民族之出路，减轻人类之苦痛。

（载燕京大学《社会学界》，1934 年第 8 卷）

定县农村经济现状

大概来说，定县在中国是一个比较安定的农村社会。境内没有随便就地筹饷的军队，也没有显著的土匪。全县面积约三千七百方里，人口约四十万，已耕种之好坏田地约计一百六十万亩。地势平坦无山，土壤以砂质壤土为最多，以肥沃论属于中等，颇能代表华北一般的农业区域。人民负担之捐税约分三种，即中央政府征收的国税、河北省政府征收的省税与定县地方收入的地方捐。民国二十一年度国税实征数约二十一万七千元，省税约十六万二千元，地方捐约十二万二千元，共计约五十万元。平均每人担负约一元三角，每家担负约七元。国税内以盐税为最多，约十五万元，此外为统税、烟酒、印花等税。省税内以田赋为最多，约计八万元，此外有牲畜花税、契税、八行牙税、屠宰税、营业税及杂收入。地方捐之最大收入为田赋附加地方经费，约三万元，此外有八行牙捐、花生木植捐、牲畜花附捐、屠宰附捐、契税中佣及地方杂收入。

定县田地平均每家约合二十三亩，每人约合四亩。完全耕种自有田地之自耕农家约占一切农家总数百分之六十三，自耕兼租种他人田地之农家约占百分之二十四，自耕兼租出田产一部分于他人之农家约占百分之五，完全租种他人田地之佃农仅占百分之五，完全租出田地而不自己种田之地主极少。因此定县大多数的农家是耕者有其田的。

耕地不满二十五亩之农家约占一切农家总数百分之六十七，二十五至四十九亩者约占百分之二十三，五十至九十九亩者约占百分之六，百亩以上者不到百分之一，三百亩以上者仅占千分之一。田块之大小以不满五亩者为最多，约占一切田块总数百分之七十。

定县农产物以谷子为最多，约占作物亩面积总数百分之二十五，小麦次之，约占百分之十七，再次为豆类、高粱、棉花、甘薯、玉蜀黍、花生与荞麦等作物。自民国九年华北遭遇空前的旱灾以后，定县农民深知凿井的好处，因此农作物产量大增。现已遍地皆井，全县总数约计六万口。有井之水田较无井之旱田农产量约多一倍。定县旱灾之问题大致解决。

县内家庭手工业以从事纺线织布者为最多，约计七万人，人民大多数皆服本地土布。

本县输出之主要货物为棉花、土布、小麦、猪、鸡蛋、花生、鸭梨、芝麻、眼药等物。主要之输入货物为煤油、煤炭、棉纱、纸烟、洋布、洋火、小米、黑豆、铁器、自行车、瓷器等物。

定县自普遍掘井以来，农民大致皆能饱粗食暖粗衣。但因人口过庶，人民生计感觉困难，生活程度不易提高。每英方里耕田面积约计千人，人口之过密，已极显然。即以食粮而论，根据乡民一句有经验的话“大口小口一月三斗”，则每人一年需粮三十六斗。如此全县四十万人全年需粮一千四百四十万斗。假定全县所有田地皆种谷，平均好坏田地每亩在普通中等年可收获八斗，全县全年可以收获一千二百八十万斗，如此尚缺少一百六十万斗。若在七成收获之年，全县约得一千一百二十万斗，尚不足三百二十万斗。若在五成收获之年，则亏六百四十万斗。若遇丰年则约得一千六百万斗，可余一百六十万斗。若在九成收获之年，则全年约得一千四百四十万斗，恰好足用。实际上县内田地不完全种植五谷杂粮，也种不少的棉花、水果等物。而农民所种的小麦、花生、芝麻及其他值钱的农作物，大半出售，自己是吃不起的。那么人民如何生活呢？除了一部分的粗粮如小米、高粱等输入外，人民只可选最便宜而又能充饥的东西吃。于是甘薯这宗产物就应运而出，已成为农民最主要的食品了。

定县大多数农民在寒季五月内多吃甘薯和小米，外加少许豆类与菜蔬。六口之家的每日各种食品数量大略如下：甘薯七斤左右，小米两斤多，杂粮一斤四五两，白菜和干萝卜叶子两三斤。把这几种东西一起放在大锅内，加水与盐，煮成粥，叫作“菜粥”，也有时放几滴油在里面。每日如此，大同小异。在暖季农民终日工作，不得不吃些耐饿较久的东西，因此小米和杂粮数量增加，外有各种青菜。总之，一般的农民过的是大锅“菜粥”的生活程度，说不到食品的卫生与营养。一个普通农民最高的理想的愉快生活，大约是他要能达到“烧饼油条不离口”的地步，就是他的极乐生活标准了。

自农产物的数量来说，定县十五年来至少增加了三分之一，猪鸡等物的品种与数量亦均渐有进步。合作社亦纷纷成立起来。但无论如何，定县是中国一千九百余县中的一个县，终不免卷入一般的农村破产的漩涡里。自民国二十年以来，有许多贫农连这仅免于饿死冻死的最低限度的生活程度也要维持不住了。

民国二十二年冬季，定县人民常常连盐也吃不起的约占人口总数百分之二十。

农民愿出卖田产者日众，因此地价低落。前五年时普通有井之田地每亩为一百二十元，目下落至五十元。普通旱田由五十五元降至二十五元。前五年时雇农之全年工资为四十元，目下落至三十元。

前五年时定县的乞丐是凤毛麟角，上年冬季增至三千左右。

民国二十年内在定县因债务破产而为债主没收一切家产之家数不过五十左右，二十一年内增至三百家左右，二十二年内竟达二千家之多。破产之主要原因为重利盘剥者超过破产家数总数之半。此外之破产原因为人口众多而收入不足、经商赔累、养蜂赔钱、兵匪抢劫、婚丧耗费、不良嗜好、疾病等项。破产家庭所欠债额不满五百元者占破产家庭总数四分之一，五百至一千元与一千至二千元之家数亦各占四分之一，其余四分之一皆超过二千元者。没收产业之估价不满五百元之家数占总家数之半，五百至一千元者占四分之一，一千至二千元者占六分之一，二千元以上者占百分之七。

目下定县欠债之家数占全县总家数百分之六十七，约四万六千家，不欠债之家数占百分之三十三。借债之农家数目中，不满二十亩之小农占百分之六十三，二十至四十亩之家数占百分之二十四，四十亩以上者占百分之十三。借贷之期限以十个月及一年者为最多。月利普通为百分之二点五，有高至百分之五者。全年借入款额不满五十元之家数占总家数百分之三十，五十至九十九元者占百分之二十七，一百至一百四十九元者占百分之十四，一百五十至二百元者占百分之六，其余为超过二百元者。

农民处于此种经济情况之下，有的实在无法生活，与其坐而待毙，不如另觅出路，尤其是其中的壮丁，遂不得不抛弃其眷恋之故乡，出外谋生于异土。民国十年以来已渐有往关外谋生者，每年在七百人左右。民国二十二年内生计困难之程度远过于从前，因此离家谋生者数目亦呈空前的陡增，竟超过一万人。今年春季出外谋生者亦已达七八千人，多系壮丁，其中大多数系往东北！农村破产之状况可见一斑。

因农村经济破产的压迫，人民觉悟合作的需要。目下自助社成立者近三百处，社员约八千人；合作社成立者四十余处，社员约二千人。合作社业务包括信用、购买、生产与运销。现在县内中华平民教育促进会生计教育部正在积极研究实验整套县单位的农村经济建设，在可能的范围内使农民有控制环境的力，有坚固的合作经济组织，有民族经济的意识，企图打开农村经济破产的危局。至于结果如何，要等待将来的事实告诉我们。

（载《民间半月刊》，1934 年第 1 期）

定县民众负担之分析

关于我国近数十年来的民众负担，真是千头万绪，纷乱已极。在此纷乱之中，我们要想知道一个确实的数目，颇不容易。本文是根据定县的赋税调查，作一个总的叙述，藉以约略看出河北一县四十万民众全年的负担。下列各种款额大半系民国二十二年的数目，亦有少数系民国二十一年的数。兹为便利起见，分正式捐税为三类，即国税、省税与县捐。此外尚有其他捐税一项。国税即中央政府收入的税，省税即河北省政府收入的税，县捐即定县地方收入的一部分捐税。

国税中以盐税为最多。全县在二十一年度内共计销盐三百七十七万七千斤。按规定税率每百斤征四元，全年共征十五万一千余元。其次为关税，系自民国二十二年内输入定县各种洋货数量与价值所推算出来的税额，共计十三万六千元。再次为统税，包括棉纱、卷烟、矿税、火柴等税，民国二十二年合计五万九千九百元。此外有烟酒牌照税一万余元，印花税五千余元，烟酒税二千七百元。全县全年担负各种国税总计三十六万五千余元，详细数目见下列第1表。

第1表　定县民众全年负担国税

类别	款额
盐税	$151 080
关税	136 000
统税	59 900

续前表

类别	款额
棉纱	31 700
卷烟	11 500
矿税	9 400
火柴	7 300
烟酒牌照税	10 500
印花税	5 370
烟酒税	2 700
总合	365 550

省税中以田赋及附加差徭为最多。民国二十一年定县征地共计一百五十三万五千二百余亩，共征正赋十万八千八百余元，附加差徭一千四百余元，两项合计十一万余元。其次为河北省盐款附加捐。按民国二十一年之规定，每百斤征收五角，全年共计征收一万八千八百余元。此外有牲畜和棉花在集市交易所抽的税，计一万六千六百余元；买卖或推典田地房产的契税，计一万六千余元；货物交易的八行牙税，计一万五千五百余元；向各种铺户所征的营业税，计八千九百余元；宰杀牛羊猪的消费税，计八千一百元。全县全年负担各种省税总计十九万四千余元，详细款额见下列第2表。

第2表　定县民众全年负担省税

类别	款额
田赋及差徭	$ 110 233
盐款附加捐	18 885
牲畜花税	16 625
契税及附收	16 158
牙税及帖照费	15 597
营业税	8 932
屠宰税	8 100
总合	194 530

县捐中以田赋带征地方用款附捐为最多，计七万九千余元。其次为牙税附捐，计二万八千八百余元。再次为花生、树木、新旧车辆、拆卖房屋用料及各类油饼等类货物在集市交易时所抽之捐，共计一万五千八百余元。又有牲畜和棉花交易时的附捐，计一万一千余元；屠宰税的附捐，计六千八百元；田房买卖或典推时所抽之牙佣，计三千九百余元。此外有各种杂捐，包括状纸附加

捐、官产附加捐、人力车捐、自行车捐、戏捐等项，共计一万九千余元；营业税附收的保卫团捐，计七百余元。全县全年担负各种县捐总计十四万八千余元。

第 3 表　定县民众负担县地方捐

类别	款额
田赋带征地方用款附捐	$ 79 187
牙税附捐	28 863
花生木植捐	15 894
牲畜花税附捐	11 310
屠宰税附捐	6 800
田房中佣	3 936
各种杂捐	1 937
营业税附加保卫团捐	780
总合	148 707

除上述三类捐税外，尚有三种其他捐税，其中最多者为各村随时之摊款，在民国二十二年内共计十八万六千五百元。次多者为芦盐附加军事捐产销捐，在民国二十一年规定每百斤盐附征三元六角五分，共征十三万七千八百六十元。此外一项为契税附收各项，计六千二百三十六元。三种其他捐税全年合计三十三万余元。

定县全年所有税捐合计一百零三万九千余元，其中国税占百分之三十五，省税占百分之十九，县捐占百分之十四，其他捐税占百分之三十二。详数见下列第 4 表。

第 4 表　定县民众全年负担各种税捐款额及其百分比

类别	款额	百分比
国税	$ 365 550	35.17
省税	194 530	18.71
县地方捐	148 707	14.31
其他捐款	330 596	31.81
总合	1 039 383	100.00

按全县四十万人口计算，则平均每人全年担负二元六角，每家全年担负十五元。自然，以上的数目系显然征收的款额，并不是老百姓实际所出的数目。

例如各牙行实际征收的数目超过承包的数目，其他税捐征收的机关也是从中取利。究竟这种款额是多少很难得着确数，尚在进行调查中。此外尚有随时摊派、去路不明的捐款，无从考察。至于取之于县内民众而又用之于县内民众的数目是多少是一个重要的问题，可也是一个现在不能确切答复的问题。

（载《民间半月刊》，1934 年第 1 期）

定县农村人口分析与问题

一个国家不知其人口的确数，不但对于种种建设事业之进行及社会问题之研究缺少了计划或理论的一样主要根据，而且亦实在说不下去，也可说是国家的耻辱。可是我国人口的数目直到现在没有弄清楚，并且常有令人莫名其妙的，甚至不可思议的报告，越发使人糊涂。记得我六岁入小学时，那句“四万万同胞”表示爱国的口头禅，随时可以听见，到处可以看见，较比现在的“三民主义”这个名词喊得还要起劲。出小学入中学的时期，仍然继续不断高呼“四万万同胞”。中学毕业以后，当帮助妹妹们读地理，我国人口的数目依然大书特书为四万万。光阴似箭，又过了几年在大学毕了业，拿起小侄女的课本来一看，中国人口照旧是四万万。海外留学数载返国后，又理会在侄辈有的是孙子辈所用的地理课本上，中国的人口还是整整四万万，不多也不少。近来人们比从前显得聪明了，花样也随着多了。虽然四万万的数目仍然是正统式地存在着，而高明的学者、专家和权威们起来推算估计或猜度中国的人口了。海关的报告说在一九二六年中国的人口有四万万四千八百万，邮局说在一九二七年有四万万八千七百万，内政部在一九三一年的报告为四万万七千五百万。一个英国的统计学家认为若说中国人口有三万万就是夸大之辞。从前德国的一位学者根据食盐的统计断定中国人口仅为二万万三千万。此外发表的不同数目甚多，不胜枚举。最高的估计数和最低估计相差超过二万万。我们知道世界上美俄两大强国的人口总数，一为一万万三千万，一为一万万六千万。而我国人口估计的差数就不止二万万，约超过他们人口总数的一倍！呜呼，真一伟大之民族也。虽然，天下之模模糊糊孰有过于此者乎？

一个国家连人口的数目既然都不清楚，自然更谈不到人口的生亡率、人口的密度、男女的比率、年龄的分配、移居和职业等项。这不但是因为各省各县向来对于人口的报告是敷衍从事，就是政府现在愿意认真调查全国人口的确数，也恐怕是一件不可能的事体。因为数十年来人民饱尝军阀官吏之害，政府已几乎完全丧失人民的信仰。县长与刮地皮两个名词在老百姓心中是分不开的。至于根据户口征收苛税杂捐、摊派夫役车马及其他种种害民行为已成家常便饭。人民如惊弓之鸟、漏网之鱼，在恐惶中过其仅免于饿死之生活。如此，对于人口之调查，岂能不视为大祸之将至，岂能不搪塞支吾、大扯其谎呢？

我向来对于中国已有的各种人口统计，无论是政府的或私人调查的，经过详细分析之后，大半使我不得不发生很大的怀疑。例如男女的性比例，即每百个女子与男子数之比，有言一百一十左右者，有言一百二十左右者，有高至一百三十者，甚至一百四十或一百五十以上者。若在大城都市或有溺女婴恶习之地，吾人亦实在不易知其准确程度，可是若在人口不常移动变化之固定农村也呈露这种现象，就使我不得不怀疑其差数之高了。关于人口及性别的分配，有的男孩特别多于女孩，有的青年男子数远超过青年女子数，有的年龄组距同样大小内之青年数超过儿童数，有的人口全体年龄的分配成为种种凸出凹入的现象。又有把性别年龄的分配用曲线图表示出来，奇形怪状，为古今各国人类所罕有。我国人口为人类之一部分，其年龄之分配，尤其是许多比较稳定的农村区域，就真是那样不规则如锯齿形，甚至于忽然而天、忽然而地的差异么？此外尚有许多问题，如关于生亡率、平均人寿、人口增减、人口密度、人口迁徙、职业分配、疾病、教育、婚姻等项，都有怀疑之点。虽然怀疑也不过只是怀疑而已，究竟于事无补。既然自己也没有实在的凭据来证明其非是，最好不要乱加批评。可是早就存了解这中国人口谜的愿望，自从我从事实地社会调查已有整整十年短期的尝试，其中前后也举行了数次人口调查的棘手工作，但失败的次数居多。所谓失败自然有程度的差异，就是都没有得到圆满的事实。推其原因大半由于没有把调查的环境控制得当。一言以蔽之，就是想真要把一个地方的人口调查办得通，而达到所得的材料都是可靠的事实，非该地方的人士，尤其是各家的老百姓，接受你的调查，相信你的调查，甚至欢迎你的调查，帮忙你的调查不可。反过来说，就是使将要被调查的老百姓不拒绝、不反对、不怀疑、不讨厌你的调查。如其不然，任凭你有天大的本领，人口研究的专家，也无济于事。饱尝世变的老百姓经过数千年来所得的搪塞支吾的技术，说瞎话而不露形迹的本领，足够应付一般自己以为是绝顶聪明而其实是书本堆出来的傻瓜而有余。我从多次的上当当中，也渐渐学乖了。直到民国十九年，对于人口调查，我才得到一次比较满意的结果，也稍能使我对于中国之谜略窥门径，得到一些研究的线索。我也就了一些胆子来说，在颇稳定的中国农村社会里，性比例决不是那样离奇得高，年龄的分配也不是过于参差不齐，中国人类不但不是反常的人群，而且是极近乎常态的人群。已往的调查都是由于我们调查时，尤其是调查前的仓卒疏忽。调查表格的不清楚，调查员的没有训练，调查员的不忠实，预备时间不充分，求速的心理，尤其是没有得到人民的信仰，都是人口调查失败的致命伤。我们这次在定县举行人口选样调查时，在可能范围内，想出种种方法，不使再蹈以往失败的故辙，尽力使各家都能报告事实。虽然所得的结果不能说是百分的可靠，但我个人是非常欣幸的，我和我的许多同仁实在是把吃奶的力都用上了。还有一点是我认为侥幸的，即在调查的那一年，定县尚是稳定的人口，数十年来移动的很少，所以大致可以代表常态的农村人口情况。民国二十一年以后，因农村破产，大批的定县壮丁移往东北和西北谋生去了。再想研究本县固定人口的情态，恐怕没有机会了。我们统计时把一切认为不十分可靠的家数除外，只分析认为可靠的家数，共得五千二百五十五家。兹把其中的一些结果报告出来，供留心人口问题的人们参考。我们分开几方面来说。

（一）农村家庭之大小与亲属关系

所调查的五千二百五十五家共计三万零六百四十二口，如此平均每家得五点八口。此处家庭系包括一切共同生活之人口而言，凡无密切经济关系者一概除外。这个平均数目在这盛行大家庭制度的农村社会并不算高，因为欧美小家庭制度下的农村人口平均尚在五口左右。这也可以一部分表示由于死亡率高，尤其是儿童的死亡率，或种族衰弱、生计困难、营养不足、不讲卫生、疾病流行等原因。五千二百五十五家中四口之家最为普通，五口之家次之，三口之家又次之，再次为六口之家。不满六口之家庭数目超过家庭总数之半，十口以上之家庭数目占百分之九，二十口以上之家庭数目占千分之七，超过三十口者有四家。五千余家中有一百九十四家每家只有一口人，大半系亲属皆已死绝之老年鳏夫或寡妇，尚有田产可以维持独居的生活。

五千二百五十五家中，有两辈人之家庭数目约占家庭总数之半，有三辈人之家庭数目占家庭总数五分之二，有四辈人之家庭不到百分之一。弟兄皆已结婚而同居之家庭占家庭总数百分之二十七，子已结婚而与父母同居之家庭约占家庭总数之半。

若按每家人口与家中男家主之亲属关系来分析，则在五千二百五十五家的三万零六百四十二人口中，担负家庭经济责任最主要之男家主占人口总数百分之十七，妻占百分之十三，未婚子占百分之十三，未婚女占百分之十一。以上四种亲属关系之人口总数占所有人口总数百分之五十四。在西洋小家庭制度的人口内大多数只包括家主、妻和未婚子女，少有其他亲属关系。若按这标准来讲，则平均每家仅合三点一口，尤其可以看出中国的家庭很小，出乎许多人意料。其他亲属关系的人口占百分之四十六，就是在西洋小家庭制度下不常见的。其中包括已婚子百分之八，儿媳百分之八，孙百分之六，孙女百分之五，母百分之四，弟百分之四，侄百分之三，弟媳百分之二，侄女百分之二，此外为侄媳、孙媳、父、侄孙、嫂、妹等四十二种亲属关系之人口。在五千二百五十五家中共发现五十五种亲属关系。从这些亲属关系的百分比中，我们可以发现许多可注意之点。例如家主之母亲数远超过父亲数，表示老年妇女是多于老年男子；未婚子超过未婚女数，其原因由于有的青年因贫未能娶妻，而女子很易出嫁，也因为男子略多于女子。

（二）性比例

性比例即一百个女子与男子数之比率。定县的农村人口是比较稳定的，在调查以前的数十年内没有发生过非常的变化，虽然有少数的壮丁出外谋生。男子对一百女子的性比例为一百零六，也就是每一百人口中有五十一个男子，四十九个女子，男子稍多于女子。男子数占人口总数百分之五十一，女子数占百分之四十九。男女相差之数不像一般人所想象的那样悬殊。

再按年龄的分配，来看性比例的差异。不满五岁之孩童的性比例为一百零四，五至九岁之儿童的性比例为一百一十，十至十四岁的性比例为一百一十一，十五至十九岁的性比例为一百一十三，二十至二十四岁的性比例为一百一十二，二十五至四十四岁的性比例约为一百一十，四十五至六十四岁的性比例约相等，六十五至七十四岁的性比例为八十五，七十五至八十九岁的性比例为五十，超过九十岁的性比例几等于零。从这些数字我们可以大致看出一种比例的趋势：男婴儿数目略多于女婴儿数目。这大约有两种主要原因，一则因为男孩天然稍多于女孩，也由于父母偏爱男孩，致女孩的死亡率较男孩为高。青年男子与青年女子的性比例较高于儿童时之性比例，这是因为定县农民结婚甚早，青年女子出嫁以后，大半受气，身体与精神两方面都极为痛苦，再加上生育的难关，致青年女子的死亡率更超过男子。壮年以后男子所占的百分比渐渐减少，而女子所占的百分比渐渐增多，有平衡的趋势。至老年时老太太的数目远超过老头儿了，九十岁以上的人几乎都为女人了。这一部分是由于女子天然寿命较长，也大约因为妇女闯过了生育的时期，又在逃脱为儿媳时期的难关以后，当了婆母，身心之舒畅与从前比较真有天渊之别。这一定也影响到身体的健康与寿命之延长，因此她们都活下去了。在男子方面，自幼已大半受早婚之害，结婚以后又多被生活压迫，负起家庭的重担，工作甚为劳苦，衰年一至，精力多不能支持，与寿命之短大有关系。

（三）年龄之分配

五千二百五十五家内的三万零六百四十二人口的分配，自不满一岁的婴儿起至九十余岁的人数止，每年龄所占的人数大致均整齐一律地逐渐减少，即年龄愈高人数愈少。例如不满一岁之婴儿占人口总数百分之三点一八，一岁者占百分之二点三九，两岁者占百分之二点三六，三岁者占百分之二点二七，如此按次序大致渐渐减少。再以每五年龄组内人数所占的百分比来看，不满五岁的人数占人口总数百分之十二点四一，五至九岁者占百分之十点八三，十至十四岁者占百分之九点八五，十五至十九岁者占百分之八点五三，二十至二十四岁者占百分之八点四零，如此随着年龄组的次序，人数一律地渐次减少。这样看来，中国固定的农村人口之年龄分配是很规则的。

（四）人口的增减

在一个人口固定的区域，从人口年龄的分配亦大致可以看出人口增减的趋势。人口专家孙巴格氏曾按年龄分配，将各地方人口分为三类：（1）增多类，即一地之人口有增多的趋势；（2）稳定类，即一地方之人口不增加亦不减少；（3）减少类，即一地方之人口有渐减少的倾向。定县人口年龄分配之百分比与孙氏三类人口年龄分配之百分比并列比较，则见定县人口恰属稳定类，即不满十五岁之人口数占人口总数百分之三十三，十五至四十九岁之人口数占百分之五十，五十岁及以上之人口数占百分之十七。这是很可注意的现象，不一定是偶然的巧合。但在民国十九年以前的十几年内也有些壮丁移往关外落户，其实在数目没有精确的调查。虽然为数不多，每年或在七百左右，但也能多少影响三年龄组内百分比的分配。此外，近三年来我们也曾试一试调查城内及数十村庄的生亡率。在民国二十年全年内城关出生率为千分之三十五，死亡率为千分之三十三，在其他的年份也多是出生人数超过死亡人数。因为我们不知道这些调查报告准确到甚么程度，因此也不敢下一定的结论，但准知道这是最低的数目，也知道出生多于死亡。我们觉得可以大致推断说，比较固定之农村社会的人口是缓缓增加的，至少是稳定的；除非有特殊的天灾人祸，影响人口的生亡和移民外，人数是不曾减少的。

（五）婚姻情况

农民结婚年龄之幼，令人惊异。先以男子方面来讲，初次结婚之年龄在十岁（皆系十足年龄，非普通虚岁数）以下的人占所有已婚男子总数百分之一有奇，最低者年仅七岁，十至十四岁结婚者竟占百分之四十，十五至十九岁结婚者占百分之三十六，二十至二十四岁结婚者占百分之十二，二十五至二十九岁者占百分之五，三十至三十九岁者占百分之五，超过四十岁者占百分之一，最高之结婚年龄为五十一岁。再以女子方面来讲，不满十四岁结婚者占所有结婚女子总数百分之八，最低者十二岁，十五至十九岁结婚者占百分之六十九，二十至二十四岁结婚者占百分之二十二，二十五至二十九岁者占百分之一，最高之出嫁年龄为三十八岁。早婚之陋习甚为明显，尤其是男子方面，大多数在十七岁以下。这与身体发育、疾病、衰弱大有关系，并与子女的数目和健康发生很大的影响。此外，更牵连到许多其他社会的和家庭的严重问题。

男子结婚年龄既然大半低于女子，因此大多数的妻子长于丈夫。在定县所有匹偶总数中妻大于夫者竟占百分之七十，平均妻较夫大四岁；夫长于妻者占百分之廿四，平均夫较妻大八岁；夫妻年龄相等者占百分之六。在所有匹偶中，妻大于夫的总平均年龄差数为八个月。贫苦的家庭内有许多是夫长于妻的，因为没有早娶妻的经济能力。富裕的家庭内大半夫幼于妻，因为有钱早娶。农民家庭娶媳大半是为婆母多添一个工作的人，少顾到丈夫本人的幸福，因此年长力壮的女子当然首选。夫妻年龄的差别自然影响到夫妻间的感情，始而妻不满意其少夫，后则夫不满意其老妇，因此发生问题可就多了。

虽然男子总数是超过女子总数，但已婚女子数超过男子数，未婚男子数远超过未婚女子数。最大的原因是因为女子到了结婚的年龄，除特殊之原因外没有不出嫁的，而许多男子却是因贫娶不起媳妇，只得缓办，甚至终身不能结婚。寡妇的数目亦远超过鳏夫的数目。鳏夫多再娶，寡妇少再嫁。有妾之家庭占百分之一。

自从定县教育发达以来，农民结婚之年龄已渐提高，离婚之案件日渐增加，家庭与婚姻问题亦较前复杂多了。

（六）人口密度

定县全县人口约计四十万人，全县面积约计三千七百方里，合四百八十方哩，每方哩合八百三十人。县内能耕种之一切好坏农田面积约计一百六十万亩，合三百八十方哩，每方哩约计千人，平均每人约合四亩。人口之密度已达饱合点，即谓之过剩亦无不可。人口数目已超过本县土地生产粮食所能供给之限度，至少已觉人满之患。若定县人口断续任其增加，则生活问题也要依随得更加严重。农村今日愚贫弱私的现象，有的实在是人口过庶的产物，有的为人口过庶所促成，有的至少受人口过庶的影响。农村今日之人口问题甚为严重。此问题不能圆满或相当地解决，一切经济问题、政治问题及社会问题没有圆满解决的希望。免除人口过庶之压迫，不外三途：(1) 增加田地之生产，(2) 移民，(3) 减低出生率。即以定县而论，近二十年来农民在增加生产方面可谓竭尽其力。从前县内缺井，时感荒旱。现在已有水井六万口左右，灌溉田地百万余亩。县内农产品较无井时增加三分之一，而人民之生活程度不但未能提高，反有日渐低落之趋势。现在定县已无能耕而未耕之地，农业专家恐也不能使农产品再有大量之增加。所以对于第一条出路，差不多已达山穷水尽的地步。关于第二条出路，移民，政府至今没有具体的办法。于是农民不得不自动地移往县外谋生了。在民国二十二年内定县壮丁出外谋生的已达一万人，今年春季以来到现在，数目竟超过一万人，造成空前未有之记录，其中多系往东北谋生者，更有受过国难教育者。爱国心终敌不住肚子饿。其中有许多在中途被截阻者，有此路不通之叹。既然不能大量地增加土地与生产，又没有妥善的办法移民于他处，只有同时亦在人口的本身方面来想办法。即或不能立刻减少其数目，亦应设法防止其增加。已往天然淘汰的方法皆赖饥荒、疾病或兵灾。其结果不过增加惨苦之程度，而不能解决问题。于是节育方法不得不为吾人所注意。实行节育、移民、增加生产，这三样都是解决农村人口过密的根本问题。若单独在一方面努力，而忽略其他方面，则效力较缓。若能双管齐下，或三面并进，则收效较速而彻底。只移民与增产而不节育，终有不能移增之一日。可是若能节育，虽无地可移，无产可增，亦终有人地适可之一日。故三者之中以节育为最有把握。

总之，物质需要实为人类向上发展之重要条件。农村今日之紧急问题是为救贫，但与其止贫不如防贫，与其扬汤止沸不如釜底抽薪，与其治标不如治本。防贫之道以防止人口过剩最为彻底。当今的时代是以科学支配人生，减少无意义之耗费，力求人生经济。吾国事事皆落人后，苟非如中山先生所言“迎头赶上去”，则将永永远远落在人后。自然，天下事有利即有弊，苟权其轻重，利多于弊则不可因噎废食。时至今日，吾人再不可以情感论事，当平心静气，根据实际需要，以理解谋民族之出路，减轻人口过密之苦痛。

一九三四年五月于定县，县政研究院调查部

（载《民间半月刊》，1934 年第 2 期）

农村高利贷的调查

农村所受的剥削甚多，高利贷是其中主要的一种。农民虽知其害，但少有能逃脱的。定县农村向来也是受着它的压迫，直至上年平教会提倡合作教育以后才有新的转变，高利贷已逐渐减少。信用合作社与自助社已经纷纷组织起来，从此农民可以渐渐地从这种多年的恶势力中被解放出来。本篇的调查是要答复下列几个问题：定县原来农村中有多少欠债的农家？欠债的农家在一年内借债几次？每次借入款额多少？每次借贷的利率多高？归还的期限多久？逾期不还有何办法？债主为何种人？高利贷之趋势为何？

现在要叙述的是民国十八、十九与二十年三年内五个村庄的抽样调查之结果。定县普通村庄的大小在百家左右。所询问的村中最大之村计一百四十五家，次大之村计一百四十三家；其余三村一为一百二十家，一为七十七家，最小之村为四十一家。五村合计有五百二十六家，其中在民国十八年借贷的计一百七十一家，占总家数百分之三十三；在民国十九年借贷的计二百三十家，占总家数百分之四十四；民国二十年借贷的计三百零五家，占总家数百分之五十八。如此看来借贷的农家是一年比一年多。民国十九年比十八年增加百分之三十五，民国二十年比十九年增加百分之三十三，比十八年增加百分之七十八。

民国十八年内一百七十一家共计借入款额二万一千零二十六元，平均每家借入一百二十三元。一百七十一家内借入不满五十元者计六十家，占总家数百分之三十五；借入五十元至九十九元者计四十六家，占百分之二十七。如此可以看出，大多数农家所借入的款额是不满百元。借额超过百元的共计六十五家，占总家数百分之三十八，其中借额最高的一家达一千二百五十元。

民国十九年内借贷的二百三十家共计借入三万四千四百零一元，较民国十八年多一万三千三百七十五元，平均每家借入一百五十元，与民国十八年每家的平均数比较多二十七元。借款不满五十元的计六十五家，占借款总家数百分之二十八；五十至九十九元的计六十九家，占百分之三十；借入超过百元的共计九十六家，占百分之四十二，其中借额最高之一家达五千元（此系特殊情形，系某家从一发财之师长借来，用一小部分偿还旧欠，以一大部分放债生息）。

民国二十年内借贷之三百零五家共计借入四万八千九百四十四元，较民国十九年多一万四千五百四十三元，平均每家借入合一百六十元，较民国十八年的平均数多三十七元，较民国十九年的平均数多十元。大多数家庭的借入款额亦不满百元。超过百元之家数占百分之四十六，其中最多的一家亦为五千元（亦即民国十九年内最高额的那一家，在民国二十年内仍继续借用生息）。

从五村每年的借款总额看来也是一年比一年增加。民国十九年比十八年增加百分之六十四，民国二十年比十九年增加百分之四十二，比十八年增加百分之一百三十三。

若按五村所有的五百二十六总家数计算，即连未借贷的家庭也包括在内，则在民国十八年内平均每家借入款额为四十元，民国十九年内平均每家为六十五元，民国二十年内每家合九十三元。

大多数借贷的家庭是在一年内只借一次或两次，也有超过两次而多至九次的。在民国十八年内借贷的一百七十一家中，只借入一次的有八十五家，借入两次的有四十五家；超过两次的有四十一家，其中借三次的十九家，借四次的十一家，借五次的八家，最多的一家借七次。

民国十九年内借贷的二百三十家中只借一次的有一百零二家，借两次的有六十九家，借三次的有三十三家，借四次的有十三家，借五次和六次的各有六家，借九次的一家。

民国二十年内借入次数的分配情形亦大致与前两年相似。借贷的三百零五家中，只借一次的计一百零三家，两次的九十五家，三次的五十八家；超过三次的计四十九家，其中有三家借入多至九次。

民国十八年内借贷之一百七十一家平均每家借入一点九六次，民国十九年内借贷之家庭平均每家借入二点零三次，民国二十年内平均每家借入二点三八次。若按五村所有全体五百二十六家计算，则民国十八年内平均每家借入合零点六四次，民国十九年内每家合零点八九次，民国二十年内每家合一点三八次。

上面已经说及每家全年内借入款额总数，我们再看每次所借入的款额是多少。民国十八年内借贷的一百七十一家共计借入三百三十五次，其中有一百七十一次，占总次数的百分之五十一，每次所借入的款额是不满五十元，其中所借在十元以下者有十七家，有少至两元者；有八十七次，占总次数的百分之二十六，每次的借入款额是在五十元至九十九元之间；有四十八次，占总次数的百分之十四，每次借额是在百元至一百四十九元之间；有十次是在一百五十元至一百九十九元之间。每次借额在二百元及以上者共计十九次，占总次数百分之六。最高的一次借额达五百元。

民国十九年内借贷的二百三十家共计借入四百六十六次，其中每次所借不满五十元的有二百三十二次，占总次数百分之五十；每次借入五十元至九十九元的有一百二十六次，占百分之二十七；每次借入百元至一百四十九元的有六十二次，占百分之十三；每次借入在一百五十元以上的有四十六次，占百分之十，其中超过五百元的有三次，借额最多之一次为五千元。

民国二十年内借贷的三百零五家共计借入七百二十六次，其中每次所借不满五十元的计三百九十一次，占总次数百分之五十四；借额在五十元至九十九元的计一百六十四次，占百分之二十三；借额在百元至一百四十九元者计一百零八次，占百分之十五；其余六十三次每次所借在一百五十元以上，其中最高额一次达八百四十元，一次达五千元。

如此看来，每年借入的次数是逐年增加。民国十八年为三百三十五次，民国十九年增至四百六十六次，多一百三十一次，增加百分之三十九。民国二十年增至七百二十六次，较十九年多二百六十次，增加百分之五十六，较十八年多三百九十一次，增加百分之一百一十七。

按此地习惯借的利息有两种：一种收现金，按月利百分之几计算，俗称几分；一种利息为农产品，例如缴纳谷子若干斗或棉花若干斤，多以一年为限期。民国十八年内按月利现金借款者计三百二十三次，按年利农产品借款者计十二次；民国十九年内按现金者四百五十一次，按农产品者十五次；民国二十年内按现金者七百零六次，按农产品者二十次。从上面看来，以现金为利息的远超过以农产品为利息的。

我们先看按现金借贷的利息是多高。民国十八年三百二十三次借贷内有一百零九次每次的月利为百分之二，俗称二分利，即每一银元每月出息二分。月息一分八厘者四十五次，一分七厘者三十四次，二分二厘与一分五厘者各计十七次，二分五厘者十六次，利息最轻者为一分，最高者为三分，计八次。

民国十九年内四百五十一次借贷中亦以月利二分者为最多，计一百五十次；一分八厘者次之，计七十九次；一分五厘者又次之，计二十八次；再次之次序为一分七厘、二分二厘、一分六厘、二分五厘、二分一厘等利率。最低者为八厘，最高者为三分，计十四次。

民国二十年内七百零六次借贷中亦以二分利为最常见，计二百六十一次；一分八厘次之，计九十四次；一分七厘又次之，计五十七次；再次之次序为二分五厘、二分二厘、一分五厘、一分六厘等利率。最低者为八厘，最高者为三分，计二十三次。

这样看来，三年中最普通的月利为二分，其次为一分八厘、一分七厘、一分五厘与二分五厘等利率。最低为八厘，最高为三分。关于高利贷其他方面的情况，将来继续在本刊发表。

（载《民间半月刊》，1934 年第 14 期）

定县输入各国货物之调查

洋货不但充满了都市，也渐渐地输入农村，这与中国的经济情况大有影响。究竟外国货物普遍于农村社会达到何种程度，是我们应当知道的。河北省县政建设研究院自成立以来，院内调查部即从事于定县实验区全县的经济调查，其中亦包括货物之输出与输入。兹先将关于全县输入的部分作一简略扼要的报告。

输入货物种类 定县在民国二十二年内，本国货和外国货的输入总值约计三百一十九万元（白面与鸦片等毒品，甚难调查确数，未列在内）。平均每家约合四十七元，每人约合八元。所有输入货品分为二十大类，其中以衣服类所占价值为最多，约计一百零二万元。衣服类中棉制品计九十二万一千余元，麻制品计五万余元，丝制品计二万七千余元，毛制品计二万二千余元。食品类占第二位，约计九十二万元，主要货物包括食盐计值三十万元，粮食四十五万余元。燃料类占第三位，计五十二万余元，包括煤油与煤炭等货品。烟草类占第四位，计十八万余元，包括卷烟与烟叶等物。兽畜及其产品类占第五位，计十五万余元，包括牛、马、骡、羊等物。药品类占第六位，计六万余元，包括中药五万七千余元，西药八千余元。木、竹、草制品类占第七位。金属制品类占第八位，包括自行车、农具及各种日常用品。染料与油漆类占第九位，图书类占第十位，纸类占第十一位，瓷器与玻璃类占第十二位。敬神品类占第十三位，包括烧纸、锡箔等物。石料与泥土类占第十四位，包括白灰、石头等物。化学品类占第十五位。卫生品类占第十六位，包括胰子、牙粉等物。电料类占第十七位，包括电池、手电筒等物。照相材料类占第十八位，化妆品类占第十九位，其余为杂类。各类货品之价值及所占百分比见下列第1表。

第1表　民国二十二年内定县输入各类货物之价值及其百分比

物品种类	输入价值	百分比
衣服类	$1 021 013	31.98
食品类	923 364	28.92
燃料类	525 371	16.45
烟草类	182 280	5.71
兽畜及其产品类	154 800	4.85
药品类	65 255	2.04
木、竹、草制品类	62 806	1.97
金属制品类	58 731	1.84
染料、油漆类	54 777	1.72
图书类	32 437	1.02
纸类	29 780	0.93
瓷器、玻璃类	26 091	0.82
敬神品类	20 057	0.63
石料、泥土类	15 398	0.48
化学品类	3 051	0.10
卫生品类	2 983	0.09
电料类	1 995	0.06
照相材料类	1 644	0.05
化妆品类	1 250	0.04
杂类	9 694	0.30
总合	3 192 777	100.00

各国输入货物　定县输入货物总值内，国货计二百六十九万余元，占百分之八十四，英国货占百分之七，美国货占百分之四，日本货占百分之三，德国货占百分之二。凡外国公司所出货物，其中一部分制造手续系在中国完成者亦列入洋货内，纸烟即是一例。

若将国货除外，则英国货占第一位，共计二十一万八千余元，其中以卷烟一项为最多，全年共销二百余万盒，值十三万余元。煤油次之，共销五万六千余箱，值四万八千余元。白碱又次之，共销三十一万四千余斤，值一万八千余元。其他为人造靛、金属制品及棉制品。

美国货占第二位，共计十三万七千余元，其中以煤油为最多，共销一万二千余箱，值十一万二千余元。人造靛、靛蓝、煮红、煮青等染料次之，其他为纸、电料、照相材料及药品等类。

日本货占第三位，共计九万三千余元，其中以棉制品为最多。食品类次之，包括海带、糖等物。纸类又次之，其他为金属制品、瓷器、玻璃、药品、卫生品、电料、照相材料、染料等类。

德国货占第四位，共计三万七千余元，其中以人造靛、煮青、品红、鹅黄、粉红等染料为最多。棉制品之阴丹士林布次之，其他为金属制品、药品、食品、电料、照相材料、化学品等类。

此外洋货有俄国之煤油与印花布、法国之药品与饮料、荷兰之红糖、瑞士之钟表等项。

总起来讲，定县购用之洋货中英国货占百分之四十三，美国货占百分之二十七，日本货占百分之十九，德国货占百分之七，其他各国货占百分之三。各国各类货物之价值详数见下列第 2 表。

第 2 表　民国二十年内定县输入各国各类货物之价值

物品种类	各国输入货物价值					
	本国	英国	美国	日本	德国	其他各国
衣服类	\$962 723	\$2 120	\$360	\$39 360	\$7 340	\$9 110
食品类	871 068	21 130	60	28 096	250	2 760
燃料类	362 530	48 850	112 241	—	—	1 750
烟草类	43 590	138 690	—	—	—	—
兽畜及其产品类	154 694	—	—	—	—	106
药品类	57 096	37	1 131	895	5 456	640
木、竹、草制品类	62 787	—	11	8	—	—
金属制品类	39 324	4 647	889	7 307	6 501	63
染料、油漆类	18 808	1 710	16 102	45	18 112	—
图书类	32 047	—	390	—	—	—
纸类	14 992	—	2 987	11 801	—	—
瓷器、玻璃类	23 856	—	—	2 095	140	—
敬神品类	20 057	—	—	—	—	—
石料、泥土类	15 398	—	—	—	—	—

续前表

物品种类	各国输入货物价值					
	本国	英国	美国	日本	德国	其他各国
化学品类	2 989	—	—	26	36	—
卫生品类	2 430	4 15	62	76	—	—
电料类	295	—	1 556	63	81	—
照相材料类	—	—	1 470	58	76	40
化妆品类	1 250	—	—	—	—	—
杂类	5 197	562	147	3 268	—	520
总合	2 691 131	218 161	137 406	93 098	37 992	14 989

洋货总值约计五十万一千余元。定县每家在一年内平均购用洋货七元三角四分，每人约合一元二角六分。（关于定县输入各种洋货详细数量与价值可参看河北省县政建设研究院最近出版之《定县经济调查一部分报告书》。）

（载《民间半月刊》，1934 年第 19 期）

定县社会的各方面

因为到了春天，来定县参观的人士颇多，本刊编者嘱我把县内社会各方面的情况略为介绍一下，遂照原意叙述如下：

疆域与面积　定县位于河北省的西部，距北平西南约五百里，在清苑县与石家庄之间，平汉铁路自县内西北部通过，横跨东经度二十九分，纵据北纬度二十二分。全境轮廓颇为整齐，略呈方形。全县面积据民国二十三年的实测地图为三千六百五十方里，合标准制一千二百一十一平方公里，合市用制四千八百四十四平方里，合英制四百六十八方哩。县城内面积约十七方里。比邻共有七县：东有安国，西有曲阳，南有深泽、无极、新乐，北有望都、唐县。

地势与土壤　定县为一平原，平坦无山。北部有唐河，南部有沙河，皆发源于山西，迁徙无定，时患水灾，附近村庄多受其害。据地质调查所之调查，县内土壤以极细砂质壤土为最多，多分布于县之中部与北部；其次为细砂壤土，多分布于南部与西部；细砂又次之，多分布于中部与东北部；再次为壤质砂土，多分布于西部；再次为砂土，多分布于唐河与沙河两岸；再次为砂质壤土，多分布于西部；此外有少数极细壤质砂土、壤质细砂土与黏土。按照土壤的肥沃论，定县属中等，颇能代表华北一般的农业区域。

区划　全县原分六自治区，今改为五区，共计三百一十乡，四百七十二村。

历史 据史书的记载，西元前二三六一年尧受封为唐侯，现县北距城十余里之唐城村即唐国的故城。春秋时定县属鲜虞国，战国时属中山国，秦时属巨鹿郡。汉景帝封皇子胜为中山靖王（刘备即中山靖王之后裔），今之县城即其国都。南北朝时为后燕国都，元置行台，北周设总管，唐设节度使，宋设都部署。金元为府治，明清为州治。可见定县历代颇占重要位置，非为首都，即为重镇。其疆域时有变迁，明洪武后无甚改变。

古迹 定县既有四千年久远的历史，自然古迹极多。中山靖王陵，高两丈余，历二千余年，仍巍然存于城内，为世人所瞻仰。城内瞭敌塔为华北塔中之冠，高二百九十英尺，周围六十四步，外庄严而内华丽。据志书所载，宋真宗时开元寺僧会能尝往西竺取经，得舍利子以归。咸平四年（西元一〇〇一年）诏会能建塔，五十余年之久塔始告成，至今已历八百余年。当时的谣谚说，"砍尽嘉山木，修成定州塔"，工程之浩大可知。今虽自顶至基塌陷一角，而把胸襟坦白示人，尤增世人的叹赏。城内古众春园为宋韩魏公知定州时所建。内有韩苏公祠、雪浪斋、雪浪石、御书亭及苏东坡手笔。前清康、雍、乾、嘉等皇帝，皆在园内设置行宫。城内白果树为一已枯古树，高插云霄，具有昂藏气概。据一般人的传说："先有白果树，后有定州城。"县民在树下立庙奉祀。此外有唐、安险、新处、陉邑等故城，廉颇、闻鸡、鸡鸣等台，周村、杜茂、阳城、滕文穆公、王贞孝、田天泽、张涣、何善人、郝中丞、郝侍郎、王之枢等古墓，清泉井、地平井、苏过楷书、蛰窟二字、段公碑、周村古碣、寿星图石刻、阴阳竹石刻、风云雨露四竹石刻等古迹甚多，不能细述。

人口 全县人口四十余万，恰为全国四万万余人口的千分之一。居民之来源，据说是在燕王扫北后，于明朝永乐年间多自山西洪洞县迁来。县城一万五千余人。每乡平均二百二十家左右，最大之村达一千二百家，不满一百二十家之村约占总村数之半，二百五十家以上之村约占百分之十八。每方哩约八百五十人。平均每家为五点八口，以四口之家为最多，五口之家次之。性比例为一百零六，男子约占总人口百分之五十一，女子占百分之四十九。男儿童与女儿童约为一百零七与一百之比例，青年男子与青年女子约为一百十二与一百之比例，壮年男子与壮年女子约为一百零九与一百之比例，四十五至六十五之男子与女子之比例相等，六十五岁以上之老翁还不及老妇之数目。定县人民百分之八十五以上以农为业，为商者次之，工人又次之。家庭手工业，则有织布、纺线、编席、编柳器、制干粉条、抄纸、织毯及制造各种日常用品。

土地 据民国二十年之调查，全县已垦之好坏田地合计约一百六十万亩，平均每家约合二十三亩，每人约合四亩。若以田产权之分配而论，则完全耕种自己田产之自耕农家数约占全县总家数百分之六十三，自耕农兼佃农占百分之二十四，自耕农兼租出田产之一部占百分之五，完全租种他人田地之佃农占百分之五，完全租出田地而不自己种地之地主占千分之五，非地主亦不耕田者占千分之十六，雇农占千分之十二。佃农之地租以钱租为最多，粮租次之，伙种又次之，棉花租为最少。若按田产大小组、家数与亩数之分配而论，则无田产者占全县总家数百分之八；有地二十五亩以下之家数占总家数百分之六十六，而其所有田产亩数占县内田产总亩数百分之三十三；二十五至四十九亩之家数占总家数百分之十七，而其所有田产亩数占总亩数百分之二十八；五十至九十九亩之家数占总家数百分之六，而其所有地亩数占总亩数百分之二十二；一百至二百九十九亩之家数占总家数百分之二，而其所有田亩数占总亩数百分之十三；三百亩以上之家数占总家数千分之二，而其所有田亩数占总亩数百分之四。最大田产之一家有地四千余亩。普通农家大半有地数小块，颇为散碎。县内不满五亩之小块田地约占一切田块总数百分之七十，五至十亩之较大田块约占百分之二十四，十至十四亩之田块约占百分之四，十五亩以上之田块约占百分之二。本县田地自民国九年从事凿井以来，至今已有六万口左右，加以近年来农民渐知应用科学方法，因之农作物产量大增。

农产物 据民国二十二年之调查，定县农产物以谷子为最多，耕种面积计三十五万四千余市亩，全年产量达六百一十一万余公斗；小麦次之，占地三十四万余市亩，产量四百三十四万余公斗；黑豆又次之，占十六万余市亩；再次为甘薯，占十四万余市亩；高粱八万八千余市亩，大麦八万五千余市亩，荞麦七万六千余市亩，棉花七万四千余市亩。此外有玉米、白豆、花生、露仁、稷子、黍子等物。菜蔬类则以萝卜为最多，北瓜次之，白菜又次之。瓜果类以梨为大宗，枣次之，西瓜、甜瓜、葡萄等又次之。

工艺品 工艺品以布为大宗，民国二十二年产额达一百六十余万匹，值二百三十余万元，此外有砖、席、干粉条、棉籽油、线、腰带、柳器等物。

输出货物 据最近的调查，定县在民国二十二年内输出货物总值计三百一十五万余元；其中杂粮类计五十六万余元，干粉类计四万余元，菜蔬类计四万余元，水果类计二十七万余元，调味类计七千余元，饮料类计二万余元，棉及棉制品类计一百五十六万余元，药品类计二十三万余元，兽畜及其产品类计二十三万余元，建筑材料类计七万余元，其他杂类计十万余元。若以输出之单项物品的价值而言，以土布为最多，年计一百三十余万元；小麦次之，计四十二万余元；梨又次之，计二十六万余元；再次为眼药，计二十三万余元；再次为猪及其产品，计二十二万余元；再次为棉花，计十四万余元。

输入货物 定县在民国二十二年内本国货与外国货的输入总值计三百一十九万余元，平均每家约计四十七元，每人约合八元。输入货物总值中，衣服类之价值占百分之三十二，食品类占百分之二十九，燃料类占百分之十六，烟草类占百分之六，兽畜及其产品类占百分之五，药品类占百分之二，木、竹、草制品类占百分之二，金属类占百分之二。若以单项货物论，价值最多者为棉纱，计六十六万余元；其次为小米，计三十五万余元；再次为食盐，计三十万元；此外大宗为布、煤、煤油、纸烟、牲畜等项。输入货物中本国货占百分之八十四，英国货占百分之七，美国货占百分之四，日本货占百分之三，德国货占百分之二，此外有俄国、法国、荷兰等国货物。输出输入的差额为入超三万余元（白面、鸦片等毒品未计算在内）。

河北省县政建设研究院 河北省县政建设研究院设院长、副院长各一人，由省政府聘任。该院设调查、研究、实验、训练四部，各部设主任一人。

定县实验区县政府之新组织如下：设县长一人，以县政研究院实验部主任兼任；置县政委员会，设委员十一人；置秘书处，设秘书长一人，秘书一至三人；设五科——（1）民政科，（2）财政科，（3）教育科，（4）经济科，（5）公安科，五科科长就县政委员会中遴选。县政委员会之下设农村建设辅导员十二人，轮流巡回辅导各乡镇建设事宜。县政府在各警区设区公安局，各设局长一人；设地方财产保管委员会，设委员七人，为名誉职，以县长为委员长。

各乡镇置建设委员会，设委员六人至十二人，三分之二由乡镇公民大会选举之；各建设委员会设主席委员、副主席委员各一人，同时兼任乡镇长副。各乡镇小学教员为建设委员会当然委员。建委会设秘书一人，由充任当然委员之小学教员任之。建委会设四股：(1) 政务股，(2) 教育股，(3) 经济股，(4) 保健股；各股设主任一人。

乡镇建委会之下设公民服务团，分政务、经济、教育、保健四组，分别受建委会各股主任之指导，服务乡村建设事宜。各乡镇公民服务团由若干分团或若干中团构成之，选举团长一人，秘书一人。每乡设一分团，每分团公推分团长一人；政务、教育、经济、保健团员各一人；余为普通团员。各乡镇达八分团以上者，每四分团设一中团，各推中团长一人。各分团或中团团员依类合组政务、教育、经济、保健四组，各公推正副组长各一人。服务团团员分现役团员、预备团员、后备团员三种。

教育　全县十四至二十五岁之男女青年约八万二千人，其中识字者在民国二十三年计四万九千四百五十人，约占百分之六十，文盲三万二千五百五十人，约占百分之四十。单以男青年而论，识字者计三万九千零五十四人，约占百分之九十；文盲计四千四百零六人，约占百分之十。单以女青年而论，识字者计一万零三百九十六人，约占百分之二十七；文盲二万八千一百四十四人，约占百分之七十三。至民国二十四年时，男青年文盲几已除尽，女文盲仍过半数。全县六至十二岁学龄儿童数目，约占全县总人口数百分之十三，计五万二千人，其中入学者占百分之四十，失学者占百分之六十。单以男儿童而论，入学者占百分之六十五，失学者占百分之三十五。单以女儿童而论，入学者占百分之十六，失学者占百分之八十四。全县四十余万人口中，在高级小学毕业者计七千余人；初级中学毕业者约计二千人，其中在县外做事者约占三分之一；大学毕业者约计六百人，多在县外做事。县内一切公立学校共计四百五十四处，其中男校三百四十五处，女校一百零九处。初级小学共计四百二十三处，其中男校三百十九处，女校一百零四处。初高两级小学二十四处，其中男校二十二处，女校二处。高级小学（不附初小）三处，其中男校两处，女校一处。男初级中学一处，男女师范各一处。初级小学学生计一万七千余人，其中男生一万三千余人，女生几四千人。高级小学学生三千八百余人，其中男生三千五百余人，女生约三百人。初级中学学生计三百余人，师范学生几达二百人，女生占三分之二。全县学校资产计八十余万元，其中小学资产计六十余万元。全年支出总数计十六万余元，男校占四分之三。全年小学支出总数约计十二万元，初级中学约计两万元，师范学校计两万余元。本县定期出版物有《醒民日报》与《农民周刊》两种。

此外社会的其他方面尚多，限于篇幅，不能尽述，留待他日继续报告。

（载《民间半月刊》，1934 年第 24 期）

定县农村借贷调查

民国二十一年在河北省定县举行了一次选样的农村借贷挨户调查。调查的目标之一是为开始计划组织信用合作社的参考。调查项目，除村概况外，与借贷直接有关系的包括下列问题：在已过之三年内每家每次借贷时期，借贷种类与数量，月利或年利几分，借贷期限，借贷保证与抵押品种类，借贷用途，债主种类，放债总数；每次典当产业数量与价值，典当价额与期限；加入何种摇会或金融组织。调查的村数有五个，调查的年份包括民国十八年、十九年与二十年。各村的家数为 145、143、120、77、41，共计 526。兹将调查结果之一部分作简略的叙述。

一、借贷家数次数与款额

各年借贷家数　五村 526 家中在民国十八年借贷的计 171 家，占总家数 33%；民国十九年借贷的计 230 家，占 44%；民国二十年借贷的计 305 家，占 58%。如此看来借贷的家庭是一年比一年多。民国十九年比十八年的家数增加 35%，民国二十年比十九年增加 33%，比十八年增加 78%。

各家借贷款额 民国十八年内 171 家借款共计 21 026 元，平均每家借款 123 元。171 家中全年借款不满 50 元者计 60 家，占借款总家数 35%，其中有 21 家借额不满 25 元；借额 50 元至 99 元者计 46 家，占 27%，其中有 36 家借额不满 75 元。可见大多数借贷的家庭在一年所借的款额是在百元以下。借入款额在百元以上的共计 65 家，占借贷总家数 38%，其中 100 元至不满 200 元的计 31 家，200 元至不满 300 元的计 13 家，300 元至不满 400 元的计 8 家，400 元至不满 500 元的计 10 家，500 元及以上的计 3 家，最多的一家为 1 250 元。

民国十九年 230 家借款共计 34 401 元，较十八年多 13 375 元，平均每家合 150 元，较十八年多 27 元。全年借额不满 50 元者计 65 家，占借款总家数 28%；50 元至 99 元者计 69 家，占 30%；百元及以上者共计 96 家，占 42%。其中借额在 500 元及以上者计 9 家，最多之一家达 5 000 元。此 5 000 元之巨额借款系属特殊情形，即某家从一发财之师长借来，使用其中一小部分偿还旧欠，以其余大部分放债生息。

民国二十年 305 家借款共计 48 944 元，较十九年多 14 543 元，较十八年多 27 918 元，平均每家借款 160 元，较十九年多 10 元，较十八年多 37 元。大多数家庭的全年借款额亦不满百元，共计 165 家，占借款总家数 54%；借入百元及以上者计 140 家，占 46%，其中在 500 元及以上者计 13 家，最多之一家为 5 000 元，亦即民国十九年内最高额的某家在本年内仍继续借用生息。

从每年的借款总额看来也有一年多一年的趋势。民国十九年的总额比民国十八年的总额增加 64%，民国二十年比十九年增加 42%，比十八年增加 133%。关于每年平均每家借款额也有一年比一年多的倾向。民国十九年比十八年多 22%，民国二十年比十九年多 7%，比十八年多 30%。

若按五村借贷与未借贷的所有 526 家总数计算，则平均每家借款在民国十八年为 40 元，民国十九年为 65 元，民国二十年为 93 元。从这方面也可看出逐年增加的趋势。

三年内每年各借款额的详细家数可以看下列第 1 表。表之左部分借入款额为若干组，表之中部详列各组借入家数，表之右部为各组借入家数所占百分比。

第 1 表 定县五村三年内按每家全年借入款额组借入家数之分配

每家全年借入款额组	借入家数			借入家数百分比		
	民国十八年	民国十九年	民国二十年	民国十八年	民国十九年	民国二十年
$50 以下	60	65	88	35.09	28.26	28.85
50～99	46	69	77	26.90	30.00	25.25
100～149	21	34	46	12.28	14.78	15.08
150～199	10	18	24	5.85	7.83	7.87
200～249	11	7	15	6.43	3.04	4.92
250～299	2	10	12	1.17	4.35	3.93
300～349	4	6	9	2.34	2.61	2.95
350～399	4	2	5	2.34	0.87	1.64
400～449	8	7	12	4.68	3.04	3.93
450～499	2	3	4	1.17	1.31	1.31
500 及以上	3	9	13	1.75	3.91	4.26
总合	171	230	305	100.00	100.00	100.00

各家借款次数 大多数借款的家庭在一年内只借款一次或两次，超过两次的占少数。民国十八年内借贷的 171 家中借入一次的有 85 家，借入两次的有 45 家，超过两次的有 41 家，其中借三次的有 19 家，借四次的有 11 家，借五次的有 8 家，借六次的有两家，借七次的有一家。

民国十九年内借贷的 230 家中只借一次的有 102 家，借两次的有 69 家，超过两次的有 59 家，其中最多的次数为九次有一家。

民国二十年内借贷的 305 家中只借一次的有 103 家，借两次的有 95 家，超过两次的有 107 家，其中有三家借入多至九次。二年内各年每家借入次数详情见下列第 2 表。

第 2 表 定县五村三年内借入家庭各年每家借入次数

借入次数	借入家数		
	民国十八年	民国十九年	民国二十年
1	85	102	103
2	45	69	95
3	19	33	58
4	11	13	17
5	8	6	16
6	2	6	8
7	1	—	4
8	—	—	1
9	—	1	3
总合	171	230	305

民国十八年借贷的171家共计借入335次，平均每家借入1.96次。民国十九年借贷的230家共计借入466次，较上年多131次，增加39%；平均每家借入2.03次。民国二十年借贷的305家共计借入726次，较十九年多260次，增加56%，较十八年多391次，增加117%；平均每家借入2.38次。若按五村526总家数计算，则平均每家借款在民国十八年为0.64次，十九年为0.89次，二十年为1.38次。如此看来，关于全年借贷次数的总数和平均每家借贷次数皆显出逐年增加的现象。

每次借入款额　上面已经叙述过每家全年所借的款额及借入的次数，我们再看各年每次所借的款额是多少。民国十八年171家335次借贷内，有171次，占51%，每次的借款额是不满50元，其中所借在10元以下者有17家，有少至两元者；有87次，占26%，每次所借是在50元至99元之间；有48次，占14%，每次是在100元至149元之间；有十次是在150至199元之间；每次借额为200元及以上者共计19次，占6%，最高之一次借额达500元。

民国十九年466次借贷内每次所借不满50元的有232次，占50%；50至99元的有126次，占27%；100至149元的有62次，占13%；150元及以上的共计46次，占10%，其中500元及以上的有三次，借额最多之一次达5 000元。

民国二十年726次借贷内，每次所借不满50元的有391次，占54%；50至99元的有164次，占23%；100至149元的有108次，占15%；其余63次，每次借额是在150元及以上，其中超过500元的有两次，一为840元，一为5 000元。比较三年的情形，虽然借款的次数是逐年增加，但每次借入款额组的家数百分比之分配无多改变。兹将每次借款额按50元之阶段分为11组，每年各组之借入家数及其所占百分比见下列第3表。

第3表　定县五村三年内借入家庭按每次借入款额组借入次数之分配

每次借入款额组	借入次数			借入次数百分比		
	民国十八年	民国十九年	民国二十年	民国十八年	民国十九年	民国二十年
$50以下	171	232	391	51.04	49.79	53.86
50～99	87	126	164	25.97	27.04	22.59
100～149	48	62	108	14.33	13.30	14.88
150～199	10	16	21	2.99	3.43	2.89
200～249	11	19	20	3.28	4.08	2.75

续前表

每次借入款额组	借入次数			借入次数百分比		
	民国十八年	民国十九年	民国二十年	民国十八年	民国十九年	民国二十年
250～299	2	1	6	0.60	0.21	0.83
300～349	3	4	7	0.89	0.86	0.96
350～399	1	—	—	0.30	—	—
400～449	1	3	5	0.30	0.64	0.69
450～499	—	—	—	—	—	—
500 及以上	1	3	4	0.30	0.64	0.55
总合	335	466	726	100.00	100.00	100.00

二、借贷利息

利息种类 按定县习惯借贷的利息分为两类：一种为现金，按月利百分之几计算，俗称几分；一种为农产品，多以缴纳本地最普通之谷子若干斗为年利，亦有用棉花若干斤或小麦若干斗者，多以三年为期限。用现金为利息远超过用物品为利息借贷者。五村三年内用现金为利息借贷者共计 1 480 次，纳物为利息者仅 47 次，其中用谷子者 44 次，用棉花者 3 次。

现金月利 兹按月利率分为数组，来看每年各组借入次数及所占百分比。民国十八年 323 次借贷内，有 152 次的利率是在 2％至 2.49％之间，其中有 109 次的利率是整数 2％；122 次的利率是在 1.5％至 1.99％之间；最低者为 1％，最高者为 3％。民国十九年 451 次内，有 210 次的利率是 2％至 2.49％，其中有 150 次的利率是 2％；有 181 次是 1.5％至 1.99％；最高亦为 3％，最低者为 0.8％，且有一次无利息，系属亲族之特殊关系。民国二十年 706 次内，有 347 次的利率是 2％至 2.49％，其中有 261 次是 2％；有 249 次是 1.5％至 1.99％；最高与最低者亦与上年相同。关于每年各月利率组之借入次数及其所占百分比见下列第 4 表。

第 4 表　定县五村三年内借入家庭按月利率组借入次数之分配

月利率组	借入次数			借入次数百分比		
	民国十八年	民国十九年	民国二十年	民国十八年	民国十九年	民国二十年
0	—	1	2	—	0.22	0.28
1.00%以下	—	1	1	—	0.22	0.14
1.00%～1.49%	19	14	20	5.88	3.11	2.83
1.50%～1.99%	122	181	249	37.77	40.13	35.27
2.00%～2.49%	152	210	347	47.06	46.56	49.15
2.50%～2.99%	22	30	64	6.81	6.65	9.07
3.00%	8	14	23	2.48	3.11	3.26
总合	323	451	706	100.00	100.00	100.00

从第 4 表可以看出三年内借贷的利率都是以 2%至 2.49%的次数为最多，民国十八年内占总次数的 47.06%，民国十九年占 46.56%，民国二十年占 49.15%。其次是 1.5%至 1.99%的利率，各年次数所占的百分比为 37.77、40.13、35.27。再次是 2.50%至 2.99%的利率，所占百分比为 6.81、6.65、9.07。再次为 1%～1.49%与 3%的利率。最少为不满 1%的利率，亦有不收利息者。

各月利率的借贷次数已经叙述过了。我们再看按各月利率所借的款额是多少。下列第 5 表即为显示此种情形。各年内均以按 1.5%至 1.99%之利率所借的款额为最多，民国十八年为 11 174 元，占总额 19 666 元的 56.82%；民国十九年为 15 802 元，占总额 32 731 元的 48.28%；民国二十年为 23 383 元，占总额 46 964 元的 49.79%。次多之借入款额系按 2%至 2.49%的利率，各年所占之百分比为 29.75、27.75、29.41。再次多之借款额在三年内不同，民国十八年是 1%至 1.49%，民国十九年和二十年均在 1%以下。2.5%至 2.99%各年内借款额所占之百分比约略相同。按 3%所借之款额甚少。

第 5 表　定县五村三年内借入家庭按月利率组借入款额之分配

月利率组	借入款额			借入款额百分比		
	民国十八年	民国十九年	民国二十年	民国十八年	民国十九年	民国二十年
0	—	$ 60	$ 65	—	0.18	0.14
1.00%以下	—	5 000	5 000	—	15.28	10.65
1.00%～1.49%	$ 1 883	1 664	2 555	9.57	5.08	5.44
1.50%～1.99%	11 174	15 802	23 383	56.82	48.28	49.79
2.00%～2.49%	5 850	9 084	13 810	29.75	27.75	29.41
2.50%～2.99%	629	999	1 787	3.20	3.05	3.80
3.00%	130	122	364	0.66	0.37	0.77
总合	19 666	32 731	46 964	100.00	100.00	100.00

在民国十九年有一特殊情形之借款，即一次有一人向一发财之师长借入5 000元，月息0.8%。此人除以1 500元偿还旧债外，用其余3 500元放出生息，民国二十年内仍继续使用。此二年内有此项巨款，且利息颇低，表内各组之百分比颇受影响而失常态。兹将此款提出计算，则二年内各组借入款额之百分比如下表。

第6表　定县五村二年内各组借入款额百分比

月利率组	借入款额百分比	
	民国十九年	民国二十年
0①	0.22	0.15
1.00%～1.49%	6.00	6.09
1.50%～1.99%	56.98	55.72
2.00%～2.49%	32.76	32.91
2.50%～2.99%	3.60	4.26
3.00%	0.44	0.87

谷物年利　除以现金按月计算利息外，有少数借贷系用农产物按年利为利息，计算多以三年为期限。因本地最普通之农作物为谷子，故多以谷子若干斗为利息，间亦有用棉花或其他粮食者。五村三年内年利借贷，除三次系用棉花外，其余皆用谷子。现为与月利现金比较便利起见，将谷物为利息之数量按市价折合现金，而计算其年利率。下列第7表即按农产品折价年利、每年借入次数及款额之分配。按次数说，民国十八年内以年利17.4%的次数为最多，19.89%次之；民国十九年内以16.80%的次数为最多，19.20%次之；民国二十年内以17.85%之次数为最多，14.28%或20.40%次之。若按所借款额之多少来说，民国十八年内以17.40%的款额为最多，民国十九年以16.80%的为最多，民国二十年以17.85%的为最多。若将谷物折价年利率与现金月利率两相比较，则大致可以说现金月利率稍重于谷物年利率。

第7表　定县五村三年内按农产品折价年利借入次数及款额之分配

农产品折价年利分组	借入次数			借入款额		
	民国十八年	民国十九年	民国二十年	民国十八年	民国十九年	民国二十年
10.00%以下	1	1	1	400	400	400
10.00%～14.99%	2	3	4	180	300	400
15.00%～19.99%	8	10	10	750	940	910
20.00%及以上	1	1	5	30	30	270
总合	12	15	20	1 360	1 670	1 980

① 原文如此，疑有误。——编者注

兹将三年内每次借贷的款额与年纳谷子斗数皆折合为同一之单位，以便比较，即折成假定缴纳谷子十公斗所能借入款额数。下列第 8 表之左部即如此折合计算所得款额数，右部即三年内借入之次数。十公斗之价格在民国十八年为 4.84 元，民国十九年为 4.67 元，民国二十年为 4.97 元。民国十八年内十公斗亦即 4.84 元，所能借入之款额以 27.82 元的次数为最多，合年利 17.40%。民国十九年与二十年亦以 27.82 元之次数为最多，与他次数之分配亦大致相同。

第 8 表　定县五村三年内按交纳谷子十公斗为年利所能借入款额数借入次数之分配

交纳谷子十公斗为年利所能借入款额数	借入次数		
	民国十八年	民国十九年	民国二十年
$20.86	1	1	2
24.34	3	3	3
27.82	5	6	7
29.42	—	—	1
30.13	—	1	1
31.29	—	—	1
34.77	1	2	3
37.09	1	1	1
总合	11	14	19

反之，再次以谷子所借之款额折合为同一数量之单位，来推算三年内以谷子为年利的公斗数是多少，即假定借洋十元所纳谷子之公斗数。例如借洋一百元，每年纳谷子 34 斗，则十元当纳 3.4 斗。三年内借洋十元所纳谷子之数量均以 3.6 斗的次数为最多，4.11 斗者次之，2.88 斗者又次之。

第 9 表　定县五村三年内按借洋十元一年所纳谷子公斗数（年利）借入次数之分配

借洋十元一年所纳谷子公斗数	借入次数		
	民国十八年	民国十九年	民国二十年
谷子 2.70 公斗	1	1	1
2.88	1	2	3
3.20	—	—	1
3.32	—	1	1
3.40	—	—	1
3.60	5	6	7
4.11	3	3	3
4.79	1	1	2
总合	11	14	19

三、借贷保证

借贷保证种类　关于借贷时的保证手续，按照借贷时所立之借帖内有无抵押品的区别，可分为信用借款与抵押借款两类。信用借款只凭中保人与借入人签名画押之字据，纯靠担保人与借方本人的信用，没有抵押物品。信用借款借帖的内容亦有不同，约可分为两种。一种系中保人负完全责任，即借款人到期不能归还时，则担保人须负代为偿还的责任，毫不通融。此种中保人亦谓之“硬保”。借款者多系无产业者。

信用借款与抵押借款次数　在调查之三年内，信用借款颇为盛行。民国十八年335次借款内，有246次为信用借款，占总次数73%，89次为抵押借款，占27%。民国十九年内信用借款次数占75%，抵押借款次数占25%。民国二十年内信用借款次数占78%，抵押借款次数占22%。

从三年的百分比看来，不但每年的百分比例都是信用借款超过抵押借款，并且信用借款的百分比逐年稍有增加的趋势，而抵押借款微显减少的趋势。

于此有补充几句话的必要，即后来根据近三年内的调查，得知关于借贷保证有剧烈的变化。自民国二十一年以来，抵押借款的次数远超过信用借款的次数了。这是因为自二十年后半年，农村开始发生恐慌、物价和地价都骤然低落下来、金融日益吃紧的缘故。近来又因信用合作社贷款与仓库抵押贷款已渐普遍，目下情况已渐转好。至于种种转变及趋势，内容极为庞杂，不在本短文内讨论。

抵押借款的次数内，以田地为抵押品者为最多，民国十八年中89次内占85次，民国十九年115次内占110次，民国二十年157次内占154次之多。其次有少数系以房屋与宅院为抵押者，在三年中不过有10次。再次为只以房屋为抵押者，三年内仅有两次。此外亦间有以树木、家具、粮食或果实等农产品为抵押者。关于五村三年内，信用借款与抵押借款之次数及百分比，见下列第10表。

第10表　五村三年内信用借款与抵押借款借入次数

	民国十八年		民国十九年		民国二十年	
	借入次数	百分比	借入次数	百分比	借入次数	百分比
信用借款	246	73.43	351	75.32	569	78.37
抵押借款	89	26.57	115	24.68	157	21.63
抵押田地	85	25.37	110	23.61	154	21.21
抵押房宅	3	0.90	4	0.86	3	0.42
抵押房屋	1	0.30	1	0.21	—	—
总合	335	100.00	466	100.00	726	100.00

信用借款与抵押借款之款额　信用借款的次数是超过抵押借款的次数，前者款额的总数也是超过后者款额的总数。民国十八年内信用借款的借入总数为12 358元，占本年内所有借入总额21 026元的59%；抵押借款的总数为8 668元，占本年总额的41%。民国十九年内所有借款总额为34 401元，其中信用借款占66%，抵押借款占34%。民国二十年内借款总额为48 944元，其中68%为信用借款，32%为抵押借款。

从三年的百分比例看来，信用借款总数是超过抵押借款总数，并且也稍微显出信用借款额所占的百分比例有逐年增加的趋势，而抵押借款额所占的百分比例有逐年减少的趋势。

于此附带补充一点，即自民国二十一年以来，情况为之一变，抵押借款总额已远超过信用借款总额了。

抵押借款额内以田地为抵押品之款额占最多数，房宅为抵押品者次之，只以房屋为抵押品者又次之，亦略同于抵押借款次数分配之状态。关于每年信用借款额与抵押借款额分配之详细数目见下列第11表。

第11表　五村三年内信用借款与抵押借款借入款额数

	民国十八年		民国十九年		民国二十年	
	借入款额	百分比	借入款额	百分比	借入款额	百分比
信用借款	$12 358	58.77	$22 650	65.84	$33 503	68.45
抵押借款	8 668	41.23	11 751	34.16	15 441	31.55
抵押田地	8 388	39.90	11 416	33.18	15 351	31.37
抵押房宅	250	1.19	305	0.89	90	0.18
抵押房屋	30	0.14	30	0.09	—	—
总合	21 026	100.00	34 401	100.00	48 944	100.00

四、借贷期限

各种期限借款次数 借款约定之期限不等，至多一年，至少一月，亦有无定期者。在调查之三年内，约定以十个月为期限的次数为最多。民国十八年 335 次借贷内，以十个月为期限者占 181 次，民国十九年 466 次内占 241 次，民国二十年 726 次内占 399 次之多。次多之次数系以一年为期限者，民国十八年有 91 次，十九年有 121 次，二十年有 146 次。再次多之次数为七个月，八个月，六个月者。各期限借款的次数见下列第 12 表。

第 12 表 五村三年内借入家庭按约定借款期限借入次数之分配

约定期限	借入次数		
	民国十八年	民国十九年	民国二十年
1 年	91	121	146
11 个月	1	1	1
10 个月	181	241	399
9 个月	1	6	9
8 个月	10	25	35
7 个月	23	34	48
6 个月	12	16	37
5 个月	10	13	30
4 个月	1	3	10
3 个月	—	1	2
2 个月	1	—	3
1 个月	1	1	—
无定期	3	4	6
总合	335	466	726

农民借款时期，多在惊蛰节前后，约在阳历三月初间，还债时期多在秋收以后。关于借贷期限之长短，按理似乎是应由借入者决定，但实际多迁就放债者之意旨。债主多欲在旧历新年前后归还本利债款，以便此时用钱购地，或春间再将款放出。

各种期限借入款额　按各约定期限借入款额之总数，亦以十个月为期限所借之款额为最多，约占所有借款总额之半数，与上面借入次数分配之情况相同。民国十八年借款总额 21 062 元内，期限十个月之借额占 12 038 元，十九年借款总额内占 16 999 元，二十年总额 48 944 元内占 24 178 元之多。次多之款额系以一年为期限者。再次为七个月，八个月，六个月者。各年内各期限借额之比率亦有不同，详细数目见下列第 13 表。

第 13 表　五村三年内借入家庭按约定借款期限借入款额之分配

约定期限	借入款额		
	民国十八年	民国十九年	民国二十年
1 年	$5 577	$7 195	$8 975
11 个月	50	50	25
10 个月	12 038	16 999	24 178
9 个月	100	292	523
8 个月	791	1 671	3 015
7 个月	1 044	1 497	2 938
6 个月	588	611	2 066
5 个月	569	742	1 259
4 个月	20	128	484
3 个月	—	100	170
2 个月	64	—	121
1 个月	30	24	—
无定期	155	5 092	5 190
总合	21 026	34 401	48 944

到期不偿办法　负债人至期不能偿还时，普通有数种办法解决。（1）更换借帖，有时将利作本，有时先偿利息，继续使用。重订之借帖，有时利息与原来相同，有时增加。（2）债主若不愿换帖，则负债人向别人借债，用以归还旧债。（3）由担保之中人代偿。（4）债主按照借帖所言，取得抵押品。（5）由村中有声望者作证，负债者宣告破产，将家产变卖，仅能偿还一部分，即算了事。债主认可吃亏，以后再不得追究。

此外关于期满不还的纠纷颇多。所谓抵押的手续，大半只将抵押田地或房屋之所在地点和数目写明于借帖上，并不一定把地契房契实际交付债主，因此很容易发生蒙蔽情事，同时将一块田产抵押于两个或三个债主。一旦内幕揭穿，债额总数超过地价，任何债主不敢收地，因凡收地者须代还其他债款。往往因债主太多，彼此相持都不能收地，债务人反能继续种地。有时两三个债主按欠款多寡之比例，共同商量分地。亦有时一个债主到欠债者之田内种上一种作物，而其他一个债主亦去种上其他一种作物，等到成熟时各自收获，自然彼此发生冲突。亦有时债主与负债人皆不敢去种地，致使田地荒废。

五、借贷用途

各种借贷用途次数　三年内各种用途之借款次数，以为偿还旧债而借款的次数为最多，民国十八年内有124次，占本年借款总次数335的37%；十九年有225次，占总次数466的48%；二十年有328次，占总次数726的45%。

其次多的次数，是为经营农业资本，十八年占总次数31%，十九年占23%，二十年占25%。农业资本包括买蜜蜂、买牲畜、买地、赎地、付地租、买房宅、买水车、买大车、凿井、买轧棉花车、买榨油工具、付工资、买肥料等项。

再次多之用途为日常生活消费，十八年和十九年之次数各占15%，二十年占13%。日常生活费包括买粮食、修盖房屋、零用、医药费、过新年、做衣裳等项。

再次为经营商业资本，十八年占9%，十九年占4%，二十年占8%。商业资本包括包税、开店铺、开作坊、买卖棉花、贩运粮食、做小贩、烧窑、包工、付合作社股本等项。

此外按借款主要用途次数多寡之次序为婚丧费用、赌博等不良嗜好费用、出外谋生路费、入学费用、贩白药面毒品、当村佐垫款、诉讼等项。

每次借款不一定只为一种用途。有时在主要用途外，兼有其他次要用途。例如民国十八年124次偿还旧债之用途内，有四次之借款，其中一部分亦用于经营农业资本。下列第14表，不但详列每年借款主要用途之次数及其百分比，并在表下一一注明款中一部分用于其他次要用途者。

第 14 表　五村三年内借入家庭按借款主要用途借入次数之分配

借款主要用途	借入次数			借入次数百分比		
	民国十八年	民国十九年	民国二十年	民国十八年	民国十九年	民国二十年
偿还旧债	124（1）	225（2）	328（3）	37.01	48.28	45.18
经营农业资本	104（4）	108（5）	184（6）	31.05	23.18	25.34
经营商业资本	31（7）	18（8）	56（9）	9.25	3.86	7.71
日常生活消费	50	68	94	14.93	14.59	12.95
婚丧费用	15（10）	37	53（11）	4.48	7.94	7.30
不良嗜好费用	4	1	6	1.19	0.22	0.83
出外谋生路费	1	2（12）	1	0.30	0.43	0.14
其他	6	7	4	1.79	1.50	0.55
总合	335	466	726	100.00	100.00	100.00

注：（1）借款内有一部分用于经营农业资本者计 4 次。
（2）借款内有一部分用于买粮食者计 3 次，有一部分用于经营农业资本者计 3 次。
（3）借款内有一部分用于买粮食者计 4 次，有一部分用于经营农业资本者计 4 次，有一部分用于医药费者计 1 次。
（4）借款内有一部分用于买粮食者计 14 次，有一部分用于零用者计 1 次。
（5）借款内有一部分用于买粮食者计 16 次，有一部分用于付利息者计 2 次，有一部分用于医药费者 2 次。
（6）借款内有一部分用于买粮食者计 19 次，有一部分用于付利息者计 4 次。
（7）借款内有一部分用于买粮食者计 1 次。
（8）借款内有一部分用于买粮食者计 1 次，有一部分用于经营农业资本者计 1 次。
（9）借款内有一部分用于买粮食者计 2 次，有一部分用于经营农业资本者计 2 次。
（10）借款内有一部分用于买粮食者计 1 次。
（11）借款内有一部分用于经营农业资本者计 2 次，有一部分用于付利息者计 1 次。
（12）借款内有一部分用于偿还旧债者计 1 次。

各种借贷款额　三年内各种借贷款额中，最多者为偿还旧债，民国十八年款额达 8 271 元，十九年达 20 089 元，二十年达 27 026 元。次多者为经营农业资本，民国十八年为 5 017 元，十九年为 7 324 元，二十年为 10 721 元。其他每年各种用途之详细款额及其所占总款额之百分比可看下列第 15 表。

各种用途次数之百分比与款额之百分比，有的相近，亦有的颇显差别。例如民国十八年偿还旧债次数之百分比为 37，款额之百分比为 39，很相近；又如十九年日常生活消费次数之百分比为 15，而款额之百分比仅为 6，相差颇多。其他两方面各项用途之百分比，皆可自表中所列数目一一比较。

第 15 表　五村三年内借入家庭按借款主要用途借入款额之分配

借款主要用途	借入款额			借入款额百分比		
	民国十八年	民国十九年	民国二十年	民国十八年	民国十九年	民国二十年
偿还旧债	$ 8 271	$ 20 089	$ 27 026	39.34	58.40	55.22
经营农业资本	5 017	7 324	10 721	23.86	21.29	21.91

续前表

借款主要用途	借入款额			借入款额百分比		
	民国十八年	民国十九年	民国二十年	民国十八年	民国十九年	民国二十年
经营商业资本	3 055	1 054	4 005	14.53	3.06	8.18
日常生活消费	1 618	2 195	2 384	7.69	6.38	4.87
婚丧费用	1 515	2 544	3 256	7.21	7.40	6.65
不良嗜好费用	380	70	242	1.81	0.20	0.49
出外谋生路费	40	65	30	0.19	0.19	0.06
其他	1 130	1 060	1 280	5.37	3.08	2.62
总合	21 026	34 401	48 944	100.00	100.00	100.00

六、贷出家数、次数与款额

贷出家数与次数 五村在民国十八年与十九年内贷出款者各计 50 家，占五村总家数 526 的 9.5%；二十年内计 53，占总家数的 10%。（各年内借入之家数为 171、230 与 305。）民国十八年内借入兼贷出者有四家，十九年内亦有四家，二十年内有 12 家。

三年内贷出之次数，民国十八年为 804 次，十九年为 872 次，二十年为 913 次。（各年借入之次数为 335 次、466 次、726 次。）

民国十八年每家在全年内贷出不满 6 次者计 30 家，6 至 10 次者 12 家，11 至 40 次左右者 7 家，有一家多至 500 次左右。其他两年内，按贷出次数、贷出家数之分配，见下列第 16 表。

第 16 表　五村三年内贷出家庭每家贷出次数

贷出次数分组	贷出家数		
	民国十八年	民国十九年	民国二十年
1～5	30	26	28
6～10	12	13	12
11～20	5	7	8
21～30	1	1	2
31～50	1	2	2
50 以上	1	1	1
总合	50	50	53

贷出款额　民国十八年 50 家共计贷出款额 51 105 元，十九年贷出 57 950 元，二十年贷出 59 373 元。五村每年借入款额为 21 026 元、34 401 元、48 944 元。

各贷款家庭在一年内借出之款额，差别颇多，自 5 元至 3 万余元；但过半数之家庭，每年借出款额皆不满 250 元。民国十八年 50 家内有 30 家，即 60%的家庭，每家借出数目皆在 250 元以下，其中有 9 家在 50 元以下，最低额为 5 元，又有 9 家在 50 元至 99 元之间，5 家在 150 至 199 元之间，7 家在 200 至 249 元之间。借出款额在 250 元至 499 元者计 14 家，占借出总家数 28%。借出款额在 500 元以上者计 6 家，占 12%，自 680 元至最多之 37 000 元。其他两年内借出款额在 250 元以下之家数的百分比，较十八年稍减，而借出款额超过 500 元者颇增。各年贷出款额组之详细家数及其百分比见下列第 17 表。

第 17 表　五村三年内按每家全年贷出款额组贷出家数之分配

每家全年贷出款额组	贷出家数			贷出家数百分比		
	民国十八年	民国十九年	民国二十年	民国十八年	民国十九年	民国二十年
$ 50 以下	9	6	10	18.00	12.00	18.87
50～99	9	7	8	18.00	14.00	15.09
100～149	—	3	4	—	6.00	7.55
150～199	5	3	1	10.00	6.00	1.89
200～249	7	7	7	14.00	14.00	13.21
250～299	3	5	3	6.00	10.00	5.66
300～349	2	2	5	4.00	4.00	9.43
350～399	6	3	1	12.00	6.00	1.89
400～449	2	3	2	4.00	6.00	3.77
450～499	1	2	2	2.00	4.00	3.77
500 及以上	6	9	10	12.00	18.00	18.87
总合	50	50	53	100.00	100.00	100.00

每年贷出的家庭虽有 50 左右之多，但大部分的贷款不过来自少数的家庭。例如在民国十八年，全年贷出款额不满 500 元之家数占所有贷出家庭总数的 88%，而其贷出款额为 8 125 元，仅占所有贷出款额总数 51 105 元的 16%；可是贷出款额 500 元及以上之家数虽仅占总家数 12%，而此数家贷出之款额为 42 980 元，占贷出款额总数 84%之多。即此 42 980 元中，有 37 000 元为一家独

自贷款，又有 1 900 元为另一家贷款。民国十九年贷款总额 57 950 元内，有 49 800 元为九家之贷款，其中有 38 000 元来自一家。民国二十年贷款总额 59 373 元内，有 52 010 元为十家之贷款，其中有 39 000 元为一家占去。三年内按每家全年贷出款额组贷出款额之分配及其所占百分比，见下列第 18 表。若将此表与上列第 17 表对照，即可清楚看出，两表内贷出款额之组距与次序虽相同，一方面贷出家数百分比有逐渐低落之趋势，而另一方面贷出款额百分比有逐渐增高之趋势。

第 18 表　五村三年内按每家全年贷出款额组贷出款额之分配

每家全年贷出款额组	贷出款额总数			贷出款额百分比		
	民国十八年	民国十九年	民国二十年	民国十八年	民国十九年	民国二十年
$50 以下	252	175	312	0.49	0.30	0.53
50～99	638	509	517	1.25	0.88	0.87
100～149	—	335	430	—	0.58	0.72
150～199	870	495	150	1.70	0.85	0.25
200～249	1 460	1 440	1 504	2.86	2.48	2.53
250～299	780	1 316	750	1.53	2.27	1.26
300～349	655	640	1 580	1.28	1.10	2.66
350～399	2 180	1 110	380	4.27	1.92	0.64
400～449	820	1 230	800	1.60	2.12	1.35
450～499	470	900	940	0.92	1.55	1.58
500 及以上	42 980	49 800	52 010	84.10	85.94	87.60
总合	51 105	57 950	59 373	100.00	100.00	100.00

关于每年借入与贷出之家数、次数和款额的增减，不易作有系统的比较；因为借入的家庭不一定借自本村，而贷出的家庭亦未必贷出于本村。至于多少次系借自本村，多少次系借自外村，又多少次贷出于本村，多少次贷出于外村，亦未有清楚的调查。故在这一方面的情形，不能说明。

七、放债人之类别

放债之富户　放债最多之款额来自村中之富户。五村内有五家放债之富户，其中两家各有地三百余亩，一家有地二百余亩，两家各有地一百余亩。一家内有一个在外发过财的师长。这些富户的家长虽然有款出放，但因种种关系，很忌讳别人知道他们有钱，极力避富。对于放款的事，不但不公开办理，反作出拒绝的状态。关于贷款的进行，多由中人从中介绍。这些中人是村中好管闲事者，平素有人缘，爱联络，会讲话，熟悉地方情形。他们对于各家景况，买卖田地，收入支出，甚至一切琐碎的事情，都是了如指掌。一旦有拮据的村人想要借钱，自然来向这种人问计，托为介绍人。他们应允代办之后，即将抵押品、利用以及其他的条件，先大致商量妥协，然后再去找有款的富户来提。富户开始总要推脱说现时没钱，介绍人须用种种转弯抹角的言词，极力怂恿，使借款成功。富户放出的款额，比较都是较大的数目。他们有的是以放债为主要营业，但大半以放债为附带的营业。

放债之普通家庭　有的人家虽非富户，但以放土债为生，即专放给农人。此种营业，不需多大之资本，又有厚利可图。所谓“阎王账”是由此种人放出。五村内专以放债为营业的计有三家。有两家的田地，不过各有三十余亩。

除去专以放债为生的家庭以外，还有普通饱食暖衣的勤苦农家，省吃俭用，放点小账。这种家庭的壮丁，有的在自家的工作以外，又出去为人做短工，得些血汗钱，用以放出生利。每年放出的次数不过两三次，每次放出的款额亦颇少，多在十元左右。

有的普通农家内，有人在外做事。若能往家寄款，便是格外的收入，即用此款放出生利。

放债的团体　还有各种公私团体，把公款放出生利；例如族产之存款、乡公所之基金、庙会及各种会社之存款，都常以最平稳的条件，放出生利。

有体己的妇女放债　有田产五十亩以上的家庭内，尤其是富户的家庭内，除开家主放债之外，有不少的妇女也都贷出数量较少的款额。这是因为富裕的大家庭，多半是父子、弟兄和他们的媳妇们共同生活，各房的妇女积蓄私财已成普遍的现象，俗称“存体己”。在五十亩以下和二十五亩以上的家庭内，也有百分之二十左右的妇女存体己的。至二十五亩以下的贫户内，有存体己能力的妇女就很少了。本地有一种颇为特殊的风俗，即儿媳们自己的和她们孩子们的衣服零用，夫家几乎完全不管。这种费用多系娘家供给，或自己设法。因此她们不得不努力于存自己的体己，有的是单独暗中存私，有的是夫妻合作储蓄。有的由娘家亲属代为保管转放，有的托自己信靠的中人替她经理，而自己收存字据，少有自己出头贷款的。每次出放的款额由数元至一二十元不等，利息通常为二分，可是中保人大半须负绝对的责任。因为有这些不很公开的零星贷款，关于借出的家数、次数、款额和放债者的身份等项，就不易有十分精确的调查。

钱局放款　城内有钱局数十家，亦向农村中放款，每次款额较普通为多，而利率较普通稍低。

关于放款人的心理，是愿意借出于本村人使用，因为容易知道借方人的品行和财产，发生纠葛时也可就近解决，比较借给外村人方便妥当。借入人的心理，适与相反。除开数量较少的款额外，都向外村或城内去借，并且还要尽力掩住本村人的耳目。有的是为顾全面子，也有的是为容易施行欺骗，用同一的抵押品向两三处借款。

八、结尾

以上所叙系民国十八年至二十年内农村借贷变移之情况。上项调查举行后，关于近三年内借贷转变的情况可在此约略总述，以作本文的收尾，但非结论，不过告一段落而已。

借贷家数、次数与款额之变动　民国二十年的农村经济渐呈疲弊之现象，至二十一年发生恐慌，人心摇动，生活不安。欠债无力偿还者日众，纠纷亦随之日多。此时许多债主急于收回旧债，不再轻易放出新款；因此本年内借贷之家数、次数与款额，皆较二十年时减少。至民国二十二年农村经济之不景气加甚，借贷之家数、次数和款额，较二十一年时尤为减少。至二十三年时，金融渐呈活动现象，因此借贷之家数、次数和款额亦随之增加，超过前两年之数目。这一方面是因为本年农产丰收，人心安定，又一方面是因为本县境忽然设立了三个银行的分行或办事处（金城、河北、中孚）与中国银行的抵押仓库，并且都是标榜着救济农村的口号。此外尤有关系的是，信用合作社和自助社渐次普遍于农村。有这种种方面的促进工作，遂渐次打开金融吃紧的沉闷空气，而呈一时活动的气象。

利息之变动 民国二十一年和二十二年的利率，未有显着改变；不过以现金为利息贷款的较前减少，而以农产品为利息借贷的反日渐增加，并且有许多不能偿还的旧债，以现金为利息者亦多改为以谷物为利息，这是因为放债者觉得物品较妥于现金的缘故。至民国二十三年时，利息有稍微低落的趋势，这是因为信用合作社和银行低利放款的影响。

借贷保证之变动 民国二十年以前之数年内，到期不偿还债款的很少，逃避债务的更少，因此信用借贷极为盛行，远超过抵押借贷的数目。至二十一年，因债破产的家庭，时有所闻，因此放债者皆有戒心，非有财产抵押品不肯贷款。抵押债款的数目，遂远超过信用借款的数目。至二十二年，因债破产而发生之纠纷更多，几乎全为抵押贷款，只有极少数信用贷款。至二十三年，农村经济情态渐佳，信用借款之数目稍增，而仍远不及抵押贷款之多。

借贷期限之变动 民国十八至二十年间，借贷期限以十个月和一年的为最普通。至二十一年以后，借贷期限有较前缩短的趋势，期限在六个月左右者增多，超过十个月者减少。民国二十年以前，到期无力偿还时，大半续借，或借新债用以归还旧债，少有赖债者。至二十一年时，所谓破产“报估”之偿债法渐多，即欠债者变卖家产，只能偿还债款之一部分，就算完全还清，债主情愿吃亏，不再追究。民国二十二年时以破产“报估”法还债者尤众，至二十三年时减少。

借贷用途之变动 民国十八至二十年间，借贷用途中以清还旧债及经营农业或商业资本和日常生活消费等项所占之百分比为最多。至民国二十一年后，清还旧债用途所占之百分比仍甚多，经营农业及商业资本用途减少，日常生活消费方面增加。

放款者之变动 自民国二十一年后，钱局与富户附带放债者减少，而村中专以放债为业者放出次数及款额所占之百分比增加。

总结 目下信用合作社贷款的利息至高不过八厘，新开设之三个银行分行的贷款利息自六厘至一分。有了此种新式金融机关的产生，固有的旧式金融机关不得不把它们放款的利息亦随之减低。总之，农民存款与借款均较以前便利，所受高利贷的剥削亦渐减轻。

（载《中国农村》，1935 年第 1 期）

定县土地调查

一、绪言

农村问题的中心是农村经济问题，而农村经济问题的核心是土地问题。土地问题是足以撼动农村社会的基础。土地为人类之所必需，与空气与水无异。土地为农业的基础，为生产的根本工具。农民不得使用土地，或使用土地而不得其道，则农产必致衰微，农村亦随之凋敝。土地不得适当之解决，则农村一切问题无从说起，在今日之中国尤为严重而急切；因为中国尚在农业经济时代，若土地问题不得解决，农业经济即发生危机，整个的社会经济亦将陷于崩溃。

最近阎锡山氏有见及此，曾发表其土地村公有计划，以求土地问题的解决，于是土地问题益为人所注意。但欲谋土地问题之解决，必须有具体的办法，而具体的办法必须适合国情。关于中国土地的实际状况，尚未有全国大规模的调查材料。一般的土地报告多靠揣测与估计，而少数有系统的调查又大半是规模狭小，为数村或数十村之零星片段的报告。因此，若要透彻地了解中国土地问题症结之所在，亟宜从事调查研究全国各地土地的真相，而这种调查研究又必须是有系统的、科学的与普遍的，方可避免片面与误引的结论，而能得到完备正确的材料。否则种种改革计划，缺乏事实之根据，难免发生药不对症、效未生而弊已见的危险。

定县于民国二十年，在中华平民教育促进会社会调查部的指导之下，曾举行了一次全县的土地调查，包括土地分配与农作物种类等项。本篇报告只包括土地分配的一部分情形，系从三方面来显示其分配的形态，即（1）从田权类别方面，（2）从田产大小方面，（3）从耕田大小方面。以中国幅员之广、土地之大，各处情形差别颇多。区区一县之大，仅等于全国一千九百余县之一，固不足以代表全体；但定县既在河北，或亦能大致代表华北一部分情况，而供留心土地问题者一点参考材料。在没有说明定县土地的分配以前，先将定县与土地有关的一般的状况摘要略述于下，以作帮助明了土地情形的背景。

定县位于河北省的西部，距北平西南约五百里，在保定府与石家庄之间，平汉铁路自西北部通过。全境轮廓颇为整齐，略呈方形，南北平均约长六十六里，东西约宽五十五里。全县实测面积为旧营造制三千六百五十方里，合标准制一千二百一十一平方公里，合市用制四千八百四十四平方市里，合英制四百六十八平方哩，合二百零八万六千一百亩（定县旧制亩）。在总面积二百零八万余亩中，已垦之好坏田地合计约一百七十万亩，约占总面积百分之八十一，其中禾田约计一百六十余万亩，林地约八万余亩；禾田中作物不易生长之坏地约五万余亩；不毛地约计三十九万亩，约占全县面积五分之一。有许多禾田在一年内能种两次作物，如此一普通亩即变为二作物亩；若照这样推算，则定县有禾田二百零六万作物亩，即每一普通亩禾田等于 1.3 作物亩。县内已经没有能垦而未垦的荒地。本篇所用亩，除特别注明外，为定县旧制亩，每一亩等于 0.143 3 英亩，亦即每一英亩等于 6.978 4 定县亩。所谓每家田产面积系指所有能耕种之田地而言，至于每家之房屋及极坏之田地未包括在内。

定县地势平坦无山。北部有唐河，南部有沙河，皆发源于山西。河之两岸多沙，水道迁徙不定；每遇雨水过多即泛滥成灾，附近村庄多受其害，无水利之可言。县内土壤以极细砂质壤土为最多，多分布于县之中部与北部；其次为细砂壤土，多分布于中部与东北部；再次为壤质砂土，多分布于西部；再次为砂土，多分布于唐河与沙河两岸；再次有砂质壤土，多分布于西部；此外有少数极细壤质砂土、壤质细砂土与黏土。按照土壤的肥沃论，定县属于中等，颇能代表华北一般的农业区域。

民国二十年举行土地调查时，全县分为六区（现改为五区）。按照旧有习惯说，包括大小472村，但按当时的实际情况，系合并为453村，每村有一村长，共计453个村长（系将原有之19个小村，各合并于其附近的大村，谓之附属村；民国二十四年时全县又变为469村）。

据民国二十年的调查，全县有住户70 034家，计40余万人，恰巧约为全国人口数的千分之一，平均每村约150家，最大之村达1 200家。不满百家之小村约占一切村数46%，100至250家之中等村约占37%，250家以上之大村约占17%。附近县城之第一区内多小村，平均每村仅80余家；第四区内多大村，平均每村约220家。关于人口的密度，每方哩约为860人（据民国二十四年之户口调查，将近900人），人口之繁密，甚为显然，平均每家5.8口。以四口之家庭为最多，五口之家次之，三口之家又次之，再次为六口之家、七口之家，超过十口之家庭仅占总家数9%。此处所谓家庭系包括一切共同生活之人口而言，雇工不计算在内。男子占人口总数51%，女子占49%，为106男子与100女子之性比例。

县内人民十分之九以农为业，为商者次之，各种手艺人与粗工又次之。家庭手工业有织布、纺线、织席、做粉条、编柳器，织口袋及制造各种其他日常用品与农具。

人民担负之税捐约分四种，即中央政府征收的国税、河北省政府征收的省税、定县地方征收的地方捐与其他捐款（包括各村摊款和其他附收等杂项）。民国二十二年度，国税约计三十七万元，省税约计十九万元，县地方捐约计十五万元，其他杂项捐款约计三十三万元，合计总数约一百零四万元。全年平均每人负担约合两元六角，每家约合十五元。

农家买卖物品多在各种集市，全县共有大小集市七十八处。

定县在民国二十二年内输出县外货物总值约计三百一十五万元；其中大宗为棉花及棉制品类计一百五十六万余元，杂粮类计五十六万余元，水果类计二十七万余元，兽畜及其产品类计二十三万余元，药品类计亦二十三万余元，此外有建筑材料、菜蔬、饮料、调味等类货品。若以输出单项物品的价值论，以土布为最多，小麦次之，鸭梨又次之，再次为眼药、猪、棉花等物。

民国二十二年内本国货与外国货的输入总值约计三百一十九万元。平均每家约计四十六元，每人约合八元。输入县内货物中，价值最多者为棉纱，计六十六万余元；小米次之，计三十五万余元；再次为食盐，计三十万元；此外大宗为布、煤、煤油、纸烟、牲畜等项。输入货物中，本国货值占百分之八十四；英国货占百分之七，以卷烟、煤油与白碱为最多；美国货占百分之四，以煤油为最多；日本货占百分之三，以棉制品、食品、纸及日常用品为最多；德国货占百分之二，以染料及布匹为最多。输入之洋货总值约计五十万元，定县平均每家在一年内购用洋货约计七元，每人约合一元二角。定县输出与输入的差额约为入超四万元。[①]

定县农产物以谷子及小麦为大宗，此外有黑豆、甘薯、高粱、大麦、荞麦、棉花、玉米、花生等作物。菜蔬类则以萝卜、北瓜及白菜为大宗。瓜果类有鸭梨、枣、西瓜、甜瓜及葡萄等物。工业品以布为大宗，此外有砖、席、干粉条、棉籽油、线、腰带、柳器等物。

本县土地多砂，本系中等土壤，但自民国九年华北发生空前的旱灾以后，定县农民深知凿井的好处，因此农作物数量大增。现已遍地皆井，已达六万口之多，实为不可多得之县份。普通每井可浇田二十余亩，水源颇旺。有井之水田较无井之旱田，农产物数量约多一倍。定县之旱灾问题，大致解决。农民亦渐知择用优良种子及选种方法。

县内农民大致尚能饱粗食，暖粗衣；食品以甘薯及小米为大宗，小麦及豆类次之。民国二十年时，普通六口之家的全年生活费约为一百八十元，其中食品费约占一百二十元，燃料与衣服费各约占十五元，其余为各项杂费。

民国二十二年时，定县农村亦随着全国一般的农村破产潮流，渐次发生经济恐慌。地价骤落，农民愿出卖田产者甚多。民国二十二年县内，人民往东北及他处谋生者有八千人之多；二十三年内竟达一万五千之众。民国二十年内，在定县因债务破产而为债主没收一切家产之家数达二千家左右。民国二十二年

---

① 关于定县各种农作物、工业品、输入与输出货物之详细数量与价值，可参看河北省县政建设研究院最近出版之拙著《定县经济调查一部分报告书》。

内，定县欠债之家数约计四万六千家，占全县总家数百分之六十六；不欠债之家数占百分之三十四。借债之农家数目中，种地不满二十亩之小农占百分之六十三，二十至四十亩之中农占百分之二十四，四十亩以上之大农占百分之十三。借债期限以十个月及一年者为最多，月利普通为二分五厘。

自中华平民教育促进会与河北省县政建设研究院以定县为实验区，积极从事农村改造与县政建设以来，该县在教育、农业、合作、卫生、组织各方面均有显著之进步。

本篇多引用统计数字，少用叙述，以求尽量显示客观的事实，而避免主观的偏见，虽失之干燥，而在所不计。对于同一的社会现象，仁者见仁，智者见智，各人的结论未必尽同。从下列的这些统计表里，阅者一定能够各自发现特殊的问题，得到一些有意义的结论。

本篇引用关于某村材料时，避免指出该村实际名称，只用一字代替，以免有人误用调查材料，而致发生与该村不利的影响。这是许多人在作调查报告的时候没有注意到的一件从事社会调查者应有的道德。

二、按田权类别土地分配的状态

（一）全县各种田权的家数

全县92%的家庭是有田产的，91%的农家是耕者有其田的，虽然所有田产的多寡不同；过半数的农家是自己耕种自己一切的田产，纯佃农只占二十分之一。在县内70 034的总家数中，完全使用自有田地之自耕农计43 792家，占总家数的62.5%；使用一切自有田地而兼租种他人田地的半自耕农计16 932家，占总家数的24%；使用一部分自有田地而兼租出一部分自有田地的计3 312家，占4.7%；自己无田产而完全租种他人田地之纯粹佃农计3 253家，占4.65%；自己无田产而为人做工之雇农计870家，仅占1%；完全租出自有田产之地主计514家，占千分之七；自己无田产亦不以种田为业者计1 361家，占1.9%。

县内各区中各种田产权之家数所占的百分比颇有差别；城内及三关的情形

更显然不同，完全自耕及半自耕农的百分比较县内他处为低，佃农、地主和不种田者的百分比较高。此外，在六区内完全自耕农的百分比自第一区的40.9%至第六区的71.8%；半自耕农的百分比最低为17%，最高为35%；佃农的百分比最低为2%，最高11%；地主的最高百分比为1.5%。各区和城关之各种田产权的家数及其所占百分比，见下列第1表。

（二）453村各种田权的家数

城关内地主与经商之人家较多，与农村之情形大有不同。因此把城关之2 169家除外，另将下余453村内67 865家，按田权类别家数之分配，列为下面第2表，则自耕农占总家数63%。半自耕农占24%，其中用现钱缴纳田租者占13.8%，按一定粮食数量缴租者占9.7%，缴纳一定棉花数量及按一定收获成数地主与佃户分得农产物者不到1%。自耕农兼租出者占4.8%。纯粹佃农占4%，其中亦以钱租为最多，粮租次之。地主占千分之五。

据实业部中央农业实验所的报告，二十一省份在民国二十二年农民田产权的百分比是自耕农占45%，佃农占32%，半自耕农占23%，并且近20年来佃农逐渐增加，自耕农则逐渐减少，半自耕农则无若何变动。关于定县田权的分配，自耕农的百分比较中国一般的百分比为高；佃农的百分比则比较甚低，约为5%（全县）与32%的差异；半自耕农的百分比，两者相较，差别尚微。

（二）自耕地与租种地面积的比较

定县7万余家共种地1 424 931亩（定县旧制亩，每亩合5.803 3公亩，或0.944 8旧营造亩）；其中农民种自己田产的，即耕者有其田的亩数为1 251 037亩，占耕田总亩数87.8%；租种的亩数为173 894亩，占12.2%。据一般的估计，中国全国之耕地内，佃田要占到50%以上。这样，定县佃田的百分比在中国大约是属于很低的地方。

若将定县各区内租种地所占百分比来比较，则最低者为6.9%，最高者为23.9%。第一区内佃田之百分比特别高的缘故，是因为受几家大地主的影响，一家有地多至4 000亩左右。各区自耕地及租种地之比率见下列第3表。

第 1 表　定县各区各种田产权之家数及其百分比

民国二十年

田产权种类	家数							
	第一区	第二区	第三区	第四区	第五区	第六区	城关	全县
完全自耕农	2 682	4 152	10 970	10 838	4 750	9 646	754	43 792
自耕农兼租种	2 308	2 633	3 493	3 597	2 012	2 350	539	16 932
自耕农兼租出	444	531	628	738	412	475	84	3 312
佃农	745	423	373	475	413	504	320	3 253
非地主亦不种田	174	138	163	189	206	260	231	1 361
雇农	107	138	201	155	58	139	72	870
完全租出之地主	95	47	111	18	13	61	169	514
总合	6 555	8 062	15 939	16 010	7 864	13 435	2 169	70 034

田产权种类	百分比							
	第一区	第二区	第三区	第四区	第五区	第六区	城关	全县
完全自耕农	40.92	51.50	68.82	67.69	60.40	71.80	34.76	62.53
自耕农兼租种	35.21	32.66	21.92	22.47	25.58	17.49	24.85	24.18
自耕农兼租出	6.77	6.59	3.94	4.61	5.24	3.54	3.87	4.73
佃农	11.37	5.25	2.34	2.97	5.25	3.75	14.75	4.65
非地主亦不种田	2.65	1.71	1.02	1.18	2.62	1.94	10.65	1.94
雇农	1.63	1.71	1.26	0.97	0.74	1.03	3.32	1.24
完全租出之地主	1.45	0.58	0.70	0.11	0.17	0.45	7.79	0.73
总合	100.00	100.00	100.00	100.00	100.00	100.00	100.00	100.00

第 2 表　定县 453 村各种田产权家数之分配及其百分比
民国二十年

田产权类别	家数		百分比	
自耕农（种自己所有地亩）	43 038		63.42	
自耕农兼租种	16 393		24.15	
钱租		9 360		13.79
粮租		6 614		9.74
伙种		231		0.34
棉花租		188		0.28
自耕农兼租出（地主）	3 228		4.76	
佃农	2 933		4.32	
钱租		1 536		2.26
粮租		1 333		1.96
伙种		40		0.06
棉花租		24		0.04
非地主亦不种田	1 130		1.66	
雇农（只为人佣工）	798		1.18	
地主（完全租出）	345		0.51	
总合	67 865		100.00	

第 3 表　定县全县各区家数、种自己地与租种地之亩数及其百分比
民国二十年

区别	家数	亩数			亩数百分比	
		种自己地	租种地	共计	种自己地	租种地
第一区*	8 724	128 755	40 338	169 093	76.14	23.86
第二区	8 062	153 875	30 400	184 275	83.50	16.50
第三区	15 939	319 200	23 573	342 773	93.12	6.88
第四区	16 010	276 173	37 060	313 233	88.17	11.83
第五区	7 864	134 972	15 184	150 156	89.89	10.11
第六区	13 435	238 062	27 339	265 401	89.70	10.30
总合	70 034	1 251 037	173 894	1 424 931	87.80	12.20

* 包括城关。
注：表内之“亩”系定县旧制亩，合 0.944 8 旧营造亩，或 5.803 3 公亩，或 0.143 3 英亩。

（四）各村镇田权种类的复杂

上面不过粗略显示了全县一般的田权分配情形，但各种田权的性质不是那

样简单，就是在一个小的村内也可以发现种种不同的形态，虽然大多数的农家所有或所种田地不过20亩左右。兹举大小不同的4个村庄为例，分别列表，叙述如下：

（甲）一个小村的田权情形　在一个108家的高村内，按田权的类别发现7大类农家，而7大类农家又包括17种不同的形式。最多的一类农家为种所有田产兼种租入或当入田地，计有52家，占总家数的48%，其中又分为3种不同的形式，最多之一种为种所有田产兼种租入田地，次多之一种为种所有田产兼种租入及当入田地，最少之一种为种所有田产兼种当入田地。次多之一类系种一部分田产兼租出或当出一部分田产，计有23家，占总家数21%，其中亦包括3种不同的形式。再次为种一部分田产租出或当出一部分田产兼种租入或当入田地类，计有12家，占11%，其中包括4种不同之形式。此村各种田权的家数及其所占百分比可以从下列第4表清楚看出来。

（乙）一个大村的田权情形　在一个较大的南村内，有259家，发现了8大类不同的农家，而8大类又可分为30种不同的形式。最多的一类系种所有田产兼种租入或当入田地，计有81家，占总家数的31%，其中包括4种不同的形式。次多之一类系种一部分田产兼租出或当出一部分田产，计有48家，占18.5%，其中又包括5种不同的形式。再次多的一类系种一部分田产租出或当出一部分田产兼种租入或当入田地，计有37家，占14%，其中包括7种不同形式之多。此村各种田权之形态及包括之详细家数与所占百分比，见下列第5表。

第4表　定县城东高村各种田产权之家数及其百分比

民国二十年

田产权类别	家数		百分比
种所有田产	4		3.70
种所有田产兼种租入或当入田地	52		48.15
1. 种所有田产兼种租入田地		45	
2. 种所有田产兼种当入田地		3	
3. 种所有田产兼种租入及当入田地		4	
种一部分田产兼租出或当出一部分田产	23		21.30
1. 种一部分田产兼租出一部分田产		17	

续前表

田产权类别	家数		百分比
2. 种一部分田产兼租出及当出一部分田产		2	
3. 种一部分田产兼租出一部分田产及租出当入田地		4	
种一部分田产租出或当出一部分田产兼种租入或当入田地	12		11.11
1. 种一部分田产租出一部分田产兼种租入田地		6	
2. 种一部分田产租出一部分田产兼种当入田地		2	
3. 种一部分田产当出一部分田产兼种租入田地		3	
4. 种一部分田产租出一部分田产当出一部分田产兼种租入田地		1	
租出或当出所有田产	11		10.19
1. 租出所有田产		8	
2. 租出兼当出所有田产		2	
3. 租出所有田产兼租出当入田地		1	
无田产完全种租入或当入田地	5		4.63
1. 种租入田地		4	
2. 种租入及当入田地		1	
其他	1		0.92
1. 当出所有田产兼种租入田地		1	
总合	108		100.00

第5表　定县第六区南村各种田产权之家数及其百分比
民国二十年

田产权类别	家数		百分比
种所有田产	35		13.51
1. 种所有田产		34	
2. 种所有田产兼租出当入田地		1	
种所有田产兼种租入或当入田地	81		31.27
1. 种所有田产兼种租入田地		46	
2. 种所有田产兼种当入田地		15	
3. 种所有田产兼种租入及当入田地		18	
4. 种所有田产兼种一部分当入田地及租出一部分当入田地		2	
种一部分田产兼租出或当出一部分田产	48		18.53
1. 种一部分田产兼租出一部分田产		13	
2. 种一部分田产兼当出一部分田产		20	
3. 种一部分田产兼租出及当出一部分田产		11	
4. 种一部分田产租出一部分田产兼租出当入田地		2	

续前表

田产权类别	家数		百分比
5. 种一部分田产租出一部分田产当出一部分田产兼租出当入田地		2	
种一部分田产租出或当出一部分田产兼种租入或当入田地	37		14.29
1. 种一部分田产租出一部分田产兼种租入田地		3	
2. 种一部分田产当出一部分田产兼种当入田地		2	
3. 种一部分田产租出一部分田产兼种当入田地		1	
4. 种一部分田产当出一部分田产兼种租入田地		23	
5. 种一部分田产租出一部分田产当出一部分田产兼种当入田地		2	
6. 种一部分田产租出一部分田产兼种租入及当入田地		1	
7. 种一部分田产当出一部分田产兼种租入及当入田地		5	
租出或当出所有田产	30		11.58
1. 租出所有田产		9	
2. 当出所有田产		8	
3. 租出兼当出所有田产		10	
4. 租出所有田产兼租出当入田地		1	
5. 租出及当出所有田产兼租出当入田地		2	
无田产完全种租入或当入田地	16		6.18
1. 种租入田地		12	
2. 种当入田地		2	
3. 种租入田地兼种当入田地		2	
租出或当出所有田产兼种租入或当入田地	11		4.25
1. 租出所有田产兼种租入田地		1	
2. 租出所有田产兼种租入及当入田地		1	
3. 当出所有田产兼种租入田地		9	
其他	1		0.39
1. 租出所有当入田地		1	
总合	259		100.00

（丙）一个普通镇的田权情形　上面所举的二例，是两个纯粹农村的现象。兹再举出两个有集市及有铺店的大村为例，来看村内住户按田权种类分配的情形。在有 243 家住户的明镇内，可以找出 7 类形态不同之田权的农家，又可细分为 19 种农家。家数最多的一类系种所有田产兼种租入或当入田地，计有 93 家，占总家数 38%，其中又可分为 3 种，以种所有田产兼种租入田地者为最多；家数次多的一类系种所有田产者占 15.6%；再次为自己无田产而完全种租入或当入田地之佃

户，占 14%；再次为种一部分田产兼租出或当出一部分田产，占 12.8%。他种形式之详细家数及其百分比见下列第 6 表。

第 6 表　定县西部明镇各种田产权之家数及其百分比
民国二十年

田产权类别	家数		百分比
种所有田产	38		15.64
种所有田产兼种租入或当入田地	93		38.27
1. 种所有田产兼种租入田地		85	
2. 种所有田产兼种当入田地		5	
3. 种所有田产兼种租入及当入田地		3	
种一部分田产兼租出或当出一部分田产	31		12.76
1. 种一部分田产兼租出一部分田产		23	
2. 种一部分田产兼当出一部分田产		3	
3. 种一部分田产兼租出及当出一部分田产		5	
种一部分田产租出或当出一部分田产兼种租入或当入田地	17		6.99
1. 种一部分田产租出一部分田产兼种租入田地		5	
2. 种一部分田产租出一部分田产兼种当入田地		2	
3. 种一部分田产租出一部分田产兼种租入及当入田地		1	
4. 种一部分田产当出一部分田产兼种租入田地		9	
租出或当出所有田产	24		9.88
1. 租出所有田产		21	
2. 当出所有田产		3	
无田产完全种租入或当入田地	35		14.40
1. 种租入田地		31	
2. 种当入田地		2	
3. 种租入及当入田地		2	
租出或当出所有田产兼种租入或当入田地	5		2.06
1. 租出所有田产兼种租入田地		3	
2. 租出所有田产兼种当入田地		1	
3. 租出及当出所有田产兼种租入及当入田地		1	
总合	243		100.00

（丁）一个大镇之田权情形　李镇为一距县城 50 里之大村，集市的交易甚盛。在该镇的 675 住户中，有 7 类田权不同的农家，此 7 类又包括 19 种不同的形式。家数最多之一类为种所有田产之自耕农，占总家数 38%；次多之一类为种所有田产兼种租入或当入田地，占 23.6%。详情见下列第 7 表。

第7表　定县南部李镇各种田产权之家数及其百分比
民国二十年

田产权类别	家数		百分比
种所有田产	259		38.37
种所有田产兼种租入或当入田地	159		23.56
1. 种所有田产兼种租入田地		126	
2. 种所有田产兼种当入田地		21	
3. 种所有田产兼种租入及当入田地		12	
种一部分田产兼租出或当出一部分田产	75		11.11
1. 种一部分田产兼租出一部分田产		31	
2. 种一部分田产兼当出一部分田产		33	
3. 种一部分田产兼租出及当出一部分田产		11	
种一部分田产租出或当出一部分田产兼种租入或当入田地	24		3.55
1. 种一部分田产租出一部分田产兼种租入田地		1	
2. 种一部分田产租出一部分田产兼种当入田地		7	
3. 种一部分田产租出一部分田产兼种租入及当入田地		1	
4. 种一部分田产当出一部分田产兼种租入田地		14	
5. 种一部分田产当出一部分田产兼种当入田地		1	
租出或当出所有田产	67		9.93
1. 租出所有田产		49	
2. 当出所有田产		8	
3. 租出兼当出所有田产		10	
无田产完全种租入或当入田地	89		13.18
1. 种租入田地		79	
2. 种当入田地		7	
3. 种租入及当入田地		3	
租出及当出所有田产兼种租入田地	2		0.30
总合	675		100.00

三、按田产面积土地分配的状态

（一）全县平均每家田产亩数

县内70 034家中，有田产者计64 550家，占总家数92%；无田产者计5 484

家，仅占8%。有田产的64 550家共有耕地1 416 857亩（定县旧制亩，每亩合5.803 3公亩，或0.944 8旧营造亩），平均起来每家有能耕种之田产21.96亩，约合22亩。定县平均每家5.8口，如此平均每人有3.8亩，约合4亩。若按全县有田与无田之70 034总家数计算，则平均每家有田20.23亩，约合20亩，平均每人约合3.5亩。

若将县内各区和城关分开来看，有田产与无田产之家数的比率颇有不同，平均每家的亩数亦颇有差异。若只按有田产之家数平均而论，以在城关内的平均数为最低，每家约有田18亩；以第一区的平均数为最高，每家约计26亩；其他各区亦均在20亩以上。若按一切家庭平均计算，则在城关内每家约合13亩；第二区的平均数最高，每家约合23亩；其他各区亦均在18亩以上。各区和城关内有田产与无田产之家数及平均每家田产亩数，见下列第8表。

第8表　定县各区有田产与无田产家数、自有田产总亩数及平均每家田产亩数
民国二十年

区别	村数	家数			自有田产总亩数	平均每家田产亩数	
		有田产	无田产	共计		有田产之家庭	一切家庭
第一区	71	5 529	1 026	6 555	141 626	25.60	21.60
第二区	63	7 363	699	8 062	182 289	24.76	22.61
第三区	83	15 202	737	15 939	340 767	22.42	21.38
第四区	73	15 191	819	16 010	316 656	20.84	19.78
第五区	73	7 187	677	7 864	147 261	20.48	18.73
第六区	90	12 532	903	13 435	260 048	20.76	19.36
城关	—	1 546	623	2 169	28 210	18.25	13.01
总合	453	64 550	5 484	70 034	1 416 857	21.96	20.23

注：表内之“亩”系定县旧制亩，合0.944 8旧营造亩，或5.803 3公亩，或0.143 3英亩。

（二）各村平均每家田产亩数的比较

全县平均，按有土家庭论，每家合22亩；按一切家庭论，每家合20亩；但各村平均每家的田产亩数差别甚多。在453村内，各村平均的亩数虽有不同，但过半数的村庄平均每家亩数均在20亩上下，即15至25亩之间。这种情形可以清楚地从下列第9表看出来。表的左方为平均每家亩数，右方为各组平均每家亩数所包括的村庄。

先以村内有地之住户论，平均每家不满 8 亩的只有 1 个村庄，平均每家亩数最多的是 84 亩，亦只有 1 个村庄；包括最多的村数组为平均每家 21 亩者，计有 32 村；平均 19 亩者次之，计有 30 村；20 亩者又次之，计有 29 村；再次为 18 亩，计 27 村。村内平均每家亩数超过 25 亩者（即 26 亩及以上者）计有 147 村，占总村数 32%，其中平均每家亩数超过 30 亩者有 73 村，超过 40 亩者计 18 村，超过 50 亩者计 5 村。村内平均每家不满 15 亩者计 50 村，不满 10 亩者计 4 村。

第 9 表　定县 453 村按各村平均每家自有田产亩数组村数之分配

民国二十年

各村平均每家自有田产亩数组	村数		各村平均每家自有田产亩数组	村数	
	有地家庭	一切家庭		有地家庭	一切家庭
8 亩以下	1	1	32～32.9	4	7
8～8.9	—	3	33～33.9	9	7
9～9.9	3	7	34～34.9	6	6
10～10.9	7	7	35～35.9	5	5
11～11.9	8	12	36～36.9	5	2
12～12.9	9	11	37～37.9	6	2
13～13.9	10	19	38～38.9	4	3
14～14.9	12	15	39～39.9	3	1
15～15.9	16	22	40～40.9	2	3
16～16.9	18	24	41～41.9	3	3
17～17.9	19	32	42～42.9	2	2
18～18.9	27	35	43～43.9	2	—
19～19.9	30	29	44～44.9	1	—
20～20.9	29	37	46～46.9	2	1
21～21.9	32	24	47～47.9	1	—
22～22.9	23	15	48～48.9	—	1
23～23.9	20	16	50～50.9	2	3
24～24.9	16	16	51～51.9	1	—
25～25.9	26	25	52～52.9	1	—
26～26.9	21	17	53～53.9	1	—
27～27.9	21	11	60～60.9	1	1
28～28.9	10	9	76～76.9	—	1
29～29.9	13	5	84～84.9	1	—
30～30.9	9	5			
31～31.9	11	8	总合	453	453

注：表内之“亩”系定县旧制亩，合 0.944 8 旧营造亩，或 5.803 3 公亩，或 0.143 3 英亩。

再以村内一切住户论，过半数村庄的村内平均每家亩数均在 20 亩上下，即在 15 至 25 亩之间；最常见的平均每家亩数系 20 亩，计有 37 村；18 亩的次之，计有 35 村；17 亩的又次之，计有 32 村；再次为 19 亩，计有 29 村。村内平均每家超过 25 亩者，计有 103 村，占 453 村总数的 23%；平均数超过 30 亩者计 56 村，超过 40 亩者计 12 村，超过 50 亩者仅 2 村，最高之平均每家亩数为 76 亩。村内平均每家不满 15 亩者计有 75 村，不满 10 亩者计 11 村，最低者不满 8 亩。由此看来，虽在一县之内，各村的平均每家亩数是相差颇多的。

（三）453 村田产大小差异的程度

除去特殊情形的城关不计外，在 453 村内计有 67 865 家，其中无田产者计有 4 861 家，占总家数 7%；有田产者占 93%。有田产之 63 004 家中，其所有田产不满 25 亩者计有 45 169 家，约占 453 村一切家庭总数 67 865 的 67%；但这些家庭所有田产的总亩数并未超过一切家庭所有总亩数的一半，其所有田产面积为 465 810 亩，仅占 1 388 647 总亩数的 34%。有地 25 至 49 亩之较大面积者计有 12 117 家，约占总家数 18%，但他们所有田产面积为 395 760 亩，约占总亩数的 29%，田产亩数所占百分比超过家数所占百分比。有地 50 至 99 亩之大田产者计 4 387 家，约占总家数 6%，但他们所有田产面积为 299 877 亩，约占总亩数 22%，较家数所占百分比约高 4 倍。拥有 100 至 299 亩更大之田产家数仅占总家数 1.8%，而其田产面积约占总面积 13%，高出家数百分比 7 倍。拥有 300 亩及以上特别大的田产者计有 119 家，不到总家数的千分之二，而其田产的百分比却占 3.6%。各田产大小组的家数与亩数及其所占百分比的详数见下列第 10 表。

第 10 表　定县 453 村按田产大小组家数与亩数之分配及其百分比

民国二十年

田产大小组	家数	家数百分比	亩数	亩数百分比
无田	4 861	7.16	—	—
25 亩以下	45 169	66.56	465 810	33.55
25～49.9	12 117	17.85	395 760	28.50
50～99.9	4 387	6.46	299 877	21.59
100～299.9	1 212	1.79	177 934	12.81
300 及以上	119	0.18	49 266	3.55
总合	67 865	100.00	1 388 647	100.00

注：表内之“亩”系定县旧制亩，合 0.944 8 旧营造亩，或 5.803 3 公亩，或 0.143 3 英亩。

从上面所表示的数字看来，定县有田产的家数百分比与全国的情形比较，已经算是很高的，而其土地分配的不均状态也是很显然的，大多数的小田产所有者拥有不到三分之一的田产，而占八分之一家数的大田产所有者却拥有将近半数的田产。这的确是农村的根本问题。

（四）全县各区与城关田产大小差异程度的比较

从下列第11表可以看出按田产大小组，全县一切家数的分配情形与453村的家数分配情形比较，无甚差别（见表之右方），但将城关与各区的家数分配情形分开来互相比较，则颇有不同。无田家数的百分比，六区内最低者为第三区的4.6%，最高者为第一区的15.7%，城关尤高系28.7%。25亩以下者之家数百分比是在59%与70%之间。25至49亩的百分比，在各区内是在15%与20%之间，城关则约为8%。其他大田产所有者的百分比亦很有差别。

第11表　定县各区按自有田产大小组家数之分配
民国二十年

自有田产大小组	家数							
	第一区	第二区	第三区	第四区	第五区	第六区	城关	全县
无田	1 026	699	737	819	677	903	623	5 484
25亩以下	3 892	4 829	11 081	10 916	5 391	9 060	1 278	46 447
25～49.9	1 060	1 624	2 805	2 992	1 156	2 480	171	12 288
50～99.9	437	715	1 039	919	504	773	73	4 460
100～299.9	131	171	261	320	129	200	11	1 223
300及以上	9	24	16	44	7	19	13	132
总合	6 555	8 062	15 939	16 010	7 864	13 435	2 169	70 034
自有田产大小组	家数百分比							
	第一区	第二区	第三区	第四区	第五区	第六区	城关	全县
无田	15.65	8.67	4.62	5.12	8.61	6.72	28.72	7.83
25亩以下	59.37	59.90	69.52	68.18	68.55	67.44	58.92	66.32
25～49.9	16.17	20.14	17.60	18.69	14.70	18.46	7.88	17.54
50～99.9	6.67	8.87	6.52	5.74	6.41	5.75	3.37	6.37
100～299.9	2.00	2.12	1.64	2.00	1.64	1.49	0.51	1.75
300及以上	0.14	0.30	0.10	0.27	0.09	0.14	0.60	0.19
总合	100.00	100.00	100.00	100.00	100.00	100.00	100.00	100.00

注：表内之“亩”系定县旧制亩，合0.944 8旧营造亩，或5.803 3公亩，或0.143 3英亩。

上面第11表是按田产大小组关于家数的分配，下面第12表是详列关于所占田产亩数的分配。全县一切家庭所有田产面积1 416 857亩的分配情形与453村家庭所有田产面积1 388 647亩的分配情形（见第10表右方亩数百分比）比较起来，大同小异。若将各区与城关的亩数百分比分开来比较，则颇有差异。田产大小在25亩以下者之组所占面积亩数百分比，在六个区内以第二区为最低，占24.7%；以第三区为最高，占39.9%；城关甚低，仅占11%。300亩及以上之大田产所有者占有土地之百分比差异更大，在各区内低至1.7%，高至6%；在城关竟高至43.7%，而其家数百分比仅占千分之六，这是因为有几个地亩特别多的地主，其中最大者有田产近4 000亩。

第12表　定县各区按自有田产大小组面积总亩数之分配
民国二十年

自有田产大小组	各组所占面积亩数							
	第一区	第二区	第三区	第四区	第五区	第六区	城关	全县
25亩以下	50 176	44 963	136 072	89 151	53 300	92 148	3 128	468 938
25～49.9	37 544	50 359	94 626	94 560	38 852	79 819	5 465	401 225
50～99.9	30 889	48 146	68 810	65 710	33 884	52 438	4 950	304 827
100～299.9	18 703	27 654	35 321	49 325	18 085	28 846	2 350	180 284
300亩及以上	4 314	11 167	5 938	17 910	3 140	6 797	12 317	61 583
总合	141 626	182 289	340 767	316 656	147 261	260 048	28 210	1 416 857
自有田产大小组	面积亩数百分比							
	第一区	第二区	第三区	第四区	第五区	第六区	城关	全县
25亩以下	35.43	24.66	39.93	28.15	36.20	35.44	11.09	33.10
25～49.9	26.51	27.63	27.77	29.86	26.38	30.69	19.37	28.32
50～99.9	21.81	26.41	20.19	20.75	23.01	20.17	17.55	21.51
100～299.9	13.20	15.17	10.37	15.58	12.28	11.09	8.33	12.72
300亩及以上	3.05	6.13	1.74	5.66	2.13	2.61	43.66	4.35
总合	100.00	100.00	100.00	100.00	100.00	100.00	100.00	100.00

注：表内之“亩”系定县旧制亩，合0.944 8旧营造亩，或5.803 3公亩，或0.143 3英亩。

若将上面第11表内各区及城关每田产大小组的家数所占百分比与第12表内各区及城关之每田产大小组的亩数所占百分比详细对照比较，更可以明了县内各区城田产分配的不均至何程度。

（五）各村最大田产面积

各村内每家所有的田产大小不同，自零亩，一二亩，高至一二千亩，现在我们来看各村的最大田产大至甚么程度。这种情形可以从下面第13表看出来。在453村中，有7个村庄，每村的最大田产面积尚不满50亩；有1个村庄的最大田产达1 500亩以上，系1 800亩，为453村中最大的私人所有地面积。村内的最大田产，以100至149亩组所包括的村数为最多，计有126村，占总村数的

27.8%；次多常见的村内最大田产为150至199亩组，包括83村，占总村数18%；再次为50至99亩者，计有81村。有34%的村庄，每村的最大田产在200亩以上；有19%的村庄，每村的最大田产在300亩以上；有7%的村庄，村内最大田产是在400亩以上；有3.5%的村庄，最大田产是在500亩以上；最大田产在1 000亩以上者只有两个村庄。包括最大田产的10个村庄，其面积亩数为526亩、560亩、570亩、586亩、600亩、641亩、650亩、700亩、1 150亩、1 800亩。

第13表　定县453村按每村内最大田产亩数组村数之分配及其百分比
民国二十年

村内最大田产亩数组	村数	百分比
50亩以下	7	1.55
50～99	81	17.88
100～149	126	27.82
150～199	83	18.32
200～249	42	9.27
250～299	29	6.40
300～349	31	6.84
350～399	22	4.86
400～499	16	3.53
500～999	14	3.09
1 000～1499	1	0.22
1 500亩及以上	1	0.22
总合	453	100.00

注：表内之“亩”系定县旧制亩，合0.944 8旧营造亩，或5.803 3公亩，或0.143 3英亩。

（六）各区内每村最大田产面积的比较

上面第13表是详列453村，按村中最大田产亩数组村数分配的一般情形。兹再将六个区及城关内，按最大田产组村数分配的情形，分开比较来看。下列第14表就是显示县内各区域的不同现象（表内以城关为一特殊的村单位）。有5个区的村数百分比皆以100～149亩者为最高，只有第四区的最高百分比为150～199亩组。至于次高的百分比，有3个区为50～99亩组，1个区为100～149亩组，1个区为150～199亩组，1个区为200～249亩组。各区各亩数组的百分比均有显著的差别。城关内最大的田产面积达3 950亩，为一王家所占有，系全县最大之田产所有者。

（七）村镇田产分配的状态

上面已经叙述过全县及各区田产分配的概况。兹将村镇内较细的田产分配状态，举出两个纯粹的村及两个有集市的镇为例，分别说明如下：

（甲）二村的田产分配　高村系一小村，有田产者计 103 家，共计有田产 2 468.7 亩。村内田产大小不满 5 亩者，计 33 家，占有田产的总家数 32%，而其所有田产面积计共 90 亩，仅占总亩数 3.7%。5～9 亩组的家数百分比为 22%，而其田产亩数百分比亦仅占 6.6%。10～24 亩组及 25～49 亩组的家数百分比与亩数百分比相较，所差尚少。在 50 亩以上之各组，其所拥有土地的百分比均远超过家数所占百分比，即明显表示少数的家庭占有大多数的田产。

第 14 表　定县各区按村中最大自有田产组村数之分配
民国二十年

村中最大自有田产组	村数							
	第一区	第二区	第三区	第四区	第五区	第六区	城关	全县
50 亩以下	2	—	1	—	3	1	—	7
50～99.9	20	9	14	5	15	18	—	81
100～149.9	22	14	24	10	28	28	—	126
150～199.9	13	8	17	18	11	16	—	83
200～249.9	2	10	9	3	10	8	—	42
250～299.9	5	7	5	8	1	3	—	29
300～349.9	1	5	8	10	1	6	—	31
350～399.9	—	5	2	8	2	5	—	22
400～499.9	2	2	—	7	—	5	—	16
500～999.9	4	2	3	3	2	—	—	14
1 000～1 499	—	1	—	—	—	—	—	1
1 500 亩及以上	—	—	—	1	—	—	1	2*
总合	71	63	83	73	73	90	1	454

村中最大自有田产组	村数百分比							
	第一区	第二区	第三区	第四区	第五区	第六区	城关	全县
50 亩以下	2.82	—	1.21	—	4.1	1.11	—	1.54
50～99.9	28.16	14.29	16.87	6.84	20.55	20.00	—	17.84
100～149.9	30.99	22.22	28.92	13.70	38.35	31.11	—	27.75
150～199.9	18.31	12.70	20.48	24.66	15.07	17.78	—	18.28
200～249.9	2.82	15.87	10.84	4.11	13.70	8.89	—	9.25
250～299.9	7.04	11.11	6.02	10.96	1.37	3.33	—	6.39
300～349.9	1.41	7.94	9.64	13.70	1.37	6.66	—	6.83
350～399.9	—	7.94	2.41	10.96	2.74	5.56	—	4.85
400～499.9	2.82	3.17	—	9.59	—	5.56	—	3.53
500～999.9	5.63	3.17	3.61	4.11	2.74	—	—	3.08
1 000～1 499	—	1.59	—	—	—	—	—	0.22
1 500 亩及以上	—	—	—	1.37	—	—	100.00	0.44
总合	100.00	100.00	100.00	100.00	100.00	100.00	100.00	100.00

* 最大田产亩数 3 950 亩。

注：表内之“亩”系定县旧制亩，合 0.944 8 旧营造亩，或 5.803 3 公亩，或 0.143 3 英亩。

较大之南村的田产分配情形亦同样表示不均的现象；其家数分配的百分比与田产亩数分配之百分比的比较，见下列第 15 表。

第 15 表　定县二村按自有田产大小组家数所占百分比与亩数所占百分比之比较
民国二十年

田产大小组	高村				南村			
	家数	百分比	亩数	百分比	家数	百分比	亩数	百分比
5 亩以下	33	32.04	90.0	3.71	53	21.81	154.4	3.10
5～9	23	22.33	160.6	6.61	67	27.57	453.9	9.10
10～24	28	27.18	510.9	21.03	76	31.28	1 192.9	23.93
25～49	7	6.80	246.4	10.15	27	11.11	924.6	18.54
50～99	9	8.74	611.3	25.17	14	5.76	905.7	18.17
100～199	2	1.94	268.6	11.06	4	1.65	611.0	12.25
200～299	—	—	—	—	1	0.41	243.5	4.88
300 亩及以上	1	0.97	540.9	22.27	1	0.41	500.0	10.03
总合	103	100.00	2 428.7	100.00	243	100.00	4 986.0	100.00

注：表内之“亩”系定县旧制亩，合 0.944 8 旧营造亩，或 5.803 3 公亩，或 0.143 3 英亩。

（乙）二镇的田产分配　明镇有田产者计 208 家。不满 10 亩的家数超过总家数之半，而其所占田产亩数不到 3 519.7 总亩数的五分之一。村内有 5 家占有 26％的田产。

李镇为一大镇，有田产者计 586 家；村内除公产 1 909 亩外，共计私有田产 5 584.8 亩。村内 51％的有产家庭只占有 13％的田产，每家有地小至 5 亩以下；9％的家庭占有 40％的田产。二镇田产分配的详细情形见下列第 16 表。

第 16 表　定县两镇按自有田产大小组家数所占百分比与亩数所占百分比之比较
民国二十年

田产大小组	明镇				李镇			
	家数	百分比	亩数	百分比	家数	百分比	亩数	百分比
5 亩以下	69	33.17	179.2	5.09	297	50.68	703.7	12.60
5～9	60	28.85	413.3	11.74	118	20.14	830.8	14.88
10～24	45	21.64	651.3	18.51	120	20.48	1 792.7	32.10
25～49	18	8.65	643.5	18.28	36	6.14	1 236.2	22.13
50～99	11	5.29	726.9	20.65	13	2.22	782.5	14.01
100～199	3	1.44	405.5	11.52	2	0.34	238.9	4.28
200 亩及以上	2	0.96	500.0	14.21	—	—	—	—
总合	208	100.00	3 519.7	100.00	586	100.00	5 584.8	100.00

注：表内之“亩”系定县旧制亩，合 0.944 8 旧营造亩，或 5.803 3 公亩，或 0.143 3 英亩。

（八）田产大小与家庭人口数的关系

一般说来，家内田产亩数与家庭人口数的关系为正比例，即家内所有田地亩数愈多，人口亦随之愈多；反之，所有田地亩数愈少，人口亦随之而少。这里所指家庭人口系包括有经济关系、共同生活之人口，雇工除外。兹举大小4村为例。

先以4村合计来看。有地5亩以下者，4村合计共452家，平均每家的人数为4.5口；5～9亩者计268家，平均每家增至5.5口；10～24亩者计亦268家，平均每家增至6.7口；25～49亩者平均每家增至8.4口；50～99亩者平均每家增至11口，100～199亩者平均每家增至14.5口，200～299亩者平均每家增至21.3口，300亩及以上者增至32口之众。从此看来，地亩数与人口数的依随增减是毫无间断的；虽以4村1 140家的少数人家，亦竟没有例外。至于各村的亩数与人口数的比较，因为家数过少，自然不能恰巧完全依随的增减，但二者增减的趋势，各村是一律的。家内人口的多少与田产的大小，二者是互为因果的。

第17表　定县四村自有田产大小与家庭人口数之关系
民国二十年

自有田产大小组	高村		南村		明镇		李镇		四村合计	
	家数	平均每家人数	家数	平均每家人数	家数	平均每家人数	家数	平均每家人数	家数	平均每家人数
5亩以下	33	4.5	53	4.6	69	4.6	297	3.8	452	4.5
5～9	23	5.9	67	5.2	60	5.3	118	5.8	268	5.5
10～24	28	5.9	76	6.9	45	6.7	120	6.9	269	6.7
25～49	7	8.0	27	8.0	18	9.2	36	8.4	88	8.4
50～99	9	15.2	14	9.7	11	8.7	13	11.3	47	11.0
100～199	2	15.0	4	12.3	3	13.0	2	15.5	11	14.5
200～299	—	—	1	25.0	2	19.5	—	—	3	21.3
300亩及以上	1	45.0	1	19.0	—	—	—	—	2	32.0
总合	103	6.9	243	6.4	208	6.1	586	5.6	1 140	6.0

注：表内之“亩”系定县旧制亩，合0.944 8旧营造亩，或5.803 3公亩，或0.143 3英亩。

四、按耕田面积土地分配的状态

（一）平均每家耕田亩数

前面已经提过，全县共计70 034家，其中无田产者计5 484家，有田产者计

64 550 家，共有田产 1 416 857 亩（参看第 8 表）。有田产者不一定都自己耕种经营，而耕种者又未必有其田产。本段就是要显示在各农家耕种田地面积的大小方面，来看土地分配的状态。在全县 7 万余家中，不经营田地者计 2 745 家，其中包括非地主亦不耕田者 1 361 家，雇农 870 家，完全租出田产之地主 514 家（参看第 1 表）；经营田地者计 67 289 家，耕田面积共计 1 424 931 亩。农家耕田总面积较田产总面积多 8 000 余亩，其差异的主要原因是因为耕田总面积内，除私人田产外，尚有村公产、学田及其他各种公田的缘故。

若只以耕田之家数论，则平均每家耕田面积为 21.18 亩，与平均每家出产面积 21.96 亩（按有田产之家数计算）之数甚近。若以全县一切家数论，则平均每家耕田面积合 20.35 亩，与平均每家田产面积 20.23 亩之数尤相近。

若将县内各区及城关分开来看，则 6 个区内的平均每家耕田亩数，按耕田家数论，均在 20 亩至 25 亩之间；城关之情形特别，其平均亩数较低，约计 8 亩。若按一切家数计算，则各区的平均每家耕田亩数是在 19 亩至 24 亩之间；城关之平均数仅为 6 亩。各区及城关的耕田家数与不耕田家数的比较，耕田的总面积与平均每家亩数的比较，见下列第 18 表。

第 18 表　定县各区农家耕田总亩数及平均每家耕田亩数

民国二十年

区别	村数	家数			农家耕田总亩数	平均每家耕田亩数	
		耕田	不耕田	共计		耕田家庭	一切家庭
第一区	71	6 179	376	6 555	155 683	25.20	23.80
第二区	63	7 739	323	8 062	184 275	23.81	22.85
第三区	83	15 464	475	15 939	342 773	22.17	21.51
第四区	73	15 648	362	16 010	313 233	20.01	19.56
第五区	73	7 587	277	7 864	150 156	19.79	19.09
第六区	90	12 975	460	13 435	265 401	20.45	19.75
城关	—	1 697	472	2 169	13 410	7.90	6.18
总合	453	67 289	2 745	70 034	1 424 931	21.18	20.35

注：表内之“亩”系定县旧制亩，合 0.944 8 旧营造亩，或 5.803 3 公亩，或 0.143 3 英亩。

（二）453 村耕田大小差异的程度

除开特殊情形的城关不计外，在 453 村内有 67 865 家，其中不耕田者计

2 273 家。耕田面积在 25 亩以下之小农家，计 45 645 家，占总家数 67%；它们所耕种的田地亩数共计 535 052 亩，约占 1 411 521 总亩数的 38%；耕田亩数所占的百分比低于其家数所占的百分比甚多。耕田面积在 25～49 亩之较大农家，其家数所占百分比约为 22%，其耕田亩数所占百分比较高，约为 34%。50～99 亩之大农家的家数所占百分比约为 6%，而其耕田亩数所占百分比高至 20%。100～299 亩之较大之大农家的家数所占百分比为 1.2%，而其耕田亩数所占百分比达 7.8%之高。300 亩以上之特别大的农家只有 15 家，其所占百分比小至万分之二，而其耕田亩数所占百分比却高至千分之四。详细数字见下列第 19 表。

由表上的数字看来，不但田产的分配大小不均，即农家耕田面积的大小差别亦大。大多数耕田的小农家经营少数的耕田，而少数的农家经营多数的耕田。耕田不均的现象亦甚显著。

第 19 表 定县 453 村按耕田大小组家数与亩数之分配及其百分比
民国二十年

耕田大小组	家数	百分比	亩数	百分比
不耕田	2 273	3.35	—	—
25 亩以下	45 645	67.26	535 052	37.91
25～49.9	14 815	21.83	476 598	33.76
50～99.9	4 277	6.30	284 167	20.13
100～299.9	840	1.24	109 758	7.78
300 亩及以上	15	0.02	5 946	0.42
总合	67 865	100.00	1 411 521	100.00

注：表内之“亩”系定县旧制亩，合 0.944 8 旧营造亩，或 5.803 3 公亩，或 0.143 3 英亩。

（三）各区与城关耕田大小差异程度的比较

按农家耕田面积大小组来看全县家数所占百分比的分配（见第 20 表右方），则与 453 村家数所占百分比的分配情形大致相似（参看第 19 表）。若将各区和城关分开，互相比较来看，则差别较多。不耕田者所占百分比，在各区内是在 2%～6%之间，特殊的城关则高至 22%。25 亩以下之小农家的百分比是在 58%～71%之间。25～49 亩之农家百分比，在各区内是在 17%～27%之间，在城关约占 9%。50～99 亩之家数百分比，在各区是在 5%～9%之间，特殊的城关不到 2%。100～299 亩之百分比均不到 2%，城关竟等于零。300 亩及以上之百分比均在万分之五以下，城关亦等于零。详情见下列第 20 表。

第 20 表　定县各区按耕田大小组耕田家数之分配

民国二十年

耕田大小组	家数							
	第一区	第二区	第三区	第四区	第五区	第六区	城关	全县
不耕田	376	323	475	362	277	460	472	2 745
25 亩以下	4 236	4 727	10 948	10 787	5 601	9 346	1 460	47 105
25～49.9	1 465	2 203	3 323	3 721	1 388	2 715	195	15 010
50～99.9	427	714	1 009	882	495	750	42	4 319
100～299.9	49	94	182	254	102	159	—	840
300 亩及以上	2	1	2	4	1	5	—	15
总合	6 555	8 062	15 939	16 010	7 864	13 435	2 169	70 034
耕田大小组	家数百分比							
	第一区	第二区	第三区	第四区	第五区	第六区	城关	全县
不耕田	5.74	4.01	2.98	2.26	3.52	3.42	21.76	3.92
25 亩以下	64.62	58.63	68.69	67.38	71.22	69.57	67.31	67.26
25～49.9	22.35	27.32	20.85	23.24	17.65	20.21	8.99	21.43
50～99.9	6.51	8.86	6.33	5.51	6.30	5.58	1.94	6.17
100～299.9	0.75	1.17	1.14	1.59	1.30	1.18	—	1.20
300 亩及以上	0.03	0.01	0.01	0.02	0.01	0.04	—	0.02
总合	100.00	100.00	100.00	100.00	100.00	100.00	100.00	100.00

注：表内之“亩”系定县旧制亩，合 0.944 8 旧营造亩，或 5.803 3 公亩，或 0.143 3 英亩。

关于按农家耕田大小组，全县耕田亩数的分配（见第 21 表右方）亦与 453 村分配的情形极近似。至于把各区与城关分开来看，则颇有不同。不满 25 亩之小农家的耕田面积所占百分比，其最低者为 29%，最高者达 44%。25～49 亩之亩数百分比，除城关高至 47%外，其他各区所差不甚悬殊。50～99 亩之百分比各区大致在 20%左右。100～299 亩者是在 4%与 11%之间，300 亩及以上者各区均在千分之七以下。耕田亩数分配之详细数字见下列第 21 表。

第 21 表　定县各区按耕田大小组耕田面积总亩数之分配

民国二十年

耕田大小组	各组耕田面积总亩数							
	第一区	第二区	第三区	第四区	第五区	第六区	城关	全县
25 亩以下	67 956	52 598	142 188	106 868	60 368	105 074	4 260	539 312
25～49.9	50 979	71 434	110 418	109 045	46 122	88 600	6 360	482 958

续前表

耕田大小组	各组耕田面积总亩数							
	第一区	第二区	第三区	第四区	第五区	第六区	城关	全县
50～99.9	29 622	47 112	65 572	60 950	31 205	49 706	2 790	286 957
100～299.9	6 476	12 831	23 779	34 420	11 761	20 491	—	109 758
300 亩及以上	650	300	816	1 950	700	1 530	—	5 946
总合	155 683	184 275	342 773	313 233	150 156	265 401	13 410	1 424 931

耕田大小组	耕田面积总亩数之百分比							
	第一区	第二区	第三区	第四区	第五区	第六区	城关	全县
25 亩以下	43.65	28.54	41.48	34.12	40.20	39.59	31.77	37.85
25～49.9	32.74	38.77	32.21	34.81	30.72	33.38	47.43	33.89
50～99.9	19.03	25.57	19.13	19.46	20.78	18.73	20.80	20.14
100～299.9	4.16	6.96	6.94	10.99	7.83	7.72	—	7.70
300 亩及以上	0.42	0.16	0.24	0.62	0.47	0.58	—	0.42
总合	100.00	100.00	100.00	100.00	100.00	100.00	100.00	100.00

注：表内之“亩”系定县旧制亩，合 0.944 8 旧营造亩，或 5.803 3 公亩，或 0.143 3 英亩。

若将第 20 表内各区域中每组耕田家数所占百分比，与第 21 表各区域中每组耕田亩数所占百分比，两方对照比较其不同，则更可以清楚看出耕田分配的不均差异到什么程度。

（四）村镇耕田分配的状态

上面已经约略叙述过全县耕田分配的一般情形。现在我们来看小村镇内耕田分配的状态。所要举出为例的四村，其中两个是纯粹的村，两个是有集市的镇。

（甲）二村的耕田分配　高村内有 97 个耕田的农家，共有耕田 2 420.8 亩。耕田的分配是：5 亩以下之组内，15％的农家耕种 1.5％的田地；5～9 亩之组内，14％农家耕种 4％的田地；10～24 亩之组内，35％的农家耕种 26％的田地；25～49 亩之组内，27％之农家耕种 35％的田地；50～99 亩之组内，6％的农家耕种 20％的田地；100～199 之组内，1％的农家耕种 5％的田地；200 亩及以上之组内，1％的农家耕种 9％的田地。

较大之南村内有 228 耕田的农家，共有耕田 3 845.5 亩，其耕田分配的情形亦与上述之高村有同样的趋势，可看下列第 22 表。

第 22 表　定县二村按耕田大小组家数所占百分比与亩数所占百分比之比较
民国二十年

耕田大小组	高村				南村			
	家数	百分比	亩数	百分比	家数	百分比	亩数	百分比
5 亩以下	15	15.46	37.1	1.53	31	13.60	86.1	2.24
5～9	14	14.43	105.1	4.34	61	26.75	445.7	11.59
10～24	34	35.05	638.8	26.39	88	38.60	1 347.4	35.04
25～49	26	26.81	836.5	34.56	37	16.23	1 172.9	30.50
50～99	6	6.19	474.2	19.59	9	3.94	553.4	14.39
100～199	1	1.03	117.7	4.86	2	0.88	240.0	6.24
200 亩及以上	1	1.03	211.4	8.73	—	—	—	—
总合	97	100.00	2 420.8	100.00	228	100.00	3 845.5	100.00

注：表内之“亩”系定县旧制亩，合 0.944 8 旧营造亩，或 5.803 3 公亩，或 0.143 3 英亩。

（乙）二镇的耕田分配　明镇有 219 耕田的农家，共耕田 3 170.3 亩；李镇较大，有 608 耕田的农家，共耕田 5 325.8 亩。二镇耕田分配的状态见下列第 23 表。

第 23 表　定县两镇按耕田大小组家数所占百分比与亩数所占百分比之比较
民国二十年

耕田大小组	明镇				李镇			
	家数	百分比	亩数	百分比	家数	百分比	亩数	百分比
5 亩以下	34	15.52	99.0	3.12	264	43.42	603.7	11.34
5～9	50	22.83	341.7	10.78	151	24.84	1 066.5	20.02
10～24	109	49.77	1 706.6	53.83	160	26.32	2 426.2	45.56
25～49	21	9.59	681.1	21.48	27	4.44	869.3	16.32
50～99	4	1.83	238.9	7.54	6	0.98	360.1	6.76
100 亩及以上	1	0.46	103.0	3.25	—	—	—	—
总合	219	100.00	3 170.3	100.00	608	100.00	5 325.8	100.00

注：表内之“亩”系定县旧制亩，合 0.944 8 旧营造亩，或 5.803 3 公亩，或 0.143 3 英亩。

（五）耕田大小与家庭人口数的关系

上面已经表示过家内田产面积的大小与家庭人口数（家庭人口内不包括雇工）有密切的关系（参看第 17 表）。同样的，家内耕田面积的大小亦与家庭人口数的多寡有正比例的关系，即耕田亩数多则家庭人口数亦多，反之，耕田亩数少则家庭人口数亦少，二者有依随增减的趋势。兹举 4 村为例。

先以 4 村合计来看，共计 1 152 家（见下列第 24 表之右方），其中耕田不满 5 亩之 344 小农家，平均每家 4.2 口；有较大耕田 5～9 亩之 276 家，其平均每家人口数增至 5.1 口；10～24 亩之每家平均人口数又增至 6.7 口；25～49 亩之平均人口数又继续增至 9.3 口；50～99 亩之平均人口数亦继续增至 15.9 口之多；100～199 亩之平均人口数竟增至 21 口之多；200 亩以上之大农虽只有一家，亦恰巧多至 45 口。

不但 4 村合计的结果是如此似乎出人意外整齐，就是 4 村各自分开统计的结果，也竟没有一个例外。这实在不是偶然的巧合，而是确切证明了耕地之大小与人口数之多少的关系是达到了如何密切的程度。

以仅有耕田 97 家大小的高村，平均每家人口数，依随耕田亩数增加的趋势是：4 口、6 口、8 口、20 口、45 口。

南村各组平均每家人口数，追随耕田面积，自小而大、逐渐增加的趋向为：4 口、5 口、7 口、9 口、15 口、23 口。

明镇各耕田大小组，平均每家人数自少而多的倾向为：4 口、5 口、6 口、11 口、18 口。

李镇各耕田大小组，平均每家人数渐增的状态为：4 口、6 口、7 口、10 口、13 口。

第 24 表　定县四村耕田大小与家庭人口数之关系

民国二十年

耕田大小组	高村		南村		明镇		李镇		四村合计	
	家数	平均每家人数	家数	平均每家人数	家数	平均每家人数	家数	平均每家人数	家数	平均每家人数
5 亩以下	15	4.1	31	4.2	34	4.2	264	4.2	344	4.2
5～9	14	4.1	61	4.8	50	4.7	151	5.5	276	5.1
10～24	34	6.0	88	6.5	109	6.0	160	7.4	391	6.7
25～49	26	8.3	37	8.8	21	10.7	27	9.9	111	9.3
50～99	6	19.7	9	14.7	4	17.8	6	12.8	25	15.9
100～199	1	20.0	2	23.0	1	18.0	—	—	4	21.0
200 亩以上	1	45.0	—	—	—	—	—	—	1	45.0
总合	97	7.5	228	6.5	219	6.2	608	5.7	1 152	6.1

注：表内之“亩”系定县旧制亩，合 0.944 8 旧营造亩，或 5.803 3 公亩，或 0.143 3 英亩。

从这种耕田大小与家庭人口数有如此密切的关系上，我们也可以看清农家的贫穷现象是如何普遍。不但是小农的耕田面积不足以维持其适当的生活程度，就是耕田较多的农家也是难以提高它们的生活程度。因为耕田的亩数增加了，紧随着人口的数目也就增加了，家庭的消费也随着增加了，也就不得不同样仍过着穷苦的生活程度。自然也有例外，但太少了。

五、土地的分散

从上篇的土地分配统计看来，以定县农村人口之众，耕地面积显然缺乏，不易维持适当的生活程度。据1926年的国际农业统计，加拿大平均每人得农田40华亩（旧营造亩），英国平均每人19.3亩，丹麦为12.4亩，法国为9亩，德国为5.2亩，印度为8.1亩。又据英人米德尔顿氏计算，欧美各国每农民每年约需耕地1.3～2.5英亩，约合8.58～17华亩，方能维持适当的生活：英国为2～2.5英亩，美国为2.6英亩，法国为2.4英亩，丹麦为1.8英亩，德国为1.3～1.5英亩。定县人口之密度，每一方哩近900人。若按耕地之家数论，平均每家有耕地21.18亩（定县旧制亩，合20.01旧营造亩），平均每人仅得3.6亩（定县旧制亩，合3.4旧营造亩），尚远低于最低的8.58亩标准数。上篇的统计亦已显示，不但耕地不足，而且耕地的分配亦不均。现在我们也要显示，除去土地的不足与分配的不均外，尚有土地分散与碎裂的现象。

（一）每家田产块数

大多数农家的田产，不是连在一起的一块田地，而是包括数块，甚至于数十块大小不齐的田地，分散在村的四方。地块有长方形、四方形、三角形、梯形及种种不同的形状。兹举上面常引用的4村为例，来看各村每家田产的块数。

高村内有田产者计103家，其中有17家各有田产1块，有15家各有田产2块，有3块者16家，有4块者7家，5～8块者34家，10～13块者11家，15块与18块者各有1家，块数最多之1家有39块。103家共有田地532块，这样平均每家得5.2块。

较大之南村在调查的239家内，有1块田产者54家，2～4块者113家，5～9块者62家，10～13块者8家，16块者1家，有1家多至21块。239家共有田地889块，平均每家3.7块。

上面是在两个纯粹的农村内，各家田块分散的状态。现在我们来看在有集市有铺店的两个镇内，各家所有田块的数目。明镇内有 208 家有田产，其中有 1 块者计 71 家，有 2～4 田块者计 97 家，5～9 块者 28 家，10～13 块者 7 家，有 18 块与 19 块者各计 1 家，有 2 家各有 20 块，有 1 家多至 27 块。208 家共有田地 670 块，平均每家 3.2 块。

再看有大集市的李镇，在有田产的 586 家内，有 1 块田地者 195 家，有 2～4 块者 291 家，5～9 块者 90 家，10～14 块者 7 家，15 块与 16 块者各计 1 家，最多之 1 家有 20 块。586 家共有田地 1 672 块，平均每家 2.9 块。

4 村内都是以有 1 块田地的家数为最多，有 2 块的次之，3 块的又次之。

把 4 村合计来看，在 1 136 家内，有 1 块田产者计 337 家，占总家数的 30%；有 2 块者计 269 家，占 24%；3 块者计 162 家，占 14%；4 块者 108 家，占 10%；5 块者占 6.3%，6 块者占 6.1%，7 块者占 3%，8 块者占 2.5%，9 块者占 1%，10～14 块者占 3%，15～19 块者占 0.6%；有 20 块者计 3 家，占千分之三；有 21 块、27 块与 39 块者各计 1 家，各占千分之一。4 村 1 136 家共有田产 3 763 块，如此平均每家为 3.3 块。在纯粹的农村内平均每家的田块数较高于有集镇的农村：高村平均每家 5.2 块，南村 3.7 块，明镇 3.2 块，李镇 2.9 块。

各村每家的田块数与 4 村合计的详细数目，见第 25 表。

第 25 表　定县四村按每家自有田产块数家数之分配

民国二十年

每家自有田产块数	家数					
	高村	南村	明镇	李镇	四村合计	合计百分比
1	17	54	71	195	337	29.66
2	15	44	54	156	269	23.68
3	16	43	30	73	162	14.26
4	7	26	13	62	108	9.51
5	9	19	11	33	72	6.34
6	13	23	8	25	69	6.07
7	5	10	7	12	34	2.99
8	7	7	1	13	28	2.46
9	—	3	1	7	11	0.97
10	2	1	4	3	10	0.88
11	6	5	1	1	13	1.14
12	2	—	1	1	4	0.35

续前表

每家自有田产块数	家数					
	高村	南村	明镇	李镇	四村合计	合计百分比
13	1	2	1	—	4	0.35
14	—	—	—	2	2	0.18
15	1	—	—	1	2	0.18
16	—	1	—	1	2	0.18
18	1	—	1	—	2	0.18
19	—	—	1	—	1	0.09
20	—	—	2	1	3	0.26
21	—	1	—	—	1	0.09
27	—	—	1	—	1	0.09
39	1	—	—	—	1	0.09
总合	103	239*	208	586	1 136	100.00

* 外有4家地块未详。

（二）田块的大小

大多数农家的田地不但分散在村之四方，而且田块的大小也是非常碎裂的。高村的532块田地包括2 428.7亩（定县旧制亩，每亩合5.803 3公亩，或0.944 8旧营造亩），如此平均每块田地的面积为4.6亩（定县旧制亩，合4.35旧营造亩，或26.7公亩）。在532块田地内，不到1亩大小的田块有66块；最普通的田块面积是1亩大小至不满2亩大小的田块，共有125块；2～2.9亩大小的有81块；3～3.9亩大小的有60块；4～4.9亩的有50块；不满5亩大小的田块合计有382块，占总块数的72%。5亩及以上大小的田块数占28%，其中5～9.9亩大小的有85块，10～29.9亩大小的有61块，40亩及以上大小的有4块，最大的1块为51亩。

南村的889块田地包括4 295.1亩，这样平均每块得4.8亩（定县旧制亩，合4.54旧营造亩，或27.86公亩），微高于高村的每块平均亩数。在889块内最常见的田块面积为2～2.9亩大小。不满5亩大小的田块有570块，5～9.9亩大小的有226块，10亩及以上大小的有93块，其中最大的2块为60与76亩。

明镇的670块田地共计3 519.7亩，平均每块得5.25亩（定县旧制亩，合4.96旧营造亩，或30.47公亩），较高于高村与南村的每块平均亩数。最常见的田块面积为3～3.9亩大小。不满5亩大小的有404块，5～9.9亩大小的有177块，

10 亩及以上大小的有 89 块，最大的田块不到 45 亩。

李镇的 1 672 块田地共计 5 584.8 亩，平均每块合 3.3 亩（定县旧制亩，合 3.12 旧营造亩，或 19.15 公亩），在 4 村内为最低的每块平均亩数。最常见的田块面积为 1～1.9 亩大小，2～2.9 亩大小的次之，3～3.9 亩大小的又次之，再次为 4～4.9 亩、不满 1 亩与 5～5.9 亩者。最大的田块不满 35 亩。

4 村合计 3 763 块田地共包括 15 828.3 亩，这样平均每块的大小为 4.2 亩（定县旧制亩，合 3.97 旧营造亩，或 24.37 公亩）。以 1～1.9 亩大小的田块为最普通，计 734 块，占 3 763 总块数的 20%；2～2.9 亩大小的田块次之，计 707 块，占 19%；3～3.9 亩大小的田块又次之，计 574 块，占 15%；再次为 4～4.9 亩大小的田块，占 11%；5～5.9 亩大小的占 8%，不满 1 亩大小的占 6%，6～6.9 亩大小的占 5%，7～7.9 亩与 8～8.9 亩大小的各占 3%，9～9.9 亩大小的占 2%，10～14.9 亩大小的共占 6%，15～19.9 亩大小的共占 2%，20 亩及以上大小的共占 2%。

这样看来，不满 5 亩大小的小田块竟占 71%。田地的分散与零碎，甚为显然。大致说来，富农之田块较大，贫农之田块较小。4 村各田块的详细亩数，见第 26 表。

第 26 表　定县四村按自有田块之大小田块数目之分配及其百分比
民国二十年

田块大小	田块数目					
	高村	南村*	明镇	李镇	四村合计	四村合计百分比
1 亩以下	66	26	2	147	241	6.40
1～1.9	125	123	56	430	734	19.51
2～2.9	81	158	129	339	707	18.79
3～3.9	60	134	140	240	574	15.25
4～4.9	50	129	77	157	413	10.98
5～5.9	38	82	65	126	304①	8.08
6～6.9	13	57	48	58	185	4.92
7～7.9	12	37	20	30	102	2.71
8～8.9	13	27	30	42	109	2.89

① 经计算，5～5.9、6～6.9、7～7.9、8～8.9、9～9.9 田块组四村田块数目合计分别为 311、176、99、112、62，百分比分别为 8.26、4.68、2.63、2.98、1.65，与表中所列不符。——编者注

续前表

田块大小	田块数目					
	高村	南村*	明镇	李镇	四村合计	四村合计百分比
9～9.9	9	23	14	16	60	1.59
10～14.9	37	62	58	63	220	5.85
15～19.9	13	16	17	11	57	1.51
20～24.9	7	8	6	10	31	0.82
25～29.9	4	4	4	—	12	0.32
30～34.9	—	1	2	3	6	0.16
35～39.9	—	—	—	—	—	—
40～44.9	2	—	2	—	4	0.11
45～49.9	1	—	—	—	1	0.03
50 亩及以上	1	2	—	—	3	0.08
总合	532	889	670	1 672	3 763	100.00

* 外有 690.9 亩田块大小未详。

注：表内之“亩”系定县旧制亩，合 0.944 8 旧营造亩，或 5.803 3 公亩，或 0.143 3 英亩。

（三）田地与耕种者住宅的距离

定县农村系属密居制，即农民的住家多聚居于村落，而不是与所耕种的田地连在一起，因此往返颇不经济。

关于使用田块距使用者住所的里数，在高村内共计调查了 573 块，其中距住宅不到 1 里的有 345 块，占总块数的 60%；1～1.9 里距离的占 28%；2 里及以上距离的占 11%，最远的距离超过 6 里。

在南村调查的 859 块耕田与耕种者住宅的距离里数内，有 370 块的距离不到 1 里，占总块数的 43%；1～1.9 里距离者有 305 块，占 36%；最远者超过 5 里。

在明镇调查的 668 块耕田内，不满 1 里距离的块数占 55%，1～1.9 里距离的占 36%，2 里及以上距离的占 9%。

李镇内的铺户与集市所占的地面较明镇尤多，因此许多耕田距耕田者住宅的里数亦较远。不满 1 里距离的耕田有 417 块，占 1 698 总块数的 25%；1～1.9 里距离的块数占 33%；2～3.9 里距离的块数竟占 32%之多；4 里及以上距离的占 10%之多。

4 村合计在调查的 3 798 耕种田块中，距耕种者住宅不满半里的有 618 块，占 16%；距离半里至不满 1 里的有 879 块，占 23%；1～1.9 里距离的有 1 272 块，占 33%；2～2.9 里距离的占 14%；3～3.9 里距离的占 8%；4～4.9 里距离的占 3%；

5～5.9 里距离的占 2%；6 里及以上距离的占千分之二。

4 村耕种田块距耕种者住宅的详细里数，见第 27 表。

第 27 表　定县四村按耕种田块距种地者之住宅里数组田地块数之分配

民国二十年

田地距住宅里数	高村		南村		明镇		李镇		四村合计	
	田地块数	百分比	田地块数	百分比	田地块数	百分比	田地块数	百分比	田地块数	百分比
0.5 里以下	173	30.18	156	18.16	139	20.81	150	8.83	618	16.27
0.5～0.9	172	30.02	214	24.91	226	33.83	267	15.73	879	23.14
1.0～1.9	163	28.45	305	35.51	245	36.68	559	32.92	1 272	33.49
2.0～2.9	46	8.02	124	14.43	46	6.89	312	18.38	528	13.90
3.0～3.9	15	2.62	54	6.29	12	1.79	231	13.60	312	8.22
4.0～4.9	2	0.35	5	0.58	—	—	110	6.48	117	3.08
5.0～5.9	1	0.18	1	0.12	—	—	64	3.77	66	1.74
6 里及以上	1	0.18	—	—	—	—	5	0.29	6	0.16
总合	573	100.00	859	100.00	668	100.00	1 698	100.00	3 798	100.00

耕田的碎裂，系由于抵押、出售、分产等种种的原因。这种分散的状态，使土地合理化的管理与土壤的改良，都不容易实现。小农田不合于大量生产的发展与大量劳力的使用，也不适于资本的集中或多数牲畜的饲养以及科学的应用，更没有力量雇用农业专家。定县的农业就是在这种不利的生产条件之下而经营。如何使土地大量集中，采用大规模的耕地合作办法而能采用机器从事大规模的生产，是目前一个极重要的问题。苏俄之集体农场的办法，就是一个先例。

六、地价

（一）土地的种类

农村的地价，因土地的种类而有不同，大致可分为村外地与村内地两类。村外田地，因土壤的性质与肥沃的程度不同，价值亦随之很有差别。此外以农为业的人多而耕地缺乏的农村，较以农为业的人少而耕地充足的农村，其田地的价值为高。亦有时因村中暴发户的大量收买土地，亦使田价骤然增高。同样肥沃的土地，凡邻近村落者较贵于距村落远者。村内土地之价值，亦因所在之地点而有不同，主要街心之地点较贵于村边之地点。兹举高村为例，来看各种土地所占的面积。村外可耕的农田共计 2 471.5 亩（定县旧制亩，每亩合 5.803 3 公亩，或 0.944 8 旧营造亩），占全村 2 696.5 所有田产总亩数的 92%，其中村民私有农田计 2 428.7 亩，村中小学校产之学田 42.8 亩。非耕种之土地共计 225 亩，占全村土地总亩数的 8.3%，其中村落占地 124.2 亩，包括村民房宅所占土地、打获禾稼的晒场、村公所与小学等所占地亩，公有、族有与私有土岗占地 87.3 亩，私有与族有坟地 13.5 亩。该村各种土地所占面积亩数，见第 28 表。

第 28 表　定县高村各种土地所占面积亩数
民国二十年

土地种类			亩数			百分比
农田			2 471.5			91.7
	私有农田			2 428.7		
	学田			42.8		
非农田			225.0			8.3
	村落			124.2		
		居住地			99.0	
		晒场			21.0	
		各机关占地			4.2	
	土岗			87.3		
		公有土岗			79.3	
		族有土岗			7.0	
		私有土岗			1.0	
	坟地			13.5		
		私有坟地			1.0	
		族有坟地			12.5	
总合			2 696.5			100.0

注：表内之“亩”系定县旧制亩，合 0.944 8 旧营造亩，或 5.803 3 公亩，或 0.143 3 英亩。

（二）村外地价

（甲）453 村的村外每亩地价　定县 453 村共有 67 865 家，其中有田产者计 63 004 家，共有农田 1 388 647 亩（定县旧制亩，每亩合 5.803 3 公亩，或 0.944 8 营造亩）。最普通的中等田地，每亩的价值是 50～74.9 元，共计 394 738 亩，占田亩总数的 28%；每亩不满 50 元的田地占总亩数的 35%；每亩 75～99.9 元的田地共计 299 731 亩，占 22%；每亩 100 元及以上的田地亩数占 15%，最贵之田地，每亩超过 150 元，其亩数不到 1%。

453 村按村外每亩田地价值组亩数之分配及其所占百分比，见第 29 表。

第 29 表　定县 453 村按村外每亩田地价值组亩数之分配及其百分比
民国二十年

村外每亩田地价值组	亩数	百分比
$ 25 以下	149 162	10.74
25～49.9	341 866	24.62
50～74.9	394 738	28.43
75～99.9	299 731	21.58
100～124.9	157 310	11.33
125～149.9	38 584	2.78
150 及以上	7 256	0.52
总合	1 388 647	100.00

注：表内之“亩”系定县旧制亩，合 0.944 8 旧营造亩，或 5.803 3 公亩，或 0.143 3 英亩。

（乙）全县各区村外地价的比较　从第 30 表我们可以比较县内各区与城关的田地价值。城关的田地价值最高；按每亩价值组来看，最常见的是每亩 100～124.9 元的田地，计有 11 700 亩，占城关私人田地 28 210 总亩数的 41％。在距县城最近的第一区与第二区内，以每亩 75～99.9 元的田地为最普通；在第四区、第五区与第六区内，是以每亩 50～74.9 元的田地为最普通；在第三区内是以每亩 25～49.9 元的田地为最普通。

按全县一切私有农田总起来说，最常见的是每亩价值 50～74.9 元的田地，共计 399 338 亩，占 1 416 857 总亩数的 28％；其次是每亩 25～49.9 元的田地，共计 344 316 亩，占 24％；再次是每亩 75～99.9 元的田地，占 22％；再次是每亩 100～124.9 元的田地，占 12％；再次是每亩不到 25 元的贱地；再次是每亩 125～149.9 元的贵地，占 3％。最贵田地的每亩价值超过 150 元，共计 8 256 亩，仅占千分之六。

（丙）238 村水田与旱田价值的比较　定县水田是以井水或河水灌溉的田地，其价值较不灌溉的旱田为高。井水灌田的方法多用辘轳，少数用水车；河水多用压杆。在调查过的 238 村内共计私有田产 839 538 亩（定县旧制亩，每亩合 5.803 3 公亩，或 0.944 8 旧营造亩），其中有水田 465 412 亩，旱田 374 126 亩。按每亩价值分组来看，最常见的水田是每亩 50～74.9 元，共计 152 595 亩，占水田总亩数的 33％；每亩 75～99.9 元的水田次之，占 32％，几等于每亩 50～74.9 元的亩数百分比；再次多的亩数是每亩 100～124.9 元，占 17％；再次为每亩 25～49.9 元，占 14％；每亩 125 元及以上者占 4％，每亩不满 25 元者仅占千分之二。

第 30 表　定县各区按村外每亩田地价值组田地亩数之分配

民国二十年

每亩价值组	亩数							
	第一区	第二区	第三区	第四区	第五区	第六区	城关	全县
$25 以下	19 611	9 572	41 702	29 730	26 600	21 947	—	149 162
25～49.9	24 618	21 422	118 578	82 880	35 059	59 309	2 450	344 316
50～74.9	32 017	42 948	102 273	111 706	39 932	65 862	4 600	399 338
75～99.9	33 246	62 460	48 807	67 140	32 470	55 608	7 460	307 191
100～124.9	25 328	35 865	25 827	21 150	12 000	37 140	11 700	169 010
125～149.9	5 686	9 461	2 580	3 030	1 000	16 827	1 000	39 584
150 及以上	1 120	561	1 000	1 020	200	3 355	1 000	8 256
总合	141 626	182 289	340 767	316 656	147 261	260 048	28 210	1 416 857
每亩价值组	亩数百分比							
	第一区	第二区	第三区	第四区	第五区	第六区	城关	全县
$25 以下	13.85	5.25	12.24	9.39	18.06	8.44	—	10.53
25～49.9	17.38	11.75	34.80	26.17	23.81	22.81	8.68	24.30
50～74.9	22.61	23.56	30.01	35.28	27.12	25.33	16.31	28.19
75～99.9	23.48	34.26	14.32	21.20	22.05	21.38	26.45	21.68
100～124.9	17.88	19.68	7.58	6.68	8.15	14.28	41.48	11.93
125～149.9	4.01	5.19	0.76	0.96	0.68	6.47	3.54	2.79
150 及以上	0.79	0.31	0.29	0.32	0.13	1.29	3.54	0.58
总合	100.00	100.00	100.00	100.00	100.00	100.00	100.00	100.00

注：表内之“亩”系定县旧制亩，合 0.944 8 旧营造亩，或 5.803 3 公亩，或 0.143 3 英亩。

再以旱田来看，最常见的旱田是每亩 25～49.9 元的田地，占旱田总亩数的 44%；每亩 50～74.9 元的田地次之，占 27%；再次为每亩不到 25 元之贱地，占 22%之多；每亩 75～99.9 元之亩数占 6%；每亩 100～124.9 元者仅占千分之六；每亩价值超过 125 元者没有 1 亩。

总起来说，旱田约等于水田价值的五分之三。238 村水田与旱田价值的比较，见第 31 表。

（丁）二村水田与旱田每亩价值的比较　县内各村田地的价值不同。第 32 表与第 33 表是按较细的每亩价值分组，来显示两个纯粹之农村的水田与旱田亩数的分配。高村的水田每亩多在百元左右，旱田每亩多在四十元左右。南村的水田每亩多数在百元以上，旱田每亩多在六十元左右。

第 31 表　定县 238 村按村外每亩价值组水田与旱田之分配
民国二十年

每亩价值组	水田		旱田		水旱共计	
	亩数	百分比	亩数	百分比	亩数	百分比
$25 以下	1 080	0.23	81 907	21.89	82 987	9.88
25～49.9	65 035	13.97	166 006	44.37	231 041	27.52
50～74.9	152 595	32.79	102 057	27.28	254 652	30.33
75～99.9	149 028	32.02	21 951	5.87	170 979	20.37
100～124.9	77 840	16.73	2 205	0.59	80 045	9.54
125～149.9	16 904	3.63	—	—	16 904	2.01
150 及以上	2 930	0.63	—	—	2 930	0.35
总合	465 412	100.00	374 126	100.00	839 538	100.00

注：表内之“亩”系定县旧制亩，合 0.944 8 旧营造亩，或 5.803 3 公亩，或 0.143 3 英亩。

第 32 表　定县高村按每亩田地价值组水田与旱田亩数之分配
民国二十年

每亩价值	亩数					
	水田	水田百分比	旱田	旱田百分比	水田旱田合计	合计百分比
$10～19	—	—	51.7	9.11	51.7	2.13
20～29	10.5	0.56	101.2	17.83	111.7	4.60
30～39	31.2	1.68	108.0	19.03	139.2	5.73
40～49	24.4	1.31	86.7	15.27	111.1	4.57
50～59	135.2	7.26	100.3	17.67	235.5	9.70

续前表

每亩价值	亩数					
	水田	水田百分比	旱田	旱田百分比	水田旱田合计	合计百分比
60～69	127.9	6.87	34.6	6.10	162.5	6.69
70～79	279.6	15.02	44.2	7.79	323.8	13.33
80～89	443.3	23.82	28.3	4.98	471.6	19.42
90～99	184.9	9.93	7.5	1.32	192.4	7.92
100～124	607.9	32.66	4.5	0.79	612.4	25.21
125～149	3.9	0.22	—	—	3.9	0.16
150 及以上	12.5	0.67	0.6	0.11	13.1	0.54
总合	1 861.3	100.00	567.6	100.00	2 428.9	100.00

注：表内之“亩”系定县旧制亩，合 0.944 8 旧营造亩，或 5.803 3 公亩，或 0.143 3 英亩。

第 33 表　定县南村按每亩田地价值组水田与旱田亩数之分配
民国二十年

每亩价值	亩数					
	水田	水田百分比	旱田	旱田百分比	水田旱田合计	合计百分比
$ 20～29	—	—	5.0	0.40	5.0	0.12
30～39	—	—	22.8	1.84	22.8	0.53
40～49	5.0	0.16	187.2	15.13	192.2	4.47
50～59	33.2	1.09	376.5	30.42	409.7	9.54
60～69	51.5	1.68	437.4	35.34	488.9	11.38
70～79	109.5	3.58	146.3	11.82	255.8	5.95
80～89	426.8	13.96	30.5	2.46	457.3	10.65
90～99	439.1	14.36	8.0	0.65	447.1	10.41
100～124	1 769.4	57.87	24.0	1.94	1 793.4	41.76
125～149	199.2	6.52	—	—	199.2	4.64
150 及以上	23.7	0.78	—	—	23.7	0.55
总合	3 057.4	100.00	1 237.7	100.00	4 295.1	100.00

注：外有 690.9 亩地价未详。
表内之“亩”系定县旧制亩，合 0.944 8 旧营造亩，或 5.803 3 公亩，或 0.143 3 英亩。

（戊）二镇水田与旱田每亩价值的比较　第 34 表与第 35 表是显示两个集镇水田与旱田的每亩价值。明镇田地的肥度稍次，每亩水田的价值多在七十五元左右，旱田每亩多在三十五元左右。李镇田地的价值颇不集中，每亩水田多在百元和八十元左右，每亩旱田多在四十元左右。

第 34 表　定县明镇按每亩田地价值组水田与旱田亩数之分配

民国二十年

每亩价值	亩数					
	水田	水田百分比	旱田	旱田百分比	水田旱田合计	合计百分比
$20～29	—	—	5.0	1.24	5.0	0.14
30～39	—	—	245.0	60.64	245.0	6.96
40～49	99.0	3.18	104.0	25.74	203.0	5.77
50～59	204.5	6.56	24.5	6.07	229.0	6.51
60～69	726.7	23.32	5.0	1.24	731.7	20.79
70～79	796.8	25.57	13.5	3.34	810.3	23.02
80～89	577.5	18.54	7.0	1.73	584.5	16.61
90～99	529.7	17.00	—	—	529.7	15.05
100～124	169.5	5.44	—	—	169.5	4.81
125 及以上	12.0	0.39	—	—	12.0	0.34
总合	3 115.7	100.00	404.0	100.00	3 519.7	100.00

注：表内之“亩”系定县旧制亩，合 0.944 8 旧营造亩，或 5.803 3 公亩，或 0.143 3 英亩。

第 35 表　定县李镇按每亩田地价值组水田与旱田亩数之分配

民国二十年

每亩价值	亩数					
	水田	水田百分比	旱田	旱田百分比	水田旱田合计	合计百分比
$10 以下	—	—	15.0	1.03	15.0	0.27
10～19	—	—	40.1	2.75	40.1	0.72
20～29	26.9	0.65	272.4	18.66	299.3	5.36
30～39	233.3	5.66	326.1	22.34	559.4	10.02
40～49	384.4	9.32	197.1	13.51	581.5	10.41
50～59	654.7	15.87	207.7	14.23	862.4	15.44
60～69	437.4	10.60	116.2	7.96	553.6	9.91
70～79	238.1	5.77	73.1	5.01	311.2	5.57
80～89	698.3	16.93	74.5	5.10	772.8	13.84
90～99	351.1	8.51	92.1	6.31	443.2	7.94
100～124	1 028.4	24.93	45.3	3.10	1 073.7	19.22
125～149	70.7	1.71	—	—	70.7	1.27
150 及以上	2.0	0.05	—	—	2.0	0.03
总合	4 125.3	100.00	1 459.6	100.00	5 584.9	100.00

注：表内之“亩”系定县旧制亩，合 0.944 8 旧营造亩，或 5.803 3 公亩，或 0.143 3 英亩。

（三）村内地价

（甲）各家住宅的大小　村内土地，除少数为学校、庙宇、村公所、道路等所占有外，多为各家的住宅。在二村内调查过的357家中，以半亩至不满一亩大小的住宅为最普通，计有138家，占总家数的39%；不到半亩大小的住宅次之，计有113家，占32%；一亩至不满一亩半大小的住宅又次之，有72家，占20%；再次为一亩半至不满二亩大小的住宅，占5%；二亩至不满二亩半大小的住宅占3%；二亩半及以上大小的住宅占1%，其中最大的住宅为十亩（定县旧制亩，合9.45旧营造亩，或58公亩）。357家平均每家住宅面积为0.8亩（定县旧制亩，合0.76旧营造亩，或4.64公亩）。各家住宅的大小，见第36表。

第36表　定县二村357家按每家住宅面积亩数组家数之分配
民国二十年

每家住宅亩数组	家数	家数百分比
0.5亩以下	113	31.65
0.5～0.9	138	38.66
1.0～1.4	72	20.17
1.5～1.9	19	5.32
2.0～2.4	11	3.08
2.5亩及以上	4	1.12
总合	357	100.00

注：表内之“亩”系定县旧制亩，合0.9448旧营造亩，或5.8033公亩，或0.1433英亩。

（乙）453村村内每亩地价　县内各村的地价不同。大致说来，大村镇的地价较高于小村镇的地价。在453村内，每亩地价不满100元者只有16村；每亩100～199元者有115村，占总村数的25%；每亩200～299元者有139村，占31%，系最常见者；每亩300～399元者有102村，占23%；每亩400～499元之村数占9%；每亩500元及以上之村数占9%。各村的村内地价，见第37表。

第37表　定县453村按每村村内每亩地价组村数之分配及其百分比
民国二十年

村内每亩地价组	村数	百分比
$100以下	16	3.53
100～199	115	25.39
200～299	139	30.68
300～399	102	22.52

续前表

村内每亩地价组	村数	百分比
400～499	42	9.28
500 及以上	39	8.60
总合	453	100.00

（丙）全县各区村内地价的比较　县内地价以县城内的地价为最高，每亩超过 500 元；第四区内多大村，地价超过 300 元者颇多；第一区内多小村，故地价较低，多在一二百元左右。各区各村的详细地价，见第 38 表。

（丁）村内三等地的价值　上面所提是指村内一般的地价而言。兹把每村普通地、最贵地与最贱地的价值分组，来看村数的分配。在调查过的 382 村内，最普通的地每亩多在二三百元；最贵的地每亩多在三四百元，亦有数大村的最贵地每亩超过 1 500 元；最贱的地每亩多在 150 元左右，有 50 小村的最贱地每亩尚不到百元。382 村三等地的详细价值，见第 39 表。

第 38 表　定县各区按村内每亩地价组村数之分配

民国二十年

村内每亩价值组	村数							
	第一区	第二区	第三区	第四区	第五区	第六区	城关	全县
$50 以下	1	—	—	—	—	—	—	1
50～99	5	—	2	—	2	6	—	15
100～149	19	—	6	—	4	21	—	50
150～199	18	1	21	1	10	14	—	65
200～249	13	16	14	2	21	19	—	85
250～299	3	13	10	6	6	16	—	54
300～349	3	15	14	25	14	9	—	80
350～399	1	2	5	6	6	2	—	22
400～499	2	7	7	17	8	1	—	42
500 及以上	6	9	4	16	2	2	1	40
总合	71	63	83	73	73	90	1	454
村内每亩价值组	村数百分比							
	第一区	第二区	第三区	第四区	第五区	第六区	城关	全县
$50 以下	1.41	—	—	—	—	—	—	0.22
50～99	7.04	—	2.41	—	2.74	6.67	—	3.30
100～149	26.76	—	7.23	—	5.48	23.33	—	11.01
150～199	25.35	1.59	25.30	1.37	13.70	15.56	—	14.32
200～249	18.31	25.40	16.87	2.74	28.76	21.11	—	18.72
250～299	4.23	20.63	12.05	8.22	8.22	17.78	—	11.90

续前表

村内每亩价值组	村数百分比							
	第一区	第二区	第三区	第四区	第五区	第六区	城关	全县
300～349	4.23	23.81	16.87	34.24	19.18	10.00	—	17.62
350～399	1.41	3.17	6.02	8.22	8.22	2.22	—	4.85
400～499	2.82	11.11	8.43	23.29	10.96	1.11	—	9.25
500 及以上	8.45	14.29	4.82	21.92	2.74	2.22	100.00	8.81
总合	100.00	100.00	100.00	100.00	100.00	100.00	100.00	100.00

第 39 表 定县 382 村村内每亩土地最贵、普通及最贱价值之比较

民国二十年

每亩价值组	最贵地		普通地		最贱地	
	村数	村数百分比	村数	村数百分比	村数	村数百分比
$100 以下	—	—	10	2.6	50	13.1
100～149	11	2.9	31	8.1	104	27.2
150～199	15	3.9	47	12.3	78	20.4
200～299	68	17.8	124	32.5	121	31.7
300～399	97	25.4	97	25.4	23	6.0
400～499	51	13.4	40	10.5	6	1.6
500～599	53	13.9	33	8.6	—	—
600～699	33	8.6	—	—	—	—
700～799	15	3.9	—	—	—	—
800～899	14	3.7	—	—	—	—
900～999	3	0.8	—	—	—	—
1 000～1 499	15	3.9	—	—	—	—
1 500 及以上	7	1.8	—	—	—	—
总合	382	100.0	382	100.0	382	100.0

（戊）二十年内地价的变动　民国三至二十三年之间，田地的价格颇有变动。民国三年时，中等水田每亩的价格为 31 元，至民国十三年增至 59 元，至十九年增至 79 元，为数十年来最高之价格。自民国二十年来，农村经济发生恐慌，田价逐年低落，至二十三年时竟落至 29 元，等于十九年价格的五分之二。

民国三年时，上等水田每亩价格为 53 元，至十九年增至 136 元，至二十三年落到 40 元。下等水田每亩价格之涨落，亦有同样的趋势。

民国三年时，每亩中等旱田为 19 元，至十九年增至 46 元，至二十三年降至 18 元。上等与下等旱田每亩价格之涨落，亦有同样之趋势。

20 年内三等水田与旱田价格的涨落，见第 40 表。

第 40 表 定县 20 年内水田与旱田每亩价格之涨落
民国三年至二十三年

年份	每亩价格					
	水田			旱田		
	上等	中等	下等	上等	中等	下等
民国三年	$53	$31	$18	$33	$19	$9
十三	113	59	29	52	29	14
十九	136	79	49	78	46	23
二十	118	71	39	69	40	21
二十一	93	59	30	51	30	15
二十二	60	38	24	43	24	13
二十三	40	29	17	29	18	8

七、地租

（一）地租的种类

定县的地租，约可分为四种。最普通的一种，是以一定数量的粮食缴纳田主，谓之粮租，例如每亩缴纳谷子六斗，或小麦二斗，或高粱五斗。粮租缴纳的时期，是在该种农作物收获以后，例如小麦是在春季，其他粮食多在秋季。其次普通的缴租方法，是用一定数量的现款。现款纳租的时期，如系有井水田，多在阳历三月之惊蛰节，如系旱地，多在四月之清明节。现款纳租法最便于田主，因可在种地以前收租，谓之上纳租，免去种地以后下纳租所发生的许多麻烦。有用一定数量的棉花为地租的，多在秋季棉花收获以后缴纳。此外尚有少数的地租是用分租法，此地谓之伙种，即田主与租地者约定各分收获量的若干成，例如对半分租法或四六分租法。关于租地之年限，水田多以五年为期，旱地多以三年为期。

在定县种自有地的亩数远超过租种他人田地的亩数。在调查过的 129 村内共计种地 337 533 亩（定县旧制亩，每亩合 5.803 3 公亩，或 0.944 8 旧营造亩），其中种自己地的面积是 285 406 亩，租种的面积只有 52 127 亩，等于自种亩数的 18%。在 129 村的 16 062 家中，自耕农兼租种他人田地的有 4 326 家，占总家数的 27%；纯粹佃农有 1 143 家，占总家数的 7%。在半自耕农与佃农中，用粮食纳租的有 3 102 家，用现款纳租的有 2 212 家，用棉花纳租的有 136 家，伙种按成分租的仅有 19 家。详情见第 41 表（表内租出亩数少于租入亩数，系因本表只包括私人租出之田地亩数，未包括村公产、校产、庙产及隐瞒不报黑地等租出之亩数）。

第 41 表　定县 129 村各种田产权之家数与田地亩数及各种田租缴纳之方法

民国二十年

农家类别	家数	百分比	亩数			
			种自己地	租种	租出	共计
完全自耕农	8 927	55.58	178 968	—	—	178 968
自耕农兼租种（钱租）	1 815	11.30	28 184	14 683	—	42 867
自耕农兼租种（粮租）	2 380	14.82	37 741	20 497	—	58 238
自耕农兼租种（棉花租）	115	0.72	1 802	637	—	2 439
自耕农兼租种（伙种）	16	0.10	272	205	—	477
自耕农兼租出	879	5.47	38 439	—	26 014	64 453
地主	185	1.15	—	—	8 914	8 914
佃农（钱租）	397	2.47	—	4 330	—	4 330
佃农（粮租）	722	4.50	—	11 395	—	11 395
佃农（棉花租）	21	0.13	—	350	—	350
佃农（伙种）	3	0.02	—	30	—	30
雇农	216	1.34	—	—	—	—
非地主亦不种地	386	2.40	—	—	—	—
总合	16 062	100.00	285 406	52 127	34 928	—

注：表内之“亩”系定县旧制亩，合 0.944 8 旧营造亩，或 5.803 3 公亩，或 0.143 3 英亩。

（二）水田与旱田每亩钱租

关于现款纳租的情形，举曾调查过的二村为例。南村的每亩水田钱租，最普通者为 6 元，其次为 5 元，最高者为 10 元。旱田的每亩钱租，最普通者为 4 元，其次为 3.5 元，最低为 1 元，最高为 5.5 元。详情见第 42 表。

第 42 表　定县南村按每亩所纳钱租水田与旱田亩数之分配

民国二十年

每亩钱租	亩数			
	水田	旱田	水田旱田合计	合计百分比
$1.0	—	6.0	6.0	0.7
1.5	—	6.0	6.0	0.7
2.0	7.0	1.5	8.5	1.0
2.5	6.0	8.0	14.0	1.7

续前表

每亩钱租	亩数			
	水田	旱田	水田旱田合计	合计百分比
3.0	—	21.0	21.0	2.5
3.5	13.0	22.0	35.0	4.2
4.0	51.5	49.5	101.0	12.1
4.5	10.7	8.0	18.7	2.3
5.0	105.6	6.5	112.1	13.4
5.5	39.5	5.0	44.5	5.4
6.0	327.5	—	327.5	39.2
6.5	95.2	—	95.2	11.4
7.0	44.3	—	44.3	5.3
10.0	1.0	—	1.0	0.1
总合	701.3	133.5	834.8	100.00

注：表内之“亩”系定县旧制亩，合 0.944 8 旧营造亩，或 5.803 3 公亩，或 0.143 3 英亩。

李镇的每亩水田钱租，多在七元左右，四至六元者亦颇多，最高者为十元；旱田的每亩钱租，多在二三元左右。详情见第 43 表。

第 43 表 定县李镇按每亩所纳钱租水田与旱田亩数之分配
民国二十年

每亩钱租	亩数			
	水田	旱田	水田旱田合计	合计百分比
$1 以下	0.5	20.0	20.5	4.9
1～1.9	9.0	35.3	44.3	10.7
2～2.9	23.0	35.0	58.0	14.0
3～3.9	31.6	39.8	71.4	17.2
4～4.9	51.5	14.2	65.7	15.7
5～5.9	47.2	—	47.2	11.3
6～6.9	38.7	—	38.7	9.3
7～7.9	58.0	—	58.0	13.9
8～8.9	3.5	—	3.5	0.9
9～9.9	6.0	—	6.0	1.4
10 及以上	2.9	—	2.9	0.7
总合	271.9	144.3	416.2	100.0

注：表内之“亩”系定县旧制亩，合 0.944 8 旧营造亩，或 5.803 3 公亩，或 0.143 3 英亩。

（三）地租占地价成数

南村地租占地价的 5%至 6.4%，李村之地租占地价的 5.9%至 8.9%。二村各种地之钱租占地价的成数，见第 44 表。

第 44 表　定县二村地租所占地价之百分比
民国二十年

每亩地价组	南村			李村		
	平均每亩地价	平均每亩地租	地租占地价百分之比	平均每亩地价	平均每亩地租	地租占地价之百分比
$25 以下	$20.0	$1.10	5.50	$19.44	$1.15	5.92
25～49	40.0	2.38	5.95	31.78	2.83	8.90
50～74	60.3	3.81	6.32	58.42	4.84	8.28
75～99	84.7	5.42	6.40	84.06	5.34	6.35
100～149	113.8	5.98	5.25	104.29	6.82	6.54
150 及以上	150.0	7.50	5.00	—	—	—
总合	89.0	5.25	5.90	63.08	4.50	7.13

（四）水田与旱田每亩粮租

在曾调查过之三村内，南村每亩水田之粮租，以八至十斗谷子（即尚未碾去皮糠之小米）者为最常见，六七斗者亦不少，最高者为十二斗。旱田每亩之粮租，以四斗者为最常见，五斗与六斗者次之。民国二十年时，平均每斗谷价为七角五分。详情见第 45 表。

第 45 表　定县南村按每亩所纳粮租水田与旱田亩数之百分比
民国二十年

每亩粮租	亩数			
	水田	旱田	水田旱田合计	合计百分比
谷子 3.0 斗	—	7.0	7.0	2.52
4.0	9.0	39.8	48.8	17.56
4.5	—	4.0	4.0	1.44
5.0	7.0	25.5	32.5	11.70
5.5	—	9.0	9.0	3.24
6.0	18.0	24.5	42.5	15.30
6.5	—	4.0	4.0	1.44
7.0	18.0	—	18.0	6.48
7.5	4.0	—	4.0	1.44
8.0	31.3	—	31.3	11.27
9.0	25.7	—	25.7	9.25
10.0	45.0	—	45.0	16.20
12.0	6.0	—	6.0	2.16
总合	164.0	113.8	277.8	100.00

注：本表之“斗”系定县旧制 25 管斗，合新制 1.438 市斗。
“亩”系定县旧制亩，合 0.944 8 旧营造亩，或 5.803 3 公亩，或 0.143 3 英亩。

明镇之每亩水田粮租，以谷子十斗至十二斗者为最普通；每亩旱田之粮租，以四五斗者为最普通。详情见第 46 表。

第 46 表 定县明镇按每亩所纳粮租水田与旱田亩数之百分比
民国二十年

每亩粮租	亩数			
	水田	旱田	水田旱田合计	合计百分比
谷子 2.0 斗	—	24.0	24.0	1.89
3.0	3.0	11.0	14.0	1.10
4.0	21.5	28.5	50.0	3.94
5.0	20.9	31.0	51.9	4.08
6.0	25.7	15.0	40.7	3.20
7.0	66.5	2.5	69.0	5.43
8.0	75.5	3.0	78.5	6.18
9.0	64.3	—	64.3	5.06
10.0	394.5	—	394.5	31.05
11.0	115.6	—	115.6	9.10
12.0	327.0	—	327.0	25.74
13.0	41.0	—	41.0	3.23
总合	1 155.5	115.0	1 270.5	100.00

注：本表之“斗”系定县旧制 25 管斗，合新制 1.438 市斗。
“亩”系定县旧制亩，合 0.944 8 旧营造亩，或 5.803 3 公亩，或 0.143 3 英亩。

李镇之每亩水田粮租，以十斗谷子为最普通；每亩旱田粮租，以五斗为最普通。详情见第 47 表。

第 47 表 定县李镇按每亩所纳粮租水田与旱田亩数之百分比
民国二十年

每亩粮租	亩数			
	水田	旱田	水田旱田合计	合计百分比
谷子 1.2 斗	—	5.0	5.0	0.56
2.0	—	13.5	13.5	1.52
3.0	10.5	11.0	21.5	2.43
4.0	24.0	12.5	36.5	4.12
5.0	92.0	55.0	147.0	16.59
6.0	66.2	13.5	79.7	9.00
6.5	19.0	1.0	20.0	2.26
7.0	45.0	23.0	68.0	7.68
8.0	82.6	14.5	97.1	10.96

续前表

每亩粮租	亩数			
	水田	旱田	水田旱田合计	合计百分比
9.0	7.0	6.0	13.0	1.47
10.0	321.3	26.3	347.6	39.24
11.0	24.3	—	24.3	2.74
12.0	12.7	—	12.7	1.43
总合	704.6	181.3	885.9	100.00

注：本表之“斗”系定县旧制25管斗，合新制1.438市斗。
“亩”系定县旧制亩，合0.944 8旧营造亩，或5.803 3公亩，或0.143 3英亩。

八、农作物

关于各地农产物种类的分布，一方面是随土壤气候等自然地理环境的决定，一方面亦受历史的与社会的原因所决定。在自然的经济时代，种植的种类多以自给为主，因此其中大部分是食粮，并且农民可以完全自主来决定耕种何种作物，保持着自给自足的状态。原来中国大多数的农家所种植的农作物多在数种以上，从事单纯商品生产的农场极占少数。自从资本主义侵入中国农村以后，农产物遂逐渐卷入商品的漩涡。这样，对于农产物种类的选择，就不能由农民完全自主，而须听命于市场的需要。随着这种趋势，中国农产物的经营渐由自给植物而趋向于原料植物，由多种的经营而趋向于以商品为主的单纯经营。据已有的调查与估计，今日的中国农民大约须把全部收获的半数出售于市场，以换取货币。例如为纺织工业之主要原料的棉花，近年来在各地种植面积之扩大极为迅速；为卷烟之原料的烟叶，所种植的面积亦日渐扩大。如此，中国农产物的种类渐为国际市场所支配。原料植物的市场发生变动时，农民生活即立刻受其影响。关于定县农产物的种类是否尚保持着自给自足的状态，或已转入世界市场的漩涡，外国资本主义的侵入已达何种程度，大致可从定县农作物种类的分析看出来。

（一）各种农作物所占田地面积

在全县7万余家中，经营田地者计67 000余家，共计耕田1 424 931亩（定县旧制亩，每亩合5.803 3公亩，或0.944 8旧营造亩）。有许多田地在一年内种两次作物，这样一普通亩即变为二作物亩。照这样计算，则 1 424 931 亩折成 1 830 137 作物亩，即在定县每一普通亩合 1.3 作物亩（定县旧制亩，合 7.5 公亩，或 1.2 旧营造亩）。

定县的农产物以五谷杂粮为主，种类甚繁。大多数的农家，在自己经营的田地上，大部分是种植着为自己食用的产物，自数种至一二十种。本县农民主要的食品是小米、甘薯（sweet potato）、各种豆类、小麦、高粱、玉米、荞麦、白菜、萝卜、北瓜等物，因此种植的作物也以这些为最普遍，尤其是小米、甘薯、豆类、小麦等作物。

定县的农作物大致可分为五谷类、根作物类、纤维作物类、林木类、菜蔬类、瓜果类、药材类与其他杂类作物。五谷类作物所占亩数为最多，计有 1 457 599 作物亩，占 1 830 137 总作物亩数的 80%，远超过其他各类作物。五谷类中，以谷子所占亩数为最多，小麦次之，黑豆又次之。

除在肥度甚次之土地不得已栽种林木外，占地次多之作物为根作物类，计有 149 073 作物亩，占总作物数的 8%；其中以甘薯所占亩数为最多，花生次之。

纤维作物类中只有棉花，其种植亩数占总作物亩数的 7%。菜蔬类包括北瓜、白菜、萝卜等物，其作物亩数占 2%。瓜果类包括鸭梨、枣、瓜等物，其作物亩数仅占千分之五。其他药材、烟草等作物占地甚少。

若以单项农作物而论，谷子所占之田地为最多，计 566 946 作物亩，占总作物亩数的 31%，虽其中一部分兼种白豆与高粱；小麦所占亩数次之，计 314 929 作物亩，占 17%；黑豆又次之，只种黑豆之田地占 10%；棉花居第 4 位，占 7%；甘薯居第 5 位，占 5%；只种高粱之田地占 4.6%，若以兼种黑豆之亩数合计则占 8%；再次为玉蜀黍、花生、大麦、荞麦、黍子、稷子等作物。

自定县农产物种类之多与各家所种植之农作物多在数种以上来看，定县农业仍大半保持着自然经济的状态。而从另一方面看，民国二十年定县种植棉花的田地已达 121 193 亩，此后有逐渐增多的趋势。棉花是为商品而生产。此外农民亦多把小麦、花生、芝麻、鸭梨等较贵的农产品出售于市场，来换取日用的工艺制品及较贱之杂粮。农民所依赖的农产市场渐为商业资本家所操纵，自给自足的状态已经不能保持。

定县各区各种农作物所占作物亩数的比较，见第 48 表。各种农作物所占亩数百分比见第 49 表。

（二）全县各种农作物产量[①]与价值

民国二十年内，全县共产谷子 6 612 951 市斗，平均县内每家约合 94 市斗，每人约合 17 市斗；估计共值 3 264 087 元，平均每家约合 47 元。小麦全年共产 3 069 810 市斗，每家约合 44 市斗；共值 2 689 819 元，每家约合 38 元。豆类全年共产 2 287 471 市斗，平均每家约合 32 市斗；共值 1 776 850 元，平均每家约合 25 元。甘薯全年共产 190 150 605 市斤，每家约合 2 715 市斤，每人约合 468 市斤；共值 2 310 562 元，每家约合 33 元。棉花全年共产 12 403 649 市斤，每家约合 177 市斤。

据民国二十二年之调查，定县在该年内输出县外各种主要农产品之数量与价值为：小麦约九十余万市斗，价值四十三万元；鸭梨约一百万市斤，价二十七万元；棉花四十万市斤，价十四万元；花生四百六十万市斤，价十一万元；此外有白菜、芝麻、甘薯等物。

全县全年所有农产物估计共值 16 064 242 元，平均每家约合 230 元，每人约合 40 元。全县农产物价值总数一千六百余万元中，谷子价值居首位，占去 20%；小麦居第 2 位，占 17%；甘薯居第 3 位，占 14%；豆类居第 4 位，棉花居第 5 位，各占 11%；再次为花生、高粱、白菜、玉蜀黍、荞麦、北瓜、大麦、鸭梨等物。

全县各区各种农作物产量的比较见第 50 表。各区各种农产品价值的比较及其所占百分比的详数，见第 51 表与第 52 表。

（三）一村农作物的种类、所占面积与产量

从上面的几个统计表内，我们可以理会，无论从全县总起来看或从各区分开来看，定县农作物的种类显然是繁杂的。现在我们要显示的，就是每一个村的农产物种类也是一样繁杂。大多数的农家每家都多少种植一些他们日常所食用的农产，例如谷子、小麦、豆类、甘薯等物。现仍举常引用的小村高村为例，来详细分析它的各种产物。

---

① 这里所用之产量单位“斗”与“斤”系新制市斗（与公斗大小同）与新制市斤。1 市斗等于定县所用旧制 25 管斗 0.695 斗（等于 0.965 7 旧营造斗或 2.199 8 英加仑），亦即 1 旧制 25 管斗等于 1.438 市斗。1 市斤等于 0.89 定县旧 16 两市斤（等于 0.5 公斤或 0.837 8 旧库平斤或 1.102 3 英常权磅），亦即 1 旧 16 两市斤等于 1.12 市斤。

第 48 表　定县各区各种农作物所占作物亩数

农作物种类	所占作物亩数							
	第一区	第二区	第三区	第四区	第五区	第六区	城关	全县
五谷类：谷子	57 120	63 904	71 379	104 335	48 410	71 820	3 200	420 168
小麦	47 244	47 542	56 188	95 160	30 895	33 840	4 060	314 929
黑豆	25 028	39 029	35 221	51 138	12 494	22 506	1 670	187 086
谷子与白豆	7 157	12 764	64 796	9 621	15 638	36 762	—	146 738
高粱	1 372	16 422	15 740	33 640	6 815	10 514	—	84 503
高粱与黑豆	1 732	5 900	15 350	9 660	8 699	26 691	—	68 032
玉蜀黍	8 664	7 220	11 403	14 080	15 967	3 291	330	60 955
大麦	9 704	3 605	7 098	13 878	5 299	4 386	2 000	45 970
荞麦	7 301	6 312	2 688	7 950	16 131	2 369	270	43 021
黍子	3 521	2 984	5 487	4 108	2 021	4 588	330	23 039
稷子	3 260	2 607	4 896	4 042	2 902	4 818	330	22 855
露仁	1 250	648	50	9 620	151	—	1 600	13 319
芝麻	826	355	6 524	1 593	624	2 054	—	11 976
荞麦与白萝卜	282	190	6 481	300	467	2 858	—	10 578
稻子	—	—	—	—	—	2 090	—	2 090
芝麻与绿豆	—	—	1 550		—	—	—	1 550
黑豆与黍稷	400	—	—	—	—	—	—	400
豌豆	—	—	250	—	100	—	—	350
谷子与高粱	—	—	—	—	40	—	—	40
共计	174 861	209 482	305 101	359 125	166 653	228 587	13 790	1 457 599
根作物类：甘薯	12 889	10 214	23 004	18 855	10 215	19 412	450	95 039
花生	9 150	5 253	15 209	7 184	12 001	5 027	170	53 994
白山药	—	—	40	—	—	—	—	40
共计	22 039	15 467	38 253	26 039	22 216	24 439	620	149 073

续前表

农作物种类	所占作物亩数							
	第一区	第二区	第三区	第四区	第五区	第六区	城关	全县
纤维作物类：棉花	12 950	4 292	40 498	8 126	5 563	44 114	5 650	121 193
林木类：小杨林	3 272	2 600	6 707	14 409	1 060	736	—	28 784
柳林	1 256	1 100	3 040	5 721	1 062	1 378	—	13 557
柳条	1 265	569	3 365	4 852	540	35	—	10 626
榆林	546	—	50	—	—	—	—	596
大杨林	—	30	45	105	—	—	—	180
其他	—	—	22	21	110	5	—	158
共计	6 339	4 299	13 229	25 108	2 772	2 154	—	53 901
菜蔬类：北瓜	2 500	650	3 598	4 139	840	744	—	12 471
白菜	2 538	1 259	2 669	3 053	498	480	—	10 497
红萝卜	554	119	922	—	368	175	—	2 138
大葱	150	132	85	850	—	—	—	1 217
白萝卜	—	176	125	550	—	—	—	851
其他	1 108	1 995	1 588	3 164	865	1 562	330	10 612
共计	6 850	4 331	8 987	11 756	2 571	2 961	330	37 786
瓜果类：鸭梨	200	—	47	3	2 638	536	—	3 424
枣	500	56	273	—	618	424	—	1 871
西瓜	395	60	30	300	70	363	—	1 218
甜瓜	289	159	85	342	181	135	—	1 191
油秋梨	10	—	—	—	244	—	—	254
杏	—	—	34	42	30	46	—	152
莎果	—	30	—	2	20	6	—	58

续前表

农作物种类	所占作物亩数							
	第一区	第二区	第三区	第四区	第五区	第六区	城关	全县
其他	49	10	15	22	3	65	280	444
共计	1 443	315	484	711	3 804	1 575	280	8 612
药材类：大黄	140	1	—	—	—	—	—	141
苏子	15	45	40	—	—	—	—	100
草决明	30	8	—	—	—	—	—	38
子远	—	12	—	—	—	—	—	12
青木香	—	10	—	—	—	—	—	10
其他	—	10	—	85	—	—	—	95
共计	185	86	40	85	—	—	—	396
其他：烟草	—	5	—	195	—	—	500	700
扫帚	200	70	—	—	—	22	—	292
葱子	145	110	—	—	—	—	—	255
其他	20	300	—	5	—	5	—	330
共计	365	485	—	200	—	27	500	1 577
总合	225 032	238 757	406 592	431 150	203 579	303 857	21 170	1 830 137

注：表内之“亩”系定县旧制亩，合 0.944 8 旧营造亩，或 5.803 3 公亩，或 0.143 3 英亩。

第 49 表　定县各区各种农作物所占作物亩数之百分比

农作物种类	作物亩数之百分比							
	第一区	第二区	第三区	第四区	第五区	第六区	城关	全县
五谷类：谷子	25.38	26.77	17.56	24.20	23.78	23.64	15.11	22.96
小麦	20.99	19.91	13.82	22.07	15.18	11.14	19.18	17.21
黑豆	11.12	16.35	8.66	11.86	6.14	7.41	7.89	10.22
谷子与白豆	3.18	5.35	15.94	2.23	7.68	12.10	—	8.02
高粱	0.61	6.88	3.87	7.80	3.35	3.46	—	4.62
高粱与黑豆	0.77	2.47	3.78	2.24	4.27	8.78	—	3.72
玉蜀黍	3.85	3.02	2.80	3.27	7.84	1.08	1.56	3.33
大麦	4.31	1.51	1.75	3.22	2.60	1.44	9.45	2.51
荞麦	3.24	2.64	0.66	1.84	7.92	0.78	1.27	2.35
黍子	1.56	1.25	1.35	0.95	0.99	1.51	1.56	1.26
稷子	1.45	1.09	1.21	0.94	1.43	1.58	1.56	1.25
露仁	0.56	0.27	0.01	2.23	0.07	—	7.56	0.73
芝麻	0.37	0.15	1.60	0.37	0.31	0.68	—	0.65
荞麦与白萝卜	0.13	0.08	1.59	0.07	0.23	0.94	—	0.58
稻子	—	—	—	—	—	0.69	—	0.11
芝麻与绿豆	—	—	0.38	—	—	—	—	0.08
黑豆与黍稷	0.18	—	—	—	—	—	—	0.02
豌豆	—	—	0.06	—	0.05	—	—	0.02
谷子与高粱	—	—	—	—	0.02	—	—	—
共计	77.70	87.74	75.04	83.29	81.86	75.23	65.14	79.64
根作物类：甘薯	5.73	4.28	5.66	4.37	5.02	6.39	2.13	5.19
花生	4.06	2.20	3.74	1.67	5.89	1.65	0.80	2.95
白山药	—	—	0.01	—	—	—	—	—
共计	9.79	6.48	9.41	6.04	10.91	8.04	2.93	8.14

续前表

农作物种类	作物亩数之百分比							
	第一区	第二区	第三区	第四区	第五区	第六区	城关	全县
纤维作物类：棉花	5.75	1.80	9.96	1.88	2.73	14.52	26.69	6.62
林木类：小杨林	1.46	1.09	1.65	3.34	0.52	0.24	—	1.57
柳林	0.56	0.46	0.75	1.33	0.52	0.45	—	0.74
柳条	0.56	0.24	0.83	1.13	0.27	0.01	—	0.58
榆林	0.24	—	0.01	—	—	—	—	0.03
大杨林	—	0.01	0.01	0.02	—	—	—	0.01
其他	—	—	—	—	0.05	—	—	0.01
共计	2.82	1.80	3.25	5.82	1.36	0.71	—	2.95
菜蔬类：北瓜	1.11	0.27	0.88	0.96	0.41	0.24	—	0.68
白菜	1.13	0.53	0.66	0.71	0.24	0.16	—	0.57
红萝卜	0.25	0.05	0.23	—	0.18	0.06	—	0.12
大葱	0.07	0.06	0.02	0.20	—	—	—	0.07
白萝卜	—	0.07	0.03	0.13	—	—	—	0.04
其他	0.49	0.83	0.39	0.73	0.43	0.51	1.56	0.58
共计	3.05	1.81	2.21	2.73	1.26	0.97	1.56	2.06
瓜果类：鸭梨	0.09	—	0.01	—	1.30	0.18	—	0.19
枣	0.22	0.02	0.07	—	0.30	0.14	—	0.10
西瓜	0.18	0.03	0.01	0.07	0.03	0.12	—	0.07
甜瓜	0.13	0.07	0.02	0.08	0.09	0.04	—	0.07
油秋梨	—	—	—	—	0.12	—	—	0.01
杏	—	—	0.01	0.01	0.01	0.02	—	0.01
莎果	—	0.01	—	—	0.01	—	—	—
其他	0.02	—	—	0.01	—	0.02	1.32	0.02
共计	0.64	0.13	0.12	0.17	1.87	0.52	1.32	0.47

续前表

农作物种类	作物亩数之百分比							
	第一区	第二区	第三区	第四区	第五区	第六区	城关	全县
药材类：大黄	0.06	—	—	—	—	—	—	0.01
苏子	0.01	0.02	0.01	—	—	—	—	0.01
草决明	0.01	—	—	—	—	—	—	—
子远	—	0.01	—	—	—	—	—	—
青木香	—	—	—	—	—	—	—	—
其他	—	—	—	0.02	—	—	—	—
共计	0.08	0.04	0.01	0.02	—	—	—	0.02
其他：烟草	—	—	—	0.05	—	—	2.36	0.04
扫帚	0.09	0.03	—	—	—	0.01	—	0.02
葱子	0.06	0.05	—	—	—	—	—	0.01
其他	0.01	0.12	—	—	—	—	—	0.02
共计	0.16	0.20	—	0.05	—	0.01	2.36	0.09
总合	100.00	100.00	100.00	100.00	100.00	100.00	100.00	100.00

注：表内之“亩”系定县旧制亩，合0.944 8旧营造亩，或5.803 3公亩，或0.143 3英亩。

第 50 表 定县各区全年各种农产品之产量

民国二十年

农产品种类	产量							
	第一区	第二区	第三区	第四区	第五区	第六区	城关	全县
五谷类：谷子	949 253 市斗	1 004 157 市斗	1 407 894 市斗	1 274 751 市斗	699 657 市斗	1 210 976 市斗	66 263 市斗	6 612 951 市斗
小麦	394 034 市斗	399 149 市斗	534 945 市斗	1 042 521 市斗	319 874 市斗	338 419 市斗	40 868 市斗	3 069 810 市斗
豆类	267 075 市斗	394 282 市斗	519 631 市斗	499 903 市斗	212 144 市斗	381 708 市斗	12 728 市斗	2 287 471 市斗
高粱	24 332 市斗	211 119 市斗	209 560 市斗	301 319 市斗	86 585 市斗	259 361 市斗	—	1 092 276 市斗
玉蜀黍	146 525 市斗	102 860 市斗	122 217 市斗	152 572 市斗	206 501 市斗	34 828 市斗	4 458 市斗	769 961 市斗
荞麦	93 129 市斗	71 809 市斗	76 365 市斗	94 045 市斗	180 323 市斗	52 113 市斗	4 038 市斗	571 822 市斗
大麦	139 543 市斗	51 840 市斗	100 009 市斗	159 336 市斗	76 200 市斗	63 071 市斗	38 251 市斗	628 250 市斗
黍子	47 129 市斗	32 451 市斗	67 224 市斗	45 648 市斗	25 693 市斗	47 990 市斗	5 030 市斗	271 165 市斗
稷子	42 237 市斗	27 014 市斗	57 859 市斗	46 125 市斗	36 451 市斗	50 275 市斗	5 030 市斗	264 991 市斗
芝麻	5 768 市斗	2 246 市斗	47 486 市斗	11 043 市斗	3 949 市斗	14 768 市斗	—	85 260 市斗
露仁	14 380 市斗	7 455 市斗	575 市斗	110 668 市斗	1 737 市斗	—	15 645 市斗	150 460 市斗
稻子	—	—	—	—	—	21 038 市斗	—	21 038 市斗
根作物类：甘薯	25 326 356 市斤	20 373 807 市斤	43 183 681 市斤	34 961 504 市斤	20 883 467 市斤	44 604 872 市斤	816 918 市斤	190 150 605 市斤
花生	2 429 002 市斤	1 288 737 市斤	3 868 915 市斤	1 423 213 市斤	3 022 953 市斤	1 196 414 市斤	30 030 市斤	13 259 264 市斤
白山药	—	—	66 660 市斤	—	—	—	—	66 660 市斤
纤维作物类：棉花	1 438 745 市斤	338 557 市斤	4 044 657 市斤	897 488 市斤	482 078 市斤	4 658 012 市斤	546 112 市斤	12 405 649 市斤
菜蔬类：白菜	9 023 098 市斤	3 916 497 市斤	8 895 777 市斤	6 783 766 市斤	1 106 556 市斤	1 279 879 市斤	—	31 005 573 市斤
北瓜	7 221 500 市斤	1 805 375 市斤	7 179 504 市斤	8 472 486 市斤	1 866 480 市斤	1 522 514 市斤	—	28 067 859 市斤
白萝卜	156 651 市斤	469 953 市斤	1 686 498 市斤	1 333 200 市斤	129 709 市斤	1 270 095 市斤	—	5 046 106 市斤

续前表

农产品种类	产量							
	第一区	第二区	第三区	第四区	第五区	第六区	城关	全县
红萝卜	1 538 735 市斤	396 627 市斤	2 048 684 市斤	—	899 466 市斤	388 850 市斤	—	5 272 362 市斤
葱	266 640 市斤	293 304 市斤	141 653 市斤	1 888 700 市斤	—	—	—	2 590 297 市斤
瓜果类：鸭梨	444 400 市斤	—	104 434 市斤	6 666 市斤	5 275 472 市斤	107 189 3 市斤	—	6 902 865 市斤
西瓜	118 500 个	18 000 个	9 000 个	90 000 个	21 000 个	108 900 个	—	365 400 个
甜瓜	470 509 市斤	260 752 市斤	91 102 市斤	548 834 市斤	284 972 市斤	224 978 市斤	—	1 881 147 市斤
枣	166 650 市斤	15 554 市斤	90 991 市斤	—	171 650 市斤	141 319 市斤	—	586 164 市斤
油秋梨	22 220 市斤	—	—	—	406 626 市斤	—	—	428 846 市斤
杏	—	—	94 435 市斤	93 324 市斤	59 994 市斤	102 212 市斤	—	349 965 市斤
莎果	—	46 662 市斤	—	3 333 市斤	33 330 市斤	13 332 市斤	—	96 657 市斤
药材类：大黄	46 662 市斤	333 市斤	—	—	—	—	—	46 995 市斤
杂类：烟草	—	2 222 市斤	—	108 323 市斤	—	—	99 990 市斤	210 535 市斤
扫帚	60 000 个	21 090 个	—	—	—	6 600 个	—	87 690 个
葱子	1 251 市斗	475 市斗	—	—	—	—	—	1 726 市斗

第 51 表 定县各区全年各种农产品之价值

民国二十年

农产品种类	价值							
	第一区	第二区	第三区	第四区	第五区	第六区	城关	全县
五谷类：谷子	$ 468 685	$ 495 794	$ 695 135	$ 629 397	$ 345 450	$ 597 909	$ 31 717	$ 3 264 087
小麦	345 259	349 741	468 728	913 475	280 279	296 528	35 809	2 689 819
豆类	203 587	302 949	414 805	382 005	168 255	295 601	9 648	1 776 850
高粱	13 198	114 515	113 669	163 441	46 965	140 682	—	592 470
玉蜀黍	77 440	54 363	64 593	80 636	109 138	18 407	2 356	406 933
荞麦	46 629	35 955	38 236	47 088	90 287	26 093	2 022	286 310
大麦	56 283	20 909	40 337	64 266	30 734	25 439	15 428	253 396
黍子	25 236	17 377	35 996	24 443	13 758	25 697	2 693	145 200
稷子	22 323	14 277	30 579	24 378	19 264	26 571	2 659	140 051
芝麻	7 380	2 874	60 760	14 129	5 053	18 897	—	109 093
露仁	8 900	4 614	356	68 494	1 075	—	9 683	93 122
稻子	—	—	—	—	—	24 578	—	24 578
共计	1 274 920	1 413 368	1 963 194	2 411 752	1 110 258	1 496 402	112 015	9 781 909
根作物类：甘薯	307 746	247 567	524 734	424 825	253 760	542 003	9 927	2 310 562
花生	122 653	65 075	195 361	71 865	152 644	60 413	1 516	669 527
白山药	—	—	1 800	—	—	—	—	1 800
共计	430 399	312 642	721 895	496 690	406 404	602 416	11 443	2 981 889
纤维作物类：棉花	205 258	48 300	577 028	128 039	68 775	664 247	77 911	1 769 558
菜蔬类：白菜	138 067	59 928	136 119	103 802	16 932	19 584	—	474 432
北瓜	71 500	17 875	71 084	83 886	18 480	15 074	—	277 899
白萝卜	1 410	4 230	15 180	12 000	1 168	11 432	—	45 420
红萝卜	12 465	3 213	16 596	—	7 286	3 150	—	42 710
葱	3 840	4 224	2 040	27 200	—	—	—	37 304
其他	33 027	51 908	46 419	86 805	23 100	45 407	$ 8 580	295 246

续前表

农产品种类	价值							
	第一区	第二区	第三区	第四区	第五区	第六区	城关	全县
共计	260 309	141 378	287 438	313 693	66 966	94 647	8 580	1 173 011
瓜果类：鸭梨	12 000	—	2 820	180	142 452	28 944	—	186 396
西瓜	11 850	1 800	900	9 000	2 100	10 890	—	36 540
甜瓜	8 470	4 694	1 640	9 880	5 130	4 050	—	33 864
枣	9 000	840	4 914	—	9 270	7 632	—	31 656
油秋梨	520	—	—	—	9 516	—	—	10 036
杏	—	—	2 550	2 520	1 620	2 760	—	9 450
莎果	—	1 092	—	78	780	312	—	2 262
其他	1 620	113	1 350	368	180	1 589	8 462	13 682
共计	43 460	8 539	14 174	22 026	171 048	56 177	8 462	323 886
药材类：大黄	4 200	30	—	—	—	—	—	4 230
其他	394	1 457	600	670	—	—	—	3 121
共计	4 594	1 487	600	670	—	—	—	7 351
杂类：烟草	—	100	—	4 875	—	—	10 800	15 775
扫帚	4 800	1 470	—	—	—	528	—	6 798
葱子	2 001	759	—	—	—	—	—	2 760
其他	50	1 230	—	25	—	—	—	1 305
共计	6 851	3 559	—	4 900	—	528	10 800	26 638
总合	2 225 791	1 929 273	3 564 329	3 377 770	1 823 451	2 914 417	229 211	16 064 242

第52表　定县各区全年各种农产品价值之百分比

民国二十年

农产品种类	价值百分比							
	第一区	第二区	第三区	第四区	第五区	第六区	城关	全县
五谷类：谷子	21.06	25.70	19.50	18.63	18.94	20.52	13.84	20.32
小麦	15.51	18.13	13.15	27.04	15.37	10.17	15.62	16.75
豆类	9.15	15.70	11.64	11.31	9.23	10.14	4.21	11.06
高粱	0.59	5.94	3.19	4.84	2.58	4.83	—	3.69
玉蜀黍	3.48	2.82	1.81	2.39	5.99	0.63	1.03	2.53
荞麦	2.09	1.36	1.07	1.40	4.95	0.90	0.88	1.78
大麦	2.53	1.08	1.13	1.90	1.68	0.87	6.73	1.58
黍子	1.13	0.90	1.01	0.72	0.75	0.88	1.18	0.90
稷子	1.00	0.74	0.86	0.72	1.06	0.91	1.16	0.87
芝麻	0.33	0.15	1.70	0.42	0.28	0.65	—	0.68
露仁	0.40	0.24	0.01	2.03	0.06	—	4.22	0.58
稻子	—	—	—	—	—	0.84	—	0.15
共计	57.27	73.26	55.07	71.40	60.89	51.34	48.87	60.89
根作物类：甘薯	13.83	12.83	14.72	12.58	13.92	18.60	4.33	14.38
花生	5.51	3.37	5.48	2.13	8.37	2.07	0.66	4.17
白山药	—	—	0.05	—	—	—	—	0.01
共计	19.34	16.20	20.25	14.71	22.29	20.67	4.99	18.56
纤维作物类：棉花	9.22	2.50	16.19	3.79	3.77	22.79	33.99	11.02
菜蔬类：白菜	6.20	3.11	3.82	3.07	0.93	0.67	—	2.95
北瓜	3.21	0.93	1.99	2.48	1.01	0.52	—	1.73
白萝卜	0.06	0.22	0.43	0.36	0.06	0.39	—	0.28
红萝卜	0.56	0.17	0.47	—	0.40	0.11	—	0.27

续前表

农产品种类	价值百分比							
	第一区	第二区	第三区	第四区	第五区	第六区	城关	全县
葱	0.17	0.22	0.06	0.81	—	—	—	0.23
其他	1.48	2.69	1.30	2.57	1.27	1.56	3.74	1.84
共计	11.68	7.34	8.07	9.29	3.67	3.25	3.74	7.30
瓜果类：鸭梨	0.54	—	0.08	0.01	7.81	0.99	—	1.16
西瓜	0.53	0.09	0.03	0.27	0.12	0.37	—	0.23
甜瓜	0.38	0.24	0.04	0.29	0.28	0.14	—	0.21
枣	0.40	0.04	0.14	—	0.51	0.27	—	0.20
油秋梨	0.02	—	—	—	0.52	—	—	0.06
杏	—	—	0.07	0.07	0.09	0.10	—	0.06
莎果	—	0.06	—	—	0.04	0.01	—	0.01
其他	0.07	0.01	0.04	0.01	0.01	0.05	3.69	0.09
共计	1.94	0.44	0.40	0.65	9.38	1.93	3.69	2.02
药材类：大黄	0.19	—	—	—	—	—	—	0.03
其他	0.02	0.08	0.02	0.02	—	—	—	0.02
共计	0.21	0.08	0.02	0.02	—	—	—	0.05
杂类：烟草	—	—	—	0.14	—	—	4.71	0.10
扫帚	0.22	0.08	—	—	—	0.02	—	0.04
葱子	0.09	0.04	—	—	—	—	—	0.02
其他	—	0.06	—	—	—	—	—	0.01
共计	0.31	0.18	—	0.14	—	0.02	4.71	0.17
总合	100.00	100.00	100.00	100.00	100.00	100.00	100.00	100.00

高村在民国二十年时，有 108 家，有田产者计 103 家，耕种田地者计 97 家。在被调查之年份内，97 家实际耕种田地共计 2 394.26 亩（定县旧制亩，每亩合 5.803 3 公亩，或 0.944 8 旧营造亩），其中在该年只种一次作物之田地计 1 291.12 亩（作物亩亦为 1291.12 亩），曾种二次作物之田地计 1 103.14 亩（合 2 206.28 作物亩），约占总亩数之半数。这样 2 394.26 普通亩合 3 497.40 作物亩，一普通亩约合 1.5 作物亩（定县旧制亩合 8.7 公亩，或 1.4 旧营造亩）。

2 394.26 亩中，有井水灌溉之水田 1 906.40 亩，约占总数的 80%；无井之旱田有 487.86 亩，仅占 20%。

1 906.40 亩水田中，一年内曾种二次作物者有 1 084.08 亩，只种一次作物者有 822.32 亩。这样看来，大多数之水田是在一年内可有两次收获。

487.86 亩旱田中，一年内曾种两次作物者，仅有 19.06 亩；其余之 468.8 亩，只种一次作物。如此可以看出凿井灌田之重要。

这样的一个小村所种的五谷类包括 16 种，根作物类包括 2 种，纤维作物类 1 种，菜蔬类 12 种，林木类 6 种，药材类 2 种，其他 3 种。此外也许还有遗漏的一些零星作物。

第 53 表　定县高村按系第几次作物水田各种作物亩数之分配
民国二十年

农作物种类	水田亩数			
	一年只种一次作物田地	一年种二次作物田地		共计
		第一次	第二次	
五谷类：谷子	285.56	—	480.46	766.02
小麦	12.20	749.49	—	761.69
黑豆	104.45	—	218.84	323.29
大麦	—	115.92	—	115.92
玉蜀黍	8.50	78.08	2.00	88.58
荞麦	—	—	45.15	45.15
小青豆	0.50	1.00	30.25	31.75
黍子	2.00	—	23.79	25.79
芝麻	7.00	—	—	7.00
露仁	—	20.99	—	20.99
高粱	5.35	—	—	5.35
稷子	—	—	5.50	5.50

续前表

农作物种类	水田亩数			
	一年只种一次作物田地	一年种二次作物田地		共计
		第一次	第二次	
黄豆	—	—	6.00	6.00
稻子	1.00	—	—	1.00
根作物类：甘薯	98.70	—	78.03	176.73
花生	50.80	—	106.71	157.51
纤维作物类：棉花	118.76	—	—	118.76
菜蔬类：白菜	—	—	52.96	52.96
北瓜	1.80	50.27	—	52.07
蒜	—	49.11	—	49.11
韭菜	30.00	—	—	30.00
杂菜	3.05	—	11.81	14.86
红萝卜	—	—	9.95	9.95
白萝卜	—	—	4.45	4.45
豆角	—	3.60	—	3.60
茄子	—	—	3.50	3.50
蔓菁	—	—	2.48	2.48
葱	—	—	1.20	1.20
黄瓜	—	—	1.00	1.00
瓜果类：西瓜	22.00	—	—	22.00
甜瓜	4.50	14.12	—	18.62
酥瓜	—	1.50	—	1.50
药材类：大黄	16.00	—	—	16.00
草决明	24.90	—	—	24.90
其他：扫帚	25.25	—	—	25.25
总合	822.32	1 084.08	1 084.08	2 990.48

注：表内之“亩”系定县旧制亩，合 0.944 8 旧营造亩，或 5.803 3 公亩，或 0.143 3 英亩。

一年种两次之第一次作物以小麦为最多，大麦次之。第二次作物以谷子为最多，黑豆次之，花生又次之，再次为甘薯、荞麦等物。只种一次之作物，以谷子为最多，黑豆次之，再次为棉花、甘薯等物。

第 54 表　定县高村按系第几次作物旱田各种作物亩数之分配

民国二十年

农作物种类	旱田亩数			
	一年只种一次作物田地	一年种二次作物田地		共计
		第一次	第二次	
五谷类：谷子	118.29	—	6.56	124.85
小麦	5.00	9.76	—	14.76
黑豆	49.26	—	—	49.26
玉蜀黍	—	5.50	—	5.50
荞麦	2.00	—	10.80	12.80
黍子	—	1.50	—	1.50
芝麻	14.00	—	—	14.00
高粱	6.80	—	—	6.80
谷子与白豆	12.00	—	—	12.00
稷子	2.00	—	—	2.00
芝麻与草决明	3.97	—	—	3.97
根作物类：甘薯	15.65	—	1.70	17.35
花生	19.17	—	—	19.17
纤维作物类：棉花	10.90	—	—	10.90
瓜果类：甜瓜	—	2.30	—	2.30
枣	11.54	—	—	11.54
梨	4.00		—	4.00
林木类：小杨	103.50	—	—	103.50
榆	31.60	—	—	31.60
大杨	8.32	—	—	8.32
椿	4.70	—	—	4.70
槐	2.00	—	—	2.00
柳	1.55	—	—	1.55
药材类：大黄	35.75	—	—	35.75
草决明	4.00	—	—	4.00
其他：白丑	1.50	—	—	1.50
地丁	1.30	—	—	1.30
总合	468.80	19.06	19.06	506.92

注：表内之“亩”系定县旧制亩，合 0.944 8 旧营造亩，或 5.803 3 公亩，或 0.143 3 英亩。

总起来说，在 3 497.40 作物亩中，人民所常食用之谷子居首位，计 891 亩；多用以出售而换取现金之小麦居第 2 位，计 776 亩；多用以喂牲口或作肥料之黑豆居第 3 位，计 373 亩；农民冷季的主要食品甘薯居第 4 位，计 194 亩；多用以出售的花生居第 5 位；一小部分自用，一大部分出售的棉花居第 6 位；大麦居第 7 位。

高村水田一次与二次各种作物所占亩数，见第 53 表。旱田一次与二次各种作物所占亩数，见第 54 表。水旱田合计一次与二次各种作物所占亩数，见第 55 表。

第 55 表　定县高村按系第几次作物水田与旱田合计各种作物亩数之分配
民国二十年

农作物种类	水旱田合计亩数			
	一年只种一次作物田地	一年种二次作物田地		共计
		第一次	第二次	
五谷类：谷子	403.85	—	487.02	890.87
小麦	17.20	759.25	—	776.45
黑豆	153.71	—	218.84	372.55
大麦	—	115.92	—	115.92
玉蜀黍	8.50	83.58	2.00	94.08
荞麦	2.00	—	55.95	57.95
小青豆	0.50	1.00	30.25	31.75
黍子	2.00	1.50	23.79	27.29
芝麻	21.00	—	—	21.00
露仁	—	20.99	—	20.99
高粱	12.15	—	—	12.15
谷子与白豆	12.00	—	—	12.00
稷子	2.00	—	5.50	7.50
黄豆	—	—	6.00	6.00
芝麻与草决明	3.97	—	—	3.97
稻子	1.00	—	—	1.00
根作物类：甘薯	114.35	—	79.73	194.08
花生	69.97	—	106.71	176.68
纤维作物类：棉花	129.66	—	—	129.66
菜蔬类：白菜	—	—	52.96	52.96
北瓜	1.80	50.27	—	52.07
蒜	—	49.11	—	49.11
韭菜	30.00	—	—	30.00

续前表

农作物种类	水旱田合计亩数			
	一年只种一次作物田地	一年种二次作物田地		共计
		第一次	第二次	
杂菜	3.05	—	11.81	14.86
红萝卜	—	—	9.95	9.95
白萝卜	—	—	4.45	4.45
豆角	—	3.60	—	3.60
茄子	—	—	3.50	3.50
蔓菁	—	—	2.48	2.48
葱	—	—	1.20	1.20
黄瓜	—	—	1.00	1.00
瓜果类：西瓜	22.00	—	—	22.00
甜瓜	4.50	16.42	—	20.92
酥瓜	—	1.50	—	1.50
枣	11.54	—	—	11.54
梨	4.00	—	—	4.00
林木类：小杨	103.50	—	—	103.50
榆	31.60	—	—	31.60
大杨	8.32	—	—	8.32
椿	4.70	—	—	4.70
槐	2.00	—	—	2.00
柳	1.55	—	—	1.55
药材类：大黄	51.75	—	—	51.75
草决明	28.90	—	—	28.90
其他：扫帚	25.25	—	—	25.25
白丑	1.50	—	—	1.50
地丁	1.30	—	—	1.30
总合	1 291.12	1 103.14	1 103.14	3 497.40

注：表内之“亩”系定县旧制亩，合0.944 8旧营造亩，或5.803 3公亩，或0.143 3英亩。

民国二十年之收获为普通之年成。水田每亩只种1次谷子产量为15.5市斗，第2次谷子产量为18市斗，小麦8.4市斗，只种1次黑豆12市斗，第2次黑豆9.7市斗，大麦11.8市斗，只种1次之甘薯1 423市斤，第2次甘薯1 535市斤，只种1次花生251市斤，第2次花生273市斤，棉花79市斤，白菜2 315市斤。

高村水田1次与2次各种作物之总产量及平均每亩产量，见第56表。旱田各种作物之总产量，见第57表。水旱田合计产量见第58表。

第 56 表　定县高村按系第几次作物水田各种作物亩数及产量之分配

民国二十年

农产品种类	一年只种一次作物田地			一年种二次作物田地之第一次			一年种二次作物田地之第二次		
	亩数	总产量	平均每亩	亩数	总产量	平均每亩	亩数	总产量	平均每亩
五谷类：谷子	285.56	4 434.8 市斗	15.5 市斗	—	—	—	480.46	8 636.6 市斗	18.0 市斗
小麦	12.20	102.1 市斗	8.4 市斗	749.49	7 059.1 市斗	9.4 市斗	—	—	—
黑豆	104.45	1 251.2 市斗	12.0 市斗	—	—	—	218.84	2 124.2 市斗	9.7 市斗
大麦	—	—	—	115.92	1 365.2 市斗	11.8 市斗	—	—	—
玉蜀黍	8.50	109.3 市斗	12.8 市斗	78.08	902.8 市斗	11.6 市斗	2.00	28.8 市斗	14.4 市斗
荞麦	—	—	—	—	—	—	45.15	441.8 市斗	9.8 市斗
小青豆	0.50	5.0 市斗	10.0 市斗	1.00	11.5 市斗	11.5 市斗	30.25	272.1 市斗	9.0 市斗
黍子	2.00	18.7 市斗	9.3 市斗	—	—	—	23.79	281.8 市斗	11.8 市斗
芝麻	7.00	60.4 市斗	8.6 市斗	—	—	—	—	—	—
露仁	—	—	—	20.99	252.4 斗	12.0 市斗	—	—	—
高粱	5.35	61.5 市斗	11.5 市斗	—	—	—	—	—	—
稷子	—	—	—	—	—	—	5.50	81.1 市斗	14.8 市斗
黄豆	—	—	—	—	—	—	6.00	54.6 市斗	9.1 市斗
稻子	1.00	14.4 市斗	14.4 市斗	—	—	—	—	—	—
根作物类：甘薯	98.70	140 474.0 市斤	1 423.0 市斤	—	—	—	78.03	119 765.0 市斤	1 535.0 市斤
花生	50.80	12 773.0 市斤	251.0 市斤	—	—	—	106.71	29 143.0 市斤	273.0 市斤
纤维作物类：棉花	118.76	9 332.0 市斤	79.0 市斤	—	—	—	—	—	—
菜蔬类：白菜	—	—	—	—	—	—	52.96	122 592.0 市斤	2 315.0 市斤
北瓜	1.80	3 000.0 市斤	1 667.0 市斤	50.27	83 719.0 市斤	1 665.0 市斤	—	—	—
蒜	—	—	—	49.11	3 193.0 挂	65.0 挂	—	—	—

续前表

农产品种类	一年只种一次作物田地			一年种二次作物田地之第一次			一年种二次作物田地之第二次		
	亩数	总产量	平均每亩	亩数	总产量	平均每亩	亩数	总产量	平均每亩
韭菜	30.00	24 664.0 市斤	322.0 市斤	—	—	—	—	—	—
杂菜	3.05	—	—	—	—	—	—	11.81	—
红萝卜	—	—	—	—	—	—	9.95	15 011.0 市斤	1 509.0 市斤
白萝卜	—	—	—	—	—	—	4.45	7 416.0 市斤	1 667.0 市斤
豆角	—	—	—	3.60	1 195.0 市斤	332.0 市斤	—	—	—
茄子	—	—	—	—	—	—	3.50	3 777.0 市斤	1 079.0 市斤
蔓菁	—	—	—	—	—	—	2.48	1 929.0 市斤	778.0 市斤
葱	—	—	—	—	—	—	1.20	33.0 市斤	28.0 市斤
黄瓜	—	—	—	—	—	—	1.00	—	—
瓜果类：西瓜	22.00	5 494.0 个	250.0 个	—	—	—	—	—	—
甜瓜	4.50	8 100.0 市斤	1 800.0 市斤	14.12	21 180.0 市斤	1 500.0 市斤	—	—	—
酥瓜	—	—	—	1.50	—	—	—	—	—
药材类：大黄	16.00	1 481.0 市斤	93.0 市斤	—	—	—	—	—	—
草决明	24.90	—	—	—	—	—	—	—	—
其他：扫帚	25.25	7 646.0 个	303.0 个	—	—	—	—	—	—
总合	822.32	—	—	1 084.08	—	—	1 084.08	—	—

注：表内之“亩”系定县旧制亩，合 0.944 8 旧营造亩，或 5.803 3 公亩，或 0.143 3 英亩。

第 57 表　定县高村按系第几次作物旱田各种作物亩数及产量之分配

民国二十年

农产品种类	一年只种一次作物田地			一年种二次作物田地之第一次			一年种二次作物田地之第二次		
	亩数	总产量	平均每亩	亩数	总产量	平均每亩	亩数	总产量	平均每亩
五谷类：谷子	118.29	1 054.1 市斗	8.9 市斗	—	—	—	6.56	94.3 市斗	14.4 市斗
小麦	5.00	43.1 市斗	8.6 市斗	9.76	71.6 市斗	7.3 市斗	—	—	—
黑豆	49.26	365.0 市斗	7.4 市斗	—	—	—	—	—	—
玉蜀黍	—	—	—	5.50	77.7 市斗	14.1 市斗	—	—	—
荞麦	2.00	8.6 市斗	4.3 市斗	—	—	—	10.80	99.4 市斗	9.2 市斗
黍子	—	—	—	1.50	10.8 市斗	7.2 市斗	—	—	—
芝麻	14.00	69.0 市斗	4.9 市斗	—	—	—	—	—	—
高粱	6.80	45.4 市斗	6.7 市斗	—	—	—	—	—	—
谷子与白豆	12.00	120.8 市斗	10.0 市斗	—	—	—	—	—	—
稷子	2.00	8.6 市斗	4.3 市斗	—	—	—	—	—	—
芝麻与草决明	3.97	5.8 市斗	1.5 市斗	—	—	—	—	—	—
根作物类：甘薯	15.65	21 231.0 市斤	1 357.0 市斤	—	—	—	1.70	2 262.0 市斤	1 331.0 市斤
花生	19.17	5 091.0 市斤	266.0 市斤	—	—	—	—	—	—
纤维作物类：棉花	10.90	581.0 市斤	53.0 市斤	—	—	—	—	—	—
瓜果类：甜瓜	—	—	—	2.30	1 840.0 市斤	800.0 市斤	—	—	—
枣	11.54	—	—	—	—	—	—	—	—
梨	4.00	—	—	—	—	—	—	—	—
林木类：小杨	103.50	—	—	—	—	—	—	—	—

续前表

农产品种类	一年只种一次作物田地			一年种二次作物田地之第一次			一年种二次作物田地之第二次		
	亩数	总产量	平均每亩	亩数	总产量	平均每亩	亩数	总产量	平均每亩
榆	31.60	—	—	—	—	—	—	—	—
大杨	8.32	—	—	—	—	—	—	—	—
椿	4.70	—	—	—	—	—	—	—	—
槐	2.00	—	—	—	—	—	—	—	—
柳	1.55	—	—	—	—	—	—	—	—
药材类：大黄	35.75	2 995.0 市斤	84.0 市斤	—	—	—	—	—	—
草决明	4.00	22.0 市斗	5.5 市斗	—	—	—	—	—	—
其他：白丑	1.50	—	—	—	—	—	—	—	—
地丁	1.30	3.0 市斤	2.0 市斤	—	—	—	—	—	—
总合	468.80	—	—	19.06	—	—	19.06	—	—

注：表内之“亩”系定县旧制亩，合 0.944 8 旧营造亩，或 5.803 3 公亩，或 0.143 3 英亩。

每亩产量之多寡与田地之肥度、作物生长期间雨量及害虫之有无大有关系，故在不同田地与不同时期之产量，不易作精确之比较。

第 58 表　定县高村水旱田合计各种作物产量总数
民国二十年

农产品种类	水旱田合计产量总数	农产品种类	水旱田合计产量总数
五谷类：谷子	14 219.8 市斗	红萝卜	15 011.0 市斤
小麦	7 275.0 市斗	白萝卜	7 416.0 市斤
黑豆	3 740.4 市斗	豆角	1 195.0 市斤
大麦	1 365.2 市斗	茄子	3 777.0 市斤
玉蜀黍	1 118.6 市斗	蔓菁	1 929.0 市斤
荞麦	549.8 市斗	葱	33.9 市斤
小青豆	288.6 市斗	黄瓜	—
黍子	311.3 市斗	瓜果类：西瓜	5 494.0 个
芝麻	129.4 市斗	甜瓜	31 120.0 市斤
露仁	252.4 市斗	酥瓜	—
高粱	106.9 市斗	枣	—
谷子与白豆	120.8 市斗	梨	—
稷子	89.7 市斗	林木类：小杨	—
黄豆	54.6 市斗	榆	—
芝麻与草决明	5.8 市斗	大杨	—
稻子	14.4 市斗	椿	—
根作物类：甘薯	283 732.0 市斤	槐	—
花生	47 007.0 市斤	柳	—
纤维作物类：棉花	9 913.0 市斤	药材类：大黄	4 476.0 市斤
菜蔬类：白菜	122 592.0 市斤	草决明	22.0 市斗
北瓜	86 719.0 市斤	其他：扫帚	7 646.0 个
蒜	3 193.0 挂	白丑	—
韭菜	24 664.0 市斤	地丁	3.0 市斤
杂菜	—		

九、田赋

我国田赋制度，甚为复杂，错综变化，漫无系统。亩单位的大小与税率的高低，均不划一。省与省不同，县与县不同，甚至一县之内也不一致，并且差别甚巨。杂税附加，混入正税者甚多，年代久远，无从分辨。田地的名称，亦纷繁不堪。政府向来没有彻底整理过，因此人民的负担失之公平，国家征税亦不正确。无粮黑地在在皆是，国库的收入大受影响。

关于定县的田赋，征地的种类有许多繁杂的名称，征收赋税的款目有各种的项别，地亩的大小与科则的高低，也都同样凌乱。因为习惯相沿，只注意征收银两的数目，而忽略了地亩的数目，因此现在欲知征地的确实亩数，已失却清楚的记录。兹将民国二十三年时，关于定县田赋的调查，择要略述于下。

（一）定县地亩赋税的项目

现在定县地亩赋税可分三种：一为正赋，二为附加差徭，三为带征地方用款。前两项系属于省库的收入，末一项系属于地方的收入。

关于正赋的沿革，在从前本有征收丁银一项，系在地亩以外的一种特征的税，其性质仿佛是人头税。人丁的数目系按五年一编审，定其增减。明洪武二十六年，营造宗庙宫殿，集天下之匠于京，初则征派，继则输纳班银，遂又增了匠银一项，至清康熙五十二年下诏以现征钱粮册内有名人丁，定为常额，以后滋生人丁，永不加赋。后来在清雍正二年又实行摊丁于地的制度，于是丁银与匠银就在地赋内一并征收了。现在所征收的正赋，想就是这数项合并的总数。

至于差徭一项，在前清时代已经征收，其用途原系供应官府衙署一切应用器具及驿站的柴草夫马喂养与官员因公过境需用的各种开销，向系由各村分摊，交纳于县府分别支配的。清末曾经一度裁免，到了民国又次第恢复，而且在民国五年，附加于正税内征收，计每征正银 1 两，附征差徭制钱 146 文，现在折征银元 3 分 1 厘。良房租地每征正赋银 1 两，附征制钱 106 文，现折征银元 2 分。此种折征办法，系省财厅饬办，在民国二十二年下，忙（秋季）递征二十三年下忙田赋时开始实行了。

至于带征地方用款，定县在前清光绪年间，曾征收亩捐一项，其方法系随正赋带征，每小亩（即普通旧营造亩，应合 240 弓步；但实际民间每块地的亩数与制定之标准颇有出入）带征制钱 48 文。因为本县的地亩有所谓大亩与小亩的分别，而且一大亩究竟包括多少小亩，也不一律，因此为方便起见，每一大亩就都按三小亩计算了。这种带征款项用途，系规定以十分之八充警察经费，以十分之二充县教育经费。民国十六年又因警察经费不敷分配，由全县代表大会议决，每征正赋银 1 两再带征制钱 400 文。后来又因带征学警各款名目既不一致，征收手续又很烦琐，把带征各款各目一律取消，统改为地方经费，每征正赋1两，带征铜元280枚。民国十九年，因举办自治，又添随正赋带征区公所经费一项，计每征正赋1两带征银元2角。民国二十二年，县政府因保卫团经费，向系由各村摊缴，办法不很适宜，乃自二十二年下忙起，改为随正赋带征，计每征正赋1两带征银元8角。总计现在带征地方用款，共有3项，即地方经费、区公所经费与保卫团经费，合计每征正赋1两带征银元1.60元。至于这种带征款额系按照征收银两计算，而不是按照地亩数计算，是因为地亩数不详确的缘故。

（二）征地的种类

定县征地约可分为五种，即额内地、额外地、良房租地、旗租升科地与圈租官荒黑地升科地。

（甲）额内地　额内地亩系明万历以来原有的征地亩数，原分为优免地、行差地与寄庄地三种。优免地的所有人仅须缴纳正供，不用缴纳其他杂项，料必系当时特殊阶级人士所有的地亩，所以能够享受此种权利。至清顺治年间，虽已经取消优免的待遇，因沿习惯，这种名称仍然在历史上存在着。

行差地系普通人民所有的地亩，一切赋役都要照例缴纳。

寄庄地的来源有两说：有谓系庶民置产于异籍，地寄此处，赋在他处缴纳之地，故赋税较高；有谓系地亩挨近村庄，因之价值较高，所以课以较重之税。无论两说孰是，这种地亩赋税较重于优免地与行差地是其特点。现在县政府征册内只分户地与庄地两种。户地料系优免地与行差地两种的合并，庄地系寄庄地的简称；因为赋税的不同，所以分别为两类。

额内地和其他地亩大有不同的地方，就是这种地亩是按所谓大亩计算。每一大亩有等于3.5小亩（小亩即普通亩，应等于240弓步）或5小亩者，有多至7或14小亩者。当时划分的标准，原系按照征地的肥瘠，而异其小亩组成大亩的数目。后来因为自由买卖的缘故，已经错综复杂，失了肥瘠的标准。又因历时很久未曾清理，现在大亩的总数内究竟有多少亩是3.5小亩、5小亩、7小亩，或14小亩组成的，已失却记录，仅知道一个总数而已。

现在县政府征册内载列户地（系优免地与行差地的合并）实有征地215 960大亩，庄地（即寄庄地）实有征地28 105大亩。

额内地亩的科则（即每亩税率），户地与庄地不同。户地内有209 193亩，每亩在一年内（春季上忙与秋季下忙）要纳正赋一钱五分九厘二毫六丝八忽；有 6 767 亩，每亩要纳一钱五分九厘三毫九丝八忽。庄地内有 27 520 亩，每亩要纳一钱七分二厘八毫三丝四忽；有 585 亩，每亩要纳一钱七分三厘零一丝六忽。

户地与庄地一年合计征银 39 254 两，按法定每两折合银元 2.3 元计算，应有 90 284 元。

（乙）额外地　额外地是明万历以来原征地以外的地亩，其来源甚为复杂。自宋明以来，向行屯田的制度。当时政府把一部分官有的无赋田地与荒地分给戍守士兵耕种，来充裕军实；同时又把一部分田地交与农民耕种，来征取租赋。此后经过了很久的时间，民间把耕种的田地互相自由买卖，一部分的所有权辗转落在耕户的手里，而且得着政府升科纳赋的许可，就加入在额外地里面。又有历年河流的淤塞与荒芜的土地，经农民的辟耕与政府的劝垦，由农户升科纳赋，亦并在额外地内。此外，清季多以官田赐给官员经营收益，其中因不能守其业而卖给农民的田地，由农户升科纳赋，亦归在额外地中。

关于额外地的种类，在《定州志》载列的有备边地、备荒地、充饷地、瞭马厂地、教场地、学租地、社稷坛地、河淤地、新增地、退回地、窦后池地、毕玉春地、张耿文地、张喜海地、贾维新地、杜有德地、吴勋地、刘守业地等名称。现在县政府把各种复杂名目的地亩统包括在河淤里面，将额外地分为河淤、新增与充饷三种。新增地计 46 936 亩，河淤地计 81 516 亩，充饷地计 1 080 亩，合计 129 532 亩（小亩）。

额外地的科则可谓杂乱已极，有一百余种之多，每亩最轻的税率低至四厘八毫，最重的高至三钱六分二厘，最普通者每亩为一分二厘一毫。额外地一年共计征银 2 193 两，按照法定 2.3 元折合计算，等于 5 043 元。

（丙）良房租地　良房租地系前清顺治四年，政府圈占了距北平不远之良乡县与房山县民众的地亩，就把定县原有的屯卫官地拨给良乡和房山两县被圈去地亩的民众来管理，算是补偿损失的意思。自宋朝以来，用屯田的方法来供给军实。定县的屯田很多，原来是不纳田赋的。自从拨给良乡、房山两县被圈的民众以后，由业主把田地升科纳赋，自由招租。后来因为收租发生了纠葛，时常打官司，就交由县政府替他们征收租金。县政府每年从代征的租金内，扣除了业主应纳的田赋，把其余的银两叫作余租，拨给两县的业主。此种办法已有很久的历史。

县政府征册内没有载列良房征地亩数，只有征收银两的数目，因此地亩之确数已经难于稽考了。据《定州志》的载列，良乡县地为113 717亩，房山县地为55 687亩，合计为169 404亩，此数可作为参考。良房征地的科则也没有记载，也许原来就没有科则的规定。现在良房租地的征银共计7 648两，其中属于正赋的计5 559两，属于食租的计2 089两。

（丁）旗租升科地　旗租升科地原系清初入关跑马圈占民众的地亩，由内务府经管，赐给王公勋臣收益。后因种种原因，逐渐归州县经租征解的地亩，其种类有存退租地、庄头租地、另案租地、屯庄、三次、四次、奴典、公产等八种。本县只有前三种租地。

存退租地系赐给王公勋臣经营转租收益的，后来因人口死绝等原因，把地退出，交给州县经租征解的地亩。

庄头租地的来源，是清代承租旗产，要有庄头。做庄头的照例得着赐给的地亩。若庄头因事被革退的时候，就将原领的地亩收回。收回的地亩交给州县经租征解，所以叫作庄头租地。

另案租地是旗人有罪查抄入官的产业，由州县经租征解的地亩。

以上三种租地，向由县经租征解的，每两租银按二元折收。自民国十五年河北省成立了官产旗产荒地清理处，这三项租地依照规定要按租银五倍缴价留置，产权移归承租人所有。民国十六年处分完事，民国十七年升科，就并入田赋里了。这就是旗租升科的来源。

旗租升科地计征地共有5 467亩，内有存退租地578亩，庄头租地1 319亩，与另案租地3 570亩。

旗租升科地每亩正赋按三分科则征收，计共征银164两，按法定2.3元折合计算，应有377元。

（戊）圈租官荒黑地升科地　圈租官荒黑地升科地约分三项，即圈租地、荒地与黑地。圈租地系清初入关时，由各旗自行圈占民地，经租收益的地亩。荒地系官有的荒地，可以从事垦种的地亩。黑地系国有的土地，由人民私自占用，向来未曾交纳租赋的地亩。自民国十六年河北省成立了官产旗产荒地清理处（后改称官产总处）以后，即分别进行处分这三种地亩。曾经规定，旗地圈租地准由租主投税升科，或由佃户留置；荒地及黑地由人民自行缴价承领，升科纳赋。自民国十八年起，已开始征赋。

圈租官荒黑地升科地内，由旗地圈租地升科的有 9 108 亩，由荒地与黑地升科的有 1 366 亩，合计 10 474 亩。每亩科则有一分与二分两种。一分科则的征银计 60 两，二分科则的征银计 89 两，合计 149 两。

（三）租课

国家把固有的土地，或是公家购置的田亩，或是政府没收罪人的田地，租给人民利用，收回相当的代价，这种代价就是租课。定县在民国十五年前，曾有租课一项。自官产旗产荒地清理处成立后，这种租课已依法定手续升科，改归田赋。现在租课载在卷宗的仅有河淤租一种，其性质属于官产，曾一度进行处分，却没有办好，还依旧存在着。这种租课共有 93 亩，共征银 1.47 两，折合银元 2.94 元，历年系以专案向财政厅报解。这宗地亩向来没有征过差徭与地方用款。每亩租课科则有一分与三分两种。

（四）各种征地亩数与开除数

上面已经把各种征地的亩数概略叙述过了，现在可以把各种亩数加起来得一个总数。

各种征地内，只有额内地 244 065.222 亩系按大亩计算，现把大亩一律按五小亩为一大亩折合而变为 1 220 326.11 小亩（普通旧制亩），以便与其他征地比较。五种征地内，以额内地亩为最多，占五种征地 1 535 203 总亩数的 79%；良房租地次之，计 169 403 亩，占总亩数的 11%；额外地又次之，计 129 532 亩，占 8%；再次为圈租官荒黑地升科地，计 10 474 亩，占千分之七；旗租升科地为最少，计 5 467 亩，占千分之四。

光绪二十五年平汉铁路占用额内地 370 亩，额外地 196 亩，良房租地 351 亩，合计占用 917 亩。占用地亩的征银向由路局认交，计 171 元，但已经积欠很久，至民国二十一年始奉令造册豁免。又在民国二十二年定县沿近唐河与沙河的村庄，被水冲塌了不少地亩，亦造册呈报豁免征银，计 298 元。但这两宗开除的地亩，尚未得主管机关的核定。

（五）正赋、附加差徭与带征地方用款征收数

按照民国二十三年县政府征册载列计算，各种征地合计征银总数为 189 420

元，其中正赋计 108 827 元，附加差徭计 1 406 元，带征地方用款计 79 187 元。在征银总数 189 420 元内，额内地征银为最多，占 81%，良房租地征银占 13%，额外地征银占 5%，旗租升科地征银占千分之四，圈租官荒黑地升科地征银占千分之三。

各种征地带征地方用款额征银数总计为 79 187 元，其中地方经费额征银数为 29 725 元，区公所经费为 9 892 元，保卫团经费为 39 570 元。

定县全年正赋之额征数（即应当征收之款额）虽为 108 827 元，但每年因种种原因，不能完全缴齐。例如在民国二十一年预征二十二年正赋时，只能实际征收 97 093 元，欠缴 11 734 元。兹将该年各种征地额征数、实际征收数、欠缴数与欠缴之原因列表于下。

民国二十一年附加差徭之额征数为制钱（差徭系按制钱征收）6 901 541 文，实际征收数为 6 049 463 文，折合银元 1 341 元，欠缴而未能征收者为 852 078 文。

民国二十一年带征地方用款之额征数当为铜元（区公所经费与地方经费系按铜元征收）13 849 431 枚与 9 892 元，实际征收铜元 12 100 630 枚（折合银元 27 676 元）与 8 770 元，欠缴铜元 1 748 801 枚与 1 122 元。

定县征地总数为 1 535 202.698 亩（小亩），共计额征银数为 189 420.173 元，如此平均每亩征银总数为 1 角 2 分 3 厘（0.123 384），平均每亩正赋银 7 分 1 厘（$0.670 888），平均每亩附加差徭为 1 厘（$0.000 916），平均每亩带征地方用款为 5 分 2 厘（$0.051 581）。各种征地总数、正赋、附加差徭与带征地方用款额征银数，各种征地平均每亩正赋、附加差徭与带征地方用款等详细数目，见第 60 表。

第 59 表　定县民国二十一年预征二十二年正赋之额征数、实际征收数与欠缴数

征地类别	额征数	实际征收数	欠缴数	欠缴原因说明
额内地	$90 284.287	$80 187.826	$10 096.461	欠缴数内有 5 491.192 元系扣抵民国二十年被灾蠲免预征的赋银，有 137.563 元系平汉路局欠缴，有 4 217.766 元系民欠，有 249.940 元系县政府征粮书记亏空未缴。

续前表

征地类别	额征数	实际征收数	欠缴数	欠缴原因说明
额外地	5 037.357	4 107.517	929.840	欠缴数内有276.214元系扣抵二十年被灾蠲免预征的赋银，有15.028元系平汉路局欠缴，有229.920元系民欠，有408.678元系县政府征粮书记欠缴。
良房租地	12 785.157	12 117.389	667.768	欠缴数内有562.196元系扣抵二十年被灾蠲免预征的赋银，有18.186元系平汉路局欠缴，有87.386元系民欠。
旗租升科地	377.227	377.227	无	
圈租官荒黑地升科地	343.086	303.269	39.817	欠缴数内有26.300元系扣抵二十年被灾蠲免预征的赋银，有13.517元系民欠。
总合	108 827.114	97 093.228	11 733.886	—

第60表　定县各种征地平均每亩正赋、差徭与带征地方用款征银数

征地类别	征地亩数	额征银数			
		正赋	附加差徭	带征地方用款	共计
额内地	1 220 326.110*	$ 90 284.287	$ 1 216.875	$ 62 806.460	$ 154 307.622
额外地	129 532.388	5 037.357	67.894	3 504.248	8 690.499
良房租地	169 403.480	12 785.157	111.175	12 375.612	25 271.944
旗租升科地	5 467.070	377.227	5.084	262.419	644.730
圈租官荒黑地升科地	10 473.650	343.086	4.624	238.668	586.378
总合	1 535 202.698	108 827.114	1 405.652	79 187.407	189 420.173

征地类别	平均每亩征地额征银数			
	正赋	附加差徭	带征地方用款	共计
额内地	$ 0.073 984	$ 0.000 997	$ 0.051 467	$ 0.126 448
额外地	0.038 889	0.000 524	0.027 053	0.066 466
良房租地	0.075 472	0.000 656	0.073 054	0.149 182
旗租升科地	0.069 000	0.000 930	0.048 000	0.117 930
圈租官荒黑地升科地	0.032 757	0.000 441	0.022 787	0.055 986
总合	0.070 888	0.000 916	0.051 581	0.133 384

* 额内地按每一大亩折合五小亩计算。

（六）田赋征收方法

定县征收田赋在民国二十三年系由县政府第二科经管。科内设征粮所一处，里面分六柜，每柜有书记两人办理征收事务。

征收时期分上下两忙。上忙在三月间开始，至六月底为最后缴纳时期。下忙在八月开始，至十二月底为最后缴纳时期。在上下两忙定了开始日期以前，由县政府布告各村周知，并饬派警察催征，按里通知各村乡长副负责转催各花户缴纳。如果逾限未缴，催征之警察要负代垫的义务，以后再由警察赴村向未缴之花户讨回垫款。

民众缴纳田赋时，由收款人填给串票（即收据）来做证件。凡交纳某次田赋时，要带回上次纳赋的串票。正赋、附加差徭与带征地方用款，是分别填给串票，共有三张。三张串票都由财政厅印发，每张收回工本费银元一分，在民众缴纳田赋时一起征收。额内地之一部分户地每大亩每年应纳银 0.159 268 两者与庄地每大亩每年应纳 0.172 834 两者，系在上下两忙各缴一半；其他各种田赋均在上忙或下忙一次缴纳。

由上面所述关于定县田赋制度的形态，我们可以概略看出中国田赋的混乱复杂到了甚么地步。

十、契税

与土地有关系的赋税，除田赋外，尚有契税。兹将在民国二十三年时，关于定县契税的调查，极简略叙述于下，也可以帮助我们明了中国的捐税是如何苛杂。契税是田房买卖或典当时所纳的一种税。按照规定，凡买卖或推典田地房屋，于成交后六个月内须到官厅投税，以确定产权。如果违背这种规定，产权即无保障，一经查出，除照章纳税外，更须加倍处罚。

契税的征收在元明朝代已经开始。清初时税率尚轻，按买卖田房价值，每银一两征税三分，耗银三厘，此后逐次加增，于正税外，并有额外的费用。即以定县而论，关于契税征收的项目与费用已有十种之多。乾隆十四年规定买卖田房，要粘藩司所发的契据，名曰契尾。在光绪三十年规定买卖田房要加购官纸，又在同年规定官牙纪抽收牙佣。在光绪三十二年规定于正税外附收学费。在宣统二年加征正税四分零五毫。在民国三年加收注册费。民国三年因举办验契，曾将税率一度减轻。民国四年另定税率，按买卖契五分、推典契二分征收。至民国六年将附收学费核减，规定买卖田房纳正税六分（即契价的百分之六），推典纳正税三分。民国九年规定加贴印花税票。民国十九年本县加抽民众教育捐。民国二十二年加收本省财政厅印发之收据费。

（一）契税征收的项目

都计在定县关于契税已有的项目和费用，有正税、附收学费、田房交易中佣、草契费、契纸价、注册费、印花费、民众教育捐、过割费、收据费等十项。兹一一简略说明于下。

（甲）正税　契分买契、典契与推契三种。民国三年，举行验契，为着使民众早日呈验投税起见，省财政厅规定递增税率办法，即在四五月间投税的收正税七厘三毫，加税九厘；六月间呈验的收正税一分一厘，加税一分三厘五毫；七月间呈验的为正税一分五厘，加税一分八厘；八月为正税一分八厘三毫，加税二分二厘五毫；九月为正税二分二厘，加税二分七厘；九月后一律按九月税率征收。此后屡有变更。民国十八年时，又曾验契一次，民众甚为反对。买卖田房，自民国六年以后，按买契价征收正税百分之六。

典契本是短期抵押的性质。光绪十四年时规定凡典契照买契应纳的税款，按半数投缴。至宣统二年，曾一度按买九典六的办法，即买契按价的百分之九征收，典契按价的百分之六征收。自民国六年以来，典契正税为三分。

推契之由来，系起于前清时代。旗人所得赏赐的田地，按规定只准出佃收租，不许变卖，并须原佃原种，不得增租夺佃。这样在佃户方面有永佃权，在管业户方面只有收益权。后来有的承佃人不愿耕种，让与别人承佃，或出佃人将收益权私自让与别人承受。此种让与的行为，系属承佃权或收益权的转移，既非产权的让与，又不同于典当，故谓之“推”。在这种情况之下成立的契约就是推契，从而征收的税就是推契税。按照规定，推契税率与典契税率同，亦为三分。关于推契，本系完成转移的手续，并非产权的授受，可是实际上若是经过了多次的推转让与，在一般人的意识上已无形中认为产权转移了，所以这种推契在民间的习惯上已经仿佛和买卖没有多大分别。定县旗租地自民国十五年后，按规定可由承佃人缴价留置，已将产权确定。只有良房租地因尚有余租的关系，所以让与时仍立推契。

（乙）附收学费　附收学费始于光绪三十二年，因为当时兴办学校，关于省立中学的经费要有一定的款项来源，就决定随契税附带征收。当时征收的标准，买契按价每银一两，附收一分六厘五毫，典契按买契半数附收，此后数次变更。民国六年以来，因正加税合并，税率增高，遂减买契附收学费为六厘，典契或推契附收学费均为三厘。

（丙）田房交易中佣　凡田房买卖推典，须有人从中说合，含有介绍与见证的作用。俗称说合者为牙子，一说是因为他说的时候，想拉拢两方，须费口齿很多的缘故。另有一说是因为平素比喻交易买卖如种子之发芽，常说芽子发得出或发不出，系指交易之能成或不能成的意思。说合的人是尽使发芽的功用，芽与牙同，故称之为牙子，又称牙纪。买卖成交后，买主和卖主都要给牙子一点酬劳费，这就是牙佣。原来田房买卖向来是按照民间习惯办理，官厅向不过问。后因竞争说牙，往往惹出纠葛，于是在光绪三十年乃有官牙纪的规定。凡欲做牙纪的，须向官厅纳费，购买官尺。新承办理的牙纪缴纳制钱八千文，以后仍欲继续充当，则每年缴纳制钱三千文。牙纪履行这种手续后，便可为人说牙，并按照官厅规定成三破二的办法（即按买卖价格买主出佣百分之三，卖主出佣百分之二），抽收牙佣。官厅除收取官尺费用以外，牙佣概归官牙纪支配。自官牙纪规定后，私为说牙的仍不能免除，不过由私人说牙以后，须告诉官牙纪，由官牙纪用官尺丈量地亩，负证明之责任，因此也要分润私牙所得的牙佣。至于官厅所得牙纪缴纳的官尺费，在名义上是充作县署建筑的土木工料费用，实则每年虚做册报，是县官自肥的一种收入。自宣统三年以来，牙佣屡有变更。至民国二十二年，买契中佣按价征收六分，典契与推契中佣按价征收二分，照成三破二的习惯，由交易双方负担。定县中佣的分配，在买契六分内，系以一分归本村教育费，一分给监证人，四分缴县。缴县的四分内，以一分五厘解省，二分五厘充本县教育费。在推典二分内，系以二厘归本村教育费，以五厘给监证人，一分三厘交县。交县的一分三厘内，以五厘解省，八厘充本县教育费。关于各村教育费的中佣，依照规定原系抽取一分，但因乡村向来的习惯不同，有不论买卖推典一律抽取六 分者，系由买主与卖主各出三分，然后村中取四分，监证人取一分，私牙取一分；至于尚有应当解省及县地方的用款，则另由买主于税契时负责缴纳。亦有的村庄不论买卖推典一律抽取三分，统由买主负责缴纳，以二分拨作本村教育费，以一分给监证人及私牙；至于解省及县地方用款，由买主于税契时负责缴纳。

（丁）民众教育捐 民国十九年间，本县奉令推行民众教育。本县民众教育馆商承教育局根据本省教育厅颁发的施行细则规定向各村田房交易之买主抽取民众教育捐，提交县政会议通过。按照规定这种民众教育捐是由村内自行举办，由村长佐或学董向田房交易买主按价抽收百分之一，作为民众教育经费。买主缴捐后，由村长佐或学董发给收据外，并加盖民众教育馆颁发各村之民众教育捐戳记于草契内，方准投税。但事实上多有只盖戳记，不抽捐款，其收据之联单照章呈报的亦属寥寥。又因为缺乏考核的办法，以致各村究竟每年所抽得之民众教育捐有多少无从知其确数。

（戊）印花费 契纸粘贴印花在民国九年已奉令实行，每张税契，无论地价多少，一律粘贴印花一角。民国十八年改订新章以来，系按地价的多寡来定粘贴印花的标准。凡地价在十元以下者贴印花一分，十元至不满百元者贴二分，百元至不满五百元者贴四分，五百元至不满千元者贴一角，千元至不满五千元者贴二角。

（己）草契 草契是民众在买卖或推典成交后双方意思的表示，由各关系方面盖戳证明，持以投税的 种契约，其效用一方面用以确定产权的转移，一方面用以向官厅投税的根据。这种契约原由民间自由填写，便可到县投税，后由县署规定印发，并收费用。民国十二年，这种草契由教育局向县购领，再转售于各田房监证人，监证人多系村长副或学董充任。民国二十二年本省财政厅规定草契由县政府印就编号，发交监证人转售；买推契每张收铜元十枚，典契每张收铜元十四枚；以十分之五交县作为纸张印刷费，以十分之五作为监证人办公津贴。但实际上未按照规定办理，买推契每张收铜元十六枚，典契每张收铜元二十枚，较原定多收铜元六枚。

（庚）注册费 凡购置田房的业户在投税时，须把买卖户主的村名、姓名和地亩数、税额、交易中佣等项详记于注册簿上，这叫作注册，并须按照规定，随税附交一种注册费。民国二十二年时，每验契一张，除收验契费外，附带征收注册费一角，以十分之五解省，十分之五留县。

（辛）过割费　凡民间变卖了田产，其应纳赋税的义务当然移转于管业户名下负担。所以购田产者，除投税之外，还要将卖主的田赋拨在自己名下负责完纳，办理这过拨的事项就叫作过割。过割的意思是从卖户名下的粮银内，按地的亩数计算，割分一部分过在买户名下负责。每年在阴历正、二、三月间为过割的例期，有专人办理过割的事情。凡购田产者来请求过割时，主管人即按照地的等级与亩数，核算应拨的田赋有多少，就从田赋名册上拨归购产的人，以便此后按年纳赋。自民国二十年来，凡税契一张，过割时纳费二角。因为过割书员无薪金，即将过割费作为他们的生活费，不属地方支配。

（壬）契纸价　民众于田房交易成立时，首先要填写草契，在六个月内赴官厅投税，由官厅发给契纸，交付购产业户收执，以确证产权的归属。民国初年由县署印制官契纸，一面由省颁发四联单式的契据，一联交购产业者收执，一联交国税厅备核，一联汇呈财政部存案，一联由征税官署存查。至民国六年将县印官契取消，仅余由省颁发的四联契据一种，即现在所称之契纸。民国二十二年时，凡买契、推契、典契与补税旧契，一律收纸价五角，以八成解省，二成留县。

（癸）收据费　凡民众完纳税款时，要交给投税者一张收据，以证明履行了纳税的手续。这种收据原由县政府印制，并不收费。至民国二十二年由本省财政厅印发，由县具领。式样为三联单，一联填给投税人收执，一联缴厅备核，一联留县存查。关于契税方面之收据计有两种，一为填收契税的，一为填收中佣的，每张收据各收费一分。所得款项完全解本省财政厅，除作为印刷工料和支付财政厅票照股员书薪工的用途外，多余的拨作省的特别收入。

（二）契税征收数与契纸数

关于印花费系属国税，草契费系为支付印刷工料与手续费，过割费系属于书员的酬劳费，故都不在正项收支之列。但为确知民众对于契税所花的费用总数，故亦在下面表内一并列入计算。再者，属于各村学校及监证人的田房交易中佣、民众教育捐与草契等项，各村有多收少报的情事，但因无法究查详确，只得按照规定计算。

民国二十二年度，关于买契之各项征收总数为 30 056 元，推契征收总数为

3 120 元，典契为 1 753 元，三项合计为 34 928 元。正税为最多，计 13 614 元；属于县地方的田房交易中佣次之，计 5 343 元；属于村学校及监证人的田房交易中佣又次之，再次为属于省方的田房交易中佣、契纸价、民众教育捐等项。其他各项征收详数，见第 61 表。表内除属国家收入之印花税、属村民校之民众教育捐、属办事人员之过割费、田房交易中佣属县及村各占一部分外，其余正税、附收学费、属省部分田房交易中佣、契纸价、注册费、收据费，均属省方占有。省方收入在民国二十二年于契税收入 34 928.47 元总数内占有 21 725.8 元。

第 61 表　民国二十二年度定县税契及附收各项征收数

征收项别	征收数			
	买契	推契	典契	共计
正税	$ 11 418.70	$ 1 302.40	$ 892.50	$ 13 613.60
附收学费	1 141.80	130.20	89.20	1 361.20
属于省方的田房交易中佣	2 854.60	217.00	148.70	3 220.30
属于县地方的田房交易中佣	4 757.80	347.00	237.90	5 342.70
属于村学校及监证人的田房交易中佣	3 806.20	282.00	193.30	4 281.50
属于村民校的民众教育捐	1 903.10	141.00	96.65	2 140.75
契纸价	2 394.50	400.50	52.50	2 847.50
注册费	478.70	80.10	10.50	569.30
印花费	93.79	17.69	4.63	116.11
草契费	153.18	25.63	4.20	183.01
过割费	957.40	160.20	21.00	1 138.60
收据费	95.78	16.02	2.10	113.90
总合	30 055.55	3 119.74	1 753.18	34 928.47

民国二十二年内税契所用契纸共计 5 693 张，其中以买契纸数为最多，计 4 787 张；推契次之，计 801 张；典契最少，计 105 张。从第 61 表内的注册费数也可以看出契纸的张数来，因为注册费无论契为买卖推典与价之多寡，每张统征洋一角。这样第 61 表的买契注册费为 478.7 元，即可知契纸数为 4 787 张；推契注册费为 80.1 元，即可知契纸数为 801 张；典契注册费为 10.5 元，故知为 105 张；合计为 569.3 元，故契纸数合计亦为 5 693 张。

税契之田地亩数以不满 5 亩者为最多，计 4 548 次，5～9.9 亩者次之，计 928 次。按税契田地亩数组，各种契纸数之分配，见第 62 表。

第 62 表　定县按税契田地亩数组各种契纸数
民国二十二年

税契田地亩数组	契纸数			
	买契	推契	典契	共计
5 亩以下	3 936	569	43	4 548
5～9.9	695	190	43	928
10～14.9	120	31	12	163
15～19.9	20	5	5	30
20～24.9	10	2	1	13
25～29.9	2	2	—	4
30～34.9	2	—	—	2
35～39.9	1	1	—	2
40～44.9	1	—	—	1
45 亩及以上	—	1	1	2
总合	4 787	801	105	5 693

注：表内之“亩”系定县旧制亩，合 0.944 8 旧营造亩，或 5.803 3 公亩，或 0.143 3 英亩。

关于税契的地价，因为有以多报少的弊病，所以不很准确。按照税契时填报的地价而论，民国二十二年内不满百元的地价，在 5 693 张契纸总数中，竟占 5 222 张之多，100～199 元者占 303 张，其他地价组内之各种契纸数之分配，见第 63 表。

第 63 表　定县按税契地价组各种契纸数
民国二十二年

税契地价组	契纸数			
	买契	推契	典契	共计
\$ 100 以下	4 487	708	27	5 222
100～199	210	61	32	303
200～299	47	15	22	84
300～399	17	7	12	36
400～499	7	2	2	11
500～599	5	4	2	11
600～699	7	—	2	9
700～799	2	1	1	4
800～899	—	2	1	3
900～999	—	1	—	1
1 000 及以上	5	—	4	9
总合	4 787	801	105	5 693

定县全县有七万余家，一年内税契有五千余次，这样大约每百家在一年内有六七家卖出、典出，或推去田产。

（三）契税征收方法

民国二十三年时，经营契税属于县政府第二科。在第二科之下有税契所，设书员三人办理全县税契事务，有出纳股收存契税税款。阴历正、二、三月间为税契最忙时期，税契所须临时添人帮忙。关于税款的稽查与管理，县政府负有全责。

征收税契的手续是由税契所首先查验投税者所持之契据是否经过了教育局盖戳的手续。教育局盖戳是为稽考与提防变卖学田的用处。查验合法后，即核算应纳的税佣及其他各费，然后开具兑条，交付投税人持往出纳股交款。出纳股收款后，再制给收条交付税契所存查。税契所知道投税人已如数纳款，就给他登记注册。然后投契者拿着文契向过割处办理从卖户名下的粮银拨到买户名下的粮银数目，再将文契交与税契所，准备粘契验印，由税契所开给收据以为投税者已经缴款和将来领契的一种证明与根据。

在全年十二个月内，人民皆可税契，但因农事之闲忙时期不同，各季税契的数目亦随之多寡不同，以旧历正、二、三月为最旺时期，十一月与十二月为次旺时期，九月与十月又次之，四、五、六、七、八月为最微时期。

县政府第二科于每月终了之时，将全月所征契税款额造册报厅。属于县部分的用款，或存县政府保管，或交银行存收，得由县政府自由处置。属于省库的税款，或每月报解一次，或数月汇解一次，约以视税款的多寡为定。解省款内，关于正税及契纸价按百分之二提成，注册费按百分之五十提成，作为征解办公费。

关于契税的积弊，最主要的是减价匿税。许多购产业者不肯填写确实地价数目在草契上，常写较实际价值为少的价额，例如每亩实价原为 80 元，而在草契上只填 40 元。匿价的原因是要少纳税款。不过关于村里方面的中号，须按实数抽纳。虽然章程规定减价匿税者处罚，但乡民依旧瞒价偷税。只要买主、卖主与监证人三方面通同作弊、异口同声，即使有人告发减价偷税，亦不易实行处罚。因此漏税的事实已成全县普遍的现象，县人谓之“瞒上不瞒下”，演成一种公开的秘密。

结　语

从上面所述关于定县土地的情形，阅者一定各自能够发现与土地有关的许多问题，见仁见智，也许有不尽同的地方。本文就是把在可能范围内所调查的一些客观的事实多用数字显示出来，不多加上甚么主观的见解，兹再将显然的几点稍为一提，就此结束。

耕地的不足　以定县的耕地亩数与定县的人口数目比较，每人只合三亩半地，再加以生产方法的落后，显然不够维持适当的生活程度。这就关联到人口繁密、移民殖边、增加生产、提倡实业、生育节制等种种的问题。

土地分配的不均　无论从农家田产的大小方面或是从耕地的大小方面看，都显示土地分配的不均。这就关联到土地集中、土地私有制度、不合理的土地关系等种种的问题。

土地的分散　定县大多数的农场大小尚不满二十五亩。这样狭小的农场，又分散为数块不相连接的田地，而且多是不挨近耕者的住所。全县的农业就是在这种不利的生产条件之下，大部分的社会劳动力就都耗费在这许多支离破碎的小田块上。这就关联到土地利用、小农经营、大农经营、土地合理化的经营、耕地合作、集体农场等种种的问题。

农产的商品化　定县农产的种类虽然繁杂，但棉田的面积和农产物出售的成数都有逐渐增加的趋势。这就关联到农村自给自足、农作物种类的选择、农民生活与国际市场关系等种种的问题。

田赋制度的混乱　从定县土地亩数的不清、田赋制度的混乱，我们感觉到中国土地测量和清理田赋等问题是如何重要而急切。

此外，有井水田迅速的增加、田价很快的变动，以及其他种种的现象，都使我们觉悟到许多关联的问题。

总之，我们不能不承认土地问题是农村问题的重心，而土地制度即生产关系又是土地问题的重心，其次才是生产技术及其他种种的问题。若不在土地私有制度上想解决的办法，则一切其他的努力终归无效；即或有效，也是很微的一时的治标的。一个政府是不是一个革命的政府，一个政党是不是一个革命的政党和一个人是不是一个革命的人，很可以从其对于土地制度的主张来决定。

改正：本文所用亩，除特别注明外均系定县实际习用之旧制亩。在本文上篇（第一卷第二期）绪言内436页，有数处所用亩系旧营造亩（即从前政府所规定之标准亩，但各处实际所用亩之大小与此标准亩多有出入），与本文他处所用定县旧制亩不一致，且有的折合数目稍有错误。兹特改正如下：第15行之“1 971 000亩”，改为“2 086 100亩”；同行“一百九十七万余亩”，改为“二百零八万余亩”；第16行之“合计约一百六十万亩”，改为“一百七十万亩”；第17行之“一百五十余万亩”，改为“一百六十余万亩”；第18行之“三十七万亩”，改为“三十九万亩”，第21行之“一百九十五万作物亩”，改为“二百零六万作物亩”；第23行之“等于0.152英亩”，改为“0.143 3英亩”；同行之“6.58定县亩”，改为“6.978 4定县亩”。又第450页内第18行“37家，35家，32家”改为“37村，35村，32村”；第19行之“29家”，改为“29村”。又第458页第15表内南村10～24亩之家数“75”，改为“76”；总家数“242”，改为“243”；5亩以下之家数百分比“21.90”，改为“21.81”；5～9亩之家数百分比“27.69”，改为“27.57”；10～24亩之家数百分比“30.99”，改为“31.28”；25～49亩之家数百分比“11.16”，改为“11.11”；50～99亩之家数百分比“5.79”，改为“5.76”。又第459页第12行“1 139家”，改为“1 140家”。同页第17表内南村10～24亩之家数“75”，改为“76”，总家数“242”，改为“243”。惟于本文上下篇合订单刊本内均已改正无误。

（载清华大学《社会科学》，1936年第1卷第1期和第2期）

农村家庭人口统计的分析

一、绪言

关于我国人口的调查，近几年来在数量方面的准确性已经较有进步，而在人口的结构方面仍然缺乏精确的统计，尚有许多的疑问。例如：究竟男女的性比例是多少？各年龄人数所占的百分比是多少？平均每家人口是多少？家庭内各种亲属关系之人数所占的百分比是多少？已婚与未婚人数的比例是多少？各年龄结婚之男女人数所占的百分比是多少？夫妻年龄的差数是多少？男女结婚的次数是多少？鳏夫与寡妇的比例及其所占总人口的百分比是多少？出生率与死亡率是多少？各种死亡原因的人数占多少？从事各种职业的人数是多少？此外尚有种种生命统计，均感论据的缺乏，而已有的一些报告，又大半距精确的程度颇远。这一方面是因为政府无暇认真顾及此种比较不很急需的工作，另一方面也是因为无论公私机关，在举行此种调查时，都遇到非常大的困难，尤其是在农村。农民对于人口调查总是怀疑，因此在可能范围内尽量虚报。他们怕与上税加捐有关系，怕与征兵拉夫有关系。此外尚有许多种种不可思议的怀疑，致使调查残缺不全，或表面完全而内容不确实。此种调查有的是由政府强迫举行。在此农村社会不安定的局面之下，自然是很难得到满意的结果。有的家庭人口调查可由社会团体举行，但也不容易得到人民的信仰，而且只能搜集少数家庭的材料，不足代表全体的情形。能够使农民不但不拒绝、不敷衍、不讨厌、不怀疑，而且能够积极合作，报告事实，真是一桩难事，也几乎是不可能的。但若没有得到农民完全的信仰，就草率举行这种调查，恐怕在人口结构的任何方面得不到可用的论据。例如：有的家庭怕与征兵拉夫有关系，就把家内的壮丁隐瞒不报，或报告而错告其年龄；有的家庭不愿意报告家内青年的女子，因此故意遗漏十三岁以上未出嫁的姑娘及十五岁至二十五岁已婚的少妇，亦有时以偏大或偏小的年龄报告；有的家庭以为老年人不久作古，无关重要，因此无须报告；有人瞒报七十三与八十四的年龄，因为谚云“七十三，八十四，阎王不叫自家去”；有的宝贵男孩，不肯报告，或报告而不实报年龄及生日，因为怕仇人知道生辰日期，摆镇物陷害；有的以女孩无足轻重，或以女孩过多为可耻，而忽略不报或少报；有的家庭以妻较夫的年龄过长时，男子不好意思说实话，往往增加自己的年龄或减少妻之年龄，使相差不远。妇人生日在初五、十四、二十三日者，不肯说实话，据说因为这三天犯扫帚星；属羊的命苦，亦不实报；公公不好意思知道儿媳的年龄与生日。诸如此类的情形，不胜枚举。在中国举行农村家庭人口调查时，若没有将上列这些问题一一解决，应付得当，则稍一不慎，即不能成功。若所报不确，则所得的统计当然显出种种不可思议的现象。因此对于中国人口结构已有的一些报告，使人发生种种疑问，实有其种种原因。

若要得到精确的材料，必须顾到两方面。一方面得到农民的信仰，另一方面认真选择、训练调查的人员。这两步工作办到圆满的程度之后，则所得的材料就不致发生大错。作者从事农村家庭人口调查已有多次，其中使我不满意的占大多数。因此也不值得费工夫去分析，值得报告的尤占少数。惟有一次的调查，无论是在调查的规模方面、精确的程度方面，都是值得用很久的时间来详细分析的。本文就是这篇值得报告的调查。

这项调查是民国十九年在河北省定县实验县举行的。当时正是中华平民教育促进会开始在定县举行大规模的实验。总会由北平迁到定县，经费较初到定县时增加 20 余倍，人员增至百余人，由几间破庙办公室一变而据有全县壮丽的贡院，而且大兴土木，保健院和农业试验场都相继建设起来。当时定县人民对于该会的希望、信仰与感情，可谓达到最高点。这项家庭人口调查就是在这种良好的空气之下举行的。在举行调查之前，有了充分的准备，调查人员都经过了训练，所用的调查表格也力求简单清楚。事先拜访各村村长及其他地方领袖，使他们明了此次调查是专为中华平民教育促进会实施四大教育的预备工作，也说明绝对地与县政府毫无关系，并不令任何外人看填写过的表格。后又用种种方法使全村的人民都不怀疑此次调查的动机。在实地调查进行之际，都是各村领袖导引调查人员至各家填写表格，以免临时发生误会。调查人员在调查时详细记载调查全村及各家时的经过情形，在可能范围内尤其要注明可靠的程度，这样就可大致知道各村及各家所填表格是否准确。调查后，根据调查时的情形，觉得在调查过的72村中有7村的材料稍有问题，各村内也有少数不十分可靠的家庭。因此，在作详细的统计分析时，把稍有怀疑的7村和一切稍有怀疑之家庭的材料完全除开不用，只统计65村内可靠的家庭材料，如此不致玉石俱焚。结果共得5 255家，共计30 642人口。这个数目并不算太少，很可用以求得性别、年龄、家庭大小、亲属关系以及其他人口结构的种种现象。尤可幸者，定县在近百年来，以至调查时期，是一个人口极固定的纯粹农村社会，没有大量人口的移出或迁入。在调查后三年，由于全国一般的农村破产，就有定县大批的人口开始离村往县外谋生，在民国二十二年内达一万五千之众。因此本调查是代表在华北一个常态农村家庭人口的情况。

本篇的重要部分是下面所列的30多种珍贵的统计表，至少在作者本人是认为珍贵的。请本篇的读者格外注意它们。

二、家庭的大小

关于我国家庭人口的范围，标准不一，难题亦多。本文所谓家庭系包括一切共同生活之人口而言，但佣工及同居之客人未计算在内。凡与本家有密切之经济关系而且有亲属关系者，虽未在家，计算时亦包括在内，例如在外谋生者及入学之学生。凡已脱离密切经济关系者，虽在同院居住之父子或弟兄，亦不视为一家。凡谋生在外之亲属，因特别原因，未能常往家寄钱而非其本愿者，仍算家内人口。若某人离家时尚未结婚，后在外谋生，娶妻生子，经济独立，另成家庭，对于父母在经济方面自由孝敬，而父母亦无支配其子经济之权，则不视为一家之人口。根据此种家庭标准，共计调查5 255家，包括30 642人口。

这样平均每家庭计 5.8 口，几等于 6 口。此平均数在盛行大家庭制度的农村社会并不算高，但尚高于在中国其他地方所举行之较大规模的调查报告。欧美小家庭制度下的农村家庭人口的平均数尚在 5 口左右。这可以一部分表示中国农村人口的死亡率很高。家庭平均人口数对于估计各地及全国人口总数甚有用处。在下面所列的表内，我们可以理会在 5 000 余家中有 194 家，每家仅仅剩了 1 口人。这在大家庭制度下的社会里，实在是一可注意的现象。这些家庭大半系亲属皆已死绝之老年鳏夫或寡妇，尚有田产可以维持生活。虽然平均每家是 5.8 口，但在 5 000 余家中最普通的人口数不是 5 口、6 口或 7 口，而是 4 口的低数，计占 852 家之多。这四口之家大半包括夫妇与其二孩，或夫妇与其一孩及其父或母而已。其次常见的家庭是五口之家，计有 778 家。再次普通的是三口之家，计 675 家。六口之家又次之，计 666 家。七口之家数占第 5 位，二口之家数占第 6 位。不满 6 口之家数超过家庭总数之半，占 55%；超过 10 口之家数只占 9%；超过 20 口之家数仅占 7‰；超过 30 口者，仅有 4 家，最大之一家计有 65 口。按家庭大小，家数分配之详细情形见第 1 表。

第 1 表　5 255 家之大小

民国十九年

全家人口数	家数	家数百分比	人口总数
1	194	3.69	194
2	402	7.65	804
3	675	12.84	2 025
4	852	16.21	3 408
5	778	14.80	3 890
6	666	12.67	3 996
7	534	10.16	3 738
8	329	6.26	2 632
9	214	4.07	1 926
10	159	3.03	1 590
11	130	2.47	1 430
12	85	1.62	1 020
13	63	1.20	819
14	43	0.82	602
15	26	0.49	390
16	16	0.30	256
17	16	0.30	272
18	11	0.21	198

续前表

全家人口数	家数	家数百分比	人口总数
19	14	0.27	266
20	11	0.21	220
21	7	0.13	147
22	6	0.11	132
23	8	0.15	184
24	1	0.02	24
25	2	0.04	50
26	3	0.06	78
27	3	0.06	81
28	2	0.04	56
30	1	0.02	30
37	1	0.02	37
39	1	0.02	39
43	1	0.02	43
65	1	0.02	65
总合	5 255	100.00	30 642
平均每家	—	—	5.8

关于佣工及同居客人之人数，前面并未计算在内，这里不妨附带说明。在 5 255 家内共有佣工 204 人，其中男子计 190 人，女子只有 14 人。至于同居之客人，在 5 255 家内仅有男子 1 人而已。

三、家庭人口的亲属关系

欧美小家庭制度下的人口，普通只包括夫妇与其子女。中国大家庭制度下的人口，却比较复杂得多。除夫妇子女外，尚有许多的各种亲属关系。现在让我们来看在这 5 000 余家的人口关系中复杂到何种程度。本文之所谓亲属关系，系指家内各个人口与家主之亲属关系而言。这里所谓家主是指一家中最主要的男子，而不一定是最年长者。大致说，他是在家中实际上担负最大的责任，他的收入大半也较别人多。例如家中弟兄数人共同生活，而长兄主持家政，彼即视为家主。又如某家有壮丁，年龄 40 岁左右，实际上多担任家中事务，彼即视为家主，虽然家中尚有其老年之父或叔伯等长辈人口。家中亦可有女家主，而她必定为寡妇，非为男家主之妻。若某家丈夫已故，子女又皆不满十足年龄 14 岁，此外又无其他共同生活之年长亲属，即以此寡妇为女家主。若子已满 14 岁，在此地即能工作如大人挣钱养家，即以子为家主，而以寡妇为母。

根据上述家主及与家主亲属关系之意义来分析，则在 5 255 家内的 30 642 人口中，男家主共计 5 044 人，占总人数 16%；寡妇女家主计 211 人，占 7‰；男家主之妻共计 4 014 人，占 13%。这样，有 1 030 个男家主是在调查时没有妻子，有的是妻已故去，也有的尚未婚娶。未婚子计 3 907 人，占 13%。未婚女计 3 247 人，占 11%。以上家主、女家主、妻、未婚子及未婚女之人口总数合计 16 423 人，占总人数 54%。这就是西洋小家庭制度的人口。若以 5 255 家计算，平均每家仅得 3.1 口。此外，在 5 255 家家内，尚有 14 219 人，占总人口 46%，几为半数，是为其他的亲属关系。其中包括已婚子 2 430 人，较未婚子数少 1 477 人，占总人口 8%。已婚、未婚子合计 6 337 人，占总人口 21%。平均每家主才有一个儿子。儿媳占总人口 8%，孙占 6%，孙女占 5%，母占 4%，弟占 4%，侄占 3%，弟媳占 2%，侄女占 2%。此外按多寡之次序为侄媳、孙媳、父、侄孙、嫂、妹、侄孙女、兄等亲属。从下列表中我们可以看出有 56 种名称，其中有 53 种亲属关系。孙较孙女多 296 人，可见男孩多于女孩。母较父竟多至 1 106 人，可见母较父为长寿。其他各种亲属关系人数及其所占百分比，见第 2 表。

第 2 表　5 255 家之人口关系
民国十九年

人口关系		数目		百分比	
男家主		5 044		16.46	
女家主		211		0.69	
妻		4 014		13.10	
未婚子		3 907		12.75	
未婚女		3 247		10.60	
其他		14 219		46.40	
	已婚子		2 430		7.93
	媳		2 393		7.81
	孙		1 808		5.90

续前表

人口关系	数目	百分比
孙女	1 512	4.93
母	1 317	4.30
弟	1 074	3.50
侄	911	2.97
弟媳	683	2.23
侄女	472	1.54
侄媳	243	0.79
孙媳	219	0.72
父	211	0.69
侄孙	138	0.45
嫂	103	0.34
妹	99	0.32
侄孙女	94	0.31
兄	84	0.27
曾孙	83	0.27
曾孙女	72	0.24
祖母	64	0.21
叔母	25	0.08
继子	21	0.07
伯母	20	0.07
叔父	20	0.07
妾	20	0.07
堂弟	14	0.05
伯父	11	0.04
姊	9	0.03
侄孙媳	8	0.03
曾侄孙	8	0.03
曾侄孙女	8	0.03
祖父	6	0.02
堂弟媳	6	0.02
继母	5	0.02
堂妹	3	0.01
外甥	3	0.01
外甥女	3	0.01
堂兄	2	0.01

续前表

人口关系	数目	百分比
堂侄	2	0.01
童养媳	2	0.01
玄孙	2	0.01
岳母	2	0.01
已婚女	1	0.00
子妾	1	0.00
侄妾	1	0.00
内弟	1	0.00
曾孙媳	1	0.00
玄孙女	1	0.00
堂叔母	1	0.00
外甥媳	1	0.00
外祖母	1	0.00
总合	30 642	100.00

四、家庭人口的性比例

性比例是指100个男子对100个女子之比率。最理想的性比例是100，即男女人数相等，否则社会的幸福即受影响。中国农村社会男多于女，已成为人所共知之事实，但究竟是多多少，尚大有疑问。在已有的许多报告中，有言性比例为110左右者，有120左右者，甚至有高至140或150以上者。这大半是因为调查的不确，由于农村人民好瞒青年妇女，不肯实报的缘故。据此次5 255家的调查，共计男15 780人，女14 862人，这样性比例为106.2，就是106.2男子与100女人之比。换言之，即每百人中有51个男子，49个女子。男女之差数不如一般人所想象的那样悬殊。

我们再分析各年龄组内男女人数的性比例是如何。这从第3表可清楚地看出来。

不满5岁之小孩的性比例为104，男性多于女性（不满1岁之婴儿的性比例为107）；5至9岁之孩童的性比例为109①。可见女孩之死亡率较高于男孩之死

① 参见第3表，5至9岁之孩童的性比例为109.50，若四舍五入则应为110。——编者注

亡率，这大约是由于父母重视男孩、轻视女孩的缘故。10 至 14 岁之幼年儿童的性比例增至 111，15 至 24 岁青年的性比例增至 112；25 至 44 岁壮年的性比例约在 110 左右；45 至 64 岁的性比例约相等；65 岁及以上的性比例渐渐减低。65 至 74 岁的性比例为 85；75 至 89 岁的性比例为 50；90 及以上者，女性数目远超过男性数目。显然的现象是男婴儿数目略多于女婴儿数目。及至年龄渐增，男孩有渐次更高于女孩的趋势。男女达此处的结婚年龄以后，青年妇女由于生育与精神上及身体上所受的痛苦，死亡率更高于男子。壮年以后，男子数目渐次减少，而女子数目渐次增多。至老年时，女子数目远超过男子。90 岁以上的老人，几乎皆为女性占有。这是一方面由于女子之天然寿命较男子为高，或也许一部分因为妇女在闯过为儿媳的难关以后，升为婆母的舒服地位，身心大为畅快，因此增进了她们的健康与寿命的延长。在男子方面，壮年时多为生活压迫，非常劳苦，一到衰年时，精力不能支持，不无影响其寿命。关于各年龄组内男女之性比例，见第 3 表。

第 3 表　5 255 家按五年组男女人数之分配及其性比例
民国十九年

年龄组	男女共计		男女分计		男子对 100 女子之比率
	人数	百分比	男子	女子	
5 岁以下	3 802	12.41	1 942	1 860	104.40
5～9	3 320	10.83	1 735	1 585	109.50
10～14	3 018	9.85	1 590	1 428	111.30
15～19	2 613	8.53	1 388	1 225	113.30
20～24	2 574	8.40	1 360	1 214	112.00
25～29	2 260	7.38	1 186	1 074	110.40
30～34	2 089	6.81	1 096	993	110.40
35～39	2 024	6.61	1 049	975	107.60
40～44	1 963	6.41	1 033	930	111.10
45～49	1 846	6.02	931	915	101.70
50～54	1 348	4.40	684	664	103.00
55～59	1 194	3.90	593	601	98.70
60～64	920	3.00	460	460	100.00
65～69	763	2.49	362	401	90.30
70～74	514	1.68	226	288	78.50

续前表

年龄组	男女共计		男女分计		男子对100女子之比率
	人数	百分比	男子	女子	
75～79	259	0.84	103	156	66.00
80～84	107	0.35	34	73	46.60
85～89	25	0.08	8	17	47.10
90～94	3	0.01	—	3	—
总合	30 642	100.00	15 780	14 862	106.20

五、家庭人口的年龄

关于年龄，在调查时曾询问每人的属相、生日及照乡民习惯的虚岁数。整理材料时，均一一推算出十足真确之年龄。本篇的年龄，系以每人过去之生日为标准，例如凡超过5个生日而未满6个生日者，皆算为5岁。从各年龄人数的分配，亦可以大致推测一个社会的许多情形。一个理想的稳定农村社会之人口常态，其年龄人数之分配，是恰如一所谓尖锥形之金字塔式。塔之底端为不满1岁者，塔尖为年龄最高者，由下而上，逐渐缩小。从第4表我们可以看出关于5 255家各年龄人数的分配颇为整齐，即年龄愈高人数愈少。例如不满1岁者所占为3.18%；1岁者为2.39%；2岁者为2.36%；3岁者为2.27%；4岁者为2.22%；5岁者为2.19%。当然这一次调查所包括的家数不算很多，不能各年龄一律地逐渐增减，但其整齐的速度也极可观了。这一方面是由于此处农村社会人口的固定，另一方面也表示农民报告的准确。这是在许多别的人口报告中很不易多得的结果。

我们从上列第3表内，按五年龄组人口所占的百分比，更可以看出这种整齐的趋势。不满5岁者占12.41%，5至9岁者占10.83%，10至14岁者占9.85%。如此依随年龄的次序，人数一律地渐次减少。

若要知道不满某年龄之人口数及其所占总人口之百分比，则可看第5表。表之（4）列显示依随年龄之增高，人数增加之趋势，（5）列显示百分比增加之趋势。例如不满5岁之人口为3 802之人系（2）列975与2 827之总数，（5）列之

12.41%系占总人口 30 642 之百分比。不满 10 岁之人数为（2）列 975、2 827 与 3 320 之总数，等于（4）列之 7 122 人，（5）列之 23.24%。余可类推。

第 4 表　5 255 家各年龄之人数及其百分比
民国十九年

年龄	人数			
	男	女	共	百分比
1 岁以下	503	472	975	3.18
1	369	362	731	2.39
2	364	358	722	2.36
3	352	343	695	2.27
4	354	325	679	2.22
5	362	310	672	2.19
6	353	314	667	2.18
7	350	326	676	2.21
8	335	324	659	2.15
9	335	311	646	2.11
10	344	304	648	2.11
11	336	296	632	2.06
12	321	281	602	1.96
13	301	277	578	1.89
14	288	270	558	1.82
15	295	284	579	1.89
16	278	278	556	1.81
17	242	212	454	1.48
18	279	211	490	1.60
19	294	240	534	1.74
20	302	239	541	1.77
21	248	217	465	1.52
22	290	254	544	1.78
23	279	268	547	1.79
24	241	236	477	1.56
25	254	214	468	1.53
26	245	245	490	1.60
27	216	199	415	1.35
28	272	233	505	1.65
29	199	183	382	1.25
30	229	179	408	1.33
31	201	188	389	1.27
32	255	208	463	1.51

续前表

年龄	人数			
	男	女	共	百分比
33	232	232	464	1.51
34	179	186	365	1.19
35	194	191	385	1.26
36	220	210	430	1.40
37	200	167	367	1.20
38	245	243	488	1.59
39	190	164	354	1.16
40	199	184	383	1.25
41	203	169	372	1.21
42	191	161	352	1.15
43	223	208	431	1.41
44	217	208	425	1.39
45	153	150	303	0.99
46	188	174	362	1.18
47	213	197	410	1.34
48	204	218	422	1.38
49	173	176	349	1.14
50	200	177	377	1.23
51	93	101	194	0.63
52	113	108	221	0.72
53	151	137	288	0.94
54	127	141	268	0.87
55	122	110	232	0.76
56	121	108	229	0.75
57	75	91	166	0.54
58	125	141	266	0.87
59	150	151	301	0.98
60	116	110	226	0.74
61	82	66	148	0.48
62	86	84	170	0.55
63	87	106	193	0.63
64	89	94	183	0.60
65	90	110	200	0.65
66	83	81	164	0.54
67	59	67	126	0.41
68	70	86	156	0.51
69	60	57	117	0.38
70	59	69	128	0.42

续前表

年龄	人数			
	男	女	共	百分比
71	48	51	99	0.32
72	42	46	88	0.29
73	39	71	110	0.36
74	38	51	89	0.29
75	21	39	60	0.20
76	21	35	56	0.18
77	23	31	54	0.18
78	19	31	50	0.16
79	19	20	39	0.13
80	8	25	33	0.11
81	10	16	26	0.08
82	7	12	19	0.06
83	5	14	19	0.06
84	4	6	10	0.03
85	4	10	14	0.05
86	2	2	4	0.01
87	2	2	4	0.01
88	—	1	1	0.00
89	—	2	2	0.00
90	—	1	1	0.00
91	—	1	1	0.00
92	—	1	1	0.00
总合	15 780	14 862	30 642	100.00

第 5 表　5 255 家按年龄组人数之分配

民国十九年

年龄组（1）	人数（2）	指定年龄（3）	小于指定年龄（3）之人	
			数目（4）	占总人口之百分比（5）
1 岁以下	975	1	975	3.18
1～4	2 827	5	3 802	12.41
5～9	3 320	10	7 122	23.24
10～14	3 018	15	10 140	33.09
15～19	2 613	20	12 753	41.42

续前表

年龄组（1）	人数（2）	指定年龄（3）	小于指定年龄（3）之人	
			数目（4）	占总人口之百分比（5）
20～24	2 574	25	15 327	50.02
25～29	2 260	30	17 587	57.34
30～34	2 089	35	19 676	64.21
35～44	3 987	45	23 663	77.22
45～54	3 194	55	26 857	87.65
55～64	2 114	65	28 971	94.55
65～99	1 671	100	30 642	100.00
总合	30 642	—	—	—

瑞典之1890年人口，是被人口学家视为极少变动之标准常态人口，因未受移出或迁入人口的影响。定县人口也是比较颇少变动的。我们可以将定县5 255家人口年龄分配与瑞典人口年龄分配对照比较一下。从第6表可以看出，瑞典2.55％人口是不满1岁，而定县的百分比是3.18％。这表示在定县人口中婴儿所占的比例，高于瑞典人口中婴儿所占的比例。瑞典人口中1至19岁人数的百分比稍高于定县者，20至39岁的百分比低于定县者，40至59岁的百分比不相上下，但60岁及以上之百分比超过定县。这表示中国的中年所占的比例亦多于瑞典，但至40岁以后，渐次相等，而老年人的比例不及瑞典。这是因为中国的出生率虽较高，而死亡率亦较高，寿命亦不如瑞典之长。

第6表　按年龄组5 255家人口与瑞典标准人口分配之比较
民国十九年

年龄组	5 255家		瑞典标准人口之百分比（1890）
	人数	百分比	
1岁以下	975	3.18	2.55
1～19	11 778	38.44	39.80
20～39	8 947	29.20	26.96
40～59	6 351	20.73	19.23
60岁及以上	2 591	8.45	11.46
总合	30 642	100.00	100.00

从人口年龄的分配亦大致可以看出人口的增减趋势，但所调查的人口数目不能过少，3万多的人口尚可以试用这个办法。人口学家孙巴格氏（Sundbarg）发现，凡常态人口年龄的分配，其中一半人数大致系15至49岁者。孙氏以瑞典

人口为稳定人口之标准，将人口年龄分配分为三组，即15岁以下，15至49岁，50岁及以上者。从三组所占百分比的多少可以看出某地之人口是否为：（1）增多类，即人口有逐渐增多的趋势；（2）稳定类，即人口不增多亦不减少而有静止的趋势；（3）减少类，即人口有逐渐减少的趋势。第7表将定县三年龄组内人数所占的百分比与孙氏所分三类人口年龄百分比对照比较，使我们理会。定县15至49岁的人口也恰占50%。不满15岁之人口所占的百分比为33%，低于增多类之40%，高于减少类之20%，但恰与稳定类之33%相等。50岁及以上者所占的百分比为17%，高于增多类之10%，低于减少类之30%，又恰等于稳定类之17%。5 000余家人口的数目固然不算很多，我们亦不能遽下结论，说中国的农村人口一定是属于稳定类，但这也不能说是绝对的碰巧。我们希望的是，在中国他处人口比较不很变动的地方将来多有很精确的调查，然后把结果总合起来，也许可以把这一个问题解决。现在虽然已经有人把多种零星的人口报告集在一起，但对于材料来源未能严格地选择，因此有玉石俱焚、结果不很可靠的危险。

第7表　5 255家人口与Sundbarg三类人口分配之比较
民国十九年

年龄组	Sundbarg三类人口之百分比			5 255家人口	
	增多类	稳定类	减少类	百分比	人数
15岁以下	40	33	20	33	10 140
15～49	50	50	50	50	15 369
50岁及以上	10	17	30	17	5 133
总合	100	100	100	100	30 642

六、家庭人口的婚姻状况

（一）已婚未婚男女人数的比率

在调查的30 642人口中，已婚者计17 788人，未婚者计12 854人，这样，已婚者超过未婚者4 934人。在男子总数15 780人口中，已婚者占8 444人，未婚者占7 336人，已婚者超过未婚者1 108人。在女子总数14 862人口中，已婚者占9 344人，未婚者5 518人，已婚者超过未婚者3 826人，此差数超过男子中已婚与未婚之差数三倍有奇之多。又看出女子总数虽较少于男子，但女子中已婚数却超过男子中已婚数，而男子中未婚者远超过女子中未婚者，其差数达1 818 人之多。详细数目见第 8 表。

第 8 表　5 255 家内已婚与未婚男女人数
民国十九年

	人数		
	男	女	共
已婚	8 444	9 344	17 788
未婚	7 336	5 518	12 854
总合	15 780	14 862	30 642

第 9 表是值得读者下工夫细看的，不但其中数字表示中国农村社会特殊的现象而有非常严重的意义，也是大有趣味的事实。表之左边是将各年龄按序排列；表之中部是详列每年龄未婚男子数、未婚女子数及未婚男女总数；表之右方是详列每年龄已婚男子数、已婚女子数及已婚男女总数。这样我们可以从这些似乎枯燥的数目字里作一清楚的观察与比较，而发现其中所显示之重要的问题。先从未婚的男子列内自上渐次向下看起，未满 20 岁的许多男人没有结婚，这当然无须使我们注意，但 20 岁以上直至 77 岁的男人，仍有许多没有结过婚，这渐引起我们的注意，尤其是我们来与次列内未婚的女子比较一下。未婚女子列内，自上向下来看，我们就理会到 22 岁以后未婚的人数已是凤毛麟角，仅见三人。这三个人也许是有特殊情形，欲嫁而不可得的。这可见女子大致无不出嫁，而男子却有许多虽至成年很久尚未娶。主要的原因是因为男子受贫寒的压迫，娶不起媳妇，只得迟延下去，甚至终身没有结婚的经济能力。

我们再看已婚男子列，自上端起始往下看，首先碰到的数字是 2，再在左边列内找与它相对的年龄是 9 岁，这使我们知道 2 个 9 岁大小的男孩已经结婚了。再往下看，又相继发现 3 个已婚的是 10 岁，16 个已婚的是 11 岁，31 个已婚的是 12 岁，48 个已婚的是 13 岁，69 个已婚的是 14 岁，72 个已婚的是 15 岁，超过 15 岁已婚的就更多了。男子早婚之早足够使我们惊异的。这里要插一句注解，即这种结婚是真的正式结婚，实行同居，而不是收童养媳或有名无实地共同生活在一个家庭内。当然这其中有各种的悲剧与笑话，但本文不加讨论。

再看已婚之女子列内，不满 11 岁之幼女是没有 1 个结婚的，但至 12 岁就开始发现了 4 个，13 岁者计 6 个，14 岁者增至 23 个，15 岁者增至 63 个，16 岁者竟增至 102 个，16 岁以上的就更普遍了。女子结婚较男子为迟，在男子中最早发现的已婚者为 9 岁，在女子中最早发现的已婚者为 12 岁。

自第 9 表也可以看出女子寿命较长于男子，因在已婚女子列内下端，老年妇人之数目超过老年男子数，且在 88 岁及以上者仅见老太太，不见老头儿。

第 9 表　5 255 家各年龄内已婚及未婚之男女人数
民国十九年

年龄	未婚人数			已婚人数		
	男	女	共	男	女	共
1 岁以下	503	472	975	—	—	—
1	369	362	731	—	—	—
2	364	358	722	—	—	—
3	352	343	695	—	—	—
4	354	325	679	—	—	—
5	362	310	672	—	—	—
6	353	314	667	—	—	—
7	350	326	676	—	—	—
8	335	324	659	—	—	—
9	333	311	644	2	—	2
10	341	304	645	3	—	3
11	320	296	616	16	—	16
12	290	277	567	31	4	35
13	253	271	524	48	6	54
14	219	247	466	69	23	92
15	223	221	444	72	63	135
16	175	176	351	103	102	205
17	147	111	258	95	101	196
18	147	59	206	132	152	284
19	127	53	180	167	187	354
20	138	37	175	164	202	366
21	104	16	120	144	201	345
22	95	2	97	195	252	447
23	94	—	94	185	268	453
24	89	—	89	152	236	388

续前表

年龄	未婚人数			已婚人数		
	男	女	共	男	女	共
25	74	—	74	180	214	394
26	76	—	76	169	245	414
27	63	—	63	153	199	352
28	54	1	55	218	232	450
29	34	—	34	165	183	348
30	47	—	47	182	179	361
31	30	—	30	171	188	359
32	32	—	32	223	208	431
33	41	—	41	191	232	423
34	28	1	29	151	185	336
35	37	1	38	157	190	347
36	27	—	27	193	210	403
37	26	—	26	174	167	341
38	29	—	29	216	243	459
39	17	—	17	173	164	337
40	27	—	27	172	184	356
41	21	—	21	182	169	351
42	17	—	17	174	161	335
43	14	—	14	209	208	417
44	21	—	21	196	208	404
45	15	—	15	138	150	288
46	12	—	12	176	174	350
47	12	—	12	201	197	398
48	12	—	12	192	218	410
49	15	—	15	158	176	334
50	7	—	7	193	177	370
51	5	—	5	88	101	189
52	7	—	7	106	108	214
53	11	—	11	140	137	277
54	6	—	6	121	141	262
55	7	—	7	115	110	225
56	9	—	9	112	108	220

续前表

年龄	未婚人数			已婚人数		
	男	女	共	男	女	共
57	4	—	4	71	91	162
58	3	—	3	122	141	263
59	8	—	8	142	151	293
60	5	—	5	111	110	221
61	4	—	4	78	66	144
62	4	—	4	82	84	166
63	6	—	6	81	106	187
64	5	—	5	84	94	178
65	8	—	8	82	110	192
66	1	—	1	82	81	163
67	3	—	3	56	67	123
68	1	—	1	69	86	155
69	5	—	5	55	57	112
70	4	—	4	55	69	124
71	2	—	2	46	51	97
72	1	—	1	41	46	87
73	—	—	—	39	71	110
74	1	—	1	37	51	88
75	—	—	—	21	39	60
76	—	—	—	21	35	56
77	1	—	1	22	31	53
78	—	—	—	19	31	50
79	—	—	—	19	20	39
80	—	—	—	8	25	33
81	—	—	—	10	16	26
82	—	—	—	7	12	19
83	—	—	—	5	14	19
84	—	—	—	4	6	10
85	—	—	—	4	10	14
86	—	—	—	2	2	4
87	—	—	—	2	2	4
88	—	—	—	—	1	1

续前表

年龄	未婚人数			已婚人数		
	男	女	共	男	女	共
89	—	—	—	—	2	2
90	—	—	—	—	1	1
91	—	—	—	—	1	1
92	—	—	—	—	1	1
总合	7 336	5 518	12 854	8 444	9 344	17 788

注：5 255 家人口总数，男 15 780 人，女 14 862 人，共 30 642 人。

为未婚男女人数与已婚男女人数比较更清楚便利起见，再总合列为第 10 表，按五年龄组来看人数的分配及各组人数所占百分比。

第 10 表 5 255 家人口按年龄组已婚及未婚男女人数及其百分比
民国十九年

年龄组	人数						人数百分比					
	未婚			已婚			未婚			已婚		
	男	女	共	男	女	共	男	女	共	男	女	共
5 岁以下	1 942	1 860	3 802	—	—	—	26.5	33.7	29.6	—	—	—
5～9	1 733	1 585	3 318	2	—	2	23.6	28.7	25.8	0.0	—	0.0
10～14	1 423	1 395	2 818	167	33	200	19.4	25.3	21.9	2.0	0.4	1.1
15～19	819	620	1 439	569	605	1 174	11.1	11.2	11.2	6.7	6.5	6.6
20～24	520	55	575	840	1 159	1 999	7.1	1.0	4.5	9.9	12.4	11.2
25～29	301	1	302	885	1 073	1 958	4.1	0.0	2.3	10.5	11.5	11.0
30～39	314	2	316	1 831	1 966	3 797	4.3	0.0	2.5	21.7	21.0	21.3
40～49	166	—	166	1 798	1 845	3 643	2.3	—	1.3	21.3	19.7	20.5
50～59	67	—	67	1 210	1 265	2 475	0.9	—	0.5	14.3	13.5	13.9
60～69	42	—	42	780	861	1641	0.6	—	0.3	9.2	9.2	9.2
70～79	9	—	9	320	444	764	0.1	—	0.1	3.8	4.8	4.3
80～89	—	—	—	42	90	132	—	—	—	0.5	1.0	0.7
90～99	—	—	—	—	3	3	—	—	—	—	0.0	0.0
总合	7 336	5 518	12 854	8 444	9 344	17 788	100.0	100.0	100.0	100.0	100.0	100.0

（二）结婚次数

关于结婚次数，在 5 000 余家之调查内未有此项材料。兹以另一调查之 515 家的材料补充。在 515 农家内，已婚之男子共计 943 人，其中只娶妻 1 次者 842 人，娶 2 次者 89 人，娶 3 次者 11 人，娶 4 次者 1 人。已婚之女子共计 1 014 人，其中出嫁 1 次者 993 人，嫁 2 次者 21 人，未有超过 2 次者。男女合计，已婚者总数中，结婚只 1 次者占 93.7%，2 次者占 5.6%，3 次者占 6‰。详数见第 11 表。

第 11 表 515 农家内已婚者之娶嫁次数
民国十八年

结婚次数	人数			
	娶	嫁	男女共	百分比
1	842	993	1 835	93.70
2	89	21	110	5.60
3	11	—	11	0.60
4	1	—	1	0.00
总合	943	1 014	1 957	100.00

（三）初次结婚年龄

此项材料亦以 515 家之调查补充。在 515 家之 766 双夫妇中，在男子方面，不满 10 岁结婚者计 10 人，占 1.3%；10 至 14 岁结婚者最为普通，计 307 人，占 40%；15 至 19 岁结婚者计 273 人，占 36%；20 至 24 岁结婚者占 11%；其他结婚年龄皆超过 24 岁，至迟者在 50 岁以上。在 766 女子中，最常见之出嫁年龄为 15 至 19 岁，计有 528 人之多，占总数 69%；次多之出嫁年龄为 20 至 24 岁，占 22%；10 至 14 岁出嫁者占 8%；最低之出嫁年龄为 12 岁，最高之出嫁年龄为 38 岁。早婚之陋习甚为明显，尤其是在男子方面。这与身体的发育、疾病、子女的数目显然大有关系，更影响到许多社会和家庭的问题。

第 12 表 515 农家内 766 双夫妻初次结婚时之年龄
民国十八年

结婚年龄组	人数		百分比	
	娶	嫁	娶	嫁
10 岁以下	10	—	1.31	—
10～14	307	59	40.08	7.70
15～19	273	528	35.64	68.93
20～24	88	167	11.49	21.80
25～29	37	10	4.83	1.31
30～34	25	1	3.26	0.13
35～39	16	1	2.09	0.13
40～44	7	—	0.91	—
45～49	2	—	0.26	—
50～54	1	—	0.13	—
总合	766	766	100.00	100.00

上面是纯粹农村中515家的现象，兹再引用在三个有集市之大村镇内所举行之关于结婚年龄的调查。三村镇共计调查初次结婚之男子1 843人，女子2 059人，男女共计3 902人。每个结婚年龄之男子数及其所占男子总数之百分比、女子数及其所占女子总数百分比、男女合计数及其所占总人数之百分比，均详细列于第13表。读者可以一目了然。

第13表 明月店、李亲顾与南支合三个有集市之大村镇内男女初次结婚之年龄
民国二十年

初次结婚年龄	男		女		男女共	
	数目	百分比	数目	百分比	数目	百分比
7	1	0.05	—	—	1	0.03
8	2	0.11	—	—	2	0.05
9	10	0.54	—	—	10	0.26
10	20	1.09	—	—	20	0.51
11	57	3.09	—	—	57	1.46
12	92	4.99	16	0.78	108	2.77
13	91	4.94	38	1.85	129	3.30
14	220	11.94	100	4.86	320	8.20
15	124	6.73	102	4.95	226	5.79
16	200	10.85	481	23.36	681	17.45
17	129	7.00	205	9.96	334	8.56
18	117	6.35	506	24.57	623	15.96
19	110	5.97	149	7.24	259	6.64
20	87	4.72	238	11.56	325	8.33
21	68	3.69	91	4.42	159	4.07
22	53	2.87	53	2.57	106	2.72
23	58	3.15	25	1.21	83	2.13
24	49	2.66	16	0.78	65	1.66
25	39	2.12	7	0.34	46	1.18
26	51	2.77	7	0.34	58	1.49
27	35	1.90	6	0.29	41	1.05
28	37	2.01	4	0.19	41	1.05
29	32	1.74	5	0.24	37	0.95
30	21	1.14	1	0.05	22	0.56
31	26	1.41	4	0.19	30	0.77
32	13	0.71	1	0.05	14	0.35

续前表

初次结婚年龄	男		女		男女共	
	数目	百分比	数目	百分比	数目	百分比
33	13	0.71	2	0.10	15	0.38
34	18	0.98	1	0.05	19	0.49
35	10	0.54	—	—	10	0.26
36	7	0.38	—	—	7	0.18
37	14	0.76	1	0.05	15	0.38
38	6	0.32	—	—	6	0.15
39	11	0.60	—	—	11	0.28
40	3	0.16	—	—	3	0.08
41	5	0.27	—	—	5	0.13
42	1	0.05	—	—	1	0.03
43	2	0.11	—	—	2	0.05
44	4	0.22	—	—	4	0.10
46	2	0.11	—	—	2	0.05
47	1	0.05	—	—	1	0.03
48	1	0.05	—	—	1	0.03
49	1	0.05	—	—	1	0.03
50	1	0.05	—	—	1	0.03
59	1	0.05	—	—	1	0.03
总合	1 843	100.00	2 059	100.00	3 902	100.00

注：三村人口数，男 4 001 人，女 3 420 人，共 7 421 人。
三村已婚人数，男 1 884 人，女 2 159 人，共 4 043 人。
未婚人数，男 2 117 人，女 1 261 人，共 3 378 人。
已婚者有初次结婚年龄答案者，男 1 843 人，女 2 059 人，共 3 902 人。
无初次结婚年龄答案者，男 41 人，女 100 人，共 141 人。

（四）夫妻年龄差数

此项材料亦举 515 家之调查为例。在 766 双夫妻中，夫长于妻者计 189 对，占 24.6%；而夫幼于妻者则有 533 对之多，占 69.6%；夫妻同年龄者计 44 对，占 5.8%。夫长于妻者，其夫妻年龄之差数颇参差不齐，自相差 1 岁至 28 岁，平均差数为 8 岁。相差不满 4 岁者计 44 对，相差 4 至 6 岁者计 57 对，相差 7 至 9 岁者计 29 对，相差 10 岁及以上者计 59 对。妻长于夫者，其年龄差数较少，自 1 岁至 11 岁，平均差数为 4 岁。相差 1 岁者计 40 对，相差两岁者计 110 对，相差 3 岁者为最多，计 118 对，相差 4 至 6 岁者计 208 对，其余相差均在 7 至 11 岁之间。从此可知，夫长于妻之年龄颇高，而妻长于夫之年龄较低。766 双夫妇年龄之总平均差数，为妻长于夫8个月。在贫寒的农家中，多是夫长于妻，因为多数男子没有早娶的经济能力。在富裕的家庭内，多是妻长于夫，因为有钱多为孩子们早娶。这样发生许多不良的结果和问题。

第14表 515农家内结婚一次之766双夫妻年龄的差数
民国十八年

夫妻年龄差数	匹偶数		
	夫长于妻	夫幼于妻	同年龄
0	—	—	44
1	15	40	—
2	20	110	—
3	9	118	—
4	15	94	—
5	25	70	—
6	17	44	—
7	8	26	—
8	16	21	—
9	5	7	—
10	12	2	—
11	3	1	—
12	7	—	—
13	4	—	—
14	5	—	—
15	3	—	—
16	1	—	—
17	3	—	—
18	3	—	—
19	3	—	—
20	6	—	—
21	4	—	—
23	1	—	—
24	2	—	—
25	1	—	—
28	1	—	—
总合	189	533	44

在三个村镇内亦曾举行夫妻年龄差数的调查，共计调查1 540双夫妇，其中妻长于夫者计740对，所占百分比较低于上面所述纯粹农村内妻长于夫数所占

之百分比，夫长于妻者计 712 对，夫妻年龄相等者 88 对。详细情形可见第 15 表。

第 15 表　明月店、李亲顾与南支合三大村镇内结婚一次之 1 540 双夫妇年龄的差数
民国二十年

夫妻年龄差数	匹偶数		夫妻年龄差数	匹偶数	
	夫长于妻	妻长于夫		夫长于妻	妻长于夫
1	71	70	16	17	—
2	58	153	17	9	—
3	64	124	18	10	—
4	68	151	19	13	—
5	58	91	20	10	—
6	42	59	21	6	—
7	32	44	22	7	—
8	34	34	23	4	—
9	39	9	24	1	—
10	35	5	25	2	—
11	27	—	26	2	—
12	35	—	27	1	—
13	26	—	28	1	—
14	26	—	31	1	—
15	13	—	总合	712	740

注：夫妻年龄相同之匹偶数 88。

七、家庭人口的职业

（一）男子职业

职业分正业与副业两种。所谓正业为某人在全年内收入最多之职业，所谓副业为某人在全年内收入次多之职业。在定县 14 岁以下者尚未能做一成年人之工作，亦多尚未确定职业，故在整理职业一项时，未与 14 岁及以上之成年列在一起统计。

所谓查之 5 255 家内，14 岁及以上之男子共计 10 801 人。兹将各人之正业及其副业详细分类，列为第 16 表。表之左边为正业种类，再右一列从事各种正业人数及其所占百分比，再右一列从事某种正业外之各种副业，最右边一列详列从事各种副业人数。

在 14 岁及以上之 10 801 男子中，以农为正业者计 9 160 人，占总人数 84.8%，其中有副业者计 1 685 人。以农为正业者中，农夫计 9 021 人。所谓农夫，即自己经营所耕田地而不是为人做雇工。在 9 021 农夫中，亦从事副业者计 1 668 人，其中以卖木料者为最多，计 272 人；其次为织布者，计 271 人；再次为编柳罐者，计 118 人；木厂粗工又次之，计 115 人；农工又次之，计 102 人。此外尚有从事木匠、编蒲盖、织毯、做挂面等多种副业。农夫所从事之副业计有 119 种①之多，皆按从事人数之多寡次序，详列于第 16 表内。以农为正业者除农夫外，有农工 137 人。所谓农工，即为其他农家做雇工而得工资者，而非自己经营田场。137 农工中，从事副业者计 16 人。

以精工为正业者计 206 人，占 1.9%，其中以木匠为最多，计 71 人，再次为抄纸、榨油、泥瓦匠等手艺。从事精工者，计有 32 种之多，亦皆详列于第 16 表。在 206 精工中，有副业者计 70 人，其中以农夫为最普通。

以粗工为正业者计 132 人，占 1.2%，其中分差役、木工、车站脚行、磨面等 22 种。粗工中有副业者计 12 人。

以商为正业者计 420 人，占 3.9%，其中又重分为铺长、司账、铺伙、学徒与小贩等数类。各类又包括各种不同之职业，皆详列于第 16 表。以商为业之 420 人中，有副业者计 58 人。

在学界者计 182 人，占 1.7%，其中以学生为最多，教员人数次之，其中一人有副业者为农夫。

在政界者计 10 人，占 1‰。

在军界者有 169 人之多，占 1.6%，其中以士兵为最多。

在警界者计 26 人，占 2‰，其中以保卫团丁为最多。

在交通界计 37 人，占 3‰，以铁路工人为最多。

---

① 此处种数与第 16 表中所列不符。——编者注

从事医业者计 22 人，占 2‰，以中医为最多。

因年老、赋闲等原因无职业者，计 351 人，占 3.3%。

关于各种正业、副业之详细人数，可见第 16 表。

第 16 表　5 255 家内 14 岁及以上男子之各种职业人数
民国十九年

正业	正业人数	副业	副业人数
农：	9 160（84.8%）		1 685
农夫	9 021		1 668①
		卖木料	272
		织布	271
		编柳罐	118
		木厂粗工	115
		农工	102
		木匠	74
		编蒲盖	63
		织毯	40
		做挂面	33
		编铁笊篱	33
		拉脚	32
		卖豆芽	28
		做粉条	21
		干果小贩	18
		榨油	18
		卖卷子	16
		卖豆腐	16
		卖油	16
		轧花	16
		搭棚	16
		厨役	15
		卖烧饼	15
		磨面	14
		做镳铲头	13
		打苇箔	12
		抄纸	12
		卖杈子	11
		贩粮食	11
		泥水匠	10

① 副业人数各项相加为 1 666，与表中所列 1 668 不相符。——编者注

续前表

正业	正业人数	副业	副业人数
		纺线	9
		开油店	9
		卖柳条	8
		卖粑糕	7
		卖杂货	7
		医生	7
		编筐	7
		造大车	6
		编锅盖	6
		赶脚驴	6
		卖烟卷	5
		卖盖条	5
		开店	5
		锥井	5
		拉粪	5
		弯杈子	5
		车站脚行	5
		卖山药秧	4
		卖干粉	4
		开粉房	4
		贩棉花	4
		拾柴	4
		斗行	4
		佣工	4
		卖胰子	3
		做爆竹	3
		看庄子	3
		钉马掌	3
		锯碗匠	3
		修柳杆	3
		裱糊匠	3
		卖糖	3
		编席	3
		铁匠	3

续前表

正业	正业人数	副业	副业人数
		开杂货铺	2
		开面铺	2
		卖猪肉	2
		卖首饰	2
		卖带子	2
		油漆匠	2
		打土坯	2
		打井	2
		教员	2
		纺织	2
		养蜂	2
		做香	2
		店伙	2
		卖菜	2
		卖饼	2
		包牲畜税	1
		花生经纪	1
		私塾先生	1
		铁路工头	1
		平教职员	1
		药铺掌柜	1
		开烧饼铺	1
		开酒铺	1
		开药铺	1
		开饭铺	1
		开花房	1
		药铺伙计	1
		饭铺伙计	1
		卖牛肉	1
		卖木耙	1
		卖鸡蛋	1
		卖针线	1
		卖果子	1
		卖挂面	1

续前表

正业	正业人数	副业	副业人数
		卖杂面	1
		卖火柴	1
		卖毯子	1
		卖扫帚	1
		卖梨	1
		卖面	1
		蒜经纪	1
		做豆腐	1
		编耙子	1
		编口袋	1
		打烧饼	1
		剃头匠	1
		做取灯	1
		村正	1
		兽医	1
		染布	1
		鞋工	1
		琢玉	1
		赶车	1
		唱戏	1
		屠户	1
农工	137		16
		纺线	6
		农夫	3
		卖扫帚	1
		卖杂货	1
		造大车	1
		编柳罐	1
		染布	1
		赶脚驴	1
		拾粪	1
垦地	2	卖带子	1
精工：	206（1.9%）		70
木匠	71	农夫	27
抄纸	23	农夫	5
榨油	13	农夫	5
泥瓦匠	12	农夫	4

续前表

正业	正业人数	副业	副业人数
		拾柴	2
		看树	1
厨役	9		
做香	8	农夫	7
织布	7	农夫	2
编柳罐	7	农夫	1
做爆竹	7	农夫	6
理发匠	6	农夫	1
锯碗匠	5	农夫	2
玻璃工	5		
鞋工	4		
做粉条	4	农夫	3
铁匠	3	卖粉条	1
做豆腐	3	农工	1
制革	2		
刨扫帚	2		
磨香油	2		
做镳铲头	1	农夫	1
编铁笊篱	1		
做弹棉弓	1		
汽车司机	1		
菜园工人	1		
编蒲盖	1		
枪匠	1		
测量员	1		
矿师	1		
做点心	1		
织毯	1	卖毯	1
染布	1		
唱戏	1		
粗工：	132（1.2%）		12
差役	40		
木工	22	农夫	2
		织布	1
车站脚行	17	农夫	3
磨面	10	农夫	2
拉脚	6		
矿工	5		

续前表

正业	正业人数	副业	副业人数
赶车	5		
泥水工	4		
轧花	3	农夫	2
拾柴	3		
玻璃工	3		
做饭	3		
拾粪	2		
铁工	1		
挖参	1		
挖药	1		
打井	1	农夫	1
打更	1	拾粪	1
拾煤	1		
押煤车	1		
看守	1		
煤油罐工人	1		
商：	420（3.9%）		58
铺长	88		13
杂货铺	14	农夫	1
钱铺	11	农夫	1
药铺	7	医生	1
木厂	7	木匠	1
烧饼铺	7	农夫	2
饭铺	6	农夫	3
栈房	5	农夫	1
糖房	3	农夫	1
首饰楼	3	农夫	1
酒店	3		
小杂货铺	3		
自行车铺	2	农夫	1
染房	2		
猪肉铺	2		
茶馆	2		
南纸店	1		
水车铺	1		
大车铺	1		
砖窑	1		

续前表

正业	正业人数	副业	副业人数
鲜果铺	1		
鞋铺	1		
布铺	1		
钱铺	1		
洋货铺	1		
蜂场	1		
煤矿总办	1		
司账	11		1
煤矿	2		
饭铺	2		
布铺	1		
钱铺	1		
油店	1	农夫	1
车站脚行	1		
猪肉铺	1		
洋货铺	1		
玻璃厂	1		
铺伙	136		10
杂货铺	21		
钱铺	11		
药铺	11		
洋货铺	11		
饭铺	10		
首饰楼	10		
栈房	8	农夫	6
煤厂	6		
布店	5		
铁铺	4	农夫	4
眼药铺	4		
布铺	4		
金店	4		
砖窑	3		
鲜果铺	3		

续前表

正业	正业人数	副业	副业人数
猪肉铺	2		
染房	2		
竹货铺	2		
澡堂	2		
绳铺	1		
粮局	1		
油房	1		
煤窑	1		
酒店	1		
烟铺	1		
玻璃厂	1		
电料行	1		
点心铺	1		
钟表铺	1		
纺纱厂	1		
烟卷公司	1		
煤矿稽查	1		
学徒	32		
杂货铺	6		
工厂	5		
玻璃厂	4		
药铺	3		
布店	2		
洋货铺	2		
自行车铺	1		
烧饼铺	1		
点心铺	1		
南纸铺	1		
鲜果铺	1		
木厂	1		
钱铺	1		
煤矿	1		
毛巾厂	1		
绳铺	1		
小贩	146		31
卖干果	36	农夫	7
卖烧饼	16	农夫	2

续前表

正业	正业人数	副业	副业人数
卖卷子	14	农夫	6
卖杂货	8	农夫	1
卖洋布	7		
卖油	7	农夫	3
贩粮食	6	农夫	5
卖烟卷	6		
卖叶子烟	5	农夫	1
卖眼药	5	农夫	2
卖针线	4		
卖豆芽	4	农夫	2
卖猪肉	3	农夫	2
卖梨	3		
卖豆腐	2		
卖木料	2		
卖饸饹	2		
卖洋货	2		
卖糖	2		
卖面	2		
卖铁器	1		
卖黏糕	1		
卖干粉	1		
卖棉花	1		
卖粉皮	1		
卖粑糕	1		
卖茶饭	1		
卖菜	1		
换碗	1		
钱摊	1		
其他	7		3
商会董事	1		
银号董事	1	农夫	1
花生经纪	1		
斗经纪	1	农夫	1
布经纪	1		
牛经纪	1		
麻经纪	1	农夫	1

续前表

正业	正业人数	副业	副业人数
学：	182（1.7%）		1
学生	123		
教员	52	农夫	1
校长	4		
学董	1		
视学	1		
平教会职员	1		
政：	10（0.1%）		1
党部委员	3	农夫	1
印花局职员	2		
包印花税	1		
税局长	1		
税局职员	1		
县政府科长	1		
审判厅书记	1		
军：	169（1.6%）		
士兵	131		
医兵	7		
书记	6		
连长	5		
排长	3		
副官	2		
秘书	2		
军医官	2		
编遣委员	1		
师长	1		
参谋	1		
军医处长	1		
军医院长	1		
军医长	1		
军需长	1		
军械长	1		
军法官	1		
司药官	1		
营长	1		

续前表

正业	正业人数	副业	副业人数
警：	26（0.2%）		
保卫团丁	13		
巡警	6		
保卫团董	2		
巡长	2		
警察队长	1		
保卫团附	1		
保卫队长	1		
交通：	37（0.3%）		
铁路工人	16		
邮差	4		
铁路段长	2		
电话工人	2		
站长	1		
车务课员	1		
验票员	1		
工程处员	1		
路电报生	1		
路警	1		
押车工人	1		
车站打旗	1		
邮局长	1		
邮务生	1		
无线电队长	1		
电话司机	1		
电报工人	1		
医：	22（0.2%）		1
中医	14	农夫	1
看护	3		
西医	2		
医院长	1		
医院司事	1		
练习生	1		
其他：	86（0.8%）		
在外职业不明	72		
被雇管家	6		
算卦	5		
相面	1		

续前表

正业	正业人数	副业	副业人数
说书	1		
传教	1		
无职业：	351（3.3%）		
年老	261		
赋闲	38		
家事	34		
病废	13		
要饭	5		
总合	10 801（100%）	—	1 828

注：编蒲盖——蒲盖为蒸干粮之用。
锥井——为探水泉及试水之工作。
看庄子——为代人看守园地树木。
修柳杆——柳杆为做各种农具之长柄用。
打井——为实行挖井之工作。
做香——香为祭神用品。
做取灯——用柳木做成长薄片，一端蘸以硫磺，为取火之用。
做饭——做粗糙之饭食，次于厨役。

（二）女子职业

5 255 家中，14 岁及以上之女子共计 10 259 人。定县女子大半亦同男子在田间工作。在 10 259 人中，从事田间工作之农妇计 7 883 人，占 76.8%。农妇中有副业者，计 2 550 人，其中以纺线者为最多，计 2 159 人，织布者次之，计 168 人。此外尚有作针黹、编蒲盖、织毯子等 20 余种副业。

农业外，以从事家庭手工业者为最多，计 1 174 人，占 11.4%，其中以纺线与织布为最普通。

此外，做针黹者计 375 人，家事计 366 人，在学界做事者计 16 人，为商者计 12 人。因年老、病废等原因而无职业者计 420 人，占 4.1%。详细情形见第 17 表。

第 17 表　5 255 家内 14 岁及以上女子之各种职业人数
民国十九年

正业	正业人数	副业	副业人数
农：	7 883（76.8%）		2 550
农妇	7 883	纺线	2 159
		织布	168
		针黹	43

续前表

正业	正业人数	副业	副业人数
		编蒲盖	39
		织毯子	29
		编铁笊篱	26
		家事	25
		打麻绳	13
		做粉条	8
		做挂面	7
		编柳罐	6
		纺羊毛	4
		磨面	3
		榨油	2
		打苇箔	2
		开面铺	2
		做香	2
		做爆竹	1
		做取灯	1
		卖豆腐	1
		抄纸	1
		织口袋	1
		卖杂面	1
		拾煤	1
		打点心	1
		卖豆芽	1
		卖面	1
		蒸卷子	1
		生豆芽	1
家庭手工业：	1 174（11.4%）		64
纺线	1 005	针凿	36
		拾柴	10
		家事	7
		农妇	4
		弹棉花	1
织布	134	针凿	2
		农妇	1

续前表

正业	正业人数	副业	副业人数
抄纸	9		
织毯	5		
磨面	4		
编柳罐	3		
编锅盖	2		
纺羊毛	2		
打麻绳	2		
做爆竹	2	纺线	1
轧花	2	农妇	1
织口袋	1		
洗衣服	1		
做挂面	1	家事	1
做豆腐	1		
学：	16（0.2%）		
学生	10		
教员	4		
校长	1		
视学	1		
针黹：	375（3.7%）		22
		纺线	20
		农妇	1
		家事	1
家事：	366（3.6%）		39
		纺线	37
		织布	1
		编蒲盖	1
商：	12（0.1%）		1
开茶饭铺	3		
卖烧饼	2		
开小杂货铺	1		
开店	1	农妇	1
炸麻糖	1		
卖衣裳	1		
打烧饼	1		
铺东	1		

续前表

正业	正业人数	副业	副业人数
小贩	1		
其他：	13（0.1%）		
拾柴	5		
佣工	3		
媒人	2		
算卦	1		
巫婆	1		
拾煤	1		
无职业：	420（4.1%）		
年老	400		
病废	15		
要饭	5		
总合	10 259（100%）	—	2 676

八、离家人口

（一）离家人口之地点

本调查所谓离家人口，系离家在外谋生，尚与家中有密切经济关系之人口。在 5 255 家 30 642 人口中，离家在外者共计 720 人，占总人口 2.3%，其中男子计 698 人，女子计 22 人。虽离家而未出本区地界者计 154 人，虽出本区而仍在本县其他地方者计 16 人。出本县者共计 550 人，其中在北平者计 43 人。除定县外，在河北省其他各处者计 77 人，其中以在天津者为最多，在保定者次之。河北省外，以在辽宁省者为最多，计 89 人；在吉林省者 42 人，在黑龙江省者 22 人。在山西、河南、江苏、察哈尔、陕西、绥远、山东、湖北、浙江、热河等省，均有本调查之家庭人口。亦有少数在库伦及国外者。此外有不知在何一定地点者 195 人。离家人口所在各省各县之详细人数，见第 18 表。

（二）离家人口年龄

离家在外之 720 人中，确知已有职业者计 507 人。关于年龄方面以壮丁为最多。20 至 39 岁者计 462 人，不满 20 岁者计 136 人，40 岁及以上者计 122 人。各年龄组之在外人口数，见第 19 表。

第 18 表 5 255 家离家在外之男女人数及其所在地点

民国十九年

离家在外者所在地点	人数			离家在外者所在地点	人数		
	男	女	共		男	女	共
本区（第一区）	151	3	154	望都	1	—	1
定县其他地方	15	1	16	正定	1	—	1
北平	39	4	43	完县	1	—	1
河北省	69	8	77	滦县	1	—	1
天津	13	1	14	磁县	1	—	1
保定	10	—	10	门头沟	1	—	1
石家庄	6	1	7	不知何县	1	1	2
长辛店	4	3	7	辽宁省	83	6	89
井陉	6	—	6	铁岭	2	—	2
安国	5	—	5	千金寨	1	1	2
临城	5	—	5	不知何县	80	5	85
高阳	3	—	3	吉林省	42	—	42
唐县	2	—	2	哈尔滨	9	—	9
获鹿	2	—	2	长春	4	—	4
钜鹿	2	—	2	双城子	1	—	1
通县	2	—	2	榆树	1	—	1
饶阳	1	1	2	不知何县	27	—	27
邢台	1	1	2	山西省	32	—	32

续前表

离家在外者所在地点	人数			离家在外者所在地点	人数		
	男	女	共		男	女	共
太原	14	—	14	察哈尔省	7	—	7
祁县	1	—	1	张家口	5	—	5
阳曲	1	—	1	宣化	2	—	2
榆次	1	—	1	陕西省	5	—	5
不知何县	15	—	15	潼关	2	—	2
黑龙江省	22	—	22	不知何县	3	—	3
海拉尔	1	—	1	绥远省　归化	5	—	5
不知何县	21	—	21	山东省	4	—	4
河南省	12	—	12	烟台	1	—	1
开封	1	—	1	不知何县	3	—	3
郑州	1	—	1	湖北省　武昌	2	—	2
新乡	1	—	1	浙江省不知何县	1	—	1
柘城	1	—	1	热河省不知何县	1	—	1
不知何县	8	—	8	库伦	2	—	2
江苏省	7	—	7	国外	4	—	4
上海	5	—	5	不知地点	195	—	195
金坛	1	—	1	总合	698	22	720
不知何县	1	—	1				

第 19 表 5 255 家按年龄组离家人数之分配
民国十九年

年龄组	离家人数			确知有职业人数		
	男	女	共	男	女	共
20 岁以下	128	8	136	80	2	82
20～29	277	6	283	197	2	199
30～39	172	7	179	133	3	136
40～49	78	—	78	60	—	60
50 岁及以上	43	1	44	30	—	30
总合	698	22	720	500	7	507

注：20 岁以下之 128 男子内有随父在外 4 幼童。
20 岁以下之 8 女子为随父在外之幼女。

九、家庭人口的教育

（一）受教育者入学年数

在调查时，中华平民教育促进会尚未在此区大规模地推行平民教育。在 30 642 人口中，受教育者计 4 424 人，占 14%。现尚入学者计 1 377 人，其中男子计 1 273 人，女子计 104 人。现已不在学校者计 3 047 人，其中男子计 2 931 人，女子计 116 人。受过教育之男子共计 4 204 人，女子共计 220 人。

在受过教育之 4 424 人中，入学年数不满 1 年者占 4%，入学 1 年者占 12%，入学 2 年者占 18%，入学 3 年者占 21%，入学 4 年者占 18%。可见入学者皆未能在初级小学毕业，或在初级小学毕业后即不再升学。各入学年数之详细人数，见第 20 表。

第 20 表 5 255 家内 4 424 受教育者入学之年数
民国十九年

入学年数	现已离校人数			现尚入学人数			总计			百分比
	男	女	共	男	女	共	男	女	共	
1 年以下	48	3	51	135	6	141	183	9	192	4.34
1	151	7	158	354	28	382	505	35	540	12.21
2	408	23	431	310	34	344	718	57	775	17.52

续前表

入学年数	现已离校人数			现尚入学人数			总计			百分比
	男	女	共	男	女	共	男	女	共	
3	695	19	714	220	12	232	915	31	946	21.38
4	666	30	696	83	9	92	749	39	788	17.81
5	323	4	327	37	2	39	360	6	366	8.27
6	129	4	133	32	2	34	161	6	167	3.77
7	95	4	99	22	1	23	117	5	122	2.76
8	129	10	139	17	4	21	146	14	160	3.62
9	28	—	28	12	1	13	40	1	41	0.93
10	103	4	107	19	2	21	122	6	128	2.89
11	16	2	18	7	—	7	23	2	25	0.56
12	43	3	46	11	3	14	54	6	60	1.36
13	11	2	13	2	—	2	13	2	15	0.34
14	11	—	11	4	—	4	15	—	15	0.34
15	24	1	25	4	—	4	28	1	29	0.66
16	15	—	15	—	—	—	15	—	15	0.34
17	6	—	6	1	—	1	7	—	7	0.16
18	4	—	4	2	—	2	6	—	6	0.14
19	—	—	—	1	—	1	1	—	1	0.02
20	18	—	18	—	—	—	18	—	18	0.41
21	1	—	1	—	—	—	1	—	1	0.02
23	1	—	1	—	—	—	1	—	1	0.02
25	4	—	4	—	—	—	4	—	4	0.09
30	2	—	2	—	—	—	2	—	2	0.04
总合	2 931	116	3 047	1 273	104	1 377	4 204	220	4 424	100.00

（二）受教育之程度

在受教育之 4 424 人中，入过初级小学及仅在初级小学毕业者共计 2 639 人，占 60%，其中男子计 2 479 人，女子计 160 人，仅在初级小学毕业者男女共计 724 人；受过私塾教育者共计 1 176 人，占 27%；入过高级小学或仅在高级小学毕业者计 187 人，占 4%，其中仅在高级小学毕业者计 81 人；入过平民学校及在平民学校毕业者计 156 人，占 4%；入过中学及仅在中学毕业者计 87 人，占 2%；入过师范及仅在师范毕业者计 82 人，占 2%；此外受过专科学校及大学教育者计 84 人，占 2%。国外留学者亦有 7 人。各种教育程度之详细人数，见第

21 表。表内所谓修业人数，系指入过某种学校而未毕业的中途退学者。

第 21 表　5 255 家内 4 424 受教育者所入各种学校之男女人数
民国十九年

学校种类	毕业人数			修业人数			肄业人数			总计			百分比
	男	女	共	男	女	共	男	女	共	男	女	共	
初级小学	690	34	724	768	46	814	1 021	80	1 101	2 479	160	2 639	59.95
私塾	—	—	—	1 156	8	1 164	4	8	12	1 160	16	1 176	26.58
高级小学	77	4	81	36	2	38	66	2	68	179	8	187	4.23
平民学校	37	—	37	13	1	14	103	2	105	153	3	156	3.53
中学	31	—	31	13	1	14	36	6	42	80	7	87	1.97
师范学校	45	15	60	3	4	7	9	6	15	57	25	82	1.85
朝阳大学	2	—	2	—	—	—	6	—	6	8	—	8	0.18
河北大学	4	—	4	2	—	2	1	—	1	7	—	7	0.16
高等师范	6	—	6	—	—	—	—	—	—	6	—	6	0.14
师范大学	3	1	4	—	—	—	1	—	1	4	1	5	0.11
北京大学	2	—	2	—	—	—	3	—	3	5	—	5	0.11
中国大学	1	—	1	1	—	1	3	—	3	5	—	5	0.11
医科大学	2	—	2	—	—	—	2	—	2	4	—	4	0.09
高等工业	3	—	3	1	—	1	—	—	—	4	—	4	0.09
北洋大学	1	—	1	—	—	—	3	—	3	4	—	4	0.09
平民学院	—	—	—	—	—	—	3	—	3	3	—	3	0.07
工业大学	1	—	1	—	—	—	2	—	2	3	—	3	0.07
日本留学	2*	—	2	—	—	—	1	—	1	3	—	3	0.07
职业学校	2	—	2	—	—	—	—	—	—	2	—	2	0.05
乙种实业	—	—	—	1	—	1	1	—	1	2	—	2	0.05
甲种工业	1	—	1	1	—	1	—	—	—	2	—	2	0.05
军官学校	2	—	2	—	—	—	—	—	—	2	—	2	0.05
法国留学	1	—	1	—	—	—	1	—	1	2	—	2	0.05
随营学校	2	—	2	—	—	—	—	—	—	2	—	2	0.05
随营医学校	1	—	1	—	—	—	—	—	—	1	—	1	0.02
农业传习所	1	—	1	—	—	—	—	—	—	1	—	1	0.02
监狱传习所	1	—	1	—	—	—	—	—	—	1	—	1	0.02
警务传习所	1	—	1	—	—	—	—	—	—	1	—	1	0.02
陆军干部学校	1	—	1	—	—	—	—	—	—	1	—	1	0.02
军官教导团	1	—	1	—	—	—	—	—	—	1	—	1	0.02
铁路警官学校	—	—	—	—	—	—	1	—	1	1	—	1	0.02
武备学校	1	—	1	—	—	—	—	—	—	1	—	1	0.02
法文专校	1	—	1	—	—	—	—	—	—	1	—	1	0.02
法政专校	—	—	—	1	—	1	—	—	—	1	—	1	0.02
电报专校	1	—	1	—	—	—	—	—	—	1	—	1	0.02

续前表

学校种类	毕业人数			修业人数			肄业人数			总计			百分比
	男	女	共	男	女	共	男	女	共	男	女	共	
俄文法政专校	1	—	1	—	—	—	—	—	—	1	—	1	0.02
军医专校	1	—	1	—	—	—	—	—	—	1	—	1	0.02
盐务专校	—	—	—	—	—	—	1	—	1	1	—	1	0.02
将弁学校	1	—	1	—	—	—	—	—	—	1	—	1	0.02
训政学院	1	—	1	—	—	—	—	—	—	1	—	1	0.02
铁路大学	—	—	—	—	—	—	1	—	1	1	—	1	0.02
交通大学	1	—	1	—	—	—	—	—	—	1	—	1	0.02
平民大学	1	—	1	—	—	—	—	—	—	1	—	1	0.02
军警大学	1	—	1	—	—	—	—	—	—	1	—	1	0.02
东北大学	—	—	—	—	—	—	1	—	1	1	—	1	0.02
山西大学	1	—	1	—	—	—	—	—	—	1	—	1	0.02
郁文大学	—	—	—	—	—	—	1	—	1	1	—	1	0.02
清华大学	—	—	—	—	—	—	1	—	1	1	—	1	0.02
民国大学	—	—	—	1	—	1	—	—	—	1	—	1	0.02
法汉大学	1	—	1	—	—	—	—	—	—	1	—	1	0.02
比国甘梅大学	—	—	—	—	—	—	1	—	1	1	—	1	0.02
美国伊里诺大学	1	—	1	—	—	—	—	—	—	1	—	1	0.02
总合	934	54	988	1997	62	2 059	1 273	104	1 377	4 204	220	4 424	100.00

＊内1人系明治大学毕业。
注：职业学校、乙种实业均系高级小学程度。
甲种工业系中学程度。

（三）受过教育者之年龄

在受过教育之4 424人中，5至9岁者计709人，10至14岁者计1 015人，15至19岁者计673人，20岁及以上者计2 027人。各年龄组中男女人数，见第22表。

第22表　5 255家内受教育者之年龄
民国十九年

年龄组	人数		
	男	女	共
5～9	656	53	709
10～14	939	76	1 015
15～19	619	54	673
20岁及以上	1 990	37	2 027
总合	4 204	220	4 424

在现尚入学之1 377人中，5至9岁者计581人，10至14岁者计589人，15

至 19 岁者计 153 人，20 岁及以上者计 54 人。各年龄之现尚入学男女人数，见第 23 表。

第 23 表 5 255 家内现尚入学男女之年龄
民国十九年

年龄组	人数		
	男	女	共
5～9	530	51	581
10～14	552	37	589
15～19	141	12	153
20 岁及以上	50	4	54
总合	1 273	104	1 377

关于现已离校男女之年龄见第 24 表。

第 24 表 5 255 家内现已离校男女之年龄
民国十九年

年龄组	人数		
	男	女	共
5～9	126	2	128
10～14	387	39	426
15～19	478	42	520
20 岁及以上	1 940	33	1 973
总合	2 931	116	3 047

十、家庭人口的疾病

关于调查疾病，甚为困难，农民多不愿被调查，亦多不肯报告，尤其是关于死亡一项。现只能将已得之少数答案，参照医生之意见，统计分析，其结果见第 25 表。

在 1 119 人的疾病报告中，以患肠胃症者为最多，计 304 人；眼病次之，计 200 人；疮伤又次之，计 116 人。此外以呼吸系病、肺痨、喉症、骨节炎、抽风、疹子等症颇为常见。

在 296 人死亡原因之报告中，以肺痨为最多，计 61 人；肠胃症及抽风次之，计各 50 人。

兹将得病人数与死亡人数合计，则以肠胃症为最多，计 354 人，占总人数 1 415 人之 25%；眼病次之，占 14%；疮伤又次之，占 9%；再次为肺痨、呼吸系病、抽风、喉症、疹子、骨节炎、疟疾、皮肤病等症。详细数目见第 25 表。

第 25 表　民国十八年全年内 5 255 家内所得各种疾病及死亡之原因

病原	得病人数	死亡人数	共计	百分比
肠胃症	304	50	354	25.02
泻吐	82	13	95	
痢疾	62	9	71	
肠热症	14	—	14	
其他肠胃症	146	28	174	
眼病	200	—	200	14.13
疮伤	116	18	134	9.47
肺痨	67	61	128	9.05
肺病	—	3	3	
其他痨病	67	58	125	
呼吸系病	78	14	92	6.50
抽风	39	50	89	6.29
脐疯	—	13	13	
其他	39	37	76	
喉症	57	14	71	5.02
疹子	38	21	59	4.17
骨节炎	41	—	41	2.90
疟疾	26	—	26	1.84
皮肤病	18	—	18	1.27
秃疮	11	—	11	
癣	2	—	2	
疥疮	5	—	5	
天花	9	6	15	1.06
瘫痪及脑出血	9	4	13	0.92
臌症	6	5	11	0.78
产后夹杂病	4	6	10	0.71
牙痛	10	—	10	0.71
老病	—	9	9	0.64
神经病	8	—	8	0.56
花柳病	4	—	4	0.28
耳病	3	—	3	0.21
其他	82	38	120	8.48
总合	1 119	296	1 415	100.00

民国二十年中华平民教育促进会生命统计股在定县城关曾作较精密之死亡

原因调查，其结果见第 26 表。

第 26 表 民国二十年 1 月至 12 月定县城关各种死亡原因之男女人数

死亡原因	人数		
	男	女	共
肺痨	29	28	57
抽风	39	18	57
老病及中风	18	34	52
腹泻肠炎（3 岁以下）	21	20	41
其他肠胃病	15	13	28
猩红热	17	11	28
疡毒	11	10	21
心肾病	11	7	18
初生虚弱及早产	11	7	18
白喉	10	5	15
伤寒或类伤寒	9	4	13
其他发热及发疹症	8	5	13
呼吸系病	9	2	11
外伤	6	3	9
霍乱	3	6	9
麻疹	2	5	7
中毒及自杀	4	3	7
赤痢	3	3	6
产褥病	—	6	6
斑疹伤寒	3	—	3
其他痨症	1	2	3
狂犬病	—	1	1
其他原因	13	11	24
原因不明	3	1	4
总合	246	205	451

十一、家庭人口的出生与死亡

关于出生与死亡，大概不是能用一次询问的方式可以得到准确答案的。此次 5 255 家的调查也曾试用此法，结果也未能够满意。但我们从不完备的答案里，得到值得供我们参考的几点。

（一）妇女生育、死亡及存在子女数

在5 255家内曾询问了992双生过子女之匹偶关于他们的结婚年限、生过子女数、死过子女数及现存子女数。其结果，关于所生子女数见第27表（甲），关于死亡子女数见第27表（乙），关于现存子女数见第27表（丙）。

从第27表（甲）（乙）（丙）三部分内，我们可以推得结婚期限不同之992双匹偶所生子女总数为3 053个，死亡子女总数为805个，现存子女总数为2 248个。992双匹偶结婚年限之总数为11 815年。用992匹偶数除11 815年得11.9年，即平均每匹偶结婚年限（至调查时止）。再用所生子女总数3 053除结婚年限总数11 815得3.9年，即平均每匹偶每3.9年生一孩童。用992除3 053，即得平均每匹偶生过三孩（至调查时止）。用992除2 248，即得平均每匹偶尚存2.3子女（至调查时止）。

第27表（甲）　5 255家内按结婚年限992匹偶所生子女数
民国十九年

结婚年限	匹偶数										
	生一子女	生二子女	生三子女	生四子女	生五子女	生六子女	生七子女	生八子女	生九子女	生十子女	共计
1	2	—	—	—	—	—	—	—	—	—	2
2	24	1	—	—	—	—	—	—	—	—	25
3	58	5	—	—	—	—	—	—	—	—	63
4	54	18	3	—	—	—	—	—	—	—	75
5	29	15	4	—	—	—	—	—	—	—	48
6	20	26	7	1	—	—	—	—	—	—	54
7	9	24	14	1	—	—	—	—	—	—	48
8	6	26	17	4	—	—	—	—	—	—	53
9	7	24	13	5	1	—	—	—	—	—	50
10	7	17	27	12	3	3	—	—	—	—	69
11	2	7	19	7	5	1	—	1	—	—	42
12	1	8	15	8	5	—	—	—	—	—	37
13	2	3	11	12	5	4	1	—	—	—	38
14	1	10	13	12	7	3	—	—	—	—	46
15	2	3	12	16	7	4	2	—	1	—	47

续前表

结婚年限	匹偶数										
	生一子女	生二子女	生三子女	生四子女	生五子女	生六子女	生七子女	生八子女	生九子女	生十子女	共计
16	2	2	11	5	6	3	1	2	—	—	32
17	2	4	3	10	9	4	2	—	—	—	34
18	2	3	1	10	4	3	2	2	—	—	27
19	1	3	6	7	9	6	7	2	—	—	41
20	—	5	8	9	5	7	2	5	—	1	42
21	—	4	3	2	7	5	2	1	—	2	26
22	—	3	3	—	1	4	2	—	—	—	13
23	—	5	—	5	6	3	4	—	1	—	24
24	—	3	1	4	2	3	1	4	—	—	18
25	1	—	2	2	2	3	3	—	—	—	13
26	2	—	—	1	2	1	—	—	—	—	6
27	—	—	—	—	2	1	—	—	—	1	4
28	—	—	—	3	—	—	—	—	—	1	4
30	—	—	—	—	2	—	1	—	—	—	3
31	—	—	—	1	—	—	1	—	1	—	3
32	—	—	—	1	—	—	—	1	—	—	2
33	—	—	—	—	—	—	—	—	1	—	1
34	—	1	—	—	—	—	—	—	—	—	1
35	—	—	1	—	—	—	—	—	—	—	1
总计	234	220	194	138	90	58	31	18	4	5	992

第 27 表（乙）　5 255 家内按结婚年限 992 匹偶死亡子女数
民国十九年

结婚年限	匹偶数							
	死一子女	死二子女	死三子女	死四子女	死五子女	死六子女	死七子女	共计
3	2	—	—	—	—	—	—	2
4	12	2	—	—	—	—	—	14
5	8	2	—	—	—	—	—	10
6	13	1	2	—	—	—	—	16
7	15	3	—	—	—	—	—	18
8	15	5	1	—	—	—	—	21
9	10	6	—	—	—	—	—	16

续前表

结婚年限	匹偶数							
	死一子女	死二子女	死三子女	死四子女	死五子女	死六子女	死七子女	共计
10	19	9	2	—	—	—	—	30
11	14	5	2	1	—	—	—	22
12	12	5	1	—	—	—	—	18
13	9	8	6	2	—	—	—	25
14	13	6	3	2	—	—	—	24
15	13	9	2	4	—	—	—	28
16	7	4	—	3	—	—	—	14
17	10	6	6	1	—	—	—	23
18	5	2	6	1	—	—	—	14
19	8	9	8	2	1	1	—	29
20	6	9	6	—	1	2	1	25
21	4	4	2	1	1	2	1	15
22	1	4	2	—	1	—	—	8
23	4	3	3	3	—	—	—	13
24	2	3	3	2	—	1	—	11
25	1	3	2	1	—	—	—	7
26	—	—	3	—	—	—	—	3
27	—	1	1	—	—	—	—	2
28	2	—	—	—	—	—	2	4
30	1	—	1	—	—	—	—	2
31	—	—	1	—	—	1	—	2
32	—	—	—	—	—	1	—	1
33	—	—	1	—	—	—	—	1
35	1	—	—	—	—	—	—	1
总合	207	109	64	23	4	8	4	419

注：外有573双匹偶所生子女并未死亡。

第 27 表（丙）　5 255 家内按结婚年限 992 匹偶生存子女数
民国十九年

结婚年限	匹偶数							
	存一子女	存二子女	存三子女	存四子女	存五子女	存六子女	存七子女	共计
1	2	—	—	—	—	—	—	2
2	24	1	—	—	—	—	—	25
3	60	3	—	—	—	—	—	63
4	67	8	—	—	—	—	—	75
5	38	9	1	—	—	—	—	48
6	31	21	2	—	—	—	—	54
7	19	24	5	—	—	—	—	48
8	19	24	10	—	—	—	—	53
9	14	26	9	1	—	—	—	50
10	19	20	21	7	2	—	—	69
11	4	19	15	3	—	—	1	42
12	5	13	15	2	2	—	—	37
13	9	11	10	7	1	—	—	38
14	9	12	16	8	—	1	—	46
15	10	9	8	16	3	1	—	47
16	4	6	11	5	3	2	1	32
17	7	7	8	7	5	—	—	34
18	3	5	5	10	4	—	—	27
19	7	8	7	13	4	—	2	41
20	3	12	12	7	5	2	1	42
21	1	7	8	5	3	2	—	26
22	1	4	3	5	—	—	—	13
23	1	9	3	4	3	3	1	24
24	—	7	2	6	1	2	—	18
25	1	1	3	6	1	1	—	13
26	3	1	1	—	1	—	—	6
27	—	1	2	—	—	1	—	4
28	—	—	3	1	—	—	—	4
30	—	1	—	2	—	—	—	3

续前表

结婚年限	匹偶数							
	存一子女	存二子女	存三子女	存四子女	存五子女	存六子女	存七子女	共计
31	—	—	1	2	—	—	—	3
32	—	1	—	1	—	—	—	2
33	—	—	—	—	—	1	—	1
34	—	1	—	—	—	—	—	1
35	—	1	—	—	—	—	—	1
总合	361	272	181	118	38	16	6	992

在另一调查之515家内，亦曾尝试搜集此类材料。兹将所询问之981个结婚妇女，按年龄分为三组，即14至29岁者、30至45岁者、46岁及以上者。前两组之妇女系尚在可生育之年龄，后一组之妇女大致系已达生育截止之年龄。按产生、死亡及现存子女数目，三组妇女之分配情形见第28表。

第28表　515家内按年龄组981个妇女产生、死亡及现存子女数
民国十八年

子女数目	妇女数目								
	关于产生			关于死亡			关于现存		
	14～29岁	30～45岁	46岁及以上	14～29岁	30～45岁	46岁及以上	14～29岁	30～45岁	46岁及以上
0	104	10	14	213	105	114	127	20	17
1	80	20	12	70	90	83	101	45	43
2	69	44	32	17	58	68	48	70	76
3	30	36	62	1	34	47	21	64	91
4	15	62	50	—	15	28	4	62	76
5	3	55	64	—	10	15	—	39	37
6	—	40	47	—	1	8	—	10	14
7	—	29	39	—	—	3	—	4	6
8	—	9	19	—	—	—	—	—	5
9	—	5	13	—	—	—	—	—	1
10	—	3	13	—	1	—	—	—	—
12	—	—	1	—	—	—	—	—	—
13	—	1	—	—	—	—	—	—	—
总合	301	314	366	301	314	366	301	314	366

14至29岁之301个青年妇女（其中包括104个尚未生育之妇女），共产生子女383个，死亡107个，现存276个，这样平均每妇女产生1.27个，死亡0.36个，现存0.92个；30至45岁之314个壮年妇女，共产生子女1 342个，死亡434个，现存908个，如此平均每妇女产生子女4.27个，死亡1.38个，现存2.89个；46岁及以上之366个老年妇女，共产生1 748子女，死亡616子女，现存1 132子女，如此平均每妇女产生4.78个，死亡1.68个，现存3.09个。

三组总合，平均每妇女产生子女3.54个，死亡1.18个，现存2.36个。详细数目，见第29表。

第29表　515家内按年龄组981个妇女产生、死亡及现存子女数与平均每妇女产生、死亡及现存子女数
民国十八年

妇女年龄	妇女总数	产生子女数	死亡子女数	现存子女数	平均每妇产生子女数	平均每妇死亡子女数	平均每妇现存子女数
14～29	301	383	107	276	1.27	0.36	0.92
30～45	314	1 342	434	908	4.27	1.38	2.89
46岁及以上	366	1 748	616	1 132	4.78	1.68	3.09
总合	981	3 473	1 157	2 316	3.54	1.18	2.36

上述两项，关于妇女生育、死亡及现存子女数目，均为尝试的调查，作者对于所得结果甚为怀疑，其不准确之程度多半很高。因在中国关于此类材料甚为缺乏，故附带发表于此，以供参考。

（二）各月份出生死亡人数

关于各月份出生死亡人数之比较，民国二十年内在定县城关曾作调查之尝试。其结果见第30表。

第30表　民国二十年定县城关各月份生亡人数之比较

月份	出生			死亡		
	男	女	共	男	女	共
1	12	20	32	25	14	39
2	15	14	29	15	22	37
3	23	16	39	23	15	38
4	24	11	35	18	18	36
5	23	15	38	17	13	30

续前表

月份	出生			死亡		
	男	女	共	男	女	共
6	16	23	39	22	16	38
7	22	17	39	21	16	37
8	19	17	36	24	22	46
9	26	15	41	19	24	43
10	30	18	48	27	14	41
11	26	24	50	17	16	33
12	35	13	48	18	15	33
总合	271	203	474	246	205	451

注：城关人口数，男 7 011 人，女 6 545 人，共 13 556 人。

民国二十二年 4 月份至二十三年 3 月份，定县城内关于单生、双生、私生、出生即死等人数之比较，见第 31 表。

第 31 表　民国二十二年 4 月至二十三年 3 月定县城内各月份出生人数之比较

年月	单生		双生		私生		出生即死		合计		
	男	女	男	女	男	女	男	女	男	女	男女共
二十二年 4 月	22	16	—	—	—	—	—	—	22	16	38
5 月	19	11	1	1	—	1	—	—	20	13	33
6 月	21	20	—	—	—	—	—	1	21	21	42
7 月	17	17	—	2	—	—	—	—	17	19	36
8 月	17	20	—	—	—	—	—	1	17	21	38
9 月	22	14	—	—	1	—	—	2	23	16	39
10 月	16	18	—	—	—	—	2	—	18	18	36
11 月	19	18	—	—	—	—	—	—	19	18	37
12 月	17	12	—	—	—	—	1	—	18	12	30
二十三年 1 月	16	18	—	—	—	—	—	—	16	18	34
2 月	11	16	—	—	—	—	—	—	11	16	27
3 月	24	24	—	—	1	—	—	—	25	24	49
总合	221	204	1	3	2	1	3	4	227	212	439

十二、其他状况

（一）家庭人口的信仰

在调查时亦曾问及各家之信仰，答复者多为家主。关于农民之信仰大半模糊不清。除少数真正信佛、尊奉孔子及加入有团体之宗教外，一般农民多是见庙就进，见像即拜，可总称之为拜偶像者。5 255 家之信仰（即家主之信仰）大略如下：信佛者 52 家，尊儒者 54 家，天主教徒 12 家，耶稣教徒 9 家；不信神者 168 家（多为大学或中学毕业者）；此外 4 960 家皆为普通拜偶像者。

（二）各姓氏的家数

关于各姓氏之家数，曾于民国十七年时，在定县一个区域内调查了 10 445 家（包括 5 255 家之一部分）。平常所谓张、王、李、赵四大姓，在定县地方亦甚普通，占最多数之前六位内。10 445 家中，以王姓最普通，计 1 419 家；张姓次之，计 856 家；刘姓又次之，计 828 家；再次为李、马、赵等姓。各姓氏之详细家数，见第 32 表。

第 32 表　10 445 家庭每姓氏之家数
民国十七年

姓氏	家数	姓氏	家数	姓氏	家数
王	1 419	郭	125	冯	69
张	856	么	122	胥	65
刘	828	许	122	曲	61
李	730	徐	114	范	59
马	514	邢	108	申	59
赵	457	由	107	黄	54
陈	405	卢	104	薛	54
杨	277	周	103	孟	52
吴	260	郑	100	石	50
史	203	贾	97	董	48
韩	186	齐	93	潘	41
安	185	渠	87	宋	40
侯	161	胡	84	田	39
萧	155	邵	83	武	38
鹿	150	寇	80	郝	33
米	141	阎	79	蔡	32
秦	135	崔	78	孙	31
白	134	何	76	常	31
高	127	雷	75	苏	25

续前表

姓氏	家数	姓氏	家数	姓氏	家数
肖	25	罗	8	林	1
霍	25	玄	8	牛	1
邓	24	庞	7	程	1
曹	23	孔	7	贡	1
唐	23	甄	7	郸	1
顾	18	路	7	哈	1
魏	18	谷	5	解	1
仝	16	蒋	5	锁	1
吕	15	柏	5	巴	1
梁	15	鲁	5	蓝	1
邱	15	彭	4	香	1
师	14	康	4	崇	1
杜	12	钮	4	方	1
牟	10	门	3	屈	1
于	9	桑	3	陶	1
朱	9	耿	3	总合	10 445
夏	9	席	3		
任	9	宗	2	平均每姓	95
狄	8	元	2		

（三）各家房屋间数

从各家房屋的间数，亦可大致看出这些家庭贫富的程度。此地所谓间之大小，以屋内论，长约一丈二尺，宽约一丈零五寸，高约九尺。在 5 255 家中，以有 3 间者为最普通，计 1 226 家；有 5 间者次之，计 848 家；6 间者又次之，计 509 家；最少者有 1 间，最多者有 60 间。各家自有房、租房及借房之详细间数，见第 33 表。

第 33 表　5255 家各家所住房屋间数
民国十九年

房屋间数	家数			
	自有房	租房	借房	共计
1	58	3	17	78
2	291	5	15	311
3	1 210	9	7	1 226
4	495	2	—	497
5	845	2	1	848
6	508	1	—	509
7	351	—	—	351

续前表

房屋间数	家数			
	自有房	租房	借房	共计
8	381	—	—	381
9	189	—	—	189
10	164	—	—	164
11	208	—	—	208
12	91	—	—	91
13	54	—	—	54
14	58	—	—	58
15	63	—	—	63
16	52	—	—	52
17	28	—	—	28
18	32	—	—	32
19	10	—	—	10
20	35	—	—	35
21	12	—	—	12
22	8	—	—	8
23	3	—	—	3
24	7	—	—	7
25	5	—	—	5
26	4	—	—	4
27	5	—	—	5
28	4	—	—	4
30	7	—	—	7
31	1	—	—	1
32	1	—	—	1
34	3	—	—	3
35	1	—	—	1
38	2	—	—	2
40	3	—	—	3
42	1	—	—	1
52	1	—	—	1
55	1	—	—	1
60	1	—	—	1
总合	5 193	22	40	5 255

作者草此文时，因患时令疾，腹泻不止而猛，但因已应本刊编者之约，只能勉为其难。因此，关于本篇材料之取舍与说明，未能细心斟酌，辞句亦容有未达意者。加以数字繁多，计算费神，错误亦所难免。匆促成篇，心颇难安。又值排版期近，索稿甚急，亦未得作一结论。统希读者原谅与指正。

民国二十五年八月中旬，古月堂

附录　调查表格

一、拜访乡村人家谈话表

号数：　　　　　　　　　　　　　　　　　　　　　　　　　　　　　　　　　　第　　页

拜访者姓名：　　　　　　　　　　　　　　　　　　　　　　　　　拜访时期：　　年　　月　　日

第　区，　　　　　村，　　　　街，第　　　间，第　　　邻，门牌第　　　　号，家主姓名

若要知道用什么好方法为农民谋幸福

类别 / 事别	家主	亲属称谓（若有佣工或同居关系者即列于亲属后，中间画一重竖线隔开）							
1. 性别									
2. 岁数（照乡民习惯）									
属相（或生年）									
出生月日（旧历）									
推得真年龄年月日数									
3. 已未婚嫁									
4. 正业（14 岁及以上）									
副业									
5. 入学年数									
现入学否									
在何种学校毕业、修业或肄业									
6. 何种残缺									
7. 现患何病									
8. a 离家在外做事者何人及其性别、年龄									
b 全家人口数：亲属男　　女　　共　　，佣工男　　女　　共　　，同居男　　女　　共　　，总数									

必须清清楚楚地明白他们家里的状况

注意：（1）访问贵精密准确，填写要整齐清楚，万勿草率从事；（2）儿童数目及其实在年龄易生错误，须特别留意访问；（3）一切数目字皆用西式填写；（4）问题后答“是”或“有”时（正面）用√符号填写，答“否”或“无”时（反面）用○填写；（5）凡不可靠及答案不全之表须设法补充完备，实在办不到时即在表之下面说明原因分开缴还；（6）关于本表有不明了处或发生疑问时即随时询问指导者；（7）一表之可靠程度关系全体之结果很大，故访问人之责任甚重。

二、疾病死亡询问表

户主姓名：　　　　住址：　　　　　　　　　　　　　　询问时期：　　年　　月　　日

	年岁	生日	性别	原因														
				脐疯	其他抽风	天花	疹子	痢疾	泻肚	霍乱	其他肠胃病	痞积	喉症	眼疾	疟疾	疮伤	痨病	其他
上年死亡调查																		
上年家人疾病调查（死者除外*）																		

*若一人在上年内患某病一次则在该病下画“1”，若得两次则画“2”，以此类推。

三、上年婴儿询问表

婴儿性别	产母年龄	儿父年龄	结婚年限	共生几个（本胎在内）	死亡数目及其年龄

（载清华大学《社会科学》，1936 年第 2 卷第 1 期）

《定县农村工业调查》序言①

中华平民教育促进会在定县的实验是以整个的农村建设为目标，先从县内一部分村庄做起，逐渐普及全县。现在关于各方面的农村建设亦均以县作单位。因此，在定县的各种统计调查工作亦渐以县为单位。这种以县为单位的意义非常重要。因为根据中国的历史、社会的结构与实际工作的经验，县单位是最适当的地方建设单位。中国一县不仅是行政区域的单位，而也实在是一个社会生活的共同区域单位。中国为一千九百多县所构成，而每县又为若干乡村所构成。县村实为中国大多数民众的着落地，一切建设工作最好从这里着手进行。如此，在一个县里实验成功的结果，即可推行于他县。关于统计调查的工作也是以县作单位，最为适宜。近年以来，国内公私各方面对于国情的调查工作，积极进行，不遗余力；惟所调查之内容与范围，或为特殊的专题，或为一地的概况，率皆规模狭小，且系各自为谋，不相联属。故虽有相当的成绩，终属零碎片段，不足以应今日的急需。至于中央或各省的调查报告，其内容与范围虽较为广博，但因所用搜集的方法系由省政府颁发表格至县政府，限期填报，而各县平日缺乏有系统的实地调查与统计的数字，又迫于限期的急促，于是对于表格上的各项问题遂不得不出于揣测之一途。因此所填报之数字，每与事实不符，且往往相差过远，错误极大。我国国情统计之不确，此实为根本原因。况此种数字，

① 本文为李景汉为张世文的《定县农村工业调查》所写的序言。——编者注

既出于揣测，自难合于实际的应用，一旦误引以作建设方案的根据，其危险殊大。所以我国之大量统计，如不求其准确可靠实用则已，苟欲求其准确致用，自非全国一致认真推行普遍的调查不可，而欲实现此种大规模之调查，则又非从全国各县入手不为功。直到现在，以县为单位的各种统计调查尚不多见。张世文先生的县单位的农村工业调查，在这一方面，有他的贡献。不但可以使别的县分对于县单位的农村工业调查发生兴趣，就是在举行其他各种调查的时候亦可以县为单位，而且在调查的方法与技术方面有这一本可供参考的材料，一定有很大的帮助。各县有了县单位的各种调查以后，才能产生全国完备的各种调查材料。

再以农村工业调查的本身而论，亦是一本有价值的报告。盖中国本为一自给自足的农业国家，农村副业在农业经济的地位颇为重要，尤其是在小农经营的地方。在自然经济时代，所有家庭手工业都是附属于农业的副业。中国小农每年从事于农业工作的日数，平均不到三分之二，余暇的时间很多，又因土地过少、生产不足，都从事于某几种副业，以为收入的补助。例如，家庭手工纺织业甚为普遍，多半是供自用。但自资本主义势力侵入以后，首当其冲的农业逐渐开始崩溃，直至今日则愈形严重。中国原有以自用为主的农村副业渐趋没落，由大量的机器所生产的工业品较为物美价廉，农村手工业的产品很难与之竞争，于是农民的日常用品不得不渐次依赖于市场的购买。原有以自给为主的家庭手工业虽告衰落，而新的以出售于市场为主的家庭手工业却发展起来，例如织袜子、织毛巾、编草帽等新兴副业。原来由农民自己经营的副业渐变为雇佣的性质，其地位与工厂的劳动者相同。生产工具与原料均为雇主所有，工作者不过按件计值、领取工资而已。这样新兴的农村副业的性质变为资本主义的雇佣关系，而成为一个可注意的问题。有人以为农业经营既然可以有大规模的联合而有共同借贷、共同运销、共同购买原料、共同作业的农业合作组织，分散的与小规模的农村工业亦可以以合作的原则联合起来，俾能得到大规模工业的一切利益，而尽力免除资本家的操纵与剥削。还有人以为农村手工业根本没有维持的可能，机械工业迟早是要打倒手工业的。也有人以为若要保存农村工业，非使现在的农村工业从速现代化不可。也有人主张轻便的小工业是应该分散于农村，不应该使工业都集中于都市。此外，对于农村工业尚有许多不同的见解。无论如何，我们相信，大规模的机械工业不能完全替代手工业，总有一部分的手工业不是机械所能替代的。我们就应该调查研究甚么是机械不能替代的手工业和甚么是不能与机械抗争的手工业，这样就可以对于中国的农村手工业有适当的计划。以中国农民之众、农闲之多与人力之贱得到合宜有利的农村副业，是与农村经济大有关系。若仍任其自然变化而不加以指导与统制，则中国农村工业的没落必更甚于今日，结果是不堪设想的。

我们对于上述种种问题，如要得到有把握的结论与解决，一方面自然是要看清世界经济的趋势，一方面也须明了目下本国农村工业的事实。张先生这本详细周密的调查，实在是不可多得的参考材料。不但现在对于认识农村工业的现状有实际的用处，将来也一定是一部中国农村工业的重要史料。

关于这项调查我是早就希望，并且催促张先生早日发表的，但他始终是不急不忙，继续不断地孜孜调查研究，从容不迫地整理统计，自开始调查起至编辑报告止，用了三四年的工夫才完成了这一部巨著。这种力求完备、细心工作、不厌其详、不求速成的精神，是使我钦佩的。并且所经过的种种辛苦困难，也是我所深知的。故此书之发表我是非常愉快的。不幸我写这篇序文的时候正赶上是国难深重，天空飞机的声响不断地震动我的耳膜，不但不能使我安静地用心思写，并且是万感交集、不知所云，这是我对于著者抱歉的地方。读者对于这本大作，见仁见智，一定各有所得，这是我敢断言的。

李景汉序于北平

民国廿四年十二月

定县一百二十三户生活水平调查（摘录）

编者按：

李景汉先生曾于1931年—1932年率领调查组对定县123户家庭生活情况做过极为详尽的调查（当时他任平教会社会调查部部长），底账在十年动乱中大部丧失。在李景汉教授的指点下，由其学生何延峥从所余资料中整理成表格数张，并附有说明。择录如下，以见一斑。

这次调查的123家，除5家“不种田”外，其余118家都是农业户。从收入来源看，这123家平均每家农业收入为350.34元，占全部收入的79.48%；平均每家农业外收入为90.44元，占全部收入的20.52%（详见第1表）。这次调查对象是30年代初期中国北部的农业户。对这些农业户的生活水平进行调查时，未明确提出阶级关系的项目；但由于调查的结构科学，内容完备，其阶级关系可从有关的项目中做分析。这123家按全年收入额分为四个组：不满200元的，18家；200～399元的，56家；400～599元的，26家；600元及以上的，23家。其阶级关系可从其全年收入组的各项“平均每家亩数”（见第2表）进行分析。全年收入最高组，即600元及以上组为23家，其出租田产进行剥削的平均亩数为 40.24 亩，为各组之冠。也正是由于其出租田产进行剥削的幅度最大，从而收入最高。又全年收入 200～399 元的 56 家，占 123 家的 45.5%，而其种他人田受剥削的平均亩数为 7.79 亩，为各组之冠。这说明种他人田受剥削的人家是众多的（详见第 2 表）。

河北定县 123 家在 30 年代初期的全年生活费用，合计为 52 219.37 元，平均每家 424.55 元，最多之家为 2 200.63 元，最少之家为 147.69 元。其中，食品类支出合计为 31 314.75 元，平均每家 254.59 元，最多之家为 791.46 元，最少之家为 97.40 元；衣服类支出合计为 3 188.09 元，平均每家 75.92 元，最多之家为 108.22 元，最少之家为 0.19 元；住房支出合计为 1 866.01 元，平均每家 15.17 元，最多之家为 57.72 元，最少之家为 2.16 元；燃料及照明类支出合计为 5 857.96 元，平均每家 47.63 元，最多之家为 36.20 元，最少之家为 15.77 元；杂类支出合计为 9 992.56 元，平均每家 81.24 元，最多之家为 1 539.33 元，最少之家为 2.88 元（详见第 3 表）。从平均每家各类支出额计算，食品类支出占 59.97%，衣服类支出占 6.11%，住房支出占 3.57%，燃料及照明类支出占 11.21%，杂类支出占 19.14%。各收入组对比，收入最高的 600 元及以上组，食品类支出占其全部开支的 51.25%，比其他各收入组的百分比低；杂类支出（包括娱乐、卫生、应酬、交通等项目）占其全部开支的 30.39%，比其他各收入组的百分比为高（参考第 4 表）。

这次调查是采取记账的方法进行的。这 123 家逐家立账，逐日记账。具体记账由五名调查员进行，他们每天分别到各家逐项询问该家昨天各项开支的数量及金额，逐项登记。123 家每家每月各用一本账，全年 123 家公用 1 476 本账。各家记账的起讫日期不尽相同：有 95 家自 1931 年 3 月起至 1932 年 2 月止；有 13 家自 1931 年 4 月起至 1932 年 3 月止；有 6 家自 1931 年 5 月起至 1932 年 4 月止；有 2 家自 1931 年 6 月起至 1932 年 5 月止；7 家自 1931 年 7 月起至 1932 年 6 月止。但统计时均以一年为期。

123 家全年各类支出项目共 702 个。其中，食品类 237 个，衣服类 69 个，住房类 1 个，燃料及照明类 33 个，杂类 362 个，极为详尽。

第 1 表　河北省定县 123 家各种收入来源

单位：元

全年收入组	家数	平均每家一切收入总数	平均每家农业收入	平均每家农业外的收入							
				小计	工薪	经商营利	手工业营利	数债利息	亲友赠送	假定估计房租	其他
合计	123	440.79	350.34	90.44	30.82	17.34	4.76	8.52	4.63	15.58	8.79
不满 200	18	158.39	108.26	50.13	12.46	[redacted]2.63	0.82	1.91	9.76	8.21	4.34
200～399	56	298.24	216.79	81.45	35.27	19.23	6.10	1.59	1.16	10.5[redacted]	7.51
400～599	26	479.51	375.51	103.97	32.12	29.31	5.69	9.51	3.30	14.94	9.10
600 及以上	23	965.11	836.46	128.65	32.87	5.20	3.56	27.13	10.59	34.33	14.97

调查年月：1931 年 8 月至 1932 年 6 月　　　**重新制表年月：**1983 年 1 月

第 2 表 河北省定县 123 家土地占有和出租关系

全年收入组（元）	家数	土地占有和出租关系（平均每家亩数）				
		耕种田场	自有田产	种自有田	种他人田	出租田产
合计	123	33.73	38.46	27.55	6.18	10.92
不满 200	18	10.49	12.80	6.90	3.60	5.91
200～399	56	24.62	19.07	16.82	7.79	2.75
400～599	26	38.37	37.89	60.79	7.58	7.11
600 及以上	23	60.85	100.11	66.16	2.72	40.24

调查年月： 1931 年 8 月至 1932 年 6 月　　**重新制表年月：** 1983 年 1 月

注：耕种田地总亩数 4 149.02 亩，自有田产总亩数 4 731.09 亩，种自有田产总亩数 3 388.41 亩，租种田地总亩数 760.53 亩，租出田地总亩数 1 342.60 亩。

第3表　河北省定县123家内有各种消费之家数与其消费量及值

消费种类		有此项消费之家数	占总家数之百分比	全年消费量					全年消费值（元）			
				单位	合计	平均每家	最多之家	最少之家	合计	平均每家	最多之家	最少之家
总计		123	100.00		—	—	—	—	52 219.37	424.55	2 200.63	147.69
食品类		123	100.00		—	—	—	—	31 314.75	254.59	791.46	97.40
其中	米面类	123	100.00	斤	305 473.33	2 483.52	7 505.16	787.82	18 132.64	147.42	449.21	46.92
	豆类	123	100.00	斤	49 883.56	405.56	1 883.06	42.77	2 259.41	18.37	89.91	3.08
	蔬菜类	123	100.00	斤	501 426.00	4 076.63	13 080.50	780.14	7 448.49	60.56	185.46	11.17
	调和类	123	100.00	斤	15 475.64	125.82	430.92	34.09	1 309.65	10.65	33.24	2.99
	肉、蛋、牛奶类	123	100.00		—	—	—	—	1 306.79	10.62	43.79	0.41
	油类	123	100.00	斤	1 791.12	14.56	58.59	1.43	349.75	2.84	10.54	0.31
	瓜果类	123	100.00		—	—	—	—	206.70	1.68	6.11	0.05
	干果类	81	65.85	斤	675.91	8.34	52.64	0.15	71.95	0.89	5.20	0.02
	糖类	121	98.37	斤	322.49	2.67	18.20	0.07	52.54	0.43	3.02	0.01
	杂类	118	95.93		—	—	—	—	176.83	1.50	6.01	0.04
衣服类		123	100.00		—	—	—	—	3 188.09	75.92	108.22	0.19
其中	布匹类	121	98.37	尺	33 585.67	277.57	948.70	2.12	2 357.94	20.97①	91.65	0.13
	成衣类	106	86.18		—	—	—	—	326.84	3.08	18.90	0.10
	杂项	121	98.37		—	—	—	—	503.31	4.16	58.77	0.17

① 经计算，衣服类中布匹类平均每家全年消费值为19.49元，与表中所列20.97元不符。——编者注

续表

消费种类		有此项消费之家数	占总家数之百分比	全年消费量					全年消费值（元）			
				单位	合计	平均每家	最多之家	最少之家	合计	平均每家	最多之家	最少之家
假定估计房租		123	100		—		—	—	1 866.01	15.17	57.72	2.16
燃料及照明类		123	100.00		—	—	—	—	5 857.96	47.63	36.20	15.77
杂类		123	100.00		—	—	—	—	9 992.56	81.24	1 539.33	2.88
其中	特别费	32	26.02		—	—	—	—	4 291.49	134.11	1 106.00	0.51
	家具杂物类	123	100.00		—	—	—	—	784.75	6.38	64.50	0.25
	建筑类	62	50.41		—	—	—	—	726.52	11.72	101.90	0.04
	酬应类	123	100.00		—	—	—	—	602.80	4.90	75.01	0.24
	医药类	104	84.55		—	—	—	—	584.57	5.62	45.38	0.03
	利息	40	32.52		—	—	—	—	504.70	12.62	154.04	0.24
	嗜好类	120	97.56		—	—	—	—	460.06	3.85①	35.06	0.05
	教育类	96	78.05		—	—	—	—	349.96	3.65	70.10	0.01
	迷信用品类	123	100.00		—	—	—	—	163.81	1.33	10.29	0.24
	交通类	12	9.76		—	—	—	—	144.00	12.08②	50.00	0.04
	卫生类	97	78.86		—	—	—	—	48.00	0.49	6.12	0.02
	装饰类	81	65.85		—	—	—	—	33.42	0.41	10.50	0.01
	娱乐类	27	21.95		—	—	—	—	25.14	0.93	4.80	0.01
	其他	（缺）	（缺）		—	—	—	—	1 272.35	（缺）	（缺）	（缺）

调查年月：1931 年 3 月至 1932 年 6 月　　**重新制表年月：**1983 年 1 月

① 经计算，杂类中嗜好类平均每家全年消费值为 3.83 元，与表中所列 3.85 元不符。——编者注

② 经计算，杂类中交通类平均每家全年消费值为 12.00 元，与表中所列 12.08 元不符。——编者注

第 4 表　河北省定县 123 家平均每家各类支出比较

全年收入组（元）	家数	平均每家支出总数（元）	平均每家支出数（元）				
			食品类	衣服类	住房类	燃料及照明类	杂类
合计	123	424.55	254.59	75.92	15.17	47.63	81.24
不满 200	18	226.06	148.8[redacted]	14.73	8.21	27.28	28.97
200～399	56	299.53	200.67	17.51	10.89	37.95	32.51
400～599	26	408.94①	260.22	28.58	14.94	52.02	53.17
600 及以上	23	901.92②	462.26	52.13	31.30	82.13	274.09

调查年月： 1931 年 3 月至 1932 年 6 月　　**重新制表年月：** 1983 年 1 月

（载《河北文史资料选辑》，1983 年第 11 辑）

① 经计算，400～599 元收入组平均每家支出总数为 408.93 元，与表中所列 408.94 元略有出入。——编者注

② 经计算，600 元及以上收入组平均每家支出总数为 901.91 元，与表中所列 901.92 元略有出入。——编者注

图书在版编目（CIP）数据

李景汉文集. 第三卷，定县专项调查. 上/洪大用，黄家亮组编. —北京：中国人民大学出版社，2019.10

ISBN 978-7-300-27386-0

Ⅰ.①李… Ⅱ.①洪…②黄… Ⅲ.①社会调查-定州-文集 Ⅳ.①D668-53

中国版本图书馆 CIP 数据核字（2019）第 188023 号

策划编辑　潘　宇　盛　杰
责任编辑　赵海迪　汤慧芸
封面设计　蔡立国

李景汉文集　第三卷　定县专项调查（上）
洪大用　黄家亮　组编
Li Jinghan Wenji　Di-san Juan　Dingxian Zhuanxiang Diaocha (Shang)

出版发行	中国人民大学出版社		
社　　址	北京中关村大街 31 号	**邮政编码**	100080
电　　话	010－62511242（总编室）		010－62511770（质管部）
	010－82501766（邮购部）		010－62514148（门市部）
	010－62515195（发行公司）		010－62515275（盗版举报）
网　　址	http://www.crup.com.cn		
经　　销	新华书店		
印　　刷	涿州市星河印刷有限公司		
规　　格	175 mm×250 mm　16 开本	**版　　次**	2019 年 10 月第 1 版
印　　张	30.75 插页 5	**印　　次**	2019 年 10 月第 1 次印刷
字　　数	475 000	**定　　价**	1688.00 元（共六卷）

李景汉

1985,1,15

目　录

定县面积：据民国二十三年实测地图为 3 650 方里，合标准制 1 211 平方公里，合市用制 4 844 平方市里，合英制 468 平方英里。

定县人口：据民国十九年之调查全县共计住户 68 374 家，约计 397 150 人。

绪　言*

经济建设，为本院六大建设中比较重要的一种。实验区内建设事业，虽万端待举，然其重心，要在改善地方人民的经济生活。定县社会，从经济结构、交换形态上，是否为自给自足，或已卷入世界经济的漩涡？外国资本主义工业势力的侵入，究达何等程度？定县人民，从生产能力及生活程度上，究为何种生活？影响社会经济发展的症结，究在何处？要解答这些问题，非有一整个的、系统的、详细的调查，准确数字与具体事实的根据，无从悬揣。故经济调查，实本院研究一切实际建设方案最初步的基本工作，亦即本院第一年度调查工作的中心目标。

县单位的经济调查，内容异常复杂。我们最注重的是全县各种产物、出入口货物、运销方法与集市组织等项。此外也随时搜集其他院内需要的许多材料。现为应付急需，先发表已经整理完毕的一部分统计；因时间匆促，不能多加叙述与解释。此报告内所列载的为定县全年内各种主要农产品和工艺品，输入和输出货物的量与值，县内各种粮食棉花和牲畜交易的量与值，近四年内各种物价之涨落，和一些其他与经济有关系的材料。关于输出货物、粮食棉花和牲畜交易量与值、物价与财政等统计，是在本报告将印毕时赶出来添入的，因此未能排列于适当的地位，只得放在后面。至于出入口货物统计的详细说明、货物

---

* 本书原名为《定县经济调查一部分报告书》，初版于 1934 年，河北省县政建设研究院印行，署为“李景汉　余其心　陈菊人　郭志高　李柳溪”。

运销方法与集市组织等材料，将来另出专刊发表。

关于整个调查的设计、搜集整理方法的指导与审核，均由本院调查部主任李景汉负责主持。调查专员余其心协助指导实地工作之进行，并整理分析搜集之材料。陈菊人协助编辑。统计干事郭志高担任统计与校对。调查干事李柳溪及调查员李英藻、高世魁、吴铭纶、陈法文、张庚三等从事材料的搜集，并志于此，以明责任。

此外本院调查报告已出版者，有《定县赋税调查报告书》与《定县地方自治概况调查报告书》两种，可供研究农村建设者之参考。

第一章　全县农作物面积及产量

1. 民国二十二年定县全县各种农作物所占作物市亩数

作物种类	作物市亩数		
	第一次	第二次	共
谷子	246 994 市亩	107 272 市亩	354 266 市亩
小麦	340 802	—	340 802
黑豆	112 109	51 410	163 519
高粱	88 926	—	88 926
大麦	85 173	—	85 173
荞麦	3 403	73 065	76 468
玉米	29 464	9 178	38 642
白豆	33 920	1 071	34 991
露仁	20 653	—	20 653
稷子	3 819	12 466	16 285
黍子	3 614	12 237	15 851
绿豆	12 972	—	12 972
小豆	—	6 825	6 825
芝麻	6 657	—	6 657
稻子	3 230	—	3 230
黄豆	256	2 304	2 560
稗子	512	—	512
油菜子	279	—	279
豌豆	133	53	186
共	992 916	275 881	1 268 797

1 市亩＝定县旧制 1.148 8 亩

（续前表）

作物种类	作物市亩数		
	第一次	第二次	共
甘薯	52 386 市亩	89 967 市亩	142 353 市亩
花生	15 751	15 827	31 578
共	68 137	105 794	173 931
棉花	74 932	—	74 932
大麻	550	—	550
共	75 482	—	75 482
萝卜	—	69 338	69 338
北瓜	10 904	—	10 904
白菜	—	9 090	9 090
胡萝卜	—	1 813	1 813
莨菪	—	1 675	1 675
葱	1 497	—	1 497
蒜	1 262	—	1 262
茄子	137	546	683
豇豆角	566	—	566
蔓菁	—	512	512
辣椒	—	171	171
菠菜	148	—	148
芫荽	131	—	131
杂菜	—	32 690	32 690
共	14 645	115 835	130 480
梨	2 990	—	2 990
枣	1 845	—	1 845
西瓜	1 070	—	1 070
甜瓜	1 028	—	1 028
葡萄	635	—	635
杏	142	—	142
共	7 710	—	7 710
苇子	3 755	—	3 755
地丁	3 609	—	3 609
烟草	—	1 414	1 414
扫帚	823	—	823
苜蓿	533	—	533
黑丑	171	—	171
共	8 891	1 414	10 305
一切作物合计	1 167 781	498 924	1 666 705

注：全县耕地 1 287 851 市亩，每市亩合作物亩 1.3 市亩。
本年棉花因上年价格低落，故农民种者较少，下种后，又遭蚜虫之害，改种其他作物者不少，栽培盛时，可达 15 万亩以上。

2. 民国二十二年定县全县各种农作物所占水田与旱田作物市亩数

作物种类	第一次作物市亩数		第二次作物市亩数		共	
	水田	旱田	水田	旱田	水田	旱田
谷子	74 098	172 896	101 909	5 363	176 007	178 259
小麦	315 242	25 560	—	—	315 242	25 560
黑豆	3 364	108 745	49 867	1 543	53 231	110 288
高粱	26 678	62 248	—	—	26 678	62 248
大麦	42 587	42 586	—	—	42 587	42 586
荞麦	—	3 403	73 065	—	73 065	3 403
玉米	20 625	8 839	9 178	—	29 803	8 839
白豆	—	33 920	1 071	—	1 071	33 920
露仁	20 653	—	—	—	20 653	—
稷子	—	3 819	12 466	—	12 466	3 819
黍子	—	3 614	12 237	—	12 237	3 614
绿豆	1 297	11 675	—	—	1 297	11 675
小豆	—	—	6 825	—	6 825	—
芝麻	1 997	4 660	—	—	1 997	4 660
稻子	3 230	—	—	—	3 230	—
黄豆	—	256	1 844	460	1 844	716
稗子	512	—	—	—	512	—
油菜子	279	—	—	—	279	—
豌豆	133	—	53	—	186	—
共	510 695	482 221	268 515	7 366	779 210	489 587
甘薯	47 147	5 239	85 468	4 499	132 615	9 738
花生	3 150	12 601	15 827	—	18 977	12 601
共	50 297	17 840	101 295	4 499	151 592	22 339
棉花	59 945	14 987	—	—	59 945	14 987
大麻	550	—	—	—	550	—
共	60 495	14 987	—	—	60 495	14 987
萝卜	—	—	69 338	—	69 338	—
北瓜	10 904	—	—	—	10 904	
白菜	—	—	9 090	—	9 090	—
胡萝卜	—	—	1 813	—	1 813	
莨莛	—	—	1 675	—	1 675	—
葱	1 497	—	—	—	1 497	—

1 市亩＝定县旧制 1.148 8 亩

（续前表）

作物种类	第一次作物市亩数		第二次作物市亩数		共	
	水田	旱田	水田	旱田	水田	旱田
蒜	1 262	—	—	—	1 262	—
茄子	137	—	546	—	683	—
豇豆角	566	—	—	—	566	—
蔓菁	—	—	512	—	512	—
辣椒	—	—	171	—	171	—
菠菜	148	—	—	—	148	—
芫荽	131	—	—	—	131	—
杂菜	—	—	32 690	—	32 690	—
共	14 645	—	115 835	—	130 480	—
梨	—	2 990	—	—	—	2 990
枣	—	1 845	—	—	—	1 845
西瓜	963	107	—	—	963	107
甜瓜	823	205	—	—	823	205
葡萄	635	—	—	—	635	—
杏	—	142	—	—	—	142
共	2 421	5 289	—	—	2 421	5 289
苇子	3 755	—	—	—	3 755	—
地丁	—	3 609	—	—	—	3 609
烟草	—	—	1 414	—	1 414	—
扫帚	823	—	—	—	823	—
苜蓿	533	—	—	—	533	—
黑丑	171	—	—	—	171	—
共	5 282	3 609	1 414	—	6 696	3 609
一切作物合计	643 835	523 946	487 059	11 865	1 130 894	535 811

3. 民国二十二年定县全县各种农作物所占作物市亩数及全年产量

作物种类	作物市亩数	全年产量
谷子	354 266 市亩	6 119 563 公斗
小麦	340 802	4 347 610 公斗
黑豆	163 519	1 344 286 公斗
高粱	88 926	956 316 公斗
大麦	85 173	1 315 543 公斗
荞麦	76 468	976 862 公斗
玉米	38 642	666 917 公斗
白豆	34 991	86 703 公斗
露仁	20 653	262 708 公斗
稷子	16 285	186 627 公斗
黍子	15 851	189 314 公斗
绿豆	12 972	35 572 公斗
小豆	6 825	67 644 公斗
芝麻	6 657	45 415 公斗
稻子	3 230	106 700 公斗
黄豆	2 560	26 054 公斗
稗子	512	25 3■6 公斗
油菜子	279	1 438 公斗
豌豆	186	1 231 公斗
共	1 268 797	16 761 869 公斗
甘薯	142 353	299 983 380 市斤
花生	31 578	8 544 993 市斤
共	173 931	308 528 373 市斤
棉花	74 932	6 517 207 市斤
大麻	550	75 018 市斤
共	75 482	6 592 225 市斤
萝卜	69 338	117 758 995 市斤
北瓜	10 904	20 721 010 市斤
白菜	9 090	25 6■2 138 市斤
胡萝卜	1 813	1 913 027 市斤
莨莛	1 675	1 904 224 市斤
葱	1 497	3 596 172 市斤
蒜	1 262	487 200 市斤
茄子	683	1 931 776 市斤
豇豆角	566	3 933 552 市斤
蔓菁	512	1 444 225 市斤

注：本年棉花、梨特别歉收，棉花受蚜虫害，梨受蚜虫害雹灾，产量因之大减。
　　1 市亩＝定县旧制 1.148 8 亩，1 公斗＝定县旧制 25 管斗 0.695 4 斗。
　　1 市斤＝定县旧制 16 两市秤 0.893 斤。

（续前表）

作物种类	作物市亩数	全年产量
辣椒	171 市亩	87 808 市斤
菠菜	148	761 600 市斤
芫荽	131	252 000 市斤
杂菜	32 690	—
共	130 480	—
梨	2 990	3 847 200 市斤
枣	1 845	1 581 843 市斤
西瓜	1 070	489 981 个
甜瓜	1 028	1 308 273 市斤
葡萄	635	364 000 市斤
杏	142	113 400 市斤
共	7 710	—
苇子	3 755	6 281 184 市斤
地丁	3 609	1 438 公斗
烟草	1 414	818 496 市斤
扫帚	823	338 310 棵
苜蓿	533	582 624 市斤
黑丑	171	1 691 公斗
共	10 305	—
一切作物合计	1 666 705	—

第二章　全县工艺品量、值

民国二十二年定县全县各种工艺品之总量与总值

物品种类	出产总量	出产总值
食品工艺类：		
豆腐	112 430 模	$ 56 220
甘薯粉条	827 370 市斤	49 640
棉子油	522 400 市斤	47 020
高粱粉条	557 210 市斤	44 580
醋	772 920 市斤	15 460
黄酒	85 460 市斤	13 670
绿豆粉条	95 300 市斤	9 530
香油	43 500 市斤	8 700
芝麻糖	41 600 市斤	4 990
糖块	17 600 市斤	3 520
挂面	42 720 市斤	2 560
枣酒	21 400 市斤	1 710
橘子糖	6 800 市斤	1 360
豆腐	12 900 市斤	1 030
纺、织工艺类：		
庄布	1 014 200 匹	1 217 040
大布	606 200 匹	1 091 160
线	963 300 市斤	433 490
腰带	850 520 条	102 060
口袋	25 180 条	17 630
毛毯	6 850 条	8 220

（续前表）

物品种类	出产总量	出产总值
腿带	185 140 双	$7 410
机织线袜	47 600 双	7 140
麻绳	20 400 市斤	6 420
旧花绳	15 200 条	4 560
缯	6 500 棚	1 950
牲口毛套褡	10 100 个	1 210
单子	1 050 匹	530
钱褡子	560 个	340
钱口袋	1 450 条	290
发网	4 460 个	180
竹、木工艺类：		
权①子	32 100 根	16 050
棒锤	32 600 根	6 520
木瓢	35 200 个	5 280
擀面杖	52 100 根	5 210
杆子	85 440 根	4 270
椅子	3 100 把	3 720
匣子	31 890 个	3 180
织布杼	2 100 个	2 520
升子	21 250 个	2 130
络车	2 400 辆	1 920
辘轱头	2 300 个	1 730
风车	140 架	1 120
水桶	1 800 个	1 080
风箱	396 架	990
箩圈	8 200 架	820
卧子	11 200 架	670
鞍子	3 660 架	720
小板凳	12 500 把	630
斗	520 个	520
花生筛子	80 个	640
木碗	12 5[redacted]0 个	380
辘轱把	8 400 个	340
蒸笼	340 扇	270
花枪（玩具）	8 200 根	250
抄纸竹帘	150 个	270
木织布机	24 架	190
扁担	340 条	170

① 原文如此，疑应为“杈”。——编者注

（续前表）

物品种类	出产总量	出产总值
竹爬头	1 420 个	$ 130
木犁架	280 个	110
木耧	48 架	100
香筒	750 个	60
柳、荆条工艺类：		
柳罐	72 200 个	25 270
柳条抬筐粪筐	—	5 300
筐箩	2 300 个	1 380
簸箕	9 100 个	1 370
荆条抬筐	4 600 个	920
柳条笊篱	11 700 个	700
荆条粪筐	1 800 个	140
柳条花篓	780 个	120
荆条囤底	1[redacted]0 个	30
金属工艺类：		
铁钯子	45 160 把	15 810
水车	310 辆	13 950
铁丝笊篱	180 370 把	10 820
水车斗	9 300 个	4 650
磁铁灯及壶	—	2 350
锁	11 200 把	1 680
弹花机	83 架	1 490
火镰	4 540 个	680
牲口掌	4 380 副	530
老鼠夹子	12 450 个	374
铁织布机	18 架	360
剃头刀	2 500 把	250
洋铁壶	—	200
修脚刀	14 200 把	170
铁丝灯笼	520 个	80
苇秸工艺类：		
席	105 430 领	63 260
席箔	31 200 领	15 600
蒲锅盖	25 800 个	3 610
席拍	150 200 个	3 000
席篓	16 700 个	2 510
纸制工艺类：		
葛褙	3 122 570 张	6 250

（续前表）

物品种类	出产总量	出产总值
草纸	51 600 市斤	$ 3 100
黑纸	175 200 张	350
火绒	357 200 张	140
化妆品类：		
雪花膏	10 430 瓶	2 090
猪胰	4 600 市斤	1 380
生发油	3 200 瓶	640
面油	5 600 瓶	560
扑粉	1 700 盒	340
桃花粉	420 市斤	340
花露水	1 200 瓶	220
牙粉	4 750 袋	70
其他工艺类：		
砖	19 300 300 块	154 400
猪小肠	140 120 根	28 030
扫帚	338 310 把	20 360
鞋	19 140 双	17 220
高香	364 280 封	14 570
鞭炮	—	11 800
秤	12 120 杆	9 690
琉璃盆	17 360 个	6 920
瓦盆	42 800 套	6 850
猪鬃	12 090 市斤	6 050
胶	19 310 市斤	5 410
羊小肠	10 380 根	5 190
瓦	273 500 块	4 820
条帚	128 900 把	3 580
革拉	560 个	840
擦子	3 500 个	350
炊帚	23 500 把	280
大取灯	7 160 市斤	280
牲口笼嘴	3 200 个	160

第三章 全县输入货物量、值

本报告书为便利本院同人研究，大部分数字均化零为整，细数容待将来印行专刊时列入。全县输入货物量值部分：关于输入并销售于定县境内之中华平民教育促进会所出版图书内，尚未将在定县门市售于县外人之数目调查清楚除去，亦待将来修正。此外如白面、鸦片等毒品，甚难调查确数，亦未列入。

1. 民国二十二年内，定县输入各国各类货物之价值

物品类别	各国输入货物价值				
	本国	英国	美国	日本	德国
衣服类	$ 962 723	$ 2 120	$ 360	$ 39 360	$ 7 340
食品类	871 068	21 130	60	28 096	250
燃料类	362 530	48 850	112 241	—	—
烟草类	43 590	138 690	—	—	—
兽、畜及其产品类	154 694	—	—	—	—
药品类	57 0■6	37	1 131	895	5 456
木、竹、草制品类	62 787	—	11	8	—
金属制品类	39 324	4 647	889	7 307	6 501
染料、油、漆类	18 808	1 710	16 102	45	18 112
图书类	32 047	—	390	—	—
纸类	14 992	—	2 987	11 801	—
瓷器、玻璃类	23 856	—	—	2 095	140

（续前表）

物品类别	各国输入货物价值				
	本国	英国	美国	日本	德国
敬神品类	20 057	—	—	—	—
石料、泥土类	15 398	—	—	—	—
卫生品类	2 430	415	62	76	—
电料类	295	—	1 556	63	81
照相材料类	—	—	1 470	58	76
化妆品类	1 250	—	—	—	—
化学品类	2 989	—	—	26	36
杂类	5 197	562	147	3 268	—
总合	2 691 131	218 161	137 406	93 098	37 992

物品类别	各国输入货物价值					
	俄国	荷兰	法国	瑞士	意大利	共
衣服类	$ 9 110	$ —	$ —	$ —	$ —	$ 1 021 013
食品类	—	2 720	40	—	—	923 364
燃料类	1 750	—	—	—	—	525 371
烟草类	—	—	—	—	—	182 280
兽、畜及其产品类	—	—	106	—	—	154 800
药品类	—	—	606	34	—	65 255
木、竹、草制品类	—	—	—	—	—	62 806
金属制品类	—	—	—	63	—	58 731
染料、油、漆类	—	—	—	—	—	54 777
图书类	—	—	—	—	—	32 437
纸类	—	—	—	—	—	29 780
瓷器、玻璃类	—	—	—	—	—	26 091
敬神品类	—	—	—	—	—	20 057
石料、泥土类	—	—	—	—	—	15 398
卫生品类	—	—	—	—	—	2 983
电料类	—	—	—	—	—	1 995
照相材料类	—	—	—	—	40	1 644
化妆品类	—	—	—	—	—	1 250
化学品类	—	—	—	—	—	3 051
杂类	—	—	520	—	—	9 694
总合	10 860	2 720	1 272	97	40	3 192 777

2. 民国二十二年内，定县输入各类货物之价值及其百分比

物品种类	输入价值	百分比
衣服类	$ 1 021 013	31.93
食品类	923 364	28.92
燃料类	525 371	16.45
烟草类	182 280	5.71
兽、畜及其产品类	154 800	4.85
药品类	65 255	2.04
木、竹、草制品类	62 806	1.97
金属类	58 731	1.84
染料、油、漆类	54 777	1.72
图书类	32 437	1.02
纸类	29 780	0.93
瓷器、玻璃类	26 091	0.82
敬神品类	20 057	0.63
石料、泥土类	15 398	0.48
化学品类	3 051	0.10
卫生品类	2 983	0.09
电料类	1 995	0.06
照相材料类	1 644	0.05
化妆品类	1 250	0.04
杂类	9 694	0.30
总合	3 192 777	100.00

3. 民国二十二年内，定县输入各国货物之价值及其百分比

国别	输入价值	百分比
本国	$2 691 131	84.29
英国	218 161	6.83
美国	137 406	4.30
日本	93 098	2.92
德国	37 992	1.19
俄国	10 860	0.34
荷兰	2 720	0.09
法国	1 272	0.04
瑞士	97	—
意大利	40	—
总合	3 192 777	100.00

注：外国货输入价值共$501 646，占一切输入总值15.71%。

4. 民国二十二年内，定县输入各国外货之价值及其百分比

国别	输入价值	百分比
英国	$218 161	43.48
美国	137 406	27.39
日本	93 098	18.57
德国	37 992	7.57
俄国	10 860	2.16
荷兰	2 720	0.54
法国	1 272	0.25
瑞士	97	0.02
意大利	40	0.01
总合	501 646	100.00

5．民国二十二年内，输入并销售于定县境内各种货物之数量与价值

物品种类	物品名称	单位	数量	价值
衣服类：	—	—	—	$1 021 013
棉制品	—	—	—	921 193
	白洋布	匹	11 910	84 280
	印花布	匹	3 610	21 550
	阴丹士林	匹	1 310	16 820
	爱国布	匹	2 570	15 440
	各色高阳布	匹	9 870	69 060
	充直贡呢	匹	630	6 330
	充巴黎呢	匹	310	4 380
	中山呢	匹	440	6 090
	充哔叽	匹	505	4 490
	斜纹布	匹	467	3 330
	棉纱	包	3 710	667 770
	线毯	个	670	1 190
	线衣	件	790	790
	雨衣	件	8	20
	卫生衣	件	2 780	950
	线手套	副	2 290	270
	线洋袜	双	24 410	4 895
	手巾	条	14 570	878
	手绢	条	6 310	380
	布帽	顶	3 450	520
	布鞋	双	7 360	7 360
	鞋托子	副	12 650	630
	鞋帮子	双	20 140	430
	线	码	8 560	1 530
	其他	—	—	1 810
麻及麻制品	—	—	—	50 390
	朽麻	市斤	18 450	1 850
	线麻	市斤	74 690	18 670
	麻丝葛	匹	1 220	10 940
	充物华葛	匹	780	8 610
	充双丝葛	匹	570	5 720
	麻丝缎	匹	140	1 390
	其他	—	—	3 210
丝制品	—	—	—	27 420

（续前表）

物品种类	物品名称	单位	数量	价值
	丝棉	张	710	$ 110
	纺绸	尺	5 710	2 860
	串绸	尺	5 340	2 670
	宫绸	尺	5 550	2 780
	绉绸	尺	5 170	1 810
	春绸	尺	650	290
	闪缎	尺	7 780	7 150
	绮霞缎	尺	7 720	4 630
	库缎	尺	4 420	3 970
	其他	—	—	1 150
毛制品	—	—	—	22 010
	毯帽	顶	140	280
	毛线	磅	750	1 120
	毛衣	件	250	860
	毛袜	双	1 510	1 060
	毛手套	副	640	320
	毛围巾	条	510	1 130
	毡	领	1 260	2 520
	毡帽头	顶	1 050	210
	毡鞋	双	2 150	1 720
	皮帽	顶	1 450	1 450
	皮袄	件	620	3 080
	皮褥子	个	820	1 640
	皮背心	件	620	620
	皮套裤	件	640	640
	皮裤子	件	280	430
	皮马褂	件	210	410
	礼服呢鞋	双	2 160	3 460
	其他	—	—	1 060
食品类：	—	—	—	923 364
米面	—	—	—	455 800
	小米	石	71 830	358 430
	大米	石	2 490	32 320
	黑豆	石	9 170	31 950
	高粱	石	10 520	31 540
	挂面	市斤	2 260	110

（续前表）

物品种类	物品名称	单位	数量	价值
	其他	—	—	$ 1 450
菜蔬	—	—	—	11 020
	海带	市斤	84 850	6 780
	龙须	市斤	4 740	1 330
	笋	市斤	6 810	1 720
	其他	—	—	1 190
调味	—	—	—	362 201
	食盐	市斤	3 067 530	296 565
	白碱	市斤	336 480	20 190
	白糖	市斤	57 340	10 320
	红糖	市斤	94 750	14 200
	甜酱	市斤	57 630	4 610
	黑酱	市斤	49 610	5 950
	姜	市斤	48 160	3 850
	冰糖	市斤	4 000	1 020
	味之素	瓶	80	16
	其他	—	—	5 480
鱼肉	—	—	—	10 160
	鲜鱼	市斤	3 140	470
	鲜虾	对	3 650	430
	海参	市斤	250	890
	海蜇	市斤	2 260	670
	虾米	市斤	6 210	930
	腊肉	市斤	290	130
	五香牛肉	市斤	940	420
	羊肉	市斤	68 870	4 830
	其他	—	—	1 390
果品	—	—	—	32 279
	柿子	个	4 801 180	19 230
	黑枣	市斤	35 150	560
	栗子	市斤	1 750	170
	苹果	市斤	5 040	1 010
	橘子	市斤	730	180
	柿饼	市斤	71 150	3 590
	葡萄干	市斤	6 720	420
	核桃粘	市斤	6 140	840

（续前表）

物品种类	物品名称	单位	数量	价值
	桃脯	市斤	990	$370
	梨脯	市斤	730	280
	香蕉	市斤	2 110	270
	李子	市斤	110	9
	苹果脯	市斤	620	240
	杏脯	市斤	420	140
	橘饼	市斤	250	90
	其他	—	—	4 910
饮料	—	—	—	47 264
	茶叶	市斤	12 950	8 290
	茶梗	市斤	4 410	1 410
	茶末	市斤	5 880	1 470
	烧酒	市斤	263 250	34 230
	啤酒	瓶	520	234
	瓶酒	瓶	5 980	1 020
	绍兴酒	坛	15	70
	白兰地	瓶	114	40
	汽水	瓶	1 880	290
	果子露	瓶	440	140
	咖啡	筒	90	70
杂食	—	—	—	4 640
	罐头	筒	7 810	2 350
	牛奶	瓶	1 830	830
	代乳粉	筒	250	580
	盒糖	盒	6 950	70
	水果糖	市斤	2 650	790
	陈皮梅糖	盒	1 960	20
燃料类：	—	—	—	525 371
	火油	桶	2	26
	煤油	箱	20 347	162 740
	汽油	箱	18	75
	石炭	公斤	7 856 000	95 420
	煤末	公斤	2 515 000	25 180
	烟煤	公斤	17 630 000	212 980
	焦炭	公斤	212 000	3 420
	碣石	公斤	454 000	6 360

（续前表）

物品种类	物品名称	单位	数量	价值
	火柴	包	479 720	$ 19 170
烟草类：	—	—	—	182 280
	卷烟	盒	3 012 500	142 060
	烟叶	市斤	83 020	39 750
	烟丝	块	10 810	366
	烟丝	市斤	125	104
兽、畜及其产品类：	—	—	—	154 800
	羊	头	2 140	4 250
	牛	头	2 970	89 870
	马	头	1 120	29 880
	骡驹	头	240	10 460
	法兰皮	磅	2 830	2 120
	花旗皮	磅	850	1 020
	碎生杂皮	市斤	197 880	5 540
	护鞍皮	个	1 420	1 850
	后鞦皮	个	1 380	550
	革拉	个	840	380
	套皮	市斤	4 350	1 740
	水筒皮	条	6 970	560
	瓦龙皮	条	14 310	720
	皮鞭子	个	14 230	2 560
	套褡	个	650	390
	褡腰	个	1 380	690
	皮绳	市斤	2 840	1 660
	鞭捎	根	72 410	430
	羽扇	把	120	24
	翠鸟翅	对	270	106
药品类：	—	—	—	65 255
中药	—	—	—	57 096
饮片	—	—	—	40 270
	当归	市斤	3 790	2 030
	川芎	市斤	1 010	390
	生地	市斤	2 660	380
	熟地	市斤	3 080	440
	丽参	市斤	260	1 290
	党参	市斤	760	170

（续前表）

物品种类	物品名称	单位	数量	价值
	陈皮	市斤	1 550	$ 220
	紫叩	市斤	290	470
	厚朴	市斤	640	290
	广木香	市斤	450	2 210
	杭芍	市斤	1 090	250
	黄芪	市斤	2 520	1 080
	广砂仁	市斤	590	630
	广橘红	市斤	730	330
	云苓	市斤	2 290	2 040
	白术	市斤	1 160	790
	麦冬	市斤	1 460	1 960
	丹皮	市斤	980	230
	川羌	市斤	520	180
	防风	市斤	9[redacted]0	240
	连翘	市斤	1 890	390
	黄芩	市斤	1 990	110
	山药	市斤	1 750	430
	川军	市斤	1 020	250
	清夏	市斤	790	490
	石膏	市斤	1 890	140
	滑石	市斤	1 530	50
	藿香	市斤	940	240
	甘草	市斤	2 280	730
	黄连	市斤	370	180
	阿胶	市斤	450	1 910
	银花	市斤	2 130	230
	川贝	市斤	640	1 820
	柴胡	市斤	510	90
	菊花	市斤	1 880	1 340
	槟榔片	市斤	750	370
	枳实	市斤	750	120
	竹叶	市斤	2 330	540
	饮片其他	—	—	15 220
丸药	—	—	—	5 580
	苏合丸	粒	2 830	340
	顺气丸	粒	4 990	990

（续前表）

物品种类	物品名称	单位	数量	价值
	四消丸	粒	5 860	$ 470
	抱龙丸	粒	7 160	720
	镇惊丸	粒	4 250	430
	香连丸	粒	2 070	290
	丸药其他	—	—	2 340
散药	—	—	—	3 480
	七厘散	两	210	320
	拔毒散	两	850	170
	珍珠散	两	290	540
	六一散	两	2 110	60
	益元散	两	2 450	120
	脐风散	匣	2 830	680
	散药其他	—	—	1 590
膏药	—	—	—	4 660
	拔毒膏	张	89 650	890
	暖脐膏	张	11 160	1 120
	虎骨膏	张	3 170	640
	阿魏化痞膏	张	1 430	140
	膏药其他	—	—	1 870
丹药	—	—	—	2 950
	七珍丹	瓶	2 960	3[redacted]0
	灵光丹	粒	5 740	290
	如意丹	粒	8 950	1 080
	丹药其他	—	—	1 220
其他	—	—	—	156
	樟脑	磅	43	140
	冬青油	磅	4	10
	水银	磅	1	5
	薄荷	两	1	1
西药	—	—	—	8 159
	阿司匹林	磅	66	215
	硼酸	磅	90	40
	安息香酸	磅	7	16
	石炭酸	磅	37	37
	盐酸	磅	26	47
	金鸡纳霜	磅	4	160

（续前表）

物品种类	物品名称	单位	数量	价值
	硫酸	磅	30	$ 63
	酒精	筒	210	2 690
	肾上腺素	两	5	5
	炭酸钲	磅	12	7
	蛋白银	两	15	45
	羊毛脂	磅	40	43
	安特匹林	磅	32	29
	古拜	磅	4	6
	硼砂	磅	4	1
	铁丸	粒	1 250	5
	咖啡素	两	3	2
	甘汞	磅	18	140
	蓖麻子油	磅	70	70
	哥罗芳	磅	130	290
	克立散落平	两	2	1
	古加因	钱	8	2
	古的因	两	3	60
	鱼肝油	磅	320	256
	乳酸	磅	3	10
	葡萄糖	磅	4	32
	利尿素	磅	1	6
	吐根素	钱	15	29
	依打	磅	15	48
	麦角膏	磅	3	11
	麻黄素	钱	15	53
	洋鼠李膏	磅	2	10
	福尔马林	磅	10	11
	甘油	磅	92	92
	升汞	磅	2	13
	氧化氢	磅	33	36
	乌罗托品	磅	1	2
	鱼石油	磅	7	11
	碘	磅	3	78
	黄碘	两	4	14
	来苏	磅	47	47
	炭酸镁	磅	9	10

（续前表）

物品种类	物品名称	单位	数量	价值
	氧化镁	磅	3	$7
	汞铬	钱	150	60
	硫酸镁	钱	150	15
	一烷蓝	两	1	1
	吗啡	钱	10	25
	九一四	管	224	560
	奴弗卡因	两	2	21
	美州黎油	两	1	3
	橄榄油	磅	9	9
	鸦片末	磅	9	12
	巴拉芬	两	3	34
	胃蛋白酶	磅	34	39
	匹罗卡品	磅	1	1
	垂体素	钱	2	35
	碘化钾	钱	7	120
	匹拉米洞	两	2	3
	雷琐辛	两	20	10
	锤香淡酒	磅	7	3
	撒罗	磅	9	4
	山道年	钱	130	130
	森夷加根米	磅	3	12
	溴化钠	磅	7	10
	氧化钠	磅	20	75
	硫酸钠	磅	110	67
	淀粉	磅	3	1
	硫黄	磅	20	10
	炭酸钠	磅	30	8
	颠茄酊	磅	1	2
	安息香酊	磅	8	8
	毛地黄酊	磅	1	2
	苦味酊	磅	18	54
	鸦片酊	磅	1	8
	大黄酊	磅	16	72
	姜酊	磅	1	4
	滑石粉	磅	6	5
	佛罗钠	两	6	6

（续前表）

物品种类	物品名称	单位	数量	价值
	凡士林	磅	430	$130
	氧化锌	磅	9	4
	陈皮酒	磅	16	4
	苏打	磅	8	16
	硫苦	磅	150	22
	樟脑油	磅	4	3
	杏仁水	磅	20	20
	臭钠	磅	5	90
	亚华铝	磅	30	124
	亚汞	两	4	3
	白树胶	磅	15	21
	木的儿	磅	7	6
	阿母尼亚	磅	13	12
	铼锰氧	磅	20	20
	火棉酒	磅	10	17
	六〇六	枝	120	160
	淋菌疫苗	瓶	1	1
	棉花	磅	290	210
	棉纱	磅	270	220
	橡皮膏	筒	70	95
	硝酸	磅	7	4
	麻药	磅	15	9
	阿尔提共液	盒	17	48
	麦角注射液	盒	40	60
	樟脑注射液	盒	14	14
	阿撒弟拉	盒	6	6
	乐的能	盒	13	46
	盐化钙	盒	46	32
	维他命	盒	32	80
	臭化钙	盒	43	34
	的格林	盒	25	20
	的有宁	盒	27	22
	阿脱品	盒	12	10
	爱儿亲	盒	2	3
	阿不摩尔核	盒	2	2
	盐酸比鲁加宾	盒	2	2

（续前表）

物品种类	物品名称	单位	数量	价值
	其他	—	—	$410
木、竹、草制品类：	—	—	—	62 806
	铜边英尺	根	38	8
	米达尺	根	88	18
	网篮	个	15	20
	吃墨床	个	84	11
	算盘	个	64	102
	柳条箱	个	250	325
	梳子	个	69 850	3 490
	纺纱机	架	1	23
	打毛机	架	1	3
	三角板	对	50	15
	毛算盘	个	7	14
	竹笾	个	69 205	6 921
	竹筛	个	50 015	12 504
	竹帘	个	1 120	448
	篦子	个	60 420	3 630
	竹篮	个	1 540	180
	筷子	把	65 486	1 910
	草帽	顶	4 440	1 776
	蒲扇	把	4 150	210
	葵扇	把	4 875	146
	凉席	领	1 205	482
	苇席	领	5 360	1 610
	柏木棺材	口	89	4 450
	车轴	根	520	520
	车网	块	5 870	1 760
	槐木身	根	4 170	20 850
	其他	—	—	1 380
金属制品类：	—	—	—	58 731
	全自行车	辆	236	6 512
	飞轮	个	886	494
	车架	个	290	1 168
	脚蹬轴	打	233	229
	前后轴	打	279	336
	车座	个	364	544

（续前表）

物品种类	物品名称	单位	数量	价值
	叉子	个	421	$ 315
	练子	条	400	348
	中轴	个	760	224
	轮盘	个	330	295
	车把	个	466	326
	瓦圈	副	424	512
	珠子	罗	1 080	216
	辐条	罗	427	427
	衣架	个	730	218
	脚蹬	副	930	415
	针	筒	260	980
	平定锅	个	8 980	6 290
	车瓦	市斤	37 850	1 520
	车钉	包	480	820
	铁丝	市斤	15 150	1 890
	铁壶	个	4 270	1 110
	铁锨	个	6 390	3 190
	铁钉	市斤	11 560	1 386
	车前钉	包	420	1 450
	鱼眼钉	个	1 328 400	1 320
	铁板	市斤	41 920	2 525
	车川	副	5 330	2 135
	车鑑	根	88 260	530
	铁勺	把	6 570	670
	河捞底	个	2 120	313
	广锅	个	7 520	4 510
	铁砂子	市斤	4 780	190
	铁索子	条	1 670	330
	铁棍	根	12 840	1 027
	蜈蚣钉	盒	20	15
	秋皮钉	包	600	84
	电铃	个	20	34
	抽水机	架	1	70
	电铃线	盘	19	14
	梳毛机	架	1	250
	缝纫机针	打	14	12

（续前表）

物品种类	物品名称	单位	数量	价值
	天线电表	只	1	$71
	电光剪子	把	380	42
	车床头	个	1	52
	镊子	个	80	4
	秤机	架	1	28
	绘图仪器	份	1	6
	兽医用器具	件	38	166
	牙科用铁管	件	4	3
	注射针头	个	6	4
	挂钟	个	5	56
	马蹄表	个	25	62
	摇钻	把	10	15
	两面锯条	个	10	5
	磅机	架	2	53
	西弓钳	把	100	40
	钳子	把	40	11
	输齿锯	把	100	60
	留声机材料	种	3	25
	喷漆器	个	1	185
	油印机	架	4	66
	洋铁玩物	件	29	15
	打书器	架	5	38
	救火筒	只	4	190
	回形针	打	15	36
	打号机	架	1	28
	收音机零件	件	8	39
	收音机外箱铁模	份	1	42
	打洞器	个	1	15
	整枝剪	只	3	2
	接树刀	把	6	6
	图钉	盒	270	94
	锯弓子	个	10	5
	72 针织袜机	架	1	10
	汗针铲子	个	120	12
	20 磅铁球	个	1	4
	铁丝筐	个	20	12

（续前表）

物品种类	物品名称	单位	数量	价值
	喷雾器	架	4	$ 5
	三用规	份	20	34
	脱粒筒	只	2	11
	双铁轮	付	2	1
	钻头	个	25	40
	钉书器	只	10	30
	钢	市斤	2 176	348
	钢丝综	只	1 070	320
	钢笔头	盒	49	20
	留声机钢针	盒	25	10
	钢球碗	个	1	2
	钢模	种	13	68
	钢曲尺	件	30	60
	钢板	块	2	10
	白钢丝	磅	30	13
	冲眼钢模	个	1	5
	无线电钢模	种	9	45
	抗电器	架	1	46
	金叶	两	5	600
	银条	两	1 790	3 220
	锡蜡千	对	110	88
	铜蜡千	对	88	53
	铜盆	个	300	273
	墨盒	个	1 170	465
	铜笔帽	个	4 880	49
	汽炉子	个	40	22
	铜书钉	盒	68	8
	黄铜丝	市斤	80	56
	黄铜管	条	10	7
	铜铃	个	8	4
	龙头	个	2	1
	瓷盘天秤	架	2	179
	笔架	个	120	42
	24 铅板	块	280	392
	五金材料	种	13	598
	其他	—	—	4 860

（续前表）

物品种类	物品名称	单位	数量	价值
染料、油、漆类：	—	—	—	$ 54 777
	人造靛	担	118	13 930
	靛蓝	桶	2 380	3 570
	煮红	桶	1 650	2 470
	煮青	桶	4 530	6 620
	品红	桶	1 480	4 740
	鹅黄	桶	2 070	1 760
	粉红	桶	2 930	2 490
	墨	市斤	930	1 120
	石印药墨	块	250	75
	黑汁	瓶	1 240	190
	托僧	市斤	15	14
	油墨	盒	104	65
	印油	瓶	64	16
	印泥	两	6	12
	油画颜色	筒	80	60
	水彩颜色	打	44	37
	红蓝墨水	瓶	1 280	138
	喷漆原料	种	8	150
	生桐油	市斤	31 250	9 360
	熟桐油	市斤	5 940	1 480
	漆	市斤	5 210	6 480
图书类：	—	—	—	32 437
	初小课本	本	84 100	6 310
	初小教授	本	7 920	1 980
	高小课本	本	6 570	660
	高小教授	本	360	110
	论说精华	部	1 640	410
	论说指南	部	760	230
	作文文范	部	740	220
	作文入门	部	740	150
	尺牍	部	1 080	220
	字典	部	1 590	320
	三国	部	320	190
	列国	部	140	90
	西厢	部	160	50

（续前表）

物品种类	物品名称	单位	数量	价值
	红楼梦	部	140	$ 170
	水浒	部	150	120
	施公案	部	224	110
	包公案	部	220	20
	刘公案	部	220	22
	三公案	部	200	20
	荡寇志	部	150	70
	隋唐演义	部	140	70
	月明楼	部	80	8
	听月记	部	110	9
	西游记	部	110	27
	琵琶记	部	140	14
	大八义	部	270	80
	小八义	部	270	80
	封神	部	240	120
	聊斋	部	140	40
	永庆升平	部	130	40
	济公传	部	260	80
	彭公案	部	180	90
	红旗沟	部	210	40
	针灸	部	120	50
	阳宅爱众	部	90	30
	阳宅大成	部	110	40
	柳庄相法	部	80	20
	三世相法	部	70	20
	农民高级文艺	册	2 960	140
	增删卜易	部	80	20
	卜世正宗	部	40	11
	玉匣记	部	190	40
	市民高级文艺	册	433	22
	少年漂泊者	本	330	130
	我的少年	本	520	210
	青年心理	本	660	590
	春明新史	部	230	120
	白雪遗音选	部	330	70
	血影	本	480	140

（续前表）

物品种类	物品名称	单位	数量	价值
	三对爱人	部	540	$ 160
	火烧红莲寺	部	320	110
	江湖奇侠传	部	280	80
	新华春梦记	本	300	150
	蒋光慈小说集	部	350	206
	傀儡美人	本	270	104
	五蝴蝶	部	270	80
	啼笑姻缘	部	690	270
	三侠剑	部	610	240
	五女七贞	部	480	190
	雍正剑侠图	部	450	180
	公民课本	册	100	4
	农民千字课	册	40 120	1 970
	士兵千字课	册	2 060	110
	农民自修	册	620	20
	士兵自修	册	60	2
	农民教学书	册	610	88
	公民图说	册	70	4
	历史教材	册	40	3
	珠算教学书	册	40	3
	游戏教学书	册	50	11
	体操教学书	册	40	10
	科学表演大纲	册	24	1
	平校之测验	册	4	1
	编报经过	册	10	2
	注音符号	册	20	1
	农业教材	册	310	6
	卫生教材	册	300	6
	三民教材	册	40	1
	普村同唱	册	20	2
	乡村健康教育	册	13	2
	唱歌集	册	20	4
	中国伦理及根据	册	13	5
	颜习斋年谱	册	16	3
	李二曲学谱	册	10	2
	国族精神	册	30	4

（续前表）

物品种类	物品名称	单位	数量	价值
	公民道德根本义	册	20	$3
	王阳明年谱	册	10	3
	人格修养	册	20	2
	国族精神论例浅译	册	20	11
	民众教育概论纲目	册	20	4
	定县须知	册	80	3
	毕业证书	册	6	3
	英文定县实验	册	20	4
	英文新学农	册	20	4
	英文中国新民	册	20	2
	农民六年合订本	册	9	5
	农民七年合订本	册	14	6
	精装定县社会概况调查	册	20	67
	平装定县社会概况调查	册	60	184
	历史图说	册	2 350	95
	平民读物	册	10 950	280
	农民画范	册	190	6
	合作社账本简章 34 种	册	360	18
	幻灯教学	册	20	2
	北平表校	册	5	2
	定县秧歌选	册	33	36
	日本农村调查	册	17	7
	平校教学法	册	16	3
	平校管理法	册	17	2
	乡村社会调查大纲	册	60	20
	注音符号无师自通	册	44	7
	考勤簿	册	190	2
	珠算课本	册	210	7
	农民高级课本	册	850	53
	定县农民教育	册	30	53
	农业丛刊	册	140	3
	定县实验	册	30	4
	工作介绍 16 种	册	1 310	75
	园艺挂图	套	9	33
	国难挂图	套	16	43
	国族精神挂图	套	30	58

（续前表）

物品种类	物品名称	单位	数量	价值
	卫生挂图	套	30	$ 38
	社会调查挂图	套	30	27
	畜牧挂图	套	15	10
	营养挂图	套	32	22
	士兵千字课挂图	套	5	30
	定县地图	张	70	7
	战时救急法	册	100	4
	健康教育图	册	200	16
	戏考	套	3	5
	历书	本	6 850	270
	中学课本	本	2 940	1 760
	学校参考书	本	1 120	1 680
	自修图书	部	2 140	3 940
	新闻纸	份	430	3 870
	杂志	份	208	710
	其他	—	—	1 080
纸类：	—	—	—	29 780
	白云尖	刀	4 630	5 090
	报纸	刀	1 430	1 430
	白花纸	刀	10 190	3 060
	川连纸	刀	15 180	3 030
	毛边纸	刀	3 050	3 050
	洋卷纸	卷	5 060	1 010
	色纸	刀	7 130	4 280
	元书纸	刀	5 240	1 570
	洋宣纸	令	30	460
	吸墨纸	张	1 540	46
	石印药纸	张	1 590	76
	打字纸	张	12 300	160
	体温表格	张	2 000	18
	腊纸	筒	164	450
	复写纸	盒	63	115
	橡皮纸	令	2	45
	牛皮纸	令	9	149
	图画纸	张	4 460	130
	透明图画纸	卷	1	8

（续前表）

物品种类	物品名称	单位	数量	价值
	马粪纸	张	1 100	$ 93
	讲义夹子	打	45	87
	黄纸夹	个	1 500	26
	旧报纸	市斤	40 290	2 417
	其他	—	—	2 980
瓷器、玻璃类：	—	—	—	26 091
粗瓷	—	—	—	10 443
	白长行碗	轴	2 450	780
	白台碗	轴	1 430	430
	白二面碗	轴	540	430
	大海碗	轴	320	290
	二海碗	轴	390	210
	二公碗	轴	1 140	450
	小汤碗	轴	1 070	320
	蓝边碗	轴	310	120
	改四公碗	轴	1 030	390
	改二公碗	轴	780	310
	绿茶碗	轴	390	140
	细七寸盘	轴	390	230
	细五寸盘	轴	110	50
	改七寸盘	轴	560	450
	改五寸盘	轴	750	340
	改圆壶	个	420	250
	小端壶	个	390	80
	蓝汤碗	轴	140	40
	大端壶	个	18	5
	十色碗	轴	650	140
	细大台碗	轴	16	8
	细蓝边碗	轴	110	40
	其他	—	—	4 940
细瓷	—	—	—	10 563
	海碗	个	510	160
	大碗	个	1 780	420
	中碗	个	4 250	680
	小碗	个	2 540	203
	大盘	个	810	187

（续前表）

物品种类	物品名称	单位	数量	价值
	七寸盘	个	2 160	$ 240
	五寸盘	个	1 580	94
	三寸盘	个	640	30
	六十件壶	个	1 230	730
	五十件壶	个	2 680	1 330
	三十件壶	个	1 190	360
	端把茶壶	个	1 090	440
	豆绿茶碗	个	680	210
	耳盅	个	3 810	310
	汗反	个	12 820	1 020
	饭壁	副	5 430	540
	白台缸盅	个	8 860	350
	三百件坛瓶	对	106	732
	折半瓶	对	270	1 320
	八十件瓶	对	80	240
	笔洗	个	140	20
	其他	—	—	947
玻璃	—	—	—	4 605
	帽镜	个	440	420
	挂镜	个	1 060	170
	支镜	个	610	150
	洋灯	个	7 880	1 870
	灯罩	个	35 950	1 070
	注射器	件	18	40
	真空管	个	100	140
	玻璃	箱	24	210
	玻璃杯	个	260	30
	电瓶试验管	件	1	2
	显微镜	架	1	12
	寒暑表	个	2	1
	其他	—	—	490
搪瓷	—	—	—	480
	洋瓷盆	个	1 080	350
	刷牙缸	个	350	40
	其他	—	—	90
敬神品类：	—	—	—	20 057

（续前表）

物品种类	物品名称	单位	数量	价值
	烧纸	刀	67 540	$4 714
	锡箔	墩	27 910	4 180
	黄表纸	刀	51 290	3 593
	鞭炮	—	—	5 550
	其他	—	—	2 020
石料、泥土类：	—	—	—	15 398
	石碑	块	460	1 840
	盖瓮板	块	1 130	340
	碾子	个	120	720
	磨子	个	250	750
	条子石	块	3 450	1 730
	柱顶石	对	110	50
	写字石板	块	4 440	350
	石笔	把	3 120	310
	砚台	块	1 880	110
	洋灰	包	50	140
	白灰	市斤	2 865 400	8 180
	泥制玩物	—	—	18
	其他	—	—	860
卫生品类：	—	—	—	2 983
	胰子	块	42 250	1 690
	牙粉	包	19 370	483
	牙刷	把	3 080	310
	痘苗	打	530	330
	其他	—	—	170
电料类：	—	—	—	1 995
	电池	个	160	270
	手电筒	个	480	570
	手电池	节	2 440	608
	电石	筒	4	13
	大电瓶	瓶	18	23
	电灯泡	个	1 320	130
	电表	个	3	360
	电瓶药粉	包	3	21
照相材料类：	—	—	—	1 644
	胶条	卷	12	14

（续前表）

物品种类	物品名称	单位	数量	价值
	胶卷	卷	31	$ 154
	晒相纸	筒	141	314
	照相机	架	1	100
	底片	打	53	984
	快镜	个	3	78
化妆品类：	—	—	—	1 250
	雪花膏	瓶	1 870	195
	润面油	瓶	5 760	229
	生发油	瓶	2 890	343
	扑粉	盒	820	203
	其他	—	—	280
化学品类：	—	—	—	3 051
	硝	市斤	8 960	1 998
	磺	市斤	3 360	991
	炭酸铜	筒	12	36
	冰醋酸	磅	4	4
	纯硫酸	磅	6	11
	粗硫酸	坛	1	11
杂类：	—	—	—	9 694
	扣子	副	12 350	494
	雨伞	把	1 638	655
	旱伞	把	286	372
	胶水	瓶	1 499	149
	胶皮鞋	双	878	1 053
	自行车外带	副	843	2 529
	自行车内带	副	790	790
	化学铅笔	打	253	152
	木杆铅笔	打	470	1 112
	毛笔	枝	27 380	369
	纸扇	把	7 897	632
	纸扇面	个	15 640	469
	球胆	个	18	39
	墨滚	个	7	113
	浆糊	打	52	23
	打火器皮带	个	1	68
	橡皮	打	420	210

（续前表）

物品种类	物品名称	单位	数量	价值
	橡皮戳子	支	34	$ 14
	漆皮线	磅	8	3
	橡皮管	磅	2	8
	钢笔杆	打	47	47
	红蓝笔	打	16	13
	打字带	条	16	29
	变色铅笔	打	2	5
	海棉	打	55	77
	蜡笔	打	15	7
	胶皮玩物	—	—	64
	网球拍	个	20	40
	地球仪	个	2	15
	漂白粉	市斤	74	45
	球皮	个	16	48
	腊球	打	13	12
	橡皮球	打	44	22
	毛球	个	16	16
总合	—	—	—	3 192 777

6. 民国二十二年内，定县所用各种国货之数量与价值

物品种类	物品名称	数量	价值
衣服类：	—	—	$ 962 723
棉制品	—	—	863 383
	白洋布	9 020 匹	61 290
	印花布	320 匹	1 830
	阴丹士林布	790 匹	9 480
	爱国布	2 570 匹	15 440
	各色高阳布	9 870 匹	69 060
	充直贡呢布	450 匹	4 510
	充巴黎呢	310 匹	4 380
	中山呢	440 匹	6 090
	充哔叽	235 匹	2 180
	斜纹布	137 匹	990
	棉纱	3 710 包	667 770
	线毯	670 个	1 190
	线衣	790 件	790
	雨衣	8 件	20
	卫生衣	2 780 件	950
	线手套	2 290 件	270
	线洋袜	24 410 双	4 895
	手巾	14 570 条	878
	手绢	2 730 条	160
	布帽	3 450 顶	520
	布鞋	7 360 双	7 360
	鞋托子	12 650 付	630
	鞋帮子	20 140 双	430
	线	3 220 码	580
	其他	—	690
麻及麻制品	—	—	50 390
	朽麻	18 450 市斤	1 850
	线麻	74 690 市斤	18 670
	麻丝葛	1 220 匹	10 940
	充物华葛	780 匹	8 610
	充双丝葛	570 匹	5 720
	麻丝缎	140 匹	1 390
	其他	—	3 210
丝制品	—	—	27 420

（续前表）

物品种类	物品名称	数量	价值
	丝棉	710 张	$ 110
	纺绸	5 710 尺	2 860
	串绸	5 340 尺	2 670
	宫绸	5 550 尺	2 780
	绉绸	5 170 尺	1 810
	春绸	650 尺	290
	闪缎	7 780 尺	7 150
	绮霞缎	7 720 尺	4 630
	库缎	4 420 尺	3 970
	其他	—	1 150
毛制品	—	—	21 530
	毡帽	140 顶	280
	毛线	750 磅	1 120
	毛衣	250 件	860
	毛袜	1 510 双	1 060
	毛手套	640 付	320
	毛围巾	510 条	1 130
	毡	1 260 领	2 520
	毡帽头	1 050 顶	210
	毡鞋	2 150 双	1 720
	皮帽	1 450 顶	1 450
	皮袄	620 件	3 080
	皮褥子	820 个	1 640
	皮背心	620 件	620
	皮套裤	640 件	640
	皮裤子	280 件	430
	皮马褂	210 件	410
	礼服呢鞋	2 160 双	3 460
	其他	—	580
食品类：	—	—	871 068
米面	—	—	455 800
	小米	71 830 公石	358 430
	大米	2 490 公石	32 320
	黑豆	9 170 公石	31 950
	高粱	10 520 公石	31 540
	挂面	2 260	110

(续前表)

物品种类	物品名称	数量	价值
	其他	—	$ 1 450
菜蔬	—	—	2 700
	笋	6 810 市斤	1 720
	其他	—	980
调味	—	—	321 345
	食盐	3 067 530 市斤	296 565
	白碱	21 630 市斤	1 310
	白糖	14 170 市斤	2 570
	红糖	6 780 市斤	1 010
	甜酱	57 630 市斤	4 610
	黑酱	49 610 市斤	5 950
	姜	48 160 市斤	3 850
	其他	—	5 480
鱼肉	—	—	8 670
	鲜鱼	3 140 市斤	470
	鲜虾	3 650 市斤	430
	海参	40 市斤	140
	海蜇	840 市斤	250
	虾米	6 210 市斤	930
	腊肉	290 市斤	130
	五香牛肉	940 市斤	420
	羊肉	68 870 市斤	4 830
	其他	—	1 070
果品	—	—	32 229
	栗子	1 750 市斤	170
	柿子	4 801 180 个	19 230
	黑枣	35 150 市斤	560
	苹果	5 040 市斤	1 010
	橘子	520 市斤	130
	柿饼	71 150 市斤	3 560
	葡萄干	6 720 市斤	420
	核桃粘	6 140 市斤	840
	桃脯	990 市斤	370
	梨脯	730 市斤	280
	香蕉	2 110 市斤	270
	李子	110 市斤	9

（续前表）

物品种类	物品名称	数量	价值
	苹果脯	620 市斤	$ 240
	杏脯	420 市斤	140
	橘脯	250 市斤	90
	其他	—	4 910
饮料	—	—	47 154
	茶叶	12 950 市斤	8 290
	茶梗	4 410 市斤	1 410
	茶末	5 880 市斤	1 470
	烧酒	263 250 市斤	34 230
	啤酒	520 瓶	234
	瓶酒	5 980 瓶	1 020
	绍兴酒	15 坛	70
	汽水	1 880 瓶	290
	果子露	440 瓶	140
杂食	—	—	3 170
	罐头	7 630 筒	2 290
	盒糖	6 950 盒	70
	水果糖	2 650 市斤	790
	陈皮梅糖	1 960 盒	20
燃料类：	—	—	362 530
	石炭	17 856 000 公斤	95 420
	煤末	2 515 000 公斤	25 180
	烟煤	17 630 000 公斤	212 980
	焦炭	212 000 公斤	3 420
	碣石	454 000 公斤	6 360
	火柴	479 720 包	19 170
兽、畜及其产品类：	—	—	154 694
	羊	2 140 头	4 250
	牛	2 970 头	89 870
	马	1 120 头	29 880
	骡驹	240 头	10 460
	法兰皮	2 830 磅	2 120
	花旗皮	850 磅	1 020
	碎生杂皮	197 880 市斤	5 540
	护鞍皮	1 420 个	1 850
	后鞦皮	1 380 个	550

（续前表）

物品种类	物品名称	数量	价值
	革拉	840 个	$ 380
	套皮	4 350 市斤	1 740
	水筒皮	6 970 条	560
	瓦龙皮	14 310 条	720
	皮鞭子	14 230 个	2 560
	套褡	650 个	390
	褡腰	1 380 个	690
	皮绳	2 840 市斤	1 660
	鞭鞘	72 410 根	430
	羽扇	120 把	24
木、竹、草制品类：	—	—	62 787
	米达尺	88 根	18
	网篮	15 个	20
	算盘	64 个	102
	柳条箱	250 个	325
	梳子	69 850 个	3 490
	纺纱机	1 架	23
	打毛机	1 架	3
	三角板	50 对	15
	毛算盘	7 个	14
	竹筢	69 205 个	6 921
	竹筛	50 015 个	12 504
	竹帘	1 120 个	448
	篦子	60 420 个	3 630
	竹篮	1 540 个	180
	筷子	65 486 把	1 910
	草帽	4 440 顶	1 776
	蒲扇	4 150 把	210
	葵扇	4 875 把	146
	凉席	1 205 领	482
	苇席	5 360 领	1 610
	柏木棺材	89 口	4 450
	车轴	520 根	520
	车网	5 870 块	1 760
	槐木身	4 170 根	20 850
	其他	—	1 380

（续前表）

物品种类	物品名称	数量	价值
药品类：	—	—	$57 096
中药	—	—	57 096
饮片	—	—	40 270
	当归	3 790 市斤	2 030
	川芎	1 010 市斤	390
	生地	2 660 市斤	380
	熟地	3 080 市斤	440
	丽参	260 市斤	1 290
	党参	760 市斤	170
	陈皮	1 550 市斤	220
	紫叩	290 市斤	470
	厚朴	640 市斤	290
	广木香	450 市斤	2 210
	杭芍	1 090 市斤	250
	黄芪	2 520 市斤	1 080
	广砂仁	590 市斤	630
	广橘红	730 市斤	330
	云苓	2 290 市斤	2 040
	白术	1 160 市斤	790
	麦冬	1 460 市斤	1 960
	丹皮	980 市斤	230
	川羌	520 市斤	180
	防风	960 市斤	240
	连翘	1 890 市斤	390
	黄芩	1 990 市斤	110
	山药	1 750 市斤	430
	川军	1 020 市斤	250
	清夏	790 市斤	490
	石膏	1 890 市斤	140
	滑石	1 530 市斤	50
	霍香	940 市斤	240
	甘草	2 280 市斤	730
	黄连	370 市斤	180
	阿胶	450 市斤	1 910
	银花	2 130 市斤	230
	川贝	640 市斤	1 820

（续前表）

物品种类	物品名称	数量	价值
	柴胡	510 市斤	$ 90
	菊花	1 880 市斤	1 340
	槟榔片	750 市斤	370
	枳实	750 市斤	120
	竹叶	2 330 市斤	540
	饮片其他	—	15 220
丸药	—	—	5 580
	苏合丸	2 830 粒	340
	顺气丸	4 990 粒	990
	四消丸	5 860 粒	470
	抱龙丸	7 160 粒	720
	镇惊丸	4 250 粒	430
	香连丸	2 070 粒	290
	丸药其他	—	2 340
散药	—	—	3 480
	七厘散	210 两	320
	拔毒散	850 两	170
	珍珠散	290 两	540
	六一散	2 110 两	60
	益元散	2 450 两	120
	脐风散	2 830 匣	680
	散药其他	—	1 590
膏药	—	—	4 660
	拔毒膏	89 650 张	890
	暖脐膏	11 160 张	1 120
	虎骨膏	3 170 张	640
	阿魏化痞膏	1 430 张	140
	膏药其他	—	1 870
丹药	—	—	2 950
	七珍丹	2 960 瓶	360
	灵光丹	5 740 粒	290
	如意丹	8 950 粒	1 080
	丹药其他	—	1 220
其他	—	—	156
	樟脑	43 磅	140
	水银	1 磅	5

（续前表）

物品种类	物品名称	数量	价值
	薄荷	1 两	$ 1
	冬青油	4 磅	10
烟草类：	—	—	43 590
	卷烟	47 100 盒	3 370
	烟叶	83 020 市斤	39 750
	烟丝	10 810 块	366
	烟丝	125 市斤	104
金属制品类：	—	—	39 324
	全自行车	107 辆	1 605
	飞轮	197 个	98
	车架	144 个	288
	脚蹬轴	77 打	77
	前后轴	152 打	183
	车座	146 个	222
	叉子	260 个	185
	练子	100 条	60
	中轴	300 个	88
	轮盘	220 个	150
	车把	190 个	95
	瓦圈	140 副	170
	珠子	350 罗	70
	辐条	90 罗	90
	衣架	490 个	148
	脚蹬	370 副	135
	平定锅	8 980 个	6 290
	车瓦	37 850 市斤	1 520
	车钉	480 包	820
	铁丝	2 320 市斤	278
	铁壶	4 270 个	1 110
	铁锹	6 390 个	3 190
	铁钉	1 240 市斤	148
	车前钉	420 包	1 450
	鱼眼钉	1 328 400 个	1 320
	铁板	3 750 市斤	227
	车川	5 330 副	2 135
	车镏	88 260 根	530

（续前表）

物品种类	物品名称	数量	价值
	铁勺	6 570 把	$ 670
	河捞底	2 120 个	313
	广锅	7 520 个	4 510
	铁砂子	4 780 市斤	190
	铁索子	1 670 根	330
	电光剪子	380 把	42
	车床头	1 个	52
	镊子	80 个	4
	油印机	4 架	66
	洋铁玩物	29 件	15
	打洞器	1 个	15
	20 磅铁球	1 个	4
	铁丝筐	20 个	12
	喷露器	4 架	5
	三用规	20 份	34
	双铁轮	2 副	1
	钢	2 176 市斤	348
	钢丝综	1 070 只	320
	金叶	5 两	600
	银条	1 790 两	3 220
	锡蜡干	110 副	88
	铜蜡干	88 副	53
	铜盆	300 个	273
	墨盒	1 170 个	465
	铜笔帽	4 880 个	49
	黄铜丝	80 市斤	56
	铜铃	8 个	4
	龙头	2 个	1
	笔架	120 个	42
	其他	—	4 860
图书类：	—	—	32 047
	初小课本	84 100 本	6 310
	初小教授	7 920 本	1 980
	高小课本	6 570 本	660
	高小教授	360 本	110
	论说精华	1 640 部	410

（续前表）

物品种类	物品名称	数量	价值
	论说指南	760 部	$ 230
	作文文范	740 部	220
	作文入门	740 部	150
	尺牍	1 080 部	220
	字典	1 590 部	320
	三国	320 部	190
	列国	140 部	90
	西厢	160 部	50
	红楼梦	140 部	170
	水浒	150 部	120
	施公案	224 部	110
	包公案	220 部	20
	刘公案	220 部	22
	三公案	200 部	20
	荡寇志	150 部	70
	隋唐演义	140 部	70
	月明楼	80 部	8
	听月楼	110 部	9
	西游记	110 部	27
	琵琶记	140 部	14
	大八义	270 部	80
	小八义	270 部	80
	封神	240 部	120
	聊斋	140 部	40
	永庆升平	130 部	40
	济公传	260 部	80
	彭公案	180 部	90
	红旗沟	210 部	40
	针灸	120 部	50
	阳宅爱众	90 部	30
	阳宅大成	110 部	40
	柳庄相法	80 部	20
	农民高级文艺	2 960 册	140
	增删卜易	80 部	20
	卜世正宗	40 部	11
	玉匣记	190 部	40

（续前表）

物品种类	物品名称	数量	价值
	市民高级文艺	433 册	$ 22
	少年漂泊者	330 本	130
	我的少年	520 本	210
	青年心理	660 本	590
	春明新史	230 本	120
	白雪遗音选	330 部	70
	血影	480 本	140
	三对爱人	540 本	160
	火烧红莲寺	320 部	110
	江湖奇侠传	280 部	80
	新华春梦记	300 本	150
	蒋光慈小说集	350 部	206
	傀儡美人	270 本	104
	五蝴蝶	270 本	80
	啼笑姻缘	690 部	270
	三侠剑	610 部	240
	五女七贞	480 部	190
	雍正剑侠图	450 部	180
	公民课本	100 册	4
	农民千字课	40 120 册	1 970
	士兵千字课	2 060 册	110
	农民自修	620 册	20
	士兵自修	60 册	2
	农民教学书	610 册	88
	公民图说	70 册	4
	历史教材	40 册	3
	珠算教学书	40 册	3
	游戏教学书	50 册	11
	体操教学书	40 册	10
	三世相法	70 部	20
	科学表演大纲	24 册	1
	平校之测验	4 册	1
	编报经过	10 册	2
	注音符号	20 册	1
	农业教材	310 册	6
	卫生教材	300 册	6

（续前表）

物品种类	物品名称	数量	价值
	三民教材	40 册	$ 1
	普村同唱	20 册	2
	乡村健康教育	13 册	2
	唱歌集	20 册	4
	中国伦理及根据	13 册	5
	颜习斋年谱	16 册	3
	李二曲学谱	10 册	2
	国族精神	30 册	4
	公民道德根本义	20 册	3
	王阳明年谱	10 册	3
	人格修养	20 册	2
	国族精神论例浅译	20 册	11
	民众教育概论纲目	20 册	4
	定县须知	80 册	3
	毕业证书	6 册	3
	英文定县实验	20 册	4
	英文定县新学农	20 册	4
	英文中国新民	20 册	2
	农民六年合订本	9 册	5
	农民七年合订本	14 册	6
	精装定县社会概况调查	20 册	67
	平装定县社会概况调查	60 册	184
	历史图说	2 350 册	95
	平民读物	10 950 册	280
	农民画范	190 册	6
	合作社账本简章 34 种	360 册	18
	幻灯教学	20 册	2
	北平表校	5 册	2
	定县秧歌选	33 册	36
	日本农村调查	17 册	7
	平校教学法	16 册	3
	平校管理法	17 册	2
	乡村社会调查大纲	60 册	20
	无师自通	44 册	7

（续前表）

物品种类	物品名称	数量	价值
	考勤簿	190 册	$ 2
	珠算课本	210 册	7
	农民高级课本	850 册	53
	定县农民教育	30 册	53
	农业丛刊	140 册	3
	定县实验	30 册	4
	工作介绍 16 种	1 310 册	75
	园艺挂图	9 套	33
	国难挂图	16 套	43
	国族精神挂图	30 套	58
	卫生挂图	30 套	38
	社会调查挂图	30 套	27
	畜牧挂图	15 套	10
	营养挂图	32 套	22
	士兵千字课挂图	5 套	30
	定县地图	70 张	7
	战时救急法	100 册	4
	健康教育图	200 册	16
	戏考	3 套	5
	历书	6 850 本	270
	中学课本	2 940 本	1 760
	学校参考书	1 120 本	1 680
	自修图书	2 140 部	3 940
	新闻纸	430 份	3 870
	杂志	180 份	320
	其他	—	1 080
瓷器、玻璃类：	—	—	23 856
粗瓷	—	—	10 443
	白长行碗	2 450 轴	780
	白台碗	1 430 轴	430
	白二面碗	540 轴	430
	大海碗	320 轴	290
	二海碗	390 轴	210
	二公碗	1 140 轴	450
	小汤碗	1 070 轴	320
	蓝边碗	310 轴	120

（续前表）

物品种类	物品名称	数量	价值
	改四公碗	1 030 轴	$ 390
	改二公碗	780 轴	310
	绿茶碗	390 轴	140
	细七寸盘	390 轴	230
	细五寸盘	110 轴	50
	改七寸盘	560 轴	450
	改五寸盘	750 轴	340
	改圆壶	420 个	250
	小端壶	390 个	80
	蓝汤碗	140 轴	40
	大端壶	18 个	5
	下色碗	650 轴	140
	细大台碗	16 轴	8
	细蓝边碗	110 轴	40
	其他	—	4 940
细瓷	—	—	8 660
	海碗	510 个	160
	大碗	1 780 个	420
	中碗	4 250 个	680
	小碗	2 540 个	203
	大盘	740 个	170
	七寸盘	1 710 个	200
	五寸盘	1 350 个	80
	三寸盘	640 个	30
	六十件壶	970 个	580
	五十件壶	2 130 个	1 050
	三十件壶	940 个	280
	端把茶壶	570 个	230
	豆绿茶碗	680 个	210
	耳盅	2 230 个	180
	汗反	10 220 个	820
	饭壁	4 910 副	490
	白台缸盅	8 320 个	330
	三百件坛瓶	100 对	690
	折半瓶	210 对	1 040
	八十件瓶	50 对	160

（续前表）

物品种类	物品名称	数量	价值
	笔洗	140 个	$ 20
	其他	—	637
玻璃	—	—	4 413
	帽镜	440 个	420
	挂镜	1 060 个	170
	支镜	610 个	150
	洋灯	7 880 个	1 870
	灯罩	35 950 个	1 070
	玻璃	24 箱	210
	玻璃杯	260 个	30
	电瓶试验管	1 件	2
	寒暑表	2 个	1
	其他	—	490
搪瓷	—	—	340
	洋瓷盆	640 个	210
	刷牙缸	350 个	40
	其他	—	90
敬神品类：	—	—	20 057
	烧纸	67 540 刀	4 714
	锡箔	27 910 墩	4 180
	黄表纸	51 290 刀	3 593
	鞭炮	—	5 550
	其他	—	2 020
染料、油、漆类：	—	—	18 808
	墨	930 市斤	1 120
	石印药墨	250 块	75
	墨汁	1 240 瓶	190
	托僧	15 市斤	14
	油墨	42 盒	20
	印泥	4 两	8
	水彩颜色	4 打	5
	红蓝墨水	850 瓶	56
	生桐油	31 250 市斤	9 360
	熟桐油	5 940 市斤	1 480
	漆	5 210 市斤	6 480
石料、泥土类：	—	—	15 398

（续前表）

物品种类	物品名称	数量	价值
	石碑	460 块	$1 840
	盖瓮板	1 130 块	340
	碾子	120 个	720
	磨子	250 个	750
	条子石	3 450 个	1 730
	柱顶石	110 对	50
	写字石板	4 440 块	350
	石笔	3 120 把	310
	砚台	1 880 块	110
	洋灰	50 包	140
	白灰	2 865 400 市斤	8 180
	泥制玩物	—	18
	其他	—	860
纸类：	—	—	14 992
	白云尖	2 620 刀	2 880
	报纸	40 刀	40
	白花纸	9 010 刀	2 710
	川连纸	15 180 刀	3 030
	毛边纸	1 030 刀	1 030
	元书纸	5 240 刀	1 570
	吸墨纸	760 刀	22
	石印药纸	820 张	37
	腊纸	154 筒	410
	复写纸	30 盒	40
	图画纸	4 460 张	130
	讲义夹	45 打	87
	黄纸夹	1 500 个	26
	其他	—	2 980
化学品类：	—	—	2 989
	硝	8 960 市斤	1 998
	磺	3 360 市斤	991
卫生品类：	—	—	2 430
	胰子	30 090 块	1 213
	牙粉	16 310 包	407
	牙刷	3 080 把	310
	痘苗	530 打	330

（续前表）

物品种类	物品名称	数量	价值
	其他	—	$ 170
化妆品类：	—	—	1 250
	雪花膏	1 970 瓶	195
	润面油	5 760 瓶	229
	生发油	2 890 瓶	343
	扑粉	820 盒	203
	其他	—	280
电料类：	—	—	295
	手电灯	120 个	140
	手电池	500 节	125
	电灯泡	400 个	30
杂类：	—	—	5 197
	扣子	5 240 副	210
	雨伞	1 638 把	655
	胶水	677 瓶	67
	胶皮鞋	868 双	1 053
	化学铅笔	134 打	81
	木杆铅笔	350 打	76
	毛笔	27 380 枝	1 369
	纸扇	7 897 把	632
	纸扇面	15 640 个	469
	球胆	18 个	39
	墨滚	7 个	13
	浆糊	52 打	123
	橡皮	420 打	210
	橡皮戳子	14 支	6
	钢笔杆	27 打	27
	胶皮玩物	—	64
	网球拍	20 个	40
	地球仪	2 个	15
	球皮	16 个	48
总合	—	—	2 691 131

7. 民国二十二年内，定县所用各种英国货之数量与价值

物品种类	物品名称	数量	价值
烟草类：	—	—	$ 138 690
	卷烟	2 965 400 盒	138 690
燃料类：	—	—	48 850
	煤油	5 666 箱	48 850
食品类：	—	—	21 130
调味	—	—	19 650
	白碱	314 850 市斤	18 880
	冰糖	3 040 市斤	770
饮料	—	—	70
	咖啡	90 筒	70
杂食	—	—	1 410
	牛奶	1 830 瓶	830
	代乳粉	250 筒	580
金属制品类：	—	—	4 647
	全自行车	16 辆	844
	脚蹬轴	2 打	2
	前后轴	3 个	3
	车座	8 个	12
	绘图仪器	1 份	6
	磅机	2 架	53
	冲眼钢模	1 个	5
	中轴	20 个	6
	轮盘	20 个	30
	车把	20 个	18
	瓦圈	14 副	17
	辐条	6 罗	6
	铁板	38 170 市斤	2 298
	铁棍	12 840 根	1 027
	抽水机	1 架	70
	梳毛机	1 架	250

（续前表）

物品种类	物品名称	数量	价值
衣服类：	—	—	$2 120
棉制品	—	—	2 120
	印花布	350 匹	2 120
染料、油、漆类：	—	—	1 710
	人造靛	15 担	1 710
卫生品类：	—	—	415
	胰子	10 370 块	415
药品类：	—	—	37
西药	—	—	37
	颠茄酊	1 磅	2
	姜酊	1 磅	4
	滑石粉	6 磅	5
	佛罗钠	6 两	6
	麻药	15 磅	9
	麦角膏	3 磅	11
杂类：	—	—	562
	自行车外带	83 副	249
	自行车内带	245 副	245
	打火器皮带	1 个	68
总合	—	—	218 161

8. 民国二十二年内，定县所用各种美国货之数量与价值

物品种类	物品名称	数量	价值
燃料类：	—	—	$ 112 241
	火油	2 桶	26
	煤油	12 490 箱	112 140
	汽油	18 箱	75
染料、油、漆类：	—	—	16 102
	人造靛	55 担	6 270
	靛蓝	2 380 桶	3 570
	煮红	1 650 桶	2 470
	煮青	1 980 桶	3 560
	红蓝墨水	430 瓶	82
	喷漆原料	8 种	150
纸类：	—	—	2 987
	报纸	980 刀	980
	洋宣纸	10 领	160
	打字纸	12 300 张	160
	复写纸	13 盒	45
	牛皮纸	1 领	24
	透明图画纸	1 卷	8
	旧报纸	26 830 市斤	1 610
电料类：	—	—	1 556
	电池	160 个	270
	手电灯	360 个	430
	手电池	1 940 节	483
	电表	3 个	360
	电瓶药粉	2 包	13
照相材料类：	—	—	1 470
	胶条	10 卷	12
	胶卷	26 卷	114
	晒相纸	100 筒	220
	照相机	1 架	100
	底片	50 打	946
	快镜	3 个	78
药品类：	—	—	1 131

（续前表）

物品种类	物品名称	数量	价值
西药	—	—	$1 131
	阿司匹林	30 磅	98
	古拜	4 磅	6
	硼砂	4 磅	1
	铁丸	1 250 粒	5
	咖啡素	3 两	2
	蓖麻子油	70 磅	70
	鱼肝油	320 磅	256
	福尔马林	10 磅	11
	克立散落平	2 两	1
	升汞	2 磅	13
	鱼石油	7 磅	11
	来苏	47 磅	47
	炭酸镁	9 磅	10
	氧化镁	3 磅	7
	美州黎油	1 两	3
	匹罗卡品	1 磅	1
	铔香淡酒	7 磅	3
	安息香酊	8 磅	8
	毛地黄酊	1 磅	2
	苦味酊	18 磅	54
	鸦片丁	1 磅	8
	大黄丁	16 磅	72
	盐化钙	46 磅	32
	其他	—	410
金属制品类：	—	—	889
	全自行车	3 辆	140
	电铃	20 个	34
	缝纫机针	14 打	12
	马蹄表	5 个	13
	两面锯条	10 个	5
	轮齿锯	100 个	60
	打书器①	5 架	38

① 原文如此，“打”疑应为“钉”。——编者注

（续前表）

物品种类	物品名称	数量	价值
	回形针	15 打	$ 36
	收音机零件	8 件	39
	收音机外箱铁模	1 份	42
	锯弓子	10 个	5
	72 针织袜机	1 架	10
	脱粒筒	2 只	11
	钢笔头	49 盒	20
	钢球碗	1 种	2
	钢模	13 种	68
	白钢丝	30 磅	13
	无线电钢模	9 种	45
	抗电器	1 架	46
	瓷盘天秤	2 架	179
	天线电表	1 只	71
图书类：	—	—	390
	杂志	28 份	390
衣服类：	—	—	360
棉制品	—	—	360
	线	2 010 码	360
卫生品类：	—	—	62
	胰子	1 540 块	62
食品类：	—	—	60
杂食	—	—	60
	罐头	180 筒	60
木、竹、草制品类：	—	—	11
	吃墨床	84 个	11
杂类：	—	—	147
	海棉	55 打	77
	木杆铅笔	120 打	36
	打字带	16 条	29
	变色铅笔	2 打	5
总合	—	—	137 406

9. 民国二十二年内，定县所用各种日本货之数量与价值

物品种类	物品名称	数量	价值
衣服类：	—	—	$ 39 360
棉制品	—	—	38 880
	白洋布	2 890 匹	22 990
	印花布	1 420 匹	8 490
	充直贡呢	180 匹	1 820
	充哔叽	260 匹	2 310
	斜纹布	330 匹	2 340
	手绢	3 580 条	220
	线	3 330 码	590
	其他	—	120
毛制品	—	—	480
食品类：	—	—	28 096
菜蔬	—	—	8 320
	海带	84 850 市斤	6 780
	龙须	4 740 市斤	1 330
	其他	—	210
调味	—	—	18 236
	白糖	43 170 市斤	7 750
	红糖	69 840 市斤	10 470
	味之素	80 瓶	16
鱼肉	—	—	1 490
	海参	210 市斤	750
	海蜇	1 420 市斤	420
	其他	—	320
果品	—	—	50
	橘子	210 市斤	50
纸类：	—	—	11 801
	白云尖	2 010 刀	2 210
	报纸	410 刀	410
	白花纸	1 180 刀	350
	毛边纸	2 020 刀	2 020
	洋卷纸	5 060 卷	1 010
	色纸	7 130 刀	4 280

（续前表）

物品种类	物品名称	数量	价值
	洋宣纸	20 令	$ 300
	吸墨纸	780 张	24
	石印药纸	770 张	39
	体温表格	2 000 张	18
	腊纸	10 筒	40
	复写纸	20 盒	30
	橡皮纸	2 令	45
	牛皮纸	8 令	125
	马粪纸	1 100 张	93
	旧报纸	13 460 张	807
金属制品类：	—	—	7 307
	全自行车	67 辆	1 336
	飞轮	190 个	95
	车架	139 个	742
	脚蹬轴	154 打	150
	前后轴	124 打	150
	车座	210 个	310
	叉子	96 个	80
	练子	290 条	198
	中轴	440 个	130
	轮盘	70 个	85
	车把	220 个	170
	瓦圈	250 副	300
	珠子	480 罗	96
	辐条	267 罗	267
	衣架	240 个	70
	脚蹬	560 副	280
	针	160 筒	480
	铁丝	1 850 市斤	222
	铁钉	10 320 市斤	1 238

（续前表）

物品种类	物品名称	数量	价值
	蜈蚣钉	20 盒	$ 15
	秋皮钉	600 包	84
	电铃线	19 盘	14
	挂钟	3 个	30
	马蹄表	15 个	37
	喷漆器	1 个	185
	图钉	270 盒	94
	汗针铲子	120 个	12
	钉书器	10 只	30
	铜书钉	68 盒	8
	黄铜管	10 条	7
	24 铅板	280 块	392
瓷器、玻璃类：	—	—	2 095
细瓷	—	—	1 903
	大盘	70 个	17
	七寸盘	450 个	40
	五寸盘	230 个	14
	六十件壶	260 个	150
	五十件壶	550 个	280
	三十件壶	250 个	80
	端把茶壶	520 个	210
	耳盅	1 580 个	130
	汗反	2 600 个	200
	饭壁	520 副	50
	白台缸盅	540 个	20
	三百件坛瓶	6 对	42
	折半瓶	60 对	280
	八十件瓶	30 对	80
	其他	—	310
玻璃	—	—	52

（续前表）

物品种类	物品名称	数量	价值
	注射器	18 件	$ 40
	显微镜	1 架	12
搪瓷	—	—	140
	洋瓷盆	440 个	140
药品类：	—	—	895
西药	—	—	895
	凡士林	430 磅	130
	陈皮酒	10 磅	4
	硫苦	150 磅	22
	樟脑油	4 磅	3
	杏仁水	20 磅	20
	亚华铝	30 磅	124
	木的儿	7 磅	6
	阿母尼亚	13 磅	12
	钬锰氧	20 磅	20
	火棉酒	10 磅	17
	棉花	290 磅	210
	棉纱	270 磅	220
	樟脑注射液	14 盒	14
	乐的能	13 盒	46
	的格林	25 盒	20
	的有宁	27 盒	22
	爱儿亲	2 盒	3
	阿不摩尔核	2 盒	2
卫生品类：	—	—	76
	牙粉	3 060 包	76
电料类：	—	—	63
	电石	4 筒	13
	电泡	500 个	50
照相材料类：	—	—	58

（续前表）

物品种类	物品名称	数量	价值
	晒相纸	23 筒	$ 58
染料、油、漆类：	—	—	45
	油墨	40 盒	34
	水彩颜色	12 打	7
	印油	14 瓶	4
化学品类：	—	—	26
	冰醋酸	4 磅	4
	纯硫酸	6 磅	11
	粗硫酸	1 坛	11
木、竹、草制品类：	—	—	8
	铜边英尺	38 根	8
杂类：	—	—	3 268
	扣子	7 110 副	284
	旱伞	286 把	372
	胶水	822 瓶	82
	自行车外带	630 副	1 890
	自行车内带	415 副	415
	化学铅笔	119 打	71
	橡皮戳子	20 支	8
	漆皮钱①	8 磅	3
	橡皮管	2 磅	8
	钢笔杆	20 打	20
	红蓝笔	16 打	13
	蜡笔	15 打	7
	漂白粉	74 市斤	45
	蜡球	13 打	12
	橡皮球	44 打	22
	毛球	16 个	16
总合	—	—	93 098

① 原文如此，“钱”疑应为“线”。——编者注

10. 民国二十二年内，定县所用各种德国货之数量与价值

物品种类	物品名称	数量	价值
染料、油、漆类：	—	—	$ 18 112
	人造靛	48 担	5 950
	煮青	2 550 桶	3 060
	品红	1 480 桶	4 740
	鹅黄	2 070 桶	1 760
	粉红	2 930 桶	2 490
	油墨	22 盒	11
	印油	50 瓶	12
	印泥	2 两	4
	油画颜色	80 筒	60
	水彩颜色	28 打	25
衣服类：	—	—	7 340
棉制品	—	—	7 340
	阴丹士林布	520 匹	7 340
金属制品类：	—	—	6 501
	全自行车	43 辆	2 587
	飞轮	499 个	301
	车架	7 个	138
	叉子	65 个	50
	练子	70 条	90
	轮盘	20 个	30
	车把	36 个	43
	瓦圈	20 付	25
	珠子	250 罗	50
	辐条	64 罗	64
	针	100 筒	500
	铁丝	10 980 市斤	1 390
	秤机	1 架	28
	兽医用器具	38 件	166
	摇钻	10 把	15

(续前表)

物品种类	物品名称	数量	价值
	西弓钳	100 把	$ 40
	救火筒	4 只	190
	打号机	1 架	28
	整枝剪	3 只	2
	接树刀	6 把	6
	钻头	25 个	40
	留声机钢针	25 盒	10
	钢曲尺	30 件	60
	钢板	2 块	10
	汽炉子	40 个	22
	五金材料	13 种	598
	牙科用铁管	4 件	3
	注射针头	6 个	4
	钳子	40 把	11
药品类:	—	—	5 456
西药	—	—	5 456
	阿斯匹灵	36 磅	117
	硼酸	90 磅	40
	安息香酸	7 磅	16
	石炭酸	37 磅	37
	盐酸	26 磅	47
	硫酸	30 磅	63
	酒精	210 磅	2 690
	炭酸钲	12 磅	7
	羊毛脂	40 磅	43
	甘汞	18 磅	140
	哥罗芳	130 磅	290
	古加因	8 钱	2
	古的因	3 两	60
	乳酸	3 磅	10
	葡萄糖	4 磅	32
	利尿素	1 磅	6
	吐根素	15 钱	29

（续前表）

物品种类	物品名称	数量	价值
	麻黄素	15 钱	$ 53
	依打	15 磅	48
	洋鼠李膏	2 磅	10
	甘油	92 磅	92
	氧化氢	33 磅	36
	乌罗托品	1 磅	2
	碘	3 磅	78
	黄碘	4 两	14
	硫酸镁	150 磅	15
	一烷蓝	1 两	1
	吗啡	10 钱	25
	九一四	224 管	560
	胃蛋白酶	34 磅	39
	垂体素	2 钱	35
	碘化钾	7 钱	120
	雷琑辛	20 两	10
	撒罗	9 磅	4
	山道年	130 钱	130
	森夷加根米	3 磅	12
	溴化钠	7 磅	10
	氧化钠	20 磅	75
	硫酸钠	110 磅	67
	淀粉	3 磅	1
	硫磺	20 磅	10
	炭酸钠	30 磅	8
	氧化锌	9 磅	4
	亚汞	4 两	3
	六〇六	120 枝	160
	橡皮膏	70 筒	95
	阿尔提共液	17 盒	48
	麦角注射液	40 盒	60
	盐酸比鲁加宾	2 盒	2

（续前表）

物品种类	物品名称	数量	价值
食品类：	—	—	$ 250
调味	—	—	250
	冰糖	1 020 市斤	250
瓷器、玻璃类：	—	—	140
玻璃	—	—	140
	真空管	100 个	140
电料类：	—	—	81
	大电瓶	18 瓶	23
	电灯泡	420 个	50
	电瓶药粉	1 包	8
照相材料类：	—	—	76
	胶卷	5 卷	40
	晒相纸	18 筒	36
化学品类：	—	—	36
	炭酸铜	12 筒	36
总合	—	—	37 992

11. 民国二十二年内，定县所用各种俄国货之数量与价值

物品种类	物品名称	数量	价值
衣服类：	—	—	$ 9 110
棉制品	—	—	9 110
	印花布	1 520 匹	9 110
燃料类：	—	—	1 750
	煤油	2 191 箱	1 750
总合	—	—	10 860

12. 民国二十二年内，定县所用各种荷兰货之数量与价值

红糖 18 130 市斤　值 2 720 元

13. 民国二十二年内，定县所用各种法国货之数量与价值

物品种类	物品名称	数量	价值
药品类：	—	—	$ 606
西药	—	—	606
	金鸡纳霜	4 磅	160
	肾上腺素	5 两	5
	蛋白银	15 两	45
	安特匹林	32 磅	29
	汞铭	150 钱	60
	奴佛卡因	2 两	21
	橄榄油	9 磅	9
	鸦片末	9 磅	12
	匹拉米洞	2 磅	3
	苏打	80 磅	16
	臭钠	5 磅	90
	白树胶	15 磅	21
	淋菌疫苗	1 瓶	1
	硝酸	7 磅	4
	阿撒弟拉	6 盒	6
	维他命	32 盒	80
	溴化钙	43 盒	34
	阿脱品	12 盒	10
兽、畜及其产品类：	—	—	106
	翠鸟翅	270 对	106
食品类：	—	—	40
饮料	—	—	40
	白兰地	114 瓶	40
杂类：	—	—	520
	自行车外带	130 付	390
	自行车内带	130 付	130
总合	—	—	1 272

14. 民国二十二年内，定县所用各种瑞士货之数量与价值

物品种类	物品名称	数量	价值
金属制品类：	—	—	$ 63
	挂钟	2 个	26
	马蹄表	5 个	12
	留声机材料	3 种	25
药品类：	—	—	34
西药	—	—	34
	巴拉芬	3 两	34
总合	—	—	97

15. 民国二十二年内，定县所用各种意国货之数量与价值

物品种类	物品名称	数量	价值
照相材料类：	—	—	$ 40
	胶条	2 卷	2
	底片	3 打	38
总合	—	—	40

河北省定县 123 家平均每家各类支出比较

全年收入组（元）	家数	平均每家支出总数（元）	平均每家支出数（元）				
			食品数	衣服类	住房类	燃料及照明类	杂类
合计	123	121.55	234.59	25.92	16.17	47.63	81.24
不满 200	18	226.06	148.80	14.73	8.21	27.28	28.97
200—399	56	299.53	200.67	17.51	10.89	37.95	32.51
400—599	26	408.94	260.22	28.58	14.94	52.02	53.17
600 及以上	23	901.92	462.26	52.13	31.30	82.13	274.09

注：调查年月：1931 年 3 月至 1932 年 6 月。
　　重新制表年月：1983 年 1 月。

第四章　煤油运销

1. 定县民国二十二年内，各月煤油输入及销出箱数

月份	输入箱数	销售本县箱数	转销外县箱数
1	14 810	1 033	2 364
2	681	1 029	810
3	1 200	2 801	1 203
4	2 982	1 122	1 525
5	4 174	3 087	4 534
6	3 532	1 716	184
7	565	1 487	876
8	1 560	1 562	870
9	1 080	1 714	578
10	4 340	1 155	1 009
11	1 000	988	586
12	4 483	2 653	1 503
总合	40 347	20 347	16 042

2. 定县民国二十二年内，各月各种牌号煤油输入箱数

月份	输入箱数								
	亚细亚牌	鹰牌	老虎牌	大华牌	老美孚牌	元宝牌	银箱牌	散油	共
1	2 610	6 028	2 794	—	2 487	640	73	178	14 810
2	—	—	—	600	—	—	81	—	681
3	600	—	—	600	—	—	—	—	1 200
4	1 200	602	—	600	580	—	—	—	2 982
5	—	—	3 000	174	1 000	—	—	—	4 174
6	2 100	—	—	1 332	—	100	—	—	3 532
7	300	—	—	—	—	265	—	—	565
8	1 200	—	—	—	—	—	300	—	1 500
9	1 080	—	—	—	—	—	—	—	1 080
10	1 700	1 000	200	1 140	300	—	—	—	4 340
11	—	1 000	—	—	—	—	—	—	1 000
12	2 400	1 418	—	450	—	215	—	—	4 483
总合	13 190	10 048	5 994	4 896	4 367	1 220	454	178	40 347

注：包括销售县内与转销外县箱数。

3. 定县民国二十二年内，煤油各月销售县内各地箱数

月份	销售县内各地箱数							
	县城西关	清风店	明月店	李亲顾	砖路	东亭	高蓬	共
1	43	306	150	132	—	15	—	1 033
2	488	470	31	28	—	12	—	1 029
3	1 043	768	462	172	241	75	40	2 801
4	379	355	56	288	10	24	10	1 122
5	2 186	308	321	148	30	54	40	3 087
6	1 380	96	115	89	—	26	10	1 716
7	1 199	39	239	—	10	—	—	1 487
8	1 051	191	290	25	5	—	—	1 562
9	1 134	229	284	—	23	20	24	1 714
10	676	198	178	71	17	15	—	1 155
11	568	252	87	36	15	—	30	988
12	1 285	644	237	295	120	49	25	2 653
总合	11 819	3 856	2 450	1 284	471	288	179	20 347

4. 定县民国二十二年内，各种煤油各月销售县内箱数

月份	销售县内箱数							
	鹰牌	亚细亚牌	老虎牌	老美孚牌	大华牌	元宝牌	银箱牌	共
1	500	318	—	200	—	—	15	1 033
2	597	415	—	—	—	—	17	1 029
3	1 786	440	—	—	575	—	—	2 801
4	153	348	200	300	121	—	—	1 122
5	374	348	798	1 115	452	—	—	3 087
6	792	356	200	200	116	52	—	1 716
7	500	257	298	294	98	40	—	1 487
8	178	445	518	150	44	161	66	1 562
9	—	394	965	119	109	127	—	1 714
10	348	508	—	—	191	108	—	1 155
11	396	324	—	—	167	101	—	988
12	1 071	834	250	90	318	90	—	2 653
总合	6 695	4 987	3 229	2 468	2 191	679	98	20 347

5. 定县民国二十二年内，各国牌号煤油销售县内箱数

国别	牌号	销售县内箱数	百分比
美国	—	12 490	61.38
	鹰牌	6 695	32.90
	老虎牌	3 229	15.87
	老美孚牌	2 468	12.13
	银箱牌	98	0.48
英国	—	5 666	27.85
	亚细亚牌	4 987	24.51
	元宝牌	679	3.34
俄国	—	2 191	10.77
	大华牌	2 191	10.77
总合	—	20 347	100.00

6. 定县民国二十二年内，煤油各月转销县外各地箱数

月份	转销县外地点	转销县外各地箱数							
		亚细亚牌	鹰牌	老虎牌	大华牌	老美孚牌	银箱牌	元宝牌	共
1	曲阳县	468	1 678	141	—	59	18	—	2 364
2	曲阳县	692	—	—	95	—	23	—	810
3	曲阳县	334	400	—	469	—	—	—	1 203
4	曲阳县	623	—	—	122	—	—	—	745
	安国县	—	200	—	—	—	—	—	200
	石家庄	—	—	—	—	580	—	—	580
5	曲阳县	380	125	23	337	73	—	—	938
	石家庄	—	—	2 480	—	1 000	—	—	3 480
	东长寿	—	—	—	—	116	—	—	116
6	曲阳县	110	—	—	74	—	—	—	184
7	曲阳县	318	—	—	558	—	—	—	876
8	曲阳县	467	—	—	41	—	100	—	608
	新乐县	23	—	—	—	—	—	25	48
	行唐县	—	—	—	—	—	214	—	214
9	曲阳县	486	—	—	45	—	—	—	531
	新乐县	21	—	—	—	—	—	26	47
10	曲阳县	476	150	—	248	100	—	—	974
	新乐县	35	—	—	—	—	—	—	35
11	曲阳县	432	—	—	68	—	—	—	500
	新乐县	62	—	—	—	—	—	24	86
12	曲阳县	709	600	—	83	—	—	50	1 442
	新乐县	38	—	—	—	—	—	23	61
总合	—	5 674	3 153	2 644	2 140	1 928	355	148	16 042

第五章　煤炭运销

1. 定县民国二十二年内，各月份各种煤炭输入吨数

月份	输入吨数					
	石炭	烟煤	房山煤	焦炭	碣石	共
1	1 530	3 492	775	42	170	6 009
2	3 350	3 580	310	—	—	7 240
3	2 585	3 330	190	80	—	6 185
4	2 275	3 868	—	—	—	6 143
5	830	190	—	—	—	1 020
6	920	365	—	—	—	1 285
7	1 310	440	—	—	—	1 750
8	1 020	1 080	550	—	320	2 970
9	500	5 565	400	—	—	6 465
10	1 105	1 065	850	40	500	3 560
11	2 180	875	830	80	—	3 965
12	995	1 450	720	—	—	3 165
总合	18 600	25 300	4 625	242	990	49 757

注：包括销售本县及转销外县。
　　1 吨=1 000 公斤。

2. 定县民国二十年内，输入煤炭吨数

煤炭种类	输入吨数		
	销售本县	转销外县	共
烟煤	17 630	7 670	25 300
石炭	7 856	10 744	18 600
房山煤	2 515	2 110	4 625
碣石	454	536	990
焦炭	212	30	242
总合	28 667	21 090	49 757

第六章　人造靛运销

1. 民国二十一年内，定县输入各种人造靛之担数与价值

人造靛种类	输入总数		销售本县		转销县外	
	担数	价值	担数	价值	担数	价值
谦信靛水	140	$ 18 480	70	$ 9 240	70	$ 9 240
南星靛水	140	17 220	70	8 610	70	8 610
恒信靛水	60	7 200	30	3 600	30	3 600
爱礼司靛水	40	5 280	20	2 640	20	2 640
汽巴靛水	35	4 620	18	2 376	17	2 244
卜内门靛水	29	3 480	15	1 800	14	1 680
总合	444	56 280	223	28 266	221	28 014

2. 民国二十一年内，定县输入各种人造靛其中转销县外各地之担数与价值

人造靛种类	转销县外各地									
	曲阳县		唐县		新乐县		安国县		共	
	担数	价值	担数	价值	担数	价值	担数	价值	担数	价值
谦信靛水	28	$ 3 696	14	$ 1 848	14	$ 1 848	14	$ 1 848	70	$ 9 240
南星靛水	28	3 444	14	1 722	14	1 722	14	1 722	70	8 610
恒信靛水	12	1 440	6	720	6	720	6	720	30	3 600
爱礼司靛水	8	1 056	4	528	4	528	4	528	20	2 640
汽巴靛水	8	1 056	3	396	3	396	3	396	17	2 244
卜内门靛水	5	600	3	360	3	360	3	360	14	1 680
总合	89	11 292	44	5 574	44	5 574	44	5 574	221	28 014

3. 民国二十二年内，定县输入各种人造靛之担数与价值

人造靛种类	输入总数		销售本县		转销县外	
	担数	价值	担数	价值	担数	价值
南星靛水	106	$12 084	55	$6 270	51	$5 814
谦信靛水	55	6 820	28	3 472	27	3 348
卜内门靛水	29	3 306	15	1 710	14	1 596
爱礼司靛水	20	2 480	10	1 240	10	1 240
汽巴靛水	18	2 232	10	1 240	8	992
总合	228	26 922	118	13 932	110	12 990

4. 民国二十二年内，定县输入各种人造靛其中转销县外各地之担数与价值

人造靛种类	转销县外各地									
	曲阳		唐县		新乐		安国		共	
	担数	价值	担数	价值	担数	价值	担数	价值	担数	价值
南星靛水	21	$2 394	10	$1 140	10	$1 140	10	$1 140	51	$5 814
谦信靛水	12	1 488	5	620	5	620	5	620	27	3 348
卜内门靛水	5	570	3	342	3	342	3	342	14	1 596
爱礼司靛水	4	496	2	248	2	248	2	248	10	1 240
汽巴靛水	2	248	2	248	2	248	2	248	8	992
总合	44	5 196	22	2 598	22	2 598	22	2 598	110	12 990

第七章　农村一般经济情况

一、地价

1. 定县二十年内，水田每亩价格之涨落

民国三至二十三年

年份	水田每亩价格		
	上等	中等	下等
民国三年	$53	$31	$18
民国十三年	113	59	29
民国十九年	136	79	49
民国二十年	118	71	39
民国二十一年	93	59	30
民国二十二年	60	38	24
民国二十三年	40	29	17

2. 定县二十年内，旱田每亩价格之涨落

民国三至二十三年

年份	旱田每亩价格		
	上等	中等	下等
民国三年	$ 33	$ 19	$ 9
民国十三年	52	29	14
民国十九年	78	46	23
民国二十年	69	40	21
民国二十一年	51	30	15
民国二十二年	43	24	13
民国二十三年	29	18	8

二、工资

1. 定县十年内，长工雇农工资之变动

民国十三至二十二年

年份	长工工资		
	最高	普通	最低
民国十三年	$ 41	$ 33	$ 16
民国十四年	44	35	18
民国十五年	50	39	22
民国十六年	55	41	25
民国十七年	56	42	26
民国十八年	56	42	26
民国十九年	56	42	26
民国二十年	54	40	25
民国二十一年	49	39	23
民国二十二年	39	31	18

注：饭费不包括在内。

2. 定县十年内，日工雇农工资之变动

民国十三至二十二年

年份	日工工资		
	最高	普通	最低
民国十三年	$0.400	$0.190	$0.1[redacted]0
民国十四年	0.380	0.180	0.1[redacted]0
民国十五年	0.380	0.160	0.090
民国十六年	0.400	0.170	0.160
民国十七年	0.410	0.180	0.100
民国十八年	0.410	0.180	0.110
民国十九年	0.430	0.190	0.110
民国二十年	0.410	0.190	0.100
民国二十一年	0.280	0.160	0.086
民国二十二年	0.130	0.070	0.032

注：饭费不包括在内。

3. 定县十年内，小学教员普通薪金之变动

民国十三至二十二年

年份	薪金
民国十三年	$82
民国十四年	94
民国十五年	107
民国十六年	114
民国十七年	120
民国十八年	129
民国十九年	135
民国二十年	140
民国二十一年	138
民国二十二年	128

三、借贷利息

定县十年内，借贷利息之变动

民国十三至二十二年

年份	月利率		
	最高	普通	最低
民国十三年	2.80%	2.50%	2.00%
民国十四年	2.60	2.30	1.80
民国十五年	3.00	2.40	2.00
民国十六年	2.50	2.30	2.00
民国十七年	2.50	2.30	2.00
民国十八年	2.40	2.00	1.80
民国十九年	2.20	2.00	1.60
民国二十年	2.20	2.00	1.70
民国二十一年	2.10	1.80	1.50
民国二十二年	2.10	1.80	1.50

四、买不起盐家数

定县各村买不起盐家数，占全村家数之百分比

占全村家数百分比	村数	村数百分比
5%以下	12	2.54
5—9	36	7.63
10—14	58	12.29
15—19	97	20.55
20—24	68	14.41
25—29	51	10.81
30—34	46	9.75
35—39	22	4.66
40—44	15	3.18
45—49	17	3.60
50—54	18	3.81
55—59	17	3.60
60%及以上	15	3.18
总合	472	100.00

注：全县各村买不起盐家数，占全村家数百分比最高为74%，最低为2%，平均为27%。

五、出外谋生

1. 定县民国二十二年与二十三年一月至三月，出外谋生人数

年份	出外谋生人数			
	男	女	共	占全县人口百分比
民国二十二年	7 314	535	7 849	1.96
民国二十三年一月至三月	14 499	585	15 084	3.77
总合	21 813	1 120	22 933	—

2. 定县十年内，出外谋生人数

民国十三至二十二年

年份	人数		
	往东北	往其他各省	共
民国十三年	1 085	451	1 536
民国十四年	394	338	732
民国十五年	372	409	781
民国十六年	398	369	767
民国十七年	274	258	532
民国十八年	325	449	774
民国十九年	228	215	443
民国二十年	322	1 046	1 368
民国二十一年	1 778	1 589	3 367
民国二十二年	5 012	2 837	7 849
总合	10 188	7 961	18 149

3. 定县单身出外谋生与亲属共同出外谋生之人数

亲属同往人数	次数
单人	975
2	176
3	63
4	50
5	39
6	18
7	7
8	6
9	3
11	1
总合	1 338

注：民国二十三年一月至三月全县出外谋生者共计 15 084 人，上表内共计 2 154 人，系确知其为单人或与亲属出外谋生者。

4. 定县出外谋生者年龄之分配

年龄组	人数	百分比
15 岁以下	3	0.22
15—19	33	2.47
20—24	136	10.16
25—29	183	13.68
30—34	240	17.94
35—39	168	12.56
40—44	172	12.85
45—49	187	13.98
50—54	137	10.24
55—59	39	2.91
60—64	29	2.17
65—69	6	0.45
70 及以上	5	0.37
总合	1 338	100.00

注：(1) 民国二十三年一月至三月，全县出外谋生者共计 15 084 人，其中 1 338 人系知其准确年龄者。
(2) 最低年龄 14 岁，最高年龄 80 岁。

5. 定县出外谋生之地点

谋生地点	人数	百分比	谋生地点	人数	百分比
辽宁	476	35.58	宁夏	6	0.45
吉林	273	20.40	安徽	6	0.45
河北	241	18.01	江苏	6	0.45
黑龙江	67	5.01	甘肃	3	0.22
山西	63	4.71	福建	2	0.15
察哈尔	50	3.74	江西	2	0.15
绥远	48	3.59	朝鲜	2	0.15
热河	38	2.84	陕西	1	0.07
河南	25	1.87	湖北	1	0.07
浙江	22	1.64			
山东	6	0.45	总合	1 338	100.00

注：(1) 民国二十三年一月至三月全县出外谋生者共计 15 084 人，其中 1 338 人系知其谋生准确地点者。
(2) 谋生地点，东北四省占一切人数的 64%，西北占 8%。
(3) 在河北省各处谋生者，以人数多寡为序，其地点为北平、天津、安国、石家庄、保定、无极、束鹿、高阳、门头沟、涿县、辛集、大名、正定、阜平、藁城、长辛店、北戴河、肃宁、河间、安新、顺德、曲阳、井陉、南口、唐县、沧县、唐山、新河等。

6．定县出外谋生者之职业

职业类别	人数	职业类别	人数
苦力	897	剃头	4
种地	146	邮差	3
经商	104	医生	2
当兵	101	卖艺	2
修铁路	15	出家	2
打渔	10	挖煤	2
警察	9	纺纱	1
厨役	8	木匠	1
工厂	7	宰牛	1
团丁	6	刮猪肠	1
烧窑	5	无业	3
乞丐	4		
看坟	4	总合	1 338

注：民国二十三年一月至三月全县出外谋生人数共 15 084 人，其中 1 338 人，系知其在外准确职业者。

7．定县出外谋生者原来职业

职业种类	人数	职业种类	人数
种地	1 205	缝纫	1
木匠	38	缉私队	1
经商	22	乞丐	1
瓦匠	11	宰牛	1
苦力	5	牙纪	1
当兵	4	剃头	1
纺织	3	无业	38
医生	2		
教员	2		
铁路工人	2	总合	1 338

注：(1) 民国二十三年一月至三月全县出外谋生者共计 15 084 人，其中 1 338 人系知其原来准确职业者。
(2) 无业之 38 人，系自学校毕业或退学后在家闲散者。
(3) 种地者占总人数的 90%。

8. 定县出外谋生者寄钱回家与不寄钱回家人数

	人数	百分比
寄钱	351	26.23
不寄钱	987	73.74
总合	1 338	100.00

注：民国二十三年一月至三月全县出外谋生者共计 15 084 人，其中 1 338 人，系确知其寄钱回家与否者。

六、破产

1. 定县三年内，因债务被债主没收所有家产之家数

民国二十至二十二年

年份	家数
民国二十年	51
民国二十一年	256
民国二十二年	2 889
总合	3 196

2. 定县三年内，破产家庭之大小

民国二十至二十二年

每家人口数	家数	百分比
1—3 口	477	14.92
4—6	1 536	48.06
7—9	724	22.65
10—12	229	7.17
13—15	142	4.44
16 及以上	88	2.75
总合	3 196	100.00

注：最少 1 口，计 3 家；最多 26 口，计 1 家。

3. 定县民国二十二年内，各种破产原因之家数

破产原因	家数	百分比
积年欠债	1 232	42.64
借债经商赔累	527	18.24
生寡食众负债	521	18.03
借债租地赔累	302	10.45
婚丧负债	121	4.19
担保牵连负债	53	1.83
诉讼负债	37	1.28
其他	96	3.32
总合	2 889	100.00

注：（1）破产家数占全县总家数的4%。
（2）其他原因，包括吸白面、水灾、匪劫、疾病等。

4. 定县民国二十二年内，破产家庭按欠债组、家数之分配

欠债组	家数	家数百分比	各组欠债总数	平均每家欠债数
$100 以下	8	0.28	$510	$63.75
100—199	141	4.88	20 580	145.95
200—299	386	13.36	85 690	221.99
300—399	431	14.92	135 330	313.98
400—499	431	14.92	177 570	411.99
500—599	290	10.04	146 740	506.00
600—699	168	5.82	102 640	610.95
700—799	154	5.33	109 190	709.02
800—899	173	5.99	139 170	804.45
900—999	24	0.83	21 600	900.00
1 000—1 249	271	9.38	294 910	1 088.23
1 250—1 499	64	2.21	86 340	1 349.10
1 500—1 749	90	3.12	139 590	1 551.00
1 750—1 999	24	0.83	43 680	1 820.00
2 000—2 499	93	3.22	193 160	2 076.98
2 500—2 999	29	1.00	77 520	2 673.13
3 000 及以上	112	3.88	601 550	5 370.82
总合	2 889	100.00	2 376 770	822.69

注：欠债最少者1家，计50元；最多者1家，计20 000元。

5. 定县民国二十二年内，破产家庭按没收财产估价组、家数之分配

没收财产估价组	家数	家数百分比	各组财产估价总数	平均每家财产估价
$100 以下	497	17.20	$27 400	$55.13
100—199	716	24.78	102 624	143.33
200—299	681	23.57	151 236	222.08
300—399	306	10.59	97 042	317.13
400—499	199	6.89	82 467	414.42
500—599	125	4.33	63 298	506.38
600—699	80	2.77	49 414	617.67
700—799	75	2.60	53 036	707.14
800—899	42	1.45	33 836	805.62
900—999	5	0.17	4 500	900.00
1 000—1 499	96	3.32	104 393	1 087.42
1 500—1 999	32	1.11	51 200	1 600.00
2 000 及以上	35	1.21	137 305	3 923.00
总合	2 889	100.00	957 751	331.51

注：没收财产估价最少者 2 家，计各 10 元；最多者 1 家，计 10 000 元。

七、乞丐

1. 定县三年内，讨饭家数

民国二十至二十二年

年份	讨饭家数		占全县家数百分比	
	夏天	冬天	夏天	冬天
民国二十年	1 041	1 383	1.52	2.02
民国二十一年	1 363	2 184	1.99	3.19
民国二十二年	1 999	3 437	2.92	5.02

2. 定县三年内，夏冬两季男女乞丐数

民国二十至二十二年

年份	夏天乞丐数				冬天乞丐数			
	男	女	共	占全县人口百分比	男	女	共	占全县人口百分比
民国二十年	844	714	1 558	0.39	1 262	1 132	2 394	0.60
民国二十一年	1 223	1 013	2 236	0.56	2 113	2 076	4 189	1.05
民国二十二年	2 008	1 549	3 557	0.89	3 329	3 543	6 872	1.72

3. 定县乞丐讨饭年数

民国二十二年

讨饭年数	乞丐数	百分比
1年以下	2 143	31.18
1	1 765	25.68
2	927	13.49
3	534	7.77
4	387	5.63
5	364	5.30
6	195	2.84
7	145	2.11
8	122	1.78
9	98	1.43
10年及以上	192	2.79
总合	6 872	100.00

注：讨饭年数最少2个月者计5人，最多15年者计2人。

第八章　农产仓库

一、农产仓库存粮概况

1. 定县各家在城内农产仓库每次所存粮食石数及所存各种粮食次数

民国二十二年七月至十月

存粮石数	每家所存各种粮食次数					
	小麦	芝麻	黑豆	谷子	玉米	共
不满5石	91	3	—	1	—	95
5—9.9	43	5	—	1	1	50
10—14.9	28	4	1	—	—	33
15—19.9	11	—	—	—	—	11
20—24.9	8	1	—	1	—	10
25—29.9	1	—	—	—	—	1
30石及以上	7	1	—	—	—	8
总合	189	14	1	3	1	208

2. 定县在农产仓库合存粮食家数、次数及每次存粮数量

民国二十二年七月至十月

合存家数	存粮次数							
	不满 5 石	5—9.9	10—14.9	15—19.9	20—24.9	25—29.9	30 石及以上	共
1	16	30	23	7	7	1	5	89
2	2	3	5	—	—	—	2	12
3	1	—	1	—	—	2	2	6
4	—	—	1	—	—	—	2	3
5	—	1	1	—	—	—	—	2
6	—	—	—	—	—	—	2	2
7	—	—	1	—	—	—	—	1
8	—	1	—	—	—	—	—	1
10	—	—	—	1	—	—	—	1
17	—	—	1	—	—	—	—	1
总合	19	35	33	8	7	3	13	118

3. 定县 59 村在农产仓库存粮次数、总量及其与仓库距离里数

民国二十二年七月至十月

距离里数	村数	存粮次数	存粮总量数
3	1	5	402.12 石
4	1	7	47.30
5	1	1	14.30
6	4	10	183.20
7	4	6	57.70
8	2	2	132.93
10	4	5	59.00
11	3	3	65.10
12	1	5	36.50
13	1	1	10.00
14	1	2	28.00
15	11	18	204.50
16	1	1	5.30
17	2	2	15.50
18	1	3	94.20
20	7	14	130.30
22	1	9	93.80
24	1	1	13.60
25	6	10	141.90
30	3	8	77.50
35	2	3	93.90
40	1	2	37.90
总合	59	118	1 944.30

二、全县农产仓库抵押情形

1. 民国二十二年度内，定县五农产仓库各种抵押品之数量与款额

民国二十二年七月至二十三年六月

抵押品种类	抵押数量	抵押款额
粮食	5 023.43 石	$ 22 040.89
小麦	3 242.76 石	
芝麻	569.30 石	
黑豆	554.59 石	
谷子	224.59 石	
玉米	150.79 石	
小米	101.20 石	
青豆	68.30 石	
黄豆	49.10 石	
大米	16.80 石	
白豆	15.20 石	
小豆	10.50 石	
荞麦	8.90 石	
高粱	7.50 石	
绿豆	3.90 石	
棉花	105 971.00 斤	12 909.57
籽花	90 278.00 斤	
瓤花	14 176.00 斤	
榨包花衣	1 517.00 斤	
棉纱	103.00 包	8 000.00
花生	67 696.00 斤	1 316.04
小花生	62 872.00 斤	
大花生	4 824.00 斤	
井陉煤	240.00 吨	1 000.00
棺板	10 副又 11 块	738.00
柳木寿板	7 副	
柏木寿板	3 副又 11 块	
植物油	5 198.00 斤	352.00
花生油	4 868.00 斤	
棉籽油	330.00 斤	
植物饼	26 766.00 斤	314.00
花生饼	15 283.00 斤	

（续前表）

抵押品种类	抵押数量	抵押款额
芝麻饼	11 483.00 斤	
蜂蜜	2 150.00 斤	209.00
成文纸	158.00 曲	122.00
土布	165.00 匹	110.00
干枣	3 800.00 斤	80.00
食盐	2.00 袋	35.00
线口袋	60.00 条	34.00
红线	55.00 斤	10.00
总合	—	47 270.50

2. 定县五农产仓库，各月各种抵押品之数量与款额

民国二十二年七月至二十三年六月

抵押品种类	民国二十二年七月		民国二十二年八月		民国二十二年九月	
	抵押数量	抵押款额	抵押数量	抵押款额	抵押数量	抵押款额
粮食	915.07 石	$4 471.50	1 198.53 石	$5 972.80	280.26 石	$1 452.00
棉花	—	—	—	—	175.00 斤	40.00
棉纱	—	—	—	—	—	—
花生	—	—	—	—	—	—
井陉煤	—	—	—	—	—	—
棺板	—	—	—	—	—	—
植物油	—	—	—	—	—	—
植物饼	—	—	—	—	—	—
蜂蜜	—	—	—	—	—	—
成文纸	—	—	—	—	—	—
土布	—	—	—	—	—	—
干枣	—	—	—	—	—	—
食盐	—	—	—	—	—	—
线口袋	—	—	—	—	—	—
红线	—	—	—	—	—	—
总合	—	4 471.50	—	5 972.80	—	1 492.00

(续前表)

抵押品种类	民国二十二年十月		民国二十二年十一月		民国二十二年十二月	
	抵押数量	抵押款额	抵押数量	抵押款额	抵押数量	抵押款额
粮食	180.40 石	$ 667.80	234.47 石	$ 843.00	969.68 石	$ 3 525.66
棉花	7 000.00 斤	546.00	10 775.00 斤	1 055.00	35 324.00 斤	5 074.37
棉纱	—	—	—	—	—	—
花生	—	—	—	—	35 608.00 斤	644.00
井陉煤	—	—	—	—	240.00 吨	1 000.00
棺板	—	—	—	—	—	—
植物油	—	—	—	—	—	—
植物饼	—	—	8 500.00 斤	70.00	5 915.00 斤	51.00
蜂蜜	—	—	700.00 斤	84.00	—	—
成文纸	—	—	—	—	—	—
土布	—	—	—	—	15.00 匹	20.00
干枣	—	—	—	—	3 800.00 斤	80.00
食盐	—	—	—	—	—	—
线口袋	—	—	—	—	—	—
红线	—	—	—	—	—	—
总合	—	1 213.80	—	2 052.00	—	10 395.00

抵押品种类	民国二十三年一月		民国二十三年二月		民国二十三年三月	
	抵押数量	抵押款额	抵押数量	抵押款额	抵押数量	抵押款额
粮食	864.09 石	$ 3 461.50	237.18 石	$ 929.56	14.00 石	$ 64.00
棉花	16 369.00 斤	1 101.00	21 394.00 斤	2 244.20	6 704.00 斤	1 300.00
棉纱	—	—	—	—	—	—
花生	18 893.00 斤	396.80	13 195.00 斤	275.24	—	—
井陉煤	—	—	—	—	—	—
棺板	8 副	570.00	2 副	91.00	—	—
植物油	3 675.00 斤	257.00	773.00 斤	48.00	—	—
植物饼	—	—	12 351.00 斤	193.00	—	—
蜂蜜	1 450.00 斤	125.00	—	—	—	—
成文纸	—	—	—	—	—	—
土布	—	—	150.00 匹	90.00	—	—
干枣	—	—	—	—	—	—
食盐	—	—	—	—	—	—
线口袋	—	—	—	—	—	—
红线	—	—	55.00 斤	10.00	—	—
总合	—	5 911.30	—	3 881.00	—	1 364.00

（续前表）

抵押品种类	民国二十三年四月		民国二十三年五月		民国二十三年六月	
	抵押数量	抵押款额	抵押数量	抵押款额	抵押数量	抵押款额
粮食	3.05石	$18.00	7.00石	$28.07	119.25石	$607.00
棉花	3 341.00斤	209.00	—	—	4 889.00斤	1 340.00
棉纱	—	—	—	—	103.00包	8 000.00
花生	—	—	—	—	—	—
井陉煤	—	—	—	—	—	—
棺板	11.00块	77.00	—	—	—	—
植物油	—	—	—	—	750.00斤	47.00
植物饼	—	—	—	—	—	—
蜂蜜	—	—	—	—	—	—
成文纸	80.00曲	62.00	30.00曲	23.00	48.00曲	37.00
土布	—	—	—	—	—	—
干枣	—	—	—	—	—	—
食盐	—	—	—	—	2袋	35.00
线口袋	60.00条	34.00	—	—	—	—
红线	—	—	—	—	—	—
总合	—	400.00	—	51.07	—	10 066.00

三、农产仓库存户家庭经济情形

1. 定县抵押农产之218家，人口之分配

民国二十二年十月

全家人口数	家数
2	6
3	10
4	20
5	29
6	37
7	20
8	17
9	14
10	14
11	7

（续前表）

全家人口数	家数
12	10
13	7
14	4
15	8
17	3
18	3
20	1
21	1
25	2
26	2
27	1
42	2
总合	218

注：一切家庭人口总数：1 854 人。
男：929 人。
女：925 人。
平均每家人口数：8.5 人。

2. 定县抵押农产之 218 家，家主年龄之分配

民国二十二年十月

年龄组	人数
15 岁以上	1
15—19	2
20—24	21
25—29	31
30—34	24
35—39	32
40—44	27
45—49	26
50—54	18
55—59	15
60—64	9
65—69	6
70 岁及以上	6
总合	218

注：最低年龄 14 岁，最高年龄 79 岁。

3. 定县抵押农产之218家，家主职业之分配

民国二十二年十月

职业种类	人数
农	206
教员	3
商	3
学董	1
钱局董事	1
布道员	1
税伙	1
水车掌柜	1
电灯局技士	1
总合	218

注：农民占抵押农产者全数之95%。

4. 定县抵押农产之218家，其中家主有各种副业人数

民国二十二年十月

副业种类	人数
农	1
轧棉花	1
编柳罐	1
泥匠	1
剃头匠	1
开药铺	1
开糖房	1
开卷子房	1
摆粮摊	1
粮贩	1
卖豆腐	1
瓦匠	2
开木厂	3
开油房	3
拉脚	3
小贩	3
开粉房	4
织布	4
卖布	4
总合	37

5. 定县抵押农产之218家，按入学年数组、家主数之分配

民国二十二年十月

入学年数组	家主数
1年以下	22
1—4	58
5—9	49
10—14	16
15年及以上	6
未入学者	67
总合	218

注：未受教育者占全数的31%。
已受教育者占全数的69%。
入学最少年数为四个月，最多年数为二十一年。

6. 定县抵押农产之218家，自有田产亩数

民国二十二年十月

自有田产组	家数
有地者	199
20亩以下	42
20—39	52
40—59	38
60—79	19
80—99	11
100—119	13
120—139	7
140—159	5
160—179	2
180—199	3
200亩及以上	7
无地者	19
总合	218

注：自有田产最少亩数：2亩。
自有田产最多亩数：600亩。
218家自有田产总亩数的11 739亩。
平均每家自有田产亩数的53.85亩。
119家有地家庭平均每家亩数：58.85亩。
有地者占总家数：91%。
无地者占总家数：9%。

7. 定县抵押农产之 218 家，租种地亩数

民国二十二年十月

租地亩数	家数
租地者	31
2.0 亩	1
2.5	1
3.0	2
4.0	1
4.5	1
5.0	3
9.0	1
10.0	3
11.0	1
12.0	3
15.0	2
16.0	1
18.0	2
20.0	3
22.0	2
25.0	1
30.0	1
40.0	1
150.0	1
不租地者	187
总合	218

注：租地总亩数：551 亩。

31 家平均每家租地亩数：17.77 亩。

租地者占总家数的 14%。

不租地者占总家数的 86%。

8. 定县抵押农产之 218 家，所养各种牲畜数

民国二十二年十月

牲畜头数	有各种牲畜家数				
	骡	驴	马	牛	一切牲畜
0	156	149	157	182	48
1/2	—	3	1	4	8
1	48	60	56	32	95
2	13	5	4	—	51
3	1	1	—	—	15
4	—	—	—	—	1
总合	218	218	218	218	218

9. 定县抵押农产之218家，所有各种牲畜头数及平均每家头数

民国二十二年十月

牲畜种类	头数	平均每家头数
骡	77.0	0.35
驴	74.5	0.34
马	64.5	0.36
牛	34.0	0.16
总合	250.0	1.15

10. 定县抵押农产之218家，各家养猪数

民国二十二年十月

养猪数	家数
有猪者	190
1头	89
2	66
3	14
4	8
5	5
6	2
8	4
15	1
22	1
无猪者	28
总合	218

注：218家养猪总数：401头。
平均每家养猪数：1.8头。

11. 定县抵押农产之 218 家，各家养鸡数

民国二十二年十月

养鸡数	家数
有鸡者	199
1 只	12
2	24
3	39
4	35
5	27
6	14
7	5
8	9
9	1
10	11
11	4
12	5
13	2
14	2
15	2
20	4
21	1
22	1
23	1
无鸡者	19
总合	218

注：218 家养鸡总数：1 096 只。

平均每家养鸡数：5 只。

12. 定县抵押农产之218家，全年生活费

民国二十二年十月

全年生活费	家数
$50以下	7
50—99.9	16
100—149.9	38
150—199.9	41
200—249.9	43
250—299.9	21
300—349.9	19
350—399.9	17
400—449.9	5
450—499.9	2
500及以上	9
总合	218

注：218家全年生活费总数：51 075元。
平均每家全年生活费数：234.3元。

13. 定县抵押农产之218家，现在欠债数

民国二十二年十月

欠债款额组	家数
有债者	96
$50以下	8
50—99.9	15
100—149.9	15
150—199.9	9
200—249.9	11
250—299.9	5
300—349.9	10
350—399.9	1
400—449.9	4
450—499.9	3
500及以上	15
无债者	122
总合	218

注：欠债家数：96。
欠债总额：$27 394。
欠债家数占总家数的44%。
无债家数占总家数的56%。
218家平均每家欠债数：$125.66。
96家有债家庭，平均每家欠债数：$285.35。

14. 定县抵押农产之215家，各家抵押粮食数

民国二十二年十月

抵押粮食数量组	家数
不满5石	96
不满1石	33
1—1.9	20
2—2.9	14
3—3.9	15
4—4.9	14
5—9.9	42
10—14.9	37
15—19.9	13
20—24.9	16
25—29.9	3
30—34.9	2
35—39.9	—
40—44.9	4
45—49.9	—
50及以上	2
总合	215

注：215家共存粮食总量：1 918.16石。
每家抵押粮食最多者：63.2石。
每家抵押粮食最少者：0.4石。
平均每家抵押粮食数：8.92石。
外有抵押棉花7 000斤者1家，抵押棉花175斤者1家，抵押土布20匹者1家。

15. 定县抵押农产之218家，各家抵押款额

民国二十二年

押款组	家数	押款总额
$5以下	35	$104.10
5—9.9	15	104.86
10—14.9	24	289.98
15—19.9	11	181.20
20—24.9	12	260.00
25—29.9	12	321.00
30—34.9	7	220.00
35—39.9	9	331.50
40—44.9	5	216.00
45—49.9	15	697.00
50—59.9	23	1 236.00
60—69.9	11	699.00
70—79.9	4	291.00
80—89.9	5	425.50
90—99.9	7	652.50
100—119.9	8	862.80
120—139.9	3	388.00
140—159.9	2	287.00
160—179.9	1	160.00
180—199.9	3	576.00
200及以上	6	1 896.00
总合	218	10 199.44

注：抵押款额最少者为1.50元，计2家；
抵押款额最多者为546元，计1家。
平均每家46.78元。

第九章 全县输出货物量、值

民国二十二年内，定县输出各种土产之数量与价值

物品种类	数量	价值
杂粮类：		
小麦	912 998 公斗	$ 426 370
花生	4 585 290 市斤	114 630
芝麻	26 351 公斗	17 945
黄豆	2 138 公斗	795
玉米	2 4■7 公斗	731
青豆	1 835 公斗	681
小豆	1 338 公斗	476
大麦	1 372 公斗	346
露仁	662 公斗	226
黍子	301 公斗	78
甘薯	732 180 市斤	4 056
干粉类：		
甘薯粉条	504 960 市斤	30 298
高粱粉条	140 320 市斤	11 226
蔬菜类：		
白菜	4 572 450 市斤	36 290
蒜	225 130 市斤	4 503
葱	325 080 市斤	2 180

（续前表）

物品种类	数量	价值
萝卜干	135 840 市斤	$1 970
果品类：		
梨	1 105 235 市斤	267 880
葡萄	47 960 市斤	4 790
调味类：		
香油	30 210 市斤	5 438
醋	50 860 市斤	1 018
黑酱	7 110 市斤	853
甜酱	6 210 市斤	497
饮料类：		
烧酒	114 240 市斤	14 851
黄酒	29 840 市斤	4 770
假茶叶	21 460 市斤	429
干柳芽	5 160 市斤	258
棉及棉制品类：		
土布	1 140 960 匹	1 310 620
棉花	416 240 市斤	140 272
腰带	780 150 双	93 620
口袋	14 210 条	9 947
腿带	110 340 双	4 410
包布单子	1 040 匹	520
布鞋	552 双	497
礼服呢鞋	84 双	134
药品类：		
眼药	—	231 850
兽、畜及其产品类：		
肥猪	14 680 头	131 220
小猪	67 150 头	47 010
猪小肠	137 490 根	27 498
猪毛	46 130 市斤	9 230
猪鬃	12 350 市斤	6 170
羊小肠	12 280 根	5 120
杂骨	400 540 市斤	4 006

（续前表）

物品种类	数量	价值
生杂皮	21 970 市斤	$ 2 640
皮绳	419 条	251
水筒皮	2 490 条	250
套皮	497 市斤	199
护鞍皮	146 个	189
瓦龙皮	3 295 条	165
套褡	252 个	151
后鞦皮	245 个	98
革拉	183 个	82
褡腰	156 个	78
皮鞭子	314 个	57
鞭鞘	4 360 根	28
建筑材料类：		
檀	28 340 根	34 010
柁	8 890 根	22 230
柱	17 450 根	13 960
椽	35 310 根	2 119
桿子	39 890 根	1 995
门	160 个	288
窗	170 个	136
杂类：		
鸡蛋	7 563 360 个	90 760
扫帚	58 310 把	4 660
笊篱	59 970 把	3 598
水胶	10 150 市斤	2 840
火镰	3 860 个	579

注：杂粮中之小米、芝麻、黄豆、玉米、青豆、小豆、大麦、露仁、黍子，系按民国二十二年度计算。

输出各种土产之总值为 3 157 072 元；其中杂粮类计 566 334 元，干粉类计 41 524 元，蔬菜类计 44 943 元，果品类计 272 670 元，调味类计 7 806 元，饮料类计 20 308 元，棉及棉制品类计 1 560 020 元，药品类计 231 850 元，兽、畜及其产品类计 234 442 元，建筑材料类计 74 738 元，杂类计 102 437 元。

第十章　土布运销

1. 定县民国二十年内，土布运销县外各地点之数量与价值

运销地点	庄布		大花布		金砖布	
	匹数	价值	匹数	价值	匹数	价值
察哈尔	708 100	$ 848 152	5 890	$ 6 880	5 550	$ 6 126
张家口	350 150	418 952	3 720	4 339	2 950	3 347
怀安	93 850	113 173	770	879	900	968
万全	89 150	107 285	400	490	100	110
宣化	73 150	87 494	300	346	310	253
蔚县	66 800	77 568	450	531	990	1 103
阳原	35 000	43 680	250	295	300	345
山西	209 500	255 476	1 780	2 153	2 530	2 895
阳高	93 600	116 818	730	905	750	891
广灵	49 200	57 255	390	460	800	896
天镇	42 750	52 225	450	536	500	570
灵邱	16 450	19 953	210	252	480	533
浑源	7 500	9 225	—	—	—	—
绥远	29 450	33 760	60	71	350	373
丰镇	21 950	25 390	60	71	200	220

（续前表）

运销地点	庄布		大花布		金砖布	
	匹数	价值	匹数	价值	匹数	价值
平地泉	6 000	6 720	—	—	150	153
归绥	1 500	1 650	—	—	—	—
河北	2 000	2 200	—	—	—	—
涞源	2 000	2 200	—	—	—	—
总合	949 050	1 139 588	7 730	9 104	8 430	9 394

运销地点	细布		花包布		共	
	匹数	价值	匹数	价值	匹数	价值
察哈尔	5 390	$ 6 048	200	$ 154	725 130	$ 867 360
张家口	2 700	3 033	—	—	359 520	429 671
怀安	1 050	1 165	—	—	96 570	116 185
万全	1 040	1 154	—	—	90 690	109 039
宣化	600	696	—	—	74 360	88 789
蔚县	—	—	200	154	68 440	79 356
阳原	—	—	—	—	35 550	44 320
山西	2 900	3 331	—	—	216 710	263 855
阳高	300	330	—	—	95 380	118 944
广灵	1 950	2 262	—	—	52 340	60 873
天镇	400	464	—	—	44 100	53 795
灵邱	250	275	—	—	17 390	21 018
浑源	—	—	—	—	7 500	9 225
绥远	—	—	200	154	30 060	34 358
丰镇	—	—	200	154	22 410	25 835
平地泉	—	—	—	—	6 150	6 873
归绥	—	—	—	—	1 500	1 650
河北	—	—	—	—	2 000	2 200
涞源	—	—	—	—	2 000	2 200
总合	8 290	9 379	400	308	973 900	1 167 773

2. 定县民国二十一年内，土布运销县外各地点之数量与价值

运销地点	庄布		大花布		金砖布	
	匹数	价值	匹数	价值	匹数	价值
察哈尔	760 100	$ 892 483	5 620	$ 6 448	5 720	$ 6 350
张家口	351 000	410 254	3 770	4 268	3 000	3 322
万全	108 000	125 470	320	374	330	363
怀安	99 000	116 370	600	705	610	663
宣化	97 600	115 982	400	472	300	330
蔚县	71 000	82 357	340	401	1 280	1 440
阳原	33 500	42 050	190	228	200	232
山西	217 950	263 537	3 250	3 819	2 970	3 406
阳高	100 600	122 922	1 090	1 258	1 450	1 716
广灵	51 100	59 543	860	1 015	1 050	1 176
天镇	43 000	52 340	800	980	100	100
灵邱	17 250	21 172	400	456	370	414
浑源	6 000	7 560	100	110	—	—
绥远	31 850	36 699	200	200	250	265
丰镇	19 250	22 287	—	—	100	115
平地泉	7 600	8 512	200	200	150	150
归绥	5 000	5 900	—	—	—	—
河北	2 200	2 420	—	—	—	—
涞源	2 200	2 420	—	—	—	—
总合	1 012 100	1 195 139	9 070	10 467	8 940	10 021

（续前表）

运销地点	细布		花包布		共	
	匹数	价值	匹数	价值	匹数	价值
察哈尔	7 960	$ 8 693	300	$ 240	779 700	$ 914 214
张家口	4 120	4 580	—	—	361 890	422 352
万全	540	576	—	—	109 190	126 783
怀安	1 990	2 105	—	—	102 200	119 843
宣化	280	312	—	—	98 580	117 096
蔚县	610	708	300	240	73 530	85 146
阳原	420	484	—	—	34 310	42 994
山西	2 210	2 538	—	—	226 380	273 300
阳高	1 270	1 473	—	—	104 410	127 369
广灵	40	39	—	—	53 050	61 773
天镇	800	916	—	—	44 700	54 336
灵邱	100	110	—	—	18 120	22 152
浑源	—	—	—	—	6 100	7 670
绥远	—	—	250	200	32 550	37 364
丰镇	—	—	250	200	19 600	22 602
平地泉	—	—	—	—	7 950	8 862
归绥	—	—	—	—	5 000	5 900
河北	—	—	—	—	2 200	2 420
涞源	—	—	—	—	2 200	2 420
总合	10 170	11 231	550	440	1 040 830	1 227 298

3. 定县民国二十二年内，土布运销县外各地点之数量与价值

运销地点	庄布		大花布		金砖布	
	匹数	价值	匹数	价值	匹数	价值
察哈尔	838 350	$ 962 331	7 350	$ 7 793	4 390	$ 4 620
张家口	366 750	422 246	3 890	4 068	2 080	2 144
怀安	153 000	174 950	850	907	660	699
万全	143 000	163 920	600	632	450	456
蔚县	74 200	84 512	1 210	1 364	650	728
宣化	60 900	70 928	400	403	300	300
阳原	40 500	45 775	400	419	250	293
山西	230 300	269 548	1 940	2 236	2 250	2 501
阳高	99 800	117 301	690	783	660	671
广灵	53 300	60 676	850	1 003	1 350	1 512
天镇	51 500	60 957	100	120	100	94
灵邱	20 700	24 614	220	242	200	224
浑源	5 000	6 000	80	88	—	—
绥远	43 650	48 220	150	141	470	493
丰镇	26 650	29 155	—	—	350	385
平地泉	11 500	13 455	150	141	120	108
归绥	5 500	5 610	—	—	—	—
河北	2 000	2 200	—	—	—	—
涞源	2 000	2 200	—	—	—	—
总合	1 114 300	1 282 299	9 440	10 170	7 110	7 614

（续前表）

运销地点	细布		花包布		共	
	匹数	价值	匹数	价值	匹数	价值
察哈尔	7 480	$ 7 945	640	$ 428	858 210	$ 983 117
张家口	4 290	4 548	—	—	377 010	433 006
怀安	1 100	1 116	—	—	155 610	177 672
万全	610	605	—	—	144 660	165 613
蔚县	550	624	640	428	77 250	87 656
宣化	680	789	—	—	62 280	72 420
阳原	250	263	—	—	41 400	46 750
山西	1 590	1 684	—	—	236 080	275 969
阳高	1 020	1 110	—	—	102 110	119 865
广灵	220	255	—	—	55 720	63 446
天镇	150	135	—	—	51 850	61 306
灵邱	200	184	—	—	21 320	25 264
浑源	—	—	—	—	5 080	6 088
绥远	400	464	—	—	44 670	49 318
丰镇	400	464	—	—	27 400	30 004
平地泉	—	—	—	—	11 770	13 704
归绥	—	—	—	—	5 500	5 610
河北	—	—	—	—	2 000	2 200
涞源	—	—	—	—	2 000	2 200
总合	9 470	10 093	640	428	1 140 960	1 310 604

第十一章　主要农产及牲畜交易量、值

一、粮食

1. 民国二十二年度定县市场交易之粮食，其中自本县及外县运来之数量与价值

粮食种类	自本县来		自外县来		共	
	数量	价值	数量	价值	数量	价值
小麦	2 125 329 公斗	$ 992 528.64	75 923 公斗	$ 35 456.04	2 201 252 公斗	$ 1 027 984.68
小米	272 553	135 458.84	833 688	380 995.42	1 106 241	516 454.26
黑豆	3■8 649	126 815.26	114 814	47 418.18	4■3 463	174 233.44
高粱	173 707	52 459.51	116 208	40 672.80	289 915	93 132.31
谷子	162 252	41 212.01	6 488	1 647.95	168 740	42 859.96

（续前表）

粮食种类	自本县来		自外县来		共	
	数量	价值	数量	价值	数量	价值
芝麻	97 058 公斗	$ 66 096.50	27 322 公斗	$ 18 606.28	124 380 公斗	$ 84 702.78
玉米	118 235	34 761.09	5 713	1 679.62	123 948	36 440.71
荞麦	112 332	32 688.61	8 279	2 409.19	120 611	35 097.80
绿豆	70 805	31 508.23	18 259	8 125.26	89 064	39 633.49
白豆	54 987	23 094.54	20 082	8 434.44	75 069	31 528.98
黄豆	50 016	18 605.95	9 461	3 519.49	59 477	22 125.44
大米	22 293	15 092.36	30 932	35 881.12	53 225	50 973.48
青豆	36 947	13 707.34	1 631	605.10	38 578	14 312.44
大麦	24 792	6 247.58	648	163.30	25 440	6 410.88
黍子	11 933	3 090.65	89	23.05	12 022	3 113.70
露仁	6 989	2 390.58	72	24.62	7 061	2 415.20
荞麦糁	189	67.44	3 862	1 378.73	4 051	1 446.17
稷子	3 290	809.34	54	13.28	3 344	822.62
黄米	2 273	1 104.54	992	478.14	3 263	1 582.68
小豆	1 170	389.77	1 338	475.76	2 508	865.53
豌豆	336	147.43	28	12.29	364	159.72
稷米	26	12.94	—	—	26	12.94
共	3 716 159	1 598 289.15	1 275 883	588 020.06	4 992 042	2 186 309.21
大花生	9 773 475 市斤	302 977.72	33 807 市斤	1 048.02	9 807 282 市斤	304 025.74
小花生	13 496 703	432 974.23	489 166	15 692.45	13 985 869	448 666.68
共	23 270 178	735 951.95	522 973	16 740.47	23 793 151	752 692.42
总合	—	2 334 241.10	—	604 760.53	—	2 939 001.63

2. 民国二十二年度定县市场交易之粮食，其中销售本县及外县之数量与价值

粮食种类	销售本县		销售外县		共	
	数量	价值	数量	价值	数量	价值
小麦	1 212 331 公斗	$566 158.58	988 921 公斗	$461 826.10	2 201 252 公斗	$1 027 984.68
小米	990 856	463 723.31	115 385	52 730.95	1 106 241	516 454.26
黑豆	460 347	165 495.59	23 116	8 737.85	483 463	174 233.44
高粱	278 907	89 543.70	11 008	3 588.61	289 915	93 132.31
谷子	162 201	41 199.05	6 539	1 660.91	168 740	42 859.96
芝麻	70 707	48 151.47	53 673	36 551.31	124 380	84 702.78
玉米	115 748	34 029.91	8 200	2 410.80	123 948	36 440.71
荞麦	114 798	33 406.22	5 813	1 691.58	120 611	35 097.80
绿豆	87 236	38 820.02	1 828	813.47	89 064	39 633.49
白豆	69 015	28 986.30	6 054	2 542.68	75 069	31 528.98
黄豆	47 878	17 810.62	11 599	4 314.82	59 477	22 125.44
大米	47 153	45 399.38	6 072	5 574.10	53 225	50 973.48
青豆	35 112	13 026.55	3 466	1 285.89	38 578	14 312.44
大麦	23 420	5 901.84	2 020	509.04	25 440	6 410.88
黍子	11 632	3 012.69	390	101.01	12 022	3 113.70
露仁	6 327	2 164.17	734	251.03	7 061	2 415.20
荞麦糁	3 023	1 079.21	1 028	366.96	4 051	1 446.17
稷子	3 283	807.62	61	15.00	3 344	822.62
黄米	2 185	1 003.08	1 078	519.60	3 263	1 582.68
小豆	2 508	865.53	—	—	2 508	865.53
豌豆	330	144.79	34.00	14.93	364	159.72
稷子	26	12.94	—	—	26	12.94
共	3 745 023	1 600 802.57	1 247 019	585 506.64	4 992 042	2 186 309.21
大花生	8 995 091 市斤	278 847.82	812 191 市斤	25 177.92	9 807 282 市斤	304 025.74
小花生	9 696 359	311 059.20	4 289 510	137 607.48	13 985 869	448 666.68
共	18 691 450	589 906.02	5 101 701	162 785.40	23 793 151	752 692.42
总合	—	2 190 708.59	—	748 292.04	—	2 939 001.63

3. 民国二十二年度定县粮食交易，出超及入超之数量与价值

粮食种类	出超（＋）或入超（－）	
	数量	价值
小麦	＋912 998 公斗	＋＄426 370
芝麻	＋26 351	＋17 945
黄豆	＋2 138	＋795
玉米	＋2 487	＋731
青豆	＋1 835	＋681
小豆	＋1 338	＋476
大麦	＋1 372	＋346
露仁	＋662	＋226
黍子	＋301	＋78
小米	－718 303	－328 264
黑豆	－91 698	－38 680
高粱	－105 200	－37 084
大米	－24 860	－30 307
绿豆	－16 431	－7 312
白豆	－14 028	－5 892
荞麦糁	－2 834	－1 012
荞麦	－2 466	－718
共	－26 338	－1 621
大花生	＋778 384 市斤	＋24 130
小花生	＋3 800 344	＋121 915
共	＋4 578 728	＋146 045
总合	—	＋144 424

二、棉花

1. 民国二十二年度定县市场交易之棉花，其中自本县及外县运来之数量与价值

棉花种类	自本县来		自外县来		共	
	数量	价值	数量	价值	数量	价值
籽棉	2 291 420 市斤	$ 305 446	1 817 808 市斤	$ 242 314	4 109 228 市斤	$ 547 760
皮棉	982 903	330 747	651 236	219 141	1 634 139	549 888
熟花	503 068	191 166	8 254	3 137	511 322	194 303
总合	3 777 391	827 359	2 477 298	464 592	6 254 684	1 291 951

2. 民国二十二年度定县市场交易之棉花，其中销售本县及外县之数量与价值

棉花种类	销售本县		销售外县		共	
	数量	价值	数量	价值	数量	价值
籽棉	3 323 755 市斤	$ 430 926	876 473 市斤	$ 116 834	4 109 228 市斤	$ 547 760
皮棉	44 290	14 904	1 589 849	534 984	1 634 139	549 888
熟花	43 139	16 393	468 183	177 910	511 322	194 303
总合	3 320 184	462 223	2 934 505	829 728	6 254 689	1 291 951

3. 民国二十二年度定县棉花交易，出超及入超之数量与价值

棉花种类	出超（＋）或入超（－）	
	数量	价值
籽棉	－941 335 市斤	－ $ 125 480
皮棉	＋938 613	＋315 843
熟花	＋459 929	＋174 773
总合	＋457 207	＋365 136

三、牲畜

1. 民国二十二年度定县市场交易之牲畜，其中自本县及外县运来之数量与价值

牲畜种类	自本县来		自外县来		共	
	头数	价值	头数	价值	头数	价值
牛	4 584	$ 146 688	3 813	$ 122 016	8 397	$ 268 704
马	1 513	72 624	1 476	70 848	2 989	143 472
骡	1 466	108 484	537	39 738	2 003	148 222
驴	5 328	138 528	853	22 178	6 181	160 706
总合	12 891	466 324	6 679	254 780	19 570	721 104

2. 民国二十二年度定县市场交易之牲畜，其中销售本县及外县之数量与价值

牲畜种类	销售本县		销售外县		共	
	头数	价值	头数	价值	头数	价值
牛	7 447	$ 238 304	950	$ 30 400	8 397	$ 268 704
马	2 685	128 880	304	14 592	2 989	143 472
骡	1 690	125 060	313	23 162	2 003	148 222
驴	5 312	138 112	869	22 594	6 181	160 706
总合	17 134	630 356	2 436	90 748	19 570	721 104

3. 民国二十二年度定县牲畜交易，出超及入超之数量与价值

牲畜种类	出超（＋）或入超（－）	
	数量	价值
牛	－2 834	－ $ 90 688
马	－1 137	－54 576
骡	－238	－17 612
驴	＋16	＋416
总合	－4 193	－162 460

四、猪

1. 民国二十二年度定县市场交易之猪，其中自本县及外县运来之数量与价值

猪种类	自本县来		自外县来		共	
	头数	价值	头数	价值	头数	价值
小猪	96 203	$ 134 684	4 057	$ 5 680	100 260	$ 140 364
半大猪	17 815	89 075	3 471	17 355	21 286	106 430
大肥猪	45 468	591 084	4 744	61 672	50 212	652 756
总合	159 486	814 843	12 272	84 707	171 758	899 550

2. 民国二十二年度定县市场交易之猪，其中销售本县及外县之数量与价值

猪种类	自本县来		自外县来		共	
	头数	价值	头数	价值	头数	价值
小猪	28 817	$ 40 344	71 443	$ 100 020	100 260	$ 140 364
半大猪	17 764	88 820	3 522	17 610	21 286	106 430
大肥猪	30 920	401 960	19 292	250 796	50 212	652 756
总合	77 501	531 124	94 257	368 426	171 758	899 550

3. 民国二十二年度定县猪之交易，出超及入超之数量与价值

猪种类	出超（＋）或入超（－）	
	数量	价值
小猪	＋67 386	＋9 434
半大猪	＋51	＋255
大肥猪	＋14 548	＋89 124
总合	＋81 985	＋283 719

第十二章　物价

关于物价调查，自民国十九年度起，由中华平民教育促进会统计调查处开始调查。此后遂逐年继续进行，未尝间断。至民国二十二年夏本院成立，遂与本院调查部合作，并将四年来详细之物价材料，送归本院整理，列于本报告书内。此项材料，由统计调查处主任李景汉先生指导调查与整理，干事李耀轩先生协助统计，调查员侯延礼先生实地调查填表，后由本院调查专员余其心先生统计，干事郭志高先生协助制表。中华平民教育促进会借用此项珍贵材料，本院深表谢意。

一、银元兑换铜元

民国十九年七月至民国二十三年九月，定县银元每元兑换铜元数目

月份	每银元兑换铜元数				
	民国十九年	民国二十年	民国二十一年	民国二十二年	民国二十三年
1		393	388	419	475
2		389	406	451	488
3		410	423	460	506
4		411	425	471	508

（续前表）

月份	每银元兑换铜元数				
	民国十九年	民国二十年	民国二十一年	民国二十二年	民国二十三年
5		414	426	487	515
6		416	428	491	520
7	412	416	436	486	521
8	404	414	436	494	512
9	408	408	435	485	503
10	411	415	445	495	
11	415	418	438	488	
12	410	407	414	487	
平均	410	409	425	476	505

二、米

1. 民国十九至二十二年度四年度内，定县各种米之每年平均价格

物品种类	单位	每年平均价格			
		民国十九年度	民国二十年度	民国二十一年度	民国二十二年度
西贡稻米	公斗	$2.133	$1.890	$1.445	$1.374
仰光稻米	公斗	1.862	1.631	1.311	1.264
小站稻米	公斗	—	—	—	1.220
清水稻米	公斗	—	—	—	1.133
平山稻米	公斗	1.579	1.342	1.241	0.807
曲阳稻米	公斗	—	—	—	0.768
西板稻米	公斗	1.886	1.146	1.028	0.677
广昌小米	公斗	0.771	0.773	0.619	0.457
本地小米	公斗	0.750	0.867	0.725	0.497
黄　米	公斗	1.140	—	0.681	0.482
稷　米	公斗	1.150	—	—	—

2. 民国十九年七月至二十三年六月，定县各种米之每月平均价格

表一

	每月平均价格						
	西贡稻米 公斗	仰光稻米 公斗	小站稻米 公斗	清水稻米 公斗	平山稻米 公斗	曲阳稻米 公斗	西板稻米 公斗
民国十九年							
七月	$2.197						
八月	2.260						
九月	2.295	$2.100			$1.947		
十月	2.364	2.135			1.947		$1.120
十一月	2.323	2.093			—		1.161
十二月	2.204	1.977			1.947		1.168
民国二十年							
一月	1.989	1.745			1.280		1.140
二月	2.003	1.710			1.300		1.154
三月	2.024	1.773			1.426		1.277
四月	2.024	1.725			1.433		1.210
五月	2.002	1.732			1.488		1.231
六月	1.912	1.634			1.439		1.217
七月	1.947	1.704			1.356		1.168
八月	1.996	1.725			1.384		1.182
九月	2.031	1.739			1.433		1.277
十月	2.031	1.704			1.426		1.120
十一月	1.898	1.613			1.321		1.140
十二月	1.919	1.596			1.342		1.113
民国二十一年							
一月	1.864	1.755			1.314		1.120
二月	1.815	1.530			1.252		1.099
三月	1.878	1.613			1.273		1.120
四月	1.912	1.627			1.307		1.161
五月	1.732	1.515			1.363		1.127
六月	1.655	1.446			1.335		1.120

（续前表）

	每月平均价格						
	西贡稻米公斗	仰光稻米公斗	小站稻米公斗	清水稻米公斗	平山稻米公斗	曲阳稻米公斗	西板稻米公斗
民国二十一年							
七月	$1.596	$1.426			$1.266		$1.043
八月	1.481	1.370			—		—
九月	1.523	1.377			1.273		1.064
十月	1.509	1.342			1.252		1.029
十一月	1.502	1.328			1.217		1.015
十二月	1.467	1.342			1.196		0.987
民国二十二年							
一月	1.391	1.252			—		—
二月	1.391	1.252			—		—
三月	1.391	1.242			—		—
四月	1.356	1.259			—		—
五月	1.355	1.270			—		—
六月	1.372	1.268			—		—
七月	1.396	1.277			—		—
八月	1.374	1.287			—		—
九月	1.368	1.293			—		—
十月	1.372	1.293			—		—
十一月	1.364	1.280			0.707		0.626
十二月	1.356	1.275			0.707		0.638
民国二十三年							
一月	1.391	1.321	$1.252	$1.217	0.834	$0.765	0.695
二月	1.370	1.275	1.252	1.182	0.846	0.788	0.707
三月	1.370	1.217	1.250	1.163	0.867	0.750	0.693
四月	1.363	1.200	1.200	1.100	0.930		0.690
五月	1.400	1.250	1.200	1.100	0.825		0.690
六月	1.360	1.197	1.167	1.033	0.740		

表二

	每月平均价格			
	广昌小米 公斗	本地小米 公斗	黄米 公斗	稷米 公斗
民国十九年				
七月	$0.828	$0.789		
八月	0.786	0.758		
九月	0.723	0.702		
十月	0.709	—		
十一月	0.716	—		
十二月	0.723	—		
民国二十年				
一月	0.709	—		
二月	0.737	—	$1.140	$1.150
三月	0.779	—	—	
四月	0.821	—	—	
五月	0.855	—	—	
六月	0.862	—	—	
七月	—	0.918	—	
八月	—	0.951	—	
九月	—	0.841	—	
十月	—	0.800	—	
十一月	—	0.800	—	
十二月	—	0.793	—	
民国二十一年				
一月	—	0.814	—	
二月	—	0.834	—	
三月	—	0.869	—	
四月	—	0.925	—	
五月	—	0.932	—	
六月	0.773	0.925	—	

（续前表）

	每月平均价格			
	广昌小米 公斗	本地小米 公斗	黄米 公斗	稷米 公斗
民国二十一年				
七月	$0.765	$0.918	—	
八月	0.730	0.883	—	
九月	0.668	0.800	—	
十月	0.640	0.751	—	
十一月	0.619	0.681	—	
十二月	0.570	0.668	—	
民国二十二年				
一月	0.581	0.677	—	
二月	0.581	0.678	$0.681	
三月	0.581	0.688	0.668	
四月	0.581	0.672	0.695	
五月	0.547	0.652	0.681	
六月	0.570	0.635	—	
七月	0.591	0.655	—	
八月	0.547	0.576	—	
九月	0.348	0.440	—	
十月	—	0.445	—	
十一月	—	0.431	—	
十二月	—	0.447	0.466	
民国二十三年				
一月	—	0.496	0.487	
二月	0.452	0.517	0.515	
三月	0.420	0.513	—	
四月	—	0.507	—	
五月	0.440	0.473	0.483	
六月	0.400	0.460	0.460	

三、面粉

1. 民国十九至二十二年度四年度内，定县各种面粉之每年平均价格

物品种类	单位	每年平均价格			
		民国十九年度	民国二十年度	民国二十一年度	民国二十二年度
太极面粉	袋	$4.043	$3.887	$3.667	$2.774
丛台面粉	袋	3.810	3.805	—	—
绿兵船面粉	袋	—	—	3.183	—
宝塔面粉	袋	3.331	3.291	3.279	2.345
本地面粉	10市斤	0.662	0.698	0.639	0.417
荞麦面粉	市斤	0.068	0.078	0.062	0.035
小米面粉	市斤	0.058	0.064	0.057	0.036
黄米面粉	市斤	0.086	0.086	0.069	0.044
玉米面粉	市斤	0.054	0.054	0.047	0.029
豆面粉	市斤	0.083	0.086	0.069	0.046
榆皮面粉	市斤	0.051	0.053	0.046	0.034

2. 民国十九年七月至二十三年六月，定县各种面粉之每月平均价格

表一

	每月平均价格				
	太极面粉袋	丛台面粉袋	绿兵船面粉袋	宝塔面粉袋	本地面粉10市斤
民国十九年					
七月	$4.150			$3.200	$0.597
八月	—			3.200	0.597
九月	4.300	$4.100		3.200	0.597
十月	4.300	4.100		3.250	0.619
十一月	4.270	3.930		3.280	0.630
十二月	3.880	3.750		3.300	0.647
民国二十年					
一月	3.870	3.550		3.300	0.625
二月	4.010	3.710		3.430	0.697
三月	4.070	3.860		3.560	0.744
四月	3.980	3.770		3.480	0.743
五月	3.870	3.730		3.500	0.743
六月	3.770	3.600		3.270	0.705
七月	3.780	3.570		3.170	0.671
八月	3.900	3.770		3.220	0.678
九月	3.930	3.830		3.320	0.687
十月	3.920	3.870		3.230	0.687
十一月	3.790	3.700		3.320	0.687
十二月	3.790	3.700		3.350	0.674
民国二十一年					
一月	3.760	3.660		3.350	0.687
二月	3.850	3.850		—	0.689
三月	3.900	3.900		—	0.687
四月	4.030	3.900		—	0.734
五月	4.070	4.100		—	0.765
六月	3.920			3.370	0.734

（续前表）

	每月平均价格				
	太极面粉袋	丛台面粉袋	绿兵船面粉袋	宝塔面粉袋	本地面粉10市斤
民国二十一年					
七月	$3.770			$3.170	$0.646
八月	3.780			3.180	0.638
九月	3.700			3.330	0.638
十月	3.670			3.400	0.646
十一月	3.7[redacted]0			3.400	0.638
十二月	3.630			3.300	0.638
民国二十二年					
一月	3.[redacted]80		$3.417	3.450	0.638
二月	3.700		3.425	3.450	0.638
三月	3.667		3.300	3.330	0.653
四月	3.625		3.117	3.300	0.653
五月	—		2.933	3.100	0.689
六月	3.350		2.907	2.933	0.557
七月	—			2.475	0.447
八月	—			2.300	0.425
九月	2.850			2.300	0.406
十月	2.800			2.300	0.406
十一月	2.717			2.300	0.406
十二月	2.730			2.400	0.406
民国二十三年					
一月				2.400	0.415
二月				2.467	0.425
三月				2.400	0.437
四月				2.367	0.430
五月				2.233	0.406
六月				2.200	0.391

表二

	每月平均价格					
	荞麦面粉 市斤	小米面粉 市斤	黄米面粉 市斤	玉米面粉 市斤	豆面粉 市斤	榆皮面粉 市斤
民国十九年						
七月	$0.068					
八月	0.068					
九月	0.068					
十月	0.068	$0.056		$0.052		
十一月	0.064	0.050		0.049		
十二月	0.063	0.053		—		
民国二十年						
一月	0.063	0.057		0.053		
二月	0.064	0.061		0.056		$0.055
三月	0.070	0.062		0.056		0.048
四月	0.072	0.061	$0.087	0.054	$0.080	0.046
五月	0.071	0.059	0.086	0.054	0.083	0.053
六月	0.078	0.062	0.086	0.054	0.087	0.054
七月	0.079	0.063	0.086	0.056	0.086	0.054
八月	0.080	0.066	0.088	0.054	0.088	0.056
九月	0.079	0.063	0.085	0.053	0.088	0.067
十月	0.078	0.058	0.083	0.052	0.083	0.054
十一月	0.074	0.055	0.086	0.052	0.077	0.047
十二月	0.078	0.061	0.088	0.053	0.079	0.051
民国二十一年						
一月	0.083	0.060	0.088	0.055	0.085	0.051
二月	0.075	0.069	0.088	0.053	0.089	0.051
三月	0.073	0.0■8	0.085	0.051	0.092	0.053
四月	0.073	0.067	0.084	0.054	0.08■	0.048
五月	0.080	0.069	0.084	0.056	0.091	0.050
六月	0.079	0.071	0.086	0.057	0.0■9	0.052

（续前表）

	每月平均价格					
	荞麦面粉 市斤	小米面粉 市斤	黄米面粉 市斤	玉米面粉 市斤	豆面粉 市斤	榆皮面粉 市斤
民国二十一年						
七月	$0.078	$0.070	$0.082	$0.054	$0.092	$0.054
八月	0.074	0.068	0.081	0.050	0.098	0.052
九月	0.075	0.062	0.082	0.049	0.082	0.052
十月	0.070	0.059	0.076	0.046	0.073	0.051
十一月	0.068	0.057	0.073	0.046	0.070	0.046
十二月	0.065	0.058	0.078	0.047	0.071	0.049
民国二十二年						
一月	0.056	0.056	—	0.047	0.059	0.043
二月	0.056	0.057	—	0.047	0.059	0.043
三月	0.053	0.054	0.058	0.046	0.060	0.040
四月	0.054	0.049	0.059	0.046	0.059	0.043
五月	0.051	0.049	0.054	0.044	0.058	0.038
六月	0.046	0.045	0.051	0.042	0.057	0.036
七月	0.044	0.048	0.049	0.039	0.060	0.038
八月	0.041	0.045	—	0.036	0.055	0.036
九月	0.036	0.034	—	0.030	0.051	0.037
十月	0.031	0.032	—	0.029	0.049	0.033
十一月	0.033	0.033	—	0.027	0.046	0.033
十二月	0.033	0.033	—	0.026	0.041	0.033
民国二十三年						
一月	0.035	0.035	—	0.028	0.046	0.034
二月	0.034	0.037	0.042	0.027	0.044	0.033
三月	0.033	0.036	0.040	0.025	0.041	0.034
四月	0.036	0.036	—	0.028	0.044	0.032
五月	0.034	0.035	—	0.027	0.041	0.031
六月	0.031	0.031	—	0.027	0.038	0.031

四、杂粮

1. 民国十九至二十二年度四年度内，定县各种杂粮之每年平均价格

物品种类	单位	每年平均价格			
		民国十九年度	民国二十年度	民国二十一年度	民国二十二年度
小麦	公斗	$0.861	$0.862	$0.761	$0.467
大麦	公斗	0.390	0.435	0.408	0.252
露仁	公斗	0.597	0.657	0.588	0.342
荞麦	公斗	0.495	0.547	0.454	0.291
黄谷	公斗	0.478	0.524	0.433	0.254
白谷	公斗	0.475	0.523	0.4■0	—
玉米	公斗	0.502	0.549	0.455	0.294
黍子	公斗	0.497	0.553	0.463	0.259
稷子	公斗	0.494	0.544	0.457	0.246
本地高粱	公斗	0.533	0.544	0.444	0.302
山高粱	公斗	0.556	—	0.462	0.350
芝麻	公斗	1.183	1.341	0.■69	0.681
花生	100市斤	5.013	5.916	4.335	2.514
本地黑豆	公斗	0.730	0.716	0.572	0.344
广昌黑豆	公斗	0.735	0.729	0.591	0.413
大青豆	公斗	0.758	0.812	0.677	0.371
大黄豆	公斗	0.747	0.807	0.664	0.372
绿豆	公斗	0.861	0.971	0.778	0.445
白豆	公斗	0.780	0.926	0.741	0.420

2. 民国十九年七月至二十三年六月，定县各种杂粮之每月平均价格

表一

	每月平均价格					
	小麦 公斗	大麦 公斗	露仁 公斗	荞麦 公斗	黄谷 公斗	白谷 公斗
民国十九年						
七月	$0.716	$0.389	$0.536		$0.515	$0.508
八月	0.765	0.376	0.563		0.500	0.494
九月	0.779	0.389	0.563	$0.501	0.459	0.459
十月	0.772	0.369	0.584	0.494	0.445	0.438
十一月	0.841	0.382	0.584	0.455	0.445	0.445
十二月	0.876	0.376	0.591	0.459	0.438	0.431
民国二十年						
一月	0.890	0.376	0.605	0.480	0.452	0.445
二月	0.939	0.376	0.598	0.470	0.459	0.459
三月	0.987	0.424	0.633	0.494	0.4[redacted]0	0.480
四月	0.987	0.410	0.619	0.529	0.501	0.508
五月	0.960	0.445	0.688	0.535	0.515	0.515
六月	0.821	0.369	0.598	0.535	0.522	0.522
七月	0.786	0.362	0.614	0.549	0.524	0.524
八月	0.800	0.424	0.626	0.563	0.584	0.584
九月	0.807	0.415	0.619	0.533	0.496	0.489
十月	0.828	0.415	0.596	0.551	0.482	0.482
十一月	0.848	0.410	0.605	0.522	0.452	0.452
十二月	0.862	0.389	0.619	0.515	0.494	0.487
民国二十一年						
一月	0.855	0.417	0.626	0.522	0.494	0.494
二月	0.890	0.424	0.633	0.522	0.522	0.529
三月	0.911	0.48[redacted]	0.793	0.542	0.529	0.529
四月	0.981	0.522	0.744	0.578	0.570	0.563
五月	0.939	0.508	0.737	0.605	0.570	0.570
六月	0.834	0.452	0.675	0.556	0.570	0.570

（续前表）

	每月平均价格					
	小麦 公斗	大麦 公斗	露仁 公斗	荞麦 公斗	黄谷 公斗	白谷 公斗
民国二十一年						
七月	$0.730	$0.410	$0.612	$0.535	$0.591	$0.591
八月	0.730	0.417	0.619	0.577	—	—
九月	0.807	0.424	0.598	0.529	0.494	0.487
十月	0.821	0.410	0.591	0.424	0.459	0.452
十一月	0.821	0.410	0.570	0.417	0.431	0.431
十二月	0.765	0.369	0.556	0.417	0.438	0.438
民国二十二年						
一月	0.834	0.417	0.626	0.431	0.403	
二月	0.834	0.417	0.626	0.431	0.403	
三月	0.811	0.426	0.626	0.414	0.39[redacted]	
四月	0.774	0.436	0.624	0.445	0.40[redacted]	
五月	0.677	0.403	0.561	0.422	0.387	
六月	0.533	0.355	0.452	0.401	0.346	
七月	0.459	0.273	0.357	0.398	—	
八月	0.452	0.252	0.357	0.352	—	
九月	0.459	0.241	0.348	0.312	0.248	
十月	0.452	0.236	0.339	0.241	0.236	
十一月	0.450	0.234	0.332	0.238	0.232	
十二月	0.464	0.236	0.318	0.250	0.234	
民国二十三年						
一月	0.505	—	—	0.276	—	
二月	0.535	—	—	0.301	—	
三月	0.5[redacted]0	0.285	0.370	0.310	0.280	
四月	0.467	0.270	0.340	0.280	0.270	
五月	0.420	0.240	—	0.267	0.260	
六月	0.423	0.250	0.320	0.267	6.270	

表二

	每月平均价格						
	玉米 公斗	黍子 公斗	稷子 公斗	本地高粱 公斗	山高粱 公斗	芝麻 公斗	花生 100 市斤
民国十九年							
七月	$0.522			$0.612	$0.640	$1.259	$5.537
八月	0.480			0.570	0.619	1.286	5.983
九月	0.466	$0.452	$0.452	0.508	0.536	1.140	5.894
十月	0.445	0.438	0.445	0.466	0.508	0.953	4.465
十一月	0.466	0.445	0.438	0.494	0.515	0.981	4.197
十二月	0.452	0.445	0.438	0.494	0.515	0.987	4.286
民国二十年							
一月	0.473	0.500	0.500	0.508	—	0.994	4.286
二月	0.494	0.522	0.515	0.522	—	1.050	4.438
三月	0.529	0.529	0.522	0.529	—	1.196	4.554
四月	0.556	0.529	0.522	0.556	—	1.419	4.733
五月	0.577	0.549	0.542	0.570	—	1.488	5.715
六月	0.563	0.563	0.563	0.570	—	1.446	6.072
七月	0.567	0.55[redacted]	0.556	0.558	—	1.467	6.162
八月	0.538	0.614	0.614	0.589	—	1.472	6.311
九月	0.515	0.513	0.513	0.533	—	1.330	6.430
十月	0.531	0.487	0.485	0.549	—	1.196	5.506
十一月	0.508	0.508	0.4[redacted]6	0.529	—	1.154	4.554
十二月	0.508	0.549	0.536	0.487	—	1.175	4.974
民国二十一年							
一月	0.522	0.556	0.570	0.501	—	1.266	5.179
二月	0.515	0.556	0.556	0.515	—	1.335	6.028
三月	0.535	0.570	0.556	0.529	—	1.384	6.590
四月	0.605	0.542	0.536	0.563	—	1.439	6.501
五月	0.633	0.570	0.563	0.598	—	1.426	6.430
六月	0.605	0.612	0.577	0.577	—	1.446	6.322

(续前表)

	每月平均价格						
	玉米 公斗	黍子 公斗	稷子 公斗	本地高粱 公斗	山高粱 公斗	芝麻 公斗	花生 100 市斤
民国二十一年							
七月	$0.501	$0.570	$0.570	$0.501	$0.515	$1.4[redacted]0	$6.403
八月	0.459	—	—	—	0.494	1.453	6.268
九月	0.459	0.508	0.501	0.473	0.487	1.120	4.581
十月	0.459	0.466	0.466	0.466	0.480	0.918	3.367
十一月	0.403	0.452	0.459	0.431	0.445	0.855	3.563
十二月	0.43[redacted]	0.459	0.438	0.438	0.459	0.807	3.786
民国二十二年							
一月	0.455	0.417	0.417	0.442	0.459	0.930	4.398
二月	0.45[redacted]	0.417	0.417	0.442	0.459	0.930	4.398
三月	0.452	0.422	0.415	0.445	0.466	0.911	4.489
四月	0.474	0.478	0.466	0.426	0.440	0.807	4.093
五月	0.459	0.475	0.454	0.408	0.417	0.707	3.456
六月	0.445	0.433	0.422	0.408	0.422	0.707	3.215
七月	0.403	—	—	0.417	0.417	0.695	—
八月	0.262	0.292	—	0.323	0.414	0.697	3.126
九月	0.248	0.257	0.262	0.260	—	0.602	1.697
十月	0.264	0.245	0.243	0.273	—	0.547	1.875
十一月	0.259	0.234	0.236	0.248	—	0.549	1.905
十二月	0.269	0.241	0.241	0.245	—	0.591	2.471
民国二十三年							
一月	0.3[redacted]6	0.285		0.315	—	0.672	2.709
二月	0.322			0.339	0.348	0.777	2.858
三月	0.330			0.333	0.347	0.797	2.850
四月	0.303			0.300	0.327	0.783	2.753
五月	0.287			0.293	0.310	0.730	2.717
六月	0.280			0.283	0.290	0.727	2.693

表三

	每月平均价格					
	本地黑豆 公斗	广昌黑豆 公斗	大青豆 公斗	大黄豆 公斗	绿豆 公斗	白豆 公斗
民国十九年						
七月			$0.793	$0.779	$0.786	$0.702
八月			0.800	0.786	0.821	0.723
九月	$0.647	$0.647	0.744	0.737	0.904	0.751
十月	0.626	0.633	0.681	0.668	0.737	0.716
十一月	—	0.675	0.695	0.675	0.800	0.730
十二月	0.668	0.681	0.688	0.668	0.814	0.737
民国二十年						
一月	0.688	0.695	0.695	0.688	0.821	0.751
二月	0.730	0.751	0.751	0.744	0.841	0.793
三月	0.772	0.793	0.786	0.786	0.890	0.814
四月	0.807	0.821	0.793	0.779	0.925	0.848
五月	0.821	0.841	0.841	0.828	0.960	0.890
六月	0.807	0.814	0.834	0.821	1.029	0.904
七月	0.814	0.821	0.834	0.834	1.036	0.911
八月	0.814	0.821	0.883	0.890	1.092	0.853
九月	0.756	0.767	0.814	0.809	1.006	0.894
十月	0.686	0.702	0.746	0.721	0.888	0.899
十一月	0.627	0.668	0.751	0.758	0.862	0.890
十二月	0.647	0.654	0.737	0.730	0.890	0.890
民国二十一年						
一月	0.647	0.661	0.786	0.779	0.911	0.911
二月	0.668	0.681	0.800	0.793	0.960	0.925
三月	0.723	0.730	0.841	0.834	0.994	0.953
四月	0.744	0.758	0.855	0.848	0.987	0.994
五月	0.737	0.751	0.862	0.848	1.008	1.001
六月	0.730	0.737	0.841	0.841	1.022	0.994

（续前表）

	每月平均价格					
	本地黑豆 公斗	广昌黑豆 公斗	大青豆 公斗	大黄豆 公斗	绿豆 公斗	白豆 公斗
民国二十一年						
七月	$0.702	$0.716	$0.848	$0.841	$0.974	$1.001
八月	0.688	0.702	0.841	0.041	0.981	0.987
九月	0.633	0.647	0.786	0.765	0.883	0.890
十月	0.612	0.633	0.709	0.695	0.737	0.744
十一月	0.529	0.542	0.612	0.612	0.675	0.654
十二月	0.522	0.542	0.598	0.598	0.675	0.640
民国二十二年						
一月	0.535	0.556	0.633	0.608	0.758	0.671
二月	0.535	0.556	0.633	0.688	0.758	0.671
三月	0.535	0.561	0.631	0.617	0.7■9	0.686
四月	0.547	0.565	0.626	0.612	0.760	0.677
五月	0.515	0.536	0.617	0.584	0.690	0.640
六月	0.507	0.531	0.593	0.582	0.679	0.626
七月	0.487	0.501	0.598	0.582	0.677	0.640
八月	0.501	0.513	0.586	0.567	0.638	0.591
九月	0.343	—	0.396	0.392	0.4■8	0.431
十月	0.292	—	0.304	0.297	0.348	0.373
十一月	0.264	—	0.280	0.287	0.334	0.341
十二月	0.287	—	0.294	0.297	0.362	0.359
民国二十三年						
一月	0.327	—	0.350	0.357	0.412	0.403
二月	0.320	—	0.327	0.343	0.443	0.417
三月	0.353	—	0.343	0.350	0.427	0.403
四月	0.337	—	0.340	0.343	0.387	0.373
五月	0.310	0.320	0.330	0.340	0.410	0.363
六月	0.307	0.317	0.303	0.310	0.430	0.347

五、菜蔬

1. 民国十九至二十二年度四年度内，定县各种菜蔬之每年平均价格

物品种类	单位	每年平均价格			
		民国十九年度	民国二十年度	民国二十一年度	民国二十二年度
大白菜	100 市斤	$1.390	$1.418	$0.685	$0.752
小白菜	100 市斤	1.582	1.735	0.931	0.677
洋白菜	100 市斤	—	—	5.447	3.986
舒心白菜	100 市斤	—	—	1.250	—
菠菜	100 市斤	4.057	3.626	1.911	1.459
油菜	100 市斤	—	7.948	5.239	2.758
白萝卜	100 市斤	0.689	0.893	0.658	0.362
红萝卜	100 市斤	0.521	0.829	0.434	0.261
小红萝卜	100 市斤	4.465	5.805	1.652	1.572
萝卜干	100 市斤	5.346	4.644	2.664	1.448
蔓菁	100 市斤	—	—	0.447	0.238
莴苣	100 市斤	1.399	1.340	0.893	1.025
莴笋	100 市斤	4.286	—	3.394	3.940
秀笋	市斤	—	—	0.560	0.470
竹笋	市斤	—	—	0.302	0.262
玉兰片	市斤	—	—	1.822	1.327
白山药	100 市斤	—	3.393	2.661	2.220
山药蛋	100 市斤	—	9.689	4.733	5.099
甘薯	100 市斤	1.171	1.389	1.107	0.554
苤蓝	100 市斤	—	2.024	—	—
莨迭	100 市斤	0.848	0.911	0.382	0.419
茄子	100 市斤	1.630	1.719	3.018	1.184
北瓜	100 市斤	0.878	0.655	0.572	0.357
冬瓜	100 市斤	1.742	1.786	1.500	1.161
西葫芦	100 市斤	1.822	1.161	0.826	0.564
黄瓜	100 市斤	5.179	4.346	2.117	1.233
豆角	100 市斤	3.876	4.126	2.457	1.870

（续前表）

物品种类	单位	每年平均价格			
		民国十九年度	民国二十年度	民国二十一年度	民国二十二年度
芸豆角	100市斤	—	$4.643	$3.215	$1.673
黄豆芽	100市斤	$2.180	2.084	1.645	1.119
绿豆芽	100市斤	1.875	2.032	1.593	1.063
青豆嘴	100市斤	4.367	4.327	3.472	1.977
豆苗	100市斤	12.668	14.139	13.027	6.744
蒜苗	100市斤	9.909	15.628	14.601	9.800
蒜苔	100市斤	8.261	15.300	12.324	3.462
青蒜	100市斤	5.671	2.714	3.349	2.308
蒜	100市斤	2.471	5.829	3.662	2.597
葱	100市斤	1.759	2.280	1.786	1.303
葱头	100市斤	—	—	6.608	5.297
鲜大葱	100市斤	1.072	1.251	1.250	0.669
小葱	100市斤	1.869	1.964	1.250	0.611
韭菜	100市斤	2.958	3.170	1.739	1.752
黄韭	100市斤	21.946	18.820	15.785	12.146
芫荽	100市斤	4.153	5.455	4.510	2.460
茴香	100市斤	3.007	5.385	2.462	2.896
芹菜	100市斤	4.733	6.407	5.992	4.566
香椿	100市斤	—	14.935	11.700	6.849
辣椒	100市斤	2.393	9.328	11.162	3.951
红辣椒	100市斤	—	—	10.448	—
青辣椒	100市斤	—	—	5.604	4.666
黄花	市斤	0.339	0.332	0.252	0.146
木耳	市斤	1.908	1.606	0.262	1.154
龙须菜	市斤	0.294	0.339	0.307	0.276
苤蓝丝	市斤	0.141	0.138	0.127	0.118
咸菜	市斤	0.071	0.069	0.064	0.062
八宝菜	市斤	0.107	0.104	0.097	0.087
藕	市斤	0.062	0.084	0.065	0.047
莲子	市斤	0.850	0.901	1.045	—

2. 民国十九年七月至二十三年六月，定县各种菜蔬之每月平均价格

表一

	每月平均价格					
	大白菜 100市斤	小白菜 100市斤	洋白菜 100市斤	舒心白菜 100市斤	菠菜 100市斤	油菜 100市斤
民国十九年						
七月		$0.982				
八月		0.893				
九月		0.982				
十月	$1.072	1.072				
十一月	0.804	—				
十二月	1.072	—			$3.661	
民国二十年						
一月	1.340	—			5.447	
二月	1.607	—			5.715	
三月	1.875	—			5.983	
四月	1.960	4.376			1.965	
五月	—	1.518			2.143	
六月	—	1.250			3.483	
七月	—	1.340			—	
八月	—	1.161			—	
九月	2.143	0.893			3.929	
十月	1.607	0.982			3.126	
十一月	0.982	—			2.590	
十二月	0.714	—			4.554	
民国二十一年						
一月	1.161	—			5.805	
二月	1.429	—			5.983	
三月	1.429	—			5.269	
四月	1.875	5.447			2.679	$7.948
五月	—	1.340			1.340	—
六月	—	0.982			0.982	—

（续前表）

	每月平均价格					
	大白菜 100 市斤	小白菜 100 市斤	洋白菜 100 市斤	舒心白菜 100 市斤	菠菜 100 市斤	油菜 100 市斤
民国二十一年						
七月	—	$0.714			—	—
八月	—	1.250	$4.019	$1.250	—	—
九月	—	0.625	—		$2.500	$1.607
十月	$0.714	0.625	—		2.233	2.411
十一月	0.536	—	4.197		2.411	2.590
十二月	0.536	—	—		2.590	—
民国二十二年						
一月	0.684	—	—		2.679	—
二月	0.684	—	—		2.679	—
三月	0.774	—	—		2.322	—
四月	0.867	1.875	6.251		0.893	11.430
五月	—	0.804	6.072		0.447	7.591
六月	—	0.625	6.698		0.357	5.805
七月	—	0.744	3.929		—	—
八月	—	0.625	2.411		—	2.143
九月	0.893	0.357	3.019		2.233	2.054
十月	0.476	—	3.570		1.340	2.500
十一月	0.477	—	—		1.072	2.947
十二月	0.536	—	—		1.072	—
民国二十三年						
一月	0.714	—	—		1.161	—
二月	0.804	—	—		2.292	—
三月	0.933	—	—		2.933	—
四月	0.180	—	—		1.195	—
五月		1.176	7.004		0.714	4.857
六月		0.513			0.577	2.051

表二

	每月平均价格					
	白萝卜 100 市斤	红萝卜 100 市斤	小红萝卜 100 市斤	萝卜干 100 市斤	蔓菁 100 市斤	莴苣 100 市斤
民国十九年						
七月						$1.250
八月						—
九月						—
十月	$0.536					—
十一月	0.536	$0.536				—
十二月	0.625	0.357				—
民国二十年						
一月	0.804	0.536				—
二月	0.804	0.625		$4.733		—
三月	0.804	0.536		5.090		—
四月	0.714	0.536	$3.929	5.537		—
五月	—	—	5.001	5.656		1.697
六月	—	—	—	5.715		1.250
七月	—	—	—	—		1.518
八月	1.428	—	—	—		—
九月	1.072	1.786	—	—		—
十月	0.804	1.429	—	—		—
十一月	0.625	0.447	—	—		—
十二月	0.714	0.447	—	5.001		—
民国二十一年						
一月	0.804	0.536	—	5.179		—
二月	—	0.536	—	4.733		—
三月	0.804	0.625	—	4.554		—
四月	—	—	10.716	4.733		—
五月	—	—	4.644	3.661		—
六月	—	—	2.054	—		1.161

（续前表）

	每月平均价格					
	白萝卜 100 市斤	红萝卜 100 市斤	小红萝卜 100 市斤	萝卜干 100 市斤	蔓菁 100 市斤	莴苣 100 市斤
民国二十一年						
七月	—	—	—	—		$0.893
八月	—	—	—	—		—
九月	$0.625	—	$1.161	—		—
十月	0.625	$0.536	—	—		—
十一月	0.536	0.357	—	—	$0.536	—
十二月	0.447	0.357	—	—	0.447	—
民国二十二年						
一月	0.447	0.447	—	$0.500	0.447	—
二月	0.477	0.447	—	2.500	0.447	—
三月	0.536	0.447	—	2.768	0.447	—
四月	0.447	0.447	—	2.947	0.357	—
五月	—	—	2.143	2.679	—	—
六月	1.786	—	—	2.590	—	—
七月	—	—	—	—	—	—
八月	1.072	—	—	—	—	—
九月	0.476	—	2.143	—	—	—
十月	0.327	0.447	—	—	0.357	—
十一月	0.209	0.267	—	—	0.268	—
十二月	0.179	0.179	—	—	0.179	—
民国二十三年						
一月	0.268	0.268	—	1.654	0.207	—
二月	0.268	0.268	—	2.114	0.238	—
三月	0.267	0.200	—	1.467	0.180	—
四月	0.196	0.196	—	1.195		—
五月			1.163	1.170		—
六月			1.410	1.090		1.025

表三

	每月平均价格						
	莴笋 100市斤	秀笋 市斤	竹笋 市斤	玉兰片 市斤	白山药 100市斤	山药蛋（马铃薯）100市斤	甘薯 100市斤
民国十九年							
七月							
八月							
九月							
十月							$0.893
十一月							0.804
十二月							1.161
民国二十年							
一月							1.250
二月							1.250
三月							1.072
四月							1.250
五月							1.340
六月	$4.286						
七月	—						—
八月	—						—
九月	—						1.875
十月	—						1.161
十一月	—						1.161
十二月	—						1.250
民国二十一年							
一月	—						1.250
二月	—						1.429
三月	—						1.518
四月	—						1.429
五月	—				$3.393	$16.074	1.429
六月	—				—	3.304	—

（续前表）

	每月平均价格						
	莴笋 100市斤	秀笋 市斤	竹笋 市斤	玉兰片 市斤	白山药 100市斤	山药蛋 （马铃薯） 100市斤	甘薯 100市斤
民国二十一年							
七月	—		$0.339		—	—	—
八月	—		—		—	—	—
九月	—		—		—	—	$1.161
十月	—	$0.572	0.313	$1.715	—	—	0.982
十一月	—	—	—	—	—	—	0.982
十二月	—	—	—	—	—	—	1.072
民国二十二年							
一月	—	0.572	0.286	1.965	$2.768	$5.090	0.982
二月	—	—	—	—	2.768	—	0.982
三月	—	—	—	—	2.322	6.251	0.982
四月	—	0.536	0.286	1.786	2.768	4.912	1.220
五月	$3.572	—	—	—	2.680	3.840	1.280
六月	3.215	—	—	—	—	3.572	1.429
七月	3.570	0.536	0.268	1.786	—	—	—
八月	—	—	—	—	—	—	—
九月	—	—	—	—	—	3.840	0.625
十月	—	0.447	0.250	1.250	—	4.019	0.476
十一月	3.136	—	—	—	2.233	3.661	0.417
十二月	3.570	—	—	—	1.965	3.572	5.477
民国二十三年							
一月	—	0.450	0.280	1.072	2.024	4.563	0.595
二月	—	—	—	—	2.471	5.358	0.595
三月	—	—	—	—	2.133	—	0.633
四月	—	0.450	0.280	1.200	2.355	6.369	0.655
五月	5.837				2.362	7.184	0.486
六月	3.589					7.326	0.577

表四

	每月平均价格						
	苤蓝 100市斤	莨莛 100市斤	茄子 100市斤	北瓜 100市斤	冬瓜 100市斤	西葫芦 100市斤	黄瓜 100市斤
民国十九年							
七月		$0.714	$3.215	$0.714		$0.893	$1.250
八月		0.625	1.161	0.536		0.536	1.518
九月		—	0.982	0.625	$1.697	0.625	1.607
十月		—	1.161	1.161	1.786	—	2.768
十一月		—	—	0.982	—	—	—
十二月		—	—	—	—	—	—
民国二十年							
一月		—	—	—	—	—	—
二月		—	—	—	—	—	—
三月		—	—	—	—	—	—
四月		—	—	—	—	—	—
五月		0.893	—	—	—	5.626	21.968
六月		1.161	—	1.250	—	1.429	1.965
七月		1.072	3.03[redacted]	0.625	1.607	0.893	2.322
八月	$1.697	0.804	1.607	0.536	1.697	0.804	2.590
九月	1.786	0.893	1.072	0.804	1.875	0.982	2.679
十月	2.590	0.893	1.161	0.714	1.697	1.161	4.019
十一月		—	—	0.625	1.697	—	—
十二月		—	—	0.625	2.143	—	—
民国二十一年							
一月		—	—	—	—	—	—
二月		—	—	—	—	—	—
三月		—	—	—	—	—	—
四月		—	—	—	—	—	—
五月		—	—	—	—	—	11.252
六月		0.893	—	—	—	1.965	3.215

（续前表）

	每月平均价格						
	苤蓝 100 市斤	莙荙 100 市斤	茄子 100 市斤	北瓜 100 市斤	冬瓜 100 市斤	西葫芦 100 市斤	黄瓜 100 市斤
民国二十一年							
七月		$0.714	$4.019	$0.447	$3.126	$0.893	$1.518
八月		0.804	1.786	0.447	1.250	0.804	3.036
九月		0.804	0.893	0.625	1.072	0.893	2.233
十月		—	1.072	0.625	1.072	—	3.215
十一月		—	—	—	0.982	—	—
十二月		—	—	—	—	—	—
民国二十二年							
一月		—	—	—	—	—	—
二月		—	—	—	—	—	—
三月		—	—	—	—	—	—
四月		—	—	—	—	—	—
五月		—	—	—	—	—	1.179
六月		0.804	7.320	0.714	—	0.714	1.518
七月		0.357	2.033	0.357	1.519	0.357	1.250
八月		—	0.893	0.357	1.250	—	1.072
九月		—	0.625	0.357	0.804	—	1.072
十月		—		0.357	1.072	—	—
十一月		—				—	—
十二月		—				—	—
民国二十三年							
一月		—				—	—
二月		—				—	—
三月		—				—	—
四月		—				—	—
五月		—				—	—
六月		0.481				0.770	1.539

表五

	每月平均价格						
	豆角 100市斤	芸豆角 100市斤	黄豆芽 100市斤	绿豆芽 100市斤	青豆嘴 100市斤	豆苗 100市斤	蒜苗 100市斤
民国十九年							
七月	$1.965		$2.411	$1.786			
八月	3.126		2.143	1.697			
九月	3.661		2.411	1.697	$4.286		
十月	5.894		2.143	2.143	4.286		
十一月	—		2.143	1.965	4.286		
十二月	—		2.143	1.965	4.376	$13.395	$10.716
民国二十年							
一月	—		2.233	1.786	1.554	13.395	10.716
二月	—		2.322	1.875	4.554	13.395	11.252
三月	—		2.143	2.054	4.376	12.770	12.234
四月	—		2.054	2.054	4.376	11.609	9.555
五月	—		2.054	1.786	4.286	10.716	10.091
六月	4.733		1.965	1.697	4.286	13.395	4.733
七月	1.518		1.965	1.697	—	16.074	—
八月	3.751		1.965	1.697	4.286	16.967	—
九月	3.929		2.143	2.054	4.644	12.502	—
十月	5.358		2.054	2.054	4.286	12.502	—
十一月	—		2.143	2.143	4.286	13.395	—
十二月	—		2.143	2.143	4.376	10.716	—
民国二十一年							
一月	—		2.322	2.322	4.554	14.288	—
二月	—		2.233	2.322	4.376	9.832	—
三月	—		2.143	2.143	4.197	13.395	—
四月	—		1.875	1.786	4.197	20.539	16.967
五月	—	$6.340	1.965	1.965	4.197	15.181	14.288
六月	6.072	2.947	2.054	2.054	4.197	14.288	—

（续前表）

	每月平均价格						
	豆角 100 市斤	芸豆角 100 市斤	黄豆芽 100 市斤	绿豆芽 100 市斤	青豆嘴 100 市斤	豆苗 100 市斤	蒜苗 100 市斤
民国二十一年							
七月	$1.340	—	$2.054	$2.054	$4.108	$15.181	—
八月	3.393	—	2.054	2.054	4.108	—	—
九月	2.858	—	1.965	1.965	4.019	15.181	—
十月	—	—	1.607	1.697	3.572	14.288	—
十一月	—	—	1.607	1.607	3.661	12.502	—
十二月	—	—	1.697	1.697	3.840	11.887	$13.127
民国二十二年							
一月	—	—	1.607	1.340	2.590	—	—
二月	—	—	1.607	1.340	—	—	—
三月	—	—	1.578	1.429	1.875	—	—
四月	—	—	1.459	1.429	—	—	16.074
五月	—	—	1.250	1.250	—	12.056	—
六月	2.233	$3.215	1.250	1.250	—	10.091	—
七月	1.072	—	1.295	1.250	—	—	—
八月	1.875	—	1.697	1.340	—	—	—
九月	1.072	1.518	1.459	1.250	2.590	4.912	—
十月	—	—	1.191	1.161	1.965	—	—
十一月	—	—	1.012	0.982	1.786	—	—
十二月	—	—	1.072	1.072	1.875	—	—
民国二十三年							
一月	—	—	1.102	1.102	2.143	—	—
二月	—	—	1.072	1.072	1.995	—	—
三月	—	—	1.000	1.000	1.967	—	—
四月	—	—	0.982	0.982	1.960	7.627	9.800
五月	—	—	0.781	0.781	1.961	—	—
六月	3.462	1.828	0.769	0.769	1.795	7.692	—

表六

	每月平均价格						
	蒜苔 100 市斤	青蒜 100 市斤	蒜 100 市斤	葱 100 市斤	葱头 100 市斤	鲜大葱 100 市斤	小葱 100 市斤
民国十九年							
七月			$2.411	$1.161			
八月			1.518	0.982			
九月			1.607	1.161			
十月			1.786	1.161			
十一月			1.786	1.250			
十二月			2.054	1.429			
民国二十年							
一月			2.500	2.322			
二月			2.768	2.500			
三月			2.858	2.768			
四月			2.858	2.858		$1.072	$2.143
五月	$7.948	$6.876	4.286	—		—	1.786
六月	8.573	4.465	3.215	—		—	1.697
七月	—	—	3.661	1.607		—	—
八月	—	—	4.465	2.322		—	—
九月	—	—	4.554	1.786		—	—
十月	—	—	4.465	1.818		—	—
十一月	—	—	4.733	2.233		—	—
十二月	—	—	6.072	2.054		—	—
民国二十一年							
一月	—	—	6.430	2.500		—	—
二月	—	—	6.162	2.233		—	—
三月	—	—	6.608	3.304		—	—
四月	25.004	—	8.126	2.947		1.429	2.500
五月	15.449	2.947	8.841	—		1.072	1.607
六月	5.447	2.500	—	—		—	1.786

（续前表）

	每月平均价格						
	蒜苔 100 市斤	青蒜 100 市斤	蒜 100 市斤	葱 100 市斤	葱头 100 市斤	鲜大葱 100 市斤	小葱 100 市斤
民国二十一年							
七月	—	$2.322	$2.679	—		$1.607	$1.518
八月	—	—	2.412	—		1.786	—
九月	—	—	2.590	—		1.429	—
十月	—	—	2.590	$1.607		—	—
十一月	—	—	2.770	1.429		—	—
十二月	—	—	4.108	1.518		—	—
民国二十二年							
一月	—	—	4.733	1.786	$7.591	—	—
二月	—	—	4.703	1.786	—	—	—
三月	—	—	5.179	2.322	7.144	—	—
四月	$22.593	—	5.209	2.054	6.698	0.893	1.518
五月	11.700	—	5.179	1.430	6.251	0.535	0.714
六月	2.679	4.376	1.786	2.143	5.358	—	—
七月	—	—	1.72[redacted]	—	4.912	—	0.447
八月	—	—	1.808	—	5.626	1.072	—
九月	—	—	1.875	—	—	0.714	—
十月	—	—	2.679	—	—	0.714	—
十一月	—	—	2.798	0.893	5.358	0.714	—
十二月	—	—	2.858	1.072	5.805	—	—
民国二十三年							
一月	—	—	3.155	1.310	5.533	—	—
二月	—	—	3.304	1.489	5.400	—	—
三月	—	—	3.233	1.800	5.500	—	—
四月	—	—	2.949	1.253	5.000	0.569	—
五月	—	—	2.472		5.167	0.295	0.680
六月	3.462	2.308	2.308		4.667		0.705

表七

	每月平均价格					
	韭菜 100市斤	黄韭 100市斤	芫荽 100市斤	茴香 100市斤	芹菜 100市斤	香椿 100市斤
民国十九年						
七月	$1.072		$3.929	$2.054	$2.233	
八月	0.893		5.269	—	1.965	
九月	1.786		6.787	2.590	3.215	
十月	3.840		4.554	3.661	3.661	
十一月	5.894		2.233	3.304	3.483	
十二月	—	$21.432	2.322	—	4.197	
民国二十年						
一月	—	26.271	2.858	—	5.447	
二月	—	22.861	3.215	—	5.537	
三月	—	23.218	3.393	—	—	
四月	4.822	—	3.483	—	6.965	
五月	2.947	—	5.358	3.840	6.608	
六月	2.411	—	6.430	2.590	8.751	
七月	2.500	—	7.055	2.590	5.447	
八月	2.322	—	5.269	2.500	3.572	
九月	2.322	—	4.108	2.590	3.929	
十月	2.947	—	2.500	3.940	4.465	
十一月	5.536	—	1.697	—	4.912	
十二月	—	19.021	1.697	—	6.965	
民国二十一年						
一月	—	18.753	2.054	—	7.591	
二月	—	20.539	2.143	—	6.876	
三月	—	16.967	5.090	—	8.573	
四月	5.894	—	7.144	16.967	10.716	$25.004
五月	2.322	—	13.395	6.608	9.377	12.502
六月	1.518	—	13.306	2.500	4.461	6.700

（续前表）

	每月平均价格					
	韭菜 100 市斤	黄韭 100 市斤	芫荽 100 市斤	茴香 100 市斤	芹菜 100 市斤	香椿 100 市斤
民国二十一年						
七月	\$ 0.983	—	\$ 11.966	\$ 2.322	\$ 2.858	—
八月	1.072	—	13.038	2.411	2.411	—
九月	1.518	—	3.661	2.858	3.125	—
十月	3.036	—	1.875	2.590	2.768	—
十一月	—	—	1.340	3.126	6.251	—
十二月	—	\$ 16.699	1.340	—	6.072	—
民国二十二年						
一月	—	16.970	1.518	—	—	—
二月	—	16.970	1.518	—	—	—
三月	—	12.560	1.607	—	13.395	—
四月	3.959	—	1.250	—	10.710	—
五月	0.774	—	8.751	2.679	8.930	\$ 11.700
六月	0.833	—	6.250	1.250	3.393	—
七月	0.535	—	5.715	1.161	1.607	—
八月	0.983	—	7.233	1.072	2.233	—
九月	0.893	—	2.500	2.033	4.019	—
十月	2.2[redacted]3	—	1.072	2.233	4.644	—
十一月	2.079	—	0.982	—	3.929	—
十二月	—	13.6[redacted]3	0.982	—	—	—
民国二十三年						
一月	—	11.910	1.339	—	—	—
二月	—	11.310	1.726	—	—	—
三月	—	11.700	1.450	—	—	—
四月	4.653		1.600	7.000	8.000	7.400
五月	1.3[redacted]2			5.236	5.938	6.299
六月	0.769			1.539	6.154	

表八

	每月平均价格					
	辣椒 100 市斤	红辣椒 100 市斤	青辣椒 100 市斤	黄花 市斤	木耳 市斤	龙须菜 市斤
民国十九年						
七月						
八月						
九月				$0.357	$1.875	$0.335
十月				0.339	2.143	0.268
十一月				—	—	—
十二月	$3.215			0.313	1.938	0.268
民国二十年						
一月	4.108			0.277	1.786	0.259
二月	—			0.346	1.920	0.274
三月	1.152			0.348	1.866	0.304
四月	1.098			0.345	1.875	0.286
五月	—			0.369	1.893	0.319
六月	—			0.360	1.875	0.337
七月	5.537			0.369	1.489	0.339
八月	6.162			0.360	1.875	0.339
九月	5.447			0.321	1.857	0.304
十月	5.001			0.280	1.804	0.321
十一月	5.179			0.321	1.875	0.330
十二月	11.698			0.348	1.518	0.339
民国二十一年						
一月	13.038			0.330	1.348	0.348
二月	10.537			0.330	1.429	0.321
三月	10.3[redacted]9			0.348	1.429	0.348
四月	11.788			0.304	1.429	0.339
五月	17.860			0.330	1.429	0.375
六月	—			0.348	1.429	0.366

（续前表）

	每月平均价格					
	辣椒 100市斤	红辣椒 100市斤	青辣椒 100市斤	黄花 市斤	木耳 市斤	龙须菜 市斤
民国二十一年						
七月	—		$8.930	$0.313	$1.411	$0.321
八月	—		6.072	0.313	1.429	0.330
九月	—		3.661	0.313	1.340	0.339
十月	—		3.751	0.259	1.340	0.286
十一月	—	$9.644	—	0.250	1.340	0.295
十二月	—	11.252	—	0.262	1.223	0.304
民国二十二年						
一月	$12.500		—	0.223	1.179	0.305
二月	—		—	0.223	1.179	0.305
三月	11.609		—	0.223	1.173	0.313
四月	10.716		—	0.214	1.179	0.300
五月	9.823		—	0.214	1.179	0.289
六月	—		—	0.214	1.167	0.298
七月	—		9.555	0.214	1.161	0.286
八月	—		4.733	0.174	1.172	0.281
九月	3.661		2.590	0.128	1.164	0.268
十月	3.393		1.786	0.134	1.125	0.268
十一月	3.215			0.134	1.116	0.268
十二月	2.858			0.134	1.116	0.268
民国二十三年						
一月	3.394			0.134	1.072	0.268
二月	3.870			0.134	1.116	0.268
三月	4.767			0.140	1.200	0.280
四月	6.450			0.140	1.200	0.280
五月				0.140	1.200	0.280
六月				0.143	1.200	0.280

表九

	每月平均价格				
	苤蓝丝 市斤	咸菜 市斤	八宝菜 市斤	藕 市斤	莲子 市斤
民国十九年					
七月					
八月					
九月	$0.140	$0.070	$0.110	$0.065	$0.857
十月	0.140	0.070	0.110	0.065	0.822
十一月	—	—	—	0.052	—
十二月	0.139	—	0.104	0.063	0.830
民国二十年					
一月	0.146	0.073	0.109	0.050	0.848
二月	0.147	0.073	0.110	0.052	0.857
三月	0.139	0.071	0.104	0.056	0.866
四月	0.139	0.070	0.104	0.047	0.866
五月	0.138	0.069	0.104	0.058	0.868
六月	0.138	0.069	0.104	0.107	0.839
七月	0.138	0.069	0.104	0.170	0.857
八月	0.138	0.069	0.104	0.179	0.857
九月	0.139	0.070	0.104	0.107	0.889
十月	0.138	0.069	0.104	0.056	0.857
十一月	0.137	0.069	0.103	0.043	0.964
十二月	0.141	0.070	0.104	0.044	0.866
民国二十一年					
一月	0.147	0.073	0.111	0.057	0.857
二月	0.141	0.071	0.105	0.071	0.857
三月	0.135	0.068	0.101	0.069	0.857
四月	0.135	0.067	0.101	0.063	0.857
五月	0.134	0.067	0.101	0.065	1.018
六月	0.133	0.067	0.100	0.083	1.072

（续前表）

	每月平均价格				
	苤蓝丝 市斤	咸菜 市斤	八宝菜 市斤	藕 市斤	莲子 市斤
民国二十一年					
七月	$0.131	$0.065	$0.098	—	$1.072
八月	0.130	0.065	0.098	—	1.072
九月	0.131	0.066	0.098	$0.068	1.072
十月	0.129	0.064	0.096	0.057	1.045
十一月	0.130	0.065	0.098	0.058	1.027
十二月	0.138	0.069	0.104	0.054	0.982
民国二十二年					
一月	0.125	0.063	0.098	0.063	
二月	0.125	0.063	0.098	0.063	
三月	0.124	0.061	0.097	0.060	
四月	0.121	0.058	0.097	0.064	
五月	0.118	0.063	0.089	0.069	
六月	0.116	0.063	0.089	0.089	
七月	0.116	0.065	0.089	—	
八月	0.119	0.063	0.092	0.071	
九月	0.118	0.063	0.089	0.057	
十月	0.116	0.063	0.089	0.038	
十一月	0.116	0.060	0.089	0.036	
十二月	0.116	0.061	0.089	0.036	
民国二十三年					
一月	0.116	0.063	0.089	0.037	
二月	0.116	0.063	0.089	0.045	
三月	0.120	0.060	0.092	0.051	
四月	0.120	0.060	0.080	0.047	
五月	0.120	0.060	0.080	0.050	
六月	0.120	0.060	0.080		

六、瓜、果

1. 民国十九至二十二年度四年度内，定县各种瓜及果之每年平均价格

物品种类	单位	每年平均价格			
		民国十九年度	民国二十年度	民国二十一年度	民国二十二年度
西瓜	100市斤	$4.331	$3.738	$2.210	$1.736
甜瓜	100市斤	2.075	2.076	1.250	1.117
面甜瓜	100市斤	—	—	—	1.161
酥瓜	100市斤	1.161	1.474	0.849	0.893
菜瓜	100市斤	1.518	1.161	0.447	0.804
杏	100市斤	4.733	4.555	3.542	1.592
鸭梨	市斤	0.108	0.186	0.099	0.115
红宵梨	市斤	—	0.241	0.228	—
面梨	市斤	—	—	0.034	0.039
葡萄	市斤	0.290	0.202	0.125	0.102
柿子	市斤	0.035	0.036	0.031	0.024
红枣	市斤	0.058	0.053	0.062	0.058
桃	市斤	0.096	0.155	0.153	0.101
小桃	市斤	—	—	0.075	0.027
蜜橘	市斤	0.344	0.356	0.304	0.289
春橘	市斤	0.357	0.336	0.201	0.1[redacted]0
台橘	市斤	—	—	0.248	0.218
川橘	市斤	—	—	0.220	0.190
苹果	市斤	0.344	0.339	0.207	0.201
烟台苹果	市斤	—	0.357	0.276	0.274
沙果	市斤	—	0.105	0.054	0.039
红甜子	市斤	—	0.106	0.070	0.055
香槟子	市斤	0.105	0.144	0.130	0.071
红果	市斤	0.077	0.121	0.077	0.055
海棠果	市斤	0.158	0.150	0.125	0.092
青果	市斤	0.555	—	—	—
香蕉	市斤	0.325	0.310	0.254	0.196
石榴	市斤	0.399	0.347	0.263	0.131
香橼	市斤	0.339	0.268	—	—
甘蔗	市斤	0.103	—	—	—

注：红甜子类似沙果，略大，皮红，出自曲阳县。

2. 民国十九年七月至二十三年六月，定县各种瓜及果之每月平均价格

表一

	每月平均价格					
	西瓜 100市斤	甜瓜 100市斤	面甜瓜 100市斤	酥瓜 100市斤	菜瓜 100市斤	杏 100市斤
民国十九年						
七月		$2.742		$1.161	$1.518	
八月		1.698		—	—	
九月		1.786		—	—	
十月		—		—	—	
十一月		—		—	—	
十二月		—		—	—	
民国二十年						
一月	$4.108	—		—	—	
二月	4.554	—		—	—	
三月	—	—		—	—	
四月	—	—		—	—	
五月	—	—		—	—	
六月	—	—		—	—	$4.733
七月	1.072	1.875		1.250	1.072	—
八月	0.893	1.697		—	—	—
九月	2.054	1.786		—	—	—
十月	2.679	—		—	—	—
十一月	8.662	—		—	—	—
十二月	4.197	—		—	—	—
民国二十一年						
一月	6.608	—		—	—	—
二月	—	—		—	—	—
三月	—	—		—	—	—
四月	—	—		—	—	—
五月	—	—		—	—	5.894
六月	—	2.948		1.697	1.250	3.215

（续前表）

	每月平均价格					
	西瓜 100市斤	甜瓜 100市斤	面甜瓜 100市斤	酥瓜 100市斤	菜瓜 100市斤	杏 100市斤
民国二十一年						
七月	$0.982	$1.250		$0.447	$0.447	$4.108
八月	0.804	1.250		—	—	—
九月	3.215	—		—	—	—
十月	3.840	—		—	—	—
十一月	—	—		—	—	—
十二月	—	—		—	—	—
民国二十二年						
一月	—	—		—	—	—
二月	—	—		—	—	—
三月	—	—		—	—	—
四月	—	—		—	—	—
五月	—	—		—	—	4.465
六月	—	—		1.250	—	2.054
七月	1.340	1.161	$1.161	0.893	0.804	1.161
八月	0.893	1.072				—
九月	2.974					—
十月						—
十一月						—
十二月						—
民国二十三年						
一月						—
二月						—
三月						—
四月						—
五月						—
六月						2.023

表二

	每月平均价格					
	鸭梨 市斤	红宵梨 市斤	面梨 市斤	葡萄 市斤	柿子 市斤	红枣 市斤
民国十九年						
七月						
八月				$0.039		
九月	$0.033			0.053	$0.031	
十月	0.037			0.096	0.038	
十一月	0.063			0.157	0.028	
十二月	0.066			0.178	0.030	
民国二十年						
一月	0.066			0.170	0.037	$0.056
二月	0.084			0.269	0.043	0.057
三月	0.084			0.420	—	0.054
四月	0.096			0.447	—	0.059
五月	0.188			0.607	—	0.054
六月	0.360			0.759	—	0.066
七月	—			0.095	—	0.060
八月	0.107			0.054	—	0.069
九月	0.113			0.062	0.044	0.063
十月	0.167			0.202	0.026	0.041
十一月	0.232			0.241	0.032	0.045
十二月	0.212			0.262	0.038	0.046
民国二十一年						
一月	0.205			0.268	0.043	0.045
二月	0.223			0.268	0.035	0.048
三月	0.214			0.268	—	0.047
四月	0.214			0.295	—	0.049
五月	0.268	$0.241		—	—	0.057
六月	—	—		—	—	0.064

（续前表）

	每月平均价格					
	鸭梨 市斤	红宵梨 市斤	面梨 市斤	葡萄 市斤	柿子 市斤	红枣 市斤
民国二十一年						
七月	—	—	—	—	—	$0.067
八月	$0.057	—	—	$0.052	—	0.068
九月	0.034	—	$0.034	0.043	$0.016	—
十月	0.043	—	0.034	0.069	0.017	0.058
十一月	0.053	—	—	0.103	0.015	0.080
十二月	0.072	—	—	0.176	0.021	0.083
民国二十二年						
一月	0.067	—	—	0.196	0.045	0.045
二月	0.067	—	—	0.196	0.045	0.045
三月	0.060	—	—	0.168	0.042	0.056
四月	0.097	—	—	—	0.044	0.062
五月	0.234	$0.228	—	—	—	0.056
六月	0.310		—	—	—	0.058
七月	—		—	—	—	0.063
八月	0.037		—	0.040	—	—
九月	0.031		0.041	0.032	0.022	—
十月	0.060		0.036	0.071	0.021	—
十一月	0.116			0.116	0.018	0.046
十二月	0.161			0.134	0.018	0.054
民国二十三年						
一月	0.166			0.134	0.022	0.053
二月	0.179			0.152	0.030	0.063
三月	0.167			0.140	0.036	0.060
四月						0.061
五月						0.054
六月						0.071

表三

	每月平均价格					
	桃 市斤	小桃 市斤	蜜橘 市斤	春橘 市斤	台橘 市斤	川橘 市斤
民国十九年						
七月	$0.113					
八月	0.104					
九月	0.084					
十月	0.081					
十一月	—					
十二月	—					
民国二十年						
一月	—		$0.348	$0.241		
二月	—		0.357	0.259		
三月	—		0.330	0.250		
四月	—		0.339	0.268		
五月	—		—	0.482		
六月	—		—	0.643		
七月	0.089		—	—		
八月	0.125		—	—		
九月	0.139		—	—		
十月	0.154		—	—		
十一月	0.179		0.283	—		
十二月	0.179		0.355	0.250		
民国二十一年						
一月	—		0.3[redacted]4	0.241		
二月	—		0.402	0.304		
三月	—		0.384	0.277		
四月	—		0.321	0.214		
五月	—		0.366	0.393		
六月	0.221		—	0.670		

（续前表）

	每月平均价格					
	桃 市斤	小桃 市斤	蜜橘 市斤	春橘 市斤	台橘 市斤	川橘 市斤
民国二十一年						
七月	—	$0.075	—	—		
八月	$0.125	—	—	—		
九月	0.122	—	—	—		
十月	0.212	—	—	—		$0.268
十一月	—	—	—	—	$0.232	0.223
十二月	—	—	$0.321	$0.214	0.259	0.232
民国二十二年						
一月	—	—	0.250	0.179	0.250	0.196
二月	—	—	0.250	0.179	0.250	0.203
三月	—	—	0.266	0.174	—	0.196
四月	—	—	0.336	0.212	—	—
五月	—	—	0.399	0.250	—	—
六月	0.153	—	—	—	—	—
七月	0.080	—	—	—	—	—
八月	0.089	0.025	—	—	—	—
九月	0.107	0.020	—	—	—	—
十月	0.107	0.036	—	—	—	—
十一月	—		—	—	—	—
十二月	—		0.286	—	—	—
民国二十三年						
一月	—		0.231	0.170	0.212	0.179
二月	—		0.250	0.161	0.214	0.179
三月	—		0.285	0.160	0.227	0.213
四月	—		0.307	0.150		
五月	—		0.373			
六月	0.120					

表四

	每月平均价格					
	苹果 市斤	烟台苹果 市斤	沙果 市斤	红甜子 市斤	香槟子 市斤	红果 市斤
民国十九年						
七月						
八月	$0.122					
九月	0.138				$0.071	
十月	0.253				0.104	$0.088
十一月	0.374				0.139	0.066
十二月	0.336				—	0.067
民国二十年						
一月	0.339				—	0.069
二月	0.366				—	0.071
三月	0.348				—	0.070
四月	0.402				—	0.071
五月	0.500				—	0.078
六月	0.607				—	0.112
七月	—		$0.069	$0.078	0.069	0.179
八月	0.192		0.054	0.069	0.082	0.196
九月	0.238		0.119	0.143	0.113	0.129
十月	0.306		0.179	0.134	0.188	0.083
十一月	0.357		—	—	0.197	0.077
十二月	0.363		—	—	0.214	0.079
民国二十一年						
一月	0.384		—	—	—	0.088
二月	0.411		—	—	—	0.089
三月	0.402		—	—	—	0.089
四月	0.348		—	—	—	0.113
五月	0.384	$0.357	—	—	—	0.152
六月	—	—	—	—	—	0.179

（续前表）

	每月平均价格					
	苹果 市斤	烟台苹果 市斤	沙果 市斤	红甜子 市斤	香槟子 市斤	红果 市斤
民国二十一年						
七月	$0.098	—	$0.063	$0.082	—	—
八月	0.089	—	0.044	0.058	$0.057	—
九月	0.113	—	—	—	0.094	—
十月	0.268	—	—	—	0.179	$0.088
十一月	0.256	—	—	—	0.161	0.087
十二月	0.292	—	—	—	—	0.082
民国二十二年						
一月	0.214	—	—	—	0.143	0.071
二月	0.214	$0.232	—	—	0.143	0.071
三月	0.221	0.297	—	—	0.134	0.063
四月	0.286	0.287	—	—	—	0.071
五月	0.231	0.339	—	—	—	0.086
六月	—	—	—	—	—	—
七月	0.080	—	0.047	0.063	—	—
八月	0.066	—	0.030	0.046	0.050	—
九月	0.131	—			0.086	—
十月	0.238	—			0.107	0.054
十一月	0.2[illegible]8	—				0.054
十二月	0.297	0.308				0.054
民国二十三年						
一月	0.218	0.228				0.053
二月	0.260	0.250				0.051
三月	0.253	0.270				0.052
四月		0.280				0.068
五月		0.306				
六月						

表五

	每月平均价格					
	海棠果 市斤	青果 市斤	香蕉 市斤	石榴 市斤	香橼 市斤	甘蔗 市斤
民国十九年						
七月						
八月						
九月				$0.168		
十月				0.201		
十一月				0.204		
十二月				0.280		
民国二十年						
一月	$0.146	$0.402	$0.304	0.330	$0.339	
二月	0.157	0.589	0.321	0.348	0.339	
三月	0.170	—	0.295	—	0.339	
四月	—	0.500	0.295	0.509	—	$0.089
五月	—	0.580	0.348	0.697	—	0.089
六月	—	0.705	0.384	0.857	—	0.131
七月	—		—	—	—	
八月	—		—	—	—	
九月	0.035		—	0.196	—	
十月	0.138		0.339	0.205	—	
十一月	0.163		0.301	0.274	0.268	
十二月	0.172		0.286	0.295		
民国二十一年						
一月	0.152		0.321	0.438		
二月	0.161		0.313	0.447		
三月	0.170		0.304	0.447		
四月	0.205		0.304	0.473		
五月	—		0.313	—		
六月	—		0.313	—		

（续前表）

	每月平均价格					
	海棠果 市斤	青果 市斤	香蕉 市斤	石榴 市斤	香橼 市斤	甘蔗 市斤
民国二十一年						
七月	—		$0.321	—		
八月	—		—	—		
九月	—		—	$0.321		
十月	—		0.241	0.357		
十一月	$0.116		0.223	0.330		
十二月	0.101		0.238	0.306		
民国二十二年						
一月	0.143		0.250	0.170		
二月	0.143		0.250	0.179		
三月	0.150		0.244	0.171		
四月	0.098		0.241	—		
五月	—		0.262	—		
六月	—		0.268	—		
七月	—		0.268	—		
八月	—		—	—		
九月	—		0.214	0.143		
十月	0.107		0.226	0.131		
十一月	0.101		0.214	0.134		
十二月	0.089		0.161	0.134		
民国二十三年						
一月	0.085		0.166	0.112		
二月	0.089		0.179	0.130		
三月	0.083		0.195			
四月			0.180			
五月			0.170			
六月			0.180			

七、干果

1. 民国十九至二十二年度四年度内，定县各种干果之每年平均价格

物品种类	单位	每年平均价格			
		民国十九年度	民国二十年度	民国二十一年度	民国二十二年度
大花生	市斤	$0.085	$0.091	$0.069	$0.051
小花生	市斤	0.084	0.091	0.069	0.051
咸花生	市斤	0.103	0.109	0.076	0.051
花生仁	市斤	0.116	0.129	0.101	0.067
油炸花生仁	市斤	0.139	0.165	0.135	0.099
花生粘	市斤	0.140	0.147	0.152	0.141
白瓜子	市斤	0.163	0.163	0.171	0.131
黑瓜子	市斤	0.141	0.151	0.156	0.139
栗子	市斤	0.162	0.176	0.161	0.137
油炸蚕豆	市斤	0.146	0.172	0.159	0.121
核桃	市斤	0.179	—	—	—
核桃仁	市斤	0.447	0.460	0.385	0.311

2. 民国十九年七月至二十二年六月，定县各种干果之每月价格

表一

	每月价格					
	大花生 市斤	小花生 市斤	咸花生 市斤	花生仁 市斤	油炸花生仁 市斤	花生粘 市斤
民国十九年						
七月	$0.087		$0.121	$0.121		$0.139
八月	0.088		0.122	0.122		0.139
九月	0.092		0.109	0.139		0.139
十月	0.086	$0.086	0.104	0.120		0.120
十一月	0.090	0.086	0.104	0.120		0.120
十二月	0.070	0.079	0.087	0.105		0.121
民国二十年						
一月	0.073	0.073	0.091	0.109	$0.146	0.128
二月	0.083	0.083	0.092	0.115	0.147	0.147
三月	0.087	0.087	0.104	0.104	0.139	0.122
四月	0.082	0.082	0.104	0.104	0.139	0.122
五月	0.078	0.087	0.095	0.104	0.138	0.121
六月	0.090	0.090	0.104	0.129	0.127	0.172
七月	0.089	0.089	0.107	0.107	0.143	0.125
八月	0.095	0.095	0.104	0.121	0.155	0.121
九月	0.089	0.089	0.107	0.125	0.179	0.134
十月	0.086	0.086	0.104	0.138	0.155	0.121
十一月	0.089	0.086	0.103	0.137	0.155	0.120
十二月	0.088	0.088	0.104	0.123	0.176	0.141
民国二十一年						
一月	0.092	0.092	0.111	0.129	0.179	0.147
二月	0.089	0.089	0.116	0.134	0.179	0.161
三月	0.088	0.088	0.118	0.127	0.152	0.169
四月	0.098	0.098	0.125	0.143	0.179	0.179
五月	0.089	0.089	0.107	0.134	0.168	0.179
六月	0.088	0.088	0.107	0.133	0.167	0.167

（续前表）

	每月价格					
	大花生 市斤	小花生 市斤	咸花生 市斤	花生仁 市斤	油炸花生仁 市斤	花生粘 市斤
民国二十一年						
七月	$0.089	$0.089	$0.107	$0.134	$0.179	$0.179
八月	0.089	0.089	0.107	0.134	0.179	0.179
九月	0.089	0.089	0.098	0.131	0.164	0.164
十月	0.080	0.080	0.090	0.121	0.161	0.161
十一月	0.073	0.073	0.089	0.144	0.146	0.179
十二月	0.065	0.065	0.078	0.104	0.151	0.161
民国二十二年						
一月	0.059	0.059	0.059	0.094	0.117	0.134
二月	0.059	0.059	0.059	0.094	0.117	0.134
三月	0.058	0.058	0.058	0.093	0.117	0.134
四月	0.057	0.057	0.057	0.089	0.116	0.134
五月	0.054	0.054	0.054	0.084	0.109	0.134
六月	0.057	0.057	0.057	0.080	0.098	0.134
七月	0.054	0.054	0.054	0.080	—	0.134
八月	0.054	0.054	0.054	0.080	—	0.134
九月	0.051	0.051	0.051	0.073	—	0.132
十月	0.054	0.054	0.050	0.071	—	0.143
十一月	0.054	0.054	0.502	0.073	—	0.134
十二月	0.059	0.059	0.054	0.073	—	0.143
民国二十三年						
一月	0.046	0.046	0.042	0.054	0.089	0.134
二月	0.043	0.043	0.043	0.054	0.089	0.134
三月	0.048	0.048	0.048	0.060	0.100	0.140
四月	0.047	0.047	0.047	0.064	0.100	0.160
五月	0.050	0.050	0.060	0.060	0.120	0.160
六月	0.050	0.050	0.060	0.060	0.100	0.150

表二

	每月价格					
	白瓜子 市斤	黑瓜子 市斤	栗子 市斤	油炸蚕豆 市斤	核桃 市斤	核桃仁 市斤
民国十九年						
七月	$0.170	$0.139				
八月	0.175	0.139				
九月	0.175	0.139				
十月	0.152	0.138				
十一月	0.152	0.138				
十二月	0.156	0.139				
民国二十年						
一月	0.182	0.146	$0.163	$0.163		
二月	0.166	0.147	0.166	0.147		
三月	0.152	0.139	0.166	0.139		
四月	0.157	0.139	0.157	0.152	$0.179	$0.447
五月	0.156	0.138	0.156	0.138	0.179	0.447
六月	0.172	0.155	—	0.138		0.447
七月	0.152	0.143	—	0.161		0.625
八月	0.172	0.155	—	0.172		0.500
九月	0.161	0.143	0.179	0.179		0.464
十月	0.155	0.138	0.179	0.155		0.500
十一月	0.155	0.137	0.188	0.171		0.343
十二月	0.159	0.141	0.158	0.176		0.447
民国二十一年						
一月	0.166	0.147	0.179	0.179		0.464
二月	0.161	0.143	0.179	0.179		0.429
三月	0.169	0.152	0.170	0.170		0.447
四月	0.161	0.143	—	0.179		0.429
五月	0.168	0.201	—	0.179		0.429
六月	0.167	0.167	—	0.167		0.447

（续前表）

	每月价格					
	白瓜子 市斤	黑瓜子 市斤	栗子 市斤	油炸蚕豆 市斤	核桃 市斤	核桃仁 市斤
民国二十一年						
七月	$0.179	$0.179	—	$0.179		$0.447
八月	0.179	0.161	—	0.179		0.447
九月	0.197	0.164	—	0.164		0.447
十月	0.153	0.129	$0.161	0.161		0.424
十一月	0.163	0.130	0.161	0.179		0.411
十二月	0.156	0.13[redacted]	0.161	0.179		0.375
民国二十二年						
一月	0.179	0.161	0.161	0.143		0.339
二月	0.179	0.161	0.161	0.143		0.339
三月	0.179	0.161	0.161	0.143		0.339
四月	0.168	0.161	0.161	0.134		0.339
五月	0.153	0.153	—	0.134		0.357
六月	0.179	0.179	—	0.134		0.357
七月	0.179	0.179	—	0.134		0.357
八月	0.179	0.161	—	0.134		0.357
九月	0.146	0.154	—	0.134		0.339
十月	0.114	0.114	—	0.114		0.286
十一月	0.117	0.117	—	0.117		0.286
十二月	0.117	0.117	—	0.125		0.286
民国二十三年						
一月	0.114	0.143	0.125	0.107		0.286
二月	0.125	0.134	0.134	0.107		0.286
三月	0.120	0.140	0.140	0.120		0.320
四月	0.120	0.150	0.150	0.120		0.320
五月	0.120	0.130		0.120		0.320
六月	0.120	0.130		0.120		0.300

八、肉、蛋

1. 民国十九至二十二年度四年度内，定县各种肉及蛋之每年平均价格

物品种类	单位	每年平均价格			
		民国十九年度	民国二十年度	民国二十一年度	民国二十二年度
猪肉	市斤	$0.192	$0.202	$0.167	$0.192
牛肉	市斤	0.197	0.211	0.177	0.197
羊肉	市斤	0.160	0.112	0.102	0.160
熟猪肉	市斤	0.362	0.361	0.309	0.362
熟牛肉	市斤	0.397	0.399	0.332	0.397
熟骡马肉	市斤	0.351	0.344	0.283	0.351
去毛整鸡	市斤	0.203	0.218	0.174	0.203
熟鸡	市斤	0.237	0.236	0.190	0.237
鲜鱼	市斤	0.359	0.361	0.276	0.359
鸡蛋	个	0.017	0.015	0.012	0.017
咸鸡蛋	个	0.021	0.021	0.016	0.021
松花蛋	个	0.068	0.064	0.061	0.068

2. 民国十九年七月至二十三年六月，定县各种肉及蛋之每月价格

表一

	每月价格					
	猪肉 市斤	牛肉 市斤	羊肉 市斤	熟猪肉 市斤	熟牛肉 市斤	熟骡马肉 市斤
民国十九年						
七月	$0.19[redacted]	$0.196	$0.221	$0.349	$0.327	$0.349
八月	0.184	0.218	0.218	0.349	0.436	0.349
九月	0.196	0.218	—	0.367	0.436	0.367
十月	0.173	0.218	—	0.348	0.436	0.348
十一月	0.180	0.172	—	0.344	0.388	0.344
十二月	0.182	0.182	—	0.348	0.389	0.347
民国二十年						
一月	0.196	0.179	0.125	0.357	0.429	0.357
二月	0.197	0.184	0.124	0.367	0.413	0.367
三月	0.193	0.218	—	0.348	0.348	0.348
四月	0.196	0.184	0.113	0.348	0.392	0.348
五月	0.207	0.172	—	0.430	0.345	0.345
六月	0.205	0.223	—	0.388	0.430	0.344
七月	0.206	0.215	—	0.365	0.430	0.344
八月	0.205	0.223	—	0.344	0.430	0.344
九月	0.214	0.268	—	0.349	0.457	0.349
十月	0.205	0.196	—	0.344	0.430	0.322
十一月	0.205	0.196	0.098	0.357	0.357	0.357
十二月	0.214	0.179	0.110	0.353	0.353	0.353
民国二十一年						
一月	0.207	0.184	0.129	0.368	0.298	0.368
二月	0.198	0.176	—	0.352	0.352	0.352
三月	0.190	0.211	0.110	0.357	0.421	0.338
四月	0.202	0.223	—	0.357	0.420	0.336
五月	0.188	0.210	—	0.335	0.420	0.335
六月	0.188	0.250	—	0.330	0.420	0.330

（续前表）

	每月价格					
	猪肉 市斤	牛肉 市斤	羊肉 市斤	熟猪肉 市斤	熟牛肉 市斤	熟骡马肉 市斤
民国二十一年						
七月	$0.196	$0.223	—	$0.330	$0.427	$0.330
八月	0.196	0.223	—	0.330	0.425	0.330
九月	0.197	0.164	—	0.330	0.330	0.330
十月	0.193	0.179	—	0.321	0.362	0.301
十一月	0.163	0.163	$0.114	0.326	0.305	0.264
十二月	0.194	0.162	0.090	0.323	0.323	0.280
民国二十二年						
一月	0.134	0.161	0.089	0.313	0.313	0.313
二月	0.161	0.179	0.107	0.313	0.313	0.313
三月	0.161	0.179	0.125	0.313	0.313	0.313
四月	0.143	0.170	0.076	0.286	0.313	0.250
五月	0.125	0.170	0.107	0.250	0.286	0.179
六月	0.125	0.152	0.107	0.268	0.268	0.196
七月	0.125	0.143	—	0.250	0.268	0.196
八月	0.134	—	—	0.223	—	—
九月	0.134	0.179	—	0.223	0.286	0.143
十月	0.134	0.161	—	0.232	0.268	0.143
十一月	0.143	0.143	—	0.268	0.268	0.143
十二月	0.134	0.125	0.076	0.236	0.222	0.134
民国二十三年						
一月	0.134	0.125	0.076	0.223	0.196	0.146
二月	0.140	0.140	0.060	0.220	0.200	0.160
三月	0.140	0.140		0.220	0.200	0.160
四月	0.130	0.130		0.220	0.200	0.160
五月	0.140	0.130		0.240	0.220	0.156
六月	0.140	0.140		0.240	0.220	0.150

表二

	每月价格					
	去毛整鸡 市斤	熟鸡 市斤	鲜鱼 市斤	鸡蛋 个	咸鸡蛋 个	松花蛋 个
民国十九年						
七月		$0.229	$0.327	$0.015	$0.020	$0.064
八月		0.229	0.349	0.013	0.020	0.064
九月		0.239	0.367	0.017	0.022	0.068
十月		0.218	0.327	0.016	0.019	0.068
十一月		0.215	—	0.019	0.024	0.067
十二月		0.215	—	0.016	0.022	0.068
民国二十年						
一月	$0.179	0.223	0.402	0.020	0.025	0.070
二月	0.179	0.253	0.339	0.021	0.025	0.072
三月	0.262	0.283	0.375	0.022	0.024	0.068
四月	0.179	0.239	0.327	0.015	0.019	0.068
五月	0.223	0.258	0.375	0.013	0.019	0.072
六月	0.196	0.237	0.402	0.013	0.017	0.067
七月	0.223	0.237	0.357	0.012	0.017	0.063
八月	0.223	0.237	0.429	0.013	0.019	0.063
九月	0.223	0.218	0.402	0.013	0.020	0.068
十月	0.232	0.274	0.500	0.017	0.022	0.063
十一月	0.214	0.232	0.393	0.017	0.022	0.067
十二月	0.188	0.241	0.313	0.020	0.024	0.064
民国二十一年						
一月	0.232	0.254	0.339	0.019	0.023	0.067
二月	0.232	0.241	0.339	0.018	0.025	0.069
三月	0.196	0.232	0.339	0.015	0.019	0.061
四月	0.232	0.231	0.286	0.013	0.019	0.061
五月	0.223	0.230	0.321	0.013	0.019	0.061
六月	0.196	0.209	0.313	0.012	0.016	0.061

（续前表）

	每月价格					
	去毛整鸡 市斤	熟鸡 市斤	鲜鱼 市斤	鸡蛋 个	咸鸡蛋 个	松花蛋 个
民国二十一年						
七月	$0.179	$0.204	$0.304	$0.009	$0.014	$0.060
八月	0.179	0.203	0.286	0.009	0.014	0.059
九月	0.179	0.205	0.286	0.011	0.016	0.060
十月	0.179	0.201	0.304	0.013	0.018	0.058
十一月	0.170	0.183	0.286	0.015	0.018	0.059
十二月	0.196	0.225	0.250	0.017	0.022	0.063
民国二十二年						
一月	0.179	0.179	0.286	0.015	0.016	0.065
二月	0.179	0.179	0.286	0.014	0.016	0.065
三月	0.179	0.179	0.286	0.014	0.016	0.065
四月	0.179	0.179	0.250	0.012	0.014	0.062
五月	0.125	0.166	0.223	0.008	0.013	0.060
六月	0.161	0.179	0.268	0.008	0.012	0.060
七月	0.143	0.179	—	0.008	0.010	0.060
八月	0.161	0.190	—	0.007	0.010	0.070
九月	0.161	0.166	—	0.010	0.012	0.070
十月	0.143	0.166	0.179	0.010	0.012	0.065
十一月	0.143	0.190	0.223	0.009	0.012	3.070
十二月	0.143	0.179	0.179	0.014	—	0.065
民国二十三年						
一月	0.161	0.196	0.179	0.013	0.014	0.070
二月	0.150	0.230	0.200	0.014	0.018	0.070
三月	0.180	0.240	0.200	0.008	0.012	0.070
四月	0.180	0.240	0.220	0.008	0.012	0.064
五月	0.150	0.230	0.220	0.007	0.012	0.060
六月	0.160	0.240	0.260	0.008	0.012	0.060

九、调味品

1. 民国十九至二十二年度四年度内，定县各种调味品之每年平均价格

物品种类	单位	每年平均价格			
		民国十九年度	民国二十年度	民国二十一年度	民国二十二年度
荤油	市斤	$0.245	$0.248	$0.229	$0.215
香油	市斤	0.267	0.295	0.230	0.166
豆豉	市斤	0.122	0.124	0.126	0.120
白酱油	市斤	0.139	0.121	0.116	0.131
青酱	市斤	0.093	0.086	0.067	0.058
甜酱	市斤	0.104	0.103	0.094	0.085
豆酱	市斤	0.104	0.103	0.094	0.085
黑酱	市斤	0.158	0.173	0.147	0.127
芝麻酱	市两	—	0.014	0.012	0.008
干醋	市斤	0.105	0.097	0.063	0.057
水醋	市斤	0.034	0.033	0.032	0.022
红糖	市斤	0.147	0.163	0.192	0.201
白糖	市斤	0.164	0.172	0.211	0.227
冰糖	市斤	0.270	0.278	0.264	0.281
盐	市斤	0.091	0.091	0.097	0.102
白碱	市斤	0.093	0.101	0.078	0.065
鲜姜	市斤	0.162	0.155	0.142	0.114
大料	市两	0.041	0.042	0.039	0.037
花椒	市两	—	0.031	0.040	0.046
芥花面	市两	—	—	0.013	0.011
小茴香	市两	—	—	0.017	0.016

2. 民国十九年七月至二十三年六月，定县各种调味品之每月价格

表一

	每月价格						
	荤油 市斤	香油 市斤	豆豉 市斤	白酱油 市斤	青酱 市斤	甜酱 市斤	豆酱 市斤
民国十九年							
七月		$0.279	$0.121	$0.139	$0.070	$0.104	$0.104
八月		0.279	0.122	0.139	0.070	0.104	0.104
九月		0.280	0.122	0.139	—	0.104	0.104
十月		0.244	0.121	0.139	—	0.104	0.104
十一月		0.241	0.121	0.136	—	0.104	0.104
十二月		0.244	0.121	0.137	—	0.104	0.104
民国二十年							
一月	$0.223	0.250	0.125	0.143	0.107	0.107	0.107
二月	0.232	0.257	0.128	0.147	0.110	0.110	0.110
三月	0.265	0.244	0.121	0.139	0.070	0.104	0.104
四月	0.250	0.279	0.121	0.139	0.104	0.104	0.104
五月	0.223	0.310	0.121	0.138	0.104	0.104	0.104
六月	0.268	0.301	0.121	0.138	0.104	0.104	0.104
七月	0.268	0.275	0.121	0.138	0.104	0.104	0.104
八月	0.250	0.275	0.121	0.138	0.104	0.104	0.104
九月	0.268	0.279	0.122	0.139	0.104	0.104	0.104
十月	0.250	0.275	0.121	0.138	0.104	0.104	0.104
十一月	0.250	0.321	0.130	0.136	0.104	0.103	0.103
十二月	0.250	0.281	0.133	0.139	0.104	0.104	0.104
民国二十一年							
一月	0.223	0.322	0.128	0.111	0.073	0.111	0.111
二月	0.250	0.300	0.123	0.105	0.071	0.105	0.105
三月	0.241	0.304	0.118	0.101	0.068	0.101	0.101
四月	0.250	0.303	0.118	0.101	0.065	0.101	0.101
五月	0.250	0.304	—	0.101	0.065	0.101	0.101
六月	0.223	0.304	—	0.101	0.065	0.100	0.100

（续前表）

	每月价格						
	荤油 市斤	香油 市斤	豆豉 市斤	白酱油 市斤	青酱 市斤	甜酱 市斤	豆酱 市斤
民国二十一年							
七月	$0.196	$0.295	—	$0.098	$0.065	$0.098	$0.098
八月	0.196	0.293	—	0.098	0.065	0.098	0.098
九月	0.223	0.263	—	0.098	0.065	0.098	0.098
十月	0.200	0.257	$0.112	0.096	0.064	0.096	0.096
十一月	0.201	0.225	0.114	0.098	0.065	0.096	0.096
十二月	0.214	0.208	0.121	0.104	0.068	0.104	0.104
民国二十二年							
一月	0.268	0.214	0.134	0.134	0.071	0.089	0.089
二月	0.268	0.214	0.134	0.134	0.071	0.089	0.089
三月	0.268	0.214	0.134	0.134	0.071	0.089	0.089
四月	0.268	0.214	0.134	0.134	0.071	0.089	0.089
五月	0.230	0.179	0.125	0.134	0.063	0.089	0.089
六月	0.213	0.179	0.125	0.134	0.063	0.089	0.089
七月	0.196	0.179	0.125	0.134	0.063	0.089	0.089
八月	0.223	0.179	0.125	0.134	0.063	0.089	0.089
九月	0.213	0.179	0.116	0.134	0.058	0.089	0.089
十月	0.213	0.143	0.116	0.134	0.058	0.089	0.089
十一月	0.213	0.134	0.112	0.134	0.058	0.089	0.089
十二月	0.223	0.139	0.116	0.134	0.057	0.089	0.089
民国二十三年							
一月	0.214	0.161	0.120	0.134	0.057	0.089	0.089
二月	0.220	0.180	0.130	0.130	0.058	0.080	0.080
三月	0.220	0.180		0.130	0.058	0.080	0.080
四月	0.200	0.180		0.125	0.056	0.088	0.080
五月	0.220	0.178		0.125	0.057	0.080	0.080
六月	0.220	0.165		0.125	0.057	0.080	0.080

表二

	每月价格						
	黑酱 市斤	芝麻酱 市两	干醋 市斤	水醋 市斤	红糖 市斤	白糖 市斤	冰糖 市斤
民国十九年							
七月	$0.139				$0.130	$0.152	
八月	0.139				0.139	0.153	
九月	0.139		$0.104		—	—	
十月	0.139		0.104		—	—	
十一月	0.138		0.104		—	—	
十二月	0.137		0.104		0.139	0.156	
民国二十年							
一月	0.179		0.107	$0.037	0.143	0.161	$0.223
二月	0.184		0.116	0.037	0.174	0.184	0.294
三月	0.193		0.104	0.035	0.152	0.174	0.279
四月	0.174		0.104	0.026	0.156	0.174	0.279
五月	0.172		0.104	0.035	0.155	0.172	0.275
六月	0.172		0.104	0.035	0.138	0.154	—
七月	0.172	$0.013	0.104	0.026	0.138	0.154	—
八月	0.172	—	0.104	0.026	0.154	0.172	0.279
九月	0.175	—	0.104	0.030	0.156	0.175	0.279
十月	0.172	—	0.104	0.035	0.150	0.172	0.275
十一月	0.171	—	0.103	0.035	0.171	0.171	0.273
十二月	0.176	—	0.104	0.035	0.168	0.176	0.281
民国二十一年							
一月	0.194	—	0.073	0.037	0.184	0.184	0.295
二月	0.176	—	0.071	0.035	0.176	0.176	0.281
三月	0.169	—	0.068	0.034	0.169	0.177	0.270
四月	0.168	0.014	0.065	0.034	0.152	0.168	0.268
五月	0.168	0.014	0.065	0.034	0.168	0.168	0.286
六月	0.167	0.014	0.065	0.033	0.167	0.167	0.268

(续前表)

	每月价格						
	黑酱 市斤	芝麻酱 市两	干醋 市斤	水醋 市斤	红糖 市斤	白糖 市斤	冰糖 市斤
民国二十一年							
七月	$0.163	$0.014	$0.065	$0.033	$0.163	$0.196	$0.286
八月	0.163	0.014	0.065	0.033	0.163	0.196	0.268
九月	0.164	0.013	0.065	0.033	0.179	0.196	0.268
十月	0.161	0.012	0.064	0.032	0.161	0.180	0.268
十一月	0.163	—	0.065	0.033	0.179	0.205	0.268
十二月	0.162	—	0.068	0.035	0.179	0.214	0.268
民国二十二年							
一月	0.134	—	0.063	0.030	0.214	0.223	0.250
二月	0.134	—	0.063	0.030	0.214	0.223	0.250
三月	0.134	—	0.063	0.030	0.214	0.223	0.250
四月	0.134	—	0.059	0.030	0.214	0.223	0.250
五月	0.125	0.009	0.058	0.030	0.196	0.223	0.268
六月	0.125	0.009	0.058	0.030	0.223	0.232	0.268
七月	0.125	0.009	0.058	0.030	0.196	0.223	0.268
八月	0.134	—	0.058	0.030	0.196	0.232	0.268
九月	0.134	—	0.057	0.020	0.268	0.268	0.285
十月	0.134	—	0.057	0.020	0.205	0.232	0.285
十一月	0.125	—	0.057	0.020	0.176	0.223	0.285
十二月	0.125	—	0.057	0.021	0.176	0.215	0.268
民国二十三年							
一月	0.125	—	0.057	0.023	0.179	0.196	0.250
二月	0.130	—	0.058	0.022	0.200	0.220	0.280
三月	0.125	—	0.057	0.022	0.200	0.220	0.280
四月	0.125	—	0.056	0.020	0.220	0.240	0.280
五月	0.125	0.008	0.057	0.020	0.200	0.240	0.300
六月	0.125	0.008	0.057	0.019	0.200	0.240	0.320

表三

	每月价格						
	盐 市斤	白碱 市斤	鲜姜 市斤	大料 市两	花椒 市两	芥花面 市两	小茴香 市两
民国十九年							
七月							
八月							
九月							
十月	$0.091						
十一月	0.090						
十二月	0.091						
民国二十年							
一月	0.094	$0.089	$0.161				
二月	0.089	0.092	0.184				
三月	0.091	0.082	0.152	$0.039			
四月	0.091	0.092	0.156	—			
五月	0.090	0.101	0.172	—			
六月	0.090	0.104	0.154	0.043			
七月	0.090	0.102	0.172	0.035			
八月	0.090	0.104	0.172	0.038			
九月	0.094	0.101	0.156	—			
十月	0.090	0.104	0.138	0.038	$0.009		
十一月	0.092	0.103	0.145	0.043	0.009		
十二月	0.090	0.104	0.168	0.043	0.035		
民国二十一年							
一月	0.096	0.111	0.165	0.055	0.041		
二月	0.096	0.105	0.154	0.053	0.039		
三月	0.088	0.105	0.147	0.042	0.038		
四月	0.090	0.089	0.179	0.042	0.038		
五月	0.090	0.089	0.134	0.038	0.034		
六月	0.089	0.089	0.134	0.038	0.038		

（续前表）

	每月价格						
	盐 市斤	白碱 市斤	鲜姜 市斤	大料 市两	花椒 市两	芥花面 市两	小茴香 市两
民国二十一年							
七月	$0.096	$0.089	$0.133	$0.041	$0.041		
八月	0.096	0.081	0.116	0.041	0.041		
九月	0.098	0.082	0.123	0.041	0.041		
十月	0.096	0.089	0.128	0.040	0.036		
十一月	0.096	0.081	0.130	0.037	0.045		
十二月	0.104	0.091	0.138	0.038	0.043		
民国二十二年							
一月	0.098	0.071	0.179	0.038	0.038		
二月	0.098	0.071	0.179	0.038	0.038		
三月	0.098	0.071	0.179	0.038	0.038		
四月	0.096	0.071	0.161	0.038	0.038		
五月	0.089	0.071	0.107	0.038	0.038	$0.012	
六月	0.096	0.071	0.125	0.045	0.045	0.013	$0.017
七月	0.096	0.071	0.125	0.038	0.038	0.012	0.017
八月	0.096	0.067	0.089	0.045	0.045	0.007	0.017
九月	0.096	0.067	0.116	0.045	0.045	—	0.017
十月	0.096	0.063	0.116	0.045	0.045	—	0.017
十一月	0.096	0.063	0.107	0.036	0.045	—	0.017
十二月	0.096	0.067	0.107	0.045	0.045	—	0.014
民国二十三年							
一月	0.107	0.064	0.107	0.034	0.045	—	0.014
二月	0.107	0.065	0.120	0.030	0.048	—	0.015
三月	0.107	0.065	0.120	0.030	0.048	—	0.015
四月	0.107	0.064	0.120	0.030	0.048	—	0.015
五月	0.107	0.062	0.120	0.030	0.050	—	0.015
六月	0.107	0.060	0.120	0.030	0.050	0.015	0.015

十、海味

1. 民国十九至二十二年度四年度内，定县各种海味之每年平均价格

物品种类	单位	每年平均价格			
		民国十九年度	民国二十年度	民国二十一年度	民国二十二年度
洋参	市斤	$ 2.489	$ 2.590	$ 2.400	$ 1.979
海参	市斤	—	—	3.572	3.540
中海参	市斤	4.422	4.286	3.393	2.436
洋鱼骨	市斤	5.485	6.162	6.072	4.541
南海骨	市斤	10.421	9.290	9.648	8.203
中鱼肚	市斤	2.724	2.925	2.947	2.988
大青翅	市斤	3.690	4.242	5.358	4.345
鱿鱼	市斤	1.041	1.072	1.045	0.875
湘鱼	市斤	0.280	0.322	0.250	0.213
干贝	市斤	2.396	2.523	2.478	2.257
蛏干	市斤	1.152	1.237	1.942	1.695
蟹干	市斤	1.133	1.074	1.041	0.838
虾仁	市斤	1.273	1.200	1.429	1.308
皮虾	市斤	0.259	0.259	0.193	0.185
海蜇	市斤	0.375	0.353	0.287	0.295
海带	市斤	0.136	0.141	0.138	0.098

2. 民国十九年七月至二十三年六月，定县各种海味之调查月份价格

	调查月份价格					
	洋参 市斤	海参 市斤	中海参 市斤	洋鱼骨 市斤	南海骨 市斤	中鱼肚 市斤
民国十九年						
七月	$2.410		$4.110			
十月	2.500		4.290	$6.070	$8.570	
民国二十年						
一月	2.545		4.286	6.966	11.609	$2.858
四月	2.500		5.000	6.419	11.083	2.590
七月	2.500		4.286	5.982	8.573	2.858
十月	2.500		4.286	5.982	8.573	2.500
民国二十一年						
一月	2.500		4.286	5.716	8.573	2.500
四月	2.857		4.286	6.966	11.440	3.840
七月	2.813		4.286	7.144	—	2.857
十月	2.500		3.572	6.966	11.083	2.857
民国二十二年						
一月	2.143	$3.572	2.857	5.179	8.930	3.036
四月	2.143	3.572	2.857	5.000	8.930	3.036
七月	2.143	3.572	2.697	4.912	8.573	2.857
十月	1.786	3.215	2.143	4.465	—	3.036
民国二十三年						
一月	1.786	3.572	2.322	4.287	8.037	2.858
四月	2.200	3.800	2.600	4.500	8.000	3.200

（续前表）

	调查月份价格				
	大青翅 市斤	鱿鱼 市斤	湘鱼 市斤	干贝 市斤	蛏干 市斤
民国十九年					
七月					
十月	\$3.570	\$0.980	\$0.196	\$2.320	
民国二十年					
一月	3.750	1.072	0.286	2.456	\$1.160
四月	3.750	1.072	0.357	2.411	1.143
七月	3.661	1.027	0.357	2.411	1.116
十月	3.572	1.072	0.357	2.411	1.160
民国二十一年					
一月	3.661	1.072	0.286	2.411	0.922
四月	6.072	1.072	0.286	2.857	1.750
七月	6.429	1.143	0.286	2.768	1.697
十月	6.072	0.893	0.286	2.857	1.786
民国二十二年					
一月	4.465	1.072	0.213	2.143	2.143
四月	4.465	1.072	0.213	2.143	2.143
七月	4.296	0.982	0.213	2.143	2.143
十月	4.296	0.759		2.143	1.607
民国二十三年					
一月	4.286	0.857		2.143	1.429
四月	4.500	0.900		2.600	1.600

（续前表）

	调查月份价格				
	蟹干 市斤	虾仁 市斤	皮虾 市斤	海蛰 市斤	海带 市斤
民国十九年					
七月	$1.070	$1.340	$0.250	$0.375	$0.134
十月	1.140	1.430	—	0.375	0.134
民国二十年					
一月	1.179	1.160	0.259	0.375	0.137
四月	1.143	1.160	0.268	0.393	0.143
七月	1.116	1.250	0.268	0.384	0.134
十月	1.125	1.250	0.268	0.402	0.134
民国二十一年					
一月	1.161	1.230	0.250	0.339	0.143
四月	0.893	1.071	0.250	0.286	0.152
七月	0.940	—	0.250	0.286	0.152
十月	0.936	—	0.232	0.286	0.143
民国二十二年					
一月	1.143	1.429	0.147	0.290	0.132
四月	1.143	1.429	0.143	0.286	0.125
七月	0.982	1.343	0.143	0.286	0.114
十月	0.714	1.250	0.161	0.286	0.089
民国二十三年					
一月	0.857	1.340	0.214	0.286	0.089
四月	0.800	1.300	0.220	0.320	0.100

十一、干粉

1. 民国十九至二十二年度四年度内，定县各种干粉之每年平均价格

物品种类	单位	每年平均价格			
		民国十九年度	民国二十年度	民国二十一年度	民国二十二年度
净粉条	市斤	$0.183	$0.188	$0.182	$0.115
花粉条	市斤	0.137	0.147	0.137	0.085
净抓髻粉条	市斤	0.183	0.189	0.182	0.115
花抓髻粉条	市斤	0.137	0.147	0.136	0.089
山药粉条	市斤	0.092	0.118	0.089	0.056
洋粉条	市斤	0.269	0.316	0.187	0.193
净粉面	市斤	0.174	0.181	0.154	0.103
花粉面	市斤	0.129	0.139	0.117	0.074

2. 民国十九年七月至二十三年六月，定县各种干粉之每月价格

表一

	每月价格			
	净粉条 市斤	花粉条 市斤	净抓髻粉条 市斤	花抓髻粉条 市斤
民国十九年				
七月	$0.196	$0.139	$0.196	$0.139
八月	0.210	0.144	0.210	0.144
九月	0.188	0.135	0.188	0.139
十月	0.178	0.135	0.178	0.135
十一月	0.170	0.130	0.170	0.130
十二月	0.174	0.139	0.174	0.139
民国二十年				
一月	0.182	0.141	0.182	0.141
二月	0.188	0.142	0.188	0.142
三月	0.174	0.130	0.174	0.130
四月	0.178	0.135	0.178	0.135
五月	0.182	0.134	0.182	0.134
六月	0.172	0.138	0.172	0.138
七月	0.176	0.138	0.176	0.128
八月	0.189	0.147	0.191	0.147
九月	0.196	0.156	0.196	0.156
十月	0.197	0.150	0.197	0.150
十一月	0.178	0.134	0.178	0.134
十二月	0.176	0.132	0.176	0.132
民国二十一年				
一月	0.183	0.138	0.183	0.138
二月	0.179	0.152	0.179	0.152
三月	0.169	0.135	0.169	0.135
四月	0.199	0.152	0.179	0.152
五月	0.188	0.155	0.188	0.155
六月	0.250	0.179	0.250	0.179

（续前表）

	每月价格			
	净粉条 市斤	花粉条 市斤	净抓髻粉条 市斤	花抓髻粉条 市斤
民国二十一年				
七月	$0.251	$0.188	$0.251	$0.188
八月	0.251	0.188	0.251	0.188
九月	0.251	0.179	0.251	0.179
十月	0.179	0.143	0.179	0.143
十一月	0.160	0.125	0.160	0.125
十二月	0.143	0.116	0.143	0.116
民国二十二年				
一月	0.160	0.117	0.160	0.117
二月	0.160	0.117	0.160	0.117
三月	0.159	0.116	0.159	0.112
四月	0.134	0.101	0.134	0.101
五月	0.164	0.117	0.164	0.117
六月	0.170	0.133	0.170	0.128
七月	0.166	0.127	0.166	0.172
八月	0.147	0.100	0.147	0.100
九月	0.138	0.092	0.138	0.092
十月	0.103	0.080	0.103	0.080
十一月	0.098	0.071	0.098	0.071
十二月	0.098	0.071	0.098	0.071
民国二十三年				
一月	0.107	0.080	0.107	0.080
二月	0.111	0.084	0.111	0.084
三月	0.111	0.087	0.111	0.087
四月	0.110	0.087	0.110	0.087
五月	0.097	0.074	0.097	0.074
六月	0.091	0.072	0.091	0.072

表二

	每月价格			
	山药粉条 市斤	洋粉条 市斤	净粉面 市斤	花粉面 市斤
民国十九年				
七月			$0.174	$0.121
八月			0.188	0.127
九月			0.171	0.122
十月			0.174	0.130
十一月	$0.092		0.165	0.126
十二月	0.087		0.169	0.135
民国二十年				
一月	0.092	$0.268	0.178	0.137
二月	0.096	0.268	0.183	0.138
三月	0.089	0.268	0.170	0.126
四月	0.092	0.268	0.174	0.130
五月	0.095	0.274	0.177	0.129
六月	—	0.268	0.168	0.128
七月	—	0.268	0.172	0.128
八月	—	0.268	0.184	0.142
九月	—	0.268	0.193	0.152
十月	—	0.268	0.194	0.146
十一月	0.112	0.268	0.170	0.125
十二月	0.104	0.268	0.172	0.128
民国二十一年				
一月	0.115	0.330	0.170	0.128
二月	0.116	0.321	0.170	0.143
三月	0.114	0.348	0.160	0.127
四月	0.116	0.402	0.170	0.143
五月	0.121	0.402	0.180	0.143
六月	0.143	0.384	0.232	0.160

（续前表）

	每月价格			
	山药粉条 市斤	洋粉条 市斤	净粉面 市斤	花粉面 市斤
民国二十一年				
七月	$0.107	—	$0.223	$0.170
八月	0.107	—	0.223	0.170
九月	0.107	—	0.223	0.160
十月	0.089	—	0.160	0.125
十一月	0.086	—	0.143	0.107
十二月	0.082	—	0.143	0.107
民国二十二年				
一月	0.082	$0.192	0.121	0.089
二月	0.082	0.192	0.121	0.089
三月	0.081	0.181	0.112	0.089
四月	0.071	0.188	0.104	0.093
五月	—	0.188	0.146	0.110
六月	—	0.179	0.129	0.096
七月	—	0.179	0.127	0.103
八月	—	0.179	0.139	0.093
九月	—	0.179	0.113	0.073
十月	—	0.179	0.100	0.071
十一月	0.044	0.179	0.089	0.063
十二月	0.044	0.179	0.089	0.063
民国二十三年				
一月	0.054	0.179	0.098	0.067
二月	0.054	0.179	0.103	0.070
三月	0.064	0.220	0.100	0.076
四月	0.065	0.220	0.100	0.076
五月	0.062	0.220	0.089	0.068
六月	0.062	0.220	0.085	0.068

十二、点心

1. 民国十九至二十二年度四年度内，定县各种点心之每年平均价格

物品种类	单位	每年平均价格			
		民国十九年度	民国二十年度	民国二十一年度	民国二十二年度
大八件	市斤	$0.253	$0.246	$0.237	$0.194
小八件	市斤	0.212	0.210	0.203	0.161
各种酥	市斤	0.258	0.264	0.246	0.194
鸡蛋糕	市斤	0.282	0.282	0.282	0.250
槽糕	市斤	0.282	0.282	0.286	0.250
饼干	市斤	0.232	0.223	0.225	0.194
大糖枣	市斤	0.223	0.228	0.223	0.194
小糖枣	市斤	0.205	0.210	0.205	0.161
月饼	市斤	—	0.223	0.179	0.161

2. 民国十九年七月至二十三年六月，定县各种点心之调查月份价格

物品种类	调查月份价格				
	大八件 市斤	小八件 市斤	各种酥 市斤	鸡蛋糕 市斤	槽糕 市斤
民国十九年					
九月	$0.262	$0.239	$0.262	$0.268	$0.268
十二月	0.250	0.214	0.268	0.286	0.286
民国二十年					
三月	0.250	0.214	0.268	0.286	0.286
六月	0.250	0.179	0.232	0.286	0.286
九月	0.250	0.214	0.268	0.286	0.286
十二月	0.250	0.214	0.268	0.286	0.286
民国二十一年					
三月	0.250	0.214	0.268	0.286	0.286
六月	0.232	0.196	0.250	0.268	0.268
九月	0.250	0.214	0.268	0.286	0.286
十二月	0.250	0.214	0.268	0.286	0.286
民国二十二年					
三月	0.223	0.196	0.223	0.286	0.286
六月	0.223	0.188	0.223	0.268	0.286
九月	0.196	0.179	0.196	0.268	0.268
十二月	0.179	0.143	0.179	0.232	0.232
民国二十三年					
三月	0.200	0.160	0.200	0.250	0.250
六月	0.200	0.160	0.200	0.250	0.250

（续前表）

物品种类	调查月份价格			
	饼干 市斤	大糖枣 市斤	小糖枣 市斤	月饼 市斤
民国十九年				
九月	$0.214			
十二月	0.232			
民国二十年				
三月	0.232	$0.232	$0.214	
六月	0.250	0.214	0.196	
九月	0.232	0.232	0.214	$0.223
十二月	0.232	0.232	0.214	—
民国二十一年				
三月	0.232	0.232	0.214	—
六月	0.196	0.214	0.196	—
九月	0.232	0.232	0.214	0.179
十二月	0.232	0.232	0.214	—
民国二十二年				
三月	0.223	0.214	0.196	—
六月	0.214	0.214	0.196	—
九月	0.196	0.196	0.179	0.161
十二月	0.179	0.179	0.143	
民国二十三年				
三月	0.200	0.200	0.160	
六月	0.200	0.200	0.160	

十三、杂食

1. 民国十九至二十二年度四年度内，定县各种杂食之每年平均价格

物品种类	单位	每年平均价格			
		民国十九年度	民国二十年度	民国二十一年度	民国二十二年度
烧饼	个	$0.010	$0.010	$0.009	$0.008
火烧	个	0.010	0.010	0.009	0.008
四方烧饼	个	0.010	0.010	0.009	0.008
酥烧饼	个	0.010	0.010	0.009	0.008
麻糖	个	0.010	—	—	—
蜜麻花	市斤	0.150	0.178	0.214	—
卷子	市斤	—	—	0.058	0.041
挂面	市斤	0.094	0.088	0.080	0.057
面条	市斤	0.147	0.148	0.142	0.087
饸饹	市斤	0.147	0.149	0.143	0.087
粑糕	块	0.029	0.029	0.026	0.024
烙饼	市斤	0.067	0.069	0.063	0.044
小米面煎饼	市斤	0.053	0.056	0.042	0.027
荞麦面煎饼	市斤	0.060	0.057	0.043	0.027
凉粉块	块	0.024	0.019	0.018	—
凉粉皮	张	0.019	0.018	0.016	0.011

2. 民国十九年七月至二十三年六月，定县各种杂食之每月价格

表一

	每月价格					
	烧饼 个	火烧 个	四方烧饼 个	酥烧饼 个	麻糖 个	蜜麻花 市斤
民国十九年						
七月	$0.010	$0.010	$0.010	$0.010	$0.010	
八月	0.010	0.010	0.010	0.010	0.010	
九月	0.010	0.010	0.010	0.010	0.010	
十月	0.010	0.010	0.010	0.010	0.010	
十一月	0.010	0.010	0.010	0.010	0.010	
十二月	0.010	0.010	0.010	0.010	0.010	
民国二十年						
一月	0.010	0.010	0.010	0.010		$0.128
二月	0.010	0.010	0.010	0.010		0.129
三月	0.010	0.010	0.010	0.010		0.156
四月	0.010	0.010	0.010	0.010		0.139
五月	0.010	0.010	0.010	0.010		0.177
六月	0.010	0.010	0.010	0.010		0.172
七月	0.010	0.010	0.010	0.010		0.172
八月	0.010	0.010	0.010	0.010		0.172
九月	0.010	0.010	0.010	0.010		0.210
十月	0.010	0.010	0.010	0.010		0.172
十一月	0.010	0.010	0.010	0.010		0.171
十二月	0.010	0.010	0.010	0.010		0.176
民国二十一年						
一月	0.010	0.010	0.010	0.010		0.179
二月	0.010	0.010	0.010	0.010		0.179
三月	0.009	0.009	0.009	0.009		0.179
四月	0.009	0.009	0.009	0.009		0.179
五月	0.009	0.009	0.009	0.009		0.168
六月	0.009	0.009	0.009	0.009		0.179

（续前表）

	每月价格					
	烧饼 个	火烧 个	四方烧饼 个	酥烧饼 个	麻糖 个	蜜麻花 市斤
民国二十一年						
七月	$0.009	$0.009	$0.009	$0.009		$0.214
八月	0.009	0.009	0.009	0.009		0.214
九月	0.009	0.009	0.009	0.009		0.214
十月	0.009	0.009	0.009	0.009		0.214
十一月	0.009	0.009	0.009	0.009		0.214
十二月	0.009	0.009	0.009	0.009		0.214
民国二十二年						
一月	0.009	0.009	0.009	0.009		
二月	0.009	0.009	0.009	0.009		
三月	0.009	0.009	0.009	0.009		
四月	0.009	0.009	0.009	0.009		
五月	0.008	0.008	0.008	0.008		
六月	0.008	0.008	0.008	0.008		
七月	0.008	0.008	0.008	0.008		
八月	0.008	0.008	0.008	0.008		
九月	0.008	0.008	0.008	0.008		
十月	0.008	0.008	0.008	0.008		
十一月	0.008	0.008	0.008	0.008		
十二月	0.008	0.008	0.008	0.008		
民国二十三年						
一月	0.008	0.008	0.008	0.008		
二月	0.008	0.008	0.008	0.008		
三月	0.008	0.008	0.008	0.008		
四月	0.008	0.008	0.008	0.008		
五月	0.008	0.008	0.008	0.008		
六月	0.008	0.008	0.008	0.008		

表二

	每月价格				
	卷子 市斤	挂面 市斤	面条 市斤	饸饹 市斤	粑糕 块
民国十九年					
七月			$0.139	$0.139	$0.029
八月			0.139	0.139	0.029
九月			0.139	0.139	0.029
十月			0.137	0.139	0.029
十一月			0.138	0.138	0.029
十二月			0.136	0.136	0.029
民国二十年					
一月			0.146	0.146	0.031
二月		$0.101	0.165	0.165	0.031
三月		0.096	0.156	0.156	0.029
四月		0.096	0.156	0.156	0.029
五月		0.092	0.155	0.155	0.029
六月		0.086	0.154	0.154	0.029
七月		0.086	0.137	0.154	0.029
八月		0.086	0.154	0.154	0.029
九月		0.083	0.139	0.139	0.029
十月		0.085	0.137	0.137	0.029
十一月		0.083	0.137	0.137	0.029
十二月		0.088	0.141	0.141	0.029
民国二十一年					
一月		0.088	0.147	0.147	0.031
二月		0.089	0.141	0.141	0.029
三月		0.088	0.135	0.135	0.028
四月		0.091	0.168	0.168	0.028
五月		0.092	0.168	0.168	0.028
六月		0.092	0.167	0.167	0.028

（续前表）

	每月价格				
	卷子 市斤	挂面 市斤	面条 市斤	饸饹 市斤	粑糕 块
民国二十一年					
七月		$0.083	$0.163	$0.163	$0.028
八月		0.078	0.163	0.163	0.027
九月		0.080	0.148	0.164	0.028
十月		0.080	0.145	0.161	0.027
十一月		0.081	0.146	0.130	0.027
十二月		0.085	0.138	0.138	0.029
民国二十二年					
一月	$0.059	0.079	0.140	0.140	0.026
二月	0.059	0.079	0.140	0.140	0.026
三月	0.059	0.082	0.140	0.140	0.026
四月	0.061	0.083	0.138	0.138	0.026
五月	0.058	0.078	0.123	0.123	0.022
六月	0.054	0.070	0.115	0.115	0.020
七月	0.045	0.058	0.121	0.121	0.021
八月	0.042	0.058	0.114	0.114	0.024
九月	0.038	0.056	0.119	0.119	0.025
十月	0.038	0.058	0.089	0.089	0.025
十一月	0.039	0.059	0.114	0.114	0.024
十二月	0.039	0.059	0.117	0.117	0.025
民国二十三年					
一月	0.042	0.060	0.060	0.060	0.026
二月	0.044	0.056	0.065	0.065	0.024
三月	0.043	0.059	0.063	0.063	0.023
四月	0.043	0.059	0.063	0.063	0.024
五月	0.039	0.054	0.062	0.062	0.023
六月	0.039	0.050	0.062	0.062	0.023

表三

	每月价格				
	烙饼 市斤	小米面煎饼 市斤	荞麦面煎饼 市斤	凉粉块 块	凉粉皮 张
民国十九年					
七月	$0.061	$0.053	$0.070		
八月	0.065	0.053	0.070		
九月	0.065	0.053	0.057		
十月	0.064	0.056	0.056		
十一月	0.064	0.052	0.056		
十二月	0.064	0.050	0.056		
民国二十年					
一月	0.073	0.050	0.059		
二月	0.073	0.046	0.055		
三月	0.070	0.053	0.056		
四月	0.070	0.056	0.061		
五月	0.069	0.056	0.060		$0.019
六月	0.069	0.060	0.069	$0.024	0.019
七月	0.064	0.056	0.060	0.019	0.019
八月	0.069	0.064	0.060	0.019	0.014
九月	0.065	0.057	0.061	—	—
十月	0.069	0.052	0.056	—	—
十一月	0.069	0.052	0.055	—	—
十二月	0.070	0.053	0.053	—	—
民国二十一年					
一月	0.073	0.055	0.055	—	—
二月	0.071	0.057	0.057	—	—
三月	0.068	0.051	0.051	—	0.019
四月	0.071	0.059	0.059	—	0.019
五月	0.067	0.059	0.054	0.019	0.019
六月	0.067	0.058	0.058	0.019	0.019

（续前表）

	每月价格				
	烙饼 市斤	小米面煎饼 市斤	荞麦面煎饼 市斤	凉粉块 块	凉粉皮 张
民国二十一年					
七月	$0.062	$0.054	$0.054	$0.018	$0.018
八月	0.061	0.053	0.053	0.018	0.018
九月	0.062	0.049	0.054		—
十月	0.060	0.048	0.052		—
十一月	0.061	0.041	0.041		—
十二月	0.065	0.043	0.043		—
民国二十二年					
一月	0.063	0.039	0.039		—
二月	0.063	0.039	0.039		—
三月	0.063	0.039	0.039		—
四月	0.069	0.038	0.038		—
五月	0.068	0.035	0.038		0.014
六月	0.058	0.030	0.030		0.014
七月	0.049	0.034	0.034		0.013
八月	0.042	0.032	0.032		0.012
九月	0.041	0.029	0.029		0.012
十月	0.038	0.029	0.029		—
十一月	0.039	0.025	0.025		—
十二月	0.041	0.024	0.024		—
民国二十三年					
一月	0.046	0.027	0.027		—
二月	0.048	0.028	0.028		—
三月	0.047	0.023	0.023		—
四月	0.047	0.024	0.024		—
五月	0.042	0.023	0.023		—
六月	0.042	0.023	0.023		0.008

十四、茶叶

1. 民国十九至二十二年度四年度内，定县各种茶叶之每年平均价格

物品种类	单位	每年平均价格			
		民国十九年度	民国二十年度	民国二十一年度	民国二十二年度
龙井	市斤	$2.860	$2.860	$2.860	$2.860
香片	市斤	1.430	1.430	1.430	1.430
小叶	市斤	2.860	2.860	2.860	2.860
大方	市斤	2.860	2.860	2.860	2.860

2. 民国十九年七月至二十三年六月，定县各种茶叶之调查月份价格

	调查月份价格			
	龙井 市斤	香片 市斤	小叶 市斤	大方 市斤
民国十九年				
九月	$2.860	$1.430	$2.860	$2.860
十二月	2.860	1.430	2.860	2.860
民国二十年				
三月	2.860	1.430	2.860	2.860
六月	2.860	1.430	2.860	2.860
九月	2.860	1.430	2.860	2.860
十二月	2.860	1.430	2.860	2.860
民国二十一年				
三月	2.860	1.430	2.860	2.860
六月	2.860	1.430	2.860	2.860
九月	2.860	1.430	2.860	2.860
十二月	2.860	1.430	2.860	2.860
民国二十二年				
三月	2.860	1.430	2.860	2.860
六月	2.860	1.430	2.860	2.860
九月	2.860	1.430	2.860	2.860
十二月	2.860	1.430	2.860	2.860
民国二十三年				
三月	2.860	1.430	2.860	2.860
六月	2.860	1.430	2.860	2.860

十五、酒

1. 民国十九至二十二年度四年度内，定县各种酒之每年平均价格

物品种类	单位	每年平均价格			
		民国十九年度	民国二十年度	民国二十一年度	民国二十二年度
保定瓶酒	瓶	$0.245	$0.215	$0.215	$0.200
烧酒	市斤	0.214	0.181	0.159	0.133
黄酒	市斤	0.136	0.124	0.116	0.114
枣酒	市斤	0.119	0.111	0.098	—

2. 民国十九年七月至二十三年六月，定县各种酒之调查月份价格

	调查月份价格			
	保定瓶酒 瓶	烧酒 市斤	黄酒 市斤	枣酒 市斤
民国十九年				
九月	$0.266		$0.139	
十二月	0.268		0.139	
民国二十年				
三月	—	$0.219	0.146	$0.128
六月	0.200	0.209	0.121	0.109
九月	0.200	0.206	0.138	0.138
十二月	0.220	0.172	0.120	0.104
民国二十一年				
三月	0.220	0.168	0.119	0.101
六月	0.220	0.179	0.117	0.100
九月	0.200	0.179	0.114	0.098
十二月	0.220	0.161	0.119	0.098
民国二十二年				
三月	0.200	0.154	0.116	
六月	0.240	0.143	0.116	
九月	0.220	0.143	0.116	
十二月	0.200	0.125	0.116	
民国二十三年				
三月	0.200	0.140	0.130	
六月	0.180	0.123	0.092	

十六、烟

1. 民国十九至二十二年度四年度内，定县各种烟之每年平均价格

物品种类	单位	每年平均价格			
		民国十九年度	民国二十年度	民国二十一年度	民国二十二年度
大婴孩	盒（10支）	$0.056	$0.049	$0.051	$0.051
安琪儿	盒（10支）	0.044	0.048	—	—
大鸡儿	盒（10支）	0.046	0.040	0.042	0.042
北平牌	盒（10支）	0.044	0.045	0.046	—
哈德门	盒（10支）	0.065	0.072	0.066	0.065
翠鸟牌	盒（10支）	—	—	0.054	0.051
第一牌	盒（10支）	—	—	0.043	—
双刀牌	盒（10支）	—	—	—	0.043
本地烟叶	市斤	0.245	0.241	0.203	0.167
阜平烟叶	市斤	0.491	0.483	0.438	0.401
黄烟丝	市斤	0.245	0.241	0.213	0.200
杂拌烟	市斤	—	—	0.184	0.200

2. 民国十九年七月至二十三年六月，定县各种烟之每月价格

表一

	每月价格					
	大婴孩 盒（10支）	安琪儿 盒（10支）	大鸡儿 盒（10支）	北平牌 盒（10支）	哈德门 盒（10支）	翠鸟牌 盒（10支）
民国十九年						
七月	$0.039		$0.034		$0.059	
八月	0.059		0.044		0.073	
九月	0.122		0.122		0.061	
十月	0.063		—		0.088	
十一月	—	$0.036	0.033		0.054	
十二月	0.044	0.044	0.039	$0.039	0.059	
民国二十年						
一月	0.045	0.045	0.040	0.045	0.060	
二月	0.051	0.046	0.041	0.046	0.062	
三月	0.044	0.044	0.039	0.044	0.068	
四月	0.049	0.049	0.039	0.044	0.063	
五月	0.048	0.043	0.041	0.046	0.067	
六月	0.048	0.048	0.039	0.043	0.067	
七月	0.048	0.048	0.043	0.048	0.067	
八月	0.058	0.048	0.043	0.048	0.077	
九月	0.049	0.049	0.039	0.044	0.073	
十月	0.048	0.048	0.039	0.048	0.072	
十一月	0.043	—	0.039	0.039	0.067	
十二月	0.049	0.049	0.039	0.044	0.073	
民国二十一年						
一月	0.051	0.051	0.041	0.046	0.077	
二月	0.049	0.049	0.039	0.044	0.074	
三月	0.052	0.047	0.040	0.047	0.071	
四月	0.047	0.047	0.038	0.042	0.071	
五月	0.047	0.047	0.038	0.042	0.066	
六月	0.047		0.037	0.047	0.070	

(续前表)

	每月价格					
	大婴孩 盒（10支）	安琪儿 盒（10支）	大鸡儿 盒（10支）	北平牌 盒（10支）	哈德门 盒（10支）	翠鸟牌 盒（10支）
民国二十一年						
七月	$0.050		$0.037	$0.046	$0.069	
八月	0.050		0.041	0.046	0.068	
九月	0.051		0.041	0.046	0.069	
十月	0.049		0.040	0.045	0.063	
十一月	0.050		0.040	0.046	0.064	
十二月	0.053		0.043	0.048	0.068	
民国二十二年						
一月	0.052		0.044		0.066	$0.054
二月	0.052		0.044		0.066	0.054
三月	0.052		0.044		0.066	0.054
四月	0.051		0.043		0.064	0.056
五月	0.052		0.043		0.067	0.056
六月	0.044		0.040		0.060	0.052
七月	0.046		0.042		0.063	0.055
八月	0.048		0.040		0.060	—
九月	0.050		0.042		0.062	0.050
十月	0.050		0.042		0.062	0.053
十一月	0.048		0.040		0.060	—
十二月	0.050		0.043		0.063	—
民国二十三年						
一月	0.051		0.042		0.065	—
二月	0.054		0.044		0.068	0.050
三月	0.056		—		0.071	0.050
四月	0.056		—		0.071	
五月	0.054		—		0.065	
六月	0.054		0.042		0.069	

表二

	每月价格					
	第一牌 盒（10支）	双刀牌 盒（10支）	本地烟叶 市斤	阜平烟叶 市斤	黄烟丝 市斤	杂拌烟 市斤
民国十九年						
七月			$0.244	$0.488	$0.244	
八月			0.244	0.488	0.244	
九月			0.244	0.488	0.244	
十月			0.244	0.488	0.244	
十一月			—	—	—	
十二月			—	—	—	
民国二十年						
一月			0.250	0.500	0.250	
二月			0.257	0.514	0.257	
三月			0.244	0.488	0.244	
四月			0.244	0.488	0.244	
五月			0.241	0.482	0.241	
六月			0.241	0.482	0.241	
七月			0.241	0.482	0.241	
八月			0.241	0.482	0.241	
九月			0.244	0.488	0.244	
十月			0.241	0.485	0.241	
十一月			0.239	0.479	0.239	
十二月			0.246	0.494	0.246	
民国二十一年						
一月			0.258	0.514	0.258	
二月			0.246	0.491	0.246	
三月			0.236	0.472	0.236	
四月			0.235	0.470	0.235	
五月			0.225	0.470	0.235	
六月			0.232	0.464	0.232	

（续前表）

	每月价格					
	第一牌 盒（10支）	双刀牌 盒（10支）	本地烟叶 市斤	阜平烟叶 市斤	黄烟丝 市斤	杂拌烟 市斤
民国二十一年						
七月			$0.230	$0.459	$0.230	
八月			0.228	0.455	0.228	
九月			0.230	0.461	0.230	
十月			0.225	0.450	0.225	
十一月			0.228	0.456	0.228	
十二月			0.242	0.483	0.242	
民国二十二年						
一月	$0.044		0.179	0.438	0.196	$0.179
二月	0.044		0.179	0.438	0.196	0.179
三月	0.044		0.179	0.438	0.196	0.179
四月	0.043		0.179	0.429	0.196	0.179
五月	0.043		0.161	0.375	0.196	0.196
六月	0.040		0.179	0.375	0.196	0.196
七月			0.179	0.375	0.196	0.196
八月			0.179	0.402	0.201	0.201
九月			0.179	0.402	0.201	0.201
十月			0.179	0.402	0.201	0.201
十一月			0.179	0.402	0.201	0.201
十二月			0.179	0.402	0.201	0.201
民国二十三年						
一月		$0.042	0.143	0.429	0.201	0.201
二月		0.044	0.160	0.400	0.200	0.200
三月		0.044	0.160	0.400	0.200	0.200
四月		0.044	0.160	0.400	0.200	0.200
五月		0.042	0.155	0.400	0.200	0.200
六月		0.042	0.153	0.400	0.200	0.200

十七、棉花、棉线

1. 民国十九至二十二年度四年度内，定县各种棉花及棉线之每年平均价格

物品种类	单位	每年平均价格			
		民国十九年度	民国二十年度	民国二十一年度	民国二十二年度
籽棉	100 市斤	$ 13.507	$ 13.402	$ 10.850	$ 13.325
皮棉	100 市斤	35.236	36.269	29.674	33.647
熟花	市斤	0.377	0.386	0.313	0.376
本地线	市斤	0.498	0.484	0.3[redacted]8	0.445
八卦洋线	块	6.308	6.388	5.313	4.771
双福洋线	块	5.827	5.813	4.665	4.429

2. 民国十九年七月至二十三年六月，定县各种棉花及棉线之每月价格

	每月价格					
	籽棉 100 市斤	皮棉 100 市斤	熟花 市斤	本地线 市斤	八卦洋线 块	双福洋线 块
民国十九年						
七月	$13.752	$37.23[redacted]	$0.411	$0.540	$6.250	$5.720
八月	13.395	36.792	0.402	0.546	6.200	5.680
九月	12.145	33.041	0.357	0.493	6.200	5.680
十月	11.609	30.183	0.321	0.473	6.200	5.680
十一月	11.966	31.076	0.330	0.482	6.200	5.680
十二月	12.323	31.969	0.339	0.492	6.100	5.600
民国二十年						
一月	12.323	32.148	0.357	0.482	5.800	5.400
二月	14.288	36.792	0.384	0.495	6.150	6.730
三月	14.468	36.167	0.375	0.492	6.800	6.200
四月	13.931	35.274	0.375	0.492	6.600	5.850
五月	15.806	41.971	0.438	0.495	6.600	5.900
六月	16.074	40.185	0.429	0.494	6.600	5.800
七月	16.074	42.864	0.447	0.495	6.800	5.760
八月	16.788	42.418	0.455	0.495	6.800	5.750
九月	13.574	38.399	0.420	0.580	6.600	5.800
十月	12.234	37.060	0.357	0.497	6.600	5.800
十一月	11.966	32.862	0.356	0.482	6.600	5.800
十二月	12.323	33.577	0.357	0.457	6.500	5.750
民国二十一年						
一月	13.216	35.700	0.393	0.455	6.600	5.750
二月	13.831	34.827	0.393	0.482	5.750	6.600
三月	13.663	36.167	0.384	0.467	5.750	6.600
四月	13.127	34.381	0.357	0.540	6.250	5.400
五月	12.859	33.577	0.357	0.438	6.200	5.400
六月	11.163	33.398	0.357	0.422	6.200	5.350

（续前表）

	每月价格					
	籽棉 100 市斤	皮棉 100 市斤	熟花 市斤	本地线 市斤	八卦洋线 块	双福洋线 块
民国二十一年						
七月	$11.430	$32.862	$0.339	$0.418	$6.050	$5.100
八月	10.984	32.505	0.330	0.413	5.950	5.000
九月	10.537	28.576	0.321	0.418	5.800	4.950
十月	9.823	28.174	0.299	0.398	5.800	4.950
十一月	10.537	29.469	0.304	0.383	5.800	4.900
十二月	10.270	28.397	0.304	0.379	5.000	4.500
民国二十二年						
一月	11.430	30.809	0.311	0.384	5.000	4.500
二月	11.430	30.809	0.311	0.384	5.000	4.500
三月	11.163	29.648	0.308	0.366	4.950	4.480
四月	11.163	26.790	0.299	0.350	4.800	4.350
五月	8.930	26.790	0.286	0.357	4.700	4.350
六月	12.502	31.255	0.339	0.402	4.900	4.400
七月	13.216	33.934	0.375	0.411	5.000	4.500
八月	12.502	33.934	0.375	0.411	5.100	4.600
九月	11.609	33.041	0.357	0.438	5.100	4.600
十月	12.056	30.362	0.330	0.384	5.000	4.500
十一月	13.842	32.148	0.375	0.447	4.700	4.450
十二月	13.842	32.148	0.357	0.447	4.700	4.450
民国二十三年						
一月	13.395	32.150	0.357	0.447	4.650	4.350
二月	14.735	33.041	0.411	0.482	4.650	4.350
三月	14.500	3■.500	0.400	0.480	4.650	4.350
四月	13.700	35.500	0.400	0.470	4.000	4.300
五月	13.000	35.000	0.380	0.460	4.550	4.350
六月	13.500	36.000	0.400	0.460	4.550	4.350

十八、本机布

1. 民国十九至二十二年度四年度内，定县各种本机布之每年平均价格

物品种类	单位	每年平均价格			
		民国十九年度	民国二十年度	民国二十一年度	民国二十二年度
白帆布	匹	$8.938	$9.088	$7.829	$6.783
16白布	匹	9.043	9.208	7.700	6.875
32白布	匹	9.038	9.254	7.445	6.150
20大标	匹	11.775	12.792	9.400	7.417
20白标	匹	5.625	5.800	4.994	4.250
32绸月布	匹	6.654	6.775	5.886	4.600
花条布	匹	8.079	8.179	6.726	5.925
色花条布	匹	7.442	7.646	6.244	5.525
电光麻布	匹	16.750	17.367	12.942	9.342
双丝葛麻布	匹	16.592	17.125	12.021	8.464

2. 民国十九年七月至二十三年六月，定县各种本机布之每月价格

表一

	每月价格				
	白帆布 匹	16 白布 匹	32 白布 匹	20 大标 匹	20 白标 匹
民国十九年					
七月	$8.650	$8.700	$8.650	$12.300	$5.250
八月	8.650	8.700	8.650	12.300	5.250
九月	8.700	8.750	8.800	8.850	5.300
十月	8.650	8.800	8.850	8.800	5.400
十一月	8.700	8.750	8.700	8.850	5.350
十二月	8.700	8.900	8.950	12.400	5.450
民国二十年					
一月	8.600	8.750	8.800	12.200	5.350
二月	8.800	8.970	8.960	12.600	5.500
三月	9.500	9.700	9.650	13.400	6.300
四月	9.600	9.700	9.800	13.300	6.250
五月	9.200	9.300	9.250	12.800	6.000
六月	9.500	9.500	9.400	13.500	6.100
七月	9.[redacted]00	9.700	9.800	13.500	6.200
八月	9.100	9.200	9.200	12.800	6.400
九月	9.250	9.300	9.350	13.200	5.600
十月	9.150	9.300	9.350	12.800	5.800
十一月	9.300	9.400	9.400	12.800	5.850
十二月	9.250	9.250	9.400	12.900	5.700
民国二十一年					
一月	9.050	9.150	9.200	12.800	5.800
二月	9.000	9.100	9.200	12.700	5.750
三月	9.100	9.200	9.250	12.900	5.900
四月	8.900	9.150	9.200	12.600	5.700
五月	8.800	9.050	9.050	12.400	5.600
六月	8.550	8.700	8.650	12.100	5.300

（续前表）

	每月价格				
	白帆布 匹	16 白布 匹	32 白布 匹	20 大标 匹	20 白标 匹
民国二十一年					
七月	$8.100	$8.250	$8.200	$11.300	$5.200
八月	7.850	8.250	7.950	11.100	5.100
九月	8.150	8.300	8.250	11.000	5.200
十月	8.150	8.300	8.190	11.400	5.230
十一月	8.000	8.100	8.150	11.200	5.600
十二月	7.900	8.100	8.100	11.300	5.200
民国二十二年					
一月	8.200	8.000	7.100	7.800	4.800
二月	8.200	8.000	7.100	7.800	4.800
三月	7.400	6.800	6.500	7.400	4.600
四月	7.000	6.500	6.500	7.400	4.600
五月	7.500	6.800	6.800	7.500	4.800
六月	7.500	7.000	6.500	7.600	4.800
七月	7.800	7.600	7.000	7.600	4.800
八月	7.800	7.500	7.000	7.800	4.800
九月	7.500	7.200	6.650	7.600	4.000
十月	7.000	7.000	6.000	7.500	4.000
十一月	6.500	6.500	5.800	7.000	4.000
十二月	6.500	6.000	5.800	7.000	4.200
民国二十三年					
一月	6.500	6.500	6.000	7.500	4.000
二月	6.500	6.000	5.500	7.500	4.000
三月	6.800	6.500	6.000	7.500	4.500
四月	6.500	7.000	6.200	7.000	4.000
五月	6.500	7.200	6.000	7.000	4.200
六月	5.500	7.500	6.000	8.000	4.500

表二

	每月价格				
	32 绸月布 匹	花条布 匹	色花条布 匹	电光麻布 匹	双丝葛麻布 匹
民国十九年					
七月	$6.600	$8.050	$7.050	$16.150	$16.150
八月	6.600	8.050	7.050	16.150	16.150
九月	6.700	8.100	7.150	16.300	16.250
十月	6.350	7.800	7.200	16.300	16.200
十一月	6.400	7.750	7.200	16.400	16.300
十二月	6.400	7.850	7.300	16.400	16.300
民国二十年					
一月	6.300	7.800	7.200	16.200	16.150
二月	6.400	7.900	7.350	16.500	16.400
三月	7.250	8.600	8.100	17.300	17.100
四月	7.250	8.750	8.300	18.200	17.800
五月	6.900	8.400	7.800	17.600	17.200
六月	6.700	7.900	7.600	17.500	17.100
七月	7.100	8.400	8.000	18.000	17.600
八月	7.200	8.400	7.900	18.200	18.000
九月	6.750	8.500	7.800	17.100	16.900
十月	6.900	8.200	7.650	17.800	17.600
十一月	6.850	8.250	7.800	17.500	17.300
十二月	6.750	8.150	7.700	17.200	17.000
民国二十一年					
一月	6.750	8.150	7.600	17.100	16.900
二月	6.700	8.150	7.500	17.900	17.200
三月	6.750	8.200	7.650	17.800	17.600
四月	6.650	8.100	7.600	17.600	17.500
五月	6.650	8.050	7.400	16.800	16.600
六月	6.250	7.600	7.150	15.400	15.300

（续前表）

	每月价格				
	32绸月布 匹	花条布 匹	色花条布 匹	电光麻布 匹	双丝葛麻布 匹
民国二十一年					
七月	$6.300	$7.200	$6.650	$14.200	$14.000
八月	6.200	7.250	6.700	14.100	13.900
九月	5.750	7.200	6.800	14.500	14.200
十月	6.230	7.380	6.830	14.500	14.250
十一月	6.450	7.180	6.950	14.500	14.300
十二月	6.400	7.500	7.200	14.000	13.600
民国二十二年					
一月	5.800	6.000	6.200	13.000	11.500
二月	5.800	6.000	6.200	13.000	11.500
三月	5.400	6.500	6.000	11.500	10.000
四月	5.400	6.000	5.000	11.000	9.000
五月	5.500	6.000	5.000	11.000	9.000
六月	5.400	6.500	5.400	10.000	9.000
七月	5.400	7.000	6.000	11.000	9.000
八月	5.500	7.200	6.500	9.000	8.500
九月	5.000	6.500	5.800	8.500	—
十月	4.600	6.000	5.000	8.500	7.500
十一月	4.500	5.500	5.000	9.000	7.800
十二月	4.500	5.800	5.000	9.000	8.000
民国二十三年					
一月	4.000	5.500	5.000	9.000	8.500
二月	4.000	5.500	5.200	9.500	8.500
三月	4.500	5.500	5.500	9.000	8.800
四月	4.500	5.000	5.500	10.000	9.000
五月	4.500	5.400	6.000	9.600	8.500
六月	4.200	6.200	5.800	10.000	9.000

十九、粗细布

1. 民国十九至二十二年度四年度内，定县各种粗细布之每年平均价格

物品种类	单位	每年平均价格			
		民国十九年度	民国二十年度	民国二十一年度	民国二十二年度
大白布	匹	$2.239	$2.214	$1.905	$1.809
大白布	市尺	0.061	0.059	0.048	0.049
细白布	匹	1.378	1.373	1.255	1.252
细白布	市尺	0.049	0.048	0.043	0.043
白庄布	匹	1.377	1.367	1.129	1.076
白庄布	市尺	0.048	0.047	0.040	0.038
伯丈大细布	匹	1.913	2.005	1.874	1.755
伯丈大细布	市尺	0.056	0.055	0.048	0.048
伯丈小细布	匹	1.341	1.342	1.282	1.296
伯丈小细布	市尺	0.047	0.046	0.043	0.043
高蓬茄子块布	匹	2.252	2.287	1.868	1.633
高蓬茄子块布	市尺	0.062	0.062	0.046	0.038
蓝茄子块布	匹	1.352	1.352	1.273	1.316
蓝茄子块布	市尺	0.045	0.045	0.042	0.047
假色金砖布	匹	1.327	1.351	1.269	1.318
假色金砖布	市尺	0.045	0.045	0.037	0.038
紫花布	匹	2.275	2.230	2.066	1.821
紫花布	市尺	0.060	0.057	0.051	0.050
蓝白线布	匹	2.205	2.246	1.856	1.622
蓝白线布	市尺	0.061	0.061	0.050	0.047
菜瓜道布	匹	2.351	2.350	1.935	1.670
菜瓜道布	市尺	0.061	0.062	0.050	0.047

（续前表）

物品种类	单位	每年平均价格			
		民国十九年度	民国二十年度	民国二十一年度	民国二十二年度
西洋花洋布	市尺	$0.119	$0.127	$0.123	$0.131
普通花洋布	市尺	0.103	0.111	0.091	0.095
团龙粗洋布	市尺	0.111	0.115	0.107	0.101
太极白洋布	市尺	—	—	—	0.083
龙头白洋布	市尺	—	—	—	0.072
飞鱼白洋布	市尺	—	—	—	0.071
八磅红洋标	市尺	0.160	0.170	0.169	0.157
双龙珠白市布	市尺	0.120	0.124	0.084	0.073
商贾漂白布	市尺	0.175	0.198	—	—
金钱漂白布	市尺	0.235	0.241	0.234	0.207
蓝九狮漂白布	市尺	—	0.181	0.153	0.131
蓝鱼漂白布	市尺	—	0.131	0.115	0.094
三尺漂白布	市尺	—	—	—	0.129
蓝洋布	市尺	0.152	0.167	0.142	0.121
青洋布	市尺	0.138	0.138	0.132	0.121
灰洋布	市尺	—	—	0.130	0.119

2. 民国十九年七月至二十三年六月，定县各种粗细布之每月平均价格

表一

	每月平均价格					
	大白布		细白布		白庄布	
	匹	市尺	匹	市尺	匹	市尺
民国十九年						
七月	$2.240		$1.400		$1.380	
八月	2.220		1.400		1.370	
九月	2.150		1.370		1.330	
十月	2.330		1.340		1.380	
十一月	2.380		1.410		1.390	
十二月	2.160		1.340		1.380	
民国二十年						
一月	2.120		1.350		1.360	
二月	2.110	$0.063	1.340	$0.051	1.360	$0.051
三月	2.200	0.060	1.380	0.049	1.390	0.047
四月	2.330	0.061	1.410	0.049	1.390	0.048
五月	2.330	0.060	1.410	0.049	1.400	0.047
六月	2.300	0.060	1.390	0.048	1.390	0.047
七月	2.330	0.061	1.413	0.048	1.400	0.048
八月	2.323	0.060	1.393	0.048	1.413	0.048
九月	2.333	0.061	1.406	0.047	1.406	0.048
十月	2.283	0.060	1.363	0.050	1.410	0.040
十一月	2.320	0.059	1.390	0.048	1.410	0.049
十二月	2.290	0.061	1.390	0.050	1.390	0.049
民国二十一年						
一月	2.120	0.061	1.300	0.049	1.320	0.050
二月	2.100	0.062	1.380	0.050	1.370	0.048
三月	2.110	0.060	1.390	0.049	1.370	0.047
四月	2.170	0.056	1.390	0.047	1.360	0.045
五月	2.130	0.055	1.350	0.046	1.310	0.045
六月	2.060	0.054	1.310	0.045	1.240	0.433

（续前表）

	每月平均价格					
	大白布		细白布		白庄布	
	匹	市尺	匹	市尺	匹	市尺
民国二十一年						
七月	$2.060	$0.052	$1.310	$0.044	$1.210	$0.042
八月	2.050	0.053	1.310	0.043	1.200	0.042
九月	2.080	0.053	1.320	0.044	1.240	0.042
十月	2.060	0.053	1.310	0.044	1.240	0.042
十一月	1.910	0.052	1.250	0.043	1.160	0.039
十二月	1.880	0.051	1.250	0.046	1.150	0.040
民国二十二年						
一月	1.850	0.046	1.200	0.045	1.100	0.040
二月	1.850	0.046	1.200	0.045	1.100	0.040
三月	1.785	0.045	1.200	0.046	1.075	0.040
四月	1.780	0.045	1.263	0.042	1.060	0.037
五月	1.760	0.041	1.210	0.040	1.010	0.035
六月	1.800	0.044	1.240	0.041	0.993	0.035
七月	1.983	0.054	1.383	0.045	1.097	0.037
八月	1.957	0.053	1.383	0.044	1.117	0.037
九月	1.883	0.054	1.320	0.043	1.087	0.037
十月	1.853	0.047	1.280	0.042	1.100	0.038
十一月	1.900	0.050	1.293	0.046	1.120	0.041
十二月	1.850	0.048	1.250	0.046	1.107	0.041
民国二十三年						
一月	1.725	0.047	1.250	0.043	1.080	0.039
二月	1.700	0.045	1.200	0.040	1.055	0.037
三月	1.725	0.048	1.245	0.044	1.055	0.039
四月	1.717	0.049	1.227	0.044	1.043	0.038
五月	1.700	0.047	1.200	0.040	1.023	0.037
六月	1.700	0.047	1.200	0.040	1.023	0.037

表二

	每月平均价格					
	伯丈大细布		伯丈小细布		高蓬茄子块布	
	匹	市尺	匹	市尺	匹	市尺
民国十九年						
七月	$2.010		$1.340			
八月	2.100		1.460		$2.190	
九月	1.150		1.060		2.260	
十月	1.710		1.240		2.260	
十一月	2.000		1.390		—	
十二月	1.350		1.350		2.190	
民国二十年						
一月	1.930		1.340		2.190	
二月	1.930	$0.058	1.340	$0.050	2.150	$0.066
三月	1.990	0.054	1.380	0.047	2.270	0.062
四月	2.050	0.055	1.410	0.047	2.350	0.062
五月	2.080	0.055	1.400	0.046	2.340	0.059
六月	2.050	0.056	1.390	0.047	2.320	0.061
七月	2.076	0.055	1.410	0.047	2.360	0.061
八月	2.086	0.055	1.393	0.048	2.373	0.061
九月	2.086	0.056	1.386	0.047	2.373	0.061
十月	2.056	0.054	1.376	0.047	2.350	0.064
十一月	2.060	0.055	1.380	0.047	2.310	0.062
十二月	2.020	0.056	1.380	0.047	2.260	0.063
民国二十一年						
一月	1.960	0.055	1.330	0.047	2.180	0.064
二月	1.950	0.062	1.350	0.046	2.270	0.064
三月	1.970	0.054	1.360	0.046	2.270	0.062
四月	1.960	0.054	1.350	0.045	2.260	0.061
五月	1.920	0.053	1.330	0.044	2.230	0.060
六月	1.910	0.050	1.310	0.038	2.210	0.059

（续前表）

	每月平均价格					
	伯丈大细布		伯丈小细布		高蓬茄子块布	
	匹	市尺	匹	市尺	匹	市尺
民国二十一年						
七月	$1.900	$0.049	$1.310	$0.043	$2.230	$0.057
八月	1.860	0.049	1.280	0.041	2.220	0.055
九月	1.890	0.044	1.320	0.040	2.200	0.055
十月	1.890	0.047	1.290	0.042	2.140	0.055
十一月	1.850	0.047	1.240	0.040	2.110	0.054
十二月	1.790	0.049	1.210	0.041	1.990	0.054
民国二十二年						
一月	1.950	0.052	1.300	0.047	1.650	0.037
二月	1.950	0.052	1.300	0.047	1.650	0.037
三月	1.898	0.052	1.275	0.049	1.625	0.037
四月	1.867	0.046	1.323	0.044	1.560	0.037
五月	1.800	0.044	1.270	0.041	1.550	0.035
六月	1.850	0.045	1.267	0.041	1.500	0.034
七月	1.923	0.052	1.433	0.046	1.783	0.037
八月	1.917	0.052	1.410	0.045	1.750	0.039
九月	1.783	0.047	1.347	0.046	1.683	0.039
十月	1.750	0.045	1.250	0.044	1.700	0.036
十一月	1.813	0.048	1.317	0.043	1.760	0.038
十二月	1.793	0.047	1.293	0.043	1.717	0.038
民国二十三年						
一月	1.675	0.047	1.265	0.042	1.613	0.039
二月	1.650	0.045	1.250	0.042	1.500	0.038
三月	1.738	0.048	1.305	0.045	1.563	0.039
四月	1.733	0.049	1.283	0.044	1.583	0.039
五月	1.650	0.047	1.200	0.040	1.478	0.035
六月	1.633	0.045	1.193	0.040	1.467	0.035

表三

	每月平均价格					
	蓝茄子块布		假色金砖布		紫花布	
	匹	市尺	匹	市尺	匹	市尺
民国十九年						
七月			$1.350		$2.240	
八月	$1.340		1.340		2.330	
九月	1.3[redacted]0		1.360		2.240	
十月	1.350		1.350		2.370	
十一月	—		1.350		2.360	
十二月	1.340		1.340		2.190	
民国二十年						
一月	1.340		1.340		2.200	
二月	1.340	$0.048	1.340	$0.049	2.140	$0.061
三月	1.350	0.044	1.350	0.043	2.270	0.060
四月	1.360	0.047	1.360	0.046	2.340	0.059
五月	1.370	0.042	1.370	0.042	2.300	0.059
六月	1.370	0.046	1.370	0.046	2.320	0.059
七月	1.386	0.047	1.390	0.046	2.320	0.058
八月	1.386	0.047	1.380	0.046	2.260	0.057
九月	1.380	0.048	1.373	0.047	2.286	0.059
十月	1.370	0.044	1.373	0.045	2.216	0.056
十一月	1.350	0.045	1.350	0.045	2.200	0.057
十二月	1.350	0.045	1.350	0.045	2.190	0.055
民国二十一年						
一月	1.320	0.048	1.320	0.048	2.150	0.058
二月	1.350	0.043	1.350	0.043	2.230	0.058
三月	1.350	0.045	1.350	0.045	2.230	0.057
四月	1.340	0.044	1.340	0.044	2.250	0.058
五月	1.330	0.043	1.330	0.043	2.250	0.057
六月	1.310	0.043	1.310	0.043	2.180	0.055

（续前表）

	每月平均价格					
	蓝茄子块布		假色金砖布		紫花布	
	匹	市尺	匹	市尺	匹	市尺
民国二十一年						
七月	$1.300	$0.041	$1.300	$0.041	$2.170	$0.053
八月	1.300	0.041	1.300	0.041	2.130	0.051
九月	1.300	0.041	1.300	0.041	2.260	0.054
十月	1.290	0.039	1.290	0.039	2.130	0.053
十一月	1.280	0.039	1.280	0.039	2.160	0.053
十二月	1.210	0.038	1.210	0.038	2.090	0.053
民国二十二年						
一月	1.320	0.042	1.300	0.037	2.000	0.052
二月	1.320	0.042	1.300	0.037	2.000	0.051
三月	1.278	0.045	1.275	0.036	2.070	0.050
四月	1.210	0.048	1.200	0.035	1.930	0.047
五月	1.200	0.046	1.200	0.034	1.880	0.047
六月	—	0.045	—	0.033	1.977	0.048
七月	1.400	0.050	1.400	0.045	2.050	0.055
八月	1.440	0.050	1.433	0.039	1.963	0.053
九月	1.550	0.049	1.583	0.038	1.950	0.052
十月	1.450	0.047	1.450	0.036	1.880	0.050
十一月	1.433	0.049	1.400	0.038	1.850	0.049
十二月	1.350	0.048	1.377	0.038	1.800	0.046
民国二十三年						
一月	1.250	0.047	1.250	0.039	1.713	0.047
二月	1.200	0.043	1.200	0.038	1.650	0.045
三月	1.238	0.045	1.238	0.039	1.700	0.049
四月	1.217	0.048	1.217	0.039	1.800	0.050
五月	1.150	0.046	1.150	0.035	1.817	0.052
六月	1.117	0.045	1.117	0.035	1.783	0.050

表四

	每月平均价格			
	蓝白线布		菜瓜道布	
	匹	市尺	匹	市尺
民国十九年				
七月	$2.160		$2.400	
八月	2.230		2.350	
九月	2.180		2.300	
十月	2.170		2.400	
十一月	2.200		2.410	
十二月	2.120		2.280	
民国二十年				
一月	2.140		2.250	
二月	2.130	$0.064	2.230	$0.063
三月	2.220	0.061	2.380	0.062
四月	2.330	0.061	2.420	0.060
五月	2.280	0.060	2.410	0.061
六月	2.300	0.060	2.380	0.060
七月	2.330	0.061	2.410	0.061
八月	2.360	0.061	2.416	0.060
九月	2.366	0.062	2.440	0.062
十月	2.300	0.063	2.400	0.064
十一月	2.270	0.062	2.360	0.062
十二月	2.210	0.063	2.380	0.063
民国二十一年				
一月	2.120	0.062	2.240	0.064
二月	2.230	0.062	2.330	0.062
三月	2.200	0.062	2.340	0.062
四月	2.210	0.060	2.330	0.061
五月	2.180	0.059	2.280	0.060
六月	2.170	0.057	2.270	0.057

(续前表)

	每月平均价格			
	蓝白线布		菜瓜道布	
	匹	市尺	匹	市尺
民国二十一年				
七月	$2.190	$0.056	$2.280	$0.056
八月	2.180	0.054	2.280	0.055
九月	2.150	0.055	2.250	0.055
十月	2.090	0.054	2.190	0.055
十一月	2.050	0.054	2.120	0.054
十二月	1.890	0.055	2.020	0.054
民国二十二年				
一月	1.600	0.045	1.800	0.045
二月	1.600	0.045	1.800	0.045
三月	1.625	0.045	1.678	0.045
四月	1.673	0.048	1.643	0.047
五月	1.610	0.042	1.600	0.045
六月	1.610	0.042	1.557	0.041
七月	1.683	0.047	1.733	0.047
八月	1.727	0.048	1.773	0.048
九月	1.700	0.048	1.750	0.048
十月	1.717	0.047	1.760	0.047
十一月	1.767	0.049	1.823	0.049
十二月	1.710	0.047	1.750	0.047
民国二十三年				
一月	1.638	0.046	1.688	0.046
二月	1.525	0.044	1.575	0.044
三月	1.538	0.046	1.588	0.046
四月	1.567	0.047	1.617	0.047
五月	1.467	0.045	1.500	0.045
六月	1.433	0.044	1.483	0.044

表五

	每月平均价格					
	西洋花洋布 市尺	普通花洋布 市尺	团龙粗洋布 市尺	太极白洋布 市尺	龙头白洋布 市尺	飞鱼白洋布 市尺
民国十九年						
七月						
八月						
九月						
十月						
十一月						
十二月						
民国二十年						
一月	$0.112	$0.094	$0.104			
二月	0.111	0.093	0.102			
三月	0.118	0.106	0.113			
四月	0.122	0.107	0.115			
五月	0.123	0.108	0.116			
六月	0.127	0.108	0.118			
七月	0.123	0.109	0.117			
八月	0.127	0.110	0.118			
九月	0.127	0.109	0.118			
十月	0.135	0.123	0.112			
十一月	0.123	0.115	0.115			
十二月	0.127	0.113	0.114			
民国二十一年						
一月	0.123	0.104	—			
二月	0.127	0.108	—			
三月	0.134	0.111	—			
四月	0.127	0.113	—			
五月	0.129	0.110	0.116			
六月	0.116	0.100	0.108			

（续前表）

	每月平均价格					
	西洋花洋布市尺	普通花洋布市尺	团龙粗洋布市尺	太极白洋布市尺	龙头白洋布市尺	飞鱼白洋布市尺
民国二十一年						
七月	$0.118	$0.099	$0.108			
八月	0.120	0.099	0.108			
九月	0.123	0.096	0.113			
十月	0.121	0.101	0.112			
十一月	0.115	0.094	0.108			
十二月	0.120	0.100	0.112			
民国二十二年						
一月	0.123	0.085	0.104			
二月	0.123	0.085	0.104			
三月	0.127	0.083	0.103			
四月	0.131	0.082	0.105			
五月	0.129	0.085	0.102			
六月	0.129	0.078	0.104			
七月	0.130	0.085	0.101			
八月	0.126	0.085	0.094			
九月	0.123	0.085	0.094			
十月	0.126	0.094	0.094			
十一月	0.132	0.094	0.097			
十二月	0.129	0.094	0.106			
民国二十三年						
一月	0.127	0.094	0.109	$0.085	$0.071	$0.070
二月	0.132	0.104	0.109	0.085	0.071	0.069
三月	0.136	0.105	0.105	0.081	0.072	0.072
四月	0.137	0.100	0.100	0.083	0.072	0.072
五月	0.133	0.100	0.100	0.082	0.072	0.071
六月	0.135	0.100	0.100	0.082	0.076	0.074

表六

	每月平均价格				
	八磅红洋标 市尺	双龙珠白市布 市尺	商贾漂白布 市尺	金钱漂白布 市尺	蓝九狮漂白布 市尺
民国十九年					
七月					
八月					
九月					
十月					
十一月					
十二月					
民国二十年					
一月	$0.149	$0.112	$0.162	$0.224	
二月	0.143	0.111	0.161	0.219	
三月	0.157	0.121	0.173	0.235	
四月	0.169	0.124	0.182	0.239	
五月	0.170	0.125	0.183	0.240	
六月	0.174	0.129	0.189	0.253	
七月	0.171	0.131	0.193	0.257	
八月	0.179	0.129	0.198	0.264	
九月	0.174	0.130	0.197	0.257	
十月	0.169	0.118	0.193	0.239	
十一月	0.170	0.127	0.223	0.236	
十二月	0.170	0.127	0.189	0.236	
民国二十一年					
一月	0.167	0.111	0.180	0.221	
二月	0.170	0.127	0.198	0.236	
三月	0.179	0.131	0.200	0.245	
四月	0.170	0.128	0.198	0.245	
五月	0.170	0.115	0.198	0.240	$0.187
六月	0.156	0.108		0.217	0.174

（续前表）

	每月平均价格				
	八磅红洋标 市尺	双龙珠白市布 市尺	商贾漂白布 市尺	金钱漂白布 市尺	蓝九狮漂白布 市尺
民国二十一年					
七月	$0.158	—		—	$0.168
八月	0.163	—		—	0.167
九月	0.160	—		—	0.172
十月	0.159	—		—	0.172
十一月	0.155	—		—	0.157
十二月	0.156	—		—	0.158
民国二十二年					
一月	0.188	$0.084		$0.245	0.151
二月	0.188	0.084		0.245	0.151
三月	0.189	0.084		0.249	0.143
四月	0.176	0.082		0.237	0.140
五月	0.167	0.083		0.220	0.132
六月	0.163	0.084		0.207	0.130
七月	0.169	0.075		0.191	0.129
八月	0.168	0.075		0.207	0.132
九月	0.163	0.075		0.207	
十月	0.157	0.072		0.201	
十一月	0.160	0.074		0.207	
十二月	0.151	0.074		0.207	
民国二十三年					
一月	0.151	0.071		0.207	
二月	0.154	0.071		0.207	
三月	0.153	0.072		0.208	
四月	0.153	0.072		0.210	
五月	0.155	0.071		0.210	
六月	0.155	0.074		0.220	

表七

	每月平均价格				
	蓝鱼漂白布 市尺	三尺漂白布 市尺	蓝洋布 市尺	青洋布 市尺	灰洋布 市尺
民国十九年					
七月					
八月					
九月					
十月					
十一月					
十二月					
民国二十年					
一月			$0.141	$0.156	
二月			0.137	0.141	
三月			0.151	0.137	
四月			0.160	0.132	
五月			0.162	0.132	
六月			0.160	0.132	
七月			0.165	0.137	
八月			0.165	0.137	
九月			0.170	0.137	
十月			0.170	0.141	
十一月			0.165	0.151	
十二月			0.170	0.151	
民国二十一年					
一月			0.168	0.146	
二月			0.170	0.137	
三月			0.170	0.132	
四月			0.170	0.132	
五月	$0.137		0.165	0.127	
六月	0.126		0.160	0.123	

（续前表）

	每月平均价格				
	蓝鱼漂白布 市尺	三尺漂白布 市尺	蓝洋布 市尺	青洋布 市尺	灰洋布 市尺
民国二十一年					
七月	$0.125		$0.146	$0.121	
八月	0.125		0.146	0.127	
九月	0.129		0.151	0.132	
十月	0.124		0.156	0.141	
十一月	0.124		0.156	0.141	
十二月	0.118		0.151	0.137	
民国二十二年					
一月	0.113		0.141	0.137	$0.137
二月	0.113		0.141	0.137	0.137
三月	0.111		0.135	0.132	0.132
四月	0.104		0.130	0.130	0.130
五月	0.101		0.123	0.123	0.123
六月	0.094		0.123	0.123	0.123
七月	0.094		0.125	0.125	0.123
八月			0.123	0.123	0.123
九月			0.120	0.120	0.120
十月			0.118	0.118	0.118
十一月			0.116	0.116	0.116
十二月			0.113	0.113	0.113
民国二十三年					
一月		$0.132	0.116	0.116	0.113
二月		0.132	0.123	0.123	0.118
三月		0.126	0.124	0.129	0.121
四月		0.126	0.125	0.125	0.120
五月		0.126	0.127	0.122	0.120
六月		0.130	0.122	0.120	0.120

二十、绸缎

1. 民国十九至二十二年度四年度内，定县各种绸缎之每年平均价格

物品种类	单位	每年平均价格			
		民国十九年度	民国二十年度	民国二十一年度	民国二十二年度
各色杭春绸	市尺	$ 1.204	$ 1.197	$ 1.084	$ 0.752
杭纺绸	市尺	0.856	0.828	0.883	0.705
各色铁机缎	市尺	0.726	0.729	0.613	0.461
各色提花缎	市尺	1.065	1.071	0.938	0.673
各色贡丝缎	市尺	1.044	1.018	0.826	0.552
花库缎	市尺	1.189	1.119	1.057	0.801
各色花丝葛	市尺	0.433	0.429	0.411	0.353
各色羽毛纱	市尺	0.435	0.436	0.467	0.360

2. 民国十九年七月至二十三年六月，定县各种绸缎之每月价格

表一

	每月价格			
	各色杭春绸 市尺	杭纺绸 市尺	各色铁机缎 市尺	各色提花缎 市尺
民国十九年				
七月				
八月				
九月				
十月	$1.207	$0.811	$0.707	$1.037
十一月	1.188	0.802	0.717	1.056
十二月	1.175	0.811	0.707	1.066
民国二十年				
一月	1.179	0.783	0.726	1.075
二月	1.207	0.820	0.726	1.075
三月	1.226	0.830	0.736	1.084
四月	1.226	0.849	0.754	1.113
五月	1.226	0.868	0.754	1.113
六月	—	1.132	0.707	0.962
七月	1.226	0.877	0.773	1.113
八月	1.226	0.830	0.764	1.084
九月	1.226	0.839	0.764	1.113
十月	1.207	0.830	0.745	1.075
十一月	1.207	0.830	0.754	1.084
十二月	1.179	0.830	0.736	1.075
民国二十一年				
一月	1.188	0.830	0.736	1.084
二月	1.207	0.830	0.745	1.084
三月	1.207	0.830	0.736	1.094
四月	1.132	0.811	0.717	1.075
五月	1.179	0.802	0.641	0.981
六月	1.179	0.802	0.641	0.990

（续前表）

	每月价格			
	各色杭春绸 市尺	杭纺绸 市尺	各色铁机缎 市尺	各色提花缎 市尺
民国二十一年				
七月	$1.150	$0.802	$0.641	$1.000
八月	1.150	0.811	0.660	1.018
九月	1.169	0.802	0.646	1.000
十月	1.141	0.820	0.679	1.037
十一月	1.103	0.778	0.622	0.985
十二月	1.071	0.778	0.622	0.971
民国二十二年				
一月	1.037	1.037	0.613	0.905
二月	1.037	1.037	0.613	0.905
三月	1.037	1.037	0.613	0.990
四月	1.037	0.943	0.613	0.896
五月	1.037	0.896	0.519	0.802
六月	1.037	0.849	0.519	0.754
七月	1.037	0.849	0.472	0.707
八月	0.943	0.849	0.472	0.707
九月	0.943	0.849	0.472	0.707
十月	0.802	0.707	0.472	0.707
十一月	0.802	0.660	0.472	0.689
十二月	0.707	0.660	0.472	0.707
民国二十三年				
一月	0.707	0.660	0.472	0.660
二月	0.707	0.660	0.472	0.679
三月	0.600	0.650	0.450	0.650
四月	0.600	0.640	0.450	0.640
五月	0.580	0.620	0.450	0.620
六月	0.600	0.650	0.400	0.600

表二

	每月价格			
	各色贡丝缎 市尺	花库缎 市尺	各色花丝葛 市尺	各色羽毛纱 市尺
民国十九年				
七月				
八月				
九月				
十月	$0.990	$1.844	$0.424	$0.434
十一月	1.018	1.094	0.424	0.424
十二月	1.037	1.094	0.434	0.434
民国二十年				
一月	1.037	1.113	0.434	0.405
二月	1.037	1.122	0.434	0.434
三月	1.056	1.132	0.443	0.434
四月	1.056	1.132	0.453	0.443
五月	1.084	1.150	0.453	0.453
六月	1.084	1.037	0.396	0.462
七月	1.056	1.150	0.453	0.453
八月	1.056	1.132	0.443	0.443
九月	1.037	1.141	0.443	0.434
十月	1.037	1.132	0.434	0.424
十一月	1.056	1.132	0.453	0.434
十二月	1.037	1.113	0.434	0.434
民国二十一年				
一月	1.037	1.132	0.424	0.434
二月	1.047	1.132	0.443	0.443
三月	1.056	1.132	0.434	0.434
四月	1.000	1.084	0.396	0.405
五月	0.924	1.071	0.396	0.453
六月	0.868	1.071	0.396	0.443

（续前表）

	每月价格			
	各色贡丝缎 市尺	花库缎 市尺	各色花丝葛 市尺	各色羽毛纱 市尺
民国二十一年				
七月	$0.830	$1.071	$0.377	$0.434
八月	0.830	1.071	0.396	0.434
九月	0.811	1.071	0.396	0.443
十月	0.830	1.056	0.415	0.456
十一月	0.783	1.037	0.391	0.443
十二月	0.792	1.056	0.377	0.443
民国二十二年				
一月	0.943	1.132	0.472	0.519
二月	0.943	1.132	0.472	0.519
三月	0.943	1.132	0.472	0.519
四月	0.849	1.037	0.424	0.453
五月	0.679	0.943	0.358	0.472
六月	0.679	0.943	0.377	0.472
七月	0.679	0.943	0.424	0.472
八月	0.660	0.943	0.377	0.424
九月	0.613	0.849	0.377	0.377
十月	0.613	0.849	0.330	0.358
十一月	0.566	0.849	0.339	0.330
十二月	0.519	0.754	0.377	0.330
民国二十三年				
一月	0.519	0.802	0.358	—
二月	0.519	0.792	0.339	—
三月	0.500	0.780	0.320	—
四月	0.500	0.750	0.330	0.300
五月	0.480	0.620	0.320	0.300
六月	0.450	0.680	0.350	0.350

二十一、呢绒

1. 民国十九至二十二年度四年度内，定县各种呢绒之每年平均价格

物品种类	单位	每年平均价格			
		民国十九年度	民国二十年度	民国二十一年度	民国二十二年度
八美直贡呢	市尺	$0.229	$0.251	$0.183	$0.154
五美直贡呢	市尺	—	—	0.165	0.135
芭蕉牌直贡呢	市尺	0.210	0.212	0.160	—
礼服呢	市尺	—	—	2.075	2.045
巴黎呢	市尺	0.242	0.250	0.200	0.188
中山呢	市尺	0.219	0.227	0.186	0.161
哔叽呢	市尺	1.594	1.790	1.845	—
大面毛哔叽	市尺	—	—	1.195	0.839
线哔叽	市尺	—	—	0.166	0.149

2. 民国十九年七月至二十三年六月，定县各种呢绒之每月价格

表一

	每月价格				
	八美直贡呢 市尺	五美直贡呢 市尺	芭蕉牌直贡呢 市尺	礼服呢 市尺	巴黎呢 市尺
民国十九年					
七月					
八月					
九月					
十月	$0.226		$0.207		$0.217
十一月	0.226		0.217		0.226
十二月	0.226		0.198		0.245
民国二十年					
一月	0.226		0.198		0.245
二月	0.222		0.207		0.250
三月	0.228		0.217		0.245
四月	0.226		0.207		0.245
五月	0.240		0.217		0.245
六月	0.245		0.226		0.264
七月	0.245		0.217		0.264
八月	0.226		0.207		0.255
九月	0.245		0.226		0.273
十月	0.236		0.207		0.255
十一月	0.236		0.217		0.264
十二月	0.245		0.226		0.255
民国二十一年					
一月	0.226		0.206		0.255
二月	0.245		0.226		0.264
三月	0.245		0.226		0.255
四月	0.245		0.217		0.245
五月	0.226		0.193		0.217
六月	0.189		0.170		0.198

（续前表）

	每月价格				
	八美直贡呢 市尺	五美直贡呢 市尺	芭蕉牌直贡呢 市尺	礼服呢 市尺	巴黎呢 市尺
民国二十一年					
七月	$0.189		$0.179		$0.207
八月	0.189		0.170		0.207
九月	0.207		0.189		0.207
十月	0.198		0.151		0.207
十一月	0.170		0.137		0.193
十二月	0.165		0.132		0.189
民国二十二年					
一月	0.189	$0.179		$2.075	0.189
二月	0.189	0.179		2.075	0.207
三月	0.189	0.170		2.075	0.207
四月	0.170	0.160		2.075	0.198
五月	0.170	0.151		2.075	0.198
六月	0.170	0.151		2.075	0.189
七月	0.160	0.141		2.169	0.189
八月	0.160	0.141		2.075	0.189
九月	0.160	0.132		2.075	0.170
十月	0.160	0.137		2.169	0.189
十一月	0.170	0.141		2.075	0.189
十二月	0.151	0.132		2.075	0.207
民国二十三年					
一月	0.151	0.132		1.886	0.207
二月	0.151	0.132		1.980	0.198
三月	0.150	0.135		2.000	0.180
四月	0.140	0.130		2.000	0.180
五月	0.140	0.120		2.000	0.180
六月	0.150	0.130		2.000	0.180

表二

	每月价格			
	中山呢 市尺	哔叽呢 市尺	大面毛哔叽 市尺	线哔叽 市尺
民国十九年				
七月				
八月				
九月				
十月	$0.207	$1.358		
十一月	0.212	1.396		
十二月	0.207	1.415		
民国二十年				
一月	0.207	1.603		
二月	0.212	1.641		
三月	0.226	1.660		
四月	0.226	1.726		
五月	0.236	1.697		
六月	0.236	1.848		
七月	0.236	1.792		
八月	0.226	1.679		
九月	0.236	1.745		
十月	0.232	1.716		
十一月	0.226	1.773		
十二月	0.226	1.745		
民国二十一年				
一月	0.226	1.773		
二月	0.226	1.867		
三月	0.226	1.867		
四月	0.236	1.847		
五月	0.226	1.792		
六月	0.198	1.886		

（续前表）

	每月价格			
	中山呢 市尺	哔叽呢 市尺	大面毛哔叽 市尺	线哔叽 市尺
民国二十一年				
七月	$0.193	$1.886		
八月	0.198	1.867		
九月	0.198	1.867		
十月	0.198	1.792		
十一月	0.189	1.792		
十二月	0.193	1.886		
民国二十二年				
一月	0.189		$1.273	$0.177
二月	0.189		1.273	0.177
三月	0.189		1.226	0.176
四月	0.198		1.232	0.162
五月	0.151		1.084	0.151
六月	0.151		1.084	0.151
七月	0.141		1.037	0.151
八月	0.141		0.943	0.160
九月	0.151		0.849	0.151
十月	0.170		0.896	0.146
十一月	0.170		0.849	0.151
十二月	0.189		0.754	0.141
民国二十三年				
一月	0.170		0.830	0.151
二月	0.170		0.802	0.151
三月	0.150		0.800	0.140
四月	0.160		0.760	0.140
五月	0.160		0.750	0.130
六月	0.160		0.800	0.130

二十二、帽

1. 民国十九至二十二年度四年度内，定县各种帽之每年平均价格

物品种类	单位	每年平均价格			
		民国十九年度	民国二十年度	民国二十一年度	民国二十二年度
普通礼帽	顶	$2.870	$2.584	$2.850	$2.900
特等礼帽	顶	4.250	3.713	3.850	3.675
普通皮帽	顶	2.000	—	1.400	—
貂皮皮帽	顶	4.500	—	3.000	—
礼服呢帽盔	顶	1.070	1.100	1.000	0.825
直贡呢帽盔	顶	0.417	0.450	0.630	0.575
缎帽盔	顶	1.030	1.000	1.000	0.850
纱帽盔	顶	1.020	1.030	0.950	0.750
布帽盔	顶	0.250	0.225	0.190	0.190
普通平草帽	顶	1.000	0.450	0.090	0.850
新式草帽	顶	0.900	1.200	—	1.100
大圈草帽	顶	—	0.260	—	—

2. 民国十九年七月至二十三年六月，定县各种帽之调查月份价格

	调查月份价格					
	普通礼帽顶	特等礼帽顶	普通皮帽顶	貂皮皮帽顶	礼服呢帽盔顶	直贡呢帽盔顶
民国十九年						
七月						
十月	$3.000	$4.000			$1.200	$0.500
民国二十年						
一月	3.200	4.500	$2.000	$4.500	1.000	0.450
四月	2.400	—	—	—	1.000	0.300
七月	2.350	3.650	—	—	1.200	0.500
十月	2.400	3.500	—	—	1.050	0.450
民国二十一年						
一月	3.200	4.200	—	—	1.000	0.450
四月	2.400	3.500	—	—	1.150	0.400
七月	3.000	—	—	—	—	—
十月	2.400	3.200	1.400	3.000	1.100	0.480
民国二十二年						
一月	3.000	4.500			0.950	0.700
四月	3.000	—			0.950	0.700
七月	2.800	3.600			0.850	0.550
十月	2.800	3.500			0.800	0.550
民国二十三年						
一月	3.000	3.800			0.850	0.650
四月	3.000	3.800			0.800	0.550

（续前表）

	调查月份价格					
	缎帽盔 顶	纱帽盔 顶	布帽盔 顶	普通平草帽 顶	新式草帽 顶	大圈草帽 顶
民国十九年						
七月				$1.200		
十月	$1.100	$1.050	$0.250	—	$0.500	
民国二十年						
一月	1.000	1.000	0.250	—	—	
四月	1.000	1.000	0.250	0.800	1.300	
七月	1.000	1.100	0.200	0.450	1.200	$0.260
十月	1.000	1.000	0.250	—	—	
民国二十一年						
一月	1.000	1.000	0.200	—	—	
四月	1.000	1.000	0.250	—	—	
七月	1.000	0.900	—	0.900	—	
十月	1.000	1.000	0.200	—	—	
民国二十二年						
一月	1.000	0.950	0.200	—	—	
四月	1.000	0.950	0.180	—	—	
七月	0.850	0.750	0.200	0.850	1.100	
十月	0.800	0.800	0.180			
民国二十三年						
一月	0.900		0.180			
四月	0.850		0.200			

二十三、鞋

1. 民国十九至二十二年度四年度内，定县各种鞋之每年平均价格

物品种类	单位	每年平均价格			
		民国十九年度	民国二十年度	民国二十一年度	民国二十二年度
皂布纸底鞋	双	—	—	$0.717	$0.800
皂布布底鞋	双	$0.717	$0.713	0.638	0.675
皂布布底棉鞋	双	1.075	1.050	0.900	0.875
皂布千层底棉鞋	双	—	1.175	1.100	—
帆布皮底鞋	双	1.425	1.338	1.325	1.225
帆布双底鞋	双	2.600	2.238	2.300	—
帆布运动鞋	双	—	—	2.467	2.025
帆布皮底棉鞋	双	—	—	—	1.625
礼服呢千层底鞋	双	—	—	1.867	1.788
礼服呢皮底鞋	双	2.325	2.550	2.500	1.975
礼服呢皮底棉鞋	双	—	—	3.200	2.600
毛线皮底棉鞋	双	2.633	2.800	2.800	—
绒皮底鞋	双	1.550	1.767	1.400	1.513
绒千层底棉鞋	双	—	1.450	1.400	—
绒皮底棉鞋	双	1.800	2.525	1.975	1.788

2. 民国十九年七月至二十三年六月，定县各种鞋之调查月份价格

	调查月份价格				
	皂布纸底鞋 双	皂布布底鞋 双	皂布布底棉鞋 双	皂布千层底棉鞋 双	帆布皮底鞋 双
民国十九年					
七月					$1.500
十月		$0.750	$1.050		1.400
民国二十年					
一月		0.750	1.100		1.400
四月		0.700	—		1.400
七月		0.750	1.150		1.400
十月		0.650	1.000	$1.200	1.300
民国二十一年					
一月		0.750	—	—	1.350
四月		0.700	1.000	1.150	1.300
七月		0.700	1.000	1.100	1.400
十月	$0.700	0.650	0.800		1.300
民国二十二年					
一月	0.700	0.600	—		1.300
四月	0.750	0.600	—		1.300
七月	0.800	0.600	0.900		1.200
十月		0.700	0.900		1.250
民国二十三年					
一月		0.700	0.850		1.250
四月		0.700	0.850		1.200

（续前表）

	调查月份价格				
	帆布双底鞋 双	帆布运动鞋 双	帆布皮底棉鞋 双	礼服呢千层底鞋 双	礼服呢皮底鞋 双
民国十九年					
七月					$2.300
十月	$2.800				2.200
民国二十年					
一月	2.700				2.400
四月	2.300				2.400
七月	2.100				2.300
十月	2.300				2.800
民国二十一年					
一月	2.200				2.600
四月	2.350				2.500
七月	2.300				2.600
十月		$2.500		$1.900	2.500
民国二十二年					
一月		2.500		1.900	2.500
四月		2.400		1.800	2.400
七月		2.400	$1.800	1.800	2.200
十月		2.200	1.600	1.800	1.900
民国二十三年					
一月		2.000	1.600	1.800	2.000
四月		1.900	1.500	1.750	1.800

（续前表）

	调查月份价格				
	礼服呢皮底棉鞋 双	毛线皮底棉鞋 双	绒皮底鞋 双	绒千层底棉鞋 双	绒皮底棉鞋 双
民国十九年					
七月		$ 2.600			$ 1.800
十月		2.800	$ 1.500		—
民国二十年					
一月		2.500	1.600		—
四月		—	—		—
七月		2.800	—		—
十月		2.600	1.800	$ 1.600	2.500
民国二十一年					
一月		—	1.800	—	—
四月		3.000	1.700	1.300	2.550
七月		2.800	1.700	1.400	2.400
十月	$ 3.200		1.300		1.550
民国二十二年					
一月	—		1.300		—
四月	—		1.300		—
七月	3.000		1.600		1.800
十月	2.500		1.500		1.850
民国二十三年					
一月	2.500		1.500		1.800
四月	2.400		1.450		1.700

二十四、燃料（煤、炭、柴草、煤油、蜡烛、火柴）

1. 民国十九至二十二年度四年度内，定县各种燃料之每年平均价格

物品种类	单位	每年平均价格			
		民国十九年度	民国二十年度	民国二十一年度	民国二十二年度
一号羑子	100市斤	$0.750	$0.763	$0.735	$0.655
二号羑子	100市斤	0.639	0.637	0.566	0.525
房山煤末	100市斤	0.808	0.678	0.615	0.574
清化煤块	100市斤	0.991	1.016	0.995	0.795
大石炭	100市斤	0.811	0.833	0.733	0.626
碎石炭	100市斤	0.716	0.755	0.650	0.565
小炉块	100市斤	1.060	1.055	1.000	0.889
焦炭	100市斤	0.991	1.006	1.006	1.121
大劈柴	100市斤	0.764	0.777	0.613	0.433
树枝子	100市斤	0.591	0.595	0.513	0.400
干草	100市斤	0.603	0.608	0.662	0.501
豆秸	100市斤	0.565	0.577	0.612	0.380
秫秸	100市斤	0.586	0.595	0.548	0.327
美孚德富油	筒	5.000	5.321	4.862	3.566
美孚鹰牌油	筒	4.854	5.179	4.704	3.413
亚细亚元宝油	筒	4.950	5.321	4.862	3.566
亚细亚铁锚油	筒	4.854	5.179	4.704	3.413
大华油	筒	—	—	3.366	3.413
十二两僧帽蜡烛	包（6支）	0.241	0.276	0.245	0.248
十二两鹰牌蜡烛	包（6支）	0.225	0.276	0.200	0.208
十二两松鹤蜡烛	包（6支）	—	0.240	0.211	—
十二两宝星蜡烛	包（6支）	—	0.240	0.211	—
国货火柴	包（10盒）	0.038	0.040	0.039	0.036
丹凤火柴	包（10盒）	—	—	0.041	0.039

2. 民国十九年七月至二十三年六月，定县各种燃料之每月价格

表一

	每月价格			
	一号羡子 100 市斤	二号羡子 100 市斤	房山煤末 100 市斤	清化煤块 100 市斤
民国十九年				
七月		$0.638	$0.848	
八月		0.638	0.848	
九月		0.638	0.893	
十月		0.638	0.893	
十一月		0.638	0.848	
十二月		0.638	0.813	
民国二十年				
一月	$0.714	0.616	0.732	$0.991
二月	0.714	0.596	0.732	0.991
三月	0.744	0.638	0.732	0.991
四月	0.777	0.662	0.732	0.991
五月	0.810	0.688	0.810	0.991
六月	0.742	0.638	0.810	0.991
七月	0.776	0.661	0.893	0.991
八月	0.744	0.638	0.893	1.051
九月	0.777	0.638	0.893	0.991
十月	0.744	0.595	0.687	0.991
十一月	0.744	0.596	0.596	0.938
十二月	0.810	0.687	0.595	0.993
民国二十一年				
一月	0.745	0.638	0.595	0.991
二月	0.745	0.638	0.595	1.049
三月	0.744	0.638	0.595	1.050
四月	0.744	0.638	0.596	1.050
五月	0.812	0.638	0.596	1.050
六月	0.776	0.638	0.596	1.050

(续前表)

	每月价格			
	一号羑子 100 市斤	二号羑子 100 市斤	房山煤末 100 市斤	清化煤块 100 市斤
民国二十一年				
七月	$0.744	$0.558	$0.596	$1.050
八月	0.744	0.576	0.596	1.050
九月	0.744	0.596	0.596	1.050
十月	0.744	0.638	0.596	0.992
十一月	0.744	0.577	0.596	1.022
十二月	0.744	0.558	0.596	0.992
民国二十二年				
一月	0.744	0.557	0.661	—
二月	0.744	0.557	0.661	—
三月	0.744	0.539	0.661	—
四月	0.744	0.541	0.595	0.812
五月	0.687	0.541	—	—
六月	0.687	0.558	—	—
七月	0.714	0.554	0.576	0.893
八月	0.714	0.558	0.576	0.893
九月	0.714	0.558	0.576	0.893
十月	0.662	0.558	0.576	0.893
十一月	0.688	0.497	0.558	0.804
十二月	0.596	0.497	0.588	0.714
民国二十三年				
一月	0.615	0.477	0.558	0.744
二月	0.615	0.477	0.558	0.744
三月	0.645	0.540	0.588	0.741
四月	0.646	0.540	0.588	0.741
五月	0.625	0.513	0.571	0.741
六月	0.625	0.526	0.571	0.741

表二

	每月价格			
	大石炭 100 市斤	碎石炭 100 市斤	小炉块 100 市斤	焦炭 100 市斤
民国十九年				
七月	$0.813	$0.688	$1.051	$0.991
八月	0.813	0.688	1.051	0.991
九月	0.772	0.687	1.054	0.991
十月	0.893	0.687	1.054	0.991
十一月	0.812	0.714	1.050	0.991
十二月	0.811	0.687	1.049	0.991
民国二十年				
一月	0.727	0.687	1.051	0.991
二月	0.727	0.714	1.051	0.991
三月	0.812	0.744	1.051	0.991
四月	0.812	0.744	1.048	0.991
五月	0.893	0.777	1.156	0.991
六月	0.848	0.777	1.050	0.991
七月	0.893	0.777	1.116	1.050
八月	0.893	0.813	1.051	1.051
九月	0.893	0.777	1.049	0.991
十月	0.851	0.777	1.050	0.991
十一月	0.813	0.777	1.050	0.991
十二月	0.810	0.744	1.050	0.991
民国二十一年				
一月	0.813	0.727	1.049	1.049
二月	0.813	0.745	1.049	0.991
三月	0.812	0.727	1.050	0.992
四月	0.813	0.727	1.050	0.992
五月	0.812	0.727	1.050	0.992
六月	0.776	0.744	1.050	0.992

（续前表）

	每月价格			
	大石炭 100 市斤	碎石炭 100 市斤	小炉块 100 市斤	焦炭 100 市斤
民国二十一年				
七月	$0.776	$0.744	$1.050	$0.992
八月	0.744	0.714	1.050	0.992
九月	0.744	0.714	1.050	0.992
十月	0.744	0.714	1.050	0.992
十一月	0.729	0.701	1.050	0.992
十二月	0.714	0.714	0.992	0.661
民国二十二年				
一月	0.744	0.615	0.992	1.116
二月	0.744	0.615	0.992	1.116
三月	0.714	0.615	0.992	1.116
四月	0.741	0.558	0.992	1.116
五月	0.687	0.539	0.893	0.992
六月	0.714	0.558	0.893	0.992
七月	0.634	0.558	0.982	1.116
八月	0.638	0.558	0.983	1.116
九月	0.638	0.541	0.982	1.116
十月	0.615	0.541	0.992	1.116
十一月	0.638	0.616	0.893	1.116
十二月	0.616	0.558	0.741	1.116
民国二十三年				
一月	0.617	0.558	0.812	1.115
二月	0.617	0.558	0.804	1.200
三月	0.625	0.589	0.869	1.111
四月	0.625	0.588	0.869	1.111
五月	0.625	0.556	0.870	1.111
六月	0.625	0.566	0.869	1.111

表三

	每月价格				
	大劈柴 100市斤	树枝子 100市斤	干草 100市斤	豆秸 100市斤	秫秸 100市斤
民国十九年					
七月	$0.688	$0.611	$0.754	$0.611	
八月	0.688	0.611	0.754	0.611	
九月	0.610	0.529	0.610	0.529	
十月	0.710	0.529	0.610	0.529	
十一月	0.786	0.683	0.567	0.63[redacted]	
十二月	0.722	0.636	0.530	0.530	
民国二十年					
一月	0.846	0.567	0.529	0.513	$0.567
二月	0.846	0.567	0.567	0.549	0.567
三月	0.846	0.567	0.567	0.524	0.614
四月	0.794	0.588	0.567	0.588	0.567
五月	0.846	0.611	0.567	0.587	0.611
六月	0.785	0.587	0.611	0.567	0.588
七月	0.794	0.611	0.611	0.567	0.567
八月	0.794	0.611	0.567	0.567	0.588
九月	0.794	0.565	0.613	0.610	0.611
十月	0.794	0.565	0.613	0.610	0.567
十一月	0.722	0.610	0.565	0.610	0.588
十二月	0.785	0.610	0.567	0.549	0.589
民国二十一年					
一月	0.755	0.611	0.589	0.568	0.589
二月	0.755	0.611	0.589	0.549	0.567
三月	0.755	0.567	0.567	0.549	0.567
四月	0.794	0.565	0.662	0.567	0.7[redacted]0
五月	0.794	0.610	0.690	0.588	0.635
六月	0.786	0.610	0.662	0.594	0.567

(续前表)

	每月价格				
	大劈柴 100 市斤	树枝子 100 市斤	干草 100 市斤	豆秸 100 市斤	秫秸 100 市斤
民国二十一年					
七月	\$0.794	\$0.662	\$0.690	\$0.565	\$0.662
八月	0.786	0.636	0.662	0.610	0.700
九月	0.786	0.567	0.700	0.549	0.589
十月	0.786	0.567	0.589	0.567	0.567
十一月	0.706	0.557	0.676	0.539	0.557
十二月	0.662	0.496	0.700	0.512	0.512
民国二十二年					
一月	0.529	0.512	0.564	0.685	0.567
二月	0.529	0.512	0.564	0.685	0.567
三月	0.555	0.512	0.564	0.670	0.567
四月	0.497	0.481	0.662	0.741	0.497
五月	0.361	0.331	0.786	—	0.397
六月	0.361	0.326	0.786	—	0.397
七月	0.361	0.330	0.787	—	0.397
八月	0.397	0.404	0.786	—	0.361
九月	0.397	0.404	0.529	—	0.497
十月	0.441	0.418	0.530	0.447	0.318
十一月	0.441	0.397	0.467	0.372	0.253
十二月	0.441	0.397	0.467	0.372	0.234
民国二十三年					
一月	0.441	0.397	0.442	0.338	0.264
二月	0.441	0.397	0.442	0.338	0.264
三月	0.441	0.414	0.386	0.410	0.310
四月	0.441	0.414	0.414		0.317
五月	0.500	0.435	0.400		0.357
六月	0.450	0.3[redacted]5	0.364		0.357

表四

	每月价格				
	美孚德富油 筒	美孚鹰牌油 筒	亚细亚元宝油 筒	亚细亚铁锚油 筒	大华油 筒
民国十九年					
七月	$3.850	$3.650	$3.650	$3.650	
八月	4.200	3.800	3.800	3.800	
九月	4.000	3.800	4.000	3.800	
十月	4.700	4.600	4.700	4.600	
十一月	4.700	4.600	4.700	4.600	
十二月	4.800	4.700	4.800	4.700	
民国二十年					
一月	4.950	4.850	4.950	4.850	
二月	5.700	5.600	5.700	5.600	
三月	5.800	5.700	5.800	5.700	
四月	5.800	5.650	5.800	5.650	
五月	5.700	5.600	5.700	5.600	
六月	5.800	5.700	5.800	5.700	
七月	5.800	5.700	5.800	5.700	
八月	5.800	5.700	5.800	5.700	
九月	5.800	5.700	5.800	5.700	
十月	5.850	5.750	5.850	5.750	
十一月	5.250	5.100	5.250	5.100	
十二月	5.150	5.000	5.150	5.000	
民国二十一年					
一月	4.800	4.700	4.800	4.700	
二月	5.100	4.950	5.100	4.950	
三月	5.100	4.900	5.100	4.900	
四月	5.100	4.800	5.000	4.800	
五月	5.100	4.960	5.100	4.900	
六月	5.150	4.950	5.100	4.950	

（续前表）

	每月价格				
	美孚德富油 筒	美孚鹰牌油 筒	亚细亚元宝油 筒	亚细亚铁锚油 筒	大华油 筒
民国二十一年					
七月	$5.200	$5.000	$5.200	$5.000	
八月	5.250	5.050	5.250	5.050	
九月	5.150	5.050	5.150	5.050	
十月	5.250	5.150	5.250	5.150	
十一月	5.250	5.150	5.250	5.150	
十二月	5.250	5.150	5.250	5.150	
民国二十二年					
一月	5.400	5.200	5.400	5.200	
二月	5.400	5.200	5.400	5.200	
三月	5.400	5.200	5.400	5.200	
四月	4.500	4.300	4.500	4.300	$4.200
五月	3.100	3.000	3.100	3.000	2.950
六月	3.200	3.000	3.200	3.000	2.950
七月	3.100	2.900	3.100	2.900	2.900
八月	3.700	3.500	3.700	3.500	3.500
九月	3.500	3.300	3.500	3.300	3.300
十月	3.200	3.000	3.200	3.000	3.000
十一月	3.250	3.050	3.250	3.050	3.050
十二月	4.200	4.000	4.200	4.000	4.000
民国二十三年					
一月	4.000	3.800	4.000	3.800	3.800
二月	3.800	3.600	3.800	3.600	3.600
三月	3.800	3.600	3.800	3.600	3.600
四月	3.800	3.600	3.800	3.600	3.600
五月	3.600	3.400	3.600	3.400	3.400
六月	3.500	3.200	3.500	3.200	3.200

表五

	每月价格					
	十二两僧帽蜡烛 包（6支）	十二两鹰牌蜡烛 包（6支）	十二两松鹤蜡烛 包（6支）	十二两宝星蜡烛 包（6支）	国货火柴 包（10盒）	丹凤火柴 包（10盒）
民国十九年						
七月	$0.200	$0.190			$0.034	
八月	0.200	0.190			0.034	
九月	0.220	0.210			0.039	
十月	0.240	0.220			0.037	
十一月	0.240	0.220			0.037	
十二月	0.250	0.230			0.036	
民国二十年						
一月	0.250	0.230			0.041	
二月	0.240	0.230			0.041	
三月	0.260	0.250			0.041	
四月	0.250	0.230			0.039	
五月	0.260	0.240			0.041	
六月	0.280	0.260			0.041	
七月	0.260	0.240			0.034	
八月	0.260	0.240			0.041	
九月	0.280	0.260			0.042	
十月	0.280	0.250			0.041	
十一月	0.260	0.240			0.039	
十二月	0.280	0.260			0.039	
民国二十一年						
一月	0.280	0.260			0.041	
二月	0.280	0.260			0.042	
三月	0.300	0.280			0.038	
四月	0.280	0.260			0.040	
五月	—	—	$0.240	$0.240	0.042	
六月	—	—	0.240	0.240	0.040	

（续前表）

	每月价格					
	十二两僧帽蜡烛 包（6支）	十二两鹰牌蜡烛 包（6支）	十二两松鹤蜡烛 包（6支）	十二两宝星蜡烛 包（6支）	国货火柴 包（10盒）	丹凤火柴 包（10盒）
民国二十一年						
七月	—	—	$0.240	$0.240	$0.039	
八月	—	—	0.240	0.240	0.041	
九月	—	—	0.240	0.240	0.041	
十月	—	—	0.200	0.200	0.040	
十一月	—	—	0.200	0.200	0.039	
十二月	—	—	0.150	0.150	0.041	
民国二十二年						
一月	$0.250	$0.200			0.040	$0.044
二月	0.250	0.200			0.040	0.044
三月	0.250	0.200			0.040	0.044
四月	0.240	0.200			0.038	0.044
五月	0.240	0.200			0.034	0.036
六月	0.240	0.200			0.034	0.036
七月	0.280	0.240			0.034	0.036
八月	0.280	0.240			0.034	0.036
九月	0.260	0.220			0.034	0.036
十月	0.240	0.200			0.034	0.038
十一月	0.240	0.200			0.034	0.038
十二月	0.240	0.200			0.034	0.038
民国二十三年						
一月	0.240	0.200			0.036	0.039
二月	0.240	0.200			0.038	0.040
三月	0.240	0.200			0.040	0.044
四月	0.240	0.200			0.040	0.044
五月	0.240	0.200			0.037	0.039
六月	0.240	0.200			0.035	0.039

二十五、建筑材料

1. 民国十九至二十二年度四年度内，定县各种建筑材料之每年平均价格

物品种类	单位	每年平均价格			
		民国十九年度	民国二十年度	民国二十一年度	民国二十二年度
榆木檩	根	$17.000	$15.000	$11.425	$8.000
大杨木檩	根	13.700	12.400	11.025	8.750
小杨木檩	根	10.350	9.800	6.970	3.700
榆木檩	根	8.050	7.775	5.175	3.075
大杨木檩	根	7.200	7.025	5.600	3.325
小杨木檩	根	5.050	4.875	2.975	1.350
大杨木椽	根	0.400	0.407	0.323	0.220
小杨木椽	根	0.067	0.057	0.041	0.030
榆木方子	市尺	1.400	1.416	1.132	1.095
大杨木方子	市尺	1.400	1.416	1.146	1.078
小杨木方子	市尺	0.747	0.760	0.502	0.455
榆木门	合	7.500	7.175	5.600	3.550
大杨木门	合	5.650	5.525	4.950	3.425
小杨木门	合	3.750	3.525	2.525	1.600
大杨木窗	个	3.450	3.338	2.575	1.613
小杨木窗	个	2.650	2.600	1.650	0.813
头等砖	1 000 块	9.650	9.300	8.925	8.125
二等砖	1 000 块	8.650	8.175	8.000	6.875
薄砖	1 000 块	8.650	7.925	7.475	6.875
小个砖	1 000 块	6.850	6.825	5.900	6.135
一尺二方砖	块	—	—	0.190	0.195
一尺方砖	块	—	—	0.135	0.163
土坯	100 块	—	—	0.393	0.356

(续前表)

物品种类	单位	每年平均价格			
		民国十九年度	民国二十年度	民国二十一年度	民国二十二年度
滴水	1 000 个	$ 11.400	$ 10.750	$ 12.125	$ 13.750
勾头	1 000 个	11.400	10.750	12.125	13.750
板瓦	1 000 个	6.550	6.050	6.700	6.625
筒瓦	1 000 个	11.400	10.750	12.125	13.750
瓦节子	1 000 个	11.400	10.750	12.125	13.750
折腰	1 000 个	23.150	21.630	23.750	28.250
罗锅	1 000 个	23.160	21.630	23.750	28.250
单勾	1 000 个	23.165	21.630	23.750	28.250
猫头	1 000 个	23.150	21.630	23.750	28.250
一丈青条石	市尺	0.439	0.425	0.280	0.335
五尺青条石	市尺	0.196	0.205	0.131	0.210
带花大门墩	副	7.500	7.000	5.000	5.000
无花小门墩	副	1.500	1.100	1.000	1.100
九寸柱脚石	副	2.900	2.600	1.500	2.000
八寸柱脚石	副	1.950	1.800	1.200	1.700
七寸柱脚石	副	1.800	1.300	1.000	1.200
六寸柱脚石	副	1.600	1.000	0.600	0.825
青灰	100 市斤	1.023	0.989	0.922	0.770
白灰	100 市斤	0.495	0.480	0.404	0.338
麻刀	100 市斤	14.913	13.922	10.631	7.633
十尺苇席	领	0.950	—	0.575	0.488
十一尺苇席	领	0.998	0.930	0.713	0.588
苇箔	领	—	0.890	0.735	0.550
小杨木三分板	市尺	0.187	0.187	0.168	0.175
小杨木五分板	市尺	0.234	0.327	0.187	0.209
小杨木七分板	市尺	0.355	0.374	0.309	0.267
小杨木一寸板	市尺	—	—	0.374	0.368
小杨木寸二板	市尺	—	—	0.402	0.407
小杨木寸四板	市尺	0.682	0.747	0.514	0.460
小杨木寸五板	市尺	0.701	0.747	0.622	0.534
小杨木寸八板	市尺	—	0.887	0.654	0.644

2. 民国十九年七月至二十三年六月，定县各种建筑材料之调查月份价格

表一

	调查月份价格					
	榆木柎 根	大杨木柎 根	小杨木柎 根	榆木檩 根	大杨木檩 根	小杨木檩 根
民国十九年						
九月						
十二月						
民国二十年						
三月	$18.000	$15.000	$10.200	$8.100	$7.200	$5.100
六月	16.000	12.500	10.500	8.000	7.200	5.000
九月	16.000	13.600	10.500	8.300	7.800	5.400
十二月	16.000	13.000	10.500	8.200	7.300	5.200
民国二十一年						
三月	13.500	11.000	8.600	6.800	6.000	4.200
六月	14.500	12.000	9.600	7.800	7.000	4.700
九月	15.200	12.600	10.050	7.600	7.400	4.900
十二月	14.500	12.000	10.030	7.500	7.500	4.600
民国二十二年						
三月	8.000	10.000	4.000	3.000	4.000	1.200
六月	8.000	9.500	3.800	2.600	3.500	1.200
九月	9.000	10.000	4.000	3.000	3.500	1.500
十二月	8.000	10.000	3.500	2.500	2.800	1.200
民国二十三年						
三月	7.000	7.000	3.500	3.300	3.500	1.400
六月	8.000	8.000	3.800	3.500	3.500	1.300

（续前表）

	调查月份价格				
	大杨木椽 市尺	小杨木椽 根	榆木方子 市尺	大杨木方子 市尺	小杨木方子 市尺
民国十九年					
九月					
十二月					
民国二十年					
三月	$0.400	$0.061	$1.400	$1.400	$0.747
六月	0.400	0.072	—	—	—
九月	0.450	0.067	1.448	1.448	0.766
十二月	0.400	0.060	1.400	1.400	0.766
民国二十一年					
三月	0.400	0.052	—	—	—
六月	0.380	0.050	1.400	1.400	0.747
九月	0.400	0.055	1.400	1.400	0.701
十二月	0.400	0.048	1.308	1.354	0.654
民国二十二年					
三月	0.250	0.030	0.887	0.897	0.327
六月	0.240	0.030	0.934	0.934	0.327
九月	0.260	0.040	—	—	—
十二月	0.200	0.030	0.934	0.934	0.355
民国二十三年					
三月	0.200	0.025	1.150	1.100	0.460
六月	0.220	0.024	1.200	1.200	0.550

（续前表）

	调查月份价格				
	榆木门 合	大杨木门 合	小杨木门 合	大杨木窗 个	小杨木窗 个
民国十九年					
九月					
十二月					
民国二十年					
三月	$7.500	$5.600	$3.700	$3.500	$2.700
六月	7.500	5.700	3.800	3.400	2.600
九月	7.500	5.800	3.800	3.500	2.800
十二月	7.600	5.800	3.800	3.500	2.700
民国二十一年					
三月	6.500	5.100	3.200	3.150	2.500
六月	7.100	5.400	3.300	3.200	2.400
九月	7.000	5.600	3.500	3.300	2.600
十二月	6.900	5.700	3.400	3.200	2.500
民国二十二年					
三月	4.500	4.500	1.700	2.000	0.800
六月	4.000	4.000	1.500	1.800	0.700
九月	4.000	4.000	1.800	1.750	0.800
十二月	3.500	3.500	1.500	1.500	0.700
民国二十三年					
三月	3.200	3.000	1.600	1.600	0.900
六月	3.500	3.200	1.500	1.600	0.850

(续前表)

	调查月份价格			
	头等砖 1 000 块	二等砖 1 000 块	薄砖 1 000 块	小个砖 1 000 块
民国十九年				
九月				
十二月				
民国二十年				
三月	$9.800	$8.800	$8.800	$7.000
六月	9.500	8.500	8.500	6.700
九月	9.500	8.000	7.000	7.000
十二月	9.400	8.500	8.500	6.800
民国二十一年				
三月	9.000	8.000	8.000	6.700
六月	9.300	8.200	8.200	6.800
九月	9.200	8.200	8.100	6.600
十二月	9.000	8.000	8.000	6.500
民国二十二年				
三月	9.000	8.000	7.000	5.500
六月	8.500	7.800	6.800	5.000
九月	8.000	7.000	7.000	6.500
十二月	8.000	6.500	6.500	6.000
民国二十三年				
三月	8.500	7.000	7.000	6.000
六月	8.000	7.000	7.000	6.000

（续前表）

	调查月份价格		
	一尺二方砖 块	一尺方砖 块	土坯 100 块
民国十九年			
九月			
十二月			
民国二十年			
三月			
六月			
九月			
十二月			
民国二十一年			
三月			
六月			
九月			
十二月			
民国二十二年			
三月	\$0.200	\$0.150	\$0.400
六月	0.180	0.120	0.385
九月	0.200	0.150	0.400
十二月	0.180	0.120	0.267
民国二十三年			
三月	0.200	0.200	0.400
六月	0.200	0.180	0.357

（续前表）

	调查月份价格				
	滴水 1 000 个	勾头 1 000 个	板瓦 1 000 个	筒瓦 1 000 个	瓦节子 1 000 个
民国十九年					
九月					
十二月					
民国二十年					
三月	$11.400	$11.400	$6.600	$11.400	$11.400
六月	11.400	11.400	6.500	11.400	11.400
九月	11.000	11.000	5.500	11.000	11.000
十二月	11.000	11.000	6.000	11.000	11.000
民国二十一年					
三月	10.500	10.500	6.200	10.500	10.500
六月	10.500	10.500	6.500	10.500	10.500
九月	11.500	11.500	6.500	11.500	11.500
十二月	11.500	11.500	6.000	11.500	11.500
民国二十二年					
三月	13.000	13.000	7.500	13.000	13.000
六月	12.500	12.500	6.800	12.500	12.500
九月	13.000	13.000	6.500	13.000	13.000
十二月	12.000	12.000	6.000	12.000	12.000
民国二十三年					
三月	15.000	15.000	7.000	15.000	15.000
六月	15.000	15.000	7.000	15.000	15.000

（续前表）

	调查月份价格			
	折腰 1 000 个	罗锅 1 000 个	单勾 1 000 个	猫头 1 000 个
民国十九年				
九月				
十二月				
民国二十年				
三月	$23.300	$23.320	$23.330	$23.300
六月	23.000	23.000	23.000	23.000
九月	22.000	22.000	22.000	22.000
十二月	22.000	22.000	22.000	22.000
民国二十一年				
三月	21.000	21.000	21.000	21.000
六月	21.500	21.500	21.500	21.500
九月	23.000	23.000	23.000	23.000
十二月	23.000	23.000	23.000	23.000
民国二十二年				
三月	25.000	25.000	25.000	25.000
六月	24.000	24.000	24.000	24.000
九月	28.000	28.000	28.000	28.000
十二月	25.000	25.000	25.000	25.000
民国二十三年				
三月	30.000	30.000	30.000	30.000
六月	30.000	30.000	30.000	30.000

（续前表）

	调查月份价格			
	一丈青条石 市尺	五尺青条石 市尺	带花大门墩 副	无花小门墩 副
民国十九年				
九月				
十二月				
民国二十年				
三月	$0.439	$0.196	$7.500	$1.500
六月	—	—	—	—
九月	—	—	—	—
十二月	—	—	—	—
民国二十一年				
三月	0.425	0.205	7.000	1.100
六月	—	—	—	—
九月	—	—	—	—
十二月	—	—	—	—
民国二十二年				
三月	0.280	0.131	5.000	1.000
六月	—	—	—	—
九月	—	—	—	—
十二月	—	—	—	—
民国二十三年				
三月	0.320	0.200	5.000	1.000
六月	0.350	0.220	5.000	1.200

（续前表）

	调查月份价格			
	九寸柱脚石 副	八寸柱脚石 副	七寸柱脚石 副	六寸柱脚石 副
民国十九年				
九月				
十二月				
民国二十年				
三月	$2.900	$1.950	$1.800	$1.600
六月	—	—	—	—
九月	—	—	—	—
十二月	—	—	—	—
民国二十一年				
三月	2.600	1.800	1.300	1.000
六月	—	—	—	—
九月	—	—	—	—
十二月	—	—	—	—
民国二十二年				
三月	1.500	1.200	1.000	0.600
六月	—	—	—	—
九月	—	—	—	—
十二月	—	—	—	—
民国二十三年				
三月	2.000	1.600	1.200	0.800
六月	2.000	1.800	1.200	0.850

（续前表）

	调查月份价格					
	青灰 100 市斤	白灰 100 市斤	麻刀 100 市斤	十尺苇席 领	十一尺苇席 领	苇箔 领
民国十九年						
九月						
十二月						
民国二十年						
三月	$0.991	$0.495		$0.900	$0.998	
六月	1.054	0.495	$14.913	1.000	—	
九月	0.982	0.490	13.752	—	1.000	
十二月	0.991	0.490	12.770	—	0.950	$0.768
民国二十一年						
三月	0.991	0.446	14.288	—	0.900	0.912
六月	0.991	0.495	14.877	—	0.850	0.984
九月	0.991	0.495	12.761	—	0.850	0.828
十二月	0.991	0.495	12.761	—	0.750	0.876
民国二十二年						
三月	0.893	0.330	8.900	0.700	0.750	0.500
六月	0.812	0.297	8.100	0.450	0.500	—
九月	0.812	0.357	8.100	0.450	0.550	—
十二月	0.893	0.357	7.400	0.450	0.550	0.600
民国二十三年						
三月	0.714	0.318	7.400	0.500	0.650	0.500
六月	0.662	0.319		0.550	0.600	0.550

（续前表）

	调查月份价格			
	小杨木三分板 市尺	小杨木五分板 市尺	小杨木七分板 市尺	小杨木一寸板 市尺
民国十九年				
九月				
十二月				
民国二十年				
三月	$0.187	$0.234	$0.355	
六月	—	—	—	
九月	0.187	0.327	0.374	
十二月	—	—	—	
民国二十一年				
三月	—	—	0.374	
六月	—	—	—	
九月	—	—	0.374	
十二月	—	—	—	
民国二十二年				
三月	0.168	0.187	0.243	$0.374
六月	—	—	—	—
九月	0.149	0.187	0.234	0.336
十二月	—	—	—	—
民国二十三年				
三月	0.200	0.240	0.300	0.400
六月				

（续前表）

	调查月份价格			
	小杨木寸二板 市尺	小杨木寸四板 市尺	小杨木寸五板 市尺	小杨木寸八板 市尺
民国十九年				
九月				
十二月				
民国二十年				
三月		$0.682	$0.701	
六月		—	—	
九月		0.747	—	$0.887
十二月		—	—	—
民国二十一年				
三月		—	0.747	—
六月		—	—	—
九月		—	0.701	—
十二月		—	—	—
民国二十二年				
三月	$0.402	0.514	0.542	0.654
六月	—	—	—	—
九月	0.374	0.420	0.467	0.607
十二月	—	—	—	—
民国二十三年				
三月	0.440	0.500	0.600	0.680
六月				

二十六、木器

1. 民国十九至二十二年度四年度内，定县各种木器之每年平均价格

物品种类	单位	每年平均价格			
		民国十九年度	民国二十年度	民国二十一年度	民国二十二年度
大杨木对子柜	对	$40.000	$38.500	$33.000	$31.000
小杨木小金面柜	只	14.500	14.000	11.500	10.000
小杨木四扇门柜	只	14.500	14.000	9.250	5.750
小杨木小坐柜	只	5.500	5.750	5.000	—
小杨木大板匣	套	—	—	1.300	1.200
小杨木大匣子	套	—	—	0.800	0.875
大杨木条案	架	11.000	10.500	10.000	9.500
小杨木连三带橱桌	张	7.500	7.400	5.500	3.900
小杨木连二桌	张	4.500	4.050	2.600	1.725
大杨木方炕桌	张	3.400	3.200	2.200	1.550
小杨木长炕桌	张	3.000	2.800	1.750	1.000
槐木大椅	对	14.500	14.250	10.500	7.000
小杨木洋式椅	对	5.200	5.000	4.800	2.400
小杨木板凳	对	4.200	4.000	4.500	4.750
小杨木盘脚凳	对	6.000	5.300	3.300	1.900
小杨木圆凳	对	1.800	1.900	1.400	0.900

2. 民国十九年七月至二十三年六月，定县各种木器之调查月份价格

	调查月份价格					
	大杨木 对子柜 对	小杨木 小金面柜 只	小杨木 四扇门柜 只	小杨木 小坐柜 只	小杨木 大板匣 套	小杨木 大匣子 套
民国十九年						
八月						
民国二十年						
五月	$40.000	$14.500	$14.500	$5.500		
八月	39.000	14.500	14.500	6.000		
民国二十一年						
五月	38.000	13.500	13.500	5.500		
八月	36.000	13.000	12.500	5.000		
民国二十二年						
五月	30.000	10.000	6.000		$1.300	$0.800
八月	30.000	10.000	6.000		1.200	0.800
民国二十三年						
五月	32.000	10.000	5.500		1.200	0.950

（续前表）

	调查月份价格				
	大杨木 条案 架	小杨木 连三带橱桌 张	小杨木 连二桌 张	小杨木 方炕桌 张	小杨木 长炕桌 张
民国十九年					
八月					
民国二十年					
五月	$11.000	$7.500	$4.500	$3.400	$3.000
八月	11.000	7.600	4.500	3.400	2.900
民国二十一年					
五月	10.000	7.200	3.600	3.000	2.700
八月	10.000	7.000	3.400	2.900	2.500
民国二十二年					
五月	10.000	4.000	1.800	1.500	1.000
八月	10.000	4.000	1.850	1.500	1.000
民国二十三年					
五月	9.000	3.800	1.600	1.600	1.000

（续前表）

	调查月份价格				
	槐木大椅 对	小杨木 洋式椅 对	小杨木 板凳 对	小杨木 盘脚凳 对	小杨木 圆凳 对
民国十九年					
八月					
民国二十年					
五月	$14.500	$5.200	$4.200	$6.000	$1.800
八月	14.000	5.200	4.000	5.800	2.000
民国二十一年					
五月	14.500	4.800	4.000	4.800	1.800
八月	14.000	4.800	4.000	4.600	1.800
民国二十二年					
五月	7.000	—	5.000	2.000	1.000
八月	7.500	—	5.000	2.000	1.000
民国二十三年					
五月	6.500	2.400	4.500	1.800	0.800

二十七、竹器

1. 民国十九至二十二年度四年度内，定县各种竹器之每年平均价格

物品种类	单位	每年平均价格			
		民国十九年度	民国二十年度	民国二十一年度	民国二十二年度
二号竹门帘	个	$0.600	$0.600	$0.553	$0.575
三号竹门帘	个	0.550	0.550	0.500	0.500
四号竹门帘	个	0.450	0.500	0.425	0.375
二号竹窗帘	个	0.450	0.455	0.475	0.450
三号竹窗帘	个	0.400	0.410	0.400	0.375
四号竹窗帘	个	0.350	0.350	0.320	0.325
一号竹米筛	个	0.450	0.310	0.260	0.240
二号竹米筛	个	0.400	0.255	0.225	0.200
一号竹篮	个	—	0.410	0.320	0.250
二号竹篮	个	0.400	0.255	0.205	0.200
三号竹篮	个	0.300	0.135	0.120	0.140
响竹	个	0.100	0.100	0.080	0.055

2. 民国十九年七月至二十三年六月，定县各种竹器之调查月份价格

	调查月份价格					
	二号竹门帘 个	三号竹门帘 个	四号竹门帘 个	二号竹窗帘 个	三号竹窗帘 个	四号竹窗帘 个
民国十九年						
八月						
民国二十年						
五月	$0.600	$0.550	$0.450	$0.450	$0.400	$0.350
八月	0.600	0.550	0.500	0.450	0.400	0.350
民国二十一年						
五月	0.600	0.550	0.500	0.460	0.420	0.350
八月	0.600	0.550	0.500	0.450	0.400	0.320
民国二十二年						
五月	0.550	0.450	0.350	0.500	0.400	0.320
八月	0.550	0.450	0.350	0.450	0.350	0.300
民国二十三年						
五月	0.600	0.550	0.400	0.450	0.400	0.350

（续前表）

	调查月份价格					
	一号竹米筛 个	二号竹米筛 个	一号竹篮 个	二号竹篮 个	三号竹篮 个	响竹 个
民国十九年						
八月						
民国二十年						
五月	$0.450	$0.400		$0.400	$0.300	$0.100
八月	0.300	0.250	$0.400	0.250	0.150	0.080
民国二十一年						
五月	0.320	0.260	0.420	0.260	0.120	0.120
八月	0.3■0	0.250	0.400	0.250	0.120	0.100
民国二十二年						
五月	0.220	0.200	0.240	0.160	0.120	0.060
八月	0.230	0.200	0.220	0.180	0.120	0.050
民国二十三年						
五月	0.250	0.200	0.280	0.220	0.160	0.060

二十八、厨房用具

1. 民国十九至二十二年度四年度内，定县各种厨房用具之每年平均价格

物品种类	单位	每年平均价格			
		民国十九年度	民国二十年度	民国二十一年度	民国二十二年度
江西瓷蓝边大海碗	个	—	$0.400	$0.365	$0.335
江西瓷红花大海碗	个	—	0.400	0.370	0.320
江西瓷蓝边二海碗	个	$0.280	0.265	0.220	0.210
江西瓷红花二海碗	个	0.280	0.265	0.220	0.200
江西瓷蓝边大碗	个	0.180	0.170	0.135	0.125
江西瓷红花大碗	个	0.180	0.170	0.135	0.125
江西瓷带描大碗	个	0.190	0.190	0.170	0.150
江西瓷豆绿大碗	个	0.160	0.160	0.135	0.120
江西瓷蓝边中碗	个	0.160	0.125	0.110	0.100
江西瓷红花中碗	个	0.160	0.130	0.113	0.100
江西瓷带描中碗	个	0.160	0.150	0.138	0.125
江西瓷豆绿中碗	个	0.130	0.135	0.103	0.085
粗瓷花碗	个	0.022	0.021	0.021	0.020
江西瓷蓝边七寸盘	个	0.170	0.165	0.135	0.125
江西瓷红花七寸盘	个	0.170	0.160	0.138	0.125
江西瓷带描七寸盘	个	0.190	0.190	0.170	0.155
江西瓷豆绿七寸盘	个	0.150	0.160	0.135	0.120
江西瓷蓝边九寸盘	个	0.400	0.375	0.365	0.365
江西瓷豆绿九寸盘	个	0.380	0.325	0.325	0.320
洋瓷蓝边七寸盘	个	0.280	0.269	0.270	0.250
洋瓷蓝边一尺盘	个	0.500	0.490	0.485	0.475

（续前表）

物品种类	单位	每年平均价格			
		民国十九年度	民国二十年度	民国二十一年度	民国二十二年度
江西瓷蓝边五寸碟	个	$0.130	$0.115	$0.100	$0.100
江西瓷红花五寸碟	个	0.130	0.115	0.100	0.100
江西瓷带描五寸碟	个	0.150	0.140	0.135	0.125
江西瓷豆绿五寸碟	个	0.110	0.110	0.095	0.085
江西瓷蓝边三寸醋盏	个	0.080	0.073	0.063	0.060
江西瓷红花三寸醋盏	个	0.080	0.068	0.063	0.060
江西瓷带描三寸醋盏	个	0.080	0.085	0.080	0.060
江西瓷豆绿三寸醋盏	个	0.070	0.063	0.058	0.050
江西瓷蓝边羹匙	个	0.040	0.033	0.033	0.030
江西瓷红花羹匙	个	0.040	0.035	0.033	0.030
江西瓷带描羹匙	个	0.020	0.020	0.020	0.025
江西瓷豆绿羹匙	个	0.020	0.020	0.020	0.020
江西瓷蓝边酒盅	个	0.040	0.035	0.033	0.030
江西瓷红花酒盅	个	0.040	0.033	0.033	0.030
江西瓷带描酒盅	个	0.030	0.028	0.028	0.025
江西瓷豆绿酒盅	个	0.030	0.028	0.028	0.020
二尺一寸五蒸笼	架（4扇）	8.200	7.850	7.000	6.000
一尺六寸蒸笼	架（2扇）	2.600	2.300	2.075	1.750
一尺二寸蒸笼	架（2扇）	1.250	1.225	1.100	0.800
蒲牌顶	个	0.450	0.332	0.197	0.250
席拍子	个	0.043	0.035	0.027	0.023
篦子（蒸食物用）	个	0.160	0.150	0.099	0.100

(续前表)

物品种类	单位	每年平均价格			
		民国十九年度	民国二十年度	民国二十一年度	民国二十二年度
五印锅	口	$0.720	$0.725	$0.676	$0.550
六印锅	口	0.850	0.875	0.799	0.725
七印锅	口	1.250	1.275	1.100	0.975
沙锅	个	0.096	0.092	0.086	0.066
沙吊子	个	0.072	0.062	0.054	0.037
二尺四风箱	架	3.500	3.300	2.550	2.250
瓷盔	套（5个）	0.520	0.585	0.500	0.425
琉璃盆	套（4个）	0.550	0.575	0.500	0.400
厨刀	把	0.480	0.500	0.430	0.425
火串	个	0.240	0.275	0.181	0.102
火铲	个	0.160	0.175	0.135	0.108
火炉篦	个	0.110	0.090	0.078	0.066
铁勺子	个	0.100	0.110	0.117	0.122
铁铲子	个	0.090	0.095	0.094	0.092
普通铁笊篱	个	0.130	0.110	0.099	0.092
铁洗脸盆	个	0.280	0.275	0.205	0.132
柏木水梢	个	1.100	1.100	0.975	0.700
擀面杖	根	0.300	0.275	0.195	0.092
竹筷子	把（10双）	0.043	0.047	0.044	0.037
乌木筷子	把（10双）	—	—	0.500	0.400

2. 民国十九年七月至二十三年六月，定县各种厨房用具之调查月份价格

	调查月份价格			
	江西瓷 蓝边大海碗 个	江西瓷 红花大海碗 个	江西瓷 蓝边二海碗 个	江西瓷 红花二海碗 个
民国十九年				
八月				
民国二十年				
二月			$0.280	$0.280
八月	$0.400	$0.400	0.300	0.300
民国二十一年				
二月	0.400	0.400	0.230	0.230
八月	0.380	0.390	0.220	0.220
民国二十二年				
二月	0.350	0.350	0.220	0.220
八月	0.350	0.320	0.220	0.200
民国二十三年				
二月	0.320	0.320	0.200	0.200

(续前表)

	调查月份价格			
	江西瓷 蓝边大碗 个	江西瓷 红花大碗 个	江西瓷 带描大碗 个	江西瓷 豆绿大碗 个
民国十九年				
八月				
民国二十年				
二月	$0.180	$0.180	$0.190	$0.160
八月	0.180	0.180	0.200	0.160
民国二十一年				
二月	0.160	0.160	0.180	0.160
八月	0.150	0.150	0.170	0.150
民国二十二年				
二月	0.120	0.120	0.170	0.120
八月	0.120	0.120	0.160	0.120
民国二十三年				
二月	0.130	0.130	0.150	0.120

（续前表）

	调查月份价格				
	江西瓷 蓝边中碗 个	江西瓷 红花中碗 个	江西瓷 带描中碗 个	江西瓷 豆绿中碗 个	粗瓷花碗 个
民国十九年					
八月					
民国二十年					
二月	$0.160	$0.160	$0.160	$0.130	$0.022
八月	0.110	0.120	0.160	0.140	0.022
民国二十一年					
二月	0.140	0.140	0.140	0.130	0.020
八月	0.130	0.135	0.135	0.125	0.022
民国二十二年					
二月	0.090	0.090	0.140	0.080	0.020
八月	0.100	0.100	0.130	0.080	0.018
民国二十三年					
二月	0.100	0.100	0.120	0.090	0.022

（续前表）

	调查月份价格			
	江西瓷 蓝边七寸盘 个	江西瓷 红花七寸盘 个	江西瓷 带描七寸盘 个	江西瓷 豆绿七寸盘 个
民国十九年				
八月				
民国二十年				
二月	$0.170	$0.170	$0.190	$0.150
八月	0.170	0.160	0.200	0.160
民国二十一年				
二月	0.160	0.160	0.180	0.160
八月	0.150	0.155	0.170	0.150
民国二十二年				
二月	0.120	0.120	0.170	0.120
八月	0.120	0.120	0.160	0.120
民国二十三年				
二月	0.130	0.130	0.150	0.120

（续前表）

	调查月份价格			
	江西瓷 蓝边九寸盘 个	江西瓷 豆绿九寸盘 个	洋瓷 蓝边七寸盘 个	洋瓷 蓝边一尺盘 个
民国十九年				
八月				
民国二十年				
二月	$0.400	$0.380	$0.280	$0.500
八月	0.350	0.350	0.250	0.500
民国二十一年				
二月	0.400	0.300	0.270	0.480
八月	0.380	0.300	0.260	0.470
民国二十二年				
二月	0.350	0.350	0.280	0.500
八月	0.380	0.320	0.250	0.550
民国二十三年				
二月	0.350	0.320	0.250	0.400

（续前表）

	调查月份价格			
	江西瓷 蓝边五寸碟 个	江西瓷 红花五寸碟 个	江西瓷 带描五寸碟 个	江西瓷 豆绿五寸碟 个
民国十九年				
八月				
民国二十年				
二月	$0.130	$0.130	$0.150	$0.110
八月	0.120	0.120	0.150	0.110
民国二十一年				
二月	0.110	0.110	0.130	0.110
八月	0.110	0.110	0.130	0.110
民国二十二年				
二月	0.090	0.090	0.140	0.080
八月	0.100	0.100	0.130	0.080
民国二十三年				
二月	0.100	0.100	0.120	0.090

（续前表）

	调查月份价格			
	江西瓷蓝边三寸醋盏个	江西瓷红花三寸醋盏个	江西瓷带描三寸醋盏个	江西瓷豆绿三寸醋盏个
民国十九年				
八月				
民国二十年				
二月	$0.080	$0.080	$0.080	$0.070
八月	0.080	0.070	0.090	0.060
民国二十一年				
二月	0.065	0.065	0.080	0.065
八月	0.065	0.065	0.080	0.065
民国二十二年				
二月	0.060	0.060	0.080	0.050
八月	0.060	0.060	0.060	0.040
民国二十三年				
二月	0.060	0.060	0.060	0.060

（续前表）

	调查月份价格			
	江西瓷 蓝边羹匙 个	江西瓷 红花羹匙 个	江西瓷 带描羹匙 个	江西瓷 豆绿羹匙 个
民国十九年				
八月				
民国二十年				
二月	$0.040	$0.040	$0.020	$0.020
八月	0.030	0.035	0.020	0.020
民国二十一年				
二月	0.035	0.035	0.020	0.020
八月	0.035	0.035	0.020	0.020
民国二十二年				
二月	0.030	0.030	0.020	0.020
八月	0.030	0.030	0.020	0.020
民国二十三年				
二月	0.030	0.030	0.030	0.020

（续前表）

	调查月份价格			
	江西瓷 蓝边酒盅 个	江西瓷 红花酒盅 个	江西瓷 带描酒盅 个	江西瓷 豆绿酒盅 个
民国十九年				
八月				
民国二十年				
二月	$0.040	$0.040	$0.030	$0.030
八月	0.035	0.030	0.020	0.020
民国二十一年				
二月	0.035	0.035	0.035	0.035
八月	0.035	0.035	0.035	0.035
民国二十二年				
二月	0.030	0.030	0.020	0.020
八月	0.030	0.030	0.020	0.020
民国二十三年				
二月	0.030	0.030	0.0030	0.020

（续前表）

	调查月份价格					
	二尺一寸五蒸笼 架（4扇）	一尺六寸蒸笼 架（2扇）	一尺二寸蒸笼 架（2扇）	蒲牌顶 个	席拍子 个	篦子（蒸食物用） 个
民国十九年						
八月						
民国二十年						
二月	$8.200	$2.600	$1.250	$0.450	$0.043	$0.160
八月	8.200	2.600	1.200	0.430	0.029	0.180
民国二十一年						
二月	7.500	2.000	1.250	0.234	0.040	0.120
八月	7.200	1.950	1.200	0.193	0.034	0.097
民国二十二年						
二月	6.800	2.200	1.000	0.200	0.020	0.100
八月	6.000	2.000	0.900	0.200	0.020	0.100
民国二十三年						
二月	6.000	1.500	0.700	0.300	0.025	0.100

（续前表）

	调查月份价格					
	五印锅 口	六印锅 口	七印锅 口	沙锅 个	沙吊子 个	二尺四风箱 架
民国十九年						
八月						
民国二十年						
二月	$0.720	$0.850	$1.250	$0.096	$0.072	$3.500
八月	0.750	0.900	1.300	0.083	0.064	3.400
民国二十一年						
二月	0.700	0.850	1.250	0.100	0.060	3.200
八月	0.652	0.797	1.200	0.092	0.058	3.100
民国二十二年						
二月	0.700	0.800	1.000	0.080	0.050	2.000
八月	0.700	0.800	1.000	0.070	0.040	2.000
民国二十三年						
二月	0.400	0.650	0.950	0.062	0.033	2.500

（续前表）

	调查月份价格					
	瓷盔 套（5个）	琉璃盆 套（4个）	厨刀 把	火串 个	火铲 个	火炉篦 个
民国十九年						
八月						
民国二十年						
二月	$0.520	$0.550	$0.480	$0.240	$0.160	$0.110
八月	0.520	0.550	0.500	0.3■0	0.150	0.100
民国二十一年						
二月	0.650	0.600	0.500	0.250	0.200	0.080
八月	0.650	0.600	0.4■0	0.242	0.169	0.077
民国二十二年						
二月	0.350	0.400	0.400	0.120	0.100	0.080
八月	0.400	0.400	0.350	0.120	0.100	0.090
民国二十三年						
二月	0.450	0.400	0.500	0.083	0.115	0.041

（续前表）

	调查月份价格			
	铁勺子 个	铁铲子 个	普通铁笊篱 个	铁洗脸盆 个
民国十九年				
八月				
民国二十年				
二月	$0.100	$0.090	$0.130	$0.280
八月	0.100	0.090	0.120	0.250
民国二十一年				
二月	0.120	0.100	0.100	0.300
八月	0.133	0.087	0.097	0.280
民国二十二年				
二月	0.100	0.100	0.100	0.130
八月	0.120	0.100	0.100	0.140
民国二十三年				
二月	0.123	0.083	0.083	0.123

（续前表）

	调查月份价格			
	柏木水梢 个	擀面杖 个	竹筷子 把（10 双）	乌木筷子 把（10 双）
民国十九年				
八月				
民国二十年				
二月	$1.100	$0.300	$0.043	
八月	1.100	0.250	0.044	
民国二十一年				
二月	1.100	0.300	0.050	
八月	1.100	0.290	0.048	
民国二十二年				
二月	0.850	0.100	0.040	$0.500
八月	0.850	0.100	0.040	0.400
民国二十三年				
二月	0.550	0.083	0.033	0.400

二十九、灯

1. 民国十九至二十二年度四年度内，定县各种灯之每年平均价格

物品种类	单位	每年平均价格			
		民国十九年度	民国二十年度	民国二十一年度	民国二十二年度
加大吊灯	盏	$0.900	$1.050	$1.050	$0.825
二号吊灯	盏	0.450	0.450	0.450	0.450
三号吊灯	盏	—	0.300	0.325	0.300
二号坐灯	盏	0.250	0.265	0.280	0.270
三号坐灯	盏	0.180	0.195	0.190	0.180
大号美最时灯	盏	1.800	2.000	1.925	1.575

2. 民国十九年七月至二十三年六月，定县各种灯之调查月份价格

	调查月份价格					
	加大吊灯 盏	二号吊灯 盏	三号吊灯 盏	二号坐灯 盏	三号坐灯 盏	大号美最时灯 盏
民国十九年						
八月						
民国二十年						
五月	$0.900	$0.450		$0.250	$0.180	$1.800
八月	0.900	0.450	$0.300	0.250	0.200	1.800
民国二十一年						
五月	1.200	0.450	0.300	0.280	0.190	2.200
八月	1.200	0.450	0.350	0.280	0.200	2.200
民国二十二年						
五月	0.900	0.450	0.300	0.280	0.180	1.650
八月	0.850	0.450	0.300	0.260	0.180	1.600
民国二十三年						
五月	0.800	0.450	0.300	0.280	0.180	1.550

三十、牲畜

1. 民国十九至二十二年度四年度内，定县各种牲畜之每年平均价格

物品种类	单位	每年平均价格			
		民国十九年度	民国二十年度	民国二十一年度	民国二十二年度
边牙走骡	匹	$184.167	$175.000	$164.167	$139.667
边牙车套骡	匹	165.500	147.250	140.417	128.333
边牙走驴	匹	70.500	68.750	60.000	52.000
边牙车套驴	匹	58.667	54.833	51.333	43.583
边牙走马	匹	145.000	133.333	117.708	115.000
边牙车套马	匹	88.333	84.417	77.208	81.250
边牙大牛	头	75.167	74.833	62.375	43.000
大羊	头	10.833	9.983	7.879	4.958
大肥猪	头	21.127	19.450	14.375	12.708
半大猪	头	8.083	6.933	5.033	5.075
小猪	头	2.642	2.041	1.908	1.442

2. 民国十九年七月至二十三年六月，定县各种牲畜之每月价格

表一

	每月价格			
	边牙走骡 匹	边牙车套骡 匹	边牙走驴 匹	边牙车套驴 匹
民国十九年				
七月				
八月				
九月				
十月				
十一月				
十二月				
民国二十年				
一月	$190.000	$170.000	$70.000	$55.000
二月	175.000	160.000	65.000	55.000
三月	180.000	163.000	68.000	57.000
四月	190.000	170.000	65.000	55.000
五月	190.000	170.000	75.000	65.000
六月	180.000	160.000	80.000	65.000
七月	170.000	150.000	60.000	50.000
八月	160.000	140.000	60.000	50.000
九月	175.000	155.000	65.000	50.000
十月	160.000	135.000	65.000	52.000
十一月	165.000	145.000	65.000	55.000
十二月	170.000	150.000	65.000	50.000
民国二十一年				
一月	180.000	145.000	75.000	55.000
二月	185.000	145.000	75.000	55.000
三月	185.000	145.000	75.000	62.000
四月	185.000	150.000	70.000	55.000
五月	180.000	155.000	75.000	62.000
六月	185.000	152.000	75.000	62.000

（续前表）

	每月价格			
	边牙走骡 匹	边牙车套骡 匹	边牙走驴 匹	边牙车套驴 匹
民国二十一年				
七月	$190.000	$160.000	$75.000	$65.000
八月	185.000	155.000	75.000	65.000
九月	190.000	145.000	75.000	68.000
十月	180.000	145.000	72.000	59.000
十一月	150.000	125.000	67.000	58.000
十二月	145.000	125.000	60.000	50.000
民国二十二年				
一月	155.000	140.000	50.000	42.000
二月	155.000	140.000	50.000	42.000
三月	155.000	140.000	50.000	42.000
四月	160.000	150.000	48.000	45.000
五月	150.000	130.000	50.000	40.000
六月	155.000	130.000	48.000	40.000
七月	150.000	135.000	48.000	42.000
八月	150.000	135.000	50.000	45.000
九月	145.000	140.000	55.000	48.000
十月	130.000	115.000	48.000	40.000
十一月	130.000	115.000	48.000	40.000
十二月	135.000	120.000	55.000	42.000
民国二十三年				
一月	140.000	125.000	55.000	40.000
二月	138.000	130.000	55.000	42.000
三月	138.000	130.000	55.000	42.000
四月	140.000	135.000	55.000	50.000
五月	140.000	130.000	52.000	48.000
六月	140.000	130.000	48.000	44.000

表二

	每月价格			
	边牙走马 匹	边牙车套马 匹	边牙大牛 头	大羊 头
民国十九年				
七月				
八月				
九月				
十月				
十一月				
十二月				
民国二十年				
一月	$140.000	$90.000	$75.000	
二月	150.000	85.000	75.000	
三月	150.000	95.000	76.000	
四月	150.000	80.000	75.000	$10.000
五月	140.000	90.000	70.000	11.000
六月	140.000	90.000	80.000	11.500
七月	120.000	85.000	65.000	10.000
八月	120.000	80.000	75.000	10.000
九月	150.000	85.000	75.000	10.000
十月	145.000	85.000	85.000	11.500
十一月	125.000	80.000	65.000	11.500
十二月	140.000	80.000	70.000	11.500
民国二十一年				
一月	130.000	80.000	65.000	9.200
二月	130.000	95.000	85.000	9.200
三月	135.000	90.000	80.000	9.600
四月	135.000	85.000	75.000	9.600
五月	135.000	85.000	80.000	8.500
六月	135.000	83.000	78.000	9.200

（续前表）

	每月价格			
	边牙走马 匹	边牙车套马 匹	边牙大牛 头	大羊 头
民国二十一年				
七月	$130.000	$85.000	$85.000	$9.000
八月	130.000	85.000	85.000	9.200
九月	120.000	80.000	70.000	8.800
十月	125.000	76.000	78.000	8.800
十一月	110.000	70.000	68.000	8.200
十二月	95.000	65.000	60.000	8.300
民国二十二年				
一月	120.000	80.000	50.000	8.000
二月	120.000	80.000	50.000	8.000
三月	120.000	80.000	50.000	8.000
四月	120.000	85.000	52.000	7.500
五月	110.000	68.000	55.000	6.000
六月	112.500	72.500	45.500	4.750
七月	110.000	75.000	50.000	5.000
八月	115.000	75.000	45.000	5.000
九月	120.000	75.000	50.000	5.000
十月	110.000	70.000	40.000	5.000
十一月	110.000	70.000	38.000	5.000
十二月	115.000	80.000	40.000	5.000
民国二十三年				
一月	120.000	90.000	42.000	5.500
二月	120.000	90.000	42.000	5.500
三月	120.000	90.000	42.000	5.000
四月	120.000	95.000	45.000	4.500
五月	110.000	85.000	42.000	4.500
六月	110.000	80.000	40.000	4.500

表三

	每月价格		
	大肥猪 头	半大猪 头	小猪 头
民国十九年			
七月			
八月			
九月			
十月			
十一月			
十二月			
民国二十年			
一月	$21.200	$8.100	$2.300
二月	23.500	8.100	2.800
三月	20.660	8.700	2.900
四月	20.800	8.600	2.850
五月	20.100	7.800	2.200
六月	20.500	7.200	2.800
七月	19.000	6.800	1.900
八月	19.800	7.300	2.400
九月	21.500	8.400	2.500
十月	21.000	8.400	2.500
十一月	19.200	6.500	1.600
十二月	19.500	7.800	2.300
民国二十一年			
一月	19.200	5.100	1.300
二月	18.500	7.400	2.100
三月	19.100	6.800	1.900
四月	19.500	7.300	2.100
五月	18.500	5.800	2.000
六月	18.600	5.600	1.900

（续前表）

	每月价格		
	大肥猪 头	半大猪 头	小猪 头
民国二十一年			
七月	$ 17.800	$ 5.400	$ 1.800
八月	17.500	5.500	1.900
九月	17.800	5.800	2.100
十月	17.900	5.600	2.100
十一月	16.600	4.500	1.700
十二月	16.400	4.350	1.700
民国二十二年			
一月	12.000	5.000	2.000
二月	12.000	5.000	2.000
三月	12.000	5.000	2.000
四月	12.000	5.500	2.000
五月	10.000	4.000	1.800
六月	10.500	4.750	1.800
七月	11.500	5.000	2.000
八月	12.000	5.500	1.800
九月	13.000	5.500	1.600
十月	13.000	5.000	1.500
十一月	12.500	4.500	1.400
十二月	12.000	4.500	1.200
民国二十三年			
一月	12.000	4.500	1.200
二月	13.000	6.500	1.350
三月	14.000	6.000	1.400
四月	12.500	4.600	1.300
五月	13.500	4.800	1.300
六月	13.500	4.500	1.250

三十一、肥料

1. 民国十九至二十二年度四年度内，定县各种肥料之每年平均价格

物品种类	单位	每年平均价格			
		民国十九年度	民国二十年度	民国二十一年度	民国二十二年度
净大粪	10 公斗	$ 0.710	$ 0.709	$ 0.653	$ 0.390
面大粪	10 公斗	0.516	0.516	0.486	0.338
鸽子粪	公斗	0.222	0.239	0.186	0.111
乌鸦粪	公斗	0.106	0.100	0.073	0.040
堆粪	1 000 市斤	0.226	0.236	0.286	0.232
厩粪	100 市斤	0.247	0.324	0.235	0.095
花生饼	100 市斤	2.746	3.092	2.430	1.572
棉子饼	100 市斤	1.764	1.749	1.279	0.990
大槽麻	100 市斤	4.380	4.573	4.435	2.523
小磨麻	100 市斤	3.591	3.658	3.036	2.288

2. 民国十九年七月至二十三年六月，定县各种肥料之每月价格

表一

	每月价格				
	净大粪 10 公斗	面大粪 10 公斗	鸽子粪 公斗	乌鸦粪 公斗	堆粪 1 000 市斤
民国十九年					
七月	$0.632	$0.463	$0.174	$0.107	$0.223
八月	0.632	0.500	0.174	0.100	0.223
九月	0.579	0.459	0.195	0.139	0.223
十月	0.771	0.534	0.174	0.115	0.223
十一月	0.771	0.534	0.174	0.115	0.223
十二月	0.579	0.496	0.174	0.126	0.223
民国二十年					
一月	0.771	0.580	0.232	0.087	0.223
二月	0.771	0.534	0.234	0.102	0.223
三月	0.771	0.534	0.234	0.087	0.252
四月	0.771	0.534	0.341	0.099	0.255
五月	0.695	0.492	0.278	0.099	0.223
六月	0.771	0.496	0.278	0.099	0.223
七月	0.695	0.534	0.278	0.099	0.255
八月	0.771	0.579	0.278	0.103	0.223
九月	0.578	0.462	0.234	0.099	0.223
十月	0.695	0.534	0.199	0.113	0.223
十一月	0.695	0.534	0.231	0.099	0.255
十二月	0.695	0.534	0.231	0.099	0.297
民国二十一年					
一月	0.632	0.464	0.232	0.099	0.223
二月	0.695	0.496	0.262	0.099	0.223
三月	0.695	0.496	0.232	0.099	0.223
四月	0.771	0.534	0.234	0.099	0.232
五月	0.771	0.534	0.231	0.087	0.223
六月	0.817	0.496	0.231	0.099	0.235

（续前表）

	每月价格				
	净大粪 10公斗	面大粪 10公斗	鸽子粪 公斗	乌鸦粪 公斗	堆粪 1 000市斤
民国二十一年					
七月	$0.772	$0.534	$0.231	—	$0.235
八月	0.772	0.534	0.231	—	0.255
九月	0.772	0.534	0.278	—	0.223
十月	0.772	0.534	0.231	—	0.235
十一月	0.772	0.496	0.231	$0.099	0.235
十二月	0.772	0.496	0.231	0.099	0.235
民国二十二年					
一月	0.555	0.473	0.153	0.070	0.357
二月	0.555	0.473	0.153	0.070	0.357
三月	0.555	0.473	0.153	0.070	0.357
四月	0.577	0.459	0.139	0.070	0.357
五月	0.528	0.445	0.111	0.056	0.357
六月	0.434	0.386	0.087	0.049	0.246
七月	0.490	0.431	0.090	—	0.268
八月	0.434	0.386	—	—	0.223
九月	0.409	0.386	0.090	0.049	0.179
十月	0.386	0.348	0.103	—	0.179
十一月	0.316	0.290	0.097	—	0.196
十二月	0.316	0.278	0.090	—	0.196
民国二十三年					
一月	0.280	0.231	0.098	—	0.214
二月	0.360	0.330	0.130	0.050	0.260
三月	0.455	0.360	0.130	0.040	0.280
四月	0.435	0.348	0.125	0.032	0.260
五月	0.400	0.333	0.120	0.030	0.250
六月	0.400	0.333	0.140		0.280

表二

	每月价格				
	厩粪 100 市斤	花生饼 100 市斤	棉子饼 100 市斤	大槽麻 100 市斤	小磨麻 100 市斤
民国十九年					
七月	$0.223	$2.259	$1.920	$4.376	$3.572
八月	0.196	3.393	1.920	4.822	4.019
九月	0.223	3.482	1.786	5.001	4.019
十月	0.196	2.500	1.563	3.929	3.215
十一月	0.196	3.483	1.786	5.001	4.019
十二月	0.232	2.590	1.429	3.706	2.858
民国二十年					
一月	0.235	2.679	1.697	4.019	3.572
二月	0.255	2.768	1.786	3.929	3.572
三月	0.255	2.0▮3	1.741	4.376	3.572
四月	0.357	3.036	1.786	4.376	3.617
五月	0.300	3.304	2.054	4.376	3.393
六月	0.300	3.393	1.697	4.644	3.661
七月	0.357	3.036	1.741	4.644	3.661
八月	0.298	3.393	1.875	5.000	4.019
九月	0.299	3.795	1.965	4.644	3.840
十月	0.319	2.813	1.741	4.286	3.572
十一月	0.319	2.858	1.518	4.376	3.438
十二月	0.319	2.858	1.518	4.108	3.393
民国二十一年					
一月	0.255	2.813	1.965	4.108	3.304
二月	0.337	3.126	1.786	4.644	3.840
三月	0.319	3.214	1.919	4.912	3.840
四月	0.344	3.036	1.652	4.554	3.483
五月	0.344	3.081	1.652	4.688	3.751
六月	0.372	3.081	1.652	4.912	3.751

（续前表）

	每月价格				
	厩粪 100 市斤	花生饼 100 市斤	棉子饼 100 市斤	大槽麻 100 市斤	小磨麻 100 市斤
民国二十一年					
七月	$0.318	$3.126	$1.607	$4.822	$3.751
八月	0.319	3.126	1.607	5.001	3.840
九月	0.344	3.036	1.607	4.644	3.483
十月	0.357	2.410	1.429	4.197	3.393
十一月	0.344	2.188	1.518	4.286	3.304
十二月	0.406	2.188	1.116	3.661	2.634
民国二十二年					
一月	0.143	2.232	1.072	—	2.679
二月	0.143	2.232	1.072	—	2.679
三月	0.143	2.232	1.072	—	2.679
四月	0.125	2.188	1.036	—	2.500
五月	0.107	2.188	1.116	—	2.768
六月	0.070	2.010	1.094	—	2.724
七月	0.107	2.232	1.295	3.393	3.215
八月	0.070	1.786	1.161	3.393	3.215
九月	0.070	1.786	1.072	2.572	3.215
十月	0.070	1.250	0.804	—	1.786
十一月	0.107	1.027	—	—	—
十二月	0.107	1.027	—	—	—
民国二十三年					
一月	0.089	1.206	0.670	—	1.697
二月	0.120	1.700	0.850	1.900	1.850
三月	0.100	1.750	0.900	2.000	1.900
四月	0.100	1.650	1.100	2.200	2.100
五月	0.100	1.600	0.950	—	1.900
六月	0.100	1.850	1.100	2.200	2.000

三十二、农具

1. 民国十九至二十二年度四年度内，定县各种农具之每年平均价格

物品种类	单位	每年平均价格			
		民国十九年度	民国二十年度	民国二十一年度	民国二十二年度
大簸箕	个	$0.450	$0.460	$0.315	$0.190
小簸箕	个	0.300	0.300	0.205	0.110
大笸箩	个	1.500	1.600	0.975	0.725
小笸箩	个	0.900	0.900	0.493	0.380
柳罐	个	0.720	0.575	0.425	0.300
大抬筛	个	0.550	0.575	0.500	0.260
抬筛	个	0.480	0.485	0.400	0.250
大眼筛	个	0.250	0.255	0.135	0.095
米筛	个	0.180	0.195	0.141	0.095
四系小筐	个	0.200	0.165	0.124	0.081
粪筐	个	0.200	0.210	0.120	0.072
三股杈	把	0.700	0.755	0.539	0.490
四股杈	把	0.600	0.650	0.450	0.210
撩耙	个	0.550	0.525	0.400	0.290
竹耙	个	0.150	0.150	0.140	0.096
槐木耙	个	4.300	4.550	4.600	2.250
犁杖	个	5.500	5.550	5.000	4.250
耕地磕子	架	2.100	2.175	2.200	1.250
耕地耧	架	5.400	5.550	5.800	2.250
擦子架	个	1.300	1.400	1.400	0.550
枣木盖条	捆	0.250	0.290	0.275	0.215
铁犁盘	个	0.300	0.315	0.185	0.125
铁铧子	个	0.150	0.155	0.078	0.054
种机儿	对	0.300	0.330	0.270	0.220
无柄旧全锄	张	1.600	1.500	1.100	0.600
大锄板	块	1.050	0.965	0.800	0.550
大锄钩	个	0.450	0.400	0.225	0.135
大锄柄	杆	0.350	0.305	0.225	0.130
挖勺子	把	0.300	0.315	0.246	0.180

（续前表）

物品种类	单位	每年平均价格			
		民国十九年度	民国二十年度	民国二十一年度	民国二十二年度
大镐	把	$1.500	$1.550	$1.025	$0.625
小镐	把	0.380	0.475	0.425	0.275
三齿镐	把	0.320	0.355	0.310	0.275
铁锨	张	0.500	0.725	0.750	0.625
洋铁锨	张	0.450	0.500	0.490	0.450
小铁锨	张	0.350	0.340	0.300	0.245
镰刀	把	0.120	0.130	0.120	0.070
钊镰	把	0.080	0.090	0.060	0.031
粪杈子	把	0.120	0.135	0.114	0.110
斧子	把	0.500	0.525	0.600	0.475
双刃斧子	把	0.420	0.450	0.375	0.310
铁键	根	0.020	0.025	0.016	0.011
带柄铁耙子	把	1.180	1.075	0.700	0.515
带柄刮耙	把	0.200	0.250	0.230	0.140
带柄木锨	把	0.750	0.710	0.750	0.260
水车	架	65.000	63.000	70.000	42.000
铁制水车斗	个	1.350	1.375	1.125	0.900
木制水车斗	个	—	—	0.700	0.725
镳铲头	个	1.200	1.250	1.[redacted]00	0.750
镳铲梃子	根	0.150	0.165	0.128	0.090
镳铲把子	根	0.100	0.120	0.060	0.040
四把铲镳杈子	架	4.500	4.900	4.800	1.650
井绳	市斤	0.286	0.245	0.259	0.240
槐木扇车	架	17.500	18.000	15.500	9.000
槐木担子	根	1.000	1.000	0.850	0.450
枣木车轴	根	2.100	—	—	1.550
礅子	对	0.400	0.450	0.400	0.340
扫帚	把	0.120	0.110	0.100	—

2. 民国十九年七月至二十三年六月，定县各种农具之调查月份价格

	调查月份价格				
	大簸箕 个	小簸箕 个	大笸箩 个	小笸箩 个	柳罐 个
民国十九年					
十月					
民国二十年					
四月	$0.450	$0.300	$1.500	$0.900	$0.720
十月	0.500	0.320	1.600	0.900	0.600
民国二十一年					
四月	0.4[redacted]0	0.280	1.600	0.900	0.550
十月	0.420	0.260	1.200	0.600	0.500
民国二十二年					
四月	0.210	0.150	0.750	0.385	0.350
十月	0.200	0.120	0.800	0.400	0.320
民国二十三年					
四月	0.180	0.100	0.650	0.360	0.280

（续前表）

	调查月份价格					
	大抬筛 个	抬筛 个	大眼筛 个	米筛 个	四系小筐 个	粪筐 个
民国十九年						
十月						
民国二十年						
四月	$0.550	$0.480	$0.250	$0.180	$0.200	$0.200
十月	0.600	0.500	0.280	0.200	0.180	0.180
民国二十一年						
四月	0.550	0.470	0.230	0.190	0.150	0.240
十月	0.500	0.500	0.170	0.200	0.180	0.150
民国二十二年						
四月	—	0.300	0.100	0.081	0.068	0.090
十月	0.300	0.300	0.100	0.090	0.090	0.080
民国二十三年						
四月	0.220	0.200	0.090	0.100	0.072	0.064

（续前表）

	调查月份价格					
	三股杈 把	四股杈 把	撩耙 个	竹耙 个	槐木耙 个	犁杖 个
民国十九年						
十月						
民国二十年						
四月	\$0.700	\$0.600	\$0.550	\$0.150	\$4.300	\$5.500
十月	0.760	0.650	0.500	—	4.500	5.700
民国二十一年						
四月	0.750	0.650	0.550	0.150	4.600	5.400
十月	0.650	0.550	0.480	0.140	4.600	5.600
民国二十二年						
四月	0.428	0.350	0.320	—	—	—
十月	0.380	0.240	0.300	0.100	2.500	3.500
民国二十三年						
四月	0.600	0.180	0.280	0.092	2.000	5.000

（续前表）

	调查月份价格					
	耕地耠子 架	耕地耧 架	擦子架 个	枣木盖条 捆	铁犁盘 个	铁铧子 个
民国十九年						
十月						
民国二十年						
四月	$2.100	$5.400	$1.300	$0.250	$0.300	$0.150
十月	2.200	5.500	1.450	0.300	0.330	0.170
民国二十一年						
四月	2.150	5.600	1.350	0.280	0.300	0.140
十月	2.200	5.800	1.400	0.300	0.250	0.100
民国二十二年						
四月	—	—	—	0.250	0.120	0.056
十月	1.000	2.000	0.600	0.250	0.140	0.052
民国二十三年						
四月	1.500	2.500	0.500	0.180	0.110	0.056

（续前表）

	调查月份价格					
	种机儿 对	无柄旧全锄 张	大锄板 块	大锄钩 个	大锄柄 杆	挖勺子 把
民国十九年						
十月						
民国二十年						
四月	$0.300	$1.600	$1.050	$0.450	$0.350	$0.300
十月	0.360	1.500	1.080	0.400	0.300	0.320
民国二十一年						
四月	0.300	1.500	0.850	0.400	0.310	0.310
十月	0.300	1.200	0.900	0.300	0.300	0.320
民国二十二年						
四月	0.240	0.700	0.700	0.150	0.150	0.171
十月	0.240	0.600	0.550	0.150	0.140	0.180
民国二十三年						
四月	0.200	0.600	0.550	0.120	0.120	0.180

（续前表）

	调查月份价格					
	大镐 把	小镐 把	三齿镐 把	铁锨 张	洋铁锨 张	小铁锨 张
民国十九年						
十月						
民国二十年						
四月	$1.500	$0.380	$0.320	$0.500	$0.450	$0.350
十月	1.600	0.500	0.400	0.600	0.450	0.380
民国二十一年						
四月	1.500	0.450	0.310	0.850	0.550	0.300
十月	1.300	0.500	0.320	0.800	0.480	0.350
民国二十二年						
四月	0.750	0.350	0.299	0.700	0.500	0.250
十月	0.750	0.300	0.250	0.650	0.450	0.250
民国二十三年						
四月	0.500	0.250	0.300	0.600	0.450	0.240

（续前表）

	调查月份价格					
	镰刀 把	钊镰 把	粪杈子 把	斧子 把	双刃斧子 把	铁键 根
民国十九年						
十月						
民国二十年						
四月	$0.120	$0.080	$0.120	$0.500	$0.420	$0.020
十月	0.130	0.100	0.150	0.550	0.500	0.030
民国二十一年						
四月	0.130	0.080	0.120	0.500	0.400	0.020
十月	0.120	0.080	0.120	0.600	0.450	0.020
民国二十二年						
四月	—	0.039	0.107	0.600	0.300	0.011
十月	0.080	0.030	0.120	0.550	0.300	0.012
民国二十三年						
四月	0.060	0.032	0.100	0.400	0.320	0.010

（续前表）

	调查月份价格					
	带柄铁耙子 把	带柄刮耙 把	带柄木锨 把	水车 架	铁制水车斗 个	木制水车斗 个
民国十九年						
十月						
民国二十年						
四月	＄1.180	＄0.200	＄0.750	＄65.000	＄1.350	
十月	1.250	—	—	64.000	1.350	
民国二十一年						
四月	0.900	0.250	0.710	62.000	1.400	
十月	0.800	0.230	0.750	70.000	1.350	
民国二十二年						
四月	0.600	—	—	—	0.900	＄0.700
十月	0.550	0.160	0.300	—	0.800	0.700
民国二十三年						
四月	0.480	0.120	0.220	42.000	1.000	0.750

（续前表）

	调查月份价格				
	镰铲头 个	镰铲梃子 根	镰铲把子 根	四把镰铲杈子 架	井　绳 市斤
民国十九年					
十月					
民国二十年					
四月	$1.200	$0.150	$0.100	$4.500	$0.286
十月	1.250	0.170	0.120	5.000	0.304
民国二十一年					
四月	1.200	0.160	0.120	4.800	0.286
十月	1.200	0.150	0.080	4.800	0.268
民国二十二年					
四月	0.800	0.085	0.040	—	0.250
十月	0.700	0.080	0.040	1.800	0.250
民国二十三年					
四月	0.800	0.100	0.040	1.500	0.230

（续前表）

	调查月份价格				
	槐木扇车 架	槐木担子 根	枣木车轴 根	磙子 对	扫帚 把
民国十九年					
十月					
民国二十年					
四月	＄17.500	＄1.000	＄2.100	＄0.400	＄0.120
十月	18.000	1.000	—	0.400	—
民国二十一年					
四月	18.000	1.000	—	0.500	0.110
十月	17.000	1.100	—	0.400	0.100
民国二十二年					
四月	14.000	0.600	—	—	
十月	8.000	0.500	1.500	0.300	
民国二十三年					
四月	10.000	0.400	1.600	0.380	

三十三、车套

1. 民国十九至二十二年度四年度内，定县各种车套之每年平均价格

物品种类	单位	每年平均价格			
		民国十九年度	民国二十年度	民国二十一年度	民国二十二年度
鞍子	个	$0.335	$0.338	$0.265	$0.198
护鞍皮	块	1.275	1.175	1.125	0.975
搭腰	条	3.650	2.900	1.963	1.475
搭腰根	副	0.775	0.713	0.518	0.395
大肚	条	0.450	0.388	0.375	0.383
后鞦	个	2.675	2.413	1.713	1.488
小肚带	条	0.200	0.205	0.138	0.100
胯甲	副	2.300	2.150	1.988	1.475
胯甲带夹板	副	2.500	2.375	2.025	1.763
胳拉	个	1.900	1.938	1.600	1.850
嚼子带扯勒	个	2.250	2.188	1.800	1.400
牛皮长套	副	8.750	7.638	4.913	4.700
缰绳	条	0.300	0.300	0.303	0.290
拢头	个	—	—	0.427	0.450
鞭子	把	0.500	0.488	0.383	0.290
鞭杆	根	—	—	0.130	0.135
鞭苗	根	—	—	0.020	0.020
鞭梢	条	—	—	0.007	0.006
皮线	市斤	—	—	0.714	0.74■
皮条	市斤	—	—	0.447	0.487

2. 民国十九年七月至二十三年六月，定县各种车套之调查月份价格

	调查月份价格				
	鞍子 个	护鞍皮 块	搭腰 条	搭腰根 副	大肚 条
民国十九年					
九月					
十二月					
民国二十年					
三月	$0.320	$1.300	$3.700	$0.800	$0.550
六月	0.350	1.250	3.600	0.750	0.350
九月	0.360	1.150	3.100	0.750	0.400
十二月	0.350	1.250	2.900	0.700	0.400
民国二十一年					
三月	0.320	1.150	2.800	0.700	0.400
六月	0.320	1.150	2.800	0.700	0.350
九月	0.300	1.050	2.700	0.700	0.350
十二月	0.280	1.300	1.850	0.550	0.400
民国二十二年					
三月	0.280	1.200	1.800	0.420	0.400
六月	0.200	0.950	1.500	0.400	0.350
九月	0.200	1.000	1.500	0.400	0.350
十二月	0.200	1.000	1.500	0.400	0.400
民国二十三年					
三月	0.200	0.950	1.450	0.400	0.400
六月	0.190	0.950	1.450	0.380	0.380

（续前表）

	调查月份价格				
	后鞦 个	小肚带 条	胯甲 副	胯甲带夹板 副	胳拉 个
民国十九年					
九月					
十二月					
民国二十年					
三月	$2.700	$0.200	$2.300	$2.500	$1.900
六月	2.650	0.200	2.300	2.500	1.900
九月	2.400	0.2■0	2.400	2.600	1.900
十二月	2.500	0.200	2.300	2.450	1.850
民国二十一年					
三月	2.350	0.200	2.000	2.300	2.000
六月	2.400	0.200	1.900	2.150	2.000
九月	2.300	0.150	1.800	2.050	1.800
十二月	1.650	0.150	2.000	2.100	1.600
民国二十二年					
三月	1.500	0.150	2.000	2.100	1.600
六月	1.400	0.100	1.500	1.850	1.400
九月	1.500	0.100	1.500	1.800	1.600
十二月	1.500	0.100	1.500	1.800	1.800
民国二十三年					
三月	1.500	0.100	1.500	1.800	2.000
六月	1.450	0.100	1.400	1.650	2.000

（续前表）

	调查月份价格				
	嚼子带扯勒 个	牛皮长套 副	缰绳 条	拢头 个	鞭子 把
民国十九年					
九月					
十二月					
民国二十年					
三月	$2.300	$8.800	$0.300		$0.500
六月	2.200	8.700	0.300		0.500
九月	2.100	8.600	0.320		0.500
十二月	2.150	8.650	0.300		0.500
民国二十一年					
三月	2.300	6.800	0.300		0.450
六月	2.200	6.500	0.280		0.500
九月	2.100	6.350	0.280		0.450
十二月	1.900	4.600	0.350	$0.400	0.380
民国二十二年					
三月	1.800	4.500	0.300	0.400	0.350
六月	1.400	4.200	0.280	0.480	0.350
九月	1.400	4.200	0.300	0.500	0.300
十二月	1.400	5.000	0.300	0.500	0.300
民国二十三年					
三月	1.400	4.800	0.280	0.400	0.280
六月	1.400	4.800	0.280	0.400	0.280

(续前表)

	调查月份价格				
	鞭杆 根	鞭苗 根	鞭梢 条	皮线 市斤	皮条 市斤
民国十九年					
九月					
十二月					
民国二十年					
三月					
六月					
九月					
十二月					
民国二十一年					
三月					
六月					
九月					
十二月					
民国二十二年					
三月	$0.120	$0.020	$0.006	$0.714	$0.447
六月	0.140	0.020	0.008	0.714	0.447
九月	0.140	0.020	0.010	0.714	0.447
十二月	0.140	0.020	0.004	0.800	0.500
民国二十三年					
三月	0.130	0.019	0.004	0.700	0.500
六月	0.130	0.019	0.004	0.750	0.500

三十四、卫生用品

1. 民国十九至二十二年度四年度内，定县各种卫生用品之每年平均价格

物品种类	单位	每年平均价格			
		民国十九年度	民国二十年度	民国二十一年度	民国二十二年度
日光皂	盒（2块）	$0.209	$0.199	$0.185	$0.173
广华皂	块	0.044	0.044	0.045	0.100
卫生皂	块	0.135	0.133	0.109	0.100
檀香皂	块	0.460	0.482	0.400	0.273
棕榄皂	块	0.242	0.295	0.385	0.323
白兰皂	块	0.229	0.249	—	—
白玉霜皂	块	0.306	0.321	—	—
小号白玉霜皂	块	—	0.211	0.204	0.200
本地胰子	市两	0.030	0.030	0.028	0.022
二号枣木栊子	个	0.167	0.166	0.109	0.063
二号竹篦子	个	0.210	0.180	0.127	0.103
圆把牙刷	把	0.240	0.240	0.230	—
双十字牙刷	把	—	0.200	0.173	0.120
化学牙刷	把	0.228	0.243	0.196	0.131
无敌牙粉	包	0.023	0.028	0.025	0.023
嫦娥牙粉	包	0.023	0.028	0.024	0.020
狮子牙粉	包	0.049	0.065	0.059	0.044
铁盒扑粉	盒	0.578	0.605	0.497	0.238
桃花粉	市两	0.104	0.099	0.099	0.075
二号双妹雪花膏	瓶	0.310	0.307	0.316	0.333
三号双妹生发油	瓶	—	—	0.250	0.288
双人头沤子	瓶	0.222	0.199	0.150	0.108
自行车毛巾	条	0.194	0.200	0.178	0.149
炮车毛巾	条	0.196	0.200	0.192	0.159
森字毛巾	条	0.192	0.195	0.163	0.123
彩洋瓷盆	个	0.809	0.709	0.685	0.513
彩江西瓷盂	个	0.290	0.286	0.248	0.210

2. 民国十九年七月至二十三年六月，定县各种卫生用品之每月价格

表一

	每月价格					
	日光皂 盒（2块）	广华皂 块	卫生皂 块	檀香皂 块	棕榄皂 块	白兰皂 块
民国十九年						
七月	$0.180	$0.040	$0.133	$0.425		
八月	0.180	0.040	0.125	0.416		
九月	0.180	0.040	0.125	0.458		
十月	0.180	0.040	0.129	0.454		
十一月	0.180	0.050	0.138	0.454		
十二月	0.170	0.040	0.133	0.500		
民国二十年						
一月	0.180	0.041	0.125	0.450	$0.233	$0.216
二月	0.206	0.046	0.133	0.458	0.233	0.229
三月	0.200	0.044	0.150	0.467	0.254	0.233
四月	0.200	0.044	0.141	0.467	0.242	0.231
五月	0.200	0.050	0.150	0.483	0.242	0.233
六月	0.200	0.048	0.141	0.483	0.250	0.233
七月	0.200	0.048	0.150	0.475	0.242	0.238
八月	0.200	0.048	0.150	0.483	0.256	0.250
九月	0.200	0.044	0.150	0.483	0.246	0.242
十月	0.200	0.043	0.150	0.483	0.250	0.242
十一月	0.200	0.039	0.150	0.496	0.283	0.283
十二月	0.200	0.039	0.158	0.433	—	0.250
民国二十一年						
一月	0.200	0.044	0.142	0.483	0.250	0.242
二月	0.200	0.044	0.154	—	—	0.250
三月	0.200	0.042	0.163	0.517	—	0.250
四月	0.200	0.042	0.113	—	0.367	
五月	0.200	0.042	0.108	—	0.375	
六月	0.187	0.047	0.108	—	0.393	

（续前表）

	每月价格					
	日光皂盒（2块）	广华皂块	卫生皂块	檀香皂块	棕榄皂块	白兰皂块
民国二十一年						
七月	$0.200	$0.046	$0.104	—	$0.393	
八月	0.200	0.046	0.100	—	0.367	
九月	0.200	0.046	0.108	—	0.367	
十月	0.180	0.045	0.108	—	0.367	
十一月	0.180	0.046	0.100	—	0.367	
十二月	0.180	0.043	0.100	—	0.358	
民国二十二年						
一月	0.180	—	0.120	$0.400	0.400	
二月	0.180	—	0.120	0.400	0.400	
三月	0.180	—	0.120	0.400	0.400	
四月	0.180	—	0.120	0.420	0.400	
五月	0.180	—	0.110	0.400	0.400	
六月	0.175	—	0.108	0.375	0.400	
七月	0.170	0.100	0.100	0.350	0.400	
八月	0.170	0.100	0.100	0.350	0.400	
九月	0.170	0.100	0.100	0.300	0.380	
十月	0.170	0.100	0.100	0.250	0.300	
十一月	0.170	0.100	0.100	0.250	0.300	
十二月	0.180	0.100	0.100	0.250	0.300	
民国二十三年						
一月	0.170	0.100	0.100	0.280	0.300	
二月	0.180	0.100	0.100	0.250	0.300	
三月	0.180	0.100	0.100	0.250	0.300	
四月	0.180	0.100	0.100	0.250	0.300	
五月	0.170	0.090	0.100	0.250	0.300	
六月	0.170	0.090	0.100	0.250	0.300	

表二

	每月价格				
	白玉霜皂 块	小号白玉霜皂 块	本地胰子 市两	二号枣木梳子 个	二号竹篦子 个
民国十九年					
七月					
八月					
九月					
十月					
十一月					
十二月					
民国二十年					
一月	$0.300		$0.031	$0.150	$0.200
二月	0.300		0.031	0.180	0.220
三月	0.308		0.029	0.160	0.220
四月	0.308		—	0.170	0.180
五月	0.300		—	0.180	0.220
六月	0.317		—	0.160	0.220
七月	0.308		—	0.160	0.200
八月	0.317		—	0.200	0.180
九月	0.308		—	0.200	0.220
十月	0.317		—	0.200	0.220
十一月	0.325		0.034	0.180	0.180
十二月	0.332		0.029	0.170	0.200
民国二十一年					
一月	0.321		0.031	0.140	0.160
二月	0.333		0.027	0.150	0.200
三月	0.325		0.028	0.150	0.180
四月		$0.213	—	0.150	0.160
五月		0.213	—	0.150	0.120
六月		0.208	—	0.140	0.140

（续前表）

	每月价格				
	白玉霜皂 块	小号白玉霜皂 块	本地胰子 市两	二号枣木栊子 个	二号竹篦子 个
民国二十一年					
七月		$0.208	—	$0.120	$0.130
八月		0.217	—	0.130	0.125
九月		0.208	—	0.150	0.140
十月		0.208	$0.027	0.130	0.150
十一月		0.213	0.027	0.110	0.120
十二月		0.196	0.029	0.120	0.120
民国二十二年					
一月		0.200	—	0.100	0.130
二月		0.200	—	0.100	0.130
三月		0.200	—	0.090	0.130
四月		0.200	—	0.090	0.120
五月		0.200	—	0.090	0.120
六月		0.200	—	0.080	0.123
七月		0.200	—	0.080	0.120
八月		0.200	—	0.080	0.120
九月		0.200	—	0.060	0.100
十月		0.200	0.020	0.060	0.080
十一月		0.200	0.022	0.060	0.090
十二月		0.200	0.024	0.060	0.090
民国二十三年					
一月		0.200		0.080	0.120
二月		0.200		0.080	0.120
三月		0.200		0.060	0.100
四月		0.200		0.060	0.100
五月		0.200		0.060	0.100
六月		0.200		0.060	0.100

表三

	每月价格					
	圆把牙刷 把	双十字牙刷 把	化学牙刷 把	无敌牙粉 包	嫦娥牙粉 包	狮子牙粉 包
民国十九年						
七月	$0.250		$0.190	$0.017	$0.017	$0.042
八月	0.240		0.180	0.017	0.017	0.042
九月	0.200		0.200	0.017	0.017	0.042
十月	0.220		0.230	0.017	0.017	0.042
十一月	0.250		0.260	0.018	0.019	0.043
十二月	0.200		0.200	0.018	0.017	0.042
民国二十年						
一月	0.220		0.220	0.025	0.025	0.051
二月	0.240		0.240	0.031	0.031	0.051
三月	0.280		0.270	0.029	0.029	0.059
四月	0.240		0.230	0.029	0.029	0.054
五月	0.300		0.250	0.024	0.024	0.060
六月	0.240		0.280	0.029	0.029	0.063
七月	0.250		0.250	0.029	0.029	0.058
八月	0.220		0.240	0.029	0.029	0.058
九月	0.240		0.250	0.029	0.029	0.064
十月	0.250		0.250	0.029	0.029	0.063
十一月	0.230		0.240	0.024	0.024	0.062
十二月	0.250		0.250	0.024	0.024	0.068
民国二十一年						
一月	0.250	$0.200	0.250	0.026	0.026	0.067
二月	0.250	0.200	0.250	0.029	0.029	—
三月	0.250	—	0.250	0.028	0.028	—
四月	0.220	0.200	0.220	0.028	0.028	0.066
五月	0.240	0.200	0.240	0.028	0.028	0.070
六月	0.240	0.200	0.220	0.028	0.028	0.070

（续前表）

	每月价格					
	圆把牙刷 把	双十字牙刷 把	化学牙刷 把	无敌牙粉 包	嫦娥牙粉 包	狮子牙粉 包
民国二十一年						
七月	$0.240	$0.200	$0.240	$0.028	$0.028	$0.073
八月	0.220	0.200	0.220	0.027	0.027	0.073
九月		0.200	0.220	0.028	0.028	0.069
十月		0.190	0.220	0.027	0.027	0.072
十一月		0.190	0.200	0.027	0.027	0.068
十二月		0.190	0.180	0.024	0.024	0.063
民国二十二年						
一月		0.150	0.180	0.022	0.020	0.050
二月		0.150	0.180	0.022	0.020	0.050
三月		0.150	0.180	0.022	0.020	0.050
四月		0.150	0.180	0.022	0.022	0.050
五月		0.150	0.180	0.025	0.022	0.044
六月		0.150	0.180	0.024	0.020	0.042
七月		0.150	0.180	0.024	0.020	0.040
八月		0.150	0.180	0.024	0.020	0.040
九月		0.120	0.140	0.022	0.020	0.040
十月		0.120	0.100	0.020	0.020	0.050
十一月		0.120	0.100	0.020	0.020	0.050
十二月		0.120	0.120	0.022	0.020	0.050
民国二十三年						
一月		0.120	—	0.022	0.020	0.050
二月		0.120	0.130	0.022	0.020	0.050
三月		0.100	0.130	0.028	0.020	0.040
四月		0.110	0.120	0.024	0.020	0.040
五月		0.100	0.120	0.024	0.019	0.040
六月		0.110	0.120	0.024	0.019	0.039

表四

	每月价格				
	铁盒扑粉 盒	桃花粉 市两	二号双妹雪花膏 瓶	三号双妹生发油 瓶	双人头沤子 瓶
民国十九年					
七月	$0.583				
八月	0.567				
九月	0.567				
十月	0.567				
十一月	—				
十二月	—				
民国二十年					
一月	0.558	$0.100	$0.300		$0.200
二月	0.583	0.103	0.320		0.220
三月	0.583	0.100	0.320		0.230
四月	0.575	0.100	0.320		0.220
五月	0.600	0.100	0.300		0.240
六月	0.592	0.120	0.300		0.220
七月	0.567	0.100	0.300		0.220
八月	0.600	0.100	0.300		0.230
九月	0.617	0.100	0.300		0.220
十月	0.633	0.100	0.300		0.200
十一月	0.600	0.100	0.300		0.180
十二月	0.617	0.098	0.300		0.200
民国二十一年					
一月	0.613	0.100	0.300		0.200
二月	0.625	0.100	0.280		0.180
三月	0.604	0.099	0.280		0.180
四月	0.592	0.100	0.320		0.180
五月	0.592	0.094	0.350		—
六月	0.600	0.100	0.350		—

（续前表）

	每月价格				
	铁盒扑粉 盒	桃花粉 市两	二号双妹雪花膏 瓶	三号双妹生发油 瓶	双人头沤子 瓶
民国二十一年					
七月	$0.600	$0.100	$0.350		—
八月	0.600	0.100	0.340		—
九月	0.600	0.100	0.300		—
十月	0.600	0.100	0.350		$0.200
十一月	0.596	0.091	0.350		0.140
十二月	0.608	0.097	0.320		0.150
民国二十二年					
一月	0.400	0.100	0.300	$0.250	0.150
二月	0.400	0.100	0.300	0.250	0.150
三月	0.400	0.100	0.300	0.250	0.150
四月	0.400	0.100	0.300	0.250	0.150
五月	0.400	0.100	0.300	0.250	0.130
六月	0.350	0.098	0.280	0.250	0.130
七月	0.320	0.095	0.280	0.250	0.120
八月	0.320	0.095	0.280	0.250	0.120
九月	0.300	0.095	0.320	0.250	0.120
十月	0.220	0.080	0.320	0.280	0.120
十一月	0.220	0.080	0.320	0.280	0.120
十二月	0.220	0.080	0.350	0.300	4.120①
民国二十三年					
一月	0.240	0.080	0.360	0.320	0.100
二月	0.220	0.080	0.360	0.320	0.100
三月	0.200	0.060	0.350	0.300	0.100
四月	0.200	0.060	0.350	0.300	0.100
五月	0.200	0.050	0.350	0.300	0.090
六月	0.200	0.050	0.350	0.300	0.090

① 疑应为0.120。——编者注

表五

	每月价格				
	自行车毛巾 条	炮车毛巾 条	森字毛巾 条	彩洋瓷盆 个	彩江西瓷盂 个
民国十九年					
七月	$0.208	$0.216			
八月	0.208	0.216			
九月	0.183	0.183			
十月	0.181	0.183			
十一月	0.188	0.183			
十二月	0.200	0.200			
民国二十年					
一月	0.183	0.179	$0.179	$0.750	$0.280
二月	0.188	0.192	0.183	0.780	0.280
三月	0.197	0.200	0.192	0.800	0.280
四月	0.190	0.196	0.192	0.820	0.290
五月	0.200	0.200	0.208	0.900	0.320
六月	0.200	0.200	0.198	0.800	—
七月	0.200	0.200	0.197	0.700	0.220
八月	0.208	0.208	0.200	0.760	0.260
九月	0.200	0.202	0.200	0.720	0.320
十月	0.202	0.202	0.200	0.720	0.320
十一月	0.200	0.200	0.200	0.800	0.300
十二月	0.208	0.208	0.200	0.750	0.300
民国二十一年					
一月	0.200	0.200	0.196	0.680	0.250
二月	0.200	0.204	0.200	0.680	0.300
三月	0.208	0.208	0.204	0.700	0.280
四月	0.208	0.183	0.179	0.650	0.300
五月	0.183	0.183	0.183	0.700	0.280
六月	0.183	0.182	0.183	0.650	0.300

（续前表）

	每月价格				
	自行车毛巾 条	炮车毛巾 条	森字毛巾 条	彩洋瓷盆 个	彩江西瓷盂 个
民国二十一年					
七月	$0.175	$0.175	$0.175	$0.650	$0.300
八月	0.175	0.175	0.175	0.600	0.260
九月	0.182	0.179	0.179	0.620	0.250
十月	0.183	0.183	0.183	0.600	0.260
十一月	0.175	0.175	0.175	0.600	0.270
十二月	0.171	0.171	0.179	0.700	0.220
民国二十二年					
一月	0.180	0.220	0.150	0.750	0.250
二月	0.180	0.220	0.150	0.750	0.250
三月	0.180	0.220	0.150	0.750	0.250
四月	0.180	0.200	0.150	0.750	0.250
五月	0.170	0.200	0.140	0.750	0.220
六月	0.175	0.190	0.145	0.700	0.200
七月	0.165	0.180	0.140	0.650	0.200
八月	0.165	0.180	0.140	0.500	0.200
九月	0.170	0.180	—	0.500	0.200
十月	0.170	0.180	0.150	0.500	0.200
十一月	0.150	0.160	0.140	0.500	0.220
十二月	0.140	0.150	0.120	0.500	0.220
民国二十三年					
一月	0.140	0.150	0.120	0.550	0.220
二月	0.140	0.150	0.120	0.500	0.230
三月	0.120	0.140	0.100	0.500	0.220
四月	0.120	0.140	0.100	0.500	0.220
五月	0.120	0.140	0.100	0.480	0.200
六月	0.150	0.160	0.120	0.480	0.200

三十五、教育用品

1. 民国十九至二十二年度四年度内，定县各种教育用品之每年平均价格

物品种类	单位	每年平均价格			
		民国十九年度	民国二十年度	民国二十一年度	民国二十二年度
四寸易石砚	块	$0.150	$0.153	$0.133	$0.099
二寸半白铜墨盒	个	0.850	0.825	0.738	0.613
曹素公香墨	市斤	1.175	0.228	1.295	1.465
一得阁墨汁	瓶	0.185	0.188	0.175	0.158
丝绵子	张	0.120	0.105	0.094	0.088
电光铜尺	对	0.220	0.195	0.225	0.270
八寸石板	块	0.090	0.085	0.078	0.071
中号石笔	匣（100支）	0.125	0.126	0.133	0.131
地球粉笔	匣（100支）	0.125	0.130	0.106	0.093
提净小楷笔	支	0.150	0.148	0.148	0.128
寸楷羊毫笔	支	0.080	0.075	0.093	0.090
化学钢笔杆	支	0.220	0.190	0.158	0.140
手形钢笔头	个	0.023	0.020	0.017	0.012

2. 民国十九年七月至二十三年六月，定县各种教育用品之调查月份价格

	调查月份价格				
	四寸易石砚 块	二寸半白铜墨盒 个	曹素公香墨 市斤	一得阁墨汁 瓶	丝绵子 张
民国十九年					
九月					
十二月					
民国二十年					
三月	$0.150	$0.850	$1.143	$0.190	$0.120
六月	0.150	0.850	1.206	0.180	0.120
九月	0.160	0.850	1.295	0.200	0.130
十二月	0.150	0.800	1.206	0.180	0.100
民国二十一年					
三月	0.150	0.850	1.206	0.170	0.100
六月	0.150	0.800	1.206	0.200	0.090
九月	0.150	0.850	1.161	0.180	0.100
十二月	0.140	0.800	1.161	0.180	0.100
民国二十二年					
三月	0.120	0.650	1.429	0.170	0.090
六月	0.120	0.650	1.429	0.170	0.085
九月	0.100	0.700	1.429	0.180	0.100
十二月	0.100	0.600	1.429	0.160	0.080
民国二十三年					
三月	0.100	0.550	1.500	0.150	0.080
六月	0.095	0.600	1.500	0.140	0.090

（续前表）

	调查月份价格			
	电光铜尺 对	八寸石板 块	中号石笔 匣（100支）	地球粉笔 匣（100支）
民国十九年				
九月				
十二月				
民国二十年				
三月	$0.220	$0.090	$0.130	$0.130
六月	0.220	0.090	0.120	0.120
九月	0.200	0.090	0.140	0.140
十二月	0.200	0.090	0.120	0.130
民国二十一年				
三月	0.200	0.080	0.120	0.130
六月	0.180	0.080	0.125	0.120
九月	0.200	0.080	0.120	0.120
十二月	0.200	0.073	0.130	0.125
民国二十二年				
三月	0.250	0.080	0.150	0.090
六月	0.250	0.080	0.130	0.090
九月	0.300	0.080	0.140	0.100
十二月	0.250	0.060	0.130	0.090
民国二十三年				
三月	0.250	0.070	0.130	0.090
六月	0.280	0.074	0.122	0.090

（续前表）

	调查月份价格			
	提净小楷笔 支	寸楷羊毫笔 支	化学钢笔杆 支	手形钢笔头 个
民国十九年				
九月				
十二月				
民国二十年				
三月	$0.150	$0.080	$0.220	$0.020
六月	0.150	0.080	0.220	0.025
九月	0.140	0.070	0.200	0.020
十二月	0.150	0.080	0.200	0.020
民国二十一年				
三月	0.150	0.070	0.180	0.020
六月	0.150	0.080	0.180	0.019
九月	0.150	0.080	0.180	0.020
十二月	0.140	0.073	0.180	0.019
民国二十二年				
三月	0.150	0.120	0.150	0.014
六月	0.150	0.100	0.120	0.013
九月	0.150	0.120	0.150	0.012
十二月	0.120	0.080	0.150	0.012
民国二十三年				
三月	0.120	0.080	0.140	0.012
六月	0.120	0.080	0.120	0.010

三十六、纸张

1. 民国十九至二十二年度四年度内，定县各种纸张之每年平均价格

物品种类	单位	每年平均价格			
		民国十九年度	民国二十年度	民国二十一年度	民国二十二年度
成文绵纸	曲	$1.613	$1.525	$1.150	$1.350
改连绵纸	曲	1.100	1.088	0.963	0.663
尺八绵纸	曲	0.598	0.590	0.538	0.450
尺六绵纸	曲	0.370	0.403	0.365	0.290
尺四绵纸	曲	0.300	0.300	0.280	0.225
南毛边纸	刀	1.605	1.738	1.725	1.700
南粉连	刀	1.463	1.288	1.625	1.900
粉连料	刀	1.010	1.108	0.758	0.600
色粉连料	刀	1.025	1.080	0.845	0.763
本川连纸	刀	0.248	0.313	0.2■0	0.230
洋川连纸	刀	0.178	0.250	0.205	0.175
千柱纸	刀	1.218	1.280	0.850	0.925
报纸	刀	1.330	1.268	0.975	0.863
元书纸	刀	0.418	0.458	0.483	0.450
红格元书纸	刀	0.235	0.265	0.248	0.233
玉版宣	张	0.153	0.175	0.175	0.140
图画纸	张	0.060	0.063	0.044	0.031
手工纸	张	0.033	0.030	0.033	0.031

2. 民国十九年七月至二十三年六月，定县各种纸张之调查月份价格

	调查月份价格				
	成文绵纸曲	改连绵纸曲	尺八绵纸曲	尺六绵纸曲	尺四绵纸曲
民国十九年					
九月	$1.600	$1.100	$0.600	$0.300	
十二月	1.600	1.120	0.610	0.400	
民国二十年					
三月	1.550	1.080	0.580	0.380	$0.300
六月	1.700	1.100	0.600	0.400	0.300
九月	1.550	1.050	0.600	0.380	0.300
十二月	1.500	1.100	0.580	0.400	0.300
民国二十一年					
三月	1.550	1.150	0.600	0.450	0.300
六月	1.500	1.050	0.580	0.380	0.300
九月	1.500	1.000	0.550	0.370	0.280
十二月	1.500	1.000	0.550	0.380	0.280
民国二十二年					
三月	1.600	1.000	0.550	0.360	0.280
六月	1.500	0.850	0.500	0.350	0.280
九月	1.400	0.750	0.450	0.300	0.240
十二月	1.400	0.600	0.450	0.300	0.240
民国二十三年					
三月	1.350	0.650	0.450	0.280	0.220
六月	1.250	0.650	0.450	0.280	0.200

（续前表）

	调查月份价格			
	南毛边纸 刀	南粉连 刀	粉连料 刀	色粉连料 刀
民国十九年				
九月	$1.600	$1.650		$1.020
十二月	1.600	1.650		1.030
民国二十年				
三月	1.720	1.250	$1.060	1.050
六月	1.500	1.300	0.980	1.000
九月	1.650	1.200	1.050	1.100
十二月	1.750	1.300	1.100	1.080
民国二十一年				
三月	1.800	1.350	1.180	1.140
六月	1.750	1.300	1.100	1.000
九月	1.600	1.300	1.050	0.980
十二月	1.800	1.000	0.780	0.900
民国二十二年				
三月	1.700	2.200	0.600	0.800
六月	1.800	2.000	0.600	0.700
九月	1.750	2.000	0.700	0.800
十二月	1.800	1.950	0.600	0.800
民国二十三年				
三月	1.650	1.900	0.550	0.750
六月	1.600	1.800	0.550	0.700

（续前表）

	调查月份价格			
	本川连纸 刀	洋川连纸 刀	千柱纸 刀	报纸 刀
民国十九年				
九月	$0.240		$1.200	
十二月	0.250		1.220	
民国二十年				
三月	0.250	$0.175	1.250	$1.320
六月	0.250	0.180	1.200	1.320
九月	0.290	0.240	1.350	1.300
十二月	0.320	0.280	1.250	1.300
民国二十一年				
三月	0.320	0.240	1.320	1.370
六月	0.320	0.240	1.200	1.100
九月	0.320	0.240	1.050	1.000
十二月	0.220	0.180	0.950	0.850
民国二十二年				
三月	0.250	0.200	0.700	1.200
六月	0.250	0.200	0.700	0.850
九月	0.250	0.200	0.900	0.800
十二月	0.230	0.180	0.950	0.900
民国二十三年				
三月	0.220	0.160	0.900	0.850
六月	0.220	0.160	0.850	0.900

（续前表）

	调查月份价格				
	元书纸 刀	红格元书纸 刀	玉版宣 张	图画纸 张	手工纸 张
民国十九年					
九月	＄0.400		＄0.150		
十二月	0.400		0.150		
民国二十年					
三月	0.420	＄0.230	0.160	＄0.060	＄0.035
六月	0.450	0.240	0.150	0.060	0.030
九月	0.450	0.240	0.150	0.060	0.030
十二月	0.450	0.200	0.170	0.070	0.030
民国二十一年					
三月	0.480	0.280	0.200	0.060	0.030
六月	0.450	0.280	0.180	0.060	0.030
九月	0.450	0.250	0.200	0.060	0.030
十二月	0.480	0.250	0.200	0.050	0.029
民国二十二年					
三月	0.500	0.240	0.150	0.035	0.040
六月	0.500	0.250	0.150	0.030	0.032
九月	0.480	0.240	0.140	0.040	0.030
十二月	0.450	0.220	0.140	0.030	0.030
民国二十三年					
三月	0.450	0.240	0.140	0.032	0.032
六月	0.420	0.230	0.140	0.030	0.030

三十七、敬神用品

1. 民国十九至二十二年度四年度内，定县各种敬神用品之每年平均价格

物品种类	单位	每年平均价格			
		民国十九年度	民国二十年度	民国二十一年度	民国二十二年度
大乘益锡箔	墩	$0.340	$0.360	$0.310	$0.268
大德宝锡箔	墩	0.253	0.290	0.258	0.208
大洪益锡箔	墩	0.433	0.450	0.408	0.318
足柱香	封	0.049	0.042	0.040	0.038
烧纸	刀	0.117	0.125	0.115	0.082
黄表纸	刀	0.099	0.099	0.089	0.081
黄表疏	套	0.036	0.037	0.027	0.017
冥票	1 000张	1.038	0.925	0.943	0.800
冥洋	匣	0.098	0.097	0.097	0.105

2. 民国十九年七月至二十三年六月，定县各种敬神用品之调查月份价格

	调查月份价格			
	大秉益锡箔 墩	大德宝锡箔 墩	大洪益锡箔 墩	足柱香 封
民国十九年				
九月	$0.320	$0.220	$0.440	$0.039
十二月	0.350	0.240	0.450	0.049
民国二十年				
三月	0.340	0.250	0.440	0.049
六月	0.350	0.300	0.400	0.060
九月	0.360	0.270	0.450	0.043
十二月	0.360	0.300	0.450	0.044
民国二十一年				
三月	0.360	0.300	0.450	0.040
六月	0.340	0.280	0.440	0.042
九月	0.340	0.280	0.450	0.041
十二月	0.280	0.220	0.430	0.043
民国二十二年				
三月	0.300	0.250	0.350	0.040
六月	0.320	0.280	0.400	0.035
九月	0.300	0.250	0.350	0.040
十二月	0.260	0.200	0.300	0.032
民国二十三年				
三月	0.250	0.180	0.300	0.036
六月	0.260	0.200	0.320	0.042

（续前表）

	调查月份价格				
	烧纸 刀	黄表纸 刀	黄表疏 套	冥票 1 000 张	冥洋 匣
民国十九年					
九月	$0.108		$0.039	$0.976	$0.098
十二月	0.110		0.039	0.976	0.097
民国二十年					
三月	0.131	$0.097	0.036	1.000	0.102
六月	0.120	0.100	0.029	1.200	0.096
九月	0.125	0.096	0.039	0.990	0.100
十二月	0.130	0.096	0.039	0.990	0.098
民国二十一年					
三月	0.123	0.104	0.038	0.830	0.090
六月	0.120	0.100	0.033	0.900	0.100
九月	0.130	0.100	0.032	0.920	0.092
十二月	0.121	0.087	0.029	0.850	0.097
民国二十二年					
三月	0.100	0.090	0.025	1.200	0.100
六月	0.110	0.080	0.020	0.800	0.100
九月	0.080	0.080	0.020	1.000	0.100
十二月	0.080	0.080	0.015	0.850	0.100
民国二十三年					
三月	0.087	0.087	0.016	0.700	0.109
六月	0.081	0.077	0.015	0.650	0.110

三十八、嫁妆用品

1. 民国十九至二十二年度四年度内，定县各种嫁妆用品之每年平均价格

物品种类	单位	每年平均价格			
		民国十九年度	民国二十年度	民国二十一年度	民国二十二年度
杜木头号大镜子	架	$2.500	$2.550	$1.950	$1.625
杜木二号大镜子	架	1.500	1.650	1.450	1.350
杨柳木一尺小镜子	对	0.500	0.725	0.530	0.350
杨柳木八寸小镜子	对	0.300	0.450	0.350	0.265
江西瓷三百件带彩花瓶	对	9.800	9.750	8.000	6.250
江西瓷百五十件带彩花瓶	对	4.800	4.600	3.875	3.575
江西瓷带彩帽筒	对	2.400	2.600	2.075	1.600
江西瓷五十件带彩茶壶	个	0.900	0.750	0.650	0.575
江西瓷带彩茶缸	对	1.400	0.850	0.765	0.625
江西瓷带彩扣碗	对	0.550	0.575	0.450	0.360
江西瓷带彩折碗	对	0.300	0.300	0.235	0.200
江西瓷带彩胰盒	个	0.350	0.325	0.350	0.310
江西瓷带彩油盒	对	0.450	0.425	0.375	0.310
江西瓷带彩粉盒	对	0.350	0.275	0.250	0.200
小杨木一号箱	对	7.500	7.750	7.000	5.500
小杨木二号箱	对	5.500	5.650	5.000	4.500
小杨木三号箱	对	4.000	4.000	3.700	3.350

2. 民国十九年七月至二十三年六月，定县各种嫁妆用品之调查月份价格

	调查月份价格					
	杜木头号大镜子 架	杜木二号大镜子 架	杨柳木一尺小镜子 对	杨柳木八寸小镜子 对	江西瓷三百件带彩花瓶 对	江西瓷百五十件带彩花瓶 对
民国十九年						
八月						
民国二十年						
五月	$2.500	$1.500	$0.500	$0.300	$9.800	$4.800
八月	2.300	1.800	0.750	0.500	10.500	5.200
民国二十一年						
五月	2.200	1.500	0.700	0.400	9.000	4.000
八月	2.200	1.500	0.700	0.400	9.000	4.000
民国二十二年						
五月	1.700	1.400	0.360	0.300	7.000	3.750
八月	1.600	1.350	0.350	0.250	6.500	3.650
民国二十三年						
五月	1.650	1.350	0.350	0.280	6.000	3.500

（续前表）

	调查月份价格				
	江西瓷 带彩帽筒 对	江西瓷五十 件带彩茶壶 个	江西瓷 带彩茶缸 对	江西瓷 带彩扣碗 对	江西瓷 带彩折碗 对
民国十九年					
八月					
民国二十年					
五月	$2.400	$0.900	$1.400	$0.550	$0.300
八月	2.800	0.850	0.850	0.600	0.350
民国二十一年					
五月	2.400	0.650	0.850	0.550	0.250
八月	2.350	0.650	0.830	0.550	0.270
民国二十二年					
五月	1.800	0.650	0.700	0.350	0.200
八月	1.700	0.600	0.650	0.360	0.200
民国二十三年					
五月	1.500	0.550	0.600	0.360	0.200

（续前表）

	调查月份价格					
	江西瓷带彩胰盒个	江西瓷带彩油盒对	江西瓷带彩粉盒对	小杨木一号箱对	小杨木二号箱对	小杨木三号箱对
民国十九年						
八月						
民国二十年						
五月	$0.350	$0.450	$0.350	$7.500	$5.500	$4.000
八月	0.300	0.450	0.300	7.500	5.500	4.000
民国二十一年						
五月	0.350	0.400	0.250	8.000	5.800	4.000
八月	0.350	0.400	0.250	8.000	5.500	3.800
民国二十二年						
五月	0.350	0.350	0.250	6.000	4.500	3.600
八月	0.300	0.320	0.200	5.500	4.500	3.500
民国二十三年						
五月	0.320	0.300	0.200	5.500	4.500	3.200

三十九、寿衣

1. 民国十九至二十二年度四年度内，定县各种寿衣之每年平均价格

物品种类	单位	每年平均价格			
		民国十九年度	民国二十年度	民国二十一年度	民国二十二年度
缎台帽	顶	$1.300	$1.350	$1.250	$1.050
绒台帽	顶	1.275	1.350	1.030	0.750
布台帽	顶	0.290	0.225	0.250	0.265
缎帽盔	顶	0.900	0.875	0.900	1.000
布帽盔	顶	0.150	0.190	0.190	0.200
缎棉袍	件	18.350	17.250	15.500	14.000
男绉绸棉袍	件	7.900	7.650	7.130	6.750
缎马褂	件	11.000	11.750	9.100	7.250
洋缎马褂	件	2.500	2.250	2.450	2.450
洋布马褂	件	1.750	2.650	1.550	1.200
男缎外褂	件	16.500	14.650	13.800	11.000
女缎外褂	件	14.250	13.600	11.950	10.250
宫绸小袄	件	7.300	6.275	6.150	4.650
男、女串绸小袄	件	2.700	3.050	3.250	3.250
女宫绸大袄	件	12.000	11.400	10.200	7.500
缎棉裤	条	9.450	8.000	7.125	6.500
男、女串绸棉裤	条	2.700	2.925	2.950	2.950
广缎裙	条	14.000	10.400	9.500	8.500
花丝葛裙	条	5.650	5.000	4.400	4.500
广缎褥子	条	7.650	8.700	7.500	7.000
幪单	副	6.100	7.450	7.400	6.250
洋缎枕头	个	0.300	0.340	0.375	0.400
缎手帕	条	1.450	1.400	1.200	1.000
丝带子	条	0.650	0.725	0.550	0.500
缎鞋	双	1.390	1.500	1.450	1.350
布鞋	双	0.450	0.475	0.375	0.375
缎靴	双	3.650	2.750	3.000	2.900

2. 民国十九年七月至二十三年六月，定县各种寿衣之调查月份价格

	调查月份价格				
	缎台帽顶	绒台帽顶	布台帽顶	缎帽盔顶	布帽盔顶
民国十九年					
八月	$1.300	$1.250	$0.280	$0.900	$0.100
民国二十年					
二月	1.300	1.300	0.300	0.900	0.200
八月	1.200	1.300	0.200	0.900	0.200
民国二十一年					
二月	1.500	1.350	0.250	0.850	0.180
八月	1.400	1.250	0.250	0.800	0.180
民国二十二年					
二月	1.100	0.800	0.250	1.000	0.200
八月	1.100	0.800	0.250	1.000	0.200
民国二十三年					
二月	1.000	0.700	0.280	1.000	0.200

（续前表）

	调查月份价格				
	缎棉袍 件	男绉绸棉袍 件	缎马褂 件	洋缎马褂 件	洋布马褂 件
民国十九年					
八月	$18.200	$8.000	$11.500	$2.300	$1.800
民国二十年					
二月	18.500	7.800	10.500	2.200	1.700
八月	18.000	7.800	13.000	2.500	3.300
民国二十一年					
二月	16.500	7.500	10.500	2.000	2.000
八月	16.000	7.250	10.200	1.900	1.900
民国二十二年					
二月	15.000	7.000	8.000	3.000	1.200
八月	14.000	7.000	7.500	2.500	1.200
民国二十三年					
二月	12.000	6.500	7.000	2.400	1.200

（续前表）

	调查月份价格				
	男缎外褂 件	女缎外褂 件	宫绸小袄 件	男、女串绸小袄 件	女宫绸大袄 件
民国十九年					
八月	$18.800	$16.500	$6.800	$2.700	$12.000
民国二十年					
二月	15.000	12.000	7.800	2.700	12.000
八月	14.800	14.000	5.000	3.000	12.000
民国二十一年					
二月	14.500	13.200	7.550	3.100	10.800
八月	14.100	12.900	7.300	3.000	10.400
民国二十二年					
二月	13.500	11.000	5.000	3.500	10.000
八月	12.000	11.000	4.800	3.500	8.000
民国二十三年					
二月	10.000	9.500	4.500	3.000	7.000

（续前表）

	调查月份价格					
	缎棉裤 条	男、女串绸棉裤 条	广缎裙 条	花丝葛裙 条	广缎褥子 条	幪单 副
民国十九年						
八月	$9.100		$17.000	$5.800	$5.800	$6.000
民国二十年						
二月	9.800	$2.700	11.000	5.500	9.500	6.200
八月	8.500	2.800	11.000	5.500	9.000	6.800
民国二十一年						
二月	7.500	3.050	9.800	4.500	8.400	8.100
八月	7.250	2.950	9.500	4.300	8.000	7.800
民国二十二年						
二月	7.000	2.950	9.500	4.500	7.000	7.000
八月	7.000	3.000	9.000	4.500	7.000	6.500
民国二十三年						
二月	6.000	2.900	8.000	4.500	7.000	6.000

（续前表）

	调查月份价格					
	洋缎枕头 个	缎手帕 条	丝带子 条	缎鞋 双	布鞋 双	缎靴 双
民国十九年						
八月		$1.400	$0.600	$1.280	$0.500	$4.800
民国二十年						
二月	$0.300	1.500	0.700	1.500	0.400	2.500
八月	0.300	1.300	0.800	1.500	0.450	2.400
民国二十一年						
二月	0.380	1.500	0.650	1.500	0.500	3.100
八月	0.350	1.400	0.600	1.400	0.450	3.000
民国二十二年						
二月	0.400	1.000	0.500	1.500	0.300	3.000
八月	0.400	1.000	0.500	1.400	0.400	3.000
民国二十三年						
二月	0.400	1.000	0.500	1.300	0.350	2.800

四十、棺板

1. 民国十九至二十二年度四年度内，定县各种棺板之每年平均价格

物品种类	单位	每年平均价格			
		民国十九年度	民国二十年度	民国二十一年度	民国二十二年度
平三寸四玉柏板	副	$350.000	$310.000	$260.000	$210.000
三五独梆柏板	副	145.000	142.500	102.500	80.000
三五六头柏板	副	70.000	67.500	55.000	45.000
平四寸七头柏板	副	52.000	50.000	42.500	37.500
厚十头柏板	副	45.000	43.500	38.000	31.000
平四寸香椿板	副	48.000	46.500	40.000	25.500
三五大杨木板	副	24.000	25.500	22.000	13.500
三五榆木板	副	24.000	24.500	21.000	13.000
三五柳木板	副	18.000	17.500	15.000	10.000

2. 民国十九年七月至二十三年六月，定县各种棺板之调查月份价格

	调查月份价格				
	平三寸四玉柏板 副	三五独梆柏板 副	三五六头柏板 副	平四寸七头柏板 副	厚十头柏板 副
民国十九年					
八月					
民国二十年					
二月	$ 350.000	$ 145.000	$ 70.000	$ 52.000	$ 45.000
八月	320.000	145.000	70.000	50.000	45.000
民国二十一年					
二月	300.000	140.000	65.000	50.000	42.000
八月	280.000	115.000	60.000	45.000	40.000
民国二十二年					
二月	240.000	90.000	50.000	40.000	36.000
八月	200.000	80.000	48.000	40.000	32.000
民国二十三年					
二月	220.000	80.000	42.000	35.000	30.000

（续前表）

	调查月份价格			
	平四寸香椿板 副	三五大杨木板 副	三五榆木板 副	三五柳木板 副
民国十九年				
八月				
民国二十年				
二月	$48.000	$24.000	$24.000	$18.000
八月	48.000	24.000	23.000	17.000
民国二十一年				
二月	45.000	27.000	26.000	18.000
八月	45.000	24.000	22.000	16.000
民国二十二年				
二月	35.000	20.000	20.000	14.000
八月	25.000	14.000	14.000	10.000
民国二十三年				
二月	26.000	13.000	12.000	10.000

在定县城区内实地调查日常用品之物价，包括米、面粉、杂粮、菜蔬、瓜果、干果、肉蛋、调味品、海味、干粉、点心、杂食、茶叶、酒、烟、棉花棉线、本机布、粗细布、绸缎、呢绒、帽、鞋、燃料、建筑材料、木器、竹器、厨房用具、灯、牲畜、肥料、农具、车套、卫生用品、教育用品、纸张、敬神用品、嫁妆用品、寿衣、棺板三十九类，计七百三十二种①。

米类计西贡稻米、仰光稻米、小站稻米、清水稻米、平山稻米、曲阳稻米、西板稻米、广昌小米、本地小米、黄米、稷米十一种。每月调查三次，时期为每月一日、十一日与二十一日。

面粉类计太极面粉、丛台面粉、绿兵船面粉、宝塔面粉、本地面粉、荞麦面粉、小米面粉、黄米面粉、玉米面粉、豆面粉、榆皮面粉十一种。每月调查

① 原文如此。——编者注

三次，时期为每月一日、十一日与二十一日。

杂粮类计小麦、大麦、露仁、荞麦、黄谷、白谷、玉米、黍子、稷子、本地高粱、山高粱、芝麻、花生、本地黑豆、广昌黑豆、大青豆、大黄豆、绿豆、白豆十九种。每月调查三次，时期为每月一日、十一日与二十一日。

菜蔬类计大白菜、小白菜、洋白菜、舒心白菜、菠菜、油菜、白萝卜、红萝卜、小红萝卜、萝卜干、蔓菁、莴苣、莴笋、秀笋、竹笋、玉兰片、白山药、山药蛋（马铃薯）、甘薯、苤蓝、苠莛、茄子、北瓜、冬瓜、西葫芦、黄瓜、豆角、芸豆角、黄豆芽、绿豆芽、青豆嘴、豆苗、蒜苗、蒜苔、青蒜、蒜、葱、葱头、鲜大葱、小葱、韭菜、黄韭、芫荽、茴香、芹菜、香椿、辣椒、红辣椒、青辣椒、黄花、木耳、龙须菜、苤蓝丝、咸菜、八宝菜、藕、莲子五十七种。每月调查三次，时期为每月一日、十一日与二十一日。

瓜、果类计西瓜、甜瓜、面甜瓜、酥瓜、菜瓜、杏、鸭梨、红宵梨、面梨、葡萄、柿子、红枣、桃、小桃、蜜橘、春橘、台橘、川橘、苹果、烟台苹果、沙果、红甜子、香槟子、红果、海棠果、青果、香蕉、石榴、香橼、甘蔗三十种。每月调查三次，时期为每月六日、十六日与二十六日。

干果类计大花生、小花生、咸花生、花生仁、油炸花生仁、花生粘、白瓜子、黑瓜子、栗子、油炸蚕豆、核桃、核桃仁十二种。每月三日调查一次。

肉、蛋类计猪肉、牛肉、羊肉、熟猪肉、熟牛肉、熟骡马肉、去毛整鸡、熟鸡、鲜鱼、鸡蛋、咸鸡蛋、松花蛋十二种。每月十五日调查一次。

调味品类计荤油、香油、豆豉、白酱油、青酱、甜酱、豆酱、黑酱、芝麻酱、干醋、水醋、红糖、白糖、冰糖、盐、白碱、鲜姜、大料、花椒、芥花面、小茴香二十一种。每月十五日调查一次。

海味类计洋参、海参、中海参、洋鱼骨、南海骨、中鱼肚、大青翅、鱿鱼、湘鱼、干贝、蛏干、蟹干、虾仁、皮虾、海蜇、海带十六种。每年调查四次、时期为每年一月十日、四月十日、七月十日与十月十日。

干粉类计净粉条、花粉条、净抓髻粉条、花抓髻粉条、山药粉条、洋粉条、净粉面、花粉面八种。每月三日调查一次。

点心类计大八件、小八件、各种酥、鸡蛋糕、槽糕、饼干、大糖枣、小糖枣、月饼九种。每年调查四次、时期为每年三月六日、六月六日、九月六日与十二月六日。

杂食类计烧饼、火烧、四方烧饼、酥烧饼、麻糖、蜜麻花、卷子、挂面、饸饹、粑糕、烙饼、小米面煎饼、荞麦面煎饼、凉粉块、凉粉皮十六种[①]。每月十五日调查一次。

茶叶类计龙井、香片、小叶、大方四种。每年调查四次，时期每年三月十日、六月十日、九月十日与十二月十日。

酒类计保定瓶酒、烧酒、黄酒、枣酒四种。每年调查四次，时期为每年三月十日、六月十日、九月十日与十二月十日。

烟类计大婴孩、安琪儿、大鸡儿、北平牌、哈德门、翠鸟牌、第一牌、双刀牌、本地烟叶、阜平烟叶、黄烟丝、杂拌烟十二种，每月十五日调查一次。

棉花、棉线类计籽棉、皮棉（去籽未弹之棉花，定县俗名叫做瓤子）、熟花（去籽已弹好之棉花，定县俗名叫做瓜子）、本地线、八卦洋线、双福洋线六种。每月三日调查一次。

本机布类计白帆布、16 白布、32 白布、20 大标、20 白标、32 绸月布、花条布、色花条布、电光麻布、双丝葛麻布十种。每月三日调查一次。调查时每匹长宽重之标准如下：

物品种类	调查时每匹之标准		
	长度	宽度	重量
白帆布	127.2 市尺	2.65 市尺	9.80 市斤
16 白布	106.0	2.65	12.67
32 白布	106.0	2.54	8.40
20 大标	148.4	2.54	13.44
20 白标	137.8	2.23	5.60
32 绸月布	106.0	2.54	5.60
花条布	106.0	2.33	7.84
色花条布	111.3	2.33	6.72
电光麻布	106.0	2.12	5.60
双丝葛麻布	106.0	2.12	5.95

粗细布类计大白布、细白布、白庄布、伯丈大细布、伯丈小细布、高蓬茄

① 原文如此。——编者注

子块布、蓝茄子块布、假色金砖布、紫花布、蓝白线布、菜瓜道布各二种，西洋花洋布、普通花洋布、团龙粗洋布、太极白洋布、龙头白洋布、飞鱼白洋布、八磅红洋标、双龙珠白市布、商贾漂白布、金钱漂白布、蓝九狮漂白布、蓝鱼漂白布、三尺漂白布、蓝洋布、青洋布、灰洋布各一种，共三十八种。每月调查三次，时期为每月六日、十六日与二十六日。大白布、细白布、白庄布、伯丈大细布、伯丈小细布、高蓬茄子块布、蓝茄子块布、假色金砖布、紫花布、蓝白线布、菜瓜道布八种粗细布，调查时每匹长宽重之标准如下：

物品种类	调查时每匹之标准		
	长度	宽度	重量
大白布	41 市尺	1.16 市尺	3.22 市斤
细白布	32	1.04	1.61
白庄布	34	0.98	2.10
伯丈大细布	41	1.06	2.59
伯丈小细布	34	1.04	1.82
高蓬茄子块布	39	1.12	2.94
蓝茄子块布	39	1.12	2.94
假色金砖布	37	1.04	2.38
紫花布	41	1.16	3.08
蓝白线布	39	1.12	2.80
菜瓜道布	41	1.12	3.22

绸缎类计各色杭春绸、杭纺绸、各色铁机缎、各色提花缎、各色贡丝缎、花库缎、各色花丝葛、各色羽毛纱八种。每月二日调查一次。

呢绒类计八美直贡呢、五美直贡呢、芭蕉牌直贡呢、礼服呢、巴黎呢、中山呢、哔叽呢、大面毛哔叽、线哔叽九种。每月二日调查一次。

帽类计普通礼帽、特等礼帽、普通皮帽、貂皮皮帽、礼服呢帽盔、直贡呢帽盔、缎帽盔、纱帽盔、布帽盔、普通平草帽、新式草帽、大圈草帽十二种。每年调查四次，时期为每年一月十日、四月十日、七月十日与十月十日。

鞋类计皂布纸底鞋、皂布布底鞋、皂布布底棉鞋、皂布千层底棉鞋、帆布皮底鞋、帆布双底鞋、帆布运动鞋、帆布皮底棉鞋、礼服呢千层底鞋、礼服呢皮底鞋、礼服呢皮底棉鞋、毛线皮底棉鞋、绒皮底鞋、绒千层底棉鞋、绒皮底棉鞋十五种。每年调查四次，时期为每年一月十日、四月十日、七月十日与十月十日。

燃料类计一号羡子、二号羡子、房山煤末、清化煤块、大石炭、碎石炭、小炉块、焦炭、大劈柴、树枝子、干草、豆秸、秫秸、美孚德富油、美孚鹰牌油、亚细亚元宝油、亚细亚铁锚油、大华油、十二两僧帽蜡烛、十二两鹰牌蜡烛、十二两松鹤蜡烛、十二两宝星蜡烛、国货火柴、丹凤火柴二十四种。每月二日调查一次。

建筑材料类计榆木柎、大杨木柎、小杨木柎、榆木檩、大杨木檩、小杨木檩、大杨木椽、小杨木椽、榆木方子、大杨木方子、小杨木方子、榆木门、大杨木门、小杨木门、大杨木窗、小杨木窗、头等砖、二等砖、薄砖、小个砖、一尺二方砖、一尺方砖、土坯、滴水、勾头、板瓦、筒瓦、瓦节子、折腰、罗锅、单勾、猫头、一丈青条石、五尺青条石、带花大门墩、无花小门墩、九寸柱脚石、八寸柱脚石、七寸柱脚石、六寸柱脚石、青灰、白灰、麻刀、十尺苇席、十一尺苇席、苇箔、小杨木三分板、小杨木五分板、小杨木七分板、小杨木一寸板、小杨木寸二板、小杨木寸四板、小杨木寸五板、小杨木寸八板五十四种。每年调查四次，时期为每年三月五日、六月五日、九月五日与十二月五日。柎、檩、椽、门及窗，调查时每单位长宽厚之标准如下：

物品种类	调查时每单位之标准		
	长	宽	厚
榆木柎	14.00 市尺	1.12 市尺	—
大杨木柎	14.00	0.93	—
小杨木柎	14.00	0.93	—
榆木檩	11.21	0.75	—
大杨木檩	11.21	0.75	—
小杨木檩	11.21	0.75	—
大杨木椽	5.60	0.23	—
小杨木椽	2.80	0.19	—
榆木门	6.07	2.80	0.14 市尺
大杨木门	6.07	2.80	0.14
小杨木门	6.07	2.80	0.14
大杨木窗	3.27	2.80	—
小杨木窗	3.27	2.80	—

木器类计大杨木对子柜、小杨木小金面柜、小杨木四扇门柜、小杨木小坐柜、小杨木大板匣、小杨木大匣子、大杨木条案、小杨木连三带橱桌、小杨木连二桌、大杨木方炕桌、小杨木长炕桌、槐木大椅、小杨木洋式椅、小杨木板凳、小杨木盘脚凳、小杨木圆凳十六种。每年调查二次，时期为每年五月九日与八月九日。

竹器类计二号竹门帘、三号竹门帘、四号竹门帘、二号竹窗帘、三号竹窗帘、四号竹窗帘、一号竹米筛、二号竹米筛、一号竹篮、二号竹篮、三号竹篮、响竹十二种。每年调查二次，时期为每年五月九日与八月九日。

厨房用具类计江西瓷蓝边大海碗、江西瓷红花大海碗、江西瓷蓝边二海碗、江西瓷红花二海碗、江西瓷蓝边大碗、江西瓷红花大碗、江西瓷带描大碗、江西瓷豆绿大碗、江西瓷蓝边中碗、江西瓷红花中碗、江西瓷带描中碗、江西瓷豆绿中碗、粗瓷花碗、江西瓷蓝边七寸盘、江西瓷红花七寸盘、江西瓷带描七寸盘、江西瓷豆绿七寸盘、江西瓷蓝边九寸盘、江西瓷豆绿九寸盘、洋瓷蓝边七寸盘、洋瓷蓝边一尺盘、江西瓷蓝边五寸碟、江西瓷红花五寸碟、江西瓷带描五寸碟、江西瓷豆绿五寸碟、江西瓷蓝边三寸醋盏、江西瓷红花三寸醋盏、江西瓷带描三寸醋盏、江西瓷豆绿三寸醋盏、江西瓷蓝边羹匙、江西瓷红花羹匙、江西瓷带描羹匙、江西瓷豆绿羹匙、江西瓷蓝边酒盅、江西瓷红花酒盅、江西瓷带描酒盅、江西瓷豆绿酒盅、二尺一寸五蒸笼、一尺六寸蒸笼、一尺二寸蒸笼、蒲牌顶、席拍子、篦子（蒸食物用）、五印锅、六印锅、七印锅、沙锅、沙吊子、二尺四风箱、瓷盔、琉璃盆、厨刀、火串、火铲、火炉篦、铁勺子、铁铲子、普通铁笊篱、铁洗脸盆、柏木水梢、擀面杖、竹筷子、乌木筷子六十二种[①]，每年调查二次，时期为每年二月十二日与八月十二日。

灯类计加大吊灯、二号吊灯、三号吊灯、二号坐灯、三号坐灯、大号美最时灯六种。每年调查二次，时期为每年五月九日与八月九日。

牲畜类计边牙走骡、边牙车套骡、边牙走驴、边牙车套驴、边牙走马、边牙车套马、边牙大牛、大羊、大肥猪、半大猪、小猪十一种。每月八日调查一次。调查时骡驴马牛每头身高，与猪羊每头体重之标准如下：

---

① 原文如此。——编者注

牲畜种类	调查时每单位之标准	
	身高	体重
边牙走骡	4.20 市尺	
边牙车套骡	4.20	—
边牙走驴	3.55	—
边牙车套驴	3.55	—
边牙走马	3.92	—
边牙车套马	3.92	—
边牙大牛	3.92	—
大羊	—	67 市斤
大肥猪	—	157
半大猪	—	56
小猪	—	17

肥料类计净大粪、面大粪、鸽子粪、乌鸦粪、堆粪、厩粪、花生饼、棉子饼、大槽麻、小磨麻十种。每月八日调查一次。

农具类计大簸箕、小簸箕、大筐箩、小筐箩、柳罐、大抬筛、抬筛、大眼筛、米筛、四系小筐、粪筐、三股杈、四股杈、撩耙、竹耙、槐木耙、犁杖、耕地耠子、耕地耧、擦子架、枣木盖条、铁犁盘、铁铧子、种机儿、无柄旧全锄、大锄板、大锄钩、大锄柄、挖勺子、大镐、小镐、三齿镐、铁锨、洋铁锨、小铁锨、镰刀、钊镰、粪杈子、斧子、双刃斧子、铁键、带柄铁耙子、带柄刮耙、带柄木锨、水车、铁制水车斗、木制水车斗、辘轳头、辘轳梃子、辘轳把子、四把辘轳杈子、井绳、槐木扇车、槐木担子、枣木车轴、礅子、扫帚五十七种。每年调查二次，时期为每年四月十八日与十月十八日。

车套类计鞍子、护鞍皮、搭腰、搭腰根、大肚、后鞦、小肚带、胯甲、胯甲带夹板、胳拉、嚼子带扯勒、牛皮长套、缰绳、拢头、鞭子、鞭杆、鞭苗、鞭梢、皮线、皮条二十种。每年调查四次，时期为每年三月十日、六月十日、九月十日与十二月十日。

卫生用品类计日光皂、广华皂、卫生皂、檀香皂、棕榄皂、白兰皂、白玉霜皂、小号白玉霜皂、本地胰子、二号枣木梳子、二号竹篦子、圆把牙刷、双十字牙刷、化学牙刷、无敌牙粉、嫦娥牙粉、狮子牙粉、铁盒扑粉、桃花粉、二号双妹雪花膏、三号双妹生发油、双人头沤子（面油）、自行车毛巾、炮车毛巾、森字毛巾、彩洋瓷盆、彩江西瓷盂二十七种。每月八日调查一次。

教育用品类计四寸易石砚、二寸半白铜墨盒、曹素公香墨、一得阁墨汁、丝绵子、电光铜尺、八寸石板、中号石笔、地球粉笔、提净小楷笔、寸楷羊毫笔、化学钢笔杆、手形钢笔头十三种。每年调查四次，时期为每年三月六日、六月六日、九月六日与十二月六日。

纸张类计成文绵纸、改连绵纸、尺八绵纸、尺六绵纸、尺四绵纸、南毛边纸、南粉连、粉连料、色粉连料、本川连纸、洋川连纸、千柱纸、报纸、元书纸、红格元书纸、玉版宣、图画纸、手工纸十八种。每年调查四次，时期为每年三月六日、六月六日、九月六日与十二月六日。

敬神用品类计大秉益锡箔、大德宝锡箔、大洪益锡箔、足柱香、烧纸、黄表纸、黄表疏、冥票、冥洋九种。每年调查四次，时期为每年三月五日、六月五日、九月五日与十二月五日。

嫁妆用品类计杜木头号大镜子、杜木二号大镜子、杨柳木一尺小镜子、杨柳木八寸小镜子、江西瓷三百件带彩花瓶、江西瓷百五十件带彩花瓶、江西瓷带彩帽筒、江西瓷五十件带彩茶壶、江西瓷带彩茶缸、江西瓷带彩扣碗、江西瓷带彩折碗、江西瓷带彩胰盒、江西瓷带彩油盒、江西瓷带彩粉盒、小杨木一号箱、小杨木二号箱、小杨木三号箱十七种。每年调查二次，时期为每年五月九日与八月九日。

寿衣类计缎台帽，绒台帽，布台帽，缎帽盔，布帽盔，缎棉袍，男绉绸棉袍，缎马褂，洋缎马褂，洋布马褂，男缎外褂，女缎外褂，宫绸小袄，男、女串绸小袄，女宫绸大袄，缎棉裤，男、女串绸棉裤，广缎裙，花丝葛裙，广缎褥子，幪单，洋缎枕头，缎手帕，丝带子，缎鞋，布鞋，缎靴二十七种。每年调查二次，时期为每年二月十二日与八月十二日。

棺板类计平三寸四玉柏板、三五独梆柏板、三五六头柏板、平四寸七头柏板、厚十头柏板、平四寸香椿板、三五大杨木板、三五榆木板、三五柳木板九种。每年调查二次，时期为每年二月十二日与八月十二日。

第十三章 财政

一、税捐收支

1. 民国二十一年度，定县省税收入数

民国二十一年七月至二十二年六月

税别	预定额	实征数
田赋及差徭	$ 110 198.49	$ 109 813.71
河北省盐款附加捐	—	18 885.00
牲畜花税	16 625.00	16 625.00
契税及附征各项	28 352.87	16 158.69
八行牙税	15 492.00	15 492.00
屠宰税	8 100.00	8 100.00
营业税	8 844.50	7 675.00
官款生息及杂收入	1 009.51	1 009.51
总合	188 622.37	193 758.91

注：1. 河北省盐款附加捐，民国二十一年规定每百斤征洋五角，查二十一年度共销盐 9 442 $\frac{1}{2}$包，每包以四百斤计，应合如表数。

2. 田赋及差徭，系按年份计算。

2. 民国二十一年度，定县省税支出数

民国二十一年七月至二十二年六月

项别	预定额	实支数
解省	—	$ 82 851.89
省立第九中学经费	$ 28 860.00	18 366.96
二十一年度本县行政经费	13 176.00	13 176.00
补发二十年度行政经费	—	3 853.84
临时拨付省立女子师范	—	8 556.93
留垫各款	—	8 245.78
拨还二十一年度公债借款	6 400.00	6 400.00
拨还二十年度公债借款	—	3 200.00
二十一年度模范费	6 000.00	6 000.00
补发二十年度模范费	—	1 000.00
征解办公费	6 808.10	5 994.81
二十一年度本县司法经费	5 541.60	5 541.61
补发二十年度司法经费	—	5 541.60
拨还二十一年永定河工借款	2 382.80	2 382.80
补还二十年度永定河工借款	—	1 045.79
预拨二十二年度研究院经费	—	1 205.91
冬赈	—	900.00
官兵恤金	—	471.50
省政府分发到县实习科员	—	90.00
盐商田埙审判费	—	48.50
总合	69 168.50	174 873.91

注：查省税收入项下共计 193 758.91 元，支出项下仅有 174 873.91 元，因有河北省盐款附加捐 18 885.00 元，系由省方直接征拨，不归本县办理者，故支出如上表数。

3. 民国二十一年度，定县县政府收入与支出数

民国二十一年七月至二十二年六月

项别	收入数	支出数
省规定行政经费	$ 13 176.00	$ 13 176.00
省规定司法经费	5 505.60	5 505.60
各项税捐提成办公费	6 493.69	6 493.69
总合	25 175.29	25 175.29

4. 民国二十一年度，定县县地方捐收入数

民国二十一年七月至二十二年六月

捐别	预定额	实征数
田赋附加地方经费	$ 39 359.328	$ 36 445.808
八行牙捐	28 863.000	28 862.982
花生木植捐	16 481.000	15 894.000
牲畜花附捐	17 680.000	11 310.000
临时收入	7 788.131	9 184.742
地方杂收入	8 652.824	7 688.775
屠宰附捐	6 800.000	6 800.000
契税中佣	5 807.076	4 265.816
总合	131 431.359	120 452.123

注：田赋附加系按年份计算。

5. 民国二十一年度，定县县地方捐支出数

民国二十一年七月至二十二年六月

项别	预定额	实支数
党费：	$ 7 200.00	$ 7 200.00
县党部经费	7 200.00	7 200.00
政费：	53 055.00	52 739.00
公安局经费	28 156.00	28 156.00
区公所经费	10 860.00	10 860.00
教育局经费	5 592.00	5 592.00
建设局经费	3 072.00	3 072.00
财务局经费	2 355.00	2 355.00
县度量衡检定所经费	1 080.00	1 080.00
电话局经费	960.00	960.00
自治筹备处经费	980.00	664.00
教育费：	60 370.20	60 370.20
女子师范学校	16 200.00	16 200.00
乡村师范学校	13 800.00	13 800.00
四乡高小校款	10 514.00	10 514.00
职业学校	6 169.20	6 169.20
四乡高小奖励金	5 100.00	5 100.00
民众教育馆	3 660.00	3 660.00
职业学校工厂	2 076.00	2 076.00
模范民众学校教师津贴	1 142.00	1 142.00
识字运动委员会	900.20	900.20
教育会	396.00	396.00
妇女民众学校教师传习所	366.00	366.00
明月店高小	47.00	47.00
建设费：	3 925.60	3 900.42
试验场兼苗圃	1 275.00	1 275.60
长途电话协款	960.00	960.00
翟城村模范费	600.00	600.00
农会	570.00	570.00
农场地租	280.00	280.00
小公园	192.00	166.82
种籽交换所	48.00	48.00
特别费：	8 052.29	17 853.65
临时支出	—	9 801.36
醒民日报津贴	5 400.00	5 400.00
商会津贴	2 000.00	2 000.00
孤贫口粮	372.29	372.29
政务警察服装费	280.00	280.00
总合	132 607.09	142 063.27

二、民众税捐负担

1. 定县民众负担各种税捐款额及其百分比

类别	款额	百分比
国税	$ 365 550	35.17
省税	194 530	18.71
县地方捐	148 707	14.31
其他捐款	330 596	31.81
总合	1 039 383	100.00

注：全年平均每人负担 $ 2.63；

全年平均每家负担 15.28；

全年平均每亩负担 0.68。

2. 定县民众负担国税

类别		款额	
监税		$ 151 080	
关税		136 000	
统税		59 900	
	棉纱		31 700
	卷烟		11 500
	矿税		9 400
	火柴		7 300
烟酒牌照税		10 500	
印花税		5 370	
烟酒税		2 700	
总合		365 550	

注：关税统税二项系二十二年度，余均系二十一年度。

3. 定县民众负担省税

类别	款额
田赋及差徭	$ 110 233
盐款附加捐	18 885
牲畜花税	16 625
契税及附收	16 158
牙税及帖照费	15 597
营业税	8 932
屠宰税	8 100
总合	194 530

注：二十一年度。

4. 定县民众负担县地方捐

类别	款额
田赋带征地方用款附捐	$ 79 187
牙税附捐	28 863
花生木植捐	15 894
牲畜花税附捐	11 310
屠宰税附捐	6 800
田房中佣	3 936
各种杂捐	1 937
营业税附收保卫团捐	780
总合	148 707

注：二十一年度。

5. 定县民众负担其他捐款

类别	款额
各村摊款	$ 186 500
芦盐附加军事捐产销捐	137 860
契税附收各项	6 236
总合	330 596

注：各村摊款系二十二年度，余系二十一年度。

此外尚有各村自行抽收之各种货物牙捐为数约 8 500 元，及各项承包之捐税，如牙税、牲畜花税、屠宰税、花生木植税等，因辗转各层分包，其实征数与承包数超出之额约 52 000 元，若与正项捐税合并总计 1 099 883 元，全年平均每人负担 2.78 元，每家负担 16.18 元，每亩负担 0.71 元。

《定县经济调查一部分报告书》，匆促付印，未及详细叙述与解释，表中数字，容有疏漏，均有待于再版时订正补充，尚望读者诸君鉴谅是幸！

编辑者：李景汉　余其心　陈菊人　郭志高　李柳溪

图书在版编目（CIP）数据

李景汉文集. 第四卷，定县专项调查. 下/洪大用，黄家亮组编. —北京：中国人民大学出版社，2019.10

ISBN 978-7-300-27386-0

Ⅰ.①李… Ⅱ.①洪…②黄… Ⅲ.①社会调查-定州-文集 Ⅳ.①D668-53

中国版本图书馆 CIP 数据核字（2019）第 188025 号

策划编辑　潘　宇　盛　杰
责任编辑　王一名　胡　颖
封面设计　蔡立国

李景汉文集　第四卷　定县专项调查（下）
洪大用　黄家亮　组编
Li Jinghan Wenji　Di-si Juan　Dingxian Zhuanxiang Diaocha（Xia）

出版发行　中国人民大学出版社
社　　址　北京中关村大街 31 号　　**邮政编码**　100080
电　　话　010－62511242（总编室）　010－62511770（质管部）
010－82501766（邮购部）　010－62514148（门市部）
010－62515195（发行公司）　010－62515275（盗版举报）
网　　址　http://www. crup. com. cn
经　　销　新华书店
印　　刷　涿州市星河印刷有限公司
规　　格　175mm×250mm　16 开本　　**版　　次**　2019 年 10 月第 1 版
印　　张　24. 5 插页 5　　**印　　次**　2019 年 10 月第 1 次印刷
字　　数　376 000　　**定　　价**　1688. 00 元（共六卷）

李景汉文集

第五卷◎实地社会调查方法

洪大用　黄家亮　组编

中国人民大学出版社
·北京·

本成果受到中国人民大学“统筹推进世界一流大学和一流学科建设”
专项经费的支持（项目批准号：15XNLG04）

李景汉

1985,1,15

目　录

序

李景汉先生以其多年调查社会状况与事实的经验，著《实地社会调查方法》一书，要我作一短序。自问对于社会调查无学识，亦无经验，竟不敢说话。但在看过这本《实地社会调查方法》之后有几个感想，极愿意提出来和读者讨论。

记得是民国九年，燕京大学教授步济时讲授社会学，有社会调查一门科目。我也是选习这门科目之一人。本班学生各选一方面问题，试行社会调查。我选的是乞丐的调查。那时燕京大学还在北平城内盔甲厂。记得我们同学好几个人，满街找乞丐谈话，并约定日子请他们聚餐，最终又到齐化门外乞丐的住处考察。说也奇怪，寻常觉得到处都是乞丐，现在找来找去肯光降聚餐回答问题只有十九位。事前预备问题和格式，就是十分麻烦的事。问题太多怕他们不懂。问题太少了，你又得不到事实。而且你如何问法，或者已暗示了对案。你问的他不会答应，你不问的他又许说得太多，并且他个人对于你和你所问的问题的反应，更是他的主观，无从捉摸。长话短说，总之，调查不是一件容易事。我那时想着几个问题，很费了一点思索。我们为什么要调查？调查得来的数目字是否可靠？在当时有什么方法可以保证他说实话？调查过后有什么办法？……即就数目字一点说，景汉先生有一年害病，我代理他办中华平民教育促进会社会调查部主任的事情，其实我是个外行，只代他办些行政的事情，记得有一次我也到一家小铺去调查一件事。说起来惭愧。好容易请我到里面立着——那人原说是请我坐的可惜屋里并没有可坐的凳子——说了两点半钟，我不曾得到一个拿得稳的数目字，袋里的铅印洋纸调查表格，也就始终不曾出面。虽则我对那人的生活添了许多数目字表不出来的了解，但是我更觉得调查真不是一件容易事。不是走到门口，拿出表格，一问一答，一答一填，回来一算，统计图表，就算完了的事情。数目字乃至于统计只是当中的一段，并且是一小段。得到可靠的数目字已不容易——对于这一点，景汉先生的实地社会调查方法，很有贡献。而数目字统计表固然能帮助人了解事实，然而数目字统计表是会骗人的，整理解说也极不容易。

在社会调查上，如何找数目字是一件事，找到可靠的数目字又是一件事，而了解数目字另外是一件事。了解数目字之后有无方法可以解决数目字所表现的社会困难更另外是一件事。

社会调查的困难虽多，却是一件必要的工作。譬如害病，必须知道病源，有了准确的诊察，才能设剂下药。社会上发生了问题，不论大小，必须了解社会事实，才能有解决的方案。古人说徒善不足以为政，若不了解事实，不了解社会病源，纵有极好的动机亦苦于无办法。不知道事实，如何能有办法？即有办法，亦大半是景汉先生常说的削足适履、张冠李戴，如何能行得通！

要有解决问题的方案，要有行得通的方案，不能不有社会调查。近来地方自治的声浪甚高，然而要有实在的地方自治，不能仅有空洞的法令制度，必须有实际地方建设。要实现建设的工作，不能没有调查。调查不是困难么？我想景汉先生这本《实地社会调查方法》对于这个问题有他的贡献，尤其要注意的是“实地”两个字。这是景汉先生走了许多村子，遇到许多样式的人们，吃了若干斤灰土，碰了若干个钉子的结果，不是空洞的讲义！

希望这本《实地社会调查方法》能引起调查的兴趣，能多有人从事社会调查的工作，能用切近人情的态度、求真的态度去搜采分析社会的事实。有一位朋友说中国人是读经的民族。读经的态度不革新，大家只是注意笼统的结论，不会解决个别的问题。这种实地的分析的调查，最能补救笼统读经的缺点。

更希望有社会调查兴趣的，能注意到“为社会改造应用性质的调查”。各就兴趣能力所及，为有目标的调查。政府与社会亦应注意到有应用目标的调查，能够根据事实制拟实际方案，解决实际生活的问题。这几句话并不是忽略“求得知识性质的调查”。凡从事调查的，最要紧的是求真的科学精神。我所希望的是调查的结果最好有实际的目标。不至于如有人批评专治知识论的哲学家一般——专门磨刀而不会切肉。

社会调查不仅是搜采统计的技术，也是学问。专门调查的有时会只顾到一部分而忽略了全体，有见于畸，无见于齐。有时只顾到技术方面而忽略了理解，是散碎的事实，而不能表显联贯的意义。能尊重数字，而又能了解数字，能从全体生活的眼光，顾到将来的倾向来了解数字与统计，社会调查才取得其真正的意义。

景汉先生的著作对于这些有他的贡献。

景汉先生根据多年调查的经验说，他对于“调查之经验、印象和感想，真是一言难尽。不但对于中国社会已往之种种观念，发生极大的改变，就是对于社会调查本身的意义和技术，也有革命的不同观点。更深一层的觉悟，理想是理想，事实是事实，有时理想与事实竟有不可思议的矛盾。而号称学者及谋国之士，往往多靠理想，不顾事实，也是由于根本不知道事实”。要知道他的观念如何改变，观点如何不同，事实要如何才能够发见，最好是看他这本《实地社会调查方法》。我想有社会调查经验的，一定会有相仿的经验。正在从事社会调查的，可以得到相当的参证。对于有志从事社会调查的，或者可以增加他们的兴趣。

菊农瞿世英

自　序

近几年来，社会调查在中国的发展颇为迅速。十余年前我在美国求学时，因受种种刺激，就已抱定从事中国社会调查的决心。那时候国人不但不知道社会调查是怎么一回事，就连这个名辞也少有人听见过。只有两三个作大学教授的美国人，会试一试用在西国已经实行有效的社会调查方法，来调查中国的社会情况。其中规模稍大，且有相当成绩的，在北方首推调查城市的甘博（Gamble）先生，用英文编著《北京社会调查》一书；在南方得算调查农村社会的葛学溥（Kulp）先生，发表《华南农村生活》一书。

民国三十年甘博先生约我返国，从事举行社会调查。这自然正中我的心怀，就非常高兴的回到北平，同他工作。当时集合了几位社会学的教授，组织了一个北平社会调查社，我即被推为当然的执行干事，议决先从调查北平洋车夫的生活入手。可惜甘氏那一年忙于在华文学校肄业，课余之暇甚少，让我独马单枪全权的干起调查来。那时我真是精神十足，每日风雨无阻的混迹于车夫当中。不但在大街小巷与车夫个人谈话，即车夫休息所、人力车厂、车夫家庭，统为我走遍了。亲友见我每日与车夫结了不解之缘，又是诧异，又是暗笑，简直莫名其妙。当时调皮的友人曾赠了我一副对联，上联是谈笑无鸿儒，下联是往来有白丁。次年继续调查北平历年各行工资之增减，各项物价之涨落，各种行会之组织，常与有技工人、铺店掌柜、行会职员接洽往来。两年来所得的经验，完全是一个社会调查员的工作，亲自饱尝实地调查的滋味。如何接近苦力、工人、铺店伙计、行会值年，如何与他们谈话，如何使他们说实话，如何应付碰各种钉子，如何填写表格，如何发见错误，都是从前书本里、课室内得不到的技术。惟有与他们混在一起，才能领会，并且是根深蒂固的领会了。此时全国人士，对于社会调查尚没有发生什么有兴趣的表现，各大学也不注重社会调查这门功课。我当时就在《社会学杂志》及《现代评论》发表了几篇关于社会调查的论文，冀稍唤起国人之注意。

民国十五年，中华教育文化基金董事会社会调查部成立，我即在该部充任调查主任之职。遂由各人之自由调查，而改为新组机关之服务。一切工作亦属开荒性质，毫无成例可供参考。只得绞自己的脑汁，勉尽部中一分子之责任，计划调查，编制表格，接洽被调查之对方，指导调查员之实地工作，察阅已填之表格，校正发见之错误，补充遗漏之缺点及随时报告工作之结果。如此又整整忙干了两年，饱尝对人对事之种种滋味。

同时在民国十五年，燕京大学社会学系有社会调查方法一门功课约我教授。遂侥幸得此机会获得指导学生实习北平郊外农村调查之经验，使我对于调查的兴趣渐由都市而移向乡村。

恰巧民国十七年中华平民教育促进会聘我为该会社会调查部主任，正合我的志愿。从此我的调查生活，遂由都市而移到乡村。职务的范围亦渐扩大，担负的责任亦随之加重。即在是年酷热的七月，走马上任，到该会定县实验区翟城村之办公处去住，实行该会与农民打成一片的口号，下了“不入虎穴，焉得虎子”的决心。始而举行定县一个乡区之调查，继而渐次扩大，推及全县。又按该会随时之需要，决定调查事项之先后与缓急。于是我由四年纯粹为求得知识性质的社会调查，而转向为社会改善之应用性质的社会调查。这其中有很大的分别，也是我个人调查工作性质的一个重要的转变。定县前后所举行的各种社会调查，均须与中华平民教育促进会之目标，及每年工作计划之步骤，联锁的进行。下野以来，已超三载，所得关于农村社会调查之经验、印象和感想，真是一言难尽。不但对于中国社会已往之种种观念，发生极大的改变，就是对于社会调查本身的意义和技术，也有革命的不同观点。更深一层的觉悟，理想是理想，事实是事实，有时理想与事实竟有不可思议的矛盾。而号称学者及谋国之士，往往多靠理想，不顾事实，也是由于根本不知道事实。社会如何不乱，国事如何不糟？每思及此，不寒而栗。于深得人民信仰的中华平民教育促进会的工作之下，在定县研究中国农村的社会实况，大概目下比在任何地方都好。我一方面深自庆幸，可是又一方面诚惶诚恐，觉得应当如何的努力工作，才不致太对不起这个良好的机会。

我经过这八九年短期的尝试，自然随时亦有零零碎碎的心得，对于社会调查方法，尚在研究的途中，离着成熟的程度尚远，实在尚未达到著作社会调查方法的资格，或者将来有具此能力之一日。但因近来社会调查之发展有猛进的趋势，已惹起一般人的特别注意，各大学已大半增添社会调查的课程，并且有不少的公私机关提倡举行调查，许多有志救国之士也都起来喊着到民间去的口号，从事社会调查，在这种空气之下，遂有不少的人，尤其是青年，常向我询问关于各种社会调查的方法与个人已往的经验。我深深觉得这种需要，又有同事从旁怂恿，遂猝然决定，应付这种要求，虽然知道应付的能力是不够的。他们都觉得现在关于调查方法的出版物虽然已有数种，但多是根据西书的译著，且多偏于理论，读了之后仍是模糊不清，颇有望梅止渴、画饼充饥之感，不能解答他们的实际问题。这是自然的现象。因为社会调查这桩研究，在中国尚在萌芽，作者们自己既然未有多少经验，又缺乏中文参考的资料，若要编一本书自然不能无中生有，如此不从西文书中取材，又向何处去找呢。勉强把这样编成的调查方法，来扣到中国的特殊社会，自然不能避免削足适履的痛苦，又似隔靴搔痒，很难恰巧就搔到痒处。有因此对于社会调查怀疑的、不满的、冷淡的，甚至于失望的、灰心的。

我向学生教授社会调查的时候，也显然的理会，每逢根据西书讲话的时候，他们大半不大注意，但一讲到自己的经验，如何举行各种调查的时候，他们的精神立刻就振作起来，感觉非常的兴趣，也不断的发生反应，举出问题讨论。并且多半自告奋勇，要在课外余暇，尝试调查。

从这几方面看来，很明显的，现在有志从事调查的人急欲晓得的是应用、脚踏实地的调查方法，而不是空中驾云、纸上谈兵的理论。他现在就有一个中国的社会摆在他的眼前，打算调查这一个社会整个的或部分的，全体的或几方面的情况；他要知道如何筹备，如何入手，各种困难是什么，并且如何解决，如何一步一步的进行，才办得通。又因为近二年来，有全国各处百数十起的人，到中华平民教育促进会的定县实验区，作短期的参观或长期的实习。我也就随着不断的演讲了社会调查多次，试着答复了无数的问题。现在就从这些散碎的讲稿里，或说是堆积的破铜烂铁中，胡乱抽出一部分，在短的暑假内，略加打理，没工夫顾到排序的整齐及辞句的通顺。

本书各章项目排序，与向来已有中西调查方法书中的排列颇有不同。我不很注意费长的篇幅讨论辨别什么所谓个案或个例调查，什么标本与全体调查，也不多叙述社会调查在欧美各国已往经过的详细历史。本书差不多都是国货，而不贩入大批舶来品。本书要试一试告诉那些要举行实地调查的人们工作的程序，从有调查企图起至编辑止，一层一层的指出来。关于如何决定调查范围，如何编制表格，如何选择调查人员，如何预防及校正错误，如何补充缺点，如何整理资料，如何统计，如何列表，皆挨次讨论，并大半按个人经验所及，举出在中国已经用过之实例。

本书的见地，以为中国今日的社会调查，要特别注重应用，而不要纯为研究学理、求得知识、只“为调查而调查”。不要以为把调查的资料整齐的编写了，漂亮的装订了，然后陈列在图书馆内，供少数人欣赏，就算尽了调查之能事了。最好不举行调查则已，举行调查必有一定清楚的目的，使人们根据调查的结果来改善社会实际生活，解决社会问题，增进人类幸福。

再者，一般人常以为若能知道如何编制问题和表格、如何选择标本、如何统计等事，就算通晓社会调查方法了。就不知此外尚大有问题在。所提的这些问题是书本上的、机械的、死板的，比较是人们容易学的。在中国目下的社会状态之下，许多理论往往满用不上，你以为调查某县之某方面社会现象，必须按照地域与人口之分配，选择某几区内之某几村、某几村内之某几街和某几街内之某几家，如此才合乎科学的抽样方法。但在大多数的中国农村社会是由不得你作主的，它不是为你的调查而存在的。你所决定调查的某区、某村、某街或某家，往往多半不欢迎你调查，也许根本不让你调查，也许表面敷衍你或怕你而叫你调查，但不跟你说实话。有时你以为表格填写得整齐了，就以为成功了，其实都是谎话，不是事实。有时谎话可以从统计的结果发现出来，也有的无论如何也看不出来。此后说不定有人根据你这似是而非的科学调查与分析，来应用到解决某种社会问题。这是多么误引，多么危险！岂但是糟蹋所谓科学之方法而已，竟至可以误国误民。

因此，真要把社会调查作得通办得成功，达到可靠圆满的地步，非另注重一点不可。这一点就是我在本书内特别注重之一点，就是如何使一般人，尤其是老百姓，接受你的调查，相信你的调查，甚至于欢迎你的调查，达到积极帮忙合作的程度；反过来讲，就是如何使人们不拒绝、不反对、不怀疑、不讨厌你的调查。如其不然，假定你有天大的本领，你精通高深的统计，你读懂了社会调查原理与方法的中西著作，也无济于事，倒许贻害。可是在这种人民饱尝痛苦的社会情形之下，要想使他们不说瞎话而能报告事实，尤其是关于他们的生命财产，谈何容易。这是社会调查进行程序中的一个枢纽，一个关键，是成功与失败的决著点，是须具全副精神来解决的中心问题。许多社会调查的致命伤即由于此。这个根本的问题解决了，则其余的问题即可迎刃而解。若要打破这道难关，固甚困难，但并不是绝对的没有办法。我在这过去八九年的调查路程中，时时与这些调查的障碍挑战。从历来所碰无数的钉子中不得不稍有心得，本书对于此点要特别讨论。

我也以为凡人能把一桩事业作到好处，一个重要的条件是本人对于他的工作有坚决的信仰，或相当的兴趣，尤其是关于现在的社会调查工作。若把社会调查当作一种普通的职业，按步就班的每日凑足了六个钟点，以为尽了责任，就算了事，甚至于足迹不出办公室一步，很难作出忠实的，不用说大的成绩来。再者，从事社会调查工作者本人对于调查工作有了信仰，才能感动别人亦对于调查有信仰；本人对于调查有深的认识与了解，才能使别人有清楚的认识和了解；本人有浓厚的兴趣，才能使别人有相当的兴趣。关于此点，两方面缺一不可，缺一必不能成功。调查者缺乏真的认识，固然更不能使对方发生兴趣；即或前者具有信仰与了解，而不能使后者发生感情，亦是无用。因此关于调查人选，不可不于此点特加注意。

本书开宗明义第一章，即使一般人，尤其是调查人员，深的觉得社会调查与中国今日之需要，清楚的了解社会调查是以科学的程序建设未来的社会，是为创造新中国的主要工具，是为中国民族找出路的前步先锋。社会调查是以有系统的方法来革命，这种彻底的革命，才能一方面保存中国民族固有的文化、精神、元气，一方面适当的采用西洋征服自然的物质文明等长处。

第二章略述社会调查在应用方面的意义，如何与改善人类生活联锁起来，并简单说明三种不同形式的调查技术，尤特别解释选样调查的原理。

第三章把社会调查在欧美发展的历史及在中国发展的萌芽，作简略的叙述。

第四章列举社会调查在中国目前举行的种种困难，有的是直接的，显然的，似乎不易应付而能应付的；有的是间接的，潜隐的，不易理会的，似乎无关紧要，而其实为根本的致命伤，宜特别注意的。本章的用意是使调查的人们在到民间去之前，胸有成竹，知己知彼，而能非常小心，不致草率从事。

第五章讨论如何使地方人士接受社会调查，如何打动一般人的心坎，如何真的使他们诚意合作。

第六章按序叙述实地社会调查进行之步骤，如何决定调查目标与范围，如何编制调查大纲及表格，如何选择及训练调查人员，如何接近对方，如何填写表格，如何整理材料以及如何应用。

第七章举我作过的人口调查研究为例，详述实施社会调查一贯的方法。此外多种调查即可举一反三，以此类推。

第八章至第十三章举例并讨论各种基本的社会调查，包括地方概况、土地分配、家庭手工业、工厂、商店集市、生活程度、过年记账、学校概况、学校经费、学校教职员、学校学生、学校课程及教学、学校训育、学校卫生、文盲、识字人口、社会教育等项。

第十四章罗举关于农村各项调查，包括家庭人口、农业农产输出输入、井泉、河流、乡村生活、生亡、鸦片毒况、农村领袖等项。

第十五章罗举关于都市各项调查，包括工人家庭、家庭女工、家庭问题、教员家庭、人力车夫、家庭工业、零售物价、行会、佣工介绍、产婆等项。

以上几章内所列的表格，及初步整理材料的简单练习，并不是要使人囫囵吞枣的全盘引用，乃是聊供初学者的参考或提醒。

第十六章略举社会调查各方面的主要项目。

本书仓促编成，且不欲踵随因袭前人之成例，又极力避免“秀才不出门，便知天下事”或“闭门造车”式的理论空谈，实在觉得自己的不量力。因此书中不大妥当，甚至于荒谬之处，是不可能没有的。若是读者同志们发现有何错误，并肯通信赐教或当面指示，是著者非常希望的、十分感激的。若这本杂货式的简陋小书，稍能引起人们的一些注意，也真能帮助一些从事实地社会调查的同志，也许就因此给胆小的著者一些勇气，将来再能作一本材料较为丰富、编写较为整齐的社会调查方法；并试一试为中国社会调查的技术，另开一条途径，根本不管已往作家之先例。这自然或者又是一个不量力的奢望、梦想，也许是妄想。目前或者已经有人是向着这个方向努力，更希望有志的青年起来努力，我一定也继续努力。让我们殊途同归的达到这个远大的目标。

本书之成实由于冰森先生等友人的鼓励。关于付印校稿等事都是冰森先生替我办理的。关于本书表格的排序郭志高先生帮忙甚多。书成之后又承菊农先生作序文一篇。我特此致谢。

李景汉序于北平钓鱼台养源斋

第一章　社会调查与今日之中国*

一、社会调查能促进产生建设国家的具体办法，能帮助寻出民族自救的出路

我国自与西洋接触以来，前后碰了无数的钉子，觉得西洋民族定有胜我之处，遂尽力仿效西洋强国之道。始而练兵、修路、兴学，继而推翻专制政体，采用近代政治制度，建设民主的共和国家，近又急进一步倡行三民主义，创立国民政府，欲成一最新式最近代的国家。举凡一切欧美富强的方法，我们无不采用，不但如此，且能独出心裁，花样翻新，不落俗套。宜乎国家有突飞之进步了，至少亦应转弱为强，而其结果与期望不合，且往往适得其反。国家非但不能转弱为强，而是转弱为糟；元气不但未能渐旺，未能复原，而是愈来愈伤。似乎在西洋成效昭著的制度与中国社会的性质大相疵谬，而呈格格不入的现象。显然的，其中定有根本的质疑，必有种种的原因。这原因是什么呢？至少能举出一个主要的来，就是没有彻底的、深刻的、根本的，恐怕连相当的也没有了解中国的自身，极少的人以冷静的态度、牺牲的精神、科学的头脑，专心致志、连续不断、精密准确的下死工夫来探索中国社会的性质，寻出真正的弱原。这一步工夫若不首先赶紧实行，则有把握的救国药方实不易开，病亦只能耽延下去，就是勉强"病重乱投医"的这一个，以至于数十个方子，所下的药就很难

---

* 本书初版于1933年，由北京星云书店出版，署为"李景汉著"。

碰巧恰对了症。苟非对症下药，虽良医亦无用。已往的错误，并非药本身之不良，乃是用错了药。数十年来都盲目的随人脚跟，囫囵吞枣。喊口号，贴标语，如五彩气球之外面冠冕堂皇，内容空空洞洞，一捏即破。换汤不换药，挂羊头卖狗肉，挂牛头还是卖狗肉。因此种种建设计划皆等于画饼充饥的东西。

干脆一句话，若要真的找出一条救国的出路，真的要获得有相当把握的建设国家之适当的办法或步骤，必先真的了解中国本身的内容。若要真的、透彻的了解中国社会的真相，必先从调查研究事实入手。并且这种调查研究又必须是科学的，有系统的。若不根据这步工作来计划改造社会之方案是很危险的，至少是不妥当的，枉费力气。甚至倒不如不改变，因为往往吃错了药，不如不吃药好。例如宽大之厚靴，在西妇足上则见其昂然阔步行动裕如，加之于缠足之妇女，不但不能帮助进步，反倒一动不得矣，亦倒不如步步金莲，自有风韵。我国向来多少之改革何莫非缠足穿洋靴之类!

一个国家社会也如同一盘机器，这一架中国机器，已成为一件动转不灵的老古董，不是随便弄一弄就弄得好的，非认真的请精明的机器师详细精密的察看一下，着实修理一下不可，至少亦有大擦油泥、去锈涤污、重新油润的必要。这步察验的工作就是社会调查的功用。

二、社会调查可以快一些使中国成为有条理的现代国家

我国人民是出特的马马虎虎的人民，国家也是马马虎虎的国家。举数简单之例即可了然若揭。一个国家的不可缺的基本条件，至少有三样，即土地、人民与政事。试先以人民来说。我六岁入小学时中国之人口为四万万，这句表示爱国的“四万万同胞”的名词到处可以听见，到处可以看见。出小学时，仍然是四万万同胞。中学毕业时打开弟弟所读之地理，我国人口依然大书特书为四万万。过了几年又在大学毕了业，拿起小侄子的课本来一看，中国人口照旧是四万万。海外数载留学归国后，又理会在侄辈，有的是孙子辈，所用的教科书里，中国人口还是四万万。现在呢，花样更多了。虽然四万万的数目仍是正统式的存在着，而不同的说法也有了。高明的学者们、权威们也起来推算估计中

国的人口了。海关说在一九二六年中国人口有四万四千八百万，邮局说在一九二七年有四万八千七百万。英国一个统计学家认为若说中国人口有三万万就是夸大的。从前德国的一个学者根据食盐的统计断定中国人口仅为二万三千二百万。以上的参考也就够了，最高邮局的估计数，和最小的估计数，相差超过二万万。读者！美国是现在世界上号称最富强的一个国家，他的人口数不过一万一千万，而我国人口的差数就不止二万万！一个国家连人口的确数，甚至大概的数目，都不知道，遑问其人口之密度，人口之性比例，人口年龄之分配。

再以中国土地来看。即以各省耕地面积一项而论，向来就没有一个清楚可靠的数目，并且前后报告的数目，或不同来源估计的数目就极其矛盾。有的省分其耕地的面积数目竟高出其全省面积总数的一倍或两倍！关于土地的各方面统计没有一个比较准确的数目。西人看了中国农商部的报告后，下的结论是“他们写的尽是胡说”。一国流动的人口数目不知道，或能说得下去，连固定的土地面积也不弄个清楚，未免太难以为情了。中国的土地又不是橡皮作成的，可以伸缩其长短。天下之马马虎虎，孰有过于此者？呜呼哀哉尚飨！

至于政事呢！更用不着多说了。中央及各省政府的组织有系统吗？制度有条理的规定吗？各种收入支出有清楚的账目报告吗？一国之土地、人民、政事，三个基本要素的情况是如此，平心而论，能称得起是一个整齐的国家不能？如此，而期望成为最近代之富强国家，岂非缘木求鱼，岂非梦想？我们岂能怪他人论我们的长短，岂能不自己惭愧！作者从事调查事业已有八年，现在也不知道中国一千九百一十五个县中有一县有正确的人口或土地，连县内之一区的准确数也没有。若我国对于这种重要的基本事业不赶快的积极进行，不知何年何月，中国才能成一近代的国家。而且这种工作非从大规模的调查研究入手不可，实无其他抄近之路。所以说，社会调查可以快一些使中国成为现代的国家，这句话是不过火的罢。

三、社会调查能帮助人们正确的认清楚中国民族社会的特点

许多人，尤其是西洋人，看中国国家成为不可解的谜，中国社会成为古怪

难解的社会。不拘他人的看法如何，中国实有其固有的精神，固有的文化。骄傲得了不得的近世西洋人在森林中茹毛饮血，度其野蛮生活的时候，中国就已经有了很久的文化、高深的学术了。并且四千年之久的文化未曾中断，民族未曾灭亡。与他同时有过文化之民族，都已前后“出殡”。向来无论甚么宗教、学说到了中国境内，中国皆吸收，而不发生大的冲突。西人比中国为一融化大锅，任何东西入到锅里皆被融化，至少变软。从前北方之五胡蛮族为此大锅所吞没而同化，后来蒙古族和满族皆以武力取得中国，不久亦为中国大锅所融化，中国本身的社会制度仍然不甚改变的保持着，安然平静的、如此长久的、一代一代的过下来。中国的文化、精神一定与任何国家大不相同。吾人必须认真的下工夫绞我们的脑汁，把中国民族精神的特点，旧有的道德观念，社会组织构造的特殊，以有系统的、科学的方法来研究他，以求认清中国的本来面目。一方面由已往的历史下手研究，一方面在现在的社会里，尤其是农村的社会，入手调查。把中国民族固有的优点、美德、长处寻找出来，明确的认识他们，设法保存，设法促进其发展。他一方面，把中国民族的劣点、恶习、短处也寻找出来，有了清清楚楚的认识，然后设法阻碍其发展，设法根本的铲除。

现在有一个很时髦的口号是“打倒”，凡不顺某人之眼，或不合某派之心的事事物物，统在打倒之例。孔子打倒，礼教打倒，宗教打倒，早婚旧历打倒，旧戏打倒，知识阶级打倒，反动打倒，娼妓打倒，马褂打倒，总之古传的大半可以打倒，目下许多见到的亦应打倒。有全体打倒、一扫而光之势。热闹则热闹矣，紧张则紧张矣。结果呢，有的打而不倒，有的不打而自倒，有的打倒而又起来，而又打又倒。如此乱打乱倒不大要紧，老百姓夹在打与倒的中间可就大受其罪了。社会调查的工作，不是破坏是建设，是要调查出来何者的确应当打倒，如何才能打倒，打倒的步骤为何，打倒以后拿什么较好的来替代，否则先慢着打倒。吃粗粮固然不好，而犹胜于无粮饿死，破屋固然不好，而犹胜于无屋冻死。好食物有了准备之后再弃粗粮，好屋建筑之后再拆破屋。否则非弄成鸡飞蛋打，国困民穷，甚至亡国灭种不可。

我们最好把中国已有的文化、道德、理想、风俗、习惯，以及各种存在的事物重新估价。此种审定价值的工作必须以科学的方法、客观的态度，避免主观的成见、偏见、情感，以及不合论理的归纳。一切判断结论皆以事实为根据，是从人群社会生活里面找出的凭据。这些可以证验的凭据是能共见的、能覆案的事实，而非偶然的或想象的杜撰。也可以说是把中国固有的文化结一次账，彻底的知道这老大杂货店的盈亏若何。这本账簿已经好久没有清理，非一朝一夕所能算清，须用长久的时间、多人的才力不可。我国这些东家们都当赶快起来共同担负这个计算的责任，群策群力的完成这项工作。

四、社会调查是产生中国社会学的基础

社会学是一门较新的科学，是论社会全体的科学，是说明人类联结的起源、发达、构造和现象的科学。社会学设法寻找社会组织和社会演进的定律或原理，研究社会各部分间彼此的关系和一切有秩序的变化。例如家庭之起源，家庭之体制，家庭之发展。社会学虽为后起的科学，而已渐成为重要的科学，为科学界中后起之秀了。他既然称为一门科学，必须对于社会现象为有系统的有组织的叙述，至少必须符合这一个条件。中国现在所用的社会学课本皆为洋文原本或译本，纯为外国社会之材料。近来书店中充满了关于社会学的出版物，及至打开一看，皆属东拉西扯的杂凑成篇，缺少本国的材料，尤其是有系统的材料。然则材料到何处去找呢？

中国已往的历史多半是朝代兴亡的记载，少着重民间生活的事实。所有的一点也是零零碎碎，且不甚可靠，对于数量的记载尤为笼统而不精确，令人不得要领。中国各县皆有县志，应当是研究地方社会生活最好的材料了。其实不然，大半篇幅皆为先儒、烈女占去，其次则为山川、历史、军事、灾荒，而关于社会之组织、人民之生活则多不记。

在此材料极形缺乏的情况之下，惟有一方面，把已有散乱的材料尽量搜集整理，归类分析，使有系统；再一方面，调查现在社会之各种实况，供给社会学家之研究。如此才能根据中国社会之事实材料渐渐产生中国的社会科学。

五、社会调查帮助人们彻底了解中国的社会问题

社会问题是由社会生活失调而发生的种种问题，各国皆有其特殊的社会问题。中国社会问题更是一天多过一天，有许多是急待解决的。辛亥革命以来，数千年来所有社会上家庭里安定的生活秩序，都从根本上发生了疑问。迁都以后新兴之问题尤多。社会上原来不成问题的风俗习惯，在今日也都成了新提的议案。若不急思解决之道，终久治丝益棼，演至不可收拾的地步。但非有相当的调查研究，根据事实不易获得适当的解决方法。例如贫穷问题：贫穷的原因为何？贫穷到如何程度？如何增加农民生产？如何提高生活程度？应当施以何种教育和训练才能使经济的进步和道德思想平均发展？此外愚的问题、弱的问题、私的问题，均有赖于实地的调查、透彻的了解，而后才能对症下药，谋得解决之方法。今日我国的问题如此复杂，欲从根本上解决，决非少数人之理想所能办到。

六、社会调查使有志救国者，尤其是青年，多用理智，少用感情

中国近几十年来，尤其是近十年的局面，充满了天灾人祸，民众在水深火热中找生活，弄得经济破产、风俗败坏、学术不讲。使一般有志救国的人们尤其是心地洁白有思想的青年，感觉不满，兴奋刺激。但学识不足，经验缺乏，虽欲努力不知走哪条路，虽欲救国不知怎样去救。有的由烦闷而消极，而失望，甚至于自杀。有的自无主见，人云亦云，随声附和，盲从去干，牺牲性命。有的窘急思异，流于过激。有的不满现状，想开倒车，恢复某种原状。有的终日徘徊于怀疑中，如醉如谜，甚至于发狂。

如何扫除这许多优秀青年的怀疑烦闷，实为目前紧要的一大问题。一方面须有具成熟思想的人引导他们；他一方面，尤为要紧的，须增加彼等自己的判

断力。社会调查研究最能帮助青年解决他们的怀疑，因为能使他们根据事实断定是非，也是他们自己解决问题的一种工具。社会调查能养成他们冷静的头脑，从容的态度，心平气和的省思研究。社会调查增加青年人的自信力，使自己有主见，天花乱坠的文章或演讲不能轻易动他们的心。每闻一种说法、宣传或主义时，他能深思一番与中国的事实合不合，然后断定是非，再决定接受或否认。总之，社会调查能帮助青年多用理智，少用感情，对于事物问题看得透，对于真理正义咬得定。对于任何舶来的学说有认识辨别的能力，不必等到上当以后才觉悟，先能提防不上当，因为从上当里获得知识是极不经济的社会，调查工作诚为青年自救及救人的一条出路。

七、社会调查使民众具有相当的公民常识，不易受奸人的欺骗

中国人口中识字者恐怕不到百分之二五。农村人民的知识尤为简单，见闻极少。不但世界大事毫无所闻，即本国情况亦不知道，连本县、本区，甚至于本村的详情亦不清楚。终日如井内之蛙，在一个极有限的小天地内过梦的生活。除了饮食男女不知有其他生活。国家虽大，而合格的国民却不多，四万万人不知要打多少折扣。中国诚为一有民国而无国民的国家。

县长利用乡民的无知无识，可以随时刮地皮，任意欺压可怜老实而无能力的老百姓。土豪劣绅都可以欺骗他们，从中取利。一切的迷信邪说也容易煽惑他们，尤其是现在经济压迫之下的时候。若各地方皆有社会调查，将全县或一区域的社会概况，用简单的文字、图表、宣博展览的方法，使该地方的民众明了他们本乡本土的情形，例如关于人口、地亩、政事、组织、自治、三民主义等公民不可缺少的知识。贪官污吏、土豪劣绅决不敢明目张胆的欺骗他们，因为民众有了知识即连带的有了力量，就能有团结自保的能力，也能看破奸人贪私舞弊的破绽，并且不易受人的诱惑。社会调查是能打开民众的眼睛，叫他们关于本身的利害问题看得清楚而谋自卫的方法。

八、社会调查提高人民的公共精神，增加合作的效率

我国人民最大的一个毛病是公共心的缺乏。遇事袖手旁观，不关痛病，持各扫门前雪、休管他人瓦上霜的态度，因此没有民力。好人不肯出来作事，任凭不肖分子任意为非作歹。这种消极的态度若不改变，村治没有希望。造成此种现象之原因固多，而主要者却有一个，就是他们对于本乡本土未能发生兴趣，未发生兴趣之原因是不深知道本乡的情况和问题，因此不发生密切的关系。举行有系统之地方调查，即可把本地的情形活活摆在他们眼前，使其有动于心，使其对于本乡发生感情和新的兴趣。一方面对于本地有光荣的体面事物，发生爱慕、敬仰的心肠。他一方面，对于地方的缺点、不体面的事物，发生羞耻心，因而发生整顿地方的责任心。如此即能激发人民的公共精神，养成社会力量，团结地方组织。使退缩不前、畏首畏尾、萎靡不振、老实无用的人民，一变而为急公好义、负起责任、兴利除害、积极活动的公民。

中国国家社会处处表现不合作的现象，连好人也不能合作，各人的看法不同，主张各异，又多各持己见，不肯各舍己见，不肯舍己从人，容纳他人的主张。因此一盘散沙，能力薄弱。社会调查最能免除人们的成见、偏见或谬见而避免纷争，因为凡以事实为根据的意见，即极固执己见之人亦无话可说，不适当之想象不攻自倒。不但如此，且能增加各种事业进行之效率。即以北平而论，前七年之贫民不满五万，慈善之机关亦不多，此后贫民逐年日增，最近已达二十余万，而大小慈善团体竟有数百处之多，赈款亦有加无已，有道高一尺魔高一丈之趋势。细推究其主要原因，乃因各机关不能合作，各自救济。往往一贫民一月内可得数次多量之米面及数套棉衣，而又一贫民毫无所得，冻饿待毙。且多得赈物者未必是真正贫民，而有的真正贫民得不着赈款。并且此种慈善机关有养成贫民的弊病，因此费力多而成效少，枉用人力与金钱。若各团体联合一起，举行大规模有系统的精确调查，详细知道各区贫民的所在、数目的分配、贫穷的原因，即可对于贫穷之实况及问题有通盘清楚的了解。然后再按调查之结果，根据实况，分工合作。一方面计划目前之救济，一方面尤主要者，设法

预防贫穷之发生。如此治标冶本双方进行，定能事半功倍，增加效率。

九、社会调查能预防灾祸

中国仍有一样非常大的毛病，就是因循敷衍，得过且过，头痛医头，脚痛医脚，事情非挤到火烧眉毛祸在眼前的时候不想办法。此种事例，举不胜举，兵灾以后则有兵灾善后委员会，打仗以后则有裁兵善后委员会，水灾以后则有水灾善后委员会，旱灾以后则有旱灾善后委员会，同时则有各种不同的救济会、善后会。竟是善后，竟是救济！善后以前干什么来着，救济以前在什么地方？大祸临头时，手忙脚乱，大声急呼。事过之后则完全忘记，在灾祸未来之前则安闲自在。平时不烧香，急来抱佛脚，犹大唱高调说，亡羊补牢未为晚也，见兔顾犬未为迟也！如此善后必善后到亡国灭种、民族寿终正寝为止。

且所谓灾祸善后委员会实应改为灾祸延长委员会，所有贫穷救济会当改为贫穷养成会，或较醒目一点称为贫穷促进会，方名实相符。社会调查工作则适与相反，是养成人民预防灾祸的习惯。调查已往的经过和现在的事实，藉以推知未来现象的发生。譬如某地临河常患水灾，则调查其已往水灾次数及相隔之年数。如此推知将来最多五年，最少三年，定再发生水灾，则于未来之前，早先预备救济之道，或修堤挖河根本铲除祸源，不等到田园尽没、家败人亡，才想善后救济的方法。社会调查是预防工作，消祸于无形，防患于未然，是要彻底的从根本上解决社会问题，与“头痛医头，脚痛医脚”的办法大不相同。

十、社会调查可以免除一些国耻

前在美国读书时，喜坐在课室之最前排。某日上社会问题研究班讨论各国男女人口之分配，当时教员忽问及中国男女人口之性比例，即每百女子当男子之数，因中国无此统计，只得答以不知，某日又询问关于中国工资涨落之指教，又无以应，后又询及关于中国土地之分配，又不能答。如此每上堂时则局促不安，每问到中国社会统计时则汗流浃背，如坐针毡，而所选之座位亦由最前排而次前排而中排，不久而至最后排，而且坐于胖大身量者之后矣！因中国无社会调查之统计使个人受此痛苦，当时感受极深的激刺，亦为个人立志从事社会调查原因之一。关于各项社会问题，各国皆有统计参考，而我国即极普通事物之统计亦甚缺乏，例如人口分配、生命统计、土地关系等项皆无大规模之调查研究，其他特殊问题，更提不到。政府放弃责任，社会一般人士亦少注意。此种现象诚为吾民族之奇耻大辱。日言改善社会、解决问题，而不调查社会、研究问题，徒唱高调，于事何济。希望国人早日觉悟，对于调查事业予以相当注意，不但为改造社会必由之途径，且能雪除一部分之国耻。

总之，社会调查是以有系统的方法从根本上来革命，这种真正的革命，才能一方面保存中国民族固有的文化、精神、元气，他方面适当的采用西洋征服自然的物质文明。社会调查是要实现以科学的程序改造未来的社会，是为建设新中国的一个重要工具，是为中国民族找出路的前部先锋。

第二章　社会调查的意义及种类

一、社会调查的意义

社会调查，是以有系统的科学方法，调查社会的实际情况，用统计方法，整理搜集的资料（包括制表绘图，求得百分比、平均数等项），分析社会现象构成的要素。由此洞悉事实真相，发见社会现象之因果关系（至相当程度时，即可将已经说明的事实关系归纳起来，作成定律）。然后根据调查之结果，研究计划改善社会之方案（社会全体的普遍的，或部分的特殊的）。再按照社会状况，以适当的展览宣传的手续，唤起民众，使觉悟关于彼等自身待决的利害问题，使他们更进一步自动的及督促地方负责者认真的、有效率的实行拟定的方案，解决社会问题（一个问题或许多问题）。

试举中华平民教育促进会定县实验区的社会调查部为例。定县社会调查工作，在平教运动立场上，是要以有系统的科学方法，实地调查全县一切社会情况，特别注意愚、贫、弱、私四种现象。用统计方法随时整理搜集的材料，分析各种现象的构成要素，由此显露事实真相，发见愚、贫、弱、私等现象之原因与问题，随时试下相当的结论，解释各现象的要素与其他现象的要素的关系。然后将根据调查而归纳之各种结论及建议，分别供给有直接关系之文艺教育、生计教育、卫生教育、公民教育、学校式教育、社会式教育、家庭式教育等部，使彼等计划实验或推行各种教育时，有参考之材料及可靠之根据。例如文艺教育部用何适当方法攻愚而培养知识力；生计教育部用何方法攻贫而增进生产力；卫生教育部用何方法攻弱而教育强健力；公民教育部用何方法攻私而训练团结力；学校式教育部用何方法施行识字教育，达到铲除全县文盲之目标。总之使本会全体人员，对于全县社会之内容及各种问题，有充分之认识。然后共同努力以适当方法展览宣传调查结果，唤起全县民众，使了解本会之目标与设计，觉悟彼等自身的利害问题。同时激发其责任心，更进一步与本会积极合作，将实验推广之各种方案渐次实施，普及全县，按步解决定县社会问题，达到完成平民教育整个的目的和使命。

社会调查固然是学理的研究，而主要的目的是实用。换句话说，不是为调查而调查，乃是为改良社会而调查，社会调查的最大使命，是发现社会现象因果的关系。这到底有什么实际的用处呢？因为人类富有支配自然和人类本身的志愿，所以去分析宇宙间的现象，追寻他们的原因，就是为要取得控制的权能，科学无非是要寻求事物的原因，也就是说寻求事物发生的机械，就应用这种机械到计划上去，人类就可以控制自然、控制自己。

社会调查主要的工作是调查研究人类社会的行为，从所归纳的结果里，就可以发见在某种情况之下，可以发生某种社会行为，同时又可以发见，某种社会行为的发生不外乎由于某一种或某几种的原因。如此从因果关系的顺序，可以推测社会行为的发生不发生。既然能够推测未来社会行为的发生不发生，就能以人力控制这种未来的社会行为。再把他说得透彻一些，既然知道某种行为由于某种原因，假使我们不愿这种行为发生，就可以用人力阻止产生该种行为的原因的作用。例如近来定县地方的小窃增多是由于吸白面者的增多（自然也有其他原因，如贫穷、赌博等因子）。若是地方人士不愿意小窃行为的发生，或愿意小窃人数的减少，单自严惩贼匪方面用力是不易成功的。最好是设法使人不染白面的嗜好，渐次减少吸白面的人数，或从根本的原因上下手，断绝贩入白面的来源，彻底的铲除白面的流毒，盗窃行为的问题自然就解决了。反过来说，假使我们需要某种社会行为的发生，就可以设法使产生该种行为发生的原因发生，使该原因活动起来。例如我们欲增加定县人民的知识，必须先使成人文盲皆能识字读书，设法要使他们皆能识字，必须大规模的为他们在各村举办平民学校。提倡设立平民学校，即为使定县文盲识字，增加知识的结果的原因。

如此看来，社会调查一方面为纯粹科学的研究，寻求真理，能随时校正已有学说的谬误，而建设新理想、新学说、新定律，又一方面社会调查是实用的，促进或产生认为有益人类的社会行为，阻止或革除认为无益人类的社会行为。这样以人力支配社会情况，不任其自然变化，所以社会调查的结果，能应用到人类实际的生活上。有理化的知识人类可以征服自然，有生物学的知识人类可以减免疾病，有社会调查的结果人类可以整个的解除社会生活的痛苦，增进社会生活的幸福①。

二、社会调查的种类

按照实地社会调查的性质与范围的不同，遂发展了不同形式的调查技术。在已有的调查著作中略分实地调查方法为三种，即个案研究（或个体研究）、选样调查与全体调查。兹把三种方法的性质简单的说明。

（一）个案研究法

个案研究（是从 case study 或 case method 译出的）是以个人或家庭为研究调查的单位，细密的研究一个单例自身的性质与他的环境，要彻底的了解个人在他家庭里的位置，或说他与家庭的关系，再把范围扩大来讲，即他在社会里的位置，或说他的社会关系。这种研究是从事个案工作的人（case work）首先发明的，他们用以研究变态的个人或家庭的社会生活状态，发见变态的因子，了解个案的需要，然后进一步设法纠正变态的因子，改善其环境，满足其需要，使之有适当的社会关系，又成为常态的个人或家庭。这种研究工作往往须费长久的时间，搜集许多事实，作下结论的根据。原来这种研究的记录是为一种秘密交换物（confidential exchange）专供慈善机关的应用，而不公布。个案研究不但为社会方法的前驱之一，而且对于实地调查之技术方面有极重要的贡献，能使人深一层的认识许多社会问题间的联锁关系。此种调查使我们明了某个人的问题不能从他是一分子的社会分开来研究，来解决。个例案卷关于一人或一家的意义还小，而其最大意义是一些与一人或一家有关系有影响的事实的记录。

① 参看孙本文，社会学的领域，第五章。

要了解一个人的社会关系必须研究他的详细历史，他的环境，他的现状，包括亲戚、朋友、邻居、雇主、医生、学校、教会、房东及一切记录。总之，凡关于他的种族、历史、家庭、健康、宗教、嗜好、社交、财产、职业、起居、饮食、性欲、经验、智力、观念、态度等项，皆在调查范围以内。自然，真正的事实是不易马上就能求得的，因此着重搜集相当的证据。对于证据的种类及其可靠性，须有辨别的能力，如眼见的证据、口头的证据和偶然的证据，为求证实与避免错误，法庭特别着重第一种证据，而个案研究都要着重，因为前者的主要目的是惩罚，后者的范围也包括社会诊断和社会治疗。

（二）选样调查法

选样（系 sampling 译出的）是研究自全体内取出之一部分，即以此一部分的研究结果而推知全体。选样调查法即根据这个以一部分代表全体的原则来研究社会各种现象。自然，若能调查全体是最好不过的，但往往是不可能或不实用的。例如一个农夫要知道他田间的小麦熟了没有，他不必须把他田间千千万万的每个麦穗都一一察看了才规定他收割的日期，他只看几个麦穗就可以知道了。这几个麦穗也许仅等于全体麦穗的数十万分之一、数百万分之一或数千万分之一。一个人要知道本地大豆的价格，他只询问粮市的几家粮行即能大致知道，无须问遍了一切粮商。由此可以略明选样的用处。但适当的选样不是一件容易的事。如何选出一部分才能代表全体，或说推断全体的结论，是极重要的问题，而须精密的研究，不适当的选择将发生不确实的结果和误引的危险。

选择的种类很多，各有优劣之点。一种为机会或任运的选择（ramdom or chance selection）。这种方法能避免主观的作用，而完全任其碰撞机会。例如假定某班有学生 200 人，要选择其中的 40 人作某种调查。要使班内各个人都有相当的被选机会，就可以用一个简单的方法，把每人的姓名都分开写在同样大小的纸块上面，放在一个瓶内，摇均匀了，然后从其中拿出 40 张来。或一面乱摇许久，一面一个又一个的拿出，直至取完预定的数目为止。如此每人被拿出的机会正正相等。假定调查这 40 人身体平均重量是 90 斤，则我们亦可以推知这 200 人的平均重量大约亦在 90 斤左右，也许正 90 斤。

一种选择为间隔选择（spacial or interval selection）。假定我们要知道某县某区麦田的大小平均亩数。若挨块一一调查，必费时过久，因此必须选样调查。

一个比较简单满意的方法是顺着大路走，每数到第五块，或第十块，或第二十块，即调查那一块。自然，所要调查的地面愈大或工夫愈少，则间隔的数目亦随之愈稀，也许每间隔三十块调查一块。若地域小则间隔亦宜随之而密，也许每间隔三块调查一块。如此选定的这些田块的平均亩数，亦大致代表一切麦田的平均亩数。假定要调查某处土壤性质，我们也可以从地面的一点起，向各方调查每间隔一里或每数里之地点。这些选样地点的土壤分析结果即代表某处的土壤性质。设欲估计全城内每家人口的平均数，亦可以按照各街道调查每隔五家的各家人口数。这些家数人口的平均数即能代表全城一切家庭人口的平均数。若有人疑惑这种代表性的可靠程度，自然就可以真的把每家一一调查，把求得的平均数与表样家庭的平均数比较一下，就可以证明相差无几，也许连第一位小数点下的数目都恰相同。

一种选择为特殊选择（speicial selection）。这种选择是为一定之研究目的，在全体里选择一部分，此部分必须包括特别的性质而适合所要研究的目标，不管是否代表全体的普通性质。例如某农学家要调查某县肥田粉施用于麦田之结果，他自然不选择不用肥田粉的麦田，而在使用肥田粉的许多麦田中他也不选择那些不善于管理的麦田。他所选的是适当的施用肥田粉而且管理得法的麦田，观察肥田粉对于土壤的影响和产量的多寡。这是一种特别的选择，是为一样特殊目的而选择，不顾到一切麦田的一般性质。

还有一种是比例选样（proportional sample）。这是在一切选样中最重要最科学的一种选择方法。无论如何选样，最紧要的是使选择出来的这一部分是按照全体中各种重要性质的比例选出来的。这就是说全体内的各要素都在被选的部分内均称的表现出来（英文谓之 weighting 加权，the weighting of items factors in a proportional sample）。兹举一简单之例，表明其用法。

假定某男女合校大学共有学生 1 000 人，600 名男生，400 名女生，即每 3 名男生当 2 名女生，或全体学生的 60%为男生，40%为女生。若欲以选样法调查该校学生身体之高度，并决定选择之数目为全体学生十分之一，即 100 人。如此，男子当选数目为 60 人、女子当选数目为 40 人是完全按照男女之性比例选择的。但是关于学生，除了性的要素外，尚有许多别的要素，或说因子，或说性质，或说不同点，例如班级、年龄、籍贯、胖瘠、贫富等项。假定这一千学生按年级的分配如下表：

第 1 表　　按年级一千学生分配表

年级	学生数目	学生数目百分比
第一年级	400	40
第二年级	300	30
第三年级	200	20
第四年级	100	10
总合	1 000	100

现在我们除了性别外还要顾到年级的不同。第 1 表告诉我们各年级内学生数目。虽然我们已经知道全体学生的男女性比例是 60 与 40 之比，这不一定在每班中学生的性比例也恰恰正正一样。这在下面的第 2 表就可清楚的看出来。

第 2 表　各年级男女学生数目及其占全体人数之百分比与男生对女生之比例

<table>
<tr><th rowspan="2">年级</th><th colspan="2">男生</th><th colspan="2">女生</th><th rowspan="2">男生对女生之比例</th></tr>
<tr><th>数目</th><th>占男女全体学生数之百分比</th><th>数目</th><th>占男女全体学生数之百分比</th></tr>
<tr><td>第一年级</td><td>200</td><td>20</td><td>200</td><td>20</td><td>50∶50</td></tr>
<tr><td>第二年级</td><td>180</td><td>18</td><td>120</td><td>12</td><td>60∶40</td></tr>
<tr><td>第三年级</td><td>140</td><td>14</td><td>60</td><td>6</td><td>70∶30</td></tr>
<tr><td>第四年级</td><td>80</td><td>8</td><td>20</td><td>2</td><td>80∶20</td></tr>
<tr><td>总合</td><td>600</td><td>60</td><td>40</td><td>40</td><td>60∶40</td></tr>
</table>

学生总数内仍然是男生占 60%，女生占 40%。而在第一年级内有 200 名男生、200 名女生，为 50 与 50 之比例；第二年级内有 180 名男生、120 名女生，为 60 与 40 之比例；第三年级内有 140 名男生、60 名女生，为 70 对 30 之比例；第四年级有 80 名男生、20 名女生，为 80 对 20 之比例。

现在的问题是自每年级学生总数中亦按 10%的数目选出，同时亦顾到各年级内男生对女生之性比例。如此是要顾到两个因素。看第 1 表我们知道在 1 000 名学生中 40%是从第一年级选出，30%是从第二年级选出，20%是从第三年级选出，10%是从第四年级选出，也就是在第 2 表的 3 列与 5 列百分比之总数（例如第一年级男生之百分比为 20，女生之百分比亦为 20，其相加之和为 40）。如此在被选之 100 学生中当有第四年级学生 40 名，当有第二年级学生 30 名，当有第三年级学生 20 名，当有第一年级学生 10 名，是按照 10%的数目选择的。现在的问题是在每年级被选的数目中当有多少男生、多少女生。第2表的第6列告诉我们，在第一年级内男女各占50%，在第二年级内男生占60%，女生占40%，在第三年级内男生占70%，女生占30%，在第四年级内男生占80%，女生占20%。下面第3表可以清楚的看出计算方法。

第3表　　　　按照年级及性别一千学生之选样

年级	各年级当选学生总数	当选男生		当选女生	
		占年级中学生数之百分比	各年级数目	占年级中学生数之百分比	各年级数目
第一年级	40	50	20	50	20
第二年级	30	60	18	40	12
第三年级	20	70	14	30	6
第四年级	10	80	8	20	2
总合	100	…	60	…	40

第一年级的40名学生内男生和女生各占50%，就是当有20名男生和20名女生。以此类推，第二年级的30名学生内男生既占60%，当等于18人，女生既占40%，当等于12人；第三年级的20名学生中，当有男生14人，女生6人；第四年级的10名学生内，当有男生8人，女生2人。共计60名男生，40名女生，合计100名男女学生。第1表告诉我们自各年级中当选人数的百分比，第3表告诉我们如何按性别与年级比例的分配选择方为适当的选样。

自然无论如何选样，选择的百分比越高则代表性的程度亦越高。按数学家的研究，精确程度之变率是按照被选部分数量之平方根而有不同。例如某村有1 000户农家，我们可以选择其中25家为调查的数目。若我们恐怕这25家的代表程度不十分妥当，我们就可以增加农家选样的数目。数学家告诉我们，若要使精确的程度或说代表全体的能力增加1倍，或说百分之百，我们必须增到原来选择数目的4倍。25的平方根是等于5，增加百分之百即等于10，为100之平方根。如此若把调查农家之数目增到100，为原来25农家之4倍，即大致可将精确程度或说代表性质增加1倍（亦可以说增到两倍之多）。以此类推，若要使代表之程度增到3倍之多，则必须有原来选样数目之9倍。我们已经知道25之平方根等于5，100之平方根为10。5的三倍为15，亦即225之平方根，意思是说若调查25农家的9倍，等于225农家，即大致可使原来的精确程度增到3

倍。此为统计学研究的范围，我们不多费篇幅讨论。

（三）全体调查

全体调查（complete enumeration）是把一种社会现象的全部分子一一调查，不同于选样调查只调查全体中的一部分。例如研究一县人口一般的情况，关于家庭的大小、性别、职业、年龄等分配。若是能够办到，并且有充分的时间和经济，自然最好不过的是调查县内一切家庭的人口，一家不遗漏。若是因为种种障碍，没有办到调查全体的可能，不得不用选样方法，亦可调查县内一切家庭的20%、10%，甚至于5%。调查一县的土地分配亦然，若能把县内所有土地完全调查，即为全体调查。若只能调查其中村数的百分之几即为选样调查或部分调查。所谓全体调查的名称亦不过是一种比较的说法。把县内一切人口调查了，亦不过以这一县而论是人口全体调查，若以此县所在的全省而论，仍然是全省的一部分。再者，若只以人口一项而论，在县内固可称为全体调查。此外尚有许多社会现象，如土地、政治、教育、农业等项。这样看来，人口调查亦不过县内全体社会现象之一部分。

全体调查的范围既然这样大，故很难作详细精深的研究，大半只能顾到广博的数量，不易顾到质量方面。个体研究方能着重质量方面，而作深的研究。但目下社会调查的主要工作范围仍大半属于地方社会的数量研究。亦因质量研究，以现在技术的幼稚，很不易获得十分满意或准确的结果。但这种大规模数量研究的工作，已经在社会科学的发展上有了很大的贡献和助力。并且这种调查技术正在进步，将来在社会科学研究方法上定占重要的位置。

第三章　社会调查的起源与发展

有许多的著作，虽然有调查之名称，而审其内容，并无调查之实；可是有的著作虽无调查之名称，而一考其内容，实在可以列在社会调查的领域里面。例如《希腊文明之调查》（*Survey of Greek Civilization*）或《英国文学调查》（*Survey of English Literature*）之类，虽有调查（survey）之名，而与现在所谓社会调查之性质迥不相同。①

社会描述一类的工作是社会调查的萌芽。此类工作中规模颇大而且颇早的首推《大英与地全书》（*Domesday Book*）。这部书的内容大半是关于十一世纪英国户口调查的报告，系英王胜者威廉（Willian the Conguerор）于1086年以前命人举行的工作，他可以藉以详细知道新得疆土的情况，以便课税征兵。关于当时人口、经济等状况叙述颇详，且有若干统计表，颇可称为十一世纪英国社会生活史而无愧。

1598年司都（J. Stow）所著的《伦敦调查》（*The Survey of London*）已有社会调查的色彩，很可称为一部伦敦社会史略。关于会堂、卫城、塔楼、学校及其他社会团体的数目，均精细的叙述，未多列表。

1777年厚洼德（J. Howard）所著的《英格兰与危勒司的监狱》（*State of the Prison in England and Wales*），稍近现代社会调查的性质。关于囚犯数目、

---

① 参看 C. C Taylor，*The Social Survey*，Chap. Ⅱ。

性别、衣、食、住、用费、犯罪原因、责打等项，均以数量表现，且将各地监狱状况以同一式样列表，以便于比较。大概他已发明使用表格填写之调查方法。

此后有卜慈（Charles Booth）成就了一件空前的社会调查工作，于1891至1897年间编著《伦敦生活与劳动》（*Life and Labor of the People of London*）一部巨作，共计17卷，6 000余页。卜慈亲自到民间去住，三年之久向无数的人谈话询问，直接搜集事实。他书中的贫穷图、街道表、人口分类等统计，于社会调查的技术上更进一步，即由普通描写而渐入于多用数量叙述。可是他仍未能完全免除类似传教式叙述之毛病。

继卜氏而起者颇不乏人，工作性质虽颇相似，而于调查技术方面少有赶上卜氏者，例如1912年肯嘎特（G. Kengott）所著《一城之记录》（*The record of a city*），是玛沙朱色芝省（Massachusetts）劳艾勒城（Lowell）之调查，与克尔克（Kirk）所著《一个现代城》（*A modern city*），是儒得岛（Rhode Island）普儒威登斯城（Providence）的调查。

1902年饶垂氏（B. S. Rowntree）仿照卜慈的方法在英国调查了一个较小的城市，著《约克城之贫穷研究》（*Poverty: A Study of Town Life in York England*）一书。关于搜集事实之步骤及整理材料之方法，较卜氏尤为进步。他的家庭收支研究法及许多绘图法均为卜氏书内所未有。此外他的一样重要的贡献是他不但以数量方法叙述社会状况，又进一步分析社会统计，而试一试解释社会问题。他的这本著作差不多是一部社会病理学。他要寻求材料，藉以回答度量贫穷之方法为何，贫穷之重要原因为何，并关于贫穷问题下相当的结论。

美国自1790年以来每十年举行全国户口调查（The United States Census）一次，堪可称为规模宏大之一种社会调查。这种注重数量和叙述的全体调查，对于社会调查之技术可谓别开生面，虽然于社会事实之联锁关系不加研究说明，且能供给大量材料，为研究多种社会问题之重要参考与根据。许多其他调查亦皆采用人口调查之方法。艾尔司（L. P. Ayres）所著《克利弗兰教育调查》（*Cleveland Education Survey*）即大受人口调查法之影响。全书分25部，每部以详细统计图表显明教育各方面状态。此类工作之重要贡献是使一般人深的觉得任何社会现象之叙述，若无详细数量之根据与证明，则其价值及精确之程度大有问题。社会调查之主要贡献，不但能以统计数量清楚的表现社会真相，披露社会问题，更能使人发生对于社会状态的意识、对于社会问题的兴趣和解决的责任。只靠社会描写实不足以动人对于社会状态的心情。惟有在描写外再加以有根据的数目和图书的证明，如此活的表现出来，方能使人有如身临其境的注意，不得不发生深的兴趣与认识，这样就能使社会调查与实际生活发生密切关系，不但为学术之研究，且为改善社会之工作。这就是近年社会调查的趋势。例如1912年艾兰（W H. Allon）所著《现代慈善事业》（*Modern Philanthropy*），是一本特殊和有趣的研究，系调查向大慈善家哈瑞曼夫人（Mrs. E. H. Harriman）求救济之6 000人求助的原因和济助后的结果。调查的目的是可以使慈善家及救济机关参考此项研究，此后更能作适当有效率的救济事业，不致盲目的给施。1916年贝莱（W. B. Bailly）著《现代社会状况》（*Modern Social Conditions*）一书。他完全根据所有的各国调查统计来讨论各种社会状况，是一部统计材料的比较、分析和解释，使人们看此书后珍贵统计的价值。1915年克伯莱(E. P. Cubberly）著《波特兰调查》（*Portland Survey*），研究学校的组织和效率。

数十年来许多医院、救济院、精神病院、监狱及其他慈善机关所作的各种个案调查，对于社会调查的目的与技术有重要的贡献。这些调查使人明瞭一个人的问题不能与他的家庭问题分开，一个家庭问题不能与有关系的社会问题分开，分子影响全部，全部亦影响分子，各个分子与其他分子彼此影响。因此博的数量调查固属重要，而深的质量调查亦不可忽略。艾勒乌德（C. A. Ellwood）所著《密索瑞县济贫院调查》（*Conditions of the County Almshouses in Missouri*），1915年犹肯（C. S. Yoakum）所著的《台克撒司精神衰弱及疯人管理调查》（*Care of the Feebleminded and Insane in Texas*），与弗司特（L. H. Foster）所著《伊立诺艾白县健康调查》（*A Health Survey of White County Illinois*），都是个案调查的报告，皆以发现事业真相、研究社会关系、应付问题之需要为目的。

1907年有丝芝夫人捐款一千五百万元在纽约城创立茹素丝芝基金会（Russell Sage Foundation），专以改善社会状况为宗旨。该会第一步工作即提倡举行社会调查。1909 年克拉革（P. U. Kellogg）所著有名的《毕特堡城调查》（*The Pittsburgh Survey*），与 1911 年的《赛瑞库斯城调查》均为该基金会主持进行。

1912 年特德等（R. E. Todd）著《劳闰斯城调查》（*Lawrence Survey*），1918 年赛耳斯屯（H. W. Thurston）著《克利弗兰娱乐调查》（*Cleaveland Recreation Survey*）。

1914 年茹素丝芝基金会调查部主任哈瑞森（S. M. Harrison）所著《春田城调查》，尤引起一般人士之注意。此书内容包括公立学校、精神病管理、娱乐、居住、卫生、惩罚制度、救济、实业、城乡行政等调查。于是社会调查之范围遂由单项调查而渐扩大到社会各方面情况的集合调查，把一切社会问题放在一起来研究，成为一个整个的人群问题。

1921 年社会宗教研究所（*The Institute of Social and Religious Research*）成立，十余年来举行许多调查，例如 1923 年布儒诺（E. D. Brunner）等所著《美国城乡教会调查》（*The Town and Country Church in the United States*）与 1924 年穆尔司（H. N. Morse）所著《城乡社会调查》（*The Social Survey in Town and Country Areas*）。

此外美国国立、省立农业机关及许多大学所举行之各种调查甚多，例如 1922 年兹茂满（C. C. Zimmerman）著《农村组织》（*Rural Organization*），1923 年克帕垂克（E. L. Kirkpatrik）著《表样区内各种农户生活标准调查》（*The Standard of Life in a Typical Section of Diversified Farming*），1924 年诺伯勒（C. U. Noble）著《一个小工厂镇生活费调查》（*The Cost of Living in a Small Factory Town*），与 1926 年安得森（W. A. Anderson）所著《威克县自耕农及佃户家庭生活调查》（*Farm Family Living Among White Owner and Tenant Operators in Wake Country*）。

1929 年连得（R. S. Lynd）著《中城》（*Middletown*）一书，调查美国现代文化。该书对于社会调查研究方法颇能别开生面。

其他各国亦有社会调查，皆不如美国之盛，例如捷克斯洛伐基（Czecho-Slovakia）京都巴拉加（Prague）之调查，与土耳其京都君士坦丁（Constantinopolis）之调查。

我国对于统计，向来不大注意，也没有科学的调查。中国近年来有了社会调查，自然是受了欧美社会调查潮流的影响。关于中国社会生活情况最早的研究，也是属于描写的性质，而未注意精确数量。这种研究开始于在华的西国传教士及在政府机关服务的外国官吏。对于平民生活的研究，颇有心得而且能有系统的分类描写的，大约首推美国传教士明恩溥博士（A. H. Smith)。他是一个学者，在鲁、直等省乡间布道四十余年，精通中国语言文字，以敏锐的眼光，身明其境的观察中国农村内容。虽其著书之最后目的是在传教，且书中时露讥讽之态度，令吾人难堪，而其叙述农村生活状况之细密，实在有相当的贡献，不可多得。他的著作很多，最主要者有两部，一为《中国农村生活》（*Village Life in China*)，一为《支那人之性质》（译本名，英文为 *Chiness Characteristics*)，在三十年前即已出版。此后有许多同类的著作，然大半是说空话，没有直接经验的背景，远不及明氏。直到民国成立以后，才有属于数量的社会调查的起始。举行者为中国大学的西国教授及青年会干事，要试一试以西洋的社会调查方法施用到中国社会上。民国三年北平青年会发起的北京社会实进会，用简单表格调查了北京 302 个人力车夫生活情形。民国六年清华学校教授狄特莫（C G. Dittmer）指导该校学生在北京西郊调查 195 家的生活费（An Estimate of the Standard of Living in China)，在美国哈佛大学季刊发表。民国七八年间，青年会甘博（Gamble）与步济时（Peking）二先生仿照美国春田城调查方法，调查北京。调查结果在民国十年著《北京社会调查》（*Peking*：*A Social Survey*)，在美国出版，内容包括历史、地理、政府、人口、健康、经济、娱乐、娼妓、贫穷、救济、宗教等项，该书不但表示以数量方法描写社会情况，且显明我国各机关所出统计的缺乏和不可靠。同时在中国南部，有沪江大学葛学溥（D. H. Kulp Ⅱ）指导学生在广东潮州调查 650 人口大的凤凰村。关于地势、人口、健康、种族、经济、管理、风俗、会社、教育、美术、娱乐、宗教等情形，均有详细的分析。调查结果于民国十四年在美国出版，书名《华南农村社会调查》（*Country Life in South China*)。此书的研究方法很可参考。民国十一年，华洋义赈救灾总会请马伦（C. B. Malone)、戴乐仁（J. B. Tayler）等教授指导九处大学的 61 个学生分头调查直隶、山东、江苏、安徽、浙江等省的 240 村庄的经济状况。民国十三年著《中国农村经济研究》（*The Study of Chiness Rural E-*

conomy）。民国十至十四年，金陵大学农科教授巴克（J. L. Buck）指导他的几个学生在中国七省十七处，调查了2 866个农家，在民国十九年用英文著《中国农业经济》（*Chiness Farm Economy*）一书，关于中国农场收支研究有极详细的整齐统计，为近年最有价值的农村经济调查之一。民国十二年沪江大学教授白克令指导学生调查离上海不远的沈家行农村，结果由张镜予等编辑《沈家行实况社会调查》，在民国十三年出版，是一个较为简单的杂项调查。同时青年会包立德、朱积权等在北京调查地毯工人生活，著《北京地毯业调查》一小册，在民国十三年出版。民国十二年清华学校陈达教授指导学生在成府村调查91家的生活费，在安徽休宁县调查了56家，又在该校调查了141工人，作《社会调查的尝试》一篇文章，在民国十三年发表在《清华学报》第一卷第二期。民国十三和十四年间，李景汉与甘博在北平调查一千人力车夫、二百处车厂、一百车夫家庭的生活状况，其中一小部分材料已随时发表于民国十四年《社会学杂志》第二卷第四号及民国十五年英文《中国经济月刊》（Economic Study of the Peking Ricksha Puller, *The Chinese Economic Monthly*, Vol. Ⅲ No 6, June 1926）。民国十四年孟天培与甘博先生调查二十五年来北京的物价、工资及生活程度，李景汉的中文译本在民国十五年载于《北京大学社会科学》季刊第四卷。民国十四和十五年甘博、张秉衡、李景汉等调查近百年来北京各种物价、工资及兑换，不久在美国出版。同时又调查北京行会组织，已于民国十七年由步济时博士编著《北京行会》（*Peking Guilds*）一书，在美国出版。民国十五和十六年，甘博、王贺宸、梁人和等用记账法调查了北平283家的生活费，即将在美国出版，一部分已在美国发表（Peiping Family Budgets by S. D. Gamble Vol. 152 of *The Annals of the American Academy of Political and Social Science*, November, 1930）。民国十五年中华教育文化基金董事会社会调查部成立，即今之社会调查所。该所已出版之调查有民国十七年陶孟和所著《北平生活之分析》，十八年李景汉所著《北平郊外之乡村家庭》，民国十九年林颂河所著《塘沽工人调查》及杨西孟所著《上海工人生活程度的一个研究》等书；现在进行者有北平物价调查、铁路工人调查等项。中央研究院社会科学研究所社会学组，关于调查已出版者有陈翰笙等所编《黑龙江流域的农民与地主》《亩的差异》等书。各大学社会学及经济学系近来亦多训练学生实习社会调查，例如燕京于民国二十年已出版英文《清河镇初步调查》（*Ching Ho*）一书，南开已出《物价指数报告》，北平大学农学院已出《罗道庄调查》与该院工友及其家庭生活调查。此外许多社会事业的机关亦提倡举行社会调查。例如河南民众师范已出《百泉村调查》，山东村治研究院亦于民国二十年六月开始举行调查。大规模的全县社会调查尚在进行中者，有中华平民教育促进会社会调查部举行的定县调查。该会的社会调查，学理与实用并重，而目下尤侧重应用。以上为中国社会调查的进展与成绩的大略情形，大概没有重要的遗漏。

第四章　社会调查在中国举行的困难

社会调查固为中国今日之需要，但实地举行时非常困难。凡没有从事过这种工作的人是不能实觉的。作者身临其境，亲尝调查的滋味，已有八年之久。也理会不少热心的人尝试调查工作，其中有的一遇困难立刻败兴，有的不久灰心，能持久的实不多见，有满意结果的尤为罕见。就是因为一般人，特别是青年，以为社会调查是一桩有兴趣的新事业，也许想到困难，而没想到难关是这样多。因此本章把各方面的困难分类说明，使从事社会调查者，尤其是想要作的人们，预先知道一个大概。以后碰见障碍的时候，不致灰心丧气、望洋兴叹，又可以随时思想应付的方法，不致半途而废。

一、调查人材的缺乏

任何事体要想成功，非有人材不可。社会调查事业在中国尚在萌芽。虽然已经有人觉得这种工作的重要，也实行参加，但真有调查知识的人极少，说到受过训练而又有充分经验的人更少，至于社会调查的专门人材和有经验的老手简直几等于零了。现在的文人学士又多喜在室内舞笔弄墨，仍未脱“秀才不出门，便知天下事”的态度。这是不能有大规模的完善的调查的第一个原因。

二、参考材料之缺乏

已有之少许零碎的中国材料多不可靠。比较好者又多为西文书籍。

三、公私机关大半不喜帮忙合作

许多机关不肯帮忙大半是因为不了解调查之意义，而且嫌麻烦，也有的或因为怕发现事实、揭破黑幕或于营私舞弊不利，因此极力避免认真的调查。

四、人民的怀疑与害怕

（一）人民应付乱世长久的经验

数千年来人民饱受乱世之害，有此长久之经验。故时有戒心，防备受害，早学会了搪塞支应的技术。

（二）政府丧失人民的信用

民国以来军阀官吏祸民尤甚，政府完全丧失人民之信用。县长与“刮地皮”在老百姓心中已成一而二、二而一的名辞。苛捐杂税，征兵拉夫，索要车马粮草，变兵劫掠，种种害民行为已成家常便饭。人民已如惊弓之鸟、漏网之鱼，在恐惶中过其极简单之生活。如此，调查人口或田亩时，岂不视为大祸之将至。在此种状况之下，如何能怪老百姓的害怕与怀疑。近来政府对于“赤化”运动，严厉查办，人民更不敢轻易与生人接谈，恐招嫌疑。

（三）人民实在不易明白调查意义与实际的用处

其他社会事业比较的容易明白。例如生计教育增加生产之意义，可由波支猪重量之增加，力行鸡下蛋数目之增加，清楚的表示出来，其利益显而易见。

卫生教育的医院疗治人民的疾病，亦为人所共晓的利益。文艺教育部设立平民学校，使人识字的好处亦一说就知道，一看就明白，不用费多大的力气。社会调查事业则不然，不但在中国向来未有，且没有听见说过，其利益亦是间接的，不是手能摸、目易见、有形质的东西。因此使普通一般人明了，极不容易，且有时愈解释愈不明白，愈生问题和怀疑。也因为向来没有人如此麻烦的详细询问家庭生活状况，农民常惊讶说："先生这样的刨根问底，到底要干甚么呀！"

（四）人们故意不说实话

常有时以为调查是慈善事业因此将家庭情况说得坏些，亦有时顾全自己的面子而言过其实。

（五）对于问法的误会

问到每日或每月吃多少肉，被调查的人以为先生们向他们开玩笑，因有许多家庭平日永吃不起肉。

五、中国各种数量单位的不统一

这些数量单位的混乱，为社会调查一大障碍，不但难得到数量的准确，而且枉费极多时间。

（一）货币单位的混乱

制钱的一千文或一百文的实在数目各处不同，而各时代亦不同，差别之大出人意外。各地及各时期铜元兑换数目亦极不一致。银子之成色、行市，纸币之折价及政府征税时种种不合道理之折价算法，令人极难捉摸，也是予贪官污吏种种舞弊之机会和便利。

（二）度量衡的混乱

尺的种类，有木尺、市尺等。斗与石的种类差别很多。斤的种类有肉斤、粮米斤、棉花斤、买物秤、卖物秤等分别。亩有大亩、小亩种种不同。

六、各方民性之殊异

中国幅员极广，而交通又不便利，各处彼此隔绝。因此各地人民之性质、风俗、习惯等经过长久之沿革，而趋于殊异。因有“百里不同风，十里不同俗”的古语。调查时颇费周折。且因各人成见，偏见，或少见多怪之故，对于寻求事实，亦易生错误。

七、言语的不同

中国各部言语之差别，竟有至于完全不懂的程度。同县地方之口音亦往往不同。以不同之口音从事调查时，发生对方听不清楚的困难。且对于外乡人来调查，易发生误会与怀疑。

八、中国人模模糊糊的习惯

此种含糊，拢统，而不准确的习惯，实为认真调查精确事实的最大致命伤之一。因其不易防备，而又极普遍，稍一不慎，随时可陷入于非常之错误中而不自觉。

言语的含糊。

（1）重述所问的问题，并未回答问题，而以为已经回答了问题的毛病。例如，问“来了几天?”，回答“啊，来了几天啦”。问“你们村庄为甚么没有树?”，答“是，我们村庄没有树”。

（2）所答非所问的毛病。例如，问“你每日卖多少个梨?”，答“五十斤”。问“此猪重多少斤?”，答“五十斤”而未算腹内五脏之重量。问“你几尺高?”，答“五尺”而头部未算在内（因此人当兵时只量其自肩至地之高度）。问“你的村庄离城多少里?”，答“十五里”而其心中系指来回而言。

（3）对于各种数目的模糊。例如，问“这一村有多少家?”，答“有几百家”或“一二百家”或“一百多家”“一百来家”或“七八十家”。关于里数亦然。往往行路时打听要到某处之距离，则有愈走愈远之表示。又从张村至王村之距离，往往不等于王村至张村之距离。又发见山路难行之里短于平地易行之里，逆水行舟之里短于顺水行舟之里。官道里长，小路里短。所称为“八里庄”“二十五里铺”的村，距城之里数未必符合。

（4）回答数目时习用十进十退之整数。例如一百里、八十里，或五十家、六十家，而忽略其零数。

（5）躲避正题的毛病。中国人喜用转弯抹角的说法，而不直捷了当的到题目上。例如丈夫称其妻子为“她”“你二嫂子”“小老虎的妈”。又喜用掩饰的话，官吏好说“好，好”“是，是”，而毫无诚恳承认之意。且中国人传话最易失真，连传数次，则原情尽失。

（6）代人自作主张的毛病。例如令厨役上市买鸡，而往往得鸭或鱼。问其原因，则以“物美价廉”对。

九、麻木不仁之状态

回答问题时非常缓慢。非事到临头时总不着急，亦不早办。例如对于自己病症之耽误，而不早治。住医院之出生的婴儿有时看护错交其母！许多事情不易使一般人动心或注意。故对于调查之烦琐事项，亦漠不关心，不发生兴趣。

十、秩序扰乱的习惯

调查是以有系统的科学方法，而中国的日常习惯恰与科学性相反，而是非科学的。例如开会、赴宴，多不守时间。街上行人、车马，乱走无序。饭馆内大喊大叫，高声谈话。戏园内随便说话谈笑，自己不听，也搅乱别人不能听。

家庭内缺整齐习惯，举动亦常失当。例如病人病愈重，正愈应休息，而看问者愈众而愈勤，且非直接惊动病人不可！真难揣摸是何心理！

十一、文字的不准确病

以上所讨论皆属一般人所犯的毛病，而受过多年教育的文人学子亦未见其优于常人，恐其模糊不精密之习惯，尤深一层。

（1）中国单字与名词向无精确的定义。

（2）文字长于言情，而不适于说理。

（3）文章喜用借喻的形容法，而实际毫无意义。例如形容美女，则喜用这些成语：“闭月羞花之貌”、“沉鱼落雁之容”或“倾国倾城之色”。不知道三样美有何分别，不知与用“好看”二字有何分别。或甚至“弱不胜衣”亦是表现美了。称美男子则有“面如满月”或“眉分八彩，目若朗星”。称难看的妇人则曰“丑如无盐”。究竟谁见过无盐甚么样？形容丑陋之男子，则曰“驴头，马面，兔耳，蛇腮”。表示见面之热诚，则曰“久闻大名，如雷贯耳，今日何幸，如拨云雾而见青天!”。

（4）言过其实且喜夸大。例如张飞一喝，曹兵倒退四十里。赤壁鏖兵，曹操八十三万人马，一个没有回去。白起一夜竟能坑赵兵四十万。军队有一师团，则吹作二师团，一旅吹成两旅。如此，政府按数发饷，空额即入腰包。今日军阀政客之通电，极其辞令华丽巧妙之能事，而真意所在惟有鬼神知道。我国人之讲话真可谓“八仙桌盖井口——随方就圆”。而一般人习以为常，满不介意，真怪事也。

十二、过于讲面子的毛病

一般人只重讲面子，而不顾真是真非，重形式而忽略事实与真理。丢面子是了不得的一件事。调和事件者皆以“面子”“好使他下台”为标准，而不管公理公平。为“面子”的缘故，有错亦不算错，至少不认错。尝闻“天下没有不是的父母”。官吏不得已而辞职，则曰“告病假”。中国成了面子的世界，不按事实的判断来解决问题。调查事实真相，岂不感觉困难？盖社会现象之表面与内容是两件事。非观察力强与思想周密者，无从辨别其真伪是非。故“面子”问题亦应加以相当的注意。

十三、旁观的态度

“个人自扫门前雪，休管他人瓦上霜”“不在其位，不谋其政”，为根深蒂固、普遍的现象。乡间道路之不成样子与非常的不便，没有人理会，任其自然变化。一般人之公共心与团结力的缺乏显而易见，处处表现其无同情心。见义勇为之美德已丧失到不易收拾的程度。社会调查是件必须求人帮忙合作，而尤须得到人们表同情，方能办到的事。而一般人实在缺乏此种同情心，就是不怀疑，也是怕麻烦。因此实地调查颇为吃力。往往费尽力气，而得少许之结果。

十四、迟缓性

一般人，尤其是乡间农民，总是不慌不忙、蠕蠕而动，不懂着急与效率为何物。钟点之经济更是提不到的。填写一张表格，须用数次及极长之时间，方能得到比较满意的结果。无非常之忍耐性者简直不能从事调查工作。血气方刚而性急之青年遇此情形，多致灰心丧气。

十五、敷衍虚伪性

一般人颇缺乏直爽与诚意，不肯办的事，不肯直说，或亦是缺乏勇气不敢直说。或是推故推病不见，或是谎言搪塞，或口中满口应承而心中别有主见，外面叫你过得去，而实际毫无帮助。中国民族早已学会了善于支应的技术。要账不还，总说下次再来定还，及至下次来了则又支至下次，而至于无限之下下次矣。事到不得已时，则以“对不起”“对不住”“该打”“该杀”等虚伪语了之。此种软软和和、黏黏糊糊之性格，亦为实现社会调查障碍之一。

十六、不彻底性

卢信谓中国人为不彻底的民族，养成消极方面之道德。往往争论发生，不诉之于法庭，而诉之于良心，重道德而轻法律。中国人凡事每从退一步着想，不求进一步想，存“得饶人处且饶人”的态度。以吃亏、退让为主，守分安常，顺时听天，委诸运命。无论环境如何变化，老是知足、宁静、无为。又所谓甚么“善欲人知，不是真善”，纯为消极态度的表现。在最低限度的生活下，也力求快乐。以现代生活的标准看来，是个气息奄奄、缺乏生气的病弱民族。社会调查是要寻求事实，达到彻底的程度为目标，而所询问的对方，偏是个不彻底的民族。焉能不遇见非常的障碍。

以上所举各种困难，固然不是只限于我国社会，其中许多是所有民族共同的性质习惯。不过有的在中国的老民族里演进得特别浓厚，有积重难返之势。研究社会调查者对此必须特别注意，实地进行时方能应付得当，胜过随时随地发生之阻碍。

第五章　如何使地方人士接受社会调查

关于在中国举行社会调查之种种障碍已在上章略述。因此在没有得到一个地方人士对于社会调查清楚了解之前，这种工作是绝对不能进行的。即或勉强去作，一定完全失败，最高限度仅能得些零零碎碎、漫无系统的结果，认真说来，也等于失败。如何使地方机关、领袖、民众不彰明较著的反对，不暗中反对，再进一步说，如何使他们接受社会调查，以至达到使他们帮忙，甚至积极合作的地步，是必须研究的问题，是必须解决的问题。这是社会调查工作里的一个难关，非先设法打破不可。各地方有其特殊的情形和特殊的障碍，应付的方法自然也就随着不同。可是各地方相同之点也很多，到处有时遇见普遍的现象。本章所讨论的方法就是对于这一般的现象设想的。

有许多人在中国举行社会事业主张强迫的办法。有的事情固然可以收相当的效果，但有的事情，甚为不妥。社会调查是最忌讳这项办法的。除万不得已外，不用高级机关或人员来压迫低级机关或人员，来勉强执行社会调查。若只是出于命令式的服从，则结果必然敷衍支应、阳奉阴违，表面上看来也许是完成了，内容多半是不可靠的。以作者八年实地的经验看来，若要使地方人士对于社会调查有充分的或至少有相当的认识，或最低限度不甚怀疑调查的人员，可以从两方面入手进行。一方面是适当的宣传，又一方面是举行与他们生活真有利益的实际工作。二者缺一不可，后者尤为重要。盖一般人士，尤其是老百姓，好话听得太多了，受骗已经无数次了。单说得天花乱坠，而不真作点实事，是抓不住民众的心的，即或有效力也是部分的、暂时的。现在先从宣传这一步说起。

一、社会调查宣传的方法

宣传的目的是要使地方的各机关人员，绅、商、农、学各界的人了解社会调查的意义。有时召集大会向他们一起演讲，有时须分组演讲，有时用谈话方式向数人或个人分头解释。因此讲话的方法亦须随机应变，因人而异。社会一般人士，尤其是各县绅士及农民，大半对于社会调查毫无所闻，有的连这个名辞也从未听过。因此解释社会调查的意义时必须由浅入深，用极普通的话语。根据作者的经验最好是以极简单的比喻，不怕重复的说明社会调查到底是什么，和他实在的用途。兹将在许多处、许多次，已经用过颇有成效的几个比喻，附以解释列在下面，供人演讲时的参考。

（1）“对症下药”之比喻。用科学方法来调查社会，正如请良医来诊断病人。

（2）“削足适履”之比喻。解决社会问题前，若无社会调查易生“削足适履”之危险。社会调查即量足之功用。先量足而后制适足之履，先调查社会而后计划适合社会情况之改善方法。

（3）“张冠李戴”之比喻。适合张头之冠，未必亦适合李某之头。一种改善方法虽在彼处办有成效，未必适合此处情形。冠与头须互相适合，办法与社会亦须适合。否则难免“张冠李戴”之病。

（4）商店账簿之比喻。要清楚的知道一个商店的详细情况，可查其各种账簿。要彻底的了解一地方社会的真相，须有各种可靠之调查。

（5）工程师画图样之比喻。图样为伟大建筑工程必需之物，调查材料为社会建筑必需之物。

（6）军用地图及侦探之比喻。根据军用地图定作战之方略，方能攻守适宜，再能知己知彼即能百战百胜。侦探即知彼之功用。社会调查之材料即等于军用地图与侦探之报告，为攻愚、贫、弱、私及打倒各种社会恶现象不可缺少之工具。

(7) 照像之比喻。照像是照社会人物之外形，调查是照社会之内容。照像贵乎真确，调查亦然。

(8) 生物解剖之比喻。解剖是要洞悉全体各部的构造联络。调查是解剖人类社会，详察社会的组织，探究人与人间的各种关系。

(9) 化验物质之比喻。化验工作是化验分析各物质的成分与观察其所起变化作用，调查是化验社会，寻求现象因果的关系。

(10)“知难行易”之比喻。一件事作是容易，而知道如何作最难。调查是求“知”的这一步工作。要知道真相，知道用何适当方法去作，然后实行就容易了。“知难”调查亦难。

以上前三个比方的优点是取用中国现成的成语。演讲者若能以诚恳的态度，清清楚楚的详细说明，很能感动人的，并且是任何人能听懂的。商店账簿的说法，也是人人易懂，尤其是商人。工程师画图样、军用地图和侦探、照像等比方亦甚显然。其余生物解剖、化验物质、“知难行易”等比喻适用于向学生讲话。现举例如下。

作者向百余村长佐演讲的话：

> 诸位年高的父老们和青年的弟兄们，今天能得着这一个极好的机会来谈谈话，实在是我觉着最荣幸的事也是非常快乐的事。我最喜欢、最高兴和农村的人们说话，今天在座的诸位又都是各村的领袖。我常说真正的中国是农村，不是大城。我们可以把中国比作一只大牛。上海是中国最大的城，在中国也只有一个上海，比起牛的全身来，他的大小不过是牛身上的一根毛儿。北平也是中国的大城，也只有一个，又是牛身上的一根毛儿。天津、广州、汉口，又是别的三根毛。开封、太原等城是较小的几根毛。这些城总在一起也不过是牛身上的一撮毛，不到牛尾巴的大小，恐怕连牛身上的半个耳朵也占不下。整个儿的牛身都是乡村。可是许多人，尤其是受过高等教育的人，都扎在这撮毛里去想方法救中国，而不到整个儿的牛身上来想法子，给中国找一条出路，岂不是大错了么？所以我们常听见一个喊叫的口号是“到民间去”，就是劝人赶紧下到乡村里来改良农村，这才

是救国的根本方法。老实说，农民富，中国才能富，农民强，中国才能强。农民穷，就是中国穷，农民弱，就是中国弱。

现在我们中国的人民真是可怜极了。美国的农民不但各家都吃好的、穿好的，小农家也都有一二百亩地。差不多每家都有一辆汽车了！我们中国的阔人、大官才坐得起汽车。我们农民的生活差得太远了。不到三十亩田的人家占一大半，有许多是十亩八亩的。好年头儿还能对付活着，说不上吃得好，只求吃得饱就知足了。一遇荒年饿死冻死的遍地皆是。再不赶紧想方法大家都等饿死了。所以中国一个大病源是穷。我们得设法打倒“穷”，增加我们的生产力，比整天嚷打倒这个、打倒那个还要紧得多。

再看我们中国四万万人除了小孩子外，倒有三万万多人一个大字不识，都是睁眼的瞎子。人家西洋人、日本人，都能识字读书。一群瞎子岂能打得过明眼的人？所以“愚”又是我们中国的一个大病源，也非打倒不可。设法培养我们人民的智识力，使人人都能看书，有学问。

再者，欲想强国，必先强种。我们中国人比西洋各国的人身量矮得多，体质也软弱多病，读书的人更厉害。我理会乡村内有火眼病（沙粒眼）的差不多有一半人。在英国、美国每年一千人里死十几个人，日本死二十个人，中国死三四十人。人家平均每人活到五六十岁，我们中国人据调查还不到三十岁。到处看见各种疾病流行，不知道讲卫生，不知道预防的法子。因此不该死而死的每年有几百万人。所以“弱”也是中国一大病源，也非打倒不可。设法发育我们的强健力，使人人的身体强壮。

中国还有一个显而易见的大病源是“私”，就是私心。人人自私自利，只顾自己，不管别人。都是各扫门前雪，不管他人瓦上霜。因此中国虽有四万万人是四万万个心，大家不合作，彼此闹意见，只重私情，不重公德。因为私仇的缘故，拼命的打架，倾家败产的打官司。可是不肯为公义战争，不见义勇为。所以小而一村的人不能同心和睦的办事，大而全国的人民不能联合起来打倒贪官污吏。任凭军阀们随便要钱，加捐上税，人民没有抵抗的能力。都是受了这个“私”字的亏。要使人民团结起来，有力量解除自己的痛苦，非打倒“私”不可。所以怎样训练我们的团结力，使大家共同救国，是很要紧的事。

除了以上所说的贫、愚、弱、私四大病源之外，中国的病还多着呢！好像一个人的全身千疮百孔，头痛、脑热、发烧、咳嗽、带喘，各种症候，不一而足。我们到底从何处下手救我们的国家呢？这真不是一件容易的事。稍一不慎，不但不能见好，也许送了命。我们必得先清清楚楚知道我们全国的实在情形，各省的情形，各县的情形，以及各区各村的情形。然后按照各处社会的情形认真的想出合适的办法，一步一步的来作，才能渐渐转弱为强，转贫为富。可是我们怎么样才能透彻的明白各地方的实在状况呢？只有一个最好的法子。这个法子就是“社会调查”。“社会调查”四个字是我们不常听见的一个名辞。或者诸位要问，到底“社会调查”是甚么意思呢？究竟干甚么我们必须先得知道各处的情形呢？我现在就要慢慢的把这个问题说明白了。

“社会”的意思就是一群人在一个地方一块儿生活，彼此有来往，你有时候来看我，我有时候去看你，有时候在一起谈天，有时候办点事情，有时候彼此送礼物，有时候彼此帮忙，有时候大家在一起开会像今天似的。总而言之，彼此多少有些关系。所以几家人合成一个小村这就是一个小社会，一个大村也是一个社会，一县也是一个社会，一国也是一个大社会，甚至于天下的人合在一起，也是一个大社会。一家的人有父母、兄弟、妻子、儿女、几房儿媳妇、孙子、孙女，也算是一个小社会。“社会”的意思，大概我们都明白了。再说甚么是“调查”呢？“调查”就是“考察考察”、“访问访问”或“打听打听”的意思。比如一个地方的光景，或发生一件事情，我们不大明白，知道得不大清楚，我们就要细细向人打听打听。俗语说，问个“水落石出”“知根知底”。“调查”也就是这个意思，并且按照一定的方法，要知道更详细，更准确，丝毫不模糊。若真要改良我们的社会，真打算从根本上救我们的国家，非先认真的实行社会调查不可，没有两条道儿啊。我可以用几个极简单、极平常的比喻来说明。

第一个是“对症下药”的比喻。我们都知道若是一个医生给人看病，不先候脉，不细查病原，就乱开药方，是多么危险。吃错了药，倒不如不吃药，因为不但不能好，也许弄得更厉害，甚至送了命了。我听说一个二五八的“蒙古大夫”，无论人得了甚么病，他总是先给病人猛烈的打药吃，不但有时完全不是“对症下药”，而且遇到本来已经极虚弱的病人，吃了打药就爬不起炕了。称得起名医国手的，都是先精细的诊断病人的病原，然后对症候下良药，才能药到病除。自然也有治得了病、治不了命的，那是另一回事。现在的西医更仔细了。他们先得入医科大学，至少专门五年。毕业后还得练习很长的工夫，才许他自己给人看病。大医院出名的医生给人看病非常细心。不但候脉，知道脉跳的轻重，一分钟跳多少次，又用温度表试验病人的热度多高，用器具听肺，听心，验血，查验大便、小便以及身体的各部分。有时用一种光能照透骨像，肝、胆、脾、胃、肾，五脏和肚子里的一切东西都能看出来。孟子说“如见其肺肝然”，现在真能看见肺肝了。这样的详细查看了之后，就能知道真正的病原。然后才开方子，配药。再清楚告诉病人，一次吃多少药，一天吃几次，是在甚么时候吃。就是为要作到像我们平常所说的“对症下药”。用社会调查的法子来察考我们的社会，正如同请良医来诊断病人。我们只知道是穷还不够，到底是怎么样的穷，有多少人是穷，究竟为甚么穷，各种穷的详细原因是甚么。我们本地种地的法子比别处的法子是好是坏，比外国的法子是好是坏，我们织布是用甚么方法，机器好不好，还有比我们好的机器没有。我们怎样才能增加我们种地的产量，怎样改良我们的手工业。这些事情都得详细调查才能知道。清清楚楚的知道了之后，想方法就容易了。岂不是和“对症下药”的比方正正是一个道理么？

再说一个极浅的比方。我们常听见人说“削足适履”这句话。履就是鞋，适是合适。比如你托我给你买双鞋，我也马马虎虎的，不理会你脚的大小，就买了一双来。比如买的这双鞋比你的脚大两三指，我就说：“得啦，你就拖拉着穿罢，反正是双鞋不啦！”更叫人难以为情的是也许鞋比脚还小二指，你无论如何也穿不下去。我就说：“这好办，请给我拿把刀来。”我一看，你的脚若是长呢，我就把你的指头削去，好使他短一点；若是你的脚宽呢，我就从两边削下两片来，好使他窄些，为的是要对付穿上这一双鞋。这就叫作“削足适履”。诸位说可笑不可笑呢？我们要买一双与脚合适的鞋，妥当的办法是自己到鞋铺去，叫掌柜的拿出几双鞋来，我们穿上试一试，挑选一双比较合适的买。现在大城里买洋靴子的法子更妙了。你可以到制鞋店去，坐在椅子上，伸出脚来，店伙计给你脱下旧鞋来，然后他细细的用软尺带量你的脚，用笔记下前后多长，左右多宽，上下多厚，过几天将脚的各部分形状都写下来。然后按照你脚的大小尺寸形状作鞋。你再去取鞋，穿上准保合适，又松分又爽快。你穿上走罢，一路顺风，前途浩大，若是上山步步登高。这样买鞋岂不比“削足适履”强得多么？诸位，社会调查恰恰是量脚的工作，量脚的用处。先量脚，后作鞋，鞋才能正与脚的大小适合。先调查社会，后想改善的方法，方法才能与社会的情况适合。要不然，可就犯了“削足适履”的毛病了。以前的改良就都是犯了这个病，不管中国各地方的情形是甚么样子，就楞抄袭外国的方法来办。甚么这个宪法啦、政策啦，那个学说啦、主义啦，弄得一榻糊涂。不但未能救国救民，反闹得国困民穷。就是吃了这“削足适履”的亏了！

社会调查的意义大概诸位都明白了罢。若是有人还不大清楚，那么我再费点时间，再用个尤其平常、尤其简单的比方来说明。这比方是甚么呢，就是俗语有话，说“张冠李戴”。这个说法更容易明白。说到这里我想起一件事情来。从前我有一个同学，论相貌不算漂亮。他有一次看见一个同学戴着一顶葱心绿的帽子，是个很讲究的时兴样的平顶毯帽。诸位不要乐，也不要奇怪，说是“戴绿帽子”。现在大城内的人，尤其是好时髦的青年人，不在乎“绿帽子”，真有戴绿颜色的。我本想换个别的颜色，但原来真是个绿色的帽子，我向来不说谎，只得实话实说。闲话少说，书归正传。我这位同学，还是同乡呢，他很羡慕这顶绿帽子，也一点不差，照样买了一顶，戴回来的时候，很觉得意。正赶上有我们几位同学在那里，他就问我们说：“你们看我今天买的这顶帽子好不好?”我们都面面相观，彼此对视，有用手捂着嘴笑的，都不作声。待了片刻，有一位心直口快的同学说：“你戴了这顶帽子，不像拉骆驼的，就像摇煤球的。”（两种在北平普通的职业。拉骆驼的是用骆驼自西山驮煤。摇煤球的是有一行人把煤末与黄土用水搀合起来切成小块，放在筛子里，用力摇成直径一寸大小的煤球，晒干后用以升火。因此两行人都很黑）这位同学并不是故意说调皮的话，他说的真是老实话，把我们当时几位同学的看法完全达出来了。因为甚么呢。这其中很有个道理。那位原来戴个绿帽子看着真好的同学是个嫩白的面皮。

配上这顶饱满的绿色帽子，更显得人品清秀。至于这位照样买一顶绿帽子的同学呢，是个黑暗色的面皮。再戴上这个葱绿的鲜明颜色的帽子，相形之下，更显得枯容憔悴。不但没把人品提上去，反倒适得其反（绿色及绛色宜于面色白者，蓝色及灰色适于面色暗者）。由此可以知道，这个人戴着好看的帽子，那个人戴上未必好看，有时更糟。这不过是颜色的分别。至于帽子的大小更有关系。姓张的帽子戴在姓李的头上未必合适。因为两个人的头不一定恰好一样大。若姓张的头比姓李的头大，那么把大帽子戴在姓李的小头上，一定晃荡。反过来说，若姓张的头小，他的帽子也小，戴在姓李的大头上，一定戴不下去，若勉强往下扣，也许头破帽碎，至少也像上了脑箍。因此知道，姓张的戴着合适的帽子，不一定姓李的戴上也合适。这就表明各人的头不一样，各地方社会情形也不相同。各人有各人合适的帽子，各地方有各地方合适的办法，不能勉强一样。一种方法，一种制度，在德国社会实行了，甚为合适，很见成效。把这种同一的方法，同一的制度，实行到中国社会，不一定合适，不一定见效，也许出大毛病。不一定是方法不好，乃是因为两处的社会状况大不相同，和“张冠李戴”的结果一样。社会调查的功用就是要免去犯“张冠李戴”的病。先看看头的大小再选戴合适的帽子，先调查社会的真相，再斟酌采用适合的方法。

在西洋各大国里各地方都有各地方的调查。本县的人都知道本县的准确面积是多大，人口的准确数目是多少，各种出产的数目有多少。总而言之，各样的事情都有详细的记载。国家是这样，一省也是这样，一村也是这样。所以办事情极容易，考察甚么事情都方便。我们中国可就大大不然。连本国最要紧的人口数目尚没有一个准数。据乾隆时官厅的统计，中国已有四万万人，现在仍是四万万人！也有说三万万的，还有说五万万的。美国是一个又富又强的大国，全国人民才有一万一千万人，我们中国一差就可以差到二万万人！岂不是国家的奇耻大辱？至于土地面积也没有准确的数目，每年国家的收入支出也没有准确的数目，也没有报告。其他的事情更是乱七八糟，不用提了，提起来也是丢人。诸位，我们的国家我们顾不到，我们身份也不配，一省的事情我们也不配顾到，也管不了，连一县或者也管不了。难道我们连一区也不能管么？连一村也不能管么？至少我们要使中国有一个地方，知道人口准确的数目，知道田地的亩数，知道一切的社会状况，给中国争一口气，顾一点体面，雪一些国耻。因为全国是二十多省合成的，一省是几十县合成的，全国是一千九百多县合成的，一县是几区合成的，一区是几十村合成的，一县是几百村合成的。一村虽小，也是一个完全的社会，有人民，有土地，有村政府。俗语说："麻雀虽小，五脏俱全。"一村虽小，也是一省的缩影，一国的缩影。社会调查能在一村成功，或一区成功，或一县成功，也就是全省的一部分成功。全国的一部分成功，也可以说，一地方的成功可以代表全国成功。若各地方都闻风兴起，都举行社会调查就更好了。现在我们要在各村举行社会调查，非得诸位各村的领袖帮忙合作不可。诸位明白了之后，还得叫村里人也都明白，并且除去他们的误会怀疑。不然，社会调查，只有其名，而无其实，一定办不好的。总而言之，办得成与不成，好与不好，全在诸位身上。以后我还要亲自到各村去拜会诸位，向诸位一一领教，讨论各村社会调查怎样进行。我们要彼此帮忙，同心同德，办成这件救国的事业，也就是救我们本乡本土的事业，救我自己的事业。（讲演完）

对乡村人民讲话必须要清楚、简单，极力避免他们不常听见的名辞。不得已必须用的时候，也要略为解释。以上引用的这段讲话，其中仍有许多名辞及说法仍然是深，因为怕太占篇幅，故只将意思写下，而未尽变为俗语。这是应当说明的一点。不但要用极普通的本地话，而且不要怕重复，尽管翻来覆去的说明要点，因为村人不惯于听整套的正式演讲，他们没有集中注意的习惯，很不容易抓住讲演的要点。再者乡间人不常听长的讲话，若再听不明白，他就要打磕睡。因此演讲人要庄谐并用，不时加以滑稽的话，提起他们的精神。在说了每个有趣的比方之后，要用很慢很稳的声调、庄重的态度归纳要点，感动他们，使其领会。上边只论到引用前三个比喻的说明，其余的比喻都可以此类推，因人因地，选择应用。最好也要把此次要举行的社会调查与该县、该区或该村有甚么直接的利害关系，清楚的扼要说明。使他们觉得不单是空说，而是与他们目前的生活问题有密切的关系（参看本书第一章各段）。并且还有应特别注意之一点，就是向他们说明解释调查时容易发生的各项误会、怀疑和困难。

有时在一个地方举行调查要得学生的帮忙。这其中利弊都有。他们若不按妥当的步骤谨慎进行，很容易出毛病。因此先要向一般的学生解释调查的意义、在中国今日的重要、实地调查时的困难。同时激发他们的责任心，也使他们深的觉得是与他们自己有很大的益处。至于如何与地方各方面人士接洽宣传或私人谈话，将在后面别的章内讨论。若有喜用标语宣传的，下列几个可供参考。

社会调查标语

要平治国家，改善社会，须先从社会调查入手

要彻底知道一个地方的需要，须有科学的社会调查

乡村社会调查是解决乡村社会问题的基础

用科学方法来调查社会正如请良医来诊断病人

二、举办与民众有实际利益的事业

在举行社会调查之前若没有先得到民众的信仰，进行时一定处处是阻碍，想要勉强硬作，也是不可能的。作者向来的主张是，宁可不调查，也不伤民众的感情。一般人最重情感而少重理智。情感既伤，不但当时的调查办不通，以后更难继续，别人也更难调查了。因此在一个地方初次调查极关重要。有些地方只靠口头的宣传，仅能影响地方少数的人，还不能使一般人有普遍的信仰。一般人不易领会纸上谈兵、空中楼阁的长篇阔论。他们只能感觉到眼能见、耳能听、手能摸的物质方面的表现。社会调查不是马上就能给人民能见到的甚么显然的利益。他的本身是一种工具、一种手段，不是目的。因此在中国现在的社会状况之下，不易单独进行。社会调查举行之前，举行之时，以至举行之后，最好与一种其他易见到利益的社会事业联锁起来，共同进行。则社会调查工作不致陷于孤立无援、四面楚歌的地步。定县社会调查的经过就是一个很好例子。

中华平民教育促进会选定定县为实验区，开始工作是在民国十五年十一月。初来时即引起本地农民种种的怀疑。有的人以为是为传教而来，有的以为招兵而来，有的以为加税而来，在这种状况之下，正式的社会调查工作自然不容易进行。必须先设法破除他们的怀疑，联络他们的感情，获得他们的信仰，使他们愿意和工作人员谈话，也不怕说实话。因此该会先选定县内一部分为试验区，包

括六十二村，称为东亭乡村社会区。第一步工作就是倡设平民学校，使文盲识字，与普及简单易行的农业科学，增加农民生产。这两样事业都是显而易见于一般人有利的。调查人员就实行参加识字教育与生计教育的工作，常常和村长佐与一般村民有谈话接触的机会。先经过了这步预备时期，不久人民的怀疑渐渐减少了。及至平民学校的毕业生一天比一天多，改良的猪种、鸡种以及各样种子之推行一天比一天广，人民怀疑的态度也一天比一天减，信仰心一天比一天增，社会调查工作才由非正式的、局部、简单的，渐变为正式的、普遍的、复杂的。一般人的态度和心理，在起初是惧怕、不见、见而不说，可谓之拒绝时期。再后肯见亦说，但大半是谎言，存犹豫怀疑的态度，给调查人员一个面子而已，可谓之敷衍时期。再后则最低限度知道平教会的人都是“作好事的”，绝没坏意思，虽然有的仍然摸不清究竟干甚么好事，但无论如何“作好事”是准了。这一时期可谓之信仰时期。这三个时期也可以叫作“闭门时期”、“半开门时期”和“大开门时期”。调查的表面障碍，差不多是打通了。对方心理的阻碍与态度的阻碍是没有了。现在已经到了在调查本身的技术方面用功夫的时候。这才真的到了大规模的、有系统的调查时期。准确的程度也是与日俱增。

自然各地方，大概极少的地方，也许没有一个其他的地方，有这样的好机会、好环境。可是这种环境不是天然的，是从多少人的千辛万苦换来的、创造的。许多地方都找得到人民所信仰的机关、会社或人物。例如华洋义赈会、红十字会及许多其他慈善团体，与农民有好感的农学院、医院及其他社会事业的机关，与各地方素负众望的人物。举行社会调查者可以想法与他们合作，彼此帮忙。无论如何，在各城市、各县城、各乡区，都多少有人民比较佩服信仰的地方团体或人物，都可以作为社会调查事业的介绍或合作的分子。

若在偏僻的乡村地方遇不到可以藉重的线索，就应当临时筹划一种简单的事业。例如倡办平民学校，介绍农作物的良好种籽，表演一切简单易行关于农业的科学常识，或举行有兴趣的娱乐活动。总期望实施调查时已与一般人有相当的认识、来往、联络、好感，使他们肯与调查人不拘束的接谈而无误会。这一步使人民接受举行社会调查之预备手续是很重要的，必须的，决不可忽略的。各地方的情形不同，方法亦异，是在乎主持调查者能随机应变，适合环境，谋得地方人士的信仰。

第六章 实地社会调查之步骤

社会调查之范围甚大，种类极繁。这里不能分别细论，只讨论一般的社会调查。现在中国最需要的要算是乡村调查。中国约二千县，县为主要的地方单位，社会调查，若能办到，最好调查一个全县，不能时，调查县内一部分或一区，再不能时可以选择数十村或数村（有的地方改为乡）。此处要特别说明的有一点，即实用之社会调查本应为各地方自己举行，而有时或者请外人来帮忙。但在中国现在的农村社会状况之下，地方人士尚无自己举行之能力。差不多须靠外来的改良社会事业的团体或学术机关来担负完全责任。最高限度本地人只能出些人力，恐怕连经费也是谈不到的。现在所要讨论的就是以这种情形为背景。兹把个人对于一个地方调查的步骤和经验略述于下。

一、某地方一般社会情况的观察

在没有举行正式调查之前必先有预备的工作。第一步，此次调查的主要负责者要先亲自到所要调查的某地方作一般的观察。关于该地方的地理、气候、人口、文化、教育、风俗、宗教、产物、政治、治安、交通、领袖等项，用几天的工夫游行观察，打听一个大概。这一步手续是不可缺的，因各处情形不同，调查随之而有分别。若此地无山则无须矿产之调查，此地无桑则无须蚕业之调查。反之，此地有特殊之工业，或特殊之产物，为普通他处所无者，则又当特别偏重。同时亦与地方上有关系之公私团体及领袖人物有相当的接洽而能预测将来合作之程度。再尽量搜集抄录地方已有之各种报告、记录、统计，如县志、户口调查、各局报告等项。

二、决定调查目标及范围

根据第一步概况之观察，决定主要调查项目及次要调查项目。主要调查项目为此次特别注意之调查事项，亦为最低限度所要办到之调查。次要调查项目则为附带之调查事项。若于主要调查外无余力及此，则亦可省略，使调查有伸缩之余地。调查目标既定，则斟酌调查之范围。如地域之大小，包括村数多少，如何选择而能包括不可缺少之要素，使能代表全县或全区。经费多少，举行时间及多久，参加各项人员多少，皆须在举行前有相当的计划，不致举行后茫无头绪。

三、编制调查大纲及表格

根据决定之主要及次要目标与地方情况，再尽量参考有关系之书籍或报告，即可编制调查大纲，详列调查项目指定调查之方针与范围。再把其中主要的及特殊事项编制表格，划一调查之工具，为实地调查员填写之用。此种填表为调查中最宝贵之材料。无须填表，及在表外所见到之事项就用叙述方法在另纸记录。表格之辞句，空位力求简短，故须附带说明详细解释。

四、选择及训练人员

社会调查在中国方在开端之时，故调查人员关系重大。差不多成功与失败都在他们手里。他们不但要晓得关于社会调查的真意义和技术，并且还须有待人接物的本领。往往中国的事情，其困难点不是对事的问题而是对人的问题。调查员稍一不慎即可引起地方人士之反感，发生想不到的极大阻碍。因此选择人员时，尤其是实地调查员，必须非常审慎。自然一个人的品学如何，事前不易十分知道，但在可能范围之内要尽力顾到。关于调查员选择的标准略述于下，以供参考。

（1）忠实。对于调查员的选择，无论如何，忠实是第一个条件。调查的重要使命是调查事实。在可能范围内，力求真实。不得已时，宁可承认失败，而不勉强虚报。杜撰等于欺骗，自然是更不可以有的。凡好作伪的不诚实人最忌引用。这一点若稍忽略，则遗后日无穷之患。

（2）聪明。往往一个人忠实有余，而智力不足，甚至是个无用的好人。调查员虽然不必须是个绝顶的聪明人，但他须有相当的观察力、审判力、辨别力。模模糊糊，不肯说实话，敷衍面子，言过其实，已为一般社会的通病。调查员必须能观察人的心理和环境，与审判是非、辨别真伪。不然所得的结果，一定肤浅空泛、不得要领，或去事实甚远，因此最低限度调查员是个头脑比较清楚的人，愚蠢的人绝对是不可用的。

（3）通人情。有的人忠实，也聪明，不一定通人情。一个人尽可以有很大的学问但不长于待人接物，不知道如何处世。甚焉者固执己见，不肯适应环境，对付别人。所谓有棱有角的一流人，和好钻死牛犄角的人，随时都可以伤人情感，因小事而误大体。调查员要能通达人情，迎合人的心理，随地获得人的好感。但这并不是欺骗，乃是适应环境的一种手段，藉以实现调查的目的。所迁就的是与人来往琐事，而不是调查事实的本身。凡作事常不近人情和“死心眼”的人不用为调查员为妥。

（4）常识。一个人虽然是中学毕业、大学毕业，甚至于留学专门，而也许仅是一个书呆子，少知道普通的事务。社会调查不是在书本里找东西，不是关上门思索，乃是与活人来往，探寻社会人类的复杂现象。学堂里、讲堂上所学的那一大套，此时也许全用不上。具有社会间的普通常识为调查员的主要资格之一。这不一定是饱尝世变、富有经验的人才有常识，也不一定是多有阅历的年岁大的人。凡观察力强，与社会有相当来往的机会，而留心一般社会情形的人都可以有常识。并且这种常识不一定是在乎知得多、见得广，而是能通达世故，且能应付环境，从容不迫的处理事务，胜过困难，不招出不必须的阻碍。这类人有见解，长于办事，而不一定有多少书本上的学识。俗谓某人有“世界学”或世界大学毕业，乡间叫此类人为“百事通”。他不但知道与人怎样来往，并且对于调查项目的背景，已粗知大略。实地调查时有举一反三、闻一知十的顺势。故得此类人作调查有很大的便利，能收事半功倍之效。凡埋头书本、性喜独处、不好与人来往、不注意日常事务的人，不宜于调查工作。

（5）精确。中国的度量衡及钱币的单位已极混乱，一般人的说话与习惯又甚模糊。因此极易发生错误。对方尽可任其胡说，而调查者不可乱写，尤其是关于数量。不但写得要十分准确亦须精细而且清楚，把事实的内容真相原原本本的列举出来。这项人实不多得，惟有尽力选用平日作事比较小心谨慎、有精确习惯的人。凡素日敷衍从事，举止鲁莽，粗心慌张，俗所谓“丢三落四”的人不适合打算认真的调查。

（6）说话清楚。调查员的言语自然是很要紧的一种工具。他能说得流畅动听，固然再好不过，最低限度也须口齿清明，对方不费力就自然能懂。若是本地人固然便利，否则若能说得清楚，虽与土音稍差亦无大碍。调查人的言语，最忌对于一般人施展他那受过教育的招牌，不时掺加漂亮的名辞，又不知不觉的爱用文言，有时不怪自己说话失当反笑老百姓脑筋简单不懂。例如不说“怎么样”而说“如何”，不说“这样”而说“如此”，不说“一块儿合着过日子”而说“共同生活”。老实说，有许多我们以为极平常，脱口而出的字眼，农人工人是不懂的。有地方与其说“寝室”不如说“卧室”，与其说“卧室”不如说“睡觉的屋子”。甚么“昆仲”“令堂”“程度”“分配”“合作”“改进”等说法，老乡民不知道你说的是日本话，还是说胡话。本来他们一见你身上的服饰，你脚上的皮革，你分头的油亮，已经觉得你和他们中间的社会距离很远了。再紧接着领教了你这满口的文章，这中间的距离就越谈越远了。还能打成一片，而得满意的回答么？因此你这受了高等教育的调查员在“到民间去”以前，先把你那脑子里所印的那部新字汇取出来，暂存一处，说一般人所说的话，有时也得行一般人所行的事。这并不伤你的尊严。遇到发觉对方不很懂你的发问时，就当立刻换个问法，反覆的解释清楚，免得使他误会答错，或受窘。并且调查员所说的话，不可太少，也不可太多。有的调查员好发长篇议论，越说越高兴，致使对方少有发言的机会。这不是调查，是演讲。所以关于调查员说话的口音、腔调、快慢、声音的大小、清楚不清楚、说法、习惯，都有考虑的必要。

（7）敏捷。调查员与对方谈话的机会往往不能过长，且不能重复，亦不能死问。若非调查员有随机应变的本领，很易错过良好的机会。调查员须时刻想到“时不再来，机不可失”。他必须听得快，问得快，观察得快，发见得快，才能获得不易抓住的事实，尤其是一般人隐讳的，保守秘密的，非正式的直接的所能询问的。非有俗所谓“见缝即钻，无孔不入”的手眼，对于许多社会的内幕，不能揭开，不能看穿。因此性情迟钝的人有些调查不能胜任。

（8）记忆力。往往调查员必须一面听，一面问，又一面写，再遇到对方有许多人讲话或说得太快、不清楚，调查员没有当时一一记录下的机会，且有时因环境关系，不便于写，亦有许多现象只能靠短时间的观察。因此调查员须有很强或相当的记忆力，以免事后忘记，或误记。凡乏记忆力或神经衰弱的人不易胜任。

（9）坚忍。调查员不免随时随地遇见障碍，碰钉子是家常便饭。调查工作的本身不算不单调，同样的问题表往往须填数十、数百或数千张。著者一连数月以同样表格问过一千多洋车夫，饱尝过这种滋味。调查员若没有坚忍性而百折不回的往下干，很难有始有终，达到圆满目的。在中国虽然已经举行了不少的调查，而大多数的结果是半途而废，也是一部分因为这个原因。因此意志薄弱、性情浮燥或容易败兴灰心的人不作调查好。因为中途退出，于调查之进行大受打击。

（10）耐劳。实地调查，尤其是在乡村，是极辛苦的工作。各种坏的天气，行路的困难，饮食的不便，肮脏的环境，以至于狗咬，调查员都须忍受，且有时影响调查人的健康。以上只是外面显然的辛苦。此外还有精神上感觉的各种痛苦，如对方的闭门羹、慢待、愚蠢、龌龊以及许多对人对事的障碍。调查员虽然不一定是必须抱绝大牺牲精神的人，可是他也得不怕吃这许多的苦。因此他最好是一个身体强壮、精神健全的人。凡体质衰弱或易受刺激的人不参加这种工作为宜，以免后来误己误事。

（11）同情心。在中国今日的情况之下，被调查的各种社会现象处处令人感觉悲哀、痛苦。回答的对方多半是生计艰难，家内或其他方面许多不如意的事，使他们在烦恼郁闷不快中活着。因此被询问的时候，他们有的不愿理你，有的说些讽刺的话，有的大发牢骚，有的怒目横眉似乎你就是叫他受罪的一分子。这也不奇怪，因为一般人饱受乱世之害，有的碰到了机会要发作他们的怨气。但大多数是朴实驯良的人，他们大半是唉声叹气，常说“还提这个呢!”“别提啦!”“反正是受罪罢!”“将就活着罢!”，面上现出无限的忧愁，有的至于流泪，有的妇女大哭起来。他们需要安慰，需要人类的同情。显然，调查员须具相当的热心、同情心，以适当的言语表现同情的态度。这不但是使他调查成功，而且是服务的机会。遇到无情的调查员，人家说了不中听的话，他就不理人家，或也许大发脾气，旗鼓相当的走几个回合，忘了他的职务。调查员固然不必须得有“我不入地狱，谁入地狱”的心肠，但他至少得有同情心，而且能充分的表现，也常以“不入虎穴，焉得虎子”这句话提醒自己。因此凡寡情、冷情、忍不住气的人别作调查好。

（12）兴趣。调查的本身和环境，已经说过，从一方面看，是颇单调枯燥，且往往填表时是千篇一律无变化的工作。但这种事业别有兴趣，不是个个人能欣赏的。作者就是一个例子。从事调查以来，八年如一日，越作越感兴味，随时随地都作调查。调查是他的职业，是他的志愿，也是他的娱乐，是他的生活。病了的时候不能作调查，觉得非常的痛苦。调查遇到顺利的时候，觉得快乐，但看为是变例；遇到普通障碍的时候，看为是常例；遇到非常困难的时候，则更精神奋发、大感兴趣，以设法克服他为好玩，以解决问题为乐，以失败为暂时未解之谜。每日非发见些新事不足满足他的求知性，不足餍足他的好奇心。不知道的他要知道；知道的，他更要知道得更仔细更彻底。天文家守着望远镜终日夜观察星斗，地质学家孤入深山去看石头，化学家一生在实验室化验物质，没有兴趣决不能有大发明的。从事社会调查的人呢，终日与他同类的人类来往，调查他的同类，研究他的同类。人类为万物之灵、宇宙之精华，千变万化，岂不比与死的物质结不解缘更有兴趣么。他的工作又能间接直接的增加人类幸福，岂但是只有趣味而且是功德无量了。不能看到这几点的人则调查诚然是苦。凡不能得到这种兴趣的和平日感觉人生无味的人，千万莫作调查。

（13）稳重。调查员的品行必须端正，没有显然不好的嗜好。他的举止动静都为一般人所注意。他与各类人都有来往，有时也须与妇女接谈。他的服饰要俭朴些，面孔要庄严些，不轻举，不妄动，固然也要行动自然些。总之，态度必须稳重，说话须有分寸。这才能得到对方的恭敬佩服而肯帮忙。不然容易引起对方的轻视。凡举动轻佻、不拘小节、胡言乱语、不知检点的人于实地调查不利。

（14）活泼。调查员亦不可失于呆板或过于严肃，使对方觉得拘束，太不自然，而无畅所欲言的机会。且无论何人，都喜与精神活泼、满面春风的人讲话，而不愿与半生不死或板着面孔如审案状态的人谈话。且在问这许许多多颇为厌烦的题目，尤其是数目时，若能于适当时期加些合宜的诙谐很有帮助。因为滑稽的口调最能减少双方的疲倦，不时提起谈话的精神，使调查不太单调，不太拘泥。凡愁眉不展、无精打彩的人来作调查，非糟不可。

（15）谦逊。中国真是个礼教之邦。一般人虽然知识简单，但重视礼貌，大讲面子。调查员来往谈话时必须谦逊和蔼，毫无骄傲的态度。这样一般人才乐于接近。否则必生反感，人家不敢攀，不敢招待。凡好摆臭架子的人别讲“到民间去”，更用不着他调查。

（16）相貌。调查员与人接近的时候，对方第一个印象就是他的外表，在无形中发生愉快的感觉或不快的感觉。因此调查员的面貌和身材不可过于不扬或古怪。因此误事，固然冤枉，但亦无法。因为调查员与各种人接触的时间很短，虽然他也许是一个非常品学兼优的人，可惜哪里有工夫使人们知道呢？调查员的容貌亦不宜过于漂亮，不但一般人往往不好接近，在调查家庭的时候颇有不便。自然，人的说话举止大有关系，但调查员的外表总以表现着老诚、朴实精神为妙。

（17）学识。若一个人已经有了上面所提的相当的资格，而且是大学毕业，则他可以为此较重要的调查专员；若在中学毕业则可为普通调查员。他最好至少读过社会学、经济学、统计学等门的课程，此外如心理学、伦理学都是很重要的。又在乎他所参加的调查工作性质和地点，而需要不同的学识。在城市工作的自然应当有市政、劳工、商业组织等知识；在乡村工作的，当有农业常识、土地关系等知识。著者以为在中国今日的学校教育状况之下，就是在高级中学毕业的优秀青年若能肯受适当的训练，很可以负相当的责任，不必须是大学毕业的。因为深的理会多数的大学毕业生，很难发见其有何特长，而发见的毛病不久即可成堆，特短也立刻自然出现。他们是既不能令，又不受命。且大半虚荣心胜，不求深造。自然这不能一概而论，好的一定是有，不过难碰见罢了。因此选择和训练人材的时候，不得不思其次，而另觅途径。各县很有少年老成的青年和诚恳的精干的人才。虽然他们的学校教育不深，但加以相当的训练，任以实地调查的先锋工作，颇能得用。不但人地两宜，且比城内请到有满身习惯的青年的报酬也省得多了。就地取材，就地训练，是最好的办法。自然高级的人员又当别论。

或者有人看了以上的讨论，以为对于人选一层，未免过苛，且失于琐碎。而著者仍要坚持他的意见。因为实地调查员是社会调查事业的根本。材料的好坏差不多完全是在他们身上，若这些人敷衍从事，调查的材料不是事实，任凭你调查专家有多大本领，统计专家能如何分析，也是白费力气，等于无用。要使大规模的调查成功，非慎于人选认真训练不可。

对于调查员短期之训练，除普通社会调查原理及方法外，详细说明目前将要举行的调查的宗旨、范围、主要及次要项目。特别注意填表之方法，务使大家进行一致。

五、预备调查工具

按照调查规模之大小预备各种需要工具。例如印好之各种表格，随身各种文具，记录簿，统计纸，绘图纸，绘图仪器，测量器，带尺，算盘，计算机，照像器，自行车，留声机，简单之电影，以及一切日常用品及特殊器具。

六、召集地方领袖谈话

各事筹备以后，即可开始进行。第一步，开大会，召集地方各机关负责人员、绅士、村长佐及一切有关系的人物，向彼等述说此次调查之意义、需要、原因、宗旨、范围、计划、进行步骤。然后向彼等领教，请他们帮忙，详细讨论大家合作之方法及如何解除一般人的怀疑和误会。

七、分头与各村领袖接洽

凡有关系之村庄，宜再分头拜会其村长佐或其他主要办事人，作进一步之联络，使其清楚的了解。不但同意如何实行，且能积极帮忙，作调查员之介绍或向导。

八、召集村民大会

召集村民大会，最好以游艺会方式，与村中领袖共同向彼等解释此次调查之目的，破除他们的怀疑。

九、实行调查

按照预定日期，调查员分头与村民谈话，询问关于调查项目，填写表格。最好有村长佐、闾邻长及其他办事人同往，因为有他们担保无事，许多困难皆可迎刃而解。若能事前雇用本地方之“百事通”数人为向导亦便。

十、完善表格

调查员将已填之表格带回，先自己稍微修理一下，然后缴于指导专员，由专员或主任细阅一过，注明错误脱漏及不清楚的地方。然后再交给调查员补充完善。再经过校对无误后，就可用正字誊写在另一张新表格内，或特殊统计纸上。将原来草底另保一处，作将来之参考。如此可有两份，以备万一损失一份，尚有一份。

十一、制表绘图

整理搜集之各项材料及表格。以统计方法分析比较，制表绘图。

十二、发现问题

自整理之材料，即可发见事实真相、社会问题，推求各种现象间之相关程度。

十三、探究办法

根据实地调查结果，研究改善社会或实现某种目的之具体办法。

十四、提交调查

将调查之结论及建议，供给地方负责者参考，使彼等进行何种事业前，对于地方社会内容及问题有充分之认识，计划实施时，有可靠之根据。

以上不过是一个调查步骤的纲要，下面章内再举例说明。

或者有人说，上面的方法，似乎差不多完全是特殊的一组调查人员到一个地方去举办。为甚么不照外国的方法使地方人士自动举行，组织甚么委员会，分门别类、各有专责的调查？老实来说，那种有条有理的办法在中国现在人民的程度之下，绝对不能成功。非有学术机关或社会服务团体这样对付着创始举行不可。那种有系统的地方调查大概得等到十年，或二十年，也许还得多些年之后罢。著者是为目下救急，讨论能够实用的办法，不愿按照外国的参考书把调查方法说得条理井然，天花乱坠，而结果等于空中楼阁，花样文章，没大用处。并且在这关于调查知识缺乏的时期也很有使人误用的危险。

第七章 实地调查举例：农村人口调查之经验

社会调查包括之种类极繁，进行之方法亦颇有分别。兹先举近来国人极注意的中国人口问题的调查为例，藉以显明实地调查进行时之步骤、困难问题、整理之方法及一切应当注意之点，使无很多实地调查经验的人对于一项调查从始至终的手续，略窥门径。

户口调查本为政府的职责，而中国政府对于这么重大的事体，向来是敷衍从事。即以比较办得稍好的北平户口调查而论，其中错误、脱漏及不完善之点显而易见。其他各省各县的户口调查几乎完全有名无实。已往的调查不但关于人口之年龄、生亡、职业、移居、疾病、宗教等项，调查得一塌糊涂，即各县最简单的家数，甚至于一区或一乡之家数，恐怕亦没有一个真真确确靠得住的数目。不但因为政府机关向来是敷衍报告，官样文章，就是他们现在愿意认真调查确数，也是不可能的一件事。因为近十余年来政府已几乎完全丧失人民的信仰。对于任何调查，老百姓皆畏如大祸之将至。无论如何，对于地方或本身的情形，不说实话，大扯其谎。因此要使结果准确，非另觅途径不可。下面所举之一例即为定县人口调查之经过。

民国十八年中华平民教育促进会定县实验区办公处移至定县城内，积极计划改善全县之具体方法。为要办事彻底起见，首先注重社会调查，责成该会社会调查部调查全县实况。人口调查即为其中主要之一项。该部决定首先调查离城较近之中一区的七十二村。

按照该会当时之需要，所要知道的事项，著者即编制下列之表格。

拜访乡村人家谈话表

号数：　　　　　　　　　　　　　　　　　　　　　　　　第　页

拜访者姓名：　　　　　　　赐教者：　　　　　　　拜访时期：　　年　　月　　日

第　区，　村，　街，第　间，第　邻，门牌第　号，家主

若要知道用甚么好方法为农民谋幸福

<table>
<tr><td rowspan="2">类别
事别</td><td rowspan="2">家主</td><td colspan="10">亲属称谓（若有佣工或同居关系者即列于亲属后，中间画一重竖线隔开）</td></tr>
<tr><td></td><td></td><td></td><td></td><td></td><td></td><td></td><td></td><td></td><td></td></tr>
<tr><td>性别</td><td></td><td></td><td></td><td></td><td></td><td></td><td></td><td></td><td></td><td></td><td></td></tr>
<tr><td>岁数（照乡民习惯）</td><td></td><td></td><td></td><td></td><td></td><td></td><td></td><td></td><td></td><td></td><td></td></tr>
<tr><td>属相（或生年）</td><td></td><td></td><td></td><td></td><td></td><td></td><td></td><td></td><td></td><td></td><td></td></tr>
<tr><td>出生月日（阴历）</td><td></td><td></td><td></td><td></td><td></td><td></td><td></td><td></td><td></td><td></td><td></td></tr>
<tr><td>推得真年龄
年月日数</td><td></td><td></td><td></td><td></td><td></td><td></td><td></td><td></td><td></td><td></td><td></td></tr>
<tr><td>已未婚嫁</td><td></td><td></td><td></td><td></td><td></td><td></td><td></td><td></td><td></td><td></td><td></td></tr>
<tr><td>正业（十四岁及以上）</td><td></td><td></td><td></td><td></td><td></td><td></td><td></td><td></td><td></td><td></td><td></td></tr>
<tr><td>副业（十四岁及以上）</td><td></td><td></td><td></td><td></td><td></td><td></td><td></td><td></td><td></td><td></td><td></td></tr>
<tr><td>入学年数</td><td></td><td></td><td></td><td></td><td></td><td></td><td></td><td></td><td></td><td></td><td></td></tr>
<tr><td>现入学否</td><td></td><td></td><td></td><td></td><td></td><td></td><td></td><td></td><td></td><td></td><td></td></tr>
<tr><td>在何种学校
毕业、修业或肄业</td><td></td><td></td><td></td><td></td><td></td><td></td><td></td><td></td><td></td><td></td><td></td></tr>
<tr><td>宗教</td><td></td><td></td><td></td><td></td><td></td><td></td><td></td><td></td><td></td><td></td><td></td></tr>
<tr><td colspan="12">本家自有田亩数　　，自有房屋间数　　，离家在外作事者</td></tr>
<tr><td colspan="12">上年全年内所生小孩数男　　女　　共　　，
上年全年内死亡人口数（阴历）男　　女　　共</td></tr>
<tr><td colspan="12">全家人口数：　亲属男　　女　　共　　，佣工男　　女　　共　　，
同居男　　女　　共　　，总数</td></tr>
</table>

必须清清楚楚的明白他们家里的状况

注意：（1）询问贵精密准确，填写要整齐清楚，万勿草率从事。（2）儿童数目及其实在年龄易生错误，须特别留意询问。（3）一切数目字皆用西式填写。（4）问题后答“是”或“有”时（正面）用√符号填写，答“否”或“无”时（反面）用○填写。（5）凡不可靠及答案不全之表须设法补充完备，实在办不到时即在表之下面说明原因分开缴还。（6）关于本表有不明了处或发生疑问随时询问指导者。（7）一表之可靠程度关系全体之结果很大，故询问人责任甚重。

准确程度：

兹把表格内应注意之点略为说明。据题本应为户口调查表。但为要免除乡民误会也可以说不痛快起见，改为拜访乡村人家谈话表。因为乡民怕听调查二字，知道向来的任何调查都于他们有害无利，凶多吉少。何必叫他们看见这使他们不快活和易生怀疑的一个名辞呢。因拜访二字，替代调查不但比较妥当，

而且很为客气，并且说是和他们谈谈话、领领教的意思。这样于无形中避免他们的误会，博得他们的好感。表面看着似乎极细微的事，而往往关系极大。因小而失大，真是冤枉，太不上算。因此在细微处要随时随地加以注意。不然如下棋一样，“只因一步错，满盘俱是输”。

标题外，在表之两旁用较大之字写道：“若要知道用甚么好方法为农民谋幸福，必须清清楚楚的明白他们家里的状况。”这句话浅白而易懂，把拜访（不是调查）的目的说出来，也是在无形中有宣传暗示的功用。但这类话，不宜失之太长，或过多，总求简单适可而止。

普通表格上皆写“调查员姓名”字样，著者以“拜访者姓名”代之，也是避免不必须的使人不快活的名辞，而代以人们感觉高兴的称呼。平常写“调查时期”此处改为“拜访时期”。回答的人则称之为“赐教者”。此人姓名无关紧要，要知道是被询问的人是否家主，是他的妻子，还是他的父亲或是其他甚么人。上面右角有“第几页”是要表明这一家用了几张表格。若是十几口以内的家庭，一张表就够用，只有一页。若是人口多的大家庭则须在一页以上或至于五六页，要把页数写明。“号数”是以后统计时把各家编号、排列用的。此外在表上要知道这一家是属县内第几区，何村何街，第几闾，第几邻，门牌第多少号。“家主”是要填写家主之姓名，故意把“姓名”二字省去，也是不要稍使他动心。总之，凡使他有怀疑的地方极力避免为妙。

表下面的“注意”，是要随时提醒调查员，使他特别留心几样事情，尽力达到准确、清楚和填写一律的最高程度。注意项下的（1）是要精确整齐；（2）特别注意婴儿年龄；（3）一律用亚拉伯式数字以求省时清楚；（4）用符号代字，亦是为清楚易写；（5）表格须填写完备，把有缺点之表分开；（6）随时询问指导者；（7）一表关系全局，万勿草率从事。下面左角“准确程度”使调查员按他当时在可能的范围内判断这家表格内所填各项：十分准确（填 1）；虽不能担保绝对一百分之可靠，而亦颇为可靠（填 2）；照当时调查的情形，察颜观色，理会不大可靠，很有怀疑之点（填 3）；大半不可靠（填 4）。这样使调查人在“准确程度”后填 1 或 2 或 3 或 4 四种可靠的程度，且附说明，备以后整理统计时考虑之用。

此处家庭系包括一切共同生活之人口而言。凡与本家有密切之经济关系者，虽未在家，亦算本家之人，如在外谋生者及入学之学生。凡已脱离经济关系者，虽在一院居住之弟兄，亦不算为一家。凡偶尔因贫资助或来往送礼等事不算共同生活之经济关系。若是某人谋生在外，因特别缘故，未能常常往家寄钱，而非其本愿，仍算本家之人。若某人谋生在外，而又娶妻生子，另成家庭，虽年节寄钱孝顺父母，但父母已无支配其子经济之权，则不能算为一家。

现在讨论表的本身。表之上部“类别”右边是“家主”，他是一家中最主要的男子，而不一定是最年长的男子。大致说来，他是在家中实际上担负最大的责任，他的收入多半也比别人多。比如其家弟兄数人共同生活，而大哥亦尚年富力强，他即是家长。又如某家有老者年近七十，其子年龄四十上下，生有子女，若实际上此四十岁之壮丁多担负家中事务，而非老者，即以此壮男为家长。家中亦可有女家主，而女家主必定为寡妇（非为男家主之妻）。有女家主的缘因是家中丈夫已死，子女又皆不满十四岁（十足真年龄，约合普通年龄十五至十六岁），家中又无其他年长亲人，即以此寡妇为女家主。若子已满十四岁，即以子为家主（本地满十四岁者即能工作，如大人挣钱养家）。“亲属称谓”系指家中人与家主之亲属关系，如家主之妻、子、女、父、母、兄、弟等。此处亦特别注意，即无论何人都是为家主之甚么人，而万勿与家中他人混乱。调查员往往忽略此点，例如有时在调查时写到家主之父，又发现这位老头儿有弟，而即在表中随手写弟，即为错误，因此处之弟乃家主的父的弟，而非家主本人的弟，乃是家主之叔，故宜写叔。仍有一应注意之点，即家中有寡妇女家主时，亲属关系是指与女家主已死之丈夫而言，如女家之婆母则写母，女家主之弟则写内弟，子或女自然是相同。如此统计分类时即可一律。

各种亲属填写的前后次序，为统计时便利起见，亦力求一律。大致以发见次数之多寡为标准，如此在家主右边由近而远之大概次序为妻、未婚子、未婚女、已婚子、子媳、孙、孙女、父、母、弟、弟媳、兄、嫂、侄、侄女及其他关系。再后则为佣工关系如工人仆役。最后为同居关系如友朋同居及长久之客人，但此项人在农村内家庭甚难遇到。为统计时便利的缘故，把上两类关系人与本家人中间，用一重线隔开。

表之左部“事别”行内首项为性别，自然不必须询问，自亲属称谓上即可知道。亦因为统计便利故，写出男或女为宜。

关于年龄，先问按照中国普通习惯之“岁数”若干，但普通中国之计算法，非十足之真确年龄，因生时即已算一岁，到新年时又加一岁。若一婴孩在十二月三十日夜间十一点五十九分产生，则一分钟后已两岁矣！岂有此理？关于人口研究，年龄之准确与否关系非常重要，非设法解决不可。但中国人不常记得生在哪一年（西国人容易知道是纪元前哪年生人），最好是问他属相是甚么，如属猪的属羊的。再问其生日是在何月何日。由岁数、属相、生日，即易推算人之准确年数、月数，以至日数。不必在调查时推算，待整理时一齐推算，填于“推得真年龄年月日数”行内。如十八岁零六个月二十五日，则简写“18，6，25”。再者调查时间往往须数十日之久，非在同时。如此推算时宜以何日为标准？按各人被调查之日呢，还是按某一天呢？有一个比较简单的办法，就是选择差不多调查时期正中的那一日，一律的推算各人的年月日数。自然与实际情形稍有差别，但极细微，于真相影响极少。仍有一比较稍好的办法，即决定调查开始之日为推算各人年月日数之日。如此在这一日以后生的婴儿完全减除。

“已未婚嫁”行内，已婚者填符号√，未婚者填符号○。

“正业”为某人收入最多之职业。十四岁以下者，尚未能作一成年人之工作，亦尚未确定职业，故无所谓正业、副业，只填写在括弧内注明是何种商店或何种工人学徒，或其他工作。“副业”即某人收入次多之职业。

关于教育程度，有三方面要知道。一样是问入学年数，这自然有时是一个大概数，但在实用方面，无大关系。一样是要问现在是否尚在入学，只以符号√或○填写。此外要问在何种学校毕业、修业或肄业。修业是半途退学而未毕业。比如某人是在中学修业，则无须写在小学毕业。

在中国农村调查一般之人“宗教”，颇为费力，亦不能过于认真，因为一般人的信仰根本就不清楚。往往看见政府之报告中属佛教者最多，实属可笑。真配得上说属佛教的恐怕几百人、几千人里也找不出一个。一般人是甚么都信，见庙即进，见像就拜。这一类人，是最多的一类，不如称他为“拜偶像者”为宜。填表时以一“偶”字代之。真心信佛、看佛经者可算为佛教，以“佛”字填表。其他属天主教、耶稣教、伊斯兰教，易为分辨，填“天”“耶”“回”[①] 等

① 指伊斯兰教。——编者注

字。老儒多说是属儒，若他不信偶像只信儒，则亦可勉强填个“儒”字。还有受过高等学校教育者，多有直言不信任何神者，则填“无”字，表明属无神派。以上分法，虽近勉强，但尚未想出较好的其他办法。

调查“本家自有田亩数”颇为困难，将在下面他章内讨论。不能直接办到者，须用间接方法。

调查“自有房屋间数”尚不甚难。间之大小以本地最普通间之大小为标准，若有一房屋有两间大小，但中间无墙隔分，亦算两间。租房住者或其他住法，在括弧内注明。

“离家在外作事者”须与家中尚有密切之经济关系。填明亲属称谓及所在地点。

“上年全年内所生小孩数”及“上年全年内死亡人口数”系指阴历年内而言。此项调查颇难。

末一行填写家内各项男女数及人口总数。

调查表格编印以后，即抄写县政府已有之历年人口调查之记录，尤其是最近户口调查之详细数目。再搜集公安局、教育局、建设局、财务局等机关内有关系之记录。亦参考县志及其他印刷报告。从上面材料中发见县政府记载之每村家数大半较少于实际家数，有少至一半者，因近年以来人民不肯报告实数。反之，亦发现在从前本县选举议员时，或遇灾荒放赈之时，每村所报家数之记载又大半数多于实际家数。

关于宣传方面，在各村村长佐、学董及小学教员在中华平民教育促进会大礼堂聚会时，有人向他们演讲此次调查的用意和办法。再加彼等平日对于平教会社会调查部已有信仰，故无多少问题。不过随后再派人分头到各村拜访各村村长佐，接洽调查日期（若在不甚熟习之地方调查，最好物色本地精明强干之乡导人员。他们的主要资格为熟习地方情形之“百事通”，素负众望，品格端正，长于交际，善于讲话）。在举行调查某村之前一日晚间在该村开游艺大会，除唱话匣、演电影及各种有兴味之游戏外，参加简短清楚的演讲，说明将要举行的调查，解除他们的怀疑和误会。亦要使本村村长佐及其他领袖说几句话。这种游艺会甚有效力，因为全村男女老幼少有不来参加的，都听到调查的事情。以后在实行调查时，他们就不奇怪。

在调查员携带表格到各家询问时，最好，也可以说是必须，请村长佐或闾邻长一同前往。比如到某家时，村长在前领路，一直进到院内，他就喊道："张老福（或张大嫂）在家么?"从屋里面就立刻走出人来回答说："干甚么呀?"他就说："这是平教会的先生们，来咱们这儿打听点事儿，他们都是办好事的，问甚么，就说甚么，决没差儿，有错儿找我，朝我说。"随后对调查员说："写罢。"这就算所有问题整个的解决，一顺百顺，即或有问题也是枝节的。如此一家挨一家的调查。若有五个调查员，普通百家上下的村庄一日可完，大村也不过两三天。每调查员一日可填三十家左右。

若在比较不大熟习的村庄调查，其困难及应注意之点，择要分项列下，以供参考。

一、与调查不利方面的怀疑

（1）怕与县政府或各局官吏有关系。

（2）怕与地亩捐或房捐有关系。

（3）怕与人头捐有关系。

（4）怕与征兵拉夫、按户派差有关系。

（5）怕与要车马草料有关系。

（6）怕与共产党运动有关系。

（7）怕送他们到外国去作苦工。

（8）怕是传洋教的。

（9）怕是反正向来没有便宜事。

二、与调查表面似乎有利的揣测（其实也不利）

（1）疑为是慈善机关举行放赈等事。

（2）疑为是华洋义赈会又要助款掘井。

（3）疑为中华平民教育促进会设立平民学校、推广农业科学、看病不要钱等作好事的。

三、入村后第一步先到村中小学校

到学校有种种便利，学校地点易找，教员为教育界人，易于讲话。亦须极力拉近乎，有“卖膏药的本领”。村中领袖之子弟为教员之学生，先生有面子，可由彼介绍于村长佐。

四、拜访村长说明来意

非得村中领袖同意帮忙不能进行。谈话方式有数种：恭维，戴高帽子，拉近乎，称呼“老哥”，说好听的，解释误会。（有的调查员主张，若遇粗野顽固之村长，万不得已时，可用恐吓手段“唬他”。但此种方法忌用。）

五、村长之敷衍方法

有时村长不见，不承认自己是村长，有的村长雇人代行职权而自己不负责，以须村中先开会讨论为藉口而迟延，给假户口册及假地亩册，或以现在人忙推脱，留下表格代填（此法不妥）。

六、村中分党派

有的村中分为两派，各管村之一部，须与各派首领分头接洽。

七、实行调查时对于帮忙者之联络方法

调查员携带香烟、茶叶等物款待领路之乡导，亦有时送小礼物或请在小铺内一同吃饭。

八、调查贫家人口

调查穷户比较容易，亦好说同情的话。

九、调查富家人口

调查比较富的农户颇为困难，因彼等报苦情，怕上捐。因避富之故，而有时竟不承认小孩识字。人口确数及年龄均不易得。有时须用间接询问法。

十、入家调查时遇妇女讲话

女子推脱男人不在家，自己不敢作主。但老妇对于家中人口之年龄、生日，知之颇详。若遇青年妇女，则须极其稳重，小心讲话。

十一、青年妇女之遗漏及其年龄之误告

十二岁以上未出嫁之姑娘及十五至二十五岁之少妇不愿报告，故最易遗漏。有时以偏大或偏小之年龄报告。

十二、老年人之遗漏及其年龄之误告

瞒七十三与八十四之年龄。谚云："七十三，八十四，阎王不叫自家去。"家内老年人多不报，以为快死之人无关重要。

十三、中年男子之遗漏

关于中年男子怕与征兵派差有关系，有时隐瞒。亦有时不肯说家中有长工，因避富。

十四、男女小孩之遗漏及其年龄之误告

男孩看为宝贵，因迷信心理，怕人知道生辰日期，摆镇物陷害。若为女则无足轻重，亦易忽略过去。一二岁之婴儿尤易遗漏。亦以女孩多为不体面，或孩子过多，母亲似乎害羞，不好意思都说出来。

十五、夫妇年龄差别的关系

妻较夫年龄过长时，男子不好意思说实话，往往增加自己年龄或减少妻之年龄，使相差不远，妻年少则大不在乎。

十六、生日、属相

生辰八字不愿告人，恐摆镇物陷害。妇人生日在初五、十四、二十三日者

不肯说实话，因此三日犯扫帚星。属羊的命苦亦不愿说。

公公不好意思知道儿妇之年龄、生日，故常常假意再回屋内问一问别人。老妇较家中男子或其他人多知各人之年龄、属相、生日。关于生日，有时问离何节日或开庙会日期相近，如正月初一、十五、三月三、五月五等日。

十七、已未婚嫁

已婚之幼年男子常瞒尚未娶，如此亦同时遗漏其妻女。未出嫁之成年女子不肯说，以为羞耻。

十八、离家人口

离家在外谋生之人口容易混乱或遗漏，须详细询问清楚。

十九、入学者之误告

有时儿童入学而不肯说，因避富。

二十、职业之不明

普通职业愿说实话。关于进钱多或不体面之职业有时不肯说实话。

二十一、出生死亡数目

调查死亡较出生困难，有时妇女哭起来。可以问前年几口人，再问上年几口，今年几口，而引到死亡数。问时不说“死”过人没有，而说“伤”过人没有，在本地好听一点。

二十二、疾病

询问颇为困难，彼等常答道：“盼望我们病干甚么?”不说“病”字，因“病”在本地为一病不起之意，故最好以“灾”字代之，问：“有甚么灾没有?”

二十三、房屋间数

有时进院子，能自己观察，或间接问别人。

二十四、地亩数及家中其他财产

察看真确之地亩册子，或间接询问。

二十五、避免遗漏家中人口之方法

往往一家被询问关于各人这样多的项目，就以为麻烦而想法中途逃脱。若调查员填完家主之年龄、职业、教育、宗教等项，再接着填妻的各项，又继续填别人的。若回答者觉得麻烦，等到问他儿子娶妻没有，他有时故意撒谎，说尚未娶妻。如此就逃脱了问他子媳的年龄、教育等项，亦联带的逃脱了孙子或孙女的一大串题目。如此给他一个说谎的机会。欲要避免这个弊病，最好先对他说：“今天也没有甚么麻烦的事要打听，不过要知道你的家里有男女几口人。”随后就先问他家里有甚么人，先把表格的上面横的部分，即家主右边那一行内，填写妻、子、女以及一切的亲属称谓，先不用管各人的年龄、职业等项。这样就能先把全家的人口一网打尽。再回来询问填写关于各人的其他事项。

关于调查各村困难之程度大约可分五大类：（1）进行顺利；（2）稍有困难；（3）颇困难，但有办法应付；（4）极困难，亦有办法胜过；（5）极困难，亦无办法。

调查员将已填之表携回办公室，再看一遍，稍加添补，以求清楚。后缴于指导者细看。再把不完备之表格校正补充。然后再把校正之表格用清楚字誊写在硬纸表格上，以备统计时之便利（调查时所用之表格，纸质较次，为省费用。）

后指导统计者详细审查各表，与调查员讨论，共同决定有多少家所填之表格，恐怕不极可靠，有多少家是可靠者，把不可靠之家的填表提出另放一起，所余可靠之家数共计五千二百五十五家。即以这些家数之准确材料作详细的分析。向计算员说明统计之目标、步骤与所要作的初步统计表。兹把交给计算员的一部分初步整理格式的粗底列在下面，以供参考。

人口调查初步整理步骤

村名　　　　距城里数及方向（例如：10 里东北偏北）

调查者姓名（以调查家数之多寡为序）

调查日期（自某月某日起至某日止）

全村家数总计

填写完全而且可靠之家数

填写完全而不可靠之家数

填写不完全之家数

然后将完全可靠之家数按家中人口之多寡排成次序，以人口少者列前，暂以铅笔在表之右上角填写 1、2、3 等号

第 1 表　　家庭之大小

全家人口数	家数	总人数
1		
2		
3		
4		
……		
总合		

第 2 表　　各年龄之人数及其百分比

年龄	人数			
	男	女	共	百分比
1 岁以下				
1				
2				
3				
4				
5				
……				
总合				100.00

第 3 表　　按五年组男女人数之分配

年龄组	男女共计		男女分计		男子对 100 女子之比率
	人数	百分比	男数	女数	
0—4					
5—9					
10—14					
15—19					
20—24					
……					
总合		100.00			

第 4 表　　按照年龄组人数之分配

年龄组 (1)	人数 (2)	年龄 (3)	小于指定年龄（3）之人数	
			数目	百分比
1 岁以下		1		
1—4		5		
5—9		10		
10—14		15		
15—19		20		
20—24		25		
25—29		30		
30—34		35		
35—44		45		
45—54		55		
55—64		65		
65—99		100		
总合		…		

第 5 表　　本地人口年龄分配与 1890 年瑞典人口年龄分配之比较

年龄组	本地人口		瑞典 人数百分比
	人数	百分比	
			2.55
1—19			39.80
20—39			26.96
40—59			19.23
60 及以上			11.46
总合		100.00	100.00

第 6 表　　本地人口与三类人口分配之比较

年龄组	人数之百分比			本地人口	
	增多类	稳定类	减少类	百分比	人数
0—14	40	33	20		
15—49	50	50	50		
50 及以上	10	17	30		
总合	100	100	100	100	

第 7 表　　人口关系

人口关系	人数	百分比
男家主		
女家主		
妻		
未婚子		
未婚女		
其他：		
已婚子		
已婚女		
媳		
……		
总合		100.00

第 8 表　　各年龄内已婚及未婚之男女人数

年龄	未婚人数			已婚人数		
	男	女	共	男	女	共
1 岁以下						
1						
2						
3						
……						
总合						

第 9 表　　按年龄组离家在外作事男女人数之分配

离家在外作事者年龄	人数		
	男	女	共
20 岁以下			
20—29			
30—39			
40—49			
50 及以上			
总合			

第 10 表　　离家在外作事者及其地点

离家在外作事地点	人数		
	男	女	共
本区			
县内其他地方			
河北省他县			
……			
山西省			
……			
总合			

第 11 表

佣工总数：男　　女　　共
同居总数：男　　女　　共

第 12 表

民国 18 年全年产生婴儿数：男　　女　　共
民国 18 年全年死亡人口数：男　　女　　共

第 13 表　按入学年数男女人数之分配

入学年数	现已离校人数			现尚入学人数			总计			
	男	女	共	男	女	共	男	女	共	百分比
1 年以下										
1										
2										
3										
4										
……										
总合										100.00

第 14 表　按年龄组入过学的男女人数之分配

年龄			
	男	女	共
5—9			
10—14			
15—19			
20 及以上			
总合			

第 15 表　在各种学校毕业、修业与肄业之男女人数

学校种类	毕业人数			修业人数			肄业人数			总计		
	男	女	共	男	女	共	男	女	共	男	女	共
平民学校												
初级小学												
高级小学												
初级中学												
高级中学												
初级师范												
高等师范												
师范大学												
各种专科学校												
大学												
各种大学专门												
其他												
总合												

第 16 表　　属各种宗教之男女人数

宗教	人数		
	男	女	共
伊斯兰教			
天主教			
耶稣教			
佛教			
儒教			
拜偶像			
不信神者			
……			
总合			

第 17 表　　各家自有田地亩数

自有田地亩数	家数
5 亩以下	
5—9	
10—14	
15—19	
20—24	
……	
总合	

第 18 表　　各家房屋间数

房屋间数	家数			
	自有房	租房	借房	共计
1				
2				
3				
4				
5				
……				
总合				

第 19 表　　男子现在职业之分配

正业	人数	副业	人数
农：			
农夫		织布	
农工		编柳罐	
……		……	
精工：			
编布			
木匠			
……			
粗工：			
拉脚			
……			
商：			
铺主			
洋货铺			
杂货铺			
……			
铺伙			
……			
学：……			
军：……			
政：……			
警：……			
医：……			
其他：……			
总合		—	

第 20 表　　女子现在职业之分配

正业	人数	副业	人数
农			
纺纱			
织布			
佣工			
……			
总合		—	

第 21 表　　家中主要职业之分配

家中主要职业	家数
农	
精工	
粗工	
商	
……	
总合	

计算员即先把各村的每家按人口之多少排列成序，少者列前，如一口之家在前，二口之家次之，以此类推。人口同者即挨次排列，前后无大关系。各家给一号数，自人口少之家数起，1、2、3……往下排。若有一百二十家则有一百二十号。

然后即开始自普通岁数、属相、生日，推得十足真年龄年月日数，填于表内。末行各项男女人口数目有未计算完备者，一律填完。

第 1 表是要求得家庭之大小。然后自全村表之第一号起数有一口之家多少张，二口之家多少张，即将数目写于与人口数目相对之处。如此挨次统计各村，至六十五村皆完为止（此次可靠之调查村数为六十五）。这样即可知道一口之家共计多少，两口、三口、四口以及各口数之家各多少。家数之“总合”当等于 5 255 家。若不等必有错误，尚须找出改正。表内一列（全家人口数）与二列（家数）相对之数目相乘即得三列（总人数）之各行数目。各行数目相加总数为 30 642 人，即 5 255 家之人口总数（雇工及同居关系者除外），平均每家为五、八口。此五、八口大致可以代表定县一切家数之平均每家人口，或亦能代表华北多数地方。或有人疑问如何有一口人之家？此不足怪，因农村内有的老妇或老头一人，自己有房有地，而近亲皆死，亦无任何亲人和他共同生活，这岂能不算他为一口之家？

根据第 1 表亦可做出数表，例如：

全家人口数	家数	家数百分比
1		
2		
3		

续前表

全家人口数	家数	家数百分比
4		
5		
……		
总合		100.00

或将全家人口数分组列表：

家之大小	家数	家数百分比
4口以下		
4—6		
7—9		
10—12		
13—15		
16—18		
……		
总合		100.00

关于年龄之分析极为重要，可作无数的统计表。第2表“各年龄之人数及其百分比”为分析年龄基本表之一。但非调查至少有数万之人口，无须分析如此详细。若某县之人口颇为固定，少有移出或移入者，数十年来亦无特别天灾人祸，则年龄愈幼人数愈多，年龄愈长人数愈少，即不满一岁之婴儿数目超过一岁以上两岁以下婴儿之数目，两岁人数多于三岁人数，三岁人数多于四岁人数，余类推。百分比自一岁以下起亦自然渐次减低，即一岁婴儿之百分比高于二岁婴儿之百分比，余类推。若某年龄之人数或百分比与其附近上下之数目比较不按序增减，而显然特殊，格外偏高或偏低，则至少有两个原因。一或某年发生特殊事故，大大影响婴儿之生亡。再者或因为调查之不准。但此非根据至少数万（亦有时不妥），最好数十万，或数百万人口不可（参看本章下面所列人口及生命统计参考表）。

第3表“按五年组男女人数之分配”是将第2表年龄分组统计，且显明每组之男女性比例。以每组之女子数除男子数，再以100乘之，即得每组男子对100女子之性比例。从各年龄组之性比例亦能大致看出调查真确之程度。若调查准确，就可推求各组性比例高低之原因，与研究人口问题大有关系。

第 4 表内“小于指定年龄（3）之人数”，系自（2）列人数计算，如小于 10 岁之人数为 1 岁以下、1—4、5—9 等年龄组人数之和。余类推。

第 5 表把本地人口年龄分配与 1890 年瑞典人口年龄分配比较，是因当时瑞典人口颇为固定，年龄之分配近于常态，有标准人口之称。

第 6 表把本地人口分配与人口学家孙巴格氏（Sundbärg）所分三类人口分配比较。大致可以看出，本地人口系增多类、稳定类、减少类。

第 7 表人口关系，显明中国家庭内人口关系之复杂。若在西洋家庭，大致仅有家主、妻、未婚子女而已。在中国家庭内则可以发见其他数十种关系。例如在调查之5 255家庭内竟有 57 种关系。

第 8 表各年龄内已婚及未婚之男女人数，可以显明早婚、晚婚人数分配之真相。自 5 255 家内发见年龄较长之许多男子因贫未能娶妻，而十二岁以上之女子未出嫁者廖廖无几。

第 10 表“本区”系指县内被调查之区，各省内宜分县统计男女人数，以男女共数之多寡排列各县之先后。

第 15 表内之师范学校、专科学校、大学，皆须按照地方情形再重分种类。

第 19 表内之农夫系种自己地或租种地者，农工系为人雇工而得工资之长工或短工。与正业相对之副业，是要显明各项正业内有多少人亦有何种副业。如农夫内亦有织布者、做小生意者。其他各表一目了然无须说明。普通制表不一定须有价贵之机器。亦可用简便方法计算。例如求各年龄之人数，则将各年龄数自 1 起至 90 上下止排列成一竖列。然后看表格内各人之年龄，即在年龄数目左边画一竖道，每足五次则画一横道联贯其他四竖道。如此直至画完一切人口为止，即把各年龄所画之道数相加写成一行，即为各年龄人数之总计。其样式如下：

张家村各年龄之人数

年龄	画道	人数
—1	卌 卌 卌 卌 卌 卌 卌	35
1	卌 卌 卌 卌 卌 卌 ‖‖	33
2	卌 卌 卌 卌 卌 ||||	29

续前表

年龄	画道	人数
3	卌 卌 卌 卌 卌	25
4	卌 卌 卌 卌 ‖	23
5	卌 卌 卌 卌	20
……		……
……		……
……		……
……		……
……		……
……		……
……		……
……		……
……		……
……		……

计算时，若填写之表格为比较硬的纸片并且写得很整齐，则可以自原表翻来覆去的计算，若表格的纸很软，不坚固，而且不整齐，则也可把表中数目誊写在统计纸上，然后根据填写之统计纸计算制表。兹将式样之一部分列下。

人口调查底表

号数	人口关系	性别	普通岁数	属相	生日	真年龄	已未婚嫁	正业	副业	入学年数	现入学否	所入学校	宗教
1	家主	男	35	鸡	6.21	33，10，25	婚	农夫	织布	4	0	小学毕	偶
	妻	女	34	狗	4.4	33，1，12	嫁	织布	0	0			偶
	子	男	16	龙	7.18	14，9，28	未娶	农夫	织布	2	0	小学修	偶
	女	女	10	狗	10.17	8，6，29	未嫁		0	0			
2													

关于人之整数年龄的计算法（不算零数，如零多少月、多少日），人的意见不同。（1）有以上次生日为准者，如某人之年龄为 25 年 3 个月 52 日，即算为 25 岁；又某人为 25 年 11 个月 30 日，亦算为 25 岁。即凡满 25 年至不满 26 年者皆为 25 岁。（2）有以下次生日为准者，如某人之年龄为 18 年 2 个月 20 日，即算 19 岁；又某人为 18 年 10 个月 5 天，亦算 19 岁。（3）有人主张以最近之生日为计算标准。如凡年龄超过 19 年零 6 个月至 20 年零 6 个月者皆算为 20 岁；凡年龄超过 20 年零 6 个月至 21 年零 6 个月者皆算为 21 岁。按数学之理论则以最

后所提之计算法为最适当。但按普通之习惯则以（1）法为便利，且容易调查易计算，调查时除婴儿外无须细问人之所零月数和日数。（2）法虽近（1）法，但少有用者，亦与普通习惯颇不合。向来以用（1）法者为最多。

关于年龄之分组统计，方法极多，各有其理由、标准及用处。国际会议曾提议一普通之分组法，即不满 1 岁者、1—4、5—14、15—19、20—39、40—59、60 及以上者。

关于年龄未详者（不知道自己年龄，填表脱漏或不清楚者）之统计法，人的意见亦不同，有把未详年龄人数放在一起，而亦求其百分比，列于表之末一行，亦可藉以显明调查之精确程度。大约此法尚妥。有人主张把年龄未详之人数照比例分散于其他年龄组内。此法稍有不妥，因年龄未详之人未必如此均匀分布，也许偏多于某特别年龄组内，如老年人之年龄不详者大约比婴儿为多。

死亡率之求法的公式为：死亡率＝死亡数/人口数×1 000，即一年内每千人中死若干人。人口数目自然一年中之七月一日之数为最适当，但普通亦不必须如此。英美人口之死亡率约十二三人，日本二十左右，印度与中国三十左右（?）。特殊死亡率为照年龄组内人数之死亡率，不满一岁婴儿之死亡率是以不满一岁婴儿总数除某年内不满一岁婴儿死亡之数目，再以 1 000 乘之即得。

出生率之计算公式为：出生率＝出生数/人口数×1 000。英美人口之出生率二十左右，日本约三十四，印度、中国约三十三（?）。

生命指数为出生与死亡的比率，求法公式为：生命指数＝(100×出生数)÷死亡数。若得数超过 100 则指出某地方之人口大致有逐年增加之趋势，若不足 100 则大致有减少之趋势。

人口增加率之公式为：人口增加＝(出生数－死亡数)＋(移入数－移出数)。又人口存余率之公式为：人口存余＝出生率－死亡率。

人口密度多按每方英里面积内平均有多少人口为标准（一方英里＝2.59 方公里，一方公里＝0.386 方英里）。

关于人口整理应注意的几点，已略如上述。有时于举行人口调查时可在极熟习之村庄内，附带关于疾病死亡之简单的调查。兹将已经试用过之表格列下：

疾病死亡询问表

家主　　　　　　　　住址　　　　　　　　　　　询问日期

要知道用甚么好方法使人们的身体都强壮

必须先知道这地方人们所常得的各种病症

	年岁	生日	性别	病原														
				脐风	其他抽风	天花	疹子	痢疾	泻肚	霍乱	其他肠胃病	痞积	喉症	眼疾	疟疾	疮伤	痨病	其他
上年死亡*																		
年上家人疾病（死者除外）																		

* 注意：若一人在本年内患某病一次则在该病下画“1”，若得两次则画“2”，以此类推。

上年婴儿询问表

用好方法保护产母

婴儿性别	产母年龄	儿父年龄	结婚年限	共生几个（本胎在内）	死亡数目及其年龄

用好方法扶养小孩

准确程度：

此表与人口调查表合起来用。从调查的经验就知道这种调查比人口调查表更难得多。凡非感情极好的村庄万不能成功。再者关于各种疾病本须有专门的医学知识。普通人只能得一个大概，不能十分认真。

调查后选择其中可靠的家数整理，兹将几个初步统计之表列下。

（　）家一年内所患各种疾病人数及其年龄

年龄	脐风			其他抽风			天花			疹子			痢疾			……			……		
	男	女	共	男	女	共	男	女	共	男	女	共	男	女	共	男	女	共	男	女	共
1岁以下																					
2																					
3																					
4																					
5																					
……																					
总合																					

（　）家一年内人口所患疾病次数

年龄	眼病			疟疾			痢疾			喉症			……			……			……		
	男	女	共	男	女	共	男	女	共	男	女	共	男	女	共	男	女	共	男	女	共
1																					
2																					
3																					
4																					
5																					
……																					
总合																					

（ ）家一年内人口死亡之病原及其年龄

年龄	脐风			其他抽风			天花			痧子			……			……			一切原因		
	男	女	共	男	女	共	男	女	共	男	女	共	男	女	共	男	女	共	男	女	共
1岁以下																					
2																					
3																					
4																					
5																					
……																					
总合																					

（ ）家人口结婚期内生亡及现存子女数

结婚年限	匹偶数							匹偶数							匹偶数						
	生1孩	生2孩	生3孩	……	……	……	共计	亡1孩	亡2孩	亡3孩	……	……	……	共计	存1孩	存2孩	存3孩	……	……	……	共计
1																					
2																					
3																					
4																					
5																					
……																					
总合																					

计算下列数目：

匹偶总数（总合行内数目相加之和）……

孩童产生总数（总合各列内数目乘各列孩数，再相加之和）……

孩童死亡总数……

孩童现存总数……

结婚年限总数（各横行相加数乘各行结婚年限，再相加之和）……

平均结婚年限（以匹偶总数除结婚年限总数）……

平均每匹偶每岁年生一孩童数（以产生孩童总数除结婚年限总数）……

未生过孩童的匹偶数……

有妾或两妻生孩分别注明……

以上的分析归类最好有医生或公共卫生专家帮忙整理。华北农村病症之分类大致如下：肠胃症（内分泻肚、痢疾、肠热症、其他肠胃症），眼病，疮伤，肺痨（内分肺病、其他痨病），呼吸器病，抽风（内分脐风、其他），喉症，疹子，骨节炎，疟疾，皮肤病（内分秃疮、癣、疥疮），天花，瘫痪，脑出血，癍症，产后夹杂症，牙痛，神经病，花柳病，耳病，其他。以上次序大致是按所患人数之多寡。

关于人口研究西洋各国已有很久的经验，足资我们的参考。兹把各国许多的人口及生命统计参考表中每类摘选数表如下。不但使我们略悉他国人口情形及更要紧的是帮助我们知道整理列表的方法。

人口及生命统计参考表

第 1 表　　五岁以下人口百分比之分配

年龄	百分比				
	最近生日	上次生日			
(1)	(2)	(3)	(4)	(5)	(6)
1 岁以下	20.5	20.9	20.9	20.9	19.5
1	14.1	18.2	19.3	18.6	……
3	22.7	20.6	20.0	20.4	……
4	21.4	20.0	19.9	20.3	……
2	21.3	20.3	20.0	19.9	……
总合（5 岁以下）	100.0	100.0	100.0	100.0	100.0

第 2 表　　欧洲 11 国各年龄人口之百分比

年龄	百分比	年龄	百分比	年龄	百分比	年龄	百分比	年龄	百分比
1 岁以下	2.46	20	1.86	40	1.18	66	0.59	80	0.11
1	2.43	21	1.83	41	1.15	61	0.57	81	0.10
2	2.41	22	1.80	42	1.11	62	0.54	82	0.08
3	2.38	23	1.76	43	1.08	63	0.51	83	0.07
4	2.35	24	1.73	44	1.05	64	0.49	84	0.05
5	2.33	25	1.69	45	1.02	65	0.46	85	0.04
6	2.30	26	1.66	46	0.99	66	0.44	86	0.03
7	2.27	27	1.62	47	0.96	67	0.42	87	0.02
8	2.24	28	1.59	48	0.93	68	0.39	88	0.02
10	2.21	30	1.52	50	0.86	69	0.37	89	0.01

续前表

年龄	百分比	年龄	百分比	年龄	百分比	年龄	百分比	年龄	百分比
11	2.15	31	1.49	51	0.84	70	0.34	90	
12	2.12	32	1.45	52	0.81	72	0.29	91	
13	2.09	33	1.41	53	0.78	73	0.27	92	0.02
14	2.06	34	1.38	54	0.75	74	0.24	93	
15	2.03	35	1.35	55	0.73	75	0.22	94	
16	2.00	36	1.31	56	0.70	76	0.20		
17	1.96	37	1.28	57	0.67	77	0.18	一切年龄	100.00
18	1.93	38	1.25	58	0.64	78	0.16		
19	1.90	39	1.21	59	0.62	79	0.13		

第 3 表　　　　按年龄组冈布理治之人口

年龄组	人口数	年龄	小于指定年龄之人	
			数目	百分比
(1)	(2)	(3)	(4)	(5)
1 岁以下	2 323	1	2 323	2.3
1—4	8 479	5	10 802	10.4
5—9	9 471	10	20 273	19.4
10—14	8 892	15	29 165	27.9
15—19	8 930	20	38 095	36.4
20—24	10 408	25	48 503	46.4
25—34	19 175	35	67 678	64.6
35—44	15 726	45	83 404	79.6
45—64	16 732	65	100 136	95.6
65—99	4 642	100	104 778	99.4
未详	61	……	61	0.6
总合	104 839	……	104 839	100.0

第 4 表　　　　1909 年英格兰、危勒斯百万标准人口

年龄组	人数		
	男	女	共
0—4	57 039	57 223	114 262
5—9	53 462	53 747	107 209
10—14	51 370	51 365	102 735

续前表

年龄组	人数		
	男	女	共
15—19	49 420	50 376	99 796
20—24	45 273	50 673	95 946
25—34	76 425	85 154	161 579
35—44	59 394	63 455	122 849
45—54	42 924	46 298	89 222
55—64	27 913	31 828	59 741
65—74	14 691	18 389	33 080
75	5 632	7 949	13 581

第 5 表　　1911 年按年龄组每千人中人口之分配

	人数					
	5 岁以下	5—15	15—25	25—45	45 及以上	一切年龄
英格兰及危勒斯	107	199	182	299	213	1 000
斯喀特兰	112	210	185	282	211	1 000
爱尔兰	99	197	182	267	855	1 000
奥斯达利亚	119	199	202	288	192	1 000
纽锡兰	117	196	183	323	181	1 000
坎拿大	124	207	193	289	187	1 000
南非联邦	150	247	195	277	131	1 000
美国	116	205	197	202	190	1 000
法国	89	196	160	291	291	1 000
德国	120	220	183	273	204	1 000

第 6 表　　美国人口之性比例

美国	百分比		男子对 100 女子之比率
	男	女	
人口总数	51.0	49.0	104.0
本地白人，本地父母	50.7	49.3	103.0
本地白人，混合父母	49.3	50.7	97.7
本地白人，外国父母	49.8	50.2	99.1
生于外国之白人	54.8	45.2	121.7

第 7 表　　1920 年家庭及寓所之大小

地方	每寓所人数	每家人数	每寓所家数
美国	5.1	4.3	1.21
城市*	5.9	4.5	1.31
农村*	4.7	4.6	1.02
新英格兰	5.9	4.4	1.34
城市*	6.5	4.6	1.41
农村*	4.2	4.0	1.05
纽约	15.3	4.4	3.48
马哈坦区	30.3	4.4	6.92
波斯顿	9.4	4.5	2.02
冈布理治	7.1	4.2	1.69
劳斯安极亚司	4.6	3.6	1.28
斯波坎	4.7	3.8	1.23

* 1910 年之人口调查。

第 8 表　　1890 年瑞典人口年龄之分配

年龄组	合百分比
0—1	2.55
1—19	39.80
20—39	26.96
40—59	19.23
60—	11.46
总合	100.00

第 9 表　　三类人口之分配

年龄组	人口之百分比		
	增加类	稳定类	减少类
1—14	40	33	20
15—49	50	50	30
50—	10	17	30
总合	100	100	100

第10表　按年龄组各类人口之分配

	人口百分比		
	0—14岁	15—49	50及以上
瑞典（1751—1900）	33	50	17
美国	32	54	15
玛撒出色	27	57	16
明尼苏达	32	54	14
纽约城	27	58	15
华盛顿	26	61	13
美印	27	51	22
本地白人，本地父母	28	50	22
本地白人，外国父母	46	48	6
生于外国之白人	6	74	20

第11表　1890—1910年间美国大城市人口之增加

城市人口超过(人)	1860	1870	1880	1890	1900	1910	1920
25 000	32	50	77	125	161	229	287
50 000	15	24	35	58	79	109	144
100 000	8	13	20	28	38	50	68
500 000	2	2	4	4	6	8	12
1 000 000	0	0	1	3	3	3	3

第12表　美国城市人口及全国人口总数

人口调查时期	人口总数	城市人口数*	城市数	城市人口等于人口总数之百分比
1790	3 929 214	131 472	6	3.3
1800	5 308 483	210 873	6	4.0
1810	7 239 881	356 920	11	4.9
1820	9 638 453	475 135	13	4.9
1830	12 866 020	864 509	26	6.7
1840	17 069 453	1 453 994	44	8.5
1850	23 191 876	2 897 586	85	12.5
1860	31 443 321	5 072 256	141	16.1
1870	38 558 371	8 071 875	226	20.9
1880	50 155 783	11 365 698	285	22.7

续前表

人口调查时期	人口总数	城市人口数*	城市数	城市人口等于人口总数之百分比
1890	62 947 714	18 244 239	445	29.0
1900	75 994 575	25 018 335	547	32.9
1910	91 972 266	35 570 334	768	38.7
1920	105 710 620	46 307 640	924	43.8

* 8 000 及以上人口之城市。

第 13 表 玛撒出色人口之增加

年份	人口数(千单位)	在年份之正中每千人		
		人口调查发见增加数	出生超过死亡数	移出国外数［自(3)(4)计算］
(1)	(2)	(3)	(4)	(5)
1750	1781	8.89	8.89	0.00
1760	1925	7.76	8.43	0.67
1770	2043	5.92	6.60	0.68
1780	2118	3.71	4.14	0.43
1790	2188	3.22	4.03	0.81
1800	2347	6.99	7.96	0.97
1810	2396	2.04	2.63	0.59
1820	2584	7.60	7.52	−0.08
1830	2888	11.02	11.00	−0.02
1840	3139	8.32	8.69	0.37
1850	3482	10.39	10.51	0.12
1860	3860	10.36	11.10	0.74
1870	4169	7.57	11.24	3.67
1880	4566	9.05	12.21	3.16
1890	4785	4.69	12.12	7.43
1900	5136	7.13	10.78	3.65
1910	5522	8.40	10.62	2.22

第 14 表 玛撒出色邦之死亡率

年份	人口数	死亡数	死亡率(‰)
1900	2 805 346	51 156	18.2
1901	2 849 047	48 275	16.9
1902	2 889 386	47 461	16.4
1903	2 929 725	49 054	16.7

续前表

年份	人口数	死亡数	死亡率(‰)
1904	2 970 064	48 482	16.3
1905	3 015 872	50 486	16.7
1906	3 089 029	50 624	16.4
1907	3 162 186	54 234	17.2
1908	3 235 343	51 788	16.0
1909	3 308 500	51 236	15.5
1910	3 380 151	54 407	16.1

第 15 表　　玛撒出色邦之死亡率

年份	按历年报告之死亡率(‰)	按 1915 年计算之死亡率(‰)
1905	16.8	16.7
1906	16.9	16.4
1907	18.1	17.2
1908	17.2	16.0
1909	17.0	15.5
1910	16.2	16.1
1911	15.8	15.8
1912	15.6	14.9
1913	15.9	14.9
1914	14.5	14.5

第 16 表　　纽约城死亡率

区域	一般人口死亡率(‰)	居住本区人口死亡率(‰)
(1)	(2)	(3)
Manhatan①	20.32	20.30
Bronx②	20.20	17.68
Brooklyn③	18.98	20.04
Queens④	20.71	20.98
Richmond⑤	25.13	18.98

①②③④⑤ 今译分别为曼哈顿、布朗克斯、布鲁克林、皇后区、里士满，后同。——编者注

第 17 表　　1901 年新南危勒司之特殊死亡率

年龄组	人口数	死亡数	特殊死亡率(‰)
0—1	40 500	3 234	79.9
1—19	704 000	1 960	2.8
20—39	514 900	2 251	4.4
40—59	256 600	2 965	11.6
60—	89 800	5 400	60.1
总合	1 605 800	15 810	9.85

第 18 表　　按年龄距男子特殊死亡率超过女子特殊死亡率之百分比
（根据 1910 年之人口和 1909、1910、1911 年之死亡人数）

年龄距	百分比	年龄距	百分比
0—1	20	55—56	14
5—6	5	60—61	19
10—11	15	65—66	14
15—16	5	70—71	10
20—21	15	75—76	12
25—26	6	80—81	8
30—31	10	85—86	7
35—36	20	90—91	3
40—41	35	95—900	−2
45—46	27	100—101	3
50—51	23		

第 19 表　　1909—1911 年纽约城按年龄与结婚情形之特殊死亡率

年龄组	男			女		
	未婚	已婚	鳏寡或离婚	未婚	已婚	鳏寡或离婚
20—29	6.6	4.2	12.0	4.7	5.7	9.4
30—39	12.9	5.9	14.1	7.4	6.3	9.8
40—49	19.5	9.5	17.3	10.0	8.2	12.1
50—59	28.7	17.0	30.5	19.9	14.5	18.8
60—69	51.0	31.9	48.6	37.1	28.1	38.2
70—79	101.4	72.7	96.0	82.2	61.4	87.2
80—	204.2	205.1	315.7	279.8	194.8	269.8

第 20 表　1891 年伦敦城内肯森坦与汇查堡两地方出生率之比较

出生率	合法			私生		
	肯森坦	汇查堡	汇查堡超过	肯森坦	汇查堡	汇查堡超过
			百分比			百分比
每一千人口中	21.8	39.9	83	1.2	1.3	6
每一千 15—44 女子中	61.6	172.1	177	3.4	5.4	62
每一千 15—44 已婚妇女中	215.4	328.3	53			
每一千 15—44 未婚妇女中				4.7	1.4	136

第 21 表　死亡数对一百出生数之比较

年份	美国出生登记区域	英格兰危勒司	法国	维耶那
1912	…	56	…	80
1913	…	57	97	85
1914	…	59	110	86
1915	56	69	160	113
1916	59	65	193	143
1917	57	75	179	195
1918	73*	92	198	229
1919	58	73	…	162

* 瘟疫影响。

第 22 表　英格兰、危勒斯之人口

调查人口年份之间	按出生增加百分比	按死亡减少百分比	出生超过死亡人口增加之百分比	实际每十年人口增加之百分比
1861—1871	37.56	23.98	13.58	13.21
1871—1881	37.89	22.80	15.09	14.36
1881—1891	34.24	20.27	13.97	11.65
1891—1901	31.57	19.18	12.39	12.17
1901—1911	28.56	16.13	12.43	10.89
1911—1921	23.03	14.65	8.38	4.93

第 23 表　　1918 年生命指数

	本地白人	生于外国白人	黑人
人口总数	118.8	151.8	93.7
城市	93.2	166.9	66.8
乡村	144.8	118.8	118.4

第 24 表　　玛撒出色邦结婚率

年份	每千人中结婚人数	年份	每千人中结婚人数
1900	17.4	1911	18.6
1901	17.3	1912	17.6
1902	17.5	1913	17.6
1903	17.9	1914	17.9
1904	16.9	1915	17.0
1905	18.1	1916	18.2
1906	19.5	1917	19.8
1907	20.1	1918	14.9
1908	17.3	1919	17.9
1909	16.2	1920	19.7
1910	18.2		

第 25 表　　按结婚情形 15 岁及以上之每千人中男女人数之比率

	未婚		已婚		鳏寡		离婚	
	男	女	男	女	男	女	男	女
英格兰、危勒斯	403	390	545	506	52	104	无答案	无答案
美国	387	297	558	589	45	106	5	5

第 26 表　　玛撒出色邦之离婚率

中数年(每五年)	每 100 000 人离婚率	每 100 000 结婚者之离婚率
1880	30	…
1890	32	86
1900	47	123
1905	58	153
1910	56	146
1915	62	156
1920	95	…

第 27 表　1900—1920 年玛撒出色邦离婚之原因

离婚原因	百分比	
	许夫离婚	许妻离婚
被弃	63.3	42.0
犯奸	26.0	8.2
残虐	3.7	31.7
醉酒	5.7	12.7
使结婚无效	1.1	0.6
性弱	0.2	0.3
忽略给养	(1)	4.2
入狱	(1)	0.3
总合	100.0	100.0

(1) 不足 0.1%。

第 28 表　离婚者之结婚期间

结婚期间	结婚者之百分比
1 年以下	2.1
6 月以下	1.0
6—11 个月	1.1
1—4 年	21.2
5—9 年	31.5
10—19 年	32.8
20—29 年	9.8
30	2.6
总合	100.0

第八章　农村概况调查

在一个地方举行社会调查，无论是一城、一县、一区或数十村，所调查的不拘是一般的或特殊的，全体的或部分的，最好是先有一个地方的概况调查，知道该处的大略情形。若只以此种概况调查为主要目标，则包括项目自然要比较完备，而且调查得要十分精确。若尚有其他的主要目标，不过以概况调查为附带的，或为主要调查的预备工作和参考的材料，则此种概况调查无须费时过多，其中每项调查亦无须都要十分准确，有的求得一个极近似数目也就够了。兹举一例，假定我们要举行全县的社会调查，县内分六区，包括五百村。假定县内亦无现成的统计材料，或有一些亦极不可靠，则我们惟有自己重新举行概况调查。在一个县内或区内，村已成为自然的根深蒂固的单位。因此调查的步骤最好是从各村入手。自然也有许多一般的情形可以从全县或区里看出来。一村虽小，但是一个颇为完备的社会，正如俗语有话说“麻雀虽小，五脏俱全”。调查一村概况的项目也是要随着调查的主要目标来决定。兹将著者曾在中国北部县内用过的一个农村概况表格列于下面，以供参考。

一　村　概　况

询问　　年　　月　　日　　　　　　填写者姓名　　　　　　　　　　　回答者姓名

1. a. 村名　b. 距城内十字街里数　c. 进城时入何城门　方向
2. a. 全村准确家数　b. 人口总数　c. 最大姓及家数　d. 次大姓及家数
3. a. 村长姓名及年龄　主要职业及副业　b. 村佐姓名、年龄及职业
4. a. 村内主要绅士（办事的领袖）姓名　b. 学生姓名
5. a. 本村前三十年家数　b. 前二十年家数　c. 前十年家数
6. a. 近二十年内返居本村家数　原因　b. 近二十年自本村返出家数　原因
7. a. 学校名称及种类　b. 学生总数：男　女　共　c. 教员姓名　教员年龄　d. 学校全年经费　e. 校舍房间数目　f. 设立年数
8. a. 本村识字人数　b. 其中曾在初级小学毕业人数　c. 其中曾在高级小学毕业人数　d. 其中曾在中学毕业人数　现离村作事几人　e. 其中曾在大学或专门学校毕业人数　现离村作事几人
9. a. 全村自有田地亩数　b. 全村种地亩数
10. 本村农产物：a. 最主要的一种　b. 次要的一种　c. 再次几种　d. 村内直径半尺以上各种树木棵数
11. a. 种地外男人主要的职业或副业　b. 次要的副业　c. 再次要副业　d. 女人主要的副业（手工等）　e. 次要的副业　f. 再次要副业
12. a. 长工全年工资：最高　普通　最低　全年内做工月数　b. 短工每日工资：平时　农忙时
13. a. 本村各种房间所占百分数：瓦顶　灰顶　土顶　b. 普通一间房子之大小：长（尺数）宽　高（至顶棚成大柁）　c. 屋内有土地者占一切房屋百分之几
14. 农民最常用之米面按次序列左：(1)(2)(3)(4)(5)其他
15. 本村各种大小铺店数目
16. a. 本村集市日期　b. 主要交易货物
17. a. 本村最近的集市在何村　b. 相距里数　c. 主要交易货物
18. a. 村内井数　b. 村外田内井数　c. 村内外井数共计
19. a. 本村给人看病之医生数目及其年龄　b. 药铺数目
20. 村内庙宇名称及其房屋间数
21. a. 回教家数及人数　b. 天主教家数及人数　c. 基督教家数及人数
22. 本村古迹名称及其年代
23. 其他当注意之特别情形

明白了各村的情形以后，才能知道用甚么好方法为农民谋幸福。

上边的表格，自然不能在各处都适用，要按照地方情形、调查的目的和范围，增加或减少调查的项目。填表以后，整理材料的方法有的可以用叙述的方法说明，有的可以作简单的图表帮助叙述。整理的第一步，先把表格内各项主要数目及其他答案誊录于统计纸上，作为农村概况底表，其式样之一部分如下。

数号	村名	距城里数	所进城门	对所进城门方向	家数	人口数	最大姓及家数	次大姓及家数	村长				村佐			
									姓名	年龄	正业	副业	姓名	年龄	正业	副业
1	张村	18	南	西南	276	1 655	张，113	李，85	张洛贵	43	农	做豆腐	张洛茂	29	农	织布
2	王村	25	东	东北，偏东	103	597	王，58	赵，41	王洛春	34	农	开小铺	赵洛海	27	经纪	农
3																
4																
……																
……																
……																
……																
……																
……																
……																
总合			…	…					…		…	…	…		…	…
平均每村			…	…					…		…	…	…		…	…

村中重要绅士	学董姓名	本村前三十年家数	本村前二十年家数	本村前十年家数	近二十年内迁居本村		近二十年内自本村迁出		
					家数	原因	家数	原因	
张洛言，李洛荣	李洛银	242	250	265	5	皆因本乡水灾逃至此落户	2	到城内经商落户	
王洛松，赵洛森	王洛春	85	92	98	3	至本村为佃户	1	在军队作事，接走家眷	
……					……			……	
……					……			……	

学校		性别	学生数			教员数			教员年龄		学校全年经费（$）	学校房屋间数	学校设立年数	本村识字人数	初级小学毕业人数
名称及种类	数目		男	女	共	男	女	共	男	女					
初级小学	1	男	63	0	63	1	0	1	26	—	540	3	5	82	27
初级小学	1	男	57	0	57	1	0	1	21	—	200	3	1	50	15

高级小学毕业人数	中学毕业人数	中学毕业现离村作事者人数	大学及专门学校毕业人数	大学及专门学校毕业现离村作事者人数	全村自有田地亩数	全村种地亩数	农产物					种地外男人职业			
							主要	次要	再次要		直径半尺以上各种树木棵数	主要	次要	再次要	
8	2	1	0	—	6 893	6 756	谷子	小麦	白薯	玉米	189	织布	编柳罐	做豆腐	
2	0	—	0	—	2 638	2 911	小麦	花生	白薯	玉米	73	卖木头	小买卖	赶驴	

女人副业			长工全年工资			长工全年工作月数	短工每日工资		全村房屋百分数			普通一间房子大小				
主要	次要	再次要	最高	普通	最低		平时	农忙时	瓦顶	灰顶	土顶	长	宽	高		
纺线	织布	编席	90 元	70 元	50 元	11 月	5 角	1 元	2%	80%	18%	12 尺	10 尺	8 尺		
织布	纺线	编席	80 元	50 元	40 元	11 月	5 角	1 元	1%	70%	29%	12 尺	10 尺	8 尺		

最常用之米面						各种大小铺店数	本村集市			近近有集市之村			井数		
1	2	3	4	5	其他		日期	主要交易货物		村名	距离	主要交易货物	村内	村外	共计
小米	山药面	高粱面	玉米	黄豆	白面	3	1.6	粮食	棉花	木村	—	—	24	187	211
小米	高粱面	白薯	玉米	黄豆	白面	1	—	—	—	刘庄	3	粮食，牲口	15	81	96

医生		药铺数	庙宇		伊斯兰教		天主教		基督教		本村古迹	
数目	年龄		名称	房屋间数	家数	人数	家数	人数	家数	人数	名称	年代
1	51	1	关帝	3	3	18	0	0	6	26	0	—
0	—	0	0	—	0	0	2	12	0	0	0	—

底表下端末一行的总合与每村平均不能与表内各项皆有关系。无关系的项目可以划一横线表明。

根据上列的农村概况底表可以作出许多图表，显明全县或各区的大略情形。兹将可以作出的一部分简单的表列在下面，供初学者参考。

农村概况初步统计表

第 1 表　　某县各村距县城十字街里数之分配

距城内十字街里数	村数						
	第一区	第二区	第三区	……	……	……	共计
5 里以下							
5—9.9							
10—14.9							
15—19.9							
20—24.9							
……							
总合							

第 2 表　　按所走城门村数之分配

所走城门	村数
总合	

第 3 表　　某县各村家数之分配

村内家数	村数						
	第一区	第二区	第三区	……	……	……	共计
50 家以下							
50—99							
100—149							
150—199							
200—249							
……							
总合							

第 4 表　　某县各区内村庄平均距城内十字街里数及最近与最远村之里数

区别	距城里数		
	平均每村	最近村	最远村
第一区			
第二区			
第三区			
……			
全县			

第 5 表　　某县各区内平均每村家数及最大与最小村之家数

区别	家数		
	平均每村	最大村	最小村
第一区 第二区 第三区 ……			
全县			

第 6 表　　某县各村人口之分配

人口组	村数						
	第一区	第二区	第三区	……	……	……	共计
500 口以下 500—999 1000—1499 1500—1999 2000—2499 ……							
总合							

第 7 表　　某县各区内平均每村人口数及最大与最小村之人口数

区别	人口数		
	平均每村	最大村	最小村
第一区 第二区 第三区 ……			

续前表

区别	人口数		
	平均每村	最大村	最小村
全县			

第 8 表　某县各村村长年龄之分配

年龄组	村长数	百分比
25 岁以下		
25—29		
30—34		
35—39		
40—44		
……		
总合		

第 9 表　某县各区村长平均年龄及最年幼与最年长之年龄

区别	年龄		
	平均每村长	最年幼者	最年长者
第一区			
第二区			
第三区			
……			
全县			

第 10 表　　某县各村村长主要职业之分配

主要职业	村长数
总合	

第 11 表　　某县各村村佐年龄之分配

年龄组	村佐数	百分比
25 岁以下		
25—29		
30—34		
35—39		
40—44		
……		
总合		

第 12 表　　某县各区村佐平均年龄及最年幼与最年长之年龄

区别	年龄		
	平均每村佐	最年幼者	最年长者
第一区			
第二区			
第三区			
……			
全县			

第 13 表　某县各村村佐主要职业之分配

主要职业	村佐数
总合	

第 14 表　某县各村内重要绅士数目之分配

绅士数目	村数
1	
2	
3	
4	
5	
……	
总合	

第 15 表　某县各村内最大姓之家数

最大姓之家数	村数						
	第一区	第二区	第三区	……	……	……	全县
50 家以下							
25 家以下							
25—49							
50—99							
100—149							
150—199							
200—249							
250—299							
300 及以上							
总合							

第 16 表　　某县各村内次大姓之家数

次大姓之家数	村数						
	第一区	第二区	第三区	……	……	……	全县
50 家以下							
25 家以下							
25—49							
50—99							
100—149							
150—199							
200—249							
250—299							
300 及以上							
总合							

第 17 表　　某县各学董人数之分配

学董人数	村数						
	第一区	第二区	第三区	……	……	……	全县
1							
2							
3							
4							
5							
……							
总合							

第 18 表　　某县各区内每种学校数目

学校种类	学校数						
	第一区	第二区	第三区	……	……	……	全县
男初级小学							
女初级小学							
男女合校初级小学							
男高级小学							

续前表

学校种类	学校数						
	第一区	第二区	第三区	……	……	……	全县
女高级小学							
男女合校高级小学							
总合							

第 19 表　　　某县各区内有无各种学校之村数

区别	村数			
	有初小	无初小	有高小	无高小
第一区 第二区 第三区 …				
总合				

全县有男初级小学之村数____有男女合校高小之村数____

全县有男高级小学之村数____有男初小与女初小之村数____

全县有女初级小学之村数____有男高小与女高小之村数____

全县有女高级小学之村数____有二男初小之村数____

全县有男女合校初小之村数____

第 20 表　　　全县男女学生数目

区别	初小学生数		高小学生数		初中学生数	
	男	女	男	女	男	女
第一区 第二区 第三区 ……						
总合						

第 21 表　　全县小学教员数目

区别	初小教员数		高小教员数		共计	
	男	女	男	女	男	女
第一区 第二区 第三区 ……						
总合						

第 22 表　　某教员年龄之分配

年龄组	教员数
20 岁以下 20—24 25—29 30—34 35—39 40—44 45—49 50 岁及以上	
总合	

第 23 表　　某县各校全年经费

全年经费	学校数		
	初级小学	高级小学	共计
150 元以下 100—124 125—149 150—199 200—249 250—299 300—349 350—399 400—449 450—499 500 元及以上			
总合			

第 24 表　　某县各校房屋间数

房屋间数	学校数		
	初级小学	高级小学	共计
1			
2			
3			
4			
5			
……			
总合			

第 25 表　　某县各村小学毕业人数

小学毕业人数	家数	
	初小	高小
无		
1—4		
5—9		
10—14		
15—19		
……		
总合		

初级小学毕业人数总计：
高级小学毕业人数总计：

第 26 表　某县各村中学校毕业人数

中学毕业人数	村数
无	
1	
2	
3	
4	
……	
总合	

在村中学毕业人数：
离村中学毕业人数：
中学毕业人数总计：

第 27 表　某县各村大学毕业人数

大学毕业人数	村数
无	
1	
2	
3	
4	
……	
总合	

大学毕业人数总计：
在村大学毕业人数：
离村大学毕业人数：

第 28 表　　某县各村种地亩数

种地亩数	村数						
	第一区	第二区	第三区	……	……	……	共计
500 亩以下							
500—999							
1000—1499							
1500—1999							
2000—2499							
……							
总合							

第 29 表　　某县各区种地亩数

区别	亩数
第一区	
第二区	
第三区	
……	
总合	

第 30 表　　某县各村井数

井数	村数
1—9	
10—19	
20—29	
30—39	
40—49	
……	
总合	

井数总计：

第 31 表　　某县各区井数

区别	村数	家数	井数			平均每村井数	平均每家井数
			村内	村外	共计		
第一区							
第二区							
第三区							
……							
总合							

第 32 表　　某县各村主要农产物

主要农产物	村数						
	第一区	第二区	第三区	……	……	……	共计
谷							
麦							
棉							
……							
总合							

第 33 表　　某县各村次要农产物

次要农产物	村数						
	第一区	第二区	第三区	……	……	……	共计
谷							
麦							
豆							
棉							
……							
总合							

第 34 表 某县各村第三重要农产物

农产物	村数						
	第一区	第二区	第三区	……	……	……	共计
豆 棉 麦 ……							
总合							

第 35 表 某县各村第四重要农产物

农产物	村数						
	第一区	第二区	第三区	……	……	……	共计
豆 山药 棉 ……							
总合							

第 36 表 某县各村种地外男人主要职业

男人主要职业	村数						
	第一区	第二区	第三区	……	……	……	共计
总合							

第 37 表　　某县各村种地外男人次要职业

男人次要职业	村数						
	第一区	第二区	第三区	……	……	……	共计
总合							

第 38 表　　某县各村女人主要副业

女人主要副业	村数						
	第一区	第二区	第三区	……	……	……	共计
总合							

第 39 表　　某县各村女人次要副业

女人次要副业	村数						
	第一区	第二区	第三区	……	……	……	共计
总合							

第 40 表　　某县各区有集市之村数

区别	有集市之村数
第一区	
第二区	
第三区	
……	
全县	

第 41 表　　集市日期

集市日期	村数
1.6	
2.7	
3.8	
4.9	
5.10	
总合	

第 42 表　　集市主要交易货物

主要交易货物	村数						
	第一区	第二区	第三区	……	……	……	全县
总合							

第 43 表　　某县各区有集市之村名

区别	村名（大小为序）
第一区	……
第二区	……
第三区	……
……	……
总合	

第 44 表　　某县各村距最近集市里数

距集市里数	村数
在本村	
1	
2	
3	
4	
……	
总合	

第 45 表　　某县各区大小铺店数

区别	铺店数
第一区	
第二区	
第三区	
……	
全县	

第 46 表　　某县各村大小铺店数

铺店数	村数
无	
1—4	
1	
2	
3	
4	
5—9	
……	
总合	

第 47 表　　某县各区医生数

区别	医生数
第一区	
第二区	
第三区	
……	
全县	

第 48 表　　某县各村医生数

医生数	村数
无	
1	
2	
3	
4	
……	
总合	

第 49 表　　医生年龄

年龄组	医生数
25 岁以下	
25—29	
30—39	
40—49	
50—59	
60—69	
……	
总合	

第 50 表　　某县各区药铺数

区别	药铺数
第一区 第二区 第三区 ……	
全县	

第 51 表　　某县各种寺庙数

寺庙类别	数目
总合	

第 52 表　　某县各区寺庙间数

区别	间数
第一区 第二区 第三区 ……	
全县	

第 53 表　　某县各区伊斯兰教、天主教及基督教人数

区别	人数		
	伊斯兰教	天主教	基督教
第一区 第二区			

续前表

区别	人数		
	伊斯兰教	天主教	基督教
第三区 ……			
全县			

第 54 表　某县各村富力等次

富力等次	村数						
	第一区	第二区	第三区	……	……	……	全县
1 2 3 4 5 ……							
总合							

第 55 表　某县各区有村长及附属村数目

区别	村数		
	有村长	附属村	共计
第一区 第二区 第三区 ……			
全县			

有一附属村之村数：
有二附属村之村数：
有三附属村之村数：

第 56 表　　附属村之家教及人口数

附属村名	家数	全村人口数
总合		
平均每村		

第九章　农村土地调查

关于农村土地可调查研究的方面极多，内容十分复杂，实地工作亦比较困难得多，尤其是特殊部分的深的研究。初学不可过于贪多，奢望不要太大。若能脚踏实地，按步就班，把农村基本的土地概况，作精确的调查，收相当的成绩，就算不错。也许是目下了不得的一件事情。一种调查的手续，无论关于全县或一区，是以村为单位，编制各项问题表格。还有比较精密的办法，是以家为单位。兹把以村为单位的几种表格，曾在中国北部某县用过，而且成功的，列在下面，以供参考。

第 1 表　　非耕种地亩数

询问者　　　　赐教者　　　　第　区　　村　　　　年　月　日

种类	亩数	说明
本村面积		
坟地		
沙滩		
河流		
池沼		
道路		
铁路		
土疙疸		
山		

村落东西里数　　南北里数

村落至村界之距离：至东　　至西　　至南　　至北

村落及其耕种田地之面积：东西里数　　南北里数

村落大略形状：长方　　正方　　长圆　　圆　　其他

村落及其耕地之大略形状：长方　　正方　　长圆　　圆　　其他

简单记述询问之经过：

准确程度：

第 2 表　　农作物面积及产量

询问者　　　　赐教者　　　　第　区　　村　　　　年　月　日

情形 农作物种类	第几次作物	亩数	占本村熟地积百分之几	每亩通常产量	每亩最多产量	说明
小麦						
大麦						
谷子						
棉花						
玉蜀黍						
黍子						
稷子						
豆子						
花生						
芝麻						
高粱						
荞麦						
山药						
瓜类						
菜蔬						
高粱和豆子						
荞麦和萝卜						
谷子和白豆						
鸭梨						
油秋梨						
葡萄						
桃						
杏						
沙果						

明白了种地的情况之后，才能想出好方法为农民增加生产。

续前表

农作物种类＼情形	第几次作物	亩数	占本村熟地积百分之几	每亩通常产量	每亩最多产量	说明
枣						
柳林						
小杨林						

略述询问经过：
准确程度：

第 3 表　　自有田产

询问者　　　　赐教者　　　　第　区　　村　　　　年　月　日

自有田产之大小	家数	家数百分比	合计面积亩数	面积百分比
无				
10 亩以下				
10—24.9				
25—49.9				
50—99.9				
100—299.9				
300 及以上				
总合		100.0		100.0

最大田产多少亩？
本村自有田地多于本村耕种田地多少亩？
本村自有田地少于本村耕种田地多少亩？
本村现在自有田地亩数较二十年前增加或减少多少亩？
若增加购自何村？　　　　增加原因
若减少卖与何村？　　　　减少原因
略述询问之经过：
准确程度：

第 4 表　　田庄（即耕种田地，包括自有田地及租种地）之大小

询问者　　　　赐教者　　　　第　区　村　　　　年　月　日

田庄大小	家数	家数百分比	面积亩数总计	面积百分比
无				
10 亩以下				
10—24.9				
25—49.9				
50—99.9				
100—299.9				
300 及以上				
总合		100.0		100.0

本村自外村租种田地亩数多少?
本地自本村租种田地亩数多少
本村租出于外村田地亩数多少?
本村租出于本村田地亩数多少?
略述询问之经过：
准确程度：

第 5 表　　田产权

询问者　　　　赐教者　　　　第　区　村　　　　年　月　日

农家类别	家数	家数百分比	亩数				此类农家有增加或减少之趋势
			种自己地	租种	租出	共	
自耕农（完全种自己地）							
自耕农兼租种（钱租）*							
自耕农兼租种（粮租）							
自耕农兼租种（棉花租）							
自耕农兼租种（伙种）×							
自耕农兼租出（地主）							
地主（完全租出）							
佃农（钱租）*							
佃农（粮租）							
佃农（棉花租）							
佃农（伙种）×							

续前表

农家类别	家数	家数百分比	亩数				此类农家有增加或减少之趋势
			种自己地	租种	租出	共	
雇农（只为人佣工）							
非地主亦不种地							
总合		100.0					

* 其中上拿租家数{自 佃　　下拿租家数{自 佃

×其中农产完全平分家数{自 佃　　一部分平分家数{自 佃

略述询问之经过：

准确程度：

第 6 表　　村外田地价值

询问者　　赐教者　　第　区　村　　年　月　日

每亩价别（$）	亩数	亩数百分比	说明
1—24.9			
25—49.9			
50—74.9			
75—99.9			
100—124.9			
125—149.9			
150 及以上			
总合		100.0	

村内田地每亩价值：

村之面积分为两部，一部为村民居住之村落，一部为其周围之田地。关于一村之总面积到底以何为标准，各人的意见不同。因为村内人民有耕种自有田地者，有租种外村田地者，亦有外村租种本村田地者，界限难分。此处大致是以各村耕种之田地为标准，不拘是本村自有或租自外村。自然村间的分界不能像两国的边界那样清楚，只是一个大概分界的地方。

第 2 表内农作物之排列次序可按照各地情形而不同。第几次作物系按各年中收获时的先后次序而定，不以作物种植时期之先后而定。因此第一次作物是一年内最初收获之作物，如小麦虽其种植时期是在去年秋季，而其收获时期乃在本年夏初，故列为本年之第一次作物。拔麦后又继种玉米，即为第二次作物，其余可以类推。若两种作物杂种一块田内，如玉米行内往往亦间种豆类，则每亩通常产量系指二者合起总数而言，在说明内注明二者所占之比率。此表之主要功用是要调查每村各种作物所占亩数，全年产量，由此亦可推算全年各种作物之价值。

第 3 表是要调查村内自有田产亩数，由此以知道全村农家之富力及其富力之分配。第 4 表是要知道各家种地若干亩，而不问其是种自己地或租种他人地。故与第 3 表不同。第 5 表之调查比较费力，非心细的调查员不易填写清楚。主要目的是要知道各种田产权的家数及每种田地亩数。此表项目亦按照各地方情形而有不同。调查时发见表中未列的其他田产权关系，亦应在表旁注明。钱租系以现款纳租，其中又分上拿租与下拿租。上拿租是在种地前纳租，下拿租是在收获后纳租。粮租是以一定米粮的数量纳租，棉租是以若干斤棉花纳租。伙种是地主与佃户按照约定比率分收获的作物，有时只平分米粮，有时平分一切收获，有时按四六分。此外有的地主尚有若干复杂的种类。

有一点当特别注意，即每村村长手内大致皆有很详细的全村地亩册子，只为本村办公用，不轻易示人，尤其是不使县政府知道本村地亩的确数，为是避免按地亩所常索要的苛捐杂税。因此每村为应付外患起见，另预备一本假地亩册，欺瞒外人。假地亩册较真地亩册的家数少，地亩数亦少。因此若非调查团体已经深得该村的信仰，是绝对不能得到真地亩册的。许多调查的人不知此种底细，常为所欺。有时村长虽信任调查员，而亦不敢使他钞录真地亩册，怕有的村人误会。因此这种调查最好是能得到真地亩册，再详细询问村长或其他熟习本村事情的人，详细核算，填写表格。若是比较大的村庄，亦须请到村的各部或各街头脑的人来帮忙计算填写。若与该村不熟习或未有相当的好感，这种调查不能勉强进行。

以上的六样表格是以村为单位。不很精细的调查员只能得到逼近的数目。在比较熟习的村庄，若有时间，最好是以家为单位，挨家询问，即能得到更精确的数目。兹将著者用过的表格中的一个列下，以供参考。

下表是著者于民国二十年七月在北平西郊钩鱼台避暑时，为余、龙、方、文四位先生所制，他们用以调查西郊五十余村，成效颇好。近郊各村皆有警察所规定之村界，且用为种田之坟地甚多。

各家田地领教表

询问者　　赐教者　　　　　　　　年　月　日

家长姓名　　，何区　，村名　，街名　，门牌号数　，住宅在村之何部　，住宅占地亩数

全家人口总数　，从事农业事作者数目（十二岁及以上）：男　女　共　，雇长工人数　，为人做长工人数　，从事他种职业者人数

甲、自有田地

地块大小次序	每块亩数				在村之何方	距住宅里数	旱地或园地	地井		坟墓		直径半尺以上之每种树木之棵数	每亩现值	何年买入	初买时每亩价值	各种作物亩数及普通每亩产量（斗）			每亩产物价值总数	说明
	自耕	租出	当出	共计				水车	轱辘	数目	占地亩数					一次	二次	三次		
总合																				

乙、租进或当进田地

地块大小次序	亩数		住村之何方	距住宅里数	旱地或园地	井数		坟墓		直径半尺以上每种树木之棵数	每亩现值	租种方式及每亩租价	年限	自何村何人或何种团体	各种作物亩数及普通每亩产量（斗）			亩产物价值总数	说明
	租入	当入				水车	轱辘	数目	占地亩数						一次	二次	三次		
总合																			

北平西郊某村各家地亩分配情形

门牌号数	自有地										当进地												租进地				备考
	本村界内					外村界内					本村界内						外村界内						本村界内		外村界内		
		当出		租出			当出		租出		自本村			自何外村			自本村			自何外村							
	自耕	于本村	于何外村	于本村	于何外村	自耕	于本村	于何外村	于本村	于何外村	自耕	租出		自耕	租出		自耕	租出		自耕	租出		自本村	自何外村	自本村	自何外村	
												于本村	于何外村		于本村	于何外村		于本村	于何外村		于本村	于何外村					

某村各家可耕坟地分配情形

门牌号数	照管坟地																				备考
	本村界内										外村界内										
	自本村					自外村					自本村					自外村					
	自耕	当出		租出		自耕	当出		租出		自耕	当出		租出		自耕	当出		租出		
		于本村	于外何村	于本村	于外何村		于本村	于外何村	于本村	于外何村		于本村	于外何村	于本村	于外何村		于本村	于外何村	于本村	于外何村	

上列各表自然亦应按照各地方情形大加修改，使之适合，不可勉强抄用。关于调查后整理的手续亦较复杂。主持统计者亦须按照能得到之材料办理。兹将初步整理时所用统计表之一部分列在下面，供初学者参考（以区为调查范围）。

田地初步整理统计表

第 1 表　　　　某区每村各种面积亩数

村名	熟地面积	非耕种地面积									面积总数
		坟地	沙滩	河流	池沼	土路	铁路	土疙瘩	山	共	
（　）村											

第 2 表　　　　某区每村各种熟地面积亩数

村名	五谷、根作物、纤维作物及特种作物	果树	其他树木	熟地总数
（　）村				

第 3 表　　　　某区（　）村各种农作物所占面积及产量

作物种类		第几次作物	所占面积			每亩产量		全年产量总数	全年产量估价
			村数	为熟地面积之百分比	为作物亩总数之百分比	通常	最高		
五谷									

续前表

作物种类		第几次作物	所占面积			每亩产量		全年产量总数	全年产量估价
			村数	为熟地面积之百分比	为作物亩总数之百分比	通常	最高		
根作物									
纤维作物									
其他作物									

第 4 表　　作物轮种制

作物轮种制	第数年	一年内第一次作物	一年内第二次作物
1 2 3 ……	第一年	小麦	白菜

第 5 表　　村落之大小

村名	最长处	最宽处	各种形状* 之村数					面积总数
	里数	里数	长方	方正	长圆	圆	其他	
总合								

* 大略情形。

第 6 表　　某区每村按自有田产大小组家数之分配

村名	家数							
	无田	10 亩以下	10—24.9	25—49.9	50—99.9	100—299.9	300 及以上	共
总合								

第 7 表　　(　)村每各种产田大小组之田亩总数

村名	田亩总数						
	10 亩以下	10—24.9	25—49.9	50—99.9	100—299.9	300 及以上	共
(　)村							

第 8 表　　某区(　)村自有田产分配情形

自有田产之大小	家数	家数百分比	面积亩数总计	面积亩数百分比
无				
10 亩以下				
10—24.9				
25—49.9				
50—99.9				
100—299.9				
300 亩及以上				
总合		100.0		100.0

第 9 表　　每村平均每家自有田地亩数

村名	平均每家亩数	
	有地之家庭	村内一切家庭
（　）村		

第 10 表　　每村自有田地多于或少于耕种田地亩数及现在自有田地亩数较二十年前增加或减少亩数

村名	本村自有田地多于耕种田地亩数	本村自有田地少于耕种田地亩数	本村现在自有田地较二十年前增加亩数	自有田增加原因	本村现在自有田地较二十年前减少亩数	自有田减少原因
总合						

第 11 表　　某区每村最大田产分配情形

村内最大田产	村数	百分比
50 亩以下		
50—99.9		
100—149.9		
150—199.9		
200—249.9		
250—299.9		
300 亩及以上		
总合		

第 12 表　　某区每村按田庄大小组家数之分配

村名	家数							
	不种田	10 亩以下	10—24.9	25—49.9	50—99.9	100—299.9	300 及以上	共
总合								

第 13 表　　某区（　）村田庄大小分配情形

田庄大小	家数	家数百分比	面积亩数总计	面积亩数百分比
无				
10 亩以下				
10—24.9				
25—49.9				
50—99.9				
100—299.9				
300 亩及以上				
总合				

第 14 表　　某区每村内各种田产权之农家数目

村名	家数						
	不耕农	自农耕兼租种	佃农	雇农	完全租出之地主	非地主亦不种地	共
总合							

第 15 表　　某区（　）村田产权情形

农家类别	家数	家数百分比	亩数				此类农家有增加或减少之趋势
			种自己地	租种	租出	共	
自耕农（完全种自己地）				……	……		
自耕农兼租种（钱租）*					……		
自耕农兼租种（粮租）					……		
自耕农兼租种（棉花租）					……		
自耕农兼租种（伙种）×					……		
自耕农兼租出（地主）				……	……		
地主（完全租出）			……	……			
佃农（钱租）*			……				
佃农（粮租）			……		……		
佃农（棉花租）			……		……		
佃农（伙种）×			……		……		
雇农（只为人佣工）			……	……	……	……	
非地主亦不种地			……	……	……	……	
总合		100.0					

* 其中上拿租家数{自, 佃}　　下拿租家数{自, 佃}

×其中农产完全平分家数{自, 佃}　　一部分平分家数{自, 佃}

第 16 表　　某区每村村外田地价值

村名	亩数							
	$1—24.9	$25—49.9	$50—74.9	$75—99.9	$100—124.9	$125—149.9	$150 及以上	共
总合								

第 17 表　　某区（　）村村外田地价值

每亩价值	上数	亩数百分比	估价总数
1—24.9			
25—49.9			
50—74.9			
75—99.9			
100—124.9			
125—149.9			
150 亩及以上		100.0	

第 18 表　　每村村内地价

村名	每亩地价

在开始统计以前，应先校对各表格内所填的数目是否与其他有关系的表格内的数目相合。若彼此有矛盾的地方，则调查或填写发生错误，须设法更正，使之一致。著者在某县用这几种表指导调查时曾与张瑶山先生制定几项校对的公式颇为得用。兹将其一部分列下，以资参考。

校对田地调查表格时宜注意之点：

Ⅰ. 假设本村有自外村租种田地、租出于外村田地及自本村租种田地（即租出于本村田地）。

（1）田庄大小＝(本村自有田地－本村租出于外村田地)＋本村自外村租种田地。

（2）假设本村自外村租种田地多于本村租出于外村田地，则本村自有田地少于本村耕种田地。其所少田地＝本村自外村租种田地－本村租出于外村田地。

（3）假设本村自外村租种田地少于本村租出于外村田地，则本村自有田地多于本村耕种田地。其所多田地＝本村租出于外村田地－本村自外村租种田地。

（4）本村自有田地＋本村自有田地多于本村耕种田地或少于本村自种田地亩数＝田庄大小。

（5）种自己地＋租种＝田庄大小。

（6）田产权。（a）种自己地＝本村自有田地－租出。（b）租种＝本村自外村租种田地＋本村自本村租种田地。（c）租出＝本村租出于外村田地＋本村租出于本村田地。

（7）本村自有田地＝种自己地＋租出。

Ⅱ．假设有本村自外村租种田地，并有本村自本村租种田地。

（1）田庄大小＝本村自有田地＋本村自外村租种田地。

（2）本村自有田地少于本村耕种田地亩数＝本村自外村租种田地亩数。

（3）田产权。（a）租种＝本村自外村租种田地＋本村自本村租种田地或本村租出本村田地。（b）租出＝本村自本村租种田地。（c）种自己地＝本村自有田地－本村租出于本村田地。

（4）本村自有田地＝种自己地＋本村租出于本村田地。

（5）种自己地＋租种＝田庄大小。

Ⅲ．假设本村只有租出于外村田地。

（1）田庄大小＝本村自有田地－本村租出于外村田地。

（2）本村自有田地多于本村耕种田地，其所多田地＝本村租出于外村田地。

（3）田产权。（a）种自己地＝本村自有田地－本村租出于外村田地。（b）租种＝〇。（c）租出＝本村租出于外村田地。

（4）自有田地＝种自己地＋本村租出于外村田地。

（5）田庄大小＝种自己地。

Ⅳ．假设本村只有租出于本村田地或本村自本村租种田地。

（1）田庄大小＝本村自有田地。

（2）本村自有田地＝本村耕种田地。

（3）田产权。（a）种自己地＝本村自有田地－本村租出于本村田地或租种本村田地。（b）租种＝本村租出于本村田地。（c）租出＝租种。

（4）田庄大小＝种自己地＋租种或租出。

Ⅴ. 假设本村只有外村租种田地。

（1）田庄大小＝本村自有田地＋本村自外村租种田地。

（2）本村自有田地少于本村耕种田地，其所少田地＝本村自外村租种田地。

（3）田产权。(a) 种自己地＝本村自有田地。(b) 租种－本村自外村租种田地。(c) 租出＝〇。

（4）种自己地＋租种＝田庄大小。

Ⅵ. 假设本村只有自本村租种田地及本村租出于外村田地。

（1）田庄大小＝本村自有田地－本村租出于外村田地。

（2）本村自有田地多于本村耕种田地，其所多田地＝本村租出于外村田地。

（3）田产权。(a) 种自己地＝本村自有田地－租出。(b) 租种＝本村自本村租种田地。(c) 租出＝本村租出于外村田地＋本村自本村租种田地。

（4）种自己地＋租种＝田庄大小。

Ⅶ. 假设本村有本村自外村租种田地，并有本村租出于外村田地。

（1）田庄大小＝(本村自有田地＋本村自外村租种田地)－本要租出于外村田地。

（2）假设本村自外村租种田地多于本村租出于外村田地，则本村自有田地少于本村耕种田地。其所少田地＝本村自外租种田地－本村租出于外村田地。

（3）假设本村自外村租种田地少于本村租出于村田地，则本村自有田地多于本村耕种田地。其所多田地＝本要租出于外村田地－本村自外村租种田地。

（4）田产权。(a) 种自己地＝本村自有田地－本村租出于外村田地。(b) 租种＝本村自外村租种田地。(c) 租出＝本村租出于外村田地。

（5）种自己地＋租种＝田庄大小。

（6）种自己地＋租出＝本村自有田地。

（7）本村自有田地＋本村自有田地多于或少于本村耕种田地＝田庄大小。

第 3 表无地家数＝第 5 表佃农总家数＋雇农家数＋非地主亦不耕种家数。

第 4 表无地家数＝第 5 表（地主家数－完全租出)＋雇农家数＋非地主亦不耕种家数。

第十章　农村工商业调查

农村工业中主要者为家庭手工业及少数工厂。家庭手工业多半为农家副业，在冬季农闲期内工作。并且大半是本家人工作，少有雇用家庭以外的人。若有多数的佣工即成为小规模的工厂。调查方面，若只欲知其大概，则可以村为单位。若欲稍为详细，则以家为单位。关于农村商业主要者为铺店与集市。调查方法以铺店为单位，以各村之集市为单位。兹把著者在华北某县所用工商业调查的数种简单表格列下，供读者参考。

农村工商业调查参考表格

第1表　　家庭手工业（以村为单位）

询问者　　　　赐教者　　　　第　区　　村　　　　年　月　日

工业种类 / 情形										
有此种工业之农家数目										
工作上系男子或妇女										
工作在一年中之何月										
每日工作八小时及以上人数	男									
	女									
四小时至不满八小时人数	男									
	女									

续前表

情形 \ 工业种类										
不满四小时人数	男									
	女									
每年出货数量估计										
每年出货价值估计										

关于起源、沿革、原料、工资、机械、销售地点与方法、资本、赚因及其他情形，详细叙述。
近二十年中本村手工业增加或减少之概况及原因：

第 2 表　　家庭手工业（以家为单位）

领教者　　赐教者　　村名　门牌号数　　领教　年　月　日

1. 全家人口数：　男　　女　　共
2. 自有田亩数　　　　租种田亩数
3. 家长主要职业

事项	亲属称谓（佣工开列于亲属后）						
4. 年龄							
5. 从事手工业种类							
6. 开始从事此种工业时年龄							
7. 已从事此种工业多少年							
8. 在一年内何月工作							
9. 平均每日大约工作小时数							
10. 最忙时期平均每日工作小时数							
11. 估计全年出货数量							
12. 估计全年出货价值							
13. 估计全年出货赚利							
14. 正业							
15. 副业							

16. 各佣工之全年工资及其他费用：
17. 全年全家各种出货数量、价值及赚利：
18. (a) 所用各种机械数目、价格及构造：
    (b) 自有或租用（租用办法）：
19. (a) 全年全家大约一切收入总数：
    (b) 全年全家大约一切支出总数：
    (c) 全年大约盈余总数：

第 3 表　　工厂概况

询问者　　　　赐教者　　　　第　区　村　　　　年　月　日

情形＼工厂种类														
男工	数目													
	工资													
女工	数目													
	工资													
全年出货总数														
全年出货价值														

关于原料、销售方法、工作时间、赚利、工厂数目、各工厂情形，详述于下：
近二十年内工厂增加或减少之情形，变迁之原因：
略述询问之经过：
注意：工资一项应将每日、每月或每年分别填写。

第 4 表　　拜访铺店及工厂谈话表

拜访者姓名　　　　谈话　　年　月　日

1. 商业或工厂种类　　名称　　主要掌柜　　地址

情形＼类别	与铺店或工厂关系（填写次序：铺东、掌柜、铺伙、工人学徒及其他）								
2. 岁数（照旧习惯）									
属相（或生年）									
出生月日（阴历）									
推得真年龄年月日数									
3. 已未婚嫁									
4. 家住何处									
5. 全年工资（$）									
6. 全年酬劳费（$）									
7. 全年收入总数（$）									
8. 正业									
副业									
9. 入学年数									
在何种学校毕业或修业									
10. 现患病症									
11. 宗教									

若要知道用甚么好方法使本地工商业发达，必须先明白本地工商业的状况。

续前表

<table>
<tr><td rowspan="2">类别
情形</td><td colspan="9">与铺店或工厂关系（填写次序：铺东、掌柜、铺伙、工人学徒及其他）</td></tr>
<tr><td></td><td></td><td></td><td></td><td></td><td></td><td></td><td></td><td></td></tr>
<tr><td colspan="10">12. 铺店或工厂开办年数　　13. 出货总数　　14. 售货区域</td></tr>
<tr><td colspan="10">15. 一年中何月买卖最旺　　何月最微</td></tr>
<tr><td colspan="10">16. 每日几餐　每月吃白面次数　每月吃白米次数　每人每月约合饭费多少</td></tr>
<tr><td colspan="10">17. 房屋间数　房顶　自有或租赁　租费　房主</td></tr>
<tr><td colspan="10">18. 卧室间数　每卧室睡觉人数</td></tr>
<tr><td colspan="10">19. 组织：　独办　合伙　其他　只钱股人数　钱股兼人股人数
只人股人数</td></tr>
<tr><td colspan="10">20. 现在　多少　，做　多少，一年内　%</td></tr>
<tr><td colspan="10">21. 铺中人数：未入股之铺伙或工人数　学徒数　总数（包括铺东及掌柜）</td></tr>
</table>

第 5 表　　拜访铺店谈话简表

拜访者姓名　　地址　　年　月　日

1. 铺店种类	名称
2. (a) 主要掌柜	(b) 正业　副业　(c) 岁数
3. (a) 铺中必需人数总计	(b) 内有学徒数目
4. (a) 铺房间数	
5. (a) 现在（$）	(b) 一年内%　数目（$）
6. (a) 独办	(b) 合伙人数
7. (a) 售货区域	(b) 何月买卖最旺

其他特别有研究价值之情形：

第 6 表　　集市领教表

询问者　　第　区　村名　　询问　　年　月　日

1. (a) 集市名称　(b) 集市日期　(c) 时间：开市　最盛　收市
2. (a) 主要交易货物：(1) (2) (3) (4)　(b) 每次集市各种货物交易数量及价值（按春、夏、秋、冬分别估计）
3. (a) 各种货物交易地点及所占面积　(b) 地点如何分配
4. (a) 赶此集市之村数　最远村距离里数　(b) 估计赶集人数（春、夏、秋、冬不同）
5. 本村铺店数目
6. 管理集市之组织、规则（包括职员、任期、酬劳等项）
7. 各种经纪人之佣钱或赚利
8. (a) 征收各种税捐规则、手续及数目　(b) 牙行之组织及其收入
9. 如何规定货价及兑换行市
10. 该集市之历史（包括成立时期、原因及发达或衰落之变迁）
11. 关于度量之标准
12. 其他可注意之特别情形

上列第1表，家庭手工业，是以村为单位，向熟悉本村手工业情形者详细询问。有时亦须亲至有手工业之各家内打听。表中上部各格系填写不同之各种手工业，如纺线、织布、织席等项。“工作在一年中之何月”行内填写自何月至何月。除详细核算填写格内数目外，关于该村各种手工业的起源、沿革、变迁、资本、所有机械、出卖区域、销售方法、赚利等各方面情形，按时间之所能及详细调查，在表外以另纸叙述。

第2表，家庭手工业调查是以家为单位。“赐教者”答案，填写系家内何人、家长或家长之何种关系及姓名。“从事手工业种类”，系填写何种手工业，因一家内不一定全家人口皆从事一种手工业。“已从事此种工业多少年”，系指实在工作之年。若有间断，须减去“正业”及“副业”，仅填写此人以何为正业及副业。如以农为正业，以织布为副业，或以织布为正业，以作短工为副业。佣工之其他费用，包括他们的饭费，年节所送酬劳费及一切主人为他们出的零星款项。全家赚利可有数种不同之看法和计算。一种是指自卖出货物之收入内除去关于家内手工业制造品之直接支出，如一切原料价值、修理机械、佣工之支出等项，但不包括家内从事工作者之饭食、人工等费。“全年全家大约一切收入总数”，系指不但是家庭手工业之收入，就连家内其他一切收入皆包括在内。“盈余总数”即全家能储蓄之款。总之，此处不能一一详细说明，是在指导调查者，自己有清楚的见解、整理之标准。也能对实地去调查的人们详细说明，千万使他们都有一律的标准，一样的计算填写。若不将各种标准先有一定的主张，调查时必定乱七八糟，结果是无法统计。这一点要非常注意。若指导人对于某项问题也莫明其妙，那最好不如减少表格内项目，只调查极明了的问题。宁可调查得少而清楚，不要贪多而弄得一塌糊涂。

第3表，工厂概况是专为调查有雇工的工厂，与上表多有家内家人父子兄弟从事手工业不同。填法的原则略同第1。

第4表是比较详细的铺店调查表。也可以应用到工厂内容之详细调查。并且有的铺店带工厂，或工厂带铺店，二者合在一起，一方面制造货品，一方面亦有门市零售。此处填表方法，有许多可以参考人口调查表之填表方法。此表是在河北省一个县用过的，未必与中国他部情形相同。比如表中间，每月吃白面或白米次数，从此种答案内可以看出工人饭食的好坏。因此处以吃两种食品为好饭食。若在南方以大米为日常食品，则此种问题即毫无意义。表格内下部，第 20 问题，是现在资本多少，做流水多少，一年内赚利百分之几。故意把其中“资本”“流水”“赚利”等字省略，为的是不使店主万一要看表的时候起疑心或不安然。此表调查县城内或集镇内之铺店颇为合用，著者已经试验了多处的。不过有一点要注意，就是这一种调查员最好是曾做过买卖的人，并且是比较精明而善讲话的人。自然能得到本地人尤其便利。无论如何要先训练调查员，使他清楚的明了本地铺店习惯组织及一般的商情。对于独办、合伙、公司、钱股等意义有透澈的了解。再者，这步预先联络商会、主要商人及一般店主的手续，是要适当办到的。博得了相当的好感之后，才能从容地进行调查。也要设法先调查有名的、为首的大商店。其余小商号一见大商店都肯调查，他们的怀疑就差不多云消雾散了。

第 5 表是个简单的铺店调查表，是为时间来不及的时候用的，或村内小铺用的。比如调查全县铺店，只选城内和数集镇作抽样之调查，其余及小村内铺店，可用简表调查，知其大概。

第 6 表，集市调查颇为重要，因其为农村经济制度主要部分之一。表格中“集市日期”系指每月某村有集市之日期，如“三，八”即指在每月的初三、十三、二十三、初八、十八、二十八的日子有集市，其余的日子没集市。各村集市之时间亦不尽同，有在日未出即开始交易且在日出之前后最热闹，待至午间即完全散市，故谓之“露水集”；有在日出开始，而午间最盛，至日落方散者。主要交易之货物亦不同：有以米粮为大宗，布线次之，而青菜又次之者；有以棉花为大宗，米粮次之，再次为牲畜、农具等项。其他许多问题，皆随一年内时间之不同而有差异，亦宜分别填写。调查时若得到管理集市之办事人及征收税捐之牙行帮忙，则有不少似乎颇难之问题皆可迎刃而解。

六表内以第 4 表铺店调查之整理比较复杂。兹将初步统计的一部分表列在下面，供初学者参考。此种初步统计表并非分析的最后目的，乃是整理的初步工作，使调查材料所包含的各方面情形清楚一些，为叙述的帮助。此外要寻求铺店各种现象间的关系，以数字表明出来。铺店初步整理参考表开列如下。

第 1 表　　甲、各类商店数目

商店种类	商店数目
总合	

第 1 表　　乙、某种商店分类（小类）及数目

某种商店种类	数目
总合	

第 2 表　　甲、商店人员年龄之分配

年龄	人数					
	东家兼掌柜	被雇掌柜	伙计	工人	学徒	总计
15 岁以下						
15—19						
20—24						
25—29						
30—34						
35—39						
40—44						
45—49						
50—54						
55—59						
60—64						
65—69						
70—74						
75—						
总合						

第 2 表　　乙、学徒年龄之分配

学徒年龄	学徒数目
……	
12	
13	
14	
15	
……	
总合	

第 3 表　　商店内已婚及未婚人数

	人数						
	东家兼掌柜	被雇掌柜	伙计	工人	学徒	总计	百分比
已婚							
未婚							
总合							

第 4 表　　商店人员家眷居住之地址

家眷居住地址	家数						
	不工作之东家	东家兼掌柜	被雇掌柜	伙计	工人	学徒	总计
城墙内							
关厢							
第一区村内							
县内他区							
本省							
县名							
（近者列前）							
其他省别							
……							
总合							

第 5 表　甲、商店人员（全年工作者）全年工资（不包括饭费）

全年工资（$）	人数								
	东家兼掌柜	被雇掌柜	伙计					工人	总计
			司账	跑外	守柜	其他	共计		
10 以下									
10—19.9									
20—29.9									
30—39.9									
40—49.9									
50—59.9									
60—69.9									
70—79.9									
80—89.9									
90—99.9									
100—									
……									
总合									

第 5 表　乙、店员全年工资总数及平均数

店员类别	人数	全年工资总数	平均每人全年工资
东家兼掌柜			
被雇掌柜			
其他掌柜			
司账			
跑外			
守柜			
其他伙计			
工人			
总合			

第 5 表　丙、商店内短工全年工资（不包括饭费）

短工全年工资（$）	人数
10 以下	
10—19	
20—29	

续前表

短工全年工资（$）	人数
30—39 40—49 50—59 60— ……	
总合	

一切短工全年工资总数
平均每短工全年工资

第6表　甲、商店人员全年酬劳费（公司内按薪金多少，分红利者在内惟人股红利除外）

全年酬劳费（$）	人数								
	被雇掌柜	伙计					工人	学徒	总计
		司账	跑外	守柜	其他	共计			
5以下 5—9.9 10—14.9 15—19.9 20—24.9 25—29.9 30—34.9 35—39.9 40—44.9 45— ……									
总合									

第6表　乙、店员全年酬劳费总数及平均数

店员类别	人数	全年酬劳费总数	平均每人全年酬劳费
被雇掌柜 司账 跑外 守柜 其他伙计 工人 学徒			
总合			

第 6 表　丙、商店内有人股者所得全年红利

全年红利（$）	人数
10 以下 10—19 20—29 30—39 40—49 50—59 60— ……	
总合	

一切人股全年红利总数＿＿＿＿＿＿＿＿
平均每人股全年红利＿＿＿＿＿＿＿＿

第 7 表　甲、除雇主供给饭食外店员（全年工作者）全年收入总数

全年收入（$）	人数				
	被雇掌柜	伙计	工人	短工	总计
50 以下 50—59.9 60—69.9 70—79.9 80—89.9 90— ……					
总合					

第 7 表　乙、商店饭费（见调查表第 16 问题）

商店内每人饭费		商店数
每月（$）	全年（$）	
3.00 以下 3.00—3.49 3.50—3.99 4.00—4.49 4.50—4.99 5.00—5.49 5.50—5.99 6.00— ……		
总合		

平均每人每月＿＿＿＿＿＿＿＿
平均每人全年＿＿＿＿＿＿＿＿

第 7 表　　丙、除去不在商店内工作之股东外商店内一切人员*之全年收入总数（自然包括商店供给之饭费）

全年收入总数（$）	人数											
	♀东家兼掌柜（1）	♀领东之掌柜（2）	♀有人股之掌柜（3）	只得工资之掌柜	伙计					工人	学徒	总计
					司账	跑外	守柜	其他	共计			
50 以下												
50—59.9												
60—69.9												
70—79.9												
80—89.9												
90—99.9												
100—												
……												
总合												

* 短工除外。
♀内称经理者人数：（1）____；（2）____；（3）____。

第 7 表　　丁、不在商店内工作股东之全年收入

全年收入（自最多数起顺次排列）	人数
总合	

第 7 表　　戊、商店人员全年收入总数及每人平均全年收入

人员种类	人数	全年收入总数	平均每人全年收入
不工作之股东			
东家兼掌柜			
领东之掌柜			
有人股之掌柜			
只得工资之掌柜			
伙计			
工人			
学徒			
总合			

第 8 表　　商店人员从事各种职业之人数

正业	人数	副业	人数
总合			

第 9 表　　甲、商店人员入学年数

入学年数	人数									
	东家兼掌柜	被雇掌柜	伙计					工人	学徒	总计
			司账	跑外	守柜	其他	共计			
1 年以下										
1—1.9										
2—2.9										
3—3.9										
4—4.9										
5—										
……										
总合										

第 9 表　　乙、商店人员所入之学校

所入学校种类	人数		
	毕业	修业	共计
私塾			
平民学校			
初级小学			
高级小学			
中学			
……			
总合			

第 10 表　　商店人员在调查时所患疾病

所患疾病种类	人数					
	东家兼掌柜	被雇掌柜	伙计	工人	学徒	共计
总合						

第 11 表　　商店人员所属各种宗教人数

所属宗教	东家及掌柜	伙计	工人	学徒	共计
伊斯兰教					
天主教					
基督教					
佛教（真正）					
儒教（真正）					
拜偶像					
……					
总合					

第 12 表　　商店开办年数

开办年数	商店数
1 年以下	
1—1.9	
2—2.9	
3—3.9	
4—4.9	
5—	
……	
总合	

第 13 表　商店出货总数

出货总数	商店数
总合	

第 14 表　商店贸易所达区域

贸易区域	商店数
限于本地	
达到中一区农村	
达到本县全境	
……	
总合	

第 15 表　商店买卖最旺之月、次旺之月、最微之月与次微之月

月份	商店数			
	买卖最旺	买卖次旺	买卖最微	买卖次微
1				
2				
3				
4				
5				
6				
7				
8				
9				
10				
11				
12				
总合				

第 16 表　甲、商店每日餐数

每日餐数	商店数
2（全年）	
3（全年）	
2 或 3*	
总合	

* 注明自何月何日起至何月何日止每天 2 餐或 3 餐。

第 16 表　乙、商店每月吃白面次数

每月吃白面次数（由少到多顺次排列）	商店数
1 次以下	
……	
总合	

第 16 表　丙、商店每月吃白米次数

每月吃白米次数（由少到多顺次排列）	商店数
1 次以下	
……	
总合	

第 16 表　丁、商店每月吃白面或白米次数

每月次数	商店数
5 次以下	
5—10	
10—15	
15—20	
20—25	
25—30	
30—	
……	
总合	

第 17 表　　甲、商店房屋间数

房屋间数	商店数
1	
2	
3	
4	
5	
……	
总合	

第 17 表　　乙、商店房屋房顶种类

房顶种类	商店数
瓦顶	
一部分瓦顶	
灰顶	
……	
总合	

第 17 表　　丙、自有房屋及租赁房屋之商店数目

	商店数
自有房屋	
租赁房屋	
总合	

第 17 表　　丁、商店房屋全年租费

全年租费（$）	商店数		
	实际租房	自有房屋估计	共计
20 以下			
20—29.9			
30—39.9			
40—49.9			
50—			
……			
总合			

第 17 表　　戊、房主所有商店数

房主所有商店数	房主数
1	
2	
3	
4	
5	
……	
总合	

第 18 表　　甲、商店内冬季卧室间数

冬季卧室间数	商店数
1	
2	
3	
4	
5	
……	
总合	

第 18 表　　乙、商店内冬季每间卧室睡觉人数

每间卧室睡觉人数	间东
1	
2	
3	
4	
5	
……	
总合	

第 19 表

甲、商店之组织

商店种类	一东家兼掌柜	合伙商店数			领东商店数				公司数				共计商店数
		东家皆兼掌柜	其中数东家兼掌柜	一东家兼掌柜	一人领一东家	一人领数东家	数人领数东家	数人领一东家	有限	无限			
总合													

第 19 表　　　　　　　　　　乙

东家兼人股之商店数____________
被雇掌柜有人股之人数____________　　商店数____________
公司内分红利之经理数____________　　公司数____________
公司内分红利之伙计数____________　　公司数____________

第 20 表　　　　　　　　甲、商店之资本

资本（$）	商店数*											
											其他	共计
100 以下												
100—199												
200—299												
300—399												
400—499												
500—												
……												
总合												

* 选择数目最多之商店 10 种列前，其余皆并入“其他”内。

第 20 表　　　　乙、各种商店全年赚利为资本之百分比

赚利百分比	商店数*											
											其他	共计
赔												
5%以下												
5—9												
10—14												
15—19												
20—24												
25—29												
30—												
……												
总合												

* 选择数目最多之商店 10 种列前，其余皆并入“其他”内。

第 20 表　　丙、大小商店全年赚利为资本之百分比

赚利百分比	商店数							
	资本 400 $ 以下	资本 400 —599 $	资本 600 —799 $	资本 800 —999 $	资本 1000 —1499 $	资本 1500 —1999 $	资本 2000 $ 以上	共计
赔								
5%以下								
5—9								
10—14								
15—19								
20—24								
25—								
……								
总合								

第 20 表　　丁、商店全年之赚利

全年赚利（$）	商店数
100 以下	
100—199	
200—299	
300—399	
400—499	
500—	
……	
总合	

第 21 表　　商店内人数

铺中人数	商店数
1	
2	
3	
4	
5	
……	
总合	

第十一章　家庭生活费调查

近年从事社会调查的人多注意调查民众生活。著者八年的调查生活亦多用在这一方面。生活费调查之最低限度是要调查一家全年的主要支出，如关于食品、衣服、住房、燃料及一切其他各项杂费。再进一步，也要调查一家全年的详细收入，一切零碎的支出，不但是用费，也包括数量。此外凡与家庭生活有关系的，如工作、嗜好、娱乐、借贷、健康、卫生、教育等项，也在可能的范围之内，一一附带调查。兹把著者所用的一种家庭全年生活费调查简表列在下面。

家庭全年生活费调查简表

村名　　　　　　　　　　　门牌号数　　　　　　　　　　　家主姓名

类别 事别	家主	亲属称谓									
性别											
年龄											
已未婚嫁											
类别事别											
全年内在家用饭日数											
家内男子年龄（按长幼次序列右）： 家内女子年龄（按长幼次序列右）：											

全年生活费

用途	费用	
食品	125.00	……
米面	……	90.00
菜蔬	……	12.00
调和	……	
肉	……	
其他	……	
衣服		……
男子衣服	……	
女子衣服	……	
被褥	……	
房屋		……
燃料		……
柴煤	……	
煤油	……	
杂费	……	……
用具（农具除外）	……	
茶叶		
吸烟	……	
饮酒	……	
清洁	……	
理发（胰皂牙粉等）	……	
化妆品	……	
医药	……	
年节（特别费）	……	
娱乐	……	
迷信	……	
应酬	……	
教育	……	
公益捐	……	
婚事	……	
丧事	……	
其他	……	
总计		……

合家全年收入总数：　　　　借债总数：

田地亩数：　　　　房屋间数：

再把在农村所用的农家生活概况表列在下面。

农家生活概况

询问者……填表……年……月……日　　　　调查之时期……

姓名……　　　　住址……村……镇……县……省……

家庭之人口（雇工人在内）

人口	出生月日	年龄	诞生地	本地居住年数	为农年数	全年住家日数	全年在家用饭日数	教育程度	现入学校名称	全年吸烟种类数量	全年饮酒种类数量
家主											
妻											
子											
长工											
短工											

全年不在家之子女年龄……

家主之职业

职业	为家		其他		
	全年工作日数	收入	全年工作日数	工资	收入总数
农工					
总计					

家主外人口之职业

人口	职业	为家			其他		
		全年工作日数	估计应付工资	估计饭费	全年工作日数	工资	收入总数
总计							

详细记载特别情形，例如拾粪之数量及价值等。

居住

房顶种数	墙之质料	间数	每间			每间用处②	每间睡人之性别及年龄	估计全年租价③	全年修理费④	估计房价	
			长	宽	高①					年初	年终

①自屋内地至大柁。

②写明家内人住抑或雇工人住，若系工人，则注明住多久，此外写明系厨房、牲口棚等。

③若非自有房屋须注明，即写实在租价，若系典房居住写明典价、典期及详细办法。

④若非自有房屋，写明本家与房东各出修理费若干。

此外若有新建房屋或搬家等特别情形，亦须详细记载出租之房屋种类及每种间数……全年租价……全年修理费（若房东修理）……估计房价年初……年终……。

食品

食品	自有		购买		总数		其中用于雇工及牲畜			
							雇工		牲畜	
	斤数	估价	斤数	价值	斤数	价值	数量	价值	数量	价值
米粮										
小米										
高粱										
玉米										
豆子										
小麦										
其他										
蔬菜										
白菜										
其他										
调和										
香油										
盐										
其他										
肉										
猪肉										
羊肉										
其他										
果实										
其他										
总计										

注：菜蔬、调和等只选出最常用之数种估计其数量。

燃料

种类	自有		购买		总数		其中用于雇工	
	斤数	估价	斤数	价值	斤数	价值	数量	价值
禾秆								
木柴								
煤								
煤油								
总计								

衣着：男

种类	男家主								
	件数	价值	每件之质料数量及价值						
长袍									
单衣									
单裤									
夹袍									
夹衣									
夹裤									
棉袍									
棉衣									
棉裤									
帽									
鞋									
袜									
被									
褥									
总计									

注：遇不易详细调查时可只问价值。

衣着：女

种类	妻								
	件数	价值	每件之质料数量及价值						
单衣									
单裤									
夹衣									
夹裤									
棉衣									
棉裤									
帽									
鞋									
袜									
被									
褥									
总计									

其他家庭费用

种类	费用
洗脸用之胰皂	
洗衣用之胰皂	
牙刷牙粉	
理发	
医药	
妇女之首饰	
妇女之头油、粉等	
家具	
交通	
邮件	
教育	
新年	
宗教（新年在外）	
应酬	
茶叶	
烟	
酒	
其他娱乐	
婚	
寿日	
生育	
丧	
总计	

互助会、借出及其他特别情形

备考：

清华学校陈通夫先生曾指导学生调查工人家庭生活费，其所用表格亦有参考的用处。兹一并列在这里。

劳工家庭生活费调查表

第　　号　　　　　　　　　　　　　　　　调查地点
调查者　　　　　　　　　　　　　　　　　年　　月　　日
大洋每元合　　　　枚

家庭状况

家庭各人对于丈夫的关系	年龄	职业	在家外做工	按日工资	雇主是否管饭	雇主是否管住宿	一年之中做工日数	一年的职业进款	
丈夫									
妻									
子 1									
2									
3									
女 1									
2									
3									
父									
母									
兄									
弟									
伯									
叔									
姊									
妹									
其他									

全家一年的总入款 1. 全家职业入款 2. 养鸡鸭种菜等入款 3. 受人礼物或赈物 4. 打来的柴物每月几斤 　每斤值钱多少 5. 家里有什么财产 　每年进款多少 　　　总数	全家一年的总出款 1. 食品 2. 服用品 3. 租房 4. 灯油燃料 5. 杂项 　　　总数
全家一年有盈余多少 如有盈余如何使用法	有亏负多少 有亏负如何弥补法

食品

食品	每日全家要用多少	每单位（如一斤一升一个等）的市价	食品	每日全家要用多少	每单位（如一斤一升一个等）的市价
小米面					
玉米面			茶叶		
伏地白面			馒头		
伏地小米			烧饼		
河南小米					
白薯					
葱					
白菜					
菠菜					
豆芽菜					
萝卜					
豆腐					
水疙瘩					
腌辣椒					
腌萝卜					
腌韭菜花					
豆腐干					
花生油					
香油					
大盐					
豆酱					
干酱					
稀酱					
芝麻酱					
酱油					
中青酱					
高青酱					
高米醋					

服用品

项目	丈夫						其他男子																	
							年龄						年龄						年龄					
	1	2	3	4	5	6	1	2	3	4	5	6	1	2	3	4	5	6	1	2	3	4	5	6
	件数	什么布做的	什么时候买的（布或衣）	多少钱买的	每件能穿多少时候	家里旁人做的																		
棉袍																								
棉袄棉裤																								
夹袍																								
夹袄夹裤																								
单衣单裤																								
杂衣																								
帽子																								
鞋子																								
袜子																								
手巾																								
腿带																								
其他																								

	妻子						其他女子																	
							年龄						年龄						年龄					
	1	2	3	4	5	6	1	2	3	4	5	6	1	2	3	4	5	6	1	2	3	4	5	6
棉袄棉裤																								
夹袄夹裤																								
单衣单裤																								
旗袍																								
裙子																								
杂衣																								
帽子																								
鞋子																								
袜子																								
手巾																								
腿带																								
其他																								

以下各种物品全家每年能用多少														
	山东寨子粗布	京东寨子粗布	高阳粗洋布	任邱粗洋布	武昌粗洋布	海门大生粗洋布	上海松江细布	东洋布	京东细布	郑州八岭白布	布东洋褡裢	州花	线花	棉线
单位														
每单位市价														
全家每年用多少														

灯油燃料

	煤油	煤球	劈柴	木炭	柴物	洋蜡	土烛									
每天买多少																
能用几天																
每斤多少钱																

房租

（一）房子是不是自己的　　（二）房子大约值多少钱
（三）全家用房有几间　　（四）每月房租是多少钱
（五）重要家具有什么　　（六）估计约值多少钱

杂项

（一）推发每　　一次，每次多少钱
（二）洗衣服用的胰子每月　　块，每块多少钱
（三）洗脸的胰子每年　　块，每块多少钱
（四）牙刷每年　　个，每个多少钱
（五）洗澡每年　　回，每回多少钱
　　（家里有　个人洗澡的）
（六）家里爱逛什么庙会
　　每年　　回，每回多少钱
（七）家里抽烟的有　　个人，抽什么烟
　　每人一天抽多少烟　　每人每日要多少钱
（八）家里喝酒的有　　个人，喝什么酒
　　每人一天喝多少酒　　每人每日要多少钱
（九）去年一年家里有付过医药费的吗　　共用多少钱
（十）去年一年中送什么礼　　共用多少钱
（十一）小孩子零食每日多少钱　　有　　个人在外吃饭的
　　每日如此么　　每日　　顿　　每顿每人多少钱
（十二）几个子女已经上学了　　每年共用多少钱

若要调查得详细一些，也要知道农家全年的各项收入和支出与关于种地的各方面情形，则可用较细的表格。关于农家周年经济之调查，照著者所知道的，目下在中国最有经验的大约得让南京金陵大学农业经济并农场管理系。该系巴克（John Lossing Buck）教授，将数年调查的结果，著有 *Chinese Farm Economy* 一书。书中附录第四，列有调查表格（英文）。兹把该系常用的“农家周年出入调查”表格列在这里，以供参考。关于统计及编辑时详细方法可看巴氏的大作。

农家周年出入调查表

第几家（　　）　　　何种田场（　　）

场主的姓名（　　）　　省　　县　　村

周年的时间自　　年　　月　　日起至　　年　　月　　日止

调查人的姓名（　　）　　通讯处

地的调查

何人的地 / 地的等数	场主自己的			场主当进的			场主租进的（即地主的）		
	几亩	每亩值	总值	几亩	每亩值	总值	几亩	每亩值	总值
上									
中									
下									
总数									

注：上列各地中有下列各项情事者则其所占亩数或株数当一一注明。

荒地或荒山及坟基共有几亩（　　）

屋基及晒场共有几亩（　　）

晒场亦用以种植否

池塘如堤坝并路共有几亩（　　）

树木共有几亩或几株（　　）其分类说明如下：

甲、普通树木几亩或几株（　　）乙、竹几亩或几株（　）

丙、桑树及桑秧几亩或几株（　）丁、果木几亩或几株（　）

戊、茶树几亩或几株　　　　　己、油树几亩或几株（　）

牲畜调查

种类		年初			年终			买进			卖出			宰食			自产			死亡
		几个	每个值	总值	几个	每个值	总值	几个	每个值	总值	几个	每个值	总值	几个	每个值	总值	几个	每个值	总值	几个
马	大																			
	小																			
水牛	大																			
	小																			
黄牛	大																			
	小																			
驴	大																			
	小																			
骡	大																			
	小																			
驼	大																			
	小																			
（ ）羊	大																			
	小																			
猪	大																			
	小																			
鸡	大																			
	小																			
鸭	大																			
	小																			
鹅	大																			
	小																			
蜜蜂																				
鱼																				
总数																				

作物调查

几分收成	种类	所种的			已售或备售的			自食的			交租的			牲畜的
		几亩	每亩多少	总数	多少	价值	总值	多少	价值	总值	多少	价值	总数	多少
	秈稻													
	糯稻													
	荞麦													
	棉花													
	甘蔗													
	玉蜀黍同黄豆													
	花生													
	芝麻同豆													
	高粱													
	小米													
	烟草													
	马铃薯													
	甜薯													
	慈菇													
	麻													
	靛青													
	蔬菜													
	芋													
	西瓜同①													
	蚕豆													
	油菜													
	豌豆													
	小麦													
	大麦													
	总数													

注：1. 本田场的作物轮种法属于第几种类（　　）。

2. 凡农产已售或备售的，多少项下均须包括普通调查农产出入项内之送出的还债的二种。又备售的不可算入自食项下。

3. 本年每亩之收成如何，请于几分收成项下详细注明之。

4. 如有一种或多种作物同时植于一处者，须将其收获量分别说明。

5. 每斗稻或麦重若干斤（　　）每斤几两。

6. 各项作物之产量无论以重量计或以斗量计必须附载单位。

7. 每亩等于几弓（　　）每弓等于何种尺几尺（　　）。

8. 量弓之尺请以纸条量其长短附入本册。

9. 有何粮食、随收随卖的有百分之几须注明于下：

甲、麦百分之　　（　　）　　戊、小米百分之（　　）

丙、黄豆百分之　（　　）　　己、甜薯百分之（　　）

乙、稻百分之　　（　　）　　庚、高粱百分之（　　）

丁、玉蜀黍百分之（　　）　　辛、

① 原文如此。——编者注

资本总计调查

项目	场主的		地主的		场主并地主的	
	年初值洋	年终值洋	年初值洋	年终值洋	年初值洋	年终值洋
地						
当进地						
租地押款						
树木						
农用房屋						
租屋押款						
农用器具						
种子饲料						
农用杂项						
牲畜						
资本总计						
资本平均						
资本增加						
资本减少						

注：1. 年初年终之地价除非因地之改良不得有异。

2. 树木须包括（1）表树木项下所提之六种估价。

3. 本表各项资本如系场主的则填入场主名下，地主的填入地主名下，不可混合。其牲畜资本须从（2）表牲畜项内抄得之。

牲畜副产调查

<table>
<tr><th colspan="3" rowspan="2">类种</th><th colspan="3">卖出的</th><th colspan="3">家用的</th></tr>
<tr><th>多少</th><th>价值</th><th>总值</th><th>多少</th><th>价值</th><th>总值</th></tr>
<tr><td rowspan="3">蛋</td><td>鸡</td><td></td><td></td><td></td><td></td><td></td><td></td><td></td></tr>
<tr><td>鸭</td><td></td><td></td><td></td><td></td><td></td><td></td><td></td></tr>
<tr><td>鹅</td><td></td><td></td><td></td><td></td><td></td><td></td><td></td></tr>
<tr><td colspan="3">肥料</td><td></td><td></td><td></td><td colspan="3">（此项家用不算）</td></tr>
<tr><td colspan="3">（）皮</td><td></td><td></td><td></td><td></td><td></td><td></td></tr>
<tr><td colspan="3">（）毛</td><td></td><td></td><td></td><td></td><td></td><td></td></tr>
<tr><td colspan="3">骨头</td><td></td><td></td><td></td><td></td><td></td><td></td></tr>
<tr><td colspan="3">（）肉</td><td></td><td></td><td></td><td></td><td></td><td></td></tr>
<tr><td colspan="3">蜜蜂</td><td></td><td></td><td></td><td></td><td></td><td></td></tr>
<tr><td colspan="3">丝</td><td></td><td></td><td></td><td></td><td></td><td></td></tr>
<tr><td colspan="3">茧</td><td></td><td></td><td></td><td></td><td></td><td></td></tr>
<tr><td colspan="3"></td><td></td><td></td><td></td><td></td><td></td><td></td></tr>
<tr><td colspan="3">总数</td><td></td><td></td><td></td><td></td><td></td><td></td></tr>
</table>

杂入调查

种类		卖出的			家用的			交租的			喂畜的
		多少	价值	总值	多少	价值	总值	多少	价值	总值	多少
作物种子											
作物壳秕											
水产											
油树子											
水果											
树木											
竹											
柴草											
桑秧											
茶叶											
桑叶					此四项家用不算						
佣工几天[1]		（）									
畜工几天		（）									
农具租出几天		（）									
家庭工业[2]		几天（）									
		几天（）									
总数											

①如此佣工为本田场之做工人（场主在内）所做者，其进款可填入本项，否则须填入场主之地他项进款内。

②如此工业为本田场之做工人（场主在内）所作并与本农业经营有关系者，其进款可填入此项，否则须填入场主之他项进款内。

田场用费调查

场主的					
种类		用费	种类		用费
家工	男工（　名）（共　月）工资共值		买种子		
	男工（　名）（共　月）饭资共值		买苗本		
	女工（　名）（共　月）工资共值		桑叶		
	女工（　名）（共　月）饭资共值		买喂料	何物　多少	
	童工（　名）（共　月）工资共值				
	童工（　名）（共　月）饭资共值				
雇工	长工（　名）（共　月）工资共值				
	长工（　名）（共　月）饭资共值		买肥料	何物　多少	
	短工（　名）（共　月）工资共值				
	短工（　名）（共　月）饭资共值				
	童工（　名）（共　月）工资共值				
	童工（　名）（共　月）饭资共值		国税		
	工用烟酒等费		地保并册书		

场主的			
种类	用费	种类	用费
以钱租地共（　　）亩		兽医费	
租进牲畜共（　　）天		建杂费	
修房屋		家庭工业	
修农具			
买蚕种		总数	
地主的			
种类	田费	种类	田费
种子		修家具	
国税		收租小费	
肥料			
修房屋		总数	

他项进款调查

种类	说明	进款	种类	说明	进款
佣工	何处（）共几个月（）何人所做（）		商业	何处（）共几个月（）何人所做（）	
工业	何业（）共几个月（）何人所做（）		教书	何处（）有多少学生（）何人所教（）共几个月（）	
地租	是地是田或是山（）共几亩（）				
房租	几座（）共几间（）				
放债	多少资本（）几分利（）				
行医	何处（）共几个月（）何人所做（）		总数		

注：1. 本年场主自己实地在工、做工几月（　　）。

2. 农家家内之人除场主外，凡在场内助理本田场之工作者为家工，其工资及饭费之折款乃按其实地在田场工作之日数计算。

3. 国税之多少价视田场亩之多寡并地价之大小为定。

入款总计

项目	场主的		地主的		场主并地主的
卖出作物			……		
地租（地主的）	……				
卖出牲畜					
卖出副产					
卖出杂入					
资本增加					
家用产品			……		
总数		总数		总数	

出款总计

项目	场主的		地主的		场主并地主的
买进牲畜					
田场用费					
资本减少					
总数		总数		总数	
盈余		盈余		盈余	
百分之八利息		资本利息的百分率		百分之八利息	
场主工价				田场进款	

家庭净利调查

项目	多少
场主的盈余	
场主的家工折款	
场主的他项进款	
总数	
场主的家用产品	
场主的家庭净利	

注：用场主盈余的数加上场主的家工折款又加上场主的他项进款的总数，减去场主家用产品的数，即得场主的家庭净利。

地之远近大小

地共分几处	各地平均离场主住处几里
地离场主住处最远的几里	地最大者几亩
地离场主住处最近的几里	地最小者几亩

农产出入

项目	送出的			还债的			送进的						收账的					
种类	（一）	（二）	（三）	（一）	（二）	（三）	（一）		（二）		（三）		（一）		（二）		（三）	
多少							家用	卖出	家用	卖出	家用	卖出	家用	卖出	家用	卖出	家用	卖出
每项共值																		
总值																		

注：农产出入项下送进或收账的种类须指明卖出或家用。如系卖出则其收入须归入场主的他项进款内计算。

娱乐

在家的	在何月内	每年几次	每次几时	在外的	在何月内	每年几次	每次几时
赌博				看戏			
弹唱				出何会			
练武				赌钱			
下棋				斗牛			
休息				比武			
吃酒				上茶馆			
游戏				上酒肆			
看小说							

历史

甲、未当场主以前的历史（自略能作事或能读书的年岁起至当场主的年止）

几岁时	在何处	做何事如下						
		读书	游息	助理农务	佣工	贩卖		

乙、当场主以后的历史（自当场主的年岁起至本年止）

几岁时	在何处	当时有下列的地各几亩													
		租遗的	买进的	卖出的	租进的	退还的	租出的	收进的	赎回的	当出的	当进的	赎还的	涨起的	冲去的	总数
总数															

财产并负债

（一）场主为什么将地卖去或当去或租去

（二）场主几岁定亲（　）

（三）场主几岁成亲（　）

（四）场主的妻子是养媳，是大讨的头婚或是二婚（　）

（五）甲、场主初当佣工时所有的财产共值洋多少（　）

　　乙、当时欠多少债（　）

（六）甲、场主初当佃户时所有的财产共值洋多少（　）

　　乙、当时欠多少债（　）

（七）甲、场主初当半田主时所有的财产共值洋多少（　）

　　乙、当时欠多少债（　）

（八）甲、场主初当田主时所有的财产共值洋多少（　）

　　乙、当时欠多少债（　）

（九）甲、当地主时所有的财产共值洋多少（　）

　　乙、当时欠多少债（　）

（十）甲、场主现在欠多少债（　）

　　乙、每年几分利（　）

道德等事

（一）道德好或不好

（二）有无以下的嗜好如：

　　1. 吸土烟　2. 吸香烟　3. 鸦片烟　4. 醉酒　5. 懒惰

　　6. 好赌　7. 好嫖　8.　9.　10.

（三）信何宗教之教徒

（四）在何会内做会员

（五）在本地方有何位置

家庭用费

（一）普通家用	用费	（二）买进食料		多少	用费
供佛费		油	灯油		
教会捐			食油		
警察捐		盐			
慈善捐		酱			
交际费		醋			
新年费		煤柴炭			
教育费		米			
医药费		麦			
土烟费		高粱			
鸦片烟		豆粟			
赌钱费		玉蜀黍			
买衣料费		小米			
买估衣费		茶叶			
出会费		酒			
婚娶费		鱼			
丧葬费		肉			
家常用具		鹅鸡鸭			
装饰费		蛋			
打官司费		蔬菜			
仆役费		水果			
生产费		糖			
香烟费		茶食点心			
		杂食			
总数		总数			

房屋

（一）屋顶的种类：甲、草盖的　乙、瓦盖的　丙、泥草盖的

（二）地面的种类：甲、板地　乙、砖地　丙、泥地　丁、三和土地

（三）层次的种类：甲、平房　乙、楼房

（四）间数若干（　）

（五）窗户多少（　）

同居并在外的亲族调查（婴孩在内）

同居的					在外的				
场主的何人	几岁	读过几个整年的书	读过几个冬季的书	何职业	住在何处			何职业	资助场主洋若干元
					何省	何县	何村		
自己									

附注：1. 表内资助场主之洋须迁入场主他项进款之内计算。

2. 本表先自场主填起，其同居者指任何人凡与场主同居共食者皆是。其在外的则指场主的兄弟姊妹、女婿、姊妹夫及其他资助场主金钱的亲族皆是。

3. 本周年内共死去几大人（ ）又几小孩（ ）小产在内。

4. 场主共有几女孩给育婴堂供养（ ）。

5. 场主共卖去几男孩（ ）又几女孩（ ）。

籍贯并职业

何人	出世地			职业					
	何省	何县	何村	地主	田主	佃户	半田主	佣工	
场主自己				……	……	……	……	……	
场主的父									
场主的妻				……	……	……	……		
场主的岳父									
场主的长工									
长工的父									
长工的妻				……	……	……	……		
长工的岳父									

场主的合作

种类	共同几家合作	场主的畜工合作几天	场主的人工合作几天
车水			
开垦			
砻米			
打油			
耕地			
下种			
除草			
收获			
打落			
晒干			
合用农具		……	
合用晒场		……	
保护庄稼		……	
买卖何农产	一（ ）二（ ）三（ ）四（ ）		
买卖何牲畜	一（ ）二（ ）三（ ）四（ ）		
集会借钱	共几人（ ）共借多少（ ）几分利（ ）		
集会娱乐	何会（ ）共几人（ ）何月内（ ）		
会股开店	何店（ ）多少资本（ ）共几人（ ）		

出入当产调查

当出的								当进的				
何物		多少	类别	当洋多少	当给何人	当在何处	每月几分利	多少	类别	当洋多少	何人当来	每月几分利
地			亩						亩			
房屋			座						座			
			间						间			
牲畜			个						个			
			个						个			
青苗			亩						亩			
			亩						亩			
农产												
农具												
衣服												
首饰												
家常用品												

场主的长工调查

场主的何人	现年几岁	原籍何处	家内共有几人靠他生活	家内有几人能做活补助	识字否	从前做何事						
						佃户	半田主	田主	地主	佣工		

地主并其租地的方法

（一）地主何名　（二）现年几岁　（三）何职业　（四）现在地方上有何职位

（五）何省人　（六）现住　省　县　村　（七）做过佣工几年

（八）做过佃户几年　（九）做过半田主几年　（十）做过田主几年

（十一）做过地主几年　（十二）本年地主自种多少亩地

（十三）租给人多少亩　（十四）共租给几个佃户

（十五）本地主另在何处有他的地（　）　（十六）本场主是地主的何人（　）

（十七）本地租是由佃户运送或由地主自己去取或为地主之经理代取或用其他的何方法

（十八）每亩所出的农产约须十分之几交给地主以作地租（　）

（十九）地主本年内曾经来看过租地几次（　）

（二十）地主在本年内曾经借过多少洋（　）给本佃户为以下的何类用途，如

（1）买种子　（2）买肥料　（3）买牲畜　（4）付工账

（二十一）本佃户是否就是从前本租地的田主

（二十二）本租地写有租约否

（二十三）本租地约定共租几年

（二十四）本佃户对于本租地有下列何项的担负如

（1）添种树木	（5）增加塘土	（9）
（2）修理堤坝	（6）填辟道路	（10）
（3）疏濬塘沟	（7）肥厚地力	（11）
（4）装修房屋	（8）保护树木	（12）

（二十五）本佃户所添种在本租地上的树将来出售后本佃户可得十分之几的好处

（二十六）场主对于本租地的办法有何意见：

表内所用名词的说明

农家。同居共食之农人所组织之团体为农家。

田场。农家所耕种之地为田场。

场主。经管田场之主人为场主。

地主。将己地租给他人耕种者为地主。

地。已开垦或未开垦之田、地、山三项为地。

田场的种类

田主田场。场主专耕种己有地者为田主田场。

佃户田场。场主专耕种租地者为佃户田场。

半田主田场。场主除耕种己有地或当地以外又兼种租地者为半田主田场。

管理田场。场主自己不在场实地做工惟只管理工人之职务者为管理田场。

无论如何简单的生活费调查，几样基本的结果是应当有的。兹把关于生活费统计表的几种式样列在这里，以供参考①。

① 李景汉：北平郊外之乡村家庭第四章第六节，商务印书馆。

一百家庭平均每家全年各项支出细表

用途	一百家每家平均用费（$）	有此项用途之家庭	
		数目	每家平均用费（$）
食品	105.40	100	105.40
米麦	87.69	100	87.69
菜蔬	10.81	100	10.81
调和	5.26	100	5.26
肉	0.81	13	6.24
其他	0.83	33	2.53
衣服	12.62	95	13.28
男人衣服	7.48	84	8.90
女人衣服	4.28	92	4.66
被褥	0.86	23	3.74
房租	7.21	71	10.15
燃料	13.05	100	13.05
柴煤	10.88	81	13.43
煤油	2.17	100	2.17
杂项	25.72	100	25.72
器具	0.54	33	1.64
茶叶	1.58	66	2.39
吸烟	3.76	53	7.09
饮酒	1.09	13	8.38
卫生	0.75	87	0.86
年节	5.76	95	6.06
宗教	0.77	71	1.08
应酬	3.45	67	5.15
教育	0.97	16	6.07
婚丧	1.97	4	49.25
其他	5.09	56	9.09
总计	163.99	…	163.99

按收入组全年内一百家庭每家五项主要支出之款额及百分比

收入组（$）	家数	平均每家人口		平均每家用费（$）					平均每家用费总数（$）	盈余		亏短		平均每家盈余或亏短（$）
		人口数	等成年男子数	食品	衣服	房租	燃料	杂项		家数	平均款额（$）	家数	平均款额（$）	
100以下	34	2.76	2.10	62.27	5.08	4.00	8.44	13.37	93.17	10	10.88	24	34.81	−22.08
100—199	39	3.28	2.52	94.07	8.97	5.27	11.75	16.67	136.73	22	30.36	17	22.87	+7.15
200—299	14	4.14	3.13	153.38	21.07	13.17	19.52	37.41	244.55	7	34.07	7	45.13	−5.53
300以上	13	5.53	4.56	200.46	34.19	15.01	22.01	72.57	344.24	12	186.49	1	19.12	+170.68
总合	100	3.53	2.73	105.40	12.62	7.21	13.05	25.72	163.99	51	63.79	49	32.31	16.70
	百分比													
100以下	34.0	……	……	66.8	5.5	4.3	9.1	14.4	100.0	29.4	……	70.6	……	……
100—199	39.0	……	……	68.8	6.6	3.9	8.6	12.2	100.0	56.4	……	43.6	……	……
200—299	11.0	……	……	62.7	8.6	5.4	8.0	15.3	100.0	50.0	……	50.0	……	……
300及以上	13.0	……	……	58.2	9.9	4.4	6.4	21.7	100.0	92.3		7.7		
总合	1000	……	……	64.3	7.7	4.4	7.9	15.7	100.0	51.0	……	49.0	……	……

按收入组全年内一百家每家杂项支出款额

收入组（$）	家数	用具（$）	嗜好（$）	卫生（$）	年节（$）	宗教（$）	应酬（$）	杂费（$）	特别（$）	总计（$）
100 以下	34	0.18	5.12	0.38	2.78	0.52	0.95	2.26	1.18	13.37
100—199	39	0.22	3.50	0.59	4.94	0.37	1.81	4.16	1.08	16.67
200—299	14	1.85	8.75	0.94	6.79	1.17	3.27	6.45	8.21	37.41
300 及以上	13	1.03	16.16	1.98	14.85	2.18	15.12	21.25	……	72.57
总合	100	0.54	6.43	0.75	5.76	0.77	3.45	6.06	1.97	25.72

按收入组全年内一百家平均每人之用费

收入组（$）	口数	平均每人用费（$）					平均每人用费总数（$）
		食品	衣服	房租	燃料	杂项	
100以下	2.76	22.50	1.84	1.45	3.06	4.84	33.76
100—199	3.28	28.68	2.73	1.61	3.58	5.08	41.68
200—299	4.14	37.05	5.09	3.18	4.71	9.04	59.07
300及以上	5.53	36.25	6.18	2.71	3.98	13.12	62.25
总合	3.52	29.94	3.59	2.05	3.71	7.31	46.59

按收入组全年内一百家平均每等成年男子之用费

收入组（$）	等成年男子数	平均每等成年男子用费（$）					平均每等成年男子用费总数（$）
		食品	衣服	房租	燃料	杂项	
100以下	2.10	29.65	2.42	1.90	4.02	6.37	44.37
100—199	2.52	37.33	3.56	2.09	4.66	6.61	54.26
200—299	3.13	49.00	6.73	4.21	6.24	11.95	78.13
300及以上	4.56	43.96	7.50	3.29	4.83	15.91	75.49
总数	2.73	38.61	4.62	2.64	4.78	9.42	60.07

第十二章　家庭记账调查

家庭记账调查是要详细的知道一家的每日各种收入和支出。若家内有能写字记账的，就请本家自己记账。若家中没有能写字的，就用调查员每日到家中询问代记。最好能记全年，因为春、夏、秋、冬或各月的用费不同，所用物品亦异。如在北方冬季燃料费用特别多，夏季特别少。不得已时记半年，甚至于一季，也有相当的价值。不用说，这是一种颇不容易办到的工作。不但记账的人嫌麻烦，被调查的家庭尤其怕麻烦。第一个难关是要寻找有代表性的若干家庭。找到之后而又能得他们的许可，很是一件难事。许可之后而能继续不断的记下去，尤其是难事。记的时候肯叫调查员都把家内的收入支出完全记上，诚为很大的问题。

用记账方法调查家庭的生活费，著者大约是在中国的开路者。著者于民国十五年在中华教育文化基金董事会社会调查部为调查主任时即提议试用此种方法。曾为该部编辑“家庭流水账簿”，与李、佟二女士在北平用半年的工夫，调查了五十余工人家庭。又招集小学教员，向他们宣传，把账簿分给他们。结果有十二个教员记了一个月。两样的成绩都不错，已由该部编辑出版，即 *Livelihood in Peking* 一书。兹把著者所编“家庭流水账”的内容列下，作为参考。

家庭流水账①

省：　县：　镇：　村：　第　号

民　国　年　月
（阴历　月　日至　月　日）

家主姓名：

住址：

家庭流水账

调查者姓名：

住址：

一、家庭流水账的用处

社会调查部打算认真的、详细的、准确的调查研究各级人民的生活程度，已经用问题表的方法询问许多家庭。但因记账的人家，尤其是工人的甚不多见，只得靠着人们的记忆或估计，所得的结果自然是大概的情形。若要知道生活的真相，除去家庭每日记账外实在想不出更好的方法来。这就是本部编家庭流水账的原因。并且能肯自己记账的人家，本部把账本送给他们；不能自己写账而愿记账的人家，本部的调查员去替他写。盼望藉着这个方法能将一个向来模糊不清而目下非常重要的疑问切实的调查明白了。

本篇用极浅白的名辞为要使普通的家庭皆能应用。

记账的人家可以养成有秩序的习惯，也能从自己的账中知道家中钱财的用途，作将来预算的根据。从此若能量入为出，通盘筹算，家庭的经济状况也许因此就有进步了。

凡经本部研究的账目，除本部外决不令任何人过目。分析后妥为保存或退还原主，决不发表账主的姓名或住址。

① 每本长27cm宽19.4cm，共有58页，足供一月之用。

二、用法的说明

本篇的读法是从左往右，为的是好用外国数目字填写（不会用外国数目字的可用苏州码字。若两种都不会用，只可用普通的数目字填写）。写法要始终一律。例如十二元三角五分，写为 12.35；二角五分七厘，0.257；七分八厘五毫，0.0785；二厘，0.002。小洋数目后用一“小”字表明。例如三角，写 .30 小。小数点前亦不必加 0，好与大洋数目有别。（若在表格内已指明元、角、分、厘等位，就可在相当格内只填写数目字。例如二角五分，只在角格内填写 2，在分格内填写 5，不必在元格内填写 0，亦不必在 2 角前填 .。若二角五分不在表格内，就当写 0.25。参看“每日流水账式样”。）

铜元数目后只用一“枚”字表明（若表格中已明言铜元若干者则可省去“枚”字）。例如铜元五百八十六枚，写 586 枚；一枚半，1.5 枚。在厘或枚位以下数目，用四舍五入之例。

为结算时的便利起见，最好将一切收入支出的钱币数目皆折合大洋记。若记账人不很会折合的方法或实在没工夫折合，只可仍按原来的钱币记下，结记时再合大洋。若有调查员替写，能当时合大洋时最好按大洋记下；若当时没工夫折合可暂用铅笔记下，折合大洋后再用墨笔记录。

本编的主要部分是每日流水账。本编的最低的期望是把这一部分完全填写好了。若能将家庭人口总计表亦能一一填写更好。不然，难以清楚的知道全家的生活程度及家中人口彼此的经济关系。

至于本篇后几页的全月收入总计、全月支出总计、全月各项伙食费及全月各项支出分类等表是要使人明白如何整理流水账，得一有系统的结算方法。把收入和支出各项中性质相同的集合为一类。然后把这些类从流水账中传入各表的相当格内。从这些收支总计表就容易把各项比较研究，明白这一月的经济情形。年终时从各月的总结得一年的总结。例如一年中的纯粹收入、家常经费、结存现金等项均可核算出来。家业的盛衰、盈亏的数目及原因、账产的增减、借入的多少等情形皆可以看出来。

关于学理方面的研究尚有许多分析的方法，无须在这里讨论。

本篇末尾有补记数页。须注明系补何日、何项或何表账目。若记账的人不愿自己费工夫整理流水，就不必填写各表。社会调查部可以代为结算填写，分析比较。

三、家庭人口总计

“有经济关系者”系指本表所列人口，无论关于收入或支出，必须与记账的家庭有经济的关系。例如家中长期雇用的女仆或离家到外乡为人工作的子女，尚未结婚、有时往家寄钱及一切显然没有与家中脱离关系的人口。凡已分家的弟兄或父母，不同在一起居住或吃饭者，虽系骨肉或偶尔有孝顺或资助的经济关系，仍不能计算在家庭人口内。若某子在政界当差，愿维持家中生活，但久不领饷，不能给家中送钱，此子仍然可以计算在家庭人口内，因为这不过是反常的情形，与失业相似。

本篇为研究中国人民的生活程度起见，尤欢迎有五口人的家庭记账。若这五口人系父母和三个子女，且皆在一起食宿，最能代表平均的家庭。

“人口”行中的“子”格内（看表）有五个空位，要按年龄大小的次序自上而下填写。例如有三子则最年长的占第一格，写（1）；第二子占第二格，写（2）；最幼的占第三格，写（3）。“女”格中亦然。[已死去之子女不算在内，故此处之（2）子不必须是在弟兄中行二，乃指现在活着中的第二子]

往往一人同时或在一年中有两种职业，故把“现在职业”及与其有关系的数格分为两段，为要知道每种职业的每月进款、一年在何月有工作及工作时间。工作时若无一定钟点，则写每种职业平均每日工作几小时。

有人未必将他所有每月的收入都送到家中过日子，也许自己用或留起一部分，把其余的带到家中维持生活。所以表中有“每月实给家中钱数”一项。

有人一天之中未必都在家中吃饭，往往在外头用一餐或两餐。这也影响家中的伙食费。所以有“每日在家餐数”及“在外餐数”的问题。“何处”系问在工厂或街上等处，并非问在何街何号。“住家何处”亦然。

“种族”系指汉、满、蒙、回、藏或其他外国人种。

“家主”系指代表家庭、掌管家务者。如一家有寡妇与两个幼孩，她就是家主。

凡问题后答“是”或“有”者则用L为符号。凡答“否”或“无”者用O为符号。

“家庭人口总计”表中不过填写当时所能知道或预料的情形。所以不必与每日流水账中的记录符合。

四、每日流水账

这是本篇主要的部分，须用正字填写清楚。数目字尤要格外小心。若能把各种钱币皆折合大洋记下更好。小洋系指“人头”币辅。

表中“收入现金”的“来源”格内要详细注清家中何人所进工资或何项特别收入。例如（2）子工资［（1）子、（2）子、（3）子等是按活着的计算］＄5.00，卖鸡一只0.50，当皮袄一件12.30，借入8.00，救济会赈济1.00，路上拾得小洋3毛。“总计现金大洋”系指“铜元”、“小洋”及“大洋”三项之总数。

“收入物品”系指家庭所得一切不付价的馈赠或救济物品及一切为人服务而得之物品（凡买入之物品皆入支出部），其价值则按市价大约估计。例如友人送点心2.00（约值），邻人给单衣一身4.00，巡警赈济小米面十斤0.70。

“本日特别情形”格内记录凡一切影响本日收入或支出的特别事情。例如请客、小孩满月、出门等事。

“支出”部是本篇最要紧的部分，须详细填写。“用途”格内要知道每日的用费到底为何物品或事情支出的。“多寡”要知道重量、件数及其他各种单位数量。例如黄瓜三十条一角，伏地白面三斤二角五分，白梨四十个二角，汽水四瓶五角，菠菜三把（约六两）三分，友人婚礼一元，给乞丐一枚红丝线一两一角，冰糖五块五枚，捐红十字会五角。

“铜元”底下分“个”位、“十”位及“百”位。例如八十六枚，“十”位格内填8，“个”位格内填6。若不足一枚，例如五枚半，则在“个”位右边格内写5为半枚，“个”位格内写5为五枚。“大洋”底下亦是如此分位，为的是便于核算。把铜元及小洋的“总计”再折合大洋，填于“总计合大洋”行内。后将三项总起得“总计支出大洋”。

若人口中某人某日在家只用一餐亦列在“在家吃饭人数”内；若某人在外只用一餐，亦列在“何人没在家吃饭”内，但要注明一餐。

每月至多三十一日，但本篇每日流水账有三十四页。若某日的账目过多，一页不足用时，可接写下页，但须注明日期。

五、全月收入总计

“星期”列内填写系星期几，星期日则填日字。

“现金”列内填写“每日流水账”中的“总计现金大洋”；“物品价值”列内填写“总计物品值洋”。

“收入来源”列内的“工资”及“薪俸”系指为人做工或服务而获得的现金。自制物品而售出所进之款入“营业”类。“特别”系指在长期的职业外一时为人作事或偶尔制物售出及一切不属他类的特别收入。“变卖”系买入之物品又转卖他人所得的现金（凡属营业的货物不在其内）。例如因家中用钱甚急，卖出旧八仙桌两张、旧钟一座。凡买入物品，因故退回原店，其退回之现金亦入“变卖”。“当物”系指一切从典当抵押物品所入之款。“偿金”系指债户归还之本金。

“人口”列内的“子”格及“女”格内要写是第几子及第几女（按活着的子女的次序）。

“两项收入总计”的数目应等于“收入来源”行中的“总计”（包括收入现金及物品价值两项来源的总数）。

六、全月支出总计

本表可每日填写，亦可在每月结账时填写。“每日支出总计”的每月总数应当等于所有“全月每项总计”的总数。

“房屋”格内分房租费与自有房屋修理费。填写时只留其一，涂去其他。

“特别”系指一类稍巨之支出款数而不属已列诸项。若数目甚小则列入“杂用”类内。其他各项总目又在“全月各项伙食费”及“全月各项支出分类”两表中详细分类，所以无须解释。

家庭人口总计
（有经济关系者）

人口	年龄	现在职业	每月收入合大洋	一年中在何月有工作	工作时间	休息日数			会何手艺	每月实给家中钱数合大洋	每日在家餐数	在外餐数及何处	住家否	若否，何处	健康					教育程度	何宗教或信仰
						每月	新年	各节							强健	虚弱	虚弱原因	残疾	何病症及几久		
家主																					
妻																					
子																					
女																					
父																					
母																					
弟兄																					
姊妹																					
其他																					

（1）a. 种族　b. 诞生地：家主　妻　父　母

（2）a. 每月房租　自有　b. 间数　每间尺数：长　宽　c. 瓦房　灰房　土房　d. 砖地　土地　其他　漏雨否

（3）a. 家中有何项特别收入：来源　多寡　每年值大洋

（4）a. 有何种产业　量　值　b. 除衣服外家中所有一切约值多少　前五年值多少　前十年多少　增减原因

（5）a. 近三年中每年剩钱若干：前年　去年　今年　希望　b. 亏欠若干：前年　去年　今年　测度　c. 收支相等：前年　去年　今年　预料

（6）将来家庭经济趋势

特别情形

（准确）　　　　　　　　**每日流水账式样**　　　　　　　　（清楚）

阳历 15 年 9 月 22 日	星期 2	大洋换铜元数 360	在家吃饭人数	8
阴历　年 8 月 15 日	节日中秋	大洋换小洋数 13 角 3	何人没在家吃饭	家主（1）女
		小洋换铜元数 27	在家睡觉人数	5

收入现金

来源	铜元
友人给（2）女	100（合 0.28）
子在路上拾遗	小洋 8（合 0.60）
家主得节钱卖钟一座	大洋 5.00 6.50
总计现金大洋 $12.38	

收入物品

来源	物别	值洋
表兄送 二姨送	月饼 洋布十尺	1.50 1.30
总计物品值洋		2.80

总计收入大洋	15.18

本日特别情形：

（3）女满月。大姑、二姨和三舅来看，用晚餐。

家主与长女至岳父家吃喜酒。

二弟自张家口回家，打算在本京谋生，在家吃饭。

支出

用途	多寡	铜元 百	铜元 十	铜元 个		小洋	大洋 元	大洋 角	大洋 分	大洋 厘
伏地白面	2 斤		5	6						
豆腐	2 块			8						
小白菜	3 斤		1	2						
黄瓜	5 条		1	0						
水疙瘩（咸菜）	1 斤		2	2						
龙井茶叶	4 两							2	0	0
蒜	1 头			3						
花爱国布	1 尺							1	2	0
房租	1 月						2	0	0	0
煤球	5 斤		1	2						
洋火	2 盒			3						
香烟一盒	12 枝		1	2						
蚊香	8 根			4						
妻坐洋车						2				
捐孤儿院						1				
晚报	1 份			3						
友人借用							1	0	0	0
子听戏在广德楼	1 次							2	0	0
万应锭（婴儿药）	1 两							1	5	0
长女买雪花膏	1 瓶							1	0	0
家主理发	1 次					1				
替友人还欠							5	0	0	0
给粪夫节钱			2	0						
兔儿爷	1 个								5	5
小姨子出阁礼物							2	0	0	0
总计 165						4				
总计合大洋 0.46						0.30	10	8	2	5

备考："替友人还欠"是因为三月间为友人作保借印子钱。至期友人无力偿还，债主不依，故替偿还。

总计支出大洋 11.585

（丝毫不要遗漏）

（准确）　　　　**每日流水账**　　　　（清楚）

阳历　年　月　日	星期	大洋换铜元数	在家吃饭人数	
		大洋换小洋数	何人没在家吃饭	
阴历　年　月　日	星期	小洋换铜元数	在家睡觉人数	

收入现金	来源	铜元
		小洋
		大洋
	总计现金大洋	

收入物品	来源	物别	值洋
	总计物品值洋		

总计收入大洋	

本日特别情形：

支出	用途	多寡	铜元 百	铜元 十	铜元 个	铜元	小洋	大洋 元	大洋 角	大洋 分	大洋 厘
	总计										
	总计合大洋										

备考：	总计支出大洋

（丝毫不要遗漏）

全月收入总计

星期	阳历日期	现金（大洋）			物品价值			收入来源（现金及物值）	全月总计			人口		实给家中钱数			备考
		元	角	分	元	角	分		元	角	分			元	角	分	
	一							工资				家主					
	二							薪俸				妻					
	三							馈赠									
	四							特别				子					
	五							营业									
	六							利息									
	七							变卖				女					
	八							当物									
	九							借入				父					
	十							偿金				母					
	十一							赒济									
	十二																
	十三																
	十四																
	十五																
	十六																
	十七																
	十八							总计				总计					
	十九																
	二〇							收入馈赠	全月总计			收入赒济		全月总计			
	二一																
	二二																
	二三																
	二四								元	角	分			元	角	分	
	二五							现金				现金					
	二六							食品				食品					
	二七							衣服				衣服					
	二八							家具				家具					
	二九																
	三〇																
	三一																
总计																	
两项收入总计								总计				总计					

全月支出总计

星期	阳历日期	1 伙食 元分	2 衣服（布类在内）	3 房屋：租，自有	4 燃料	5 水	6 家具	7 交通	8 医药	9 卫生	10 烟酒	11 装饰品	12 娱乐	13 应酬	14 捐助	15 家中嫁娶	16 家中丧事	17 学校教育	18 书（除17用）	19 新闻纸	20 邮件	21 营业	22 还欠	23 付人利息	24 借出	25 杂用	特别	每日支出总计	备考
	一																												
	二																												
	三																												
	四																												
	五																												
	六																												
	七																												
	八																												
	九																												
	十																												
	十一																												
	十二																												
	十三																												
	十四																												
	十五																												
	十六																												

续前表

星期	阳历日期	1	2	3	4	5	6	7	8	9	10	11	12	13	14	15	16	17	18	19	20	21	22	23	24	25	特别	每日支出总计	备考
		伙食	衣服（布类在内）	房屋：租，自有	燃料	水	家具	交通	医药	卫生	烟酒	装饰品	娱乐	应酬	捐助	家中嫁娶	家中丧事	学校教育	书（除17用）	新闻纸	邮件	营业	还欠	付人利息	借出	杂用			
		元分																											
	十七																												
	十八																												
	十九																												
	二〇																												
	二一																												
	二二																												
	二三																												
	二四																												
	二五																												
	二六																												
	二七																												
	二八																												
	二九																												
	三〇																												
	三一																												
全月每项总计																												全月支出总计	

全月各项伙食费

		元	角	分			元	角	分			元	角	分
米粮	白米									果品	葡萄			
	小米										核桃			
	高粱										栗子			
	绿豆													
	其他					其他					其他			
	总计					总计					总计			
面粉	白面				调和	盐				点心、零食	烧饼			
	小米面					香油					油条			
	玉米面					猪油					花生			
	莜麦面					酱					蒸食			
	荞麦面					酱油					豆汁			
						醋								
						糖								
	其他										其他			
	总计										总计			
干鲜菜蔬	白菜									杂项	鸡蛋			
	菠菜					其他					豆腐			
	葱					总计					番薯			
	咸菜				肉	猪肉					甜芋（白薯）			
	韭菜					羊肉					茶叶			
	蒜					牛肉								
	茄子					鱼肉								
	芹菜													
	冬瓜					其他								
	倭瓜					总计								
	黄瓜				鲜果	梨					其他			
	豆芽菜					柿子					总计			
	萝卜					苹果				各项总计				
	黄花					桃								
	木耳					杏								
						西瓜								
备考														

全月各项支出分类

衣服布制品							元	角	分			元	角	分
单衣	上身单衣				帽	草帽				燃料	煤球			
	单裤					皮帽					煤块			
	大衫										劈柴			
						总计					木炭			
					手套	线织手套					煤油			
	总计					皮手套					洋火			
夹衣	大夹袄										蜡烛			
	夹裤													
	小夹袄					总计								
					被褥	夹被					总计			
						棉被				家具	桌、柜、箱			
						棉褥					椅、凳			
棉衣	小棉袄					枕头					陶器			
	棉裤										金类制品			
	大棉裤													
						总计								
					毛巾	净面手巾								
	总计					拭鼻手巾								
鞋靴	夹鞋					头巾								
	棉鞋										总计			
						总计				交通	洋车			
					其他						电车			
	总计										牲口车			
袜	织袜										骑牲口			
	布袜										火车			
										医药	中医			
	袜带										西医			
											普通用药			
	总计				各项总计						总计			

备考

卫生	胰皂				邮件	信纸信封				备考
	碱					邮票				
	澡堂沐浴									
						总计				
					杂用					
	总计									
烟酒	香烟									
	土制烟									
	酒									
	总计									
装饰品	胭粉									
	发油									
	面油									
	总计									
娱乐	听戏									
	电影									
	听书				特别					
	赌博									
	总计									
酬应	婚礼									
	丧礼									
	寿礼									
	款待亲友									
	年节礼物									
	总计									
学校教育	学费									
	学校用书									
	总计									

补　　记

次年国民政府财政部驻沪调查价处与北平之社会调查部合作，亦用记账方法在上海用一年的工夫调查了工厂工人家庭二百余家。所用账簿式样与北平的不同。其结果亦已由社会调查所编辑出版，即《上海工人生活程度的一个研究》一书。所用“家用账”的式样，很有参考的用处，兹亦择要列下。

家用账①

为什么要记家用账?

(1) 工友们常说生活困难，工资不够开销，但工友们的生活究竟如何困难? 工友们的工资究竟应不应该增加? 如果该加，那么究竟应该加多少? 关于这些问题，只有详详细细地记出些日用账来，方可有确切的凭据。

(2) 我们所要得到的账目，是个大量的、统计的总结果。因此工友们各家的账簿，我们严守秘密，决不会发表，因为用不着发表。

(3) 工友们啊! 请你们将一家的收支数目和所买货物的多寡，仔仔细细地记载出来。这是一桩于己于人双方有益的美事。想工友们一定乐于报告的。

(4) 关于记账的方法，如果有不明白的地方，请你们写信来问。我们随到随复，决不嫌麻烦。

上海二口至五口工人家庭问题表

第一表

人口	年龄	原籍	上海住址	住上海几年了	职业及品级	在何处及何部分做工	读过书么	在什么学校	身体健康如何	备考
家主姓名	岁	省 县	路 里 号	年			未读 曾读 现读	学校	强健 虚弱	
妻氏	岁			年			未读 曾读 现读	学校	强健 虚弱	
子 长 人 次 人 幼 人	岁 岁 岁			年			未读 曾读 现读	学校	强健 虚弱	
女 长 人 次 人 幼 人	岁 岁 岁			年			未读 曾读 现读	学校	强健 虚弱	
其他亲属 男 人 女 人	岁 岁			年			未读 曾读 现读	学校	强健 虚弱	

① 每本长 21.6cm 宽 30.4cm，共有 78 页，足供一月之用。

第二表

	每天吃饭几餐	哪餐在外吃饭	在外吃的饭菜是由家带去么	在外何处吃饭	厂中有包饭厨房么	包饭每天几粥几饭	厂中包饭每月饭钱多少	膳费最贵的饭菜有几样	膳费最贱的饭菜有几样	常吃的荤菜是什么	常吃的素菜是什么	每桌几人	每餐饭后休息多少时候
家主	餐	餐	是 否	在厂 在饭馆	有 无	粥 饭	最贵 洋 元 角 分 最贱 洋 元 角 分	荤菜 素菜 汤	荤菜 素菜 汤			人	点 分
妻	餐	餐	是 否	在厂 在饭馆	有 无	粥 饭	最贵 洋 元 角 分 最贱 洋 元 角 分	荤菜 素菜 汤	荤菜 素菜 汤			人	点 分
子 长 次 幼	餐	餐	是 否	在厂 在饭馆	有 无	粥 饭	最贵 洋 元 角 分 最贱 洋 元 角 分	荤菜 素菜 汤	荤菜 素菜 汤			人	点 分
女 长 次 幼	餐	餐	是 否	在厂 在饭馆	有 无	粥 饭	最贵 洋 元 角 分 最贱 洋 元 角 分	荤菜 素菜 汤	荤菜 素菜 汤			人	点 分
其他亲属 男 女	餐	餐	是 否	在厂 在饭馆	有无	粥 饭	最贵 洋 元 角 分 最贱 洋 元 角 分	荤菜 素菜 汤	荤菜 素菜 汤			人	点 分

第三表

租什么房子	同屋住若干家共几人	厂主有在厂外自备房子租给带家眷的工人么	每月房租大约比非厂工便宜多少	厂中有自备房子租给独身工人么	住厂工人约几人同住一间	床位一层还是上下二层	每一床位每月租钱若干	备考
一楼一底（石库门） 一楼一底（东洋房子） 前楼 后楼 阁楼 亭子间 灶间 楼下客堂 楼下后客堂	家 人	有 无	洋 元 角 分	有 无	人	一层 二层	洋 元 角 分	

第四表

每月或每年汇往老家银钱若干	每月或每年老家汇来银钱若干	以前欠人银钱若干	每月或每年付出利息若干	以前借出银钱若干	每月或每年收入利息若干
月洋 元　角　分 年洋 元　角　分	月洋 元　角　分 年洋 元　角　分	洋　元　角　分	月洋 元　角　分 年洋 元　角　分	洋　元　角　分	月洋 元　角　分 年洋 元　角　分

第五表

	每日工作时间				每日约做几件	休息天数	备考
	夏		冬				
家主	日工	自　午　点　分 至　午　点　分	日工	自　午　点　分 至　午　点　分		每月　天 新年　天 端午　天 中秋　天	
	夜工	自　午　点　分 至　午　点　分	夜工	自　午　点　分 至　午　点　分			
妻	日工	自　午　点　分 至　午　点　分	日工	自　午　点　分 至　午　点　分		每月　天 新年　天 端午　天 中秋　天	
	夜工	自　午　点　分 至　午　点　分	夜工	自　午　点　分 至　午　点　分			
子 长次幼	日上	自　午　点　分 至　午　点　分	日工	自　午　点　分 至　午　点　分		每月　天 新年　天 端午　天 中秋　天	
	夜工	自　午　点　分 至　午　点　分	夜工	自　午　点　分 至　午　点　分			
女 长次幼	日工	自　午　点　分 至　午　点　分	日工	自　午　点　分 至　午　点　分		每月　天 新年　天 端午　天 中秋　天	
	夜工	自　午　点　分 至　午　点　分	夜工	自　午　点　分 至　午　点　分			
其他亲属 男女	日工	自　午　点　分 至　午　点　分	日工	自　午　点　分 至　午　点　分		每月　天 新年　天 端午　天 中秋　天	
	夜工	自　午　点　分 至　午　点　分	夜工	自　午　点　分 至　午　点　分			

第六表

	工钱按星期或半月或一月发给	工钱照日数算或照月数算或照件数算	每日或每月或每件工钱若干		每月或每年奖金收入及其他收入	米价在　元以上时每月米贴若干	去年全年实收工钱若干合每月实收若干	一年中请假不过几天总有红利
家主	星期	日数	每日	洋　元　角　分	月洋　元　角　分	洋元角分	全年洋　元角分	
	半月	月数	每月	洋　元　角　分	年洋　元　角　分		合每月洋元角分	
	一月	件数	每	洋　元　角　分				
妻	星期	日数	每日	洋　元　角　分	月洋　元　角　分	洋元角分	全年洋　元角分	
	半月	月数	每月	洋　元　角　分	年洋　元　角　分		合每月洋元角分	
	一月	件数	每	洋　元　角　分				
子　长	星期	日数	每日	洋　元　角　分	月洋　元　角　分	洋元角分	全年洋　元角分	
次	半月	月数	每月	洋　元　角　分	年洋　元　角　分		合每月洋元角分	
幼	一月	件数	每	洋　元　角　分				
女　长	星期	日数	每日	洋　元　角　分	月洋　元　角　分	洋元角分	全年洋　元角分	
次	半月	月数	每月	洋　元　角　分	年洋　元　角　分		合每月洋元角分	
幼	一月	件数	每	洋　元　角　分				
其他亲属　男	星期	日数	每日	洋　元　角　分	月洋　元　角　分	洋元角分	全年洋　元角分	
	半月	月数	每月	洋　元　角　分	年洋　元　角　分		合每月洋元角分	
女	一月	件数	每	洋　元　角　分				

	例假外请假每天扣工钱若干	厂中延长工作点钟加工钱若干	厂中减少日工每点钟扣工钱若干	去年得红利若干	有无固定储蓄费或保险费	备考
家主	洋　元　角　分	洋　元　角　分	洋　元　角　分	洋　元　角　分	月洋　元　角　分 年洋　元　角　分	
妻	洋　元　角　分	洋　元　角　分	洋　元　角　分	洋　元　角　分	月洋　元　角　分 年洋　元　角　分	
子　长 次 幼	洋　元　角　分	洋　元　角　分	洋　元　角　分	洋　元　角　分	月洋　元　角　分 年洋　元　角　分	
女　长 次 幼	洋　元　角　分	洋　元　角　分	洋　元　角　分	洋　元　角　分	月洋　元　角　分 年洋　元　角　分	
其他亲属　男 女	洋　元　角　分	洋　元　角　分	洋　元　角　分	洋　元　角　分	月洋　元　角　分 年洋　元　角　分	

上海二口至五口工人家庭问题表的说明。

本表与家用账，互相为用。希望工友们一一填写，做参考的资料。各表计分六种，普通填写的方法及各表细目的说明如下：

（1）全格预留空白，请工友们填注。

（2）将格内一部分回答的字样，预先印好，其他空白部分，请工友们自己填注。

（3）将所有应回答的问题，预先印好，请工友们将对的字留着，其余不对的字样划去。

第一表：

“职业及品极”：职业系指做哪一种工业，如铁工业、纸工业、印刷工业等；品级系指所管职事的品级，如艺徒、工人、领班、工头等是。

“在何处及何部分做工”：何处做工指在某工厂做工，如商务印书馆、永豫纱厂、恒丰丝厂等；何部分做工，指在工厂中担任哪一部分的工作，如电机厂之冷作热作，纱厂之试纱部、摇纬部、浆纱部、综扣部、机织部之类是。

第二表：

“哪餐在外吃饭”，应当写明在外吃的饭是中餐或晚餐等字样。

第三表：

“同屋住若干家共几人”，应先在家字上面注明家数，再在人字上面注明各家合并的人数。

第六表：

“每日或每月或每件工钱若干”：工钱若照日数算的，可将银钱数目填在每日行内；如照月计算的，银钱数目填在每月行内；如照量计算的，先在每字下面注一代替量的字样，例如论尺填一“尺”字，论件填一“件”字，再在下面格内填写银钱数目。

“米价在　元以上时每月米贴若干”系指米价在几元以上米贴若干。例如米价在十五元以上米贴为一元，可在元字上面填注“十五”二字，再将米贴银元数目填在下面。

“去年全年实收工钱若干”，实收工钱与应得工钱不相同。实收工钱，系指去年全年除去请假扣除之工资外，实得多少，或连同夜工工钱及年终花红等共得多少而说，切勿与应得工资相混。

去年全年添置衣服费用表

男衣服	材料	件数	支出银钱数目	男衣服	材料	件数	支出银钱数目
单衣		件	洋　元　角　分	皮短袄		件	洋　元　角　分
单裤		条	洋　元　角　分	皮袍		件	洋　元　角　分
单长衫		件	洋　元　角　分	汗衫		件	洋　元　角　分
夹小袄		件	洋　元　角　分	卫生衣		件	洋　元　角　分
夹裤		条	洋　元　角　分	绒线衫		件	洋　元　角　分
夹长袍		件	洋　元　角　分	工衣		件	洋　元　角　分
棉短袄		件	洋　元　角　分	工裤		条	洋　元　角　分
棉裤		条	洋　元　角　分				
棉长袍		件	洋　元　角　分				
				共计			洋　元　角　分
女衣服	材料	件数	支出银钱数目	女衣服	材料	件数	支出银钱数目
单小衫		件	洋　元　角　分	棉小袄		件	洋　元　角　分
单裤		条	洋　元　角　分	棉裤		条	洋　元　角　分
单外衫		件	洋　元　角　分	棉外衣		件	洋　元　角　分
单短背心		件	洋　元　角　分	棉短背心		件	洋　元　角　分
单长背心		件	洋　元　角　分	棉长背心		件	洋　元　角　分
单裙		条	洋　元　角　分	棉旗袍		件	洋　元　角　分
夹小袄		件	洋　元　角　分	皮短袄		件	洋　元　角　分
夹裤		条	洋　元　角　分	皮旗袍		件	洋　元　角　分
夹外袍		件	洋　元　角　分	汗衫		件	洋　元　角　分
夹短背心		件	洋　元　角　分	卫生衣		件	洋　元　角　分
夹长背心		件	洋　元　角　分	绒线衫		件	洋　元　角　分
夹旗袍		件	洋　元　角　分				
夹裙		条	洋　元　角　分				
				共计			洋　元　角　分
幼童衣服	材料	件数	支出银钱数目	幼童衣服	材料	件数	支出银钱数目
单衣		件	洋　元　角　分	夹长袍		件	洋　元　角　分
单裤		条	洋　元　角　分	棉短袄		件	洋　元　角　分
单背心		件	洋　元　角　分	棉裤		条	洋　元　角　分
单长衫		件	洋　元　角　分	棉长袍		件	洋　元　角　分
夹小袄		件	洋　元　角　分	绒线衫		件	洋　元　角　分
夹裤		条	洋　元　角　分				
夹背心		件	洋　元　角　分				
				共计			洋　元　角　分
总计支出大洋　元　角　分							

去年全年添置其他衣着费用表

帽鞋袜	件数	支出银钱数目	被褥帐	件数	支出银钱数目
草帽	顶	洋　元　角　分	夹被	条	洋　元　角　分
呢帽	顶	洋　元　角　分	棉被	条	洋　元　角　分
便帽	顶	洋　元　角　分	棉褥	条	洋　元　角　分
布帽	顶	洋　元　角　分	蚊帐	顶	洋　元　角　分
绒线帽	顶	洋　元　角　分	线毯	条	洋　元　角　分
单鞋	双	洋　元　角　分	绒毯	条	洋　元　角　分
棉鞋	双	洋　元　角　分	枕头	个	洋　元　角　分
皮鞋	双	洋　元　角　分	草席	条	洋　元　角　分
线袜	双	洋　元　角　分			
布袜	双	洋　元　角　分			
绒线袜	双	洋　元　角　分			
人造丝袜	双	洋　元　角　分			
手套	双	洋　元　角　分			
共计		洋　元　角　分	共计		洋　元　角　分
总计支出大洋　元　角　分					

去年全年购买布匹及裁缝工资费用表

布匹名称	尺数	支出银钱数目	衣服名称	件数	支出裁缝工钱
	丈　尺　寸	洋　元　角　分		件	洋　元　角　分
	丈　尺　寸	洋　元　角　分		件	洋　元　角　分
	丈　尺　寸	洋　元　角　分		件	洋　元　角　分
	丈　尺　寸	洋　元　角　分		条	洋　元　角　分
共计		洋　元　角　分	共计		洋　元　角　分
总计支出大洋　元　角　分					

主要物品单位表

物品	单位
米粮	
米	升或斗
面粉	斤
干面	斤
荤菜	
鲜猪肉	两
鲜牛肉	两
鲜羊肉	两
咸肉	两
鲜鱼	两
咸鱼	两
鸡鸭	两
熟猪肚肠及猪头肉	两
蛋	个
蔬菜	
白菜	斤
黄芽菜	斤
卷心菜	斤
菠菜	斤
塔窠菜	斤
韭菜	斤
草豆	斤
芹菜	斤
其他青菜	斤
萝卜	斤
芋奶	斤
马铃薯	斤
咸菜	两
豆芽菜	斤
豆板	两
藕	斤
笋	两
调味品	
猪油	两
豆油	两
麻油	两
酱油	两
酱	两
盐	两
醋	两
点心	
馒头	只
烧饼	个
包子	个
油条	块
馄饨	只
其他食物	
糖	两
茶叶	两
豆腐	块
豆腐干	块
豆腐乳	块
百页	张
线粉	两
萝卜干	两
酱菜	两
鸡鸭血	两
五香豆	两
花生	两
瓜子	两
木耳	两
衣服	
衫、袄、袍	件
裤、裙	条
帽鞋袜	
帽	顶
鞋、袜	双
被褥帐	
被、褥	条
帐	顶
柴炭	
柴	大/小捆
煤、炭	斤
油烛	
煤油	斤
蜡烛	支
其他燃料	
自来火	盒
稻草	斤
房租	月
扫巷术	月
自来水费	月
邮信	
邮票	分
信纸	张
信封	个
烟酒	
香烟	支
土烟	两
酒	两
装饰	
雪花膏	瓶
生发油	瓶
刨花	卷
教育	
学费	期
书籍	本
笔	支
墨	块
纸	张
家具	
桌、柜、箱	只
椅、凳	张
陶器	只
金属器	件
其他杂物	
水筹	支
针	枚
手巾	条

家用账样式

民国十六年阳历二月十五日　　十六年阴历正月十四日　　（注意）准确清楚

收入

人口 收入	家主	妻	子	女	其他亲属
工钱	洋十元八角　分	洋 元 角 分	洋 元 角 分	洋 元 角 分	洋 元 角 分
借款	洋五元 角 分 洋 元 角 分	洋 元 角 分 洋 元 角 分	洋 元 角 分 洋 元 角 分	洋 元 角 分 洋 元 角 分	洋 元 角 分 洋 元 角 分
共计收入大洋　　元　　角　　分					

支出

物品名称		多少	支出银钱数目			附注
			大洋	小洋	铜圆	
米粮	籼米	九升	一元			由米店赊来
	麦粉	二斤			五十二枚	
荤菜	鲜猪肉	九两		二角		
	咸鱼	四两		一角		
	蛋	二个			十六枚	
蔬菜	白菜	一斤			三十枚	
	豆芽菜	一斤			十六枚	
	咸菜	一斤			二十八枚	
	豆板	四两			五枚	
调味品	豆油	八两	一角二分三厘			
	酱油	四两			九枚	
	盐	一斤			十八枚	
其他食物	糖	六两			十二枚	
	茶叶	二两			二十枚	
	豆腐	五块			十枚	
衣服	布长棉袍	一件	四元二角			
	单小衫裤	二件	一元五角			
帽鞋袜	呢帽	一顶	一元			
	布鞋	一双	八角			
被褥帐	棉被	一条	五元三角			棉花在内
其他衣服等项	钮扣	五粒			五枚	
	洋线	一卷		一角		
房租		一月	三元			自来水在内

续前表

物品名称		多少	支出银钱数目			附注
			大洋	小洋	铜圆	
柴炭	柴	十四小捆	五角			
	炭	一斤			二十枚	
油烛	煤油	一斤			二十枚	
	蜡烛	一斤	四角五分			
	洋烛	一支			七枚	
其他燃料	自来火	一盒			一枚	
车费	电车	来回一次			十六枚	访友
	小车	一次			十枚	由厂回家
邮信	邮票	四分			十二枚	
	信纸	十张			四枚	
卫生	理发	一次		一角	十枚	
	洗澡	一次		一角		
	肥皂	一块			十五枚	固本皂
烟酒	金鼠牌香烟	一盒			十枚	
	高粱	四两			二十枚	
医药	中医	一次			十枚	挂号费
	中药	一剂	五角二分			
装饰	雪花膏	一瓶		二角		
	刨花	一卷			十枚	
娱乐	影戏	一次		二角		卡德影戏团
教育	学费	一期	三元			子上学期学费
	书籍	三本	一角五分			教科书
应酬	年节送礼	一次	一元			
捐税	巡捕捐	冬季	一元二角			
家具	饭碗	四只		二角		
	扫帚	一把			二十枚	
还债	利息	一次	八角			年利一分
储蓄	子储蓄费	一月	一元			
其他	水筹	六支			二枚	
	香	一束			五枚	
	针	一枚			一枚	

续前表

<table>
<tr><td colspan="2" rowspan="2">物品名称</td><td rowspan="2">多少</td><td colspan="3">支出银钱数目</td><td rowspan="2" colspan="2">附注</td></tr>
<tr><td>大洋</td><td>小洋</td><td>铜圆</td></tr>
<tr><td>共计</td><td>大洋　元　角　分
小洋　　角
铜圆　　枚</td><td colspan="6">合大洋　元　角　分</td></tr>
<tr><td>何人没在家吃饭</td><td>子</td><td colspan="2">何人没在家住宿</td><td></td><td colspan="2">有几位客人在家吃饭</td><td>一位</td></tr>
<tr><td colspan="2">大洋换铜圆二百六十七枚</td><td colspan="3">大洋换小洋十角四十枚</td><td colspan="3">小洋换铜圆廿二枚</td></tr>
</table>

家用账

民国　年阳历　月　日　年阴历　月　日　（注意）准确清楚

收入

入口 收入	家主	妻	子	女	其他亲属
	洋 元 角 分	洋 元 角 分	洋 元 角 分	洋 元 角 分	洋 元 角 分
	洋 元 角 分	洋 元 角 分	洋 元 角 分	洋 元 角 分	洋 元 角 分
	洋 元 角 分	洋 元 角 分	洋 元 角 分	洋 元 角 分	洋 元 角 分
共计收入大洋　元　角　分					

支出

<table>
<tr><td colspan="2" rowspan="2">物品名称</td><td rowspan="2">多少</td><td colspan="3">支出银钱数目</td><td rowspan="2">附注</td></tr>
<tr><td>大洋</td><td>小洋</td><td>铜圆</td></tr>
<tr><td>米粮</td><td></td><td></td><td></td><td></td><td></td><td></td></tr>
<tr><td>荤菜</td><td></td><td></td><td></td><td></td><td></td><td></td></tr>
<tr><td>蔬菜</td><td></td><td></td><td></td><td></td><td></td><td></td></tr>
<tr><td>调味品</td><td></td><td></td><td></td><td></td><td></td><td></td></tr>
<tr><td>其他食物</td><td></td><td></td><td></td><td></td><td></td><td></td></tr>
<tr><td>衣服</td><td></td><td></td><td></td><td></td><td></td><td></td></tr>
<tr><td>帽鞋袜</td><td></td><td></td><td></td><td></td><td></td><td></td></tr>
<tr><td>被褥帐</td><td></td><td></td><td></td><td></td><td></td><td></td></tr>
<tr><td>其他衣服等项</td><td></td><td></td><td></td><td></td><td></td><td></td></tr>
<tr><td>房租</td><td></td><td></td><td></td><td></td><td></td><td></td></tr>
<tr><td>柴炭</td><td></td><td></td><td></td><td></td><td></td><td></td></tr>
<tr><td>油烛</td><td></td><td></td><td></td><td></td><td></td><td></td></tr>
</table>

续前表

物品名称		多少	支出银钱数目			附注
			大洋	小洋	铜圆	
其他燃料						
车费						
邮信						
卫生						
烟酒						
医药						
装饰						
娱乐						
教育						
应酬						
捐税						
家具						
还债						
储蓄						
其他						
共计	大洋　元　角　分 小洋　　角 铜圆　　　枚		合大洋　元　角　分			
何人没在家吃饭		何人没在家住宿		有几位客人在家吃饭		
大洋换铜圆　枚		大洋换小洋　角　枚		小洋换铜圆　枚		

上月结存

现金	大洋　元　小洋　角　铜圆　枚				
食物	名称	多少	大洋	小洋	铜圆
	共计		元	角	枚
燃料					
	共计		元	角	枚
其他					
	共计		元	角	枚
合计大洋　元　角　分					

本月结存

现金	大洋　元　小洋　角　铜圆　枚				
食物	名称	多少	大洋	小洋	铜圆
	共计		元	角	枚
燃料					
	共计		元	角	枚
其他					
	共计		元	角	枚
合计大洋　元　角　分					

调查人对于所调查家庭之见闻事项

说来真有趣味，同时在北平有著者的老同事、《北京社会调查》（英文）的著者，甘博（Sidney D. Gamble）先生（美国人）亦用记账方法调查北平各阶级的二百八十余家庭。一部分结果已发表于 *The Annals of the Amcircan Academy of Political and Social Science*，November，1930。甘氏所用的方法与上面的两个又有不同。兹亦列在下面，作为参考。[①]

进款　　进款共钱（　　）　　民国　年　月　No.

日期 物别	一	二	三	……	……	……	……	……	三十	三十一	每物共钱
薪水											
工资											
赚利											
赢利											
房租											
利息											
借入											
入还债											
变卖											

每页共钱（　　）

出款

	日期 物别	一	二	三	……	……	……	……	……	三十	三十一	每物共钱
食物类	大米											
	江米											
	小米											
	白面											
	小米面											
	切面											
	挂面											
	红江豆											
	洋点心											
	面包											
	牛奶											

每页共钱（　　）

① 甘氏账本长 26cm 宽 54.7cm，共有 15 项，足供一月之用。

食物类共钱

日期 / 物别	一	二	三	……	……	……	……	……	三十	三十一	每物共钱
烧饼											
麻花											
白薯											
茶叶											
白糖											
烧酒											
饭钱											

每页共钱

	日期 / 物别	一	二	三	……	……	……	……	……	三十	三十一	每物共钱
菜蔬类	白菜											
	韭菜											
	咸菜											
	萝卜											
	干粉											
	鸡子											
	豆腐											
	豆腐干											
	蘑菇											
	黄花											
	木耳											

每页共钱

菜蔬类共钱

日期 / 物别	一	二	三	……	……	……	……	……	三十	三十一	每物共钱
土豆											

每项共钱

调味类共钱

	日期 / 物别	一	二	三	……	……	……	……	……	三十	三十一	每物共钱
调味类	香油											
	酱油											
	葱											
	蒜											
	姜											
	黄酱											
	盐											
	芝麻酱											
	醋											

每页共钱

肉类共钱

	日期 物别	一	二	三	……	……	……	……	……	三十	三十一	每物共钱
肉类	猪肉											
	牛肉											
	羊肉											
	鸡											
	鱼											
	虾米											
	香肠											
	猪肚											
	猪油											

每页共钱

瓜果类共钱

	日期 物别	一	二	三	……	……	……	……	……	三十	三十一	每物共钱
瓜果类	苹果											
	梨											
	沙果											
	柿子											
	香蕉											
	橘子											

每页共钱

水火类共钱

	物别＼日期	一	二	三	……	……	……	……	……	三十	三十一	每物共钱
水火类	水费											
	煤球											
	煤块											
	电灯											
	煤油											
	木炭											
	劈柴											

每页共钱

衣类共钱

	物别＼日期	一	二	三	……	……	……	……	……	三十	三十一	每物共钱
衣类	爱国布											
	布											
	绸缎											
	哔叽											
	毛绒											
	手绢											
	棉花											
	线											
	鞋											
	洋袜											

每页共钱

社交类共钱

物别＼日期	一	二	三	……	……	……	……	……	三十	三十一	每物共钱
社交类 请客											
喜礼											
寿礼											
礼物											

每页共钱

教育类共钱

物别＼日期	一	二	三	……	……	……	……	……	三十	三十一	每物共钱
教育类 学费											
学膳费											
书籍											
纸本											
笔											
墨											
墨水											
铅笔											

每页共钱

杂类共钱 ______

	物别 \ 日期	一	二	三	……	……	……	……	……	三十	三十一	每物共钱
杂类	房租											
	理发											
	洗澡											
	肥皂											
	香烟											
	土车费											
	倒恭桶											
	车资											
	路灯费											
	报费											
	佣人工资											
	电话											
	邮票											
	修理											
	娱乐											
	借出											
	还债											

每页共钱 ______

民国十七年，中华平民教育促进会社会调查部，亦用记账方法试行调查少数农民家庭，结果颇为满意。著者写此书时，该部决定正式用记账方法调查农民生活，由王紫园先生担任进行。兹把试用之“农家记账簿”择要列在下面，供研究农村生活的人们参考。

农家记账簿①

村名　　第　　号　　询问员　　阴历　年　月　　阳历　年　月

进款和入粮

日期 物别		量	值	量	值	量	值	量	值	量	值	量	值	量	值
赚利															
男工资															
女手工															
利息															
借入															
入还债															
卖鸡蛋															
卖小麦															
卖棉花															
卖花生															
收入农作物及菜蔬	谷子														
	棉花														
	红山药														
	白菜														
	北瓜														
	萝卜														
	豆														

① 每本长 26.5cm 宽 37.5cm，共有 16 页，足供一月之用。

米面——农场产物　　没在家吃饭者{何人　年龄 / 日数　顿数}

日期 / 物别	初一		初二		……		……		……		三十		共	
	量	值	量	值	量	值	量	值	量	值	量	值	量	值
小米														
小米面														
谷面														
红山药面														
玉蜀黍面														
杂面														
小麦面														
荞面														
高粱面														
黍米														
稷米面														
榆皮面														
												总　合		

菜蔬——农场产物　　来客在家吃饭{何人　年龄 / 日数　顿数}

日期 / 物别	初一		初二		……		……		……		三十		共	
	量	值	量	值	量	值	量	值	量	值	量	值	量	值
大白菜														
白萝卜片														
根蓬														
干菜														
咸菜														

续前表

日期 物别	初一		初二		……		……		……		三十		共	
	量	值	量	值	量	值	量	值	量	值	量	值	量	值
葱														
蒜														
蒿苣														
芫荽														
辣椒														
茴香														
北瓜														
豆角														
												总　合		

燃料——农场产物

日期 物别													共	
	量	值	量	值	量	值	量	值	量	值	量	值	量	值
秫秸														
棉花秸														
豆秸														
树枝														
杂草														
麦秸														
												总　合		

饲料——农场产物

日期 物别													共	
	量	值	量	值	量	值	量	值	量	值	量	值	量	值
干草														
豆秸														
花草														
红山药叶														
谷糠														
												总　合		

其他——农场产物

日期 物别													共	
	量	值	量	值	量	值	量	值	量	值	量	值	量	值
												总　合		

食物类——由外购来物

日期 物别	初一		初二		……		……		……		三十		共	
	量	值	量	值	量	值	量	值	量	值	量	值	量	值
白面														
白米														
小米														
大盐														
香油														
水醋														
茶叶														
酒														
糖														
碱														
烧饼														
卷子														
挂面														
黄瓜														
豆腐														
酱														
												总　合		

教育——由外购来

日期 物别													共	
	量	值	量	值	量	值	量	值	量	值	量	值	量	值
毛笔														
石笔														
铅笔														
仿纸														
墨														
石板														
书														
												总　合		

家具——由外购来

日期 / 物别													共	
	量	值	量	值	量	值	量	值	量	值	量	值	量	值
煤油灯														
炕席														
铁壶														
扫帚														
												总　合		

衣类——由外购来

日期 / 物别													共	
	量	值	量	值	量	值	量	值	量	值	量	值	量	值
布														
棉花														
针														
线														
帽														
鞋														
带子														
												总　合		

燃料——由外购来

日期 / 物别													共	
	量	值	量	值	量	值	量	值	量	值	量	值	量	值
羡子														
煤														
炭														
煤油														
洋火														
												总　合		

杂项——由外购来

日期 物别													共	
	量	值	量	值	量	值	量	值	量	值	量	值	量	值
手巾														
肥皂														
香烟														
供神														
医药														
头绳														
拢梳														
篦子														
香粉														
石灰														
砖														
瓦														
麻刀														
												总　合		

杂记

日期 物别													共	
	量	值	量	值	量	值	量	值	量	值	量	值	量	值
慈善														
地亩捐														
喜礼														
丧礼														
满月礼														
送礼														
借出														
上庙														
会印														
												总　合		

特别费用

日期 物别													共	
	量	值	量	值	量	值	量	值	量	值	量	值	量	值
											总　合			

附记

日期	事项

农具——由外购来

日期 / 物别													共	
	量	值	量	值	量	值	量	值	量	值	量	值	量	值
镰刀														
铁锨														
大镐														
柳罐														
											总 合			

肥料——由外购来

日期 / 物别													共	
	量	值	量	值	量	值	量	值	量	值	量	值	量	值
花生饼														
乌鸦粪														
棉子饼														
堆粪														
廐粪														
											总 合			

牲畜——由外购来

日期 物别													共	
	量	值	量	值	量	值	量	值	量	值	量	值	量	值
猪														
鸡														
驴														
牛														
马														
骡														
												总　合		

饲料——由外购来

日期 物别													共	
	量	值	量	值	量	值	量	值	量	值	量	值	量	值
谷秸														
黑豆														
红薯叶														
谷糠														
												总　合		

雇工

日期 物别													共	
	量	值	量	值	量	值	量	值	量	值	量	值	量	值
雇长工														
雇短工														
雇畜工														
												总　合		

肥料——家庭自有

日期 / 物别													共	
	量	值	量	值	量	值	量	值	量	值	量	值	量	值
净大粪														
廐粪														
堆粪														
黑豆														
										总合				

农场费用*

日期 / 物别													共	
	量	值	量	值	量	值	量	值	量	值	量	值	量	值
小麦														
白菜籽														
荞麦种														
萝卜籽														
										总合				

* 注明自己家有或由外购来。

详述家里人本月做工情形

何人做工	做工日数	主要工作	次要工作	备考

详述家里本月有何娱乐如庙会谈天解闷等

谁享娱乐	日数	何种娱乐	备考

自出畜工

类别	日数	主要工作	次要工作	备考

上列四种记账式样，各有短长，亦因各种家庭的差别而有不同。是在乎想用这种方法的人能够根据地方社会的环境和所要调查家庭的种类，再参考这几种表格的式样，编制适宜的账本。要注意的是这个方法是极费钱费时而又极费力的工作。若没有妥当的筹备，万勿冒失从事。因为稍一不慎，准是失败。还不如采用生活费调查问题表的简单方法，倒可以得到相当的，也有时很圆满的结果。往往善用生活费调查表的人所得的主要结果，与用记账方法所得的结果

相差有限，于实用方面更是没大分别。可是所用的经费、时间、精力，相差不止五十倍。因此普通小规模的调查要慎重采用记账的方法。

记账的整理统计工作亦比较的费事。兹把统计的几种式样列在这里，作参考的用处。

各月份平均每家之收入与支出

月份	平均每家收入	平均每家支出
1		
2		
3		
4		
5		
6		
7		
8		
9		
10		
11		
12		
全年		
平均每月		

全年各项收入之平均数及百分比

收入组	平均每家全年收入					平均收入总计	每家平均其他收入			其他收入平均数	每家收入总平均数
	夫	妻	子	女	其他		房租	利息	赒济		
$……以下 $……—$…… ……											
总合											
	占总收入之百分比										
$……以下 $……—$…… ……											
总合											

五项主要支出之平均数及百分比

支出项目	平均每家全年费用	百分比
食　品 衣　服 房　租 燃　料 杂　项		
总合		100.00

按收入组五项主要支出之百分比

收入组	食品	衣服	房租	燃料	杂项	总计
$……以下						100.00
$……—$……						100.00
⋮						⋮
⋮						⋮
总合						100.00

按收入组平均全年盈余或亏短

收入组	盈余家数	平均每家盈余	亏短家数	平均每家亏短	平均每家全年盈余或亏短
$……以下 $……—…… ⋮					
总合					

全年各种食品费及百分比

食品种类	平均每家全年费用	百分比
米面类 　小米 　玉米面 ⋮ 菜蔬类 ⋮		
总合		100.00

平均每家全年所用各种食品重量及其所含滋养料数量与热量

食品种类	重量（格兰姆）				热量（卡罗里）
	总数	蛋白质	脂肪	含水炭素	
米面类 小米 玉米面 ⋮ 菜蔬类 ⋮					
总合					

平均每等成年男子每日平均食品所含滋养料及热量

食品种类	滋养料量（格兰姆）				热量（卡罗里）
	总数	蛋白质	脂肪	含水炭素	
米面类 小米 玉米面 ⋮ 菜蔬类 ⋮					
总合					

平均每家全年各种衣着费及百分比

衣着类别	平均每家全年费用	百分比
单衣 夹衣 ⋮ ⋮		
总合		100.00

按收入组平均每家房屋间数

收入组	家数	家数				平均每家间数
		一间	二间	三间	……	
$……以下						
$……—$……						
⋮						
总合						

按收入组平均每家全年各种物品之消费量及值

收入组	$……以下	$……—$……	……	……	……	总合
家数						
平均每家人口						
平均每家等成年男子						
	平均每家全年消费量及值					
支出总数						
食品类						
玉米 量（斗）						
玉米 值						
⋮						

各家内所有各种物品之数量及价值

物品种类	数量	若买新的，价值	现在估价
公用物品			
家具什物			
抽屉桌			
⋮			
厨房用品			
⋮			
个人用品：			
家主			
小挂			
⋮			
妻			
⋮			
总合			

第十三章　教育调查表格

一、农村学校概况调查表

农村学校概况调查表

<table>
<tr><td colspan="4">校名：</td><td colspan="3">校址：　　县　　村</td></tr>
<tr><td colspan="3">性质：　　立</td><td>性别</td><td colspan="3">创办年月：</td></tr>
<tr><td rowspan="11">教职员</td><td colspan="2">姓名</td><td></td><td></td><td></td><td></td></tr>
<tr><td colspan="2">职务类别</td><td>校长</td><td>教员</td><td></td><td></td></tr>
<tr><td colspan="2">性别</td><td></td><td></td><td></td><td></td></tr>
<tr><td rowspan="2">诞生地</td><td>县名</td><td></td><td></td><td></td><td></td></tr>
<tr><td>村名</td><td></td><td></td><td></td><td></td></tr>
<tr><td colspan="2">年龄及属相</td><td></td><td></td><td></td><td></td></tr>
<tr><td colspan="2">结过婚否</td><td></td><td></td><td></td><td></td></tr>
<tr><td colspan="2">最后毕业学校及其所属部科</td><td></td><td></td><td></td><td></td></tr>
<tr><td colspan="2">最后修业学校与年级及其所属部科</td><td></td><td></td><td></td><td></td></tr>
<tr><td colspan="2">从事教育年数</td><td></td><td></td><td></td><td></td></tr>
<tr><td colspan="2">从事教学年数</td><td></td><td></td><td></td><td></td></tr>
</table>

教职员	除教育事业外曾任他项事业之类别与年数					
	在本校任事年数					
	现任之教学事项	科目				
		年级				
		每周时数				
	所任教学以外之事项					
	薪水	每月				
		每年				
	在校外兼任之事务与报酬					
	在家内人口数					
	现有子女数					
	家眷住址					
	家产总数及所有地亩数					
校中工人数及每人全年工资						
校董	人数与职权					
	任期与进退方法					
	资格与报酬					
视导人员之类别及每学期或每学年到学之次数						

学生	年龄	男生数	女生数	年级	男生数	女生数	职业	男生数	女生数	毕业人数	毕业次数	
											历届毕业总人数	
											去年毕业人数	
											前年毕业人数	
										退学人数	去年	
											前年	
										退学之各种原因及其人数		
										毕业生出路之百分比	升学	
											为农	
											学手艺	
											学买卖	
											其他	

学生										一年内上课及各种假期日数	
										毕业生有不屑为农之态度否	
										毕业生种地之能力是否高于未受教育者	

	年级	科目	每周教学时数	课本	附注
课程					

各年级学生每人全年应纳学费数						
全年各种收入数	学费					
	基金利息	基金总数				
		每年利息				
	地租	所有地亩				
		每年租金				
	补助金	补助机关				
		每年所得				
	学捐	项目				
		每年款项				
	其他					

全年各种支出数	薪金				
	工资				
	图书标本仪器				
	其他设备				
	杂费				
校舍间数及所有者					
校舍除学校事业外尚有何项用途					
其他特别情形					
填表年月日					
备考					

此表是于民国十七年在中华平民教育促进会，定县华北试验区，社会调查部用过。由诸葛佐刘先生与著者指导调查东亭乡村社会区六十二村内学校情形。表的填法，说明如下：

在“校名”栏里请填写学校的完全名称，例如一个由村款设立的初级小学，校名叫作养正，就请填写私立养正初级小学校。其他各种学校都请照这样填。

“校址”栏填写学校所在的地方。在城里的学校请将“村”字改为“街”、“巷”或“胡同”等字，并且将学校所在的那个街名、巷名或胡同名填入。

在“性质”栏里凡系用省立设立的学校，请在立字在边填一“省”字，表明他的性质是省立的。用县款的填一“县”字，表明他的性质是县立的。其他由村、个人、一姓或数姓、教会或他种团体设立的，都请在“立”字的左边分别填写某村、某人、某姓、某教会或某团体的名称，以表明他是由谁负责设立的。

“性别”栏里要分别填写的是“男校”“女校”“男女同学”“男女同校不同学”等字样。

“创办年月”只要填写学校开办的年月。

教职员的“姓名”栏和“职务类别”栏要对照着写，例如“校长”的姓名请填在“姓名”栏的第一格，某教员的姓名可以填在“姓名”栏的第二格，若尚有其他教员或职员，就请一面在“职务类别”栏的第三格和第四格填写他们的职务，一面又在“姓名”栏的第三格和第四格填写他们的姓名。若一张表格还不够填写，就请多添几张，直至把全校的教职员都填写全了为止。

教职员的“性别”分别填写“男”字或“女”字。

在“诞生地”栏的村名项下，凡是生长在村庄里的，请填写村名，若生在城里的，请填写“在城”二字。

在“年龄及属相”栏除填写年龄以外，最好是把属相也填写出来。

在“结过婚否”一栏，凡是已经结过婚的，请填“已婚”二字，若是未曾结婚的，请填“未婚”二字。

在“最后毕业学校及其所属部科”栏请填写毕业时期离现在最近的那个校名，并请填写所入的部科，例如师范科、农科、工科、美术科等。

凡最后所在的学校未曾毕业的，就请在“最后修业的学校与年级及所属部科”栏填写校名和年级及所属部科。若是未曾进过学校的人，也请将资格例如秀才、举人等详细填入这栏里。

“从事教育年数”栏填写入教育界担任各项事务的总年数。

“从事教学年数”栏填写充当教员的年数。

“在本校任事年数”栏填写在本校担任各项事务的总年数。

在“除教育事业外曾任他项事业之类别与年数”栏请将曾任某项事业几年，又某项事业几年，逐一填写。

“现任之教学事项”的“科目”栏是填写各教员所教的各种科目的，例如国语、算术、体育等。“年级”是填写某种科目是在什么年级教的。“每周时数”栏是填写每周在某年级教学某科目所用的小时数或分数的。例如校长在三年级教授公民每周一小时，那就请在“科目”栏填写“公民”，在“年级”栏填写“三”，在“每周时数”栏填写“一”，这三项填写的字要上下相对，同在一直线上或为一行。设如他又担任二年级的公民，每周也是一小时，那末又在以上填的右边逐栏填写“公民”“二”“一”等字，也是上下相对，同在一直线上自成一行。不过在这行与前一行中间，应添画一竖线以清界限。这样在一格里应当先计算一人所教科目的数目照着划分等数的小格，然后顺着小格逐一填写。其他各教职员担任教科的，都要照这样填写。不过担任复式教授的教员，只要填明担任全校的单级教授，或某某数级的复式教授，若兼任他级的教科，就填明他兼的是什么科目，什么年级，每周多少时数，这样就够了。

在“所任教学以外之事项”栏请将所任事务逐项填明。

薪水按月计的请填在“薪水”栏的“每月”项下，并且注明全年以几个月计。按年计的请填在“每年”项下。这两项都以元为单位。

“在校外兼任之事务与报酬”栏请将在兼任的事务和全年的报酬逐项填明。

“在家内人口数”栏请填写全家属的总人数。

“现有子女数”栏填写在家内的子女总数。

“家眷住址”栏填写同居或分居的地点。

“家产总数及所有地亩数”栏填写全家所有财产的总数及其中所有地亩的总数。

在“校中工人数及每人全年工资”栏请填写全校整年雇用的工役总数，每人全年的工资数，以元为单位。

在“校董”的“人数与职权”栏请将校董的总人数填写以外，并请将校董所有的职权逐项填写，例如筹划经费、决定级数的增减、劝导入学、进退校长及教员、核准预决算、审查账目等。

在“校董”的“任期与进退方法”栏除填写任期的年数以外，并请将进退或任免方法详细填明。例如由什么人选举或推举或由什么人按照什么方法轮流等。至于全体董事是否同时改选，或逐年改选几人也请分别填明。

在“校董”的“资格与报酬”栏，校董的资格没有特别规定的，请填“无限制”三字。若有特别规定，就请填明所规定的是什么资格。除此以外，请将现任各校董的资格或职业详细填明。无报酬的校董请填“义务”二字。有报酬的校董请填每年所得报酬的银数，以元为单位。

在“视导人员之类别及每学期或每学年到学之次数”栏请分别填写省派的或县派的各种视导人员每学期或每学年各到校视导的次数。

“学生”的“年龄”栏请从全校学生最小的年龄起，依次填写，到最大的年龄为止。在“年龄”右边的“男生数”栏请逐项填写全校内那种年龄的男生数，在“女生数”栏请逐项填写全校内那种年龄的女生数。

“年级”栏请从最低年级起，到最高的年级止，逐级填写“一”“二”“三”等字。春季始业的请加注一“春”字，秋季始业的请加注一“秋”字，若是幼稚班请加注一“幼”字。若一级又分几班，请将各班分开填写，加注“甲”“乙”等字样。在“年级”右边的“男生数”栏请填该级所有的男生数，“女生数”栏请填该级所有的女生数。

“职业”栏填写父母职业的类别，例如农、工、商、学、兵、政、教（传教）等。在“职业”右边的“男生数”栏请逐项填写全校内该项职业的男生数，“女生数”栏填写全校该项职业的女生数。

“毕业次数”栏填写全校自开办以来曾经举行毕业的总次数。

“历届毕业总人数”栏填写开办以来曾经毕业的总人数。

在“去年毕业人数”栏及“前年毕业人数”栏请将去年及前年毕业的人数分别填入。

在“退学人数”栏请将去年一年内未经毕业中途退学的人数填在“去年”项下，前年一年内所有这种人数填在“前年”项下。

在“退学之各种原因及其人数”栏请将历年以来所有各种退学的原因逐一填写，最好在每种原因下注明历年退学的实在人数或所占历年退学总人数的百分数。在去年和前年退学的各种原因及人数更请特别说明。

在“毕业生出路之百分比”栏的各种下，请将阳历以来毕业生各种出路的人数所占总人数之百分数逐项填写，最好能先写各种出路的实在人数，然后各附以百分比。例如在“升学”项下先填历年以来这项出路的人数，然后再填这个人数和总人数的百分比。

在“一年内上课及各种假期日数”栏请先填明何月何日至何月何日上课若干日，又自何月何日至何月何日上课若干日，总计全年共上课若干日，然后又填写自何月何日至何月何日因何事放假若干日，又自何月何日至何月何日因何事放假若干日，总计全年共放假若干日，所填写是阳历或阴历均请分别注明。

在“毕业生有不屑为农之态度否”栏请就一般毕业生的言动和事业、社会上一般舆论评定填写。

在“毕业生种地之能力是否高于未受教育者”即请就观察所得及一般舆论评定填写。

在“课程”栏请从最低年级起，把那一级里所有的课目及每周教学时数和所用的课本都填写完了，然后再填较高的一级，照这样直到把全校所有各级都填完了为止。填年级的时候，请按春季或秋季始业分别加注“春”字或“秋”字，例如“春一”“春二”或“秋一”“秋二”。填每周教学时数，或用小时数，或用分数都是听便。

填写“课本”项请填写所用书本的全名，并加注他的出版处。若不用课本由学生笔记，或由教员自编讲义，也请分别注明。

在“各年级学生每人全年应纳学费数”栏请将各级学生每人全年应纳学费的数目按级填写，若不按年级分别，另按他种标准分等的，请填明所用的标准及各等应纳的数目。这等数目以元为单位，小数至角为止。

“全年各种收入数”项下均以元为单位，小数至角位为止。“学费”项下填写所收全校学生全年学费的实数。

“基金总数”项下填写存放银元的总数。

“每年利息”项填写由每年存放基金所得利息的实数。

“所有地亩”项填写学校所有各种地亩的总数。

“每年租金”项填写每年自地亩所得租金的实数。

每年所收的学捐，请在“项目”项下填明类别，并且在“每年捐款”项下逐类填写每年实收的数目。捐款的类别和收数应上下相对，各类中间应添画竖线分开，以免彼此混乱。分格的多少，可按学捐所有种类的多少临时规定。

“补助金”倘有种类请将各种补助机关及每年实收的数目逐一填写。在“其他”一项内，填写不属于上述的各种收入总数，能把类别及其数目分别注明更好。

“全年各种支出数”，也以元为单位，小数至角为止。“薪金”项填写全校教职员每年所支薪金的总数。

“工资”项填写全校所有整年雇用的工役所支的工食银的总数。

“图书标本仪器”项填写一年内增添这等用品的总银数。

“其他设备”项填写一年内添设房舍、桌椅、器具等物的总银数。

“杂费”项填写不属于上列各项的一切开支总数，例如纸、笔、茶水、油烛、煤炭、修理、应酬等费统计算在这项内。

在“校舍间数及所有者”栏内，填写校内所有房间的总数，并注明此项校舍系学校所有或系借用何种房屋。

校舍除供学校用以实施教育以外，若尚有他项用途，例如村民借在校内开会、演剧、作婚丧等事的礼堂搁置各种器具等，均请在“校舍除学校事业外尚有何项用途”一栏内详细填明。

在“其他特别情形”栏请填写下列各项：

（1）最近五年内学生数倘有逐年增加或减少的趋势，请说明其原因。若无增减请添一“无”字。

（2）最近五年内全校经费倘有逐年增加或减少的情形，请说明其原因。若无增减请添一“无”字。

（3）现在的经费倘若入不敷出，或系尚有盈余，请说明补救或处置的方法。若出入相符，请填“相符”二字。

（4）最近五年内如曾举行或参加何种会，如运会、观摩会、演说竞进会、恳亲会等，请逐一填写，并请注明时期及地点。若未统行或参加，请填一“无”字。

（5）最近五年内教职员学生或学校所得省县长官或他种团体在赛会中所赠予的奖励的类别，请逐一填写，并请注明其事由及时期。若无此种情形，请填一“无”字。

（6）请填明教员是否兼任平民学校教员，校内是否附设平民学校。教员倘兼平校教员，请注明“受薪”或“尽义务”。校内倘附设平校，请填明从哪一年起，已经办过几次毕业，毕业人数总共有多少。若全无这类情形，或有其中一种情形，请按情事填写“不兼”、“不附”或“未毕业”等字样。

最后请把填这张表的年月日，填写在“填表年月日”栏内。

倘若还有其他事情，不能填入以上各栏的，或以上各栏所填的事项有更须说明的，均请填入“备考”栏内。

二、农村学校详情调查表

1. 学校概况调查表

学校概况调查表

校　名：________　　调查人姓名：________

　　　　　　　　　村　　　　　　　　　P. ________

校　址：________区________街　　　　　　　调查日期：____年____月____日

一、性质	1. 县、区、村，或私立	3. 男、女，或男女同校
	2. 学校等级（初级或高级）	4. 春季或秋季始业
二、沿革	1. 开办年月	2. 变迁之重要事项

三、校舍及设备	1. 校舍特别建的或由庙宇等改的						
	2. 校舍间数	种类					合计
		间数					
	3. 有无运动场，多大		长		宽		
	4. 校园有否，多大		长		宽		
	5. 校舍尚作其他用否						
	6. 图书若干种约值价若干						
	7. 仪器标本若干种约值价若干						
	8. 报纸有哪几种						
	9. 杂志有哪几种						

				注册人数			实到人数		
四、本年学生教职员等人数	1. 级数、班数及学生数	年级	班数	男生	女生	合计	男生	女生	合计
		总计							
	2. 教职员数			教员 男 女		职员 男 女		共	
	3. 工友数								

		十五年		十六年		十七年		十八年		十九年	
五、最近五年学生数及毕业生数	性别	学生数*	毕业生数	学生数*	毕业生数	学生数*	毕业生数	学生数*	毕业生数	学生数*	毕业生数
	男										
	女										
	合计										

六、其他	1. 学校区域内的户口约数			
	2. 学校区域内的人口约数	男	女	合计
	3. 学校区域内的学龄儿童约数	男	女	合计
	4. 学龄儿童就学的约数			
七、杂问	1. 本校的困难问题何在	2. 本校以后三年中的具体计划如何		
备注				

注：本校如系秋季始业，则第四项之“本年”应由十九年秋季算到二十年夏季。第五项之“最近五年”，则照此往上推五年。

*是指实到学生数，其他各年皆同。

2．学校经费调查表

学校经费调查表

校名：________　调查人姓名：________

校址：________区________街　村　调查日期：________年________月________日　P. ________

	收入			支出			
	项目	金额	说明		项目	金额	说明
一、十九年经费收支状况	县款			经常费	薪工		
	县补助费				图书购置		
	区款				仪器标本购置		
	村公款				文具购置		
	村学款				家具购置		
	村户摊捐				修缮		
	杂捐				邮电		
	学田收入				印刷		
	学林收入				灯油炭火茶水		
	捐款				杂费		
	学费						
					合计		
				临时费	建筑		
					图书设备		
					仪器标本设备		
					家具设备		
					合计		
	总数			总数			

<table>
<tr><td rowspan="6">二、最近四年经费收支数</td><td rowspan="2">年别</td><td>收入金额</td><td colspan="3">支出金额</td></tr>
<tr><td></td><td>经常</td><td>临时</td><td>合计</td></tr>
<tr><td>十五年</td><td></td><td></td><td></td><td></td></tr>
<tr><td>十六年</td><td></td><td></td><td></td><td></td></tr>
<tr><td>十七年</td><td></td><td></td><td></td><td></td></tr>
<tr><td>十八年</td><td></td><td></td><td></td><td></td></tr>
<tr><td rowspan="3">三、经费之保管等</td><td>1. 经费由谁保管</td><td></td><td colspan="2">4. 有预算决算否，由谁编制并谁通过</td><td></td></tr>
<tr><td>2. 经费支领手续如何（指学校向保管人支领）</td><td></td><td colspan="2">5. 用何种会计年度</td><td></td></tr>
<tr><td>3. 支领有定期否，有拖欠否</td><td></td><td colspan="2">9. 收支相抵如不敷如何补救</td><td></td></tr>
<tr><td>四、杂问</td><td>对于经费感觉有何问题或困难否</td><td colspan="4"></td></tr>
<tr><td>备注</td><td colspan="5"></td></tr>
</table>

3. 学校教职员调查表

学校教职员调查表

校名：________　　调查人姓名：________

校址：________区________村/街　调查日期：________年________月________日

<table>
<tr><td rowspan="4">一、姓名籍贯</td><td>1. 姓名（隐姓名者听）</td><td></td></tr>
<tr><td>2. 年龄及性别</td><td>甲、年龄　　乙、性别</td></tr>
<tr><td>3. 籍贯</td><td>省　　县　　区　　村　/　街</td></tr>
<tr><td>4. 已婚否</td><td></td></tr>
<tr><td rowspan="5">二、个人及家庭状况</td><td>1. 寓校内，自己家中，或亲友处</td><td></td></tr>
<tr><td>2. 课外有其他操作否</td><td>甲、帮助家庭耕种　乙、烧饭　丙、洗衣
丁、　　戊、合计平均每日所占时间　　小时</td></tr>
<tr><td>3. 子女数</td><td>甲、子　　乙、女　　合计</td></tr>
<tr><td>4. 家庭人口数</td><td>甲、男　　乙、女　　合计</td></tr>
<tr><td>5. 家庭主要职业</td><td></td></tr>
<tr><td rowspan="5">三、职务及待遇</td><td>1. 职务</td><td>甲、本职　　　乙、兼职（指校内的）</td></tr>
<tr><td>2. 如担任教课科目及钟点</td><td>甲、科目哪几种　　乙、钟点共多少</td></tr>
<tr><td>3. 由谁聘任</td><td></td></tr>
<tr><td>4. 聘任期限</td><td>甲、　　年　　乙、期限无定</td></tr>
<tr><td>5. 年俸</td><td></td></tr>
</table>

三、职务及待遇	6. 学校供给膳宿否？	
	7. 校外有何兼职否？每日占多少时间？	
	8. 兼职有薪俸否？多少？（以年计）	
四、学历	1. 最后肄业的学校*	
	2. 曾入讲习会，或函授学校之类否请列出，并研究的科目	
五、经验	1. 在本校服务年数（本年不算在内）	
	2. 在他校服务	甲、学校名称　　乙、服务年数
	3. 在其他教育机关服务	甲、教育机关名称　　乙、服务年数
	4. 在其他非教育机关服务	甲、机关名称　　乙、服务年数
六、课外活动及研究	1. 现在研究或阅读之书报（请将著者及出版地方注明）	甲、　乙、　丙、 丁、　戊、　己、 庚、　辛、　壬、
	2. 课外参加何地方公益事业或其他活动否？	甲、　乙、　丙、
	3. 课外以何事消遣？	甲、　乙、　丙、 丁、　戊、　己、
七、经济状况	1. 个人生活用费一年多少？	
	2. 供给家庭用费一年多少？供给全部用费，抑只一部分？	
	3. 个人有积蓄或债务否？如有，多少？	甲、积蓄　　乙、债务
	4. 个人希望有的年费约多少？	
八、服务之经验及意见		
备注		

＊请注明学校的等级年限及为毕业或修业等。

（注意）如答案已列出者看哪一个答案是对的，即于该答案之右旁记以√号。

4．学校学生调查表一

学校学生调查表一

校名：________　　调查人姓名：________

校址：________区________村/街　　调查日期：________年________月________日

第　　年级第　　学期

事项／学生	性别	年龄（照习惯）	生年（或属相）	诞生月份（阴历）	推得实足年龄	入学年月	在校年数	上学年不及格课程	总平均及格否	是否被留级	备注

（注意）此表系按每年级一张。

5. 学校学生调查表二

学校学生调查表二

校名：________　　　　　　　　　　　　　　调查人姓名：________

校址：________区________村/街　　　　　　调查日期____年____月____日

一、学生住校内与住校外人数	1. 学生住校内与校外人数	甲、寓校内　乙、寓校外　合计	
	2. 寓校外学生距校里数	甲、在一里以内者几人？	乙、在二里以内者几人？
		丙、在三里以内者几人？	丁、在五里以内者几人？
		戊、在五里以外者几人？	合计

		年龄	一年级		二年级		三年级		四年级	
二、十九年退学及转学人数	1. 各级与各年龄退学人数之分配		男	女	男	女	男	女	男	女
		4—6								
		6—8								
		8—10								
		10—12								
		12—14								
		14—16								
		16—18								
		18—20								
		总数								
		年龄	五年级		六年级		七年级		合计	
			男	女	男	女	男	女	男	女
		4—6								
		6—8								
		8—12								
		10—12								
		12—14								
		14—16								
		16—18								
		18—20								
		总数								

二、十九年退学及转学人数	2. 退学原因	原因	经济困难	做工	迁居	因旷课太多或因学业太差	品行不端家长留家监督	疾病	死亡	被学校开除						
		人数														

二、十九年退学及转学人数	3. 各年级转学人数	年级	一年级	二年级	三年级	四年级	五年级	六年级	七年级	合计
		转往他校人数								
		转入本校人数								

三、平均每日到校学生约数*				
	一年级	二年级	三年级	四年级
	五年级	六年级	七年级	

四、最近三年毕业生出路之分配	年别	各种出路之人数							
		升学	务农	做工	经商	当兵	在本村本街服务	学界服务	军政界服务
	十七年								
	十八年								
	十九年								

四、最近三年毕业生出路之分配	年别	各种出路之人数							
		工商界服务	赋闲	死亡					合计
	十七年								
	十八年								
	十九年								

<table>
<tr><td rowspan="14">五、附本校行政组织</td><td colspan="15">1. 会议</td></tr>
<tr><td colspan="2">名称</td><td colspan="3">组织人数</td><td colspan="4">每学期开会次数</td><td colspan="6">会议重要事项</td></tr>
<tr><td colspan="2">甲、董事会议</td><td colspan="3"></td><td colspan="4"></td><td colspan="6"></td></tr>
<tr><td colspan="2">乙、校务会议</td><td colspan="3"></td><td colspan="4"></td><td colspan="6"></td></tr>
<tr><td colspan="2">丙、教务会议</td><td colspan="3"></td><td colspan="4"></td><td colspan="6"></td></tr>
<tr><td colspan="2">丁、训育会议</td><td colspan="3"></td><td colspan="4"></td><td colspan="6"></td></tr>
<tr><td colspan="2">戊、</td><td colspan="3"></td><td colspan="4"></td><td colspan="6"></td></tr>
<tr><td colspan="15">2. 部别</td></tr>
<tr><td colspan="2">名称</td><td colspan="3">用人数</td><td colspan="10">职权</td></tr>
<tr><td colspan="2">甲、教务</td><td colspan="3"></td><td colspan="10"></td></tr>
<tr><td colspan="2">乙、事务或总务</td><td colspan="3"></td><td colspan="10"></td></tr>
<tr><td colspan="2">丙、训育</td><td colspan="3"></td><td colspan="10"></td></tr>
<tr><td colspan="2">丁、</td><td colspan="3"></td><td colspan="10"></td></tr>
<tr><td colspan="2">戊、</td><td colspan="3"></td><td colspan="10"></td></tr>
<tr><td rowspan="6">六、附征费及放假各项</td><td colspan="6">1. 学生纳学费否？如纳，每生每学期多少？</td><td colspan="9"></td></tr>
<tr><td colspan="6">2. 各生纳费额有差别否，差别如何？（如按贫富而有差别之类）</td><td colspan="9"></td></tr>
<tr><td colspan="6">3. 星期日上课否？上几小时？是否每星期都是这样？</td><td colspan="9"></td></tr>
<tr><td colspan="6">4. 冬天上夜课否？有多长的期间？每夜上几小时？</td><td colspan="9"></td></tr>
<tr><td rowspan="2">5. 各种假期日数（限于三天以上的假）</td><td>种类</td><td>暑假</td><td>寒假</td><td>春假</td><td>麦假</td><td></td><td></td><td></td><td></td><td></td><td></td><td></td><td></td><td></td></tr>
<tr><td>所放日数</td><td></td><td></td><td></td><td></td><td></td><td></td><td></td><td></td><td></td><td></td><td></td><td></td><td></td></tr>
<tr><td colspan="16">备注</td></tr>
</table>

* 以上学年为准。

6. 学校课程及教学调查表

学校课程及教学调查表

校名：________调查人姓名：________

学址：________区________街/村　　　调查日期：____年____月____日

一、各年级课程钟点及所用教科书	科目	一年级					二年级				
		每周节数	每节几分钟	所用教科书			每周节数	每节几分钟	所用教科书		
				书名及其册数	著作人	出版书局			书名及其册数	著作人	出版书局
	总计										
	科目	三年级					四年级				
		每周节数	每节几分钟	所用教科书			每周节数	每节几分钟	所用教科书		
				书名及其册数	著作人	出版书局			书名及其册数	著作人	出版书局

一、各年级课程钟点及所用教科书	科目	三年级					四年级				
		每周节数	每节几分钟	所用教科书			每周节数	每节几分钟	所用教科书		
				书名及其册数	著作人	出版书局			书名及其册数	著作人	出版书局
	科目	五年级					六年级				
		每周节数	每节几分钟	所用教科书			每周节数	每节几分钟	所用教科书		
				书名及其册数	著作人	出版书局			书名及其册数	著作人	出版书局
	总计										

	科目	七年级					备注
		每周节数	每节几分钟	所用教科书			
				书名及其册数	著作人	出版书局	

二、学级编制及教学方法等	1. 学级编制法用下列何种？				甲、单式　乙、复式（如何组合请示大略）							
	2. 教学活动顺序如何？请举例示其大略*	科目	一、二年级	活动事项								
				占几分钟								
			三、四年级	活动事项								
				占几分钟								
			高级	活动事项								
				占几分钟								
	3. 有无背诵？如有，系哪种科目？											
	4. 学业成绩考查法	种类			口试	笔试	测验					
		每学期举行次数										
		分数在学期总成绩中所占百分比										

<table>
<tr><td rowspan="9"></td><td rowspan="3">5. 升级标准</td><td>甲、关于期间用下列何种?</td><td colspan="4">子、按一学年　丑、按一学期　寅、</td></tr>
<tr><td>乙、关于成绩用下列何种?</td><td colspan="4">子、各科成绩均须及格　丑、各科成绩平均及格　寅、</td></tr>
<tr><td>丙、成绩多少分算及格?</td><td colspan="4"></td></tr>
<tr><td rowspan="5">6. 每日上学及散学时间</td><td rowspan="2">季别</td><td colspan="2">上午</td><td colspan="2">下午</td></tr>
<tr><td>几点上学</td><td>几点散学</td><td>几点上学</td><td>几点散学</td></tr>
<tr><td>春秋季</td><td></td><td></td><td></td><td></td></tr>
<tr><td>夏季</td><td></td><td></td><td></td><td></td></tr>
<tr><td>冬季</td><td></td><td></td><td></td><td></td></tr>
<tr><td colspan="6"></td></tr>
<tr><td rowspan="2">三、杂问</td><td colspan="2">1. 对于现行课程实施上有何困难及其他意见?</td><td colspan="4"></td></tr>
<tr><td colspan="2">2. 教学之经验及意见</td><td colspan="4"></td></tr>
</table>

* 以一种科目在一节中的活动顺序为标准。

（注意）如表中答案已列出者看哪一个答案是对的，即于该答案之右旁记以√号。

7. 学校训育调查表

学校训育调查表

校名：________　　　　调查人姓名：________

校址：________区________村/街　　　　调查日期：____年____月____日

<table>
<tr><td rowspan="2">一、训育方针</td><td colspan="2">1. 训育宗旨</td><td colspan="2"></td></tr>
<tr><td colspan="2">2. 训育标准细目有哪几样?（请具体举其重要者）</td><td colspan="2">甲、　乙、　丙、　丁、
戊、　己、　庚、　辛、</td></tr>
<tr><td rowspan="8">二、训育实施情形</td><td rowspan="6">1. 有何定期训话会</td><td>种类</td><td>开会期间</td><td>注重事项</td></tr>
<tr><td>周会</td><td></td><td></td></tr>
<tr><td>朝会</td><td></td><td></td></tr>
<tr><td></td><td></td><td></td></tr>
<tr><td></td><td></td><td></td></tr>
<tr><td></td><td></td><td></td></tr>
<tr><td colspan="2">2. 学校公布有哪几种校规?其效力如何?</td><td colspan="2"></td></tr>
<tr><td colspan="2">3. 奖赏方法有哪几种?</td><td colspan="2">甲、给奖章　乙、奖物品　丙、
丁、　戊、　己、</td></tr>
</table>

<table>
<tr><td rowspan="7">二、训育实施情形</td><td colspan="2">4. 惩罚方法有哪几种?</td><td colspan="3">甲、罚立法　乙、罚跪　丙、责手心
丁、　戊、　己、</td></tr>
<tr><td colspan="2">5. 每天散学时有何仪式（或事项）要作?</td><td colspan="3">甲、排队　乙、唱歌　丙、训话
丁、　戊、　己、</td></tr>
<tr><td colspan="2">6. 如有寄宿生，管理上注意之点</td><td colspan="3">甲、　乙、　丙、　丁、
戊、　己、　庚、　辛、</td></tr>
<tr><td colspan="2">7. 如系男女合校，男女同班抑分班? 管理上有何困难否?</td><td colspan="3"></td></tr>
<tr><td colspan="2">8. 学生穿制服否?</td><td colspan="3"></td></tr>
<tr><td colspan="2">9. 训育记成绩否? 是用百分法记，或其他方法?</td><td colspan="3"></td></tr>
<tr><td colspan="2">10. 训育成绩与升级有关否? 如有关，标准如何?</td><td colspan="3"></td></tr>
<tr><td rowspan="13">三、学生活动</td><td colspan="2">1. 学生每班中有班长之类否? 负的职责如何?</td><td colspan="3"></td></tr>
<tr><td colspan="2">2. 学生担任教室洒扫及擦黑板之事否? 担任方法?</td><td colspan="3"></td></tr>
<tr><td>3. 学生有无自治会类的组织，如有请示其大略</td><td colspan="4">甲、名称
乙、宗旨
丙、组织
丁、服务状况及成绩
戊、指导员</td></tr>
<tr><td rowspan="8">4. 学生其他课外活动情形</td><td>种类</td><td colspan="2">开会次数或期间</td><td>目的</td></tr>
<tr><td>演说会</td><td colspan="2"></td><td></td></tr>
<tr><td>体育运动会</td><td colspan="2"></td><td></td></tr>
<tr><td>游艺会</td><td colspan="2"></td><td></td></tr>
<tr><td>识字运动会</td><td colspan="2"></td><td></td></tr>
<tr><td></td><td colspan="2"></td><td></td></tr>
<tr><td></td><td colspan="2"></td><td></td></tr>
<tr><td></td><td colspan="2"></td><td></td></tr>
<tr><td colspan="3">5. 学生课外的消遣常有的是几种?</td><td colspan="2">甲、拍球　乙、跳绳　丙、踢毽子　丁、
戊、　己、　庚、　辛、</td></tr>
<tr><td>四、家庭联络</td><td colspan="3">学校与家庭有何联络方法?</td><td colspan="2">甲、　乙、　丙、
丁、　戊、　己、</td></tr>
</table>

五、杂问	1. 训育上困难之点何在？	
	2. 训育实施之经验及意见	
六、附学校表册	学校表册有哪几种？	甲、学籍篮　乙、学生出席簿　丙、学业成绩考查簿 丁、训育成绩考查簿　戊、教学日志　己、请假簿 庚、　辛、　壬、 癸、　子、　丑、
备注		

（注意）如表中答案已列出者，看哪一个答案是对的，即于该答案之右旁记以√号。

8. 学校卫生调查表

学校卫生调查表

校名：__________　调查人姓名：__________

校址：______区______村/街　调查日期：____年____月____日

一、环境	1. 校舍几面靠人家，几面靠田野？	
	2. 校中树木多否？邻近有无厕所之类？于空气妨害否？	
二、校中一般卫生状况	1. 校内院子几日洒扫一次？清洁否？	
	2. 学生寝室每间大小？	甲、长　尺　乙、宽　尺　丙、高　尺
	3. 每间所容人数	
	4. 寝室的窗子是纸窗玻璃窗？可以开关否？	
	5. 寝室内光线、空气好否？	
	6. 寝室内设有痰盂否？几日洒扫一次？清洁否？	
	7. 住校学生脸盆是否各人一个？冬天有无沐浴其地方？	
	8. 厨房及食堂装有纱窗否？清洁否？	
	9. 厕所是敞的房子？用的地坑或其他形式？上有盖否？	
	10. 厕所洒石灰水等否？多久洒一次？清洁否？	
	11. 厕所离厨房多远？	
	12. 水井附近有厕所否？距离多远？	
	13. 夏日扑灭苍蝇有何设备？	甲、蝇拍　乙、黏蝇纸　丙、捕蝇笼 丁、　戊、　己、
	14. 冬天教室、寝室各处装煤炉否？炉有烟囱否？	

三、教室状况*	1. 教室大小	甲、长 尺 乙、宽 尺 丙、高 尺
	2. 所容学生数	
	3. 室内桌子用的何种?	甲、长方桌 乙、长条木板 丙、 丁、
	4. 室内椅子用的何种?	甲、长椅 乙、长条凳 丙、单椅 丁、单凳 戊、 己、
	5. 桌椅分高低否?	
	6. 窗子是纸窗玻璃窗?能开关否?	
	7. 光线从哪面采入?	甲、前 乙、后 丙、左 丁、右
	8. 光线充足否?	
	9. 空气流通否?	
	10. 黑板质料?有粉槽否?	
	11. 黑板的大小高低	甲、长 尺 乙、宽 尺 丙、离地面 尺
	12. 室内设有痰盂否?几日洒扫一次?清洁否?	

	项别＼病名	天花	白喉	猩红热	疹子	痢疾	伤寒	百日咳	肺痨	疟疾	感冒	眼疾
四、十九年学生疾病死亡人数	患病人数											
	其中死亡人数											
	项别＼病名	耳下腺炎	疥	癣								
	患病人数											
	其中死亡人数											

五、杂问	1. 对于学校卫生有何指导方法?	甲、 乙、 丙、 丁、 戊、 己、
	2. 对于学生课外运动有何提倡办法?	甲、 乙、 丙、
	3. 对于学生施行种痘否?多久一次?	
	4. 对于卫生之设施有何困难情形及其他意见?	
备注		

*如寝室或教室不止一间,可任选一间调查即足。

注意:(1)凡表中所问如“清洁否?”“树木多否?”“光线充足否?”等,可分四等作答,如(第一问)“十分清洁”、“尚清洁”、“欠清洁”或“十分不清洁”是。其他各问均一律用此等字样“十分”“尚”“欠”“十分不”,分别填写,但定义须一律。

(2)如表中答案已列出者,看哪一个答案是对的,即于该答案之右旁记√号。

上列一组表格是于民国二十年在中华平民教育促进会定县实验区用过，由吴太仁先生负责指导调查，并担任整理工作。

三、农村文盲调查及测验表

（一）农村文盲调查表

农村文盲调查表

（1）____区____村____家

（2）调查者的姓名：__________

调查时期：民国____年____月____日

1. 被调查者的自身

（1）姓名__________ （2）性别____

（3）年龄____岁 （4）生日____月____日

（5）职业______ （6）身体有什么缺陷？______

（7）谁叫你念书？______ （8）那时你愿念书么？______

（9）你在什么学校念书？____________________

（10）读过些什么书？______________________

（11）读过多久？______ （12）能够看告示吗？______

（13）能够看报吗？______ （14）能够写信么？______

（15）能够记帐么？______

（16）为什么没有念书？______

（17）为什么中途辍学？______

2. 被调查者的环境（你八岁至十二岁的时候）

（1）全家人口数______ （2）家中识字人数______

（3）父母俱在吗？______ （4）谁当家长？______

（5）家长识字吗？______ （6）家长的职业______

（7）家中有地多少亩（做什么买卖）？______

（8）村中有无平校？______

（9）有无其他学校？______

注意：凡不识字者，在初级平民学校毕业者，或在其他学校念过二年以下者，必须用文盲测验考查其程度。

（二）农村文盲测验简表

农村文盲测验简表（下列二十字是按选样法，自农民千字课选出）

（1）村名

（2）被测验者姓名

（3）测验总分数♀

（4）等第

甲、讲读测验（每字能讲能读得 5 分，十个字之完全分数等于 50 分。）

土	母	先	物	的
恒	票	盛	照	面

乙、听讲测验*（每字能讲完全者得 5 分，十个字之完全分数等于 50 分。）

（一）	（二）	（三）	（四）	（五）
（六）	（七）	（八）	（九）	（十）

♀测验完全分数为 100，凡得 60 分以上者为非文盲。

*由测验者读下列十个字：永、巧、快、定、马、乌、急、电、福、织，由被测验者按序对于格内。

此表是于民国十八年在中华平民教育促进会定县实验区用过。由赖钧伯先生指导调查，由著者整理。

四、识字人口调查表（附说明）

（一）识字人口调查表

定县识字人口调查表

号数　　调查人姓名　　调查在　　年　　月　　日

调查村名

（1）村民姓名　　年岁　　籍贯是否本村？是，否

（2）以前曾念过多少时候书？没有，不上一年，一年，两年，三年，____年

念书是在私塾抑在学堂？私塾，学堂

最后一年念书，距现在若干年？____年

（3）从上年正月到现在，有没有曾经寄信给别人？有，没有

写信是请人代写抑自己亲写？代写，亲写

自己一向有无曾经写信寄给别人？有，无

现在能否自己写信？能，否

(4) 能否看广告或告示？能，否
(5) 从本年元旦到现在，有无看过报章？有，无
有无看过别种书籍？有，无
(6) 操何职业？佃主，佃，户，工，商，学，兵，政，闲居______
(7) 家中费用谁人供给？______每年自己进款有多少？______
家中有何种固定产业（以自己名内的为限）？______约值银若干？______
(8) 家中共有几人？______人

称谓	年岁	曾念过多少年书	现在是否念书及在何校何级	是否识字

(9) 离家往外的家属：

称谓	年龄	是否识字	何种教育程度	现居何处	操何职业	年中进款	离家几年

（二）调查文盲计划草案

调查定县文盲计划草案

1. 目的

(1) 根据实际考察，确定定县人口成分。

(2) 寻求文盲与何种社会现象有关系（例如人民生产能力、交通情形等）。

2. 调查方法

(1) 用标本法。根据客观标准，选出堪足代表全县情况之村民以为标准。

(2) 标本选出法：

(a) 由县内 400 000 人口中选出 5 000—10 000 人着人调查。

(b) 依乡村人口数目分组，根据各组中村数之多寡，以为选出代表多寡之比例。

(3) 文盲标准。年满十岁以上而不认识文字者，是为文盲。认识文字之测

验，由中华平民教育促进会或教育专家决定之。

3. 调查表另列

4. 假定中与文盲有关系之事实

（1）经济能力（被调查者十岁左右时之家境）、家产、进款

（2）年岁

（3）念过书否、多少时候、所在学堂

（4）运用文字否：有无自己写信、有无自己记账、有无自己看报

（5）交通情形或乡村所在之地位（交通便利或僻处一隅）

（6）性别

（7）受教育人离乡者与留乡者之比

（8）父母文盲与子女文盲之关系

（9）家庭大小

（10）县城或重要乡村与普通乡村之比

（11）职业

（12）是否土生抑移居

（13）智愚及成就（intelligence and accomplishment）

（14）当地有无开设学校

（15）文盲成分与该地教育情况之比较

（16）平民学校毕业生与修业生之文盲情况

（三）文盲测验的讨论

关于编制文盲测验的几点意见

1. 文盲所指的范围怎样？什么是文盲的界说？

（1）一字不识为绝对的文盲，无字不识为绝对的非文盲。这两种情况俱是极希罕的。普通所说文盲的意义是相对的，非绝对的。

因此编制文盲测验应根据于一种相对的字的数量。换句话说，施行文盲测验前要先选定一个字数的标准。凡认识字数若干个以上者，即为非文盲。凡识字未达该数者，即为文盲。

（2）文盲两字，与其解释为“不识字”，不如解释为“不认识文字”。前者

过于简略，而易惹起人只重单字不顾文义之弊。按理只能读字音，不能称之为识字。必兼能了解该字意义，并了解由该字与他字组合而成的普通句语之意义，乃能称之为识字。

因此文盲测验材料不宜用单字，至少不要完全用，虽然用单字，则手续简单了许多。

（3）字数应以基本千字为标准。识了千字中百分之六十者（即六百字）为非文盲，未及此数者为文盲。采用基本千字之理由如下：

（a）尚无别种标准比此更简便而易于采用。

（b）由基本千字编定之书籍已有多种，可见千字足以应普通之用。认识了千字就足以认识了普通文字。

2．文盲测验应只测“读”的能力，抑兼测“写”的能力?

（1）从理论方面说，“读”“写”应兼测。既学会了读，一定学会了写。写的能力有消失，则读的能力亦必不健全。

（2）从实际方面说，兼测写的能力则纠纷多。许多人自离了学校后，只有读书的需要，而没有写字的需要（例如我的母亲每次接了我信，总能了解清楚，而她廿余年固未尝执笔写信给别人，日久生疏，执笔忘字，写字能力之消失），极自然之事。他们是真能认识文字的，故按照上节文盲的界说，他们不能划之入文盲范围。进一步说，他们不写字日多，执笔如山重，提起要他写字，恐要害怕起来。于是本来是识字的，也假称不识字。从此看来，则兼测写字能力，实有许多不妥善。

（3）从测验形式上说，则又以兼测写字能力为宜。受测验者自己写下了东西，则成绩易考查，而吾人亦可多得一种研究的材料。测验中若只需写浅显常用之字（如数目字、自己姓名等），则不致感觉致困难。考查读书能力，吾人虽可用是否式问题，惟乡村人民对此并未试过，反不如要他们写几个字较为便利。

综合几方面看来，则测写中宜括入测写字的材料，惟取材以最浅显者为限，如上述之姓名、数目字等。

（4）一个献议的测验

一个献议的测验

填字

1）今年是中华民国　　年　　月　　日　　2）你是姓　　名

3）你今年是　　岁　　　4）本乡名称叫作

读书

下面三段书，请先念一段，答了段后两个问题，才念别段。答问题时每题后都有“是”“否”两个字，是则用笔在“是”字上钩一钩（√），否则用笔在“否”字上钩一钩（√）。

（第一段）村前村后，房左房右，不能种粮食的地方，都可以种树。种树利益很多，最大的利益有三：第一长成的木材可以盖房，第二结熟的果实可以吃，第三砍下的干柴可以烧。

5）种树是有很多利益的。　是　否

6）种树后结实的果实，可以盖房。　是　否

（第二段）从农民千字课第三册引出一段

7）

8）

（第三段）从农民千字课第四册引出一段

9）

10）

献议测验之说明：

1）测验共分两部，读书与写字。读书是用是否式问题的，非乡村人民所习惯，故放在后，而以写字测验先之。写字测验极浅易，受试验者不感觉困难。

2）写字测验中一题只问数目字，最容易答，故放在姓名一题之前。

3）读书测验材料，俱采自以基本千字编成之千字课。第一段取材于农民千字课第二册第廿四课，第二段取材于农民千字课第三册某课，第三段取材于农民千字课第四册某课。

4）测验共十题，为求计分便利起见。答对六题，则为合格。未及六题者，入文盲之列。

上述是徐锡龄先生在民国十六编写的调查文盲计划草案，曾向著者征求意见，打算在中华平民教育促进会定县实验区举行调查。颇有参考的价值。

五、社会教育调查表

社会教育调查表

填表须知：

（1）复制本表时，须依照本表之宽阔度[1]。（2）与该机关无关之项目，可不填。（3）表中未列各项可填在备注栏内。（4）如有书册附件，须附缴一份，并注在备注栏内。（5）如有附设机关，须填另表。（6）数量均以阿剌伯字母表明之。

<table>
<tr><td>称名</td><td colspan="4"></td></tr>
<tr><td>性质</td><td>立</td><td>说明</td><td colspan="2"></td></tr>
<tr><td rowspan="4">沿革</td><td colspan="4"></td></tr>
<tr><td colspan="4"></td></tr>
<tr><td colspan="4"></td></tr>
<tr><td colspan="4"></td></tr>
<tr><td rowspan="5">事业范围</td><td>类别</td><td colspan="3">概况</td></tr>
<tr><td></td><td colspan="3"></td></tr>
<tr><td></td><td colspan="3"></td></tr>
<tr><td></td><td colspan="3"></td></tr>
<tr><td></td><td colspan="3"></td></tr>
<tr><td rowspan="6">编制</td><td colspan="2">编制系统表</td><td colspan="2">主管人履历</td></tr>
<tr><td colspan="2" rowspan="5"></td><td>职业</td><td></td></tr>
<tr><td>名年</td><td></td></tr>
<tr><td>年龄</td><td></td></tr>
<tr><td>资格</td><td></td></tr>
<tr><td>就职年月</td><td></td></tr>
<tr><td rowspan="8">经费</td><td colspan="2">收入（年度）</td><td colspan="2">支出（年度）</td></tr>
<tr><td>种类</td><td>数量（元）</td><td>种类</td><td>数量（元）</td></tr>
<tr><td></td><td></td><td></td><td></td></tr>
<tr><td></td><td></td><td></td><td></td></tr>
<tr><td></td><td></td><td></td><td></td></tr>
<tr><td></td><td></td><td></td><td></td></tr>
<tr><td></td><td></td><td></td><td></td></tr>
<tr><td>共计</td><td></td><td>共计</td><td></td></tr>
</table>

<table>
<tr><td rowspan="8">资产
及设备</td><td>类别</td><td>数量</td><td colspan="2">价值（元）</td><td>类别</td><td>数量</td><td colspan="2">价值（元）</td></tr>
<tr><td></td><td></td><td colspan="2"></td><td></td><td></td><td colspan="2"></td></tr>
<tr><td></td><td></td><td colspan="2"></td><td></td><td></td><td colspan="2"></td></tr>
<tr><td></td><td></td><td colspan="2"></td><td></td><td></td><td colspan="2"></td></tr>
<tr><td></td><td></td><td colspan="2"></td><td></td><td></td><td colspan="2"></td></tr>
<tr><td></td><td></td><td colspan="2"></td><td></td><td></td><td colspan="2"></td></tr>
<tr><td></td><td></td><td colspan="2"></td><td></td><td></td><td colspan="2"></td></tr>
<tr><td></td><td></td><td colspan="2"></td><td>共计</td><td></td><td colspan="2"></td></tr>
<tr><td rowspan="6">屋舍</td><td>类别</td><td>间数</td><td colspan="2">平方面积（亩）</td><td>类别</td><td>间数</td><td colspan="2">平方面积（亩）</td></tr>
<tr><td></td><td></td><td colspan="2"></td><td></td><td></td><td colspan="2"></td></tr>
<tr><td></td><td></td><td colspan="2"></td><td></td><td></td><td colspan="2"></td></tr>
<tr><td></td><td></td><td colspan="2"></td><td></td><td></td><td colspan="2"></td></tr>
<tr><td></td><td></td><td colspan="2"></td><td></td><td></td><td colspan="2"></td></tr>
<tr><td></td><td></td><td colspan="2"></td><td>共计</td><td></td><td colspan="2"></td></tr>
<tr><td rowspan="11">学生</td><td colspan="4">在校生</td><td colspan="4">毕业生</td></tr>
<tr><td rowspan="2">级别</td><td colspan="3">数量</td><td rowspan="2">出校后状况</td><td colspan="3">数量</td></tr>
<tr><td>男</td><td>女</td><td>共</td><td>男</td><td>女</td><td>共</td></tr>
<tr><td></td><td></td><td></td><td></td><td></td><td></td><td></td><td></td></tr>
<tr><td></td><td></td><td></td><td></td><td></td><td></td><td></td><td></td></tr>
<tr><td></td><td></td><td></td><td></td><td></td><td></td><td></td><td></td></tr>
<tr><td></td><td></td><td></td><td></td><td></td><td></td><td></td><td></td></tr>
<tr><td></td><td></td><td></td><td></td><td></td><td></td><td></td><td></td></tr>
<tr><td></td><td></td><td></td><td></td><td></td><td></td><td></td><td></td></tr>
<tr><td></td><td></td><td></td><td></td><td></td><td></td><td></td><td></td></tr>
<tr><td>总计</td><td></td><td></td><td></td><td>共计</td><td></td><td></td><td></td></tr>
<tr><td rowspan="9">会员</td><td colspan="4">会员种类</td><td colspan="4">会员职业</td></tr>
<tr><td rowspan="2">类别</td><td colspan="3">数量</td><td rowspan="2">职业</td><td colspan="3">数量</td></tr>
<tr><td>男</td><td>女</td><td>共</td><td>男</td><td>女</td><td>共</td></tr>
<tr><td></td><td></td><td></td><td></td><td>农</td><td></td><td></td><td></td></tr>
<tr><td></td><td></td><td></td><td></td><td>工</td><td></td><td></td><td></td></tr>
<tr><td></td><td></td><td></td><td></td><td>商</td><td></td><td></td><td></td></tr>
<tr><td></td><td></td><td></td><td></td><td>学</td><td></td><td></td><td></td></tr>
<tr><td></td><td></td><td></td><td></td><td>兵</td><td></td><td></td><td></td></tr>
<tr><td>总计</td><td></td><td></td><td></td><td>总计</td><td></td><td></td><td></td></tr>
<tr><td>进行
状况</td><td colspan="8"></td></tr>
<tr><td>填表
年月</td><td colspan="8"></td></tr>
<tr><td>备考</td><td colspan="8"></td></tr>
</table>

①原表框长 67.5cm 阔 26.3cm。

上表是国民政府教育部在民国十九年编制的，发往各省、市、县调查。

第十四章 关于农村社会的各项调查表格选录

一、家庭人口研究表

家庭人口研究表

调查年月　　　　　　　　　　　　　　　　调查员

<table>
<tr><td colspan="3">与家长之关系</td><td></td><td></td><td></td><td></td><td></td><td></td></tr>
<tr><td colspan="3">性别</td><td></td><td></td><td></td><td></td><td></td><td></td></tr>
<tr><td rowspan="5">年龄</td><td colspan="2">岁数</td><td></td><td></td><td></td><td></td><td></td><td></td></tr>
<tr><td colspan="2">生年或属相</td><td></td><td></td><td></td><td></td><td></td><td></td></tr>
<tr><td colspan="2">生月</td><td></td><td></td><td></td><td></td><td></td><td></td></tr>
<tr><td rowspan="2">实在年龄</td><td>年数</td><td></td><td></td><td></td><td></td><td></td><td></td></tr>
<tr><td>月数</td><td></td><td></td><td></td><td></td><td></td><td></td></tr>
<tr><td rowspan="8">婚姻</td><td colspan="2">未订婚</td><td></td><td></td><td></td><td></td><td></td><td></td></tr>
<tr><td colspan="2">已订婚</td><td></td><td></td><td></td><td></td><td></td><td></td></tr>
<tr><td colspan="2">已完婚</td><td></td><td></td><td></td><td></td><td></td><td></td></tr>
<tr><td colspan="2">曾经嫁娶之次数</td><td></td><td></td><td></td><td></td><td></td><td></td></tr>
<tr><td colspan="2">第一次结婚年龄</td><td></td><td></td><td></td><td></td><td></td><td></td></tr>
<tr><td colspan="2">曾经离婚之次数</td><td></td><td></td><td></td><td></td><td></td><td></td></tr>
<tr><td colspan="2">曾经过夫或妻死亡之次数</td><td></td><td></td><td></td><td></td><td></td><td></td></tr>
<tr><td colspan="2">现在是否鳏寡</td><td></td><td></td><td></td><td></td><td></td><td></td></tr>
</table>

婚姻	成鳏寡时之年龄							
	成鳏寡之原因	离婚						
		夫或妻死亡						
	现有妾数	人数						
		娶妾原因						
生育	曾生子女之数	子						
		女						
		共						
	现有子女之数	子						
		女						
		共						
职业	正业种类	原来						
		现在						
		变迁或不变迁之原因						
	副业种类	原来						
		现在						
		变迁或不变迁之原因						
	在家或在外工作							
	在外作业地点							
	在外作业已历之年数							
	出外作业之原因	关于家庭及个人者						
		关于就业地方者						
	一年内在家工作日数							
	一年内在外工作日数							
	一年内在家工作寄家钱数							
教育程度	曾否入学							
	不入学之原因							
	最初入学年龄							
	最初入学年月							
	最后学校	学校种类						
		现已（1）毕业，（2）退学，（3）或继续在校						
		毕业年月						
		退学年月						
		修业年数或年级						
		退学原因						
	科举功名							

<table>
<tr><td colspan="4">所信宗教</td><td></td><td></td><td></td><td></td><td></td><td></td></tr>
<tr><td colspan="4">有无发辫或是否缠足</td><td></td><td></td><td></td><td></td><td></td><td></td></tr>
<tr><td rowspan="4">疾病</td><td colspan="3">残废种类</td><td></td><td></td><td></td><td></td><td></td><td></td></tr>
<tr><td colspan="3">目疾种类</td><td></td><td></td><td></td><td></td><td></td><td></td></tr>
<tr><td colspan="3">现有之他项重大疾病</td><td></td><td></td><td></td><td></td><td></td><td></td></tr>
<tr><td colspan="3">往时曾患之重大疾病</td><td></td><td></td><td></td><td></td><td></td><td></td></tr>
<tr><td colspan="4">所加入之团体</td><td></td><td></td><td></td><td></td><td></td><td></td></tr>
<tr><td colspan="2">家长姓名</td><td colspan="2"></td><td colspan="2">住址</td><td colspan="4">县　区　村</td></tr>
<tr><td colspan="2">原来住址</td><td colspan="4">省　县　村</td><td colspan="2">迁居年数</td><td colspan="2"></td></tr>
<tr><td colspan="2">迁居原因</td><td colspan="8">（1）属原来住址方面者（2）属现在住址方面者</td></tr>
<tr><td colspan="9">全家人数</td><td>备考</td></tr>
<tr><td colspan="2">家属</td><td colspan="2">雇佣</td><td colspan="2">奴婢</td><td colspan="2">寄住</td><td rowspan="2">合计</td><td rowspan="12"></td></tr>
<tr><td>男</td><td>女</td><td>男</td><td>女</td><td>男</td><td>女</td><td>男</td><td>女</td></tr>
<tr><td></td><td></td><td></td><td></td><td></td><td></td><td></td><td></td><td></td></tr>
<tr><td colspan="9">最近六年内生死人数</td></tr>
<tr><td></td><td>本年</td><td>去年</td><td>前年</td><td>大前年</td><td>前四年</td><td>前五年</td><td>合计</td><td></td></tr>
<tr><td>产生</td><td></td><td></td><td></td><td></td><td></td><td></td><td></td><td></td></tr>
<tr><td>死亡</td><td></td><td></td><td></td><td></td><td></td><td></td><td></td><td></td></tr>
<tr><td colspan="2">房屋</td><td colspan="2">卧室</td><td colspan="3">田地亩数</td><td></td><td rowspan="3">全家一年内他项收入</td></tr>
<tr><td rowspan="2">间数</td><td rowspan="2">主权</td><td rowspan="2">间数</td><td rowspan="2">每间睡人数</td><td colspan="2">自有</td><td rowspan="2">租种</td><td rowspan="2">合计</td></tr>
<tr><td>自种</td><td>租出</td></tr>
<tr><td></td><td></td><td></td><td></td><td></td><td></td><td></td><td></td><td></td></tr>
<tr><td colspan="9"></td></tr>
</table>

注：上表系中华平民教育促进会定县实验区在民国十八年调查。

二、农业调查表

1. 各县农业调查表

各县农业调查表

省______县______县长姓名______填表日期______年______月______日

本表所问情形只指填表时的情形，惟农产及家畜指普通年的情形。

Ⅰ.（1）本县全县面积有几方里__________

（2）本县已耕种的各种田地有几亩__________

(3) 本县水田（有水灌溉的田地）有几亩__________

(4) 本县平原上的旱地（不灌溉的地）有几亩__________

(5) 本县山坡上的旱地（不灌溉的地）有几亩__________

第（3）（4）（5）答案的总数应等于第二问的答案。

(6) 本县可以耕种而尚未垦种的各种荒地有几亩__________

(7) 县城____十里外的乡村中每亩田地平均价值几元，填入下表。

田地别	上等每亩几元	中等每亩几元	下等每亩几元
甲、水田			
乙、平原旱地			
丙、山坡旱地			

(8) 荒地每亩平均价值几元____________________

Ⅱ.（9）五口之家（男子三十五岁上下，有老母，有妻，有男儿十五岁上下、女儿十岁上下）普通能耕种

水田几亩____________（甲）。

旱地几亩____________（乙）。

水田旱地共几亩______（丙）。

(10) 五口之家（同上）普通养耕牛，或骡、马、驴几头____________

(11) 五口之家（同上）所住的房屋（不新不旧、不太奢、不太简的房屋）值几元____________

(12) 本县的重要农作物请填入下表。

农产	甲、何时下种（请按二十四节前后日数填）	乙、本农产占本县全数田地面积百分之几	丙、本农产每亩产几斗	丁、本农产每亩产几斤	戊、每斗在本地价格几元	己、每100斤在本地价格几元	庚、每年运往外县几斗或斤
例如：小麦	霜降后五日	35	10	140	70	5	100 000 斗

Ⅲ.（13）本县有的果实填入下表。

（若本县产桐籽茶籽等亦填入下表）

果实类别	甲、果实园占本县全数田地的面积百分之几	乙、每株树平常年平均产几担（一担是100斤）	丙、全县平常每年年产几担（一担是100斤）	丁、每担（100斤）在出产地价值几元	戊、每年运出外县几担（100斤）
例如：白梨	10	1	100 000	20	50 000
又如：胡桃	1	10	100 000	23	90 000

Ⅳ.（14）本县有的桑园填入下表。

桑树类别	甲、本县桑园占全数田地的百分之几	乙、每亩桑园产桑叶几担（100斤）	丙、本县平常年共产桑叶几担（100斤）	丁、用一担桑叶平均出茧几斤	戊、每担桑叶去年平均价格几元
例如：柞桑	5	50	300 000 000	8	3

Ⅴ.（15）本县有的每叶树填入下表。

茶树类别	甲、茶树占本县全数田地面积百分之几	乙、每株茶树全年平均产茶叶（干叶）几斤	丙、本县平常年每年产各种茶叶（干叶）几担（100斤）	丁、每担干茶叶去年平均价格几元
红茶	2	2.5	200	16 000

Ⅵ.（16）本县有的各种家畜填入下表。

家畜类别	全县共有几头	近五年中因瘟病死亡者每年平均有几头	每头价格平均几元	平常年运往外县者每年平均几头
例如：马	20 000	0	45	300
甲、马				
乙、骡				
丙、驴				
丁、骆驼				
戊、水牛				
己、黄牛				
庚、猪				
辛、绵羊				
壬、山羊				

Ⅶ.（17）本县有的各种家禽填入下表。

家禽类别	全县共有几只	近五年中因瘟病死亡者每年平均有几只	平常年运往外县者平均每年几只	各种禽卵每年运往外县者几担（100斤）
甲、鸡				
乙、鸭				
丙、鹅				
丁、其他				

Ⅷ.（18）本县的户口

甲、本县现时（即填表时）共有几家人________________

乙、本县农民现时共有几家________________

丙、本县人口现时共有多少________________

丁、本县农民人口现时共有多少________________

戊、本县近五年中每年有多少农民移往外县________（甲）

移往何处__________（乙）

己、本县近五年中每年有多少农民自外县移来________________（甲）

来自何处________________（乙）

Ⅸ.（19）本县的度量衡及兑换

甲、本县每亩地等于几弓________________每弓等于几方尺________________

本县最通用的量地尺　请在附纸条上量一尺剪断寄下

乙、本县几亩地等于一方里（华里）________________（一方里等于32 400方丈）

丙、请将本县最普通之食粮如麦、米、小米、高粱等用本县最普通之斗量一斗，并称其轻重，填入下表。

子、所量何物，如“小米”＿＿＿＿＿＿

丑、所量之物是否带糠或皮，如“不带糠”“不带皮”＿＿＿＿＿＿

寅、每斗所量之物重几斤，如14.5斤＿＿＿＿＿＿

丁、本县最通用的秤每斤有几两＿＿＿＿＿＿

戊、本县通用的银洋，每元等于袁头现洋几角＿＿＿＿＿＿

2．农业调查表（以村为单位）

农业调查表

＿＿字＿＿号（农调范围以一村为限）

＿＿省＿＿县＿＿乡＿＿区＿＿村　农村号数＿＿

估计人姓名＿＿住址＿＿＿＿＿＿

调查员＿＿民国＿＿年＿＿月＿＿日表写　襄助员＿＿＿＿＿＿

甲、本村之度量衡及兑换

（1）地一亩＝＿＿＿＿方公尺

（2）谷一石＝＿＿＿＿立方公尺

（3）米一斤＝＿＿＿＿公斤

（4）本村银一元＝＿＿＿＿上海大洋

（5）本村银一元＝本村钱＿＿＿＿文

（表中度量衡及钱币均以本地通用者为标准）

（表中价值未指明时期者均以调查时期为标准）

乙、本村地势气候等

子、地势

丑、土壤　砂、壤、粘、＿＿＿＿＿＿

白、灰、黄、红、黑、＿＿＿＿＿＿

寅、气候

（1）最高温度

（2）最低温度

（3）末次春霜日期

（4）首次秋霜日期

（5）全年雨量

（6）全年雨量最多之节季

（7）全年雨量最少之节季

卯、水利

Ⅰ．农佃

A．自耕农与佃农户数及其所耕田地亩数

（1）自耕农户数＿＿＿自耕田亩数＿＿＿地亩数＿＿＿

（2）半自耕农户数＿＿＿半自耕田亩数＿＿＿地亩数＿＿＿

(3) 佃农户数______佃耕田亩数______地亩数______

B. 纳租法

(4) 分租占____% a. 全年正产几成：$\frac{7}{10}$、$\frac{6}{10}$、$\frac{5}{10}$、$\frac{4}{10}$、$\frac{3}{10}$

b. 全年副产几成：$\frac{7}{10}$、$\frac{6}{10}$、$\frac{5}{10}$、$\frac{4}{10}$、$\frac{3}{10}$

(5) 谷租占______%

谷类	a. 田每亩谷租斗数			b. 地每亩谷租斗数		
	上	中	下	上	中	下
稻						
麦						

(6) 钱租占______%

每亩租价

等级	a. 田	b. 地
上		
中		
下		

(7) 其他租法占______%

每亩租价

等级	a. 田	b. 地
上		
中		
下		

(8) 何时交租

a. 分租________　　b. 谷租________

c. 钱租________　　d. 其他租________

(9) 歉收时谷租、钱租减轻几成__________________

Ⅱ. 农地面积

(10) 田之亩数________　　(11) 地之亩数________

(12) 可耕荒地之亩数________

(13) 去年因水、旱、虫、匪灾未收之田亩数________________

(14) 去年因水、旱、虫、匪灾未收之地亩数________________

(15) a. 果园亩数________　　b. 桑园亩数________________

(16) 有生产之沼泽________________

(17) 去年休耕之地亩数________________

(18) 去年放牧之草山及草地亩数________________

(19) 去年割燃草之山及地亩数________________

(20) 去年不放牧之森林亩数________________

(21) 坟地亩数________　　(22) 房舍、道路所占亩数________________

Ⅲ. 资产价值

(23) 土地每亩价值

	上	中	下
a. 田			
b. 地			

(24) 五口人家所需房屋之价值____________________

(25) 五口人家所需农具之价值____________________

Ⅳ. 借贷

(26) 典当田地者十家中有几家____________________

(27) 值百元之地典当几元____________________

(28) 当出之地若由地主耕每百元每年纳利几元____________________

(29) 当出之地若由当主耕每年收获交地主几成____________________

(30) 洋十元

a. 借用一月纳息若干____________________

b. 借用三月纳息若干____________________

c. 借用六月纳息若干____________________

d. 借用一年纳息若干____________________

(31) 春季借种子一斗秋季须还______斗

Ⅴ. 赋税

(32) 每亩田去年共纳税若干　上______中______下______

(33) 每亩地去年共纳税若干　上______中______下______

Ⅵ. 农工及人口

(34) 十五岁以下之儿童几口____________________

(35) 十五岁以上之男女几口____________________

(36) 去年每一长工（不计伙食）之工价全年________元

(37) 长工一人每月伙食若干____________________

(38) 短工农忙时连伙食每日工价____________________

(39) 短工农闲时连伙食每日工价____________________

(40) 五口之家（一人务农，父母妻子助理）最多可耕田几亩____________________

(41) 五口之家（一人务农，父母妻子助理）最多可耕地几亩____________________

(42) 农闲时壮男作何副业____________________

(43) 农闲时壮女作何副业____________________

Ⅶ.

（44）重要农作物

重要农作物

作物	号码	a. 亩数	b. 每亩产额（注数量单位）	c. 产量	d. 出口量	e. 每单位价额	f. 价值	g. 平常年每亩产额
粳稻	01							
糯稻	02							
冬麦	03							
春麦	04							
大麦	05							
小米	06							
高粱	07							
黑麦	08							

Ⅷ.

（45）重要蔬菜

重要蔬菜

蔬菜类别	号码	a. 亩数	b. 每亩产额（斤数）	c. 产量	d. 每斤价额	e. 价值	f. 平常年每亩产额（斤数）	g. 出口量（斤数）

Ⅸ.

（46）重要果实

重要果实

果实类别	号码	a. 亩数	b. 未到结实时之株数	c. 已到结实时之株数	d. 每株产额	e. 产量	f. 平常年每株产额	g. 出口量

Ⅹ.

（47）其他农产

其他农产

农产类别	号码	a. 亩数	b. 每亩产额	c. 产量	d. 出口量	e. 每单位价额	f. 价值	g. 平常年每亩产额

Ⅺ. 林产

去年共出木材

木类	a. 产量 （注数量单位）	b. 价额	c. 价值	d. 出口量
（48）林木				
（49）柴木				

Ⅻ. 家畜

力畜

畜类	a. 一岁以下者	b. 一岁以上者	c. 每头价额 （一岁以上者）	d. 总值	e. 每年出口头数
（50）马					
（51）骡					
（52）驴					
（53）水牛					
（54）黄牛					
（55）骆驼					

肉畜

畜类	a. 一岁以下者	b. 一岁以上者	c. 每百斤价额	d. 总值	e. 每年出口头数
（56）猪					
（57）绵羊					
（58）山羊					

家禽

禽类	a. 雄禽 （公者）	b. 雌禽 （母者）	c. 每斤价额	d. 每年每禽 产卵额数	e. 每卵价额
（59）鸡					
（60）鸭					
（61）鹅					

蚕

（62）养蚕者几家__________　　（63）每家养蚁几两__________

（64）每两蚁养至吐丝用桑叶几担__________

（65）每两蚁作茧若干__________

（66）去年桑叶每担平均价额__________

（67）去年蚕茧在本村每担平均价额__________

农产输入

（68）去年输入米几担__________　　（69）去年输入面粉几担__________

（70）去年输入杂粮（小米、高粱、玉米、大麦）几担__________

上表系立法院统计处制，于民国十九年发到各县填写。

三、农产输出输入调查表

1. 农产输出调查表

农产输出调查表

（1）输出农产品之市镇名__________　（2）县名__________

（3）省名__________　（4）告知者姓名__________

（5）告知者住址：________省________县________市镇　（6）调查日期________

（1）项目			（2）农产品之种类						
1			2	3	4	5	6	7	8
（3）本市场货物来源之距离（里）	东	1							
	南	2							
	西	3							
	北	4							

续前表

（1）项目			（2）农产品之种类						
（4）每年输出量之估计	量衡单位	5							
	每单位之重量	6							
	民国十八年	7							
	民国十三年至十八年之平均	8							
	民国三年至八年之平均	9							
	光绪三十年至宣统元年平均	10							
输出状况变迁之原因		11							
（5）目的市场	（一）	12							
	（二）	13							
	（三）	14							

附注______________________________

2. 农产输入调查表

农产输入调查表

（1）输入农产品之市镇名______（2）县名______（3）省名______（4）告知者姓名______

（5）告知者住址______省______县______市镇（6）调查日期______

（1）项目			（2）农产品之种类						
1			2	3	4	5	6	7	8
（3）每年输入量之估计	民国十八年	1							
	民国十三年至十八年之平均	2							
	民国三年至八年之平均	3							
	光绪三十年至宣统元年之平均	4							
	量衡单位	5							
	每单位之重量	6							
输入状况变迁之原因		7							
（4）主要用途*	（一）	8							
	（二）	9							
	（三）	10							

续前表

(1) 项目				(2) 农产品之种类						
(5) 输入来源	平均	(一)	11							
		(二)	12							
	荒年	(一)	13							
		(二)	14							

* 在主要用途填明后，按以下三种情形加注一简单数目字，如 (1) (2) 或 (3)。
(1) 为在本县直接消用者，(2) 为经制造后而仍在本县消用者，(3) 为经制造后而复输出者。

上表系南京金陵大学农业经济系编制，曾在定县试用。

四、井泉调查表

井泉调查表

(注意：以有井墙者为限，临时挖的水坑不算，因为泥土墙的井，不能持久。)

(1) 县名　　省　　县　(2) 村名

(3) 全村有井几口？

(4) 井墙是砖的，还是石的，还是木的？

(5) 普通的井有几尺深 (从井口到井底)？

(6) 一年四季，水的多少不同，普通的井有几尺水 (从水面到水底)？

　　春季　　　夏季

　　秋季　　　冬季

(7) 井的直径大概有几尺 (指井身而言，不是井口)？

(8) 贵村最大的井，井身直径有几尺？深几尺 (从井口到井底)？

(9) 井水是甜的还是苦的？水中有盐吗？有碱吗？

(10) 用什么方法来防止地面上的污秽流入井中？

(11) 掘一口井约用多少钱 (洋几元)？

(12) 村子里的人有井在邻村吗？有几口？

(13) 邻村的井用砖砌的，还是用石砌的，还是用木料做墙的？

(14) 邻村的井深几尺 (从井口到口底)？

(15) 邻村的井四季各有几尺水 (从水面到井底)？

　　春季　　　夏季

　　秋季　　　冬季

(16) 邻村的井，井身的直径有几尺？

（17）邻村最大的井深几尺（从井口到井底）？直径几尺？
（18）邻村井，井水如何？
（19）贵处一方的井普通每口可灌溉几亩？
春秋　　　夏季
秋季　　　冬季
（20）贵处的地得井水充分灌溉者有百分之几？
（21）邻村掘一口井约需洋若干元
（22）贵处用什么方法从井中引水上来（请详细说明）？
（23）引水用具全份需洋若干元
（24）农忙的时候打井水的工价每天若干（用银洋合）
中华民国　　　年　　　月　　　日
报告人姓名　　　　　通信住址

五、河流调查表

河流调查表

（1）县名　　省　　县　（2）村名
（3）附近河流的名称　（4）从何处流来？
（5）流入哪一条河？这河在何处？
（6）离本村最近的河面，水深时有多少尺宽？水浅时有多少尺宽？
（7）水大时河中有淤泥吗？水小时有淤泥吗？
（8）淤泥的种类粘土呢还是沙土呢？
（9）水大时水流中夹有石块吗？
（10）天旱的时候，河身中有地下水吗？
（11）天旱的月份河底掘到几尺深才可见水？
（12）水大的时候全河平均水深几尺？
（13）主流四季平均水深几尺？
春季　　　夏季
秋季　　　冬季
（14）贵处以前用什么方法从河里引水浇田？
（15）贵处各田户曾经联合创办过大规模的水利计划吗？在什么时候办过的？
（16）贵处所种的庄稼最普通是什么？
（17）贵处的河流在贵处曾经闹过水患吗？什么情形？
（18）贵处管理堤埝的情形如何？
（19）贵处堤埝在水大时候常决口吗？
（20）这堤埝由何人负责保管？

(21) 贵处附近有无障碍的水道的桥梁或铁道?

水大的年份有没有积水成潭的时候?

中华民国　　年　　月　　日

报告人姓名　　　　通信地址

六、乡村生活调查表(分户调查)

乡村生活调查表

调查地点:　　省　　县　　区　　村　　民国　　年　　月　　日入手调查

调查员姓名　　所属机关　　机关所在地　　民国　年　　月　　日调查终结

人口																							
农户之姓	一至十岁		十一至十五岁		十六至二十岁		二十一至三十岁		三十一至四十岁		四十一至五十岁		五十一至六十岁		六十一至七十岁		七十一至八十岁		八十以上		男子		
																					工作者		不工作者
																					为己工作	为人工作	
	男	女	男	女	男	女	男	女	男	女	男	女	男	女	男	女	男	女	男	女			
1	2	3	4	5	6	7	8	9	10	11	12	13	14	15	16	17	18	19	20	21	22	23	24
总计																							

人口												教育		居屋
女子			孩童			十六岁以上之男子在外			妇女幼童之在外者	一年中人口之增减		能认字者◉	能认字者⊙	家屋共几间
工作者		不工作者	工作者		不工作者	长期工作者	暂时工作者	流散在外者		生	死			
为己工作	为人工作		助其家属	为人工作										
25	26	27	28	29	30	31	32	33	34	35	36	37	38	39

土地											
有地亩数	自耕之地亩数	佣工耕种之地		出租之地		租耕田地亩数	凶年地亩之增减		稻米		
									亩数	产额	
		亩数	佣工人数	亩数	佃户人数		买入	卖出		平均	最多
40	41	42	43	44	45	46	47	48	49	50	51

农产														
麦			小米			玉米			高粱			棉麻		
亩数	产额		亩数	产额		亩数	产额		亩数	产额		亩数	产额	
	平均	最多		平均	最多		平均	最多		平均	最多		平均	最多
52	53	54	55	56	57	58	59	60	61	62	63	64	65	66

注：产额以每亩若干担计。

农产														
豆			菜蔬（根或叶）			瓜果			桑叶			其他		
亩数	产额		亩数	产额		亩数	产额		亩数	产额		亩数	产额	
	平均	最多		平均	最多		平均	最多		平均	最多		平均	最多
67	68	69	70	71	72	73	74	75	76	77	78	79	80	81

工业 ○或●									
土木工		金工		石工		运输业		其他	
专营	兼营	专营	兼营	专营	兼营	专营	兼营	专营	兼营
82	83	84	85	86	87	88	89	90	91

工业														经济			
是否有蚕（十一）	每年出丝斤数	农家之出品（十一）（#）												一年间入款之大概			
		棉纱		布匹		衣服		靴鞋		农具		其他		田产之值	家庭工业之值口	共得工资	其他收入（如租金利息等）
		自用	出售	自用	出售	自用	出售	自用	出售	自用	出售						
92	93	94	95	96	97	98	99	100	101	102	103	104	105	106	107	108	109

注：104、105两列（其他工业）指草帽边、发网等简单工业之在家庭工作者言。

状况			附记
储蓄与负欠（十一）			(113)
有负欠者	有储蓄者	还债者	
110	111	112	

上表皆系中国华洋义赈救灾总会编。

七、生亡调查表

1. 出生调查表

出生调查表

区__________

1. 出生地产__________

城__________

村__________

街__________门牌号数__________号码__________

2. 婴儿姓名__________

3. 性别	4. 单生　双生	5. 私生	6. 出生死	7. 生日阳/阴历　年　月　日　时　分
父亲	8. 姓名		母亲	14. 本名
	9. 住址			15. 住址
	10. 年龄			16. 年龄
	11. 职业			17. 职业
	12. 识字否　曾/未在平校念过书			18. 识字否　曾/未在平校念过书
	13. 原籍			19. 原籍
20. 接生者			地址	
婴儿	21. 健壮　不健壮		产母	26. 本产为　易　难　手术
	22. 有抽风　无抽风			27. 有发烧　无发烧
	23. 有无他病			28. 有抽风　无抽风
	24. 为男/女　第几			29. 乳充足　乳不充足
	25. 产后两目曾未点药			30. 前产几个　健存 死亡
签名日期　年　月　日			签名	
登录日期　年　月　日			住址　（医士、护士、家长、亲朋）	

2. 死亡调查表

死亡调查表

1. 死亡地点____________
城____________
村____________
街________门牌号数____________号码____________
2. 死者姓名____________

3. 性别	未/已婚　鳏/寡	20. 死亡日期　年　月　日　时　分
4. 生日　年　月　日		21. 病名　国定名
5. 年龄　岁　月　日　时　分		22. 世界名称
6. 职业		23. 罹病时期　年　月　日
7. 原籍		24. 病状
8. 来此年数		
9. 识字　不识字		25. 死时状况
10. 曾/未在平民学校念书		
死者家属　11. 父名	12. 年龄	26. 夹杂病
13. 原籍	14. 职业	
15. 母名	16. 年龄	
17. 原籍	18. 职业	签名 地址　（医士、护士、家长、亲朋）
19. 如系死于医院请将移院前之住址列下		
登录日期	27. 葬地	出葬日期
年　月　日	28. 何铺承办　地址	

3. 婴儿死因调查表

婴儿死因调查表

婴儿姓名：　　　　；性别：男，女；生日　年　月　日　；死日；

父母姓名：父　　　；母　　　；

父母住址（详细门牌号数）：

籍贯（住平年数）：

家庭状况

关于父母双方的：

	年龄	结婚年龄	职业	教育程度	身躯（大、中、小）	健全	病弱	死亡日期	死因
父									
母									

关于母亲方面的：

受胎次数：　　共　　次

胎数	生产日期	小产（胎儿月数）	死产（胎儿月数）	性别	活死			
					健全	病弱（主要病因）	死期	死因（按此表死因填之）
1.								
2.								
3.								
4.								
5.								
6.								
7.								
8.								
9.								
10.								
11.								

妊娠期内之休息（每日八小时以外之休息时间）　　小时

全家人数（同住同食者均在内）

房屋总数（分大小间两种）

全家每月进款（有财产者以月息计）

家人有无患传染病者

备考：

婴儿状况
产前健康检视（何处，何人，有恒否）
出生：(1) 地点（在家或在医院）
(2) 检查者——产科专家，医师，助产士，改良接生婆，其他。
(3) 接生者——产科专家，医师，助产士，改良接生婆，接生婆，其他。
(4) 临产情形——易，难，钳，手术（Caesarean Section）
(5) 死产——死因及数月
(6) 早产——第 月（胎月）
出生时之体重（公斤或磅）：
有无先天畸形：
营养：
(1) 母乳——喂乳时期（几个月摘乳）
(2) 乳媪——喂乳时期（几个月摘乳）
母亲不能哺乳原因
(3) 人工哺乳——喂乳时期 ；代乳品——牛乳，豆浆，乳粉，米粉，其他
每日几次：
种痘：（何时接种，曾否出痘）
婴儿生后一年内之健康视察（何处，何人，有恒否）
一年内之健康状况（主要病因）：
死亡：(1) 日期
(2) 地址
(3) 曾否报告警局
(4) 曾否就医（新，旧，医生姓名住址）
(5) 病期
(6) 死因（照本表死因填写）
备考： （医师签字）

4. 各月份因各种病症死亡之人数表

各月份因各种病症死亡之人数表

民国　　年份

死因＼性别＼月份		一月	二月	三月	四月	五月	六月	七月	八月	九月	十月	十一月	十二月	全年
1. 肺痨	男													
	女													
2. 其他痨症	男													
	女													
3. 呼吸系病（肺痨除外）	男													
	女													
4. 白喉	男													
	女													
5. 猩红热	男													
	女													
6. 天花	男													
	女													
7. 麻疹	男													
	女													
8. 其他疹类	男													
	女													
9. 鼠疫	男													
	女													
10. 伤毒	男													
	女													
11. 其他热症	男													
	女													
12. 肠泻及肠炎*	男													
	女													
13. 伤寒	男													
	女													
14. 霍乱	男													
	女													
15. 其他肠胃病	男													
	女													
16. 心肾病	男													
	女													

续前表

死因＼性别＼月份		一月	二月	三月	四月	五月	六月	七月	八月	九月	十月	十一月	十二月	全年
17. 老衰及中风	男													
	女													
18. 产褥病	男													
	女													
19. 抽风	男													
	女													
20. 出生虚弱及早产	男													
	女													
21. 狂犬病	男													
	女													
22. 中毒及自杀	男													
	女													
23. 外伤	男													
	女													
24. 其他原因	男													
	女													
25. 原因不明	男													
	女													
总计	男													
	女													
	总数													

* 热肠症。

5. 按年龄组因各种病症死亡之人数表

按年龄组因各种病症死亡之人数表

民国　　年份

死亡原因＼性别＼年龄		一岁以下	一岁	二岁	三岁	四岁	五岁至九岁	十至十四岁	十五至十九岁	二十至二四岁	二五至二九岁	三十至三四岁	三五至三九岁	四十至四四岁	四五至四九岁	五十至五四岁	五五至五九岁	六十至六四岁	六五至六九岁	七十至七四岁	七五至七九岁	八十至八九岁	九十岁以上	年龄不明	合计
1. 肺痨	男																								
	女																								

续前表

年龄 / 性别 / 死亡原因		一岁以下	一岁	二岁	三岁	四岁	五岁至九岁	十至十四岁	十五至十九岁	二十至二十四岁	二十五至二十九岁	三十至三十四岁	三十五至三十九岁	四十至四十四岁	四十五至四十九岁	五十至五十四岁	五十五至五十九岁	六十至六十四岁	六十五至六十九岁	七十至七十四岁	七十五至七十九岁	八十至八十九岁	九十岁以上	年龄不明	合计
2. 其他痨症*	男																								
	女																								
3. 呼吸系病	男																								
	女																								
4. 白喉	男																								
	女																								
5. 猩红热	男																								
	女																								
6. 天花	男																								
	女																								
7. 麻疹	男																								
	女																								
8. 其他疹类	男																								
	女																								
9. 鼠疫	男																								
	女																								
10. 伤毒	男																								
	女																								
11. 其他热症	男																								
	女																								
12. 肠泻及肠炎**	男																								
	女																								
13. 伤寒	男																								
	女																								
14. 霍乱	男																								
	女																								

续前表

年龄 性别 死亡原因		一岁以下	一岁	二岁	三岁	四岁	五岁至九岁	十至十四岁	十五至十九岁	二十至二四岁	二五至二九岁	三十至三四岁	三五至三九岁	四十至四四岁	四五至四九岁	五十至五四岁	五五至五九岁	六十至六四岁	六五至六九岁	七十至七四岁	七五至七九岁	八十至八九岁	九十岁以上	年龄不明	合计
15. 其他肠胃病	男																								
	女																								
16. 心肾病	男																								
	女																								
17. 老衰及中风	男																								
	女																								
18. 产褥病																									
	女																								
19. 抽风	男																								
	女																								
20. 出生虚弱及早产	男																								
	女																								
21. 狂犬病	男																								
	女																								
22. 中毒及自杀	男																								
	女																								
23. 外伤	男																								
	女																								
24. 其他原因	男																								
	女																								
25. 原因不明	男																								
	女																								
总计	男																								
	女																								
	总数																								

* 肺痨除外。

** 肠热症。

6. 各月份因各种传染病死亡之人数表

各月份因各种传染病死亡之人数表

民国　　年份

病名 / 性别 / 月份	伤寒			斑疹伤寒			赤痢			天花			鼠疫			霍乱			白喉			猩红热			流行性脑脊髓膜炎			总计		
	男	女	总数	男	女	总数	男	女	总数	男	女	总数	男	女	总数	男	女	总数	男	女	总数	男	女	总数	男	女	总数	男	女	总数
一月																														
二月																														
三月																														
四月																														
五月																														
六月																														
七月																														
八月																														
九月																														
十月																														
十一月																														
十二月																														
合计																														
备考																														

上表系中华平民教育促进会卫生教育部生命统计股制，现由王仲哲先生指导调查。

八、鸦片毒况调查表

鸦片毒况调查表

号数______民国______年度______省名______

调查者姓名______通讯处______

调查地点：______省______县______地方

调查时间：______年______月______日

Ⅰ. 种植鸦片之调查

（1）贵处本年共种烟苗若干亩？______约占田地总数百分之几？______

（2）贵处种烟是被迫的或自动的？______如系被迫，被何人所迫？______
如系自动，因为何故？______

（3）贵处种一亩烟苗共需本钱若干？______一亩本钱内各项用金请分填于下：

（a）粪或肥料若干斤______值若干元______

（b）人工畜工若干工______值若干元______

（c）付烟苗捐若干元______

（d）地租______

（e）杂费______

（4）贵处每亩烟苗平均可出烟土若干两？______值若干元？______

（5）每亩烟苗对除外可得纯利若干元？______

（6）贵处所产烟土百分之几在本地通销？______百分之几售往何处？______

（7）贵处烟苗捐是谁包办？______共包若干元？______

（8）本年贵处烟苗比去年增加若干？______贵处粮食之价值有否增加？______

（9）贵处种烟发生了何种坏事及恶习？______

（10）贵处欲实行禁种最好用何方法或有何难处？______

Ⅱ. 贩卖鸦片之调查

（1）贵处贩卖鸦片之商店共若干家？______每年共销若干两？______

（2）贵处鸦片共分几等？______每两价值若干？______

（3）贵处禁烟局对贩卖鸦片有何取缔办法？______

（4）贵处鸦片多从何地购来？______如何来法？______

（5）贩卖鸦片者多系何等人？______

（6）贵处通用何种外国鸦片？______每年共销若干？______

（7）有否外人在贵处私贩鸦片？______多系何国人？______如何贩法？______

（8）贵处如实行禁止贩卖鸦片，当以何法为最有效力？______

Ⅲ. 吸用鸦片之调查

(1) 贵处吸食鸦片者共约若干人？＿＿＿＿＿老年者居＿＿＿＿＿%
三十岁以上者＿＿＿＿＿%　三十岁以下者＿＿＿＿＿%

(2) 贵处烟馆共约若干家？＿＿＿＿＿每家向禁烟局纳税若干？＿＿＿＿＿

(3) 贵处烟民已向禁烟局登记者若干？＿＿＿＿＿每人每年纳捐若干？＿＿＿＿＿

(4) 贵处烟民不愿登记者多因何故？＿＿＿＿＿

(5) 如欲烟民向官厅登记当用何法？＿＿＿＿＿

(6) 贵处吸烟人数及烟馆之增加与赌博、抢劫、娼妓等恶习有何关系？

(7) 贵处吸烟者多系何等人？＿＿＿＿＿下列各界居百分之几？政界＿＿＿＿＿%，
军界＿＿＿＿＿%，商界＿＿＿＿＿%，学界＿＿＿＿＿%，劳动界＿＿＿＿＿%

(8) 吸烟最多者系何界人？＿＿＿＿＿多因何故吸烟？＿＿＿＿＿近状若何？＿＿＿＿＿

(9) 贵处如欲实行禁止吸食鸦片，当以何法为最有效果？＿＿＿＿＿

Ⅳ. 麻醉药品及其他

(1) 贵处服用白丸、金丹及打吗啡针者共约若干人？＿＿＿＿＿

(2) 服用白丸、金丹打吗啡针者多系何界人？＿＿＿＿＿系因何故？＿＿＿＿＿

(3) 最初是何人引诱他们去用白丸或打吗啡针？＿＿＿＿＿多用何法引诱？＿＿＿＿＿

(4) 贵处售卖白丸、金丹及吗啡之商店共若干家？＿＿＿＿＿各种毒药每年共销若干粒或两？＿＿＿＿＿

(5) 有否外国人在贵处私售麻醉毒药？＿＿＿＿＿如有，多系何国人？＿＿＿＿＿
共若干家？＿＿＿＿＿每家每年可售若干？＿＿＿＿＿赚钱若干？＿＿＿＿＿

(6) 贵处有仿制白丸、金丹所若干处？＿＿＿＿＿何人主办？＿＿＿＿＿设在何处？＿＿＿＿＿

(7) 贵处制造白丸、金丹用之原料如吗啡、海洛因多来自何处？＿＿＿＿＿每年输入若干？＿＿＿＿＿如何购运？＿＿＿＿＿

(8) 贵处官厅对白丸、金丹及打吗啡针者有何取缔办法？＿＿＿＿＿

(9) 贵处服用白丸、金丹者现在是否增加？＿＿＿＿＿系因何故？＿＿＿＿＿

(10) 贵处如欲禁绝服用麻醉毒品，当以何法为最有效力？＿＿＿＿＿

上表系中华国民拒毒会在民国十七年编订。

九、农村领袖调查表

农村领袖调查简表
(村长或村佐)

第　区　村　询问　年　月　日　询问者　赐教者　程度

姓名		详细叙述：
在职年月	年　月—　年　月	
1. 在职年限		

2. 连任次数		
3. 连任原因		
4. 产生方法		
5. 年龄（初为村长时）下同		
6. 自有数		
其他		
7. 读书年数		
毕业学校		
8. 家中人口数		
9. 同族家数		
10. 被选重要原因　首要		
次要		
其他		
11. 本人对于被选态度		
12. 退职原因		
13. 任期内成绩　正		
反		
14. 村人态度		
15. 热心公益		
16. 好管事情		
17. 善于讲话		
18. 办事公正		
19. 精明		
20. 精神		
21. 忠厚		
22. 慷慨		
23. 谦和		
24. 嗜好		
25. 品行		
26. 特长　正		
反		

注：6. 自有数（地亩数），其他（财产）；13. 正（好成绩），反（不好成绩）。

上表系著者于民国十九年编，在中华平民教育促进会定县实验区查调各村长村佐。

第十五章　关于都市社会的各项调查表格选录

一、上海五口工人家庭调查表

上海五口工人家庭调查表

第　　号

甲、属于每人的

(1)人口	(2)年龄	(3)职业	(4)在何处做工	(5)每日做工时间	(6)每月休息几天	(7)每天吃饭几餐	(8)哪餐在外吃饭	(9)在外吃的饭菜是由家带去么
家主姓名	岁			午　点　分 至 午　点　分	天	餐	餐	是 否
妻　　氏	岁			午　点　分 至 午　点　分	天	餐	餐	是 否
子　大/小　人	岁			午　点　分 至 午　点　分	天	餐	餐	是 否

续前表

(1) 人口	(2) 年龄	(3) 职业	(4) 在何处做工	(5) 每日做工时间	(6) 每月休息几天	(7) 每天吃饭几餐	(8) 哪餐在外吃饭	(9) 在外吃的饭菜是由家带去么
大 女 人 小	岁			午 点 分 至 午 点 分	天	餐	餐	是 否
其他 亲属 人	岁			午 点 分 至 午 点 分	天	餐	餐	是 否

(10) 每月工钱收入	(11) 米价 元以上时 每月米贴若干	(12) 每月或每年奖金 收入及其他收入	(13) 备考
洋 元 角 分	洋 元 角 分	月 洋 元 角 分 年 洋 元 角 分	
洋 元 角 分	洋 元 角 分	月 洋 元 角 分 年 洋 元 角 分	
洋 元 角 分	洋 元 角 分	月 洋 元 角 分 年 洋 元 角 分	
洋 元 角 分	洋 元 角 分	月 洋 元 角 分 年 洋 元 角 分	
洋 元 角 分	洋 元 角 分	月 洋 元 角 分 年 洋 元 角 分	

乙、属于全家的

(14) 原籍	(15) 上海住址	(16) 住上海几年了	(17) 家中何人识字	(18) 家主愿自己写账或别人代写	(19) 租什么房子
省 县	路 里 号	年	家主 妻 子 女 其他亲属	自己 别人	一楼一底石库门 一楼一底东洋房子 前楼 后楼 阁楼 亭子间 灶间 楼下客堂 楼下后客堂

(20) 每月房租多少	(21) 每月或每年汇往老家银钱若干	(22) 每月或每年老家来银钱若干	(23) 上年盈余若干或亏空若干	(24) 备考
洋元角分	月　洋　元　角　分 年　洋　元　角　分	月　洋　元　角　分 年　洋　元　角　分	盈余约　元 亏空约　元	

调查区域　　　　　　调查人姓名　　　　　　调查　　　年阳/阴历　　　月　　日

填表须知：

（1）家庭人口以五口为限，就是一夫一妻三子女，或一夫一妻二子女及一亲属，或一夫一妻一子女及二亲属，或一夫一妻三亲属皆可。其他亲属指家主的父母、伯叔父母、岳父母、兄弟、诸姑姊妹及其他亲属，系以常年同居、靠家主生活的为限。如偶然来白相的，或缴费寄膳宿的不算。（2）年龄照表填注。（3）职业系指何种工业，如铁工业、纸工业或印刷工业等。（4）在何处做工须写明某某工厂。例如商务印书馆、永豫纱厂或恒丰丝厂等。（5）每日做工时间，可照表填注。（6）每月休息天数，系指节日、礼拜日或其他休息日，每月共几天。（7）每天吃饭几餐，须写明二餐、三餐或四餐。但可不必写早餐、中餐、晚餐及点心等字样。（8）哪餐在外吃饭，切勿写二餐、三餐等字样。须写早餐、中餐或晚餐等字样。（9）在外吃的饭菜，如果由家带去的，可将表中的“否”字划去，如非由家带去，可将“是”字划去。（10）每月工钱收入，可照表填注。如系大洋，在洋字左面写一大字。如系小洋，在洋字左面写一小字。（11）每月米贴若干，照表填注。惟必须写明米价几元。譬如米价在九元以上时米贴一元，米价在十四元以上时米贴二元之类。大洋小洋照10项办理。（12）每月或每年奖金收入，如系每月，可填在月字下面，如系每年，则填在年字下面。切不可混乱。大洋小洋照前项办理。（13）凡每人的特别情形，可填入这备考栏内。（14）原籍系指老家，就是祖居的地方。（15）上海住址，即现在的寓处。（16）住上海几年，照表填注。（17）家中何人识字，可将家中识字的人名留着，其余用笔划去。如全家统识字，全家留着。如没有人识字，可统划去。（18）家主如愿自己写账，可将表中“自己”二字留着，“别人”二字划去。如愿别人代写，可将“别人”二字留着，“自己”二字划去。如都不愿意，可将“自己”“别人”四字通统划去。（19）租什么房子，如租的房子是“一楼一底石库门”，可将“一楼一底石库门”七字留着，其余用笔划去。如租的房子是“前楼”，可将“前楼”二字留着，其余用笔划去。其他都可照这样办理。（20）、（21）、（22）照表填注，大洋或小洋照（10）、（11）项同样办理。年或月照（12）项同样办理。（23）将去年的盈余或亏空的约数填在元字上面。（24）凡关于全家的特别情形，都可写在这备考栏内。

上表为财政部驻沪调查货价处编。

二、与家庭女工谈话表

与家庭女工谈话

a. 询问者　　b. 填表　年　月　日　　c. 主人住址

甲、（1）女工　　现在住址

（2）年龄

（3）诞生地：省　县

（4）现在工作种类　　何人介绍

（5）在本家做工多久

（6）早晨何时开始做工　　晚间何时止工　　其间何时休息及多久

（7）一年休息日数：阴历新年　　阳历新年

其他节日　　共

（8）从多大年纪开始出来挣钱　　那时每月得多少钱（零钱在内）

（9）为什么出来作事　　家中必须您帮助过日子么

还是家中够吃喝您要积点钱呢

（10）您出嫁时多大年纪

（11）一共生过多少子女

（12）一共做工多少年

都是甚么工

（13）换过多少主人　　主人都是作甚么事业的家庭

（14）曾失业多少次（即要做工而无工）及多久

（15）挣钱最多时每年多少（零钱在内）　　除去饭费否

（16）来本家以前做甚么工　　为什么不接着做了

乙、（17）现在每月工资　　何种零钱及多少　　全年收入总数

(18) 往家送钱么　　　　每年约多少

(19) 除往家送钱及自己费用外，每年约剩多少钱

(20) 现在共积蓄多少

(21) 家中有何种产业及价值（房地等）　　　　都属自己或丈夫么

(22) 去年借过钱或当过当么　　　　多少　　　　原因

丙、(23) 每月饭费：吃雇主饭（估计）　　　　自己做饭

(24) 最常吃的米面种类：(a)　　　　(b)

(25) 去年自己所添衣帽费（衣帽鞋袜一切）　　　　自做者多少　　　　买现成者多少

(26) 每月房费（若自己租）

(27) 每月燃料费（若自己买）煤油　　　　灯火　　　　两种年共

(28) 每年添用具费（若自己买）

(29) 每月烟费及种类

(30) 每年茶叶费（自买）

(31) 每年卫生费（胰皂、牙刷、牙粉等）

(32) 每年装饰费（头油、粉、首饰等）

(33) 去年医药费

(34) 全年酬应费

(35) 全年交通费

(36) 此外何种杂费及多少费用

(37) 全年自己费用总计

丁、(38) 家中共同生活之人口年龄及职业：丈夫　　　　子　　　　女　　　　其他

(39) 谁不在家用饭　　　　在家吃饭者每月饭费多少

(40) 每年衣服费（不算女工本人）

(41) 每年房租　　　　或自己房　　　　住几间

(42) 每月燃料费

(43) 其他杂费

(44) 全年家中支出总数（不在家吃者不算在内）

(45) 丈夫每月挣多少钱　　　　往家送多少钱　　　　其他家中何人往家送钱及每年多少

(46) 有何他种收入

(47) 全年全家收入总数（往家送者）

戊、(48) 您大约认识多少字　　　　念过书么　　　　多久，跟甚么人学的

(49) 闲暇时作什么

(50) 去年因病歇多久

(51) 身体强健么　　　　表面上健康如何（调查人看）

(52) 信何神

(53) 家中若有年幼儿童，何人照管

(54) 每年回家几次

(55) 其他情形（询问人细写）

上表为著者于民国十六年在燕京大学教授社会调查时编的，使班中学生用此表练习调查本村教授家中的女仆。

三、家庭问题表

家庭问题表

答者姓名　　　　　　　职业

答者通信处

日期

关于答者自己家庭之问题

（1）家长姓名

（2）住址

（3）与家长同居之人数

（4）亲属表（记出每等亲与家长同居之人数）

Ⅰ．甲、曾祖父　　　　　乙、曾祖母

Ⅱ．甲、祖父　　　　　　乙、祖母

Ⅲ．甲、父　　　　　　　乙、母

丙、伯叔与伯叔母　　丁、未嫁姑

Ⅳ．甲、兄弟与嫂或弟妇　乙、未婚弟兄

丙、未嫁姊妹　　　　丁、已婚堂兄弟

戊、未婚堂兄弟　　　己、未嫁堂姊妹

Ⅴ．甲、已婚子　　　　　乙、未婚子

丙、未嫁女　　　　　丁、已嫁侄

戊、未婚侄　　　　　己、未婚侄女

Ⅵ．甲、孙　　　　　　　乙、孙女

丙、侄孙　　　　　　丁、侄孙女

Ⅶ．指明此外与家长同居之任何亲属

Ⅷ．家内之　　　　甲、仆　　　　乙、婢

（5）结婚与离婚

甲、旧婚制

乙、旧制离婚之方法与原因

丙、父母与祖父母对于新式婚姻之态度（举例）

丁、现时子女关于己身婚嫁问题对于父母之态度（举例）

戊、新婚者对于家庙之义务（举例）

己、本族对于新婚者之态度（举例）

庚、近日离婚方法（举例）

（6）家长

甲、自何时、在何状况之下现任家长成为家长

乙、历数家长的职务并叙述其日常管理之工作

（7）家庭之经济功用

甲、共有产业之数量及种类、价值

乙、产业在谁名下？

丙、继承产业的法律及实行

丁、分产的方法——在何时如何分法？本家财产最近在何时如何分的？以后将于何时如何再分？

戊、除孩童外，对于不能自立的眷属全家有何类经济的待遇？（举例）

（8）家庭之法律功用

甲、家法与家风

乙、关于道德的教训，儿童读何类书籍

丙、实施家庭意旨及惩罚过失的方法（举例）

丁、哪类事情解决于

（a）家内？

（b）家族？

（c）地方？

（d）县长？

对于此项事件本地警察能作什么？

（9）家庭之宗教功用

甲、家内之宗教仪式何人主礼，所作何事？在何程序及时期举行这类礼仪？

乙、有家庙否？何处？描写家庙并详述所有的节仪，何人主礼，所作何事？

丙、叙述家庙之社交、经济、慈善、教育及司法等功用

（10）家庭之政治功用

甲、家长以何类公众及政治资格去行动并如何行动？

乙、他代表家庭公意至何程度？在家长解决实行以前有多少家庭的讨论？何人参预这类讨论？家长的行动受这类讨论的限制有多大？

（11）家庭之社交功用

甲、叙述家内的娱乐生活

乙、叙述本家对外之酬酢

（12）旧制家庭改革的征兆及其原因（此系关于家人以外之问题）

甲、小家庭制的本地有多少（例述）

乙、如有欲离大家庭而另居的亲邻，对之态度如何？

注意：如地方有写不开的，请另纸添写而记问题数目，如：甲、乙、……

四、教员家庭调查表

教员家庭调查表

学校名称（公立、私立或教会）　　　学校种类：小学　中学　大学　其他

社会调查部打算详细地调查各级人民的生活真相，恳切的请填表者注意几样事：

（1）凡填写的调查表除本部外决不令任何人过目，更不能宣布填者之姓名或住址（本部所注意者亦是多数平均的总状况，不是个人的状况）。若填表者实在不欲填写姓名亦可用别号，学校名称填写与否亦请随便，但请注明公立、私立或教会。

（2）若填表者多用些功夫详细的核算填写，则将来所作的统计愈精密准确。

（3）回答数目时请用西文数目字填写。

（4）请用正字填写，万勿潦草。

（5）关于数目的回答，无论估计与否，须写一定数目，万勿填写“无定”或“每年不同”等字样。

（6）收入支出等数目请按大洋计算填写。

（7）关于各项问题遇有特别情形时，请详细注明。

（8）此种调查为研究社会问题最好的资料，填写者费去数小时的光阴是有价值的牺牲。

（9）收入的总数（包括借债、典当等项）至少应等于支出的总数，请填者注意。

（10）请先将表从头至尾略看一遍（多看几遍更好），然后细心填写。

（11）凡欲继续帮助本部调查他项社会问题者，请随时与本部通信讨论。

a. 调查年________月________日________

b. 省：________县：________镇：________村：________

c. 教员在何校毕业肄业________教读前之职业________

甲、（1）姓名 家主________ 教员________ 教员系家主何人________

（2）种族（如汉、满、回等）________

（3）住址________

（4）诞生地 家主________ 教员________

（5）在现在地方（指 b.）多久 家主________ 教员________

（6）为教员多久________所教课程________

（7）全家有经济关系之人口的年龄、职业、每人每月平均进款及不在家常居住或用饭者何人：

家主________妻________子________女________父________母________

兄________姊________ 弟________妹________ 其他________

（8）教员每月应领薪水________每月平均实领薪水：去年________今年________

(9) 全家储蓄：前年________去年________今年________
(10) 有何他项收入：前年________去年________今年________
(11) 全家平均收入总数：去年全年________去年平均每月________今年平均每月________
(12) 家中有何产业________量________值________
(13) 除衣服及随身物品外，全家所有一切约值多少________
(14) 入不敷出时之办法：前年________去年________今年________
(15) 借债多少、利息几分（指明按年或月）及借债原因：去年________今年________目下当物价值总计________
(16) 典物种类、量、值、每月利息及原因：去年________今年________目下当物价值总计________
(17) 借出总数________
(18) 关于收入之解释及特别情形：________

乙、(1) 在家用饭人数________
(2) 每月平均白面用费及斤数________每月平均白米用费及斤数________其他常用米面种类及每种每月用费________每月米面费总计________，每月菜蔬费________调和费（油盐糖等）________肉类费________果品费________点心费及最常用种类________其他食品费________，每月平均食品费总计________
(3) 每月平均水钱________
(4) 每月平均茶叶费________
(5) 教员每年所添衣服（鞋帽等在内）费（估计近数年之平均数）________，其他家中男人每年所添衣服费总数________其他女人衣服费总数________全家每年所添衣服费总计________
(6) 每年全家平均所添被褥费________
(7) 每月房租________，若系自有房屋每年修理费________每月房捐________
(8) 每月平均煤柴炭费：冬季每月________按多少月计算________，暖时令每月________按多少月计算________
(9) 每月灯火费 电灯________ 煤油________
(10) 每月火柴费________
(11) 每月警察捐（土车路灯等）________每月倒泔水费________
(12) 每年厕所清除费________便具种类：地坑________马桶________其他________
(13) 全家每月胰皂碱费 人用________ 洗物用________ 每月牙刷牙粉费________
(14) 每年男人装饰费（发油、面油等）________女人装饰费（胭脂、粉等）________
(15) 每年沐浴费（如系在澡堂）：全家男人________每年每人平均沐浴次数（亦包括在家中沐浴次数）________，家中女人________每人次数________
(16) 每年理发费：家中男人________女人________（系何人剪发）
(17) 每月吸烟费：教员________其他男人________其他女人________
(18) 每月饮酒费：教员________其他男人________其他女人________

(19) 每年听戏费及何人________看电影费及何人________其他娱乐种类及用费（如打麻雀、台球等）________

(20) 每年新添家具费（盆碗等在内）________

(21) 每年酬应交际费（包括一切年节礼物、人情来往等费）________

(22) 去年家中婚事费及何人________今年________

(23) 去年家中丧事费及何人________今年________

(24) 去年家中庆贺寿辰费及何人________今年________

(25) 现在家中何人入学及全年用费________

(26) 家中每年书报费（除25）及何种报________纸、墨、笔等费________邮件费________

(27) 去年医药费________何人染病________多久________用中国药________洋药________，今年________

(28) 每年交通费（车船、牲口等）________

(29) 每年捐助费（慈善事业）________

(30) 每年事奉父母用费（如不同居一处）________，资助其他子弟或友人用费________何人________

(31) 每年宗教费________何宗教________神名________拜神所在________家中真诚信仰者何人________去年占卜费________今年________

(32) 除去以上所列，有何他项用费：________

(33) 每年支出总数（估计若干，亦可按去年计算）________

(34) 每年至少须支出若干________

(35) 每年收入若干方能维持健康生活________

(36) 关于支出之解释及特别情形：________________________

丙、(1) 房屋间数（按普通间量之大小计算，有时大屋一个等于两三间）：瓦房________灰房________其他种类________砖地________洋灰________地板________其他________，干________潮________湿________，漏雨否________

(2) 睡人者几间________，炕若干________睡人数目________，木板若干________睡人数目________，铁丝床若干________睡人数目________，他种床及睡人数目________

(3) 同院共若干家________屋子间数________全院人数________职业种类________院子大小：长________宽________

(4) 曾入及现入学校者何人及程度________不识字者何人________

(5) 教员打算改职业否________能改何项职业________

(6) 对于未成年之子弟以选择何项职业为最佳（按自己家景能办到者）________

丁、填表者对于本调查表有何意见，可随便发挥：________________

备考：（大洋一元换铜元数目________）

上表为著者于民国十六年在中华教育文化基金董事会社会调查部调查教员时编的。

五、人力车夫调查表

1. 与人力车夫谈话表

与人力车夫谈话

号数

A. 调查人姓名________通信处________

B. ____年____月____日____点钟

C. 调查警区____

甲、(1) 车夫姓名____年龄____

(2) 诞生地____省____县____

(3) 来津原因及想找何事____

(4) 在津多久____

(5) 整年拉车____若短期每年在哪月____

(6) 已拉多久____

(7) 去年换车厂多少次____今年____原因________

(8) 拉车前作何事____

(9) 拉车外兼作何事____

(10) 会何手艺____种过地否____

(11) 每月大概歇几天____年节休息日数____何种天气不拉车____

(12) 闲暇时作甚么____

(13) 能看白话报否________

乙、(1) 每日平均拉多少钱（不除去车租及用费）____至多____

(2) 家中他人每月进款____

(3) 家中有何产业____数量____价值____

(4) 现在积蓄多少钱____

丙、(1) 车捐有哪几道____

(2) 自己车____买价____已用多久____每月修理费____

(3) 拉全天____半天____每日几点出车____几点收车____车厂名称及地址____

(4) 车夫本人车租多少____

(5) 全家每月饮食费（若车夫在家用饭或吃家中所带食物）____家中共同生活者何人及每人年龄____

(6) 每日车夫饮食费（完全不在家吃，若只买一餐请注明）____

(7) 每月家中饮食费（除去车夫在外买饭用费）____

(8) 住何处及每月房租：家中____几间____车厂____

(9) 若系自己房屋，每年修理费________

(10) 车夫本人每年鞋费及几双________其他衣服费________

(11) 其他家中人每年衣服费________

(12) 家中每月柴煤炭费________

(13) 每日灯油费________

(14) 车夫每日烟费________每月酒费________

(15) 家中他人每日烟费________每月酒费________

(16) 去年婚事费________何人________今年________

(17) 去年丧事费________何人________今年________

(18) 家中每年宗教费________何宗教________

(19) 去年占卜费________为何事________今年________

(20) 去年车夫因病歇工多久________医药费________今年________去年家中他人医药费________今年________

(21) 车夫每年在澡堂沐浴次数________每次用费________每年家中他人沐浴用费________

(22) 去年借债多少________利息多少________今年________现在欠债多少________

(23) 去年当物次数________当值________今年________现在当票价值________

(24) 其他用费________

(25) 加入何种互助会________会中人数________每月会费________会之章程________

(26) 全家每月支出总数（调查人核算）________全年________

(27) 全家每月收入总数［由乙项核算，丙项内之（22）、（23）与（25）暂不计算在内］________全年________________

丁、车夫本人在外最常用之食物种类及每日量数________________________全家最常用之食物种类及每日量数________________

戊、其他状况________________________

注意：(1) 调查贵精密准确。关于表中任何问题必须详细询问真相。万不可含糊填写。(2) 每项问题须有答案，不可遗漏。(3) 调查者可用一张调查表为底稿，若调查结果满意再用一张调查表用正字誊清。万勿潦草。(4) 问题后答“是”或“有”时请用√为符号。答“否”或“无”时用〇为符号。(5) 请用西文数目字填写各项数目。写法亦要始终一律。(6) 关于数目的回答，无论估计与否，须写一定数目。万勿填写“无定”或“每年不同”字样。(7) 收入支出等数目在誊写前若能合成大洋填写更好。(8) 在誊写前须详细核算收入支出各项是否相合。若前后头有予盾须设法更正，或有相当之解释。(9) 残缺不全或答案不甚可靠之表请不必交还。凡交还之表至少调查者本人觉得满意。(10) 发生疑问时请随时与社会调查部通信讨论。

2. 到人力车夫家庭中谈话表

到人力车夫家庭中谈话

号数

A. 调查人姓名______通信处________

B. ______年______月______日

C. 调查警区______

甲、(1) 车夫姓名________住址________

(2) 诞生地________省________县________

(3) 住津多久________

(4) 自何年开始拉车________是否继续拉到现在________若否，会作何事及多久________

(5) 车夫娶妻时年龄________妻出嫁时年龄________

(6) 共生过多少子女：男________女________

(7) 现在活着多少子女：男________女________

(8) 车夫的父亲之职业________

(9) 在津共同生活之人口的年龄：车夫________妻________子________女________父________母________兄________弟________姊________妹________其他________________

乙、(1) 车夫每日交车租多少________每月________车夫本人每日在外买饭用钱多少________除去车租及车夫本人在外用费，每日平均剩钱多少________

(2) 家中他人之职业及每人每月进款________

(3) 有何他项收入________

(4) 家中有何产业________价值________

(5) 全家每月平均收入总数（调查人核算）________全年________

丙、(1) 在家用饭人数（包括吃家中所带食物者）________

(2) 全家每月米面费多少________最常用之米面种类________每月菜蔬费________调和费（油盐糖等）________肉类费________其他________点心费及常用种类________每月食物费总计________

(3) 每月水钱________

(4) 每月茶叶钱________

(5) 车夫本人每年鞋费________车夫每年其他衣服费________其他家中人每年衣帽鞋袜费总计________

(6) 每年所添被褥费________

(7) 每月房租________若系自有房屋每年修理费________几间________每月房捐________

(8) 每月平均煤柴炭费：冷季每月________暖季每月________

(9) 每月灯火及火柴费________

(10) 每月警察捐________每月倒泔水费________

(11) 每月卫生及装饰费（皂、粉、油、医药、牙刷及理发等）________

(12) 每月全家吸烟费________饮酒费________

（13）每年娱乐费________种类________
（14）每年酬应费（婚丧事、人情费及年节礼物等）________
（15）每年所添家具费________
（16）每年宗教费________何宗教________每年占卜费________
（17）去年丧事费________何人________今年________去年婚姻费________何人________今年________
（18）其他用费________全家每月支出总数（调查人核算）________全年________
丁、（1）入不敷出时之办法________
（2）去年借债多少________利息（计算法）________今年________现在欠债多少________
（3）去年当物几次________当值________今年________现在所存当票价值________
（4）去年得过何种救济________值________从何处________今年________
（5）加入何种互助会________会中人数________每月会费________会之章程________
戊、其他状况________

3．与人力车厂主人谈话表

与人力车厂主人谈话

号数
A. 调查人姓名________通信处________
B. ________年________月．________日________
C. 调查警区________
（1）车厂名称________地址________
（2）何年开办________
（3）厂主更换几次________
（4）现在人力车数目________开办时多少辆________最多时数目及在何年________
（5）租全天的车夫多少________早半天的________晚半天的________车夫总数全________
（6）冬季车夫数目________夏季________相差原因________
（7）一人独拉全日车租：平均________至高________至低________二人合拉每日车租：平均________至高________至低________
（8）过期交车之车夫每日平均多少________原因________办法________
（9）每年离开本厂车夫多少________原因________每年新来车夫多少________
（10）本厂自开办后车夫拐车多少次________原因________找回多来________如何追寻________
（11）本厂最老的车夫年龄________最幼的年龄________
（12）住厂的车夫多少________白日睡觉的多少________夜间多少________
（13）睡屋间数________
（14）睡屋内作饭否________
（15）每车夫一日房费多少________
（16）院内有厕所否________
（17）车夫吸烟者若干________饮酒者若干________有其他嗜好者若干________
（18）本津之车夫多少________津外人多少________

（19）车主在行会否________

（20）平均每辆洋车每年修理费________

（21）在何年最赚钱________

（22）一年中在何月买卖最好________

（23）若有特别情形写在下面及背面________

上表亦为著者编制。时、地同四表。

4. 洋车夫生活调查表

洋车夫生活调查表

调查时日

____年____月____日

捐牌号码

B. M. C________　特一______

F. M. C________　特二______

日租界________　特三______

意租界________　比租界______

调查人姓名____

____年级____组

Ⅰ. 姓名________年岁________ ________省________县________村人

Ⅱ. 车厂在何处________住址在何处________

Ⅲ. 从前系何职业________为何改拉车________

Ⅳ. 识字否________________

Ⅴ. 拉车种类：

（1）长期________至今已拉了多久？________________

（2）短期________每年在何期？________________

（3）包车________长期抑短期？________________

Ⅵ. 家中有产业否？________什么产业？________

Ⅶ. 家中人口若干？________谁？________

Ⅷ. 每天拉车若干小时？________________

Ⅸ. 每天每月有若干时休息？________________

Ⅹ. 租钱每天需若干？________________

Ⅺ. 租界车捐若干：

（1）英国地________　（5）前德国地（特一）________

（2）法国地________　（6）前奥国地（特二）________

（3）日本地________　（7）前俄国地（特三）________

（4）意国地________　（8）比国地________

Ⅻ. 租车性质：

（1）独租还是和人合租？

（2）半天还是全天？

（倘系半天几点钟到几点钟？ ________）

XIII．每月可得工资几何？ ________

XIV．顶好日子一天拉多少钱？ ________顶坏日子多少钱？ ________

XV．用费：

每天个人约需多少？ ________家中需多少？ ________

a. 食物（每________________）

b. 烟草（每________________）

c. 衣服（每________________）

d. 房租（每________________）

每间房约住几人？ ________________

e. 煤火（每________________）

f. 他项费用：

（1） ________________

（2） ________________

（3） ________________

（4） ________________

（5） ________________

上表是前数年由友人得来，忘记何处用过（大约是在天津南开学校学生用）。

六、手艺工人家庭研究表

手艺工人家庭研究表

号数

A. 询问者________

B. 填表________年________月________日

C. 警区________

甲、（1）工人________住址________诞生地：省________县________

（2）在京多久________

（3）工作种类________

（4）学满时年龄________

（5）一年中在何月失业________失业期间工作________

（6）近十二月休息日数：阴历新年________阳历新年________各节________其他没做工日数及原因________共________

（7）近十二月工作日数：本业________其他________共________

（8）每日工作小时数：冷季________暖季________

(9) 在何行会或工会________

(10) 家中共同生活之人口的年龄及不住家者何人：工人________妻（出嫁时年龄________工人娶妻时年龄________）________子________女________父________母________兄________弟________其他________共________成年男子数____________

乙、(11) 工人进款：一日工资________近十二月共________失业期间其他工作之一日工资________近十二月共________全年收入总计________

(12) 家中其他每人的职业及每人近十二月进款________

(13) 阖家全年收入________平均每月________每日____________

丙、(14) 有何种产业，每种数量及价值（若与其他亲族合有者注明）____________

(15) 近十二月借债多少________原因________何处________利息________偿还方法及期间________

(16) 近十二月当物种类________当值________原因________

(17) 一年阖家大约能剩钱多少（问家中人）________何处储蓄________现在共积蓄多少________打算如何用________

(18) 家中有人加入何种会否________会的组织及情形________

丁、(19) 吃家做饭人数________平均每月各类食品用费：米面________菜蔬________调和________肉类（新年除外）________间食________其他________共________不吃家做饭者何人及每月饭费________全年________阖家全年食品费________

(20) 房租每月________

(21) 若系自有房屋每年修理费________

(22) 每月煤柴炭费：冷季________暖季________全年________，每月煤油费：冷季________暖季________全年________，全年燃料费________

(23) 每月水费：冷季________暖季________全年________

(24) 近十二月家中每人衣服费________共________

(25) 近十二月新添被褥费________

(26) 近十二月茶叶费________

(27) 近十二月胰皂碱费________

(28) 近十二月家具费________

(29) 近十二月阖家交通费________

(30) 近十二月邮件费________

(31) 近十二月每人理发费________共________每次理发费________

(32) 近十二月沐浴费（包含何人）________

(33) 近十二月阖家医药费________

(34) 近十二月牙刷牙粉费（何人用）________

(35) 妇女的头油、胭脂、粉等费________

(36) 近十二月家中喜事费（注明何种喜事）________

(37) 近十二月家中丧事费________何人________

(38) 上次新年费（何种）________

(39) 近十二月亲友应酬费________

（40）近十二月教育费________何人________

（41）近十二月宗教费________纸箔费________共________

（42）家中何人吸何种香烟，每人每日多少枝及用费________全年每人用多少枝及用费________共________家中何人吸何种土制烟，每人每日吸量及用费________全年每人吸量及用费________共________全年阖家烟费________

（43）家中何人饮何种酒，每次饮量及用费________全年酒费及多少斤________

（44）近十二月各种娱乐费________共________

（45）近十二月土车路灯费________

（46）厕所清除费________

（47）近十二月他项支出________

（48）阖家支出总计：全年平均每月________每日________

（49）房屋间数________

（50）屋顶种类：瓦________灰________土________

（51）砖地________土地________

（52）漏雨否________

（53）炕几个________共睡人多少________他种睡具________睡人多少________

（54）每日餐数________每餐时刻________每年吃白面次数：家中________工人________白米次数：家中________工人________最常用之三种米面：(a) ______ (b) ______ (c) ______

（55）近十二月何人有病，疾病种类及患病多久________工人因病歇工多久________何人在何处医治________会用中国药否________

（56）残废________傻子________精神病________

（57）工人每月沐浴次数：夏________冬________全年共________沐浴场所________

（58）家中识字者何人________能看懂白话报者何人________

（59）现受教育者何人、何处及程度________

（60）供奉何神________每年烧香多少次________

（61）闲暇时作甚么：工人________妇女________

上表系著者为社会调查部调查主任时编，在北平指导调查瓦匠、木匠等工人家庭，自己亦调查一部分。时地同三、四表（结果该部正在编辑）。

七、工人及工人家庭调查表

1. 住厂工人问题表

住厂工人问题表

号数

A. 调查人姓名________

B. 填表______年______月______日

C. 工厂名称______种类____________

甲、(1) 工人姓名______号数______年龄______

(2) 诞生地______省______县______

(3) 在本厂多久______

(4) 何人介绍______

(5) 从事何种工作______

(6) 来厂以前工作______

(7) 何不继续作______

(8) 除本厂工作外兼作何事______

(9) 离家多久______原因______

(10) 家在何处______省______县______

(11) 家中共同生活之人口的年龄、职业及谁为家长：______妻（出嫁时年龄______工人娶妻时年龄______）______父______母______子______女______兄______弟______其他______

(12) 离家后回家多少次______

(13) 上次回家在何时______原因______来回路上用多少日子______旅行方法______来回旅费______路上遇危险否______在家住多少日子______

乙、(14) 进款：每月工资______近十二月奖励工资______上次年终红利______其他收入______全年收入总计______平均每月收入______每日____________

丙、(15) 近十二月借债多少______原因______何处______利息______偿还方法及期限______

(16) 近十二月当何物______当值______原因______

(17) 加入何种会______会的组织及情形__________________

丁、(18) 每日吃几餐______

(19) 饭费：早______午______晚______共______每月______每年______

(20) 五种食品费百分数：馒头______窝头______小米粥______油条______其他（各种占几成______）

(21) 每月零食费______全年______

(22) 近十二月衣服费：衣______帽______鞋______袜______其他______共______

(23) 近十二月茶叶费______

(24) 近十二月肥皂费______

(25) 近十二月用具种类及用费______

(26) 全年理发费______

(27) 全年娱乐费（何种）______

(28) 全年亲友应酬费______

(29) 新年费______

(30) 近十二月邮件费______

(31) 他种用费________

(32) 全年支出总计________平均每月________每日________________

戊、(33) 每年大约剩钱多少（问工人）________

(34) 近十二月寄给家中钱多少________________________

己、(35) 每年理发次数________

(36) 每月沐浴次数________

(37) 会何种音乐________

(38) 喜好何种游戏________

(39) 识字否________能读白话报否________

(40) 曾在何处读书________ (41) 信神否________何神________

(42) 打算接家眷否（若已婚）________打算何时成家（若未婚）________

(43) 何处储蓄________现在多少________打算如何用________

(44) 闲暇时作甚么________

(45) 家中各种产业的数量及价值________________________

2. 工人家庭调查表

工人家庭调查表

号数

A. 调查人姓名________

B. 填表________年________月________日

C. 每工厂名称________种类________________

甲、(1) 工人姓名________号数________诞生地：________省________县________

(2) 在本厂多久________

(3) 何项人介绍________

(4) 从事何部分工作________

(5) 除本厂工作外兼作何事________

(6) 来厂以前工作________

(7) 闲暇时作甚么________

(8) 家眷在本地多久________自何处移来________

(9) 家中共同生活之人口的年龄及不住家者何人：工人________妻（出嫁时年龄________工人娶妻时年龄________）子________女________父________母________兄________弟________其他________________________

乙、(10) 工人进款：每月工资________近十二月奖励工资________上次年终红利________近十二月他项收入________全年收入总计________

(11) 家中其他每人的职业及每人近十二月的进款________

(12) 阖家全年收入________平均每月________每日________________

丙、(13) 有何种产业，每种数量及价值（若与其他亲族合有者注明）________________

(14) 近十二月借债多少________原因________何处________利息________偿还方法及期间________

(15) 近十二月当物种类________当值________原因________

(16) 一年阖家大约能剩钱多少（问家中人）________何处储蓄________现在共积蓄多少________打算如何用________

(17) 每月收入再加多少就觉得生活舒服________

(18) 每年收入若能增多三十元，你们将此款用在何方面（如吃较好的食品或多做衣服）________

(19) 家中有人加入何种会否________会的组织及情形________________

丁、(20) 在家吃饭人数________平均每月各类食品用费：米面（内有饭票费多少________）________菜蔬________肉类________点心________其他________共________全年食品费________

(21) 房租每月________

(22) 若系自有房屋每年修理费________

(23) 每月煤费：冷季________暖季________全年________，每月芦苇费：冷季________暖季________全年________，全年燃料费________

(24) 每月水费：夏季________暖季________全年________

(25) 近十二月家中每人衣服费________共________

(26) 近十二月新添被褥费________

(27) 近十二月茶叶费________

(28) 近十二月胰皂费________

(29) 近十二月家具费________

(30) 近十二月交通费________

(31) 近十二月邮件费________

(32) 近十二月每人理发费________共________每次理发费________

(33) 近十二月沐浴费（包含何人）________

(34) 近十二月医药费________

(35) 近十二月牙刷牙粉费（何人用）________

(36) 妇女的头油、胭脂、粉等费________

(37) 近十二月家中喜事费（注明何种喜事）________

(38) 近十二月家中丧事费________何人________

(39) 上次新年费（何种）________

(40) 近十二月亲友应酬费________

(41) 近十二月教育费________何人________

(42) 近十二月宗教费________纸箔费________共________

(43) 家中何人吸香烟，每人每日多少支及用费________全年用多少支及用费________家中何人吸土制烟，每人每日吸量及用费________全年重量及用费________全年阖家烟费________

(44) 家中何人饮酒，每次饮量及用费________全年酒费及多少斤________

(45) 近十二月各种娱乐费________共________

(46) 阖家支出：全年________平均每月________每日________________

戊、(47) 房屋间数________

(48) 漏雨否________

(49) 炕几个________共睡人多少________他种睡具________睡人多少________

(50) 每餐时刻________

(51) 饮酒种类________

(52) 近十二月何人有病、疾病种类及患病多久________工人因病歇工多久________在何医治________曾用中国药否________

(53) 家中种过牛痘者何人________未种者何人________

(54) 缠足妇女几人________天足几人________缠足女孩几人________天足几人________

(55) 残废________傻子________精神病________

(56) 工人每月沐浴次数：夏________冬________沐浴场所________

(57) 家中识字者何人________能看懂白话报者何人________

(58) 现受教育者何人、何处及程度________

(59) 供奉何神________每年烧香多少次________

(60) 工人闲暇时作甚么________妇女闲暇时作甚么________

上表系著者为中华教育文化基金董事会社会调查部编。由林颂河先生调查塘沽、久大工厂时用，结果已由该部出版。

八、家庭工业调查表

1. 家庭工业调查表一（家庭用）

家庭工业调查表一

（家庭用）

（注意：Ⅰ. 调查人须先看调查表说明书

Ⅱ. 搜集已有关于是项工业之调查或参考资料）

调查人姓名________住址________调查年________月________日________

调查警区____

(1) 家长________ a. 种族________住址________ b 诞生地________ c. 在北京住________年________月 d. 来京原因________

(2) 全家有经济关系之人口的年龄及不在家住者何人________家长________妻________子________女________父________母________兄________弟________姊________妹________其他________

(3) 从事工作之人及每人每日工作钟点：夏________冬________

(4) a. 从事现在工作已若干时________ b. 何项人绍介________绍介佣钱________ c. 如何学习________几久学成________ d. 以先作何种工作________何故不继续作________ e. 全

年工作否________何故不全年工作________ f. 无工作时作何事________ g. 除工作外兼作何事________ h. 休息日：新年 阴________ 阳________ ________各节________每月几天________休息日作何事________

(5) 其他家人之职业及在何处________

(6) a. 工作时用何种机械________自己的________租赁的________ b. 机械价格________一时付价________按月付价________（购买合同）c. 租赁费________每月________每年________（租赁合同）________ d. 机械损坏赔偿费________

(7) a. 原料种类________由店供给________由自己购买 b. 价格________售卖处________来源________

(8) a. 工作之收入每件________以量计________ b. 每日做出件数或量数（或一件须几日）________ c. 工作之收入每日 夏________ 冬________ 每月 夏________ 冬________ d. 家中每人每月之进款________ e. 全家收入每日________每月________每年________ f. 家中有何种产业________量________值________ g. 全家所有一切约值多少________ h. 去年借债多少________原因________何处________今年________何处________ i. 利息________期间________偿还方法________ j. 典物去年________原因________值________今年________值________ k. 当死物去年________值________今年________值________ l. 去年得过何种救济及若干次________何处________今年________何处________ m. 每年能剩钱若干________何处保存________打算如何用________ n. 你的收入每月再加若干即觉生活舒服________ o. 每年收入若再能增多三十元你将此款用在何方面（如饮食衣服）________ p. 加入何种互助会________会中人数________会费________每月________（会之章程）

(9) a. 家中支出每日________每月________每年________ b. 房租每月________ c. 如系自有房屋每年修理费________ d. 煤球每月 夏________ 冬________ 每年________ e. 木炭每月 夏________ 冬________ 每年________ f. 劈柴每月 夏________ 冬________ 每年________ g. 煤油每月 夏________ 冬________ 每年________ h. 吃家做饭者每月食品用费共多少________人数________ i. 米面费________菜蔬费________调和费________肉类费________点心费________ j. 水钱每月夏________冬________每年________ k. 买饭吃者何人及其每月饭费________ l. 吃雇主饭者每人________ m. 去年家长所添衣服费 现成________ 家做________ 共________旧衣________价格________ n. 从事家庭工业者之每人衣服费：去年________今年________ o. 去年全家新添衣服费 现成________ 家做________ 共________今年衣服费________ p. 去年全家新添被褥费________ q. 警察捐（土车路灯等）每月________每年________ r. 医药费：去年________今年________ s. 全家烟费________香烟每日若干枝________价格________每年若干枝________价值________土制烟每日量________价格________每年________价值________ t. 全家每日饮酒费：去年________今年________ u. 他种嗜好费（如听戏、逛

游艺园类）每年用费及每月次数________ v1. 去年婚事费________何人________今年________何人________ v2. 去年丧事费________何人________今年________何人________ w. 去年教育费________何人________ x1. 新年费________ x2. 去年交际费________其中为亲友婚丧事人情费________ y1. 去年宗教费________何宗教________去年香费________去年纸箔费________ y2. 去年娱乐费________ z. 去年所添家具费________

(10) a. 房屋间数________ b. 瓦房________灰房________土房________ c. 漏雨否________ d. 亮________暗________黑________ e. 砖地________土地________其他________ f. 干________潮________湿________ g. 睡人者几间________ h. 炕若干________共睡人若干________睡木板者若干种________他种床及睡人数目________ i. 同院住若干家________屋子间数________全院人数________ j. 从事何种家庭工业及每种家数与制品人数________

(11) a. 每日餐数________何时________ b. 点心次数________点心种类________ c. 饮酒种类________何人及每人每日饮量________ d. 吸烟种类________何人及每人每日吸量____________

(12) a. 病人________疾病种类________患病已若干时________治疗用中医或西医________在何病院________医药费________ b. 种牛痘之孩童几人________未种________ c. 残废________ d. 傻子________ e. 精神病________ f. 缠足妇女几人________女孩________天足女孩________ g. 身体羸弱者何人，几久及原因________是否由于工作________或生来不健康________ h. 便所同时容若干人________有无顶棚________院中有厕所发出之味气否________便所情形及大小________何人清除________用费________ i. 如家中无便所外边便所距离________ j. 厨房在寝室内否________情形________ k. 沐浴每年每人次数：男 冬________ 夏________ 女 冬________ 夏________ 沐浴场所________何种浴具________如在澡堂，每次浴费________ l. 每年剪发几次________每次费用________带发辫几人________________

(13) a. 赌博种类________何人及每人每年次数________多在何时________每人每次输或赢平均若干________至多若干________是否因此借债________当物________打架 与家人________ 与外人________ 至何地步________ b. 何人听戏及每人每年次数________种类________处所________ c. 何人听书及每人每年次数________种类________处所________ d. 何人何庙及次数________处所________ e. 何人逛街________处所________ f. 其他消遣方法及何人________

(14) a. 曾入学校者何人________在学校期间________何种学校________曾读学校________ b. 识字者何人________ c. 能看懂白话报者何人________每日读否________何处得报________ d. 现受教育之儿童，男何处________程度________女何处________程度________出校或毕业后打算做何事________ e. 家中何人愿入千字课班________ f. 家人有何种书报或其他印刷物________

(15) a. 属何宗教（或有宗教性质之团体）________ b. 是否随从父母之信仰________自己

之选择________原因________ c. 神名________ d. 是否真诚信仰________ e. 每人每年加入拜神次数________何处________

[注意：(1) 此外如有特别情形，本表无处填写，即请用与本表大小相等之硬纸详细记录，且注明号数及属何项题目，如 (9) v2 去年丧事费； (2) 若仍有机会，请继续用调查表二；(3) 调查日每银元换铜元若干________；(4) 调查贵精细准确，问清楚后再写，最后用正字誊清，万勿潦草。]

(备考____________________________)

2. 家庭工业调查表二（全城用）

家庭工业调查表二
（全城用）

调查________年________月________日

调查人姓名________住址________调查城邑________

[注意：(1) 调查人须先看调查表说明书。(2) 搜集已有关于是项工业之调查或参考资料。]

(1) 制品种类________何年创办________原因________

(2) a. 原料来源________ b. 价格________________

(3) a. 本城制品家庭共若干________ b. 租赁机器之家庭若干________
c. 自备机器之家庭若干________ d. 制品家庭集中区域________

(4) a. 家庭制品工人共若干________已婚男________妇________未婚男________未婚女________占全城制品工人百分之几________何年家庭工人最多________ b. 现在之趋势增加________或减少________原因________

(5) 现在每日进款与从前比较如何________________

(6) a. 中人共若干________ b. 中人平均照管家庭若干________ c. 最多若干________
d. 赚利百分之几________与从前比较如何________
e. 每月每中人平均进款________最多________
f. 每中人平均代理收货店若干________最多________赚利是否相同________

(7) a. 出售制品之铺店若干________________________
b. 何种铺店________________________
c. 直接与家庭接洽者若干或占百分之几________________
由中人接洽者若干或占几分之几________________________
二种办法与铺店之利弊如何________________________
一层中人者占百分之几________二层中人者占百分之几________二层以上________
d. 铺店赚利百分之几________与从前比较如何________________
e. 以制品为主要售品之铺店若干或占百分之几________
f. 完全出售制品之铺店若干或占百分之几________
资本若干________最大________最小________平均________
自制出售之家庭若干________赚利百分之几________平均资本若干________最少________最多________

(8) a. 一年共出货若干________价值________从家庭________从工厂________

b. 制品在本城销售百分之几________ b. 运往他处者百分之几________

c. 与从前比较如何________________________

（9）物品与外来同类货品优劣比较如何________本国制________外国制________

（10）a. 制品之工厂共若干________ b. 机器若干________ c. 区域________

d. 工人总数________已婚男________妇________未婚男________未婚女________

e. 最幼工人年龄________________________

f. 最大工厂工人若干________平均若干________

g. 每日或每月每人工资平均若干________最高________最低________

h. 每日工作钟点：冬________夏________

i. 学徒人数占所有工人百分之几________学习年限________

学满后有工做者占百分之几________________

（11）铺店、中人或工人有无行会或团体________________

a. 名称________ b. 会员数目________调查其组织及用费等详细情形________

（12）a. 是项工业与从前比较如何________ b. 推测将来发达之趋势________

c. 原因________________

（13）搜集家庭与铺店或中人等之合同及一切关于是项工业之印刷物________

备考

3．工厂（或作坊）研究表

工厂（或作坊）研究表

询问者________年________月________日________询问警区________

甲、（1）工业种类________名称________地址________开办年数________

（2）资本：创办时________现在________

（3）组织：独办________合伙（几人）________其他________

（4）出品数量：每月________________________

今年________________________值________________________

去年________________________值________________________

前年________________________值________________________

（5）销售区域（百分数）________________________

（6）赚利百分之几________________________

（7）一年中何时售货最多________________________

乙、各种机械数目、买价（或租赁费）及能用多少年____________________________

丙、（1）厂中人总数________东家：男________女________手艺人：男________女________学徒：男________女________

（2）工人年龄：最幼者________最老者________十七岁以下之男工________十八岁以下之女工________十岁以下之男工________十二岁以下之女工________

（3）工作增加时如何添雇工人及工人之来源________________

工作减少时如何辞职工人及工人之去路________________

（4）本京工人多少________

（5）他处工人多少________

（6）在京有家眷者多少________________________

丁、（1）各等工资之工人数目及是否供膳________________________

（2）工资外有何他项津贴________赏钱多少：新年________端午节________中秋节________

（3）若工资以量或件计算，注明单位及每人每日制品多少________________________

戊、（1）每日工作几小时及上工、下工钟点：冷季________________暖季________________

（2）每餐时刻________________

（3）休息日数：星期________每月________

新年________端午节________中秋节________其他________

（4）有夜工否________时间及工资________

己、（1）学徒之数目：来自本京________京兆________外省________

（2）学徒之期限________（3）有何保证、押金或契约________

（4）学徒期间之报酬：供膳________现金________衣服________其他________

（5）罚金及惩戒方法________

（6）自本铺出师者共多少________现留本铺者多少________

（7）被革退者共多少，原因及办法________自请离铺者多少，原因及办法________

（8）每餐时刻________最常用之食品种类________每月吃白面次数________每人每月饭费________是否与供给铺伙之饭食相同________

庚、（1）住铺人数：铺伙________学徒________其他________

（2）住屋间数________每间几人________

（3）睡炕者多少________睡木板者多少________睡暗楼者多少________

（4）本铺房屋总数（以间计）________

辛、其他状况________________________

4. 铺店调查表（售货店用）

铺店调查表

询问者________年________月________日________询问警区________

甲、（1）商业种类________名称________地址________　　　　开办年数________

（2）资本：创办时________现在________

（3）组织：独办________合伙（几人）________其他________

（4）各种物品销售之数量及值价：每月________今年________去年________前年________

（5）销售区域（百分数）________

（6）赚利百分之几________

（7）年中以何时销售最多________

（8）自何处购货及购买手续________

（9）由本号自制者占百分之几________

乙、（1）铺中人总数________东家________铺伙________学徒________

（2）本京人多少________他处人多少________

（3）在京有家眷者多少________

丙、（1）各等工资之铺伙数目及是否供膳________

（2）工资外有何他项津贴________赏钱多少：新年________端午节________中秋节________

（3）有劳力股者几人________________

丁、（1）每日开门及关门钟点：冷季________暖季________

（2）每餐时刻________

（3）休息日数：星期______每月______新年______端午节______中秋节______其他______

戊、（1）学徒之数目：来自本京________京兆________外省________

（2）学徒之期限________

（3）限有何保证、押金或契约________

（4）学徒期间之报酬：供膳________现金________衣服________其他________

（5）罚金及惩戒方法________

（6）自本铺出师者共多少________现留本铺者多少________

（7）被革退者多少，原因及办法________自请离铺者多少，原因及办法________

（8）每餐时刻________最常用之食品种类________每月吃白面次数________每人每月饭费________是否与供给铺伙之饭食相同________________

己、（1）住铺人数：铺伙________学徒________其他________

（2）住屋间数________每间几人________

（3）睡炕者多少________睡木板者多少________睡暗楼者多少________

（4）本铺房屋总数（以间计）________________

庚、其他状况________________

上表系著者在民国十五年为中华教育文化基金董事会社会调查部编，指导调查员在北平调查人造花、纺羊毛、制玩具等工业（结果该部在编辑中）。

5．练习整理家庭工业调查表

民国十五年曾用家庭工业调查表一，在燕京大学让著者的学生在附近海甸、挂甲屯等村实习调查有手工业之家庭，又为他们草编练习整理的简单表格，兹并列在下面，供初学的参考。并为节省篇幅起见，不列表之完全式样，只列表之标目。

练习整理家庭工业调查表一

手工　　　　自做自卖发　　　　发手工

调查月份________家数________警察区________家数________

（1）a. 种族________家数________ b. 家长诞生地________人数________

c. 家长在京时间（自短时间起）________人数________

d.（若非北京人）来京原因________人数________

（2）a. 家庭人口数（久不住家显然脱离关系者除外）________家数________

b. 家庭人口数（以成丁为单位）________家数________

c. 男家长之家数________

d. 家长之年龄（女家长不算在内）________人数________妻子年龄（女家长在内）________

人数________

子之年龄________人数________女之年龄________人数________

父之年龄________人数________母之年龄________人数________

其他亲属年龄________人数________在十四岁以下之孩童数（每家）________家数________

e. 夫长于妇年龄数（家长）________人数________妇长于夫（家长）年龄数________人数________

夫妇年龄相等人数（家长）________

父长于母年龄数________人数________母长于父年龄数________人数________

父母年龄相等数________

子长于儿妇年龄数________人数________儿妇长于子年龄数________人数________

子妇年龄相等数________

f. 有父母同居之家庭若干（有父母或父母皆有）________

g. 有父或母同居者之家庭若干________

父母皆同居之家庭若干________

有儿妇同居之家庭若干________有一个儿妇以上之家庭若干________

父母儿妇三辈同居之家庭若干________

h. 每家不在家住之人口数________家数________不住家者何人________人数________

不住家者在京数目：不住家者________不在京数目________

（3）a. 每家从事家庭工作之人数________家数________

从事每种家庭工业人数：女________男________

从事每种家庭工业女人之年龄________人数________

从事每种家庭工业男人之年龄________人数________

b. 从事每种工业人之每月工作小时数（夏季）________人数________

从事每种工业人之每日工作小时数（冬季）________人数________

（4）a. 从事现在工作之时间（按工业分类作表）________人数________

b. 介绍人种类（按工业分类）________人数________

介绍人佣钱________人数________

c. 如何学习________人数________学成时间（按工业分类）________人数________

d. 从事现在工业以先作何种工作（按现在工业分类）________人数________

不继续工作原因________人数________全年从事现在工业人数________

不全年工作人数________一年中工作月数（按现在工业分类）________人数________

不全年工作原因________人数________

e. 若不全年工作无工作时做何事________人数________

f. 除家庭工业外兼作何事（按家庭工业分类）________人数________

g. 阴历新年休息日数（按工业分类）________人数________

阳历新年休息日数________人数________

每节休息日数________人数________每月休息日数________人数________

休息日作何事________人数________

（5）家中有收入之人口数家数________其他家人之职业种类________人数________

（6）（若不用机器不能作表）

（7）原料种类________由店供给家数________自己购买家数________

（8）a. 工作之收入（说明数量单位）________家数________

b. 每日做出数量（八小时及以上）________人数________

每日做出数量（五小时至七小时）________人数________

每日做出数量（五小时以下）________人数________

c. 工作之收入每日（夏八小时及以上）人数________冬________人数________

工作之收入每日（夏五小时至七小时）________人数________冬________人数________

工作之收入每日（夏五小时以下）________人数________冬________人数________

每月工作之收入（按上三类分析）________每年工作之收入（同上）________

d. 家中每人每年之进款（若家中人共同工作则不必作表）________

男家主收入数________人数________妻收入数（女家主在内）________人数________

子收入数________人数________女收入数________人数________

其他亲属收入数________人数________

e. 全家每年收入数________家数________

f. 他种产业之数量________家数________他种产业之价值________家数________

g. 全家所有一切估价（产业在内）________家数________

h. 去年借债数________家数________借债原因________家数________自何处借债________家数________

今年借债数________家数________自何处借债________家数________

月利百分之几________家数________其他利息计算法________期间及偿还方法________

j. 去年典物种类________家数________典物原因________家数________

典值________家数________今年典值________家数________

k. 去年当死物种类________家数________去年当死物值________家数________

今年当死物种类________家数________今年当死物值________家数________

l. 去年所得救济种类________家数________去年每家得救济次数________家数________

去年得救济价值________家数________去年自何处得救济________家数________

今年所得救济种类________家数________今年每家得救济次数________家数________

今年得救济价值________家数________今年自何处得救济________家数________

m. 全年收入（除去借债、典物等）多于支出之家庭数________

全年收入多于支出数________家数________何处保存余款________家数________

余款用途________家数________

全年支出多于收入（除去借债典物等）之家庭数________

全年支出多于收入数________家数________

收入再加若干即觉生活舒服________家数________

若每年收入增多三十元，此款之用途________家数________

n. 加入互助会之家庭数________

互助会人数________家数________每月会费________家数________

会之章程________

(9) a. 全年家中支出________家数________每月支出________家数________

b. 每月房租________家数________每年房租________家数________

c. 自有房屋每年修理费________家数________

d. 冬季每月煤球费________家数________夏季每月煤球费________家数________
全年煤球费________家数________

e. 冬季每月木炭费________家数________夏季每月木炭费________家数________
全年木炭费________家数________

f. 冬季每月劈柴费________家数________夏季每月劈柴费________家数________
全年劈柴费________家数________

g. 灯火用煤油之家庭若干________用电灯之家庭若干________
冬季每月煤油费________家数________夏季煤油费________家数________
全年煤油费________家数________全年火柴费________家数________
全年燃料费（上五项总计）________家数________

h. 吃家做饭者每月食品________家数________每年食品费________家数________
每家吃家做饭人数________家数________

i. 每年米面费________家数________每年菜蔬费________家数________每年调和费________
家数________

j. 夏季每月水钱________家数________冬季每月水钱________家数________
全年水钱________家数________

k. 家中买饭吃人数________家数________每日买一餐者若干________
全日买饭者若干________
买一餐者每月饭费________人数________全日买饭者每月用费________

l. 吃雇主饭者人数________家数________吃雇主饭者总数________

m. 去年男家长所添衣服费________人数

n. 去年从事家庭工艺者之每人衣服费________人数________

o. 去年全家衣服费________家数________今年全家衣服费________家数________

p. 去年全家所添被褥费________家数________

q. 全年警察捐________家数________

r. 去年医药费________家数________今年医药费________家数________

s. 全年全家香烟费________家数________全家每日香烟费________家数________
全家全年吸香烟支数________家数________每日吸香烟支数________家数________
全家每年吸土制烟用费________家数________全家每日吸土制烟用费________家数________
全年全家吸土制烟重量________家数________全家每日吸土制烟重量________家数________

t. 全家全年酒费________家数________全家每日酒费________家数________
全家全年饮酒重量________家数________全家每日饮酒重量________家数________

u. 全家全年茶叶费________家数________全家全年胰皂费________家数________

v1. 去年婚姻费________家数________今年婚姻费________家数________

去年婚姻费________何人________今年婚姻费________何人________

v2. 去年丧事费________家数________今年丧事费________家数________

去年丧事费________何人________今年丧事费________何人________

w. 去年教育费________家数________去年教育费________何人________

x1. 新年费________家数________ x2. 全年交际费________家数________

交际费为亲友婚丧事、人情费________家数________

y1. 全年宗教费（包括香费）________家数________全年纸箔费________家数________

y2. 全年娱乐费________家数________全年添家具费________家数________

y3. 全年便所清除费________家数________

z1. 全年男人沐浴费________家数________

z2. 全年全家剪发费________家数________全年每人剪发费________人数________

（10）a. 住自己房屋之家数________每家间数（自有房屋）________家数________

租房之家数：________每家间数（租房）________家数________

b. 住瓦房之家数________住灰房之家数________住土房之家数________

他种房项数________

c. 房屋漏雨之家数________

d. 屋内光线：亮（家数）________暗________黑________

e. 有砖地之家数________有土地之家数________有他种地之家数________

f. 屋内干之家数________屋内潮之家数________屋内湿之家数________

g. 每家睡人间数________家数________每间睡觉人数________间数________

h. 只睡炕之家数________每炕睡觉人数________炕数________

只睡木板之家数________睡炕与兼睡木板之________家数________

每家睡木板之人数________家数________亦睡他种床（何种床）之家________

同院居住之家数________院数________院内房屋间数________院数________

全院人数________院数________全院平均每间人数________院数________

（大多数屋子之长宽高及屋内情形）

i. 院内从家庭工业之家数________院数________

院内家庭工业种类数（如一种、二种、三种）________院数________

院内从事家庭工业人数________院数________从事每种家庭工业人数________

（11）a. 每日餐数________家数________早餐在几点钟（若一日两餐）________家数________

晚餐在几点钟________家数________早餐至晚餐间之小时数________家数________

b. 每日点心次数________家数________点心种类________家数________

c. 饮酒种类________家数________家中何人饮酒________家数________

每人每日酒量________人数________

d. 每人每日吸烟支数________人数________每人每日吸土制烟重量________人数________

（12）a. 现在家中病人数________家数________疾病种类（男）________人数________疾病种类（女）________人数________

（男）患病多久________人数________（女）患病多久________人数________

未请医生治疗之病人数________用中医治疗之病人数________

用西医治疗之病人数________在何病院医治________人数________
医药费________人数________
b. 种牛痘之孩童数________家数________未种牛痘之孩童数________家数________
c. 残废种类________家数________
d. 有傻子之家数________
e. 有精神病之家数________
f. 家中缠足之妇女数________家数________家中缠足女孩数________家数________
家中天足女孩数________家数________
g. 家中何人身体羸弱________人数________羸弱原因________人数________
h. 有顶棚之便所数________无顶棚之便所数________
院中有厕所发出气味之家数________留空无气味之家数________
便所面积（长宽）________家数________何人清除________家数________
i. 外边便所距离（男）________家数________
j. 在寝室做饭之家数：________厨房不在寝室之家数________
k. 冬季每男人沐浴次数________人数________夏季每男人沐浴次数________人数________
全年每男人沐浴次数________人数________
冬季每女人沐浴次数________人数________夏季每女人沐浴次数________人数________
全年每女人沐浴次数________人数________
全年每女人剪发几次________人数________每次剪发费________人数________
家中带发辫人数________家数________其中满人家数________
其中汉人家数________不带发辫家数________
其中满人家数________其中汉人家数________
（13）a. 赌博之家数________
b. 家中何人听戏________家数________全年每人听戏次数________人数________
听戏种类________人数________听戏处所________人数________
c. 家中何人听书________家数________听书种类________人数________听书处所________
人数________
d. 家中何人逛庙________家数________全年每人逛庙次数________人数________
逛庙处所________人数________
e. 家中何人逛街________家数________逛街处所________人数________
f. 他种消遣法________
（14）a. 家中曾入过学校之男人数（d. 在内）________家数________
家中曾入过学校之女人数（d. 在内）________家数________
男人在学校多久________人数________女人在学校多久________人数________
男人在何种学校________人数________女人在何种学校________人数________
b. 识字之男人数________识字之女人数________
c. 看懂白话报之男人数________看懂白话报之女人数________
每日读报之男人数________每日读报之女人数________
何处得报________人数________

d. 家中现受教育之男孩数________家数________
男孩在何处读书________人数________男孩之教育程度________人数________
家中现受教育之女孩数________家数________
女孩在何处读书________人数________女孩之教育程度________人数________
男孩受教育后打算做何事________人数________女孩受教育后打算做何事________人数________
e. 愿入千字课班之男人数：________愿入千字课班之女人数________
f. 家中所有之书报种类________家数________

（15）a. 家中属何宗教________家数________
b. 随从父母之信仰________家数________
自己选择之宗教________家数________择选之原因________家数________
c. 信仰之神名________家数________
d. 真诚信仰之家数________不真诚信仰之家数________
e. 全年拜神次数________家数________拜神处所________家数________

九、零售物价调查表

零售物价调查表

年份

月	日	小米面					伏地白面		
		单位	价目			单位	价目（铜元）		
			最高	普通	最次		最高	普通	最次
	1	斤							
	11								
	21								
共计									
平均									
平均银元									
	1								
	11								
	21								
共计									
平均									
平均银元									

同时调查铜元兑换率。

调查项目：

（1）食品。

小米面、玉米面、白面、白米（种类）、香油、花生油、干酱、稀酱、酱油、大盐、醋、水疙瘩、腌萝卜、大白菜、大葱、豆腐等。

（2）布用品。

粗布（颜色）、粗洋布（高阳及他处）、市布、爱国布（东洋）、州花、线花、棉线等。

（3）燃料。

煤球每斤银元价、煤油（每斤）等。

（4）其他各种日常用品及农具。

上表系著者为北平大学农学院经济系学生在北平西郊举行实地调查时编。

十、行会研究表

行会研究表

（1）名称　（2）行业

（3）行会或办公地点　（4）电话号码行会或办公处

（5）会长姓名　（6）值年干事姓名

1. 行会成立原因

（1）维持市价　（2）对待长官的干涉

（3）阻止同行竞争　（4）其他原因（成立行会的利益）

上列各种原因在实际上实行至何地步

2. 行会历史

（1）成立年月日　（2）成立时之故事、记录

（3）行会成立后的历史　（4）行会成立前的大事表

3. 会员

（1）本行会会员数目：

（a）店铺　（b）经理　（c）工匠：大工　小工　（d）学徒

（2）会员的资格　（3）请求入会手续

（4）选举的方法　（5）入会的仪式

（6）会员的责任　（7）会费

(8) 会员的权利
(9) 在一定职业的范围之内所有的工人或手艺人是否必须为行会的会员
(10) 在会会员占北京所有同行工人百分之几
(11) 会员包括何人：
(a) 店铺　(b) 经理　(c) 工匠：大工　小工　(d) 学徒
(12) 会员是否限定一定地点，若是，是甚么地点，外来的工人是否为会员
(13) 行会会员资格是否限于一定家族，如姓陈的姓王的或多家
(14) 会员迁居他处在母会的名字是否转移
(15) 北京行会与他城行会之关系
(16) 行会的地域是什么，并多大
询以上诸问题问毕后询问下列各项实际的问题
(17) 在实行上选举会员的手续如何
(18) 个人的声望在选举时占何势力
(19) 每一店会中负责任的会员（代表会员）如何被举
(20) 行会会员有何利益
(21) 会员对行会的兴趣如何
(22) 会员入行会时抱何目的
(23) 会员对行会的利益兴衰实际上如何关心，如何尽责
4. 职员
(1) 行会之组织及各项职员
(2) 董事部多大
(3) 如何选出
(4) 任期
(5) 是否用轮流推选制度
(6) 工人是否有代表在董事部，如有代表有多少
(7) 董事部的部员及其他职员的职务为何
(8) 索会章一份
以上问题问毕后探问下列问题
(9) 何等人实际上被举为职员
(10) 会员欢喜作职员否
(11) 各等职员如何办事
(12) 彼等有何实权
5. 会议
(1) 一年开会多少次
(2) 在何处开会
(3) 赴会者为何项人，亦请会外人赴会否
(4) 开会时会员是否必须到会或仅送会费而已，或仅到会者出会费
(5) 是否会长或数人即可召集特别会议
(6) 开会的程序

(7) 讨论何等题目
(8) 开会时对于敬神酒席议事等如何进行
上列问题问毕后询问下列问题
(9) 多少事在大会通过实行，其外有多少事在平常临时会议办理，多少事可经数人办理
(10) 开会时是否全体会员出席，情形如何
(11) 会章所规定的会费等是否实行
6. 行会收入
(1) 会费每年多少
(a) 铺子　(b) 经理　(c) 工匠　(d) 学徒
(2) 一年内行会总收入有多少
(a) 会费　(b) 产业　(c) 罚金　(d) 税款
(e) 及其他收入等
(3) 收款法子
(4) 问毕后询问罚金如何定规、如何征收以及手续等等
7. 学徒制
(1) 学徒是如何收领的
(2) 父兄是否须付相当的报酬与店主，当他的儿子被收领为学徒时
(3) 学徒期限
(4) 有何关约或保证人，对于他们的穿衣吃食如何
(5) 学徒时期的修金做工时间，读书时间
(6) 行会对于学徒有何章程，若有时要一份
(7) 学徒未满而去有何办法
(8) 出师时之谢师方法
(9) 按实际而论学徒的待遇如何，他们的衣食住是怎样
8. 行会的工作
(1) 限定价目
(a) 用何法子　(b) 是否时常变易　(c) 在甚么情形之下一个铺子可以改变他的价目
(d) 何等团体定规价目　(e) 以上所述问题在实际上有多少是实行的
(2) 货物的标准
(a) 用甚么方法担保各铺子出售同样货物　(b) 做工时间
(c) 做工时间有何章程，如何实行　(d) 对于工钱有何章程并如何实行
(e) 行会对于他们所有的出产品是否采用专利办法，此等办法有何功效
9. 行会与行会的关系
(1) 行会与商会的关系
(2) 行会与警察厅的关系，行会的章程规则是否得警厅的援助施行，警厅有否向行会收税，若有，收多少、如何收法，警厅如何影响行会之改变
(3) 同别种机关的关系
(4) 同样工作行会的关系
(5) 行会会员个人与别种同样商业会员的关系

问毕以上诸问题，询问各种利益每种关系竟有多少好处

10. 纪律责罚

（1）法庭

（a）怎样设立的　（b）权限多大　（c）聚会地点

（d）聚会时间　（e）工作　（f）议案实行的方法　（g）何等议案

（2）实行行会宗旨的特别方法

下列所有方法实行到何地步

（a）罢市或抵制货物　（b）罢工　（c）械斗　（d）长官的势力

对于以上所述各种方法有否具体的例证，如某年某月某某行会罢市等

完毕以上问题后询问下列问题

（3）行会的法庭在实际上有多大权力

（4）行会的法庭在实际上能否实行他的议案

（5）施行他的议案有何程序

（6）述说行会在实际上行施职权的办法

（7）行会的权力来自何处

（8）下列原因对于行会有多大关系：惧怕、社会成训、尊长、相互利益、民治主义、领袖感化力

11. 慈善事业

（1）述说行会所办的慈善事业，他的性质及范围

（2）下列诸事有多少实行：墓地、施医药、救济平民、保险

（3）讨取慈善事业的章程一份

（4）上年对于慈善事业的款子有多少，如何得来，大抵用于何种工作，并如何用法

12. 宗教

（1）行会所敬拜的神祇是谁

（2）对于行会宗教仪式风俗如何

（3）敬神的会议在何处举行，一年几次，开会时所作何事

（4）问毕以上问题，研究宗教仪式究竟有何重要，在实际上成就多少

13. 今日行会大概情形

（1）现今时势的变迁对于行会有什么影响，行会的会员势力或工作是减少还是加添还是照旧

（2）研究此等变迁的原因

（3）对于行会前途如何，能否预料

（4）工人是否仅愿保持现在生活之程度，或愿做工时间增加，多得工资，而借以提高生活程度。

（5）行会增加工人工资之原因，在何种景况之下，有增加工资之必要。

上表系布济时教授编。著者曾贡献意见，亦同他人助其调查北平行会数十个。已由布氏用为博士论文，在美出版即《北京行会》（英文）一书。

十一、佣工介绍所调查简表

佣工介绍所调查简表

（1）主人姓名________年龄________原籍________操业期间________
介绍事业种类________兼业________

（2）被介绍人现住人数________平时平均________何时最多________
何时最少________被介绍人的籍贯________

（3）被介绍人住费________饭费________介绍佣金________年节费________

（4）保人：介绍人对于雇主________被介绍人对于介绍人________
被介绍任事的长短________如长久无事如何________

（5）家人职业与收入________

（6）每月收入（平均）________支出________

备考：

十二、产婆调查简表

产婆调查简表

产婆：

（1）姓名________年龄________原籍________操业期间________兼业________

（2）每月平均接生次数________何时最多________何时最少________
每次接生费（平均）________最多________最少________打胎次数________

（3）本人所受训练________传授别人办法________

（4）家人职业与收入________

（5）每月收入（平均）与支出________

备考：

上二简表曾在北平试用。

第十六章　全县社会调查纲目

一、地理

1. 疆域及面积

县在省内之位置，县之形状，县之经度纬度，县之东西距离、南北距离，县之面积、以前区划、现在区划，各区面积，各区内村数，各村面积，邻县，县城形状，城墙里数，城内面积，城内种地亩数，县内各种非耕地面积，如山、河、湖、不毛地、荒地、道路、坟地、村落等，县之详细地图。

2. 地势

山、河、湖等，县内高度。

3. 土壤

性质，肥瘠，深度，颜色，面积，变迁。

4. 气候

各季湿度、雨量、风力等项。

二、历史

1. 全县

起源，沿革，大事记，土著，人物，移民，人口，文化程度。

2. 各村

起源，沿革，人口，贫富，职业。

3. 古迹

来历，保管，现状，与本地文化关系。

三、人口

1. 家数

城内家数，各关家数，各区家数，各村家数。

2. 人数

城内人数，各关人数，名区人数，各村人数。

3. 分配

籍贯，种族，性别，年龄，职业，宗教，家庭大小，家庭人口关系。

4. 密度

城内人口密度，农村人口密度。

5. 生亡

出生率，死亡率，特殊死亡率。

6. 变迁

人口之移入移出，原因；历年人口之增减，原因。

7. 婚姻

已、未婚人数，结婚年龄，结婚率，离婚率。

8. 县政府人口调查之可靠程度，最近调查年月、办法，人民对于户口调查之态度

四、家族

1. 宗教

主要宗教姓氏，家数，人数，势力，组织，规条，宗祠，族产，收支，祭祀，族学，公共事业，对于贫户之救济，宗谱，修谱，革谱，各族间之关系、感情、发生事件。

2. 家庭

各样家庭组织，家产承继办法，大家家庭同居之利弊，小家庭分立之利弊，小家庭独立之趋势，分家之原因，家内各人口之地位、权利、义务，彼此间之态度、感情，父母管束子女之程度，父母干涉子女婚姻之程度，夫管束妻之程度，兄弟姊妹间之友爱程度，婆媳间之关系，妯娌姑嫂间之和睦程度，离婚原因及手续，近年来人民对于家庭观念之改变。

五、政治

1. 县政府

县政府组织，各科组织，各局组织，法庭组织，监狱状况，其他附属机关之组织，全年各种人员薪金、各项支出，如政费、党费、教育费、建设费、特别费，各局成绩，民国以来各县长之成绩，人民与县长之冲突事件，人民对于县政府之态度，近来县政府之改革，现在县政府显然之积弊。

2. 地方自治

地方自治之组织，村制简章，户口之编制，村长佐之资格、选任、任期、待遇，地保之地位，各村全年经费、来源及支配，村公所之组织，保卫团之组织，农村阶级，土豪劣绅把持之程度，人民实行参加自治之程度，历年村治之变迁及原因，村治之障碍，其他一切结合之社会组织。

3. 赋税

县内担负之各种国税征收数，如盐税、烟酒税、统税、印花税。各种省税征收数，如田赋、差役及串票费、契税、牙税、牲畜花税、屠宰税。全县担负之地方捐，如田赋附加地方经费、契税牙用、牙捐、屠宰附捐、各种临时税捐。征收手续、弊端，平均县内每家每人之担负，全年军队勒索数目，各种税之显然害处，可能之改良方法。

六、教育

1. 教育局

教育局之沿革、组织，其他文化机关之组织。

2. 学校

幼稚园、小学、中学、民众学校及其他各种学校数目、性别、设备、课程、经费、管理。

3. 学生

各校各级学生数目、性别、年龄。

4. 教职员

数目，资格，性别，年龄，薪金，职务。

5. 教育普及程度

县内在各种学校毕业、修业及肄业人数，县内识字人数百分比，文盲数目百分比，识字运动。

6. 社会式教育

图书馆，宣讲所，表演，展览。

7. 私塾

数目，课程，教学法，存在原因。

8. 成谚及歌谣

流行成谚，山歌，童谣。

9. 流行书籍

一般人最喜看之各种书籍，学生最喜看之各种书籍。

10. 教育影响

中学以上毕业者离乡作事人数、原因，他们对于为农之态度。

七、卫生

1. 医生

各种中西医生数目、资格、诊费。

2. 药铺

各种中西药铺数目。

3. 疾病

流行各种疾病，近年发生之传染病。

4. 产婆

数目，训练，年龄，效率，因产死之妇女数目。

5. 卫生设备

街道清洁，饮水来源，厕所，阴沟，废物处置，食物检查，预防病疾设备，卫生运动。

6. 人民卫生知识

家庭卫生，个人卫生，种痘，灭蝇，居住情况。

八、娱乐

1. 儿童娱乐及游戏

种类，参加人数，时期。

2. 成人娱乐及游戏

种类，参加人数，时期。

3．音乐

盛行之各种乐器。

4．旧式娱乐

新年各种游戏、武术、唱戏、庙会、迎神赛会、茶馆听书、参加人数，费用。

5．新式游戏

公园，体育运动，电影，跳舞，游泳。

6．消遣

各种正当消遣，各种不正当消遣。

九、宗教

1．寺庙

各种寺庙数目，僧尼道士数目，庙产，各种庙会，香火盛衰，毁庙运动，庙宇利弊，一般人对寺庙之态度。

2．伊斯兰教

清真寺数，教徒数，阿訇数，与汉人之关系感情。

3．天主教

会堂数，教徒数，神父数，一般人对天主教之态度。

4．耶稣教

会堂数，教徒数，牧师数，一般人对耶稣教之态度。

5．其他宗教

真正佛教、道教及其他各宗教人数、组织、人民之态度。

6．信仰程度

一般人对于宗教信仰之程度，举例证明。

7．迷信

祖先崇拜、风水、卜筮、星相、巫觋、鬼怪等迷信普遍程度。

十、风俗习惯

1. 婚事

一般人订婚结婚手续仪式、各种费用，新式婚礼普遍程度、费用，早婚普遍程度。

2. 丧事

一般人办理丧事手续、各种费用、弊病，新式丧礼流行之程度。

3. 庆祝

新生婴儿之庆祝，寿日庆祝及其他喜日庆祝。

4. 节日

新年、中秋、端阳及其他一切节日之风俗。

5. 应酬

亲友来往之礼节习惯。

6. 赌博

种类，普遍程度，影响。

7. 烟酒

纸烟、旱烟、饮酒流行程度。

8. 麻醉毒品

吸鸦片、药面、金丹、扎吗啡等嗜好流行程度，禁烟效率，反对毒品运动。

9. 盗匪

发生次数，损失，增加或减少原因，兵灾损失。

10. 娼妓

数目，来源，增减，原因，花柳病流行程度，淫风程度。

11. 对待女子

娶妾、纳童养媳、抢亲、蓄婢、售女、典妻、杀女婴儿等行为普遍程度。

12. 男女关系

男女社交程度，自由结婚流行程度，私生子发生次数，人民对于女子解放、离婚、寡妇再嫁及男女自由交际之态度。

13．陋习

女子缠足束胸、男子蓄辫普遍程度，其他不良习惯。

14．诉讼

人民好讼普遍程度，损失。

15．犯罪

各种犯罪普遍程度。

16．风俗变迁

各种风俗习惯显著之变迁及趋势，女子剪发普遍程度。

十一、救济事业

1．贫穷救济

贫穷救济会，养老院，孤儿院，残废院，贫民借本处，乞丐收容所，其他公私团体。

2．特殊救济

红十字会，育婴堂，救良所，感化院，疯人院，聋哑学校，其他特殊慈善事业，显然缺乏之救济事业。

十二、交通与运输

1．陆路

土地、石路、马路、铁路等之现状。

2．水路

现状，便利程度。

3．运输

各种运输方法，大车、轿车、手车、船、铁路等运费及便利程度，转运公司现状。

4．邮局

县内邮局数目，历年各种邮件数量。

5．电报

现状，每年使用次数、人数、费用。

6．缺点

现在道路及运输之缺点，可能的改良方法，目下交通与地方盛衰关系。

十三、农业

1．度量衡

县内各种尺等于公尺数，县内亩之大小等于弓数及公亩数，县内各种秤一斤等于公斤数，县内斗等于公斤数。

2．币制

通行钱币种类，银洋一元兑换铜元及一切其他钱币数。

3．田产大小

分自有田产大小为若干组，如十亩以下、十至十九亩、二十至二十九亩，以此类推，调查各组农家若干、各组田产面积亩数、三十年来田产大小之变迁及原因。

4．田庄大小

分农家耕种田地为若干组，调查各组农家数目、各组种地亩数、三十年来田庄大小之变迁及原因。

5．田产权分配

按田产权分农家为若干类，如自耕农、自耕兼租种、租佃、地主等，调查各类农家数目、各种地亩数、三十年来各种农家增加或减少之趋势及原因。

6．租佃制度

租田手续；田租种类，如钱租、粮租、公租、折租；地主与佃农之关系、感情；租佃制度变迁之趋势。

7. 田块大小

分田块大小为若干组，调查各组田块数目、田块大小之利弊、三十年来田块大小增减之趋势及原因。

8. 地价

按土地之肥瘠分为数等，调查各等亩数及其估价、城内各种地价亩数、地价增加或减少之趋势及原因。

9. 农产

各种农作物所占面积亩数，全年产量总数及估价，每亩通常产量，每亩最多产量，近三十年来各种作物面积增加或减少之趋势及原因。

10. 灌溉

各种灌溉方法、器具及普遍程度。

11. 排水

方法，器具。

12. 肥料

盛行肥料类别、施用方法、效力、费用、来源、足用或缺乏、人造肥料之购用。

13. 农具

农具种类、资料、用途、价格、使用年限、制造地，近三十年来新式机器之使用。

14. 种子

选种方法，下种方法，可以改良之处。

15. 耕作

各种作物耕作方法，如耕地、耙地、中耕、除草、收获、打获。

16. 轮种制

各种作物、蔬菜轮种方法。

17. 牲畜

种类，来源，价格，数量，交配方法，足用或缺乏，近三十年来之增减及原因，可以改良之处。

18. 灾害

水灾，旱灾，虫灾，雹灾，风灾，病害，其时期、原因、区域、情形、上次发现年月、防除设施。

19. 税捐

农家缴纳各种税捐额数、用途、缴纳方法，近三十年田亩捐之增减及原因。

20. 雇佣制度

长工短工雇佣手续、工资、待遇、与雇主之感情，农工足用或缺乏及原因、失业程度及原因、救济方法。

21. 副业

各种农家副业普遍程度，前途之推测。

22. 仓谷

义仓、社会、育婴仓及他种仓之组织、容量、管理、功用。

23. 周年经济

用简单问题表法或详细周年记账法，调查农民之劳工进款及各项庄稼与牲畜之盈亏。

24. 生活程度

按农家收入组，调查农家全年各项用品数量、各种支出款额及借贷情况。

十四、工业

1. 粗工

县内各种无技工人数目、收入、生活状况，如人力车夫、脚夫、各种苦力。

2. 精工

各种手艺工人数目、工资、生活情形、工会组织、学徒制度，如木匠、瓦匠、石匠等工人。

3. 工厂

各种工厂数目、资本、组织，男女工人数目，全年出货数量、价值，销售方法，工作时间，赚利，工人罢工，近二十年内各种工厂增减盛衰之原因，前途之预测。

4．家庭工业

种类，普遍之程度，有各种工业之家数，男女人数，工作时间，出货数量，原料销售地点，赚利，合作组织，近二十年来变迁情形、原因，前途之推测，有何种新式家庭工业之需要。

十五、商业

1．商店

县内各种商店数目、开办年数、组织、资本、交易范围、数量、赚利、铺伙待遇、学徒制度、卫生状况、商会组织，近三十年来之变迁及原因。

2．集市

县内有集之村数，集市种类、组织、日期、交易数量、赶集村数、买卖手续、直接买卖、间接买卖，经纪人之佣钱、把持操纵程度，价格之规定，纳捐办法，现款交易，记账交易，各种集市习惯之利弊，各种合作贩卖之组织及成效，近三十年来集市变迁、原因、趋势。

3．借贷

债主种类，借户种类，借贷种类，借贷用途，抵押种类，利率，期限，当地办法，当铺营业规则，摇会、标会、储蓄会及其他借贷会之办会，高利借贷与农村经济之影响，信用合作社在本县办理之成效。

关于社会调查方法与社会调查成例参考书目

关于社会调查参考书目的说明

关于社会调查的参考书在中国颇为缺乏，尤其是中文本，其次是关于中国社会调查的英文本。因此著者对于选择关于中国方面的参考书时不很严格，就连间接与社会调查有关系的几种书也包括在内。不然，就太少了。关于外国的社会调查已经很多，尤其是欧美的出版物。著者按有限的能力所能及，尽量选择。所列这些书不必各人都有阅读的机会，就是稍微一看这些书的标题也给我们相当的益处，能使我们理会人家已经作过的社会调查都是些什么调查。

著者终年住在距城很远的穷乡僻壤从事研究工作，对于搜集参考书目极不便利，何况又是在匆忙中编写，不但说不到完备，也一定不免有许多错误的地方。尚望读者原谅并指示修正。兹将参考书的分类要目列下：

一、关于社会调查原理与方法

1. 中文本

2. 西文本

二、关于中国农村社会调查

1. 中文本

2. 西文本

三、其他关于中国社会调查

1. 中文本

2. 西文本
四、外国农村社会调查
五、其他外国社会调查

一、关于社会调查原理与方法

1. 中文本

樊弘，“社会调查方法”，商务印书馆，1925
蔡毓聪，“社会调查之原理及方法”，北新书局，1925
杨开道，“社会研究法”，世界书局，1929
——，“农村调查”，世界书局，1930
冯锐，“乡村社会调查大纲”，中华平民教育促进会，1929
黄枯桐，“农村调查”，商务印书馆，1929
于恩德，“社会调查法”，文化学社，1929
许德珩，“涂尔干社会学方法论”，商务印书馆，1925

2. 西文本

Allcn，W. H.，“How to Start a Survey of Your City's Business”，American City，March，1913.

Aronovici，Carol，“The Social Survey”，the Harper Press，1916.

Ayres，L. P.，“Educational Surveying”，Cleveland Engineering Jourral，July 1913.

—— “School Surveys”，School and Society，April，1915.

Bailey，L. H.，“Survey Idea in Country Life Work，Ithaca，N. Y.”，1911.

Black，J. D.，“Research in Public Finance in Relation to Agriculture—Scope and Method—”，1930.

Blackmar，F. W.，“Purpose and Benefit of Social Surveys”，Kansas Murici-pali ties，Vol. Ⅰ，No. 10，1915.

Boyaidus, E. S. , “The New Social Rescarch”, Jesse Ray Mieler, Los Angeles, 1926.

—— “Making Social Science Studies”, Jesse Ray Mieler, Los Angeles, 1925.

Bowley, A. L. , “The Measurement of Social Phenomena”, P. S. King and Son, London, 1915.

—— “The Measurement of Groups ann Series”, Macdonald and Evans, London, 1925.

Branford, V. V. , “ The Sociological Survey ”, Sociological Review, April, 1912.

Breckinridge, S P. , “Medical Social Case Records”, 1928.

Bridges, A. , “Survey Methods as an Approach to the Study of Agricultural Economics”, 1928.

Brunner, E. D. , “Surveying Your Community”, N. Y. , 1925.

Brunt, David, “The Combination of Observations”, Cambridge University Press, 1917.

Buckner, E. F. , “School Surveys”, United States Bureau Edition, Department of Commissioners, 1914.

Burgess, E. W. , “Social Survey Exhibits”, Kansas Municipalities, Vol. Ⅰ, No. 10, 1915.

—— “Social Survey, a Field and Constructive Service”, American Journal of Sociology, 1916.

—— “The Urban Community”, University of Chicago Press, 1926.

Burns, A. T. , “Need and Scope of a Social Survey” Montelair, 1916.

Byington, M. F. , “What Social Workers Should know about their Communities”, Russell Sage Foundation, Rev. , 1924.

Carrall, C. E. , “Community Survey in Relation to Church Efficiency”, Abingdon Press, 1915.

Chapin, F. S. , “Field Work and Social Research”, Century Co. , 1920.

Daniels John, “Sociai Survey, its Reasons, Methods, and Results”, Proceedings of the National Conference, Elias and Co., 1910.

Eaves, Lucile, "Plans for Cooperative Research", American Journal of Sociology, XXV, 568.

Elmer, M. C., "Technique of Social Surveys", Jesse Ray Mieler, Los Angeles. 1927.

—— "Social Surveys Urban Communities", George Bants. 1914.

—— "Present Status of Social Surveys", Journal of Applied Sociology 1922.

—— "Measuring the Social Processes", Journal of Applied Sociology January, 1927.

—— "Soncial Statistics: Statistical Methods Applied to Sociology", Jesse Ray Mieler. Los Angeles, 1927.

Felton, R. A., "The Study of a Rural Parish", Presbyterian Board, N. Y., 1915.

Fisher, F. B. and others, "The Way to Win", N. Y., 1915.

Fisher, R. A., "Statistical Methods for Research Workers", 1925.

Fry. C. L., "Diagnosing the Rural Church", Institute of Sociological and Religious Research, N. Y., 1924.

Galpin, C. J., "Method of Making a Social Survey of a Rural Community", University of Wisconsin, 1912.

—— "The Social Anatomy of a Rural Community", Madison, 1915.

—— and others, "Rural Sociological Adult Education in the United States".

—— and others, "Rural Sociological Research in the United States". Geddes, Patrick, "Social Surueys Preparatory to Town Planning", Lindsly and Co., Edinburgh.

—— "City Determination and the Need of a City Survey", Annuals of the American Academy, 1909.

Gee, Wilson, "Research in the Social Sciences: its Fundamental Methods and Objectives", Macmillan, 1929.

Giddings, F. H., "A Social Marking System", American Statistical Association Quarterly，1910.

—— “Sciontific Study of Society”，Norrh Carolina Press. 1929.

Gillin，J. L.，“Social Survey and its Furcher Development”，American Statistical Association Publication，New Series，No. Ⅲ，September，1915.

—— “Application of Social Survey to Small Communities”，American Journal of Sociology，Vol. ⅩⅧ.

Groves，E R.，“Plan and Purpose of Rural Surveys”，Rural Life Conference，Pullman，1913.

Harrison，Shelby M.，“Development of Social Surveys”，Russell Sage Foundation，1913.

—— “Community Activities Survey”，Russell Sage Foundation，1916.

Harris. T. L.，“Why Survey a Rural Community?”，Rural Manhood，November，1910.

Harwood，Murray P.，“Public Health Surveys”，John Willey and gons，1921.

Haynes，Rowland，“Making a Recreational Survey”，Play Ground，April 1913.

Hilton，John，“Enquiry by Sample：An Experiment and its Results”，Journal of the Royal Statistical Society，July，1924.

Howerth，Ira W.，“Program for Social Study”，American Journal of Sociology，Ⅲ，100，248.

Humphrey，G.，“What is a Social Survey? How Springfield，Illinois，Found Out?”，The Outlook，CⅪV.

James. H. G.，“Civic Improvement，” Austin，Texas，1915.

Rellogg，P. U.，Harrison，S. M.，and others，“Social Survey”，Russell Sage Foundation，1912.

Lindeman，E. C.，“Social Discovery”，New York Republic Publishing Co.

Lundbery，G. A.，“Social Research（A Study in Method and Gathering Data)”，Longmans，1929.

Matheson and Reiss，“Social Assets”，Reprint from Progress，Oct.，1907.

McClenahan, B. A. , "Community Organization", Century Co, 1922.

Morgan, E. S. , "Community Organization", Massachusetts State College of Agriculture, 1919.

Morse, H. N. , "The Social Survey in Town or Country Aress", Doran 1924.

Nolan, A. W. , "Continuity Survey", University of Illinois 1914.

Odum, Howard W. , "An Introduction to Social Research", 1929.

Dgg, F. A. , "Research in the Humanistic and Secial Sciences", 1928.

Pelmer, Dr Geo. , "Survey of Small Cities", World Today, Vol. XXI. 1911.

Palmer, Vevien M. , "Field Studies in Sociology", The University Chicago Press, Chicago, 1928.

Park, Burgess, McKenzie and other, "The City", University of Chicago, Press, 1925.

Pettit, W. W. , "Case Studies in Community Organization", 1928.

Richmond Mary E. , "Social Diagnosis", Russell Sage Foundation, 1917.

Riley, T. J. , "Sociology and Social Surveys", May, 1911.

Righter, Leonard, "Educational Sarvey Preparatory to Vocational Education", Columbia University, 1923.

Schluter, W. C. , "How to Research Work", Prentice-Hall, 1926.

Social Science Research Council, "Rcsearch Method and Procedure in Agricultural Economics", Vol. I and II, 1928.

Taft, A. B. , "Community Study for Country Districts", Missionary Education Movement for the United States and Canada, 1922.

Taylor, C. C. , "The Social Survey, its History and Methods", University of Missouri, 1919.

—— "The Social Survey and the Science of Society", American Journal of Sociology, XXV, 731.

Terpenning, W. A. , "Social Organization", Ralamazoo, Mich; 1924.

Thompson, C. W. , "Rural Sutveys", Publications of Amcrican Sociological Society, 1916.

Williams，F. R.“Handling of Historical Material”，N. Y.，1917.

Winslow，C. E. A.，“Sanitary Surveys of Institutions”，Bulletin American Home Economic Association，Series 4，No. 5，1916.

Wirth，Louis，“A Bibliography of Urban Communities in the City”，University of Chicago Press，1925.

Wright，C. D. and Hunt，W C，“History and Growth of the United States Census from 1700—1890”，U. S. Printing Office，Washington D. C.

二、关于中国农村社会调查

1. 中文本

张镜予，“社会调查：沈家行实况”，商务印书馆，1924

李景汉，“北平郊外之乡村家庭”，商务印书馆，1929

孙文郁译（卜凯著），“河北临山县一百五十农家之经济及社会的调查”，金陵大学农林科，1929

徐澄译（卜凯著），“芜湖附近一百零二农家之经济的及社会的调查”，金陵大学农林科，1928

陈翰笙，王寅生“黑龙江流域的农民与地主”，国立中央研究院社会科学研究所，1929

——等，“亩的差异”，国立中央研究院社会科学研究所，1929

曲直生，“河北棉花之出产及贩运”，商务印书馆，1931

陈代青，彭桂秋译（马扎亚尔著），“中国农村经济研究”，神州国光社，1930

李育文译（田中忠夫著），“国民革命与农村问题”，北平村治月刊社，1931

李锡周译（麻伦，戴乐仁著），“中国农村经济实况”，文化学社，1928

汤尔和译（南满洲铁道株式会社农事试验场编），“到民间去”，商务印书馆，1930

刘大钧，“我国佃农经济状况”，太平洋书店，1929

吴鹏飞译（马乐瑞著），“饥荒的中国”，民智书局，1929

2. 西文本

Buck, J. L., "Chinese Farm Economy", The Commercial Press, and also the University of Chicago Press, 1930.

—— "Rural Community Survey" 1931.

—— "Agriculturc and the Future of China" 1930.

Chu, T. Y. and Chen, T., "Marketing of Cotton in Hopei Province", Peiping, 1929.

Dickinson, J., "Observations on the Social Life of A North China Village", Yenching University, 1924.

Howard and Buswell, "A Survey of the Silk Industry of Silk Industry of South China", 1925.

Karamisheff, W., "Mogolia and Western China, La Librairic Franceise", Tientsin, 1925.

King, S. T. and Liu D. K., "China's Cotton Industry", Shanghai, 1929.

Kulp, P. H., "Country in South China" Teachers College, Columbia University, N. Y., 1925.

Lee, F. C. H. and Chen, T., "Villege Families in the Vicinity of Peiping", Peiping, 1929.

Mallory, W. H., "China Land of Faminl", American Geographical Society, N. Y., 1926.

Malone, C. B. and Taylor, J. B, "The Study of Chinese Rural Economy", Peking, 1924.

Shanghai International Testing House, "A Survey of Silk Industry of Central China".

Smith, A. H., "Village Life in China", Fleming, H. Revcll Co., 1899.

Tang, C. Y., "Economic Study of Chines Agriculture", 1924.

Wagner, W., "Chinesische Land Wirtschaft", Berlin, 1926.

三、其他关于中国社会调查

1. 中文本

林颂河，“塘沽工人调查”，新月书店，1929

陶孟和，“北平生活费之分析”，商务印书馆，1930

杨西孟，“上海工人生活程度的一个研究”，北平社会调查所，1931

李景汉译（孟天培，甘博著），“二十五年来北京之物价工资及生活程度”，北京大学出版部，1926

包立德，朱积权，“北京地毯业调查记”，北平青年会，1924

方显庭，“天津地毯业调查记”，南开大学，1930

朱懋澄，“调查上海工人住屋及社会情形记略”，上海，1926

上海特别市社会局，“上海特别市罢工停业统计”，商务印书馆，1929

——，“上海劳资纠纷统计”，商务印书馆，1629

——，“上海之工业”，中华书局，1930

陈达，“中国劳工问题”，商务印书馆 1929

王清彬，林颂河等，“第一次中国劳动年鉴”，北平社会调查所，1929

2. 西文本

Cooledge，M. R.，“Chinese Immigration”，1929.

Fang，F. A.，“Chinese Labour”，1931.

Fo g，H. D.，“Tientsin Carpet Industry”，Nankai University，1929.

Gamble，S. D.，“Peking：A Sociai Survey”，George H. Doran Co. New York，1921.

Hsiao，C.，“Manchuria” 1929.

Kinnosupe，A.，“Manchuria A Survey”.

Lin，S. H.，“The Factory Workers in Tangku”，Social Research Department，China Foundation，Peking，1928.

Liu，D. K.，“China Industries and Finance”，The Chinese Government Bureau of Economic Information，1927.

Mong，T. P. and Gamble，S. D.，"Prices，Wages and Standard of Living in Pcking，1900-1924，Peking，1926."

T' ao Ling and Johson，L.，"Women in Tientsin Industries"，1928.

T' ao，L. K.，"Livelihood in Peking" Social Research Department，China Foundation，Peking，1928.

Tso，S. K. S.，"Labour Movement in China"，1928.

U. S. Dept. of Labour，"Chinese Migration，with Special Reference to Labour Condition"，1923.

Woodhead，H. G. W.，"The China Year Book"，Tientsin，1928.

Yang，S.，"An index of the Cost of Living in Peiping"，1928.

——and T' ao，L. K，Study of the Standard of Living of Working Families in Shanghai"，1931.

Yen，C. Y.，"A Study of Crime in Peiping"，Yenching University，1929.

四、外国农村社会调查

Aerboe，E.，"Allgemine Landwirtschaflliche Betriebslehre，1923.

Anderson，W. A.，"Farm Family Living among White Owner and Tenant Operators in Wake County"，North Carolina Experiment Station，Raleigh，N. C. U. S. A.，1929

—— "Factors Influencing Living Conditions of White Owner and Tenant Farmers in Wake Country"，North Carolina Experiment Station，1930.

Loomis，C. P.，"Migration among Sons and Daughters of White Farmers in Wake Country"，North Carolina Experiment Station，Releigh，N. C. U. S. A.，1930.

App，F.，"Farm Economics Management and Distribution"，1924.

Bailey，L. H.，"Survey Idea in Country Life Work"，Ithaca，N. Y.，1911.

Bennett，M. K.，"Farm Cost Studies in the U. S."，1928.

Belshhaw，H.，“Economic Position of the Farmer in New Zealand”，1928.

Black，J. D. and Zimmerman，“Family Living on Successful Minneseta Farms”.

Booth，J. F.，“Farmers’ Cooperative Business Organization in New York”，1926.

Bradley and Williamson，“Rural Children”，U S Department of Labor，Rureau Publication No. 33，1918.

Brentano，L.，“Agrarpolitik”，1925.

Brunner，E. D.，“American Agricultural Villages”，1927.

Buechel，F. A.，“The Commerce of Agriculture”，1926.

Bureau of Farm Managment and Agricultural Economics，“Results of Danish Farm Accounts in the Fiscal Year 1928-1929”，1929.

Bureau of Agricultural Economics. “Average Expenditures for Household Furnishings and Equipment Purchased by Farm Families”，1926.

Burt，H. J.，“Contacts in a Rural Community”，1929.

Butterworth，J. E.，“Rural School Survey of New York State”，Joint Com. on Rural Schools，1922.

Case，H. C. M. Wilcox，R. H.，“Complete Costs and Farm Business Analysis of Thirteen Farms in Champaign and Piatt Counties”，Illinois，1928.

Cavert，Wm. L，“Planning the Farm Business”，1928.

Claghorn，Kate Hallidy，“Juvenile Delinquency in Rural New York”，Children's Bureau，Weshington，D C.

Clark，Taliaferro，Collins，C L.，and Treadway，W. L.，“Rural School Sanination”，U. S. Public Health Bulletin，No. 77. 1916.

College of Agriculture，University of California，“Agricultural Sruation in Calitornia”，1928.

Craig，H. M.，and Lamble J. M.，“Medical Survey of an Indian Village”，Miltary Surgeon，July，1914.

Currier. Z L，“Farm Accouuting”，1924.

Dadisman, A. J. , "French Greek as a Rural Community", 1921.

Darling, M. L, "Pun job Peasant in Prosperity and Debt", 1928.

Davis, E. E. , "A Study of Rural Schools, Train County Texas", Austin, Texas.

Denune, P. P. , "Some Town Country Relations in Union County", Ohio State University.

Dickey, J. A. , and Bronson, E C. , "How Farm Tenants Live", University of North Carolina, 1922.

Douglass, H. P. , "How Shall Country Youth be Served?" 1925 Doran; Inst. of Social and Religious Research.

Dowling, Oscar M. , "The Rural Sanitary Survey and What it Reveals", American Journal of Public Health, Vol. V, 1915.

Durbea, C. J. , "Preliminary Inquiry into Health Needs of Rural People of the State of New York", 36th Annual Report of the Department of Health, Vol. Ⅲ, Dec. 31, 1915.

Eaton, T. H. , "Rural School Survey of New York State", Joint Com. on Rural Schools.

Eiliff, J. D. , "Study to the Rural Schools of Saline County, Missouri", University of Mo.

Evans, Aune M. , "Women's Rural Organizations", Washington. D. C. , 1918,

Evans, M. and Chapman, I. N. , "Accounts for Kansas Farms", 1928.

Farm Economic Branch, School of Agriculture, Cambridge University Report No. 1, "Economic and Financial Analysis of Fourteen East Anglican Farms in 1923-1924", 1926.

—— "Economic and Financial Analysis of Seventeen Eastern Couuties Farms in 1926-1927", 1927.

—— "Economic and Financial Analysis of Fifteen Anglican Farms in 1926-1927", 1928.

Felton, R. A. , " The Study of Rural Parish Presbyterian Board ",

N. Y.，1915.

Ferries，E. N.，“Rural School Survey of N. Y. State”，the Rural High School，Joint Com. on Rural Schools.

Fluharty，L. W. and Wilcox，F. R.，“Enterprise Efficiency Studies on California Farms”，1929.

Folsom，J. C. “Perquisites and Wages of Fired Farm Labourers”，1931.

Forester，R. B.，“Large Scale Cooperative Marketing in the U. S. A”.

Fry，C. Luther，Diagnosing the Rural Church Institute of Sociological and Religious Research，N. Y.，1924.

Fry，C. L.，“American Villages”，Gcorge H Doran Company，N. Y.，1926.

Galpin and Cox.，“Rural Social and Economic Problems of the U. S.”，University of Wisconsin，1919.

Galpin，C. J.，“The Social Anatomy of an Agriculture Community”，Madison，1915.

—— “Method of Making a Social Survey a Rural County”，Uniuersity of Wisconsin，1912.

——and Sawtelle，P. W.，“Rural Club in Wisconsin”. Madison，1916.

——Dayies，and Wyman-Stone，“Social Surveys of Rural School Districts”，Madison，1920.

——and Hong.，“Farm Tenancy”，Madison，1919.

Gabbara，L. P.，“Agricultural Economic Survey of Rockwall County，Texas”，1925.

Georgia State University，“Rural Survey of Clark County”，Special Reference to Negross of Athens，1915.

Gile，B. M.，“Farm Credit Situation in Southwestern Arkansas”，1929.

——and Black J D，“Agricultural Credit Situation in Minncsota”，1928.

Gilbert，R. W.，“A Study of a Typical Mill Villagc from the Stand point of Health”，Rhode Island Anti-Tuberculosis Association Report，1910.

Gillette, J M., "Mitigating Rural Isolation", University of Dakota, 1917.

—— "Rural Sociology", 1928.

Goldenweiser, E. A., "Farm Tenancy in the United States", 1920.

Groves, E. R., "Plans and Purpose of a Rural Survey", Rural Life Conference, Pullman, 1913.

Grag, L. C., "Introduction to Agricultural Economics", N. Y., 1924.

Haggerty, M. E., "Educational Preduct", Joint Com. on Rural Schools.

Hall, I. F., "Economic Study of Farm Buildings in New York", 1928.

Hamilton, U. S., "A Social Survey of Texas". University of Texas, 1913.

Haney, L. S., and Webrewein. G., "A Social and Economic Survcy of Travis County, Texas", Austin, Texas, 1916.

Harris, T. L., "Why Survey a Rural Community?", Rural Manhood, Move., 1910.

Hayes, A. W., "Community Value of Consolidated Rural School",

—— "Some Factors in Town and Country Relationships", Tulane University, 1922.

Hermes, A., "Der Teilbau in Frankreich", 1907.

Hoag, Emily F., "The National Influence of a Single Farm Community", Washington, D. C., 1912.

Holmes, C. L., "Economics of Farm Organization and Management", N. Y., 1928.

—— "Types of Farming in Iowa", 1929.

Hopzins, J A., "Double Entry Accounts for Farmers", 1924.

Howell, J. P., "Economic Survey of a Rural Parish", 1923.

—— "Productivity of Hill Farming", Oxford, 1923.

Huebner, G. G., "Agricultural Commerce", 1917.

Hurty, J. N., "Rural Sanitary Survey of Five Counties in Indiana", Indiana Bulletin, XCIX, Clear & Co.

Indiana State Board of Health, "A Rural Sanitary Survey of Four Countries”，1915.

Indiana，Rural Education Survey Committee，“Indianapolis Report”，March，1926.

International Labour Office，“Technical Survey of Agricultural Questions”，1921.

Johnson，C. F.，“Agriculture in Pennsylvania；A Study of Trends，County and State，Since 1840”，1929.

Joint Committee on Rural Schools，“Rural School Survey of New York State”，The Committee，1922.

Judd，C. H.，and others，“Rural School Survey of New York State Administration and Supervision”，Joint Com. on Rural Schools.

Ransas University，School of Education，Rural of School Service：“School Survey and Building Program for Dodge City，Kansas”，The University，1923.

Kirkpatrick，E. L.，“Standard of Life in a Typical Section of Diversified Farm” Cornell University Agricultural Experiment Station，Ithaca. N. Y.，1923.

—— “The Farmer's Standard of Living”，N. Y. 1929.

——and others，“Family Living in Farm Homes”，U. S. Department of Agriculture，Bulletin No. 1214，1924.

Kolb，J. H.，“Rural Primary Groups”，Madison，1912.

——and Bowman，C. S.，“Rural Religious Organizations”，Madison，1924.

Landmann，J.，“Die Agrarpolitik des schweizerchen Inductriestates”，1928.

League of Nations，“The Relation of Labour Cost to Total Costs of Production Agriculture”，1927.

Leake，H. M.，“Land Tenure and Agricultural Production in the Tropics”，1927.

—— “The Foundations of Indian Aariculture”，1923.

Lewis，H. T.，“Rural School and the Community”，Badger，R. G.，1918.

Lively，C. E.，“Some Rural Social Agencies in Ohio，Columbus”，1923.

Llogd，O. G. and Hobson，L. F.，“Relation of Farm Power and Farm Organization in Central Indiana”，1929.

Lundquist, C. A. , "What Farm Women are Thinking", University of Minnesota, 1923.

—— "Comparative Survey of Rural Township", Ithaca, N. Y. , 1925.

—— "Principles of Rural Sociology", U. S. , 1927.

——and Carver, T. H. , "principle and Rural Sociology", Ginn and Company, 1927.

Lundberg, Emma, and Treadway, W. L. , "Mental Defects in a Rural Community", U. S Department of Labor, 1919.

Lumdem, L. L, "Rural Saritation", Public Health Bulletin No. 94, United States Public Health Service.

McBride, G. M. , "Land Systems of Mexico", 1923.

Melvin, B. L. , "Rural Church Survey , Boone Country, No. ", University of Missouri, 1917.

Michel, H. C. , "Tuberculosis Survey of an Alaskan Eskimo Village, using Children Under the Age of 15 Years as an Index", Reprint 90 Medical Record, Oct. 14, 1916.

Michael, L. C. , "Agricultural Survey of Europe", 1926.

Mitchel. H H, and Grindley, H. S. , "The Element of Uncertainty in the Interpreration of Feeding Experiments", Bulletin 165, Agricultural Experiment Station, University of Illinois, July, 1913.

Missouri Tuberculosis Association, "Rural School Health Survey", the Association 222, Locust St. , St. Louts, 1922.

Moore, Elizabeth, "Rural School Health Survey", Missouri, 1922.

Moore, H. L. , "Forecasting the Yield and the Price of Cotton", Macmillan, N. Y. , 1917.

Moore, A. N. and Brunner, C. O. , "Facts and Problems of Farm Credit in Craighead County", Arkansas, 1929.

Morgan, E. L. , "Mobilizing the Rural Community Building", United Statcs Department of Agriculture.

—— “Mobilizing the Rural Conimunity”, Mass. Agticultural College, 1918.

Morse, Eastman, and Monaham, “Survey of a Rural and Suberban Country”, Washington, D. C. , 1913.

Moorhoure, L. A. , “The Management of the Farm”, 1925.

Morse, H. N. , “ The Social Survey in Town or Country Areas ”, Doran, 1924.

Mukrjee, R. , “The Rural Economy of India”, 1926.

Munger, H. B, . “Farm Management Surveys in Black Hawk, Greendy and Tama Counties”, Iowa, 1921.

Nason, W. C. , “Rural Planning”, United States Department of Agriculture, 1923.

—— “Organization of Rural Community Building”, United States Department of Agriculture, 1921.

North Carolina Agrioulture, Department of Tenancy Commission, Raleigh, “Economic and Social Conditions of North Carolina Farmers” . 1923.

O'brien, G. , “Agricultural Economics”, 1929.

Orwin, C. S. , “Farm Accounts”, 1924.

Phelan, T. , “Readings in Rural Sociology”, 1926.

Plundett, H. , “Agricultural Cooperation in the British Empire”.

Preshyterian Church Board of Home Missions, Department of Church and Country Life, 156 Fifth Avenue, New York:

—— “Rural Survey of Huron”.

—— “Rural Survey of Ewan River District”.

—— “Rural Survey of Turtle Mountain District”.

—— “Ohio Rural Life Surveys: Northwestern Ohio, Southwetern Ohio; Greene and Clermont Counties; Church Growth and Decline; Country Churches of Distinction”.

—— “Rural Survey in Pennsylvania”.

—— “Rural Survsy in Missouri”.

—— "Rural Survey in Maryland".

—— "Rural Survey in Indians".

—— "Rural Survey of Arkansas".

—— "Rural Survey of Oklahoma".

—— "Survey of Huntington Presbytery".

Preston, Josephine, "Educational Surveys", Rural Life Conference of the State Collage of Washington, Pullman, Washington. D. C. , 1914.

Price, P. S. , "Social Surveys of Three Rural Townships in Iowa", University of Iowa, 1917.

Rankin, J. O. , "Reading in Nebraska Farm Homes", University of Nehraska, 1922.

—— "Nebracka Farm Homes", 1923.

Rew, H. , "A Primer of Agricultural Economics", London, 1927.

Robertson, L. , "Successful Farming on 160 Acre Farms in Central Indiana", 1925.

Royal Commission on Agriculture in India, "Evidence Taken in Burma", 1928.

Sanderson, D. , "Farm Income and Farm Life", 1927,

——and Thomson, W. S. , "Social Area of Ptsego County", Cornell University Agricultural Experiment Station, Ithaca, New York, 1923.

Sanderson, Dwight, "Locating the Rural Community", New York State College of Agriculture, Cornell University, Ithaca N. Y. , June, 1920.

Seebohm, M. E. , "The Evolution of the English Farm", 1927.

Seligman, E. R. A. , "Economics of Farm Relief, a Survey of the Agricultural Problem", 1929.

Shapliegh, "Principles and Methods of Rural Surveys", Association Press N. Y.

Sims, N. , L. , "A Hoosier Village", University of Columbia Studies, Vol. XLVI, No. 4.

—— "The Rural Community, Ancient and Modern" Charles Scribner's Sons.

—— “Elements of Rural Sociology”.

Skilbbeck, D. and Messer, M. “Incidence of Farming Prosperity and Depression”, 1929.

Slater, G., “Some South Indian Village”, 1918.

Smith, Z. M., “Guide to Teaehing Farm Accounting in Rural Schools of Indiana”, 1929.

—— “A Year's Records on an Indiana Earm”, 1929.

Sydnestricker, Edgar, Wheeler, G. A., and Goldberger, Jos., “Disabling Sickness Among the Population os Seven Cotton Mill Villages of South Carolina, in Relation to Family Income”, United States Public Health Service, Public Health Reports, Vol. XXXIII, 47, Nov. 22, 1918.

Taft, A. B., “Community Study for Country Districts”, Missionary Education Movement for the United States and Canada, 1912.

Taylor, C. C., “Renting Farm in Virginia”, 1926.

——and Hurd, E. B., “Farm Organization and Farm Profits in Tama. County. Iowa, 1925.

——and Zimmerman, C. C., “Rural Organization”, Raleigh, N. C., 1922.

Taylor, H. C., “Outline of Agricultural Economics”, N. Y., 1925.

Tennant, J. L., “Relation Between Road and Agriculture in New York”, 1929.

Thomas, E., “The Economic of Small Holdings”, North Carolina Agricultural Experiment Station, 1927.

Thompson, C. W., “Rural Surveys”, Publication of American Sociological Society, 1916.

——and Warber, “Social and Economic Survey of a Township in South Minnesots”, 1913.

U. S. Department of Agriculture, “Agricultural Year Book”, 1925.

—— “The Agricultural Outlook for 1930”, 1920.

Undegraff, H., “Rural School Survey of New York State”, Joint Com. on Rural Schools.

Venn，J. A.，“Foundation of Agricultural Economics”，1923.

—— “Economic and Financial Analysis of Thirteen East Anglican Farms in 1925—1926”，1927.

—— “Economic and Financial Analysis of Six Eastern Counties Farms in 1924—1515”，1928.

Vernon，J. J. and Richards，H. I.，“Agricultural Situation in Roanoke and its Trate Territory”，1925.

Vogt，Paul L.，“A Rural Survey”，S W. Ohio，Oxford，O.，1913.

Von Tungeln，Geo. H.，“Survey of Orange Township”，Ames，Iowa，1918.

—— “Some Rural Survey in Iowa”，Proceedings of the American Economic Association，1917.

——and Eells，H. L.，“Rural Social Survey of Hudson”，Iowa，1924.

Warr，O. L. and others，“Darlington Country，Economic and Social”，University of S. C.，1927.

Warren，G. F.，“Farm Management”，1927.

——and Pearson F. A.，“Agricultural Situation：Economic Effects of Fluctuation Prices”，1924.

Waugh，F. V.，“An Economic Study of the Agriculture of the Connecticant Valley”，1925.

Wellman，H. R.，“1929 Agricultural Outlook for California”，1929.

Wells，G. F.，“Social Survey for Rural County”，New York，1911.

Weld，L. D. H.，“Social and Economic Survey in the Red River Valley”，University of Minneapolis，1915.

Wiest，E.，“Agricultural Organization in the United States”，1923.

Wilkins，V. E.，“Research and the Land”，1927.

Wilson，Warren H.，“A Rural Survey in Maryland”.

—— “A Rural Survey in Soughwestern Ohio”，1913.

—— “A Rural Survey in Missoun”，1911.

—— “A Rural Survey in Tennessee”，1911.

—— “A Rural Survey in Arkansas”.

—— “A Rural Survey in Indiana”, 1912.

—— “Green and Clermont Counties, Ohio”, 1912.

—— “Country Churches of Distinction”.

—— “Ohio Rural Life Survey”.

Winters, R. Y. , “Farm Income and Taxation in North Carolina”, 1929.

Youngblood, B. and Cox, A. B. , “Economic Srudy of a Typical Ranching Area on the Edwards Plateau of Tcxas”, 1922.

Zanieski, Florin, “Polish Peasant”.

五、其他外国社会调查

Adam, L. M. , “Investigation of Housing and Living Conditions in three Districts of Indianapolis”, 10 Indiana Univ.

Allen, W. H. , “How to Start a survey of Your City's Businees”, American City, March, 1913.

Allen, W. H. , “Self-Survey by Colleges and Universities”, World Bk. 1917.

——and Pearse, C. G. , “Self-Survey by Teacher-Training Schools”, World Bk. 1917.

“American Telegraph and Telephone Company Statistical Analysis and Projection of Time Series” Statistical Bulletin No. 4, Statistical Method Series, Office of the Chief Statistician New York, 1922.

American Child Health Association, “Health Trends in Secondary Education”, The Association, 1927.

Anderson, V. V. , “South Carolina Mental Hygiene Survey”, New York City, 1922.

Amhony, K. S. , “Mothers who must Earn; (with) middle West Side”, by Otto G. Gartwright, 14 Russell Sage Foundation.

Arizona, State Board of Education, "Phoenix, Survey of the Public School System", 1925.

Armstrong, Don B., "Tuberculosis Findings", Framingham, Mass, 1919.

Aronovici, Carol, "Newport Survey of Social Problems", Newport 1911.

Ayres, L. P., "Educational Surveying", Cleveland, Engineering Journal, July 1913.

Badger, L. E., "A Canvass of Religious Life and Work in Redwood County, Ninnesota" Board of Home Missions of the Presbyterian Church in U. S. A.

Baker, B. E., "Survey of Cuba", Havana, Cuba, 1915.

Bartlett, D. W., "A Sociological Study of a Modern City" Los Angeles, 1907.

Beaty, E. A., and McMurray., C. W., "Lancaster County, Economic and Social", Univ. of S. C. 1923.

Berridge, W. A., Windlow, E. A. and Fliun, R. A., "Purchasing Power of the Consumer", A Statistical Index, A. W. Shaw Compauy, Chicago, 1925.

Billings, B. W., "Tuberculosis Survey, Boston" State Department, 1918.

Blackmar and Burgess, "Lawrence Social Survey" University of Kansas, 1915.

Bliss, D. C., "Methods and Standards for Local School Surveys" Heath, 1918.

Bogardus, Emory S., "The City Boy and His Problems" (A Survey of boy Life in Los Angeles, Cal.). Rotary Club of Los Angeles, 1926.

Bogley, W. C., "Teaching Personnel" Joint Comm. on Rural Shools.

Book, W. F., "Intelligence of High School Seniors as Revealed by a State-Wide Mental Survey of Indian High Schools" Macmillan 1922.

Booth, Charles, "Life and Labor of People of London" London, 1891—1892.

Bower, W. C., "A Survey of Religious Education in the Local Church" University of Chiago, 1919.

Bowles, James T. B., "Sanitation of City of Vera Cruz, Mexico", American Journal of Public Health, 1915.

Boynton, N. and M. R., "Community Study" Clinton Avenue Presbyterian Church.

Brettain，H.，“Toronto Bureau of Municipal Research” Toronto，1917.

British Columbia “Education Department Survey of the School System” The department，Victoria，1925.

Brown，U. D.，“Houses of Amsterdam” State Charity Aid Association，New York，1917.

Brunner，Edmund S.，“World Survey” Committee on Social and Religious Surveys，New York，1917.

Brunner，E. de S.，“Surveying Your Community” Pa Dorad 1925.

Buckner，E. E.，“School Surveys” U. S. Bureau Edition，Dept. of Commissionert，1914.

Budgan，M. L.，“Educational Survey” Rabun County，Georgia.

Bureau of Labour Statistics，“Standard of Living of Employees of Ford Motor Co. in Detroit”，1930.

Bureau of Labour Statistics，“Cost of Living in the United States”，1924.

“Bureau Educational Measurement and Standards” Report of a Survey of the Public Schools of Leavenworth，Kansas，1915. Kansas Statc Printing Plant，1915.

Bureau of Home Economics，“Record of Family Expenditures”，1927.

Burgess，E. W.，“Social Survey exhibits，Kansas Municipalitoes” Vol. 1，No. 10，1915.

—— “Social Survey—A Field of Constructive Service” American Journal of Sociology，1916.

—— “The Urban Community”，University of Chicago Press，1926.

Burgess，E. W.，and Sippy，J. J.，“Belleville Sociological Survey” Believille，Kansas，1914.

Burkhard，E. L.，“The City Welfare” Chicago，1911.

Burkhart，John L.，“Tuberculosis Survey” Lansing，Michigan，1917.

Burr，Walter.，“Community Welfare in Kansas” Manhattan，Kansas 1915.

Burdge，H. G.，“Our Boys—A Study of 245，000 Employed Boys of the

State of New York，Military Training Commission” Bureau of Vocational Training，Albany，1921.

Byington，M. F.，“What Social Workers Should Know about their Communities” Russell Sage Foundation. Rev.

Caldwell，C. W.，and Courtis，S. A.，“Then and Now in Education”，World Bk. 1845. 1923，1924.

Callahan，J.，“Equalizing Educational Opportunity inWisconsin”，Wis. Dept. of Public Instruction Madison，1924.

Carr，A. M. and Saunders，“A Survey of the Social Structure of England and Wales”，1927.

Carroll，C. E.，“Community Survey in Relation to Church Efficiency”. Abingdon Press，1915.

Chadsey，C. E.，“Survey of the Peoria Public Schools 1924”，1924 Bd. of School Inspectors of the City of Peoria，Peoria Ⅲ.

Children's Bureau，U. S. Depattment of Labor，Infant Mortality Series No. 6，Bureau Publication No. 37，1919. Infant Mortality：Results of a Field Study in Brockton，Based on Births in One Year，by M. V. Dempsey.

——Infant Mortality Series No. 7，Bureau Publication No. 29，Infant Mortality：Results of a Field Study in Waterbury，Based on Births，By E. B. Butter.

——Bureau Publication No. 68，1920. Infant Mortality in New Bedford，by Jessamine S. Whitney.

——Bureau Publication No. 72，1920. Infant Mortality in Akron，Ohio，by Teresa S. Haley.

Chiklren's Bureau，U. S. Department of Labor，Infant Mortality Series No. 1，Bureau Publication No. 3，Baby Saving Campaigns：a Preliminary Report on What American Cities are doing to Prevent Ingant Mortality. 1913.

——Infant Mortality Series No. 4，Bureau Publication No. 11，1915. Infant Mortality in Montclair，N. J.，a Study of Infant Mortality in a Suburban Community.

City of Dallas，“Department of Public Welfare”，1915. 16.

Civic League of St. Louis，St. Louis，Missouri，1914. 15.

Clapp，F. L.，and Others，“Public Schools of Archuleta County，Colorado”，Unio. of Colo. 1920.

Clark，Taliaferro，Public Health Adminsatration of West Virginia，“U. S. Public Health Reports” Vol. XXX，Part Ⅰ.

Cleveland Surveys，A Group of Important Studies by the Cleveland Foundation.

Cleveland Foundation，Survey Commitee. “Survey of Higher Education in Cleveland”，The Foundation. 1925.

Colorado State Teacher College，“Report of School Survey and Educational Program for Fort Inpton，Colorado”，School Year 1924—1925，The College，Greeley Colo. 1925.

Columbia University. Teachers College. Institute of Educational Research. Division of Field Studies，“Report of the Survey of Certain Aspect of the Public School System of Springfield，Massachustts”，School Year 1923-1924. Springfield School Committee，Springfield，Mass.

—— “Report of the Survey of the Schools of Fort Lee”，New Jersey，Teachers Coliege，1927.

—— “Report of the Survey of the Schools of Port Arthur，Texas”，School Year 1925 26，Teachers College 1926.

—— “Report of the Survey of the Schools of Tampa，Florida”，Teachers College，1926.

—— “Report of the Survey of the Schools of the Town of Hammonton，N. J.” School Year 1925—1926，Teachers College，1926.

—— “Survey of the Nassau County Schools N. Y.”，Teachers College，1918.

——International Institute，“Survey of the Public Educational System of Porto Rico”，Teachers College 1925.

Committee of Immigration and Housing of California，“A Community Survey" San Francisco. Califoraia 1920.

Committee on Industry and Trade, "Survey of Metal Industries", 1928.

—— "Survey of Textile Ineustries", 1928.

Commons, John R. , "Milwaukee Economy and Efficiency Survey" 20 Billetine on Civic and Social Aspects of the City Life, Milwaukee Bureau of Economy and Efficiency 1911.

"Community Study", Woman's Press.

Connecticut, Board of Education, Hartford, "Survey of the Schools of West Hartford" 1923.

Cook, M. L. , "Plain Talk" (Study of Philadelphia) to date, 1914.

"Cooper sburg Survey" N. Y. , 1914.

Coulton, G. G. , "Life in the Middle Ages".

Council of Social Service, "A Social Survey of the City of Edinburgh, 1926.

Crane, Caroline Bartlett. , "A Sanitary Survey" 1911.

Crane, Mrs. C. J. , "Sanitary Conditions and Needs of Kentucky", Kentucky Medical Jourual, Vol. Ⅶ, No. 13, August 1, 1901.

—— "General Sanitary Survey of Nashville", Kalamazoo, Mich. The Author, 1910.

—— "Report on a Campaign to Aweaken Public Interest in Sanitary and Sociological Problems in State of Minnesota", State Board of Health, 1911.

—— "General Sanitary Survey of Erie", Kalsmazoo Mich. The Author, 1910.

—— "Sanitary Survey of Rochester", Kalamazoo, Mich. The Author, 1911.

—— "Sanitary Survey of Saginaw", Kalamazoo, Mich. The Author, 1911.

—— "Sanitary Survey of Uniontown", Women's Civic League, Uniontown, 1914.

—— "Report of Sanitary Conditions of Washington", State Board of Health Quarterly Bullitin, Vol. Ⅳ, No. 1, January, February, March, 1914, incomplete.

Cross, W. T. , Director; Leavell, R. H. , Field Worker, "Springfield Social Survey". Springfield, Social Survey Conncil.

Cubberley, E. P., and Others "School Organization and Administration", World Bk. 1916.

Cubberly, E. P., "Portland Survey" World Book Co., N. Y.

Curtis, Florence R., "The Collection of Social Survey Material" Illinois State Journal Co, 1914.

Dadisman, A. J., "French Creek as a Rural Community", 1921.

Davis, Otto, "Housing Problems in Minneapolis, Minn", 1914.

Dayton, Bureau of Municipal Research, 1913 Organization and Administration of the Dept. of Health of Dayton.

Day, E. E., "An Index of Physical Volume of Production" Review of Economics Statistics Harvard University, Sept. 1920, Jan. 1921.

Deadrick, "The Health Survey", American Journal of Tropical Diseases and Preventive Medicine Vol. 1, 1914.

Deck, P. A., and Heaton, H., "Economic and Social Survey of London County", Univ, of Va. 1926.

Department of Enternal Affairs, "Social Conditions in Australia", Melbourne, 1915.

Devine Edward T., "Results of the Pittsburgh Survey" American Journal of Sociology, XIV, 660.

Dick, A. W., and Others, "Lee County, Economic and Social", Univ. of S. C.

Donham, S. A., "Spending the Family Income", 1929.

Douglas, Paul H, and Lamberson, Frances; "The Movement of Real Wages 1890-1918" American Economic Review, Sept. 1921.

Douglass, H. P., "Church in Changing City", Doran, Inst, of Social and Religious Research, 1927.

Drachsler, Julius, Intermarriage in New York City Studies in History Economics, and Public Law. Columbia University, Vol. 94, No. 2, 1921.

Dnblin, L. I., Infant Mortality in Fall River, "A Survey of the Mortality among 833 Infants born in June, July, and Angust, 1913", American Statistical Association, Quarterly Publication Fol. 14, June, 1915.

—— "The Application of the Statistical Method to the Field of Public Service", American Jcurnal of Public Health, Vol. Ⅶ, 1917.

Duke, Emma, "Infant Mortality Study in Johnstown" Pa., Children's Bureau, Dept., of Labor U. S. Publication No. 4.

Duncan, Beatrice S., and Duke Emma, "Infant Mortality Study in Manchester N. H.", Children's Bureau Publication No. 20, U. S. Dept. of Labor.

Dunn, A. W., "Analysis of the Social Structure of a Wester Town", Univ. of Chicago Press, 1886.

Durand, F. Dona, "Tabulation by Mechanical Means" Transactions of the fifteenth International Congress on Hygiene and Demography, 1912, Vol. 6, Washington, 1913.

Edmund, des and Brunner, M. V., "Irrigation and Religion, 1922.

Elmer, M. C., "Fargo Social Survey", Associated by Charities Fargo, N. D., 1915.

—— "Social Survey of Council Grove, Kansas", University of Kansas, 1916.

—— "Social Surveys Urban Communities" George Banta, 1914.

—— "The Minncapolia Social Survey", Univ. of Kansas, 1918.

—— "Social Survey of Clay Center Kansas", Univ. of Kansas, 1918.

—— "Armourdale, a City within a City", Univ. of Kansas, 1919.

—— "Stillwater, Queen of St. Croix", Univ. of Minnesota, 1920.

—— "The Mound Community", Minneapolis, Tuberculosis Association, 1921.

—— "A Neighborhood in South Minneapolis, Minn", Council Social Agencies, 1922.

—— "Southtown Minneapolis", Council Social Agencies 1920.

—— "Tuttle-Columbus Neighborhood. Minneapolis" Univ. Printing Co., 1923.

—— "Women in Industry in St. Paul" Civic and Commerce Association, 1924.

—— “Women in Clerical and Secretarial Work” Wemen’s Occupational Bureau, 1925.

—— “Juvenile Delinquency in St. Paul”, Central Council Sociological Agencies, 1926.

Emerson, Haven and Others, “Report on Cleveland Hospital and Health Survey”, 1920.

Engelhardt, F, “Report of the Survey of the Organization, Administration, Finance and Certain Other Aspects of the Public School System, Superior, Wisconsin”, Univ. of Minn. 1926.

—— “Survey Report, Lake Crystal Public Schools. Lake Crystal, Minnesota”, Univ. of Minn. 1926.

Fairchild, H. P., “An Inductrial Survey of a New Haven District”, New Haven, 1913.

Falk, I. S., “The Principles of Vital Statistics”, W. B. Sounders Co, Philadelphia, 1923.

Fisher, Irving, “Health of New Haven”, New Haven Civic Federation, 1913.

Flint, E. M, and Aronovici, Carol, “Health Conditions and Health Service in St. Paul” Amherst H. Wilde Charity, 1919.

Flexner, A, and Bachman, F. P., “Cary Schools” General Educ. Bd. 1918.

Flun, A. W., “The Measurement of Proce Changes” Journal of the Royal Statistical Society, March, 1921.

Folin. JW., “Healt Shurvey”, U. S. Public Health Service, Public Health Reports, Vol. Ⅳ, N. S., Oct., 1916.

Force, J. N., “How is Your Municipality Spending Its Dollar for Public Health?” California State Board of Health, Monthly Bulletin December, 1917.

Foster, L. H., and Fulber, H., “A Health Survey of White County, Illinois.”

Fox, Carrol, “Public Health Administration in Maryland”, U. S. Public Health Reperts, Jannary 30, 1914.

Fox, Carrol, "Public Health Administration in Baltimore", U. S. Public Health Reporte, June 12, 1914.

—— "Public Health Administration in Minnesota", U. S. Public Health Reports, Oct. 2, 1914.

—— "Public Health Administration of Washington", U. S. Public Health Reports, Vol. XXX, Part I, 1915.

—— "Public Health Administration of Toledo", U. S. Public Health Reports, Vol. XXX, Part I, 1915.

—— "Public Health Administration of Nevoda", U. S. Public Health Reports Vol. XXX, Part II.

—— "Public Health Ama. of Nebraska" U. S. Public Health Reports Vol. XXXI, Part II.

—— "Public Health Adm. of Youngstown, Chio", U. S. Public Health Reports, Vol. XXXI Part II.

—— "Public Health Adm. in the City of Birminghram and County of Jefferson, Alabama, U. S. Public Health Reports, Vol. XXXI, Part II.

—— "Public Health Adm. in Colorado", U. S. Public Health Reports, Vol. XXXI, Part II.

—— "Public Health Adm. in South Bend, Indiana", U. S. Public Health Reports, Vol. XXXII, Part I.

—— "Public Health Adm. of Piqua, Ohio", U. S. Public Health Reports, Vol. XXXII, Part II.

—— "Public Health Adm. of Springfield, Ohio", U. S. Public Health Reports, Vol. XXXII, Part II.

—— "Public Health Adm. of Quincy, Illincis", U. S. Public Health Reports, Vol. XXXII, Part II.

—— "Public Health Adm. in North Dakota", Reprint 315, U. S. Public Health Reports Dec. 1915.

—— "Public Health Adm. in Florida, Reprint 340", U. S. Public Health

Reports June 2，1916.

—— “Minimum Standards of Organization for Municipal Association. Vol. LXXV，No. 12.”

Frankle L. K.，and Dublin L. I.，“Community Sickness Survey”，Rochester N，Y. 1915.

Galpin and Davies，“Social Surveys，What they are and How they are made” Makicon，Wis.，1914.

Galveston Commercial Association，“Report of A Sauitary Survey of Galveston”.

Garr，Elma B.，“Cast of Living Statistics of United States Bureau of Labor Statistics and National Industrial Conference Board”，Journal of the American Statistical Association Dec. 1924.

Gaston，D. A.，and Cornwill，A.，“Chester County，Economic and ocial”，Univ. of S. C. 1925.

Gedden，Patrick，“Social Surveys Preparatory to Town Planning”，Lindsly &. Co.，Edinburgh.

—— “City Determination，and the Need of a City Survey”，Annual of the American Academy，L (L).

General Education Board，“Private Endowment and Public Education” The Board 1919.

Georgia Education Department of Atlanta，“Eductional Survey of Ware County”，1923.

Gibbs，Gorge，Jr.，“East Boston”，Boston 1916.

Giddlings，Franklin H.，“A Social Marking System”，Quarterly，American Statistical Association，1910.

—— “Scientific Study of Scciety” N. Carolina Press，1925.

Gillin，J. L.，“Application of Social Survey to Small Communities”，American Journal of Sociology Vol. XVII.

Goldmnrk，Pauline，“Notes on the Industrial Survey of A Secelted Area in

New York City, with Respect to Sanitary Conditions in the Factories", 1917. Reprint of Appendix 5 to Preliminary Report of the N. Y. State Factory Investigating Commission. Submitted to Ligislature, March 1, 1912.

Government of Bombay, "Report on an Enquiry into Working Class Budgets in Bombay, 1923.

Greenberg, D., and Joel, I. D., "Health Survey of Middletown Conn.", Yale School of Medicine.

Grubbs, S. B., "Public Health Adm. of Illinois", U. S. Public Health Reports, Vol. XXX, Part I.

Guifoy, W. H., and Wynne, S. W., "Illness Census Taken in Health District No. I.", N. Y. City, Dept. of Health Bulletin, Vol. V, No. 10, Oct., 1915.

Gunn, S. M., "Health Department, Milwaukee", Milwaukee Bureau of Economy and Efficiency, Bulletin 13, 15, 18, 1912.

—— "Report on ihe Public Health Activities of the City of Pawtucket", Pawtucket Business Men's Association, 1913.

Hamilton, U. S., "A ocial urvey of Texas", Univ. of Texas, 1913.

Haney, L. S., and Wehrewein, G. A., "A Social and Ecouomic survey of Travis County, Texas", Austin Texas, 1915.

Harbach, F. M., and Hart, H., "A Constructive Survey of Milwaukee School Buildings and itos", Milwaukee, 1916.

Harmon, G. E., "A Comparison of Relative Health fulness of Certain Cities in the United States, Based upon the Srudy of their Vital Statistics", American Statistical Asso., Quarterly Publication, Vol. XV, No. 114, June, 1916.

Harrison, Shelby M., "In Lincoln's Home Town" Springfield, Illinois. 1917.

—— "Community Activities Survey", Russell Sage Foundation, 1916.

Harrison, S. M. and Eaton, A, "Bibliography of Welfare Problems in New York City", Welfare Council of New York City, 1926.

Harris, L. I., "Health of Workers in Garages, A Preliminary Study",

New York City Dept. of Health Bulletin，Vol. Ⅷ，No. 11，Nov. 1918.

—— "Clinical Study of the Frequency of Local Turpentine，and Benzine Poisoning in 400 Painters" N. Y. City of Department of Health Repint，Surveys，No. 65，August，1918.

—— "Chnical and Sanitary Study of the Fur and Hatters Fur Trade"，New York City Department of Heaith Bulletin，Vol. V，No. 10，Oct.，1915.

Harper，J. R.，Corup. "Survey of Opportunities for Vocational Education in and near Philadelphia"，1915.

Hart，F. W.，and Peterson，L. H.，"School Building Survey and School Housing Program for San Rafael. Cal." Univ. of Cal. 1922.

—— "Social Problems of Alabama"，Russell Sage Foundation，1918.

Harvard University，Graduate School of Education，"Education in twelve Cape Towns" Harv. Univ. Press. 1927.

Harrison，S. N. and Eaton，A.，"Bibliography of Welfare Problems in New York City"，Welfare Council of New York City，1926.

Haskell. A. C.，"Graphic Charts in Business"，Codog Book Co.，N. Y. 1922.

Hayes，A，W.，"Some Factors in Town and Country Relationships"，Tulane Univ.，1922.

—— "Exampies of Community Enterprises in Louisiana"，New Orleans La，1923.

Haynes，Rowland，"Making a Recreational Survey" Tlayground，April，1913.

Hayhurst，E. R.，"Industrial Health Hazards and Occupational Diseases in Ohio" Columbus State Board of Health，1915.

Hedrich，A. W.，"Public Health in East Chicago" East Chicago Department of Health，1916.

Henderson，Y.，"Incomes and Living Costs of A University Faculty"，1928.

Hetherington，C. W.，"Madison Recreational Survey" Madison，1915.

Hexter，M. B.，"Social Consequences of Business Cycles"，Haughton Mifflin，Boston，1925.

Hoboken, New Jersey, "Sanitary Survey", New York Bureau Mine Research, 1913.

Hoffman, F. L., "Insurance Science and Economics", The Spectator Co., New York, 1911.

Holland, C. W., "An Economic and Social Susvey of Northampton County", 1927.

Hollerith, H., "An Elective Tabulating System", School of Mimes Quarterly, Columbia Univ., April, 1889, (Heginning of Mechanical Methods in Census Work).

Hollister, Horace A., "The Township and Community High School Movement in Illinois" Washington, D C, 1917.

Hookstadt, Corl, "Comparision of Workmen's Compensztion Laws of the U. S. up to Dec. 31, 1927", Washington D. C May, 1918.

Horowitz, M. P., "A Synoptic Report on a Comparative Sanitary Survey of Two Massachusetts Cities—Quincy and Taunton", American Journal of Pubhc Health, Vol. Ⅶ, No 8.

—— "Training City Managers", Engineering News Record Vol. LXXIX, No. 5.

—— "The Oklahoma Public Health Surveys", Oklahoma City, Sept., 1919.

Horwood, M. P., "Public Heeith Survey, Lafayette, Ind", 1921.

—— "Public Heakh Surveys" John Wiley & Sons 1921.

Horwood, M. P., and Schevitz, Jules, "The Value of Public Health Survey in the Public Health", Campaign, American Journal of Public Health, Feb, 1921.

—— "The Oklahoma Public Health Surveys, Muskogee" Marce, 1920.

Hornell, O. C, Maine, "Guide to the Study of the Town, City, County, State and Nation", Bowdin College, 1915.

Houghteling, L, "The Income and Standard of Living of Unskilled Labourers in Chicago, 1927.

Humphrey, G, "Whta is a Survey? How Springfield, Illinois, Found

Out”，The Outlook，CXIV.

Hun，M. V，“Come Facts about Albany” Albany. The Author，1912.

Illinois University，College of Education，Bureau of Educational Research，“Survey of the City Schools of Marison，Illinois” The Univ. 1924.

Indiana，“Survey Commission on State Supported Institutions of Higher Learning，Indianapolis” Report of a Survey of the State Institutions of Higher Learning in Indians，1926.

International Management Institute，“Industrial Research at the Western Electric Company”，Inc，U. S. A，1931.

Jackson，Henry E，“A Community Center”，U. S. Departmant of the Interior，Bulletin N. 11，1918.

James，H G，“Civic Improvement”，Asutin，Texas，1915.

Johnson，R. R，et al.，“Report on Housing in Kansas City”，Board of Public Welfare，1912.

Johnson，C. R Ed，“Constantinople To-day”，Macmillan，1922.

Jones，T. J.，“Sociology of a New York City Block”，Columbia University Study，1904.

Jones，D. C.，“Cost of Living of a Sample of Middle-Class Families”，1928.

Jordan，D. F.，Business Forectsting，“Prenting”，Prentice-Hall，New York，1923.

Judd，C. H，“Survey of the St. Louis Public Schools”，World Book Co.，1918.

Juvenill Protective Association of Cincinnati，“Recreation Survey of Cincinnati，Ohio”，1913.

Kellogg. P. U.，Smeting Iron Ore and Civics，Birmingham，“Survey” Vol，XXVII，Jan. 6，1913.

——Editor of “Pittsburgh Survey” New York Charities Publication Committee，6 Vols Russell Sage Fonndation Publication，6 Parts. 1909－1914.

Kendall，C. F.，“Public Health Aminisration in Biddeford，Maine”，

Monthly Bulletin, Maine Department of Health, May, 1920.

Kengott, George, "Record of a City, Lowell" . Macmillan, New York, 1912.

Kerr, J. W., Public Health Administration in New Mexice, "U. S. Publc Health Reports", Vol. XYXIII, No, 46, November 15. 1918.

Kile, O. M, "The Farm Bureau Movement".

King, E. S., and F. A., "Pathfinder Social Survey of San Diego", San Diego Women's Club, 1914.

Kirk, William, "Modern City, Providence", Univ. of Chicago Press, 1909.

Knight, C. P., Progress Report on Field Investigations in Child Hygiene in the State of Missouri to June 30, 1920, "Public Health Reports", Vol. XXXV, No. 53.

Knight, H. R., "Play and Recreation in a town of 6, 000", Russell Sage Foundation, 1915.

Knoxville, Tennessee, Board of Education, "Survey of the School Building Needs of Knoxville, Tennessee", The Board Knoxville, Tenn., 1924.

Lampson, L. H., "Study of the Spread of Tuberculosis in Families", Ueiv. of Minnesota Studies in Public Health, Bulletin No. 1, December, 1913.

Lanza, A. J., and Higgins, Edwin, "Pulmonory Disease among Miners in the Joplin District, and its Relation to Bock Dust in the Mines; A Preliminary Report" Dept, of Interior, Bureau of Mines, Educational Paper 105, 1915.

Lawyer, Luther C., "A Study of the Child Life in Brown School District", Chicago, Y M C. A College, 1921.

Lefferts, A and Others, "Cartered County" University of N. C. 1926.

Lindholm, S. G., "Survey of City of Atlanta, N Y" Bureau of Municipal Research, 1922.

—— "Report of Survey of the Department of Health of Atlanta", New York Municipal Research, 1912.

Lock, E. A., and Floyd, Clevcland, "Economic Study of 500 Consumptives Treated in the Boston Consumptive Hospital", Reprint Transactions of New

York Association for the Study and Prevention of Uuberculosis, 1911.

Louisiana, Survey Commission, "Report on the Louisiana, State Normal College", the Lonisiana Polytechnic Intitute, The South-Western Louisiana Institute 1924, La State Department of Education, Baton Rouge.

Lundberg, Ges. A., "Child Welfare Survey", Rotary Club, Tacoma, Washington, 1926.

Mahoney, J., "Some Foreign Educational Surveys", Russell Sage Foundatlon, N. Y.

Mahr, J. C., and Caufree, E., "Report of Sanitary Survey of Herman, Oklahoma", States Board of Health, Oklahoma, Oklahoma City, 1914.

"Manual of International Life of Causes of Death", Department of Commerce Bureau of Census, Washington, 1924.

Maphis, C. G., High School Survey of Elizabeth City, North Carolina, Univ. of Va. 1923.

Marquis, Eva M., "A Survey of the Extent, Financial and Social Cost of Desertion and Artificially Broken Homes in Kansas City, Mo.", Board of Public Welfare, 1915.

Massachusetts, Commission on Opportunities and Methods for Technical and Higher Education, Boston "Report for an Investigatson Relative to Opportunities and Methods for Technical and Higher Education in the Commonwealth Appointed under the Authority of Chapter 33 of the Resolves of 1922", 824.

Matheson and Reiss, "Social Assets", Reprint from "Progress", Oct. 1907.

Matley, R, "The Missouri Crime Survey", U. S. 1926.

McClanahan, Bessie, The Social Survey, Univ. of Iowa, 1916.

McClanahan, B. A., "Community Organization", Century Co, 1922.

McCracken, C. C., and Others, "Cooperative Study of Certain Phases of the Fairfield County, Ohio, School System", Ohio State University, 1925.

McLean, F. H., Department of charities of Rachester, N. Y. Rachester, 1918.

—— "Pathfinding Survey of Muskogee, Oklahoma", April, 1917.

McMillan, Marion B, "Sanitary Survey of Trial City Block", "Monthly Bulletin", N. Y. City Department of Health, Vol. VI. No. 8. August, 1916.

Meeker, R., "A Studv of Cost and Standard of Living of Minneapolis Teachers in Relation to Their Salaries, 1926.

"Methods of Procuring and Computing Statistical Information of the Bureau of the Labor Statistics" (Wages, Cost of Living, Accidents, rices and Employment), Bulletin 326, U.. Bureau of Labor Statistics, Washington, 1923.

Metropolitan Life Insurance Company and Chelsea Neigeborhood Associotion, "A Health Survey in the Chelsea District", Weekly Bulletin, N. Y. City, Metropolition Life Insurance Company, 1917.

Michigan, "Report of the Tuberculosis Survey of the State Board of Health for the Twelve Months from October, 1915. to October, 1916", Lansing The State, 1917.

Mills E. C., "On Measurement in Economics" From the Trend of Economics, (R. G. Tugwell, Editor), Alped A Knopf, New York, 1924.

Ministry of Economic Affairs, "Report on the Cost of Living in Ireland", 1922.

Mississippi, Survey Commission Jackson, "Public Education in Mississippi", 1925.

Mitchell, W. C, "Index Numbers of Wholesale Prices in the U. S. and Foreign Countries, Builetin" Whole No. 173. July, 1915. of U. S. Bureau of Labor Statistics (The Standard and Authoritative Reference on the Construction and use of Index Numbers).

—— "Business Cycles", (CPP. 112-139 Discusses the Representative Character of Index Numbers), Colifornia University Publications, Vol. Ⅲ, 1973.

Mobley, M. R., "Necessary of Grophic Illustrations of Sanitary Conditions in a Community", American Journal of Public Health, Vol. Ⅶ, 1917.

Montgomery, T S., "Report of the Survey of Humble (Tex) Public

Schools", Sam Houston State. Teachers College, Huntsville, Tex, May, 1926. 1927.

"Monthly Balletin of Statistics", International Labor Office.

Moore, H. L., "Laws of Wages", Macinillan New York, 1911.

Moore, H. L., "Economic Cycles", (brilliant studies of economic law using the tool of mathematical Statiaics), Macmillan, N. Y., 1914.

—— "Generating Economic Cycles", Macmillan, N, Y., 1923.

Moagan, E. S., "Community Organization", Mass. State College of Agriculture, 1919.

Morimato. K., "The Standard of Living in Japan", 1918.

Morrison, T. M., "Coopersburg Survey", Bellona, N. Y., 1914.

Mort, P. R., "Measurement of Educational Needs", Teachers College, 1924.

Mundis, J. R., "Economic and Social Survey of King and Queen County", University of Va. 1925.

Munson, W. L., "Sanitary Survey of Glen Falls", City Health Department, Glen Falis, N. Y.

National Industrial Conference Board, "Family Budgets of American Wage-Earners, N. Y., 1921.

National Industrial Conference Board, "The Cost of Living in the United States 19-4-1926.

—— "The Cost of Living in Foreign Countries", 1927.

—— "Cost of Living in New York City", 1926.

—— "The Cost of Living in Twelve Industrial Cities", 1928.

National Child Labor Committee, "Child Welfare in Oklahoma", 1917.

—— "Child Welfare in Alabama", 1918.

—— "Child Welfare in North Carolina", 1918.

—— "Child Welfare in Kentucky", 1919.

—— "Child Welfare in Tennessee", 1920.

National Bureau of Economic Research, "Income in the United Sates" (Wesley

C. Mitchell, Editor), 2 Volumes, Harcourt Brace & Co., N. Y., 1921.

National Society for the Study of Education Year Book 1914, "Plans for Organizing School Surveys", Publics School.

Neal, J. B., "Work of the Meningitis Division of the Bureau Laboratories; Illness Census taken in Health District No. 1", New York City Department of Health Bulletin, Vol. No. 3, March, 96.

Nelson, Lowry, "A Social Survey of Escalante, Utah", 1925.

Nelson, N. A., "Study of Tuberculosis Mortality, 1910 - 1917, with Spicial Reference to the Negro", Cinoinnati, Anti. Tubeiculosis League Allied Drive for Public Health.

New York Bureau of Municipal Research, "Sanitary Survey of Hoboken", 1913.

—— "Report on Department of Health of Reading", Reading Chamber of Commerce, 1913.

—— "Report on a Survey of the Municipal Departments and School Districts in Reading", Reading Chamber of Commerce, Eight Pamphlets; No. 1, Department of Health, 1913.

—— "Milwaukee", April, 1913.

—— "Efficiency and Next Needs of St. Paul's Health Department", 1913.

New York State Charities Aid Association, "A Sickness Survey in Dutchess County", Publication No. 136, 1915.

New York (State) University, "Report of a Snrvey of Public Education in Nassau County, New York", The University.

—— "Repoot of the Survey of the Biughamtor School System", The University, 1919.

—— "Repor of the Survey of the Lockport School System", The University, 1924.

—— "Report of the Survey of the Utica School System", The University, 1918.

—— "Survey of Livingstown County Schools", The Univ. 1922.

Newark, New Jersey, Board of Education, "Nationality and Age-grade Surveys in the Public Schools of Newark, N. J. Supt. of Schools of Newark, N. J. 1923."

—— "Reading Survey in the Public Schools of Newark, N. J." The Board, Newark, N. J. 1923.

Newsholme, A., "The Elements of Vital Statistics", (Standard and Authoritative Reference), D. Appleton, N Y., 1924.

Nicholson, S. W., and Others, "Fairfield County, Eeonomic and Social", Univ. of S. C., 1924.

Nickcll, L. P., and Randolph, C. J., "Economic and Social Survey of Fairfax County" Univ. of Va. 1924.

Noble, C V., "The Cost of Living in a Small Factory Town", N. Y. 1924.

Nolan, A. W., "Continuity Survey", Univ. of Illinois, 1914.

Nolen, John, "City Planning, Six Typical Studies, Hucbrek, N. Y. 1912.

North, F. H., "Indianapolis Recreation Survey", Chamber of Commerce, 1914.

North Carolina, Public Instruction, Dept. of Raleigh, "Country-Wide Plan for the Organization of the Schools, Schools of Lincoln County, North Carolina" 1923.

Odell, C. W., "Are College Students a Selected Group" Univ. of ILL. 1927.

Ogburn, W. F., "A Statistical Study of American Cities", Reed College, 1917.

Ogrady, John, "Public Care of Sick and Diseased, A Survey of Hospital Care in Ohio Infirmaries", Board of State Charities, Ohio Bulletin of Charities and Correction Vol. XXIV, No. 4, December, 1918.

Ogburn, W. F., and Thomas, Dorothy, "Influence of the Business Cycle on Certain Social Conditions" Quartely Publication of the American Statistical Association, Sept., 1922.

Ohio State Board of Health, Survey of the Tuberculosis Situation in the State of Ohio; Prepared by the State Society for the Prevention of Tuberculosis, 1912.

O'uhea, M. V. , "State Educational System at Work", Bernard B. Jones Fund, F. S. Harmon, Treasurer, Box 477, Hattiesburg, Miss, 1927.

Palmer, G. T. , "A Sanitary and Health Survey", New York, 1912.

Patteison, Don. G. , "A Mental Survey, of the School Papulation of A Kansas Town, School and Society", 1918.

Pearl, Raymond, "Midical Biometry and Statistics" W. B. Saunders Co. , Philadelphia, 1923.

Peixatto, I. , "Getting and Spending at the Professional Standard of Living", 1927.

Perry, J. C. , "Report of a Survey of Richmonk, Indiana, to Determine an Incident of Tuberculosis", U. S. Public Health Service, Supplement 26 to U. S. Public Health Reports, Oct. 8, 1915.

Persons, W. M. , The Review of Econonmic Statistics Preliminary Vol. Ⅰ, Havard Univ. 1919, (methods of treating time series).

—— "Constrmtion of a Business Barometer", American Economic Review, Dec. 1916

Platt, Philip. , "New Haven Health Center Demonstration", 1923.

—— "A Public Health Survey of Praguc, Czccho-Slozakia", Modern Medicine, Vol. Ⅺ. No 7, 1920.

Pollak, "Foundation for Economic Rescarch", The Problem of Business Forecasting (edited by Persons, Foser and Hettinger). Paper Presented at the eighty fifth Annual Meeting of the American Statistical Association, Dec. , 1923. Published by Houghton Mifflin, Boston, 1924.

Potter, Z. L. , "The Newburgh Survey", 1913.

Pratt, A. P. , "Survey of Lewiston and Auburn", State Department of Health, 1918.

Pratt, Grance E. , "A study of Community Conditions", Minneapolis, 1925.

Preice, P. S. , "Social Surveys of Three Township in Iowa", Univ. of Iowa, Iowa City. 1917.

Presbyterian Church Board of Home Missions，Deoartmen of Church and Country Lifs. 156 Fifth Avenue. New York. “Survey of Huntington Presbytery”.

——Horth Western Ohio.

——South Western Ohio.

——Greene and Clearment Counties.

——Church Growth and Decline.

——Toronto Board of Social Service and Evangelism.

——Report of a Preliminary and General Survey of Hamilton.

——Report of a Preliminary and General Survey of Port Arthur.

——Report of a Preliminary and General Survey of Regina.

——Report of a Preliminary and General Survey of Catherine.

——Report of a Preliminary and General Survey of Vencouver.

——Report of a Preliminary and General Heport of Sidney.

——London Survey.

Prosser，C. A.，and Rechard，C. R.，“Vocational Education，Survey of Minneapolis”. Government Printing Office，Washington D. C.，1914.

Rak，M. R.，“Social Survey of Arizona”，Univ. of Arizona，1921.

Reform and Correctional Surveys，“The Delinquent” Vol. Ⅶ，-Ⅹ.

“Regional Survey of New York and Its Environs”（Vol. Ⅰ，Economic Factors，Vol. Ⅱ，Population，Land Values and Government，Vol. Ⅲ，High Way Trafic，Vol. Ⅳ，Trausit and Transportation，Vol. Ⅴ，Recreation，etc.），Regional Plan of New York and Its Environs，30 East and 22nd St.，N. Y.，1927.

“Report of the Bureau of Social Surveys”，Department Public Welfare，Chicago，1914-15.

Reed，A.，“Human Waste in Education”，Century，1927.

Rich，J. P.，and Arms，B. L.，“Preliminary Report of the Health Survey of El Pase; and Grossman J. H.，Housing Health Survey”，El Paso Chamber of Commerce，1915.

Richmond，M. E.，and Hall，E. S.，“Study of 985 Widows Known to

Charity Organization Societies", New York, 1910.

Richie, F. H. T. , "Community Survey", Assn. Press.

—— "How to Study Your Association and the Community".

Riddell, W. A. , and Myers, A. J. W. , "Survey of London, Canada", Toronto Board of Social Service and Evangelism, Presbyterian Church, 1913.

Riegel, Robert, "Element of Business Statistics", D. Appleton New York. 1924.

Righter, Leonard, "Educational Survey Prepartory to Vocational Education". Columbia Unrv. , 1923.

Robinson, D. E. , and Wilson, J. G. , "Tuberculosis Among Industrial Workers in Cincinnati" U. S. Public Health Service, Public Health Bulletin No. 73. 1916.

Robinson, C. M. , "Fairfield and Varina District Henrico County School Housing Survey", The Author, Times-Dispatch Bidg. Richmond, Va. 1924.

—— "Norfold County and and South Norfold City School Housing Survey". The Author, 1924.

—— "Petersburg, Virginia, Public Schools", The Author, 1924.

—— "Portsmonth, Virginia, Public Schools", The Author, 1921.

Robinson, C. M. , and Others, "Suffolk Virginia Public Schools" C. M. Robsnson, Time-Dispatch Bldg. , Richmond, Va. 1924.

Rosenau, M. J. , "The Value of Sanitary Survey in the Teaching of Hygiene" Journal of American Midical Association Vol. LXV , 1915.

Ross, Frank. A. , "School Attendance in the United States in 1929", Census Monographs V, Bareau of the Census, Washington, 1924.

Rossiter, W. S. , "A Century of Population Growth", Bureau of the Census Washington, 1929.

Rowntree, B. S. "Poverty, A Study of Town Life", New York, 1902.

Rugg. H. O. , "Statistical Methods Applied to Education", Houghton, Mifflin, Boston, 1917.

Russell Sage Foundation, Department of Surveys and Exhibits, "Birmingham, Alabama, Survey," 1911.

—— "Newburg Survey", 1913.

—— "Springfield Survey", 10 Volumes by Shelby Harrison, 1915.

—— "Scranfon in Quick Review", 1913.

—— "Topeka Survey", 4 Volumes, 1907-08.

——Pittsburg Survey, 6 Volumes, 1907-08, ("Women and the Trade", by E. B. Butler, "Work Accidents and the Law", by C. Eastman, "Steel Workers", by John Fitch, "Homestead, the Households of a Milltown", by E. T. Divine, R A. Woods, A. T. Burns. F. E. Wing, A. M. Harrison, F. Latmore, L. V. North., "Wage Earning Pittsburgh", P. A. Kellogg, J. R. Commons, F. Kelly, P. Roberts, R. R. Wright, J. Forbes, and Others.)

Sands, Hebert R., "Organization and Administration of City Government of Atlanta, Ga.", New York Bureau of Municipal Research, 1912.

Schereschewsky, J. W. "Studies in Vocational Disease, Health of Garment Workers", U. S. Public Health Service Bulletin No. 71.

—— "Studies in Vocational Disease, Hygineic Coditions of Illumination in Workshops of the Women's Garment Industry" U. S. Public Health Service Bulletin No 71. 1915.

Schevitz, J., "A Tuberculosis Survey of New Jersey".

Schluter, W. C., "How to do Research Work", Prentice-Hall, 1926.

Schmid, G., "Suicides in Seattle, 1914-1925." 1928.

Schneider, Franz, Jr., Survey of the Public Health Situation of Atlanta, Ga., Atlanta, Ga. Chamber of Commerce, 1913.

——Public Health Survey of New Burgh, N. Y., 1913.

——Survey of the Public Health Situation in Ithaca, N. Y., 1915.

——Public Health in Springfield, Illinois, 1915.

——Survey of the Activities of Municipal Health Departments in the United States American Journal of Public Health Vol. Ⅵ, 1916.

——Relative Values in Public Health Work, American Journal of Public Health, Vol. Ⅶ, 1917.

Sears, F. W., "Study of Sanitary Conditions on the Onondaga Indian Reservation", Health News, Indian Conference Number, Vol. ⅪⅤ, No. 4, April, 1919.

Sears, J. B., "The School Survey".

Sears, J. M., "School System" Houghton.

Secrist, H., "Statistics in Business".

Semon, Phillip, L., "A Jewish Community Center in Action" Chicago Hebrew Institute, Chicago, Illinois, 1921.

——Education and the Community Jewish People's Institute, Chicago, Illinois, 1922.

Shaw, E. A., and Lincoln, E. A., "Comparston of the Intelligence and Training of School Children in a Massachusatts town" Havard University Press.

Shipley, A. E., Report on the Syrancuse Board of Health, New York Bureau of Municipal Research, 1912.

Skoog, Paul L., "Sanitary and Health Survey of the City of Freeport", Ill., Conducted by Illinois State Dept. of Public Health, Published in Illinois Health News, May, 1918.

Skoog, Paul. L., Sanitary Survey of Rockford, Illinois. Published by Illinois Department of Health.

Small and Vincent, "Introduction to Sociology" New York, 1894.

Smith and Others, "The Way to Win", New York, 1916.

Smith, H. L., "Survey of a Public School System", Teachers College, 1917.

Smith, J. A., "A Tuberculosis Survey of Clinton County" New York State Department of Health News, March, 1919.

Snidow, F. A. and McComas, F. W., "Economic and Social Survey of Giles County", Univ. of Va., Extension Division, Univ. of Va., 1927.

Sollenger, “Juvenile Delinquency”, University of Omaha, 1925.

Southmayd, H. J., “Health Survey of Portsmouth, Ohio”. Ohio Public Health Jour. Vol. XIII, Sept., 1917.

“Standardization of Industrial Accident Statistics”, Washington, 1920.

Stewart, A. E., and Simmons, V. S., Pittsburgh Tuberculosis Leaguc, “First Survey Report of Dispensary Aid Society on Tuberculosis and Inlant Welfare”, a Study of 8 City Squares, 1916.

Stewart, B. M., Preliminary and General Sccial Survey of Sydney, Canada, Toronto Board of Social Service and Evangelism, Presbyterian Church, 1913.

Stutsman, J. O., Social Prospectus of Kansas City, Missouri, Research Bureau of Public Welfare, Kansas City, Mo., August, 1913.

Survey Commission, “The Salary Situation and Cost of Wiving”, Univ. of Minnesota, 1920.

Swanson, Simon, and Elmer. M. C., “Agenda Community”, Univ. of Kansas, Lawrence, 1919.

Taylor, G. R., “Satellite Cities”, Appleton, New York, 1915.

Taylor, Carl. and Zimmerman, C. C., “Ashland Community Survey” Univ. of Missomi. Bulletin No. 173.

Teller, Sydney A., Synopsis of Neighborhood Studies, Pittsburgh, Pa.

Terry, C. E., “Health Survey of Raleigh, N. C.”, Wake County of National Defence Child Welfare Department, 1918.

—— “Health survey of Wilmington, Delaware”.

Terry, C. E., and Schneider, Franz, Jr., “Report of Health Inventory of the City of Amstordam”.

—— “Social Survey of the City of Austin, Texas”. The Delineater Seventh Baby Campaign, 1917.

Texas, Educational Survey Commission, “Texas Educational Survey Report”, Texas, State Libraian, Austin, 1925.

Thompson and Warber, “Social and Economic Survey of a Township in

South Minnesota", University of Minnesota. 1913.

Thomas, E., "Economics of Small Holdings", Cambridge University Press, 1927.

Thorndike, E. L., "An Introduction to the Theory of Montal and Social Measurements", (Algebraic Methods Applied to Psychological Data) Teachers College, Columbiu Univ., 1913.

Todd, A. J., "A Social Survey of the 22nd and 23rd Words, N. S. Pittsburgh, Pa." The First United Presbyterian Church, Pittsburgh, 1912.

Todd, R. E., and Sanborn, F. B. "Report of the Lawrence Survey Trustees", White Fund, Lawrence, Mass.

Tolman, Mayo, A Sanitary of Charleston," Va.

Tuttle, T. D., "Theory Versua Practice in Vitcal Statistics" American Journal of Public Health, Vol. Ⅷ, 1918.

University of California, "Cost of Living Studies", 1928.

United States Bureau of Education, Bulletin No. 37. "Some Foreign Educational Surveys".

Virginia Education Commission, "Virginia Public Schools", World Bk. 1921.

Virginia, University, "Division of Excension, Economic and Social Survey of Albemarle County", Univ. of Va. 1922.

Von Tungeln, Geo. H., "Survey of Orange Township, Ames, Iowa", 1918.

Wakeman, B. R., Survey of the Infant Mortality and Still Births of the City of Ogdensburg, N. Y. for the year 1915, 36th "Annual Report of the New York State Department of Health", Vol. Ⅲ, 1915,

Walker, W. F., "Survey of Public Health Work in Eargo. N. D", Child Health Association Com. 320 7th Avenue, N. Y.

Walsh, C. M., "The Measurement of General Exchange Value", Macmillan, N. Y., 1901.

Walters, J. O., "Comp. First Book of the Social and Religious Survey of Springfield, Mass." Inst. of Social and Religious Research, 1923.

Warber, G. P. , " Social and Economic Survey of a Community ", N. E. Minnesota, Univ. of Minnesota, 1915.

Warren B. S. , and Sydenstricker, Eadgar, Statistics of Disabihity, " A Compilation of Some of the Data Available in the United States," U. S. Public Health Service, Public Health Reports, Vol. XXXI, No. 16, April, 1916.

Warner, P. L. , "Economic and Social Survey of Clarke County", Univ. of Va.

Washburne, C. W. , and Others, "Results of Practical Experiments in Fitting to Individuals", Public Schools.

Weld, L. D. H. , Social and Economic Survey in The Red River Valley, Univ. of Minnesota, Minneapolis, 1915.

Westerfield, Marie B. , Study of the Retardation in the Elementary Schools of Kansas City, Missouri, Univ. of Kansas, 1919.

West, C. J. , "Valoje to Economies of Farmal Statistical Methods" Quarterly Publication of American Statistical Association, Sept. , 1915.

West Virginia, Free Schools, Department of Charleston, "School Survey of Type Counties of West Virginia", 1923.

White, J. H, "Report of a Sanitary Survey of St. Joseph, Missouri", Reprint 185, U. S. Health Reports, August 24, 1914.

White, M. J. , " Sanitary of Indian Industries Employing women. " U. S. Public Health Service, Supplement 17 to ubhc Health Reports, July 17, 1914.

Whithorn, Faul P. , "Seattle and Industrial City", Industrial Bureau, Seattle Chmmber of Commerce, Seattle, Washington, 1916.

Whipple, G. C. , " Vital Siatistics ", Second Edition, John. Wiley and Sons, New York, 1923.

Whipple, G. , "Mannal of Mental and Phusical Tests", (methods applied to Psychological Data)

Whitney, J. S. , "Suggestions for Making a Case-finding Survey", Tuberculosis Association.

Williams，L. A.，and Johnston，J. H.，A Study of the Winston-Salem，N. C.，1918.

Wilson，Warren H.，“Green and Clermont Counties，Ohio”，1912.

—— “Church Growth and Decline in Ohio，1913”.

Willcox，W. F.，“Development of the American Census Office since 1890”，Political Science Quarterly，Sept.，1914.

Winslow，C，and E. A.，Greenberg，J. C.，and Dreenberg，D.，Health Survey of New Haven，Connecticut.

Winslow，C. E. A.，“Sanitary Survays of Institutions”，Bulletin American Home Economic Association，Series 4，No. 5，1916.

Wirth，Louis，“A Biography of Urban Communities in the City”，Univ. of Chicago Press，1925.

Wisconsin，Education. “Department of Equaliging Educational Opportunity of Wisconsin”，Wis. Dept. of Public Instruction，Madison.

Women's Cooperative Alliance，“A Study of Community Conditions”，Minneapolis，Minn.，1924.

Woolston，Howard C.，“Manholtenville”，Columbia Univ，Studies.

Wordsworth，J. S.，“Report of Social Survey of Regina，Saskatchewan”，Federal Churches，Regina，1913.

Wright，C. D.，and Hunt. W. C.，“History and Growth of the United States Census from 1790-1890” U. S. Printing Office，Washington，D. C.

Wyoming，Education，Department of Cheyenne，“Survey of Five School Districts in Lincoln County”.

Young，B. F.，“Statistics As Applied in Business”，Ronald Press，N. Y.，1925.

Zook，G. F.，“Survey of Higher Education in Cleveland”，Cleveland，Eoundation.

图书在版编目（CIP）数据

李景汉文集．第五卷，实地社会调查方法/洪大用，黄家亮组编．—北京：中国人民大学出版社，2019.10

ISBN 978-7-300-27386-0

Ⅰ．①李… Ⅱ．①洪… ②黄… Ⅲ．①社会调查-调查方法-文集 Ⅳ．①D668-53

中国版本图书馆 CIP 数据核字（2019）第 188027 号

策划编辑　潘　宇　盛　杰
责任编辑　赵海迪　岳　娜　汤慧芸
封面设计　蔡立国

李景汉文集　第五卷　实地社会调查方法
洪大用　黄家亮　组编
Li Jinghan Wenji　Di-wu Juan　Shidi Shehui Diaocha Fangfa

出版发行	中国人民大学出版社		
社　　址	北京中关村大街 31 号	**邮政编码**	100080
电　　话	010－62511242（总编室）		010－62511770（质管部）
	010－82501766（邮购部）		010－62514148（门市部）
	010－62515195（发行公司）		010－62515275（盗版举报）
网　　址	http://www.crup.com.cn		
经　　销	新华书店		
印　　刷	涿州市星河印刷有限公司		
规　　格	175mm×250mm　16 开本	**版　　次**	2019 年 10 月第 1 版
印　　张	26.25 插页 5	**印　　次**	2019 年 10 月第 1 次印刷
字　　数	406 000	**定　　价**	1688.00 元（共六卷）

本成果受到中国人民大学“统筹推进世界一流大学和一流学科建设”
专项经费的支持（项目批准号：15XNLG04）

李景汉文集

第四卷◎定县专项调查（下）

洪大用　黄家亮　组编

中国人民大学出版社
·北京·